中国政法大学
CHINA UNIVERSITY OF POLITICAL SCIENCE AND LAW

法大法考

2024年国家法律职业资格考试

金题解析

刑法

（第一册）

法律职业资格考试培训中心（学院）◎编著

方　鹏◎编写

中国政法大学出版社

2024·北京

声　　明　　1. 版权所有，侵权必究。

　　　　　　2. 如有缺页、倒装问题，由出版社负责退换。

图书在版编目（CIP）数据

2024 年国家法律职业资格考试金题解析/法律职业资格考试培训中心（学院）编著. —北京：中国政法大学出版社，2024.4

ISBN 978-7-5764-1279-6

Ⅰ.①2… Ⅱ.①法… Ⅲ.①法律工作者－资格考试－中国－题解 Ⅳ.①D920.4

中国国家版本馆 CIP 数据核字(2024)第 007775 号

出 版 者　　中国政法大学出版社

地　　址　　北京市海淀区西土城路 25 号

邮寄地址　　北京 100088 信箱 8034 分箱　　邮编 100088

网　　址　　http://www.cuplpress.com (网络实名：中国政法大学出版社)

电　　话　　010－58908285(总编室) 58908433（编辑部）58908334(邮购部)

承　　印　　固安华明印业有限公司

开　　本　　787mm×1092mm　　1/16

印　　张　　112.75

字　　数　　2800 千字

版　　次　　2024 年 4 月第 1 版

印　　次　　2024 年 4 月第 1 次印刷

定　　价　　372.00 元（全八册）

序　言

2001 年《中华人民共和国法官法》《中华人民共和国检察官法》《中华人民共和国律师法》修正案相继通过。其中规定，国家对初任法官、检察官和取得律师资格实行统一的司法考试制度，这标志着我国正式确立了统一的司法考试制度，这是我国司法改革的一项重大举措。党的十八大以来，党中央和习近平总书记高度重视司法考试工作。2015 年 6 月 5 日，习近平总书记主持召开中央全面深化改革领导小组第十三次会议，审议通过了《关于完善国家统一法律职业资格制度的意见》，明确要将现行司法考试制度调整为国家统一法律职业资格考试制度。2017 年 9 月 1 日《全国人民代表大会常务委员会关于修改〈中华人民共和国法官法〉等八部法律的决定》审议通过，明确法律职业人员考试的范围，规定取得法律职业资格的条件等内容，定于 2018 年开始实施国家统一法律职业资格考试制度。这一改革对提高人才培养质量，提供依法治国保障，对全面推进依法治国，建设社会主义法治国家具有重大而深远的意义。

中国政法大学作为国家的双一流重点大学，以拥有作为国家一级重点学科的法学学科见长，其法学师资队伍汇集了一大批国内外知名法学家。他们不仅是法学教育园地的出色耕耘者，也是国家立法和司法战线的积极参与者。他们积累了法学教育和法律实践的丰富经验，取得了大量有影响的科研成果。

国家统一司法考试实施以来，我校专家学者在参与司法考试的制度建设和题库建设中做出了许多贡献，在此期间我校不仅有一批长期参加国家司法考试题库建设和考题命制的权威专家，也涌现出众多在国家司法考试培训中经验丰富和业绩突出的名师。伴随着司法考试改革，我校对法律职业资格考试进行更深入的分析研究，承继司法考试形成了强大的法律职业资格考试研究阵容和师资团队。

2005 年我校成立了中国高校首家司法考试学院。该院本着教学、科研和培训一体化的宗旨，承担着在校学生和社会考生司法考试培训任务。司法考试学院成立后，选拔了一批在司法考试方面的权威专家和名师，精心编写了中国政法大学《国家司法考试金题解析》作为考生考前提高应试能力的教材。伴随着 2018 年司法考试改革，我院根据法律职业资格考试内容及大纲对本书进行了全面修订，本书更名为《国家法律职业资格考试金题解析》。

法律职业资格考试中心（原司法考试学院）组织编写的此书紧扣国家法律职业资格考试大纲，较为系统地梳理真题及对应的考点，以帮助学生全面地掌握知识点。对每个考点涉及的法条和理论进行详细解读，有助于考生加深对重点考点的理解和掌握。全书渗透着编写教师多

年的教学经验，体现着国家法律职业资格考试的规律，帮助考生精准把握考试内容。本书将会对广大备考人员学习、理解和掌握国家法律职业资格考试的知识内容和应试方法具有积极的引导与促进作用，为考生提高考场实战能力提供支持和帮助。最后，对编写本套教材的各位老师辛勤付出表示感谢！编委会成员（按姓氏笔画排序）：方鹏、兰燕卓、叶晓川、安晋城、杨秀清、邹龙妹、宋亚伟、肖沛权、贾若山、梁泽宇。

在此预祝各位考生在国家法律职业资格考试中一举通过。

中国政法大学法律职业资格考试中心

（原中国政法大学司法考试学院）

熟练真题一千道，不用费神就通关

学好真刑法，仗剑走天涯。就像学游泳必须亲自下水一样，要想通过法考，必须多动手、多训练。而历年真题是法考复习中最为重要的复习资料，备考法考，必须"来真的"，通过大量做真题，提升自己的能力和水平。

一、历年真题是学习真刑法的基本素材

其一，历年真题是备考法考的基本素材。近年来的刑法命题，呈现出大面积"炒现饭"的趋势，亦即，对过去已经考过的试题，进行改编、重组，变成新题考查考生。例如，关于不作为、因果关系、绑架罪等犯罪既遂标准、微信上使用信用卡账户、洗钱罪、盗窃行为的界定、无权出租房屋、保留所有权买卖汽车、挪用公款等的考查，几乎都来源于历年旧题的改编甚至重复。如果未来的命题仍然呈现这种从"老题库"中编新题的情况的话，那么，要想法考高分过关，就要对历年真题的素材、原理相当熟悉才行。

其二，历年真题是正本清源、辨正观点对错的坚实依据。法考的市场中，弥漫着诸多奇奇怪怪的说法，以所谓"争议"为名，扰乱了广大考生的心境，也浪费了无数考生的宝贵光阴。面对着这些所谓"争议"，考生首先就要翻看真题，弄懂真题的观点和结论是什么，以确定自己所学是"真刑法"。例如，捡到信用卡到 ATM 机上使用，以及在微信、支付宝上冒用信用卡账户，到底是定盗窃罪，还是信用卡诈骗罪？做过 2023/客 A/卷一/12、2022 年客观主观题、2021/客/卷一 10 + 11、2020 新疆延考/主/2、2019/主/2、2019/客/卷一/29、2015/2/57、2017/2/58、2003/2/85 – 88 之后，就会发现，真题从来都是依照司法解释认定该行为构成信用卡诈骗罪，而不是盗窃罪。见深井里有人找来绳子救人，救了一半就走掉，是否构成不作为犯？做了 2014/2/5 就知道，不构成任何犯罪。一起爬山、一起漂流、一起游泳、一起喝酒，一人落难，另一人有无救助义务？一个遇难，唯一在场人有无救助义务？做了 2023/客 B/卷一/1、2012/2/4、2011/2/52、2007/2/52 就知道，没有救助义务。刑法中根本就不存在着"唯一救助人，就有救助义务"这种荒谬的说法。

法考这种应试型的考试，是以做对真题为学习目标的。只有学习与真题观点一致的观点，才能助考生做对、考过。因此，考生在遇到疑难问题和争议观点时，首先应当查找真题中给出的官方答案和观点，以做到去伪存真、观点立场正确。

其三，百练才能成仙。法律的根本是运用，法律的学习，光看不练假把式。只有多练真题，多推理案件，才能了解法律职业资格考试考些什么、自己会不会做、水平差多少。温故方能知新，在进行法考复习时，看、做历年法考便是必要环节。只有对以往的真题进行演练、分析、拓展，才能了解法考命题的真实情况、熟悉命题规律、把握理论规则、坚定观点立场。

因此，在学习法考讲义、听完课之后，每学习一个考点知识、规则之后，即应当马上做一下对应的真题，看自己是否掌握。而在之后学习中，真题也要多看几遍，顾盼不离、烂熟于

胸。在第一阶段、第二阶段的复习中，应当以真题为题型范本，熟悉命题的基本格局，了解其考查模式、难易水平，适应法律职业资格考试的语境、环境。以真题素材作为刑法理论知识点的经典事例模型。以真题为练手素材，以真题答案为标准答案，搞清原理、弄懂理论。在第三阶段的复习中，也可对真题进行改造、变通，改变其中的事实情节，使其由"旧题"变成"新题"，拓展思维，预测一下命题趋势。学好真题，练好真题，用好真题。当然，由于法考命题很少重复，故考生在学真题、练真题、用真题时，切忌只记答案、机械记忆，而应着眼于弄懂弄透真题背后蕴含的刑法原理和依据、灵活运用。

二、方鹏真题是最好的法考真题用书

本书是最好的法考真题用书。在篇章结构上，本书以法考必考 80 个考点为纲要，每个大考点之下将小考点也精细入微地一一列明。从而囊括全部考点、无一疏漏。在内容上，将 2002 年以来至今（包括 2018、2019、2020、2021、2022、2023 年法考试题）的客观试题包括其中，以求全面（历年真题的主观题，请参见方鹏刑法《主观题一本通》）。而在对真题的编排体例和编写理念上，舍弃以时间为序的机械编排方法，以考点知识的固有理论体系为序进行编排，由易到难、由新到旧。以使读者通过阅读、练习，不仅能知悉真题，也能潜移默化地构建完整的知识谱系。

在解析体例格式方面，为了应对法考最难的主观题，本书大部分真题的解析，完全是按主观题的答题标准撰写的，依照"理由、法条依据、结论"的答案范式，作为一篇小的判决书写作。有法条、司法解释和立法解释依据，以及判例依据的，也一一细致列出。考生不仅将其可以作为客观题的训练题，也可以作为主观题的参考答案。

对于法考中的疑难考点，均详细写明推理过程。例如共同犯罪（先确定正犯，再判断共犯）、因果关系的认定（先判断条件，再判断相当性）、认识错误（先区分错误类别，再阐述对罪过的影响）、财产犯罪（四步法：被害人——犯罪对象——占有状态——转移占有手段），授之以渔。

此外，本书已经根据刑法修正案〔尤其是《中华人民共和国刑法修正案（十一）》、《中华人民共和国刑法修正案（十二）》〕，以及最新司法解释，对真题答案和解析进行了修正。将最新颁布的司法解释（尤其是 2020 年、2021 年、2022 年、2023 年、2024 年的解释）等，纳入本书之中。遇到刑法新变动、新的解释时，在解析中也特别写明，并对比新旧规范，提示考生对未来考题进行预测。

在写作理念上，引导思维往返于理论和实例之间，打通被动学习与主动运用之间的隔阂，做到学以致用，学后就能用，将阅读和学习迅速转化为做题的能力。同时也对即将到来的真题进行预测，做到言之有预。概言之，本书不仅归纳既往，亦铺就未来；不仅精析真题，亦鞭辟学理。

学在于勤，业在于精，百练成仙。学好真题、练好真题、用好真题，就能学好刑法，顺利通过法律职业资格考试。

方　鹏
2024 年 2 月 1 日

目　录

第二部分　历年真题中的不定项选择题

专题一　刑法概说

(1) 刑法解释	各种解释方法的识别（特别是扩大解释与类推解释的区分；当然解释、体系解释；文理解释与论理解释）；刑法解释的规则；有权解释与学理解释
(2) 刑法的基本原则	罪刑法定原则，包括罪刑法定原则的派生原则、罪刑法定原则的司法运用（关键是禁止类推解释）
(3) 刑法的空间效力	空间效力较为简单，多年未考。属地、属人、保护、普遍规则；对外国判决的消极承认
(4) 时间效力	刑法时间效力（本年度重点注意《刑法修正案（十一）》的效力）；以及立法解释、司法解释的时间效力

考点一　刑法解释

一、各种解释方法的识别（特别是扩大解释与类推解释的区分；当然解释、体系解释）

1. 根据《刑法》第111条的规定，为境外的机构、组织、人员非法提供国家秘密或者情报的，构成犯罪。司法解释将其中的"情报"解释为"关系国家安全和利益、尚未公开或者依照有关规定不应公开的事项"。这一解释属于下列何种解释？[1]（2008延/2/1）

A. 补正解释　　　　B. 当然解释　　　　C. 反对解释　　　　D. 缩小解释

【疑难辨析】本题考查刑法解释方法的分类。对于平义、扩大、缩小解释的区分，一般分三步进行判断：第一步，看被解释的字词在日常生活中的含义（以确定一般文义）；第二步，看题干中叙明的解释结论；第三步，比较解释结论与一般文义的范围大小。解释结论与一般文义相同，为平义解释；解释结论小于一般文义，为缩小解释；解释结论大于一般文义而仍在最大文义之内（与被解释的字词系包容关系），为扩大解释。解释结论超出最大文义（与被解释的字词系并列关系），为类推解释。指据刑法条文的正面表述，推导其反面含义，为反对解释。刑法文字发生错误时，统观刑法全文加以补正，为补正解释。运用轻重、属种的当然逻辑进行推理解释，即在出罪时举重以明轻、在入罪时举轻以明重，或将"种"（下位）的概念解释到

---

[1]　D

的"属"（上位）概念中去，被称为当然解释；有时候平义解释也被称为当然解释。

【解析】（1）"情报"的一般文义（日常生活含义）指"有价值的信息"。（2）在解释结论方面，司法解释（《最高人民法院关于审理为境外窃取、刺探、收买、非法提供国家秘密、情报案件具体应用法律若干问题的解释》第1条第2款）将"情报"解释为"关系国家安全和利益、尚未公开或者依照有关规定不应公开的事项"。（3）比较解释结论与一般文义的范围大小，该解释结论的含义要小于一般文义。作出比一般文义要含义较窄的解释，为缩小解释。

2. 关于刑法解释的说法，下列哪一选项是正确的？[1]（2009/2/1）

A. 将盗窃罪对象的"公私财物"解释为"他人的财物"，属于缩小解释

B. 将《刑法》第171条出售假币罪中的"出售"解释为"购买和销售"，属于当然解释

C. 对随身携带枪支等国家禁止个人携带的器械以外的其他（具有杀伤性的）器械进行抢夺的，解释为以抢劫罪定罪，属于扩张解释

D. 将信用卡诈骗罪中的"信用卡"解释为"（金融机构发行的）具有消费支付、信用贷款、转账结算、存取现金等全部功能或者部分功能的电子支付卡"，属于类推解释

【疑难辨析】 本题考查各种解释方法的区分，重点考查扩大解释与类推解释的区分。扩大解释与类推解释的区分：（1）形式上区分：在于是否超过文义的最大范围、超出一般公众的预测可能性；（2）务实的区分方法：解释结论与刑法字词之间的关系。是并列关系（两概念地位平等）则为类推解释；是包容关系（勉强可以包容进来）则为扩大解释。

【解析】 A选项，盗窃罪的对象，《中华人民共和国刑法》（以下简称《刑法》）第264条法条字面表述为"公私财物"。（1）一般的文义即为"别人的东西"；（2）将其解释为"他人的财物"，结论与一般文义相同，为平义解释（或当然解释）。

B选项，（1）"出售"一词的一般文义是"卖"（销售）；（2）故而将购买（"买"）解释进来，是将不同类的行为"买"解释到"卖"中，超出"出售"的最大文义，与"卖"是并列关系，属类推解释。（3）此外，《刑法》第171条第1款规定的罪名为"出售、购买、运输假币罪"，也就是说"购买"和"销售"两类并列行为是互不包容的，购买后销售假币的行为，应定出售、购买假币罪。

C选项，根据《刑法》第267条第2款规定，携带凶器抢夺的，依照抢劫罪定罪处罚。（1）而根据《最高人民法院关于审理抢劫、抢夺刑事案件适用法律若干问题的意见》第4条，"携带凶器抢夺"，是指行为人随身携带枪支、爆炸物、管制刀具等国家禁止个人携带的器械进行抢夺或者为了实施犯罪而携带其他器械进行抢夺的行为。（2）此司法解释属扩张解释，理由是："凶器"一般指专门用来行凶的器械，即国家禁止个人携带的器械，此为"凶器"的一般文义。"凶器"的本质是对人具有杀伤性的器械，此为最大文义。将国家禁止个人携带的器械以外的其他具有杀伤性的器械解释到"凶器"中，解释结论超出了该词的一般文义，但未超出其最大文义，系包容关系，属扩张解释而非类推解释。

D选项，（1）《全国人民代表大会常务委员会关于〈中华人民共和国刑法〉有关信用卡规定的解释》规定，刑法中的"信用卡"，是指由商业银行或者其他金融机构发行的具有消费支付、信用贷款、转账结算、存取现金等全部功能或者部分功能的电子支付卡。亦即，金融机构发行的银行卡，既包括可透支的银行卡，也包括不可透支的银行卡。（2）此立法解释属扩张解释。其理由是：如以日常观念或1999年《银行卡业务管理办法》中的"信用卡"[指可透支的银行卡（贷记卡）]作为其一般文义，作出前述解释，解释结论虽超出了一般文义，但并

---

[1] C

未超出最大的文义［指银行卡，即1996年《信用卡业务管理办法》规定"信用卡"］的范围，应属扩张解释。在社会公众的一般观念中，"信用卡"一般指可透支的银行卡（贷记卡），也承认其包括不可透支的银行卡（借记卡），系包容关系，如此解释也不出乎民众的意料。

3. 下列哪种说法是正确的？[1]（2006/2/20）

A. 将强制猥亵妇女罪（注：现为强制猥亵、侮辱罪）中的"妇女"解释为包括男性在内的人，属于扩大解释

B. 将故意杀人罪中的"人"解释为"精神正常的人"，属于应当禁止的类推解释

C. 将伪造货币罪中的"伪造"解释为包括变造货币，属于法律允许的类推解释

D. 将为境外窃取、刺探、收买、非法提供国家秘密、情报罪中的"情报"解释为"关系国家安全和利益、尚未公开或者依照有关规定不应公开的事项"，属于缩小解释

【解析】本题考查各种解释方法的区分，重点考查扩大解释与类推解释的区分。

A选项，（1）"妇女"的一般文义中当然不能包括男性，并且，妇女与男性是对立的并列的概念。（2）将男性解释进"妇女"概念中，显然超出了其最大文义，系并列关系。故此解释属类推解释，而不是扩大解释。（3）注意法条修正：《中华人民共和国刑法修正案（九）》（以下简称《刑法修正案（九）》）已将"强制猥亵妇女罪"修正为"强制猥亵、侮辱罪"，将强制猥亵的对象由原"妇女"扩大至"他人"。现在，强制猥亵男性的行为可构成强制猥亵、侮辱罪。

B选项，（1）"人"的一般文义指所有具有生命的人，既包括精神正常的人，也包括精神异常的人；（2）将"人"解释为"精神正常的人"，解释结论小于其一般文义，故属缩小解释。（3）此处的缩小解释由于不当的限缩了刑法保护的利益范围，为刑法所不允许，解释结论是错误的。该选项说其是类推解释，说法错误，不当选。

C选项，（1）对于"伪造"行为和"变造"行为而言，"伪造"的一般文义是"完全做假"，而"变造"指"部分有真"，故"伪造"的一般文义不能包括"变造"。但是，"伪造行为"的最大文义是"做假"，"变造行为"也是一种"做假"，故"伪造"的最大文义可以包含"变造"。将"变造"解释进"伪造"中，一般情况下（刑法没有特别地将二者并列时）可认定为扩大解释。我国刑法中也存在这样的解释，例如，《最高人民法院关于对变造、倒卖变造邮票行为如何适用法律问题的解释》，将"变造或者倒卖变造的邮票"的行为解释进"伪造、倒卖伪造的票证罪"之中。（2）但是，在刑法特别地将"伪造"行为和"变造"行为并列时，将"变造"解释进"伪造"中，就属类推解释。由于我国对于伪造货币和变造货币行为分别规定了不同的罪名，即第170条的伪造货币罪和第173条的变造货币罪；由此，就"变造货币行为"与"伪造货币行为"而言，两者是完全对立的两种不同类行为，将"变造货币"解释进"伪造货币"之中，就属于法律禁止的类推解释。2013/2/3-C重复了该选项。

D选项，（1）根据《最高人民法院关于审理为境外窃取、刺探、收买、非法提供国家秘密、情报案件具体应用法律若干问题的解释》第1条第2款的规定，为境外窃取、刺探、收买、非法提供国家秘密、情报罪中的"情报"，是指关系国家安全和利益、尚未公开或者依照有关规定不应公开的事项。（2）此司法解释属缩小解释，理由是："情报"的一般文义（日常生活含义）指"有价值的信息"，无论公开与否、内容为何（如日常生活中的购销情报）。司法解释将其中的"情报"解释为"关系国家安全和利益、尚未公开或者依照有关规定不应公开的事项"，其解释结论小于其一般文义，故属缩小解释。2008延/2/1重复了该选项。

---

[1] D

4. 关于刑法解释，下列哪一选项是错误的？[1]（2013/2/3）

A. 学理解释中的类推解释结论，纳入司法解释后不属于类推解释

B. 将大型拖拉机解释为《刑法》第116条破坏交通工具罪的"汽车"，至少是扩大解释乃至是类推解释

C. 刑法分则有不少条文并列规定了"伪造"与"变造"，但不排除在其他一些条文中将"变造"解释为"伪造"的一种表现形式

D. 《刑法》第65条规定，不满18周岁的人不成立累犯；《刑法》第356条规定，因走私、贩卖、运输、制造、非法持有毒品罪被判过刑，又犯本节规定之罪的，从重处罚。根据当然解释的原理，对不满18周岁的人不适用《刑法》第356条

【解析】A选项，（1）刑法禁止（不利于被告人的）类推解释，无论司法解释、立法解释都禁止类推解释。（2）在学理解释中，可将类推解释作为是理论上的一种解释方法（与扩大解释相对立），但出于对罪刑法定原则的遵守，对具体字句运用类推解释得出的结论，显然也是不恰当的。故而该选项说法错误。

B选项，（1）如果将"汽车"的最大文义界定为以汽油、柴油、天然气等燃料或者以电池、太阳能等新型能源由发动机作动力推动、从事交通运输的车辆的话，大型拖拉机也在最大的文义范围内，系包容关系，解释进"汽车"中属于扩大解释。（2）如果认为"汽车"、"拖拉机"二者是并列关系，"拖拉机"虽属交通工具，但不能归入"汽车"之中，则将"拖拉机"解释进"汽车"之中，是将一类交通工具解释到另一类交通工具之中，系并列关系，就有类推解释之嫌。故而该选项说法正确。

C选项，见2006/2/20-C（上文）。（1）对于"伪造"行为和"变造"行为而言，"伪造"的一般文义是"完全做假"，而"变造"指"部分有真"，故"伪造"的一般文义不能包括"变造"。但是，"伪造行为"的最大文义是"做假"，"变造行为"也是一种"做假"，故"伪造"的最大文义可以包含"变造"。将"变造"解释进"伪造"中，一般情况下（刑法没有特别地将二者并列时）可认定为扩大解释。我国刑法中也存在这样的解释，例如，《最高人民法院关于对变造、倒卖变造邮票行为如何适用法律问题的解释》，将"变造或者倒卖变造的邮票"的行为解释进"伪造、倒卖伪造的票证罪"之中。（2）但是，在刑法特别地将"伪造"行为和"变造"行为并列时，将"变造"解释进"伪造"中，就属类推解释。由于我国对于伪造货币和变造货币行为分别规定了不同的罪名，即第170条的伪造货币罪和第173条的变造货币罪；由此，就"变造货币行为"与"伪造货币行为"而言，两者是完全对立的两种不同类行为，将"变造货币"解释进"伪造货币"之中，就属于法律禁止的类推解释。故而此选项说法正确。

D选项，考查当然解释。（1）当然解释指出罪时举重以明轻、在入罪时举轻以明重的解释，或将"种"（下位）的概念解释到的"属"（上位）概念。本选项涉及出罪举重以明轻的当然解释。（2）累犯是更严重的再犯；与再犯相比，累犯的特殊预防必要性更大。既然《刑法》第65条规定不满18周岁的人犯罪不可能成立一般累犯（重），不适用从重处罚的规定，未成年人实施重的情形都不从重处罚；则举重以明轻，未成年人实施轻的情形，也理应不从重处罚。从而，对于不满18周岁的人，当然也不得适用再犯（轻）从重处罚的规定。此系出罪则举重以明轻的当然原理。故而此选项说法正确。

---

[1] A

5. 关于刑法用语的解释，下列哪一选项是正确的？[1]（2014/2/3）

A. 按照体系解释，刑法分则中的"买卖"一词，均指购买并卖出；单纯的购买或者出售，不属于"买卖"

B. 按照同类解释规则，对于刑法分则条文在列举具体要素后使用的"等"、"其他"用语，应按照所列举的内容、性质进行同类解释

C. 将明知是捏造的损害他人名誉的事实，在信息网络上散布的行为，认定为"捏造事实诽谤他人"，属于当然解释

D. 将盗窃骨灰的行为认定为盗窃"尸体"，属于扩大解释

【解析】A选项，考查体系解释。（1）体系解释指根据前后文来解释，体系解释要求前后协调、逻辑一致，并不是要求相同的字词在不同地方都要作相同含义的解释。（2）刑法分则中的"买卖"一词，大部分情况下指"买或者卖"（单纯的购买或者出售），例如《刑法》第125条规定的非法制造、买卖、运输、邮寄、储存枪支、弹药、爆炸物罪，非法制造、买卖、运输、储存危险物质罪，第280条的伪造、变造、买卖国家机关公文、证件、印章罪，第350条的非法生产、买卖、运输制毒物品、走私制毒物品罪。（3）少部分指购买并卖出，例如《全国人民代表大会常务委员会关于惩治骗购外汇、逃汇和非法买卖外汇犯罪的决定》规定的"非法买卖外汇"（非法经营罪）中的"买卖"（经营）。（4）此外，刑法中的"贩卖"一般指"出售"；"倒卖"一般指购买并卖出，如倒卖车票、船票罪，倒卖土地使用权罪；但倒卖文物罪中的"倒卖"，根据《最高人民法院、最高人民检察院关于办理妨害文物管理等刑事案件适用法律若干问题的解释》（法释〔2015〕23号）第6条的解释，指"出售或者为出售而收购、运输、储存"。故该选项说法错误。

B选项，（1）所谓"同类解释规则"是体系解释之下的次位规则，指的是对于并列、同位、同类的概念，进行相同性质的解释。（2）典型事例是，对于先有列举后又有并列的兜底型规定（"其他"、"等"）的概念，比照之前的列举进行性质相同的解释。例如，《刑法》第114条规定"放火、决水、爆炸以及投放毒害性、放射性、传染病病原体等物质或者以其他危险方法危害公共安全"，解释"其他危险方法"时要求与之前列举的放火、决水、爆炸、投放危险物质的危险方法性质相当。该选项说法正确。

C选项，考查当然解释的含义。（1）《刑法》第246条诽谤罪条文规定为"捏造事实诽谤他人"，尽管最大文义是"诽谤"（指散布虚假事实，以捏造的事实来诽谤他人），但通常形式（一般文义）是"捏造＋诽谤"。（2）明知是捏造的损害他人名誉的事实而散布的，虽未超出"诽谤"的最大文义，可构成诽谤罪；但大于一般文义，故解释结论应为扩大解释。（3）也是《最高人民法院、最高人民检察院关于办理利用信息网络实施诽谤等刑事案件适用法律若干问题的解释》第1条第2款的规定。该选项认为其当然解释，说法错误。

D选项，考查扩大解释与类推解释的区分。（1）盗窃、侮辱、故意毁坏尸体、尸骨、骨灰罪（《刑法修正案（九）》已修正）中的"尸体"，最大文义为"身体、肉体（整体、部分均可）"。骨灰超过了"尸体"的最大含义，两者范畴是并列关系，故为类推解释。该选项认为其为扩大解释，说法错误。（2）注意法条修正：《刑法修正案（九）》修正之前的罪名为"盗窃、侮辱尸体罪"，当时盗窃骨灰的行为不构成犯罪；《刑法修正案（九）》将其修正为"盗窃、侮辱、故意毁坏尸体、尸骨、骨灰罪"，此时盗窃骨灰的行为构成盗窃骨灰罪，不构成盗窃尸体罪。无论在何种情况下，将骨灰解释到"尸体"中，均系类推解释。故该选项说法错误。

---

[1] B

6. 关于刑法解释，下列哪些选项是错误的？[1]（2015/2/51）

A. 刑法规定"以暴力、胁迫或者其他手段强奸妇女的"构成强奸罪。按照文理解释，可将丈夫强行与妻子性交的行为解释为"强奸妇女"

B. 刑法对抢劫罪与强奸罪的手段行为均使用了"暴力、胁迫"的表述，且二罪的法定刑相同，故对二罪中的"暴力、胁迫"应作相同解释

C. 既然将为了自己饲养而抢劫他人宠物的行为认定为抢劫罪，那么，根据当然解释，对为了自己收养而抢劫他人婴儿的行为更应认定为抢劫罪，否则会导致罪刑不均衡

D. 对中止犯中的"（自动放弃犯罪或者）自动有效地防止犯罪结果发生"，既可解释为自动采取措施使得犯罪结果未发生；也可解释为自动采取防止犯罪结果发生的有效措施，而不管犯罪结果是否发生

【解析】A选项，考查文理解释。（1）按文理解释（字义解释），妻子是"妇女"，违背妻子意愿的强行行为是"以暴力、胁迫或者其他手段"，性交属"奸"，故该行为可解释为"强奸妇女"。刑法从未规定妻子不能成为强奸对象。（2）最高人民法院案例认为一般情况下婚内强奸不构成强奸罪，是因出于刑事政策（维护家庭关系）的考虑，亦即，系特别的责任阻却事由（"白俊峰案"）；不正常婚姻状况下丈夫强行与妻子性交的行为，仍可构成强奸罪（"王卫明案"）。

B选项，考查体系解释。（1）体系解释并不一定要求对不同法条中的同一字词进行相同含义的解释，而是要求前后文逻辑一致。（2）抢劫罪的"暴力、胁迫"要求直接、实际对人的人身实施有形力，"暴力"包括杀人；强奸罪的"暴力、胁迫"的核心是违背妇女意志，胁迫还包括以损害其他重大利益（如揭发隐私）相威胁，"暴力"不包括杀人。二者含义并不相同。

C选项，考查当然解释。（1）入罪的当然解释即"举轻以明重"，除了要求对轻重进行比较，还要求符合刑法规定（不属类推）。（2）为了自己收养而抢劫他人婴儿的行为，比为了自己饲养而抢劫他人宠物的行为性质更严重，按照举轻以明重的原理，理应更应定罪。（3）但是，在符合刑法规定的判断上，抢劫罪的对象是"财物"，将婴儿解释为"财物"，系类推解释，不能构成抢劫罪。而应以拐骗儿童罪论处。

D选项，《刑法》第24条第1款（犯罪中止）规定："在犯罪过程中，自动放弃犯罪或者自动有效地防止犯罪结果发生的，是犯罪中止。"其中的"或者"应当解释为"并且"，亦即，成立犯罪中止不仅要求自动放弃犯罪，而且要求"自动有效地防止犯罪结果发生"。将两个必需要素解为择一要素，解释结论错误。

7. 关于刑法解释以及罪刑法定原则，以下说法正确的有[2]（2018/客/卷一/1 仿）

A. 制造大炮的行为的危害性，比制造枪支行为的危害性更大，将大炮解释到"枪支"中，系扩大解释。从而，将制造大炮的行为，认定为《刑法》第125条规定的非法制造枪支罪，不违反罪刑法定原则

B. "假药"是没有药效的药，所以有药效的不是假药，这是当然解释的结论。从而，不能将生产、销售有药效的药品的行为，认定为《刑法》第141条规定的生产、销售假药罪（注：现罪名为生产、销售、提供假药罪），否则违反罪刑法定原则

C. 将《刑法》第111条规定的为境外窃取、刺探、收买、非法提供国家秘密、情报罪中的"情报"，解释为关系国家安全和利益、尚未公开或者依照有关规定不应公开的事项，属缩

---

[1] BCD　[2] C

小解释，不违反罪刑法定原则

D. 所有刑法解释，应以文义解释优先。在同一种商品上使用与他人注册商标相似的商标，不属使用"相同"的商标。从而，将此行为认定为《刑法》第213条规定的假冒注册商标罪，违反罪刑法定

【解析】A选项，考查扩大解释与类推解释的区分。（1）制造大炮的行为，危害性确实比制造枪支行为的危害性更大，举轻以明重，可认为是当然解释。（2）但是，罪刑法定原则禁止不利于行为人的类推解释，因此，需要判决该解释方法是扩大解释还是类推解释。（3）"大炮"与"枪支"二者是不同类事物，系并列关系的范畴；"枪支"不能包容"大炮"。并列关系是类推，应认为是类推解释，而不是扩大解释。故而，将制造大炮的行为，认定为非法制造枪支罪，系不利于行为人的类推解释，违反罪刑法定原则。该行为应当认定为无罪。（4）当然，如果制造炮弹，可构成非法制造弹药罪。（3）《最高人民法院关于审理非法制造、买卖、运输枪支、弹药、爆炸物等刑事案件具体应用法律若干问题的解释》对"枪支"的规定，也只列举了各种枪支，没有列举大炮。

B选项，考查当然解释以及"假药"的含义。当然解释是指以种属、轻重比较为基础的逻辑解释。（1）一般公众认为"假药"的通常含义（一般文义）是指没有药效的药。（2）自2019年12月1日起施行的新《中华人民共和国药品管理法》（以下简称《药品管理法》）第98条第1款，虽不再将"未取得药品批准证明文件生产、进口药品"列为"假药"。但仍规定有四类假药：①药品所含成份与国家药品标准规定的成份不符；②以非药品冒充药品或者以他种药品冒充此种药品；③变质的药品；④药品所标明的适应症或者功能主治超出规定范围。（3）其中既包括无药效的药品，也包括部分有药效的药品，如第四类。此解释结论超过了"假药"的一般文义（即没有药效的药），但没有超出"假药"的最大含义（《药品管理法》的规定），系扩大解释，而不是当然解释。（5）将生产、销售、提供前述按假药处理的药品、非药品的行为，认定为生产、销售、提供假药罪，并不违反罪刑法定原则。（6）注：《刑法修正案（十一）》已将本罪修正为生产、销售、提供假药罪。

C选项，考查缩小解释的含义。（1）根据《最高人民法院关于审理为境外窃取、刺探、收买、非法提供国家秘密、情报案件具体应用法律若干问题的解释》第1条第2款的规定，为境外窃取、刺探、收买、非法提供国家秘密、情报罪中的"情报"，是指关系国家安全和利益、尚未公开或者依照有关规定不应公开的事项。（2）此司法解释属缩小解释，理由是："情报"的一般文义（日常生活含义）指"有价值的信息"，无论公开与否、内容为何（如日常生活中的购销情报）。司法解释将其中的"情报"解释为"关系国家安全和利益、尚未公开或者依照有关规定不应公开的事项"，其解释结论小于其一般文义，故属缩小解释。2008延/2/1、2006/2/20－D重复了该选项。

D选项，考查解释方法的位阶关系。（1）所有刑法解释，应先从文义解释开始；但在位阶上，并非都以文义解释优先，文义解释（禁止类推）与目的解释都具有决定性。（2）《最高人民法院、最高人民检察院关于办理侵犯知识产权刑事案件具体应用法律若干问题的解释》第8条规定："《刑法》第二百一十三条规定的'相同的商标'，是指与被假冒的注册商标完全相同，或者与被假冒的注册商标在视觉上基本无差别、足以对公众产生误导的商标。"也就是说，既包括完全相同的商标，也包括极其近似的商标，这属扩大解释，并不违反罪刑法定原则。

8. 关于刑法解释，下列选项说法正确的有？[1]（2019/客/卷一/1 仿）

A. 按照体系解释，《刑法》第 364 条传播淫秽物品罪中"传播"，与《刑法》第 360 条传播性病罪的"传播"含义一致

B. 将副乡长冒充市长招摇撞骗，解释为《刑法》第 279 条招摇撞骗罪中的"冒充"国家机关工作人员，违反文理解释

C. 将《刑法》第 326 条倒卖文物罪中"倒卖"，解释为出售或者为出售而收购、运输、储存国家禁止买卖的文物，系论理解释

D. 根据文理解释，可将《刑法》第 248 条虐待被监管人罪中的"体罚虐待"解释为"体罚或者虐待"

【解析】A 选项，考查体系解释。（1）体系解释是指根据刑法条文在整个刑法中的地位，联系相关法条的含义，阐明其规范意旨的解释方法。通俗地讲，亦即结合前后文来解释。要求前后协调、逻辑一致，并不是要求相同的字词在不同地方都要作相同含义的解释。（2）传播淫秽物品罪中"传播"指传达给不特定人。传播性病罪的罪状规定中实际上并无"传播"一词，其行为规定为"卖淫、嫖娼"；其具体危险结果是将性病"传染给他人"的危险。

B 选项，考查文理解释，本选项的文理解释指字面含义。"冒充"的文理含义（字面含义）指假冒，即以假充真。不是市长的其他国家机关工作人员（假市长），假冒真市长，当然属"冒充"，不违反文理解释。

C 选项，本选项的"论理解释"指的是平义解释以外的其他解释方法。"倒卖"的字面含义（平义）是"倒手买卖"，即先低价买入后高价卖出。将"倒卖"解释为"出售"（不论有无之前的买入阶段），超出了"倒卖"的平义，是扩大解释。

D 选项，考查文理解释中的按语法解释。《刑法》第 248 条虐待被监管人罪规定的罪状的原文是"殴打或者体罚虐待"。按照语法原理，"体罚虐待"是一个词，而不是"体罚或者虐待"两个词。字面含义是用体罚手段来虐待，亦即进行肉体折磨。根据语法，只有写成"体罚、虐待"、"体罚或虐待"，才能解释为"体罚或者虐待"。

9. 下列与法律解释相关的分析中，正确的是[2]（2018/客/卷一/87 仿）

A. 李某将其仇人坟墓掘开并将骨头扔掉，其认为白骨不属于尸体，否认其构成侮辱尸体罪。他对白骨的解释属于无权解释、主观目的解释

B. 法官任某在审理案件中认为刑法中"伪造货币罪"中的货币不包括生肖纪念币，该解释为有权解释、文义解释

C. 某法院副院长在接受媒体采访时表示，《刑法》第 133 条之一规定的危险驾驶罪中的"醉酒驾驶机动车的"行为，应当结合刑法总则第 13 条的"情节显著轻微危害不大，不认为是犯罪"的规定来理解，因此并非只要醉驾就一定入刑，这属于体系解释方法的运用

D. 李某认为《刑法》第 358 条规定（组织卖淫罪）"组织他人卖淫"中的"他人"不仅包括女性，而且包括男性。其理由是目前组织男性卖淫的现象很普遍，危害性很大，刑法规定此罪是为了打击非法性交易，为了发挥法律的社会功能，应包含男性。其对相关条文的解释为客观目的解释

【解析】本题本来是一道法理学的题目，但列举的事例都是刑法事例，故而以下以刑法解释方法作答（可能法理学有些理解与刑法不太一样）。

A 选项，（1）在解释效力上，李某的解释，不是有权机关（人大常委会、最高法、最高

---

[1] C [2] CD

检）的解释，故而属于无权解释，而不是有权解释。（2）在解释理由上，目的解释是指依照规范的目的（法条的保护目的、制订该法条的原因和理由）去解释，"主观目的解释"是指按照立法者立法时的立法目的的解释，而不是说按行为人的主观想法来解释，本选项不属目的解释。（3）在解释结论正误方面，白骨确实不属于"尸体"，将其解释为"尸体"属于类推解释，行为人的解释结论是正确的。但是，《刑法》第302条规定的罪名为"盗窃、侮辱、故意毁坏尸体、尸骨、骨灰罪"，盗窃并扔掉白骨的行为，可构成盗窃、侮辱尸骨罪。

B选项，（1）在解释效力上，法官针对个案解释，因不具有普适效力，不是有权机关（人大常委会、最高法、最高检）的解释，故而属于无权解释，而不是有权解释。（2）在解释理由和结论大小上，"货币"的文义（平义）包括所有国家发生的货币，故解释为不包括生肖纪念币，不是文义（平义）解释，而是缩小解释。（3）在解释结论正误方面，根据《最高人民法院关于审理伪造货币等案件具体应用法律若干问题的解释（二）》第4条，以中国人民银行发行的普通纪念币和贵金属纪念币为对象的假币犯罪，依照假币犯罪定罪处罚。故是该选项的解释结论是错误的。

C选项，（1）在解释理论上，体系解释是指根据刑法条文在整个刑法中的地位，联系相关法条的含义，阐明其规范意旨的解释方法。通俗地讲，亦即结合前后文来解释。本选项根据刑法总论来解释分则，是体系解释。（2）在解释结论正误方面，当前通说认为刑法总则第13条"但书"只有立法指引作用，难以作为具体出罪理由。

D选项，（1）在解释理由上，目的解释是指依照规范的目的（法条的保护目的、制订该法条的原因和理由）去解释，"客观目的解释"是指按照当前社会公众理解的法条目的来解释。本选项解释理由系客观目的解释。（2）在解释结论正误方面，卖淫指不特定的异性之间或者同性之间以金钱、财物为媒介发生不正当性关系的行为。卖淫的主体不限于女性，也包含男性。根据著名的南京"李宁组织同性卖淫案"，以及"王志明组织卖淫案"，载《中国审判案例要览（2006年刑事审判案例卷）》。法条依据见《公安部关于以钱财为媒介尚未发生性行为或发生性行为尚未给付钱财如何定性问题的批复》（公复字〔2003〕5号）："卖淫嫖娼是指不特定的异性之间或同性之间以金钱、财物为媒介发生性关系的行为。"

二、刑法解释的规则

10.①对于同一刑法条文中的同一概念，既可以进行文理解释也可以进行论理解释；②一个解释者对于同一刑法条文的同一概念，不可能同时既作扩大解释又作缩小解释；③刑法中类推解释被禁止，扩大解释被允许，但扩大解释的结论也可能是错误的；④当然解释追求结论的合理性，但并不必然符合罪刑法定原则。关于上述4句话的判断，下列哪些选项是错误的？[1]（2011/2/51）

A. 第①句正确，第②③④句错误　　　B. 第①②句正确，第③④句错误
C. 第①③句正确，第②④句错误　　　D. 第①③④句正确，第②句错误

【疑难辨析】本题考查刑法解释规则，具有较大难度。基本的解释规则是：（1）在解释形式上：禁止不利于被告人的类推解释。（2）在解释技巧（解释结论的大小）上：对同一位置的一个刑法用语的解释，只能有一种解释结论。要么是平义解释，要么是缩小解释，要么是扩大解释。（3）在解释理由上：如得出同一解释结论的，可采用多种不同的解释理由。（4）解释技巧与解释结论的正确与否无关。无论是采用扩大解释、缩小解释，还是平义解释的解释技巧，结论都不一定正确。（5）在解释结论正确性判断上：目的解释、文理解释具有决定性。正

---

[1]　ABCD

确的解释结论既需符合法条目的（目的解释），一般也不能突破字词的最大文义（禁止不利于被告人的类推解释）。

【解析】（1）对于第①句话，如在解释理由（解释依据）层面上理解文理解释、论理解释，文理解释指字义解释，论理解释指体系解释、历史解释、比较解释、目的解释等，在解释结论一致的情况下，同时进行文理解释和论理解释是可以的。故此句说法正确。

（2）对于第②句话，扩大解释、缩小解释是解释技巧（解释结论），对于同一特定字词，解释结论只能是平义解释、扩大解释、缩小解释中的一种，不可能同时有数个不同结论。故此句说法正确。

（3）对于第③句话，在解释形式上，刑法禁止（不利于被告人）类推解释，允许扩大解释，故前半句正确；解释结论的正确与解释形式无关，平义解释、扩大解释、缩小解释的结论都有可能是错误的，故后半句也正确。

（4）对于第④句话，当然解释运用轻重、属种的当然逻辑进行推理解释，在逻辑上是正确，故前半句"追求结论的合理性"说法正确；但由于当然解释运用类比原理，解释结论可能超过字词的最大文义而成为类推解释，不必然符合罪刑法定原则，故后半句也正确。从而第①②③④句话说法都正确。

11. 关于罪刑法定原则与刑法解释，下列哪些选项是正确的？[1]（2016/2/51）

A. 对甲法条中的"暴力"作扩大解释时，就不可能同时再作限制解释，但这并不意味着对乙法条中的"暴力"也须作扩大解释

B.《刑法》第237条规定的强制猥亵、侮辱罪中的"侮辱"，与《刑法》第246条规定的侮辱罪中的"侮辱"，客观内容相同、主观内容不同

C. 当然解释是使刑法条文之间保持协调的解释方法，只要符合当然解释的原理，其解释结论就不会违反罪刑法定原则

D. 对刑法分则条文的解释，必须同时符合两个要求：一是不能超出刑法用语可能具有的含义，二是必须符合分则条文的目的

【解析】A选项，（1）前半句，考查解释规则，对一个刑法条文或者一个刑法用语的解释，只能采用一种解释技巧（即解释结论只能是平义解释、扩大解释、缩小解释中的一种），而不能既扩大解释又限制解释（缩小解释），说法正确。（2）后半句，考查体系解释，相同的字词处于不同法条中或不同地方时，不一定都会作出相同含义的解释。

B选项，考查体系解释。强制猥亵、侮辱罪中的"侮辱"，客观内容是实施侵害他人涉及性尊严的身体权，主观内容是明知侵害他人性尊严的行为而实施；侮辱罪中的"侮辱"，客观内容是贬损他人名誉，主观内容也欲图侵害他人名誉权。两个"侮辱"，客观内容、主观内容均不同。

C选项，考查当然解释与类推解释的关系。（1）当然解释是运用当然逻辑（轻重、种属）进行推理解释。入罪时举轻以明重的当然解释，结论可能超出最大文义，有可能是不利于被告人的类推解释，可能会违反罪刑法定原则。（2）例如，认为既然轻的醉酒驾车行为可构成危险驾驶罪，就举轻以明重，认为重的吸毒驾车行为也当然构成危险驾驶罪，是当然解释，但解释结论是类推解释。本选项说法错误。

D选项，说法正确。在解释结论正确性判断上：目的解释、文理解释具有决定性。正确的解释结论既需符合法条目的（目的解释），一般也不能突破字词的最大文义（禁止不利于被告

人的类推解释)。

考点二　刑法的基本原则（重点是罪刑法定原则）

1. 关于罪刑法定原则及其内容，下列哪一选项是正确的？[1]（2004/2/16）

A. 罪刑法定原则禁止类推解释与扩大解释，但不禁止有利于被告人的类推解释

B. 罪刑法定原则禁止司法机关进行类推解释，但不禁止立法机关进行类推解释

C. 罪刑法定原则禁止适用不利于行为人的事后法，但不禁止适用有利于行为人的事后法

D. 罪刑法定原则要求刑法规范的明确性，但不排斥规范的构成要件要素

【疑难辨析】本题考查罪刑法定原则的具体内容（派生原则）。罪刑法定原则有6项派生原则：（1）禁止（不利于被告人的）溯及既往［事前的罪刑法定］；（2）排斥习惯法［成文的罪刑法定］；（3）禁止（不利于被告人的）类推解释［严格的罪刑法定］；（4）禁止不确定刑［确定的罪刑法定］；（5）刑法明确性原则；（6）禁止处罚不当罚的行为；禁止不均衡的、残虐的刑罚。

【解析】A选项，罪刑法定原则禁止不利于被告人的类推解释，不禁止有利于被告人的类推解释。罪刑法定原则不禁止扩大解释。该选项说法错误。

B选项，立法解释、司法解释均是刑法解释，都禁止不利于被告人的类推解释，但允许并限制扩大解释。该选项说法错误。

C选项，我国《刑法》第12条规定了"从旧兼从轻原则"，不禁止有利于被告人的事后法，亦即当新法为轻法时有溯及力。该选项说法正确。

D选项，本选项较难，涉及"规范的构成要件要素"的问题。选项中的"排斥"一词应理解为"存在冲突"。规范的构成要件要素是指司法活动中需要裁判者进行规范的、评价的价值判断才能够认定的犯罪构成要件要素，例如"淫秽物品"和"猥亵"，裁判者价值观的差异会导致法律适用的不同结论。罪刑法定中明确性原则要求刑法规范明确，由此会与规范的构成要件要素之间产生冲突。因此，罪刑法定原则"排斥"规范的构成要件要素。该选项说法错误。但是，刑法条文在制定时，又不可避免存在规范的构成要件要素。

2. 关于罪刑法定原则，下列哪一选项是正确的？[2]（2006/2/1）

A. 罪刑法定原则的思想基础之一是民主主义，而习惯最能反映民意，所以，将习惯作为刑法的渊源并不违反罪刑法定原则

B. 罪刑法定原则中的"法"不仅包括国家立法机关制定的法，而且包括国家最高行政机关制定的法

C. 罪刑法定原则禁止不利于行为人的溯及既往，但允许有利于行为人的溯及既往

D. 刑法分则的部分条文对犯罪的状况不作具体描述，只是表述该罪的罪名。这种立法体例违反罪刑法定原则

【解析】A选项，罪刑法定原则的思想基础之一是民主主义；但罪刑法定原则禁止习惯法。该选项前半句说法正确，后半句说法错误。

B选项，罪刑法定原则中的"法"指刑法，包括刑法典、单行刑法（附属刑法）。根据《中华人民共和国立法法》第8、9条，犯罪和刑罚只能制定法律；有关犯罪和刑罚、对公民政

---

[1]　C　[2]　C

治权利的剥夺和限制人身自由的强制措施、处罚和司法制度，只能由全国人民代表大会及其常务委员制定。行政机关无制定法律的权限，只有制定法规、规章的权限。注意：我国的所谓"附属刑法"，即行政法规中有关犯罪的规定，不能直接作为定罪依据，而只是对刑法典及单行刑法的提示。

C选项，我国《刑法》第12条规定了"从旧兼从轻原则"，允许有利于被告人的事后法，亦即，当新法为轻法时有溯及力。

D选项，明确性原则指的是条文字义能够清楚的为社会公众理解，亦即，相对于社会公众的理解力而言是明确的即可。我国刑法中有很多简单罪状的立法体例，亦即选项所示条文对犯罪的状况不作具体描述，只是表述该罪的罪名。由于这种立法体例一般适用于故意杀人罪等自然犯，能为公众明确的理解，故不违反明确性原则。

3. 下列哪些选项不违反罪刑法定原则？[1]（2014/2/51）

A. 将明知是痴呆女而与之发生性关系导致被害人怀孕的情形，认定为强奸"造成其他严重后果"

B. 将卡拉OK厅未经著作权人许可大量播放其音像制品的行为，认定为侵犯著作权罪中的"发行"

C. 将重度醉酒后在高速公路超速驾驶机动车的行为，认定为以危险方法危害公共安全罪

D. 刑法规定了盗窃武装部队印章罪，未规定毁灭武装部队印章罪。为弥补处罚漏洞，将毁灭武装部队印章的行为认定为毁灭"国家机关"印章

【疑难辨析】本题考查罪刑法定原则在司法实务中的运用。罪刑法定原则的基本含义是"法无明文规定不处罚"，在司法实务中的运用，需结合刑法解释来理解：定罪量刑须有法可依；因此，能够解释进刑法（包括扩大解释、将"种"解释进"属"），可定罪；不能解释进刑法（例如类推解释），即使危害性很大，也不能定罪，否则违反罪刑法定原则。简言之，不利于被告人的类推解释，违反罪刑法定原则。由于其中涉及对具体条文字句的解释结论，是扩大解释还是类推解释，故本题难度较大。

【解析】A选项，考查"其他"型规定的认定和解释。（1）强奸罪加重犯中的"造成其他严重后果"，是一种规范性判断，按照同类解释规则，司法者可类比已经列明的事例进行同类性质的认定。（2）强奸导致被害人怀孕的情况，可以解释进"造成其他严重后果"之中，被"其他"包容，不属类推解释，如此认定并适用加重刑于法有据，没有违反罪刑法定原则。

B选项，考查侵犯著作权罪中的"发行"的含义。（1）《刑法》第217条（侵犯著作权罪）规定的"发行"，基本含义是发售。播放音像制品的行为，属使用行为。（2）将"使用"解释到"发行"中，是将性质不同的一类行为解释到另一类行为之中，二者是并列关系，属类推解释，违反罪刑法定原则。

C选项，（1）根据《刑法》第114条，以危险方法危害公共安全罪的客观构成要件要点有二，一是危害公共安全即不特定多数人人身安全，在高速公路在严重违章开车极易造成交通事故危及不特定多数人人身安全；二是危险方法即一次举动可能造成大规模死伤的方法，严重违章开车一次可能撞死撞伤多人。C选项所举事例完全符合这两个要点要素，其他构成要件如主观故意（放任故意）也符合，故而认定以危险方法危害公共安全罪符合刑法规定。不属类推解释，不违反罪刑法定原则。（2）醉酒开车一般认定为危险驾驶罪，但是，从危险驾驶罪与以危险方法危害公共安全罪的法定刑比较和关系来看，危险驾驶罪可认为是危害程度较轻的以

---

[1] ACD

危险方法危害公共安全罪；当出现 C 选项所述的"重度醉酒、超速"危害公共安全的程度极其严重时，可以将其认定为以危险方法危害公共安全罪。（3）在司法实践中，"孙伟铭案"（《刑事审判参考》第 586 号）等即是 C 选项所述情形，其致人死伤，构成以危险方法危害公共安全罪的实害犯，如未造成结果，可构成以危险方法危害公共安全罪的危险犯。因此，该认定没有违反罪刑法定原则。

D 选项，"武装部队"是特别的"国家机关"（国家军事机关），将"武装部队印章"解释进"国家机关印章"，是将"种"解释到"属"中，是当然解释，不属类推解释。认定该行为构成《刑法》第 280 条的毁灭国家机关印章罪，于法有据，不属类推解释，没有违反罪刑法定原则。

考点三　刑法的适用范围

一、刑法的空间效力

1. 下列哪些犯罪行为应实行属地管辖原则？[1]（2005/2/56）

A. 外国人乘坐外国民航飞机进入中国领空后实施犯罪行为

B. 中国人乘坐外国船舶，当船舶行驶于公海上时实施犯罪行为

C. 外国人乘坐中国民航飞机进入法国领空后实施犯罪行为

D. 中国国家工作人员在外国实施我国刑法规定的犯罪行为

【解析】本题考查属地管辖，以及属地管辖与属人管辖的不同适用情况。

A 选项，在中国领空里犯罪，是在中国"领域内"犯罪，根据《刑法》第 6 条第 1 款，适用属地管辖。

B 选项，犯罪发生在公海上的外国船舶上，不在中国领域内，也不属中国的船舶，不适用属地管辖。行为人是中国公民，根据《刑法》第 7 条，适用属人管辖。

C 选项，在中国航空器里犯罪，根据《刑法》第 6 条第 2 款，适用属地管辖。

D 选项，中国公民在外国犯罪，根据《刑法》第 7 条，适用属人管辖。

2. 下列关于中国刑法适用范围的说法哪些是错误的？[2]（2004/2/56）

A. 甲国公民汤姆教唆乙国公民约翰进入中国境内发展黑社会组织。即使约翰果真进入中国境内实施犯罪行为，也不能适用中国刑法对仅仅实施教唆行为的汤姆追究刑事责任

B. 中国公民赵某从甲国贩卖毒品到乙国后回到中国。由于赵某的犯罪行为地不在中国境内，行为也没有危害中国的国家或者国民的利益，所以，不能适用中国刑法

C. A 国公民丙在中国留学期间利用暑期外出旅游，途中为勒索财物，将 B 国在中国的留学生丁某从东北某市绑架到 C 国，中国刑法可以依据保护管辖原则对丙追究刑事责任

D. 中国公民在中华人民共和国领域外实施的犯罪行为，按照刑法规定的最高刑为 3 年以下有期徒刑的，也可以适用中国刑法追究刑事责任

【解析】本题考查刑法的空间效力，几个选项分别考查属地管辖中共同犯罪的管辖、属人管辖、属地管辖中"在中国领域内犯罪"的含义，以及保护管辖的含义。

A 选项，考查属地管辖，对于共同犯罪，只要部分犯罪人的部分犯罪行为发生在中国，中国刑法对于全案都可进行属地管辖。故 A 选项说法错误，当选。

B 选项，D 选项，以上情况均是中国公民在中国领域外犯罪的情况，按属人管辖原则可适用中国刑法，故 B 选项说法错误，当选。法定最高刑 3 年以下有期徒刑的，"可以不予追究"，对"可以不予追究"的反义解释即是：也可以适用中国刑法追究，故 D 选项说法正确，不当选。

C 选项，考查属地管辖中"在中国领域内犯罪"的含义，根据《刑法》第 6 条第 3 款，犯罪的行为或者结果有一项发生在中国领域内的，就认为是在中国领域内犯罪，适用属地管辖。本案绑架行为发生在中国领域内，适用属地管辖。保护管辖是对外国人在中国领域外对中国公民和国家犯罪适用的规则，本案不适用保护管辖。故 C 选项说法错误，当选。

3. 关于刑事管辖权，下列哪些选项是正确的？[1]（2007/2/51）

A. 甲在国外教唆陈某到中国境内实施绑架行为，中国司法机关对甲的教唆犯罪有刑事管辖权

B. 隶属于中国某边境城市旅游公司的长途汽车在从中国进入 E 国境内之后，因争抢座位，F 国的汤姆一怒之下杀死了 G 国的杰瑞。对汤姆的杀人行为不适用中国刑法

C. 中国法院适用普遍管辖原则对劫持航空器的丙行使管辖权时，定罪量刑的依据是中国缔结或者参加的国际条约

D. 外国人丁在中国领域外对中国公民犯罪的，即使按照中国刑法的规定，该罪的最低刑为 3 年以上有期徒刑，也可能不适用中国刑法

【解析】本题是对刑法空间效力的综合考查，四个选项分别考查了属地管辖中共同犯罪的管辖、拟制领土、普遍管辖、保护管辖。

A 选项，考查属地管辖，对于共同犯罪，只要部分犯罪人的部分犯罪行为发生在中国，中国刑法对于全案都可进行属地管辖。

B 选项，根据《刑法》第 6 条第 2 款，所谓"拟制领土"只包括船舶、航空器（以及刑诉法规定的驻外使领馆），不包括汽车、列车。此外，本案犯罪不发生在中国领域内，不适用属地管辖；行为人不是中国公民，不适用属人管辖；被害人不是中国公民或国家，不适用保护管辖；犯罪不是国际条约中的犯罪，不适用普遍管辖。故而不适用中国刑法。

C 选项，根据《刑法》第 9 条最后一句，对案件进行普遍管辖时，定罪量刑的依据"适用本法"即国内法，而不是中国缔结或者参加的国际条约。

D 选项，根据《刑法》第 8 条，保护管辖的适用有三个条件：中国利益、3 年以上、双重犯罪。如该行为在犯罪地不认为是犯罪，则不适用中国刑法。

二、刑法的时间效力：从旧兼从轻

4. 2021 年 2 月 28 日晚上 11 时，甲从其所住三楼上朝楼下扔了 4 袋垃圾，正好砸在自家汽车上。如现在进行审理，关于甲的行为性质，以下说法**错误**的是？[2]（2021/客/卷一/1 仿）

A. 三楼不属于高空，即使甲的行为发生在《刑法修正案（十一）》实施之后，甲也不构成高空抛物罪

B. 甲扔的垃圾砸在自家汽车上，没有危害公共安全，即使甲的行为发生在《刑法修正案（十一）》实施之后，甲也不构成高空抛物罪

C. 甲的行为发生在《刑法修正案（十一）》实施之前，不成立以危险方法危害公共安全罪，根据从旧兼从轻原则，甲不成立犯罪

D. 甲的行为发生在《刑法修正案（十一）》实施之前，成立以危险方法危害公共安全罪，

---

[1] ABD　[2] ABD

根据从旧兼从轻原则，甲构成高空抛物罪

【解析】 本题考查高空抛物罪、以危险方法危害公共安全罪、《刑法修正案（十一）》、刑法时间效力。

本案发生在《刑法修正案（十一）》生效之前，根据"从旧兼从轻"的刑法时间效力规则。（1）第一步，先依"旧法"即行为当时的刑法及司法解释来认定。①当时刑法未规定高空抛物罪，故不能触犯高空抛物罪。②尽管当时 2019 年《最高人民法院关于依法妥善审理高空抛物、坠物案件的意见》第 5 条规定高空抛物有可能构成以危险方法危害公共安全罪，但前提是"足以危害公共安全"；本题情形是"扔了 4 袋垃圾"，言下之意没有造成不特定多数人员伤亡的可能，不构成以危险方法危害公共安全罪。（2）第二步，后依"新法"即审判时的刑法即现行刑法来认定。现行规定有高空抛物罪，是将其作为妨害社会管理秩序的轻罪；成罪要素是"情节严重"，亦即造成扰乱社会管理秩序即可，不必具有公共安全危险，或者危及造成人身安全。本案三楼属于高空，抛掷物品量多、恶劣，可触犯高空抛物罪。（3）第三步，从旧兼从轻，应当以行为时的刑法，认定其不构成犯罪。故而选项 C 正确，选项 D 错误。

如果本案发生在《刑法修正案（十一）》生效之后，在触犯罪名方面，原理同上：①不能触犯以危险方法危害公共安全罪；②仅能触犯高空抛物罪。故而选项 A、B 错误。

延伸思考，如果将本案案情改为：甲从高楼上扔出很多砖块、险些砸死很多人。（1）如行为发生在《刑法修正案（十一）》生效之前，则可触犯以危险方法危害公共安全罪。（2）如行为发生在《刑法修正案（十一）》生效之后，则可同时触犯高空抛物罪、以危险方法危害公共安全罪。想象竞合，择一重处，以以危险方法危害公共安全罪论处。

三、立法解释、司法解释的时间效力

5. 关于刑事司法解释的时间效力，下列哪一选项是正确的？[1]（2017/2/1）

A. 司法解释也是刑法的渊源，故其时间效力与刑法完全一样，适用从旧兼从轻原则

B. 行为时无相关司法解释，新司法解释实施时正在审理的案件，应当依新司法解释办理

C. 行为时有相关司法解释，新司法解释实施时正在审理的案件，仍须按旧司法解释办理

D. 依行为时司法解释已审结的案件，若适用新司法解释有利于被告人的，应依新司法解释改判

【疑难辨析】 考查司法解释的效力，主要涉及《最高人民法院、最高人民检察院关于适用刑事司法解释时间效力问题的规定》（高检发释字〔2001〕5 号）的规定。立法解释、司法解释不是"刑法"而只是"解释"，其时间效力，与"刑法"（刑法典及修正案、单行刑法）的时间效力不同。立法解释、司法解释的时间效力，及于被解释的刑法条款生效时。行为时无解释的，未决案可适用新解释，可溯及既往。行为时有旧解释，审判时新解释，从旧兼从轻。

【解析】 A 选项，（1）司法解释，以及立法解释，都是刑法解释，是对刑法的解释，不是法律本身，不是刑法的渊源（形式效力来源）。当前我国刑法的渊源只有刑法典、单行刑法。故前半句说法错误。（2）该选项后半句，刑法解释的时间效力与刑法（刑法典、单行刑法）也不一样。根据《刑法》第 12 条第 1 款，刑法的时间效力依照从旧兼从轻的规则，禁止不利于被告人的溯及既往。而刑法有权解释（立法解释、司法解释）的时间效力，根据《最高人民法院、最高人民检察院关于适用刑事司法解释时间效力问题的规定》（高检发释字〔2001〕5 号）第 1 条的规定，"自发布或者规定之日起施行，效力适用于法律的施行期间。"亦即，新解释可以溯及既往。因此后句说法也错误。

---

[1] B

B 选项，根据前述解释第 2 条的规定，"对于司法解释实施前发生的行为，行为时没有相关司法解释，司法解释施行后尚未处理或者正在处理的案件，依照司法解释的规定办理"。亦即，行为时无解释的，未决案可适用新解释，可溯及既往。本选项说法正确。

C 选项，根据前述解释第 3 条的规定，"对于新的司法解释实施前发生的行为，行为时已有相关司法解释，依照行为时的司法解释办理，但适用新的司法解释对犯罪嫌疑人、被告人有利的，适用新的司法解释。"亦即，行为时有旧解释，审判时新解释，从旧兼从轻。本选项说法错误。

D 选项，根据前述解释第 4 条的规定，"对于在司法解释施行前已办结的案件，按照当时的法律和司法解释，认定事实和适用法律没有错误的，不再变动。"也就是说，对于已审结的案件不再变动。事实上，即使是刑法（刑法典、单行刑法）的时间效力，根据《刑法》第 12 条第 2 款，对于已审结的案件也不再变动。本选项说法错误。

6. 关于刑法的时间效力以及司法解释的适用，以下说法不正确的有[1]（2018/客/卷一/2 仿）

A. 在刑法修正案将生产、销售假药罪（现罪名为：生产、销售、提供假药罪）由具体危险犯修正为抽象危险犯之前，行为人实施了生产、销售假药的行为，但没有造成具体危险。现在对该案进行审理，应当依照修正后的刑法，认定其构成犯罪

B. 行为人在实施某罪行为当时，刑法规定该罪的法定刑为有期徒刑三年以上五年以下，之后刑法修正案将该罪法定刑为有期徒刑一年以上七年以下。现在对该案进行审理，应当依照修正后的刑法对其定罪量刑

C. 行为人实施某连续犯罪行为，在开始实施该行为时，刑法规定该行为构成 A 罪，实施该行为终了时，刑法修正案将行为的罪名改为 B 罪，但并未改变该罪的构成要件。现在对该案进行审理，应当依照修正前的刑法，认定其罪名为 A 罪

D. 行为人实施某罪行为时，其犯罪数额为 200 万元，刑法对该罪"数额巨大"的具体标准没有明确规定。2016 年颁布的司法解释将"数额巨大"规定为 100 万元，2018 年颁布的司法解释将其改成 500 万元。现在对该案进行审理，则应适用 2018 年的司法解释，不能认定其犯罪"数额巨大"

【疑难辨析】本题考查刑法的时间效力（从旧兼从轻），以及司法解释的时间效力。对于刑法的时间效力，从旧兼从轻，判断分三段。先依旧法（行为时的法）判，再依新法（审判时的法）判；谁轻适用谁，同重用旧法。司法解释的时间效力参见前题。

【解析】A 选项，（1）行为人的行为，按"旧法"（行为时的刑法，具体危险犯）是无罪；（2）按"新法"（审判时的刑法，抽象危险犯）是有罪；（3）旧法是轻法，故应按旧法认定无罪。该选项说法错误。

B 选项，考查轻法、重法的划分标准。（1）《最高人民法院关于适用〈刑法〉第十二条几个问题的解释》第 1 条规定："《刑法》第十二条规定的'处刑较轻'，是指刑法对某种犯罪规定的刑罚即法定刑比修订前刑法轻。法定刑较轻是指法定最高刑较轻；如果法定最高刑相同，则指法定最低刑较轻。"（2）修正前的刑法规定的法定最高刑较低，为轻法。故应当适用修正前的刑法。

C 选项，考查"旧法"的含义。（1）"旧法"指行为时的刑法；行为有连续或继续状态的，指行为终了时的刑法。《最高人民检察院关于对跨越修订刑法施行日期的继续犯罪、连续

犯罪以及其他同种数罪应如何具体适用刑法问题的批复》规定，连续犯罪，其中罪名、构成要件、情节以及法定刑均没有变化的，应当适用修订后的刑法，一并进行追诉。（2）本案"旧法"、"新法"均是修正后的刑法，故按修正后的刑法的追究。

D 选项，考查司法解释的时间效力。（1）《最高人民法院、最高人民检察院关于适用刑事司法解释时间效力问题的规定》第 2 条规定："对于司法解释实施前发生的行为，行为时没有相关司法解释，司法解释施行后尚未处理或者正在处理的案件，依照司法解释的规定办理。"亦即，行为时无解释的，未决案可适用新解释，可溯及既往。不存在"中间解释"的问题。（2）故而，本案行为时无旧解释，直接适用 2018 年颁布的新的司法解释。

专题二　犯罪构成理论

(1)"客观不法—主观责任"的犯罪论体系	判断犯罪的顺序：先客观（不法），后主观（有责）。先判断行为客观上有无危害，再判断行为人主观上有无过错。不因行为人主观上有过错，就一律认为构成犯罪。客观（不法）、主观（责任）相统一，重合范围内认定罪名
(2)构成要件要素的分类	主要涉及记述构成要件要素与规范构成要件要素的区分、客观构成要件要素与主观构成要件要素的区分、积极构成要件要素与消极构成要件要素的区分。其中，规范的构成要件要素的认定具有一定的疑难性，包括四类情况：价值相关概念（好坏）、社会意义概念（公众评价）、法律概念（法律规定）、经验概念（模糊的程度轻重等）

考点一　先客观（不法）判断后主观（责任）判断的犯罪认定顺序

1. 甲女得知男友乙移情，怨恨中送其一双滚轴旱冰鞋，企盼其运动时摔伤。乙穿此鞋运动时，果真摔成重伤。关于本案的分析，下列哪一选项是正确的？[1]（2013/2/5）

A. 甲的行为属于作为的危害行为

B. 甲的行为与乙的重伤之间存在刑法上的因果关系

C. 甲具有伤害乙的故意，但不构成故意伤害罪

D. 甲的行为构成过失致人重伤罪

【疑难辨析】本题考查犯罪构成理论中，"先客观（不法），后主观（有责）"的犯罪认定顺序。先客观判断，指对行为是否符合犯罪客观构成要素（危害行为、行为对象、危害结果、因果关系等）的判断，尤其是，首先需要对行为危害性（客观危险性）进行判断。所谓行为危害性，指依照社会公众的立场，判断行为是否具有造成危害结果的可能性。危害行为的本质在于创设、增加了风险；没有增加风险、甚至降低风险的行为就不是危害行为；不具结果发生可能性；行为时不支配结果，如日常生活行为（风险微小）、发生结果概率极低的行为，均不属危害行为。

【解析】(1)在客观上，赠送他人旱冰鞋，行为时不支配危害结果，是发生危害结果概率极低的日常生活行为，不属危害行为。事实上，乙穿旱冰鞋运动时摔成重伤，风险的制造者主要系乙本人（具有相当性的条件），不能将结果归咎于甲，甲的行为与乙的重伤之间就不存在刑法上的因果关系。(2)在主观上，尽管行为人主观上具有伤害故意。因客观上无危害行为，

---

[1]　C

也不能构成犯罪。故而选项C说法正确。

2. 关于故意杀人罪，下列哪一选项是正确的？[1]（2006/2/13）

A. 甲意欲使乙在跑步时被车撞死，便劝乙清晨在马路上跑步，乙果真在马路上跑步时被车撞死，甲的行为构成故意杀人罪

B. 甲意欲使乙遭雷击死亡，便劝乙雨天到树林散步，因为下雨时在树林中行走容易遭雷击。乙果真雨天在树林中散步时遭雷击身亡。甲的行为构成故意杀人罪

C. 甲对乙有仇，意图致乙死亡。甲仿照乙的模样捏小面人，写上乙的姓名，在小面人身上扎针并诅咒49天。到第50天，乙因车祸身亡。甲的行为不可能致人死亡，所以不构成故意杀人罪

D. 甲以为杀害妻子乙后，乙可以升天，在此念头支配下将乙杀死。后经法医鉴定，甲具有辨认与控制能力。但由于甲的行为出于愚昧无知，所以不构成故意杀人罪

【解析】本题考查犯罪构成理论中，"先客观（不法）判断后主观（有责）判断"的犯罪认定顺序。A、B、C三选项中，行为人主观上均有犯罪故意。关键是看客观上行为人实施的行为是否属于刑法中的危害行为。

选项A中，甲实施的劝人在马路上跑步的行为，行为时不支配危害结果。在因果关系上，应将死亡结果归责于乙或汽车司机。不能认定甲的行为系危害行为，应认定为无罪。

选项B中，甲实施的劝人下雨时在树林中行走的行为，虽有发生遭雷击死亡的可能，但这种情况发生危害结果概率极低，不支配危害结果，不能认定甲的行为系危害行为，应认定为无罪。

选项C中，行为没有导致危害结果的可能性，不属危害行为。以上三项中，行为人的行为均不是刑法中的危害行为，故无需判断有无故意、是否未遂，应认定为无罪。

选项D中，客观上，实施了杀人行为。主观上，行为人只是愚昧而无精神问题，有责任能力；在主观方面行为人认识到了对象是人，虽是"升天"但知晓行为性质是结束人的生命，具有杀人故意；虽是出于善良动机，但动机并不是故意杀人罪的构成要件要素（只是酌情量刑情节）。即使主观上误认为杀人"升天"的好事，属违法性认识错误，但公众均能认识到杀人的违法性，应当认为属具有认识可能性的违法性认识错误，不能阻却责任。仍然构成故意杀人罪。

3. 关于犯罪认定以及罪名认定，以下说法正确的有[2]

A. 甲误将淫秽光盘当作普通光盘走私入境。虽不构成走私淫秽物品罪，但如按照普通光盘计算，其偷逃应缴税额较大时，应认定为走私普通货物、物品罪（2011/2/11 - A）

B. 甲以为是劣药而销售，但实际上销售了假药，且对人体健康造成严重危害。法院以销售劣药罪定罪处罚（2014/2/58 - D）

C. 甲明知香肠不符合安全标准，足以造成严重食源性疾患，但误以为没有毒害而销售，事实上香肠中掺有有毒的非食品原料。对甲应以销售不符合安全标准的食品罪论处（2016/2/57 - D）

D. 甲误认为长途公交车上的司机后面座位上的提包是下车的乘客乙遗忘的，下车时顺手将其拿走，实际上是司机丙放在身后的。甲构成盗窃罪（2004/2/88 改）

【解析】本题考查客观（不法）、主观（责任）相统一，重合范围内认定罪名。

A选项，（1）行为人客观上实施了走私淫秽物品的行为，主观上未认识到对象为淫秽光

盘，没有走私淫秽物品的故意，不构成走私淫秽物品罪。（2）但淫秽物品与普通货物、物品是特别与一般的关系，行为人客观上实施的走私淫秽物品的行为，可以评价为走私"特殊的"普通货物、物品；主观上有走私普通货物、物品的故意。如偷逃应缴税额较大的，客观主观相统一，根据《刑法》第153条，构成走私普通货物、物品罪。本选项说法正确。

B选项，（1）客观上实施了销售假药行为，主观上具有销售劣药罪的故意，没有销售假药罪的故意，不能构成销售假药罪。（2）客观上，销售假药行为可以评价为销售"最劣的"劣药的行为，主观上具有销售劣药罪的故意。客观主观相统一，根据《刑法》第142条，构成销售劣药罪；该罪系结果犯，本案情形造成严重危害，可构成该罪。本选项说法正确。

C选项，（1）客观上实施了销售有毒食品的行为，主观上具有销售不符合安全标准食品的故意，没有销售有毒食品罪的故意，不构成销售有毒食品罪。（2）客观上实施了销售有毒食品的行为，可以评价为销售"最"不符合安全标准的食品的行为，主观上具有销售不符合安全标准食品的故意，客观主观统一，根据《刑法》第143条，构成销售不符合安全标准的食品罪。本选项说法正确。

D选项，（1）客观上，物主司机近在咫尺，提包归司机占有，系他人占有的财物，系盗窃对象；行为人在原占有人不知情的情况拿走其提包，系秘密窃取的盗窃行为；主观上，行为人误认为提包系他人遗忘在公共场所的遗忘物，具有侵占罪故意，主观上没有盗窃他人占有财物的故意，不构成盗窃罪。（2）客观上的盗窃行为，可以评价为特别的侵占行为（盗窃之后的非法所有行为可评价为侵占行为），主观上具有侵占罪故意，主客观相统一，根据《刑法》第270条，甲的行为构成侵占罪。本选项说法错误。

考点二　构成要件要素的分类

1. 关于构成要件要素的分类，下列哪些选项是正确的？[1]（2008/2/51）

A. 贩卖淫秽物品牟利罪中的"贩卖"是记述的构成要件要素，"淫秽物品"是规范的构成要件要素

B. 贩卖毒品罪中的"贩卖"是记述的构成要件要素，"毒"是规范的构成要件要素

C. 强制猥亵妇女罪（注：现为强制猥亵、侮辱罪）中的"妇女"是记述的构成要件要素，"猥亵"是规范的构成要件要素

D. 抢劫罪的客观构成要件要素是成文的构成要件要素，"非法占有目的"是不成文的构成要件要素

【疑难辨析】本题考查构成要件要素的分类，包括主观与客观要素、规范与记述要素、积极与消极要素、成文与不成文要素，具有一定的难度。（1）客观的构成要件要素与主观的构成要件要素。说明行为外部的、客观方面的要素即为客观的构成要件要素，如行为、结果、行为对象等；表明行为人内心的、主观方面的要素即为主观的构成要件要素，如故意、过失、目的、动机等。刑事责任年龄、能力虽属责任要素，但其认定是客观的，系客观的构成要件要素。（2）积极的构成要件要素与消极的构成要件要素。积极地、正面地表明成立犯罪必须具备的要素，是积极的构成要件要素。否定犯罪性的构成要件要素，是消极的构成要件要素。（3）成文的构成要件要素与不成文的构成要件要素。刑法明文规定的构成要件要素，是成文的构

[1]　ACD

成要件要素。刑法条文表面上没有明文规定，但根据刑法条文之间的相互关系、刑法条文对相关要素的描述所确定的，成立犯罪所必须具备的要素，是不成文的构成要件要素。（4）记述的构成要件要素与规范的构成要件要素。从裁判者（法官）的立场来看，对于与构成要件要素相对应的事实，只需要进行事实判断、知觉的、认识的活动即可确定的要素，是记述的构成要件要素。与此相对，为了确定构成要件要素，需要裁判者的评价的要素，或者说需要裁判者的规范的评价活动、需要裁判者的补充的价值判断的要素，就是规范的构成要件要素。规范的构成要件要素包括四类：价值相关概念（好坏）、社会意义概念（社会功能）、纯粹法律概念（法律创设）、经验概念（模糊的经验感觉等）。

【解析】（1）"贩卖""毒品""妇女"等要素，无需裁判者进行规范评价，为记述的构成要件要素。

（2）"淫秽物品""猥亵"，涉及好与坏的价值评价，是与价值有关的概念，系规范的构成要件要素。

（3）抢劫罪的法条措辞中，客观构成要件要素在法条罪状中已明文规定，是成文的构成要件要素；"非法占有目的"未被明文规定，是不成文的构成要件要素。

2. 关于构成要件要素，下列哪一选项是错误的？[1]（2014/2/4）

A. 传播淫秽物品罪中的"淫秽物品"是规范的构成要件要素、客观的构成要件要素

B. 签订、履行合同失职被骗罪中的"签订、履行"是记述的构成要件要素、积极的构成要件要素

C. "被害人基于认识错误处分财产"是诈骗罪中的客观的构成要件要素、不成文的构成要件要素

D. "国家工作人员"是受贿罪的主体要素、规范的构成要件要素、主观的构成要件要素

【解析】A选项、B选项、C选项说法均正确。A、B两选项比较简单。"淫秽物品"是规范的构成要件要素（价值相关概念）、客观的构成要件要素（行为对象要素）。"签订、履行"是记述的构成要件要素、积极的构成要件要素。

C选项，《刑法》第266条诈骗罪的条文中并未明文规定"被害人基于认识错误处分财产"，但其是诈骗罪构成的必要客观要素（诈骗行为的组成部分），故其为不成文的构成要件要素。

D选项，"国家工作人员"是对受贿罪的主体身份的规定，故为主体（身份）要素；因其需依照《刑法》第93条规定的法律标准进行认定，系纯粹的法律概念，故为规范的构成要件要素。但是，国家工作人员要素系身份要素，无需从行为人的内心方面进行认定，故而属于客观的构成要件要素，而不是主观的构成要件要素。D选项认定其为"主观的构成要件要素"，判断错误。

3. 《刑法》第389条第1款规定："为谋取不正当利益，给予国家工作人员以财物的，是行贿罪。"同条第3款规定："因被勒索给予国家工作人员以财物，没有获得不正当利益的，不是行贿。"关于上述规定，下列哪些选项是正确的？[2]（2008延/2/51）

A. "为谋取不正当利益"是客观的构成要件要素

B. "不正当利益"是规范的构成要件要素

C. "给予国家工作人员以财物"是客观的构成要件要素、积极的构成要件要素

D. 第3款规定的内容，属于消极的构成要件要素

---

[1] D [2] BCD

【解析】（1）行贿罪中的"为谋取不正当利益"定位为行为人主观目的要素，系主观要素。注意：受贿罪中的"为他人谋取利益"系客观要素（客观上有承诺即可）。

（2）"不正当利益"中有"正当"一词，是涉及价值相关概念的规范的构成要件要素。

（3）"给予国家工作人员以财物"，是构成要件中的行为要素，是客观要素、积极要素。

（4）"没有获得不正当利益的"，不是行贿。是从反面否定犯罪的成立，故为消极要素。

4.《刑法》第246条规定："以暴力或者其他方法公然侮辱他人或者捏造事实诽谤他人，情节严重的，处三年以下有期徒刑、拘役、管制或者剥夺政治权利。"关于本条的理解，下列哪些选项是正确的？[1]（2012/2/51）

A."以暴力或者其他方法"属于客观的构成要件要素

B."他人"属于记述的构成要件要素

C."侮辱""诽谤"属于规范的构成要件要素

D."三年以下有期徒刑、拘役、管制或者剥夺政治权利"属于相对确定的法定刑

【解析】（1）"以暴力或者其他方法"是对方法手段的描述，属于客观的构成要件要素。"公然""侮辱""他人""诽谤"，均为客观的构成要件要素。

（2）对于"暴力""他人"，无需裁判者进行规范评价，为记述的构成要件要素。

（3）对于"侮辱""诽谤"，属于价值相关概念的规范的构成要件要素，需要判断的行为好与坏即进行价值判断，才能认定其是否属于"侮辱""诽谤"，系典型的规范的构成要件要素。法条中的"其他方法""情节严重"，系伴随经验事实判断的概念，也属规范的构成要件要素。

---

[1] ABCD

专题三　客观不法要件（犯罪的客观要件）

（1）不作为（不作为行为与不作为犯）	不作为的作为义务来源（形式四分法、实质三分法）；先前行为引起的义务；作为之后的不救助行为能否"单独成罪"、纯正的不作为犯与不纯正的不作为犯
（2）因果关系有无的判断	特殊体质与因果关系、介入因素与因果关系、重叠因果关系、同时犯因果关系；共同犯罪中的因果关系等

考点一　不作为行为与不作为犯

（一）不作为犯的作为义务来源（形式义务四分法、实质义务三分法）

1. 下列选项中，行为人甲的行为成立不作为犯的是？[1]（2022/客延/1/2仿）

A. 甲设置广告牌，广告牌倒塌砸倒乙，甲见状不救助导致乙死亡

B. 甲在饭店吃饭，其5岁的儿子乙盗窃饭店财物，甲见状不予制止

C. 酒店经理甲知道乙等人在酒店里组织卖淫而不报告制止

D. 甲在高速公路上超速开车撞伤乙，虽见车流很大却不救助乙，放任乙被后面多辆汽车轧压身亡

【解析】考查作为义务的来源。

A选项，在形式义务来源上，系法律规定的义务，亦即《民法典》第1252条规定的"建筑物、构筑物或者其他设施倒塌、塌陷造成他人损害的，由建设单位与施工单位承担连带责任"。在实质义务上，系基于危险源的支配而产生的监督义务。

B选项，在形式义务来源上，系法律规定的义务，亦即《民法典》第1188条："无民事行为能力人、限制民事行为能力人造成他人损害的，由监护人承担侵权责任"。在实质义务上，系基于危险源的支配而产生的监督义务。

C选项，在形式义务来源上，系行政法规规定的义务，亦即《旅馆业治安管理办法》第9条："旅馆工作人员发现违法犯罪分子，形迹可疑的人员和被公安机关通缉的罪犯，应当立即向当地公安机关报告，不得知情不报或隐瞒包庇。"在实质义务上，系基于对领域的管控而产生的对危险报告、阻止义务。

D选项，系先前行为产生的义务。《道路交通安全法》第70条："在道路上发生交通事故，车辆驾驶人应当立即停车，保护现场；造成人身伤亡的，车辆驾驶人应当立即抢救受伤人员，

---

〔1〕　ABCD

并迅速报告执勤的交通警察或者公安机关交通管理部门。"此外，本选项前段行为系交通肇事；后段行为成立不作为的（间接）故意杀人，可以独立成立不作为犯。

2. 关于不作为犯罪，下列选项说法正确的有？[1] (2020/客/1/2仿)

A. 哥哥看见成年的弟弟在杀害父亲不制止，可构成不作为犯

B. 丈夫在岳母家，看见妻子在伤害岳母不制止，可构成不作为犯

C. 外祖父看见成年女儿遗弃外孙女不理睬，可构成不作为犯

D. 爸爸看见13岁的孩子盗窃不制止，可构成不作为犯

【解析】本题在刑法上，考查的是不作为义务来源中的法律法规规定的义务；而实际上考查了民法对扶养义务的具体规定，是一道民刑结合的题目。

选项A，（1）哥哥对于成年弟弟的犯罪行为，没有制止义务。（2）但是，根据《中华人民共和国民法典》（以下简称《民法典》）第26条第2款："成年子女对父母负有赡养、扶助和保护的义务。"亦即，儿子对父亲有扶助和保护的义务，可构成不作为犯。

选项B，（1）丈夫对于妻子的犯罪行为，没有制止义务。（2）根据《民法典》第五编婚姻家庭规定，没有女婿对岳母负有扶助和保护的义务的规定。

选项C，（1）父亲对于成年女儿的犯罪行为，没有制止义务。（2）但是，根据《民法典》第1074条第1款："有负担能力的祖父母、外祖父母，对于父母已经死亡或者父母无力抚养的未成年孙子女、外孙子女，有抚养的义务。"本案母亲不抚养，视为无力抚养，因此，外祖父对被遗弃的外孙女负有抚养义务，可构成不作为犯。亦即，刑法认为，第一顺位的保护人不在场或不保护时，第二顺位的保护人当然有"顺位"保护的义务。

选项D，根据《民法典》第26条第1款，父母对未成年子女负有抚养、教育和保护的义务。根据第1188条："无民事行为能力人、限制民事行为能力人造成他人损害的，由监护人承担侵权责任。"由此，可将"教育"义务扩大解释为监督义务，父亲对未成年子女实施的侵权行为具有制止义务，可构成不作为犯。

3. 关于不作为犯罪，下列哪些选项是正确的？[2] (2015/2/52)

A. 儿童在公共游泳池溺水时，其父甲、救生员乙均故意不救助。甲、乙均成立不作为犯罪

B. 在离婚诉讼期间，丈夫误认为自己无义务救助落水的妻子，致妻子溺水身亡的，成立过失的不作为犯罪

C. 甲在火灾之际，能救出母亲，但为救出女友而未救出母亲。如无排除犯罪的事由，甲构成不作为犯罪

D. 甲向乙的咖啡投毒，看到乙喝了几口后将咖啡递给丙，因担心罪行败露，甲未阻止丙喝咖啡，导致乙、丙均死亡。甲对乙是作为犯罪，对丙是不作为犯罪

【疑难辨析】本题考查不作为犯罪中的作为义务来源，主是考查形式义务根据（形式四分法）。作为义务依据在形式上可分为四种（形式四分法）：法律、法规规定的义务；职务或者业务要求的义务；法律行为引起的义务；先前行为引起的义务。

【解析】A选项，父亲对儿童有民法规定的救助义务（《民法典》第26条第1款，保护），救生员对落水者有职务上的救助义务；在因果关系上，只有二人均不救，才致死亡，对于死亡结果均具有因果关系（重叠因果），故均成立不作为犯罪。

B选项，（1）在客观不法层面，离婚尚未生效，夫妻关系尚未解除，丈夫对于妻子有民法规

---

[1] ACD [2] ACD

定的救助义务（《民法典》第1059条，扶养）。不救助导致死亡，系不作为致死行为。（2）在主观责任层面上，对于妻子该特定对象认识正确，明知不救会导致死亡结果，对于死亡结果具有故意。对于构成要件要素均有认识，对于事实认识没有错误，具有杀人罪故意。（3）误认为没有救助义务，系对行为法律性质的认识错误，属违法性认识错误，不阻却故意成立；一般公众均可认识到不救有错，属于具有认识可能性的违法性认识错误，不阻却责任。（4）客观不法＋主观故意责任＝故意的不作为犯罪；而不是"过失"的不作为犯罪。

C选项，（1）在不作为义务上，只对母亲有救助义务（《民法典》第26条第2款，保护），不救母亲系不作为行为；对于女友没有救助义务，如不救女友不构成不作为行为；（2）因为只有一项法律义务，不属义务冲突的违法阻却情况，故而不救母亲仍属不法；（3）一般可认为可能具有期待不可能等责任阻却事由，但选项已叙明"如无排除犯罪的事由"，故而甲构成不作为犯罪。

D选项，（1）甲对乙，创设风险"不当为而为之"，系作为行为；主观上具有杀人故意，构成故意杀人罪。（2）甲对丙，投毒行为引起风险，具有因先前行为而引起的作为义务，有能力制止而不制止，系负有消除风险义务而不履行"当为而不为"，系不作为行为；主观上具有杀人故意，构成不作为的故意杀人罪。故而说法正确。（3）但如果深究，把案情修改为：甲给乙投毒后，走了，乙递给丙，丙死。则甲对丙，客观上实施的危害行为实际与投毒杀乙（作为）的行为，是同一行为；主观上系打击错误、具体错误。（4）因此，本选项中甲对丙的行为，实际上是由：投毒（作为）＋不制止（不作为）两阶段组成，整体上合并评价为一个杀人行为。

4. 下列哪些选项成立不作为犯罪？[1]（2008延/2/52）

A. 过路人甲看见某公寓发生火灾而不报警，导致公寓全部被烧毁

B. 成年人乙带邻居小孩出去游玩，小孩溺水，乙发现后能够救助而不及时抢救，致使小孩被淹死

C. 丙重男轻女，认为女儿不能延续香火，将年仅1岁的女儿抱到火车站，放在长椅上后匆匆离开。因为天冷，等警察发现女孩将其送到医院时，女孩已经死亡

D. 司机丁意外撞倒负完全责任的行人刘某后，没有立即将刘某送往医院，刘某死亡。事后查明，即使司机丁将刘某送往医院，也不可能挽救刘某的生命

【解析】A选项，考查法律、法规规定的义务，与刑法上不作为行为的关系。根据《中华人民共和国消防法》（以下简称《消防法》）的规定，公民发现火情后有报警义务；但此义务为行政法义务。但是，由于刑法上没有规定对应的"不报警"犯罪，故而甲只是行政法上的不作为行为，而不是刑法上的不作为行为。此外，火灾结果与不报警行为也无刑法上的因果关系。

B选项，考查法律行为引起的义务。成年人乙带邻居小孩出去游玩，因自愿接受行为而成为未成年人的临时监护人，对于小孩的危难负有保护义务。

C选项，考查法律、法规规定的义务。丙作为父母，依据婚姻家庭法负有抚养未成年子女的义务，有能力履行却不履行，系不作为行为。在性质上，不支配生命，系遗弃行为，不是杀人行为；导致其死亡，系致死行为。将小孩放在火车站长椅上，主观上有遗弃故意，对死亡结果系过失。丙触犯遗弃罪、过失致人死亡罪，系想象竞合。

D选项，考查先前行为引起的义务，与不作为犯罪的关系。（1）在作为义务有无层面上，

---

[1] BC

依题意行人负完全责任，司机对事故没有责任，亦即，司机未违章而行人违章。即便如此，根据《中华人民共和国道路交通安全法》第70条："在道路上发生交通事故，车辆驾驶人应当立即停车，保护现场；造成人身伤亡的，车辆驾驶人应当立即抢救受伤人员，并迅速报告执勤的交通警察或者公安机关交通管理部门"，司机有法律法规规定的法定救助义务。有能力救助而不救助，系不作为行为。（2）但在因果关系上，题意强调"即使司机丁将刘某送往医院，也不可能挽救刘某的生命"，说明不作为行为与死亡结果无因果关系，不符合不作为犯成立的因果关系条件，不构成不作为犯罪。

5. 下列选项中行为人甲构成不作为犯的有[1]（2019/客/卷一/2 仿）

A. 派出所的在押人员乙，告知民警甲说家里有孩子丙无人看管，请求甲帮助看管或通知家属；乙忘了此事，结果孩子因无人看管在家中出现了意外身亡

B. 货车司机甲在高速公路上，将横穿高速的乙撞倒致重伤后，害怕处罚而将乙拖往外地偏僻处抛弃，导致乙流血过多死亡

C. 甲路过河边时，发现有一个小孩乙落水，甲不想惹事，尽管能轻易救助但不救治而匆忙离开，导致乙因无人救助而溺死

D. 母亲甲因外出吸毒，而把两个孩子（1岁、3岁）放在家里不管，孩子死亡

【解析】 A选项，警察客观上具有基于职务、业务而救助公民危难的作为义务（《中华人民共和国人民警察法》第28条），主观上具有过失，可构成不作为过失犯罪（如玩忽职守罪等）。

B选项，考查作为与不作为的区分。甲将乙拖往外地偏僻处抛弃的行为，系创设风险、增加风险的作为行为，系作为犯，构成故意杀人罪，而不是不作为犯。如果是撞倒后逃走不救助，系不作为行为。

C选项，甲没有四种形式义务来源的任何一种，没有救助义务，不构成不作为行为。

D选项，母亲甲客观上负有婚姻家庭法上的扶养义务，系不作为行为；该不作为行为支配生命，属杀人行为。主观上对死亡结果系故意，构成故意杀人罪，系不作为犯。

6. 关于不作为犯，以下说法正确的有[2]（2018/客/卷一/4 仿）

A. 甲、乙共同入户抢劫丙，进入被害人丙家后，甲将丙捆绑后，二人共同实施了抢劫行为。之后，乙为灭口而临时起意杀害了丙，甲站在一旁观看没有制止。乙还可构成故意杀人罪，系作为犯；甲也可构成故意杀人罪，系不作为犯

B. 母亲甲生下女婴丙后不想扶养，让自己的妹妹乙拿去扔掉，乙遂将女婴丙扔到某菜市场。甲有扶养义务，可构成遗弃罪，系不作为犯。乙虽没有扶养义务，但仍可构成遗弃罪

C. 失主甲空手追赶小偷乙，乙逃至河边，为摆脱甲的追赶而跳河，欲游到对岸。乙游至河心时因体力不支，向甲呼救。甲心想"淹死也算活该"，未对乙施救，乙溺亡。甲的行为构成不作为犯的故意杀人罪

D. 父亲甲过失将自己的孩子摔在地上，看孩子没有哭闹，就没有送往医院。三天后孩子死亡，经查明，死亡原因是脑部受到重创导致的，但查明受伤太严重，就算当时被摔当时送往医院也救不活。甲的行为不构成不作为犯的故意杀人罪

【解析】 A选项，（1）乙抢劫后灭口而杀人，构成抢劫罪（基本犯）、故意杀人罪，两罪并罚。（2）对于甲：只有先前行为与危险的造成具有刑法上的因果关系，行为人才有作为义务。①乙实施的杀人行为，与之前甲、乙的共同抢劫行为，之间具有条件关系。②但是，应当

---

[1] AD [2] BD

负主要责任的条件是乙的实行过限，与其有因果关系。亦即，甲与乙实施的抢劫行为，与乙实施的杀人行为，仅有条件关系，而无因果关系。③甲不具有因先前行为引起的作为义务，对乙实施的杀人行为没有制止义务，不能构成不作为的故意杀人罪。只构成抢劫罪（基本犯）一罪。

B选项，（1）对于实行者乙，将女婴扔在菜市场的行为，未支配生命，不属杀人行为，属于遗弃行为；但乙自身没有保护女婴的义务（没有保护人身份），不构成遗弃罪的正犯。（2）对于支配者甲，负有民法规定的抚养义务（具有保护人身份），而利用没有身份的乙实施遗弃行为，构成遗弃罪的间接正犯。（3）乙以作为形式帮助甲实施不作为犯，行为本身是作为形式，但构成的罪名是不作为犯。系遗弃罪的帮助犯。

C选项，（1）失主甲空手追赶小偷乙，追赶行为与落水风险之间虽具有条件关系；（2）但小偷乙自己跳河也是落水风险的另一个条件，并且是应当负主要责任的条件，具有因果关系。（3）亦即，甲的追赶行为与落水风险之间只有条件关系，没在因果关系，甲不具有因先前行为引起的作为义务，不能构成不作为犯。

D选项，（1）前段行为系过失的作为行为。（2）对于后段行为，甲具有先前行为引起的救助义务，但因死亡结果与不救助行为之间没有因果关系，不能将死亡结果归因于不作为，只能归因于之前的作为。（3）故甲构成过失的作为犯，而不是不作为犯。

7. 关于不作为犯罪的判断，下列哪一选项是错误的？[1]（2014/2/5）

A. 小偷翻墙入院行窃，被护院的藏獒围攻。主人甲认为小偷活该，任凭藏獒撕咬，小偷被咬死。甲成立不作为犯罪

B. 乙杀丙，见丙痛苦不堪，心生悔意，欲将丙送医。路人甲劝阻乙救助丙，乙遂离开，丙死亡。甲成立不作为犯罪的教唆犯

C. 甲看见儿子乙（8周岁）正掐住丙（3周岁）的脖子，因忙于炒菜，便未理会。等炒完菜，甲发现丙已窒息死亡。甲不成立不作为犯罪

D. 甲见有人掉入偏僻之地的深井，找来绳子救人，将绳子的一头扔至井底后，发现井下的是仇人乙，便放弃拉绳子，乙因无人救助死亡。甲不成立不作为犯罪

【疑难辨析】本题主要考查不作为犯中的实质义务根据（特别是A、C选项）。实质的义务根据，是为了说明了具备何种实质条件时，行为人才具有作为义务。包括：基于对危险源的支配产生的监督义务、基于特殊保护关系产生的保护义务、基于对领域的支配产生的报告和救助义务（实质三分法）。在认定行为人是否具有作为义务时，如运用形式四分法难以认定，就可动用实质三分法进行认定。

【解析】A选项，（1）因甲是藏獒的主人，基于对危险物的管理义务，而负有制止狗咬人的作为义务。形式义务来源为民法规定的动物饲主对动物的监管义务，即法律法规规定的义务。在不法积极层面由，属不作为致死行为。（2）在不法消极层面上，对小偷的盗窃行为虽可防卫，但令狗咬死其系属防卫过当，仍为不法行为。

B选项，（1）乙的前段行为系作为的杀人行为；之后，基于先前创设风险的行为而负有对丙的救助义务，可以认为乙具有保护人身份（救助义务），其后段行为如单独评价系不作为行为。在罪数上，后段不行为杀人行为与前段作为杀人行为，可合并整体评价为一个作为的故意杀人罪既遂。（2）路人甲无救助义务（保护人身份），不能成为不作为犯的正犯；但无身份之人教唆有身份之人犯有身份之罪，可成立不作为犯罪的教唆犯。（3）甲是在乙实施后段行为

[1] C

时加入，二人对后段行为成立共同犯罪（不作为的共同犯罪）。

C选项，（1）在客观不法层面上，因甲是乙的监护人，基于监督地位，负有制止乙杀丙的作为义务。有能力制止而不制止，系不作为行为。形式义务来源为民法规定的未成年人监护人对未成年人的监管义务，即法律法规规定的义务。（2）在主观方面，按照题意对结果是过失。构成过失致人死亡罪。C选项说甲不成立不作为犯罪，说法错误。

D选项，甲没有实施创设、升高风险的作为行为。选项问的甲不救助的行为是否属于刑法上的不作为行为，关键要看甲是否负有救助义务，可以从形式四分法或实质三分法方面分析。（1）甲没有四种形式义务来源。（2）在实质义务层面上，风险并非甲监管或创设、甲与乙也无保护关系、风险也未发生在甲支配的领域，甲不负有任何救助乙的作为义务，不构成不作为行为。（3）甲救助乙的半途中停止救助，但其之前行为并未创设和增加风险，没有继续救助到底的义务。故甲不成立不作为犯罪。

8. 关于不作为犯罪，下列哪些选项是正确的？[1]（2011/2/52）

A. 宠物饲养人在宠物撕咬儿童时故意不制止，导致儿童被咬死的，成立不作为的故意杀人罪

B. 一般公民发现他人建筑物发生火灾故意不报警的，成立不作为的放火罪

C. 父母能制止而故意不制止未成年子女侵害行为的，可能成立不作为犯罪

D. 荒山狩猎人发现弃婴后不救助的，不成立不作为犯罪

【解析】A选项，属于基于对危险源的支配产生的监督义务。宠物饲养人对宠物造成的危险负有制止义务。形式义务来源为民法规定的动物饲主对动物的监管义务，即法律法规规定的义务。

B选项，考查法律、法规规定的义务，与不作为犯罪的关系。根据《消防法》的规定，公民发现火情后有报警义务；但此义务为行政法义务。但是，由于刑法上没有规定对应的"不报警"犯罪，故而甲只是行政法上的不作为，而不是刑法上的不作为行为。此外，火灾结果与不报警行为也无刑法上的因果关系，故不成立不作为的放火罪。

C选项，属于基于对危险源的支配产生的监督义务。父母是未成年子女的监护人，对其造成的危险负有制止义务。形式义务来源为民法规定的未成年人监护人对未成年人的监管义务，即法律法规规定的义务。

D选项，我国法律未规定荒山狩猎人有救助义务、风险并非其监管或创设、弃婴与狩猎人之间无特殊关系、没有保护义务，风险也未发生在其支配的领域，其在形式和实质上不负有救助乙的作为义务。故而狩猎人不救助，只是违反道德义务，而未违反法律义务，不成立不作为犯罪。

9. 关于不作为犯，下列说法正确的有？[2]（2023/客 A/卷一/仿1）

A. 嫖客甲男去卖淫女乙女家里嫖娼，准备发生性行为时，乙女心脏病发作，甲男害怕自己嫖娼的事情败露，没救助乙女就离开，乙女死亡。则甲男构成不作为犯

B. 甲、乙是同住同一宿舍的舍友，某晚宿舍发生火灾，甲惊醒后没有叫醒乙，自己一人逃离，乙被烧死。则甲构成不作为犯

C. 甲在某宾馆住宿时，发现宾馆的用电线路裸露，有发生火灾的危险，但其退房时未提醒宾馆；后线路短路，引发火灾。则甲不构成不作为犯

D. 公交车司机甲在公交车上发现小偷乙在盗窃丙的财物，但没有阻止，导致乙盗窃得逞。

---

[1] ACD　[2] BCD

则甲不构成不作为犯

【解析】本题考点：不作为犯、作为义务。

主要考察先前行为引起的作为义务，须有因果关系；以及对管控领域的报告和救助义务，以及法律明文规定的负责事项的具体范围。

选项A，（1）按题意，乙女心脏病发作的危险，系自身疾病突发，与甲男"准备嫖娼"的先前行为，没有因果关系，甲男没有先前行为引起的义务（如果心脏病是由性交引起的，则甲男有义务）；（2）同时，危险发生在乙女家中，不是甲男管控的领域，其也没有基于管控领域而产生的报告和救助义务。

选项B，宿舍相当于临时居所（住宅），甲、乙二人是宿舍空间的共同管控者，在乙发生危险时，甲就是空间的唯一管控者，具有基于管控领域而产生的报告和救助义务。同时，叫醒乙也是举手之劳，具有救助能力。

选项C，《民法典》对经营场所的风险承担者有明文规定。（1）根据《民法典》第1198条，宾馆、商场、银行、车站、机场、体育场馆、娱乐场所等经营场所、公共场所的经营者、管理者，负有安全保障义务。宾馆用电线路裸露的检查、维护、修理责任，应由宾馆负责，而不归旅客负责。（2）与选项C不同，本选项中风险的被害人是宾馆，而不是空间中的其他人；甲退房后，也不再是场所的使用者。

选项D，《民法典》关于客运合同中承运人对的旅客责任，区分为人身、财产进行了明文规定。（1）对于人身，根据《民法典》第822条，承运人在运输过程中，应当尽力救助患有急病、分娩、遇险的旅客。对于财产，第824条，在运输过程中旅客随身携带物品毁损、灭失，承运人有过错的，应当承担赔偿责任。也就是，对于旅客随身携带物品，公交车司机只要有过错时，才负责。（2）乙的盗窃行为，与丙财物被偷走的结果有因果关系；司机对此没有保管和提醒义务（如果是乙在对丙进行人身侵害"遇险"，则甲有义务）。

10. 关于不作为犯，下列说法正确的有？[1]（2023/客B/卷一/仿1）

A. 甲经常在乙家一起吸毒，某次二人一起又在乙家吸毒时，乙因吸毒过量口吐白沫，害怕自己吸毒的事情败露，没救助乙就离开，乙死亡。则甲构成不作为犯

B. 两个旅游的人甲、乙旅游中相遇，一见如故、相谈甚欢，二人遂一起同行，经过山下时突发山崩，甲在能救助的情况下没有救助，导致乙死亡。则甲不构成不作为犯

C. 乙进入甲的单身宿舍喝农药自杀，甲见状没有救助而迳直离开，五小时后乙被人发现送医救助，因中毒时间过久而死亡。则甲构成不作为犯

D. 民警甲在非工作时间去自己管辖的片区的某酒吧，发现酒吧有人正在强迫乙女卖淫，甲认为不属于自己工作时间，遂没有阻止。则甲构成不作为犯

【解析】本题考点：不作为犯、作为义务。

选项A，（1）乙自陷风险，与甲的行为，没有因果关系，甲没有先前行为引起的义务；（2）同时，危险发生在乙家中，不是甲管控的领域，其也没有基于管控领域而产生的报告和救助义务。

选项B，（1）甲、乙二人系陌生人，没有民法规定互负救助义务的近亲属关系，也不是类似登山组织此类的危险共同体中关系紧密的队友，当然没有救助义务。（2）有人主张甲是乙危险的"唯一救助人"；刑法从来没有此规定，不仅如此，历年法考中邀请一起漂流、一起游泳，均无救助义务。

---

[1]　BCD

选项 C，宿舍相当于临时居所（住宅），甲就是空间的唯一管控者，具有基于管控领域而产生的报告和救助义务。

选项 D，根据《人民警察法》第 19 条："人民警察在非工作时间，遇有其职责范围内的紧急情况，应当履行职责"。

（二）关于"先前行为引起的义务"

11. 下列哪一选项构成不作为犯罪？[1]（2012/2/4）

A. 甲到湖中游泳，见武某也在游泳。武某突然腿抽筋，向唯一在场的甲呼救。甲未予理睬，武某溺亡

B. 乙女拒绝周某求爱，周某说"如不答应，我就跳河自杀"。乙明知周某可能跳河，仍不同意。周某跳河后，乙未呼救，周某溺亡

C. 丙与贺某到水库游泳。丙为显示泳技，将不善游泳的贺某拉到深水区教其游泳。贺某忽然沉没，丙有点害怕，忙游上岸，贺某溺亡

D. 丁邀秦某到风景区漂流，在漂流筏转弯时，秦某的安全带突然松开致其摔落河中。丁未下河救人，秦某溺亡

【疑难辨析】 本题考查先前行为与作为义务的关系。并非所有先前行为都能产生作为义务，只有风险是由先前行为创设、增加的，先前行为与危险具有刑法上的因果关系（应当负主要责任的条件），行为人才负有的排除危险的作为义务。

【解析】 A 选项，武某陷于危险，非甲造成，甲无先前行为引起的义务；武某与甲亦无特殊保护关系，我国刑法也未规定"见危不救罪"，甲在形式上、实质上均无救助义务。故甲不救助，只是违反道德义务，不属刑法上的不作为行为，不成立不作为犯罪。

B 选项，造成周某自杀风险的条件有二：一是乙女先前拒绝行为，二是周某的自杀行为。周某自主自决的自杀行为，是造成风险的主要条件，与风险有刑法上的因果关系。自杀一般认为是自杀者本人制造的风险。乙女拒绝的行为，虽与风险有条件关系，但不是负主要责任的条件，无刑法上的因果关系。不认为是其先前行为制造的风险，乙女无救助义务。

C 选项，丙将贺某"拉到"深水区，贺某到深水区的风险是由丙"拉"的行为制造的，与丙的先前行为有因果关系，丙有救助义务。

D 选项，造成秦某掉落河中风险的条件有二：一是丁"邀"的行为，二是秦某去的行为。秦某是成年人，具有自主自决意思能力。秦某到危险水域漂流自陷风险的行为系造成的风险主要条件，有因果关系。丁"邀"的行为虽与危险有条件关系，但不是负主要责任的条件，无刑法上的因果关系。丁无救助义务。

12. 梁某与好友强某深夜在酒吧喝酒。强某醉酒后，钱包从裤袋里掉到地上，梁某拾后见钱包里有 5000 元现金就将其隐匿。强某要梁某送其回家，梁某怕钱包之事被发现，托辞拒绝。强某在回家途中醉倒在地，被人发现时已冻死。关于本案，下列哪些选项是正确的？[2]（2007/2/52）

A. 梁某占有财物的行为构成盗窃罪

B. 梁某占有财物的行为构成侵占罪

C. 梁某对强某的死亡构成不作为的故意杀人罪

D. 梁某对强某的死亡不构成不作为的故意杀人罪

【解析】（1）强某醉酒掉到在身旁的钱包，因物主近在咫尺，系强某占有的财物，是盗窃

---

[1] C [2] AD

罪的对象；不属脱离占有的遗忘物，不是侵占罪对象。梁某趁强某无知情而拿走，系秘密窃取的盗窃行为，根据《刑法》第264条，构成盗窃罪。故选项A正确，选项B错误。（2）本案的疑难问题在于后一行为，担心盗窃行为被发觉而拒送人回家导致死亡，是否构成不作为犯？判断的关键是行为人有无作为义务。只有创设、增加风险的先前行为（具有刑法上的因果关系即系主要条件）才能引起作为义务。梁某虽实施了先行的盗窃行为，但该先行行为没有创设、增加强某生命危险。此外，梁某虽与强某一起喝酒，但强某具有自由意志选择喝与不喝，强某醉酒与梁某与之一起喝酒的行为仅有条件关系，但并非负主要责任的条件，没有因果关系；负主要责任的条件系强某自己饮酒的自陷风险行为，与之有因果关系。故而，梁某没有先前行为引起的救助义务。梁某与强某之间也不存在保护关系，也没有其他作为义务来源，故其不构成不作为犯。（3）当然，如果强某醉酒是由梁某强灌等原因直接导致的，或者梁某盗走的东西系强某保暖、维生之用，则可能因先前行为而产生救助义务。故选项D正确，选项C错误。

13. 丁某系间歇性精神病人，丁某之妻郭某系丁某的监护人。一日，二人到丁父母家吃饭时，丁某和其父母争吵，突然精神病发作丧失责任能力，拿起菜刀砍其父母，将其父母砍倒（当时未死）。郭某并未劝阻，也并未施救，也未报警，而是关灯关门带丁某离开，丁父母流血休克而亡。后到家后郭某还将丁某沾有血迹的衣服和鞋子洗干净。事后查明，丁某父母被砍后伤重，即使及时送医仍会死亡。关于郭某行为的定性，以下说法正确的有[1]（2018/客/卷一/5仿）

A. 郭某构成故意杀人罪

B. 郭某行为系不作为犯

C. 郭某构成故意杀人罪和帮助毁灭证据罪，数罪并罚

D. 郭某清洗衣服鞋子的行为，构成帮助毁灭证据罪

【解析】对于丁某的行为，在客观不法层面上，系作为的杀人行为；但在主观责任上，系间歇性精神病人，杀人行为当时无责任能力，不构成故意杀人罪。

对于郭某：（1）对于前段不制止、不救助的行为。由于其系丁某的监护人，具有法律规定的监护义务，对于丁某的杀人行为，具有监管和制止义务。对于丁某突发的杀人行为，尚可认为无法制止，没有作为能力。（2）对于之后因丁某造成父母重伤之后，可以报警救助，应认为具有救助能力。但是，不作为犯的成立，除了作为义务、作为能力之外，还需不作为行为与危害结果之间具有因果关系，题干已经叙明，丁某父母没有救活的可能性，故而，死亡结果与郭某的不作为行为之间不具因果关系，郭某不能构成不作为犯，即故意杀人罪。（3）对于后段清洗衣服鞋子的行为，可构成帮助毁灭证据罪。由于前行为，郭某并不构成故意杀人罪，不是本犯，因此，具有期待可能性。（4）故而，D选项当选。

（三）先前作为行为后续的不救助行为能否"独立成立不作为行为（不作为犯）"

14. 关于不作为犯罪，下列哪些选项是正确的?[2]（2010/2/52）

A. 甲在车间工作时，不小心使一根铁钻刺入乙的心脏，甲没有立即将乙送往医院而是逃往外地。医院证明，即使将乙送往医院，乙也不可能得到救治。甲不送乙就医的行为构成不作为犯罪

B. 甲盗伐树木时砸中他人，明知不立即救治将致人死亡，仍有意不救。甲不救助伤者的行为构成不作为犯罪

C. 甲带邻居小孩出门，小孩失足跌入粪塘，甲嫌脏不愿施救，就大声呼救，待乙闻声赶

来救出小孩时，小孩死亡。甲不及时救助的行为构成不作为犯罪

D. 甲乱扔烟头导致所看仓库起火，能够扑救而不救，迅速逃离现场，导致火势蔓延财产损失巨大。甲不扑救的行为构成不作为犯罪

【疑难辨析】本题主要考查先前的作为行为创设风险的不救助行为能否"独立成立不作为行为（不作为犯）"。一看因果关系，二看能否合并评价。先看结果可否归因于不救助（因果关系），再看二行为性质是否相同、是否持续行为、结果是否包容。

【解析】选项 A，先前行为铁钻刺人是在过失支配下的作为行为，创设风险；后行为不救助是在故意支配下的不作为行为。一看因果关系。救了也不能活，死亡结果与不救助行为之间不具有条件关系和因果关系，不符合构成不作为犯的第三个客观条件"不作为导致结果发生或危险"，虽是不作为行为，但不能构成不作为犯罪。死亡结果归因于之前的过失作为行为，应以重大责任事故罪（包容过失致人死亡罪）论处，系作为犯。选项 A 错误。

选项 B，先前行为盗伐树木作为行为砸中他人，创设风险；后行为不救助，是不作为行为。一看因果关系。不立即救治将致人死亡，死亡结果与不救助行为有因果关系。二看能否合并评价。后行为可独立构成不作为故意杀人罪，不能被先前的盗伐林木罪所包容。前后两罪应数罪并罚。选项 B 正确。

选项 C，考查作为义务的有无判断。甲带邻居小孩出门，因甲因临时监护法律行为而产生救助义务，相当于临时监护人，对于小孩有救助义务。尽管小孩失足跌入粪塘系本人行为造成，但甲基于临时监护人的身份应无条件地救助，其有能力而不及时救助造成结果即可构成不作为犯罪。选项 C 正确。

选项 D，乱扔烟头的先前作为行为创设风险，后续的不扑救行为系不作为行为。一看因果关系。扔烟头之后还能扑救，火灾结果与不扑救行为具有因果关系。二看能否合并评价。后行为导致的是故意放火的结果，不能被之前失火行为所包容，后行为可独立构成不作为放火罪。选项 D 正确。

15. 甲对正在实施一般伤害的乙进行正当防卫，致乙重伤（仍在防卫限度之内）。乙已无侵害能力，求甲将其送往医院，但甲不理会而离去。乙因流血过多死亡。关于本案，下列哪一选项是正确的？[1]（2013/2/7）

A. 甲的不救助行为独立构成不作为的故意杀人罪

B. 甲的不救助行为独立构成不作为的过失致人死亡罪

C. 甲的行为属于防卫过当

D. 甲的行为仅成立正当防卫

【疑难辨析】本题考查先前行为是正当行为时，行为人有无救助义务，如何判断罪数的问题。应采用"三步法"判断：第一步，先不考虑先前行为的防卫、避险性质；而直接将先前作为行为评价为价值中立的"裸的"作为的伤害、杀害行为等（客观不法的积极层面判断：危害行为）。第二步，再看后续的不救助行为，是否与最终结果之间具有因果关系，能否与先前作为行为合并评价（客观不法的积极层面判断：危害结果）。第三步，最后判断合并行为造成的结果是否超过正当限度，以判断结果是否过当（客观不法的消极层面判断：结果是否正当）。

【解析】（1）第一步，先不考虑正当防卫的问题，甲先故意伤害致乙重伤，先前行为创设了风险，有救助义务；不救助致其死亡，系不作为致死行为。

---

[1] C

（2）第二步，前后两行为合并评价，伤害＋致死，按高度行为吸收低度行为的规则，可合并评价为致死行为一个行为。

（3）第三步，考虑防卫以及是否过当问题。题干已经设定此防卫的最高限度是重伤，故而以致死手段防卫造成死亡结果，超过了必要限度重伤，系防卫过当。认定为防卫过当致人死亡。

（4）在主观罪过方面，防卫过当一般是过失犯罪，也可能是故意犯罪。防卫过当中的罪过不是指对事实结果的心态，而是对过当结果的心态（责任故意）。本题题干中"甲不理会"提示对过当结果（不法结果）系故意，亦即明知过当而有意为之。客观主观相统一，根据《刑法》第232条罪名应当认定为故意杀人罪；根据《刑法》第20条第3款属防卫过当，只对过当结果（死亡减除重伤）负责，应当减轻或免除处罚。

（5）A选项、B选项中，之后的不救助行为不能单独评价为不作为行为，而应与之前的伤害行为合并评价，认为"独立"构成不作为犯的说法错误。

16. 甲因家中停电而点燃蜡烛时，意识到蜡烛没有放稳，有可能倾倒引起火灾，但想到如果就此引起火灾，反而可以获得高额的保险赔偿，于是外出吃饭，后来果然引起火灾，并将邻居家的房屋烧毁。甲以失火为由向保险公司索赔，获得赔偿。对于此案，下列哪一选项是正确的？[1]（2008延/2/13）

A. 就放火罪而言，甲的行为属于不作为犯

B. 就放火罪而言，甲的行为属于作为与不作为的结合

C. 就保险诈骗罪而言，甲的行为属于不作为犯

D. 就保险诈骗罪而言，甲的行为属于作为与不作为的结合

【解析】本题考查作为犯、不作为犯的区分。（1）放火罪是不纯正的不作为犯，可由作为和不作为的方式构成。（2）甲没有放稳蜡烛的先前行为，系过失的作为行为；引起火灾的危险，甲负有消除危险的义务（先行行为引起的义务）；甲实施的不扶稳的后行为，系不作为行为。（3）在因果关系上，火灾结果与不扶稳行为有因果关系。按题意，对火灾结果系故意。不能被先前的过失行为包容。后行为可独立成立不作为的放火罪。故选项A正确，选项B说法错误。（4）甲向保险公司虚假索赔，是制造保险公司财产损失的行为，属于作为犯，构成保险诈骗罪。故选项C、D说法错误。

17. 甲因与丙发生婚外情而欲与妻子乙离婚，乙拒绝离婚，丙提议往乙喝的牛奶里投毒。甲投毒后，乙不知牛奶有毒，端给儿子丁喝。甲说儿子已经喝过牛奶了，乙坚持给儿子喝。丁喝完牛奶后中毒，被乙送往医院经抢救未脱险仍死亡。关于本案，下列哪些选项是正确的？[2]（2021/客/卷一/2仿）

A. 如认为甲有义务阻止丙将有毒饮料递给丁喝而不阻止，则甲成立不作为故意杀人罪的间接正犯

B. 如认为甲有义务保护丁而不保护，则甲成立不作为故意杀人罪的直接正犯

C. 无论认定丙属于对象错误还是方法错误，只要坚持法定符合说，丙均成立故意杀人罪既遂的教唆犯

D. 按照共犯从属性原则，不能将甲杀丁的事实归属于丙，丙仅成立故意杀人罪未遂的教唆犯

---

[1] A [2] ABC

```
        教唆    ①利用    投毒
作为  丙 ──→ 甲 ──→ 乙 ──→ 乙 ──→ 危险
                    │     不制止
                    │  ──────────→
                    │              丁 ──→ 死亡
               ②不救助              ↑
                    └──────────────┘
```

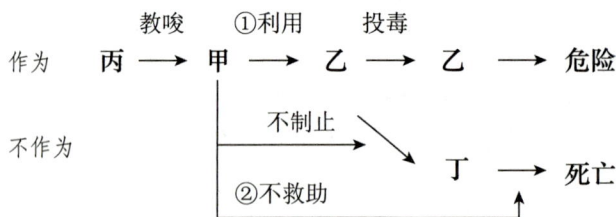

【解析】 本题考查不作为、行为个数、认识错误、共同犯罪、间接正犯。

（一）实行者妻子乙：客观上致儿子丁死亡，主观上系意外事件，不构成犯罪。

（二）正犯甲：1. 对妻子乙，利用妻子自己喝毒药杀害妻子，系作为杀人行为；主观上具有直接故意；构成故意杀人罪未遂、直接正犯。2. 对儿子丁：（1）在客观行为上，①利用不知情的乙杀丁，系作为杀人行为、间接正犯行为；②具有因先前投毒行为产生的制止妻子乙的义务，而不制止，利用没有故意的乙杀丁，系不作为杀人行为、间接正犯行为；③甲本人具有因民法规定的保护儿子丁的义务，而不保护，系不作为杀人行为、直接正犯行为。（2）在行为个数上：①甲利用乙杀丁的作为行为，与不制止乙杀丁的不作为行为，是同一个行为；作为吸收不作为，认定为作为的杀人行为。②甲利用乙杀丁的作为杀人行为，与不救助丁的不作为杀人行为，虽是两个阶段，但是整体上，作为杀人行为吸收不作为杀人行为，整体上认定为一个作为的杀人行为。（3）主观上，对于对象人儿子，没有认识错误，具有杀人直接故意。构成故意杀人罪、间接正犯，系犯罪既遂。

（三）教唆犯丙：（1）对于正犯甲实施的杀妻行为，构成杀人罪未遂的教唆犯。（2）对于正犯甲利用妻子乙杀害儿子丁的行为，尽管杀害的具体对象人不同，但都是同性质的杀人行为；丙客观上实施了杀人的教唆行为。主观上系打击错误、具体错误（通说），按法定符合说仍有故意。构成杀人罪既遂的教唆犯。（3）对于甲实施的不救助儿子丁的不作为杀人行为，丙确实没有教唆，不构成该不作为行为的教唆犯。（4）但是，儿子丁的死亡结果，仍与甲利用妻子乙杀丁的作为行为具有因果关系，教唆犯丙对甲的该作为行为导致的结果需要负责。

（四）事例类比：（1）甲对丁的行为个数。假定事例1：甲直接给丁投毒，见丁喝又不制止。作为的杀 + 不作为的杀 = 作为的杀。（2）丙对丁的死亡结果是否负责。假定事例2：丙教唆甲投毒杀乙，甲给乙投毒后，走了；乙不知牛奶有毒，端给儿子丁喝，丁死。则：甲对丁系打击错误、具体错误，有杀人故意；构成故意杀人罪既遂；丙构成故意杀人罪既遂的教唆犯。

（四）纯正（真正）的不作为犯与不纯正（真正）的不作为犯

18. 关于不作为犯罪，下列哪一选项是正确的？[1]（2016/2/1）

A. "法无明文规定不为罪"的原则当然适用于不作为犯罪，不真正不作为犯的作为义务必须源于法律的明文规定

B. 在特殊情况下，不真正不作为犯的成立不需要行为人具有作为可能性

C. 不真正不作为犯属于行为犯，危害结果并非不真正不作为犯的构成要件要素

D. 危害公共安全罪、侵犯公民人身权利罪、侵犯财产罪中均存在不作为犯

【解析】 A选项，考查不真正不作为犯的作为义务来源与罪刑法定原则的关系。（1）罪刑法定原则（"法无明文规定不为罪"）只是要求犯罪（罪名）明文规定，不作为犯当然最终是以刑法有明文规定的罪名来定罪的，当然符合罪刑法定原则。（2）不真正不作为犯的作为义务认定，在刑法中称为"开放的构成要件要素"（类似的还有疏忽过失认定中的"应当预见"

_____

[1]　D

要素），需要裁判者根据案情具体认定。（3）不作为犯的义务来源，在形式上有四种：法律法规规定、职务业务要求、法律行为引起、先行行为创设，并不只限于法律的明文规定，不真正不作为犯同样如此。故而，A选项的说法错误。

B选项，考查不作为犯的成立条件。不作为犯的成立条件，在客观上要求行为人有作为义务、具有作为能力（作为可能性）、不作为行为与危害结果之间具有因果关系。这些成立条件不仅适用于所有真正不作为犯，也适用于所有不真正不作为犯。故而，B选项的说法错误。

C选项，（1）如果将危害结果理解为法益侵害结果（广义上理解），则危害结果是全部犯罪，包括作为犯和不作为犯的共同必要要素，不真正不作为犯的成立当然要以危害结果为构成要素。（2）如果将危害结果理解为实害结果（狭义上理解）。不真正不作为犯可以是结果犯，也可以是危险犯（具体危险犯），也可以是行为犯（抽象危险犯）。当不真正不作为犯是结果犯时，危害结果就是该不真正不作为犯的构成要件要素。故而，C选项的说法错误。

D选项，刑法规定的483个罪名中，十几个真正不作为犯只能由不作为行为构成；其他470个左右罪名，既可以由作为构成，也可以由不作为构成（不真正不作为犯）。危害公共安全罪、侵犯公民人身权利罪、侵犯财产罪中，当然均存在不作为犯。故而，D选项的说法正确。

（五）综合题

19.关于不作为犯罪，下列哪些选项是正确的？[1]（2013/2/51）

A. 船工甲见乙落水，救其上船后发现其是仇人，又将其推到水中，致其溺亡。甲的行为成立不作为犯罪

B. 甲为县公安局长，妻子乙为县税务局副局长。乙在家收受贿赂时，甲知情却不予制止。甲的行为不属于不作为的帮助，不成立受贿罪共犯

C. 甲意外将6岁幼童撞入河中。甲欲施救，乙劝阻，甲便未救助，致幼童溺亡。因只有甲有救助义务，乙的行为不成立犯罪

D. 甲将弃婴乙抱回家中，抚养多日后感觉麻烦，便于夜间将乙放到菜市场门口，期待次日晨被人抱走抚养，但乙被冻死。甲成立不作为犯罪

【解析】本题考查不作为犯，涉及作为犯与不作为犯的区分，作为义务来源和内容，先前行为引起的义务，不作为犯的共犯、罪名认定等诸多问题。

A选项，（1）之前的行为，乙落水时船工甲有作为义务，甲救其上船已履行义务，不构成作为或不作为犯罪。（2）后行为，甲推人下水的行为，创设了风险，是作为行为；乙死亡的原因是因甲将其推入水中溺亡，甲构成作为犯罪。A选项说法错误。

B选项，考查作为义务来源和内容。甲有两种身份，分别判断。（1）甲是丈夫，甲、乙是平等的夫妻关系，基于特殊关系甲对乙有保护义务（乙遭遇风险时甲有救助义务）。但甲并非乙的监护人（乙不是精神病人），不存在监督义务（对于乙犯罪的制止义务）。故而乙受贿时，甲与乙虽存在夫妻关系，但没有制止义务，甲的行为不属于不作为的帮助，不成立受贿罪共犯。（2）甲为县公安局长，身为警察的具体职责，根据《中华人民共和国人民警察法》第21条的规定，"人民警察遇到公民人身、财产安全受到侵犯或者处于其他危难情形，应当立即救助；对公民提出解决纠纷的要求，应当给予帮助；对公民的报警案件，应当及时查处。人民警察应当积极参加抢险救灾和社会公益工作。"对于受贿案件，不属危难情形，也无人报警，故也没有基于警察身份的制止义务和立案义务，仅是知情不举。（3）如果本案案情改为乙在杀

---

[1]　BD

害丙时甲故意不制止，则甲就可涉嫌不作为的渎职犯罪（滥用职权罪），甚至可以触犯不作为的故意杀人罪，成立想象竞合。故 B 项说法正确。

C 选项，考查先前行为引起的义务、不作为的共犯。（1）幼童撞入河中的风险是由甲的先前行为导致，无论甲是意外还是过失、故意，均有基于先前行为的救助义务，不救助构成不作为犯。（2）不作为犯实际上是身份犯（要求正犯具有保证人身份），甲有救助的义务具有保证人身份，可成立正犯；乙虽无此身份，但可成立共犯（教唆犯、帮助犯），本案中乙成立不作为犯的教唆犯。故 C 选项说法错误。

D 选项，考查作为义务的来源和罪名认定。（1）甲将弃婴乙抱回家中"抚养多日"，根据形式义务根据说，形成了稳定的抚养关系，负有法律行为（自愿接受的单方法律行为）引起的抚养义务；根据实质义务根据说，负有因特殊关系的保护义务，甲不履行抚养义务也不寻求民政部门或他人抚养，可成立不作为犯。（2）根据题干叙述的案情"放到菜市场门口"，甲的不作为行为应当评价为遗弃行为而不是杀人行为，主观上有遗弃故意，对于乙的死亡是过失，甲触犯遗弃罪、过失致人死亡罪，系想象竞合，应当择一重处。

20. 下列与不作为犯罪相关的表述，哪一选项是正确的？[1]（2006/2/4）

A. 甲警察接到报案：有歹徒正在杀害其妻。甲立即前往现场，但只是站在现场观看，没有采取任何措施。此时，县卫生局副局长刘某路过现场，也未救助被害妇女。结果，歹徒杀害了其妻。甲和刘某都是国家机关工作人员，都没有履行救助义务，均应成立渎职罪

B. 甲非常讨厌其侄子乙（6 岁）。某日，甲携乙外出时，张三酒后驾车撞伤了乙并迅速逃逸。乙躺在血泊中。甲心想，反正事故不是自己造成的，于是离开了现场。乙因得不到救助而死亡。由于张三负有救助义务，所以甲不构成不作为犯罪

C. 甲下班回家后，发现自家门前放着一包来历不明、类似面粉的东西。甲第二天上班时拿到实验室化验，发现是海洛因，于是立即倒入厕所马桶冲入下水道。甲虽然没有将毒品上交公安部门，但不构成非法持有毒品罪

D.《消防法》规定，任何人发现火灾都必须立即报警。过路人甲发现火灾后没有及时报警，导致火灾蔓延。甲的行为成立不作为的放火罪

【解析】本题考查不作为犯，涉及作为义务的来源、持有行为的定性、不作为犯罪的成立与构成要件等诸多问题。

A 选项，考查职务业务引起的作为义务。（1）甲具有双重身份：作为警察有职务上的救助危难的义务，故意不救助而造成损失，根据《刑法》第 397 条，可构成滥用职权罪（渎职罪）。作为丈夫有救助妻子的义务，如果在当时的场景下，甲一救助则妻子有极大可能脱险避免死亡，则其不作为行为与杀人的作为行为有等价性，此时，甲故意不救助，根据《刑法》第 232 条，可构成不作为故意杀人罪。系想象竞合，应当择一重处。（2）对于刘某的行为，虽为国家机关工作人员，但依其职务（卫生局副局长），其具体职责中没有救助危难的作为义务，不构成不作为犯，只是违纪或违反道德的行为。

B 选项，考查作为义务的来源。（1）叔叔与侄子之间，不存在民法、婚姻家庭法上规定的救助义务。（2）乙受伤的风险系张三创设，甲不存在因先前创设风险行为而产生的救助义务。（3）甲携 6 岁儿童乙外出的法律行为，会产生临时监护义务（保护人身份），包括被监护人因他人、本人、监护人而陷于危险时的救助义务。故甲具有因法律行为（自愿接受为临时保护人的单方法律行为）而引起的保护义务。

---

[1] C

C 选项，（1）持有行为一般认为是作为行为，而不是不作为行为。（2）本选项中行为人在持有时并不明知毒品，而明知后又不再持有。因行为人并不具有上缴毒品的义务，不上缴不构成不作为行为。（3）明知是毒品后而不持有，没有实施作为行为，又不属不作为，不构成犯罪。

D 选项，考查法律、法规规定的义务，与不作为犯罪的关系。根据《消防法》的规定，公民发现火情后有报警义务；但此义务为行政法义务。但是，由于刑法上没有规定对应的"不报警"犯罪，故而甲只是行政法上的不作为，而不是刑法上的不作为犯罪。此外，火灾结果与不报警行为也无刑法上的因果关系，故不成立不作为的放火罪。

考点二　危害结果

1. 关于危害结果的相关说法，下列哪一选项是错误的?[1]（2008/2/1）

A. 甲男（25 岁）明知孙某（女）只有 13 岁而追求她，在征得孙某同意后，与其发生性行为。甲的行为没有造成危害后果

B. 警察乙丢失枪支后未及时报告，清洁工王某拾拾该枪支后立即上交。乙的行为没有造成严重后果

C. 丙诱骗 5 岁的孤儿离开福利院后，将其作为养子，使之过上了丰衣足食的生活。丙的行为造成了危害后果

D. 丁恶意透支 3 万元，但经发卡银行催收后立即归还。丁的行为没有造成危害后果

【解析】刑法中的危害结果（广义结果）包括实害结果和危险结果（具体危险、抽象危险）。构成犯罪的行为肯定造成了结果（实害或危险），由此，只要判断行为是否构成犯罪，就可得出是否造成危害结果的结论。

（1）选项 A，甲男明知幼女而与之发生性关系，根据《刑法》第 236 条第 2 款，已构成奸淫幼女型的强奸罪，具有危害结果（抽象危险结果），故选项 A 错误。

（2）选项 B，根据《刑法》第 129 条，丢失枪支不报要求"造成严重后果"（实为情节要素）才构成犯罪，严重后果通常指枪支落入不法分子手中为其所用实施犯罪行为等结果。本案中无此结果，不构成犯罪，故选项 B 正确。

（3）选项 C，诱骗儿童离开监护人的，根据《刑法》第 262 条，构成拐骗儿童罪，当然有危害结果（实害结果），故选项 C 正确。

（4）选项 D，根据《刑法》第 196 条第 2 款，构成恶意透支型的信用卡诈骗罪，要求经发卡银行催收后拒不归还。本案中丁虽恶意透支，但及时归还，不构成犯罪，没有造成危害结果，故选项 D 正确。

2. 关于危害结果，下列哪一选项是正确的?[2]（2017/2/2）

A. 危害结果是所有具体犯罪的构成要件要素

B. 抽象危险是具体犯罪构成要件的危害结果

C. 以杀死被害人的方法当场劫取财物的，构成抢劫罪的结果加重犯

D. 骗取他人财物致使被害人自杀身亡的，成立诈骗罪的结果加重犯

【解析】A 选项，在结果无价值的立场之下，如果将该选项中的"危害结果"，理解为广

---

[1]　A　[2]　C

义的结果（法益侵害结果），即包括实害结果、具体危险、抽象危险，则"危害结果（法益侵害结果）是所有具体犯罪的构成要件要素"说法是正确的。如果将"危害结果"理解为最狭义的结果，即理解为实害结果，因抽象危险犯等的构成无需实害结果，则本句说法就不正确了。在行为无价值的立场之下，行为犯的构成无需危害结果。

B选项，抽象危险是抽象危险犯构成要件（准确地说是基本犯即既遂犯构成要件）的危害结果，不是实害犯、具体危险犯的构成的要件的危害结果。

C选项，以杀死被害人的方法当场劫取财物的，根据《刑法》第263条第5项，构成抢劫罪致人死亡（抢劫"致人死亡"既包括过失致人死亡，也包括故意杀人），系结果加重犯。本选项说法正确。

D选项，（1）根据《刑法》第266条（诈骗罪）的规定，诈骗罪没有诸如"致人死亡"的结果加重犯的规定，只有数额加重犯（"数额巨大""数额特别巨大"）及情节加重犯（"严重情节""特别严重情节"）的规定。（2）被害人系"自杀身亡"，死亡结果与诈骗行为之间没有刑法上的因果关系。（3）"徐玉玉案"被认定为情节加重犯，情节加重犯的成立无需情节与行为之间具有直接因果关系。

3. 下列哪一犯罪属抽象危险犯？[1]（2015/2/14）

A. 污染环境罪

B. 投放危险物质罪

C. 破坏电力设备罪

D. 生产、销售假药罪（现罪名为：生产、销售、提供假药罪）

【解析】本题考查刑法分则中的抽象危险犯（行为犯）。抽象危险犯（行为犯）是刑法分则规定的以达到抽象危险即行为实施完毕（危险也是一种危害结果）为既遂标准的罪名。所以，直接按照分则规定认定即可。

A选项，根据《刑法》第338条，构成污染环境罪，要求"严重污染环境"的要件，根据司法解释，"严重污染环境"指非法排污达到一定量或造成严重损失结果，故而，污染环境罪应是实害结果犯。

B选项，根据《刑法》第114条，达到危害公共安全的危险状态构成危险犯的既遂，投放危险物质罪是具体危险犯。

C选项，根据《刑法》第118条，达到危害公共安全的危险状态构成危险犯的既遂，破坏电力设备罪是具体危险犯。

D选项，根据《刑法》第141条，生产、销售假药罪（现罪名为：生产、销售、提供假药罪），只需实施行为完毕即可构成犯罪既遂，无需假药存在危害危险或造成结果，是抽象危险犯（行为犯）。

注意：有考生喜欢问"抽象危险犯与具体危险犯如何区分"这样的问题。事实上，哪个罪名是抽象危险犯、哪个罪名是具体危险犯，纯粹是由立法者在刑法典中规定的，是一个立法规定的问题，不存在"区分"一说。

---

[1] D

考点三　因果关系

一、判断因果关系有无的理论：相当因果关系说

1. 甲、乙打人后驾车逃走，司机谢某见甲、乙打人后驾车逃离，对乙车紧追。甲让乙提高车速并走"蛇形"，以防谢某超车。汽车开出2公里后，乙慌乱中操作不当，车辆失控撞向路中间的水泥隔离墩。谢某刹车不及撞上乙车受重伤。赶来的警察将甲、乙抓获（事实三）。（2013/4/2 部分）

【问题】就事实三，甲、乙是否应当对谢某重伤的结果负责？理由是什么？

【疑难辨析】本题考查相当因果关系说。在法律职业资格考试和我国司法实务中，刑法因果关系的判断采"相当因果关系说"。相当因果关系说是在条件说判断的基础上，对造成结果的数个条件进行筛选，挑选出数个条件中"相当性"的条件，作为造成结果的原因。亦即需进行双层次的判断：首先根据"无A有无B"的标准，将造成结果的所有条件（A1、A2…）列举出来；然后从数个条件中筛选出应当负主要责任、作用最大、最为重要、最通常的条件（具有"相当性"的条件），作为造成结果的原因。

【解析】（1）根据条件规则判断。导致谢某重伤结果的因素两个：甲、乙走蛇形水泥撞上隔离墩停车、谢某刹车不及追尾。没有甲、乙撞上隔离墩停车，谢某不会重伤，该因素系谢某重伤的条件之一（A1）。即使甲、乙撞上隔离墩停车，没有谢某的追尾，谢某也不会重伤，该因素系谢某重伤的条件之二（A2）。两个行为都是导致谢某重伤结果（R）的条件。

（2）在相当性判断方面。两个条件相互独立，一般情况下，追尾者对于造成事故负有全部或主要责任。根据相当因果关系说的观点，追尾者谢某负有全部或主要责任，追尾行为（A2）是造成谢某重伤结果的具有相当性的条件，与重伤结果具有刑法上的因果关系。

（3）故而，在规范判断（相当因果关系说）的结论上，谢某的重伤结果与甲、乙撞上隔离墩停车行为（A1）之间，仅有条件关系，而没有因果关系。谢某的重伤与谢某本人的追尾行为（A2）之间，具有刑法上的因果关系。甲、乙不对该结果承担刑法上的责任。

2. 黄某决意报复李某，深夜对其租赁的山坡放火（李某住在山坡上）。大火烧毁山坡上的全部树苗，烧伤了李某，并延烧至村民范某家。范某被火势惊醒逃至屋外，想起卧室有5000元现金，即返身取钱，被烧断的房梁砸死。（2012/4/2 部分）

【问题】如认定黄某放火与范某被砸死之间存在因果关系，可能有哪些理由？如否定黄某放火与范某被砸死之间存在因果关系，可能有哪些理由？（两问均须作答）

【解析】根据条件规则判断。导致范某死亡结果的因素，有黄某放火行为、被害人范某返回取钱的涉险行为。黄某不放火，范某不会被烧死，黄某的放火行为是范某死亡的条件之一（A1）。即使黄某放火了，但如果范某不返回取钱，范某也不会被烧死，范某返回取钱的行为是范某死亡的条件之二（A2）。黄某放火、范某返回取钱，均为范某死亡结果（R）的条件。哪个条件与死亡结果之间具有刑法上的因果关系，关键在于判断相当性，即哪一个是应当负主要责任、作用最大、最为重要、最通常的条件。

否定因果关系的大致理由：（1）根据条件说，黄某放火行为、范某返回取钱的涉险行为均与死亡结果之间具有的条件关系。（2）被告人实施的放火行为并未烧死范某，范某为抢救数额有限的财物返回高度危险的场所，违反常理；（3）被害人是精神正常的成年人，对自己行为的后果非常清楚，因此要对自己的选择负责；（4）被害人试图保护的法益价值有限。只有甲对乙的住宅放火，如乙为了抢救婴儿而进入住宅内被烧死的，才能肯定放火行为和死亡后

果之间的因果关系。亦即，黄某放火、范某返回取钱两个条件之间系独立关系，范某返回取钱的涉险行为责任大。因此，根据相当因果关系说，放火和被害人死亡之间不具有相当性。被害人的涉险行为才是应当负主要责任的条件，即具有相当性的条件。

肯定因果关系的大致理由：（1）根据条件说，可以认为放火行为和死亡之间具有的条件关系；（2）被害人在当时情况下，来不及精确判断返回住宅取财的危险性；（3）被害人在当时情况下，返回住宅取财符合常理。亦即，黄某放火、范某返回取钱两个条件之间系依附关系，被害人的涉险行为系负次要责任的条件，放火行为系负主要责任的条件，即具有相当性的条件。

3. 关于因果关系，下列哪一选项是正确的？[1]（2015/2/1）

A. 甲跳楼自杀，砸死行人乙。这属于低概率事件，甲的行为与乙的死亡之间无因果关系

B. 集资诈骗案中，如出资人有明显的贪利动机，就不能认定非法集资行为与资金被骗结果之间有因果关系

C. 甲驾车将乙撞死后逃逸，第三人丙拿走乙包中贵重财物。甲的肇事行为与乙的财产损失之间有因果关系

D. 司法解释规定，虽交通肇事重伤3人以上但负事故次要责任的，不构成交通肇事罪。这说明即使有条件关系，也不一定能将结果归责于行为

【解析】本题考查对"相当因果关系说"理解。

A选项，考查因果关系与行为时发生结果的概率的关系（必然因果关系说与偶然因果关系说）。（1）老旧观点"必然因果关系说"认为，只有行为当时导致结果概率较高（存在必然因果）的条件，才认为与结果有因果关系。（2）但法考观点系"相当因果关系说"，在结果发生之后，首先判断条件关系（结果发生之后判断），将所有导致结果的客观条件，无论是行为当时概率较高的条件，还是行为当时概率较低的条件，只有符合"无A则无B"的规则，都同等作为导致结果的条件；如果认为该条件负主要责任，就认为与结果有因果关系。（3）在本选项的事例中，如果甲不跳楼自杀，就不会砸死行人乙，按照条件关系判断规则，甲跳楼的行为（A）是乙死亡结果（R）的条件。在相当性判断上，因该行为是造成结果的唯一危害行为，故而负全部责任，与死亡结果之间当然具有因果关系。选项A说法错误。

B选项，考查因果关系与被害人过错的关系。（1）在集资诈骗等诈骗案件中，行为人的诈骗行为（A1）、被害人的认识错误（A2），均是导致资金被骗结果（R）的条件。但在相当性上，被害人的认识错误是因行为的诈骗行为引起；在责任方面，刑法认为尽管被害人有过错，但行为人的诈骗行为仍承担主要责任，故而行为人的诈骗行为与被骗结果之间具有相当性，有因果关系。选项B说法错误。

C选项，（1）甲的肇事行为（A1）、丙拿走乙包中贵重财物的行为（A2），均与乙财产损失的结果（R）之间具有条件关系。（2）但造成财产损失的最主要条件显然是丙拿走的行为。故而前者仅有条件关系；后者才是负主要责任的条件，具有因果关系。选项C说法错误。

D选项，考查因果关系与相当性判断、责任认定的关系。根据"相当因果关系说"，诸多条件中，应当负主要责任、作用最大、最为重要、最通常的条件，才与结果之间具有刑法上的因果关系。次要责任仅有条件关系，没有因果关系。选项D说法正确。

二、被害人的特殊体质与因果关系的认定（A＋特殊体质→R）：有因果关系

4. 甲与素不相识的崔某发生口角，推了他肩部一下，踢了他屁股一脚。崔某忽觉胸部不

---

[1] D

适继而倒地，在医院就医时死亡。经鉴定，崔某因患冠状粥样硬化性心脏病，致急性心力衰竭死亡。关于本案，下列哪一选项是正确的？[1]（2012/2/6）

A. 甲成立故意伤害罪，属于故意伤害致人死亡

B. 甲的行为既不能认定为故意犯罪，也不能认定为意外事件

C. 甲的行为与崔某死亡结果之间有因果关系，这是客观事实

D. 甲主观上对崔某死亡具有预见可能性，成立过失致人死亡罪

【疑难辨析】本题考查被害人特殊体质与因果关系的认定，因果关系与犯罪成立的关系。行为人实施了的通常情形下不足以致人死亡的暴力，但由于被害人存在某种疾病或属于特殊体质，而导致了被害人死亡的。因为被害人的特殊体质，是在行为时就已既存的客观事实，并不是可以变动的介入条件；行为人的行为是造成结果的唯一条件（对结果有100%作用）。因此：（1）应当肯定行为人的行为与死亡结果之间，在客观上存在因果关系。（2）至于行为人是否认识到或者是否应当预见被害人存在疾病或者具有特殊体质，只是行为人主观上有无故意、过失的问题，而不影响客观因果关系的判断。（3）行为人是否构成犯罪、构成何罪，应当将客观与主观结合。

【解析】（1）被害人崔某受到打击后导致心脏病而死，系危害行为与特殊体质结合导致结果，应当认为甲的行为（A）与崔某死亡结果（R）之间有条件关系，特殊体系不中断因果关系，因此具有因果关系，这是客观事实。故 C 选项说法正确。

（2）在甲的主观心态上，其未认识到崔某的死亡结果，甲对死亡结果无故意；一般公众也不能预见"推肩部、踢屁股"会导致死亡结果，甲也无过失，系意外事件。客观（不法）与主观（责任）相结合，仅有不法没有责任，甲不构成犯罪。故而选项 ABD 说法错误。

三、介入因素与因果关系的认定：A1（条件）→B + A2（条件）→R（果）

5. 关于刑法中因果关系的认定，下列说法正确的有？[2]（2022/客延/1/3仿）

A. 赵某和在菜市场和老太太吴某发生争执，推了吴某一把，吴某倒地后不久死亡。经鉴定，吴某系心脏病发作死亡，赵某对此并不知情。则赵某的行为与吴某的死亡之间不具有因果关系

B. 李某欲杀郑某，得知嗜酒的郑某患有肝病，遂隔三岔五送给郑某白酒供其饮用。郑某因不注意控制饮酒，导致肝硬化死亡。则李某的行为与郑某的死亡结果之间不具有因果关系

C. 刘甲发现其子刘乙（15 周岁），不上学经常和其他社会闲散人员混在一起，却不制止。一日刘乙和其同伙聚众斗殴致人死亡，其刘甲的行为与被害人的死亡之间具有因果关系

D. 钱某患有艾滋病，欲利用艾滋病报复其前男友王某。王某知晓钱某患有艾滋病，仍经常与其发生性关系，后王某染上艾滋病。则无论按何种学说，钱某的行为与王某患艾滋病之间均不具有因果关系

【解析】A 选项，特殊体质不中断因果关系；具有因果关系。因果关系是客观判断，与行为人主观上是否知晓被害人特殊体质无关。

B 选项，李某的送酒行为（A1）、郑某的喝酒（A2），结合郑某自身的特殊体质导致死亡；前二者均是死亡的条件。但郑某喝酒（A2）即自陷风险的责任大，与死亡结果具有因果关系。李某的送酒行为（A1），仅有条件关系，而无因果关系。

C 选项，如果案情是刘甲看见刘乙聚众斗殴而不制止，可以构成不作为犯；但本选项的案情是刘甲看见刘乙与闲散人员混在一起而不制止。导致被害人死亡的条件有三个：刘甲不制止

---

[1] C　[2] B

刘乙与闲散人员交往（A1）、闲散人员伙同刘乙聚众斗殴（A2）、刘乙参与斗殴（A3）；刘乙参与斗殴（A3）是负主要责任条件，与被害人死亡有因果关系；其他二者仅有条件关系。

D选项，王某患艾滋病的条件有两个：钱某的报复（A1）、王某自陷风险（A2）。通说认为：王某在明知钱某加害，却利用钱某的加害而自危（类似于利用既遂条件自杀），自危（A2）的责任大，具有因果关系。少数观点认为：钱某的报复（A1）、王某自陷风险（A2），对于染病责任均大，均有因果关系。

6. 关于因果关系，下列选项说法正确的有？[1]（2021/客/卷一/3 仿）

A. 甲系出租车司机，某晚未经乘客同意而抄近道，女乘客李某误以为甲欲行不轨而跳车，不幸死亡。甲的行为与李某死亡结果之间具有因果关系

B. 乙放火意图烧毁张某房子，张某冲进房内试图救出妻子，未料火势猛涨，张某及妻子均被烧死。乙的放火行为与张某死亡结果之间没有因果关系

C. 丙在医院门口捡到一婴儿，旋即发现婴儿有先天性疾病，遂将婴儿扔至垃圾箱旁，后婴儿被冻死。丙扔婴儿的行为与婴儿死亡结果之间不具有因果关系

D. 丁在家中煮面，不料点燃了灶台旁的易燃物，丁心生恐惧，顾不上扑火夺门而出，后火势逐渐变大，致使邻居房屋被烧毁。丁的不扑火行为与火灾结果之间具有因果关系

【解析】本题考查因果关系有无的判断，主要考查介入因素（A1、A2 多个条件导致结果 R）的情况。此类情形中因果关系的基本判断方法是"两步法"，首先看启动因素 A1、介入因素 A2 是不是大概率导致关系（依附关系 VS 独立关系）。如是依附关系，则结果归责于 A1。如是独立关系，则再分别看 A1、A2 对结果的作用大小，作用大者则可归责。

选项 A，货拉拉案。（1）导致李某死亡结果的条件有两个：司机抄近道（A1）、女乘客跳车（A2）。只有司机抄近道（A1）大概率会导致女乘客跳车（A2），二者系依附关系时，才能将死亡结果归责于司机抄近道（A1）。（2）尽管该案已被下级法院判决构成过失致人死亡罪，言下之意即认定有因果关系；出题者也是想通过"某晚""女乘客"的情境，暗示有因果关系。（3）但是，纯从刑法层面上讲，司机抄近道，导致女乘客跳车，虽对女乘客而言存在可能性，但在公众看来显然不是大概率关系；并且，将死亡结果归责于司机的轻微违规，结果也不在构成要件的范围之内，难以认定应当归责。

选项 B，导致张某死亡结果的条件有两个：乙放火（A1）、张某救妻子（A2）；一般的丈夫在火灾情形下都有大概率的救助妻子，二者是依附关系，不中断因果。

选项 C，本选项考查的危害行为的判断，以及假定因果关系。在危害行为性质上，行为人将婴儿由救助可能性较高、风险较低的医院门口，扔到被救助可能性较低、风险较高的垃圾箱旁，丙实施的是升高风险的作为行为。在客观因果关系上，婴儿死亡结果，既存事实是在垃圾箱旁冻死，而不是在医院门口冻死；尽管行为人如果不捡、不扔，婴儿在医院门口也有冻死的可能性，但因果关系是客观的，不能假定。以既存客观事实认定，显然婴儿死亡是因行为人升高风险的行为导致，具有因果关系。

选项 D，前段行为是过失失火行为；后段因创设风险的先前行为产生扑火义务，是不作为行为。按题意"火势逐渐变大"，说明如果扑火可以阻止火灾结果。故而不扑火的不作为行为与火灾结果具有因果关系。

7. 关于因果关系，下列哪些选项是正确的？[2]（2017/2/52）

A. 甲以杀人故意用铁棒将刘某打昏后，以为刘某已死亡，为隐藏尸体将刘某埋入雪沟，

---

[1] D [2] ABCD

致其被冻死。甲的前行为与刘某的死亡有因果关系

B. 乙夜间驾车撞倒李某后逃逸，李某被随后驶过的多辆汽车辗轧，但不能查明是哪辆车造成李某死亡。乙的行为与李某的死亡有因果关系

C. 丙将海洛因送给13周岁的王某吸食，造成王某吸毒过量身亡。丙的行为与王某的死亡有因果关系

D. 丁以杀害故意开车撞向周某，周某为避免被撞跳入河中，不幸溺亡。丁的行为与周某的死亡有因果关系

【疑难辨析】本题考查因果关系有无的判断，专考介入因素（A1、A2多个条件导致结果R）的情况。此类情形中因果关系的基本判断方法是"两步三因素法"，首先看启动因素A1、介入因素A2是不是大概率导致关系（依附关系VS独立关系）。如是依附关系，则结果归责于A1。如是独立关系，则再分别看A1、A2对结果的作用大小，作用大者则可归责。

【解析】A选项，（1）杀人行为（A1）、埋尸行为（A2），均与死亡具有条件关系。（2）通常情况下杀人之后大概率会埋尸，故杀人行为（A1）与埋尸行为（A2）之间是依附关系。因果关系不中断，杀人行为与死亡结果之间具有因果关系。（3）主观上，行为人存在事实认识错误，属于因果关系错误中事前故意，系具体错误，仍具有杀人故意，根据《刑法》第232条，构成故意杀人罪既遂一罪。本选项说法正确。

B选项，（1）乙撞倒李某后逃逸不救助的行为（A1）、多辆汽车辗轧行为（A2），均是李某死亡的条件。（2）由于题意已述"夜间"，提示信息是后车一般看不见、大概率会辗轧，两个条件之间是依附关系。后车没有重大过错，不负主要责任，不中断因果关系。乙的不救助行为应负主要责任，与李某的死亡有因果关系。本选项说法正确。

C选项，（1）丙送王某毒品的行为（A1）、王某的吸毒行为（A2），均是王某死亡（R）的条件。（2）如果王某是有自主意识能力的人，本人对吸毒可以自主决定，则两个条件是独立关系，王某系自陷风险、负主要责任，结果归王某负责。（3）但是，本选项中已明示"13周岁的王某"，不具完全自主意识能力，可认为丙对王某具有支配关系，丙送毒品供王某吸食（A1）与王某吸毒（A2）之间存在大概率导致的依附关系，介入因素不中断因果，死亡结果应归责于丙的行为。本选项说法正确。

D选项，（1）丁开车撞周某的行为（A1）、周某避免被撞跳入河中行为（A2），均是造成周某死亡结果（R）的条件。（2）一般人为了躲避撞杀都会跳入河中，两件条件之间是大概率导致的依附关系，介入因素不中断因果，死亡结果应归责于撞击行为。本选项说法正确。

8. 关于因果关系的认定，下列哪一选项是正确的？[1]（2016/2/2）

A. 甲重伤王某致其昏迷。乙丙目睹一切，在甲离开后取走王某财物。甲的行为与王某的财产损失有因果关系

B. 乙纠集他人持凶器砍杀李某，将李某逼至江边，李某无奈跳江被淹死。乙的行为与李某的死亡无因果关系

C. 丙酒后开车被查。交警指挥丙停车不当，致石某的车撞上丙车，石某身亡。丙的行为与石某死亡无因果关系

D. 丁敲诈勒索陈某。陈某给丁汇款时，误将3万元汇到另一诈骗犯账户中。丁的行为与陈某的财产损失无因果关系

【解析】本题四个选项中前三个选项均考查介入因素与因果关系的认定，D选项考查条件

关系。

A选项，（1）甲的重伤行为（A1）、乞丐的盗窃行为（A2）都是王某财产损失（R）的条件；（2）二者是独立关系，乞丐的盗窃行为（A2）是导致财产损失更重要、直接、应负主要责任的条件，与财产损失有因果关系。甲的重伤行为（A1）与结果之间仅有条件关系。

B选项，（1）乙追砍李某的行为（A1）、李某的跳江行为（A2）均是李某死亡的条件。（2）最初追砍行为（A1）包含了造成最终死亡结果（R）的危险；"无奈"表明最初追砍行为（A1）与李某的跳江行为（A2）之间具有大概率导致的依附关系，被害人没有重大过错，故李某的跳江行为（A2）并不中断因果关系。

C选项，（1）交警指挥不当（A1），丙停车不当（A2），均是石某死亡结果（R）的条件。（2）交警指挥，司机丙须听从，交警的指挥不当行为（A1）对于丙的停车不当行为（A2）具有支配性，系依附关系。介入因素不中断因果，交警的指挥行为（A1）与石某死亡结果（R）之间具有因果关系。丙的停车不当行为（A2）负有次要责任，只是条件。

D选项，（1）在条件关系判断上，没有丁的敲诈（A1）就没有陈某损失，丁的敲诈勒索行为（A1）是导致陈某的财产损失（R）的条件。如果陈某不汇款（A2），也不会有损失，故陈某的汇款行为（A2）也是财产损失（R）的条件。当然，如果陈某没有汇款错误（B），则陈某会将款项汇款至丁的账户，陈某的财产也会受损，故陈某的汇款错误（B）与财产损失（R）没有条件关系。（2）敲诈行为（A1）的责任大，有因果关系。（3）应当注意的是，本选项的问题是丁的行为与"陈某的财产损失"之间有无因果关系，并没有问丁的敲诈勒索罪是"既遂还是未遂"。如果认为敲诈勒索罪的既遂标准是"控制说"，则被害人虽有财产损失，但行为人并未控制财物，应该认定为犯罪未遂才对。（4）需要对比的是2015/2/5-D，"下列哪一行为成立犯罪未遂？发送诈骗短信，受骗人上当后汇出5万元，但因误操作汇到无关第三人的账户"，该选项问题是既未遂的判断。诈骗罪的实行行为是实施骗人行为，既遂标准是取得财物（控制说），行为人实施了实行行为但尚未取得财物，是诈骗罪未遂。

9. 关于因果关系，下列哪些选项是正确的？[1]（2015/2/53）

A. 甲驾车经过十字路口右拐时，被行人乙扔出的烟头击中面部，导致车辆失控撞死丙。只要肯定甲的行为与丙的死亡之间有因果关系，甲就应当承担交通肇事罪的刑事责任

B. 甲强奸乙后，威胁不得报警，否则杀害乙。乙报警后担心被甲杀害，便自杀身亡。如无甲的威胁乙就不会自杀，故甲的威胁行为与乙的死亡之间有因果关系

C. 甲夜晚驾车经过无照明路段时，不小心撞倒丙后继续前行，随后的乙未注意，驾车从丙身上轧过。即使不能证明是甲直接轧死丙，也必须肯定甲的行为与丙的死亡之间有因果关系

D. 甲、乙等人因琐事与丙发生争执，进而在电梯口相互厮打，电梯门受外力挤压变形开启，致丙掉入电梯通道内摔死。虽然介入了电梯门非正常开启这一因素，也应肯定甲、乙等人的行为与丙的死亡之间有因果关系

【解析】A选项，考查因果关系在犯罪成立中的作用。因果关系只是客观不法的要素，要成立犯罪，还需主观有责。即使肯定甲的行为与丙的死亡之间客观上有因果关系（如果甲对于车辆失控负主要责任），但甲主观上对于交通事故的结果没有过错，不具有过失，也不能承担交通肇事罪的刑事责任。

B选项，考查介入因素与因果关系有无的判断。（1）无甲的威胁乙就不会自杀，故甲的威胁行为（A1）与乙的死亡结果（R）之间具有条件关系。但是，乙的自杀行为（A2）也与死

亡结果（R）之间也具有条件关系。（3）在相当性判断上，当自杀是自杀者本人自由选择的自主自愿的自害行为时，二者可认为是独立关系。在责任大小上，自杀者本人的自杀行为（A2）负主要责任，威胁行为（A1）只是次要责任的条件。故而，应当认为自杀行为（A2）与死亡结果（R）之间具有因果关系；威胁行为（A1）与死亡结果（R）之间只有条件关系，而无因果关系。（3）本选项不构成"强奸致使被害人死亡"的结果加重犯（要求有因果关系），但可以考虑"强奸造成其他严重后果"的情节加重犯（不要求有因果关系）。（4）注意：在法考和司法实务中，经常出现危害行为引起被害人自杀的案件，例如2011/2/3－D、2014/2/6－D，如果自杀对于自杀者而言是意思自由的自决行为，一般归自杀者本人负责。

C选项，（1）在事实认定上，存在两种事实可能：其一，如果可以证明是甲直接轧死丙，则甲的行为与丙的死亡之间当然有因果关系。其二，如果可以证明是乙直接轧死了丙，则甲撞倒丙后不救助的行为（A1）、乙轧压行为（A2），与丙死亡的结果（R）之间均有条件关系。因选项强调"夜晚无照明路段""乙未注意"，说明甲撞倒丙后不救助的行为（A1），会大概率的导致后车轧压（A2），二行为之间是依附关系；乙不负主要责任，由此，应认定因果关系不中断，甲的行为（A1）与丙的死亡（R）之间有因果关系。（2）因此，两种可能情形下，甲的行为与死亡结果之间均具有因果关系。即使不能证明是甲直接轧死丙，也必须肯定甲的行为与丙的死亡之间有因果关系。（3）注意：在法考和司法实务中，经常出现前车驾车撞被害人后逃走，后车轧压被害人致死的事例。例如2011/2/3－C、2014/2/6－B。这种事例，关键是看前车、后车司机的责任大小。如果当时情形后车司机会大概率轧压，则不中断因果，前车司机与死亡结果具有刑法上的因果关系。

D选项，在电梯口相互厮打（A1），是在本来就存在的危险环境（A2）中实施危害行为，利用既存危险环境而导致结果（R），虽具体原因是非正常的，但属于危险环境本来就包括的可能，介入因素不中断因果关系。

10. 关于因果关系，下列哪一选项是错误的？[1]（2011/2/3）

A. 甲将被害人衣服点燃，被害人跳河灭火而溺亡。甲行为与被害人死亡具有因果关系

B. 乙在被害人住宅放火，被害人为救婴儿冲入宅内被烧死。乙行为与被害人死亡具有因果关系

C. 丙在高速路将被害人推下车，被害人被后面车辆轧死。丙行为与被害人死亡具有因果关系

D. 丁毁坏被害人面容，被害人感觉无法见人而自杀。丁行为与被害人死亡具有因果关系

【解析】A选项，（1）甲放火（A1）、被害人跳河灭火（A2），均是死亡（R）的条件。（2）一般情况下，放火后被害人均会寻找灭火措施，在紧急情况下跳河灭火是正常的，二者是依附关系，介入因素不中断因果关系。甲放火（A1）与死亡结果（R）之间具有因果关系。

B选项，（1）乙放火（A1），被害人为救婴儿冲入宅内（A2），均是死亡（R）的条件。（2）一般情况下，被害人均会救助自己的婴儿，二者是依附关系，介入因素不中断因果关系。甲放火（A1）与死亡结果（R）之间具有因果关系。类似事例参见2013/2/52－D。（3）当然严格地讲，题干中的"被害人"应当理解为婴儿近亲属等普通保护人。如果是消防员、警察或者见义勇为救人者（可理解为临时消防员），因结果系专业人员的责任范围之内应当加以防止的结果，因此对行为人不可因此归责（参见罗克辛客观归责理论）。

C选项，（1）丙在高速路将被害人推下车（A1）、后面车辆轧压（A2），均是死亡（R）

[1] D

的条件。（2）因题干强调"高速路"这种极其危险环境，推下车后被后车轧压的概率极高，两个条件之间是依附关系，后车责任较小或无过错，介入因素不中断因果关系。丙推人行为与死亡结果之间具有因果关系。类似的事例，参见2015/2/53-C、2014/2/6-B。

D选项，（1）丁的伤害（A1）、被害人自杀（A2），二者均与死亡结果（R）之间存在条件关系。（2）当自杀是自杀者本人自由选择的自主自愿的自害行为时，二者可认为是独立关系。在责任大小上，自杀者本人的自杀行为（A2）负主要责任，伤害行为（A1）只负次要责任。故而，应当认为介入因素中断因果关系，自杀行为（A2）与死亡结果（R）之间具有因果关系；伤害行为（A1）与死亡结果（R）之间只有条件关系，而无因果关系。类似的事例，参见2015/2/53-B、2014/2/6-D。

11. 关于因果关系的判断，下列哪一选项是正确的？[1]（2014/2/6）

A. 甲伤害乙后，警察赶到。在警察将乙送医途中，车辆出现故障，致乙长时间得不到救助而亡。甲的行为与乙的死亡具有因果关系

B. 甲违规将行人丙撞成轻伤，丙昏倒在路中央，甲驾车逃窜。1分钟后，超速驾驶的乙发现丙时已来不及刹车，将丙轧死。甲的行为与丙的死亡没有因果关系

C. 甲以杀人故意向乙开枪，但由于不可预见的原因导致丙中弹身亡。甲的行为与丙的死亡没有因果关系

D. 甲向乙的茶水投毒，重病的乙喝了茶水后感觉更加难受，自杀身亡。甲的行为与乙的死亡没有因果关系

【解析】A选项，考查介入因素与因果关系的认定。（1）甲的伤害行为（A1）、警察车辆故障（A2），二者均与死亡结果（R）之间具有条件关系。（2）二者之间系独立关系。因题干中写有"致乙长时间得不到救助"，介入因素（A2）对于死亡结果具有主要作用，中断因果关系。甲的伤害行为与乙的死亡之间不具有因果关系。（3）注意，本选项应当与后例叙述的案情相区别。2010/2/57-D，"甲向乙的饮食投放毒药后，乙呕吐不止，甲顿生悔意急忙开车送乙去医院，但由于交通事故耽误一小时，乙被送往医院时死亡。医生证明，早半小时送到医院乙就不会死亡"。甲的行为仍然成立犯罪中止（说法正确）。该选项中的"由于交通事故耽误一小时"，应当理解为"由于日常生活中经常出现的它车交通事故（如车祸）耽误一小时"，亦即介入因素系可以预料的日常事件，亦即在行为当时即存在此客观因素，与之前行为是依附关系，则介入因素不中断因果。

B选项，考查介入因素与因果关系的认定。（1）甲撞倒丙后不救助的行为（A1）、乙轧压行为（A2），与丙死亡的结果（R）之间均有条件关系。（2）选项中的"路中央"、"超速驾驶的乙发现丙时已来不及刹车"结合起来，应该理解为"乙虽有超速，但一般不超速的司机当时也会来不及刹车"。亦即，甲撞倒丙后不救助的行为（A1），会大概率的导致后车轧压（A2），二行为之间是依附关系；乙虽有轻微过错，但不负主要责任，由此，应认定介入因素不中断因果关系，甲的行为（A1）与丙的死亡（R）之间有因果关系。类似的例子，参见2015/2/53-C、2011/2/3-C。

C选项，考查因果关系的客观性。（1）因果关系是客观的，与行为人主观认识没有关系。在丙的死亡结果发生之后来叙述客观因果流程，丙死于"中弹"，是甲开枪打死的。如果甲不开枪，丙不会中弹死亡，有条件关系。并且是唯一条件，负全部责任，甲的开枪行为（A），当然与丙死亡结果（R）之间有因果关系。（2）客观因果关系的判断与行为人主观无关。即使

_____

[1] D

甲主观上没有预见到（"不可预见的原因"），对该具体结果而言系意外事件，也不能否定客观因果关系的存在。（3）在主观上，本例系打击错误、具体错误，按法定符合说，甲对丙死存在杀人故意，构成故意杀人罪既遂。按具体符合说，对乙构成故意杀人罪未遂、对丙构成意外事件致人死亡。类似事例参见2010/2/3-B。

D选项，考查介入因素与因果关系的认定。甲的投毒行为（A1）、乙自杀（A2），均与自杀身亡的死亡结果（R）之间存在条件关系。（2）在责任大小上，当自杀是自杀者本人自由选择的自主自愿的自害行为时，二者可认为是独立关系。在作用大小上，乙客观上的死因是"自杀身亡"，而不是中毒身亡，自杀者本人的自杀行为（A2）负主要责任，投毒行为（A1）只是负次要责任的条件。故而，故乙的死亡结果与乙的自杀行为之间具有因果关系，而与甲的投毒行为之间没有因果关系。类似的事例，参见2015/2/53-B、2011/2/3-D。

四、同时犯与因果关系认定

12. 甲、乙上山去打猎，在一茅屋旁的草丛中，见有动静，以为是兔子，于是一起开枪，不料将在此玩耍的小孩打死。在小孩身上，只有一个弹孔，甲、乙所使用的枪支、弹药型号完全一样，无法区分到底是谁所为。对于甲、乙的行为，应当如何定性？[1]（2008延/2/6）

　　A. 甲、乙分别构成过失致人死亡罪

　　B. 甲、乙构成过失致人死亡罪的共同犯罪

　　C. 甲、乙构成故意杀人罪的共同犯罪

　　D. 甲、乙不构成犯罪

【疑难辨析】本题考查同时犯因果关系（实为证据认定规则）的判断。同时犯因果关系有四种情形，A1、A2谁打中查不清，都无因果。A1、A2都打中都致命，都有因果；A1、A2都打中作用大小查不清，都有因果；事实完全查得清，按查清情况认定。

【解析】（1）甲、乙二人各自使用各自的枪支射击，是各自单独行为而不是共同行为，不属于《刑法》第25条第1款规定的共同犯罪（共同故意犯罪），也不属于第2款规定的"共同过失犯罪"。而是各自单独犯罪，属于过失的同时犯（当然，即使是共同过失犯罪，也分别负责）。因此，存在甲的行为、乙的行为两个行为，而不是只有一个整体行为。

（2）在因果关系层面上，无法查明甲的行为、乙的行为，具体谁造成了死亡结果，根据存疑时有利于被告人的证据推定和事实认定规则，无法查明因果关系，因证明因果关系的举证责任归检控方承担，故而二人对死亡结果均无因果关系。

（3）在主观方面，甲、乙二人对于小孩死亡结果的主观心态是过失，而实害结果、因果关系是成立过失犯罪的必要要件。由于本案是过失的同时犯，甲、乙谁打中查不清，无法证明结果到底是谁所造成，则二人均不对结果负责。过失行为无结果，不能构成犯罪。故二人不能构成犯罪。当然，民法层面上二人承担连带赔偿责任。故答案选D。

13. 甲以伤害故意砍乙两刀，随即心生杀意又砍两刀，但四刀中只有一刀砍中乙并致其死亡，且无法查明由前后四刀中的哪一刀造成死亡。关于本案，下列哪一选项是正确的？[2]（2015/2/16）

　　A. 不管是哪一刀造成致命伤，都应认定为一个故意杀人罪既遂

　　B. 不管是哪一刀造成致命伤，只能分别认定为故意伤害罪既遂与故意杀人罪未遂

　　C. 根据日常生活经验，应推定是后两刀中的一刀造成致命伤，故应认定为故意伤害罪未遂与故意杀人罪既遂

D. 根据存疑时有利于被告人的原则，虽可分别认定为故意伤害罪未遂与故意杀人罪未遂，但杀人与伤害不是对立关系，故可按故意伤害（致死）罪处理本案

【解析】本题考查因果关系、客观与主观相统一认定罪名、另起犯意的罪数、事实假定和逻辑推理。

其一，（1）行为人实施了两行为，前两刀系伤害行为，后两刀系杀人行为。（2）因为无法查明哪刀致死，故而不能确切的认定死亡结果归伤害行为负责（故意伤害罪致死），还是归杀人行为负责（故意杀人既遂）。如果分别孤立的评价二行为，例如可以假设伤害行为与杀人行为二行为之间间隔较大，或者类比于二行为分别由不同行为人实施的情况。由于不能查明哪个行为与死亡结果之间具有因果关系，故应当认为死亡结果既不能归因于伤害行为，也不能归因于杀人行为，从而，应当将二行为分别认定为故意伤害罪未遂、故意杀人罪未遂。D选项的前半句说法正确。

其二，但是，本案中伤害行为、杀人行为系同一人，并且无明显时空间隔，系连续实施。且可知事实是：死亡不是前两刀造成的，就是后两刀造成的。因此案件事实存在两种可能。（1）第一种可能，假设死亡是前两刀任一刀致死，则分别评价：前行为触犯故意伤害罪致死；后行为杀的是死人，没有杀死活人的可能性，不能触犯故意杀人罪，是不可罚的不能犯。总体评价为故意伤害罪致死。（2）第二种可能，假设死亡是后两刀任一刀致死，则分别评价：前行为触犯故意伤害罪既遂（造成轻伤以上结果）或未遂（未造成轻伤以上结果），后行为触犯故意杀人罪既遂。系另起犯意，按罪数规则（参见方鹏《刑法宝典》第97页），故意伤害罪与故意杀人罪是高度行为与低度行为的关系，高度行为吸收低度行为，故对案件总体评价为故意杀人罪既遂。（3）对于这两种可能事实，根据存疑时有利于被告人的原则，前一种可能，即认定为故意伤害罪致死，对被告人更有利，以此定罪即可。D选项的后半句说法正确。A选项中的"都应"、B选项中的"只能"，以及C选项中的"应推定"均错误。

五、共同犯罪与因果关系认定

14. 甲、乙共谋伤害丙，进而共同对丙实施伤害行为，导致丙身受一处重伤，但不能查明该重伤由谁的行为引起。对此，下列哪些说法是错误的？[1]（2002/2/32）

A. 由于证据不足，甲、乙均无罪

B. 由于证据不足，甲、乙成立故意伤害（轻伤）罪的共犯，但都不对丙的重伤负责

C. 由于证据不足，认定甲、乙成立过失致人重伤罪较为合适

D. 甲、乙成立故意伤害（重伤）罪的共犯

【疑难辨析】本题考查共同犯罪中因果关系的认定。在共同犯罪中，对于共同正犯，一部行为、全部责任，一人既遂、全体既遂。对于共犯（帮助犯、教唆犯），当实行行为与结果之间具有因果关系，共犯行为（帮助、教唆行为）与实行行为之间具有因果关系时，共犯才对结果负责。

【解析】由于甲、乙二人是共同正犯，只有共同实施的一个整体正犯行为，重伤结果与此整体行为有因果关系，则共同正犯人均应承担连带责任，二人均成立故意伤害罪既遂（重伤）。

15. 甲、乙、丙共同故意伤害丁，丁死亡。经查明，甲、乙都使用铁棒，丙未使用任何凶器；尸体上除一处致命伤外，再无其他伤害；可以肯定致命伤不是丙造成的，但不能确定是甲造成还是乙造成的。关于本案，下列哪一选项是正确的？[2]（2016/2/7）

---

[1] ABC [2] D

A. 因致命伤不是丙造成的，尸体上也没有其他伤害，故丙不成立故意伤害罪

B. 对甲与乙虽能认定为故意伤害罪，但不能认定为故意伤害（致死）罪

C. 甲、乙成立故意伤害（致死）罪，丙成立故意伤害罪但不属于伤害致死

D. 认定甲、乙、丙均成立故意伤害（致死）罪，与存疑时有利于被告的原则并不矛盾

【解析】（1）甲、乙、丙共同故意伤害丁，由于三人是共同犯罪（共同正犯），构成故意伤害罪；由于是共同犯罪，无论具体是谁造成丁死亡的结果，按照共同正犯对结果共同负责的归责原则，三人均需对此死亡结果承担刑事责任。故而三人均构成故意伤害罪（致人死亡）。（2）本案完全能够证明丁死亡的结果与三人共同故意伤害的实行行为之间具有因果关系，对此证据证明和事实认定没有疑问，与存疑时有利于被告的原则并不矛盾。定罪时无需证明具体是谁造成了死亡结果。这与同时犯的归责原则不同。

16. 下列选项中，行为人甲的行为与被害人的死亡结果之间具有因果关系的是？[1]（2020/客/1/4仿）

A. 黑社会组织老大甲指使成员乙，对丙进行非法拘禁，丙脱逃。乙恼羞成怒，在丙家将其杀死

B. 乙住14楼，甲上门讨债，敲门说"你该还钱了"，乙害怕，试图从14楼爬到13楼阳台，结果失足摔死

C. 甲、乙合谋杀丙，约好由乙开车把丙带到甲家地下室杀害，结果乙在半路被丙的言辞激怒把丙射杀在车里

D. 甲对乙实施抢劫后离开，由于乙受到严重恐吓，神志不清，回家途中坠入河中被淹死

【解析】主要考查共同犯罪中因果关系的认定。

选项A，本题并不考查一般共同犯罪，而是考查集团犯罪分子的责任。（1）正犯乙实施有两个行为：非法拘禁、故意杀人；因杀人行为未发生在拘禁过程中，而是拘禁之后另起犯意实施的，与拘禁行为没有因果关系，故而不属转化犯，而应两罪并罚。（2）如果甲不是集团犯罪首要分子、只是一般教唆犯，则甲只与乙在非法拘禁行为的范围内成立共同犯罪；不对乙实施的单独杀人致死负责。（3）但是，甲是集团犯罪首要分子，根据《刑法》第26条第3款，按照集团所犯的全部罪行处罚。乙为了黑社会组织利益而实施黑社会组织惯常的暴力杀人犯罪，系集团犯。首要分子甲要对该杀人行为负责。

选项B，（1）上门讨债行为，不是危害行为；（2）即使以形式行为理解，导致乙死亡的条件有二：甲讨债（A1）、乙逃走（A2），二者系独立关系。乙逃走（A2）自陷风险的责任大，与死亡有因果关系。甲讨债（A1）与死亡结果之间只有条件关系，而无因果关系。

选项C，（1）正犯乙，提前将丙杀死，仍是杀人行为导致死亡，不影响杀人罪既遂的成立。（2）共犯甲，系因果关系错误中的结果（构成要件）提前实现。按通说，正犯利用了共谋行为，仍系实行行为导致死亡结果，在构成要件的范围之内，仍有因果关系。

选项D，导致乙死亡的条件有二：甲抢劫（A1）、乙坠河（A2）。乙坠河（A2）的责任大，与死亡有因果关系。甲抢劫（A1）与死亡结果之间只有条件关系，而无因果关系。

六、综合题

17. 关于因果关系，下列哪一选项是错误的？[2]（2006/2/2）

A. 甲故意伤害乙并致其重伤，乙被送到医院救治。当晚，医院发生火灾，乙被烧死。甲的伤害行为与乙的死亡之间不存在因果关系

---

[1] AC [2] D

B. 甲以杀人故意对乙实施暴力，造成乙重伤休克。甲以为乙已经死亡，为隐匿罪迹，将乙扔入湖中，导致乙溺水而亡。甲的杀人行为与乙的死亡之间存在因果关系

C. 甲因琐事与乙发生争执，向乙的胸部猛推一把，导致乙心脏病发作，救治无效而死亡。甲的行为与乙的死亡之间存在因果关系，是否承担刑事责任则应视甲主观上有无罪过而定

D. 甲与乙都对丙有仇，甲见乙向丙的食物中投放了 5 毫克毒物，且知道 5 毫克毒物不能致丙死亡，遂在乙不知情的情况下又添加了 5 毫克毒物，丙吃下食物后死亡。甲投放的 5 毫克毒物本身不足以致丙死亡，故甲的投毒行为与丙的死亡之间不存在因果关系

【解析】A 选项，（1）甲的伤害行为（A1）、火灾（A2），均是乙死亡（R）的条件。（2）伤害时无火灾，也不会引发火灾，二者是独立关系。火灾（A2）直接导致死亡结果，对死亡负主要责任，与死亡结果之间具有因果关系。

B 选项，（1）杀人（A1）、抛尸（A2），与死亡结果（R）均有条件关系。（2）杀人后一般都会抛尸，二者之间有大概率导致的依附关系，介入因素不中断因果关系，死亡结果仍归责于杀人行为。客观上系杀人致死的行为。（2）主观上，行为人存在事实认识错误，系因果关系错误中事前故意（因果关系延后实现）的情况，系具体错误，仍具有杀人故意，根据《刑法》第 232 条，构成故意杀人罪既遂一罪。本选项说法正确。

C 选项，考查被害人特殊体质与因果关系的认定。（1）客观上，特殊体质不中断因果关系，甲推人行为，与乙死亡结果之间具有因果关系。（2）主观上，根据甲对死亡结果的有无罪过、罪过心态，得出有罪、无罪的结论。

D 选项，（1）乙与甲没有共谋、对之后甲的行为不知情，不与甲构成共同犯罪，系乙的单独行为，仅对其本人投毒 5 毫克的行为负责。如果没有乙的投毒，丙不会死亡，乙投毒行为（A1）是丙死亡结果（R）的条件；对死亡的作用为 50%，具有因果关系。可认为是重叠因果。（2）甲知情乙投毒还添加毒药，甲为片面共犯，应对其本人与乙共同的投毒行为（5 毫克 + 5 毫克 = 10 毫克）负责，对死亡结果的作用为 100%，也具有因果关系。（3）即使认为片面共同正犯行为不成立共同正犯，也可以片面帮助犯，追究甲对死亡结果 100% 的责任。

18. 关于因果关系的认定，下列哪些选项是正确的？[1]（2013/2/52）

A. 甲、乙无意思联络，同时分别向丙开枪，均未击中要害，因两个伤口同时出血，丙失血过多死亡。甲、乙的行为与丙的死亡之间具有因果关系

B. 甲等多人深夜追杀乙，乙被迫跑到高速公路上时被汽车撞死。甲等多人的行为与乙的死亡之间具有因果关系

C. 甲将妇女乙强拉上车，在高速公路上欲猥亵乙，乙在挣扎中被甩出车外，后车躲闪不及将乙轧死。甲的行为与乙的死亡之间具有因果关系

D. 甲对乙的住宅放火，乙为救出婴儿冲入住宅被烧死。乙的死亡由其冒险行为造成，与甲的放火行为之间没有因果关系

【解析】A 选项，甲、乙二人不是共同犯罪，二人行为各自独立。甲开枪（A1）、乙开枪（A2）均是丙死亡（R）的条件；二人行为对结果的作用一样大（或都超过 50%），认为都有因果关系。是重叠因果关系模型。

B 选项，（1）甲等的追杀行为（A1）、乙跑到高速公路（A2）、汽车撞人行为（A3），均是乙死亡（R）的条件。（2）根据题意，汽车司机（A3）无责任。甲等人实施的是"追杀"严重危及人身安全的暴力行为（A1），乙是"被迫"跑到高速公路上（A2）。一般人在此情形

---

[1]　ABC

之下均会做出此躲避行为，二者系大概率导致的依附关系，被害人无重大过错。介入因素不中断因果关系，死亡结果（R）与甲等的追杀行为（A1）具有因果关系。（3）在法考和司法实务中，经常出现此类甲追乙跑导致死亡的事例，如果"甲追"是严重暴力、一般人都会如"乙跑"，则死亡归责于"甲追"；如果"甲追"是轻缓行为、一般人不会"乙跑"入死路，则死亡归责于"乙跑"。例如下述C选项、2010/2/3-B。

C选项，（1）甲猥亵（A1）、乙挣扎（A2）、后车辗轧（A3），均是乙死亡（R）的条件。（2）"躲闪不及"说明后车（A3）无责任。甲猥亵，一般妇女都会挣扎躲避，二者系大概率导致的依附关系，被害人无重大过错。介入因素不中断因果关系，死亡结果与甲的猥亵行为具有因果关系。此外，"高速公路上"是猥亵行为发生的客观既存因素，不作为条件考虑。

D选项，甲放火（A1）、乙救婴儿（A2），都是死亡结果的条件。一般的父母亲发现婴儿在被放火（A1）的住宅中均会冒险相救（A2），二者系大概率导致的依附关系，介入因素不中断因果关系链，死亡结果与放火行为具有因果关系。类似事例参见2011/2/3-B。

19. 关于刑法上的因果关系，下列哪一判断是正确的？[1]（2010/2/3）

A. 甲开枪射击乙，乙迅速躲闪，子弹击中乙身后的丙。甲的行为与丙的死亡之间不具有因果关系

B. 甲追赶小偷乙，乙慌忙中撞上疾驶汽车身亡。甲的行为与乙的死亡之间具有因果关系

C. 甲、乙没有意思联络，碰巧同时向丙开枪，且均打中了丙的心脏。甲、乙的行为与丙的死亡之间不具有因果关系

D. 甲以杀人故意向乙的食物中投放了足以致死的毒药，但在该毒药起作用前，丙开枪杀死了乙。甲的行为与乙的死亡之间不具有因果关系

【解析】A选项，考查因果关系的客观性。（1）因果关系是客观的，与行为人主观认识没有关系。在丙的死亡结果发生之后来叙述客观因果流程，丙死于"中弹"，是甲开枪打死的。如果甲不开枪，丙不会中弹死亡，有条件关系。并且是唯一条件，负全部责任，甲的开枪行为（A），当然与丙死亡结果（R）之间有因果关系。（2）客观因果关系的判断与行为人主观无关。即使甲主观上没有预见到该具体结果，也不能否定客观因果关系的存在。（3）在主观上，本例系打击错误、具体错误，按法定符合说，甲对丙死存在杀人故意，构成故意杀人罪既遂。按具体符合说，对乙构成故意杀人罪未遂、对丙构成过失致人死亡罪。类似事例参见2014/2/6-C。

B选项，（1）甲的"追赶"行为（A1）、乙撞上汽车行为（A2），均是死亡结果（R）的条件。（2）但因本选项"追赶"行为系一般追赶，本身没有致死的可能性，一般人在此情形下也不会往死路上跑。甲的"追赶"行为（A1）、乙撞上汽车行为（A2）没有大概率关联，系独立关系。题干"乙慌忙"表明乙慌忙中的不小心负主要责任，介入因素中断因果关系链。故而应当甲的死亡结果（R），应归责于其本人行为（A2），而不应归责于甲的追赶行为（A1）。故B选项错误。（3）注意：本案判断因果关系，与乙是否"小偷"没有关系。如果乙是小偷，甲持砍刀追杀导致乙被迫横穿马路被撞死，则应认定甲的行为与死亡有因果关系；然后再判断防卫是否过当。（4）另外，本选项案情与2013/2/52-B不同。

C选项，考查同时犯因果。（1）在丙死亡结果发生后叙明客观既存因果流程，丙死于甲、乙两枪同时（200%）击中心脏，二人开枪行为对于丙死亡均有作用。（2）甲、乙二人均击中且都致命，对死亡结果的作用都是100%，均超过50%，认定都有因果关系。故选项C错误。

---

[1]　D

D 选项，考查因果关系的客观性。（1）在乙死亡结果发生后叙明客观既存因果流程，乙是因枪杀死亡（R）而不是被毒死。如果甲不投毒（A），乙仍会被枪杀（R），故甲的投毒行为与乙被枪杀致死之间，没有条件关系，更无因果关系。如果丙不开枪（B），乙就不会被枪杀（R），故丙的开枪行为与乙被枪杀致死之间，有条件关系。（2）由于丙的开枪行为，是乙被枪杀致死的唯一条件，对此结果承担全部责任，具有因果关系。故选项 D 正确。

20. 关于刑法上因果关系的判断，下列哪一选项是正确的？[1]（2007/2/1）

A. 甲为抢劫而殴打章某，章某逃跑，甲随后追赶。章某在逃跑时钱包不慎从身上掉下，甲拾得钱包后离开。甲的暴力行为和取得财物之间存在因果关系

B. 乙基于杀害的意思用刀砍程某，见程某受伤后十分痛苦，便将其送到医院，但医生的治疗存在重大失误，导致程某死亡。乙的行为和程某的死亡之间没有因果关系

C. 丙经过铁路道口时，遇见正在值班的熟人项某，便与其聊天，导致项某未及时放下栏杆，火车通过时将黄某轧死。丙的行为与黄某的死亡之间存在因果关系

D. 丁为杀害李某而打其头部，使其受致命伤，2 小时之后必死无疑。在李某哀求下，丁开车送其去医院。20 分钟后，高某驾驶卡车超速行驶，撞向丁的汽车致李某当场死亡。丁的行为和李某的死亡之间存在因果关系

【解析】A 选项，（1）选项中的"拾得"一词，应当理解为"甲等章某逃跑后，才发现钱包，临时起意拾得钱包"，亦即，不能将获取皮包理解为抢劫行为延伸即"劫"的行为，而应认为甲实施了抢劫殴打（A1）、拾得（A3）前后两个独立行为。（2）甲抢劫殴打章某（A1）、章某逃跑钱包掉下（A2）、甲拾得（A3），均是甲取得财物（R）的条件。（3）依题意，钱包是被害人"不慎"掉下（A2）的，主要责任在于其"不慎"，与之前的甲抢劫殴打（A1）没有依附关系。（4）财物是甲拾得，甲拾得行为（A3）是其取得财物的直接条件，应负主要责任。故而，甲的抢劫暴力行为（A1）和取得财物之间没有因果关系；甲拾得行为（A3）和取得财物之间具有因果关系。（5）主观上，甲实施抢劫行为时具有抢劫故意，根据《刑法》第263 条，构成抢劫罪。因取得财物与抢劫行为没有因果关系，故甲不能构成抢劫罪既遂，而是抢劫罪未遂。甲拾得财物时有侵占罪故意（或盗窃罪故意），构成侵占罪（或盗窃罪）。取得财物与该行为有因果关系，构成侵占罪（或盗窃罪）既遂。应当数罪并罚。

B 选项，（1）乙的杀人行为（A1）、医生重大失误（A2），均是程某死亡结果（R）的条件。（2）两条件系独立关系。题意"重大失误"表明医生负主要责任。死亡结果与医生行为有因果关系。注意本选项叙述事实与 2008/2/52 – D 不一样。

C 选项，（1）丙聊天（A1）、项某不放下栏杆（A2），均是黄某被轧死的条件。（2）丙聊天这样的日常生活行为，项某他人不放下栏杆（A2）的可能性极小；并且，遭遇这种情况，值班人员也需要放下栏杆，A1、A2 系独立关系。显然，项某的重大疏忽，对事故发生负主要责任甚至完全责任，与结果有因果关系。

D 选项，考查因果关系的客观性。（1）在李某死亡结果发生后叙明客观既存因果流程，李某是被撞死（R）而不是被杀死。如果丁不杀人（A1），李某不会被送医、被撞死（R），故杀人（A1）与李某撞死（R）之间，具有条件关系。即使丁杀人，但如高某不超速（A2），则李某也不会被撞死（R），故超速（A2）与李某撞死（R）之间，也具有条件关系。（2）两条件之间系独立关系，由于李某死于撞死，非死于杀人，高某超速责任大，与李某死亡结果之间具有因果关系。（3）关于本选项的犯罪形态，由于因果关系中断，丁的杀人行为与死亡结果之

间没有因果关系，故而其不构成故意杀人罪既遂。自动停止、尽了真诚救助义务，构成犯罪中止。

21. 关于因果关系，下列哪些选项是错误的？[1]（2008/2/52）

A. 甲乘坐公交车时和司机章某发生争吵，狠狠踹了章某后背一脚。章某返身打甲时，公交车失控，冲向自行车道，撞死了骑车人程某。甲的行为与程某的死亡之间存在因果关系

B. 乙以杀人故意瞄准李某的头部开枪，但打中了李某的胸部（未打中心脏）。由于李某是血友病患者，最后流血不止而死亡。乙的行为与李某的死亡之间没有因果关系

C. 丙与同伙经预谋后同时向王某开枪，同伙射击的子弹打中王某的心脏，致王某死亡。由于丙射击的子弹没有打中王某，故丙的行为与王某的死亡之间没有因果关系

D. 丁以杀人故意对赵某实施暴力，导致赵某遭受濒临死亡的重伤。赵某在医院接受治疗时，医生存在一定过失，未能挽救赵某的生命。丁的行为与赵某的死亡之间没有因果关系

【解析】A选项，（1）甲踹章某后背（A1）、章某打甲而使公交车失控（A2），均是撞死骑车人（R）的条件。（2）一般公交司机在受到干扰时，都不会放弃驾驶，两个条件系独立关系，应分别判断责任大小。甲踹司机后背，即使司机不反抗，也会大概率导致汽车失控，甲对事故的责任大。同时，作为司机的章某负有重大的保障驾驶安全的义务，如其不起身打甲，也不会引发事故，司机的责任也大。二人对事故结果的责任均很大，应当认为都负责任，二人行为与死亡结果之间均有因果关系，系重叠因果关系模型。（3）本案原型参见《刑事审判参考》（2002年总第28辑）"陆某某、张某某以危险方法危害公共安全、交通肇事案——公交车司机离开驾驶岗位与乘客斗殴引发交通事故的如何定性"。在当年，法院根据该案具体情形认定司机对结果系故意、乘客对结果系过失，故认为司机章某构成以危险方法危害公共安全罪（故意危害公共安全）；乘客甲构成交通肇事罪（过失危害公共安全）。（4）在《最高人民法院、最高人民检察院、公安部关于依法惩治妨害公共交通工具安全驾驶违法犯罪行为的指导意见》颁布后，一般应当认定乘客对结果系故意，构成以危险方法危害公共安全罪，例如"重庆万州汽车坠河案"。（5）在《刑法修正案（十一）》生效后，乘客与司机还另行触犯妨害安全驾驶罪，以重罪以危险方法危害公共安全罪（结果加重犯）论处。

B选项，考查特殊体质与因果关系认定。（1）客观上，特殊体质不中断因果关系，乙的杀人行为，与李某死亡结果之间具有因果关系。（2）主观上，乙对事实存在认识错误，系因果关系错误中的具体流程偏离（狭义因果关系错误），认识到因果关系的大概流程，对客观流程仍具有杀人故意。根据《刑法》第232条，构成故意杀人罪既遂。

C选项，考查共同犯罪的因果关系。"预谋"说明二人是共同正犯，每人对共同整体杀人行为（即开两枪行为）造成的结果承担连带责任。因王某死亡结果，系二人共同行为导致，甲、乙二人均对该结果承担连带责任，与死亡结果有因果关系。

D选项，（1）丁的杀人行为（A1）、医生的过失行为（A2），与赵某死亡结果（R）之间，均有条件关系。（2）两条件之间系独立关系。题干已叙明丁的杀人行为（A1）已致"濒临死亡的重伤"，故应将其中医生的"一定过失"理解为"轻微过失"。丁的责任大，医生的责任小。故而，介入因素不中断因果关系，丁的杀人行为（A1）与死亡结果（R）之间存在因果关系。（3）注意：本选项与2007/2/1-B"医生的治疗存在重大失误"，案情不同，结论也不相同。

---

[1] BCD

22. 关于因果关系的判断，以下说法**不正确**的有[1]（2019/客/卷一/3仿）

A. 甲持刀将乙砍成重伤，乙在被家人送往医院的途中，遇到丙驾驶车辆在道路上横冲直撞报复社会，乙被丙当场撞死。则甲的砍人行为与乙的死亡结果之间具有因果关系

B. 甲投毒杀乙，乙中毒后痛苦难堪、必死无疑，乙的另一个仇人丙看见后，心起歹意见状直接将乙捅死。则甲的投毒行为与乙死亡结果之间具有因果关系

C. 甲醉酒后超速开车，压飞一个井盖，井盖飞起砸死一人乙；经侦查实验表明即使不超速也会压飞井盖。则甲醉酒后超速行为与乙的死亡结果之间仍具有因果关系

D. 医生甲故意谋害患者乙，将药剂剂量加大十倍为其注射，乙死亡。事后证明，乙具有特殊体质，即使按正规操作为其注射也会死亡。则甲行为与乙死亡结果之间无因果关系

【解析】A选项，在条件关系判断上，甲的砍人行为（A1）、丙的撞击行为（A2），均是乙死亡的条件。在相当性判断上，两个条件是独立关系；乙死于撞死，丙的撞击行为（A2）的作用大，与乙死亡结果具有因果关系。甲的砍人行为，与乙死亡结果之间，只有条件关系，没有因果关系。

B选项，本选项考查因果关系是客观的、不是假想的。由于客观上乙死于捅死（R），不是死于中毒（A）。乙的死亡结果（R），与甲的投毒行为（B）没有条件关系，更无因果关系。与丙的捅人行为（A）具有因果关系。

C选项，本选项考查条件关系的认定。如果不醉酒、超速（无A），则也会压飞井盖（仍有R）；故而，醉酒、超速行为与压飞井盖、死亡结果无条件关系，更无因果关系。应将死亡结果归因于井盖放置不当等因素。参见《最高人民法院、最高人民检察院、公安部关于办理涉窨井盖相关刑事案件的指导意见》第5条。

D选项，本选项考查特殊体质因素。假定甲注射正常剂量的药剂，诱发乙特殊体质而死亡，特殊体质不影响因果关系认定，甲的注射行为与乙的死亡结果之间具有因果关系。与之类比：正常剂量的注射与死亡结果之间都有因果关系，过量注射行为与死亡结果之间更有因果关系。简言之，是注射行为（A），而无需考虑注射是否过量，与死亡结果（R）之间，具有因果关系。

23. 关于刑法因果关系，下列选项正确的是？[2]（2019/客/卷一/4仿）

A. 甲用手机向租房人群发送"这个月该交房租了"的诈骗短信，并附上自己的银行卡号，收到短信的租房人乙信以为真，而将短信转发给另一租房人丙，丙遂向甲的卡号转账支付房租，导致被骗。则甲的行为具有因果关系与丙财物损失结果

B. 甲交通肇事逃逸，将丙撞倒在路上，紧随其后的乙驾车经过时未发现乙，驾车从丙身上轧过，现无法查明：丙是在乙轧压之前死亡还是在其轧压之后死亡。则甲的行为与丙的死亡结果之间有因果关系

C. 甲、乙发生口角，甲把瘦小的乙踢伤，致乙心脏病发作死亡。则甲的行为与乙的死亡结果之间无因果关系

D. 警察甲押送犯罪嫌疑人乙时，乙谎称上厕所，甲没有紧跟，从而乙脱逃。则甲的行为与乙的脱逃有因果关系

【解析】A选项，在条件关系上，甲群发短信（A1）、乙转发行为（A2），均与丙的损失结果（R）之间，有条件关系。在相当性判断上，乙（A1）的责任小，只有条件关系；甲（A2）的责任大，具有相当性。故而丙财物损失结果（R），与甲的行为（A1）具有因果关系。

---

[1] ABCD [2] ABD

B 选项，在条件关系上，甲不救助乙（A1）、乙车轧压（A2），均是丙死亡（R）的条件。在相当性判断上，"紧随其后"表明，不救助（A1）大概率会导致后车轧压（A2），两个条件是依附关系，介入因素不中断因果。丙死亡结果（R），与甲不救助行为（A1）有因果关系。

C 选项，客观上，"心脏病"特殊体质不影响因果关系认定，踢伤行为与死亡结果之间具有因果关系。主观上，行为人仅有"踢伤"意图，说明对死亡结果没有故意，只有过失。

D 选项，在条件关系上，甲未紧跟（A1）、乙逃走（A2），都与乙脱逃结果（R）之间，都有条件关系。在相当性判断上，甲的职责中就有防止乙脱逃的内容，故而甲（A1）对乙脱离的结果负责，具有因果关系，构成失职致使在押人员脱逃罪。当然，乙本人（A2）也需对脱逃负责，构成脱逃罪。两个条件与结果均有因果关系，系重叠因果关系的模型。

24. 关于因果关系的认定，下列选项说法正确的有？[1]（2020/客/1/3 仿）

A. 甲、乙二人一起相约超速飙车，乙因超速将丙撞死。则甲的行为与丙的死亡结果之间没有因果关系

B. 甲在外面带着孙子玩，家长丙委托甲帮忙照顾小孩乙，乙对甲说我要从高处跳下去，甲并未阻拦，乙跳下去摔伤。则甲的不阻拦行为与乙的受伤结果之间具有因果关系

C. 甲教唆乙，为了讨债对丙进行非法拘禁，在拘禁过程中不小心将丙过失致死。则甲的教唆行为与丙的死亡结果之间具有因果关系

D. 甲为了杀人，把乙打成昏迷状态后，以为乙死亡将其抛在沙滩上离开，乙因为头朝下埋入沙子而死。则甲的杀人行为与乙的死亡之间具有因果关系

【解析】选项 A，考查因果关系中的结果与构成要件范围。（1）前段行为，甲、乙构成危险驾驶罪（A1）的共同犯罪。但是，危险驾驶罪的结果中并不包括致人死亡的结果（R）。致丙死亡的结果，不在危险驾驶罪的构成要件之内，甲对此结果不能归责。（2）后段乙超速撞死丙的行为（A2），是乙的单独正犯行为。（3）造成丙死亡的结果的条件有两个：甲与乙相约超速飙车的行为（A1），以及乙单独超速撞人行为（A2）；但是，后者即乙的行为（A2），是负主要责任的条件，具有因果关系。甲的行为（A1）仅有条件关系。

选项 B，考查不作为行为与因果关系。（1）关于甲有无阻拦乙的义务以及有无实施不作为危害行为。比照《民法典》第 1189 条的规定，"无民事行为能力人、限制民事行为能力人造成他人损害，监护人将监护职责委托给他人的，监护人应当承担侵权责任；受托人有过错的，承担相应的责任"。可认为本案情形系未成年人乙的监护人丙，临时委托甲进行监护的情形，故甲系乙的临时监护人，负有保护义务，不阻拦系不作为行为。（2）在因果关系认定上，造成乙摔伤的条件有两个：乙自己跳（A1）、甲不阻拦（A2）。由于乙系未成年人、不知危险、责任较小；可认为甲的不阻拦行为（A2）责任较大，具有因果关系。可以类比：父亲看见儿子跳崖而不制止，导致儿子死亡。

选项 C，考查共同犯罪与因果关系的认定。（1）乙是非法拘禁罪的正犯，对拘禁过程中的过失致死负责；（2）甲是教唆犯，其教唆行为引起了乙的实行行为，当然对乙的拘禁实行造成的结果负责，具有因果关系。二人均构成非法拘禁罪（致人死亡）。

选项 D，考查事前故意的模型。造成乙死亡结果（R）的条件有两个：甲的杀人行为（A1）、抛尸行为（A2）。由于杀人（A1）之后大概率会抛尸（A2），二者之间系依附关系，不中断因果，因此甲的杀人行为与乙的死亡之间具有因果关系。

25. 甲以杀人故意将乙击倒在地，甲以为乙已死亡，但乙实际上只是陷入昏迷，后甲离

开。关于甲后续的行为，下列选项说法正确的是？[1]（2023/客A/卷一/仿2）

A. 如果甲通知丙去收尸，丙到现场后发现乙清醒，遂用石头将其砸死。则甲构成故意杀人（未遂）

B. 如果甲次日回到现场，打算收尸，将昏迷的乙扔到河中，乙被水呛死，甲构成故意杀人（既遂）

C. 如果甲离开后，乙因趴在地上吸入沙子导致死亡，甲构成故意杀人罪未遂

D. 如果乙被打得头晕脑胀到高速公路求助，结果被正常行驶的车辆撞死，甲构成故意杀人罪既遂

【解析】本题考点：因果关系、事前故意

选项A，（1）丙构成故意杀人罪（既遂），系单独正犯；（2）乙的死亡结果，被丙单独实施的杀人行为中断，乙构成故意杀人罪（未遂）。

选项B、C、D，系因果关系错误中的事前故意，按通说，因果关系不中断，甲均构成故意杀人（既遂）。选项B中"次日抛尸"，与"当场抛尸"一样，按通说，是之前杀人行为后会大概率实施的行为，具有依附关系，不中断因果关系。

26. 甲夜间尾随乙持刀欲杀害乙，乙没有了退路，慌乱中拿起手中的火把朝甲扔去，趁甲躲闪之际，乙逃跑了。火把扔到草堆里引燃草堆，乙没有扑火趁机逃走，甲没有救火也随即离开。后草堆引起火灾烧毁旁边的居民楼，造成重大损失。关于本案以下说法正确的有？[2]（2023/客A/卷一/仿3）

A. 乙没有扑灭火把的义务，其行为与火灾的发生的结果之间不具有因果关系，属于正当防卫

B. 乙有扑灭火把的义务，其行为与火灾的发生的结果之间具有因果关系，属于乙属于防卫过当

C. 甲有扑灭火把的义务，其行为与火灾的发生的结果之间具有因果关系，构成不作为形式的放火罪

D. 甲没有扑灭火把的义务，其行为与火灾的发生的结果之间不具有因果关系，对于火灾发生的结果不负责

【解析】本题考点：因果关系、不作为、防卫、打击错误

（一）先类比一个简单事例：甲杀害乙，乙为了制止甲而反击丢出一把飞刀，结果甲躲闪，飞刀未扎中甲，而将旁边的路人丙扎死。显然应当分不同对象、不同结果分别评价：

1. 乙对甲：构成正当防卫。

2. 乙对丙死：客观上致死，主观上系打击错误、假想防卫，按通说可构成过失致人死亡罪。

3. 在规范评价上，丙死亡的结果，是乙对丙的过失行为导致，而不是乙对甲的防卫行为导致，故不认为是防卫致死。

4. 想象竞合，择一重处。

5. 甲对乙：构成故意杀人罪未遂。

6. 甲对丙死亡的结果：甲杀害乙的行为，与丙死亡的结果之间，是否具有因果关系的判断。（1）具有条件关系；（2）在相当性层面上，类比于日本刑法事例"绑匪绑架人质，警察解救而致人质死亡"，如警察无重大过错，则人质死亡的结果与绑匪绑架行为具有相当性。

（3）因法律许可对杀害行为进行防卫，因此，可认为甲杀害乙的行为（条件1），可大概率引起乙的防卫（条件2），二者具有依附关系。故而，不中断因果，甲的行为与死亡结果之间具有相当性，具有因果关系。

（二）乙，与前述类比事例具有相同原理，只不过多了不扑灭火把的不作为行为的分析

1. 乙对甲：构成正当防卫。

2. 乙对火把掉地可能造成火灾危险：客观上造成危险，主观上系打击错误、假想防卫，具有过失。

3. 从而，乙因先前行为引起危险，客观上具有扑灭火把的作为义务；但由于仍处遭甲杀害的危险之中，不具扑灭火把的作为能力，不构成不作为犯。

（三）甲，与前述类比事例具有相同原理，只不过多了不扑灭火把的不作为行为的分析

1. 甲对乙：故意杀人罪未遂，系不法侵害。

2. 甲杀害乙的行为（条件1），与乙防卫反击扔出火把（条件2），具有依附关系，不中断因果；与火把掉地的危险具有因果关系。

3. 从而，甲因先前行为引起危险，客观上具有扑灭火把的作为义务；也具有扑灭火把的作为能力，构成不作为犯。系不作为形式的放火罪。

4. 罪数：故意杀人罪未遂、放火罪，两罪并罚。

选项A，结果正确，但理由中"没有扑灭火把的义务"错误。选项B，错在"防卫过当"。选项C正确，选项D错误。

考点四 其他客观不法要素（数额、次数、情节等）

关于犯罪数额的计算，下列哪一选项是正确的？[1]（2009/2/11）

A. 甲15周岁时携带凶器抢夺他人财物价值3万元；17周岁时抢劫他人财物价值2万元。甲的犯罪数额是5万元

B. 乙收受贿赂15万元，将其中3万元作为单位招待费使用。乙的犯罪数额是12万元

C. 丙第一次诈骗6万元，第二次诈骗12万元，但用其中6万元补偿第一次诈骗行为被害人的全部损失。丙的犯罪数额是6万元

D. 丁盗窃他人价值6000元的手机，在销赃时夸大手机功能将其以1万元卖出。丁除成立盗窃罪外，还成立诈骗罪，诈骗数额是1万元

【解析】本题考查犯罪数额的计算，以及刑事责任年龄；受贿罪、诈骗罪、盗窃罪；连续犯、同种数罪、罪数；悔罪、赃物处分。

选项A，（1）第一段行为，甲携带凶器抢夺，系抢劫行为；行为时15周岁，根据《刑法》第17条第2款，应当承担责任。客观主观统一，根据《刑法》第267条第2款，构成抢劫罪，系犯罪既遂，犯罪数额是3万元。（2）第二段行为，17周岁时抢劫他人财物，根据《刑法》第263条，构成抢劫罪，系犯罪既遂，犯罪数额为2万元。（3）罪数上，系同种数罪，按司法实务习惯，以一罪论处，数额累计算共5万元。

选项B，将受贿的3万元作为单位招待费使用，根据《最高人民法院、最高人民检察院关于办理贪污贿赂刑事案件适用法律若干问题的解释》第16条的规定，属受贿后的处分行为，

---

[1] A

仍然计入受贿数额，乙的犯罪数额是15万元。

选项C，丙的两次诈骗都达到数额构成犯罪既遂。（1）如果二次诈骗的被害人是同一人，采用钓鱼式的诈骗，则以最后的损失或所得计，为6＋12－6＝12万。（2）如果二次诈骗的被害人不是同一人，或者"补偿"是犯罪既遂后的悔罪退赃。则事后补偿是酌定情节，与犯罪数额的认定无关。连续两次实施诈骗，是连续犯，以一罪论处，数额累计计算，犯罪数额是18万元。两种情况下犯罪数额都不是6万元。

选项D，（1）丁盗窃他人价值6000元的手机，根据《刑法》第264条，构成盗窃罪。（2）后行为因系"夸大手机功能"而卖出手机，系民事诈欺，不属虚构重大事实的刑事诈骗行为，不能触犯诈骗罪。（3）丁只构成盗窃罪一罪，在犯罪数额认定上，比照原《最高人民法院关于审理盗窃案件具体应用法律若干问题的解释》（1998）第5条第2款第7项，"销赃数额高于按本解释计算的盗窃数额的，盗窃数额按销赃数额计算"；根据现《最高人民法院、最高人民检察院关于办理盗窃刑事案件适用法律若干问题的解释》第4条第1款第1项，"被盗财物有有效价格证明的，根据有效价格证明认定"，可将销赃数额作为"有效价格证明"。丁的盗窃数额是1万元。

专题四　主观责任要件（犯罪的主观要件）

（1）刑事责任年龄	12～16、14～16周岁人的刑事责任范围；生日当天；隔时犯的处理
（2）精神病	原发性精神病；自陷精神病（原因自由行为）
（3）故意成立的必要认识要素	对行为、对象、结果、因果关系、身份等构成要件事实须认识；对量的要素（数额、情节、次数）、违法性不需认识
（4）故意、过失的认定和判断	疏忽大意过失与意外事件的区分、间接故意与过于自信过失的区分
（5）事实认识错误	对象错误与打击错误、因果关系错误、手段错误；抽象错误与具体错误的分类；法定符合说、具体符合说；事实认识错误与违法性认识错误的区分

考点一　刑事责任年龄

1. 甲（15周岁）的下列哪一行为成立犯罪？[1]（2010/2/4）

A. 春节期间放鞭炮，导致邻居失火，造成十多万元财产损失

B. 骗取他人数额巨大财物，为抗拒抓捕，当场使用暴力将他人打成重伤

C. 受意图骗取保险金的张某指使，将张某的汽车推到悬崖下毁坏

D. 因偷拿苹果遭摊主喝骂，遂掏出水果刀将其刺成轻伤

【疑难辨析】 本题考查刑事责任年龄。根据《刑法》第17条第2款，已满14周岁不满16周岁的人，犯故意杀人、故意伤害致人重伤或者死亡、强奸、抢劫、贩卖毒品、放火、爆炸、投毒罪的，应当负刑事责任。

【解析】 选项A，系失火行为，15周岁的人不承担刑事责任。

选项B，承担故意伤害罪（致人重伤）的刑事责任。根据《最高人民法院关于审理未成年人刑事案件具体应用法律若干问题的解释》第10条，已满14周岁不满16周岁的人盗窃、诈骗、抢夺他人财物，为窝藏赃物、抗拒抓捕或者毁灭罪证，当场使用暴力，故意伤害致人重伤或者死亡，或者故意杀人的，应当分别以故意伤害罪或者故意杀人罪定罪处罚，即承担转化型抢劫罪的刑事责任，以手段行为定罪。

选项C，毁坏财物的行为系受被害人承诺行为，阻却违法性。而对其中的保险诈骗的帮助行为，15周岁的人不承担刑事责任。

选项D，前行为即偷拿苹果系小偷小摸，即使成年犯因未达数额标准亦不构成犯罪。刺成

---

[1]　B

轻伤按题意其目的是报复，而不是为窝藏赃物、抗拒抓捕或者毁灭罪证，系故意伤害轻伤行为，15周岁的人不承担刑事责任。

2. 关于犯罪主体，下列哪一选项是正确的？[1]（2009/2/2）

A. 甲（女，43岁）吸毒后强制猥亵、侮辱孙某（智障女，19岁），因强制猥亵、侮辱妇女罪（现为强制猥亵、侮辱罪）的主体只能是男性，故甲无罪

B. 乙（15岁）携带自制火药枪夺取妇女张某的挎包，因乙未使用该火药枪，故应当构成抢夺罪

C. 丙（15岁）在帮助李某扣押被害人王某索取债务时致王某死亡，丙不应当负刑事责任

D. 丁是司法工作人员，也可构成放纵走私罪

【解析】本题对于犯罪主体的考查，表面上看是总论问题，实际上是分则罪名构成要件的理解。如AD两项，此外还涉及刑事责任年龄，如BC两项。

选项A，《刑法》第237条规定的强制猥亵、侮辱罪（注：《刑法修正案（九）》修正）的主体是一般主体，既包括男性也包括女性。

选项B，（1）根据《刑法》第267条第2款的规定，携带凶器抢夺的，构成抢劫罪。这是刑法对"抢劫行为"的拟制规定，亦即将携带凶器抢夺行为认定为抢劫行为。（2）在客观不法层面上，行为实施特殊抢劫行为，主观责任层面上15岁，可构成抢劫罪。（3）事实上，刑法规定的四种形式的抢劫罪，除《最高人民法院关于审理未成年人刑事案件具体应用法律若干问题的解释》第10条规定14～16岁对转化型抢劫不能承担抢劫罪的刑事责任以外；对于其他三种形式的抢劫，14～16岁的行为均可承担抢劫罪的刑事责任。亦即，《刑法》第17条第2款规定的"抢劫"包括三种形式的抢劫行为。

选项C，（1）在客观不法层面上，实施了非法拘禁、过失致人死亡二行为；在主观责任层面上，15岁的人对非法拘禁行为不负刑事责任，对过失致人死亡行为也不负刑事责任。（2）根据《刑法》第238条第3款，为索取债务扣押他人的，构成非法拘禁罪。拘禁过程中致人死亡的，构成非法拘禁罪结果加重犯。成立结果加重犯的前提是触犯非法拘禁罪。

选项D，根据《刑法》第411条，放纵走私罪的主体是海关工作人员，丁是司法工作人员，不能构成放纵走私罪（正犯）。

3. 已满14周岁不满16周岁的人实施下列哪些行为应当承担刑事责任？[2]（2006/2/51）

A. 参与运送他人偷越国（边）境，造成被运送人死亡的

B. 参与绑架他人，致使被绑架人死亡的

C. 参与强迫卖淫集团，为迫使妇女卖淫，对妇女实施了强奸行为的

D. 参与走私，并在走私过程中暴力抗拒缉私，造成缉私人员重伤的

【解析】A选项，B选项，上述两选项中，"造成被运送人死亡"和"致使被绑架人死亡"均应解释为过失致人死亡，已满14不满16周岁的人，对过失致人死亡行为不承担刑事责任。对运送他人偷越国（边）境、绑架行为，也不承担刑事责任。如果是"杀害"运送人、被绑架人，则应承担故意杀人罪的刑事责任。

C选项，在客观不法层面上，实施了强迫卖淫、强奸二行为；在主观责任层面上，14～16周岁的人，不对强迫卖淫行为承担刑事责任；对强奸行为承担刑事责任，构成强奸罪。注意：《刑法修正案（九）》将强迫卖淫中强奸的罪数规则修正为数罪并罚，不影响本选项结论。

D选项，客观不法层面上，实施了走私、妨害公务、故意伤害重伤三个不法行为；在主观

---

[1] C　[2] CD

责任层面上，14~16周岁的人，不对走私、妨害公务行为承担刑事责任；对故意伤害重伤行为承担刑事责任，构成故意伤害罪（重伤）。

4. 对下列哪些情形应当追究刑事责任？[1]（2002/2/41）

A. 15周岁的甲在聚众斗殴中致人死亡

B. 15周岁的乙非法拘禁他人使用暴力致人伤残

C. 15周岁的丙贩卖海洛因8000克

D. 15周岁的丁使用暴力奸淫幼女

【解析】A选项，B选项，根据《刑法》第238条第2款、第292条第2款，系转化犯（实为想象竞合的提示规定），即客观不法层面上认为实施有聚众斗殴、非法拘禁行为，以及故意杀人、故意伤害（重伤）行为，主观责任层面上15周岁，构成故意杀人罪、故意伤害（重伤）罪。

C选项，14~16周岁的人，对于贩卖毒品行为应当承担刑事责任。D选项，根据《刑法》第236条第2款，奸淫幼女以强奸论；第17条第2款的"强奸"包括所有强奸行为，14~16周岁的人，对于强奸行为应承担刑事责任。

5. 甲15周岁，系我国某边镇中学生。甲和乙一起上学，在路上捡到一手提包。打开后，发现内有1000元钱和4小袋白粉末。甲说："这袋上有中文'海洛因'和英文'heroin'及'50g'的字样。我在电视上看过，这东西就是白粉，我们把它卖了，还能发一笔财。"二人遂将4袋白粉均分。甲先将一袋白粉卖与他人，后在学校组织去邻国旅游时，携带另一袋白粉并在境外出售。甲的行为[2]（2004/2/6）

A. 构成走私毒品罪
B. 构成非法持有毒品罪
C. 构成贩卖毒品罪
D. 构成走私、贩卖毒品罪

【解析】（1）客观不法层面上，甲实施贩卖毒品、走私毒品二行为（其中包含有持有毒品行为）；在主观责任层面上，已满14周岁不满16周岁的人，对贩卖毒品行为承担刑事责任，根据《刑法》第347条，仅构成贩卖毒品罪；对走私毒品、持有毒品行为不承担刑事责任。（2）如果是已满16周岁的人，则对贩卖、走私、持有毒品行为均负责；在罪数上对于持有毒品，是吸收犯，不单独定罪。故选项C正确。

考点二 刑事责任能力（精神状况）

1. 乙是具有辨认能力的但行为不受控制（没有控制能力）的精神病人。甲教唆乙去把丙的眼睛弄瞎；乙遂攻击丙，但因不能控制不住自己行为而把丙打死了。关于甲、乙二人的行为，下列选项说法正确的是？[3]（2023/客B/卷一/仿4）

A. 乙虽然没有控制能力，但是具有辨认能力，因此依然需要承担刑事责任

B. 因精神病人乙只是丧失控制能力，但仍具有辨认能力，故应承担限制刑事责任；故甲只能认定为教唆犯，而不是间接正犯

C. 如果能够证明精神病人乙确实没有控制能力，其实施的杀人行为，对甲来说是不可控制的；则不能认为甲构成故意伤害罪的教唆犯的既遂，而构成间接正犯

D. 如果乙既具有辨认能力又具有控制能力，基于伤害意图攻击丙，但起了冲突之后，突

---

[1] ABCD 　[2] C 　[3] CD

然想杀死丙；则甲构成故意伤害罪的教唆犯的既遂

【解析】本题考点：刑事责任能力；间接正犯、教唆犯；犯罪既遂、未遂

A选项，依照《刑法》第18条第1款的规定，"精神病人在不能辨认或者不能控制自己行为的时候造成危害结果，经法定程序鉴定确认的，不负刑事责任"中的"或者"二字，具有辨认能力但丧失控制能力的精神病人，也不负刑事责任，属于完全无刑事责任能力人。

B、C选项，根据前述A选项，（1）由于乙不负刑事责任，属于完全无刑事责任能力人，既不对故意杀人罪负刑责，也不对故意伤害罪负刑责。（2）故甲构成故意伤害罪（致人死亡）的间接正犯。

D选项，（1）乙构成故意杀人罪（既遂），系直接正犯；（2）甲客观上教唆乙杀人既遂，主观上具有伤害故意（对死亡结果系过失），构成故意伤害罪（致人死亡）的教唆犯。

2. 甲在家中吸毒后产生幻觉，以为前来送快递的快递员乙要杀自己，将其打成重伤。关于甲的行为的定性，以下说法正确的有[1]（2018/客/卷一/6仿）

A. 甲构成故意伤害罪，不需要从轻或者减轻处罚

B. 甲产生了幻觉，在不能辨认或者不能控制自己行为的时候造成危害结果，不构成犯罪

C. 甲产生了幻觉，但是系其自己吸毒导致的，可以从轻或者减轻处罚

D. 甲虽然故意吸毒，但没有伤害的故意，仅成立过失致人重伤罪

【疑难辨析】本题考查原因自由行为（自陷精神病）。原因自由行为处理经验规则是：以清醒时确定过错内容（A罪故意，或过失），以不清醒时确定客观行为（B行为），对重合内容承担刑事责任（行为人在A罪故意支配下实施B行为）。

【解析】在本案中，甲客观不法层面上实施了重伤行为；主观责任方面，因是吸毒后产生幻觉，属原因自由行为，应以清醒时认定责任。甲在清醒时是完全刑事责任能力人，具有责任。在过错形式上，按题意，甲在吸毒时未曾想到自己会重伤，对于重伤结果不明知，没有伤害故意；但是，一般公众认为吸毒后陷入幻觉，有致人伤亡的可能性，应认为甲对重伤结果具有过失。故而，根据《刑法》第235条，甲构成过失致人重伤罪。D选项正确。C选项，由于甲在清醒时是完全刑事责任能力人，没有从轻减轻的理由，说法错误。

3. 关于刑事责任能力，下列哪一选项是正确的？[2]（2016/2/3）

A. 甲第一次吸毒产生幻觉，误以为伍某在追杀自己，用木棒将伍某打成重伤。甲的行为成立过失致人重伤罪

B. 乙以杀人故意刀砍陆某时突发精神病，继续猛砍致陆某死亡。不管采取何种学说，乙都成立故意杀人罪未遂

C. 丙因实施爆炸被抓，相关证据足以证明丙已满15周岁，但无法查明具体出生日期。不能追究丙的刑事责任

D. 丁在14周岁生日当晚故意砍杀张某，后心生悔意将其送往医院抢救，张某仍于次日死亡。应追究丁的刑事责任

【疑难辨析】选项A、B考查精神病。原发性精神病：行为、责任需同时。自陷精神病（原因自由行为）：行为时认定行为，清醒时认定责任，客观主观统一重合处认定罪名（行为人在A罪故意支配下实施B行为）。

【解析】A选项，考查原因自由行为。客观上，甲实施了重伤行为；主观上，吸毒系自陷无责任能力的原因自由行为，应以清醒时认定责任。甲为完全责任能力人；"第一次吸毒"提

<hr/>

[1] D [2] AD（考试当年选A）

示甲清醒时对于重伤结果没有预见而应当预见，只具有过失。客观主观统一，根据《刑法》第235条，甲的行为构成过失致人重伤罪。

B选项，考查原发性精神病（题意"突发精神病"）、行为与责任同时性原则。（1）在客观行为个数的判断上，行为人砍了数刀，存在两种观点。其一，如认为是数个动作一个行为（多举犯），无论哪个动作导致死亡，都认为是实行行为导致死亡；行为人砍第一刀认为是实行行为，实行行为当时精神正常，具有杀人故意，根据《刑法》第232条，乙构成故意杀人罪既遂。（2）其二，如认为行为人实施有数行为，第一个行为是杀人未遂行为，实行时具有杀人故意，构成故意杀人罪未遂；第二个行为是杀人既遂行为，实行时系精神病，不应承担刑事责任。从而认定为故意杀人罪未遂。

C选项，只要能够证明已满14周岁，无需确定具体出生日期，就能追究爆炸罪的刑事责任。

D选项，考查隔时犯问题。（1）在考试当年，以14周岁生日当天24时为界限：（1）第一段，客观上，丁实施了砍杀行为；主观责任年龄不满14周岁，丁不承担刑事责任；（2）第二段，客观上丁并未实施作为行为；丁因先前行为产生救助义务，也进行了救助，未实施不作为行为。因为没有实施危害行为，此时责任年龄虽已满14周岁，也不构成犯罪。（3）应将死亡结果归因于之前的砍杀行为，但因此时未达刑事责任年龄，不能追究丁的刑事责任。（2）在现在，《刑法修正案（十一）》已规定12～14周岁，对杀人致死、情节恶劣，负刑事责任。

4. 关于责任年龄与责任能力，下列哪一选项是正确的?[1]（2015/2/2）

A. 甲在不满14周岁时安放定时炸弹，炸弹于甲已满14周岁后爆炸，导致多人伤亡。甲对此不负刑事责任

B. 乙在精神正常时着手实行故意伤害犯罪，伤害过程中精神病突然发作，在丧失责任能力时抢走被害人财物。对乙应以抢劫罪论处

C. 丙将毒药投入丁的茶杯后精神病突然发作，丁在丙丧失责任能力时喝下毒药死亡。对丙应以故意杀人罪既遂论处

D. 戊为给自己杀人壮胆而喝酒，大醉后杀害他人。戊不承担故意杀人罪的刑事责任

【解析】本题考查刑事责任年龄与责任能力，涉及隔时犯、原因自由行为、行为责任同时性原则、醉酒人责任问题。

A选项，考查14～16周岁的刑事责任范围，以及隔时犯。以14周岁生日当天24时为界限：（1）之前实施了爆炸的作为行为，未满14周岁，不构成爆炸罪；但系12～14岁，如爆炸致死或造成严重残疾，就对杀人、伤害行为负责。（2）之后，因先前行为而负有阻止结果发生的义务，不阻止可认为实施了不作为爆炸行为，已满14周岁，对爆炸行为承担刑事责任。根据《刑法》第115条，构成爆炸罪的不作为犯。选项A错误。

B选项，考查原发性精神病（题意"精神病突然发作"）、行为与责任同时性原则。第一段行为，客观上实施了"着手伤害"即伤害行为，行为当时有责任，主观心态系伤害故意，客观主观相统一，根据《刑法》第234条，构成故意伤害罪。第二段行为，客观上实施了"抢走"即抢劫行为，行为当时没有责任，对此行为不负责任，不构成抢劫罪。选项B错误。

C选项，考查原发性精神病（题意"精神病突发发作"）、行为与责任同时性原则。客观不法层面上，行为人丙实施投毒杀人实行行为（被害人近在咫尺，应以投毒为着手实行）；在因果关系上，虽死亡结果发生在丙丧失责任能力之后，但死亡结果仍归因于之前的投毒杀人行

---

〔1〕 C

为，系杀人致死行为。在主观责任层面上，行为人在实施投毒杀人实行行为当时具有刑事责任能力，行为人就需对与该行为以及有因果关系的结果负责。并不要求在结果发生时行为人有刑事责任能力。根据《刑法》第232条，构成故意杀人罪既遂。选项C正确。

D选项，考查原因自由行为（题意"醉酒"）。戊客观上实施了杀人行为；主观责任上，自陷醉态（"大醉"）陷入无刑事责任能力状态，系原因自由行为。根据《刑法》第18条第2款规定，"醉酒的人犯罪，应当负刑事责任"，主观责任以清醒时认定。戊清醒时系完全责任能力人，有杀人故意，客观主观相统一，根据《刑法》第232条，构成故意杀人罪。选项D错误。

5. 关于刑事责任能力的认定，下列哪一选项是正确的？[1] (2017/2/3)

A. 甲先天双目失明，在大学读书期间因琐事致室友重伤。甲具有限定刑事责任能力

B. 乙是聋哑人，长期组织数名聋哑人在公共场所扒窃。乙属于相对有刑事责任能力

C. 丙服用安眠药陷入熟睡，致同床的婴儿被压迫窒息死亡。丙不具有刑事责任能力

D. 丁大醉后步行回家，嫌他人小汽车挡路，将车砸坏，事后毫无记忆。丁具有完全刑事责任能力

【解析】A选项，根据《刑法》第19条规定，盲人犯罪，可以从轻、减轻或者免除处罚。并非因盲人是限定刑事责任能力人；而是因认识能力耗弱。根据第17、18条的规定，"刑事责任能力"指辨认能力、控制能力；只与年龄、精神状况有关。由此，盲人具有完全的辨认能力、控制能力，应是完全刑事责任能力人。

B选项，与A选项相同，《刑法》第19条规定，又聋又哑的人犯罪，可以从轻、减轻或者免除处罚。是因其认识能力耗弱。又聋又哑的人具有完全的辨认能力、控制能力，应是完全刑事责任能力人。

C选项，（1）在客观不法行为方面，丙在熟睡时的实施了致婴儿死亡行为。（2）在主观责任上，系因其之前服用安眠药陷入熟睡而造成，可认为是原因自由行为。以其清醒时即服用安眠药之时来认定刑事责任能力，应认为具有完全刑事责任能力。C选项错误。（3）在罪过方面，以其清醒时即服用安眠药之时来认定过错有无，丙在清醒时对于服用安眠药后压死婴儿的结果不明知，没有故意；一般公众也认识不了睡觉后压死小孩，应当认定为意外事件。

D选项，（1）客观上，丁实施了毁坏财物或任意损毁财物行为。（2）主观上，因自身原因"大醉"之后陷入"毫无记忆"的无认识能力状态，行为人虽行为当时无认识能力，但自陷无认识能力系原因自由行为，需以清醒时认定刑事责任能力，应认为具有完全刑事责任能力。《刑法》第18条第4款（自陷醉酒）规定的"醉酒的人犯罪，应当负刑事责任"，正是此意。D选项正确。（3）在罪过方面，虽认为丁没有直接故意，但对于醉酒后闹事大概应当明知，具有寻衅滋事罪的间接故意，根据《刑法》第293条第1款第3项，可构成寻衅滋事罪。

考点三　故意、过失的区分

1. 张某和赵某长期一起赌博，某日两人在工地发生争执，张某推了赵某一把，赵某倒地后后脑勺正好碰到石头上，导致颅脑损伤，经抢救无效死亡。关于张某的行为，下列哪一选项是正确的？[2] (2007/2/14)

A. 构成故意杀人罪　　　　　　　　B. 构成过失致人死亡罪

---

[1] D　[2] B

C. 构成故意伤害罪　　　　　　　　D. 属于意外事件

【解析】本题考查疏忽大意过失与意外事件的区分。(1) 按平常之理推导，行为人对被害人实施推搡行为时，没想到会致死致伤，对被害人的死亡结果、伤害结果没有预见到，不能认为有伤害或杀人故意。(2) 问题在于，张某是否有过失（疏忽大意的过失），这涉及疏忽大意的过失与意外事件的区分。依题意，推搡的行为发生在"工地"，一般人可以预见地形复杂危险环境而造成危险的后果，而张某未预见，属应当预见而未预见，系疏忽大意的过失，应认定为过失致人死亡罪，而非意外事件。

2. 某医院妇产科护士甲值夜班时，一新生婴儿啼哭不止，甲为了止住其哭闹，遂将仰卧的婴儿翻转成俯卧，并将棉被盖住婴儿头部。半小时后，甲再查看时，发现该婴儿已无呼吸，该婴儿经抢救无效死亡。经医疗事故鉴定委员会鉴定，该婴儿系俯卧使口、鼻受压迫，窒息而亡。甲对婴儿的死亡结果有何种主观罪过？[1] (1999/2/22)

A. 间接故意　　　　　　　　　　　B. 直接故意
C. 疏忽大意的过失　　　　　　　　D. 过于自信的过失

【解析】考查故意、过失、意外事件的认定。(1) 就题意而言，护士行为的目的只是为了防止婴儿哭闹，一时之间忘记了俯卧的危险性，应属疏忽大意的过失。(2) 而非明知俯卧可能发生危险而放任，或者轻信可以避免，不属间接故意、过于自信的过失。(3) 此题系违背医务人员职责的业务过失，可以归纳的经验有：在危险作业或技术作业中（业务中），对于负有特定业务职责的人，即使有违反职责的故意行为，如不能证明其对结果是故意，则应认定为过失。

3. 甲贩运假烟，驾车路过某检查站时，被工商执法部门拦住检查。检查人员乙正登车检查时，甲突然发动汽车夺路而逃。乙抓住汽车车门的把手不放，甲为摆脱乙，在疾驶时突然急刹车，导致乙头部着地身亡。甲对乙死亡的心理态度属于下列哪一选项？[2] (2006/2/3)

A. 直接故意　　　　　　　　　　　B. 间接故意
C. 过于自信的过失　　　　　　　　D. 疏忽大意的过失

【解析】本题考查间接故意与过于自信的过失的区分。(1) 对于乙死亡的结果，依案情，行为人甲主观上没有追求被害人死亡的意志，因此不是直接故意。(2) 显然也意识到了行为的危险，而非没有预见，故非疏忽大意的过失。(3) 那么，到底是间接故意还是过于自信的过失呢？"疾驶"说明行为人明知行为造成危害结果的可能性极大，而行为人又无客观依据或采取防御措施不让被害人摔死，既然如此，就不属过于自信的过失，而应认定为间接故意。

4. 甲、乙预谋修车后以假币骗付。某日，甲、乙在某汽修厂修车后应付款4850元，按照预谋甲将4900元假币递给乙清点后交给修理厂职工丙，乙说："修得不错，零钱不用找了"，甲、乙随即上车。丙发现货币有假大叫"别走"，甲迅即启动驶向厂门，丙扑向甲车前风挡，抓住雨刮器。乙对甲说："太危险，快停车"，甲仍然加速，致丙摔成重伤。对于丙的重伤，甲的罪过形式是[3] (2010/2/92)

A. 故意　　　　　　　　　　　　　B. 有目的的故意
C. 过失　　　　　　　　　　　　　D. 无认识的过失

【解析】本题考查间接故意与过于自信的过失的区分。甲明知高速驾驶汽车，造成乙重伤的可能性极大，仍然加速行驶，而没有采取停车或减速等避免结果的客观措施，也无客观经验把握避免结果，应认定为间接故意。

---

[1] C　[2] B　[3] A

5. 关于犯罪故意、过失与认识错误的认定，下列哪些选项是错误的？[1]（2013/2/53）

A. 甲、乙是马戏团演员，甲表演飞刀精准，从未出错。某日甲表演时，乙突然移动身体位置，飞刀掷进乙胸部致其死亡。甲的行为属于意外事件

B. 甲、乙在路边争执，甲推乙一掌，致其被路过车辆轧死。甲的行为构成故意伤害（致死）罪

C. 甲见楼下没人，将家中一块木板扔下，不料砸死躲在楼下玩耍的小孩乙。甲的行为属于意外事件

D. 甲本欲用斧子砍死乙，事实上却拿了铁锤砸死乙。甲的错误属于方法错误，根据法定符合说，应认定为故意杀人既遂

【疑难辨析】本题选项A、选项C考查过失与意外事件的区分，选项B考查伤害故意与过失的区分，选项D考查认识错误。本题的难点在于过失与意外事件的区别。区分的关键在于：社会一般人在当时的情形下能否预见，亦即要看"我们能否预见"（"行为人所属的同行的平行评价"）。对于"我们能否预见"的问题：对于生活过失，需结合社会一般人的生活经验，看一般公众在当时的情形下能否预见。对于业务过失，主要是要看行为人是否违反操作规则，违反职务业务惯例、规章的规定。

【解析】A选项，甲未预料到死亡结果；而"精准""从未出错"，表明一般公众不可能预见结果；"乙突然移动身体"，说明事发极其偶然。行为人未预见，公众也不可能预见，系意外事件。

B选项，（1）"甲推乙一掌"，甲未预见到伤害、死亡结果，故而对于伤害、死亡结果均无故意，不能构成故意杀人罪、故意伤害罪。（2）因在"路边"推，一般公众可以预见死伤可能性。行为人未预见死亡，一般公众可以预见，行为人对于死亡结果具有过失。构成过失致人死亡罪。

C选项，甲"见楼下没人"，认识到从楼上扔东西可能砸中人，有客观依据可以避免，系过于自信的过失。

D选项，（1）刑法中"方法错误"一般指打击错误（行为偏差），即对具体结果要素认识错误，本选项不是打击错误。（2）本选项中如果行为人误将铁锤当斧子，客观上是铁锤砸死，主观上误认为是斧子砍死的。倒是可以认为是因果关系错误中具体流程偏离，或者"工具错误"。客观上甲实施了用铁锤砸死的杀人行为，主观上系具体错误，对因果流程具有杀人故意，根据《刑法》第232条，构成故意杀人罪既遂。

考点四　具体罪名故意的成立条件和认识要素内容

1. 关于故意的认识内容，下列哪一选项是错误的？[2]（2011/2/5）

A. 成立故意犯罪，不要求行为人认识到自己行为的违法性

B. 成立贩卖淫秽物品牟利罪，要求行为人认识到物品的淫秽性

C. 成立奸淫幼女型的强奸罪，要求行为人认识到对象是幼女（注：原题为"成立嫖宿幼女罪，要求行为人认识到卖淫的是幼女"。因该罪名现已废除，故作修改）

D. 成立为境外非法提供国家秘密罪，要求行为人认识到对方是境外的机构、组织或者个

---

[1]　BCD　[2]　D

人，没有认识到而非法提供国家秘密的，不成立任何犯罪

【疑难辨析】本题考查故意成立的必要认识要素。成立故意，行为人需要对客观不法要素（质的要素）的认识。认识到不法要素（尤其是结果、对象、身份要素）等，以及需要认识到不具有正当防卫、紧急避险等违法阻却事由。不法的量的要素（数额、情节、次数）、滥用职权罪中的"重大损失"、丢失枪支不报罪中的"严重后果"，以及违法性认识，责任要素，不是故意成立的必要认识要素。

【解析】A选项，违法性认识不是故意的必要认识要素，A选项说法正确。

B选项，（1）要成立贩卖淫秽物品牟利罪故意，需要行为人认识到对象是"淫秽物品"（即物品＋淫秽性）。不仅需行为人认识到"物品"，亦需认识到"淫秽性"。本选项说法正确。（2）如果进一步延伸，根据《刑法》第367条第1款（淫秽物品的范围）规定："本法所称淫秽物品，是指具体描绘性行为或者露骨宣扬色情的诲淫性的书刊、影片、录像带、录音带、图片及其他淫秽物品。"由此，"淫秽性"（＝性＋诲淫性）包括事实属性（描述性行为）和规范属性（诲淫性）两项内容。（3）故意是对事实要素的认识。只需行为人认识到"淫秽性"中的事实属性（即描述性行为的事实内容）；无需认识到规范属性（诲淫性），规范属性的定性应由裁判者确定。（4）本选项只问了是否需要认识到"淫秽性"；没有进一步问是否需要认识到"淫秽性"的规范属性（诲淫性）。

C选项，（1）奸淫幼女型的强奸罪的不法要素：行为系奸淫，对象系幼女。在主观故意上，要求行为人认识到行为是奸淫、对象是幼女。（2）注意：《刑法修正案（九）》已废除嫖宿幼女罪，自此以后，嫖宿幼女行为一律以强奸罪论处。

D选项，（1）为境外非法提供国家秘密罪故意的成立，要求认识到对方是境外的机构、组织或者个人，没有认识到而非法提供国家秘密的，不成立为境外非法提供国家秘密罪故意，不构成为境外非法提供国家秘密罪。（2）但是既然认识到了对象是国家秘密，即至少具有泄露国家秘密罪故意，可成立故意泄露国家秘密罪。

2. 关于故意的认识内容，下列哪一选项是正确的？[1]（2008/2/2）

A. 甲明知自己的财物处于国家机关管理之中，但不知此时的个人财物应以公共财产论而窃回。甲缺乏成立盗窃罪所必需的对客观事实的认识，故不成立盗窃罪

B. 乙以非法占有财物的目的窃取军人的手提包时，明知手提包内可能有枪支仍然窃取，该手提包中果然有一支手枪。乙没有非法占有枪支的目的，故不成立盗窃枪支罪

C. 成立猥亵儿童罪，要求行为人知道被害人是或者可能是不满14周岁的儿童

D. 成立贩卖毒品罪，不仅要求行为人认识到自己贩卖的是毒品，而且要求行为人认识到所贩卖的毒品种类

【解析】选项A中，考查故意认识必要素、事实认识与违法性认识的区分。（1）客观不法层面上，盗窃罪的对象是"公私财物"，被解释为"他人占有的财物"，而不是"他人所有的财物"。根据《刑法》第91条第2款规定"在国家机关、国有公司、企业、集体企业和人民团体管理、使用或者运输中的私人财产，以公共财产论"。在原理上，处于国家机关管理之中的本人财物，系他人占有，也能成为盗窃罪的对象。（2）在主观责任层面上，只要认识到对象是"他人占有的财物"，即可成立盗窃故意。本选项中行为人已认识到了《刑法》第91条第2款规定中的事实要素（"在国家机关、国有公司、企业、集体企业和人民团体管理、使用或者运输中的私人财产"），就应当认为其已认识到了对象是"公共财产"，成立盗窃罪的故

---

[1] C

意。（3）本选项中行为人对"他人占有的财物"（或"公共财产"）事实认识无误，成立盗窃故意。只是对对象的法律性质、自己行为的法律性质存在认识错误，系违法性认识错误，不影响故意的成立。本案情形的违法性认识错误属于具有认识可能性的违法性认识错误，亦不阻却责任，仍可成立盗窃罪。故选项 A 不当选。

选项 B 中，考查故意认识要素，以及故意要素与目的要素的关系。（1）在故意方面，乙明知可能有枪而盗窃，属于明知对象是枪支的情况，具有盗窃枪支罪的故意。（2）在犯罪目的方面，行为人明知对象是枪支，仍以非法占有财物的目的窃取，应当推定其有非法占有枪支的目的，可以构成盗窃枪支罪，故选项 B 不当选。

选项 C 中，猥亵儿童罪的对象是"儿童"，成立此罪故意要求对其有认识。

选项 D 中，贩卖毒品罪的对象是毒品，要求认识对象是"毒品"即可。在认识程度上，不要求认识到"毒品"的具体种类。

考点五　故意、过失认定中的其他问题

一、故意的个数以及择一故意

1. 警察带着警犬（价值 3 万元）追捕逃犯甲。甲枪中只有一发子弹，认识到开枪既可能只打死警察（希望打死警察），也可能只打死警犬，但一枪同时打中二者，导致警察受伤、警犬死亡。关于甲的行为定性，下列哪一选项是错误的？[1]（2015/2/3）

A. 如认为甲只有一个故意，成立故意杀人罪未遂

B. 如认为甲有数个故意，成立故意杀人罪未遂与故意毁坏财物罪，数罪并罚

C. 如甲仅打中警犬，应以故意杀人罪未遂论处

D. 如甲未打中任何目标，应以故意杀人罪未遂论处

【疑难辨析】本题考查"择一的故意"的处理，以及故意的内容和数目。

甲"认识到开枪既可能'只'打死警察（希望打死警察），也可能'只'打死警犬"，这种情况在刑法中称为"择一的故意"。亦即，行为人认识到数个行为对象中的某一个对象确实会发生结果，但不确定哪个行为对象会发生结果（明知行为会造成数个结果中的一个，并且只能造成一个结果）的心态。择一的故意认识到结果只发生于一个行为对象上，对于"择一的故意"的处理方法：（1）通说认为，行为人主观上有数个结果均有故意。其一，如果对一个行为对象造成了结果，对另一个行为对象不会产生危险的，对另一个行为对象就只能成立不可罚的不能犯；故而只对有危险的对象构成故意犯罪。其二，如果对一个行为对象造成了结果，对另一个行为对象也有危险的，对造成的结果承担故意犯罪既遂的责任，对另一危险承担故意犯罪未遂的责任；系想象竞合犯，应从一重罪论处。（2）少数观点认为，行为人主观上只有一个故意，即对能造成较重结果的对象具有故意，对能造成较轻结果的对象具有过失；或者对直接追求的结果和对象具有故意，对另一结果和对象具有过失（类似于打击错误）。

【解析】本题是一个观点设定题：

（1）B、C、D 选项设定的是通说观点，即认为甲主观上具有两个故意：杀人故意、毁坏财物故意。题干描述的是客观上对两个对象均具有危险或造成实害的情况，故而应以两罪的想象竞合论处。①B 选项，结果是杀人致警察受伤、毁财致警犬死亡，故而同时触犯故意杀人罪

---

[1] B

未遂、故意毁坏财物罪既遂，系想象竞合犯，应从一重罪论处。B选项错在"数罪并罚"。②C选项，同样同时触犯故意杀人罪未遂、故意毁坏财物罪既遂，系想象竞合犯，应从一重罪论处；故意杀人罪未遂更重，应以故意杀人罪未遂论处。选项C说法正确。③D选项，同时触犯故意杀人罪未遂、故意毁坏财物罪未遂，系想象竞合犯，应从一重罪论处；故意杀人罪未遂更重，应以故意杀人罪未遂论处。选项D说法正确。

（2）A选项设定的是少数观点，即认为甲只有一个故意，即有杀人故意，对财物毁坏系过失。主客观相统一认定，系故意杀人罪未遂、过失毁财行为（不构成犯罪），故而成立故意杀人罪未遂。选项A说法正确。

（3）在现在，本案还触犯《刑法》第277条第5款规定袭警罪，择一重处，以故意杀人罪论处。

2. 吴某被甲、乙合法追捕。吴某的枪中只有一发子弹，认识到开枪既可能打死甲也可能打死乙。设定吴某对甲、乙均有杀人故意，下列哪一分析是正确的？[1]（2016/2/5）

A. 如吴某一枪没有打中甲和乙，子弹从甲与乙的中间穿过，则对甲、乙均成立故意杀人罪未遂

B. 如吴某一枪打中了甲，致甲死亡，则对甲成立故意杀人罪既遂，对乙成立故意杀人罪未遂，实行数罪并罚

C. 如吴某一枪同时打中甲和乙，致甲死亡、乙重伤，则对甲成立故意杀人罪既遂，对乙仅成立故意伤害罪

D. 如吴某一枪同时打中甲和乙，致甲、乙死亡，则对甲、乙均成立故意杀人罪既遂，实行数罪并罚

【解析】吴某只有一发子弹，"认识到开枪既可能打死甲，也可能打死乙"。如果吴某认为一发子弹有同时造成两人死亡的可能，是典型的数个故意。如果吴某认为一发子弹'只'能造成两人中一人死亡，则为"择一的故意"。由于本题在题干中已明示"设定吴某对甲、乙均有杀人故意"，即采通说观点两故意说。则按设定的四个情景进行推理就非常简单了：

A选项：（1）客观上对甲有杀死危险，客观行为是杀人未遂行为，主观上有杀人故意，对甲构成故意杀人罪未遂；（2）客观上对乙有杀死危险，客观行为是杀人未遂行为，主观上有杀人故意，对乙构成故意杀人罪未遂。在我国刑法司法实践中，同一性质行为造成两个相同法益的结果，认定为一个犯罪，结果合并评价（二个死亡危险）。故本案认定为一个故意杀人罪未遂，两个未遂结果累加考虑，不实施数罪并罚。

B选项：（1）客观上对甲是杀人既遂行为，主观上有杀人故意，对甲构成故意杀人罪既遂；（2）客观上对乙有杀死危险，客观行为是杀人未遂行为，主观上有杀人故意，对乙构成故意杀人罪未遂。在我国刑法司法实践中，同一性质行为造成两个相同法益的结果，认定为一个故意杀人罪既遂，结果合并评价（一个死亡危险）。不实施数罪并罚。

C选项：（1）客观上对甲是杀人既遂行为，主观上有杀人故意，对甲构成故意杀人罪既遂；（2）客观上对乙有杀死危险，客观行为是杀人未遂行为，主观上有杀人故意，对乙构成故意杀人罪未遂（造成重伤结果）。对乙不成立故意伤害罪。在我国刑法司法实践中，同一性质行为造成两个相同法益的结果，认定为一个故意杀人罪既遂，结果合并评价（一死一伤）。

D选项：（1）客观上对甲是杀人既遂行为，主观上有杀人故意，对甲构成故意杀人罪既遂；（2）客观上对乙是杀人既遂行为，主观上有杀人故意，对甲构成故意杀人罪既遂。在我

_____

[1] A

国刑法司法实践中，同一性质行为造成两个相同法益的结果，认定为一个故意杀人罪既遂，结果合并评价（两死）。不实施数罪并罚。

二、故意、过失与故意犯罪、过失犯罪

3. 下列哪一行为构成故意犯罪?[1]（2012/2/5）

A. 他人欲跳楼自杀，围观者大喊"怎么还不跳"，他人跳楼而亡

B. 司机急于回家，行驶时闯红灯，把马路上的行人撞死

C. 误将熟睡的孪生妻妹当成妻子，与其发生性关系

D. 作客的朋友在家中吸毒，主人装作没看见

【疑难辨析】本题考查"故意犯罪"的成立。疑难选项为选项A。故意犯罪的成立，以及任何犯罪的成立，都需先客观判断后主观判断，亦即，先判断行为是否属于危害行为，然后判断行为人对结果有无过错，仅有过错，行为不认为是危害行为的，不能构成犯罪。

【解析】A选项，考查先客观后主观判断。刑法未将教唆、刺激自杀的行为，规定为刑法中的危害行为。且自杀是自杀者本人创设的危险，教唆自杀与死亡结果没有刑法上的因果关系，围观者也无刑法上的制止或救助义务，不构成不作为。围观者客观上没有实施危害行为，即使其主观上具有故意，也不构成犯罪。

B选项，考查故意、过失是行为当时对既遂结果的心态，而不是对行为的心态。司机是有意闯红灯实施违章行为，但对死亡结果的发生系过失，构成过失犯罪，根据《刑法》第133条，构成交通肇事罪。

C选项，考查《刑法》第14条第2款"故意犯罪，应当负刑事责任"；15条第2款"过失犯罪，法律有规定的才负刑事责任"。强奸罪须由故意构成，本案中行为人没有认识到对象系孪生妻妹，主观上只有过失，过失强奸不能构成犯罪。

D选项，明知他人吸毒而予以容留，系故意犯罪，根据《刑法》第354条，构成容留他人吸毒罪。

4. 下列哪些案件不构成过失犯罪?[2]（2012/2/52）

A. 老师因学生不守课堂纪律，将其赶出教室，学生跳楼自杀

B. 汽车修理工恶作剧，将高压气泵塞入同事肛门充气，致其肠道、内脏严重破损

C. 路人见义勇为追赶小偷，小偷跳河游往对岸，路人见状离去，小偷突然抽筋溺毙

D. 邻居看见6楼儿童马上要从阳台摔下，遂伸手去接，因未能接牢，儿童摔成重伤

【解析】本题考查"过失犯罪"的成立，要求客观上有过失行为，以及行为人主观上有过失。不能认为行为人主观上有过失就一定构成过失犯罪。

A选项，老师将学生赶出教室不是刑法中的危害行为，甚至是合法惩戒权；且学生跳楼自杀是学生自己创设的风险，与老师的行为没有刑法上的因果关系。即使有过失，也不构成犯罪。

B选项，考查间接故意与过于自信过失的区分。"高压气泵塞入肛门充气"，导致人死伤的概率极高，行为人对此也知晓。明知行为导致结果的可能性极高，又未采取有效的避免措施，应当认定为间接故意，而不是过失。根据《刑法》第234条，修理工构成故意伤害罪。

C选项，考查危害行为、不作为。路人只"追赶"小偷，没有实施严重危及人身安全的暴力行为，故而小偷跳河应当认定为小偷自陷风险。落水风险与小偷跳河有因果关系，与路人追赶行为没有刑法上的因果关系。路人不负有救助义务，不属不作为行为，不构成犯罪。

---

[1] D [2] ABCD

D 选项，考查危害行为。邻居接儿童的行为降低了风险，而未升高或创设风险，不属社会意义上的危害行为，更不属刑法上的危害行为，不构成任何犯罪。应当认为是见义勇为的善举。

5. 以下构成过失犯罪的有[1]（2019/客/卷一/5 仿）

A. 醉汉乙被人追杀，打了好几个报警电话，称有案件发生，接电话的警察甲当作是恶作剧，没有理会，导致乙被杀死

B. 法官甲在审理刑事案件时，没有注意到刑法修正的情况，导致本应判无罪的人被判处了死刑

C. 某食品企业没有履行好对产品的质量监管职责，认为自己生产的产品没有质量问题，结果卖出去很多，导致三人轻伤

D. 甲男的想杀妻子乙，在黑暗中误把女儿丙当作妻子乙杀害

【解析】A 选项，考查业务过失。一般警察均有关注、调查、核实重大警情的预见能力和义务，甲应当预见而未预见，导致重大损失结果，系过失犯罪，涉嫌玩忽职守罪。

B 选项，考查业务过失。一般的法官均有学习刑法修正的义务，应当尽到注意义务而不注意，系过失犯罪。主观上，甲不是故意判错案，没有故意；但不构成徇私枉法，可涉嫌玩忽职守罪。

C 选项，考查过失犯罪，以造成重大损失结果为成立要素。A 企业实施有违反业务规范的过失行为，主观上也具有过失，但客观上因危害结果系轻伤，不属于重大损害（重伤、死亡等），因未达到损害结果的量的要求，不构成过失犯罪，也不构成重大责任事故罪。

D 选项，考查认识错误与故意、过失的认定。甲男系对象错误、具体错误，对他人（妻子乙、女儿丙）死亡结果明知且追求，系直接故意。注意：由于本选项是对象错误，不是打击错误，故而无论按法定符合说，还是具体符合说，均认定对客观损害结果为故意，而不是过失。

6. 关于故意犯罪、过失犯罪，以下说法正确的有[2]（2019/客/卷一/6 仿）

A. 司机遵守交通规则，正常驾驶，行人横穿马路被撞死，则司机不构成过失犯罪

B. 不存在只能由间接故意构成，而不能由直接故意构成的故意犯罪

C. 如果故意犯罪和过失犯罪存在位阶关系，那么在认定犯罪时，只能由故意降为过失，不能由过失升为故意

D. 在事实认识错误中，只有当故意无法认定时，才能继而认定是否存在过失

【解析】A 选项，考查过失行为。司机客观上没有实施过失行为，当然不构成过失犯罪。

B 选项，根据《刑法》第 14 条第 1 款的规定，我国刑法中的故意，包容直接故意、间接故意。故而，理论上所有故意犯罪，均可由直接故意构成。

C 选项，如果故意、过失存在位阶关系，则故意是最严重的过失，二者是高度罪过和低度罪过关系。因此，在高度罪过即故意不成立时，考虑是否成立低度罪过即过失。说法正确。

D 选项，本选项的基本原理同上述选项 C。行为人主观上有认识错误时，先判断其对故意成立的必要要素是否明知，以认定其是否成立故意；欠缺对必要要素的认识时，再考虑是否成立过失。

考点六　事实认识错误

一、事实认识错误的分类与处理方法

（一）对象错误与打击错误（方法错误）

1. 甲与乙因情生仇。一日黄昏，甲持锄头路过乙家院子，见甲妻正在院内与一男子说话，以为是乙举锄就打，对方重伤倒地后遂发现是乙哥哥。甲心想，打伤乙哥哥也算解恨。关于甲的行为，下列哪些选项是错误的？[1]（2010/2/54）

A. 甲的行为属于对象错误，成立过失致人重伤罪

B. 甲的行为属于方法错误，成立故意伤害罪

C. 根据法定符合说，甲对乙成立故意伤害（未遂）罪，对乙哥哥成立过失致人重伤罪

D. 甲的行为不存在任何认识错误，理所当然成立故意伤害罪

【解析】本题考查对象错误与打击错误（方法错误）的区分。（1）甲欲主观上误将乙的哥哥认为是乙而伤害，系对象错误、具体错误。（2）按照法定符合说，只要甲认识到了对象是人及伤害结果，即认为具有伤害故意；对于伤害故意能包容的结果，应认为均有故意。①乙可能受伤的结果，在伤害故意范围内，故甲对乙有伤害故意，成立故意伤害罪未遂。②乙哥哥受重伤的结果，在伤害故意范围内，甲对乙哥哥也有伤害故意，成立故意伤害罪既遂。选项A错误之处在于"过失"二字，选项B的错误在于"方法"二字，选项C的错误也在于"过失"二字。（3）主观心态以行为时的心态认定，甲在实施打伤乙哥哥的行为当时确有误认，只是在实施完毕后发现错误表示不反对，行为当时显然存在认识错误。选项D的错误在于"不存在任何认识错误"。（4）由于本题是对象错误、具体错误，按具体符合说也能得出相同结论。

2. 黄某意图杀死张某，当其得知张某当晚在单位值班室值班时，即放火致使值班室烧毁，其结果却是将顶替张某值班的李某烧死。下列哪些判断不符合黄某对李某死亡结果所持的心理态度？[2]（2002/2/50）

A. 间接故意　　　　　　　　　B. 过于自信的过失

C. 疏忽大意的过失　　　　　　D. 意外事件

【解析】本题表面上考查故意与过失的区分，实际上考查对象错误，以及刑法层面上故意的含义。（1）黄某误将李某认作是张某而烧死，系对象错误、具体错误。（2）根据法定符合说对故意的界定，明知对象是"人"而杀害，知道"人死亡"的结果还希望追求，就具有杀人罪的直接故意；而无需认识到具体为何人。尽管出现了具体错误，但对于对象是"人"的认识并不无错误，故应认定为直接故意。（3）事实上，本题按一般的具体符合说，也会得出直接故意的结论。对于对象错误，法定符合说、具体符合说的结论相同。选项A、B、C、D均错误。

3. 朱某因婚外恋产生杀害妻子李某之念。某日晨，朱在给李某炸油饼时投放了可以致死的"毒鼠强"。朱某为防止其6岁的儿子吃饼中毒，将其子送到幼儿园，并嘱咐其子等他来接。不料李某当日提前下班后将其子接回，并与其子一起吃油饼。朱某得知后，赶忙回到家中，其妻、子已中毒身亡。关于本案，下列哪一说法是正确的？[3]（2004/2/12）

A. 朱某对其妻、子的死亡具有直接故意　　B. 朱某对其子的死亡具有间接故意

---

[1] ABCD　[2] ABCD　[3] A

C. 朱某对其子的死亡具有过失　　　　　D. 朱某对其子的死亡属于意外事件

【解析】 本题表面上考查间接故意与过于自信的过失的区分，实际上考查的是事实认识错误、法定符合说与具体符合说，以及刑法层面上故意的含义。

（1）按照题意，朱某在炸油饼投毒时，妻子李某应当近在咫尺、能够立即吃到、有立即导致死亡的危险，故应当以朱某投毒时作为其实施杀人着手实行的时点。区分于在被害人必经道路上投放含有毒物的食物，以被害人捡到时为实行行为时。以实行行为时判断，朱某主观上没有认错对象，不属对象错误，而系打击错误、具体错误。

（2）按照法定符合说，朱某主观上具有杀人罪的直接故意，其妻、其子的死亡结果，均系该故意所能包括的事实，故而对于其妻、其子的死亡结果，均系直接故意。

（3）按照具体符合说，朱某对其妻死亡结果是希望追求，应为直接故意。判断其对儿子死亡结果的心态，题眼在于"为防止其6岁的儿子吃饼中毒，将其子送到幼儿园，并嘱咐其子等他来接"，客观上采取了防止结果发生的措施，对其子的死亡应认定为过于自信的过失。

（4）由于本题并未明确提示按何种立场进行判断，则应当按照我国通说即法定符合说进行认定，故而正确答案是 A 选项。

（二）因果关系错误

4．甲想杀害身材高大的乙，打算先用安眠药使乙昏迷，然后勒乙的脖子，致其窒息死亡。由于甲投放的安眠药较多，乙吞服安眠药后死亡。对此，下列哪一选项是正确的？[1]（2008/2/3）

A. 甲的预备行为导致了乙死亡，仅成立故意杀人预备

B. 甲虽已着手实行杀人行为，但所预定的实行行为（勒乙的脖子）并未实施完毕，故只能认定为未实行终了的未遂

C. 甲已着手实行杀人行为，应认定为故意杀人既遂

D. 甲的行为是故意杀人预备与过失致人死亡罪的想象竞合犯，应从一重罪论处

【解析】 本案属因果关系错误中结果提前实现（构成要件提前实现），涉及的问题有二：一是实行行为的认定，二是故意的认定（对行为的故意、对结果的故意）。

（1）通说认为，客观上，投放安眠药时对致死结果即具有紧迫性；且前后两个动作均是同一实行行为的组成部分，亦即，第一个动作投放安眠药也是实行行为，死亡结果仍为实行行为导致。在主观上，故意存在于着手实行时即可，行为人计划的两个动作都具有致人死亡的危险，故而实施两个动作时均有杀人故意。客观主观相统一，根据《刑法》第232条，构成故意杀人罪既遂。

（2）少数观点：客观上，第一个动作系实行行为；主观上对实行行为有故意，但对死亡结果系过失。触犯故意杀人罪未遂、过失致人死亡罪，系想象竞合。

（3）少数观点：客观上，第一个动作预备行为；主观上对预备行为有故意，但对死亡结果系过失。触犯故意杀人罪预备、过失致人死亡罪，系想象竞合。

（4）由于本题并未明确提示按何种观点进行判断，则应当按照我国通说进行认定，故而正确答案是 C 选项。

5．刘某基于杀害潘某的意思将潘某勒昏，误以为其已死亡，为毁灭证据而将潘某扔下悬崖。事后查明，潘某不是被勒死而是从悬崖坠落致死。关于本案，下列哪些选项是正确的？[2]（2007/2/54）

A. 刘某在本案中存在因果关系的认识错误

B. 刘某在本案中存在打击错误

C. 刘某构成故意杀人罪未遂与过失致人死亡罪

D. 刘某构成故意杀人罪既遂

【解析】本题属因果关系错误中的事前故意，涉及的问题：抛尸行为是否中断因果关系。

（1）通说观点：杀人后大概率后抛尸，第二个动作（抛尸）并不中断第一个动作（杀人）与死亡之间的因果关系，认定为故意杀人罪既遂一罪。之后的抛尸系过失行为，但因与死亡结果无因果关系，不能触犯过失致人死亡罪。

（2）少数观点：第二个动作（抛尸），中断第一个动作（杀人）与死亡之间的因果关系，故而将第一个动作（杀人）、第二个动作（抛尸）视为二个行为分别评价，分别触犯了故意杀人罪未遂、过失致人死亡罪，按数罪并罚或按想象竞合处理。

（3）由于本题并未明确提示按何种观点进行判断，则应当按照我国通说进行认定，故而正确答案是 AD 选项。

6. 甲意图勒死乙，将乙勒昏后，误以为乙已经死亡。为毁灭证据，又用利刃将所谓的"尸体"分尸。事实上，乙并非死于甲的勒杀行为，而是死于甲的分尸行为。关于本案，下列哪一选项是正确的？[1]（2008 延/2/4）

A. 甲的行为构成故意杀人（未遂）罪和过失致人死亡罪

B. 甲的行为构成故意杀人（未遂）罪、过失致人死亡罪和故意毁坏尸体罪（原为侮辱尸体罪）

C. 甲的行为构成故意杀人（既遂）罪和故意毁坏尸体罪（原为侮辱尸体罪）

D. 甲的行为构成故意杀人（既遂）罪

【解析】本题属因果关系错误中的事前故意，涉及的问题：分尸行为是否中断因果关系。

（1）通说观点：①客观上实施了杀了行为，杀人后大概率后分尸，第二个动作（分尸）并不中断第一个动作（杀人）与死亡之间的因果关系，系杀人致死；主观上具有杀人故意，根据《刑法》第232条，构成故意杀人罪既遂。②之后的分尸系过失行为，但因与死亡结果无因果关系，不能触犯过失致人死亡罪。

（2）后行为还涉嫌是否构成帮助毁灭证据罪、故意毁坏尸体罪的问题。①客观上实施了毁灭证据行为，但主观上因行为人是本犯，欠缺期待可能性，不能构成帮助毁灭证据罪。②客观上实施了分尸行为，主观上对此有故意（该罪不因本犯杀人而欠缺期待可能性），根据《刑法》第302条，构成故意毁坏尸体罪。

（3）故而应以故意杀人（既遂）罪、故意毁坏尸体罪，数罪并罚。

7. 甲为杀害仇人林某在偏僻处埋伏，见一黑影过来，以为是林某，便开枪射击。黑影倒地后，甲发现死者竟然是自己的父亲。事后查明，甲的子弹并未击中父亲，其父亲患有严重心脏病，因听到枪声后过度惊吓死亡。关于甲的行为，下列哪一选项是正确的？[2]（2007/2/5）

A. 甲构成故意杀人罪既遂

B. 甲构成故意杀人罪未遂

C. 甲构成过失致人死亡罪

D. 甲对林某构成故意杀人罪未遂，对自己的父亲构成过失致人死亡，应择一重罪处罚

【解析】（一）甲对林某

---

[1] C [2] A

1. 客观上实施了杀人行为，主观上具有杀人故意，根据《刑法》第 232 条，构成故意杀人罪。

2. 因偶然因素导致未能杀死，客观上具有危险，构成犯罪未遂。

（二）甲对父亲

1. 客观上实施了杀人行为；因开枪引发被害人心脏病发作死亡，被害人特异体质不中断因果关系，应认定死亡结果与开枪行为之间有因果关系，系杀人致死。

2. 主观上误将自己的父亲认为是仇人林某，系对象错误、具体错误，对于父亲死亡结果具有杀人罪故意（法定符合说、具体符合说结论一致）。

3. 主观预设的射击杀死的因果流程，客观具体因果流程不同，但认识到了杀人致死的因果流程，系因果关系错误中的具体流程偏离（狭义的因果关系错误），仍具有杀人故意。

4. 客观主观相统一，根据《刑法》第 232 条，构成故意杀人罪（既遂）。

（三）罪数：想象竞合，择一重处以故意杀人罪（既遂）论处。

二、法定符合说与具体符合说

8. 甲欲杀乙，向乙开枪，但未瞄准，子弹从乙身边穿过打中丙，致丙死亡。关于本案，下列哪些说法是正确的？[1]（2008 延/2/53）

A. 根据具体符合说，甲对乙成立故意杀人（未遂）罪，对丙成立过失致人死亡罪

B. 根据法定符合说，甲对乙成立故意杀人（未遂）罪，对丙成立故意杀人（既遂）罪

C. 具体符合说与法定符合说均认为，甲对乙成立故意杀人（未遂）罪，对丙成立故意杀人（既遂）罪

D. 具体符合说与法定符合说均认为，甲对乙成立过失致人重伤罪，对丙成立过失致人死亡罪

【解析】本题考查法定符合说与具体符合说。（1）甲对乙：构成故意杀人罪（未遂）。（2）甲对丙：客观上实施了杀人致死的行为；主观上系打击错误、具体错误。①按照法定符合说，丙死结果在甲杀人故意范围之内，对丙也具有杀人故意。根据《刑法》第 232 条，构成故意杀人罪（既遂）。②按照具体符合说，丙死结果在甲预想的具体射程之外，没有预见丙死亡结果，但公众能够预料到可能性，系疏忽大意的过失。根据《刑法》第 233 条，构成过失致人死亡罪。（3）罪数：一行为触犯两罪，是想象竞合犯。故选项 A、B 正确。

9. 甲欲杀乙，便向乙开枪，但开枪的结果是将乙和丙都打死。关于本案，下列哪些选项是正确的？[2]（2008/2/54）

A. 根据具体符合说，甲对乙成立故意杀人既遂，对丙成立过失致人死亡罪

B. 根据法定符合说，甲对乙与丙均成立故意杀人既遂

C. 不管是根据具体符合说，还是根据法定符合说，甲对乙与丙均成立故意杀人既遂

D. 不管是根据具体符合说，还是根据法定符合说，甲对乙成立故意杀人既遂，对丙成立过失致人死亡罪

【解析】本题考查法定符合说与具体符合说。（1）甲对乙：构成故意杀人罪（既遂）。（2）甲对丙：客观上实施了杀人致死的行为；主观上系打击错误、具体错误。①按照法定符合说，丙死结果在甲杀人故意范围之内，对丙也具有杀人故意。根据《刑法》第 232 条，构成故意杀人罪（既遂）。②按照具体符合说，丙死结果在甲预想的具体射程之外，没有预见丙死亡结果，但公众能够预料到可能性，系疏忽大意的过失。根据《刑法》第 233 条，构成过失致

人死亡罪。（3）罪数：一行为触犯两罪，是想象竞合犯。故选项A、B正确。

10. 甲举枪想要杀死乙，却误把丙当成了乙，而开枪打死了丙，根据_____学说，甲构成故意杀人罪既遂。甲举枪想要杀死乙，结果子弹走偏不小心把乙旁边的丙给打死，根据_____学说，甲构成故意杀人罪既遂。以上划横线处，依次可以填入的选项是？[1]（2020/客/1/8仿）

    A. 具体符合说，法定符合说　　　　B. 都可以是法定符合说

    C. 都可以是具体符合说　　　　　　D. 法定符合说，具体符合说

【解析】（1）前半段，系对象错误、具体错误，按法定符合说、具体符合说，主观上对于丙均有杀人故意，构成故意杀人罪既遂。故而，第一处划横线处，填写法定符合说、具体符合说均可。（2）后半段，系打击错误、具体错误，按法定符合说，主观上对于丙有杀人故意，构成故意杀人罪既遂。按具体符合说，主观上对于丙死仅有过失，构成过失致人死亡罪。故而，第二处划横线处，只能填写法定符合说。

11. 甲本想打电话给乙骗钱，可是接电话的是丙，丙受骗支付给甲一万元。根据_____学说，甲构成诈骗罪既遂。张某想拐卖不满14岁女孩，但是认错了而拐卖了15岁男孩，根据_____学说，甲构成拐卖儿童罪未遂。以上划横线中，依次可以填入的选项是？[2]（2020/客/1/9仿）

    A. 具体符合说，法定符合说　　　　B. 都可以是法定符合说

    C. 都可以是具体符合说　　　　　　D. 法定符合说，具体符合说

【解析】（1）前半段，系对象错误、具体错误，按法定符合说、具体符合说，主观上对于丙均有诈骗故意，构成诈骗罪既遂。故而，第一处划横线处，填写法定符合说、具体符合说均可。（2）后半段，误将男子（已满14岁）认作儿童（不满14岁），主观上具有拐卖妇女、儿童罪的故意，客观结果是拐卖了男子（非法拘禁的行为）。系对象错误、抽象错误。按法定符合说、具体符合说，客观上没有拐卖到儿童、仅有具体危险，主观上具有拐卖妇女、儿童罪的故意，均只能构成拐卖儿童罪未遂（与非法拘禁罪既遂想象竞合），不能构成拐卖儿童罪既遂。故而，第二处划横线处，填写法定符合说、具体符合说均可。

三、综合题

12. 关于认识错误的判断，下列哪些选项是错误的？[3]（2011/2/53）

    A. 甲为使被害人溺死而将被害人推入井中，但井中没有水，被害人被摔死。这是方法错误，甲行为成立故意杀人既遂

    B. 乙准备使被害人吃安眠药熟睡后将其勒死，但未待实施勒杀行为，被害人因吃了乙投放的安眠药死亡。这是构成要件提前实现，乙行为成立故意杀人既遂

    C. 丙打算将含有毒药的巧克力寄给王某，但因写错地址而寄给了汪某，汪某吃后死亡。这既不是对象错误，也不是方法错误，丙的行为成立过失致人死亡罪

    D. 丁误将生父当作仇人杀害。具体符合说与法定符合说都认为丁的行为成立故意杀人既遂

【解析】A选项，系因果关系错误中的具体流程偏离（狭义因果关系错误），而不是方法错误（打击错误），成立故意杀人既遂。A选项说法错误。

B选项，系因果关系错误中的结果提前实现（构成要件提前实现），成立故意杀人既遂。B选项说法正确。

---

[1] AB　[2] ABCD　[3] AC

C选项，考查对象错误与打击错误（方法错误）的区分。（1）认识错误一般指实行行为当时行为人的认识错误，故而通常应当以行为人实施实行行为当时的主观认知来识别认识错误，亦即判断"时点"是实行当时。应当以行为人实施实行行为当时的主观认知，按同时性原则，对应于当时的客观事实，来确定认识错误类别。（2）寄送毒药型的杀人，被害人收到毒药时才会有导致既遂结果即致人死亡的危险，故而应被害人收到毒药时为着手实行（到达主义），而不以寄送毒药时为着手实行（寄出主义）。（3）在被害人收到毒药时，行为人丙主观上误认为对象是王某，客观上实际对象是汪某，行为人认错了对象，故为对象错误、具体错误，而不是打击错误（方法错误）。（4）按法定符合说（具体符合说结论一致），对汪某具有杀人故意，成立故意杀人既遂。

D选项，考查法定符合说与具体符合说。（1）丁对仇人：构成故意杀人罪未遂。（2）丁对生父：为对象错误、具体错误。①按法定符合说，丁主观有杀人故意，客观事实是杀死了生父，生父死亡的结果在杀人故意范围内，实际事实符合行为人犯罪故意，故其主观上对生父有故意，构成故意杀人罪既遂。②按具体符合说，丁在杀害被害人时明知被杀的对象人会死亡，客观事实是被杀的对象人（即生父）死亡，实际事实符合行为人具体预想的射程范围，故对其杀害的对象即生父具有杀人故意，构成故意杀人罪既遂。故按具体符合说与法定符合说都认为丁的行为成立故意杀人既遂。D选项说法正确。（3）这说明，对于打击错误、具体错误，法定符合说与具体符合说结论不同；对于对象错误、具体错误，法定符合说与具体符合说结论相同。

13. 关于事实认识错误，下列哪一选项是正确的？[1]（2014/2/7）

A. 甲本欲电话诈骗乙，但拨错了号码，对接听电话的丙实施了诈骗，骗取丙大量财物。甲的行为属于对象错误，成立诈骗既遂

B. 甲本欲枪杀乙，但由于未能瞄准，将乙身旁的丙杀死。无论根据什么学说，甲的行为都成立故意杀人既遂

C. 事前的故意属于抽象的事实认识错误，按照法定符合说，应按犯罪既遂处理

D. 甲将吴某的照片交给乙，让乙杀吴，但乙误将王某当成吴某予以杀害。乙是对象错误，按照教唆犯从属于实行犯的原理，甲也是对象错误

【解析】A选项，考查对象错误与打击错误的区分。以甲在拨错号码后、实施诈骗实行行为时为时点来判断其认识错误类别。（1）甲主观上认为被诈骗的对象是乙，客观上被诈骗的对象实际为丙，甲认错了对象，系对象错误、具体错误，对丙具有诈骗罪故意。诈骗行为与取财结果之间具有因果关系，成立诈骗罪既遂。A选项说法正确。（2）注意：应当以行为人实施实行行为当时的主观认知来识别认识错误。对象错误与打击错误的判断方法非常简单，应从行为人主观认识出发，先看行为人主观上认的对象为何，再看该对象客观为何，主观认识对象是否与实际对象相符。如果对象不符，是对象（认识）错误；如果对象相符，仅结果错误，是打击错误。

B选项，考查法定符合说与具体符合说。（1）甲对乙：构成故意杀人罪未遂。（2）甲对丙：为打击错误、具体错误。①按法定符合说，丙死结果在杀人故意范围内，具有杀人故意，成立故意杀人罪既遂；②按具体符合说，丙死结果不在甲主观预设的具体射程范围内，甲未预见该结果但应当预见，具有过失，构成过失致人死亡罪。（3）系想象竞合。B选项说法错误。

C选项，考查事前故意、具体错误与抽象错误。（1）本选项设定的现象是因果关系错误中的事前故意。（2）客观因果流程中因果关系不中断，仍在行为人主观犯罪故意包含的事实范

围之内，故属于具体的事实认识错误。（3）按照法定符合说，行为人已认识到因果关系的大概流程，对客观事实具有犯罪故意，应按犯罪既遂处理。C选项中的"抽象的事实认识错误"说法错误。

D选项，考查共同犯罪中的认识错误、对象错误与打击错误的区分。（1）认识错误是主观问题，故而对于共同犯罪中的认识错误，应当从各共同犯罪人（参与犯）主观出发、对比客观，各自认定。（2）实行犯乙主观上想杀的是吴某，客观上误将王某当吴某，认错了对象，实行犯乙是对象错误、具体错误。（3）教唆犯甲主观上想杀的是吴某，客观上拿的也是吴某照片，并未认错对象，教唆犯甲是打击错误、具体错误。（4）认识错误问题是主观问题，应当依各自主观各自认定。"教唆犯从属于实行犯"即共犯从属说，只是共犯的客观行为认定从属于正犯（不法是共同的）；但主观上并不从属（责任是分别的）。D选项说法错误。

14. 关于犯罪故意，下列选项说法正确的是？[1]（2023/客 A/卷一/仿4）

A. 甲想杀小女孩乙，拿了一个有剧毒的苹果喂给乙吃，结果乙未被毒死而是被苹果噎死，就算乙死亡的方式与甲预想不一致，也不能排除甲的犯罪故意

B. 甲抓了一只鸟回家养，其虽然知道该鸟的名称和种类，但并不知道该种鸟已国家列入濒危动物名目，甲仍具有危害濒危动物罪的故意

C. 甲以杀人故意，向仇人丙的水杯里投放 A 种毒药；乙不知情甲投毒，之后不久也以杀人故意向丙的水杯里投放 B 种毒药。结果 A、B 两种毒药中和而无毒，丙喝下后毫发无损。虽然甲、乙二均有犯罪故意，但并不成立犯罪未遂，而是不构成犯罪

D. 甲为了报复伤害乙而于夜间埋伏在乙下班必经道路上，见一人走来误认为是乙（实际为丙），遂朝"乙"扔出一根铁棍欲图砸伤"乙"；丙躲闪，铁棍砸中不远处的丁导致其重伤。则按具体符合说，甲对丙、丁均无犯罪故意

【解析】本题考点：犯罪故意、认识错误、未遂与不能犯的区分

选项 A，考查因果关系认识错误、客观因果关系与主观故意的关系。（1）客观上，甲递毒苹果的行为是杀人行为。乙噎死的结果，虽与甲"递"苹果的行为有条件关系，但应该归责于自己食用时不小心；不是死于中毒，与"毒"苹果没有因果关系，因此不是既遂。但有被毒死的危险，可成立未遂。（2）主观上，不管客观事实如何，认识到递毒苹果的行为导致死亡结果并追求死亡结果，根据刑法第 14 条，构成故意杀人罪的直接故意。（3）客观主观相统一：其一，客观上乙噎死自己负责＋主观上甲没有意识到噎死系意外事件＝无罪；其二，客观上甲递毒苹果杀人未遂＋主观上甲有杀人故意＝故意杀人罪未遂。

选项 B，考查事实认识错误与违法性认识错误的区分。原型为"小太阳鹦鹉案""大学生掏鸟窝案"。甲对行为对象的事实即鸟的名称和种类明知，对于事实没有认识错误，具有故意；只不过不知晓自己抓鸟及养鸟行为的法律性质，系违法性认识错误。

选项 C，考查未遂与不可罚的不能犯的区分。客观上，甲、乙投放是毒药，均有致死的危险，是杀人行为；只不过由于偶然因素导致不能。主观上，二人均有杀人故意。客观主观统一，构成故意杀人罪未遂。而不是不可罚的不能犯。

选项 D，考查对象错误、打击错误，法定符合说、具体符合说。（1）甲对丙：对象错误、具体错误，无论法定符合说、具体符合说，均有伤害故意，构成故意伤害罪未遂；（2）甲对丁：打击错误、具体错误，按法定符合说具有伤害故意，构成故意伤害罪既遂；按具体符合说具有过失，构成过失致人重伤罪。（3）想象竞合，择一重处。

专题五　犯罪阻却事由

(1) 正当防卫	不法侵害、正在进行、必要限度（司法解释）；假想防卫、偶然防卫
(2) 被害人承诺	有效的被害人承诺（阻却违法性）的七个构成条件；错误承诺的效力；被害人承诺与刑法分则如人体器官相关犯罪的结合
(3) 紧急避险	紧急避险与正当防卫异同，紧急避险的条件，避险过当；通常情形
(4) 不具认识可能性的违法性认识错误	事实认识错误与违法性认识错误的区分，不具认识可能性的与具有认识可能性的违法性认识错误的区分，违法性认识错误的作用
(5) 欠缺期待可能	以命换命的避险；本犯实施妨害司法犯罪

考点一　正当防卫

一、一般正当防卫的成立条件

（一）起因条件：不法侵害

1. 甲手持匕首寻找抢劫目标时，突遇精神病人丙持刀袭击。丙追赶甲至一死胡同，甲迫于无奈，与丙搏斗，将其打成重伤。此后，甲继续寻找目标，见到丁后便实施暴力，用匕首将其刺成重伤，使之丧失反抗能力，此时甲的朋友乙驾车正好经过此地，见状后下车和甲一起取走丁的财物（约2万元），然后逃跑，丁因伤势过重不治身亡。关于甲将精神病人丙打成重伤的行为，下列选项正确的是[1]（2008/2/94部分）

A. 甲的行为属于正当防卫，因为对精神病人的不法侵害也可以进行正当防卫

B. 甲的行为属于紧急避险，因为"不法"必须是主客观相统一的行为，而精神病人没有责任能力，其客观侵害行为不属于"不法"侵害，故只能进行紧急避险

C. 甲的行为属于自救行为，因为甲当时只能依靠自己的力量救济自己的法益

D. 甲的行为既不是正当防卫，也不是紧急避险，因为甲当时正在进行不法侵害，精神病人丙的行为客观上阻止了甲的不法行为，甲不得针对丙再进行正当防卫与紧急避险

【解析】本题考查对正当防卫起因条件"不法侵害"的理解。(1)由于未设定观点，故应按通说观点（客观不法论），"不法"指客观不法，不考虑主观责任要素。精神病人的自主攻击行为，客观上是伤害、杀人不法行为，只是因无责任能力，而不构成犯罪。按"客观不法－主观责任"的体系，仍属不法行为，因此可以对其进行正当防卫。司法解释依据参见《最高

---

[1]　A

人民法院、最高人民检察院、公安部关于依法适用正当防卫制度的指导意见》第7条第3句。故而A选项正确，B选项不正确，C选项不正确。（2）当然，对于"不法侵害"，理论界有不同观点：主流观点客观不法论认为"不法"指客观不法，不考虑主观责任要素，精神病人的自主攻击行为，亦是不法侵害。而少数观点主观不法论认为需考虑主观责任要素，精神病人的自主攻击行为，不是不法侵害（正当防卫的起因），而是危险（紧急避险的起因）。（3）另外需要思考的问题是：精神病人丙持刀袭击甲，丙是否属于偶然防卫？由于甲只是"手持匕首寻找抢劫目标"即抢劫预备，即使认为不法的预备亦属正在进行不法侵害，丙"持刀袭击"亦属过当，系"不法侵害"。D选项不正确。

2. 严重精神病患者乙正在对多名儿童实施重大暴力侵害，甲明知乙是严重精神病患者，仍使用暴力制止了乙的侵害行为，虽然造成乙重伤，但保护了多名儿童的生命。

观点：

①正当防卫针对的"不法侵害"不以侵害者具有责任能力为前提

②正当防卫针对的"不法侵害"以侵害者具有责任能力为前提

③正当防卫针对的"不法侵害"不以防卫人是否明知侵害者具有责任能力为前提

④正当防卫针对的"不法侵害"以防卫人明知侵害者具有责任能力为前提

结论：

a. 甲成立正当防卫

b. 甲不成立正当防卫

就上述案情，观点与结论对应错误的是下列哪些选项？[1]（2014/2/52）

A. 观点①②与a结论对应；观点③④与b结论对应

B. 观点①③与a结论对应；观点②④与b结论对应

C. 观点②③与a结论对应；观点①④与b结论对应

D. 观点①④与a结论对应；观点②③与b结论对应

【疑难辨析】本题和上题一样，仍然涉及对正当防卫起因条件"不法侵害"的理解，以及主观上"防卫意图"的理解。但不同上题的是，是根据不同理论观点的对应推理，是典型的"设定观点，考查推理"型的观点推理题。

推理逻辑实际上很简单：（1）正当防卫起因条件"不法侵害"，如果按设定观点是"不法侵害"，则成立正当防卫；如果按设定观点不是"不法侵害"，则不成立正当防卫。（2）主观条件"防卫意图"条件，如果按设定观点有"防卫意图"，则成立正当防卫；如果按设定观点不是"防卫意图"，则不成立正当防卫。

对于"不法侵害"，理论界有不同观点：（1）主流观点（即观点①）客观不法论（结果无价值观）认为"不法"指客观不法，不考虑主观责任要素，精神病人的自主攻击行为，亦是不法侵害。（2）少数观点（即观点②）主观不法论（行为无价值观）认为需考虑主观责任要素，精神病人的自主攻击行为，不是不法侵害（正当防卫的起因），而是危险（紧急避险的起因）。

对于"防卫意图"：（1）主流观点（即观点③）认为无需防卫人认识到不法侵害人的责任要素；（2）少数观点（即观点④）认为需要防卫人认识不法侵害人的责任要素。

【解析】题干案情事实是：（1）没有责任能力（严重精神病患者）的乙的重大暴力侵害，问题是：乙是否属于"不法侵害"？（2）甲明知乙是严重精神病患者，防卫人明知侵害者不具

---

〔1〕 ACD

有责任能力，问题是：甲是否符合防卫认识条件？

（1）根据观点①"不法侵害"不以侵害者具有责任能力为前提（客观不法论），则乙的行为属"不法侵害"，甲成立正当防卫，对应结论a；

（2）根据观点②"不法侵害"以侵害者具有责任能力为前提（主观不法论），则乙的行为不属"不法侵害"，甲不成立正当防卫，对应结论b；

（3）根据观点③防卫认识无需防卫人明知侵害者具有责任能力，则甲符合防卫认识条件，甲成立正当防卫，对应结论a；

（4）根据观点④防卫认识需要防卫人明知侵害者具有责任能力，则甲不符合防卫认识条件，甲不成立正当防卫，对应结论b。

由此：观点①③与a结论对应；观点②④与b结论对应。B选项说法正确，ACD选项说法错误。

（5）通说观点，即《最高人民法院、最高人民检察院、公安部关于依法适用正当防卫制度的指导意见》（以下简称《两高一部正当防卫意见》）第7条第3句：明知侵害人是无刑事责任能力人或者限制刑事责任能力人的，应当尽量使用其他方式避免或者制止侵害；没有其他方式可以避免、制止不法侵害，或者不法侵害严重危及人身安全的，可以进行反击。亦即，系不法侵害可以防卫，但出于人道主义尽量使用其他方式。

3. 甲深夜盗窃5万元财物，在离现场1公里的偏僻路段遇到乙。乙见甲形迹可疑，紧拽住甲，要甲给5000元才能走，否则就报警。甲见无法脱身，顺手一拳打中乙左眼，致其眼部受到轻伤，甲乘机离去。关于甲伤害乙的行为定性，下列哪一选项是正确的？[1]（2014/2/8）

A. 构成转化型抢劫罪　　　　　　　B. 构成故意伤害罪
C. 属于正当防卫，不构成犯罪　　　D. 系过失致人轻伤，不构成犯罪

【解析】本题考查正当防卫的起因条件，以及"黑吃黑"的定性问题（是否属于不法侵害）。（1）甲构成盗窃罪；乙要挟揭发其罪行而向甲勒索财物，系"黑吃黑"，构成敲诈勒索罪，是不法侵害行为，而不是公民扭送的合法行为。（2）甲实施的制止和反击乙犯罪的行为，系制止不法侵害，属防卫行为。（3）在防卫限度上，为了保护财物（甲非法占有赃物的效力高于乙非法占有赃物的效力）而造成犯罪人轻伤，没有"造成重大损害"，不属防卫过当；仍在正当限度之内，属于正当防卫。答案选C。

（二）时间条件：不法侵害正在进行

4. 陈某抢劫出租车司机甲，用匕首刺甲一刀，强行抢走财物后下车逃跑。甲发动汽车追赶，在陈某往前跑了40米处将其撞成重伤并夺回财物。关于甲的行为性质，下列哪一选项是正确的？[2]（2007/2/2）

A. 法令行为　　　B. 紧急避险　　　C. 正当防卫　　　D. 自救行为

【解析】本题考查正当防卫的时间条件。（1）《两高一部正当防卫意见》第6条：在财产犯罪中，不法侵害人虽已取得财物，但通过追赶、阻击等措施能够追回财物的，可以视为不法侵害仍在进行。对其进行防卫也属正当防卫。（2）这实际上是出于正当防卫"制止侵害、挽回损失"的规范目的，而进行的目的解释和扩大解释。（3）这也说明，不法侵害的结束不能等同于犯罪既遂，并非犯罪既遂之后，就不能防卫。

5. 甲外出时在自己的住宅内安放了防卫装置。某日晚，乙撬门侵入甲的住宅后，被防卫装置击成轻伤。甲的行为是什么性质？[3]（2002/2/6）

A. 故意伤害罪　　　　　　　　　　　B. 正当防卫

C. 防卫不适时　　　　　　　　　　　D. 民事侵权行为，不构成犯罪

【解析】本题考查正当防卫的时间条件。（1）尽管预先设立装置的行为发生在不法侵害之前，但防卫装置发挥作用时（即防卫行为实施时、损害结果造成时），不法侵害已经开始，针对正在进行的不法侵害起到了制止作用，因此，符合正当防卫的时间要求。（2）在防卫限度上，保护财产防卫造成轻伤结果，没有造成重大损害，不属于防卫过当，认为是正当防卫。

6. 张某的次子乙，平时经常因琐事滋事生非，无端打骂张某。一日，乙与其妻发生争吵，张某过来劝说。乙转而辱骂张某并将其踢倒在地，并掏出身上的水果刀欲刺张某，张某起身逃跑，乙随后紧追。张某的长子甲见状，随手从门口拿起扁担朝乙的颈部打了一下，将乙打昏在地。张某顺手拿起地上的石头转身回来朝乙的头部猛砸数下，致乙死亡。对本案中张某、甲的行为应当如何定性？[1]（2003/2/12）

A. 张某的行为构成故意杀人罪，甲的行为属于正当防卫

B. 张某的行为构成故意杀人罪，甲的行为属于防卫过当

C. 张某的行为属于防卫过当，构成故意杀人罪，甲的行为属于正当防卫

D. 张某和甲的行为均构成故意杀人罪

【解析】本题考查正当防卫的时间条件。案情可分为两个阶段：（1）第一阶段，乙持水果刀追刺张某，不法侵害正在进行，本人和他人防卫适时。且甲并未超出必要限度，是正当防卫。（2）第二阶段，张某在乙失去侵害能力时，却侵害乙的生命权，属事后防卫，构成故意杀人罪。（3）《两高一部正当防卫意见》第6条：对于不法侵害已经形成现实、紧迫危险的，应当认定为不法侵害已经开始；对于不法侵害虽然暂时中断或者被暂时制止，但不法侵害人仍有继续实施侵害的现实可能性的，应当认定为不法侵害仍在进行……对于不法侵害人确已失去侵害能力或者确已放弃侵害的，应当认定为不法侵害已经结束。

（三）限度条件：没有明显超过必要限度造成重大损害

7. 甲、乙一起吃夜宵，甲戏称乙有200斤，乙恼羞成怒掐住甲的脖子按在地上。甲感觉要窒息，顺手捡起一个啤酒瓶砸击乙的头部，然后用碎瓶子刺乙，致乙重伤。则甲的行为构成？[2]（2023/客A/卷一/仿5）

A. 正当防卫　　　　　　　　　　　　B. 防卫过当

C. 故意伤害罪既遂　　　　　　　　　D. 过失致人重伤罪

【解析】本题考点：正当防卫、限度条件、互殴

（1）首先甲重伤乙的行为，是属于互殴（或者认为自招风险不能防卫），还是具有防卫性质的问题。根据《最高人民法院、最高人民检察院、公安部关于依法适用正当防卫制度的指导意见》（法发〔2020〕31号）第9条第2款："因琐事发生争执，双方均不能保持克制而引发打斗，对于有过错的一方先动手且手段明显过激，或者一方先动手，在对方努力避免冲突的情况下仍继续侵害的，还击一方的行为一般应当认定为防卫行为。"乙先动手，甲反击的行为应当认为具有防卫性质。

（2）关于甲造成乙重伤损害结果是否属于防卫过当的问题。乙的不法侵害行为是"掐住甲的脖子按在地上"，虽其主观可能并无致甲死亡的故意。但是，根据前述《指导意见》第15条第2项的规定，未使用凶器或者未使用致命性凶器，但是根据不法侵害的人数、打击部位和力度等情况，确已严重危及他人人身安全的。虽然尚未造成实际损害，但已对人身安全造成严

---

[1] A　[2]

重、紧迫危险的，可以认定为"行凶"。可以主张特殊防卫（无过当防卫）。

8. 甲对正在实施一般伤害的乙进行正当防卫，致乙重伤（仍在防卫限度之内）。乙已无侵害能力，求甲将其送往医院，但甲不理会而离去。乙因流血过多死亡。关于本案，下列哪一选项是正确的？[1]（2013/2/7）

    A. 甲的不救助行为独立构成不作为的故意杀人罪

    B. 甲的不救助行为独立构成不作为的过失致人死亡罪

    C. 甲的行为属于防卫过当

    D. 甲的行为仅成立正当防卫

【解析】 本题的考点有两点：不作为、正当防卫（主要涉及防卫限度条件）。（1）第一步，先不考虑正当防卫的问题，甲先故意伤害致乙重伤，先前行为创设了风险，有救助义务；不救助致其死亡，系不作为致死行为。

（2）第二步，前后两行为合并评价，伤害＋致死，按高度行为吸收低度行为的规则，可合并评价为致死行为一个行为。

（3）第三步，考虑防卫以及是否过当问题。题干已经设定此防卫的最高限度是重伤，故而以致死手段防卫造成死亡结果，超过了必要限度重伤，系防卫过当。认定为防卫过当致人死亡。

（4）在主观罪过方面，防卫过当一般是过失犯罪，也可能是故意犯罪。防卫过当中的罪过不是指对事实结果的心态，而是对过当结果的心态（责任故意）。本题题干中"甲不理会"提示对过当结果（不法结果）系故意，亦即明知过当而有意为之。客观主观相统一，根据《刑法》第232条罪名应当认定为故意杀人罪；根据《刑法》第20条第2款属防卫过当，只对过当结果（死亡减除重伤）负责，应当减轻或免除处罚。

（5）A选项、B选项中，之后的不救助行为不能单独评价为不作为行为，而应与之前的伤害行为合并评价，认为"独立"构成不作为犯的说法错误。

9. 养花专业户李某为防止偷花，在花房周围私拉电网。一日晚，白某偷花不慎触电，经送医院抢救，不治身亡。李某对这种结果的主观心理态度是什么？[2]（2003/2/1）

    A. 直接故意   B. 间接故意

    C. 过于自信的过失   D. 疏忽大意的过失

【解析】 表面上考查间接故意与过失区分，实际上涉及正当防卫中时间条件、限度条件，以及防卫过当中过错的认定。（1）客观不法积极层面上，李某拉电网致白某被电死，系致人死亡的行为。（2）在不法消极层面即违法阻却事由上，李某系预先设立防卫装置，电网发挥作用时盗窃不法侵害正在进行，符合防卫起因、时间、对象条件；但以致死防卫盗窃，超过必要限度，不属正当防卫，系防卫过当，是不法行为。（3）在主观罪过方面，防卫过当一般是过失犯罪，也可能是故意犯罪。防卫过当中的罪过不是指对事实结果的心态，而是对过当结果的心态。对于构成要件事实，李某明知电网造成他人死亡的可能性极大，虽无追求死亡结果的意志，客观上也没有采取防范措施，没有防止结果发生的客观依据或客观经验证据。对于死亡结果发生的事实应为间接故意（构成要件故意），而不属过于自信的过失。（4）对于违法阻却事由的主观心态，李某拉电网的意图是防卫盗窃，具有防卫意图；但对于致死结果即防卫过当的不法事实仍有认识，只不过不予追求；对于过当结果即不法事实亦为间接故意（责任故意）。亦即，明知过当而放任为之。（5）客观主观相统一，根据《刑法》第232条，构成故意杀人

---

[1] C   [2] B

罪；根据第20条第2款，应属防卫过当，应当减轻或者免除处罚。（6）客观上，如果本题再写明李某私拉电网的地点"花房周围"是公共场所，具有危害公共安全的危险，则其客观上有以危险方法危害公共安全的行为；主观上对此危险明知但不追求，对公共安全危险系间接故意，根据《刑法》第114条，可触犯以危险方法危害公共安全罪。公共安全不是防卫对象，对此对象不存在防卫问题。

（四）正当防卫的主观条件相关问题：防卫意图

10. 甲、乙二人对丙素有仇怨，伺机报复，预谋教训伤害丙。某日甲、乙得知丙去了歌舞厅，于是也前往。甲和乙商议由甲进去寻找丙，由乙在后门口蹲守防止丙逃跑。甲进去数分钟后丙从后门出来，在乙还没有看到丙的时候，丙持铁棍击打乙，乙随手掏出随身携带的管制刀具回击，最后二人都负轻伤。关于甲、乙、丙三人的行为以下说法正确的有？[1]（2023/客B/卷一/仿5）

A. 不管根据何种学说，丙都不构成正当防卫

B. 乙不构成正当防卫，因为乙一开始就有伤害意图，影响正当防卫的成立

C. 乙构成正当防卫

D. 根据共同犯罪的原理，由于乙构成正当防卫，甲也构成正当防卫

【解析】本题考点：正当防卫的条件，特别是防卫意图在认定正当防卫中的作用。

根据《最高人民法院、最高人民检察院、公安部关于依法适用正当防卫制度的指导意见》（法发〔2020〕31号）第9条，应当"通过综合考量案发起因……是否纠集他人参与打斗等客观情节，准确判断行为人的主观意图和行为性质"。本案案情事实是：甲、乙去伤害丙时，丙反击；而不是甲、乙与丙"约架"互殴。

（一）丙

1. 客观上，对乙实施的伤害预备行为反击，造成轻伤。按通说（前述《两高一部正当防卫指导意见》第5、6条），预备行为也属不法侵害；按13条，轻伤结果没有过当。符合正当防卫的客观条件。

2. 主观上，涉及防卫认识、防卫意志在认定正当防卫中的作用

（1）如果丙明知乙预备实施伤害、反击目的是为了制止即将发生的伤害，则具有防卫认识、防卫意志，构成典型的正当防卫。

（2）假定丙没有认识到乙准备伤害（没有防卫认识），主观上具有伤害意图；或者虽认识乙准备伤害，但想先下手为强，具有"互殴意图"，则涉及防卫认识、防卫意志在认定正当防卫中的作用。

①如认为防卫认识是成立正当防卫的必要要素，则如丙没有认识到乙准备伤害，主观上具有伤害意图，不成立正当防卫。构成故意伤害罪。

②如认为防卫意志是成立正当防卫的必要要素，则如丙没有认识到乙准备伤害，或者虽认识乙准备伤害，但目的不是制止侵害具有"互殴意图"时，也不成立正当防卫。

③如认为防卫认识、防卫意志不是成立正当防卫的必要要素，则丙仍成立正当防卫（或偶然防卫）。

（二）乙（本选项没有问"各种学说"，故按通说分析）

1. 按照通说观点：在客观行为个数认定上，因为乙一开始就有伤害意图，之前的伤害预备行为，以及之后持管制刀具"回击"，是基于一个伤害犯意而实施的两个动作，应当认定为

---

[1] B

一个整体的伤害行为。而不是两个行为（一个伤害预备行为、一个防卫行为）。

2. 主观上，即使乙在实施后一动作时主观上具有"回击"意图，也应认定为伤害故意，而不是防卫意图。故乙构成故意伤害罪（轻伤）。

3. 由于本案情情是甲、乙去伤害丙，丙反击；而不是甲、乙与丙"约架"互殴。故而，根据前述《两高一部正当防卫指导意见》第9条第一款，不能认定乙构成正当防卫。也不能适用第9条第二、三款"因琐事发生争执……先动手为不当侵害，后反击为防卫"的规则。

4. 此外，对于乙伤害行为自招风险而引起的丙的防卫，因丙系合法防卫而非不法侵害，故乙也不能主张防卫。

（三）甲（本选项没有问"各种学说"，故按通说分析）

1. 甲、乙构成故意伤害罪的共同犯罪。

2. 对于丙受轻伤的结果，系甲、乙二人共同伤害行为导致，二人均构成故意伤害罪（轻伤），系犯罪既遂。

11. 乙基于强奸故意正在对妇女实施暴力，甲出于义愤对乙进行攻击，客观上阻止了乙的强奸行为。

观点：

①正当防卫不需要有防卫认识

②正当防卫只需要防卫认识，即只要求防卫人认识到不法侵害正在进行

③正当防卫只需要防卫意志，即只要求防卫人具有保护合法权益的意图

④正当防卫既需要有防卫认识，也需要有防卫意志

结论：

a. 甲成立正当防卫

b. 甲不成立正当防卫

就上述案情，观点与结论对应正确的是哪一选项？[1]（2011/2/7）

A. 观点①观点②与 a 结论对应；观点③观点④与 b 结论对应

B. 观点①观点③与 a 结论对应；观点②观点④与 b 结论对应

C. 观点②观点③与 a 结论对应；观点①观点④与 b 结论对应

D. 观点①观点④与 a 结论对应；观点②观点③与 b 结论对应

【疑难辨析】本题考查正当防卫中意图条件，也是一个观点推理题。正当防卫的主观条件是防卫意图，包括防卫认识与防卫意志。①防卫认识，指行为人对防卫的客观条件（起因、时间、对象、限度）均有认识。②防卫意志，指行为人的目的是为了制止不法侵害。当然这并不说：行为人必须主观上具有防卫意图，才能成立正当防卫。事实上，正当防卫的成立是否需要主观条件，理论上存在不同观点。本题并不要求考生在正当防卫的成立是否需要主观意图条件的问题上"选边站"，而是设定观点，让考生依设定的观点进行推理。是典型的观点推理题。

【解析】本题叙述的案情是：防卫人甲认识到了不法侵害人乙正在实施不法侵害，具有防卫认识；但防卫的目的不是为了制止不法侵害，而是"出于义愤"想杀坏人，而不单纯是为了制止犯罪，故而不具有防卫意志。

---

[1] A

事实	观点	结论
甲有防卫认识； 没有防卫意志	观点①：防卫意图不要说	成立正当防卫
	观点②：防卫认识必要说	成立正当防卫
	观点③：防卫意志必要说	不成立正当防卫
	观点④：防卫认识、意志必要说	不成立正当防卫

（五）综合题

12. 关于正当防卫，下列哪一选项是错误的？[1]（2009/2/3）

A. 制服不法侵害人后，又对其实施加害行为，成立故意犯罪

B. 抢劫犯使用暴力取得财物后，对抢劫犯立即进行追击的，由于不法侵害尚未结束，属于合法行为

C. 动物被饲主唆使侵害他人的，其侵害属于不法侵害；但动物对人的自发侵害，不是不法侵害

D. 基于过失而实施的侵害行为，不是不法侵害

【解析】选项A，考查防卫时间条件。制服不法侵害人后，不法侵害已经结束，又对其实施加害行为的，属事后防卫；明知不存在不法侵害仍进行加害，是故意犯罪。

选项B，考查防卫时间条件。《两高一部正当防卫意见》第6条：在财产犯罪中，不法侵害人虽已取得财物，但通过追赶、阻击等措施能够追回财物的，可以视为不法侵害仍在进行。对其进行防卫也属正当防卫。类似题目参见2007/2/2。

选项C，对防卫起因不法侵害的理解，不法侵害指人的侵害。主人唆使动物侵害他人的，动物是人利用的犯罪工具，是人的行为，系不法侵害。动物对人的自发侵害，不是人的行为，不属防卫对象的不法侵害，但可能成立紧急避险。

选项D，对防卫起因不法侵害的理解，不法侵害指客观的侵害，也就是具备"客观不法－主观责任"第一阶层"客观不法"的行为，而不考查责任要素和责任形式。基于过失而实施的侵害行为，具有客观违法性，属不法侵害。

13. 关于正当防卫，以下说法正确的有[2]（2019/客/卷一/8 仿）

A. 乙交通肇事致丙重伤后，待在原地不救助丙，路人甲暴力强迫乙抢救丙，致乙轻伤。则甲可以构成正当防卫。

B. 彪形大汉乙与身材弱小的甲发生了争执，乙推搡了甲一下，结果自己没站稳而掉入水中。乙因不会游泳，向岸上的甲呼叫求助，甲担心乙上来继续打他，没有救助而径直离去，后来乙被其他人救起来。甲不救助乙的行为属正当防卫

C. 乙持刀欲进入甲家行凶，甲赶紧紧闭房门。乙寻机欲从窗户翻入，高大的甲发现瘦小的乙一条腿已跨进了窗户，遂用菜刀猛击其头部，将乙杀死。甲系防卫过当

D. 丙持刀抢劫乙，乙为制止丙的抢劫而持棍棒打丙；路人甲误认为乙在侵害丙，因怀恨乙，出于报复乙的心态，而将乙打成了重伤。则无论按何种观点，甲均构成故意伤害罪

【解析】A选项，考查防卫的起因条件不法侵害。不作为犯行为也属不法侵害，可以进行防卫。

B选项，考查正当防卫的体系地位，系不法的消极要素（违法阻却事由），需要在具备不

---

［1］ D ［2］ A

法的积极要素之后，再判断消极要素。乙落入水中的风险系其本人创设，与甲先前的争执行为没有因果关系，甲无救助义务。亦即，甲因无作为义务，其不救助的行为不属于刑法上不作为行为，没有实施危害行为。连危害行为都没有实施，就不用再考虑防卫问题。

C选项，考查正当防卫的限度条件、特殊防卫。乙持刀行凶系严重危及人身安全的暴力犯罪，对其可以进行特殊防卫，造成死亡结果不属防卫过当。无需考虑高大、瘦小的对比。

D选项考查假想防卫、防卫意图。其一，乙实施制止抢劫的防卫行为，系合法行为。其二，甲：（1）客观上，伤害行为针对的是实施合法防卫的行为人乙，系重伤伤害的不法行为。（2）主观上，在认识因素上，误认为存在不法侵害，具有防卫认识；但在意志因素上，不是为了制止不法侵害，而是出于报复意图，不具防卫意志。①观点一：如认为防卫意图须同时具备防卫认识、防卫意志，则甲主观上不具防卫意图，具有犯罪故意。客观主观统一为故意伤害罪。②观点二：如认为防卫意图只需防卫认识，不需防卫意志，则甲主观上具有防卫意图，不具有犯罪故意，系过失。客观主观统一为过失致人重伤罪。

14. 刘某持西瓜刀抢劫超市，超市营业员陈某上前与其扭打，期间夺下刘某的西瓜刀扔给另一超市营业员王某，王某没接住，意外中刀导致重伤。刘某见凶器被夺，转身在门口骑上自行车逃跑，陈某随后追出，为阻止刘某逃跑，连人带车一并抱住并向一旁摔去。陈某摔成重伤，刘某受轻伤。选项问哪个是正确的？[1]（2020/客/1/12 仿）

A. 陈某对刘某构成正当防卫　　　　B. 陈某对王某构成防卫过当
C. 刘某要对陈某的重伤负责　　　　D. 刘某要对王某的重伤负责

【解析】（1）对于陈某造成刘某轻伤的结果。在防卫时间条件上，因陈某的反击、抓捕行为是一个连续的、整体防卫行为，针对的是正在进行的不法侵害，符合时间条件；也可以比照《两高一部正当防卫意见》第6条，在财产犯罪中，不法侵害人虽已取得财物，但通过追赶、阻击等措施能够追回财物的，可以视为不法侵害仍在进行。在限度条件上，对于抢劫防卫造成轻伤结果，在防卫限度内。构成正当防卫。

（2）对于陈某造成王某重伤的结果。客观上针对的不是不法侵害人；主观上也不存在打击错误（具有防卫故意），具有直接的过失。根据《刑法》第234条，构成过失致人重伤罪。

（3）对于王某重伤结果。造成重伤的条件也可以认为有二：刘某抢劫（A1）、陈某扔刀（A2）；二者系独立关系；陈某扔刀（A2）系重大过失、责任大，与重伤有因果。刘某抢劫（A1）只有条件关系，而无因果关系。

（4）对于陈某造成自己重伤的结果。造成重伤结果的条件有二：刘某抢劫（A1）、陈某抱摔（A2）；既然刑法允许被侵害者防卫，且《民法典》第181条规定正当防卫造成损害的，不承担民事责任，则应认为正当防卫造成损失的，不应由防卫人负责，而应由不法侵害人负责；故而，应当认为不法侵害人负主要责任，与重伤结果有因果关系。换言之，认为抢劫可大概率引起防卫，二者是依附关系。

当然，有人可能类比说：如果陈某在抱摔时将无辜路人撞成重伤，陈某系防卫中的打击错误，可能对路人重伤承担过失致人重伤罪的责任；本案相当于在防卫中防卫人对自己实施了打击错误，因此归其本人负责。但是，两例原理和本质并不相同。不法侵害人实施的抢劫侵害结果中，包含了对防卫人伤害的危害可能，结果在不法侵害的构成要件范围之内，因此不法侵害人需负责；而无辜路人的伤害结果，不在不法侵害的构成要件范围之内，并且防卫人也有重大过错，因此可能不由不法侵害人负责。倒是可以类比这样的案例：刘某抢劫，路人见义勇为实施防卫，造成了自己的重伤，对此伤害结果，抢劫犯刘某需负责。

15. 甲见乙鬼鬼祟祟拿着蛇皮袋子，以为要偷狗，就追过去打乙，看见乙倒地后又踹了乙两脚。乙被踢后，因蛛网膜出血当场死亡。经查，乙确实准备偷狗。则关于甲的行为说法正确的是?[1]（2020/客/1/13 仿）

A. 正当防卫   B. 事后防卫

C. 故意伤害罪   D. 过失致人死亡罪

【解析】考查防卫的起因条件、时间条件、限度条件。

（1）在不法积极层面上，甲踢乙的行为，导致乙蛛网膜出血死亡，特殊体质不中断因果，系致人死亡行为。

（2）在防卫起因条件上，尽管客观上乙是盗窃的预备行为，甚至盗窃行为也未达数额较大的犯罪标准；但是，根据《两高一部正当防卫意见》第5条，无论是犯罪行为，还是行政违法，都属不法侵害，都可以进行防卫。另外，预备行为也属不法侵害，可以防卫。

（3）在时间条件上，准备偷狗，有实行盗窃的危险，属正在进行，符合时间条件。倒地后又踹了乙两脚，由于是一个连续的、整体防卫行为，针对的是正在进行的不法侵害，根据《两高一部正当防卫意见》第6条以及"赵宇案"的判决要旨：对于不法侵害虽然暂时中断或者被暂时制止，但不法侵害人仍有继续实施侵害的现实可能性的，应当认定为不法侵害仍在进行。符合时间条件，而不属事后防卫。

（4）在限度条件上，针对盗窃预备防卫致人死亡，超过了必要限度，属防卫过当。

（5）在罪名认定上，对于过当的死亡结果具有过失，构成过失致人死亡罪。

二、假想防卫：不具备防卫客观条件（不法）＋具备防卫意图条件（无故意）

16. 甲、乙双方系菜场摊贩，双方摊位相邻，一日甲、乙双方因琐事发生纠纷，甲拿起摊位上的菜刀向乙砍去，将乙的手砍伤（轻微伤）。乙顺手抄起一个扁担打在甲的右腿上，甲倒在地上。乙担心甲爬起来会继续伤害自己，拿起扁担朝甲的头部猛击数下，导致甲重伤抢救无效死亡。现查明甲在倒地时已经昏迷不醒。则乙的行为[2]（2018/客/卷一/7 仿）

A. 故意杀人罪   B. 正当防卫

C. 防卫过当   D. 假想防卫

【解析】本题考查正当防卫，主要涉及对防卫起因、时间、限度的考查。（1）在防卫起因上，甲拿菜刀砍人，尽管第一刀只造成轻微伤，但如继续实施，有造成重伤、死亡的危险，可认定为"行凶"。因此，在防卫限度上，可以主张无过当防卫，打死并不属防卫过当。（2）在防卫时间上，甲虽倒地。①如果其客观上没有昏迷，并未丧失侵害能力，确有继续进行进一步侵害的可能，仍具防卫必要性，属于"不法侵害正在进行"，可构成正当防卫（可参见"于海明防卫案"）。②但是本案的情况是，客观上甲已倒地昏迷，丧失侵害能力；只不过防卫人乙误认为其继续侵害行为。由于防卫时间条件是客观条件，不以行为人主观认识为标准。故而，本案客观上应当认为是事后防卫。（3）但主观上防卫人误认为不法侵害正在进行，系假想防卫。具有防卫故意，阻却犯罪故意，故不能构成故意杀人罪。一般认为是过失或意外事件，本案一般人难以认识到侵害人倒地后会昏迷，故认为是意外事件为宜。（4）注意，本题叙述的行为人主观上的心态，与前述2003/2/12 不同。

---

[1] D   [2] D

17. 甲、乙共同对丙实施严重伤害行为时，甲误打中乙致乙重伤，丙乘机逃走。关于本案，下列哪些选项是正确的？[1]（2016/2/52）

A. 甲的行为属打击错误，按照具体符合说，成立故意伤害罪既遂

B. 甲的行为属对象错误，按照法定符合说，成立故意伤害罪既遂

C. 甲误打中乙属偶然防卫，但对丙成立故意伤害罪未遂

D. 不管甲是打击错误、对象错误还是偶然防卫，乙都不可能成立故意伤害罪既遂

【解析】本题考查认识错误、偶然防卫（正当防卫）。

甲的行为	不法积极层面（事实层面）	不法消极层面（价值层面）	不法与否	主观故意	罪名	罪数
甲对丙（好人）	伤害未遂行为	无	不法	伤害故意	故意伤害罪未遂	想象竞合
甲对乙（坏人）	伤害行为＋打击错误＝伤害致重伤行为	偶然防卫	通说：合法	法定符合说：伤害故意	①无罪；②无罪；③故意伤害罪未遂；④过失伤害未遂，无罪；⑤故意伤害罪重伤；⑥过失致人重伤罪	
			少数：伤害未遂			
			极少数：伤害既遂	具体符合说：过失		

（一）甲对丙

1. 在客观不法积极层面认定上，甲客观上对丙实施了伤害行为（未遂）。

2. 在客观不法消极层面（违法阻却事由）认定上。甲对丙的伤害行为（未遂），不存在违法阻却事由，是不法行为。

3. 在主观责任层面上，甲主观上想伤害丙，客观对象也是丙，不存在认识错误，有伤害故意。

4. 客观主观相统一认定罪名，伤害行为（未遂）＋伤害故意＝故意伤害罪（未遂）。根据《刑法》第 234 条，构成故意伤害罪未遂。

（二）甲对乙

1. 在客观不法积极层面认定上，甲实施有伤害行为，致乙重伤，对乙实施有伤害行为（重伤）。

2. 在客观不法消极层面（违法阻却事由）认定上。甲的行为客观上制止了乙正在进行的重伤不法侵害；由于甲主观上没有制止不法侵害的防卫欲图，故而甲致乙重伤的行为系偶然防卫。

①通说认为偶然防卫在客观不法层面上系正当防卫，阻却违法性；

②少数观点认定偶然防卫在客观不法层面上不属正当防卫，系不法未遂，系伤害未遂；

③极少数观点认定偶然防卫在客观不法层面上不属正当防卫，系不法既遂，系伤害既遂。

3. 在主观责任层面上，甲存在认识错误。在认识错误的形式上，甲主观上想伤害丙，客观对象也是丙，对于对象没有认识错误，不属对象错误；是误击而伤害了同伙乙，系打击错误、具体错误。

---

[1] CD

（1）按照法定符合说，甲有伤害故意，乙的伤害结果在此故意范围内，甲对乙也有伤害故意。

（2）按照具体符合说，乙的伤害结果不在甲具体预想的射程范围之内，甲对乙伤害结果没有预见到，但应当预见到。甲对乙的重伤只有疏忽大意的过失。

4. 客观主观相统一认定罪名。①正当防卫（通说）＋伤害故意（法定符合说）＝无罪；②正当防卫（通说）＋重伤过失（具体符合说）＝无罪。③伤害未遂（少数说）＋伤害故意（法定符合说）＝故意伤害罪（未遂）。④伤害未遂（少数说）＋过失（具体符合说）＝无罪。⑤伤害既遂（极少数）＋伤害故意（法定符合说）＝故意伤害罪（重伤）。⑥伤害既遂（极少数）＋过失（具体符合说）＝过失致人重伤罪。

（三）乙的行为认定

1. 甲、乙是共同犯罪，二人对丙构成故意伤害罪（未遂），系共同正犯。

2. 对造成乙本人重伤的结果而言，法益侵害的结果是专属个人的，共同犯罪的实际结果是伤害到了行为人乙本人。乙的（与甲的共同）行为，是造成了乙本人受损，未造成他人身体伤害的实害结果，乙对自己重伤的结果，不可能成立故意伤害罪既遂。系属"偶然自损"。

（四）最后，在做题方法方面

本题实际上没有必要列举出那么多学说观点（或者，题干中没问观点，按通说观点即偶然防卫是不法层面上的正当防卫，直接推理就行），抓住"打击错误""具体符合说""故意、过失"就行了。（1）B选项，错在"对象错误"。（2）A选项，错在故意伤害罪"既遂"。①甲对丙，无论具体符合说还是法定符合说，都成立故意伤害罪"未遂"，不是"既遂"。②甲对乙，按照具体符合说，行为人主观上系"过失"，不可能成立"故意"犯罪。（3）C、D选项正确。

18. 甲、乙二人共谋杀丙，同时朝丙开枪。结果甲射出的子弹打偏，没有击中丙，而将另一方向的乙击中，致乙死亡。关于本案甲的定性，以下说法正确的有[1]（2019/客/卷一/7 仿）

　　A. 甲可能构成故意杀人罪未遂
　　B. 无论按照具体符合说还是法定符合说，甲都构成故意杀人罪既遂
　　C. 无论按照具体符合说还是法定符合说，甲都构成过失致人死亡罪
　　D. 按照具体符合说甲构成故意杀人罪既遂，按照法定符合说甲构成过失致人死亡罪

【解析】

甲的行为	不法积极层面 （事实层面）	不法消极层面 （价值层面）	不法与否	主观故意 （打击错误）	罪名	罪数
甲对丙 （好人）	杀人未遂行为	无	不法	杀人故意	故意杀人罪未遂	想象竞合
甲对乙 （坏人）	杀人行为＋死亡结果＝杀人致死行为	偶然防卫	①通说：合法 ②少数：杀人未遂 ③极少数：杀人既遂	①法定符合说：杀人故意 ②具体符合说：过失	①无罪；②无罪；③故意杀人罪未遂；④过失致死未遂，无罪；⑤故意杀人罪既遂；⑥过失致人死亡罪	

---

[1] A

19. 甲、乙合谋杀害丙，计划由甲对丙实施砍杀，乙持枪埋伏于远方暗处，若丙逃跑则伺机射杀。案发时，丙不知道乙的存在。为防止甲的不法侵害，丙开枪射杀甲，子弹与甲擦肩而过，击中远处的乙，致乙死亡。关于本案，下列哪些选项是正确的？[1]（2017/2/53）

A. 丙的行为属于打击错误，依具体符合说，丙对乙的死亡结果没有故意

B. 丙的行为属于对象错误，依法定符合说，丙对乙的死亡结果具有故意

C. 不论采取何种学说，丙对乙都不能构成正当防卫

D. 不论采用何种学说，丙对甲都不构成故意杀人罪未遂

【解析】本题考查认识错误、正当防卫（偶然防卫）。

甲的行为	不法积极层面（事实层面）	不法消极层面（价值层面）	不法与否	主观故意	罪名	罪数
丙对甲（坏人）	杀人未遂行为	正当防卫	合法	防卫故意	正当防卫	想象竞合
丙对乙（坏人）	杀人行为＋打击错误＝杀人致死行为	偶然防卫	通说：合法	法定符合说：防卫故意	①正当防卫；②正当防卫；③无罪；④过失致死未遂，无罪；⑤正当防卫；⑥过失致人死亡罪	想象竞合
			少数：杀人未遂			
			极少数：杀人既遂	具体符合说：过失		

20. 丙持刀抢劫乙，乙为制止丙的抢劫而持棍棒打丙。路过的甲是丙的仇人，误以为乙在杀丙，遂出于怀恨乙报复丙的心态加入乙，与乙一起用木棍打丙。而乙却误以为甲是来帮助自己共同制止丙的，甲、乙二人合力共同将丙打成重伤。丙身上只有一处重伤，不知是甲、乙谁打中。关于本案甲、乙二人的定性，以下说法正确的有[2]（2019/客/卷一/9仿）

A. 不管依据何种学说，甲、乙都构成犯罪

B. 不管依据何种学说，甲、乙都不构成犯罪

C. 不管依据何种学说，乙都不构成犯罪

D. 甲可能构成防卫过当

【解析】（一）关于甲、乙二人是否构成共同犯罪，存在不同观点

1. 如果采构成要件行为共同说，则甲、乙可在伤害行为的范围内构成共同犯罪，对重伤结果承担连带责任。

2. 如果采用不法行为共同说，则甲、乙不构成共同犯罪。在无法查明具体何人造成重伤结果时，二人对重伤实害结果均不负责，但二人可分别对未遂结果负责。

（二）行为人乙

客观上对甲的重伤（或未遂）系正当防卫，主观上有防卫意图，显属正当防卫。

（三）行为人甲

客观上对甲的重伤（或未遂）系偶然防卫，主观上没有防卫意图、有杀人故意。

1. 如果认为甲对重伤实害结果负责，则对于偶然防卫的客观性质，有正当防卫、不法未遂、不法既遂三种观点；结合主观上有伤害故意，可得出无罪、故意伤害罪未遂、故意伤害罪既遂三种观点。

---

[1] AD 〔2〕 C

2. 如果认为甲对重伤未遂结果负责，则对于偶然防卫的客观性质，有正当防卫、不法未遂两种观点；结合主观上有杀人故意，可得出无罪、故意伤害罪未遂两种观点。

故而，只有C选项说法正确。

21. 甲、乙持刀抢劫丙，丙强烈反抗。甲持刀刺丙，丙躲闪，甲刺中乙，乙受重伤，丙趁机逃脱。关于本案，下列选项说法正确的是[1]（2022/客/1/9仿）

A. 甲的行为属于打击错误，根据法定符合说，甲对乙的重伤要承担刑事责任

B. 因甲要对乙的重伤承担刑事责任，故甲的行为构成抢劫罪的结果加重犯

C. 甲对乙的重伤属于偶然防卫，但不影响甲对丙成立抢劫罪

D. 乙虽然身受重伤，但乙与甲构成共同犯罪，故乙对自己的重伤承担刑事责任

【解析】考查偶然防卫、打击错误、抢劫罪、结果加重犯。

（一）甲

1. 对于丙：抢劫罪，未遂。

2. 对于同伙乙重伤：（1）客观上偶然防卫，有合法（通说）、未遂、既遂三种观点；（2）主观上系打击错误、具体错误，有抢劫故意（法定符合说，通说）、过失（具体符合说）两种观点。（3）客观主观统一，有无罪（通说）、抢劫罪未遂、抢劫罪（致人重伤）、过失致人重伤罪四种结论。

3. 想象竞合，择一重处。

（二）乙

1. 对于丙：抢劫罪，未遂。

2. 对于自己重伤：（1）客观上偶然自损；（2）主观上系打击错误、具体错误。通说认为无罪。

（三）本题未要求"观点陈列"，故按通说观点作答即可。

选项A、B，通说认为偶然防卫客观上是合法行为，故说法错误；选项D，乙客观上偶然自损，通说认为无罪，故说法错误。

四、特殊正当防卫（无过当防卫）

22.《刑法》第20条第3款规定：对正在进行行凶、杀人、抢劫、强奸、绑架以及其他严重危及人身安全的暴力犯罪，采取防卫行为，造成不法侵害人伤亡的，不属于防卫过当，不负刑事责任。关于刑法对特殊正当防卫的规定，下列哪些理解是错误的？[2]（2005/2/59）

A. 对于正在进行杀人等严重危及人身安全的暴力犯罪，采取防卫行为，没有造成不法侵害人伤亡的，不能称为正当防卫

B. "其他严重危及人身安全的暴力犯罪"的表述，不仅说明其前面列举的抢劫、强奸、绑架必须达到严重危及人身安全的程度，而且说明只要列举之外的暴力犯罪达到严重危及人身安全的程度，也应适用特殊正当防卫的规定

C. 由于特殊正当防卫针对的是严重危及人身安全的暴力犯罪，而这种犯罪一旦着手实行便会造成严重后果，所以，应当允许防卫时间适当提前，即严重危及人身安全的暴力犯罪处于预备阶段时，也应允许进行特殊正当防卫

D. 由于针对严重危及人身安全的暴力犯罪进行防卫时可以杀死不法侵害人，所以，在严重危及人身安全的暴力犯罪结束后，当场杀死不法侵害人的，也属于特殊正当防卫

【解析】本题考查特殊正当防卫（无过当防卫）。

选项 A，如果没有造成伤亡结果的，造成其他较轻结果或财物受损、剥夺自由，当然更没有超过特殊防卫的限度条件，可以认定为正当防卫。因此选项 A 错误。

选项 B，"其他"严重危及人身安全的暴力犯罪，也并不限于刑法条文所列举的犯罪，故其正确。《两高一部正当防卫意见》第 17 条：《刑法》第二十条第三款规定的"其他严重危及人身安全的暴力犯罪"，应当是与杀人、抢劫、强奸、绑架行为相当，并具有致人重伤或者死亡的紧迫危险和现实可能的暴力犯罪。

选项 C，（1）除起因条件、限度条件外，特殊防卫的其他条件与一般正当防卫相同。（2）选项所述"犯罪处于预备阶段"，因预备行为也是不法侵害，也属不当侵害正在进行，也可以进行防卫（直接面临说）。（3）只不过，在防卫限度上，对预备行为的防卫限度，与对实行行为的防卫限度，可能有所不同。当然，现实威胁十分明显、紧迫，待着手实行后来不及减轻或避免危害结果时，对侵害预备的防卫限度应与对侵害实行的防卫相同。（4）特殊正当防卫的限度条件"伤亡"，应当是针对严重暴力犯罪的实行行为而言的。（5）对严重暴力犯罪的预备行为进行防卫，应当适用一般防卫的限度条件。故本选项错误。（6）正确说法是：严重危及人身安全的暴力犯罪处于预备阶段时，也应允许进行"一般防卫"。

选项 D，特殊正当防卫也需符合正当防卫的时间，该选项为事后防卫。

考点二 紧急避险

1. 甲遭乙追杀，情急之下夺过丙的摩托车骑上就跑，丙被摔骨折。乙开车继续追杀，甲为逃命飞身跳下疾驶的摩托车奔入树林，丙一万元的摩托车被毁。关于甲行为的说法，下列哪一选项是正确的？[1]（2009/2/4）

A. 属于正当防卫   B. 属于紧急避险
C. 构成抢夺罪   D. 构成故意伤害罪、故意毁坏财物罪

【解析】本题较为简单，考查紧急避险的成立条件。为了避免正在发生的危险，迫不得已侵害他人合法权益，未超过必要限度造成不应有损害，属于紧急避险。本案为保全生命而伤害他人、抢夺财物、毁损财物，是迫不得已做出，且损害应小于保护利益。选项 B 正确。注意：本案中毁损财物是在危险尚存的情况下作出的。下题案例（2002/4/2），如在危险消除后毁损财物或占有财物的，行为时不存在"正在发生的危险"，系事后避险，对于毁财行为不再认为是紧急避险。

2. 2001 年 3 月 13 日下午，陈某因曾揭发他人违法行为，被两名加害人报复砍伤。陈某逃跑过程中，两加害人仍不罢休，持刀追赶陈。途中，陈某多次拦车欲乘，均遭出租车司机拒载。当两加害人即将追上时，适逢一中年妇女丁某骑一摩托车（价值 9000 元）缓速行使。陈某当即哀求丁某将自己带走，但也遭拒绝。眼见两加害人已经逼近，情急之下，陈某一手抓住摩托车，一手将丁某推下摩托车（丁某倒地，但未受伤害），骑车逃走。陈某骑车至安全地方（离原地约 2 公里）停歇一会后，才想到摩托车怎么处理。陈某将摩托车尾部工具箱的锁撬开，发现内有现金 3000 元和一张未到期的定期存单（面值 2 万元），陈某顿生贪欲，将 3000 元现金和存单据为己有，并将摩托车推至山下摔坏。几天后，陈某使用伪造的身份证在到期之前将存单中的 2 万元取出，此后逃往外地。（2002/4/2 部分）

---

[1] B

【问题】分析陈某前面的行为的性质，并说明理由。

【解析】（1）陈某将丁某推倒后骑车逃走的行为属于紧急避险行为。理由是：陈某实施了抢劫丁某的摩托车的行为；是为了保护自己的生命，迫不得已而实施，属于避险行为。损害了他人较小合法权益保全了较大利益，在避险的限度范围内。根据《刑法》第21条，构成紧急避险。

（2）陈某在危险消除之后，毁损摩托车，盗窃封缄的工具箱和现金，盗窃存折并骗取兑现；因行为时不存在"正在发生的危险"，系事后避险；根据《刑法》第275条、264条，构成故意毁坏财物罪、盗窃罪。

3. 位于二楼的甲家里着火了，甲想救婴儿，发现带着婴儿根本出不去，只会被烧死，无奈之下将婴儿从二楼扔下去，自己再出来，导致婴儿受重伤。对于甲的行为的定性，以下说法正确的有[1]（2018/客/卷一/3仿）

A. 甲的行为创造了新的风险，构成故意伤害罪

B. 甲主观有伤害罪故意，但没有实施伤害行为，不构成犯罪

C. 甲的行为构成紧急避险，不构成犯罪

D. 甲的危害行为情节显著轻微，可不以犯罪论处

【解析】本题考查的是犯罪构成要件理论，以及刑法基本推理思维。在客观不法积极层面上，甲扔婴儿的行为导致其重伤，在形式上可认定为伤害行为。但其是为了避免婴儿遭遇火灾被烧死的危险迫不得已实施该行为，符合《刑法》第21条规定的紧急避险的条件。系违法阻却事由，系合法行为，而不属不法行为。在主观责任上，其对伤害结果有认识，但是出于避险目的，没有犯罪故意。也可以认为是推定承诺。故C选项说法正确。

A选项，后半句构成故意伤害罪说法错误。B选项，主观上有伤害罪故意说法错误。D选项，本案是合法行为，危害行为情节显著轻微的说法错误。

4. 鱼塘边工厂仓库着火，甲用水泵从乙的鱼塘抽水救火，致鱼塘中价值2万元的鱼苗死亡。仓库中价值2万元的商品因灭火及时未被烧毁。甲承认仓库边还有其他几家鱼塘，为报复才从乙的鱼塘抽水。关于本案，下列哪一选项是正确的？[2]（2015/2/4）

A. 甲出于报复动机损害乙的财产，缺乏避险意图

B. 甲从乙的鱼塘抽水，是不得已采取的避险行为

C. 甲未能保全更大的权益，不符合避险限度要件

D. 对2万元鱼苗的死亡，甲成立故意毁坏财物罪

【解析】本题考查紧急避险，涉及避险意图、不得已、避险限度等条件的理解。

A选项，考查避险意图。即使按传统观点，避险意图只包括避险认识、避险意志，不包括动机因素。甲明知火灾危险，具有避险认识；用水泵从乙的鱼塘抽水的目的是为了救火，具有避险意志，应认定主观上具有避险意图。

B选项，考查不得已条件。不得已条件指的是损害手段是唯一避险方法。在必须损害的利益系数各具有同等价值的利益时，选取任何一个进行避险，也认为符合不得已条件。为了救火必须抽水，尽管仓库边有数家鱼塘，但损害利益大小相等，选取任何一个都不违反不得已条件。

C选项，考查避险限度。紧急避险要求可能保护的利益大小损害的利益。本案中，似乎保护的商品的价值与损害的财产利益相等，但如火灾未被扑灭的话，火灾造成的损失可能更大。

---

[1] C　[2] B

因而，可能保护的利益要大于实际损害的利益，不属避险过当。

D 选项，构成紧急避险，即为合法行为，不构成故意毁坏财物罪。但可能进行民事赔偿。

考点三　被害人承诺

1. 下列哪种说法是错误的？[1]（2006/2/16）

A. 甲取得患有绝症的病人乙的同意而将其杀死，甲仍然构成故意杀人罪

B. 甲以出卖为目的收买生活贫困的妇女乙后，经乙同意将其卖给一个富裕人家为妻，甲仍然构成拐卖妇女罪

C. 甲征得不满 14 周岁的幼女乙同意而与之发生性行为，甲仍然构成强奸罪

D. 甲在收买被拐卖的妇女乙后，按照乙的意愿没有阻碍其返回原居住地，对甲仍然应当追究收买被拐卖的妇女罪的刑事责任

【疑难辨析】有效的被害人承诺（阻却违法性）的构成条件有七个：承诺范围、承诺能力、承诺对象、真实意思表示、现实的承诺、承诺时间、经承诺所实施的行为不能超越承诺范围。本题选项 A 涉及承诺范围，选项 B 涉及承诺时间，选项 C 涉及承诺能力。

【解析】A 选项，考查承诺范围。因生命法益超过刑法认可的承诺范围，故而乙的承诺无效，甲仍构成故意杀人罪。只不过量刑时从轻而已。

B 选项，（1）本选项真正考查的是承诺的时间。甲以出卖为目已经完成收买乙的行为，拐卖妇女罪已经既遂，而不以卖出为既遂。在既遂之后得到被害人承诺，只对之后的出卖行为有效，但对于之前已经实施完毕的拐卖妇女罪无效。（2）如本选项将行为人拐卖的对象改为儿童，则考查的是承诺范围的问题。因儿童无承诺能力，而保护儿童是社会法益，个人不能承诺，故拐卖儿童行为不因被害人或其代理人的承诺而阻却违法性。

C 选项，考查承诺能力。幼女无性承诺能力，承诺无效。根据《刑法》第 236 条第 2 款，构成奸淫幼女型的强奸罪。

D 选项，本题与阻却违法的承诺无关。（1）现《刑法修正案（九）》已将第 241 条第 6 款修正为："收买被拐卖的妇女、儿童，对被买儿童没有虐待行为，不阻碍对其进行解救的，可以从轻处罚（对收买儿童）；按照被买妇女的意愿，不阻碍其返回原居住地的，可以从轻或者减轻处罚（对收买妇女）。"即由原来的免责事由修正为从宽处罚情节。则在当前，选项 D 中"应当追究"的说法应认为正确，不当选。（2）在考试当时，考查的是法定免责事由。根据考试当时原《刑法》第 241 条第 6 款的规定，"收买被拐卖的妇女、儿童，按照被买妇女的意愿，不阻碍其返回原居住地的，对被买儿童没有虐待行为，不阻碍对其进行解救的，可以不追究刑事责任"。此为刑法特别规定的免责事由。所以对甲"应当追究"刑事责任的表述是错误的。选项 D 说法，在考试当时说法错误，当选。

2. 关于被害人承诺，下列哪一选项是正确的？[2]（2008/2/5）

A. 儿童赵某生活在贫困家庭，甲征得赵某父母的同意，将赵某卖至富贵人家。甲的行为得到了赵某父母的有效承诺，并有利于儿童的成长，故不构成拐卖儿童罪

B. 在钱某家发生火灾之际，乙独自闯入钱某的住宅搬出贵重物品。由于乙的行为事后并未得到钱某的认可，故应当成立非法侵入住宅罪

---

[1]　无（当年正确答案为 D）　[2]　D

C. 孙某为戒掉网瘾，让其妻子丙将其反锁在没有电脑的房间一星期。孙某对放弃自己人身自由的承诺是无效的，丙的行为依然成立非法拘禁罪

D. 李某同意丁砍掉自己的一个小手指，而丁却砍掉了李某的大拇指。丁的行为成立故意伤害罪

【解析】A选项，一般情况承诺可以替代作出时，被害人无承诺能力时，监护人可代为承诺。但是，本案涉及拐卖儿童罪，保护的儿童法益具有社会法益的性质，个人没有处分权限，故而无论是否承诺，均不能阻却违法性。注意本选项，与前述2006/2/16-B（拐卖妇女既遂后承诺无效），考查的要点是不一样的。

B选项，本题为推定的承诺（可以认为变形的紧急避险）。

C选项，自由是被害人可以承诺放弃的权利，承诺有效。

D选项，丁某的行为超出了承诺的具体范围；且砍掉大拇指是重伤，国家法律不许可，故丁成立故意伤害罪。故选项D正确。

3. 关于故意杀人罪、故意伤害罪的判断，下列哪一选项是正确的？[1]（2014/2/15）

A. 甲的父亲乙身患绝症，痛苦不堪。甲根据乙的请求，给乙注射过量镇定剂致乙死亡。乙的同意是真实的，对甲的行为不应以故意杀人罪论处

B. 甲因口角，捅乙数刀，乙死亡。如甲不顾乙的死伤，则应按实际造成的死亡结果认定甲构成故意杀人罪，因为死亡与伤害结果都在甲的犯意之内

C. 甲谎称乙的女儿丙需要移植肾脏，让乙捐肾给丙。乙同意，但甲将乙的肾脏摘出后移植给丁。因乙同意捐献肾脏，甲的行为不成立故意伤害罪

D. 甲征得乙（17周岁）的同意，将乙的左肾摘出，移植给乙崇拜的歌星。乙的同意有效，甲的行为不成立故意伤害罪

【解析】本题考查被害人承诺、故意的认识内容、器官类犯罪。

A选项，考查被害人承诺，涉及承诺的法益范围。题眼是"过量镇定剂致乙死亡"，即甲符合故意杀人罪的构成要件；因生命法益超过刑法认可的承诺范围，故而乙的承诺无效，甲仍构成故意杀人罪。只不过量刑时从轻而已。

B选项，考查故意的认识内容。题眼是"不顾乙的死伤"，说明甲对于死亡结果和伤害结果都有认识，对于死亡结果至少有间接故意，实际造成死亡结果的，当然可以认定为故意杀人罪。

C选项，考查被害人承诺，涉及基于错误作出的承诺的效力问题。乙误认为移植器官的受体为自己女儿，实际上不是，其重大目的未实现。一般人在知情假象时不会作出同样的承诺，乙系基于重大错误而作出承诺，承诺无效。乙系"欺骗他人捐献器官"，按照《刑法》第234条之一第2款，构成故意伤害罪。

D选项，考查被害人承诺，涉及承诺能力、承诺的法益范围。（1）乙17周岁，对于器官没有承诺能力，承诺无效。（2）甲的行为属于"摘取不满十八周岁的人的器官"，按照《刑法》第234条之一第2款，构成故意伤害罪。（3）假设案情改为：乙已满18周岁，甲的行为如何认定？这涉及承诺的法益范围问题。因活体器官的捐赠者与接受者之间无近亲属关系，移植非法；同时，对于重伤的承诺是无效的；而甲无"组织出卖"行为；则甲仍构成故意伤害罪。

4. 关于被害人承诺的判断，以下选项正确的是（不考虑数额和情节）？[2]（2019/客/卷一/10仿）

---

〔1〕 B　〔2〕 BCD

A. 沈某误以为自己的爱马患了致命疾病，要求兽医对其进行安乐死。事后查明，市面上已经有了治疗该疾病的特效药。沈某的承诺无效

B. 城市居民张某收到乡下邻居的短信，问可否将乡下住宅的院墙拆除。张某本欲回复"不可以"，但漏打了"不"字，乡下邻居遂将院墙拆除。张某的承诺有效

C. 杨某组织贩卖人体器官，与雷某约定以十万元的价格，将雷某的肾脏移植给他人。雷某的承诺无效

D. 马某将马路灯光反射到室内光影，误认为是火光，情急之下找不到钥匙，恳求路人周某破门灭火，周某照办。马某的承诺有效

【疑难辨析】被害人承诺的效力，可以类比于民法中的"授权处分合同"有效合法的条件，从承诺者意思表示真实、国家认可两个角度把握。承诺者基于认识错误而作出承诺的效力，可从民法中责任、风险分担的原理，分析造成错误的原因和责任，是否属于"重大误解"等。另外，体现在被害人承诺有效的条件上，对于现实的承诺要素，可以采用"表象说"的立场，亦即，出于被害人原因而作出错误承诺，可按一般社会公众立场对于作出的承诺的含义进行理解，行为人在表面含义的范围内处置权益的，应认为是合法行为。

【解析】A、B、C三选项，均系承诺者本人的过错而导致认识错误，其中B选项是表达错误，行为人均是按照承诺者作出的承诺的表面含义处置权益。从民法角度归责，应由承诺者本人承担风险责任。故而，行为人对该错误承诺不应承担责任，应认为承诺有效，行为人无罪。

C选项，承诺者雷某意思表示真实，但是，《人体器官移植条例》第3条、《刑法》第234条之一禁止器官买卖；同时，刑法也认为重伤承诺无效。从而承诺者虽意思表示真实、但国家并不认可，承诺无效。行为人杨某组织贩卖人体器官的行为，构成组织出卖人体器官罪。

考点四　其他违法排除事由

1. 关于排除犯罪的事由，下列哪一选项是正确的?[1]（2006/2/18）

A. 对于严重危及人身安全的暴力犯罪以外的不法侵害进行防卫，造成不法侵害人死亡的，均属防卫过当

B. 由于武装叛乱、暴乱罪属于危害国家安全罪，而非危害人身安全犯罪，所以，对于武装叛乱、暴乱犯罪不可能实行特殊正当防卫

C. 放火毁损自己所有的财物但危害公共安全的，不属于排除犯罪的事由

D. 律师在法庭上为了维护被告人的合法权益，不得已泄露他人隐私的，属于紧急避险

【解析】本题是对排除犯罪的事由的考查，涉及正当防卫、自损行为、义务冲突等问题。

A选项，考查对《刑法》第20条第3款规定的特殊防卫的理解。（1）特殊防卫是对第1、2款一般防卫的提示性规定，亦即，特殊防卫完全符合一般防卫的条件，只不过对限度条件进行提示性重申。（2）故而，并非只有特殊防卫才能造成不法侵害人死亡，一般防卫在必要限度内也可以造成不法侵害人死亡，也可以是正当防卫。（3）防卫过当指明显超过必要限度造成重大损害，以"必需说"限定必要限度，在必需的情况下（如弱小女子遭受壮汉强制猥亵），可以造成重大损害以制止不法侵害，仍在限度之内，系正当防卫。（4）《两高一部正当防卫意见》第18条：对于不符合特殊防卫起因条件的防卫行为，致不法侵害人伤亡的，如果

---

[1]　C

没有明显超过必要限度，也应当认定为正当防卫，不负刑事责任。A选项说法错误。

B选项，（1）"其他"严重危及人身安全的暴力犯罪，也并不限于刑法条文所列举的犯罪。也不是根据罪名章节或主要法益的界定，而是看实际罪行的危险。（2）武装叛乱、暴乱罪既严重危害国家安全，也严重危及人身安全，可以实行特殊正当防卫。（3）参见《两高一部正当防卫意见》第17条。故选项B说法错误。

C选项，（1）一般的自损行为只损害行为人个人利益时，对于个人利益受损的结果，认定为自损，不具违法性。（2）但如果自损的同时危害他人或者社会合法利益，对该结果不能认定自损，可能构成犯罪。（3）本案"危害公共安全"可构成放火罪。故选项C正确。

D选项，律师在法庭上为了维护被告人的合法权益，不得已泄露他人隐私的，属于义务冲突（正当职务行为与保护隐私的义务冲突），不是紧急避险。故选项D错误。

2. 关于正当防卫的论述，下列哪一选项是正确的？[1]（2012/2/7）

A. 甲将罪犯顾某扭送派出所途中，在汽车后座上死死摁住激烈反抗的顾某头部，到派出所时发现其已窒息死亡。甲成立正当防卫

B. 乙发现齐某驾驶摩托车抢劫财物即驾车追赶，2车并行时摩托车撞到护栏，弹回与乙车碰撞后侧翻，齐某死亡。乙不成立正当防卫

C. 丙发现邻居刘某（女）正在家中卖淫，即将刘家价值6000元的防盗门砸坏，阻止其卖淫。丙成立正当防卫

D. 丁开枪将正在偷越国（边）境的何某打成重伤。丁成立正当防卫

【解析】本题考查正当防卫的含义，以及行为不构成犯罪的原因。行为不构成犯罪的原因有多种，并非所有不构成犯罪的行为均应认定为正当防卫。

A选项，（1）罪犯已被制服，不法侵害已经结束，行为人甲不构成防卫。（2）扭送属刑事诉讼法规定上的公民权利行为，属法令行为。当然，法令行为也要符合限度条件，本选项系在扭送过程中过失致人死亡。

B选项，在客观不法的积极层面上，危险系齐某本人制造，其死亡结果与乙的追赶行为无因果关系。乙的行为不是危害行为。因不符合构成要件、不具形式违法性，故无需认定为正当防卫。系因不符合构成要件而不构成犯罪。

C选项，（1）在正当防卫的起因条件方面，卖淫行为是行政违法行为，如依违法性一元论（即认为刑事违法、民法违法、行政违法本质相同），则行政违法行为也属《刑法》第20条规定的正当防卫起因的"不法侵害"，对其进行制止可构成正当防卫，符合起因条件。（2）但是，在防卫对象条件方面，由于正当防卫行为被限定为"制止不法侵害的行为，对不法侵害人造成损害"，虽可包括其人身和财产，但当防卫对象是财产时，一般要求其是犯罪工具等不法侵害行为的手段；对于与不法侵害行为无关联的不法侵害人财物进行毁损，即使是为了制止不法侵害，也不认为符合防卫对象要件；但如迫不得已，可认为是紧急避险等。例如，甲持自己的名贵花瓶去砸乙，乙为制止甲打碎了甲的花瓶，乙是正当防卫。但甲用棒子打乙，乙为制止甲，操起甲的名贵花瓶反击，打碎了甲的花瓶，应当认为紧急避险才对。（3）本案中丙阻止他人违法行为虽系正当行为；但砸坏防盗门，造成财物损失，不是对不法侵害本身进行制止，不属防卫。又不属迫不得已，不属避险；即使迫不得已，也不属正当防卫。

D选项，偷越国（边）境系犯罪行为，系不法侵害，可以防卫；但以打成重伤的方式进行阻止，造成重大损失且明显超过必要限度，系防卫过当，而不是正当防卫。

---

[1] B

考点五 责任阻却事由

（一）不具认识可能性的违法性认识错误

1. 农民甲醉酒在道路上驾驶拖拉机，其认为拖拉机不属于《刑法》第133条之一规定的机动车。关于本案的分析，下列哪一选项是正确的？[1]（2016/2/4）

A. 甲未能正确评价自身的行为，存在事实认识错误

B. 甲欠缺违法性认识的可能性，其行为不构成犯罪

C. 甲对危险驾驶事实有认识，具有危险驾驶的故意

D. 甲受认识水平所限，不能要求其对自身行为负责

【疑难辨析】本题是考查的是责任阻却事由之一的不具认识可能性的违法性认识错误，涉及事实认识错误与违法性认识错误的区分、违法性认识错误是否具有认识可能性、不具认识可能性的违法性认识错误的体系地位等问题。对自己行为的刑法性质（是否犯罪）认识错误，亦即误将犯罪行为当作非犯罪行为，即属违法性认识错误。违法性认识错误与故意的成立无关。不具违法性认识可能性的违法性认识错误，阻却责任。

【解析】其一，关于事实认识错误与违法性认识错误的区分。（1）醉酒驾车型的危险驾驶罪的客观不法要素是地点是"在道路上""醉酒驾驶"行为、对象是"机动车"（包括汽车、摩托车、拖拉机等）。在法律上，拖拉机属于《刑法》第133条之一规定的"机动车"。（2）故意的成立要求行为人对客观不法事实要素有认识。本案中行为人甲对于对象是拖拉机这一事实没有认识错误；对地点是"在道路上"、行为是"醉酒驾驶"这些客观不法事实要素也有认识。不属事实认识错误，具有危险驾驶的故意。只是对于法律层面上拖拉机是否属于机动车，以及醉酒驾驶拖拉机行为是否属于犯罪的违法性质，产生了认识错误，系违法性认识错误。A选项错误，C选项正确。

其二，关于违法性认识错误是否具有认识可能性。虽甲本人受认识水平所限不能认识，但由于一般驾驶者（同行）均能认识到醉酒驾驶拖拉机是违法行为，故而甲具有违法性认识可能性。具有认识可能性的违法性认识错误不阻却责任，故而甲具有责任，应当对自身行为负责。根据《刑法》第133条之一，构成危险驾驶罪。B选项、D选项错误。

2. 甲以禁用方法猎捕了30多只猫头鹰，但是，甲并不知晓猫头鹰是濒危野生保护动物。关于甲的行为定性，以下说法正确的有[2]（2018/客/卷一/9仿）

A. 甲属于事实认识错误，主观上没有故意，不构成非法猎捕、杀害珍贵、濒危野生动物罪（现罪名为"危害珍贵、濒危野生动物罪"，下同）

B. 甲具有故意，可构成非法猎捕、杀害珍贵、濒危野生动物罪

C. 甲属于违法性认识错误，不能构成非法猎捕、杀害珍贵、濒危野生动物罪

D. 甲对于犯罪对象没有认识，不能构成故意犯罪，可构成过失犯罪

【解析】本题考查事实认识错误、违法性认识错误的区分，以及其地位作用。

在认识错误的类别上，危害珍贵、濒危野生动物罪的客观不法要素（事实要素）主要是：行为是猎捕行为，对象是珍贵、濒危野生动物。本案中，甲认识到自己实施的是猎捕行为，也认识到了对象是猫头鹰，对客观不法的事实要素没有认识错误，不属事实认识错误。对于必要

---

[1] C   [2] B

事实要素具有认识，行为人主观上具有故意。

行为人的认识错误在于，将对象的法律性质认错了，误认为猫头鹰不是濒危野生保护动物，从而误将犯罪行为，认为不是犯罪行为。此系违法性认识错误。

对于违法性认识错误的功用，违法性认识错误不影响故意的成立。但不具认识可能性的违法性认识错误可以阻却责任，具有认识可能性的违法性认识错误不阻却责任。本案中，一般公众能够认识到猫头鹰是不准猎捕的动物，故而，行为人具有认识可能性，不阻却责任，可构成故意犯罪。故而，B选项说法正确。

3. 甲在从事生产经营的过程中，不知道某种行为是否违法，于是以书面形式向法院咨询，法院正式书面答复该行为合法。于是，甲实施该行为，但该行为实际上违反刑法。关于本案，下列哪一选项是正确的？[1] (2008/2/4)

　　A. 由于违法性认识不是故意的认识内容，所以，甲仍然构成故意犯罪

　　B. 甲没有违法性认识的可能性，所以不成立犯罪

　　C. 甲虽然不成立故意犯罪，但成立过失犯罪

　　D. 甲既可能成立故意犯罪，也可能成立过失犯罪

【解析】（1）行为人误将犯罪行为认为合法，系违法性认识错误。（2）行为人产生违法性认识错误的原因是从值得信赖的权威机构那里获得值得信赖的信息，一般人在此情况下亦认识不了违法性，因此属不具认识可能性的违法性认识错误，可以阻却责任。（3）由此，行为人仍具有故意（但不一定构成犯罪），只是没有责任，而不构成犯罪。选项B正确。

4. 关于故意与违法性的认识，下列哪些选项是正确的？[2] (2015/2/55)

　　A. 甲误以为买卖黄金的行为构成非法经营罪，仍买卖黄金，但事实上该行为不违反刑法。甲有犯罪故意，成立犯罪未遂

　　B. 甲误以为自己盗窃枪支的行为仅成立盗窃罪。甲对刑法规定存在认识错误，因而无盗窃枪支罪的犯罪故意，对甲的量刑不能重于盗窃罪

　　C. 甲拘禁吸毒的陈某数日。甲认识到其行为剥夺了陈某的自由，但误以为刑法不禁止普通公民实施强制戒毒行为。甲有犯罪故意，应以非法拘禁罪追究刑事责任

　　D. 甲知道自己的行为有害，但不知是否违反刑法，遂请教中学语文教师乙，被告知不违法后，甲实施了该行为。但事实上刑法禁止该行为。乙的回答不影响甲成立故意犯罪

【解析】本题考查故意成立的必要认识要素、事实认识错误与违法性认识错误的区分、违法性认识错误的处理。

A选项，客观不法＋主观责任＝犯罪，客观上连危害行为（不法行为）都无，当然不成立任何犯罪（以及犯罪未遂）。误将合法行为当作犯罪行为而受此意图支配实施客观上合法的行为，也不能认为有"犯罪"故意。

B选项，（1）甲误以为自己盗窃枪支的行为仅成立盗窃罪，对于犯罪对象以及盗窃枪支罪的构成要件要素均有认识，不存在事实认识错误，仍具有盗窃枪支罪的犯罪故意。（2）只不过对行为的法律性质定性存在认识错误，系违法性认识错误，不影响盗窃枪支罪故意的成立。（3）该违法性认识错误不属不具认识可能性的违法性认识错误，不阻却责任。

C选项，（1）在对事实要素的认识方面，需对"非法拘禁"（＝"拘禁"＋"非法"）行为有认识，才成立此罪故意。①行为人已经认识到"剥夺了陈某的自由"即"拘禁"事实。②由于"非法"系规范的构成要件要素。对于规范的构成要件要素的认识，只须认识其事实属性

［1］ B　［2］ CD

（一般公众认识），而无须认识其规范属性（规范属性最终定性由裁判者确定）。本选项中行为人已认识到未经允许（"强制"）的事实属性，不存在事实认识错误，认定有故意。（2）只不过对该剥夺行为是否犯罪即法律性质定性存在认识错误，系违法性认识错误，不影响非法拘禁罪故意的成立。（3）该违法性认识错误不属不具认识可能性的违法性认识错误，不阻却责任。

D选项，（1）甲具有违法性认识错误，不影响主观故意的成立。（2）造成违法性错误，只请教"中学语文教师"，而非权威机关或法律专业人员，因而不属不具认识可能性的违法性认识错误，不阻却责任。故而仍成立故意犯罪。

（二）欠缺期待可能性

5. 关于期待可能性，下列哪一选项是错误的?[1]（2008延/2/5）

A. 行为人是否具有故意、过失，与是否具有期待可能性，是两个不同的问题。换言之，具有故意、过失的人，也可能没有期待可能性

B. 行为人犯罪后毁灭自己犯罪的证据的行为之所以不构成犯罪，是因为缺乏期待可能性

C. 在司法实践中，对于因遭受自然灾害外流谋生而重婚的，之所以不以重婚罪论处，是因为缺乏期待可能性

D. 身无分文的乞丐盗窃他人财物得以维持生存的，因为缺乏期待可能性，不应认定为盗窃罪

【疑难辨析】本题是考查的是责任阻却事由之二的欠缺期待可能性。所谓期待可能性，是指根据具体情况，有可能期待行为人不实施违法行为而实施其他合法（适法）行为。亦即，行为人在当场情景下有实施合法行为、而不实施犯罪行为的可能性。法不强人所难，如果行为人在当时场景下没有实施合法行为的可能（欠缺期待可能性），即使其对危害结果的造成有故意、过失，也不能认定其有责任。

【解析】A选项，欠缺期待可能性是责任阻却事由，与责任形式（故意、过失）的认定是不同问题。一般只有行为人形式上具有故意、过失的情况（形式判断）下，才进一步考虑是否欠缺期待可能性的问题（实质判断），故选项A正确。

B选项，中国刑事诉讼法及刑法传统观点认为，不能期待本犯不为妨害司法行为。一般认为，本犯（犯罪人本人）为本人犯罪，而实施妨害司法的行为（如毁灭、伪造证据，伪证，或帮助毁灭、伪造证据，掩饰、隐瞒犯罪所得，窝藏、包庇），或者教唆、帮助他人为本人犯罪实施前述妨害司法的行为，认为欠缺期待可能性而阻却责任。

C选项，"因遭受自然灾害外流谋生"的行为人，如当时实施合法行为（不重婚），将会给自己带来极其重大的生命、身体和其他重大利益的损害，而使其陷入极其困难的选择，实施合法行为极其困难，属欠缺期待可能性的情况。司法解释参见原《最高人民法院关于贯彻执行民事政策几个问题的意见（修正稿）》"凡是由于严重的自然灾害确实因生活困难而与他人重婚的，可以不按重婚罪论处"。

D选项，乞丐虽然身无分文，但是乞丐本身以乞讨所得或者接受国家救助作为生活来源，并非只能选择盗窃。当时实施合法行为（不盗窃），对其没有重大不利。因此可以期待其实施适法行为，其盗窃行为并不欠缺期待可能性，可以认定为盗窃罪。只有在当时情形不盗窃大概率会死亡或重大不利后果的情况下，才可能考虑紧急避险。

---

〔1〕 D

专题六 犯罪形态（既遂、中止、未遂、预备）

（1）犯罪既遂	各种分则罪名的既遂结果（具体罪名既遂标准，结果犯、危险犯、行为）；实行行为；因果关系；既遂之后无未遂、中止
（2）犯罪中止的认定	中止的时间性、自动性（与未遂、预备区分）、有效性；中止与因果关系；有损害的中止与无损害的中止
（3）犯罪未遂、犯罪预备的区分	意志以外的停顿原因；实行行为的界定
（4）犯罪未遂与不可罚的不能犯	是否具有客观危险性的判断：纯粹客观危险，偶然因素导致不能

考点一 犯罪既遂

（一）具体罪名既遂（既遂结果）的认定

1. 下列选项中，关于行为人犯罪既遂、犯罪未遂的认定，说法正确的有（不考虑犯罪数额）[1]（2021/客/卷一/4仿）

A. 甲绑架了张某的女儿向其勒索赎金，并告知张某将钱用箱子装好放在中华路口的垃圾桶里，后来甲按张某的要求将箱子放在垃圾桶里，但是箱子被他人捡走，张某以为是甲的同伙所为，甲未实际取得赎金，但仍认定甲犯罪既遂

B. 乙在某知名平台出售假冒知名品牌白酒以诈骗钱财，陈某将货款支付在网络担保平台，陈某后收到货物后，发现是假冒白酒，遂申请售后并向平台投诉，平台将货款退还给陈某，因陈某已经将货款支付给平台，即使乙未实际取得货款，也认为乙犯罪既遂

C. 小偷丙潜入某小区偷电动车，保安赵某通过监控发现了丙的盗窃行为。为了让丙的盗窃行为既遂，赵某等丙盗窃得手将电动车骑出小区门口200米才骑车将其擒获，丙构成犯罪既遂

D. 丁以出卖为目的，将妇女李某骗到外省出卖；因为行情不好，加上扫黑除恶，未能将李某卖出，后来两人日久生情，在一起共同生活，丁未将李某卖出，故丁构成犯罪未遂

【解析】本题考查具体罪名的犯罪既遂标准

选项A，甲构成绑架罪。通说认为，绑架罪是单行为犯，以绑架行为实施完毕，人质被控制，或被杀害、伤害，为既遂标准。行为人是否勒索到赎金，不是绑架罪的既遂标准（少数说法认为第三人受到恐吓时为既遂）。本选项中张某的女儿已被控制，甲成立既遂。当然，如果考虑财物是否被甲控制，类比民法规定，将财物置于指定地点即为交付，也应认定为赎金已被

---

[1] ABC

甲控制。

选项 B，实际考查罪数。乙卖假酒的行为触犯了：（1）销售伪劣产品罪（以假充真）；以销售出金额 5 万以上产品为既遂标准，不以收取到货款为既遂；故为既遂。（2）销售假冒注册商标的商品罪（假冒品牌），以销售出商品为既遂标准，不以收取到货款为既遂；故为既遂。（3）诈骗罪，按通说"控制说"，以行为人控制财物为既遂；乙还未取得货款，应认定为未遂。（4）在罪数上，销售伪劣产品罪中包含有诈骗罪的内容，二者是整体法与部分法的法条竞合关系，以整体法销售伪劣产品罪（既遂）论处；销售假冒注册商标的商品罪与诈骗罪，也是整体法与部分法的法条竞合关系，以整体法销售假冒注册商标的商品罪（既遂）论处。销售伪劣产品罪（既遂）、销售假冒注册商标的商品罪（既遂），系想象竞合，择一重处。（5）无论哪个罪重，均为犯罪既遂。

选项 C，丙构成盗窃罪。（1）按照《最高人民法院研究室关于入户盗窃但未窃得财物应如何定性问题的研究意见》，"盗窃罪属于结果犯，只有实际窃得财物的才能认定盗窃既遂"。本案丙已控制住财物，当然认定为既遂。（2）而根据 2000 年《全国法院审理毒品犯罪案件工作座谈会纪要》"关于毒品案件中特情引诱犯罪问题"的规定，运用特情侦破案件，即使是"犯意引诱"在公安机关监控下交付毒品，都构成既遂。刑法中根本就没有所谓"控制下交付是未遂"这种伪命题。在《刑事诉讼法》第 153 条中"控制下交付"是侦查手段，不影响既遂成立。（3）类比：甲杀乙，警察丙看见甲也不管，让甲杀死乙后才抓甲。难道甲构成故意杀人罪既遂不成？

选项 D，丁构成拐卖妇女罪。（1）根据《刑法》第 240 条第 2 款，出卖只是主观目的要素，只要实施拐骗、绑架、收买、贩卖、接送、中转妇女行为之一完成，即为既遂；而不是以卖出为既遂标准。丁已实施拐骗行为完成，构成犯罪既遂。（2）既遂之后的共同生活，不影响既遂的认定。

2. 关于故意犯罪形态的认定，下列哪些选项是正确的？[1]（2013/2/54）

A. 甲绑架幼女乙后，向其父勒索财物。乙父佯装不管乙安危，甲只好将乙送回。甲虽未能成功勒索财物，但仍成立绑架罪既遂

B. 甲抢夺乙价值 1 万元项链时，乙紧抓不放，甲只抢得半条项链。甲逃走 60 余米后，觉得半条项链无用而扔掉。甲的行为未得逞，成立抢夺罪未遂

C. 乙欲盗汽车，向甲借得盗车钥匙。乙盗车时发现该钥匙不管用，遂用其他工具盗得汽车。乙属于盗窃罪既遂，甲属于盗窃罪未遂

D. 甲在珠宝柜台偷拿一枚钻戒后迅速逃离，慌乱中在商场内摔倒。保安扶起甲后发现其盗窃行为并将其控制。甲未能离开商场，属于盗窃罪未遂

【疑难辨析】本题考查具体犯罪的既遂标准。犯罪既遂实行行为导致既遂结果，包括三个要素：（1）既遂结果，指结果犯实现实害结果，危险犯造成具体危险，行为犯完成行为。（2）实行行为；（3）二者之间有因果关系。每个具体的故意犯罪，都有自己具体的既遂结果标准。因此，既遂的认定，应当结合刑法分则具体规定进行认定。

【解析】A 选项，（1）绑架罪是结果犯，以控制人质使之逃脱显著困难或杀害为既遂结果。行为人是否勒索到赎金，是否提出要求、取得财物，不是绑架罪的既遂标准（注：也有少数说法认为绑架保护的是第三人的安宁，只有第三人受到恐吓时，才是既遂）。（2）本案中甲已控制了乙，已成立绑架罪既遂，送乙回家是既遂后的悔罪行为，不成立中止。A 选项说法正确。

---

[1] AC

B 选项，（1）抢夺罪的既遂标准以"控制说"为通说，即控制住财物（"多次抢夺"）或控制住数额较大的财物（"数额较大"的抢夺，司法解释以一千元至三千元为数额较大）为既遂。（2）甲已控制住了半条项链（至少价值 5 千元）数额较大，构成抢夺罪的既遂。扔掉行为是既遂之后对财物的处分行为，不影响既遂的认定。故 B 选项说法错误。

C 选项，本选项考查共同犯罪中既遂的认定。（1）共同犯罪中，从客观因果关系（"惹起说"）方面分析，与结果有因果关系的共犯行为才认为是既遂。对于共同正犯：一人既遂、全体既遂；对于狭义共犯（帮助、教唆犯）：有因果关系才既遂。（2）具体到本选项中，考查的是帮助犯的既未遂认定。甲虽成立帮助犯，但从客观因果关系（"惹起说"）方面分析，甲的帮助行为即提供钥匙的行为对于实行犯乙盗车得逞客观上没有起到作用，与偷到汽车的结果没有因果关系（促进关系）。实行犯虽是既遂，但帮助犯应当认定为未遂。（3）题干并未写明该行为为正犯提供了精神帮助（精神支持、维持犯意等），也不能认定甲成立精神帮助犯。

D 选项，盗窃罪的具体既遂标准以"控制说"为通说，小宗物品，拿在手里，放在口袋里即为既遂。本案中，行为人已偷拿到一枚钻戒，应当认定为犯罪既遂。故 D 选项说法错误。

3. 关于犯罪停止形态的论述，下列哪些选项是正确的？[1]（2012/2/54）

A. 甲（总经理）召开公司会议，商定逃税。甲指使财务人员黄某将 1 笔 500 万元的收入在申报时予以隐瞒，但后来黄某又向税务机关如实申报，缴纳应缴税款。单位属于犯罪未遂，黄某属于犯罪中止

B. 乙抢夺邹某现金 20 万元，后发现全部是假币。乙构成抢夺罪既遂

C. 丙以出卖为目的，偷盗婴儿后，惧怕承担刑事责任，又将婴儿送回原处。丙构成拐卖儿童罪既遂，不构成犯罪中止

D. 丁对仇人胡某连开数枪均未打中，胡某受惊心脏病突发死亡。丁成立故意杀人罪既遂

【解析】本题主要涉及犯罪中止、犯罪既遂的认定，其中的犯罪既遂考查具体犯罪的既遂形态；其中犯罪中止的认定，涉及既遂之后无中止的问题。

A 选项，（1）本案涉嫌逃税罪（单位犯罪），根据《刑法》第 201 条，逃税罪的实行行为是采取欺骗、隐瞒手段进行虚假纳税申报或者不申报；本案中单位已实施虚假申报行为，可认为是实行。（2）因单位成员不配合而停顿，对于单位而言系意志以外的原因停顿，构成未遂。（3）对于自动停止的黄某而言，在既遂之前又如实申报，系自动放弃、有效阻止结果，构成中止。

B 选项，（1）抢夺罪的既遂标准以"控制说"为通说，即控制住财物（"多次抢夺"）或控制住数额较大的财物（"数额较大"的抢夺，司法解释以 1000 元至 3000 元为数额较大）为既遂。（2）假币也是刑法中的财物。由于其是违禁品，关于以违禁品为对象的财产犯罪的既遂标准，以情节计。比照《最高人民法院、最高人民检察院关于办理盗窃刑事案件适用法律若干问题的解释》第 1 条第 4 款、《最高人民法院关于审理抢劫、抢夺刑事案件适用法律若干问题的意见》第 7 条，以违禁品数量作为情节。（3）关于假币的数量及情节，比照《最高人民法院关于审理伪造货币等案件具体应用法律若干问题的解释》第 5 条：明知是假币而持有、使用，总面额在 4 千元以上不满 5 万元的，属于"数额较大"。总面额在 5 万元以上不满 20 万元的，属于"数额巨大"；总面额在 20 万元以上的，属于"数额特别巨大"。（4）本案中乙抢夺假币面额为 20 万元，应属抢夺罪"数额巨大"。抢夺得到了"数额巨大"财物，当然认为是既遂。行为人具有具体错误，不影响既遂的认定。（5）需以本题对比的是 2016/2/53－C，"丙

[1]　ABCD

见商场橱柜展示有几枚金锭（30万元一枚），打开玻璃门拿起一枚就跑，其实是值300元的仿制品，真金锭仍在。丙属于犯罪未遂"（说法正确）。因为伪制品价值只有300元，未达数额较大，认定为抢夺罪未遂。以及2013/2/54－B，"甲抢夺乙价值1万元项链时，乙紧抓不放，甲只抢得半条项链。甲逃走60余米后，觉得半条项链无用而扔掉。甲的行为未得逞，成立抢夺罪未遂"（说法错误）。因为半条项链价值5000元，已达数额较大，认定为抢夺罪既遂。

C选项，（1）拐卖妇女、儿童罪，是单行为犯（"拐"的行为，即拐骗、绑架、收买、贩卖、接送、中转妇女、儿童的行为之一），既遂只要"拐"行为实施完毕，并不要求卖出。一般认为，行为人实施前述任一行为完毕并使被害者处于行为人或者第三者的事实支配范围内时，就是既遂。（2）本案中行为人已偷盗控制了婴儿，拐的行为已完成，无需卖出，犯罪已既遂。（3）既遂之后认定为悔罪，而不是中止。

D选项，本选项所涉的故意杀人罪，开枪行为是实行行为，被害人特殊体质不中断因果关系，与死亡结果有因果关系，故为既遂。

（二）实行行为与既遂结果之间具有因果关系

4. 甲将自己的汽车藏匿，以汽车被盗为由向保险公司索赔。保险公司认为该案存有疑点，随即报警。在掌握充分证据后，侦查机关安排保险公司向甲"理赔"。甲到保险公司二楼财务室领取20万元赔偿金后，刚走到一楼即被守候的多名侦查人员抓获。关于甲的行为，下列哪一选项是正确的？[1]（2009/2/15）

A. 保险诈骗罪未遂
B. 保险诈骗罪既遂
C. 保险诈骗罪预备
D. 合同诈骗罪

【解析】实行行为导致危害结果，才能认定为既遂，亦即，要求危害结果与实行行为之间具有因果关系。（1）根据《刑法》第198条，投保人编造未曾发生的保险事故骗取保险金的，构成保险诈骗。保险诈骗罪以骗人即申请理赔为着手实行，以取得财物为既遂（控制说）。（2）本案甲已着手申请理赔，但保险诈骗已被识破，被害人不是基于认识错误而交付财物，取财结果与保险诈骗行为之间没有因果关系，不应归因于诈骗行为，不认为既遂。（3）因为意志以外的原因导致未通过犯罪而得逞，应当认为是犯罪未遂。行为人已控制住财物系不当得利所获。（4）假设本案中甲未被守候的侦查人员抓获，而是携款逃走了，也应认定为未遂。因此，刑法中根本就没有所谓"控制下交付"这种伪命题。

（三）数额犯中部分既遂、部分未遂的处理

5. 甲冒充房主王某与乙签订商品房买卖合同，约定将王某的住房以220万元卖给乙，乙首付100万元给甲，待过户后再支付剩余的120万元。办理过户手续时，房管局工作人员识破甲的骗局并报警。根据司法解释，关于甲的刑事责任的认定，下列哪一选项是正确的？[2]（2017/2/5）

A. 以合同诈骗罪220万元未遂论处，酌情从重处罚
B. 以合同诈骗罪100万元既遂论处，合同诈骗120万元作为未遂情节加以考虑
C. 以合同诈骗罪120万元未遂论处，合同诈骗100万元既遂的情节不再单独处罚
D. 以合同诈骗罪100万元既遂与合同诈骗罪120万元未遂并罚

【解析】本题考查数额犯中部分既遂部分未遂的处理，以及诈骗罪的司法解释规定、诈骗罪与合同诈骗罪之间的关系。甲合同诈骗的整体数额为220万元，其中100万元既遂、120万元未遂，如何处理？

---

[1] A [2] B

《最高人民法院、最高人民检察院关于办理诈骗刑事案件具体应用法律若干问题的解释》（法释〔2011〕7号）第6条规定："诈骗既有既遂，又有未遂，分别达到不同量刑幅度的，依照处罚较重的规定处罚；达到同一量刑幅度的，以诈骗罪既遂处罚。"

由于合同诈骗罪是诈骗罪的特别法（法条竞合），故而，适用于诈骗罪的规则，也能适用于合同诈骗罪。合同诈骗罪100万元既遂，属数额特别巨大的既遂（第224条）；120万元未遂，属数额特别巨大的未遂，可以从轻、减轻（第23条）。

如果对120万元未遂从轻，则与100万元既遂属"同一量刑幅度"，以100万元既遂论处；如果对120万元未遂减轻，则与100万元既遂属"不同量刑幅度"，择一重处仍以100万元既遂论处。当然，120万元未遂可作为量刑情节加以考虑。故正确答案选B选项。

本案原题参见《最高人民法院刑事审判参考》【第1020号】"王新明合同诈骗案——在数额犯中，行为既遂部分与未遂部分并存且分别构成犯罪的，如何准确量刑？"。

6. 一个月后，孙某对赵某说："你做了一件对不起朋友的事，我也做一件对不起朋友的事。你将那幅名画（价值800万元）给我，否则向公安机关揭发你的杀人罪行。"三日后，赵某将一幅赝品（价值8000元）交给孙某。孙某向赵某索要名画的行为构成何罪（说明理由）？关于法定刑的适用与犯罪形态的认定，可能存在哪几种观点？（2016/4/2－部分）

【答案及解析】

（一）孙某索要名画的行为，构成敲诈勒索罪。

理由：孙某以揭发他人违法犯罪为要挟手段、使他人产生恐惧心理而勒索财物，根据《刑法》第274条的规定，构成敲诈勒索罪。

（二）关于犯罪数额及犯罪形态的认定，涉及部分既遂、部分未遂案件中，是否适用加重犯未遂的问题，有以下处理意见。

1. 观点一：孙某以敲诈勒索罪800万元（－8000元）未遂论处。

亦即，将数额特别巨大作为加重构成要件，对孙某按敲诈勒索罪800万元（－8000元），适用数额特别巨大的法定刑，同时适用未遂犯的规定，即认定为数额特别巨大的加重犯的未遂。同时，将敲诈勒索罪8000元既遂，即取得价值8000元的赝品的事实，作为量刑情节。

这是司法实务中的一般做法。可参照《最高人民法院、最高人民检察院关于办理诈骗刑事案件具体应用法律若干问题的解释》（法释〔2011〕7号）第6条规定："诈骗既有既遂，又有未遂，分别达到不同量刑幅度的，依照处罚较重的规定处罚；达到同一量刑幅度的，以诈骗罪既遂处罚。"

2. 观点二：孙某以敲诈勒索罪8000元既遂论处。

亦即，将数额特别巨大视为单纯的量刑因素或量刑规则，按实际所得的数额量刑。对孙某应当按敲诈勒索罪8000元适用数额较大的法定刑，认定为犯罪既遂，不适用未遂犯的规定。

3. 观点三：敲诈勒索罪8000元，即基本犯既遂，与800万元即加重犯的未遂，想象竞合，择一重处。或者数罪并罚。观点二、观点三是理论观点。

考点二　犯罪中止

（一）既遂之后无中止

1. 下列哪些选项不构成犯罪中止？[1]（2011/2/54）

A. 甲收买 1 名儿童打算日后卖出。次日，看到拐卖儿童犯罪分子被判处死刑的新闻，偷偷将儿童送回家

B. 乙使用暴力绑架被害人后，被害人反复向乙求情，乙释放了被害人

C. 丙加入某恐怖组织并参与了一次恐怖活动，后经家人规劝退出该组织

D. 丁为国家工作人员，挪用公款 5 万元用于孩子学费，4 个月后主动归还

【解析】本题表面上考查中止的时间性，以及各具体罪名的既遂标准，既遂之后无中止。

A 选项，拐卖妇女、儿童罪，是单行为犯（"拐"的行为，即拐骗、绑架、收买、贩卖、接送、中转妇女、儿童的行为之一），既遂只要"拐"行为实施完毕，并不要求卖出。一般认为，行为人实施前述任一行为完毕并使被害者处于行为人或者第三者的事实支配范围内时，就是既遂。本案中行为人已收买控制了儿童，收买行为已完成，无需卖出，犯罪已既遂。

B 选项，绑架罪以控制人质使之逃脱显著困难或杀死（结果犯）为既遂，本案乙构成绑架罪既遂。

C 选项，参加恐怖组织罪，是举动犯（行为短促的行为犯），以参加行为实施完毕为既遂，本案丙已既遂。

D 选项，（1）挪用公款罪归个人日常消费等其他之用，数额较大，以将公款挪出为既遂标准，以挪用超过 3 个月时间为成立犯罪的罪量要素。（2）本案丁已挪用 4 个月，已经成立犯罪；挪出公款，已经既遂。既遂之后无中止，即使归还也是既遂。（3）对此，可比照《最高人民法院关于挪用公款犯罪如何计算追诉期限问题的批复》（法释〔2003〕16 号）的规定"挪用公款数额较大、超过三个月未还的，犯罪的追诉期限从挪用公款罪成立之日起计算。"

（二）中止的自动性

2. 甲因父仇欲重伤乙，将乙推倒在地举刀便砍，乙慌忙抵挡喊着说："是丙逼我把你家老汉推下粪池的，不信去问丁。"甲信以为真，遂松开乙，乙趁机逃走。关于本案，下列哪一选项是正确的？[2]（2009/2/5）

A. 甲不成立故意伤害罪　　　　　　B. 甲成立故意伤害罪中止

C. 甲的行为具有正当性　　　　　　D. 甲成立故意伤害罪未遂

【解析】（1）认定犯罪中止的自动性应采主观说，亦即，行为人自认为当时的情况下能够既遂，没有足以阻止的外在障碍，即"能达目的而不欲"。（2）本案中乙说"是丙逼我把你家老汉推下粪池的，不信去问丁"，即使甲主观上相信此话，此说法也不能阻止甲继续进行的伤害行为。甲主观上认为实施既遂没有任何障碍，故认为甲放弃是基于自己的意志，放弃犯罪具有自动性，属于犯罪中止。

3. 关于犯罪中止的自动性，存在以下观点：a. 主观上认为有外部障碍而放弃犯罪是未遂、预备，其他原因放弃是中止。b. 只有出于悔悟、同情等感情、动机而停止犯罪，才构成中止；客观上能够犯罪，但伦理上不能犯罪，不构成中止。c. 客观上有能力继续犯罪但不继续实施，

---

〔1〕　ABCD　　〔2〕　B

即一般人在此情况下不会放弃犯罪，但行为人放弃的，才构成中止。d. 犯罪人不理性、不合情理的任意放弃，才构成中止；经理性思考后停止犯罪，不构成中止。

存在以下四个事例：①甲欲杀仇人举枪瞄准，发现是自己父亲而放下枪；②甲因同情受害人乙，停止伤害乙；③甲近距离对准乙头部，正欲开枪时，警察在100米外喊"住手"，甲逃走；④丈夫甲在砍杀妻子乙时，不想让年幼的女儿丙看到，于是放弃砍杀。

则关于犯罪中止的判断，上述四个事例，与上述四种观点，对应关系正确的有[1] (2019/客/卷一/12 仿)

A. 如按照观点 a，则②③④构成犯罪中止
B. 如按照观点 b，则②③构成犯罪中止
C. 如按照观点 c，则②③④构成犯罪中止
D. 如按照观点 d，则仅有④构成犯罪中止

【解析】

事例	停顿原因	观点 a：主观说	观点 b：限定主观说（悔过动机说）	观点 c：客观说	观点 d：犯罪人理性说
①是父亲	对象	未遂	未遂	未遂	未遂
②同情	同情	中止	中止	中止	中止
③警察	慌	中止	未遂	未遂	未遂
④因女儿	不想	中止	未遂	中止	中止

（三）中止的有效性

4. 药店营业员李某与王某有仇。某日王某之妻到药店买药为王某治病，李某将一包砒霜混在药中交给王妻。后李某后悔，于第二天到王家欲取回砒霜，而王某谎称已服完。李某见王某没有什么异常，就没有将真相告诉王某。几天后，王某因服用李某提供的砒霜而死亡。李某的行为属于[2] (2004/2/2)

A. 犯罪中止　　　　B. 犯罪既遂　　　　C. 犯罪未遂　　　　D. 犯罪预备

【解析】本题考查中止的有效性。（1）王某之妻客观上实施了投毒致人死亡行为，主观上无故意、过失，不构成犯罪。（2）李某支配利用王某之妻的无过错行为杀人，根据《刑法》第232条，构成故意杀人罪的间接正犯。（3）其着手实施杀人实行行为后（支配王妻投毒），没有有效阻止犯罪既遂结果（死亡）的发生，不成立中止。（4）被害人的死亡结果与实行行为有因果关系，应认定为犯罪既遂。

（四）中止与因果关系

5. 甲以杀人故意放毒蛇咬乙，后见乙痛苦不堪，心生悔意，便开车送乙前往医院。途中等红灯时，乙声称其实自己一直想死，突然跳车逃走，三小时后死亡。后查明，只要当时送医院就不会死亡。关于本案，下列哪一选项是正确的？[3] (2015/2/6)

A. 甲不对乙的死亡负责，成立犯罪中止
B. 甲未能有效防止死亡结果发生，成立犯罪既遂
C. 死亡结果不能归责于甲的行为，甲成立犯罪未遂
D. 甲未能阻止乙跳车逃走，应以不作为的故意杀人罪论处

[1] A　[2] B　[3] A

【解析】 本题考查犯罪中止的认定，以犯罪中止与因果关系。行为人尽了真诚的、最大的救助努力的情况下，结果发生了，但系其他原因导致（其他因素中断因果关系），而非实行行为导致，也认为是中止。在本选项中，甲实施了杀人行为，具有杀人故意，根据《刑法》第232条，构成故意杀人罪。（2）在因果关系层面上。①如果无甲的行为，乙不会死亡，甲的杀人行为与乙死亡结果之间有条件关系；如果乙不跳车逃走、不拒绝救助，就会避免死亡结果，因此，乙拒绝救助的行为亦是死亡的条件。②在相当性方面，二条件系彼此相互独立的关系。按照自然而然的发展流程，甲的救助本应能使乙活；但乙的拒绝救助使之不可能（可谓是一种变相的自杀），故乙的拒绝救助行为对于死亡结果的责任大；应认为中断了因果关系，死亡结果归乙本人负责。（3）由此，甲的杀人行为与乙的死亡结果之间不具有因果关系，甲不成立既遂。（4）甲真诚的、最大的救助努力的情况下，结果虽然发生了，但系其他原因导致（其他因素中断因果关系），而非实行行为导致，应认为是中止。

6. 甲为杀乙，对乙下毒。甲见乙中毒后极度痛苦，顿生怜意，开车带乙前往医院。但因车速过快，车右侧撞上电线杆，坐在副驾驶位的乙被撞死。关于本案的分析，下列哪些选项是正确的？[1]（2014/2/53）

　　A. 如认为乙的死亡结果应归责于驾车行为，则甲的行为成立故意杀人中止

　　B. 如认为乙的死亡结果应归责于投毒行为，则甲的行为成立故意杀人既遂

　　C. 只要发生了构成要件的结果，无论如何都不可能成立中止犯，故甲不成立中止犯

　　D. 只要行为人真挚地防止结果发生，即使未能防止犯罪结果发生的，也应认定为中止犯，故甲成立中止犯

【解析】 本题考查犯罪中止、罪数、因果关系、犯罪形态。

（1）在行为个数方面，甲先后实施了两个行为：故意杀人行为、交通肇事行为，根据《刑法》第232条、第133条，分别构成故意杀人罪、交通肇事罪。

（2）在因果关系和犯罪中止、既遂认定方面。

其一，一般认为：介入因素交通肇事行为是导致死亡的直接原因，中断了杀人行为与死亡结果之间的因果关系；死亡结果归交通肇事行为承担，而与杀人行为之间没有因果关系，不构成故意杀人罪既遂。故而，在犯罪形态方面，甲能够继续实施犯罪而自动放弃，具有自动性；因结果系其他原因导致，与杀人行为之间没有因果关系，应当认定为犯罪中止。A选项说法正确。

其二，如果认为乙的死亡结果应归责于投毒行为，因既遂的标准是实行行为与结果之间有因果关系，则行为人虽有中止行为，但没有有效阻止犯罪结果发生，仍构成故意杀人罪既遂。B选项说法正确，D选项说法错误。

（3）发生了构成要件的结果（既遂结果），但如结果与行为之间没有因果关系，则不能认定为既遂。此时行为人尽了真诚的、最大的救助努力的情况下：结果发生了，但系其他原因导致（其他因素中断因果关系），而非实行行为导致，也认为是中止。C选项说法错误。

7. 甲架好枪支准备杀乙，见已患绝症的乙跚跚走来，顿觉可怜，认为已无杀害必要。甲收起枪支，但不小心触动扳机，乙中弹死亡。关于甲的行为定性，下列哪一选项是正确的？[2]（2014/2/9）

　　A. 仅构成故意杀人罪（既遂）

　　B. 仅构成过失致人死亡罪

---

[1]　AB　[2]　C

C. 构成故意杀人罪（中止）、过失致人死亡罪

D. 构成故意杀人罪（未遂）、过失致人死亡罪

【解析】本题考查行为的个数、犯意的个数，既遂的认定（实行行为与结果之间具有因果关系），行为与责任同时性原则。（1）甲先后实施了两个行为、具有两个犯意：第一个行为是架好枪支准备杀乙，客观上是杀人的预备行为，主观上具有故意，客观主观相统一，根据《刑法》第232条，构成故意杀人罪。能达目的而不欲自动放弃，系故意杀人罪（中止）。（2）第二个行为是触动扳机行为，客观上是致死行为，主观上是过失，客观主观相统一，根据《刑法》第233条，构成过失致人死亡罪。（3）因死亡结果非因故意杀人的实行行为导致，不具因果关系，不属故意杀人罪既遂。（4）本事例，是两个行为，因不是实行行为导致结果，故也不是因果关系错误中的结果延后发生。故应当构成故意杀人罪（中止）、过失致人死亡罪，两罪并罚。

8. 甲以杀人故意殴打乙致其重伤昏迷生命垂危，奄奄一息。此时甲良心发现，觉得乙可怜，便想救助乙，将乙搬上车送往医院救治。结果在抬起乙准备上车的时候，甲脚下一滑，两人一同摔倒在地，乙当场被摔死。下列选项说法正确的是[1]（2020/客/1/14仿）

A. 无论怎么评价甲的行为，甲都构成故意杀人罪既遂

B. 由于作为与不作为冲突，对甲不能数罪并罚

C. 甲构成故意杀人罪，系犯罪中止，应当减轻处罚

D. 甲构成故意杀人罪，系犯罪未遂

【解析】考查犯罪中止、有损害的中止、因果关系。

（1）第一段行为，甲杀害乙，根据《刑法》第232条，构成故意杀人罪。

（2）第二段行为，救乙时过失致乙死亡，根据《刑法》第233条，构成过失致人死亡罪。

（3）在因果关系方面，第二段过失行为，中断了之前杀人行为与死亡结果之间的因果关系，甲不构成故意杀人罪既遂。甲的杀人行为只与重伤有因果关系。

（4）在故意杀人罪的犯罪形态方面，甲尽了真诚的救助努力，因过失行为中断因果，视为有效阻止既遂结果发生，根据《刑法》第24条，构成犯罪中止；造成重伤结果，为有损害的中止，应当减轻处罚。

（5）综上，甲构成故意杀人罪（有损害的中止）、过失致人死亡罪，两罪并罚。

（五）无损害的中止和有损害的中止

9. 根据刑法第24条第二款的规定："对于中止犯，没有造成损害的，应当免除处罚；造成损害的，应当减轻处罚。"下列选项，属于造成损害的犯罪中止的有？[2]（2023/客A/卷一/仿6）

A. 赵某闯入房间想要伤害吴某，吴某苦苦哀求，于是赵某放弃

B. 钱某意图拐卖妇女，取得女大学生周某的信任后，以去山村旅游的名义一边将周某拐出；一边寻找买家。后在途中钱某觉得周某不错喜欢上了周某，遂放弃出卖

C. 孙某给机场打电话，告诉机场有炸弹。于是机场立刻疏散人群。后孙某悔悟，打电话告诉机场没有炸弹，于是机场停止疏散人群

D. 李某威胁王女士拿钱，不然伤害他家人，给王女士造成了巨大的心理恐慌，后李某放弃，并向王女士赔礼道歉

【解析】本题考点：造成损害的犯罪中止

要构成刑法第24条第二款"造成损害的犯罪中止"：（1）首先要符合第24条第一款的犯罪中止，最核心要素一是自动放弃犯罪，二是有效阻止本罪的既遂结果；（2）第二款规定的"损害"，指其它犯罪的既遂结果，需与之前犯罪的实行行为之间具有因果关系。

选项A，（1）触犯故意伤害罪；自动放弃，有效阻止故意伤害罪的既遂结果，系犯罪中止。（2）触犯非法侵入住宅罪，系犯罪既遂。（3）罪数：吸收犯，以强奸罪中止论处。（4）因已造成了它罪即非法侵入住宅罪的既遂结果，故属造成损害的犯罪中止，应当减轻处罚。

选项B，（1）以出卖目的拐骗妇女，根据刑法第240条的规定，构成拐卖妇女罪。（2）虽未卖出，但本罪是行为犯，因拐骗的行为已经完成，已造成既遂结果，系犯罪既遂，不构成中止。

选项C，（1）构成故意编造、传播虚假恐怖信息罪；（2）已实施完传播行为、造成社会秩序混乱的结果，构成既遂，不构成中止。

选项D，（1）构成敲诈勒索罪；（2）自动放弃，有效阻止既遂结果即取财结果，成立犯罪中止。（3）特定个人的"心理恐慌"，在我国刑法中不是任何犯罪的既遂结果。故本选项属于未造成损害的犯罪中止，应当免除处罚。

（六）综合题

10. 关于犯罪中止，下列哪些选项是正确的？[1]（2010/2/57）

A. 甲欲杀乙，埋伏在路旁开枪射击但未打中乙。甲枪内尚有子弹，但担心杀人后被判处死刑，遂停止射击。甲成立犯罪中止

B. 甲入户抢劫时，看到客厅电视正在播放庭审纪实片，意识到犯罪要受刑罚处罚，于是向被害人赔礼道歉后离开。甲成立犯罪中止

C. 甲潜入乙家原打算盗窃巨额现金，入室后发现大量珠宝，便放弃盗窃现金的意思，仅窃取了珠宝。对于盗窃现金，甲成立犯罪中止

D. 甲向乙的饮食投放毒药后，乙呕吐不止，甲顿生悔意急忙开车送乙去医院，但由于交通事故耽误一小时，乙被送往医院时死亡。医生证明，早半小时送到医院乙就不会死亡。甲的行为仍然成立犯罪中止

【解析】选项A，（1）有子弹能够继续射杀，而放弃重复侵害行为（多举犯），符合中止的时间条件。（2）行为人虽害怕事后受惩罚，但就停顿原因而言，自认为当时没有障碍可以继续实施既遂而放弃，系自动放弃，属犯罪中止。

选项B，行为人虽惧怕事后受到法律制裁而停顿，但主观上认为当时可以实施既遂、没有任何障碍，并不是因为客观障碍而阻止即将进行犯罪行为的继续实施，系典型的"能达目的而不欲"，应认定为中止。

选项C，当年命题老师认为：行为人仅有一个盗窃行为、触犯一个盗窃罪，珠宝、现金均是财物系盗窃罪的对象，窃得财物即盗窃既遂，无需将盗窃现金的意图单独评价。刑法中只有某个具体罪名的既未遂认定。故认为选项C不当选。

选项D，考查犯罪中止与因果关系。（1）在因果关系判断上，该选项中的"由于交通事故耽误一小时"，应当理解为"由于日常生活中经常出现的它车交通事故（如车祸）耽误一小时"，亦即介入因素系常见的可以预料的日常事件，系行为当时既存的自然力原因，与之前行为是依附关系，不中断因果。（2）乙的死亡仍与投毒行为之间具有因果关系，成立既遂。（3）甲虽救助，但未能有效阻止犯罪既遂结果发生，是犯罪既遂而不是中止，故选项D不当选。（4）注

---

[1] AB

意,本选项应当与后例叙述的案情相区别。2014/2/6 - A,"甲伤害乙后,警察赶到。在警察将乙送医途中,车辆出现故障,致乙长时间得不到救助而亡。甲的行为与乙的死亡具有因果关系"(说法错误)。该选项中写有"致乙长时间得不到救助",介入因素对于死亡结果应当负主要责任,中断因果关系。

11. 根据犯罪主观要件、犯罪形态的理论分析,下列关于犯罪中止的表述哪些是错误的?[1] (2003/2/42)

A. 甲为杀人而与李某商量并委托购买毒药,李某果然为其买来了剧毒药品。但10天后甲放弃了杀人意图,将毒药抛入河中。甲成立犯罪中止,而李某不应成立犯罪中止。

B. 乙基于杀人的意图对他人实施暴力,见被害人流血不止而心生怜悯,将其送到医院,被害人经治疗后仍鉴定为重伤。乙不是犯罪中止。

C. 丙对仇人王某猛砍20刀后离开现场。2小时后,丙为寻找、销毁犯罪工具回到现场,见王某仍然没有死亡,但极其可怜,即将其送到医院治疗。丙的行为属于犯罪中止。

D. 丁为了杀害李四而对其投毒,李四服毒后极端痛苦,于是丁将李四送往医院抢救脱险。经查明,毒物只达到致死量的50%,即使不送到医院,李四也不会死。丁将被害人送到医院的行为和被害人的没有死亡之间,并无因果关系,所以丁不能成立犯罪中止

【解析】A选项,考查共同犯罪中各共犯人的犯罪形态,停顿原因应该按各行为人主观分别认定。(1)正犯甲在预备阶段自动放弃,系预备阶段的中止。(2)帮助犯李某,停顿原因是同伙不配合,系意志以外的原因停顿;其停顿阶段,按共犯从属说,正犯未实行,帮助犯也应认定未实行。系预备阶段因意志以外的原因停顿,故为犯罪预备。

B选项,考查犯罪中止的有效性和"犯罪结果"的认定,指本罪的既遂结果。(1)故意杀人罪的既遂结果是被害人死亡;本案中被害人虽重伤,但未死亡,行为人有效阻止了死亡结果的发生,系自动防止"犯罪结果"(本罪既遂结果),根据《刑法》第24条第1款,成立犯罪中止。(2)造成了重伤,系其他犯罪(故意伤害罪)的既遂结果,根据《刑法》第24条第2款,属于有损害的中止,应当减轻处罚。

C选项,考查中止的时间性。(1)中止必须发生在"犯罪过程中",亦即,中止行为或救助行为与之前的犯罪行为不能有明显的时空间隔、应当接续发生。(2)本案中行为人脱离现场"2小时后"才救助,与之前的杀人行为有明显的时空间隔,不符合"犯罪过程中"的条件,不属中止。(3)之前的犯罪已经出现结局性的停顿,应当认定为故意杀人罪未遂,之后的救助行为认定为悔罪表现。

D选项,考查中止与因果关系问题。(1)犯罪中止具有主观主义色彩,其中的"能达目的而不欲"的"能"指行为人主观上认为能达目的,不一定必须是客观上能达目的;行为人认为能达目的,而客观上实际不能达到目的,行为人主动放弃,也应认定为犯罪中止。亦即,在行为人尽了真诚的、最大的救助努力的情况下,结果没有发生,尽管非因救助行为导致,也认为是中止。(2)本案中行为人自动放弃进行了救助,尽管结果未发生不是因救助导致,而是因毒量不够。但行为人主观上自认为可以杀死而自动放弃,亦是中止。

---

[1] BCD

考点三　犯罪预备、犯罪未遂

1. 关于犯罪未遂的认定，下列哪些选项是正确的?[1] (2016/2/53)

A. 甲以杀人故意将郝某推下过街天桥，见郝某十分痛苦，便拦下出租车将郝某送往医院。但郝某未受致命伤，即便不送医院也不会死亡。甲属于犯罪未遂

B. 乙持刀拦路抢劫周某。周某说"把刀放下，我给你钱"。乙信以为真，收起刀子，伸手要钱。周某乘乙不备，一脚踢倒乙后逃跑。乙属于犯罪未遂

C. 丙见商场橱柜展示有几枚金锭（30万元一枚），打开玻璃门拿起一枚就跑，其实是值300元的仿制品，真金锭仍在。丙属于犯罪未遂

D. 丁资助林某从事危害国家安全的犯罪活动，但林某尚未实施相关犯罪活动即被抓获。丁属于资助危害国家安全犯罪活动罪未遂

【解析】A选项，考查犯罪未遂、犯罪中止的区分标准。（1）犯罪未遂、犯罪中止的区分在于停止犯罪是基于"意志以外的原因"还是"自动放弃"，该标准是以行为人"主观说"为核心的标准。行为人自认为当时能既遂、没有阻止其继续实施的障碍而放弃，就是中止；无论客观情况如何。（2）本选项虽客观上郝某未受致命伤，但主观上甲是自动放弃，按"主观说"当然应当认定为犯罪中止。

B选项，（1）"乙信以为真，收起刀子"，并没有停止犯罪、放弃抢劫的意愿；没有中止行为，不构成犯罪中止。（2）抢劫未成是因被害人逃走，是意志以外的原因，成立犯罪未遂。

C选项，考查"数额较大型抢夺罪"（本案是公然抢夺的）的既未遂标准，应当以抢夺到数额较大的财物为既遂。（1）本题因为伪制品价值只有300元，只抢夺到数额较小的财物，未达数额较大，认定为抢夺罪未遂。（2）对比2013/2/54－B，"甲抢夺乙价值1万元项链时，乙紧抓不放，甲只抢得半条项链。甲逃走60余米后，觉得半条项链无用而扔掉。甲的行为未得逞，成立抢夺罪未遂"（说法错误）。因为半条项链价值5000元，已达数额较大，认定为抢夺罪既遂。（3）对比2012/2/54－B，"乙抢夺邹某现金20万元，后发现全部是假币。乙构成抢夺罪既遂"（说法正确）。比照《最高人民法院关于审理伪造货币等案件具体应用法律若干问题的解释》第5条：明知是假币而持有、使用，总面额在4千元以上不满5万元的，属于"数额较大"乙抢夺假币面额为20万元，应属抢夺罪"数额巨大"。抢夺得到了"数额巨大"财物，当然认为是既遂。行为人具有具体错误，不影响既遂的认定。

D选项，考查资助危害国家安全犯罪活动罪的既未遂标准。（1）该罪是帮助行为正犯化，本身就是正犯，资助行为完成即构成既遂。（2）不再是帮助犯，既未遂判断无需再根据从属说认定。

2. 下列哪一行为成立犯罪未遂?[2] (2015/2/5)

A. 以贩卖为目的，在网上订购毒品，付款后尚未取得毒品即被查获

B. 国家工作人员非法收受他人给予的现金支票后，未到银行提取现金即被查获

C. 为谋取不正当利益，将价值5万元的财物送给国家工作人员，但第二天被退回

D. 发送诈骗短信，受骗人上当后汇出5万元，但因误操作汇到无关第三人的账户

【解析】本题考查犯罪未遂，以及贩卖毒品罪、受贿罪、行贿罪、诈骗罪的实行行为、犯

---

[1]　BC　[2]　D

罪既遂标准。

A选项，（1）贩卖毒品罪的实行行为是"贩卖"，亦即开始实际出售行为，既遂标准是将毒品卖出。（2）本选项中行为人仅实施了订购即购买行为，还未实施贩卖行为，贩卖毒品罪预备。

B选项，（1）受贿罪的实行行为是收受或索取，既遂标准是收受到财物（控制说）。（2）不记名、不挂失的现金支票的性质与财物性质相同，已收受到现金支票尚未兑现，应为受贿罪既遂。（3）比照《最高人民法院、最高人民检察院关于办理盗窃刑事案件适用法律若干问题的解释》第5条第1项，"盗窃不记名、不挂失的有价支付凭证、有价证券、有价票证的，应当按票面数额和盗窃时应得的孳息、奖金或者奖品等可得收益一并计算盗窃数额"。

C选项，（1）行贿罪的实行行为是给与财物，既遂标准是财物给与完成、财物转移占有，本选项应为行贿罪既遂。（2）注意：行贿罪与受贿罪虽是对合犯，但二罪是相互独立的罪名，各自有各自的成立条件和既遂标准。行贿罪的成立并不以受贿罪成立为前提；行贿罪的既遂也不以受贿罪既遂为前提。

D选项，（1）诈骗罪的实行行为是实施骗人行为，既遂标准是取得财物（控制说）。（2）本选项行为人实施了实行行为但尚未取得财物，是诈骗罪未遂。（3）需要对比的是2016/2/2－D，"丁敲诈勒索陈某。陈某给丁汇款时，误将3万元汇到另一诈骗犯账户中。丁的行为与陈某的财产损失无因果关系"。该选项的问题是丁的行为与"陈某的财产损失"之间有无因果关系，并没有问丁的敲诈勒索罪是既遂还是未遂。敲诈勒索罪的既遂标准是"控制说"，则被害人虽有财产损失，但行为人并未控制财物，该选项应该认定为犯罪未遂。

3. 下列哪些选项是错误的？[1]（2006/2/54）

A. 甲、乙二人合谋抢劫出租车，准备凶器和绳索后拦住一辆出租车，谎称去郊区某地。出租车行驶到检查站，检查人员见甲、乙二人神色慌张便进一步检查，在检查时甲、乙意图逃离出租车被抓获。甲、乙二人的行为构成抢劫（未遂）罪

B. 甲深夜潜入某银行储蓄所行窃，正在撬保险柜时，听到窗外有响动，以为有人来了，因害怕被抓就悄悄逃离。甲的行为构成盗窃（未遂）罪

C. 甲意图杀害乙，经过跟踪，掌握了乙每天上下班的路线。某日，甲准备了凶器，来到乙必经的路口等候。在乙经过的时间快要到时，甲因口渴到旁边的小卖部买饮料。待甲返回时，乙因提前下班已经过了路口。甲等了一阵儿不见乙经过，就准备回家，在回家路上因凶器暴露被抓获。甲的行为构成故意杀人（未遂）罪

D. 甲意图陷害乙，遂捏造了乙受贿10万元并与他人通奸的所谓犯罪事实，写了一封匿名信给检察院反贪局。检察机关经初查发现根本不存在受贿事实，对乙未追究刑事责任。甲欲使乙受到刑事追究的意图未能得逞。甲的行为构成诬告陷害（未遂）罪

【解析】 本题考查犯罪预备与未遂的区分。犯罪预备与犯罪未遂都是因意志以外的原因而停顿，两者的区分在于：着手实行之前停顿（预备），还是着手实行之后停顿（未遂）。

A选项，抢劫罪的着手实行行为是实施暴力、胁迫或者压制被害人反抗的其他方法，本案中行为人尚未实施这些行为，不是着手实行；因意志以外的原因而停止，不是未遂，属抢劫罪的预备。

B选项，盗窃罪的着手实行行为是触碰财物、接近财物，本案已经撬保险柜，属着手实行，因意志以外的原因而停止，属于盗窃罪未遂。

---

[1]　ACD

C 选项，杀人罪的着手实行是实施杀害行为，本案等待被害人，还未着手实行杀人行为，因意志以外的原因而停止，属于故意杀人罪预备。

D 选项，诬告陷害罪是行为犯，只要告发行为实施完毕，就成立既遂，受害人是否被刑事追究，不是本罪既遂标准。故本案是诬告陷害罪既遂。

4. 下列案例中哪一项成立犯罪未遂？[1]（2004/2/4）

A. 甲对胡某实施诈骗行为，被胡某识破骗局。但胡某觉得甲穷困潦倒，实在可怜，就给其 3000 元钱，甲得款后离开现场

B. 乙为了杀死刘某，持枪尾随刘某，行至偏僻处时，乙向刘某开了一枪，没有打中；在还可以继续开枪的情况下，乙害怕受刑罚处罚，没有继续开枪

C. 丙绑架赵某，并要求其亲属交付 100 万元。在提出勒索要求后，丙害怕受刑罚处罚，将赵某释放

D. 丁抓住妇女李某的手腕，欲绑架李某然后出卖。李为脱身，便假装说："我有性病，不会有人要。"丁信以为真，于是垂头丧气地离开现场

【解析】本题考查犯罪既遂、未遂、中止的认定和区别。

A 选项，考查既遂与因果关系、"顺向障碍"。（1）得财结果与诈骗行为之间无因果关系，不能认定为既遂。（2）虽已着手实行诈骗行为，被人识破，客观障碍原因导致其不能通过诈骗行为而得财既遂（所谓"顺向障碍"），是犯罪未遂。（3）得财结果应当归因于胡某的赠与。

B 选项，属"停止重复侵害行为"（多举犯）的情形，符合中止的时间条件"在犯罪过程中"；主观上明知没有既遂障碍而自动放弃，能达目的而不欲，按通说是犯罪中止。

C 选项，绑架罪的既遂标准是控制人质人身自由（或杀死）。该犯罪已经成立犯罪的既遂。既遂之后放弃对被害人控制的，不影响犯罪既遂的成立，但是可以认为有悔罪情节在量刑上予以考虑。

D 选项，（1）丁触犯拐卖妇女罪，本选项情况是为了出卖妇女而实施绑架行为，以控制被害人的人身自由为既遂，不以卖出为既遂。丁抓住了被害人的手腕，已经实行，但尚未控制，尚未既遂。（2）"有性病"也可以控制住人身而使拐卖既遂，李某声称自己有性病这一情节，并不足以阻止丁将其控制，不能成为阻止拐卖妇女罪既遂的障碍。（3）行为人主观上认为可以实施既遂而自愿放弃，系犯罪中止。（4）与之对应的是强奸罪，如果行为人对被害人实施强奸，被害人谎称有性病，行为人因为害怕染病而放弃强奸，应当认为行为人主观上认为有客观障碍而停止，那是强奸罪的未遂，而不是中止。

5. 甲以杀人故意殴打乙，乙奋力反抗将屋内已经点燃的炭盆掀翻，甲殴打致乙昏迷。此时炭盆已经引起屋内起火，甲为毁灭证据想让乙被烧死，故没有灭火而逃走，致使引发火灾，乙家和邻居房屋楼房均着火，乙因昏迷吸入大量气体死亡。则关于甲的行为说法正确的是[2]（2020/客/1/15 仿）

A. 甲的行为存在作为和不作为，因作为和不作为行为系相互矛盾的对立关系，故不能对甲实行数罪并罚

B. 甲有灭火的义务，而没有灭火，成立不作为的放火罪

C. 因乙没有像甲的预想那样被火烧死，因而甲不构成放火罪致人死亡

D. 不论对甲的行为如何评价，甲都只能认定为一个罪名

【解析】考查犯罪形态、因果关系、不作为。

---

〔1〕 A 〔2〕 B

（1）第一段行为，甲杀害乙，根据《刑法》第232条，构成作为的故意杀人罪。

（2）第二段行为，先前行为引起灭火义务，故意不履行导致火灾，构成不作为的放火罪。

（3）乙虽不是被烧死，但系放火行为导致死亡，系具体因果关系流程错误，仍具因果关系，根据《刑法》第115条，构成放火罪致人死亡（同时犯故意杀人罪），系结果加重犯。

（4）甲实施了毁灭证据的行为，但系本犯欠缺期待可能性，不构成帮助毁灭证据罪。

（5）甲在杀乙后知道乙未死，对于杀人不属事前故意，因果关系被放火行为中断，杀人与死亡结果之间没有因果关系，故意杀人罪系犯罪未遂。

（6）综上，以故意杀人罪未遂、放火罪（致人死亡）两罪并罚。

6. 关于着手实行的标准，存在以下几种观点：a. 着手实行是指开始实施表现出行为者的犯罪意思确定性的行为。b. 着手实行是指开始实施了符合构成要件的行为。c. 着手实行是指开始实施具有现实危险性的行为。d. 着手实行是指行为发生了作为未遂犯的结果的危险性（危险结果），即侵害法益的危险达到紧迫程度。

存在以下四个事例：①为了盗窃，而将办公室的窗户砸破；②甲杀乙，已经瞄准，还没有扣动扳机；③甲为了毒杀外地的乙，将毒药通过邮局寄给乙，甲已经寄出但乙尚未收到；④成年人甲对小孩说"去把隔壁叔叔桌上电脑偷回来"。

则关于着手实行的判断，上述四个事例，与上述四种观点，对应关系正确的有[1]（2019/客/卷一/11仿）

A. 如按照观点a，则③④属着手实行

B. 如按照观点b，则①②③④属着手实行

C. 如按照观点c，则③④属着手实行

D. 如按照观点d，则②属着手实行

【解析】

事例	行为	观点a：主观说（犯意说）	观点b：形式的客观说（构成要件行为说）	观点c：实质的行为说（行为无价值）	观点d：实质的结果说（结果无价值）
①砸窗户	盗窃	着手实行	预备行为	着手实行	预备行为
②瞄准	杀人	着手实行	预备行为	着手实行	着手实行
③寄毒药	杀人	着手实行	着手实行	着手实行	预备行为
④教小孩	杀人	着手实行	着手实行	着手实行	预备行为

考点四　犯罪未遂与不可罚的不能犯

1. 甲欲枪杀仇人乙，但早有防备的乙当天穿着防弹背心，甲的子弹刚好打在防弹背心上，乙毫发无损。甲见状一边逃离现场，一边气呼呼地大声说："我就不信你天天穿防弹背心，看我改天不收拾你！"关于本案，下列哪些选项是正确的？[2]（2009/2/52）

A. 甲构成故意杀人中止

B. 甲构成故意杀人未遂

---

[1]　D　[2]　BC

C. 甲的行为具有导致乙死亡的危险，应当成立犯罪

D. 甲不构成犯罪

【解析】 本题考查的是犯罪未遂与不能犯的区分。关键判断行为是否具有客观危险。按"客观危险说"的修正说（法考主流观点），以行为当时客观事实判断，可能导致结果是未遂；偶然原因导致结果不能，亦为未遂。（1）第一步，在纯粹客观危险判断方面，行为时被害人穿有防弹背心而不能杀死；（2）第二步，在不能原因判断方面，被害人穿有防弹背心的原因过于偶然，系偶然原因导致结果不能发生的，也认为具有危险，是未遂。（3）当然如按"具体危险说"，亦即按一般人是否感到危险为标准。本案中，因防弹背心的存在而使杀人客观上不能，但由于杀人行为本身具有的危险性，一般社会公众都会从此行为上感受到具体危险，因此认定具有危险，而成立未遂，而非不能犯。

2. 甲深夜潜入乙家行窃，发现留长发穿花布睡衣的乙正在睡觉，意图奸淫，便扑在乙身上强脱其衣。乙惊醒后大声喝问，甲发现乙是男人，慌忙逃跑被抓获。甲的行为：[1]（2005/2/7）

A. 属于强奸预备   B. 属于强奸未遂

C. 属于强奸中止   D. 不构成强奸罪

【解析】 本题考查的是犯罪未遂与不能犯的区分。关键判断行为是否具有客观危险。按"客观危险说"（修正说）的观点。（1）从行为发生当时的具体对象来看，强奸的对象是男人，不是女性，对具体对象不能强奸得逞。（2）但是，从行为发生的场景和周遭环境来看，发生在他人"家里"，随意潜入他人家中，存在侵害到女性的可能性，故而应当认为有强奸到女性的客观可能性和危险。故而，甲的行为构成强奸未遂，而不是不可罚的不能犯。

3. 因乙移情别恋，甲将硫酸倒入水杯带到学校欲报复乙。课间，甲、乙激烈争吵，甲欲以硫酸泼乙，但情急之下未能拧开杯盖，后甲因追乙离开教室。丙到教室，误将甲的水杯当作自己的杯子，拧开杯盖时硫酸淋洒一身，灼成重伤。关于本案，下列哪些选项是错误的？[2]（2012/2/53）

A. 甲未能拧开杯盖，其行为属于不可罚的不能犯

B. 对丙的重伤，甲构成过失致人重伤罪

C. 甲的行为和丙的重伤之间没有因果关系

D. 甲对丙的重伤没有故意、过失，不需要承担刑事责任

【解析】 本题考查犯罪未遂与不能犯的区分、故意过失的认定。本案案情可分两个阶段。（1）第一阶段，甲欲以硫酸泼乙，系故意伤害行为。按"客观危险说"的标准，虽客观事情情况是甲情急之下未能拧开杯盖，但显然当时有拧开的可能性，情急之下未能拧开是偶然因素，故而行为具有危害性，系犯罪预备（泼硫酸是实行行为，拧杯盖是预备行为），而不是不可罚的不能犯。A选项说法错误。（2）第二阶段，丙拧开杯盖烧伤。客观上甲将硫酸置于教室的行为与丙的重伤之间具有因果关系，有致丙重伤的行为。主观上，甲将危险物品硫酸带入学校后离开教室，没有预见到硫酸伤人的结果，但一般公众对于危险物品均有妥善保管义务。甲未尽妥善保管义务，系应当预见而没有预见危险，对于伤人的结果具有过失。对该结果具有过失，构成过失致人重伤罪。故B选项正确，选项CD错误。（3）本案因前行为已经终了停顿，是前后两个不同行为，故不属打击错误。后行为也不是前行为的实行行为，也不属结果延后发生的事前故意。

---

[1] B [2] ACD

4. 甲为上厕所，将不满 1 岁的女儿放在外边靠着篱笆站立，刚进入厕所，就听到女儿的哭声，急忙出来，发现女儿倒地，疑是站在女儿身边的 4 岁男孩乙所为。甲一手扶起自己的女儿，一手用力推乙，导致乙倒地，头部刚好碰在一块石头上，流出鲜血，并一动不动。甲认为乙可能死了，就将其抱进一个山洞，用稻草盖好，正要出山洞，发现稻草动了一下，以为乙没死，于是拾起一块石头猛砸乙的头部，之后用一块磨盘压在乙的身上后离去。案发后，经法医鉴定，甲在用石头砸乙之前，乙已经死亡。依此情况，甲的行为构成何罪？[1] (2003/2/4)

A. 过失致人死亡罪

B. 过失致人死亡罪与故意杀人罪（既遂）数罪

C. 过失致人死亡罪与故意杀人罪（未遂）数罪

D. 故意杀人罪

【解析】本题考查另起犯意、罪数。案情分为两个阶段：

（1）第一阶段，客观上甲实施了推乙导致其死亡的行为，主观上甲不希望或放任小孩死亡结果，不能认定为故意；而一般人可以预见用力推小孩会导致危险的后果，甲一时气急没有预见到，可认为是疏忽大意的过失。构成过失致人死亡罪。

（2）第二阶段，甲以为乙没死而产生杀人的故意用石头猛砸乙的头部，误将尸体当活人杀害，存在对象错误，主观上具有杀人故意。但是，是构成故意杀人罪的未遂还是不可罚的不能犯（无罪）？需要判断行为是否具有客观危险性。①根据题意，第一步，从纯粹客观上看，事后查明行为当时乙已死亡，对象不是活人。第二步，乙系刚死不久，而非早已死亡，当时生死界限不是很明确，仍有存活的可能性，也可认为系偶然原因导致不能，按客观危险修正说，应当认为行为客观上有危险，应认定为故意杀人未遂，而不是不可罚的不能犯（无罪）。②本案是我国最著名的"陈新杀害杨红案"。陈兴良、张明楷教授认为："如果陈新在实施砸石头的行为时，杨红还具有活着的可能性，或者说有存在生命的可能性，则陈新的行为具有剥夺他人生命的可能性，则可能认定为故意杀人未遂。"（参见张明楷：《刑法的基本立场》，中国法制出版社 2002 年版，第 248～249 页。）亦即，并不能认为只要死后查明人死了，就一定不构成故意杀人罪。对这种"刚死不久"的案件，大体认为：如果生死界限不是很明确，就应认为还具有活着的可能性（"可能没死透"），应认定为故意杀人罪未遂。当然，如果确证早已死亡，则为不可罚的不能犯（无罪）。

（3）第二阶段行为是在第一阶段行为结束（过失犯结果发生）之后，继而实施的，应认定为另起犯意。前后两行为是互相独立的关系，应数罪并罚。最后的正确选项是过失致人死亡罪和故意杀人罪（未遂）数罪。

（4）与之区别的是事前故意（结果延后实现）的因果关系错误的情况：先故意杀人误以为被害人死亡而后"抛尸"导致死亡的，应认定为故意杀人罪（既遂）一罪。本题是先过失致人死亡，再故意杀人未遂。

5. 甲欲杀丙，在丙饮用的饮料中投入足以致命的毒剂；乙知道后，表示也想要杀丙，要在丙饮用的饮料中投入更加致命的毒剂，甲同意。不料，甲乙投入的毒剂药性相互中和，使丙幸免于难，丙喝下后未死亡。关于案件中哪些说法是正确的是？[2] (2022/客延/1/4 仿)

A. 乙的行为使丙免于正在发生的危险，不构成犯罪

B. 乙的行为降低了丙面临的危险，构成偶然避险

C. 甲的行为未导致丙死亡，构成犯罪未遂

D. 甲乙二人共同实施投毒行为，构成故意杀人罪正犯

【解析】考查危害行为的认定、共同犯罪、犯罪形态、偶然避险。

（一）对于甲的行为：1. 前半段，以投毒当时判断行为性质，具有杀死危险，是甲单独实施的杀人行为；2. 后半段，甲、乙是共同行为；3. 相当于，甲本人实施了两个动作，第一个动作是杀人行为，第二个动作客观上中和前段毒药；4. 因为第二个动作而导致杀人未得逞，系客观障碍导致未发生既遂结果，系客观障碍导致未得逞。5. 甲构成故意杀人罪未遂。

（二）对于乙的行为：1. 未参与甲的前半段行为；2. 后半段，乙与甲是共同行为；实际上是共同实施投放中和前段毒药的行为。3. 对于该行为，涉及不可罚不能犯与未遂的区分。纯粹客观层面上，丙喝下的是中和之后无毒的饮料（相当于白开水），没有造成死亡的危险，纯粹客观无危险；但是，单独评价是致命毒剂，系偶然因素（与前段毒药中和）导致不能，仍有危险；不属不可罚的不能犯，而是犯罪未遂。4. 故而，甲、乙二人构成犯罪未遂。前半段是甲单独的未遂；后半段是二人共同犯罪未遂。

（三）对后段行为的认定：1. 根据"客观危险说的修正说"，行为本身是因偶然因素导致不能，仍有危险；而不是降低风险的行为。2. 偶然避险指符合紧急避险的客观条件，但主观上不具避险意图的行为。本题并非损害小的权益而保护大的权益，不符合紧急避险的客观条件，不属偶然避险。

（四）全案可以类比于：甲、乙二人同时朝被害人丙开枪，各自射出的子弹偶然碰在一起，导致被害人未死亡。甲、乙二人均构成犯罪未遂。

专题七 共同犯罪

共同犯罪考点归纳：客观上正犯不法行为 + 主观上各自责任 = 参与犯各自罪名			
体系	重要考点	考点归纳	要点
共同犯罪的成立条件	1. 共同犯罪的本质（共同不法）	不法是共同的，责任是分别的	客观上共同实施不法行为、主观上有共同故意；对共同不法行为导致的结果，共同客观归责；无需责任要素（年龄、精神、故意、目的）相同
	2. 共同犯罪的成立条件	共同行为，共同故意	共同行为（实行；帮助、教唆、共谋；组织）；共同故意（我有故意，我认为你也有故意，我想和你一起实施）
	3. 片面共犯行为	片面帮助故意，成立帮助故意	片面帮助可成立帮助犯；片面实行、片面教唆有不同观点。有共同故意者成立共同犯罪（片面共犯），无共同故意者系单独犯罪
	4. 承继的共同犯罪	行为终了前加入，可构成共同犯罪	在前行为人不法行为终了之前加入，后行为人可成立承继的共同犯罪；二人只在后半截共同行为内成立共同犯罪
正犯与共犯	5. 正犯（直接正犯、间接正犯）	正犯是符合分则者	（1）先看实行者，对比分则找正犯，再找共犯；（2）实行者符合正犯条件，是直接正犯；支配（教唆、欺骗、强迫）实行者符合正犯条件，是间接正犯
	6. 共犯从属说	共犯客观行为，从属于正犯	共犯（帮助犯、教唆犯）的客观行为，根据正犯的行为认定。不存在独立帮助、教唆，只存在特定犯罪的帮助、教唆
	7. 教唆犯	制造犯意，有教唆故意	教唆行为：制造新犯意，提高犯意；欺诈教唆（未遂的教唆）；对结果无故意不成立教唆犯
	8. 帮助犯（中立帮助行为）	可即刻促进实行，才属帮助行为	帮助行为需要促进实行；能够即刻促进实行。帮助行为与结果有因果关系，帮助犯才构成既遂

体系	重要考点	考点归纳	要点
身份	9. 共同犯罪与身份	身份是对正犯的限定，成立身份犯须利用身份	（1）身份是对身份罪名正犯（直接正犯、间接正犯）的限定，无身份可构成共犯（帮助犯、教唆犯）；（2）先看实行者：利用本人身份，可构成该罪正犯；利用他人身份，可构成他罪共犯；（3）各自利用各自身份共同犯罪，以主犯（职权作用大者）罪名定罪
	10. 共同犯罪与不作为	不作为是身份犯	（1）不作为犯是身份犯，有义务者构成正犯，无义务者可成立共犯；（2）需留意不作为形式的片面帮助犯
客观＋主观	11. 共同犯罪与认识错误	错误类别是主观问题，罪名是正犯客观＋各自主观	（1）错误类别是主观问题，根据各自主观认定；（2）罪名是客观＋主观问题：正犯行为＋共犯故意，重合处认定罪名
犯罪形态	12. 共同犯罪与未完成形态	各自主观停顿原因＋正犯客观停顿阶段＝参与犯犯罪形态	先正犯，再共犯；先既遂，再中止、未遂、预备。（1）共同正犯，一人既遂，全体既遂；共犯（帮助犯、教唆犯）有因果关系者既遂；（2）部分共同犯罪人中止，其他共同犯罪人根据停顿原因认定中止、未遂、预备
	13. 共犯关系的脱离	切断因果，才可中止	（1）帮助犯、共谋犯在实行之前，主观有脱离意思，客观切断自己行为与结果的因果关系；（2）前半截成立共同犯罪，系中止；对后半截行为及结果不负责
主犯与从犯	14. 主犯与从犯的区分	主要作用者为主犯，次要作用者为从犯	主犯包括构成共同犯罪的首要分子、主要实行犯、主要教唆犯；从犯包括次要的实行犯、次要的教唆犯、帮助犯。集团犯罪首要分子，对集团全部罪行负责

考点一　共同犯罪的核心内容和基本含义

（一）不法行为共同说：不法是共同的，责任是分别的

1. 15周岁的甲非法侵入某尖端科技研究所的计算机信息系统，18周岁的乙对此知情，仍应甲的要求为其编写侵入程序。关于本案，下列哪一选项是错误的？[1]（2015/2/7）

A. 如认为责任年龄、责任能力不是共同犯罪的成立条件，则甲、乙成立共犯

B. 如认为甲、乙成立共犯，则乙成立非法侵入计算机信息系统罪的从犯

C. 不管甲、乙是否成立共犯，都不能认为乙成立非法侵入计算机信息系统罪的间接正犯

D. 由于甲不负刑事责任，对乙应按非法侵入计算机信息系统罪的片面共犯论处

---

[1]　D

【疑难辨析】本题考查共同犯罪中"犯罪"的含义。按照通说行为（不法行为）共同说的理解，共同犯罪中"犯罪"的含义指不法；"共同犯罪"的基本含义是共同不法。亦即正犯实施了客观不法行为（犯罪行为），即符合犯罪客观方面、不具有正当化事由的违法行为，其他行为人对此不法行为有共同参与行为（共同实行、帮助、教唆），具有故意和意思联络，即可认为成立共同犯罪。至于各行为人是否都具有责任年龄能力、是否具有完全相同的故意内容、目的要素，并不影响共同犯罪的成立。即如A选项所说，责任年龄、责任能力不是共同犯罪的成立条件；共同犯罪即为共同故意不法，或者说"不法是共同的，责任是分别的"。

【解析】（一）甲

1. 在客观不法层面上，甲实施了非法侵入计算机信息系统罪的实行行为。

2. 在主观责任层面上，15周岁的甲具有规范认识能力（达到不法年龄）、自主能力，具有故意，可构成正犯（不法层面上的正犯）。

3. 在刑事责任年龄上，甲未满16周岁，不承担刑事责任，不构成非法侵入计算机信息系统罪（分则层面上的罪名）。

（二）乙

1. 乙为甲编写侵入程序，实施了侵入计算机信息系统行为的帮助行为。

2. 主观上与甲有相互意思联络，有帮助故意，构成帮助犯（不法层面上的帮助犯）。

3. 乙已满16周岁，应当承担刑事责任。根据《刑法》第285条、27条，构成非法侵入计算机信息系统罪（帮助犯）。故而B选项正确。

4. 乙编写侵入程序，根据《刑法》第285条第3款，还可触犯提供侵入、非法控制计算机信息系统程序、工具罪（正犯），系"共犯行为正犯化"。

5. 在罪数上，比照《刑法》第286条之一第3款、第287条之一第3款、第287条之二第4款的精神，认为触犯两罪，择一重罪处断。

（三）甲、乙二人的关系

1. 二人共同实施了非法侵入计算机信息系统罪的不法行为；尽管责任年龄不同，但有共同不法行为、共同故意，根据《刑法》第25条第1款，二人构成共同犯罪。甲系正犯，乙系帮助犯。按主犯、从犯分类，对于该罪行为，乙系从犯。故而A、B选项正确。

2. 甲有独立的规范认知能力，犯意系其本人产生，乙对甲无支配、利用关系。因间接正犯的成立要求行为人对实行者有支配关系，故乙不成立间接正犯。C选项正确。

3. 甲、乙二人有相互意思联络，乙并非只有单向、片面的意思联络，故乙不构成片面的共犯。D选项错误。

2. 甲（15周岁）求乙（16周岁）为其抢夺作接应，乙同意。某夜，甲抢夺被害人的手提包（内有1万元现金），将包扔给乙，然后吸引被害人跑开。乙害怕坐牢，将包扔在草丛中，独自离去。关于本案，下列哪一选项是错误的？[1]（2012/2/9）

A. 甲不满16周岁，不构成抢夺罪　　　　B. 甲与乙构成抢夺罪的共犯

C. 乙不构成抢夺罪的间接正犯　　　　D. 乙成立抢夺罪的中止犯

【解析】（一）甲

1. 在客观不法层面上，甲实施了抢夺实行行为。

2. 在主观责任层面上，15周岁的甲具有规范认识能力（达到不法年龄）、自主能力，具有故意，可构成正犯（不法层面上的正犯）。

---

〔1〕D

3. 在刑事责任年龄上，只不过，甲未满 16 周岁，不承担刑事责任，不构成抢夺罪（分则层面上的罪名）。A 选项正确。

（二）乙

1. 乙为甲抢夺提供接应帮助，实施了抢夺的帮助行为。

2. 主观上与甲有相互意思联络，有帮助故意，构成帮助犯（不法层面上的帮助犯）。

3. 乙已满 16 周岁，应当承担刑事责任。根据《刑法》第 267 条、27 条，构成抢夺罪（帮助犯）。

4. 抢夺罪的既遂标准是控制说，甲、乙二人已取得财物，应当认定为既遂。既遂之后扔包的行为，不认定为中止。故 D 选项错误。

（三）甲、乙二人的关系

1. 二人共同实施了抢夺罪的不法行为；尽管责任年龄不同，但有共同不法行为、共同故意，根据《刑法》第 25 条第 1 款，二人构成共同犯罪。甲系正犯，乙系帮助犯。故而 A、B 选项正确。

2. 甲有独立的规范认知能力，犯意系其本人产生，乙对甲无支配、利用关系。因间接正犯的成立要求行为人对实行者有支配关系，故乙不成立间接正犯。C 选项正确。

（四）注意：B 选项中"抢夺罪的共犯"中的"抢夺罪"应当理解为"抢夺不法行为"；与 A 选项"不构成抢夺罪"中的"抢夺罪"（不法 + 责任）的含义不同。

3. 甲男（15 周岁）与乙女（16 周岁）因缺钱，共同绑架富商之子丙，成功索得 50 万元赎金。甲担心丙将来可能认出他们，提议杀丙，乙同意。乙给甲一根绳子，甲用绳子勒死丙。关于本案的分析，下列哪一选项是错误的？[1]（2014/2/16）

A. 甲、乙均触犯故意杀人罪，因而对故意杀人罪成立共同犯罪

B. 甲、乙均触犯故意杀人罪，对甲以故意杀人罪论处，但对乙应以绑架罪论处

C. 丙系死于甲之手，乙未杀害丙，故对乙虽以绑架罪定罪，但对乙不能适用"杀害被绑架人"的规定

D. 对甲以故意杀人罪论处，对乙以绑架罪论处，与二人成立故意杀人罪的共同犯罪并不矛盾

【解析】（一）甲男

1. 对于绑架：在客观不法层面，以勒赎为目的绑架丙，实施了绑架罪行为。在主观责任层面，甲男 15 周岁，不对绑架行为承担刑事责任，不构成绑架罪。

2. 对于杀人：在客观不法层面，用绳子勒死丙，实施了杀人行为。在主观责任层面，甲男 15 周岁，具有杀人故意，根据《刑法》第 232 条，构成故意杀人罪。已杀死人质，系犯罪既遂。

3. 故以故意杀人罪一罪论处。

（二）乙女

1. 与甲男共同实施绑架行为，系共同正犯；已满 16 周岁，具有绑架故意，根据《刑法》239 条，构成绑架罪（共同正犯）。已控制住人质，系犯罪既遂。

2. 为甲杀人提供的绳子，实施了杀人帮助行为；已满 16 周岁，具有帮助故意，根据《刑法》第 232 条、27 条，构成故意杀人罪（帮助犯）。杀人正犯甲实际使用了乙提供的绳子，丙死亡结果与甲的帮助行为有因果关系，应对死亡结果负责，系犯罪既遂。故而 C 选项错误。

---

[1] C

3. 在罪数方面，根据《刑法》第239条第2款规定，犯绑架罪，杀害被绑架人的，或者故意伤害被绑架人，致人重伤、死亡的，处无期徒刑或者死刑，并处没收财产。宣判为绑架罪一罪（可认为是结合犯），系绑架中杀害被绑架人。B选项正确。

（三）甲男、乙女二人的关系

1. 事实上，甲、乙对两项不法行为绑架行为、杀人行为，均为共同不法行为、共同故意。按行为共同说，二人对于杀人、绑架不法行为都成立共同犯罪。A选项中"对故意杀人罪成立共同犯罪"当然正确；D选项也正确。

2. 如果再加一句"对绑架罪（行为）成立共同犯罪"，也正确。只不过甲男对绑架罪不承担刑事责任而已。

4. 丁某教唆17岁的肖某抢夺他人手机，肖某在抢夺得手后，为抗拒抓捕将追赶来的被害人打成重伤。关于本案，下列哪些选项是正确的？[1]（2007/2/60）

A. 丁某构成抢夺罪的教唆既遂

B. 肖某构成转化型抢劫

C. 对丁某教唆肖某犯罪的行为应当从重处罚

D. 丁某与肖某之间不构成共同犯罪

【解析】（一）肖某

1. 犯抢夺罪之后为抗拒抓捕而当场使用暴力，根据《刑法》第269条，构成抢劫罪，系转化型抢劫。选项B正确。

2. 取得财物、致人重伤，系抢劫罪既遂。

3. 抢劫暴力导致被害人重伤，系抢劫致人重伤，系结果加重犯。

4. 不满18周岁的人犯罪，应当从轻、减轻。

（二）丁某

1. 教唆肖某抢夺，根据《刑法》第267条第1款、29条，构成抢夺罪的教唆犯。二人在抢夺罪的范围内成立共同犯罪。选项A正确，选项D错误。

2. 正犯肖某的抢夺已得手，构成抢夺罪的既遂，教唆犯丁某亦为既遂。

3. 丁某未教唆肖某实施暴力行为，对暴力行为无共同行为、共同故意，不对暴力构成共同犯罪。暴力行为是肖某自己实施，由其本人单独对暴力行为导致的重伤结果负责。

4. 丁某教唆不满18周岁的人犯罪，应从重处罚。选项C正确。

5. 甲、乙共谋行抢。甲在偏僻巷道的出口望风，乙将路人丙的书包（内有现金一万元）一把夺下转身奔逃，丙随后追赶，欲夺回书包。甲在丙跑过巷道口时突然伸腿将丙绊倒，丙倒地后摔成轻伤，甲、乙乘机逃脱。甲、乙的行为构成何罪？[2]（2009/2/7）

A. 甲、乙均构成抢夺罪　　　　　　B. 甲、乙均构成抢劫罪

C. 甲构成抢劫罪，乙构成抢夺罪　　D. 甲构成故意伤害罪，乙构成抢夺罪

【解析】本题中甲乙共谋"行抢"，题意指共谋抢夺；"构成"的意思是最后宣判罪名。

（一）乙

1. 乙抢夺丙的财物，根据《刑法》第267条第1款，构成抢夺罪。

2. 抢夺已得手，构成抢夺罪的既遂。

3. 对于甲实施的暴力行为，无共同行为、共同故意，不对暴力构成共同犯罪。

---

[1]　ABC　[2]　C

（二）甲

1. 帮助乙抢夺，根据《刑法》第267条第1款、27条，构成抢夺罪的帮助犯。甲、乙二人在抢夺罪的范围内成立共同犯罪。选项D错误。

2. 犯抢夺罪之后为窝藏赃物而当场使用暴力，根据《刑法》第269条，构成抢劫罪，系转化型抢劫。选项A错误，选项B、D错误。

3. 抢劫得财，并致人轻伤，系抢劫罪既遂。

4. 暴力行为由甲的单独实施，由其本人负责，乙对此不承担共同责任。

（二）客观归责：对共同行为导致的结果客观上承担连带责任

6. 甲、乙、丙、丁四人预谋杀戊，甲、乙二人用铁棒打，丙徒手，丁拿着刀在一边助威呐喊。殴打过程中造成戊死亡，但事后查明只有一处头部钝器殴击致命伤，无法查明是甲、乙谁导致。则关于本案，以下说法正确的有[1]（2018/客/卷一/9仿）

A. 丙、丁的行为没有导致被害人死亡，故二者的行为成立故意杀人罪未遂

B. 甲、乙的行为导致了被害人死亡，但无法查清是谁的行为导致了被害人死亡结果，故甲、乙二人的行为均成立故意杀人罪未遂

C. 甲、乙、丙、丁四人的行为均成立故意杀人罪既遂，因为四人系故意杀人罪的共同犯罪

D. 认定四人成立故意杀人罪既遂，与存疑有利于被告的原则并不矛盾

【解析】本题考查共同犯罪，涉及对结果归责的问题，考得比较简单。（1）甲、乙、丙、丁四人构成故意杀人罪的共同犯罪。甲、乙、丙是共同正犯，无论死亡结果由谁造成，均需对死亡结果负责。（2）丁是帮助犯，其帮忙行为与正犯行为及死亡结果之间也具有因果关系，也应对死亡结果负责。故而C、D选项说法正确。

考点二　共同犯罪概念与对合犯、共犯行为正犯化

1. 下列哪些选项中的双方行为人构成共同犯罪?[2]（2012/2/55）

A. 甲见卖淫秽影碟的小贩可怜，给小贩1000元，买下200张淫秽影碟

B. 乙明知赵某已结婚，仍与其领取结婚证

C. 丙送给国家工作人员10万元钱，托其将儿子录用为公务员

D. 丁帮助组织卖淫的王某招募、运送卖淫女

【疑难辨析】本题考查共同犯罪概念与对合犯、共犯行为正犯化的问题。共同犯罪指参与人员二人以上；二人以上都构成"犯罪"（这里的"犯罪"指不法，要求二人以上都实施有不法行为；但不要求罪名相同，也不考虑各行为人的责任年龄和责任能力）；行为人有共同行为、共同故意（只要求行为人本人有"共同故意"，不要求故意内容完全相同；甚至不要求数人均有故意）。在对合犯中，刑法处罚的行为人（一方，或双方）如有数人，构成共同犯罪，无需考虑罪名是否相同。在"共犯行为正犯化"之后，各行为人仍构成共同犯罪，只不过实施被正犯化共犯行为的行为人不再是共犯（帮助犯、教唆犯），而是正犯；故而与实施主行为者构成共同正犯。注意：题干中的"共同犯罪"指共同正犯、帮助犯、教唆犯。

【解析】A选项，是片面的对合犯，一方卖淫秽影碟一方买淫秽影碟，是对合关系，但刑

---

[1]　CD　[2]　BCD

法分则规定只处罚出卖一方。故只有贩卖者一方构成不法（犯罪），购买者一方不构成不法（犯罪），不符合二人以上均实施不法行为才构成共同犯罪的条件，不构成共同犯罪。

B 选项，一方重婚，一方相婚，刑法分则规定双方均是不法行为（重婚罪行为），对重婚相婚行为有共同行为、共同故意，构成共同犯罪。

C 选项，一方为谋取不正当利益而行贿，是行贿不法行为（行贿罪行为）；一方收受贿赂，构成受贿罪。双方共同实施行贿、受贿不法行为，有共同故意；尽管构成的罪名不同，但也构成共同犯罪。

D 选项，王某构成组织卖淫罪，为正犯；丁构成协助组织卖淫罪，不再是帮助犯，亦为正犯。二人对组织卖淫行为有共同行为、共同故意，构成共同犯罪，是共同正犯。

2. 关于共犯，下列哪一选项是正确的？[1]（2007/2/3）

A. 为他人组织卖淫提供帮助的，以组织卖淫罪的帮助犯论处

B. 以出卖为目的，为拐卖妇女的犯罪分子接送、中转被拐卖的妇女的，以拐卖妇女罪的帮助犯论处

C. 应走私罪犯的要求，为其提供资金、账号的，以走私罪的共犯论处

D. 为他人偷越国（边）境提供伪造的护照的，以偷越国（边）境罪的共犯论处

【疑难辨析】本题考查"共犯行为正犯化"、实行行为的认定。刑法中存在着将原本为共犯行为（即帮助行为、教唆行为）的行为规定为实行行为的情形，由此，行为人就会由原本的共犯（帮助犯、教唆犯）而成为正犯（实行犯），此之谓"共犯行为正犯化"。"共犯行为正犯化"之后，不再认为原行为人系教唆犯、帮助犯（共犯），而应当认为其是实行犯（正犯）。注意：选项 C、D 中的"共犯"是指狭义共犯，即帮助犯、教唆犯。

【解析】选项 A，根据《刑法》第 358 条第 4 款，为他人组织卖淫提供帮助的，构成协助组织卖淫罪的正犯，不再以组织卖淫罪的帮助犯论处。最高人民法院、最高人民检察院《关于办理组织、强迫、引诱、容留、介绍卖淫刑事案件适用法律若干问题的解释》第 4 条第 1 款，"以协助组织卖淫罪定罪处罚，不以组织卖淫罪的从犯论处"。故选项 A 错误。

选项 B，根据《刑法》第 240 条第 2 款，以出卖为目的对被拐卖妇女进行的接送、中转行为就是拐卖行为本身，是此罪的实行行为而非帮助行为，系正犯（实行犯）而非帮助犯。故选项 B 错误。

选项 C，根据《刑法》第 156 条，与走私罪犯通谋，为其提供贷款、资金、账号、发票、证明，或者为其提供运输、保管、邮寄或者其他方便的，以走私罪的共犯论处。故选项 C 正确。

选项 D，根据《刑法》第 320 条，为他人偷越国（边）境提供伪造的护照的，以提供伪造的出入境证件罪（正犯）论处，不按照偷越国（边）境罪的共犯论处。故选项 D 错误。

3. 下列帮助、教唆行为中，能独立构成犯罪，不按共犯处理的有哪些？[2]（2003/2/37）

A. 协助他人实施组织卖淫犯罪

B. 煽动他人颠覆国家政权

C. 有查禁犯罪活动职责的国家机关工作人员，向犯罪分子通风报信、提供便利，帮助犯罪分子逃避处罚

D. 帮助当事人毁灭、伪造证据，情节严重

【解析】本题考查"共犯行为正犯化"。注意：题干中的"共犯"是指狭义共犯，即帮助

犯、教唆犯。

选项 A，《刑法》第 358 条第 4 款的规定，协助组织他人卖淫的，构成协助组织卖淫罪（正犯）。不是组织卖淫罪的共犯。

选项 B，《刑法》第 105 条第 2 款的规定，以造谣、诽谤或者其他方式煽动颠覆国家政权、推翻社会主义制度的，构成煽动颠覆国家政权罪（正犯）。不是颠覆国家政权罪的共犯。

选项 C，《刑法》第 417 条的规定，有查禁犯罪活动职责的国家机关工作人员，向犯罪分子通风报信、提供便利，帮助犯罪分子逃避处罚的，构成帮助犯罪分子逃避处罚罪（正犯）。由于是事后犯，不能构成上游犯罪的共犯。

选项 D，《刑法》第 307 条第 2 款规定，帮助当事人毁灭、伪造证据，情节严重的，构成帮助毁灭、伪造证据罪（正犯）。不是共犯。

4. 甲得知乙一直在拐卖妇女，便对乙说："我的表弟丙没有老婆，你有合适的就告诉我一下。"不久，乙将拐骗的两名妇女带到甲家，甲与丙将其中一名妇女买下给丙做妻。关于本案，下列哪一选项是错误的？[1]（2008/2/13）

A. 乙构成拐卖妇女罪　　　　　　　　B. 甲构成拐卖妇女罪的共犯

C. 甲构成收买被拐卖的妇女罪　　　　D. 丙构成收买被拐卖的妇女罪

【解析】本题考查对合犯与共同犯罪、罪名认定的问题。对合犯一般只按刑法分则规定承担责任和罪名，不再依照总则认定为帮助犯、教唆犯。（1）本案中，乙一直在拐卖妇女，本来就有拐卖的故意，故甲并未造意，不构成拐卖妇女罪的教唆犯。（2）问题在于甲是否构成拐卖妇女罪的帮助犯？由于本案属对合犯情形，对合犯一般只按刑法分则规定的责任范围承担责任。本案中甲和丙成立收买被拐卖的妇女罪，按分则规定的对合行为以收买被拐卖妇女罪追究责任。不能再按刑法总则认定乙构成拐卖妇女罪帮助犯。

考点三　共同犯罪的成立条件

1. 下列属于共同犯罪的是？[2]（2023/客 A/卷一/仿 7）

A. 甲拐卖妇女后逃走，乙收留甲两天

B. 甲实施盗窃，乙在外主动帮忙望风，甲不知情

C. 甲正在实施犯罪，乙拿摄像机拍摄进行网络直播

D. 甲知道乙在境外进行电信诈骗，为乙烧香祈福

【解析】本题考点：共同犯罪的成立条件，特别是帮助犯的成立条件。

选项 A，考查承继共同犯罪与事后犯的区分。乙在甲拐卖犯罪行为终了之后加入，对拐卖妇女行为客观上没有共同行为，不构成拐卖妇女罪的共同犯罪。构成窝藏罪。

选项 B，考查片面共犯。帮助故意可以是片面的，故乙构成片面的帮助犯。

选项 C，考查不作为犯。客观上，乙没有作为形式的共同犯罪行为；同时，乙对甲的犯罪行为没有制止义务、报告义务，没有不作为行为。不构成共同犯罪。

选项 D，考查帮助行为的含义。只有对犯罪行为（实行行为）具有实质上促进作用的行为，包括物理促进或心理促进，才能成立帮助行为。烧香祈福不属帮助行为。

---

[1]　B　[2]　B

2. 关于共同犯罪的论述，下列哪一选项是正确的？[1] (2014/2/10)

A. 无责任能力者与有责任能力者共同实施危害行为的，有责任能力者均为间接正犯

B. 持不同犯罪故意的人共同实施危害行为的，不可能成立共同犯罪

C. 在片面的对向犯中，双方都成立共同犯罪

D. 共同犯罪是指二人以上共同故意犯罪，但不能据此否认片面的共犯

【解析】本题考查共同犯罪的概念和成立条件。共同犯罪（正犯、帮助犯、教唆犯）成立条件的核心要件是共同行为、共同故意、终了之前加入。

A选项，考查共同犯罪中责任要素的地位、共同犯罪与间接正犯的区分。按照通说行为（不法行为）共同说的理解，共同犯罪中"犯罪"的含义指不法；共同犯罪的成立，一般不考虑责任年龄、能力等责任要素。(1) 因此，有责任能力者与具有规范认知能力的无责任能力者共同实施不法行为的，成立共同犯罪。例如18岁的甲与15岁乙一起盗窃，在不法层面上成立共同犯罪，而不是间接正犯。(2) 只有有责任能力者对无责任能力者进行支配（例如无责任能力者无规范认知能力）时，有责任能力者才构成间接正犯。例如，18岁的甲教唆7岁的乙杀人，甲成立间接正犯。(3) 当不存在支配、操纵关系时，有责任能力者不成立间接正犯，可能是共同犯罪。例如，13周岁的乙盗窃，让17周岁的甲帮助放风，乙是盗窃罪的直接正犯，甲是帮助犯，二人成立共同犯罪。故A选项说法错误。

B选项，考查共同犯罪与故意的关系。(1) 共同犯罪中只要求行为人客观层面有共同不法行为，本人对不法行为有"共同故意"，不要求故意内容完全相同；甚至不要求数人均有故意。(2) 共同故意应当理解为：参与人明知实行行为、危害结果、共同关联（共同故意：我有故意，我认为你也有故意，我和你一起犯罪）。(3) 各参与人故意内容不同但只要对不法行为有共同故意，也可成立共同犯罪。例如，甲以杀人故意、乙伤害故意，共同对丙实施侵害致丙死亡，二人可以故意伤害的范围内成立共同犯罪。故B选项说法错误。

C选项，考查对向犯（对合犯）。(1) 片面的对向犯是指以存在双方相互对向的行为为要件，且刑法只规定处罚一方的情形。因刑法分则只规定为犯罪的一方系不法行为，未规定为犯罪的另一方不是不法行为。故而不成立共同犯罪。(2) 例如，刑法规定贩卖淫秽物品行为构成传播淫秽物品牟利罪，对于购买者而言其购买行为不属刑法中的不法行为，购买者不成立共同犯罪。故C选项说法错误。

D选项，考查片面的共犯。(1) 共同故意犯罪成立条件中的"共同故意"只要求行为人一方有共同故意，我有故意，我认为你也有故意，想和你一起实施。并不要求双方有双向意思联络，片面的意思联络也可构成"共同故意"。(2) 例如，刑法通说认为片面帮助可成立帮助犯。少数观点认为，所有片面共犯行为，包括片面教唆、片面实行，都能成立教唆犯、共同正犯。故D选项说法正确。

3. 下列哪些情形成立共同犯罪？[2] (2008延/2/55、2000/2/70)

A. 甲与乙共谋共同杀丙，但届时乙因为生病而没有前往犯罪地点，由甲一人杀死丙（同样情况还有2002/2/35。甲与乙共谋次日共同杀丙，但次日甲因腹泻未能前往犯罪地点，乙独自一人杀死丙）

B. 甲在境外购买了毒品，乙在境外购买了大量淫秽物品，然后，二人共谋共雇一条走私船回到内地，后被海关查获

C. 甲发现某商店失火后，便立即告诉乙："现在是趁火打劫的好时机，我们一起去吧！"

---

[1] D　[2] ABCD

乙便和甲一起跑到失火地点，窃取了商品后各自回到自己家中

D. 医生甲故意将药量加大 10 倍，护士乙发现后请医生改正，医生说："那个家伙（指患者）太坏了，他死了由我负责。"乙没有吭声，便按甲开的处方给患者用药，导致患者死亡

【解析】选项 A，（1）甲系故意杀人罪（既遂）的直接正犯。乙实施了共谋行为（精神帮助行为），主观上有共同故意，构成共同犯罪。（2）乙并未在实行之前提出脱离意思，也没有切断自己的共谋行为与甲的实行行为之间的因果关系，没有脱离共犯关系，仍应对杀人既遂负责。

选项 B，系互相帮助对方的两个实行行为的共同正犯。甲、乙明知对方的走私对象还共雇一条走私船一起走私，可以认定二人互为对方犯罪的共同实行犯，即共同正犯。亦即，（1）甲是走私毒品罪的首要实行犯；乙明知而与甲共同实行了走私毒品行为，二人是走私毒品罪的共同正犯，乙是该罪次要实行犯。（2）同理，乙是走私淫秽物品罪的首要实行犯；甲明知而与乙共同实行了走私淫秽物品行为，二人是走私淫秽物品罪的共同正犯，甲是该罪次要实行犯。

选项 C，甲、乙都实行了盗窃行为，是盗窃罪的正犯。"甲告诉乙"表示甲、乙事先有通谋，并且甲、乙均知晓是二人一起实施犯罪，具有共同故意；尽管之后的窃取行为表现上是各自实施，但乙的实行行为显然与甲之前的告知行为有因果关系，应认定二人有共同行为，为共同正犯。不属同时犯。

选项 D，（1）护士乙客观上实施了致死行为，主观上明知药量 10 倍可以致死，具有杀人故意，是故意杀人罪的直接正犯。（2）医生甲制造了乙的犯意，实施了教唆行为，具有教唆故意，构成故意杀人罪的教唆犯。（3）本选项护士乙、医生甲均有杀人故意，并且有共同故意。不属于"故意＋过失"的间接正犯情况。

4. 甲、乙二人系某厂锅炉工。一天，甲的朋友多次打电话催其赴约，但离交班时间还有 15 分钟。甲心想，乙一直以来都是提前 15 分钟左右来接班，今天也快来了。于是，在乙到来之前，甲就离开了岗位。恰巧乙这天也有要事。乙心想，平都是我去后甲才离开，今天迟去 15 分钟左右，甲不会有什么意见的。于是，乙过了正常交接班时间 15 分钟左右才赶到岗位。结果，由于无人看管，致使锅炉发生爆炸，损失惨重。甲、乙的行为：[1]（2004/2/87）

A. 属共同犯罪　　　　　　　　　　B. 属共同过失犯罪

C. 各自构成故意犯罪　　　　　　　D. 应按照甲、乙所犯的罪分别处罚

【解析】（1）在客观不法层面上，甲、乙均违反监管职责，实施了过失实行行为。在因果关系上，甲、乙二人如有任何一人履行职责，就不会造成结果，只有在二人都不履行职责时，结果才能发生。二人的过失行为对结果的责任作用一样大，均有因果关系，系重叠因果关系。（2）主观责任层面上，二人对于结果的发生主观上均有过失。（3）根据《刑法》第 25 条第 1 款的规定，共同犯罪是指二人以上共同故意犯罪，故二人不是共同犯罪。根据第 2 款规定，二人以上共同过失犯罪，不以共同犯罪论处；应当负刑事责任的，按照他们所犯的罪分别处罚。二人是共同过失犯罪，按所犯之罪分别处罚。选项 B、D 正确。（4）根据广义的共同过失犯罪的定义，只要二人在不法层面上有共同，是二人的共同行为导致了结果的发生，主观上为过失，构成共同过失犯罪。本案可认为是共同过失犯罪。当然，严格的共同过失犯罪，还要求二人具有"共同过失"，否则认为二人是过失的同时犯。

---

[1]　BD

考点四　片面的共同犯罪

1. 甲知道乙计划前往丙家抢劫，为帮助乙取得财物，便暗中先赶到丙家，将丙打昏后离去（丙受轻伤）。乙来到丙家时，发现丙已昏迷，以为是丙疾病发作晕倒，遂从丙家取走价值5万元的财物。关于本案的分析，下列哪些选项是正确的？[1]（2017/2/54）

A. 若承认片面共同正犯，甲对乙的行为负责，对甲应以抢劫罪论处，对乙以盗窃罪论处

B. 若承认片面共同正犯，根据部分实行全部责任原则，对甲、乙二人均应以抢劫罪论处

C. 若否定片面共同正犯，甲既构成故意伤害罪，又构成盗窃罪，应从一重罪论处

D. 若否定片面共同正犯，乙无须对甲的故意伤害行为负责，对乙应以盗窃罪论处

【解析】本题考查片面共犯。选项A、选项B中的"承认片面共同正犯"，是指认为片面共同正犯行为，可以成立共同正犯；选项C、选项D中的"否定片面共同正犯"，是指认为片面共同正犯行为，不可以成立共同正犯，但有可能成立片面帮助犯。

（一）对于正犯乙

1. 乙客观上趁人昏迷拿走财物，是盗窃行为；在实施盗窃行为当时主观上具有盗窃故意，根据《刑法》第264条，构成盗窃罪

2. 乙不知甲在帮助其，主观上没有共同故意，不与甲构成共同犯罪。是盗窃罪的单独犯，只对盗窃5万负责，不对甲暴力导致的轻伤结果负责。选项D正确。

（二）对于甲而言，其暗中帮助乙对丙实施暴力，具有片面的共同犯罪故意，系片面的共同犯罪行为。对其定性，涉及片面的共同犯罪行为如何处理的问题：

1. 观点一：只承认片面的帮助犯，只有片面帮助才可构成帮助犯；片面教唆、片面实行不可构成教唆犯、共同正犯，但有可能构成片面帮助犯。

（1）则本案中甲不构成共同正犯，但可构成片面帮助犯。按共犯从属说，正犯乙实施的是盗窃行为，甲为乙的盗窃提供帮助，具有片面帮助故意，根据《刑法》第264、27条，构成盗窃罪的片面帮助犯。

（2）同时，甲本人实施的伤害行为，具有伤害罪故意，根据《刑法》第234条，构成故意伤害罪（致人轻伤）的正犯，是单独犯。

（3）罪数上，系想象竞合，应以两罪择一重罪论处。选项C说法正确。

2. 观点二：承认所有的片面的共同犯罪，认为片面帮助、片面教唆、片面实行可构成帮助犯、教唆犯、共同正犯。

（1）甲欲图帮助乙抢劫，客观上实施了抢劫的实行行为（暴力即伤害行为），主观上具有片面共同实行故意，根据《刑法》第263条，构成抢劫罪的片面正犯。选项A说法正确。

（2）甲不仅要对自己抢劫致人轻伤负责，而且为乙得财5万负责，成立抢劫罪既遂。

2. 甲绑架了乙，要求乙的妻子丙交钱赎人，否则杀死乙。丙想起乙平日经常打骂自己，遂决定借甲之手除掉乙，故拒绝支付赎金。甲气急败坏，将乙杀害。关于本案，下列选项说法正确的有？[2]（2021/客/卷一/5仿）

A. 只有肯定片面共同犯罪，才能追究丙的刑事责任

B. 如不肯定片面共同犯罪，则丙只能构成故意杀人罪的间接正犯

C. 如肯定承继的共同犯罪，则丙成立绑架罪"杀害被绑架人"的共同犯罪

D. 如肯定片面共同犯罪，则丙与甲在故意杀人罪的犯罪内构成共同犯罪

【解析】本题考查绑架罪及罪数、片面共犯、承继共犯。

甲：触犯绑架罪、故意杀人罪；系直接正犯、单独犯。在罪数上，根据《刑法》第239条第2款，系绑架中"杀害被绑架人"，结果加重犯。

丙：（1）对于正犯甲所犯绑架罪，即使丙客观上是在甲实施的绑架行为尚未终了（但已既遂）之前加入，促进了甲继续绑架、提供了帮助；但主观上丙并无勒赎目的，无论按何种学说，都不能构成绑架罪的承继共犯、片面帮助犯。（2）对于正犯甲所犯故意杀人罪，在丙拒付赎金前，甲主观上为附条件的故意：给钱就不杀人、不给钱就杀人。客观上，丙通过拒付赎金，促成甲杀人故意的条件成就，可认为是"片面教唆"；主观上具有杀人故意。①如认为教唆故意必须是双向意思联络、不可以是片面的、片面教唆不可成立教唆犯（片面教唆犯否定说），则丙不构成甲故意杀人罪的片面教唆犯。丙暗中制造甲的杀人故意、利用没有共同故意的甲杀害乙，构成故意杀人罪的间接正犯，系"直接正犯背后的间接正犯"。②如认为教唆故意可以是片面的、片面教唆可以成立教唆犯（片面教唆犯肯定说），则丙构成甲故意杀人罪的片面教唆犯。（3）由于丙无法构成绑架罪，只构成故意杀人罪（间接正犯，或片面教唆犯），故而也不能构成绑架罪"杀害被绑架人"。

考点五　承继的共同犯罪

1. 周某为抢劫财物在某昏暗场所将王某打昏。周某的朋友高某正好经过此地，高某得知真相后应周某的要求提供照明，使周某顺利地将王某钱包拿走。关于本案，下列哪些选项是正确的?[1]（2007/2/53）

A. 高某与周某构成抢劫罪的共同犯罪

B. 周某构成抢劫罪，高某构成盗窃罪，属于共同犯罪

C. 周某是共同犯罪中的主犯

D. 高某是共同犯罪中的从犯

【疑难辨析】本题考查承继的共同犯罪。承继的共同犯罪，即前行为人实行部分犯罪行为之后，在犯罪行为尚未终了（完全结束）之前，后行为人以共同的犯罪故意，中途加入该犯罪，与前行为人共同参与实施犯罪行为的情况。在法律效果上，前后行为人只在"后半截"的范围内成立共同犯罪。后行为人只对与其加入之后行为有因果关系的结果负责，不对前行为人之前单独行为造成的结果负责。

【解析】（1）前行为人周某实施了抢劫罪的暴力行为、取财行为，根据《刑法》第263条，成立抢劫罪的正犯。（2）抢劫罪是复合行为犯，由暴力、威胁、其他压制反抗的行为和劫财行为两部分组成。在抢劫行为终了之前，后行为人高某加入，帮助周某实施劫财行为；具有共同故意。根据《刑法》第263、27条，构成抢劫罪的承继的共同犯罪。二人在后半截的范围内构成抢劫罪的共同犯罪。（3）周某是主要的实行犯，是主犯；高某帮助犯，为从犯。

2. 甲手持匕首寻找抢劫目标，见到丁后便实施暴力，用匕首将其刺成重伤，使之丧失反抗能力，此时甲的朋友乙驾车正好经过此地，见状后下车和甲一起取走丁的财物（约2万元），

---

[1]　ACD

然后逃跑，丁因伤势过重不治身亡。关于乙与甲一起取走丁的财物的行为，下列选项正确的是?[1]（2008/2/94）

A. 乙与甲成立抢劫罪的共同犯罪

B. 甲的行为构成抢劫罪，乙的行为属于抢夺罪，两者在抢夺罪这一重合犯罪之内成立共同犯罪，即成立抢夺罪的共同犯罪

C. 乙既不对丁的重伤承担刑事责任，也不对丁的死亡承担刑事责任

D. 乙不对丁的死亡承担刑事责任，但应对丁的重伤承担刑事责任

【解析】与上题的情况类似。

（一）先行为人甲

1. 实施了抢劫罪的暴力行为、取财行为，根据《刑法》第263条，成立抢劫罪的正犯。

2. 对于劫财结果，甲需负责。丁重伤、死亡的结果是由甲的暴力行为造成的，甲需负责。甲构成抢劫罪既遂，系抢劫致人死亡，属结果加重犯。

（二）后行为人乙

1. 在抢劫行为终了之前，后行为人乙加入，帮助甲实施劫财行为；具有共同故意。根据《刑法》第263、27条，构成抢劫罪的承继的共同犯罪。

2. 二人在后半截的范围内构成抢劫罪的共同犯罪。后行为人只对与其加入之后共同行为有因果关系的结果负责，不对前行为人之前实施的单独行为造成的结果负责。

3. 对于劫财结果，二人承担共同责任。乙构成抢劫罪既遂。

4. 而丁的重伤结果发生在乙加入之前，是由甲之前的暴力行为造成的，乙不承担刑事责任；丁的死亡是由重伤导致的，而重伤是由甲之前的暴力造成，与乙加入之后的行为没有因果关系，故乙对丁的死亡结果也不承担刑事责任。

3. 关于共同犯罪的论述，下列哪一选项是正确的?[2]（2012/2/10）

A. 甲为劫财将陶某打成重伤，陶某拼死反抗。张某路过，帮甲掏出陶某随身财物。二人构成共犯，均须对陶某的重伤结果负责

B. 乙明知黄某非法种植毒品原植物，仍按黄某要求为其收取毒品原植物的种子。二人构成非法种植毒品原植物罪的共犯

C. 丙明知李某低价销售的汽车系盗窃所得，仍向李某购买该汽车。二人之间存在共犯关系

D. 丁系国家机关负责人，召集领导层开会，决定以单位名义将国有资产私分给全体职工。丁和职工之间存在共犯关系

【疑难辨析】本题主要考查中途加入者是否构成共同犯罪的情形。后行为人在犯罪终了之前加入，构成承继的共同犯罪，前后行为人只在"后半截"的范围内成立共同犯罪；在犯罪终了之后加入，构成事后犯。当然，事前有通谋，事后实施这些行为的，也构成共同犯罪。

【解析】A选项，甲的抢劫犯罪尚未实施终了（劫的行为未终了），张某加入，二人构成抢劫罪的共同犯罪，张某系承继的共同正犯。但陶某的重伤结果是在张某加入之前，是甲的行为造成的，对此张某不负责。A选项错误。

B选项，二人在非法种植毒品原植物行为实行终了之前即有共谋，应当认定构成共同犯罪。

C选项，事前无共谋，在他人实施盗窃犯罪既遂（终了）之后购买赃物，不构成共同犯

---

[1] AC [2] B

罪，丙构成掩饰、隐瞒犯罪所得罪。

D 选项，私分国有资产罪为单位犯罪，单位犯罪的行为人只是单位，其中责任人员与单位员工只是刑罚主体而不是犯罪主体，之间不构成共同犯罪。

4. 下列与犯罪故意和共犯有关的说法，哪些是正确的？[1]（2003/2/48）

A. 甲一开始不知道现住自己家的张三是罪犯而收留，但在知道其是杀人犯后仍然加以隐藏的，可以构成窝藏罪

B. 乙为发展公司业务而正常申请贷款 100 万元。取得贷款不久，公司业务停滞，乙便将贷款转贷牟利，不构成高利转贷罪

C. 丙发现李四挪用公款所取得的款项放在家中，尚未使用，就"借用"李四的公款 50 万元购买毒品，丙属于挪用公款罪共犯

D. 丁（非国家工作人员）一开始并不知道丈夫田某多次受贿的事实，但在行贿人王五告知丁其有求于田某时，丁接受了王五提供的财物，丁构成受贿罪

【解析】事先有共谋的，构成共同犯罪；事先无共谋的，事后犯单独成罪。

选项 A，甲并未在张三实施上游犯罪终了之前加入，只是在事后才明知收留对象是罪犯，故属窝藏罪，而不是张三所犯之罪的共犯。构成窝藏故意要求行为明知对象是罪犯，中途明知而继续收留，对明知以后的行为承担窝藏罪的刑事责任。

选项 B，按照行为与责任同时性原则，高利转贷罪的成立要求在骗取贷款行为之时有高利转贷的目的。本案在贷款时不存在此目的，故不构成高利转贷罪。之后将贷款转贷牟利的，难以构成犯罪（也不构成非法经营罪）。

选项 C，成立挪用公款罪的共犯，要求在挪用行为终了之前加入，对于挪用公款的实行行为有教唆、共谋、参与。在挪用行为实施终了之后，仅仅明知是挪用的公款而使用，不能成立共犯。可以涉嫌掩饰、隐瞒犯罪所得罪，或者洗钱罪等事后犯。

选项 D，考查身份与共同犯罪、共同故意。（1）丁在客观上实施了"收钱"行为，但丁本人没有国家工作人员的身份，不能构成受贿罪正犯。（2）其丈夫田某具有国家工作人员的身份（根据题意推导其系国家工作人员）。但丁与田某没有共谋，也没有利用田某的身份，故丁也不能构成受贿罪共犯。法条依据：最高人民法院、最高人民检察院《关于办理受贿刑事案件适用法律若干问题的意见》第 7 条规定，特定关系人与国家工作人员通谋，共同实施前款行为的，对特定关系人以受贿罪的共犯论处。由于题意没有写明丁与田某有"通谋"，故不能认为丁构成受贿罪的共犯。（3）至于丁构成何罪？如果丁收钱后不告知田某收钱的情况，而是采用给田某"吹枕边风"的方式要求田某办事，则有可能构成《刑法》第 388 条之一的利用影响力受贿罪（在《刑法修正案（七）》生效之前，不能查明丁与田某"通谋"关系的，不能认定丁构成犯罪）。（4）当然，如果题意所述案情改为：丁收钱后告知田某收钱的情况要求田某办事，田某认可的，或者田某知晓后不及时上报的，才可认为丁构成受贿罪的共犯。本题题意并无此表述。

考点六　正犯（直接正犯与间接正犯）

1. 甲某和秘书乙某去 KTV 唱歌，与保安丙某发生争吵，乙某遂叫来 A、B、C、D 四人携

---

[1]　AB

带枪支过来帮忙。A、B、C、D四人带枪来到 KTV 大堂。甲某下楼，见乙某叫了人过来，但并不知 A、B、C、D 带枪了，就对乙某说："打他"；乙某传达甲某的意思，说成了"开枪"。A、B、C、D 对"开枪"的含义各有不同理解。A 某、B 某以为是吓唬丙某，A 某朝天上开枪，子弹没有打中；B 某朝丙某附近的地面开枪，但子弹击中地面反弹击中丙某要害部位。同时，C 某朝丙某腿部开枪、D 某朝丙某腹部开枪，二人中仅有一枪击中丙某要害部位，但无法查明是谁击中。丙两处要害部位被击中，当场死亡。关于本案，下列选项说法正确的有？[1]（2022/客/1/8 仿）

A. 甲构成故意伤害罪（致人死亡）　　　B. 乙构成故意杀人罪

C. A、B、C 三人构成故意杀人罪　　　D. D 某构成故意杀人罪

【解析】考查共同犯罪、人身犯罪。

（一）D 某：故意杀人罪（既遂）、非法持有枪支罪。

1. 客观上杀人行为；

2. 与 C 某，在伤害罪（行为）范围内构成共同犯罪；对共同伤害行为导致的死亡结果负责；

3. 主观上具有杀人故意；根据《刑法》第 232 条，构成故意杀人罪（既遂）。

4. 另行构成非法持有枪支罪，数罪并罚。

（二）C 某：故意伤害罪（致人死亡）、非法持有枪支罪。

1. 客观上伤害行为；

2. 对共同伤害导致死亡结果负责。

3. 主观上具有伤害故意，对死亡结果系过失。根据《刑法》第 234 条，构成故意伤害罪（致人死亡），结果加重犯。

4. 另行构成非法持有枪支罪，数罪并罚。

（三）B 某：过失致人死亡罪、非法持有枪支罪。

1. 没有杀人、伤害故意，与 C 某、D 某不构成故意伤害罪的共同犯罪。

2. 构成过失致人死亡罪、非法持有枪支罪，数罪并罚。

（四）A 某：构成非法持有枪支罪。

（五）甲某、乙某：故意伤害罪（致人死亡），教唆犯。

1. 客观上实施杀人致死、伤害致死的教唆行为。

2. 二人主观上真实犯意是伤害故意，具有伤害罪的教唆故意；根据《刑法》第 234、29 条，构成故意伤害罪（致人死亡）教唆犯。

3. 乙某另行构成非法持有枪支罪的教唆犯，数罪并罚。

2. 关于实行犯的说法，下列哪一选项是正确的？[2]（2008 延/2/8）

A. 按照我国刑法总则的规定，有的教唆犯也是实行犯

B. 在共同犯罪中，实行犯就是在犯罪中起主要作用的犯罪分子

C. 在对简单共同犯罪中的各实行犯进行处罚时，要遵循"部分实行全部责任"的原则

D. 间接正犯是共同犯罪中的一种特殊类型的实行犯

【疑难辨析】本题出现的"实行犯"的概念，实际即是指直接正犯。亦即，实施了实行行为、符合刑法分则、能承担正犯责任的人。按分工分类法，共犯人可以分为正犯（直接正犯、间接正犯、共同正犯）、教唆犯、帮助犯。"实行犯"（直接正犯）是正犯的一种。

---

[1]　AD　[2]　C

【解析】选项 A，在刑法总论中，共犯（教唆犯、帮助犯）与正犯（实行犯）是非此即彼的关系，教唆犯不可能是实行犯。在共犯行为正犯化的情况下，如刑法分则将特定的教唆行为规定为实行行为，例如煽动型的犯罪，应当认为是正犯，而不再是教唆犯。行为人既实施教唆行为又实施实行行为的，按共犯行为竞合高度行为吸收低度行为，以实行犯论处。

选项 B，正犯与共犯（教唆犯、帮助犯）的分类法，与主犯与从犯的分类是交叉的。在共同犯罪中起主要作用的犯罪分子，是主犯。正犯（直接正犯、间接正犯、共同正犯）既可以是主犯，也可以是从犯。对犯罪起主要作用的实行犯是主犯，对犯罪起次要作用的实行犯是从犯。本选项将"正犯"（直接正犯、间接正犯、共同正犯）等同于"主犯"，说法错误。

选项 C，所谓"简单共同犯罪"，即是共同正犯，其中的实行犯是共同正犯。处罚原则是部分行为承担全部责任。

选项 D，间接正犯通常表述为支配、操纵他人作为犯罪工具实现犯罪的人。（1）本选项的关键错误之处并不在于"实行犯"。有一种观点将间接正犯称为"间接实行犯"，因此从广义上将其认为是"实行犯"，并不一定错误。（2）本选项的关键错误之处在于"共同犯罪"。间接正犯是正犯的一种，从而，间接正犯也可能是单独犯，也可能与他人成立共同犯罪。并一定只存在于"共同犯罪中"。①在间接正犯情形中，当双方无共同故意（如正犯只有支配他人利用他人和意图，而无共同实施的故意）时，不成立共同犯罪。②间接正犯是"正犯"的一种，当支配者、被支配者对于共同不法行为有共同故意时，就有成立共同犯罪的可能。

3. 关于共同犯罪，以下说法正确的有？[1]（2023/客 B/卷一/仿 7）

A. 帮助犯要成立既遂，只能在正犯满足全部的犯罪构成要素时才能成立

B. 帮助犯和正犯的构成要件完全相同

C. 关于共同犯罪的理论，"部分犯罪共同说"要求各犯罪行为人的实施犯罪构成的都同属同一个分则条文，而"行为共同说"不要求各犯罪行为人的实施犯罪构成的都同属同一个分则条文

D. 按照"共犯从属说"，被教唆者没有实施任何犯罪的，教唆者仍然可以构成教唆犯，系犯罪未遂

【解析】本题考点：共同犯罪的理论，特别是与构成要件的关系。

选项 A，帮助犯成立既遂的条件：（1）被帮助的正犯既遂；（2）帮助行为促进了正犯行为、与既遂结果之间具有因果关系。

选项 B，（1）正犯既遂的构成要件（基本的构成要件），要求具备分则具体罪名全部构成要件要素，特别是客观上实施正犯（实行）行为；（2）帮助犯的构成要件（修正的构成要件），需要符合刑法总则第 27 条，要求客观上实施帮助行为。帮助犯和正犯的构成要件并不相同。

选项 C，关于共同犯罪以什么为共同？（1）"犯罪共同说"认为数人必须共同实施完全相同的罪名；（2）"部分犯罪共同说"认为数人可以实施不同的罪名，如这些罪名之间存在部分重合，可在重合部分的罪名内成立共同犯罪；（3）"行为共同说"只要求数人共同实施相同或能够重合的不法行为，在该不法行为范围内成立共同犯罪（行为）。

选项 D，按照"共犯从属说"，被教唆者没有实施任何犯罪的，教唆者在客观上无法认定实施了教唆不法的行为，不构成教唆犯；而不是未遂。我国《刑法》第 29 条第 1 款规定"教唆他人犯罪的"，亦即被教唆人必须"犯罪（行为）"，教唆者才成立教唆犯。由此，第 2 款

---

[1] A

"如果被教唆的人没有犯被教唆的罪"就应当解释"没有犯被教唆的罪的既遂，但构成未遂或预备"。

4. 甲承租乙的房屋后，伪造身份证与房产证交与中介公司，中介公司不知有假，为其售房给不知情的丙，甲获款 300 万元。关于本案，下列哪一选项是错误的?[1] (2010/2/19)

A. 甲的行为触犯了伪造居民身份证罪（现为伪造身份证件罪）与伪造国家机关证件罪，同时是诈骗罪的教唆犯

B. 甲是诈骗罪、伪造居民身份证罪（现为伪造身份证件罪）与伪造国家机关证件罪的正犯

C. 伪造居民身份证罪、伪造国家机关证件罪（现为伪造身份证件罪）与诈骗罪之间具有牵连关系

D. 由于存在牵连关系，对甲的行为应以诈骗罪从重处罚

【疑难辨析】本题考点涉及诈骗罪、正犯（包括直接正犯、间接正犯）、牵连犯等。疑难点是"正犯"。对侵害结果（包括危险结果）发生起支配作用的就是正犯。行为人以独立的实现犯罪的意思，实质的支配犯罪行为和犯罪进程，处于主导、操纵犯罪的支配地位（犯罪支配说），是正犯。亦即，行为人自己直接实施符合构成要件的实行行为造成法益侵害、危险结果的（直接正犯），或者通过支配、操纵、利用他人的行为造成法益侵害、危险结果的（间接正犯），以及共同对造成法益侵害、危险结果起实质的支配作用的（共同正犯），都是正犯。在形式上，正犯是依照刑法分则（规定"一人实行既遂"即单独正犯的基本构成要件）来定罪的人。

【解析】（1）甲实施了伪造身份证件、伪造国家机关证件的实行行为，根据《刑法》第 280 条第 3 款、第 1 款，构成伪造身份证件罪（原为伪造居民身份证罪）、伪造国家机关证件罪，符合分则正犯规定，系两罪的直接正犯。

（2）甲利用中介公司骗丙的钱。诈骗的实行者为甲，但由于被利用者中介公司不知有假，无诈骗故意，不能构成诈骗罪的正犯。甲通过欺骗支配、利用无犯罪故意人实施犯罪，根据《刑法》第 266 条，系诈骗罪的间接正犯，而不是教唆犯。故选项 A 不正确，选项 B 正确。

（3）在罪数方面，甲触犯伪造身份证件罪、伪造国家机关证件罪、诈骗罪三罪。伪造是诈骗的通常手段，主观上甲伪造居民身份证的目的是用于诈骗，前面两罪与诈骗罪之间存在手段与目的的牵连关系，系牵连犯，故选项 C 正确。

（4）对于牵连犯，一般认为是"择一重罪处断"，亦即"依照处罚较重的规定定罪处罚"；但选项 D 采用了"择一重罪从重处断"的观点，亦即不仅按重罪处断，还从重处断，这也是一种理论说法。由于如何处断当前并无明文规定，按司法实务来看这种观点也有道理。

（5）注：《刑法修正案（九）》已将原"伪造居民身份证罪"修正为"伪造身份证件罪"。

5. 甲将头痛粉冒充海洛因欺骗乙，让乙出卖"海洛因"，然后二人均分所得款项。乙出卖后获款 4000 元，但在未来得及分赃时，被公安机关查获。关于本案，下列哪些说法是正确的?[2] (2002/2/38)

A. 甲与乙构成贩卖毒品罪的共犯　　　　B. 甲的行为构成诈骗罪

C. 甲属于间接正犯　　　　　　　　　　D. 甲的行为属于犯罪未遂

【解析】本题考查间接正犯。行为人通过唆使、强制、欺骗等手段支配直接实行者，从而支配构成要件实现的，就是间接正犯。当然，如二罪有重合，还可以在重合部分成立共同

_____

〔1〕A　〔2〕BC

犯罪。

（一）乙

1. 在客观上，乙将假毒品当作真毒品出卖给他人，对于购毒者客观上实施了诈骗行为。但在主观上，乙不知贩卖的毒品为假，没有诈骗故意。因欠缺故意而不能构成诈骗罪的正犯。

2. 对于乙不知贩卖的毒品为假，实施的贩毒行为，按照司法解释的规定可构成贩卖毒品罪的未遂。（1）司法解释规定，不知贩卖的毒品为假，实施的贩毒行为客观上具有危险性，能够成立犯罪未遂而非不能犯。（2）参见原《最高人民法院关于适用〈全国人民代表大会常务委员会关于禁毒的决定〉的若干问题的解释》第17条第1款，明知是假毒品而冒充毒品贩卖的，以诈骗罪定罪处罚。不知道是假毒品而当作毒品走私、贩卖、运输、窝藏的，应当以走私、贩卖、运输、窝藏毒品犯罪（未遂）定罪处罚。（3）另见最高人民检察院原《关于贩卖假毒品案件如何定性问题的批复》（1991年4月2日）：对贩卖假毒品的犯罪案件，应根据不同情况区别处理；明知是假毒品而以毒品进行贩卖的，应当以诈骗罪追究被告人的刑事责任；不知是假毒品而以毒品进行贩卖的，应当以贩卖毒品罪追究被告人的刑事责任，对其所贩卖的是假毒品的事实，可以作为从轻或者减轻情节，在处理时予以考虑。（4）可见，司法解释事实上认为贩卖假毒品的行为具有抽象危险。

（二）甲

1. 甲通过欺骗手段支配乙实施诈骗行为，具有利用乙向第三人骗钱的诈骗罪故意，根据《刑法》第266条，构成诈骗罪的间接正犯。选项B正确，选项C正确。

2. 甲的诈骗间接正犯行为已经得财，应认定为既遂，选项D错误。

3. 甲没有贩卖毒品罪的故意，故不能与乙一起构成贩卖毒品罪的共同犯罪。选项A错误。

6. 甲在乙骑摩托车必经的偏僻路段精心设置路障，欲让乙摔死。丙得知甲的杀人计划后，诱骗仇人丁骑车经过该路段，丁果真摔死。关于本案，下列哪些选项是正确的？[1]（2015/2/56）

A. 甲的行为和丁死亡之间有因果关系，甲有罪

B. 甲的行为属对象错误，构成故意杀人罪既遂

C. 丙对自己的行为无认识错误，构成故意杀人罪既遂

D. 丙利用甲的行为造成丁死亡，可能成立间接正犯

【解析】本题考查认识错误的分类和处理、间接正犯（直接正犯之后的间接正犯）。

（一）甲的行为

1. 客观上，甲设置路障致丁摔死，甲的行为和丁死亡之间具有因果关系，实施了杀人致死的行为。

2. 主观上，甲想杀乙，但客观上导致了丁死亡，存在认识错误。在认识错误形式上，甲实施实行行为之时即丁掉下摔死之时，甲主观上认为对象为乙，而实际对象是丁，认错了对象，系对象错误、具体错误。按法定符合说（具体符合说结论一致）对丁具有杀人故意。根据《刑法》第232条，构成故意杀人罪既遂。A、B选项说法正确。

3. 甲与乙没有共同故意，不构成共同犯罪，系单独正犯。

（二）乙的行为

1. 丙利用甲的行为造成丁死亡，因主观上没有帮助甲杀乙的共同故意，只有利用甲来杀丙的支配意思，没有共同故意，只有间接正犯故意，不构成共同犯罪（也不是片面共犯）。丙

---

[1] ABCD

成立间接正犯，系（直接）正犯之后的（间接）正犯。

2. 主观上，丙想杀丁，而实际杀死了丁，无认识错误，构成故意杀人罪既遂。C、D选项说法正确。

考点七　共犯从属性说以及共犯（帮助犯、教唆犯）

1. 甲欲杀丙，假意与乙商议去丙家"盗窃"，由乙在室外望风，乙照办。甲进入丙家将丙杀害，出来后骗乙说未窃得财物。乙信以为真，悻然离去。关于本案的分析，下列哪一选项是正确的？[1]（2017/2/7）

A. 甲欺骗乙望风，构成间接正犯。间接正犯不影响对共同犯罪的认定，甲、乙构成故意杀人罪的共犯

B. 乙企图帮助甲实施盗窃行为，却因意志以外的原因未能得逞，故对乙应以盗窃罪的帮助犯未遂论处

C. 对甲应以故意杀人罪论处，对乙以非法侵入住宅罪论处。两人虽然罪名不同，但仍然构成共同犯罪

D. 乙客观上构成故意杀人罪的帮助犯，但因其仅有盗窃故意，故应在盗窃罪法定刑的范围内对其量刑

【疑难辨析】本题考查共同犯罪中共犯从属说、行为共同说。共犯（帮助犯、教唆犯）从属性说的基本含义是：认定共犯（教唆犯、帮助犯）的客观危害行为（最终指向的实行行为）时，必须依附于正犯行为（通常是实行行为）。

【解析】（一）正犯甲

1. 客观上实施了入户、杀人二行为，主观上对二行为和结果均有故意，根据《刑法》第245、232条，分别触犯非法侵入住宅、故意杀人罪二罪。

2. 罪数上，属吸收犯，以故意杀人罪一罪论处。

（二）帮助犯乙

1. 客观上，按共犯从属说，乙实施了帮助入户、帮助杀人的行为。

2. 在主观上，乙具有帮助入户、盗窃的故意。客观主观统一，根据《刑法》第245、27条，构成非法侵入住宅罪的帮助犯。

3. 因乙客观上没有实施帮助盗窃的行为，不能构成盗窃罪的帮助犯。是该罪的不能犯。

4. 因乙主观上没有帮助杀人的故意，不能构成故意杀人罪的帮助犯。

5. 甲、乙二人在非法侵入住宅罪的范围内是共同犯罪，甲是正犯，乙是帮助犯。选项C正确。选项A、B、D说法错误。

2. 关于共同犯罪的判断，下列哪些选项是正确的？[2]（2011/2/55）

A. 甲教唆赵某入户抢劫，但赵某接受教唆后实施拦路抢劫。甲是抢劫罪的共犯

B. 乙为吴某入户盗窃望风，但吴某入户后实施抢劫行为。乙是盗窃罪的共犯

C. 丙以为钱某要杀害他人为其提供了杀人凶器，但钱某仅欲伤害他人而使用了丙提供的凶器。丙对钱某造成的伤害结果不承担责任

D. 丁知道孙某想偷车，便将盗车钥匙给孙某，后又在孙某盗车前要回钥匙，但孙某用其

---

[1]　C　[2]　ABD

他方法盗窃了轿车。丁对孙某的盗车结果不承担责任

【解析】本题主要考查共犯从属说。

A选项，（1）客观上，实行犯赵某实施了拦路抢劫行为，主观上具有抢劫罪故意，构成抢劫罪的正犯。（2）教唆者甲应认为实施的是教唆拦路抢劫的行为，主观上教唆者甲的教唆故意为"入户抢劫"故意。客观主观相统一，甲可成立抢劫罪的教唆犯。

B选项，（1）客观上，实行犯吴某实施了入户抢劫行为，主观上具有抢劫罪故意，构成抢劫罪的正犯。（2）帮助者乙客观上实施了帮助入户抢劫的行为，主观上乙具有帮助入户盗窃的故意。客观主观相统一，在重合范围内，认定为盗窃罪的帮助犯。

C选项，（1）客观上，实行犯钱某实施了伤害行为，主观上具有伤害故意，构成故意伤害罪的正犯。（2）帮助者丙为伤害行为提供了帮助，主观上具有杀人的帮助故意，客观主观相统一，在重合范围内，认定为故意伤害罪的帮助犯，对伤害行为导致的伤害结果承担责任。

D选项，考查共犯的脱离。（1）实行犯孙某盗车得逞，成立盗窃罪既遂。（2）帮助犯丁与实行犯孙某在预备阶段成立共同犯罪。（3）但丁在实行犯实行之前脱离共同犯罪关系，切断了行为与结果之间的因果关系，对于脱离之后的孙某的行为，不成立共同犯罪。系孙某单独的犯罪，丁对孙某盗车得逞的结果不承担责任。（4）丁对脱离之前的盗窃预备行为，自动放弃，切断因果关系，视为有效阻止结果发生，根据《刑法》第24条，成立犯罪中止。

3. 醉酒后的丙（血液中的酒精含量为152mg/100ml）与丁各自驾驶摩托车"飙车"经过公路路段。后来丁离开现场后，找到无业人员王某，要其假冒飙车者去公安机关投案。王某虽无替丁顶罪的意思，但仍要丁给其5万元酬劳，否则不答应丁的要求，丁只好付钱。关于此事实的定性，下列选项错误的是？[1]（2013/2/90）

A. 丁指使王某作伪证，构成妨害作证罪的教唆犯

B. 丁构成包庇罪的教唆犯

C. 丁的教唆行为属于教唆未遂，应以未遂犯追究刑事责任

D. 对丁的妨害作证行为与包庇行为应从一重罪处罚

【疑难辨析】本题的考查了包庇罪、伪证罪、妨害作证罪，也考查的是共犯（帮助犯、教唆犯）从属性说，以及本犯对妨害司法罪名不具期待可能性。共犯（帮助犯、教唆犯）从属性说的基本含义是：共犯（教唆犯、帮助犯）的成立和罪名认定必须依附于正犯行为（通常是实行行为），不可独立于正犯行为而单独成立共犯。

【解析】（一）王某

1. 如果王某真的为丙顶罪，其明知是犯罪的人而为其作假证明包庇，根据《刑法》第310条，可构成包庇罪。此种情况下，因王某自担罪责，不属"证人"，不能构成伪证罪。

2. 但本案案情是，王某客观上没有实施无顶罪的包庇行为，主观上也无顶罪的意思，没有包庇故意，不能构成包庇罪。

3. 王某谎称帮助顶罪而欺骗丁给其5万元酬劳，根据《刑法》第266条，构成诈骗罪。

（二）丁

1. 丁驾驶摩托车"飙车"，根据《刑法》第133条之一，构成危险驾驶罪。

2. 丁教唆王某帮助顶罪，按照共犯从属说，因王某未实施包庇不法行为，故而丁不能构成包庇罪的教唆犯。注意：这里不构成包庇罪教唆犯的原因，并不是因本犯不具期待可能性。

3. 关于妨害作证罪，因其是伪证罪教唆行为正犯化的情况，本身是正犯，故而无需具备

共犯从属性。该罪的实行行为是威胁、引诱证人违背事实改变证言或者作伪证。在本案中，由于王某不属"证人"，对象人不符合，故丁不能构成妨害作证罪。注意：这里不构成妨害作证罪的原因，也不是因本犯不具期待可能性。故 A、B、C、D 说法均错误。

考点八　教唆犯

1. 关于教唆犯，下列哪一选项是正确的？[1]（2009/2/6）

A. 甲唆使不满 16 周岁的乙强奸妇女丙，但乙只是抢夺了丙的财物一万元后即离开现场，甲应成立强奸罪、抢夺罪的教唆犯

B. 教唆犯不可能是实行犯，但可能是帮助犯

C. 教唆他人吸食、注射毒品的，成立吸食、注射毒品罪的教唆犯

D. 有的教唆犯是主犯，但所有的帮助犯都是从犯

【解析】A 选项，（1）对于实行犯乙，在客观不法层面上，乙实施了抢夺行为；在主观责任层面上，对抢夺行为不承担刑事责任，不构成抢夺罪。（2）乙没有实施强奸行为，不构成强奸罪。（3）对于教唆者甲，即使乙的抢夺行为，是因甲的教唆而引起；因甲主观上无教唆抢夺的故意，不能构成抢夺罪的教唆犯。（4）对于甲教唆强奸的行为定性，如按共犯从属说（通说观点），乙没有实施强奸行为，甲不能构成强奸罪的教唆犯。选项中所言甲成立强奸罪、抢夺罪的教唆犯，说法错误。

B 选项，正犯（包括直接正犯即实行犯）、教唆犯、帮助犯是对立的概念，教唆犯不可能是实行犯，也不可能是帮助犯。既有教唆行为又有帮助行为的，高度行为吸收低度行为，仅成立教唆犯。既有教唆行为又有实行行为的，高度行为吸收低度行为，仅成立实行犯。该选项说法错误。

C 选项，根据《刑法》第 353 条，引诱、教唆、欺骗他人吸食、注射毒品的，成立引诱、教唆、欺骗他人吸毒罪。因吸毒行为并不是犯罪（刑事不法行为），故教唆他人吸毒的教唆者，并不成立教唆犯。其是教唆他人吸毒罪的正犯（实行犯）。故 C 选项错误。

D 选项，（1）《刑法》第 29 条第 1 款前半句规定，教唆他人犯罪的，应当按照他在共同犯罪中所起的作用处罚。教唆犯既可以起主要作用的，是主犯；也可以起次要作用，是从犯。（2）而帮助犯只能起到次要作用，故所有的帮助犯都是从犯（受胁迫而帮助的，成立胁从犯；因胁从犯是被胁迫的从犯，是从犯的一种）。故本选项说法正确。

2.《刑法》第 29 条第 1 款规定："教唆他人犯罪的，应当按照他在共同犯罪中所起的作用处罚。教唆不满十八周岁的人犯罪的，应当从重处罚。"对于本规定的理解，下列哪一选项是错误的？[2]（2013/2/9）

A. 无论是被教唆人接受教唆实施了犯罪，还是二人以上共同故意教唆他人犯罪，都能适用该款前段的规定

B. 该款规定意味着教唆犯也可能是从犯

C. 唆使不满 14 周岁的人犯罪因而属于间接正犯的情形时，也应适用该款后段的规定

D. 该款中的"犯罪"并无限定，既包括一般犯罪，也包括特殊身份的犯罪，既包括故意犯罪，也包括过失犯罪

---

[1]　D　[2]　D

【解析】 本题考查教唆犯相关问题，以及对第29条第1款的理解。

A选项，一人教唆他人犯罪，是教唆犯；二人共同故意教唆他人犯罪，二人都是教唆犯，是共同的教唆犯。都可按照他在共同犯罪中所起的作用，认定为主犯或从犯，进行处罚。

B选项，"按照他在共同犯罪中所起的作用处罚"，起主要作用的教唆犯是主犯，起次要作用的教唆犯是从犯。

C选项，(1) 该款后段的规定"教唆不满十八周岁的人犯罪的"，对于其中的"教唆"一词，应当理解为"教唆行为"，而不是"教唆犯"。(2) 故而，"教唆"16～18周岁的犯罪、14～16周岁的人实施8种应承担刑事责任的行为、14周岁以下具有独立规范认定能力的人（8周岁以上）实施不法行为，教唆者是教唆犯。(3) "教唆"不具有独立规范认定能力的未成年人实施危害行为，教唆者是间接正犯。(4) 对于两种情形，教唆者均可从重。只不过，此时间接正犯从重，是比照一般正犯从重处罚。

D选项，(1) 无身份者教唆他人实施特殊身份的故意犯罪，仍可成立该身份之罪的教唆犯，仍可适用该条款，故而该款中的"犯罪"可包括特殊身份的犯罪。(2) 教唆他人过失犯罪的，不能成立教唆犯，而应按教唆者对于结果的心态，认定为共同过失犯罪（对结果是过失），或间接正犯（对结果是故意）。(3) 根据《刑法》第25条第2款，二人以上共同过失犯罪，不以共同犯罪论处；应当负刑事责任的，按照他们所犯的罪分别处罚。不能按实行者的犯罪（过失犯罪）进行从重，不能适用该条款。故其中的"犯罪"不能包括过失犯罪。

考点九　帮助犯

1. 甲欲去乙的别墅盗窃，担心乙别墅结构复杂难以找到贵重财物，就请熟悉乙家的丙为其标图。甲入室后未使用丙提供的图纸就找到乙价值100万元的珠宝，即携珠宝逃离现场。关于本案，下列哪些说法是正确的？[1] (2009/2/51)

A. 甲构成盗窃罪，入户盗窃是法定的从重处罚情节

B. 丙不构成犯罪，因为客观上没能为甲提供实质的帮助

C. 即便甲未使用丙提供的图纸，丙也构成盗窃罪的共犯

D. 甲、丙构成盗窃罪的共犯，甲是主犯，丙是帮助犯

【解析】 选项A，考查"入户"（非法侵入住宅罪）在盗窃罪中的地位。刑法并未将入户盗窃规定为法定的从重处罚情节；入户盗窃行为，虽触犯两罪，但在罪数上一般认为是吸收犯，只宣判为盗窃罪一罪，也只是基本犯。

B、C、D三选项，考查帮助犯。(1) 帮助犯的成立要求帮助行为、帮助故意。根据共犯处罚根据的惹起说，帮助行为对于实行行为可能具有物理或者心理的促进作用即可。帮助行为并不需要对实行行为是必要的（无需具备条件关系），只在提供帮助之时对于实行行为有促进作用（使实行更为便利），就可认为其行为是帮助行为。(2) 帮助犯的成立也不要求帮助者提供的帮助条件客观上被实行犯使用；对于物理帮助行为而言，即使帮助者的物理帮助作用在事实上没有发挥作用，但只要有发挥作用、促进实行的可能性，帮助犯就能成立。(3) 当然，如实行犯有利用帮助条件的可能性，但未实际利用帮助条件而造成危害结果的，不能认为帮助行为与危害结果之间具有因果关系。此时帮助犯虽可成立，但只能构成犯罪未遂，而不构成犯罪既

---

[1] CD

遂。（4）《刑法》第27条规定，帮助犯是从犯。本案的情形，甲、丙构成盗窃罪的共犯，甲是正犯（主犯），丙是帮助犯。甲构成犯罪既遂，丙构成犯罪未遂。

2. 甲欲前往张某家中盗窃。乙送甲一把擅自配制的张家房门钥匙，并告甲说，张家装有防盗设备，若钥匙打不开就必须放弃盗窃，不可入室。甲用钥匙开张家房门，无法打开，本欲依乙告诫离去，但又不甘心，思量后破窗进入张家窃走数额巨大的财物。关于本案的分析，下列哪一选项是正确的？[1]（2017/2/6）

A. 乙提供钥匙的行为对甲成功实施盗窃起到了促进作用，构成盗窃罪既遂的帮助犯

B. 乙提供的钥匙虽未起作用，但对甲实施了心理上的帮助，构成盗窃罪既遂的帮助犯

C. 乙欲帮助甲实施盗窃行为，因意志以外的原因未能得逞，构成盗窃罪的帮助犯未遂

D. 乙的帮助行为的影响仅延续至甲着手开门盗窃时，故乙成立盗窃罪未遂的帮助犯

【解析】本题考查帮助犯的未遂，犯罪未遂的帮助犯；物理帮助与心理帮助的关系。

先弄清楚共同犯罪中名词的命名规则，一般帮助犯的命名，采取"共同的正犯阶段＋帮助犯＋帮助犯本身的犯罪形态"的命名规则。（1）选项中"犯罪未遂的帮助犯"，指对（正犯）犯罪未遂（阶段）的帮助犯。亦即，帮助犯仅与正犯在正犯未遂阶段构成共同犯罪。（2）选项中"帮助犯的未遂"，指对（正犯犯罪全部阶段的）帮助犯，但帮助犯构成犯罪未遂。亦即，帮助犯与正犯在正犯全部犯罪阶段构成共同犯罪，但帮助犯因各种原因本身构成未遂。

在本选项中，正犯甲实施盗窃的行为可分为两个阶段：（1）第一阶段即甲使用乙提供的钥匙盗窃张家。甲、乙二人对此阶段构成共同犯罪。正犯甲属盗窃罪未遂，帮助犯系对此盗窃罪未遂阶段的帮助。（2）第二阶段即甲破窗盗窃张家。客观上，甲未使用乙提供的钥匙，乙也未在心理上为甲提供支持；并且，在共同故意上，乙已声明"若钥匙打不开就必须放弃盗窃，不可入室"，对此阶段也无共同故意。甲、乙二人对此阶段不构成共同犯罪，系甲的单独犯罪，乙对此不负责任。（3）故而，乙成立（甲）盗窃罪未遂阶段的帮助犯，而不属于（甲）盗窃罪既遂的帮助犯。（4）甲在第二阶段虽然既遂，但此阶段与乙不构成共同犯罪，不属可能利用乙的帮助条件来既遂的情况，乙也不成立盗窃罪（全程）的帮助犯未遂。

关于物理帮助（身体性帮助）与心理帮助的关系。心理上的帮助，要求帮助者的帮助行为能够在精神上、心理上促进正犯的实行，例如提供技术上的指导、加强实行行为的决定、提供额外的动机等。并非物理帮助不成立，就一定会成立心理帮助。在本案中，乙已声明"若钥匙打不开就必须放弃盗窃，不可入室"，并未对甲的继续盗窃提供心理支持，不构成心理帮助。选项B说法错误。

考点十　主犯与从犯

1. 根据我国刑法规定，下列关于首要分子的表述哪一项是正确的？[2]（2005/2/8）

A. 首要分子只能是组织领导犯罪集团的人

B. 首要分子只能是在聚众犯罪中起组织、策划、指挥作用的犯罪分子

C. 首要分子都是主犯

D. 首要分子既可以是主犯，也可以不是主犯

【解析】首要分子分为两类：（1）犯罪集团中的首要分子，必定为主犯；（2）聚众犯罪中

---

[1] D　[2] D

的首要分子，又分为：可成立共同犯罪的聚众犯罪中首要分子，必定也是主犯；不能成立共同犯罪的聚众犯罪中首要分子，可能是单独犯而不涉及主犯的问题。

选项 A 错误，因为首要分子还有聚众犯罪这种情况。

选项 B 错误，犯罪集团中也有首要分子。

选项 C 错误，对于只处罚首要分子的聚众犯罪（如聚众扰乱公共场所秩序、交通秩序罪，聚众阻碍解救被收买的妇女、儿童罪）中首要分子，如果这种聚众犯罪中的首要分子仅一人，就没有共同犯罪问题，是单独犯。如果这种聚众犯罪中的首要分子是数人，可以区分主从关系的，既有主犯也有从犯。

选项 D 正确，见选项 C 解析后半段。

2. 关于共同犯罪的说法，下列选项正确的是？[1]（2008 延/2/91）

A. 甲一开始被恐怖组织胁迫参加犯罪，但在着手实行后，其非常积极，成为主要的实行人之一，甲在共同犯罪中可以成为主犯

B. 乙是共同贪污犯罪中的实行犯，但其可能不是主犯

C. 丙为勒索财物绑架王某，在控制人质之后，丙将真相告诉好友高某，并委托高某去找王某的父母要钱，高某同意并实施了勒索行为。丙成立绑架罪，高某成立敲诈勒索罪

D. 丁与成某经共谋后，共同伤害被害人汪某，丁的木棒击中了汪某的腹部，成某的短刀刺中了汪某的肺部，汪某因为成某的致命伤害在送到医院 10 小时后死亡。丁需要对死亡结果负责

【解析】A 选项，被胁迫参加犯罪，同时起次要作用的，是胁从犯。胁从犯是被胁迫的从犯，只能实施从犯行为（次要的正犯、次要的教唆犯、帮助犯）。参加后成为主要犯罪人的，成立主犯，不再是从犯，当然也不能成立胁从犯。故 A 项正确。

B 选项，主要的实行犯是主犯，次要的实行犯是从犯。故 B 项正确。

C 选项，考查承继的共犯。丙实施绑架行为，因绑架罪是继续犯，前行为人丙虽已经既遂，但其绑架行为没有终了、人质被控制的状态没有消失；高某在绑架行为未终了之前，以绑架故意中途加入进来的，所以成立绑架罪的承继共犯，不再以敲诈勒索罪论处。故 C 项错误。

D 选项，（1）丁与成某共同实施了伤害实行行为，具有共同故意，二人是故意伤害罪的共同犯。在客观上二人均要对共同伤害（棒击＋刀刺）导致的结果承担连带责任。（2）二人整体上的共同伤害行为是棒击＋刀刺，汪某死亡是因该共同伤害行为，二人均要对此死亡结果客观上承担连带责任。（3）主观上，丁主观上具有伤害故意，对死亡结果系过失。构成故意伤害罪（致人死亡），需对此结果负责（承担过失责任）。

考点十一　共同犯罪与身份

1. 甲为非国家工作人员，是某国有公司控股的股份有限公司主管财务的副总经理；乙为国家工作人员，是该公司财务部主管。甲与乙勾结，分别利用各自的职务便利，共同侵吞了本单位的财物 100 万元。对甲、乙两人应当如何定性？[2]（2005/2/18）

A. 甲定职务侵占罪，乙定贪污罪，两人不是共同犯罪

B. 甲定职务侵占罪，乙定贪污罪，但两人是共同犯罪

---

[1]　ABD　[2]　C

C. 甲定职务侵占罪，乙是共犯，也定职务侵占罪

D. 乙定贪污罪，甲是共犯，也定贪污罪

【疑难辨析】本题考查共同犯罪与身份。不同身份者相互勾结，各自利用各自身份的共同犯罪，按照主犯的犯罪性质认定为共同犯罪。法条依据是《最高人民法院关于审理贪污、职务侵占案件如何认定共同犯罪几个问题的解释》第3条，"公司、企业或者其他单位中，不具有国家工作人员身份的人与国家工作人员勾结，分别利用各自的职务便利，共同将本单位财物非法占为己有的，按照主犯的犯罪性质定罪。"主犯指"利用职权所起作用大者"，并不一定是"官位高者"。如果共犯人对于犯罪行为所涉事务都有管理权，则当然职务高者身份高；如果共犯人中有的对于犯罪行为所涉事务有管理权，有的没有，有管理权的共犯人身份高（而不论职务高低）。

【解析】（1）二人相互勾结，构成共同犯罪。（2）两个共犯人中，甲是"主管财务"的副总经理，乙是财务部主管，二人对于犯罪行为所涉事务有管理权，则职务高者甲是主犯。（3）甲的身份为非国家工作人员，故二人构成职务侵占罪的共同犯罪。（4）当然，如果题目变为甲是"不主管财务的副总经理"，则乙的职权作用大为主犯，那么二人构成贪污罪的共同犯罪。

2. 甲、乙二人均为某国有公司的国家工作人员，共同保管公司的保险箱。甲是会计保管钥匙，乙是出纳保管密码。关于二人的行为定性，以下说法正确的有？[1]（2019/客/卷一/46仿）

A. 如果甲偷看乙保管的密码、打开保险箱拿走钱款，则甲构成盗窃罪

B. 如果甲骗得乙保管的密码、打开保险箱拿走钱款，则甲构成诈骗罪

C. 如果乙捡到甲的钥匙、打开保险箱拿走钱款，则乙构成职务侵占罪

D. 如果甲、乙二人共谋打开保险箱拿走钱款，则二人构成贪污罪

【疑难辨析】本题考查共同犯罪与身份，甲、乙均系国家工作人员，均有监管保险箱的职务便利。本题的难点在于：国家工作人员获取本单位财物时，一半行为利用的职务便利，另一半行为没有利用职务便利，应当如何处理？比照《全国法院审理经济犯罪案件工作座谈会纪要》（2003）第2条第3款关于"国家工作人员与非国家工作人员勾结共同非法占有单位财物行为的认定"的精神，以及相关判例，应该判断何种行为的作用大；在作用相当、难以区分时，可以贪污罪定罪处罚。

【解析】A选项，甲得款成功一半作用是利用偷看密码，系未利用职务便利的盗窃（此盗窃的对象不是密码，而是与乙共同占有的单位财物）；一半作用是利用本人掌管钥匙，系利用了职务便利侵吞；二者作用相当，应以贪污罪论处。

B选项，甲得款成功一半作用是利用骗取密码，系未利用职务便利的盗窃（此盗窃的对象不是密码，而是与乙共同占有的单位财物。因钥匙不是财物，不构成诈骗）；一半作用是利用本人掌管钥匙，系利用了职务便利侵吞；二者作用相当，应以贪污罪论处。

C选项，乙得款成功一半作用是利用捡到钥匙，系未利用职务便利的盗窃（此盗窃的对象不是密码，而是与甲共同占有的单位财物。因钥匙不是财物，不构成侵占）；一半作用是利用本人掌管密码，系利用了职务便利侵吞；二者作用相当，应以贪污罪论处。

D选项，甲、乙二人共同利用职务便利侵吞，当然构成贪污罪的共同正犯。

---

[1] D

考点十二　共同犯罪与不作为

甲、乙夫妇因 8 岁的儿子严重残疾，生活完全不能自理而非常痛苦。一天，甲给儿子要喝的牛奶里放入"毒鼠强"时被乙看到，乙说："这是毒药吧，你给他喝呀？"见甲不说话，乙叹了口气后就走开了。毒死儿子后，甲、乙二人一起掩埋尸体并对外人说儿子因病而死。关于甲、乙行为的定性，下列哪一选项是正确的？[1]（2008/2/7）

A. 甲与乙构成故意杀人的共同犯罪
B. 甲构成故意杀人罪，乙构成包庇罪
C. 甲构成故意杀人罪，乙构成遗弃罪
D. 甲构成故意杀人罪，乙无罪

【解析】本题考查共同犯罪与不作为。正犯甲是作为的故意杀人罪，这较好认定。对于乙的行为性质的认定，涉及三个问题：

（1）乙对儿子的死亡能否构成不作为犯？乙是其子的父母，依法具有保护其人身的法定作为义务，能够履行而不履行，造成结果，符合不作为犯的客观条件。

（2）乙不救助的行为能否认定为"杀人"行为，以故意杀人罪定罪？首先考查乙的不救助行为能否被认定为"杀人"行为？在当时的情况下，乙如果其阻止，则死亡结果极大可能不发生；不阻止则必死无疑。不阻止的不作为行为，支配着死亡结果，与一般杀人行为性质相当，可以认定为"杀人"行为。主观上，乙对儿子死亡的心态，明知自己的不作为必然导致死亡结果而拒不履行作为义务，系故意。可构成故意杀人罪。只有乙阻止后，死亡结果也不太可能被避免，乙的不作为行为不能支配死亡结果时，才能认定为遗弃行为，本案情况不是如此，故乙不能构成遗弃罪。

（3）甲、乙二人可否构成共同犯罪？杀害儿子的直接实行者是甲，但是，负有救助义务的乙如果救助，则儿子不死亡的可能性极大。也就是说，是甲（作为）、乙（不作为）两行为结合起来才导致了死亡结果，甲、乙的行为对于死亡结果具有共同性，应可认为是共同行为。乙虽无与甲共同实施犯罪的明示故意，但其以不作为的默示形式参与，至少可认为是片面的帮助犯（承认片面的帮助犯是共同犯罪）。

（4）由此，甲、乙可构成共同犯罪，甲是作为的实行犯；乙是不作为的帮助犯，罪名应认定为故意杀人罪。

（5）之后的掩埋尸体行为，由于是本犯实施，对共犯人进行包庇，欠缺期待可能，不能构成包庇罪或帮助毁灭、伪造证据罪。从而选项 A 正确，B、C、D 错误。

（6）为何不认为乙与甲是共同正犯呢？这就涉及乙的行为是正犯还是共犯的判断。根据通说观点（米西田典之的观点），如不作为者实施作为，本应"确实地"（具有"十之八九"的可能）避免结果发生之时，属于不作为形式的同时正犯；如果只是"有可能使得结果的发生更为困难"，则属于不作为形式的帮助犯。本案应属后者。到底还是甲的作为行为导致了儿子的死亡，乙能阻止时不阻止，其对死亡结果的作用是次要的。

---

[1]　A

考点十三 共同犯罪中的认识错误

1. 甲、乙共谋杀害在博物馆工作的丙，两人潜入博物馆同时向丙各开一枪，甲击中丙身边的国家重点保护的珍贵文物，造成文物毁损的严重后果；乙未击中任何对象。关于甲、乙的行为，下列哪一选项是正确的？[1]（2004/2/18）

A. 甲成立故意毁损文物罪，因为毁损文物的结果是甲故意开枪的行为造成的

B. 甲、乙成立故意杀人罪的共犯

C. 对甲应以故意杀人罪和过失损毁文物罪实行数罪并罚

D. 甲的行为属于一行为触犯数罪名，成立牵连犯

【疑难辨析】 本题考查共同犯罪、认识错误、罪数。在客观不法层面上，当共犯都是正犯（实行犯）时，应将共同犯罪行为视为一个整体行为，各正犯人都应对该整体正犯行为有因果关系的结果承担责任。只有在实行过限，亦即部分共犯人的行为超过共同犯罪故意时，才认为承担单独责任。

【解析】（1）在客观不法层面上，甲、乙的开枪行为，系共同正犯行为。二人各开了一枪的行为，系一个共同行为（整体上视为一个杀人行为）。对共同行为造成的结果（打死丙的危险、文物毁损的实害），二人均应负责。即认为客观二人共同实施了杀人未遂行为、毁损文物行为。

（2）在主观上，二人有杀人故意；在博物馆里开枪，造成了文物毁损的结果，没有意识到文物毁损，不是故意，但对此有过失。

（3）客观、主观统一，触犯故意杀人罪（未遂）、过失损毁文物罪。

（4）在罪数方面，一行为构成两罪，属想象竞合，应当择一重处断。故只有选项 B 正确。

2. 甲雇凶手乙杀丙，言明不要造成其他后果。乙几次杀丙均未成功，后来采取爆炸方法，对丙的住宅（周边没有其他人与物）进行爆炸，结果将丙的妻子丁炸死，但丙安然无恙。关于本案，下列哪些说法是错误的？[2]（2008/2/58）

A. 甲与乙构成共同犯罪

B. 甲成立故意杀人罪（未遂）

C. 乙对丙成立故意杀人未遂，对丁成立过失致人死亡罪

D. 乙对丙成立爆炸罪，对丁成立过失致人死亡罪

【解析】（一）正犯乙

1. 其实施爆炸，因住宅周边没有其他人与物，未危害公共安全，实行行为是杀人行为而不是危害公共安全行为。

2. 结果上，将丁炸死，系杀人既遂行为；未将丙杀死但有危险，系杀人未遂行为。

3. 主观上，想将丙杀死而将丁炸死，未认错误对象，对丙有杀人故意，触犯故意杀人罪未遂。对丁系打击错误、具体错误；按法定符合说，对丁也有杀人故意，触犯故意杀人罪既遂。

4. 想象竞合，以故意杀人罪既遂论处。

（二）甲

1. 教唆乙杀人，乙实施了杀人行为，甲构成故意杀人罪的教唆犯。二人构成共同犯罪。

2. 甲也未认错对象，不是对象错误，而是打击错误、具体错误。按法定符合说，对丁也有杀人故意。教唆犯甲也构成故意杀人罪既遂。

（三）注意

1. 由于题意未提示学说立场，则只能按通说法定符合说作答。B、C两项是具体符合说的观点，选项D的后半部也是具体符合说的观点，只有选项A是正确的。

2. 有考生错误的将乙的行为理解为危害公共安全的爆炸行为，实际上，即使如此，也能选对选项。例如，认为乙可危害公共安全，则乙构成爆炸罪的正犯。由于爆炸罪中包容了故意杀人，故甲乙二人在故意杀人的范围内成立共同犯罪。按法定符合说，甲仍是故意杀人罪的既遂，乙构成爆炸罪的实害犯。仍然只有选项A正确。

3. 甲、乙、丙共谋要"狠狠教训一下"他们共同的仇人丁。到丁家后，甲在门外望风，乙、丙进屋打丁。但当时只有丁的好友田某在家，乙、丙误把体貌特征和丁极为相似的田某当作是丁进行殴打，遭到田某强烈抵抗和辱骂，二人分别举起板凳和花瓶向田某头部猛击，将其当场打死。关于本案的处理，下列哪些判断是正确的？[1]（2008 延/2/61）

A. 甲、乙、丙构成共同犯罪　　　　　B. 甲、乙、丙均成立故意杀人罪

C. 甲不需要对田某的死亡后果负责　　D. 甲成立故意伤害罪

【解析】（一）正犯乙、丙

1. 客观上实施了"向田某头部猛击"的杀人行为，致田某死亡，系杀人致死行为。

2. 主观上具有杀人故意（"向田某头部猛击"）。误将田某认作丁，系对象错误、具体错误，按法定符合说，对田某具有杀人故意，构成故意杀人罪既遂。

3. 当然，之前的行为为伤害，后来发生犯意转化，以重行为故意杀人罪论处。

（二）帮助犯甲

1. 客观行为附属于正犯实行行为，系为致死行为提供帮助。

2. 甲与乙、丙在故意伤害罪的范围内构成共同犯罪，对共同伤害导致的致死结果负责。

3. 主观上具有伤害故意（"狠狠教训一下"），对死亡结果系过失，构成故意伤害罪（致人死亡）。故选项A、D正确，选项B、C错误。

（三）本题的难点是C选项

1. 甲仅有伤害故意，没有杀人故意，与乙、丙在故意伤害罪的范围内构成共同犯罪。但田某死亡是乙、丙的杀人行为导致的，甲是否对致死负责。因杀人是最严重的伤害，故而乙、丙杀人致死，也是伤害致死，当然甲客观上要负责（乙、丙对于伤害行为并未实行过限）。

2. 只不过，主观上甲对死亡结果没有故意，不承担故意责任，是否应当承担过失责任。回答是肯定的，甲有伤害的故意，没有认识到死亡结果；但是，其虽未认识到死亡结果，但公众会认为，伤害与杀害只有程度之别，很难把握分寸，应当预料到死亡结果的发生可能，因此具有疏忽过失。事实上，在结果加重犯中，认识到基本犯结果，就应推定对加重结果至少有过失。甲需要对田某的死亡后果负责过失责任，构成故意伤害罪（致人死亡）。选项C"不需要负责"说法错误。正确的说法是：不承担故意责任，但要承担过失责任。

考点十四　共同犯罪与犯罪形态

1. 下列哪些选项中的甲属于犯罪未遂？[1]（2014/2/54）

A. 甲让行贿人乙以乙的名义办理银行卡，存入 50 万元，乙将银行卡及密码交给甲。甲用该卡时，忘记密码，不好意思再问乙。后乙得知甲被免职，将该卡挂失取回 50 万元

B. 甲、乙共谋傍晚杀丙，甲向乙讲解了杀害丙的具体方法。傍晚乙如约到达现场，但甲却未去。乙按照甲的方法杀死丙

C. 乙欲盗窃汽车，让甲将用于盗窃汽车的钥匙放在乙的信箱。甲同意，但错将钥匙放入丙的信箱，后乙用其他方法将车盗走

D. 甲、乙共同杀害丙，以为丙已死，甲随即离开现场。一个小时后，乙在清理现场时发现丙未死，持刀杀死丙

【疑难辨析】本题考查犯罪未遂、共同犯罪人的犯罪形态（因果关系）、因果关系。对于共同犯罪，危害结果与实行行为、共犯行为（帮助、教唆）有因果关系，则在共同犯罪的范围内：一人（正犯）既遂，全体（所有共同犯罪人）既遂。对于狭义共犯（帮助、教唆犯）：有因果关系才既遂。（1）要求共犯行为（帮助、教唆行为）与实行行为之间具有因果关系（促进关系、造意关系）时，亦即实行犯实际利用了帮助犯提供的帮助条件，或者实行犯的犯意是教唆犯制造，实行犯既遂，才认为共犯也既遂。（2）如果共犯行为（帮助、教唆行为）与实行行为之间不具有因果关系（促进关系、造意关系）时，亦即实行犯没有实际利用了帮助犯提供的帮助条件，或者实行犯的犯意不是教唆犯制造，即使实行犯既遂，也不认为共犯既遂。教唆犯可能不成立，帮助可能是未遂。

【解析】A 选项，考查受贿罪的既遂标准。（1）受贿罪的既遂标准是控制财物，本案中乙将银行卡及密码交给甲时，甲可随时取用其中的钱款，即使实际未取出，也应当认定为控制住了钱款，系犯罪既遂而非未遂。注意：作为既遂标准的"控制"标准（类似于事实占有或者法律占有均可），与作为犯罪对象的"他人占有的财物"中的"占有"（一般是事实占有）的含义并不相同，不能混淆。（2）乙将卡挂失取回 50 万元，涉嫌侵占罪（对象是已经送出的赃物）。

B 选项，考查共同犯罪人的犯罪形态（因果关系）。正犯乙构成盗窃罪（既遂）。甲有共谋行为、帮助故意，构成帮助犯（共谋犯）。在因果关系上，乙客观上使用了甲的谋划的方法，丙的死亡结果与甲的谋划行为有因果关系，甲系故意杀人罪既遂。

C 选项，考查共同犯罪人的犯罪形态（因果关系）。正犯乙构成盗窃罪（既遂）。甲客观上有帮助行为，主观上有帮助故意，构成帮助犯。在因果关系上，乙客观上没有使用甲提供的帮助条件，车被盗走结果与甲的帮助行为没有因果关系，甲系盗窃罪未遂。

D 选项，案情分为两段：前段甲、乙构成故意杀人罪的共同犯罪，后段是乙故意杀人罪的单独犯。丙的死亡与后段乙单独行为有因果关系，从而中断了与前段行为的因果关系。前段行为中甲系故意杀人罪未遂；前段行为中乙系故意杀人罪未遂，后段中乙系故意杀人罪既遂，前后两段结合，乙是故意杀人罪既遂。

2. 甲、乙共同盗窃丙的渔网，乙提供汽车以便深夜盗窃渔网。结果甲误将自己的渔网当

_____

〔1〕　CD

作丙的渔网盗走，随后乙将渔网出卖。关于甲、乙的行为，说法正确的有？[1]（2019/客/卷一/14仿）

A. 甲、乙均构成盗窃罪既遂

B. 甲构成盗窃罪既遂，乙构成盗窃罪未遂

C. 甲、乙均构成盗窃罪未遂

D. 甲构成盗窃罪既遂，乙构成盗窃罪预备

【疑难辨析】本案是由共同犯罪、对象错误、既未遂的认定。基本推理方法是：先正犯、再共犯。对于正犯而言，区分不同对象，先客观、后主观，客观主观相统一。

【解析】对于正犯甲：（1）对于偷到自己渔网的结果而言，客观上可谓是"偶然自损"，没有造成他人财物被盗的实害结果；主观上系对象错误、具体错误，有盗窃故意，不构成盗窃既遂。（2）但对于丙的渔网而言，客观上存在被偷走的具体危险，主观上有盗窃故意，故构成盗窃罪未遂。

对于帮助犯乙，客观不法的定性从属于正犯甲。（1）对于甲偷到自己渔网的行为，由于正犯客观上是自损，帮助犯乙客观上也系帮助自损；主观上系对象错误、具体错误，有帮助盗窃的故意，不构成盗窃既遂。（2）对甲可能偷到丙的渔网的盗窃未遂行为，帮助犯乙客观上是对盗窃未遂进行帮助，主观上有帮助盗窃的故意，构成盗窃罪未遂。

本案可类比于：甲、乙共谋杀丙，乙提供枪支，甲在开枪打丙时把自己打死。

当然，如果本案将甲、乙的正犯、共犯的角色互换，案情变为：甲提供汽车，乙去偷丙的渔网，而实际偷到甲的渔网。正犯乙：（1）对于甲的渔网，相对于乙而言，系他人的财物，造成了实害结果，系盗窃罪既遂。（2）对于丙的渔网，构成盗窃罪未遂。帮助犯甲：（1）帮助乙偷到自己的渔网，构成"偶然自损"。（2）帮助乙可能偷到丙的渔网，构成盗窃罪未遂的帮助犯。此情形可能类比为：甲、乙共谋杀丙，甲提供枪支，乙在开枪打丙时，误将偶然路过此处的甲（不属偶然防卫）认作是丙而打死。

考点十五　共犯（共谋犯、帮助犯）关系的脱离

1. 甲与乙共谋盗窃汽车，甲将盗车所需的钥匙交给乙。但甲后来向乙表明放弃犯罪之意，让乙还回钥匙。乙对甲说："你等几分钟，我用你的钥匙配制一把钥匙后再还给你"，甲要回了自己原来提供的钥匙。后乙利用自己配制的钥匙盗窃了汽车（价值5万元）。关于本案，下列哪一选项是正确的？[2]（2008/2/19）

A. 甲的行为属于盗窃中止　　　　B. 甲的行为属于盗窃预备

C. 甲的行为属于盗窃未遂　　　　D. 甲与乙构成盗窃罪（既遂）的共犯

【疑难辨析】本题考查共犯（共谋犯、帮助犯）关系的脱离。共犯关系的脱离（也称共同犯罪关系的解组），一般指帮助犯或次要的共谋犯（起次要作用的共犯），在实行犯着手实行犯罪行为之前，脱离共同犯罪关系，并切断本人先前行为与结果之间的因果关系的情况。需具备三个条件：（1）主观上有脱离意思。（2）客观上脱离者须切断本人之前行为（帮助、共谋行为）与危害结果之间的因果关系。（3）脱离者为帮助犯、次要共谋犯，脱离阶段为实行之前。脱离者对于脱离之前参与的行为成立共同犯罪（一般是预备犯），系犯罪中止。脱离者对

---

〔1〕　C　〔2〕　D

于脱离后的实行犯单独实施的行为以及结果不再承担共同责任。

【解析】（1）乙构成盗窃罪的正犯，系犯罪既遂。（2）甲为乙盗窃提供钥匙，构成盗窃罪的帮助犯。（3）在乙着手实行之前，甲虽然明确表示退出，脱离意思也为乙所接受。但是，在客观上，其甲之前所盗车钥匙，被乙配制后实际用于盗窃汽车，甲并未切断之前提供钥匙行为与之后结果之间的因果关系。盗窃得逞与甲之前提供钥匙的行为有因果关系，构成盗窃罪既遂。（4）故不能认定甲在乙实行犯罪之前脱离，亦即，因甲未能有效阻止既遂结果，不能认为是犯罪中止。选项 D 正确。

2. 甲与乙共谋次日共同杀丙，但次日甲因腹泻未能前往犯罪地点，乙独自一人杀死丙。关于本案，下列哪些说法是正确的？[1]（2002/2/35）

A. 甲与乙构成故意杀人罪的共犯

B. 甲与乙不构成故意杀人罪的共犯

C. 甲承担故意杀人预备的刑事责任，乙承担故意杀人既遂的刑事责任

D. 甲与乙均承担故意杀人既遂的刑事责任

【解析】本题考虑共犯的脱离。（1）乙系故意杀人罪（既遂）的直接正犯。（2）甲实施了共谋行为（精神帮助行为），主观上有共同故意，构成共同犯罪。（3）甲并未在实行之前表达脱离意思、乙并不知情，也没有切断自己的共谋行为与乙的实行行为之间的因果关系，死亡结果与甲的共谋行为有因果关系，甲没有脱离共犯关系，仍应对杀人既遂负责。

3. 甲、乙、丙三人合谋，准备盗窃丁的财物。甲为乙、丙提供一辆汽车供二人使用，后甲后悔，不愿意参加，谎称自己母亲不舒服，不方便参加，乙、丙认可。后乙、丙二人开着甲提供的汽车盗窃丁。但是，二人误把戊的财物当成丁的财物进行了盗窃，获取了数额较大的财物。关于本案以及犯罪形态，以下说法正确的有？[2]（2018/客/卷一/10 仿）

A. 乙、丙对丁构成犯罪预备　　　　　　B. 乙、丙对戊构成犯罪既遂

C. 甲构成既遂　　　　　　　　　　　　D. 甲犯罪预备阶段中止

【解析】本题考查共同犯罪，涉及共犯关系的脱离、认识错误等问题。

在认识错误问题上，正犯乙、丙误将戊的财物当成丁的财物进行了盗窃，系对象错误、具体错误，不影响盗窃罪既遂的成立。

在共犯关系的脱离问题上，帮助甲尽管在正犯实行之前退出，但并未撤回其提供的帮助工具，乙、丙二人仍然利用该帮助工具实施实行行为，并且盗窃得逞。故甲仍为乙、丙正犯阶段的帮助犯，而不是预备阶段的帮助犯。帮助行为与结果之间具有因果关系，应当认定为犯罪既遂。选项 B、C 说法正确。

4. 张三和李四商量一起去盗窃，张三入户，李四在外放风。后李四因慌张，就跟张三说"要不我们算了"，尽管张三没同意，但李四还是偷偷走掉了，张三对此不知情。之后张三进入被害人家中后，看到这家人过于贫困，突发同情心，放弃盗窃离开。下列选项说法正确的是？[3]（2020/客/1/16 仿）

A. 李四构成犯罪未遂

B. 张三构成犯罪中止

C. 张三和李四既然是共同犯罪，犯罪形态就应当一致

D. 张三的放弃盗窃离开现场，不影响对李四犯罪形态的认定

【解析】考查共犯脱离、犯罪中止、共同犯罪、犯罪形态。

---

[1] AD　〔2〕 BC　〔3〕 AB

（1）正犯张三，在盗窃实行之后自动放弃，有效阻止结果发生，根据《刑法》第24条，构成盗窃罪中止。

（2）李四帮助张三盗窃而放风，构成盗窃罪的帮助犯。尽管李四偷偷走掉，但正犯张三并不知情，且系在正犯实行之后退出，没有切断自己放风行为与实行行为的因果关系，不属共犯脱离，不构成中止。系正犯实行之后因意志以外的原因而未得逞，构成犯罪未遂。

（3）类比：如果张三继续盗窃既遂；因既遂结果与李四对实行的帮助行为之间具有因果关系，李四也应构成既遂，而不是中止。

考点十六　综合题

1. 关于共同犯罪，下列哪些选项是正确的？[1]（2013/2/55）

A. 乙因妻丙外遇而决意杀之。甲对此不知晓，出于其他原因怂恿乙杀丙。后乙杀害丙。甲不构成故意杀人罪的教唆犯

B. 乙基于敲诈勒索的故意恐吓丙，在丙交付财物时，知情的甲中途加入帮乙取得财物。甲构成敲诈勒索罪的共犯

C. 乙、丙在五金店门前互殴，店员甲旁观。乙边打边掏钱向甲买一羊角锤。甲递锤时对乙说"你打伤人可与我无关"。乙用该锤将丙打成重伤。卖羊角锤是甲的正常经营行为，甲不构成故意伤害罪的共犯

D. 甲极力劝说丈夫乙（国家工作人员）接受丙的贿赂，乙坚决反对，甲自作主张接受该笔贿赂。甲构成受贿罪的间接正犯

【解析】A选项，考查教唆犯。教唆犯的成立要求教唆行为、教唆故意。客观上教唆行为的本质是造意（制造新的犯意、升高犯意），在本案中，实行犯乙的杀人犯意是其本人制造的，在甲实施教唆行为之前乙就已有犯意，而并非甲的行为制造。故而甲不能构成教唆犯。

B选项，考查承继的共同犯罪。甲在乙实施敲诈勒索罪犯罪行为终了之前，以共同故意加入，可成立敲诈勒索罪承继的共同犯罪。

C选项，考查中立帮助行为构成帮助犯的条件。甲为对乙实施的具有紧迫性的重伤实行行为提供了帮助、具有促进作用，系帮助行为，可成立帮助犯。

D选项，考查正犯与身份的关系。对于身份犯罪而言，行为人具有特殊身份，才能成立正犯。间接正犯也是正犯的一种，也需身份。本案中甲无国家工作人员的身份，不能构成受贿罪的间接正犯。至于甲如何定罪，要看案情发展：（1）如果甲收钱后，乙知情后不及时上缴，乙可构成受贿罪正犯，甲构成帮助犯；（2）如果甲收钱后，乙不知情，甲"吹枕边风"让乙为丙谋取不正当利益，则甲构成利用影响力受贿罪的正犯。

2. 关于共同犯罪，下列选项说法正确的是？[2]（2019/客/卷一/13仿）

A. 虽然自杀不构成犯罪，但教唆有责任能力的人自杀的，一般构成故意杀人的间接正犯

B. 在共同犯罪中，可能存在部分共同犯罪人成立未遂，部分共同犯罪人成立中止的情形

C. 共同犯罪人对同一构成要件范围内的事实产生认识错误的，会影响其共同犯罪的成立和犯罪形态

D. 集团犯罪中组织者、领导者以及其他共同犯罪中的组织者、指挥者，均需对成员所犯

---

[1]　AB　[2]　B

全部罪行负责

【解析】A选项，考查教唆犯、间接正犯。一般情况下，教唆、帮助有认知能力、有意志自由的他人自杀，由于自杀不是不法行为，故而教唆者不能构成教唆犯。只有教唆者、帮助者系间接正犯（对自杀者有支配关系）的情况下，才能成立故意杀人罪（间接正犯）。因此本选项说法错误。

B选项，考查共同犯罪的犯罪形态。由于犯罪停顿原因是主观标准。当部分共同犯罪人自动停止犯罪，并阻止其他共同犯罪人实行犯罪得逞或防止结果发生时，这部分共同犯罪人就是中止犯。其他没有自动中止意图与中止行为的共同犯罪人，是未遂犯或者预备犯。例如，甲、乙共同杀丙致丙重伤，乙走后，甲自动救助丙使丙活。因此本选项说法正确。

C选项，考查共同犯罪中的认识错误。同一构成要件范围内的事实的认识错误，是具体错误，对于具体错误，按通说法定符合说，对于实际侵害的对象和结果仍有故意，因此不太可能影响共同犯罪的成立和犯罪形态。例如，甲教唆乙杀A某，乙误将B某当作A某射杀。甲、乙均存在具体错误，按法定符合说二人仍构成共同犯罪，且均为既遂。因此本选项说法错误。

D选项，考查组织犯的责任。《刑法》第26条第3、4款规定："对组织、领导犯罪集团的首要分子，按照集团所犯的全部罪行处罚。对于第三款规定以外的主犯，应当按照其所参与的或者组织、指挥的全部犯罪处罚。"因此本选项说法错误。

专题八　单位犯罪

(1) 成立单位犯罪的条件	单位犯罪与自然人共同犯罪的区分
(2) 司法解释规定的不属单位犯罪而属于自然人犯罪的情况	无法人资格的独资、私营公司、企业；为犯罪设立单位，或单位设立后以实施犯罪为主要活动；利益归个人私分
(3) 单位实施不能由单位构成的罪名时的定性	单位实施不能由单位构成的犯罪，对组织、策划、实施者以自然人犯罪（共同犯罪）论处
(4) 单位自首、单位撤销	对单位不处罚，对责任人员处罚，仍以单位犯罪论处

考点　单位犯罪

1. 下列哪些行为不构成单位犯罪？[1]（2005/2/52）

A. 甲、乙、丙出资设立一家有限责任公司专门从事走私犯罪活动

B. 甲、乙、丙出资设立的公司成立后以生产、销售伪劣产品为主要经营活动

C. 某公司董事长及总经理以公司名义印刷非法出版物，所获收入由他们二人平分

D. 某公司董事长及总经理组织职工对前来征税的税务工作人员使用暴力，拒不缴纳税款

【疑难辨析】本题考查不构成单位犯罪的情况。根据《最高人民法院关于审理单位犯罪案件具体应用法律有关问题的解释》，不属于单位犯罪而属于自然人犯罪的情况：（1）无法人资格的独资、私营公司、企业，实施的犯罪认定为自然人犯罪。具有法人资格的独资、私营等公司、企业、事业单位，可构成单位犯罪。（2）盗用单位名义实施，利益归个人私分，实施的犯罪认定为自然人犯罪。（3）个人为进行违法犯罪活动而设立公司、企业、事业单位，实施的犯罪认定为自然人犯罪。（4）公司、企业、事业单位设立以后，以实施犯罪为主要活动的，实施的犯罪认定为自然人犯罪。

【解析】A选项，个人为进行违法犯罪活动而设立单位，以自然人犯罪论处。

B选项，单位成立以后，以实施犯罪为主要活动的，以自然人犯罪论处。

C选项，盗用单位名义实施犯罪，违法所得由实施犯罪的个人私分的，直接以自然人犯罪定罪处罚而不以单位犯罪论。

D选项，根据《刑法》第30条的规定，单位犯罪须有刑法规定。《刑法》第202条并未规定单位可以构成抗税罪的主体；应对实施者以自然人抗税罪论处。

---

[1]　ABCD

2. 关于单位犯罪，下列选项错误的是？[1]（2008 延/2/92）

A. 甲注册某咨询公司后一直亏损，后发现为他人虚开增值税专用发票可以盈利，即以此为主要业务，该行为属于咨询公司单位犯罪

B. 乙公司在实施保险诈骗罪以后，因为没有年检而被工商管理局吊销营业执照。案发后对该公司不再追诉，只能对原公司中的直接负责的主管人员和其他直接责任人员追究刑事责任

C. 丙虚报注册资本成立进出口公司，主要从事正当业务经营，后经公司股东集体讨论，以公司的名义走私汽车，利益均分。由于该进出口公司成立时不符合法律规定，该走私行为属于个人犯罪

D. 丁等 5 名房地产公司领导以公司名义非法经营烟草业务，所得利益归 5 人均分。该行为属于单位犯罪

【解析】 A 选项，公司成立以后，以实施犯罪为主要活动的，不能成为单位犯罪的主体。

B 选项，公司被吊销营业执照后，只对直接负责的主管人员和其他直接责任人员追究刑事责任（仍为单位犯罪的责任），对该单位不再追诉。

C 选项，公司成立时虽在程序上违法，但是公司只要没有被撤销，其就是适格的单位；公司成立后，不以实施犯罪为主要活动的，不是自然人犯罪；集体决策、以公司名义所获利益归全部股东分配，为单位谋取利益的行为，是单位行为，构成单位犯罪。故此选项错误。

D 选项，盗用单位名义实施犯罪，违法所得由实施犯罪的个人私分的，直接以自然人犯罪定罪处罚而不以单位犯罪论。

3. 关于单位犯罪，下列哪些选项是正确的？[2]（2015/2/54）

A. 就同一犯罪而言，单位犯罪与自然人犯罪的既遂标准完全相同

B.《刑法》第 170 条未将单位规定为伪造货币罪的主体，故单位伪造货币的，相关自然人不构成犯罪

C. 经理赵某为维护公司利益，召集单位员工殴打法院执行工作人员，拒不执行生效判决的，成立单位犯罪

D. 公司被吊销营业执照后，发现其曾销售伪劣产品 20 万元。对此，应追究相关自然人（直接负责的主管人员和其他直接责任人员）销售伪劣产品罪的刑事责任

【解析】 本题考查单位犯罪，涉及一些细节的具体单位犯罪罪名。

A 选项，就同一犯罪的构成要件而言，单位犯罪与自然人犯罪只涉及主体要素的不同，不涉及其他构成要件要素。因此既遂标准相同，当然有可能法定刑不同。A 选项正确。

B 选项，《刑法》第 170 条未将单位规定为伪造货币罪的主体，故单位伪造货币的，不构成单位犯罪。但根据《全国人民代表大会常务委员会关于〈中华人民共和国刑法〉第三十条的解释》，"公司、企业、事业单位、机关、团体等单位实施刑法规定的危害社会的行为，刑法分则和其他法律未规定追究单位的刑事责任的，对组织、策划、实施该危害社会行为的人依法追究刑事责任"，故应追究相关自然人伪造货币罪的刑事责任。B 选项错误。

C 选项，（1）关于暴力殴打国家机关工作人员，拒不执行生效判决的行为如何定性。根据最新司法解释，认定为拒不执行判决、裁定罪，不认定为妨害公务罪。法条依据是 2020 年《最高人民法院关于审理拒不执行判决、裁定刑事案件适用法律若干问题的解释》（自 2021 年 1 月 1 日起施行）第 2 条第 5~7 项，其中规定，以暴力、威胁方法阻碍执行人员进入执行现场或者聚众哄闹、冲击执行现场，致使执行工作无法进行的，属于《刑法》第 313 条规定的"其

他有能力执行而拒不执行，情节严重的情形"，构成拒不执行判决、裁定罪。（2）关于单位实施拒不执行判决、裁定行为如何定性。在考试当时（2015年9月），拒不执行判决、裁定罪均只能由自然人构成，不能由单位构成，故不成立单位犯罪；应按《全国人民代表大会常务委员会关于〈中华人民共和国刑法〉第三十条的解释》（自2014年4月24日起施行），对组织、策划、实施该危害社会行为的人，按拒不执行判决、裁定罪追究自然人犯罪的责任。（3）但在现在，《刑法修正案（九）》（自2015年11月1日起施行）为拒不执行判决、裁定罪增设了单位主体，故应认定C选项可构成单位犯罪，C选项正确。

D选项，根据《最高人民检察院关于涉嫌犯罪单位被撤销、注销、吊销营业执照或者宣告破产的应如何进行追诉问题的批复》"涉嫌犯罪的单位被撤销、注销、吊销营业执照或者宣告破产的，应当根据刑法关于单位犯罪的相关规定，对实施犯罪行为的该单位直接负责的主管人员和其他直接责任人员追究刑事责任，对该单位不再追诉。"原理是：单位犯罪如是双罚制，则单位、责任人员本来都是科罚对象、追诉对象；但单位吊销无承续者的，虽仍是单位犯罪，但单位"死亡"无法追诉；只能追究相关自然人（直接负责的主管人员和其他直接责任人员）的责任。只不过，追究相关自然人刑事责任时，不是以自然人犯罪追究，而是将其作为单位犯罪的责任人员追究。D选项正确。

4. 关于单位犯罪的说法，下列哪一选项是错误的？[1]（2018/客/卷一/11 仿）

A. 甲、乙为了实施走私而成立了某具有法人资格的公司，后该公司实施了走私犯罪。则该公司的走私行为不能认定为是单位犯罪

B. 某国有公司高管集体研究决定，将该单位的50万元在5个高管中平均分配。该行为不能认定为单位犯罪（私分国有资产罪）

C. 甲公司实施单位犯罪之后，甲公司被乙公司兼并。既要追究原甲公司原直接责任人的刑事责任，亦应追究甲公司的刑事责任

D. 甲实施拐卖儿童行为，借用其所在的单位的车及司机帮忙运送被拐卖儿童，该单位参与拐卖儿童的行为亦构成单位犯罪

【解析】A选项，《最高人民法院关于审理单位犯罪案件具体应用法律有关问题的解释》第2条："个人为进行违法犯罪活动而设立的公司、企业、事业单位实施犯罪的，……不以单位犯罪论处。"应当认定为自然人犯罪。

B选项，前述解释第3条："盗用单位名义实施犯罪，违法所得由实施犯罪的个人私分的，依照刑法有关自然人犯罪的规定定罪处罚。"本选项在高管中私分，不属单位犯罪，不构成单位犯罪私分国有资产罪，应以自然人犯罪贪污罪论处。

C选项，《最高人民法院研究室关于企业犯罪后被合并应当如何追究刑事责任问题的答复》规定："人民检察院起诉时该犯罪企业已被合并到一个新企业的，仍应依法追究原犯罪企业及其直接负责的主管人员和其他直接人员的刑事责任。人民法院审判时，对被告单位应列原犯罪企业名称，但注明已被并入新的企业，对被告单位所判处的罚金数额以其并入新的企业的财产及收益为限。"故本选项说法正确。本答复意见的原理是：原单位合并，权利义务由新单位承续时，可以追究单位犯罪责任；其内容与《最高人民检察院关于涉嫌犯罪单位被撤销、注销、吊销营业执照或者宣告破产的应如何进行追诉问题的批复》（规定的是单位注销无承续人、无法追究原单位）并不矛盾。

D选项，拐卖儿童罪不能由单位构成，应当根据《全国人民代表大会常务委员会关于〈中

---

[1] D

华人民共和国刑法〉第三十条的解释》，对组织、策划、实施该危害社会行为的自然人依法追究刑事责任。

5. 关于单位犯罪，以下说法正确的有？[1]（2019/客/卷一/15仿，模拟题）

A. 甲、乙为贩卖淫秽物品而成立A公司，并以A公司名义实施行为，应以单位犯罪论处

B. 某国有公司的领导经集体研究，一致决定将该公司应上缴国家的100万元利润，分给员工作为奖励，可构成单位犯罪

C. 母公司电气公司与其子公司雷鸣公司共同实施走私犯罪，则两个公司可构成共同犯罪，对两个公司直接负责的主管人员和其他直接责任人员，均应判处刑罚

D. A公司与B公司共同实施某犯罪，如果A公司不符合单位犯罪的条件，但B公司符合单位犯罪的条件，则可形成自然人与单位构成共同犯罪的情形

【解析】 A选项，《最高人民法院关于审理单位犯罪案件具体应用法律有关问题的解释》第2条："个人为进行违法犯罪活动而设立的公司、企业、事业单位实施犯罪的，……不以单位犯罪论处。"应当认定为自然人犯罪。

B选项，构成《刑法》第396条规定的私分国有资产罪，是单位犯罪，但该罪系单罚制，只处罚直接负责的主管人员和其他直接责任人员。

C选项，《刑法》第25条共同犯罪中的"二人以上"，既包括自然人，也包括单位。两个单位共同故意犯罪，可以成立共同犯罪。再根据《刑法》第31条单位犯罪的处罚规定，对其直接负责的主管人员和其他直接责任人员判处刑罚。

D选项，如果A公司不符合单位犯罪的条件，则根据《全国人民代表大会常务委员会关于〈中华人民共和国刑法〉第三十条的解释》，对组织、策划、实施该危害社会行为的自然人依法追究刑事责任。可与单位构成共同犯罪。

---

[1] BCD

专题九　罪数形态

行为个数（行为单数）的认定	继续犯、集合犯
刑法分则明文规定的罪数规则	法条竞合、结果加重犯、结合犯
刑法总论中的罪数形态理论	想象竞合犯、连续犯、牵连犯、吸收犯、事后不可罚
刑法分则及刑法解释的罪数规定	常考情节有杀人、强奸、妨害公务、非法拘禁等

考点一　想象竞合犯

1. 关于想象竞合犯的认定，下列哪些选项是错误的？[1]（2013/2/56）

A. 甲向乙购买危险物质，商定4000元成交。甲先后将2000元现金和4克海洛因（折抵现金2000元）交乙后收货。甲的行为成立非法买卖危险物质罪与贩卖毒品罪的想象竞合犯，从一重罪论处

B. 甲女、乙男分手后，甲向乙索要青春补偿费未果，将其骗至别墅，让人看住乙。甲给乙母打电话，声称如不给30万元就准备收尸。甲成立非法拘禁罪和绑架罪的想象竞合犯，应以绑架罪论处

C. 甲为劫财在乙的茶水中投放2小时后起作用的麻醉药，随后离开乙家。2小时后甲回来，见乙不在（乙喝下该茶水后因事外出），便取走乙2万元现金。甲的行为成立抢劫罪与盗窃罪的想象竞合犯

D. 国家工作人员甲收受境外组织的3万美元后，将国家秘密非法提供给该组织。甲的行为成立受贿罪与为境外非法提供国家秘密罪的想象竞合犯

【疑难辨析】 想象竞合犯是一个行为同时造成数个结果、侵害数个法益，从而触犯数个罪名的情况。本题主要考查"一个行为"即行为个数的认定，具有一定难度。选项A涉及"一个行为"的认定；选项B涉及法条竞合与想象竞合的区别；选项C涉及行为个数、行为与责任同时性原则；选项D也涉及行为个数的认定。对于行为的个数，可以这样辨识：①只有一个举动（动作）的，是一个行为；数个犯意支配下的数个动作，是数个行为；②同一意思决意支配下实施数个性质相同的动作组成一个行为（多举犯）的是一个行为，例如为了杀人而砍十刀；有计划地实现目标的数个时空联系紧密的动作，也是一个行为（持续行为），例如先打昏、砍伤再杀害，多次投毒累积至致死量；③数个刑法层面上的规范行为，只在小部分（不重要部分）重合，认定为数个行为；如在大部分（重要部分）重合，认定为一个行为。

---

[1]　ABCD

【解析】A选项，想象竞合犯要求"一个行为"，本案中，非法买卖危险物质与以毒品折价的行为，只在小部分范围内重合，在关键部分（买入危险物质、卖出毒品）不重合，应当认定为两个行为。故应数罪并罚，而不认定为想象竞合犯。

B选项，考查想象竞合与法条竞合的区分。甲构成绑架罪，该结论正确。但对于绑架罪和非法拘禁罪的关系，因《刑法》第239条规定绑架罪的构成要件客观行为"绑架"包容非法拘禁，故二者是整体法与部分法的法条竞合关系，而不是想象竞合关系。

C选项，（1）甲之前基于抢劫犯意实施抢劫罪的实行行为"暴力"（被害人已喝下茶水，人身权益受到即刻侵害，故认定为实行），但未造成轻伤或取财结果，主观上有抢劫故意；主观上具有抢劫故意，构成抢劫罪。（2）之后基于盗窃犯意实施盗窃罪的实行行为，主观上犯意转化为盗窃故意。取财结果与"抢"的行为没有因果关系，而是盗窃所得。构成盗窃罪既遂。（3）数个犯意支配下实施两个动作，是两个行为，分别触犯两罪：抢劫罪的未遂犯、盗窃罪的既遂犯。由于有二行为，二行为是分别实施且并无重叠，故而不认为是想象竞合犯，而是两罪并罚。

D选项，受贿行为与为境外非法提供国家秘密的行为明显可区分为两个行为，而不是一个行为，故而不属于想象竞合犯，应当数罪并罚。

2. 甲预谋拍摄乙与卖淫女的裸照迫使乙交付财物。一日，甲请乙吃饭，叫卖淫女丙相陪。饭后，甲将乙、丙送上车。乙、丙刚到乙宅，乙便被老板电话叫走，丙亦离开。半小时后，甲持相机闯入乙宅发现无人，遂拿走了乙的3万元现金。关于甲的行为性质，下列哪一选项是正确的？[1]（2011/2/15）

A. 抢劫未遂与盗窃既遂
B. 抢劫既遂与盗窃既遂的想象竞合
C. 敲诈勒索预备与盗窃既遂
D. 敲诈勒索未遂与盗窃既遂的想象竞合

【解析】（1）第一阶段，客观上，拍摄裸照迫使他人交付财物，是敲诈勒索行为；不是对人身实施暴力的抢劫行为，不构成抢劫罪。（2）敲诈勒索罪的实行行为是敲诈、勒索行为，甲未来得及实施敲诈实行行为，仅为此做准备，系预备行为。主观上，甲有敲诈勒索罪的故意。因为意志以外的原因而被迫停顿。客观主观统一，根据《刑法》第274、22条，构成敲诈勒索罪预备，而不是未遂。（3）第二阶段，甲到了乙宅后，发现乙宅无人，于是便拿走乙的现金，系盗窃行为、盗窃故意，根据《刑法》第264条，成立盗窃罪既遂。（4）在罪数上，行为是两行为，而不是一行为，不属于想象竞合。综上所述，甲的行为应成立敲诈勒索预备与盗窃罪的既遂，数罪并罚。

考点二　结果加重犯

1. 下列哪些情形不属于结果加重犯？[2]（2002/2/43）
A. 侮辱他人导致他人自杀身亡
B. 监管人员对被监管人进行殴打与体罚虐待致人死亡
C. 强制猥亵妇女（注：现为强制猥亵、侮辱罪）致人死亡
D. 遗弃没有独立生活能力的人致其死亡

【疑难辨析】本题考查结果加重犯，同时也考查的是"致人死亡"在具体罪名的作用，以

---

〔1〕 C 〔2〕 ABCD

及"致人死亡"是否包括致人自杀的问题。对于结果加重犯，应以刑法明文规定为限，没有明文规定，不能认定为结果加重犯。"致人死亡"在一些罪名中，是犯罪成立的情节要素之一；在一些罪名中，是转化犯（想象竞合的提示规定）；在一些罪名中，是结果加重犯的结果。

【解析】选项A，《刑法》第246条没有规定侮辱他人导致他人自杀身亡的加重法定刑，导致他人自杀只是侮辱罪的成罪要素"情节严重"的一种情况。故不属结果加重犯，只是构成侮辱罪的基本犯。

选项B，根据《刑法》第248条，监管人员对被监管人员进行殴打或体罚虐待致人死亡的，系转化犯，按故意杀人罪定罪处罚，是转化犯（想象竞合的提示规定），不属结果加重犯。

选项C，《刑法》第237条只将聚众或在公共场所当众实施规定为情节加重犯，没有规定致人死亡的结果加重犯情形。如果强制猥亵妇女，强制行为（暴力）过失致被害妇女死亡，则应属强制猥亵罪（注意：《刑法修正案（九）》修正为"强制猥亵、侮辱罪"）与过失致人死亡罪的想象竞合；如果致被害妇女自杀，则应作为强制猥亵罪的量刑情节。故本项不属结果加重犯。

选项D，《刑法》第261条遗弃罪没有规定结果加重犯，故而本选项不属结果加重犯。如遗弃过失致他人死亡，则属遗弃罪成罪要素"情节恶劣"，并与过失致人死亡罪想象竞合。如果明知遗弃行为很大可能导致死亡还遗弃，系杀人行为而不是遗弃行为，则构成故意杀人罪而不是遗弃罪。

2. 关于结果加重犯，下列哪一选项是正确的？[1]（2015/2/8）

A. 故意杀人包含了故意伤害，故意杀人罪实际上是故意伤害罪的结果加重犯

B. 强奸罪、强制猥亵、侮辱罪（原为强制猥亵妇女罪）的犯罪客体相同，强奸、强制猥亵行为致妇女重伤的，均成立结果加重犯

C. 甲将乙拘禁在宾馆20楼，声称只要乙还债就放人。乙无力还债，深夜跳楼身亡。甲的行为不成立非法拘禁罪的结果加重犯

D. 甲以胁迫手段抢劫乙时，发现仇人丙路过，于是立即杀害丙。甲在抢劫过程中杀害他人，因抢劫致人死亡包括故意致人死亡，故甲成立抢劫致人死亡的结果加重犯

【解析】本题考查结果加重犯。结果加重犯，只有刑法明文规定才能成立。

A选项，故意伤害罪的结果加重犯要求对基本犯是故意，对加重结果是过失，按刑法规定故意伤害罪只存在故意伤害罪（致人重伤、致人死亡）的结果加重犯；要求行为人对死亡结果是过失。故意杀人罪中行为人对死亡结果是故意，不能构成故意伤害罪（致人死亡）。故意杀人罪与故意伤害罪是高度行为与低度行为的法条竞合关系，而不是结果加重犯与基本犯关系。

B选项，根据《刑法》第236条，强奸致妇女重伤的，系结果加重犯；但刑法未规定强制猥亵致人重伤是结果加重犯，应为想象竞合犯。（注意：《刑法修正案（九）》修正为"强制猥亵、侮辱罪"）

C选项，结果加重犯的成立要求基本犯行为与加重结果之间具有因果关系。本选项中乙自杀身亡，应将死亡结果归因于乙，非法拘禁行为与死亡结果之间不具有因果关系，不成立结果加重犯，而是基本犯。

D选项，结果加重犯要求加重结果是基本犯行为导致，本选项中甲有二行为：抢劫（对乙）、杀人（对丙），丙是死亡结果是由杀人行为导致，而非抢劫行为导致，当然不成立抢劫

致人死亡。应当以抢劫罪、故意杀人罪两罪并罚。当然，如果是抢劫（对乙）时打击错误、认识错误导致丙死亡，仍系抢劫行为导致，可成立结果加重犯。

3. 下列哪些行为不应认定为过失致人死亡罪？[1]（2006/2/56）

A. 甲遭受乙正在进行的不法侵害，在防卫过程中一棒将乙打倒，致乙脑部跌在一块石头上而死亡。法院认为甲的防卫行为明显超过必要限度造成了重大损害，应以防卫过当追究刑事责任

B. 甲对乙进行非法拘禁，在拘禁过程中，因长时间捆绑，致乙呼吸不畅窒息死亡

C. 甲因对女儿乙的恋爱对象丙不满意，阻止乙、丙正常交往，乙对此十分不满，并偷偷与丙登记结婚，甲获知后对丙进行打骂，逼其离婚。乙、丙不从，遂相约自杀而亡

D. 甲结婚以后，对丈夫与其前妻所生之子乙十分不满，采取冻饿等方式进行虐待，后又发展到打骂，致乙多处伤口腐烂，乙因未能及时救治而不幸身亡

【解析】本题名义考查过失致人死亡罪，实际上选项B、C、D考查的是结果加重犯。刑法规定的很多犯罪的结果加重犯，都包括"致人死亡"的情形，不再单独以过失致人死亡罪论处。

选项A，客观上防卫过当过失致人死亡，系不法行为；主观上有防卫意图，即无犯罪故意，"失手"表明行为人对过当结果应当避免而未避免，系过失，构成过失致人死亡罪。

选项B，根据《刑法》第238条第2款，非法拘禁过失致人死亡的，成立非法拘禁罪的结果加重犯，不单独认定为过失致人死亡罪。

选项C，根据《刑法》第257条第2款，暴力干涉婚姻自由造成他人死亡的，成立暴力干涉婚姻自由罪的结果加重犯，不单独认定为过失致人死亡罪。但是，本选项不是因此理由而不当选，而是因为死亡结果系"相约自杀"导致，与暴力干涉婚姻自由行为没有因果关系。

选项D，根据《刑法》第260条第2款，虐待家庭成员的，构成虐待罪；过失致人死亡的，成立虐待罪的结果加重犯，不单独认定为过失致人死亡罪。

考点三　牵连犯

以下关于牵连犯，说法正确的有？【注：根据历年真题拼凑】[2]

A. 甲承租乙的房屋后，伪造身份证与房产证交于中介公司，中介公司不知有假，为其售房给不知情的丙，甲获款300万元。则伪造居民身份证罪（现为伪造身份证件罪）、伪造国家机关证件罪与诈骗罪之间具有牵连关系（2010/2/19）

B. 乙公司虚开用于骗取出口退税的发票，并利用该虚开的发票骗取数额巨大的出口退税，其行为构成虚开用于骗取出口退税发票罪与骗取出口退税罪，实行数罪并罚（2008/2/59 - B）

C. 丙为杀人而盗窃枪支，未及实施杀人行为而被抓获，丙的行为构成故意杀人（预备）罪与盗窃枪支罪的想象竞合犯，而不是牵连犯（2007/2/57 - C）

D. 甲在一豪宅院外将一个正在玩耍的男孩（3岁）骗走，意图勒索钱财，但孩子说不清自己家里的联系方式，无法进行勒索。甲怕时间长了被发现，于是将孩子带到异地以4000元卖掉。对甲应当以绑架罪与拐卖儿童罪的牵连犯从一重处断（2005/2/17 - A）

【疑难辨析】牵连犯是指行为人实施了数个不同性质的行为，分别触犯不同罪名，但数行

---

[1]　BCD　[2]　AC

为之间具有牵连关系，即犯罪的手段行为与目的行为，或者原因行为与结果行为之间的关系。牵连关系一般需限定，只有某一行为是另一行为的通常手段时，才认为有牵连关系。对于"通常手段"，刑法限定的较为狭隘，最常见的就是伪造后诈骗、为了伪造而实施关联行为的情况。

【解析】选项A，前后行为分别触犯伪造身份证件罪、伪造国家机关证件罪、诈骗罪。伪造身份证件和国家机关证件是诈骗的通常手段，行为人主观上伪造身份证件的目的是用于诈骗，故两行为之间存在"伪造后诈骗"的牵连关系，系牵连犯，故选项正确。

选项B，根据2002年《最高人民法院关于审理骗取出口退税刑事案件具体应用法律若干问题的解释》第9条，实施骗取出口退税犯罪，同时构成虚开增值税专用发票等犯罪的，依照处罚较重的规定定罪处罚。在法理上，虚开增值税专用发票罪也是一种广义上的伪造，之后的骗取出口退税犯罪是诈骗罪的特别法。"伪造后诈骗"，属牵连犯，择一重处。

选项C，（1）丙为杀人而准备犯罪工具，属于故意杀人罪的预备犯，其准备工具行为即盗窃枪支，又触犯了盗窃枪支罪，属于一行为触犯数罪名的情况，成立想象竞合犯，从一重处理，故选项C正确。（2）为何不是牵连犯？首先，牵连犯需有数个实行行为，本选项因为杀人行为尚未实行着手，本案只有一个实行行为。其次，即使本选项是先盗枪再杀人有两个实行行为，也不符合"伪造后诈骗"的牵连犯模型，应当数罪并罚。

选项D，（1）甲以勒索钱财为目的绑架男孩，已经控制了小孩，绑架罪已经既遂。之后，甲另起出卖幼儿以换取身价的犯意，属另起犯意，并着手实施，另外构成拐卖儿童罪。两罪之间没有手段与目的关系，也不是"伪造后诈骗"的情况，不是牵连犯，而应当数罪并罚。（2）如果起初以出卖为目的而绑架（拘禁），应当是法条竞合，以拐卖儿童罪一罪论处。

考点四　吸收犯

下列哪些情形属于吸收犯？[1]（2010/2/55）

A. 制造枪支、弹药后又持有、私藏所制造的枪支、弹药的

B. 盗窃他人汽车后，谎称所盗汽车为自己的汽车出卖他人的

C. 套取金融机构信贷资金后又高利转贷他人的

D. 制造毒品后又持有该毒品的

【疑难辨析】本题考查罪数中的吸收犯。吸收犯指事实上存在数个行为，其中一行为吸收其他行为，仅成立吸收行为一罪名的犯罪。吸收关系是指前后行为之间存在必经阶段与当然结果的关系。事例模型：（1）违禁品犯罪后又持该违禁品；（2）入户犯罪。

【解析】选项A、选项D，制造违禁物品后又对其持有、私藏，之后可以构成犯罪的持有、私藏行为，是之前制造违禁物品行为的必经阶段与当然发展，故为典型的吸收犯。

选项B，（1）前行为盗窃汽车构成盗窃罪。（2）但后行为谎称自己为车主将汽车卖与他人的行为，虽有骗的行为，但因被骗人可主张善意取得无损失，被骗人没有财产受损，行为人不能构成诈骗罪。（3）本犯掩饰、隐瞒犯罪所得、犯罪所得收益的，因欠缺期待可能不满足责任要件，也不能构成掩饰、隐瞒犯罪所得、犯罪所得收益罪。（4）吸收犯的成立要求前后数个行为触犯数个罪名，选项B只触犯盗窃罪一罪，不符合此条件，不能成立吸收犯。（5）如果案情是盗窃后又毁坏，被认为是不可罚的事后行为，这与选项B不同。（6）如果盗窃仿真

[1]　AD

品（自身价值已达到数额较大），而后又冒充文物卖给他人而骗取钱财的，后行为可构成诈骗罪，由于侵害新的法益，应数罪并罚，这也与选项B不同。

选项C，根据《刑法》第175条，以转贷牟利为目的，套取金融机构信贷资金高利转贷他人，违法所得数额较大的，构成高利转贷罪。故选项C只能构成一罪即高利转贷罪，两个动作中，套取贷款行为是实行行为，转贷行为是主观目的转化为客观行为，只符合一个构成要件，不认定为吸收犯。

考点五　事后不可罚

1. 关于事后不可罚行为（不可罚的事后行为），以下说法正确的有？【注：根据历年真题拼凑】[1]

A. 盗窃汽车之后，发现盗得的汽车质量有问题而将汽车推下山崖的，成立盗窃罪与故意毁坏财物罪，应当实行并罚（2011/2/56 - C）

B. 郑某等人预谋抢劫银行运钞车，为方便跟踪运钞车，杀害一车主，将其面包车开走；后多次开面包车跟踪某银行运钞车，摸清运钞车情况后，于同年6月8日将面包车推下山崖。则郑某等人事后毁坏面包车的行为属于不可罚的事后行为（2014/2/87 - D）

C. 甲翻进陈某院墙，从厨房灶膛拿走陈某50克纯冰毒。甲拿出40克冰毒，让乙将40克冰毒和80克其他物质混合，冒充120克纯冰毒卖出。则甲让乙卖出冰毒应定性为甲事后处理所盗赃物，对此不应追究甲的刑事责任（2014/2/91 - A）

D. 甲盗窃乙的存折后，假冒乙的名义从银行取出存折中的5万元存款。甲的行为构成盗窃罪与诈骗罪（2006/2/59 - A）

【疑难辨析】事后不可罚行为（不可罚的事后行为），指在状态犯的场合，利用之前犯罪行为导致的状态或结果的事后行为，如果孤立地看，符合其他犯罪的犯罪构成，具有可罚性；但由于已被之前犯罪行为或状态犯所包括评价，故对其实施的事后行为，没有必要另认定为其他犯罪单独予以处罚。事后不可罚行为的特征为：同一对象、同一法益，前行为已作评价（不再重复评价）。通常事例模型（犯罪后对赃物的处置、兑现，两行为触犯两罪，会重复评价）：（1）实施财产犯罪之后，针对赃物的持有、处分、毁坏行为。（2）非法取得财产凭证、单据、票据之后，为实现价值而实施兑现行为。（3）违禁品犯罪后对违禁品持有。（4）其他数行为可能会引起重复评价的情况，例如先盗窃赃物，之后又对失主敲诈让其出钱赎回赃物等。

【解析】选项A，（1）在触犯罪名方面，前一行为以非法占有为目的盗窃，触犯盗窃罪；后一行为触犯故意毁坏财物罪。（2）在罪数方面，发现盗得的汽车质量有问题而将汽车推下山崖的，触犯盗窃罪与故意毁坏财物罪。但由于符合同一对象、同一法益、前行为已评价的特征，应当认定为事后不可罚，只按盗窃罪一罪论处，不数罪并罚。

选项B，（1）在触犯罪名方面，先后实施了两行为抢劫、毁坏行为，实施两行为当时的主观目的分别是非法占有目的、毁坏目的；客观主观相统一分别触犯两罪：抢劫罪、故意毁坏财物罪。（2）在罪数层面，两行为针对同一对象（同一汽车）、侵害同一法益（财产权）、前行为评价为抢劫既遂时已包容了后行为的处分毁坏，故认为后行为故意毁坏财物属于不可罚的事后行为，最终认定构成抢劫罪一罪。

---

[1]　B

选项 C，（1）甲的前行为触犯盗窃罪，后行为触犯贩卖毒品罪的教唆犯。（2）因前行为侵害的是财产法益，后行为侵害的是社会秩序，前后两行为侵害的不是同一法益，不认为是事后不可罚，应当数罪并罚。（3）根据最高人民法院《全国部分法院审理毒品犯罪案件工作座谈会纪要》（2008）第 1 条第 6 款的规定"盗窃、抢夺、抢劫毒品后又实施其他毒品犯罪的，对盗窃罪、抢夺罪、抢劫罪和所犯的具体毒品犯罪分别定罪，依法数罪并罚。"

选项 D，（1）在触犯罪名方面，前一行为是盗窃（盗窃财产凭证），后一行为是诈骗罪（"三角诈骗"，骗银行而取得乙的钱）。（2）在罪数方面，后一行为是前一行为的兑现行为，最终都是针对存折上的钱，后行为是事后不可罚，应当以盗窃罪一罪论处。（3）法条依据，最新解释可参见最高人民法院、最高人民检察院《关于办理盗窃刑事案件适用法律若干问题的解释》（2013）第 5 条；做题时的老司法解释为《最高人民法院关于审理盗窃案件具体应用法律若干问题的解释》（1998）第 5 条第 2 项。

2. 陈某在街上趁刘某不备，将其手机（价值 2500 元）夺走。随后陈某反复使用该手机拨打国际长途电话，致使刘某损失话费 5200 元。一周后，陈某将该手机丢弃在某邮局门口，引起保安人员的怀疑。经询问案发。下列有关此案的说法中，哪些是不正确的？[1]（2002/2/33）

A. 对陈某的行为以抢夺罪从重处罚即可

B. 对陈某的行为以盗窃罪从重处罚即可

C. 对陈某的行为以抢夺罪与盗窃罪实行数罪并罚

D. 对陈某的行为以抢夺罪与故意毁坏财物罪实行数罪并罚

【解析】其一，在触犯的罪名方面：（1）陈某趁被害人刘某不备，将其手机（价值 2500 元）夺走的行为，根据《刑法》第 267 条第 1 款，构成抢夺罪。（2）之后，陈某反复使用该手机拨打国际长途电话造成刘某损失话费 5200 元，依据《刑法》第 265 条以及最高人民法院、最高人民检察院《关于办理盗窃刑事案件适用法律若干问题的解释》第 4 条第 4 项（老的解释是《最高人民法院关于审理盗窃案件具体应用法律若干问题的解释》第 5 条第 1 项之 10 的规定），属"明知是盗接他人电信码号的电信设施而使用"，构成盗窃罪。（3）将手机丢弃，使物主丧失对其的使用可能性，根据《刑法》第 275 条，触犯故意毁坏财物罪。

其二，在罪数方面：（1）对于抢夺罪与故意毁坏财物罪，以非法占有为目的抢夺，抢夺之后使用完毕又毁坏，针对一同对象、侵害同一法益，之后的毁坏财物行为系之前抢夺罪的事后不可罚行为，不再单独定罪。（2）对于抢夺罪与盗窃罪，抢夺罪的对象是手机本身，之后的使用行为又侵害了电话费，系新的对象、新的法益，而不是对先前犯罪取得的财物进行处分、利用，故不属事后不可罚，应当数罪并罚。故而，陈某最终应以抢夺罪、盗窃罪二罪并罚。

3. 甲窃得一包冰毒后交乙代为销售，乙销售后得款 3 万元与甲平分。关于本案，下列哪一选项是错误的？[2]（2015/2/9）

A. 甲的行为触犯盗窃罪与贩卖毒品罪

B. 甲贩卖毒品的行为侵害了新的法益，应与盗窃罪实行并罚

C. 乙的行为触犯贩卖毒品罪、非法持有毒品罪、转移毒品罪与掩饰、隐瞒犯罪所得罪

D. 对乙应以贩卖毒品罪一罪论处

【解析】本题考查罪数，事后不可罚，吸收犯，以及毒品犯罪。

对于甲盗窃毒品后又销售毒品的行为：（1）在触犯罪名上，触犯了盗窃罪与贩卖毒品罪

（让人代为销售，系贩卖毒品罪的教唆犯）两罪。（2）在罪数上，前后两行为侵害不同法益，不认定为事后不可罚（同一对象，同一类法益，前行为已作评价），应当数罪并罚。A、B选项说法正确。

对于乙销售毒品的行为：（1）在触犯罪名上，触犯贩卖毒品罪（正犯）、非法持有毒品罪；因其系贩卖毒品罪的共同犯罪人（本犯），因欠缺期待可能性，不能构成窝藏、转移、隐瞒毒品、毒赃罪（本犯不能构成该罪），也不能构成掩饰、隐瞒犯罪所得罪（本犯不能构成该罪）。（2）在罪数上，贩卖毒品罪与非法持有毒品罪是吸收犯关系，认定为贩卖毒品罪一罪。C选项说法错误，D选项说法正确。

4. 下列哪些说法是错误的？[1]（2006/2/59）

A. 甲盗窃乙的一本存折后，假冒乙的名义从银行取出存折中的5万元存款。甲的行为认定为盗窃罪与诈骗罪

B. 甲盗窃了乙的200克海洛因，因本人不吸毒，就将海洛因转卖给丙。甲的行为认定为盗窃罪和贩卖毒品罪

C. 甲盗窃了博物馆的一件国家珍贵文物，以20万元的价格转卖给乙。甲的行为认定为盗窃罪和倒卖文物罪

D. 甲盗窃了乙的一块名表，以2万元的价格转卖给丙，甲的行为认定为盗窃罪和掩饰、隐瞒犯罪所得罪（原为销售赃物罪）

【解析】A选项，（1）在触犯罪名方面，前一行为触犯盗窃罪（盗窃财产凭证），后一行为触犯诈骗罪（"三角诈骗"，欺骗银行而取得乙的钱）。（2）在罪数方面，后一行为是前一行为的兑现行为，最终都是针对存折上的钱，后行为是事后不可罚，应当以盗窃罪一罪论处。（3）法条依据，最新解释可参见最高人民法院、最高人民检察院《关于办理盗窃刑事案件适用法律若干问题的解释》（2013）第5条。盗窃记名、可挂失存折后又兑现的，盗窃数额以兑现金额计算，这说明，刑法已将盗窃存折的行为规定为盗窃罪，则之后的冒名兑现虽符合诈骗罪的构成条件，但属事后不可罚行为，不再单独定罪，而只定盗窃罪一罪。故A选项表述错误，当选。

B选项，（1）盗窃毒品的行为可触犯盗窃罪；转卖给丙的行为触犯贩卖毒品罪。（2）罪数方面，《全国法院审理毒品犯罪案件工作座谈会纪要》（法〔2000〕42号）第6条："盗窃、抢劫毒品后又实施其他毒品犯罪的，则以盗窃罪、抢劫罪与实施的具体毒品犯罪，依法实行数罪并罚。"故B选项表述正确，不当选。

C选项，（1）盗窃博物馆里的珍贵文物，根据《刑法》第264条构成盗窃罪。（2）但争议在于，之后单纯的违规向个人出卖文物行为可否构成倒卖文物罪？争议的关键在于对倒卖文物罪中的"倒卖"一词如何解释。一种解释是将"倒卖"解释为"低价买进高价卖出或转手贩卖"，即"买后再来赚取差价"，如此解释，盗窃文物后单纯的出卖的行为就不属"倒卖"，不能构成倒卖文物罪。另一种解释是基于该罪保护的法益出发，认为《文物保护法》规定私人收藏的文物只可向文化行政部门指定的单位出售，从而将"倒卖"解释为"以谋取非法利益为目的，收购、出售国家禁止经营的文物"，单纯的出卖也可构成倒卖文物罪。（3）最高人民法院、最高人民检察院《关于办理妨害文物管理等刑事案件适用法律若干问题的解释》（法释〔2015〕23号）第6条采用了第二种解释，将"倒卖"解释为"出售或者为出售而收购、运输、储存"。故而，行为人后行为触犯倒卖文物罪。（4）在罪数方面，行为人触犯盗窃罪、

---

〔1〕 AD

倒卖文物罪两罪，盗窃之后的行为侵害新的法益，不属事后不可罚（类比于盗窃毒品后又贩卖毒品），应当数罪并罚。该选项说法正确，不当选。

D 选项，盗窃手表触犯盗窃罪；又销赃的，因本犯欠缺期待可能性，不能构成掩饰、隐瞒犯罪所得罪。故只触犯一罪，不属不可罚的事后行为。故 D 选项表述错误，当选。

考点六　综合题

1. 关于罪数的判断，以下选项正确的有？[1]（2019/客/卷一/16 仿，模拟题）

A. "二人以上轮奸"是强奸罪的加重犯规定，而不是特别法条

B. 赵某将盗窃的仿真品（价值 4000）冒充真品古董卖给第三人，是不可罚的事后行为

C. 钱某两次入户抢劫、一次持枪抢劫，触犯了两个不同加重犯，应当数罪并罚

D. 周某抢劫陈某后，担心罪行暴露，遂杀害了陈某，构成抢劫罪（致人死亡）、故意杀人罪，系想象竞合

【解析】A 选项，"二人以上轮奸"规定在《刑法》第 236 条第 3 款中，是前文第 1、2 款规定的强奸罪的情节加重犯。刑法中只有"强奸罪"的罪名，没有"轮奸罪"的罪名，因此不是特别法条。

B 选项，前行为触犯盗窃罪，对象是仿真品；后行为触犯诈骗罪，对象是第三人的钱款。前后两行为针对不同对象、认定为两罪不会重复评价，不属不可罚的事后行为，应当两罪并罚。

C 选项，前后两罪都触犯抢劫罪，尽管属不同的加重犯。但行为性质相同，属连续犯，以一个抢劫罪论处，加重情节累加综合考虑。

D 选项，前行为触犯抢劫罪，被害人死亡结果与前行为抢劫无因果关系，不属抢劫罪（致人死亡），系抢劫罪的基本犯。后行为触犯故意杀人罪，死亡结果系后行为杀人行为导致，有因果关系，属故意杀人罪（既遂）。系两行为触犯两罪，应当两罪并罚。本选项系抢劫之后为灭口则杀人，而不是以杀人为手段实施抢劫（抢劫之时、之中杀人）。

2. 关于罪数的判断，下列哪一选项是正确的？[2]（2017/2/8）

A. 甲为冒充国家机关工作人员招摇撞骗而盗窃国家机关证件，并持该证件招摇撞骗。甲成立盗窃国家机关证件罪和招摇撞骗罪，数罪并罚

B. 乙在道路上醉酒驾驶机动车，行驶 20 公里后，不慎撞死路人张某。因已发生实害结果，乙不构成危险驾驶罪，仅构成交通肇事罪

C. 丙以欺诈手段骗取李某的名画。李某发觉受骗，要求丙返还，丙施以暴力迫使李某放弃。丙构成诈骗罪与抢劫罪，数罪并罚

D. 已婚的丁明知杨某是现役军人的配偶，却仍然与之结婚。丁构成重婚罪与破坏军婚罪的想象竞合犯

【解析】A 选项，考查牵连犯。甲实施前后二行为分别触犯盗窃国家机关证件罪、招摇撞骗罪，并且具有手段行为、目的行为的关系；但是，由于不是"伪造后诈骗"的定型牵连模式，而是盗窃后诈骗，不能认为二行为之间具有牵连关系，不属牵连犯，不能择一重罪处断，而应数罪并罚。本选项说法正确。

B 选项，本选项考查危险驾驶罪与交通肇事罪之间的关系。本选项中的"构成某罪"系"触犯某罪的意思"。（1）在道路上醉酒驾驶机动车，显然已构成（触犯）危险驾驶罪；又因醉酒不慎撞死路人，又构成（触犯）交通肇事罪。（2）关于罪名的认定，根据《刑法》第133条之一（危险驾驶罪）第3款的规定：构成危险驾驶罪"同时构成其他犯罪的，依照处罚较重的规定定罪处罚"。由于危险驾驶罪的法定最高刑为拘役，故而构成危险驾驶罪，同时构成交通肇事罪，择一重处，应以构成交通肇事罪。（3）在法理层面上，因交通肇事罪"违反交通运输管理法规"的行为，可包容"醉酒驾驶机动车"的危险驾驶行为；二罪之间实为整体法与部分法的法条竞合关系（或者结果加重犯与基本犯的关系），应以整体法交通肇事罪一罪论处。（4）本选项说"乙不构成危险驾驶罪，仅构成交通肇事罪"的说法错误。

C 选项，考查事前（事后）不可罚。（1）如果案情是诈骗之后当场实施暴力，应当认定为转化型抢劫罪一罪（此时诈骗罪与转化型抢劫可以认为是部分法与整体法的法条竞合关系，以整体法抢劫罪一罪论处）；（2）本选项叙述的案情事实，应当是诈骗罪既遂之后，行为人不在当场实施暴力的情况，应当认定前行为触犯诈骗罪；后行为触犯抢劫罪（施以暴力迫使李某放弃）。因二行为针对同一对象，如果以两罪论处，则会造成重复评价，故应认定为事前（事后）不可罚的情况，择一重以抢劫罪论处。本选项说法错误。

D 选项，考查想象竞合与法条竞合的区分。丁触犯重婚罪与破坏军婚罪，但不属想象竞合犯，而属一般法与特别法的法条竞合，应当以特别法破坏军婚罪一罪论处。本选项说法错误。

3. 关于罪数，下列哪些选项是正确的（不考虑数额或情节）？[1]（2016/2/54）

A. 甲使用变造的货币购买商品，触犯使用假币罪与诈骗罪，构成想象竞合犯

B. 乙走私毒品，又走私假币构成犯罪的，以走私毒品罪和走私假币罪实行数罪并罚

C. 丙先后三次侵入军人家中盗窃军人制服，后身穿军人制服招摇撞骗。对丙应按牵连犯从一重罪处罚

D. 丁明知黄某在网上开设赌场，仍为其提供互联网接入服务。丁触犯开设赌场罪与帮助信息网络犯罪活动罪，构成想象竞合犯

【解析】A 选项，考查想象竞合与法条竞合的区分。触犯使用假币罪与诈骗罪，但不是想象竞合犯，而是整体法与部分法的法条竞合，应当以整体法使用假币罪一罪论处。

B 选项，说法正确。考查分则及司法解释规定。依据是最高人民法院、最高人民检察院《关于办理走私刑事案件适用法律若干问题的解释》第22条的规定，在走私的货物、物品中藏匿其他规定的特殊货物、物品，构成犯罪的，以实际走私的货物、物品定罪处罚；构成数罪的，实行数罪并罚。一次走私数种物品都数罪并罚，多次走私数种物品当然也数罪并罚。

C 选项，考查连续犯、吸收犯、牵连犯。（1）丙先后实施的三实行行为分别触犯了非法侵入住宅罪、盗窃罪、招摇撞骗罪。（2）"三次"实施性质相同的行为，是连续犯，以非法侵入住宅罪、盗窃罪论处。（3）入户＋盗窃，是吸收犯，以盗窃罪论处。（4）在牵连犯方面，不能认为所有的手段行为和目的行为都认定为牵连犯，牵连犯中的牵连关系仅限于"伪造后诈骗"这样的通常的手段和目的（"类型说"）。不属"伪造后诈骗"的模型，不构成牵连犯，而应数罪并罚。

D 选项，考查想象竞合、分则规定。（1）法条依据是第287条之二（帮助信息网络犯罪活动罪）第3款，"有前两款行为，同时构成其他犯罪的，依照处罚较重的规定定罪处罚。"《最高人民法院、最高人民检察院、公安部关于办理网络赌博犯罪案件适用法律若干问题的意见》

---

[1] BD

第2条第1款第1项，"明知是赌博网站，而为其提供下列服务或者帮助的，属于开设赌场罪的共同犯罪……:（一）为赌博网站提供互联网接入、服务器托管、网络存储空间、通讯传输通道、投放广告、发展会员、软件开发、技术支持等服务，收取服务费数额在2万元以上的"。（2）可认为此条规定是一行为触犯数罪，系想象竞合，说法正确。（3）注意：帮助信息网络犯罪活动的行为是"共犯行为正犯化"，应当认定为帮助信息网络犯罪活动罪的正犯，而不是非法利用信息网络罪的帮助犯。

4. 关于罪数的说法，下列哪一选项是错误的？[1]（2008/2/8）

A. 甲在车站行窃时盗得一提包，回家一看才发现提包内仅有一支手枪。因为担心被人发现，甲便将手枪藏在浴缸下。甲非法持有枪支的行为，不属于不可罚的事后行为

B. 乙抢夺他人手机，并将该手机变卖，乙的行为构成抢夺罪和掩饰、隐瞒犯罪所得罪，应当数罪并罚

C. 丙非法行医3年多，导致1人死亡、1人身体残疾。丙的行为既是职业犯，也是结果加重犯

D. 丁在绑架过程中，因被害人反抗而将其杀死，对丁不应当以绑架罪和故意杀人罪实行并罚

【解析】A选项，考查事后不可罚。（1）如果前行为触犯盗窃枪支罪，则事后持有的行为触犯非法持有枪支罪，前后两罪在分则同章之中，系同一对象、同一法益，前行为已作评价（不再重复评价），属于不可罚的事后行为。（2）但本案中行为人在实施前行为时，并不明知对象为枪支，没有盗窃枪支的故意，不能触犯盗窃枪支罪，系客观上盗窃枪支行为＋主观上盗窃罪故意＝盗窃罪既遂；事后持有的行为构成非法持有枪支罪。前后两罪分属分则不同章节，侵害不同法益，不是不可罚的事后行为。两罪应当数罪并罚。本选项说法正确。

B选项，考查罪数认定的前提是触犯数罪。前行为触犯抢夺罪；后行为即变卖手机的行为，因本犯欠缺期待可能性，不触犯掩饰、隐瞒犯罪所得罪。只构成抢夺罪一罪。本选项说法错误。

C选项，考查集合犯中的职业犯。非法行医罪的构成要求行为人以"行医"为职业，反复、多次实施，为职业犯。根据《刑法》第336条的规定，非法行医，情节严重的，构成非法行医罪。造成就诊人重伤和死亡的，法定刑升格，属于结果加重犯。本选项说法正确。

D选项，考查分则规定（法条竞合）。《刑法》第239条第2款规定，犯绑架罪，杀害被绑架人的，或者故意伤害被绑架人，致人重伤、死亡的，处无期徒刑或者死刑，并处没收财产（注意：《刑法修正案（九）》修正）。即应认定为绑架罪一罪。在原理上，触犯绑架罪、故意杀人罪两罪，如杀人是绑架手段，属整体法与部分法的法条竞合，以整体法绑架罪一罪论处。故本选项说法正确。

5. 关于罪数的认定，下列哪些选项是正确的？[2]（2007/2/57）

A. 甲使用暴力强迫赵某与自己进行商品交易，造成赵某重伤。对甲的行为应以故意伤害罪与强迫交易罪实行并罚

B. 乙借用李某的摩托车后藏匿不想归还。李某要求归还时，乙谎称摩托车被盗。乙欺骗李某的行为不单独构成诈骗罪

C. 丙为杀人而盗窃枪支，未及实施杀人行为而被抓获，丙的行为构成故意杀人（预备）罪与盗窃枪支罪的想象竞合犯

---

[1] B　[2] BC

D. 丁盗窃信用卡并使用的行为，属于盗窃罪与信用卡诈骗罪的吸收犯

【解析】A选项，（1）强迫交易罪并未规定致人重伤加重法定刑，故本案情形不属结果加重犯。（2）而暴力是强迫交易罪的手段行为，同时也是致重伤的行为时，属一行为触犯数罪名的情况，成立想象竞合犯，从一重处理，认定为故意伤害罪（致人重伤），而不是数罪并罚。故选项A错误。

B选项，（1）前行为借用摩托车后非法所有，系合法占有非法所有，构成侵占罪。（2）后行为乙谎称摩托车被盗，欺骗李某，实施了诈骗行为；但财物已在行为人手上，被骗人没有实施处分财产（转移占有）的行为，不符合诈骗罪的构成要件，不构成诈骗罪。故只构成侵占罪一罪。选项B正确。

C选项，（1）丙为杀人而准备犯罪工具，属于故意杀人罪的预备犯，其准备工具行为即盗窃枪支，又触犯了盗窃枪支罪，属于一行为触犯数罪名的情况，成立想象竞合犯，从一重处理，故选项C正确。（2）为何不是牵连犯？首先，牵连犯需有数个实行行为，本选项因为杀人行为尚未实行着手，本案只有一个实行行为。其次，即使本选项是先盗枪再杀人有两个实行行为，也不符合"伪造后诈骗"的牵连犯模型，应当数罪并罚。

D选项，根据《刑法》第196条第3款的规定，盗窃信用卡并使用，以盗窃罪论处。对此法条规定的原理如何理解？这涉及单纯的盗窃信用卡行为是否构成盗窃罪的问题。盗窃罪的对象是财物，信用卡是财产凭证。（1）通说认为，信用卡在盗窃、抢劫时具有主观价值（对持卡人具有使用价值），则单纯的盗窃信用卡行为本身可以构成盗窃罪（数额以兑现数额计），后行为冒用行为可触犯信用卡诈骗罪。后两行为是盗窃之后实现信用卡价值的行为，符合不可罚的事后行为的原理，应当理解为事后不可罚。最终以盗窃罪一罪论处。则前述法条是对事后不可罚的提示规定。两罪之间不是吸收犯的关系（吸收犯要求前后两行为为"必经阶段、必然结果"的关系）。（2）少数说法认为，信用卡本身不具有价值，单纯的盗窃信用卡行为本身难以构成盗窃罪。后续的冒用信用卡的行为可构成信用卡诈骗罪。而刑法却规定为盗窃罪。则前述法条为拟制规定。也不属于吸收犯（吸收犯要求数行为均构成犯罪）。故选项D错误。

考点七　刑法分则及刑法解释规定的常考罪数情况

1. 下列哪些情形不能数罪并罚？[1]（2010/2/58）

A. 投保人甲，为了骗取保险金杀害被保险人（之后再骗保）

B. 15周岁的甲，盗窃时拒捕杀死被害人

C. 司法工作人员甲，刑讯逼供致被害人死亡

D. 运送他人偷越边境的甲，遇到检查将被运送人推进大海溺死

【解析】选项A，根据《刑法》第198条第2款规定，为骗取保险金杀害被保险人的，应当依照数罪并罚的规定处罚，本选项认定为保险诈骗罪和故意杀人罪两罪，数罪并罚。

选项B，根据《最高人民法院关于审理未成年人刑事案件具体应用法律若干问题的解释》第10条，已满14周岁不满16周岁的人盗窃、诈骗、抢夺他人财物，为窝藏赃物、抗拒抓捕或者毁灭罪证，当场使用暴力，故意伤害致人重伤或者死亡，或者故意杀人的，应当分别以故意伤害罪或者故意杀人罪定罪处罚，即以手段行为定罪。因甲对盗窃行为不承担刑事责任，不

---

[1]　BC

构成转化型抢劫罪。本选项认定为故意杀人罪一罪，不数罪并罚。

选项C，根据《刑法》第247条规定，刑讯逼供致被害人死亡的，以故意杀人罪一罪论处，此为转化犯（想象竞合的提示规定）。

选项D，根据《刑法》第321条第3款的规定，运送他人偷越（边）境时对被运送人有杀害行为的，依照数罪并罚的规定处罚。本选项认定为运送他人偷越（边）境和故意杀人罪两罪，应数罪并罚。注意：本选项是运送中故意杀人（"推进大海溺死"），而不是过失致死，不适用第321条第2款的规定"造成被运送人重伤、死亡"（此款为过失致死）的结果加重犯情形。

2. 对下列哪一情形应当实行数罪并罚？[1]（2006/2/7）

A. 在走私普通货物、物品过程中，以暴力、威胁方法抗拒缉私的

B. 在走私毒品过程中，以暴力方法抗拒检查，情节严重的

C. 在组织他人偷越国（边）境过程中，以暴力方法抗拒检查的

D. 在运送他人偷越国（边）境过程中，以暴力方法抗拒检查的

【解析】选项A，《刑法》第157第2款的规定，以暴力、威胁方法抗拒缉私的，以走私罪和妨害公务罪数罪并罚。

选项B，《刑法》第347条第2款第4项，按走私毒品罪加重犯处罚。

选项C，《刑法》第318条第1款第5项，按组织他人偷越国（边）境罪加重犯处罚。

选项D，《刑法》第321条第2款，按运送他人偷越国（边）境罪加重犯处罚。

3. 下列哪些犯罪行为应按数罪并罚的原则处理？[2]（2003/2/36）

A. 拐卖妇女又奸淫被拐卖妇女

B. 司法工作人员枉法裁判又构成受贿罪

C. 参加黑社会性质组织又杀人

D. 组织他人偷越国边境又强奸被组织人

【解析】选项A，根据《刑法》第240条，拐卖妇女又奸淫被拐卖妇女的，按照拐卖妇女罪的加重犯，不实行数罪并罚。

选项B，根据《刑法》第399条，司法工作人员枉法裁判又构成受贿罪的，从一重罪处罚，不实行数罪并罚。

选项C，根据《刑法》第294条第4款，犯组织、领导黑社会性质组织罪和参加黑社会性质组织罪，又有其他犯罪行为的，依照数罪并罚的规定处罚。

选项D，根据《刑法》第318条第2款，犯组织他人偷越国（边）境罪，对被组织人有强奸、拐卖等犯罪行为的，依照数罪并罚的规定处罚。

4. 关于罪数的认定，下列哪些选项是错误的？[3]（2011/2/56）

A. 引诱幼女卖淫后，又容留该幼女卖淫的，应认定为引诱、容留卖淫罪

B. 既然对绑架他人后故意杀害他人的不实行数罪并罚，那么对绑架他人后伤害他人的就更不能实行数罪并罚

C. 盗窃汽车后，发现盗得的汽车质量有问题而将汽车推下山崖的，成立盗窃罪与故意毁坏财物罪，应当实行并罚

D. 明知在押犯脱逃后去杀害证人而私放，该犯果真将证人杀害的，成立私放在押人员罪与故意杀人罪，应当实行并罚

---

[1] A 〔2〕 CD 〔3〕 ACD（当年正确答案为ABCD）

【解析】A选项，引诱幼女卖淫，触犯引诱幼女卖淫罪；容留该幼女卖淫的，触犯容留卖淫罪。本案应当以引诱幼女卖淫罪、容留卖淫罪两罪，数罪并罚。

B选项，刑法规定的结果加重犯（结合犯）都只以刑法明文规定为限。（1）在考试当时，刑法只规定绑架他人后故意杀害他人的，认定绑架罪。故意杀害被绑架人，不实行数罪并罚；没有对绑架他人后伤害他人的行为进行规定，则绑架他人后伤害他人，应当按绑架罪、故意伤害罪，数罪并罚。故而在考试当时，B选项的说法错误，当选。（2）但在现在，《刑法修正案（九）》将前述法条修正为：犯绑架罪，"杀害被绑架人的，或者故意伤害被绑架人，致人重伤、死亡的，处无期徒刑或者死刑，并处没收财产"。故而在现在：绑架他人后故意伤害他人致重伤、死亡的，认定为绑架罪一罪，不数罪并罚。绑架他人时故意伤害他人致人轻伤的，如轻伤行为同时是绑架的手段，系想象竞合，也不数罪并罚。B选项的说法正确，不当选。（3）当然，如果绑架行为与伤害行为不是同一行为，还是可以数罪并罚的。

C选项，发现盗得的汽车质量有问题而将汽车推下山崖的，二行为分别触犯盗窃罪与故意毁坏财物罪。但由于符合同一对象、对一法益、前行为已评价的特征，应当认定为事后不可罚，只按盗窃罪一罪论处，不数罪并罚。

D选项，证人的死亡只与在押犯的杀人行为有因果关系，与私放行为无因果关系，不能构成故意杀人罪。只构成私放在押人员罪一罪，不数罪并罚。

专题十　刑罚体系

（1）管制、拘役	禁止令（适用对象、内容、时限）；社区矫正
（2）死刑	死刑的适用对象、死缓的变更、死缓的限制减刑
（3）附加刑	剥夺政治权利；罚金；没收财产（以及正当债务返还）
（4）职业禁止令	对象、期限，与行政法关系
（5）犯罪物品处理	违禁品和供犯罪所用的本人财物，予以没收；追缴，责令退赔，及时返还

考点一　管制、拘役；禁止令、社区矫正

1. 依据法律规定，在管制的判决和执行方面，下列说法哪些是不正确的？[1]（2003/2/45）

A. 管制的期限为 3 个月以上 2 年以下，数罪并罚时不得超过 3 年

B. 被判处管制的犯罪分子，由公安机关执行

C. 对于被判处管制的犯罪分子，在劳动中应酌量发给报酬

D. 管制的刑期从判决执行之日起计算，判决执行以前先行羁押的，羁押 1 日折抵刑期 1 日

【解析】　本题考查管制的相关规定。

A 选项，《刑法》第 38 条、69 条规定，管制的期限，为 3 个月以上 2 年以下，数罪并罚最高不能超过 3 年。A 选项正确。

B 选项，第 38 条第 3 款规定，被判处管制的犯罪分子，实行社区矫正；应当由社区矫正机构（一般是司法行政机关）执行。B 选项错误，当选（注：在法律职业资格考试当时即 2003 年，刑法中尚未规定社区矫正，此选项说法当时是正确，不当选）。

C 选项，《刑法》第 39 条的规定，对于被判处管制的犯罪分子，在劳动中应当"同工同酬"，C 选项错误。在劳动中应"酌量发给报酬"的，是对判处拘役的犯罪分子的执行内容。

D 选项，《刑法》第 41 条的规定，管制的刑期，从判决执行之日起计算；判决执行以前先行羁押的，羁押 1 日折抵刑期 2 日，D 选项错误。

2. 关于禁止令，下列哪些选项是错误的？[2]（2012/2/56）

A. 甲因盗掘古墓葬罪被判刑 7 年，在执行 5 年后被假释，法院裁定假释时，可对甲宣告禁止令

---

[1]　BCD（当年正确答案为 CD）　[2]　ACD

B. 乙犯合同诈骗罪被判处缓刑，因附带民事赔偿义务尚未履行，法院可在禁止令中禁止其进入高档饭店消费

C. 丙因在公共厕所猥亵儿童被判处缓刑，法院可同时宣告禁止其进入公共厕所

D. 丁被判处管制，同时被禁止接触同案犯，禁止令的期限应从管制执行完毕之日起计算

【解析】本题考查禁止令的适用。禁止令的适用对象（两种人）：被判处管制；被宣告缓刑。禁止令的内容（三类禁止）：禁止从事特定活动，禁止进入特定区域、场所，禁止接触特定的人。具体规定参见最高人民法院、最高人民检察院、公安部、司法部《关于对判处管制、宣告缓刑的犯罪分子适用禁止令有关问题的规定（试行）》。

A选项，禁止令适用的对象只包括被判处管制、被宣告缓刑的犯罪人，不包括被裁定假释的犯罪人。

B选项，根据前述禁止令内容"禁止从事特定活动"第4项，附带民事赔偿义务未履行完毕，违法所得未追缴、退赔到位，或者罚金尚未足额缴纳的，禁止从事高消费活动。

C选项，禁止令禁止的内容不能严重影响一般的日常生活；前述"禁止进入特定区域、场所"不包括此项内容。

D选项，禁止令的期限，从管制、缓刑执行之日起算。

考点二　死　刑

1. 下列情形不适用死刑的有？[1]（2005/2/91）

A. 审判的时候怀孕的妇女　　　　B. 羁押受审期间已自然流产的妇女

C. 羁押受审期间已人工流产的妇女　　D. 犯罪时不满18周岁的人

【解析】根据《刑法》第49条第1款以及《最高人民法院关于对怀孕妇女在羁押期间自然流产审判时是否可以适用死刑问题的批复》的规定，犯罪时不满18周岁的人不适用死刑，审判时怀孕的妇女不得适用死刑，其中包括涉嫌犯罪在羁押期间自然流产或者人工流产的妇女。故A、B、C、D项都不适用死刑。

2. 审判的时候怀孕的妇女依法不适用死刑。对这一规定的理解，下列哪一选项是错误的？[2]（2007/2/4）

A. 关押期间人工流产的，属于审判的时候怀孕的妇女

B. 关押期间自然流产的，属于审判的时候怀孕的妇女

C. 不适用死刑，是指不适用死刑立即执行但可适用死缓

D. 不适用死刑，既包括不适用死刑立即执行，也包括不适用死缓

【解析】本题考查禁止适用死刑的对象，对"审判时怀孕的妇女"禁止适用死刑的理解。"不适用死刑"，既包括不适用死刑立即执行，也包括不适用死刑缓期二年执行。"怀孕"：包括此期间正怀孕，自然流产和人工流产。

3. 依据法律规定，下列关于死刑的说法哪些是不正确的？[3]（2003/2/33）

A. 对不属于罪行极其严重的犯罪分子，既不能判处死刑立即执行，也不能判处死刑缓期执行

B. 死刑缓期执行的判决，可以由高级人民法院核准

---

[1]　ABCD　[2]　C　[3]　CD

C. 对犯罪时不满18周岁的人，不能判处死刑立即执行，但可以判处死刑同时宣告缓期二年执行

D. 对审判时怀孕的妇女，可以判处死刑，但必须在其生育或者流产后才能执行死刑判决

【解析】 A选项，C选项，这里的不适用死刑，既包括不适用死刑立即执行，也包括不适用死刑缓期二年执行。

B选项，死刑缓期执行的判决，可以由"高级人民法院"核准。死刑立即执行，才都应当报请"最高人民法院"核准。

D选项，审判时怀孕的妇女，不得适用死刑，即不得判决、不得执行。

4. 孙某因犯抢劫罪被判处死刑缓期二年执行。在死刑缓期执行期间，孙某在劳动时由于不服管理，违反规章制度，造成重大伤亡事故。对孙某应当如何处理？[1] (2004/2/14)

A. 其所犯之罪查证属实的，由最高人民法院核准，立即执行死刑

B. 其所犯之罪查证属实的，由最高人民法院核准，2年期满后执行死刑

C. 2年期满后减为无期徒刑

D. 2年期满后减为15年以上20年以下有期徒刑

【解析】 本题考查死缓的变更。孙某是死缓期间构成是过失犯罪，根据《刑法》第50条的规定，在死刑缓期执行期间，如果没有故意犯罪，2年期满以后，减为无期徒刑。故选C。至于死缓期间过失犯罪如何处罚，应当按"先减后并"原则，（死缓－死缓期）并过失犯罪，仍继续执行死缓即可。注意：《刑法修正案（九）》对死缓的变更进行了修正，不影响本选项的结论。

5. 根据有关立法及司法解释的规定，对被判处死刑缓期执行的被告人可以同时决定对其限制减刑，因而涉及相关诉讼程序方面的问题。关于犯罪分子可以适用死刑缓期执行限制减刑的案件，下列选项正确的是？[2] (2011/2/92)

A. 绑架案件　　　　　　　　　　B. 抢劫案件

C. 爆炸案件　　　　　　　　　　D. 有组织的暴力性案件

【解析】 本题考查死刑的限制减刑。根据《刑法》第50条第2款，死刑的限制减刑适用于累犯、7种暴力犯罪（故意杀人、强奸、抢劫、绑架、放火、爆炸、投放危险物质）、有组织暴力犯罪被判死缓的犯罪人。

考点三　剥夺政治权利

1. 下列有关剥夺政治权利的说法，哪些是正确的？[3] (2002/2/45)

A. 刑法总则规定，对于故意杀人、强奸等严重破坏社会秩序的犯罪分子，可以附加剥夺政治权利。因此，对于严重盗窃、故意重伤等犯罪分子，也可以附加剥夺政治权利

B. 附加剥夺政治权利的刑期，从徒刑执行完毕之日或从假释之日起计算，剥夺政治权利的效力当然施用于主刑执行期间

C. 被剥夺政治权利的犯罪分子，无权参加村民委员会的选举

D. 刑法总则规定："对于危害国家安全的犯罪分子应当附加剥夺政治权利"。但如果人民法院对危害国家安全的犯罪分子独立适用剥夺政治权利，则不能再附加剥夺政治权利

---

〔1〕 C　〔2〕 ABCD　〔3〕 ABCD

【解析】A选项，参见《最高人民法院关于对故意伤害、盗窃等严重破坏社会秩序的犯罪分子能否附加剥夺政治权利问题的批复》，说法正确。

B选项，根据《刑法》第58条，附加剥夺政治权利的刑期，从徒刑执行完毕之日或从假释之日起计算，剥夺政治权利的效力当然施用于主刑执行期间。

C选项，本项说法正确，但其法律依据是全国人大常委会制定的《村民委员会组织法》第13条，而不是《刑法》第54条。《刑法》第54条的选举权和被选举权所涉选举，指国家政治权力性质的选举，如各级人大代表、政协委员、政府官员的选举；村民委员会是村民自治组织，其选举活动不属国家政治选举。

D选项，附加刑或者附加于主刑适用，或者单独适用，单独适用时当然不能再附加。

2. 下列关于剥夺政治权利附加刑如何执行问题的说法哪些是正确的？[1]（2005/2/53）

A. 被判处无期徒刑的罪犯，一般要剥夺政治权利，其刑期与主刑一样，同时执行

B. 被判处有期徒刑的罪犯，被剥夺政治权利的，从有期徒刑执行完毕或假释之日起，执行剥夺政治权利附加刑

C. 被判处拘役的罪犯，被剥夺政治权利的，从拘役执行完毕或假释之日起，执行剥夺政治权利附加刑

D. 被判处管制的罪犯，被剥夺政治权利的，附加刑与主刑刑期相等，同时执行

【解析】A选项，（1）根据《刑法》第57条的规定，对于判处无期徒刑的犯罪分子，应当剥夺政治权利终身，"应当"指必须。所以"一般要剥夺政治权利"的表述错误。（2）"其刑期与主刑一样"也错误，"对于被判处死刑、无期徒刑的犯罪分子，应当剥夺政治权利终身。在死刑缓期执行减为有期徒刑或者无期徒刑减为有期徒刑的时候，应当把附加剥夺政治权利的期限改为三年以上十年以下。"

B选项，符合《刑法》第58条的规定，正确。

C选项，与《刑法》第58条的规定字面是一样的。当然，拘役刑不存在假释的情况，"或假释之日起"说法不周延，是命题者的笔误。

D选项，符合《刑法》第55条的规定，正确。

考点四　罚　金

1. 刑法分则某条文规定："犯A罪的，处3年以下有期徒刑，并处或者单处罚金"。被告人犯A罪，但情节较轻，且其身无分文。对此，下列哪一判决符合该条规定？[2]（2002/2/1）

A. 甲法官以被告人身无分文为由，判处有期徒刑6个月

B. 乙法官以被告人身无分文且犯罪情节较轻为由，判处有期徒刑2年

C. 丙法官以被告人的犯罪情节较轻为由，判处拘役3个月

D. 丁法官以被告人的犯罪情节较轻为由，判处罚金1000元

【解析】（1）"并处或者单处罚金"的意思是"一定"要科处罚金，故A、B、C选项不正确。即使被告人没有履行能力，也必须判处罚金。法条依据是《最高人民法院关于适用财产刑若干问题的规定》第1条：刑法规定"并处"没收财产或者罚金的犯罪，人民法院在对犯罪分子判处主刑的同时，必须依法判处相应的财产刑；刑法规定"可以并处"没收财产或者罚

[1]　BCD　[2]　D

金的犯罪，人民法院应当根据案件具体情况及犯罪分子的财产状况，决定是否适用财产刑。第2条：人民法院应当根据犯罪情节，如违法所得数额、造成损失的大小等，并综合考虑犯罪分子缴纳罚金的能力，依法判处罚金。亦即，"缴纳罚金的能力"不是决定因素，只是考虑因素。（2）选项C中的宣判刑的主刑为拘役，即使是因犯罪情节较轻而"减轻"，在法定刑"3年以下有期徒刑"以下判处主刑，也必须判决罚金。（3）D选项正确，可以不判主刑，但必须单处罚金。

2. 甲在一刑事附带民事诉讼中，被法院依法判处罚金并赔偿被害人损失，但甲的财产不足以全部支付罚金和承担民事赔偿。下列关于如何执行本案判决的表述哪一项是正确的？[1]（2005/2/5）

 A. 刑事优先，应当先执行罚金 B. 应当先承担民事赔偿责任

 C. 按比例执行罚金和承担民事赔偿责任 D. 承担民事赔偿责任后减免罚金

【解析】 本题考查罚金与民事赔偿的执行顺序。罚金、没收财产刑罚，系刑事责任，在财产不足以执行民事赔偿责任时，民事赔偿均应优于刑事责任。财产不足时进行民事赔偿责任和执行罚金时，应当选先承担民事赔偿责任，余下部分再缴纳罚金。对于选项D，罪犯暂时无力缴纳罚金的，可以以后有缴纳能力时再缴纳。因民事赔偿与罚金性质不同，不能充折。承担民事赔偿责任后，不能减免罚金。法条依据参见最高人民法院《关于刑事裁判涉财产部分执行的若干规定》第13条第1款：被执行人在执行中同时承担刑事责任、民事责任，其财产不足以支付的，按照下列顺序执行：（一）人身损害赔偿中的医疗费用；（二）退赔被害人的损失；（三）其他民事债务；（四）罚金；（五）没收财产。

考点五　没收财产

1. 关于没收财产，下列哪些选项是错误的？[2]（2010/2/56）

 A. 甲受贿100万元，巨额财产来源不明200万元，甲被判处死刑并处没收财产。甲被没收财产的总额至少应为300万元

 B. 甲抢劫他人汽车被判处死刑并处没收财产。该汽车应上缴国库

 C. 甲因走私罪被判处无期徒刑并处没收财产。此前所负赌债，经债权人请求应予偿还

 D. 甲因受贿罪被判有期徒刑10年并处没收财产30万元，因妨害清算罪被判有期徒刑3年并处罚金2万元。没收财产和罚金应当合并执行

【解析】 选项A，（1）关于涉案财物及没收，《刑法》第64条规定有犯罪物品的处理，59条规定的"没收财产刑罚"。二者不能混同。在司法实务中，应当首先根据第64条追缴违法所得、没收违禁品和犯罪工具。"犯罪分子违法所得的一切财物，应当予以追缴或者责令退赔；对被害人的合法财产，应当及时返还；违禁品和供犯罪所用的本人财物，应当予以没收。没收的财物和罚金，一律上缴国库，不得挪用和自行处理。"然后，在判决中，如判决第59条规定的"没收财产刑罚"，则没收犯罪分子个人所有（合法）财产的一部或者全部。亦即，先处理犯罪物品，这是行政和刑事强制措施；执行没收财产刑时再没收归犯罪分子个人合法所有的财物，这是刑罚种类。（2）选项A中的受贿所得贿赂款、巨额财产来源不明涉案款项共计300万元，均为犯罪所得，应当追缴并退赔；不属个人合法财产，不是没收财产刑的没收对象。对甲

［1］　B　〔2〕　ABCD（当年正确答案为ABC）

判处没收财产刑时，应当依照《刑法》第385、395、59条之规定，以及《最高人民法院关于适用财产刑若干问题的规定》，根据犯罪性质、情节裁量，没收其合法财产的一部或全部，与300万元无关。故选项A说法错误。

选项B，根据前述第64条中段，"对被害人的合法财产，应当及时返还"，对于汽车应返还被害人而不是上缴国库，故选项B说法错误。

选项C，根据《刑法》第60条，没收财产以前犯罪分子所负的正当债务，需要以没收的财产偿还的，经债权人请求，应当偿还。前述《最高人民法院关于适用财产刑若干问题的规定》第7条将其解释为"犯罪分子在判决生效前所负他人的合法债务"。甲所负赌债不属"合法债务"，故不予偿还。选项C说法错误。

选项D，（1）根据前述司法解释第3条第2款前半句，一人犯数罪依法同时并处罚金和没收财产的，应当合并执行。故选项D在考试当年说法正确。（2）但是，《刑法修正案（八）》将原刑法修正为"附加刑种类相同的，合并执行，种类不同的，分别执行"。现在正确的说法应当是"分别执行"，亦即都执行，如果财产不足于执行，应该先执行罚金，再执行没收财产。选项D说法错误。

2. 关于没收财产，下列哪一选项是正确的？[1]（2009/2/9）

A. 甲抢劫数额巨大，对其可以判处罚金一万元并处没收财产

B. 乙犯诈骗罪被判处没收全部财产时，法院对乙未满18周岁的子女应当保留必需的生活费用，对乙的成年家属不必考虑

C. 丙盗窃珍贵文物情节严重，即便其没有可供执行的财产，亦应当判处没收财产

D. 丁为治病向李某借款5万元，1年后丁因犯罪被判处没收财产。无论李某是否提出请求，一旦法院发现该债务存在，就应当判决以没收的财产偿还

【解析】本题A、C选项考查的具体罪名的法定刑规定（没收财产的规定）。B、D选项考查罚金刑的执行。

选项A，根据《刑法》第263条，抢劫数额巨大的，处十年以上有期徒刑、无期徒刑或者死刑，并处罚金或者没收财产，是"或者"。故对甲判处罚金并处没收财产是错误的。从财产刑的属性分析，罚金和没收财产不能对同一犯罪行为同时适用。一人犯数罪依法同时并处罚金和没收财产的，应当分别执行。故此选项错误。

选项B，根据《刑法》第59条，没收全部财产的，应当对犯罪分子个人及其扶养的家属保留必需的生活费用。既包括未成年家属，也包括成年家属，只要是乙扶养的家属都应当保留必需的生活费用。法院只考虑乙的未成年子女，不考虑成年家属的做法是不正确的。

选项C，（1）根据本题考试当时（2009年）的刑法（《刑法修正案（八）》生效之前的刑法和司法解释）第264条的规定，盗窃珍贵文物情节严重的，处无期徒刑或者死刑，并处没收财产。"并处"说明必处。故此选项在考试当时正确。（2）现行刑法已经废除盗窃罪的死刑规定，修正为：犯盗窃罪数额特别巨大或者有其他特别严重情节的，处十年以上有期徒刑或者无期徒刑，并处罚金或者没收财产。故而"应当判处没收财产"（必处）的说法错误。

选项D，根据《刑法》第60条、《最高人民法院关于适用财产刑若干问题的规定》第7条，没收财产以前犯罪分子所负的正当债务，需要以没收的财产偿还的，经债权人请求，应当偿还。据此，必须经债权人请求，才能偿还。

---

[1] 无（当年正确答案为C）

考点六　非刑罚处罚措施（职业禁止令等）

关于职业禁止，下列哪一选项是正确的?[1]（2016/2/9）

A. 利用职务上的便利实施犯罪的，不一定都属于"利用职业便利"实施犯罪

B. 行为人违反职业禁止的决定，情节严重的，应以拒不执行判决、裁定罪定罪处罚

C. 判处有期徒刑并附加剥夺政治权利，同时决定职业禁止的，在有期徒刑与剥夺政治权利均执行完毕后，才能执行职业禁止

D. 职业禁止的期限均为3年至5年

【解析】A选项，根据《刑法》第37条之一第1款，职业禁止适用的对象是"因利用职业便利实施犯罪，或者实施违背职业要求的特定义务的犯罪"。按照文理解释，职务便利是一种特殊的职业便利，故而"利用职业便利"实施犯罪，包括利用职务上的便利实施犯罪；利用职务上的便利实施犯罪的，一定都属于"利用职业便利"实施犯罪。

B选项，第37条之一第2款的规定：被禁止从事相关职业的人违反人民法院依照前款规定作出的决定的，由公安机关依法给予处罚；情节严重的，依照本法第三百一十三条的规定（拒不执行判决、裁定罪）定罪处罚。

C选项，职业禁止的起算"自刑罚执行完毕之日或者假释之日起"，其中的"刑罚执行完毕"是指主刑执行完毕，而不是包括附加刑。故C选项应在有期徒刑执行完毕后，就能执行职业禁止，不必等到剥夺政治权利均执行完毕。

D选项，第37条之一第1款规定职业禁止的"期限为三年至五年"，但第3款规定"其他法律、行政法规对其从事相关职业另有禁止或者限制性规定的，从其规定。"当其他法律、行政法规规定的职业禁止的期限不是3年至5年时，例如，《证券法》第221条第1、2款规定可以职业禁止终身，应当适用其他法律、行政法规规定。此时期限就不再是3年至5年。错在"均"字。

考点七　犯罪物品的处理

1.《刑法》第64条前段规定："犯罪分子违法所得的一切财物，应当予以追缴或者责令退赔"。关于该规定的适用，下列哪一选项是正确的?[2]（2016/2/8）

A. 甲以赌博为业，但手气欠佳输掉200万元。输掉的200万元属于赌资，应责令甲全额退赔

B. 乙挪用公款炒股获利500万元用于购买房产（案发时贬值为300万元），应责令乙退赔500万元

C. 丙向国家工作人员李某行贿100万元。除向李某追缴100万元外，还应责令丙退赔100万元

D. 丁与王某共同窃取他人财物30万元。因二人均应对30万元负责，故应向二人各追缴30万元

---

[1]　B　[2]　B

【疑难辨析】《刑法》第64条的全文是："犯罪分子违法所得的一切财物，应当予以追缴或者责令退赔；对被害人的合法财产，应当及时返还；违禁品和供犯罪所用的本人财物，应当予以没收。没收的财物和罚金，一律上缴国库，不得挪用和自行处理。"该条应当这样理解：(1) 对于违法所得财物，如违法所得财物存在，则应当追缴。追缴之后，对被害人的合法财产，应当及时返还；对于其他的财物，应当没收上缴国库。(2) 如违法所得财物已不再存在，造成他人损失的，则应当责令退赔。(3) 违禁品和供犯罪所用的本人财物，应当予以没收。

【解析】A选项，追缴或者责令退赔的是"违法所得"，而不是"违法所失"。本选项中200万元属于赌资，但系甲本人输掉的钱，是"违法所失"，而不是"违法所得"。

B选项，追缴或者责令退赔的是"违法所得"，不仅包括违法所得的财物本身，也包括违法所得的财物产生的收益（即犯罪产生的收益）。挪用公款炒股获利所得，属于犯罪产生的收益，系"违法所得的财物"，数额系500万元。因违法所得财物被消费用于购买房产，已不存在，故而应当责令退赔。

C选项，受贿人受贿所得系"违法所得"，应当予以追缴；但对于行贿人而言，送出的钱款系"违法所失"，不是"违法所得"，不能责令退赔。因两罪对象同一，只要对该100万元进行一次追缴。

D选项，窃取他人财物30万元，系"违法所得"，应当追缴；并且属于被害人的合法财产，追缴后应当及时返还。二人"违法所得"共计30万元，追缴数额共计30万元。在共同犯罪中，"违法所得的财物"，指整体共同犯罪所得财物，不是指各共犯人的"犯罪数额"；对于各共犯人而言，是指各共犯人的"分赃所得财物"。

2. 李某因涉嫌多次盗窃被检察院提起公诉。法院判处李某盗窃罪并对其盗窃所得的赃款赃物进行追缴。以下哪些赃款赃物依法应当予以追缴？[1]（2018/客/卷一/12仿，模拟题）

A. 李某将盗窃所得的价值100万元却以10万元卖给古玩店的古董
B. 李某赠予其女友的价值1万元的金项链
C. 李某通过网络二手买卖平台将价值8000元而以6000元转卖他人的智能手机
D. 李某用于偿还赌债的4万元盗窃赃款

【解析】《刑法》第64条规定："犯罪分子违法所得的一切财物，应当予以追缴或者责令退赔"。对于赃物转移给第三人的，最高人民法院《关于刑事裁判涉财产部分执行的若干规定》第11条规定：被执行人将刑事裁判认定为赃款赃物的涉案财物用于清偿债务、转让或者设置其他权利负担，具有下列情形之一的，人民法院应予追缴：（一）第三人明知是涉案财物而接受的；（二）第三人无偿或者以明显低于市场的价格取得涉案财物的；（三）第三人通过非法债务清偿或者违法犯罪活动取得涉案财物的；（四）第三人通过其他恶意方式取得涉案财物的。第三人善意取得涉案财物的，执行程序中不予追缴。作为原所有人的被害人对该涉案财物主张权利的，人民法院应当告知其通过诉讼程序处理。

A选项，属第三人以明显低于市场的价格取得，不属善意取得，可予追缴。

B选项，第三人无偿取得，不属善意取得，可予追缴。

C选项，第三人在市场上购得，价格并不悬殊，属善意取得，不予追缴。

D选项，第三人通过非法债务清偿或者违法犯罪活动取得涉案财物，可予追缴。

---

〔1〕 ABD

专题十一　刑罚的裁量

（1）累犯	一般累犯；特别累犯
（2）自首	一般自首；特别自首
（3）立功	协助抓捕同案犯、揭发同案犯犯罪事实；共同犯罪中自首、坦白与立功区分
（4）数罪并罚	简单并罚；漏罪并罚、新罪并罚

考点一　量刑的基本规则以及量刑情节的分类

1. 甲在所开报亭和乙发生矛盾，冲突中甲用水果刀刺中乙。路人丙看见后报警，甲见丙报警后留在原地等待。经鉴定，水果刀刺中乙脖颈后方 10 厘米深，伤害损伤为轻微伤。关于甲的行为，下列选项说法正确的有？[1]（2021/客/卷一/6 仿，模拟题）

A. 乙受伤程度轻微，甲不构成犯罪

B. 甲严重伤害乙，构成故意伤害罪；但由于甲属于过激伤人，可从轻、减轻或者免除处罚

C. 甲刺中乙后本可以继续刺击，但甲并未继续实施，甲构成犯罪中止

D. 甲见丙报警后留在原地等待的情节构成自首

【解析】 本题考查故意的认定、犯罪形态、量刑情节。

在具体故意的判断和罪名认定上，根据甲刺乙的部位（脖颈后方）和力度（10 厘米深），是朝致命部位猛刺；客观上具有杀死的极度危险，主观上也明知死亡结果，有杀人故意（不仅是伤害故意），根据《刑法》第 232 条，构成故意杀人罪。尽管最终的实害结果是轻微伤，但仍有杀死危险。选项 A、B 错误。

在犯罪形态上，行为人主观上认为没有客观障碍而放弃、有效阻止了死亡结果的发生，构成故意杀人罪的犯罪中止。因为可以继续刺击，故可认为是自动放弃重复侵害；而不能只看第一次动作，就认定为未遂。选项 C 正确。

在量刑情节上，（1）甲见丙报警后留在原地等待，根据最高人民法院《关于处理自首和立功若干具体问题的意见》第 1 条第 1 款第 2 项"明知他人报案而在现场等待，抓捕时无拒捕行为，供认犯罪事实的"，构成一般自首。（2）关于选项 B 后半句的"激情"犯罪，不是法定从宽情况，也不在司法解释明文规定的酌定情节中，但涉及的动机要素可认为是酌定情节。但是，无论如何，根据《刑法》第 63 条规定，除非"根据案件的特殊情况，经最高人民法院核

---

[1]　CD

准"，都不可以"减轻或者免除处罚"。故说法错误。

2. 假如甲罪的法定刑为"3年以上10年以下有期徒刑"，下列关于量刑的说法正确的是？[1]（2004/2/85）

A. 如果法官对犯甲罪的被告人判处7年以上10年以下有期徒刑，就属于从重处罚；如果判处3年以上7年以下有期徒刑，就属于从轻处罚

B. 法官对犯甲罪的被告人判处3年有期徒刑时，属于从轻处罚与减轻处罚的竞合

C. 由于甲罪的法定最低刑为3年以上有期徒刑，所以，法官不得对犯甲罪的被告人宣告缓刑

D. 如果犯甲罪的被告人不具有刑法规定的减轻处罚情节，法官就不能判处低于3年有期徒刑的刑罚，除非根据案件的特殊情况，报经最高人民法院核准

【解析】选项A，从重、从轻处罚指根据犯罪行为人的具体犯罪行为，在确定基本的刑罚幅度（基准刑）后，在此基础上从重、从轻。基准刑并不指法定刑罚幅度的中线，故而选项A理解的从重、从轻有误。

选项B，根据《刑法》第99条的规定，刑法所称以上、以下、以内，包括本数。因此，3年以上10年以下有期徒刑是指从3年到10年有期徒刑。而根据《刑法》第63条第1款规定，犯罪分子具有本法规定的减轻处罚情节的，应当在法定刑以下判处刑罚，不包含本数在内。判处3年是在3年以上10年以下的幅度内，属于从轻处罚，而不是减轻处罚。选项B错误。

选项C，法定最低刑为3年以上有期徒刑时，可能判处3年有期徒刑。根据《刑法》第72条第1款规定，对于被判处拘役、3年以下有期徒刑的犯罪分子，可以缓刑。故当被告人被判3年有期徒刑时，可以缓刑，而非一概不能宣告缓刑。本项错误。

选项D，根据《刑法》第63条的规定，犯罪分子具有刑法规定的减轻处罚情节的，才能在法定刑以下判处刑罚。不具有刑法规定的减轻处罚情节，但是根据案件的特殊情况，经最高人民法院核准，也可以在法定刑以下判处刑罚。第2款规定为特别减轻。

3. 下列哪些行为属于法定的从重处罚情节？[2]（2006/2/65）

A. 国家机关工作人员甲利用职权对乙进行非法拘禁，时间长达3天

B. 军警人员甲持枪抢劫

C. 国家机关工作人员甲利用职权挪用数额巨大的救济款进行赌博

D. 国家机关工作人员甲徇私舞弊，滥用职权，致使公共财产、国家和人民利益遭受重大损失

【解析】选项A，根据《刑法》第238条第4款的规定，行为人具有从重量刑身份，应当从重处罚。

选项B，根据《刑法》第263条的规定，属"持枪抢劫"，系情节加重犯，而不是从重处罚。

选项C，根据《刑法》第384条第2款的规定，挪用特定款物犯挪用公款罪的，应当从重处罚。

选项D，根据《刑法》第397条第2款的规定，徇私舞弊犯滥用职权罪的，是情节加重犯，而不是从重处罚。

4. 王某多次吸毒，某日下午在市区超市门口与同居女友沈某发生争吵。沈某欲离开，王某将其按倒在地，用菜刀砍死。后查明：王某案发时因吸毒出现精神病性障碍，导致辨认控制

---

[1] D [2] AC

能力减弱。关于本案的刑罚裁量，下列哪一选项是错误的？[1]（2017/2/10）

A. 王某是偶犯，可酌情从轻处罚

B. 王某刑事责任能力降低，可从轻处罚

C. 王某在公众场合持刀行凶，社会影响恶劣，可从重处罚

D. 王某与被害人存在特殊身份关系，可酌情从轻处罚

【解析】本题考查量刑情节、原因自由行为、死刑裁量、最高人民法院判例。（1）关于原因自由行为。从判例来源来看，本案的判决要旨参见《最高人民法院刑事审判参考》2007年第2集（总第55集）第431号案"彭崧故意杀人案——被告人吸食毒品后影响其控制、辨别能力而实施犯罪行为的，是否要承担刑事责任"。另参见《最高人民法院公报》2007年第4期。判决要旨是：行为人在吸毒后实施了犯罪行为的，由于系原因自由行为，不属于减免除刑事责任的情形。（2）在法理上，行为人因自身吸毒而陷入丧失责任能力、责任能力减弱状态，属原因自由行为，不以行为当时认定责任，而应以清醒之时认定责任状态。（3）在本案中，王某"多次"吸毒，可推知其在吸毒之时对吸毒之后自己陷入责任能力减弱状态是明知的，故而，其对杀人结果系故意责任，而不是过失责任。同时，以清醒时认定，属完全责任能力人。故选项B说法错误。（4）在量刑情节方面，选项A、C说法正确，偶犯、犯罪场所属于酌定量刑情节。对于选项D，根据最高人民法院指导案例4号"王志才故意杀人案"、12号"李飞故意杀人案"的精神，"因恋爱、婚姻矛盾激化引发的故意杀人案件"，可酌情从轻。

考点二　累　犯

1. 以下哪些被告人构成累犯？[2]（2002/2/36）

A. 某甲犯盗窃罪被判有期徒刑，刑罚执行完毕后第4年又犯强奸罪

B. 某乙犯间谍罪被判有期徒刑，刑罚执行完毕后第2年又犯抢劫罪

C. 某丙犯传染病菌种、毒种扩散罪被判有期徒刑，刑罚执行完毕后第3年又犯故意杀人罪

D. 某丁犯故意伤害罪被判有期徒刑10年，执行6年后获得假释，假释后的第7年又犯诈骗罪

【解析】A选项，符合一般累犯的条件。

B选项，虽因后罪抢劫罪不是危害国家安全犯罪、黑社会犯罪、恐怖犯罪，不成立特别累犯；但前后两罪均是故意犯罪，且在5年以内，成立一般累犯。

C选项，前罪传染病菌种、毒种扩散罪（《刑法》第331条）是过失犯罪，不构成累犯。

D选项，假释考验期满后5年内犯罪，是刑罚执行完毕后5年内犯罪，可以成立累犯。

2. 关于累犯，下列哪一判断是正确的？[3]（2010/2/8）

A. 甲因抢劫罪被判处有期徒刑10年，并被附加剥夺政治权利3年。甲在附加刑执行完毕之日起5年之内又犯罪。甲成立累犯

B. 甲犯抢夺罪于2005年3月假释出狱，考验期为剩余的2年刑期。甲从假释考验期满之日起5年内再故意犯重罪。甲成立累犯

C. 甲犯危害国家安全罪5年徒刑期满，6年后又犯杀人罪。甲成立累犯

D. 对累犯可以从重处罚

【解析】 A 选项，累犯构成条件中的刑罚执行完毕中的"刑罚"二字指主刑，而不指附加刑。而该项剥夺政治权利 3 年应在有期徒刑执行完毕后起算，则甲在剥夺政治权利期间（3年）及执行完毕后 2 年内，又犯可被判处有期徒刑的故意犯罪，可构成累犯；而在剥夺政治权利执行完毕后 2 年之后，又犯可被判处有期徒刑的故意犯罪，不构成累犯。当然，犯所有过失犯罪或未判处有期徒刑的故意犯罪，也不构成累犯。

B 选项，假释考验期内犯新罪，应数罪并罚；假释考验期满后犯可判处有期徒刑的故意犯罪，构成累犯。

C 选项，后罪系普通犯罪，不能构成特别累犯；并且虽前后罪均为故意犯罪，但后罪发生在前罪刑罚执行完毕 5 年之后，亦不成立一般累犯。

D 选项，见前述《刑法》第 65 条，系"应当从重"而不是"可以从重"。

3. 关于累犯，下列哪一选项是正确的？[1]（2009/2/10）

A. 甲因故意伤害罪被判 7 年有期徒刑，刑期自 1990 年 8 月 30 日至 1997 年 8 月 29 日止。甲于 1995 年 5 月 20 日被假释，于 1996 年 8 月 25 日犯交通肇事罪。甲构成累犯

B. 乙因盗窃罪被判 3 年有期徒刑，2002 年 3 月 25 日刑满释放，2007 年 3 月 20 日因犯盗窃罪被判有期徒刑 4 年。乙构成累犯

C. 丙因危害国家安全罪被判处 5 年有期徒刑，1996 年 4 月 21 日刑满释放，2006 年 4 月 20 日再犯同罪。丙不构成累犯

D. 丁因失火罪被判处 3 年有期徒刑，刑期自 1995 年 5 月 15 日至 1998 年 5 月 14 日。丁于 1998 年 5 月 15 日在出狱回家途中犯故意伤害罪。丁构成累犯

【解析】 选项 A，交通肇事罪属于过失犯罪，不符合累犯前后两罪都是故意犯罪的条件。另外，在假释考验期限内犯新罪的，撤销假释，数罪并罚，前罪刑罚没有执行完毕，不构成累犯。

选项 B，符合累犯的构成条件，属于累犯。

选项 C，丙构成特别累犯，成立累犯并不要求前后两罪名一定是异种罪名，特别累犯不受前后两罪间隔时间的限制。

选项 D，丁的前罪是失火罪，是过失犯罪，不符合累犯前后两罪故意犯罪的条件，不构成累犯。

4. 下列哪一种情形不成立累犯？[2]（2004/2/13）

A. 张某犯故意伤害罪被判处有期徒刑 3 年，缓刑 3 年，缓刑期满后的第 3 年又犯盗窃罪，被判处有期徒刑 10 年

B. 李某犯强奸罪被判处有期徒刑 5 年，刑满释放后的第 4 年，又犯妨害公务罪，被判处有期徒刑 6 个月

C. 王某犯抢夺罪被判处有期徒刑 4 年，执行 3 年后被假释，于假释期满后的第 5 年又犯故意杀人罪被判处无期徒刑

D. 田某犯叛逃罪被判处管制 2 年，管制期满后 20 年又犯为境外刺探国家秘密罪，被判处拘役 6 个月

【解析】 A 选项，被判处缓刑的犯罪人在缓刑考验期满后，"原判的刑罚就不再执行"，不符合"刑罚执行完毕"后犯罪条件，再犯新罪的不构成累犯。

B 选项，前后两罪都是有期徒刑，也符合其他条件，构成累犯。注意：累犯成立的条件是

---

[1] B 〔2〕 A

前后两罪是"有期徒刑"，而不是"有期徒刑3年"。

C选项，假释期满后5年内犯罪的，是刑罚执行完毕5年内犯罪，可成立累犯。

D选项，成立特别累犯。注意特别累犯的成立不要求前后罪"有期徒刑"，只需判处过刑罚即可。

考点三　自　首

1. 下列情形哪一项属于自首?[1]（2005/2/6）

A. 甲杀人后其父主动报案并将甲送到派出所，甲当即交代了杀人的全部事实和经过

B. 甲和乙共同贪污之后，主动到检察机关交代自己的贪污事实，但未提及乙

C. 甲和乙共同盗窃之后，主动向公安机关反映乙曾经诈骗数千元，经查证属实

D. 甲给监察局打电话，承认自己收受他人3万元贿赂，并交代了事情经过，然后出走不知所踪

【解析】A选项，根据《最高人民法院关于处理自首和立功具体应用法律若干问题的解释》的规定，亲友送犯罪人投案的（"送首"），也视为自动投案。

B选项，共同犯罪人成立自首，必须如实交代自己和同案犯的共同犯罪事实。

C选项，甲揭发乙的共同犯罪以外的诈骗罪，属于立功。

D选项，自动投案，必须将自己置于司法机关的控制之下，逃避司法追究的不能构成自首。

2. 关于自首中的"如实供述"，下列哪些选项是错误的?[2]（2009/2/53）

A. 甲自动投案后，如实交代自己的杀人行为，但拒绝说明凶器藏匿地点的，不成立自首

B. 乙犯有故意伤害罪、抢夺罪，自动投案后，仅如实供述抢夺行为，对伤害行为一直主张自己是正当防卫的，仍然可以成立自首

C. 丙虽未自动投案，但办案机关所掌握线索针对的贪污事实不成立，在此范围外丙交代贪污罪行的，应当成立自首

D. 丁自动投案并如实供述自己的罪行后又翻供，但在二审判决前又如实供述的，应当认定为自首

【解析】A选项，《最高人民法院关于处理自首和立功具体应用法律若干问题的解释》第1条第2项，自首是指犯罪嫌疑人自动投案后，如实交代自己的主要犯罪事实。交代是主要"犯罪事实"，"凶器藏匿地点"不属"犯罪事实"，无需交代。故仍成立自首。

B选项，（1）自首及于自首之罪，乙犯有两罪，如实供述抢夺罪，对于抢夺罪成立自首。（2）本选项有歧义，如果也如实供述了伤害行为，只是对其法律性质有辩解。则根据《最高人民法院关于被告人对行为性质的辩解是否影响自首成立问题的批复》，被告人对行为性质的辩解不影响自首的成立。

C选项，《最高人民法院、最高人民检察院关于办理职务犯罪案件认定自首、立功等量刑情节若干问题的意见》第1条第4款第2项，犯罪分子没有自动投案，办案机关所掌握的线索针对的犯罪事实不成立，在此范围外犯罪分子交代同种罪行的，以自首论。

D选项，《最高人民法院关于处理自首和立功具体应用法律若干问题的解释》第1条第2项，犯罪嫌疑人自动投案并如实供述自己的罪行后又翻供的，不能认定为自首；但在一审判决

---

[1] A　[2] AD

前又能如实供述的，应当认定为自首。注意供述时间是"一审"，不是"二审"。二审判决前又如实供述，不构成自首。

3. 关于自首，下列哪一选项是正确的？[1]（2017/2/9）

A. 甲绑架他人作为人质并与警察对峙，经警察劝说放弃了犯罪。甲是在"犯罪过程中"而不是"犯罪以后"自动投案，不符合自首条件

B. 乙交通肇事后留在现场救助伤员，并报告交管部门发生了事故。交警到达现场询问时，乙否认了自己的行为。乙不成立自首

C. 丙故意杀人后如实交代了自己的客观罪行，司法机关根据其交代认定其主观罪过为故意，丙辩称其为过失。丙不成立自首

D. 丁犯罪后，仅因形迹可疑而被盘问、教育，便交代了自己所犯罪行，但拒不交代真实身份。丁不属于如实供述，不成立自首

【解析】 A选项，考查第67条（自首）中"犯罪以后"的理解。自首中的"犯罪以后"应当理解为实施犯罪行为以后，即犯罪行为开始以后，无论犯罪是既遂、未遂、预备还是中止，均可构成自首。而不是犯罪终了以后。本选项说法错误。

B选项，考查交通肇事中的自首，以及相关司法解释。（1）首先，成立自首需要"如实供述自己的罪行"，本案中乙虽报告了事故但否认自己的行为，不属如实供述，不构成自首。（2）在司法解释规定层面上，最高人民法院《关于处理自首和立功若干具体问题的意见》（法发〔2010〕60号）第1条第3款规定"交通肇事后保护现场、抢救伤者，并向公安机关报告的，应认定为自动投案，构成自首的"，该项只是对自动投案条件的解释，要构成自首还需符合如实供述条件。本选项说法正确。

C选项，考查如实供述的内容。自首需如实供述犯罪事实，但不需如实供述事实的法律性质。《关于被告人对行为性质的辩解是否影响自首成立问题的批复》（法释〔2004〕2号）规定："被告人对行为性质的辩解不影响自首的成立。"本案中丙交代了事实，其对司法机关过失的认定属法律性质问题，其可成立自首。本选项说法错误。

D选项，考查形迹可疑的自首，以及如实供述与身份信息的关系。（1）关于形迹可疑的自首。最高人民法院《关于处理自首和立功若干具体问题的意见》（法发〔2010〕60号）第1条第2款规定："罪行未被有关部门、司法机关发觉，仅因形迹可疑被盘问、教育后，主动交代了犯罪事实的，应当视为自动投案"。（2）关于如实供述与身份信息的关系。前述意见第2条第1款规定："如实供述自己的罪行，除供述自己的主要犯罪事实外，还应包括姓名、年龄、职业、住址、前科等情况。犯罪嫌疑人供述的身份等情况与真实情况虽有差别，但不影响定罪量刑的，应认定为如实供述自己的罪行。犯罪嫌疑人自动投案后隐瞒自己的真实身份等情况，影响对其定罪量刑的，不能认定为如实供述自己的罪行"。也就是说，不交代真实身份，影响定罪量刑的，不成立自首；不影响定罪量刑的，成立自首。本选项说法错误。

4. 下列哪一选项成立自首？[2]（2015/2/11）

A. 甲挪用公款后主动向单位领导承认了全部犯罪事实，并请求单位领导不要将自己移送司法机关

B. 乙涉嫌贪污被检察院讯问时，如实供述将该笔公款分给了国有单位职工，辩称其行为不是贪污

C. 丙参与共同盗窃后，主动投案并供述其参与盗窃的具体情况。后查明，系因分赃太少、

---

[1] B 〔2〕 C

得知举报有奖才投案

D. 丁因纠纷致程某轻伤后，报警说自己伤人了。报警后见程某举拳冲过来，丁以暴力致其死亡，并逃离现场

【解析】A 选项，在自首中，投案的对象人虽无限制，向被害单位投案，只要将自己置于司法机关控制之下，也可成立自首。但本选项请求单位领导不要将自己移送司法机关，无将自己置于司法机关控制之下的意愿，不成立自首。

B 选项，个人贪污之后将该笔公款分给了国有单位职工，亦构成贪污罪。法条依据《最高人民法院、最高人民检察院关于办理贪污贿赂刑事案件适用法律若干问题的解释》第 16 条第 1 款：国家工作人员出于贪污、受贿的故意，非法占有公共财物、收受他人财物之后，将赃款赃物用于单位公务支出或者社会捐赠的，不影响贪污罪、受贿罪的认定，但量刑时可以酌情考虑。所以行为人的行为并不构成私分国有资产罪（单位行为才可）。本选项系因贪污被抓后才供述赃款下落，不属自动投案，不成立自首，可成立坦白。

C 选项，自首中的投案动机并无限定，为了举报有奖而自动投案、如实供述，也是自首。

D 选项，投案条件要求将自己置于司法机关控制之下，逃走不符合投案条件，不成立自首。

考点四 立 功

1. 下列哪些选项不构成立功？[1]（2012/2/57）

A. 甲是唯一知晓同案犯裴某手机号的人，其主动供述裴某手机号，侦查机关据此采用技术侦查手段将裴某抓获

B. 乙因购买境外人士赵某的海洛因被抓获后，按司法机关要求向赵某发短信"报平安"，并表示还要购买毒品，赵某因此未离境，等待乙时被抓获

C. 丙被抓获后，通过律师转告其父想办法协助司法机关抓捕同案犯，丙父最终找到同案犯藏匿地点，协助侦查机关将其抓获

D. 丁被抓获后，向侦查机关提供同案犯的体貌特征，同案犯由此被抓获

【解析】A 选项，最高人民法院《关于处理自首和立功若干具体问题的意见》第 5 条第 2 款规定："犯罪分子提供同案犯姓名、住址、体貌特征等基本情况，或者提供犯罪前、犯罪中掌握、使用的同案犯联络方式、藏匿地址，司法机关据此抓捕同案犯的，不能认定为协助司法机关抓捕同案犯。"同案犯甲提供的手机号，属于同案犯基本信息，司法机关据此抓捕同案犯的，不能认定为协助司法机关抓捕同案犯。如果行为人是提供基本信息之外的信息，或者打电话将同案犯约至指定地点，则可构成立功，应当注意两者的区别。

B 选项，发短信"报平安"使犯罪人未离境，对抓获起到了重要作用，相当于前述立功解释中的"约至指定地点"，构成立功。

C 选项，立功是犯罪人本人的立功，本案是犯罪人的父亲协助侦查机关抓获犯罪人，亲友代为立功不属立功。

D 选项，同案犯的体貌特征是共同犯罪人的基本信息，属共同犯罪中的犯罪人应当交代的内容，在坦白的范围之内，不属立功。

---

[1] ACD

2. 关于立功，下列选项说法正确的是？[1]（2023/客 A/卷一/仿 9）

A. 张某在取保候审期间，利用网络教唆陈某贩卖毒品，然后联系公安机关揭发陈某将陈某抓获，张某构成立功

B. 李某在服刑期间，其家人在监狱外购买他人发明，并以李某名义申请专利且李某获得了该项发明专利，李某不构成立功

C. 王某因行贿罪被抓，其交代了国家工作人员刘某向其索贿的事实，对于王某应同时适用坦白与立功

D. 钱某贩卖毒品被抓，其检举并揭发了他的上家周某贩卖给其毒品的事实，钱某不构成立功

【解析】 本题考点：立功、自首、坦白，共同犯罪。

选项 A，张某与陈某构成贩卖毒品罪的共同犯罪，张某系教唆犯。（1）根据《刑法》第67条，只有揭发"他人"犯罪，才构成立功；揭发同案犯的共同犯罪事实，不构成揭发型的立功。司法解释依据为《最高人民法院关于处理自首和立功具体应用法律若干问题的解释》（法释〔1998〕8 号）第 5、6 条，可构成自首或坦白。（2）根据《最高人民法院关于处理自首和立功若干具体问题的意见》（法发〔2010〕60 号）第 5 条的规定，对于同案犯，只有约至指定地点、当场指认辨认、带领侦查人员抓获、提供不属基本信息的联络方式、藏匿地址，才构成"协助抓捕其他犯罪嫌疑人"的立功。本选项不符合这些情况。

选项 B，"孙小果案"。根据《最高人民法院关于办理减刑、假释案件具体应用法律的规定》（法释〔2016〕23 号）第 5 条第 2 款：发明创造或者重大技术革新应当是罪犯在刑罚执行期间独立或者为主完成并经国家主管部门确认的发明专利，且不包括实用新型专利和外观设计专利。

选项 C，（1）行贿罪与受贿罪系对合犯，王某与刘某二人系共同犯罪；与选项 A 同理，共同犯罪中共犯人揭发同案犯共同犯罪事实的，不属刑法第 67 条规定的揭发"他人"犯罪，不构成立功。（2）因王某不属自动投案，不构成一般自首；交代的共同犯罪事实也不属司法机关尚未掌握的罪行，不构成特别自首。（3）根据《最高人民法院关于处理自首和立功具体应用法律若干问题的解释》（法释〔1998〕8 号）第 6 条，共同犯罪案件的犯罪分子到案后，揭发同案犯共同犯罪事实的，可以酌情予以从轻处罚。只构成坦白。

选项 D，（1）关于毒品犯罪中上下家是否构成共同犯罪的问题，根据《全国部分法院审理毒品犯罪案件工作座谈会纪要（大连纪要）》（法〔2008〕324 号）第 9 条，没有实施毒品犯罪的共同故意，仅在客观上为相互关联的毒品犯罪上下家，不构成共同犯罪。也就是说，不一定成立共同犯罪。（2）虽然毒品犯罪中的上下家并不一定构成共同犯罪；但是，由于毒品来源属于下家如实供述本人贩毒罪行、构成自首或坦白，需要供述的范围之内的事实；故而，下家供述上家贩卖给其毒品的事实，不构成揭发他人犯罪型的立功。当然，如果是协助抓获上下家，可构成协助抓捕型的立功。（3）相关规范依据，参见《昆明纪要》（2023 年）第八部分第 3 条"提供上下家"的基本情况，虽不认定有立功表现，但量刑时可酌情考虑。（4）判例依据，参见最高人民法院《刑事审判参考》总第 84 集第 801 号"胡俊波案"：公安机关根据供述抓获同案犯，不构成立功；但是如实供述并协助抓获上下家，应当认定为立功。总第 32 集第 373 号"梁国雄、周观杰等贩卖毒品案"：揭发下家的毒品犯罪事实，系提供同案犯线索，不构成立功；但公安机关根据揭发避免更严重后果的，可认为"其他重大贡献"型的立功。

---

3. 甲和乙共同入户抢劫并致人死亡后分头逃跑，后甲因犯强奸罪被抓获归案。在羁押期间，甲向公安人员供述了自己和乙共同所犯的抢劫罪行，并提供了乙因犯故意伤害罪被关押在另一城市的看守所的有关情况，使乙所犯的抢劫罪受到刑事追究。对于本案，下列哪一选项是正确的？[1]（2006/2/6）

  A. 甲的行为属于坦白，但不成立特别自首

  B. 甲的行为成立特别自首，但不成立立功

  C. 甲的行为成立特别自首和立功，但不成立重大立功

  D. 甲的行为成立特别自首和重大立功

【解析】（1）成立特别自首。根据《最高人民法院关于处理自首和立功具体应用法律若干问题的解释》第2条的规定，被采取强制措施的犯罪嫌疑人如实供述司法机关尚未掌握的不同种罪行的，与司法机关已掌握的或者判决确定的罪行属不同种罪行的，以自首论。甲因强奸罪被捕，供述抢劫罪，符合特别自首的规定。另根据该解释的第1条的规定，共犯人如果能够如实供述自己与他人的共同犯罪事实，成立自首。

  （2）成立立功。交待共犯人是自首，协助抓捕同案犯是立功。本案甲供述乙及与乙一起实施的抢劫罪事实，系自首内容。但提供了乙关押在另一看守所的情况，是自首还是立功呢？根据最高人民法院《关于处理自首和立功若干具体问题的意见》第5条第4项"提供司法机关尚未掌握的其他案件犯罪嫌疑人的联络方式、藏匿地址的"，并比照《最高人民法院、最高人民检察院关于办理职务犯罪案件认定自首、立功等量刑情节若干问题的意见》第2条第1款第2项，协助行为对于抓捕犯罪嫌疑人要有实际作用。本案甲提供乙的关押情况，对抓捕具有实际作用，成立立功。

  （3）成立重大立功。最高人民法院的解释，重大立功指立功人揭发、阻止的犯罪嫌疑人、被告人可能被判处无期徒刑以上刑罚或者案件在本省、自治区、直辖市或者全国范围内有较大影响等情形。甲协助抓捕的乙犯抢劫罪（具有入户及致人死亡两项加重情节），法定最高刑为死刑，属可能被判处无期徒刑以上刑罚，因此属于重大立功。

4. 甲（民营企业销售经理）因合同诈骗罪被捕。在侦查期间，甲主动供述曾向国家工作人员乙行贿9万元，司法机关遂对乙进行追诉。后查明，甲的行为属于单位行贿，行贿数额尚未达到单位行贿罪的定罪标准。甲的主动供述构成下列哪一量刑情节？[2]（2014/2/12）

  A. 坦白   B. 立功

  C. 自首   D. 准自首

【解析】本题考查自首与立功的区别。立功与自首、坦白的区分：交代属于自首或者坦白范围内的犯罪行为（如同案犯共同犯罪事实）、事实信息（如同案犯基本信息），不能认定为立功。犯罪分子交代的罪行，是本人的罪行（包括与他人共同犯罪的罪行），还是他人的罪行，是区分自首（坦白）与立功的界限。交代、提供的线索，如属同案犯的基本信息，也应认定为自首、坦白，而不属立功。

  本题中甲是因合同诈骗罪被捕，不是因行贿类犯罪被捕；甲虽有单位行贿行为，但并不构成单位行贿罪，甲交代的是乙实施的受贿罪。

  （1）假设甲可以构成单位行贿罪，则属"犯A罪（合同诈骗罪）被抓交代B罪（单位行贿罪）"，构成自首（特别自首）。同时，单位行贿人交代行贿的对象即受贿人乙，是交代同案犯，对于交代的是乙实施的受贿罪的行为，不构成立功。对于其所犯单位受贿罪构成自首。

（2）但是，本案中甲并不能构成单位行贿罪，虽"犯A罪（合同诈骗罪）"但并不符合"交代B罪（并不构成单位行贿罪）"的条件，不构成特别自首。

（3）同时，合同诈骗罪行为人甲交代出了乙实施的受贿罪；甲属于"犯A罪（合同诈骗罪）"交代他人实施的"C罪（受贿罪）"，与本人的犯罪无关（甲并不构成单位行贿罪，只构成合同诈骗罪），故甲构成立功。

5. 关于自首和立功的认定，以下说法不正确的有?[1]（2018/客/卷一/13 仿）

A. 甲交通肇事后逃逸，其父乙协助公安机关抓获甲，则可以认定为代甲自首，故甲的行为成立自首

B. 甲、乙共同盗窃，甲被抓获，在讯问中提供了司法机关尚未掌握的共犯乙的相关身份信息，公安机关据此抓住了乙，则甲成立立功

C. 请托人甲为了谋取不正当利益，向国家工作人员乙行贿100万元，后因乙不办事，甲向监察委员会告发了乙受贿的事实，经查证属实，则甲成立立功

D. 甲抢劫，乙提供汽车。后甲被公安通缉，迫于强大压力，在前往派出所投案的途中被抓获。到案后，甲如实供述了抢劫过程，但隐瞒了乙提供帮助的情况，直至一审期间才交代。则甲可成立自首

【解析】 A选项，《最高人民法院关于处理自首和立功若干具体问题的意见》第1条第4款：犯罪嫌疑人被亲友采用捆绑等手段送到司法机关，或者在亲友带领侦查人员前来抓捕时无拒捕行为，并如实供认犯罪事实的，虽然不能认定为自动投案，但可以参照法律对自首的有关规定酌情从轻处罚。第4条第3款：犯罪分子亲友为使犯罪分子"立功"，向司法机关提供他人犯罪线索、协助抓捕犯罪嫌疑人的，不能认定为犯罪分子有立功表现。故此情况既不属自首，也不属立功；但可酌情从宽。

B选项，《最高人民法院关于处理自首和立功具体应用法律若干问题的解释》第1条第2项：共同犯罪案件中的犯罪嫌疑人，除如实供述自己的罪行，还应当供述所知的同案犯，主犯则应当供述所知其他同案犯的共同犯罪事实，才能认定为自首。第5条：协助司法机关抓捕其他犯罪嫌疑人（包括同案犯），应当认定为有立功表现。《最高人民法院关于处理自首和立功若干具体问题的意见》第5条第2款：犯罪分子提供同案犯姓名、住址、体貌特征等基本情况，或者提供犯罪前、犯罪中掌握、使用的同案犯联络方式、藏匿地址，司法机关据此抓捕同案犯的，不能认定为协助司法机关抓捕同案犯。这也就是说：交代同案犯基本信息，属自首或坦白；交代基本信息以外的信息，才属立功。本选项属坦白。

C选项，行贿罪、受贿罪系共同犯罪，甲、乙是同案犯，揭发同案犯罪行，依照前述《最高人民法院关于处理自首和立功具体应用法律若干问题的解释》第1条第2项的规定，属自首，而不属立功。并且，行贿人在被追诉前主动交待行贿行为的，应当按照《刑法》第390条第2款处理。

D选项，《最高人民法院关于处理自首和立功具体应用法律若干问题的解释》第1条第1项第2段：经查实确已准备去投案，或者正在投案途中，被公安机关捕获的，应当视为自动投案。第1条第2项第4段：但在一审判决前又能如实供述的，应当认定为自首。

考点五　数罪并罚

一、判决宣告前一人犯数罪的并罚

1. 甲因走私武器被判处 15 年有期徒刑，剥夺政治权利 5 年；因组织他人偷越国境被判处 14 年有期徒刑，并处没收财产 5 万元，剥夺政治权利 3 年；因骗取出口退税被判处 10 年有期徒刑，并处罚金 20 万元。关于数罪并罚，下列哪一选项符合刑法规定？[1]（2012/2/12）

A. 决定判处甲有期徒刑 35 年，没收财产 25 万元，剥夺政治权利 8 年

B. 决定判处甲有期徒刑 20 年，罚金 25 万元，剥夺政治权利 8 年

C. 决定判处甲有期徒刑 25 年，没收财产 5 万元，罚金 20 万元，剥夺政治权利 6 年

D. 决定判处甲有期徒刑 23 年，没收财产 5 万元，罚金 20 万元，剥夺政治权利 8 年

【疑难辨析】本题考查判决宣告前一人犯数罪的并罚，基本规则是"主刑并主刑"得出总体主刑，"附加刑并附加刑"得出总体附加刑，最后将总体主刑与总体附加刑并科。

【解析】（1）三个主刑并罚：15 年、14 年、10 年。数刑最高刑为 15 年；总和刑相加为 39 年，超过 35 年，最高刑为 25 年。故在 15 年至 25 年间决定主刑。

（2）四个附加刑并罚：剥夺政治权利 5 年、没收财产 5 万元、剥夺政治权利 3 年、罚金 20 万元。两个剥夺政治权利种类相同，并科 8 年，其他分别执行均执行。

四个选项中，B、C、D 项主刑均可，但只有 D 选项的附加刑正确。

2. 关于数罪并罚，下列哪些选项是正确的？[2]（2017/2/55）

A. 甲犯某罪被判处有期徒刑 2 年，犯另一罪被判处拘役 6 个月。对甲只需执行有期徒刑

B. 乙犯某罪被判处有期徒刑 2 年，犯另一罪被判处管制 1 年。对乙应在有期徒刑执行完毕后，继续执行管制

C. 丙犯某罪被判处有期徒刑 6 年，执行 4 年后发现应被判处拘役的漏罪。数罪并罚后，对丙只需再执行尚未执行的 2 年有期徒刑

D. 丁犯某罪被判处有期徒刑 6 年，执行 4 年后被假释，在假释考验期内犯应被判处 1 年管制的新罪。对丁再执行 2 年有期徒刑后，执行 1 年管制

【解析】A 选项，有期徒刑与拘役并罚时，采吸收原则，只执行有期徒刑。见《刑法》第 69 条第 2 款："数罪中有判处有期徒刑和拘役的，执行有期徒刑。"本选项说法正确。

B 选项，有期徒刑与管制并罚时，采并科原则，都执行。见《刑法》第 69 条第 2 款："数罪中有判处有期徒刑和管制，或者拘役和管制的，有期徒刑、拘役执行完毕后，管制仍须执行。"本选项说法正确。

C 选项，发现漏罪先并后减：（有期 6 年并拘役）－有期 4 年。有期 6 年并拘役，只执行有期，然后扣减已执行的 4 年，只需继续再执行尚未执行的 2 年有期。本选项说法正确。

D 选项，假释期内犯新罪，应当撤销假释，先减后并：（有期 6 年－有期 4 年）并管制 1 年。本选项说法正确。

二、漏罪并罚与新罪并罚

3. 关于数罪并罚，下列哪一选项是错误的？[3]（2007/2/8）

A. 甲在刑罚执行完毕以前发现漏罪的，应当按照"先并后减"的原则实行数罪并罚

---

[1]　D　[2]　ABCD　[3]　D

B. 乙在刑罚执行完毕以前再犯新罪的，应当按照"先减后并"的原则实行数罪并罚

C. 丙在刑罚执行完毕以前再犯新罪，同时又发现漏罪的，应当先将漏罪与原判决的罪实行"先并后减"；再对新罪与前一并罚后尚未执行完毕的刑期实行"先减后并"

D. "先减后并"在一般情况下使犯罪人受到的实际处罚比"先并后减"轻

【疑难辨析】本题考查数罪并罚的规则，即漏罪并罚，先并后减（A 并 L－n）；新罪并罚，先减后并〔（A－n）并 X〕；既有漏罪又有新罪：（A 并 L－n）并 X。

【解析】A 选项，根据《刑法》第 70 条的规定，发现漏罪，先并后减。

B 选项，根据《刑法》第 71 条的规定，发现新罪，先减后并。

C 选项，同时发现漏罪和新罪的，要先解决漏罪的并罚问题，再解决新罪的并罚问题，亦即先并，后减，再并。故 C 项正确。

D 选项，发现漏罪"先并后减"、犯新罪"先减后并"，得出的结果均是继续执行的刑罚，计算选项所述"实际处罚"（实际执行的总刑期），均需加上已经执行的刑期。对于实际执行的总刑期：（1）发现漏罪"先并后减"实际执行刑期＝发现漏罪"先并后减"＋已执行的刑期（与"减"相同）＝"并"；最高不能超过并罚最高刑（有期徒刑为 20 年〔25 年〕）；（2）新罪"先减后并"实际执行刑期＝犯新罪"先减后并"＋已执行的刑期＝"并"＋已执行；可能超过 20 年〔25 年〕（"并"完之后最高可达 20 年〔25 年〕，还要加上已执行的刑期）。故而犯新罪"先减后并"在一般情况下使犯罪人受到的实际处罚比发现漏罪"先并后减"重。故 D 项错误。

4. 下列关于数罪并罚的做法与说法，哪些是错误的？[1]（2002/2/39）

A. 甲犯 A、B 罪，分别被判处有期徒刑 14 年和 7 年，法院决定合并执行 18 年。甲执行 8 年后，又犯 C 罪，被判处有期徒刑 5 年。对此，法院应在 14 年以上 20 年以下有期徒刑的范围内决定合并执行的刑期，然后，减去已经执行的 8 年刑期

B. 乙犯 A、B 罪，分别被判处有期徒刑 14 年和 11 年，法院决定合并执行 20 年。在执行 2 年后，法院发现乙在判决宣告以前还有没有判决的 C 罪，并就 C 罪判处有期徒刑 5 年。这样，乙实际执行的有期徒刑必然超过 20 年

C. 丙犯 A、B 罪，分别被法院判处有期徒刑 14 年和 11 年，法院决定合并执行 20 年；在执行 2 年后，丙又犯 C 罪，法院就 C 罪判处有期徒刑 5 年。由于数罪并罚时有期徒刑不得超过 20 年，故丙实际上不可能执行 C 罪的刑罚

D. 丁在判决宣告以前犯有 A、B、C、D 四罪，但法院只判决 A 罪 8 年、B 罪 12 年有期徒刑，决定合并执行 18 年有期徒刑。执行 5 年后发现 C 罪与 D 罪，法院判处 C 罪 5 年有期徒刑、D 罪 7 年有期徒刑。此次并罚的"数刑中的最高刑期"应是 18 年，而不是 12 年

【疑难辨析】数罪并罚的计算方法是：先写公式，然后计算科刑期间。（1）发现漏罪（先并后减）：A 并 L－n（第 70 条），结果为继续执行的刑期。（2）发现新罪（先减后并）（A－n）并 X（第 71 条），结果为继续执行的刑期。（3）多罪并罚（先处理漏罪再处理新罪）：①多个漏罪：A 并（L1 并 L2）－n；②多个新罪（A－n）并（X1 并 X2）；③既有漏罪又有新罪（A 并 L－n）并 X。

【解析】A 选项，发现新罪，先减后并。继续执行的刑期为（18－8）并 5，本选项所说并罚方式错误。

B 选项，发现漏罪，先并后减。继续执行的刑期为 20 并 5－2，实际执行刑期为 20 并 5，

---

〔1〕 ABC

不会超过 20 年。

C 选项，发现新罪，先减后并。继续执行的刑期为（20 - 2）并 5，实际执行的刑期为（20 - 2）并 5 + 2，可以超过 20 年最高达 22 年，只不过实际执行的 C 罪的刑罚最高只能是 2 年而已，而非实际不可能执行。

D 选项，发现漏罪，先并后减；有数个漏罪，先将数个漏罪并罚。继续执行的刑期为 18 并（5 并 7）- 5，应在 18 年至 20 年内决定刑罚，再扣除已经执行的 5 年，即为继续执行的刑罚。并罚时"数刑中的最高刑期"（注意：选项中间的是"数刑中的最高刑期"，而不是"总和刑"）是 18 年。本选项正确。

5. 关于数罪并罚，下列哪些选项是符合刑法规定的？[1]（2011/2/57）

A. 甲在判决宣告以前犯抢劫罪、盗窃罪与贩卖毒品罪，分别被判处 13 年、8 年、15 年有期徒刑。法院数罪并罚决定执行 18 年有期徒刑

B. 乙犯抢劫罪、盗窃罪分别被判处 13 年、6 年有期徒刑，数罪并罚决定执行 18 年有期徒刑。在执行 5 年后，发现乙在判决宣告前还犯有贩卖毒品罪，应当判处 15 年有期徒刑。法院数罪并罚决定应当执行 19 年有期徒刑，已经执行的刑期，计算在新判决决定的刑期之内

C. 丙犯抢劫罪、盗窃罪分别被判处 13 年、8 年有期徒刑，数罪并罚决定执行 18 年有期徒刑。在执行 5 年后，丙又犯故意伤害罪，被判处 15 年有期徒刑。法院在 15 年以上 20 年以下决定应当判处 16 年有期徒刑，已经执行的刑期，不计算在新判决决定的刑期之内

D. 丁在判决宣告前犯有 3 罪，被分别并处罚金 3 万元、7 万元和没收全部财产。法院不仅要合并执行罚金 10 万元，而且要没收全部财产

【疑难辨析】本题疑难点是 D 选项，即对附加刑罚金刑和没收全部财产如何并罚，因原司法解释规定数个附加刑中有没收全部财产的，另有没收部分财产或罚金的，应当采用吸收原则，只处一个没收全部财产，故而考生会认为该选项说法错误。而实际上，因《刑法修正案（八）》对第 69 条第 2 款进行了修改，故而导致原司法解释无效，应当适用附加刑"种类不同的，分别执行"的新规定。

【解析】A 选项，13 年、8 年、15 年三刑相并，数刑最高刑为 15 年，总和刑相加为 36 年，并罚不超过 25 年，应在 15 年至 25 年间决定刑罚。决定执行 18 年正确。

B 选项，发现漏罪，先并后减，18 并 15 - 5，18 并 15 = 18 ~ 20。决定执行 19 年（并）正确，已经执行的刑期计算在新判决决定的刑期之内（减）。

C 选项，发现新罪，先减后并，（18 - 5）并 15 = 13 并 15 = 15 ~ 20。决定执行 16 年（已先减后并）正确，已经执行的刑期不计算在新判决决定的刑期之内（不再减）。

D 选项，附加刑并罚，罚金 3 万元、7 万元为同种刑罚，合并执行为罚金 8 万；没收全部财产为不同种刑罚，应当分别执行（并科）。故而罚金、没收全部财产理论上应当并罚。

注意：《刑法修正案（八）》将第 69 条第 2 款修改为：数罪中有判处附加刑的，附加刑仍须执行，其中附加刑种类相同的，合并执行，种类不同的，分别执行。以往对该条的司法解释（没收全部财产吸收罚金）因刑法条文的修正而自然失效。另外，关于罚金、没收全部财产如何并罚，根据《最高人民法院关于刑事裁判涉财产部分执行的若干规定》第 13 条第 1 款：被执行人在执行中同时承担刑事责任、民事责任，其财产不足以支付的，按照下列顺序执行：（一）人身损害赔偿中的医疗费用；（二）退赔被害人的损失；（三）其他民事债务；（四）罚金；（五）没收财产。

---

[1] ABCD

专题十二 刑罚执行

缓刑	适用条件（包括对象条件、实体条件、不能适用的对象），考验期和撤销事由，以及撤销之后的数罪并罚
减刑	减刑限度以及实际执行的最低刑期
假释	适用条件（包括对象条件、实体条件、不能适用的对象），考验期和撤销事由，以及撤销之后的数罪并罚

考点一 缓 刑

1. 关于缓刑的适用，下列哪些选项是正确的？[1]（2015/2/59）

A. 甲犯重婚罪和虐待罪，数罪并罚后也可能适用缓刑

B. 乙犯遗弃罪被判处管制 1 年，即使犯罪情节轻微，也不能宣告缓刑

C. 丙犯绑架罪但有立功情节，即使该罪的法定最低刑为 5 年有期徒刑，也可能适用缓刑

D. 丁 17 岁时因犯放火罪被判处有期徒刑 5 年，23 岁时又犯伪证罪，仍有可能适用缓刑

【解析】A 选项，数罪并罚后，如判有期徒刑 3 年以下或拘役，符合其他条件，也可能适用缓刑。没有规定数罪并罚不能缓刑。

B 选项，缓刑对象仅限于有期徒刑 3 年以下或拘役，不包括管制，当然不能宣告缓刑。

C 选项，适用缓刑的条件"被判处拘役、三年以下有期徒刑的犯罪分子"指的是宣告刑，而不是法定刑，本选项法定最低刑虽为 5 年有期徒刑，但因有立功情节，可以从轻或者减轻处罚（一般立功），如果减轻处罚的话，在本档法定最低刑以下量刑，宣告刑当然有可能有期徒刑 3 年以下，也可能适用缓刑。

D 选项，不满 18 周岁人不构成一般累犯，后罪伪证罪如判有期徒刑 3 年以下或拘役，符合其他条件，也可能适用缓刑。

2. 关于缓刑的适用，下列哪一选项是错误的？[2]（2011/2/10）

A. 被宣告缓刑的犯罪分子，在考验期内再犯罪的，应当数罪并罚，且不得再次宣告缓刑

B. 对于被宣告缓刑的犯罪分子，可以同时禁止其从事特定活动，进入特定区域、场所，接触特定的人

C. 对于黑社会性质组织的首要分子，不得适用缓刑

D. 被宣告缓刑的犯罪分子，在考验期内由公安机关考查，所在单位或者基层组织予以

---

[1] ABCD [2] D

配合

【解析】A 选项，《刑法》第 77 条第 1 款规定，被宣告缓刑的犯罪分子，在考验期内再犯罪的，应当撤销缓刑，将前罪和后犯的新罪进行数罪并罚。第 72 条第 1 款第 3 项，缓刑适用的条件包括"没有再犯罪的危险"。行为人被宣告缓刑后，在考验期内再犯罪的，说明其人身危险性严重，有再次犯罪的危险，难以改造，不符合缓刑的适用条件，不得再次宣告缓刑。说法正确。

B 选项，《刑法》第 72 条第 2 款，对于缓刑犯，可适用禁止令。说法正确。

C 选项，《刑法》第 74 条，犯罪集团的首要分子，不适用缓刑。黑社会性质组织属于犯罪集团，因此，对于黑社会性质组织的首要分子不得适用缓刑。说法正确。

D 选项，《刑法》第 76 条，对宣告缓刑的犯罪分子，在缓刑考验期限内，依法实行社区矫正。社区矫正机关为司法行政部门（司法部、厅、局、所），不再由公安机关考查。

3. 关于缓刑，下列哪一选项是正确的？[1]（2008 延期/2/10）

A. 对累犯以及杀人、伤害等暴力性犯罪，不得宣告缓刑

B. 被宣告缓刑的犯罪分子，在缓刑考验期内，只要没有再犯新罪的，缓刑考验期满，原判刑罚就不再执行

C. 缓刑考验期限，从判决确定之日起计算

D. 被宣告缓刑的犯罪分子，在缓刑考验期内犯新罪的，应当撤销缓刑，将前罪和后罪所判处的刑罚，依照先减后并的方法决定应当执行的刑罚

【解析】选项 A，《刑法》第 72、74 条的规定，被判处 3 年以下有期徒刑或者拘役的罪犯，如果放到社会确实不致再危害社会的，可以宣告缓刑，但是累犯不适用缓刑。对于杀人、伤害等暴力犯罪，如果符合缓刑的条件，也可以缓刑。所以本选项说法错误，是将缓刑条件与不能假释的"七种暴力犯罪、有组织暴力犯判处 10 年以上"弄混了。

选项 B，缓刑考验期内撤销缓刑的事由，除犯新罪外，还有发现漏罪和违反管理规定。

选项 C，根据《刑法》第 73 条和第 76～77 条的规定，缓刑考验期限，从判决确定之日起计算，故选项 C 说法正确。

选项 D，按照《刑法》第 69 条的规定数罪并罚，撤销缓刑后，应将实刑与新罪所判之刑，直接并罚，不存在减的问题。

4. 关于缓刑的适用，下列哪些选项是错误的？[2]（2017/2/56）

A. 甲犯抢劫罪，所适用的是"三年以上十年以下有期徒刑"的法定刑，缓刑只适用于被判处拘役或者 3 年以下有期徒刑的罪犯，故对甲不得判处缓刑

B. 乙犯故意伤害罪与代替考试罪，分别被判处 6 个月拘役与 1 年管制。由于管制不适用缓刑，对乙所判处的拘役也不得适用缓刑

C. 丙犯为境外非法提供情报罪，被单处剥夺政治权利，执行完毕后又犯帮助恐怖活动罪，被判处拘役 6 个月。对丙不得宣告缓刑

D. 丁 17 周岁时犯抢劫罪被判处有期徒刑 5 年，刑满释放后的第 4 年又犯盗窃罪，应当判处有期徒刑 2 年。对丁不得适用缓刑

【解析】A 选项，考查"以上""以下"的含义，以及缓刑的刑期条件是宣告刑。根据《刑法》第 99 条的规定，"三年以上十年以下有期徒刑"中的"三年以上"包括本数 3 年；缓刑的对象"三年以下有期徒刑"也包括本数 3 年。如果对甲判处法定最低刑 3 年有期徒刑（宣

---

[1] C　[2] ABD

告刑），即可适用缓刑。本选项说法错误。

B 选项，适用缓刑的刑期条件是并罚之后的宣告刑。拘役与管制二刑均执行，对于拘役仍然符合缓刑的刑期条件。本选项说法错误。

C 选项，构成特别累犯，不得适用缓刑。本选项说法正确。

D 选项，不满 18 周岁，不构成一般累犯，仅属再犯，新犯之罪符合适用缓刑的条件。本选项说法错误。

考点二　减　刑

关于减刑，下列哪一选项是正确的？[1]（2010/2/10）

A. 减刑只适用于被判处拘役、有期徒刑、无期徒刑和死缓的犯罪分子

B. 对一名服刑犯人的减刑不得超过 3 次，否则有损原判决的权威性

C. 被判处无期徒刑的罪犯减刑后，实际执行时间可能超过 15 年

D. 对被判处无期徒刑、死缓的罪犯的减刑，需要报请高级法院核准

【解析】A 选项，根据《刑法》第 78 条，被判处管制、拘役、有期徒刑、无期徒刑的犯罪分子。选项 A"只适用"缺了管制，多了死缓（对死缓的减刑不是一般意义上的减刑，但属广义上的减刑），故错误。

B 选项，根据《最高人民法院关于办理减刑、假释案件具体应用法律的补充规定》（法释〔2019〕6 号）第 2~5 条的规定，减刑的次数不受限制，故 B 选项错误。

C 选项，根据前述规定第 3 条的规定："被判处无期徒刑，符合减刑条件的，执行四年以上方可减刑。确有悔改表现或者有立功表现的，可以减为二十三年有期徒刑；确有悔改表现并有立功表现的，可以减为二十二年以上二十三年以下有期徒刑；有重大立功表现的，可以减为二十一年以上二十二年以下有期徒刑。无期徒刑减为有期徒刑后再减刑时，减刑幅度比照本规定第二条的规定执行。两次减刑之间应当间隔二年以上。"显然实际执行的刑期可能超过 15 年，故 C 选项说法正确。

D 选项，《刑法》第 79 条规定，"对于犯罪分子的减刑，由执行机关向中级以上人民法院提出减刑建议书。"根据《监狱提请减刑假释工作程序规定》第四条规定，被判处死刑缓期二年执行的罪犯的减刑，被判处无期徒刑的罪犯的减刑、假释，由监狱提出建议，经省、自治区、直辖市监狱管理局审核同意后，提请罪犯服刑地的高级人民法院裁定。所以，D 项错误，错在"核准"。应当是由执行机关提出建议书，由高级法院裁定。

考点三　假　释

1. 关于假释，下列哪一选项是错误的？[2]（2009/2/12）

A. 甲系被假释的犯罪分子，即便其在假释考验期内再犯新罪，也不构成累犯

B. 乙系危害国家安全的犯罪分子，对乙不能假释

C. 丙因犯罪被判处有期徒刑 2 年，缓刑 3 年。缓刑考验期满后，发现丙在缓刑考验期内

的第 7 个月犯有抢劫罪，应当判处有期徒刑 8 年，数罪并罚决定执行 9 年。丙服刑 6 年时，因有悔罪表现而被裁定假释

D. 丁犯抢劫罪被判有期徒刑 9 年，犯寻衅滋事罪被判有期徒刑 5 年，数罪并罚后，决定执行有期徒刑 13 年，对丁可以假释

【解析】A 选项，在假释考验期内犯新罪，是在刑法执行期间内犯新罪，不符合"刑罚执行完毕或者赦免以后"犯新罪的累犯条件，不构成累犯。应当撤销假释，数罪并罚。

B 选项，根据《刑法》第 81 条，不得假释的对象有两种：累犯；因 7 种暴力犯、有组织暴力犯被判 10 年以上。危害国家安全的犯罪分子，如果不属于前述情况，可以假释。

C 选项，根据《刑法》第 77 条，被宣告缓刑的犯罪分子，在缓刑考验期限内犯新罪或者发现判决宣告以前还有其他罪没有判决的，应当撤销缓刑，数罪并罚。丙在考验期内犯新罪考验期满发现的，应数罪并罚，不构成累犯。此外，根据原《最高人民法院关于办理减刑、假释案件具体应用法律若干问题的规定》第 12 条，（7 种）暴力犯罪被判 10 年指单罪被判 10 年，本案抢劫罪单罪只 8 年。根据《刑法》第 81 条，可以假释。

D 选项，根据原《最高人民法院关于办理减刑、假释案件具体应用法律若干问题的规定》第 12 条，（七种）暴力犯罪被判 10 年指单罪被判 10 年，本案抢劫罪单罪未超过 10 年。可以假释。

2. 关于假释，下列哪些选项是错误的？[1]（2008/2/57）

A. 被判处有期徒刑的犯罪分子，执行原判刑期的 1/2，如果符合假释条件的，可以假释；如果有特殊情况，经高级人民法院核准，可以不受上述执行刑期的限制

B. 被假释的犯罪分子，在假释考验期内，遵守了各种相关规定，没有再犯新罪，也没有发现以前还有其他罪没有判决的，假释考验期满，剩余刑罚就不再执行

C. 被假释的犯罪分子，在假释考验期限内犯新罪的，应当撤销假释，按照先并后减的方法实行数罪并罚

D. 对于因杀人、绑架等暴力性犯罪被判处 10 年以上有期徒刑的犯罪分子，不得假释；即使他们被减刑后，剩余刑期低于 10 年有期徒刑，也不得假释

【解析】选项 A，根据《刑法》第 81 条第 1 款的规定，应经最高人民法院核准，而非高级人民法院核准，假释的下限可以不受原判刑期 1/2 的限制，所以选项 A 说法错误。

选项 B，根据《刑法》第 85 条的规定，假释考验期满，就认为原判刑罚执行完毕，而非剩余刑罚不再执行，所以选项 B 说法错误。

选项 C，根据《刑法》第 86 条第 1 款的规定，在假释考验期内犯新罪的，应当撤销假释，按照先减后并的方法实行数罪并罚，而非先并后减，所以选项 C 说法错误。

选项 D，根据《刑法》第 81 条第 2 款的规定（《刑法修正案（八）》将其修正）：对累犯以及因杀人、爆炸、抢劫、强奸、绑架等暴力性犯罪被判处 10 年以上有期徒刑、无期徒刑的犯罪分子，不得假释。此处刑期指原判刑期，所以即使他们被减刑后，剩余刑期低于 10 年有期徒刑，也不得假释，所以选项 D 的说法正确。

3. 关于假释与数罪并罚的相关问题，下列哪些说法是正确的？[2]（2008 延/2/60）

A. 甲犯强奸罪被判处有期徒刑 9 年，执行 5 年后假释，在假释考验期满后，发现甲在强奸罪判决宣告以前还有抢劫罪没有得到处理。因此，应该撤销对甲的假释，依照数罪并罚原则进行处理

---

〔1〕 ABC 〔2〕 D（本题实际只有一个选项正确）

B. 乙犯爆炸罪被判处有期徒刑 12 年，在刑罚执行过程中被减刑 2 年，如果乙实际服刑 6 年以上，可以假释

C. 丙犯贪污罪被判处有期徒刑 5 年，刑满释放后 4 年内又犯聚众斗殴罪被判处有期徒刑 7 年，在执行 4 年后，丙可以假释

D. 丁犯交通肇事罪被判处有期徒刑 5 年，执行 3 年后假释，在假释考验期满后，发现丁在考验期内犯有盗窃罪，应当撤销丁的假释，根据先减后并原则数罪并罚

【解析】A 选项，根据《刑法》第 86 条第 2 款的规定，在假释考验期内，发现漏罪的，撤销假释，数罪并罚；但是在假释考验期满后，发现漏罪的，由于和假释考验无关，只追究漏罪即可，不再撤销假释，所以选项 A 的说法是错误的。

B 选项，根据出题当时《刑法》第 81 条第 2 款的规定，因暴力性犯罪被判处 10 年有期徒刑以上的犯罪分子，不得假释（《刑法修正案（八）》将其修正为：对累犯以及因杀人、爆炸、抢劫、强奸、绑架等暴力性犯罪被判处 10 年以上有期徒刑、无期徒刑的犯罪分子，不得假释）。即使经过减刑在 10 年有期徒刑以下的，也不得假释。乙因为爆炸罪（暴力犯罪）而被判处 12 年有期徒刑（10 年以上），是不可以被假释的，即使经过减刑，也不能撤销假释，所以 B 的说法是错误的。

C 选项，根据《刑法》第 81 条第 2 款的规定，对于累犯不得适用假释。丙在贪污罪刑满释放后 5 年内又故意犯罪的，是累犯，不得假释，所以选项 C 的说法错误。

D 选项，根据《刑法》第 86 条第 1 款的规定。在假释考验期内，又犯新罪的，撤销假释，数罪并罚；此时无论新罪是在假释考验期内被发现的，还是在假释考验期满后被发现的，都要撤销假释，所以选项 D 的说法正确。

4. 关于假释的适用，下列哪些选项是正确的？[1]（2007/2/56）

A. 甲因爆炸罪被判处有期徒刑 15 年。在服刑 13 年时，因有悔改表现而被裁定假释

B. 乙犯抢劫罪被判处有期徒刑 9 年，犯嫖宿幼女罪（现为强奸罪）被判 8 年，数罪并罚决定执行 15 年。在服刑 13 年时，因有悔改表现而被裁定假释

C. 丙犯诈骗罪被判处有期徒刑 10 年，刑罚执行 7 年后假释。假释考验期内第 2 年，丙犯抢劫罪，应当判 9 年，数罪并罚决定执行 10 年。在服刑 7 年时，因有悔改表现而被裁定假释

D. 丁犯盗窃罪，被判处有期徒刑 3 年，缓刑 4 年。经过缓刑考验期后，发现丁在缓刑考验期内的第 2 年，犯故意伤害罪，应判 9 年，数罪并罚决定执行 10 年。在服刑 7 年时，因丁有悔改表现而被裁定假释

【解析】A 选项，甲因爆炸罪被判处有期徒刑 15 年，是 7 种暴力犯罪被判 10 年以上，不可以被假释。故选项 A 错误。

B 选项，虽犯有暴力犯罪（《刑法修正案（八）》将其修正为 7 种暴力犯罪、有组织暴力犯罪），但单罪被判 10 年以下，可以假释。

C 选项，根据 2016 年最高人民法院《关于办理减刑、假释案件具体应用法律的规定司法解释的规定》第三十条规定，假释考验期内犯新罪，数罪并罚后，不得再次假释。故，选项 C 错误。

D 选项，丁在缓刑考验期内犯新罪，不是累犯；故意伤害罪的宣告刑未到 10 年以上，可以假释，故选项 D 正确。

---

[1]　BD

考点四 综合题

1. 在符合"执行期间，认真遵守监规，接受教育改造"的前提下，关于减刑、假释的分析，下列哪一选项是正确的?[1] (2017/2/11)

A. 甲因爆炸罪被判处有期徒刑 12 年，已服刑 10 年，确有悔改表现，无再犯危险。对甲可以假释

B. 乙因行贿罪被判处有期徒刑 9 年，已服刑 5 年，确有悔改表现，无再犯危险。对乙可优先适用假释

C. 丙犯贪污罪被判处无期徒刑，拒不交代贪污款去向，一直未退赃。丙已服刑 20 年，确有悔改表现，无再犯危险。对丙可假释

D. 丁因盗窃罪被判处有期徒刑 5 年，已服刑 3 年，一直未退赃。丁虽在服刑中有重大技术革新，成绩突出，对其也不得减刑

【解析】A 选项，根据第 81 条第 2 款，因爆炸罪被判处 10 年以上有期徒刑、无期徒刑的犯罪分子，不得假释。本选项说法错误。

B 选项，乙符合假释条件，也适用可以减刑条件。根据《最高人民法院关于办理减刑、假释案件具体应用法律的规定》第 26 条第 2 款的规定："罪犯既符合法定减刑条件，又符合法定假释条件的，可以优先适用假释。"本选项说法正确。

C 选项，根据《最高人民法院关于办理减刑、假释案件具体应用法律的补充规定》(法释〔2019〕6 号) 第 1 条的规定，"对拒不认罪悔罪的，或者确有履行能力而不履行或者不全部履行生效裁判中财产性判项的，不予假释，一般不予减刑。"《最高人民法院关于办理减刑、假释案件具体应用法律的规定》第 41 条规定："本规定所称'财产性判项'是指判决罪犯承担的附带民事赔偿义务判项，以及追缴、责令退赔、罚金、没收财产等判项。"本选项中丙犯罪未退赃，不可假释。本选项说法错误。

D 选项，根据前述 C 选项援引的《补充规定》第 1 条，不履行财产性判项的，只是"一般不予减刑"，而不是绝对不能减刑。而根据《刑法》第 78 条第 3 项、前述《规定》第 5 条第 4 项，重大技术革新属重大立功，"应当减刑"。本选项说法错误。

2. 关于减刑、假释的适用，下列哪些选项是错误的?[2] (2013/2/57)

A. 对所有未被判处死刑的犯罪分子，如认真遵守监规，接受教育改造，确有悔改表现，或者有立功表现的，均可减刑

B. 无期徒刑减为有期徒刑的刑期，从裁定被执行之日起计算

C. 被宣告缓刑的犯罪分子，不符合"认真遵守监规，接受教育改造"的减刑要件，不能减刑

D. 在假释考验期限内犯新罪，假释考验期满后才发现的，不得撤销假释

【解析】A 选项，"所有……均可减刑"说法太过绝对，不一定正确。例如，《最高人民法院关于办理减刑、假释案件具体应用法律的规定》第 18 条规定："被判处拘役或者三年以下有期徒刑，并宣告缓刑的罪犯，一般不适用减刑。前款规定的罪犯在缓刑考验期内有重大立功表现的，可以参照《刑法》第七十八条的规定予以减刑，同时应当依法缩减其缓刑考验期。缩

---

[1] B [2] ABCD

减后，拘役的缓刑考验期限不得少于二个月，有期徒刑的缓刑考验期限不得少于一年。"

B 选项，《刑法》第 80 条规定，无期徒刑减为有期徒刑的刑期，从裁定减刑之日起计算。而不是从裁定被执行之日起计算。

C 选项，被宣告缓刑的犯罪分子，因不在监狱里服刑，而进行社区矫正，故而应当将"认真遵守监规"中的"监规"解释为"监管规范"，而不仅仅限定为"监狱规范"，也可以减刑。

D 选项，根据《刑法》第 86 条第 1 款的规定，在假释考验期限内犯新罪，应当撤销假释。亦即只要未超过追诉时效，无论是在假释考验期内发现，还是期满后才发现，都一律撤销。

3. 关于刑罚裁量、刑罚执行，以下选项正确的有[1]（2019/客/卷一/17 仿，模拟题）

A. 甲 18 周岁生日当天以残酷手段杀人，20 周岁时被抓获审判，拒不悔罪。则对甲虽不能判处死刑立即执行，但可判处死刑缓期两年执行

B. 甲因犯盗窃罪、故意伤害罪，两罪并罚，被判处有期徒刑 12 年，剥夺政治权利 3 年，后因减刑有期徒刑实际执行 9 年后刑满释放。则对甲剥夺政治权利的实际执行时间为 12 年

C. 甲向国家工作人员乙行贿 50 万元，则对于该 50 万元，应当予以追缴或者责令退赔

D. 甲因拒不支付劳动报酬罪被判处有期徒刑 3 年缓期 5 年执行，在缓刑考验期又犯危险驾驶罪应被判处拘役 6 个月。则对甲应撤销缓刑，将有期徒刑 3 年与拘役 6 个月并罚，先执行有期徒刑，再执行拘役

【解析】A 选项，根据《刑法》第 49 条，"犯罪的时候不满十八周岁的人和审判的时候怀孕的妇女，不适用死刑。"其中的"死刑"既包括死刑立即执行，也包括死缓。

B 选项，《刑法》第 58 条规定："附加剥夺政治权利的刑期，从徒刑、拘役执行完毕之日或者从假释之日起计算；剥夺政治权利的效力当然施用于主刑执行期间。"故而剥夺政治权利的总刑期为 9 + 3 = 12 年。

C 选项，《刑法》第 64 条规定："犯罪分子违法所得的一切财物，应当予以追缴或者责令退赔"，其中追缴或者责令退赔的对象是"违法所得"。本选项中行贿罪没有"违法所得"，只有"违法所失"，故不能追缴、退赔。而应向受贿者追缴。

D 选项，根据《刑法》第 77 条规定，缓刑考验期内犯新罪的，应当撤销缓刑，数罪并罚。根据第 69 条第 2 款，"数罪中有判处有期徒刑和拘役的，执行有期徒刑"，有期徒刑和拘役并罚时，采用吸收规则，只执行有期徒刑。

4. 关于刑罚的具体运用，下列哪些选项是错误的？[2]（2014/2/55）

A. 甲 1998 年因间谍罪被判处有期徒刑 4 年，2010 年甲因参加恐怖组织罪被判处有期徒刑 8 年。则甲构成累犯

B. 乙因倒卖文物罪被判处有期徒刑 1 年，罚金 5000 元；因假冒专利罪被判处有期徒刑 2 年，罚金 5000 元。对乙数罪并罚，决定执行有期徒刑 2 年 6 个月，罚金 1 万元。此时，即使乙符合缓刑的其他条件，也不可对乙适用缓刑

C. 丙因无钱在网吧玩游戏而抢劫，被判处有期徒刑 1 年缓刑 1 年，并处罚金 2000 元，同时禁止丙在 12 个月内进入网吧。若在考验期限内，丙仍常进网吧，情节严重，则应对丙撤销缓刑

D. 丁系特殊领域专家，因贪污罪被判处有期徒刑 8 年。丁遵守监规，接受教育改造，有悔改表现，无再犯危险。1 年后，因国家科研需要，经最高法院核准，可假释丁

【解析】本题考查累犯、缓刑、假释。

A 选项，考查累犯、刑法的时间效力。（1）后罪发生在前罪刑罚执行完毕 8 年之后，甲不构成一般累犯。（2）对其是否构成特别累犯进行判断。①按照"旧法"即行为时的（后罪行为时）的刑法，即《刑法修正案（八）》生效之前的刑法规定，前后罪均为危害国家安全犯罪才构成累犯，后罪不是，甲不构成特别累犯；②按照"新法"即审判时的刑法，假设现在来审判，则甲可构成特别累犯。③"旧法"是轻法，应按"旧法"认定不构成累犯。A 选项说法错误。

B 选项，考查禁止缓刑的对象。刑法没有规定一并犯有数罪不可适用缓刑，只规定对于累犯和犯罪集团的首要分子不适用缓刑。B 选项说法错误。

C 选项，考查缓刑的撤销。根据《刑法》第 77 条第 2 款，被宣告缓刑的犯罪分子，在缓刑考验期限内，违反人民法院判决中的禁止令，情节严重的，应当撤销缓刑，执行原判刑罚。C 选项说法正确。

D 选项，考查假释的刑期条件。根据《刑法》第 81 条第 1 款，被判处有期徒刑的犯罪分子，执行原判刑期 1/2 以上，如果认真遵守监规，接受教育改造，确有悔改表现，没有再犯罪的危险的，可以假释。如果有特殊情况，经最高人民法院核准，可以不受上述执行刑期的限制。D 选项说法正确。

5. 下列哪些情形依法须报经最高人民法院核准？[1]（2008 延/2/57）

A. 判处死刑立即执行的死刑复核案件

B. 犯罪分子没有法定减轻处罚情节，但可以在法定刑以下判处刑罚的案件

C. 因有特殊情况，可以不受实际执行刑期的限制决定假释的案件

D. 追诉时效经过 20 年以后，仍有必要追诉的案件

【解析】本题考查最高院、最高检核准程序。选项 A，《刑法》第 48 条第 2 款；选项 B，《刑法》第 63 条第 2 款；选项 C，《刑法》第 81 条；选项 D，《刑法》第 87 条第 4 项。

---

〔1〕 ABC

专题十三　追诉时效和特赦

1. 不受时效限制	立案（对事立案）、受理＋逃避；被害人在追诉期内控告＋应当立案而不予立案
2. 起算点	犯罪成立之日起算；连续犯、继续犯犯罪行为终了之日起算
3. 时效中断	前罪时效内犯后罪，前罪时效从后罪成立之日重新计算
4. 终止时点	司法机关侦破案件之日：侦破案件确定犯罪嫌疑人（对人立案）
5. 时限	法定最高刑不满5年经过5年；不满10年经过10年；10年以上15年。最高刑5年，时限10年；最高刑10年，时限15年；最高刑15年，时限15年。最高刑无期、死刑，时限20年。
6. 超时限后果	一般犯罪不再追诉。最高刑无期、死刑超20年，仍想追诉报最高检核准

1. 1980年初，张某强奸某妇女并将其杀害。1996年末，张某因酒后驾车致人重伤。两案在2007年初被发现。关于张某的犯罪行为，下列哪些选项是错误的?[1]（2009/2/55）

A. 应当以强奸罪、故意杀人罪和交通肇事罪追究其刑事责任，数罪并罚

B. 应当以强奸罪追究其刑事责任

C. 应当以故意杀人罪追究其刑事责任

D. 不应当追究任何刑事责任

【解析】（1）罪数上。强奸后杀人，应认定为强奸罪（基本犯）、故意杀人罪两罪，而不是强奸致人死亡。故张某犯有强奸罪（1980年）、故意杀人罪（1980年）、交通肇事罪（1996年）三罪。（2）各罪行为的追诉期限。①一般情节的强奸罪法定最高刑为10年，追诉时效为15年，至1995年。②故意杀人罪法定最高刑为死刑，追诉时效为20年，至2000年；由于该罪追诉时效期间又犯交通肇事罪（1996），追诉时效中断，故该罪从1996年起算，至2016年。③交通肇事罪酒后致一人重伤是基本犯，之后又逃逸，系"交通肇事后逃逸"，法定最高刑为7年，追诉时效为10年，至2006年。（3）案件在2007年被发现，超过了强奸罪（1995年截止）、交通肇事罪（2006年截止）的追诉期限，但未超过故意杀人罪（2016年截止）的追诉期限。故只对故意杀人罪一罪可以追诉。

2. 关于追诉时效，下列哪些选项是正确的?[2]（2015/2/60）

A. 甲犯劫持航空器罪，即便经过30年，也可能被追诉

B. 乙于2013年1月10日挪用公款5万元用于结婚，2013年7月10日归还。对乙的追诉期限应从2013年1月10日起计算

C. 丙于2000年故意轻伤李某，直到2008年李某才报案，但公安机关未立案。2014年，丙因他事被抓。不能追诉丙故意伤害的刑事责任

---

〔1〕 ABD　〔2〕 AC

D. 丁与王某共同实施合同诈骗犯罪。在合同诈骗罪的追诉期届满前，王某单独实施抢夺罪。对丁合同诈骗罪的追诉时效，应从王某犯抢夺罪之日起计算

【解析】A选项，可以追诉的第一种情况：犯罪后司法机关受理案件以后，逃避侦查或者审判的，不受追诉期限的限制。可以追诉的第二种情况：在劫持航空器罪追诉期间内有犯新罪。可以追诉的第三种情况：如果劫持航空器罪致人重伤、死亡或者使航空器遭受严重破坏的（处死刑），20年以后认为必须追诉的，报请最高人民检察院核准。

B选项，追诉时效从犯罪成立之日起计算，挪用公款归个人生活消费之用，需数额较大时间达到3个月，超过之后归还也构成挪用公款罪。故而应从挪用3个月成立挪用公款罪之日（2013年4月10日）起算，而不从挪用行为时（2013年1月10日）计算。参见《最高人民法院关于挪用公款犯罪如何计算追诉期限问题的批复》："根据《刑法》第八十九条、第三百八十四条的规定，挪用公款归个人使用，进行非法活动的，或者挪用公款数额较大、进行营利活动的，犯罪的追诉期限从挪用行为实施完毕之日起计算；挪用公款数额较大、超过三个月未还的，犯罪的追诉期限从挪用公款罪成立之日起计算。挪用公款行为有连续状态的，犯罪的追诉期限应当从最后一次挪用行为实施完毕之日或者犯罪成立之日起计算。"

C选项，（1）故意伤害罪致人轻伤法定最高刑3年，追诉时效5年。（2）2008年报案时事隔8年，已超过追诉时效。（3）李某是在追诉时限期满后提出控告，也不能再适用《刑法》第88条"被害人在追诉期限内提出控告……应当立案而不予立案的，不受追诉期限的限制"的规定。（4）再犯它罪，也是在故意伤害罪追诉时效届满之后再犯，不能适用第89条第2款"在追诉期限以内又犯罪的，前罪追诉的期限从犯后罪之日起计算"的时效中断规定。故而不能追诉丙故意伤害的刑事责任。

D选项，追诉时效各人各自计算。（1）对于王某：在合同诈骗罪的追诉期届满前，王某单独实施抢夺罪。对王某合同诈骗罪的追诉时效，应从王某犯抢夺罪之日起计算。（2）但对于丁：在合同诈骗罪的追诉期届满前，丁未实施任何犯罪。对丁合同诈骗罪的追诉时效，应从丁犯合同诈骗罪之日起计算。

3. 关于追诉时效，下列哪一选项是正确的？[1]（2016/2/10）

A. 刑法规定，法定最高刑为不满5年有期徒刑的，经过5年不再追诉。危险驾驶罪的法定刑为拘役，不能适用该规定计算危险驾驶罪的追诉时效

B. 在共同犯罪中，对主犯与从犯适用不同的法定刑时，应分别计算各自的追诉时效，不得按照主犯适用的法定刑计算从犯的追诉期限

C. 追诉时效实际上属于刑事诉讼的内容，刑事诉讼采取从新原则，故对刑法所规定的追诉时效，不适用从旧兼从轻原则

D. 刘某故意杀人后逃往国外18年，在国外因伪造私人印章（在我国不构成犯罪）被通缉时潜回国内。4年后，其杀人案件被公安机关发现。因追诉时效中断，应追诉刘某故意杀人的罪行

【解析】A选项，"法定最高刑为不满5年有期徒刑的"，应当解释为"包括法定最高刑为拘役的"，追诉时效为5年。

B选项，追诉时效针对的是犯罪人实施的犯罪行为。在共同犯罪中，应当按照每一个共犯人各自实施的犯罪行为对应的法定刑档次，来计算追诉时效。主犯实施的犯罪行为与从犯实施的行为，适用不同的法定刑时，当时应分别按照各自行为对应的法定刑档次，来计算各自的追诉时效。

---

[1] B

C选项，追诉时效是《刑法》第87～89条规定的，不能认为是刑事诉讼的内容；是刑法规定，当然要适用从旧兼从轻原则。

D选项，追诉时效中断适用的前提是"在前罪追诉期限以内又犯后罪"，因刘某实施的后行为（即国外因伪造私人印章），在我国刑法中不构成犯罪，后行为没有"犯罪"。则前行为（故意杀人）的时效不中断。故意杀人罪的追诉时效是20年，现已经过22年，已过追诉时效。非报请最高人民检察院核准，不得追诉。

4. 1999年11月，甲（17周岁）因邻里纠纷，将邻居杀害后逃往外地。2004年7月，甲诈骗他人5000元现金。2014年8月，甲因扒窃3000元现金，被公安机关抓获。在讯问阶段，甲主动供述了杀人、诈骗罪行。关于本案的分析，下列哪些选项是错误的？[1]（2014/2/56）

A. 前罪的追诉期限从犯后罪之日起计算，甲所犯三罪均在追诉期限内

B. 对甲所犯的故意杀人罪、诈骗罪与盗窃罪应分别定罪量刑后，实行数罪并罚

C. 甲如实供述了公安机关尚未掌握的罪行，成立自首，故对盗窃罪可从轻或者减轻处罚

D. 甲审判时已满18周岁，虽可适用死刑，但鉴于其有自首表现，不应判处死刑

【解析】本题考查追诉时效、自首、死刑。

A选项，考查追诉时效。三罪法定最高刑、追诉时效、追诉期间分别：（1）故意杀人罪，死刑，20年，原为1999年11月～2019年11月；（2）诈骗罪，3年，5年，2004年7月～2009年7月；（3）盗窃罪，3年，5年，2014年8月～2019年8月；（4）因为在杀人罪的追诉期间内犯盗窃罪，所以故意杀人罪追诉期间重算，现为2014年8月～2024年8月。从而，甲所犯故意杀人罪、盗窃罪在追诉期限内，诈骗罪已超过追诉期限。A选项错误。

B选项，按A选项结论，只应对故意杀人罪、盗窃罪二罪数罪并罚，B选项错误。

C选项，因盗窃罪被抓而交代司法机关尚未掌握的故意杀人罪，成立特别自首。但自首及于自首之罪，应对交代的故意杀人罪可从轻或者减轻处罚，而对盗窃罪不可从轻或者减轻处罚。C选项错误。

D选项，根据《刑法》第49条的规定，犯罪的时候不满18周岁的人，不适用死刑。D选项"不应判处死刑"结论正确，但理由错误。

5. 甲因犯故意伤害罪被判处有期徒刑3年，被特赦。在特赦之后第4年，又犯故意犯罪，应当判处有期徒刑。以下说法不正确的有[2]（2019/客/卷一/18仿，模拟题）

A. 因为特赦不属"刑罚执行完毕"，所以甲不能构成累犯

B. 对于甲所犯后罪，刑期执行1/2后，才可以减刑

C. 对于甲所犯后罪，刑期执行1/2后，可以假释

D. 如甲在后罪服刑期间重大立功，减刑幅度可不受司法解释规定的减刑幅度的限制

【解析】A选项，根据《刑法》第65条第1款，"被判处有期徒刑以上刑罚的犯罪分子，刑罚执行完毕或者赦免以后，在五年以内再犯应当判处有期徒刑以上刑罚之罪的，是累犯"。尽管特赦不属"刑罚执行完毕"，但赦免以后再犯新罪，仍可构成累犯。

B选项，刑法规定的减刑，以及相关司法解释，没有规定累犯需刑期执行1/2后，才可以减刑。符合减刑条件的，均可以减刑。

C选项，根据《刑法》第81条第2款，累犯不得假释。

D选项，根据《最高人民法院关于办理减刑、假释案件具体应用法律的补充规定》（法释〔2019〕6号）第5条："罪犯有重大立功表现的，减刑时可以不受上述起始时间和间隔时间的限制。"但减刑幅度仍受司法解释规定的限制。

---

[1] ABCD　[2] ABCD

专题十四　刑法分则（罪名）之间的法条竞合

特别法优于一般法	诈骗罪；滥用职权罪；玩忽职守罪等
整体法优于部分法	过失致人死亡罪等
交叉竞合（择一重）	诈骗罪，与招摇撞骗罪；票据诈骗、金融凭证诈骗，与贷款诈骗等
基本法优于补充法	拐卖儿童罪，与拐骗儿童罪；持有型犯罪

1. 关于法条关系，下列哪一选项是正确的（不考虑数额）?[1]（2016/2/11）

A. 即使认为盗窃与诈骗是对立关系，一行为针对同一具体对象（同一具体结果）也完全可能同时触犯盗窃罪与诈骗罪

B. 即使认为故意杀人与故意伤害是对立关系，故意杀人罪与故意伤害罪也存在法条竞合关系

C. 如认为法条竞合仅限于侵害一犯罪客体的情形，冒充警察骗取数额巨大的财物时，就会形成招摇撞骗罪与诈骗罪的法条竞合

D. 即便认为贪污罪和挪用公款罪是对立关系，若行为人使用公款赌博，在不能查明其是否具有归还公款的意思时，也能认定构成挪用公款罪

【解析】关于罪名之间的关系（法条关系），可分为对立关系和重叠关系（法条竞合）。是对立关系则不可能形成法条竞合，只有重叠关系才可能形成法条竞合。

A选项，盗窃罪与诈骗罪的区分仅在于转移占有财物手段方式，如二罪是对立关系的话，则一行为针对同一具体对象（同一具体结果）的，不是盗窃罪就是诈骗罪，不可能同时触犯。

B选项，法条竞合关系的本质是两罪名构成要件在刑法规定层面上存在重叠，对立关系的两个罪名之间不可能存在法条竞合关系。

C选项，招摇撞骗罪是分则第六章妨害社会管理秩序中的犯罪，犯罪客体（法益）是国家机关工作人员的形象；诈骗罪是分则第五章侵犯财产罪中的犯罪，犯罪客体（法益）是财产权（他人占有），两罪犯罪客体（法益）不同。如认为法条竞合仅限于侵害一犯罪客体（法益）的情形，则不同犯罪客体（法益）的两罪之间不可能存在法条竞合关系。当然，如果认为法条竞合不限于侵害一犯罪客体（法益）的情形，则两罪之间可能存在法条竞合关系。

D选项，即便认为贪污罪和挪用公款罪是对立关系，只能进行择一认定。则行为人挪用之后，能够查明非法占有目的的，可以认定构成贪污罪；不能查明非法占有目的的，当然可以认定构成挪用公款罪。

2. 关于罪名之间的关系以及认定，以下说法正确的有？[注：根据历年真题拼凑][2]

A. 窝藏毒品犯罪所得的赃物的，属于窝藏毒赃罪与掩饰、隐瞒犯罪所得罪的法条竞合，

应以窝藏毒赃罪定罪处刑（2012/2/62－D）

B. 侦办案件的警察乙明知丙有罪，但为徇私情，采取毁灭证据的手段使丙未受追诉。乙的行为同时触犯徇私枉法罪与帮助毁灭证据罪、滥用职权罪，但因只有一个行为，应以徇私枉法罪论处（2014/2/63－D）

C. 第266条规定的诈骗罪的法定最高刑为无期徒刑，而第198条规定保险诈骗罪的法定最高刑为15年有期徒刑。为了保持刑法的协调和实现罪刑相适应原则，对保险诈骗数额特别巨大的，应以诈骗罪论处（2004/2/86）

D. 法官执行判决时严重不负责任，因未履行法定执行职责，致当事人利益遭受重大损失，应当认定为玩忽职守罪（2012/2/21－A）

【疑难辨析】 法条竞合有四种类别：（1）特别法与一般法的竞合：特别法优于一般法；（2）整体法与部分法的竞合：整体法优于部分法；（3）交叉竞合：重法优于轻法；（4）基本法与补充法的偏一竞合：基本法优于补充法。如果刑法专门规定了处理方法，则应适用刑法规定。

【解析】 A选项，因窝藏毒赃行为，是掩饰、隐瞒特别的犯罪所得的行为，故而《刑法》第349条规定的窝藏毒赃罪，与第312条规定的掩饰、隐瞒犯罪所得罪两罪之间，系特别法与一般法的法条竞合关系。窝藏毒品犯罪所得的赃物的，按特别法窝藏毒赃罪定罪处刑。该选项说法正确。

B选项，对于乙的行为。（1）就触犯罪名而言：司法工作人员利用办理刑事案件职权对明知有罪的人故意使其不受追诉，根据《刑法》第399条第1款，可触犯徇私枉法罪。采用的手段系毁灭证据，根据《刑法》第307条第2款，可触犯帮助毁灭证据罪。国家机关工作人员故意滥用职权乱办案，根据《刑法》第397条第1款，可触犯滥用职权罪。（2）就三罪关系以及罪数而言：徇私枉法罪中内含有毁灭证据的手段行为，二罪之间是整体法与部分法的法条竞合关系，按整体法优于部分法的规则，认定为徇私枉法罪。根据《刑法》第397条第2款最后一句"本法另有规定的，依照规定"，徇私枉法罪与滥用职权罪是特别法与一般法的法条竞合关系，按特别法优于一般法的规则，认定为徇私枉法罪。该选项说法正确。

C选项，（1）投保人等实施保险诈骗数额特别巨大，根据《刑法》第266条、第198条，可触犯诈骗罪、保险诈骗罪二罪。（2）根据《刑法》第266条最后一句"本法另有规定的，依照规定"，保险诈骗罪与诈骗罪的关系是特别法与一般法的法条竞合关系，应当适用特别法优于一般法的规则，以特别法保险诈骗罪论处。（3）但一般法诈骗罪的法定最高刑要高于特别法保险诈骗罪，此时也应适用第266条最后一句，亦即以特别法论处，而不以重法论处。（4）这实际上涉及的是罪刑法定原则与罪刑相适应原则的冲突。应当认为，两原则冲突时，应当遵循罪刑法定原则，亦即以特别法保险诈骗罪定罪。该选项说法错误。

D选项，（1）触犯《刑法》第399条第3款执行判决、裁定失职罪、第397条第1款玩忽职守罪。（2）在罪数上，根据《刑法》第397条第2款最后一句"本法另有规定的，依照规定"，应以特别法执行判决、裁定失职罪论处，而不以一般法玩忽职守罪论处。该选项说法错误。

3. 关于罪名之间的关系以及认定，以下说法正确的有？[注：根据历年真题拼凑][1]

A. 甲女、乙男分手后，甲向乙索要青春补偿费未果，将其骗至别墅，让人看住乙。甲给乙母打电话，声称如不给30万元就准备收尸。甲成立非法拘禁罪和绑架罪的想象竞合犯，应

---

[1] D

以绑架罪论处（2013/2/56 - B）

B. 甲使用变造的货币购买商品，触犯使用假币罪与诈骗罪，构成想象竞合犯，应当择一重处（2016/2/54 - A）

C. 某国家机关工作人员甲借到 M 国探亲的机会滞留不归。1 年后甲受雇于 N 国的一个专门收集有关中国军事情报的间谍组织，随后受该组织的指派潜回中国，找到其在某军区参谋部工作的战友乙，以 1 万美元的价格从乙手中购买了 3 份军事机密材料。对甲的行为应以间谍罪、为境外收买国家秘密情报罪两罪并罚（2002/2/11）

D. 丁在一高速公路上驾车行驶时，因疲劳过度将车驶出高速公路，将行人常某撞死。对丁的行为应认定为交通肇事罪，而不是过失致人死亡罪（2008 延/2/58 - D）

【解析】以上四个选项中二罪之间均是整体法与部分法的法条竞合关系，按整体法优于部分法的规则处理，而不是想象竞合的关系。

4. 关于罪数判断，下列哪一选项是正确的？[1]（2013/2/10）

A. 冒充警察招摇撞骗，骗取他人财物的，适用特别法条以招摇撞骗罪论处

B. 冒充警察实施抢劫，同时构成抢劫罪与招摇撞骗罪，属于想象竞合犯，从一重罪论处

C. 冒充军人进行诈骗，同时构成诈骗罪与冒充军人招摇撞骗罪的，从一重罪论处

D. 冒充军人劫持航空器的，成立冒充军人招摇撞骗罪与劫持航空器罪，实行数罪并罚

【疑难辨析】本题名义上考查罪数，实际上考查法条竞合的种类，以及其与想象竞合的区别。从法理上讲，法条竞合是规范层面上的竞合。立法者制定罪名时就规定两罪罪名之间构成要件交叉关系。一个具体案情恰好落在两罪交叉之处，就形成了法条竞合犯（单纯的一罪）。而想象竞合则是事实层面上的竞合。是因行为人实施具体行为时的特殊性造成的，一般是因一行为造成数个结果、侵害数个法益而造成。取决于案件事实，亦即，现实行为触犯了两个不同的法条，但不同法条之间不一定具有包容与交叉关系。区分法条竞合与想象竞合的最简单方法：在于看刑法对二罪名有无明确规定交叠关系，或者构成要件有无交叠关系。当形式上一行为触犯两罪，如果刑法明确规定两罪构成要件之间有交叠关系，一般是法条竞合；没有明确规定交叠关系，一般是想象竞合。

【解析】A、C 选项，考查法条竞合的种类。（1）A 选项，根据《最高人民法院关于办理诈骗刑事案件具体应用法律若干问题的解释》第 8 条规定，冒充国家机关工作人员进行诈骗，同时构成诈骗罪（数额较大）和招摇撞骗罪的，依照处罚较重的规定定罪处罚。在法条竞合关系上，可认为是交叉竞合，而不是一般法与特别法的竞合。（2）C 选项，原理同前，系交叉竞合，依照处罚较重的规定定罪处罚。

B、D 选项，考查法条竞合与想象竞合的区分。（1）《刑法》第 263 条第 6 项，抢劫罪加重犯明文规定有"冒充军警人员抢劫"，包容了招摇撞骗罪，可认为是整体法与部分法的竞合，只以整体法即抢劫罪加重犯一罪论处，而不属想象竞合犯。（2）D 选项，冒充军人劫持航空器的，触犯冒充军人招摇撞骗罪与劫持航空器罪。《刑法》第 121 条（劫持航空器罪）没有规定该罪构成要件与冒充军人招摇撞骗罪有重叠关系。冒充军人同时也是劫持暴力威胁行为，故属一行为触犯两罪，属想象竞合犯，应当择一重罪处断。

---

[1] C

专题十五　危害国家安全罪（分则第一章）

涉密犯罪的区别和关系	为境外窃取、刺探、收买、非法提供国家秘密、情报罪；间谍罪；非法获取国家秘密罪，非法持有国家绝密、机密文件、资料、物品罪，故意泄露国家秘密罪，为境外窃取、刺探、收买、非法提供军事秘密罪
叛逃罪	构成要件及罪数
罪数	利用计算机网络实施危害国家安全犯罪的罪数

考点一　间谍罪

某国家机关工作人员甲借到 M 国探亲的机会滞留不归。一年后甲受雇于 N 国的一个专门收集有关中国军事情报的间谍组织，随后受该组织的指派潜回中国，找到其在某军区参谋部工作的战友乙，以 1 万美元的价格从乙手中购买了 3 份军事机密材料。对甲的行为应如何处理？[1]（2002/2/11）

A. 以叛逃罪论处
B. 以叛逃罪和间谍罪论处
C. 以间谍罪论处
D. 以非法获取军事秘密罪论处

【疑难辨析】本题涉及叛逃罪的构成要件、间谍罪的罪数、非法获取军事秘密罪的构成要件等问题，是一个综合性较强的题目。

【解析】（1）《刑法》第 109 条叛逃罪的构成要求发生在"履行公务期间"，甲系到外国探亲时滞留不归，不符合此要求，不构成叛逃罪。（2）参加间谍组织，触犯《刑法》第 110 条规定的间谍罪。（3）参加间谍组织后受指派搜集情报，根据《刑法》第 111 条，又触犯为境外收买国家秘密情报罪。（4）在罪数上，间谍罪与为境外收买国家秘密情报罪，是整体法与部分法的法条竞合关系，应以整体法间谍罪一罪论处。（5）《刑法》第 431 条规定非法获取军事秘密罪属于军人违反职责罪中的犯罪，主体身份要求是军人，甲不具有军人身份，不能构成该罪。（6）即使甲是军人，加入间谍组织后非法获取军事秘密罪的，因此行为是间谍行为的组成部分，不再单独定罪，也只应认定为间谍罪一罪。

---

[1]　C

考点二　为境外窃取、刺探、收买、非法提供国家秘密、情报罪

某国间谍戴某，结识了我国某国家机关要员黄某。戴某谎称来华投资建厂需了解政策动向，让黄某借工作之便为其搞到密级为"机密"的《内参报告》4份。戴某拿到文件后送给黄某一部手机，并为其子前往某国留学提供了6万元资金。对黄某的行为如何定罪处罚？[1]（2009/2/13）

A. 资助危害国家安全犯罪活动罪、非法获取国家秘密罪，数罪并罚
B. 为境外窃取、刺探、收买、非法提供国家秘密、情报罪与受贿罪，数罪并罚
C. 非法获取国家秘密罪、受贿罪，数罪并罚
D. 故意泄露国家秘密罪、受贿罪，从一重罪处断

【疑难辨析】本题考查各涉密犯罪之间的关系和区别。在表面上虽然还涉及受贿罪是数罪并罚还是择一重处的问题，但由于本题是单选题，实际上只需认定黄某借工作之便搞到机密内参的行为定何罪，就可轻松地找到正确答案。

【解析】（1）黄某客观上实施了为境外间谍人员非法提供国家秘密的行为。主观上未认识到对象人是间谍组织或代理人的任务，欠缺间谍罪故意，不能构成间谍罪。（2）黄某利用熟悉环境的便利非法获取国家（"借工作之便为其搞到"），根据《刑法》第282条第1款，触犯非法获取国家秘密罪。（3）将国家秘密泄露给他人，根据《刑法》第398条，触犯故意泄露国家秘密罪。（4）客观上为境外间谍人员窃取、刺探、非法提供国家秘密，主观上明知对象人为境外人员还为其提供国家秘密，具有为境外非法提供国家秘密的故意，根据《刑法》第111条，触犯为境外窃取、刺探、非法提供国家秘密罪。（5）作为国家工作人员利用职务上的便利，收受手机和钱款，为他人谋取利益的，根据《刑法》第385条，触犯受贿罪。（6）在罪数上，为境外窃取、刺探、非法提供国家秘密罪，与非法获取国家秘密罪、故意泄露国家秘密罪之间，存在整体法与部分法的法条竞合关系，应以整体法为境外窃取、刺探、非法提供国家秘密罪论处。（7）受贿后利用职务便利为他人谋取利益，谋利行为本身构成他罪，不是"伪造后诈骗"的模型，不成立牵连犯。除刑法明文规定择一重处以外，都应数罪并罚。故选B项。

考点三　叛逃罪

甲系海关工作人员，被派往某国考查。甲担心自己放纵走私被查处，拒不归国。为获得庇护，甲向某国难民署提供我国从未对外公布且影响我国经济安全的海关数据。关于本案，下列哪一选项是错误的？[2]（2012/2/14）

A. 甲构成叛逃罪
B. 甲构成为境外非法提供国家秘密、情报罪
C. 对甲不应数罪并罚
D. 即使刑法分则对叛逃罪未规定剥夺政治权利，也应对甲附加剥夺1年以上5年以下政

---

[1]　B　[2]　C

治权利

【疑难辨析】 本题的疑难点在于叛逃罪的构成要件及罪数。刑法对于叛逃罪的规定，原来需要具备"危害中华人民共和国国家安全"要素，但《刑法修正案八》修正时已删除这一要素，使得叛逃罪的成立不再需要行为人另外实施"危害中华人民共和国国家安全"行为，行为人只要实施叛逃行为，本身就认为造成了危害国家安全的结果（抽象危险结果）。如果叛逃之后另外实施其他危害国家安全行为，应当数罪并罚。

【解析】（1）海关工作人员系国家机关工作人员，被派往某国考查系属履行公务期间，甲拒不归国属在境外叛逃，根据《刑法》第109条，可构成叛逃罪。选项A说法正确。（2）我国从未对外公布且影响我国经济安全的海关数据属国家秘密，外国难民署属境外机构，甲向其提供该国家秘密，根据《刑法》第111条，构成为境外非法提供国家秘密、情报罪。选项B说法正确。（3）甲叛逃之后又实施其他危害国家安全行为，应当数罪并罚。选项C说法错误。（4）《刑法》第56条第1款，对于危害国家安全的犯罪分子应当附加剥夺政治权利，亦即，必须附加剥夺政治权利。D选项说法正确。

专题十六 危害公共安全罪（分则第二章）

"公共安全"的含义	危害公共安全犯罪（投放危险物质罪、放火罪、爆炸罪等）与侵害人身权利、财产权利犯罪（故意杀人罪、故意毁坏财物罪等）的区别
危险方法危害公共安全	1. 危险方法 + 公共安全 + 具体危险 = 以危险方法危害公共安全罪。2. 公共安全：公共 + 大规模伤亡；3. 危险方法：一次造成大规模损害。开车冲撞；偷井盖；确诊、疑似新冠等。4. 既遂：危险犯。5. 与高空抛物罪、妨害安全驾驶罪的关系
破坏公共设施犯罪	1. 破坏 + 正在使用 + 特定公共设备 + 公共安全危险［倾覆毁坏］。2. 交通工具指5种交通工具：火车、汽车（包括拖拉机）、电车（包括缆车）、船只、航空器。3. 交通设施包括标志、井盖
涉枪犯罪	1. 合法配枪人员（公务、配置），方可出租、出借（包括质押、赠与）；公务无需后果，配置需要后果。2. 公务用枪人员，才能丢失不报。3. 枪是真枪（对象），人需明知（故意）
交通肇事罪	1. 一般主体 + 公交范围 + 违章行为 + 损失结果 + 因果关系 + 对结果过失 = 交通肇事罪。2. 因逃逸致人死亡：一头有违章，一尾有死亡，死亡因逃逸（不救助）；3. 肇事后逃逸：逃前基本犯。4. 隐藏、遗弃致死（致重伤）：故意杀人罪（伤害罪）。5. 三种人指使违章［司机基本犯］；四种人指使逃逸致死［司机］，构成交通肇事。6. 严重违章，大概念伤亡，具有故意，是危害公安罪
危险驾驶罪	危险驾驶：公共场所 + 机动车 + 醉酒、飙车、客车校车超载超速、化学品运输
重大责任事故犯罪	重大责任事故罪，强令违章冒险作业罪，违反安全管理规定生产、作业罪，不报、谎报安全事故罪：主体、结果要素作用、之间关系

考点一 "公共安全"的认定：危害公共安全犯罪与其他犯罪的区别

1. 甲曾向乙借款 9000 元，后不想归还借款，便预谋毒死乙。甲将注射了"毒鼠强"的白条鸡挂在乙家门上，乙怀疑白条鸡有毒未食用。随后，甲又乘去乙家串门之机，将"毒鼠强"投放到乙家米袋内。后乙和其妻子、女儿喝过米汤中毒，乙死亡，其他人经抢救脱险。关于甲

的行为，下列哪些选项是错误的？[1]（2008/2/60）

A. 构成投放危险物质罪

B. 构成投放危险物质罪与抢劫罪的想象竞合犯

C. 构成投放危险物质罪与故意杀人罪的想象竞合犯

D. 构成抢劫罪与故意杀人罪的吸收犯

【疑难辨析】 本题的重点考查危害公共安全犯罪与其他犯罪的区别。投放危险物质罪等危害公共安全犯罪侵犯的法益是公共安全，亦即不特定或者多数人的生命、健康安全以及公众生活的平稳与安宁。如果仅是对特定人员进行侵害，不会危及公共安全，不构成危害公共安全犯罪。判断行为人实施的行为（特别是放火、投放危险物质等）是危害公共安全类犯罪还是侵犯个人法益的犯罪，具体而言应当考虑行为发生的场景、行为本身行为形式及可能造成的损害后果的规模。

【解析】 （1）因债权这种财产性利益不能因杀人而转移占有，不属于抢劫罪的对象"财物"（通说），不能对此构成抢劫罪。（虽有少数观点认为"财物"包括债权，但通说观点不持此说）。

（2）客观上投毒范围仅限于受害人乙一家三口，系特定对象，不危害公共安全，没有实施危害公共安全的行为，不构成投放危险物质罪。

（3）客观上实施了杀害乙和其妻子、女儿的行为，主观上对这些被害人均具有杀人故意，根据《刑法》第232条规定，构成故意杀人罪。致乙死亡，系犯罪既遂。

（4）由于只构成故意杀人罪一罪，当然不存在想象竞合犯、吸收犯的罪数问题。故而四选项表述均错误。

2. 甲雇凶手乙杀丙，言明不要造成其他后果。乙几次杀丙均未成功，后来采取爆炸方法，对丙的住宅（周边没有其他人与物）进行爆炸，结果将丙的妻子丁炸死，但丙安然无恙。关于本案，下列哪些说法是错误的？[2]（2008/2/58）

A. 甲与乙构成共同犯罪

B. 甲成立故意杀人罪（未遂）

C. 乙对丙成立故意杀人未遂，对丁成立过失致人死亡罪

D. 乙对丙成立爆炸罪，对丁成立过失致人死亡罪

【解析】（一）对于正犯乙

1. 其实施爆炸，因住宅周边没有其他人与物，未危害公共安全，实行行为是杀人行为而不是危害公共安全行为。

2. 结果上，将丁炸死，系杀人既遂行为；未将丙杀死但有危险，系杀人未遂行为。

3. 主观上，想将丙杀死而将丁炸死，未认错误对象，对丙有杀人故意，触犯故意杀人罪未遂。对丁系打击错误、具体错误；按法定符合说，对丁也有具有杀人故意，触犯故意杀人罪既遂。

4. 想象竞合，以故意杀人罪既遂论处。

（二）对于甲

1. 教唆乙杀人，乙实施了杀人行为，甲构成故意杀人罪的教唆犯。二人构成共同犯罪。

2. 甲也未认错对象，不是对象错误，而是打击错误、具体错误。按法定符合说，对丁也有杀人故意。教唆犯甲也构成故意杀人罪既遂。

---

[1] ABCD　[2] BCD

（三）注意

1. 由于题意未提示学说立场，则只能按通说法定符合说作答。BC 两项是具体符合说的观点，选项 D 的后半部分也是具体符合说的观点，只有选项 A 是正确的。

2. 有考生错误的将乙的行为理解为危害公共安全的爆炸行为，实际上，即使如此，也能选对选项。例如，认为乙可危害公共安全，则乙构成爆炸罪的正犯。由于爆炸罪中包容了故意杀人，故甲乙二人在故意杀人的范围内成立共同犯罪。按法定符合说，甲仍是故意杀人罪的既遂，乙构成爆炸罪的实害犯。仍然只有选项 A 正确。

考点二　以危险方法危害公共安全类犯罪

1. 甲到本村乙家买柴油时，因屋内光线昏暗，甲欲点燃打火机看油量。乙担心引起火灾，上前阻止。但甲坚持说柴油见火不会燃烧，仍然点燃了打火机，结果引起油桶燃烧，造成火灾，导致甲、乙及一旁观看的丙被火烧伤，乙、丙经抢救无效死亡。后经检测，乙储存的柴油闪点不符合标准。甲的行为构成何罪？[1]（2008/2/10）

A. 危险物品肇事罪　　　　　　　　　B. 失火罪
C. 放火罪　　　　　　　　　　　　　D. 重大责任事故罪

【疑难辨析】　本题考查以危险方法危害公共安全类犯罪诸罪之间的区分和关联。其一，以危险方法危害公共安全类犯罪可分为故意犯罪与过失犯罪，本题考查了故意与过失的区分；其二，重大责任事故罪、危险物品肇事罪的构成要件。

【解析】（1）客观上造成了火灾，主观上需判断行为人的主观过错形式。本案甲对"点燃打火机"的行为系生活意义上的"故意"，即对行为有意（有意行为）；但刑法上的故意、过失是对结果的心态。对于火灾结果，本案行为人没有预见，而应当预见（乙提醒能够预见），属于疏忽大意的过失。根据《刑法》第 115 条第 2 款，可触犯失火罪。故而 C 选项的放火罪首先排除。（2）危险物品肇事罪要求在生产作业中实施违反危险物品的管理规定的行为，重大责任事故罪要求在生产、作业中实施违反有关安全管理的规定的行为。本案发生在日常生活中，未发生在生产作业中，不能构成危险物品肇事罪、重大责任事故罪，应以失火罪论处。

2. 甲对拆迁不满，在高速公路中间车道用树枝点燃一个焰高约 20 厘米的火堆，将其分成两堆后离开。火堆很快就被通行车辆轧灭。关于本案，下列哪一选项是正确的？[2]（2016/2/12）

A. 甲的行为成立放火罪
B. 甲的行为成立以危险方法危害公共安全罪
C. 如认为甲的行为不成立放火罪，那么其行为也不可能成立以危险方法危害公共安全罪
D. 行为危害公共安全，但不构成放火、决水、爆炸等犯罪的，应以以危险方法危害公共安全罪论处

【解析】（1）放火罪的构成要件，在客观方面，要实施放火行为，并且有造成火灾的危险。（2）放火罪、以危险方法危害公共安全罪实际是特别法与一般法的法条竞合关系，二罪的成立都需要危害到公共安全的具体危险结果。主要区别就在于放火罪的行为是具体的、特别的危险方法即放火行为，而以危险方法危害公共安全罪的行为是"其他危险方法"。

---

[1]　B　[2]　C

A 选项、B 选项、C 选项，就本案而言，结合题干的叙述，"焰高约 20 厘米的火堆"、"高速公路中间"、"火堆很快就被通行车辆轧灭"；行为人实施的行为根本没有导致火灾的危险，或者其他公共安全的危险，因此，没有造成危害公共安全具体危险结果的可能性，不能构成放火罪，也不能构成其他以危险方法危害公共安全类犯罪。故而 A 选项、B 选项错误，C 选项正确。

D 选项，以危险方法危害公共安全类犯罪的构成，除了要求危害到公共安全的危险结果之外上，还要求手段是"危险方法"。行为危害公共安全，即使是故意的，但手段并不属于"危险方法"的，也不能构成以危险方法危害公共安全类犯罪。

3. 下列哪些行为构成投放危险物质罪？[1]（2017/2/57）

A. 甲故意非法开启实验室装有放射性物质的容器，致使多名实验人员遭受辐射
B. 乙投放毒害性、放射性、传染病病原体之外的其他有害物质，危害公共安全
C. 丙欲制造社会恐慌气氛，将食品干燥剂粉末冒充炭疽杆菌，大量邮寄给他人
D. 丁在食品中违法添加易使人形成瘾癖的罂粟壳粉末，食品在市场上极为畅销

【解析】根据《刑法》第 114 条的规定，投放危险物质罪的罪状是"投放毒害性、放射性、传染病病原体等物质，危害公共安全"。

A 选项，考查"投放"行为的含义，投出、释放、放置等使毒害物质扩散起作用的行为都可包括。本选项可构成投放危险物质罪。

B 选项，考查"……等物质"要素，可包括危害公共安全的其他有害物质。本选项可构成投放危险物质罪。

C 选项，考查"危险物质"、"危害公共安全"要素。本罪是具体危险犯，要求使用的危险物质能够有实际造成不特定多数人伤亡的公共安全危险的可能。本选项中用假炭疽杆菌不可能造成此危险结果，不能构成投放危险物质罪。可构成《刑法》第 291 条之一规定的投放虚假危险物质罪。

D 选项，易使人形成瘾癖的罂粟壳粉末，也不属于可造成人员伤亡的危险物质，不能构成投放危险物质罪。本选项可构成第 353 条规定的欺骗他人吸毒罪、第 144 条规定的生产、销售有毒、有害食品罪（禁用物质），是两罪的想象竞合。

4. 下列哪些情形构成（认定为）以危险方法危害公共安全罪？[2]（2007/2/58）

A. 投放虚假的爆炸性、毒害性、放射性、传染病病原体等物质，严重扰乱社会秩序的
B. 故意破坏正在使用的矿井下的通风设备的
C. 违反国家规定，向土地大量排放危险废物，造成重大环境污染事故，导致多人死亡的
D. （新冠确诊病患进入公共场所）故意传播突发性传染病病原体，危害公共安全的

【疑难辨析】本题考查以危险方法危害公共安全罪。题干中的"构成"，在当年理解为"论处"（认定为）。（1）以危险方法危害公共安全罪的成立条件，除需具备侵害"公共安全"条件之外，还需手段行为系属"危险方法"，即与放火、决水、爆炸、投放危险物质的方法性质相当的方法，亦即，一次行为能够导致大规模人员死伤的情况。只造成多数人心理恐慌而无实际的重大损害危险的，不能认为是"危险方法"。本题也考查了相关司法解释。（2）以危险方法危害公共安全罪与投放危险物质罪等犯罪之间的法条竞合关系。

【解析】A 选项，（1）虚假的物质不属于"危险物质"，不能构成投放危险物质罪。（2）没有危害公共安全的现实可能性和客观危险性，不能构成以危险方法危害公共安全罪。（3）根

---

[1] AB　[2] BD

据《刑法》第291条之一，构成投放虚假危险物品罪。

B选项，故意破坏正在使用的矿井的通风设备，系危险方法，严重危害了井下作业工人的生命安全，系属危害不特定多数人的公共安全，构成以危险方法危害公共安全罪。

C选项，(1) 违反国家规定排放危险废物，根据《刑法》第338条，触犯重大环境污染事故罪。(2) 导致多人死亡危害公共安全，排污者对公共安全危害结果具有故意，可同时触犯投放危险物质罪。(3) 也可触犯以危险方法危害公共安全罪。(4) 罪数上，投放危险物质罪与以危险方法危害公共安全罪是特别法与一般法的法条竞合关系，应以特别法投放危险物质罪论处。(5) 根据《最高人民法院、最高人民检察院关于办理环境污染刑事案件适用法律若干问题的解释》，同时触犯重大环境污染事故罪、投放危险物质罪，为想象竞合犯，择一重罪处断。(6) 不论哪个罪重，都不以危险方法危害公共安全罪论处。

D选项，根据《最高人民法院、最高人民检察院关于办理妨害预防、控制突发传染病疫情等灾害的刑事案件具体应用法律若干问题的解释》第1条的规定，"故意传播突发传染病病原体，危害公共安全的，以危险方法危害公共安全罪定罪处罚"。由于本题为多选题，选D似乎是最合乎题意的。当然，该《解释》中"以危险方法危害公共安全罪"到底是指这一具体罪名，还是包括投放危险物质罪在内的5个罪名的统称，有待探讨。此外，也有人将该《解释》中的"故意传播"限制解释为"病原体传染病携带者（患者）有意感染他人"，从而与投放危险物质罪（投放传染病病原体）中的"投放"区别，此解释是否合理，也有待探讨。另参见《最高人民法院、最高人民检察院、公安部、司法部关于依法惩治妨害新型冠状病毒感染肺炎疫情防控违法犯罪的意见》第2条。

5. 以下选项中，以以危险方法危害公共安全罪论处的是？[1] (2020/客/1/20仿)

A. 从高楼抛出燃烧的蜂窝煤，引发地面火灾，致多人伤亡

B. 偷取高速公路上的窨井井盖，致汽车倾覆、多人伤亡

C. 乘客抢夺正在行驶的公共汽车的方向盘，危及公共安全

D. 正在行驶的公共汽车上司机与乘客互殴，危及公共安全，造成人员死亡

【解析】考查以危险方法危害公共安全罪、法条竞合。

选项A，(1) 在考试当年，触犯了放火罪、以危险方法危害公共安全罪，两罪是法条竞合关系，应以特别法放火罪论处。(2) 在现在，还触犯《刑法》第291条之二规定的高空抛物罪。(3) 与放火罪系想象竞合，择一重处，以放火罪论处。

选项B，根据《最高人民法院、最高人民检察院、公安部关于办理涉窨井盖相关刑事案件的指导意见》第1条，构成破坏交通设施罪的结果加重犯；同时触犯以危险方法危害公共安全罪，两罪是法条竞合关系，应以特别法破坏交通设施罪论处。

选项C，(1) 在考试当年，根据《最高人民法院、最高人民检察院、公安部关于依法惩治妨害公共交通工具安全驾驶违法犯罪行为的指导意见》第1条，构成以危险方法危害公共安全罪（危险犯的既遂）。(2) 在现在，还触犯《刑法》第133条之二规定的妨害安全驾驶罪。虽第133条之二第3款规定，同时构成他罪择一重处；但从妨害安全驾驶罪的立法本意来看，对于未造成实害结果时，该罪是以危险方法危害公共安全罪的特别法，应以特别法妨害安全驾驶罪论处。

选项D，(1) 在考试当年，根据《最高人民法院、最高人民检察院、公安部关于依法惩治妨害公共交通工具安全驾驶违法犯罪行为的指导意见》第1条，构成以危险方法危害公共安全罪

---

[1] D（考试当年正确答案为CD）

（结果加重犯）。（2）在现在，还触犯《刑法》第133条之二规定的妨害安全驾驶罪。（3）根据第133条之二第3款规定，同时构成他罪择一重处；是指妨害安全驾驶罪造成实害结果时，应以重罪以危险方法危害公共安全罪（结果加重犯）论处。

6. 以下选项中，以以危险方法危害公共安全罪论处的是？[1]（2020/客/1/21仿）

A. 甲在家打开煤气阀门自杀，可能爆炸伤到邻居，但最后煤气没有发生爆炸

B. 住在高楼上的甲和邻居乙有矛盾，有一天甲看见邻居乙将汽车停在楼下，在环顾周围没人的情况下，从楼上丢石头砸坏了邻居家的汽车玻璃

C. 甲醉酒在高速公路上逆行10公里，因对面汽车躲让及时，才未撞上

D. 甲在高速路上倾倒大量润滑油，导致众多车子相撞出车祸

【解析】 考查以危险方法危害公共安全罪、法条竞合。

选项A，触犯了爆炸罪、以危险方法危害公共安全罪，两罪是法条竞合关系，应以特别法爆炸罪论处。

选项B，（1）在楼下无人时丢石头，没有危害公共安全，不能触犯以危险方法危害公共安全罪；（2）触犯故意毁坏财物罪；（3）在现在，还触犯第291条之二规定的高空抛物罪。（4）与故意毁坏财物罪系想象竞合，择一重处，以故意毁坏财物罪论处。

选项C，（1）醉酒开车，触犯了第133条之一规定的危险驾驶罪。（2）一次能造成大规模死伤，对公共安全有具体危险，触犯以危险方法危害公共安全罪（危险犯的既遂）。（3）根据第133条之一第3款，择一重处，应以以危险方法危害公共安全罪（危险犯的既遂）论处。

选项D，（1）触犯以危险方法危害公共安全罪（结果加重犯）。（2）倾倒润滑油破坏高速路通行功能，足以造成公交工具的倾覆、毁坏，触犯破坏交通设施罪（结果加重犯）。（3）两罪是法条竞合关系，应以特别法破坏交通设施罪（结果加重犯）论处。

7. 关于危害公共安全犯罪的认定，下列选项说法不正确的有[2]（2022/客/1/13）

A. 甲从高空向下扔正在燃烧的蜂窝煤，有引起火灾的危险，甲应认定为以危险方法危害公共安全罪

B. 甲在公交车上，因为玩手机错过了下车时间，然后抢司机方向盘，甲应认定为以危险方法危害公共安全罪

C. 甲在公交车上，跟司机争吵打斗，导致车辆撞到其他车毁损，致公交车内两名乘客轻微伤，甲应认定为以危险方法危害公共安全罪

D. 甲为了杀乙，破坏了乙的摩托车的刹车装置，乙骑上了摩托车后因刹车失灵撞死了路人丙，甲可构成破坏交通工具罪

【解析】 考查以危险方法危害公共安全罪、妨害安全驾驶罪、破坏交通工具罪、法条竞合。

选项A，（1）甲触犯了放火罪（危险犯既遂）、以危险方法危害公共安全罪（危险犯既遂），两罪是法条竞合关系，应以特别法放火罪论处。（2）还触犯第291条之二规定的高空抛物罪。（3）与放火罪系想象竞合，择一重处，以放火罪（危险犯既遂）论处。

选项B，（1）构成第133条之二规定的妨害安全驾驶罪。（2）虽第133条之二第3款规定，同时构成他罪择一重处；但从妨害安全驾驶罪的立法本意来看，对于未造成实害结果时，该罪是以危险方法危害公共安全罪的特别法，应以特别法妨害安全驾驶罪论处。

选项C，（1）触犯第133条之二规定的妨害安全驾驶罪。（2）造成两人轻微伤，尽管不属以危险方法危害公共安全罪的结果加重犯（致人重伤、死亡）；但显然已具备造成公共安全危

险的程度，触犯了以危险方法危害公共安全罪（危险犯既遂）。（3）根据第133条之二第3款规定，同时触犯两罪、择一重处；应以以危险方法危害公共安全罪论处。（4）从法定刑轻重比较来看，妨害安全驾驶罪的法定最高刑为有期徒刑一年；造成两人轻微伤的结果，即使比照寻衅滋事罪（法定最高刑为有期徒刑五年），也应认定为更重的犯罪才对。

选项D，（1）《刑法》第116、119条规定的破坏交通工具罪，指破坏"火车、汽车、电车、船只、航空器"5种交通工具，将选项中的"摩托车"解释为"汽车"、"电车"等，都是类推解释，故不构成破坏交通工具罪。（2）破坏摩托车，可类比于骑摩托车故意撞向人群，可一次导致大规模死伤、危害公共安全，符合以危险方法危害公共安全罪的构成要件；本选项造成一名路人死亡，系该罪的结果加重犯。

8. 关于以危险方法危害公共安全罪，下列选项说法正确的是？[1]（2023/客A/卷一/仿10）

A. 破坏（不是火灾现场的）消防设施的，可构成以危险方法危害公共安全罪

B. 如果以危险方法危害公共安全杀害多人，构成以危险方法危害公共安全罪和故意杀人罪，属于想象竞合

C. 行为人实施放火行为，不会危害到公共安全，即使其不构成放火罪，也可构成以危险方法危害公共安全罪

D. 行为人在《刑法修正案（十一）》生效之前，实施危险方法形式的高空抛物行为危害公共安全的；现在进行审理，不应将其认定为高空抛物罪，但可认定为以危险方法危害公共安全罪

【解析】本题考点：以危险方法危害公共安全罪、放火罪、罪数、高空抛物罪、刑法的时间效力

选项A，破坏（不是火灾现场的）消防设施的，因为行为当时还没有造成火灾的具体危险和抽象危险，不具有危害公共安全的具体危险以及可能性，不构成以危险方法危害公共安全罪既遂、未遂、预备。如果达到数额标准，构成故意毁坏财物罪，或者寻衅滋事罪。

选项B，（1）触犯两罪；在罪数上，本选项中被杀害的对象人，本来就是公共安全所能包含的结果，根据刑法第115条明文规定的"致人重伤、死亡或者使公私财产遭受重大损失的"，系结果加重犯，而不是想象竞合犯。（2）当然，如果被杀害的对象人，并不是公共安全所能包含的对象时，那还是可以构成想象竞合的，本选项不是此情况。

选项C，放火罪、以危险方法危害公共安全罪的对象均是公共安全。行为没有危害公共安全，既不构成放火罪，也不构成以危险方法危害公共安全罪。

选项D，刑法的时间效力为"从旧兼从轻"，如果高空抛物行为系"危险方法"（一次造成大规模损害）：（1）先依行为当时的旧法判，因在《刑法修正案（十一）》生效之前，当时刑法没有规定高空抛物罪，故只构成以危险方法危害公共安全罪；（2）再依审判时的新法判，因在《刑法修正案（十一）》生效之后，刑法规定有高空抛物罪，故既触犯以危险方法危害公共安全罪、又触犯高空抛物罪，择一重处，以危险方法危害公共安全罪论处。（3）谁轻适用谁，旧法新法均认定为以危险方法危害公共安全罪，故以行为当时的旧法认定，以危险方法危害公共安全罪论处。

9. 关于危害公共安全类犯罪，下列选项说法正确的是？[2]（2023/客B/卷一/仿10）

A. 甲和妻子乙喝酒，之后乙口吐白沫，甲没有办法只好醉酒驾车送妻子乙前往医院救治，甲构成紧急避险

---

[1] D　[2] ABC

B. 公交车司机甲在行驶过程中被乘客乙击打头部，司机甲立即制动停车，导致一名乘客丙摔伤，乙的行为应认定为以危险方法危害公共安全罪

C. 甲在网上非法买卖杀伤力大的弓弩，因弓弩不同于枪支，故甲不构成非法买卖枪支罪

D. 某化工厂违反排污规定偷偷向水源地排有毒害性的污水，导致当地大量人畜死亡，供水停顿数天，该化工厂的行为只构成污染环境罪，不构成投放危险物质罪。

【解析】本题考点：危害公共安全类犯罪

选项 A，（1）醉酒驾车，符合危险驾驶罪的不法积极要件；为了救助生命而不得已醉驾，没有造成实害事故，保护利益大于损害利益，符合刑法第 21 条紧急避险的规定。（2）《最高人民法院、最高人民检察院、公安部、司法部关于办理醉酒危险驾驶刑事案件的意见》（2023 年 12 月 13 日发布）第 12 条第二款：醉酒后出于急救伤病人员等紧急情况，不得已驾驶机动车，构成紧急避险的，依照刑法第二十一条的规定处理。

选项 B，（1）乙打司机导致乘客丙摔伤，具有因果关系，对损害结果负责；既触犯妨害安全驾驶罪，又触犯以危险方法危害公共安全罪；根据刑法第 133 条之二第二款，择一重处，以以危险方法危害公共安全罪论处。（2）《最高人民法院、最高人民检察院、公安部关于依法惩治妨害公共交通工具安全驾驶违法犯罪行为的指导意见》（公通字〔2019〕1 号）第 1 条，造成重大损害的，以以危险方法危害公共安全罪定罪处罚。

选项 C，刑法第 125 条（非法制造、买卖、运输、邮寄、储存枪支、弹药、爆炸物罪；非法制造、买卖、运输、储存危险物质罪）明文规定的对象仅限于"枪支、弹药、爆炸物、危险物质"；将"弓弩"解释到"枪支"中，系不利于被告人的类推解释。

选项 D，《最高人民法院、最高人民检察院关于办理环境污染刑事案件适用法律若干问题的解释》（法释〔2023〕7 号）第 9 条：违反国家规定，排放、倾倒、处置含有毒害性、放射性、传染病病原体等物质的污染物，同时构成污染环境罪、非法处置进口的固体废物罪、投放危险物质罪等犯罪的，依照处罚较重的规定定罪处罚。

10. 甲将邻居交售粮站的稻米淋洒农药，取出部分作饵料，毒死麻雀后售与饭馆，非法获利 5000 元。关于甲行为的定性，下列哪一选项是正确的？[1]（2010/2/11）

A. 构成故意毁坏财物罪

B. 构成以危险方法危害公共安全罪和盗窃罪

C. 仅构成以危险方法危害公共安全罪

D. 构成投放危险物质罪和销售有毒、有害食品罪

【解析】本题考查危害公共安全类犯罪、制造销售伪劣产品类犯罪、罪数。四选项中的"构成"实为"宣判为"（考虑罪数之后的结论）的意思。（1）甲在邻居交售粮站的稻米上淋洒农药，由于稻米极有可能被不特定的公众食用，已危害公共安全，故其构成危害公共安全类犯罪。其危害公共安全的具体方式为投毒，根据《刑法》第 114 条，触犯投放危险物质罪。选项 C 错误。（2）在稻米上淋洒农药客观上确能使其丧失使用价值，如损失数额较大，根据《刑法》第 275 条，触犯故意毁坏财物罪。（3）对于取出部分作饵料的行为，对象是已经毁坏的、有毒不能食用的稻米，且只有"部分"，应认为数额较小，不能构成盗窃罪。故选项 B 不正确。（4）将麻雀毒死后，将有毒的麻雀售与饭馆，由于其在市场交易领域出售有毒的食品，根据《刑法》第 144 条，触犯销售有毒、有害食品罪。（5）在罪数上，投放危险物质致财物毁损，是整体法与部分法的法条竞合关系，以整体法投放危险物质罪论处。故选项 A 错误。（6）投

放危险物质后又销售有毒、有害食品，是前后两个独立行为，应当数罪并罚。选项D正确。

11. 甲为获利于某日晚向乙家的羊圈内（共有29只羊）投放毒药，待羊中毒后将羊运走，并将羊肉出售给他人。甲的行为构成哪些犯罪？[1]（2002/2/40）

A. 盗窃罪
B. 投放危险物质罪（原为投毒罪）
C. 故意毁坏财物罪
D. 生产、销售有毒、有害食品罪

【解析】本题与上题类似，但有很大的不同。本题题干中的"构成哪些犯罪"是"宣判为哪些犯罪"（考虑罪数之后的结论）。（1）本题中，由于甲只是"向乙家的羊圈内（共有29只羊）投放毒药"，不是公共场所，其行为没有危害公共安全，因此甲不构成投放危险物质罪（原为投毒罪）。（2）甲秘密窃取他人的圈养牲畜，根据《刑法》第264条，构成盗窃罪。（3）同时导致29只羊死亡，根据《刑法》第275条，触犯了故意毁坏财物罪。（4）销售明知掺有有毒的非食品原料的食品的，根据《刑法》第144条，触犯销售有毒食品罪。（5）在罪数上，盗窃罪、故意毁坏财物罪系想象竞合，应当择一重处，一般以盗窃罪论处，系毁坏型的盗窃。再与销售有毒食品罪两罪并罚。所以本题选A、D两项。

考点三　破坏公共设施类犯罪

1. 甲盗割正在使用中的铁路专用电话线，在构成犯罪的情况下，对甲应按照下列哪一选项处理？[2]（2006/2/10）

A. 破坏公用电信设施罪
B. 破坏交通设施罪
C. 盗窃罪与破坏交通设施罪中处罚较重的犯罪
D. 盗窃罪与破坏公用电信设施罪中处罚较重的犯罪

【解析】（1）铁路专用电话线是铁路的附属设施，属于交通设施；不用于公共通讯，不属公用电信设备。对正在使用中的铁路专用电话线进行破坏，根据《刑法》第117条，构成破坏交通设施罪。（2）盗割的对象是财物，根据《刑法》第264条，构成盗窃罪。（3）一行为触犯两罪名，是想象竞合犯。应从一重处理，故C项当选。

2. 陈某欲制造火车出轨事故，破坏轨道时将螺栓砸飞，击中在附近玩耍的幼童，致其死亡。陈某的行为被及时发现，未造成火车倾覆、毁坏事故。关于陈某的行为性质，下列哪一选项是正确的？[3]（2016/2/13）

A. 构成破坏交通设施罪的结果加重犯
B. 构成破坏交通设施罪的基本犯与故意杀人罪的想象竞合犯
C. 构成破坏交通设施罪的基本犯与过失致人死亡罪的想象竞合犯
D. 构成破坏交通设施罪的结果加重犯与过失致人死亡罪的想象竞合犯

【疑难辨析】本题考查结果加重犯、想象竞合犯的区分。危害公共安全类犯罪的法益是"公共安全"，指不特定或多数人的生命、身体安全等。包括破坏交通设施罪在内的危害公共安全类犯罪有基本犯（危险犯）、危险犯的结果加重犯（实害犯）。（1）结果加重犯（实害犯）中"严重结果"指的是危害公共安全的实害结果，如果特定个人的生命、身体受损的实害结果，是公共安全实害结果的组织部分，可构成结果加重犯（实害犯）。（2）如果不是，则

---

[1]　AD　[2]　C　[3]　C

应另行触犯个人法益犯罪，可能构成想象竞合犯。

【解析】（1）陈某破坏轨道，构成《刑法》第117条，构成破坏交通设施罪。造成了足以使火车倾覆、毁坏的危险，系基本犯（危险犯）的既遂。（2）不慎使螺栓击中幼童导致死亡，根据《刑法》第233条，触犯过失致人死亡罪。（3）在罪数上，幼童是因螺栓击中身亡，不是因交通工具倾覆、毁坏而造成的，不属公共安全包容的实害结果，不构成结果加重犯（实害犯）。（4）一行为同时触犯两罪，系破坏交通设施罪的基本犯（危险犯）、过失致人死亡罪的想象竞合犯，应当择一重处。答案是选项C。

3. 甲在高速公路休息站开店经营汽车补胎业务，故意在靠近经营点附近的高速公路上撒钉子，长达数百米。造成很多汽车爆胎，险些发生严重事故。很多车主经常抱怨，司机问甲为什么会有这么多钉子在路上，甲闭口不谈，只是按照市场价格补胎收费。甲的行为应以何罪论处？[1]（2018/客/卷一/14仿，模拟题）

A. 故意毁坏财物罪　　　　　　　　B. 破坏交通工具罪
C. 破坏交通设施罪　　　　　　　　D. 诈骗罪

【解析】在触犯罪名方面：（1）甲在高速路上放钉子，造成汽车爆胎，财产损失，触犯故意毁坏财物罪。

（2）甲破坏正在使用中的汽车，足以使其倾覆、毁坏，触犯破坏交通工具罪（危险犯既遂）。类比一下：破坏汽车刹车。

（3）甲在高速路上放钉子，破坏交通设施的通行功能，足以使汽车倾覆、毁坏，以功能性破坏理解，触犯破坏交通设施罪（危险犯既遂）。类比一下：在高速路上放钉子，即使没有扎坏汽车，由于存在具体危险，也可构成破坏交通设施罪。

（4）汽车爆胎后甲补胎收钱，仅就此过程而言，甲没有实施任何虚构事实、隐瞒真相的行为，车主也无财物损失（损失是由之前的毁坏财物行为导致），不构成诈骗罪。

在罪数方面：（1）破坏交通设施罪、破坏交通工具罪中的"破坏"、"毁坏危险"等词，表明两罪可以包容故意毁坏财物罪的行为和结果，故而，该两罪与故意毁坏财物罪之间是整体法与部分法的法条竞合关系（包容关系），应整体法论处。（2）破坏交通设施罪中也可包容"汽车……发生倾覆、毁坏危险"和实害结果。直接破坏交通设施，引起破坏交通工具的结果，前罪、后罪之间也是整体法与部分法的法条竞合关系（包容关系），应以整体法破坏交通设施罪论处。

综上所述，本案行为人触犯了故意毁坏财物罪、破坏交通工具罪、破坏交通设施罪三罪，应以破坏交通设施罪一罪论处。

考点四　恐怖主义犯罪

1. 《刑法》第120条规定了准备实施恐怖活动罪，其中第1款第1项规定为"为实施恐怖活动准备凶器、危险物品或者其他工具的"。关于该罪及该项规定，下列选项说法正确的是？[2]（2021/客/卷一/7仿，模拟题）

A. 本罪为预备犯，应当比照既遂继续犯从轻减轻或者免除处罚
B. 本罪为目的犯，不是为实施恐怖活动准备凶器的，不构成本罪

---

[1] C　[2] B

C. 为实施恐怖活动非法购买爆炸物的，只构成本罪

D. 为他人实施恐怖活动准备凶器的，不构成本罪

【解析】 本题考查准备实施恐怖活动罪。

选项A，本罪的立法原理系"预备行为实行化"，亦即，将本来的预备行为规定为实行行为。因此，在司法层面上，应当认定为实行犯、正犯；本条规定的法定刑处刑即可。而不是预备犯。该选项说法错误。

选项B，说法正确。该项规定中的"为实施恐怖活动"，说明其系目的犯。为其他犯罪而作准备的，是具体罪中的预备犯，而不构成准备实施恐怖活动罪。

选项C，其中"构成"应当理解为"触犯"。为实施恐怖活动非法购买爆炸物的，构成本罪；同时构成非法买卖爆炸物罪；根据第120条之二第2款，系想象竞合，应当择一重处。该选项"只构成"说法错误。

选项D，法条并没有将目的限定为"为他人实施恐怖活动"，不能不适当的缩小罪名成立的范围。该选项说法错误。

2. 乙成立恐怖组织并开展培训活动，甲为其提供资助。受培训的丙、丁为实施恐怖活动准备凶器。因案件被及时侦破，乙、丙、丁未能实施恐怖活动。关于本案，下列哪些选项是正确的?[1](2016/2/56)

A. 甲构成帮助恐怖活动罪，不再适用刑法总则关于从犯的规定

B. 乙构成组织、领导恐怖组织罪

C. 丙、丁构成准备实施恐怖活动罪

D. 对丙、丁定罪量刑时，不再适用刑法总则关于预备犯的规定

【解析】 A选项，甲为恐怖组织提供资助，根据《刑法》第120条之一，构成帮助恐怖活动罪；帮助恐怖活动罪，系共犯行为正犯化，是正犯不再是共犯，直接适用分则正犯的规定即可，不再适用刑法总则关于从犯的规定。

B选项，乙成立恐怖组织，根据《刑法》第120条，构成组织、领导恐怖组织罪。

C选项，D选项，丙、丁为实施恐怖活动准备凶器，构成第120条之二第1项规定的准备实施恐怖活动罪；准备实施恐怖活动罪，系预备行为实行化，是实行犯不再是预备犯，直接适用分则正犯的规定即可，不再适用刑法总则关于预备犯的规定。

3. 某恐怖组织计划在某省A市一商场实施放火，该组织成员萨某和穆某在购买汽油等放火工具时被公安机关逮捕。关于本案，下列说法正确的是?[2](2019/客/卷一/19仿，模拟题)

A. 穆某在A市有固定居所，仍可适用指定居所监视居住

B. 若萨某和穆某不可能判处无期徒刑以上刑罚，该案可由A市的基层法院审理

C. 萨某和穆某应以参加恐怖组织罪和放火罪（预备）论处

D. 若萨某是外国人，应提请省检察院批准逮捕

【解析】C选项，行为人触犯参加恐怖组织罪（既遂）、放火罪（预备）。在罪数上，根据第120条（组织、领导、参加恐怖组织罪）第2款，应数罪并罚。当然，精确的讲，行为人还触犯准备实施恐怖活动罪，应与放火罪（预备）择一重处。

A选项，《刑事诉讼法》第75条第1款规定："监视居住应当在犯罪嫌疑人、被告人的住处执行；无固定住处的，可以在指定的居所执行。对于涉嫌危害国家安全犯罪、恐怖活动犯罪，在住处执行可能有碍侦查的，经上一级公安机关批准，也可以在指定的居所执行。"本题

---

[1] ABCD [2] AC

属于恐怖活动犯罪案件，穆某在 A 市有固定居所，若其在住处执行可能有碍侦查，仍然可适用指定居所监视居住。故 A 项正确。

B 选项，根据《刑事诉讼法》第 21 条，本案属于恐怖活动案件，最低由中级法院管辖，不得由 A 市的基层法院审理。故 B 项错误。

根据《高检规则》第 294 条，本题中若萨某是外国人，其涉嫌的犯罪不属于"危害国家安全犯罪的案件或者涉及国与国之间政治、外交关系的案件以及在适用法律上确有疑难的案件"，A 市检察院就可以对其决定批准逮捕，无需报省检察院批准逮捕。故 D 项错误。

考点五　劫持公共交通工具类犯罪

甲、乙等人伪装乘客登上长途车。甲用枪控制司机，令司机将车开到偏僻路段；乙等人用刀控制乘客，命乘客交出随身财物。一乘客反抗，被乙捅成重伤。财物到手下车时，甲打死司机。关于本案，下列哪些选项是正确的？[1]（2012/2/59）

A. 甲等人劫持汽车，构成劫持汽车罪
B. 甲等人构成抢劫罪，属于在公共交通工具上抢劫
C. 乙重伤乘客，无需以故意伤害罪另行追究刑事责任
D. 甲开枪打死司机，需以故意杀人罪另行追究刑事责任

【疑难辨析】本题考查劫持船只、汽车罪。核心在于罪数问题：劫持船只、汽车罪不能包容故意伤害罪、故意杀人罪；抢劫罪的手段行为可以包容故意伤害、故意杀人；抢劫后杀人应当数罪并罚。考生做错本题的原因在于对于命题出的设问问题阅读有误。本题中甲、乙二人是共同犯罪，但是在选项只分别问了二人各自触犯的罪名，没有问共同犯罪的问题。

【解析】（1）甲控制司机劫持汽车，触犯劫持汽车罪；后甲打死司机，触犯故意杀人罪。因劫持汽车罪的结果加重犯"造成严重后果"并不包括故意杀人，故而，甲应当两罪并罚。选项 A、选项 D 正确。（2）乙在长途公交车上抢劫乘客，构成抢劫罪，属于在公共交通工具上抢劫；因抢劫罪的结果加重犯"致人重伤、死亡"包括故意伤害，故而乙在抢劫过程中将被害人捅成重伤，只构成抢劫罪的结果加重犯，不再对故意伤害另定它罪。选项 B、选项 C 正确。（3）甲、乙等人系共同犯罪，均构成劫持汽车罪、抢劫罪（致人重伤）；抢劫完毕后杀人的，另行触犯故意杀人罪，应数罪并罚。本题没有考查此点。

考点六　涉枪犯罪

1. 警察甲为讨好妻弟乙，将公务用枪私自送乙把玩，丙乘乙在人前炫耀枪支时，偷取枪支送交派出所，揭发乙持枪的犯罪事实。关于本案，下列哪些选项是正确的？[2]（2012/2/58）

A. 甲私自出借枪支，构成非法出借枪支罪
B. 乙非法持有枪支，构成非法持有枪支罪
C. 丙构成盗窃枪支罪
D. 丙揭发乙持枪的犯罪事实，构成刑法上的立功

---

[1]　ABCD　[2]　AB

【解析】(1) 甲系依法配备公务用枪的人员，私自出借枪支，无需重大结果，即构成非法出借枪支罪，A选项正确。(2) 乙无权持有枪支，构成非法持有枪支罪，B选项正确。(3) 丙偷取枪支，目的是为送交派出所，没有非法占有目的，也不属"非法"持有行为，不构成犯罪。C选项错误。(4) 罪犯才能构成立功，丙无罪，当然不构成立功。D选项错误。

2. 丁某盗窃了农民程某的一个手提包，发现包里有大量现金和一把手枪。丁某将真情告诉崔某，并将手枪交给崔某保管，崔某将手枪藏在家里。关于本案，下列哪些选项是正确的?[1] (2007/2/61)

A. 丁某构成盗窃罪
B. 丁某构成盗窃枪支罪
C. 崔某构成窝藏罪
D. 崔某构成非法持有枪支罪

【解析】(一) 对于丁某：

1. 客观上实施了盗窃枪支的行为。

2. 主观上，题干中没有明示丁某是否知道包中有枪，应以社会一般情况判断。在盗窃时一般只认识到对象是财物，故应当认为行为人没有认识到对象是枪支，没有盗窃枪支罪的故意，不能成立盗窃枪支罪。

3. 客观主观相统一，根据《刑法》第264条，只成立盗窃罪。故A项正确，B项错误。

(二) 对于崔某：

1.《刑法》第310条规定的窝藏、包庇罪是对犯罪人的窝藏、包庇，而不是对犯罪所得赃物的隐藏、掩饰，本案崔某没有为丁某提供隐藏场所、财物，帮助其逃匿的行为，不构成窝藏罪。故C项不当选。

2. 崔某明知对象是手枪，自己也无合法持枪权而持有，根据《刑法》第128条，构成非法持有枪支罪，故D项当选。

3. 明知枪支是他人盗窃罪（非盗窃枪支罪）的犯罪所得，而予以窝藏，根据《刑法》第312条，构成掩饰、隐瞒犯罪所得罪。

4. 系想象竞合犯，应当择一重处。因选项中没有列出掩饰、隐瞒犯罪所得罪，故不用考虑。

3. 刘某利用到国外旅游的机会，购买了手枪1支、子弹若干发自用，并经过伪装将其邮寄回国内。后来刘某得知丁某欲搞一支枪抢银行，即与丁某协商，以1万元将其手枪出租给丁某。丁某使用该手枪抢劫银行时被抓获。对刘某的行为应如何处理?[2] (2004/2/17，2008延/2/11)

A. 以非法买卖危险物质罪与抢劫罪实行并罚
B. 以非法买卖危险物质罪与非法出租枪支罪实行并罚
C. 以走私武器、弹药罪与抢劫罪实行并罚
D. 以走私武器、弹药罪、非法出租枪支罪、抢劫罪实行并罚

【解析】刘某实施了数个行为：(1) 中国人在国外购买枪支、子弹，触犯了中国刑法，可按属人管辖认定为非法买卖枪支、弹药罪。当然，如果购买地本地不认为是犯罪，则按法益保护原则，如果没有侵害我国刑法保护的法益，我国刑法不能追究。本题选项中无该罪名，故不对此行为进行考虑。(2) 将枪支从国外邮寄回国内，逃避海关监管，认定为走私武器、弹药罪（越境），而不以非法邮寄枪支、弹药罪（仅限于国内）论处。(3) 刘某非法持有枪支的行为，构成非法持有枪支罪，系吸收犯，以走私武器、弹药罪论处。(4) 刑法将非法出租枪支罪

的主体限定为"依法配备公务用枪的人员、依法配置枪支的人员"，即合法持枪人员。刘某系非法持枪人员，而不是合法持枪人员。故而其出租枪支的行为，不能构成非法出租枪支罪。（5）其明知丁某抢劫而提供工具，构成丁某抢劫罪的帮助犯。（6）故应以走私武器、弹药罪与抢劫罪实行并罚。选项 C 正确。（7）延伸问题是：如果刘某是合法持枪人员，明知他人抢劫而出租、出借枪支，如何认定？应当为非法出租、出借枪支罪的实行犯，以及抢劫罪的帮助犯，按想象竞合犯择一重处。

4. 关于危害公共安全罪的论述，下列哪些选项是正确的？[1]（2014/2/57）

A. 甲持有大量毒害性物质，乙持有大量放射性物质，甲用部分毒害性物质与乙交换了部分放射性物质。甲、乙的行为属于非法买卖危险物质

B. 吸毒者甲用毒害性物质与贩毒者乙交换毒品。甲、乙的行为属于非法买卖危险物质，乙的行为另触犯贩卖毒品罪

C. 依法配备公务用枪的甲，将枪赠与他人。甲的行为构成非法出借枪支罪

D. 甲父去世前告诉甲"咱家院墙内埋着 5 支枪"，甲说"知道了"，但此后甲什么也没做。甲的行为构成非法持有枪支罪

【疑难辨析】本题考查非法买卖危险物质中"买卖"的含义、贩卖毒品罪中"贩卖"的含义、非法出借枪支罪"出借"的含义、非法持有枪支罪中"持有"的含义。

【解析】A 选项，以物易物的易物交易可以解释为"买卖"，以甲为例，相当于其卖出毒害性物质（卖），同时又购进放射性物质（买），故而可构成非法买卖危险物质罪。乙同样如此。A 选项正确。

B 选项，与 A 选项相同，也是易物交易。对于甲，其卖出毒害性物质，构成非法买卖危险物质罪；同时购进毒品，因系本人吸食，如数量较小，不构成犯罪。对于乙，其购进毒害性物质，构成非法买卖危险物质罪；同时卖出毒品，构成贩卖毒品罪，应当数罪并罚。B 选项正确。

C 选项，"出借"的含义是无偿借用转移占有，"赠与"的含义是无偿转移占有且转移所有；截取"赠与"中无偿转移占有的部分内容，可评价为"出借"。C 选项正确。

D 选项，根据《最高人民法院关于审理非法制造、买卖、运输枪支、弹药、爆炸物等刑事案件具体应用法律若干问题的解释》第 8 条的规定，"非法持有"是指不符合配备、配置枪支、弹药条件的人员，违反枪支管理法律、法规的规定，擅自持有枪支、弹药的行为。其中持有行为的形式，不仅包括"拿着"、"带着"，其本质含义在于管理、控制。D 选项中甲对埋着的枪具有管理、控制，可认定为"持有"。D 选项正确。

考点七　交通肇事罪

一、交通肇事的时空条件：公共交通管理的范围内

1. 甲是某搬运场司机，在搬运场驾车作业时违反操作规程，不慎将另一职工轧死。对甲的行为应当如何处理？[2]（2005/2/20）

A. 按过失致人死亡罪处理　　　　　B. 按交通肇事罪处理

C. 按重大责任事故罪处理　　　　　D. 按意外事件处理

---

[1]　ABCD　[2]　C

【解析】《最高人民法院关于审理交通肇事刑事案件具体应用法律若干问题的解释》第8条的规定，在公共交通管理的范围内发生重大交通事故的，构成交通肇事罪；在公共交通管理的范围外，驾驶机动车辆或者使用其他交通工具致人伤亡或者他人财产遭受重大损失，构成犯罪的，以重大责任事故罪、重大劳动安全事故罪、过失致人死亡罪论处。本案发生在施工场地、搬运场内，违反的是安全作业规章、生产作业操作规程，而不是交通运输管理法规，导致事故应以重大责任事故罪论处。

2. 甲在建筑工地开翻斗车。某夜，甲开车时未注意路况，当场将工友乙撞死、丙撞伤。甲背丙去医院，想到会坐牢，遂将丙弃至路沟后逃跑。丙不得救治而亡。关于本案，下列哪一选项是错误的？[1]（2013/2/12）

A. 甲违反交通运输管理法规，因而发生重大事故，致人死伤，触犯交通肇事罪

B. 甲在作业中违反安全管理规定，发生重大伤亡事故，触犯重大责任事故罪

C. 甲不构成交通肇事罪与重大责任事故罪的想象竞合犯

D. 甲为逃避法律责任，将丙带离事故现场后遗弃，致丙不得救治而亡，还触犯故意杀人罪

【解析】（1）本案行为发生场所在建筑工地里，不属交管法规范围内，构成重大责任事故罪，而不是交通肇事罪。选项A错误，选项B正确。

（2）本案行为人根本就没有触犯交通肇事罪，既不是想象竞合也没有讨论法条竞合的前提。即使两罪都触犯，在罪名关系上，交通肇事罪与重大责任事故罪之间的关系，是特别法与一般法的法条竞合关系，也不是想象竞合犯。选项C正确。

（3）将丙弃至路沟后逃跑致其死亡，对丙之死存在放任，系间接故意，构成故意杀人罪。选项D正确。

（4）在罪数方面，前罪重大责任事故罪不能包容故意杀人，故而应当两罪并罚。

二、交通肇事后逃逸与因逃逸致人死亡

3. 甲违章超速驾驶，撞上乙车、丙车，导致乙受重伤、丙车毁损，甲见状驾车逃逸。关于本案，以下说法正确的有？[2]（2018/客/卷一/15仿，模拟题）

A. 甲构成交通肇事罪，是基本犯

B. 甲构成交通肇事罪，系交通肇事后逃逸

C. 甲逃逸的情节，不属定罪情节，而属于量刑情节

D. 甲没有达到交通肇事罪成罪标准，不能构成该罪，但可构成以危险方法危害公共安全罪

【解析】本题是一道刑法与刑事诉讼法结合的题目。（1）在构成交通肇事罪与否的判断上，甲一般违章，致一人重伤，仅以此情况认定，不构成交通肇事罪的基本犯；再考虑逃逸情节，才可构成交通肇事罪的基本犯。故而，甲构成交通肇事罪的基本犯；不属交通肇事后逃逸。选项A正确，选项B、D错误。（2）在定罪情节与量刑情节判断上，本案中的逃逸属定罪情节，不属量刑情节。选项C错误。

4. 根据刑法规定与相关司法解释，下列哪一选项符合交通肇事罪中的"因逃逸致人死亡"？[3]（2007/2/9）

A. 交通肇事后因害怕被现场群众殴打，逃往公安机关自首，被害人因得不到救助而死亡

B. 交通肇事致使被害人当场死亡，但肇事者误以为被害人没有死亡，为逃避法律责任而

---

〔1〕A 〔2〕A 〔3〕C

逃逸

C. 交通肇事致人重伤后误以为被害人已经死亡，为逃避法律责任而逃逸，导致被害人得不到及时救助而死亡

D. 交通肇事后，将被害人转移至隐蔽处，导致其得不到救助而死亡

【疑难辨析】 因逃逸致人死亡，是指行为人在交通肇事后为逃避法律追究而逃跑，致使被害人因得不到救助而死亡的情形。经验法则：看一头：一头有违章；再看一尾：一尾有死亡；再看死因：死亡因逃逸（不救助）。即：因逃逸致人死亡 = 交通肇事（不一定构成基本犯）+ 不作为过失致人死亡。行为人主观上：只需知道发生交通肇事即可，无需明知被害人是否死亡。

【解析】 A 选项，根据《最高人民法院关于审理交通肇事刑事案件具体应用法律若干问题的解释》第 3 条，刑法中的"逃逸"指行为人"在交通肇事后为逃避法律追究而逃跑"，即不接受法律处理（与《道路交通安全法》规定不同）。本项中行为人离开现场"逃往公安机关自首"，不具有逃避法律追究的目的，行为不属"逃逸"。属交通肇事罪的基本犯。

B 选项，逃逸"致人死亡"要求被害人死亡结果与行为人的逃逸行为之间具有因果关系。本项中被害人当场死亡，死亡结果非因逃逸导致，不符合对因果关系的限定。属交通肇事后逃逸。

C 选项，主观上只要求明知发生了交通事故，并不要求明知被害人当时未死亡。本项符合因逃逸致人死亡的主观条件。属因逃逸致人死亡。

D 选项，《最高人民法院关于审理交通肇事刑事案件具体应用法律若干问题的解释》第 6 条的规定，行为人在交通肇事后为逃避法律追究，将被害人带离事故现场后隐藏或者遗弃，致使被害人无法得到救助而死亡或者严重残疾的，应当分别以故意杀人罪或者故意伤害罪定罪处罚。可认为是故意杀人罪的提示规定。行为人客观上隐藏或者遗弃被害人，降低其救助可能性，可评价为"杀人"或"伤害"。主观上有放任或希望其死亡的意图，可认为是间接故意甚至直接故意，符合故意杀人罪或者故意伤害罪的构成条件。

三、指使违章的交通肇事罪、指使逃逸致死的"共犯"

5. 甲系某公司经理，乙是其司机。某日，乙开车送甲去洽谈商务，途中因违章超速行驶当场将行人丙撞死，并致行人丁重伤。乙欲送丁去医院救治，被甲阻止。甲催乙送其前去洽谈商务，并称否则会造成重大经济损失。于是，乙打电话给 120 急救站后离开肇事现场。但因时间延误，丁不治身亡。关于本案，下列哪一选项是正确的？[1]（2006/2/11）

A. 甲不构成犯罪，乙构成交通肇事罪

B. 甲、乙均构成交通肇事罪

C. 乙构成交通肇事罪和不作为的故意杀人罪，甲是不作为的故意杀人罪的共犯

D. 甲、乙均构成故意杀人罪

【解析】 在交通肇事后为逃避法律追究而逃跑，属于"逃逸"。（1）对于司机乙，交通肇事后逃逸，导致被害人得不到救治而死亡，构成交通肇事罪"因逃逸致人死亡"。（2）对于经理甲，根据《最高人民法院关于审理交通肇事刑事案件具体应用法律若干问题的解释》第 5 条第 2 款的规定，属交通肇事后，单位主管人员指使肇事人逃逸，致使被害人因得不到救助而死亡，以交通肇事罪的"共犯"（共同过失犯罪）论处。故而，B 选项正确。

6. 乙（15 周岁）在乡村公路驾驶机动车时过失将吴某撞成重伤。乙正要下车救人，坐在

---

[1] B

车上的甲（乙父）说："别下车！前面来了许多村民，下车会有麻烦。"乙便驾车逃走，吴某因流血过多而亡。关于本案，下列哪一选项是正确的？[1]（2014/2/13）

    A. 因乙不成立交通肇事罪，甲也不成立交通肇事罪

    B. 对甲应按交通肇事罪的间接正犯论处

    C. 根据司法实践，对甲应以交通肇事罪论处

    D. 根据刑法规定，甲、乙均不成立犯罪

【解析】（1）对于乙，在客观不法方面，其未满18周岁未领驾证开车，系违章行为；乡村公路也属道路，过失致重伤，其行为系交通肇事行为；逃逸致死属于交通肇事因逃逸致人死亡，其具有规范意识能力，行为系客观不法行为。只是在主观责任方面，乙15周岁，只对刑法规定的8种行为承担刑事责任，对于交通肇事行为、过失致人死亡行为，未达刑事责任年龄（16周岁）不承担刑事责任，不成立交通肇事罪。

（2）对于甲，系乘车人。在客观不法方面，根据《最高人民法院关于审理交通肇事刑事案件具体应用法律若干问题的解释》第5条规定，交通肇事后，单位主管人员、机动车辆所有人、承包人或者乘车人指使肇事人逃逸，致使被害人因得不到救助而死亡的，以交通肇事罪的"共犯"论处。进行类比推理，如果乙已满16周岁，可构成交通肇事罪（因逃逸致人死亡）；则按前述解释，甲亦构成交通肇事罪（因逃逸致人死亡）。只是现题干中乙虽不满16周岁，也属"肇事人"。故而甲的客观不法行为亦是"指使肇事人逃逸"致死的行为。在主观责任方面，甲已达到刑事责任年龄，需承担刑事责任，构成交通肇事罪（因逃逸致人死亡）。C选项正确。

（3）乘车人等四种人员指使他人逃逸致死构成交通肇事罪的原理，在于他们本人对于驾驶者负有监督责任，其本人的指使逃逸致死行为，也属违章行为。

（4）甲的责任为过失，且乙有自主意识、具有规范意识能力，甲对乙不认为有支配、操纵关系，不构成间接正犯。并且，交通肇事罪是过失犯罪，也不存在间接正犯。故B选项错误。

    7. 一对情侣甲男、乙女，一起吃饭喝酒后，乙女想让甲男送她回家，甲男因醉酒起初拒绝，但是乙女坚持让甲男送其回家，甲男无奈醉酒驾车。不慎将行人丙撞成重伤，甲男本想逃走，但遇村民阻拦，甲男无奈将丙抱上汽车，谎称送往医院救治。途中将丙丢弃在路边水沟里，丙因未得到及时救治而死亡。关于本案说法正确的有？[2]（2019/客/卷一/20仿，模拟题）

    A. 甲男构成交通肇事罪，系因逃逸致人死亡

    B. 甲男构成故意杀人罪

    C. 乙女认定为危险驾驶罪的教唆犯

    D. 乙女构成交通肇事罪，但不属因逃逸致人死亡

【解析】（一）对于甲男

1. 在触犯罪名层面上：（1）醉酒在道路上驾车，根据《刑法》第133条之一，触犯危险驾驶罪。（2）醉酒驾车致人重伤，根据《刑法》第133条，构成交通肇事罪；后又逃逸，逃前构成基本犯，属交通肇事罪后逃逸。（3）之后将丙丢弃致死，实施了杀人行为（作为），具有杀人故意，根据《刑法》第232条，构成故意杀人罪。（4）死亡结果与杀人行为有因果关系，被此行为中断，与交通肇事行为、逃逸行为无因果关系，不属因逃逸致人死亡。

2. 在罪数上：危险驾驶罪与交通肇事罪后逃逸，根据第133条之一第3款，择一重处，以

---

〔1〕 C 〔2〕 BC

交通肇事罪后逃逸论处。应以交通肇事罪后逃逸、故意杀人罪两罪并罚。

（二）对于乙女

1. 在触犯罪名层面上：（1）教唆他人醉酒驾车，触犯危险驾驶罪的教唆犯。（2）关于乘车人与交通肇事罪的关系。根据《最高人民法院关于审理交通肇事刑事案件具体应用法律若干问题的解释》第5条，"交通肇事后，乘车人指使肇事人逃逸，致使被害人因得不到救助而死亡的"，才构成交通肇事罪的共犯（共同过失犯罪）。本案中甲男只属交通肇事罪后逃逸，不属因逃逸致人死亡，故而乙女不能以此论处。（3）而前述解释第7条规定，"单位主管人员、机动车辆所有人或者机动车辆承包人指使、强令他人违章驾驶造成重大交通事故"，构成交通肇事罪，亦即不包括乘车人。故而乙女也不能以此论处。

2. 故而，乙女仅构成危险驾驶罪的教唆犯。

四、机动车肇事中此罪彼罪区分

8. 下列哪一行为成立以危险方法危害公共安全罪？[1]（2012/2/15）

A. 甲驾车在公路转弯处高速行驶，撞翻相向行驶车辆，致2人死亡

B. 乙驾驶越野车在道路上横冲直撞，撞翻数辆他人所驾汽车，致2人死亡

C. 丙醉酒后驾车，刚开出10米就撞死2人

D. 丁在繁华路段飙车，2名老妇受到惊吓致心脏病发作死亡

【解析】 A选项、C选项，依题意行为人是因违章驾驶而导致被害人死亡，对于结果一般认定为过失，构成交通肇事罪。

B选项，"横冲直撞"表明行为人对结果系故意，且手段行为一次可造成大规模损害，系危险方法；"道路上"表明危害到不特定多数人的公共安全，构成以危险方法危害公共安全罪。

C选项，醉酒后驾车致人死亡，一般推定对结果系过失，构成交通肇事罪。

D选项，被害人心脏病发作死亡的结果，虽与飙车有关联，但不是法律预设的飙车所应承担责任的结果（结果不在构成要件的保护范围之内，或不在行为的射程范围之内），不能认为具有刑法上的因果关系，行为人对此结果不承担刑事责任。丁只因飙车行为而构成危险驾驶罪。

9. 关于交通肇事罪与其他犯罪关系的论述，下列哪些选项是正确的？[2]（2008延/2/58）

A. 甲酒后驾车撞死一行人，下车观察时，发现死者是其情敌刘某，甲早已预谋将刘某杀死。甲的行为应为故意杀人罪，而不能定为交通肇事罪

B. 乙明知车辆的安全装置不全，仍然指使其雇员王某驾驶该车辆运输货物；王某明知车辆有缺陷，仍超速行驶，造成交通事故，导致1人死亡。乙与王某均构成交通肇事罪

C. 丙在施工场地卸货倒车时，不慎将一装卸工人轧死。丙的行为构成重大责任事故罪，而不是交通肇事罪

D. 丁在一高速公路上驾车行驶时，因疲劳过度将车驶出高速公路，将行人常某撞死。对丁的行为应认定为交通肇事罪，而不是过失致人死亡罪

【解析】 A选项，本选项考查故意、过失的认定、行为与责任同时性原则，故意、过失是实施实行行为当时的主观心态，或者说，实行行为是故意、过失支配之下的行为。本选项行为人在实施行为（醉酒驾车撞人）时，对于他人死亡的结果并无故意，只能以过失犯罪，亦即交通肇事罪论处。当然，如果在一种犯意的支配下实施一个行为之后，又发生犯意转变或另起

---

〔1〕 B 〔2〕 BCD

犯意，在另一个犯意之下实施另一个行为，可以认为是犯意转变或另起犯意。

B选项，《最高人民法院关于审理交通肇事刑事案件具体应用法律若干问题的解释》第7条的规定，单位主管人员、机动车所有人指使他人违章驾驶造成重大交通事故的，具有法定情形的，以交通肇事罪处罚。乙明知车辆的安全装置不全，仍然指使其雇员王某驾驶该车辆运输货物，导致重大事故的，符合这一条的规定，构成交通肇事罪。司机王某明知车辆有缺陷，仍超速行驶，造成交通事故，导致1人死亡，也构成交通肇事罪，故B项正确。

C选项，前述解释第8条的规定，在公共交通管理的范围内发生重大交通事故的，构成交通肇事罪；在公共交通管理的范围外，驾驶机动车辆或者使用其他交通工具致人伤亡或者他人财产遭受重大损失，构成犯罪的，以重大责任事故罪、重大劳动安全事故罪、过失致人死亡罪论处。本案发生在施工场地、搬运场内，违反的是安全作业规章、生产作业操作规程，而不是交通运输管理法规，导致事故应以重大责任事故罪论处。

D选项，丁某在公共交通运输领域违反交通法规，违章行为发生在公交管理范围内，造成重大交通事故的结果，尽管结果发生在公交管理范围外，但只在行为发生在公交管理范围内，仍可构成交通肇事罪。交通肇事罪中包容了过失致人死亡罪，两罪之间是整体法与部分的法条竞合关系，以整体法交通肇事罪一罪论处。

考点八　危险驾驶罪

1. 下列哪一行为应以危险驾驶罪论处？[1]（2015/2/13）

A. 醉酒驾驶机动车，误将红灯看成绿灯，撞死2名行人

B. 吸毒后驾驶机动车，未造成人员伤亡，但危及交通安全

C. 在驾驶汽车前吃了大量荔枝，被交警以呼气式酒精检测仪测试到酒精含量达到醉酒程度

D. 将汽车误停在大型商场地下固定卸货车位，后在醉酒时将汽车从地下三层开到地下一层的停车位

【解析】A选项，触犯危险驾驶罪、交通肇事罪，宣告为交通肇事罪。法条依据：《刑法》第133条之一第3款，"有前两款行为（危险驾驶罪行为），同时构成其他犯罪的，依照处罚较重的规定定罪处罚"；交通肇事罪更重。理论依据：可认为交通肇事罪是危险驾驶罪的结果加重犯。

B选项，（1）《刑法》第133条之一第1款第2项规定的是"醉酒"，将吸毒解释进去是类推解释。不构成危险驾驶罪。（2）本案情形，已造成危害公共安全的具体危险，可以构成以危险方法危害公共安全罪。（3）如果没有危险，则按交管法处罚。

C选项，（1）吃荔枝表面上"醉"，但实际血液中酒精含量为零，不属"醉酒"，没有危险驾驶行为，不构成危险驾驶罪。（2）当然，如是误食酒精食物而"醉酒"自己不知情，那是过失，亦不构成危险驾驶罪。

D选项，"道路"包括停车场。法条依据：《最高人民法院、最高人民检察院、公安部关于办理醉酒驾驶机动车刑事案件适用法律若干问题的意见》第1条第2款，前款规定的"道路""机动车"，适用道路交通安全法的有关规定。《道路交通安全法》第119条第1项，"道

---

[1] D

路"是指公路、城市道路和虽在单位管辖范围但允许社会机动车通行的地方,包括广场、公共停车场等用于公众通行的场所。

2. 醉酒后的丙(血液中的酒精含量为152mg/100ml)与丁各自驾驶摩托车"飙车"经过此路段(事实三)。丙发现乙车时紧急刹车,摩托车侧翻,猛烈撞向乙车左前门一侧,丙受重伤。20分钟后,交警将乙抬出车时,发现其已死亡。现无法查明乙被丙撞击前是否已死亡,也无法查明乙被丙撞击前所受创伤是否为致命伤(事实四)。关于事实三的定性,下列选项正确的是?[1](2013/2/88)

A. 丙、丁均触犯危险驾驶罪,属于共同犯罪

B. 丙构成以危险方法危害公共安全罪,丁构成危险驾驶罪

C. 丙、丁虽构成共同犯罪,但对丙结合事实四应按交通肇事罪定罪处罚,对丁应按危险驾驶罪定罪处罚

D. 丙、丁未能完成预定的飙车行为,但仍成立犯罪既遂

【疑难辨析】本题的疑难点在于危险驾驶罪、交通肇事罪、以危险方法危害公共安全罪的区别和关系。有危险驾驶行为,同时构成其他犯罪的,依照处罚较重的规定定罪处罚。交通肇事罪可能是危险驾驶罪的结果加重犯。危险驾驶罪与以危险方法危害公共安全罪之间,在造成具体危险的情况下,是特别法与一般法的法条竞合关系,应按特别法危险驾驶罪论处。

【解析】(1)丙既醉酒开车,又追逐竞驶("飙车"),构成危险驾驶罪;丁追逐竞驶("飙车"),构成危险驾驶罪。两者是共同犯罪。A选项正确。(2)因无法查明死亡结果由丙、丁造成,故死亡结果与丙、丁的行为无因果关系,不能认定二人构成交通肇事罪。C选项错误。(3)危险驾驶罪是抽象危险犯,只要实施行为即认为具有抽象危险,即构成既遂,无须飙车行为实施完毕。故D选项正确。(4)危险驾驶罪与以危险方法危害公共安全罪之间,在造成具体危险的情况下,是特别法与一般法的法条竞合关系,应按特别法危险驾驶罪论处。B选项错误。

考点九 重大责任事故罪

某施工工地升降机操作工刘某未注意下方有人即按启动按钮,造成维修工张某当场被挤压身亡。刘某报告事故时隐瞒了自己按下启动按钮的事实。关于刘某行为的定性,下列哪一选项是正确的?[2](2010/2/12)

A.(间接)故意杀人罪　　　　　　B. 过失致人死亡罪

C. 谎报安全事故罪　　　　　　　D. 重大责任事故罪

【解析】本题考查重大责任事故罪与其他犯罪的区别。题干中的"定性"指宣判罪名。

(1)刘某是在生产作业的过程中过失造成生产事故,根据《刑法》第134条,构成重大责任事故罪。

(2)过失造成张某被挤压身亡,根据《刑法》第233条,构成过失致人死亡罪。

(3)刘某造成事故时的心态是"未注意下方有人",故主观上是疏忽大意的过失,而不是间接故意,故选项A(间接)故意杀人罪不选。

(4)根据《刑法》第139条之一,在安全事故发生后,负有报告职责的人员不报或者谎

报事故情况，贻误事故抢救，情节严重的，构成不报、谎报安全事故罪；根据《最高人民法院、最高人民检察院关于办理危害生产安全刑事案件适用法律若干问题的解释》第4条规定，"负有报告职责的人员"，是指负有组织、指挥或者管理职责的负责人、管理人员、实际控制人、投资人，以及其他负有报告职责的人员。刘某不属此类人员，且因张某已当场死亡，刘某谎报事故原因的情形不会贻误事故抢救。故其不能构成谎报安全事故罪。故选项C不选。

（5）在罪数上，根据《刑法》第233条最后一句，重大责任事故罪与过失致人死亡罪是整体法与部分法的法条竞合关系，应以整体法重大责任事故罪一罪论处。答案为选项D。

考点十　综合题

关于危害公共安全罪的认定，下列哪一选项是正确的？[1]（2017/2/12）

A. 猎户甲合法持有猎枪，猎枪被盗后没有及时报告，造成严重后果。甲构成丢失枪支不报罪

B. 乙故意破坏旅游景点的缆车的关键设备，致数名游客从空中摔下。乙构成破坏交通设施罪

C. 丙吸毒后驾车将行人撞成重伤（负主要责任），但毫无觉察，驾车离去。丙构成交通肇事罪

D. 丁被空姐告知"不得打开安全门"，仍拧开安全门，致飞机不能正点起飞。丁构成破坏交通工具罪

【解析】A选项，《刑法》第129条规定的丢失枪支不报罪的主体是"依法配备公务用枪的人员"。本选项中猎户属于"依法配置枪支的人员"，不属于"依法配备公务用枪的人员"，不能构成丢失枪支不报罪。本选项说法错误。

B选项，旅游景点的缆车可被解释进"电车"之中，缆车的关键设备属于"电车"的部件，不属于"交通设施"，不构成破坏交通设施罪，而是构成破坏交通工具罪，本选项说法错误。

C选项，根据《最高人民法院关于审理交通肇事刑事案件具体应用法律若干问题的解释》（法释〔2000〕33号）第2条第2款第1项："交通肇事致一人以上重伤，负事故全部或者主要责任，并具有下列情形之一的，以交通肇事罪定罪处罚：（一）酒后、吸食毒品后驾驶机动车辆的。"本选项说法正确。

D选项，（1）破坏交通工具罪中的"破坏"指功能性破坏，即破坏功能造成倾覆、毁坏危险。本选项案情是"打开安全门"，没有对飞机功能进行"破坏"，不构成破坏交通工具罪。（2）如果是故意在空中强行拧开，造成具体公共安全的危险，可以构成以危险方法危害公共安全罪。（3）如果不会致人死亡，没有造成具体公共安全的危险，仅仅只是"致飞机不能正点起飞"，不听劝止情节严重，可以适用第293条（寻衅滋事罪）"在公共场所起哄闹事，造成公共场所秩序严重混乱"。本选项说法错误。

---

[1]　C

专题十七　破坏社会主义市场经济秩序罪（分则第三章）

生产、销售伪劣产品罪	1. 售出 5 万是既遂，货值 15 万是未遂。2. 假药（行为犯）：标明成份不符。3. 劣药（结果犯）：成份含量不达标。未经批准进口的真药不再是假药。妨害药品管理罪。4. 有毒有害食品（行为犯）：加入禁用物质。5. 不符合安全标准的食品（危险犯）：相关物质不达标。6. 都触犯时择一重处
走私犯罪	走私行为：绕关、申报不实；保税、减税货物不补缴；向走私人收购（二道贩子），边境运输无证明。文物、贵重金属不让随便出口；废物不让随便进口。弹头弹壳可组装是弹药，不可组装是普物，还可是废物。走私多物都有故意，数罪；认识错误，主客观统一
假币犯罪	对象是国内或国外正在流通货币。伪造是全部做假，变造是部分有真，出售是当作商品（包括易物），使用是当作真币、投入流通（纯显摆属持有）。同宗假币定前行为，异宗数罪
信用卡诈骗罪	1. 盗窃、抢劫（真的、实体）信用卡并使用，定盗窃罪、抢劫罪。2. 其他（诈骗、捡拾、抢夺等）使用，定信用卡诈骗罪。3. 用假卡、冒用真卡（数字卡）、恶意透支。4. 信用卡指银行卡。5. 微信、支付宝、互联网上：冒用信用卡账号定信用卡诈骗；其他账号定盗窃、诈骗
集资诈骗罪	1. 符合四个条件（未经批准、公开宣传、承诺返本付息、社会公众），非法吸收公众存款罪。2. 对具有非法占有目的（7 种推定）的部分成立集资诈骗罪
贷款诈骗罪	1. 欺骗银行 + 重大损失 = 骗取贷款罪。2. 具有非法占有目的，构成贷款诈骗罪
票据诈骗罪	利用票据欺骗手段（假票、废票、冒用、无法承兑），来骗人（实行）以骗取财物
金融凭证诈骗罪；保险	1. 使用假存折、存单骗财，构成金融凭证诈骗罪。2. 使用真存折、存单骗财，普通诈骗。3. 保险诈骗罪是身份犯（投保人、被保险人、受益人）；数罪并罚要注意
知识产权罪	1. 侵犯著作权罪：计算机软件、赝品、表演；网络手段。2. "同一商标"包括极其近似。3. 商业秘密一手、二手都犯罪。4. 商业间谍：为境外窃取、刺探、收买、非法提供商业秘密罪
非法经营罪	1. 有四大类（专营专卖、证照批文、证券期货保险结算、其他）。2. "其他"有明文规定（金融、传媒、食品药品、博彩，四类 19 项）。3. 放高利贷：未经批准、营利目的、经常性、向社会不特定对象、放高利贷（年利息超 36%），构成非法经营罪
强迫交易罪	买卖商品、提供服务（借贷）、投标拍卖、股份债权，强迫退出，都是交易。价金悬殊是抢劫
合同诈骗罪	与诈骗罪、金融诈骗犯罪的法条竞合关系

考点一　生产、销售伪劣商品罪（分则第三章第一节）

1. 关于生产、销售伪劣商品罪，下列哪些选项是正确的？[1]（2016/2/57）

A. 甲既生产、销售劣药，对人体健康造成严重危害，同时又生产、销售假药的，应实行数罪并罚

B. 乙为提高猪肉的瘦肉率，在饲料中添加"瘦肉精"。由于生猪本身不是食品，故乙不构成生产有毒、有害食品罪

C. 丙销售不符合安全标准的饼干，足以造成严重食物中毒事故，但销售金额仅有500元。对丙应以销售不符合安全标准的食品罪论处

D. 丁明知香肠不符合安全标准，足以造成严重食源性疾患，但误以为没有毒害而销售，事实上香肠中掺有有毒的非食品原料。对丁应以销售不符合安全标准的食品罪论处

【解析】A选项，尽管生产、销售劣药罪（现罪名为：生产、销售、提供劣药罪）与生产、销售假药罪（现罪名为：生产、销售、提供假药罪）之间是低度罪名与高度罪名的关系。但两行为触犯两罪，当然应当数罪并罚。

B选项，《最高人民法院、最高人民检察院关于办理危害食品安全刑事案件适用法律若干问题的解释》第11条第2款，"在食用农产品种植、养殖、销售、运输、贮存等过程中，使用禁用农药、食品动物中禁止使用的药品及其他化合物等有毒、有害的非食品原料，适用前款的规定定罪处罚。"养殖生猪是生产食品。

C选项，销售不符合安全标准的食品罪是危险犯，本选项具有"足以造成严重食物中毒事故"的危险，构成该罪；但销售金额未达5万元、货值金额未达15万元，不构成生产、销售伪劣产品罪。

D选项，客观上销售了有毒食品，主观上具有销售不符合安全标准食品的故意，客观不法主观责任统一于销售不符合安全标准的食品罪。

2. 关于生产、销售伪劣商品罪，下列哪些判决是正确的？[2]（2014/2/58）

A. 甲销售的假药无批准文号，但颇有疗效，销售金额达500万元，如按销售假药罪处理会导致处罚较轻，法院以销售伪劣产品罪定罪处罚

B. 甲明知病死猪肉有害，仍将大量收购的病死猪肉，冒充合格猪肉在市场上销售。法院以销售有毒、有害食品罪定罪处罚

C. 甲明知贮存的苹果上使用了禁用农药，仍将苹果批发给零售商。法院以销售有毒、有害食品罪定罪处罚

D. 甲以为是劣药而销售，但实际上销售了假药，且对人体健康造成严重危害。法院以销售劣药罪定罪处罚

【解析】A选项，（1）关于无批准文号的药品但是有疗效的药品是否属于"假药"的问题。自2019年12月1日起施行的新《药品管理法》第98条第1款，不再将"未取得药品批准证明文件生产、进口药品"列为"假药"，仅规定禁止此类行为（以"陆勇案"为代表）。（2）尽管《刑法修正案（十一）》增设了妨害药品管理罪（第142条之一），其中包含未取得药品相关批准证明文件生产、进口药品或者明知是上述药品而销售的行为，但构成该罪需足以

---

[1]　ACD　[2]　CD（考试当年正确答案为ACD）

严重危害人体健康的具体危险。（3）本选项甲的药品颇有疗效，不构成销售假药罪、妨害药品管理罪。（4）虽销售金额超过 5 万，但有疗效的药品也不属"伪劣产品"，故也无法触犯销售伪劣产品罪。故 A 选项错误。（5）根据原《最高人民法院、最高人民检察院关于办理危害药品安全刑事案件适用法律若干问题的解释》第 7 条，现国务院办公厅《法律、行政法规、国务院决定设定的行政许可事项清单》第 915 项，应以非法经营罪论处。（6）在考试当年，老《药品管理法》规定其是"假药"，当年 A 选项正确。

B 选项，根据《最高人民法院、最高人民检察院关于办理危害食品安全刑事案件适用法律若干问题的解释法释》第 1 条第 2 项，销售属于病死、死因不明或者检验检疫不合格的畜、禽、兽、水产动物及其肉类、肉类制品的，构成销售不符合食品安全标准的食品罪，不构成销售有毒、有害食品罪定罪处罚。B 选项错误。

C 选项，根据前述解释第 11 条第 2 款："在食用农产品种植、养殖、销售、运输、贮存等过程中，使用禁用农药、食品动物中禁止使用的药及其他化合物等有毒、有害的非食品原料，适用前款的规定定罪处罚。"C 选项正确。

D 选项，考查事实认识错误。客观上实施了销售假药行为，主观上具有销售劣药罪的故意；客观主观相统一，销售假药行为可评价为销售最劣的劣药的行为，统一为销售劣药罪；该罪系结果犯，本案情形造成严重危害，可构成该罪。D 选项正确。

3. 关于生产、销售伪劣商品罪，下列哪些选项是正确的？[1]（2013/2/58）

A. 甲未经批准进口一批药品销售给医院。虽该药品质量合格，甲的行为仍构成销售假药罪

B. 甲大量使用禁用农药种植大豆。甲的行为属于"在生产的食品中掺入有毒、有害的非食品原料"，构成生产有毒、有害食品罪

C. 甲将纯净水掺入到工业酒精中，冒充白酒销售。甲的行为不属于"在生产、销售的食品中掺入有毒、有害的非食品原料"，不成立生产、销售有毒、有害食品罪

D. 甲利用"地沟油"大量生产"食用油"后销售。因不能查明"地沟油"的具体毒害成份，对甲的行为不能以生产、销售有毒、有害食品罪论处

【解析】A 选项，（1）自 2019 年 12 月 1 日起施行的新《药品管理法》第 98 条第 1 款，不再将"未取得药品批准证明文件生产、进口药品"列为"假药"，仅规定禁止此类行为。因质量合格，没有具体危险，也不能触犯妨害药品管理罪。可构成非法经营罪。（2）在考试当年，根据原《药品管理法》第 48 条第 2 项：有下列情形之一的，为假药："依照本法必须批准而未经批准生产、进口，或者依照本法必须检验而未经检验即销售的。"

B 选项，《最高人民法院、最高人民检察院关于办理危害食品安全刑事案件适用法律若干问题的解释》（2013 年 5 月 4 日）第 9 条第 2 款：在食用农产品种植、养殖、销售、运输、贮存等过程中，使用禁用农药、兽药等禁用物质或者其他有毒、有害物质的，适用前款的规定（生产、销售有毒、有害食品罪）定罪处罚。

C 选项，将纯净水掺入到工业酒精中冒充白酒销售的行为，属于利用有毒、有害非食品原料生产、制造食品，当然成立生产、销售有毒、有害食品罪。

D 选项，《最高人民法院、最高人民检察院、公安部关于依法严惩地沟油犯罪活动的通知》（2012 年 1 月 9 日）："地沟油"犯罪，是指用餐厨垃圾、废弃油脂、各类肉及肉制品加工废弃物等非食品原料，生产、加工"食用油"，以及明知是利用"地沟油"生产、加工的油脂而作

---

[1]　B（考试当年的正确答案为 AB）

为食用油销售的行为。对于利用"地沟油"生产"食用油"的，依照《刑法》第 144 条生产有毒、有害食品罪的规定追究刑事责任。

4. 刘某未经批准、未取得药品进出口许可证，擅自从国外购入可以治疗丙型肝炎的药品（在国外属于合格药品），在销售给国内患者，获利 30 余万元；患者使用后均有明显好转。关于刘某行为的性质，以下说法正确的是？[1]（2023/客 A/卷一/仿 11）

A. 构成销售假药罪 　　　　　　　B. 构成妨害药品管理罪
C. 构成非法经营罪 　　　　　　　D. 不构成犯罪

【解析】 本题考点：药品犯罪。

（1）关于未经批准而进口的药品是否属于"假药"的问题。自 2019 年 12 月 1 日起施行的新《药品管理法》第 98 条第一款，不再将"未取得药品批准证明文件生产、进口药品"列为"假药"，但规定禁止此类行为（以"陆勇案"为代表）。故不构成销售假药罪。

（2）尽管《刑法修正案（十一）》增设了妨害药品管理罪（第 142 条之一），其中包含未取得药品相关批准证明文件生产、进口药品或者明知是上述药品而销售的行为，但构成该罪需足以严重危害人体健康的具体危险。本选项中药品具有疗效，不构成妨害药品管理罪。

（3）虽获利金额 30 万，销售金额显然超过 5 万，但有疗效的药品也不属"伪劣产品"，故也无法触犯销售伪劣产品罪。

（4）根据原《最高人民法院、最高人民检察院关于办理危害药品安全刑事案件适用法律若干问题的解释》（法释〔2014〕14 号）第 7 条，未取得经营许可证，非法经营药品的，应以非法经营罪论处。在该解释修正后，虽删除了该明文规定，但根据国务院办公厅《法律、行政法规、国务院决定设定的行政许可事项清单（2023 年版）》第 915 项，经营药品仍属法律、法规的行政许可事项，本选项仍然符合刑法第 225 条第一款第一项"未经许可……"，可构成非法经营罪。

（5）当然，本案如果走私进口时未缴关税超过数额，但可以构成走私普通货物、物品罪。

5. 刘某专营散酒收售，农村小卖部为其供应对象。刘某从他人处得知某村办酒厂生产的散酒价格低廉，虽掺有少量有毒物质，但不会致命，遂大量购进并转销给多家小卖部出售，结果致许多饮者中毒甚至双眼失明。下列哪些选项是正确的？[2]（2009/2/56）

A. 造成饮用者中毒的直接责任人是某村办酒厂，应以生产和销售有毒、有害食品罪追究其刑事责任；刘某不清楚酒的有毒成份，可不负刑事责任

B. 对刘某应当以生产和销售有毒、有害食品罪追究刑事责任

C. 应当对构成犯罪者并处罚金或没收财产

D. 村办酒厂和刘某构成共同犯罪

【解析】（1）刘某客观上实施了销售有毒食品的行为；在主观上知道"酒中掺有少量有毒物质，但不会致命"，对于对象是有毒有害食品具有认识（即使误将有毒食品认作有害食品，亦属具体错误），具有销售有毒食品的故意。生产、销售有毒、有害食品罪的故意方面只要求行为人认识到食品中掺有有毒、有害物质即可，对于伤亡结果的过失不影响生产、销售有毒、有害食品罪故意的成立。可构成销售有毒食品罪。该罪中包容了过失致人重伤、过失以危险方法危害公共安全的内容。故选项 A 错误，选项 B 正确。

（2）选项 C，根据《刑法》第 144 条的规定，生产、销售有毒、有害食品，对人体健康造成特别严重危害的，按第 141 条处罚；第 141 条规定，对人体健康造成特别严重危害的，处十

_____

〔1〕 C 　〔2〕 BC

年……，并处……罚金或没收财产。根据《最高人民法院、最高人民检察院关于办理生产、销售伪劣商品刑事案件具体应用法律若干问题的解释》第5条，致人严重残疾就认为是"特别严重危害"。故选项C是正确的。

（3）村办酒厂构成生产、销售有毒、有害食品罪，系单位犯罪。刘某、村办酒厂分别构成生产、销售环节中一环，他们没有共同的生产、销售行为，而只有各自独立的生产、销售行为，没有共同行为即不能成立共同犯罪，为同时犯。故选项D错误。

（4）本题的选项C貌似涉及"死记硬背"的内容，好像具有一定的难度，但是，从做题技巧上看，如能认定选项D错误，而本题又是多选项至少有二个以上选项符合题意，即使记不住法条具体内容，选中选项C几乎是必然的。

6. 杨某生产假冒避孕药品，其成份为面粉和白糖的混合物，货值金额达15万多元，尚未销售即被查获。关于杨某的行为，下列哪一选项是正确的？[1]（2010/2/15）

A. 不构成犯罪

B. 以生产、销售伪劣产品罪（未遂）定罪处罚

C. 以生产、销售伪劣产品罪（既遂）定罪处罚

D. 触犯生产假药罪与生产、销售伪劣产品罪（未遂），依照处罚较重的规定定罪处罚

【解析】（1）对于用面粉和白糖生产假冒避孕药品的行为，由于药品所含成份与国家药品标准规定的成份不符，构成假药，构成生产、销售假药罪。（2）对于伪劣产品尚未销售、货值金额达15万多元的行为，根据《最高人民法院、最高人民检察院关于办理生产、销售伪劣商品刑事案件具体应用法律若干问题的解释》第2条第2款的规定，以生产、销售伪劣产品罪（未遂）定罪处罚。（3）对于生产假药罪与生产、销售伪劣产品罪（未遂）的法条竞合的处理，根据《刑法》第149条第2款的规定，依照处罚较重的规定定罪处罚。

7. 关于药品犯罪的认定，下列选项说法正确的是[2]（2021/客/卷一/8 仿）

A. 生产、销售、提供假药罪是抽象危险犯，生产、销售、提供劣药罪是具体危险犯

B. 擅自进口药品在国内销售，不能构成销售假药罪，但可能构成妨害药品管理罪

C. 生产、销售国务院药品监督管理部禁止使用药品的，构成生产、销售假药罪

D. 药品使用单位的人员销售、提供假药给他人的，构成销售、提供假药罪

【解析】本题考查药品犯罪，特别是《刑法修正案（十一）》的修正。

选项A，根据《刑法》第141条，生产、销售、提供假药罪是抽象危险犯；142条，生产、销售、提供劣药罪是结果犯。

选项B，擅自进口的药品不属于假药，不构成销售假药罪；根据《刑法》第142条之一第2项，未取得药品相关批准证明文件生产、进口药品或者明知是上述药品而销售，足以严重危害人体健康的，构成妨害药品管理罪。

选项C，国务院药品监督管理部禁止使用药品不属于假药，不构成生产、销售假药罪；但如足以严重危害人体健康的，构成妨害药品管理罪。

选项D，任何人销售假药，构成销售假药罪；根据《刑法》第141条第2款，药品使用单位的人员明知是假药而提供给他人使用，成立提供假药罪。该罪系选择罪名，同时实施两个行为，构成销售、提供假药罪。

8. 甲、乙二人合谋，甲制作假药，乙负责假冒医生，欺骗患者购买该假药，并使用该假药为病人注射。后经调查发现，此假药足以危害人体健康致人重伤。对于甲、乙二人的行为，

---

[1]　D　[2]　BD

说法正确的是?[1](2019/客/卷一/21仿)

A. 诈骗罪与非法行医罪的想象竞合

B. 生产假药罪与销售假药罪数罪并罚

C. 诈骗罪与生产、销售假药罪（现罪名为：生产、销售、提供假药罪）数罪并罚

D. 非法行医罪与生产、销售假药罪（现罪名为：生产、销售、提供假药罪）想象竞合

【解析】甲、乙系共同犯罪，对于生产、销售假药、假冒医生卖药均有共同行为、共同故意，故而当作一个整体认定即可。

1. 在触犯罪名上：甲、乙二人生产、销售假药，根据《刑法》第141条，触犯生产、销售假药罪。

2. 以假充真，如销售金额达到5万元以上，根据《刑法》第140条，还有可能触犯生产、销售伪劣产品罪。本选项没有写明具体销售金额，故不考虑此罪名。

3. 冒充真药、冒充医生卖药，诈骗他人财物，根据《刑法》第266条，触犯诈骗罪。

4. 未取得医生执业资格的人非法行医给人诊疗、注射，根据《刑法》第336条，触犯非法行医罪。

5. 在罪数上：

（1）生产、销售、提供假药罪与诈骗罪是整体法与部分法的法条竞合关系，以生产、销售假药罪一罪论处。

（2）生产、销售、提供假药罪与非法行医罪，根据《最高人民法院、最高人民检察院关于办理危害药品安全刑事案件适用法律若干问题的解释》（高检发释字〔2022〕1号）第11条，"以提供给他人生产、销售、提供药品为目的，违反国家规定，生产、销售不符合药用要求的原料、辅料，符合《刑法》第一百四十条规定的，以生产、销售伪劣产品罪从重处罚；同时构成其他犯罪的，依照处罚较重的规定定罪处罚。"故而，系想象竞合，应当择一重处。

9. 名医乙与甲的妻子有染，被甲发现，甲以揭发此事要挟，逼迫乙用红糖混合面粉制作"灵丹妙药"中药，每味3000元，假充真药销售给富商，二人分钱。关于甲、乙的行为，说法正确的有[2](2019/客/卷一/22仿)

A. 乙构成诈骗罪、生产、销售假药罪，系想象竞合

B. 乙应以生产、销售假药罪论处

C. 甲构成敲诈勒索罪

D. 甲系间接正犯

【解析】（一）对于乙

1. 生产、销售假药，根据《刑法》第141条，触犯生产、销售假药罪。

2. 使用假药骗取他人财物，根据《刑法》第266条，触犯诈骗罪。

3. 乙虽受到甲的要挟，但仍有其他合法避险方法，不符合"不得已"条件，不构成紧急避险。虽受到胁迫，但属于主犯，不构成胁从犯。主观上有故意，也不属于欠缺期待可能，具有责任。仍触犯生产、销售、提供假药罪、诈骗罪。

4. 在罪数上，系整体法与部分法的法条竞合，以生产、销售假药罪一罪论处。

（二）对于甲

1. 敲诈勒索罪的对象是财物，本案中甲是要挟乙实施某行为，不构成敲诈勒索罪。

2. 由于乙有意志自由，甲对乙不构成支配关系，不构成间接正犯。

---

[1] D [2] B

3. 触犯生产、销售、提供假药罪的教唆犯、诈骗罪的教唆犯，系法条竞合，应以整体法生产、销售、提供假药罪的教唆犯一罪论处。

考点二 走私罪（分则第三章第二节）

1. 下列哪些行为（不考虑数量），应以走私普通货物、物品罪论处?[1]（2015/2/61）

A. 将白银从境外走私进入中国境内

B. 走私国家禁止进出口的旧机动车

C. 走私淫秽物品，有传播目的但无牟利目的

D. 走私无法组装并使用（不属于废物）的弹头、弹壳

【解析】本题考查走私普通货物、物品罪，以及走私犯罪的司法解释。

A选项，未经批准，走私贵重金属出境，才构成走私贵重金属罪；走私入境偷逃关税的，构成走私普通货物、物品罪。

B选项，走私国家禁止进出口的旧机动车，构成走私国家禁止进出口的货物、物品罪。

C选项，走私淫秽物品，有传播目的或者牟利目的的，构成走私淫秽物品罪。两目的只需择一即可，无需两者兼具。

D选项，无法组装并使用（不属于废物）的弹头、弹壳，根据《最高人民法院、最高人民检察院关于办理走私刑事案件适用法律若干问题的解释（2014）》第4条第2款"走私报废或者无法组装并使用的各种弹药的弹头、弹壳，构成犯罪的，依照《刑法》第一百五十三条的规定，以走私普通货物、物品罪定罪处罚"，系普通货物、物品；走私其偷逃关税的，构成走私普通货物、物品罪。

2. 关于走私犯罪，下列哪一选项是正确的?[2]（2011/2/11）

A. 甲误将淫秽光盘当作普通光盘走私入境。虽不构成走私淫秽物品罪，但如按照普通光盘计算，其偷逃应缴税额较大时，应认定为走私普通货物、物品罪

B. 乙走私大量弹头、弹壳。由于弹头、弹壳不等于弹药，故乙不成立走私弹药罪

C. 丙走私枪支入境后非法出卖。此情形属于吸收犯，按重罪吸收轻罪的原则论处

D. 丁走私武器时以暴力抗拒缉私。此情形属于牵连犯，从一重罪论处

【解析】本题是对走私犯罪的综合考查，不仅涉及司法解释的规定（选项B、选项D），而且涉及刑法总论知识的结合（选项C），以及本节走私犯罪之间的关系（选项A），具有相当的难度。

A选项，考查认识错误。因行为人客观上实施了走私淫秽物品的行为，主观上未认识到对象为淫秽光盘，没有走私淫秽物品的故意，不构成走私淫秽物品罪。但淫秽物品与普通货物、物品是特别与一般的关系，行为人客观上实施了走私淫秽物品的行为，主观上有走私普通货物、物品的故意，如偷逃应缴税额较大的，客观主观相统一可统一于走私普通货物、物品罪。

B选项，《最高人民法院、最高人民检察院关于办理走私刑事案件适用法律若干问题的解释（2014）》第4条（原为《最高人民法院关于审理走私刑事案件具体应用法律若干问题的解释（二）》第2条）规定，走私各种弹药的弹头、弹壳，构成犯罪的，以走私弹药罪定罪处罚。走私报废或者无法组装并使用的各种弹药的弹头、弹壳，构成犯罪的，依照《刑法》第

---

[1]　AD　[2]　A

一百五十三条的规定，以走私普通货物、物品罪定罪处罚；属于废物的，依照《刑法》第一百五十二条第 2 款的规定，以走私废物罪定罪处罚。

C 选项，走私枪支入境后非法出卖，两行为分别触犯走私枪支罪、非法买卖枪支罪，两行为并非必经阶段、必然结果的关系，不构成吸收犯。并且，两个行为构成两罪，分别造成不同结果、侵害不同法益（海关秩序、国家安全），应当数罪并罚。

D 选项，应当数罪并罚。根据第 157 条第 2 款，以暴力、威胁方法抗拒缉私的，以走私罪和本法第 277 条规定的阻碍国家机关工作人员依法执行职务罪（妨害公务罪），依照数罪并罚的规定处罚。

3. 甲欲图走私国家禁止进口货物，骗乙说是普通货物。乙误信为真，于是帮忙运输入境（按照普通货物计也达到定罪标准）。关于乙的行为，下列选项说法正确的是？[1]（2023/客 B/卷一/仿 11）

A. 乙构成走私国家禁止进出口的货物、物品罪未遂和走私普通货物、物品罪未遂

B. 无论根据法定符合说还是具体符合说，乙所构成的走私国家禁止进出口的货物、物品罪的犯罪形态都是未遂

C. 根据具体符合说，乙的行为构成走私普通货物罪未遂

D. 根据法定符合说，乙的行为构成走私普通货物罪既遂

【解析】本题考点：走私类犯罪，共同犯罪，认识错误，具体符合说，法定符合说

（一）对于正犯乙

1. 客观上实施了走私国家禁止进出口的货物、物品的行为；主观上具有走私普通货物、物品罪的故意。

2. 由于在解释论层面上，"国家禁止进出口的货物、物品"可以被解释为"特殊的普通货物、物品"。因此，无论根据法定符合说还是具体符合说，只要行为人主观上认识到了走私的对象是"（普通）货物、物品"，主观上均具有走私普通货物、物品罪的故意。而客观上对象"国家禁止进出口的货物、物品"，均系走私普通货物、物品罪故意范围内的对象，对此物品当然具有走私普通货物、物品罪的故意。

3. 而对于"国家禁止进出口的货物、物品"，行为人主观上没有认识，最多仅有疏忽大意的过失。

4. 从而，客观走私国家禁止进出口的货物、物品的行为 + 主观上走私普通货物、物品罪的故意 = 走私普通货物、物品罪既遂。选项 C 错误，选项 D 正确。

5. 客观走私国家禁止进出口的货物、物品的行为 + 主观上走私国家禁止进出口的货物、物品的过失 = 不构成走私国家禁止进出口的货物、物品罪。选项 A、B 错误。

4. 关于破坏社会主义市场经济秩序犯罪，以下说法正确的有？[2]（2018/客/卷一/16 仿）

A. 甲生产伪劣产品意图销售，已经生产出成品，但尚未售出即被查获，货值金额达到 30 万元。则甲构成生产伪劣产品罪，系犯罪既遂

B. 乙未经批准，走私废物入境，同时偷逃关税 100 万元，则乙构成走私废物罪、走私普通货物、物品罪，应当数罪并罚

C. 丙从境外走私黄金入境，偷逃关税 20 万元。则丙不构成走私贵重金属罪，但可构成走私普通货物、物品罪

D. 丁非法集资 1000 万元，携款 100 万元潜逃，则对丁应以非法吸收公众存款罪、集资诈

---

[1] D　[2] CD

骗罪两罪并罚

【解析】 A选项,《最高人民法院、最高人民检察院关于办理生产、销售伪劣商品刑事案件具体应用法律若干问题的解释》第2条第2款,伪劣产品尚未销售,货值金额达到《刑法》第140条规定的销售金额三倍(即15万元)以上的,以生产、销售伪劣产品罪(未遂)定罪处罚。本选项应认定为生产、销售伪劣产品罪(未遂)。

B选项,《最高人民法院、最高人民检察院关于办理走私刑事案件适用法律若干问题的解释》第21条:未经许可进出口国家限制进出口的货物、物品,构成犯罪的,以走私国家禁止进出口的货物、物品罪等罪名定罪处罚;偷逃应缴税额,同时又构成走私普通货物、物品罪的,依照处罚较重的规定定罪处罚。本选项应当择一重处,而不应数罪并罚。

C选项,根据《刑法》第151条第2款,走私国家禁止出口的黄金、白银和其他贵重金属,亦即未经批准走私黄金出境,才可构成走私贵重金属罪。本选项是走私入境,不能构成该罪。但是,走私贵重金属入境,偷逃关税数额较大的,可触犯第153条,构成走私普通货物、物品罪。

D选项,根据《最高人民法院关于审理非法集资刑事案件具体应用法律若干问题的解释》第7条第2款第3项,携带集资款逃匿的,可以认定为"以非法占有为目的",对该数额构成集资诈骗罪。其他数额,如符合非法吸收公众存款罪,应当两罪并罚。

5. 黄某、王某二人从境外走私入境假币150余万元。运载假币的渔船刚一到岸,即被海关缉私人员发现。黄某、王某手持铁棍、匕首将缉私人员打成重伤后携带假币逃走。对黄某、王某的犯罪行为应以哪些犯罪论处?[1](2002/2/47)

A. 走私假币罪 B. 运输假币罪 C. 故意伤害罪 D. 妨害公务罪

【解析】 (1)依据《刑法》第151条第1款的规定,黄、王二人走私假币入境,而非在境内运输,构成走私假币罪,而不构成运输假币罪(运输假币指在境内运输)。(2)黄、王二人妨害公务时将缉私人员打成重伤。妨害公务时致人重伤,触犯妨害公务罪和故意伤害罪(重伤),是想象竞合犯,择一重罪处断,认定为故意伤害罪(重伤),不宣告为妨害公务罪(如为轻伤,竞合的结果是妨害公务罪)。故应以走私假币罪和故意伤害罪(重伤)两罪并罚。(3)如果黄、王二人仅触犯妨害公务罪,则应根据《刑法》第157条第2款,以走私犯罪和妨害公务罪并罚。本题案情不是这样。

6. 甲系外贸公司总经理,在公司会议上拍板:为物尽其用,将公司以来料加工方式申报进口的原材料剩料在境内销售。该行为未经海关许可,应缴税款90万元,公司亦未补缴。关于本案,下列哪一选项是正确的?[2](2017/2/13)

A. 虽未经海关许可,但外贸公司擅自销售原材料剩料的行为发生在我国境内,不属于走私行为

B. 外贸公司的销售行为有利于物尽其用,从利益衡量出发,应认定存在超法规的犯罪排除事由

C. 外贸公司采取隐瞒手段不进行纳税申报,逃避缴纳税款数额较大且占应纳税额的10%以上,构成逃税罪

D. 如海关下达补缴通知后,外贸公司补缴应纳税款,缴纳滞纳金,接受行政处罚,则不再追究外贸公司的刑事责任

【解析】 A选项,考查变相走私。根据《刑法》第154条第1项的规定"未经海关许可并

---

[1] AC [2] C

且未补缴应缴税额，擅自将批准进口的来料加工、来件装配、补偿贸易的原材料、零件、制成品、设备等保税货物，在境内销售牟利的"，属走私普通货物、物品的行为。偷逃应缴税额在十万元以上，可构成（触犯）走私普通货物、物品罪论处。本选项说法错误。

B 选项，销售行为侵害国家税收（包括关税）制度、不缴纳税款，仍然构成犯罪。本选项说法错误。

C 选项，考查逃税罪。根据《刑法》第 201 条，"纳税人采取欺骗、隐瞒手段进行虚假纳税申报或者不申报，逃避缴纳税款数额较大并且占应纳税额百分之十以上的"，可构成（触犯）逃税罪。本选项说法正确。

D 选项，考查走私犯罪、逃税罪之间的关系。（1）就走私行为、逃税行为之间的关系而言，走私行为是偷逃特别的国家税款即关税的行为，故而走私行为是特别的逃税行为。如果案件既触犯走私犯罪，又触犯逃税罪，则属特别法与一般法的法条竞合关系，应以特别法走私犯罪论处。（2）根据《刑法》第 201 条（逃税罪）第 4 款，纳税人"经税务机关依法下达追缴通知后，补缴应纳税款，缴纳滞纳金，已受行政处罚的，不予追究刑事责任……"。但是，《刑法》第 153 条（走私普通货物、物品罪）无此规定。故而，本选项所述案情，不能触犯逃税罪，只能触犯走私普通货物、物品罪，故不属法条竞合的情形，仅以走私普通货物、物品罪论处。本选项说法错误。

注意，在做本题时应当注意走私犯罪、逃税罪之间的关系法条竞合；另外，本题选项中的"构成"是"触犯"的意思。因此，选项 A 与选项 C 并不矛盾。

考点三　妨害对公司、企业的管理秩序罪（分则第三章第三节）

1. 国有化工厂副厂长乙（为国家工作人员）利用职务之便，长期以明显高于市场的价格向其远房亲戚戊经营的原料公司采购商品，使化工厂损失近 300 万元。戊为了使乙长期关照原料公司，让乙的妻子丁未出资却享有原料公司 10% 的股份（乙、丁均知情），虽未进行股权转让登记，但已分给红利 58 万元，每次分红都是丁去原料公司领取现金。

［问题］乙构成何罪？（2014/4/2 部分）

【解析】（1）乙长期以明显高于市场的价格向其远房亲戚戊经营的原料公司采购商品，使化工厂损失近 300 万元的行为，根据《刑法》第 166 条，构成为亲友非法牟利罪。为亲友非法牟利罪，指国有公司、企业、事业单位的工作人员，利用职务便利背信经营，在经营本单位业务时为亲友非法牟利，使国家利益遭受重大损失的行为。（2）乙以妻子丁的名义在原料公司享有 10% 的股份分得红利 58 万元的行为，系国家工作人员收受他人财物，为他人谋取利益，根据《最高人民法院、最高人民检察院关于办理受贿刑事案件适用法律若干问题的意见》，属于收受干股，符合受贿罪的构成要件，成立受贿罪。（3）应该数罪并罚。

2. 国有 A 公司总经理甲发现 A 公司将从 B 公司购进的货物转手卖给某公司时，A 公司即可赚取 300 万元。甲便让其妻乙注册成立 C 公司，并利用其特殊身份，让 B 公司与 A 公司解除合同后，再将货物卖给 C 公司。C 公司由此获得 300 万元利润。关于甲的行为定性，下列哪一选项是正确的？[1]（2013/2/20）

A. 贪污罪　　　　　　　　　　　　B. 为亲友非法牟利罪

---

[1]　A

C. 诈骗罪　　　　　　　　　　　　D. 非法经营同类营业罪

【解析】本题主要对为亲友非法牟利罪、非法经营同类营业罪、贪污罪、诈骗罪的构成要件进行考查。核心考查贪污罪的对象、为亲友非法牟利罪与贪污罪的区分。在做题技巧上，用排除法能够很快得出正确答案。

（1）甲并未实施欺骗行为骗取他人信任转移交付，不构成诈骗罪，首先排除选项 C。

（2）非法经营同类营业罪，指国有公司、企业的董事、经理利用职务便利，自己经营或者为他人经营与其所任职公司、企业同类的营业，获取非法利益，数额巨大的行为。本案中，C 公司与 A 公司并未竞业经营，不构成非法经营同类营业罪。排除选项 D。

（3）本案的实质，是甲利用职权，将本归 A 公司所有 300 万元预期利润，转移至本质系本人控制的 C 公司。犯罪对象可认为是 300 万元的财产性利益，可成为贪污罪的对象。系利用职务便利侵吞本单位财产性利益的行为，根据《刑法》第 382 条，触犯贪污罪。

（4）为亲友非法牟利罪与贪污罪的主要区分在于，前者是将利益给"亲友"，后者是将利益给自己。本案是将利益给了以妻子名义的公司，实质是非法据为己有，不构成为亲友非法牟利罪。

（5）甲利用职权故意放弃预期收益，滥用职权，造成国有公司、企业破产或者严重损失，致使国家利益遭受重大损失，根据《刑法》第 168 条，还可触犯国有公司人员滥用职权罪。

（6）在罪数上，比照《刑法》第 397 条第 2 款最后一句"本法另有规定的，依照规定"，应当认为贪污罪与国有公司人员滥用职权罪之间，是特别法与一般法的法条竞合关系，应以特别法贪污罪论处。本题案情，与 2013/2/13 不同。

考点四　破坏金融管理秩序罪（分则第三章第四节）

一、假币犯罪

1. 关于货币犯罪的认定，下列哪些选项是正确的？[1]（2011/2/59）

A. 以使用为目的，大量印制停止流通的第三版人民币的，不成立伪造货币罪

B. 伪造正在流通但在我国尚无法兑换的境外货币的，成立伪造货币罪

C. 将白纸冒充假币卖给他人的，构成诈骗罪，不成立出售假币罪

D. 将一半真币与一半假币拼接，制造大量半真半假面额 100 元纸币的，成立变造货币罪

【解析】本题主要是对假币犯罪司法解释的考查。

A 选项，"货币"指正在流通或可兑换的货币，停止流通的第三版人民币不属"货币"，不成立伪造货币罪。《最高人民法院关于审理伪造货币等案件具体应用法律若干问题的解释（二）》第 5 条：以使用为目的，伪造停止流通的货币，或者使用伪造的停止流通的货币的，以诈骗罪定罪处罚。

B 选项，"货币"指正在流通"或"可兑换的货币，正在境外流通的境外货币包括在内，不论其在境内可否兑换。《最高人民法院关于审理伪造货币等案件具体应用法律若干问题的解释（二）》第 3 条：以正在流通的境外货币为对象的假币犯罪，构成假币犯罪。

C 选项，白纸冒充假币卖给他人的，在外观上不足以使一般人误认为是货币，不存在对应的真币，不属"假币"，不构成出售假币罪，可涉嫌诈骗罪等犯罪。

〔1〕　ABC

D 选项,《最高人民法院关于审理伪造货币等案件具体应用法律若干问题的解释(二)》第 2 条:同时采用伪造和变造手段,制造真伪拼凑货币的行为,依照《刑法》第一百七十条的规定,以伪造货币罪定罪处罚。

2. 关于货币犯罪,下列哪一选项是错误的?[1] (2013/2/14)

A. 伪造货币罪中的"货币",包括在国内流通的人民币、在国内可兑换的境外货币,以及正在流通的境外货币

B. 根据刑法规定,伪造货币并出售或者运输伪造的货币的,依照伪造货币罪从重处罚。据此,行为人伪造美元,并运输他人伪造的欧元的,应按伪造货币罪从重处罚

C. 将低额美元的纸币加工成高额英镑的纸币的,属于伪造货币

D. 对人民币真币加工处理,使 100 元面额变为 50 元面额的,属于变造货币

【解析】A 选项,《最高人民法院关于审理伪造货币等案件具体应用法律若干问题的解释》第 7 条:本解释所称"货币"是指可在国内市场流通或者兑换的人民币和境外货币;《最高人民法院关于审理伪造货币等案件具体应用法律若干问题的解释(二)》第 3 条:以正在流通的境外货币为对象的假币犯罪,构成假币犯罪。

B 选项,见《全国法院审理金融犯罪案件工作座谈会纪要》(2001),伪造货币,但又出售、运输、走私、使用不是自己伪造的那宗货币的,定数罪。

C 选项,利用不同币种,未保留原货币的符号的,不是变造,而是伪造。

D 选项,利用同种币种,保留原货币的符号的,属变造。

3. 关于货币犯罪,下列哪一选项是正确的?[2] (2010/2/13)

A. 以货币碎片为材料,加入其他纸张,制作成假币的,属于变造货币

B. 将金属货币熔化后,制作成较薄的、更多的金属货币的,属于变造货币

C. 将伪造的货币赠与他人的,属于使用假币

D. 运输假币并使用假币的,按运输假币罪从重处罚

【解析】A 选项、B 选项两选项考查变造货币罪中"变造"行为的理解,"变造"指"真上作假",亦即对真币采用挖补、剪贴、揭层、拼凑、涂改等方法进行加工处理,改变货币的真实形状、图案、面值或张数,增大票面面额或者增加票张数量。其实质需保留和利用真币的部分表征符号。选项 A 中利用真币碎片作为纸浆材料,选项 B 利用真币金属材质,并未利用真币表征符号,不属"变造"行为,不能构成变造货币罪。

C 选项,使用假币中的"使用",只需将假币置于流通领域,在真币能使用的地方使用假币,即可认为是使用假币,赠与假币也是将假币置于流通领域,构成使用假币罪。

D 选项,对于运输假币并使用假币行为的罪数认定,有两个司法解释进行了不同规定。(1)《最高人民法院关于审理伪造货币等案件具体应用法律若干问题的解释》(2000 年 9 月 14 日施行)第 2 条规定,行为人出售、运输假币构成犯罪,同时有使用假币行为的,实行数罪并罚。(2)《最高人民法院全国法院审理金融犯罪案件工作座谈会纪要》(2001 年 1 月 21 日施行)第 2 部分第 2 节第 2 条第 3 项规定,"对同一宗假币实施了刑法没有规定为选择性罪名的数个犯罪行为,择一重罪从重处罚。如伪造货币或者购买假币后使用的,以伪造货币罪或购买假币罪定罪,从重处罚。"按此规则,则运输并使用同一宗假币,应按运输假币罪或使用假币罪择一重罪从重处罚(运输假币罪是重罪)。第 4 项规定,"对不同宗假币实施了刑法没有规定为选择性罪名的数个犯罪行为,分别定罪,数罪并罚。"按此规则,则运输并使用不同宗假

---

[1] B [2] C

币，应数罪并罚。（3）如按新解释优于旧解释的原则，则依新解释"纪要"规定运输并使用同一宗假币时应按运输假币罪从重处罚，选项 D 有正确的一面。（4）如认为以"解释"命名的司法解释效力高于以"纪要"命名的司法解释，则依"解释"，选项 D 不正确。（5）由于法考大纲在必读法条中只列出了《最高人民法院关于审理伪造货币等案件具体应用法律若干问题的解释》，而未列出《最高人民法院全国法院审理金融犯罪案件工作座谈会纪要》，故考生一般均会轻松认定选项 D 不正确，并且由于本题为单选题，对于选出选项 C 不会有困扰。但从"追求真理"角度计，本题存在一定的争议。

4. 下列哪一行为不成立使用假币罪（不考虑数额）?[1]（2015/2/15）

A. 用假币缴纳罚款

B. 用假币兑换外币

C. 在朋友结婚时，将假币塞进红包送给朋友

D. 与网友见面时，显示假币以证明经济实力

【解析】本题考查使用假币罪。使用假币罪要求将假币投入流通领域，即有流通的可能。在使用表现形式上，真币能用于何处，假币就能用于何处。A、B、C 选项，用假币缴纳罚款、兑换外币、送礼，都是将假币投入流通领域，构成使用假币罪。D 选项，显示假币以证明经济实力，并未将假币投入流通领域，不构成使用假币罪，只构成持有假币罪。

5. 下列哪一行为可以构成使用假币罪?[2]（2006/2/12）

A. 甲用总面额 1 万元的假币参加赌博

B. 甲（系银行工作人员）利用职务上的便利，以伪造的货币换取货币

C. 甲在与他人签订经济合同时，为显示自己的经济实力，将总面额 20 万元的假币冒充真币出示给对方看

D. 甲用总面额 10 万元的假币换取高某的 1 万元真币

【解析】使用假币是指将假币当作真货币投入流通领域。

A 选项，将假币投入流通领域使用，既包括合法活动，也包括非法活动。

B 选项，根据《刑法》第 171 条第 2 款规定，构成金融工作人员以假币换取货币罪。

C 选项，使用假币作为证明自己信用的资本展示，由于没有将假币投入流通领域，不属使用假币。

D 选项，买卖双方均知是假币，并以一定比例售卖，构成出售假币罪。

6. 甲从 A 地购得面值 2 万元的假币，然后携带假币乘坐火车到 B 地。甲在车上与几个朋友赌博时被乘警发现，乘警按规定对甲处以罚款，甲欺骗乘警，以假币缴纳罚款，被乘警发现。甲的行为构成下列哪些罪?[3]（2003/2/34）

A. 购买、运输假币罪   B. 诈骗罪

C. 持有、使用假币罪   D. 赌博罪

【解析】（1）前一行为，购买并运输假币，根据《刑法》第 171 条（出售、购买、运输假币罪），触犯购买、运输假币罪。A 选项当选。

（2）后一行为以假币缴纳罚款，是将假币当作真币使用，是使用假币的行为；行为人还持有假币，根据《刑法》第 172 条（持有、使用假币罪），触犯持有、使用假币罪。C 选项当选。

（3）以假币缴纳罚款，虽有欺骗行为，但没有使乘警造成损失，不构成诈骗罪。故 B 选

项不选。当然，即使造成了损失构成诈骗罪，使用假币罪中本身就包容了欺骗情形，其与诈骗罪之间可谓存在整体法与部分法的法条竞合关系，不再单独定诈骗罪。

（4）构成赌博罪必须是以营利为目的，聚众赌博或者以赌博为常业，本案中行为人仅在火车上偶然进行一次赌博不构成赌博罪。故 D 项不当选。

（5）本题中的"构成"指"触犯"的意思（多选题，构成下列"哪些罪"）。因此选 AC。

（6）如果考虑罪数（购买、运输 + 持有、使用 = ?）。①持有假币罪是购买、运输假币罪的事后不可罚行为（或吸收犯），不再单独定罪（购买、运输 + 持有 = 购买、运输）。②《最高人民法院关于审理伪造货币等案件具体应用法律若干问题的解释》第 2 条规定：行为人购买假币后使用，构成犯罪的，以购买假币罪定罪从重处罚（购买 + 使用 = 购买）。行为人出售、运输假币构成犯罪，同时有使用假币行为的，数罪并罚（运输 + 使用 = 数罪）。③甲已构成购买、运输假币罪，之后使用假币的，只按购买假币罪定罪（购买 + 使用 = 购买）；再加运输，认定为购买、运输假币罪（购买、运输 + 使用 = 购买、运输）。故而，行为人只认定为购买、运输假币罪一罪。

二、洗钱罪

7. 关于洗钱罪的认定，下列哪一选项是错误的?[1]（2011/2/12）

A. 《刑法》第一百九十一条虽未明文规定侵犯财产罪是洗钱罪的上游犯罪，但是，黑社会性质组织实施的侵犯财产罪，依然是洗钱罪的上游犯罪

B. 将上游的毒品犯罪所得误认为是贪污犯罪所得而实施洗钱行为的，不影响洗钱罪的成立

C. 上游犯罪事实上可以确认，因上游犯罪人死亡依法不能追究刑事责任的，不影响洗钱罪的认定

D. 单位贷款诈骗应以合同诈骗罪论处，合同诈骗罪不是洗钱罪的上游犯罪。为单位贷款诈骗所得实施洗钱行为的，不成立洗钱罪

【解析】本题主要考查洗钱罪的刑法规定以及司法解释，涉及洗钱罪的上游犯罪、故意等。选项 D 具有一定的难度，但弄清楚司法解释规定之后，也就比较简单。

A 选项，洗钱罪的 7 种上游犯罪包括黑社会性质的组织犯罪，指刑法规定的三个以"黑社会"命名的犯罪，以及黑社会性质组织实施的普通犯罪，当然包括黑社会性质组织实施的侵犯财产罪。

B 选项，客观上实施了为毒品犯罪洗钱行为；主观上属对象错误、具体错误，不影响洗钱罪故意的成立，构成洗钱罪。

C 选项，《最高人民法院关于审理洗钱等刑事案件具体应用法律若干问题的解释》第 4 条第 2 款：上游犯罪事实可以确认，因行为人死亡等原因依法不予追究刑事责任的，不影响洗钱犯罪认定。

D 选项，前述解释第 4 条第 3 款：上游犯罪事实可以确认，依法以其他罪名定罪处罚的，不影响洗钱犯罪认定。

8. 甲盗窃他人银行借记卡并于柜台取走卡内资金 50 万元，之后找到乙，告知其款项真实来源，让乙帮忙将 50 万元转移到境外。关于本案，下列哪一选项是正确的?[2]（2021/客/卷一/9 仿）

A. 盗窃信用卡并使用的核心是冒用他人信用卡的行为，故甲的行为只构成信用卡诈骗罪，

同时构成洗钱罪的教唆犯，数罪并罚

B. 如果认为乙构成洗钱罪的正犯，则必须认定甲同时构成盗窃罪和信用卡诈骗罪且须两罪并罚，否则有违罪刑法定原则

C. 甲盗窃信用卡并使用的行为构成盗窃罪，但因甲的行为中包含了信用卡诈骗，所以甲也成立洗钱罪，应以盗窃罪与洗钱罪数罪并罚

D. 虽然盗窃信用卡并使用的行为包含了信用卡诈骗，但甲让乙帮助将诈骗款转移到境外的行为属于不可罚的事后行为，甲仅成立盗窃罪一罪

【解析】本题考查盗窃信用卡并使用以盗窃罪论处的原理、洗钱罪及"自洗钱"、罪数。

甲：（1）盗窃信用卡并使用，根据《刑法》第196条第3款，构成盗窃罪。（2）构成盗窃罪的原理，实为罪数中的事后不可罚，其中包含了冒用信用卡的信用卡诈骗罪内容，亦即盗窃罪＋信用卡诈骗罪＝盗窃罪。（3）该类型盗窃，以冒用信用卡的行为完成取出钱款，为行为终了。

乙：（1）在甲盗窃行为终了之后，帮甲将赃款转移境外，不构成盗窃罪的继承的共同犯罪。（2）明知是盗窃罪赃款而协助转移，触犯掩饰、隐瞒犯罪所得罪。（3）洗钱罪的上游犯罪不包括盗窃罪，但包括信用卡诈骗罪。根据《最高人民法院关于审理洗钱等刑事案件具体应用法律若干问题的解释》第4条第3款的规定，上游犯罪事实可以确认，依法以其他罪名定罪处罚的，不影响洗钱罪的认定。（4）在罪数上：乙既触犯洗钱罪，也触犯掩饰、隐瞒犯罪所得罪，系特别法与一般法的法条竞合关系，应以特别法洗钱罪论处（按前述司法解释第3条择一重处，两罪法定刑一样重时应以特别法论处）。

甲教唆乙转移赃款：（1）教唆乙实施掩饰、隐瞒犯罪所得行为；虽有教唆行为，但由于甲构成盗窃罪，本犯对妨害司法犯罪，主观责任方面欠缺期待可能性，不能构成掩饰、隐瞒犯罪所得罪的教唆犯。（2）教唆乙实施洗钱行为，在现在《刑法修正案（十一）》修正之后，"自洗钱"可以构成洗钱罪。故乙构成洗钱罪的教唆犯。（3）在罪数上，既然《刑法修正案（十一）》规定"自洗钱"可以构成洗钱罪，则罪数上显然不属于不可罚的事后行为。在原理上，现行刑法认为洗钱罪不同于掩饰、隐瞒犯罪所得罪，也不会与上游犯罪重复评价。

综上：甲认定为盗窃罪、洗钱罪的教唆犯，数罪并罚。乙认定为洗钱罪一罪。

9. 以下关于洗钱罪与掩饰、隐瞒犯罪所得罪，说法正确的有[1]（2019/客/卷一/23 仿）

A. 甲明知乙盗窃他人信用卡并使用取得资金100万后，还帮助乙将该100万元转至其海外账户。则甲虽不构成洗钱罪，但可构成掩饰、隐瞒犯罪所得罪

B. 甲明知乙盗窃他人信用卡，还帮助乙前往银行，从该信用卡中取出大量现金。则甲虽不构成洗钱罪，但可构成掩饰、隐瞒犯罪所得罪

C. 国家工作人员乙挪用公款200万元置于家中，甲知情后与乙商量，借用该款项给自己开公司之用。则甲构成挪用公款罪的共同犯罪，而不构成洗钱罪或掩饰、隐瞒犯罪所得罪

D. 乙组织、领导黑社会性质组织通过强迫交易非法获利100万元，欺骗甲说系走私所得，让甲帮助开设账户存款。则甲仍可构成洗钱罪

【解析】A 选项，（1）乙盗窃信用卡并使用，根据《刑法》第196条第3款，构成盗窃罪。但是，构成盗窃罪的原理，实为罪数中的事后不可罚，其中包含了冒用信用卡的信用卡诈骗罪内容，亦即盗窃罪＋信用卡诈骗罪＝盗窃罪。（2）洗钱罪的上游犯罪不包括盗窃罪，但包括信用卡诈骗罪。（3）根据《最高人民法院关于审理洗钱等刑事案件具体应用法律若干问

---

[1] D

题的解释》第 4 条第 3 款的规定，上游犯罪事实可以确认，依法以其他罪名定罪处罚的，不影响洗钱罪的认定。（4）故而，甲既触犯洗钱罪，也触犯掩饰、隐瞒犯罪所得罪，系特别法与一般法的法条竞合关系，应以特别法洗钱罪论处（按前述司法解释第 3 条择一重处，两罪法定刑一样重时应以特别法论处）。

B 选项，（1）乙盗窃信用卡并使用，根据《刑法》第 196 条第 3 款，构成盗窃罪。该类型盗窃，以冒用信用卡的行为完成取出钱款，为行为终了。（2）甲在乙盗窃罪行为尚未终了之前，以共同故意加入，共同实施尚未完成的盗窃，根据《刑法》第 196 条第 3 款、第 25 条第 1 款，构成盗窃罪的承继的共同犯罪。（3）由于甲构成盗窃罪的共同犯罪，本犯对妨害司法犯罪，主观责任方面欠缺期待可能性，之后实施的提款行为，不能构成掩饰、隐瞒犯罪所得罪。（4）在考试当年，按《刑法修正案（十一）》之前的刑法，"自洗钱" 也不能构成洗钱罪。（5）现在《刑法修正案（十一）》修正之后，"自洗钱" 可以构成洗钱罪。但是，作为盗窃罪承继共同犯罪的行为，不属洗钱行为。

C 选项，（1）乙挪用公款罪的行为已经终了，甲在行为终了之后加入，不构成挪用公款罪的共同犯罪。（2）明知系贪污贿赂犯罪所得而使用，可构成掩饰、隐瞒犯罪所得罪。

D 选项，客观上为黑社会性质组织犯罪（包括黑社会性质组织实施的普通犯罪）所得开设账户存款，实施了洗钱行为；主观上误认为系走私犯罪所得，系对象错误、具体错误，具有洗钱罪故意。客观主观统一构成洗钱罪。

10. 乙获取挪用公款所得的巨款以后，告知银行职员丙该款的真实来源，丙为乙提供资金账户，乙随时提款用于贩卖毒品。银行职员丙的行为构成？[1]（2007/2/94 – 97 部分）

A. 挪用公款罪的共犯　　　　　　　B. 贩卖毒品罪的共犯
C. 洗钱罪　　　　　　　　　　　　D. 赃物犯罪

【解析】考查事后犯与上游犯罪共同犯罪的区分、事后犯之间的关系。

（1）明知是贪污贿赂犯罪的犯罪所得及其产生的收益而为其提供资金账户的，根据《刑法》第 191 条的规定，触犯洗钱罪。（2）丙在挪用公款行为终了后加入，并未参与挪用公款行为，对于挪用公款没有共同行为，不构成挪用公款罪的共犯。（3）丙只是知道款项的真实来源，并不明知款项的去向和用途是用于贩毒，主观上没有帮助乙贩卖毒品的共犯故意，不构成贩卖毒品罪的共犯。（4）明知犯罪所得而掩饰、隐瞒，根据《刑法》第 312 条，触犯掩饰、隐瞒犯罪所得罪。（5）罪数上，洗钱罪与掩饰、隐瞒犯罪所得罪之间系特别法与一般法的法条竞合关系，但根据司法解释按重罪一罪论处，如果两罪一样重则应按特别法洗钱罪论处。依据方面，《最高人民法院关于审理洗钱等刑事案件具体应用法律若干问题的解释》第 3 条规定。综上，丙只能构成洗钱罪一罪。

11. 甲公司走私汽车获利人民币 4000 万元后，欲通过乙公司（非国有）的账户将这笔资金换成外汇转移至香港，并说明可按资金数额的 10% 支付 "手续费"。乙公司得知该笔资金为甲公司走私犯罪所得，仍同意为该资金转账提供账户，并在收取 "手续费" 400 万元后，将该资金折换成 438 万美元，以预付货款为名汇往甲公司在香港的账户。乙公司的行为构成？[2]（2005/2/93）

A. 走私罪（共犯）　　　　　　　　B. 洗钱罪
C. 逃汇罪　　　　　　　　　　　　D. 单位受贿罪

【解析】（1）乙公司明知资金为甲公司走私犯罪所得，而提供资金账户、协助将资金汇往

---

［1］　C　　［2］　B

境外，根据《刑法》第191条，构成洗钱罪。

（2）由于仅仅是在走私实行完毕后提供帮助，而不是帮助走私实行行为，对于走私没有共同行为；且事先无共谋，不属继承共犯，乙公司不成立走私罪的共犯。

（3）根据《刑法》第190条，逃汇罪是指公司、企业或者其他单位违反国家外汇管理制度擅自将外汇存在境外或者将境内的外汇非法转移到境外。亦即违反外汇管制使国家外汇减少。根据《最高人民检察院、公安部关于公安机关管辖的刑事案件立案追诉标准的规定（二）》第41条，追诉标准是单笔在200万美元以上或者累计数额在500万美元以上。但本案案情是"将人民币4000万元折换成438万美元"，亦即，甲公司、乙公司本身没有外汇，没有使国家外汇减少实施"逃汇"行为，反而通过换汇使外汇增多，不构成逃汇罪。（当然，洗钱罪的法条规定的是"协助将资金汇往境外"，立法原意规定的该情况不包括逃汇，故而，如果在洗钱罪时逃汇的，系一行为构成数罪名，应属想象竞合犯，择一重处）。

（4）由于乙公司是非国有公司，不符合单位受贿罪的主体要求（国有机关、国有企事业单位、人民团体），不构成单位受贿罪。（如果乙公司是国有单位，收受钱财为他人谋取非法利益，可构成单位受贿罪；谋取非法利益的行为本身构成他罪的，应当数罪并罚。）

（5）明知犯罪所得而掩饰、隐瞒，根据《刑法》第312条，触犯掩饰、隐瞒犯罪所得罪。

（6）罪数上，洗钱罪与掩饰、隐瞒犯罪所得罪之间系特别法与一般法的法条竞合关系，但根据司法解释按重罪一罪论处，如果两罪一样重则应按特别法洗钱罪论处。依据方面，《最高人民法院关于审理洗钱等刑事案件具体应用法律若干问题的解释》第3条规定。

综上，乙公司只能构成洗钱罪一罪。

三、高利转贷罪

12. X公司系甲、乙二人合伙依法注册成立的公司，以钢材批发零售为营业范围。丙因自己的公司急需资金。便找到甲、乙借款，承诺向X公司支付高于银行利息5个百分点的利息，并另给甲、乙个人好处费。甲、乙见有利可图，即以购买钢材为由，以X公司的名义向某银行贷款1000万元，贷期半年。甲、乙将贷款按约定的利息标准借与丙，丙给甲、乙各10万元的好处费。半年后，丙将借款及利息还给X公司，甲、乙即向银行归还本息。关于甲、乙、丙行为的定性，下列哪一选项是正确的？[1]（2008/2/11）

A. 甲、乙构成高利转贷罪，丙无罪

B. 甲、乙构成骗取贷款罪，丙无罪

C. 甲、乙构成高利转贷罪、非国家工作人员受贿罪，丙构成对非国家工作人员行贿罪

D. 甲、乙构成骗取贷款罪、非国家工作人员受贿罪，丙构成对非国家工作人员行贿罪

【解析】（1）根据《刑法》第175条第1款的规定，以转贷牟利为目的，套取金融机构信贷资金高利转贷他人的，构成高利转贷罪。甲、乙为转贷牟利，从银行低息贷款，转而向丙高息借款的行为，满足了高利转贷罪的要求，构成此罪。（2）甲、乙利用职务之便为他人谋取利益，收受他人贿赂，构成非国家工作人员受贿罪。（3）丙为谋取不正当的利益（非法资金拆借），而向非国有单位工作人员行贿，构成对非国家工作人员行贿罪。（4）甲、乙虽编造虚假理由向银行贷款，但并无非法占有目的，故不构成贷款诈骗罪。（5）虽可触犯骗取贷款罪，但骗取贷款罪与高利转贷罪是一般法与特别法的法条竞合关系，应以特别法即高利转贷罪论处。

---

[1] C

四、违法发放贷款罪

13. 甲急需20万元从事养殖，向农村信用社贷款时被信用社主任乙告知，一个身份证只能贷款5万元，再借几个身份证可多贷。甲用自己的名义贷款5万元，另借用4个身份证贷款20万元，但由于经营不善，不能归还本息。关于本案，下列哪一选项是正确的？[1]（2016/2/14）

A. 甲构成贷款诈骗罪，乙不构成犯罪

B. 甲构成骗取贷款罪，乙不构成犯罪

C. 甲构成骗取贷款罪，乙构成违法发放贷款罪

D. 甲不构成骗取贷款罪，乙构成违法发放贷款罪

【解析】（1）贷款诈骗罪、骗取贷款罪的构成，都要求借款人向金融机构贷款时，实施了诈骗行为，金融机构被欺骗。（2）本案中甲虽然借用了他人身份证，但系受金融机构（本题中信用社主任是代表信用社的职务行为）指使，金融机构明知借款人借用身份证的真相，没有被欺骗。且贷款理由从事养殖真实。故而，不能认为甲实施了诈骗行为、金融机构没有被欺骗，不能构成贷款诈骗罪、骗取贷款罪。（3）乙明知借款人使用借用身份证申请贷款违反法律规定，仍然发放贷款，构成违法发放贷款罪。（4）根据对合犯处罚原理，甲不构成乙违法发放贷款罪的共犯。

五、综合题

14. 关于刑事责任的追究，下列哪些选项是正确的？[2]（2009/2/54）

A. 甲非法从事资金支付结算业务，构成非法吸收公众存款罪

B. 乙采取欺骗手段进行虚假纳税申报，逃避缴纳税款1000万元，但经税务机关依法下达追缴通知后，补缴了应纳税款。即便乙拒绝缴纳滞纳金，也不应当再对其追究刑事责任

C. 丙明知赵某实施高利转贷行为获利200万元，而为其提供资金账户的，构成洗钱罪

D. 丁组织多名男性卖淫，由于《刑法》第三百五十八条并未限定组织卖淫罪中的被组织者是妇女，对丁应当追究刑事责任

【解析】本题罪名考得比较杂，ABC三项是破坏社会主义市场经济秩序罪，D项是妨害社会管理秩序罪。包括非法经营罪、逃税罪、洗钱罪，组织卖淫罪等。

A选项，《刑法》第225条第3项后半段，构成非法经营罪。

B选项，《刑法》第201条第4款，逃税后，经税务机关依法下达追缴通知后，补缴应纳税款，缴纳滞纳金，已受行政处罚的，不予追究刑事责任。缴纳滞纳金是不追究的条件之一。

C选项，《刑法》第191条，洗钱罪的7种上游犯罪中包括破坏金融管理秩序犯罪，高利转贷罪是破坏金融管理秩序犯罪中的一种。故本案构成洗钱罪。

D选项，见著名的南京"李宁组织同性卖淫案"，以及"王志明组织卖淫案"，载《中国审判案例要览（2006年刑事审判案例卷)》。卖淫指不特定的异性之间或者同性之间以金钱、财物为媒介发生不正当性关系的行为。卖淫的主体不限于女性，也包含男性。法条依据见《公安部关于以钱财为媒介尚未发生性行为或发生性行为尚未给付钱财如何定性问题的批复》（公复字〔2003〕5号）："卖淫嫖娼是指不特定的异性之间或同性之间以金钱、财物为媒介发生性关系的行为。"

---

[1] D [2] CD

考点五　金融诈骗罪（分则第三章第五节）

一、信用卡诈骗罪及相关信用卡犯罪

（一）信用卡诈骗罪（包括在 ATM 上冒用）

1. 甲、乙为朋友。乙出国前，将自己的借记卡（背面写有密码）交甲保管。后甲持卡购物，将卡中 1.3 万元用完。乙回国后发现卡里没钱，便问甲是否用过此卡，甲否认。关于甲的行为性质，下列哪一选项是正确的？[1]（2013/2/15）

A. 侵占罪　　　　　　　　　　　　B. 信用卡诈骗罪

C. 诈骗罪　　　　　　　　　　　　D. 盗窃罪

【解析】此题非常简单。甲保管乙的信用卡，虽对信用卡合法占有，但对信用卡中的钱并不合法占有，也未经允许使用。未经持卡人许可而使用，属冒用他人信用卡的行为，构成信用卡诈骗罪。

2. 甲用假身份证申领了一张信用卡，刚开始透支 4 万元但立即归还。银行认为其信用度高，将其信用额度提高至 10 万元。甲恶意透支 10 万元，还款期至不还款，经发卡银行两次有效催收后超过三个月仍不归还，并且将电话号码更换、逃避银行催收。关于甲的行为，以下说法正确的有[2]（2019/客/卷一/24 仿）

A. 甲触犯妨害信用卡管理罪、信用卡诈骗，系牵连犯，以信用卡诈骗论处

B. 甲属恶意透支型的信用卡诈骗罪

C. 甲信用卡诈骗罪的犯罪数额为 10 万

D. 甲系连续犯，犯罪数额为 14 万

【解析】（1）甲使用假身份证骗领信用卡，根据《刑法》第 177 条之一第 1 款第 3 项，触犯妨害信用卡管理罪。

（2）甲前后两次使用骗领的信用卡透支，在客观行为上不属《刑法》第 196 条第 1 款第 4 项"恶意透支"。因为第 196 条第 2 款规定"恶意透支"的主体是"持卡人"，即合法持卡人，本案中甲使用骗领的信用卡，不是合法持卡人，不属"恶意透支"。而属 196 条第 1 款第 1 项规定的"使用以虚假的身份证明骗领的信用卡"。

（3）第一次使用骗领的信用卡，透支 4 万元立即归还，主观上没有非法占有目的，不构成信用卡诈骗罪。后一次透支 10 万元，主观上具有非法占有目的，构成信用卡诈骗罪，数额是 10 万元。

（4）在罪数上，骗领后信用卡诈骗，是伪造后诈骗的模型，系牵连犯，根据第 196 条第 1 款第 1 项，以信用卡诈骗论处。

3. 甲和女友乙在网吧上网时，捡到一张背后写有密码的银行卡。甲持卡去 ATM 机取款，前两次取出 5000 元。在准备再次取款时，乙走过来说："注意，别出事"，甲答："马上就好。"甲又分两次取出 6000 元，并将该 6000 元递给乙。乙接过钱后站了一会儿说："我走了，小心点。"甲接着又取出 7000 元。关于本案，下列哪些选项是正确的？[3]（2015/2/57）

A. 甲拾得他人银行卡并在 ATM 机上使用，根据司法解释，成立信用卡诈骗罪

B. 对甲前两次取出 5000 元的行为，乙不负刑事责任

---

[1]　B　[2]　AC　[3]　ABD

C. 乙接过甲取出的 6000 元，构成掩饰、隐瞒犯罪所得罪

D. 乙虽未持银行卡取款，也构成犯罪，犯罪数额是 1.3 万元

【解析】本题考查信用卡诈骗罪、承继的共同犯罪、共犯关系的脱离。

（1）对于甲的行为，捡到信用卡到 ATM 机取款，根据《最高人民检察院关于拾得他人信用卡并在自动柜员机（ATM）上使用的行为如何定性问题的批复》"拾得他人信用卡并在自动柜员机（ATM）上使用的行为，属于《刑法》第一百九十六条第 1 款第（三）项规定的'冒用他人信用卡'的情形，构成犯罪的，以信用卡诈骗罪追究刑事责任"。以及《最高人民法院、最高人民检察院关于办理妨害信用卡管理刑事案件具体应用法律若干问题的解释》（法释〔2009〕19 号，法释〔2018〕19 号修正）第 5 条第 2 款第 3 项。系冒用他人信用卡，构成信用卡诈骗罪。一共取走 5000 + 6000 + 7000 元。

（2）对于乙的行为：①对于甲的前两次行为（5000 元），乙不知情也无帮助行为，不成立共犯，不负责任。②对于甲的后续两次行为（6000 元），乙知情也有帮助行为，成立共犯；系承继的共犯，对加入之后的结果负责任。③对于甲的最后一次行为（7000 元），乙虽离开，但系帮助犯在实行犯实行之后退出，只有阻止结果才能构成中止，乙并未脱离共犯关系，仍为共犯，虽未分赃，但仍须对整体数额负责。故其数额为 6000 + 7000 元。④因乙对于后续两次行为（6000 元）是共犯、本犯，不构成掩饰、隐瞒犯罪所得罪。

4. 甲、乙系表兄弟，长相相似，甲用乙的户口证明办理了身份证（身份证姓名为乙、号码为乙，但照片为甲）。得知乙的银行卡尚未未绑定手机支付，遂持该身份证去银行将乙的银行卡绑定自己手机支付，后去商场购物消费 3 万元。乙收到了 3 万元的扣款短信，报案而案发。关于甲的行为性质，下列哪一选项是正确的?[1]（2021/客/卷一/10 仿）

A. 盗窃罪　　　　　　　　　　　B. 诈骗罪

C. 信用卡诈骗罪　　　　　　　　D. 侵占罪

【解析】本题考查信用卡类犯罪，涉及信用卡诈骗罪、盗窃罪。

（1）甲用乙的户口证明办理的身份证，姓名为乙，但照片为甲，本质上是记载虚假信息的假身份证。甲欺骗办证人员申领假身份证，构成伪造身份证件罪的间接正犯。（2）甲在银行使用假身份证，构成使用虚假身份证件罪。（3）甲未经乙的同意，在手机上冒用乙的银行卡账号，根据《最高人民法院、最高人民检察院关于办理妨害信用卡管理刑事案件具体应用法律若干问题的解释》第 5 条第 2 款第 3 项"非法方式获取他人信用卡信息资料，并通过互联网、通讯终端等使用的"，系冒用他人信用卡，构成信用卡诈骗罪。（4）罪数上，系牵连犯，择一重处，以信用卡诈骗罪论处。

5. 关于信用卡诈骗罪，下列哪些选项是错误的?[2]（2017/2/58）

A. 以非法占有目的，用虚假身份证明骗领信用卡后又使用该卡的，应以妨害信用卡管理罪与信用卡诈骗罪并罚

B. 根据司法解释，在自动柜员机（ATM 机）上擅自使用他人信用卡的，属于冒用他人信用卡的行为，构成信用卡诈骗罪

C. 透支时具有归还意思，透支后经发卡银行两次催收，超过 3 个月仍不归还的，属于恶意透支，成立信用卡诈骗罪

D. 刑法规定，盗窃信用卡并使用的，以盗窃罪论处。与此相应，拾得信用卡并使用的，就应以侵占罪论处

---

〔1〕 C 〔2〕 ACD

【解析】本题考查信用卡犯罪以及相关司法解释，是一道专用于"正本清源"的题。

A选项，用虚假身份证明骗领信用卡的，触犯妨害信用卡管理罪；又使用该卡的，触犯信用卡诈骗罪。属于牵连犯，应当择一重处。一般信用卡诈骗罪法定刑较重；两罪一样重时，以目的行为信用卡诈骗罪论处。不数罪并罚。本选项说法错误。

B选项，根据《最高人民检察院关于拾得他人信用卡并在自动柜员机（ATM机）上使用的行为如何定性问题的批复》《最高人民法院、最高人民检察院关于办理妨害信用卡管理刑事案件具体应用法律若干问题的解释》（法释〔2009〕19号，法释〔2018〕19号修正）第5条第2款，在自动柜员机（ATM机）上擅自使用他人信用卡的，属于冒用他人信用卡的行为，构成信用卡诈骗罪。本选项说法正确。本选项也给那些将学术观点"在ATM机上冒用信用卡构成盗窃罪"，运用于法律职业考试的说法，打了一个"耳光"。

C选项，本选项考查"非法占有目的"的推定，以及相关司法解释。（1）根据《刑法》第196条（信用卡诈骗罪）第2款的规定，恶意透支型信用卡诈骗罪的成立，除了实施透支行为之外，还需行为人主观上具有非法占有目的；根据责任与行为同时性原则，要求实施透支行为时，即有非法占有目的。（2）《最高人民法院、最高人民检察院关于办理妨害信用卡管理刑事案件具体应用法律若干问题的解释》（法释〔2009〕19号，法释〔2018〕19号修正）第6条的规定：透支后经发卡银行两次催收，超过3个月仍不归还的情形，只是"透支"，要构成"恶意透支"型的信用卡诈骗罪，还需非法占有目的。而选项已叙明"透支时具有归还意思"，不具非法占有目的，当然不能构成信用卡诈骗罪。本选项说法错误。

D选项，（1）前述解释第5条第2款第1项规定："拾得他人信用卡并使用的"，构成信用卡诈骗罪，不构成侵占罪。（2）在法理上，刑法规定盗窃信用卡并使用构成盗窃罪，拾得信用卡并使用的构成信用卡诈骗罪，是因为：刑法特别规定盗窃、抢劫信用卡时，信用卡是财物；而其他情况时，信用卡不是财物，故以之后的冒用行为定性。本选项说法错误。

（二）盗窃、抢劫信用卡并使用

6. 甲某日晚到洗浴中心洗浴。甲进入该中心后，根据服务员乙的指引，将衣服、手机、手提包等财物锁入8号柜中，然后进入沐浴区。半小时后，乙为交班而准备打开自己一直存放衣物的7号柜，忙乱中将钥匙插入8号柜的锁孔，但居然能将8号柜打开。乙发现柜中有手提包，便将其中的3万元拿走。为迅速逃离现场，乙没有来得及将8号柜门锁上。稍后另一客人丙见8号柜半开半掩，就将柜中的手机（价值3000元）以及信用卡拿走。由于信用卡的背后写有密码，第二天，丙持该信用卡到商场购买价值2万元的手表。关于本案，下列哪些说法是错误的？[1]（2004/2/57）

A. 乙的行为构成侵占罪、丙的行为构成盗窃罪

B. 乙的行为构成盗窃罪、丙的行为构成侵占罪

C. 乙的行为构成盗窃罪、丙的行为构成盗窃罪与信用卡诈骗罪

D. 乙的行为构成职务侵占罪、丙的行为构成侵占罪与信用卡诈骗罪

【解析】（1）本案的犯罪对象，手机、手提包等财物已锁入柜中，物主近在咫尺，且握有钥匙，应认为财物仍归其占有。（2）对于乙的行为，乙的职务仅是服务指引，并未受委托保管客人财物，因此没有合法持有（占有）柜中财物。（3）乙趁物主不在，将其占有的财物据为己有，构成盗窃罪。（4）乙利用错误的钥匙将被害人存物的柜子打开而取得财物的，没有利用职务上管理、保管职权和职责而盗窃，仅是普通盗窃，不能认定其成立职务侵占罪。（5）对于丙的

行为，盗窃信用卡并使用，依《刑法》第196条第3款，按照盗窃罪处理，不再单独定信用卡诈骗罪。

7. 甲到银行自动取款机提款后，忘了将借记卡退出便匆忙离开。该银行工作人员乙对自动取款机进行检查时，发现了甲未退出的借记卡，便从该卡中取出5000元，并将卡中剩余的3万元转入自己的借记卡。对乙的行为的定性，下列哪些选项是错误的？[1]（2006/2/58）

A. 乙的行为构成盗窃罪　　　　　　　B. 乙的行为构成侵占罪
C. 乙的行为构成职务侵占罪　　　　　D. 乙的行为构成信用卡诈骗罪

【解析】（1）本案涉及的第一个问题是：信用卡占有状态的认定。

亦即，插上自动取款机上未退出的借记卡，是他人占有的信用卡（盗窃信用卡并使用型的盗窃罪的对象），还是脱离他人占有的信用卡（捡到信用卡并冒用型的信用卡诈骗罪的对象）？

本案所涉借记卡的物主已经离开，应认为物主对其失去占有；但是，由于借记卡插上自动取款机上，应认为归银行临时代管（正常情况不处理即会吞卡）。因此，该借记卡应认定为他人占有的信用卡。

（2）本案涉及的第二个问题是："盗窃信用卡"的行为认定。

《刑法》第196条第3款规定：盗窃信用卡并使用的，才认定为盗窃罪。也就是必须要有"盗窃信用卡"的过程，亦即将他人占有的信用卡转移至本人占有的过程和行为。

在本案中，借记卡虽可认定为他人占有的信用卡，但乙是直接从甲插在取款机上的借记卡账户中转钱，并没有将该借记卡拨走后再使用，没有实施"盗窃信用卡"的行为。因此，不能构成盗窃信用卡并使用的盗窃罪。

（3）甲实施的是在取款机上冒用甲的信用卡的行为，根据《刑法》第196条第1款第3项，构成信用卡诈骗罪。

（4）第三个问题：是否构成职务犯罪？

本案行为人乙为银行工作人员，将银行代管的信用卡窃取，可否构成职务侵占罪呢？这要看行为人取财是否"利用职务便利"盗窃。即使乙具有代管顾客银行卡的职权，也可类比于顾客让乙保管银行卡、但并未授权其提款，对卡中的款中并没有代管职权。乙取款方式是未经持卡人和银行许可在持卡人输入密码后取款、转账，犯罪的对象是卡的钱款，该钱款归银行单位占有，而不归乙基于职务而占有。其没有利用经手、主管、管理卡中钱款的职务便利，只是利用了熟悉环境的条件，相当于盗窃了银行提款机的钱款，不能认定为职务侵占罪。

8. 甲、乙共谋盗窃丙的银行卡。趁丙在提款机上取钱之机，乙偷窥到丙的密码，甲偷走了丙的卡。甲去ATM取钱，乙帮忙望风掩护。甲查询后显示卡中余额有7万元，甲取了2万。但在分钱时骗乙说卡里只有1万元，每人分5000元。给了乙5000元。之后，甲又自己取款5万元据为己有。关于本案，以下说法正确的有？[2]（2018/客/卷一/17仿）

A. 甲构成盗窃罪，金额是7万　　　　B. 乙构成盗窃罪，金额2万
C. 乙构成盗窃罪，金额是1万　　　　D. 甲对乙构成诈骗罪，金额3万

【解析】本题考查《刑法》第196条第3款规定的盗窃信用卡并使用认定为盗窃罪的基本原理，以及共同犯罪承担责任的范围。

《刑法》第196条第3款规定，盗窃信用卡并使用，依照盗窃罪定罪处罚。其基本原理是：盗窃信用卡的行为＋冒用信用卡（信用卡诈骗罪）＝盗窃罪。亦即，信用卡在被盗窃时，被认为是刑法上的财物，故而盗窃信用卡的行为，构成盗窃罪（数额以之后兑现数额计）。后行

[1]　ABC　[2]　A

为冒用信用卡的行为，认定为信用卡诈骗罪，系事后不可罚行为。

在本案中，甲、乙共同实施了盗窃信用卡的行为，按前述原理，二人对该盗窃罪构成共同犯罪。根据共同犯罪承担责任的范围规则，共同正犯，对共同行为导致的全部结果负责。故而，在犯罪数额认定上，甲两次共取出7万元，系甲、乙之前盗窃行为导致的结果，甲需对此数额负责，乙也需对此数额负责。分赃数额只影响量刑。故而A选项说法正确。

9. 张某窃得同事一张银行借记卡及身份证，向丈夫何某谎称路上所拾。张某与何某根据身份证号码试出了借记卡密码，持卡消费5000元。关于本案，下列哪一说法是正确的？[1]（2010/2/14）

　　A. 张某与何某均构成盗窃罪

　　B. 张某与何某均构成信用卡诈骗罪

　　C. 张某构成盗窃罪，何某构成信用卡诈骗罪

　　D. 张某构成信用卡诈骗罪，何某不构成犯罪

【解析】 本题考查信用卡诈骗罪、盗窃罪（盗窃信用卡并使用）、共同犯罪。（1）张某盗窃信用卡并使用，依《刑法》第196条第3款的规定，认定为盗窃罪。（2）何某客观上冒用了信用卡，其主观上误认为此卡为拾捡所得。依《最高人民法院、最高人民检察院关于办理妨害信用卡管理刑事案件具体应用法律若干问题的解释》第5条第2款第1项、《刑法》第196条第1款第3项的规定，拾得他人信用卡并使用的，认定为"冒用他人信用卡"型的信用卡诈骗罪。猜配密码的情节，是"冒用"行为的组成部分，不定它罪（捡到记名存折、存单后猜配密码再冒充身分到柜台取款的，以后一行为定诈骗罪，另当别论）。（3）张某、何某共同实施了冒用信用卡的行为，在信用卡诈骗罪的范围内成立共同犯罪，但由于张某系盗窃信用卡后冒用，后行为信用卡诈骗罪系事后不可罚，故对张某认定罪名时只认定为盗窃罪一罪。（4）注意：何某事后加入张某，但不能构成盗窃罪承继的共犯。因何某加入时主观上并不知晓信用卡系盗窃所得，没有盗窃信用卡并使用的共同犯意，不能成立盗窃罪（盗窃信用卡并使用）承继共犯。

10. 甲盗窃丙的信用卡后，骗乙说"捡了一张信用卡"，让乙使用，乙用该信用卡在商场购买了价值3.8万元的财物。关于本案，下列哪一项分析正确？[2]（2019/客/卷一/25仿）

　　A. 应按乙的行为性质确定共同犯罪的性质，甲、乙均以信用卡诈骗罪论处

　　B. 应按甲的行为性质确定共同犯罪的性质，甲、乙均以盗窃罪论处

　　C. 甲是信用卡诈骗罪的间接正犯，乙是信用卡诈骗罪的帮助犯

　　D. 乙构成信用卡诈骗罪

【解析】（一）对于甲

盗窃信用卡并利用乙使用，根据《刑法》第196条第3款，以盗窃罪论处（盗窃罪＋信用卡诈骗罪＝盗窃罪）。

（二）对于乙

客观实施了冒用他人信用卡的行为；主观上没有认识到信用卡是盗窃得来，不具有盗窃罪故意，误认为信用卡是捡来的，具有冒用信用卡的信用卡诈骗罪故意，根据《刑法》第196条第1款第3项，构成信用卡诈骗罪。

（三）甲、乙二人在信用卡诈骗罪的范围内构成共同犯罪，乙是正犯，甲是教唆犯。

11. 甲、乙、丙共谋犯罪。某日，三人拦截了丁，对丁使用暴力，然后强行抢走丁的钱

包，但钱包内只有少量现金，并有一张银行借记卡。于是甲将丁的借记卡抢走，乙、丙逼迫丁说出密码。丁说出密码后，三人带丁去附近的自动取款机上取钱。取钱时发现密码不对，三人又对丁进行殴打，丁为避免遭受更严重的伤害，说出了正确的密码，三人取出现金5000元。对甲、乙、丙行为的定性，下列哪些选项是错误的？[1]（2006/2/53）

A. 抢劫（未遂）罪与信用卡诈骗罪　　　B. 抢劫（未遂）罪与盗窃罪

C. 抢劫（未遂）罪与敲诈勒索罪　　　D. 抢劫（既遂）罪与盗窃罪

【解析】（1）行为人针对被害人实施暴力，并直接从被害人处取得财物，应认定为抢劫罪。

（2）只是本案的抢劫对象比较特殊，既有现金，又有信用卡。根据司法解释规定，信用卡可以成为抢劫对象。《最高人民法院关于审理抢劫、抢夺刑事案件适用法律若干问题的意见》第6条规定，抢劫信用卡后使用、消费的，其实际使用、消费的数额为抢劫数额；抢劫信用卡后未实际使用、消费的，不计数额，根据情节轻重量刑。所抢信用卡数额巨大，但未实际使用、消费或者实际使用、消费的数额未达到巨大标准的，不适用"抢劫数额巨大"的法定刑。

（3）抢劫信用卡后又冒用信用卡取出财物的，触犯信用卡诈骗罪，为事后不可罚行为，不再单独定罪。

（4）根据前述《意见》第10条规定，抢劫罪的既遂标准是劫取财物或者造成他人轻伤以上后果两者之一，本案已取出钱财，为既遂。当然，即使没有取出钱财，根据前述《意见》，"抢劫信用卡后未实际使用、消费的，不计数额，根据情节轻重量刑"，其含义似将信用卡本身当作财物，亦为既遂。

（三）利用信用卡的一般财产犯罪

12. 甲发现某银行的ATM机能够存入编号以"HD"开头的假币，于是窃取了三张借记卡，先后两次采取存入假币取出真币的方法，共从ATM机内获取6000元人民币。甲的行为构成何罪？[2]（2009/2/61）

A. 使用假币罪　　　　　　　　　B. 信用卡诈骗罪

C. 盗窃罪　　　　　　　　　　　D. 以假币换取货币罪

【解析】本题考查的是使用假币中"使用"的含义、信用卡诈骗中"使用"的含义。本案中有前后三个阶段行为。

第一阶段行为，单纯地窃取了三张借记卡，如不使用，没有数额，不能构成盗窃罪。本案只非法持有他人信用卡3张，不属数量较大，不构成第177条之一妨害信用卡管理罪。

第二阶段行为，用假币来存款，涉及使用假币罪中的"使用"，指将假币当作真币使用，即真币怎么用，假币就怎么用。使用假币，只要有将其置于流通领域的行为，就可以构成使用假币罪。本行为构成使用假币罪。

第二阶段行为，这里用窃取的借记卡取出钱来，是否属于《刑法》第196条第3款规定的"盗窃信用卡并使用"（盗窃罪）中的"使用"呢？应当不属于。（1）最高人民法院于1986年11月3日对上海市高级人民法院一个案件进行请示答复，"被告人盗窃信用卡后又仿冒卡主签名进行购物、消费的行为，是将信用卡本身所含有的不确定价值转化为具体财物的过程，是盗窃行为的继续。因此不必另定诈骗罪，应以盗窃罪定性。"（2）也就是说"使用"行为应当是直接使用并直接造成信用卡所有人损失，而不包括间接使用，例如不应包括不侵害持卡人财产

---

[1]　ABCD　[2]　AC

利益的出售、转让、出租、用作资信证明或者质押。（3）本案中，借记卡只是暂时用作了存取工具，而未侵害持卡人权益（本案是不可透支的借记卡），这样的情形好像窃取信用卡先存钱进去又取钱出来。不能以"盗窃信用卡并使用"的理由定盗窃罪。（4）但是，本案是否构成一般的盗窃罪呢？是可以的。在 ATM 本身存在故障的情况下，利用故障从 ATM 机里偷钱，相当于偷偷打开 ATM 机而从中取钱，可构成盗窃罪。故而，行为是因"利用故障从 ATM 机里偷钱"而构成盗窃罪，而不是因"盗窃信用卡并使用"构成盗窃罪。（5）类比另一种情况，假设行为人没有盗窃信用卡，而是利用自己的真卡存入假币而后取出真币，除构成使用假币罪以外，仍然构成盗窃罪。

综上，故选 AC 两选项。B 选项，不符合信用卡诈骗罪所列四种行为形式。D 选项，刑法中只有"金融机构工作人员购买假币、以假币换取货币罪"（第 171 条第 2 款）这个罪名，且为特殊主体。不存在"以假币换取货币罪"这个罪名。

13. 乙（16 周岁）进城打工，用人单位要求乙提供银行卡号以便发放工资。乙忘带身份证，借用老乡甲的身份证以甲的名义办理了银行卡。乙将银行卡号提供给用人单位后，请甲保管银行卡。数月后，甲持该卡到银行柜台办理密码挂失，取出 1 万余元现金，拒不退还。甲的行为构成下列哪一犯罪？[1]（2014/2/18）

A. 信用卡诈骗罪　　　　　　　　　　B. 诈骗罪

C. 盗窃罪（间接正犯）　　　　　　　D. 侵占罪

【解析】本题考查诈骗罪、盗窃罪、侵占罪的关系和区分。

（1）本案中被害人是乙，犯罪对象是 1 万余元现金。乙在甲的银行卡存放工资，对于卡中工资，在实然层面，归银行占有；在应然层面，应然所有权属于乙。

（2）就转移占有的情况来看，1 万余元现金原归银行占有，由银行占有转归甲占有，是合法转移占有。因为，乙借用甲的身份证以甲的名义办理了银行卡，根据金融法，应当认定甲是合法持卡人，该银行卡为甲的银行卡。但甲是合法持卡人，合法持卡人持该卡到银行柜台办理密码挂失取出卡中现金，并不违反信用卡的使用规则，取出现金的行为不属违法转移占有，不构成盗窃、诈骗。

（3）甲取出现金合法占有、但非法所有，侵犯乙的所有权，其行为构成侵占罪。

（4）乙请甲保管银行卡，因甲是合法持卡人，其使用本人的银行卡并不属于"冒用他人信用卡"，不构成信用卡诈骗罪。

14. 下列哪些说法是错误的？[2]（2006/2/60）

A. 甲将乙价值 2 万元的戒指扔入海中，由于戒指本身没有被毁坏，甲的行为不构成故意毁坏财物罪

B. 甲见乙迎面走来，担心自己的手提包被乙夺走，便紧抓手提包。乙见甲紧抓手提包，猜想包中有贵重物品，在与甲擦肩而过时，当面用力夺走甲的手提包。由于乙并非乘人不备而夺取财物，所以不构成抢夺罪

C. 甲将一张作废的 IC 卡插入银行的自动取款机试探，碰巧自动取款机显示能够取出现金，于是甲取出 5000 元。甲将 IC 卡冒充借记卡的欺骗行为在本案中起到了主要作用，因而构成诈骗罪

D. 甲系汽车检修厂职工，发现自己将要检修的一辆公交车为仇人乙驾驶，便在检修时破坏了刹车装置，然后交付使用。乙驾驶该车时，因刹车失灵，导致与其他车辆相撞，造成三人

死亡，一人重伤。由于甲不是对正在使用中的交通工具实施破坏手段，所以不构成破坏交通工具罪

【解析】A选项，财物虽然仍然客观存在，但已使其不再具有使用可能性的，丧失使用效能，也可认为毁坏了财产，可以构成故意毁坏财物罪。

B选项，抢夺罪不以趁人不备为必备要件，只要趁被害人来不及反抗，而公然的、迅速的夺取，而未采取压制被害人反抗行为的，即便被害人有备，也可认为构成抢夺罪。

C选项，（1）如果使用作废的信用卡、伪造的信用卡提款的，依照《刑法》第196条规定可构成信用卡诈骗罪，法条依据是最高人民检察院《关于拾得他人信用卡并在自动柜员机（ATM机）上使用的行为如何定性问题的批复》也如此认为。（2）但是，作废的IC卡不属"信用卡"，当然也不属"作废的信用卡"或"伪造的信用卡"，实际上相当于假配的钥匙等，因此对于本案不能适用《刑法》第196条认定为信用卡诈骗罪。（3）诈骗罪的成立需要对人实施欺骗（指普通诈骗罪，信用卡诈骗罪出于刑法强制规定而例外），诈骗机器不能认定为诈骗罪。（4）本案相当于利用假配的钥匙开门取得财物，对此银行不知情，应认定为盗窃罪。

D选项，正在使用中既包含正在运营中的车辆，也包含修理完毕已交付处于可以随时使用的状态。甲的行为危害了公共交通运输领域中的公共安全，已构成破坏交通工具罪。

（四）U盾、网银、微信、支付宝、花呗等网络支付手段与罪名认定

15. 关于侵犯财产犯罪，下列选项说法**错误**的是？[1]（2021/客/卷一/11仿）

A. 甲盗窃王某手机（价值3千元），发现其微信账号余额1万元，遂将1万元转入自己的微信账户。甲成立盗窃罪一罪，犯罪数额为1.3万元

B. 乙盗窃张某手机（价值3千元），发现其微信账号没有余额，但绑定了信用卡，遂使用该微信绑定的信用卡账号，直接给自己微信账户转账1万元。乙成立盗窃罪一罪，犯罪数额为1.3万元

C. 丙盗窃李某手机（价值3千元），发现其微信账号没有余额，但绑定了信用卡，遂用李某的信用卡账户往李某的微信账户充值1万元，后再将1万元转入自己微信账户。丙成立盗窃罪一罪，犯罪数额为1.3万元

D. 丁盗窃刘某手机（价值3千元），发现其微信账户没有余额，也没有绑定信用卡，遂用该手机备忘录中记载的刘某信用卡信息绑定了该微信，后去商场使用微信扫码消费了1万元。丁成立盗窃罪一罪，犯罪数额为1.3万元

【解析】本题考查信用卡犯罪、财产犯罪。（1）盗窃手机，构成盗窃罪；（2）对于利用网络平台侵占财产的情况，《最高人民法院、最高人民检察院关于办理妨害信用卡管理刑事案件具体应用法律若干问题的解释》第5条的规定，规则比较简单：①在互联网、通讯终端上冒用他人信用卡账户的，认定为信用卡诈骗罪；②其他网络账户的，对账户中的钱款构成盗窃罪、诈骗罪等。

选项A，对1万元，钱款不在信用卡账户里，与信用卡无关；对微信账户里的钱款构成盗窃罪。与之前的盗窃罪，系连续犯，以盗窃罪一罪论处，数额累加计算。

选项B，对1万元，系属在微信平台上冒用信用卡账户，根据前述解释，构成信用卡诈骗罪。与之前所犯盗窃罪，数罪并罚。

选项C，分前后两截，前半截冒用李某的信用卡账户，但由于是转入李某微信账户，没有损失，不构成信用卡诈骗罪；后半截，才是造成李某财产损失的行为，对微信账户里的钱款构

---

〔1〕 BD

成盗窃罪。系连续犯，以盗窃罪一罪论处，数额累加计算。

选项 D，在微信上绑定信用卡账户后，在微信平台上冒用信用卡账户，构成信用卡诈骗罪。与之前所犯盗窃罪，数罪并罚。

16. 如不计数额，下列行为构成盗窃的有？[1]（2022/客延/1/15 仿）

A. 甲趁乙不注意，将乙手机微信零钱中的钱款转走

B. 甲通过多次尝试，试得乙手机的开机密码，转走乙微信零钱中的钱款

C. 甲趁乙熟睡时，将乙的银行卡绑定乙的手机微信，然后在乙的微信上将信用卡账户中的钱款转走

D. 甲捡到乙的手机，发现乙的手机绑定信用卡，通过微信将乙信用卡账户的钱款转至乙的微信零钱，然后再从微信零钱转走

【解析】A、B 选项，微信零钱账户不是信用卡账户，不构成信用卡诈骗罪；对微信零钱账户中的钱款构成盗窃罪。

C 选项，在微信平台上冒用信用卡账户，根据《最高人民法院、最高人民检察院关于办理妨害信用卡管理刑事案件具体应用法律若干问题的解释》第 5 条第 2 款第 3 项"窃取、收买、骗取或者以其他非法方式获取他人信用卡信息资料，并通过互联网、通讯终端等使用的"，系冒用信用卡账户，构成信用卡诈骗罪。

D 选项，通说认为：前半段行为是冒用信用卡的信用卡诈骗行为，但并未造成损失结果，不构成信用卡诈骗罪；后半段是盗窃微信零钱账户中的钱款的行为，造成损失结果，构成盗窃罪。

17. 甲捡了乙的手机，猜出了微信密码，用乙微信关联的信用卡账户，给自己的账户转账 3 万元。甲的转账行为构成[2]（2019/客/卷一/29 仿）

A. 盗窃罪　　　　　　　　　　B. 信用卡诈骗罪

C. 侵占罪　　　　　　　　　　D. 诈骗罪

【解析】（1）微信平台系互联网平台，甲的行为属于未经乙许可，在互联网平台上冒用乙的信用卡账户的行为。

（2）根据《刑法》第 196 条第 1 款第 3 项、《最高人民法院、最高人民检察院关于办理妨害信用卡管理刑事案件具体应用法律若干问题的解释》第 5 条第 2 款第 3 项，"窃取、收买、骗取或者以其他非法方式获取他人信用卡信息资料，并通过互联网、通讯终端等使用的"，属于"冒用他人信用卡"，构成信用卡诈骗罪。

（3）当然，如果不是微信关联的信用卡账户，而是普通银行账户，或者"钱包"等网络账户，则不属"冒用信用卡"，可对账户中的钱款构成盗窃罪等犯罪。

18. 周某在某民营银行领取银行卡与 U 盾，银行大厅经理郑某在假意指导周某如何使用 U 盾时，偷换了周某的 U 盾，并骗周某说："只能在一周之后使用 U 盾。"周某信以为真，后郑某利用周某的 U 盾登录网银，将周某银行卡内 3 万元转入自己的银行卡。关于郑某的行为性质，下列说法正确的是[3]（2019/客/卷一/26 仿）

A. 郑某构成职务侵占罪　　　　B. 郑某构成盗窃罪

C. 郑某构成诈骗罪　　　　　　D. 郑某构成信用卡诈骗罪

【疑难辨析】首先需要界定好 U 盾（网银的安全证书）的性质，U 盾并不是银行卡本身，而是网上银行电子签名和数字认证的工具，即电子密码储存设备，本质上相当于钥匙。因此 U

---

[1] ABD　[2] B　[3] D

盾不是信用卡，不属财物。

【解析】（1）U盾不属财物，郑某偷换了周某的U盾的行为，不能认定为盗窃财物、诈骗财物，不构成盗窃罪、诈骗罪。

（2）之后郑某登录网银，将周某银行卡的款项转走。可认为是在网络平台上冒用"信用卡账户"，根据《刑法》第196条第1款第3项、《最高人民法院、最高人民检察院关于办理妨害信用卡管理刑事案件具体应用法律若干问题的解释》第5条第2款第3项，"窃取、收买、骗取或者以其他非法方式获取他人信用卡信息资料，并通过互联网、通讯终端等使用的"，属于"冒用他人信用卡"，构成信用卡诈骗罪。本案相当于盗窃他人信用卡密码后，在网上冒用他人信用卡。

（3）郑某的职务是银行大厅经理，其获取U盾的行为利用了职务便利。但其没有主管、管理、经营、经手客户银行卡的职权，其转走周某银用卡中的钱款，并没有利用银行大厅经理的职务便利，不构成职务侵占罪。

（4）如果本案不是冒用银行卡，而是将普通银行账户中的钱转走，可构成盗窃罪。

19. 国家工作人员王某是国有银行网上银行系统管理员，负责维护客户网上银行账号和密码。王某为了给朋友李某公司获取资金，让李某以高息存款为由，吸引多名客户到王某银行存款。王某在客户存款时调换客户U盾，通过客户U盾将客户网上银行账户中的存款转移到李某账户名下，使李某非法占为己有。关于本案，下列说法正确的是？[1]（2019/客/卷一/27仿）

A. 王某利用职务便利盗取银行存款，构成贪污罪

B. 王某吸引多名客户到银行存款，构成集资诈骗罪

C. 王某盗取他人银行存款，构成盗窃罪

D. 王某欺骗他人到银行存款，构成诈骗罪

【解析】（1）U盾相当于钥匙，不是财物。调换客户U盾的行为，对U盾不构成盗窃罪、诈骗罪。

（2）王某虚构高息存款的虚假事实，实施了诈骗行为。但客户对于财物被转移占有的事实并不知情，没有处分意识和处分行为。王某不构成诈骗罪，也不构成集资诈骗罪。

（3）王某在银行、客户不知情的情况下转移客户账户中存款，系秘密窃取的盗窃行为，根据《刑法》第264条，构成盗窃罪。由于银行账户不是信用卡，其不构成冒用信用卡型的信用卡诈骗罪。

（4）王某的职务是网上银行系统管理员，其调换客户U盾的行为利用了职务便利。但是只负责维护网上银行账号和密码，没有主管、管理、经营、经手客户账户的职权。其转走客户账户中存款的行为，并没有利用银行系统管理员的职务便利，故而不构成贪污罪。

20. 甲捡到乙的手机，并猜出了乙支付密码，发现乙开通了"蚂蚁花呗"，遂用花呗在网上在商家购买了3万元的商品。关于甲的行为，正确的是？[2]（2019/客/卷一/28仿）

A. 甲导致乙向第三方支付平台借款再使用，因此甲对乙构成诈骗罪

B. 乙虽然是被害人，但甲并未欺骗乙，因此甲对乙不构成诈骗罪

C. 商家并没有损害，也未受骗，因此甲对商家不构成诈骗罪

D. 即使蚂蚁花呗类似于信用卡，但甲也不构成信用卡诈骗罪

【疑难辨析】首先需弄清楚"蚂蚁花呗"的性质。蚂蚁花呗是蚂蚁金服公司推出的一款消费信贷产品。申请开通后，将获得500~50 000元不等的消费额度。用户在消费时，可以预支

---

[1] C　[2] BC

蚂蚁花呗的额度，享受"先消费，后付款"的购物体验。亦即，花呗本质是信用贷款，花呗账户可视为网络账户。对于财产犯罪的定性，可按"财产犯罪四步推理法"（被害人－行为对象－占有状态－转移占有手段）进行推理。

【解析】（1）甲捡到乙的手机，如不归还手机，根据《刑法》第270条，对手机可构成侵占罪。

（2）如果将花呗账户视为网络账户。则对于冒用机主乙的"蚂蚁花呗"在网上购物的行为。

第一步，确定被害人。商家能够获得货款，没有损害，不是被害人。第三方支付平台蚂蚁金服公司按交易规则，可要求甲偿还借款，也不是被害人。被害人是甲。

第二步，确定犯罪对象。犯罪对象不是购买的商品，而是通过花呗借来的3万元款项。

第三、四步，占有状态，以及转移占有的手段。①该3万元原归蚂蚁金服公司占有，甲冒用乙的名义借来，之后可认为转自乙的账户归乙占有。此转移占有过程中，甲虽欺骗了金服公司，但因其无损失，甲对金服公司不构成诈骗罪（或合同诈骗罪、贷款诈骗罪）。②由乙占有转归商家占有的过程，乙对转移占有并不知情，没有处分意识和处分行为，甲不构成诈骗罪。在被害人不知情的情况下转移占有，系秘密窃取的盗窃行为，根据《刑法》第264条，构成盗窃罪。

（3）如果将花呗账户视为信用卡账户，则甲的行为属于未经乙许可，而冒用乙的信用卡账户的行为。根据《刑法》第196条第1款第3项、《最高人民法院、最高人民检察院关于办理妨害信用卡管理刑事案件具体应用法律若干问题的解释》第5条第2款第3项，"窃取、收买、骗取或者以其他非法方式获取他人信用卡信息资料，并通过互联网、通讯终端等使用的"，属于"冒用他人信用卡"，构成信用卡诈骗罪。

二、集资诈骗罪；非法吸收公众存款罪

21. 甲以银行定期存款4倍的高息放贷，很快赚了钱。随后，四处散发宣传单，声称为加盟店筹资，承诺3个月后还款并支付银行定期存款2倍的利息。甲从社会上筹得资金1000万，高利贷出，赚取息差（事实五）。甲资金链断裂无法归还借款，但仍继续扩大宣传，又吸纳社会资金2000万，以后期借款归还前期借款。后因亏空巨大，甲将余款500万元交给其子，跳楼自杀（事实六）。（2012/2/90－91）

（1）关于事实五的定性，下列选项正确的是？[1]

A. 以同期银行定期存款4倍的高息放贷，构成非法经营罪

B. 甲虽然虚构事实吸纳巨额资金，但不构成诈骗罪

C. 甲非法吸纳资金，构成非法吸收公众存款罪

D. 对甲应以非法经营罪和非法吸收公众存款罪进行数罪并罚

（2）关于事实六的定性，下列选项正确的是？[2]

A. 甲以非法占有为目的，非法吸纳资金，构成集资诈骗罪

B. 甲集资诈骗的数额为2000万元

C. 根据刑法规定，集资诈骗数额特别巨大的，可判处死刑

D. 甲已死亡，导致刑罚消灭，法院对余款500万元不能进行追缴

【疑难辨析】本题考查集资诈骗罪与非法吸收公众存款罪的构成及区别。其一，构成非法吸收公众存款罪，首先行为需被认定为"非法集资"行为，并同时具备四个条件：（1）未经

---

[1] BC　[2] AB（考试当年正确答案为ABC）

有关部门依法批准或者借用合法经营的形式吸收资金；（2）通过媒体、推介会、传单、手机短信等途径向社会公开宣传；（3）承诺在一定期限内以货币、实物、股权等方式还本付息或者给付回报；（4）向社会公众即社会不特定对象吸收资金。其二，要构成集资诈骗罪，还需行为人上主观上具有非法占有目的。

【解析】（1）①根据 2019 年两高两部《关于办理非法放贷刑事案件若干问题的意见》，未经批准、营利目的、经常性、向社会不特定对象非法放高利贷（年利息 36%），达到数额标准，可构成非法经营罪。当前银行定期存款 4 倍的高息，未达年利息 36% 的数额标准，不构成非法经营罪。选项 A、D 错误。②因不具非法占有目的，不构成诈骗罪。选项 B 正确。③宣传筹资，承诺还本付息的行为，符合非法集资行为的四个特征，不具非法占有目的，构成非法吸收公众存款罪。选项 C 正确。

（2）①明知不能归还，仍然以后期借款归还前期借款，符合前述司法解释"非法占有目的"的第 1 项情形。对后吸收的资金 2000 万元具有非法占有目的，对此款项构成集资诈骗罪。选项 AB 正确。②《刑法修正案（九）》已废除集资诈骗罪的死刑，选项 C 在考试当年说法正确，在现在说法错误，不当选。③甲死亡，导致对其不能追究刑事责任。但对赃款的追缴、退还被害人，不属刑罚内容，仍须进行。

三、贷款诈骗罪；骗取贷款罪

22. 关于贷款诈骗罪的判断，下列哪一选项是正确的？[1]（2007/2/11）

A. 甲以欺骗手段骗取银行贷款，给银行造成重大损失的，构成贷款诈骗罪

B. 乙以牟利为目的套取银行信贷资金，转贷给某企业，从中赚取巨额利益的，构成贷款诈骗罪

C. 丙公司以非法占有为目的，编造虚假的项目骗取银行贷款。该公司构成贷款诈骗罪

D. 丁使用虚假的证明文件，骗取银行贷款后携款潜逃的，构成贷款诈骗罪

【解析】A 选项，选项没有明示非法占有目的，但造成重大损失结果的，可构成《刑法》第 175 条之一规定的骗取贷款罪（注：《刑法修正案（十一）》已作修正）。故 A 项错误。

B 选项，根据《刑法》第 175 条的规定，以转贷牟利为目的，套取金融机构信贷资金高利转贷给他人的，成立高利转贷罪。故 B 项错误。

C 选项，贷款诈骗罪只能由自然人构成，公司不能成为贷款诈骗罪的主体。故而"该公司构成贷款诈骗罪"说法错误。对于单位贷款诈骗如何处理？当前有两种处理方法，一是根据《最高人民法院全国法院审理金融犯罪案件工作座谈会纪要》，以公司名义实施贷款诈骗的，对单位按照合同诈骗罪处理，构成单位犯罪。二是依照《全国人民代表大会常务委员会关于〈中华人民共和国刑法〉第三十条的解释》，对参与的自然人认定为贷款诈骗罪，是自然人犯罪。故 C 项错误。

D 选项，客观上使用虚假证明文件骗取贷款，符合《刑法》第 193 条第 3 项，实施有骗取贷款行为。主观上，根据《最高人民法院全国法院审理金融犯罪案件工作座谈会纪要》规定的具有非法占有目的的第 2 项"非法获取资金后逃跑的"，应认定具有非法占有目的；故构成贷款诈骗罪。故 D 项正确。

23. 甲公司为了解决资金不足，以与虚构的单位签订供货合同的方法，向银行申请获得贷款 200 万元，并将该款用于购置造酒设备和原料，后因生产、销售假冒注册商标的红酒被查处，导致银行贷款不能归还。甲公司获取贷款的行为构成？[2]（2005/2/16）

---

〔1〕 D 〔2〕 B

A. 贷款诈骗罪　　　　　　　　　　B. 合同诈骗罪
C. 集资诈骗罪　　　　　　　　　　D. 民事欺诈，不构成犯罪

【解析】（1）客观上，以与虚构的单位签订供货合同的方法，向银行申请获得贷款，实施有骗取贷款的行为。（2）主观上，将使用骗取的资金进行违法犯罪活动的，按《最高人民法院全国法院审理金融案件工作座谈会纪要》第4项，可认为是具有非法占有目的。系贷款诈骗行为。（3）在犯罪主体上，本案行为系单位集体决定、以单位名义实施、利益归单位所有，属于单位行为。单位不能成为贷款诈骗罪的主体。（4）对于单位贷款诈骗如何处理？当前有两种处理方法，一是根据《最高人民法院全国法院审理金融犯罪案件工作座谈会纪要》，以公司名义实施贷款诈骗的，对单位按照合同诈骗罪处理，构成单位犯罪。二是依照《全国人民代表大会常务委员会关于〈中华人民共和国刑法〉第三十条的解释》，对参与的自然人认定为贷款诈骗罪，是自然人犯罪。本题干中的问题是"甲公司"构成何罪。只能按第一种处理方法，对单位按照合同诈骗罪处理。（5）此外，该公司还可触犯假冒注册商标罪、生产、销售伪劣产品罪，该两罪择一重处。与之前的合同诈骗罪数罪并罚。

四、票据诈骗罪

24. 钱某持盗来的身份证及伪造的空头支票，骗取某音像中心 VCD 光盘 4000 张，票面金额 3.5 万元。物价部门进行赃物估价鉴定的结论为："盗版光盘无价值。"对钱某骗取光盘的行为应如何定性？[1]（2003/2/7）

A. 钱某的行为不构成犯罪
B. 钱某的行为构成票据诈骗罪的既遂，数额按票面金额计算
C. 钱某的行为构成票据诈骗罪的未遂
D. 钱某的行为构成诈骗罪的既遂，数额按票面金额计算

【解析】（1）钱某以签发空头支票的方式骗取财物的行为，符合票据诈骗罪的构成要件。（2）票据诈骗的对象是盗版光盘，属违禁品，虽无合法的市场价值（无需物价部门鉴定价值），但比照最高人民法院关于盗窃罪、抢劫罪等司法解释，可以成为财产犯罪的对象，构成犯罪以情节（数量）计，故而骗取盗版光盘的，仍可构成诈骗类犯罪。（3）票据诈骗罪以取得财物为既遂，本案行为人已取得盗版光盘，为犯罪既遂。犯罪的定罪量刑数额，应以骗取的财物数额计，违禁品以情节、数量计。（4）票据诈骗罪与诈骗罪是特别条款与普通条款的法条竞合关系，根据特殊条款优于普通条款的原则，应适用票据诈骗罪法条规定，不再适用诈骗罪法条规定。故钱某构成票据诈骗罪。B虽有纰漏，但是可能是最接近正确答案的答案了。

五、金融凭证诈骗罪

25. 甲在某银行的存折上有 4 万元存款。某日，甲将存款全部取出，但由于银行职员乙工作失误，未将存折底卡销毁。半年后，甲又去该银行办理存储业务，乙对甲说："你的 4 万元存款已到期。"甲听后，灵机一动，对乙谎称存折丢失。乙为甲办理了挂失手续，甲取走 4 万元。甲的行为构成何罪？[2]（2008/2/14）

A. 侵占罪　　　　　　　　　　B. 盗窃罪（间接正犯）
C. 诈骗罪　　　　　　　　　　D. 金融凭证诈骗罪

【解析】第一、二步，确认被害人、犯罪对象。被害人是银行。关于犯罪对象：
（1）甲捏造存折丢失的事实，从银行骗走存折。由于根据司法解释，存折（财产凭证）只在盗窃、抢劫罪才属财物，在被诈骗时不属财物。故而不属诈骗财物，对此不构成诈骗罪。

---

[1]　B　[2]　C

（2）银行职员乙工作失误在账户中误记数字。由于数字不是财物本身，不能认为行为人占有数字，就已经占有财物。故而不能以"合法占有，非法所有"认定行为人构成侵占罪。

（3）真正的犯罪对象是银行的4万元。

第三步，确认对象的占有状态。虽然甲的账户中误记数字，但银行的4万元原归银行占有、所有。

第四步，确认转移占有的手段。

（1）行为人在占有数字之后，隐瞒存折上记载为假、没有对应的真实存款的事实，向银行取款骗取有处分财产的银行工作人员，让其将4万元转移占有，根据《刑法》第266条，构成诈骗罪。

（2）由于银行工作人员有转移占有权限，因此行为人构成诈骗罪的直接正犯，而不构成盗窃罪（间接正犯）。

（3）金融凭证诈骗罪的成立必须是使用伪造、变造的金融凭证进行诈骗活动。本案中甲使用的金融凭证是真实的，不能构成金融凭证诈骗罪。

六、保险诈骗罪

26. 个体户甲开办的汽车修理厂系某保险公司指定的汽车修理厂家。甲在为他人修理汽车时，多次夸大汽车毁损程度，向保险公司多报汽车修理费用，从保险公司骗取12万余元。对甲的行为应如何论处？[1]（2004/2/5）

A. 以诈骗罪论处
B. 以保险诈骗罪论处
C. 以合同诈骗罪论处
D. 属于民事欺诈，不以犯罪论处

【解析】根据《刑法》第198条的规定，保险诈骗罪的犯罪主体是投保人、被保险人、受益人，无身份之人可构成共犯。本案中，行为人不是投保人、被保险人、受益人，也与这些主体没有共谋，不构成保险诈骗罪共犯。而是自己利用修理汽车和保险公司之间的合作关系来骗取财物，不构成保险诈骗罪，应认定为普通诈骗罪。

27. 甲将自己的汽车藏匿，以汽车被盗为由向保险公司索赔。保险公司认为该案存有疑点，随即报警。在掌握充分证据后，侦查机关安排保险公司向甲"理赔"。甲到保险公司二楼财务室领取20万元赔偿金后，刚走到一楼即被守候的多名侦查人员抓获。关于甲的行为，下列哪一选项是正确的？[2]（2009/2/15）

A. 保险诈骗罪未遂
B. 保险诈骗罪既遂
C. 保险诈骗罪预备
D. 合同诈骗罪

【解析】实行行为导致危害结果，才能认定为既遂，亦即，要求危害结果与实行行为之间具有因果关系。（1）根据《刑法》第198条，投保人编造未曾发生的保险事故骗取保险金的，构成保险诈骗罪。保险诈骗罪以骗人即申请理赔为着手实行，以取得财物为既遂（控制说）。本案甲已着手申请理赔，但保险诈骗已被识破，被害人不是基于认识错误而交付财物，取财结果与保险诈骗行为之间没有因果关系，不应归因于诈骗行为，不认为既遂。应当认为是犯罪未遂、不当得利（如认为行为人已控制住财物）。（2）假设本案中甲未被守候的侦查人员抓获，而是携款逃走了，也应认定为未遂。因此，刑法中根本就没有所谓"控制下交付"这种伪命题。

七、综合题

28. 关于诈骗犯罪的论述，下列哪一选项是正确的（不考虑数额)？[3]（2017/2/14）

---

[1] A 　[2] A 　[3] B

A. 与银行工作人员相勾结，使用伪造的银行存单，骗取银行巨额存款的，只能构成票据诈骗罪，不构成金融凭证诈骗罪

B. 单位以非法占有目的骗取银行贷款的，不能以贷款诈骗罪追究单位的刑事责任，但可以该罪追究策划人员的刑事责任

C. 购买意外伤害保险，制造自己意外受重伤假象，骗取保险公司巨额保险金的，仅构成保险诈骗罪，不构成合同诈骗罪

D. 签订合同时并无非法占有目的，履行合同过程中才产生非法占有目的，后收受被害人货款逃匿的，不构成合同诈骗罪

【解析】A选项，使用伪造的银行存单，骗取银行巨额存款的行为，可构成金融凭证诈骗罪（涉及委托收款凭证、汇款凭证、银行存单等其他银行结算凭证），而不是票据诈骗罪（涉及汇票、本票、支票）。本选项的结论说反了，说法错误。当然，与银行工作人员相勾结，如果主要利用银行工作人员的职务便利，还可另行触犯职务侵占罪（或贪污罪）的共犯。

B选项，贷款诈骗罪的主体只能是自然人，不能是单位。故而不能以贷款诈骗罪追究单位的刑事责任。对于单位实施贷款诈骗行为如何处理？（1）一种观点认为，应对组织、策划、实施的自然人以贷款诈骗罪论处。其依据是《全国人民代表大会常务委员会关于〈中华人民共和国刑法〉第三十条的解释》（2014）："公司、企业、事业单位、机关、团体等单位实施刑法规定的危害社会的行为，刑法分则和其他法律未规定追究单位的刑事责任的，对组织、策划、实施该危害社会行为的人依法追究刑事责任。"（2）另一观点认为，贷款诈骗行为是特别的合同诈骗行为。可认定单位构成合同诈骗罪。依据是《全国法院审理金融犯罪案件工作座谈会纪要》（2001）的规定"在司法实践中，对于单位十分明显地以非法占有为目的，利用签订、履行借款合同诈骗银行或其他金融机构贷款，符合《刑法》第二百二十四条规定的合同诈骗罪构成要件的，应当以合同诈骗罪定罪处罚。"（3）本年考试官方答案采取第一种观点。故本选项说法正确。

C选项，本选项考查保险诈骗罪与合同诈骗罪的关系，二罪之间是特别法与一般法的法条竞合关系，故该选项可构成（触犯）两罪（注意：本选项中的"构成"是"触犯"的意思），最终以特别法保险诈骗罪论处。本选项说法错误。

D选项，本选项考虑合同诈骗罪非法占有目的的产生时间。《刑法》第224条（合同诈骗罪）的行为限定为"在签订、履行合同过程中"。按照诈骗罪的构成原理、行为与责任同时性原则，非法占有目的产生于骗取财物之前即可。因此，签订合同时并无非法占有目的，履行合同过程中才产生非法占有目的，并实施合同诈骗行为，骗得对方财物的，仍可构成合同诈骗罪。本选项说法错误。

考点六　危害税收征管罪（分则第三章第六节）

一、逃税罪

1. ①纳税人逃税，经税务机关依法下达追缴通知后，补缴应纳税款，缴纳滞纳金，已受行政处罚的，一律不予追究刑事责任

②纳税人逃避追缴欠税，经税务机关依法下达追缴通知后，补缴应纳税款，缴纳滞纳金，已受行政处罚的，应减轻或者免除处罚

③纳税人以暴力方法拒不缴纳税款，后主动补缴应纳税款，缴纳滞纳金，已受行政处罚的，不予追究刑事责任

④扣缴义务人逃税，经税务机关依法下达追缴通知后，补缴应纳税款，缴纳滞纳金，已受行政处罚的，不予追究刑事责任

关于上述观点的正误判断，下列哪些选项是错误的？[1]（2012/2/61）

A. 第①句正确，第②③④句错误
B. 第①②句正确，第③④句错误
C. 第①③句正确，第②④句错误
D. 第①②③句正确，第④句错误

【解析】 第201条第4款的原文是"有第1款行为（纳税人……），经税务机关依法下达追缴通知后，补缴应纳税款，缴纳滞纳金，已受行政处罚的，不予追究刑事责任；但是，五年内因逃避缴纳税款受过刑事处罚或者被税务机关给予二次以上行政处罚的除外"。

①错在"一律"，因还有五年内二次行政处罚，仍应追究的规定。②错在"应减轻或者免除处罚"，应为"不予追究刑事责任"。③触犯抗税罪，对于该罪刑法没有免责的规定。④错在"扣缴义务人"，刑法只规定"纳税人"可免责。故而，以上四句说法均错误。

二、抗税罪

2. 个体工商户乙欠缴营业税15万元，当税务人员上门征收税款时，乙组织甲等多人进行暴力围攻，殴打税务人员，抗拒缴纳，其中甲出手最狠，将一名税务人员打成重伤。甲的行为构成何罪？[2]（2008延/2/12）

A. 逃税罪（注：原为偷税罪）
B. 抗税罪
C. 故意伤害罪
D. 抗税罪与故意伤害罪实行并罚

【解析】（1）乙只是欠税，没有逃税的行为，乙不成立逃税罪（原为偷税罪）。即使乙构成逃税罪，甲并未与乙一起实施逃税行为，不能构成逃税罪的共犯。（2）乙系纳税人，暴力抗拒缴税，构成抗税罪。甲虽不具纳税人身份，但帮助纳税人抗税，可以构成抗税罪的共犯。（3）抗税罪（抗税罪实际上是妨害公务罪的特殊形式）中故意伤害造成重伤的，应认定为想象竞合，以重罪即故意伤害罪（重伤）论处。（4）故而，甲构成故意伤害罪（重伤）。

三、骗取出口退税罪

3. 某外贸公司在缴纳了100万元的税款后，采取虚报出口的手段，骗得税务机关退税180万元，后被查获。对该公司应如何处理？[3]（2002/2/5）

A. 以逃税罪（注：原为偷税罪）处理

B. 以骗取出口退税罪处理

C. 其中的100万元按逃税罪（注：原为偷税罪）处理，余下的80万元按骗取出口退税罪处理

D. 其中的100万元按骗取出口退税罪处理，余下的80万元按逃税罪（注：原为偷税罪）处理

【解析】 根据《刑法》第204条，纳税人缴纳税款后，采取假报出口或其他骗取国家出口退税款的手段，骗取所缴纳的税款的，依照逃税罪（原为偷税罪）定罪处罚；骗取税款超过所缴纳的税款部分，依照骗取出口退税罪定罪处罚。

4. 某企业生产的一批外贸供货产品因外商原因无法出口，该企业采用伪造出口退税单证和签订虚假买卖合同等方法，骗取出口退税50万元（其中包括该批产品已征的产品税、增值税等税款19万元）。对该企业应当如何处理？[4]（2005/2/10）

A. 以合同诈骗罪处罚

B. 以逃税罪（注：原为偷税罪）处罚

---

[1] ABCD [2] C [3] C [4] D

C. 以骗取出口退税罪处罚

D. 以逃税罪（注：原为偷税罪）和骗取出口退税罪并罚

【解析】行为人缴税后再骗税的，对于没有超过已缴纳部分的税款的，认定为逃税罪（原为偷税罪），超过的部分认定为骗取出口退税罪，并且数罪并罚。

四、发票类犯罪

5. 对涉及增值税专用发票的犯罪案件，下列哪些处理是正确的？[1]（2003/2/44）

A. 非法购买增值税专用发票的，按非法购买增值税专用发票罪定罪处罚

B. 非法购买增值税专用发票后又虚开的，按非法购买增值税专用发票罪和虚开增值税专用发票罪并罚

C. 非法购买增值税专用发票后又出售的，按非法出售增值税专用发票罪定罪处罚

D. 非法购买伪造的增值税专用发票后又出售的，按出售伪造的增值税专用发票罪定罪处罚

【解析】本题考查发票犯罪的罪数。根据《刑法》第208条第2款的规定，非法购买增值税专用发票或者购买伪造的增值税专用发票又虚开或者出售的，以实际实施的目的行为定罪。故A选项为非法购买增值税专用发票罪，B选项为虚开增值税专用发票罪，C选项为非法出售增值税专用发票罪，D选项为出售伪造的增值税专用发票罪。

6. 关于骗取出口退税罪和虚开增值税专用发票罪的说法，下列哪些选项是正确的？[2]（2008/2/59）

A. 甲公司具有进出口经营权，明知他人意欲骗取国家出口退税款，仍违反国家规定允许他人自带客户、自带货源、自带汇票并自行报关，骗取国家出口退税款。对甲公司应以骗取出口退税罪论处

B. 乙公司虚开用于骗取出口退税的发票，并利用该虚开的发票骗取数额巨大的出口退税，其行为构成虚开用于骗取出口退税发票罪与骗取出口退税罪，实行数罪并罚

C. 丙公司缴纳200万元税款后，以假报出口的手段，一次性骗取国家出口退税款400万元，丙公司的行为分别构成偷税罪与骗取出口退税罪，实行数罪并罚

D. 丁公司虚开增值税专用发票并骗取国家税款，数额特别巨大，情节特别严重，给国家利益造成特别重大损失。对丁公司应当以虚开增值税专用发票罪论处

【解析】A选项，根据《最高人民法院关于审理骗取出口退税刑事案件具体应用法律若干问题的解释》第6条，有进出口经营权的公司，明知他人意欲骗取国家出口退税款，仍违反国家规定允许他人自带客户、自带货源、自带汇票并自行报关，骗取国家出口退税款的，依照骗取出口退税罪论处。

B选项，根据前述解释第9条，实施骗取出口退税犯罪，同时构成虚开增值税专用发票等犯罪的，依照处罚较重的规定定罪处罚。属牵连犯，择一重处。

C选项，根据《刑法》第204条第2款的规定，纳税人缴纳税款后，又以假报出口的手段，骗取国家出口退税款的，构成偷税罪，超过缴纳税款的部分，构成骗取出口退税罪，实行并罚。

D选项，根据《刑法》第205条第2款的规定，虚开增值税专用发票骗取国家税款的，按照虚开增值税专用发票罪论处。

---

[1] ACD 　[2] ACD

考点七　侵犯知识产权罪（分则第三章第七节）

一、侵犯著作权罪

1. 赵某多次临摹某著名国画大师的一幅名画，然后署上该国画大师姓名并加盖伪造印鉴，谎称真迹售得收入六万元。对赵某的行为如何定罪处罚？[1]（2009/2/14）

A. 按诈骗罪和侵犯著作权罪，数罪并罚　　B. 按侵犯著作权罪处罚

C. 按生产、销售伪劣产品罪处罚　　　　　D. 按非法经营罪处罚

【解析】（1）《刑法》第217条，制作、出售假冒他人署名的美术作品的，构成侵犯著作权罪。（2）根据《最高人民法院、最高人民检察院关于办理侵犯知识产权刑事案件具体应用法律若干问题的解释》第14条，实施侵犯著作权犯罪，又销售该侵权复制品，构成犯罪的，以侵犯著作权罪一罪论处。（3）注意：本罪与诈骗罪的关系。制造赝品骗钱的侵犯著作权行为，实际也触犯了诈骗罪。因侵犯著作权罪中包含了诈骗的内容，故二罪是整体法与部分法的关系，一般认为是整体法与部分法的关系（少数观点认为是想象竞合），刑法规定以整体法侵犯著作权罪论处。（4）此外，被仿制的作品应有著作权，如仿制没有著作权的作品而假冒真品出售（如仿制唐伯虎名画），则有可能只触犯诈骗罪。

2. 李某为了牟利，未经著作权人许可，私自复制了若干部影视作品的VCD，并以批零兼营等方式销售，销售金额为11万元，其中纯利润6万元。李某的行为构成何罪？[2]（2003/2/5）

A. 销售侵权复制品罪　　　　　　　　　B. 侵犯著作权罪

C. 非法经营罪　　　　　　　　　　　　D. 生产、销售伪劣产品罪

【解析】（1）以营利为目的，未经著作权人许可，私自复制了若干部影视作品的VCD，构成侵犯著作权罪。（2）根据《最高人民法院、最高人民检察院关于办理侵犯知识产权刑事案件具体应用法律若干问题的解释》第14条、《最高人民法院关于审理非法出版物刑事案件具体应用法律若干问题的解释》第5条的规定，实施侵犯著作权行为，又销售该侵权复制品，只定侵犯著作权罪，不数罪并罚。（3）根据《最高人民法院关于审理非法出版物刑事案件具体应用法律若干问题的解释》第11条、第15条的规定，出版、印刷、复制、发行其他非法出版物，才以非法经营罪定罪处罚。侵犯著作权罪与非法经营罪是特别法与一般法的法条竞合关系，应按特别法优于一般法原则认定为侵犯著作权罪，参见最高人民法院刑一至五庭《刑事审判参考》第33辑，"孟祥国、李桂英、金利杰侵犯著作权案——普通法条与特别法条竞合的法律适用原则"。

二、侵犯商业秘密罪；为境外窃取、刺探、收买、非法提供商业秘密罪

3. 下列关于侵犯商业秘密罪的说法哪些是正确的？[3]（2004/2/52）

A. 窃取权利人的商业秘密，给其造成重大损失的，构成侵犯商业秘密罪

B. 捡拾权利人的商业秘密资料而擅自披露，给其造成重大损失的，构成侵犯商业秘密罪

C. 明知对方窃取他人的商业秘密而购买和使用，给权利人造成重大损失的，构成侵犯商业秘密罪

D. 使用采取利诱手段获取权利人的商业秘密，给权利人造成重大损失的，构成侵犯商业秘密罪

---

[1]　B　[2]　B　[3]　ACD

【解析】ACD三项属《刑法》第219条规定的侵犯商业秘密的行为，分别是窃取、明知是非法获取而使用、以其他不正当手段获取。B选项中的"捡拾"系正当取得，不属"以其他不正当手段获取"，也不是"明知是非法获取而披露"，也不属违反约定披露，不符合刑法规定的4种行为，故无法认定为侵犯商业秘密罪。

4. 甲公司拥有某项独家技术，每年为公司带来100万元利润，故对该技术严加保密。乙公司经理丙为获得该技术，带人将甲公司技术员丁在其回家路上强行拦截并推入丙的汽车，对丁说如果他提供该技术资料就给他2万元，如果不提供就将他嫖娼之事公之于众。丁同意配合。次日丁向丙提供了该技术资料。并获得2万元报酬。丙的行为构成？[1] (2005/2/94)

A. 强迫交易罪　　　　　　　　　　B. 敲诈勒索罪
C. 绑架罪　　　　　　　　　　　　D. 侵犯商业秘密罪

【解析】(1) 丙的行为属于《刑法》第219条规定的"以胁迫手段获取秘密"的行为，构成侵犯商业秘密罪。(2) 没有真实的商品、服务交易，不构成强迫交易罪。(3) 敲诈勒索罪要求索取财物，本案对象是商业秘密，不是财物。(4) 绑架罪以向第三人勒赎或提出请求为目的，本案没有该目的，不构成绑架罪。倒是有可能涉嫌非法拘禁罪。

5.《刑法修正案（十一）》增设了为境外窃取、刺探、收买、非法提供商业秘密罪（本罪），关于本罪有如下表述：(1) 本罪系行为犯，实施为境外窃取、刺探、收买、非法提供商业秘密的行为完毕即为既遂，无需给商业秘密的权利人造成重大损失的结果。(2) 本罪与侵犯商业秘密罪之间，系法条竞合关系，同时触犯时，应当以本罪论处。(3) 行为人甲误将外国人乙认作是本国人，而为其窃取、刺探、收买、非法提供商业秘密的，不构成本罪，构成侵犯商业秘密罪。(4) 当商业机密同时为国家机密时，行为人为境外窃取、刺探、收买、非法提供的，同时触犯本罪与为境外窃取、刺探、收买、非法提供国家秘密罪，系想象竞合。关于上述表述的判断，下列选项正确的有？[2] (2021/客/卷一/12仿)

A. (1)(2)(3)(4) 均正确　　　　　B. (1)(2)(3) 正确，(4) 错误
C. (1)(2) 正确，(3)(4) 错误　　　D. (1) 正确，(2)(3)(4) 错误

【解析】本题考查为境外窃取、刺探、收买、非法提供商业秘密罪。

(1) 根据《刑法》第219条之一的规定，本罪是行为犯，说法正确。另外，《刑法修正案（十一）》也已将侵犯商业秘密罪的成罪要素修正为"情节严重"，不再是结果犯。

(2) 因本罪法条规定的构成要件中包含有"窃取、刺探、收买、非法提供商业秘密"的内容，与侵犯商业秘密罪之间，系法条竞合关系。

(3) 客观上实施了为境外提供的行为，主观上仅有侵犯商业秘密罪故意，客观主观相统一，构成侵犯商业秘密罪。

(4) 两罪的对象，保护的法益也不同。一行为造成两结果、触犯两罪的，系想象竞合，应当择一重处。

考点八　扰乱市场秩序罪（分则第三章第八节）

一、非法经营罪

1. 下列哪些行为构成非法经营罪？[3] (2009/2/57)

---

[1] D　[2] A　[3] AC

A. 甲违反国家规定，擅自经营国际电信业务，扰乱电信市场秩序，情节严重

B. 乙非法组织传销活动，扰乱市场秩序，情节严重

C. 丙买卖国家机关颁发的野生动物进出口许可证

D. 丁复制、发行盗版的《国家计算机考试大纲》

【解析】A 选项，《关于审理扰乱电信市场管理秩序案件具体应用法律若干问题的解释》第 1 条，构成非法经营罪。

B 选项，《刑法》第 224 条之一即组织、领导传销活动罪（《刑法修正案（七）》第 4 条），已独立成为组织、领导传销活动罪，不再以非法经营罪论处。

C 选项，《刑法》第 225 条第 2 项，属于买卖进出口许可证的行为；原《最高人民法院关于审理破坏野生动物资源刑事案件具体应用法律若干问题的解释》第 9 条规定，买卖国家机关颁发的野生动物允许进出口证明书，依照《刑法》第 280 条第 1 款的规定以买卖国家机关公文罪（法定最高刑 3 年）定罪处罚，同时构成《刑法》第 225 条第 2 项规定的非法经营罪（法定最高刑 5 年）的，依照处罚较重的规定定罪处罚。非法经营罪是重罪，故丙的行为构成非法经营罪。

D 选项，根据刑法 217 条，构成侵犯著作权罪（如果认为《国家计算机考试大纲》有著作权的话）。根据《关于审理非法出版物刑事案件具体应用法律若干问题的解释》第 11 条、第 15 条，构成非法经营罪。侵犯著作权罪与非法经营罪是特别法与一般法的法条竞合关系，应适用特别法优于一般法原则认定为侵犯著作权罪，参见最高人民法院刑一至五庭《刑事审判参考》第 33 辑，"孟祥国、李桂英、金利杰侵犯著作权案——普通法条与特别法条竞合的法律适用原则"。

本题单独认定 C 项具有一定难度，但由于本题是多选题，只要确定 A 选项正确，排除 BD 二项，自然就会选中 C 项。

2. 周某 17 周岁，收购工业用盐，转卖给他人喂猪，获利 5 万元。关于周某的行为，以下说法正确的有[1]（2020/客/1/24 仿）

A. 周某构成非法经营罪，应当起诉

B. 周某未成年，应当附条件不起诉

C. 周某不构成犯罪，应当法定不起诉

D. 证明周某犯罪的证据不足，应当存疑不起诉

【解析】考查非法经营罪、不起诉。

（1）根据《最高人民检察院关于办理非法经营食盐刑事案件具体应用法律若干问题的解释》，只有非法生产、储运、销售食盐，扰乱市场秩序的，才构成非法经营罪。（2）《最高人民法院关于准确理解和适用刑法中"国家规定"的有关问题的通知》，对于有关司法解释未作明确规定的，应当作为法律适用问题，逐级向最高人民法院请示；没有规定的，不能构成非法经营罪。（3）并且，《最高人民法院关于经营工业用盐是否需要办理工业盐准运证等请示的答复》规定：法律及《盐业管理条例》没有设定工业盐准运证这一行政许可，地方性法规或者地方政府规章不能设定工业盐准运证制度。（4）故而，收购工业用盐的行为，不能构成非法经营罪。（5）《最高人民法院、最高人民检察院关于办理危害食品安全刑事案件适用法律若干问题的解释》第 16 条规定：以提供给他人生产、销售食品为目的，违反国家规定，生产、销售国家禁止用于食品生产、销售的非食品原料，以非法经营罪定罪处罚。但是，国家并未禁止饲养生猪时投喂工业用盐，不属国家禁止的非食品原料。故周某也不构成非法经营罪或生产、

---

[1] C

销售有毒、有害食品罪的帮助犯。（6）故而，周某不构成任何犯罪，应当法定不起诉。

二、强迫交易罪

3. 张某到加盟店欲批发 1 万元调味品，见甲态度不好表示不买了。甲对张某拳打脚踢，并说"涨价 2000 元，不付款休想走"。张某无奈付款 1.2 万元买下调味品（事实四）。关于事实四甲的定性，下列选项正确的是？[1]（2012/2/89）

A. 应以抢劫罪论处 B. 应以寻衅滋事罪论处
C. 应以敲诈勒索罪论处 D. 应以强迫交易罪论处

【解析】《最高人民法院关于审理抢劫、抢夺刑事案件适用法律若干问题的意见》第 9 条第 2 项规定："从事正常商品买卖、交易或者劳动服务的人，以暴力、胁迫手段迫使他人交出与合理价钱、费用相差不大钱物，情节严重的，以强迫交易罪定罪处罚；以非法占有为目的，以买卖、交易、服务为幌子采用暴力、胁迫手段迫使他人交出与合理价钱、费用相差悬殊的钱物的，以抢劫罪定罪处刑。在具体认定时，既要考虑超出合理价钱、费用的绝对数额，还要考虑超出合理价钱、费用的比例，加以综合判断。"本案中暴力强迫他人购买商品，虽强行要求以高价购买，但价格（1.2 万元）与货值（1 万元）并不悬殊，不构成抢劫罪，而以强迫交易罪论处。

三、提供虚假证明文件罪

4. 律师赵某接受律师事务所指派，为某公司股票上市提供法律意见。赵某在接受该公司的 10 万元财物之后，提供了虚假的法律意见书，导致不具备上市条件的该公司取得上市资格，严重损害了股东利益。赵某的行为构成何罪？[2]（2008 延/2/9）

A. 受贿罪

B.《刑法》第一百六十三条规定的非国家工作人员受贿罪（原为公司、企业、其他单位人员受贿罪）

C. 提供虚假证明文件罪

D.《刑法》第一百六十三条规定的非国家工作人员受贿罪（原为公司、企业、其他单位人员受贿罪）和提供虚假证明文件罪，应当数罪并罚

【解析】（1）根据《刑法》第 229 条的规定，承担资产评估、验资、验证、会计、法律服务等职责的中介组织人员，故意提供虚假证明文件，情节严重的，构成提供虚假证明文件罪。根据《刑法》第 229 条第 2 款规定，系该罪的情节加重犯。（2）赵某收受 10 万元，根据《刑法》第 163 条，可以触犯非国家工作人员受贿罪。由于不是国家工作人员，不能触犯受贿罪。（3）在罪数上，根据《刑法修正案（十一）》修正之后的第 229 条第 2 款，应按虚假证明文件罪情节加重犯（证券发行，法定刑 5～10 年）、非国家工作人员受贿罪（收受 10 万元，法定刑经《刑法修正案（十一）》修正之后现为 3 年以下）的，依照处罚较重的规定定罪处罚，提供虚假证明文件罪情节加重犯法定刑高，以该罪论处。不数罪并罚。故 C 项当选。

四、本节综合题及其他罪名

5. 关于破坏社会主义市场经济秩序罪的认定，下列哪一选项是错误的？[3]（2014/2/14）

A. 采用运输方式将大量假币运到国外的，应以走私假币罪定罪量刑

B. 以暴力、胁迫手段强迫他人借贷，情节严重的，触犯强迫交易罪

C. 未经批准，擅自发行、销售彩票的，应以非法经营罪定罪处罚

D. 为项目筹集资金，向亲戚宣称有高息理财产品，以委托理财方式吸收 10 名亲戚 300 万

---

[1] D [2] C [3] D

元资金的，构成非法吸收公众存款罪

【解析】A选项，考查走私假币罪与运输假币罪的关系。"走私"的意思是通过运送等方式使之出入国（边）境，违反海关监管秩序；"运输"的意思是移动位置。"走私"本身可以内含"运输"（走私假币罪与运输假币罪是整体法与部分法的法条竞合，以整体法论），采用运输方式走私的，只认定为"走私"。

B选项，借贷关系在刑法中可被解释为"金融服务业"，强迫借贷属于《刑法》第226条（强迫交易罪）第2项"强迫他人提供或者接受服务的"。本选项源自《最高人民法院刑事审判参考》2001年第6辑（总第17辑）"郑小平、邹小虎抢劫案——以暴力、威胁手段强迫他人提供贷款的行为如何定性"。

C选项，见《最高人民检察院、最高人民法院关于办理赌博刑事案件具体应用法律若干问题的解释》第6条，未经国家批准擅自发行、销售彩票，构成犯罪的，按非法经营罪定罪处罚。

D选项，见《最高人民法院关于审理非法集资刑事案件具体应用法律若干问题的解释》第1条第2款，"未向社会公开宣传，在亲友或者单位内部针对特定对象吸收资金的，不属于非法吸收或者变相吸收公众存款"。本选项题眼为"亲戚"。当然，如果放任亲戚向不特定人再借款，可构成该罪。

6. 对下列与扰乱市场秩序罪相关的案例的判断，哪一选项是正确的？[1]（2007/2/10）

A. 甲所购某名牌轿车行驶不久，发动机就发生故障，经多次修理仍未排除。甲用牛车拉着该轿车在闹市区展示。甲构成损害商品声誉罪

B. 广告商乙在拍摄某减肥药广告时，以肥胖的郭某当替身拍摄减肥前的画面，再以苗条的影视明星刘某作代言人夸赞减肥效果。事后查明，该药具有一定的减肥作用。乙构成虚假广告罪

C. 丙按照所在企业安排研发出某关键技术，但其违反保密协议将该技术有偿提供给其他厂家使用，获利400万元。丙构成侵犯商业秘密罪

D. 章某因房地产开发急需资金，以高息向丁借款500万元，且按期归还本息。丁尝到甜头后，多次发放高利贷，非法获利数百万元。丁构成非法经营罪

【解析】A选项，《刑法》第221条损害商品声誉罪要求行为人采取捏造并散布虚伪事实的方式进行。甲虽然宣扬了某商品的缺点，但并未捏造虚伪事实，所以不构成此罪。

B选项，《刑法》第222条虚假广告罪要求行为人对商品或者服务作夸大失实的宣传，并且情节严重（严重失实）。乙在制作广告过程中确实有虚假的内容。但是所宣传的商品确实具有一定的减肥作用，虚假的情节并不严重，不能构成此罪。

C选项，根据《刑法》第219条，构成侵犯商业秘密罪。

D选项，（1）关于高息将款项贷给他人（私放高利贷）的行为定性，在当前，根据2019年两高两部《关于办理非法放贷刑事案件若干问题的意见》，未经批准（违反国家规定，未经监管部门批准，或者超越经营范围）、以营利为目的、经常性（2年内出借资金10次以上）、向社会不特定对象，非法发放高利贷（年利息36%），达到数额标准，可构成非法经营罪。故而本选项如"多次"达到了司法解释规定的次数标准，可以构成非法经营罪。当选。（2）在考试当年，没有司法解释明文将其规定为"其他非法经营行为"，难以构成非法经营罪。

7. 对于某项投标，张三具有投标资质，李四没有投标资质。在投标时，张三就向李四出卖投标资质，每次获利300万元，两次共获利600万元。在第三次投标时，无人购买张三的投

---

〔1〕 CD（考试当年正确答案为C）

标资质，张三也未申请投标。则张三构成何罪？[1]（2020/客/1/30仿）

    A. 诈骗罪   B. 强迫交易罪   C. 串通投标罪   D. 不构成犯罪

【解析】考查诈骗罪、强迫交易罪、串通投标罪等经济犯罪。

选项A，张三没有实施虚构事实、隐瞒真相的诈骗行为，不构成诈骗罪。没有投标资质的李四购买资质后投标，虽然假冒有资质而获得了项目，但项目并不属于财物，也不构成诈骗罪。

选项B，强迫交易罪的成立需要"强迫"要素，亦即违背对方交易人的自由交易意愿，本案系双方自愿，当然不构成强迫交易罪。

选项C，串通投标罪的成立，要求有相互串通行为，并且损害招标人或者其他投标人利益、其他人的合法利益的损失结果。本案中张三并未参与投标，只是出卖投标资质，没有实施串通行为，不构成串通投标罪。

选项D，综上，张三不构成犯罪，是非法出卖投标资质的行政违法行为，非法获利应当予以行政没收。

8. 甲男是某上市保健品公司A公司的股东，乙女为该公司总经理。二人原为男女朋友，分手后，甲怀恨在心，因爱生恨，寻机报复。甲男经研究发现A公司生产的保健品没有任何保健功效，于是先将其购买的该公司股票全部抛售，后在网上公布了他的研究结果，并指明乙是该公司的总经理，造成A公司股价大跌。关于甲的行为，下列哪一说法是正确的？[2]（2018/客/卷一/18仿）

    A. 甲构成内幕交易罪

    B. 甲构成侵犯公民个人信息罪

    C. 甲没有侵犯公司和乙女的名誉，不构成损害商业信誉、商品声誉罪，也不构成侮辱罪、诽谤罪

    D. 甲构成破坏生产经营罪

【解析】本题是一道经济犯罪的结合题，主要考查几个稍微生僻一些罪名的构成要件。

A选项，根据《刑法》第180条，内幕交易、泄露内幕信息罪，是指证券、期货交易内幕信息的知情人员或者非法获取证券、期货交易内幕信息的人员，在涉及证券的发行，证券、期货交易或者其他对证券、期货交易价格有重大影响的信息尚未公开前，买入或者卖出该证券，或者从事与该内幕信息有关的期货交易，或者泄露该信息，或者明示、暗示他人从事上述交易活动，情节严重的行为。根据《证券法》第52条的规定，证券交易活动中，涉及发行人的经营、财务或者对该发行人证券的市场价格有重大影响的尚未公开的信息，为内幕信息。亦即，内幕信息是该信息所在集体，内部运作人员所知悉的信息。本选项甲男经研究发现的信息，不属"内幕信息"。

B选项，根据《刑法》第253条之一，侵犯公民个人信息罪，是指违反国家有关规定，向他人出售或者提供公民个人信息，情节严重的行为。《最高人民法院、最高人民检察院关于办理侵犯公民个人信息刑事案件适用法律若干问题的解释》第1条："公民个人信息"是指以电子或者其他方式记录的能够单独或者与其他信息结合识别特定自然人身份或者反映特定自然人活动情况的各种信息，包括姓名、身份证件号码、通信通讯联系方式、住址、账号密码、财产状况、行踪轨迹等。本选项中乙女的任职情况，是可公开的信息，甲男向社会公开，没有"违反国家有关规定"。

C选项，根据《刑法》第221条，损害商业信誉、商品声誉罪，是指捏造并散布虚伪事

实，损害他人的商业信誉、商品声誉，给他人造成重大损失或者有其他严重情节的行为。甲男揭发的事实为真实的事实，没有捏造事实，不构成该罪。

D 选项，根据《刑法》第 276 条（破坏生产经营罪），由于泄愤报复或者其他个人目的，毁坏机器设备、残害耕畜或者以其他方法破坏生产经营的，可构成破坏生产经营罪。其中的生产经营要求是合法合规的生产经营。但本题中 A 公司的经营本身违法，甲男不构成该罪。

综上所述，甲男无罪。

专题十八　侵犯公民人身权利、民主权利罪
（分则第四章）

故意杀人罪，故意伤害罪	1. 自杀不是不法，教唆自杀不是犯罪，除非构成间接正犯。2. 不扶养，支配生命是杀，不支配生命是遗弃。3. 故意伤害罪（致人死亡），要求因果关系，打击错误、认识错误也可构成
人体器官犯罪	1. 经有能力活人真实承诺，组织其出卖器官，定组织出卖人体器官罪。2. 未经同意（包括未成年人、精神病人、重大欺骗）摘取活人器官，定故意伤害罪。3. 违背意愿摘取死人器官，定盗窃、侮辱、故意毁坏尸体罪。4. 倒卖已经摘取下来的器官，定非法经营罪
强奸罪	1. 奸淫幼女，需要明知。2. 过失致重伤、死亡，才构成结果加重。3. 猥亵对象可是男子。4. 奸淫不满十周岁的幼女或者造成幼女伤害，猥亵儿童造成伤害，是加重犯。5. 负有照护职责人员性侵罪：构成要件、与强奸罪关系
非法拘禁罪	1. 为索债（包括赌债、高利贷非法债务）而扣押构成非法拘禁。2. 过失致死（重伤），结果加重。3. 暴力（轻伤以上）致死（重伤），是转化犯（故意杀人、重伤）。4. 与催收非法债务罪之间关系
绑架罪	1. 客观行为拘禁、杀伤、偷幼＋主观勒赎目的。2. 既遂：控制人身（及杀死）。3. 结果加重犯有三：杀人、伤害致死、重伤；杀而未死是结果加重犯未遂。4. 假绑架：诈骗、敲诈
拐卖妇女、儿童罪	1. 卖的目的，拐的行为（六种之一）。2. "拐"：拐骗（骗、抢夺、抢劫、偷盗）、绑架（拘禁）、收买、贩卖、接送、中转。3. 罪数：可包容拘禁/强奸/引诱强迫卖淫/过失重伤、致死
刑讯逼供罪/暴力取证罪/虐待被监管人罪	主体（司法人员、监管人员）；对象；手段；目的；转化犯
遗弃罪/虐待罪/虐待被监护、看护人罪	1. 虐待罪的对象是家庭成员（事实婚姻、实际扶养），遗弃罪不限家庭成员（负有扶养义务）。2. 虐待中伤害、杀害致死＝虐待罪的基本犯＋故意伤害罪或杀人罪致人死亡。3. 虐待被监护、看护人罪；同时触犯它罪，择一重处；自然人、单位均可构成

考点一　故意杀人罪

1. 甲、乙夫妇因 8 岁的儿子严重残疾，生活完全不能自理而非常痛苦。一天，甲给儿子要喝的牛奶里放入"毒鼠强"时被乙看到，乙说："这是毒药吧，你给他喝呀？"见甲不说话，乙叹了口气后就走开了。毒死儿子后，甲、乙二人一起掩埋尸体并对外人说儿子因病而死。
【问题】 对于乙的行为应认定为何罪？（2008/2/7）

　　【解析】 本题考查共同犯罪与不作为。正犯甲是作为的故意杀人罪，这较好认定。对于乙的行为性质的认定，涉及三个问题：

　　（1）乙对儿子的死亡能否构成不作为犯？乙是其子的父母，依法具有保护其人身的法定作为义务，能够履行而不履行，造成结果，符合不作为犯的客观条件。

　　（2）乙不救助的行为能否认定为"杀人"行为，以故意杀人罪定罪？首先考查乙的不救助行为能否被认定为"杀人"行为？在当时的情况下，乙如果阻止，则死亡结果极大可能不发生；不阻止则必死无疑。不阻止的不作为行为，支配着死亡结果，与一般杀人行为性质相当，可以认定为"杀人"行为。主观上，乙对儿子死亡的心态，明知自己的不作为必然导致死亡结果而拒不履行作为义务，系故意。乙可构成故意杀人罪。只有乙阻止后，死亡结果也不太可能被避免，乙的不作为行为不能支配死亡结果时，才能认定为遗弃行为，本案情况不是如此，故乙不能构成遗弃罪。

　　（3）甲、乙二人可否构成共同犯罪？杀害儿子的直接实行者是甲，但是，负有救助义务的乙如果救助，则儿子不死亡的可能性极大。也就是说，是甲（作为）、乙（不作为）两行为结合起来才导致了死亡结果，甲、乙的行为对于死亡结果具有共同性，可认为是共同行为。乙虽无与甲共同实施犯罪的明示故意，但其以不作为的默示形式参与，至少可认为是片面的帮助犯（承认片面的帮助犯是共同犯罪）。

　　（4）由此，甲、乙可构成共同犯罪，甲是作为的实行犯；乙是不作为的帮助犯，罪名应认定为故意杀人罪。

　　（5）之后的掩埋尸体行为，由于是本犯实施，对共犯人进行包庇，欠缺期待可能，不能构成包庇罪或帮助毁灭、伪造证据罪。

　　（6）为何不认为乙与甲是共同正犯呢？这就涉及乙的行为是正犯还是共犯的判断。根据通说观点（采西田典之的观点），如不作为者实施作为，本应"确实地"（具有"十之八九"的可能）避免结果发生之时，属于不作为形式的同时正犯；如果只是"有可能使得结果的发生更为困难"，则属于不作为形式的帮助犯。本案应属后者。到底还是甲的作为行为导致了儿子的死亡，乙能阻止时不阻止，其对死亡结果的作用是次要的。

2. 翟某与彭某在农贸市场内嬉戏打闹，翟某于持尖刀挥舞以阻挡彭某靠近，不慎将尖刀刺入彭某腹部，致使彭某腹壁小动脉及肠系膜小动脉破裂（重伤）。关于翟某的行为性质，下列说法正确的是[1]（2019/客/卷一/30 仿）
　　A. 翟某构成过失致人重伤罪　　　　B. 翟某构成故意伤害罪（致人重伤）
　　C. 翟某构成寻衅滋事罪　　　　　　D. 翟某构成故意杀人罪（间接故意）未遂
【解析】 1. 客观上翟某造成彭某重伤的结果，系致人重伤的行为。没有实施"随意殴打他

---

[1]　B

人"的寻衅滋事行为，不构成寻衅滋事罪。

2. 在主观罪过方面，"嬉戏打闹""不慎"表明翟某实施挥舞尖刀行为时，对于伤害、死亡结果并不直接明知，也不希望追求，没有伤害、杀人的直接故意。

3. 但是，手持尖刀挥舞是危险性极大的行为，有造成伤害结果的高度可能。作为正常人的翟某，在手持尖刀挥舞时，"应当明知"该行为大概率会造成伤害结果。翟某也没有采取防卫措施避免该结果发生，不属"轻信避免结果"，应当认定为"放任"。即对重伤结果系间接故意。客观主观统一构成故意伤害罪（致人重伤）。

4. 由于间接故意的意志因素对于结果系放任，亦即没有明确的犯罪目的和希望的结果。故而，认定间接故意时，往往是以实际发生的结果来确定行为人放任的结果要素，此之谓"间接故意无未遂"。例如本案，在认识因素上，翟某对于结果不发生、伤害结果、死亡结果三种结果都明知，但都不追求、不反对。如果以其认识到的可能的结果来认定具体故意，则会认定其主观上具有无罪故意、伤害故意、杀人故意三种故意，这显然是矛盾的。因此，应当在客观重伤结果发生后，判断行为人对实际发生的重伤结果是否明知，有无放任。从而，本案不能认定翟某构成故意杀人罪（间接故意）未遂。

考点二　过失致人死亡罪

1. 张某和赵某长期一起赌博，某日两人在工地发生争执，张某推了赵某一把，赵某倒地后后脑勺正好碰到石头上，导致颅脑损伤，抢救无效死亡。关于张某的行为，下列哪一选项是正确的？[1]（2007/2/14）

A. 构成故意杀人罪　　　　　　　B. 构成过失致人死亡罪

C. 构成故意伤害罪　　　　　　　D. 属于意外事件

【解析】本题考查疏忽大意过失与意外事件的区分。（1）按平常之理推导，行为人对被害人实施推搡行为时，没想到会致死致伤，对被害人的死亡结果、伤害结果没有预见到，不能认为有伤害或杀人故意。（2）问题在于，张某是否有过失（疏忽大意的过失），这涉及疏忽大意的过失与意外事件的区分。依题意，推搡的行为发生在"工地"，一般人可以预见地形复杂危险环境而造成危险的后果，而张某未预见，属应当预见而未预见，系疏忽大意的过失，应认定为过失致人死亡罪，而非意外事件。

2. 下列哪些情形不能认定为过失致人死亡罪？[2]（2008 延/2/54）

A. 甲在运输放射性物质过程中发生事故，造成4人死亡

B. 乙在工地塌方之后，仍然强令6名工人进入隧道抢救价值2000万元的机械，6名工人由此遇难

C. 丙遭受不法侵害，情急之下失手将不法侵害人打死，法院认为丙防卫过当，应当负刑事责任

D. 聚众斗殴致人死亡

【疑难辨析】本题选项A、选项B考查过失致人死亡罪与其他罪名之间的法条竞合关系。《刑法》第233条（过失致人死亡罪）规定，"本法另有规定的，依照规定。"当其他罪名中包含过失致人死亡内容时，形成整体法与部分法的法条竞合，应以整体法定罪。例如失火罪、过

---

〔1〕　B　〔2〕　ABD

失投放危险物质罪、过失爆炸罪、重大责任事故罪、交通肇事罪等犯罪中都包含过失致人死亡。根据整体法优于部分法的原则，应以上述其他犯罪论处。选项D考查转化犯。

【解析】 A选项，甲的行为构成危险物品肇事罪、过失致人死亡罪，两罪之间属整体法与部分法的法条竞合情况，以整体法危险物品肇事罪论处，不再认定为过失致人死亡罪。

B选项，乙的行为构成强令违章冒险作业罪、过失致人死亡罪，两罪之间属整体法与部分法的法条竞合情况，以整体法强令违章、组织他人冒险作业罪论处，不再认定为过失致人死亡罪。

C选项，客观上防卫过当过失致人死亡，系不法行为；主观上有防卫意图，即无犯罪故意，"失手"表明行为人对过当结果应当避免而未避免，系过失，构成过失致人死亡罪。

D选项，根据《刑法》第292条，聚众斗殴致人死亡的，系转化犯（实为想象竞合的提示规定），以故意杀人罪论处。

3. 下列哪些行为不应认定为过失致人死亡罪？[1]（2006/2/56）

A. 甲遭受乙正在进行的不法侵害，在防卫过程中一棒将乙打倒，致乙脑部跌在一块石头上而死亡。法院认为甲的防卫行为明显超过必要限度造成了重大损害，应以防卫过当追究刑事责任

B. 甲对乙进行非法拘禁，在拘禁过程中，因长时间捆绑，致乙呼吸不畅窒息死亡

C. 甲因对女儿乙的恋爱对象丙不满意，阻止乙、丙正常交往，乙对此十分不满，并偷偷与丙登记结婚，甲获知后对乙进行打骂，逼其离婚。乙、丙不从，遂相约自杀而亡

D. 甲结婚以后，对丈夫与其前妻所生之子乙十分不满，采取冻饿等方式进行虐待，后又发展到打骂，致乙多处伤口腐烂，乙因未能被及时救治而不幸身亡

【疑难辨析】 选项A考查防卫过当的定性，选项BCD名义考查过失致人死亡罪，实际上选项BCD考查的是结果加重犯。刑法规定的很多犯罪的结果加重犯，都包括"致人死亡"的情形，不再单独以过失致人死亡罪论处。

【解析】 选项A，客观上防卫过当过失致人死亡，系不法行为；主观上有防卫意图，即无犯罪故意，"失手"表明行为人对过当结果应当避免而未避免，系过失，构成过失致人死亡罪。

选项B，根据《刑法》第238条第2款，非法拘禁过失致人死亡的，成立非法拘禁罪的结果加重犯，不单独认定为过失致人死亡罪。

选项C，根据《刑法》第257条第2款，暴力干涉婚姻自由造成他人死亡的，成立暴力干涉婚姻自由罪的结果加重犯，不单独认定为过失致人死亡罪。但是，本选项不是因此理由而不当选，而是因为死亡结果系"相约自杀"导致，与暴力干涉婚姻自由行为没有因果关系。

选项D，根据《刑法》第260条第2款，虐待家庭成员的，构成虐待罪；过失致人死亡的，成立虐待罪的结果加重犯，不单独认定为过失致人死亡罪。

考点三 故意伤害罪

1. 关于自伤，下列哪一选项是错误的？[2]（2011/2/13）

A. 军人在战时自伤身体、逃避军事义务的，成立战时自伤罪

B. 帮助有责任能力成年人自伤的，不成立故意伤害罪

C. 受益人唆使60周岁的被保险人自伤、骗取保险金的，成立故意伤害罪与保险诈骗罪

---

[1] BCD [2] C

D. 父母故意不救助自伤的 12 周岁儿子而致其死亡的，视具体情形成立故意杀人罪或者遗弃罪

【解析】A 选项，根据《刑法》第 434 条，构成战时自伤罪。

B 选项，有责任能力成年人自伤，其行为不是刑法规定的不法行为。帮助其实施自伤，帮助者不能构成间接正犯；而依照共犯从属说，正犯没有实施不法行为，共犯也不能成立，帮助者亦不成立帮助犯。故不认为帮助者构成犯罪。

C 选项，（1）对于教唆者教唆有责任能力的人自伤的行为，教唆者不能构成间接正犯；而依照共犯从属说，正犯没有实施不法行为，共犯也不能成立，教唆者亦不能成立教唆犯，不构成故意伤害罪。（2）对于教唆者教唆他人实施保险诈骗罪的，可构成保险诈骗罪的教唆犯。故应认定其构成保险诈骗罪的教唆犯一罪。

D 选项，（1）父母对于子女负有救助义务，不救助系不作为犯。（2）如不救助行为对死亡结果有支配性，可评价为"杀"，且对死亡结果具有故意，则成立故意杀人罪；（3）如不救助行为不能支配死亡结果，亦即即使救助也不一定生存，则不救助行为不能评价为"杀"，应该评价为"遗弃"行为；主观上故意不救助，可构成遗弃罪。

2. 甲、乙、丙共谋要"狠狠教训一下"他们共同的仇人丁。到丁家后，甲在门外望风，乙、丙进屋打丁。但当时只有丁的好友田某在家，乙、丙误把体貌特征和丁极为相似的田某当作是丁进行殴打，遭到田某强烈抵抗和辱骂，二人分别举起板凳和花瓶向田某头部猛击，将其当场打死。关于本案的处理，下列哪些判断是正确的？[1]（2008 延/2/61）

A. 甲、乙、丙构成共同犯罪　　　　　B. 甲、乙、丙均成立故意杀人罪

C. 甲不需要对田某的死亡后果负责　　D. 甲成立故意伤害罪

【解析】（一）对于正犯乙、丙而言

1. 客观上实施了"向田某头部猛击"的杀人行为，致田某死亡，系杀人致死行为。

2. 主观上具有杀人故意（"向田某头部猛击"）。误将田某认作丁，系对象错误、具体错误，按法定符合说，对田某具有杀人故意，构成故意杀人罪既遂。

3. 当然，之前的行为为伤害，后来发生犯意转化，以重行为故意杀人罪论处。

（二）对于帮助犯甲

1. 客观行为附属于正犯实行行为，系为致死行为提供帮助。

2. 甲与乙、丙在故意伤害罪的范围内构成共同犯罪，对共同伤害导致的致死结果负责。

3. 主观上具有伤害故意（"狠狠教训一下"），对死亡结果系过失，构成故意伤害罪（致人死亡）。故选项 AD 正确，BC 错误。

（三）本题的难点是 C 选项

1. 甲仅有伤害故意，没有杀人故意，与乙、丙在故意伤害罪的范围内构成共同犯罪。但田某死亡是乙、丙的杀人行为导致的，甲是否对致死负责？因杀人是最严重的伤害，故而乙、丙杀人致死，也是伤害致死，当然甲客观上要负责（乙、丙对于伤害行为并未实行过限）。

2. 只不过，主观上甲对死亡结果没有故意，不承担故意责任，是否应当承担过失责任？回答是肯定的，甲有伤害的故意，没有认识到死亡结果；但是，其虽未认识到死亡结果，但公众会认为，伤害与杀害只有程度之别，很难把握分寸，应当预料到死亡结果的发生可能，因此具有疏忽过失。事实上，在结果加重犯中，认识到基本犯结果，就应推定对加重结果至少有过失。甲需要对田某的死亡后果负责过失责任，构成故意伤害罪（致人死亡）。选项 C "不需要

---

[1]　AD

负责"说法错误。正确的说法是：不承担故意责任，但要承担过失责任。

3. 下列哪一行为不应以故意伤害罪论处？[1]（2012/2/16）

A. 监狱监管人员吊打被监管人，致其骨折

B. 非法拘禁被害人，大力反扭被害人胳膊，致其胳膊折断

C. 经本人同意，摘取17周岁少年的肾脏1只，支付少年5万元补偿费

D. 黑社会成员因违反帮规，在其同意之下，被截断1截小指头

【解析】A选项，根据《刑法》第248条第1款，虐待被监管人致人重伤，构成故意伤害罪。

B选项，根据《刑法》第238条第2款，非法拘禁使用暴力致人重伤，构成故意伤害罪。

C选项，根据《刑法》第234条之一第2款，摘取不满18周岁少年的人体器官，构成故意伤害罪。

D选项，涉及被害人承诺的问题，截断小指头为轻伤，经本人承诺阻却违法性，不构成犯罪。

考点四　人体器官犯罪

1. 关于故意伤害罪与组织出卖人体器官罪，下列哪一选项是正确的？[2]（2011/2/14）

A. 非法经营尸体器官买卖的，成立组织出卖人体器官罪

B. 医生明知是未成年人，虽征得其同意而摘取其器官的，成立故意伤害罪

C. 组织他人出卖人体器官并不从中牟利的，不成立组织出卖人体器官罪

D. 组织者出卖一个肾脏获15万元，欺骗提供者说只卖了5万元的，应认定为故意伤害罪

【解析】A选项，非法经营尸体器官买卖的，构成非法经营罪。

B选项，根据《刑法》第234条之一第2款，未成年人即使同意，摘取其器官的，仍然成立故意伤害罪。承诺无效。

C选项，成立组织他人出卖人体器官罪，并不要求组织者有牟利目的，只要其有组织故意即可。其中的"出卖"指的是被组织者有出卖行为。

D选项，（1）《刑法》第234条之一第2款规定的"欺骗他人捐献器官"构成故意伤害罪。其中的"欺骗"指使捐赠者产生重大错误认识的"欺骗"，即使得捐赠承诺无效的欺骗。因行为人的欺骗行为，而使出卖器官者对器官摘除后重大身体法益侵害后果产生误认，足以影响决定，而错误地作出捐献器官承诺。（2）本选项中，出卖器官者对身体受侵害的事实无误认，只是对价金有误认，不属该款的"欺骗"，承诺仍然有效。行为人不构成故意伤害罪，构成组织出卖人体器官罪。

2. 关于故意杀人罪、故意伤害罪的判断，下列哪一选项是正确的？[3]（2014/2/15）

A. 甲的父亲乙身患绝症，痛苦不堪。甲根据乙的请求，给乙注射过量镇定剂致乙死亡。乙的同意是真实的，对甲的行为不应以故意杀人罪论处

B. 甲因口角，捅乙数刀，乙死亡。如甲不顾乙的死伤，则应按实际造成的死亡结果认定甲构成故意杀人罪，因为死亡与伤害结果都在甲的犯意之内

C. 甲谎称乙的女儿丙需要移植肾脏，让乙捐肾给丙。乙同意，但甲将乙的肾脏摘出后移

---

[1]　D　[2]　B　[3]　B

植给丁。因乙同意捐献肾脏，甲的行为不成立故意伤害罪

D. 甲征得乙（17 周岁）的同意，将乙的左肾摘出，移植给乙崇拜的歌星。乙的同意有效，甲的行为不成立故意伤害罪

【解析】 本题考查被害人承诺、间接故意（概括故意）、器官类犯罪。

A 选项，考查被害人承诺，涉及承诺的法益范围。题眼是"过量镇定剂致乙死亡"，即甲符合故意杀人罪的构成要件；因生命法益超过刑法认可的承诺范围，故而乙的承诺无效，甲仍构成故意杀人罪。只不过量刑时从轻而已。

B 选项，考查故意的认识内容。题眼是"不顾乙的死伤"，说明甲对于死亡结果和伤害结果都有认识，对于死亡结果至少有间接故意，实际造成死亡结果的，当然可以认定为故意杀人罪。

C 选项，考查被害人承诺，涉及基于错误作出的承诺的效力问题。乙误认为移植器官的受体为自己女儿，实际上不是，其重大目的未实现。一般人在知情假象时会作出同样的承诺，乙系基于重大错误而作出承诺，承诺无效。乙系"欺骗他人捐献器官"，按照《刑法》第 234 条之一第 2 款，构成故意伤害罪。

D 选项，考查被害人承诺，涉及承诺能力、承诺的法益范围。（1）乙 17 周岁，对于器官没有承诺能力，承诺无效。（2）甲的行为属于"摘取不满十八周岁的人的器官"，按照《刑法》第 234 条之一第 2 款，构成故意伤害罪。（3）假设案情改为：乙已满 18 周岁，甲的行为如何认定？这涉及承诺的法益范围问题。因活体器官的捐赠者与接受者之间无近亲属关系，移植非法；同时，对于重伤的承诺是无效的；而甲无"组织出卖"行为；则甲仍构成故意伤害罪。

考点五　强奸罪；负有照护职责人员性侵罪

1. 关于强奸罪及相关犯罪的判断，下列哪一选项是正确的？[1]（2007/2/12）

A. 甲欲强奸某妇女遭到激烈反抗，一怒之下卡住该妇女喉咙，致其死亡后实施奸淫行为。甲的行为构成强奸罪的结果加重犯

B. 乙为迫使妇女王某卖淫而将王某强奸，对乙的行为应以强奸罪与强迫卖淫罪实行数罪并罚

C. 丙在组织他人偷越国（边）境过程中，强奸了被组织的妇女李某。丙的行为虽然触犯了组织他人偷越国（边）境罪与强奸罪，但只能以组织他人偷越国（边）境罪定罪量刑

D. 丁在拐卖妇女的过程中，强行奸淫了该妇女。丁的行为虽然触犯了拐卖妇女罪与强奸罪，但根据刑法规定，只能以拐卖妇女罪定罪量刑

【解析】 A 选项，（1）甲欲强奸某女并已着手，构成强奸罪未遂；（2）遭反抗而故意杀人，构成故意杀人罪；（3）之后奸尸的，构成侮辱尸体罪。（4）作为强奸罪结果加重犯的强奸"致使被害人重伤、死亡"，指的是过失致使被害人重伤、死亡，不包括故意伤害、杀害。故本题不属结果加重犯，应当三罪并罚。A 项错误。

B 选项，（1）在当前，根据第 358 条第 3 款（《刑法修正案（九）》修正）：犯组织卖淫罪、强迫卖淫罪，"并有杀害、伤害、强奸、绑架等犯罪行为的，依照数罪并罚的规定处罚。"故而应当以强奸罪与强迫卖淫罪实行数罪并罚。故在现在，选项 B 说法正确。（2）根据考试

〔1〕　BD（当年正确答案为 D）

当时的《刑法》第358条第1款第4项，为迫使卖淫而强奸的，是强迫卖淫罪的加重犯，不再并罚。故在考试当时，选项B说法错误。

C选项，根据《刑法》第318条第2款，犯组织他人偷越国（边）境罪，对被组织人有杀害、伤害、强奸、拐卖等行为的，实行数罪并罚。故C项错误。

D选项，《刑法》第240条第1款第3项，是拐卖妇女罪的加重犯情节，不再并罚。故D项正确。

2. 甲男为强奸乙女对其实施暴力行为，练过散打的乙女将甲制服后欲将甲送至公安机关，甲男为逃跑掏出弹簧刀将乙女捅成重伤。对于本案的分析，下列选项说法正确的是？[1] (2023/客A/卷一/仿8)

A. 甲男带着奸淫目的实施了暴力行为，导致乙女重伤的加重结果，对甲应当认定为强奸罪既遂

B. 虽然犯盗窃罪为抗拒抓捕而当场使用暴力致人重伤，应以抢劫罪致人重伤论处，但本案中甲男不能认定为强奸罪致人重伤

C. 根据刑法理论，强奸罪的实行行为致人重伤的，应以强奸罪致人重伤论处，故甲的行为属于强奸罪致人重伤

D. 甲为了奸淫对乙女实施暴力，但是因为意志以外的原因未得逞，属于强奸罪未遂，与故意伤害罪数罪并罚

【解析】本题考点：结果加重犯；犯罪既遂、未遂；结果加重犯既遂、未遂。

1. 第一段行为：甲使用暴力奸淫乙女，根据《刑法》第236条，构成强奸罪。因被害人反击而未得逞，根据《刑法》第23条，系强奸罪未遂。

2. 第二段行为：甲另起犯意伤害乙女致其重伤，根据《刑法》第234条，构成故意伤害罪（致人重伤）。该伤害行为的目的不是为了强奸，不能认定为强奸行为。

3. 乙女重伤的结果，与甲第二段行为另起犯意实施的伤害行为有因果关系，属故意伤害罪（致人重伤）；与第一段行为强奸行为没有因果关系，强奸罪属于基本犯，而不属强奸罪（致人重伤）。

4. 罪数：数罪并罚。以强奸罪未遂（基本犯）、故意伤害罪（致人重伤），两罪并罚。

3. 对下列哪些行为不能认定为强奸罪？[2] (2006/2/57)

A. 拐卖妇女的犯罪分子奸淫被拐卖的妇女的

B. 利用职权、从属关系，以胁迫手段奸淫现役军人的妻子的

C. 利用迷信奸淫妇女的

D. 组织卖淫的犯罪分子强奸妇女后迫使其卖淫的

【解析】选项A，根据《刑法》第240条第1款第3项，拐卖并奸淫被拐卖的妇女的是拐卖妇女罪的加重犯情节，不再并罚。

选项B，《刑法》第236条和第259条第2款规定，胁迫现役军人妻子，违背其意志发生性关系的，成立强奸罪。

选项C，《刑法》第300条第1款规定，组织和利用会道门、邪教组织或者利用迷信奸淫妇女的，认定为强奸罪。

选项D，(1) 触犯组织卖淫罪、强迫卖淫罪、强奸罪三罪。(2) 罪数上：①根据《最高人民法院、最高人民检察院关于办理组织、强迫、引诱、容留、介绍卖淫刑事案件适用法律若

---

[1] BD [2] A（当年正确答案为AD）

干问题的解释》（法释〔2017〕13号）第6条第2款，行为人既有组织卖淫犯罪行为，又有强迫卖淫犯罪行为，以组织卖淫"情节严重"论处。②现《刑法》第358条第3款：犯组织卖淫罪、强迫卖淫罪，"并有杀害、伤害、强奸、绑架等犯罪行为的，依照数罪并罚的规定处罚。"③故而，以组织卖淫罪（情节严重）、强奸罪两罪并罚。选项D不当选。④根据考试当时的《刑法》第358条第1款第4项，认定为组织卖淫罪的加重犯，不再并罚。故在考试当时，选项D当选。

考点六　强制猥亵、侮辱罪；猥亵儿童罪

甲男与乙女发生纠纷，乙将脏水泼在甲的身上，甲便揪住乙的上衣，并向其下身猛击几拳，乙骂声不止，甲便唤来自家养的大公狗，在有许多围观村民的情况下，甲扒下乙的裤子，使其当众赤身裸体，并叫狗扑在乙的身上。甲的行为构成何罪？[1]（2000/2/28）

A. 强制猥亵、侮辱罪（原罪名为强制猥亵、侮辱妇女罪）

B. 侮辱罪

C. 公然猥亵罪

D. 诽谤罪

【解析】（1）在客观上，甲男扒下乙的裤子，使其当众赤身裸体，并叫狗扑在乙的身上，可以认定为强制猥亵、侮辱的行为。主要争议在主观上，在故意内容方面，甲男显然知晓贬损名誉的方式可以同时侵害乙女的性尊严，具有强制猥亵、侮辱的故意。在目的方面，甲男行为的直接目的是侵害他人性尊严，最终的目的是贬损他人名誉。

（2）问题在于，强制猥亵、侮辱罪的主观方面的构成，除了要求具有强制猥亵、侮辱的故意即侵害他人尊严（性羞耻心）的故意以外，是否还需要"满足自己变态性刺激"的特定动机（或倾向）。如果要求这种主观动机，由于甲男只有贬损名誉的动机，没有满足自己性刺激的动机，则本题的答案应是B选项侮辱罪。如果不要求这种主观动机，则本题答案应是A选项强制猥亵、侮辱罪（同时触犯侮辱罪，系想象竞合，强制猥亵、侮辱罪更为特殊）。应当认为，强制猥亵、侮辱罪不是动机犯（倾向犯），故本题正确答案为A选项。C选项，我国刑法没有此罪名；D选项，诽谤罪的行为是捏造事实，不选。

（3）注意：《刑法修正案（九）》已将该罪罪名修正为强制猥亵、侮辱罪，将对象修正为包括男性在内的"他人"。

考点七　非法拘禁罪

1. 韩某在向张某催要赌债无果的情况下，纠集好友把张某挟持至韩家，并给张家打电话，声称如果再不还钱，就砍掉张某一只手。则韩某的行为[2]（2004/2/1）

A. 构成非法拘禁罪　　　　　　　　B. 构成绑架罪

C. 构成非法拘禁罪和绑架罪的想象竞合犯　D. 构成敲诈勒索罪

【解析】（1）行为人韩某为索取赌债这一法律不予保护的债务，而非法扣押、拘禁张某，

---

〔1〕A　〔2〕A

根据《刑法》第238条第3款、《最高人民法院关于对为索取法律不予保护的债务非法拘禁他人行为如何定罪问题的解释》规定，构成非法拘禁罪，系索债型的非法拘禁。

（2）韩某客观上实施了绑架行为，并且以严重暴力威胁家属（"砍掉张某一只手"）；但因其主观上仅有索债目的，而无勒赎目的，不构成绑架罪，只构成非法拘禁罪。

（3）韩某客观上实施了敲诈行为，但因其主观上仅有索债目的，而无非法占有目的，也不构成敲诈勒索罪。

（4）因只构成非法拘禁罪一罪，不存在想象竞合犯的问题。

（5）在现在，还触犯《刑法》第293条之一规定的催收非法债务罪。与非法拘禁罪的基本犯，择一重处，应以催收非法债务罪论处。

2. 甲为要回30万元赌债，将乙扣押，但2天后乙仍无还款意思。甲等5人将乙押到一处山崖上，对乙说："3天内让你家人送钱来，如今天不答应，就摔死你。"乙勉强说只有能力还5万元。甲刚说完"一分都不能少"，乙便跳崖。众人慌忙下山找乙，发现乙已坠亡。关于甲的行为定性，下列哪些选项是错误的？[1]（2014/2/59）

A. 属于绑架致使被绑架人死亡

B. 属于抢劫致人死亡

C. 属于不作为的故意杀人

D. 成立非法拘禁，但不属于非法拘禁致人死亡

【解析】本题考查非法拘禁罪、绑架罪、抢劫罪的区分，致人死亡的认定（因果关系）。

（1）甲等人为要回30万元赌债将乙扣押，根据《刑法》第238条第3款、《最高人民法院关于对为索取法律不予保护的债务非法拘禁他人行为如何定罪问题的解释》的规定，构成非法拘禁罪。

（2）甲等人客观上实施了绑架行为，并且恐吓乙逼迫其向家人要钱；但因其主观上仅有索债目的，而无勒赎目的，不构成绑架罪。因无非法占有目的，也不构成抢劫罪。A、B选项说法错误。

（3）对于乙死亡的结果，系其跳崖自杀，应归因于乙的跳崖自杀行为。甲等人未实施杀人的作为行为（题眼"众人慌忙下山找乙"，证明甲等人只是吓唬，没有杀乙的故意和行为）；因风险系乙创设，事发突然甲等人也无制止能力，甲等人也不构成不作为犯。乙的死亡结果与甲等人的非法拘禁行为之间没有因果关系，不属非法拘禁罪"致人死亡"。C选项说法错误。

（4）因乙的死亡结果与甲等人的非法拘禁行为之间没有因果关系，并且甲等人没有杀人故意，不属非法拘禁"使用暴力致人死亡"，甲等人不构成故意杀人罪。

（5）综上所述，对甲等人应以非法拘禁罪的基本犯论处。

（6）在现在，还触犯《刑法》第293条之一规定的催收非法债务罪。与非法拘禁罪的基本犯，择一重处，应以催收非法债务罪论处。

3. 《刑法》第二百三十八条第1款与第2款分别规定："非法拘禁他人或者以其他方法非法剥夺他人人身自由的，处三年以下有期徒刑、拘役、管制或者剥夺政治权利。具有殴打、侮辱情节的，从重处罚。""犯前款罪，致人重伤的，处三年以上十年以下有期徒刑；致人死亡的，处十年以上有期徒刑。使用暴力致人伤残、死亡的，依照本法第二百三十四条、第二百三十二条的规定定罪处罚。"关于该条款的理解，下列哪些选项是正确的？[2]（2011/2/60）

A. 第1款所称"殴打、侮辱"属于法定量刑情节

---

〔1〕 ABC 〔2〕 ABD

B. 第 2 款所称"犯前款罪，致人重伤"属于结果加重犯

C. 非法拘禁致人重伤并具有侮辱情节的，适用第 2 款的规定，侮辱情节不再是法定的从重处罚情节

D. 第 2 款规定的"使用暴力致人伤残、死亡"，是指非法拘禁行为之外的暴力致人伤残、死亡

【解析】（1）"具有殴打、侮辱情节的，从重处罚"，是《刑法》第 238 条第 1 款明文规定的量刑情节，当然属于法定量刑情节。选项 A 正确。

（2）"犯前款罪，致人重伤"，指仍构成非法拘禁罪，而处更重刑罚，属于结果加重犯。选项 B 正确。

（3）"具有殴打、侮辱情节的，从重处罚"，适用于基本犯，也适用所有非法拘禁罪的结果加重犯、转化犯，只是应禁止对"殴打、侮辱情节"进行重复评价。非法拘禁致人重伤并具有侮辱情节的，不仅适用第 2 款的规定，构成非法拘禁罪（致人死亡）；而且侮辱情节没有被评价过，仍可作为从重情节，从重处罚。选项 C 说法错误。

（4）"使用暴力致人伤残、死亡"，转化为故意伤害罪、故意杀人罪。①基本原理是想象竞合的提示性规定，亦即在转化犯中，行为人对于伤害、死亡结果，主观上是故意心态（伤害故意、杀人故意）。②在实务层面，一般以暴力是否超出拘禁行为所需范围（一般如捆绑、关押、殴打等，最高限度不能是轻伤）进行区分（推定规则）。③未使用超过拘禁行为本身范围的暴力（轻伤以下），推定为过失，构成结果加重犯。④使用了超出拘禁行为本身范围的暴力（轻伤及以上），推定为故意，认定为转化犯，构成故意伤害罪、故意杀人罪。但允许反证。故而，可认为"使用暴力致人伤残、死亡"，是指非法拘禁行为之外的暴力致人伤残、死亡。选项 D 说法正确。

考点八　绑架罪

1. 甲、乙合谋勒索丙的钱财。甲与丙及丙的儿子丁（17 岁）相识。某日下午，甲将丁邀到一家游乐场游玩，然后由乙向丙打电话。乙称丁被绑架，令丙赶快送 3 万元现金到约定地点，不许报警，否则杀害丁。丙担心儿子的生命而没有报警，下午 7 点左右准备了 3 万元后送往约定地点。乙取得钱后通知甲，甲随后与丁分手回家。下列哪些罪名不符合甲、乙的行为性质？[1]（2003/2/50）

A. 绑架罪　　　　　B. 抢劫罪　　　　　C. 敲诈勒索罪　　　　　D. 非法拘禁罪

【解析】（1）绑架罪的成立要求行为人客观上实施了绑架行为（即拘禁、杀害、偷窃婴幼儿行为）。本案中，甲、乙并未实际扣押、控制丁，没有实施限制他人人身自由（丁 17 周岁）的行为，不构成非法拘禁罪，也不能构成绑架罪。

（2）甲、乙虚构扣押的虚假事实恐吓丙以勒索财物，根据《刑法》第 274 条，触犯敲诈勒索罪。

（3）虚构事实骗取丙转移占有，根据《刑法》第 266 条，触犯诈骗罪。

（4）一行为触犯两罪，系想象竞合，应当择一重处。

2. 甲持刀将乙逼入山中，让乙通知其母送钱赎人。乙担心其母心脏病发作，遂谎称开车

---

[1]　ABD

撞人，需付五万元治疗费，其母信以为真。关于甲的行为性质，下列哪一选项是正确的?[1]（2010/2/16）

    A. 非法拘禁罪   B. 绑架罪   C. 抢劫罪   D. 诈骗罪

【解析】 绑架罪与抢劫罪的区别在于：意图索财的对象（目的）不同，绑架罪是意图向第三人勒赎（勒赎的目的），抢劫罪是意图向被控制人本人要钱（抢劫的故意）。

（1）甲实施扣押行为时，主观目的是"让乙通知其母送钱赎人"，即欲图直接向第三人勒赎，具有勒赎目的。根据《刑法》第239条，构成绑架罪。

（2）甲扣押乙，根据《刑法》第238条，可触犯非法拘禁罪，但系绑架手段行为，与绑架罪存在法条竞合关系，应以整体法绑架罪论处。

（3）甲主观上不具有当场劫财的抢劫故意，不构成抢劫罪。

（4）是乙向其母亲谎称需钱救人（紧急避险），甲对此未强迫、指使，并不知情，不能构成诈骗罪的间接正犯。

3. 甲使用暴力将乙扣押在某废弃的建筑物内，强行从乙身上搜出现金3000元和1张只有少量金额的信用卡，甲逼迫乙向该信用卡中打入人民币10万元。乙便给其妻子打电话，谎称自己开车撞伤他人，让其立即向自己的信用卡打入10万元救治伤员并赔偿。乙妻信以为真，便向乙的信用卡中打入10万元，被甲取走。甲在得款后将乙释放。对甲的行为应当按照下列哪一选项定罪?[2]（2006/2/14）

    A. 非法拘禁罪   B. 绑架罪   C. 抢劫罪   D. 抢劫罪和绑架罪

【解析】（1）甲对乙实施了扣押行为，但主观上没有向第三人勒赎的目的，不构成绑架罪。

（2）甲扣押乙时，意图是"甲逼迫乙向该信用卡中打钱"，说明目的是直接向被绑人取财，具有抢劫故意，根据《刑法》第263条，构成抢劫罪。

（3）甲扣押乙，根据《刑法》第238条，可触犯非法拘禁罪，但系抢劫罪的暴力手段，与抢劫罪存在法条竞合关系，应以整体法抢劫罪论处。

4. 甲、乙为劫取财物将在河边散步的丙杀死，当场取得丙随身携带的现金2000余元。甲、乙随后从丙携带的名片上得知丙是某公司总经理。两人经谋划后，按名片上的电话给丙的妻子丁打电话，声称丙已被绑架，丁必须于次日中午12点将10万元现金放在某处，否则杀害丙。丁立即报警，甲、乙被抓获。关于本案的处理，下列哪一种说法是正确的?[3]（2005/2/14）

    A. 抢劫罪和绑架罪并罚

    B. 以故意杀人罪、盗窃罪和绑架罪并罚

    C. 以抢劫罪和敲诈勒索罪并罚

    D. 以故意杀人罪、侵占罪和敲诈勒索罪并罚

【解析】 本题考查行为与责任同时性原则。

（1）第　段行为，行为人甲、乙杀害被害人丙；①在实施杀害行为时的目的是直接取财，而不是向第三人勒赎，因无勒赎目的，不构成绑架罪；②具有抢劫故意，根据《刑法》第263条，构成抢劫罪。③以杀人为手段抢劫，致丙死亡，属抢劫罪致人死亡，系结果加重犯。

（2）第二段行为，在杀害丙之后，才另起犯意向丙妻勒索。①主观上虽有勒索目的；但由于被害人已经死亡，行为人没有实施拘禁、杀害、偷窃婴幼儿的绑架行为，没有真实地绑架被害人，不构成绑架罪。②虚构绑架的虚假事实恐吓丙妻以勒索财物，根据《刑法》第274

条，触犯敲诈勒索罪。③虚构事实骗取丙转移占有，根据《刑法》第266条，触犯诈骗罪。④一行为触犯两罪，系想象竞合，应当择一重处。

（3）因此，行为人的前后两部分行为分别构成抢劫罪和敲诈勒索罪（与诈骗罪想象竞合），应当数罪并罚。故选 C 项。

5. 甲在一豪宅院外将一个正在玩耍的男孩（3岁）骗走，意图勒索钱财，但孩子说不清自己家里的联系方式，无法进行勒索。甲怕时间长了被发现，于是将孩子带到异地以4000元卖掉。对甲应当如何处理？[1]（2005/2/17）

A. 以绑架罪与拐卖儿童罪的牵连犯从一重处断
B. 以绑架罪一罪处罚
C. 以拐卖儿童罪一罪处罚
D. 以绑架罪与拐卖儿童罪并罚

【解析】（1）甲以勒索钱财为目的绑架男孩，根据《刑法》第239条，构成绑架罪。

（2）绑架的既遂标准通说认为是控制住人质（或杀害），已经控制了小孩，绑架罪已经既遂。

（3）之后，甲另起出卖幼儿以换取身价的出卖犯意，并着手实施绑架、贩卖行为，根据《刑法》第240条，构成拐卖儿童罪。系犯罪既遂。

（4）两罪之间没有手段与目的关系，也不是"伪造后诈骗"的情况，不是牵连犯，应当数罪并罚。

（5）如果案情是：起初即以出卖为目的实施绑架（拘禁），触犯非法拘禁罪、拐卖儿童罪，是法条竞合，应以整体法拐卖儿童罪一罪论处。本案案情不是如此。

6. 以下选项中，属于绑架罪中的"杀害被绑架人"的是[2]（2020/客/1/26仿）

A. 甲绑架被害人乙，用毛巾塞住乙嘴，不小心窒息致乙死亡
B. 甲绑架被害人乙，获得赎金后释放乙。乙走出三公里后，甲开车逃走时不慎将乙撞死
C. 甲绑架被害人乙，故意重伤乙，乙因重伤导致死亡
D. 甲在绑架乙过程中，为了制止乙反抗，将乙杀死

【解析】考查绑架罪加重犯中的"杀害被绑架人"。"杀害被绑架人"是指在绑架之时、之中、之后，故意杀害被绑架人。

选项A，属绑架中过失致死，属想象竞合，应当择一重处。

选项B，属绑架之后，交通肇事过失致人死亡，应当数罪并罚。

选项C，属"绑架中故意伤害致人死亡"，虽也是结果加重犯，但不属"杀害被绑架人"。

选项D，属"杀害被绑架人"。

7. 为谋财绑架他人的，在下列哪一种情形下不应当判处死刑？[3]（2009/2/8）

A. 甲绑架并伤害被绑架人致其残疾的
B. 乙杀死人质后隐瞒事实真相向人质亲友勒索赎金10万元的
C. 丙绑架人质后害怕罪行败露杀人灭口的
D. 丁控制人质时因捆绑太紧过失致被害人死亡的

【解析】考查绑架罪的结果加重犯。

（1）现行《刑法》第239条第2款（《刑法修正案（九）》修正）规定：犯绑架罪，"杀害被绑架人的，或者故意伤害被绑架人，致人重伤、死亡的，处无期徒刑或者死刑，并处没收

---

[1] D 　[2] D 　[3] D（当年正确答案为A）

财产"。A 选项认定为绑架罪一罪（故意重伤），B 选项认定绑架罪一罪（故意杀害），C 选项认定绑架罪一罪（故意杀害），这三个选项都是绑架罪的结果加重犯，都"处无期徒刑或者死刑"，有可能判处死刑，但不一定判处死刑。而 D 选项认定为绑架罪、过失致人死亡罪，系想象竞合犯，以重罪绑架罪（基本犯）论处，法定最高刑为无期徒刑，一定不会判处死刑。

（2）在考试当年，原《刑法》第 239 条第 2 款规定，犯绑架罪，致使被绑架人死亡或者杀害被绑架人的，处死刑，并处没收财产。这里的"致使被绑架人死亡"指过失致死，"杀害被绑架人"一般指故意杀死。A 选项，为故意伤害（重伤），认定为绑架罪（基本犯）、故意伤害罪，两罪并罚；B 选项，杀人后勒赎，仍定绑架罪一罪，属杀害被绑架人，处死刑；C 选项，绑架后杀人的，也定绑架罪一罪，处死刑；D 选项，过失致死，属致使被绑架人死亡，处死刑。故 BCD 均应判处死刑，而 A 选项不一定判处死刑。

8. 甲为勒索财物，打算绑架富商之子吴某（5 岁）。甲欺骗乙、丙说："富商欠我 100 万元不还，你们帮我扣押其子，成功后给你们每人 10 万元。"乙、丙将吴某扣押，但甲无法联系上富商，未能进行勒索。三天后，甲让乙、丙将吴某释放。吴某一人在回家路上溺水身亡。关于本案，下列哪一选项是正确的？[1]（2016/2/15）

A. 甲、乙、丙构成绑架罪的共同犯罪，但对乙、丙只能适用非法拘禁罪的法定刑

B. 甲未能实施勒索行为，属绑架未遂；甲主动让乙、丙放人，属绑架中止

C. 吴某的死亡结果应归责于甲的行为，甲成立绑架致人死亡的结果加重犯

D. 不管甲是绑架未遂、绑架中止还是绑架既遂，乙、丙均成立犯罪既遂

【解析】本题考查绑架罪，非法拘禁罪，共同犯罪，中止、既未遂认定

（一）乙、丙

1. 乙、丙客观上将吴某扣押，主观具索债故意，根据《刑法》第 238 条第 3 款，构成非法拘禁罪，系索债型的非法拘禁，属正犯。

2. 乙、丙已扣押控制住吴某，构成非法拘禁罪既遂。既遂之后不成立中止。D 选项说法正确。

3. 乙、丙主观上没有勒赎目的，不构成绑架罪。A 选项，乙、丙不构成绑架罪，错误。

4. 吴某一人在回家路上溺水身亡，本人不小心应负主要责任，与乙、丙实施的拘禁行为，没有因果关系，乙、丙不构成非法拘禁罪致人死亡。

（二）甲

1. 甲教唆乙、丙实施非法拘禁，根据《刑法》第 238、29 条，构成非法拘禁罪的教唆犯。三人在非法拘禁的范围内成立共同犯罪。A 选项错误。

2. 甲以勒赎为目的，欺骗乙、丙，支配利用勒赎的乙、丙扣押吴某，根据《刑法》第 239 条，构成绑架罪，系间接正犯。

3. 绑架罪的既遂标准是控制住人身或杀害（通说），甲构成绑架罪既遂。既遂之后不成立中止。D 选项错误。

4. 甲触犯非法拘禁罪的教唆犯、绑架罪的间接正犯，系法条竞合，以整体法绑架罪一罪论处。

5. 吴某一人在回家路上溺水身亡，与甲实施的绑架行为、非法拘禁的教唆行为，没有因果关系，甲对该死亡结果不承担刑事责任。此外，《刑法修正（九）》生效之后，绑架的结果加重犯中再也没有"致人死亡"这一项。C 选项错误。

---

[1] D

考点九　拐卖妇女、儿童罪；拐骗儿童罪；收买被拐卖的妇女、儿童罪

一、拐卖妇女、儿童罪

1. 陈某（女）到偏僻山区旅游，夜宿王某家。王某想起其堂弟万某没有媳妇，于是第二天就对陈某谎称说要坐公交车去观光，实际将陈某带至万某家。王某与万某说了想让陈某做他老婆的想法后，就向万某拿了10块钱车费坐车离开了。之后，万某扣留了陈某，说要她留下做其妻子。陈某不同意，就对万某表示愿意给其2万元钱，说"够你买个老婆了"，万某说要3万元才能放人。陈某遂同意，转给万某3万元钱后，万某放陈某离开。关于本案，下列说法正确的有[1]（2022/客/1/16仿）

A. 王某将陈某骗至万某处的行为，不应认定为非法拘禁罪

B. 陈某同意给万某钱款，并叫其买个老婆，构成收买被拐卖的妇女罪的教唆犯

C. 陈某虽然同意给万某3万元钱，但万某仍然对该笔钱款构成财产犯罪

D. 王某将陈某留至万某处的行为不构成拐卖妇女罪，万某扣押陈某的行为也不构成收买被拐卖的妇女罪

【解析】考查拐卖妇女罪、收买被拐卖的妇女罪、非法拘禁罪。

（一）万某

1. 不以出卖为目的而扣留陈某，不构成拐卖妇女罪，构成非法拘禁罪（正犯）。

2. 万某是否构成收买被拐卖的妇女罪，取决于王某是否构成拐卖妇女罪，下文详述。

3. 万某说"要3万元才能放人"，意思是"不给3万元就不放人"，是以拘禁为手段胁迫取财。（1）如认为抢劫罪的"暴力"手段可包括拘禁（《最高人民法院公报》2008年第5期"白雪云等抢劫案"），则万某可构成抢劫罪。法条依据可参见最高人民法院《关于审理抢劫、抢夺刑事案件适用法律若干问题的意见》（法发〔2005〕8号）第8条，"行为人实施伤害、强奸等犯罪行为，在被害人未失去知觉，利用被害人不能反抗、不敢反抗的处境，临时起意劫取他人财物的，应以此前所实施的具体犯罪与抢劫罪实行数罪并罚"。（2）即使按少数观点，不将拘禁认定为"暴力"手段，而认为是"要挟"，万某也可构成敲诈勒索罪。（3）虽是被害人陈某先"主动"提出以钱换自由，但在民法层面上，显然属于受到强制而被迫，并非意思自治，被害人承诺无效；被害人被迫交钱，行为人采取的胁迫手段，行为人可构成财产犯罪。

（二）王某

1. 王某将陈某骗至万某处，为正犯万某实施拘禁提供便利，至少可构成非法拘禁罪的帮助犯。

2. 是否构成拐卖妇女罪，关键在于是否可以将"10块钱车费"认定为出卖妇女所得价款，从而推定王某主观上具有"出卖妇女"的目的？显然，"10块钱车费"不能认定为出卖妇女的对价，题意中也未体现"出卖妇女"目的，不构成拐卖妇女罪。只是"拐骗妇女"，认定为非法拘禁罪。

（三）陈某

1. 陈某给万某钱款，并叫其买个老婆，即使将陈某的行为认定为教唆行为；根据共犯从属说，也须被教唆者王某产生犯意并客观上实施收买行为，陈某才能构成收买被拐卖的妇女罪

---

[1]　CD

的教唆犯。题意中从未体现王某的收买行为，故陈某不构成收买被拐卖的妇女罪的教唆犯。

2. 即使王某因陈某的教唆而实施了收买被拐卖的妇女的客观行为，陈某也可主张紧急避险而无罪。

2. 关于拐卖妇女、儿童罪，下列选项说法正确的是?[1](2021/客/卷一/13 仿)

A. 一农家女不想在农村生活，在街上大喊卖身救母，甲出价 50 万买下。甲构成拐卖妇女罪

B. 乙以出卖为目的将妇女李某骗至外地，后卖不出去，无奈将李某放回。乙构成拐卖妇女罪

C. 丙以出卖为目的将妇女张某带往外地，后打消出卖念头与之共同生活。丙构成拐卖妇女罪

D. 陈某系 15 岁少女，丁误以为陈某是不满 14 岁的男童而带至外地出卖。因丁欠缺拐卖妇女故意，不成立拐卖妇女罪

【解析】本题考查拐卖妇女、儿童犯罪。根据《刑法》第 240 条第 2 款的规定：拐卖妇女、儿童是指以出卖为目的，有拐骗、绑架、收买、贩卖、接送、中转妇女、儿童的行为之一的。亦即，客观上有六种行为之一，主观上具有出卖目的。

选项 A，甲尽管客观上有收买行为，但主观没有出卖目的，不构成拐卖妇女罪。问题是：能否构成收买被拐卖的妇女罪？因该女自己卖自己，没有"被"拐卖，对象不符合，故甲也不构成收买"被"拐卖的妇女罪。

选项 B，客观上有拐骗行为，主观上具有出卖目的，构成拐卖妇女罪；拐骗行为完成，系犯罪既遂。后段放回行为，无需评价。

选项 C，同前述选项 B。后段共同生活行为，无需评价。

选项 D，客观上实施了拐卖妇女的行为，主观上系对象错误、具体错误，仍具有拐卖妇女、儿童罪的故意；客观主观相统一，构成拐卖妇女罪。

3. 甲以出卖为目的，将乙女拐骗至外地后关押于一地下室，并曾强奸乙女。甲在寻找买主的过程中因形迹可疑被他人告发。国家机关工作人员前往解救乙女时，甲的朋友丙却聚众阻碍国家机关工作人员的解救行为。对本案应如何处理?[2](2002/2/46)

A. 对甲的行为以拐卖妇女罪论处

B. 由于甲尚未出卖乙女，对拐卖妇女罪应认定为犯罪未遂

C. 对丙应以聚众阻碍解救被收买的妇女罪论处

D. 对丙应以拐卖妇女罪的共犯论处

【解析】（一）甲

1. 以出卖为目的拐骗妇女，根据《刑法》第 240 条，构成拐卖妇女罪，故 A 选项当选。

2. 拐卖妇女罪的既遂标准，为实行拐骗、绑架、收买、贩卖、接送、中转妇女行为完毕并使妇女被控制。本案已构成既遂，故 B 选项不选。

3. 拐卖中强奸的，认定为拐卖罪一罪，系拐卖妇女罪的加重犯。

（二）丙

1. 《刑法》第 242 条第 2 款规定的聚众阻碍解救被收买的妇女罪，法条表述为"被收买的妇女"。本案情形妇女尚未卖出，为"被拐卖的妇女"，不属"被收买的妇女"。故而聚众的首要分子丙的行为不构成聚众阻碍解救被收买的妇女罪，选项 C 不选。

---

[1] BC [2] AD

2. 虽然没有参与甲之前的拐卖行为，但丙明知甲有拐卖行为，在甲的拐卖妇女行为尚未实施终了之前，事中加入，帮助甲控制妇女实施拐卖行为，根据《刑法》第240、27条，属于承继的共同犯罪，因此选项D正确。

4. 甲于某日晨在路边捡回一名弃婴，抚养了3个月后，声称是自己的亲生儿子，以3000元卖给乙。如何认定甲的行为？[1]（2002/2/8）

    A. 甲的行为构成遗弃罪   B. 甲的行为构成拐骗儿童罪

    C. 甲的行为构成诈骗罪   D. 甲的行为构成拐卖儿童罪

【解析】两高一部和全国妇联《关于打击拐卖妇女儿童犯罪有关问题的通知》第四部分："出卖亲生子女的，由公安机关依法没收非法所得，并处以罚款；以营利为目的，出卖不满十四周岁子女，情节恶劣的，借收养名义拐卖儿童的，以及出卖拾捡儿童的，均应以拐卖儿童罪追究刑事责任。"故本题应选D项。

5. 李某以出卖为目的偷盗一名男童，得手后因未找到买主，就产生了自己抚养的想法。在抚养过程中，因男童日夜啼哭，李某便将男童送回家中。关于李某的行为，下列哪些选项是错误的？[2]（2007/2/55）

    A. 构成拐卖儿童罪   B. 构成拐骗儿童罪

    C. 属于拐卖儿童罪未遂   D. 属于拐骗儿童罪中止

【解析】（1）第一段行为，李某在实施偷盗男童行为时，主观上具有出卖目的，根据《刑法》第240条，构成拐卖儿童罪。

（2）根据《刑法》第240条第2款，拐卖儿童罪不以出卖为既遂标准，而以六种"拐"的行为完成为既遂，故李某的"拐"（偷盗儿童）的行为已完成，构成犯罪既遂。

（3）在得手之后又改变为抚养目的，由于之前的偷盗男童行为已被评价为拐卖儿童行为，根据禁止重复评价的原理，不能再被评价为拐骗儿童行为，李某之后的行为只能被认定非法收养行为，不能认定拐骗儿童罪。

（4）从理论上讲，拐卖儿童罪与拐骗儿童罪实际上是基本法与补充法的偏一竞合关系，对于同一行为，首先应考虑是否成立拐卖儿童罪；只有在不成立拐卖儿童罪的情况下，才考虑成立拐骗儿童罪。

（5）李某将男童送回家的行为，由于发生在拐卖儿童罪既遂之后，只能被认定为悔罪行为，而不属未遂或中止（不能将此与收买被拐卖的儿童罪的责任从宽事由记混）。

6. 甲拐骗了5名儿童，偷盗了2名婴儿，并准备全部卖往A地。在运送过程中甲因害怕他们哭闹，给他们注射了麻醉药。由于麻醉药过量，致使2名婴儿死亡，5名儿童处于严重昏迷状态，后经救治康复。对甲的行为应以何罪论处？[3]（2004/2/82）

    A. 拐卖儿童罪   B. 拐骗儿童罪

    C. 过失致人死亡罪   D. 绑架罪

【解析】（1）以出卖的目的拐骗儿童、偷盗婴儿，构成拐卖儿童罪。（2）麻醉药过量而致使被拐婴幼儿死亡，触犯过失致人死亡罪。（3）在罪数上，系拐卖儿童罪的结果加重犯"造成被拐卖的儿童死亡"。以拐卖儿童罪一罪论处，对于过失致死，不再单独定罪。

7. 甲得知乙一直在拐卖妇女，便对乙说，"我的表弟丙没有老婆，你有合适的就告诉我一下。"不久，乙将拐骗的两名妇女带到甲家，甲与丙将其中一名妇女买下给丙做妻。关于本案，下列哪一选项是错误的？[4]（2008/2/13）

———————

〔1〕 D 〔2〕 BCD 〔3〕 A 〔4〕 B

A. 乙构成拐卖妇女罪　　　　　　　B. 甲构成拐卖妇女罪的共犯
C. 甲构成收买被拐卖的妇女罪　　　D. 丙构成收买被拐卖的妇女罪

【解析】本题除了考查拐卖妇女罪、收买被拐卖的妇女罪，还考查对合犯与共同犯罪的问题。

对合犯一般只按《刑法》分则规定承担责任和罪名，不再依照总则认定为帮助犯、教唆犯。（1）本案中，乙一直在拐卖妇女，本来就有拐卖的故意，故甲并未造意，不构成拐卖妇女罪的教唆犯。（2）问题在于甲是否构成拐卖妇女罪的帮助犯？由于本案属对合犯情形，对合犯一般只按《刑法》分则规定的责任范围承担责任。本案中甲和丙成立收买被拐卖妇女罪，按分则规定的对合行为以收买被拐卖妇女罪追究责任。不能再按《刑法》总则认定乙构成拐卖妇女罪帮助犯。

8. 甲欲绑架女大学生乙卖往外地，乙强烈反抗，甲将乙打成重伤，并多次对乙实施强制猥亵行为。甲尚未将乙卖出便被公安人员抓获。关于甲行为的定性和处罚，下列哪些判断是错误的？[1]（2010/2/61）

A. 构成绑架罪、故意伤害罪与强制猥亵、侮辱罪（原为强制猥亵、侮辱妇女罪），实行并罚

B. 构成拐卖妇女罪、故意伤害罪、强制猥亵、侮辱罪（原为强制猥亵、侮辱妇女罪），实行并罚

C. 构成拐卖妇女罪、强制猥亵、侮辱罪（原为强制猥亵、侮辱妇女罪），实行并罚

D. 构成拐卖妇女罪、强制猥亵、侮辱罪（原为强制猥亵、侮辱妇女罪），实行并罚，但由于尚未出卖，对拐卖妇女罪应适用未遂犯的规定

【解析】（1）对于题中的"绑架"，根据《刑法》第240条第2款，拐卖妇女、儿童是指以出卖为目的，有拐骗、绑架、收买、贩卖、接送、中转妇女、儿童的行为之一的，这里的"绑架"亦即控制人身的行为是拐卖妇女罪的实行行为，不是指"绑架罪"。虽触犯非法拘禁罪，但与拐卖妇女罪是部分法与整体法的法条竞合关系，以整体法拐卖妇女罪论处。

（2）对于强制猥亵行为，根据最高人民法院、最高人民检察院、公安部、司法部《关于依法惩治拐卖妇女儿童犯罪的意见》第25条，拐卖妇女、儿童，又对被拐卖的妇女、儿童实施故意杀害、伤害、猥亵、侮辱等行为，构成其他犯罪的，依照数罪并罚的规定处罚，故应另定强制猥亵罪（原为强制猥亵妇女罪）。

（3）对于题中的"打成重伤"应当理解为过失致人重伤。根据《刑法》第240条第7项的规定，拐卖妇女过程中造成被拐卖的妇女重伤的，认定为拐卖妇女罪的加重犯，而不数罪并罚。对于这里的"造成重伤"，根据原最高人民法院、最高人民检察院《关于执行〈全国人民代表大会常务委员会关于严惩拐卖、绑架妇女、儿童的犯罪分子的决定〉的若干问题的解答》第4条，"指由于犯罪分子拐卖妇女、儿童的行为，直接、间接造成被拐卖的妇女、儿童或者其亲属重伤、死亡或者其他严重后果的。例如：由于犯罪分子采取拘禁、捆绑、虐待等手段，致使被害人重伤、死亡或者造成其他严重后果的"，即过失重伤。本案属于对拐卖手段行为的压制进行反抗而重伤，由于题干中没有明文写明"故意伤害"，故认定为"致被拐卖的妇女重伤"（过失重伤），即拐卖妇女罪的加重犯，而不再另定故意伤害罪。（如果是故意伤害致人重伤，应当数罪并罚）。

（4）综上，对甲以拐卖妇女罪（致被拐卖的妇女重伤）、强制猥亵罪（原为强制猥亵妇女

---

[1] ABD

罪）两罪并罚。选项 A、B 错误。

（5）拐卖妇女罪是侵犯人身自由和人格尊严的犯罪，"卖"是主观目的要素（出卖的目的），而不是客观行为要素，本罪以实行行为即拐骗、绑架、收买、贩卖、接送、中转妇女的阶段行为实施完毕为既遂标准，不以卖出为既遂标准。本案中甲已实施完毕绑架行为，被害妇女人身已被控制，故对拐卖妇女罪成立既遂，选项 D 错误。

二、拐骗儿童罪

9. 甲以从事杂技表演的名义欺骗多名农村儿童。儿童均信以为真，便随甲进城。甲将这些儿童带至大城市，利用儿童从事乞讨活动。其间，甲曾与儿童的家属电话联系，称小孩生活得很好。关于本案，下列哪一选项是正确的？[1]（2008 延/2/14）

A. 甲的行为构成组织儿童乞讨罪

B. 甲的行为构成拐骗儿童罪

C. 甲的行为构成诈骗罪

D. 甲的行为征得了儿童家长的同意，不成立犯罪

【解析】（1）甲拐骗不满 14 周岁的未成年人，使其脱离家庭或者监护人，根据《刑法》第 262 条的规定，构成拐骗儿童罪。

（2）根据《刑法》第 262 条之一的规定，以暴力、胁迫手段组织不满 14 周岁的未成年人乞讨的，构成组织儿童乞讨罪。甲未对儿童使用暴力或者胁迫手段，故不构成组织儿童乞讨罪。

（3）关于被害人承诺。①由于拐骗儿童罪保护的是监护关系，被害人（监护人）承诺可以阻却本罪的违法性。如经儿童家庭或者监护人同意，带离儿童不能构成拐骗儿童罪。②由于儿童本人没有认识能力，其本人的同意属无承诺能力人的承诺。③在本案中，甲在实施拐骗行为之前或之时，并未征得儿童家长的同意，不符合被害人承诺的时间条件（发生在行为实施完毕之前）。并且，甲并未告诉儿童家长儿童的真实情况，虚构关键事实骗取他人的承诺无效。故不能以被害人承诺（监护人代为承诺）阻却其拐骗行为的违法性，行为人仍构成拐骗儿童罪。

（4）诈骗罪的对象是财物和财产性利益，本案拐骗对象是儿童，故不成立诈骗罪。

三、收买被拐卖的妇女、儿童罪

10. 赵某拖欠张某和郭某 6000 多元的打工报酬一直不付。张某与郭某商定后，将赵某 15 岁的女儿甲骗到外地扣留，以迫使赵某支付报酬。在此期间（共 21 天），张、郭多次打电话让赵某支付报酬，但赵某仍以种种理由拒不支付。张、郭遂决定将甲卖给他人。在张某外出寻找买主期间，郭某奸淫了甲。张某找到了买主陈某后，张、郭二人以 6000 元的价格将甲卖给了陈某。陈某欲与甲结为夫妇，遭到甲的拒绝。陈某为防甲逃走，便将甲反锁在房间里一月余。陈某后来觉得甲年纪小、太可怜，便放甲返回家乡。陈某找到张某要求退回 6000 元钱。张某拒绝退还，陈某便于深夜将张某的一辆价值 4000 元的摩托车骑走。【问题】根据上述案情，分析张某、郭某、陈某的刑事责任。（2003/4/1）

【解析】

（一）张某构成非法拘禁罪、拐卖妇女罪（基本犯）。

1. 张某、郭某为索取打工报酬非法剥夺甲的人身自由，根据《刑法》第 238 条第 3 款的规定，构成非法拘禁罪。系索取债务型的非法拘禁。

2. 张某、郭某另起犯意，以出卖为目的，绑架、贩卖 15 岁的妇女甲，根据《刑法》第

---

[1] B

240 条第 2 款的规定，构成拐卖妇女罪。

3. 张某对郭某强奸妇女甲并不知情，没有强奸的共同行为，也无强奸的共同故意，对此行为不负责，不属拐卖中强奸，应以拐卖妇女罪的基本犯论处。

（二）郭某构成非法拘禁罪、拐卖妇女罪（奸淫被拐卖的妇女）。

1. 郭某构成非法拘禁罪、拐卖妇女罪的理由同上，与张某系共同犯罪。

2. 在张某外出寻找买主期间，郭某单独奸淫了甲，触犯强奸罪。根据《刑法》第 240 条第 1 款第 3 项规定，奸淫被拐卖的妇女的，是拐卖妇女罪的加重犯。

（三）陈某构成收买被拐卖的妇女罪、非法拘禁罪、盗窃罪。

1. 陈某不以出卖为目的收买甲，根据《刑法》第 241 条，构成收买被拐卖的妇女罪。

2. 在从宽事由上，陈某自愿将甲放回家，根据《刑法》第 241 条第 6 款的规定，按照被买妇女的意愿，不阻碍其返回原居住地的，对于其所犯收买被拐卖的妇女罪可以从轻或者减轻处罚。（当年考试需答"可以不追究刑事责任"，2015 年以后答"可以从轻或者减轻处罚"）。

3. 陈某将甲反锁在房间里一个多月，根据《刑法》第 238 条的规定，构成非法拘禁罪。

4. 在罪数上，依据《刑法》第 241 条的规定，应当以收买被拐卖的妇女罪、非法拘禁罪数罪并罚。

5. 对于陈某将张某摩托车骑走的行为，客观上秘密窃取他人财物，系盗窃行为。问题在于陈某主观上以要求退回 6000 元钱为由盗窃，是否具有非法占有目的？因盗窃罪是针对个别财产之罪，而不是针对整体财产之罪，故而陈某主观上对于摩托车这一个别财产具有非法占有目的，根据《刑法》第 264 条，构成盗窃罪。

11. 甲花 4 万元收买被拐卖妇女周某做智障儿子的妻子，周某不从，伺机逃走。甲为避免人财两空，以 3 万元将周某出卖（事实一）。乙收买周某，欲与周某成为夫妻，周某不从，乙多次暴力强行与周某发生性关系（事实二）。（2011/2/88～89）

（1）关于事实一的定性，下列选项正确的是[1]

A. 甲行为应以收买被拐卖的妇女罪与拐卖妇女罪实行并罚

B. 甲虽然实施了收买与拐卖二个行为，但由于二个行为具有牵连关系，对甲仅以拐卖妇女罪论处

C. 甲虽然实施了收买与拐卖二个行为，但根据刑法的特别规定，对甲仅以拐卖妇女罪论处

D. 由于收买与拐卖行为侵犯的客体相同，而且拐卖妇女罪的法定刑较重，对甲行为仅以拐卖妇女罪论处，也能做到罪刑相适应

（2）关于事实二的定性，下列选项错误的是[2]

A. 乙行为成立收买被拐卖的妇女罪与强奸罪，应当实行并罚

B. 乙行为仅成立收买被拐卖的妇女罪，因乙将周某当作妻子，故周某不能成为乙的强奸对象

C. 乙行为仅成立收买被拐卖的妇女罪，因乙将周某当作妻子，故缺乏强奸罪的故意

D. 乙行为仅成立强奸罪，因乙收买周某就是为了使周某成为妻子，故收买行为是强奸罪的预备行为

【解析】（1）收买后又出卖，按《刑法》第 241 条第 5 款的规定，以拐卖妇女罪一罪论处。A、B 选项错误，C、D 选项正确。

---

[1] CD　[2] BCD

（2）收买后又强奸的，按《刑法》第241条第4款的规定，数罪并罚。

考点十 诬告陷害罪

1. 下列哪种情形构成诬告陷害罪？[1]（2007/2/13）

A. 甲为了得到提拔，便捏造同事曹某包养情人的事实并匿名举报，使曹某失去晋升机会

B. 乙捏造"文某明知王某是实施恐怖活动的人而向其提供资金"的事实，并向公安部门举报

C. 丙捏造同事贾某受贿10万元的事实，并写成500份传单在县城的大街小巷张贴

D. 丁匿名举报单位领导王某贪污救灾款50万元。事后查明，王某只贪污了救灾款5000元

【解析】 A选项，诬告陷害罪要求捏造的是犯罪事实，本选项中甲捏造的不是犯罪事实。不构成诬告陷害罪。

B选项，乙捏造的是资助恐怖活动罪的犯罪事实，也向司法机关进行了告发。构成诬告陷害罪。

C选项，诬告陷害罪要求向司法机关告发，丙虽然捏造了犯罪事实，但未向有关机关告发，不足以引发刑事追诉，应为诽谤罪。不构成诬告陷害罪。

D选项，诬告陷害罪要求行为人有陷害他人的意图，亦即诬告无罪之人有罪。本选项中违法犯罪事实客观存在，丁告发时只是犯罪数额不确切，不能认定为"捏造犯罪事实"，只是举报失实。不构成诬告陷害罪。

2. 关于诬告陷害罪的认定，下列哪一选项是正确的（不考虑情节）？[2]（2017/2/16）

A. 意图使他人受刑事追究，向司法机关诬告他人介绍卖淫的，不仅触犯诬告陷害罪，而且触犯侮辱罪

B. 法官明知被告人系被诬告，仍判决被告人有罪的，法官不仅触犯徇私枉法罪，而且触犯诬告陷害罪

C. 诬告陷害罪虽是侵犯公民人身权利的犯罪，但诬告企业犯逃税罪的，也能追究其诬告陷害罪的刑事责任（也可以使自然人受刑事追究）

D. 15周岁的人不对盗窃负刑事责任，故诬告15周岁的人犯盗窃罪的，不能追究行为人诬告陷害罪的刑事责任

【解析】 A选项，仅触犯诬告陷害罪。侮辱罪的构成要求"公然侮辱他人"，亦即要求面对不特定多数人，使被害人的客观名誉受损。本选项中行为人只向司法机关诬告，不属"公然侮辱他人"，不能触犯侮辱罪。本选项说法错误。

B选项，仅触犯徇私枉法罪。诬告陷害罪的成立，需"捏造事实诬告陷害他人"，即实施向有关机关虚假告发的行为。本选项中行为人仅只是利用了本人职权来陷害他人，而未实施诬告行为，不能触犯诬告陷害罪。本选项说法错误。

C选项，诬告陷害罪保护的法益是公民人身权利，不包括单位权益；但是，诬告企业犯逃税罪，也可以使自然人（主管人员、责任人员）受刑事追究，故能追究诬告陷害罪的刑事责任。本选项说法正确。

---

[1] B [2] C

D 选项，（1）15 周岁的人虽不对盗窃负刑事责任，但是，根据《刑法》第 17 条第 5 款："因不满十六周岁不予刑事处罚的，责令其父母或者其他监护人加以管教；在必要的时候，依法进行专门矫治教育。"15 周岁的人如被认定实施了盗窃不法行为，也会承担非刑罚的法律责任。（2）《刑法》第 243 条（诬告陷害罪）中的"刑事追究"，应当解释为包括非刑罚的法律责任在内。故而本选项可以构成诬告陷害罪。本选项说法错误。

3. 甲在公交车上发现自己的钱包被偷了，怀疑是旁边的乙干的，为了抓住乙，就偷偷把自己的手机放到乙的口袋，然后报警说乙偷了他的手机。警察抓了乙。后来，甲才发现偷自己的钱包的不是乙，可是害怕捏造事实要被抓，就没有说出真相，导致乙被判盗窃罪，被判有期徒刑一年。则关于甲的行为认定，以下说法正确的有[1]（2020/客/1/27 仿）

A. 甲知道真相后应当纠正没有纠正，构成诬告陷害罪

B. 不管甲主观上是否具有故意，出于何种动机和目的，对于犯罪结果都没有影响，甲构成诬告陷害罪

C. 甲实施诬告陷害罪的实行行为，从发现不是乙偷钱包但没有澄清时开始

D. 甲不是有意诬陷，而是错告，或者检举失实的，不构成犯罪

【解析】考查不作为、诬告陷害罪。

（1）前半段，甲客观上虽实施虚假告发的作为行为，但主观上没有故意，不构成诬告陷害罪。（2）后半段，甲因先前行为引起了纠正错误的作为义务，能够履行而不履行，造成危害结果，主观上对结果具有故意，构成不作为的诬告陷害罪。（3）不作为的实行行为，从实施不履行行为开始。

4. 甲杀丙后潜逃。为干扰侦查，甲打电话让乙将一把未留有指纹的斧头粘上丙的鲜血放到现场。乙照办后报案称，自己看到"凶手"杀害了丙，并描述了与甲相貌特征完全不同的"凶手"情况，导致公安机关长期未将甲列为嫌疑人。关于本案，下列哪一选项是错误的？[2]（2016/2/20）

A. 乙将未留有指纹的斧头放到现场，成立帮助伪造证据罪

B. 对乙伪造证据的行为，甲不负刑事责任

C. 乙捏造事实诬告陷害他人，成立诬告陷害罪

D. 乙向公安机关虚假描述"凶手"的相貌特征，成立包庇罪

【解析】（1）对于乙，实施了伪造物证的行为，构成帮助伪造证据罪；实施了虚假描述行为，构成包庇罪，应当两罪并罚。（2）对于甲而言，本犯因欠缺期待可能性，不能构成帮助伪造证据罪、包庇罪的教唆犯。（3）乙没有诬告陷害具体个人，不构成诬告陷害罪。

考点十一　侮辱罪；诽谤罪

关于侮辱罪与诽谤罪的论述，下列哪一选项是正确的？[3]（2013/2/16）

A. 为寻求刺激在车站扒光妇女衣服，引起他人围观的，触犯强制猥亵、侮辱妇女罪（现为强制猥亵、侮辱罪），未触犯侮辱罪

B. 为报复妇女，在大街上边打妇女边骂"狐狸精"，情节严重的，应以侮辱罪论处，不以诽谤罪论处

---

[1] AC　[2] C　[3] B

C. 捏造他人强奸妇女的犯罪事实，向公安局和媒体告发，意图使他人受刑事追究，情节严重的，触犯诬告陷害罪，未触犯诽谤罪

D. 侮辱罪、诽谤罪属于亲告罪，未经当事人告诉，一律不得追究被告人的刑事责任

【解析】A选项，扒光妇女衣服，侵害他人性尊严，无论有无"满足自己变态性刺激"的特定倾向或动机，都成立强制猥亵、侮辱罪。由此手段贬损他人名誉，也触犯了侮辱罪。系想象竞合，因二罪法定刑相同，而强制猥亵、侮辱罪更为特殊，最终以强制猥亵、侮辱罪定罪处罚。"未触犯侮辱罪"说法不当。

B选项，骂"狐狸精"是辱骂，不是捏造事实，只构成侮辱罪，不构成诽谤罪。

C选项，同时触犯两罪，由于是分别向公安局和媒体告发，是两行为不是一行为，不是想象竞合犯，可构成两罪，应当数罪并罚。"未触犯诽谤罪"说法不当。

D选项，侮辱罪、诽谤罪，一般情况亲告；严重危害社会秩序和国家利益的，无需亲告。"一律"二字有误。

考点十二　刑讯逼供罪；暴力取证罪；虐待被监管人罪

1. 关于刑讯逼供罪的认定，下列哪些选项是错误的？[1]（2012/2/60）

A. 甲系机关保卫处处长，采用多日不让小偷睡觉的方式，迫其承认偷盗事实。甲构成刑讯逼供罪

B. 乙系教师，受聘为法院人民陪审员，因庭审时被告人刘某气焰嚣张，乙气愤不过，一拳致其轻伤。乙不构成刑讯逼供罪

C. 丙系检察官，为逼取口供殴打犯罪嫌疑人郭某，致其重伤。对丙应以刑讯逼供罪论处

D. 丁系警察，讯问时佯装要实施酷刑，犯罪嫌疑人因害怕承认犯罪事实。丁构成刑讯逼供罪

【解析】A选项，"机关保卫处处长"不属司法工作人员，不符合刑讯逼供罪的主体身份，不构成该罪。

B选项，人民陪审员属司法工作人员，但打人的动机是"气愤不过"，没有逼供口供的目的，不构成刑讯逼供罪，构成故意伤害罪。

C选项，"致其重伤"，根据《刑法》第247条，转化为故意伤害罪。

D选项，"佯装要实施酷刑"，实际上没有实施肉刑，不符合"刑讯"行为要素，不构成刑讯逼供罪。

2. 某派出所民警甲接到关于某旅店老板乙涉嫌组织卖淫的举报，即前往该旅店，但没有碰见乙，便将被怀疑是卖淫女的服务员丙带回派出所连夜审讯，要她交代从事卖淫以及乙组织卖淫活动的事。由于丙拒不承认有这些事，甲便指使其他民警对丙进行多次殴打逼其交代，丙于次日晨死于审讯室。法医出具的尸检报告称："因受外力击打造成下肢大面积皮下出血，引起患有心脏功能障碍的丙心力衰竭而死。"对于甲的行为，下列说法正确的是？[2]（2005/2/92）

A. 属于刑讯逼供行为　　　　　　B. 属于暴力取证行为

C. 应按故意杀人罪处罚　　　　　D. 属于意外事件，不负刑事责任

【解析】（1）刑讯逼供罪的犯罪对象是犯罪嫌疑人、被告人，暴力取证罪的对象是证人（包含被害人）。本案中，因卖淫不是犯罪，只是行政违法，丙不是刑事诉讼中的犯罪嫌疑人、被告人。而是被民警甲当作告发乙组织卖淫罪的证人，故甲殴打丙逼其交代乙犯罪事实的行为系暴力取证行为，所以 B 选项正确，A 选项错误。

（2）根据《刑法》第247条的规定，暴力逼取证人证言，致人死亡的，依照故意杀人罪定罪并从重处罚。甲对丙的殴打导致丙死亡，依法应该按照故意杀人罪定罪处罚，所以 C 选项正确。

考点十三　虐待罪；遗弃罪；虐待被监护、看护人罪

甲与乙（女）2012年开始同居，生有一子丙。甲、乙虽未办理结婚登记，但以夫妻名义自居，周围群众公认二人是夫妻。对甲的行为，下列哪些分析是正确的?[1]（2015/2/62）

A. 甲长期虐待乙的，构成虐待罪

B. 甲伤害丙（致丙轻伤）时，乙不阻止的，乙构成不作为的故意伤害罪

C. 甲如与丁（女）领取结婚证后，不再与乙同居，也不抚养丙的，可能构成遗弃罪

D. 甲如与丁领取结婚证后，不再与乙同居，某日采用暴力强行与乙性交的，构成强奸罪

【解析】本题考查虐待罪、遗弃罪、婚内强奸。具体涉及刑法中的"婚姻"的认定，虐待罪的对象，不作为义务的判断，遗弃罪的对象，婚内强奸中"婚"的认定。

（1）以共同生活目的长期同居，以夫妻名义自居，周围群众公认是夫妻的，在刑法上称为"事实婚姻"；在民法上认为不存在合法婚姻关系，不认为有婚姻关系。重婚罪中的重婚行为（即犯罪行为）可以是"事实婚姻"行为，但刑法从不承认"事实婚姻"是合法婚姻。（2）但是，刑法中很多罪名的构成涉及的关系，并不仅是合法的婚姻关系。

A 选项，根据《刑法》第260条，虐待罪的对象是"家庭成员"，并不限于基于合法婚姻而形成的家庭成员关系；还包括其他共同长期生活而形成的"家庭成员"关系。因二人生有丙，甲与丙长期共同生活，是"家庭成员"关系；甲与丙的母亲乙如长期共同生活，必然也是"家庭成员"关系，故而可构成虐待罪。

B 选项，①乙是丙的母亲，在法律上具有救助义务；他人侵害丙时，乙能阻止而不阻止，可构成不作为犯。②如果乙一出手制止，丙十有八九不会被伤害，则乙是故意伤害罪的正犯。③如果乙制止，丙被伤害的难度增大，则乙构成甲故意伤害罪的片面帮助犯。

C 选项，①根据《刑法》第261条，遗弃罪的对象是"年老、年幼、患病或者其他没有独立生活能力的人"，主体是对这些人"负有扶养义务的人"，并不限于基于合法婚姻而形成的扶养义务。丙是甲的儿子，如属没有独立生活能力的人，当然具有扶养义务，拒不扶养可构成遗弃罪。②甲与乙之前的婚姻系事实婚姻关系，在甲与丁（女）登记结婚后，之前的事实婚自然终了了，之后的登记婚有效，甲不构成重婚罪。

D 选项，甲和乙之间没有合法的婚姻关系，如非经乙同意，强行与乙性交的，不属"婚内强奸"，构成强奸罪。即使有合法婚姻关系的"婚内强奸"，如婚姻关系不正常，也可构成强奸罪。

---

[1]　ABCD

考点十四　重婚罪；破坏军婚罪

A 在有配偶（B 女，生活在外地）的情况下，长期与 C 女共同生活，并生有一子（周围群众均认为 A 与 C 为夫妻关系）。关于 A 与 C 共同生活的行为，下列哪些说法是错误的？[1]（2002/2/81 部分）

A. 法律不承认事实婚姻，所以，A 不成立重婚罪

B. 事实婚姻是无效的，所以，A 不成立重婚罪

C. A 与 C 女属于同居而非事实婚姻，所以，A 不成立重婚罪

D. 重婚罪侵犯的是配偶权，如果 B 女同意，则 A 不成立重婚罪

【解析】（1）在重婚罪中，需要区分被保护的合法"婚姻"，与作为犯罪行为"重婚行为"。重婚罪保护的法益是合法婚姻（登记婚姻），不保护事实婚姻（没有登记的非法婚姻）。重婚的情况包括：法律婚＋法律婚、法律婚＋事实婚两种情况。这也就是说，事实婚姻本身不受法律保护，故侵害事实婚姻的，不能构成重婚。但是，事实婚姻行为，可以成为侵害法律婚姻的危害行为，刑法并不要求犯罪行为必须形式上是合法行为。（2）本案中 A 与 C 女以共同生活的目的长期同居，且周围群众也认为是夫妻，应认定为事实婚。（3）前有法律婚后有事实婚，A 的事实婚行为构成重婚罪。（4）重婚罪不是亲告罪，保护的法益是合法婚姻秩序，而不是配偶权。故四个选项均不正确。

考点十五　强迫劳动罪；雇用童工从事危重劳动罪

1. 关于侵犯人身权利犯罪的说法，下列哪些选项是错误的？[2]（2008/2/61）

A. 私营矿主甲以限制人身自由的方法强迫农民工从事危重矿井作业，并雇用打手对农民工进行殴打，致多人伤残。甲的行为构成非法拘禁罪与故意伤害罪，应当实行并罚

B. 砖窑主乙长期非法雇佣多名不满 16 周岁的未成年人从事超强度体力劳动，并严重忽视生产作业安全，致使一名未成年人因堆砌的成品砖倒塌而被砸死。对乙的行为应以雇用童工从事危重劳动罪从重处罚

C. 丙以介绍高薪工作的名义从外地将多名成年男性农民工骗至砖窑主王某的砖窑场，以每人 1000 元的价格卖给王某从事强迫劳动。由于刑法仅规定了拐卖妇女、儿童罪，所以，对于丙的行为，无法以犯罪论处

D. 拘留所的监管人员对被监管人进行体罚虐待，致人死亡的，以故意杀人罪论处，不实行数罪并罚

【解析】A 选项，（1）采取限制人身自由的方法强迫他人劳动的，构成强迫劳动罪，这也就是说，"限制自由的手段"可以被包容在强迫劳动罪中，形成部分法与整体法的法条竞合。如按文义，剥夺人身自由的行为不能被包容在强迫劳动罪中，可认为是想象竞合，择一重处；两罪法定刑一样时，以目的行为强迫劳动罪论处。（2）但本案行为人对工人进行暴力殴打致多人伤残，根据刑法规定，非法拘禁使用暴力致人伤残的，转化为故意伤害（重伤）罪。（3）此

---

[1]　ABCD　[2]　ABC

时，故意伤害（重伤）已不能被强迫劳动罪包容。（4）如果伤害行为与强迫行为为同一行为，则为想象竞合，认定为强迫劳动罪、故意伤害（重伤）罪择一重处。

B 选项，根据《刑法》第 244 条之一第 2 款的规定，雇佣童工从事危重劳动，又造成事故构成其他犯罪的，数罪并罚，所以对乙应该以雇佣童工从事危重劳动罪和重大责任事故罪并罚。

C 选项，丙拐卖男子的行为虽不构成拐卖妇女、儿童罪；但可构成强迫劳动罪（《刑法》第 244 条第 2 款，明知他人实施强迫劳动行为，为其招募、运送人员或者有其他协助强迫他人劳动行为），或者非法拘禁罪。

D 选项，根据《刑法》第 248 条第 1 款的规定，监狱、拘留所、看守所等监管机构的监管人员对被监管人进行殴打或者体罚虐待，致人死亡的，按照故意杀人罪从重处罚，只定一罪，不实行并罚。

2. 甲承包经营某矿井采矿业务。甲为了降低采矿成本，提高开采量，便动员当地矿工和村民将子女带到矿井上班，并许诺给他们的子女以高工资。矿工和村民纷纷将他们的子女带到矿井上班，从事井下采矿作业，其中有二十余人为 10～16 周岁的未成年人。后因甲所承诺的高工资未兑现，二十余名童工表示不想再干，要求离开矿井。甲不同意，并在矿井周围布上电铁丝网，雇用数十名守卫，禁止所有的矿工包括这二十余名童工离开矿井，强制他们为其采矿，其中一名年约 12 岁的童工因体质瘦弱而累死在井下。甲的行为构成何罪？[1]（2003/2/46）

    A. 非法拘禁罪   B. 强迫劳动罪
    C. 雇用童工从事危重劳动罪   D. 重大责任事故罪

【解析】（1）构成雇用童工从事危重劳动罪，只要行为人实施了雇用行为即可。因该罪保护的是儿童，故未成年人及其监护人的承诺不能阻却行为的违法性。甲构成雇用童工从事危重劳动罪。

（2）强迫劳动罪的对象是"他人"，既包括合法用工，也包括非法用工（童工），故甲强制矿工和童工采矿的行为构成强迫劳动罪。

（3）强迫劳动罪可以包容限制自由型的手段，故限制自由的手段即使触犯非法拘禁罪，不再单独定罪，只认定为强迫劳动罪。一般认为是整体法与部分法的法条竞合，应按整体法强迫劳动罪定罪。如为剥夺人身自由，则可认为是想象竞合，择一重处，以目的行为强迫劳动罪论处。故不选 A 选项。

（4）雇用童工从事危重劳动罪，造成事故，又构成其他犯罪的，依照数罪并罚的规定处罚。本案中存在一起 12 岁的童工因体质瘦弱而累死在井下的事故，造成此事故的原因是童工因体质瘦弱累死，而并非违反具体的安全管理规定，或者安全生产设施或条件不符合规定造成，甲的行为不成立重大责任事故罪，或者重大劳动安全事故罪，故不能数罪并罚，故 D 选项不当选。这与 2008/2/61 - B 案情不同。

考点十六　侵犯通信自由罪；私自开拆、隐匿、毁弃邮件、电报罪

甲在任邮政中心信函分拣组长期间，先后 3 次将各地退回信函数万封（约 500 公斤），以每公斤 0.4 元的价格卖给废品收购站，将所得款项占为己有。关于本案，下列哪一选项是正确

---

[1]　BC

的？[1]（2010/2/18）

A. 退回的信函不属于信件，甲的行为不成立侵犯通信自由罪

B. 退回的信函虽属于信件，但甲没有实施隐匿、毁弃与开拆行为，故不成立侵犯通信自由罪

C. 退回的信函处于邮政中心的管理过程中，属于公共财物，甲的行为成立贪污罪

D. 退回的信函被当作废品出卖也属于毁弃邮件，甲的行为成立私自毁弃邮件罪

【解析】 主要问题是对该罪中"邮件"以及"毁弃"的解释。

（1）根据《刑法》第253条，邮政工作人员私自开拆或者隐匿、毁弃邮件、电报的，构成私自开拆、隐匿、毁弃邮件、电报罪，该罪保护的法益为公民的通信自由权，故而，只要涉及通信自由的邮件、电报，均可认定为该罪的对象。退回的信函，按照邮政规则，应当寄回给寄信人或者妥善保管，在符合法律规定的条件时才能弃置，随意处分就可能侵犯寄信人的通信自由，故对其应认定为"信件"。故选项A错误。

（2）"毁弃"的含义包括了使权利不能使用的内容，将信件卖给废品收购站，废品收购会作为废品处理，使得寄信人无法利用其信件，可认定为"毁弃"。故选项B错误，选项D正确。

（3）对于选项C，根据《刑法》第253条第2款，邮政工作人员通过私自开拆、隐匿、毁弃邮件、电报行为而窃取财物的，都认定为盗窃罪，而不是贪污罪。比照此项规定，通过出售信函而获得对价，更不能认定为贪污罪。原理在于，刑法将邮政工作人员此利用行为认为是劳务而不是公务。况且，本案数额为200元，未达贪污罪、盗窃罪的定罪数额。

考点十七　侵犯公民个人信息罪

1. 下列哪些行为构成侵犯公民个人信息罪（不考虑情节）？[2]（2017/2/59）

A. 甲长期用高倍望远镜偷窥邻居的日常生活

B. 乙将单位数据库中病人的姓名、血型、DNA等资料，卖给某生物制药公司

C. 丙将捡到的几本通讯簿在网上卖给他人，通讯簿被他人用于电信诈骗犯罪

D. 丁将收藏的多封50年代的信封（上有收件人姓名、单位或住址等信息）高价转让他人

【解析】 本题考查侵犯公民个人信息罪以及相关司法解释。

A选项，考查"个人信息"的含义，根据《最高人民法院、最高人民检察院关于办理侵犯公民个人信息刑事案件适用法律若干问题的解释》（法释〔2017〕10号）第1条的规定，公民个人信息，是指以电子或者其他方式记录的能够单独或者与其他信息结合识别特定自然人身份或者反映特定自然人活动情况的各种信息，包括姓名、身份证件号码、通信通讯联系方式、住址、账号密码、财产状况、行踪轨迹等。本选项的日常生活场景，没有"信息"载体，不属于"个人信息"，不构成本罪，系民事侵权行为。本选项不当选。

B选项，属于《刑法》第253条之一第2款规定的"在履行职责或者提供服务过程中获得的公民个人信息，出售或者提供给他人的"。本选项当选。

C选项，捡到通讯簿的行为，虽不属于非法获取；但是，在网上出售的行为属于非法提供。依据是前述司法解释第3条第2款的规定，未经被收集者同意，将合法收集的公民个人信

---

〔1〕　D　〔2〕　BC

息向他人提供的，也属于非法"提供公民个人信息"的行为。本选项当选。

D选项，"50年代的信封"上的个人信息，不属于有效的个人信息；并且，出售者在出售时也没有侵犯公民个人信息罪的故意。本选项不当选。

2. 杨某非法获取上千条公民个人信息，并将公民头像照片制作成3D头像以通过人脸识别认证，进而用这些信息注册支付宝账号，冒充新用户获取支付宝邀请注册新用户的红包奖励，共计获利2万余元。关于本案处理，以下选项说法正确的是？[1]（2020/客/1/28仿）

A. 公安机关初查阶段从支付宝公司提取的账号注册信息，需要在立案后重新提取才可以作为定案证据

B. 杨某构成侵犯公民个人信息罪和诈骗罪，两罪是牵连犯，法院应当择一重罪处理

C. 支付宝公司可以通过附带民事诉讼要求杨某返还红包奖励

D. 对于杨某用于储存3D头像的U盘，公安机关应当扣押，封存并随案移送

【解析】考查侵犯公民个人信息罪、牵连犯、刑事诉讼法。

选项A，根据最高法、最高检、公安部《关于办理刑事案件收集提取和审查判断电子数据若干问题的规定》第6条的规定：初查过程中收集、提取的电子数据，以及通过网络在线提取的电子数据，可以作为证据使用。

选项B，（1）非法获取公民个人信息，触犯侵犯公民个人信息罪；（2）冒充新用户骗取支付宝奖励，触犯诈骗罪。（3）在罪数方面，牵连犯一般模型是伪造后再诈骗、获取信息后再伪造、骗领或获取信用卡信息后信用卡诈骗。本案是获取信息后直接诈骗，可以类比：获取信用卡信息后，再信用卡诈骗，可认定为牵连犯。应当择一重处。

选项C，根据最高法《关于刑事附带民事诉讼范围问题的规定》（现已失效），只有因人身权利受到犯罪侵犯而遭受物质损失或者财物被犯罪分子毁坏而遭受物质损失的，这两种情况可以提起附带民事诉讼。显然诈骗案中，被骗的钱不属于上述两种情况。这种情况属于犯罪分子非法占有、处置被害人财产而使其遭受物质损失，人民法院应当依法予以追缴或者责令退赔。

选项D，犯罪嫌疑人刘某主要通过手机微信实施诈骗行为，该手机作为微信登录、使用的介质载体，在诈骗中发挥了重要作用，应当认定为犯罪工具依法扣押，并随案移送。

考点十八　综合题

1. 关于侵犯公民人身权利罪的认定，下列哪些选项是正确的？[2]（2016/2/58）

A. 甲征得17周岁的夏某同意，摘其一个肾脏后卖给他人，所获3万元全部交给夏某。甲的行为构成故意伤害罪

B. 乙将自己1岁的女儿出卖，获利6万元用于赌博。对乙出卖女儿的行为，应以遗弃罪追究刑事责任

C. 丙为索债将吴某绑于地下室。吴某挣脱后，驾车离开途中发生交通事故死亡。丙的行为不属于非法拘禁致人死亡

D. 丁和朋友为寻求刺激，在大街上追逐、拦截两位女生。丁的行为构成强制侮辱罪

【解析】A选项，考查人体器官犯罪。根据《刑法》第234条之一第2款中句，摘取不满十八周岁的人的器官，构成故意伤害罪。

B选项，最高人民法院、最高人民检察院、公安部、司法部《关于依法惩治拐卖妇女儿童犯罪的意见》第五部分第16条，"以非法获利为目的，出卖亲生子女的，应当以拐卖妇女、儿童罪论处。"

C选项，为索债而绑架他人，根据《刑法》第238条第3款，构成非法拘禁罪。死亡结果应归责于吴某本人，而与丙的非法拘禁没有因果关系，不构成非法拘禁致人死亡，只构成基本犯。

D选项，"追逐、拦截"不属"强制侮辱"行为，不构成强制侮辱罪。属于《刑法》第293条第1款第2项的"追逐、拦截、辱骂、恐吓他人，情节恶劣的"，构成寻衅滋事罪。

2. 关于侵犯公民人身权利的犯罪，下列哪一选项是正确的？[1]（2017/2/15）

A. 甲对家庭成员负有扶养义务而拒绝扶养，故意造成家庭成员死亡。甲不构成遗弃罪，成立不作为的故意杀人罪

B. 乙闯入银行营业厅挟持客户王某，以杀害王某相要挟，迫使银行职员交给自己20万元。乙不构成抢劫罪，仅成立绑架罪

C. 丙为报复周某，花5000元路费将周某12岁的孩子带至外地，以2000元的价格卖给他人。丙虽无获利目的，也构成拐卖儿童罪

D. 丁明知工厂主熊某强迫工人劳动，仍招募苏某等人前往熊某工厂做工。丁未亲自强迫苏某等人劳动，不构成强迫劳动罪

【解析】A选项，本选项考查遗弃罪与不作为故意杀人罪的区分。（1）两罪之间的区分，除了故意杀人罪要求行为人主观上对于死亡结果具有故意以外，还要求行为人客观上实施了故意杀人行为，即支配他人生命的行为。亦即，客观上遗弃行为与杀人行为存在区分。（2）如果行为人在客观上仅实施了拒绝扶养行为，对于生命不具支配性，只能认定为遗弃行为，而不能认定为杀人行为；即使其主观上对于死亡具有故意，也只能构成遗弃罪，而不能成立故意杀人罪。故本选项说法错误。

B选项，乙对王某实施暴力威胁，强迫近在咫尺的他人当场交钱，符合当场暴力（抢）、当场取财（劫）的特征，可触犯抢劫罪。同时，其客观上实施了控制王某的绑架行为，主观上意图以杀害王某为要挟来向第三人索取财物，具有勒赎目的，可触犯绑架罪。可认为是两罪的想象竞合。本选项称"不构成抢劫罪，仅成立绑架罪"，说法错误。

C选项，本选项考查拐卖儿童罪中的"出卖目的"。"出卖目的"指"换钱"目的，即将儿童当商品出售换取钱财；而不是"挣钱"目的，并不需要获利。本选项行为人尽管"亏了"，但仍将儿童卖了钱，具有"出卖目的"，可构成拐卖儿童罪，说法正确。

D选项，《刑法》第244条（强迫劳动罪）第2款规定："明知他人实施前款行为，为其招募、运送人员或者有其他协助强迫他人劳动行为的，依照前款的规定处罚。"丁虽然未亲自实施强迫劳动行为，不构成正犯，但可构成帮助犯。本选项说法错误。

3. 关于侵犯人身权利罪，下列哪些选项是错误的？[2]（2013/2/59）

A. 医生甲征得乙（15周岁）同意，将其肾脏摘出后移植给乙的叔叔丙。甲的行为不成立故意伤害罪

B. 丈夫甲拒绝扶养因吸毒而缺乏生活能力的妻子乙，致乙死亡。因吸毒行为违法，乙的死亡只能由其本人负责，甲的行为不成立遗弃罪

C. 乙盗窃甲价值4000余元的财物，甲向派出所报案被拒后，向县公安局告发乙抢劫价值4000余元的财物。公安局立案后查明了乙的盗窃事实。对甲的行为不应以诬告陷害罪论处

D. 成年妇女甲与13周岁男孩乙性交，因性交不属于猥亵行为，甲的行为不成立猥亵儿童罪

【解析】A选项，根据《刑法》第234条之一第2款，摘取不满18周岁的人的器官，即使经其同意，承诺无效，构成故意伤害罪。

B选项，妻子乙的风险无论由谁造成，保护人丈夫甲均需履行扶养义务。能履行而不履行，可构成遗弃罪。

C选项，诬告陷害罪的成立要求行为人的目的是"意图陷害他人"，即意图将无罪之人陷害为有罪。乙的行为构成了盗窃罪，并非无罪之人。甲告发乙的基本犯罪事实（盗窃）存在，只不过夸张了程度，目的是使公安机关立案，是控告有罪之人有罪。主观上并没有"意图陷害他人"的目的，不构成诬告陷害罪。但有可能涉嫌伪证罪。

D选项，猥亵儿童罪中"猥亵"，包括与男童发生性关系。"猥亵"与"奸淫"并不是对立关系，"奸淫"是最严重的"猥亵"，"猥亵"可包容"奸淫"。甲可成立猥亵儿童罪。

4. 关于侵犯人身权利罪的论述，下列哪一选项是错误的？[1]（2012/2/17）

A. 强行与卖淫幼女发生性关系，事后给幼女500元的，构成强奸罪

B. 使用暴力强迫单位职工以外的其他人员在采石场劳动的，构成强迫劳动罪

C. 雇用16周岁未成年人从事高空、井下作业的，构成雇用童工从事危重劳动罪

D. 收留流浪儿童后，因儿童不听话将其出卖的，构成拐卖儿童罪

【解析】A选项，（1）强行与卖淫幼女发生性关系不属嫖宿幼女行为，构成强奸罪。（2）当然在现在，《刑法修正案（九）》已废除了嫖宿幼女罪，即使是嫖宿幼女的行为，也一律认定为强奸罪。

B选项，强迫劳动罪的对象不再限于"职工"，而是"他人"。

C选项，此选项中的"16周岁"，意指已满16周岁。未满16周岁，才认为是刑法中的"童工"。雇用已满16周岁未成年人从事危重劳动，不构成犯罪。

D选项，以营利为目的出卖亲生子女都构成拐卖儿童罪，出卖流浪儿童更可构成拐卖儿童罪。法条依据是两高一部和全国妇联《关于打击拐卖妇女儿童犯罪有关问题的通知》第四部分："出卖不满十四周岁子女，情节恶劣的，借收养名义拐卖儿童的，以及出卖捡拾的儿童的，均应以拐卖儿童罪追究刑事责任。"

---

[1] C

专题十九　侵犯财产罪（分则第五章）

他人占有	8种他人占有：直接支配（近在咫尺或短暂离开），支配领域内，推知事实支配，临时占有，封缄物，上位占有人，存款的占有归银行，死者遗物、祭葬品、陪葬品。
非法占有目的	非法所有目的；机动车解释。
抢劫罪/抢夺罪	1. 抢（对原占有人暴力）、劫（当场取财）＋同时抢劫故意＝抢劫罪。2. 盗窃、诈骗、抢夺实行行为＋当场暴力＋三种目的＝转化型抢劫。3. 携凶（禁止器械，为犯罪而携带的器械）抢夺，定抢劫。4. 家庭住所＋非法入户＋户内暴力＝入户抢劫。致死：过失、故意均可。真枪＋显露＝持枪。真军警抢劫，不属冒充军警人员抢劫，基本犯内从重。
敲诈勒索罪	与抢劫罪区分；与民事权利纠纷区分；与诈骗罪想象竞合。
盗窃罪	1. 盗窃他人占有（占有效力更高），如法院扣押、质押权人质押物，是盗窃。2. 扒窃：公共场所、随身携带（触手可及）。3. 盗窃既遂：小宗物品握在手里，大宗物品移出控制区域。
诈骗罪	1. 骗人：有处分权（转移占有权）人；2. 骗取处分行为：转移占有（放弃占有），处分意识（认识到转移占有事实，财物性质、数量）。3. 与盗窃罪区分：被骗人有无放弃占有、有无处分意识。4. 与盗窃罪间接正犯区分：被骗人有无转移占有权。
侵占罪	对象：脱离占有物。与盗窃罪区分：对象是他人占有，还是脱离他人占有；主观故意。

考点一　侵犯财产罪概述

（一）认定复杂财产犯罪的方法

1. 甲、乙、丙等人经预谋后，从淘宝店购买了某品牌的最新款手机30部，收到手机后拆下手机主板，换上废旧主板，然后利用7天无条件退货规则，将手机退货，从店主处获得全额退款8万元。关于甲、乙、丙等人的行为性质，说法正确的有[1]（2020/客/1/32仿）

A. 就手机主板构成盗窃罪　　　　B. 就手机主板构成诈骗罪

C. 就退货款构成诈骗罪　　　　　D. 就手机整体构成诈骗罪

【解析】考查财产犯罪的推理方法，盗窃罪与诈骗罪的区分。

按财产犯罪四步推理法。（1）被害人是店主。（2）犯罪对象。在第一阶段，甲等人从淘

---

[1]　C

宝店购买后，店主交付了手机、甲等人交付了货款，系合法交易。7天无条件退货，只是商店售出之后的服务承诺，不能理解为店主保留手机所有权。手机的所有权转归甲等人，货款的所有权转归店主。店主不可能损失手机。在第二阶段，店主损失的是退货款。（3）占有状态。在甲等人退货之前，退货款归店主占有。（4）转移占有的手段。甲等人用换上废旧主板的手机，假冒全新手机，骗取店主退货款。根据《刑法》第266条，构成诈骗罪，对象为退货款8万元。

2. 甲网购了一部手机，趁快递点不注意在快递点直接拿走手机后，联系商家谎称未收到货。商家向甲全额退款，要求快递公司赔偿所有损失。关于甲的行为，下列说法正确的是[1]（2021/客/卷一/14仿）

A. 甲对手机构成盗窃

B. 甲对退款构成诈骗

C. 甲对手机构成盗窃，对退款构成诈骗

D. 不论对手机或是退款，甲的行为整体构成诈骗

【解析】本题考查财产犯罪的推理方法"四步法"，以及民法中交付和占有的认定。

（1）四步法：被害人是快递公司，对象是手机，行为之前归快递公司占有；甲拿走时，原占有人快递公司并不知情，甲秘密窃取的盗窃行为，根据《刑法》第264条，构成盗窃罪。（2）甲虽对商家实施隐瞒真相（谎称未收到货）的诈骗行为，也骗取了商家的全额退款；但是，商家可以从快递公司处获得赔偿，因此，商家并没有损失，甲对商家并不构成诈骗罪。（3）本案的关键问题在于被害人（案件发生后财产损失者）和行为对象的确认，须结合民法认定。可根据案件前后"支出－收益"来计算损失，从而确定行为对象。甲：之前支付货款；之后得到货款返还、手机，多得到手机。商家：之前获得货款、支出手机；之后返还给甲货款、从快递公司获得损失赔偿，没有损失。快递公司：之前得到手机；之后丢失手机、因此赔偿损失，损失了手机。因此，甲多得手机、快递公司损失手机。（4）从物权转让的角度分析，根据《民法典》第224条"动产物权的设立和转让，自交付时发生效力，但是法律另有规定的除外。"第604条"标的物毁损、灭失的风险，在标的物交付之前由出卖人承担……"按照题意，本案所涉网购，在快递公司将货物交付给顾客之前，所有权仍归商家，占有权归快递公司，灭失风险归承运人快递公司。因此，甲从快递点偷偷拿走手机时，手机尚未交付，手机所有权、占有权都不归甲。甲盗窃了快递公司占有的手机。（5）类比：本题可以把行为人甲裂变成"两个甲"：偷手机的甲、正常网购的甲。"偷手机的甲"偷走了快递公司承运、应当交付给"正常网购的甲"的手机，构成盗窃罪；而"正常网购的甲"没到收到手机，得到了退款，不构成犯罪。

3. 乙把电脑放到商场一楼维修，第二天一早甲趁着商场没开门，进去骗打扫卫生的保洁员阿姨丙说"电脑是我的，帮我取一下"，丙信以为真，拿了电脑给了甲。则甲的行为构成?[2]（2023/客B/卷一/仿12）

A. 盗窃罪　　　　　　　　　　B. 诈骗罪

C. 侵占罪　　　　　　　　　　D. 民事纠纷，不构成犯罪

【解析】本题考点：财产犯罪四步法、占有的认定，盗窃罪间接正犯与三角诈骗的区分

（1）第一步，被害人（所有权人）系乙；或者商场负责赔偿，商场是财产损失者。（2）第二步，对象是电脑。（3）第三步，原占有人是商场（维修部门），保洁员阿姨丙负责打扫卫

---

[1] A　[2] A

生，不负责管理和占有该电脑，不是原占有人。(4) 第四步，甲拿走电脑时，原占有人商场并不知情，甲转移占有的手段是秘密窃取的盗窃，根据《刑法》第264条，构成盗窃罪。(5) 丙客观上盗窃了原归商场占有的电脑，但主观上没有盗窃故意，不构成盗窃罪的正犯；甲利用没有盗窃故意的丙盗窃了商场占有的电脑，构成盗窃罪的间接正犯。因丙不是电脑的原占有人（也没有转移占有的处分权限），不符合诈骗罪的对象人要求，甲对丙不构成诈骗罪（或三角诈骗。）

4. A快餐店的销售主管甲，利用主管便利，将店内对内部员工售卖的40元的快餐，以70元的价格在网上销售。顾客支付给甲70元钱之后，到甲所在的店领取快餐。甲收到70元后，谎称是内部员工购买，只将40元入账快餐店，获利数额巨大。关于甲的行为定性，下列选项说法正确的是？[1] (2023/客A/卷一/仿13)

　　A. 甲因扰乱快餐店的经济秩序，造成损失，构成故意毁坏财物罪
　　B. 甲违背快餐店的出售意图转售快餐，对象是套餐的售卖所得，对快餐店构成诈骗罪
　　C. 甲欺骗顾客购买，造成顾客财产损失，对顾客支付的款项构成诈骗罪
　　D. 甲违规处分店内套餐，对象是套餐的售卖所得归其所有的部分，构成职务侵占罪

【解析】本题考点：财产犯罪四步推理法。

(1) 被害人：因甲系快餐店销售主管，对外销售快餐属表见代理行为。40元是快餐对内部员工的售卖价格，70元的市场价格并非价格悬殊。顾客愿意以70元的价格购买快餐，与快餐店之间的销售合同有效。顾客支付市场价格，购得快餐，没有财产损失，不是被害人。快餐店是被害人。

(2) 行为对象：顾客支付给快餐店70元，但快餐店只收到40元，差款30元系犯罪对象。

(3) 原占有人：甲利用职务便利将包括30元差价款在内的70元收取保管。原占有人是其本人。

(4) 转移占有的手段：甲利用职务便利将其保管的应归快餐店的差价款据为己有，根据《刑法》第271条第1款，构成职务侵占罪。

5. 甲购买了新稻谷交给乙加工，乙用陈年稻谷替换了新稻谷，加工成大米后交给甲。如不计数额，关于本案中乙的行为认定，以下选项说法正确的有[2] (2022/客/1/18仿)

　　A. 对新稻谷构成盗窃罪，对陈年稻谷不构成犯罪
　　B. 对新稻谷构成侵占罪，对陈年稻谷不构成犯罪
　　C. 对新稻谷构成盗窃罪，对陈年稻谷构成诈骗罪
　　D. 对新稻谷构成侵占罪，对陈年稻谷构成诈骗罪

【解析】考查财产犯罪四步法，占有的认定，侵占罪、诈骗罪、盗窃罪。

1. 对于新稻谷：被害人是甲（所有权人），行为对象是新稻谷；在乙侵犯新稻谷的所有权之时，新稻谷已脱离甲的占有、归乙独立占有；乙将因加工承揽合同而委托保管的新稻谷据为己有，根据《刑法》第270条第1款，构成侵占罪。

2. 对于陈年稻谷以及加工出的大米，所有权归行为人乙，乙对自己的财物不能构成犯罪；也就是实施侵占罪（对新稻谷）的犯罪成本，不从犯罪数额中扣减。

3. 对于有论者提出的所谓新稻谷的"返还权"问题：即使可以将返还权解释为"财物"（事实上与"财物"所有权是重复评价），乙实施了以旧大米冒充新大米的欺骗行为，但被害人甲根本就不知道"返还权"的存在，也没有放弃"返还权"，没有处分行为和处分意识，乙

---

[1] D 〔2〕 B

不能构成诈骗罪。

6. 菜贩刘某将蔬菜装入袋中，放在居民小区路旁长条桌上，写明"每袋20元，请将钱放在铁盒内"。然后，刘某去3公里外的市场卖菜。小区理发店的店员经常好奇地出来看看是否有人偷菜。甲数次公开拿走蔬菜时假装往铁盒里放钱。关于甲的行为定性（不考虑数额），下列哪一选项是正确的？[1]（2015/2/19）

    A. 甲乘人不备，公然拿走刘某所有的蔬菜，构成抢夺罪

    B. 蔬菜为经常出来查看的店员占有，甲构成盗窃罪

    C. 甲假装放钱而实际未放钱，属诈骗行为，构成诈骗罪

    D. 刘某虽距现场3公里，但仍占有蔬菜，甲构成盗窃罪

【解析】 本题考查财物占有状态的认定，盗窃罪、抢夺罪、诈骗罪的区分。对于这种复杂财产犯罪，认定时可能按"四步法"来认定。第一步，确定被害人（以民法确权为基础）；刑法中对赃物可主张善意取得（不明知、无重大过失）。第二步，确定犯罪对象。第三步，确定犯罪对象（财物）的占有状态（他人占有 VS 脱离他人占有）。第四步，确定转移占有的手段（非法 VS 合法；何种非法手段）。

（1）本案的被害人是刘某，犯罪对象为蔬菜（而不是菜钱）。在财物占有状态的认定上：蔬菜放在居民小区路旁长条桌上，写明"每袋20元，请将钱放在铁盒内"，属于根据存在状态可以推知占有人的情况，尽管所有权人刘某不在现场，也应认为蔬菜归刘某占有。小区理发店的店员尽管经常出来查看，但未受委托照看蔬菜，也无占有意思，不能认为蔬菜为理发店员占有。

（2）关于财物转移占有的过程。构成抢夺罪要求行为人当着财物占有人的面公然夺走财物，本案中占有人不在现场，甲非法转移占有的行为，不符合抢夺罪的要件。

（3）构成诈骗罪要求行为人对有权处分人实施欺骗、骗取他人处分（转移占有），本案中甲并未对刘某实施欺骗，即使对他人如店员实施了欺骗，但欺骗的并非有权处分人，不构成诈骗罪。

（4）在原占有人刘某不知情的情况下拿走蔬菜，系秘密窃取行为，根据《刑法》第264条，构成盗窃罪。

7. 甲在某银行的存折上有4万元存款。某日，甲将存款全部取出，但由于银行职员乙工作失误，未将存折底卡销毁。半年后，甲又去该银行办理存储业务，乙对甲说："你的4万元存款已到期。"甲听后，灵机一动，对乙谎称存折丢失。乙为甲办理了挂失手续，甲取走4万元。甲的行为构成何罪？[2]（2008/2/14）

    A. 侵占罪   B. 盗窃罪（间接正犯）

    C. 诈骗罪   D. 金融凭证诈骗罪

【解析】 第一、二步，确认被害人、犯罪对象。被害人是银行。关于犯罪对象：

（1）甲捏造存折丢失的事实，从银行骗走存折。由于根据司法解释，存折（财产凭证）只在盗窃、抢劫罪才属财物，在被诈骗时不属财物。故不属诈骗财物，对此不构成诈骗罪。

（2）银行职员乙工作失误在账户中误记数字。由于数字不是财物本身，不能认为行为人占有数字，就已经占有财物。故而不能以"合法占有，非法所有"认定行为人构成侵占罪。

（3）真正的犯罪对象是银行的4万元。

第三步，确认对象的占有状态。虽然甲的账户中存在误记数字，但银行的4万元原归银行占有、所有。

第四步，确认转移占有的手段。

（1）行为人在占有数字之后，隐瞒存折上记载为假、没有对应的真实存款的事实，向银行取款，骗取有权处分财产的银行工作人员，让其将4万元转移占有，根据《刑法》第266条，构成诈骗罪。

（2）由于银行工作人员有转移占有的权限，行为人构成诈骗罪的直接正犯，而不构成盗窃罪（间接正犯）。

（3）金融凭证诈骗罪的成立必须是使用伪造、变造的金融凭证进行诈骗活动。本案中甲使用的金融凭证是真实的，不能构成金融凭证诈骗罪。

8. 乙（16周岁）进城打工，用人单位要求乙提供银行卡号以便发放工资。乙忘带身份证，借用老乡甲的身份证以甲的名义办理了银行卡。乙将银行卡号提供给用人单位后，请甲保管银行卡。数月后，甲持该卡到银行柜台办理密码挂失，取出1万余元现金，拒不退还。甲的行为构成下列哪一犯罪？[1]（2014/2/18）

A. 信用卡诈骗罪 　　　　　　　B. 诈骗罪

C. 盗窃罪（间接正犯）　　　　　D. 侵占罪

【解析】参见《刑事审判参考》第938号"曹成详侵占案"。

（1）本案中被害人是乙，犯罪对象是1万余元现金。

（2）乙在甲的银行卡存放工资，对于卡中工资，在实然层面，归银行占有；在应然层面，工资所有权属于乙。

（3）就转移占有的手段来看，1万余元现金原归银行占有，由银行占有转归甲占有，是合法转移占有。因为，乙借用甲的身份证以甲的名义办理了银行卡，根据金融法，应当认定甲是合法持卡人，该银行卡为甲的银行卡。因此甲具有支付请求权，合法持卡人持该卡到银行柜台办理密码挂失取出卡中现金，并不违反信用卡的使用规则，取出现金的行为不属违法转移占有，不构成盗窃、诈骗。

（4）甲取出现金合法占有、但非法所有，侵犯乙的所有权，其行为构成侵占罪。

（5）乙请甲保管银行卡，因甲是合法持卡人，其使用本人的银行卡并不属于"冒用他人信用卡"，不构成信用卡诈骗罪。

9. 乘客乙乘坐司机甲驾驶的出租车，下车时把手机落在车上了。甲看乙离开走远了，过了几分钟后才把车开走拿走手机。之后，甲多次配试密码，将乙的手机解锁，先从乙的银行卡转账3万元到乙的支付宝账户，然后用支付宝付款的方式在商场消费用尽。不久，乙打该手机询问情况，甲接通后对乙谎称自己是路人，随后挂断电话，将手机据为己有。关于本案以下说法正确的有？[2]（2023/客A/卷一/仿12）

A. 乙在下车离开时手机的占有已经转移给了甲，甲对手机构成侵占罪

B. 乙下车时手机还未脱离其占有，甲看到乙走开而不出声提醒，甲对手机构成不作为的盗窃罪

C. 甲欺骗乙称自己是路人并占有手机，甲对手机构成了诈骗罪

D. 甲对乙的3万元构成信用卡诈骗罪

【解析】本题考点：财产犯罪

（一）甲对手机

1. 按照《民法典》第824条的规定，乘客下车时，因自己过错而遗忘随身携带的物品的，

---

[1] D　[2] A

司机没有法律上的提醒义务；仅有保管义务和归还义务。即使司机有提醒义务而不提醒，遗失手机、转移占有的行为也是乘客本人实施的，应当归责于乘客本人，难以将司机不提醒的行为认定为"不作为的盗窃"。

2. 乘客乙下车后，手机虽已脱离物主乙的占有。但是，根据《最高人民法院关于审理抢劫案件具体应用法律若干问题的解释》（法释〔2000〕35号）第2条的规定，由于出租车（题意应为小型出租车）不属"公共交通工具"（只包括大、中型出租车），不属完全无人管控的空间。而是类似于私家车，由于手机落在出租车内，空间的管理者出租车司机甲为手机的临时占有人，手机可认系甲基于民事合同而委托保管的物品。甲将其据为己有不予归还，根据《刑法》第270条的规定，构成侵占罪。

3. 甲欺骗乙称自己是路人，虽对乙实施了诈骗行为，但在此之前手机已经被甲占有，诈骗行为并未使财产被转移占有，不构成诈骗罪；是侵占罪既遂之后的掩饰罪行为。

（二）甲对乙银行卡中的3万元，系"多倒几手"的情况

1. 按通说：分前后两截，前半截冒用乙信用卡账户看似是信用卡诈骗行为，但由于是转入乙支付宝账户，没有损失，不构成信用卡诈骗罪；后半截，才是造成乙财产损失的行为，对支付宝账户里的3万元钱款构成盗窃罪。

2. 少数观点略（因本选项未问多观点，故按通说答题）。

10. 甲是民营快递公司快递员，每单可以提成运费20%。甲遂让好友乙冒充高校领导，与快递公司签了快递协议，费用年结，一年30万元，甲由此获得奖金6万元。年底，公司催甲收快递费，甲无奈透支本人信用卡中10万元，付给公司，尚欠20万元。透支到期后，银行两次有效催收，超过三个月后，甲仍无法归还。则甲的行为[1]（2019/客/卷一/37仿）

A. 甲构成职务侵占罪   B. 甲构成合同诈骗罪

C. 甲构成恶意透支型的信用卡诈骗罪 D. 甲构成诈骗罪

【解析】（一）对于甲实施的第一段行为即欺骗快递公司的行为，按"财产犯罪四步推理法"（被害人——行为对象——占有状态——转移占有手段）进行推理。

1. 第一、二步，确定被害人和犯罪对象。（1）对于30万元快递费，从实质层面以及民法层面上（快递协议系无效协议），快递公司实际上并未提供快递服务，因此没有取得快递费的权利。甲支付给快递公司的10万元，系不当得利，应当归还给甲；也无继续索要剩余20万元的权利。此30万元（或20万元），不能认为是快递公司的损失。（2）对于奖金6万元，系快递公司损失的财物和对象。

2. 第三、四步，占有状态，以及转移占有的手段。（1）甲与乙勾结，通过签订虚假的快递协议，骗取快递公司6万元奖金，根据《刑法》第266条，构成诈骗罪。（2）甲不是该快递合同的当事人一方，且其犯罪对象即奖金并非该快递合同的货款或标的等。奖金是根据公司奖励制度取得，而非通过签订、履行合同而直接获得。不符合合同诈骗罪的行为人、对象要求，不构成合同诈骗罪。（3）甲的职务是快递员，没有主管、管理、经营、经手的职权，其获得奖金没有利用快递员的职务便利，不构成职务侵占罪。

（二）对于甲实施的第二段行为即透支信用卡10万元的行为，根据《刑法》第196条第1款第4款、《最高人民法院、最高人民检察院关于办理妨害信用卡管理刑事案件具体应用法律若干问题的解释》（法释〔2018〕19号修正）第6条第2款第1项：明知没有还款能力而大量透支，无法归还的，认定具有非法占有目的，构成恶意透支型的信用卡诈骗罪。

---

[1] CD

（三）综上所述，对甲应以诈骗罪（6万元）、信用卡诈骗罪（10万元）两罪并罚。

11. 甲公司（老板为A某）和乙公司（老板为B某）一直有生意来往。在以前，甲公司的司机张某负责把货物运送到乙公司之后，乙公司就将货款当面交付给张某，张某将货款带回交给甲公司的老板A某。后来，张某从甲公司辞职，甲公司另行聘请李某为新的司机。但A某对新司机李某不太放心，就对李某说：你把货物运到乙公司之后，就不要带货款回来了，我让乙公司直接把货款汇到咱们公司的账户来。李某同意。但A某忘了跟乙公司的老板B某说明这一点。李某将货物运到乙公司后，就主动和乙公司的老板B某说：我们老板让我把货款带回去。由于以前一直是这样操作的，B某信以为真，将8万元货款交给了李某，李某获得该款后携款逃走。后案发。则李某的行为构成[1]（2018/客/卷一/20仿）

A. 职务侵占罪　　　　B. 诈骗罪　　　　C. 盗窃罪　　　　D. 侵占罪

【解析】本题是一道刑法、民法结合的题目。可按被害人、犯罪对象、占有状态、转移占有手段四步来推理罪名。

第一步，确定被害人。（1）从纯粹客观上讲，甲公司及其老板A某未委托或授权李某取回货款。乙公司及其老板B某将货款交付给李某，在交付货款上存在一定瑕疵，交付的对象客观上不是甲公司的合法代理人。（2）但是，乙公司可以主张李某系表见代理。根据民法规定：行为人没有代理权、超越代理权或者代理权终止后，仍然实施代理行为，相对人有理由相信行为人有代理权的，代理行为有效。根据"兴业银行广州分行与深圳市机场股份有限公司借款合同纠纷案"（《中华人民共和国最高人民法院公报》2009年第11期，最高人民法院〔2008〕民二终字第124号民事判决书）的裁判要旨：行为人没有代理权、超越代理权或者代理权终止后仍以代理人名义订立合同，而善意相对人客观上有充分的理由相信行为人具有代理权的，该代理行为有效，被代理人应按照合同约定承担其与相对人之间的民事责任。（3）本案中，如果是原来的司机张某在代理权终止后继续收钱，是典型的表见代理。但是本案情况是新任司机，利用交付惯例而骗取货款；由于李某确实具有甲公司司机的身份，且确有将货款交付给司机的惯例，而甲公司内部规则变动后未及时通知乙公司，故而善意相对人乙公司客观上有充分的理由相信李某具有代理权，可主张表见代理。（4）由此，案件发生后，乙公司在法律上被视为已将货款交付给了甲公司，甲公司不能再向乙公司索要货款，只能向李某索要。故而，本案的被害人应认为是甲公司，而不是乙公司。

第二步，确定犯罪对象，系货款8万元。

第三步，在占有状态认定上，在李某实施欺骗行为之前，该8万元归乙公司占有。由于该收取货款行为属表见代理，在转移占有之后，货款事实上虽未直接归甲公司占有，而是归李某事实占有。但在法律上，该代理行为有效。因此，就乙公司而言，可以认为是交付给了甲公司的代理人。

第四步，确定转移占有的手段。从行为人李某的角度考查。（1）对于李某骗乙公司的行为，李某未获合法授权，谎称自己获得公司授权，使用欺骗手段，骗取乙公司交付货款。由于系表见代理，可认为被骗人乙公司具有交付货款的权限。故而，李某构成诈骗罪，系三角诈骗。（2）对于之后李某获得乙公司货款后又据为己有的行为，由于前行为已构成诈骗，后行为系事后不可罚。

最后，因为李某客观上没有收取货款的权限，故而不属于"利用职务便利"诈骗，不构成职务侵占罪。

---

[1]　B

本案可以类比于：无收取货款权限的人，骗取付款方交付货款；尽管付款方交付货款行为有效，但行为人仍可成立三角诈骗。也可类比于：行为人甲捡到公司印章后，向付款人谎称收款将货款据为己有。而不能类比为：付款方交付货款之后，收款人携款潜逃（职务侵占罪，或侵占罪）。

（二）他人占有的财物

12. 下列哪些行为属于盗窃？[1]（2010/2/62）

A. 甲穿过铁丝网从高尔夫球场内"拾得"大量高尔夫球

B. 甲在夜间翻入公园内，从公园水池中"捞得"旅客投掷的大量硬币

C. 甲在宾馆房间"拾得"前一顾客遗忘的笔记本电脑一台

D. 甲从一辆没有关好门的小轿车内"拿走"他人公文包

【疑难辨析】本题表面上考查盗窃罪的认定，实际上考查盗窃对象"他人占有"的财物的认定。盗窃罪的对象是他人占有的财物。刑法中的"他人占有"包括事实上占有、观念上占有。他人直接支配下的财物，他人的事实支配领域内的财物，根据存在状态可以推知由他人事实支配，都属他人占有；原占有者丧失了占有，但该财物被置于相对隔离的、他人（临时占有者）的事实支配领域内的，应认为转移为临时占有者占有；委托人（物主、原管理人）委托受托人（现管理人）管理的封缄物，对于封缄物内的物品，归受托人（现管理人）占有；辅助占有人非独立性地占有管理财物，财物仍在上位占有人事实支配领域内的，上位占有人占有效力更高。此外，死者的遗物、祭葬品，通常认为归继承人占有。

【解析】选项A，高尔夫球场内的高尔夫球，处于高尔夫球场的直接控制之下，应认定为"他人占有的财物"，系盗窃罪对象；秘密窃取转移占有，构成盗窃罪。

选项B，公园水池中旅客投掷的硬币，为旅客赠与公园的物品，不是无主物；虽公园为公共场所，但其水池中的硬币系特定场所的财物，应认定归公园控制占有，系"他人占有的财物"，系盗窃罪对象；秘密窃取转移占有，构成盗窃罪。

选项C，宾馆房间里的笔记本电脑，虽其主人已失去控制，但由于处于宾馆这种特定场所，应认为被临时代管人宾馆所控制、占有，系"他人占有的财物"，系盗窃罪对象；秘密窃取转移占有，构成盗窃罪。

选项D，公文包处于小轿车内，在车主的控制领域内，即使轿车未关好门，也认为归轿车车主控制、占有，系盗窃罪对象；秘密窃取转移占有，构成盗窃罪。

13. 下列哪些行为构成盗窃罪（不考虑数额)？[2]（2016/2/59）

A. 酒店服务员甲在帮客人拎包时，将包中的手机放入自己的口袋据为己有

B. 客人在小饭馆吃饭时，将手机放在收银台边上充电，请服务员乙帮忙照看。乙假意答应，却将手机据为己有

C. 旅客将行李放在托运柜台旁，到相距20余米的另一柜台问事时，机场清洁工丙将该行李拿走据为己有

D. 顾客购物时将车钥匙遗忘在收银台，收银员问是谁的，丁谎称是自己的，然后持该钥匙将顾客的车开走

【解析】A选项，物主近在咫尺，系他人直接支配下的财物，归物主占有，系盗窃罪对象；秘密窃取转移占有，构成盗窃。服务员甲虽帮人拎包，但并不独立占有，不构成侵占。

B选项，物主近在咫尺，系他人直接支配下的财物，物主占有。服务员乙虽帮忙照看，也

认为占有，可认为是辅助占有人，但并不独立占有，不构成侵占。辅助占有人侵犯物主更高效力的占有，秘密窃取转移占有，构成盗窃罪。

C选项，物主近在咫尺，系他人直接支配下的财物，系盗窃罪对象；秘密窃取转移占有，构成盗窃罪。不属于脱离他人占有的财物，不构成侵占。

D选项，本选项的犯罪对象应当理解为汽车而不是车钥匙。路边的汽车，无论主人在何处，是否有钥匙，根据存在状态推知他人占有，都认为是归车主占有。获取钥匙后趁车主不注意将汽车开走，对汽车构成盗窃。

14. 甲的下列哪些行为属于盗窃（不考虑数额）?[1]（2014/2/60）

A. 某大学的学生进食堂吃饭时习惯于用手机、钱包等物占座后，再去购买饭菜。甲将学生乙用于占座的钱包拿走

B. 乙进入面馆，将手机放在大厅6号桌的空位上，表示占座，然后到靠近窗户的地方看看有没有更合适的座位。在7号桌吃面的甲将手机拿走

C. 乙将手提箱忘在出租车的后备箱。后甲搭乘该出租车时，将自己的手提箱也放进后备箱，并在下车时将乙的手提箱一并拿走

D. 乙全家外出打工，委托邻居甲照看房屋。有人来村里购树，甲将乙家山头上的树谎称为自家的树，卖给购树人，得款3万元

【解析】A选项，物主近在咫尺，暂时离开马上会回来，应认定财物归物主占有；相对于行为人而言是他人占有的财物，系盗窃罪对象；秘密窃取转移占有，构成盗窃罪。

B选项，同A选项。

C选项，物主将财物遗落在出租车内，物主丧失占有，但财物位于出租车司机控制的领域，归临时代管人出租车司机占有。相对于行为人而言是他人占有的财物，而不属于无人占有的遗忘物，系盗窃罪对象；秘密窃取转移占有，构成盗窃罪。

D选项，考查三角诈骗与盗窃罪间接正犯的区分。（1）对于3万元，甲虽谎称树主，对购树人实施了欺骗行为，购树人因善意取得而获得树木（刑法通说），没有财产损失，不能构成诈骗罪。（2）对于乙的树木，原在乙家山头上，归乙占有。①甲虽实施诈骗行为，但诈骗对象人是购树人，对于乙的树木没有转移占有的处分权限，不符合诈骗罪对象人的要求，不构成诈骗罪。②购树人客观实施了盗窃，主观上无盗窃故意，不构成盗窃罪；甲通过欺骗手段利用无过错的购树人，盗窃了乙的树木，根据《刑法》第264条，构成盗窃罪的间接正犯。

15. 关于侵占罪的认定（不考虑数额），下列哪些选项是错误的?[2]（2011/2/62）

A. 甲将他人停放在车棚内未上锁的自行车骑走卖掉。甲行为构成侵占罪

B. 乙下车取自己行李时将后备厢内乘客遗忘的行李箱一并拿走变卖。乙行为构成侵占罪

C. 丙在某大学食堂将学生用于占座的手机拿走卖掉。丙行为成立侵占罪

D. 丁受托为外出邻居看房，将邻居锁在柜里的手提电脑拿走变卖。丁行为成立侵占罪

【解析】本题考查表面上考查侵占罪，实际考查"他人占有的财物"的认定。盗窃罪的对象是"他人占有的财物"；侵占罪的对象是"脱离他人占有的财物"。

A选项，车棚内未上锁的自行车，根据存在状态可以推知由他人事实支配，系他人占有的财物，系盗窃罪对象；秘密窃取转移占有，构成盗窃罪。

B选项，出租车后备厢内乘客遗忘的行李箱，物主虽失去占有，但由于落在出租车后备厢内，应归出租车司机临时占有，属原占有者丧失了占有但归临时占有人占有的情形，系他人

（临时占有人）占有的财物，系盗窃罪对象；秘密窃取转移占有，构成盗窃罪。

C选项，学生用于占座的手机，物主近在咫尺、马上即归，属他人直接支配下的财物情形，系他人占有的财物，系盗窃罪对象；秘密窃取转移占有，构成盗窃罪。

D选项，电脑在邻居的屋子里，属他人的事实支配领域内的财物，仍归邻居占有，丁只是辅助占有人。辅助占有人侵犯物主更高效力的占有，秘密窃取转移占有，构成盗窃罪。

16. 某幼儿园班主任建立了一个班级群，用于与家长们交流并收取各种费用。某日，家长甲等人依惯例将总计5000元的伙食费以"发红包"的形式发到班级群，请班主任老师接收。班主任老师未及时接收，家长乙收取了该伙食费并退群。关于乙的行为性质，下列哪一说法是正确的？[1]（2021/客/卷一/15 仿）

A. 抢夺罪　　　　B. 盗窃罪　　　　C. 诈骗罪　　　　D. 侵占罪

【解析】本题考查财产犯罪的推理方法、财物占有的认定、网络背景下财产犯罪的定性。

第一步，被害人。在乙实施本案行为之后，按"发红包"的规则，班主任老师尚未接收到钱款，其不是被害人；家长甲等人损失了"红包"里的钱款，系被害人。第二步，犯罪对象，为"红包"里的钱款。第三步，占有状态，"红包"里的钱款在乙实施本案行为之前，归家长甲等人占有。第四步，转移占有的手段。按"发红包"的规则，接收人在点击接收到红包之前，发送人并不知情转移占有的情况（可类比于：发红包者先将现金放在某寄存柜台，让收款者来取；结果被行为人拿走）。行为人是在原占有人即发红包者不知情的情况下拿走其中钱款的，系秘密窃取的盗窃行为，根据《刑法》第264条，构成盗窃罪。

（三）非法占有（所有）目的

17. 下列哪些选项的行为人具有非法占有目的？[2]（2011/2/61）

A. 男性基于癖好入户窃取女士内衣

B. 为了燃柴取暖而窃取他人木质家具

C. 骗取他人钢材后作为废品卖给废品回收公司

D. 杀人后为避免公安机关识别被害人身份，将被害人钱包等物丢弃

【疑难辨析】本题考查非法占有目的。构成攫取型财产犯罪，在责任（主观）方面都要求行为人具有非法占有目的，所谓非法占有目的，实际上就是非法所有目的的意思，亦即，排除他人占有之后以所有人自居对财物进行占有、处分、利用的意思。

【解析】A选项，窃取女士内衣，排除了物主的占有，赏玩也有利用意思，认为有非法占有目的，可构成盗窃罪。

B选项，窃取他人木质家具，排除了物主的占有，燃柴也是利用方法，认为有非法占有目的，可构成盗窃罪。

C选项，骗取钢材排除了物主的占有，卖给废品回收公司是处分行为，认为有非法占有目的，可构成诈骗罪。

D选项，丢弃钱包排除了物主的占有，但没有自己利用的意思，不认为有非法占有目的，而认定为毁损目的，构成故意毁坏财物罪。

18. 郑某等人多次预谋通过爆炸抢劫银行运钞车。为方便跟踪运钞车，郑某等人于2012年4月6日杀害一车主，将其面包车开走（事实一）。后郑某等人制作了爆炸装置，并多次开面包车跟踪某银行运钞车，了解运钞车到某储蓄所收款的情况。郑某等人摸清运钞车情况后，于同年6月8日将面包车推下山崖（事实二）。关于事实二的判断，下列选项正确的是？[3]

---

[1]　B　[2]　ABC　[3]　ABCD

（2014/2/87）

A. 非法占有目的包括排除意思与利用意思

B. 对抢劫罪中的非法占有目的应与盗窃罪中的非法占有目的作相同理解

C. 郑某等人在利用面包车后毁坏面包车的行为，不影响非法占有目的的认定

D. 郑某等人事后毁坏面包车的行为属于不可罚的事后行为

【解析】本题考查"非法占有目的"，不可罚的事后行为。

A、B选项，本题考查"非法占有目的"，说法正确。特别是，对于抢劫走机动车用于犯罪工具的情况，《最高人民法院关于审理抢劫、抢夺刑事案件适用法律若干问题的意见》规定的"为抢劫其他财物，劫取机动车辆当作犯罪工具或者逃跑工具使用的，被劫取机动车辆的价值计入抢劫数额"，亦即，推定行为人对机动车辆具有非法占有目的。

C、D选项，（1）在触犯罪名方面，先后实施了两行为即抢劫、毁坏行为，实施两行为当时的主观目的分别是非法占有目的、毁坏目的；客观主观相统一分别触犯两罪：抢劫罪、故意毁坏财物罪。（2）在罪数层面，两行为针对同一对象（同一汽车）、侵害同一法益（财产权）、前行为评价为抢劫既遂时已包容了后行为的处分毁坏，故认为后行为故意毁坏财物属于不可罚的事后行为，最终认定为抢劫罪一罪。说法正确。

考点二　抢劫罪

一、普通抢劫

1. 甲深夜进入小超市，持枪胁迫正在椅子上睡觉的店员乙交出现金，乙说"钱在收款机里，只有购买商品才能打开收款机"。甲掏出100元钱给乙说"给你，随便买什么"。乙打开收款机，交出所有现金，甲一把抓跑。事实上，乙给甲的现金只有88元，甲"亏了"12元。关于本案，下列哪一说法是正确的？[1]（2013/2/8）

A. 甲进入的虽是小超市，但乙已在椅子上睡觉，甲属于入户抢劫

B. 只要持枪抢劫，即使分文未取，也构成抢劫既遂

C. 对于持枪抢劫，不需要区分既遂与未遂，直接依照分则条文规定的法定刑量刑即可

D. 甲虽"亏了"12元，未能获利，但不属于因意志以外的原因未得逞，构成抢劫罪既遂

【解析】（1）甲持枪胁迫当场取财，根据《刑法》第263条，构成抢劫罪。

（2）抢劫罪的既遂标准是取得财物或造成轻伤。题干中已经劫得现金88元，认定为抢劫罪既遂。选项D错误。

（3）支付的100元钱可认为是"犯罪成本"，刑法中计算犯罪数额，并不扣除犯罪成本。故而本案中抢劫罪的数额为88元。而不能再算"亏了"12元的账。

（4）小超市并非为家庭生活而居住的场所，而是商业场所，不属于"户"，不属入户抢劫。选项A错误。

（5）属持枪抢劫，是抢劫罪的情节加重犯。持枪抢劫是情节加重犯，犯罪的既遂应当以基本犯既遂为标准。①本题题干系犯罪既遂。②实施任何抢劫罪，如果分文未取，也未造成轻伤，仍认定为犯罪未遂。实施持枪抢劫，但抢劫未遂的，是情节加重犯的未遂，应先以加重刑为基准刑，再结合未遂可从宽的规定处刑。选项B、C错误。

---

[1]　D

2. 甲基于报复故意伤害乙，在下列哪些情形中，其**不构成**抢劫罪？[1]（2021/客/卷一/16仿）

　　A. 乙主动提出给甲 5000 元让其放过自己，甲要 10000 元，乙答应

　　B. 甲致乙昏迷后，乙身上的钱包掉落下来，甲拿走了乙的钱包

　　C. 甲致乙昏迷后，乙左手搭在口袋处，甲认为乙护着钱包，挪开了乙的手拿走钱包

　　D. 甲致乙重伤后，乙怕死，提出支付甲 5000 元送自己去医院，甲要 10000 元，乙同意

【解析】本题考查抢劫罪，包括构成要件，与其他犯罪的区分。甲实施的前半截行为，基于报复故意伤害乙，构成故意伤害罪；主要是后半截取财行为如何定性？主要涉及《最高人民法院关于审理抢劫、抢夺刑事案件适用法律若干问题的意见》第 8 条的适用及其原理的理解。该条规定："行为人实施伤害、强奸等犯罪行为，在被害人未失去知觉，利用被害人不能反抗、不敢反抗的处境，临时起意劫取他人财物的，应以此前所实施的具体犯罪与抢劫罪实行数罪并罚；在被害人失去知觉或者没有发觉的情形下，以及实施故意杀人犯罪行为之后，临时起意拿走他人财物的，应以此前所实施的具体犯罪与盗窃罪实行数罪并罚。"

　　选项 B、C，都是被害人失去知觉的情形。（1）选项 B，甲临时起意拿走昏迷的乙的钱包，物主乙近在咫尺，钱包是乙占有的财物；甲秘密窃取的取财行为构成盗窃罪。（2）选项 C，客观上甲实施的是取走昏迷的乙的钱包的盗窃行为，主观上具有抢劫故意；客观主观相统一，构成盗窃罪。

　　选项 A，（1）抢劫行为的界定，要求行为人、被害人两个方面：行为人实施抢（暴力、威胁）劫（强行取财）的行为，被害人基于恐惧或被压制反抗而交财；同时要求行为人在实施抢劫行为当时主观上具有抢劫故意（同时性）。（2）本选项甲的行为好像可以区分为乙主动提出给钱、后半段甲要更多两段，但事实上后半段仅是"议价"过程，仍需合为一体评价。实质上等同于：乙提出给甲 1 万让甲放过自己，甲答应。（3）被害人乙虽是为了不被继续伤害而交财；但行为人甲在对乙实施伤害时主观上并无抢劫故意，没有通过伤害手段取财的意图，不属前述司法解释所述"利用被害人不能反抗、不敢反抗的处境，临时起意劫取他人财物的"（指为了取财而利用暴力威胁），不构成抢劫罪。（4）对于财物取得应当认定为趁人之危的不当得利。（5）类比的事例：甲不同意，继续伤害，仍构成故意伤害罪。相反的事例：甲对乙说，你给我 1 万元，否则继续伤害你，这才构成抢劫罪。

　　选项 D，与选项 C 的原理相同，甲实施不救助乙的行为时，主观上并无抢劫故意，不构成抢劫罪。如果甲对乙说，你给我 1 万元，否则我不救你让你死，这才构成抢劫罪。

3. 关于盗窃罪的认定，下列结论哪些是正确的？[2]（2005/2/60）

　　A. 甲因饮酒过量醉卧街头。乙向围观群众声称甲系其好友，将甲扶于无人之处，掏走甲身上一千余元离去。乙的行为构成盗窃罪

　　B. 甲与乙在火车上相识，下车后同到一饭馆就餐。乙殷勤劝酒，将甲灌醉，掏走甲身上一千余元离去。乙的行为构成盗窃罪

　　C. 甲去一餐馆吃晚饭，时值该餐馆打烊，服务员已下班离去，只有老板乙在清账理财。在甲再三要求之下，乙无奈亲自下厨准备饭菜。甲趁机将厨房门反锁，致乙欲出不能，只能从递菜窗口眼看着甲打开柜台抽屉拿走一千余元离去。甲的行为构成盗窃罪

　　D. 甲在街头出售报纸时发现乙与一摊主因买东西发生纠纷，其携带的箱子（内有贵重物品）放在身旁的地上，便提起该箱子悄悄溜走。乙发现后紧追不舍。为摆脱乙的追赶，甲将手

---

　　[1]　ABCD　[2]　AD

中剩余的几张报纸卷成一团扔向乙，击中乙脸，乙受惊吓几乎滑倒。随之又追，终于抓住甲。甲的行为构成盗窃罪

【解析】A选项，考查盗窃罪与诈骗罪的区分。（1）行为人虽欺骗了围观群众，但围观群众并不是财产处分人，没有骗取财产处分人处分财产，故乙的行为不构成诈骗罪。（2）在原占有人甲不知情的情况下拿走其财物，是秘密窃取的盗窃行为，根据《刑法》第264条，构成盗窃罪，系扒窃。

B选项，考查普通抢劫的手段。抢劫罪中抢的手段要求以对人身的暴力（杀害、伤害、性侵犯、剥夺人身自由、控制人身）为内容。行为人以非法占有为目的，将被害人灌醉，然后劫取钱财的，属于以其他暴力方法使被害人丧失反抗能力而取财，构成抢劫罪。

C选项，考查普通抢劫的手段。采用将他人反锁排除他人反抗（拘禁）的方式，劫夺财物，属于以拘禁的暴力方法劫财，构成抢劫罪。

D选项，考查转化型抢劫。"将手中剩余的几张报纸卷成一团扔向乙"未达到压制反抗的程度，不能认定为抢劫罪的"暴力"，不构成转化型抢劫，仍为盗窃罪。

4. 甲、乙、丙共谋犯罪。某日，三人拦截了丁，对丁使用暴力，然后强行抢走丁的钱包，但钱包内只有少量现金，并有一张银行借记卡。于是甲将丁的借记卡抢走，乙、丙逼迫丁说出密码。丁说出密码后，三人带着丁去附近的自动取款机上取钱。取钱时发现密码不对，三人又对丁进行殴打，丁为避免遭受更严重的伤害，说出了正确的密码，三人取出现金5000元。对甲、乙、丙行为的定性，下列哪些选项是错误的？[1]（2006/2/53）

A. 抢劫（未遂）罪与信用卡诈骗罪　　B. 抢劫（未遂）罪与盗窃罪
C. 抢劫（未遂）罪与敲诈勒索罪　　D. 抢劫（既遂）罪与盗窃罪

【解析】（1）行为人针对被害人实施暴力，并直接从被害人处取得财物，根据《刑法》第263条，构成抢劫罪。

（2）只是本案的抢劫对象比较特殊，既有现金，又有信用卡。根据司法解释规定，信用卡可以成为抢劫对象。《最高人民法院关于审理抢劫、抢夺刑事案件适用法律若干问题的意见》第6条规定，抢劫信用卡后使用、消费的，其实际使用、消费的数额为抢劫数额；抢劫信用卡后未实际使用、消费的，不计数额，根据情节轻重量刑。所抢信用卡数额巨大，但未实际使用、消费或者实际使用、消费的数额未达到巨大标准的，不适用"抢劫数额巨大"的法定刑。

（3）抢劫信用卡后又冒用信用卡取出财物的，触犯信用卡诈骗罪，为事后不可罚行为，不再单独定罪。

（4）根据前述《意见》第10条规定，抢劫罪的既遂标准是劫取财物或者造成他人轻伤以上后果两者之一，本案已取出钱财，为既遂。当然，即使没有取出钱财，根据前述《意见》，"抢劫信用卡后未实际使用、消费的，不计数额，根据情节轻重量刑"，其含义似将信用卡本身当作财物，亦为既遂。

5. 陈某向王某声称要购买80克海洛因，王某便从外地购买了80克海洛因。到达约定交货地点后，陈某掏出仿真手枪威胁王某，从王某手中夺取了80克海洛因。此后半年内，因没有找到买主，陈某一直持有80克海洛因。半年后，陈某将80克海洛因送给其毒瘾很大的朋友刘某，刘某因过量吸食海洛因而死亡。关于本案，下列哪些选项是错误的？[2]（2007/2/16）

A. 王某虽然是陈某抢劫的被害人，但其行为仍成立贩卖毒品罪

---

[1]　ABCD　[2]　CD

B. 陈某持仿真手枪取得毒品的行为构成抢劫罪，但不属于持枪抢劫

C. 陈某抢劫毒品后持有该毒品的行为，被抢劫罪吸收，不另成立非法持有毒品罪

D. 陈某将毒品送给刘某导致其过量吸食进而死亡的行为，成立过失致人死亡罪

【解析】（1）王某为了贩卖而购买毒品，与买家联络实施了贩卖行为，构成贩卖毒品罪。A选项说法正确。

（2）陈某持假枪威胁，一般公众会感到恐惧，系"暴力威胁"，属抢劫行为。毒品可以成为抢劫对象。根据《刑法》第263条，构成抢劫罪。

（3）"持枪抢劫"中"枪支"的概念和范围，适用《中华人民共和国枪支管理法》的规定，亦即真枪。题干中的"仿真手枪"应理解为"假（仿真）枪"，持假枪抢劫，不属持枪抢劫。B选项说法正确。

（4）陈某抢劫毒品后持有毒品，构成持有毒品罪。

（5）陈某将毒品赠送给刘某，没有贩卖行为和贩卖目的，不属于贩卖行为，不能构成贩卖毒品罪。

（6）刘某因过量吸食海洛因而死亡，负主要责任的条件在于刘某本人自陷风险，与陈某的赠送毒品行为没有刑法上的因果关系，对此陈某不构成过失致人死亡罪。D选项说法错误。

（7）在罪数上，根据《最高人民法院关于审理抢劫、抢夺刑事案件适用法律若干问题的意见》（法发〔2005〕8号）第7条第1款："抢劫违禁品后又以违禁品实施其他犯罪的，应以抢劫罪与具体实施的其他犯罪实行数罪并罚。"故而，陈某抢劫毒品后持有毒品的，应当以抢劫罪、持有毒品罪数罪并罚。不构成吸收犯或事后不可罚行为。C选项说法错误。

6. 甲长期以赌博所得为主要生活来源。某日，甲在抢劫赌徒乙的赌资得逞后，为防止乙日后报案，将其杀死。对甲的处理，下列哪一选项是正确的？[1]（2009/2/16）

A. 应以故意杀人罪、抢劫罪并罚　　　　　B. 应以抢劫罪从重处罚

C. 应以赌博罪、抢劫罪并罚　　　　　　　D. 应以赌博罪、抢劫罪、故意杀人罪并罚

【解析】（1）《刑法》第303条第1款规定，以营利为目的，聚众赌博或者以赌博为业的，构成赌博罪。（2）《最高人民法院关于审理抢劫、抢夺刑事案件适用法律若干问题的意见》第7条第2款规定，抢劫赌资、犯罪所得的赃款赃物的，以抢劫罪定罪。（3）《最高人民法院关于抢劫过程中故意杀人案件如何定罪问题的批复》规定，行为人实施抢劫后，为灭口而故意杀人的，以抢劫罪和故意杀人罪定罪，实行数罪并罚。故本案三罪并罚。

7. 甲对乙使用暴力，欲将其打残。乙慌忙掏出手机准备报警，甲一把夺过手机装进裤袋并将乙打成重伤。甲在离开现场五公里后，把乙价值7000元的手机扔进水沟。甲的行为构成何罪？[2]（2009/2/17）

A. 故意伤害罪、盗窃罪　　　　　　　　　B. 故意伤害罪、抢劫罪

C. 故意伤害罪、抢夺罪　　　　　　　　　D. 故意伤害罪、故意毁坏财物罪

【解析】本题考查非法占有目的。本案可分为两阶段行为：

（1）第一阶段：甲故意伤害乙致其重伤，根据《刑法》第234条，构成故意伤害罪（重伤）。

（2）第二阶段：①利用被害人不敢反抗夺取手机，实施了抢劫行为；但主观上没有非法占有目的，只有毁坏目的，不构成抢劫罪。②夺过手机之后又毁损，根据《刑法》第275条，构成故意毁坏财物罪。

---

[1] D　[2] D

（3）数罪并罚。

（4）"非法占有目的"是攫取型财产犯罪与毁损型财产犯罪的区别之所在。所谓"非法占有目的"指排除权利人占有，而自己利用、处分的意思，包括"排除"和"利用"两重意思。此外，故意毁坏财物罪中的"毁坏"可以解释为使物丧失利用可能性，如本案"扔进水沟"使物虽存在但不能再利用，也属毁坏。故本题选 D 选项。

8. 张某出于报复动机将赵某打成重伤，发现赵某丧失知觉后，临时起意拿走了赵某的钱包，钱包里有 1 万元现金，张某将其占为己有。关于张某取财行为的定性，下列哪一选项是正确的？[1]（2007/2/7）

A. 构成抢劫罪　　　B. 构成抢夺罪　　　C. 构成盗窃罪　　　D. 构成侵占罪

【解析】本罪考查抢劫罪与它罪的区分，以及行为与责任（目的）同时性原则。抢劫罪的构成要件，要求客观上有抢（对人暴力威胁）、劫（劫夺财物）的行为，主观上有抢劫故意和非法占有目的。当然，根据行为与目的同时性原则，行为人实施抢劫的行为当时即要求主观上同时具有抢劫故意和非法占有目的。（1）张某实施重伤行为（对人暴力）当时，没有抢劫故意，只有伤害故意，不构成抢劫罪；根据《刑法》第 263 条，构成故意伤害罪。（2）在被害人丧失知觉后临时起意拿走财物，而实施取财行为主观上具有非法占有目的时，客观上又没有采用对人暴力手段，故而后行为也不构成抢劫罪。（3）系秘密窃取的盗窃行为，根据《刑法》第 264 条，构成盗窃罪。法条依据是《最高人民法院关于审理抢劫、抢夺刑事案件适用法律若干问题的意见》第 8 条的规定，后罪为盗窃罪。（4）张某构成故意伤害罪、盗窃罪，应当数罪并罚。

二、转化型抢劫（事后抢劫）

9. 关于转化型抢劫，以下说法不正确的有[2]（2022/客/1/19 仿）

A. 甲入户盗窃完乙的 1 万块钱，离开乙家之后，想起来还可以偷乙的笔记本电脑，遂在一小时之后准备返回乙家。结果在乙家单元楼道里遇到乙，为了抗拒抓捕而将乙打昏。则甲构成抢劫罪

B. 甲在公交车上盗窃乙被发现，甲逃窜下车，乙也追下车，甲为了抗拒抓捕而将乙打成重伤。则甲构成抢劫罪，属于在公共交通工具上抢劫

C. 甲在一居民小区入户盗窃珠宝，从被害人家中出来后，在小区里遇到巡逻的保安，甲为了带走珠宝而与保安搏斗，殴打保安，后甲被保安控制，珠宝被取获，保安未受伤。则甲构成抢劫罪，系犯罪既遂

D. 甲在行驶的大巴车上盗窃得到乙的财物，一小时后大巴车进入服务区，乙发现财物丢失，于是抓捕甲，甲为了脱逃把乙打成重伤。则甲构成抢劫罪，系抢劫罪致人重伤

【解析】考查转化型抢劫、加重犯。

选项 A，考查"当场""犯盗窃罪"。（1）对于 1 万元：前段行为构成盗窃罪既遂；之后实施暴力，由于与之前盗窃 1 万元的行为有明显的时空间隔，不具有"当场性"，对该 1 万元不构成转化型抢劫。法条依据最高人民法院《关于审理抢劫刑事案件适用法律若干问题的指导意见》（法发〔2016〕2 号）第 3 条："当场"是指在盗窃、诈骗、抢夺的现场以及行为人刚离开现场即被他人发现并抓捕的情形。（2）对于笔记本电脑：前段行为构成盗窃罪预备，而没有实施实行行为（未遂、既遂）；即使之后实施暴力的目的是抗拒抓捕，但因盗窃罪预备不能转化，故不构成转化型抢劫。法条依据为前述意见第 3 条："犯盗窃、诈骗、抢夺罪"，主要

---

〔1〕　C　〔2〕　ABC

是指行为人已经着手实施盗窃、诈骗、抢夺行为，一般不考查盗窃、诈骗、抢夺行为是否既遂。

选项B，考查加重犯"在公共交通工具上抢劫"。（1）可构成转化型抢劫。（2）"在公共交通工具上抢劫"要求暴力、威胁（或者效果）发生在公共交通工具上。本选项暴力发生在公共交通工具下，不属"在公共交通工具上抢劫"。

选项C，考查抢劫罪的既遂。（1）前段行为构成盗窃罪既遂；之后为抗拒抓捕而实施暴力，构成转化型抢劫。（2）抢劫罪的既遂标准为轻伤或劫取（控制）财物；但因转化型抢劫的实行行为系暴力、威胁，需在行为人实施暴力、威胁之后，看有无此两结果。本选项中，在行为人暴力之后，未取财或造成轻伤。故不构成抢劫罪既遂，只是未遂。

选项D，考查"当场"。尽管行为人早已盗窃罪既遂，但一直未脱离现场，实施暴力时仍具当场性，构成转化型抢劫。系抢劫罪致人重伤这一结果加重犯。

10. 某晚，甲潜入乙家中行窃，被发现后携所窃赃物（价值900余元）逃跑，乙紧追不舍。甲见杂货店旁有一辆未熄火摩托车，车主丙正站在车旁吸烟，便骑上摩托车继续逃跑。次日，丙在街上发现自己的摩托车和甲，欲将甲扭送公安局，甲一拳将丙打伤，后经法医鉴定为轻伤。本案应当以下列哪些罪名追究甲的刑事责任？[1]（2003/2/32）

A. 抢劫罪　　　　　B. 抢夺罪　　　　　C. 盗窃罪　　　　　D. 故意伤害罪

【解析】（1）甲潜入乙家中行窃，构成盗窃罪（入户盗窃）。

（2）甲乘车主丙不备骑走其摩托车的行为，构成抢夺罪。

（3）甲次日将丙打伤（轻伤），暴力发生在"次日"，不在之前抢夺犯罪现场及追捕过程中实施，不符合"当场"暴力的条件，不构成转化型抢劫罪。

（4）故意伤害他人造成轻伤，构成故意伤害罪。

（5）三罪并罚。

11. 《刑法》第二百六十九条对转化型抢劫作出了规定，下列哪些选项不能适用该规定？[2]（2008/2/62）

A. 甲入室盗窃，被主人李某发现并追赶，甲进入李某厨房，拿出菜刀护在自己胸前，对李某说："你千万别过来，我胆子很小。"然后，翻窗逃跑

B. 乙抢夺王某的财物，王某让狼狗追赶乙。乙为脱身，打死了狼狗

C. 丙骗取他人财物后，刚准备离开现场，骗局就被识破。被害人追赶丙。走投无路的丙从身上摸出短刀，扎在自己手臂上，并对被害人说："你们再追，我就死在你们面前。"被害人见丙鲜血直流，一下愣住了。丙迅速逃离现场

D. 丁在一网吧里盗窃财物并往外逃跑时，被管理人员顾某发现。丁为阻止顾某的追赶，提起网吧门边的开水壶，将开水泼在顾某身上，然后逃离现场

【疑难辨析】转化型抢劫的成立条件之一是当场使用暴力或者以暴力相威胁。要求：（1）当场性，即之后的暴力与之前盗窃、诈骗、抢夺行为时空间隔较小。（2）暴力、暴力威胁达到压制反抗的程度（与普通抢劫中的暴力、暴力威胁相同）。（3）暴力的对象是他人的人身。（4）使用暴力或暴力威胁的目的（三种目的）：为窝藏赃物、抗拒抓捕或者毁灭罪证。

【解析】A选项，行为人虽拿菜刀，但没有对他人实施暴力及威胁的意图，根本不能认为"实施了暴力、威胁"。

B选项，暴力的对象是动物而不是他人的人身，不属于抢劫罪的"暴力"。

---

[1]　BCD　[2]　ABC

C 选项，暴力的对象是自己的人身，不是他人的人身，不足于压制对方反抗，不属于抢劫罪的"暴力"。

D 选项，泼开水可能导致伤害，达到了压制反抗的程度，可构成抢劫罪的"暴力"。

12. 关于抢劫罪、抢夺罪、盗窃罪，下列选项说法正确的是？[1] (2023/客 B/卷一/仿 13)

A. 甲进入乙家中盗窃，发现现金 2 万元没有拿取，而是搜寻价值 20 万元的珠宝，此时主人乙回家，甲为了不被乙抓住，推到乙后夺路逃走。则甲构成转化型抢劫罪，系犯罪未遂

B. 甲盗窃了商贩乙正在出售的工艺小刀，后见丙挎皮包在路边行走，于是用该小刀割断丙的包带，当面抢走丙的皮包。则甲不属于携带凶器抢夺，不构成抢劫罪，而构成抢夺罪

C. 甲先是到乙家偷吃黄瓜，后又到酒馆偷走一瓶酒喝掉，之后进入丙家盗窃；因为酒醉而在丙家睡着了。丙的妻子丁一人在家，担心丙醒来会加害自己，遂趁甲睡着而将甲打死。而查明甲窃取到的财物未达到"数额较大"标准。则甲构成盗窃罪未遂；丁不属防卫过当，构成正当防卫

D. 乙把汽车放在洗车店里清洗，洗车工甲将车内乙购买的两张彩票拿走，一张在车门烟灰缸，另一张在副驾驶；其中一张中奖了，一张没有中奖。则无论哪张彩票中奖，甲都构成盗窃罪既遂

【解析】本题考点：抢劫罪、抢夺罪、盗窃罪

选项 A，考察转化型抢劫罪中的"暴力"。根据《最高人民法院关于审理抢劫刑事案件适用法律若干问题的指导意见》（法发〔2016〕2 号）第 3 条第 2 款："对于以摆脱的方式逃脱抓捕，暴力强度较小，未造成轻伤以上后果的，可不认定为'使用暴力'，不以抢劫罪论处。"也就是说，转化型抢劫罪中"暴力"需要达到与普通抢劫相同的压制反抗的程度，本选项仅是"推到"，不属"暴力"。不构成转化型抢劫，构成盗窃罪未遂，系入户盗窃。

选项 B，考察携带凶器抢夺（抢劫罪）中的"凶器"。根据《最高人民法院关于审理抢劫、抢夺刑事案件适用法律若干问题的意见》（法发〔2005〕8 号）第 4 条："行为人随身携带国家禁止个人携带的器械以外的其他器械抢夺，但有证据证明该器械确实不是为了实施犯罪准备的，不以抢劫罪定罪。"这里的"实施犯罪"应当限定为"人身犯罪"，亦即，为了对人实施人身暴力而使用。本选项中"工艺小刀"不是管制刀具；同时也不是为了准备实施人身暴力而使用，不属"凶器"。不属于携带凶器抢夺（抢劫罪），只构成抢夺罪。

选项 C，(1) 甲系多次盗窃、入户盗窃，只需取得财物，无需达到"数额较大"标准，也构成犯罪既遂。(2) 丁：根据两高一部《关于依法适用正当防卫制度的指导意见》第 6 条，甲只是在入户盗窃过程暂时睡着，而不是"昏迷"，属于"不法侵害虽然暂时中断"，而不是"确已失去侵害能力"，因此丁客观上对正在进行的入户盗窃实施防卫，符合防卫时间条件；只不过制止盗窃还有例如报警等其它轻缓手段，因此打死甲明显超出必要限度，系防卫过当。

选项 D，(1) 乙虽将汽车交由洗车店里清洗，但车主人并未授权洗车工或洗车店管理车内财物，汽车内的财物仍归空间的管控者即车主人占有；洗车工甲在原占有人车主不知情时秘密车内财物，根据《刑法》第 264 条，构成盗窃罪；而不是侵占罪，或职务侵占罪。(2) 关于犯罪数额计算，根据《最高人民法院、最高人民检察院关于办理盗窃刑事案件适用法律若干问题的解释》（法释〔2013〕8 号）第 5 条第 1 项："盗窃不记名、不挂失的有价支付凭证、有价证券、有价票证的，应当按票面数额和盗窃时应得的孳息、奖金或者奖品等可得收益一并计算盗窃数额。"故而，只要任何一张彩票中奖，即使没有竞奖，也应根据"应得奖金"计算数

---

〔1〕BD

额，可构成既遂。(当然，如果没有中奖，则盗窃数额为零)。

13. 根据犯罪构成理论，并结合《刑法》分则的规定，下列哪些说法是正确的?[1] (2003/2/35)

A. 甲某晚潜入胡某家中盗窃贵重物品时，被主人发现。甲夺门而逃，胡某也没有再追赶。甲就躲在胡某家墙根处的草垛里睡了一晚，第二天早上村长高某路过时，发现甲行踪诡秘，就对其盘问。甲以为高某发现了自己昨晚的盗窃行为，就对高某进行打击，致其重伤。甲构成盗窃罪、故意伤害罪，应数罪并罚

B. 乙在大街上见赵某一边行走一边打手机，即起歹意，从背后用力将其手机抢走。但因用力过猛，致使赵某被绊倒摔成重伤。乙同时构成抢夺罪、过失致人重伤罪，但不应数罪并罚

C. 丙深夜入室盗窃，被主人李某发现后追赶。当丙跨上李某家院墙，正准备往外跳时，李某抓住丙的脚，试图拉住他。但丙顺势踹了李某一脚，然后逃离现场。丙构成抢劫罪

D. 丁骑摩托车在大街上见妇女田某提着一个精致皮包在行走，即起歹意，从背后用力拉皮包带，试图将皮包抢走。田某顿时警觉，拽住皮包带不放。丁见此情景，突然对摩托车加速，并用力猛拉皮包带，田某当即被摔成重伤。丁构成抢劫罪而不构成抢夺罪

【解析】A选项，"第二天早上"才实施暴力，不具有当场性，不能转化为抢劫罪，而应以盗窃罪、故意伤害罪数罪并罚。

B选项，现《最高人民法院、最高人民检察院关于办理抢夺刑事案件适用法律若干问题的解释》第3条第1项规定，抢夺致人重伤为抢夺罪的情节加重犯。注意：原《最高人民法院关于审理抢夺刑事案件具体应用法律若干问题的解释》第5条规定，实施抢夺公私财物行为，构成抢夺罪，同时造成被害人重伤、死亡等后果，构成过失致人重伤罪、过失致人死亡罪等犯罪的，依照处罚较重的规定（想象竞合）定罪处罚，此解释现已废止。无论依哪个解释，均只按一罪论处。

C选项，"顺势踹了李某一脚"未达到压制反抗、他人可能伤亡的程度，不能构成抢劫罪的"暴力"。最高人民法院《关于审理抢劫刑事案件适用法律若干问题的指导意见》（法发〔2016〕2号）第3条第2款规定，对于以摆脱的方式逃脱抓捕，暴力强度较小，未造成轻伤以上后果的，可不认定为"使用暴力"，不以抢劫罪论处。

D选项，现《最高人民法院、最高人民检察院关于办理抢夺刑事案件适用法律若干问题的解释》第6条规定，夺取他人财物时因被害人不放手而强行夺取的，以抢劫罪论处。类似解释见《最高人民法院关于审理抢劫、抢夺刑事案件适用法律若干问题的意见》第11条第2项。

14. 李某乘正在遛狗的老妇人王某不备，抢下王某装有4000元现金的手包就跑。王某让名贵的宠物狗追咬李某。李某见状在距王某50米处转身将狗踢死后逃离。王某眼见一切，因激愤致心脏病发作而亡。关于本案，下列哪一选项是正确的? (2015/2/17)[2]

A. 李某将狗踢死，属事后抢劫中的暴力行为

B. 李某将狗踢死，属对王某以暴力相威胁

C. 李某的行为满足事后抢劫的当场性要件

D. 对李某的行为应整体上评价为抢劫罪

【解析】本题考查事后抢劫（转化型抢劫）、因果关系。注意：很多考生对本题很迷惑。事实上，本题是分别考查转化型抢劫的暴力或以暴力相威胁要件、当场性要件各个条件是否成立，而不是考查是否成立转化型抢劫罪。

---

[1] ABD [2] C

A 选项，事后抢劫（转化型抢劫）的暴力行为要求是对人暴力，对物暴力（毁财）不属暴力行为。

B 选项，事后抢劫的以暴力相威胁也是指以故意对他人实施人身侵害相威胁，将狗踢死的行为并不包括"你要过来也踢死你"的内容；李某无意恐吓王某，王某心脏病发作而亡与李某的行为无刑法上的因果关系，不属对人身进行暴力威胁。

C 选项，事后抢劫的当场性要件指与之前实施的盗窃、抢夺、诈骗行为没有明显的时空间隔，本案符合这一要件。

D 选项，由于本案中李某不符合暴力、暴力相威胁要件，不能构成抢劫罪，只构成抢夺罪。

15. 在公交车上，甲看中乘客乙价值5000元的手包，在公交车到站准备开门的时候，夺过手包就跑下车，乘客乙追着不放，好心的乘客丙也帮忙下车追赶甲。跑出200米后，甲拿起旁边水果摊的水果刀威胁丙"再过来我就不客气了"。丙毫不示弱，拼死抢回了乙的手包。关于甲的行为，下列哪一说法是正确的？[1]（2018/客/卷一/21仿）

A. 甲的行为构成转化型抢劫罪（《刑法》第269条），但不属于"在公共交通工具上抢劫"

B. 甲的行为仅构成抢夺罪（《刑法》第267条第1款），因为后续的暴力行为并没有造成被害人轻伤以上结果，不能转化为抢劫

C. 甲的行为构成抢劫罪，属于"在公共交通工具上抢劫"

D. 甲的行为仅构成抢劫罪，系携带凶器抢夺（《刑法》第267条第2款）

【解析】本题考查抢劫罪的行为形式、加重犯。（1）在甲实施抢夺行为当时，身上并未携带水果刀，故不属携带凶器抢夺。也未对乙实施人身暴力或威胁，故不属普通抢劫。只属于一般抢夺行为。（2）抢夺之后逃跑途中，其为了抗拒抓捕，而以水果刀实施威胁，系"当场以暴力相威胁"，符合《刑法》第269条的规定，系转化型抢劫，构成抢劫罪。转化型抢劫的成立，并不需要暴力造成轻伤结果，只要暴力、威胁足以压制人反抗即可。（3）在加重犯上，抢夺行为虽发生在公交车上，但转化型抢劫的成立，以实施暴力、威胁为着手实行。本案暴力发生在公交下，没有发生在公交车上，不属于"在公共交通工具上抢劫"。

16. 甲乘坐公交车，看见旁边的乙口袋中漏出手机，遂趁公交车停靠站台之际，当面将乙的手机拿走后就赶紧下车逃跑。乙下车追甲，此时民警丙也看到，共同追甲，甲反打乙、丙，三人在马路边扭打成一团，手机掉落在地。甲顾不上捡手机，跑到马路对面。丙去追甲时，不小心被一辆汽车撞死。关于甲的行为说法正确的是？[2]（2019/客/卷一/31仿）

A. 甲构成抢劫罪，但不属抢劫致人死亡、在公共交通工具上抢劫

B. 甲构成抢劫罪，其行为与丙的死亡结果之间具有因果关系，系抢劫致人死亡

C. 甲构成抢夺罪，其行为和丙的死亡之间没有因果关系，但考虑到丙的死亡与甲的行为存在联系，系抢夺情节严重

D. 甲系犯罪既遂

【解析】1. 在罪名认定上，甲实施的第一段行为，公然夺取乙的手机，触犯抢夺罪。第二段行为，为了抗拒抓捕而实施暴力，根据《刑法》第269条，构成抢劫罪，系转化型抢劫。

2. 在犯罪形态上，之前的抢夺虽已取得手机；但在甲实施暴力之后，未取得手机，也未造成轻伤结果，抢劫罪系犯罪未遂。

---

[1] A 〔2〕 A

3. 在加重犯上，抢夺行为虽发生在公交车上，但转化型抢劫的成立，以实施暴力、威胁为着手实行。本案暴力发生在马路边，没有发生在公交车上，不属于在公共交通工具上抢劫。

4. 丙死亡的结果，虽与之前的甲实施的抢劫行为有条件关系，但丙自己追赶时不小心（或汽车撞人）是应负主要责任的条件，与死亡结果有因果关系。亦即，死亡结果与甲的抢劫行为只有条件关系、没有因果关系，不属抢劫致人死亡。

17. 甲和乙共谋一起去丙家盗窃，甲入户盗窃，乙负责在门口放风。期间，主人丙回家。放风的乙给甲打电话、发短信，甲都不回。乙遂把丙打成重伤，甲对此并不知情，继续盗窃。偷到4000块钱后出门，看见倒在门口的丙，也没有说什么，跟乙一起离开。关于甲和乙的行为，以下说法正确的有[1]（2019/客/卷一/32仿）

A. 甲对乙的暴力行为系事后追认，二人构成转化型抢劫罪的共同犯罪

B. 甲仅构成盗窃罪（既遂）

C. 乙构成抢劫罪，系入户抢劫、抢劫致人重伤

D. 甲、乙二人构成盗窃罪的共同犯罪

【解析】（一）对于甲

1. 仅实施了盗窃行为，系入户盗窃，根据《刑法》第264条，构成盗窃罪。

2. 对于之后乙实施的暴力行为，客观上没有参与，没有共同行为；主观上也是暴力行为终了之后才事后知情，没有共同故意，对此暴力行为不与乙构成共同犯罪。

3. 并且，暴力由乙实施，重伤结果与乙的行为有因果关系，甲也没有先前行为引起的救助义务。

4. 刑法中的共同故意必须在正犯行为终了之前形成，不存在事后追认。故而，甲仅构成盗窃罪，已控制财物，系犯罪既遂。

（二）对于乙

1. 其实施的第一段行为，对于甲的入户盗窃进行帮助，具有帮助盗窃的故意，构成盗窃罪的帮助犯。与甲构成共同犯罪。

2. 第二段行为，为了抗拒抓捕而实施暴力致丙重伤，根据《刑法》第269条，构成抢劫罪，系转化型抢劫。

3. 暴力造成重伤结果，系抢劫致人重伤。

4. 根据《最高人民法院关于审理抢劫案件具体应用法律若干问题的解释》第1条、《最高人民法院关于审理抢劫、抢夺刑事案件适用法律若干问题的意见》第1条、最高人民法院《关于审理抢劫刑事案件适用法律若干问题的指导意见》第2条，尽管为了入户盗窃、符合条件的，也可构成入户抢劫；但要暴力发生在户内。乙其所帮助的甲的盗窃行为虽发生在户内，但乙实施的暴力行为并未发生在户内，不属入户抢劫。

18. 甲抢夺乙的皮包不小心致乙重伤；没有抢到手而逃走。路人丙见状追捕甲，甲为了逃走将丙打成轻微伤，丙仍将甲制服。关于甲的行为，以下说法正确的有[2]（2019/客/卷一/33仿）

A. 甲构成抢夺罪（未遂）、过失致人重伤罪，系想象竞合

B. 甲构成抢夺罪（未遂）一罪，系情节加重犯

C. 甲构成抢劫罪（未遂），但不属抢劫致人重伤

D. 甲构成抢劫罪（既遂），系抢劫致人重伤

---

[1] BD [2] C

【解析】 1. 第一段行为，甲触犯抢夺罪、过失致人重伤罪。如果没有后续案情，则在罪数上，根据《最高人民法院、最高人民检察院关于办理抢夺刑事案件适用法律若干问题的解释》第3条第1项，抢夺公私财物导致他人重伤的，构成抢夺罪的情节加重犯，属于"其他严重情节"。

2. 第二段行为，犯抢夺罪，为了抗拒抓捕而实施暴力致乙轻微伤，根据《刑法》第269条，构成抢劫罪，系转化型抢劫。

3. 在犯罪形态上，因转化型抢劫的成立，以实施暴力、威胁为着手实行。本案中暴力仅造成丙轻微伤结果，未造成轻伤以上结果；暴力实施之后也未取得财物，系抢劫罪未遂。

4. 在加重犯上，由于乙的重伤结果系之前的抢夺行为导致，不是之后的作为抢劫的暴力导致，故而也不属于抢劫致人重伤。

5. 但是，如此评价，会导致罪刑不均衡：（1）如果甲不打丙，构成抢夺罪，系情节加重犯抢夺"其他严重情节"，处3－10年有期徒刑。反而，在甲打丙之后，甲构成抢劫罪未遂，系基本犯未遂，以3－10年有期徒刑为基准刑可以从轻、减轻。（2）而且，过失致人重伤的情节被疏漏了。（3）如果之前甲抢夺乙过失致人死亡的话，之后又打丙，量刑"倒挂"的现象就更明显。即使这样，也不能放弃只有实施暴力之后才能构成转化型抢劫、抢劫致人重伤要求重伤结果与抢劫行为有因果的规则。

较好的解决方案是从罪数方面，重新组合几个行为和罪名，原方案是：（抢夺罪＋过失致人重伤罪＝抢夺罪情节加重犯）＋暴力＝转化型抢劫罪。为了罪刑均衡，可以先不考虑过失致人重伤罪，调整为：（抢夺罪基本犯＋暴力＝转化型抢劫罪）＋过失致人重伤罪＝抢劫罪＋过失致人重伤罪，亦即以抢劫罪、过失致人重伤罪两罪并罚。即使如此，抢劫罪仍是基本犯、未遂。

19. 关于抢劫罪的认定，下列哪些选项是正确的？[1]（2017/2/60）

A. 甲欲进王某家盗窃，正撬门时，路人李某经过。甲误以为李某是王某，会阻止自己盗窃，将李某打昏，再从王某家窃走财物。甲不构成抢劫既遂

B. 乙潜入周某家盗窃，正欲离开时，周某回家，进屋将乙堵在卧室内。乙掏出凶器对周某进行恐吓，迫使周某让其携带财物离开。乙构成入户抢劫

C. 丙窃取刘某汽车时被发现，驾刘某的汽车逃跑，刘某乘出租车追赶。途遇路人陈某过马路，丙也未减速，将陈某撞成重伤。丙构成抢劫致人重伤

D. 丁抢夺张某财物后逃跑，为阻止张某追赶，出于杀害故意向张某开枪射击。子弹未击中张某，但击中路人汪某，致其死亡。丁构成抢劫致人死亡

【解析】A选项，（1）其一，因普通抢劫的暴力对象人客观上要求是财物的原占有人，甲不构成普通抢劫。（2）其二，甲虽实施有盗窃行为，但之后实施暴力的目的不是为窝藏赃物、抗拒抓捕或者毁灭罪证，而是为了劫取财物，甲不构成转化型抢劫。（3）甲客观上实施了盗窃（原占有人王某不知情）、打昏行为（针对路人李某，不是抢的行为）；主观上具有抢劫故意，客观主观重合，应认定构成盗窃罪，不构成抢劫罪。本选项说法正确。

B选项，（1）在罪名上，暴力的目的是劫夺财物，构成抢劫罪；（2）并且符合"户"、"入户目的的非法性"、暴力或者暴力胁迫行为发生在户内三个条件，构成入户抢劫。本选项说法正确。

C选项，（1）在罪名上，丙未减速而故意将路人撞成重伤，实施暴力的目的不是为窝藏赃物、抗拒抓捕或者毁灭罪证，不构成转化型抢劫。构成盗窃罪、故意伤害罪两罪。本选项说法

[1] ABD

错误。（2）相关案例参见《最高人民法院刑事审判参考（2009年第5集，总第70集）》"杨辉、石磊等破坏电力设备案〔第575号〕——盗窃电力设备过程中，以暴力手段控制无抓捕意图的过往群众的不构成抢劫罪"。

D选项，（1）在罪名上，抢夺后为抗拒抓捕而实施暴力，构成转化型抢劫；（2）在加重犯方面，为杀被害人而误击路人致死；主观上属于打击错误、具体错误，按通说法定符合说，对路人有抢劫故意，构成抢劫致人死亡。本选项说法正确。

三、携带凶器抢夺认定为抢劫罪

20. 李某犯罪后，为了防止司法人员的抓捕，李某一直将一把三角刮刀藏在内衣口袋中。2001年4月下旬的一天晚上，李某在马路上询问行人是否需要身份证时，发现钱某孤身一人行走，便窜至其背后将其背包（内有价值2000元的财物）夺走后迅速逃跑。钱某大声呼喊抓强盗，适逢民警赵某经过此地，赵某将李某拦住。此时李某掏出三角刮刀，朝赵某的腰部捅了一刀后逃离，致使赵某重伤。【问题】李某构成何罪？（2002/4/1部分）

【简要答案】

（1）三角刮刀系国家禁止个人携带的器械，根据《最高人民法院关于审理抢劫案件具体应用法律若干问题的解释》第6条等司法解释，属凶器。（2）携带凶器抢夺的，根据《刑法》第267条第2款规定，构成抢劫罪。（3）抢劫后在现场使用凶器将抓捕人员刺成重伤的，依《刑法》第263条第5项规定，属于抢劫致人重伤。

四、抢劫罪的加重犯

21. 下列哪些情形可以成立抢劫致人死亡？[1]（2009/2/58）

A. 甲冬日深夜抢劫王某财物，为压制王某的反抗将其刺成重伤并取财后离去。三小时后，王某被冻死

B. 乙抢劫妇女高某财物，路人曾某上前制止，乙用自制火药枪将曾某打死

C. 丙和贺某共同抢劫严某财物，严某边呼救边激烈反抗。丙拔刀刺向严某，严某躲闪，丙将同伙贺某刺死

D. 丁盗窃邱某家财物准备驾车离开时被邱某发现，邱某站在车前阻止丁离开，丁开车将邱某撞死后逃跑

【解析】"抢劫致人死亡"既包括过失致死，也包括故意致死；要求实行行为（抢劫的暴力行为）与死亡结果有因果关系；死者不限于被抢者，阻碍者、第三人均可。

A选项，考查因果关系，死亡结果与抢劫行为之间需有因果关系。王某被冻死是因重伤造成，重伤是由甲的抢劫暴力行为直接造成；但结合抢劫行为实施的当时环境（冬日深夜），致人重伤之后导致死亡的可能性极大，因果关系不中断。故属抢劫致人死亡。

B选项，考查致死的对象，可以是第三人。抢劫致人死亡的死者不限于被抢者，本案死者属于阻止抢劫的障碍者，也是抢劫暴力行为的对象，乙的暴力行为是抢劫的组成部分。故属抢劫致人死亡。

C选项，（1）在不法积极层面（事实层面），丙的行为系打击错误。同伙贺某的死亡结果是因丙的抢劫行为直接导致，存在打击错误的问题。（2）在不法消极层面（价值层面），丙致同伙贺某死亡的行为，客观上制止了贺某正在实施的抢劫行为，系偶然防卫。按通说观点，偶然防卫在不法层面上属于正当防卫。没有造成法益侵害的危害结果（抢劫犯死了活该），故不属抢劫致人死亡。（3）故而，丙对严某是抢劫致人死亡结果加重犯的未遂；丙致同伙贺某系

---

[1] ABD

偶然防卫，属正当防卫。

D 选项，考查致死的原因行为，抢劫实行行为、实行之后的排除障碍行为都认为是致死的原因行为。行为人未脱离现场，暴力仍然发生在抢劫过程中，应属抢劫中的暴力，认定为抢劫致人死亡，而不属于抢劫实施完毕后为灭口而杀人。

22. 某晚，崔某身穿警服，冒充交通民警，骗租到个体女司机何某的夏利出租车。当车行至市郊时，崔某持假枪抢走何某人民币 1000 元，并将何某一脚踹出车外，使何某身受重伤，崔某乘机将出租车开走。本案中属于抢劫罪法定加重情节的有哪些？[1]（2003/2/39）

A. 持枪抢劫   B. 冒充军警人员抢劫
C. 抢劫致人重伤   D. 在公共交通工具上抢劫

【解析】（1）持枪抢劫要求持真枪，本案持假枪不属"持枪抢劫"。（2）冒充军警人员包括冒充所有类别的军警人员，交通民警也属此类，故行为人属"冒充军警人员抢劫"。最高人民法院《关于审理抢劫刑事案件适用法律若干问题的指导意见》（2016）第 2 部分第 4 条规定，认定"冒充军警人员抢劫"，要注重对行为人是否穿着军警制服、携带枪支、是否出示军警证件等情节进行综合审查，判断是否足以使他人误以为是军警人员。（3）"抢劫致人重伤"指抢劫过程中过失、故意致人重伤，抢完后即刻将被害人踹出车外造成重伤的行为，可以认定为抢劫过程中致人重伤。（4）"在公共交通工具上抢劫"，指在从事旅客运输的各种公共汽车，大、中型出租车，火车，船只，飞机等正在运营中的机动公共交通工具上抢劫。在本案夏利出租车等小型出租车上抢劫的，不属于"在公共交通工具上抢劫"。另见最高人民法院《关于审理抢劫刑事案件适用法律若干问题的指导意见》（2016）第 2 部分第 2 条规定。

23. 贾某在路边将马某打倒在地，劫取其财物。离开时贾某为报复马某之前的反抗，往其胸口轻踢了一脚，不料造成马某心脏骤停死亡。设定贾某对马某的死亡具有过失，下列哪一分析是正确的？[2]（2016/2/16）

A. 贾某踢马某一脚，是抢劫行为的延续，构成抢劫致人死亡
B. 贾某踢马某一脚，成立事后抢劫，构成抢劫致人死亡
C. 贾某构成抢劫罪的基本犯，应与过失致人死亡罪数罪并罚
D. 贾某构成抢劫罪的基本犯与故意伤害（致死）罪的想象竞合犯

【解析】（1）前行为构成抢劫罪，系既遂；（2）后行为中，踢一脚行为造成马某心脏骤停死亡，系特殊体质与因果关系的模型，认定有因果关系，客观行为认定为致人死亡的行为；"轻踢""胸口"表明主观上对死亡有过失，构成过失致人死亡罪。（3）在罪数方面，踢一脚时的心态是报复，而不是压制反抗，不属抢劫罪的暴力行为，而应单独另行评价。故而，不构成抢劫致人死亡。两行为应当数罪并罚。

五、此罪彼罪

24. 甲持西瓜刀冲入某银行储蓄所，将刀架在储蓄所保安乙的脖子上，喝令储蓄所职员丙交出现金 1 万元。见丙故意拖延时间，甲便在乙的脖子上划了一刀（轻伤）。刚取出 5 万元现金的储户丁看见乙血流不止，于心不忍，就拿出 1 万元扔给甲，甲得款后迅速逃离。对甲的犯罪行为，下列哪一选项是正确的？[3]（2008/2/12）

A. 抢劫罪（未遂）   B. 抢劫罪（既遂）
C. 绑架罪   D. 敲诈勒索罪

【解析】（1）抢劫罪的显要特征是"当场"劫取公私财物，一般情况下暴力对象和取财对

---

[1] BC [2] C [3] B

象为同一人。但是，被实施暴力胁迫的人和交付财物的人可以是不同的人，行为人对财产共管人中的一人实施暴力而向近在咫尺的另外一人取财，时空间隔较短的，暴力的目的是恐吓而不是作为人质，应认定为抢劫。如本案中，对保安实施暴力，向储蓄所职员要钱，由于二人空间距离很近，可视为都是抢劫暴力行为的整体对象，故而符合"当场"劫取公私财物的特征。应认为行为人只有强取财物的意思，而没有控制人质然后勒索财物的意思。故认定为抢劫罪，而不是绑架罪或敲诈勒索罪。

（2）根据《最高人民法院关于审理抢劫、抢夺刑事案件适用法律若干问题的意见》第10条规定，抢劫罪的既遂标准是劫取财物或者造成他人轻伤以上后果两者之一。本案属于抢劫既遂，对此结论没有疑义。但有两种不同解释：第一种解释是将"在乙的脖子上划了一刀"理解为"轻伤"，以"轻伤"为由认定既遂。第二种解释认为储户交出钱财与抢劫的暴力行为具有因果关系，以"取财"为由认定既遂。第一种解释更为合理。对于第二种解释，因题干已示储户交出钱财是因"于心不忍"，交出钱财的决定性原因还是未被暴力威胁的第三人的怜悯而不是被压制反抗，"取财"结果虽与抢劫行为具有条件关系，但不具相当因果关系，故不能认有具有刑法上的因果关系。当然，题干未明示"在乙的脖子上划了一刀"系"轻伤"，系出题时的疏漏。

25. 甲、乙、丙、丁共谋诱骗黄某参赌。四人先约黄某到酒店吃饭，甲借机将安眠药放入黄某酒中，想在打牌时趁黄某不清醒合伙赢黄某的钱。但因甲投放的药品剂量偏大，饭后刚开牌局黄某就沉沉睡去，四人趁机将黄某的钱包掏空后离去。上述四人的行为构成何罪？[1]（2009/2/19）

A. 赌博罪　　　　　B. 抢劫罪　　　　　C. 盗窃罪　　　　　D. 诈骗罪

【疑难辨析】 本题考查抢劫罪、诈骗罪、盗窃罪、赌博罪的区分，还涉及认识错误问题。区分抢劫罪与它罪的关键是要看客观手段行为是否使人丧失意识能力或反抗能力。在认识错误方面，要分别判断客观手段与主观计划的手段是否一致，以区分足以影响故意成立的重大认识错误与不影响故意成立的非重大认识错误。

【解析】（1）如果投放安眠药，虽使人感觉困顿，但尚未达到丧失意识或不能反抗的程度，即在被害人仍具有认识能力和处分能力的情况下，在被害人尚能打牌的情况，以虚构事实的方式骗取钱财，应认定为诈骗；如秘密窃取，则是盗窃罪。当然，如果符合最高人民法院1995年11月6日批复的《关于对设置圈套诱骗他人参赌又向索还钱财的受骗者施以暴力或暴力威胁的行为应如何定罪问题的批复》，则应认定为赌博罪。（2）但是，如果投放安眠药使被害人不知反抗、不能反抗而获取财物，则构成抢劫罪。（3）本案的具体情况，行为人投安眠药是想使被害人"不清醒"，按题意即是使被害人丧失反抗能力，应认定具有抢劫故意。后使其"睡去"而拿走财物，仍是抢劫行为、抢劫故意，构成抢劫罪。（4）当然，如果行为人是在实施诈骗预备行为之后，在尚未着手实行诈骗时，主观犯意上转化为抢劫故意，客观上行为也转化为抢劫行为。这就属犯意转化的情况了。这种情况下一般应以重罪的实行行为吸收轻罪的预备行为，认为重罪一罪，即认定为抢劫罪一罪。这正如原本为了伤害他人而准备凶器，打击被害人时又临时起意杀害一样，应认定为故意杀人罪一罪。犯意转化与另起犯意存在区别，后者是前一犯罪既遂、未遂或中止后而实施另一犯罪，则应数罪并罚。

26. 张某乘坐出租车到达目的地后，故意拿出面值100元的假币给司机钱某，钱某发现是假币，便让张某给10元零钱；张某声称没有零钱，并执意让钱某找零钱。钱某便将假币退还

---

［1］ B

张某，并说："算了，我也不要出租车钱了。"于是，张某对钱某的头部猛击几拳，还吼道："你不找钱我就让你死在车里。"钱某只好收下 100 元假币，找给张某 90 元人民币。张某的行为构成何罪？[1]（2002/2/12）

    A. 使用假币罪　　　B. 敲诈勒索罪　　　C. 抢劫罪　　　D. 强迫交易罪

    【解析】（1）张某的前一行为系使用假币的行为，但由于没有达到构成犯罪的数量标准（4000 元以上），不构成使用假币罪。（2）被人识破后当场使用暴力劫取财物，构成抢劫罪。由于暴力、取财均具有当场性，不构成敲诈勒索罪。（3）强迫交易罪是指以暴力、威胁手段强买强卖商品，强迫他人提供服务或者强迫他人接受服务，本题中行为人并未实施强迫被害人提供服务的行为；对方明知货币为假币还强迫"找零"，不具有等价交换的服务或交易性质。

六、一罪数罪

27. 下列哪些行为应认定为抢劫罪一罪？[2]（2005/2/61）

    A. 甲将仇人杀死后，取走其身上的 5000 元现金

    B. 甲持刀拦路行抢，故意将受害人杀死后取走其财物

    C. 甲在抢劫过程中，为压制被害人的反抗，故意将被害人杀死，取走其财物

    D. 甲实行抢劫罪后，为防止受害人报案，将其杀死

    【解析】 A 选项，定故意杀人罪、盗窃罪，法条依据是《最高人民法院关于审理抢劫、抢夺刑事案件适用法律若干问题的意见》第 8 条，后罪为盗窃罪。理论原理在于：死者、伤者的财物属于观念上的他人占有物（主流观点）。

    B 选项，以杀人为手段的抢劫行为应定抢劫罪（致人死亡）一罪。

    C 选项，在劫取财物过程中，为制服被害人反抗而故意杀人的，以抢劫罪（致人死亡）定罪处罚。

    D 选项，行为人实施抢劫后，为灭口而故意杀人的，以抢劫罪和故意杀人罪定罪，数罪并罚。

28. 张某出于报复动机将赵某打成重伤，发现赵某丧失知觉后，临时起意拿走了赵某的钱包，钱包里有 1 万元现金，张某将其占为己有。关于张某取财行为的定性，下列哪一选项是正确的？[3]（2007/2/7）

    A. 构成抢劫罪　　　B. 构成抢夺罪　　　C. 构成盗窃罪　　　D. 构成侵占罪

    【解析】 法条依据是《最高人民法院关于审理抢劫、抢夺刑事案件适用法律若干问题的意见》第 8 条的规定，后罪为盗窃罪。

考点三　抢夺罪

1. 关于抢夺罪，下列哪些判断是错误的？[4]（2010/2/59）

    A. 甲驾驶汽车抢夺乙的提包，汽车能致人死亡属于凶器。甲的行为应认定为携带凶器抢夺罪

    B. 甲与乙女因琐事相互厮打时，乙的耳环（价值 8000 元）掉在地上。甲假装摔倒在地迅速将耳环握在手中，乙见甲摔倒便离开了现场。甲的行为成立抢夺罪

    C. 甲骑着摩托车抢夺乙的背包，乙使劲抓住背包带，甲见状便加速行驶，乙被拖行十多

---

[1] C　[2] BC　[3] C　[4] ABC

米后松手。甲的行为属于情节特别严重的抢夺罪

D. 甲明知行人乙的提包中装有毒品而抢夺，毒品虽然是违禁品，但也是财物。甲的行为成立抢夺罪

【解析】本题名义上考抢夺罪，实际上考抢夺罪、抢劫罪的区别，涉及多项法条，除选项A具有一定的混淆性以外，其余的均较为简单。

选项A，本题考查"携带凶器抢夺定抢劫罪"中"凶器"的含义，对于"凶器"有司法解释规定，究其最大文义，应指其自身属性包含杀伤性的器械，即一般可用于杀伤的器械，汽车自身的属性并不是用于杀伤，故不属"凶器"，单纯驾驶汽车抢夺不能认定为"携带凶器抢夺"。根据《最高人民法院、最高人民检察院关于办理抢夺刑事案件适用法律若干问题的解释》，"飞车抢夺"即驾驶车辆（机动车、非机动车）夺取财物，符合驾驶车辆逼挤、撞击或者强行逼倒他人夺取财物等情形的，才以抢劫罪定罪处罚；其他均认定为抢夺罪。故选项A错误。

选项B，抢夺行为应具有公然性，亦即被害人知晓财物被夺，选项B的情形被害人不知财物被取走，应认定甲构成盗窃罪，故选项B错误。

选项C，根据现《最高人民法院、最高人民检察院关于办理抢夺刑事案件适用法律若干问题的解释》、《最高人民法院关于审理抢劫、抢夺刑事案件适用法律若干问题的意见》（以下简称"双抢意见"）第11条第2项的规定，夺取他人财物时因被害人不放手而强行夺取的，构成抢劫罪，故选项C错误。

选项D，比照前述双抢意见第7条的规定，以及最高人民法院《全国部分法院审理毒品犯罪案件工作座谈会纪要》第1条第6款规定，盗窃、抢夺、抢劫毒品的，应当分别以盗窃罪、抢夺罪或者抢劫罪定罪，但不计犯罪数额，根据情节轻重予以定罪量刑。故选项D正确。

2. 甲驾驶摩托车至某广场，趁途经该广场的乙不备。猛拽其携带的手提包，乙紧紧抓住手提包不放，甲即猛踩油门，将乙拖行数米并甩开，夺其手提包后扬长而去。经查，手提包共有钱物价值人民币5000元，乙亦因被甲强拉硬拽而致手腕脱臼。对甲的行为应以何罪处罚？[1]（2008延/2/17）

A. 抢夺罪
B. 抢劫罪
C. 抢夺罪与抢劫罪实行并罚
D. 抢夺罪与抢劫罪的牵连犯从一重罪处断

【解析】《最高人民法院、最高人民检察院关于办理抢夺刑事案件适用法律若干问题的解释》第6条规定，夺取他人财物时因被害人不放手而强行夺取的，以抢劫罪论处。类似解释见《最高人民法院关于审理抢劫、抢夺刑事案件适用法律若干问题的意见》第11条第2项。本案即是此情形。

考点四　敲诈勒索罪

1. 关于敲诈勒索罪的判断，下列哪些选项是正确的？[2]（2007/2/63）

A. 甲将王某杀害后，又以王某被绑架为由，向其亲属索要钱财。甲除构成故意杀人罪外，还构成敲诈勒索罪与诈骗罪的想象竞合犯

B. 饭店老板乙以可乐兑水冒充洋酒销售，向实际消费数十元的李某索要数千元。李某不

---

[1]　B　[2]　ABCD

从，乙召集店员对其进行殴打，致其被迫将钱交给乙。乙的行为构成抢劫罪而非敲诈勒索罪

C. 职员丙被公司辞退，要求公司支付 10 万元补偿费，否则会将所掌握的公司商业秘密出卖给其他公司使用。丙的行为构成敲诈勒索罪

D. 丁为谋取不正当利益送给国家工作人员刘某 10 万元。获取不正当利益后，丁以告发相要挟，要求刘某返还 10 万元。刘某担心被告发，便还给丁 10 万元。对丁的行为应以行贿罪与敲诈勒索罪实行并罚

【解析】A 选项，在杀人时没有勒赎目的，不构成绑架罪。杀人后又实施其他犯罪，应数罪并罚。对于后一行为，系隐瞒被害人已死的真相，向第三人威胁索财；意图利用被害人的认识错误和恐惧心理取财，应认定是敲诈勒索罪与诈骗罪的想象竞合犯（实务中经常直接以敲诈勒索罪论处）。

B 选项，用可乐兑水冒充洋酒销售，属销售伪劣产品或诈骗行为，被人识破后转而使用暴力当场劫取财物，系抢劫罪。敲诈勒索罪的构成只能"单当场性"，本案当场实施暴力并当场取财，具有"双当场性"，不再以敲诈勒索罪论罪。

C 选项，以揭露商业秘密的非法侵害为要挟内容，而要求明显高额的所谓"补偿费"，可认为具有非法占有目的的，可构成敲诈勒索罪（当然，如果提出的要求合法，只能以手段行为定罪）。

D 选项，前行为构成行贿罪无异议。对于后一行为，贿赂已经送出，即认为归受贿人事实上占有，刑法也保护这种事实占有关系，以非法手段侵占此种事实占有权的，也构成犯罪。本案行为人以告发犯罪相要挟，侵占他人事实占有权，可认定为非法占有，构成敲诈勒索罪，应当数罪并罚。

2. 下列哪种行为构成敲诈勒索罪？[1]（2006/2/15）

A. 甲到乙的餐馆吃饭，在食物中发现一只苍蝇，遂以向消费者协会投诉为由进行威胁，索要精神损失费 3000 元。乙迫于无奈付给甲 3000 元

B. 甲到乙的餐馆吃饭，偷偷在食物中投放一只事先准备好的苍蝇，然后以砸烂桌椅进行威胁，索要精神损失费 3000 元。乙迫于无奈付给甲 3000 元

C. 甲捡到乙的手机及身份证等财物后，给乙打电话，索要 3000 元，并称若不付钱就不还手机及身份证等物。乙迫于无奈付给甲 3000 元现金赎回手机及身份证等财物

D. 甲妻与乙通奸，甲获知后十分生气，将乙暴打一顿．乙主动写下一张赔偿精神损失费 2 万元的欠条。事后，甲持乙的欠条向其索要 2 万元，并称若乙不从，就向法院起诉乙

【疑难辨析】本题考查的是敲诈勒索与权利行使（民事纠纷）的区别。因真实存在的民事纠纷，而以实施合法问题解决途径（向法院告诉、投诉）为要挟内容，不能认定为敲诈勒索。

【解析】A 选项，存在真实纠纷，威胁内容向消费者协会投诉，系合法途径，不构成敲诈勒索罪。

B 选项，不存在真实纠纷，而是故意制造纠纷，并以毁财为要挟内容，构成敲诈勒索罪。

C 选项，捡到他人财物后，保管人基于民法无因管理而有求取适当管理费用的合法权利，即使要求的管理费用过高，由于要求大体合法，为民事纠纷，不构成敲诈勒索罪。当然，以不可能实现的内容为要挟的，情节严重可认为是对遗忘物拒不归还，可能涉嫌侵占罪。

D 选项，要挟内容是向法院起诉，系合法解决途径，不构成敲诈勒索罪。

---

[1] B

3. 乙与丙因某事发生口角，甲知此事后，找到乙，谎称自己受丙所托带口信给乙，如果乙不拿出2000元给丙，丙将派人来打乙。乙害怕被打，就托甲将2000元带给丙。甲将钱占为己有。对甲的行为应当如何处理?[1] (2005/2/19)

A. 按诈骗罪处理
B. 按敲诈勒索罪处理
C. 按侵占罪处理
D. 按抢劫罪处理

【解析】敲诈勒索罪中"胁迫"的内容一般要求行为人本人进行加害。在本案中，就甲对乙谎称的内容来看，系"丙将派人来打你"，而不是"我让丙来打你"。这也就是说，甲与即将实施的暴力行为没有关系，暴力并非说话者本人做出。故而，甲对乙实施的行为不能认定为胁迫，只能认为欺骗，被害人乙是基于认识错误而产生了恐惧心理。行为人仅实施欺骗，被害人基于认识错误而产生了恐惧心理，继而交付财物的，构成诈骗罪。

4. 甲花费7200元购买乙的自行车；在使用一段时间后，甲称价格太高，要求乙退款，乙不同意。甲遂找了张某和李某去威胁，叫二人殴打乙，乙被逼无奈，退了1000元。过了几天。甲又以暴力相威胁乙，并要求退回200元。关于甲的行为性质，以下说法正确的有[2] (2022/客延/1/21仿)

A. 构成强迫交易罪
B. 构成抢劫罪
C. 不构成犯罪
D. 构成敲诈勒索罪

【解析】考查强迫交易罪、抢劫罪、敲诈勒索罪的区分

1. 第一段行为：甲、乙二人意思自治，买卖合同成立有效，并履行完毕。在物权状态上，自行车已经归甲所有、占有；货款已经归乙所有、占有。

2. 第二段行为：当场暴力，强迫取财，根据《刑法》第263条，甲对1000元构成抢劫罪。

第三段行为：当场暴力威胁，强迫取财，甲对200元也构成抢劫罪。连续犯，以抢劫罪一罪论处。

3. 因采用暴力、威胁手段，且具有"双当场性"，故构成抢劫罪；不构成敲诈勒索罪。

4. 第一段行为的交易没有实施强迫手段。第二三段行为强迫退款时，并没有对应的交易，故不构成强迫交易罪。

5. 如果在第一段合同履行完毕之后，又采取暴力强行要求退款并还车，相当于强迫实施另一个买卖合同，可构成强迫交易罪。

考点五 盗窃罪

一、盗窃行为

1. 甲潜入他人房间欲盗窃，忽见床上坐起一老妪，哀求其不要拿她的东西。甲不理睬而继续翻找，拿走一条银项链（价值400元）。关于本案的分析，下列哪些选项是正确的?[3] (2013/2/60)

A. 甲并未采取足以压制老妪反抗的方法取得财物，不构成抢劫罪

B. 如认为区分盗窃罪与抢夺罪的关键在于是秘密取得财物还是公然取得财物，则甲的行为属于抢夺行为；如甲作案时携带了凶器，则对甲应以抢劫罪论处

C. 如采取B选项的观点，因甲作案时未携带凶器，也未秘密窃取财物，又不符合抢夺罪

---

[1] A [2] B [3] ABCD

"数额较大"的要件，无法以侵犯财产罪追究甲的刑事责任

D. 如认为盗窃行为并不限于秘密窃取，则甲的行为属于入户盗窃，可按盗窃罪追究甲的刑事责任

【疑难辨析】本题考查对"盗窃行为"的界定，系典型的"设定观点，考查推理"型的观点设定题。对于"盗窃"行为的界定，理论界有两种观点：一种观点（"秘密窃取说"）界定为秘密窃取，即要求物主或管理人不知情的情况下转移占有才是盗窃行为；一种观点（"平和转移占有说"）认为界定为平和地转移占有，即认为只要平和地转移占有，即使"公然"即在物主或管理人知情的情况下实施，也是盗窃行为。本题是对这两种观点的考查，本案的案情是公然地平和地转移占有的情形。

【解析】（1）按"秘密窃取说"（通说，参见原《最高人民法院关于审理盗窃案件具体应用法律若干问题的解释》第1条），物主知情，不属盗窃行为。因未对人实施暴力，不属抢劫行为。公然拿走，属抢夺行为。选项A正确；因抢夺行为构成抢夺罪需数额较大的要素，价值400元不属数额较大。若行为人未携带凶器，尽管属入户抢夺，则不构成抢夺罪；因不属"入户盗窃"，不构成盗窃罪；充其量只能认定为非法侵入住宅罪，选项C正确。如果行为人携带凶器，则属携带凶器抢夺，可认定为抢劫罪，选项B正确。

（2）按"平和转移占有说"，则行为人的行为属盗窃行为，"入户盗窃"可构成盗窃罪，选项D正确。

（3）造成这种现象的根本原因是实际上在立法层面上，抢夺行为本应比盗窃行为严重；盗窃行为成罪的要素有数额较大、入户盗窃等五种，成罪门槛低；而抢夺行为却仍限于数额较大、多次两种，成罪门槛高；但本案情况可构成非法侵入住宅罪。

2. 乙女在路上被铁丝绊倒，受伤不能动，手中钱包（内有现金5000元）摔出七八米外。路过的甲捡起钱包时，乙大喊"我的钱包不要拿"，甲说"你不要喊，我拿给你"，乙信以为真没有再喊。甲捡起钱包后立即逃走。关于本案，下列哪一选项是正确的?[1]（2016/2/18）

A. 甲以其他方法抢劫他人财物，成立抢劫罪

B. 甲以欺骗方法使乙信以为真，成立诈骗罪

C. 甲将乙的遗忘物据为己有，成立侵占罪

D. 只能在盗窃罪或者抢夺罪中，择一定性甲的行为

【解析】（1）甲未对人实施暴力、威胁或者其他压制人反抗的手段，行为人不构成抢劫罪；（2）物主近在咫尺，财物归物主控制占有，钱包不属于脱离占有物，行为人不构成侵占罪。（3）诈骗罪的成立要求骗取"处分（转移占有）"，本案中被骗人没有转移占有的行为，行为人不构成诈骗。（4）本案的案情就是当着被害人的面公然拿走（对身体没有侵害可能）。按通说观点，盗窃与抢夺的区分是"秘密窃取 VS 公然夺取"，则据此甲可构成抢夺罪；按少数观点，盗窃与抢夺的区分是"平和转移占有 VS 迅猛夺取（可能危害人身）"，则据此甲可构成盗窃罪。选项D正确。

3. 王某利用计算机知识获取某公司上网账号和密码后，以每3个月100元的价格出售上网账号和密码，从中获利5000元，给该公司造成4万元的损失。对此，下列哪个说法是正确的?[2]（2002/2/7）

A. 王某的行为构成盗窃罪，盗窃数额为5000元

B. 王某的行为构成诈骗罪，诈骗数额为5000元

---

[1] D [2] C

C. 王某的行为构成盗窃罪，盗窃数额为 4 万元

D. 王某的行为构成诈骗罪，诈骗数额为 4 万元

【解析】（1）《最高人民法院关于审理扰乱电信市场管理秩序案件具体应用法律若干问题的解释》第 8 条规定，盗用他人公共信息网络上网账号、密码上网，造成他人电信资费损失，数额较大的，依照《刑法》第 264 条的规定，以盗窃罪定罪处罚。（2）另外，根据《最高人民法院、最高人民检察院关于办理盗窃刑事案件适用法律若干问题的解释》第 4 条第 4 项的规定（老的解释《最高人民法院关于审理盗窃案件具体应用法律若干问题的解释》第 5 条第 1 款第 10 项），此种情形下，盗窃数额按合法用户为其支付的电话费计算。本题题干中"公司造成 4 万元的损失"，应当理解为公司实际缴纳的上网费。故 C 项正确。

二、盗窃罪的对象：他人占有的财物

4. 甲到乙的办公室送文件，乙不在。甲看见乙办公桌下的地上有一活期存折（该存折未设密码），便将存折捡走。乙回办公室后找不着存折，但看见桌上的文件，便找到甲问是否看见其存折，甲说没看到。甲下班后去银行将该存折中的 5000 元取走。甲的行为构成[1]（2005/2/11）

A. 侵占罪　　　　　B. 盗窃罪　　　　　C. 诈骗罪　　　　　D. 金融凭证诈骗罪

【解析】盗窃罪的对象是他人占有的财物，这是盗窃罪区分于侵占罪的关键之处。（1）本案中活期存折位于物主办公室内，应认为是物主控制占有；（2）根据依照《最高人民法院、最高人民检察院关于办理盗窃刑事案件适用法律若干问题的解释》第 5 条第 2 项的规定："盗窃记名的有价支付凭证、有价证券、有价票证，已经兑现的，按照兑现部分的财物价值计算盗窃数额；没有兑现，但失主无法通过挂失、补领、补办手续等方式避免损失的，按照给失主造成的实际损失计算盗窃数额。"本案中未设密码的存折即是这种有价票证，当现金的性质相同，属于盗窃罪的对象财物（实际上是财产性凭证）；（3）趁物主不在将其控制占有的财物非法占有，系秘密窃取的盗窃行为，根据《刑法》第 264 条，构成盗窃罪。故 A 选项不选。（4）对于之后去银行将该存折中的 5000 元取走的行为，如果存在冒充存折主人的情况，属于诈骗行为；根据前述解释的规定，盗窃存折后的兑现行为不再单独定罪，应理解为事后不可罚行为。故 C 选项不选。（5）根据《刑法》第 194 条第 2 款的规定，使用伪造、变造（假的）金融凭证的行为，才构成金融凭证诈骗罪，本案使用的是真的存折。故 D 选项不选。

5. 李某花 5000 元购得摩托车一辆。半年后，其友王某提出借用摩托车，李某同意。王某借用数周不还，李某碍于情面，一直未讨还。某晚，李某趁王某家无人，将摩托车推回。次日，王某将摩托车丢失之事告诉李某，并提出用 4000 元予以赔偿。李某故意隐瞒真情，称："你要赔就赔吧。"王某于是给付李某摩托车款 4000 元。后李某恐事情败露，又将摩托车偷偷卖给丁某，获得款项 3500 元。李某的行为构成何罪？[2]（2003/2/10）

A. 盗窃罪　　　　　　　　　　　　　B. 诈骗罪

C. 销售赃物罪　　　　　　　　　　　D. 盗窃罪和诈骗罪的牵连犯

【疑难辨析】本题情形是所有权人偷回被他人合法占有、控制下的本人所有财物。盗窃罪的对象是"他人占有的财物"，而不是"他人所有的财物"。这种情形中，因他人合法占有的占有效力更高，属于他人占有的财物，符合盗窃罪的犯罪对象要求，但是否构成盗窃罪，还需看行为人主观上有无非法占有目的。当前，最高人民法院发布的一系列判例对有无非法占有目的的推定规则是：如果事后索赔或欲图索赔，或者盗窃行为会必然使被害人受到损失，就推定

---

[1] B　[2] A

行为人有非法占有目的，可构成盗窃罪。如果行为人没有事后索赔或无索赔欲图，就推定行为人不具有非法占有目的，不构成盗窃罪；但可能以手段行为定罪（如盗窃被司法机关合法扣押的本人所有财物，可触犯非法处置查封、扣押、冻结的财产罪）。

【解析】（1）客观上，借用人王某基于借用关系合法占有摩托车，属于他人占有的财物，系盗窃罪的对象。李某在原占有人王某不知情的情况下转移占有，系秘密窃取的盗窃行为。

（2）主观上，李某具有盗窃罪故意，盗走本人的财物后又要求索赔，具有非法占有的目的，根据《刑法》第264条，构成盗窃罪。

（3）盗窃后隐瞒真相骗取王某4000元赔偿，根据《刑法》第266条规定，构成诈骗罪。

（4）关于本犯销售赃物的行为，因欠缺期待可能，不能构成掩饰、隐瞒犯罪所得罪。

（5）在罪数上，由于前行为盗窃罪的对象是摩托车，后行为诈骗行为是进一步实现盗得财产价值的行为，系对盗窃所得的兑现，应认定为事后不可罚行为，不再单独认定为诈骗罪。故而，李某只以盗窃罪一罪论处。

6. 下列哪些行为，可构成盗窃罪（不考虑数额）[1]（2019/客/卷一/34仿）

A. 甲把共享单车在未更换车锁及二维码的情况下，偷偷搬到边远的农村地区，供村民扫码使用

B. 甲把共享单车在未更换车锁及二维码的情况下，每次用完之后停到自家楼下，以便下次使用

C. 甲把共享单车更换车锁后，将其放到自家楼下，供自己使用

D. 甲看到街上有一辆没有上锁的共享单车，将其放在自家楼下，供自己使用

【疑难辨析】盗窃罪的对象是他人占有的财物，手段是秘密窃取转移占有的盗窃行为，结果是控制住财物或使之失去占有。判断本题共享单车案中行为人是否构成盗窃罪：（1）首先需判断对象是否属于他人占有的财物。亦即，判断行为实施之前单车的占有状态，是归单车公司占有，还是归行为人占有。（2）然后认定行为人的行为是否属于转移占有的行为。亦即，行为人的行为是否使单车公司失去占有、转移占有。共享单车使用之后，置于公共场所，或单车公司能够控制、查找的区域，都是使其重归单车公司占有。如果将单车置于单车公司无法控制的区域或无法查找的场所等，都是使之失去占有。（3）最后看转移占有手段是否属于秘密窃取的盗窃行为，需要看行为人将单车由单车公司占有转归自己占有或失去占有的过程，是否违反共享单车的使用规则，单车公司是否允许、知情。

【解析】A选项，行为之前单车归单车公司占有，属盗窃罪对象。将共享单车置于边远的农村地区，虽仍能供公众"共享"使用；但单车本身不再处于单车公司可控制的区域内，应认定使单车公司失去占有。亦即，虽未使单车公司失去使用权能，但使之丧失了占有，属转移占有行为。对此转移占有的情形，违反单车使用规则，单车公司并不知情，系秘密窃取的盗窃行为，根据《刑法》第264条，行为人构成盗窃罪。

B选项，实施行为之前，单车归租车人合法占有（单车公司所有），不属盗窃罪对象；系基于租赁关系而占有的委托保管物，属侵占罪对象。用完停到自家楼下，而不是按使用规则"置于公共场所"，也是使单车公司丧失对单车占有、控制。后果是使单车归行为人"独占独享"，妨害单车公司的使用权能和所有权。相当于租完后不归还，根据《刑法》第270条，可涉嫌侵占罪。

C选项，之前单车归单车公司占有，属盗窃罪对象；更换车锁后归行为人占有，对此单

公司不知情，系秘密窃取的盗窃行为，行为人构成盗窃罪。

D选项，街上未上锁的共享单车，不属于脱离他人占有的遗忘物；根据存在状态可以推知归单车公司占有，属盗窃罪对象。放到自家楼下，使单车公司丧失对单车占有、控制，归行为人占有，单车公司不知情，系秘密窃取的盗窃行为，行为人构成盗窃罪。

三、五种盗窃罪形式

7. 关于盗窃罪的理解，下列哪一选项是正确的？[1]（2011/2/16）

A. 扒窃成立盗窃罪的，以携带凶器为前提

B. 扒窃仅限于窃取他人衣服口袋内体积较小的财物

C. 扒窃时无论窃取数额大小，即使窃得一张白纸，也成立盗窃罪既遂

D. 入户盗窃成立盗窃罪的，既不要求数额较大，也不要求多次盗窃

【解析】本题考查对五种盗窃形式以及成罪条件的理解。

A选项，扒窃成立盗窃罪的，无需携带凶器，也无需数额较大。

B选项，根据《最高人民法院、最高人民检察院关于办理盗窃刑事案件适用法律若干问题的解释》（法释〔2013〕8号）第3条第4款，扒窃指在公共场所或者公共交通工具上盗窃他人随身携带的财物的（近身盗窃），而不限于窃取他人衣服口袋内体积较小的财物（贴身盗窃）。例如，盗窃别人背的双肩包内的财物，也是扒窃。

C选项，扒窃成罪虽无需数额较大。但诸如一张白纸等数额极其微薄的物品，不值得动用刑法手段进行保护，不具（刑法）法益侵害性，不认为是我国刑法值得保护的"财物"。扒窃得到此类物品，可认定未取得刑法所保护的财物，不认为是既遂。理论上应当认定对其他财物构成盗窃未遂，前述司法解释第12条规定数额巨大、珍贵文物、情节严重的盗窃未遂才处罚。

D选项，入户盗窃、数额较大、多次盗窃等五种成罪要素是并列关系，只要符合其一即可。

四、盗窃故意

8. 2010年某日，甲到乙家，发现乙家徒四壁。见桌上一块玉坠，断定是不值钱的仿制品，甲便顺手拿走。后甲对丙谎称玉坠乃秦代文物，值5万元，丙以3万元买下。经鉴定乃清代玉坠，市值5000元。关于本案的分析，下列哪一选项是错误的？[2]（2013/2/6）

A. 甲断定玉坠为不值钱的仿制品具有一定根据，对"数额较大"没有认识，缺乏盗窃犯罪故意，不构成盗窃罪

B. 甲将所盗玉坠卖给丙，具有可罚性，不属于不可罚的事后行为

C. 不应追究甲盗窃玉坠的刑事责任，但应追究甲诈骗丙的刑事责任

D. 甲诈骗丙的诈骗数额为5万元，其中3万元既遂，2万元未遂

【疑难辨析】本题的疑难点在于盗窃故意的认定，具体问题是对于数额的误认是否影响盗窃故意的成立。一般情况下，对数额的认识错误不影响故意的成立，只要认识到对象具有一定价值（认识到了"财物属性"），即使误认为价值较小，也认为具有盗窃故意。但是，误认为对象物价值极其微薄（即没有认识到"财物属性"），实则对象物价值数额较大、巨大乃至特别巨大，一般不认为有盗窃故意。

【解析】（1）第一段行为：客观上，甲到乙家盗窃系"入户盗窃"。主观上，甲误将市值5000元的财物认定为"不值钱的仿制品"，结合"家徒四壁"的情形，认定具有确切依据，系属认识错误。因认为对象"不值钱"，是没有认识到对象的"财物属性"，亦即，误将"财物"

---

[1] D　[2] D

误认为"非财物"。对于盗窃对象没有认识，不认为具有盗窃故意。故而虽客观上有盗窃财物行为，但主观上对对象无认识，无盗窃故意，不构成盗窃罪。选项 A 正确。

（2）第一段行为：客观上，甲谎称玉坠系秦代文物（实际上是清代玉坠），财物实际值5000 元，卖得 3 万元，被害人因受骗而有损失，实施了虚拟事实诈骗财物的行为。主观上，认为玉坠系不值钱的仿制品却谎称是文物，虽具有认识错误，但不影响诈骗罪故意的成立，主观上具有诈骗故意和非法占有目的，根据《刑法》第 266 条，构成诈骗罪。

（3）关于诈骗罪的犯罪数额。部分既遂、部分未遂的数额计算，根据最高人民法院、最高人民检察院《关于办理诈骗刑事案件具体应用法律若干问题的解释》（法释〔2011〕7 号）第 6 条："诈骗既有既遂，又有未遂，分别达到不同量刑幅度的，依照处罚较重的规定处罚；达到同一量刑幅度的，以诈骗罪既遂处罚。"并不是将既遂、未遂累加，而是择一重处。本案3 万元既遂、2 万元未遂是同一量刑幅度的，应以诈骗罪 3 万元既遂处罚，2 万元未遂作为量刑情节。亦即，诈骗数额为 3 万元。选项 D 错误。

（4）不可罚的事后行为的成立要求同一对象、同一法益、前行为已评价，盗窃对象是乙的玉坠，诈骗对象是丙的钱款，系不同对象（玉坠、钱）、不同人的不同法益，并且因前行为不构成犯罪也未包容对后行为的评价。后行为不属于不可罚的事后行为，应当单独评价为诈骗罪。故选项 B、C 正确。

（5）本题应当注意的问题一：应当将"对数额的认识错误"（将大数额认定为一定程度的小数额，不影响故意成立）与"未认识到对象的财物属性"（认为对象价值极其轻微，不成立故意）区分开来。本题应当注意的问题二：如果本案中该玉坠客观上确实值 3 万元，或者相差不大，则丙不会有损失（根据司法解释，善意取得赃物不能追缴），甲属诈骗罪的不能犯。

五、盗窃罪的既遂标准

9. 甲将汽车停在自家楼下，忘记拔车钥匙，匆匆上楼取文件，被恰好路过的乙发现。乙发动汽车刚要挂档开动时，甲正好下楼，将乙抓获。关于乙的行为，下列哪一选项是正确的？[1]（2007/2/6）

A. 构成侵占罪既遂　　　　　　　　　B. 构成侵占罪未遂

C. 构成盗窃罪既遂　　　　　　　　　D. 构成盗窃罪未遂

【解析】（1）物主距离财物近在咫尺，即使没有上锁，也应认定为被物主占有；趁物主不在而将汽车开走，系秘密窃取的盗窃行为，根据《刑法》第 264 条，构成盗窃罪。（2）触及财物应认为已经盗窃着手，但由于汽车未发生位移，不能认为行为人控制，都不构成盗窃既遂，应认定为盗窃罪未遂。（3）对于法律职业资格考试而言，盗窃罪的既遂标准为控制说为主，即首先考虑行为人是否控制财物。

10. 陈某趁珠宝柜台的售货员接待其他顾客时，伸手从柜台内拿出一个价值2300 元的戒指，握在手中，然后继续在柜台边假装观看。几分钟后，售货员发现少了一个戒指并怀疑陈某，便立即报告保安人员。陈某见状，速将戒指扔回柜台内后逃离。关于本案，下列哪些说法是正确的？[2]（2002/2/42）

A. 陈某的盗窃行为已经既遂

B. 陈某的盗窃行为属于未遂

C. 陈某将戒指扔回柜台内不属于中止行为

D. 陈某将戒指扔回柜台内属于犯罪既遂后返还财物的行为

---

[1]　D　[2]　ACD

【解析】在法考中，盗窃罪的既遂标准为控制说为主。依控制说衍生的具体标准，小件财物以握在手里、放入口袋、藏入包中等为既遂。本案中行为人已将财物握在手里，虽可能并未脱离商场这个场所，也应认为是既遂。既遂之后无中止，故之后扔回财物不构成中止，认为是悔罪。

11. 关于故意犯罪形态的认定，下列哪些选项是正确的？[1]（2013/2/54）

A. 甲绑架幼女乙后，向其父勒索财物。乙父佯装不管乙安危，甲只好将乙送回。甲虽未能成功勒索财物，但仍成立绑架罪既遂

B. 甲抢夺乙价值1万元项链时，乙紧抓不放，甲只抢得半条项链。甲逃走60余米后，觉得半条项链无用而扔掉。甲的行为未得逞，成立抢夺罪未遂

C. 乙欲盗汽车，向甲借得盗车钥匙。乙盗车时发现该钥匙不管用，遂用其他工具盗得汽车。乙属于盗窃罪既遂，甲属于盗窃罪未遂

D. 甲在珠宝柜台偷拿一枚钻戒后迅速逃离，慌乱中在商场内摔倒。保安扶起甲后发现其盗窃行为并将其控制。甲未能离开商场，属于盗窃罪未遂

【解析】A选项，绑架罪的既遂标准是控制人质使人质脱离显著困难或杀害（结果犯）。本案中甲已控制了乙，已成立绑架罪既遂，送乙回家是既遂后的悔罪行为。A选项说法正确。

B选项，抢夺罪的既遂标准是控制住数额较大的财物，甲已控制住了半条项链数额较大，构成抢夺罪的既遂。扔掉行为是对财物的处分行为，不影响既遂的认定。故B选项说法错误。

C选项，本选项考查共犯人的既未遂。从客观因果关系（"惹起说"）方面分析，甲的帮助行为即提供钥匙的行为对于实行犯乙盗车得逞客观上没有起到作用，没有因果关系（促进关系）。故认定甲是帮助犯，但与结果无因果关系，是未遂。故C选项说法正确。

D选项，盗窃罪的具体既遂标准，小宗物品，拿在手里，放在口袋里即为既遂。本案中，行为人已偷拿到一枚钻戒，应当认定为犯罪既遂。故D选项说法错误。

六、盗窃罪与其他财产犯罪的区分

12. 关于盗窃罪的认定，下列选项说法正确的有[2]（2022/客/1/20仿）

A. 公司甲购买房屋后将房屋登记在员工乙的名下，乙谎称房产证丢失补办了房产证，并且把房屋出售给不知情的丙。则乙的行为构成盗窃罪

B. 快递员丙错将本应放在收件人乙门口的快递（洗衣机），放在乙的对门邻居甲的门口；甲明知快递是对门的乙的，还将快递拿回家。则甲的行为构成盗窃罪

C. 乙骑自行车去朋友甲家中喝酒做客，酒后发现自己的自行车不见了，遂打算随手偷走别人的一辆车。甲喝多了，在一旁帮乙放风；结果乙误将甲的自行车给偷走了。如不计数额，则甲与乙构成盗窃罪的共同犯罪

D. 甲在无人售货的超市将高价牌子白酒上的价格标签，换成低价白酒的价格标签；然后刷低价标签，买走高价白酒。则甲的行为构成盗窃罪

【解析】考查盗窃罪、诈骗罪，财产犯罪。

选项A，乙无罪，只是民事纠纷。（1）在民法层面上，以登记为准，房屋的所有权人是乙，公司甲仅是出资人。（2）乙对房产局：谎称房产证丢失，补办了房产证，登记人无变化，乙不构成诈骗罪。（3）乙对丙：尽管隐瞒了部分真相，但丙能获得所有权，无损失，乙不构成诈骗罪。（4）乙对公司甲：仅仅只是违反与公司甲的约定，系民事纠纷；未侵犯房屋的所有权，不构成财产犯罪。

选项 B，按照收取快递的习惯，被害人是乙（如果认为快递员丙有过错，物权未转移交付，则被害人是快递公司），行为对象是快递；尽管放在甲的门口，但由于放置地点也是乙对门的公共空间，故而应认定并未脱离乙的占有，同时也归乙占有。在原占有人乙不知情的情况下，甲拿走快递，根据《刑法》第264条，构成盗窃罪。

选项 C，（1）正犯乙：客观上盗窃甲的自行车，属他人财物；主观上对象错误、具体错误，仍有盗窃故意；构成盗窃罪既遂。（2）帮助者甲：客观上帮助乙盗窃；在违法阻却事由上，系偶然自损；主观上对象错误、具体错误，仍有盗窃故意；通说认为不构成犯罪。

选项 D，（1）被害人是超市，行为对象是高价白酒；原占有人超市不知情高价白酒被转移占有的事实，没有处分意识。行为人不构成诈骗罪，构成盗窃罪。（2）所谓"机器"问题。标准是：看设置机器的原占有人，根据机器的交易记录，是否知情财物被转移占有的情况，来判断是构成盗窃罪还是诈骗罪。本案中机器的交易记录，记录的是低价白酒被买走；因此，原占有人超市并不知情高价白酒被转移占有的事实，没有处分意识。

13. 以下行为人甲的行为构成盗窃罪的有[1]（2018/客/卷一/22 仿）

A. 甲的汽车被法院扣押，停放在某停车场，甲对该停车场的保管员乙谎称自己是法院的人，受法院的委托过来把车开走。保管员乙信以为真，并收取了甲给的保管费后，让甲把汽车开走

B. 甲看到乙站在摩托车旁，误认为乙是车主，当前乙的面将车骑走，实际上，车主丙在别的地方不知情

C. 乙拿着包坐在公园长椅上，甲看着就默默坐他旁边。乙离开时忘记将自己的包拿走，甲见乙离开，迅速将包拿走。乙走出十米突然想起了自己的包，返回原处未看见包与甲

D. 乙骑摩托车搭载陌生人甲过山路，路面崎岖泥泞，乙便下车推着摩托车前行。这时甲提出帮忙把车骑过去，乙同意，并且紧跟其后，双眼一直注视甲。不料过了山路甲骑着摩托扬长而去

【解析】A选项，在犯罪对象上，尽管甲是汽车的所有权人，但汽车被法院扣押，法院占有效力更高，该汽车属他人占有的财物，系转移占有型财产犯罪的对象。在占有状态上，停车场的管理员乙受委托看管汽车，系占有人以及有权处分人。在转移占有手段上，甲欺骗有处分权的乙，让乙转移占有，构成诈骗罪。

B选项，在客观上，甲在取走摩托车时，车主丙另在别处，对于转移占有的事实并不知情，甲系在原占有人不知情的情况下转移占有，属盗窃行为。在主观上，甲误认乙是原占有人，当着他的面公然转移占有，主观上具有抢夺罪故意。客观主观统一为盗窃罪。

C选项，客观上，在财物的占有状态认定上，物主没走多远就回想起钱包，近在咫尺、立即归来，钱包应认为仍归物主占有。主观上，甲知乙没走多远的事实，对钱包仍属他人占有的事实有认识，具有盗窃罪故意。客观主观相统一，构成盗窃罪。

D选项，该选项中甲的行为可分骗、夺两阶段。（1）前一段骗的行为，甲对乙实施了诈骗行为，骗取乙将摩托车让甲骑。但是，被骗人乙只是让甲临时骑一段，并没有让甲将摩托骑开，没有放弃占有、转移占有的意思。甲骑上摩托车之后，由于物主乙仍近在咫尺，摩托车仍归乙占有。因此，甲只是骗取乙转移持有，而没有骗取乙转移占有，甲不构成诈骗罪。（2）后一段当面骑开的行为，由于之前摩托车仍归乙占有，甲当面骑开，才使乙丧失占有，是公然转移占有的行为，构成抢夺罪。

---

[1] BC

14. 甲坐公交车的时候，偷偷把睡着的乙的手机支付宝账户里的钱转走。为了避免罪行被发现，临时起意又将乙手机拿走准备销毁。第二天，甲在销毁手机时，发现手机不错，又起意将手机卖了。甲的行为构成何罪？（如不考虑数额）[1]（2020/客/1/33仿）

A. 盗窃罪   B. 破坏计算机信息系统罪

C. 故意毁坏财物罪   D. 侵占罪

【解析】考查网络账户、财产犯罪，客观主观相统一。

（1）第一段（转走支付宝账户里的钱）：系支付宝账户，不是信用卡账户，不构成信用卡诈骗罪。秘密窃取乙网络账户里的钱，根据《刑法》第264条，构成盗窃罪。未破坏数据、程序，不构成破坏计算机信息系统罪；可触犯非法获取计算机信息系统数据罪。利用计算机实施盗窃，根据《刑法》第287条，以盗窃罪论处。

（2）第二段（拿手机）：客观上实施了盗窃行为，因主观上只有毁坏故意而没有非法占有目的，不构成盗窃罪；为了毁坏而拿走手机，系毁坏财物的预备行为，主观上具有毁坏故意，根据《刑法》第275、22条，触犯故意毁坏财物罪。后自动放弃，系预备阶段的中止。

（3）第三段（占有手机）：对因不当得利而占有委托保管的手机非法所有，根据《刑法》第270条，触犯了侵占罪。

（4）第四段（卖手机）：虽销售侵占所得手机，但系本犯欠缺期待可能性，不构成掩饰、隐瞒犯罪所得罪。

（5）综上，以盗窃罪（钱，既遂）、故意毁坏财物罪（中止）、侵占罪（手机，既遂），数罪并罚。

15. 乙购物后，将购物小票随手扔在超市门口。甲捡到小票，立即拦住乙说："你怎么把我购买的东西拿走？"乙莫名其妙，甲便向乙出示小票，两人发生争执。适逢交警丙路过，乙请丙判断是非，丙让乙将商品还给甲，有口难辩的乙只好照办。关于本案的分析（不考虑数额），下列哪一选项是错误的？[2]（2014/2/19）

A. 如认为交警丙没有处分权限，则甲的行为不成立诈骗罪

B. 如认为盗窃必须表现为秘密窃取，则甲的行为不成立盗窃罪

C. 如认为抢夺必须表现为乘人不备公然夺取，则甲的行为不成立抢夺罪

D. 甲虽未实施恐吓行为，但如乙心生恐惧而交出商品的，甲的行为构成敲诈勒索罪

【解析】本题考查诈骗罪、盗窃罪、抢夺罪、敲诈勒索罪的概念及构成要素。

本题案情模型是"甲骗丙取得乙财物"情形；但出题模式是"设定观点，考查推理"型的观点设定题，即先设定观点前提，要求考生根据设定的观点，结合案情进行推理。

（1）区分"三角诈骗"与盗窃罪间接正犯。对于"甲骗丙取得乙财物"情形，首先涉及"三角诈骗"与盗窃罪间接正犯的区分，即A、B选项。诈骗罪要求被骗人具有处分（转移占有）权限。①如认定丙无处分权限，甲不能构成诈骗罪；A选项正确。②B选项，如果按B选项设定将盗窃行为界定为秘密窃取，则本案甲是公然取财，不能构成盗窃，有可能涉嫌抢夺。③如果认为盗窃不必一定需秘密窃取（例如公然平和转移占有也可能是盗窃），则本案甲有可能是盗窃（盗窃罪的间接正犯）。A、B选项说法均正确。

（2）C选项，考查抢夺的界定。①如果按C选项设定将抢夺行为界定为乘人不备公然夺取，因甲取财虽公然但并未乘人不备，不成立抢夺罪；②如果认为抢夺只需公然无需乘人不备，则本案甲有可能成立抢夺；③如果认为抢夺不仅需公然而且需迅猛对人身有危险，则本案

---

〔1〕 ACD　〔2〕D

甲也不成立抢夺。

（3）D选项，考查行为人立场和被害人立场。我国刑法对犯罪的认定基本上采行为人立场，亦即认定行为人有无实施刑法规定的特定类型的行为。敲诈勒索罪的成立首先需行为人实施了敲诈勒索行为即威胁、要挟行为，被害产生恐惧而交财。如果如D选项所述行为人甲未实施恐吓行为，即使被害人乙心生恐惧而交财，也不能认定甲的行为构成敲诈勒索罪。D选项说法错误。

当然，对于本题，如不按观点设定的模式，而以通说观点来解析：①丙如系普通警察（治安警），一般认为有处分权限，应当认定甲的行为是诈骗（三角诈骗）；②但如其为交警或一般路人，只有"评理"的作用没有处分权限，甲的行为可认为是抢夺（以公然夺财界定抢夺）。

16. 某快递公司的快递员甲，在分拣包裹的过程工作中，趁人不注意，把传送带上不归自己负责的包裹，放入自己的快递车内，然后离开公司送货途中，拆开包裹，据为己有。则关于甲的行为，下列说法正确的是？[1]（2018/客/卷一/23仿）

A. 甲没有利用职务上的便利，其行为构成盗窃罪

B. 认定甲没有利用职务上的便利的理由在于，甲取走该包裹时，该包裹并不处于其主管、管理、经营、经手过程中

C. 甲利用了职务上的便利，其行为构成职务侵占罪

D. 认定甲利用了职务上的便利的理由在于，甲系该单位的员工，且其工作就是收取快递包裹

【解析】（1）快递公司里传送带上的包裹，属于快递公司控制领域中的财物，归快递公司占有。（2）甲趁快递公司不注意而拿走，系秘密窃取的盗窃行为。（3）快递公司未授权甲拿走不归自己负责的包裹，包裹并不属甲主管、管理、经营、经手，其盗窃行为不属于"利用职务便利"，而是利用熟悉作案环境。故不构成职务侵占罪，直接以盗窃罪论处。

七、罪数

17. 甲对陈某的毒品动起了歪脑筋，探知陈某将毒品藏在厨房灶膛内。某夜，甲先用毒包子毒死陈某的2条看门狗（价值6000元），然后翻进陈某院墙，从厨房灶膛拿走陈某50克纯冰毒。关于此事实的判断，下列选项正确的是[2]（2014/2/90）

A. 甲翻墙入院从厨房取走毒品的行为，属于入户盗窃

B. 甲进入陈某厨房的行为触犯非法侵入住宅罪

C. 甲毒死陈某看门狗的行为是盗窃预备与故意毁坏财物罪的想象竞合

D. 对甲盗窃50克冰毒的行为，应以盗窃罪论处，根据盗窃情节轻重量刑

【解析】A选项，考查入户盗窃中"户"的含义，指家庭住宅，院墙和厨房都是家庭住宅的组成部分，进入属于进入家庭住宅，构成"入户"。

B选项，单独评价入户行为，可认定为触犯非法侵入住宅罪；与盗窃罪是吸收犯关系，认定为盗窃罪一罪（入户盗窃）。

C选项，如单独评价，毒死狗的行为触犯故意毁坏财物罪，同时是为入户盗窃作准备，又触犯盗窃罪预备；一行为同时触犯数罪，是想象竞合。

D选项，违禁品有价值也是财物，盗窃毒品等违禁品的行为是盗窃财物行为，构成盗窃罪。根据《最高人民法院、最高人民检察院关于办理盗窃刑事案件适用法律若干问题的解释》

---

[1] AB [2] ABCD

第 1 条第 4 款的规定，"盗窃毒品等违禁品，应当按照盗窃罪处理的，根据情节轻重量刑。"

18. 下列哪些说法是错误的? [1] (2006/2/59)

A. 甲盗窃乙的一本存折后，假冒乙的名义从银行取出存折中的 5 万元存款。甲的行为应认定为盗窃罪与诈骗罪

B. 甲盗窃了乙的 200 克海洛因，因本人不吸毒，就将海洛因转卖给丙。甲的行为应认定为盗窃罪和贩卖毒品罪

C. 甲盗窃了博物馆的一件国家珍贵文物，以 20 万元的价格转卖给乙。甲的行为应认定为盗窃罪和倒卖文物罪

D. 甲盗窃了乙的一块名表，以 2 万元的价格转卖给丙，甲的行为应认定为盗窃罪和销售赃物罪（现为掩饰、隐瞒犯罪所得罪）

【解析】A 选项，(1) 在触犯罪名方面，前一行为触犯盗窃罪（盗窃财产凭证），后一行为触犯诈骗罪（"三角诈骗"，欺骗银行而取得乙的钱）。(2) 在罪数方面，后一行为是前一行为的兑现行为，最终都是针对存折上的钱，后行为是事后不可罚，应当以盗窃罪一罪论处。(3) 法条依据，最新解释可参见《最高人民法院、最高人民检察院关于办理盗窃刑事案件适用法律若干问题的解释》（法释〔2013〕8 号）第 5 条。盗窃记名、可挂失存折后又兑现的，盗窃数额以兑现金额计算，这说明，刑法已将盗窃存折的行为规定为盗窃罪，则之后的冒名兑现虽符合诈骗罪的构成条件，但属事后不可罚行为，不再单独定罪，而只定盗窃罪一罪。故 A 选项表述错误，当选。

B 选项，(1) 盗窃毒品的行为可触犯盗窃罪；转卖给丙的行为触犯贩卖毒品罪。(2) 罪数方面，依照《最高人民法院关于审理抢劫、抢夺刑事案件适用法律若干问题的意见》第 7 条规定可知，抢劫、盗窃毒品等违禁品后又以违禁品实施其他犯罪的，应数罪并罚。故 B 选项表述正确，不当选。

C 选项，(1) 盗窃博物馆里的珍贵文物，根据《刑法》第 264 条，构成盗窃罪。(2) 但争议在于，之后单纯的违规向个人出卖文物行为可否构成倒卖文物罪？争议的关键在于对于倒卖文物罪中的"倒卖"一词如何解释。一种解释是将"倒卖"解释为"低价买进高价卖出或转手贩卖"，即"买后再卖赚取差价"，如此解释，盗窃文物后单纯的出卖的行为就不属"倒卖"，不能构成倒卖文物罪。另一种解释是基于该罪保护的法益出发，认为《文物保护法》规定私人收藏的文物只可向文化行政部门指定的单位出售，从而将"倒卖"解释为"以谋取非法利益为目的，收购、出售国家禁止经营的文物"，单纯的出卖也可构成倒卖文物罪。(3)《最高人民法院、最高人民检察院关于办理妨害文物管理等刑事案件适用法律若干问题的解释》（法释〔2015〕23 号）第 6 条采用了第二种解释，将"倒卖"解释为"出售或者为出售而收购、运输、储存"。故而，行为人后行为触犯倒卖文物罪。(4) 在罪数方面，行为人触犯盗窃罪、倒卖文物罪两罪，盗窃之后的行为侵害新的法益，不属事后不可罚（类比于盗窃毒品后又贩卖毒品），应当数罪并罚。该选项说法正确，不当选。

D 选项，盗窃手表触犯盗窃罪；又销赃的，因本犯欠缺期待可能性，不能构成掩饰、隐瞒犯罪所得罪。故只触犯一罪，D 选项表述错误，当选。

---

[1]　AD

考点六　诈骗罪

一、诈骗罪的构成要件

1. 下列哪些行为触犯诈骗罪（不考虑数额）？[1]（2015/2/63）

A. 甲对李某家的保姆说："李某现在使用的手提电脑是我的，你还给我吧。"保姆信以为真，将电脑交给甲

B. 甲对持有外币的乙说："你手上拿的是假币，得扔掉，否则要坐牢。"乙将外币扔掉，甲趁机将外币捡走

C. 甲为灾民募捐，一般人捐款几百元。富商经过募捐地点时，甲称："不少人都捐一、二万元，您多捐点吧。"富商信以为真，捐款 2 万元

D. 乙窃取摩托车，准备骑走。甲觉其可疑，装成摩托车主人的样子说："你想把我的车骑走啊？"乙弃车逃走，甲将摩托车据为己有

【解析】本题考查诈骗罪的构成要件、盗窃罪间接正犯与三角诈骗的区分。

A 选项，盗窃罪间接正犯与三角诈骗的区分。保姆具有处分（转移占有）的权限，骗取有处分权限的人转移占有，系三角诈骗，构成诈骗罪。

B 选项，诈骗罪中骗取他人处分（放弃所有、放弃占有均可）的意思，包括欺骗他人放弃所有权后行为人进而取得。

C 选项，被骗人在转移财物占有时，对财物的性质、数量均有明确认识，对财物的去处和自己行为的后果也有认识。亦即，即使富商信以为真，也有捐多捐少的选择自由。行为人虽有欺骗行为，但未对处分法益的结果虚构、隐瞒，不属刑法上的欺骗，与富商转移占有的行为没有因果关系。富商的处分和承诺在刑法上有效。

D 选项，与选项 B 相同，诈骗罪中骗取他人处分的意思，包括骗人放弃所有权后行为人进而取得。

2. 关于诈骗罪，下列哪些选项是正确的？[2]（2007/2/62）

A. 收藏家甲受托为江某的藏品进行鉴定，甲明知该藏品价值 100 万元，但故意贬其价值后以 1 万元收买。甲的行为构成诈骗罪

B. 文物贩子乙收购一些赝品，冒充文物低价卖给洪某。乙的行为构成诈骗罪

C. 店主丙在柜台内陈列了两块标价 5 万元的玉石，韩某讲价后以 3 万元购买其中一块，周某讲价后以 3000 元购买了另一块。丙对韩某构成诈骗罪

D. 画家丁临摹了著名画家范某的油画并署上范某的名章，通过画廊以 5 万元出售给田某，丁非法获利 3 万元。丁的行为构成诈骗罪

【疑难辨析】本题考点是商品交易中的哪些欺骗行为可以构成诈骗罪，以及隐瞒真相的诈骗。如果存在真实的商品交易，尽管买卖双方为议价而对质量、真实价值有些隐瞒，一般不构成诈骗罪，而认为是正常交易或民事欺诈。因为出售方没有揭示真实价格的义务。只有在商品完全不具有真实性，价值极其低贱；或者法律强制规定一方存在披露真相的义务时，他人有信任行为人的法律期待，才可能涉嫌犯罪。

【解析】A 选项，作为鉴定人的甲具有"被信任身份"，有披露真相的法律强制义务，甲

---

[1]　ABD　[2]　AB

利用此种"被信任身份"故意隐瞒真相，骗取他人信任处分财产，自己得益他人受损的，可认为是诈骗罪。

B选项，由于交易对象为赝品，价值低贱，与真实物品（例如有瑕疵品）价值相差太大，以假充真不能认为存在真实的交易，可以构成诈骗罪。

C选项，尽管相同商品价格相差悬殊，但由于存在真实的交易商品，店主丙对玉石的性质并没有进行虚假陈述、实施诈骗行为；根据日常生活的交易习惯，对价金的审核义务归于购买者，故而不能认为是诈骗罪。

D选项，假冒他人署名出售美术作品的，根据《刑法》第217条，触犯侵犯著作权罪；同时虚构事实诈骗财物，根据《刑法》第266条，也触犯诈骗罪。两罪是整体法与部分法的法条竞合，以整体法侵犯著作权罪论处。

3. 关于诈骗罪的理解和认定，下列哪些选项是错误的？[1] (2013/2/61)

A. 甲曾借给好友乙1万元。乙还款时未要回借条。一年后，甲故意拿借条要乙还款。乙明知但碍于情面，又给甲1万元。甲虽获得1万元，但不能认定为诈骗既遂

B. 甲发现乙出国后其房屋无人居住，便伪造房产证，将该房租给丙住了一年，收取租金2万元。甲的行为构成诈骗罪

C. 甲请客（餐费1万元）后，发现未带钱，便向餐厅经理谎称送走客人后再付款。经理信以为真，甲趁机逃走。不管怎样理解处分意识，对甲的行为都应以诈骗罪论处

D. 乙花2万元向甲购买假币，后发现是一堆白纸。由于购买假币的行为是违法的，乙不是诈骗罪的受害人，甲不成立诈骗罪

【解析】A选项，甲虽实施了诈骗行为，但乙并未产生认识错误，是基于其他理由交付财物。取财非因诈骗导致，诈骗行为与取财无因果关系，不能认定为诈骗既遂，应当认定为未遂。

B选项，（1）甲对丙实施了诈骗行为，丙也受骗，但关键在于判断受害人有无损失。丙虽交付租金，但已获得了一年居住权，财产并未损失，甲对丙不构成诈骗罪。（2）乙的房屋虽被甲占用，但所有权并未受到侵害，乙房屋所有权未损失。甲的行为可认为是盗用财物使用权能、用益物权的行为（出租获利），而是盗窃财物本身，通说认为该使用权能、用益物权不属财物，不能构成盗窃罪。（3）乙的房屋被人占用，可认为甲构成非法侵入住宅罪（间接正犯）；乙的房屋收益权被人盗用，甲在民法上对2万元租金属不当得利，乙可追讨。

C选项，需区分"食宿诈骗（吃霸王餐）"的不同情形：①"犯意先行型"的食宿诈骗，即骗取食物之前即有不给钱的意图，隐瞒了不付钱的真相，犯罪对象是食物，可构成诈骗罪。②"食宿先行型"的食宿诈骗，即原本是想付钱，吃完饭后趁机开溜，没有隐瞒真相，也未消灭债权，不构成犯罪，系民事纠纷。③"骗取免单型"的食宿诈骗，即食宿完毕后骗取他人免除债务，犯罪对象是债权，可构成诈骗罪。本题属"食宿先行型"的食宿诈骗，一般不认为是诈骗罪。诈骗罪中的"处分意识"应当理解为对财物转移占有或进行处分（交付、转让所有权、放弃债权），而不理解为"同意延期交付"。

D选项，（1）甲假借违法交易而骗取乙的钱财，系虚构事实的诈骗行为，构成诈骗罪。乙是被害人。（2）只不过，对于假币犯罪而言，甲客观上未实施出售假币的行为，主观上无该罪故意，不构成出售假币罪。（3）乙虽主观上有购买假币罪的故意，但客观上购买的不是假币，可能成立购买假币罪的不能犯。

---

[1] BCD

4. 关于侵犯财产罪及相关犯罪，下列哪一选项是正确的？[1]（2007/2/17）

A. 甲用假币到电器商场购买手机，甲的行为构成（应认定为）诈骗罪

B. 乙受王某之托将价值5万元的手表送给10公里外的朱某，乙在路上让许某捆绑自己，伪造了抢劫现场，将表据为己有。报案后，乙向警方说自己被抢。乙的行为构成侵占罪

C. 丙假冒某部委名义，以组织某高层论坛为名发布广告、寄送材料，要求参会人员每人先邮寄会务费1万元。丙收款50万元后潜逃。丙的行为构成虚假广告罪

D. 丁为孩子升学，买了一辆假冒某名牌的摩托车送给教育局长何某。丁的行为构成诈骗罪

【解析】 选项A，触犯使用假币罪、诈骗罪两罪。在罪数上，由于刑法规定为使用假币罪中可包括诈骗的内容，故而两罪之间是整体法与部分法的法条竞合关系。以整体法使用假币罪一罪论处，不再以诈骗罪论处。

选项B，将代他人保管的财物据为己有的，构成侵占罪；侵占之后欺骗物主的，是犯罪后的掩饰行为，没有骗取转移占有，不能构成诈骗罪。

选项C，（1）丙发布虚假信息，骗取他人信任而交付钱财，构成诈骗罪。（2）虚假广告罪是为出售商品、服务而作虚假宣传，虽要存在实际的商品、服务，本案中不存在实际的商品、服务交易，不构成该罪。

选项D，（1）诈骗罪要求骗取他人钱财，即有行为人获得财产、被骗人财产损害的结果和可能性，本案是送给"被害人"财物，被害人根本不可能会有财产损失，也没有损失可能性，故不构成诈骗罪。（2）假冒某名牌的摩托车也是财物，收受者是对象错误、具体错误，可构成受贿罪；行贿者可构成行贿罪。

5. 甲经常驾驶车辆在高速路收费站时，驶入，驶出高速时紧跟前车快速通过ETC，在挡车杆落下之前跟着前车过去，其ETC没有被扣费。其采用这种方式偷逃高速通行费共计1万余元。关于甲的行为定性，下列选项说法正确的是？[2]（2021/客/卷一/18仿）

A. 盗窃罪　　　　　B. 诈骗罪　　　　　C. 抢夺罪　　　　　D. 不构成犯罪

【解析】 本题考查财产犯罪的推理方法，盗窃罪、诈骗罪等犯罪的区分。

在，这种"跟车逃费"的情形，被害人是高速路收费站，损失对象是高速通行费（债权）。行为人使债权消灭的手段，是通过跟行前车、让收费站误信车辆已经交费的虚构事实的诈骗手段，骗取收费站放行、放弃债权。收费站没有对ETC扣费，说明其对收费金额知情而免除，对于放弃债权具有处分意识。根据《刑法》第266条，构成诈骗罪。

虽司法实务中对此类案的处理五花八门，当前也无最高院、最高检的司法解释的明文规定。但是，类似的解释，《最高人民法院关于审理非法生产、买卖武装部队车辆号牌等刑事案件具体应用法律若干问题的解释》第3条第2款规定："使用伪造、变造、盗窃的武装部队车辆号牌，骗免养路费、通行费等各种规费，数额较大的，依照《刑法》第二百六十六条的规定定罪处罚。"相关地方性规范，例如：《四川省高级人民法院、省检察院、省公安厅关于办理偷逃收费公路车辆通行费违法犯罪案件适用法律若干问题的意见》规定，以非法占有为目的，采用欺骗手段不交或者少交车辆通行费，数额较大的以诈骗罪定罪处罚。

关于其中人工智能即"机器（背后设置机器的人）能够被骗"的原理在于，如果"机器"按照设定好的自动交付或处理程序进行处理，应当认定为设置该机器的"人"具有处分意识；除非机器发生故障不按处理程序进行处理。本案中，车辆通过ETC出口时由机器识别放行，

---

［1］ B　［2］ B

该识别功能是按照"当两车小于一定距离时无法识别出两辆车通行，只对前车进行收费"预设程序操作的。行为人通过紧跟前车的方式，使机器误认为两车为一车而放行，只收取前车的通行费，而免除后车的通行费；符合前述设置机器的"人"具备处分意思的前提。

类比的案例，相当于三种不同种类"食宿诈骗"（犯意先行、食宿先行而逃单、骗取免单）中"骗取免单"的情形。有人认定构成盗窃罪，问题是：盗窃的对象是什么？

二、盗窃罪与诈骗罪的区分

6. 郑某冒充银行客服发送短信，称张某手机银行即将失效，需重新验证。张某信以为真，按短信提示输入银行卡号、密码等信息后，又将收到的编号为135423的"验证码"输入手机页面。后张某发现，其实是将135423元汇入了郑某账户。关于本案的分析，下列哪一选项是正确的？[1]（2017/2/17）

A. 郑某将张某作为工具加以利用，实现转移张某财产的目的，应以盗窃罪论处

B. 郑某虚构事实，对张某实施欺骗并导致张某处分财产，应以诈骗罪论处

C. 郑某骗取张某的银行卡号、密码等个人信息，应以侵犯公民个人信息罪论处

D. 郑某利用电信网络，为实施诈骗而发布信息，应以非法利用信息网络罪论处

【解析】本题考查盗窃罪与诈骗罪的区分，以及诈骗罪中的"意识处分行为说"。诈骗罪的本质在于骗取被骗人的处分（转移占有）行为，根据"意识处分行为说"，要求被骗人知情转移占有的事实。行为人有骗不一定构成诈骗罪，只有被骗人有处分意识并实施了转移占有的行为，行为人才能构成诈骗罪。（1）本案中，行为人实施了欺骗行为，但被害人受骗后，并不知晓135423是转账钱款数额，不知其实施了转移占有的行为。没有处分意识，不能构成诈骗罪。（2）行为人在原占有人不知情的情况下，将钱款转移占有的，系秘密窃取的盗窃行为，根据《刑法》第264条，构成盗窃罪，选项A正确。（3）选项C，行为人通过欺骗的方法获取被害人银行卡号、密码等个人信息，确属《刑法》第253条之一（侵犯公民个人信息罪）第3款规定的行为；但并未达到《最高人民法院、最高人民检察院关于办理侵犯公民个人信息刑事案件适用法律若干问题的解释》第5条规定的成罪标准。即使达到成罪标准，也属牵连犯，择一重处，应以盗窃罪论处，而不是以侵犯公民个人信息罪"论处"。故选项C错误。（4）选项D，①《刑法》第287条之一（非法利用信息网络罪）第1款第2项规定的"利用电信网络…发布信息"，指散布、传播的意图。本选项"点对点"的发送短信的行为，不属"利用电信网络…发布信息"，不构成该罪。②如果利用手机群发诈骗短信，可以触犯非法利用信息网络罪。在罪数上，根据《刑法》第287条之一第3款，应当择一重处，应以盗窃罪论处，而不是以非法利用信息网络罪论处。

7. 甲与乙一起乘火车旅行。火车在某车站仅停2分钟，但甲欺骗乙说："本站停车12分钟"，乙信以为真，下车购物。乙刚下车，火车便发车了。甲立即将乙的财物转移至另一车厢，然后在下一站下车后携物潜逃。甲的行为构成何罪？[2]（2008延/2/15）

A. 诈骗罪   B. 侵占罪   C. 盗窃罪   D. 故意毁坏财物罪

【解析】（1）将财物所有人、管理人骗离财物所在场所，趁其不在而取得财物，行为人虽有诈骗行为，但被害人没有处分意识、实施处分转移财物占有的处分行为，不构成诈骗罪。（2）取财的关键手段是趁其不在秘密窃取，系盗窃行为，根据《刑法》第264条，构成盗窃罪。

8. 陈某在商场金店发现柜台内放有一条重12克、价值1600元的纯金项链，与自己所戴的

镀金项链样式相同。陈某以挑选金项链为名，乘售货员不注意，用自己的镀金项链调换了上述纯金项链。陈某的行为构成?[1]（2004/2/11）

A. 构成盗窃罪
B. 构成诈骗罪
C. 构成诈骗罪与盗窃罪的想象竞合犯
D. 构成诈骗罪与盗窃罪二罪

【解析】（1）行为人虽有诈骗行为，但被害人没有处分意识、实施处分转移财物占有的处分行为。骗的目的和结果是让他人转移注意力，而不是骗取他人处分财产，不构成诈骗罪。（2）取财的关键手段是"调包"，亦即趁人不注意以假换真秘密窃取，而非骗取他人处分财物转移占有。系盗窃行为，根据《刑法》第264条，构成盗窃罪。

9. 欣欣在高某的金店选购了一条项链，高某趁欣欣接电话之际，将为其进行礼品包装的项链调换成款式相同的劣等品（两条项链差价约3000元）。欣欣回家后很快发现项链被"调包"，即返回该店要求退还，高某以发票与实物不符为由拒不退换。关于高某的行为，下列哪些说法是错误的?[2]（2009/2/59）

A. 构成盗窃罪
B. 构成诈骗罪
C. 构成侵占罪
D. 不构成犯罪，属民事纠纷

【解析】本题考查盗窃罪与其他财产犯罪的区分，特别是盗窃罪与诈骗罪的区分。诈骗罪的构成要求"意识处分行为说"，亦即受害人对物品的性质、属于有所认识。（1）本案的行为形式是趁人不备而调包，行为人虽有欺骗，但被害人根本没有认识到真品项链被他人拿走，没有处分意识和处分行为。行为人不是以劣等品假冒真品骗取被害人处分，故不能构成诈骗罪。（2）取财的关键手段是"调包"，亦即趁人不注意以假换真秘密窃取，系盗窃行为，根据《刑法》第264条，构成盗窃罪。

10. 下列情形不构成诈骗罪的有[3]（2021/客/卷一/17仿）

A. 甲在超市里把矿泉水倒掉，然后往矿泉水空瓶里装上白酒冒充矿泉水去结账
B. 乙在餐厅吃完饭后，告知收银员送完朋友后回来结账，收银员未吭声，乙一去不回
C. 丙使用电费5000元，通过技术手段使电表显示为1000元，电力公司收取丙1000元电费
D. 丁见邻居房子无人居住，便擅自将房子出租给李某，收取李某租金5万元占为己有

【解析】本题考查诈骗罪。选项A考查处分意识，选项B考查食宿诈骗，选项C考查行为对象，选项D考查与民事纠纷的区分。

选项A，调包型盗窃。行为对象是白酒，原占有人超市不知情白酒被转移占有，没有处分意识，不构成诈骗罪；甲在超市不知情的情况下转移占有，是秘密窃取的盗窃行为，根据《刑法》第264条，构成盗窃罪。

选项B，"食宿先行型"食宿诈骗，乙虽谎称会回来，实施了欺骗行为，但被害人没有实施处分行为（交付、转让所有权、放弃债权）、未消灭债权，不构成诈骗罪，系民事纠纷。

选项C，偷电。（1）行为对象实为电力，相当于只出了1000元，弄走了电力公司价值5000元的电力；对于丙多用走的价值4000元的电力，电力公司并不知情，没有处分意识，不构成诈骗罪；构成盗窃罪。（2）即使认为行为对象是电费，电力公司并不知情还存在4000元的债权，对此债权不知情、没有放弃，没有处分意识，也不构成诈骗罪。

选项D，（1）丁对李某实施了诈骗行为（无权处分），李某也受骗，但关键在于判断受害人有无损失。李某虽交付租金，但已获得了居住权，财产并未损失，丁对李某不构成诈骗罪。

---

[1] A [2] BCD [3] ABCD

（2）邻居的房屋虽被丁占用，但所有权并未受到侵害，邻居房屋所有权未损失。丁的行为可认为是盗用财物使用权能、用益物权的行为（出租获利），而是盗窃财物本身，通说认为该使用权能、用益物权不属财物，不能构成盗窃罪。（3）邻居的房屋被李某占用，可认为丁构成非法侵入住宅罪（间接正犯）；邻居的房屋收益权被人盗用，丁在民法上对5万元租金属不当得利，邻居可追讨。

11. 下列哪种说法是正确的？[1]（2006/2/17）

A. 甲潜入乙家，搬走乙家1台价值2000元的彩电，走到门口，被乙5岁的女儿丙看到。丙问甲为什么搬我家的彩电，甲谎称是其父亲让他来搬的。丙信以为真，让甲将彩电搬走。甲的行为属于诈骗

B. 甲在柜台假装购买金项链，让售货员乙拿出3条进行挑选，甲看后表示对3条金项链均不满意，让乙再拿2条。甲趁乙弯腰取金项链时，将柜台上的1条金项链装入口袋。乙拿出2条金项链让甲看，甲看后表示不满意，将金项链归还给乙。乙看少了1条，便隔着柜台一把抓住甲的手不让其走，甲猛地甩开乙的手逃走。甲的行为属于抢夺

C. 甲在柜台购买2条中华香烟，在售货员乙拿给甲2条中华香烟后，甲又让乙再拿1瓶五粮液酒。趁乙转身时，甲用事先准备好的2条假中华香烟与柜台上的中华香烟对调。等乙拿出五粮液酒后，甲将烟酒又看了看，以烟酒有假为由没有买。甲的行为属于盗窃

D. 甲与乙进行私下外汇交易。乙给甲1万美元，甲在清点时趁乙不注意，抽出10张100元面值的美元，以10张10元面值的人民币顶替。清点完成后，甲将总面额8.3万元的假人民币交给乙，被乙识破。乙要回1万美元，经清点仍是100张，拿回家后才发现美元被调换。甲的行为属于诈骗

【解析】A选项，（1）本案中受骗人只有5岁，没有财物处分能力；由于诈骗罪的实质是骗取他人处分财产，因此，骗取没有财物处分能力的人交付财产的，不能认定为骗取处分，对象人不符合，不构成诈骗罪。（2）财产的真正占有人为父亲乙，甲在其不知情的情况下转移占有，系秘密窃取的盗窃行为，根据《刑法》第264条，构成盗窃罪。

BCD选项，（1）以上案件中，行为人虽有欺骗，但被害人都没有认识到自己经手的财物的性质，没有处分意识，也未作出处分行为，不构成诈骗罪。（2）案件中都存在"骗"，但都是通过骗的方式转移被害人注意力，行为人取得财物的关键是乘人不备而调包取走财物，系秘密窃取的盗窃行为，根据《刑法》第264条，构成盗窃罪。

12. 关于诈骗罪的认定，下列哪一选项是正确的（不考虑数额）？[2]（2016/2/17）

A. 甲利用信息网络，诱骗他人点击虚假链接，通过预先植入的木马程序取得他人财物。即使他人不知点击链接会转移财产，甲也成立诈骗罪

B. 乙虚构可供交易的商品，欺骗他人点击付款链接，取得他人财物的，由于他人知道自己付款，故乙触犯诈骗罪

C. 丙将钱某门前停放的摩托车谎称是自己的，卖给孙某，让其骑走。丙就钱某的摩托车成立诈骗罪

D. 丁侵入银行计算机信息系统，将刘某存折中的5万元存款转入自己的账户。对丁应以诈骗罪论处

【解析】A选项，考查诈骗罪与盗窃罪的区分。（1）本选项中被害人"不知点击链接会转移财产"，没有处分意识。行为人不构成诈骗罪；在其不知情的情况下转移占有，系秘密窃取

---

[1] C [2] B

的盗窃行为，构成盗窃罪。

B选项，与A选项考查的考点相同。被害人"知道自己付款"，对处分行为有认识，行为人诈骗他人转移占有，可构成诈骗罪。

C选项，考查三角诈骗与盗窃罪间接正犯的区分，关键要看被骗人有无处分（转移占有）权限。（1）对于孙某支付的购车款，丙虽有骗的行为，但因被骗人孙某可主张善意取得无损失，被骗人没有财产受损，行为人不能构成诈骗罪。（2）对于钱某的摩托车，归钱某占有，孙某客观上实施了秘密窃取的盗窃行为，因无盗窃故意，不构成盗窃罪。丙虽欺骗孙某，但被骗人孙某客观上没有骑走摩托车的权限，丙欺骗的并不是具有处分权限的人，不构成诈骗罪；支配利用没有盗窃故意的孙某来盗窃钱某的摩托车，构成盗窃罪的间接正犯。

D选项，存折中的5万元存款是财物，归银行占有，丁转移占有时银行不知情，构成盗窃罪。丁触犯非法获取计算机信息系统数据罪、盗窃罪，根据《刑法》第287条的规定，以盗窃罪论处。

三、三角诈骗与盗窃罪间接正犯的区分

13. 丙是乙的妻子。乙上班后，甲前往丙家欺骗丙说："我是乙的新任秘书，乙上班时好像忘了带提包，让我来取。"丙信以为真，甲从丙手中得到提包（价值3300元）后逃走。关于甲的行为，下列哪些选项是错误的？[1]（2008延/2/59）

A. 盗窃罪的直接正犯   B. 诈骗罪的间接正犯

C. 盗窃罪的间接正犯   D. 诈骗罪的直接正犯

【解析】（1）甲骗丙而取得乙的财物，由于被骗人丙是被害人乙的妻子，丙具有处分（转移占有）财物的权限，故而，本案属于受骗人与受害人不是同一人的"三角诈骗"情形。甲直接对有处分权限的人实施了诈骗实行行为，因此其为直接正犯，而不是间接正犯。故ABC均错误。

（2）如果被骗人没有处分财物的权限，行为人支配利用无犯意的第三人为工具而窃取到他人的财物，才能成为盗窃罪的间接正犯。三角诈骗与盗窃罪的间接正犯的区分在于：受骗人有无处分财物的权限。

14. 乙全家外出数月，邻居甲主动帮乙照看房屋。某日，甲谎称乙家门口的一对石狮为自家所有，将石狮卖给外地人，得款1万元据为己有。关于甲的行为定性，下列哪一选项是错误的？[2]（2015/2/18）

A. 甲同时触犯侵占罪与诈骗罪

B. 如认为购买者无财产损失，则甲仅触犯盗窃罪

C. 如认为购买者有财产损失，则甲同时触犯盗窃罪与诈骗罪

D. 不管购买者是否存在财产损失，甲都触犯盗窃罪

【解析】本题考查盗窃罪、诈骗罪、侵占罪的构成要件，他人占有的财物的认定，盗窃罪间接正犯与三角诈骗的区分。

B选项，如认为购买者无财产损失（认为第三人善意取得）。（1）甲虽对购买者实施了诈骗行为，但因被骗者无财物损失，甲不能触犯诈骗罪。（2）则财物损失者为乙，犯罪对象是仅是石狮。(3)尽管甲受乙委托帮照看房屋，但就财物的占有认定来看，乙家门口的石狮在乙的控制领域内，属于乙占有的财物，系盗窃罪的对象。甲因受委托对石狮也有占有，但系辅助占有人，不是独立占有。石狮不属脱离乙占有的委托保管物，不属侵占罪的对象，甲不构成

---

[1] ABC [2] A

侵占罪。（4）甲骗外地人，而外地人取得了乙的石狮，甲虽有欺骗行为，但外地人对甲的石狮没有处分（转移占有）权限，甲不构成三角诈骗。（5）外地客客观上实施了秘密窃取乙家石狮的盗窃行为，因无盗窃故意，不构成盗窃罪。甲诈骗支配利用没有盗窃故意的外地人来盗窃乙的石狮，构成盗窃罪的间接正犯。B选项说法正确。

C选项，如认为购买者有财产损失（如第三人不能主张善意取得）。（1）对于1万元钱。甲对购买者实施了诈骗行为，被骗者基于认识错误转移占有，有财物损失，甲对外地人触犯诈骗罪。（2）对于石狮，甲仍构成盗窃罪间接正犯。理由同上。（3）二行为对象不同，有两个受害人，不属事后不可罚，应当数罪并罚。故BCD选项说法正确，A选项说法错误。

15. 甲将自己的淘宝账号借给乙使用，乙用该账号在网上购买了一部手机。乙用自己的银行卡付了款，留的是自己的号码。在发货之前，商家丙打电话确认收货地址，按照淘宝账号信息打到甲那里去了。甲起了贪念，骗商家说手机是他买的，并告知商家更改收货地址。商家把手机发货给了甲，被其据为己有。则关于甲的行为，说法错误的有[1]（2018/客/卷一/19仿）

A. 构成盗窃罪

B. 构成诈骗罪，系三角诈骗

C. 构成侵占罪

D. 对商家构成诈骗罪，对乙构成盗窃罪，两罪并罚

【解析】 按被害人、犯罪对象、占有状态、转移占有手段四步来推理罪名。（1）在被害人上，尽管乙借用甲的账号购买商品，但所购商品的应然所有权归乙，并不属于甲。商家丙按账号主人要求更改收货地址，做法并没有违反法律规定，也没有过错，应当认为商品已经交付成功，商家丙不是被害人。故而被害人是乙。（2）犯罪对象是该商品。（3）商品在发货之前归商家占有。（4）在转移占有的手段上，甲欺骗丙，让丙发货交付货物，商家对该货物有处分权、有转移占有的权限。故而，甲构成诈骗罪。（5）被骗人是商家丙，与被害人乙，不是同一人，故而甲构成三角诈骗。（6）甲是以诈骗非法手段获取对商品的占有，乙未委托甲帮忙收货，或者让商家将货发给甲。甲对于商品不属合法占有，不构成侵占罪。

16. 甲冒充家电厂家工作人员，想骗取王某家电视。甲敲王某家门时，王某家保姆乙开门，甲以为乙是王某进行了欺骗。乙也误为甲是和雇主王某商量好的，来拿电视。故将电视给了甲。关于本案说法正确的有[2]（2019/客/卷一/36仿）

A. 甲属于打击错误

B. 甲属于因果关系错误

C. 甲未认识到是三角诈骗，系抽象错误，成立诈骗罪未遂

D. 甲属于具体错误，成立诈骗罪既遂

【解析】1. 在对象错误、打击错误的区分方面，诈骗罪的对象实际上有两个：一是对象人即具有转移占有权限的处分人，二是最终对象即他人占有的财物。对于财物对象，甲没有认识错误；但对于对象人，甲主观上认为诈骗的对象人是王某，客观上实际对象人是保姆乙，认错了对象人，系对象（人）错误，而不是打击错误。将对象人认错，也属对象错误。

2. 在因果关系错误方面，甲主观上计划的因果流程是通过诈骗财物所有人而取得财物，客观实际因果流程是诈骗到了财物代管人而取得财物，也属因果关系错误，为具体错误。

3. 在具体错误、抽象错误的区分方面，甲主观上是想诈骗王某、实施直接诈骗，具有诈骗罪的故意；客观上甲诈骗了具有处分权的财物代管人保姆乙、实施了三角诈骗行为。客观行

---

[1] ACD 〔2〕 BD

为、对象人，仍在主观诈骗罪故意的范围之内，系具体错误，对此客观事实仍有诈骗罪故意。客观主观统一，根据《刑法》第266条，构成诈骗罪的既遂。

四、套路贷

17. 套路贷是以非法占有为目的，假借民间借贷之名诱使、迫使被害人签订借贷或变相借贷、抵押、担保等相关协议，通过虚增借贷金额，恶意制造违约，肆意认定违约，毁匿还款证据等方式，形成虚假债权债务，并使用暴力、威胁等非法手段概括性犯罪。以下选项正确的是？[1]（2019/客/卷一/35 仿）

A. 套路贷既可能构成诈骗，也可能构成敲诈勒索罪，还可能构成非法拘禁罪、虚假诉讼罪、寻衅滋事罪、绑架罪等

B. 平等主体之间基于自由意志形成的民间借贷关系，出借人要求借款人按照协议约定内容，还款本息的，不属于套路贷

C. 明知他人实施套路贷，而组织发送贷款信息、广告吸引介绍人贷款的，属于共犯

D. 因套路贷产生的利息、保险金、中介费、服务费、违约金等名目，被非法占有的财物，应计入套路贷的犯罪数额

【解析】 本题考查《最高人民法院、最高人民检察院、公安部、司法部关于办理"套路贷"刑事案件若干问题的意见》以下简称"《套路贷意见》"，其中选项均为《套路贷意见》原文。

A选项，《套路贷意见》第4条：实施"套路贷"过程中，未采用明显的暴力或者威胁手段，其行为特征从整体上表现为以非法占有为目的，通过虚构事实、隐瞒真相骗取被害人财物的，一般以诈骗罪定罪处罚；对于在实施"套路贷"过程中多种手段并用，构成诈骗、敲诈勒索、非法拘禁、虚假诉讼、寻衅滋事、强迫交易、抢劫、绑架等多种犯罪的，应当根据具体案件事实，区分不同情况，依照刑法及有关司法解释的规定数罪并罚或者择一重处。A选项正确。

B选项，根据《套路贷意见》第2条："套路贷"与平等主体之间基于意思自治而形成的民事借贷关系存在本质区别。B选项正确。

C选项，根据《套路贷意见》第5条第2款第1项：明知他人实施"套路贷"犯罪，具有以下情形之一的，以相关犯罪的共犯论处，但刑法和司法解释等另有规定的除外：（1）组织发送"贷款"信息、广告，吸引、介绍被害人"借款"的。C选项正确。

D选项，根据《套路贷意见》第6条："虚高债务"和以"利息""保证金""中介费""服务费""违约金"等名目被犯罪嫌疑人、被告人非法占有的财物，均应计入犯罪数额。D选项正确。

五、食宿诈骗

18. 甲吃完饭想不给钱，遂跟着邻座结完账的顾客一起走出店门。店员以怀疑的眼光看着甲，甲装作若无其事的样子走出门去。甲的行为构成何罪？（如不考虑数额）[2]（2020/客/1/34 仿）

A. 盗窃罪　　　　B. 侵占罪　　　　C. 诈骗罪　　　　D. 不构成犯罪

【解析】 考查食宿诈骗。

"食宿诈骗（吃霸王餐）"的三种不同情形。（1）"犯意先行型"食宿诈骗，即骗取食物之前即有不给钱的意图。行为人隐瞒不想付钱的真相，骗取他人交付食物。犯罪对象是食物，

可构成诈骗罪。（2）"食宿先行型"食宿诈骗，即行为人原本是想付钱，吃完饭后趁机开溜。行为人没有隐瞒真相，被害人没有实施处分行为（交付、转让所有权、放弃债权）、未消灭债权，不构成诈骗罪，系民事纠纷。（3）"骗取免单型"食宿诈骗，即食宿完毕后骗取他人免除债务。行为人有欺骗行为，被骗人处分了债权。犯罪对象是债权，可构成诈骗罪。

本案属于第二种"食宿先行型"，系民事纠纷。

考点七　侵占罪

一、侵占罪的构成要件（侵占罪的对象）

1. 甲、乙因涉嫌犯罪被起诉。在甲、乙被起诉后，甲父丙为使甲获得轻判，四处托人，得知丁的表兄刘某是法院刑庭庭长，遂托丁将15万元转交刘某。丁给刘某送15万元时，遭到刘某坚决拒绝。丁告知丙事情办不成，但仅退还丙5万元，其余10万元用于自己炒股。在甲被定罪判刑后，无论丙如何要求，丁均拒绝退还余款10万元。丙向法院自诉丁犯有侵占罪。

【问题】有人认为丁构成侵占罪，有人认为丁不构成侵占罪。你赞成哪一观点？具体理由是什么？（2013/4/2部分）

【答案】丁的"截贿"行为是否构成侵占罪，涉及基于不法原因而取得的保管物是否属于侵占罪的对象的问题。

（1）观点一：①如认为侵占罪的对象"代为保管的他人财物"，包括基于不法原因而取得的保管物。侵占罪对象的"合法的占有"财物，是指之前转移占有行为不构成犯罪。本案中乙托甲将贿赂款送与丙，该款项属于侵占罪的对象。

②乙非法所有其中60万元，将代为保管的他人财物非法占为己有，数额较大，拒不退还，根据《刑法》第270条的规定，触犯侵占罪。

③无论丙对10万元是否具有返还请求权，10万元都不属于丁的财物，因此该财物属于"他人财物"。

④虽然民法不保护非法的委托关系，但刑法的目的不是确认财产的所有权，而是打击侵犯财产的犯罪行为，如果不处罚侵占代为保管的非法财物的行为，将可能使大批侵占赃款、赃物的行为无罪化，这并不合适。

（2）观点二：①如认为侵占罪的对象"代为保管的他人财物"，应是民法上"合法的占有"财物。本案中乙托甲将贿赂款送与丙，该款项属于乙帮甲保管的赃款，占有本身非法，不属于侵占罪的对象，乙非法所有其中60万元，不能触犯侵占罪。

②从民法上讲，10万元为贿赂款，丙没有返还请求权，该财物已经不属于丙，因此，丁没有侵占"他人的财物"。

③该财产在丁的实际控制下，不能认为其已经属于国家财产，故该财产不属于代为保管的"他人财物"。据此，不能认为丁虽未侵占丙的财物但侵占了国家财产。

④如认定为侵占罪，会得出民法上丙没有返还请求权，但刑法上认为其有返还请求权的结论，刑法和民法对相同问题会得出不同结论，法秩序的统一性会受到破坏。

二、盗窃罪与侵占罪的区分

（一）客观对象区分

2. 某地突发百年未遇的冰雪灾害，乙离开自己的住宅躲避自然灾害。两天后，大雪压垮了乙的房屋，家中财物散落一地。灾后最先返回的邻居甲路过乙家时，将乙垮塌房屋中的2万

元现金拿走。关于甲行为的定性，下列哪一选项是正确的？[1]（2008/2/16）

A. 构成盗窃罪 　　　　　　　B. 构成侵占罪

C. 构成抢夺罪 　　　　　　　D. 仅成立民法上的不当得利，不构成犯罪

【解析】（1）遭受自然灾害后，即使物主乙已经离开财物，但财物处于乙家垮塌房屋中，系物主乙支配领域内，应认为仍归物主的控制、占有。不属于脱离占人的遗弃物，不构成侵占罪。（2）趁他人不在场而将他人占有的财物据为己有，系秘密窃取的盗窃行为，根据《刑法》第264条，构成盗窃罪。

3. 下列哪一行为成立侵占罪？[2]（2017/2/18）

A. 张某欲向县长钱某行贿，委托甲代为将5万元贿赂款转交钱某。甲假意答应，拿到钱后据为己有

B. 乙将自己的房屋出售给赵某，虽收取房款却未进行所有权转移登记，后又将房屋出售给李某

C. 丙发现洪灾灾区的居民已全部转移，遂进入居民房屋，取走居民来不及带走的贵重财物

D. 丁分期付款购买汽车，约定车款付清前汽车由丁使用，所有权归卖方。丁在车款付清前将车另售他人

【解析】 A选项，（1）题意叙述的事实是"甲假意答应"，然后再"拿到钱"；亦即，犯罪对象是在甲实施涉案行为之前，原归张某占有的5万元行贿款。（2）甲虚构事实骗取张某转移占有，构成诈骗罪。（3）由于之前的转移占有行为是非法诈骗，甲是先实施了诈骗行为，然后取得财物，最后再侵吞，不再以侵占罪论处。（4）如果案情如前述2013/4/2部分，是张某将钱款转交给甲之后，甲才起意侵吞，才可构成侵占罪（侵吞基于不法原因的取得物）。本选项不当选。

B选项，（1）从所有权方面分析，乙将房屋出售给李某时，产权仍属乙所有，乙有合法处分权，李某也能因此获得产权，乙对李某不能构成诈骗罪。（2）而之前乙将房屋出售给赵某时，当时乙也有产权，未对赵某实施诈骗，不构成诈骗罪。（3）对于已经收取的赵某房款，如乙拒不退还，因二人之间构成的是债权债务关系，该房款交付之后，系种类物，已归乙所有。乙不归还没有侵犯所有权，不构成侵占罪。不履行债务，只是民事违约而不构成犯罪。本选项不当选。

C选项，（1）从财物占有状态上讲，居民房屋里的财物，系他人控制领域中的财物，归他人占有，不属于脱离他人占有的遗忘物，不构成侵占罪。（2）趁他人不在场而将他人占有的财物据为己有，系秘密窃取的盗窃行为，根据《刑法》第264条，构成盗窃罪。本选项不当选。

D选项，（1）从所有权方面分析，汽车所有权归卖方；（2）从占有状态上分析，汽车脱离卖方占有，归丁独立占有，可认为是受委托保管物，系侵占罪对象。将独立占有的他人所有财物非法所有，构成侵占罪。本选项当选。

4. 甲系私营速递公司卸货员，主要任务是将公司收取的货物从汽车上卸下，再按送达地重新装车。某晚，乘公司监督人员上厕所之机，甲将客户托运的一台价值一万元的摄像机夹带出公司大院，藏在门外沟渠里，并伪造被盗现场。关于甲的行为，下列哪一选项是正确的？[3]（2009/2/18）

---

[1] A 　[2] D 　[3] C

A. 诈骗罪　　　　　B. 职务侵占罪　　　　C. 盗窃罪　　　　　D. 侵占罪

【解析】（1）在占有状态上，摄像机位于公司大院内、监督人员近在咫尺，应认为仍处于公司及公司监督人员的监管之下，归公司及监督人员控制、占有。（2）甲是卸货员，没有独立控制、占有、管理财物的职权，充其量只是辅助占有人，对摄像机不独立占有。（3）涉案财物不属脱离他人占有的遗忘物或委托保管物，不属侵占罪对象。不构成侵占罪。（4）甲趁占有人不备而将他人占有的财物据为己有，系秘密窃取的盗窃行为，根据《刑法》第264条，构成盗窃罪。（5）《刑法》第271条规定的职务侵占罪要求"利用职务上的便利"，即利用职务上主管、管理、经手本单位财物的权利及方便条件，本案行为人没有这种权利（只是劳务不是职务），不构成职务侵占罪。

5. 甲路过某自行车修理店，见有一辆名牌电动自行车（价值1万元）停在门口，欲据为己有。甲见店内货架上无自行车锁便谎称要购买，催促店主去50米之外的库房拿货。店主临走时对甲说："我去拿锁，你帮我看一下店。"店主离店后，甲骑走电动自行车。甲的行为构成何罪？[1]（2007/2/15）

A. 诈骗罪　　　　　B. 盗窃罪　　　　　C. 侵占罪　　　　　D. 职务侵占罪

【解析】第一段：虽然行为人在"看店"之前，即有非法占有财物的意图；客观上甲谎称购车，欺骗店主离开，虽有诈骗行为，但被害人店主没有交付财物的处分行为，不构诈骗罪。

第二段：犯罪对象是店内自行车。

（1）在占有状态上，顾客受店主委托临时"看店"，可认为是辅助管理人，对自行车有占有。但是，自行车位于店内，系店主控制领域；且店主临时到50米之外的库房拿货，可认为物主近在咫尺。应认为仍归物主占有。甲对涉案财物不独立占有，不属于脱离他人占有的遗忘物或委托保管物，不属于侵占罪对象。不构成侵占罪。

（2）甲趁占有人不备而将他人占有的财物据为己有，系秘密窃取的盗窃行为，根据《刑法》第264条，构成盗窃罪。但本案取财的关键是被害人被骗离财物之后行为人的窃取行为，应当以盗窃罪论处。

6. 结合犯罪构成理论以及刑法分则的相关规定分析，以下案件哪些不构成侵占罪？[2]（2003/2/47）

A. 某游戏厅早上8点刚开门，甲就进入游戏厅玩耍，发现6号游戏机上有一个手机，甲马上装进自己口袋，然后逃离。事后查明，该手机是游戏厅老板打扫房间时顺手放在游戏机上的。甲被抓获后称其始终以为该手机是其他顾客遗忘的财物

B. 乙知道邻居肖某的8岁小孩被他人绑架，肖某可能会按照歹徒的要求交付赎金，即终日悄悄跟随在肖某身后。某日，见肖某将一塑料口袋塞入某桥洞下，即在肖某离开10分钟后，将口袋挖出，取得现金20万元

C. 丙到某装饰城购买价值2万元的装修材料，委托三轮车夫田某代为运输。田某骑三轮车在前面走，丙骑自行车跟在后面。在经过一路口时，田某见丙被警察拦住检查自行车证，即将装修材料拉走倒卖，获款4000元

D. 丁闲极无聊在一自动取款机按键上胡乱敲击。在准备离开时，丁无意中触动了一个按钮，取款机即吐出一张100元钞票，丁见此情景，就连续不断地进行操作，直至取出现金1万元，然后迅速离去

【解析】A选项，（1）本案财物客观上是未脱离物主控制、占有的财物，是盗窃罪对象；

──────────

主观上行为人存在认识偏差，将游戏厅里的占有物误当作顾客遗忘在游戏厅的物品，能否认定为侵占罪？关键在于这种认识偏差是否可以成为阻却盗窃故意成立的认识错误。(2) 本选项中行为人的认识偏差不属于抽象认识错误，仍可认定具有盗窃故意。①理由是：即使在客观上该手机真的是其他顾客遗忘的财物，手机已脱离物主控制，但于其丢失的场所封闭，有临时代管人（游戏厅）代为占有，仍为他人占有之物，系盗窃罪对象。如果甲趁人不注意将此种财物据为自己有，构成盗窃罪。②在主观上，只需行为人认识到遗忘物是位于特定场所，即应认定行为人认识到了财物归他人（临时代管人）占有。(3) 因此，本案行为人主观上虽有认识偏差，但属具体的认识错误（只是对具体占有人产生了认识错误，但对他人占有事实没有认识错误），而不是抽象的认识错误。仍为盗窃故意，而非侵占故意。因此，符合盗窃罪的主客观构成条件，应认定为盗窃罪。(4) 当然，本题也有小的纰漏：一般认为，物品遗落在相对封闭的、有管理人的场所（如出租车内、宾馆），才认为有临时代管人；遗落在开放的、公共场所（如公交车上、广场上、街道上）不认为有临时代管人。当然，本题命题者是将游戏厅设定为有临时代管人的场所（小游戏厅）。

B 选项，按照一般的社会观念，此赎金仍归肖某占有，或者归歹徒占有，不属于脱离他人占有的遗忘物，不构成侵占罪。秘密窃取他人占有的财物，构成盗窃罪。

C 选项，三轮车夫田某基于运输合同占有装修材料，但物主近在咫尺，财物归物主占有，且占有效力更高。田某不是独立占有，只是辅助占有。装修材料不属于脱离他人占有的遗忘物，不构成侵占罪。趁人不注意秘密窃取他人占有的财物，构成盗窃罪。

D 选项，许霆案发生在 2006 年，却先知先觉地出现在 2003 年的法律职业资格考试中（原型实为"何鹏案"的引申）。(1) 前一行为中，100 元原归银行占有，行为人无意中取得，没有通过非法手段转移占有；之后，该 100 元可认为是脱离占有的委托保管物，可认为是侵占行为，由于未达数额不构成犯罪。(2) 后面的连续取款行为，对象是提款机中的现金 1 万元，原归银行占有，是他人占有的财物。丁利用机器故障而取财，相当于见他人家里门一推就开，而推开房门取财；系采取物主不允许的方式（正当提款程序）而取财，是非法转移占有，转移占有时原占有人银行不知情，系秘密窃取的盗窃行为，根据《刑法》第264条，构成盗窃罪。(3) 不构成侵占罪的原因在于：行为人（主动）转移占有获取财物的手段本身违法，不属于合法持有（占有）。

7. 乙驾车带甲去海边游玩。到达后，乙欲游泳。甲骗乙说："我在车里休息，把车钥匙给我。"趁乙游泳，甲将该车开往外地卖给他人。甲构成何罪？[1] (2013/2/17)

A. 侵占罪 　　　　　　　　　　B. 盗窃罪

C. 诈骗罪 　　　　　　　　　　D. 盗窃罪与诈骗罪的竞合

【解析】本题考查侵占罪、盗窃罪、诈骗罪的区分。(1) 甲骗乙交付车钥匙，乙虽交付了车钥匙，但并非交付汽车或授权甲将汽车开离，被害人受骗，但未作出处分行为，甲不构成诈骗罪。(2) 甲开走汽车时，车主乙近在咫尺，汽车仍认为归乙占有。甲趁其不注意而开车，是秘密窃取的盗窃行为，构成盗窃罪。

(二) 主观故意及认识错误问题

8. 甲潜入乙的住宅盗窃，将乙的皮箱（内有现金 3 万元）扔到院墙外，准备一会儿翻墙出去再捡。偶尔经过此处的丙发现皮箱无人看管，遂将其拿走，据为己有。15 分钟后，甲来到院墙外，发现皮箱已无踪影。对于甲、丙行为的定性，下列哪一选项是正确的？[2] (2008/

---

[1] B 　[2] C

    A. 甲成立盗窃罪（既遂），丙无罪

    B. 甲成立盗窃罪（未遂），丙成立盗窃罪（既遂）

    C. 甲成立盗窃罪（既遂），丙成立侵占罪

    D. 甲成立盗窃罪（未遂），丙成立侵占罪

【解析】（1）甲潜入乙的住宅盗窃，系入户盗窃，构成盗窃罪。按既遂标准"控制说"衍生出的具体标准，财物已拿出特定区域，为盗窃罪既遂。

（2）丙：客观上拿走甲占有的皮箱，系盗窃对象、盗窃行为；主观上误将其认为"无人看管"是脱离他人占有的遗忘物。系对象错误，具有侵占故意，没有盗窃故意，客观主观统一，构成侵占罪。

9. 甲在 8 楼阳台上浇花时，不慎将金镯子（价值 3 万元）甩到了楼下。甲立即让儿子在楼上盯着，自己跑下楼去捡镯子。路过此处的乙看见地面上有一只金镯子，以为是谁不慎遗失的，在甲到来之前捡起镯子迅速逃离现场。甲经多方询查后找到乙，但乙否认捡到金镯子。乙的行为构成何罪？[1]（2008 延/2/16）

    A. 盗窃罪   B. 侵占罪   C. 抢夺罪   D. 不构成犯罪

【解析】（1）客观上，物主近在咫尺，财物应认定归物主占有，系盗窃罪对象。实施了秘密窃取的盗窃行为。

（2）行为人主观上误将他人占有的财物，当作为已脱离占有的财物（遗忘物），系对象错误，具有侵占罪故意。

（3）行为人主观上不具有盗窃故意，不构成盗窃罪；盗窃罪的对象 + 侵占故意 = 侵占罪，应认定构成侵占罪。

10. 甲乘坐长途公共汽车时，误以为司机座位后的提包为身边的乙所有（实为司机所有）；乙中途下车后，甲误以为乙忘了拿走提包。为了非法占有该提包内的财物（内有司机为他人代购的 13 部手机，价值 26 万元），甲提前下车并将提包拿走。司机到站后发现自己的手提包丢失，便报案。公安人员发现甲有重大嫌疑，便询问甲，但甲拒不承认，也不交出提包。关于本案，下列说法正确的是？[2]（2004/2/88）

    A. 由于甲误认为提包为遗忘物，所以，甲的认识错误属于事实认识错误

    B. 由于甲误认为提包为遗忘物，因而没有盗窃他人财物的故意，根据主客观相统一的原则，甲的行为成立侵占罪

    C. 由于提包实际上属于司机的财物，所以，甲的行为成立盗窃罪

    D. 由于提包实际上属于司机的财物，而甲又没有盗窃的故意，所以，甲的行为不成立盗窃罪；又由于甲具有侵占遗忘物的故意，但提包事实上不属于遗忘物，所以，甲的行为也不成立侵占罪

【解析】（1）客观上，物主近在咫尺，财物应认定归物主占有，系盗窃罪对象。实施了秘密窃取的盗窃行为。（2）行为人误将他人占有的财物当作脱离他人占有的遗忘物。系对象错误、抽象错误，具有侵占故意，没有盗窃故意，客观主观统一，构成侵占罪。

三、侵占罪与职务侵占罪的区分

11. 不计数额，下列哪一选项构成侵占罪？[3]（2012/2/18）

    A. 甲是个体干洗店老板，洗衣时发现衣袋内有钱，将钱藏匿

---

〔1〕 B 〔2〕 AB 〔3〕 A

B. 乙受公司委托外出收取货款，隐匿收取的部分货款

C. 丙下飞机时发现乘客钱包掉在座位底下，捡起钱包离去

D. 丁是宾馆前台服务员，客人将礼品存于前台让朋友自取。丁见久无人取，私吞礼品

【解析】A选项，客人衣袋内的钱，随着客人交付衣物一起合法交付给了干洗店（受委托管理），已脱离主人的占有。甲将受委托保管、独立占有的财物据为己有，构成侵占罪。个体工商户是自然人连带责任，不认为是基于职务便利侵吞，不构成职务侵占罪。

B选项，乙受公司委托而独立保管货款，将其侵吞，是侵占行为；受单位委托利用职务便利侵吞，构成职务侵占罪。

C选项，飞机座位底下乘客掉的钱包，主人尚未走远，物主近在咫尺，归主人占有；或者落在飞机范围内，马上会被管理人员发现，应当认为归临时占有人航空公司占有，没有脱离他人占有，不属于侵占罪的对象遗忘物，不构成侵占罪。丙在原占有人不知情的情况下秘密窃取、转移占有，构成盗窃罪。

D选项，宾馆前台服务员保管客人财物，客人有向宾馆追索的权利，可认为是受单位委托基于其职务代为保管，构成职务侵占罪。

12. 公司保安甲在休假期内，以"第二天晚上要去医院看望病人"为由，欺骗保安乙，成功和乙换岗。当晚，甲将其看管的公司仓库内价值5万元的财物运走变卖。甲的行为构成下列哪一犯罪？[1]（2014/2/17）

A. 盗窃罪　　　　B. 诈骗罪　　　　C. 职务侵占罪　　　　D. 侵占罪

【解析】本题考查诈骗罪、盗窃罪、职务侵占罪、侵占罪的关系和区分。

（1）甲欺骗了乙，但乙并未处分（转移交付）财物，故甲不构成诈骗罪。

（2）甲的职务为保安，对公司仓库里的财物负有保管职责（题眼"将其看管的"），基于职务而监守自盗，构成职务侵占罪。

13. 甲在某公司招聘司机时，用假身份证应聘并被录用。甲在按照公司安排独自一人将价值7万元的货物从北京运往山东途中。在天津将该货物变卖后潜逃，得款2万元。甲的行为构成何罪？[2]（2008延/2/18）

A. 盗窃罪　　　　B. 诈骗罪　　　　C. 职务侵占罪　　　　D. 侵占罪

【解析】本题涉及的问题有：（1）虚构事实骗取的身份是否属于具有刑法中的特定身份？回答是肯定的。本案中行为人应当被认定为公司人员。（2）构成职务侵占罪需要"利用职务便利"，即经手、主管、管理财物的便利，本案行为人独立运输货物占有货物，系利用职务便利侵吞财产，可构成职务侵占罪。（3）不构成诈骗罪，是因为行为人用假身份证骗取的是应聘机会，而不是对方转移财物占有；实施侵吞财物的实行行为时，没有实施欺骗行为。（4）不构成侵占罪是因为本案是利用职务便利实施的侵占，不再以侵占罪论处。

14. 国家工作人员兰某，旅游花费8万元，让某私营公司经理赵某承担该费用。赵某考虑到兰某是公职人员，自己对其有事相求，遂虚构材料以经办业务费用为由，骗取公司报销款8万元，得款后给予兰某。关于本案以下说法正确的有？[3]（2023/客A/卷一/仿14）

A. 如该笔钱款不属赵某职务范围所掌控的财物，则赵某构成诈骗罪

B. 如该笔钱款属于赵某职权范围内掌控的财物，则赵某构成职务侵占罪

C. 兰某构成受贿罪，赵某构成行贿罪

D. 对于赵某应当数罪并罚

---

[1]　C　[2]　C　[3]　ABCD

【解析】本题考点：职务犯罪、贿赂犯罪

（一）兰某：利用国家工作人员的职务便利，向赵某索取贿赂，根据《刑法》第385条，构成索贿型受贿罪。

（二）赵某

1. 虚构报销事由，骗取本公司报销款8万元，根据《刑法》第266条，触犯诈骗罪。

2. 关于是否触犯《刑法》第271条职务侵占罪的问题：成立该罪需"利用职务上的便利"。严格从司法解释规定层面上讲，比照《全国法院审理经济犯罪案件工作座谈会纪要》（法〔2003〕167号）关于受贿罪中"利用职务上的便利"解释：既包括利用本人职务上主管、负责、承办某项公共事务的职权，也包括利用职务上有隶属、制约关系的其他国家工作人员的职权。

3. 如选项A所述，如该笔钱款不属赵某职务范围所掌控的财物，则赵某不构成职务侵占罪，只构成诈骗罪。

4. 如选项B所述，如该笔钱款属于赵某职权范围内掌控的财物，则赵某触犯职务侵占罪。同时触犯诈骗罪、职务侵占罪，系法条竞合，以整体法职务侵占罪论处。

5. 当然，在司法实务中，利用报销便利骗取本单位财物的，通常被认定为职务侵占罪或贪污罪。理由在于：行为人谎称的虚假报销事由的内容，涉及职务行为。

6. 为了谋取不正当利益，而给予兰某财物，根据《刑法》第389条，构成行贿罪。按本题题意，赵某是为本人谋取，不是为单位谋利，故意不构成单位行贿罪。

7. 罪数上，赵某先通过职务侵占罪（或诈骗罪）获得赃款之后，再将赃款用于行贿，不属牵连犯，应当数罪并罚。

考点八　故意毁坏财物罪

1. 甲对乙使用暴力，欲将其打残。乙慌忙掏出手机准备报警，甲一把夺过手机装进裤袋打成重伤。甲在离开现场五公里后，把乙价值7000元的手机扔进水沟。甲的行为构成何罪？[1]（2009/2/17）

A. 故意伤害罪、盗窃罪　　　　　　B. 故意伤害罪、抢劫罪

C. 故意伤害罪、抢夺罪　　　　　　D. 故意伤害罪、故意毁坏财物罪

【解析】本题考查非法占有目的。本案可分为两阶段行为：

（1）第一阶段：甲故意伤害乙致其重伤，根据《刑法》第234条，构成故意伤害罪（重伤）。

（2）第二阶段：①利用被害人不敢反抗夺取手机，实施了抢劫行为；但主观上没有非法占有目的，只有毁坏目的，不构成抢劫罪。②夺过手机之后又毁损，根据《刑法》第275条，构成故意毁坏财物罪。

（3）数罪并罚。

（4）"非法占有目的"是攫取型财产犯罪与毁损型财产犯罪的区别之所在。所谓"非法占有目的"指排除权利人占有，而自己利用、处分的意思，包括"排除"和"利用"两重意思。此外，故意毁坏财物罪中的"毁坏"可以解释为使物丧失利用可能性，如本案"扔进水沟"

---

〔1〕　D

使物虽存在但不能再利用，也属毁坏。故本题选 D 选项。

2. 下列哪些说法是错误的?[1] (2006/2/60)

A. 甲将乙价值 2 万元的戒指扔入海中，由于戒指本身没有被毁坏，甲的行为不构成故意毁坏财物罪

B. 甲见乙迎面走来，担心自己的手提包被乙夺走，便紧抓手提包。乙见甲紧抓手提包，猜想包中有贵重物品，在与甲擦肩而过时，当面用力夺走甲的手提包。由于乙并非乘人不备而夺取财物，所以不构成抢夺罪

C. 甲将一张作废的 IC 卡插入银行的自动取款机试探，碰巧自动取款机显示能够取出现金，于是甲取出 5000 元。甲将 IC 卡冒充借记卡的欺骗行为在本案中起到了主要作用，因而构成诈骗罪

D. 甲系汽车检修厂职工，发现自己将要检修的一辆公交车为仇人乙驾驶，便在检修时破坏了刹车装置，然后交付使用。乙驾驶该车时，因刹车失灵，导致与其他车辆相撞，造成三人死亡，一人重伤。由于甲不是对正在使用中的交通工具实施破坏手段，所以不构成破坏交通工具罪

【解析】A 选项，财物虽然仍然客观存在，但已不再具有使用可能性的，丧失使用效能，也可认为毁坏了财产，可以构成故意毁坏财物罪。

B 选项，抢夺罪不以趁人不备为必备要件，只要趁被害人来不及反抗，而公然的、迅速的夺取，而未采取压制被害人反抗行为的，即便被害人有备，也可认为构成抢夺罪。

C 选项，(1) 如果使用作废的信用卡、伪造的信用卡提款的，依照《刑法》第 196 条规定可构成信用卡诈骗罪，最高人民检察院《关于拾得他人信用卡并在自动柜员机（ATM 机）上使用的行为如何定性问题的批复》也如此认为。(2) 但是，作废的 IC 卡不属"信用卡"，当然也不属"作废的信用卡"或"伪造的信用卡"，实际上相当于假配的钥匙等，因此对于本案不能适用《刑法》第 196 条认定为信用卡诈骗罪。(3) 诈骗罪的成立需要对人实施欺骗（指普通诈骗罪，信用卡诈骗罪出于刑法强制规定而例外），诈骗机器不能认定为诈骗罪。(4) 本案相当于利用假配的钥匙开门取得财物，对此银行不知情，应认定为盗窃罪。

D 选项，正在使用中既包含正在运营中的车辆，也包含修理完毕已交付处于可以随时使用的状态。甲的行为危害了公共交通运输领域中的公共安全，已构成破坏交通工具罪。

考点九　拒不支付劳动报酬罪

老板甲春节前转移资产，拒不支付农民工工资。劳动部门下达责令支付通知书后，甲故意失踪。公安机关接到报警后，立即抽调警力，迅速将甲抓获。在侦查期间，甲主动支付了所欠工资。起诉后，法院根据《刑法修正案（八）》拒不支付劳动报酬罪认定甲的行为，甲表示认罪。关于此案，下列哪一说法是错误的?[2] (2012/2/1)

A. 《刑法修正案（八）》增设拒不支付劳动报酬罪，体现了立法服务大局、保护民生的理念

B. 公安机关积极破案解决社会问题，发挥了保障民生的作用

C. 依据《刑法修正案（八）》对欠薪案的审理，体现了惩教并举，引导公民守法、社会

---

[1]　ABCD　[2]　D

向善的作用

D. 甲已支付所欠工资，可不再追究甲的刑事责任，以利于实现良好的社会效果

【解析】根据《刑法》第276条之一第3款，在提起公诉前支付劳动者的劳动报酬，并依法承担相应赔偿责任的，可以减轻或者免除处罚。甲在侦查期间即提起公诉前，主动支付了所欠工资，仍构成拒不支付劳动报酬罪，但可以减轻或者免除处罚。D选项中"可不再追究甲的刑事责任"说法错误。

考点十　职务侵占罪

下列哪些行为应以职务侵占罪论处?[1]（2008/2/63）

A. 甲系某村民小组的组长，利用职务上的便利，将村民小组集体财产非法据为己有，数额达到5万元

B. 乙为村委会主任，利用协助乡政府管理和发放救灾款物之机，将5万元救灾款非法据为己有

C. 丙是某国有控股公司部门经理，利用职务上的便利，将本单位的5万元公款非法据为己有

D. 丁与某私营企业的部门经理李某内外勾结，利用李某职务上的便利，共同将该单位的5万元资金非法据为己有

【解析】A选项，村民小组组长，不协助政府从事公务时，系其他单位人员，其利用职务之便，侵吞集体财产的，构成职务侵占罪。

B选项，根据《全国人大常委会关于〈中华人民共和国刑法〉第九十三条第二款的解释》的规定，村委会主任乙在协助乡政府管理和发放救灾款物时，属于《刑法》第93条规定的"其他依照法律从事公务的人员"，其利用职务之便侵吞救灾款物的，构成贪污罪。

C选项，根据《最高人民法院关于在国有资本控股、参股的股份有限公司中从事管理工作的人员利用职务便利非法占有本公司财物如何定罪问题的批复》《关于如何认定国有控股、参股股份有限公司中的国有公司、企业人员的解释》，在国有资本控股、参股的股份有限公司中从事管理工作的人员，除受国家机关、国有公司、企业、事业单位委派从事公务的以外，不属于国家工作人员。对其利用职务上的便利，将本单位财物非法占为己有，数额较大的，以职务侵占罪定罪处罚。

D选项，公司、企业的外部人员勾结公司、企业人员，利用公司、企业人员的职务之便侵吞公款的，成立职务侵占罪的共犯。

---

[1]　ACD

专题二十　妨害社会管理秩序罪（分则第六章）

增设罪名	冒名顶替罪、高空抛物罪、催收非法债务罪、侵害英雄烈士名誉、荣誉罪等。
公务证章	妨害公务罪与袭警罪。伪造证章犯罪：无权者制作、有权者制作内容不符，均是伪造。
寻衅滋事罪	寻滋4种行为（殴打；拦截、恐吓；毁财；起哄）；网络寻滋需实体结果。主观4种流氓动机。
聚众斗殴罪	一方聚众，该方（首要、积极参加）可定本罪。致人重伤、死亡，直接、首要分子需要担责。
信息网络犯罪	1. 侵入三领域：侵入……罪；侵入其他领域：获取控制……罪；提供程序工具：提供……程序、工具罪；破坏系统数据：破坏……罪；2. 设立网组、发布消息：非法利用……罪；提供网络服务、广告、结算：帮助……罪。3. 侵入、获取控制、破坏＋目的行为（盗窃、挪用、秘密罪）＝定目的行为。4. 利用、帮助罪＋诈骗、卖淫周边、赌博罪＝择一重。
黑社会	1. 首要分子：全部责任。2. 又犯他罪，数罪并罚。3. 国机：包庇、纵容……罪；罪数。
考试作弊犯罪	1. 法律规定的考试；2. 组织考试作弊罪，组织完成即既遂；3. 非法出售、提供试题、答案罪：不求完整一致。4. 代替考试罪：枪手、被替人都构成。5. 数罪：非法获取后，又作弊。
妨害司法犯罪	伪证罪：刑事诉讼中，证人包括被害人。妨害作证罪，帮助毁灭、伪造证据罪：所有诉讼中。窝藏、包庇罪，掩饰、隐瞒犯罪所得、收益罪：上游犯罪只需事实存在。为卖淫、嫖娼通风报信，构成包庇。事前有通谋为共犯。本犯妨害司法，欠缺期待可能。
医疗卫生犯罪	1. 非法行医罪：医生未取得《医疗机构执业许可证》，不是。行医指诊疗。结果加重，需主要、直接原因。2. 非法植入基因编辑、克隆胚胎罪。3. 妨害传染病防治罪，与公共安全区分。
环境犯罪	区分和关系：1. 林木：盗伐林木罪、滥伐林木罪；破坏自然保护地罪。2. 动物：珍贵、濒危野生动物，陆生野生动物，非法狩猎罪。
毒品犯罪	贩卖：换钱。制造：加工、配制。代购属持有（运输），加价属贩卖。盗窃、抢夺、抢劫后，又实施毒品犯罪，数罪并罚。毒罪再犯：5种行为＋所有毒品犯罪，不论执行完毕与否。
卖淫周边、淫秽物品犯罪	组织卖淫罪，又引诱、容留、介绍：同批人员择一重，以外人员数罪。杀害、伤害、强奸、绑架，数罪并罚。协助组织卖淫罪：是正犯。有性病卖淫、嫖娼，传播性病罪；使人染病，故意伤害罪。

考点一　扰乱公共秩序罪（第六章第一节）

一、妨害公务罪

1. 下列哪一行为应以妨害公务罪论处？[1]（2016/2/19）

A. 甲与傅某相互斗殴，警察处理完毕后让各自回家。傅某当即离开，甲认为警察的处理不公平，朝警察小腿踢一脚后逃走

B. 乙夜间入户盗窃时，发现户主戴某是警察，窃得财物后正要离开时被戴某发现。为摆脱抓捕，乙对戴某使用暴力致其轻微伤

C. 丙为使其弟逃跑，将前来实施行政拘留的警察打倒在地，其弟顺利逃走

D. 丁在组织他人偷越国（边）境的过程中，以暴力方法抗拒警察检查

【解析】　妨害公务罪是指以暴力、威胁方法阻碍国家机关工作人员依法执行职务的行为，阻碍的是"国家机关工作人员依法执行职务"。

（1）在考试当年：

A 选项，警察执行职务完毕，行为人实施暴力的目的是为报复，而不是阻碍执行职务。

B 选项，戴某抓捕乙时不是以警察身份来抓，而是以被害人身份来抓，其行为不能认定为执行职务行为。

C 选项，警察进行行政拘留是执行职务行为。

D 选项，根据《刑法》第 318 条第 1 款第 5 项的规定，组织他人偷越国（边）境的过程中，以暴力、威胁方法抗拒检查的，是该罪的加重犯，不再单独以妨害公务罪论处。

（2）在现在，A、C、D 选项还触犯《刑法》第 277 条第 5 款规定袭警罪。对于 C 选项，应以特别法袭警罪论处。

二、招摇撞骗罪

2. 甲男在网上以嫖娼为名，约了卖淫女乙女去某快捷酒店。之后，甲男以印有"警察"字样的钱包冒充工作证，手持电警棍，以扫黄为名要求乙女交罚款 5000 元。关于甲的行为，以下说法正确的有？（如不考虑数额）[2]（2020/客/1/35 仿）

A. 甲男使用印有"警察"字样的钱包的行为，构成招摇撞骗罪，应与诈骗罪择一重处

B. 甲男构成抢劫罪，系冒充警察抢劫

C. 电警棍是供犯罪所用的本人财物，应当予以没收

D. 因被害人乙女也有过错，故对甲男应当从轻处罚

【解析】　（1）甲男冒充警察骗人，根据《刑法》第 279 条第 2 款，触犯招摇撞骗罪。

（2）冒充警察骗取乙女交纳罚款，根据《刑法》第 266 条，触犯诈骗罪。

（3）虽手持电警棍，但并未实施暴力、威胁，乙女是基于认识错误，而不是基于被压制反抗而交付财物，不构成抢劫罪。题干也未叙述"不给钱就抓人"的要挟手段，不构成敲诈勒索罪。

（4）同时触犯招摇撞骗罪、诈骗罪的，系交叉关系的法条竞合，择一重处。

（5）参考司法解释：《最高人民法院关于审理抢劫、抢夺刑事案件适用法律若干问题的意见》第 9 条第 1 项：行为人冒充正在执行公务的人民警察"抓赌""抓嫖"，没收赌资或者罚

---

[1]　无［考试当年的答案为 C］　[2]　AC

款的行为，构成犯罪的，以招摇撞骗罪从重处罚；在实施上述行为中使用暴力或者暴力威胁的，以抢劫罪定罪处罚。《最高人民法院、最高人民检察院关于办理诈骗刑事案件具体应用法律若干问题的解释》第8条："冒充国家机关工作人员进行诈骗，同时构成诈骗罪和招摇撞骗罪的，依照处罚较重的规定定罪处罚。"

（6）电警棍是犯罪工具，即供犯罪所用的本人财物，根据《刑法》第64条，应当予以没收。

（7）一码事归一码事，乙女实施卖淫的行政违法行为，不是甲男实施诈骗罪的量刑情节。在诈骗案中，利用被害人过错，也不是量刑情节。不能因此对甲男从宽。

3. 甲潜入某公安交通管理局会计室盗窃，未能打开保险柜，却意外发现在该局工作的乙的警官证，随即将该证件拿走。随后，甲到偏僻路段，先后向9个驾车超速行驶的司机出示警官证，共收取罚款900元。对于本案，下列哪些选项是正确的？[1]（2008延/2/56）

A. 甲潜入会计室盗窃的行为，成立盗窃未遂

B. 甲收取罚款的行为，构成敲诈勒索罪

C. 甲收取罚款的行为，构成招摇撞骗罪

D. 甲收取罚款的行为，构成诈骗罪

【解析】（1）窃取保险柜内财物，在着手后因客观原因而未能得逞，构成盗窃罪未遂。（2）将他人警官证窃走的行为涉嫌盗窃国家机关证件罪，但选项中没有涉及此行为的定性，故不用深究。（3）甲冒充警察收取罚款的行为，比照《最高人民法院关于审理抢劫、抢夺刑事案件适用法律若干问题的意见》第9条第1项的规定，冒充正在执行公务的人民警察以抓卖淫嫖娼、赌博等违法行为为名非法占有财物的，以招摇撞骗罪从重处罚。（4）本案诈骗财产较小，没有达到诈骗罪的定罪标准，不构成诈骗罪。如果该行为可构成诈骗罪的话，理论上由于诈骗罪与招摇撞骗罪存在交叉竞合关系，应按重法优于轻法原则处理。法条依据是，《最高人民法院关于办理诈骗刑事案件具体应用法律若干问题的解释》第8条规定，冒充国家机关工作人员进行诈骗，同时构成诈骗罪（数额较大）和招摇撞骗罪的，依照处罚较重的规定定罪处罚。（5）行为人只实施了欺骗行为，被害人是基于认识错误而不是同产生恐惧交付钱财，只构成诈骗罪，不能构成敲诈勒索罪。从而，选项AC是正确的。

4. 关于罪数判断，下列哪一选项是正确的？[2]（2013/2/10）

A. 冒充警察招摇撞骗，骗取他人财物的，适用特别法条以招摇撞骗罪论处

B. 冒充警察实施抢劫，同时构成抢劫罪与招摇撞骗罪，属于想象竞合犯，从一重罪论处

C. 冒充军人进行诈骗，同时构成诈骗罪与冒充军人招摇撞骗罪的，从一重罪论处

D. 冒充军人劫持航空器的，成立冒充军人招摇撞骗罪与劫持航空器罪，实行数罪并罚

【解析】A、C选项，考查法条竞合的种类。（1）A选项，根据《最高人民法院关于办理诈骗刑事案件具体应用法律若干问题的解释》第8条规定，冒充国家机关工作人员进行诈骗，同时构成诈骗罪（数额较大）和招摇撞骗罪的，依照处罚较重的规定定罪处罚。在法条竞合关系上，可认为是交叉竞合，而不是一般法与特别法的竞合。（2）C选项，原理同前，系交叉竞合，依照处罚较重的规定定罪处罚。

B、D选项，考查法条竞合与想象竞合的区分。（1）《刑法》第263条第6项，抢劫罪加重犯明文规定有"冒充军警人员抢劫"，包容了招摇撞骗罪，可认为是整体法与部分法的竞合，只以整体法即抢劫罪加重犯一罪论处，而不属想象竞合犯。（2）D选项，冒充军人劫持航

空器的，触犯冒充军人招摇撞骗罪与劫持航空器罪。《刑法》第121条（劫持航空器罪）没有规定该罪构成要件与冒充军人招摇撞骗罪有重叠关系。冒充军人同时也是劫持的暴力威胁行为，故属一行为触犯两罪，属想象竞合犯，应当择一重罪处断。

三、寻衅滋事罪

5. 甲在公园游玩时遇见仇人胡某，顿生杀死胡某的念头，便欺骗随行的朋友乙、丙说："我们追逐胡某，让他出洋相。"三人捡起木棒追逐胡某，致公园秩序严重混乱。将胡某追到公园后门偏僻处后，乙、丙因故离开。随后甲追上胡某，用木棒重击其头部，致其死亡。关于本案，下列哪些选项是正确的？[1]（2015/2/58）

A. 甲触犯故意杀人罪与寻衅滋事罪

B. 乙、丙的追逐行为是否构成寻衅滋事罪，与该行为能否产生救助胡某的义务是不同的问题

C. 乙、丙的追逐行为使胡某处于孤立无援的境地，但无法预见甲会杀害胡某，不成立过失致人死亡罪

D. 乙、丙属寻衅滋事致人死亡，应从重处罚

【解析】本题考查寻衅滋事罪、因果关系、过错、不作为、共同犯罪

（一）对于甲

1. 教唆乙、丙随意追逐他人，触犯寻衅滋事罪的教唆犯。

2. 之后实施了杀人行为，触犯故意杀人罪正犯。死亡结果归因于甲的杀人行为，甲构成既遂。

3. 数罪并罚。

（二）对于乙、丙

1. 前行为追逐行为，构成寻衅滋事罪。

2. 乙、丙的寻衅滋事行为、甲的杀人行为，均是导致胡某被杀的条件。但甲的杀人行为应负主要责任，与被杀、死亡结果有因果关系。乙、丙的寻衅滋事行为，只是造成被杀的条件，而无因果关系，客观上没有先前行为引起的救助义务。

3. 之前的寻衅滋事行为，与之后是否构成不作为犯罪，涉及先后两个行为，当然是不同问题。

4. 既然胡某死亡结果仅与寻衅滋事有条件关系，而无因果关系，故乙、丙也不属寻衅滋事致人死亡。

5. 从主观上讲，乙、丙没有预见也不能预见，主观上无过错，不成立过失致人死亡罪。

四、聚众斗殴罪

6. 甲、乙两村因水源发生纠纷。甲村20名村民手持铁锹等农具，在两村交界处强行修建引水设施。乙村18名村民随即赶到，手持木棍、铁锹等与甲村村民互相谩骂、互扔石块，甲村3人被砸成重伤。因警察及时疏导，两村村民才逐渐散去。关于本案，下列哪些选项是正确的？[2]（2013/2/62）

A. 村民为争水源而斗殴，符合聚众斗殴罪的主观要件

B. 不分一般参加斗殴还是积极参加斗殴，甲、乙两村村民均触犯聚众斗殴罪

C. 因警察及时疏导，两村未发生持械斗殴，属于聚众斗殴未遂

D. 对扔石块将甲村3人砸成重伤的乙村村民，应以故意伤害罪论处

---

[1] ABC [2] AD

【解析】本案来源于最高人民检察院第一批指导性案例（高检发研字〔2010〕12号）"检例第1号：施某某等17人聚众斗殴案"。考查的关键在于聚众斗殴罪的主观要件是否要求具有"流氓动机"，以及如何理解"流氓动机"。依据可比照《最高人民法院、最高人民检察院关于办理寻衅滋事刑事案件适用法律若干问题的解释》对寻衅滋事罪主观方面的规定。

A选项，按"检例第1号"的结论，按"犯罪情节轻微，不需要判处刑罚"而对其不起诉，最高人民检察院的观点认为本案行为人具有流氓动机，符合聚众斗殴罪的主观要件。具体而言，属于借故生非。选项A正确。

B选项，本罪只处罚首要分子和积极参加者，不处罚一般参加者。

C选项，已经发生了聚众斗殴行为，行为完成，已经既遂。持械斗殴是本罪的加重犯情形，而不是既遂标准。

D选项，聚众斗殴致人重伤的，转化为故意伤害罪；只对查明直接实施伤害的村民、首要分子，认定为转化犯。

7. 首要分子甲通过手机指令所有参与者"和对方打斗时，下手重一点"。在聚众斗殴过程中，被害人被谁的行为重伤致死这一关键事实已无法查明。关于本案的分析，下列哪一选项是正确的？[1]（2014/2/20）

A. 对甲应以故意杀人罪定罪量刑

B. 甲是教唆犯，未参与打斗，应认定为从犯

C. 所有在现场斗殴者都构成故意杀人罪

D. 对积极参加者按故意杀人罪定罪，对其他参加者按聚众斗殴罪定罪

【解析】本题考查聚众斗殴转化故意杀人、共犯人（尤其是聚众犯罪中首要分子）的责任问题。

（1）对于在聚众斗殴过程中，被害人被重伤致死的行为性质定性：根据《刑法》第292条第2款的规定，聚众斗殴，致人死亡的，定故意杀人罪。

（2）如果能够查明是参与者A某直接致死，则对直接实行者A某、首要分子甲认定为故意杀人罪；对于其他参与者仍认定为聚众斗殴罪。如果不能够查明直接致死者，则按疑罪从无的规则，只对首要分子甲认定为故意杀人罪；对于其他参与者仍认定为聚众斗殴罪。C、D选项错误。

（3）无论哪种情况，首要分子甲均认定为故意杀人罪。A选项正确。

（4）聚众犯罪中首要分子一般认定为主犯。"聚众"本身就是一种实行行为（教唆行为正犯化），不再是教唆犯，即使未参与实行，也一般认定为主犯。B选项错误。

（5）本题的来源，参见"李勇故意伤害、汪家伟聚众斗殴案"，载最高人民法院中国应用法学研究所编：《人民法院案例选》2008年第4辑。

五、投放虚假危险物质罪；编造、故意传播虚假恐怖信息罪；编造、故意传播虚假信息罪

8. 甲给机场打电话谎称"3架飞机上有炸弹"，机场立即紧急疏散乘客，对飞机进行地毯式安检，3小时后才恢复正常航班秩序。关于本案，下列哪一选项是正确的？[2]（2013/2/1）

A. 为维护社会稳定，无论甲的行为是否严重扰乱社会秩序，都应追究甲的刑事责任

B. 为防范危害航空安全行为的发生，保护人民群众，应以危害公共安全相关犯罪判处甲死刑

C. 从事实和法律出发，甲的行为符合编造、故意传播虚假恐怖信息罪的犯罪构成，应追

---

〔1〕A 〔2〕C

究其刑事责任

D. 对于散布虚假信息，危及航空安全，造成国内国际重大影响的案件，可突破司法程序规定，以高效办案取信社会

【解析】根据《刑法》第 291 条之一第 2 款，构成编造、故意传播虚假恐怖信息罪。选项 A 错在本罪是结果犯，需"严重扰乱社会秩序"的结果。选项 B 错在本罪无死刑。选项 D 错在"可突破司法程序规定"。

六、组织、领导、参加黑社会性质组织罪

9. 关于黑社会性质组织犯罪的认定问题，下列说法哪些是正确的？[1]（2003/2/43）

A. 黑社会性质组织是犯罪集团，具有犯罪集团的一般属性

B. 黑社会性质组织所从事的危害行为，既包括犯罪行为，又包括违法行为

C. 组织、领导、参加黑社会性质组织罪，既包括组织、领导、参加黑社会性质组织的行为，又包括在该黑社会性质组织统一策划、指挥下从事的其他犯罪行为

D. 具有国家工作人员的非法保护，是认定黑社会性质组织的必要条件

【解析】A 选项，黑社会性质组织是犯罪集团，具有犯罪集团的一般属性（刑法总则规定），另参见《刑法》第 294 条第 5 款第 1 项。

B 选项，《刑法》第 294 条第 5 款第 2 项"有组织地通过违法犯罪活动或者其他手段获取经济利益"，措辞为"违法犯罪活动"。

C 选项，依据《刑法》第 294 条第 4 款的规定，犯前两款罪（指组织、领导黑社会性质组织罪和参加黑社会性质组织罪）又有其他犯罪行为的，依照数罪并罚的规定处罚。因此，组织、领导、参加黑社会性质组织罪，只包括组织、领导、参加黑社会性质组织的行为，不包括在该黑社会性质组织统一策划、指挥下从事的其他犯罪行为。实施其他犯罪，需数罪并罚。

D 选项，依据《刑法》第 294 条第 5 款第 4 项"通过实施违法犯罪活动，或者利用国家工作人员的包庇或者纵容，称霸一方，在一定区域或者行业内，形成非法控制或者重大影响，严重破坏经济、社会生活秩序"。"保护伞"是选择性条件，不是必要条件。

10. 关于黑社会性质组织犯罪，以下说法正确的有[2]（2018/客/卷一/24 仿）

A. 组织、领导黑社会性质组织的犯罪分子的罪行，一定比参加并实施具体罪行的实行者的罪行要重

B. 甲是某有组织犯罪的首要分子，该组织成立两年后甲中途离开，后该组织未被认定为黑社会性质组织。甲不需要对其离开后该组织实施的犯罪行为负责

C. 具有保护伞亦即"利用国家工作人员的包庇或者纵容"，不是认定黑社会性质组织的必备条件

D. 对黑社会性质组织中首要犯罪分子的判处的刑罚，一定比组织中其他人的刑罚要重

【解析】A 选项，（1）组织、领导黑社会性质组织的犯罪分子，可构成组织、领导黑社会性质组织罪；同时需对黑社会成员实施的犯罪负责，另行构成具体犯罪，可认为是间接正犯；需数罪并罚。（2）参加社会性质组织的犯罪分子，可构成参加黑社会性质组织罪；同时另行构成具体犯罪，系直接正犯；需数罪并罚。（3）在罪行轻重比较上，组织、领导黑社会性质组织罪，重于参加黑社会性质组织罪。但具体犯罪的教唆犯，并不一定重于具体犯罪的正犯。故而选项 A 说法错误。

B 选项，即使有组织犯罪即集团犯罪没有被认定为黑社会性质组织，但仍是集团犯罪。根

---

[1] AB [2] C

据《刑法》第26条第3款的规定，对组织、领导犯罪集团的首要分子，按照集团所犯的全部罪行处罚。故而，即使不是黑社会性质组织犯罪的首要分子，而是其他集团犯罪的首要分子，也应按照集团所犯的全部罪行处罚。本选项的关键在于对于"创始人"，以及"中途离开"者的责任的认定。

（1）法律适用问题。B选项的案情事实是，"未被认定为黑社会性质组织"；因此，是一般集团犯罪，而不是黑社会组织犯罪。故而，不能直接适用《黑社会座谈会纪要》、各种关于"黑社会"的解释、意见。（2）B选项案情是"该组织成立两年后"，应当理解为甲是"成立"犯罪集团的首要分子（创始人）。（3）对于"成立"犯罪集团首要分子的刑事责任，从法理上讲，如果直接适用《刑法》第26条第3款，因其成立集团的行为，需对集团犯罪负责，无需直接参与；故而，即使之后退出，也消除不了之前"成立集团"的行为，故而仍需负责。（4）该题的命题宗旨，重点考查的是"成立"犯罪集团的首要分子，而不是一般的首要分子。（5）《2018年两高两部黑社会指导意见》（法发〔2018〕1号）第4条规定："发起、创建黑社会性质组织……应当认定为'领导黑社会性质组织'……"，也就是说"黑社会的一代目"，亦即"发起、创建"黑社会的行为人，无论是否退出黑社会，永远会被认定为领导者；应对黑社会组织的犯罪负责。（6）当然，如果不是发起、创始人，而只是一般的首要分子，则适用《2015年最高院黑社会纪要》规定"对于在黑社会性质组织形成、发展过程中已经退出的组织者、领导者，或者在加入黑社会性质组织之后逐步发展成为组织者、领导者的犯罪分子，应对其本人参与及其实际担任组织者、领导者期间该组织所犯的全部罪行承担刑事责任"。B选项说法错误。

C选项，根据《刑法》第294条（组织、领导、参加黑社会性质组织罪）第5款第4项的规定，"国家工作人员的包庇或者纵容"亦即保护伞特征，只是"或者"条件，亦即只是选择性要件。C选项说法正确。

D选项，对黑社会性质组织中首要犯罪分子的判处的刑罚时，可能其还具有自首、立功等量刑情节，不一定比组织中其他人的刑罚要重。

11. 关于组织、领导、参加黑社会性质组织罪，下列选项说法正确的有[1]（2019/客/卷一/38仿）

A. 黑社会性质组织成员实施的符合组织的一般活动规则形式的犯罪活动，可认为是集团所犯的罪行

B. 组织、领导黑社会组织的首要分子，对集团所犯的全部罪行负责，无论其是否参与、组织、指挥

C. 黑社会性质组织的一般参加者甲，为了组织的利益而实施强迫交易罪，应以参加黑社会性质组织罪、强迫交易罪择一重处

D. "国家工作人员的包庇或者纵容"亦即保护伞特征，不是黑社会性质的组织成立的必要要件，只是选择性要件。国家机关工作人员包庇或纵容黑社会性质的组织的，触犯包庇、纵容黑社会性质组织罪、滥用职权罪的，应当数罪并罚

【解析】A选项，黑社会性质组织系特殊的犯罪集团。《刑法》第26条第3款规定的"集团所犯的全部罪行"，是指为了集团利益、实施的符合组织的一般活动规则形式的犯罪活动。

B选项，《刑法》第26条第3款（犯罪集团的首要分子）规定："对组织、领导犯罪集团的首要分子，按照集团所犯的全部罪行处罚。"第4款（其他主犯责任）规定："对于第3款规定以外的主犯，应当按照其所参与的或者组织、指挥的全部犯罪处罚。"按体系解释，对比

〔1〕 AB

第 4 款解释第 3 款，可得出 B 选项的结论。

C 选项，根据《刑法》第 294 条（组织、领导、参加黑社会性质组织罪）第 4 款的规定，犯黑社会性质犯罪，又有其他犯罪行为的，依照数罪并罚的规定处罚。

D 选项，根据《刑法》第 294 条（组织、领导、参加黑社会性质组织罪）第 5 款第 4 项的规定，"国家工作人员的包庇或者纵容"亦即保护伞特征，只是"或者"条件，亦即只是选择性要件。国家机关工作人员包庇或纵容，可触犯包庇、纵容黑社会性质组织罪、滥用职权罪，但根据《刑法》第 397 条（滥用职权罪）第 2 款最后一句"本法另有规定的，依照规定"，应属特别法与一般法的法条竞合关系，应以特别法包庇、纵容黑社会性质组织罪一罪论处。不是数个行为，不能按《刑法》第 294 条第 4 款数罪并罚。

七、计算机及信息网络类犯罪

12. 关于帮助信息网络犯罪活动罪，下列选项说法正确的是？[1]（2023/客 A/卷一/仿 15）

A. 甲将自己的信用卡提供给 A 某，误认为其会用于网络聚众赌博，但是实际上 A 某将信用卡用于普通诈骗。则甲可构成诈骗罪的帮助犯

B. 乙将自己的身份证提供给 B 某，误认为其会用于网络诈骗，但是实际上 B 某将身份证用于网络洗钱。则甲可构成帮助信息网络犯罪活动罪

C. 丙将自己的 SIM 卡提供给 C 某，误认为其会用于普通诈骗，但是实际上 C 某将 SIM 卡用于网络诈骗。则甲应认定诈骗罪的帮助犯

D. 丁将自己的借记卡提供给 D 某，帮助 D 在国内实施非法聚众赌博，但是被 D 某用于在国外实施合法赌博。则丁不构成犯罪

【解析】本题考点：帮助信息网络犯罪活动罪

选项 A，（1）在是否成立共犯（帮助犯）层面上，按共犯从属说，甲客观上实施了帮助 A 某普通诈骗的帮助行为，主观上具有帮助赌博罪的帮助故意，客观主观相统一，因主观上无诈骗罪帮助故意，不构成诈骗罪的帮助犯。（2）在成立帮助信息网络犯罪活动罪（共犯行为正犯化）层面上，客观上虽提供了信用卡，但帮助的不是网络犯罪（注：虽然本罪是帮助行为正犯化，但客观上也需帮助网络犯罪）；主观上虽具有帮助信息网络犯罪活动罪的正犯故意，仍不构成帮助信息网络犯罪活动罪。

选项 B，（1）在成立共犯层面上，客观上帮助网络洗钱的行为，主观上具有帮助诈骗的故意；因无帮助诈骗的行为，不构成诈骗罪的帮助犯；因无洗钱故意，不构成洗钱罪的帮助犯。（2）在成立帮助信息网络犯罪活动罪（共犯行为正犯化）层面上，客观上有帮助网络洗钱的行为，主观上有帮助网络诈骗的故意，系对象错误、具体错误，可构成帮助信息网络犯罪活动罪。

选项 C，（1）客观上帮助网络诈骗的行为，主观上帮助普通诈骗的故意，系对象错误、具体错误，构成诈骗罪的帮助犯。（2）因主观上无帮助信息网络犯罪活动罪故意，不构成帮助信息网络犯罪活动罪

选项 D，（1）即使 D 某的赌博行为发生在我国内地，按照我国内地法律，以及根据我国刑法第 303 条，只有聚众赌博、以赌博为业，才构成赌博罪；单纯的赌博行为，只是行政违法；（2）根据《最高人民法院、最高人民检察院关于办理非法利用信息网络、帮助信息网络犯罪活动等刑事案件适用法律若干问题的解释》（法释〔2019〕15 号）第 7 条：刑法第 287 条之一规定的"违法犯罪"，包括犯罪行为和属于刑法分则规定的行为类型但尚未构成犯罪的违法行

---

[1] BCD

为。只是帮助属于行政违法的单纯赌博行为，而不是帮助刑法规定的"聚众赌博、以赌博为业"行为类型的，既不构成赌博罪的帮助犯，也不构成帮助信息网络犯罪活动罪。(3) 况且，D某的赌博行为发生在国外，在行为地系合法行为；根据刑法第7条属人管辖的规定，即使D某系中国公民，也未实施我国刑法规定的犯罪行为类型，也没有造成我国社会秩序混乱的结果（刑法第303条赌博罪的结果），不能认为是"犯本法规定之罪"，当然不构成犯罪，实际也不属行政违法。

13. 甲购买了乙公司的一批车辆，支付购车首付款；双方约定，在甲支付完全款之后，才能获得车辆所有权。乙公司为保障其权利，在车辆上安装了定位系统。甲获取车辆之后，不想继续支付余款，欲变卖该批车辆，遂将计划告知好友丙，请其利用信息网络干扰定位系统，致使车辆定位系统崩溃。之后，甲顺利将车辆变卖。关于丙的行为性质，下列说法正确的有？[1] (2021/客/卷一/19仿)

A. 非法利用信息网络罪　　　　B. 破坏计算机信息系统罪

C. 非法侵入计算机信息系统罪　　D. 盗窃罪

【解析】本题考查网络犯罪、财产犯罪、罪数。

(1) 干扰系统而使车辆定位系统崩溃的行为，根据《刑法》第286条，触犯破坏计算机信息系统罪。

(2) 关于财产犯罪：①被害人。从所有权方面分析，汽车所有权仍归卖方乙公司所有；乙公司是被害人。②对象是该批车辆。③占有状态。汽车脱离卖方乙公司占有，归甲独立占有，可认为是受委托保管物，系侵占罪对象。④甲将独立占有的他人所有财物非法所有，构成侵占罪。

(3) 罪数上：甲触犯破坏计算机信息系统罪教唆犯、侵占罪的正犯；乙触犯破坏计算机信息系统罪教唆犯、侵占罪的帮助犯。根据《刑法》第287条的规定，以目的行为侵占罪论处。

本题只选正确的选项，故选项B当选。

14. 下列哪些情形应以破坏计算机信息系统罪论处？[2] (2005/2/63)

A. 甲采用密码破解手段，非法进入国家尖端科学技术领域的计算机信息系统，窃取国家机密

B. 乙因与单位领导存在矛盾，即擅自对单位在计算机中存储的数据和应用程序进行修改操作，给单位的生产经营管理造成严重的混乱

C. 丙通过破解密码的手段，进入某银行计算机信息系统，为其朋友的银行卡增加存款额10万元

D. 丁为了显示自己在计算机技术方面的本事，设计出一种计算机病毒，并通过互联网进行传播，影响计算机系统正常运行，造成严重后果

【疑难辨析】《刑法》第287条规定："利用计算机实施金融诈骗、盗窃、贪污、挪用公款、窃取国家秘密或者其他犯罪的，依照本法有关规定罪处罚"。本题考查的即是此法条规定的罪数规则。但在运用此条时，需要明确此条规定的原理和规则：手段行为、目的行为，当计算机犯罪为其他犯罪的手段行为（"利用"）时，以其他犯罪即目的行为"论处"。

【解析】A选项，系非法获取国家秘密罪（目的行为）和非法侵入计算机信息系统罪（手段行为），应依《刑法》第287条以目的行为即非法获取国家秘密罪定罪。

---

[1] B　[2] BD

B 选项，（1）系破坏计算机信息系统罪（后果严重的，法定最高刑 15 年；后果特别严重的，法定最高刑 15 年）与破坏生产经营罪（一般情况，法定最高刑 3 年；情节严重的，法定最高刑 7 年）的想象竞合，择一重处应以重罪即计算机信息系统罪论处。（2）不以破坏生产经营罪论处的原因，不是因为《刑法》第 287 条没有列举破坏生产经营罪罪名，"其他犯罪"说明该条列举的罪名只是举例而不穷尽；（3）而是因为本案中行为只有一个，破坏计算机信息系统行为即是破坏生产经营行为，故属想象竞合犯；不是两个行为，不能适用前述《刑法》第 287 条的规定。

C 选项，系盗窃罪（目的行为）与非法获取计算机信息系统数据罪（手段行为），应依第 287 条以目的行为即盗窃罪论处。

D 选项，构成《刑法》第 286 条规定的破坏计算机信息系统罪。

本题具有一定难度，但由于是多选项，只要排除 AC 两项，得出 BD 两项基本没有问题。

15. 关于利用计算机网络的犯罪，下列哪一选项是正确的？[1]（2007/2/18）

A. 通过互联网将国家秘密非法发送给境外的机构、组织、个人的，成立故意泄露国家秘密罪

B. 以营利为目的，在计算机网络上建立赌博网站，或者为赌博网站担任代理，接受投注的，属于《刑法》第 303 条规定的"开设赌场"

C. 以牟利为目的，利用互联网传播淫秽电子信息的，成立传播淫秽物品罪

D. 组织多人故意在互联网上编造、传播爆炸、生化、放射威胁等虚假恐怖信息，严重扰乱社会秩序的，成立聚众扰乱社会秩序罪

【解析】A 选项，（1）《最高人民法院关于审理为境外窃取、刺探、收买、非法提供国家秘密、情报案件具体应用法律若干问题的解释》第 6 条："通过互联网将国家秘密非法发送给境外的机构、组织、个人的，构成为境外非法提供国家秘密罪。"（2）构成故意泄露国家秘密罪。（3）罪数：整体法与部分法的法条竞合关系，以整体法为境外非法提供国家秘密罪定罪。

B 选项，《最高人民法院、最高人民检察院关于办理赌博刑事案件具体应用法律若干问题的解释》第 2 条规定："以营利为目的，在计算机网络上建立赌博网站，或者为赌博网站担任代理，接受投注的，属于《刑法》第 303 条规定的开设赌场罪。"

C 选项，《最高人民法院、最高人民检察院关于办理利用互联网、移动通讯终端、声讯台制作、复制、出版、贩卖、传播淫秽电子信息刑事案件具体应用法律若干问题的解释》第 1 条："以牟利为目的，利用互联网、移动通讯终端制作、复制、出版、贩卖、传播淫秽电子信息，以制作、复制、出版、贩卖、传播淫秽物品牟利罪定罪。"故本选项构成传播淫秽物品牟利罪。

D 选项，由于编造、传播的是虚假恐怖信息，故构成《刑法》第 291 条之一的编造、故意传播虚假恐怖信息罪。聚众扰乱社会秩序罪需要有纠集多人到实地场所进行扰乱。

16. 根据有关司法解释，关于利用互联网实施的犯罪行为，下列哪些说法是正确的？[2]（2017/2/51）

A. 在网络上建立赌博网站的，属于开设赌场

B. 通过网络传播淫秽视频的，属于传播淫秽物品

C. 在网络上传播电子盗版书的，属于复制发行他人文字作品

D. 盗用他人网络账号、密码上网，造成他人电信资费损失的，属于盗窃他人财物

【解析】A选项,《最高人民法院、最高人民检察院、公安部关于办理网络赌博犯罪案件适用法律若干问题的意见》(公通字〔2010〕40号)第1条第1款规定:"利用互联网、移动通讯终端等传输赌博视频、数据,组织赌博活动……属于《刑法》第303条第2款规定的开设赌场行为"。本选项说法正确。

B选项,根据《最高人民法院、最高人民检察院关于办理利用互联网、移动通讯终端、声讯台制作、复制、出版、贩卖、传播淫秽电子信息刑事案件具体应用法律若干问题的解释》法释〔2010〕3号第1条的规定,"利用互联网、移动通讯终端制作、复制、出版、贩卖、传播淫秽电子信息……"属于传播淫秽物品行为。本选项说法正确。

C选项,《最高人民法院、最高人民检察院关于办理侵犯知识产权刑事案件具体应用法律若干问题的解释》(法释〔2004〕19号)第11条第3款规定:"通过信息网络向公众传播他人文字作品……及其他作品的行为,应当视为《刑法》第217条规定的复制发行"。本选项说法正确。

D选项,《最高人民法院关于审理扰乱电信市场管理秩序案件具体应用法律若干问题的解释》(法释〔2000〕12号)第8条规定:"盗用他人公共信息网络上网账号、密码上网,造成他人电信资费损失数额较大的,依照《刑法》第264条的规定,以盗窃罪定罪处罚。"本选项说法正确。

17. 关于网络犯罪,以下说法正确的有[1](2019/客/卷一/39仿)

A. 甲破译某游戏公司管理员账号、密码,登录游戏管理系统,通过篡改游戏玩家账户的数据,将某款热门游戏的"装备"转至自己游戏账户,出售牟利数额巨大。则甲可触犯破坏计算机信息系统罪

B. 乙见某公司的某款电脑游戏热门,遂编写可向该公司游戏服务器系统中植入木马程序的游戏外挂程序,将外挂程序出售获利数额巨大。则乙可触犯提供侵入、非法控制计算机信息系统的程序、工具罪

C. 丙编制"爬虫"程序,破解某网络公司的防抓取措施,入侵其服务器,抓取、复制其中存储的视频数据,数额巨大,给该网络公司造成重大损失。则丙可触犯非法获取计算机信息系统数据罪

D. 甲非法利用信息网络实施诈骗,乙明知仍为甲提供网络帮助。则甲触犯非法利用信息网络罪、诈骗罪,系想象竞合;乙触犯帮助信息网络犯罪活动罪、诈骗罪,系想象竞合

【解析】A选项,甲侵入游戏公司系统,对其中存储的数据进行修改,根据《刑法》第286条第2款,触犯破坏计算机信息系统罪。同时,将有价值、可控制的游戏"装备"秘密转移占有,属于盗窃他人财物,根据《刑法》第264条,触犯了盗窃罪。根据《刑法》第287条,以盗窃罪论处。

B选项,可向该公司游戏服务器系统中植入木马程序的游戏外挂程序,属于侵入、非法控制计算机信息系统的程序、工具。乙编制程序并出售、提供给他人,根据《刑法》第285条第3款,触犯提供侵入、非法控制计算机信息系统的程序、工具罪。

C选项,根据《刑法》第285条第2款,触犯非法获取计算机信息系统数据罪。

D选项,甲:根据《刑法》第287条之一第1款第1项、第266条,触犯非法利用信息网络罪(正犯)、诈骗罪(正犯);根据《刑法》第287条之一第2款,系想象竞合,应择一重处。乙:根据《刑法》第287条之二第1款、第266条及第27条,触犯帮助信息网络犯罪活

动罪（正犯）、诈骗罪（帮助犯）；根据《刑法》第287条之二第2款，系想象竞合，应择一重处。

18. 下列哪些情况，行为人乙的行为可以触犯帮助信息网络犯罪活动罪？[1]（2022/客/1/22仿）

A. 甲利用网络游戏诈骗钱财，乙为甲提供软件程序
B. 甲实施电信网络诈骗，乙为甲提供银行卡账户，协助结算、清算
C. 甲实施普通诈骗犯罪，乙为了帮助甲，利用信息网络发布诈骗信息
D. 恐怖组织利用网络实施恐怖活动，乙为该活动提供网络接入等服务

【解析】考查帮助信息网络犯罪活动罪。

选项A、B、D中，行为人甲均是利用信息网络实施犯罪（诈骗罪、恐怖犯罪），行为人乙分别提供了技术支持、支付结算、互联网接入帮助，根据《刑法》第287条之二，可触犯帮助信息网络犯罪活动罪。同时触犯诈骗罪的帮助犯、具体恐怖犯罪的帮助犯。应当择一重处。

选项C中，因行为人甲没有利用信息网络实施犯罪，故行为人乙不触犯帮助信息网络犯罪活动罪；而是触犯《刑法》第287条之一的非法利用信息网络罪（第1款第3项）。同时触犯诈骗罪的帮助犯；应当择一重处。

注意：选项A中，题意中并未叙明乙提供的软件程序是"侵入、非法控制计算机信息系统的程序"，也没有叙明甲实施的网络游戏诈骗是"侵入、非法控制计算机信息系统的违法犯罪"，故而不能认定乙构成提供侵入、非法控制计算机信息系统程序罪。

19. 某网约车App承诺：若乘客下车后一定时间还不付款，则该App公司就代替乘客付款给司机。网约车司机甲委托陈某开发了一个外挂软件，装在手机上后联入该网约车App，可使App错误地认为甲接到了乘客，从而获得代付的车费。如不计数额，以下说法正确的有？[2]（2022/客延/1/23仿）

A. 甲构成非法侵入计算机信息系统罪
B. 甲和网约车签订合同，诈骗钱财，构成合同诈骗罪
C. 陈某构成提供侵入、非法控制计算机信息系统程序、工具罪
D. 甲构成诈骗罪

【解析】（一）对于甲：1. 联入网约车App，实施非法控制，根据《刑法》第285条第二款，触犯了非法控制计算机信息系统罪。2. 没有侵入国家事务、国防建设、尖端科学技术领域，不构成非法侵入计算机信息系统罪。3. 教唆陈某开发非法控制计算机信息系统程序，用于本人非法控制系统，按对合犯的原理，只构成非法控制计算机信息系统罪，而不构成提供非法控制计算机信息系统程序罪的教唆犯。4. 通过伪造数据的诈骗手段欺骗网约车公司，骗得代付车费，根据《刑法》第266条，构成诈骗罪（注意：刑法中根本就没有"机器不能被骗"的规则）。5. 甲与网约车的合同是真实有效的，其诈骗财物的手段并不是利用虚假的合同条款等，也不符合《刑法》第224条第4项"收受对方当事人给付的货款逃匿"的本意，不构成合同诈骗罪；只构成普通诈骗罪。6. 在罪数上，根据《刑法》第287条，以目的行为诈骗罪论处。

（二）对于陈某：1. 触犯提供非法控制计算机信息系统程序罪；帮助行为正犯化，不再以非法控制计算机信息系统罪的帮助犯论处。2. 题意中并没有叙明陈某知晓甲的诈骗行为，故不触犯诈骗罪的帮助犯。

---

[1] ABD [2] CD

八、考试作弊犯罪

20. 2016 年 4 月，甲利用乙提供的作弊器材，安排大学生丙在地方公务员考试中代替自己参加考试。但丙考试成绩不佳，甲未能进入复试。关于本案，下列哪些选项是正确的？[1]（2016/2/60）

A. 甲组织他人考试作弊，应以组织考试作弊罪论处

B. 乙为他人考试作弊提供作弊器材，应按组织考试作弊罪论处

C. 丙考试成绩虽不佳，仍构成代替考试罪

D. 甲让丙代替自己参加考试，构成代替考试罪

【解析】（1）地方公务员考试是《公务员法》规定的考试，属于"国家规定的考试"。（2）对于甲，《刑法》第 284 条之一第 1 款规定的组织考试作弊罪，其中的"组织"行为既可以组织多人，也可以是组织流程；本案中甲没有实施组织行为，只是实施了第 3 款规定的"让他人代替自己参加考试"的行为，构成代替考试罪，而不构成组织考试作弊罪。（3）对于乙，第 2 款规定："为他人实施组织考试作弊犯罪提供作弊器材或者其他帮助的，才构成组织考试作弊罪的共犯。"本案中甲不构成组织考试作弊罪，乙也无法构成组织考试作弊罪的共犯。只是代替考试罪的帮助犯。（4）对于丙，代替考试罪的构成只要实施代替他人或者让他人代替自己参加考试的行为即可，不必考试成功。

考点二　妨害司法罪（第六章第二节）

一、伪证罪

1. 下列哪一种行为可以构成伪证罪？[2]（2004/2/7）

A. 在民事诉讼中，证人作伪证的

B. 在刑事诉讼中，辩护人伪造证据的

C. 在刑事诉讼中，证人故意作虚假证明意图陷害他人的

D. 在刑事诉讼中，诉讼代理人帮助当事人伪造证据的

【解析】根据《刑法》第 305 条的规定，在刑事诉讼中，证人、鉴定人、记录人、翻译人对与案件有重要关系的情节，故意作虚假证明、鉴定、记录、翻译，意图陷害他人或者隐匿罪证的，构成伪证罪。

选项 A，伪证罪只能发生在刑事诉讼中，不能发生在民事诉讼中。选项 B，伪证罪的主体是证人、鉴定人、记录人、翻译人，辩护人伪造证据的，构成辩护人伪造证据罪。选项 C 正确。选项 D，诉讼代理人帮助当事人伪造证据的，构成诉讼代理人伪造证据罪。

二、妨害作证罪

2. 律师王某在代理一起民事诉讼案件时，编造了一份对自己代理的一方当事人有利的虚假证言，指使证人李某背熟以后向法庭陈述，致使本该败诉的己方当事人因此而胜诉。王某的行为构成何罪？[3]（2003/2/11）

A. 伪证罪   B. 诉讼代理人妨害作证罪

C. 妨害作证罪   D. 帮助伪造证据罪

【解析】（1）本案发生在民事诉讼中，故王某不构成诉讼代理人妨害作证罪，也不构成伪

---

[1] CD　[2] C　[3] C

证罪，这两罪只发生在刑事诉讼中。故 AB 项不选。（2）帮助伪造证据罪中的证据一般指实物证据，故不构成帮助伪造证据罪。故 D 项不选。（3）王某编造虚假证言是教唆、指使证人违背事实作伪证的方式，其行为构成妨害作证罪。故选 C 项。

3. 甲、乙合伙以开设 KTV 歌舞厅的名义一起开设赌场，因涉嫌犯罪而被公安机关侦查。于是，甲、乙、甲父丙、乙父丁四人一起商量。甲父丙对乙父丁说我可以去找人保乙，如果出事了，就由乙独揽一切，让乙不要供出甲，乙和丁都同意了。出事后，乙就按四人之前商量的计划，对办案机关说都是我干的，导致甲成为漏网之鱼。关于本案以下说法正确的有？[1]（2023/客 A/卷一/仿 16）

A. 虽然丙没有使用暴力、威胁、贿买方法影响乙，但是还是应当认定为妨害作证罪
B. 乙的行为虽不构成伪证罪，但可构成包庇罪
C. 丁的行为构成妨害作证罪
D. 甲没有制止乙、丙，构成不作为犯罪

【解析】 本题考点：妨害司法犯罪

（一）乙：不构成伪证罪、包庇罪；构成开设赌场罪

1. 甲、乙构成开设赌场罪。

2. 乙在刑事诉讼法虽属“犯罪嫌疑人”，但在刑法上属于“证人”（指广义上的证人即所有作证的人），对与案件有重要关系的情节，故意作虚假证明，实施有伪证行为；但因系本犯，欠缺期待可能，不构成伪证罪。

3. 对共同犯罪人甲，作假证明予以包庇，实施有包庇行为，但《最高人民法院、最高人民检察院关于办理窝藏、包庇刑事案件适用法律若干问题的解释》（法释〔2021〕16 号）第 8 条“共同犯罪人之间互相实施的窝藏、包庇行为，不以窝藏、包庇罪定罪处罚”。同样，欠缺期待可能，不构成包庇罪。

（二）丙：构成妨害作证罪

1. 根据《刑法》第 307 条第 1 款的规定“以暴力、威胁、贿买等方法阻止证人作证或者指使他人作伪证的”，构成妨害作证罪。

2. 乙在刑法上属于“证人”，丙虽未使用暴力、威胁、贿买方法，但法条“等方法”，按体系解释应解释为“不正当方法”。乙许诺“找人保乙”，系与贿买方法相同性质的利诱“不正当方法”，符合第 307 条，构成妨害作证罪。

3. 不像中国古代刑法，我国现行刑法没有规定“亲亲相隐不为罪”，故甲父丙仍构成犯罪。

（三）丁：不构成犯罪

1. 对于丙实施的妨害作证行为，丁客观上仅有附和同意行为，没有进行教唆，提供实质帮助（选项中“一起商量”的内容仅是同意，而不是建议、意见等精神帮助），不构成妨害作证罪的教唆犯、帮助犯。

2. 对于乙实施的伪证行为，也没有指使、强令等，不构成妨害作证罪的正犯。

（四）甲：不构成妨害司法犯罪；构成开设赌场罪

1. 甲、乙构成开设赌场罪。

2. 甲没有制止乙、丙的义务，构成不作为犯罪。

3. 同丁一样，也不构成妨害作证罪的正犯、共犯。

---

[1] A

三、帮助毁灭、伪造证据罪

4. 甲的下列哪些行为成立帮助毁灭证据罪（不考虑情节）？[1]（2014/2/61）

A. 甲、乙共同盗窃了丙的财物。为防止公安人员提取指纹，甲在丙报案前擦掉了两人留在现场的指纹

B. 甲、乙是好友。乙的重大贪污罪行被丙发现。甲是丙的上司，为防止丙作证，将丙派往境外工作

C. 甲得知乙放火致人死亡后未清理现场痕迹，便劝说乙回到现场毁灭证据

D. 甲经过犯罪嫌疑人乙的同意，毁灭了对乙有利的无罪证据

【解析】 A 选项，考查本犯妨害司法。（1）一般认为，本犯为本人犯罪、教唆他人为本人犯罪，共同犯罪人为同案犯共同犯罪而实施妨害司法行为，因欠缺期待可能而阻却责任。（2）立法体现是，该罪的行为是"帮助当事人毁灭、伪造证据"，即不是该罪犯罪人的人，来帮助当事人来毁灭证据，故而，本犯（"当事人"）不能构成帮助毁灭证据罪。

B 选项，甲构成《刑法》第 307 条的妨害作证罪（针对证人证言），不构成帮助毁灭证据罪（针对实体证据）。

C 选项，考查"帮助毁灭证据"行为的理解。"帮助"的含义是"为了他人"，而不是"帮助（犯）"行为；既包括行为人自己亲自实施毁灭证据的行为，也包括指使他人实施毁灭证据的行为。此外，本犯乙虽不能构成帮助毁灭证据罪；但是，帮助毁灭证据罪的成立，并非要以行为人成立类似于帮助犯的情形为必要前提。

D 选项，考查"证据"的范围、被害人承诺。（1）帮助毁灭证据罪保护的法益是司法秩序，是社会法益；而不是犯罪人的权益，不是个人法益。只要侵害司法公正审理（无论是可能造成应有罪判无罪，还是应无罪判有罪后果的）的帮助毁灭证据行为，均可侵害司法秩序，构成本罪。（2）从而据此规范目的进行目的解释：其一，由此解释，帮助毁灭证据中的"证据"既包括有罪证据、也包括无罪证据。其二，个人不能处分社会法益，犯罪嫌疑人本人的承诺无效，行为人仍构成帮助毁灭证据罪。

5. 王某担任辩护人时，编造了一份隐匿罪证的虚假证言，交给被告人陈小二的父亲陈某，让其劝说证人李某背熟后向法庭陈述，并给李某 5000 元好处费。陈某照此办理。李某收受 5000 元后，向法庭作了伪证，致使陈某被无罪释放。后陈某给陈小二 10 万美元，让其逃往国外。关于本案，下列哪些选项是错误的？[2]（2007/2/64）

A. 王某的行为构成辩护人妨害作证罪

B. 陈某劝说李某作伪证的行为构成妨害作证罪的教唆犯

C. 李某构成辩护人妨害作证罪的帮助犯

D. 陈某让陈小二逃往国外的行为构成脱逃罪的共犯

【解析】（1）对于王某，作为辩护人，策划、指使证人作伪证，构成辩护人妨害作证罪。（2）陈某引诱证人作伪证的，成立妨害作证罪；陈某与王某在妨害作证罪的范围内构成共同犯罪。（3）李某在刑事诉讼中故意作伪证，构成伪证罪。刑法分则已将教唆、指使他人作伪证的行为独立规定为妨害作证罪，系共同行为正犯化。（4）陈小二是在被判无罪释放后逃往国外的，不属被依法关押的罪犯、被告人、犯罪嫌疑人，不构成脱逃罪，陈某自然不能成为脱逃罪的共犯。此外，即使陈小二是犯罪人，陈某帮助犯罪人逃跑的，也只构成窝藏罪。由于欠缺期待可能性，犯罪人窝藏本人的行为不能构成窝藏罪；同样由于对合犯的关系，被窝藏者也

不能与窝藏者构成共犯。

6. 甲杀人后将凶器忘在现场，打电话告诉乙真相，请乙帮助扔掉凶器。乙随即把凶器藏在自家地窖里。数月后，甲生活无着落准备投案自首时，乙向甲汇款 2 万元，使其继续在外生活。关于本案，下列哪一选项是正确的？（2015/2/20）[1]

A. 乙藏匿凶器的行为不属毁灭证据，不成立帮助毁灭证据罪

B. 乙向甲汇款 2 万元不属帮助甲逃匿，不成立窝藏罪

C. 乙的行为既不成立帮助毁灭证据罪，也不成立窝藏罪

D. 甲虽唆使乙毁灭证据，但不能认定为帮助毁灭证据罪的教唆犯

【解析】本题考查帮助毁灭证据罪、窝藏罪，本犯教唆行为的定性

就乙的行为而言：（1）帮助毁灭证据罪中的"毁灭"指的是使司法机关无法查证，乙帮助藏匿凶器属藏匿行为，触犯帮助毁灭证据罪。（2）窝藏罪中帮助犯罪分子逃匿既包括直接帮助逃匿，也包括为逃匿提供物质条件（"帮助"），汇款即是为逃匿提供物质条件，触犯窝藏罪。（3）在罪数上，两行为触犯两罪，应当数罪并罚。A 选项、B 选项、C 选项的说法均错误。

就甲的行为而言：本犯教唆他人为其犯罪帮助毁灭证据的，符合帮助毁灭证据罪的教唆犯的不法要件、具有教唆故意，但因不具期待可能性（不能期待犯罪人不实施此行为），不具有责任，不能认定为帮助毁灭证据罪的教唆犯。另一种解释认为，按照出罪举重以明轻的当然解释，本犯本人实施毁灭证据的实行行为都不认为构成帮助毁灭证据罪，教唆他人实施的教唆行为更轻，举重以明轻，当然更不能以帮助毁灭证据罪的教唆犯论处。

四、窝藏、包庇罪

7. 关于窝藏罪，以下说法正确的有？[2]（2023/客 A/卷一/仿 16）

A. 甲犯罪后逃走，其妻子乙跟他一起逃跑，但照顾其生活多年，则乙不构成窝藏罪

B. 陈某犯罪后外逃，其朋友乙没有让他逃跑，但是对陈某说他会照顾陈某的妻子儿女，每月定期给他们生活费，让陈某放心，则乙不构成窝藏罪

C. 张某犯罪之后准备去投案自首，乙称投案后判刑严重，教唆其逃跑，张某遂外逃，则乙不构成窝藏罪

D. 甲犯罪后不想逃跑，乙为了让其免受刑罚，下安眠药将甲迷晕后用汽车将其拖到外地，则乙不构成窝藏罪

【解析】本题考点：窝藏罪

根据刑法第 310 条，窝藏罪指明知是犯罪的人而为其提供隐藏处所、财物，帮助其逃匿或者作假证明包庇的行为。《最高人民法院、最高人民检察院关于办理窝藏、包庇刑事案件适用法律若干问题的解释》（法释〔2021〕16 号）第 1 条规定了窝藏罪四种实行行为的形式：提供房屋或者其他可以用于隐藏的处所；提供车辆、船只、航空器等交通工具，或者提供手机等通讯工具；提供金钱；其他提供隐藏处所、财物帮助其逃匿的情形。

在构成犯罪的原理上，窝藏罪的实行行为具有三个核心条件：一是行为本身的内容是提供隐藏处所、财物等物质、物理行为；二是对象人是犯罪的人；三是主观目是出于帮助犯罪的人逃匿。

不能错误地将窝藏罪行为理解为"共犯行为正犯化"，将犯罪人的逃匿行为误认为是"实行行为"（事实上，逃匿行为本身并不是犯罪行为或窝藏行为），将窝藏罪行为误认为是"共

---

[1]　D　[2]　ABC

犯行为"。

选项A，乙的行为是照顾生活，而不是提供物质帮助，不构成窝藏罪。

选项B，（1）乙虽提供物质帮助，但帮助的对象人是犯罪人的家属，而不是犯罪的人本人。（2）依据是前述解释第1条，虽然为犯罪的人提供隐藏处所、财物，但不是出于帮助犯罪的人逃匿的目的，不以窝藏罪定罪处罚。（3）仅仅为犯罪的人的逃匿提供"精神帮助"的，不能构成窝藏罪的正犯。并且，由于逃匿行为本身并不是犯罪行为，依照共犯从属原理，精神帮助者也不构成窝藏罪的帮助犯。。

选项C，仅仅教唆犯罪的人的逃匿，而没有提供物质帮助的，不能构成窝藏罪的正犯。并且，由于逃匿行为本身并不是犯罪行为，依照共犯从属原理，教唆者也不构成窝藏罪的教唆犯。

选项D，（1）先简单类比，如果甲自己决定故意逃匿，乙为甲提供汽车，或者用汽车载乘甲，乙显然构成窝藏罪。则举轻以明重，甲实施选项D行为更为严重，更应认定构成窝藏罪。（2）在构成要素解释层面上，窝藏罪中"帮助其逃匿"中的"逃匿"，并不一定要求犯罪人"故意逃匿"，只需其客观上有逃匿行为即可；"帮助"的意思，是指行为人具有"想有利于"的主观目的，也不一定要求符合"帮助犯"的条件。（3）尽管犯罪人甲本身没有故意逃匿的行为，但行为人进行物质帮助的，甚至可以类比于"间接正犯"的原理。

8. 甲在经过某偏僻路口时，发现其好友乙抢劫了丙的财物，且由于乙先前的暴力行为，导致丙流血过多，陷入昏迷状态。甲赶忙对乙说："你惹麻烦了，快找个地方躲躲，走得越远越好。"甲还将自己远房亲戚的姓名、住址提供给乙，并给乙3000元。乙于是坐火车投奔甲的亲戚。甲、乙分别离开现场，3小时后，丙死亡。甲的行为构成何罪？[1]（2008延/2/19）

A. 抢劫罪   B. 故意杀人罪

C. 过失致人死亡罪   D. 窝藏罪

【解析】（1）乙独自实施抢劫已经完全结束，甲在他人犯罪完全结束后再加入进来不能成立承继的共犯，故甲不构成抢劫罪（共犯），故不选A选项。（2）甲明知乙是犯罪人还为其提供隐匿处所，构成窝藏罪。故D选项正确。（3）问题在于：甲能否成立乙的不作为行为（犯罪后不救治）的教唆犯？回答是否定的。首先，乙不救治被害人的行为是其自身决意，而非甲造意，甲不属教唆。其次，甲的行为与被害人的死亡无因果关系，死亡结果不是因甲阻止乙施救而造成。没有甲的行为，按常理乙照样会逃走并造成同样结果，故而，没有甲的行为，被害人仍然死亡，甲的行为与死亡结果之间不存在条件关系。此外，甲对乙没有支配利用，也不能成立间接正犯。因此，即便死亡结果是因乙犯罪后不救治而引起的（此不作为行为被先前的抢劫罪所包容），甲也不能成立此不作为行为的共犯。本题是单选题，故直接以事后犯定窝藏罪即可。

9. 甲路过偏僻路段，看到其友乙强奸丙的犯罪事实。甲的下列哪一行为构成包庇罪？[2]（2012/2/19）

A. 用手机向乙通报公安机关抓捕乙的消息

B. 对侦查人员的询问沉默不语

C. 对侦查人员声称乙、丙系恋人，因乙另有新欢遭丙报案诬陷

D. 经法院通知，无正当理由，拒绝出庭作证

【解析】A选项，为犯罪人通风报信，帮助其逃匿，构成窝藏罪。

B、D 选项，提供虚假证明包庇犯罪人（作为），成立包庇罪；司法机关对知情他人犯罪事实的人进行调查取证时，其单纯不提供证言（不作为）的，不构成犯罪。

C 选项，系属作假证明包庇犯罪人（作为），成立包庇罪。如果成为证人，还可涉嫌伪证罪。

10. 下列哪些行为构成包庇罪？[1]（2009/2/62）

A. 甲帮助强奸罪犯毁灭证据

B. 乙（乘车人）在交通肇事后指使肇事人逃逸，致使被害人因得不到救助而死亡

C. 丙明知实施杀人、放火犯罪行为是恐怖组织所为，而作假证明予以包庇

D. 丁系歌舞厅老板，在公安机关查处卖淫嫖娼违法行为时为违法者通风报信，情节严重

【解析】A 选项，构成《刑法》第 307 第 2 款帮助毁灭证据罪。

B 选项，根据《最高人民法院关于审理交通肇事刑事案件具体应用法律若干问题的解释》第 5 条第 2 项，构成交通肇事罪。

C 选项，（1）对杀人、放火的犯罪人作假证明，构成《刑法》第 310 条的包庇罪。（2）而不构成《刑法》第 294 条第 4 款的包庇黑社会性质组织罪，因该罪是国家机关工作人员利用职权包庇，且本项不是黑社会性质的组织；此外，《刑法》中也无包庇恐怖组织犯罪分子的专门罪名。

D 选项，根据《刑法》第 362 条，构成包庇罪（窝藏罪）。注意此规定很特别，是拟制规定，窝藏、包庇的对象不是犯罪分子而是违法分子。

11. 下列哪些行为不构成包庇罪？[2]（2006/2/63）

A. 国家机关工作人员包庇黑社会性质的组织的

B. 帮助当事人毁灭、伪造证据的

C. 明知他人有间谍行为，在国家安全机关向其收集有关证据时，拒绝提供，情节严重的

D. 包庇走私、贩卖、运输、制造毒品的犯罪分子的

【解析】A 选项，国家机关工作人员包庇黑社会性质的组织的，构成《刑法》第 294 条规定的包庇、纵容黑社会性质组织罪。

B 选项，帮助当事人毁灭、伪造证据的，构成帮助毁灭、伪造证据罪，不构成包庇罪。

C 选项，明知他人有间谍行为，在国家安全机关向其收集有关证据时，拒绝提供，情节严重的，构成《刑法》第 311 条的拒绝提供间谍犯罪证据罪。

D 选项，（1）包庇走私、贩卖、运输、制造毒品的犯罪分子的，构成《刑法》第 349 条的包庇毒品犯罪分子罪。（2）也触犯了包庇罪。（3）罪数上，两罪是特别法与一般法的法条竞合关系，应以特别法包庇毒品犯罪分子罪论处。题干中的"构成"应理解为"认定为"。

五、掩饰、隐瞒犯罪所得、犯罪所得收益罪

12. 下列哪一选项的行为应以掩饰、隐瞒犯罪所得罪论处？[3]（2011/2/17）

A 甲用受贿所得 1000 万元购买了一处别墅

B. 乙明知是他人用于抢劫的汽车而更改车身颜色

C. 丙与抢劫犯事前通谋后代为销售抢劫财物

D. 丁明知是他人盗窃的汽车而为其提供伪造的机动车来历凭证

【解析】A 选项，甲是受贿罪的本犯，本犯掩饰、隐瞒自己犯罪所得的，欠缺期待可能，不构成掩饰、隐瞒犯罪所得罪。

---

[1] CD　[2] ABCD　[3] D

B 选项，注意选项中系"用于抢劫的汽车"，亦即，是他人实施抢劫犯罪之前有通谋，事先有通谋，以抢劫罪的共犯论处。

C 选项，"事前通谋"以抢劫罪的共犯论处。

D 选项，《最高人民法院、最高人民检察院关于办理与盗窃、抢劫、诈骗、抢夺机动车相关刑事案件具体应用法律若干问题的解释》第 1 条第 6 项规定："明知是盗窃、抢劫、诈骗、抢夺的机动车，而提供或者出售伪造、变造的机动车来历凭证、整车合格证、号牌以及有关机动车的其他证明和凭证的，以掩饰、隐瞒犯罪所得、犯罪所得收益罪定罪。"

13. 甲抢劫出租车，将被害司机尸体藏入后备箱后打电话给堂兄乙，请其帮忙。乙帮助甲把尸体埋掉，并把被害司机的证件、衣物等烧掉。两天后，甲把抢来的出租车送给乙。乙的行为构成何罪？[1]（2009/2/63）

    A. 抢劫罪　　　　　　　　　　　　B. 包庇罪
    C. 掩饰、隐瞒犯罪所得罪　　　　　D. 帮助毁灭证据罪

【解析】（1）乙未参与甲的抢劫行为，系事后知情，不属抢劫罪的共同犯罪。（2）乙帮助埋尸、烧证件、衣物的行为构成《刑法》第 307 第 2 款帮助毁灭证据罪，即 D 选项。（3）乙明知出租车系抢劫犯罪所得而占有，系《刑法》第 312 条掩饰、隐瞒犯罪所得罪。值得注意的是，该罪行为形式为"明知是犯罪所得及其产生的收益而予以窝藏、转移、收购、代为销售或者以其他方法掩饰、隐瞒的"，本案行为可认为是窝藏、转移。

六、虚假诉讼罪

14. 甲于 2011 年 8 月 31 日借给乙 50 万元，一年后乙通过银行转账将 50 万元转给甲，乙因为有银行转账证明，未索回欠条。后甲将欠条涂改为 2017 年 8 月 31 日借款，并于 2017 年 9 月 1 日向法院起诉乙还款本息 62 万元。乙以银行转账记录为证提起抗辩，但法官丙并未采信该证据，作出了甲向乙归还欠款本息 62 万元的判决。乙向当地公安报案，关于本案正确的是？[2]（2019/客/卷一/40 仿）

    A. 甲的行为构成虚假诉讼罪，在一审判决做出时才构成犯罪既遂
    B. 甲的行为只构成诈骗罪，法官是受骗人，乙是被害人
    C. 甲的行为构成诈骗罪、虚假诉讼罪，系想象竞合
    D. 法官丙虽然受骗，但不构成民事枉法裁判罪

【解析】（一）对于甲的行为：

1. 隐瞒债务已经全部清偿的事实，向人民法院提起民事诉讼，要求他人履行债务的，以捏造的事实提起民事诉讼，根据《刑法》第 307 条之一，以及《最高人民法院、最高人民检察院关于办理虚假诉讼刑事案件适用法律若干问题的解释》（法释〔2018〕17 号）第 1 条第 2 款，触犯虚假诉讼罪。

2. 关于犯罪形态，根据前条虚假诉讼罪系结果犯，以"妨害司法秩序或者严重侵害他人合法权益"为既遂结果。前述司法解释第 2 条第 2 项规定，"致使人民法院开庭审理，干扰正常司法活动的"即可认为"妨害司法秩序"的结果发生，构成既遂，而无需一审判决做出。

3. 甲欺骗具有处分权的法院，骗取法院对乙的财物进行处分，系三角诈骗，根据《刑法》第 266 条，触犯诈骗罪。《刑法》还未控制住财物，系犯罪未遂。B 选项错在"只"字。

4. 在罪数上，根据第 307 条之一（虚假诉讼罪）第 3 款，系想象竞合，应以虚假诉讼罪（既遂）、诈骗罪（未遂）择一重处。

---

〔1〕　CD　〔2〕　CD

（二）对于法官丙

1. 并非故意违背事实和法律作枉法裁判，主观上无故意，不能构成民事枉法裁判罪。

2. 即使严重不负责任、存在重大过失，判错案造成重大损失，根据《刑法》第397条，也只涉嫌玩忽职守罪。

15. A法院作出的民事判决依法生效，涉及甲的一处房产的执行。为使房产不被执行，甲与乙合谋，签订虚假借款和担保合同，虚构该房产已被抵押的事实，并让乙向B法院提起民事诉讼，B法院采信该合同，遂判决将房产转移给乙。因甲无其他可供执行的财产，导致A法院的判决无法执行。则甲的行为[1]（2019/客/卷一/41仿）

A. 只构成虚假诉讼罪

B. 构成虚假诉讼罪、拒不执行判决罪，系想象竞合

C. 构成虚假诉讼罪、拒不执行判决罪，数罪并罚

D. 构成诈骗罪

【解析】（1）在触犯罪名方面，被执行人甲与乙恶意串通，捏造债权以及对查封、扣押、冻结财产的优先权、担保物权，捏造民事法律关系，向B法院提起民事诉讼，根据《刑法》第307条之一，以及《最高人民法院、最高人民检察院关于办理虚假诉讼刑事案件适用法律若干问题的解释》（法释〔2018〕17号）第1条第1款第6项，触犯虚假诉讼罪。

（2）对于A法院已经生效的判决，被执行人甲与乙串通，通过虚假诉讼方式妨害执行，隐藏、转移财产，致使判决无法执行，根据《刑法》第313条、《全国人民代表大会常务委员会关于〈中华人民共和国刑法〉第三百一十三条的解释》第2款第2项、《最高人民法院关于审理拒不执行判决、裁定刑事案件适用法律若干问题的解释》（法释〔2015〕16号）第2条第4项，触犯拒不执行判决罪。

（3）甲、乙虽以虚假事实欺骗B法院，但因该房产在此之前还未被执行，仍归甲占有，B法院的判决只转移了甲占有的财物，并未转移他人占有的财物，不符合诈骗罪的对象要求，故而甲不能触犯诈骗罪。

（4）在罪数方面，根据《刑法》第307条之一（虚假诉讼罪）第3款，系想象竞合，应以虚假诉讼罪（既遂）、拒不执行判决罪（既遂）择一重处。

16. 《刑法修正案（九）》增设了虚假诉讼罪，关于虚假诉讼罪，有如下表述：（1）虚假诉讼行为人通过虚假诉讼的手段，拒不执行判决、裁定的，构成虚假诉讼罪、拒不执行判决、裁定罪，依照处罚较重的规定定罪从重处罚；（2）虚假诉讼行为人通过虚假诉讼骗取他人财物，构成虚假诉讼罪与诈骗罪，系想象竞合；（3）虚假诉讼行为人为了骗取他人财物，而与审理案件的法官串通，法官作出枉法裁决的；法官也可触犯诈骗罪；（4）虚假诉讼行为人通过虚假诉讼骗取他人财物，没有与审理案件的法官串通；但法官明知事情真相，仍作出枉法裁决的；虚假诉讼行为人可构成虚假诉讼罪，但不能构成诈骗罪。关于上述表述的判断，下列选项正确的有？[2]（2021/客/卷一/20仿）

A. （1）（2）（3）（4）均正确   B. （1）（2）（3）正确，（4）错误

C. （1）（2）正确，（3）（4）错误   D. （1）正确，（2）（3）错误

【解析】本题考查虚假诉讼罪，以及相关罪数规则。

对于（1）（2），根据《刑法》第307条之一（虚假诉讼罪）第3款，以及《最高人民法院、最高人民检察院关于办理虚假诉讼刑事案件适用法律若干问题的解释》第4条，分别触犯

---

[1] B [2] B

两罪，系想象竞合，照处罚较重的规定定罪从重处罚。说法正确。

对于（3）主要涉及的问题是：法官知情诈骗真相仍然枉法裁决，其可否构成诈骗罪？虚假诉讼中的诈骗，实质上是"三角诈骗"，被骗的对象人是法院单位（而不是法官个人），通过骗取法院对被害人财产作出处分，从而使被害人财产受损。尽管法官的裁判行为是职权行为，但仍可认为是与虚假诉讼行为人合谋，共同骗取法院，也可触犯诈骗罪（可以类比：贷款诈骗罪中内外勾结，共同诈骗金融机构贷款的情形）；同时触犯民事枉法裁判罪、虚假诉讼罪，根据《刑法》第307条之一第4款、前述解释第5条，系想象竞合，择一重罪从重处罚。

对于（4），对虚假诉讼行为人的定性，涉及问题同前述（3），因诈骗的对象人是法院单位（而不是法官个人），因此其仍可触犯诈骗罪；同时触犯虚假诉讼罪，系想象竞合。对于法官的定性，主要涉及的问题是：对诈骗正犯的片面的帮助可否构成帮助犯？通说认为片面的帮助可成立帮助犯；同时触犯民事枉法裁判罪、虚假诉讼罪，想象竞合。本选项可类比于：甲合同诈骗A公司，而A公司审查合同的法务人员故意不揭露，以不作为形式实施片面帮助。

七、脱逃罪

17. 下列哪些人可以成为脱逃罪的主体？[1]（2004/2/58）

A. 被判处管制的犯罪分子

B. 依法被关押的罪犯

C. 依法被关押的被告人

D. 依法被关押但尚无充分证据证明有罪的犯罪嫌疑人

【解析】根据《刑法》第316条的规定，脱逃罪的主体是依法被关押的罪犯、被告人、犯罪嫌疑人。管制不予关押，故不构成本罪，A选项不选。

18. 下列哪些行为不应当认定为脱逃罪？[2]（2006/2/61）

A. 犯罪嫌疑人在从甲地押解到乙地的途中，乘押解人员不备，偷偷溜走

B. 被判处管制的犯罪分子未经执行机关批准到外地经商，直至管制期满未归

C. 被判处有期徒刑的犯罪分子组织多人有计划地从羁押场所秘密逃跑

D. 被判处无期徒刑的8名犯罪分子采取暴动方法逃离羁押场所

【解析】选项A，主体是犯罪嫌疑人，符合《刑法》第316条关于脱逃罪的规定。选项B，被判处管制的人由于并没有被关押，不能构成脱逃罪。选项C，构成《刑法》第317条规定的组织越狱罪，其与脱逃罪的区分在于有无组织行为。选项D，构成《刑法》第317条规定的暴动越狱罪。

19. 被某监狱关押的罪犯赵某、钱某、孙某三人，密谋约好一起越狱。按照计划，赵某在看电视时故意制造事端、殴打其他被关押罪犯，扰乱秩序，情节严重，钱某、孙某趁机出逃。钱某还未逃出、孙某在逃出监狱之后不久即被抓获。关于三人的行为，以下说法正确的有[3]（2018/客/卷一/25仿）

A. 孙某构成脱逃罪，系犯罪既遂　　　B. 钱某构成脱逃罪，系犯罪未遂

C. 赵某构成破坏监管秩序罪　　　　　D. 赵某、钱某、孙某三人构成共同犯罪

【解析】本题考查妨害司法类犯罪。

（1）赵某、钱某、孙某共谋越狱，根据《刑法》第316条，三人构成脱逃罪的共同犯罪。钱某、孙某是脱逃罪的共同正犯，赵某是帮助犯。

（2）在犯罪形态上，脱逃罪通常认为是亲手犯（自手犯），不存在间接正犯；对于正犯而

---

[1] BCD　[2] BCD　[3] ACD

言，仅有亲自实施既遂，才构成既遂。其一，孙某已逃出，认定为脱逃罪的既遂。其二，钱某还未逃出，如将其认定为正犯，其脱逃正犯行为系未遂。但是，如将其视为正犯孙某的帮助犯（共同正犯可认为包容帮助行为），因孙某既遂，钱某仍可认为是孙某脱离罪既遂的帮助犯，亦为犯罪既遂。其三，赵某亦是孙某脱离罪既遂的帮助犯，为犯罪既遂。故而，三人均为犯罪既遂。

（3）赵某殴打其他被关押罪犯，根据《刑法》第315条第4项的规定，可触犯破坏监管秩序罪。是该罪与脱逃罪帮助犯的想象竞合。

八、拒不执行判决、裁定罪

20. 甲欠乙10万元久拖不还，乙向法院起诉并胜诉后，甲在履行期限内仍不归还。于是，乙向法院申请强制执行。当法院的执行人员持强制执行裁定书到甲家执行时，甲率领家人手持棍棒在门口守候，并将试图进入室内的执行人员打成重伤。甲的行为构成何罪？[1]（2008/2/17）

  A. 拒不执行判决、裁定罪   B. 聚众扰乱社会秩序罪

  C. 妨害公务罪   D. 故意伤害罪

【解析】（1）以重伤的手段拒不执行判决、裁定的，触犯拒不执行判决、裁定罪与故意伤害罪（致人重伤），系想象竞合，择一重罪处断以重罪故意伤害（重伤）罪论处。法条依据1998年《最高人民法院关于审理拒不执行判决、裁定案件具体应用法律若干问题的解释》第6条的规定，暴力抗拒人民法院执行判决、裁定，杀害、重伤执行人员的，依照故意杀人罪、故意伤害罪的规定定罪处罚。注意：前述1998年解释的该规定与下文最新发布的2015年解释并不矛盾，仍然有效。

（2）以一般暴力手段抗拒国家机关工作人员，拒不执行判决、裁定的，认定为拒不执行判决、裁定罪，不认定为妨害公务罪。法条依据是：《全国人民代表大会常务委员会关于〈中华人民共和国刑法〉第三百一十三条的解释》第2款第5项，以及2015年《最高人民法院关于审理拒不执行判决、裁定刑事案件适用法律若干问题的解释》（自2015年7月22日起施行）第2条第5~7项，其中规定，以暴力、威胁方法阻碍执行人员进入执行现场或者聚众哄闹、冲击执行现场，致使执行工作无法进行的，属于《刑法》第三百一十三条规定的"有能力执行而拒不执行，情节严重"的情形，构成拒不执行判决、裁定罪。

九、传授犯罪方法罪

21. 乙、丙二人分别在甲开设的网店里买迷药"西班牙红苍蝇"。卖家甲明知乙、丙购买迷药后，可能会拿去做坏事，仍告诉二人如何使用，以及剂量用多少。乙购买之后，多次使用该迷药将他人迷晕，拿走其财物。未查明丙将迷药用于何处。则关于甲的行为的定性，下列选项说法不正确的有[2]（2018/客/卷一/26仿）

  A. 乙构成盗窃罪，甲构成盗窃罪的共犯

  B. 乙构成抢劫罪，甲构成抢劫罪的共犯

  C. 不论乙、丙有没有将迷药用于犯罪，甲都构成传授犯罪方法罪，系犯罪既遂

  D. 甲出于经营的目的出售迷药，构成非法经营罪，不与乙、丙构成共同犯罪

【解析】（1）对于乙的行为，将他人迷晕后，拿走其财物，是对人实施暴力后取财，根据《刑法》第263条的规定，构成抢劫罪。选项A说法错误，当选。

（2）对于甲的行为，知道他人将迷药用于犯罪，还传授使用方法，根据《刑法》第295条的规定，构成传授犯罪方法罪。该罪是行为犯，只需行为人的行为实施完毕即为既遂。该罪

是正犯，不是帮助犯，不以下游犯罪人实施犯罪为成立前提，也不以下游犯罪人实施犯罪既遂为既遂标准。故而选项C说法正确，不当选。

（3）《刑法》第225条规定的非法经营罪的具体行为，以及相关司法解释规定中，尚未将出售违禁迷幻药剂的行为纳入（只有未经许可出售药品的规定，而迷药不属药品），故难以认定为非法经营罪。选项D说法错误，当选。

（4）本题难点在于，乙构成抢劫罪，甲明知乙可能用迷药做坏事，仍然为其提供迷药，可否构成抢劫罪的帮助犯（如果同时触犯抢劫罪的帮助犯，又触犯传授犯罪方法罪，应当择一重处）？这主要涉及帮助故意的认识内容。帮助故意的成立，必须帮助者认识到正犯的行为、结果，以及帮助行为对实行行为的促进关系。本案中甲只是明知乙可能将迷药用于做坏事，但并不明确知晓其会用于抢劫，可否认定甲有帮助抢劫的故意？通说认为，犯罪故意的认识内容必须是具体的，需对特定罪名的构成要件要素有认识，甲必须明知乙用于抢劫，才能认定具有帮助抢劫的故意。少数观点基于"概括故意"的理解，认为明知"做坏事"可以包容明知"抢劫"，至少可认为是放任心态的间接故意。故而按照通说，甲主观上不具有帮助抢劫的故意，不能构成抢劫罪的帮助犯。选项B说法错误，当选。

考点三　妨害国（边）境管理罪（第六章第三节）

关于组织他人偷越国（边）境罪、运送他人偷越国（边）境罪及其罪数关系，以下说法正确的有（注：根据历年真题的选项拼凑）[1]

A. 在组织他人偷越国（边）境过程中，以暴力方法抗拒检查的，应当数罪并罚（2006/2/7－C）

B. 组织他人偷越国边境又强奸被组织人，应当数罪并罚（2003/2/36－D）

C. 已满14周岁不满16周岁的人实施下列行为，应当承担刑事责任：参与运送他人偷越国（边）境，造成被运送人死亡的（2006/2/51－A）

D. 在运送他人偷越国（边）境过程中，以暴力方法抗拒检查的，应当数罪并罚（2006/2/7－D）

【解析】选项A，按《刑法》第318第1款第（5）项，按组织他人偷越国（边）境罪加重犯处罚，不数罪并罚。

选项B，根据《刑法》第318条第2款，犯组织他人偷越国边境罪，对被组织人有杀害、伤害、强奸、拐卖等犯罪行为，依照数罪并罚的规定处罚。

选项C，运送他人偷越国（边）境"造成被运送人死亡"应解释为过失致人死亡，已满14不满16周岁的人对运送他人偷越国（边）境、过失致死行为均不承担刑事责任。如果是"杀害"运送人，则应承担故意杀人罪的刑事责任。

选项D，《刑法》第321条第2款，按运送他人偷越国（边）境罪加重犯处罚，不数罪并罚。

---

[1] B

考点四　妨害文物管理罪（第六章第四节）

一、盗掘古文化遗址、古墓葬罪

1. 甲盗掘国家重点保护的古墓葬，窃取大量珍贵文物，并将部分文物偷偷运往境外出售牟利。司法机关发现后，甲为毁灭罪证将剩余珍贵文物损毁。关于本案，下列哪些选项是错误的？[1]（2010/2/63）

A. 运往境外出售与损毁文物，属于不可罚的事后行为，对甲应以盗掘古墓葬罪、盗窃罪论处

B. 损毁文物是为自己毁灭证据的行为，不成立犯罪，对甲应以盗掘古墓葬罪、盗窃罪、走私文物罪论处

C. 盗窃文物是盗掘古墓葬罪的法定刑升格条件，对甲应以盗掘古墓葬罪、走私文物罪、故意损毁文物罪论处

D. 盗掘古墓葬罪的成立不以盗窃文物为前提，对甲应以盗掘古墓葬罪、盗窃罪、走私文物罪、故意损毁文物罪论处

【疑难辨析】本题考查盗掘古墓葬罪及关联犯罪之间的罪数关系。不仅涉及法条规定，还涉及总论的罪数理论，特别是事后不可罚的认定，具有一定的难度。事后不可罚要求前后两行为针对同一对象、侵害相同法益，并且后行为已被前行为包容评价。

【解析】根据《刑法》第328条第4项的规定，盗掘古文化遗址、古墓葬，并盗窃珍贵文物或者造成珍贵文物严重破坏的，是该罪的加重犯。指在盗掘过程中盗窃、毁坏所盗文物。

（1）甲盗掘国家重点保护的古墓葬，构成盗掘古墓葬罪。

（2）甲盗掘时盗窃珍贵文物，触犯盗窃罪，按前述规定构成盗掘古墓葬罪的加重犯，对此行为不再单独定盗窃罪。

（3）甲将文物偷偷运往境外，触犯《刑法》第151条的走私文物罪。由于走私行为侵害的是国家对特定物品的管制权，侵害新的法益，不认定为不可罚的事后行为，应另定它罪。

（4）甲为毁灭罪证将剩余珍贵文物损毁，如将文物视为犯罪证据，甲确系毁灭证据的行为。但本犯欠缺期待可能性，甲不构成帮助毁灭证据罪。

（5）但是，对珍贵文物进行损毁的行为本身，构成《刑法》第324条第1款规定的故意损毁文物罪。

（6）同时触犯了故意毁坏财物罪，该罪与故意毁坏财物罪是一般法与特别法的法条竞合关系，以特别法故意损毁文物罪论处。

（7）在罪数上，根据前述《刑法》第328条第4项规定的盗掘古墓葬罪的加重犯中的"造成珍贵文物严重破坏"，特指在盗掘古墓葬过程中造成破坏，本题情形是在盗掘完毕后再故意损毁，不符合加重犯情形，应当单独认定为故意损毁文物罪。

（8）从保护法益角度来看，故意损毁文物罪侵害的是文物，盗掘古墓葬罪侵害的是古墓葬，两罪对象不同，保护法益也不相同，故应数罪并罚，而不认为是不可罚的事后行为。

（9）综上，选项C说法正确。不可罚的事后行为要求没有侵害新的法益，走私文物、事后损毁文物都侵害了新的法益，不能认定为不可罚的事后行为。

---

[1]　ABD

二、倒卖文物罪

2. 甲晚上潜入一古寺，将寺内古墓室中有珍贵文物编号的金佛的头用钢锯锯下，销赃后获赃款10万元。对甲应以什么罪追究刑事责任？[1]（2004/2/19）

A. 故意损毁文物罪   B. 倒卖文物罪

C. 盗窃罪   D. 盗掘古文化遗址、古墓葬罪

【解析】（1）盗掘古文化遗址、古墓葬罪的行为对象是盗掘尚未出土的古文化遗址、古墓葬；本案中是古寺中的文物，系出土文物，故不构成盗掘古文化遗址、古墓葬罪。

（2）本案属于毁坏型的盗窃，毁坏行为的对象是国家保护的珍贵文物，触犯故意损毁文物罪（故意损毁文物罪与故意毁坏财物罪是特别法与一般法的法条竞合关系，应按特别法论处）；盗窃行为触犯盗窃罪。系想象竞合，依照《最高人民法院、最高人民检察院关于办理盗窃刑事案件适用法律若干问题的解释》第11条第1项的规定："采用破坏性手段盗窃公私财物，造成其他财物损毁的，以盗窃罪从重处罚；同时构成盗窃罪和其他犯罪的，择一重罪从重处罚。"

（3）按《刑法》第324条规定，故意损毁文物罪一般刑罚为3年，情节严重法定最高刑为徒刑10年；按《刑法》第264条规定以及盗窃罪最新解释，盗窃珍贵文物，法定最高刑为无期徒刑。故盗窃罪是重罪，应按盗窃罪论处。当然，本题的纰漏在于没有明示文物的级别；但由于本题是单选题，一般情况下，盗窃罪要重于故意损毁文物罪，故C选项最为合理。

（4）此外，本案行为人盗窃文物后销赃（违规向私人出售文物）的行为，根据《最高人民法院、最高人民检察院关于办理妨害文物管理等刑事案件适用法律若干问题的解释》（法释〔2015〕23号）第6条的解释，倒卖文物罪中的"倒卖"，指"出售或者为出售而收购、运输、储存"，亦即将"倒卖"解释为"销售"的话，可另外成立倒卖文物罪。因盗窃罪、倒卖文物罪侵害不同法益，类比于盗窃毒品后又贩卖毒品，不属事后不可罚，应当数罪并罚。B选项也当选。

考点五　危害公共卫生罪（第六章第五节）

一、医疗事故罪；非法行医罪

1. 医生甲退休后，擅自为人看病2年多。某日，甲为乙治疗，需注射青霉素。乙自述以前曾注射过青霉素，甲便未做皮试就给乙注射青霉素，乙因青霉素过敏而死亡。关于本案，下列哪一选项是正确的？[2]（2013/2/18）

A. 以非法行医罪的结果加重犯论处 B. 以非法行医罪的基本犯论处

C. 以过失致人死亡罪论处   D. 以医疗事故罪论处

【解析】（1）医生退休后已无"执业资格"，系非法行医罪的主体；擅自为人看病系营业性的非法行医行为，情节严重可构成非法行医罪。

（2）不做皮试注射导致过敏死亡，死亡结果与行医行为之间具有因果关系，系非法行医致人死亡，属结果加重犯。

2. 医生甲未获得医疗机构许可证而开设诊所，病患乙去甲的诊所看病，对甲称自己青霉素不过敏。甲遂未作皮试而乙注射青霉素，导致乙因青霉素过敏死亡。则甲的行为应当认定为[3]

---

〔1〕　BC　　〔2〕　A　　〔3〕　C

（2018/客/卷一/27 仿）

　　A. 非法行医罪的结果加重犯

　　B. 过失致人死亡

　　C. 医疗事故罪

　　D. 乙的死亡系其欺骗甲导致，甲的行为与死亡结果之间没有因果关系

　　【解析】本题的案情与上题不同。关于非法行医罪，根据《最高人民法院关于修改〈关于审理非法行医刑事案件具体应用法律若干问题的解释〉的决定》以及《最高人民法院关于审理非法行医刑事案件具体应用法律若干问题的解释》，删除原《解释》第一条第二项。亦即，不再将"个人未取得《医疗机构执业许可证》开办医疗机构的"的情况，认定为"未取得医生执业资格的人非法行医"的情况，不再构成非法行医罪。本案中甲系医生，具有医生执业资格，只是未获得医疗机构许可证而开设诊所，不符合《刑法》第336条的规定，不构成非法行医罪。因此，也不构成非法行医罪致人死亡（结果加重犯）。A选项不当选。

　　关于因果关系，不管病患乙有何举动，作为医生的甲都需遵守执业规范作皮试，未作皮试导致死亡，违规行为与死亡结果之间具有因果关系。D选项说法错误。甲具有医生资格，符合《刑法》第335条的规定，构成医疗事故罪。

　　同时，甲也触犯过失致人死亡罪，但该罪与医疗事故罪是部分法与整体法的法条竞合关系，应以整体法医疗事故罪一罪论处。

二、组织卖血罪；强迫卖血罪等血液违规犯罪

　　3. 某镇医院医生贾某在为患者输血时不按规定从县血站提取，而是习惯于直接从献血者身上采血后输给患者，住院病人于某因输了贾某采集的不符合国家规定的血液发生不良反应死亡。贾某的行为构成何罪？[1]（2003/2/6）

　　A. 非法采集、供应血液罪　　　　　　B. 采集、供应血液事故罪

　　C. 医疗事故罪　　　　　　　　　　　D. 过失致人死亡罪

　　【解析】（1）先比较AB两项的区别。非法采集、供应血液罪的主体是没有采供血液资格的人，即处罚非法采供行为；采集、供应血液事故罪的主体是具有采供血液资格的部门（血站），即处罚合法采供"违规操作"造成后果的行为。依据两高《关于办理非法采供血液等刑事案件具体应用法律若干问题的解释》第1条，未经批准和超批准范围而采供血液的，都认为是非法采供。本案中贾某虽为医务人员，但不是在有合法采供血资格的部门（血站）中的工作人员，不具有采供血液资格，其采供行为不能认定为合法采供"违规操作"，而是非法采供，非法采集、供应血液罪为危险犯，足以危害人体健康即可构成犯罪，本案已造成病人死亡的重大后果，符合前述解释第4条第1项规定，构成非法采集、供应血液罪，而不构成采集、供应血液事故。（2）再分析ABCD三项的关系。①如将合法的采供血液行为认定为医疗行为中的一种，则采集、供应血液事故罪与医疗事故罪是特别法与一般法的法条竞合关系，因合法采供血液而导致的医疗事故，应适用特别法即采集、供应血液事故罪法条。②采集、供应血液事故罪与过失致人死亡罪，医疗事故罪与过失致人死亡罪之间存着整体法（包容）和部分法（被包容）的法条竞合关系，应优先适用整体法即采集、供应血液事故罪，或医疗事故罪法条。③非法采集、供应血液罪中也可包容过失致人死亡罪。（3）本案行为人的行为触犯了非法采集、供应血液罪，过失致人死亡罪两个法条，但由于非法采集、供应血液罪中可包容过失致人死亡罪，故最终适用整体法法条即以非法采集、供应血液罪论处。

――――――――――――

[1]　A

考点六　破坏环境资源保护罪［盗伐林木罪；滥伐林木罪］（第六章第六节）

1. 甲公司竖立的广告牌被路边树枝遮挡，甲公司在未取得采伐许可的情况下，将遮挡广告牌的部分树枝砍掉，所砍树枝共计6立方米。关于本案，下列哪一选项是正确的？[1]（2013/2/19）

A. 盗伐林木包括砍伐树枝，甲公司的行为成立盗伐林木罪

B. 盗伐林木罪是行为犯，不以破坏林木资源为要件，甲公司的行为成立盗伐林木罪

C. 甲公司不以非法占有为目的，只成立滥伐林木罪

D. 不能以盗伐林木罪判处甲公司罚金

【解析】（1）盗伐林木罪、滥伐林木罪的"林木"指活的树木、成片的树林，把活树砍死；因砍伐树枝不致使树死亡，故不属盗伐林木、滥伐林木。法条依据比照《最高人民法院关于审理破坏森林资源刑事案件具体应用法律若干问题的解释》第15条，非法实施采种、采脂、挖笋、掘根、剥树皮等行为，牟取经济利益数额较大，不使树死亡的，构成盗窃罪。故选项A错误，选项B也错误。

（2）甲公司没有以非法占有为目的，但砍伐的对象不属"林木"，故而既不构成盗伐林木罪，也不构成滥伐林木罪，盗窃罪，选项C错误。选项D正确。

2. 李某多次尾随盗伐林木人员，将其砍倒尚未运走的林木偷偷运走，销赃获利数千元。此外，他还盗伐了他人自留地、责任田等地边田坎种植的零星树木5个多立方米。对李某的上述行为应当如何定罪处罚？[2]（2003/2/8）

A. 以盗伐林木罪定罪处罚

B. 以盗窃罪定罪处罚

C. 以盗伐林木罪和盗窃罪定罪，实行数罪并罚

D. 以盗伐林木罪、盗窃罪和销售赃物罪定罪，实行数罪并罚

【解析】盗伐林木罪的对象是成片的、活着的"林木"。根据《关于审理破坏森林资源刑事案件具体应用法律若干问题的解释》第9条规定，将国家、集体、他人所有并已经伐倒的树木窃为己有，以及偷砍他人房前屋后、自留地种植的零星树木，数额较大的，以盗窃罪定罪处罚。故本案构成盗窃罪。

3. 关于盗伐林木罪，下列哪一选项是正确的？[3]（2017/2/20）

A. 甲盗伐本村村民张某院落外面的零星树木，如果盗伐数量较大，构成盗伐林木罪

B. 乙在林区盗伐珍贵林木，数量较大，如同时触犯其他法条构成其他犯罪，应数罪并罚

C. 丙将邻县国有林区的珍贵树木移植到自己承包的林地精心养护使之成活的，不属于盗伐林木

D. 丁在林区偷扒数量不多的具有药用价值的树皮，致使数量较大的林木枯死的，构成盗伐林木罪

【解析】A选项，"林木"指活的、成片的树林，不包括零星树木。《最高人民法院关于审理破坏森林资源刑事案件具体应用法律若干问题的解释》（法释〔2000〕36号）第9条规定："偷砍他人房前屋后、自留地种植的零星树木，数额较大的，依照《刑法》第二百六十四条的

规定，以盗窃罪定罪处罚"。故本选项构成盗窃罪，不构成盗伐林木罪。本选项说法错误。

B 选项，前述解释第 8 条规定"盗伐、滥伐珍贵树木，同时触犯《刑法》第三百四十四条、第三百四十五条规定的，依照处罚较重的规定定罪处罚。"系想象竞合，而不是数罪并罚。本选项说法错误。

C 选项，(1) 从盗伐林木罪保护的法益来看，本罪属于"破坏环境资源保护罪"，保护树的生命；故而移植树木使其成活，没有把树弄死，不构成盗伐林木罪，或者非法采伐、毁坏国家重点保护植物罪。(2) 在判例方面，最高法《刑事审判参考》总第 86 集载"李波盗伐林木案——以出售为目的，盗挖价值数额较大的行道树的行为，如何定性"（第 785 号），将此类行为定性为盗窃罪。判决要旨为："行道树属于'其他林木'的范畴，可以成为盗伐林木犯罪的对象，因此，仅从行道树的角度，不能认定本案不构成盗伐林木罪。本案被告人的行为属于'盗挖'，而非'盗伐'，不构成盗伐林木罪。盗挖行为虽然未经绿化行政主管部门审批，在一定程度上违反了有关城市绿化管理制度，但毕竟未终结树木生命，尚未对生态环境造成无法挽救的后果，因此其行为危害最主要体现在侵害了树木所有人的财产所有权"。故而，本选项说法正确。

D 选项，(1) 根据前述解释第 15 条"非法实施采种、采脂、挖笋、掘根、剥树皮等行为，牟取经济利益数额较大的，依照《刑法》第二百六十四条的规定，以盗窃罪定罪处罚。同时构成其他犯罪的，依照处罚较重的规定定罪处罚。"在本选项中，因为"数量不多"，不能构成盗窃罪。(2) 问题在于：能否构成盗伐林木罪？关键在于对于"盗伐"如何解释，是否包括毁坏？前述司法解释第 3 条，将"盗伐"解释为"擅自砍伐"，并不包括毁坏。从文理解释来看，"伐"的最大文义为"砍"，不能包容"毁坏"。并且，《刑法》第 344 条规定有"危害国家重点保护植物罪"，是将"非法采伐"与"毁坏"并列；而第 345 条只规定有"盗伐林木罪、滥伐林木罪"。通过对比和体系解释可知，第 345 条"盗伐林木罪"的"盗伐"应当解释为"擅自砍伐"，并不包括毁坏，否则是类推解释。(3) 故而，毁坏普通林木的，不能认定为"盗伐林木罪"；如林木有产权，可触犯故意毁坏财物罪。本选项说法错误。

4. 村长甲谎称其已经办理了采伐许可证，把本村 30 亩集体林地上的 300 多棵树木，出售给木材店老板乙。乙信以为真将树木砍伐运走，村长将所得款项据为己有。则甲的行为应当认定为？[1]（2019/客/卷一/42 仿）

A. 盗窃罪   B. 诈骗罪   C. 盗伐林木罪   D. 合同诈骗罪

【解析】（一）对于林木。林木的所有权人、占有人是村集体，不是村长甲，系盗伐林木罪、盗窃罪的对象。

1. 对于实行者乙，实施了盗伐林木、盗窃实行行为，但因主观上无故意，不构成盗伐林木罪、盗窃罪的正犯。

2. 村长甲欺骗、利用没有犯罪故意的乙，支配乙实施盗伐林木、盗窃行为，甲主观上具有故意，根据《刑法》第 345 条、第 264 条，叫触犯盗伐林木罪、盗窃罪的间接正犯。

3. 罪数上，两罪是整体法与部分法的法条竞合关系，应以整体法盗伐林木罪一罪论处。

4. 村长甲利用职务便利盗窃村集体财产，还可以触犯职务侵占罪。与盗伐林木罪系想象竞合，应当择一重处。本题选项中由于没有出现该罪名，所以在此不考虑。

（二）对于甲从乙处获得的钱款的行为

甲虽实施了欺骗行为，但根据《最高人民法院、最高人民检察院关于办理诈骗刑事案件具

---

[1]   C

体应用法律若干问题的解释》第 10 条第 2 款，乙可以基于善意取得而获得树木，乙没有财产损失，故而甲对乙不构成诈骗罪。也不构成合同诈骗罪。

5. 甲见校园周边的景观林（所有权人为乙）长势茂盛，就以欺骗手段向林管部门取得了采伐证，然后谎称林木为自己所有，将其出售给丙，丙信以为真，将树木砍伐卖掉。关于甲的行为[1]（2019/客/卷一/43 仿）

    A. 构成盗窃罪（间接正犯）、诈骗罪，系想象竞合

    B. 构成诈骗罪（间接正犯）、诈骗罪（直接正犯），数罪并罚

    C. 以盗伐林木罪论处

    D. 以滥伐林木罪论处

【解析】1. 对于林木，甲利用没有犯罪故意的丙，盗伐乙所有的林木，可触犯盗伐林木罪、盗窃罪的间接正犯。两罪是整体法与部分法的法条竞合关系，应以整体法盗伐林木罪一罪论处。

2. 甲对丙虽实施有欺骗行为，但丙可以基于善意取得而获得树木，乙没有财产损失，故而甲对乙不构成诈骗罪。

3. 盗伐林木罪中本来就包容滥伐林木的内容，两罪系整体法与部分法的法条竞合关系，应以整体法盗伐林木罪一罪论处。

6. 甲以非法占有目的，穿着林业部门工作人员的衣服，在没有取得采伐许可证的情况下，砍伐他人的大片林地。当地群众虽然看见了，但以为甲是林业部门工作人员就没有制止。则关于甲的行为说法正确的有？[2]（2023/客 B/卷一/仿 17）

    A. 甲应以盗窃罪论处

    B. 虽然甲的行为被群众看见了，但不影响其构成盗伐林木罪

    C. 甲应以滥伐林木罪论处

    D. 甲应以故意毁坏财物罪论处

【解析】本题考点：盗伐林木罪、滥伐林木罪，以及与盗窃罪、故意毁坏财物罪的关系。

（1）根据《最高人民法院关于审理破坏森林资源刑事案件适用法律若干问题的解释》（法释〔2023〕8 号，2023 年 8 月 15 日起施行）第 3 条第 1 款，以非法占有为目的，未取得采伐许可证，擅自采伐国家、集体或者他人所有的林木的，构成盗伐林木罪。这里的"盗伐"，指林木的所有权人不知情即可；群众不是林木的所有权人，是否知情，不影响行为人构成盗伐林木罪。

（2）根据前述解释第 5 条的规定，未取得采伐许可证，或者违反森林法第五十六条第三款的规定，任意采伐本单位或者本人所有的林木的；以及在采伐许可证规定的地点，超过规定的数量采伐国家、集体或者他人所有的林木的，构成滥伐林木罪。事实上，从理论层面上讲，"盗伐"必然包含了"滥伐"，盗伐林木罪与滥伐林木罪是整体法与部分法的法条竞合关系，同时触犯两罪的，应以整体法盗伐林木罪论处。选项 C 错误。

（3）同时，盗伐林木罪与盗窃罪是特别法与一般法的法条竞合关系，同时触犯两罪的，应以特别法盗伐林木罪论处。选项 A 错误。

（4）根据前述解释第 1 条第 2 款的规定，不以非法占有为目的，违反森林法的规定，进行开垦、采石、采砂、采土或者其他活动，造成国家、集体或者他人所有的林木毁坏，符合刑法第二百七十五条规定的，以故意毁坏财物罪定罪处罚。事实上，从理论层面上讲，如果"盗

---

[1] C [2] B

伐"或"滥伐"导致活树变死、价值贬损的，同时触犯两罪的，也是整体法与部分法的法条竞合关系，应以整体法盗伐林木罪（或者滥伐林木罪）论处。选项 D 错误。

考点七　走私、贩卖、运输、制造毒品罪（第六章第七节）

一、走私、贩卖、运输、制造毒品罪

1. 甲、乙均为吸毒人员，且关系密切。乙因买不到毒品，多次让甲将自己吸食的毒品转让几克给乙，甲每次均以购买价转让毒品给乙，未从中牟利。关于本案，下列哪些选项是错误的？[1]（2008/2/65）

A. 贩卖毒品罪必须以营利为目的，故甲的行为不成立贩卖毒品罪

B. 贩卖毒品罪以获利为要件，故甲的行为不成立贩卖毒品罪

C. 甲属于无偿转让毒品，不属于贩卖毒品，故不成立贩卖毒品罪

D. 甲只是帮助乙吸食毒品，刑法没有将吸食毒品规定为犯罪，故甲不成立犯罪

【解析】本题涉及对贩卖毒品罪的构成条件的理解。贩卖毒品指有偿转让毒品或者以贩卖为目的出售毒品，构成此罪确需以牟利为目的［见最高人民法院《全国部分法院审理毒品犯罪案件工作座谈会纪要》（2008）第 1 条］。但这里的"牟利"目的（主观构成要素），应当解释为有偿转让或者是"卖"即可，并不需要以"获利"（挣取差价）为目的。故而 B 项错误。

"牟利"即是"有偿转让"或"卖"，即追求获取对价或对价物。本案中行为人以原价出售毒品，虽未获利，但也获取的对价，应当认定为以牟利为目的"贩卖"；只有赠与而未获取对价或对价物时，才能认定为"无偿"。故 AC 两选项错误。

D 选项是想以共犯原理来解释本案行为，由于本案行为人的贩卖行为已被规定为贩卖毒品罪的实行行为，无需再考虑共犯问题。此外，吸食毒品虽不是犯罪，但是，周边行为如制造、贩卖、运输、走私、引诱、教唆、容留他人吸毒的行为本身却被规定为了犯罪实行行为，无需依据共犯原理解说。

2. 关于毒品犯罪，下列哪些选项是正确的？[2]（2016/2/61）

A. 甲无牟利目的，为江某代购仅用于吸食的毒品，达到非法持有毒品罪的数量标准。对甲应以非法持有毒品罪定罪

B. 乙为蒋某代购仅用于吸食的毒品，在交通费等必要开销之外收取了若干"劳务费"。对乙应以贩卖毒品罪论处

C. 丙与曾某互不知情，受雇于同一雇主，各自运输海洛因 500 克。丙将海洛因从一地运往另一地后，按雇主吩咐交给曾某，曾某再运往第三地。丙应对运输 1000 克海洛因负责

D. 丁盗窃他人 200 克毒品后，将该毒品出卖。对丁应以盗窃罪和贩卖毒品罪实行数罪并罚

【解析】A 选项，《全国法院毒品犯罪审判工作座谈会纪要》（2015）第 2 部分第 1 条第 3 款前半句："行为人为吸毒者代购毒品，在运输过程中被查获，没有证据证明托购者、代购者是为了实施贩卖毒品等其他犯罪，毒品数量达到较大以上的，对托购者、代购者以运输毒品罪的共犯论处。""在购买、存储毒品过程中被查获，没有证据证明其是为了实施贩卖毒品等其他犯罪，毒品数量达到刑法第三百四十八条规定的最低数量标准的，以非法持有毒品罪定罪

---

[1]　ABCD　[2]　ABD

处罚。"

B 选项，《全国法院毒品犯罪审判工作座谈会纪要》（2015）第 2 部分第 1 条第 3 款后半句："行为人为他人代购仅用于吸食的毒品，在交通、食宿等必要开销之外收取'介绍费''劳务费'，或者以贩卖为目的收取部分毒品作为酬劳的，应视为从中牟利，属于变相加价贩卖毒品，以贩卖毒品罪定罪处罚。"

C 选项，《全国法院毒品犯罪审判工作座谈会纪要》（2015）第 2 部分第 2 条第 2 款规定："受雇于同一雇主同行运输毒品，但受雇者之间没有共同犯罪故意，或者虽然明知他人受雇运输毒品，但各自的运输行为相对独立，既没有实施配合、掩护他人运输毒品的行为，又分别按照各自运输的毒品数量领取报酬的，不应认定为共同犯罪。受雇于同一雇主分段运输同一宗毒品，但受雇者之间没有犯罪共谋的，也不应认定为共同犯罪。"丙交接时，运输毒品的行为已经完成，不再对后续的行为和数量负责。丙运输 500 克，曾某运输 1000 克。

D 选项，最高人民法院《全国部分法院审理毒品犯罪案件工作座谈会纪要》（2008）第 1 条第 6 款规定："盗窃、抢夺、抢劫毒品后又实施其他毒品犯罪的，对盗窃罪、抢夺罪、抢劫罪和所犯的具体毒品犯罪分别定罪，依法数罪并罚。"

3. 关于毒品犯罪，下列哪些选项是正确的？[1]（2010/2/60）

A. 明知他人实施毒品犯罪而为其居间介绍，代购代卖的，即使没有牟利目的，也成立贩卖毒品罪

B. 为便于隐蔽运输，对毒品掺杂使假的行为，或者为了销售，去除毒品中的非毒品物质的行为，不成立制造毒品罪

C. 甲认为自己管理毒品不安全，将数量较大毒品委托给乙保管时，甲、乙均成立非法持有毒品罪

D. 行为人对同一宗毒品既走私又贩卖的，量刑时不应重复计算毒品数量

【解析】选项 A，最高人民法院《全国部分法院审理毒品犯罪案件工作座谈会纪要》（2008）第 1 条第 5 款后半句规定："明知他人实施毒品犯罪而为其居间介绍、代购代卖的，无论是否牟利，都应以相关毒品犯罪的共犯论处"，故选项 A 正确。另见《全国法院毒品犯罪审判工作座谈会纪要》（2015）第 2 部分第 2 条第 1 款，居间介绍者在毒品交易中处于中间人地位，发挥介绍联络作用，通常与交易一方构成共同犯罪，但不以牟利为要件……居间介绍者受贩毒者委托，为其介绍联络购者的，与贩毒者构成贩卖毒品罪的共同犯罪；明知购毒者以贩卖为目的购买毒品，受委托为其介绍联络贩毒者的，与购毒者构成贩卖毒品罪的共同犯罪。

选项 B，根据前述最高人民法院《全国部分法院审理毒品犯罪案件工作座谈会纪要》（2008）第 4 条第 1 款后半句的规定，"为便于隐蔽运输、销售、使用、欺骗购买者，或者为了增重，对毒品掺杂使假，添加或者去除其他非毒品物质，不属于制造毒品的行为"，故选项 B 正确。

选项 C，（1）题意中并未言明甲可构成其他毒品犯罪，甲、乙二人对于毒品均有控制，乙是直接持有，甲是间接持有，均构成非法持有毒品罪，系共同正犯。（2）问题在于，乙为何不能构成窝藏、转移、隐瞒毒品、毒赃罪？根据体系解释，该罪对象"毒品、毒赃"，是指作为上游犯罪"走私、贩卖、运输、制造毒品罪"（《刑法》第 347 条具体罪名，则不是该节全部毒品犯罪）所得的毒品、毒赃。乙帮犯持有毒品罪的甲窝藏毒品，不构成该罪。故选项 C 正确。

选项 D，根据前述最高人民法院《全国部分法院审理毒品犯罪案件工作座谈会纪要》

---

[1] ABCD

（2008）第 1 条第 1 款第一句的规定，"刑法第三百四十七条规定的走私、贩卖、运输、制造毒品罪是选择性罪名，对同一宗毒品实施了两种以上犯罪行为并有相应确凿证据的，应当按照所实施的犯罪行为的性质并列确定罪名，毒品数量不重复计算，不实行数罪并罚"，故选项 D 正确。

4. 魏某走私海洛因 50 克，贩卖甲基苯丙胺 30 克，运输鸦片 500 克。则关于魏某的行为，下列选项正确的有 [1]（2019/客/卷一/44 仿）

A. 需将鸦片、甲基苯丙胺数量折算为海洛因定罪处罚

B. 无论是否折算，都以 580 克毒品量刑

C. 魏某构成走私、贩卖、运输毒品罪，不能数罪并罚

D. 若被判处十年以上有期徒刑或者无期徒刑，则不能假释。

【解析】A 选项、B 选项，《全国法院毒品犯罪审判工作座谈会纪要》（2015）第 2 部分第 3 条规定："走私、贩卖、运输、制造、非法持有两种以上毒品的，可以将不同种类的毒品分别折算为海洛因的数量，以折算后累加的毒品总量作为量刑的根据。"

C 选项，最高人民法院《全国部分法院审理毒品犯罪案件工作座谈会纪要》（2008）第 1 条规定："对不同宗毒品分别实施了不同种犯罪行为的，应对不同行为并列确定罪名，累计毒品数量，不实行数罪并罚。"

D 选项，《刑法》第 81 条第 2 款："对累犯以及因故意杀人、强奸、抢劫、绑架、放火、爆炸、投放危险物质或者有组织的暴力性犯罪被判处十年以上有期徒刑、无期徒刑的犯罪分子，不得假释。"没有毒品犯罪。

5. 关于运输毒品罪以及毒品犯罪，下列选项说法正确的有？[2]（2022/客/1/24 仿）

A. 甲为了出售毒品而运送毒品，但没有交易成功即被抓获。则甲构成运输毒品罪

B. 乙出差时发现某毒品便宜，为了自己吸食而购买毒品，将其携带回家，途中被查获，经查该宗毒品数量较大。则乙可构成运输毒品罪

C. 丙发现某种电子烟中包含有可以让人成瘾的毒品成份（实为大麻素），但并不知道具体毒品种类，而仍然出售该电子烟。则丙可构成贩卖毒品罪

D. 甲为了自己吸食而在网上向丙购买毒品，由乙快递邮寄给甲，甲成功收货，数量较大。则甲、乙构成运输毒品罪的共同犯罪

【解析】考查运输毒品罪、毒品犯罪，最高人民法院毒品座谈会纪要。

选项 A，根据最高人民法院《全国部分法院审理毒品犯罪案件工作座谈会纪要》（2008）第 1 条，"刑法第 347 条规定的走私、贩卖、运输、制造毒品罪是选择性罪名，对同一宗毒品实施了两种以上犯罪行为并有相应确凿证据的，应当按照所实施的犯罪行为的性质并列确定罪名，毒品数量不重复计算，不实行数罪并罚"，故甲构成贩卖、运输毒品罪。因运输行为既遂（从出发地有位移），即使贩卖行为未遂（未卖出），也认定为犯罪既遂。

选项 B，（1）根据《全国法院毒品犯罪审判工作座谈会纪要》（2015）第 2 部分第 1 条第 2 款，"吸毒者在运输毒品过程中被查获，没有证据证明其是为了实施贩卖毒品等其他犯罪，毒品数量达到较大以上的，以运输毒品罪定罪处罚。"故甲构成运输毒品罪。（2）注意：有学术观点认为，只有以走私、贩卖、制造为目的而运输毒品，才构成运输毒品罪；吸毒者以吸食为目的运输毒品，构成非法持有毒品罪。这种观点与前述规定不符。

选项 C，（1）考查故意成立的必要认识要素；行为人只需知道贩卖的对象是毒品即可，无需明知毒品的具体成份和种类，即成立贩卖毒品罪的故意。（2）题意中并未叙明电子烟是否

---

[1] AC　[2] BC

含有烟丝，故不考虑同时触犯非法经营罪。

选项 D，（1）丙：构成贩卖毒品罪；（2）乙：构成运输毒品罪；与丙分别实施贩卖、运输两个环节，按照各自实施的行为定罪，不认定为共同犯罪。（3）甲：依据前述《全国法院毒品犯罪审判工作座谈会纪要》（2015）第 2 部分第 1 条第 4 款："购毒者接收贩毒者通过物流寄递方式交付的毒品，没有证据证明其是为了实施贩卖毒品等其他犯罪，毒品数量达到刑法第三百四十八条规定的最低数量标准的，一般以非法持有毒品罪定罪处罚。"故甲构成非法持有毒品罪，不构成运输毒品罪。（4）原《全国法院审理毒品犯罪案件工作座谈会纪要》（2000）第 2 部分，"仅在客观上相互关联的毒品犯罪行为，如买卖毒品的双方，不一定构成共犯，但为了诉讼便利可并案审理。"

6. 王某从李某处购买手枪一支，用自己持有的毒品甲基苯丙胺 50 克抵了部分价款，供李某吸食。后王某携带枪支坐火车在过安检时被公安机关当场查获。未等盘问，王某就如实交代了用毒品买卖枪支的过程，提供了李某电话、住址。公安机关随即将李某抓获，将李某家的毒品全部没收。关于本案，下列选项正确的有[1]（2019/客/卷一/45 仿）

A. 王某构成非法买卖枪支罪、贩卖毒品罪、非法持有毒品罪，系想象竞合

B. 李某构成非法买卖枪支罪、非法持有毒品罪，数罪并罚

C. 王某如实供述买卖枪支的过程，对于非法买卖枪支罪构成自首

D. 王某提供的李某的电话、住址经确证属实，构成立功

【解析】（一）对于王某

1. 王某从李某处购买枪支，根据《刑法》第 125 条，触犯了非法买卖枪支罪。

2. 用毒品折抵价款，根据《刑法》第 347 条，触犯了贩卖毒品罪。

3. 两行为在关键部分、主要部分不重合，属于数行为而不是一行为，不构成想象竞合，应当数罪并罚。

4. 在量刑情节方面：（1）王某在公安人员查获枪支后才如实交代买卖枪支，对于非法买卖枪支罪，不构成自首，构成坦白。（2）但对于贩卖毒品罪，公安机关尚未掌握，可构成特别自首。（3）王某提供了非法买卖枪支罪的同案犯李某电话、住址，属于交代同案犯基本信息，系坦白的内容。没有交代基本信息之外的信息，也没有协助抓捕，不构成立功。

（二）对于李某

1. 王某从李某处购买枪支，根据《刑法》第 125 条，触犯了非法买卖枪支罪。

2. 购入毒品用于吸食，数量较大，根据《刑法》第 348 条，触犯了非法持有毒品罪。

3. 两行为触犯两罪，应当数罪并罚。

二、非法持有毒品罪

7. 关于非法持有毒品罪，下列哪一选项是正确的？[2]（2011/2/18）

A. 非法持有毒品的，无论数量多少都应当追究刑事责任

B. 持有毒品不限于本人持有，包括通过他人持有

C. 持有毒品者而非所有者时，必须知道谁是所有者

D. 因贩卖而持有毒品的，应当实行数罪并罚

【解析】A 选项，根据《刑法》第 348 条，非法持有毒品的数量较大，才追究刑事责任。

B 选项，持有指事实上的支配，包括直接握有，也包括间接握用，例如利用他人控制支配。

---

[1] B [2] B

C 选项，持有毒品罪的主体既可以是所有者，也可以是非所有者。只要明知是毒品而非法持有，就可构成本罪。无需知道所有者为谁。

D 选项，因贩卖而持有毒品，贩卖不可能不持有，持有是贩卖的必经阶段和必然过程，属吸收犯，只以贩卖毒品罪一罪处罚。

8. 甲、乙通过丙向丁购买毒品，甲购买的目的是为自己吸食，乙购买的目的是为贩卖，丙则通过介绍毒品买卖，从丁处获得一定的好处费。对于本案，下列哪些选项是正确的？[1]（2006/2/62）

A. 甲的行为构成贩卖毒品罪
B. 乙的行为构成贩卖毒品罪
C. 丙的行为构成贩卖毒品罪
D. 丁的行为构成贩卖毒品罪

【解析】根据最高人民法院《全国部分法院审理毒品犯罪案件工作座谈会纪要》（2008）第1条的规定：（1）以自己吸食目的购买毒品，不构成贩卖毒品罪，数量大的可构成持有毒品罪；甲的行为即是如此。（2）以牟利为目的（为了贩卖）购买毒品，构成贩卖毒品罪；乙的行为即是如此。（3）明知他人实施毒品犯罪而为其居间介绍、代购代卖的，无论是否牟利，都应以相关毒品犯罪的共犯论处；丙居中介绍毒品买卖，属于贩卖毒品罪的共犯。（4）丁向他人出售毒品，构成贩卖毒品罪。（5）另见《全国法院毒品犯罪审判工作座谈会纪要》（2015）第2部分第1条："吸毒者在购买、存储毒品过程中被查获，没有证据证明其是为了实施贩卖毒品等其他犯罪，毒品数量达到刑法第三百四十八条规定的最低数量标准的，以非法持有毒品罪定罪处罚。居间介绍者受贩毒者委托，为其介绍联络购毒者的，与贩毒者构成贩卖毒品罪的共同犯罪。"

三、本节其他罪名

9. 关于毒品犯罪，下列哪些选项是正确的？[2]（2017/2/61）
A. 甲容留未成年人吸食、注射毒品，构成容留他人吸毒罪
B. 乙随身携带藏有毒品的行李入关，被现场查获，构成走私毒品罪既遂
C. 丙乘广州至北京的火车运输毒品，快到武汉时被查获，构成运输毒品罪既遂
D. 丁以牟利为目的的容留刘某吸食毒品并向其出卖毒品，构成容留他人吸毒罪和贩卖毒品罪，应数罪并罚

【解析】A 选项，《最高人民法院关于审理毒品犯罪案件适用法律若干问题的解释》（2016）第12条第1款第4项"容留未成年人吸食、注射毒品的"，以容留他人吸毒罪定罪处罚。本选项说法正确。

B 选项，本选项虽是毒品犯罪，但属走私行为，可比照走私犯罪的司法解释认定既未遂。根据《最高人民法院、最高人民检察院关于办理走私刑事案件适用法律若干问题的解释》第23条第1款的规定："实施走私犯罪，具有下列情形之一的，应当认定为犯罪既遂：（一）在海关监管现场被查获的。"本选项说法正确。

C 选项，运输毒品的既遂标准，以从始发地出发有相对位移为既遂，不以运达目的地为既遂。本选项说法正确。

D 选项，前述 A 选项解释第12条第2款规定："向他人贩卖毒品后又容留其吸食、注射毒品，或者容留他人吸食、注射毒品并向其贩卖毒品，符合前款规定的容留他人吸毒罪的定罪条件的，以贩卖毒品罪和容留他人吸毒罪数罪并罚。"本选项说法正确。

10. 毒贩甲得知公安机关近来要开展"严打"斗争，遂将尚未卖掉的50多克海洛因和贩

---

[1] BCD [2] ABCD

毒所得赃款 8 万多元拿到家住偏远农村的亲戚乙处隐藏。公安机关得到消息后找乙调查此事，乙矢口否认。乙当晚将上述毒品、赃款带到后山山洞隐藏时被跟踪而至的公安人员当场抓获。乙的上述行为应当以何罪论处？[1]（2005/2/12）

    A. 非法持有毒品罪

    B. 掩饰、隐瞒犯罪所得、犯罪所得收益罪（注：原为窝藏、转移赃物罪）

    C. 窝藏、转移、隐瞒毒品、毒赃罪

    D. 包庇毒品犯罪分子罪

【解析】（1）乙明知对象物是毒贩甲贩卖毒品罪的毒品、毒赃，而为他人窝藏的，构成《刑法》第 349 条规定的窝藏、转移、隐瞒毒品、毒赃罪。（2）窝藏、转移、隐瞒毒品、毒赃罪与掩饰、隐瞒犯罪所得、犯罪所得收益罪（注：原为窝藏、转移赃物罪）之间，是特别法与一般法的法条竞合关系，应当适用特别法即窝藏、转移、隐瞒毒品、毒赃罪法条。（3）在法条依据方面，《最高人民法院关于审理洗钱等刑事案件具体应用法律若干问题的解释》第 3 条规定"明知是犯罪所得及其产生的收益而予以掩饰、隐瞒，构成刑法第 312 条（掩饰、隐瞒犯罪所得、犯罪所得收益罪）规定的犯罪，同时又构成刑法第 191 条（洗钱罪）或者第三百四十九条（窝藏、转移、隐瞒毒品、毒赃罪）规定的犯罪的，依照处罚较重的规定定罪处罚"。将掩饰、隐瞒犯罪所得罪与窝藏、转移、隐瞒毒品、毒赃罪法条竞合的规则设定为择重处罚。两罪一样重时，适用特别法。（4）窝藏、转移、隐瞒毒品、毒赃罪与非法持有毒品罪是整体法与部分法的法条竞合关系（或吸收犯），应依整体法窝藏、转移、隐瞒毒品、毒赃罪定罪，不再单独认定构成非法持有毒品罪。（5）包庇毒品犯罪分子罪要求对"人"即毒品犯罪分子进行包庇，即作假证明予以包庇；本案只有对"物"即毒品、毒赃的窝藏、转移、隐瞒行为，没有对人的包庇行为，故不构成包庇毒品犯罪分子罪。综上，行为人只构成窝藏、转移、隐瞒毒品、毒赃罪一罪。

    11. 关于毒品犯罪的论述，下列哪些选项是错误的？[2]（2012/2/62）

    A. 非法买卖制毒物品的，无论数量多少，都应追究刑事责任

    B. 缉毒警察掩护、包庇走私毒品的犯罪分子的，构成放纵走私罪

    C. 强行给他人注射毒品，使人形成毒瘾的，应以故意伤害罪论处

    D. 窝藏毒品犯罪所得的财物的，属于窝藏毒赃罪与掩饰、隐瞒犯罪所得罪的法条竞合，应以窝藏毒赃罪定罪处刑

    【解析】A 选项，《刑法》仅规定走私、贩卖、运输、制造毒品，无论数量多少，都应当追究刑事责任（第 347 条）；第 349 条非法买卖制毒物品罪在立法层面虽未规定数额，但也未明文规定无论数量多少都应追究刑事责任，在司法适用层面还是需要达到一定数量才追究刑事责任。《最高人民法院关于审理毒品犯罪案件适用法律若干问题的解释》（2016）第 1 条规定了该罪定罪量刑的具体数量标准。

    B 选项，放纵走私罪的主体是海关工作人员，行为是放纵正在进行的走私。缉毒警察非海关工作人员，其掩护、包庇走私毒品的犯罪分子的，行为是对犯罪之后的犯罪人包庇，构成包庇毒品犯罪分子罪。《刑法》第 349 条第 2 款明确规定："缉毒人员或者其他国家机关工作人员掩护、包庇走私、贩卖、运输、制造毒品的犯罪分子的，依照包庇毒品犯罪分子罪的规定从重处罚。"

    C 选项，强行给他人注射毒品，使人形成毒瘾的，而未造成的伤害的，构成强迫他人吸毒

---

[1]　C　[2]　ABC

罪；同时造成轻伤以上伤害的，构成强迫他人吸毒罪与故意伤害罪的想象竞合犯。

D 选项，窝藏毒赃罪与掩饰、隐瞒犯罪所得罪两罪之间，系特别法与一般法的法条竞合关系；窝藏毒品犯罪所得的赃物的，按特别法窝藏毒赃罪定罪处刑。

考点八 组织、强迫、引诱、容留、介绍卖淫罪（第六章第八节）

组织卖淫罪；强迫卖淫罪；协助组织卖淫罪；引诱、容留、介绍卖淫罪

1. 对刑法关于组织、强迫、引诱、容留、介绍卖淫罪的规定，下列解释正确的是？[1]（2004/2/89）

A. 引诱、容留、介绍卖淫罪，包括引诱、容留、介绍男性向同性恋者卖淫

B. 引诱成年人甲卖淫、容留成人乙卖淫的，成立引诱、容留卖淫罪，不实行并罚

C. 引诱幼女甲卖淫，容留幼女乙卖淫的，成立引诱幼女卖淫罪与容留卖淫罪，实行并罚

D. 引诱幼女向他人卖淫后又嫖宿该幼女的，以引诱幼女卖淫罪论处，从重处罚

【解析】A 选项，卖淫的本质特征是金钱与性的交易，所以以同性之间、异性之间皆可成立卖淫，引诱、容留、介绍者可成立引诱、容留、介绍卖淫罪。根据著名的南京"李宁组织同性卖淫案"，以及"王志明组织卖淫案"，载《中国审判案例要览（2006 年刑事审判案例卷）》。法条依据见《公安部关于以钱财为媒介尚未发生性行为或发生性行为尚未给付钱财如何定性问题的批复》（公复字〔2003〕5 号）："卖淫嫖娼是指不特定的异性之间或同性之间以金钱、财物为媒介发生性关系的行为。"选项 A 正确。

B 选项，《刑法》第 359 条规定的引诱、容留、介绍卖淫罪，是选择性罪名。引诱、容留不同人员卖淫的，成立引诱、容留卖淫罪，选项 B 正确。

C 选项，（1）引诱、容留、介绍卖淫罪的行为对象是 14 周岁以上的女性和各年龄的男子，引诱幼女卖淫的，成立《刑法》第 359 条第 2 款规定的引诱幼女卖淫罪。（2）而容留、介绍卖淫罪的行为对象年龄没有限定，容留、介绍幼女卖淫的，仍然构成容留、介绍幼女卖淫罪。（3）故而，引诱幼女甲卖淫的，构成引诱幼女卖淫罪；容留幼女乙卖淫的，构成容留卖淫罪，应当数罪并罚。（4）法条依据，类比《最高人民法院、最高人民检察院关于办理组织、强迫、引诱、容留、介绍卖淫刑事案件适用法律若干问题的解释》（法释〔2017〕13 号）第 8 条第 5 款："被引诱卖淫的人员中既有不满十四周岁的幼女，又有其他人员的，分别以引诱幼女卖淫罪和引诱卖淫罪定罪，实行并罚。"选项 C 正确。

D 选项，引诱幼女向他人卖淫的，构成引诱幼女卖淫罪；嫖宿幼女的，构成强奸罪（注意：《刑法修正案（九）》已废除嫖宿幼女罪），应数罪并罚。

2. 1998 年 11 月 4 日，甲到娱乐场所游玩时，将卖淫女乙（1984 年 12 月 2 日生）带到住所嫖宿。一星期后甲请乙吃饭时，乙告知了自己年龄，并让甲到时为自己过生日。饭后，甲又带乙到住处嫖宿。甲的行为属于[2]（2004/2/8）

A. 奸淫幼女罪　　　　　　　　　B. 强奸罪

C. 嫖宿幼女罪（现已废除）　　　D. 应受治安处罚的嫖娼行为

【解析】按照当前的《刑法》，明知对方为不满 14 周岁的幼女而予以嫖宿，构成强奸罪（注意：《刑法修正案（九）》已废除嫖宿幼女罪）。

---

[1] ABC　[2] B（当年正确答案为 C）

考点九 制作、贩卖、传播淫秽物品罪（第六章第九节）

1. 关于利用互联网传播淫秽物品牟利的犯罪，可以由哪些主体构成？[1]（2010/2/64）

A. 网站建立者　　　　　　　　　B. 网站直接管理者

C. 电信业务经营者　　　　　　　D. 互联网信息服务提供者

【解析】本题考查《最高人民法院、最高人民检察院关于办理利用互联网、移动通讯终端、声讯台制作、复制、出版、贩卖、传播淫秽电子信息刑事案件具体应用法律若干问题的解释（二）》的法条规定。选项A，该解释第4条；选项B，该解释第4条；选项C，该解释第6条；选项D，该解释第6条，均为传播淫秽物品牟利的主体。答案选ABCD。

2. 孙某制作、复制大量的淫秽光盘，除出卖外，还多次将淫秽光盘借给许多人观看。对其行为应如何处理？[2]（2002/2/2）

A. 以制作、复制、贩卖、传播淫秽物品牟利罪处罚

B. 以组织播放淫秽音像制品罪从重处罚

C. 以制作、复制、贩卖淫秽物品牟利罪和传播淫秽物品罪数罪并罚

D. 以传播淫秽物品罪从重处罚

【解析】（1）根据《刑法》第364条第3款的规定，制作、复制淫秽的电影、录像等音像制品组织播放的，依照组织播放淫秽音像制品罪从重处罚。也就是说，行为人在不具有牟利目的的情况下，既制作、复制淫秽的电影、录像等音像制品，又组织播放的，只认定为组织播放淫秽音像制品罪一罪。（2）由于本案中行为人制作、复制淫秽光盘具有牟利目的，因此不符合前述规定，应认定为制作、复制、贩卖、传播淫秽物品牟利罪。（3）之后将淫秽光盘借给他人观看的行为，不具有牟利目的，构成传播淫秽物品罪。（4）应当数罪并罚。

---

[1] ABCD　[2] C

专题二十一　贪污贿赂罪（分则第八章）

国家工作人员	核心是"公务"。四类：国家机关、国有单位、行政委派人员、村官协公。多种身份，以实际利用的身份定罪。需要利用职务，不利用构成普通犯罪（盗、骗、侵）。
共同犯罪与身份	贪污罪、挪用公款罪、受贿罪的共同犯罪。
贪污罪	二主体：国家工作人员，民事委托人员。利用职务，否则盗、骗、侵。与受贿区分：财物权属。
私分类犯罪	（私分国有资产罪、私分罚没财物罪）与贪污罪特别是集体贪污的区分。
巨额财产来源不明罪	不作为犯；家庭成员的行为定性。
挪用公款罪	挪作私用有三"私"；主观用途分三类。共犯各依主观确定用途。部分贪污，数罪并罚。
贿赂犯罪	1. 收贿需谋利，承诺即可。斡旋受贿。离职后受贿，需在职时约定。贿赂（财物）包括货币、物品和财产性利益。2. 关系密切人与国工通谋，是受贿共犯；无通谋，是利用影响力受贿。3. "中间人"的定性。4. 行贿罪：不当利益有三种；因勒索未实际不当得利，不构成。行贿人揭发受贿人，从宽。

考点一　国家工作人员

1. 关于贪污罪的认定，下列哪些选项是正确的?[1]（2011/2/63）

A. 国有公司中从事公务的甲，利用职务便利将本单位收受的回扣据为己有，数额较大。甲行为构成贪污罪

B. 土地管理部门的工作人员乙，为农民多报青苗数，使其从房地产开发商处多领取 20 万元补偿款，自己分得 10 万元。乙行为构成贪污罪

C. 村民委员会主任丙，在协助政府管理土地征用补偿费时，利用职务便利将其中数额较大款项据为己有。丙行为构成贪污罪

D. 国有保险公司工作人员丁，利用职务便利编造未发生的保险事故进行虚假理赔，将骗取的 5 万元保险金据为己有。丁行为构成贪污罪

【疑难辨析】贪污罪的主体包括两类：国家工作人员，受国有单位委托管理、经营国有财

---

〔1〕　ACD

产的人员。本题实际上只考查国家工作人员的认定。国家工作人员包括四类人员：（1）国家机关中从事公务的人员；（2）国有公司、企业、事业单位、人民团体中从事公务的人员；（3）国家机关、国有公司、企业、事业单位委派到非国有公司、企业、事业单位、社会团体从事公务的人员；（4）其他依照法律从事公务的人员。

【解析】A选项，国有公司中从事公务的人，系国有单位工作人员（第二类），是国家工作人员；本单位收受的回扣归本单位所有，系贪污罪对象。甲可构成贪污罪。

B选项，本选项犯罪对象是房地产开发商的补偿款，不属于国有单位财物，不构成贪污罪，构成诈骗罪。

C选项，村民委员会主任协助政府时，是国家工作人员（第四类），可构成贪污罪。

D选项，国有保险公司工作人员，系国有单位工作人员（第二类），是国家工作人员；骗取本单位财物可构成贪污罪。

2. 关于贿赂犯罪的认定，下列哪些选项是正确的?[1]（2016/2/62）

A. 甲是公立高校普通任课教师，在学校委派其招生时，利用职务便利收受考生家长10万元。甲成立受贿罪

B. 乙是国有医院副院长，收受医药代表10万元，承诺为病人开处方时多开相关药品。乙成立非国家工作人员受贿罪

C. 丙是村委会主任，在村集体企业招投标过程中，利用职务收受他人财物10万元，为其谋利。丙成立非国家工作人员受贿罪

D. 丁为国有公司临时工，与本公司办理采购业务的副总经理相勾结，收受10万元回扣归二人所有。丁构成受贿罪

【解析】A选项，受国有单位委托从事公务，是国家工作人员，构成受贿罪。

B选项，考查利用职务便利、多个身份的问题。（1）《最高人民法院、最高人民检察院关于办理商业贿赂刑事案件适用法律若干问题的意见》第4条第1款："医疗机构中的国家工作人员，在药品、医疗器械、医用卫生材料等医药产品采购活动中，利用职务上的便利，索取销售方财物，或者非法收受销售方财物，为销售方谋取利益，构成犯罪的，依照《刑法》第三百八十五条的规定，以受贿罪定罪处罚。"（2）但本题中，乙具有国家工作人员的身份（国有医院副院长），但同时也具有非国家工作人员身份（医生）；此时需判断其是利用何种身份来收贿。（3）利用"为病人开处方时"，说明其实际利用的是医生身份，而不是利用国有医院副院长国家工作人员的身份和职权便利。故而不构成受贿罪，而构成非国家工作人员受贿罪。

C选项，村委会主任负责村集体企业事务时，是非国家工作人员，构成非国家工作人员受贿罪。参见《最高人民法院关于村民小组组长利用职务便利非法占有公共财物行为如何定性问题的批复》。

D选项，无身份人与国家工作人员相互勾结，利用国家工作人员职务便利收受回扣的，构成受贿罪的共犯。

3. 甲、乙二人均是某国有公司的国家工作人员，共同保管公司的保险箱。甲是会计保管钥匙，乙是出纳保管密码。关于二人的行为定性，以下说法正确的有[2]（2019回忆版）

A. 如果甲偷看乙保管的密码、打开保险箱拿走钱款，则甲构成盗窃罪

B. 如果甲骗得乙保管的密码、打开保险箱拿走钱款，则甲构成诈骗罪

C. 如果乙捡到甲的钥匙、打开保险箱拿走钱款，则乙构成职务侵占罪

---

[1] ABCD 　[2] D

D. 如果甲、乙二人共谋打开保险箱拿走钱款，则二人构成贪污罪

【疑难辨析】 本题考查共同犯罪与身份，甲、乙均系国家工作人员，均有监管保险箱的职务便利。本题的难点在于：国家工作人员获取本单位财物时，一半行为利用的职务便利，另一半行为没有利用职务便利，应当如何处理？比照《全国法院审理经济犯罪案件工作座谈会纪要》（2003）第2条第3项关于"国家工作人员与非国家工作人员勾结共同非法占有单位财物行为的认定"的精神，以及相关判例，应该判断何种行为的作用大；在作用相当，难以区分时，可以贪污罪定罪处罚。

【解析】 A选项，甲得款成功一半作用是利用偷看密码，系未利用职务便利的盗窃（此盗窃的对象不是密码，而是与乙共同占有的单位财物）；一半作用是利用本人掌管钥匙，系利用了职务便利侵吞；二者作用相当，应以贪污罪论处。

B选项，甲得款成功一半作用是利用骗取密码，系未利用职务便利的盗窃（此盗窃的对象不是密码，而是与乙共同占有的单位财物。因密码不是财物，不构成诈骗）；一半作用是利用本人掌管钥匙，系利用了职务便利侵吞；二者作用相当，应以贪污罪论处。

C选项，乙得款成功一半作用是利用捡到钥匙，系未利用职务便利的盗窃（此盗窃的对象不是密码，而是与甲共同占有的单位财物。因密码不是钥匙，不构成侵占）；一半作用是利用本人掌管密码，系利用了职务便利侵吞；二者作用相当，应以贪污罪论处。

D选项，甲、乙二人共同利用职务便利侵吞，当然构成贪污罪的共同正犯。

4. 镇长黄某负责某重点工程项目占地前期的拆迁和评估工作。黄某和村民李某勾结，由李某出面向某村租赁可能被占用的荒山20亩植树，以骗取补偿款。但村长不同意出租荒山。黄某打电话给村长施压，并安排李某给村长送去1万元现金后，村长才同意签订租赁合同。李某出资1万元购买小树苗5000棵，雇人种在荒山上。

【问题】 对村长收受黄某、李某现金1万元一节，应如何定罪？为什么？（2012/4/2部分）

【解析】 村长构成非国家工作人员受贿罪，黄某、李某构成对非国家工作人员行贿罪。理由是：（1）根据立法解释，村民委员会等村基层组织人员协助政府从事公务（7种公务）时，属于其他依照法律从事公务的人员，是国家工作人员。（2）但在本案中，出租荒山是村民自治组织事务，不是接受乡镇政府从事公共管理活动，村长此时不具有国家工作人员身份，不构成受贿罪；而是单位人员，构成非国家工作人员受贿罪。

5. 无业人员甲通过伪造国家机关公文，骗取某县工商局副局长的职位。在该局股级干部竞争上岗时，甲向干部乙声称："如果不给我3万元，你这次绝对没有机会。"乙为获得岗位，只好送甲3万元。关于对甲的行为的处理意见，下列哪一选项是正确的？[1]（2007/2/19）

A. 甲触犯的伪造国家机关公文罪与招摇撞骗罪之间具有牵连关系，应从一重罪论处

B. 对甲的行为以伪造国家机关公文罪与敲诈勒索罪实行并罚

C. 对甲的行为以伪造国家机关公文罪与受贿罪实行并罚

D. 甲触犯的伪造国家机关公文罪与受贿罪之间具有牵连关系，应从一重罪论处

【解析】 （1）根据《最高人民法院研究室关于对行为人通过伪造国家机关公文、证件担任国家工作人员职务并利用职务上便利侵占本单位的财物、收受贿赂、挪用本单位资金等行为如何适用法律问题的答复》规定：行为人通过伪造国家机关公文、证件担任国家工作人员职务以后，又利用职务上的便利实施侵占本单位财物、收受贿赂、挪用本单位资金等行为，构成犯罪的，应当分别以伪造国家机关公文、证件罪和相应的贪污罪、受贿罪、挪用公款罪等追究刑事

---

[1] C

责任，实行数罪并罚。（2）刑法原理是：构成受贿罪要求的主体身份即国家工作人员（"公务说"），实质上是对"利用职务便利"这一要件的重申，因此，虚构事实取得国家工作人员身份的，只要利用职务便利收受、索取贿赂，仍然侵害公务廉洁性法益，可以构成受贿罪。（3）索贿型受贿罪与敲诈勒索罪的区分在于是否利用职务便利，利用职务便利敲诈勒索的，构成索贿型受贿罪，而不以敲诈勒索罪论处。

考点二　贪污罪

（一）贪污罪的主体、对象、行为

1. 下列哪些行为应当以贪污罪论处？[1]（2008 延/2/65）

A. 国家工作人员甲在国内公务活动中收受礼物，依照国家规定应当交公而不交公，数额较大

B. 乙受国家机关的委托经营某小型国有企业，利用职务上的便利，将该国有企业的资产转移到个人名下

C. 国家工作人员丙利用职务上的便利，挪用公款数额巨大不能退还

D. 国家工作人员丁利用职务之便，将依法扣押的陈某私人所有的汽车据为己有

【解析】A 选项，《刑法》第 394 条规定："国家工作人员在国内公务活动或者对外交往中接受礼物，依照国家规定应当交公而不交公，数额较大的，依照本法第 382 条、第 383 条的（贪污罪）规定定罪处罚。"因此，A 项正确。

B 选项，《刑法》第 382 条第 2 款规定："受国家机关、国有公司、企业、事业单位、人民团体委托管理、经营国有财产的人员，利用职务上的便利，侵吞、窃取、骗取或者以其他手段非法占有国有财物的，以贪污论。"因此，B 项正确。

C 选项，《刑法》第 384 条规定："……挪用公款数额巨大不退还的，处 10 年以上有期徒刑或者无期徒刑"。丙是挪用公款的加重犯。因此，C 项错误。

D 选项，《刑法》第 91 条第 2 款规定："在国家机关、国有公司、企业、集体企业和人民团体管理、使用或者运输中的私人财产，以公共财产论。"第 382 条规定第 1 款："国家工作人员利用职务上的便利，侵吞、窃取、骗取或者以其他手段非法占有公共财物的，是贪污罪。"因此，D 项正确。

（二）贪污罪与侵占罪、盗窃罪、诈骗罪的关系

2. 某国有公司出纳甲意图非法占有本人保管的公共财物，但不使用自己手中的钥匙和所知道的密码，而是使用铁棍将自己保管的保险柜打开并取走现金 3 万元。之后，甲伪造作案现场，声称失窃。关于本案，下列哪一选项是正确的？[2]（2008/2/18）

A. 甲虽然是国家工作人员，但没有利用职务上的便利，故应认定为盗窃罪

B. 甲虽然没有利用职务上的便利，但也不属于将他人占有的财物转移为自己占有，故应认定为侵占罪

C. 甲将自己基于职务保管的财物据为己有，应成立贪污罪

D. 甲实际上是通过欺骗手段获得财物的，应认定为诈骗罪

【疑难辨析】区分贪污罪与侵占罪、盗窃罪、诈骗罪的关键是看是否利用职务便利。不利

----

[1]　ABD　[2]　C

用职务便利的侵吞、窃取、骗取构成侵占罪、盗窃罪、诈骗罪，利用职务便利的侵吞、窃取、骗取构成贪污罪（利用国家工作人员职务便利）或职务侵占罪（利用公司、企业、单位等非国家工作人员职务便利）。

【解析】本案中甲具有国家工作人员身份，负有保管保险柜中国有财物的职责，由于其对保险柜具有独立的控制权。无论采取何种手段，将自己监管下的财物非法据为己有，就属于"利用职务便利"的监守自盗，利用钥匙和密码或者用铁棍打开只是具体方法的差异，作为财物管理人的本人均知情真相，故不属盗窃（要求趁物主、管理人不在场、不注意）、诈骗（要求物主、管理人产生错误认识），而系侵吞或其他手段，构成贪污罪。

3. 李某系 A 市建设银行某储蓄所记账员。2002 年 3 月 20 日下午下班后，李某发现本所出纳员陈某将 2 万元营业款遗忘在办公桌抽屉内（未锁）。当日下班后，李某趁所内无人之机，返回所内将该 2 万元取出，用报纸包好后藏到自己办公桌下面的垃圾袋内，并用纸箱遮住垃圾袋。次日上午案发，赃款被他人找出。对此，下列哪一说法是正确的？[1]（2002/2/9）

A. 李某的行为属于贪污既遂 　　　　B. 李某的行为属于贪污未遂

C. 李某的行为属于盗窃既遂 　　　　D. 李某的行为属于盗窃未遂

【解析】（1）营业款不归记账员李某管理，而归出纳员管理陈某。李某窃取该款项，没有利用本人的职务便利，而只是利用因工作关系熟悉作案环境，故构成盗窃罪，而不构成贪污罪。（2）按盗窃既遂标准（控制说为主，失控说为补充），藏到自己办公桌下面的垃圾袋内，近在自己身旁，处于行为人控制范围内，行为人已经控制了财物，为盗窃罪既遂。

（三）贪污罪与受贿罪的区分

4. 交警甲和无业人员乙勾结，让乙告知超载司机"只交罚款一半的钱，即可优先通行"；司机交钱后，乙将交钱司机的车号报给甲，由在高速路口执勤的甲放行。二人利用此法共得 32 万元，乙留下 10 万元，余款归甲。关于本案的分析，下列哪一选项是错误的？[2]（2014/2/21）

A. 甲、乙构成受贿罪共犯 　　　　B. 甲、乙构成贪污罪共犯

C. 甲、乙构成滥用职权罪共犯 　　　　D. 乙的受贿数额是 32 万元

【疑难辨析】本题考查贪污罪、受贿罪、滥用职权罪的关系和区分；共同犯罪与身份。贪污罪、受贿罪的区分关键是，看获取的财物的来源或应然权属（所有权），是国家财产、公共财产，涉嫌贪污罪；是对方行贿人的财物（贿赂），则涉嫌受贿罪。

【解析】（1）对于甲、乙二人的行为性质，先从取得钱款 32 万元的来源或应然权属（所有权）层面看：如果二人取得的钱款属于罚款（国家财物）的话，则罚款是利用交警甲的职权对违章行为处罚而获取，应当上缴国家属于国家所有。国家工作人员甲利用职权将其据为己有，构成贪污罪。但是，本题题干中说的是"只交罚款一半的钱"，暗示的是让司机不交罚款，而是交钱放行。故而，二人取得的钱款不是罚款，而是从司机那里收来的钱，应当属于贿赂款。甲、乙二人合谋，乙利用交警甲的身份和职权索要贿赂，无身份人利用有身份人的身份，系索贿型的受贿。

（2）对于受贿罪与贪污罪的区别，超载司机给付款项在处分意图上是送给甲，让甲放行，是给予贿赂款；不是上缴给国家，不缴纳罚款。故甲构成受贿罪，不构成贪污罪。A 选项说法正确，B 选项说法错误。

（3）在共同犯罪方面，乙虽无国家工作人员身份，但其与有身份的甲合谋，利用甲的身

---

[1]　C　[2]　B

份和职权犯罪,可构成受贿罪的共犯。对共同犯罪数额承担责任,故二人受贿数额均为32万,D选项说法正确。

(4)交警甲故意将行政违章应当超载处罚的司机放行,系滥用职权行为;造成国家罚款损失64万元,经济损失在30万以上,可构成滥用职权罪。同理,无身份的乙与其合谋利用其身份和职权犯罪,可构成滥用职权罪的共犯。C选项说法正确。

(5)在罪数方面,同时触犯滥用职权罪和受贿罪,应当数罪并罚。

5. 甲送给国有收费站站长吴某3万元,与其约定:甲在高速公路另开出口帮货车司机逃费,吴某想办法让人对此不予查处,所得由二人分成。后甲组织数十人,锯断高速公路一侧隔离栏、填平隔离沟(恢复原状需3万元),形成一条出口。路过的很多货车司机知道经过收费站要收300元,而给甲100元即可绕过收费站继续前行。甲以此方式共得款30万元,但骗吴某仅得20万元,并按此数额分成。围绕吴某的行为,下列论述正确的是?[1](2015/2/88)

A. 利用职务上的便利侵吞本应由收费站收取的费用,成立贪污罪

B. 贪污数额为30万元

C. 收取甲3万元,利用职务便利为甲谋利益,成立受贿罪

D. 贪污罪与受贿罪成立牵连犯,应从一重罪处断

【解析】本题考查贪污罪、受贿罪的区分。贪污罪、受贿罪的区分在于财物性质。利用职务非法获取属于国家应得的公款公物的,构成贪污罪;利用职务非法获取属于原属请托人财物的私款私物的,构成受贿罪。

(1)本案甲和吴某二人合谋取得30万元,系共同犯罪。认定本案的关键在于取得的30万元的应然权属。应当认为,题意中"甲在高速公路另开出口帮货车司机逃费,吴某想办法让人对此不予查处,所得由二人分成""路过的很多货车司机知道经过收费站要收300元,而给甲100元即可绕过收费站继续前行",命题者想提示的是司机交出的钱,计30万元系本应由收费站收取的过路费中的一部分,本质上是国家应得的公款公物的。故而二人构成贪污罪。(2)注意:本题与2014/2/21题具有相似性,但定性结论不一样。是命题时对案情叙述不明造成的,不必太过纠结。记住贪污罪与受贿罪的区分标准即可:对方送与国家工作人员的钱款,如属用于换取公务行为(包括不收费)的对价的,系行贿受贿;如属本应交付给国家的款项部分的,系贪污。(3)二人因属共同犯罪,数额整体计算,不以实际分赃计。(4)吴某收取甲3万元,属于原属请托人财物的私款私物,成立受贿罪。(5)受贿后实施他罪,按《最高人民法院、最高人民检察院关于办理渎职刑事案件适用法律若干问题的解释(一)》第3条"国家机关工作人员实施渎职犯罪并收受贿赂,同时构成受贿罪的,除刑法另有规定外,以渎职犯罪和受贿罪数罪并罚",原则上应当数罪并罚。尽管有手段和目的关系,但不属于"伪造后又诈骗"的牵连犯模型,不构成牵连犯。

6. 国有化工厂车间主任甲与副厂长乙(均为国家工作人员)共谋,在车间的某贵重零件仍能使用时,利用职务之便,制造该零件报废、需向五金厂(非国有企业)购买的假象(该零件价格26万元),以便非法占有货款。甲将实情告知五金厂负责人丙,嘱咐丙接到订单后,只向化工厂寄出供货单、发票而不需要实际供货,等五金厂收到化工厂的货款后,丙再将26万元货款汇至乙的个人账户。【问题】甲、乙、丙三人定何罪?(2014/4/2部分)。

【简要答案】

涉及贪污罪与受贿罪的区分,关键在于作为犯罪目标的26万元应然所有权归谁?最终是

想把化工厂的 26 万元搞出来，故应认定为贪污。丙虽无国家工作人员身份，但可构成贪污罪的共犯。

7. 国有甲公司领导王某与私企乙公司签订采购合同，以 10 万元的价格向乙公司采购一批设备。后王某发现，丙公司销售的相同设备仅为 6 万元。王某虽有权取消合同，但却与乙公司老总刘某商议，由王某花 6 万元从丙公司购置设备交给乙公司，再由乙公司以 10 万元的价格卖给甲公司。经王某签字批准，甲公司将 10 万元货款支付给乙公司后，刘某再将 10 万元返给王某。刘某为方便以后参与甲公司采购业务，完全照办。关于本案的分析，下列哪一选项是正确的？[1]（2017/2/21）

A. 王某利用职务上的便利套取公款，构成贪污罪，贪污数额为 10 万元
B. 王某利用与乙公司签订合同的机会谋取私利，应以职务侵占罪论处
C. 刘某为谋取不正当利益，事后将货款交给王某，刘某行为构成贪污罪
D. 刘某协助王某骗取公款，但因其并非国家工作人员，故构成诈骗罪

【解析】 本案主要考查贪污罪、受贿罪以及相关犯罪的区分，以及共同犯罪。关键在于涉案钱款应然权属的认定。（1）王某有权取消合同，但并未取消，而是通过内外勾结的方式获取本单位钱款。从钱款性质上，甲公司支付给乙公司的 10 万元，其中有 6 万元是货款，属于乙公司的财产；另有 4 万元属于甲公司实质上不应支付的钱款，在实然权属上应属甲公司所有。（2）甲、乙内外勾结，主要利用甲的职权，通过欺骗方式获取甲公司钱款，二人对此 4 万元构成贪污罪的共犯罪。（3）选项 A 数额错误，选项 B、D 罪名错误。选项 C 说法正确。

（四）不同身份人内外勾结的定性

8. 村民乙为了多获土地补偿款，找到负责核定土地面积的国家机关工作人员甲，与甲商量，让甲核定面积时多写面积。甲答应，将乙的核定土地面积从 30 平方米改到 100 平方米，之后让其具体负责核定面积的下属丙签字。乙因此多获了 40 万元的土地补偿款，取出 10 万元给了甲。对于甲的行为，应当认定为[2]（2018 回忆版）

A. 贪污罪   B. 诈骗罪   C. 滥用职权罪   D. 受贿罪

【解析】 本题的原型是最高人民法院指导案例 11 号"杨延虎等贪污案"。裁判要点有二：一是利用职务上有隶属关系的其他国家工作人员的职务便利，也是利用职务便利；二是土地使用权也属公共财物。在此基础上，对于本案的其他问题讨论如下。

关于共同犯罪与身份。甲、乙合谋，多骗国家补偿款 40 万元，行为单纯来讲是诈骗行为；当然，利用职务便利的诈骗就是贪污（部分法与整体法的法条竞合关系）。甲有国家工作人员身份，乙没有，涉及共同犯罪与身份的问题。根据《最高人民法院关于审理贪污、职务侵占案件如何认定共同犯罪几个问题的解释》第 3 条、《全国法院审理经济犯罪案件工作座谈会纪要》第 2 条第 3 项，非国家工作人员与国家工作人员勾结，分别利用各自的职务便利，共同将本单位财物非法占有的，应当尽量区分主从犯，按照主犯的犯罪性质定罪。亦即，以职权作用人者定罪。本案中，没有甲的利用职权行为，不可能骗钱成功，甲的作用大，甲、乙二人构成贪污罪的共同犯罪。

关于贪污罪与受贿罪的区分，乙多获 40 万元后，给了甲 10 万元。对此 10 万元如何定性，是认为构成受贿罪，还是贪污罪的分赃？关键在于该 10 万元的应然权属，是原本应归单位所有的公款，还是应归请托人所有的贿赂？如果是前者，只构成贪污罪一罪。如果是后者，就应认定为受贿罪、滥用职权罪数罪并罚。本题中，10 万元是从骗得的 40 万元公款的组成部分，

应然权属是单位公款，应当认定为贪污罪的分赃。故而，应当选 A 选项。

9. 镇长黄某负责某重点工程项目占地前期的拆迁和评估工作。黄某和村民李某勾结，由李某出面向某村租赁可能被占用的荒山 20 亩植树，以骗取补偿款。后李某获得补偿款 50 万元，分给黄某 30 万元。黄某认为自己应分得 40 万元，二人发生争执，李某无奈又给黄某 10 万元。【问题】对黄某、李某取得补偿款的行为，应如何定性？二人的犯罪数额应如何认定？(2012/4/2 部分)

【疑难辨析】本题考查贪污罪的共同犯罪，涉及刑法总论中有身份之人与无身份之人共同犯罪的问题。如果二人利用了有身份之人的身份，或者该身份对于犯罪起到主要作用，则二人应当认定为有身份之罪的共犯。如果二人没有利用有身份之人的身份，或者该身份对于犯罪仅起到次要作用，则二人应当认定为无身份之罪的共犯。

【简要答案】

镇长黄某是国家工作人员，李某不是国家工作人员。伙同他人贪污的，以共犯论。黄某、李某取得补偿款的行为，共同利用了黄某的职务便利骗取公共财物，职务便利对于获取财物起到了主要作用，构成贪污罪，二人是贪污罪共同犯罪。二人要对共同贪污的犯罪数额负责，犯罪数额都是 50 万元，而不能按照各自最终分得的赃物确定犯罪数额。

10. 刘某是甲建筑公司（国有企业）的普通员工，受公司委派去监督乙公司（乙公司的负责人为李某）承接的甲公司的某项工程施工，第三方监理为方某。刘某、李某、方某三人合谋，由乙公司虚报土方数（虚增工程款数额 200 万元），乙公司负责人李某签字，第三方监理方某确认，刘某将土方数报给了甲公司。为此，甲公司向乙公司多支付了 200 万元。乙公司收到该款项后，刘某、李某、方某每人分得 20 万元，剩下 140 万元用于乙公司的日常经营。关于本案，下列说法不正确的有[1]（2022/客/1/27 仿）

A. 刘某虽然不是国家工作人员，但也应认定为贪污罪，犯罪数额为 60 万元

B. 刘某应当认定为职务侵占罪，犯罪数额为 200 万元

C. 李某虽然不是国家工作人员，但也应认定为贪污罪，犯罪数额为 60 万元

D. 方某虽然不是国家工作人员，但也应该认定为职务侵占罪，数额为 20 万元

【解析】考查国家工作人员、贪污罪、共同犯罪、共犯与身份、犯罪数额

1. 被害人是甲公司，行为对象为多支付了 200 万元。

2. 刘某是国有企业委托到非国有企业从事公务的人员，根据《刑法》第 93 条第 2 款，系国家工作人员。

3. 刘某、李某、方某三人合谋，主要利用刘某的职务便利，共同骗取国有企业财物，根据《刑法》第 382 条第 1、3 款，《最高人民法院关于审理贪污、职务侵占案件如何认定共同犯罪几个问题的解释》第 1 条，构成贪污罪的共同犯罪。刘某系正犯，李某、方某为帮助犯。

4. 三人的共同犯罪数额为 200 万元。不以分赃数额认定犯罪数额。

5. 关于用于乙公司经营之用的 140 万元，根据《最高人民法院、最高人民检察院关于办理贪污贿赂刑事案件适用法律若干问题的解释》（法释〔2016〕9 号）第 16 条，出于贪污的故意，非法占有公共财物之后，将赃款赃物用于单位公务支出，不影响贪污罪的认定。也不从贪污罪犯罪数额中扣减。

（五）贪污罪与挪用公款罪的区分

11. 甲是 A 公司（国有房地产公司）领导，因私人事务欠蔡某 600 万元。蔡某让甲还钱，

---

〔1〕 ABCD

甲提议以 A 公司在售的商品房偿还债务，蔡某同意。甲遂将公司一套价值 600 万元的商品房过户给蔡某，并在公司财务账目上记下自己欠公司 600 万元。三个月后，甲将账作平，至案发时亦未归还欠款（事实一）。关于事实一的分析，下列选项正确的是？[1]（2016/2/89 - 事实一）

A. 甲将商品房过户给蔡某的行为构成贪污罪

B. 甲将商品房过户给蔡某的行为构成挪用公款罪

C. 甲虚假平账，不再归还 600 万元，构成贪污罪

D. 甲侵占公司 600 万元，应与挪用公款罪数罪并罚

【解析】 本题考查贪污罪与挪用公款罪的区分。（1）先从民法上分析：可认为前行为是甲以 600 万元买了公司商品房，欠公司 600 万未还；后行为是把账做平，具有非法占有目的，构成贪污罪。贪污对象是欠公司的 600 万元。（2）存在挪用公款罪向贪污罪"转化"的情况，只定贪污罪一罪。《全国法院审理经济犯罪案件工作座谈会纪要》第 4 条第 8 项："挪用公款罪与贪污罪的主要区别在于行为人主观上是否具有非法占有公款的目的。挪用公款是否转化为贪污，应当按照主客观相一致的原则，具体判断和认定行为人主观上是否具有非法占有公款的目的。在司法实践中，具有以下情形之一的，可以认定行为人具有非法占有公款的目的：……行为人挪用公款后采取虚假发票平帐、销毁有关帐目等手段，使所挪用的公款已难以在单位财务帐目上反映出来，且没有归还行为的，应当以贪污罪定罪处罚。"

考点三　挪用公款罪

（一）挪用公款归个人使用

1. 下列哪些选项属于"挪用公款归个人使用"？[2]（2006/2/64）

A. 以个人名义将公款借给某国有企业使用

B. 以个人名义将公款借给某私营企业使用

C. 个人决定以单位名义将公款借给其他单位使用，谋取个人利益的

D. 以单位名义将公款借给其他自然人使用，未谋取个人利益的

【疑难辨析】 本题考查挪用公款罪中的挪用公款归个人使用要素。根据《全国人民代表大会常务委员会关于〈中华人民共和国刑法〉第三百八十四条第一款的解释》，"挪用公款归个人使用"包括三种情况：（1）将公款供本人、亲友或者其他自然人使用的；（2）以个人名义将公款供其他单位使用的；（3）个人决定以单位名义将公款供其他单位使用，谋取个人利益的。

【解析】 A、B 选项属于以个人名义将公款供其他单位使用；C 选项属于个人决定以单位名义将公款供其他单位使用，谋取个人利益的。D 选项属于将公款供本人、亲友或者其他自然人使用，将公款供本人、亲友或者其他自然人使用，不要求必须以个人的名义，也未要求谋取个人利益，只要是个人决定的，均属"挪用公款归个人使用"。故本题答案为 ABCD。

2. 下列哪些情形，属于挪用公款归个人使用，从而可能构成挪用公款罪？[3]（2003/2/31）

A. 国有公司经理甲将公款供亲友使用

B. 国有企业财会人员乙以个人名义将公款供其他国有单位使用

C. 国家机关负责人丙个人决定以单位名义将公款供其他单位使用，但未谋取个人利益

---

[1]　C　[2]　ABCD　[3]　AB

D. 国有企业的单位领导集体研究决定将公款给私有企业使用

【解析】A 选项属于将公款供本人、亲友或者其他自然人使用；B 选项属于以个人名义将公款供其他单位使用；C 选项由于未谋取个人利益，不符合"个人决定以单位名义将公款供其他单位使用，谋取个人利益的"；D 选项，单位领导集体决定将公款给私有企业使用，属于单位行为，不符合"个人决定""个人名义"。

3. 下列哪一情形不属于"挪用公款归个人使用"？[1]（2010/2/20）

A. 国家工作人员甲，将公款借给其弟炒股

B. 国家机关工作人员甲，以个人名义将公款借给原工作过的国有企业使用

C. 某县工商局长甲，以单位名义将公款借给某公司使用

D. 某国有公司总经理甲，擅自决定以本公司名义将公款借给某国有事业单位使用，以安排其子在该单位就业

【解析】选项 A 属于将公款供本人、亲友或者其他自然人使用；选项 B 属于以个人名义将公款供其他单位使用；选项 D 属于个人决定以单位名义将公款供其他单位使用，谋取个人利益，其中的"谋取个人利益"，根据《全国法院审理经济犯罪案件工作座谈会纪要》第 4 条第 2 款的规定，"既包括财产性利益，也包括非财产性利益，但这种非财产性利益应当是具体的实际利益，如升学、就业等"，这三项都属"挪用公款归个人使用"。由于选项 C 系行为人以单位名义将公款借给其他单位使用，欠缺"个人决定"和"谋取个人利益"的要素，故不属于"挪用公款归个人使用"。

4. 某事业单位负责人甲决定以单位名义将本单位资金 150 余万元贷给另一公司，所得高利息归本单位所有。甲虽未牟取个人利益，但最终同意。关于该行为的定性，下列哪几种是可以排除的？[2]（2004/2/54）

A. 挪用公款罪
B. 挪用资金罪
C. 违法发放贷款罪
D. 高利转贷罪

【解析】（1）以单位名义将本单位资金借贷他人，没有谋取个人利益，不属挪归个人使用，不成立挪用公款罪或挪用资金罪。（2）行为对象系事业单位资金，不是金融机构的贷款，不成立违法发放贷款罪、高利转贷罪。

（二）挪用公款的主观用途及数量的规定

5. 根据刑法与司法解释的规定，国家工作人员挪用公款进行营利活动、数额达到 5 万元，或者挪用公款进行非法活动、数额达到 3 万元的，以挪用公款罪论处。国家工作人员甲利用职务便利挪用公款 6 万元，将 4 万元用于购买股票，2 万元用于赌博，在 1 个月内归还 6 万元。关于本案的分析，下列哪些选项是错误的？[3]（2014/2/62 修改）

A. 对挪用公款的行为，应按用途区分行为的性质与罪数；甲实施了两个挪用行为，对两个行为不能综合评价，甲的行为不成立挪用公款罪

B. 甲虽只实施了一个挪用公款行为，但由于既未达到挪用公款进行营利活动的数额要求，也未达到挪用公款进行非法活动的数额要求，故不构成挪用公款罪

C. 国家工作人员购买股票属于非法活动，故应认定甲属于挪用公款 6 万元进行非法活动，甲的行为成立挪用公款罪

D. 可将赌博行为评价为营利活动，认定甲属于挪用公款 6 万元进行营利活动，故甲的行为成立挪用公款罪

---

[1] C　[2] ABCD　[3] ABC

【疑难辨析】本题考查挪用公款罪，行为人用于不同用途时，犯罪成立的认定、数额的计算方法。在挪用公款罪中，当行为人将不同笔数的款项分别用于不同用途时，认定犯罪是否成立，采用"向下折算"的数额的计算方法。亦即，如用于非法活动的数额未达成罪数额，则将该数额与用于营利活动的数额累加；如仍未达营利活动的成罪数额，则再与用于其他活动的数额累加；如累加仍未达其他活动的成罪数额，则无罪。具体情形参见方鹏编著《刑法宝典》。

【解析】（1）本案中，用于非法活动2万元，未达3万元的成罪数额标准；故将用于非法活动2万元＋用于营利活动的4万元＝用于营利活动的6万元，达到5万元的成罪数额标准。认定为挪用公款6万元进行营利活动，故甲的行为成立挪用公款罪。D选项说法正确，ABC选项说法错误。（2）注意：新的司法解释发布后，挪用公款罪的既遂标准现已上调至3万元、5万元了。

6. 国家工作人员甲挪用4万元用于炒股，之后又挪用4万元用于生活消费。该两笔款项均超过3个月未归还。关于甲的行为，以下选项说法正确的是[1]（2020回忆版）

A. 甲不构成挪用公款罪

B. 甲构成挪用公款罪未遂，犯罪数额为8万元

C. 甲构成挪用公款罪既遂，犯罪数额为8万元

D. 应以挪用公款罪4万元未遂、4万元既遂，择一重处

【解析】考查挪用公款罪的不同用途、数额计算。

多次挪用公款，分别用于非法活动、营利活动与其他活动等不同用途，各项用途均未达到定罪数额的，判断成罪与否可考虑"向下折算累加"（非法活动折成营利活动，再折成其他活动），来计算数额。如3个月内均未归还，累计计算数额时，应当累计至较为轻缓（严重程度：非法活动＞营利活动＞生活消费）的用途。

甲挪用4万元用于炒股，系进行营利活动，单独计算未达到成罪数额（5万以上）；可将其"向下折算"为其他活动。4万炒股＋4万生活消费＝8万元，达到了用于其他活动的成罪数额（5万以上），超过3个月未还，可构成挪用公款罪，系既遂。

（三）挪用公款罪与贪污罪的关系

7. 国有公司财务人员甲于2007年6月挪用单位救灾款100万元，供自己购买股票，后股价大跌，甲无力归还该款项。2008年1月，甲挪用单位办公经费70万元为自己购买商品房。两周后，甲采取销毁账目的手段，使挪用的办公经费70万元中的50万元难以在单位财务账上反映出来。甲一直未归还上述所有款项。关于甲的行为定性，下列选项正确的是[2]（2008/2/92）

A. 甲挪用救灾款的行为，不构成挪用特定款物罪

B. 甲挪用办公经费的行为构成挪用公款罪，挪用数额为70万元

C. 甲挪用办公经费后销毁账目且未归还的行为构成贪污罪，贪污数额为50万元

D. 对于甲应当以挪用公款罪、贪污罪实行并罚

【疑难辨析】本案中行为人实施了前后两个行为，对这两个行为的定性的关键是确定其犯意故意内容及目的。贪污罪要求行为人具有非法占有目的，挪用公款罪只是挪用目的，而不能具有非法占有目的。

【解析】（1）对于挪用100万元购买股票，系属挪归个人使用，构成挪用公款罪。而不构成挪用特定款物罪（该罪要求挪作其他公用，本案是挪作私用）。挪用进行营利活动，不能归

---

[1] C [2] ACD

还属客观上不能还，还是以挪用公款罪定罪。（2）挪用70万购买商品房，由于之后对其中的50万销账，可认为对于此笔50万具有非法占有目的，主观上不愿归还，构成贪污罪。对于剩余的20万元，应认定为挪作生活所用，如果达到数额和时间要求，这20万元另行构成挪用公款罪，应当数罪并罚。B选项中将挪用数额认定为70万不正确。故ACD选项正确。

8. 甲找到某国有企业出纳乙称自己公司生意困难，让乙想办法提供点资金，并许诺给乙好处。乙便找机会从公司账户中拿出15万借给甲。甲从中拿了3万元给乙。之后，甲因违法行为被公安机关逮捕，乙害怕受牵连，携带100万元公款潜逃。关于乙的全部犯罪行为，下列哪些说法是错误的？[1]（2008 延/2/64）

    A. 挪用公款罪与受贿罪，应择一重罪从重处罚
    B. 应以挪用资金罪、职务侵占罪论处，实行数罪并罚
    C. 应以挪用公款罪、贪污罪论处，实行数罪并罚
    D. 应以挪用公款罪、贪污罪、受贿罪论处，实行数罪并罚

【解析】（1）乙挪用公款给甲是为了进行营利活动，数额较大，构成挪用公款罪。（2）乙收受甲的贿赂为其谋取利益，构成受贿罪。（3）根据《最高人民法院关于审理挪用公款案件具体应用法律若干问题的解释》第7条的规定，收受贿赂后挪用公款构成犯罪的，实行数罪并罚。（4）根据《刑法》第382条的规定，挪用公款携款潜逃，应以贪污论处。对于乙携带100万元公款潜逃的行为，应认定为贪污罪。故而应以挪用公款罪、贪污罪、受贿罪论处，数罪并罚。（5）对于甲而言，只是"让乙想办法提供点资金"，并未指使乙挪用，不构成挪用公款罪的共犯。甲只构成行贿罪。

（四）挪用公款罪与共同犯罪

9. 乙为某国有企业出纳，甲对乙说："你挪用300万给我炒股，2个月后还你；挣的100万我们平分"。乙遂挪用300万元公款打到甲指定银行账户上。甲收到款后，将100万用于炒股，200万用于自购房屋。2个月后，甲将300万元归还给乙，乙归还单位账户。关于甲乙二人所犯挪用公款罪的数额，以下说法正确的是[2]（2021 回忆版）

    A. 甲乙都是100万元　　　　　　　　B. 甲100万元，乙300万元
    C. 甲300万元，乙100万元　　　　　　D. 甲乙都是300万元

【解析】本题考查挪用公款罪中共同犯罪"各怀鬼胎"的情形。依据《最高人民法院关于审理挪用公款案件具体应用法律若干问题的解释》第2条第3项："挪用公款给他人使用，不知道使用人用公款进行营利活动或者用于非法活动，数额较大、超过三个月未还的，构成挪用公款罪；明知使用人用于营利活动或者非法活动的，应当认定为挪用人挪用公款进行营利活动或者非法活动。"可见，挪用公款罪中的"用途"实际上是行为人的主观目的，在挪用公款给他人使用的情况下，本人认识的用途与使用人实际用途不一致时，应以本人主观认识为根据。

本案中，（1）乙是挪作私用的正犯，主观用途是"炒股"，应认定其行为属于挪用公款进行营利活动，不计挪用时间，对300万构成挪用公款罪。（2）甲是挪用行为的教唆犯，对100万属挪用公款进行营利活动，不计挪用时间，构成挪用公款罪。对200万属挪用公款进行其他活动，需要超过三个月才构成犯罪，本案只挪用了2个月，对该数额不构成犯罪。

10. 甲恳求国有公司财务主管乙，从单位挪用10万元供他炒股，并将一块名表送给乙。乙做假账将10万元交与甲，甲表示尽快归还。20日后，乙用个人财产归还单位10万元。关于本案，下列哪一选项是错误的？[3]（2012/2/20）

---

[1]　ABC　[2]　B　[3]　D

A. 甲、乙勾结私自动用公款，构成挪用公款罪的共犯

B. 乙虽20日后主动归还10万元，甲、乙仍属于挪用公款罪既遂

C. 乙非法收受名表，构成受贿罪

D. 对乙不能以挪用公款罪与受贿罪进行数罪并罚

【解析】本题考查挪用公款罪的共同犯罪。（1）甲教唆国家工作人员乙挪用公款，二是构成挪用公款罪的共犯，选项A正确。（2）甲、乙挪用的用途是进行营利活动，只需挪用数额较大就构成挪用公款罪既遂，挪用之后案发前归还，仍属于挪用公款罪既遂。选项B正确。（3）为他人谋取利益而收受财物，可构成受贿罪。选项C正确。受贿后挪用公款的，应当数罪并罚。选项D错误。

考点四　受贿罪

（一）受贿罪构成要件以及行为形式

1. 下列关于受贿罪的说法哪些是不正确的？[1]（2003/2/38）

A. 甲系地税局长，1993年向王某借钱3万元。1994年王某所办企业希望免税，得到甲的批准，王当时就对甲说："上次借给你的钱就不用还了，算我给你的感谢费"。但甲始终不置可否。2003年5月甲因其他罪被抓获时，主动交待了借钱不还的事实。甲不构成受贿罪

B. 乙的妻子在乡村小学教书，乙试图通过关系将其妻调往县城，就请县公安局长胡某给教育局长黄某打招呼，果然事成。事后，乙给胡某6万元钱，胡将其中3万元给黄某，剩余部分自己收下。本案中，黄某构成受贿罪、胡某构成介绍贿赂罪、乙构成行贿罪

C. 丙为贷款而给某（国有）银行行长李某5万元钱，希望在贷款审批时多多关照。李某收过钱，点了点头。但事后，在行长办公会上，由于其他领导极力反对发放此笔贷款，丙未获取分文贷款资金。李某虽然收受他人财物，但由于没有为他人谋取利益，所以不构成受贿罪

D. 丁系工商局长，1995年在对赵某所办企业进行年检时，发现该企业并不完全符合要求，就要求其补充材料。在某些主要材料难以补齐的情况下，赵某多次找到丁，希望高抬贵手。丁见赵某开办企业也不容易，就为其办理了年检手续，但未向赵提出任何不法要求。2001年丁退休后欲自己开办公司，就向赵某提出：6年前自己帮助了赵，希望赵给3万元作为丁自己公司的启动资金，赵推脱不过，只好给钱。丁应当构成受贿罪

【解析】A选项，考查受贿罪的对象"财物"，可包括财产性利益。免除债务，实质是使他人财产应当减少而未减少，也是取得财产利益的一种方式。可以构成受贿罪。参见《最高人民法院、最高人民检察院关于办理贪污贿赂刑事案件适用法律若干问题的解释》第12条。

B选项，考查斡旋型受贿。（1）办事"打招呼"，即使达到调动标准，依法也应认定为"要求国家工作人员违反程序办事"，系谋取不正当利益。国家工作人员利用本人职权或者地位形成的便利条件，通过其他国家工作人员职务上的行为，为请托人谋取不正当利益，索取请托人财物或者收受请托人财物的，系斡旋型受贿罪。故胡某构成受贿罪（斡旋型受贿罪），黄某构成受贿罪（普通受贿罪），乙构成行贿罪。（2）改变一下题目，如果乙谋取的是正当利益的话，则胡某构成介绍受贿罪，黄某构成受贿罪，乙不构成犯罪。

C选项，考查"为他人谋取利益"。"为他人谋取利益"只需存在为他人谋取利益的承诺

---

[1]　ABCD

即可，无需实际上谋取到利益。无论利益是否正当或利益是否真正实现，均可构成受贿罪。参见《最高人民法院、最高人民检察院关于办理贪污贿赂刑事案件适用法律若干问题的解释》第13条。

D选项，考查离职后受贿。根据《最高人民法院、最高人民检察院关于办理受贿刑事案件适用法律若干问题的意见》第10条、《最高人民法院关于国家工作人员利用职务上的便利为他人谋取利益离退休后收受财物行为如何处理问题的批复》，国家工作人员在退休前为他人谋取利益，退休后获取财物的，需要具备"事先约定"这个条件，才能构成受贿罪；事先无约定的，不能认定构成受贿罪。

2. 关于受贿罪的判断，下列哪些选项是错误的？[1]（2007/2/65）

A. 公安局副局长甲收受犯罪嫌疑人家属10万元现金，允诺释放犯罪嫌疑人，因为局长不同意未成。由于甲并没有为他人谋取利益，所以不构成受贿罪

B. 国家机关工作人员乙在退休前利用职务便利为钱某谋取了不正当利益，退休后收受了钱某10万元。尽管乙与钱某事前并无约定，仍应以受贿罪论处

C. 基层法院法官丙受被告人孙某家属之托，请中级法院承办法官李某对孙某减轻处罚，并无减轻情节的孙某因此被减轻处罚。事后，丙收受孙某家属10万元现金。丙不具有制约李某的职权与地位，不成立受贿罪

D. 海关工作人员丁收受10万元贿赂后徇私舞弊，放纵走私，触犯受贿罪和放纵走私罪。由于具有牵连关系，应从一重罪论处

【解析】A选项，考查"为他人谋取利益"。"为他人谋取利益"只需存在为他人谋取利益的承诺即可，无需实际上谋取到利益。无论利益是否正当或利益是否真正实现，均可构成受贿罪。

B选项，考查离职后受贿。国家工作人员在退休前为他人谋取利益，退休后获取财物的，需要具备"事先约定"这个条件，才能构成受贿罪；事先无约定的，不能认定构成受贿罪。

C选项，考查斡旋型受贿罪。斡旋受贿型受贿罪中的"利用自己职务形成的便利条件"，既可以是上级与下级之间（上级对事项无直接职权），也可以是下级与上级之间，或者同事、平级之间，以及工作关系，除制约关系以外，影响关系也属于"职务形成的便利条件"。

D选项，考查受贿罪的罪数。根据《最高人民法院、最高人民检察院关于办理渎职刑事案件适用法律若干问题的解释（一）》第3条、《最高人民法院、最高人民检察院、海关总署关于办理走私刑事案件适用法律若干问题的意见》第16条第2款规定："海关工作人员收受贿赂又放纵走私的，应以受贿罪和放纵走私罪数罪并罚。"

3. 关于贿赂犯罪，下列选项说法正确的是？[2]（2023/客A/卷一/仿18）

A. 张某是律师，请A区法院院长李某帮忙介绍案源，李某遂让B区法院院长陈某给张某介绍了案源，后张某送给陈某好处费10万元，也送给李某好处费10万元。则李某不构成斡旋型受贿罪

B. 甲找到国家工作人员乙（乙同时也是某央企负责人国家工作人员丙的好友），让其帮忙找丙办事，乙收受甲的50万元之后，给丙打招呼把事办成了。则乙同时构成斡旋型受贿罪和利用影响力受贿罪

C. 甲想找市长丙帮忙，遂给丙的儿子乙送礼20万；乙将甲的请托事项告诉丙，丙起初不知道乙收了甲的钱，办完事情之后才知道收钱事，但没有退还钱款。则乙构成利用影响力受贿

罪，丙不构成犯罪

D. 甲为了找国家工作人员丙办事，先找到与丙关系很好的亲戚乙，让乙给丙打招呼；乙收受甲的 10 万元之后，将甲的请托事项告知丙，丙却不同意帮忙。因事没有办成，乙遂将钱退还给甲。则乙构成利用影响力受贿罪既遂

【解析】本题考点：贿赂犯罪

注意：本题各选项中的请托事务，因都是"托人找关系"办事，属于《最高人民法院、最高人民检察院关于办理行贿刑事案件具体应用法律若干问题的解释》（法释〔2012〕22 号）第 12 条规定的"要求国家工作人员违反法律、法规、规章、政策、行业规范的规定，为自己提供帮助或者方便条件"，属于"不正当利益"。

选项 A，考察斡旋型受贿罪中"利用本人职权或者地位形成的便利条件"的含义。根据《全国法院审理经济犯罪案件工作座谈会纪要》（法〔2003〕167 号）第三条第三项的规定，"利用本人职权或者地位形成的便利条件"，是指行为人与被其利用的国家工作人员之间在职务上虽然没有隶属、制约关系，但是行为人利用了本人职权或者地位产生的影响和一定的工作联系。本选项中 A 区法院院长与 B 区法院院长存在一定的工作联系，构成斡旋型受贿罪。

选项 B，考察斡旋型受贿罪与利用影响力受贿罪的区分和关系。（1）前者是利用"利用本人职权或者地位形成的便利条件"即"官位影响"打招呼办事；后者是利用"近亲属、关系密切人、原职权"等"人身影响"打招呼办事。（2）如果打招呼的"中间人"（收钱人），与办事的另一国家工作人员之间的关系，既有"官位影响"，又有"人身影响"，就要看主要利用何种身份进行影响。（3）依照最高人民法院编《刑事审判参考》第 754 号"陆某受贿案"，两罪是对立关系："只要国家工作人员同时具备本人的职权或者地位形成的便利条件和其与其他国家工作人员的密切关系，原则上应当依照刑法第三百八十八条的规定，以受贿罪论处；但确有证据证实国家工作人员仅利用了其与被其利用的其他国家工作人员的密切关系的，应当依照刑法第三百八十八条之一的规定，以利用影响力受贿罪论处。"（4）按照前述判例，乙不可能同时构成两罪，应当优先适用斡旋型受贿罪。

选项 C，对于国家工作人员丙，根据《最高人民法院、最高人民检察院关于办理贪污贿赂刑事案件适用法律若干问题的解释》（法释〔2016〕9 号）第 16 条第二款：特定关系人索取、收受他人财物，国家工作人员知道后未退还或者上交的，应当认定国家工作人员具有受贿故意。可构成"不作为"形式的受贿罪。不管是事先知情，还是事后知情，均可构成受贿罪。

选项 D，（1）受贿类犯罪的既遂标准是收受、控制财物。乙已收受财物，已构成利用影响力受贿罪既遂，之后退还财物，也不构成中止或无罪。（2）司法解释依据，可比照《最高人民法院、最高人民检察院关于办理受贿刑事案件适用法律若干问题的意见》（法发〔2007〕22 号）第 9 条第二款，国家工作人员受贿后，因自身或者与其受贿有关联的人、事被查处，为掩饰犯罪而退还或者上交的，不影响认定受贿罪。

4. 关于受贿罪，下列哪些选项是正确的？[1]（2017/2/62）

A. 国家工作人员明知其近亲属利用自己的职务行为受贿的，构成受贿罪

B. 国家工作人员虚假承诺利用职务之便为他人谋利，收取他人财物的，构成受贿罪

C. 国家机关工作人员实施渎职犯罪并收受贿赂，同时构成渎职罪和受贿罪的，除刑法有特别规定外，以渎职罪和受贿罪数罪并罚

D. 国家工作人员明知他人有请托事项而收受其财物，视为具备"为他人谋取利益"的构

---

〔1〕　ABCD

成要件，是否已实际为他人谋取利益，不影响受贿的认定

【解析】A选项，《最高人民法院、最高人民检察院关于办理贪污贿赂刑事案件适用法律若干问题的解释》（法释〔2016〕9号）第16条第2款："特定关系人索取、收受他人财物，国家工作人员知道后未退还或者上交的，应当认定国家工作人员具有受贿故意"，可构成受贿罪。本选项说法正确。

B选项，前述解释第13条第1款第1项"实际或者承诺为他人谋取利益的"，系"为他人谋取利益"。亦即，"为他人谋取利益"系客观要素，最低限度只需有客观承诺即可，不论承诺是否真实；也无需行为人主观上有为他人谋取利益的故意。本选项说法正确。

C选项，前述解释第17条："国家工作人员利用职务上的便利，收受他人财物，为他人谋取利益，同时构成受贿罪和刑法分则第三章第三节、第九章规定的渎职犯罪的，除刑法另有规定外，以受贿罪和渎职犯罪数罪并罚。"另参见《最高人民法院、最高人民检察院关于办理渎职刑事案件适用法律若干问题的解释（一）》第3条。本选项说法正确。

D选项，前述解释第13条第1款第2项"明知他人有具体请托事项的"，第1项"实际或者承诺为他人谋取利益的"，均系"为他人谋取利益"。本选项说法正确。

5. 关于受贿相关犯罪的认定，下列哪些选项是正确的？[1]（2013/2/63）

A. 甲知道城建局长张某吸毒，以提供海洛因为条件请其关照工程招标，张某同意。甲中标后，送给张某50克海洛因。张某构成受贿罪

B. 乙系人社局副局长，乙父让乙将不符合社保条件的几名亲戚纳入社保范围后，收受亲戚送来的3万元。乙父构成利用影响力受贿罪

C. 国企退休厂长王某（正处级）利用其影响，让现任厂长帮忙，在本厂推销保险产品后，王某收受保险公司3万元。王某不构成受贿罪

D. 法院院长告知某企业经理赵某"如给法院捐赠500万元办公经费，你们那个案件可以胜诉"。该企业胜诉后，给法院单位账户打入500万元。应认定法院构成单位受贿罪

【解析】A选项，受贿罪的对象为财物，指有价值之物。海洛因虽属违禁品，也是有价值之物，可以是贿赂。构成受贿罪。

B选项，国家工作人员的近亲属，通过该国家工作人员职务上的行为，为请托人谋取不正当利益，收受请托人财物数额较大的，构成利用影响力受贿罪。本选项中并未明示"乙明知收钱事"，应当认为乙并不明知收钱事，故乙父并不构成受贿罪的共犯。

C选项，离职的国家工作人员利用原职权影响的，构成利用影响力受贿罪。

D选项，国有单位利用职务索取贿赂的，构成单位受贿罪。国家机关也可成立单位犯罪的主体。

6. 甲的女儿2003年参加高考，没有达到某大学录取线。甲委托该高校所在市的教委副主任乙向该大学主管招生的副校长丙打招呼，甲还交付给乙6万元现金，其中3万元用于酬谢乙，另3万元请乙转交给丙。乙向丙打了招呼，并将3万元转交丙。丙收下3万元，并答应尽量帮忙，但仍然没有录取甲的女儿。1个月后，丙的妻子丁知道此事后，对丙说："你没有帮人家办事，不能收这3万元，还是退给人家吧。"丙同意后，丁将3万元退给甲。关于本案，下列哪些说法是错误的？[2]（2004/2/59）

A. 乙的行为成立不当得利与介绍贿赂罪

B. 丙没有利用职务上的便利为他人牟取利益，所以不成立受贿罪

C. 丙在未能为他人牟取利益之后退还了财物，所以不成立受贿罪

D. 丁将3万元贿赂退给甲而不移交司法机关，构成帮助毁灭证据罪

【解析】（1）甲的女儿不符合条件，要求录取应属"谋取不正当利益"。国家工作人员利用本人职权或者地位形成的便利条件，通过其他国家工作人员职务上的行为，为请托人谋取不正当利益，索取请托人财物或者收受请托人财物的，系斡旋型受贿罪。故乙构成受贿罪（斡旋型受贿罪），丙构成受贿罪（普通受贿罪），乙构成行贿罪。（2）受贿的既遂以取得、控制贿赂款物为标准，乙、丙均已收下贿赂款，构成受贿罪既遂；事后退还属悔罪行为。此外，《最高人民法院、最高人民检察院关于办理受贿刑事案件适用法律若干问题的意见》第9条规定："国家工作人员收受请托人财物后及时退还或者上交的，不是受贿。国家工作人员受贿后，因自身或者与其受贿有关联的人、事被查处，为掩饰犯罪而退还或者上交的，不影响认定受贿罪。"这里的"及时退还"，指根本没有受贿故意，知情后马上退还；本案行为人是在未办成事后才退还，不属"及时退还"。（3）退还财物不能认定为毁灭证据，贿赂款没有任何形式毁灭，丁也无此犯罪故意，不能认定成立故意毁灭证据罪。（4）注意：新的司法解释发布后，受贿罪的既遂标准现已上调至3万元了。

7. 甲（为了谋了不正当利益）向乙（国家工作人员）行贿5万元，乙收下后顺手藏于自家沙发垫下，匆忙外出办事。当晚，丙潜入乙家盗走该5万元。事后查明，该现金全部为假币。下列哪些选项是正确的？[1]（2009/2/60）

A. 甲用假币行贿，其行为成立行贿罪未遂，是实行终了的未遂

B. 丙的行为没有侵犯任何人的合法财产，不构成盗窃罪

C. 乙虽然收受假币，但其行为仍构成受贿罪

D. 丙的行为侵犯了乙的占有权，构成盗窃罪

【解析】（一）对于乙

1. 客观上国家工作人员乙收受甲给予的假币5万元，为其谋取利益，实施了受贿行为。

2. 主观上乙误将假币认为是真币而收受，系对象错误；但因假币也属于财物，可成为贿赂的目的物，误将假币当作真币收受，是同一构成要件内的具体错误，对假币仍有受贿罪故意。根据《刑法》第385条，构成受贿罪。C选项正确。

3. 关于以违禁品为对象的财产犯罪的既遂标准，以情节计。（1）比照《最高人民法院、最高人民检察院关于办理盗窃刑事案件适用法律若干问题的解释》第1条第4款、《最高人民法院关于审理抢劫、抢夺刑事案件适用法律若干问题的意见》第7条，以违禁品数量作为情节。（2）关于假币的数量及情节，比照《最高人民法院关于审理伪造货币等案件具体应用法律若干问题的解释》第5条："明知是假币而持有、使用，总面额在四千元以上不满五万元的，属于'数额较大'。总面额在五万元以上不满二十万元的，属于'数额巨大'；总面额在二十万元以上的，属于'数额特别巨大'。"（3）本案中甲收受假币面额为5万元，应当认为是既遂。

（二）对于甲

1. 为了谋取不正当利益，给予国家工作人员财物，根据《刑法》第389条，构成行贿罪。已将财物送出，系犯罪既遂。A选项错误。

2. 使用假币行贿，根据《刑法》第172条，构成使用假币罪。

3. 行贿者明知是假币，故意以假币冒充真币送与国家工作人员，虽实施了欺骗行为，但被害人无损失，不构成诈骗罪。

---

[1] CD

4. 一行为触犯两罪，系想象竞合犯，应择一重处。

（三）对于丙

1. 客观上潜入乙家盗走假币，因假币也属于财物，赃物也属盗窃罪对象，系入户盗窃。

2. 主观上误将假币认为是真币而盗窃，系对象错误、具体错误，对假币仍有盗窃罪故意，根据《刑法》第264条，构成盗窃罪。

3. 法条依据，《最高人民法院、最高人民检察院关于办理盗窃刑事案件适用法律若干问题的解释》第1条第4款规定："盗窃毒品等违禁品，应当按照盗窃罪处理的，根据情节轻重量刑"，说明假币可以成为盗窃罪的对象。盗窃罪保护的法益是他人效力更高的事实占有，无论该占有是否合法。B选项错误，D选项正确。

4. 控制取得了财物，系盗窃罪既遂。

（二）连环贿赂的认定

8. 某地工商局长王某之前帮助过企业老板陈某，为其谋取过一些不正当利益。后王某被监察机关调查。王某想请该县副县长赵某帮忙"打招呼"为其开脱，赵某说要"经费"50万。王某没钱，遂找陈某，表示以前曾帮过陈某，现在让陈某帮自己送给赵某50万，陈某答应。赵某收钱后，找到监察委主任张某，说要给张某20万，要张某帮忙把王某的事情搞定，被张某拒绝。则关于王某、陈某、赵某的行为，说法正确的有[1]（2019回忆版）

A. 王某构成受贿罪、行贿罪，系想象竞合

B. 王某、陈某构成行贿罪的共同犯罪

C. 王某、赵某构成受贿罪的共同犯罪

D. 赵某斡旋受贿失败，构成受贿罪未遂

【解析】本题考查"连环贿赂"。解题方法是：从最后办事人"倒着推"，各自认定。

（一）张某：系国家工作人员，但没有拿钱，也没有办事，不构成犯罪。

（二）对于赵某

1. 系国家工作人员，收受50万元，承诺利用其地位形成的便利条件，通过另一国家工作人员张某，为请托人王某谋取不正当利益，根据《刑法》第388条，系斡旋型受贿，构成受贿罪。

2. 根据《最高人民法院、最高人民检察院关于办理贪污贿赂刑事案件适用法律若干问题的解释》（法释〔2016〕9号）第13条第1项的规定，受贿罪（包括斡旋型受贿）的构成要素"为他人谋取利益"（"谋取不正当利益"）只需客观承诺即可；无需实际谋得利益。本案中，赵某已向王某作出承诺，可构成斡旋型受贿。

3. 受贿罪以收受到财物为既遂标准，赵某虽实际为王某谋取得利益，但已收受到财物，构成受贿罪既遂。

（三）对于王某

1. 为了谋取不正当利益，而给予国家工作人员赵某50万元，根据《刑法》第389条，构成行贿罪。

2. 王某送给赵某的钱款来源于陈某。在为请托人陈某谋利之后，收受其给予的50万元，根据《刑法》第385条，构成受贿罪。

3. 应以行贿罪、受贿罪，数罪并罚。

（四）对于陈某

简要过程可以简述为：陈某先送给王某50万，王某（与陈某一起）再转送给赵某50万。

---

[1] B

1. 陈某为了报答之前王某帮忙，谋取不正当利益，送给王某 50 万，根据《刑法》第 389 条，构成行贿罪。

2. 陈某知情王某向赵某行贿，代表王某将 50 万送给赵某，帮助王某实施行贿行为，根据《刑法》第 389、27 条，构成行贿罪的帮助犯。

3. 系连续犯，应以行贿罪一罪论处。

（五）王某、赵某先后分别构成受贿罪，二人对于先后两次受贿没有共同故意，不构成受贿罪的共同犯罪。

9. A 公司不符合贷款条件，董事长甲却想为公司申请贷款。甲知道公司股东乙的儿子丙是市领导秘书，便向乙请求向丙帮忙找关系帮忙批贷款，承诺事成后给乙 10% 的回扣，乙便告知丙自己可拿回扣事，并请丙帮忙。丙找到国有银行的国家工作人员丁帮忙，丁虽不知丙的真实目的，但想到和丙有工作上的联系，便违规向 A 公司发放贷款 1000 万元。甲如约给了乙 100 万元，丁并未收取好处。后 A 公司经营不善不能归还贷款。下列选项说法正确的是？[1]（2023/客 B/卷一/仿 19）

A. 甲给乙钱的行为构成对有影响力的人行贿罪

B. 乙的行为构成利用影响力受贿罪

C. 丙的行为构成利用影响力受贿罪

D. 丙的行为构成斡旋型受贿罪

【解析】本题考点：贿赂犯罪、连环贿赂。

（一）丁，构成违法发放贷款罪（同时触犯滥用职权罪）。并未收取好处，不构成受贿罪。

（二）丙：市领导秘书是国家工作人员，知情其父亲乙收钱，仍利其职权地位影响，通过国家工作人员丁为 A 公司谋取不正当利益，根据刑法第 388 条，构成斡旋型受贿罪。

（三）乙：与丙有通谋，构成斡旋型受贿罪的共犯。

（四）甲：为 A 公司谋取不正当利益，而通过乙给丙钱，根据刑法第 393 条，构成单位行贿罪。

10. 陈某欲承包某市一工程项目，送给非国家工作人员的刘甲 100 万元，希望其能够向管理工程的副市长刘乙（系刘甲胞弟）说情。刘甲将 100 万元现金以及陈某的请求告诉刘乙，刘乙说："钱你留着，工程我会帮助的"。后在刘乙的帮助下，陈某获得工程。关于本案下列正确的是？[2]（2019 回忆版）

A. 刘甲、刘乙构成受贿罪的共同犯罪，陈某构成对有影响力的人行贿罪

B. 刘甲构成利用影响力受贿罪，刘乙构成受贿罪，陈某构成对有影响力的人行贿罪

C. 刘甲构成利用影响力受贿罪，刘乙不构成受贿罪，陈某构成对有影响力的人行贿罪

D. 刘甲构成受贿罪，刘乙不构成受贿罪，陈某构成行贿罪

【解析】（一）对于副市长刘乙，知情胞弟刘甲收受请托人财物，不仅不退还或者上交，而且还为请托人谋利，根据《刑法》第 385 条、《最高人民法院、最高人民检察院关于办理贪污贿赂刑事案件适用法律若干问题的解释》（法释〔2016〕9 号）第 16 条第 2 款的规定，刘乙构成受贿罪的正犯。

（二）刘甲帮助刘乙收受贿赂，有共同故意，根据《刑法》第 385、27 条，构成受贿罪的共同犯罪，系帮助犯。

（三）请托人陈某为了谋取不正当利益，客观上实施了对共同受贿人刘乙、刘甲行贿的行

---

〔1〕 D 〔2〕 A

为，但主观上仅具有对有影响力的人行贿的故意，客观主观统一，根据《刑法》第 390 条之一，构成对有影响力的人行贿罪。

11. 赵某老公被监察机关依法留置，甲告知赵某称自己是赵某丈夫的熟人，可以帮忙捞人，但需要花费 50 万元。赵某给甲 50 万，甲得钱后拿出 10 万元用于偿还自己债务，用 40 万托乙办理"捞人"事宜。乙试图用 40 万找监察机关的孙某帮忙，被孙某拒绝。关于本案，下列选项说法正确的有[1]（2021 回忆版）

A. 甲成立行贿罪、侵占罪　　　　　B. 甲成立介绍贿赂罪、诈骗罪
C. 乙成立行贿罪　　　　　　　　　D. 乙成立介绍贿赂罪

【解析】本题考查贿赂犯罪、"截贿"、财产犯罪（诈骗罪、侵占罪等）。

"连环贿赂倒着推"。（1）首先，对于国家工作人员孙某，不构成犯罪。（2）其次，对于试图给孙某的乙，系送钱人，构成行贿罪的未遂，数额是 40 万元。尽管钱款并不是乙本人的、谋取的不正当利益也不是乙本人事务，但乙是实施"给予国家工作人员以财物"实行行为者，系正犯。（3）对于甲和赵某，对该笔 40 万元，为乙向孙某行贿提供资金，构成行贿罪的帮助犯。（4）对于被甲用于偿债的 10 万元，在甲向赵某"开价"当时，只是说"需要花费 50 万元"，并没有虚构事实、隐瞒真相（例如谎称"已找好办事的人、对方开价 50 万"），不构成诈骗罪。没有使用非法手段转移占有。获取该笔钱款后用于偿债、据为自己所有，系"截贿"行为。如认为侵占罪的对象"代为保管的他人财物"，包括基于不法原因而取得的代为保管物，则根据《刑法》第 270 条的规定，构成侵占罪。（5）罪数上，行贿罪（40 万）未遂、侵占罪（10 万），两罪并罚。（6）根据《刑法》第 392 条，介绍贿赂罪的罪状是"向国家工作人员介绍贿赂"，亦即，在行贿人、受贿人之间居中介绍；既然甲、乙本身就是行贿人，当然就不再构成介绍贿赂罪。

（三）受贿罪的既遂标准、数额认定

12. 关于贿赂犯罪以及犯罪数额的认定，下列选项说法正确的是[2]（2020 回忆版）

A. 甲携带 100 万元欲向国家工作人员乙行贿，来到乙的办公室。乙对甲说：钱先放到你那里吧。甲便将钱拿回放在自家保险柜中，直至案发。则甲构成行贿罪 100 万元既遂，乙构成受贿罪 100 万元未遂

B. 国家工作人员甲违规审批，让乙违规经营彩票业务。甲欺骗乙说，办理该业务需要 10 万元审批费，乙信以为真，给了甲 10 万元。则甲仅构成诈骗罪 10 万元既遂，不构成受贿罪

C. 甲为了谋取不正当利益，给国家工作人员乙送了一张空白支票（印鉴齐全），该支票最高可以填 999 万元，但至案发乙都没有填写金额。则乙构成受贿罪 999 万元未遂

D. 甲为了谋取不正当利益，给国家工作人员乙送了一张银行卡，告知乙卡中有金额为 6 万元。乙一直没有取出使用，至案发时银行卡中本金利息共计 7 万元。则乙构成受贿罪 7 万元既遂

【解析】考查贿赂犯罪的既未遂标准。

选项 A，"钱先放到你那里吧"表明甲乙已经达到决意，甲已经收受、后委托乙代管。乙属交付后受委托代管，而不是没有交付。故而二人均为既遂。

选项 B，（1）甲利用职务便利向乙索贿，触犯受贿罪。（2）谎称审批费骗取乙交付，也触犯诈骗罪。（3）受贿罪能够包含诈骗的内容，系整体法与部分法的法条竞合关系，以整体法受贿罪论处。参见《刑事审判参考》总第 1147 号"吴六徕受贿案"：以欺骗方式让行贿人主动交付财物的，应认定为索贿。（4）只不过乙没有行贿故意，不构成行贿罪。

---

[1] AC　[2] C

选项 C，未填写金额的现金支票，数额还未确定。比照盗窃有价票证的计价方法。《最高人民法院、最高人民检察院关于办理盗窃刑事案件适用法律若干问题的解释》第 5 条："盗窃不记名、不挂失的有价支付凭证、有价证券、有价票证的，应当按票面数额和盗窃时应得的孳息、奖金或者奖品等可得收益一并计算盗窃数额；盗窃记名的有价支付凭证、有价证券、有价票证，已经兑现的，按照兑现部分的财物价值计算盗窃数额；没有兑现，但失主无法通过挂失、补领、补办手续等方式避免损失的，按照给失主造成的实际损失计算盗窃数额。"本案因不记名支票尚未填写数额，故而没有票面数额；只要一填写上确定数额，即以数额认定为既遂。故而，只能以可能填写的最大数额（行贿人已授权的最大范围）认定为未遂。

选项 D，应以实际转移占有（收受时）当时认定贿赂价值。银行卡可即时兑现，故以收受时 6 万元为犯罪数额，系既遂；另外取款时多出的 1 万元为受贿孳息。

13. 甲为了谋取不正当利益，向国家工作人员乙行贿 100 万，给了乙一张甲的银行卡并告知密码。第二天，甲在网上银行将银行卡中的钱款性质变更为定期存款，只能用甲的身份证才能取出。截止到案发，乙都一直无法取出卡里面的钱款。关于本案以下说法正确的有？[1]（2023/客 A/卷一/仿 19）

A. 乙构成受贿罪既遂
B. 乙构成受贿罪未遂
C. 甲构成行贿罪既遂
D. 甲对乙构成盗窃罪

【解析】本题考点：收银行卡型受贿案既遂标准及数额认定；银行账户资金的权属、占有的认定。

（一）判例来源：中央纪检委、国家监察委《中国纪检监察报》刊载"以收银行卡方式受贿中犯罪数额的认定"、"收受银行卡、借条未使用或兑现应如何认定"，基本规则是：

原则上，依据《最高人民法院最高人民检察院关于办理商业贿赂刑事案件适用法律若干问题的意见》第 8 条"收受银行卡的，不论受贿人是否实际取出或者消费，卡内的存款数额一般应全额认定为受贿数额"。但是，该司法解释，仍需按"实际控制"标准进行具体再解释。

1. 行贿人提供了完全充分的信息，足以保证受贿人完全取出卡内存款或者消费，但由于银行方面的原因如技术故障，或者由于受贿人自身操作问题如记错密码，导致暂时不能取出存款或者消费的，仍应认定为受贿既遂。这是因为，行贿人将银行卡送给国家工作人员并告知其相关信息后，银行卡所对应的财物控制权便已转移。国家工作人员随时可以取出存款或者刷卡消费。银行出现技术故障、个人出现操作失误等原因，并不能从实质上阻碍国家工作人员对财物的控制权。当这些障碍排除后，国家工作人员便可以正常使用银行卡。

2. 行贿人送后抽回存款或者以挂失等方式阻碍受贿人取款或者消费的，受贿数额以受贿人已经取款或消费的数额计算。受贿人因行贿人的上述行为未能取出或消费的部分，按受贿未遂论处。这是因为，国家工作人员收受银行卡后，虽已取得财物的控制权，但由于银行卡是行贿人以自己名义办理的，其亦可变更密码、挂失或者抽回卡内钱款，导致国家工作人员丧失对卡内剩余钱款的实际控制权，因此对剩余部分应以未遂论处。

3. 从而，前述案例，乙构成受贿罪，对 100 万构成未遂。甲构成行贿罪，也对 100 万构成未遂；因其将银行卡中的钱款性质变更为定期存款时，钱款仍归自己占有控制，故不构成盗窃罪或侵占罪。

（二）原理：银行账户资金的权属、占有的认定

1. 按通说，根据《民事审判指导与参考》总第 51 辑"丙公司与乙公司案外人执行异议纠

---

[1]　B

纷上诉案"（借用账户内的资金应认定为归属于名义存款人）；最高院（2018）最高法民再220号《民事判决书》（对于银行账户中的货币，原则上应以账户名称为权属判断的基本标准），认为银行账户内的货币资金归属于名义存款人所有（这里所说的"资金归属"，也可以理解为资金给付的请求权）。

2. 由此，当名义存款人授权他人使用账户时，钱款控制权转移，可构成既遂。但撤回授权时，钱款控制权回归。

3. 按照刑法通说，在占有状态的认定层面，认为"存款的占有归银行"。甲银行卡账户的资金100万元，归银行占有；则银行将该资金支付给名义存款人甲，也属无因行为。甲将该资金由银行占有转归其本人占有，转移占有的行为不能构成盗窃罪、诈骗罪、侵占罪。

4. 当然，有少数观点，认为：前半截行为，乙已完全占有、所有该100万元，构成受贿罪既遂，甲构成行贿罪既帝；后半截行为，甲在乙不知情的情况转移占有，甲构成盗窃罪既遂。这种观点，前述规定、民法原理违背。

14. 甲请托国家工作人员乙帮助办事，乙遂利用职务便利帮助甲成立了A公司，甲出资1000万元作为A公司的注册资本。甲为了表示感谢，给了乙A公司10%股份。二年后，A公司10%股份市价升值为200万元，甲遂用600万元购回该10%股份。则乙受贿罪的犯罪金额为[1]（2020回忆版）

  A. 100万   B. 200万   C. 500万   D. 600万

【解析】考查受贿罪的数额计算。

受贿罪的对象是财物（贿赂），以财物的实际价值计算数额。本案中乙实施收受了两次贿赂，第一次收受的贿赂形式是干股，第二次收受的是交易形式的差价款。

（1）对于干股，根据《最高人民法院、最高人民检察院关于办理受贿刑事案件适用法律若干问题的意见》第2条："进行了股权转让登记，或者相关证据证明股份发生了实际转让的，受贿数额按转让行为时股份价值计算，所分红利按受贿孳息处理。股份未实际转让，以股份分红名义获取利益的，实际获利数额应当认定为受贿数额。"本案中，转让行为时股份价值为100万，为受贿数额。之后股份升值价值（100万）系受贿孳息。

（2）对于交易形式的受贿，前述意见第1条第2款：受贿数额按照交易时当地市场价格与实际支付价格的差额计算。本案中，购买股份的差额为600万－200万＝400万。

（3）故而，受贿数额累加计算，应为100万＋400万＝500万。另有100万受贿孳息予以没收。

（4）本案相当于：甲送乙一套房子，送时市价100万（行为时犯罪对象价值）；后升值为200万，乙将其以200万卖出（销赃数额）；另外甲又送乙400万。

（四）受贿罪的罪数

15. 某国有银行行长甲指使负责贷款业务的科长乙向申请贷款的丙单位索要财物。乙将索要所获15万元中的9万元交给甲，其余6万元自己留下。后来，甲、乙均明知丙单位不具备贷款条件，仍然向丙单位贷款1000万元，使银行遭受800万元损失。对手本案，下列哪些选项是正确的？[2]（2008/2/56）

  A. 甲的受贿数额是9万元

  B. 乙的受贿数额是15万元

  C. 甲、乙均构成违法发放贷款罪

---

[1] C [2] BCD

D. 对于甲、乙的违法发放贷款罪和受贿罪，应当数罪并罚

【解析】（1）国家工作人员甲教唆国家工作人员乙利用职务之便索取贿赂，二人构成受贿罪共犯。对共同犯罪的总数额而不是分赃数额承担责任，故受贿罪的数额为15万元。（2）甲、乙明知丙单位不具备贷款条件而向其贷款的，构成《刑法》第186条的违法发放贷款罪。（3）国家工作人员收受贿赂之后为他人谋利益的，如无刑法明文规定，一般应当数罪并罚。

考点五　利用影响力受贿罪；对有影响力的人行贿罪

1. 根据刑法有关规定，下列哪些说法是正确的？[1]（2009/2/64）

A. 甲系某国企总经理之妻，甲让其夫借故辞退企业财务主管，而以好友陈某取而代之，陈某赠甲一辆价值12万元的轿车。甲构成犯罪

B. 乙系已离职的国家工作人员，请接任处长为缺少资质条件的李某办理了公司登记，收取李某10万元。乙构成犯罪

C. 丙系某国家机关官员之子，利用其父管理之便，请其父下属将不合条件的某企业列入政府采购范围，收受该企业5万元。丙构成犯罪

D. 丁系国家工作人员，在主管土地拍卖工作时向一家房地产公司通报了重要情况，使其如愿获得黄金地块。丁退休后，该公司为表示感谢，自作主张送与丁价值5万元的按摩床。丁构成犯罪

【解析】A选项，根据《刑法》第388条之一，"甲让其夫"为陈某谋取不正当利益时，如果并未告知其夫（国家工作人员）赠轿车事，则构成利用影响力受贿罪；如果告知其夫知情与其有共谋，则构成受贿罪共犯。题意是前者。

B选项，根据《刑法》第388条之一，离职的国家工作人员"利用余热"为请托人谋取不正当利益，构成利用影响力受贿罪。

C选项，根据《刑法》第388条之一，国家工作人员的近亲属利用国家工作人员职务上的行为，为请托人谋取不正当利益，构成利用影响力受贿罪。

D选项，根据《最高人民法院、最高人民检察院关于办理受贿刑事案件适用法律若干问题的意见》第10条第1款，国家工作人员利用职务上的便利为请托人谋取利益之前或者之后，约定在其离职后收受请托人财物，并在离职后收受的，以受贿论处。国家工作人员在退休前为他人谋取利益，退休后获取财物的，需要具备"事先约定"这个条件，才能构成受贿罪。事先无约定的，不能认定构成受贿罪。但如果造成国家损失，可构成滥用职权罪，本选项没有明示损失结果。

2. 乙的孙子丙因涉嫌抢劫被刑拘。乙托甲设法使丙脱罪，并承诺事成后付其10万元。甲与公安局副局长丁早年认识，但多年未见面。甲托丁对丙作无罪处理，丁不同意，甲便以揭发隐私要挟，丁被迫按甲的要求处理案件。后甲收到乙10万元现金。关于本案，下列哪一选项是错误的？[2]（2013/2/21）

A. 对于"关系密切"应根据利用影响力受贿罪的实质进行解释，不能仅从形式上限定为亲朋好友

B. 根据A选项的观点，"关系密切"包括具有制约关系的情形，甲构成利用影响力受贿罪

―――――――――――

C. 丁构成徇私枉法罪，甲构成徇私枉法罪的教唆犯

D. 甲的行为同时触犯利用影响力受贿罪与徇私枉法罪，应从一重罪论处

【解析】 A选项，利用影响力受贿罪中"关系密切的人"，指能够影响国家工作人员或者离职的国家工作人员，利用其职权或者地位形成的便利条件的人；此类人员，包括范围太广，难以从形式上予以限定，只能根据有无"影响力"予以实质解释和判断。选项A说法正确。

B选项，甲可以揭发隐私对丁进行要挟，可对国家工作人员施加影响，具有制约关系；按照A选项的观点，可认定甲是"关系密切的人"，可构成利用影响力受贿罪。

C选项，丁系公安局副局长，在刑事诉讼中，利用处理刑事案件的职权，明知丙有罪而使其不受处理，构成徇私枉法罪；甲制造其犯意，构成教唆犯。C选项正确。

D选项，刑法只规定受贿后徇私枉法罪从一重罪论处，没有规定触犯利用影响力受贿罪后教唆他人徇私枉法罪应当如何处理。因为该二行为大部分并不重合，不属想象竞合犯，而应当数罪并罚。

3. 副县长赵某带队前来开展拆迁、评估工作的验收。李某给赵某的父亲（原县民政局局长，已退休）送去6万元现金，请其帮忙说话。赵某得知父亲收钱后答应关照李某，令人将邻近山坡的树苗都算到李某名下。（2012/4/2 部分）

【问题】 对赵某父亲收受6万元一节，对赵某父亲及赵某应如何定罪？为什么？

【简要答案】

对赵某父亲收受6万元一节，赵某构成受贿罪，赵某父亲构成受贿罪的帮助犯（从犯）。

（1）副县长赵某系国家工作人员，明知其近亲属收受请托人财物不予退还，为请托人谋取利益，根据《刑法》第385条，以及《最高人民法院、最高人民检察院关于办理贪污贿赂刑事案件适用法律若干问题的解释》第16条第2款的规定，构成受贿罪。

（2）赵某父亲帮助赵某受贿，有共同故意，根据《刑法》第25条第1款、第27条，构成受贿罪的帮助犯（从犯）。

（3）赵某父亲虽具有国家工作人员近亲属、离职国家工作人员的身份，但因已构成受贿罪的帮助犯，不再以利用影响力受贿罪论处。

4. 张某为谋取不正当利益，给李某（国家工作人员）的妻子钱某10万元，让其帮忙代为转交给李某。钱某给李某说起此事，李某拒绝，让钱某将钱退还给张某。但钱某谎称钱已退回，实际并未退钱，而是将其用于家庭生活。关于本案，以下说法正确的有[1]（2018 回忆版）

A. 李某没有尽到监督钱某将钱归还的义务，故李某构成受贿罪

B. 钱某构成受贿罪的片面共犯

C. 钱某构成利用影响力受贿罪

D. 张某构成对有影响力的人行贿罪

【解析】 （1）对于李某，其系国家工作人员，但其认为其妻已归还钱款，主观上没有受贿故意，不构成受贿罪。A选项错误。

（2）对于钱某，因李某没有实施受贿行为，不能构成受贿罪的正犯；根据共犯从属说，钱某不能构成受贿罪的共犯。B选项错误。钱某身为国家工作人员的近亲属，承诺为请托人谋取不正当利益，收受财物（尽管其用于包括李某在内的家庭生活，但仍应认定为钱某收受，而不是李某收受），可构成利用影响力受贿罪。C选项正确。

（3）对于张某，客观上贿赂实际上被钱某收受，是对有影响力的人行贿行为；主观上意

---

[1] CD

图将钱送给李某，是行贿罪故意。客观主观统一，关键在于，行贿罪故意是否可以包容对有影响力的人行贿的故意？是可以的。故而重合于对有影响力的人行贿罪（既遂）。D选项正确。同时，张某还触犯行贿罪的未遂（"代为转交"未成）。想象竞合择一重处，以对有影响力的人行贿罪（既遂）论处。

5. 陈某为谋取不正当利益，想找国家机关某局局长马某帮忙，可惜不认识马某。遂找到马某的妻子王某，骗王某说已经跟马某说好的，请王某将20万元转交马某。王某收钱后跟马某说此事，马某大怒，批评了王某，并让王某把钱退还。王某却私自把钱拿去消费。关于马某、陈某、王某的行为，以下选项说法正确的是[1]（2020回忆版）

A. 马某构成受贿罪
B. 王某构成利用影响力受贿罪
C. 陈某不能构成行贿罪
D. 陈某构成对非国家工作人员行贿罪

【解析】同上题。

6. 刘某之弟因涉嫌故意伤害罪被某市公安机关刑事拘留，刘某找到其远房亲戚昆某（其在该市任财务局副局长），让他向公安局局长王某说情，给予其弟治安处罚。事成之后，刘某给予昆某50万元以表感谢。昆某收下后，留给自己30万元，给予王某20万元，对此刘某并不知情。对于王某、昆某的行为，以下说法正确的有[2]（2019回忆版）

A. 王某、昆某构成受贿罪的共同犯罪，犯罪数额为50万
B. 昆某构成受贿罪（数额30万）、行贿罪（数额20万），王某构成受贿罪（数额20万）
C. 昆某构成受贿罪（数额50万）、行贿罪（数额20万），王某构成受贿罪（数额20万）
D. 刘某、昆某构成行贿罪的共同犯罪，犯罪数额为50万

【解析】（一）对于王某

1. 公安局局长王某，收受昆某给予的20万元，为请托人谋取利益，根据《刑法》第385条，构成受贿罪。

2. 同时，王某对明知刘某之弟是有罪的人而故意包庇不使他受追诉，根据《刑法》第399条，构成徇私枉法罪。

3. 根据《刑法》第399条第4款，应以受贿罪（20万）、徇私枉法罪择一重处。

（二）对于昆某

1. 昆某为谋取不正当利益，给予王某20万元，根据《刑法》389条，构成行贿罪。

2. 昆某教唆王某徇私枉法，根据《刑法》399条、29条，构成徇私枉法罪的教唆犯。

3. 市任财务局副局长昆某，收受刘某给予的50万元，利用其地位形成的便利条件，通过国家工作人员王某职务上的行为，为请托人刘某谋取不正当利益，根据《刑法》第388条，系斡旋型受贿，构成受贿罪。

4. 昆某收受刘某50万元、王某收受昆某20万元，是由二人各自独立进行的，没有共同行为、共同故意，不构成受贿罪的共同犯罪。

5. 应以行贿罪（20万）、受贿罪（50万）、徇私枉法罪教唆犯，数罪并罚。

（三）对于刘某

1. 刘某为谋取不正当利益，给予昆某50万元，根据《刑法》389条，构成行贿罪。

2. 刘某对于昆某送给王某20万元并不知情，没有共同行为、共同故意，不构成受贿罪的共同犯罪。

---

[1] B [2] C

考点六 行贿罪

1. 下列行为人所谋取的利益，哪些是行贿罪中的"不正当利益"？[1]（2005/2/65）

A. 甲向某国有公司负责人米某送 3 万元，希望能承包该公司正在发包的一项建筑工程

B. 乙向某高校招生人员刘某送 3 万元，希望刘某在招生时对其已经进入该高校投档线的女儿优先录取

C. 丙向某法院国家赔偿委员会委员高某送 3 万元，希望高某按照《国家赔偿法》的规定处理自己的赔偿申请

D. 丁向某医院药剂科长程某送 6 万元，希望程某在质量、价格相同的条件下优先采购丁所在单位生产的药品

【疑难辨析】 行贿罪中的"不正当利益"指以下三种情况之一：①内容违法。指行贿者谋取的利益违反法律、法规、规章、政策规定。②程序违法。指行贿者要求国家工作人员违反法律、法规、规章、政策、行业规范的规定，为自己提供帮助或者方便条件。③不当竞争。违背公平、公正原则，在经济、组织人事管理等活动中，谋取竞争优势的，应当认定为"谋取不正当利益"。

【解析】 A 选项，甲希望通过非正常程序承包工程，程序违法。

B 选项、D 选项，属于在谋取不确定利益时，要求通过非正常程序获取不正当的优先权，系不当竞争，属谋取不正当利益。

C 选项，希望"按照《国家赔偿法》的规定处理赔偿申请"，要求的内容合法、程序合法，不属谋取不正当利益。综上，选项 ABD 正确，当选。

2. 大学生甲为获得公务员面试高分，送给面试官乙（某机关领导）2 瓶高档白酒，乙拒绝。次日，甲再次到乙家，偷偷将一块价值 3 万元的金币放在茶几上离开。乙不知情。保姆以为乙知道此事，将金币放入乙的柜子。对于本案，下列哪一选项是错误的？[2]（2011/2/19）

A. 甲的行为成立行贿罪

B. 乙的行为不构成受贿罪

C. 认定甲构成行贿罪与乙不构成受贿罪不矛盾

D. 保姆的行为成立利用影响力受贿罪

【解析】 （1）甲为谋取不正当利益而主动送与国家工作人员财物，无论其是否实际谋取到不正当利益，根据《刑法》第 389 条，都构成行贿罪。选项 A 正确。

（2）乙不并知情贿赂一事，主观上没有受贿故意，不构成受贿罪。选项 B 正确。

（3）行贿罪与受贿罪虽为对合犯，但各自有不同的构成要件，并不一定一方构成行贿罪，另一方必然构成受贿罪。选项 C 说法正确。

（4）保姆：①虽可认为是"关系密切的人"，但其客观上没有实施利用影响力受贿的行为，而只是代甲收受贿赂，也没有利用国家工作人员乙为甲谋取不正当利益的利用影响力受贿罪故意，不能构成利用影响力受贿罪。②保姆主观上虽有帮助受贿的故意，但因正犯没有实施受贿行为，客观上没有帮助受贿的行为，不构成受贿罪的帮助犯。综上，选项 D 错误，当选。

3. 甲为使其弟乙逃脱处罚，送给正在审理乙涉嫌非法拘禁一案的合议庭审判长丙 5 万元。

---

[1] ABD　[2] D

在审判委员会上，丙试图为乙开脱罪责，但未能得逞，于是丙将收受的5万元退还给甲。甲经过思想斗争，到司法机关主动交代了自己向丙行贿的行为。关于本案的处理，下列哪些说法是正确的？[1]（2002/2/48）

A. 对甲的行为应以行贿罪论处

B. 对丙的行为应当认定为受贿中止

C. 对甲应当适用刑法总则关于自首的处罚规定

D. 对甲可以减轻处罚或免除处罚

【解析】（1）对于丙，为他人谋取利益而收受财物，构成受贿罪。已经取得、控制了财物，应认定为受贿罪既遂。已经收受了贿赂并作出了为他人谋取利益的努力，只是因未谋得利益而退还贿赂，不属"及时退还"，是受贿既遂，不能构成中止。

（2）对于甲，为了谋取不正当利益而给予国家工作人员钱财，是行贿罪。

（3）关于甲是否构成自首，甲主动投案、如实交代，可构成自首。

（4）对于甲如何处罚的问题。①现在，《刑法修正案（九）》将《刑法》第390条第2款修正为："行贿人在被追诉前主动交待行贿行为的，可以从轻或者减轻处罚。其中，犯罪较轻的，对侦破重大案件起关键作用的，或者有重大立功表现的，可以减轻或者免除处罚"。只有行贿人"犯罪较轻的，对侦破重大案件起关键作用的，或者有重大立功表现"，才可以减轻或者免除处罚。结合本题选项所述事实来看，行贿数额为5万，可认为"犯罪较轻"；如不揭发案件难以发现，可认为"检举揭发行为对侦破重大案件起关键作用"，故对甲"可以减轻或者免除处罚"。D选项说法仍然正确，应选择。②考试当年，按原《刑法》分则第390条第2款规定，行贿人在被追诉前主动交待行贿行为的，可以减轻处罚或免除处罚。而主动投案、如实交代又构成自首，按《刑法》总则第67条的规定，对于一般自首，可以从轻、减轻处罚。适用分则第390条第2款，比适用总则第67条，对被告人更为有利，故应适用分则规定"可以减轻处罚或免除处罚"。综上，选项ACD正确，当选。

4. 关于贿赂犯罪，下列哪些选项是错误的？[2]（2010/2/65）

A. 国家工作人员利用职务便利，为请托人谋取利益并收受其财物而构成受贿罪的，请托人当然构成行贿罪

B. 因被勒索给予国家工作人员以财物的，当然不构成行贿罪

C. 行贿人在被追诉前主动交代行贿行为的，可以从轻或者减轻处罚

D. 某国家机关利用其职权或地位形成的便利条件，通过其他国家机关的职务行为，为请托人谋取利益，索取请托人财物的，构成单位受贿罪

【解析】A选项，根据《刑法》第389条第1款的规定，为谋取不正当利益，给予国家工作人员以财物的，才构成行贿罪。当请托人谋取正当利益时，受贿者国家工作人员可构成受贿罪，但行贿者即请托人不构成行贿罪，故选项A错误。

B选项，根据《刑法》第389条第3款的规定，因被勒索给予国家工作人员以财物，没有获得不正当利益的，不是行贿。如果行贿人虽被勒索，但获得了不正当利益，也构成行贿罪，故选项B错误。

C选项，（1）现在，《刑法修正案（九）》将《刑法》第390条第2款修正为："行贿人在被追诉前主动交待行贿行为的，可以从轻或者减轻处罚。其中，犯罪较轻的，对侦破重大案件起关键作用的，或者有重大立功表现的，可以减轻或者免除处罚"。C选项说法正确。（2）考

---

[1] ACD　[2] ABD（当年正确答案为ABCD）

试当年，按原《刑法》第390条第2款的规定："行贿人在被追诉前主动交待行贿行为的，可以减轻处罚或者免除处罚"。选项 C 的措辞是"从轻或者减轻"，C 选项说法错误。

D 选项，（1）对于斡旋型受贿行为构成受贿罪的，《刑法》第388条只规定了由国家工作人员自然人主体构成，没有规定可以由单位构成，故选项 D 错误。（2）亦即，受贿罪（包括《刑法》第385条规定的普通受贿、《刑法》第388条斡旋型受贿罪）都只能由自然人构成。而《刑法》第387条单位受贿罪又没有规定斡旋型受贿的情形。（3）单位实施斡旋型受贿行为的，单位不构成单位受贿罪，参与的自然人（国家工作人员）构成自然人受贿罪。综上，选项 ABD 错误，当选。

考点七　介绍贿赂罪

甲、乙因涉嫌犯罪被起诉。在甲、乙被起诉后，甲父丙为使甲获得轻判，四处托人，得知丁的表兄刘某是法院刑庭庭长，遂托丁将15万元转交刘某。丁给刘某送15万元时，遭到刘某坚决拒绝。【问题】丁是否构成介绍贿赂罪？是否构成行贿罪（共犯）？是否构成利用影响力受贿罪？理由分别是什么？（2013/4/2 部分）

【疑难辨析】介绍贿赂罪指为行贿、受贿居中介绍，提供信息。行为人在行贿人与国家工作人员之间进行引见、沟通、撮合，促使行贿与受贿得以实现。行为人是否获得利益，不影响本罪成立。如果行为人站在行贿人一方为其提供帮助，构成行贿罪共犯；如果行为人站在受贿人一方为其提供帮助，构成受贿罪共犯。介绍贿赂罪，只能站在中立立场上，明知某人欲通过行贿谋求国家工作人员的职务行为，而向国家工作人员提供该信息。

【简要答案】
丁构成行贿罪（未遂）的帮助犯（从犯）。不构成介绍贿赂罪、利用影响力受贿罪。

（1）丁虽系国家工作人员近亲属，但客观上并未索取或者收受他人财物，主观上也无收受财物的意思，不构成利用影响力受贿罪。

（2）丁接受丙的委托，帮助请托人丙实施行贿行为，客观上有帮助行贿的行为，主观上有帮助行贿的故意，根据《刑法》第389条、第27条的规定，构成行贿罪（未遂）帮助犯（从犯）。

（3）丁没有在丙和法官刘某之间牵线搭桥，没有实施居中介绍促成行贿、受贿事实的介绍贿赂行为，不构成介绍贿赂罪。

考点八　单位受贿罪、单位行贿罪

何经理为了销售本公司经营的医疗器械，安排公司监事刘某在与某市立医院联系销售业务过程中，按销售金额25%的比例给医院4位正、副院长回扣共计25万余元。本案中，该公司提供回扣的行为构成何罪？[1]（2009/2/20）

A. 行贿罪　　　　　　　　　　　　B. 对非国家工作人员行贿罪
C. 单位行贿罪　　　　　　　　　　D. 对单位行贿罪

---

[1] C

【解析】（1）本案的主体是单位而非自然人。本案行为是经单位领导决定、为了单位利益、以单位名义实施、利益归单位所有的单位行为，故属单位犯罪。（2）本案的行为属于在经济往来中，违反国家规定，给予回扣的行为，是行贿行为。（3）行贿对象是4个自然人，而不是市立医院单位。故不构成对单位行贿罪。（4）4个自然人是市立医院中的领导，属国有事业单位中从事公务的人员，亦即国家工作人员。根据《最高人民法院、最高人民检察院关于办理商业贿赂刑事案件适用法律若干问题的意见》第4条规定，医疗机构中的国家工作人员应构成受贿罪。（5）综上，由于是单位给予国家工作人员自然人贿赂，故构成《刑法》第393条的单位行贿罪。综上，选项 C 正确，当选。

考点九　巨额财产来源不明罪

国家工作人员甲与民办小学教师乙是夫妻。甲、乙支出明显超过合法收入，差额达300万元。甲、乙拒绝说明财产来源。一审中，甲交代300万元系受贿所得，经查证属实。关于本案，下列哪些选项是正确的？[1]（2012/2/63）

A. 甲构成受贿罪
B. 甲不构成巨额财产来源不明罪
C. 乙不构成巨额财产来源不明罪
D. 乙构成掩饰、隐瞒犯罪所得罪

【解析】（1）若以一审之前查明的事实认定。巨额财产来源不明罪是身份犯、不作为犯。①甲、乙家庭支出明显超过合法收入，因甲是国家工作人员，有说明来源的作为义务，如甲拒绝说明来源，则可构成巨额财产来源不明罪。②乙不是国家工作人员，没有说明来源的作为义务，拒绝说明来源，行为也不认为是刑法上的不作为行为，不构成巨额财产来源不明罪的正犯；③题干也未写明乙对甲的拒绝说明来源行为（正犯行为）有帮助、教唆，不构成该罪共犯。

（2）若以一审之中查明的事实认定。①题干写可以查明财产系甲受贿所得，则直接认定甲构成受贿罪。②题干未写"乙参与受贿"，不能构成受贿罪的共犯；③也未写"乙明知受贿款项而帮助保存、消费"，或者"乙明知款项可能来路不正仍帮助保存、消费"，不能构成掩饰、隐瞒犯罪所得罪。④只写"乙拒绝说明财产来源"，据此不能认定其构成犯罪。

（3）很多考生对选项 D 产生疑惑。①是把题意误解为这样的情景：官员老公回家了，拎了300万块钱，朝老婆一扔，说"老婆帮我存一下"。老婆问"是什么钱？怎么会有这么多？"老公说"你别管，存就是了"。类比《最高人民法院关于审理洗钱等刑事案件具体应用法律若干问题的解释》第1条第2款第6项的规定"协助近亲属或者其他关系密切的人转换或者转移与其职业或者财产状况明显不符的财物的"，推定"被告人明知系犯罪所得及其收益，但有证据证明确实不知道的除外"，因此构成掩饰、隐瞒犯罪所得罪。因为老婆实施了"存"的行为。②但事实上，题干描述的案情是这样的情况：官员老公账户上多了300万，老婆也知道老公是受贿所得，监察委来调查，问老婆"你知道你老公账上的钱是怎么来的吗？"老婆答道"知道也不告诉你，打死我也不说"。老婆只是不说而已。仅是知情不举，是无罪。综上，选项 ABC 正确，当选。

---

[1] ABC

考点十　私分国有资产罪

某国有企业高层领导班子成员经集体研究决议，将该国有企业 100 万元利润，没有按规定上交国家，而是均分给全体高层领导成员。关于本案，以下说法正确的有？[1]（2018 回忆版）

A. 该国有企业构成私分国有资产罪

B. 本案系单位犯罪

C. 该国有企业高层领导成员构成贪污罪

D. 本案系共同犯罪

【解析】本题考查私分国有资产罪与集体贪污的区分。主要区分要点在于：前罪是单位行为，后罪是个人行为。另外就是私分的人员的多少。将国有资产分配给单位的所有成员或者多数人的，构成私分国有资产罪；分配给少数人甚至仅在领导班子成员内部私分的，构成贪污罪。

（1）在行为主体确认上，尽管经领导班子成员集体研究，但只分给高层领导成员，没有分给全体或大部分企业员工，不属单位行为，而是个人共同行为。B 选项错误，D 选项正确。

（2）在罪名认定上，既然不是单位行为，是个人共同行为；则不构成私分国有资产罪，构成贪污罪。A 选项错误，C 选项正确。综上，选项 CD 正确，当选。

---

[1]　CD

专题二十二　渎职罪（分则第九章）

法条竞合	1. 两罪是一般法，其他罪是特别法。2. 受贿后渎职：数罪，三种〔徇私、民行、执行〕择一重。3. 与对象人共谋，可触犯共同犯罪（与渎职罪想象竞合）；又不利用职权，数罪并罚。
滥用职权罪/玩忽职守罪	两罪的区分；重大损失的地位。
司法工作人员渎职犯罪	1. 徇私枉法罪：刑事诉讼中。2. 徇私舞弊予以减刑、假释、监外执行罪。3. 私放在押人员罪对象："在押"人员。4. 通风报信：帮助犯罪分子逃避处罚罪。
其他	1. 放纵走私罪：海关；2. 徇私舞弊不征、少征税款罪：税务；3. 不解救被拐卖、绑架妇女、儿童罪；4. 食品、药品监管渎职罪。

考点一　本章罪名的法条竞合关系

1. 下列哪一行为应以玩忽职守罪论处？[1]（2012/2/21）

A. 法官执行判决时严重不负责任，因未履行法定执行职责，致当事人利益遭受重大损失

B. 检察官讯问犯罪嫌疑人甲，甲要求上厕所，因检察官违规打开械具后未跟随，致甲在厕所翻窗逃跑

C. 值班警察与女友电话聊天时接到杀人报警，又闲聊10分钟后才赶往现场，因延迟出警，致被害人被杀、歹徒逃走

D. 市政府基建负责人因听信朋友介绍，未经审查便与对方签订建楼合同，致被骗300万元

【疑难辨析】本题考查玩忽职守罪与特别法的法条竞合。本章罪名中，滥用职权罪、玩忽职守罪为一般法，其他罪名是特别法。根据《最高人民法院、最高人民检察院关于办理渎职刑事案件适用法律若干问题的解释（一）》第2条（以下简称"《渎职解释（一）》"），法条竞合的处理规则是：特别法优于一般法。（1）国家机关工作人员实施滥用职权或者玩忽职守犯罪行为，触犯刑法分则第九章第398条至第419条规定（特别法）的，依照该规定（特别法）定罪处罚。（2）国家机关工作人员滥用职权或者玩忽职守，因不具备徇私舞弊等情形，不符合刑法分则第九章第398条至第419条的规定（特别法），但依法构成第397条规定（一般法）的犯罪的，以滥用职权罪或者玩忽职守罪定罪处罚。

---

[1]　C

【解析】A 选项，以特别法执行判决、裁定失职罪论处。

B 选项，以特别法失职致使在押人员脱逃罪论处。

C 选项，国家机关工作人员过失不认真履行职责造成重大损失，构成玩忽职守罪。

D 选项，以特别法国家机关工作人员签订、履行合同失职被骗罪论处。

综上，选项 C 正确，当选。

2. 关于渎职罪的认定，下列选项说法正确的是[1]（2020 回忆版）

A. 国家机关以"集体研究"形式实施的渎职犯罪，负责人员可被追究刑事责任，具体执行人员也有可能被追究刑事责任

B. 税务局工作人员甲因为工作失误漏征税款，给国家造成重大税收损失，甲构成徇私舞弊不征、少征税款罪

C. 警察甲在接到被拐卖儿童家属的解救要求后，故意不解救被拐卖儿童，甲构成不解救被拐卖儿童罪、滥用职权罪，应当择一重处

D. 狱警甲明知被关押的罪犯乙可能逃脱，仍未采取相关措施阻止，导致乙逃脱。甲构成私放在押人员罪、脱逃罪的帮助犯，应当数罪并罚

【解析】选项 A，《最高人民法院、最高人民检察院关于办理渎职刑事案件适用法律若干问题的解释（一）》第 5 条第 2 款：以"集体研究"形式实施的渎职犯罪，应当依照刑法分则第九章的规定追究国家机关负有责任的人员的刑事责任。对于具体执行人员，应当在综合认定其行为性质、是否提出反对意见、危害结果大小等情节的基础上决定是否追究刑事责任和应当判处的刑罚。

选项 B，徇私舞弊不征、少征税款罪的成立，要求行为人主观上为故意；本选项主观上为过失，构成玩忽职守罪。

选项 C，警察甲构成不解救被拐卖儿童罪、滥用职权罪，依《刑法》第 397 条第 1 款最后一句"本法另有规定的，依照规定"，以及前述《渎职解释（一）》第 2 条，系法条竞合，应以特别法不解救被拐卖儿童罪论处。

选项 D，狱警甲与罪犯乙事前无通谋，不触犯脱逃罪的帮助犯；只触犯私放在押人员罪一罪。参见前述《渎职解释（一）》第 4 条。

综上，选项 A 正确，当选。

考点二　滥用职权罪（故意）、玩忽职守罪（过失）

1. 甲、乙二人系某派出所辅警，在值班路上遇见一名流浪汉丙，口吐白沫躺在路边。甲、乙二人遂将丙送往附近救助站。因担心麻烦，未将丙送入救助站内，而是将其放在救助站门口即离开。流浪汉丙爬起来走了两步，即摔倒不省人事，几小时后，被人发现送往医院救治，两天后死亡。事后证明，如及时对丙进行救助，丙不会死亡。则关于甲、乙二人的行为性质，下列说法正确的有[2]（2022/客/1/28 仿）

A. 因甲、乙二人不是正式警察，故二人不构成玩忽职守罪

B. 甲、乙二人虽不是正式警察，但二人仍可构成滥用职权罪

C. 甲、乙二人应认定为过失致人死亡罪

D. 甲、乙二人构成不作为犯

【解析】考查国家机关工作人员、渎职犯罪、不作为犯。

1. 关于身份，甲、乙二人系辅警，根据《全国人民代表大会常务委员会关于〈中华人民共和国刑法〉第九章渎职罪主体适用问题的解释》的规定，"虽未列入国家机关人员编制但在国家机关中从事公务的人员，在代表国家机关行使职权时，有渎职行为，构成犯罪的，依照刑法关于渎职罪的规定追究刑事责任。"并比照《最高人民检察院关于合同制民警能否成为玩忽职守罪主体问题的批复》（高检发研字〔2000〕20号），应当认定为国家机关工作人员，可构成渎职犯罪。

2. 关于罪名。根据《中华人民共和国人民警察法》第21条，客观上，二人应当完全履行职责而未履行完毕，系不作为行为，造成一人死亡的损失结果；主观上系过失，构成玩忽职守罪。

3. 案件改编自江苏省靖江市人民法院（2016）苏1282刑初第154号"陈歧松、褚永红玩忽职守案"。

故选项D正确，当选。

2. 关于渎职犯罪，下列哪些选项是正确的？[1]（2016/2/63）

A. 县财政局副局长秦某工作时擅离办公室，其他办公室人员操作电炉不当，触电身亡并引发大火将办公楼烧毁。秦某触犯玩忽职守罪

B. 县卫计局执法监督大队队长武某，未能发现何某在足疗店内非法开诊所行医，该诊所开张三天即造成一患者死亡。武某触犯玩忽职守罪

C. 负责建房审批工作的干部柳某，徇情为拆迁范围内违规修建的房屋补办了建设许可证，房主凭此获得补偿款90万元。柳某触犯滥用职权罪

D. 县长郑某擅自允许未经环境评估的水电工程开工，导致该县水域内濒危野生鱼类全部灭绝。郑某触犯滥用职权罪

【解析】A选项，事故和损失与秦某的职务行为无关，秦某无罪；其他办公室人员可构成失火罪。

B选项，在足疗店内非法开诊所行医，一般执法监督大队也无法发现，武某对结果没有过失。

C选项，柳某违规补办了建设许可证的滥用职权行为，是房主非法获得补偿款的前提，应认定造成国家损失；滥用职权行为与损失之间具有因果关系，可构成滥用职权罪。

D选项，郑某实施有超越权职的滥用职权行为，与损失结果之间具有因果关系，构成滥用职权罪。

综上，选项CD正确，当选。

3. 下列哪种行为可以构成玩忽职守罪？[2]（2007/2/20）

A. 在安全事故发生后，负有报告职责的人员不报或者谎报情况，贻误事故抢救，情节严重的

B. 国有公司工作人员严重不负责任，造成国有公司破产，致使国家利益遭受重大损失的

C. 负有环境保护监督管理职责的国家机关工作人员严重不负责任，导致发生重大环境污染事故，造成人身伤亡的严重后果的

D. 负有管理职责的国家机关工作人员发现他人非法从事天然气开采、加工等违法活动而

---

[1] CD [2] D

不予查封、取缔，致使国家和人民利益遭受重大损失的

【解析】A选项，（1）根据《刑法》第139条之一之规定，在安全事故发生后，负有报告职责的人员不报或者谎报情况，贻误事故抢救，情节严重的，构成不报、谎报安全事故罪。本选项构成此罪。（2）与之区别的是玩忽职守罪、滥用职权罪。根据《最高人民法院、最高人民检察院关于办理危害生产安全刑事案件适用法律若干问题的解释》第15条第1款的规定，国家机关工作人员在履行安全监督管理职责时滥用职权、玩忽职守，致使公共财产、国家和人民利益遭受重大损失的……以滥用职权罪、玩忽职守罪……定罪处罚。（3）可见，《刑法》第139条之一的主体"负有报告职责的人员"（前述两高《解释》第4条：负有组织、指挥或者管理职责的负责人、管理人员、实际控制人、投资人，以及其他负有报告职责的人员）与玩忽职守罪的主体为国家机关工作人员还是不同的。

B选项，（1）根据《刑法》第168条的规定，国有公司工作人员严重不负责任，造成国有公司破产，致使国家利益遭受重大损失的，构成国有公司人员失职罪。（2）玩忽职守罪的主体要求是国家机关工作人员，国有公司工作人员不能构成。对国有企业负有监管职责的国家机关工作人员，不履行监管职责造成国有公司破产，才构成滥用职权罪或者玩忽职守罪。

C选项，根据《刑法》第408条的规定，负有环境保护监督管理职责的国家机关工作人员严重不负责任，导致发生重大环境污染事故，致使公私财产遭受重大损失或者造成人身伤亡的严重后果的，按照环境监管失职罪处理。另见《最高人民检察院关于渎职侵权犯罪案件立案标准的规定》。环境监管失职罪与玩忽职守罪是特殊法与一般法的法条竞合关系，按特殊法优于一般法的原则，只适用环境监管失职罪条款。

D选项，《最高人民法院、最高人民检察院关于办理盗窃油气、破坏油气设备等刑事案件具体应用法律若干问题的解释》第7条第4项，国家机关工作人员对发现或者经举报查实的未经依法批准、许可擅自从事石油、天然气勘查、开采、加工、经营等违法活动不予查封、取缔的，以滥用职权罪或者玩忽职守罪定罪处罚，本选项情况可以构成玩忽职守罪（对结果系过失）。

综上，选项D正确，当选。

考点三　徇私枉法罪

1. 关于徇私枉法罪，下列哪些选项是正确的？[1]（2009/2/65）

A. 甲（警察）与犯罪嫌疑人陈某曾是好友，在对陈某采取监视居住期间，故意对其放任不管，导致陈某逃匿，司法机关无法对其追诉。甲成立徇私枉法罪

B. 乙（法官）为报复被告人赵某对自己的出言不逊，故意在刑事附带民事判决中加大赵某对被害人的赔偿数额，致使赵某多付10万元。乙不成立徇私枉法罪

C. 丙（鉴定人）在收取犯罪嫌疑人盛某的钱财后，将被害人的伤情由重伤改为轻伤，导致盛某轻判。丙不成立徇私枉法罪

D. 丁（检察官）为打击被告人程某，将对程某不起诉的理由从"证据不足，指控犯罪不能成立"擅自改为"可以免除刑罚"。丁成立徇私枉法罪

【解析】选项A，《最高人民检察院关于渎职侵权犯罪案件立案标准的规定》第一部分第5

〔1〕　ACD

条第 4 项，在立案后，虽然采取强制措施，实际放任不管，致使犯罪嫌疑人、被告人实际脱离司法机关侦控的。构成徇私枉法罪。

选项 B，刑事附带民事诉讼由刑事法官及刑事法庭审理，也应属"在刑事审判活动过程中"，法官以报复动机违背事实和法律作枉法裁判，其行为也构成徇私枉法罪。

选项 C，徇私枉法罪的主体是司法工作人员，丙是鉴定人，在刑事诉讼中作虚假鉴定构成《刑法》第 305 条规定的伪证罪。

选项 D，《最高人民检察院关于渎职侵权犯罪案件立案标准的规定》第一部分第 5 条第 5 项，在刑事审判活动中故意违背事实和法律，作出枉法判决、裁定，即有罪判无罪、无罪判有罪，或者重罪轻判、轻罪重判的，都属于以徇私枉法罪立案的情形，构成徇私枉法罪。本案情形是结局不变，但不起诉理由变化，由于"证据不足，指控犯罪不能成立"与"可以免除刑罚"存在实质差异，前者为证据不足无罪（绝对无罪），后者为免除刑罚（有罪但不处罚）。表面上虽只是理由变化，但该理由实际上是刑事司法程序的"结论"，因此属故意违背事实和法律作出枉法裁定。

综上，选项 ACD 正确，当选。

2. 张某是某检察院检察长，李某的丈夫赵某因涉嫌犯罪而被提请逮捕。后向他人了解情况，得知张某负责批捕，于是去找张某求情。张某见李某美色，便以保其丈夫平安为由，向李某提出性要求。李某救夫心切，虽不情愿，但被迫答应。张某遂对赵某不予批准逮捕，造成恶劣的社会影响。张某的行为，应当认定为[1]（2018 回忆版）

A. 滥用职权罪　　　　B. 徇私枉法罪　　　　C. 强奸罪　　　　　　D. 受贿罪

【解析】（1）关于强奸罪。张某向李某提出性要求，李某为了救其丈夫而同意，虽不情愿，但属经其同意的利益交换，不能认定为违背性自由意志。就张某而言，给予了李某多出来的非法利益，并且让其进行选择；而不是以剥夺既有的合法权益相威胁，不能认为实施了"强"的行为。故而，张某不能构成强奸罪。C 选项不当选。

（2）司法工作人员张某，在刑事诉讼中，违法不予批准逮捕，根据《刑法》第 399 条第 1 款，构成徇私枉法罪。

（3）同时，张某也触犯了滥用职权罪。但滥用职权罪与徇私枉法罪是一般法与特别法之间的法条竞合关系，根据《最高人民法院、最高人民检察院关于办理渎职刑事案件适用法律若干问题的解释（一）》第 2 条第 1 款的规定，应以特别法徇私枉法罪论处。故而 A 选项不当选，B 选项当选。

（4）《刑法》第 385 规定的受贿罪的对象是"财物"，性利益不属财物，故不能构成受贿罪。D 选项不当选。

综上，选项 B 正确，当选。

3. 刘某以赵某对其犯故意伤害罪，向法院提起刑事附带民事诉讼。因赵某妹妹曾拒绝本案主审法官王某的求爱，故王某在明知证据不足、指控犯罪不能成立的情况下，毁灭赵某无罪证据，认定赵某构成故意伤害罪，并宣告免予刑罚处罚。对王某的定罪，下列哪一选项是正确的？[2]（2011/2/20）

A. 徇私枉法罪　　　B. 滥用职权罪　　　C. 玩忽职守罪　　　D. 帮助毁灭证据罪

【解析】（1）刑事诉讼中的法官，明知证据不足、不能定罪，而故意违背法律定罪，触犯徇私枉法罪。（2）也触犯滥用职权罪。（3）利用审判职权帮助毁灭证据的，也可触犯帮助毁

---

[1] B　[2] A

灭证据罪。（4）在罪数上，帮助毁灭证据罪与徇私枉法罪，二罪是部分法与整体法法条竞合关系，应以整体法徇私枉法罪论处。（5）滥用职权罪与徇私枉法罪之间是一般法与特别法的法条竞合关系，应以特别法徇私枉法罪论处。A 选项当选。

4. 某中级法院的主审法官甲收受故意杀人案被告人乙的家属现金 3 万元后，伪造乙防卫过当、自首的证据，欺骗该院审判委员会，导致原本可能被判死刑的乙最终仅被判处 3 年徒刑。对甲应当以何罪论处？[1]（2008 延/2/20）

A. 徇私枉法罪　　　　B. 滥用职权罪　　　　C. 受贿罪　　　　D. 伪证罪

【解析】（1）司法工作人员甲在刑事诉讼中利用司法职权徇私枉法，故意违背法律和事实作枉法裁判的，根据《刑法》第 399 条的规定，构成徇私枉法罪。（2）也触犯滥用职权罪。（3）伪造乙防卫过当、自首的证据，触犯帮助伪造证据罪。（4）根据《刑法》第 305 条的规定，在刑事诉讼中，证人、鉴定人、记录人、翻译人对与案件有重要关系的情节，故意作虚假证明、鉴定、记录、翻译，意图陷害他人或者隐匿罪证构成伪证罪，涉及的是言辞证据。本案主体是法官，未涉言辞证据，不能触犯伪证罪。（5）甲收受贿赂，根据《刑法》第 385 条，构成受贿罪。（6）在罪数上，帮助伪造证据罪与徇私枉法罪，二罪是部分法与整体法法条竞合关系，应以整体法徇私枉法罪论处。（7）滥用职权罪与徇私枉法罪之间是一般法与特别法的法条竞合关系，应以特别法徇私枉法罪论处。（8）根据《刑法》第 399 条第 4 款的规定，收受贿赂后徇私枉法构成犯罪的，以徇私枉法罪、受贿罪从一重处罚。（9）本题是单选题，本案属于徇私枉法情节严重的情况，从一重罪处罚应该按照徇私枉法罪处理，故 A 项当选。

5. 丙实施抢劫犯罪后，分管公安工作的副县长甲滥用职权，让侦办此案的警察乙想办法使丙无罪。乙明知丙有罪，但为徇私情，采取毁灭证据的手段使丙未受追诉。关于本案的分析，下列哪些选项是正确的？[2]（2014/2/63）

A. 因甲是国家机关工作人员，故甲是滥用职权罪的实行犯
B. 因甲居于领导地位，故甲是徇私枉法罪的间接正犯
C. 因甲实施了两个实行行为，故应实行数罪并罚
D. 乙的行为同时触犯徇私枉法罪与帮助毁灭证据罪、滥用职权罪，但因只有一个行为，应以徇私枉法罪论处

【解析】（1）对于乙的行为。其一，就触犯罪名而言：司法工作人员利用办理刑事案件职权对明知有罪的人故意使其不受追诉，可触犯徇私枉法罪；采用的手段系毁灭证据，可触犯帮助毁灭证据罪；国家机关工作人员故意滥用职权乱办案，可触犯滥用职权罪。其二，就三罪关系以及罪数而言：徇私枉法罪中内含有毁灭证据的手段行为，二罪之间是整体法与部分法的法条竞合关系，按整体法优于部分法的规则，认定为徇私枉法罪；徇私枉法罪与滥用职权罪是特别法与一般法的法条竞合关系，按特别法优于一般法的规则，认定为徇私枉法罪。D 选项说法正确。

（2）对于甲的行为。其一，就触犯罪名而言：甲不具有司法工作人员身份，不能构成徇私枉法罪的正犯，包括间接正犯，只构成徇私枉法罪的教唆犯。B 选项说法错误。甲是国家机关工作人员，其本人滥用本人职权以权谋私，触犯滥用职权罪的实行犯。A 选项说法正确。其二，就罪数而言：甲一行为触犯两罪，造成不同结果，不是法条竞合，而是想象竞合犯，应当择一重罪论处。C 选项说法错误。

综上，选项 AD 正确，当选。

---

[1]　A　[2]　AD

6. 刘某犯抢劫罪已过追诉时效。为了能使刘某的抢劫罪被追诉，负责审查起诉的检察官陈某，将刘某在抢劫罪追诉期间内实施的另一起一般殴打行为认定为寻衅滋事罪，从而使抢劫罪的追诉时效中断而未超过追诉时效。陈某遂以犯寻衅滋事罪、抢劫罪两罪对刘某提起公诉。在法院审理期间，法官王某判决刘某不构成寻衅滋事罪，但判决其构成抢劫罪。关于本案，下列选项说法正确的是？[1]（2023/客 B/卷一/仿 20）

A. 尽管法官王某对陈某起诉的寻衅滋事罪没有定罪，但不能认为其判决没有错误，王某仍可构成徇私枉法罪

B. 由于法官王某对陈某起诉的寻衅滋事罪没有定罪，检察官陈某不构成徇私枉法罪

C. 刘某实施抢劫、殴打行为的事实客观真实，只是法律定性存在争议，且检察官陈某、法官王某主观上均是为了使犯罪被追究，不具有"徇私""徇情"动机，故二人均不构成徇私枉法罪

D. 法官王某的错误判决是因检察官陈某的错误起诉引起，故陈某构成徇私枉法罪，王某不构成徇私枉法罪

【解析】 本题考点：徇私枉法罪

1. 根据《刑法》第 399 条，司法工作人员在刑事司法活动中故意违背事实和法律作枉法裁判的，均可构成徇私枉法罪。

2. 本案中刘某确实实施了抢劫、殴打行为，在事实认定层面上，检察官陈某、法官王某均无错误。但在法律定性上，定罪标准、追诉时效制度也是《刑法》的明文规定（尽管该规定的价值不在于公正，而在于效率），陈某将没有达到定罪标准的殴打行为认定为寻衅滋事罪、对超过追诉时效的抢劫罪仍然追诉，王某对超过追诉时效的抢劫罪仍然定罪，均属故意违背法律作枉法裁判。

3. 起诉、审判是刑事司法是不同阶段的环节，每个环节的司法工作人员都需对不同环节自己的职责范围内公务行为各自负责，故二人需各自对起诉、审判错误结果负责。

4. 徇私枉法罪是行为犯（行为完成即既遂），不是结果犯。根据《最高人民检察院关于渎职侵权犯罪案件立案标准的规定》（高检发释字〔2006〕2 号）的规定：对明知是没有犯罪事实或者其他依法不应当追究刑事责任的人，采取伪造、隐匿、毁灭证据或者其他隐瞒事实、违反法律的手段，以追究刑事责任为目的立案、侦查、起诉、审判的，应予立案。故二人均构成徇私枉法罪。

综上，选项 A 正确，当选。

考点四　私放在押人员罪（故意）、失职致使在押人员脱逃罪（过失）

1. 深夜，警察丙上厕所，让门卫丁（临时工）帮忙看管犯罪嫌疑人乙。乙发现丁是老乡，请求丁放人。丁说："行，但你以后如被抓住，一定要说是自己逃走的。"乙答应后逃走，丁未阻拦。关于此事实，下列选项错误的是？[2]（2011/2/91）

A. 乙构成脱逃罪，丁不构成犯罪

B. 乙构成脱逃罪，丁构成私放在押人员罪

C. 乙离开讯问室征得了丁的同意，不构成脱逃罪，丁构成私放在押人员罪

---

[1]　A　[2]　ABCD

D. 乙与丁均不构成犯罪

【解析】（1）犯罪嫌疑人乙构成脱逃罪，此判断比较简单。（2）丁构成何罪，问题稍微有些复杂。①如丁是负有看管职责的司法工作人员，则其故意私放可构成私放在押人员罪。②但丁是派出所的门卫，本身身份不是司法工作人员。但是，丁受警察丙所托帮忙临时看管犯罪嫌疑人，可否认为其是被监管机关聘用、委托、委派承担监管职责的人员（司法工作人员）呢？回答是否定的，因为这类人员的聘用、委托、委派单位是监管机关，而不是个人。本案中丁是派出所的门卫，其虽受监管机关聘用，但聘用其从事的事实不是承担监管职责，而是看门守院；丁受警察丙所托帮忙临时看管犯罪嫌疑人，是受个人委托临时帮忙，而不是受派出所委托从事监管。③故而，丁不属被监管机关聘用、委托、委派承担监管职责的人员（司法工作人员），故意放走犯罪嫌疑人不构成私放在押人员罪。④其应构成乙脱逃罪的共犯。因此，乙、丁均构成脱逃罪。

综上，选项 ABCD 错误，当选。

2. 看守所值班武警甲擅离职守，在押的犯罪嫌疑人乙趁机逃走，但刚跑到监狱外的树林即被抓回。关于本案，下列哪一选项是正确的？[1]（2010/2/2）

A. 甲主观上是过失，乙是故意　　　　B. 甲、乙是事前无通谋的共犯

C. 甲构成私放在押人员罪　　　　　　D. 乙不构成脱逃罪

【解析】本题涉及的考点有：故意、过失的区分，私放在押人员罪、失职致使在押人员脱逃罪、脱逃罪，共同犯罪。（1）甲的行为构成失职致使在押人员脱逃罪。根据《刑法》第400条，司法工作人员私放在押的犯罪嫌疑人、被告人或者罪犯的，构成私放在押人员罪；司法工作人员由于严重不负责任，致使在押的犯罪嫌疑人、被告人或者罪犯脱逃，造成严重后果的，构成失职致使在押人员脱逃罪。甲系看守所值班武警，根据《刑法》第94条的规定，司法工作人员是指有侦查、检察、审判、监管职责的工作人员，甲属负有监管职责的司法工作人员。甲虽擅离职守，对行为可能是故意，但对造成犯罪嫌疑人脱逃的结果是根本反对的，因此主观上应认定为过失，构成失职致使在押人员脱逃罪，而不构成私放在押人员罪。（2）根据《刑法》第316条第1款，依法被关押的罪犯、被告人、犯罪嫌疑人脱逃的，构成脱逃罪，乙的行为符合此条规定，构成脱逃罪。（3）甲是过失犯罪，乙是故意犯罪，二人之间亦无通谋，不能构成共同犯罪。

综上，选项 A 正确，当选。

考点五　徇私舞弊不征、少征税款罪等

税务稽查员甲发现 A 公司欠税 80 万元，便私下与 A 公司有关人员联系，要求对方汇 10 万元到自己存折上以了结此事。A 公司交 10 万元汇到甲的存折上以后，甲利用职务上的便利为 A 公司免交 80 万元税款办理了手续应如何处理？[2]（2000/2/31、2002/2/10）

A. 认定为徇私舞弊不征、少征税款罪，从重处罚

B. 认定为受贿罪，从重处罚

C. 认定为徇私舞弊不征、少征税款罪与受贿罪的竞合，从一重罪处罚

D. 认定为徇私舞弊不征、少征税款罪与受贿罪，实行并罚

---

[1]　A　[2]　D

【解析】（1）税务稽查员对应当收取的税款不予以收取，构成徇私舞弊不征、少征税款罪。（2）国家工作人员利用职务便利收受贿赂，为他人谋取利益，构成受贿罪。（3）根据《最高人民法院、最高人民检察院关于办理渎职刑事案件适用法律若干问题的解释（一）》第3条，对于受贿后又滥用职权的罪数，除刑法明文规定的以外，均数罪并罚。故选项D正确，当选。

考点六　综合题

关于渎职罪，下列哪些选项是正确的？[1]（2017/2/63）

A. 省渔政总队验船师郑某，明知有8艘渔船存在套用船号等问题，按规定应注销，却为船主办理船检证书，船主领取国家柴油补贴640万元。郑某构成滥用职权罪

B. 刑警曾某办理冯某抢劫案，明知冯某被取保候审后未定期到派出所报到，曾某也未依法传唤冯某或将案件移送起诉或变更强制措施。期间，冯某再次犯罪。曾某构成徇私枉法罪

C. 律师于某担任被告人马某的辩护人，从法院复印马某贪污案的案卷材料，允许马某亲属朱某查阅。朱某随后游说证人，使数名证人向于某出具了虚假证明材料。于某构成故意泄露国家秘密罪

D. 公安局协警闫某，在协助抓捕行动中，向领导黑社会性质组织的李某通风报信，导致李某等主要犯罪分子潜逃。闫某构成帮助犯罪分子逃避处罚罪

【解析】A选项，完全符合滥用职权罪的构成要件，并且损失结果也达到了标准，可构成该罪。本选项说法正确。

B选项，根据《最高人民检察院关于渎职侵权犯罪案件立案标准的规定》第一部分第5条第4项，"……虽然采取强制措施，但中断侦查或者超过法定期限不采取任何措施，实际放任不管……致使犯罪嫌疑人、被告人实际脱离司法机关侦控的"，才作为徇私枉法罪立案；本选项没有致使脱离监控。此外，冯某再次犯罪应当归因于冯某本人，与行为人放任不管没有条件关系。本选项说法错误。

C选项，（1）根据《中华人民共和国保守国家秘密法》第2条的规定："国家秘密是关系国家安全和利益，依照法定程序确定，在一定时间内只限一定范围的人员知悉的事项"。亦即，国家秘密的内容必须是涉及国家安全和利益。本案卷宗材料不是国家秘密。律师的行为属违规，但不构成犯罪。（2）判例参见《最高人民法院刑事审判参考》（2002年第5辑，总第28辑）载"于萍故意泄露国家秘密案〔第210号〕——辩护律师将在法院复制的案件证据材料让被告人亲属查阅的行为是否构成犯罪"。本选项说法错误。（3）朱某可构成妨害作证罪，出具了虚假证明材料的证人构成伪证罪。

D选项，本选项可以构成帮助犯罪分子逃避处罚罪。问题在于，是否触犯《刑法》第294条第3款规定的包庇黑社会性质组织罪？该罪中的"包庇"是指对黑社会性质组织放任不管，本选项中行为人的行为不符合该罪构成要件。本选项说法正确。

综上，选项AD正确，当选。

---

[1]　AD

专题二十三　军人违反职责罪［考点：战时自伤罪］（分则第十章）

战时自伤罪	主体身份、时间条件、自伤行为
涉密犯罪	为境外窃取、刺探、收买、非法提供军事秘密罪与其他涉密犯罪的关系
军人	修正

可能构成战时自伤罪的情况是？[1]（2004/2/84）

A. 预备役人员张某在战时为逃避征召，自伤身体

B. 战士李某为尽早脱离战场，在敌人火力猛烈向我方阵地射击时，故意将手臂伸出掩体之外，被敌人子弹击中，无法继续作战

C. 战士王某战时奉命守卫仓库，站岗时因困倦睡着，导致仓库失窃，为了掩盖过错，他用匕首自伤身体，谎称遭到抢劫

D. 战士陈某为了立功当英雄，战时自伤身体，谎称在与偷袭的敌人交火时受伤

【解析】《刑法》第 434 条规定的战时自伤罪，指军人战时自伤身体，逃避军事义务的情形。

选项 A，根据《刑法》第 450 条规定，只有执行军事任务的预备役人员才属"军人"，本案张某作为预备役人员并不是处在执行军事任务的过程中，不属军人，不符合该罪的主体身份要求。可能构成《刑法》第 376 条规定的战时拒绝、逃避征召、军事训练罪。

选项 B，李某作为军事战斗人员，系军人，正在执行军事任务，系战时，故意利用他人使本人受伤，系自伤，目的是为逃避军事义务，可构成战时自伤罪。

选项 C，王某自伤的目的不是为了逃避军事义务，而是为了掩盖过错，不符合战时自伤罪的目的要素，不构成该罪。

选项 D，陈某不具有逃避军事义务的目的，也不构成该罪。

综上，选项 B 正确，当选。

---

[1]　B

第二部分　历年真题中的不定项选择题

一、2017 年不定项选择题

（一）某小区五楼刘某家的抽油烟机发生故障，王某与李某上门检测后，决定拆下搬回维修站修理。刘某同意。王某与李某搬运抽油烟机至四楼时，王某发现其中藏有一包金饰，遂暗自将之塞入衣兜。（事实一）

王某与李某将抽油烟机搬走后，刘某想起自己此前曾将金饰藏于其中，追赶前来，见王某神情可疑，便要其返还金饰。王某为洗清嫌疑，乘乱将金饰转交李某，李某心领神会，接过金饰藏于裤兜中。刘某确定王某身上没有金饰后，转身再找李某索要。李某突然一拳击倒刘某，致其倒地重伤。李某与王某随即逃走。（事实二）

后王某建议李某将金饰出售，得款二人平分，李某同意。李某明知金饰价值 1 万元，却向亲戚郭某谎称金饰是朋友委托其出售的限量版，售价 5 万元。郭某信以为真，花 5 万元买下金饰。拿到钱后，李某心生贪念，对王某称金饰仅卖得 1 万元，分给王某 5000 元。（事实三）请回答第 86 ~ 88 题。

2017/2/86. 关于事实一的分析，下列选项正确的是？[1]

A. 王某从抽油烟机中窃走金饰，破除刘某对金饰的占有，构成盗窃罪

B. 王某未经李某同意，窃取李某与其共同占有的金饰，应构成盗窃罪

C. 刘某客观上已将抽油烟机及机内金饰交给王某代为保管，王某取走金饰的行为构成侵占罪

D. 刘某将金饰遗忘在抽油烟机内，王某将其据为己有，是非法侵占他人遗忘物，构成侵占罪

【解析】　本题考查盗窃罪与侵占罪的区分，重点在于犯罪对象占有状态的认定。犯罪对象是抽油烟机中藏的金饰，而抽油烟机此时由五楼被搬至四楼。

（1）尽管抽油烟机及其中金饰已被搬离物主家，但由于物主近在咫尺，马上想起就去追赶，可类比于物主短暂离开、可立即归来的情形，认为仍归物主刘某占有；不属脱离刘某占有的委托保管物、遗忘物。是盗窃罪的对象，不是侵占罪的对象。

（2）金饰既然没有脱离物主刘某占有，则也不归王某、李某共同占有，选项 B 也不当选。

（3）对于王某的行为。王某将刘某占有财物秘密转移占有，系盗窃行为，根据《刑法》第 264 条，构成盗窃罪。不构成侵占罪。故而选项 A 当选；选项 C、D 不当选。

（4）应当注意的是：作为财产犯罪对象的"占有"的认定，不同于作为既遂标准的"控制"。类比一下另一个事例：假设王某在刘某家中即发现金饰就与抽油烟机一起带走、行至四楼时被抓住，王某是盗窃罪的既遂还是未遂？按照"控制说"的标准，小宗物品拿在手里、大宗物品拿走控制区域即告既遂，则其只要拿出刘某家门之后、即使在四楼被抓，也是盗窃罪的既遂才对。也就是说，已到四楼的金饰归王某控制，物主刘某已失去控制。

（5）另外还需要区分往年的法考题，甲是个体干洗店老板，洗衣时发现衣袋内有钱，将

---

[1] A

钱藏匿（2012/2/18 – A）。此时应当认定为脱离物主占有、物主也未立即想起，应认为归于洗店老板独立占有，构成侵占罪。

综上，选项 A 正确，当选。

2017/2/87. 关于事实二的分析，下列选项正确的是？[1]

A. 李某接过金饰，协助王某拒不返还他人财物，构成侵占罪的帮助犯

B. 李某帮助王某转移犯罪所得的金饰，构成掩饰、隐瞒犯罪所得罪

C. 李某为窝藏赃物将刘某打伤，属事后抢劫，构成抢劫（致人重伤）罪

D. 王某利用李某打伤刘某的行为顺利逃走，也属事后抢劫，构成抢劫罪

【解析】（1）李某的第一个行为：①在王某盗窃罪既遂、盗窃行为终了之后，李某才加入，没有共同实施盗窃行为，不构成盗窃罪承继共犯。当然也不构成侵占罪的帮助犯。②李某帮助王某窝藏盗窃所得赃物，根据《刑法》第312条，构成掩饰、隐瞒犯罪所得罪。选项 A 说法错误，选项 B 说法正确。

（2）李某的第二个行为：①既然前行为李某不构成盗窃罪的共同犯罪，其本人为窝藏赃物而使用暴力，也不能构成转化型抢劫罪（事后抢劫）。选项 C 说法错误。②单独对该行为定罪，伤害刘某致其重伤，根据《刑法》第234条，构成故意伤害罪（致人重伤）。③当然，如果把案情改为刘某夺回财物后，李某为夺财而使用暴力的话，可单独构成普通抢劫罪（致人重伤）。④综上，李某以掩饰、隐瞒犯罪所得罪、故意伤害罪，数罪并罚。

（3）王某的行为。客观上，王某对于李某实施的暴力行为没有参与，也没有制止义务，不构成不作为；主观上也没有共同故意，对该暴力行为不与李某构成共同犯罪，不承担责任。①既不构成故意伤害罪（致人重伤）的共同犯罪。②也不构成事后抢劫。选项 D 说法错误。

综上，选项 B 正确，当选。

2017/2/88. 关于事实三的分析，下列选项正确的是？[2]

A. 李某对郭某进行欺骗，导致郭某以高价购买赃物，构成诈骗罪

B. 李某明知金饰是犯罪所得而出售，构成掩饰、隐瞒犯罪所得罪

C. 李某欺骗王某放弃对剩余2万元销赃款的返还请求，构成诈骗罪

D. 李某虽将金饰卖得5万元，但王某所犯财产犯罪的数额为1万元

【解析】（1）对于李某欺骗郭某的行为。因欺骗内容涉及交易标的的本质不同（以普通版冒充限量版），是可影响交易决意的重大欺骗，系刑法中的诈骗行为；骗取郭某支付货款，造成被害人损失，根据《刑法》第266条，可构成诈骗罪。犯罪对象是5万元货款。选项 A 说法正确。

（2）对于李某利用金饰的行为。既然李某对郭某构成诈骗罪，是将金饰作为道具去骗取郭某财物，则其行为不属"出售赃物"。单纯对此行为而言，没有实施对赃物的掩饰、隐瞒行为，不构成掩饰、隐瞒犯罪所得罪。选项 B 说法错误。事实上，选项 A、选项 B 是对立关系，涉及对案情的理解：到底是拿赃物来骗钱，还是销赃？应当认为是前者。

（3）对于李某欺骗王某的行为。①由于5万元赃款实际上是李某实施诈骗罪（诈骗郭某）的犯罪所得，而不是王某实施的盗窃罪（盗窃刘某）的犯罪所得，因此不存在选项 C 所说"王某……对剩余2万元销赃款的返还请求"，王某不存在财物损失。②因此，李某虽然欺骗王某，但王某没有财产损失，李某不能对王某构成诈骗罪。选项 C 说法错误。③即使存在受委托销赃而分钱的问题，类比于合法的委托代销合同，甲委托乙卖黄金首饰，乙实际卖得5万元，

----

[1]　B　[2]　AD

骗甲说只卖得 1 万元，只给甲 1 万元，自己留下 4 万元，则乙也不构成诈骗罪，只构成侵占罪。

（4）王某的行为。对于李某实施的诈骗罪，王某与李某没有共同行为、共同故意，不构成共同犯罪。

（5）在犯罪数额认定上。对于李某而言，其诈骗郭某，所犯诈骗罪的数额是 5 万元。

（6）对于王某而言，王某之前的行为构成盗窃罪，盗窃数额是该金饰的价值（1 万元）。对于李某实施的诈骗罪，王某与其不构成共同犯罪，不对其诈骗 5 万的行为负责。故选项 D 说法正确。

综上，选项 AD 正确，当选。

（二）某地政府为村民发放扶贫补贴，由各村村委会主任审核本村申请材料并分发补贴款。某村村委会主任王某、会计刘某以及村民陈某合谋伪造申请材料，企图每人套取 5 万元补贴款。王某任期届满，周某继任村委会主任后，政府才将补贴款拨到村委会。周某在分发补贴款时，发现了王某、刘某和陈某的企图，便只发给三人各 3 万元，将剩余 6 万元据为己有。三人心知肚明，但不敢声张。（事实一）

后周某又想私自非法获取土地征收款，欲找县国土局局长张某帮忙，遂送给县工商局局长李某 10 万元，托其找张某说情。李某与张某不熟，送 5 万元给县财政局局长胡某，让胡某找张某。胡某找到张某后，张某碍于情面，违心答应，但并未付诸行动。（事实二）

周某为感谢胡某，从村委会账户取款 20 万元购买玉器，并指使会计刘某将账做平。周某将玉器送给胡某时，被胡某拒绝。周某只好将玉器退还商家，将退款 20 万元返还至村委会账户，并让刘某再次平账。（事实三）请回答第 89～91 题。

2017/2/89. 关于事实一的分析，下列选项正确的是？[1]

A. 王某拿到补贴款时已经离任，不能认定其构成贪污罪

B. 刘某参与伪造申请材料，构成贪污罪，贪污数额为 3 万元

C. 陈某虽为普通村民，但参与他人贪污行为，构成贪污罪

D. 周某擅自侵吞补贴款，构成贪污罪，贪污数额为 6 万元

【解析】（1）对于王某

①在身份上，王某身为村委会主任受政府委托审核材料、分发补贴，按《全国人民代表大会常务委员会关于〈中华人民共和国刑法〉第九十三条第二款的解释》，属于协助人民政府从事行政管理工作，系《刑法》第 93 条第 2 款规定的"其他依照法律从事公务的人员"，系国家工作人员。

②王某利用审核材料的职务便利，与刘某、陈某合谋，伪造申请材料，骗取国家扶贫补贴，根据《刑法》第 382 条，构成贪污罪。

③王某在实施骗取行为时尚在任职，行为当时王某具有国家工作人员身份，并且利用了审核材料的职务便利。虽然拿到补贴款的结果发生时王某已经离任，但《刑法》只要求行为当时具有国家工作人员身份，即可构成贪污罪；并不要求结果发生时有身份。如结果与行为之间具有因果关系，即可构成既遂。故选项 A 说法错误。

④贪污罪的既遂标准，根据《全国法院审理经济犯罪案件工作座谈会纪要》（2003），以行为人实际控制财物为标准。本案补贴款拨到村委会时，因还处于政府委托人员的控制之中，未失去控制，贪污罪尚未既遂；只是在分发之后，贪污罪才既遂。

---

[1] C

（2）对于刘某、陈某

①刘某、陈某虽无国家工作人员身份（政府只委托村委会主任），但与王某合谋，帮助王某贪污，根据《刑法》第382条第3款、第27条，构成贪污罪的帮助犯。选项C说法正确。

②王某、刘某、陈某三人系贪污罪的共同犯罪，犯罪数额应整体计算；而不是只按各自分赃数额计算。三人最终总共获得9万元，对该9万元构成既遂；另有6万元在控制之前被周某截取，对该6万元构成未遂。部分既遂、部分未遂，以9万元构成既遂论处，6万元未遂作为量刑情节。选项B说法错误。

（3）周某

①周某身为村委会主任也受政府委托分发补贴，具有国家工作人员身份和管理国家补贴款的职权，系国家工作人员。

②周某在王某、刘某、陈某三人实施贪污罪尚未既遂、行为尚未终了之前加入，利用本人职权将补贴款9万元发放给三人，帮助三人继续实施贪污既遂；主观上具有共同故意（"发现……企图、三人心知肚明"），系承继的共同犯罪，系贪污罪的共同正犯。与三人在"后半截"的范围内构成的共同犯罪，对贪污9万元既遂承担共同责任。

③同时，周某利用分发补贴的职务便利，将政府补贴款6万元据为己有，构成贪污罪的单独正犯。

④综上，周某构成贪污罪，犯罪数额为15万元。选项D罪名正确，犯罪数额错误。

综上，选项C正确，当选。

2017/2/90. 关于事实二的分析，下列选项正确的是？[1]

A. 周某为达非法目的，向国家工作人员行贿，构成行贿罪

B. 李某请托胡某帮忙，并送给胡某5万元，构成行贿罪

C. 李某未利用自身职务行为为周某谋利，但构成受贿罪既遂

D. 胡某收受李某财物进行斡旋，但未成功，构成受贿罪未遂

【解析】事实二的案情比较复杂、环环相扣，首先需要梳理大概流程：①周某送给李某10万元，想让李找张→②李某送给胡某5万元，想让胡找张→③胡某找到张某，想让张帮忙，张某没收钱，假装只答应但没办事。再从办事者入手"倒着推"，分别分析各人行为。

（1）在第三个环节中：张某没收钱，也没有真实承诺办事，不构成受贿罪，也不构成滥用职权犯罪。

（2）在第二个环节中：①胡某收受李某5万元，承诺利用职务便利实施斡旋为李某谋取不正当利益，根据《刑法》第388条，构成斡旋型受贿罪。②请托人李某为了让胡某斡旋谋取不正当利益送钱给5万元，根据《刑法》第389条，构成行贿罪。选项B正确。

（3）在第一个环节中：①李某收受周某10万元，承诺利用职务便利实施斡旋为周某谋取不正当利益，根据《刑法》第388条，构成斡旋型受贿罪。②请托人周某为了让李某斡旋谋取不正当利益送钱给10万元，根据《刑法》第389条，构成行贿罪。选项A正确。

（4）受贿罪以收受到财物为既遂，不以请托事项实现为既遂，故胡某、李某均构成既遂，而不是未遂。选项C正确，选项D错误。

综上，选项ABC正确，当选。

2017/2/91. 关于事实三的分析，下列选项正确的是？[2]

A. 周某挪用村委会20万元购买玉器行贿，属挪用公款进行非法活动，构成挪用公款罪

---

[1] ABC　[2] C

B. 周某使用村委会20万元购买玉器，属贪污行为，但后又将20万元还回，构成犯罪中止

C. 刘某第一次帮周某将账面做平，属于帮周某成功实施犯罪行为，与周某构成共同犯罪

D. 刘某第二次帮周某将账面做平，属于作假证明掩护周某的犯罪行为，构成包庇罪

【解析】（1）关于周某从村委会账户取款20万元购买玉器用于行贿行为的定性，涉及职务侵占罪与挪用资金罪的区分。理论上区分二者的关键在于行为人主观上是否具有非法占有公款的目的。可类比于贪污罪与挪用公款罪的区分，根据《全国法院审理经济犯罪案件工作座谈会纪要》（2003）第4条第8项的规定："……行为人挪用公款后采取虚假发票平帐、销毁有关帐目等手段，使所挪用的公款已难以在单位财务帐目上反映出来，且没有归还行为的，应当以贪污罪定罪处罚。"

（2）周某利用担任村委会主任的职务便利，从村委会账户取款20万元，指使会计把账做平、并将钱款用于购买贿赂之后行贿，应当认定具有非法占有目的，根据《刑法》第271条，构成职务侵占罪。选项A说法错误。

（3）关于周某所犯职务侵占罪的既未遂认定，可以比照贪污罪的既未遂标准。根据前述《纪要》第2条第1项的规定："贪污罪是一种以非法占有为目的的财产性职务犯罪，与盗窃、诈骗、抢夺等侵犯财产罪一样，应当以行为人是否实际控制财物作为区分贪污罪既遂与未遂的标准。对于行为人利用职务上的便利，实施了虚假平帐等贪污行为，但公共财物尚未实际转移，或者尚未被行为人控制就被查获的，应当认定为贪污未遂。行为人控制公共财物后，是否将财物据为己有，不影响贪污既遂的认定。"

（4）本案周某已经平账，构成职务侵占罪既遂；既遂之后无中止，不构成中止。选项B说法错误。

（5）周某为谋取不正当利益，给予国家工作人员胡某玉器，根据《刑法》第389条，构成行贿罪，系犯罪未遂。与职务侵占罪数罪并罚。

（6）刘某与周某通谋，利用担任村委会会计的职务便利，与之共同实施职务侵占罪的共同犯罪，系共同正犯。也属既遂。选项C说法正确。

（7）刘某没有实施作假证明的包庇行为，不构成包庇罪。虽实施了伪造证据的行为，但由于刘某系职务侵占罪的本犯，本犯实施妨害司法犯罪，不具期待可能性，因阻却责任而不构成帮助毁灭、伪造证据罪。选项D说法错误。

综上，选项C正确，当选。

二、2016年不定项选择题

（一）甲将私家车借给无驾照的乙使用。乙夜间驾车与其叔丙出行，途中遇刘某过马路，不慎将其撞成重伤，车辆亦受损。丙下车查看情况，对乙谎称自己留下打电话叫救护车，让乙赶紧将车开走。乙离去后，丙将刘某藏匿在草丛中离开。刘某因错过抢救时机身亡（事实一）。

为逃避刑事责任，乙找到有驾照的丁，让丁去公安机关"自首"，谎称案发当晚是丁驾车。丁照办。公安机关找甲取证时，甲想到若说是乙造成事故，自己作为被保险人就无法从保险公司获得车损赔偿，便谎称当晚将车借给了丁（事实二）。

后甲找到在私营保险公司当定损员的朋友陈某，告知其真相，请求其帮忙向保险公司申请赔偿。陈某遂向保险公司报告说是丁驾车造成事故，并隐瞒其他不利于甲的事实。甲顺利获得7万元保险赔偿（事实三）。请回答第86～88题。

2016/2/86. 关于事实一的分析，下列选项正确的是？[1]

A. 乙交通肇事后逃逸致刘某死亡，构成交通肇事逃逸致人死亡

B. 乙交通肇事且致使刘某死亡，构成交通肇事罪与过失致人死亡罪，数罪并罚

C. 丙与乙都应对刘某的死亡负责，构成交通肇事罪的共同正犯

D. 丙将刘某藏匿致使其错过抢救时机身亡，构成故意杀人罪

【解析】（一）对于乙

1. 无照驾驶，致一人重伤，根据《刑法》第133条，构成交通肇事罪；乙将车开走属于"逃逸"。

2. 但丙的死亡结果，有两个条件：一是乙逃逸不救助（不作为），二是刘某藏匿（作为），二者系独立关系，刘某藏匿的作用较大，死亡结果归刘某藏匿承担，与乙的逃逸不救助行为没有因果关系。故乙不构成"因逃逸致人死亡"。

3. 在逃逸之前，乙违章将刘某撞成重伤，加上无照情节，可构成基本犯；之后再逃逸，乙属于交通肇事后逃逸。

4. 因丙的死亡结果与乙的行为没有因果关系，故而乙也不构成过失致人死亡罪。

（二）对于丙

1. 对于乙实施的交通肇事没有参与，不对此负责。

2. 尽管丙没有参与之前的交通肇事，但其将被害人藏匿，增加了死亡风险，对死亡结果有因果关系，其行为亦支配死亡结果，系杀人行为；主观上具有杀人故意，根据《刑法》第232条，构成故意杀人罪。可比照《最高人民法院关于审理交通肇事刑事案件具体应用法律若干问题的解释》第6条，行为人在交通肇事后为逃避法律追究，将被害人带离事故现场后隐藏或者遗弃，致使被害人无法得到救助而死亡，构成故意杀人罪。

3. 丙虽指使乙逃逸，但由于乙不构成因逃逸致人死亡，不符合《最高人民法院关于审理交通肇事刑事案件具体应用法律若干问题的解释》第5条第2款"交通肇事后，单位主管人员、机动车辆所有人、承包人或者乘车人指使肇事人逃逸，致使被害人因得不到救助而死亡的，以交通肇事罪的共犯（共同过失犯罪）论处"的规定。故而丙也不构成"指使肇事者逃逸致死"的交通肇事罪。

（三）对于甲

1. 明知乙无驾照仍然借给其使用，可认为是指使其无照驾驶，因而造成交通事故。

2. 依据是《最高人民法院关于审理交通肇事刑事案件具体应用法律若干问题的解释》第7条规定："单位主管人员、机动车辆所有人或者机动车辆承包人指使、强令他人违章驾驶造成重大交通事故的，具有本解释第二条规定情形之一的，以交通肇事罪定罪处罚。"

综上，选项D正确，当选。

2016/2/87. 关于事实二的分析，下列选项错误的是？[1]

A. 伪证罪与包庇罪是相互排斥的关系，甲不可能既构成伪证罪又构成包庇罪

B. 甲的主观目的在于骗取保险金，没有妨害司法的故意，不构成妨害司法罪

C. 乙唆使丁代替自己承担交通肇事的责任，就此构成教唆犯

D. 丁的"自首"行为干扰了司法机关的正常活动，触犯包庇罪

【解析】A选项，对于甲，在公安机关取证时作伪证，可构成伪证罪。但在罪名关系上，伪证罪与包庇罪并不是相互排斥的关系，而是具有交叉关系（有利于犯罪嫌疑人的伪证可与包庇重叠）；同时触犯时，伪证罪是基本法，包庇罪是补充法。

---

[1] ABC

B 选项，只要明知作伪证能够影响司法机关的秩序，就应认定具有妨害司法的故意；骗取保险金的主观故意和目的，可与妨害司法的故意并存。

C 选项，本犯自己包庇自己都不构成包庇罪，举重以明轻，本犯教唆他人包庇自己，更不能构成包庇罪。原理是欠缺期待可能性，系责任阻却事由。

D 选项，根据《刑法》第 310 条，明知是犯罪的人而为其作假证明包庇的，构成包庇罪，说法正确。

综上，选项 ABC 错误，当选。

2016/2/88. 关于事实三的分析，下列选项正确的是?[1]

A. 甲对发生的保险事故编造虚假原因，骗取保险金，触犯保险诈骗罪

B. 甲既触犯保险诈骗罪，又触犯诈骗罪，由于两罪性质不同，应数罪并罚

C. 陈某未将保险金据为己有，因欠缺非法占有目的不构成职务侵占罪

D. 陈某与甲密切配合，骗取保险金，两人构成保险诈骗罪的共犯

【解析】A 选项，说法正确，甲是车主，是投保人、受益人，符合保险诈骗罪主体要求。

B 选项，保险诈骗罪与诈骗罪，是特别法与一般法的法条竞合关系，应当适用特别法即保险诈骗罪一罪。

C 选项，D 选项，职务侵占罪中的"非法占有目的"不仅包括占为己有，而且包括帮助他人占有。如把题干中的"私营保险公司当定损员"理解为负责甲理赔工作的定损员，则陈某可以触犯职务侵占罪，也可触犯保险诈骗罪的共犯。则按照不同身份人、相互勾结、利用各自身份共同犯罪，应以主犯身份定罪。作用相同，可以各自按各自身份定罪，仍为共同犯罪。

综上，选项 AD 正确，当选。

（二）甲是 A 公司（国有房地产公司）领导，因私人事务欠蔡某 600 万元。蔡某让甲还钱，甲提议以 A 公司在售的商品房偿还债务，蔡某同意。甲遂将公司一套价值 600 万元的商品房过户给蔡某，并在公司财务账目上记下自己欠公司 600 万元。三个月后，甲将账作平，至案发时亦未归还欠款（事实一）。

A 公司有工程项目招标。为让和自己关系好的私营公司老板程某中标，甲刻意安排另外两家公司与程某一起参与竞标。甲让这两家公司和程某分别制作工程预算和标书，但各方约定，若这两家公司中标，就将工程转包给程某。程某最终在 A 公司预算范围内以最优报价中标。为感谢甲，程某花 5000 元购买仿制古董赠与甲。甲以为是价值 20 万元的真品，欣然接受（事实二）。

甲曾因公务为 A 公司垫付各种费用 5 万元，但由于票据超期，无法报销。为挽回损失，甲指使知情的程某虚构与 A 公司的劳务合同并虚开发票。甲在合同上加盖公司公章后，找公司财务套取"劳务费"5 万元（事实三）。请回答第 89~91 题。

2016/2/89. 关于事实一的分析，下列选项正确的是?[2]

A. 甲将商品房过户给蔡某的行为构成贪污罪

B. 甲将商品房过户给蔡某的行为构成挪用公款罪

C. 甲虚假平账，不再归还 600 万元，构成贪污罪

D. 甲侵占公司 600 万元，应与挪用公款罪数罪并罚

【解析】（1）前行为中，甲以 600 万元买了公司商品房，欠公司 600 万元未还，系债权债务关系，不涉嫌犯罪。后行为中，把账做平，具有非法占有目的，构成贪污罪。贪污对象是欠

---

〔1〕 AD 〔2〕 C

公司的 600 万元。（2）存在挪用公款罪向贪污罪"转化"的情况，只定贪污罪一罪。《全国法院审理经济犯罪案件工作座谈会纪要》第 4 条第 8 项，"挪用公款与贪污罪的主要区别在于行为人主观上是否具有非法占有公款的目的。挪用公款是否转化为贪污，应当按照主客观相一致的原则，具体判断和认定行为人主观上是否具有非法占有公款的目的。在司法实践中，具有以下情形之一的，可以认定行为人具有非法占有公款的目的：行为人挪用公款后采取虚假发票平帐、销毁有关帐目等手段，使所挪用的公款已难以在单位财务帐目上反映出来，且没有归还行为的，应当以贪污罪定罪处罚。"

综上，选项 C 正确，当选。

2016/2/90. 关于事实二的分析，下列选项正确的是？[1]

A. 程某虽与其他公司串通参与投标，但不构成串通投标罪

B. 甲安排程某与他人串通投标，构成串通投标罪的教唆犯

C. 程某以行贿的意思向甲赠送仿制古董，构成行贿罪既遂

D. 甲以受贿的意思收下程某的仿制古董，构成受贿罪既遂

【解析】（1）根据《刑法》第 223 条，串通投标罪的成立，需要损害参与投标者或招标者的利益，或者损害国家、集体、公民的合法利益。本案报价也在 A 公司预算范围内，谁的利益都没有受损，不构成该罪。

（2）二人确有受贿、行贿的行为，但按最新司法解释（《最高人民法院、最高人民检察院关于办理贪污贿赂刑事案件适用法律若干问题的解释》），受贿罪、行贿罪中的"数额较大"（既遂标准）以 3 万元为起点。本案中受贿、行贿财物数额（仿制古董）为 5000 元，未达两罪的既遂标准数额，不构成既遂。并且，也没有收受到 3 万元以上的可能性，亦不构成未遂，不构成犯罪。

综上，选项 A 正确，当选。

2016/2/91. 关于事实三的分析，下列选项错误的是？[2]

A. 甲以非法手段骗取国有公司的财产，构成诈骗罪

B. 甲具有非法占有公共财物的目的，构成贪污罪

C. 程某协助甲对公司财务人员进行欺骗，构成诈骗罪与贪污罪的想象竞合犯

D. 程某并非国家工作人员，但帮助国家工作人员贪污，构成贪污罪的帮助犯

【解析】（1）贪污罪、诈骗罪的构成都需客观上被害人有损失、行为人主观上具有非法占有目的。（2）本案中甲虚开发票套取"劳务费"5 万元，虽有诈骗、虚开等欺骗行为；但其之前曾因公为公司垫付费用 5 万元，客观上获取的款项为公司应当支付的欠款，主观上其也认为如此。单位没有实际损失。甲不构成贪污罪、诈骗罪。只能以手段行为虚开发票罪论罪。故选项 ABCD 错误。

三、2015 年不定项选择题

（一）甲送给国有收费站站长吴某 3 万元，与其约定：甲在高速公路另开出口帮货车司机逃费，吴某想办法让人对此不予查处，所得由二人分成。后甲组织数十人，锯断高速公路一侧隔离栏、填平隔离沟（恢复原状需 3 万元），形成一条出口。路过的很多货车司机知道经过收费站要收 300 元，而给甲 100 元即可绕过收费站继续前行。甲以此方式共得款 30 万元，但骗吴某仅得 20 万元，并按此数额分成。请回答第 86 ~ 88 题。

2015/2/86. 关于甲锯断高速公路隔离栏的定性，下列分析正确的是？[3]

---

[1]　A　〔2〕　ABCD　〔3〕　CD

A. 任意损毁公私财物，情节严重，应以寻衅滋事罪论处

B. 聚众锯断高速公路隔离栏，成立聚众扰乱交通秩序罪

C. 锯断隔离栏的行为，即使得到吴某的同意，也构成故意毁坏财物罪

D. 锯断隔离栏属破坏交通设施，在危及交通安全时，还触犯破坏交通设施罪

【解析】 本题考查故意毁坏财物罪、破坏交通设施罪、寻衅滋事罪、聚众扰乱交通秩序罪等罪的构成要件、竞合关系。

（1）锯断高速公路一侧隔离栏、填平隔离沟，造成财产损失3万元，根据《刑法》第275条，触犯故意毁坏财物罪。（2）虽属"损毁公私财物"的行为，但没有破坏社会秩序的结果，不构成寻衅滋事罪。（3）虽聚众锯断高速公路隔离栏，但没有扰乱交通秩序罪的故意，不成立聚众扰乱交通秩序罪。（4）高速公路隔离栏是交通设施，破坏后有可能危及交通安全，根据《刑法》第117条，触犯破坏交通设施罪。（5）吴某个人对于公共财物没有处分权限，承诺无效。（6）一行为触犯两罪，可认为是法条竞合，以整体法破坏交通设施罪论处。故选项CD正确，当选。

2015/2/87. 关于甲非法获利的定性，下列分析正确的是？[1]

A. 擅自经营收费站收费业务，数额巨大，构成非法经营罪

B. 即使收钱时冒充国有收费站工作人员，也不构成招摇撞骗罪

C. 未使收费站工作人员基于认识错误免收司机过路费，不构成诈骗罪

D. 骗吴某仅得20万元的行为，构成隐瞒犯罪所得罪

【解析】 本题考查非法经营罪、招摇撞骗罪、诈骗罪、隐瞒犯罪所得罪等罪的构成要件。

A选项，《刑法》第225条规定的非法经营罪只规定有四大类行为（最后一类只包括司法解释规定的18种行为），即使是擅自经营收费站进行收费，也不在《刑法》规定的行为范围内，不构成非法经营罪。

B选项，招摇撞骗罪的构成要件除了冒充国家机关工作人员，还要有"骗"，即使国家机关形象受损；本案中货车司机对此心知肚明，没有"骗"，不构成此罪。此外，国有收费站工作人员一般也不属国家机关工作人员，只是国家工作人员。

C选项，构成诈骗罪要求行为人实施了诈骗行为。没有对收费站工作人员实施欺骗行为，即使有财产损失，也不构成诈骗罪。

D选项，甲和吴某是共同犯罪，二人是分赃不均，本犯不能构成掩饰、隐瞒犯罪所得、犯罪所得收益罪。

综上，选项BC正确，当选。

2015/2/88. 围绕吴某的行为，下列论述正确的是？[2]

A. 利用职务上的便利侵吞本应由收费站收取的费用，成立贪污罪

B. 贪污数额为30万元

C. 收取甲3万元，利用职务便利为甲谋利益，成立受贿罪

D. 贪污罪与受贿罪成立牵连犯，应从一重罪处断

【解析】 本题考查贪污罪、受贿罪的区分。贪污罪、受贿罪的区分在于财物性质。利用职务非法获取属于国家应得的公款公物的，构成贪污罪；利用职务非法获取原属请托人财物的私款私物的，构成受贿罪。

（1）本案甲和吴某二人合谋取得30万元，系共同犯罪。认定本案的关键在于取得的30万

_____

〔1〕 BC 〔2〕 ABC

元的应然权属。应当认为，题意中"甲在高速公路另开出口帮货车司机逃费，吴某想办法让人对此不予查处，所得由二人分成""路过的很多货车司机知道经过收费站要收300元，而给甲100元即可绕过收费站继续前行"，命题者想提示的是司机交出的钱，30万元系本应由收费站收取的过路费中的一部分，本质上是国家应得的公款公物的。故而二人构成贪污罪。

（2）注意：本题与2014/2/21题具有相似性，但定性结论不一样。是命题时对案情叙述不明造成的，不必太过纠结。记住贪污罪与受贿罪的区分标准即可：对方送与国家工作人员的钱款，如属用于换取公务行为（包括不收费）的对价的，系行贿受贿；如属本应交付给国家的款项部分的，系贪污。

（3）二人因属共同犯罪，数额整体计算，不以实际分赃计。

（4）吴某收取甲3万元，属于原属请托人财物的私款私物，成立受贿罪。

（5）受贿后实施他罪，按《最高人民法院、最高人民检察院关于办理渎职刑事案件适用法律若干问题的解释（一）》第3条"国家机关工作人员实施渎职犯罪并收受贿赂，同时构成受贿罪的，除刑法另有规定外，以渎职犯罪和受贿罪数罪并罚"，原则上应当数罪并罚。尽管有手段和目的关系，但不属于"伪造后又诈骗"的牵连犯模型，不构成牵连犯。

综上，选项ABC正确，当选。

（二）朱某系某县民政局副局长，率县福利企业年检小组到同学黄某任厂长的电气厂年检时，明知该厂的材料有虚假、残疾员工未达法定人数，但朱某以该材料为准，使其顺利通过年检。为此，电气厂享受了不应享受的退税优惠政策，获取退税300万元。黄某动用关系，帮朱某升任民政局局长。检察院在调查朱某时发现，朱某有100万元财产明显超过合法收入，但其拒绝说明来源。在审查起诉阶段，朱某交代100万元系在澳门赌场所赢，经查证属实。请回答第89～91题。

2015/2/89. 关于朱某帮助电气厂通过年检的行为，下列说法正确的是？[1]

A. 其行为与国家损失300万元税收之间，存在因果关系

B. 属滥用职权，构成滥用职权罪

C. 属徇私舞弊，使国家税收遭受损失，同时构成徇私舞弊不征、少征税款罪

D. 事后虽获得了利益（升任局长），但不构成受贿罪

【解析】本题考查滥用职权罪、徇私舞弊不征、少征税款罪、受贿罪的构成要件。

朱某帮助电气厂通过年检的行为：（1）国家机关工作人员在履行职务，明知不合标准，还故意顺利通过年检，有滥用职权行为。（2）通过年检是退税优惠的前提，故而行为与国家损失300万元税收之间，存在因果关系。（3）尽管朱某对此损失结果没有故意，可能也没有过失，但滥用职权罪的成立不需要行为人对损失结果有故意，只需对滥用职权行为有故意即可。损失是纯粹的客观上的量的因素，只要有因果关系即可。由此，根据《刑法》第397条，朱某构成滥用职权罪。（4）朱某是民政局副局长，不是税务机关的工作人员，不符合徇私舞弊不征、少征税款罪的主体身份要件（税务机关的工作人员），不构成此罪。（5）黄某动用关系，帮朱某升任民政局局长；因我国当前的受贿罪的对象仅是"财物"（《刑法》第385条），故而非财产性利益升任局长不是受贿对象，不构成受贿罪。

综上，选项ABD正确，当选。

2015/2/90. 关于朱某100万元财产的来源，下列分析正确的是？[2]

A. 其财产、支出明显超过合法收入，这是巨额财产来源不明罪的实行行为

---

[1] ABD　[2] B

B. 在审查起诉阶段已说明 100 万元的来源，故不能以巨额财产来源不明罪提起公诉

C. 在澳门赌博，数额特别巨大，构成赌博罪

D. 作为国家工作人员，在澳门赌博，应依属人管辖原则追究其赌博的刑事责任

【解析】本题考查巨额财产来源不明罪、赌博罪、属人管辖。

（1）巨额财产来源不明罪的实行行为是"不能说明来源"，即该罪是不作为犯，以不说明来源为实行行为。"国家工作人员的家庭财产、支出明显超过合法收入，差额巨大"是构成本罪的事实前提，不是实行行为。

（2）能够说明来源，即使来源非法，也属"能说明来源"，不再构成巨额财产来源不明罪。

（3）根据《刑法》第 303 条第 1 款，赌博罪指以营利为目的，聚众赌博或者以赌博为业的，本案中朱某无"聚众赌博"或者"以赌博为业"的行为，即使获利甚多，也不构成犯罪。

（4）根据《刑法》第 7 条规定，属人管辖的前提是"犯本法规定之罪"，根据 C 选项的解析，朱某未触犯我国刑法，当然不适用属人管辖。

综上，选项 B 正确，当选。

2015/2/91. 关于黄某使电气厂获取 300 万元退税的定性，下列分析错误的是？[1]

A. 具有逃税性质，触犯逃税罪

B. 具有诈骗属性，触犯诈骗罪

C. 成立逃税罪与提供虚假证明文件罪，应数罪并罚

D. 属单位犯罪，应对电气厂判处罚金，并对黄某判处相应的刑罚

【解析】本题考查逃税罪、诈骗罪、提供虚假证明文件罪、单位犯罪。

（1）首先注意，本案的骗回的退税，不是出口退税，因此不能构成《刑法》第 204 条第 1 款规定的骗取出口退税罪。应当理解为骗回普通税款。

（2）根据《刑法》第 201 条规定，纳税人采取欺骗、隐瞒手段进行虚假纳税申报或者不申报，逃避缴纳税款数额较大，构成逃税罪。逃税罪是在未缴之前，不缴税款或缴税不足的行为，本质是不履行缴纳税款的义务。如果本案中电气厂隐瞒真相，在缴税之前少缴税款，可触犯逃税罪。

（3）但是，本案案情是已将税款缴纳之后，采用欺骗手段，将已缴纳的退税款 300 万元骗回；不符合前述逃税罪的规定。

（4）在所有权上，税款在缴纳之前不属国家财物，而是单位财物，在缴纳之后就属国家财物的。因此，本案情况是故意隐瞒真相，享受不应有的退税优惠政策，骗取国家转移占有，不是逃税行为，而是诈骗犯罪，根据《刑法》第 266 条，构成诈骗罪。

（5）单位诈骗的，因诈骗罪的主体不能是单位，但根据《全国人民代表大会常务委员会关于〈中华人民共和国刑法〉第三十条的解释》"公司、企业、事业单位、机关、团体等单位实施刑法规定的危害社会的行为，刑法分则和其他法律未规定追究单位的刑事责任的，对组织、策划、实施该危害社会行为的人依法追究刑事责任"，应对相关自然人定诈骗罪，不构成单位犯罪。

（6）《刑法》第 229 条规定的提供虚假证明文件罪，是指承担资产评估、验资、验证、会计、审计、法律服务等职责的中介组织的人员故意提供虚假证明文件，本案显然不符合。

综上，选项 ACD 错误，当选。

---

[1] ACD

（一）郑某等人多次预谋通过爆炸抢劫银行运钞车。为方便跟踪运钞车，郑某等人于 2012 年 4 月 6 日杀害一车主，将其面包车开走（事实一）。后郑某等人制作了爆炸装置，并多次开面包车跟踪某银行运钞车，了解运钞车到某储蓄所收款的情况。郑某等人摸清运钞车情况后，于同年 6 月 8 日将面包车推下山崖（事实二）。同年 6 月 11 日，郑某等人将放有爆炸装置的自行车停于储蓄所门前。当运钞车停在该所门前押款人员下车提押款时（当时附近没有行人），郑某遥控引爆爆炸装置，致 2 人死亡 4 人重伤（均为运钞人员），运钞车中的 230 万元人民币被劫走（事实三）。请回答第 86 ~ 88 题。

2014/2/86. 关于事实一（假定具有非法占有目的），下列选项正确的是？[1]

A. 抢劫致人死亡包括以非法占有为目的故意杀害他人后立即劫取财物的情形

B. 如认为抢劫致人死亡仅限于过失致人死亡，则对事实一只能认定为故意杀人罪与盗窃罪（如否认死者占有，则成立侵占罪），实行并罚

C. 事实一同时触犯故意杀人罪与抢劫罪

D. 事实一虽是为抢劫运钞车服务的，但依然成立独立的犯罪，应适用"抢劫致人死亡"的规定

【解析】本题考查抢劫致人死亡、抢劫罪与故意杀人罪的关系。

A 选项，抢劫罪的暴力手段包括杀人，故而，以非法占有为目的故意杀害他人后立即劫取财物，客观上实施杀人暴力行为时主观故意是抢劫故意，构成抢劫罪；抢劫行为（杀人手段）导致死亡，构成"抢劫致人死亡"。一般认为，"抢劫致人死亡"既可包括故意致死，也可包括过失致死。A 选项说法正确。

B 选项，观点设定推理题，如 B 选项设定的观点，"抢劫致人死亡"仅限于过失致人死亡；则因事实一是故意杀人，不属"抢劫致人死亡"；只能认定为两行为两罪：故意杀人罪与盗窃罪（如否认死者占有，则成立侵占罪）。B 选项说法正确。

C 选项，事实一同时"触犯"故意杀人罪与抢劫罪，属结果加重犯，以抢劫罪一罪"论处"，系"抢劫致人死亡"。C 选项说法正确。

D 选项，事实一虽是为抢劫运钞车服务，但与后面的抢劫运钞车行为针对不同对象，是先后两个不同的抢劫行为。认为触犯两个抢劫罪（系同罪名的数罪），司法实务宣判为一罪。D 选项说法正确。

综上，选项 ABCD 正确，当选。

2014/2/87. 关于事实二的判断，下列选项正确的是？[2]

A. 非法占有目的包括排除意思与利用意思

B. 对抢劫罪中的非法占有目的应与盗窃罪中的非法占有目的作相同理解

C. 郑某等人在利用面包车后毁坏面包车的行为，不影响非法占有目的的认定

D. 郑某等人事后毁坏面包车的行为属于不可罚的事后行为

【解析】A、B 选项，本题考查"非法占有目的"，说法正确。特别是，对于抢劫机动车用于犯罪工具的情况，《最高人民法院关于审理抢劫、抢夺刑事案件适用法律若干问题的意见》规定的"为抢劫其他财物，劫取机动车辆当作犯罪工具或者逃跑工具使用的，被劫取机动车辆的价值计入抢劫数额"，亦即，推定行为人对机动车辆具有非法占有目的。

C、D 选项，（1）在触犯罪名方面，先后实施了抢劫、毁坏行为，实施两行为当时的主观

---

[1] ABCD　[2] ABCD

目的分别是非法占有目的、毁坏目的；客观主观相统一分别触犯两罪：抢劫罪、故意毁坏财物罪。（2）在罪数层面，两行为针对同一对象（同一汽车）、侵害同一法益（财产权）、前行为评价为抢劫既遂时已包容了后行为的处分毁坏，故认为后行为故意毁坏财物属于不可罚的事后行为，最终认定为抢劫罪一罪。说法正确。

综上，选项 ABCD 正确，当选。

2014/2/88. 关于事实三的判断，下列选项正确的是？[1]

A. 虽然当时附近没有行人，郑某等人的行为仍触犯爆炸罪

B. 触犯爆炸罪与故意杀人罪的行为只有一个，属于想象竞合

C. 爆炸行为亦可成为抢劫罪的手段行为

D. 对事实三应适用"抢劫致人重伤、死亡"的规定

【解析】A 选项，爆炸罪需危害公共安全，即不特定或者多数人的安全，虽然当时附近没有行人，但行为发生在公共场所，且本案中运钞车上有"多数人"，故仍危害公共安全，可触犯爆炸罪。

B 选项，在触犯罪名上，触犯爆炸罪、故意杀人罪两罪。在罪数层面上，因《刑法》第115 条明文规定爆炸罪的结果中包括"致人重伤、死亡或者使公私财产遭受重大损失的"的结果，本案死亡结果也是公共安全结果的组成部分；故而，应当认定本选项系结果加重犯（爆炸罪的实害犯亦即结果加重犯），以爆炸罪一罪（致人死亡）论处。不是想象竞合犯。

C 选项，抢劫罪的手段行为"暴力"指对人暴力，包括故意杀人，以爆炸的方式故意杀人等。

D 选项，抢劫罪的手段可包括爆炸的方式故意杀人等，则本案中致人重伤、死亡结果，与抢劫行为有因果关系，应适用"抢劫致人重伤、死亡"的规定。最终，触犯爆炸罪的结果加重犯（致人重伤、死亡），与抢劫罪的结果加重犯（致人重伤、死亡），系想象竞合，应择一重处。

综上，选项 ACD 正确，当选。

（二）甲在强制戒毒所戒毒时，无法抗拒毒瘾，设法逃出戒毒所。甲径直到毒贩陈某家，以赊账方式买了少量毒品过瘾。后甲逃往乡下，告知朋友乙详情，请乙收留。乙让甲住下（事实一）。甲对陈某的毒品动起了歪脑筋，探知陈某将毒品藏在厨房灶膛内。某夜，甲先用毒包子毒死陈某的 2 条看门狗（价值 6000 元），然后翻进陈某院墙，从厨房灶膛拿走陈某 50 克纯冰毒（事实二）。甲拿出 40 克冰毒，让乙将 40 克冰毒和 80 克其他物质混合，冒充 120 克纯冰毒卖出（事实三）。请回答第 89～91 题。

2014/2/89. 关于事实一，下列选项正确的是？[2]

A. 甲是依法被关押的人员，其逃出戒毒所的行为构成脱逃罪

B. 甲购买少量毒品是为了自吸，购买毒品的行为不构成犯罪

C. 陈某出卖毒品给甲，虽未收款，仍属于贩卖毒品既遂

D. 乙收留甲的行为构成窝藏罪

【解析】A 选项，考查脱逃罪的主体，根据《刑法》第 316 条第 1 款，脱逃罪的主体是依法被关押的罪犯、被告人、犯罪嫌疑人，本案中甲是被行政强制羁押人员，不是犯罪人员，不符合脱逃罪主体身份，不构成此罪。

B 选项，根据《全国法院毒品犯罪审判工作座谈会纪要》第 2 部分第 1 条第 2 款，吸毒者

〔1〕 ACD（当年正确答案为 ABCD） 〔2〕 BC

在购买、存储毒品过程中被查获，没有证据证明其是为了实施贩卖毒品等其他犯罪，毒品数量达到最低数量标准的，以非法持有毒品罪定罪处罚。吸毒者在运输毒品过程中被查获，没有证据证明其是为了实施贩卖毒品等其他犯罪，毒品数量达到较大以上的，以运输毒品罪定罪处罚。另参见《全国部分法院审理毒品犯罪案件工作座谈会纪要》第1条第3款。甲购买少量毒品是为了自吸，不能构成犯罪。

C选项，考查贩卖毒品罪中"贩卖"的含义，即出卖的意思，无需实际收钱，以赊账方式出卖也是"贩卖"；毒品卖出、贩卖行为完成即为既遂，不要求实际收到钱。

D选项，考查窝藏罪的对象，根据《刑法》第310条，窝藏罪的对象是犯罪的人，事实一中甲是违法人员不是犯罪人员，乙收留甲的行为不构成窝藏罪。

综上，选项BC正确，当选。

2014/2/90. 关于事实二的判断，下列选项正确的是？[1]

A. 甲翻墙入院从厨房取走毒品的行为，属于入户盗窃

B. 甲进入陈某厨房的行为触犯非法侵入住宅罪

C. 甲毒死陈某看门狗的行为是盗窃预备与故意毁坏财物罪的想象竞合

D. 对甲盗窃50克冰毒的行为，应以盗窃罪论处，根据盗窃情节轻重量刑

【解析】A选项，考查入户盗窃中"户"的含义，指家庭住宅，院墙和厨房都是家庭住宅的组成部分，进入属于进入家庭住宅，构成"入户"。

B选项，单独评价入户行为，可认定为触犯非法侵入住宅罪；与盗窃罪是吸收犯关系，认定为盗窃罪一罪（入户盗窃）。

C选项，毒死狗的行为触犯故意毁坏财物罪，同时是为入户盗窃作准备，又触犯盗窃罪预备；一行为同时触犯数罪，是想象竞合。

D选项，违禁品有价值也是财物，盗窃毒品等违禁品的行为是盗窃财物行为，构成盗窃罪。根据《最高人民法院、最高人民检察院关于办理盗窃刑事案件适用法律若干问题的解释》第1条第4款的规定，"盗窃毒品等违禁品，应当按照盗窃罪处理的，根据情节轻重量刑"。

综上，选项ABCD正确，当选。

2014/2/91. 关于事实三的判断，下列选项正确的是？[2]

A. 甲让乙卖出冰毒应定性为甲事后处理所盗赃物，对此不应追究甲的刑事责任

B. 乙将40克冰毒掺杂、冒充120克纯冰毒卖出的行为，符合诈骗罪的构成要件

C. 甲、乙既成立诈骗罪的共犯，又成立贩卖毒品罪的共犯

D. 乙在冰毒中掺杂使假，不构成制造毒品罪

【解析】A选项，甲的前行为触犯盗窃罪，后行为触犯贩卖毒品罪的教唆犯；因前行为侵害的是财产法益，后行为侵害的是社会秩序，前后两行为侵害的不是同一法益，不认为是事后不可罚，应当数罪并罚。根据最高人民法院《全国部分法院审理毒品犯罪案件工作座谈会纪要》第1条第6款的规定"……盗窃、抢夺、抢劫毒品后又实施其他毒品犯罪的，对盗窃罪、抢夺罪、抢劫罪和所犯的具体毒品犯罪分别定罪，依法数罪并罚。"

B选项，通过掺杂的方式增重，欺骗购买者使其误信数量，而基于认识错误交付多出的钱款，可构成诈骗罪。

C选项，根据A选项、B选项的结论，C选项说法正确。

D选项，根据最高人民法院《全国部分法院审理毒品犯罪案件工作座谈会纪要》第4条的

---

[1] ABCD [2] BCD

规定"……为便于隐蔽运输、销售、使用、欺骗购买者，或者为了增重，对毒品掺杂使假，添加或者去除其他非毒品物质，不属于制造毒品的行为。"

综上，选项 BCD 正确，当选。

五、2013 年不定项选择题

甲于某晚 9 时驾驶货车在县城主干道超车时，逆行进入对向车道，撞上乙驾驶的小轿车，乙被卡在车内无法动弹，乙车内黄某当场死亡、胡某受重伤。后查明，乙无驾驶资格，事发时略有超速，且未采取有效制动措施（事实一）。

甲驾车逃逸。急救人员 5 分钟后赶到现场，胡某因伤势过重被送医院后死亡（事实二）。

交警对乙车进行切割，试图将乙救出。此时，醉酒后的丙（血液中的酒精含量为 152mg/100ml）与丁各自驾驶摩托车"飙车"经过此路段（事实三）。

丙发现乙车时紧急刹车，摩托车侧翻，猛烈撞向乙车左前门一侧，丙受重伤。20 分钟后，交警将乙抬出车时，发现其已死亡。现无法查明乙被丙撞击前是否已死亡，也无法查明乙被丙撞击前所受创伤是否为致命伤（事实四）。

丁离开现场后，找到无业人员王某，要其假冒飙车者去公安机关投案（事实五）。

王某虽无替丁顶罪的意思，但仍要丁给其 5 万元酬劳，否则不答应丁的要求，丁只好付钱。王某第二天用该款购买 100 克海洛因藏在家中，用于自己吸食。5 天后，丁被司法机关抓获（事实六）。

2013/2/86. 关于事实一的分析，下列选项错误的是?[1]

A. 甲违章驾驶，致黄某死亡、胡某重伤，构成交通肇事罪

B. 甲构成以危险方法危害公共安全罪和交通肇事罪的想象竞合犯

C. 甲对乙车内人员的死伤，具有概括故意

D. 乙违反交通运输管理法规，致同车人黄某当场死亡、胡某重伤，构成交通肇事罪

【解析】本题考查交通肇事罪、因果关系判断、故意过失认定、想象竞合犯的理解。

A、C 选项，（1）在危害行为方面，甲有逆行违章行为（A1）；乙亦有两项违章行为：无驾驶资格（A2）、略有超速（A3）。（2）在因果关系方面，无论乙有无驾驶资格（A2），事故都会发生，事故（R）与乙无驾驶资格的违章行为（A2）之间无条件关系。乙"略有超速"（A3）是轻微过错，不负主要责任，与结果之间没有因果关系，故乙不构成交通肇事罪。D 选项错误。（3）黄某死亡、胡某重伤的结果（R），与甲逆行的行为（A1）之间具有因果关系，甲构成交通肇事罪，A 选项正确。

B、C 选项，（1）以危险方法危害公共安全罪是故意犯罪。本案中甲虽是有意实施违章行为，但对危害结果的造成是过失心态，应当认定为过失犯罪，C 选项错误。甲不构成以危险方法危害公共安全罪，故不属想象竞合犯，B 选项错误。（2）交通肇事罪是过失以危险方法危害公共安全罪的特别法，两者是特别法与一般法的法条竞合关系，触犯两罪，应以特别法交通肇事罪一罪论处。

综上，选项 BCD 错误，当选。

2013/2/87. 关于事实二的分析，下列选项正确的是?[2]

A. 胡某的死亡应归责于甲的肇事行为

B. 胡某的死亡应归责于甲的逃逸行为

C. 对甲应适用交通肇事"因逃逸致人死亡"的法定刑

---

[1] BCD　[2] AD

D. 甲交通肇事后逃逸，如数日后向警方投案如实交待罪行的，成立自首

【解析】 本题考查因果关系判断、"因逃逸致人死亡"的理解、自首。

A、B、C选项，（1）"因逃逸致人死亡"指因肇事者逃逸、被害人因得不到及时救治而死亡，须死亡结果与逃逸不救治行为之间具有因果关系。（2）胡某因伤势过重"5分钟后"即死亡，说明即使甲当时及时救助，胡某仍会死亡，死亡结果（R）与逃逸行为（A2）无因果关系，不属"因逃逸致人死亡"。（3）介入因素不中断因果关系链，只能将死亡结果（R）归因于之前的肇事行为（A1），属交通肇事行为致人死亡。故而A选项正确，B、C选项错误。

D选项，《最高人民法院关于处理自首和立功若干具体问题的意见》第1条第3款后段：交通肇事逃逸后自动投案，如实供述自己罪行的，应认定为自首，但应依法以较重法定刑为基准，视情况决定对其是否从宽处罚以及从宽处罚的幅度。D选项正确。

综上，选项AD正确，当选。

2013/2/88. 关于事实三的定性，下列选项正确的是？[1]

A. 丙、丁均触犯危险驾驶罪，属于共同犯罪

B. 丙构成以危险方法危害公共安全罪，丁构成危险驾驶罪

C. 丙、丁虽构成共同犯罪，但对丙结合事实四应按交通肇事罪定罪处罚，对丁应按危险驾驶罪定罪处罚

D. 丙、丁未能完成预定的飙车行为，但仍成立犯罪既遂

【解析】 （1）丙既醉酒开车，又追逐竞驶（"飙车"），构成危险驾驶罪；丁追逐竞驶（"飙车"），构成危险驾驶罪。二是共同犯罪。A选项正确。

（2）危险驾驶罪与以危险方法危害公共安全罪之间，在造成具体危险的情况下，是特别法与一般法的法条竞合关系，应按特别法危险驾驶罪论处。在只造成抽象危险的情况下，危险驾驶行为不能构成以危险方法危害公共安全罪。故丙应按危险驾驶罪论处。B选项错误。

（3）根据事实四，因无法查明死亡结果由丙、丁造成，故死亡结果与丙、丁的行为无因果关系，不能认定二人构成交通肇事罪。C选项错误。

（4）危险驾驶罪是抽象危险犯（四项行为除违规运输化学品是具体危险犯，其他三项均为抽象危险犯），只要实施行为即认为具有抽象危险，即构成既遂，无须飙车行为实施完毕。故D选项正确。

综上，选项AD正确，当选。

2013/2/89. 关于事实四乙死亡的因果关系的判断，下列选项错误的是？[2]

A. 甲的行为与乙死亡之间，存在因果关系

B. 丙的行为与乙死亡之间，存在因果关系

C. 处置现场的警察的行为与乙死亡之间，存在因果关系

D. 乙自身的过失行为与本人死亡之间，存在因果关系

【解析】 本题考查因果关系判断，主要涉及条件关系的认定、同时犯因果关系。涉嫌与乙死亡结果具有条件关系的因素有四个：甲逆行，乙无驾驶资格、略有超速，丙的撞击，警察处置现场。（1）首先，警察处置现场的行为无任何过错，无条件关系，更无因果关系；乙无驾驶资格、略有超速的违章行为，与事故的造成无条件关系，也无因果关系。（2）对于甲逆行（A）、丙撞击（B），可认为是"同时犯因果关系"模型，关键问题在于事实认定问题。（3）假设事实可能一：如果乙被丙撞击前已经死亡，则丙死亡与甲逆行（A）有因果关系，与丙撞击

（B）无因果关系；（4）假设事实可能二：如果乙被丙撞击之后才死亡。①如丙的责任大（如丙直接轧死），则死亡结果与丙撞击（B）有因果关系；②如甲的责任大、丙的责任小（如一般司机都来不及刹车），则死亡结果与甲逆行（A）有因果关系；③如甲、丙责任一样大，或不能查明二人责任大小（推定同等责任），则死亡结果与甲逆行（A）、丙撞击（B）都有因果关系。（5）但是，因为无法查清乙被丙撞击之前已死亡，还是撞击之后才死亡。由于无法证明死亡结果具体是由甲、丙谁的行为导致，根据存疑有利于被告人的事实认定、证据推定规则，应当认为都无因果关系。（6）故而，涉案四个因素均与死亡结果之间无刑法上的因果关系，其中两个因素是本来就无条件关系，两个因素系因无法查明事实而无法证明有因果关系。

综上，选项 ABCD 错误，当选。

2013/2/90. 关于事实五的定性，下列选项错误的是？[1]

A. 丁指使王某作伪证，构成妨害作证罪的教唆犯

B. 丁构成包庇罪的教唆犯

C. 丁的教唆行为属于教唆未遂，应以未遂犯追究刑事责任

D. 对丁的妨害作证行为与包庇行为应从一重罪处罚

【解析】（一）王某

1. 如果王某真的为丙顶罪，其明知是犯罪的人而为其作假证明包庇，根据《刑法》第 310 条，可构成包庇罪。此种情况下，因王某自担罪责，不属"证人"，不能构成伪证罪。

2. 但本案案情，王某客观上没有实施无顶罪的包庇行为，主观上也无顶罪的意思，没有包庇故意，不能构成包庇罪。

3. 王某谎称帮助顶罪而欺骗丁给其 5 万元酬劳，根据《刑法》第 266 条，构成诈骗罪。

（二）对于丁

1. 丁驾驶摩托车"飙车"，根据《刑法》第 133 条之一，构成危险驾驶罪。

2. 丁教唆王某帮助顶罪，按照共犯从属说，因王某未实施包庇不法行为，故而丁不能构成包庇罪的教唆犯。注意：这里不构成包庇罪教唆犯的原因，并不是因本犯不具期待可能性。

3. 关于妨害作证罪，因其是伪证罪教唆行为正犯化的情况，本身是正犯，故而无需具备共犯从属性。该罪的实行行为是威胁、引诱证人违背事实改变证言或者作伪证。在本案中，由于王某不属"证人"，对象人不符合，故丁不能构成妨害作证罪。注意：这里不构成妨害作证罪的原因，也不是因本犯不具期待可能性。故 ABCD 说法均错误。

2013/2/91. 关于事实六的定性，下列选项错误的是？[2]

A. 王某乘人之危索要财物，构成敲诈勒索罪

B. 丁基于不法原因给付 5 万元，故王某不构成诈骗罪

C. 王某购买毒品的数量大，为对方贩卖毒品起到了帮助作用，构成贩卖毒品罪的共犯

D. 王某将毒品藏在家中的行为，不构成窝藏毒品罪

【解析】A 选项，王某没有以加害丁为内容对丁进行威胁、要挟，没有实施敲诈行为，不能构成敲诈勒索罪。

B 选项，诈骗罪的成立只需骗取他人认识错误而交付，并未限定基于合法原因给付才构成诈骗；隐瞒真相骗取他人认识错误基于不法原因而给付，也构成诈骗。

C 选项，根据片面对合犯的原理，《刑法》只规定贩卖毒品的行为构成犯罪，未规定购买数量较少毒品的购买行为本身构成犯罪（当然购买数量较大可构成非法持有毒品罪）；购买者

既不构成独立的罪名，也不构成贩卖毒品罪的共犯。

D选项，根据最高人民法院《全国部分法院审理毒品犯罪案件工作座谈会纪要》第1条的规定，以自己吸食目的购买毒品，不构成贩卖毒品罪，数量大的可构成持有毒品罪。根据《刑法》第349条（窝藏、转移、隐瞒毒品、毒赃罪）的规定，窝藏毒品罪中的毒品，特指走私、贩卖、运输、制造毒品的犯罪分子的用于犯罪的毒品，不包括为自己吸食而购买的毒品。

综上，选项ABC错误，当选。

六、2012年不定项选择题

甲在国外旅游，见有人兜售高仿真人民币，用1万元换取10万元假币，将假币夹在书中寄回国内（事实一）。

赵氏调味品公司欲设加盟店，销售具有注册商标的赵氏调味品，派员工赵某物色合作者。甲知道自己不符合加盟条件，仍找到赵某送其3万元真币和10万元假币，请其帮忙加盟事宜。赵某与甲签订开设加盟店的合作协议（事实二）。

甲加盟后，明知伪劣的"一滴香"调味品含有害非法添加剂，但因该产品畅销，便在"一滴香"上贴上赵氏调味品的注册商标私自出卖，前后共卖出5万多元"一滴香"（事实三）。

张某到加盟店欲批发1万元调味品，见甲态度不好表示不买了。甲对张某拳打脚踢，并说"涨价2000元，不付款休想走"。张某无奈付款1.2万元买下调味品（事实四）。

甲以银行定期存款4倍的高息放贷，很快赚了钱。随后，四处散发宣传单，声称为加盟店筹资，承诺3个月后还款并支付银行定期存款2倍的利息。甲从社会上筹得资金1000万，高利贷出，赚取息差（事实五）。

甲资金链断裂无法归还借款，但仍继续扩大宣传，又吸纳社会资金2000万，以后期借款归还前期借款。后因亏空巨大，甲将余款500万元交给其子，跳楼自杀（事实六）。请回答第86~91题。

2012/2/86. 关于事实一的分析，下列选项正确的是？[1]

A. 用1万元真币换取10万元假币，构成购买假币罪

B. 扣除甲的成本1万元，甲购买假币的数额为9万元

C. 在境外购买人民币假币，危害我国货币管理制度，应适用保护管辖原则审理本案

D. 将假币寄回国内，属于走私假币，构成走私假币罪

【解析】A、D选项，当然正确。B选项，计算购买假币的数额，不扣除犯罪成本，而是按照假币面价和张数计算，故该选项错误。C选项，单就购买假币这一行为而言，行为发生在境外，但行为人是中国公民，应当适用属人管辖，而不是保护管辖。

综上，选项AD正确，当选。

2012/2/87. 关于事实二的定性，下列选项正确的是？[2]

A. 甲将3万元真币送给赵某，构成行贿罪

B. 甲将10万假币冒充真币送给赵某，不构成诈骗罪

C. 赵某收受甲的财物，构成非国家工作人员受贿罪

D. 赵某被甲欺骗而订立合同，构成签订合同失职被骗罪

【解析】（1）赵某是非国家工作人员，构成非国家工作人员受贿罪，甲为谋取不正当利益而贿赂，构成对非国家工作人员行贿罪。选项C正确，选项A错误。（2）甲将10万假币冒充

---

[1] AD　[2] BC

真币送给赵某，虽欺骗赵某，但并未使赵某受到损失，未获取到财物，不构成诈骗罪。选项 B 正确。（3）假币也是财物，甲即使全送假币，也构成对非国家工作人员行贿罪，另触犯使用假币罪，是两罪的想象竞合。（4）签订合同失职被骗罪的主体是国有公司、企业、事业单位直接负责的主管人员，赵某不符合。

综上，选项 BC 正确，当选。

2012/2/88. 关于事实三的定性，下列选项正确的是？[1]

A. 在"一滴香"上擅自贴上赵氏调味品注册商标，构成假冒注册商标罪

B. 因"一滴香"含有害人体的添加剂，甲构成销售有毒、有害食品罪

C. 卖出 5 万多元"一滴香"，甲触犯销售伪劣产品罪

D. 对假冒注册商标行为与出售"一滴香"行为，应数罪并罚

【解析】（1）"一滴香"含有害非法添加剂，是有毒、有害食品，明知而销售，触犯销售有毒、有害食品罪，选项 B 正确。（2）销售金额超过 5 万，触犯销售伪劣产品罪。选项 C 正确。（3）贴上赵氏调味品的注册商标，触犯假冒注册商标罪。选项 A 正确。（4）在罪数上，销售有毒、有害食品罪与销售伪劣产品罪是法条竞合关系，按照《刑法》第 149 条，应当择一重处。（5）前述得出的罪名，与假冒注册商标罪之间，依照《最高人民法院、最高人民检察院关于办理生产、销售伪劣商品刑事案件具体应用法律若干问题的解释》第 10 条的规定，系想象竞合犯，应当择一重罪处断。

综上，选项 ABC 正确，当选。

2012/2/89. 关于事实四甲的定性，下列选项正确的是？[2]

A. 应以抢劫罪论处　　　　　　　　B. 应以寻衅滋事罪论处

C. 应以敲诈勒索罪论处　　　　　　D. 应以强迫交易罪论处

【解析】暴力强迫他人购买商品，虽强行要求以高价购买，但价格（1.2 万元）与货值（1 万元）并不悬殊，不构成抢劫罪，而以强迫交易罪论处。选项 D 正确，当选。

2012/2/90. 关于事实五的定性，下列选项正确的是？[3]

A. 以同期银行定期存款 4 倍的高息放贷，构成非法经营罪

B. 甲虽然虚构事实吸纳巨额资金，但不构成诈骗罪

C. 甲非法吸纳资金，构成非法吸收公众存款罪

D. 对甲应以非法经营罪和非法吸收公众存款罪进行数罪并罚

【解析】（1）根据 2019 年两高两部《关于办理非法放贷刑事案件若干问题的意见》，未经批准、营利目的、经常性、向社会不特定对象非法放高利贷（年利息 36%），达到数额标准，可构成非法经营罪。当前银行定期存款 4 倍的高息，未达年利息 36% 的数额标准，不构成非法经营罪。选项 A、D 错误。（2）因不具非法占有目的，不构成诈骗罪。选项 B 正确。（3）宣传筹资，承诺还本付息的行为，符合非法集资行为的四个特征，不具非法占有目的，构成非法吸收公众存款罪。选项 C 正确。

综上，选项 BC 正确，当选。

2012/2/91. 关于事实六的定性，下列选项正确的是？[4]

A. 甲以非法占有为目的，非法吸纳资金，构成集资诈骗罪

B. 甲集资诈骗的数额为 2000 万元

C. 根据刑法规定，集资诈骗数额特别巨大的，可判处死刑

---

[1]　ABC　[2]　D　[3]　BC　[4]　AB（当年正确答案为 ABC）

D. 甲已死亡，导致刑罚消灭，法院对余款 500 万元不能进行追缴

【解析】（1）明知不能归还，仍然以后期借款归还前期借款，符合《最高人民法院关于审理非法集资刑事案件具体应用法律若干问题的解释》第 4 条"非法占有目的"的第 1 项情形。对后吸收的资金 2000 万元具有非法占有目的，对此款项构成集资诈骗罪。选项 AB 正确。（2）《刑法修正案（九）》已废除集资诈骗罪的死刑，选项 C 在考试当年说法正确，在现在说法错误，不当选。（3）甲死亡，导致对其不能追究刑事责任。但对赃款的追缴、退还被害人，不属于刑罚内容，仍须进行。

综上，选项 AB 正确，当选。

七、2011 年不定项选择题

（一）甲将一只壶的壶底落款"民國叁年"磨去，放在自己的古玩店里出卖。某日，钱某看到这只壶，误以为是明代文物。甲见钱某询问，谎称此壶确为明代古董，钱某信以为真，按明代文物交款买走。又一日，顾客李某看上一幅标价很高的赝品，以为名家亲笔，但又心存怀疑。甲遂拿出虚假证据，证明该画为名家亲笔。李某以高价买走赝品。请回答第 86～87 题。

2011/2/86. 关于甲对钱某是否成立诈骗罪，下列选项错误的是？[1]

A. 甲的行为完全符合诈骗罪的犯罪构成，成立诈骗罪

B. 钱某自己有过错，甲不成立诈骗罪

C. 钱某已误以为是明代古董，甲没有诈骗钱某

D. 古玩投资有风险，古玩买卖无诈骗，甲不成立诈骗罪

【解析】本题考查"诈骗行为"的含义。本行为属于积极制造虚假事实，骗取他人信任的典型诈骗行为（虚构事实）。诈骗罪是被害人有过错的犯罪，被害人的过错不影响行为人诈骗罪的成立。因开办的是古玩店，在法律上负有特定义务，除非特别声明免责，对于标明的内容负有真实陈述的义务。况且，本案中行为人还是故意造假的行为，不能以"古玩投资有风险"而免责。

综上，选项 BCD 错误，当选。

2011/2/87. 关于甲对李某是否成立诈骗罪，下列选项正确的是？[2]

A. 甲的行为完全符合诈骗罪的犯罪构成，成立诈骗罪

B. 标价高不是诈骗行为，虚假证据证明该画为名家亲笔则是诈骗行为

C. 李某已有认识错误，甲强化其认识错误的行为不是诈骗行为

D. 甲拿出虚假证据的行为与结果之间没有因果关系，甲仅成立诈骗未遂

【解析】本题考查"诈骗行为"的含义。在他人存在认识错误不能确实真相时，用虚假事实坚定、强化他人的认识错误，也属诈骗行为（隐瞒真相）。

综上，选项 AB 正确，当选。

（二）甲花 4 万元收买被拐卖妇女周某做智障儿子的妻子，周某不从，伺机逃走。甲为避免人财两空，以 3 万元将周某出卖（事实一）。

乙收买周某，欲与周某成为夫妻，周某不从，乙多次暴力强行与周某发生性关系（事实二）。

不久，周某谎称怀孕要去医院检查，乙信以为真，周某乘机逃走向公安机关报案。警察丙带人先后抓获了甲、乙。讯问中，乙仅承认收买周某，拒不承认强行与周某发生性关系。丙恼羞成怒，当场将乙的一只胳膊打成重伤。乙大声呻吟，丙以为其佯装受伤不予理睬（事实三）。

深夜，丙上厕所，让门卫丁（临时工）帮忙看管乙。乙发现丁是老乡，请求丁放人。丁说："行，但你以后如被抓住，一定要说是自己逃走的。"乙答应后逃走，丁未阻拦（事实四）。

请回答第 88～91 题。

2011/2/88. 关于事实一的定性，下列选项正确的是？[1]

A. 甲行为应以收买被拐卖的妇女罪与拐卖妇女罪实行并罚

B. 甲虽然实施了收买与拐卖二个行为，但由于二个行为具有牵连关系，对甲仅以拐卖妇女罪论处

C. 甲虽然实施了收买与拐卖二个行为，但根据《刑法》的特别规定，对甲仅以拐卖妇女罪论处

D. 由于收买与拐卖行为侵犯的客体相同，而且拐卖妇女罪的法定刑较重，对甲行为仅以拐卖妇女罪论处，也能做到罪刑相适应

【解析】按《刑法》第 241 条第 5 款的规定，收买后又出卖，以拐卖妇女罪一罪论处。A、B 选项错误，C、D 选项正确。

2011/2/89. 关于事实二的定性，下列选项错误的是？[2]

A. 乙行为成立收买被拐卖的妇女罪与强奸罪，应当实行并罚

B. 乙行为仅成立收买被拐卖的妇女罪，因乙将周某当作妻子，故周某不能成为乙的强奸对象

C. 乙行为仅成立收买被拐卖的妇女罪，因乙将周某当作妻子，故缺乏强奸罪的故意

D. 乙行为仅成立强奸罪，因乙收买周某就是为了使周某成为妻子，故收买行为是强奸罪的预备行为

【解析】按《刑法》第 241 条第 4 款的规定，收买后又强奸的，数罪并罚。

综上，选项 BCD 错误，当选。

2011/2/90. 关于事实三的定性，下列选项正确的是？[3]

A. 丙行为是刑讯逼供的结果加重犯

B. 对丙行为应以故意伤害罪从重处罚

C. 对丙行为应以刑讯逼供罪与过失致人重伤罪实行并罚

D. 对丙行为应以刑讯逼供罪和故意伤害罪实行并罚

【解析】丙在讯问中恼羞成怒，将嫌犯打成重伤；如其打人具有逼供的目的，则系刑讯逼供罪转化为故意伤害罪，按《刑法》第 234 条规定从重处罚。

综上，选项 B 正确，当选。

八、2010 年不定项选择题

甲、乙预谋修车后以假币骗付。某日，甲、乙在某汽修厂修车后应付款 4850 元，按照预谋甲将 4900 元假币递给乙清点后交给修理厂职工丙，乙说："修得不错，零钱不用找了"，甲、乙随即上车。丙发现货币有假大叫"别走"，甲迅即启动驶向厂门，丙扑向甲车前风挡，抓住雨刮器。乙对甲说："太危险，快停车"，甲仍然加速，致丙摔成重伤。请回答 91～94 题。

2010/2/91. 甲、乙用假币支付修车费被识破后开车逃跑的行为应定的罪名是？[4]

A. 持有、使用假币罪   B. 诈骗罪

C. 抢夺罪   D. 抢劫罪

【解析】本题考查假币犯罪。（1）甲、乙用假币支付修车费，是将假币置于流通领域，用

---

[1] CD   [2] BCD   [3] B   [4] A

假币代替真币使用，构成使用假币罪，其之前还有持有状态。根据《全国法院审理金融犯罪案件工作座谈会纪要》（2001 年 1 月 21 日施行）第二部分第（二）节第 2 条第（1）项规定，"对同一宗假币实施了法律规定为选择性罪名的行为，应根据行为人所实施的数个行为，按相关罪名刑法规定的排列顺序并列确定罪名，数额不累计计算，不实行数罪并罚。"故认定为持有、使用假币罪。（2）使用假币罪中包容了诈骗的内容，两者可认为是整体法与部分法的法条竞合关系，应按整体法即使用假币罪认定。（3）由于前行为不是诈骗罪的特别法，故无法援引转化型抢劫罪的法条规定认定二人构成抢劫罪。

综上，选项 A 正确，当选。

2010/2/92. 对于丙的重伤，甲的罪过形式是？[1]

A. 故意

B. 有目的的故意

C. 过失

D. 无认识的过失

【解析】本题考查罪过形式的认定，主要是间接故意与过于自信的过失的区别。甲明知高速驾驶汽车，造成乙重伤的可能性极大，仍然加速行驶，而没有停车或减速避免结果，说明其不反对结果发生，应认定其放任结果产生，为间接故意。

综上，选项 A 正确，当选。

2010/2/93. 关于致丙重伤的行为，下列选项错误的是？[2]

A. 乙明确叫甲停车，可以成立犯罪中止

B. 甲、乙构成故意伤害的共同犯罪

C. 甲的行为超出了共同犯罪故意，对于丙的重伤后果，乙不应当负责

D. 乙没有实施共同伤害行为，不构成犯罪

【解析】本题考查共同犯罪。（1）乙让甲停车，说明其根本反对丙重伤的结果，故其主观心态不能认定为故意。甲、乙不存在伤害的共同故意，不能构成共同犯罪，故选项 B 错误。（2）乙不能构成故意伤害罪，也就不存在犯罪中止的问题，故选项 A 错误。（3）乙只有使用假币的故意，也只与甲共同实施了使用假币的行为；对于重伤，乙既无故意，也无伤害行为，系甲单独的行为，乙不能成立故意伤害罪。故选项 C、选项 D 正确。

综上，选项 AB 错误，当选。

2010/2/94. 对甲的定罪，下列选项错误的是？[3]

A. 抢夺罪、故意伤害罪

B. 诈骗罪、以危险方法危害公共安全罪

C. 持有、使用假币罪，交通肇事罪

D. 抢劫罪、故意伤害罪

【解析】本题考查罪数。综合 91、92 题，甲构成持有、使用假币罪和故意伤害罪，应当两罪并罚。故四个选项均错误。甲对丙的重伤系故意，不构成交通肇事罪；针对的是特定个人，不构成以危险方法危害公共安全罪。

综上，选项 ABCD 错误，当选。

九、2009 年不定项选择题

甲为某国有企业出纳，为竞争公司财务部主任职位欲向公司副总经理乙行贿。甲通过涂改账目等手段从公司提走 20 万元，委托总经理办公室秘书丙将 15 万元交给乙，并要丙在转交该款时一定为自己提升一事向乙"美言几句"。乙收下该款。八天后，乙将收受钱款一事报告了

---

[1] A 　[2] AB 　[3] ABCD

公司总经理，并将 15 万元交到公司纪检部门。

一个月后，甲得知公司委任其他人担任财务部主任，恼羞成怒找到乙说："还我 15 万，我去把公司钱款补上。你还必须付我 10 万元精神损害赔偿，否则我就将你告到检察院。"乙反复向甲说明钱已上交不能退还，但甲并不相信。数日后，甲携带一桶汽油闯入乙办公室纵火，导致室内空调等财物被烧毁。请回答 91~94 题。

2009/2/91. 关于甲从公司提出公款 20 万元并将其中一部分行贿给乙的行为，下列选项错误的是？[1]

A. 甲构成贪污罪，数额是 20 万元；行贿罪与贪污罪之间是牵连关系，不再单独定罪

B. 甲构成贪污罪、行贿罪，数罪并罚，贪污数额是 5 万元，行贿 15 万元

C. 甲构成贪污罪、行贿罪，数罪并罚，贪污数额是 20 万元，行贿 15 万元

D. 甲对乙说过要"去把公司钱款补上"，应当构成挪用公款罪，数额是 20 万元，再与行贿罪并罚

【解析】国家工作人员利用职务便利将公款据为己有，构成贪污罪，数额为 20 万。为谋取不正当利益而给与国家工作人员贿赂，是行贿罪，行贿数额为 15 万。两罪应当数罪并罚。C 选项正确，不当选。D 选项，甲对乙说过要"去把公司钱款补上"，但是在行贿之后所言，行贿即表明是处分财产，已具有非法占有目的，不属挪用。

综上，选项 ABD 错误，当选。

2009/2/92. 关于乙的行为，下列选项错误的是？[2]

A. 乙构成受贿罪既遂

B. 乙构成受贿罪中止

C. 乙犯罪以后上交赃物的行为，属于酌定从轻处罚情节

D. 乙不构成犯罪

【解析】《最高人民法院、最高人民检察院关于办理受贿刑事案件适用法律若干问题的意见》第 9 条第 1 款规定：国家工作人员收受请托人财物后及时退还或者上交的，不是受贿。此处的"及时退还"应当理解为行为人主观上没有受贿故意。本题根据"乙收下该款"、"八天后"可推知，乙收钱时是有受贿故意的，故而不适用前款规定，应当认定为受贿罪既遂。

综上，选项 BCD 错误，当选。

2009/2/93. 关于丙的行为，下列选项正确的是？[3]

A. 丙构成受贿罪共犯　　　　　　　B. 丙构成介绍贿赂罪

C. 丙构成行贿罪共犯　　　　　　　D. 丙没有实行行为，不构成犯罪

【解析】受贿罪共犯、行贿罪共犯、介绍贿赂罪，三者的区分在于行为人与谁有共同犯意、共同行为。如果偏向于行贿方，帮行贿方打点、联系、提供帮助，则是行贿罪的共犯；如果偏向于受贿方，帮受贿方收受、管理，则是受贿罪的共犯；只有居间牵线搭桥、联络双方信息，不偏向任何一方者，才是介绍贿赂罪。本案丙明知甲为谋取不正当利益向领导行贿，为其转交行贿款，构成甲行贿罪的共犯。

综上，选项 C 正确，当选。

2009/2/94. 关于甲得知财务部主任由他人担任后实施的行为，下列选项错误的是？[4]

A. 甲的行为只构成放火罪

B. 甲索要 10 万元"精神损害赔偿"的行为不构成敲诈勒索罪

---

[1]　ABD　[2]　BCD（原答案为 ABC）　[3]　C　[4]　ABCD

C. 甲的行为是敲诈勒索罪与放火罪的想象竞合犯

D. 甲的行为是敲诈勒索罪与放火罪的吸收犯

【解析】（1）由于行贿已完成，贿赂款项应认定为收受方事实占有。以揭发罪行要挟要求贿赂款项，并额外要求没有根据的 10 万元精神损害赔偿，应认定具有非法占有目的，构成敲诈勒索罪。（2）纵火行为触犯放火罪。（3）罪数上，放火罪与敲诈勒索罪之间，是两行为触犯两罪，应当数罪并罚。不是一行为触犯两罪，不属想象竞合犯；也不是吸收犯的模型。

综上，选项 ABCD 错误，当选。

十、2008 年不定项选择题

甲手持匕首寻找抢劫目标时，突遇精神病人丙持刀袭击。丙追赶甲至一死胡同，甲迫于无奈，与丙搏斗，将其打成重伤。此后，甲继续寻找目标，见到丁后便实施暴力，用匕首将其刺成重伤，使之丧失反抗能力，此时甲的朋友乙驾车正好经过此地，见状后下车和甲一起取走丁的财物（约 2 万元），然后逃跑，丁因伤势过重不治身亡。请回答 93～94 题。

2008/2/93. 关于甲将精神病人丙打成重伤的行为，下列选项正确的是？[1]

A. 甲的行为属于正当防卫，因为对精神病人的不法侵害也可以进行正当防卫

B. 甲的行为属于紧急避险，因为"不法"必须是主客观相统一的行为，而精神病人没有责任能力，其客观侵害行为不属于"不法"侵害，故只能进行紧急避险

C. 甲的行为属于自救行为，因为甲当时只能依靠自己的力量救济自己的法益

D. 甲的行为既不是正当防卫，也不是紧急避险，因为甲当时正在进行不法侵害，精神病人丙的行为客观上阻止了甲的不法行为，甲不得针对丙再进行正当防卫与紧急避险

【解析】本题考查对正当防卫起因条件"不法侵害"的理解。由于未设定观点，故应按通说观点（客观不法论），"不法"指客观不法，不考虑主观责任要素。精神病人的自主攻击行为，客观上是伤害、杀人不法行为，只是因无责任能力，而不构成犯罪。按构成要件"客观不法－主观有责"的体系，仍属不法行为，因此可以对其进行正当防卫。

综上，选项 A 正确，当选。

2008/2/94. 关于乙与甲一起取走丁的财物的行为，下列选项正确的是？[2]

A. 乙与甲成立抢劫罪的共同犯罪

B. 甲的行为构成抢劫罪，乙的行为属于抢夺罪，两者在抢夺罪这一重合犯罪之内成立共同犯罪，即成立抢夺罪的共同犯罪

C. 乙既不对丁的重伤承担刑事责任，也不对丁的死亡承担刑事责任

D. 乙不对丁的死亡承担刑事责任，但应对丁的重伤承担刑事责任

【解析】（一）先行为人甲

1. 实施了抢劫罪的暴力行为、取财行为，根据《刑法》第 263 条，成立抢劫罪的正犯。

2. 对于劫财结果，甲需负责。丁重伤、死亡的结果是由甲的暴力行为造成的，甲需负责。甲构成抢劫罪既遂，系抢劫致人死亡，属结果加重犯。

（二）后行为人乙

1. 在抢劫行为终了之前，后行为人乙加入，帮助甲实施劫财行为；具有共同故意。根据《刑法》第 263、27 条，构成抢劫罪的承继的共同犯罪。

2. 二人在后半截的范围内构成抢劫罪的共同犯罪。后行为人只对与其加入之后共同行为有因果关系的结果负责，不对前行为人之前实施的单独行为造成的结果负责。

---

[1] A [2] AC

3. 对于劫财结果，二人承担共同责任。乙构成抢劫罪既遂。

4. 而丁的重伤结果发生在乙加入之前，是由甲之前的暴力行为造成的，乙不承担刑事责任；丁的死亡是由重伤导致的，而重伤是由甲之前的暴力造成，与乙加入之后的行为没有因果关系，故乙对丁的死亡结果也不承担刑事责任。

综上，选项 AC 正确，当选。

十一、2008 年四川延期考试不定项选择题

甲受国有事业单位委派，担任某农村信用合作社主任。某日，乙找甲，说要贷款 200 万做生意，但无任何可抵押财产也无担保人，不符合信贷条件。乙表示若能贷出款来，就会给甲 10 万元作为辛苦费。于是甲嘱咐该合作社主管信贷的职员丙"一定办好此事"。丙无奈，明知不符合条件仍然放贷。乙当即给甲 10 万元，其余 190 万元贷后用于挥霍，经合作社多次催收，乙拒绝归还。请回答 93 ~ 94 题。

2008/2/93. 甲的行为触犯的罪名是? [1]

A. 受贿罪
B. 贷款诈骗罪
C. 玩忽职守罪
D. 违法发放贷款罪

【解析】（1）客观上，甲违反法律、行政法规规定，向为乙发放贷款，造成了重大损失，具备违法发放贷款的行为和结果。主观上，甲对于乙的欺骗行为、非法占有目的并不明知，不具有欺骗金融机构的故意、非法占有目的，不构成骗取贷款罪、贷款诈骗罪的共犯。构成违法发放贷款罪（《刑法》第 186 条第 2 款）的正犯。（2）甲受国有事业单位委派到非国有单位任职，是国家工作人员；收受乙 10 万，利用职务便利为乙谋取利益，构成受贿罪。（3）受贿后又犯他罪，应当数罪并罚。（4）甲不是国家机关工作人员，不构成玩忽职守罪。

综上，选项 AD 正确，当选。

2008/2/94. 对于乙、丙的行为，下列说法正确的是? [2]

A. 乙构成贷款诈骗罪
B. 乙构成行贿罪
C. 丙构成违法发放贷款罪
D. 丙构成玩忽职守罪

【解析】（1）对于乙：①在客观上，乙的真实目的是挥霍，却谎称做生意编造资金用途的贷款理由、隐瞒非法占有目的，欺骗金融机构信用合作社（本题与前题不同，本题中合作社主任被虚构的贷款理由欺骗）骗取贷款。主观上，用于挥霍，可推定具有非法占有目的，触犯贷款诈骗罪。②为了谋取不正当利益给予国家工作人员财物，触犯行贿罪。③行贿又犯他罪，应当数罪并罚。

（2）丙是信用社的工作人员，明知乙的贷款不符合条件，却违反法律、行政法规规定，向乙发放贷款，造成了重大损失，构成违法发放贷款罪。丙不是国家机关工作人员，不构成玩忽职守罪。丙对甲收钱事并不知情、也无共同行为，不构成受贿罪的共犯。

综上，选项 ABC 正确，当选。

十二、2007 年不定项选择题

甲系某国有公司经理。生意人乙见甲掌管巨额资金，就以小恩小惠拉拢甲。后乙以做生意需要资金为由，劝诱甲出借公款，并与甲共同策划了挪用的方式，还送给甲好处费 5 万元。甲未经公司董事会决定就将 100 万元资金借给乙。乙得到巨款以后，告知银行职员丙该款的真实来源，丙为乙提供资金账户，乙随时提款用于贩卖毒品。在甲的催促下，一年后，乙归还 30 万元，后来就拒绝和甲见面。甲见追回剩余 70 万元无望，就携带乙归还的 30 万元潜逃。甲半

---

[1] AD [2] ABC

年内将30万元挥霍一空，走投无路后向司法机关投案，并交代了借公款给乙、接受乙贿赂和携款潜逃的事实，并提供线索协助司法机关将乙捉拿归案。乙归案后主动交待了行贿和司法机关尚未掌握的贩卖毒品的犯罪事实。请回答94~97题。

2007/2/94. 关于甲的犯罪行为，下列说法正确的是？[1]

A. 甲将公款挪用给乙使用的行为属于挪用公款进行营利活动

B. 甲不知道乙将公款用于犯罪活动，所以甲乙不构成挪用公款罪的共犯

C. 甲携带30万元公款潜逃的行为构成贪污罪

D. 对甲的行为应以挪用公款罪、受贿罪、贪污罪实行并罚

【解析】（1）甲实施了三个行为：①个人决定将公款100万元借给乙进行营利活动（做生意），数额较大，构成挪用公款罪。依据《最高人民法院关于审理挪用公款案件具体应用法律若干问题的解释》第2条第3项，"挪用公款给他人使用，不知道使用人用公款进行营利活动或者用于非法活动，数额较大、超过三个月未还的，构成挪用公款罪；明知使用人用于营利活动或者非法活动的，应当认定为挪用人挪用公款进行营利活动或者非法活动。"可见，挪用公款罪中的"用途"实际上是行为人的主观目的，在挪用公款给他人使用的情况下，本人认识的用途与使用人实际用途不一致时，应以本人认识为根据。本案中，甲由于受到乙的欺骗而产生认识错误，主观上认为乙将公款用于"做生意"即进行合法营利活动，则应认定其行为属于挪用公款进行营利活动。②收受乙给予的好处费5万元，为其谋取利益，构成受贿罪。③携带公款30万元潜逃，根据《最高人民法院关于审理挪用公款案件具体应用法律若干问题的解释》第6条，构成贪污罪。

（2）根据《最高人民法院关于审理挪用公款案件具体应用法律若干问题的解释》第7条，以上三罪应数罪并罚。故ACD选项正确。当选。

（3）甲、乙主观认识确有差异，但对于挪用公款的行为性质认识无误，仅仅只是对于挪用的用途目的的认识不同。挪用公款罪故意的成立，只要认识到是"挪归个人使用"即可，无需认识到具体的用途。故而，二人对于挪用仍然具有共同故意；又有共同行为，可以成立挪用公款罪的共犯。甲不知道乙将公款用于犯罪活动，只是不成立乙另外犯罪的共犯而已。故B选项错误。

2007/2/95. 关于乙的犯罪行为，下列说法正确的是？[2]

A. 乙的行为属于挪用公款进行非法活动

B. 乙与甲不构成挪用公款罪的共犯

C. 乙归还30万元公款的行为导致甲犯贪污罪，故乙成立贪污罪的帮助犯

D. 对乙的行为应以挪用公款罪、行贿罪、贩卖毒品罪实行并罚

【解析】（1）乙实施了三个行为：①指使、策划挪用公款，与甲一起构成挪用公款罪的共犯，其属于挪用公款进行非法活动。故B选项错误。②向甲行贿谋取不正当利益，构成行贿罪。③从事贩卖毒品活动，构成贩卖毒品罪。

（2）根据《最高人民法院关于审理挪用公款案件具体应用法律若干问题的解释》第7条第2款的规定，以上三罪应当数罪并罚。故AD选项正确。

（3）乙归还挪用的30万公款，但并未指使、策划、参与甲贪污，与甲的贪污行为没有共同犯意、共同行为，不构成共同犯罪。甲贪污是其自己决定的单独行为。故C选项错误。

综上，选项AD正确，当选。

---

[1] ACD [2] AD

2007/2/96. 关于甲投案以及乙归案后的行为，下列说法正确的是？[1]

A. 甲在走投无路的情况下被迫投案，不应认定为自首

B. 甲提供线索致使乙被抓获的行为属于立功

C. 乙对贩卖毒品罪成立自首

D. 乙对行贿罪不成立自首

【解析】（1）甲向司法机关投案，并交代了犯罪事实及同案犯，符合自首的条件，成立自首。对于投案动机没有限定，故 A 项错误。（2）提供线索帮助司法机关抓捕同案犯的，成立立功。故 B 项正确。（3）甲犯有挪用公款罪、受贿罪、贪污罪，对自己所犯之罪成立自首。（4）特殊自首的成立需交代司法机关尚未掌握的犯罪事实。乙犯有挪用公款罪、行贿罪、贩卖毒品罪，乙因挪用公款罪被抓获，交代了司法机关尚未掌握的贩卖毒品罪，对此一罪成立特殊自首。故 C 项正确。由于挪用公款罪是共犯，行贿罪是受贿罪的对合犯，对此共犯甲已供述，系属司法机关已经掌握的犯罪，对此二罪不能再成立自首，而是坦白。故 D 项正确。

综上，选项 BCD 正确，当选。

2007/2/97. 银行职员丙的行为构成？[2]

A. 挪用公款罪的共犯　　　　　　　　B. 贩卖毒品罪的共犯

C. 洗钱罪　　　　　　　　　　　　　D. 赃物犯罪

【解析】（1）根据《刑法》第 191 条的规定，明知是贪污贿赂犯罪的犯罪所得及其产生的收益而为其提供资金账户的，构成洗钱罪。

（2）丙并未参与挪用公款，所以不构成挪用公款罪的共犯。

（3）丙只是知道款项的真实来源，并不明知款项的用途，也没有参与乙的贩卖毒品实行行为，也无帮助其实施实行行为的共犯故意，所以不构成贩卖毒品罪的共犯。

（4）洗钱罪与赃物犯罪（掩饰、隐瞒犯罪所得、犯罪收益罪等）之间存在特别法与一般法的法条竞合关系，但根据司法解释按重罪一罪论处，如果两罪一样则应按特别法洗钱罪论处。在法条依据方面，《最高人民法院关于审理洗钱等刑事案件具体应用法律若干问题的解释》第 3 条规定，"明知是犯罪所得及其产生的收益而予以掩饰、隐瞒，构成《刑法》第三百一十二条（掩饰、隐瞒犯罪所得、犯罪所得收益罪）规定的犯罪，同时又构成《刑法》第一百九十一条（洗钱罪）或者第三百四十九条（窝藏、转移、隐瞒毒品、毒赃罪）规定的犯罪的，依照处罚较重的规定定罪处罚"。将掩饰、隐瞒犯罪所得罪与洗钱罪法条竞合的规则设定为择重处罚。因洗钱罪法定刑更重，故依此解释也定洗钱罪。当然，在法理上，掩饰、隐瞒犯罪所得罪与洗钱罪是一般法与特别法的法条竞合关系，如果没有《刑法》特别规定，原则上应当适用特别法即洗钱罪法条，不再单独适用掩饰、隐瞒犯罪所得罪法条；当然，《刑法》有特别规定处理规则的，应按《刑法》特别规定，前述解释可以认为是规定了从重处罚的特别规则。综上，丙只能构成洗钱罪一罪。选项 C 正确，当选。

十三、2006 年不定项选择题

甲、乙共谋教训其共同的仇人丙。由于乙对丙有夺妻之恨，暗藏杀丙之心，但未将此意告诉甲。某日，甲、乙二人共同去丙处。为确保万无一失，甲、乙以入户盗窃为由邀请不知情的丁在楼下望风。进入丙的房间后，甲、乙同时对丙拳打脚踢，致丙受伤死亡。（事实一）甲、乙二人旋即逃离现场。在逃离现场前甲在乙不知情的情况下从丙家的箱子里拿走人民币 5 万元。出门后，甲背着乙向丁谎称从丙家窃取现金 3 万元，分给丁 1 万元，然后一起潜逃。（事

_____

[1]　BCD　　[2]　C

实二）潜逃期间，甲窃得一张信用卡，向乙谎称该卡是从街上捡的，让乙到银行柜台取出了信用卡中的 3 万元现金。（事实三）犯罪所得财物挥霍一空后，丁因生活无着，向公安机关投案，交待了自己和甲共同盗窃的事实，但隐瞒了事后知道的甲、乙致丙死亡的事实。（事实四）请回答 96～100 题。

2006/2/96. 就被害人丙的死亡而言，下列对甲、乙所应成立犯罪的何种判断是错误的？[1]

A. 甲、乙均成立故意杀人（既遂）罪，属于共同犯罪

B. 甲、乙均成立故意伤害（致人死亡）罪，属于共同犯罪

C. 甲成立故意伤害（致人死亡）罪，乙成立故意杀人（既遂）罪，不属于共同犯罪

D. 甲成立故意伤害（致人死亡）罪，乙成立故意杀人（既遂）罪，在故意伤害罪的范围内成立共同犯罪

【解析】（1）甲实施了伤害行为，乙实施了杀人行为，二人在故意伤害罪的范围内成立共同犯罪。

（2）丙死亡的结果与甲、乙二人的共同行为有因果关系，二人均需对丙的死亡结果负责。

（3）甲具有伤害故意，对死亡结果系过失，构成故意伤害罪（致人死亡）。

（4）乙具有杀人故意，构成故意杀人罪（既遂）。

故选项 D 表述正确，不当选；选项 ABC 表述错误，当选。

2006/2/97. 就被害人丙死亡这一情节，下列对与丁有关行为的何种判断是错误的？[2]

A. 丁成立故意杀人罪的共犯

B. 丁成立故意伤害罪的共犯

C. 丁成立抢劫罪（致人死亡）的共犯

D. 丁对丙的死亡不承担刑事责任

【解析】（1）丁客观上实施了帮助甲伤害、乙杀人的帮助行为，以及对入户进行了帮助。

（2）主观上具有入户盗窃的帮助故意，客观主观相统一，不构成故意伤害罪、故意杀人罪的帮助，只构成非法侵入住宅罪的帮助犯。

（3）由于不与甲、乙构成故意伤害罪、故意杀人罪的共同犯罪，因此对二人致丙死亡的结果，不承担刑事责任。

所以选项 D 表述正确，不当选；ABC 项表述错误，当选。

2006/2/98. 对于甲从丙家的箱子里拿走人民币 5 万元，丁望风并分得赃物这一情节，下列何种判断是正确的？[3]

A. 对甲应定抢劫罪、对丁应定盗窃罪

B. 对甲、丁的行为应定盗窃罪

C. 甲、丁都应对 5 万元承担刑事责任

D. 甲对 5 万元承担刑事责任，丁只对 3 万元承担刑事责任

【解析】（1）甲伤害丙后，临时起意拿钱，根据《最高人民法院关于审理抢劫、抢夺刑事案件适用法律若干问题的意见》第 8 条的规定，故意伤害致人死亡行为导致被害人死亡后，另起犯意拿走被害人财物的，构成盗窃罪。

（2）丁客观上实施了帮助甲盗窃的行为，主观上具有盗窃的帮助故意，构成甲盗窃罪的帮助犯。

---

[1] ABC [2] ABC [3] BC

（3）二人对客观上的共同盗窃的总数额承担刑事责任，而不是对分赃数额或知晓数额承担责任，均应认定为盗窃 5 万元。故选项 B、C 正确。当选

2006/2/99. 对于甲、乙盗窃和使用信用卡的行为，下列何种判断是错误的？[1]

A. 甲、乙构成盗窃罪的共同犯罪

B. 甲、乙构成信用卡诈骗罪的共同犯罪

C. 甲构成盗窃罪，乙构成信用卡诈骗罪

D. 甲构成盗窃罪，乙构成诈骗罪

【解析】（1）甲盗窃信用卡并使用，根据《刑法》第 196 条第 3 款的规定，盗窃信用卡并使用，应该按照盗窃罪定罪处罚。

（2）乙对甲之前盗窃行为并不知情，甲、乙并无盗窃信用卡的共同故意，故二人不对"盗窃信用卡"的行为成立共犯，乙不构成盗窃罪的承继共犯。乙在客观上仅实施了冒用他人信用卡的行为，其主观上认识到了自己的行为是冒用他人信用卡，是信用卡诈骗的故意，依《刑法》第 196 条第 3 项的规定，乙的行为构成信用卡诈骗罪。

（3）在共同犯罪方面，"盗窃信用卡并使用（冒用）"型的盗窃罪，包容了冒用信用卡（信用卡诈骗罪）的内容。甲、乙二人在信用卡诈骗罪的范围内成立共同犯罪。故 A、D 选项说法错误，当选，B、C 选项说法正确。

2006/2/100. 对于丁的投案行为，下列何种判断是正确的？[2]

A. 丁虽然投案，但隐瞒了甲、乙致丙死亡的事实，因而不构成自首

B. 丁虽然隐瞒了甲、乙致丙死亡的事实，但交待了本人与甲共同犯罪的事实，因而构成自首

C. 丁构成自首且揭发甲与自己共同犯罪的行为成立立功

D. 丁构成坦白但揭发甲与自己共同犯罪的行为成立立功

【解析】根据《最高人民法院关于处理自首和立功具体应用法律若干问题的解释》第 1 条第 2 项第 3 款的规定，共同犯罪案件中的犯罪嫌疑人，除如实供述自己的罪行，还应当供述所知的同案犯才能成立自首。丁只构成盗窃罪，只需对盗窃事实及同案犯进行供述，即成立自首。不需要揭发与自己没有构成共犯的甲乙致丙死亡的事实；如果揭发，可构成立功。

综上，选项 B 正确，当选。

十四、2003 年不定项选择题

（一）王某怀疑其妻与其表兄刘某有不正当关系，遂于某晚跟踪其妻至刘某住所。进屋后，王发现其妻披头散发，正在哭泣，刘某站在旁边，王大怒，遂殴打其妻，并与刘发生争吵。王知道刘某有百万家财，决定抓住这个机会狠狠敲诈他一笔，于是谎称到其父母家中解决问题，将刘某骗至其姊妇叶某的住所（当时叶不在家），并对刘某进行殴打、捆绑，反锁屋门将刘拘禁达一天之久。刘某在不堪忍受的情况下，承认与王妻有不正当关系，提出用金钱补偿，并在王的胁迫下，先后三次给家人打电话，要家人将 30 万元放在某公园指定场所，刘的家人并未照办。不久，叶某返回住所，王某以实情相告，叶未加制止，并与王某一起致信刘妻，信称：刘某系卑鄙小人，现在我等控制之中，为示惩戒，速送 30 万元至某公园指定地点，钱到放人，不得报警；否则，后果自负。刘妻害怕，将钱放至指定地点，并通知王。王某叫叶某去公园取钱，叶某不敢去。于是，王某留下叶某看管刘某，自己去取赃款。在王外出取钱之时，刘某哀求叶某将自己放掉，并称王某心狠手辣，钱到手后，决不会放过叶某。叶某恐惧，

---

[1] AD（原答案为 ABD）　[2]　B

将刘某放掉，并和刘某一起去派出所报警，带领公安人员去公园捉拿王某。人们赶到公园时，王某早已携款逃走。请回答以下81~84题。

2003/2/81. 王某的行为不属于？[1]

A. 敲诈勒索罪　　　B. 绑架罪　　　　C. 抢劫罪　　　　D. 非法拘禁罪

【解析】王某以勒索财物为目的，采取暴力的方式绑架刘某，并以刘某为人质，向刘的家人勒索钱财，根据《刑法》第239条，构成绑架罪。故选项ACD当选。

2003/2/82. 叶某的行为属于？[2]

A. 犯罪预备　　　　B. 犯罪未遂　　　　C. 犯罪中止　　　　D. 犯罪既遂

【解析】（1）叶某得知王某的行为后，在绑架罪尚未完全结束之前，以共同故意加入到犯罪中来，其实施了帮助看守、控制被绑人的实行行为，以及勒赎行为，根据《刑法》第239条、第25条第1款，构成绑架罪的共同正犯，系承续的共同犯罪。（2）叶某加入共同犯罪之后实施帮助看守、控制被绑人的行为，使刘某人身受到控制，与绑架罪的既遂结果之间存在因果关系。其行为也应认定为既遂。选项D正确，当选。

2003/2/83. 叶某在共同犯罪中属于？[3]

A. 主犯　　　　　　B. 从犯　　　　　　C. 胁从犯　　　　　D. 实行犯

【解析】（1）叶某与王某构成绑架罪的共同犯罪，并实施了看守、控制被绑人的实行行为，为实行犯（共同正犯）。（2）叶某系次要的实行犯，为从犯。选项BD正确，当选。

2003/2/84. 假设王某在犯罪过程中杀害了刘某，其行为构成？[4]

A. 绑架罪　　　　　　　　　　　B. 故意杀人罪

C. 抢劫罪　　　　　　　　　　　D. 绑架罪和故意杀人罪

【解析】根据《刑法》第239条第2款，犯绑架罪，杀害被绑架人的，或者故意伤害被绑架人，致人重伤、死亡的，处无期徒刑或者死刑，并处没收财产（注意：《刑法修正案（九）》修正）。故而，绑架中杀人的，以绑架罪一罪论处，不另定故意杀人罪。选项A正确，当选。

（二）被告人江某与被害人郑某是同一家电脑公司的工作人员，二人同住一间集体宿舍。某日，郑某将自己的信用卡交江某保管，3天之后索回。一周后，郑某发现自己的信用卡丢失，到银行挂失时，得知卡上1.5万元已被人取走。郑某报案后，司法机关找到了江某。江承认是其所为，但对作案事实前后供述不一。第一次供述称，在郑某将信用卡交其保管时，利用以前与郑某一起取款时偷记下的郑某信用卡上的密码，私下在取款机上取款；第二次供述称，是仿制了一张信用卡后，用所获取的郑某信用卡上的有关信息取款；第三次供述却称，是拾得郑某的信用卡后，用该卡取款。但被害人郑某怀疑是江某盗窃其信用卡后取走卡上所存的钱款。请回答以下85~88题。

2003/2/85. 如果郑某将信用卡交江某保管时，江某私下用来取走了现金，下列说法正确的是？[5]

A. 江某构成侵占罪　　　　　　　B. 江某构成信用卡诈骗罪

C. 江某构成盗窃罪　　　　　　　D. 江某不构成犯罪

【解析】属于《刑法》第196条第1款第（3）项规定的"冒用他人信用卡"的情形，以信用卡诈骗罪定罪。选项B正确，当选。

2003/2/86. 如果江某用自己仿制的信用卡在自动取款机上提取了现金，下列说法正确的是？[6]

---

[1] ACD　[2] D　[3] BD　[4] A　[5] B　[6] C

A. 江某构成伪造金融票证罪   B. 江某构成伪造信用卡罪

C. 江某构成信用卡诈骗罪   D. 应该实行数罪并罚

【解析】 属于《刑法》第196条第1款第1项规定的"使用伪造的信用卡"的情形，以信用卡诈骗罪定罪。注意：根据《最高人民检察院关于拾得他人信用卡并在自动柜员机（ATM机）上使用的行为如何定性问题的批复》、《最高人民法院、最高人民检察院关于办理妨害信用卡管理刑事案件具体应用法律若干问题的解释》第5条第2款第3项的规定，信用卡诈骗中的"使用""冒用"，不区分机器和柜台，包括在自动柜员机（ATM机）使用。选项C正确，当选。

2003/2/87. 如果江某拾得信用卡后，用该信用卡在自动取款机上提取了现金，下列说法错误的是？[1]

A. 江某构成侵占罪   B. 江某构成信用卡诈骗罪

C. 江某构成侵占遗失物罪   D. 江某不构成犯罪，其行为属不当得利

【解析】（1）应将这里的"拾得"理解为在公共场所或其他地方拾得。根据前述解释，拾得他人信用卡并在自动柜员机（ATM机）上使用的行为，属于"冒用他人信用卡"的情形，以信用卡诈骗罪定罪。（2）如果将这里的"拾得"理解为在同一间集体宿舍"拾得"，则属窃取他人占有的物，应按盗窃信用卡的使用条款认定为盗窃罪。本题干中没有明示在宿舍里"拾得"，故应按前者理解按信用卡诈骗罪定罪。选项ACD错误，当选。

2003/2/88. 如果江某盗窃信用卡后，用该信用卡在自动取款机上提取了现金，下列说法正确的是？[2]

A. 江某构成盗窃信用卡罪

B. 江某构成信用卡诈骗罪

C. 江某既构成盗窃罪又构成信用卡诈骗罪，应实行数罪并罚

D. 江某构成盗窃罪

【解析】 根据《刑法》第196条第3款的规定，盗窃信用卡并使用的，构成盗窃罪。在自动取款机上提取了现金的行为，如上文所述，也属于"使用"（通说观点）。江某的行为即是"盗窃信用卡并使用"。选项D正确，当选。

十五、2002年不定项选择题

（一）A为某国家机关工作人员，依法配备有公务用枪。A在有配偶（B女，生活在外地）的情况下，长期与C女共同生活，并生有一子（周围群众均认为A与C为夫妻关系），为此借用了D的3万元现金。D多次讨债，A无力偿还，于是A将公务用枪（无子弹）用作借债质押物交给D，约定A还款时，D将枪支归还A。3个月后，A仍然未能归还借款，D便将枪支送给其外甥E玩耍。E在一周后使用该枪支抢劫某银行储蓄所现金20余万元。请根据案情回答81~83题。

2002/2/81. 关于A与C女共同生活的行为，下列哪些说法是错误的？[3]

A. 法律不承认事实婚姻，所以，A不成立重婚罪

B. 事实婚姻是无效的，所以，A不成立重婚罪

C. A与C女属于同居而非事实婚姻，所以，A不成立重婚罪

D. 重婚罪侵犯的是配偶权，如果B女同意，则A不成立重婚罪

【解析】（1）在重婚罪中，需要区分被保护的合法"婚姻"，与作为犯罪行为"重婚行

为"。重婚罪保护的法益是合法婚姻（登记婚姻），不保护事实婚姻（没有登记的非法婚姻）。重婚的情况包括：法律婚＋法律婚、法律婚＋事实婚两种情况。这也就是说，事实婚姻本身不受法律保护，故侵害事实婚姻的，不能构成重婚罪。但是，事实婚姻行为，可以成为侵害法律婚姻的危害行为，《刑法》并不要求犯罪行为必须形式上是合法行为。（2）本案 A 与 C 女以共同生活的目的长期同居，且周围群众也认为是夫妻，应认定为事实婚。（3）前有法律婚后有事实婚，A 的事实婚行为构成重婚罪。（4）重婚罪不是亲告罪，保护的法益是合法婚姻秩序，而不是配偶权。故选项 ABCD 错误，当选。

2002/2/82. 关于 A 将枪支质押给 D 的行为，下列哪些说法是错误的？[1]

A. A 的行为既不属于非法出租，也不属于非法出借，根据罪刑法定原则，不成立非法出租、出借枪支罪

B. A 的行为本身没有造成严重后果，故不成立非法出租、出借枪支罪

C. 由于枪内无子弹，A 的行为不可能危害公共安全，故不成立非法出租、出借枪支罪

D. 对 A 的行为以滥用职权罪论处较为合适

【解析】（1）在字面上，"质押"确与"出租""出借"不同，但如果拘泥于字面的限制解释，《刑法》将很难适用于生活。因此，需要探讨"质押"能否被解释进"出租""出借"之中。出租的实质是转移物品的占有，以换取收益，出借的实质是无偿转让占有，二者均未转移所有权。将枪支用做借债的质押物，使枪支处于非依法持枪人的控制、使用之下，与出租、出借一样转移了占有，并且均未转移所有权；由于质押并未因此而获取收益，与出租不同，而与出借相同。因此，可以将"质押"解释进"出借"之中。行为人质押枪支的行为可视为是出借枪支的行为。法条依据是《最高人民检察院关于将公务用枪用作借债质押的行为如何适用法律问题的批复》（高检发释字〔1998〕4 号）。（2）本案行为人为依法配备有公务用枪的人员，根据《刑法》第 128 条第 2 款，依法配备有公务用枪的人员出借枪支，无需造成严重后果，也可构成犯罪，系行为犯。故四选项均不正确，均当选。

2002/2/83. 关于 D 的行为，下列哪些说法是错误的？[2]

A. D 的行为仅成立非法持有枪支罪

B. D 的行为成立非法持有枪支罪和抢劫罪

C. D 的行为虽然不成立抢劫罪，但应对 E 抢劫银行的犯罪行为承担一定的刑事责任

D. D 的行为不成立犯罪

【解析】（1）D 没有合法持有枪支的资格，故其持枪构成非法持有枪支罪。

（2）《刑法》将非法出租枪支罪的主体限定为"依法配备公务用枪的人员、依法配置公务用枪的人员"，即合法持枪人员。D 系非法持枪人员，而不是合法持枪人员。故而其出借枪支的行为，不能构成非法出借枪支罪。

（3）E 使用该枪支抢劫银行并未与 D 共谋，D 不成立抢劫罪的共犯，对 E 抢劫银行的行为也不承担刑事责任。选项 BCD 错误，当选。

（二）甲找到在某国有公司任出纳员的朋友乙，提出向该公司借款 5 万元用于购买假币，并许诺出售假币获利后给乙好处费。乙便擅自从自己管理的公司款项中借给甲 5 万元。甲拿到 5 万元后，让丙从外地购得假币若干，然后在本地出售。出售一部分后，甲便送给乙 2 万元好处费。甲后来在出售假币的过程中被公安人员抓获。甲如实交代了让丙购买假币和自己出售假币的行为，还主动交代了自己使用面值 5000 元的假币购买家电产品的事实，但未能如实说明

---

[1] ABCD [2] BCD

购买假币的 5 万元现金的来源。乙得知甲被抓后，担心受刑罚处罚，便携带 10 万元公款潜逃外地，后被司法机关抓获归案。请根据上述案情回答 84~88 题。

2002/2/84. 关于出售、购买假币罪的共犯关系，下列哪些说法是错误的？[1]

A. 甲、乙、丙三人成立出售、购买假币罪的共犯

B. 甲、乙二人成立出售、购买假币罪的共犯

C. 甲、丙二人成立出售、购买假币罪的共犯

D. 甲单独成立出售、购买假币罪，乙、丙不成立出售、购买假币罪

【解析】（1）甲、乙对于购买、出售假币具有共谋，并且，乙为甲的购买行为提供了资金，对实行行为进行了帮助，二人成立购买、出售假币共同犯罪。（2）甲让丙购买假币，自己出售假币，二人可成立购买假币罪的共同犯罪；但对于出售假币，丙并未参与，不能与甲成立共同犯罪。故而，只有 B 选项表述正确，ACD 选项表述错误，当选。

2002/2/85. 关于挪用公司 5 万元的行为，下列哪些说法是错误的？[2]

A. 甲唆使乙挪用公司 5 万元，故甲与乙就挪用行为成立共同犯罪

B. 甲没有指使、参与策划挪用公司 5 万元，故甲与乙就挪用行为不成立共同犯罪

C. 甲明知是挪用的款项而使用，故甲与乙就挪用行为成立共同犯罪

D. 乙明知甲欲从事营利活动，却仍然挪用 5 万元，故即使没有超过 3 个月也构成犯罪

【解析】（1）根据《最高人民法院关于审理挪用公款案件具体应用法律若干问题的解释》第 8 条之规定，挪用公款给他人使用，使用人与挪用人共谋，指使或者参与策划取得挪用公款的，应当以挪用公款罪的共犯定罪处罚。（2）本案中，甲只向乙提出借款用于购买假币，并未指使、参与、策划、教唆、共谋与其挪用公款，故而不能成立共同犯罪。选项 B 表述正确，选项 A 表述错误。（3）仅仅明知是挪用的公款而使用，由于没有参与挪用行为，没有共同行为，不能构成挪用公款罪的共同犯罪，故选项 C 表述错误。可以涉嫌掩饰、隐瞒犯罪所得罪等。（4）乙挪用公款的目的是借与他人进行非法活动，用途是非法活动，而不是营利活动，故选项 D 表述错误。因此，ACD 当选。

2002/2/86. 关于甲出售、购买假币与使用假币的行为，下列哪些说法是错误的？[3]

A. 使用假币罪应被出售、购买假币罪吸收

B. 使用假币罪与出售、购买假币罪为牵连关系，应从重处罚

C. 对使用假币罪与出售、购买假币罪应实行并罚

D. 甲就使用假币罪成立自首

【解析】（1）《最高人民法院关于审理伪造货币等案件具体应用法律若干问题的解释》第 2 条第 1 款规定："行为人购买假币后使用，构成犯罪的，依照《刑法》第一百七十一条的规定，以购买假币罪定罪，从重处罚。"可认为使用假币的行为被购买假币行为所"吸收"（精确地讲不属吸收犯），故 A 选项表述正确，BC 选项表述错误。（2）被采取强制措施的犯罪嫌疑人、被告人如实供述司法机关尚未掌握的本人其他的罪行，与司法机关掌握的罪行属于不同种罪行的，成立特别自首。甲因出售假币罪被抓，如实供述司法机关尚未掌握的购买、使用假币罪事实；但因最终只宣判为出售、购买假币罪一罪，宣判罪名中没有使用假币罪，故而，严格意义上不能说甲就使用假币罪成立自首，此种情况量刑时可以作为量刑情节考虑。故 D 选项表述错误。

综上，选项 BCD 错误，当选。

---

[1] ACD 　[2] ACD 　[3] BCD

2002/2/87. 关于乙携带 10 万元公款潜逃的行为，下列哪些说法是错误的？[1]

A. 对该行为应认定为贪污罪

B. 对该行为应认定为职务侵占罪

C. 该行为属于挪用公款罪中的挪用公款数额巨大不退还

D. 该行为属于挪用资金罪中的挪用本单位资金数额较大不退还

【解析】《最高人民法院关于审理挪用公款案件具体应用法律若干问题的解释》第 6 条规定："携带挪用的公款潜逃的，依照《刑法》第三百八十二条、第三百八十三条的规定定罪处罚。"故选项 BCD 错误，当选。

2002/2/88. 关于乙的全部犯罪行为，下列哪些说法是错误的？[2]

A. 对乙应以挪用公款罪、贪污罪、出售、购买假币罪论处，实行数罪并罚

B. 对乙应以挪用资金罪、职务侵占罪、出售、购买假币罪论处，实行数罪并罚

C. 对乙应在挪用公款罪与受贿罪中择一重罪从重处罚

D. 对乙应以贪污罪、受贿罪论处，实行数罪并罚

【解析】（1）根据《最高人民法院关于审理挪用公款案件具体应用法律若干问题的解释》第 7 条第 2 款之规定，挪用公款进行非法活动构成其他犯罪的，依照数罪并罚的规定处罚。（2）乙构成挪用公款罪（单独犯），出售、购买假币罪（与甲构成共同犯罪），受贿罪，贪污罪。应当数罪并罚。选项 A 最接近正确答案，但少了受贿罪。故选项 ABCD 错误，当选。

---

[1] BCD [2] ABCD

法大法考
2024年国家法律职业资格考试

金题解析

民法

（第二册）

法律职业资格考试培训中心（学院）◎编著

安晋城　贾若山◎编写

中国政法大学出版社

2024·北京

图书在版编目（ＣＩＰ）数据

2024 年国家法律职业资格考试金题解析/法律职业资格考试培训中心（学院）编著.—北京：中国政法大学出版社，2024.4

ISBN 978-7-5764-1279-6

Ⅰ.①2⋯ Ⅱ.①法⋯ Ⅲ.①法律工作者－资格考试－中国－题解 Ⅳ.①D920.4

中国国家版本馆 CIP 数据核字(2024)第 007775 号

出　版　者	中国政法大学出版社
地　　　址	北京市海淀区西土城路 25 号
邮寄地址	北京 100088 信箱 8034 分箱　邮编 100088
网　　　址	http://www.cuplpress.com (网络实名：中国政法大学出版社)
电　　　话	010-58908285(总编室) 58908433（编辑部）58908334(邮购部)
承　　　印	固安华明印业有限公司
开　　　本	787mm×1092mm　1/16
印　　　张	112.75
字　　　数	2800 千字
版　　　次	2024 年 4 月第 1 版
印　　　次	2024 年 4 月第 1 次印刷
定　　　价	372.00 元（全八册）

序　言

2001 年《中华人民共和国法官法》《中华人民共和国检察官法》《中华人民共和国律师法》修正案相继通过。其中规定，国家对初任法官、检察官和取得律师资格实行统一的司法考试制度，这标志着我国正式确立了统一的司法考试制度，这是我国司法改革的一项重大举措。党的十八大以来，党中央和习近平总书记高度重视司法考试工作。2015 年 6 月 5 日，习近平总书记主持召开中央全面深化改革领导小组第十三次会议，审议通过了《关于完善国家统一法律职业资格制度的意见》，明确要将现行司法考试制度调整为国家统一法律职业资格考试制度。2017 年 9 月 1 日《全国人民代表大会常务委员会关于修改〈中华人民共和国法官法〉等八部法律的决定》审议通过，明确法律职业人员考试的范围，规定取得法律职业资格的条件等内容，定于 2018 年开始实施国家统一法律职业资格考试制度。这一改革对提高人才培养质量，提供依法治国保障，对全面推进依法治国，建设社会主义法治国家具有重大而深远的意义。

中国政法大学作为国家的双一流重点大学，以拥有作为国家一级重点学科的法学学科见长，其法学师资队伍汇集了一大批国内外知名法学家。他们不仅是法学教育园地的出色耕耘者，也是国家立法和司法战线的积极参与者。他们积累了法学教育和法律实践的丰富经验，取得了大量有影响的科研成果。

国家统一司法考试实施以来，我校专家学者在参与司法考试的制度建设和题库建设中做出了许多贡献，在此期间我校不仅有一批长期参加国家司法考试题库建设和考题命制的权威专家，也涌现出众多在国家司法考试培训中经验丰富和业绩突出的名师。伴随着司法考试改革，我校对法律职业资格考试进行更深入的分析研究，承继司法考试形成了强大的法律职业资格考试研究阵容和师资团队。

2005 年我校成立了中国高校首家司法考试学院。该院本着教学、科研和培训一体化的宗旨，承担着在校学生和社会考生司法考试培训任务。司法考试学院成立后，选拔了一批在司法考试方面的权威专家和名师，精心编写了中国政法大学《国家司法考试金题解析》作为考生考前提高应试能力的教材。伴随着 2018 年司法考试改革，我院根据法律职业资格考试内容及大纲对本书进行了全面修订，本书更名为《国家法律职业资格考试金题解析》。

法律职业资格考试中心（原司法考试学院）组织编写的此书紧扣国家法律职业资格考试大纲，较为系统地梳理真题及对应的考点，以帮助学生全面地掌握知识点。对每个考点涉及的法条和理论进行详细解读，有助于考生加深对重点考点的理解和掌握。全书渗透着编写教师多

年的教学经验，体现着国家法律职业资格考试的规律，帮助考生精准把握考试内容。本书将会对广大备考人员学习、理解和掌握国家法律职业资格考试的知识内容和应试方法具有积极的引导与促进作用，为考生提高考场实战能力提供支持和帮助。最后，对编写本套教材的各位老师辛勤付出表示感谢！编委会成员（按姓氏笔画排序）：方鹏、兰燕卓、叶晓川、安晋城、杨秀清、邹龙妹、宋亚伟、肖沛权、贾若山、梁泽宇。

在此预祝各位考生在国家法律职业资格考试中一举通过。

中国政法大学法律职业资格考试中心

（原中国政法大学司法考试学院）

目　录

第一编 总论

第一章 民事法律关系与民法基本原则

1. 根据法律规定，下列哪一种社会关系应由民法调整？（2016）[1]

A. 甲请求税务机关退还其多缴的个人所得税

B. 乙手机丢失后发布寻物启事称："拾得者送还手机，本人当面酬谢"

C. 丙对女友书面承诺："如我在上海找到工作，则陪你去欧洲旅游"

D. 丁作为青年志愿者，定期去福利院做帮工

【考点】民事法律关系的判断

【答案解析】根据《民法典》第 2 条规定："民法调整平等主体的自然人、法人和非法人组织之间的人身关系和财产关系。"甲请求税务机关退还其多缴的个人所得税，甲和税务机关之间的关系并不是平等主体之间的法律关系，不由民法调整，故 A 选项错误。

悬赏人以公开方式声明对完成一定行为的人支付报酬，完成特定行为的人请求悬赏人支付报酬的，人民法院依法予以支持。悬赏广告属于单方允诺之债，由民法调整，故 B 选项正确，当选。

情谊行为（又称为好意施惠）指当事人之间无意设定法律上的权利义务关系，而由当事人一方基于良好的道德风尚实施的使另一方受恩惠的关系，其旨在增进情谊。情谊行为不属于民事法律事实，不能引起民事法律关系的产生、变更和消灭，民法不予调整，故 C 选项错误。

根据《中华人民共和国慈善法》第 2 条，自然人、法人和其他组织开展慈善活动以及与慈善有关的活动，适用本法。其他法律有特别规定的，依照其规定。第 3 条，本法所称慈善活动，是指自然人、法人和其他组织以捐赠财产或者提供服务等方式，自愿开展的下列公益活动：（一）扶贫、济困；（二）扶老、救孤、恤病、助残、优抚；（三）救助自然灾害、事故灾难和公共卫生事件等突发事件造成的损害；（四）促进教育、科学、文化、卫生、体育等事业的发展；（五）防治污染和其他公害，保护和改善生态环境；（六）符合本法规定的其他公益活动。丁作为青年志愿者，没有法律上的义务去福利院服务，不能引起民事法律关系的产生、变更和消灭，由《慈善法》调整，不由民法调整。《慈善法》在法的分类中，属于社会法的范畴，故 D 选项错误。

2. 关于民事法律关系，下列哪一选项是正确的？（2008）[2]

A. 民事法律关系只能由当事人自主设立

---

〔1〕 B 〔2〕 C

B. 民事法律关系的主体即自然人和法人

C. 民事法律关系的客体包括不作为

D. 民事法律关系的内容均由法律规定

【考点】民事法律关系

【答案解析】民事法律关系可以由当事人自主设立，也可因法律规定而成立，如无因管理形成的民事法律关系等，故 A 选项错误。

民事法律关系的主体包括自然人、法人和其他组织，因此 B 选项错误。

民事法律关系是平等主体之间的关系，一般是自愿设立的，D 选项不正确。

债权是民事法律关系的一种，其客体即行为，包括作为和不作为（竞业禁止协议），故 C 选项正确。

3. 甲被乙家的狗咬伤，要求乙赔偿医药费，乙认为甲被狗咬与自己无关，拒绝赔偿。下列哪一选项是正确的？(2009)[1]

A. 甲乙之间的赔偿关系属于民法所调整的人身关系

B. 甲请求乙赔偿的权利属于绝对权

C. 甲请求乙赔偿的权利适用诉讼时效

D. 乙拒绝赔偿是行使抗辩权

【考点】民事法律关系的内容

【答案解析】选项 C 中，甲请求赔偿的权利系"普通的债权请求权"，依法受诉讼时效期间的限制。故选项 C 正确。

选项 A 中，甲乙之间的赔偿关系属于财产关系。

选项 B 中，甲请求乙赔偿的权利显然不属于绝对权，而属于相对权，即通过义务人实施一定的行为才能实现并只能对抗特定人的权利。

选项 D 中，权利是受法律保护的利益，乙的主张在法律上不能成立。所以，这不属于抗辩权，只是乙在诉讼中进行的答辩而已。

故选项 A、B、D 错误。

4. 甲、乙二人同村，宅基地毗邻。甲的宅基地倚山、地势较低，乙的宅基地在上，将其环绕。乙因琐事与甲多次争吵而郁闷难解，便沿二人宅基地的边界线靠己方一侧，建起高 5 米围墙，使甲在自家院内却有身处监牢之感。乙的行为违背民法的下列哪一基本原则？(2017)[2]

A. 自愿原则　　　　B. 公平原则　　　　C. 平等原则　　　　D. 诚信原则

【考点】民法的基本原则

【答案解析】本题考查民法基本原则。

《民法典》第 5 条规定："民事主体从事民事活动，应当遵循自愿原则，按照自己的意思设立、变更、终止民事法律关系。"本题乙并没有强迫甲实施违反其内心意愿的行为，故没有违反自愿原则，A 错误。

《民法典》第 6 条规定："民事主体从事民事活动，应当遵循公平原则，合理确定各方的权利和义务。"本题中，并没有因乙的行为而导致双方的权利义务失衡，故 B 错误。

《民法典》第 4 条规定："民事主体在民事活动中的法律地位一律平等。"本题中，乙所实施的行为也没有导致出现双方当事人法律地位不平等的结果，故 C 也是错误的。

_____

[1] C　[2] D

《民法典》第 7 条规定："民事主体从事民事活动，应当遵循诚信原则，秉持诚实，恪守承诺。"甲、乙在交往过程中，应秉持诚信原则，不应因为自己的行为而给对方造成不利后果，故 D 正确。

5. 甲（发包方）与乙（总包方）签订工程承包合同，双方按照固定单价约定了工程款，且未约定任何其他价格调整条款。施工期间，受新冠肺炎疫情影响，原材料价格暴涨 150%，如果工程价款不进行调整，乙公司将面临巨额亏损。乙公司请求甲公司调整工程价款，遭到甲公司的拒绝。乙公司诉至法院。关于两公司签订的工程承包合同，下列哪一说法是正确的？(2021 回忆)[1]

A. 违背自愿原则　　　　　　　　B. 适用情势变更原则
C. 违背公序良俗原则　　　　　　D. 属于正常的商业风险

【考点】民法的基本原则

【答案解析】选项 A 错误。自愿原则是指民事主体有权根据自己的意愿，自愿从事民事活动，按照自己的意思形成民事法律关系。本题中，甲乙双方按照固定单价约定了工程款，且未约定任何其他价格调整条款。这一约定是建设工程合同常见的工程款计算方式之一，从中无法推断违反了自愿原则。

选项 C 错误。公序良俗原则指的是民事主体从事民事活动不得违背公共秩序与善良风俗。本题中甲乙双方的建设工程合同并无违反公序良俗原则的内容。

选项 B 正确，D 错误。《民法典》第 533 条规定："合同成立后，合同的基础条件发生了当事人在订立合同时无法预见的、不属于商业风险的重大变化，继续履行合同对于当事人一方明显不公平的，受不利影响的当事人可以与对方重新协商；在合理期限内协商不成的，当事人可以请求人民法院或者仲裁机构变更或者解除合同。人民法院或者仲裁机构应当结合案件的实际情况，根据公平原则变更或者解除合同。"据此，在甲乙双方的合同履行过程中发生了新冠肺炎疫情，该事实因素并非正常的商业风险，该事实因素也是双方当事人在合同订立时难以预见的，如果按照原有合同内容履行，会导致乙方巨额亏损，对乙方而言是显失公平的。因此，乙方可依据情势变更的规定主张救济。

---

[1] B

第二章　权利主体

1. 黄逢、黄现和金耘共同出资，拟设立名为"黄金黄研究会"的社会团体法人。设立过程中，黄逢等 3 人以黄金黄研究会名义与某科技园签署了为期 3 年的商铺租赁协议，月租金 5 万元，押 3 付 1。此外，金耘为设立黄金黄研究会，以个人名义向某印刷厂租赁了一台高级印刷机。关于某科技园和某印刷厂的债权，下列哪些选项是正确的？（2017）[1]

　　A. 如黄金黄研究会未成立，则某科技园的租赁债权消灭

　　B. 即便黄金黄研究会未成立，某科技园就租赁债权，仍可向黄逢等 3 人主张

　　C. 如黄金黄研究会未成立，则就某科技园的租赁债务，由黄逢等 3 人承担连带责任

　　D. 黄金黄研究会成立后，某印刷厂就租赁债权，既可向黄金黄研究会主张，也可向金耘主张

【考点】法人的设立

【答案解析】本题考查法人设立的法律责任。

《民法典》第 75 条规定："设立人为设立法人从事的民事活动，其法律后果由法人承受；法人未成立的，其法律后果由设立人承受，设立人为二人以上的，享有连带债权，承担连带债务。设立人为设立法人以自己的名义从事民事活动产生的民事责任，第三人有权选择请求法人或者设立人承担。"据此，如果黄金黄研究会未成立，则黄逢等 3 人应承担连带责任，故 B、C 正确，A 错误。

金耘为设立黄金黄研究会而以个人名义向某印刷厂租赁印刷机，因此债权人有权选择向黄金黄研究会或金耘主张权利，故 D 正确。

本题要特别注意，黄逢等 3 人设立的黄金黄研究会为社会团体法人，应适用《民法典》关于法人的规定，而不能适用《公司法》的相关规定。

2. 甲以自己的名义，用家庭共有财产捐资设立以资助治疗麻风病为目的的基金会法人，由乙任理事长。后因对该病的防治工作卓有成效使其几乎绝迹，为实现基金会的公益性，现欲改变宗旨和目的。下列哪一选项是正确的？（2015）[2]

　　A. 甲作出决定即可，因甲是创始人和出资人

　　B. 乙作出决定即可，因乙是法定代表人

　　C. 应由甲的家庭成员共同决定，因甲是用家庭共有财产捐资的

　　D. 应由基金会法人按照程序申请，经过上级主管部门批准

【考点】基金会法人

【答案解析】基金会法人在性质上属于财团法人。《基金会管理条例》第 11 条第 2 款规

_____

[1]　BCD　[2]　D

定："基金会设立登记的事项包括：名称、住所、类型、宗旨、公益活动的业务范围、原始基金数额和法定代表人。"《基金会管理条例》第15条规定："基金会、基金会分支机构、基金会代表机构和境外基金会代表机构的登记事项需要变更的，应当向登记管理机关申请变更登记。"故 D 正确。

3. 关于法人，下列哪一表述是正确的？（2012）[1]

A. 社团法人均属营利法人   B. 基金会法人均属公益法人

C. 社团法人均属公益法人   D. 民办非企业单位法人均属营利法人

【考点】法人

【答案解析】选项 A、C 错误。社团法人是指以社员作为基础而成立的法人，其与营利性抑或公益性并无必然联系，也就是说，社团法人既可以营利为目的（如公司），也可以公益为目的（如中国民法学会）。

选项 B 正确。不论是国内还是国外，基金会法人均以公益为目的。

选项 D 错误。《民法典》根据法人的功能、设立方式以及财产来源的不同将法人分为：企业法人、机关法人、事业单位法人和社会团体法人。企业法人是以营利为目的，主要从事商业性活动的法人。机关法人是获得法人资格的国家机关，是依法律直接设立的法人。事业单位法人是被赋予民事主体资格的事业单位，所谓事业单位，通常是指由国家财政拨款、从事公益事业的社会组织。社会团体法人是由法人或自然人组成，谋求公益事业、行业协调或同道志趣的法人。根据以上的概念，选项 D 中民办非企业单位法人可能为事业单位法人，也可能为社会团体法人，但无论为何种法人，都不属于营利法人，据此，选项 D 是错误的。

4. 王某是甲公司的法定代表人，以甲公司名义向乙公司发出书面要约，愿以 10 万元价格出售甲公司的一块清代翡翠。王某在函件发出后 2 小时意外死亡，乙公司回函表示愿意以该价格购买。甲公司新任法定代表人以王某死亡，且未经董事会同意为由拒绝。关于该要约，下列哪一表述是正确的？（2011）[2]

A. 无效   B. 效力待定   C. 可撤销   D. 有效

【考点】法定代表人

【答案解析】法人机关，指根据法律或章程的规定，无须特别委托授权就能够形成、表示和实现法人意志的机构。法人机关包括意思机关、执行机关、法定代表人和监督机关。王某作为甲公司的法定代表人，其以法定代表人身份实施的民事行为具有两个重要特点：第一，其无须甲公司的授权行为，就有资格对外代表甲公司作出意思表示或者接受意思表示；第二，王某以法定代表人身份执行职务时，无独立的人格，王某以甲公司名义对外实施的行为为甲公司实施的行为，而不是王某的行为。所以，出售翡翠之要约的要约人是甲公司，而不是王某，故王某在要约发出后 2 小时意外死亡，并不会影响要约的效力。

---

[1] B [2] D

第三章 民事法律行为

1. 下列哪一情形下，乙的请求依法应得到支持？（2010）[1]

A. 甲应允乙同看演出，但迟到半小时。乙要求甲赔偿损失

B. 甲听说某公司股票可能大涨，便告诉乙，乙信以为真大量购进，事后该支股票大跌。乙要求甲赔偿损失

C. 甲与其妻乙约定，如因甲出轨导致离婚，甲应补偿乙50万元，后二人果然因此离婚。乙要求甲依约赔偿

D. 甲对乙承诺，如乙比赛夺冠，乙出国旅游时甲将陪同，后乙果然夺冠，甲失约。乙要求甲承担赔偿责任

【考点】民事法律行为的判断

【答案解析】选项A中，甲应允乙同看演出只是以娱乐为目的，不属于民事法律行为，乙无权要求赔偿。

选项B中，甲虽然告诉乙，某公司股票可能大涨，但并无要求乙购进的意思表示，乙购进是基于自己的判断做出的行为，甲乙之间并不存在民事法律行为。

选项C中，甲乙约定事项以发生补偿责任为效果且不违反现行法律规定，属于民事法律行为。

选项D中，甲承诺出国旅游陪同并不属于追求发生私法效果的意思表示，并非民事法律行为。

《民法典》第2条规定："民法调整平等主体的自然人、法人和非法人组织之间的人身关系和财产关系。"据此可知，并不是所有的社会关系都属于民法调整的对象。"应允同看演出"与"承诺陪同旅游"都属于道德范畴，不属于民法的调整对象，受道德调整。选项A、D错误。甲只是向乙转述一下听闻，乙作为成年人应该自己判断该信息的真伪，自己承担擅自依照该信息行事而产生的风险，乙对甲不享有法律意义上的请求权。选项B错误。夫妻之间对出轨导致离婚的补偿协议，符合民法中意思自治的原则，该协议有效，乙依照协议约定主张的请求权能得到支持。选项C正确。

2. 肖特有音乐天赋，16岁便不再上学，以演出收入为主要生活来源。肖特成长过程中，多有长辈馈赠：7岁时赠口琴1个，9岁时受赠钢琴1架，15岁时受赠名贵小提琴1把。对肖特行为能力及其受赠行为效力的判断，根据《民法总则》相关规定，下列哪一选项是正确的？（2017）[2]

A. 肖特尚不具备完全的民事行为能力

---

[1]　C　[2]　B

B. 受赠口琴的行为无效，应由其法定代理人代理实施

C. 受赠钢琴的行为无效，因与其当时的年龄智力不相当

D. 受赠小提琴的行为无效，因与其当时的年龄智力不相当

【考点】 民事法律行为的效力

【答案解析】 本题考查民事行为能力。《民法典》第18条第2款规定："十六周岁以上的未成年人，以自己的劳动收入为主要生活来源的，视为完全民事行为能力人。"本题中，肖特16岁，以演出收入为主要生活来源，故应属于完全行为能力人，A错误。

《民法典》第20条规定："不满八周岁的未成年人为无民事行为能力人，由其法定代理人代理实施民事法律行为。"同时，《民法典》第144条规定："无民事行为能力人实施的民事法律行为无效。"肖特7岁时受赠口琴1个，7岁应属于无行为能力人，受赠口琴，赠与行为属于民事法律行为，故该行为无效，应由其法定代理人代理实施，故B正确。

《民法典》第19条规定："八周岁以上的未成年人为限制民事行为能力人，实施民事法律行为由其法定代理人代理或者经其法定代理人同意、追认；但是，可以独立实施纯获利益的民事法律行为或者与其年龄、智力相适应的民事法律行为。"本题中，肖特在9岁时受赠钢琴1架，15岁时受赠名贵小提琴1把。9岁和15岁时均属于限制行为能力人，接受赠与属于纯获利益的行为，故均应有效，故C、D均错误。

3. 下列哪些情形属于无效合同？（2012）[1]

A. 甲医院以国产假肢冒充进口假肢，高价卖给乙

B. 甲乙双方为了在办理房屋过户登记时避税，将实际成交价为100万元的房屋买卖合同价格写为60万元

C. 有妇之夫甲委托未婚女乙代孕，约定事成后甲补偿乙50万元

D. 甲父患癌症急需用钱，乙趁机以低价收购甲收藏的1幅名画，甲无奈与乙签订了买卖合同

【考点】 合同的效力

【答案解析】 选项A不当选。甲医院的行为构成欺诈（但尚未损害国家利益），根据《民法典》第147条至151条有关民事法律行为效力的规定，甲、乙间的买卖合同属于可撤销的合同。

选项B当选。《民法典》第146条规定："行为人与相对人以虚假的意思表示实施的民事法律行为无效。以虚假的意思表示隐藏的民事法律行为的效力，依照有关法律规定处理。"甲、乙间标的额为60万元的买卖合同系以合法形式掩盖非法目的的合同（逃税），应为无效合同。亦可换一个角度看：甲、乙间房屋买卖合同属于"阴阳合同"。标的额为60万元的买卖合同（阳合同）属于双方虚假行为，无效。标的额100万元的买卖合同（阴合同）属于隐藏行为，并无无效事由，是有效的。

选项C当选。《民法典》第153条第2款规定："违背公序良俗的民事法律行为无效。"从民法原理来说，民事法律行为中的身份行为，因其专属性，不得委托，怀孕生子涉及家庭伦理道德，代孕合同有违公序良俗，属于损害公共利益的合同，应为无效。

选项D不当选。乙趁甲父患癌症急需用钱，以低价收购甲收藏的1幅名画，该行为构成显失公平，甲、乙间的买卖合同属于可撤销的合同。

---

[1] BC

4. 关于意思表示法律效力的判断，下列哪些选项是正确的？（2011）[1]

A. 甲在商场购买了一台液晶电视机，回家后发现其妻乙已在另一商场以更低折扣订了一台液晶电视机。甲认为其构成重大误解，有权撤销买卖

B. 甲向乙承诺，以其外籍华人身份在婚后为乙办外国绿卡。婚后，乙发现甲是在逃通缉犯。乙有权以甲欺诈为由撤销婚姻

C. 甲向乙银行借款，乙银行要求甲提供担保。丙为帮助甲借款，以举报丁偷税漏税相要挟，迫使其为甲借款提供保证，乙银行对此不知情。丁有权以其受到胁迫为由撤销保证

D. 甲患癌症，其妻乙和医院均对甲隐瞒其病情。经与乙协商，甲投保人身保险，指定身故受益人为乙。保险公司有权以乙欺诈为由撤销合同

【考点】重大误解；胁迫；欺诈；可撤销的婚姻

【答案解析】选项A错误。重大误解的构成要件有三：（1）表意人对合同的要素发生重大误解（例如对行为的性质、对方当事人、标的物的品种、质量、规格和数量等的错误认识均为重大误解）；（2）因为误解，致使表意人表示出来的意思与其内心真意不一致；（3）表意人因误解遭受较大损失。注意：重大误解的对象是有要求的，须为对交易事项（当事人、权利义务、标的等合同要素）的误解。若表意人的错误与合同要素无关，仅对作出意思表示的内心起因发生错误，则属于"狭义的动机错误"，狭义的动机错误不属于重大误解。A项中，甲购买液晶电视机时，不知家中已不需要再购买电视机了，甲的错误与买卖合同的要素无关，属于狭义的动机错误，不构成重大误解，甲不享有撤销该买卖合同的权利。

选项B项错误。《民法典》第1052条规定："因胁迫结婚的，受胁迫的一方可以向人民法院请求撤销婚姻。请求撤销婚姻的，应当自胁迫行为终止之日起一年内提出。被非法限制人身自由的当事人请求撤销婚姻的，应当自恢复人身自由之日起一年内提出。"这是封闭式规定，可撤销的婚姻仅限于因胁迫而结婚。选项B属于因欺诈而结婚，不属于可撤销的婚姻。

选项C正确。如果合同当事人并未实施胁迫行为，而是合同之外的第三人对当事人一方的行为符合胁迫的构成要件（即"第三人胁迫"），受胁迫人是否享有撤销权呢？无论受胁迫者的合同相对人于合同成立时是否知道或者是否应当知道第三人的胁迫行为，受胁迫人均享有撤销权。选项C中，保证合同的当事人系保证人丁和债权人乙，第三人丙对丁的行为构成胁迫。虽然相对人乙在合同成立时不知道也不应当知道丙实施了胁迫行为，受胁迫的丁仍享有撤销权。

选项D正确。如果合同当事人并未实施欺诈行为，而是合同之外的第三人对当事人一方的行为符合欺诈的构成要件（即"第三人欺诈"），受欺诈人是否享有撤销权呢？（1）若受欺诈方的相对人于合同成立时知道或者应当知道第三人实施欺诈，受欺诈人享有撤销权；若受欺诈方的相对人于合同成立时不知道也不应当知道第三人实施欺诈，受欺诈人不享有撤销权。（2）在"利益第三人合同"中，第三人的行为构成欺诈的，若利益第三人于合同成立时知道或者应当知道第三人欺诈的，受欺诈人享有撤销权。D项中，保险合同的当事人是甲和保险公司，第三人医院对保险公司实施了欺诈，虽然甲于合同成立时对第三人的欺诈并不知情，但受益人乙于合同成立时知道第三人的欺诈行为，受欺诈的保险公司仍享有撤销权。

5. 张某和李某设立的甲公司伪造房产证，以优惠价格与乙企业（国有）签订房屋买卖合同，以骗取钱财。乙企业交付房款后，因甲公司不能交房而始知被骗。关于乙企业可以采取的民事救济措施，下列哪一选项是正确的？（2015）[2]

A. 以甲公司实施欺诈损害国家利益为由主张合同无效

B. 只能请求撤销合同

C. 通过乙企业的主管部门主张合同无效

D. 可以请求撤销合同，也可以不请求撤销合同而要求甲公司承担违约责任

【考点】欺诈；合同无效

【答案解析】选项A、C错误。一方以欺诈、胁迫的手段订立的合同，为可撤销的合同。本题中，甲公司的行为构成欺诈，故该房屋买卖合同属于可撤销的合同。

选项B错误，D正确。根据《民法典》第148条规定，一方以欺诈手段，使对方在违背真实意思的情况下订立的合同，受损害方有权请求人民法院或者仲裁机构予以撤销。本题中甲公司对乙企业实施了欺诈行为，该房屋买卖合同为可撤销，乙企业享有撤销权。乙企业可选择行使撤销权使合同归于无效，亦可选择不行使撤销权使合同有效，并向甲公司主张违约责任。

6. 潘某去某地旅游，当地玉石资源丰富，且盛行"赌石"活动，买者购买原石后自行剖切，损益自负。潘某花5000元向某商家买了两块原石，切开后发现其中一块为极品玉石，市场估价上百万元。商家深觉不公，要求潘某退还该玉石或补交价款。对此，下列哪一选项是正确的？（2016）[1]

A. 商家无权要求潘某退货

B. 商家可基于公平原则要求潘某适当补偿

C. 商家可基于重大误解而主张撤销交易

D. 商家可基于显失公平而主张撤销交易

【考点】民事行为的法律效力

【答案解析】《民法典》第510条规定："合同生效后，当事人就质量、价款或者报酬、履行地点等内容没有约定或者约定不明确的，可以协议补充；不能达成补充协议的，按照合同相关条款或者交易习惯确定。"当地盛行"赌石"活动，买者购买原石后自行剖切，损益自负。属于双方知道的交易习惯，因此买卖合同有效，商家无权要求潘某退货。A选项正确，当选。

《民法典》第5条规定："民事主体从事民事活动，应当遵循自愿原则，按照自己的意思设立、变更、终止民事法律关系。"《民法典》第6条规定："民事主体从事民事活动，应当遵循公平原则，合理确定各方的权利和义务。"《民法典》第7条规定："民事主体从事民事活动，应当遵循诚信原则，秉持诚实，恪守承诺。"公平原则具体表现在以下两个方面：一是民事主体在从事民事法律活动时，应当本着公平的理念公平合理地确定权利义务关系，并且正当行使权利、履行义务，兼顾他人利益和社会公共利益。二是司法机关在处理民事纠纷的过程中应当做到公平合理。在法律没有明文规定时，司法机关依据公平原则获得自由裁量权，本着公平、正义的理念进行裁判，解决民事争议。本案可以适用具体的规定，无须诉诸公平原则，故B选项错误。

《民法典》第147条规定："基于重大误解实施的民事法律行为，行为人有权请求人民法院或者仲裁机构予以撤销。"行为人因对行为的性质、对方当事人、标的物的品种、质量、规格和数量等的错误认识，使行为的后果与自己的意思相悖，并造成较大损失的，可以认定为重大误解。本案中双方对赌石的习惯均知悉，不构成重大误解，故C选项错误。

《民法典》第151条规定："一方利用对方处于危困状态、缺乏判断能力等情形，致使民事法律行为成立时显失公平的，受损害方有权请求人民法院或者仲裁机构予以撤销。"本案中，

---

[1] A

双方并无利用优势或利用对方没有经验的情形存在，不构成显失公平，故 D 选项错误。

7. 下列哪一情形构成重大误解，属于可变更、可撤销的民事行为？（2012）[1]

A. 甲立下遗嘱，误将乙的字画分配给继承人

B. 甲装修房屋，误以为乙的地砖为自家所有，并予以使用

C. 甲入住乙宾馆，误以为乙宾馆提供的茶叶是无偿的，并予以使用

D. 甲要购买电动车，误以为精神病人乙是完全民事行为能力人，并与之签订买卖合同

【考点】 *重大误解；法律行为的效力*

【答案解析】 重大误解的构成须满足以下四个要件：①当事人对民事行为的内容（行为的性质、对方当事人、标的物的品种、质量、数量等）产生错误认识；②表意人基于误解做出了意思表示；③误解是由误解方自身的过失导致，并不是由对方欺诈所致，也不是因为误解方自身故意或重大过失导致；④表意人因此受到较大损失。

选项 A 错误。遗嘱人以遗嘱处分了属于国家、集体或他人所有的财产，遗嘱的这部分，应认定无效。选项 A 中，甲的行为属于无权处分，应为无效，而非可撤销。

选项 B 错误。装修房屋的行为属于事实行为，而重大误解是关于民事行为的法律制度。故甲误以为乙的地砖为自家所有，并予以使用的行为并不能适用重大误解制度。

选项 C 正确。乙宾馆发出的意思表示为买卖要约，而甲以为是赠与要约，故属于对行为性质发生了错误认识，构成重大误解。

选项 D 错误。甲虽然对乙的行为能力发生了错误认识，但此种情形在民法上不按照重大误解对待，甲不能撤销合同，甲乙之间签订的买卖合同应属于效力待定或无效合同。

8. 齐某扮成建筑工人模样，在工地旁摆放一尊廉价购得的旧蟾蜍石雕，冒充新挖出文物等待买主。甲曾以 5000 元从齐某处买过一尊同款石雕，发现被骗后正在和齐某交涉时，乙过来询问。甲有意让乙也上当，以便要回被骗款项，未等齐某开口便对乙说："我之前从他这买了一个貔貅，转手就赚了，这个你不要我就要了。"乙信以为真，以 5000 元买下石雕。关于所涉民事法律行为的效力，下列哪一说法是正确的？（2017）[2]

A. 乙可向甲主张撤销其购买行为

B. 乙可向齐某主张撤销其购买行为

C. 甲不得向齐某主张撤销其购买行为

D. 乙的撤销权自购买行为发生之日起 2 年内不行使则消灭

【考点】 *瑕疵民事法律行为的效力*

【答案解析】 本题考查第三人欺诈。《民法典》第 149 条规定："第三人实施欺诈行为，使一方在违背真实意思的情况下实施的民事法律行为，对方知道或者应当知道该欺诈行为的，受欺诈方有权请求人民法院或者仲裁机构予以撤销。"因此，第三人实施欺诈的，受欺诈方能否撤销该民事法律行为，取决于对方是否知道或应当知道该欺诈行为。本题中，甲欺诈乙，致使乙与齐某签订合同，而甲欺诈乙时，齐某本人即在现场，故其属于明知甲欺诈乙，因此，受欺诈方乙可以向对方当事人齐某主张撤销其购买行为，故 B 正确，C 错误。

因乙的行为相对方是齐某而非甲，故即使其是受到甲欺诈，但也不得向甲主张撤销该行为，A 错误。

《民法典》第 152 条第 2 款规定："当事人自民事法律行为发生之日起五年内没有行使撤销权的，撤销权消灭。"D 错误。

_____

[1] C　[2] B

9. 甲去旅游，看上了小摊摊主的碗，以 10 元买下。后经鉴定，该碗是古文物，价值 10 万，摊主可以主张（2023 回忆）[1]

A. 基于胁迫撤销合同
B. 基于显示公平撤销合同
C. 基于重大误解撤销合同
D. 基于欺诈撤销合同

【考点】法律行为撤销的事由

【答案解析】小摊摊主对该碗的价值产生了误解，而这种误解足以影响合同的订立，构成重大误解。

本题容易混淆的是，是否构成显失公平。显示公平要求主观要件，而本题中小摊摊主并没有处于急迫情事、意志薄弱等境地，因此不构成显失公平。

10. 陈老伯考查郊区某新楼盘时，听销售经理介绍周边有轨道交通 19 号线，出行方便，便与开发商订立了商品房预售合同。后经了解，轨道交通 19 号线属市域铁路，并非地铁，无法使用老年卡，出行成本较高；此外，铁路房的升值空间小于地铁房。陈老伯深感懊悔。关于陈老伯可否反悔，下列哪一说法是正确的？（2017）[2]

A. 属认识错误，可主张撤销该预售合同
B. 属重大误解，可主张撤销该预售合同
C. 该预售合同显失公平，陈老伯可主张撤销该合同
D. 开发商并未欺诈陈老伯，该预售合同不能被撤销

【考点】瑕疵民事法律行为的效力

【答案解析】本题考查民事法律行为的效力。

关于认识错误，相关民事法律并未有系统规定。从学理上来说，一般认为认识错误包括法律认识错误和事实认识错误。法律认识错误，通常是指对行为人是否应该承担责任以及承担责任轻重的错误认识；事实认识错误，通常是指对标的物本身的认识错误，如误将此物当成他物。本题中，陈老伯没有出现上述法律或事实认识错误，故 A 错误。

本题可理解为陈老伯属于动机错误，即其购买房屋的动机———希望房屋是地铁房、房屋价值能够快速提升等最终与事实不符，民法理论上一致认为，动机错误不影响民事法律行为的效力。所谓重大误解，《最高人民法院关于适用〈中华人民共和国民法典〉总则编若干问题的解释》第 19 条规定："行为人对行为的性质、对方当事人或者标的物的品种、质量、规格、价格、数量等产生错误认识，按照通常理解如果不发生该错误认识行为人就不会作出相应意思表示的，人民法院可以认定为民法典第一百四十七条规定的重大误解。行为人能够证明自己实施民事法律行为时存在重大误解，并请求撤销该民事法律行为的，人民法院依法予以支持；但是，根据交易习惯等认定行为人无权请求撤销的除外。"本题中，陈老伯只是因轨道交通 19 号线属市域铁路而并非地铁以及铁路房的升值空间小于地铁房而深感懊悔，不属于上述重大误解的范畴，B 错误。

所谓显失公平，是指　方利用对方处于危困状态、缺乏判断能力等情形，致使民事法律行为成立时显失公平，本题并未提到利用对方处于危困状态或缺乏判断能力等情节，C 错误。

所谓欺诈，是指一方当事人故意告知对方虚假情况，或者故意隐瞒真实情况，诱使对方当事人作出错误意思表示的，强调当事人主观上须是出于故意，本题中未提到开发商有故意告知对方虚假情况或者故意隐瞒真实情况的情节，故 D 正确。

---

[1] C　[2] D

11. 下列哪一情形下，甲对乙不构成胁迫？（2013）[1]

A. 甲说，如不出借 1 万元，则举报乙犯罪。乙照办，后查实乙构成犯罪

B. 甲说，如不将藏獒卖给甲，则举报乙犯罪。乙照办，后查实乙不构成犯罪

C. 甲说，如不购甲即将报废的汽车，将公开乙的个人隐私。乙照办

D. 甲说，如不赔偿乙撞伤甲的医疗费，则举报乙醉酒驾车。乙照办，甲取得医疗费和慰问金

【考点】 胁迫

【答案解析】 胁迫的构成要件有四：（1）故意预告实施危害；（2）对方因此陷入恐惧（要求胁迫与恐惧具有因果关系）；（3）对方因恐惧作出意思表示（要求恐惧与意思表示的作出具有因果关系）；（4）胁迫具有不正当性。胁迫的不正当性包括三种：①目的不正当。②手段不正当。③目的与手段结合的不正当（因目的与手段不具有牵连性）。本题中，A 项和 B 项中存在"目的与手段结合的不正当性"；C 项中存在"胁迫的目的不正当"及"胁迫的手段不正当"。故 A、B、C 项均符合胁迫的构成要件，均不当选。D 项中的威胁是为了维护自己的正当利益，并非具有不正当性，因此不构成胁迫。故 D 项当选。

12. 某旅游地的纪念品商店出售秦始皇兵马俑的复制品，价签标名为"秦始皇兵马俑"，2800 元一个。王某购买了一个，次日，王某以其购买的"秦始皇兵马俑"为复制品而非真品属于欺诈为由，要求该商店退货或赔偿。下列哪些表述是错误的？（2015）[2]

A. 商店的行为不属于欺诈，真正的"秦始皇兵马俑"属于法律规定不能买卖的禁止流通物

B. 王某属于重大误解，可请求撤销买卖合同

C. 商店虽不构成积极欺诈，但构成消极欺诈，因其没有标明为复制品

D. 王某有权请求撤销合同，并可要求商店承担缔约过失责任

【考点】 欺诈

【答案解析】 选项 A 正确，不当选；选项 C 错误，当选。根据《民法典》第 147 条的规定，因重大误解订立的合同，双方当事人可请求法院或仲裁机构予以撤销。根据《民法典》第 148 条的规定，一方以欺诈的手段，使对方在违背真实意思的情况下订立的合同，受损害方有权请求人民法院或者仲裁机构予以撤销。本题中，真正的"秦始皇兵马俑"是众所周知的禁止流通物，因此，买卖双方应当明知所买卖的"秦始皇兵马俑"是复制品。因此，商店并无欺诈之故意，商店的行为不构成欺诈。

选项 B 错误，当选。根据《民法典》第 147 条的规定，因重大误解订立的合同，当事人一方有权请求人民法院或者仲裁机构者撤销。行为人因对行为的性质、对方当事人、标的物的品种、质量、规格和数量等的错误认识，使行为的后果与自己的意思相悖，并造成较大损失的，可以认定为重大误解。本题中，既然真正的"秦始皇兵马俑"是众所周知的禁止流通物，王某也不应对标的物的性质发生误解，也就是说王某应当明知其购买的"兵马俑"为复制品，即便王某确实不知其购买的"秦始皇兵马俑"为复制品，王某也属于重大过失，因重大过失而导致的误解并不构成重大误解。

选项 D 错误，当选。《民法典》第 500 条规定："当事人在订立合同过程中有下列情形之一，造成对方损失的，应当承担赔偿责任：（一）假借订立合同，恶意进行磋商；（二）故意隐瞒与订立合同有关的重要事实或者提供虚假情况；（三）有其他违背诚信原则的行为。"本题中，既然商店的行为不构成欺诈，该合同有效，王某无权撤销合同，不可要求商店承担缔约过失责任。

---

[1] D [2] BCD

第四章 代理

1. 下列哪些情形属于代理?（2012）[1]

A. 甲请乙从国外代购 1 套名牌饮具，乙自己要买 2 套，故乙共买 3 套一并结账

B. 甲请乙代购茶叶，乙将甲写好茶叶名称的纸条交给销售员，告知其是为自己朋友买茶叶

C. 甲律师接受法院指定担任被告人乙的辩护人

D. 甲介绍歌星乙参加某演唱会，并与主办方签订了三方协议

【考点】代理

【答案解析】代理是指代理人在代理权限内，以被代理人的名义（或以自己名义）与第三人实施法律行为，由此产生的法律后果直接由被代理人承担的一种法律制度。代理人以被代理人的名义实施的代理为直接代理；代理人以自己的名义实施的代理为间接代理。本题考查的是代理行为的构成。

选项 A 正确。乙基于甲的委托，以自己名义为甲购买了一套饮具，构成间接代理。

选项 B 正确。乙受甲委托代购茶叶，乙同时告知销售员是为他人购买茶叶，属于直接代理。

选项 C 正确。《刑事诉讼法》第 37 条规定："辩护人的责任是根据事实和法律，提出犯罪嫌疑人、被告人无罪、罪轻或者减轻、免除其刑事责任的材料和意见，维护犯罪嫌疑人、被告人的诉讼权利和其他合法权益。"可见，辩护人为了维护被告人的合法民事权益，享有相应的代理权。

选项 D 错误。甲仅仅是为歌星乙与主办方签订表演合同提供媒介服务，并没有代理歌星或主办方实施法律行为，其行为属于中介，而非代理。

2. 甲公司与 15 周岁的网络奇才陈某签订委托合同，授权陈某为甲公司购买价值不超过 50 万元的软件。陈某的父母知道后，明确表示反对。关于委托合同和代理权授予的效力，下列哪一表述是正确的?（2015）[2]

A. 均无效，因陈某的父母拒绝追认

B. 均有效，因委托合同仅需简单智力投入，不会损害陈某的利益，其父母是否追认并不重要

C. 是否有效，需确认陈某的真实意思，其父母拒绝追认，甲公司可向法院起诉请求确认委托合同的效力

D. 委托合同因陈某的父母不追认而无效，但代理权授予是单方法律行为，无需追认即

有效

【考点】效力待定合同；追认权

【答案解析】《民法典》第145条规定："限制民事行为能力人实施的纯获利益的民事法律行为或者与其年龄、智力、精神健康状况相适应的民事法律行为有效；实施的其他民事法律行为经法定代理人同意或者追认后有效。相对人可以催告法定代理人自收到通知之日起三十日内予以追认。法定代理人未作表示的，视为拒绝追认。民事法律行为被追认前，善意相对人有撤销的权利。撤销应当以通知的方式作出。"根据该条，限制行为能力人超出其行为能力独立订立的合同，效力待定，须经其法定代理人追认后方为有效。本题中，陈某（15周岁）与甲公司签订的委托合同（标的额为50万元）显然超出了其行为能力范围，由于未获其父母追认，故该合同无效。而代理权授予行为属于单方法律行为，只需授予主体具有行为能力即可有效。故只有D选项正确，当选。

3. 甲用伪造的乙公司公章，以乙公司名义与不知情的丙公司签订食用油买卖合同，以次充好，将劣质食用油卖给丙公司。合同没有约定仲裁条款。关于该合同，下列哪一表述是正确的？（2013）[1]

A. 如乙公司追认，则丙公司有权通知乙公司撤销

B. 如乙公司追认，则丙公司有权请求法院撤销

C. 无论乙公司是否追认，丙公司均有权通知乙公司撤销

D. 无论乙公司是否追认，丙公司均有权要求乙公司履行

【考点】欺诈；无权代理；撤销权的行使

【答案解析】选项A、C错误。根据《民法典》第171条的规定可知，甲用伪造的乙公司公章以乙公司名义签订合同，属于无权代理的行为，该合同效力待定。对于因无权代理而效力待定的合同，未经被代理人追认，对被代理人不发生效力。合同被追认之前，善意之相对人有撤销权，撤销应当以通知的形式作出。因此撤销权的行使应在合同被追认之前作出，因为一经追认，合同即为有效，即使是善意相对人也不再享有以通知的方式撤销合同的权利。

选项B正确。甲以次充好，将劣质食用油卖给丙公司的行为，构成欺诈。《民法典》第148条规定："一方以欺诈手段，使对方在违背真实意思的情况下实施的民事法律行为，受欺诈方有权请求人民法院或者仲裁机构予以撤销。"因此，对于受欺诈而订立的合同，受害方可以行使撤销权，该撤销权的行使需请求法院或仲裁机构为之。本题中，合同没有约定仲裁条款，故丙公司有权请求法院进行撤销。

选项D错误。如果乙公司追认，该合同中的代理权瑕疵得到弥补，但丙公司仍然可以甲欺诈为由撤销合同，当然，丙公司的撤销权可以放弃。如果丙公司选择放弃合同撤销权，该合同即为有效，丙公司有权要求乙公司履行。如果乙公司不追认，该合同对被代理人乙公司不发生效力，丙公司无要求乙公司履行的权利。

4. 甲委托乙采购一批电脑，乙受丙诱骗高价采购了一批劣质手机。丙一直以销售劣质手机为业，甲对此知情。关于手机买卖合同，下列哪些表述是正确的？（2012）[2]

A. 甲有权追认   B. 甲有权撤销

C. 乙有权以甲的名义撤销   D. 丙有权撤销

【考点】无权代理；代理中的欺诈

【答案解析】选项A正确。《民法典》第171条第1款、第2款规定："行为人没有代理

权、超越代理权或者代理权终止后，仍然实施代理行为，未经被代理人追认的，对被代理人不发生效力。相对人可以催告被代理人自收到通知之日起三十日内予以追认。被代理人未作表示的，视为拒绝追认。行为人实施的行为被追认前，善意相对人有撤销的权利。撤销应当以通知的方式作出。"本题中，甲委托乙采购一批电脑，乙却采购了一批手机，乙的行为属于超越代理权的无权代理。对于乙的无权代理行为，甲可以追认。

选项 B 正确。根据《民法典》第 143～154 条的相关内容可知，下列合同，当事人一方有权请求人民法院或者仲裁机构撤销：（1）因重大误解订立的；（2）在订立合同时显失公平的；（3）一方以欺诈、胁迫的手段，使对方在违背真实意思的情况下订立的合同。本题中，乙代理甲与相对人丙之间达成交易，该交易意思表示瑕疵有无的判断，应以代理人乙为准，而非以被代理人甲为准。甲虽然明知丙一直在行骗，但乙并不知情，故甲有权以丙构成欺诈为由撤销手机买卖合同。

选项 C 正确。甲、乙之间是委托代理关系，乙是甲的委托代理人，其以甲的名义对丙主张撤销是行使代理权的应有之义。

选项 D 错误。根据《民法典》第 171 条的内容可知，对于因无权代理而效力待定的合同，未经被代理人追认，对被代理人不发生效力。合同被追认之前，善意之相对人有撤销权，撤销应当以通知的形式作出。可见，无权代理中，只有相对人是善意的，才享有撤销权。本题中，就无权代理而言，丙显然不属于善意相对人，故不享有在甲追认之前撤销手机买卖合同的权利；就欺诈而言，丙是欺诈人，不得主张撤销。

5. 甲去购买彩票，其友乙给甲 10 元钱让其顺便代购彩票，同时告知购买号码，并一再嘱咐甲不要改变。甲预测乙提供的号码不能中奖，便擅自更换号码为乙购买了彩票并替乙保管。开奖时，甲为乙购买的彩票中了奖，二人为奖项归属发生纠纷。下列哪一分析是正确的？（2015）[1]

A. 甲应获得该奖项，因按乙的号码无法中奖，甲、乙之间应类推适用借贷关系，由甲偿还乙 10 元

B. 甲、乙应平分该奖项，因乙出了钱，而甲更换了号码

C. 甲的贡献大，应获得该奖项之大部，同时按比例承担彩票购买款

D. 乙应获得该奖项，因乙是委托人

【考点】无权代理

【答案解析】《民法典》第 161 条规定："民事主体可以通过代理人实施民事法律行为。依照法律规定、当事人约定或者民事法律行为的性质，应当由本人亲自实施的民事法律行为，不得代理。"《民法典》第 171 条第 1 款规定："行为人没有代理权、超越代理权或者代理权终止后，仍然实施代理行为，未经被代理人追认的，对被代理人不发生效力。"本题中，甲、乙之间存在委托代理关系，甲擅自更换彩票号码并购买的行为超越了代理权限，属于无权代理，应为效力待定，经乙追认后，对乙发生法律效力，若乙拒绝追认，则该行为的法律效果由甲承担。问题是，该行为是否得到了乙的追认？根据题干中的信息，既然甲、乙二人因奖金归属发生争议，即表明乙对甲的行为已经追认，因此，该奖项应归属于乙。故选项 A、B、C 错误，选项 D 正确。

6. 甲公司员工唐某受公司委托从乙公司订购一批空气净化机，甲公司对净化机单价未作明确限定。唐某与乙公司私下商定将净化机单价比正常售价提高 200 元，乙公司给唐某每台

―――――――――――――――――――――

[1] D

100 元的回扣。商定后，唐某以甲公司名义与乙公司签订了买卖合同。对此，下列哪一选项是正确的？（2016）[1]

    A. 该买卖合同以合法形式掩盖非法目的，因而无效

    B. 唐某的行为属无权代理，买卖合同效力待定

    C. 乙公司行为构成对甲公司的欺诈，买卖合同属可变更、可撤销合同

    D. 唐某与乙公司恶意串通损害甲公司的利益，应对甲公司承担连带责任

【考点】 代理的责任承担、民事行为的效力

【答案解析】《民法典》第 146 条第 1 款规定："行为人与相对人以虚假的意思表示实施的民事法律行为无效。"本题只有一个行为，不属于以合法形式掩盖非法目的，故 A 选项错误。

    民事法律行为的委托代理，可以用书面形式，也可以用口头形式。法律规定用书面形式的，应当用书面形式。书面委托代理的授权委托书应当载明代理人的姓名或者名称、代理事项、权限和期间，并由委托人签名或者盖章。委托书授权不明的，被代理人应当向第三人承担民事责任，代理人负连带责任。本案中，授权委托书对购买价格授权不明，仍然属于有权代理，买卖合同有效。故 B 选项错误。

    《民法典》第 148 条规定："一方以欺诈手段，使对方在违背真实意思的情况下实施的民事法律行为，受欺诈方有权请求人民法院或者仲裁机构予以撤销。"以及《民法典》第 149 条规定："第三人实施欺诈行为，使一方在违背真实意思的情况下实施的民事法律行为，对方知道或者应当知道该欺诈行为的，受欺诈方有权请求人民法院或者仲裁机构予以撤销。"代理关系中的欺诈，以代理人是否受欺诈为判断标准，代理人唐某并未受欺诈，故 C 选项错误。

    代理人和第三人串通，损害被代理人的利益的，由代理人和第三人负连带责任。故 D 选项正确，当选。

    7. 吴某是甲公司员工，持有甲公司授权委托书。吴某与温某签订了借款合同，该合同由温某签字、吴某用甲公司合同专用章盖章。后温某要求甲公司还款。下列哪些情形有助于甲公司否定吴某的行为构成表见代理？（2014）[2]

    A. 温某明知借款合同上的盖章是甲公司合同专用章而非甲公司公章，未表示反对

    B. 温某未与甲公司核实，即将借款交给吴某

    C. 吴某出示的甲公司授权委托书载明甲公司仅授权吴某参加投标活动

    D. 吴某出示的甲公司空白授权委托书已届期

【考点】 表见代理

【答案解析】《民法典》第 172 条："行为人没有代理权、超越代理权或者代理权终止后，仍然实施代理行为，相对人有理由相信行为人有代理权的，代理行为有效。"表见代理的核心构成要件是"存在使相对人相信行为人有代理权的客观事由"，即"表见事由"。本题考查的就是"表见事由"。

    选项 A 错误。实践中，公司对外签合同既可以使用公章，也可以使用合同专用章，因此，借款合同上的盖章是甲公司合同专用章并不能否定"表见事由"的存在。

    选项 B 错误。表见代理是一种广义上的无权代理，只要存在表见事由，即可构成，如果要求相对人与被代理人就行为人有无代理权进行核实，就不可能有表见代理发生的余地。

    选项 C、D 正确。授权委托书是代理人向相对人出示的以证明其拥有代理权的书面凭证，相对人通过查看授权委托书即可了解行为人的代理权限范围。因此，吴某出示的甲公司授权委

---

[1]　D　[2]　CD

托书载明甲公司仅授权吴某参加投标活动，温某仍然与其签订借款合同，显然不能主张"有理由相信行为人有代理权"；吴某出示的甲公司空白授权委托书已届期的情况下，温某同样不能主张存在表见事由。

8. 下列哪些情形下，甲公司应承担民事责任？（2013）[1]

A. 甲公司董事乙与丙公司签订保证合同，乙擅自在合同上加盖甲公司公章和法定代表人丁的印章

B. 甲公司与乙公司签订借款合同，甲公司未盖公章，但乙公司已付款，且该款用于甲公司项目建设

C. 甲公司法定代表人乙委托员工丙与丁签订合同，借用丁的存款单办理质押贷款用于经营

D. 甲公司与乙约定，乙向甲公司交纳保证金，甲公司为乙贷款购买设备提供担保。甲公司法定代表人丙以个人名义收取该保证金并转交甲公司出纳员入账

【考点】 法人责任；合同形式欠缺的治愈；代表行为

【答案解析】选项 A 正确。乙非甲公司的法定代表人，一般而言，乙对外以甲公司名义签订合同需经过法定代表人的授权，否则属于无权代理。本题中，甲公司与丙公司之间的保证合同系乙实施无权代理订立的保证合同。但是，乙作为董事（非一般员工）在合同上加盖甲公司公章和法定代表人丁的印章，作为相对人的丙公司有理由相信乙有代理权，故乙的行为构成表见代理，行为后果直接归属于甲公司，甲公司须对丙公司承担保证合同责任。

选项 B 正确。甲公司未盖公章属于合同形式欠缺，但乙公司的履行行为治愈了该形式的欠缺，因此合同有效，甲公司应承担民事责任。

选项 C 正确。丙得到了甲公司法定代表人的授权，其对外以甲公司名义实施法律行为属于有权代理。丙借用丁的存款单以甲公司的名义设立质权，此行为为职务行为，法律后果直接归属于甲公司。因此，甲公司应对丁承担相应的民事责任，比如因债权人实现质权而向丁承担损害赔偿责任。

选项 D 正确。甲公司与乙约定，乙向甲公司交纳保证金，甲公司为乙贷款购买设备提供担保，因而在甲、乙间成立了反担保合同关系。甲公司法定代表人丙以个人名义收取该保证金并转交甲公司出纳员入账的行为，属于代表行为，民事责任应由甲公司承担。

---

[1]　ABCD

第五章　诉讼时效

1. 甲公司开发的系列楼盘由乙公司负责安装电梯设备。乙公司完工并验收合格投入使用后，甲公司一直未支付工程款，乙公司也未催要。诉讼时效期间届满后，乙公司组织工人到甲公司讨要。因高级管理人员均不在，甲公司新录用的法务小王，擅自以公司名义签署了同意履行付款义务的承诺函，工人们才散去。其后，乙公司提起诉讼。关于本案的诉讼时效，下列哪一说法是正确的？（2017）[1]

A. 甲公司仍可主张诉讼时效抗辩

B. 因乙公司提起诉讼，诉讼时效中断

C. 法院可主动适用诉讼时效的规定

D. 因甲公司同意履行债务，其不能再主张诉讼时效抗辩

【考点】诉讼时效

【答案解析】本题考查诉讼时效。诉讼时效的中断，是在诉讼时效进行的过程中，因法定事由的发生而导致中断。本题中，乙公司提起诉讼是在诉讼时效届满之后，故不存在中断的问题，B 错误。

《民法典》第 193 条规定："人民法院不得主动适用诉讼时效的规定。"C 错误。

本题的关键在于甲公司的法务小王的行为对外是否构成表见代理，如果构成表见代理，则甲公司可认定为同意履行债务，其不能再主张诉讼时效抗辩；如果未构成表见代理，则甲公司没有同意履行债务的意思表示，仍然可以主张诉讼时效抗辩。从本题的题干描述来看，乙公司组织工人到甲公司讨要欠款时，小王是在甲公司高级管理人员均不在的情况下签署了同意履行付款义务的承诺函，这意味着乙公司的工人实际上是先找甲公司的高级管理人员主张权利，在高级管理人员均不在的时候，才向法务小王主张权利，即乙公司的工人属于明知小王为法务人员，其不属于善意第三人。构成表见代理的关键条件之一，即是第三人应为善意。据此，本题不适用表见代理，法务小王的行为，对外不得被认定为是甲公司同意履行债务的意思表示。因此，甲公司仍然可以主张诉讼时效抗辩，D 错误，A 正确。

2. 甲公司向乙公司催讨一笔已过诉讼时效期限的 10 万元货款。乙公司书面答复称："该笔债务已过时效期限，本公司本无义务偿还，但鉴于双方的长期合作关系，可偿还 3 万元。"甲公司遂向法院起诉，要求偿还 10 万元。乙公司接到应诉通知后书面回函甲公司称："既然你公司起诉，则不再偿还任何货款。"下列哪一选项是正确的？（2014）[2]

A. 乙公司的书面答复意味着乙公司需偿还甲公司 3 万元

B. 乙公司的书面答复构成要约

C. 乙公司的书面回函对甲公司有效

D. 乙公司的书面答复表明其丧失了 10 万元的时效利益

【考点】诉讼时效的法律效果；要约

【答案解析】选项 A 正确、D 错误。《诉讼时效规定》第 19 条规定："诉讼时效期间届满，当事人一方向对方当事人作出同意履行义务的意思表示或者自愿履行义务后，又以诉讼时效期间届满为由进行抗辩的，人民法院不予支持。"这表明，诉讼时效期间经过的法律后果是债权人"胜诉权"消灭，实体权利并没有消灭，此时，债权成为自然债权。本题中，乙公司"愿意偿还 3 万元"的书面答复，意味着其已经放弃该 3 万元债务的时效利益，使这 3 万元债务恢复了强制执行的效力。

选项 C 错误。既然乙公司作出了同意履行其对甲公司 3 万元债务的承诺，一经作出就不得反悔，故乙公司的书面回函中"既然你公司起诉，则不再偿还任何货款"的表述在法律上对甲公司是无效的。

选项 B 错误。要约是希望与他人订立合同的意思表示，需要经过对方承诺后，合同才能成立。本题中，乙公司的书面答复并不是为了与甲公司订立合同，乙公司没有缔约意图，故不构成要约。

3. 下列哪些请求不适用诉讼时效？（2014）[1]

A. 当事人请求撤销合同   B. 当事人请求确认合同无效

C. 业主大会请求业主缴付公共维修基金   D. 按份共有人请求分割共有物

【考点】诉讼时效的适用范围

【答案解析】诉讼时效的适用范围是债权请求权。

选项 A 正确。撤销权是形成权，其适用受到除斥期间的限制，而不适用诉讼时效。

选项 B 正确。请求确认合同无效的权利亦非债权请求权，不适用诉讼时效。

选项 C 正确。业主大会请求业主缴付维修基金的权利，是一种业主自治性的权利，具有社员权的属性，而不是债权请求权，故不适用诉讼时效。

选项 D 正确。按份共有人分割共有物请求权是基于共有权（物权）而享有的一项请求权，属于物权请求权的范畴，不适用诉讼时效。

4. 关于诉讼时效，下列哪一选项是正确的？（2012）[2]

A. 甲借乙 5 万元，向乙出具借条，约定 1 周之内归还。乙债权的诉讼时效期间从借条出具日起计算

B. 甲对乙享有 10 万元货款债权，丙是连带保证人，甲对丙主张权利，会导致 10 万元货款债权诉讼时效中断

C. 甲向银行借款 100 万元，乙提供价值 80 万元房产作抵押，银行实现对乙的抵押权后，会导致剩余的 20 万元主债务诉讼时效中断

D. 甲为乙欠银行的 50 万元债务提供一般保证。甲不知 50 万元主债务诉讼时效期间届满，放弃先诉抗辩权，承担保证责任后不得向乙追偿

【考点】诉讼时效

【答案解析】选项 A 错误。《民法典》第 188 条规定："向人民法院请求保护民事权利的诉讼时效期间为三年。法律另有规定的，依照其规定。诉讼时效期间自权利人知道或者应当知道权利受到损害以及义务人之日起计算。法律另有规定的，依照其规定。但是，自权利受到损害

---

[1] ABCD   [2] C

之日起超过二十年的，人民法院不予保护，有特殊情况的，人民法院可以根据权利人的申请决定延长。"据此，对于有履行期限的债权，诉讼时效期间自履行期限届满之日起开始计算。

选项B错误。连带责任保证中，主债务诉讼时效中断，保证债务诉讼时效不中断。据此可知，连带责任保证中，保证债务时效中断具有独立性，不会因主债务时效中断而中断。反之亦然，即连带保证债务时效中断，也不会导致主债务时效中断。

选项C正确。《诉讼时效规定》第9条规定："权利人对同一债权中的部分债权主张权利，诉讼时效中断的效力及于剩余债权，但权利人明确表示放弃剩余债权的情形除外。"银行对乙的房产行使抵押权属于对部分债权主张权利，该行为对剩余的20万元债权发生诉讼时效中断的效果。

选项D错误。《诉讼时效规定》第18条规定："主债务诉讼时效期间届满，保证人享有主债务人的诉讼时效抗辩权。保证人未主张前述诉讼时效抗辩权，承担保证责任后向主债务人行使追偿权的，人民法院不予支持，但主债务人同意给付的情形除外。"本题中，甲对主债权已过诉讼时效并不知情，因此，甲不构成（主动）放弃时效抗辩权，而甲放弃对银行享有的先诉抗辩权不会对债务人乙产生不利影响，因此，甲承担保证责任后，仍可向乙行使追偿权。

5. 甲为自己的车向乙公司投保第三者责任险，保险期间内甲车与丙车追尾，甲负全责。丙在事故后不断索赔未果，直至事故后第3年，甲同意赔款，甲友丁为此提供保证。再过1年，因甲、丁拒绝履行，丙要求乙公司承担保险责任。关于诉讼时效的抗辩，下列哪些表述是错误的？（2013）[1]

A. 甲有权以侵权之债诉讼时效已过为由不向丙支付赔款

B. 丁有权以侵权之债诉讼时效已过为由不承担保证责任

C. 乙公司有权以侵权之债诉讼时效已过为由不承担保险责任

D. 乙公司有权以保险合同之债诉讼时效已过为由不承担保险责任

【考点】诉讼时效期间；诉讼时效的中断

【答案解析】选项A、B、C错误，当选。《民法典》第195条规定："有下列情形之一的，诉讼时效中断，从中断、有关程序终结时起，诉讼时效期间重新计算：（一）权利人向义务人提出履行请求；（二）义务人同意履行义务；（三）权利人提起诉讼或者申请仲裁；（四）与提起诉讼或者申请仲裁具有同等效力的其他情形。"本题中，甲给丙造成的主要是财产损害，丙对甲享有的侵权损害赔偿请求权的诉讼时效期间为3年，自丙知道或者应当知道权利被侵害且知道加害人之日起开始计算。此后，丙不断向甲索赔的行为及甲同意赔款的行为，均导致丙对甲的债权的诉讼时效的中断，诉讼时效从甲同意赔款之日起重新计算。丙对甲享有的侵权损害赔偿请求权的诉讼时效期间并未经过。因此，甲作为债务人、丁作为保证人、乙保险公司均无权以丙的侵权之债已超过诉讼时效为由进行抗辩。

选项D错误，当选。保险合同诉讼时效起算具有特殊性：自保险事故确定之日起开始起算，因此没有过。

6. 关于诉讼时效中断的表述，下列哪一选项是正确的？（2011）[2]

A. 甲欠乙10万元到期未还，乙要求甲先清偿8万元。乙的行为，仅导致8万元债务诉讼时效中断

B. 甲和乙对丙因共同侵权而需承担连带赔偿责任计10万元，丙要求甲承担8万元。丙的行为，导致甲和乙对丙负担的连带债务诉讼时效均中断

---

[1] ABCD　[2] B

C. 乙欠甲8万元，丙欠乙10万元，甲对丙提起代位权诉讼。甲的行为，不会导致丙对乙的债务诉讼时效中断

D. 乙欠甲10万元，甲将该债权转让给丙。自甲与丙签订债权转让协议之日起，乙的10万元债务诉讼时效中断

【考点】诉讼时效的中断

【答案解析】选项A错误。根据《诉讼时效规定》第9条规定，权利人对同一债权中的部分债权主张权利，诉讼时效中断的效力及于剩余债权，但权利人明确表示放弃剩余债权的情形除外。选项A中，乙对甲主张8万元债权，不仅会导致8万元债权本身时效中断，剩余的2万元债权时效也因此而中断。

选项B正确。根据《诉讼时效规定》第15条第1款规定，对于连带债权人中的一人发生诉讼时效中断效力的事由，应当认定对其他连带债权人也发生诉讼时效中断的效力。选项B中，甲和乙因共同侵权对丙承担的是连带赔偿责任，因此，丙向甲主张债权的行为，会导致甲和乙对丙负担的连带债务诉讼时效均中断。

选项C错误。根据《诉讼时效规定》第16条规定，债权人提起代位权诉讼的，应当认定对债权人的债权和债务人的债权均发生诉讼时效中断的效力。据此，选项C中，甲的行为会同时导致甲对乙的8万元债权以及乙对丙的10万元债权诉讼时效中断。

选项D错误。根据《诉讼时效规定》第17条第1款，债权转让的，应当认定诉讼时效从债权转让通知到达债务人之日起中断。据此，选项D中，乙的10万元债务诉讼时效自债权转让通知到达乙之日起中断。

第二编 人格权法

1. 周某是个厨师，开设"周记美食"公众号在上面上传美食视频，有一期"周氏爆炒小龙虾"的视频火了。李某利用 AI 换脸技术，把视频中周某的脸换成自己的，其他原封不动上传至自己的公众号，也有较多的点击量。请问李某侵犯了周某的哪些权利？（2023 回忆）[1]

A. 姓名权　　　　B. 名誉权　　　　C. 肖像权　　　　D. 著作权

【考点】 人格权的主要内容

【答案解析】 选项 A 正确，根据《民法典》第 1014 条规定，任何组织或者个人不得以干涉、盗用、假冒等方式侵害他人的姓名权或者名称权。李某伪造的视频中提及了周记和周氏，属于侵犯周某的姓名权。

选项 B 错误，名誉是对民事主体的品德、声望、才能、信用等的社会评价。本案李某未对周某的名誉造成损害。

选项 C 正确，根据《民法典》第 1019 条第 1 款规定，任何组织或者个人不得以丑化、污损，或者利用信息技术手段伪造等方式侵害他人的肖像权。周某炒菜的整体形象构成了其肖像。李某将周某的脸换成了自己的脸，属于利用信息技术手段伪造，侵害了他人的肖像权。

选项 D 正确，李某未经著作权人周某的许可，擅自使用著作权人的原创作品，且上传至自己的公众号，侵犯了周某的著作权。

2. 张某因出售公民个人信息被判刑，孙某的姓名、身份证号码、家庭住址等信息也在其中，买方是某公司。下列哪一选项是正确的？（2017）[2]

A. 张某侵害了孙某的身份权
B. 张某侵害了孙某的名誉权
C. 张某侵害了孙某对其个人信息享有的民事权益
D. 某公司无须对孙某承担民事责任

【考点】 个人信息侵权

【答案解析】 本题考查个人信息权。根据《民法典》第 111 条，自然人的个人信息受法律保护。任何组织或者个人需要获取他人个人信息的，应当依法取得并确保信息安全，不得非法收集、使用、加工、传输他人个人信息，不得非法买卖、提供或者公开他人个人信息。张某将孙某的姓名、身份证号码、家庭住址等信息出售于他人，侵害了孙某对其个人信息享有的民事权益，故 C 正确，D 错误。

身份权是与婚姻、血缘等身份有关的权利；侵犯名誉权，通常以侮辱对方名誉或捏造虚假事实为表现形式。张某只是出售了孙某的个人信息，不涉及侵犯这两项权利，A、B 均是错误的。

3. 摄影爱好者李某为好友丁某拍摄了一组生活照，并经丁某同意上传于某社交媒体群中。蔡某在社交媒体群中看到后，擅自将该组照片上传于某营利性摄影网站，获得报酬若干。对蔡某的行为，下列哪一说法是正确的？（2017）[3]

---

〔1〕 ACD 〔2〕 C 〔3〕 B

A. 侵害了丁某的肖像权和身体权

B. 侵害了丁某的肖像权和李某的著作权

C. 侵害了丁某的身体权和李某的著作权

D. 不构成侵权

【考点】肖像权；著作权

【答案解析】本题考查肖像权、著作权的侵权认定。未经公民同意利用其肖像做广告、商标、装饰橱窗等，应当认定为侵犯公民肖像权的行为。本题中，蔡某擅自将丁某照片上传于某营利性摄影网站，显然侵犯了丁某的肖像权。因该照片是李某拍摄，故李某对其享有著作权，蔡某的行为同时侵犯了李某的著作权。据此，B 正确，D 错误。

所谓身体权，是指当事人保护其身体器官完整的权利，蔡某的行为不涉及侵犯丁某的身体权，A 和 C 均错误。

4. 下列哪一情形构成对生命权的侵犯？(2016)[1]

A. 甲女视其长发如生命，被情敌乙尽数剪去

B. 丙应丁要求，协助丁完成自杀行为

C. 戊为报复欲置己于死地，结果将己打成重伤

D. 庚医师因误诊致辛出生即残疾，辛认为庚应对自己的错误出生负责

【考点】生命权

【答案解析】《民法典》第 110 条规定："自然人享有生命权、身体权、健康权、姓名权、肖像权、名誉权、荣誉权、隐私权、婚姻自主权等权利。法人、非法人组织享有名称权、名誉权和荣誉权。"身体权是指自然人享有的对其肢体、器官和其他组织进行支配并维护其安全与完满，从而享受一定利益的权利。

A 选项，乙侵犯甲的身体权。

健康权是自然人依法享有的维护其健康，保持与利用其劳动能力并排除他人非法侵害的权利。C 选项，戊侵犯己的健康权。

D 选项庚误诊导致辛出生即残疾，辛出生前并无民事权利能力，庚并未侵犯辛的生命权。

丙协助丁完成自杀行为，有过错，侵犯丁的生命权。B 选项正确。

---

[1] B

第一章　合同的性质

1. 甲单独邀请朋友乙到家中吃饭，乙爽快答应并表示一定赴约。甲为此精心准备，还因炒菜被热油烫伤。但当日乙因其他应酬而未赴约，也未及时告知甲，致使甲准备的饭菜浪费。关于乙对甲的责任，下列哪一说法是正确的？（2016）[1]

　A. 无须承担法律责任　　　　　　　　B. 应承担违约责任

　C. 应承担侵权责任　　　　　　　　　D. 应承担缔约过失责任

【考点】情谊行为、民事责任的承担

【答案解析】情谊行为又称为好意施惠，指当事人之间无意设定法律上的权利义务关系，而由当事人一方基于良好的道德风尚实施的使另一方受恩惠的关系。其旨在增进情谊。甲邀请乙到家吃饭，属于好意施惠，不属于合同行为，故 B 选项错误。无缔约行为，当然无缔约过失责任的承担，故 D 选项错误。《民法典》第 1165 条第 1 款规定："行为人因过错侵害他人民事权益造成损害的，应当承担侵权责任。"乙无过错，无须承担侵权责任，故 C 选项错误。综上所述，乙无须承担法律责任，故 A 选项正确。

2. 方某为送汤某生日礼物，特向余某定做一件玉器。订货单上，方某指示余某将玉器交给汤某，并将订货情况告知汤某。玉器制好后，余某委托朱某将玉器交给汤某，朱某不慎将玉器碰坏。下列哪一表述是正确的？（2014）[2]

　A. 汤某有权要求余某承担违约责任　　B. 汤某有权要求朱某承担侵权责任

　C. 方某有权要求朱某承担侵权责任　　D. 方某有权要求余某承担违约责任

【考点】合同相对性原则

【答案解析】选项 A 错误，D 正确。《民法典》第 522 条第 1 款规定："当事人约定由债务人向第三人履行债务，债务人未向第三人履行债务或者履行债务不符合约定的，应当向债权人承担违约责任。"第 523 条规定："当事人约定由第三人向债权人履行债务，第三人不履行债务或者履行债务不符合约定的，债务人应当向债权人承担违约责任。"本题中，方某与余某存在合同关系，双方约定由余某向第三人汤某履行，汤某不是合同当事人。余某委托朱某将玉器交给汤某，朱某只是履行第三人，也不是合同当事人。因此，在朱某不慎将玉器碰坏的情况下，根据合同相对性原理，只能由余某向方某承担违约责任。

选项 B、C 错误。《民法典》第 209 条规定："不动产物权的设立、变更、转让和消灭，经

---

〔1〕　A　〔2〕　D

依法登记，发生效力；未经登记，不发生效力，但是法律另有规定的除外。依法属于国家所有的自然资源，所有权可以不登记。"同时第224条规定："动产物权的设立和转让，自交付时发生效力，但是法律另有规定的除外。"因此，标的物的所有权自标的物交付时起转移，但法律另有规定或者当事人另有约定的除外。本题中，在尚未完成交付的情况下，玉器所有权仍归属于余某，因此，只有余某才有权请求朱某承担侵权责任。

3. 张三在商家处购买了一件盥洗池，并约定上门安装。商家指定某工人前往张三家里安装，发现需要先拆除旧的盥洗池再安装新的。工人说，拆除要额外收费，而商家说他们只向工人购买了安装服务，不包括拆除。于是张三就单独给工人支付了拆除费50元。工人在拆除旧盥洗池的过程中不慎损坏了墙皮，造成损失40元，安装盥洗池的过程中不小心打碎了一个杯子，价值60元。下列说法正确的是？（2023回忆）[1]

A. 商家应赔付150元
B. 工人应赔付40元
C. 商家应赔付60元
D. 工人应赔付100元

【考点】合同相对性

【答案解析】选项A错误，选项C正确，张三与商家构成对盥洗池的买卖加上安装服务的混合合同关系。在安装过程中由于工人的失误打碎了张三的杯子，基于合同相对性原理，买家可以向商家主张赔偿损失60元。

选项B正确，选项D错误，买家与工人之间构成对拆除盥洗池工作的承揽合同关系，由此产生的损失应由工人承担，故买家有权向工人索赔墙面的损失费用40元。

---

〔1〕 BC

第二章 合同的订立

1. 乙在校园网上发了一个广告,欲出卖自己的山地自行车,售价 1000 元,先到先得。甲看到广告后,问乙 900 元钱行不行。乙不同意。甲说,那好吧,1100 元成交。乙默不作声。甲最后给乙转了 1000 元。乙说,当初说好了 1100 元,为什么只给我 1000 元。下列哪一表述是正确的?(2023 回忆)[1]

A. 因为甲乙二人未达成合意,所以合同无效

B. 乙发的广告属于要约邀请

C. 甲乙之间成立 1000 元合同

D. 甲乙之间成立 1100 元合同

【考点】合同的成立

【答案解析】乙在校园网上发的广告是面对不特定多数人的,不符合要约的要件,只能理解为要约邀请。

甲询价,乙不同意,意味着乙拒绝了甲的要约。甲第 2 次提到 1100 元成交,这个成交绝不意味着合同已经成立,因为乙并没有对此表示同意。

最后甲给乙转了 1000 元,这是第 3 次发出要约,而乙并不同意 1000 元的价码。在第 2 次要约中,由于乙未及时承诺,要约已经失效。

所以本题中甲乙之间未达成合意,未达成合意,合同不成立而非无效。

综合而言,本题只有 B 选项正确。

2. 甲与乙教育培训机构就课外辅导达成协议,约定甲交费 5 万元,乙保证甲在接受乙的辅导后,高考分数能达到二本线。若未达到该目标,全额退费。结果甲高考成绩仅达去年二本线,与今年高考二本线尚差 20 分。关于乙的承诺,下列哪一表述是正确的?(2012)[2]

A. 属于无效格式条款　　　　　　　　B. 因显失公平而可变更

C. 因情势变更而可变更　　　　　　　D. 虽违背教育规律但属有效

【考点】合同的效力;显失公平;情势变更

【答案解析】选项 A 错误。《民法典》第 497 条规定:"有下列情形之一的,该格式条款无效:(一)具有本法第一编第六章第三节和本法第五百零六条规定的无效情形;(二)提供格式条款一方不合理地免除或者减轻其责任、加重对方责任、限制对方主要权利;(三)提供格式条款一方排除对方主要权利。"本题不具有其中的任何一种情形,并且提供格式条款的一方乙似乎还加重了自己责任。

选项 B 错误。显失公平有三个要件:(1)双务合同双方的权利义务明显不对等,有违等

---

[1]　B　[2]　D

价有偿原则；（2）显失公平发生在合同成立之时；（3）主观要件：一方利用了自己的优势或者利用了对方急迫、轻率、无经验的窘迫境况。本题不符合显失公平的构成要件。

选项C错误。根据《民法典》第533条的规定，情势变更是指"合同成立后，合同的基础条件发生了当事人在订立合同时无法预见的、不属于商业风险的重大变化，继续履行合同对于当事人一方明显不公平的，受不利影响的当事人可以与对方重新协商；在合理期限内协商不成的，当事人可以请求人民法院或者仲裁机构变更或者解除合同。人民法院或者仲裁机构应当结合案件的实际情况，根据公平原则变更或者解除合同。"本题中乙因未履行约定的义务而需承担全额退费的义务，不属于情势变更（如国家废止高考制度，那就是情势变更了），属于违约的问题。

选项D正确。违反法律、行政法规的强制性规定的"强制性规定"，是指效力性强制性规定。从教育学理论上说，学习效果最主要的取决于学习者本人，外在的因素只是起到一定程度上的辅助作用，因此，甲、乙的约定违反了教育规律，但并不存在无效情形，因此合同还是有效的。

3. 德凯公司拟为新三板上市造势，在无真实交易意图的情况下，短期内以业务合作为由邀请多家公司来其主要办公地点洽谈。其中，真诚公司安排授权代表往返十余次，每次都准备了详尽可操作的合作方案，德凯公司佯装感兴趣并屡次表达将签署合同的意愿，但均在最后一刻推脱拒签。期间，德凯公司还将知悉的真诚公司的部分商业秘密不当泄露。对此，下列哪一说法是正确的？（2017）[1]

A. 未缔结合同，则德凯公司就磋商事宜无需承担责任

B. 虽未缔结合同，但德凯公司构成恶意磋商，应赔偿损失

C. 未缔结合同，则商业秘密属于真诚公司自愿披露，不应禁止外泄

D. 德凯公司也付出了大量的工作成本，如被对方主张赔偿，则据此可主张抵销

【考点】缔约过失责任

【答案解析】本题考查缔约过失责任。《民法典》第500条规定："当事人在订立合同过程中有下列情形之一，造成对方造成损失的，应当承担损害赔偿责任：（一）假借订立合同，恶意进行磋商；（二）故意隐瞒与订立合同有关的重要事实或者提供虚假情况；（三）有其他违背诚信原则的行为。"本题中，德凯公司是在无真实交易意图的情况下而邀请多家公司来其主要办公地点洽谈，构成恶意磋商，故B正确，A错误。

《民法典》第501条规定："当事人在订立合同过程中知悉的商业秘密或者其他应当保密的信息，无论合同是否成立，不得泄露或者不正当地使用；泄露、不正当地使用该商业秘密或者信息，造成对方损失的，应当承担赔偿责任。"据此，德凯公司还将知悉的真诚公司的部分商业秘密不当泄露，也应承担缔约过失责任，C错误。

《民法典》第568条规定："当事人互负债务，该债务的标的物种类、品质相同的，任何一方可以将自己的债务与对方的到期债务抵销；但是，根据债务性质、按照当事人约定或者依照法律规定不得抵销的除外。当事人主张抵销的，应当通知对方。通知自到达对方时生效。抵销不得附条件或者附期限。"虽然德凯公司在实施恶意磋商时也付出了成本，但真诚公司并不因此对德凯公司负担相应的义务或责任（比如侵权责任、不当得利或者缔约过失责任等），不符合"双方互负义务"这一抵销的必要条件。因此，若真诚公司对德凯公司主张缔约过失，德凯公司不得主张抵销自己因磋商支出的成本。故D选项错误。

---

[1] B

4. 甲、乙两公司约定：甲公司向乙公司支付 5 万元研发费用，乙公司完成某专用设备的研发生产后双方订立买卖合同，将该设备出售给甲公司，价格暂定为 100 万元，具体条款另行商定。乙公司完成研发生产后，却将该设备以 120 万元卖给丙公司，甲公司得知后提出异议。下列哪一选项是正确的？（2017）〔1〕

A. 甲、乙两公司之间的协议系承揽合同
B. 甲、乙两公司之间的协议系附条件的买卖合同
C. 乙、丙两公司之间的买卖合同无效
D. 甲公司可请求乙公司承担违约责任

【考点】预约违约责任

【答案解析】本题考查违约责任、合同的认定以及附条件民事法律行为的理解。《民法典》第 595 条规定："买卖合同是出卖人转移标的物的所有权于买受人，买受人支付价款的合同。"《民法典》第 770 条第 1 款规定："承揽合同是承揽人按照定作人的要求完成工作，交付工作成果，定作人支付报酬的合同。"本题中，甲公司与乙公司约定：甲公司先向乙公司支付 5 万元研发费用，乙公司完成某专用设备的研发生产后双方订立买卖合同，将该设备出售给甲公司，价格暂定为 100 万元，具体条款另行商定。因双方并没有约定乙公司完成研发后直接交付研发设备，故不属于承揽合同。同时，双方只是约定乙公司完成某专用设备的研发生产后再订立买卖合同，而没有直接约定乙公司在完成研发后即将其所有权转移于甲公司，故也不属于买卖合同。因此，A、B 两项均错误。

甲、乙公司之间的合同，以认定为预约合同最为适宜。《民法典》第 495 条规定："当事人约定在将来一定期限内订立合同的认购书、订购书、预订书等，构成预约合同。当事人一方不履行预约合同约定的订立合同义务的，对方可以请求其承担预约合同的违约责任。"本题中双方的约定，可理解为属于一种预订书，属于预约合同的表现形式。因乙公司完成研发生产后将该设备以 120 万元卖给丙公司，从而无法与甲再订立买卖合同，故甲可向其主张违约责任，D 正确。至于乙公司与丙公司之间的买卖合同，当然是有效的，C 明显错误。

5. 甲公司未取得商铺预售许可证，便与李某签订了《商铺认购书》，约定李某支付认购金即可取得商铺优先认购权，商铺正式认购时甲公司应优先通知李某选购。双方还约定了认购面积和房价，但对楼号、房型未作约定。李某依约支付了认购金。甲公司取得预售许可后，未通知李某前来认购，将商铺售罄。关于《商铺认购书》，下列哪一表述是正确的？（2012）〔2〕

A. 无效，因甲公司未取得预售许可证即对外销售
B. 不成立，因合同内容不完整
C. 甲公司未履行通知义务，构成根本违约
D. 甲公司须承担继续履行的违约责任

【考点】商品房预售合同

【答案解析】选项 A 错误。《商品房买卖合同解释》第 2 条规定："出卖人未取得商品房预售许可证明，与买受人订立的商品房预售合同，应当认定无效，但是在起诉前取得商品房预售许可证明的，可以认定有效。"本题中，甲公司事后取得了预售许可证，享有了对商铺的处分权，则甲公司与李某之间签订的协议应当有效。

选项 B 错误。《商品房买卖合同解释》第 5 条规定："商品房的认购、订购、预订等协议具备《商品房销售管理办法》第 16 条规定的商品房买卖合同的主要内容，并且出卖人已经按

---

〔1〕 D 〔2〕 C

照约定收受购房款的，该协议应当认定为商品房买卖合同。"同时，根据过往的司法解释精神，当事人对合同是否成立存在争议，人民法院能够确定当事人名称或者姓名、标的和数量的，一般应当认定合同成立。但法律另有规定或者当事人另有约定的除外。本题中，甲公司与李某之间的协议对于商铺的认购面积和房价作出了规定，已经构成了合同的主要内容，合同成立。

选项 C 正确。甲公司未按约定履行通知义务，并将商铺销售一空，导致意向书中双方约定将来正式签订商铺买卖合同的目的无法实现，构成根本违约。

选项 D 错误。依据《民法典》第 577 条的规定，当事人一方不履行合同义务或者履行合同义务不符合约定的，应当承担继续履行、采取补救措施或者赔偿损失等违约责任。本题中，因商铺已经卖完，李某只能要求甲公司承担补救措施或者赔偿损失等违约责任，而不能要求甲公司继续履行。

第三章　债的履行

1. 甲与乙公司签订的房屋买卖合同约定："乙公司收到首期房款后，向甲交付房屋和房屋使用说明书；收到二期房款后，将房屋过户给甲。"甲交纳首期房款后，乙公司交付房屋但未立即交付房屋使用说明书。甲以此为由行使先履行抗辩权而拒不支付二期房款。下列哪一表述是正确的？（2015）[1]

A. 甲的做法正确，因乙公司未完全履行义务

B. 甲不应行使先履行抗辩权，而应行使不安抗辩权，因乙公司有不能交付房屋使用说明书的可能性

C. 甲可主张解除合同，因乙公司未履行义务

D. 甲不能行使先履行抗辩权，因甲的付款义务与乙公司交付房屋使用说明书不形成主给付义务对应关系

【考点】　先履行抗辩权；不安抗辩权；合同解除

【答案解析】　选项A错误，D正确。《民法典》第526条规定："当事人互负债务，有先后履行顺序，应当先履行债务一方未履行的，后履行一方有权拒绝其履行请求。先履行一方履行债务不符合约定的，后履行一方有权拒绝其相应的履行请求。"由此可见，先履行抗辩权行使中，后履行一方当事人只能拒绝先履行方"相应的"履行要求，也就是说，权利人能否享有抗辩权以及在多大范围内行使抗辩权，要视先履行方的履行情况而定。本题中，根据合同约定，乙公司交付房屋和房屋使用说明书的义务要先于甲支付二期房款的义务履行。然而，乙公司已经履行主要义务（交付房屋），甲不能以乙公司未履行从义务（交付房屋使用说明书）为由拒绝其主合同义务（支付购房款）。因此，甲不能行使先履行抗辩权。

选项B错误。《民法典》第527条规定："应当先履行债务的当事人，有确切证据证明对方有下列情形之一的，可以中止履行：（一）经营状况严重恶化；（二）转移财产、抽逃资金，以逃避债务；（三）丧失商业信誉；（四）有丧失或者可能丧失履行债务能力的其他情形。当事人没有确切证据中止履行的，应当承担违约责任。"本题中，甲不能行使不安抗辩权，理由在于：其一，甲并无确切证据证明乙公司具有上述所列法定情形，正如选项B所言，乙公司仅有不能交付房屋使用说明书的"可能性"；其二，即便甲有确切证据证明乙公司不能交付房屋使用说明书，由于乙公司的这一义务为从义务，与甲的付款义务不形成主给付义务对应关系，甲亦不能以此为由根据进行抗辩。

选项C错误。根据《民法典》第563条第1款的第3项规定，当事人一方迟延履行主要债务，经催告后在合理期限内仍未履行的，另一方可解除合同。根据第4项规定，当事人一方迟

---

[1]　D

延履行债务或者有其他违约行为致使不能实现合同目的的，另一方可解除合同。本题中，乙公司的行为虽然构成违约，但并不符合上述两种法定解除情形，因此，甲不可主张解除合同。

2. 胡某于 2006 年 3 月 10 日向李某借款 100 万元，期限 3 年。2009 年 3 月 30 日，双方商议再借 100 万元，期限 3 年。两笔借款均先后由王某保证，未约定保证方式和保证期间，李某未向胡某和王某催讨。胡某仅于 2010 年 2 月归还借款 100 万元。关于胡某归还的 100 万元，下列哪一表述是正确的？（2014）[1]

    A. 因 2006 年的借款已到期，故归还的是该笔借款

    B. 因 2006 年的借款无担保，故归还的是该笔借款

    C. 因 2006 年和 2009 年的借款数额相同，故按比例归还该两笔借款

    D. 因 2006 年和 2009 年的借款均有担保，故按比例归还该两笔借款

【考点】债务抵充

【答案解析】根据《民法典》第 560 条的规定，债务人的给付不足以清偿其对同一债权人所负的数笔相同种类的全部债务，应当优先抵充已到期的债务；几项债务均到期的，优先抵充对债权人缺乏担保或者担保数额最少的债务；担保数额相同的，优先抵充债务负担较重的债务；负担相同的，按照债务到期的先后顺序抵充；到期时间相同的，按比例抵充。但是，债权人与债务人对清偿的债务或者清偿抵充顺序有约定的除外。由题意可见，2006 年的借款已经到期，而 2009 年的借款尚未到期，据此，选项 A 正确。

3. 甲公司对乙公司负有交付葡萄酒的合同义务。丙公司和乙公司约定，由丙公司代甲公司履行，甲公司对此全不知情。下列哪一表述是正确的？（2012）[2]

    A. 虽然甲公司不知情，丙公司的履行仍然有法律效力

    B. 因甲公司不知情，故丙公司代为履行后对甲公司不得追偿代为履行的必要费用

    C. 虽然甲公司不知情，但如丙公司履行有瑕疵的，甲公司需就此对乙公司承担违约责任

    D. 虽然甲公司不知情，但如丙公司履行有瑕疵从而承担违约责任的，丙公司可就该违约赔偿金向甲公司追偿

【考点】代为清偿（履行）

【答案解析】本题考的是第三人代为清偿，我国法律未设明文，属于理论题。第三人代为清偿的要件有四：（1）债务的性质允许第三人代为清偿。具有专属性的债务，第三人不得代为清偿。（2）无禁止第三人代为清偿的约定。若债务人与债权人约定禁止第三人代为清偿，则不可。（3）须经债权人同意。注意：第三人清偿时，若债权人拒绝，则第三人不得清偿；但是，若第三人就债务的清偿具有法律上的利害关系，债权人不得拒绝。（4）须第三人具有为债务人清偿的意思。

选项 A 正确，B 错误。丙公司代为履行，甲公司不知晓，丙公司的代为履行行为构成无因管理，除甲公司事先明确反对，或者与乙公司特别约定不得由第三人代为履行，或者债务的性质不允许第三人代为履行的以外，丙公司的代为履行行为有效。同时就履行的内容和费用，丙公司可以向甲公司进行追偿。

选项 C 错误。如果丙公司的履行有瑕疵从而导致违约责任的，甲公司对乙公司不承担违约责任，因为甲公司对丙公司的代为履行行为并不知晓，任何人不得通过自己的行为，在未征得他人同意的情况下使他人承担额外的债务。此时乙公司只能向丙公司主张违约责任，但是乙也可以选择向甲公司主张履行原来的债务，因为乙公司对甲公司的债权并没有消失。

---

[1] A [2] A

选项 D 错误。丙公司承担违约责任以后，致使甲公司对乙公司的债务消灭的，丙公司可在原债务的范围内，基于无因管理的规定向甲公司进行追偿。但是因违约产生的费用，只能由丙公司自己承担，因为作为无因管理人，在管理的过程中应尽到善良管理人的义务，未尽到此义务对第三人造成损害的，应由其自己承担责任。

4. 2011 年 5 月 6 日，甲公司与乙公司签约，约定甲公司于 6 月 1 日付款，乙公司 6 月 15 日交付"连升"牌自动扶梯。合同签订后 10 日，乙公司销售他人的"连升"牌自动扶梯发生重大安全事故，质监局介入调查。合同签订后 20 日，甲、乙、丙公司三方合意，由丙公司承担付款义务。丙公司 6 月 1 日未付款。下列哪一表述是正确的？（2011）[1]

A. 甲公司有权要求乙公司交付自动扶梯
B. 丙公司有权要求乙公司交付自动扶梯
C. 丙公司有权行使不安抗辩权
D. 乙公司有权要求甲公司和丙公司承担连带债务

【考点】 顺序履行抗辩权；不安抗辩权；债务承担

【答案解析】 选项 A 错误。《民法典》第 526 条规定："当事人互负债务，有先后履行顺序，应当先履行债务一方未履行的，后履行一方有权拒绝其履行请求。先履行一方履行债务不符合约定的，后履行一方有权拒绝其相应的履行请求。"按照约定，甲先付款，后乙交付电梯。甲未付款即请求乙交付电梯，乙可对甲行使顺序履行抗辩。

选项 B 错误。甲、乙、丙三方合意的效力：甲将对乙的付款义务移转给丙承担。但甲请求乙交付电梯的债权并未移转，故丙无请求乙交付电梯的债权。

选项 C 正确。《民法典》第 527 条规定："应当先履行债务的当事人，有确切证据证明对方有下列情形之一的，可以中止履行：（一）经营状况严重恶化；（二）转移财产、抽逃资金，以逃避债务；（三）丧失商业信誉；（四）有丧失或者可能丧失履行债务能力的其他情形。当事人没有确切证据中止履行的，应当承担违约责任。"由此可知，若应当先履行的甲确有证据证明应当后履行的乙具有丧失履行债务能力的情形，甲可对乙行使不安抗辩权，中止履行自己对乙的合同义务。《民法典》第 553 条规定："债务人转移债务的，新债务人可以主张原债务人对债权人的抗辩；原债务人对债权人享有债权的，新债务人不得向债权人主张抵销。"据此，丙承担了甲对乙的付款义务后，甲对乙的有效抗辩，丙可对乙主张。

选项 D 错误。本题中，丙承担甲对乙的付款义务，属于免责的债务承担。对于丙承担的债务，甲免除债务，乙不再享有请求甲付款的权利。

5. 甲、乙订立一份价款为十万元的图书买卖合同，约定甲先支付书款，乙两个月后交付图书。甲由于资金周转困难只交付五万元，答应余款尽快支付，但乙不同意。两个月后甲要求乙交付图书，遭乙拒绝。对此，下列哪一表述是正确的？（2010）[2]

A. 乙对甲享有同时履行抗辩权
B. 乙对甲享有不安抗辩权
C. 乙有权拒绝交付全部图书
D. 乙有权拒绝交付与五万元书款价值相当的部分图书

【考点】 合同履行抗辩权的行使

【答案解析】 甲负有先支付书款的义务，乙享有顺序履行抗辩权而非同时履行抗辩权，选项 A 错误。

---

[1] C [2] D

甲不存在可能丧失履行能力的情形，乙不享有不安抗辩权，故选项 B 错误。

《民法典》第 526 条规定："当事人互负债务，有先后履行顺序，应当先履行债务一方未履行的，后履行一方有权拒绝其履行请求。先履行一方履行债务不符合约定的，后履行一方有权拒绝其相应的履行请求。"乙虽然享有顺序抗辩权，但其只能拒绝其相应的履行要求而不能拒绝任何履行要求，因此选项 C 错误，选项 D 正确。

6. 甲公司解雇潘某后，还欠潘某 3 万元工资未给。潘某多次索要无果，一气之下将甲公司的面包车开走。乙公司是甲公司的母公司，知道这事后帮甲公司向潘某支付了 2 万元工资。下列哪些选项是正确的？（2023 回忆）[1]

A. 潘某的行为是自助行为　　　　　B. 乙公司为无因管理
C. 甲公司还欠潘某 1 万元　　　　　D. 甲公司还欠潘某 3 万元

【考点】第三人清偿

【答案解析】选项 A 错误：自助行为要求权利人处于急迫形势中，无法向公权力机关寻求救济，而本案不存在这样的情形。

选项 B 正确：母公司与子公司债务相互分离，子公司履行债务是其独立的事务，母公司没有法律义务为其处理。因此上例中，乙公司的行为为无因管理。

选项 C 正确，选项 D 错误：乙公司作为甲公司的母公司，对于履行甲公司的债务有正当利益，其履行行为将产生相应的清偿效果，因此，甲公司还欠潘某 1 万元。

---

[1]　BC

第四章　违约责任

1. 甲乙签订一份买卖合同，约定违约方应向对方支付 18 万元违约金。后甲违约，给乙造成损失 15 万元。下列哪一表述是正确的？（2013）[1]

A. 甲应向乙支付违约金 18 万元，不再支付其他费用或者赔偿损失

B. 甲应向乙赔偿损失 15 万元，不再支付其他费用或者赔偿损失

C. 甲应向乙赔偿损失 15 万元并支付违约金 18 万元，共计 33 万元

D. 甲应向乙赔偿损失 15 万元及其利息

【考点】赔偿性违约金与损害赔偿的关系；违约金数额的调整

【答案解析】选项 C 错误。违约金分为惩罚性违约金和赔偿性违约金两种。惩罚性违约金，指法律规定或者合同债务人与债权人约定，债务人违约后，债务人除须支付违约金外，债务人负有的其他违约责任不受影响，债权人仍可请求债务人实际履行或者损害赔偿。因而惩罚性违约金可与损害赔偿并存适用。赔偿性违约金，是当事人预先估计的损害赔偿数额。此种违约金具有替代实际履行与损害赔偿的功能，债务人违约后，债权人只能请求债务人支付违约金，不得同时请求实际履行或损害赔偿（即赔偿性违约金与损害赔偿不能并用）。当事人依照民法典合同编规定，请求人民法院增加违约金的，增加后的违约金不超过实际损失额为限。增加违约金后，当事人又请求对方赔偿损失的，人民法院不予支持。由此可知，在民法典上，违约金原则上应为赔偿性违约金，与损害赔偿不能并用。

选项 A 正确，B、D 错误。《民法典》第 585 条第 2 款规定："……约定的违约金过分高于造成的损失的，人民法院或者仲裁机构可以根据当事人的请求予以适当减少。"另根据《最高人民法院关于适用〈中华人民共和国民法典〉合同编通则若干问题的解释》第 65 条第 2 款规定，"约定的违约金超过造成损失的百分之三十的，人民法院一般可以认定为过分高于造成的损失。"本题中，因违约造成的实际损失为 15 万元，约定的违约金是 18 万元，违约金高于损失 3 万元，并未达到 15 万元的 30%，不属于"过分高于"实际损失，因而甲无权要求调整。在赔偿乙实际损失 15 万元后，还应赔偿乙违约金与实际损失之间的差额 3 万元。此外，由于违约金和实际损失不能并存适用，甲向乙支付违约金 18 万元后，无需再向乙支付其他费用或赔偿损失。

2. 甲公司与乙公司签订商品房包销合同，约定甲公司将其开发的 10 套房屋交由乙公司包销。甲公司将其中 1 套房屋卖给丙，丙向甲公司支付了首付款 20 万元。后因国家出台房地产调控政策，丙不具备购房资格，甲公司与丙之间的房屋买卖合同不能继续履行。下列哪些表述是正确的？（2012）[2]

---

[1]　A　[2]　BC

A. 甲公司将房屋出卖给丙的行为属于无权处分

B. 乙公司有权请求甲公司承担违约责任

C. 丙有权请求解除合同

D. 甲公司只需将20万元本金返还给丙

【考点】履行不能

【答案解析】选项 A 错误。《商品房买卖合同解释》第 16 条的规定："出卖人与包销人订立商品房包销合同，约定出卖人将其开发建设的房屋交由包销人以出卖人的名义销售的，包销期满未销售的房屋，由包销人按照合同约定的包销价格购买，但当事人另有约定的除外。"甲、乙虽然签订了商品房包销合同，甲公司仍为其开发商品房的所有权人，并且包销合同并不构成对甲房屋所有权处分权能的限制。甲将由乙包销的一套房屋出卖给丙的行为不属于无权处分。

选项 B 正确。《商品房买卖合同解释》第 17 条的规定："出卖人自行销售已经约定由包销人包销的房屋，包销人请求出卖人赔偿损失的，应予支持，但当事人另有约定的除外。"因此，乙公司有权请求甲公司承担违约责任。

选项 C 正确，D 错误。《商品房买卖合同解释》第 19 条的规定："商品房买卖合同约定，买受人以担保贷款方式付款、因当事人一方原因未能订立商品房担保贷款合同并导致商品房买卖合同不能继续履行的，对方当事人可以请求解除合同和赔偿损失。因不可归责于当事人双方的事由未能订立商品房担保贷款合同并导致商品房买卖合同不能继续履行的，当事人可以请求解除合同，出卖人应当将收受的购房款本金及其利息或者定金返还买受人。"本题中，买方不具有购房资格，可类推适用本条规定，丙有权请求解除合同，且无须承担违约责任。

第五章　债的消灭

1. 2016 年 8 月 8 日，玄武公司向朱雀公司订购了一辆小型客用汽车。2016 年 8 月 28 日，玄武公司按照当地政策取得本市小客车更新指标，有效期至 2017 年 2 月 28 日。2016 年底，朱雀公司依约向玄武公司交付了该小客车，但未同时交付机动车销售统一发票、合格证等有关单证资料，致使玄武公司无法办理车辆所有权登记和牌照。关于上述购车行为，下列哪些说法是正确的？（2017）[1]

A. 玄武公司已取得该小客车的所有权

B. 玄武公司有权要求朱雀公司交付有关单证资料

C. 如朱雀公司一直拒绝交付有关单证资料，玄武公司可主张购车合同解除

D. 朱雀公司未交付有关单证资料，属于从给付义务的违反，玄武公司可主张违约责任，但不得主张合同解除

【考点】合同的解除

【答案解析】特殊动产买卖、合同的解除。

《民法典》第 224 条规定："动产物权的设立和转让，自交付时发生效力，但是法律另有规定的除外"；第 225 条规定："船舶、航空器和机动车等的物权的设立、变更、转让和消灭，未经登记，不得对抗善意第三人。"据此，机动车买卖中，交付可以转移所有权，登记的目的是用于对抗善意第三人。本题中，朱雀公司依约向玄武公司交付了该小客车，所有权即发生转移，A 正确。

朱雀公司未同时交付机动车销售统一发票、合格证等有关单证资料，构成违约，玄武公司有权要求朱雀公司交付有关单证资料，B 正确。

根据《民法典》第 563 条，当事人一方迟延履行债务或者有其他违约行为致使不能实现合同目的，当事人可以解除合同。本题中，命题者特别强调因朱雀公司"未同时交付机动车销售统一发票、合格证等有关单证资料，致使玄武公司无法办理车辆所有权登记和牌照"，因此，玄武公司虽然取得了小客车的所有权，但因无法办理登记，也不能获取牌照，其合同目的不能实现，故其有权主张解除合同，C 正确，D 错误。需要注意的是，一般情况下交付有关单证资料确属于从给付义务，不会影响合同目的的实现，但本题比较特殊，题干中已明确表明了从给付义务的履行与否直接影响到合同目的的实现。

2. 甲公司向乙公司购买小轿车，约定 7 月 1 日预付 10 万元，10 月 1 日预付 20 万元，12 月 1 日乙公司交车时付清尾款。甲公司按时预付第一笔款。乙公司于 9 月 30 日发函称因原材料价格上涨，需提高小轿车价格。甲公司于 10 月 1 日拒绝，等待乙公司答复未果后于 10 月 3

日向乙公司汇去 20 万元。乙公司当即拒收，并称甲公司迟延付款构成违约，要求解除合同，甲公司则要求乙公司继续履行。下列哪一表述是正确的？（2014）[1]

    A. 甲公司不构成违约   B. 乙公司有权解除合同

    C. 乙公司可行使先履行抗辩权   D. 乙公司可要求提高合同价格

【考点】解除合同的条件；先履行抗辩权；不安抗辩权

【答案解析】选项 A 正确。《民法典》第 527 条规定："应当先履行债务的当事人，有确切证据证明对方有下列情形之一的，可以中止履行：（1）经营状况严重恶化；（2）转移财产、抽逃资金，以逃避债务；（3）丧失商业信誉；（4）有丧失或者可能丧失履行债务能力的其他情形。当事人没有确切证据中止履行的，应当承担违约责任。"本题中，根据合同约定，甲公司负有先付款义务，然而，乙公司无故提高汽车价格，属于"丧失商业信誉"的情形，故甲公司可以行使不安抗辩权，中止付款义务的履行。因此，甲公司迟延付款不构成违约。

选项 B 错误。《民法典》第 563 条第 1 款规定："有下列情形之一的，当事人可以解除合同：（1）因不可抗力致使不能实现合同目的；（2）在履行期限届满之前，当事人一方明确表示或者以自己的行为表明不履行主要债务；（3）当事人一方迟延履行主要债务，经催告后在合理期限内仍未履行；（4）当事人一方迟延履行债务或者有其他违约行为致使不能实现合同目的；（5）法律规定的其他情形。"本题中，既然甲公司不构成违约，乙公司自无单方解除合同的权利。

选项 C 错误。《民法典》第 526 条规定："当事人互负债务，有先后履行顺序，先履行一方未履行的，后履行一方有权拒绝其履行要求。先履行一方履行债务不符合约定的，后履行一方有权拒绝其相应的履行要求。"本题中甲公司的迟延付款是由于乙公司的原因造成的，乙公司不享有先履行抗辩权。

选项 D 错误。提高合同价格，实际上是变更合同。本题中乙公司不具备与甲公司协商一致、情势变更等合法变更合同的条件，因此 D 项错误。

    3. 乙在甲提存机构办好提存手续并通知债权人丙后，将 2 台专业相机、2 台天文望远镜交甲提存。后乙另行向丙履行了提存之债，要求取回提存物。但甲机构工作人员在检修自来水管道时因操作不当引起大水，致乙交存的物品严重毁损。下列哪一选项是错误的？（2012）[2]

    A. 甲机构构成违约行为   B. 甲机构应承担赔偿责任

    C. 乙有权主张赔偿财产损失   D. 丙有权主张赔偿财产损失

【考点】提存

【答案解析】选项 A 和 B 表述正确，不当选。作为合同消灭事由之一的提存，是指由于债权人的原因而无法向其交付债的标的物时，债务人将该标的物交给提存部门而消灭债务的制度。《民法典》第 572 条规定："标的物提存后，债务人应当及时通知债权人或者债权人的继承人、遗产管理人、监护人、财产代管人。"标的物提存之后，提存部门有保管提存标的物的义务，提存部门应当采取适当的方法妥善保管提存标的物，以防毁损、变质或灭失。本题中，甲机构作为提存人，没有妥善保管提存标的物，构成违约，应承担赔偿责任。

选项 C 表述正确，不当选；选项 D 表述错误，当选。《民法典》第 573 条规定："标的物提存后，毁损、灭失的风险由债权人承担。提存期间，标的物的孳息归债权人所有。提存费用由债权人负担。"《民法典》第 574 条规定："债权人可以随时领取提存物，但是，债权人对债务人负有到期债务的，在债权人未履行债务或者提供担保之前，提存部门根据债务人的要求应

当拒绝其领取提存物。债权人领取提存物的权利，自提存之日起五年内不行使而消灭，提存物扣除提存费用后归国家所有。但是，债权人未履行对债务人的到期债务，或者债权人向提存部门书面表示放弃领取提存物权利的，债务人负担提存费用后有权取回提存物。"可见，在一般情况下，标的物提存之后，毁损、灭失的风险归债权人承担。但是，本题中，债务人乙另行向债权人丙履行了提存之债，故乙有权要求甲机构返还提存物。因为根据提存规则，提存人可以凭人民法院生效的判决、裁定或提存之债已经清偿的公证证明取回提存物。可见，乙有权主张赔偿财产损失，而丙无权主张赔偿财产损失。

4. 甲公司与乙公司签订并购协议："甲公司以1亿元收购乙公司在丙公司中51%的股权。若股权过户后，甲公司未支付收购款，则乙公司有权解除并购协议。"后乙公司依约履行，甲公司却分文未付。乙公司向甲公司发送一份经过公证的《通知》："鉴于你公司严重违约，建议双方终止协议，贵方向我方支付违约金；或者由贵方提出解决方案。"3日后，乙公司又向甲公司发送《通报》："鉴于你公司严重违约，我方现终止协议，要求你方依约支付违约金。"下列哪一选项是正确的？（2011）[1]

A.《通知》送达后，并购协议解除

B.《通报》送达后，并购协议解除

C. 甲公司对乙公司解除并购协议的权利不得提出异议

D. 乙公司不能既要求终止协议，又要求甲公司支付违约金

【考点】约定解除权；解除权的行使；合同解除与违约金责任的承担

【答案解析】选项A错误，B正确。合同的解除分为协议解除、约定解除和法定解除。《民法典》第562条第2款规定："当事人可以约定一方解除合同的事由。解除合同的事由发生时，解除权人可以解除合同。"这是关于约定解除权的规定。约定解除，指合同当事人约定一方或者双方享有解除权的条件，条件成就时，一方或者双方享有解除权。本题中，按照甲、乙的约定，约定解除权的条件已经成就，乙享有约定解除权。根据《民法典》第565条规定，当事人一方依法主张解除合同的，应当通知对方。合同自通知到达对方时解除。据此，法定解除权或者约定解除权成立后，合同并不当然解除。解除权人尚须作出解除的行为（发出书面或口头的解除通知），自解除通知到达对方当事人时，合同才被解除。本题中，《通知》并非解除的通知；《通报》才是解除的通知。合同自《通报》到达甲公司时才解除。

选项C错误。根据《民法典》第565条，一方行使法定解除权或者约定解除权时，对方有权提出异议。

选项D错误。《民法典》第566条第2款规定："合同因违约解除的，解除权人可以请求违约方承担违约责任，但是当事人另有约定的除外。"法理基础在于，虽然合同解除将导致合同权利、义务终止，但违约金条款属于《民法典》第567条规定的清理和结算条款，合同的解除不影响违约金条款的效力。一句话，合同因违约被解除后，不影响违约责任的承担。

---

[1] B

第六章　债的移转

1. 甲公司为乙公司向银行贷款 100 万元提供保证，乙公司将其基于与丙公司签订的供货合同而对丙公司享有的 100 万元债权出质给甲公司作反担保。下列哪一表述是正确的?(2013)[1]

　　A. 如乙公司依约向银行清偿了贷款，甲公司的债权质权仍未消灭

　　B. 如甲公司、乙公司将出质债权转让给丁公司但未通知丙公司，则丁公司可向丙公司主张该债权

　　C. 甲公司在设立债权质权时可与乙公司约定，如乙公司届期不清偿银行贷款，则出质债权归甲公司所有

　　D. 如乙公司将债权出质的事实通知了丙公司，则丙公司可向甲公司主张其基于供货合同而对乙公司享有的抗辩

【考点】 债权质权；担保物权的从属性；流质条款

【答案解析】 选项 A 错误。根据《民法典》第 393 条，主债权消灭时，担保物权随之消灭。乙公司将其基于与丙公司签订的供货合同而对丙公司享有的 100 万元债权出质给甲公司作反担保，该质押所担保的债是甲公司对银行的保证之债。同时，甲公司向银行提供的保证所担保的债是乙公司欠银行的贷款，若乙公司依约向银行清偿了贷款，则甲的保证债务全部消灭，甲所享有的权利质权也随之消灭。

选项 B 错误。《民法典》第 546 条第 1 款规定："债权人转让债权，未通知债务人的，该转让对债务人不发生效力。"据此，即使经过甲的同意，乙可将对丙的债权转让给丁，但因未通知债务人丙，故该债权转让对债务人丙不发生效力，丁无权请求丙对自己履行。

选项 C 错误。《民法典》第 428 条规定："质权人在债务履行期届满前，与出质人约定债务人不履行到期债务时质押财产归债权人所有的，只能依法就质押财产优先受偿。"

选项 D 正确。《民法典》第 548 条规定："债务人接到债权转让通知后，债务人对让与人的抗辩，可以向受让人主张。"因此，若乙公司将债权出质的事实通知了丙公司，丙公司可向甲公司主张其基于供货合同而对乙公司享有的抗辩。

2. 债的法定移转指依法使债权债务由原债权债务人转移给新的债权债务人。下列哪些项属于债的法定移转的情形?(2013)[2]

　　A. 保险人对第三人的代位求偿权

　　B. 企业发生合并或者分立时对原债权债务的承担

　　C. 继承人在继承遗产范围内对被继承人生前债务的清偿

---

[1]　D　[2]　ABCD

D. 根据买卖不破租赁规则，租赁物的受让人对原租赁合同的承受

【考点】 债的法定移转

【答案解析】 选项 A 正确。《保险法》第 60 条规定："因第三者对保险标的的损害而造成保险事故的，保险人自向被保险人赔偿保险金之日起，在赔偿金额范围内代位行使被保险人对第三者请求赔偿的权利。前款规定的保险事故发生后，被保险人已经从第三者取得损害赔偿的，保险人赔偿保险金时，可以相应扣减被保险人从第三者已取得的赔偿金额。保险人依照本条第 1 款规定行使代位请求赔偿的权利，不影响被保险人就未取得赔偿的部分向第三者请求赔偿的权利。"由此可知，保险人自向被保险人赔偿保险金之日起，被保险人对第三人的请求权法定移转给保险人，保险人在赔偿金额范围内可以代位行使被保险人对第三人请求赔偿的权利。

选项 B 正确。《民法典》第 67 条规定："法人合并的，其权利和义务由合并后的法人享有和承担。法人分立的，其权利和义务由分立后的法人享有连带债权，承担连带债务，但是债权人和债务人另有约定的除外。"企业发生合并或者分立时，合并或分立之前的债权债务转移给合并或分立后的企业，属于法定债权债务转移的情形。

选项 C 正确。《民法典》第 1163 条规定："既有法定继承又有遗嘱继承、遗赠的，由法定继承人清偿被继承人依法应当缴纳的税款和债务；超过法定继承遗产实际价值部分，由遗嘱继承人和受赠人按比例以所得遗产清偿。"因此，继承人必须在遗产范围内清偿被继承人生前的债务后才享有遗产的继承权。换句话说，被继承人生前的债务在遗产范围内法定移转给了继承人。

选项 D 正确。《民法典》第 725 条规定："租赁物在承租人按照租赁合同占有期限内发生所有权变动的，不影响租赁合同的效力。"这是关于买卖不破租赁的规定，租赁物的受让人承担了原出租人对承租人的债权和债务，属于债权债务法定移转的情形。

3. 甲将其对乙享有的 10 万元货款债权转让给丙，丙再转让给丁，乙均不知情。乙将债务转让给戊，得到了甲的同意。丁要求乙履行债务，乙以其不知情为由抗辩。下列哪一表述是正确的？(2012)[1]

A. 甲将债权转让给丙的行为无效

B. 丙将债权转让给丁的行为无效

C. 乙将债务转让给戊的行为无效

D. 如乙清偿 10 万元债务，则享有对戊的求偿权

【考点】 债的转让

【答案解析】 选项 A、B 错误。《民法典》第 546 条第 1 款规定："债权人转让债权，未通知债务人的，该转让对债务人不发生效力。"通知义务人为债权人，而非受让人或者再次受让人。因此，甲将债权转让给丙，丙将债权转让给丁，甲丙均未通知乙，故该两项转让对乙不发生效力。但是债权让与协议不因此无效。

选项 C 错误。既然债权两次转让都没有通知债务人乙，债权转让对乙不发生效力，对于乙而言，甲仍然是债权人，在乙将债务转让给戊取得甲同意的情况下，该债务承担有效，而且还是免责的债务承担。

选项 D 正确。乙既已退出，若乙清偿 10 万元债务，构成代为清偿。乙和戊之间无委托合同也无其他履行上的利害关系，乙可依无因管理或不当得利的规定求偿。

---

[1] D

第七章　债的保全

1. 甲欠乙30万元到期后，乙多次催要未果。甲与丙结婚数日后即办理离婚手续，在《离婚协议书》中约定将甲婚前的一处住房赠与知悉甲欠乙债务的丙，并办理了所有权变更登记。乙认为甲侵害了自己的权益，聘请律师向法院起诉，请求撤销甲的赠与行为，为此向律师支付代理费2万元。下列哪些选项是正确的？（2017）[1]

A. 《离婚协议书》因恶意串通损害第三人利益而无效

B. 如甲证明自己有稳定工资收入及汽车等财产可供还债，法院应驳回乙的诉讼请求

C. 如乙仅以甲为被告，法院应追加丙为被告

D. 如法院认定乙的撤销权成立，应一并支持乙提出的由甲承担律师代理费的请求

【考点】债权人撤销权

【答案解析】本题考查撤销权。甲与丙在签订《离婚协议书》时，丙知悉甲欠乙债务，只能表明丙是恶意的，但恶意与恶意串通并非同一概念，题干中并未说明双方有串通的过程，故A错误。

《民法典》第538条规定："债务人以放弃其债权、放弃债权担保、无偿转让财产等方式无偿处分财产权益，或者恶意延长其到期债权的履行期限，影响债权人的债权实现的，债权人可以请求人民法院撤销债务人的行为。"据此，行使撤销权，以债务人的行为对债权人造成损害为条件。因此，如果甲能证明自己有稳定工资收入及汽车等财产可供还债，即表明其有足够的还债能力，故其向丙赠与住房并不损害乙的利益，此时乙行使撤销权不能获得法律支持，B正确。

债权人依照规定提起撤销权诉讼时只以债务人为被告，未将受益人或者受让人列为第三人的，人民法院可以追加该受益人或者受让人为第三人。据此，如乙仅以甲为被告，法院可以追加丙为第三人，C错误。

债权人行使撤销权所支付的律师代理费、差旅费等必要费用，由债务人负担；第三人有过错的，应当适当分担。因此，如果法院认定乙的撤销权成立，因律师代理费属于必要费用范畴，故应一并支持乙提出的由甲承担律师代理费的请求，D正确。

2. 乙向甲借款20万元，借款到期后，乙的下列哪些行为导致无力偿还甲的借款时，甲不能申请法院予以撤销？（2016）[2]

A. 乙将自己所有的财产用于偿还对他人的未到期债务

B. 乙与其债务人约定放弃对债务人财产的抵押权

C. 乙在离婚协议中放弃对家庭共有财产的分割

---

[1]　BD　[2]　ABC

D. 乙父去世，乙放弃对父亲遗产的继承权

【考点】 债权人撤销权

【答案解析】《民法典》第538条规定："债务人以放弃其债权、放弃债权担保、无偿转让财产等方式无偿处分财产权益，或者恶意延长其到期债权的履行期限，影响债权人的债权实现的，债权人可以请求人民法院撤销债务人的行为。"乙将自己所有的财产用于偿还对他人的未到期债务，对债权人造成损害，可以撤销，故A选项正确。

同理，乙与其债务人约定放弃对债务人财产的抵押权，损害债权人债权，可以撤销，故B选项正确。

乙在离婚协议中放弃对家庭共有财产的分割，共有财产中有部分属于自己的财产，故损害债权人的债权，可以撤销，C选项正确。

债权人撤销权的功能在于恢复债务人的责任财产，而不是增加债务人的责任财产，故D选项错误，不能撤销。

3. 杜某拖欠谢某100万元。谢某请求杜某以登记在其名下的房屋抵债时，杜某称其已把房屋作价90万元卖给赖某，房屋钥匙已交，但产权尚未过户。该房屋市值为120万元。关于谢某权利的保护，下列哪些表述是错误的？(2014)[1]

A. 谢某可请求法院撤销杜某、赖某的买卖合同

B. 因房屋尚未过户，杜某、赖某买卖合同无效

C. 如谢某能举证杜某、赖某构成恶意串通，则杜某、赖某买卖合同无效

D. 因房屋尚未过户，房屋仍属杜某所有，谢某有权直接取得房屋的所有权以实现其债权

【考点】 债权人撤销权；合同的无效

【答案解析】 选项A表述错误，当选。根据《民法典》第538条的相关内容可知，因债务人放弃其到期债权或者无偿转让财产，对债权人造成损害的，债权人可以请求人民法院撤销债务人的行为。债务人以明显不合理的低价转让财产，对债权人造成损害，并且受让人知道该情形的，债权人也可以请求人民法院撤销债务人的行为。根据《最高人民法院关于印发〈全国法院贯彻实施民法典工作会议纪要〉的通知》第9条第2款的规定，转让价格达不到交易时交易地的指导价或者市场交易价70%的，一般可以视为明显不合理的低价；对转让价格高于当地指导价或者市场交易价30%的，一般可以视为明显不合理的高价。本题中，杜某转让房屋的价格为市值的75%，尚不构成明显不合理的低价。

选项B表述错误，当选。《民法典》第215条规定："当事人之间订立有关设立、变更、转让和消灭不动产物权的合同，除法律另有规定或者当事人另有约定外，自合同成立时生效；未办理物权登记的，不影响合同效力。"此即物权变动的区分原则。本题中，当事人双方未办理过户手续，只会影响到房屋所有权的变动，不影响买卖合同的效力。

选项C表述正确，不当选。《民法典》第154条规定："行为人与相对人恶意串通，损害他人合法权益的民事法律行为无效。"由此可知，双方恶意串通，损害国家、集体或者第三人利益的合同无效，双方恶意串通损害他人利益是合同无效情形之一。

选项D表述错误，当选。D项的表述错误比较明显，债权的核心是请求权，其行使尚需债务人的配合，因此不能像物权等支配权那样行使。

---

[1] ABD

4. 甲公司对乙公司享有 5 万元债权，乙公司对丙公司享有 10 万元债权。如甲公司对丙公司提起代位权诉讼，则针对甲公司，丙公司的下列哪些主张具有法律依据？（2012）[1]

A. 有权主张乙公司对甲公司的抗辩

B. 有权主张丙公司对乙公司的抗辩

C. 有权主张代位权行使中对甲公司的抗辩

D. 有权要求法院追加乙公司为共同被告

【考点】代位权

【答案解析】在代位权诉讼中，次债务人对债务人的抗辩，可以向债权人主张。债务人在代位权诉讼中对债权人的债权提出异议，经审查异议成立的，法院应当裁定驳回债权人的起诉。这就意味着，在代位权诉讼中，次债务人得向债权人主张债务人对债权人的抗辩，也可以向债权人主张次债务人对债务人的抗辩。故 A、B 项均正确，当选。

在代位权诉讼中，作为诉讼关系中的直接当事人，次债务人对债权人自然也能主张抗辩，比如行使代位权的数额超出主债权的数额等。故 C 项正确，当选。

债权人以次债务人为被告向法院提起代位权诉讼，未将债务人列为第三人的，法院可以追加债务人为第三人。因此，在本题中丙有权请求追加乙公司为第三人，而不是共同被告。故 D 项错误，不当选。综上所述，本题的正确答案为 ABC。

5. 甲公司在 2011 年 6 月 1 日欠乙公司货款 500 万元，届期无力清偿。2010 年 12 月 1 日，甲公司向丙公司赠送一套价值 50 万元的机器设备。2011 年 3 月 1 日，甲公司向丁基金会捐赠 50 万元现金。2011 年 12 月 1 日，甲公司向戊希望学校捐赠价值 100 万元的电脑。甲公司的 3 项赠与行为均尚未履行。下列哪一选项是正确的？（2012）[2]

A. 乙公司有权撤销甲公司对丙公司的赠与

B. 乙公司有权撤销甲公司对丁基金会的捐赠

C. 乙公司有权撤销甲公司对戊学校的捐赠

D. 甲公司有权撤销对戊学校的捐赠

【考点】债权人撤销权

【答案解析】选项 A、B 错误。根据《民法典》第 538 条，债权人撤销权的构成要件有三：（1）债权人对债务的债权合法、有效；（2）债务人对债权人负担债务之后实施了有效法律行为（须为财产行为，不能是身份行为），且该法律行为损害到债权人的债权；（3）若债务人实施的法律行为系有偿行为，需要债务人与受益人（或者受让人）对债权人遭受的损害具有恶意。债权人撤销权的功能在于恢复债务人的一般责任财产，而不在于增加债务人的责任财产。所以，债权人有权（依照债权人撤销权）撤销债务人的处分行为，须在债务人对债权人负担债务之后而不能在债务人对债权人负担债务之前行使。A 项中，甲公司对丙公司赠与价值 50 万元机器设备的行为发生在甲对乙负担债务之前，乙公司无权撤销。同理，B 项中，甲公司对丁基金会的捐赠行为也发生在甲对乙负担债务之前，乙公司无权撤销。

选项 C 正确，D 错误。《民法典》第 658 条规定："赠与人在赠与财产的权利转移之前可以撤销赠与。经过公证的赠与合同或者依法不得撤销的具有救灾、扶贫、助残等公益、道德义务性质的赠与合同，不适用前款规定。"甲公司向戊希望小学的赠与属于具有社会公益性质的赠与合同，赠与人甲公司不享有任意撤销权。虽赠与人甲不享有任意撤销权，但甲公司向戊希望小学的赠与行为损害到乙的债权，并符合债权人撤销权的构成要件，故乙公司有权行使债权人

――――――
〔1〕 ABC 〔2〕 C

撤销权，撤销甲公司向戊希望小学的赠与合同。

6. 甲公司对乙公司享有 10 万元债权，乙公司对丙公司享有 20 万元债权。甲公司将其债权转让给丁公司并通知了乙公司，丙公司未经乙公司同意，将其债务转移给戊公司。如丁公司对戊公司提起代位权诉讼，戊公司下列哪一抗辩理由能够成立？（2011）[1]

A. 甲公司转让债权未获乙公司同意

B. 丙公司转移债务未经乙公司同意

C. 乙公司已经要求戊公司偿还债务

D. 乙公司、丙公司之间的债务纠纷有仲裁条款约束

【考点】债权转让；债务承担；代位权

【答案解析】A 项中的关键词为"未获"和"同意"。债权人转让债权的，应当通知债务人。未经通知，该转让对债务人不发生效力。本题中，甲公司将其债权转让给丁公司"通知了"（该关键词表明已经产生外部效力）乙公司，无须获得乙公司的同意。故 A 项的抗辩理由不能够成立。故 A 项错误，不当选。

B 项中的关键词为"未经"和"同意"。债务人将债务的全部或者部分转移给第三人的，应当经债权人同意。本题中，丙公司（债务人）将自己对乙公司（债权人）的全部债务转让给戊公司需要得到乙公司（债权人）的同意，否则该转让无效，丙公司仍然为债务人，丁公司不能直接向戊公司行使代位权。故 B 项的抗辩理由是能够成立的。故 B 项正确，当选。

C 项中的关键词为"已经要求"。如乙公司（债权人）已经要求戊公司偿还债务，则乙公司（债权人）以"行为方式"（要求偿还债务）表明其同意债务转移，戊公司成为债务人，丁公司当然可以向其主张代位权。因此，C 项中的抗辩理由不能够成立。故 C 项错误，不当选。

D 项中的关键词为"仲裁条款"。基于仲裁条款的相对性原理，乙公司、丙公司之间的仲裁条款仅约束乙公司和丙公司，并非丁公司行使代位权的阻却事由。因此，D 项中的抗辩理由亦不能够成立。故 D 项错误，不当选。

7. 甲公司与乙公司签订 10 万元建材买卖合同后，乙交付建材，甲公司未付建材款。甲公司将该建材用于丙公司办公楼装修，丙公司需向甲公司支付 15 万元装修款，其中 5 万元已经支付完毕。丙公司给乙公司出具《担保函》："本公司同意以欠甲公司的 10 万元装修款担保甲公司欠乙公司的 10 万元建材款。"乙公司对此并无异议。后来，甲公司对乙公司的债务、丙公司对甲公司的债务均届期未偿，且甲公司怠于向丙公司主张债权。下列哪些表述是正确的？（2011）[2]

A. 乙公司对丙公司享有应收账款质权

B. 丙公司应对乙公司承担保证责任

C. 乙公司可以对丙公司提起代位权诉讼

D. 乙公司可以要求并存债务承担人丙公司清偿债务

【考点】保证合同的成立；代位权

【答案解析】选项 A 错误。《民法典》第 445 条规定："以应收账款出质的，质权自办理出质登记时设立。应收账款出质后，不得转让，但是出质人与质权人协商同意的除外。出质人转让应收账款所得的价款，应当向质权人提前清偿债务或者提存。"据此，应收账款质权，指出质人以自己对他人享有的应收账款债权为客体设立的质权。应收账款质权自办理出质登记时设立。出质人只能以自己享有的债权设立质权，而不能以自己负担的债务设立质权。本题中，丙

公司并未将自己对他人的应收账款债权为乙公司设立质权，故乙公司对丙公司不享有应收账款质权。同时，丙系以保证人身份担保甲对乙的付款义务，但约定了保证范围（丙的保证责任以10万元为限），这与应收账款质权显有不同，系属二事。

选项 B 正确。第三人单方以书面形式向债权人出具担保书，债权人接受且未提出异议的，保证合同成立。本题中，丙公司单方面向乙公司出具担保函，乙公司接受且未提出异议，应认定丙、乙间的保证合同成立。

选项 C 正确。代位权的成立要件有四：（1）债权人对债务人的债权合法、有效（未过诉讼时效）、到期；（2）债务人对次债务人的金钱债权合法、有效、到期；（3）债务人怠于行使对次债务人的金钱债权，并因此损害债权人的债权；（4）债务人对次债务人的债权不具有专属性。本题中，除了丙是乙的保证人（保证范围为10万元）这一关系外，乙公司为债权人，甲公司为债务人，丙公司为次债务人（债务人甲公司的债务人），且三者之间的法律关系符合代位权的构成要件，故乙公司可对丙公司提起代位权之诉。

选项 D 错误。所谓并存的债务承担，指债务人以外的第三人加入债的关系，与债务人就债务的清偿承担连带责任，原债务人并不退出债权关系。本题中，不存在丙公司加入甲、乙间的债务关系，故甲对乙的债务与甲承担连带清偿责任的约定，不能成立并存的债务承担。

8. 甲公司为乙医院提供医疗设备，乙医院欠甲公司设备费用 300 万元，逾期支付满一年。甲公司发现丙公司欠乙医院医疗服务费 500 万，丙公司逾期支付满两年，乙医院一直未催促丙公司支付。现甲公司欲向丙公司行使代位权向法院起诉。下列说法正确的有？（2023 回忆）[1]

　　A. 甲公司对丙公司行使代位权，甲公司对乙医院的诉讼时效中止
　　B. 甲公司对丙公司行使代位权，乙医院对丙公司的诉讼时效中止
　　C. 甲公司的代位权以 300 万为限
　　D. 甲公司的代位权以 500 万为限

【考点】债权人代位权

【答案解析】根据《最高人民法院关于审理民事案件适用诉讼时效制度若干问题的规定》第 16 条的规定，债权人提起代位权诉讼的，应当认定对债权人的债权和债务人的债权均发生诉讼时效中断的效力。A、B 均错；

根据《民法典》第 535 条第 2 款的规定，代位权的行使范围以债权人的到期债权为限。C 正确，D 错误。

---

〔1〕 C

第八章　债的担保

1. 根据甲公司的下列哪些《承诺（保证）函》，如乙公司未履行义务，甲公司应承担保证责任？（2013）[1]

A. 承诺："积极督促乙公司还款，努力将丙公司的损失降到最低"

B. 承诺："乙公司向丙公司还款，如乙公司无力还款，甲公司愿代为清偿"

C. 保证："乙公司实际投资与注册资金相符。"实际上乙公司实际投资与注册资金不符

D. 承诺："指定乙公司与丙公司签订保证合同。"乙公司签订了保证合同但拒不承担保证责任

【考点】保证合同的成立

【答案解析】选项A、D错误。《民法典》第681条规定："保证合同是为保障债权的实现，保证人和债权人约定，当债务人不履行到期债务或者发生当事人约定的情形时，保证人履行债务或者承担责任的合同。"可见，保证合同中，保证人需明确表达代为履行债务的意思。选项A、D中，甲公司均没有此种意思表示，故保证合同并未成立，甲公司无须承担保证责任，故不当选。

选项B正确。《民法典》第687条第1款规定："当事人在保证合同中约定，债务人不能履行债务时，由保证人承担保证责任的，为一般保证。"选项B中，甲公司的承诺表明甲公司对乙公司的债务承担一般保证责任。

选项C正确。保证人对债务人的注册资金提供保证的，债务人的实际投资与注册资金不符，或者抽逃转移注册资金的，保证人在注册资金不足或者抽逃转移注册资金的范围内承担连带保证责任。故选项C当选。

2. 甲公司与乙公司达成还款计划书，约定在2012年7月30日归还100万元，8月30日归还200万元，9月30日归还300万元。丙公司对三笔还款提供连带责任保证，未约定保证期间。后甲公司同意乙公司将三笔还款均顺延3个月，丙公司对此不知情。乙公司一直未还款，甲公司仅于2013年3月15日要求丙公司承担保证责任。关于此时丙公司保证责任，下列哪一表述是正确的？（2014）[2]

A. 丙公司保证担保的主债权为300万元

B. 丙公司保证担保的主债权为500万元

C. 丙公司保证担保的主债权为600万元

D. 因延长还款期限未经保证人同意，丙公司不再承担保证责任

【考点】保证期间

---

[1] BC　[2] A

【答案解析】《民法典》第 692 条第 2 款规定："债权人与保证人可以约定保证期间，但是约定的保证期间早于主债务履行期限或者与主债务履行期限同时届满的，视为没有约定；没有约定或者约定不明确的，保证期间为主债务履行期限届满之日起六个月。"《民法典》第 695 条第 2 款规定："债权人和债务人变更主债权债务合同履行期限，未经保证人书面同意的，保证期间不受影响。"也即债权人与债务人对主合同履行期限作了变动，未经保证人书面同意的，保证期间为原合同约定的或者法律规定的期间。根据题目所述事实，只有 9 月 30 日的 300 万元债权尚在保证期间内，据此，本题应选 A 项，其余三项皆错误。

3. 张某从甲银行分支机构乙支行借款 20 万元，李某提供保证担保。李某和甲银行又特别约定，如保证人不履行保证责任，债权人有权直接从保证人在甲银行及其支行处开立的任何账户内扣收。届期，张某、李某均未还款，甲银行直接从李某在甲银行下属的丙支行账户内扣划了 18 万元存款用于偿还张某的借款。下列哪一表述是正确的？（2014）[1]

　　A. 李某与甲银行关于直接在账户内扣划款项的约定无效

　　B. 李某无须承担保证责任

　　C. 乙支行收回 20 万元全部借款本金和利息之前，李某不得向张某追偿

　　D. 乙支行应以自己的名义向张某行使追索权

　　【考点】保证；银行分支机构的法律地位

　　【答案解析】选项 A 错误。保证人李某与甲银行之间的特别约定有利于乙支行的债权实现，又无其他导致合同无效的事由，故该约定有效。

　　选项 B 错误。李某不具备保证合同上的免责事由，故需要承担保证责任。

　　选项 C 错误。乙支行已经收回了部分款项，李某作为保证人已经承担了部分保证责任，其可以向债务人追偿。

　　选项 D 正确。乙支行虽然不具有法人资格，但是属于我国民诉法上可以以自己名义参加诉讼的其他组织，故乙支行应以自己的名义向张某行使追索权。

4. 甲公司从乙公司采购 10 袋菊花茶，约定："在乙公司交付菊花茶后，甲公司应付货款 10 万元。"丙公司提供担保函："若甲公司不依约付款，则由丙公司代为支付。"乙公司交付的菊花茶中有 2 袋经过硫磺熏蒸，无法饮用，价值 2 万元。乙公司要求甲公司付款未果，便要求丙公司付款 10 万元。下列哪些表述是正确的？（2011）[2]

　　A. 如丙公司知情并向乙公司付款 10 万元，则丙公司只能向甲公司追偿 8 万元

　　B. 如丙公司不知情并向乙公司付款 10 万元，则乙公司会构成不当得利

　　C. 如甲公司付款债务诉讼时效已过，丙公司仍向乙公司付款 8 万元，则丙公司不得向甲公司追偿

　　D. 如丙公司放弃对乙公司享有的先诉抗辩权，仍向乙公司付款 8 万元，则丙公司不得向甲公司追偿

　　【考点】顺序履行抗辩权；保证人的抗辩权

　　【答案解析】选项 A 正确。《民法典》第 526 条规定："当事人互负债务，有先后履行顺序，应当先履行债务一方未履行的，后履行一方有权拒绝其履行请求。先履行一方履行债务不符合约定的，后履行一方有权拒绝其相应的履行请求。"在甲、乙的买卖合同中，应先履行的乙交付的价值 2 万元的菊花茶不符合约定质量，若乙请求应当后履行的甲支付 10 万元价款，甲可行使顺序履行抗辩权，拒绝支付相应的 2 万元价款。即若甲对乙行使顺序履行抗辩权，甲

---

[1]　D　[2]　ABC

对乙的付款义务仅有8万元。《民法典》第701条规定："保证人可以主张债务人对债权人的抗辩。债务人放弃抗辩的，保证人仍有权向债权人主张抗辩。"保证人自行履行保证责任时，其实际清偿额大于主债权范围的，保证人只能在主债权范围内对债务人行使追偿权。据此，保证人可援用债务人对债权人的抗辩权。本题中，"乙公司要求甲公司付款未果"，表明乙请求甲支付10万元货款时，甲已经对乙行使了顺序履行抗辩权，甲对乙的10万元付款义务因此缩减为8万元。与此相应，丙对乙的保证债务也由10万元缩减为8万元。此时，若乙请求丙承担10万元的保证责任，丙别无选择，必须援用甲的顺序履行抗辩权，只对8万元的债务承担保证责任。若丙不援用甲的顺序履行抗辩权，仍承担10万元的责任，超出的2万元并非保证责任的承担（因为保证债务只有8万元），丙就只能向甲追偿8万元。

选项B正确。如果丙不知甲享有并行使了顺序履行抗辩权，并对乙承担了10万元的责任，超出的2万元并非保证责任的范围，而属于"非债清偿"，构成不当得利，丙有权请求乙返还不当得利2万元。

选项C正确。《民法典》第700条规定："保证人承担保证责任后，除当事人另有约定外，有权在其承担保证责任的范围内向债务人追偿，享有债权人对债务人的权利，但是不得损害债权人的利益。"《诉讼时效规定》第18条规定："主债务诉讼时效期间届满，保证人享有主债务人的诉讼时效抗辩权。保证人未主张前述诉讼时效抗辩权，承担保证责任后向主债务人行使追偿权的，人民法院不予支持，但主债务人同意给付的情形除外。"如果主债务诉讼时效已过，保证人享有主债务人的诉讼时效抗辩权，如果保证人没有主张，则保证人在承担保证责任后不得对主债务人行使追偿权。

选项D错误。保证除了可以援用债务人对债权人的抗辩权之外，保证人对债权人可能还享有自己的抗辩权（如先诉抗辩权；保证债务诉讼时效期间经过的抗辩权）。注意的是，若丙公司为一般保证人，丙放弃对债权人乙公司享有的先诉抗辩权不会对债务人甲公司产生不利影响（此点与保证人丙放弃诉讼时效经过的抗辩并不相同），丙承担保证责任后，不丧失对债务人甲的追偿权。

第九章 债的分类

1. 婷婷满一周岁，其父母将某影楼摄影师请到家中为其拍摄纪念照，并要求影楼不得保留底片用作他途。相片洗出后，影楼违反约定将婷婷相片制成挂历出售，获利颇丰。本案中存在哪些债的关系？（2008）[1]

A. 承揽合同之债   B. 委托合同之债

C. 侵权行为之债   D. 不当得利之债

【考点】债的分类

【答案解析】《民法典》第770条规定："承揽合同是承揽人按照定作人的要求完成工作，交付工作成果，定作人支付报酬的合同。承揽包括加工、定作、修理、复制、测试、检验等工作。"由于照相馆必须交付合格的冲洗照片即要交付成果，婷婷的父母与影楼之间成立的是承揽合同之债，故A正确。

《民法典》第919条规定："委托合同是委托人和受托人约定，由受托人处理委托人事务的合同。"据此，委托合同只是强调由受托人处理委托人事务，并不强调工作成果，因此本题不符合委托合同特点，故B错误。

《民法典》第1019条规定："任何组织或者个人不得以丑化、污损，或者利用信息技术手段伪造等方式侵害他人的肖像权。未经肖像权人同意，不得制作、使用、公开肖像权人的肖像，但是法律另有规定的除外。未经肖像权人同意，肖像作品权利人不得以发表、复制、发行、出租、展览等方式使用或者公开肖像权人的肖像。"本题中，影楼擅自将婷婷相片制成挂历出售的行为构成对婷婷肖像权的侵害，构成侵权，所以C项正确。

影楼违反约定将婷婷相片制成挂历出售，获利颇丰，影楼获得利益缺乏法律上的根据，婷婷遭受损失（婷婷父母利用婷婷的肖像获利的潜在可能性遭受侵犯，不管其是否具有利用其肖像营利的打算），故成立不当得利之债，D正确。

2. 甲、乙与丙就交通事故在交管部门的主持下达成《调解协议书》，由甲、乙分别赔偿丙5万元。甲当即履行，乙赔了1万元，余下4万元给丙打了欠条。乙到期后未履行，丙多次催讨未果，遂持《调解协议书》与欠条向法院起诉。下列哪　表述是正确的？（2013）[2]

A. 本案属侵权之债

B. 本案属合同之债

C. 如丙获得工伤补偿，乙可主张相应免责

D. 丙可要求甲继续赔偿4万元

【考点】债的分类；第三人侵权造成工伤的责任承担；按份之债

---

〔1〕 ACD 〔2〕 B

· 49 ·

【答案解析】选项A错误，B正确。机动车发生道路交通事故致人损害的，成立侵权之债。若赔偿权利人与加害人对损害赔偿达成调解协议，则侵权之债转化为合同之债，侵权之债因此消灭。不能达成调解协议，或者调解协议无效、被撤销的，仍按侵权之债处理。本题中，侵权发生后，甲、乙与丙达成了《调解协议书》，侵权之债转化为合同之债。

选项C错误。《人身损害赔偿解释》第3条规定："依法应当参加工伤保险统筹的用人单位的劳动者，因工伤事故遭受人身损害，劳动者或者其近亲属向人民法院起诉请求用人单位承担民事赔偿责任的，告知其按《工伤保险条例》的规定处理。因用人单位以外的第三人侵权造成劳动者人身损害，赔偿权利人请求第三人承担民事赔偿责任的，人民法院应予支持。"其规范内容是：依法应当参加工伤保险统筹的用人单位的劳动者，因用人单位以外的第三人实施侵权行为遭受工伤损害的，受害人不仅可以请求获得工伤保险金，还可以对第三人主张侵权损害赔偿，二者并行不悖。

选项D错误。根据该《调解协议书》，甲、乙分别赔偿丙5万元，因此甲、乙对丙承担的是按份之债，即甲、乙各自只对自己的份额承担责任。丙只能请求乙继续赔偿4万元。

3. 甲公司向银行贷款1000万元，乙公司和丙公司向银行分别出具担保函："在甲公司不按时偿还1000万元本息时，本公司承担保证责任。"关于乙公司和丙公司对银行的保证债务，下列哪一表述是正确的？(2011)[1]

A. 属于选择之债
B. 属于连带之债
C. 属于按份之债
D. 属于多数人之债

【考点】债的分类

【答案解析】选择之债是在同一个债务人的不同给付中进行选择（债权的标的有多项），本题就是一笔货币（金钱）之债，不存在可以选择的问题，故A选项错误。

乙公司和丙公司分别向债权人出具担保函，但任何一方都未与债权人约定各自担保的份额，根据《民法典》第699条以及《担保制度解释》第13条（第13条规定，同一债务有两个以上第三人提供担保，担保人之间约定相互追偿及分担份额，承担了担保责任的担保人请求其他担保人按照约定分担份额的，人民法院应予支持；担保人之间约定承担连带共同担保，或者约定相互追偿但是未约定分担份额的，各担保人按照比例分担向债务人不能追偿的部分。同一债务有两个以上第三人提供担保，担保人之间未对相互追偿作出约定且未约定承担连带共同担保，但是各担保人在同一份合同书上签字、盖章或者按指印，承担了担保责任的担保人请求其他担保人按照比例分担向债务人不能追偿部分的，人民法院应予支持。除前两款规定的情形外，承担了担保责任的担保人请求其他担保人分担向债务人不能追偿部分的，人民法院不予支持。）的规定，该共同保证为连带共同保证，B选项正确，C选项错误。

本题中存在三个债，即甲与银行的借贷之债、乙与银行的保证之债、丙与银行的保证之债，这三个债都是一个当事人与另一当事人之间的单一之债，并非多数人之债，故D项错误。

---

[1] B

第十章　移转所有权的合同

1. 甲为出售一台挖掘机分别与乙、丙、丁、戊签订买卖合同，具体情形如下：2016 年 3 月 1 日，甲胁迫乙订立合同，约定货到付款；4 月 1 日，甲与丙签订合同，丙支付 20% 的货款；5 月 1 日，甲与丁签订合同，丁支付全部货款；6 月 1 日，甲与戊签订合同，甲将挖掘机交付给戊。上述买受人均要求实际履行合同，就履行顺序产生争议。关于履行顺序，下列哪一选项是正确的？（2016）〔1〕

A. 戊、丙、丁、乙　　　　　　　　　B. 戊、丁、丙、乙

C. 乙、丁、丙、戊　　　　　　　　　D. 丁、戊、乙、丙

【考点】动产多重买卖

【答案解析】《最高人民法院关于审理买卖合同纠纷案件适用法律问题的解释》第 6 条规定："出卖人就同一普通动产订立多重买卖合同，在买卖合同均有效的情况下，买受人均要求实际履行合同的，应当按照以下情形分别处理：（1）先行受领交付的买受人请求确认所有权已经转移的，人民法院应予支持；（2）均未受领交付，先行支付价款的买受人请求出卖人履行交付标的物等合同义务的，人民法院应予支持；（3）均未受领交付，也未支付价款，依法成立在先合同的买受人请求出卖人履行交付标的物等合同义务的，人民法院应予支持。"本题的挖掘机，属于非机动车，属于普通动产。故第一步，应当看受领交付，C 选项错误、D 选项错误。

丙、丁的顺序如何确定？"先行支付价款"，不管支付价款的多少。丙在 4 月 1 日就支付了部分价款，先于丁。因此，A 选项正确，B 选项错误。

2. 甲有件玉器，欲转让，与乙签订合同，约好 10 日后交货付款；第二天，丙见该玉器，愿以更高的价格购买，甲遂与丙签订合同，丙当即支付了 80% 的价款，约好 3 天后交货；第三天，甲又与丁订立合同，将该玉器卖给丁，并当场交付，但丁仅支付了 30% 的价款。后乙、丙均要求甲履行合同，诉至法院。下列哪一表述是正确的？（2013）〔2〕

A. 应认定丁取得了玉器的所有权

B. 应支持丙要求甲交付玉器的请求

C. 应支持乙要求甲交付玉器的请求

D. 第一份合同有效，第二、三份合同均无效

【考点】动产多重买卖

【答案解析】选项 A 正确。《民法典》第 224 条规定："动产物权的设立和转让，自交付发生效力，但是法律另有规定的除外。"具体到本题，甲将玉器依据买卖合同已经交付给了丁，

---

〔1〕　A　〔2〕　A

丁取得了玉器的所有权。选项 B、C 错误。《最高人民法院关于审理买卖合同纠纷案件适用法律问题的解释》第 6 条规定："出卖人就同一普通动产订立多重买卖合同，在买卖合同均有效的情况下，买受人均要求实际履行合同的，应当按照以下情形分别处理：（1）先行受领交付的买受人请求确认所有权已经转移的，人民法院应予支持；（2）均未受领交付，先行支付价款的买受人请求出卖人履行交付标的物等合同义务的，人民法院应予支持；（3）均未受领交付，也未支付价款，依法成立在先合同的买受人请求出卖人履行交付标的物等合同义务的，人民法院应予支持。"本题中，既然丁已经取得了玉器所有权，乙、丙的诉求自然不能得到法院支持。

选项 D 错误。如无其他导致合同无效的情形，多重买卖合同本身都是有效的。

3. 甲公司借用乙公司的一套设备，在使用过程中不慎损坏一关键部件，于是甲公司提出买下该套设备，乙公司同意出售。双方还口头约定在甲公司支付价款前，乙公司保留该套设备的所有权。不料在支付价款前，甲公司生产车间失火，造成包括该套设备在内的车间所有财物被烧毁。对此，下列哪些选项是正确的？(2016)[1]

A. 乙公司已经履行了交付义务，风险责任应由甲公司负担

B. 在设备被烧毁时，所有权属于乙公司，风险责任应由乙公司承担

C. 设备虽然已经被烧毁，但甲公司仍然需要支付原定价款

D. 双方关于该套设备所有权保留的约定应采用书面形式

【考点】 买卖合同风险负担、观念交付

【答案解析】《民法典》第 604 条规定："标的物毁损、灭失的风险，在标的物交付之前由出卖人承担，交付之后由买受人承担，但是法律另有规定或者当事人另有约定的除外。"《民法典》第 226 条规定："动产物权设立和转让前，权利人已经占有该动产的，物权自民事法律行为生效时发生效力。"买卖合同的风险移转采取交付主义，本题甲公司提出买下该套设备，乙公司同意出售，乙公司以简易交付的方式将设备交付给甲公司，风险移转由甲公司承担，故 A 选项正确，B 选项错误。

因甲公司负担风险，故甲公司仍须支付价款，故 C 选项正确。

《民法典》第 641 条第 1 款规定："当事人可以在买卖合同中约定买受人未履行支付价款或者其他义务的，标的物的所有权属于出卖人。"并未强制保留所有权务必采取书面形式，故 D 选项错误。

4. 甲乙约定卖方甲负责将所卖货物运送至买方乙指定的仓库。甲如约交货，乙验收收货，但甲未将产品合格证和原产地证明文件交给乙。乙已经支付 80% 的货款。交货当晚，因山洪暴发，乙仓库内的货物全部毁损。下列哪些表述是正确的？(2013)[2]

A. 乙应当支付剩余 20% 的货款

B. 甲未交付产品合格证与原产地证明，构成违约，但货物损失由乙承担

C. 乙有权要求解除合同，并要求甲返还已支付的 80% 货款

D. 甲有权要求乙支付剩余的 20% 货款，但应补交已经毁损的货物

【考点】 风险负担；违约责任

【答案解析】 选项 A 正确，D 错误。《民法典》第 604 条规定，"标的物毁损、灭失的风险，在标的物交付之前由出卖人承担，交付之后由买受人承担，但是法律另有规定或者当事人另有约定的除外。"因甲已向乙完成了货物交付，风险应由乙承担，乙应当支付剩余 20% 货

---

[1] AC 〔2〕 AB

款，甲也不用补交已经毁损的货物。故 A 项正确，D 项错误。

选项 B 正确。《民法典》第 599 条规定："出卖人应当按照约定或者交易习惯向买受人交付提取标的物单证以外的有关单证和资料。"《民法典》第 609 条规定："出卖人按照约定未交付有关标的物的单证和资料的，不影响标的物毁损、灭失风险的转移。"《民法典》第 611 条规定："标的物毁损、灭失的风险由买受人承担的，不影响因出卖人履行义务不符合约定，买受人请求其承担违约责任的权利。"由此可知，出卖人有交付单证和资料的义务，因此乙有权请求甲承担未交付有关单证的违约责任，但这并不影响货物的风险负担。

选项 C 错误。本题中，货物系因不可归责于甲、乙的原因毁损灭失，对于货物的毁损灭失，不属于甲的违约行为。未交付有关标的物的单证和资料虽构成违约，但并不能导致法定解除权的产生。因此，乙不享有法定解除权，不能要求解除合同。

5. 郭某意外死亡，其妻甲怀孕两个月。郭某父亲乙与甲签订协议："如把孩子顺利生下来，就送十根金条给孩子。"当日乙把八根金条交给了甲。孩子顺利出生后，甲不同意由乙抚养孩子，乙拒绝交付剩余的两根金条，并要求甲退回八根金条。下列哪些选项是正确的？(2015)[1]

A. 孩子为胎儿，不具备权利能力，故协议无效
B. 孩子已出生，故乙不得拒绝赠与
C. 八根金条已交付，故乙不得要求退回
D. 两根金条未交付，故乙有权不交付

【考点】附条件合同，赠与合同撤销

【答案解析】选项 A 错误。根据题目意思，赠与协议的当事人是乙与甲，而不是乙和孩子，因此，赠与协议有效。选项 B 正确。

《民法典》第 158 条规定："民事法律行为可以附条件，但是根据其性质不得附条件的除外。附生效条件的民事法律行为，自条件成就时生效。附解除条件的民事法律行为，自条件成就时失效。"本题中当事人所签订的是附生效条件的赠与合同。双方所约定的条件已成就，故赠与合同已生效，乙应当履行约定的赠与义务。选项 C 正确。

《民法典》第 663 条规定："受赠人有下列情形之一的，赠与人可以撤销赠与：（一）严重侵害赠与人或者赠与人近亲属的合法权益；（二）对赠与人有扶养义务而不履行；（三）不履行赠与合同约定的义务。赠与人的撤销权，自知道或者应当知道撤销事由之日起一年内行使。"此即赠与人法定撤销权的规定。本题中，并不存在乙可行使法定撤销权的上述情形，故乙不得要求退回已交付的八根金条。选项 D 错误。《民法典》第 658 条规定："赠与人在赠与财产的权利转移之前可以撤销赠与。经过公证的赠与合同或者依法不得撤销的具有救灾、扶贫、助残等公益、道德义务性质的赠与合同，不适用前款规定。"本题中的赠与合同属于道德义务赠与，故不得撤销。

6. 甲公司员工魏某在公司年会抽奖活动中中奖，依据活动规则，公司资助中奖员工子女次年的教育费用，如员工离职，则资助失效。下列哪些表述是正确的？(2014)[2]

A. 甲公司与魏某成立附条件赠与
B. 甲公司与魏某成立附义务赠与
C. 如魏某次年离职，甲公司无给付义务
D. 如魏某次年未离职，甲公司在给付前可撤销资助

---

[1] BC [2] AC

【考点】附条件赠与与附义务赠与的区别；不定期租赁的法律效果

【答案解析】选项A正确，B错误。从题目的表述来看，本题中的赠与构成附条件的赠与。如果是附义务的赠与，应该表述为"公司资助中奖员工子女次年的教育费用，但员工不得离职"。

选项C正确。既然是附条件的赠与，由题意可见，这是一个附解除条件的赠与，员工离职，则所附解除条件生效，甲公司的给付义务也就解除了。选项D错误。

《民法典》第658条规定："赠与人在赠与财产的权利转移之前可以撤销赠与。经过公证的赠与合同或者依法不得撤销的具有救灾、扶贫、助残等公益、道德义务性质的赠与合同，不适用前款规定。"本题中，赠与财产用于"教育费用"属于公益性质的赠与，依法不得行使任意撤销权。据此，如魏某次年未离职，甲公司不可在给付前撤销资助。

7. 甲公司与小区业主吴某订立了供热合同。因吴某要出国进修半年，向甲公司申请暂停供热未果，遂拒交上一期供热费。下列哪些表述是正确的？（2014）[1]

A. 甲公司可以直接解除供热合同

B. 经催告吴某在合理期限内未交费，甲公司可以解除供热合同

C. 经催告吴某在合理期限内未交费，甲公司可以中止供热

D. 甲公司可以要求吴某承担违约责任

【考点】供用热力合同及其违约责任

【答案解析】选项A、B错误，C正确。《民法典》第654条第1款规定："用电人应当按照国家有关规定和当事人的约定及时交付电费。用电人逾期不交付电费的，应当按照约定支付违约金。经催告用电人在合理期限内仍不交付电费和违约金的，供电人可以按照国家规定的程序中止供电。"第656条规定："供用水、供用气、供用热力合同，参照适用供用电合同的有关规定。"由此可见，本题中，在吴某未交供热费的情况下，只有在经催告吴某在合理期限内未交费，甲公司才可中止合同，而不能直接中止合同，更不能直接解除合同。

选项D正确。《民法典》第577条规定："当事人一方不履行合同义务或者履行合同义务不符约定的，应当承担继续履行、采取补救措施或者赔偿损失等违约责任。"

---

[1] CD

第十一章　移转使用权的合同

1. 下列甲与乙签订的哪些合同有效？（2011）[1]

A. 甲与乙签订商铺租赁合同，约定待办理公证后合同生效。双方未办理合同公证，甲交付商铺后，乙支付了第 1 个月的租金

B. 甲与乙签署股权转让协议，约定甲将其对丙公司享有的 90% 股权转让给乙，乙支付 1 亿元股权受让款。但此前甲已将该股权转让给丁

C. 甲与乙签订相机买卖合同，相机尚未交付，也未付款。后甲又就出卖该相机与丙签订买卖合同

D. 甲将商铺出租给丙后，将该商铺出卖给乙，但未通知丙

【考点】合同的变更；合同的效力

【答案解析】选项 A 当选。根据《民法典》第 159 条规定的内容可知，甲、乙约定，其房屋租赁合同以办理公证为生效条件。若未办理公证，其生效条件未成就，租赁合同虽已成立，但不能生效。《民法典》第 490 条第 1 款规定："当事人采用合同书形式订立合同的，自当事人均签名、盖章或者按指印时合同成立。在签名、盖章或者按指印之前，当事人一方已经履行主要义务，对方接受时，该合同成立。"这是关于"实际履行弥补合同形式瑕疵"的规定，是鼓励交易原则的体现。甲、乙虽未办理公证，但甲、乙均已向对方履行了主要义务，对方也予以接受，应认定甲、乙间的租赁合同已经生效。

选项 B 当选。因无权处分订立的买卖合同，若无其他效力瑕疵，买卖合同有效。B 项中，甲将股权转让给乙属于无权处分，甲、乙间的转让合同有效，仅股权移转效力待定（若符合善意取得的要件，乙善意取得该股权；若不符合善意取得的要件，须经权利人追认或甲对股权取得处分权，并给乙办理股权变更登记后，乙才能取得股权）。

选项 C 当选。根据区分原则，基于法律行为的物权变动，未发生物权变动的（不动产未登记的，动产未交付的），不因此影响法律行为的效力。甲将相机出卖给乙，相机尚未交付，相机的所有权未移转，但只要甲、乙就相机买卖的主要条款意思表示一致，相机买卖合同就已经成立并生效。此外，甲此后的一物二卖的行为，对甲、乙间买卖合同的效力无任何影响（债权的平等性）。

选项 D 当选。《民法典》第 728 条规定："出租人未通知承租人或者有其他妨害承租人行使优先购买权情形的，承租人可以请求出租人承担赔偿责任。但是，出租人与第三人订立的房屋买卖合同的效力不受影响。"甲虽侵害了房屋承租人丙的优先购买权，但甲乙间的房屋买卖合同并不因此而无效。

---

[1]　ABCD

2. 居民甲经主管部门批准修建了一排临时门面房，核准使用期限为 2 年，甲将其中一间租给乙开餐馆，租期 2 年。期满后未办理延长使用期限手续，甲又将该房出租给了丙，并签订了 1 年的租赁合同。因租金问题，发生争议。下列哪些选项是正确的？（2017）[1]

  A. 甲与乙的租赁合同无效   B. 甲与丙的租赁合同无效

  C. 甲无权将该房继续出租给丙   D. 甲无权向丙收取该年租金

【考点】租赁合同

【答案解析】本题考查租赁合同。本题的具体考点主要是《最高人民法院关于审理城镇房屋租赁合同纠纷案件具体应用法律若干问题的解释》第 3 条规定："出租人就未经批准或者未按照批准内容建设的临时建筑，与承租人订立的租赁合同无效。但在一审法庭辩论终结前经主管部门批准建设的，人民法院应当认定有效。租赁期限超过临时建筑的使用期限，超过部分无效。但在一审法庭辩论终结前经主管部门批准延长使用期限的，人民法院应当认定延长使用期限内的租赁期间有效。"本题中，甲修建的临时门面房是经过主管部门批准修建的，故甲可以将其出租于乙，其与乙所约定的租期也在使用期限内，故甲与乙的租赁合同有效，A 错误。

但甲在与乙的租赁合同期满后，未办理延长使用期限手续即又将其房屋出租于丙，应是无效的，B、C 均正确。

《民法典》第 155 条规定："无效的或者被撤销的民事法律行为自始没有法律约束力。"因甲与丙的租赁合同无效，其不具有约束力，故甲无权向丙收取租金，D 正确。需要注意的是，房屋租赁合同无效，当事人请求参照合同约定的租金标准支付房屋占有使用费的，人民法院一般应予支持。该规定只是承认了当事人有权主张"房屋占有使用费"，而不是有权主张租金，不能据此认为甲可向丙收取租金。

3. 甲将其临街房屋和院子出租给乙作为汽车修理场所。经甲同意，乙先后两次自费扩建多间房屋作为烤漆车间。乙在又一次扩建报批过程中发现，甲出租的全部房屋均未经过城市规划部门批准，属于违章建筑。下列哪些选项是正确的？（2015）[2]

  A. 租赁合同无效

  B. 因甲、乙对于扩建房屋都有过错，应分担扩建房屋的费用

  C. 因甲未告知乙租赁物为违章建筑，乙可解除租赁合同

  D. 乙可继续履行合同，待违章建筑被有关部门确认并影响租赁物使用时，再向甲主张违约责任

【考点】租赁合同效力

【答案解析】选项 A 正确。《最高人民法院关于审理城镇房屋租赁合同纠纷案件具体应用法律若干问题的解释》第 2 条规定："出租人就未取得建设工程规划许可证或者未按照建设工程规划许可证的规定建设的房屋，与承租人订立的租赁合同无效。但在一审法庭辩论终结前取得建设工程规划许可证或者经主管部门批准建设的，人民法院应当认定有效。"本题中，甲出租的全部房屋均未经过城市规划部门批准，属于违章建筑，故租赁合同无效。

选项 C、D 错误。合同解除是以合同有效为前提，既然租赁合同无效，就排除了当事人的解除权。无效合同为当然无效、绝对无效、自始无效，故不能发生当事人预期的法律效力，合同权利义务皆不存在。

选项 B 正确。《最高人民法院关于审理城镇房屋租赁合同纠纷案件具体应用法律若干问题的解释》第 12 条规定："承租人经出租人同意扩建，但双方对扩建费用的处理没有约定的，人

---

[1] BCD   [2] AB

民法院按照下列情形分别处理：（一）办理合法建设手续的，扩建造价费用由出租人负担；（二）未办理合法建设手续的，扩建造价费用由双方按照过错分担。"故本题中，应由甲、乙分担扩建房屋的费用。

4. 居民甲将房屋出租给乙，乙经甲同意对承租房进行了装修并转租给丙。丙擅自更改房屋承重结构，导致房屋受损。对此，下列哪些选项是正确的？（2016）[1]

A. 无论有无约定，乙均有权于租赁期满时请求甲补偿装修费用

B. 甲可请求丙承担违约责任

C. 甲可请求丙承担侵权责任

D. 甲可请求乙承担违约责任

【考点】 转租、合同的相对性原理

【答案解析】 根据《最高人民法院关于审理城镇房屋租赁合同纠纷案件具体应用法律若干问题的解释》第10条的规定，承租人经出租人同意装饰装修，租赁期间届满时，承租人请求出租人补偿附合装饰装修费用的，不予支持。但当事人另有约定的除外。故 A 选项错误。

甲与丙并无租赁合同关系，不能请求丙承担违约责任，故 B 选项错误。

根据《民法典》第1165条第1款，行为人因过错侵害他人民事权益造成损害的，应当承担侵权责任。故 C 选项正确。

根据《民法典》第593条，当事人一方因第三人的原因造成违约的，应当依法向对方承担违约责任。当事人一方和第三人之间的纠纷，依照法律规定或者按照约定处理。故 D 选项正确。

5. 甲将房屋租给乙，在租赁期内未通知乙就把房屋出卖并过户给不知情的丙。乙得知后劝丙退出该交易，丙拒绝。关于乙可以采取的民事救济措施，下列哪一选项是正确的？（2015）[2]

A. 请求解除租赁合同，因甲出卖房屋未通知乙，构成重大违约

B. 请求法院确认买卖合同无效

C. 主张由丙承担侵权责任，因丙侵犯了乙的优先购买权

D. 主张由甲承担赔偿责任，因甲出卖房屋未通知乙而侵犯了乙的优先购买权

【考点】 承租人的优先购买权

【答案解析】 选项 A 错误。《民法典》第726条第1款规定："出租人出卖租赁房屋的，应当在出卖之前的合理期限内通知承租人，承租人享有以同等条件优先购买的权利。"《民法典》第725条规定："租赁物在承租人按照租赁合同占有期限内发生所有权变动的，不影响租赁合同的效力。"因此，出租人出卖租赁房屋未通知承租人，对于租赁合同而言，并不影响承租人对租赁物的正常使用，因此并不构成根本违约，承租人无权解除合同。

选项 B 错误、D 正确。出租人未通知承租人或者有其他妨害承租人行使优先购买权情形的，承租人可以请求出租人承担损害赔偿责任。但是，出租人与第二人订立的房屋买卖合同的效力不受影响。

选项 C 错误。由于第三人丙是善意的，故丙购买租赁房屋的行为不构成侵犯乙的优先购买权。

6. 孙某与李某签订房屋租赁合同，李某承租后与陈某签订了转租合同，孙某表示同意。但是，孙某在与李某签订租赁合同之前，已经把该房租给了王某并已交付。李某、陈某、王某

---

[1] CD [2] D

均要求继续租赁该房屋。下列哪一表述是正确的？（2014）[1]

    A. 李某有权要求王某搬离房屋

    B. 陈某有权要求王某搬离房屋

    C. 李某有权解除合同，要求孙某承担赔偿责任

    D. 陈某有权解除合同，要求孙某承担赔偿责任

【考点】 一房数租的履行顺序；合同的解除条件

【答案解析】《最高人民法院关于审理城镇房屋租赁合同纠纷案件具体应用法律若干问题的解释》第 5 条规定："出租人就同一房屋订立数份租赁合同，在合同均有效的情况下，承租人均主张履行合同的，人民法院按照下列顺序确定履行合同的承租人：（一）已经合法占有租赁房屋的；（二）已经办理登记备案手续的；（三）合同成立在先的。不能取得租赁房屋的承租人请求解除合同、赔偿损失的，依照民法典的有关规定处理。"据此，A、B 项表述错误。

此外，陈某与孙某没有合同关系，D 项显然表述错误。孙某将房屋事先出租给王某并已交付，导致李某无法实现合同目的，根据《民法典》第 563 条的规定，李某有权解除合同，并可基于孙某违约而要求其承担赔偿的违约责任。

7. 刘某欠何某 100 万元货款届期未还且刘某不知所踪。刘某之子小刘为替父还债，与何某签订书面房屋租赁合同，未约定租期，仅约定："月租金 1 万元，用租金抵货款，如刘某出现并还清货款，本合同终止，双方再行结算。"下列哪些表述是错误的？（2014）[2]

    A. 小刘有权随时解除合同

    B. 何某有权随时解除合同

    C. 房屋租赁合同是附条件的合同

    D. 房屋租赁合同是附期限的合同

【考点】 附条件合同、附期限合同、不定期租赁的法律效力

【答案解析】 选项 A、B 表述不正确，当选。《民法典》第 730 条规定："当事人对租赁期限没有约定或者约定不明确，依据本法第五百一十条的规定仍不能确定的，视为不定期租赁；当事人可以随时解除合同，但是应当在合理期限之前通知对方。"《民法典》第 510 条规定："合同生效后，当事人就质量、价款或者报酬、履行地点等内容没有约定或者约定不明确的，可以协议补充；不能达成补充协议的，按照合同有关条款或者交易习惯确定。"据此，本题中，在当事人未明确约定租赁期限且未达成补充协议的情况下，首先应根据合同有关条款进行解释。从双方约定的内容"月租金 1 万元，用租金抵货款，如刘某出现并还清货款，本合同终止，双方再行结算"可以看出，如果"刘某出现并还清货款"的事实没有发生，该租赁合同就会一直持续，直至货款还清为止。因此，实际上，该租赁合同是有期限的，期限即为"100 万元÷（12×1）"年。既然是有期限的租赁合同，双方当事人无权随时解除合同。

选项 C 表述正确，不当选；选项 D 表述不正确，当选。附条件合同和附期限合同的重要区别就在于附条件是无法确信条件是否会发生，而附期限则是一定会届至的。本题中刘某的出现是无法肯定能否发生的，因此小刘与何某所签订的是一份附解除条件的合同。

8. 甲与乙订立房屋租赁合同，约定租期 5 年。半年后，甲将该出租房屋出售给丙，但未通知乙。不久，乙以其房屋优先购买权受侵害为由，请求法院判决甲丙之间的房屋买卖合同无效。下列哪一表述是正确的？（2013）[3]

    A. 甲出售房屋无须通知乙

---

[1] C   [2] ABD   [3] C

B. 丙有权根据善意取得规则取得房屋所有权

C. 甲侵害了乙的优先购买权，但甲丙之间的合同有效

D. 甲出售房屋应当征得乙的同意

【考点】房屋租赁合同承租人的优先购买权

【答案解析】选项 A、D 错误。《民法典》第 726 条第 1 款规定："出租人出卖租赁房屋的，应当在出卖之前的合理期限内通知承租人，承租人享有以同等条件优先购买的权利。"因此，甲向丙出售租赁房屋时，应当在出卖之前的合理期限内通知承租人，但无须经过承租人乙的同意。

选项 B 错误。善意取得以让与人实施无权处分为前提条件。本题中，甲系房屋所有权人（且其处分权未受到任何限制），甲将房屋出卖给丙的行为属于有权处分，并不涉及善意取得的问题。

选项 C 正确。出租人未通知承租人或者有其他妨害承租人行使优先购买权情形的，承租人可以请求出租人承担损害赔偿责任。但是，出租人与第三人订立的房屋买卖合同的效力不受影响。本题中，甲虽然侵害了乙的优先购买权，但甲与丙之间的房屋买卖合同合法有效。

9. 甲将自己的一套房屋租给乙住，乙又擅自将房屋租给丙住。丙是个飞镖爱好者，因练飞镖将房屋的墙面损坏。下列哪些选项是正确的？（2009）[1]

A. 甲有权要求解除与乙的租赁合同

B. 甲有权要求乙赔偿墙面损坏造成的损失

C. 甲有权要求丙搬出房屋

D. 甲有权要求丙支付租金

【考点】转租

【答案解析】A 项考查出租人的解除权。承租人未经出租人同意转租的，出租人可解除合同。本题中，乙（承租人）"未经"（该关键词表明行为人无权）甲（出租人）同意"擅自"（该关键词表明行为人无权）将房屋转租，甲（出租人）有权要求解除与乙（承租人）的租赁合同。故 A 项正确，当选。

B 项考查转租。承租人经出租人同意，可以将租赁物转租给第三人。承租人转租的，承租人与出租人之间的租赁合同继续有效；第三人造成租赁物损失的，承租人应当赔偿损失。本题中，乙（承租人）未经甲（出租人）同意转租给丙，就丙对墙面的损害，甲（出租人）有权要求乙（承租人）承担损害赔偿责任。故 B 项正确，当选。

C 项考查物权的保护。无权占有不动产或动产的，权利人可以请求返还原物。本题中，甲（出租人）解除与乙（承租人）之间的租赁合同后，将导致乙（承租人）与丙（次承租人）之间的租赁合同因履行不能而终止。甲（出租人）基于房屋所有权人的身份，可以向丙主张物权请求权，要求丙搬出房屋。故 C 项正确，当选。

D 项考查租赁合同的性质。租赁合同系典型的束己合同，须严守合同相对性原理。基于合同相对性原理，甲与丙之间并不存在直接的租赁合同关系。因此，甲无权要求丙支付租金。故 D 项错误，不当选。综上所述，本题的正确答案为 ABC。

10 丁某将其所有的房屋出租给方某，方某将该房屋转租给唐某。下列哪些表述是正确的？（2011）[2]

A. 丁某在租期内基于房屋所有权可以对方某主张返还请求权，方某可以基于其与丁某的

---

[1] ABC [2] AC

合法的租赁关系主张抗辩权

B. 方某未经丁某同意将房屋转租，并已实际交付给唐某租用，则丁某无权请求唐某返还房屋

C. 如丁某与方某的租赁合同约定，方某未经丁某同意将房屋转租，丁某有权解除租赁合同，则在合同解除后，其有权请求唐某返还房屋

D. 如丁某与方某的租赁合同约定，方某未经丁某同意将房屋转租，丁某有权解除租赁合同，则在合同解除后，在丁某向唐某请求返还房屋时，唐某可以基于与方某的租赁关系进行有效的抗辩

【考点】转租；返还原物请求权

【答案解析】选项 A 正确。《民法典》第 235 条规定："无权占有不动产或者动产的，权利人可以请求返还原物。"此条规定了返还原物请求权。其构成要件有二：（1）请求人为物权人；（2）被请求人为现时的无权占有人。丁某虽为房屋的所有权人，但在租赁期限内，承租人方某基于承租权占有该房屋，属于有权占有，故丁某对方某不享有返还原物请求权。

选项 B 错误。承租人未经出租人同意转租的，出租人可解除合同。B 项中，方某（承租人）"未经"（该关键词表明行为人无权）丁某（出租人）同意将房屋转租，丁某（出租人）可以解除与方某（承租人）的租赁合同。此时，方某与唐某的租赁合同将因履行不能而终止，丁某基于所有权人的身份，有权请求唐某返还房屋（即行使物权请求权）。

选项 C 正确，选项 D 错误。《民法典》第 716 条第 2 款规定："承租人未经出租人同意转租的，出租人可以解除合同。"据此，方某非法转租，丁某享有法定解除权。当然，法定解除权的存在并不妨碍双方约定若方某非法转租，丁某享有约定解除权（尽管此时约定解除权纯属多余）。不仅如此，无论丁某是否行使解除权解除与方某的租赁合同，丁某均可对唐某行使返还原物请求权。因为非法转租房屋的合同无效（若丁某在 6 个月内提出异议），即使丁某不解除与方某之间的租赁合同，唐某相对于丁某也是无权占有人，丁某也可以对唐某行使返还原物请求权。

11. 甲融资租赁公司与乙公司签订融资租赁合同，约定乙公司向甲公司转让一套生产设备，转让价为评估机构评估的市场价 200 万元，再租给乙公司使用 2 年，乙公司向甲公司支付租金 300 万元。合同履行过程中，因乙公司拖欠租金，甲公司诉至法院。下列哪些选项是正确的？（2017）[1]

A. 甲公司与乙公司之间为资金拆借关系

B. 甲公司与乙公司之间为融资租赁合同关系

C. 甲公司与乙公司约定的年利率超过 24% 的部分无效

D. 甲公司已取得生产设备的所有权

【考点】融资租赁合同

【答案解析】本题考查融资租赁合同。《民法典》第 735 条规定："融资租赁合同是出租人根据承租人对出卖人、租赁物的选择，向出卖人购买租赁物，提供给承租人使用，承租人支付租金的合同。"因此，通常情况下融资租赁合同涉及三方当事人，即出租人、承租人和出卖人。本题的特殊之处在于，乙公司选择了以自己的设备作为租赁物，因此其既是承租人，又是出卖人，甲公司则为出租人。故 B 正确，A 错误。

《民法典》第 745 条规定："出租人享有租赁物的所有权，未经登记，不得对抗善意第三

_____

[1] BD

人。" D 正确。

关于年利率问题，应当适用最新的《最高人民法院关于审理民间借贷案件适用法律若干问题的规定》予以认定。根据前述解释第 28 条的规定，借贷双方对逾期利率有约定的，从其约定，但是以不超过合同成立时一年期贷款市场报价利率四倍为限。因此，C 选项错误。

第十二章　完成工作交付成果的合同

1. 甲房地产开发公司开发一个较大的花园公寓项目，作为发包人，甲公司将该项目的主体工程发包给了乙企业，签署了建设工程施工合同。乙企业一直未取得建筑施工企业资质。现该项目主体工程已封顶完工。就相关合同效力及工程价款，下列哪些说法是正确的？(2017)[1]

A. 该建设工程施工合同无效

B. 因该项目主体工程已封顶完工，故该建设工程施工合同不应认定为无效

C. 该项目主体工程经竣工验收合格，则乙企业可参照合同约定请求甲公司支付工程价款

D. 该项目主体工程经竣工验收不合格，经修复后仍不合格的，乙企业不能主张工程价款

【考点】　建设工程合同

【答案解析】A、B项考查建设工程施工合同无效的情形。作为承包人的乙企业一直未取得建筑施工企业资质，因此，二者签订的建设工程施工合同无效。故 A 项正确，当选；B 项错误，不当选。

C、D 项考查无效建设工程施工合同的处理。建设工程施工合同无效，但建设工程经竣工验收合格，承包人请求参照合同约定支付工程价款的，法院应予支持。本题中，如该项目主体工程经竣工验收合格，则乙企业可参照合同约定请求甲公司支付工程价款。故 C 项正确，当选。

建设工程施工合同无效，且建设工程经竣工验收不合格的，按照以下情形分别处理：（1）修复后的建设工程经竣工验收合格，发包人请求承包人承担修复费用的，应予支持；（2）修复后的建设工程经竣工验收不合格，承包人请求支付工程价款的，不予支持。本题中，如该项目主体工程经竣工验收不合格，经修复后仍不合格的，乙企业不能主张工程价款。故 D 项正确，当选。综上所述，本题的正确答案为 ACD。

2. 甲公司与没有建筑施工资质的某施工队签订合作施工协议，由甲公司投标乙公司的办公楼建筑工程，施工队承建并向甲公司交纳管理费。中标后，甲公司与乙公司签订建筑施工合同。工程由施工队负责施工。办公楼竣工验收合格交付给乙公司。乙公司尚有部分剩余工程款未支付。下列哪一选项是正确的？(2015)[2]

A. 合作施工协议有效

B. 建筑施工合同效力待定

C. 施工队有权向甲公司主张工程款

D. 甲公司有权拒绝支付剩余工程款

---

[1]　ACD　[2]　C

【考点】建设工程合同无效及其法律后果

【答案解析】A、B项考查建设工程施工合同无效的情形。甲公司与没有建筑施工资质的某施工队签订合作施工协议，该合作施工协议无效。故A项错误，不当选。

建设施工合同系甲公司与发包人乙公司签订，甲公司本身具备相应的资质。因此，建筑施工合同有效。故B项错误，不当选。

C、D项考查建设工程施工合同无效后的处理。建设工程施工合同无效，建设工程经竣工验收合格，承包人请求参照合同约定支付工程价款的，应予支持。本题中，办公楼竣工验收"合格"，因此，施工队有权参照合同约定向甲公司主张工程款。故C项正确，当选；D项错误，不当选。综上所述，本题的正确答案为C。

3. 甲公司与乙公司签订建设工程施工合同，将工程发包给乙公司施工，约定乙公司垫资1000万元，未约定垫资利息。甲公司、乙公司经备案的中标合同中工程造价为1亿元，但双方私下约定的工程造价为8000万元，均未约定工程价款的支付时间。7月1日，乙公司将经竣工验收合格的建设工程实际交付给甲公司，甲公司一直拖欠工程款。关于乙公司，下列哪些表述是正确的？（2012）[1]

A. 1000万元垫资应按工程欠款处理

B. 有权要求甲公司支付1000万元垫资自7月1日起的利息

C. 有权要求甲公司支付1亿元

D. 有权要求甲公司支付1亿元自7月1日起的利息

【考点】建设工程施工合同

【答案解析】选项A正确。《建设工程施工合同解释》第25条规定："当事人对垫资和垫资利息有约定，承包人请求按照约定返还垫资及其利息的，人民法院应予支持，但是约定的利息计算标准高于垫资时的同类贷款利率或者同期贷款市场报价利率的部分除外。当事人对垫资没有约定的，按照工程欠款处理。当事人对垫资利息没有约定，承包人请求支付利息的，人民法院不予支持。"据此，如果发包人与承包人对垫资性质及其利息均有明确约定，则垫资相当于发包人向承包人的借款。反之，如发包人与承包人对于垫资性质无明确约定或者对垫资利息无明确约定，承包人的款项视为发包人对承包人的工程欠款。此外，《建设工程施工合同解释》第26条规定："当事人对欠付工程价款利息计付标准有约定的，按照约定处理；没有约定的，按照同期同类贷款利率或者同期贷款市场报价利率计息。"本题中，甲、乙仅约定乙垫资1000万元，但未约定垫资利息，属于"未对垫资作出明确约定"，所以，乙的垫资应按工程欠款处理，而不能按照垫资处理。

选项C正确。当事人就同一建设工程另行订立的建设工程施工合同与经过备案的中标合同实质性内容不一致的，应当以备案的中标合同作为结算工程价款的根据。

选项B、D正确。《建设工程施工合同解释》第27条规定："利息从应付工程价款之日计付。当事人对付款时间没有约定或者约定不明的，下列时间视为应付款时间：（1）建设工程已实际交付的，为交付之日；（2）建设工程没有交付的，为提交竣工结算文件之日；（3）建设工程未交付，工程价款也未结算的，为当事人起诉之日。"因此，乙公司有权要求甲公司支付1亿元自7月1日起的利息。

4. 甲公司将建筑工程发包给乙公司，乙公司将其转包给丙公司，丙公司将部分工程包给由121个农民工组成的施工队。施工期间，丙公司拖欠施工队工程款达500万元之多，农民工

---

[1] ABCD

因此踏上维权之路。丙公司以乙公司拖欠其工程款 800 万元为由、乙公司以甲公司拖欠其工程款 1000 万元为由均拒付欠款。施工队将甲公司诉至法院，要求甲公司支付 500 万元。根据社会主义法治理念，关于本案的处理，下列哪些说法是正确的？（2011）[1]

A. 法院应驳回施工队的诉讼请求，因甲公司与施工队无合同关系。法院不应以破坏合同相对性为代价，片面实现社会效果

B. 法院应支持施工队的诉讼请求。法院不能简单以坚持合同的相对性为由否定甲公司的责任，从而造成农民工不断申诉，案结事不了

C. 法院应当追加乙公司和丙公司为本案当事人。法院一并解决乙公司和丙公司的欠款纠纷，以避免机械执法，就案办案

D. 法院可以追加乙公司和丙公司为本案当事人。法院加大保护农民工权益的力度，有利于推进法律效果和社会效果的有机统一

【考点】建设工程施工合同

【答案解析】为保护农民工的利益，在建设工程施工合同中应突破合同相对性。本题中，施工队（实际施工人）直接起诉甲公司（发包人）的，法院应当受理施工队的诉讼请求且支持施工队的诉讼请求（发包人欠付工程款 1000 万元）。故 A 项错误，不当选；B 项正确，当选。

实际施工人以发包人为被告主张权利的，法院应当追加转包人或违法分包人为本案第三人，在查明发包人欠付转包人或违法分包人建设工程价款的数额后，判决发包人在欠付建设工程价款范围内对实际施工人承担责任。本题中，施工队（实际施工人）将甲公司（发包人）诉至法院，要求甲公司（发包人）支付 500 万元的。法院应当（而非可以）追加乙公司（转包人）或丙公司（分包人）作为本案的第三人。但法院此时不得主动干预乙公司和丙公司的欠款纠纷，该纠纷应另案处理。故 C 项错误，不当选；D 项属于旧题新做，为保护农民工的利益，按照最新司法解释的规定，法院是"应当追加"而非"可以追加"。故 D 项亦错误，不当选。

综上所述，本题的正确答案为 B。

5. A 公司将某建设工程发包给 B 公司，约定工程价款 100 万，之后，B 公司将实际施工分包给 C 公司，约定价款 80 万。A 公司已经向 B 公司支付 50 万，B 公司已经向 C 公司支付 20 万。工程完工后，B 公司未向 C 公司支付剩余 60 万元。于是，C 公司起诉 A 公司支付 60 万元，将 B 公司列为第三人。法院如何判决？（2023 回忆）[2]

A. A 公司支付 C 公司 50 万

B. A 公司支付 C 公司 50 万，B 公司支付 C 公司 10 万

C. B 公司支付 C 公司 60 万

D. B 公司支付 C 公司 50 万，A 公司支付 10 万

【考点】建设工程合同价款请求权突破合同相对性

【答案解析】《建设工程合同解释（一）》（法释〔2020〕25 号）第 43 条第 2 款规定，实际施工人以发包人为被告主张权利的，法院应当追加转包人为本案第三人，查明发包人欠付转包人工程价款数额后，判决发包人在欠付工程价款范围内对实际施工人承担责任。

6. 外卖员张某在送外卖的时候遇到李某跳江自杀，于是将手机交给路人王某后，奋不顾身地从十米高的桥上跳入江里，背部受伤。在救李某的过程中，李某因反抗导致手臂拉伤。王

---

[1] B [2] A

某围观太过紧张，不慎将张某的手机屏幕摔坏。（2023 回忆）[1]

A. 李某可就手臂受伤请求张某赔偿

B. 张某可因手机屏幕摔坏向王某主张赔偿

C. 张某就背部受伤向李某主张补偿

D. 张某可就手机屏幕摔坏向李某主张补偿

【考点】无因管理

【答案解析】外卖员张某没有法定的救援义务，挽救李某的生命，构成了见义勇为，本质是一种无因管理行为。根据《民法典》第 183 条，张某背部受伤，可以请求受益人李某给予适当补偿。

根据《民法典》第 184 条："因自愿实施紧急救助行为造成受助人损害的，救助人不承担民事责任。"

张某手机屏幕摔坏是无偿管理人王某过失导致的，无偿管理人仅对故意或重大过失承担责任，因此王某就张某手机损坏不承担赔偿责任。

张某手机损坏与张某救人之间不存在相当因果关系，因此该损失也不能向受益人李某要求补偿。

---

[1] C

第十三章　提供服务的合同

1. 某律师事务所指派吴律师担任某案件的一、二审委托代理人。第一次开庭后，吴律师感觉案件复杂，本人和该事务所均难以胜任，建议不再继续代理。但该事务所坚持代理。一审判决委托人败诉。下列哪些表述是正确的？（2013）[1]

A. 律师事务所有权单方解除委托合同，但须承担赔偿责任

B. 律师事务所在委托人一审败诉后不能单方解除合同

C. 即使一审胜诉，委托人也可解除委托合同，但须承担赔偿责任

D. 只有存在故意或者重大过失时，该律师事务所才对败诉承担赔偿责任

【考点】委托合同

【答案解析】选项 A、C 正确，选项 B 错误。《民法典》第 933 条规定："委托人或者受托人可以随时解除委托合同。因解除合同造成对方损失的，除不可归责于该当事人的事由外，无偿委托合同的解除方应当赔偿因解除时间不当造成的直接损失，有偿委托合同的解除方应当赔偿对方的直接损失和合同履行后可以获得的利益。"可见，委托合同的当事人任何一方均享有任意解除权。但是除不可归责于当事人的原因外，解除方应当承担损失赔偿责任。具体到本题，律师事务所有权单方解除委托合同，但须承担赔偿责任。

选项 D 错误。《民法典》第 929 条第 1 款规定："有偿的委托合同，因受托人的过错造成委托人损失的，委托人可以请求赔偿损失。无偿的委托合同，因受托人的故意或者重大过失造成委托人损失的，委托人可以请求赔偿损失。"可见，有偿委托中，受托人因其过错而给委托人造成损失的，即应承担责任，只有在无偿委托中受托人才因故意或者重大过失承担责任。

2. 甲委托乙销售一批首饰并交付，乙经甲同意转委托给丙。丙以其名义与丁签订买卖合同，约定将这批首饰以高于市场价 10% 的价格卖给丁，并赠其一批箱包。丙因此与戊签订箱包买卖合同。丙依约向丁交付首饰，但因戊不能向丙交付箱包，导致丙无法向丁交付箱包。丁拒绝向丙支付首饰款。下列哪一表述是正确的？（2011）[2]

A. 乙的转委托行为无效

B. 丙与丁签订的买卖合同直接约束甲和丁

C. 丙应向甲披露丁，甲可以行使丙对丁的权利

D. 丙应向丁披露戊，丁可以行使丙对戊的权利

【考点】复代理；间接代理

【答案解析】选项 A 错误。《民法典》第 169 条规定："代理人需要转委托第三人代理的，应当取得被代理人的同意或者追认。转委托代理经被代理人同意或者追认的，被代理人可以就

---

[1]　AC　[2]　C

代理事务直接指示转委托的第三人，代理人仅就第三人的选任以及对第三人的指示承担责任。转委托代理未经被代理人同意或者追认的，代理人应当对转委托的第三人的行为承担责任；但是，在紧急情况下代理人为了维护被代理人的利益需要转委托第三人代理的除外。"据此，在委托代理中，代理人在三种情况下享有复任权，有权以自己的名义选任第三人作为被代理人的委托代理人：第一，事先取得被代理人同意；第二，被代理人事后追认；第三，紧急复任权。因代理人乙事先已经取得被代理人甲的同意，故乙的转委托有效，丙为复代理人（注意：丙是甲的代理人）。

选项 B 错误。丙为了甲的利益，以自己的名义与丁订立的首饰买卖合同构成间接代理。基于合同的相对性和间接代理的规则，丙、丁间的首饰买卖合同原则上只能约束丙与丁，仅在例外情况下（甲行使介入权或者丁行使选择权选择甲作为合同相对人），该首饰买卖合同才能直接约束甲和丁。

选项 C 正确。《民法典》第 926 条第 1 款规定："受托人以自己的名义与第三人订立合同时，第三人不知道受托人与委托人之间的代理关系的，受托人因第三人的原因对委托人不履行义务，受托人应当向委托人披露第三人，委托人因此可以行使受托人对第三人的权利。但是，第三人与受托人订立合同时如果知道该委托人就不会订立合同的除外。"这是关于间接代理中被代理人介入权的规定。在此情况下，间接代理人丙应向被代理人甲披露第三人丁，甲可以行使介入权，行使丙对丁的权利。

选项 D 错误。在丙、戊间的箱包买卖合同中，丙不是丁的间接代理人，丁不具备行使介入权的条件。

3. 梁某与甲旅游公司签订合同，约定梁某参加甲公司组织的旅游团赴某地旅游。旅游出发前 15 日，梁某因出差通知甲公司，由韩某替代跟团旅游。旅游行程一半，甲公司不顾韩某反对，将其旅游业务转给乙公司。乙公司组织游客参观某森林公园，该公园所属观光小火车司机操作失误致火车脱轨，韩某遭受重大损害。下列哪些表述是正确的？(2011)[1]

A. 即使甲公司不同意，梁某仍有权将旅游合同转让给韩某

B. 韩某有权请求甲公司和乙公司承担连带责任

C. 韩某有权请求某森林公园承担赔偿责任

D. 韩某有权请求小火车司机承担赔偿责任

【考点】 旅游合同；旅游中侵权责任的承担

【答案解析】 选项 A 正确。《关于审理旅游纠纷案件适用法律若干问题的规定》第 11 条规定："除合同性质不宜转让或者合同另有约定之外，在旅游行程开始前的合理期间内，旅游者将其在旅游合同中的权利义务转让给第三人，请求确认转让合同效力的，人民法院应予支持。因前款所述原因，旅游经营者请求旅游者、第三人给付增加的费用或者旅游者请求旅游经营者退还减少的费用的，人民法院应予支持。"这是合同权利义务概括约定承受的例外规定，在旅游行程开始前的合理期限内，旅游者梁某将自己在旅游合同中的权利和义务概括让与第三人的，无须经旅游服务经营者同意，即可生效。

选项 B 正确。《关于审理旅游纠纷案件适用法律若干问题的规定》第 10 条规定："旅游经营者将旅游业务转让给其他旅游经营者，旅游者不同意转让，请求解除旅游合同、追究旅游经营者违约责任的，人民法院应予支持。旅游经营者擅自将其旅游业务转让给其他旅游经营者，旅游者在旅游过程中遭受损害，请求与其签订旅游合同的旅游经营者和实际提供旅游服务的旅

游经营者承担连带责任的，人民法院应予支持。"

选项 C 正确。《关于审理旅游纠纷案件适用法律若干问题的规定》第 7 条规定："旅游经营者、旅游辅助服务者未尽到安全保障义务，造成旅游者人身损害、财产损失，旅游者请求旅游经营者、旅游辅助服务者承担责任的，人民法院应予支持。因第三人的行为造成旅游者人身损害、财产损失，由第三人承担责任；旅游经营者、旅游辅助服务者未尽安全保障义务，旅游者请求其承担相应补充责任的，人民法院应予支持。"乙公司属于旅游经营者，森林公园属于旅游辅助服务者（旅游辅助服务者是指与旅游经营者存在合同关系，协助旅游经营者履行旅游合同义务，实际提供交通、游览、住宿、餐饮、娱乐等旅游服务的人）。

选项 D 错误。《民法典》第 1191 条第 1 款规定："用人单位的工作人员因执行工作任务造成他人损害的，由用人单位承担侵权责任。用人单位承担侵权责任后，可以向有故意或者重大过失的工作人员追偿。"小火车司机属于因执行工作任务致人损害，若韩某选择请求森林公园承担侵权责任，应以森林公园为被告起诉。小火车司机不承担责任，也不承担连带责任。

第十四章　准合同

1. 甲经乙公司股东丙介绍购买乙公司矿粉,甲依约预付了100万元货款,乙公司仅交付部分矿粉,经结算欠甲50万元货款。乙公司与丙商议,由乙公司和丙以欠款人的身份向甲出具欠条。其后,乙公司未按期支付。关于丙在欠条上签名的行为,下列哪一选项是正确的?(2017)[1]

A. 构成第三人代为清偿　　　　　　B. 构成免责的债务承担

C. 构成并存的债务承担　　　　　　D. 构成无因管理

【考点】 第三人代为清偿、无因管理、债务承担

【答案解析】 本题考查第三人代为清偿、债务承担以及无因管理。第三人代为清偿,是指由合同关系外的第三人代替债务人向债权人履行债务的行为;免责的债务承担,是指债务人退出债权债务关系,而由第三人作为新债务人负责履行债务;并存的债务承担,是指第三人加入债的关系,和债务人一起承担债务。第三人代为清偿,第三人并不成为债权债务的当事人,而只是代替债务人履行债务。不论是免责的债务承担还是并存的债务承担,第三人均成为债权债务的当事人,充当债务人角色。

本题中,乙公司与丙商议,由乙公司和丙以欠款人的身份向甲出具欠条,即丙自愿承担欠款人的法律地位,且乙公司并未退出该债权债务关系,故丙应构成并存的债务承担,A和B均错误,C正确。

无因管理,是指无法定或约定义务而管理他人事务的行为。既然乙公司已经与丙商议由乙公司和丙以欠款人的身份向甲出具欠条,故其后丙在欠条上签名的行为,即是履行其与乙公司前述约定的义务,因此不属于无因管理,D错误。

2. 甲的房屋与乙的房屋相邻。乙把房屋出租给丙居住,并为该房屋在A公司买了火灾保险。某日甲见乙的房屋起火,唯恐大火蔓延自家受损,遂率家人救火,火势得到及时控制,但甲被烧伤住院治疗。下列哪一表述是正确的?(2014)[2]

A. 甲主观上为避免自家房屋受损,不构成无因管理,应自行承担医疗费用

B. 甲依据无因管理只能向乙主张医疗费赔偿,因乙是房屋所有人

C. 甲依据无因管理只能向丙主张医疗费赔偿,因丙是房屋实际使用人

D. 甲依据无因管理不能向A公司主张医疗费赔偿,因甲欠缺为A公司的利益实施管理的主观意思

【考点】 无因管理的构成要件和法律效果

【答案解析】 选项A、B、C错误。《民法典》第979条第1款规定:"管理人没有法定的或

---

[1] C　[2] D

者约定的义务，为避免他人利益受损失而管理他人事务的，可以请求受益人偿还因管理事务而支出的必要费用；管理人因管理事务受到损失的，可以请求受益人给予适当补偿。"无因管理的构成要件有三：（1）客观要件——管理他人事务；（2）主观要件——有为他人管理的意思；（3）原因要件——无法律上的原因。

本题中，甲的救火行为虽然主观上最终为自己，但也有为他人管理的意思，只要有为他人管理的意思，即使同时有为自己管理的意思，在构成无因管理方面不受影响，因此甲的救火行为构成无因管理。乙是房屋的所有人，丙是房屋的使用人并有财产在房屋中，因此二人均因甲的救火行为而受益，甲均可要求他们就自己救火时受到的损失进行赔偿。据此，A、B、C三项均错误。

选项D正确。甲的救火行为虽然在客观上减少了保险公司的理赔数额，但甲救火时并无为A公司管理的意思，甚至甲可能根本不知道A公司承保的事情，因此D项的表述是正确的。

3. 下列哪一情形会引起无因管理之债？（2013）[1]

A. 甲向乙借款，丙在明知诉讼时效已过后擅自代甲向乙还本付息

B. 甲在自家门口扫雪，顺便将邻居乙的小轿车上的积雪清扫干净

C. 甲与乙结婚后，乙生育一子丙，甲抚养丙5年后才得知丙是乙和丁所生

D. 甲拾得乙遗失的牛，寻找失主未果后牵回暂养。因地震致屋塌牛死，甲出卖牛皮、牛肉获价款若干

【考点】无因管理的构成

【答案解析】选项A错误。无因管理的构成要件有三：（1）客观要件——管理他人事务；（2）主观要件——有为他人管理的意思；（3）原因要件——无法律上的原因。选项A中，甲的债务已经超过诉讼时效，丙对此明知，擅自代甲清偿债务，欠缺无因管理的主观要件，故不构成无因管理。

选项B错误。甲在自家门口扫雪，顺便将邻居乙的小轿车上的积雪清扫干净。虽然甲的行为也符合无因管理的三个构成要件：首先，甲管理了邻居乙的事务（扫雪）；其次，甲有为乙管理事务的意思；再次，甲并无为乙管理事务的法定或约定义务。但甲的行为并未在其和乙之间产生债权债务，也就是说，该行为没有引起民事法律关系的变动，没有引起无因管理之"债"。

选项C错误。甲虽然管理了乙和丁的事务，但主观上还是为了自己，属于"误将他人事务当作自己事务而管理"，不符合无因管理的主观要件，所以不能产生无因管理之债。

选项D正确。首先，甲将乙遗失的牛牵回"暂"养，表明甲并无侵占之意图，其主观上具有为乙喂牛的意思，其喂牛行为构成无因管理。据此，甲在向乙负有返还牛的义务的同时，有权请求乙偿还其喂牛所支出的必要费用。其次，地震（不可抗力）导致屋塌牛死后，甲自作主张将牛皮、牛肉出卖，亦构成无因管理，应当向乙返还价款，并请求乙偿还必要费用。由此，选项D中，甲的两个行为（喂牛和出卖牛肉、牛皮）均引起了无因管理之债。

4. 甲聘请乙负责照看小孩，丙聘请丁做家务。甲和丙为邻居，乙和丁为好友。一日，甲突生急病昏迷不醒，乙联系不上甲的亲属，急将甲送往医院，并将甲的小孩委托给丁临时照看。丁疏于照看，致甲的小孩在玩耍中受伤。下列哪一说法是正确的？（2012）[2]

A. 乙将甲送往医院的行为属于无因管理

B. 丁照看小孩的行为属于无因管理，不构成侵权行为

---

[1] D [2] A

C. 丙应当承担甲小孩的医疗费

D. 乙和丁对甲小孩的医疗费承担连带责任

【考点】 无因管理；个人劳务关系中的侵权责任

【答案解析】选项A正确。无因管理的构成要件有三：(1) 管理人管理他人事务；(2) 管理人具有管理意思。所谓具有管理意思，指管理人知道管理的系他人事务，并愿意将管理所取得的利益归属于他人；(3) 就事务的管理而言，管理人无管理的法定义务或约定义务。本题中，甲聘请乙负责照看小孩，甲昏迷时，乙并无送甲前往医院的约定义务或者法定义务，因此，乙将甲送往医院的行为构成正当无因管理。

选项B错误。丁系基于委托合同照看小孩，丁对小孩的照看系基于约定义务，因此不构成无因管理。同时，丁疏于照看小孩，致使甲的小孩在玩耍中受伤，丁的行为构成过错侵权，应承担过错侵权责任。换言之，丁基于与乙的委托合同负有照看甲的小孩的义务，丁疏于照看致使甲的小孩因此遭受损害，构成不作为侵权（过错侵权）。

选项C错误。甲与乙、丙与丁之间的法律关系均属于个人之间的劳务关系。在个人之间的劳务关系中，若提供劳务一方因劳务致人损害的，接受劳务一方须承担无过错的替代责任。不过，丁替乙照看甲的小孩，超出了丙、丁间的个人劳务关系范围（题目交代：丙聘请丁做家务），不属于因劳务致人损害，故接受劳务的一方丙无须承担责任。

选项D错误。《民法典》第923条规定："……转委托未经同意或者追认的，受托人应当对转委托的第三人的行为承担责任；但是，在紧急情况下受托人为了维护委托人的利益需要转委托第三人的除外。"本题中，乙于情况紧急下的转委托对本人发生效力，即甲丁之间产生了委托关系，由甲对转委托后果负责，乙不承担责任。

5. 刘某承包西瓜园，收获季节突然病故。好友刁某因联系不上刘某家人，便主动为刘某办理后事和照看西瓜园，并将西瓜卖出，获益5万元。其中，办理后事花费1万元、摘卖西瓜雇工费以及其他必要费用共5000元。刁某认为自己应得劳务费5000元。关于刁某的行为，下列哪一说法是正确的？(2011)[1]

A. 5万元属于不当得利　　　　　　B. 应向刘某家人给付3万元

C. 应向刘某家人给付4万元　　　　D. 应向刘某家人给付3.5万元

【考点】 无因管理的法律效果

【答案解析】根据《民法典》第979条的规定，无因管理的构成要件有三：(1) 客观要件——管理他人事务；(2) 主观要件——有为他人管理的意思；(3) 原因要件——无法律上的原因。本题中，刁某给刘某办理丧事以及出售西瓜的行为均符合无因管理的构成要件，自动在管理人（刁某）和本人（刘某的家人）间发生无因管理之债的效力。

选项A错误。无因管理具有阻却侵权和阻却不当得利的效力。本题中，刁某实施无因管理给本人（刘某的家人）带来5万元的利益，虽然这5万元暂时为刁某占有，且刁某负有返还义务，但并不构成不当得利之债，而属于无因管理之债的范畴。况且，刁某因实施无因管理支出了必要费用，该费用应从5万元中予以扣除。

选项B、C错误，选项D正确。根据《民法典》第979条，管理人或者服务人可以要求受益人偿付的必要费用，包括在管理或者服务活动中直接支出的费用，以及在该活动中受到的实际损失。据此，基于无因管理之债，刁某有权请求本人（刘某的家人）偿付自己因无因管理支出的必要费用、负担的必要债务、因此遭受的财产和人身损失。但是，无因管理行为是无偿

---

[1] D

的，行为人不能请求报酬（劳务费），故刁某不享有请求本人支付劳务费 5000 元的权利。具体而言，刁某有权请求刘某的家人偿付丧葬费 1 万元，其他必要费用 5000 元；刁某负有向刘某家人支付 5 万元的义务。刁某可以主张法定抵销，抵销后，刁某应向刘某家人给付 3.5 万元。

6. 甲遗失其为乙保管的迪亚手表，为偿还乙，甲窃取丙的美茄手表和 4000 元现金。甲将美茄手表交乙，因美茄手表比迪亚手表便宜 1000 元，甲又从 4000 元中补偿乙 1000 元。乙不知甲盗窃情节。乙将美茄手表赠与丁，又用该 1000 元的一半支付某自来水公司水费，另一半购得某商场一件衬衣。下列哪些说法是正确的？(2015)[1]

A. 丙可请求丁返还手表
B. 丙可请求甲返还 3000 元、请求自来水公司和商场各返还 500 元
C. 丙可请求乙返还 1000 元不当得利
D. 丙可请求甲返还 4000 元不当得利

【考点】 不当得利的构成；善意取得

【答案解析】选项 A 正确。本题中，丁为无偿取得，也不符合善意取得的构成要件。故手表仍为丙所有，丙可请求丁返还。

选项 B、C 错误，D 正确。《民法典》第 985 条规定："得利人没有法律根据取得不当利益的，受损失的人可以请求得利人返还取得的利益……"据此，不当得利的构成要件有四：（1）一方受益；（2）他方受损；（3）受益与受损之间具有因果关系；（4）无法律上的依据。货币作为一种特殊的财产，遵循"占有即所有"的规则。本题中，甲盗窃后取得货币所有权，但其受益并无合法根据，并且导致了丙的受损，故在甲与丙之间构成不当得利之债，丙可请求甲返还 4000 元。甲将所窃货币中的 1000 元钱用于补偿乙的损失，在乙不知甲盗窃情节的情况下，乙是作为债权人而受领，有合法根据，故乙不构成不当得利。乙将该 1000 元用于支付自来水公司的水费和购买衬衣后，自来水公司和商场也是作为债权人而合法受领，不构成不当得利。

7. 下列哪一情形产生了不当得利之债？(2013)[2]

A. 甲欠乙款超过诉讼时效后，甲向乙还款
B. 甲欠乙款，提前支付全部利息后又在借期届满前提前还款
C. 甲向乙支付因前晚打麻将输掉的 2000 元现金
D. 甲在乙银行的存款账户因银行电脑故障多出 1 万元

【考点】 不当得利的构成

【答案解析】《民法典》第 985 条规定："得利人没有法律根据取得不当利益的，受损失的人可以请求得利人返还取得的利益……"据此，不当得利的构成要件有四：（1）一方受益；（2）他方受损；（3）受益与受损之间，具有因果关系；（4）无法律上的依据。

选项 A 错误。根据《最高人民法院关于审理民事案件适用诉讼时效制度若干问题的规定》第 19 条第 1 款的规定："诉讼时效期间届满，当事人一方向对方当事人作出同意履行义务的意思表示或者自愿履行义务后，又以诉讼时效期间届满为由进行抗辩的，人民法院不予支持"。由此可知，债权的诉讼时效期间经过后，债权的受领权能依然存在，债务人自愿履行债务的，不论债务人履行时是否知悉诉讼时效期间已经经过，受领权能的存在就是债权人保有债务人履行利益的法律上原因，不构成不当得利。因此，甲超过诉讼时效向乙还款，乙不构成不当得利。

选项 B 错误。《民法典》第 677 条规定："借款人提前返还借款的，除当事人另有约定外，应当按照实际借款的期间计算利息。"由此可知，甲作为借款人，可以不受借款合同的约定，提前偿还借款及利息。借款人提前还款，利息的计算存在两种情况：一种是当事人没有特别约定时，按照实际借款期间计算，此时，若借款人提前支付全部利息，实际还款日至原还款期限届满日这一期间的利息就属于不当得利。另一种是按照当事人约定的期间计算。选项 B 中并未说明当事人是否就利息计算期间作出特别约定，故不可断言，乙构成不当得利。

选项 C 错误。甲向乙支付的因前晚打麻将输掉的 2000 元现金属于赌债，是因不法原因而给付财产的情形，不受民法的调整，不属于不当得利。此时应对赌博所涉财产进行收缴，甲无权以不当得利为由要求乙返还。故 C 项不当选。

选项 D 正确。甲在乙银行的存款账户因银行电脑故障多出 1 万元，因甲账户此时多出 1 万元没有合法依据，符合不当得利的构成要件，因此乙银行可以不当得利为由要求甲返还。

8. 甲将某物出售于乙，乙转售于丙，甲应乙的要求，将该物直接交付于丙。下列哪一说法是错误的？（2012）[1]

A. 如仅甲、乙间买卖合同无效，则甲有权向乙主张不当得利返还请求权

B. 如仅乙、丙间买卖合同无效，则乙有权向丙主张不当得利返还请求权

C. 如甲、乙间以及乙、丙间买卖合同均无效，甲无权向丙主张不当得利返还请求权

D. 如甲、乙间以及乙、丙间买卖合同均无效，甲有权向乙、乙有权向丙主张不当得利返还请求权

【考点】给付型不当得利

【答案解析】给付型不当得利，仅限于存有给付关系之当事人间始可成立，无给付关系，不能成立给付型不当得利。甲将某物出售给乙，乙转售给丙，甲应乙的要求，直接将该物交付给丙。这种交付被称为"经由被指令人而为交付"。虽然在事实上，甲直接将该物交付给丙，但在法律关系上，则应认定为，甲向乙为给付，乙向丙为给付，甲、丙间并无给付关系。选项 A 表述正确，不当选。

根据《民法典》第 157 条的规定："民事法律行为无效、被撤销或者确定不发生效力后，行为人因该行为取得的财产，应当予以返还；不能返还或者没有必要返还的，应当折价补偿。有过错的一方应当赔偿对方由此所受到的损失；各方都有过错的，应当各自承担相应的责任。法律另有规定的，依照其规定。"甲将某物交付给丙，是履行其对乙的债务，由此构成甲对乙的给付，而不构成对丙的给付。如果甲、乙间买卖合同无效，给付不当得利关系仅存在于甲乙之间，不存在于甲丙之间。选项 B 表述正确，不当选。

甲将该物交付给丙，同时是乙履行对丙的债务，构成乙对丙的给付。如果乙、丙间买卖合同无效，则给付不当得利关系仅存在于乙丙之间。选项 D 表述正确，不当选。

如果甲乙之间和乙丙之间的两个买卖合同均无效，则甲、乙之间和乙、丙之间分别发生给付不当得利关系，甲可以请求乙、乙可以请求丙返还不当得利。选项 C 表述错误，当选。

甲、丙之间虽无给付关系，但题干已说明两个合同均无效，故甲基于所有权，可以请求丙返还不当得利。该不当得利既可表现为丙对物的占有，也可能表现为丙对物的使用、收益等。

9. 下列哪一情形不产生不当得利之债？（2011）[2]

A. 甲向乙借款 10 万元，1 年后根据约定偿还本息 15 万元

B. 甲不知诉讼时效已过，向债权人乙清偿债务

C. 甲久别归家，误把乙的鸡当成自家的吃掉

D. 甲雇用的装修工人，误把邻居乙的装修材料用于甲的房屋装修

【考点】不当得利的构成

【答案解析】《民法典》第985条规定："得利人没有法律根据取得不当利益的，受损失的人可以请求得利人返还取得的利益……"据此，不当得利的构成要件有四：（1）一方受益；（2）他方受损；（3）受益与受损之间，具有因果关系；（4）无法律上的依据。

选项A不当选。自然人之间的借款合同约定支付利息的，借款的利率不得违反国家有关限制借款利率的规定。《民法典》第680条规定："禁止高利放贷，借款的利率不得违反国家有关规定。借款合同对支付利息没有约定的，视为没有利息。借款合同对支付利息约定不明确，当事人不能达成补充协议的，按照当地或者当事人的交易方式、交易习惯、市场利率等因素确定利息；自然人之间借款的，视为没有利息。"根据最高人民法院《关于审理民间借贷案件适用法律若干问题的规定》第25条："出借人请求借款人按照合同约定利率支付利息的，人民法院应予支持，但是双方约定的利率超过合同成立时一年期贷款市场报价利率四倍的除外。"超出部分即构成不当得利之债，应由乙将不当利益返还给甲。

选项B当选。《最高人民法院关于审理民事案件适用诉讼时效制度若干问题的规定》第19条规定："诉讼时效期间届满，当事人一方向对方当事人作出同意履行义务的意思表示或者自愿履行义务后，又以诉讼时效期间届满为由进行抗辩的，人民法院不予支持。"债权的诉讼时效期间经过后，债权的受领权能依然存在，债务人自愿履行债务的，不论债务人履行时是否知悉诉讼时效期间已经经过，受领权能的存在就是债权人保有债务人履行利益的法律上原因，不构成不当得利。

选项C不当选。从物理形态上看，甲将乙的鸡当成自家的吃了，鸡已经不存在了，好像甲并未受有利益。但是，从价值形态上看，甲吃了鸡，其财产本应减少而未减少，故甲的财产消极增加，故甲受有利益，乙也因此遭受了损失，符合不当得利的构成要件。须强调：仅在一种情况下误食他人东西的，不构成不当得利，即食用人对误食的物品不具有消费能力或者消费计划的，此时不能认定误食人的财产消极增加，因此不构成不当得利。

选项D不当选。装修工人将乙的装修材料用于甲的房屋装修后，发生了附合，乙对装修材料的所有权消灭，甲对乙构成不当得利。

第四编 物权法

第一章 物权变动

1. 甲与乙签订《协议》，由乙以自己名义代甲购房，甲全权使用房屋并获取收益。乙与开发商和银行分别签订了房屋买卖合同和贷款合同。甲把首付款和月供款给乙，乙再给开发商和银行，房屋登记在乙名下。后甲要求乙过户，乙主张是自己借款购房。下列哪一选项是正确的？(2015)[1]

A. 甲有权提出更正登记

B. 房屋登记在乙名下，甲不得请求乙过户

C. 《协议》名为代购房关系，实为借款购房关系

D. 如乙将房屋过户给不知《协议》的丙，丙支付合理房款则构成善意取得

【考点】不动产登记；善意取得

【答案解析】选项 A 正确。权利人、利害关系人认为不动产登记簿记载的事项错误的，可以申请更正登记。不动产登记簿记载的权利人书面同意更正或者有证据证明登记确有错误的，登记机构应当予以更正。因此，甲作为利害关系人对房屋权属存有争议，可提出更正登记，但是最终能否更正登记，则取决于登记的权利人乙是否同意，或者甲是否确有证据证明登记簿上的记载内容有错误。

选项 B 错误。尽管房屋登记在乙名下，但根据甲、乙之间的《协议》，甲可请求乙将房屋过户登记到自己名下。

选项 C 错误。根据《协议》的内容，甲、乙双方并无借款购房的意思表示。

选项 D 错误。不动产所有权的善意取得须具备五个要件：①不动产登记簿出现权属登记错误；②登记名义人实施无权处分行为；③受让人主观上为善意；④受让人支付合理价款；⑤已完成过户登记。由此可见，善意取得须以无权处分为适用前提，本题中，尽管首付款和月供款由甲支付，但房屋登记在乙名下，乙是房屋的所有权人，乙将房屋卖给丙是有权处分，故不存在善意取得的适用问题。

2. 甲、乙和丙于 2012 年 3 月签订了散伙协议，约定登记在丙名下的合伙房屋归甲、乙共有。后丙未履行协议。同年 8 月，法院判决丙办理该房屋过户手续，丙仍未办理。9 月，丙死亡，丁为其唯一继承人。12 月，丁将房屋赠给女友戊，并对赠与合同作了公证。下列哪一表述是正确的？(2013)[2]

[1] A [2] C

A. 2012 年 3 月，甲、乙按份共有房屋

B. 2012 年 8 月，甲、乙按份共有房屋

C. 2012 年 9 月，丁为房屋所有人

D. 2012 年 12 月，戊为房屋所有人

【考点】不动产物权变动

【答案解析】选项 A 错误。《民法典》第 209 条第 1 款规定："不动产物权的设立、变更、转让和消灭，经依法登记，发生效力；未经登记，不发生效力，但是法律另有规定的除外。"据此，依法律行为发生不动产物权变动，须以公示（登记）为要件。本题中，甲、乙与丙之间达成了以转移房屋所有权为内容的协议，属于依法律行为发生物权变动，由于双方没有完成公示（办理过户登记），不发生物权变动的效力。

选项 B 错误。《民法典》第 229 条规定："因人民法院、仲裁机构的法律文书或者征收决定等，导致物权设立、变更、转让或者消灭的，自法律文书或者人民政府的征收决定等生效时发生效力。"本题中，尽管法院作出了判决，但判决的内容是判令合同义务人丙办理过户手续，该判决生效后并没有导致物权变动，只有在丙办理过户手续后，物权才会变动。由于丙一直没有办理过户，故 2012 年 8 月，房屋仍为丙所有。

选项 C 正确。《民法典》第 230 条规定："因继承取得物权的，自继承开始时发生效力。"据此，因继承取得物权的，公示不是物权变动的生效要件。本题中，丙死亡后，房屋所有权归丙的唯一继承人丁所有。

选项 D 错误。根据《民法典》第 230 条、232 条，因继承享有不动产物权的，处分该物权时，依照法律规定需要办理登记的，未经登记，不发生物权效力。本题中，丁因继承取得房屋所有权后，将房屋赠给女友戊，非经登记不发生物权变动效力，虽然赠与合同已公证，但因未办理过户手续，戊不是房屋所有人。

3. 刘某借用张某的名义购买房屋后，将房屋登记在张某名下。双方约定该房屋归刘某所有，房屋由刘某使用，产权证由刘某保存。后刘某、张某因房屋所有权归属发生争议。关于刘某的权利主张，下列哪些表述是正确的？（2014）[1]

A. 可直接向登记机构申请更正登记

B. 可向登记机构申请异议登记

C. 可向法院请求确认其为所有权人

D. 可依据法院确认其为所有权人的判决请求登记机关变更登记

【考点】不动产登记

【答案解析】选项 A 错误，选项 B 正确。《民法典》第 220 条规定："权利人、利害关系人认为不动产登记簿记载的事项错误的，可以申请更正登记。不动产登记簿记载的权利人书面同意更正或者有证据证明登记确有错误的，登记机构应当予以更正。不动产登记簿记载的权利人不同意更正的，利害关系人可以申请异议登记。登记机构予以异议登记，申请人自异议登记之日起十五日内不提起诉讼的，异议登记失效。异议登记不当，造成权利人损害的，权利人可以向申请人请求损害赔偿。"据此可知，在刘某、张某因房屋所有权归属发生纠纷，需"不动产登记簿记载的权利人书面同意更正或者有证据证明登记确有错误的"才可以更正登记。刘某、张某无法直接向登记机构申请更正登记。

选项 C、D 正确。本题中，刘某与张某约定房屋登记在张某名下，由刘某使用房屋并保存

---

[1] BCD

产权证，约定本身并不违反法律和行政法规的强制性规定，因此合法有效。但刘某无权直接要求登记机构进行更正登记，应当先通过法院请求确认其为所有权人，再依据法院判决请求登记机关变更登记。

4. 吴某和李某共有一套房屋，所有权登记在吴某名下。2010年2月1日，法院判决吴某和李某离婚，并且判决房屋归李某所有，但是并未办理房屋所有权变更登记。3月1日，李某将该房屋出卖给张某，张某基于对判决书的信赖支付了50万元价款，并入住了该房屋。4月1日，吴某又就该房屋和王某签订了买卖合同，王某在查阅了房屋登记簿确认房屋仍归吴某所有后，支付了50万元价款，并于5月10日办理了所有权变更登记手续。下列哪些选项是正确的？（2011）[1]

A. 5月10日前，吴某是房屋所有权人
B. 2月1日至5月10日，李某是房屋所有权人
C. 3月1日至5月10日，张某是房屋所有权人
D. 5月10日后，王某是房屋所有权人

【考点】 *非基于法律行为的不动产物权变动；善意取得*

【答案解析】 选项A错误。《民法典》第229条规定："因人民法院、仲裁机构的法律文书或者人民政府的征收决定等，导致物权设立、变更、转让或者消灭的，自法律文书或者征收决定等生效时发生效力。"据此，基于法院的生效判决发生物权变动的，自判决书生效时发生物权变动，无须公示（不动产无须登记，动产无须交付）。本题中，在法院作出判决之前，房屋虽然登记在吴某名下，但属于吴某和李某的共有房产。法院判决房屋归李某所有（此判决为"形成判决"），判决生效后，房屋所有权即已发生变动，由吴某和李某共有变为李某单独所有。因此，2010年2月，吴某就不再是房屋的共有权人。

选项B正确、选项C错误。《民法典》第232条规定："处分依照本节规定享有的不动产物权，依照法律规定需要办理登记的，未经登记，不发生物权效力。"此即所谓的"未经登记，不得处分"。本题中，李某虽于2月1日即依照生效的判决取得了房屋的所有权，但由于未办理登记，李某对房屋尚无处分权，李某于3月1日将该房屋出卖给张某时，房屋买卖合同虽然有效，但不能发生物权变动的效力。要想发生物权变动，需经过两次登记，即先将房屋从吴某名下登记到李某名下，再由李某过户登记到张某名下。故2月1日至5月10日，李某是房屋所有权人，而张某并没有取得房屋所有权。

选项D正确。根据《民法典》第311条，不动产所有权的善意取得须具备五个要件：①不动产登记簿出现权属登记错误；②登记名义人实施无权处分行为；③受让人主观上为善意；④受让人支付合理价款；⑤已完成过户登记。本题中，吴某与王某之间的房屋买卖行为完全符合上述五个要件，故5月10日王某善意取得房屋所有权。

5. 庞某有1辆名牌自行车，在借给黄某使用期间，达成转让协议，黄某以8000元的价格购买该自行车。次日，黄某又将该自行车以9000元的价格转卖给了洪某，但约定由黄某继续使用1个月。关于该自行车的归属，下列哪一选项是正确的？（2017）[2]

A. 庞某未完成交付，该自行车仍归庞某所有
B. 黄某构成无权处分，洪某不能取得自行车所有权
C. 洪某在黄某继续使用1个月后，取得该自行车所有权
D. 庞某既不能向黄某，也不能向洪某主张原物返还请求权

---

[1] BD [2] D

【答案解析】本题考查简易交付和占有改定。简易交付规定于动产物权设立和转让前，权利人已经依法占有该动产的，物权自法律行为生效时发生效力。本题中，庞某的自行车在借给黄某使用期间达成转让协议，黄某以8000元的价格购买该自行车，属于简易交付，转让协议生效时，物权发生转移，即黄某取得自行车的所有权。故A错误。

占有改定规定于动产物权转让时，双方又约定由出让人继续占有该动产的，物权自该约定生效时发生效力。本题中，黄某将该自行车以9000元的价格转卖给了洪某，但约定由黄某继续使用1个月，属于占有改定，该约定生效时（而不是继续使用1个月后），物权发生转移，洪某取得自行车的所有权，故C错误。

因黄某已有所有权，其出售于洪某，属于有权处分，B错误。

因庞某已丧失所有权，故既不能向黄某，也不能向洪某主张原物返还请求权，D正确。

6. 甲把自己名下的一辆车卖给了乙，售价10万元，立即交付，但是一直没有办理登记。后来，甲的债权人丙向法院起诉要求甲偿还9万元本金及利息，法院于是扣押了上述车辆。(2023回忆)[1]

A. 乙始终未取得车的所有权　　　　B. 乙的所有权不可以对抗丙

C. 甲对车仍享有完整的所有权　　　D. 丙可就车主张优先受偿

【考点】动产所有权移转

【答案解析】动产所有权移转以交付为生效要件，但未经登记不得对抗善意第三人。本题中，甲已经将车辆交付给乙，因此，乙已经取得该车的所有权，甲丧失车辆的所有权，但是由于未办理登记，所以不得对抗善意的丙。丙可以就该车主张正常受偿，这里不存在担保，因此无所谓优先受偿。综上所述，本题只有B选项正确。

7. 根据公平正义理念的内涵，关于《物权法》第42条就"征收集体土地和单位、个人房屋及其他不动产"所作的规定，下列哪些说法可以成立？(2012)[2]

A. 有公共利益的需要，方可进行征收，实现国家、集体和个人利益的统一

B. 征收须依照法定权限和程序进行，保证程序公正

C. 对失地农民须全面补偿，对失房市民可予拆迁补偿，合理考虑不同诉求

D. 明确保障住宅被征收人的居住条件，保护正当利益和民生

【考点】征收

【答案解析】选项A、B正确。根据《民法典》第243条第1款："为了公共利益的需要，依照法律规定的权限和程序可以征收集体所有的土地和组织、个人的房屋以及其他不动产。"

选项C错误、D正确。根据《民法典》第243条第2款："征收集体所有的土地，应当依法及时足额支付土地补偿费、安置补助费以及农村村民住宅、其他地上附着物和青苗等的补偿费用，并安排被征地农民的社会保障费用，保障被征地农民的生活，维护被征地农民的合法权益。"另该条的第3款规定："征收组织、个人的房屋以及其他不动产，应当依法给予征收补偿，维护被征收人的合法权益；征收个人住宅的，还应当保障被征收人的居住条件。"据此，征收不动产时，对失房市民"应当"给予拆迁补偿，而不是"可以"给予拆迁补偿。对于失房者，应当保证被征收人的居住条件。

8. 甲将其1辆汽车出卖给乙，约定价款30万元。乙先付了20万元，余款在6个月内分期支付。在分期付款期间，甲先将汽车交付给乙，但明确约定付清全款后甲才将汽车的所有权移

转给乙。嗣后，甲又将该汽车以 20 万元的价格卖给不知情的丙，并以指示交付的方式完成交付。下列哪一表述是正确的？（2012）[1]

A. 在乙分期付款期间，汽车已经交付给乙，乙即取得汽车的所有权

B. 在乙分期付款期间，汽车虽然已经交付给乙，但甲保留了汽车的所有权，故乙不能取得汽车的所有权

C. 丙对甲、乙之间的交易不知情，可以依据善意取得制度取得汽车所有权

D. 丙不能依甲的指示交付取得汽车所有权

【考点】保留所有权买卖；物权变动；善意取得

【答案解析】选项 A 错误、B 正确。《民法典》第 224 条规定："动产物权的设立和转让，自交付时发生效力，但是法律另有规定的除外。"《民法典》第 641 条规定："当事人可以在买卖合同中约定买受人未履行支付价款或者其他义务的，标的物的所有权属于出卖人。出卖人对标的物保留的所有权，未经登记，不得对抗善意第三人。"据此，在乙分期付款期间，汽车虽然已经交付给乙，但甲保留了汽车的所有权，故乙不能取得汽车的所有权。

选项 C 错误。善意取得制度适用于无权处分行为，本题中，既然甲仍然是汽车的所有权人，其将汽车卖给丙的行为当然属于有权处分，故不适用善意取得规则。

选项 D 错误。《民法典》第 227 条规定："动产物权设立和转让前，第三人占有该动产的，负有交付义务的人可以通过转让请求第三人返还原物的权利代替交付。"本题中，甲与丙之间即通过指示交付实现汽车所有权变动。

9. 甲遗失手链 1 条，被乙拾得。为找回手链，甲张贴了悬赏 500 元的寻物告示。后经人指证手链为乙拾得，甲要求乙返还，乙索要 500 元报酬，甲不同意，双方数次交涉无果。后乙在桥边玩耍时手链掉入河中被冲走。下列哪一选项是正确的？（2017）[2]

A. 乙应承担赔偿责任，但有权要求甲支付 500 元

B. 乙应承担赔偿责任，无权要求甲支付 500 元

C. 乙不应承担赔偿责任，也无权要求甲支付 500 元

D. 乙不应承担赔偿责任，有权要求甲支付 500 元

【考点】拾得遗失物

【答案解析】本题考查遗失物拾得制度。《民法典》第 317 条规定："权利人领取遗失物时，应当向拾得人或者有关部门支付保管遗失物等支出的必要费用。权利人悬赏寻找遗失物的，领取遗失物时应当按照承诺履行义务。拾得人侵占遗失物的，无权请求保管遗失物等支出的费用，也无权请求权利人按照承诺履行义务。"甲向乙主张返还时，乙索要 500 元报酬，甲不同意，双方数次交涉无果，意味着乙一直占有该遗失物而不予返还，故其无权请求甲履行其承诺的支付报酬的义务。据此，A 和 D 均错误。

《民法典》第 316 条规定："拾得人在遗失物送交有关部门前，有关部门在遗失物被领取前，应当妥善保管遗失物。因故意或者重大过失致使遗失物毁损、灭失的，应当承担民事责任。"所谓重大过失，一般认为是指违反普通人的注意义务，即如果行为人仅用一般人的注意即可预见，而怠于注意，就存在重大过失。本题中，乙本身即有保管手链之义务，故其不应带到桥边玩耍；而根据一般人的注意义务，手链带到桥边，有发生掉入河中的危险，但乙并没有避免，可认定为其具有重大过失。故应向甲承担赔偿责任，B 正确，C 错误。

10. 甲将一套房屋转让给乙，乙再转让给丙，相继办理了房屋过户登记。丙翻建房屋时在地下挖出一瓷瓶，经查为甲的祖父埋藏，甲是其祖父唯一继承人。丙将该瓷瓶以市价卖给不知情的丁，双方钱物交割完毕。现甲、乙均向丙和丁主张权利。下列哪一选项是正确的？(2015)[1]

A. 甲有权向丙请求损害赔偿　　　　　　B. 乙有权向丙请求损害赔偿

C. 甲、乙有权主张丙、丁买卖无效　　　D. 丁善意取得瓷瓶的所有权

【考点】拾得遗失物；善意取得；无权处分合同的效力

【答案解析】选项A正确，B、D错误。《民法典》第319条规定："拾得漂流物、发现埋藏物或隐藏物的，参照适用拾得遗失物的有关规定。法律另有规定的，依照其规定。"本题中，丙挖出的瓷瓶属于埋藏物，所有权人为甲（从其祖父处继承而来）。《民法典》第312条规定："所有权人或者其他权利人有权追回遗失物。该遗失物通过转让被他人占有的，权利人有权向无处分权人请求损害赔偿，或者自知道或者应当知道受让人之日起二年内向受让人请求返还原物；但是，受让人通过拍卖或者向具有经营资格的经营者购得该遗失物的，权利人请求返还原物时应当支付受让人所付的费用。权利人向受让人支付所付费用后，有权向无处分权人追偿。"可见，遗失物（埋藏物）不适用善意取得。本题中，丙将瓷瓶以市价卖给不知情的丁，且已完成交付，但丁并不能善意取得瓷瓶的所有权。另外，甲也可以向无权处分人丙请求损害赔偿。故选项A正确，B、D错误。

选项C错误。当事人一方以出卖人在缔约时对标的物没有所有权或者处分权为由主张合同无效的，人民法院不予支持。可见，无权处分的买卖合同是有效的。

---

[1]　A

第二章　物权请求权

1. 蔡永父母在共同遗嘱中表示，二人共有的某处房产由蔡永继承。蔡永父母去世前，该房由蔡永之姐蔡花借用，借用期未明确。2012 年上半年，蔡永父母先后去世，蔡永一直未办理该房屋所有权变更登记，也未要求蔡花腾退。2015 年下半年，蔡永因结婚要求蔡花腾退，蔡花拒绝搬出。对此，下列哪一选项是正确的？（2016）[1]

A. 因未办理房屋所有权变更登记，蔡永无权要求蔡花搬出

B. 因诉讼时效期间届满，蔡永的房屋腾退请求不受法律保护

C. 蔡花系合法占有，蔡永无权要求其搬出

D. 蔡永对该房屋享有物权请求权

【考点】诉讼时效、物（上）权请求权

【答案解析】根据《民法典》第 230 条："因继承取得物权的，自继承开始时发生效力。"蔡永父母去世，蔡永已经取得房产的所有权，该房屋的所有权人是蔡永。物权请求权不适用诉讼时效，故 B 选项错误。

因为蔡永父母去世前，该房由蔡永之姐蔡花借用，借用期未明确。根据《民法典》第 511 条第（四）项："当事人就有关合同内容约定不明确，依据前条规定仍不能确定的，适用下列规定：（四）履行期限不明确的，债务人可以随时履行，债权人也可以随时请求履行，但是应当给对方必要的准备时间。"蔡永继承房屋的所有权，也同时继承了该房屋上的义务，成为借用合同的当事人。借用期限不明确，债权人蔡永可以随时要求返还，但应当给对方必要的准备时间。故 A 选项错误，C 选项错误。

根据《民法典》第 235 条："无权占有不动产或者动产的，权利人可以请求返还原物。"故 D 选项正确，当选。

2. 物权人在其权利的实现上遇有某种妨害时，有权请求造成妨害事由发生的人排除此等妨害，称为物权请求权。关于物权请求权，下列哪一表述是错误的？（2011）[2]

A. 是独立于物权的一种行为请求权　　B. 可以适用债权的有关规定

C. 不能与物权分离而单独存在　　D. 须依诉讼的方式进行

【考点】物权请求权

【答案解析】选项 A 表述正确，不当选。物权请求权，指物权人于其物权受到侵害或有遭受侵害的危险时，基于物权而请求侵害人为一定行为或者不为一定行为，使物权恢复到原有状态或侵害危险产生之前的状态的权利。物权请求权独立于物权之外，但二者有关联：物权是物权请求权的基础权利。所有的请求权均为行为请求权，即请求特定人作为或者不作为（容

忍），物权请求权也不例外。

选项 B 表述正确，不当选。请求权是与支配权相并列的权利类型，除物权请求权外，请求权还包括债权、人格权请求权、身份权请求权、知识产权请求权等。物权请求权和债权同属请求权，二者具有类似的结构。故债权的有关规定，物权请求权也可能适用，比如物权请求权也具有相对性，只能向特定的相对人行使。

选项 C 表述正确，不当选。物权请求权的启动是因为物权的圆满支配状态受到侵害或妨碍，由此，物权请求权形式的目的旨在恢复物权人对标的物的圆满支配。由此决定了物权请求权不能与物权分离而单独存在，也不能与物权分离而转让。

选项 D 表述错误，当选。物权请求权的行使既可通过诉讼方式，亦可通过诉讼之外的其他方式，如私下主张。

3. 叶某将自有房屋卖给沈某，在交房和过户之前，沈某擅自撬门装修，施工导致邻居赵某经常失眠。下列哪些表述是正确的？（2013）[1]

A. 赵某有权要求叶某排除妨碍

B. 赵某有权要求沈某排除妨碍

C. 赵某请求排除妨碍不受诉讼时效的限制

D. 赵某可主张精神损害赔偿

【考点】物权请求权

【答案解析】选项 A 正确。不动产的相邻各方，应当按照有利生产、方便生活、团结互助、公平合理的精神，正确处理截水、排水、通行、通风、采光等方面的相邻关系。给相邻方造成妨碍或者损失的，应赔偿损失。据此，叶某是房屋所有权人，与赵某构成相邻关系，故赵某有权请求叶某排除妨碍。

选项 B 正确。《民法典》第 236 条规定："妨害物权或者可能妨害物权的，权利人可以请求排除妨害或者消除危险。"

选项 C 正确。根据《最高人民法院关于审理民事案件适用诉讼时效制度若干问题的规定》第 1 条和《民法典》第 188 条，诉讼时效仅适用于请求权纠纷。本题中，赵某所享有的排除妨害请求权在性质上属于物权请求权，故不受诉讼时效的限制。

选项 D 错误。侵害他人人身权益，造成他人严重精神损害的，被侵权人可以请求精神损害赔偿。本题中，赵某因他人的侵权而导致失眠，一般情况下，失眠所引起的痛苦仅仅是生理痛苦，而非心理痛苦，即便因为失眠而受到精神损害，也未达到"严重"的程度。故赵某无权请求精神损害赔偿。

---

[1] ABC

第三章　共有与建筑物区分所有权

1. 张某与李某共有一台机器，各占50%份额。双方共同将机器转卖获得10万元，约定张某和李某分别享有6万元和4万元。同时约定该10万元暂存李某账户，由其在3个月后返还给张某6万元。后该账户全部款项均被李某债权人王某申请法院查封并执行，致李某不能按期返还张某款项。下列哪一表述是正确的？（2014）[1]

A. 李某构成违约，张某可请求李某返还5万元

B. 李某构成违约，张某可请求李某返还6万元

C. 李某构成侵权，张某可请求李某返还5万元

D. 李某构成侵权，张某可请求李某返还6万元

【考点】按份共有

【答案解析】选项A、C错误。《民法典》第298条规定："按份共有人对共有的不动产或者动产按照其份额享有所有权。"本题中，张某和李某对机器各占50%的份额，为按份共有。双方就共有物专卖所得价款约定了分配比例，这一约定虽然违反了双方的共有份额，但仍然有效。因此，张某可请求李某返还6万元，而非5万元。

选项B正确、D错误。货币属于特殊财产，遵循"占有即所有"的规则，将货币暂存李某账户时起，张某就丧失了其应得的6万元货币的所有权（货币实际上所有权已属于银行）。根据双方的约定，张某对李某享有的是请求其按约定期限还款的债权。李某不能按期返还张某款项，其行为构成违约，而非侵权。

2. 关于共有，下列哪些表述是正确的？（2011）[2]

A. 对于共有财产，部分共有人主张按份共有，部分共有人主张共同共有，如不能证明财产是按份共有的，应当认定为共同共有

B. 按份共有人对共有不动产或者动产享有的份额，没有约定或者约定不明确的，按照出资额确定；不能确定出资额的，视为等额享有

C. 夫或妻在处理夫妻共同财产上权利平等，因日常生活需要而处理夫妻共同财产的，任何一方均有权决定

D. 对共有物的分割，当事人没有约定或者约定不明确的，按份共有人可以随时请求分割，共同共有人在共有的基础丧失或者有重大理由需要分割时可以请求分割

【考点】共有

【答案解析】选项A错误。《民法典》第308条规定："共有人对共有的不动产或者动产没有约定为按份共有或者共同共有，或者约定不明确的，除共有人具有家庭关系等外，视为按份

---

[1]　B　[2]　BCD

共有。"据此，按份共有包括两种情形：一种是当事人明确约定为按份共有；另一种是当事人没有约定或约定不明时推定为按份共有。

选项 B 正确。《民法典》第 309 条规定："按份共有人对共有的不动产或者动产享有的份额，没有约定或者约定不明确的，按照出资额确定；不能确定出资额的，视为等额享有。"

选项 C 正确。《民法典》第 301 条规定："处分共有的不动产或者动产以及对共有的不动产或者动产作重大修缮、变更性质或者用途的，应当经占份额三分之二以上的按份共有人或者全体共同共有人同意，但是共有人之间另有约定的除外。"夫妻共有属于共同共有，处分夫妻共同财产的行为原则上经夫妻一致同意后方为有效。夫或妻在处理夫妻共同财产上的权利是平等的，因日常生活需要而处理夫妻共同财产的，任何一方均有权决定。这一规定应优先适用。

选项 D 正确。《民法典》第 303 条规定："共有人约定不得分割共有的不动产或者动产，以维持共有关系的，应当按照约定，但是共有人有重大理由需要分割的，可以请求分割；没有约定或者约定不明确的，按份共有人可以随时请求分割，共同共有人在共有的基础丧失或者有重大理由需要分割时可以请求分割。因分割造成其他共有人损害的，应当给予赔偿。"

3. 甲、乙、丙、丁按份共有某商铺，各自份额均为 25%。因经营理念发生分歧，甲与丙商定将其份额以 100 万元转让给丙，通知了乙、丁；乙与第三人戊约定将其份额以 120 万元转让给戊，未通知甲、丙、丁。下列哪些选项是正确的？（2017）[1]

A. 乙、丁对甲的份额享有优先购买权

B. 甲、丙、丁对乙的份额享有优先购买权

C. 如甲、丙均对乙的份额主张优先购买权，双方可协商确定各自购买的份额

D. 丙、丁可仅请求认定乙与戊之间的份额转让合同无效

【考点】按份共有人优先购买权

【答案解析】本题考查按份共有中的优先购买权。《最高人民法院关于适用〈中华人民共和国民法典〉物权编的解释（一）》第 13 条规定："按份共有人之间转让共有份额，其他按份共有人主张依据民法典第三百零五条优先购买的，不予支持，但按份共有人之间另有约定的除外。"因此，甲将其份额转让给丙，乙、丁不能主张优先购买权，A 错误。

乙系将份额转让给戊，故甲、丙、丁均享有优先购买权，B 正确。

《民法典》第 306 条第 2 款规定："两个以上其他共有人主张行使优先购买权的，协商确定各自的购买比例；协商不成的，按照转让时各自的共有份额比例行使优先购买权。"注意该条适用的条件是"协商不成"，即法律允许当事人协商，实际上这也是意思自治的当然体现，故 C 正确。

《民法典》第 305 条规定："按份共有人可以转让其享有的共有的不动产或者动产份额。其他共有人在同等条件下享有优先购买的权利。"据此，按份共有人可随时处分自己的份额，其他按份共有人不得既不行使优先购买权，又请求认定转让合同无效。故乙与戊的转让合同应为有效，D 错误。

4. 甲以 20 万元从乙公司购得某小区地下停车位。乙公司经规划部门批准在该小区以 200 万元建设观光电梯。该梯入梯口占用了甲的停车位，乙公司同意为甲置换更好的车位。甲则要求拆除电梯，并赔偿损失。下列哪些表述是错误的？（2013）[2]

A. 建电梯获得规划部门批准，符合小区业主利益，未侵犯甲的权利

B. 即使建电梯符合业主整体利益，也不能以损害个人权利为代价，故应将电梯拆除

---

[1] BC [2] ABD

C. 甲车位使用权固然应予保护，但置换车位更能兼顾个人利益与整体利益

D. 电梯建成后，小区尾房更加畅销，为平衡双方利益，乙公司应适当让利于甲

【考点】建筑物区分所有权；物权保护

【答案解析】选项 A 表述错误，当选。甲购买了停车位，该停车位就属于甲的专有部分，乙公司依法办理了审批手续，经过相关部门批准，在所建小区建设观光电梯，但是构成对甲停车位所有权的侵犯。经过行政部门审批并非构成民事侵权的违法阻却事由。

选项 B 表述错误，当选；选项 C 正确，不当选。受害人的合法权益受到侵害，固然应当提供救济，但在救济方式的选择上，也应考虑救济成本的大小。具体到本题中，甲的权利有两种救济途径：一是责令乙公司恢复原状，拆除电梯；二是乙公司提供更好的车位弥补甲的损害。若采取第一种救济途径，显然会造成巨大浪费，因此，以第二种救济途径为宜。

选项 D 表述错误，当选。乙公司所受利益和甲的受损之间并无必然关联，故让乙公司让利于甲，并无法律上的依据。

5. 蒋某是 C 市某住宅小区 6 栋 3 单元 502 号房业主，入住后面临下列法律问题，请根据相关事实予以解答。请回答下列问题。(2017)

(1) 小区地下停车场设有车位 500 个，开发商销售了 300 个，另 200 个用于出租。蒋某购房时未买车位，现因购车需使用车位。下列选项正确的是：[1]

A. 蒋某等业主对地下停车场享有业主共有权

B. 如小区其他业主出售车位，蒋某等无车位业主在同等条件下享有优先购买权

C. 开发商出租车位，应优先满足蒋某等无车位业主的需要

D. 小区业主如出售房屋，其所购车位应一同转让

【答案解析】本题考查建筑物区分所有权。

《民法典》第 275 条规定："建筑区划内，规划用于停放汽车的车位、车库的归属，由当事人通过出售、附赠或者出租等方式约定。占用业主共有的道路或者其他场地用于停放汽车的车位，属于业主共有。"《民法典》第 276 条规定："建筑区划内，规划用于停放汽车的车位、车库应当首先满足业主的需要。"据此，因地下停车场并不属于占用业主共有的场地，故非属于业主共有，而应归开发商所有，但应优先满足业主的需要，故 C 正确，A 错误。

建筑物区分所有权中并不存在优先购买权制度，B 错误。

车位不属于房屋的附属品，而是作为独立的所有权存在，不随着房屋的转让而转让，D 错误。

(2) 该小区业主田某将其位于一楼的住宅用于开办茶馆，蒋某认为此举不妥，交涉无果后向法院起诉，要求田某停止开办。下列选项正确的是：[2]

A. 如蒋某是同一栋住宅楼的业主，法院应支持其请求

B. 如蒋某能证明因田某开办茶馆而影响其房屋价值，法院应支持其请求

C. 如蒋某能证明因田某开办茶馆而影响其生活质量，法院应支持其请求

D. 如田某能证明其开办茶馆得到多数有利害关系业主的同意，法院应驳回蒋某的请求

【答案解析】本题考查民宅商用。

《民法典》第 279 条："业主不得违反法律、法规以及管理规约，将住宅变为经营性用房。业主将住宅改变为经营性用房的，除遵守法律、法规以及管理规约外，应当经有利害关系的业主一致同意。"《最高人民法院关于审理建筑物区分所有权纠纷案件具体应用法律若干问

---

[1] C　[2] ABC

题的解释》第 11 条规定："业主将住宅改变为经营性用房，本栋建筑物内的其他业主，应当认定为民法典第二百七十九条所称'有利害关系的业主'。建筑区划内，本栋建筑物之外的业主，主张与自己有利害关系的，应证明其房屋价值、生活质量受到或者可能受到不利影响。"本题中，田某将其位于一楼的住宅用于开办茶馆，属于民宅商用，应适用上述规定。因本栋建筑物内的其他业主为当然有利害关系，故 A 正确。

如蒋某能证明因田某开办茶馆而影响其房屋价值或生活质量，即为有利害关系的业主，如果其反对，田某即不得开办茶馆，故 B 和 C 均正确。

民宅商用，应经全体有利害关系的业主同意，D 错误。

（3）对小区其他业主的下列行为，蒋某有权提起诉讼的是：[1]

A. 5 栋某业主任意弃置垃圾

B. 7 栋某业主违反规定饲养动物

C. 8 栋顶楼某业主违章搭建楼顶花房

D. 楼上邻居因不当装修损坏蒋某家天花板

【答案解析】本题考查业主的权利保护。

《民法典》第 286 条第 2、3 款规定："业主大会或者业主委员会，对任意弃置垃圾、排放污染物或者噪声、违反规定饲养动物、违章搭建、侵占通道、拒付物业费等损害他人合法权益的行为，有权依照法律、法规以及管理规约，请求行为人停止侵害、排除妨碍、消除危险、恢复原状、赔偿损失。业主或其他行为人拒不履行相关义务的，有关当事人可以向有关行政主管部门报告或者投诉，有关行政主管部门应当依法处理。"据此，在业主任意弃置垃圾、违反规定饲养动物、违章搭建的情况下，应由业主大会或业主委员会主张权利，而不是业主个人主张权利，故 A、B、C 均是错误的。

蒋某和其楼上的邻居适用相邻关系的规定，如果其楼上邻居因不当装修损坏蒋某家天花板时，蒋某有权提起诉讼，D 正确。

6. 甲、乙二人按照 3:7 的份额共有一辆货车，为担保丙的债务，甲、乙将货车抵押给债权人丁，但未办理抵押登记。后该货车在运输过程中将戊撞伤。对此，下列哪一选项是正确的？（2016）[2]

A. 如戊免除了甲的损害赔偿责任，则应由乙承担损害赔偿责任

B. 因抵押权未登记，戊应优先于丁受偿

C. 如丁对丙的债权超过诉讼时效，仍可在 2 年内要求甲、乙承担担保责任

D. 如甲对丁承担了全部担保责任，则有权向乙追偿

【考点】抵押权设立、共有人对外责任承担

【答案解析】《民法典》第 307 条规定："因共有的不动产或者动产产生的债权债务，在对外关系上，共有人享有连带债权、承担连带债务，但是法律另有规定或者第三人知道共有人不具有连带债权债务关系的除外；在共有人内部关系上，除共有人另有约定外，按份共有人按照份额享有债权、承担债务，共同共有人共同享有债权、承担债务。偿还债务超过自己应当承担份额的按份共有人，有权向其他共有人追偿。"故对戊的损害赔偿，由甲、乙承担连带责任。《最高人民法院关于审理人身损害赔偿案件适用法律若干问题的解释》第 2 条第 1 款："赔偿权利人起诉部分共同侵权人的，人民法院应当追加其他共同侵权人作为共同被告。赔偿权利人在诉讼中放弃对部分共同侵权人的诉讼请求的，其他共同侵权人对被放弃诉讼请求的被告应当承

---

[1] D [2] D

担的赔偿份额不承担连带责任。责任范围难以确定的，推定各共同侵权人承担同等责任。"故，如戊免除了甲的损害赔偿责任，则乙对免除范围内的赔偿份额不承担连带责任，A选项错误。

动产抵押权，合同生效时设立，未经登记，不得对抗善意第三人。当事人之间已经形成了特定的抵押债务。债务与债务是平等的，戊不能主张优先于丁而受偿。B选项错误。

《民法典》第419条规定："抵押权人应当在主债权诉讼时效期间行使抵押权；未行使的，人民法院不予保护。"故C选项错误。

同一债权有两个以上抵押人的，债权人放弃债务人提供的抵押担保的，其他抵押人可以请求人民法院减轻或者免除其应当承担的担保责任。同一债权有两个以上抵押人的，当事人对其提供的抵押财产所担保的债权份额或者顺序没有约定或者约定不明的，抵押权人可以就其中任一或者各个财产行使抵押权。抵押人承担担保责任后，可以向债务人追偿，也可以要求其他抵押人清偿其应当承担的份额。故D选项正确。

7. 甲、乙、丙、丁按份共有一艘货船，份额分别为10%、20%、30%、40%。甲欲将其共有份额转让，戊愿意以50万元的价格购买，价款一次付清。关于甲的共有份额转让，下列哪些选项是错误的？（2016）[1]

A. 甲向戊转让其共有份额，须经乙、丙、丁同意

B. 如乙、丙、丁均以同等条件主张优先购买权，则丁的主张应得到支持

C. 如丙在法定期限内以50万元分期付款的方式要求购买该共有份额，应予支持

D. 如甲改由向乙转让其共有份额，丙、丁在同等条件下享有优先购买权

【考点】按份共有人的优先购买权

【答案解析】《民法典》第305条："按份共有人可以转让其享有的共有的不动产或者动产份额。其他共有人在同等条件下享有优先购买的权利。"甲转让自己的份额无须他人同意，故A选项错误，当选。

两个以上按份共有人主张优先购买且协商不成时，请求按照转让时各自份额比例行使优先购买权的，应予支持。故B选项错误，当选。

《民法典》第305条所称的"同等条件"，应当综合共有份额的转让价格、价款履行方式及期限等因素确定。丙以分期付款的方式支付，不属于同等条件，故C选项错误，当选。

按份共有人之间转让共有份额，其他按份共有人主张根据《民法典》第305条规定优先购买的，不予支持，但按份共有人之间另有约定的除外。对内转让，无优先购买权适用之余地，故D选项错误，当选。

8. 甲、乙、丙、丁共有1套房屋，各占1/4，对共有房屋的管理没有进行约定。甲、乙、丙未经丁同意，以全体共有人的名义将该房屋出租给戊。关于甲、乙、丙上述行为对丁的效力的依据，下列哪一表述是正确的？（2012）[2]

A. 有效，出租属于对共有物的管理，各共有人都有管理的权利

B. 有效，对共有物的处分应当经占共有份额2/3以上的共有人的同意，出租行为较处分为轻，当然可以为之

C. 无效，对共有物的出租属于处分，应当经全体共有人的同意

D. 有效，出租是以利用的方法增加物的收益，可以视为改良行为，经占共有份额2/3以上的共有人的同意即可

【考点】共有物的管理

【答案解析】 选项 A 错误。《民法典》第 300 条规定："共有人按照约定管理共有的不动产或者动产；没有约定或者约定不明确的，各共有人都有管理的权利和义务。"本题中，出租共有房屋的行为不属于该条所指的"管理"，而是收益行为。

选项 B 正确、C 错误。《民法典》第 301 条规定："处分共有的不动产或者动产以及对共有的不动产或者动产作重大修缮、变更性质或者用途的，应当经占份额三分之二以上的按份共有人或者全体共同共有人同意，但共有人之间另有约定的除外。"所谓的处分包括事实上的处分（如重大修缮、改建、消费、毁损等改变性质或者用途的）与法律上的处分（如出卖、抵押、抛弃所有权）。出租行为不属于处分，从对标的物的影响来看，其性质要弱于处分。本题中，甲、乙、丙、丁对房屋系按份共有，其份额均为 1/4，出租行为已经得到占份额 3/4（＞2/3）共有人的同意，根据举重以明轻的解释原则，处分行为姑且只要求 2/3，而性质较轻的出租行为已达到 3/4，故更应有效。

选项 D 错误。所谓改良行为，指不变更共有物的性质，而增加其效用或价值的行为，如开垦荒地为果园。出租行为显然不属于改良。

第四章 用益物权

1. 村民胡某承包了一块农民集体所有的耕地，订立了土地承包经营权合同，未办理确权登记。胡某因常年在外，便与同村村民周某订立土地承包经营权转让合同，将地交周某耕种，未办理变更登记。关于该土地承包经营权，下列哪一说法是正确的？(2017)[1]

A. 未经登记不得处分

B. 自土地承包经营权合同生效时设立

C. 其转让合同自完成变更登记时起生效

D. 其转让未经登记不发生效力

【考点】土地承包经营权

【答案解析】本题考查土地承包经营权。

《民法典》第333条第1款规定："土地承包经营权自土地承包经营权合同生效时设立。"故 B 显然是正确的。

同时，因土地承包经营权自土地承包经营权合同生效时即已设立，因此胡某的土地承包经营权虽然未经登记，但其已获得了土地承包经营权，当然有权予以处分，故 A 错误。

《民法典》第335条规定："土地承包经营权互换、转让的，当事人可以向登记机构申请登记；未经登记，不得对抗善意第三人。"据此，土地承包经营权的转让实行意思主义，即转让合同生效时，土地承包经营权即发生转让的效果，登记既不是合同的生效条件，也不是土地承包经营权转让的条件，而是对抗善意第三人的条件，C 和 D 均错误。

2. 河西村在第二轮承包过程中将本村耕地全部发包，但仍留有部分荒山，此时本村集体经济组织以外的 Z 企业欲承包该荒山。对此，下列哪些说法是正确的？(2016)[2]

A. 集体土地只能以家庭承包的方式进行承包

B. 河西村集体之外的人只能通过招标、拍卖、公开协商等方式承包

C. 河西村将荒山发包给 Z 企业，经2/3以上村民代表同意即可

D. 如河西村村民黄某也要承包该荒山，则黄某享有优先承包权

【考点】土地承包经营权

【答案解析】国家实行农村土地承包经营制度。农村土地承包采取农村集体经济组织内部的家庭承包方式，不宜采取家庭承包方式的荒山、荒沟、荒丘、荒滩等农村土地，可以采取招标、拍卖、公开协商等方式承包。A 选项认为集体土地只能以家庭承包的方式进行承包，错误。

本题针对荒山，村集体之外的人只能通过招标、拍卖、公开协商等方式承包，B 选项

---

〔1〕 B 〔2〕 BD

正确。

发包方将农村土地发包给本集体经济组织以外的单位或者个人承包，应当事先经本集体经济组织成员的村民会议三分之二以上成员或者三分之二以上村民代表的同意，并报乡（镇）人民政府批准。C选项认为经2/3以上村民代表同意即可，错误，还须报乡（镇）人民政府批准。故C选项错误。

以其他方式承包农村土地，在同等条件下，本集体经济组织成员享有优先承包权。故D选项正确。

3. 季大与季小兄弟二人，成年后各自立户，季大一直未婚。季大从所在村集体经济组织承包耕地若干。关于季大的土地承包经营权，下列哪些表述是正确的？（2014）[1]

A. 自土地承包经营权合同生效时设立

B. 如季大转让其土地承包经营权，则未经变更登记不发生转让的效力

C. 如季大死亡，则季小可以继承该土地承包经营权

D. 如季大死亡，则季小可以继承该耕地上未收割的农作物

【考点】 土地承包经营权

【答案解析】 选项A正确。《民法典》第333条规定："土地承包经营权自土地承包经营权合同生效时设立。"据此，土地承包经营权的设立采意思主义，只要承包经营权合同生效，即可设立。

选项B错误。《民法典》第335条规定："土地承包经营权人将土地承包经营权互换、转让的，当事人可以向登记机构申请登记；未经登记，不得对抗善意第三人。"据此，土地承包经营权的流转采登记对抗主义，而非登记生效主义，换言之，登记只是土地承包经营权流转的对抗要件，而非生效要件。

选项C错误、D正确。承包人应得的承包收益，依照继承法的规定继承；林地承包的承包人死亡，其继承人可以在承包期内继续承包。可见，法律只允许林地承包经营权继承，没有规定耕地承包经营权可以继承。但是，耕地上的承包收益，可由土地承包经营权人的继承人继承。

4. 2013年2月，A地块使用权人甲公司与B地块使用权人乙公司约定，由甲公司在B地块上修路。同年4月，甲公司将A地块过户给丙公司，6月，乙公司将B地块过户给不知上述情形的丁公司。下列哪些表述是正确的？（2013）[2]

A. 2013年2月，甲公司对乙公司的B地块享有地役权

B. 2013年4月，丙公司对乙公司的B地块享有地役权

C. 2013年6月，甲公司对丁公司的B地块享有地役权

D. 2013年6月，丙公司对丁公司的B地块享有地役权

【考点】 地役权

【答案解析】 选项A正确。《民法典》第372条第1款规定："地役权人有权按照合同约定，利用他人的不动产，以提高自己的不动产的效益。"本题中，甲公司与乙公司约定，由甲公司在乙公司的地块上修路，可见，当事人的约定旨在设立地役权，属于地役权合同。《民法典》第374条规定："地役权自地役权合同生效时设立。当事人要求登记的，可以向登记机构申请地役权登记；未经登记，不得对抗善意第三人。"据此，地役权的设立采取登记对抗主义。本题中，2013年2月，甲公司与乙公司之间的地役权合同已经生效，自合同生效之日，甲公司

---

[1] AD [2] AB

对乙公司的 B 地块享有地役权。

选项 B 正确。《民法典》第 380 条规定："地役权不得单独转让。土地承包经营权、建设用地使用权等转让的，地役权一并转让，但是合同另有约定的除外。"在 2013 年 4 月，甲公司将 A 地块过户给丙公司，丙公司在成为 A 地块建设用地使用权人的同时，也成为地役权人。故 2013 年 4 月，丙公司对乙公司的 B 地块享有地役权。

选项 C、D 错误。2013 年 6 月，乙公司将 B 地块过户给丁公司，丁公司为善意第三人，由于地役权没有登记，故丙公司不得对丁公司主张地役权。而甲公司自 2013 年 4 月将 A 地块过户给丙公司之时便不再是地役权主体，故更谈不上对丁公司主张地役权。

第五章 担保物权

1. 甲以某商铺作抵押向乙银行借款，抵押权已登记，借款到期后甲未偿还。甲提前得知乙银行将起诉自己，在乙银行起诉前将该商铺出租给不知情的丙，预收了 1 年租金。半年后经乙银行请求，该商铺被法院委托拍卖，由丁竞买取得。下列哪一选项是正确的？（2017）[1]

A. 甲与丙之间的租赁合同无效

B. 丁有权请求丙腾退商铺，丙有权要求丁退还剩余租金

C. 丁有权请求丙腾退商铺，丙无权要求丁退还剩余租金

D. 丙有权要求丁继续履行租赁合同

【考点】抵押权

【答案解析】本题考查抵押权与租赁权的关系以及对买卖不破租赁制度的准确理解。甲将商铺抵押给乙之后，其并未丧失所有权，故其将其租赁给丙，合同本身肯定是有效的，故 A 错误。

《民法典》第405条规定："抵押权设立前，抵押财产已经出租并转移占有的，原租赁关系不受该抵押权的影响。"抵押权设立后抵押财产出租的，该租赁关系不得对抗已登记的抵押权。据此，抵押权和租赁权的效力次序，取决于抵押在先还是租赁在先。本题中，抵押权设立在先，租赁在后，故抵押权的效力更加优先。丁是基于乙的抵押权，在法院委托拍卖过程中而竞买取得，故其取得的所有权可以对抗丙的租赁权，即其有权要求丙腾退商铺，而丙则不能要求丁继续履行租赁合同，故 D 错误。

要特别注意，因有抵押权的介入，这种情况不能适用买卖不破租赁制度。丙的租赁合同是与甲达成的，根据合同的相对性，其只能要求甲退还剩余租金，而不能要求丁退还剩余租金，故 C 正确，B 错误。

2. 石某出借给王某 10 万元，约定三个月后，返还本金及利息。为此，王某将自己的名牌包抵押给石某，并已交付。王某到期没有还钱，石某随即称名牌包归自己所有。对此，下列说法正确的是？（2023 回忆）[2]

A. 石某对名牌包享有质权   B. 石某取得名牌包所有权

C. 石某对名牌包享有留置权   D. 石某对名牌包享有抵押权

【考点】担保物权的类型

【答案解析】质权设立需要转移占有，抵押权无须转移占有，民事留置权以标的物与相关债权存在牵连关系为前提。

质权设立需要转移占有，抵押权无须转移占有，民事留置权以标的物与相关债权存在牵连

---

[1] C   [2] A

关系为前提。因此本题中，石某对名牌包享有的担保物权为质权。担保物权只能以拍卖、变卖、折价并优先受偿的方式实现，而不能以流质的方式实现。综上，本题只有 A 选项正确。

3. 方某将一行李遗忘在出租车上，立即发布寻物启事，言明愿以 2000 元现金酬谢返还行李者。出租车司机李某发现该行李及获悉寻物启事后即与方某联系。现方某拒绝支付 2000 元给李某。下列哪一表述是正确的？（2013）[1]

A. 方某享有所有物返还请求权，李某有义务返还该行李，故方某可不支付 2000 元酬金

B. 如果方某不支付 2000 元酬金，李某可行使留置权拒绝返还该行李

C. 如果方某未曾发布寻物启事，则其可不支付任何报酬或费用

D. 既然方某发布了寻物启事，则其必须支付酬金

【考点】悬赏广告；留置权

【答案解析】选项 A 错误，D 正确。《民法典》第 317 条规定："权利人领取遗失物时，应当向拾得人或者有关部门支付保管遗失物等支出的必要费用。权利人悬赏寻找遗失物的，领取遗失物时应当按照承诺履行义务。拾得人侵占遗失物的，无权请求保管遗失物等支出的费用，也无权请求权利人按照承诺履行义务。"本题中，方某与李某间成立了两个债：一是拾得遗失物之债，李某拾得遗失物（且无侵占行为），李某有权请求方某支付自己因此支出的必要费用。二是悬赏广告之债，方某发布悬赏广告，李某完成了悬赏广告指定的行为，李某有权请求方某按照悬赏广告的承诺支付报酬 2000 元。

选项 C 错误。若方某未曾发布悬赏广告，则方某与李某间仍可成立拾得遗失物之债，李某有权请求方某支付自己因此支出的必要费用。

选项 B 错误。留置权的构成要件有四：①债权人对债务人的债权已经到期；②债权人合法占有属于债务人的动产；③债权人留置的动产与担保的债权属于同一法律关系（商事留置权除外）；④不得具有留置权成立的消极事由（约定不得留置、留置违反善良风俗或者留置与债权人负担的义务相违悖）。本题中，李某基于拾得遗失物之债占有方某的动产，而李某基于悬赏广告之债对方某享有 2000 元的报酬请求权，二者不属于同一法律关系。因此，即使方某拒绝支付 2000 元的报酬，李某亦不得行使留置权。

4. 甲服装公司与乙银行订立合同，约定甲公司向乙银行借款 300 万元，用于购买进口面料。同时，双方订立抵押合同，约定甲公司以其现有的以及将有的生产设备、原材料、产品为前述借款设立抵押。借款合同和抵押合同订立后，乙银行向甲公司发放了贷款，但未办理抵押登记。之后，根据乙银行要求，丙为此项贷款提供连带责任保证，丁以一台大型挖掘机作质押并交付。请回答下列题目。（2017）

（1）关于甲公司的抵押，下列选项正确的是：[2]

A. 该抵押合同为最高额抵押合同

B. 乙银行自抵押合同生效时取得抵押权

C. 乙银行自抵押登记完成时取得抵押权

D. 乙银行的抵押权不得对抗在正常经营活动中已支付合理价款并取得抵押财产的买受人

【答案解析】本题考查动产浮动抵押。甲公司以其现有的以及将有的生产设备、原材料、产品为其借款设立抵押，属于动产浮动抵押，A 错误。

动产浮动抵押本质上属于动产抵押的一种，同样适用意思主义，《民法典》第 403 条规定："以动产抵押的，抵押权自抵押合同生效时设立；未经登记，不得对抗善意第三人。"据此乙

---

[1] D　[2] BD

银行自抵押合同生效时取得抵押权，登记只是对抗善意第三人的条件，B 正确，C 错误。

《民法典》第 404 条规定："以动产抵押的，不得对抗正常经营活动中已经支付合理价款并取得抵押财产的买受人。"因此，D 正确。

（2）如甲公司违反合同约定将借款用于购买办公用房，则乙银行享有的权利有：[1]

A. 提前收回借款

B. 解除借款合同

C. 请求甲公司按合同约定支付违约金

D. 对甲公司所购办公用房享有优先受偿权

【答案解析】本题考查借款合同。

《民法典》第 673 条规定："借款人未按照约定的借款用途使用借款的，贷款人可以停止发放借款、提前收回借款或者解除合同。"因此，如果甲公司改变借款用途，将其用于购买办公用房，则乙银行可以提前收回借款、解除借款合同，A 和 B 均正确。

甲公司违反合同约定的借款用途，构成违约，乙银行有权请求甲公司按合同约定支付违约金，C 正确。

乙银行对甲公司所购办公用房并没有担保物权，从而不享有优先受偿权，D 错误。

（3）如甲公司未按期还款，乙银行欲行使担保权利，当事人未约定行使担保权利顺序，下列选项正确的是：[2]

A. 乙银行应先就甲公司的抵押实现债权

B. 乙银行应先就丁的质押实现债权

C. 乙银行可选择就甲公司的抵押或丙的保证实现债权

D. 乙银行可选择就甲公司的抵押或丁的质押实现债权

【答案解析】本题考查混合共同担保。

《民法典》第 392 条规定："被担保的债权既有物的担保又有人的担保的，债务人不履行到期债务或者发生当事人约定的实现担保物权的情形，债权人应当按照约定实现债权；没有约定或者约定不明确，债务人自己提供物的担保的，债权人应当先就该物的担保实现债权；第三人提供物的担保的，债权人可以就物的担保实现债权，也可以请求保证人承担保证责任。提供担保的第三人承担担保责任后，有权向债务人追偿。"本题中，债务人甲公司为乙银行设立了抵押，同时丙提供保证，且当事人并未约定行使担保权利的顺序，根据前述规定，应先执行甲公司提供的抵押，故 A 正确，其他选项错误。

5. 甲对乙享有债权 500 万元，先后在丙和丁的房屋上设定了抵押权，均办理了登记，且均未限定抵押物的担保金额。其后，甲将其中 200 万元债权转让给戊，并通知了乙。乙到期清偿了对甲的 300 万元债务，但未能清偿对戊的 200 万元债务。对此，下列哪些选项是错误的？（2016）[3]

A. 戊可同时就丙和丁的房屋行使抵押权，但对每个房屋价款优先受偿权的金额不得超过 100 万元

B. 戊可同时就丙和丁的房屋行使抵押权，对每个房屋价款优先受偿权的金额依房屋价值的比例确定

C. 戊必须先后就丙和丁的房屋行使抵押权，对每个房屋价款优先受偿权的金额由戊自主决定

---

[1] ABC　[2] A　[3] ABCD

D. 戊只能在丙的房屋价款不足以使其债权得到全部清偿时就丁的房屋行使抵押权

【考点】连带共同抵押

【答案解析】主债权被分割或者部分转让，各债权人可以就其享有的债权份额行使抵押权。担保物权具有从属性，从属于债权。债权转让，新的债权人戊仍然享有抵押权。同一债权有两个以上抵押人的，债权人放弃债务人提供的抵押担保的，其他抵押人可以请求人民法院减轻或者免除其应当承担的担保责任。同一债权有两个以上抵押人的，当事人对其提供的抵押财产所担保的债权份额或者顺序没有约定或者约定不明的，抵押权人可以就其中任一或者各个财产行使抵押权。行权的额度和比例，由债权人自行决定，实现抵押权也没有先后顺序。这是连带责任的应有之义。故四个选项均错误。

6. 甲、乙双方于 2013 年 5 月 6 日签订水泥供应合同，乙以自己的土地使用权为其价款支付提供了最高额抵押，约定 2014 年 5 月 5 日为债权确定日，并办理了登记。丙为担保乙的债务，也于 2013 年 5 月 6 日与甲订立最高额保证合同，保证期间为一年，自债权确定日开始计算。请回答第（1）~（3）题。(2016)[1]

（1）水泥供应合同约定，将 2013 年 5 月 6 日前乙欠甲的货款纳入了最高额抵押的担保范围。下列说法正确的是：

A. 该约定无效

B. 该约定合法有效

C. 如最高额保证合同未约定将 2013 年 5 月 6 日前乙欠甲的货款纳入最高额保证的担保范围，则丙对此不承担责任

D. 丙有权主张减轻其保证责任

【考点】最高额抵押

【答案解析】《民法典》第 420 条规定："最高额抵押权设立前已经存在的债权，经当事人同意，可以转入最高额抵押担保的债权范围。"故 A 选项错误，B 选项正确。

最高额保证合同于 2013 年 5 月 6 日成立，对于 2013 年 5 月 6 日前乙欠甲的货款是否纳入最高额担保范围，须双方约定，未约定则丙对此不承担责任，故 C 选项正确。

《民法典》第 695 条第 1 款规定："债权人和债务人未经保证人书面同意，协商变更主债权债务合同内容，减轻债务的，保证人仍对变更后的债务承担保证责任；加重债务的，保证人对加重的部分不承担保证责任。"也即保证期间，债权人与债务人对主合同数量、价款、币种、利率等内容作了变动，未经保证人同意的，如果减轻债务人的债务的，保证人仍应当对变更后的合同承担保证责任；如果加重债务人的债务的，保证人对加重的部分不承担保证责任。债权人与债务人协议变动主合同内容，但并未实际履行的，保证人仍应当承担保证责任。故保证人以原来的债权额度为准承担保证责任，D 选项错误。

（2）甲在 2013 年 11 月将自己对乙已取得的债权全部转让给丁。下列说法正确的是：[2]

A. 甲的行为将导致其最高额抵押权消灭

B. 甲将上述债权转让给丁后，丁取得最高额抵押权

C. 甲将上述债权转让给丁后，最高额抵押权不随之转让

D. 2014 年 5 月 5 日前，甲对乙的任何债权均不得转让

【考点】最高额抵押的独立性

【答案解析】主债权被分割或者部分转让，各债权人可以就其享有的债权份额行使抵押

---

[1] BC　[2] C

权。故 A 选项错误。

《民法典》第 421 条规定："最高额抵押担保的债权确定前，部分债权转让的，最高额抵押权不得转让，但当事人另有约定的除外。"最高额抵押权具有独立性，B 选项错误，C 选项正确。

甲对乙的债权，不属于法律规定或合同约定不得转让的债权，当然可以转让，故 D 选项错误。

（3）乙于 2014 年 1 月被法院宣告破产，下列说法正确的是：[1]

A. 甲的债权确定期届至

B. 甲应先就抵押物优先受偿，不足部分再要求丙承担保证责任

C. 甲可先要求丙承担保证责任

D. 如甲未申报债权，丙可参加破产财产分配，预先行使追偿权

【考点】 最高额抵押权担保债权的确定

【答案解析】 根据《民法典》第 423 条，债务人、抵押人被宣告破产或者解散的，抵押权人的债权确定。故 A 选项正确。

《民法典》第 392 条规定："被担保的债权既有物的担保又有人的担保的，债务人不履行到期债务或者发生当事人约定的实现担保物权的情形，债权人应当按照约定实现债权；没有约定或者约定不明确，债务人自己提供物的担保的，债权人应当先就该物的担保实现债权；第三人提供物的担保的，债权人可以就物的担保实现债权，也可以请求保证人承担保证责任。提供担保的第三人承担担保责任后，有权向债务人追偿。"混合担保，应当先执行债务人乙的物保，故 B 选项正确，C 选项错误。

人民法院受理债务人破产案件后，债权人未申报债权的，保证人可以参加破产财产分配，预先行使追偿权。故 D 选项正确。

7. 甲向某银行贷款，甲、乙和银行三方签订抵押协议，由乙提供房产抵押担保。乙把房本交给银行，因登记部门原因导致银行无法办理抵押物登记。乙向登记部门申请挂失房本后换得新房本，将房屋卖给知情的丙并办理了过户手续。甲届期未还款，关于贷款、房屋抵押和买卖，下列哪些说法是正确的？（2015）[2]

A. 乙应向银行承担违约责任

B. 丙应代为向银行还款

C. 如丙代为向银行还款，可向甲主张相应款项

D. 因登记部门原因未办理抵押登记，但银行占有房本，故取得抵押权

【考点】 抵押权的设立；抵押物的转让；区分原则

【答案解析】 选项 A 正确、D 错误。根据《民法典》第 395 条第 1 项："债务人或者第三人有权处分的下列财产可以抵押：（一）建筑物和其他土地附着物。"本题中，抵押财产为房屋，因未办理抵押登记，抵押权未设立。故选项 D 错误。虽然抵押权未设立，根据区分原则，抵押合同仍然有效，因抵押物已为买受人丙取得所有权，无法办理抵押登记，因此乙应向银行承担违约责任。

选项 B 错误。《民法典》第 406 条规定："抵押期间，抵押人可以转让抵押财产。当事人另有约定的，按照其约定。抵押财产转让的，抵押权不受影响。抵押人转让抵押财产的，应当及时通知抵押权人。抵押权人能够证明抵押财产转让可能损害抵押权的，可以请求抵押人将转

---

[1] ABD [2] AC

让所得的价款向抵押权人提前清偿债务或者提存。转让的价款超过债权数额的部分归抵押人所有，不足部分由债务人清偿。"转让抵押物不需要经过抵押权人同意，不动产抵押权的设立应当办理抵押登记。不动产抵押权自登记时设立，未登记的抵押权未设立，本题中，由于抵押权并未设立，乙转让房屋无须征得银行同意，受让人丙亦无须代为清偿债务。

选项 C 正确。丙并无代甲向银行还款的法定或约定义务，因此代为向银行还款构成无因管理，当然可向甲主张偿还相应款项。

8. 2014 年 7 月 1 日，甲公司、乙公司和张某签订了《个人最高额抵押协议》，张某将其房屋抵押给乙公司，担保甲公司在一周前所欠乙公司货款 300 万元，最高债权额 400 万元，并办理了最高额抵押登记，债权确定期间为 2014 年 7 月 2 日到 2015 年 7 月 1 日。债权确定期间内，甲公司因从乙公司分批次进货，又欠乙公司 100 万元。甲公司未还款。关于有抵押担保的债权额和抵押权期间，下列哪些选项是正确的？（2015）[1]

A. 债权额为 100 万元
B. 债权额为 400 万元
C. 抵押权期间为 1 年
D. 抵押权期间为主债权诉讼时效期间

【考点】最高额抵押

【答案解析】选项 A 错误、B 正确。根据《民法典》第 420 条："为担保债务的履行，债务人或者第三人对一定期间内将要连续发生的债权提供担保财产的，债务人不履行到期债务或者发生当事人约定的实现抵押权的情形，抵押权人有权在最高债权额限度内就该担保财产优先受偿。最高额抵押权设立前已经存在的债权，经当事人同意，可以转入最高额抵押担保的债权范围。"本题中，最高额抵押成立之前的 300 万元债权以及最高额抵押期间发生的 100 万元债权均属于被担保的债权范围。故被担保的债权额为 400 万元，而非 100 万元。

选项 C 错误、D 正确。《民法典》第 419 条规定："抵押权人应当在主债权诉讼时效期间行使抵押权；未行使的，人民法院不予保护。"最高额抵押权除特别规定外，适用一般抵押权的规定。因此，抵押权期间为主债权诉讼时效期间。

9. 甲公司欠乙公司货款 100 万元，先由甲公司提供机器设备设定抵押权、丙公司担任保证人，后由丁公司提供房屋设定抵押权并办理了抵押登记。甲公司届期不支付货款，下列哪一表述是正确的？（2014）[2]

A. 乙公司应先行使机器设备抵押权
B. 乙公司应先行使房屋抵押权
C. 乙公司应先行请求丙公司承担保证责任
D. 丙公司和丁公司可相互追偿

【考点】混合担保

【答案解析】《民法典》第 392 条规定："被担保的债权既有物的担保又有人的担保的，债务人不履行到期债务或者发生当事人约定的实现担保物权的情形，债权人应当按照约定实现债权；没有约定或者约定不明确，债务人自己提供物的担保的，债权人应当先就该物的担保实现债权；第三人提供物的担保的，债权人可以就物的担保实现债权，也可以请求保证人承担保证责任。提供担保的第三人承担担保责任后，有权向债务人追偿。"依此法条规定，本题应选 A 项，其他选项均错误。

---

[1] BD [2] A

10. 2013 年 2 月 1 日，王某以一套房屋为张某设定了抵押，办理了抵押登记。同年 3 月 1 日，王某将该房屋无偿租给李某 1 年，以此抵王某欠李某的借款。房屋交付后，李某向王某出具了借款还清的收据。同年 4 月 1 日，李某得知房屋上设有抵押后，与王某修订租赁合同，把起租日改为 2013 年 1 月 1 日。张某实现抵押权时，要求李某搬离房屋。下列哪些表述是正确的？（2014）[1]

A. 王某、李某的借款之债消灭
B. 李某的租赁权可对抗张某的抵押权
C. 王某、李某修订租赁合同行为无效
D. 李某可向王某主张违约责任

【考点】租赁权与抵押权的关系

【答案解析】选项 A 正确。本题中，王某与李某之间通过协议将无偿租住房屋代替支付借款，这种情况属于王某和李某协议，以房屋租金抵消李某的借款。就本题而言，双方均有以无偿租住房屋代替原来借款之债的意思，王某、李某的借款之债消灭。

选项 B 错误。李某的租赁权在张某的抵押权之后产生，《民法典》第 405 条规定："抵押权设立前，抵押财产已经出租并转移占有的，原租赁关系不受该抵押权的影响。"抵押权设立后抵押财产出租的，该租赁关系不得对抗已登记的抵押权。据此，李某的租赁权不可对抗张某的抵押权。

选项 C 正确。李某得知房屋上设有抵押后，与王某修订租赁合同，把起租日改为 2013 年 1 月 1 日，这是恶意串通损害第三人利益的违法行为，应属无效。

选项 D 正确。王某将房屋无偿给李某租住 1 年，在租期未届满的情况下，因张某实现抵押权而导致李某无法正常使用房屋，故李某可基于有效的租赁合同向王某主张违约责任。

11. 甲向乙借款，丙与乙约定以自有房屋担保该笔借款。丙仅将房本交给乙，未按约定办理抵押登记。借款到期后甲无力清偿，丙的房屋被法院另行查封。下列哪些表述是正确的？（2013）[2]

A. 乙有权要求丙继续履行担保合同，办理房屋抵押登记
B. 乙有权要求丙以自身全部财产承担担保义务
C. 乙有权要求丙以房屋价值为限承担担保义务
D. 乙有权要求丙承担损害赔偿责任

【考点】不动产抵押权的设立；区分原则；违约责任

【答案解析】选项 A 错误。《民法典》第 215 条规定："当事人之间订立有关设立、变更、转让和消灭不动产物权的合同，除法律另有规定或者当事人另有约定外，自合同成立时生效；未办理物权登记的，不影响合同效力。"此即物权变动与原因关系区分原则。本题中，丙以自己房屋为乙设立抵押权时，未办理抵押登记，故房屋抵押权未设立，但不因此影响丙、乙间房屋抵押合同的成立与生效。但是，根据《民法典》第 399 条，下列财产不得抵押：……（五）依法被查封、扣押、监管的财产……同时，根据《民法典》第 580 条第 1 款："当事人一方不履行非金钱债务或者履行非金钱债务不符合约定的，对方可以请求履行，但是有下列情形之一的除外（一）法律上或者事实上不能履行；（二）债务的标的不适于强制履行或者履行费用过高；（三）债权人在合理期限内未要求履行。"据此，尽管丙、乙间抵押合同有效，但由于抵押物已经被另行查封，给乙办理抵押登记陷于履行不能（法律不能），乙不得请求丙实际履行（办理抵押登记）。

选项 B 错误、C 正确。本题中，当事人订立的合同是抵押合同，即双方约定以抵押人的特

---

[1] ACD [2] CD

定财产（房屋）作为债权实现的担保，因此，在抵押合同履行不能的情况下，债权人无权要求丙以自身全部财产承担担保义务，而只能要求丙以房屋价值为限承担担保义务。

选项 D 正确。如前所述，丙、乙间房屋抵押合同已经生效，乙虽不能请求丙承担实际履行的违约责任，但仍可对丙主张其他违约责任（如违约损害赔偿）。当然，若乙对未办理抵押登记也有过错，应适用过错相抵原则，可以减轻或者免除丙的违约损害赔偿责任。

12. 甲向乙借款，欲以轿车作担保。关于担保，下列哪些项是正确的？（2013）[1]

A. 甲可就该轿车设立质权
B. 甲可就该轿车设立抵押权
C. 就该轿车的质权自登记时设立
D. 就该轿车的抵押权自登记时设立

【考点】动产质权；动产抵押权；物权变动

【答案解析】选项 A 正确。《民法典》第 425 条第 1 款规定："为担保债务的履行，债务人或者第三人将其动产出质给债权人占有的，债务人不履行到期债务或者发生当事人约定的实现质权的情形，债权人有权就该动产优先受偿。"因此，轿车作为动产，可依法设立动产质权。

选项 B 正确。根据《民法典》第 395 条，动产、交通运输工具可以设立动产抵押权。因而轿车作为动产可以设立抵押权。

选项 C 错误。《民法典》第 429 条规定："质权自出质人交付质押财产时设立。"因此，动产质权的设立以交付为生效要件。

选项 D 错误。《民法典》第 403 条规定："以动产抵押的，抵押权自抵押合同生效时设立；未经登记，不得对抗善意第三人。"正在建造的船舶、航空器抵押的，抵押权自抵押合同生效时设立；未经登记，不得对抗善意第三人。动产抵押权的设立无需公示，登记只是动产抵押权的对抗要件而非生效要件。

13. 甲公司向乙银行借款 100 万元，丙、丁以各自房产分别向乙银行设定抵押，戊、己分别向乙银行出具承担全部责任的担保函，承担保证责任。下列哪些表述是正确的？（2012）[2]

A. 乙银行可以就丙或者丁的房产行使抵押权
B. 丙承担担保责任后，可向甲公司追偿，也可要求丁清偿其应承担的份额
C. 乙银行可以要求戊或者己承担全部保证责任
D. 戊承担保证责任后，可向甲公司追偿，也可要求己清偿其应承担的份额

【考点】连带共同抵押；连带共同保证

【答案解析】选项 A 正确。同一债权有两个以上抵押人的，当事人对其提供的抵押财产所担保的债权份额或者顺序没有约定或者约定不明的，抵押权人可以就其中任一或者各个财产行使抵押权。

选项 B 错误。抵押人承担担保责任后，可以向债务人追偿。但是，根据《担保制度解释》第 13 条，不同的抵押人之间能否追偿应视其是否存在明确的或可推断的约定。没有这种约定的情况下，不能相互追偿。丙、丁分别提供担保，应当不存在这种约定。

选项 C 与 D 的法理同 A 与 B 相似。

14. 甲以自有房屋向乙银行抵押借款，办理了抵押登记。丙因甲欠钱不还，强行进入该房屋居住。借款到期后，甲无力偿还债务。该房屋由于丙的非法居住，难以拍卖，甲怠于行使对丙的返还请求权。乙银行可以行使下列哪些权利？（2012）[3]

A. 请求甲行使对丙的返还请求权，防止抵押财产价值的减少
B. 请求甲将对丙的返还请求权转让给自己

C. 可以代位行使对丙的返还请求权

D. 可以依据抵押权直接对丙行使返还请求权

【考点】抵押权保全请求权；代位权；返还原物请求权

【答案解析】选项 A 正确。丙强行进入甲的房屋居住，属于侵夺甲对房屋的占有，甲对丙享有《民法典》第 462 条规定的占有回复请求权。同时，丙对甲的房屋的占有属于无权占有，甲对丙享有《民法典》第 235 条规定的返还原物请求权。《民法典》第 408 条规定："抵押人的行为足以使抵押财产价值减少的，抵押权人有权请求抵押人停止其行为。抵押财产价值减少的，抵押权人有权要求恢复抵押财产的价值，或者提供与减少的价值相应的担保。抵押人不恢复抵押财产的价值，也不提供担保的，抵押权人有权请求债务人提前清偿债务。"抵押权人乙享有保全请求权。如果甲怠于对丙行使前述权利，则甲的不作为（不作为也是行为的一种）会导致抵押财产价值降低。因此，抵押权人乙可以行使保全请求权，请求甲停止不作为的行为并对丙行使返还请求权。

选项 B 正确。本题中，甲对乙的欠款已经到期，抵押权人乙可行使其抵押权。同时，乙银行可以请求甲将对丙的返还请求权转让给自己。

选项 C 正确。根据民法典的最新规定，代位权的客体已不局限于金钱债权，债务人对次债务人的从权利也属于可代位行使的客体。

选项 D 错误。乙银行并非房屋所有权人，不享有原物返还请求权。故乙银行不得依据抵押权向丙行使返还请求权。

15. 2016 年 3 月 3 日，甲向乙借款 10 万元，约定还款日期为 2017 年 3 月 3 日。借款当日，甲将自己饲养的市值 5 万元的名贵宠物鹦鹉质押交付给乙，作为债务到期不履行的担保；另外，第三人丙提供了连带责任保证。关于乙的质权，下列哪些说法是正确的？(2015)[1]

A. 2016 年 5 月 5 日，鹦鹉产蛋一枚，市值 2000 元，应交由甲处置

B. 因乙照管不善，2016 年 10 月 1 日鹦鹉死亡，乙需承担赔偿责任

C. 2017 年 4 月 4 日，甲未偿还借款，乙未实现质权，则甲可请求乙及时行使质权

D. 乙可放弃该质权，丙可在乙丧失质权的范围内免除相应的保证责任

【考点】质押权

【答案解析】本题考查质押权、混合共同担保。

《民法典》第 430 条规定："质权人有权收取质押财产的孳息，但是合同另有约定的除外。前款规定的孳息应当先充抵收取孳息的费用。"据此，鹦鹉于 2016 年 5 月 5 日产蛋一枚，应由质权人乙收取，并由乙根据法律规定进行处置，即优先充抵收取孳息的费用，而不应交由甲处置，A 错误。

《民法典》第 432 条第 1 款规定："质权人负有妥善保管质押财产的义务；因保管不善致使质押财产毁损、灭失的，应当承担赔偿责任。"因此，因乙照管不善而导致鹦鹉于 2016 年 10 月 1 日死亡的，乙需承担赔偿责任，B 正确。

《民法典》第 437 条第 1 款规定："出质人可以请求质权人在债务履行期限届满后及时行使质权；质权人不行使的，出质人可以请求人民法院拍卖、变卖质押财产。"因此，如果 2017 年 4 月 4 日甲仍未偿还借款，乙未实现质权，则甲可请求乙及时行使质权，C 正确。

《民法典》第 435 条规定："质权人可以放弃质权。债务人以自己的财产出质，质权人放弃该质权的，其他担保人在质权人丧失优先受偿权益的范围内免除担保责任，但是其他担保人

承诺仍然提供担保的除外。"据此，乙可放弃其质权，此时保证人丙在乙丧失质权的范围内免除相应的保证责任，D 正确。

16. 乙欠甲货款，二人商定由乙将一块红木出质并签订质权合同。甲与丙签订委托合同授权丙代自己占有红木。乙将红木交付于丙。下列哪一说法是正确的？（2015）[1]

A. 甲乙之间的担保合同无效

B. 红木已交付，丙取得质权

C. 丙经甲的授权而占有，甲取得质权

D. 丙不能代理甲占有红木，因而甲未取得质权

【考点】 质权的设立

【答案解析】 选项 A 错误。《民法典》第 425 条第 1 款规定："为担保债务的履行，债务人或者第三人将其动产出质给债权人占有的，债务人不履行到期债务或者发生当事人约定的实现质权的情形，债权人有权就该动产优先受偿。"本题中，债务人乙与债权人甲之间订立的质押合同是双方真实意思的表达，自成立之日起即生效。

选项 B 错误。质权是意定担保物权，只有当事人就质押担保达成合意才可能成立。本题中，乙将红木交付于丙，但乙、丙之间并没有达成以红木设立质押的合意，故丙没有取得质权。

选项 C 正确，D 错误。《民法典》第 429 条规定："质权自出质人交付质押财产时设立。"本题中，虽然乙将红木交付丙，但根据甲与丙之间达成的委托占有协议，甲仍然间接占有质物。因此，甲已经取得质权。

17. 甲公司通知乙公司将其对乙公司的 10 万元债权出质给了丙银行，担保其 9 万元贷款。出质前，乙公司对甲公司享有 2 万元到期债权。如乙公司提出抗辩，关于丙银行可向乙公司行使质权的最大数额，下列哪一选项是正确的？（2014）[2]

A. 10 万元　　　　　B. 9 万元　　　　　C. 8 万元　　　　　D. 7 万元

【考点】 债权质权

【答案解析】 债权质押是指以可让与之债权为标的设定质权，当债务人届期不履行债务时，质权人可依法向质押债权的债务人主张债权。由此可见，债权出质其实是一种附条件的债权转让，即以"被担保的债权届期未获实现"为条件。因此，债权出质可参考适用债权让与的规则。根据《民法典》第 549 条，债务人接到债权转让通知时，债务人对让与人享有债权，并且债务人的债权先于转让的债权到期或者同时到期的，债务人可以向受让人主张抵销。将这一规则移植到债权出质中，即为：设质债权的债务人接到债权出质通知时，其对质押人享有债权，且该债权先于设质债权到期或者同时到期的，设质债权的债务人可向质权人主张抵销。此即债权让与中的"抵销权延伸"。本题中，丙银行是质权人，甲公司是质押人，乙公司是设质债权的债务人。丙银行向乙公司行使质权时，乙公司向甲公司主张的抵销权可向丙银行主张，故丙银行向乙公司行使质权的最大数额为 10－2＝8 万元。因此，选项 C 正确。

18. 甲对乙享有 10 万元的债权，甲将该债权向丙出质，借款 5 万元。下列哪一表述是错误的？（2012）[3]

A. 将债权出质的事实通知乙不是债权质权生效的要件

B. 如未将债权出质的事实通知乙，丙即不得向乙主张权利

C. 如将债权出质的事实通知了乙，即使乙向甲履行了债务，乙不得对丙主张债已消灭

---

[1] C 　[2] C 　[3] D

D. 乙在得到债权出质的通知后，向甲还款 3 万元，因还有 7 万元的债权额作为担保，乙的部分履行行为对丙有效

【考点】债权质权

【答案解析】选项 A、B 表述正确，不当选。债权出质，适用债权转让的基本规则。《民法典》第 546 条第 1 款规定："债权人转让债权，未通知债务人的，该转让对债务人不发生效力。"据此，在债权出质的情况下，质权之成立也不以通知设质债权的债务人为要件；但未经通知，该质权对设质债权的债务人不生效，也就是说，质权人不得向设质债权的债务人主张权利。

选项 C 表述正确，不当选。将债权出质的事实通知了乙，则丙的债权质权对乙发生效力。如乙仍向甲履行债务，则不得对丙主张债已消灭。

选项 D 表述错误，当选。担保物权具有不可分性，即担保物权所担保的债权的债权人得就担保物的全部行使其权利。故乙在获悉债权出质事实后，部分或者全部履行行为均不得对质权人丙发生效力。

19. 甲公司以其机器设备为乙公司设立了质权。10 日后，丙公司向银行贷款 100 万元，甲公司将机器设备又抵押给银行，担保其中 40 万元贷款，但未办理抵押登记。同时，丙公司将自有房产抵押给银行，担保其余 60 万元贷款，办理了抵押登记。20 日后，甲将机器设备再抵押给丁公司，办理了抵押登记。丙公司届期不能清偿银行贷款。下列哪一表述是正确的？(2013)[1]

A. 如银行主张全部债权，应先拍卖房产实现抵押权

B. 如银行主张全部债权，可选择拍卖房产或者机器设备实现抵押权

C. 乙公司的质权优先于银行对机器设备的抵押权

D. 丁公司对机器设备的抵押权优先于乙公司的质权

【考点】按份共同抵押；动产担保物权的竞合

【答案解析】选项 A、B 错误。同一债权有 2 个以上抵押人的，当事人对其提供的抵押财产所担保的债权份额或者顺序没有约定或者约定不明的，抵押权人可以就任一或者各个财产行使抵押权。为了担保丙公司对银行的 100 万元债务，甲以其机器设备设立抵押，丙以其房屋抵押，甲、丙构成共同抵押。因为甲、丙分别与银行约定了各自抵押担保的数额，故甲、丙构成按份共同抵押。因此，银行因主张其 100 万元债权而行使抵押权时，只能按照确定的份额行使抵押权，即就甲抵押的机器设备行使抵押权受偿 40 万元，同时就丙抵押的房产行使抵押权受偿 60 万元。

选项 C 正确，D 错误。甲公司的机器设备上同时并存 3 个担保物权，即乙公司的质权、银行的（未登记）抵押权、丁公司的（已登记）抵押权，构成动产担保物权竞合。根据物权优先原则，一物之上存在 2 个物权时，成立在先的物权的受偿要优先于成立在后的物权。另根据《民法典》第 414 条，已登记的抵押权优先于未登记的抵押权。因此，甲公司的机器设备上的 3 个动产担保物权优先受偿的顺序是：乙公司的质权优先于丁公司的（已登记）抵押权；丁公司的抵押权优先于银行的（未登记）抵押权。

20. 甲借用乙的山地自行车，刚出门就因莽撞骑行造成自行车链条断裂，甲将自行车交给丙修理，约定修理费 100 元。乙得知后立刻通知甲解除借用关系并告知丙，同时要求丙不得将自行车交给甲。丙向甲核实，甲承认。自行车修好后，甲、乙均请求丙返还。对此，下列哪一

———————————

[1] C

选项是正确的?（2016）[1]

　　A. 甲有权请求丙返还自行车

　　B. 丙如将自行车返还给乙，必须经过甲当场同意

　　C. 乙有权要求丙返还自行车，但在修理费未支付前，丙就自行车享有留置权

　　D. 如乙要求丙返还自行车，即使修理费未付，丙也不得对乙主张留置权

【考点】留置权的成立、返还原物请求权

【答案解析】《民法典》第235条规定："无权占有不动产或者动产的，权利人可以请求返还原物。"甲不是物权人，不能行使返还原物请求权；甲是修理合同的当事人，本可以根据修理合同要求返还山地自行车，但题目交代，乙通知甲解除借用关系并告知丙，同时要求丙不得将自行车交给甲，丙向甲核实，甲承认。故甲无权请求丙返还自行车，A选项错误。

　　乙是山地自行车的所有权人，向丙主张返还原物请求权，无须甲的同意，B选项错误。

　　《民法典》第447条第1款规定："债务人不履行到期债务，债权人可以留置已经合法占有的债务人的动产，并有权就该动产优先受偿。"债权人合法占有债务人交付的动产时，不知债务人无处分该动产的权利，债权人可以按照《民法典》第447条的规定行使留置权。故C选项正确，D选项错误。

　　21. 下列哪些情形下权利人可以行使留置权?（2015）[2]

　　A. 张某为王某送货，约定货物送到后一周内支付运费。张某在货物运到后立刻要求王某支付运费被拒绝，张某可留置部分货物

　　B. 刘某把房屋租给方某，方某退租搬离时尚有部分租金未付，刘某可留置方某部分家具

　　C. 何某将丁某的行李存放在火车站小件寄存处，后丁某取行李时认为寄存费过高而拒绝支付，寄存处可留置该行李

　　D. 甲公司加工乙公司的机器零件，约定先付费后加工。付费和加工均已完成，但乙公司从丙公司处受让了丙对甲公司的债权，甲公司可留置机器零件

【考点】留置权的构成

【答案解析】《民法典》第447条规定："债务人不履行到期债务，债权人可以留置已经合法占有的债务人的动产，并有权就该动产优先受偿。前款规定的债权人为留置权人，占有的动产为留置财产。"债权人留置的动产，应当与债权属于同一法律关系，但企业之间留置的除外。可见，留置权的成立需要具备的要件包括：（1）客体必须是动产；（2）债权人已合法占有债务人的动产；（3）债务履行期届满，债权未履行；（4）债权人对动产的占有与其所担保的债权基于同一法律关系。

　　选项A错误。债务人王某支付运费的债务尚未到期，因此，张某不可行使留置权。

　　选项B错误。刘某所欲留置的家具并非刘某已经合法占有的债务人动产，故刘某不能行使留置权。

　　选项C正确。寄存处留置丁某行李的行为符合留置权的构成要件。

　　选项D不正确。企业之间行使留置权虽然不要求"债权人留置的动产与债权属于同一法律关系"，但是特别注意：《最高人民法院关于适用〈中华人民共和国民法典〉有关担保制度的解释》第62条第2、3款规定："企业之间留置的动产与债权并非同一法律关系，债务人以该债权不属于企业持续经营中发生的债权为由请求债权人返还留置财产的，人民法院应予支持。企业之间留置的动产与债权并非同一法律关系，债权人留置第三人的财产，第三人请求债

权人返还留置财产的，人民法院应予支持。"

22. 同升公司以一套价值 100 万元的设备作为抵押，向甲借款 10 万元，未办理抵押登记手续。同升公司又向乙借款 80 万元，以该套设备作为抵押，并办理了抵押登记手续。同升公司欠丙货款 20 万元，将该套设备出质给丙。丙不小心损坏了该套设备送丁修理，因欠丁 5 万元修理费，该套设备被丁留置。关于甲、乙、丙、丁对该套设备享有的担保物权的清偿顺序，下列哪一排列是正确的？（2011）[1]

A. 甲乙丙丁   B. 乙丙丁甲   C. 丙丁甲乙   D. 丁乙丙甲

【考点】留置权与其他担保物权的竞存

【答案解析】甲、乙之间。甲的抵押权（未登记）先成立，乙的抵押权（已登记）后成立。但是，根据《民法典》第 414 条规定的抵押权顺位，不管成立先后，登记的动产抵押权优先于未登记的动产抵押权。此时，不讲"先来后到"。乙的抵押权优先于甲的抵押权。

甲、乙、丙之间。甲、乙的抵押权先成立，丙的质权后成立。《民法典》第 403 条规定："以动产抵押的，抵押权自抵押合同生效时设立；未经登记，不得对抗善意第三人。"甲的抵押权未登记，不得对抗善意第三人丙，所以，丙的质权优先于甲未登记的抵押权。乙的抵押权已登记，可以对抗善意第三人丙，乙的抵押权优先于丙的质权。甲、乙、丙间的排序是：乙优先于丙，丙优先于甲。

甲、乙、丙、丁之间。《民法典》第 456 条规定："同一动产上已经设立抵押权或者质权，该动产又被留置的，留置权人优先受偿。"据此，丁的留置权最优先，排在第一位。甲、乙、丙、丁间的排序是：丁第一；乙第二；丙第三；甲第四。故 D 项正确；A、B、C 项错误。

---

[1] D

第六章　占　有

1. 甲、乙就乙手中的一枚宝石戒指的归属发生争议。甲称该戒指是其在 2015 年 10 月 1 日外出旅游时让乙保管，属甲所有，现要求乙返还。乙称该戒指为自己所有，拒绝返还。甲无法证明对该戒指拥有所有权，但能够证明在 2015 年 10 月 1 日前一直合法占有该戒指，乙则拒绝提供自 2015 年 10 月 1 日后从甲处合法取得戒指的任何证据。对此，下列哪一说法是正确的?（2016）[1]

A. 应推定乙对戒指享有合法权利，因占有具有权利公示性

B. 应当认定甲对戒指享有合法权利，因其证明了自己的先前占有

C. 应当由甲、乙证明自己拥有所有权，否则应判决归国家所有

D. 应当认定由甲、乙共同共有

【考点】占有推定

【答案解析】占有的权利推定效力。如果占有人在占有物上行使权利，则推定其享有此项权利。这就是占有的权利推定效力。根据占有的权利推定效力，在没有相反证据的情况下即推定占有人享有相应的物权。甲能够证明在 2015 年 10 月 1 日前一直合法占有该戒指，乙则拒绝提供自 2015 年 10 月 1 日后从甲处合法取得戒指的任何证据。故推定甲对戒指享有合法权利，故 A 选项错误，B 项正确。C 选项认为判决归国家所有，并无法律依据，错误；D 选项认定甲、乙共有，并无法律依据，错误。

2. 张某拾得王某的一只小羊拒不归还，李某将小羊从张某羊圈中抱走交给王某。下列哪一表述是正确的?（2014）[2]

A. 张某拾得小羊后因占有而取得所有权

B. 张某有权要求王某返还占有

C. 张某有权要求李某返还占有

D. 李某侵犯了张某的占有

【考点】拾得遗失物；占有的保护

【答案解析】选项 A 错误。《民法典》第 314 条规定："拾得遗失物，应当返还权利人。拾得人应当及时通知权利人领取，或者送交公安等有关部门。"张某拾得小羊后不能因占有而取得所有权。

选项 B 错误。王某系失主，即小羊的所有权人，其对小羊的占有失而复得，属于有权占有，张某无权要求王某返还占有。

选项 C 错误、D 正确。《民法典》第 462 条第 1 款规定："占有的不动产或者动产被侵占

---

[1] B　[2] D

·

·

的，占有人有权请求返还原物；对妨害占有的行为，占有人有权请求排除妨害或者消除危险；因侵占或者妨害造成损害的，占有人有权依法请求损害赔偿。"本题中李某侵犯了张某对小羊的占有，李某将小羊交给王某，李某对小羊的占有已经丧失，李某不再是小羊的占有人（既非直接占有人，也非间接占有人），因此，张某对李某不再享有《民法典》第462条规定的占有返还请求权。

3. 某小区徐某未获得规划许可证和施工许可证便在自住房前扩建一个门面房，挤占小区人行通道。小区其他业主多次要求徐某拆除未果后，将该门面房强行拆除，毁坏了徐某自住房屋的墙砖。关于拆除行为，下列哪些表述是正确的？（2014）[1]

A. 侵犯了徐某门面房的所有权

B. 侵犯了徐某的占有

C. 其他业主应恢复原状

D. 其他业主应赔偿徐某自住房屋墙砖毁坏的损失

【考点】物权的保护；占有的保护

【答案解析】选项A错误。《民法典》第231条规定："因合法建造、拆除房屋等事实行为设立或者消灭物权的，自事实行为成就时发生效力。"据此，只有"合法建造"的房屋上才能成立所有权。本题中，徐某未经许可而扩建门面房，该房屋系违章建筑，不可能因此而取得房屋的所有权。

选项B正确、C错误。《民法典》第462条第1款规定："占有的不动产或者动产被侵占的，占有人有权请求返还原物；对妨害占有的行为，占有人有权请求排除妨害或者消除危险；因侵占或者妨害造成损害的，占有人有权依法请求损害赔偿。"本题中，虽然徐某对违章建造的"门面房"不享有所有权，但其对门面房的占有仍然受到法律保护，小区业主将门面房强行拆除的行为显然侵害了徐某的占有。但根据法律规定，侵犯占有的救济方式不包括恢复原状，而且本题中，由于门面房是非法建造的，其他业主将其恢复原状还构成违法。

选项D正确。业主强拆门面房的行为导致徐某自住房屋的墙砖毁损，构成侵权，应赔偿徐某因此所受的损失。

4. 张某遗失的名表被李某拾得。1年后，李某将该表卖给了王某。再过1年，王某将该表卖给了郑某。郑某将该表交给不知情的朱某维修，因郑某不付维修费与朱某发生争执，张某方知原委。下列哪一表述是正确的？（2013）[2]

A. 张某可请求李某返还手表　　　　B. 张某可请求王某返还手表

C. 张某可请求郑某返还手表　　　　D. 张某可请求朱某返还手表

【考点】拾得遗失物返还请求权；善意取得

【答案解析】《民法典》第312条规定："所有权人或者其他权利人有权追回遗失物。该遗失物通过转让被他人占有的，权利人有权向无处分权人请求损害赔偿，或者自知道或者应当知道受让人之日起二年内向受让人请求返还原物；但是，受让人通过拍卖或者向具有经营资格的经营者购得该遗失物的，权利人请求返还原物时应当支付受让人所付的费用。权利人向受让人支付所付费用后，有权向无处分权人追偿。"可见，遗失物不适用所有权的善意取得。因此，本题中，购买名表的王某、郑某均不能依据善意取得制度取得该表所有权，该表仍然归张某所有。《民法典》第235条规定："无权占有不动产或者动产的，权利人可以请求返还原物。"需要注意的是，返还原物请求权只能向现实的无权占有人行使。本题中，李某、王某、郑某都不

---

[1] BD　[2] D

再是现实的无权占有人，故张某只能向朱某请求返还。因此，选项 D 正确，当选。

5. 甲、乙是邻居。乙出国 2 年，甲将乙的停车位占为己用。期间，甲将该停车位出租给丙，租期 1 年。期满后丙表示不再续租，但仍继续使用该停车位。下列哪一表述是错误的？(2012)[1]

A. 甲将乙的停车位占为己用，甲属于恶意、无权占有人

B. 丙的租期届满前，甲不能对丙主张占有返还请求权

C. 乙可以请求甲返还原物。在甲为间接占有人时，可以对甲请求让与其对丙的占有返还请求权

D. 无论丙是善意或恶意的占有人，乙都可以对其行使占有返还请求权

【考点】 占有返还请求权；返还原物请求权

【答案解析】 选项 A 表述正确，不当选。无权占有又称为非法占有，是指没有法律上的根据或者原因的占有，如对盗赃物、遗失物的占有。本题中，甲将乙的停车位占为己用，由于没有合法根据，属于无权占有。善意占有和恶意占有，是依据占有人的心态对无权占有的进一步划分。善意占有是指不知也不应知其占有无合法权源而为的占有；恶意占有是指明知或应知其占有没有合法权源而为的占有。本题中，甲明知停车位为乙所有仍然占为己用，属于恶意占有。

选项 B 表述正确，不当选。甲将乙的停车位出租给丙的行为，在性质上属于负担行为，而非处分行为，应为有效。《民法典》第 723 条规定："因第三人主张权利，致使承租人不能对租赁物使用、收益的，承租人可以请求减少租金或者不支付租金。第三人主张权利的，承租人应当及时通知出租人。"也可以看出，出租人对租赁物无处分权不会影响租赁合同的效力。既然租赁合同有效，在租期届满前，丙可向甲主张其对停车位的占有为有权占有，甲不能对丙主张占有返还请求权。

选项 C 表述正确，不当选。甲将停车位出租给丙，甲由直接占有人变为间接占有人，当租期届满时，甲可对丙行使占有返还请求权。由于此时甲作为侵占人的地位仍然存在，乙可以请求甲返还原物，在甲为间接占有人时，可以对甲请求让与其对丙的占有返还请求权。

选项 D 表述错误，当选。《民法典》第 235 条规定："无权占有不动产或者动产的，权利人可以请求返还原物。"甲侵占乙的停车位，甲的占有属于无权占有，甲将停车位出租给丙的情况下，由于承租人基于租赁权而取得的有权占有只能向出租人主张，故相对于乙而言，丙的占有也是无权占有，不论丙系善意还是恶意占有，乙都可以所有权人身份主张物上请求权请求返还原物。问题是，乙能否对丙行使占有返还请求权？占有返还请求权与返还原物请求权虽然内容基本相同，却属于两个不同的权利，返还原物请求权保护的是物权人，占有返还请求权保护的是占有人。占有返还请求权必须由占有人行使，非占有人纵使对于占有物有合法权源，也不得行使。本题中，甲侵占了乙的占有，乙并非间接占有人，也就是说，在甲将停车位出租给丙之前，乙已经丧失了占有，故乙并不享有对丙的占有返还请求权。此外，根据《民法典》第 462 条规定："占有人返还原物的请求权，自侵占发生之日起一年内未行使的，该请求权消灭。"本题所提供的信息显示已过该期限，因此，即便理论上乙可对丙行使占有返还请求权，也已过了法定的期限。

6. 甲将 1 套房屋出卖给乙，已经移转占有，没有办理房屋所有权移转登记。现甲死亡，该房屋由其子丙继承。丙在继承房屋后又将该房屋出卖给丁，并办理了房屋所有权移转登记。下

---

[1] D

列哪些表述是正确的？（2012）[1]

  A. 乙虽然没有取得房屋所有权，但是基于甲的意思取得占有，乙为有权占有

  B. 乙可以对甲的继承人丙主张有权占有

  C. 在丁取得房屋所有权后，乙可以以占有有正当权利来源对丁主张有权占有

  D. 在丁取得房屋所有权后，丁可以基于其所有权请求乙返还房屋

【考点】 占有

【答案解析】 A 项考查占有的分类。根据占有人是否存在占有的本权（权源），将占有分为有权占有和无权占有。有权占有，又称有权源占有，是指基于合法原因而取得的占有。其中的合法原因可以理解为法律规定或民事法律行为等。本题中，甲将 1 套房屋出卖给乙，已经移转占有。乙基于房屋买卖合同而占有房屋，属于有权占有。故 A 项正确，当选。

  B 项考查限定继承原则。继承遗产应当清偿被继承人依法应当缴纳的税款和债务，缴纳税款和清偿债务以他的遗产实际价值为限。超过遗产实际价值部分，继承人自愿偿还的不在此限。继承人放弃继承的，对被继承人依法应当缴纳的税款和债务可以不负偿还责任。本题中，甲死亡后，作为继承人的丙应接受甲（被继承人）的义务。因此，乙可以对甲的继承人丙主张有权占有。故 B 项正确，当选。

  C、D 项考查物权变动和物权请求权。C 项，丁作为房屋所有权人，基于物权请求权（返还原物请求权）向乙主张返还房屋时，乙可以以占有有正当权利来源对丁"主张"有权占有，但显然不能产生法律效果。因为丁享有房屋所有权，系最完整的物权（使用价值 + 交换价值），乙仅是有权占有人（基于债权而产生）。但是，需要注意的是，C 项说的是乙有权"主张"。乙能否主张和主张后能否产生法律效果是两个法律问题，不能混淆。总之，乙可以向丁"主张"有权占有，但不能产生法律效果，必须返还房屋给丁，乙的损失向丙主张赔偿。故 C 项正确，当选。

  D 项，继承取得物权的，自继承开始时发生效力。本题中，甲死亡后，作为继承人的丙立即取得房屋的所有权（是否办理了过户登记手续在所不问）。同时，不动产物权的设立、变更、转让和消灭，经依法登记，发生效力；未经登记，不发生效力，但法律另有规定的除外。本题中，丙在继承房屋后又将该房屋出卖给丁，属于有权处分，其与丁签订的房屋买卖合同合法有效，并"办理了"（该关键词表明已经完成公示）房屋所有权移转登记，丁继受取得房屋所有权。在丁取得房屋所有权后，丁当然可以基于其所有权请求乙返还房屋。故 D 项正确，当选。综上所述，本题的正确答案为 ABCD。

  7. 丙找甲借自行车，甲的自行车与乙的很相像，均放于楼下车棚。丙错认乙车为甲车，遂把乙车骑走。甲告知丙骑错车，丙未理睬。某日，丙骑车购物，将车放在商店楼下，因墙体倒塌将车砸坏。下列哪些表述是正确的？（2012）[2]

  A. 丙错认乙车为甲车而占有，属于无权占有人

  B. 甲告知丙骑错车前，丙修车的必要费用，乙应当偿还

  C. 无论丙是否知道骑错车，乙均有权对其行使占有返还请求权

  D. 对于乙车的毁损，丙应当承担赔偿责任

【考点】 占有

【答案解析】 选项 A 正确。无权占有又称为非法占有，是指没有法律上的根据或者原因的占有。本题中，丙借用甲的自行车，但错取乙的自行车，丙对乙的自行车的占有没有任何合法

依据，属于无权占有。

选项B正确。《民法典》第460条规定："不动产或者动产被占有人占有的，权利人可以请求返还原物及其孳息；但是，应当支付善意占有人因维护该不动产或者动产支出的必要费用。"本题中，丙对乙的自行车虽属无权占有，但在甲告知丙骑错车之前，丙对其拿错车的事实并不知情，而且根据题干信息，丙也不应当知道自己拿错车，故丙对乙的自行车构成善意占有。修理费用属于必要费用，所以丙有权请求乙偿还。

选项C正确。丙擅自取走乙的自行车，构成乙对其自行车占有的侵夺，原占有人乙（同时也是所有权人）可依据《民法典》第462条对丙行使占有返还请求权。占有返还请求权与侵夺人丙主观上善意还是恶意无关。

选项D正确。《民法典》第461条规定："占有的不动产或者动产毁损、灭失，该不动产或者动产的权利人请求赔偿的，占有人应当将因毁损、灭失取得的保险金、赔偿金或者补偿金等返还给权利人；权利人的损害未得到足够弥补的，恶意占有人还应当赔偿损失。"恶意占有人占有期间，其占有的标的物毁损灭失的，不论恶意占有人对标的物的毁损灭失是否具有过错，权利人均有权请求恶意占有人承担赔偿责任。本题中，当甲告知丙骑错车时，丙对自行车的占有由善意占有转化为恶意占有，故对于乙车的毁损，丙应当承担赔偿责任。

第一章　结　婚

1. 刘男按当地习俗向戴女支付了结婚彩礼现金 10 万元及金银首饰数件，婚后不久刘男即主张离婚并要求返还彩礼。关于该彩礼的返还，下列哪一选项是正确的？（2017）[1]

A. 因双方已办理结婚登记，故不能主张返还

B. 刘男主张彩礼返还，不以双方离婚为条件

C. 已办理结婚登记，未共同生活的，可主张返还

D. 已办理结婚登记，并已共同生活的，仍可主张返还

【考点】 彩礼的返还

【答案解析】本题考查彩礼的返还。根据《婚姻家庭编司法解释（一）》第 5 条规定，当事人请求返还按照习俗给付的彩礼的，如果查明属于以下情形，人民法院应当予以支持：（1）双方未办理结婚登记手续的；（2）双方办理结婚登记手续但确未共同生活的；（3）婚前给付并导致给付人生活困难的。适用第（2）（3）项的规定，应当以双方离婚为条件。

据此，在双方已办理结婚登记的情况下，若满足确未共同生活的条件，也可以依法主张返还，但其前提是双方离婚，故 A、B、D 均错误，C 正确。

2. 胡某与黄某长期保持同性恋关系，胡某创作同性恋题材的小说发表。后胡某迫于父母压力娶陈某为妻，结婚时陈某父母赠与一套房屋，登记在陈某和胡某名下。婚后，胡某收到出版社支付的小说版税 10 万元。此后，陈某得知胡某在婚前和婚后一直与黄某保持同性恋关系，非常痛苦。下列哪一说法是正确的？（2015）[2]

A. 胡某隐瞒同性恋重大事实，导致陈某结婚的意思表示不真实，陈某可请求撤销该婚姻

B. 陈某受欺诈而登记结婚，导致陈某父母赠与房屋意思表示不真实，陈某父母可撤销赠与

C. 该房屋不属于夫妻共同财产

D. 10 万元版税属于夫妻共同财产

【考点】 可撤销婚姻

【答案解析】选项 A 错误。根据《民法典》第 1052 条，因胁迫结婚的，受胁迫的一方可以向人民法院请求撤销婚姻。请求撤销婚姻的，应当自胁迫行为终止之日起一年内提出。因此，欺诈不属于婚姻可撤销事由。

---

[1] C　[2] D

选项 B 错误。一方以欺诈、胁迫的手段或者乘人之危，使对方在违背真实意思的情况下订立的合同，受损害方有权请求人民法院或者仲裁机构撤销。本题中，虽然陈某与胡某之间的婚姻关系乃受胡某欺诈而缔结，但陈某父母赠与房屋的意思表示是否真实应当独立进行评价，很显然，陈某父母赠与房屋的意思表示是真实自由的，赠与合同不存在可撤销事由。

选项 C 错误。根据《婚姻家庭编司法解释（一）》第 29 条，当事人结婚前，父母为双方购置房屋出资的，该出资应当认定为对自己子女的个人赠与，但父母明确表示赠与双方的除外。本题中，陈某父母赠与的房屋应认定为双方共有。

选项 D 正确。根据《民法典》第 1062 条，夫妻在婚姻关系存续期间所得的知识产权的收益归双方共同所有。本题中，胡某收到出版社支付的小说版税 10 万元属于夫妻共同财产正确。

3. 甲与乙登记结婚 3 年后，乙向法院请求确认该婚姻无效。乙提出的下列哪一理由可以成立？（2011）[1]

A. 乙登记结婚的实际年龄离法定婚龄相差 2 年

B. 甲婚前谎称是海归博士且有车有房，乙婚后发现上当受骗

C. 甲与乙是表兄妹关系

D. 甲以揭发乙父受贿为由胁迫乙结婚

【考点】无效婚姻

【答案解析】选项 A 不当选。根据《民法典》第 1051 条，有下列情形之一的，婚姻无效：（1）重婚的；（2）有禁止结婚的亲属关系的；（3）未到法定婚龄的。根据《婚姻家庭编司法解释（一）》第 10 条，当事人依据民法典第 1051 条规定向人民法院请求确认婚姻无效，法定的无效婚姻情形在提起诉讼时已经消失的，人民法院不予支持。乙结婚时离法定婚龄相差 2岁，但现已经过了 3 年，无效情形已经消失。

选项 B 不当选。关于无效婚姻的规定系封闭式规定，仅限于规定的三种情形。因欺诈结婚的，不属于无效婚姻。

选项 C 当选。根据《民法典》第 1048 条，直系血亲或者三代以内的旁系血亲禁止结婚。表兄妹属于三代以内的旁系血亲，甲、乙的婚姻无效。

选项 D 不当选。因胁迫结婚的，属于可撤销的婚姻，而不是无效婚姻。

---

[1] C

第二章 夫妻财产关系

1. 刘山峰、王翠花系老夫少妻，刘山峰婚前个人名下拥有别墅一栋。关于婚后该别墅的归属，下列哪一选项是正确的？（2016）[1]

A. 该别墅不可能转化为夫妻共同财产

B. 婚后该别墅自动转化为夫妻共同财产

C. 婚姻持续满八年后该别墅即依法转化为夫妻共同财产

D. 刘、王可约定婚姻持续八年后该别墅转化为夫妻共同财产

【考点】 夫妻财产关系

【答案解析】 夫妻一方所有的财产，不因婚姻关系的延续而转化为夫妻共同财产。但当事人另有约定的除外。故A选项表述太绝对，错误。

B选项，自动转化为夫妻共同财产，错误。

C选项，没有法律依据，错误。

《民法典》第1063条，下列财产为夫妻一方的个人财产：（1）一方的婚前财产；（2）一方因受到人身损害获得的赔偿或者补偿；（3）遗嘱或者赠与合同中确定只归一方的财产；（4）一方专用的生活用品；（5）其他应当归一方的财产。刘山峰婚前别墅属于个人财产，但可以约定八年后转化为夫妻共同财产，D选项正确。

2. 甲（男）、乙（女）结婚后，甲承诺，在子女出生后，将其婚前所有的一间门面房，变更登记为夫妻共同财产。后女儿丙出生，但甲不愿兑现承诺，导致夫妻感情破裂离婚，女儿丙随乙一起生活。后甲又与丁（女）结婚。未成年的丙因生重病住院急需医疗费20万元，甲与丁签订借款协议从夫妻共同财产中支取该20万元。下列哪一表述是错误的？（2014）[2]

A. 甲与乙离婚时，乙无权请求将门面房作为夫妻共同财产分割

B. 甲与丁的协议应视为双方约定处分共同财产

C. 如甲、丁离婚，有关医疗费按借款协议约定处理

D. 如丁不同意甲支付医疗费，甲无权要求分割共有财产

【考点】 夫妻共有财产；共同共有财产的分割

【答案解析】 选项A表述正确，不当选。《民法典》第1065条，男女双方可以约定婚姻关系存续期间所得的财产以及婚前财产归各自所有、共同所有或部分各自所有、部分共同所有。约定应当采用书面形式。《民法典》第209条，不动产物权的设立、变更、转让和消灭，经依法登记，发生效力；未经登记，不发生效力，但法律另有规定的除外。本题中，甲乙之间并未对门面房进行物权变动登记，因此该财产的所有权还是属于甲，甲乙二人离婚时，不能对不属

---

[1] D [2] D

· **112** ·

于共同财产的房屋进行财产分割。

选项 B、C 项表述正确，不当选。《婚姻家庭编司法解释（一）》第82条，夫妻之间订立借款协议，以夫妻共同财产出借给一方从事个人事务的，应视为双方约定处分夫妻共同财产的行为，离婚时可按照借款协议的约定处理。根据题意，甲系与丁经协商从夫妻共同财产中支取20万元，因此是在处分共同财产。但是20万元中，有甲和丁两人的财产份额，因此就丁的份额，应按双方签订的借款协议处理。

选项 D 表述错误，当选。《民法典》第1066条，婚姻关系存续期间，夫妻一方请求分割共同财产的，人民法院不予支持，但有下列重大理由且不损害债权人利益的除外：（1）一方有隐藏、转移、变卖、毁损、挥霍夫妻共同财产或者伪造夫妻共同债务等严重损害夫妻共同财产利益行为的；（2）一方负有法定扶养义务的人患重大疾病需要医治，另一方不同意支付相关医疗费用的。本题中，如丁不同意甲支付医疗费，甲也有权要求分割共有财产。

3. 甲乙夫妻的下列哪一项婚后增值或所得，属于夫妻共同财产？（2013）[1]

A. 甲婚前承包果园，婚后果树上结的果实
B. 乙婚前购买的1套房屋升值了50万元
C. 甲用婚前的10万元婚后投资股市，得利5万元
D. 乙婚前收藏的玉石升值了10万元

【考点】 夫妻共同财产

【答案解析】选项 A 不当选。《婚姻家庭编司法解释（一）》第26条，夫妻一方个人财产在婚后产生的收益，除孳息和自然增值外，应认定为夫妻共同财产。A项中，若果实尚未分离，尚不属于孳息，仍归甲所有；若果实已经分离，则属于自然孳息，也归甲所有。

选项 B、D 不当选。房屋和玉石的升值均为自然增值，仍为乙的个人财产。

选项 C 当选。股息不属于孳息，因此甲以10万元的婚前财产购买股票产生的股息属于甲、乙共同共有。

4. 黄某与唐某自愿达成离婚协议并约定财产平均分配，婚姻关系存续期间的债务全部由唐某偿还。经查，黄某以个人名义在婚姻存续期间向刘某借款10万元用于购买婚房。下列哪一表述是正确的？（2011）[2]

A. 刘某只能要求唐某偿还10万元
B. 刘某只能要求黄某偿还10万元
C. 如黄某偿还了10万元，则有权向唐某追偿10万元
D. 如唐某偿还了10万元，则有权向黄某追偿5万元

【考点】 夫妻共同债务

【答案解析】选项 A、B 项错误。离婚时，原为夫妻共同生活所负的债务，应当共同偿还。共同财产不足清偿的，或财产归各自所有的，由双方协议清偿；协议不成的，由人民法院判决。因此，夫妻离婚时，夫妻共同债务先用夫妻共同财产清偿；共同财产不足以清偿的，男女双方以各自的财产对夫妻共同债务承担连带清偿责任。债权人就婚姻关系存续期间夫妻一方以个人名义所负债务主张权利的，应当按夫妻共同债务处理。但夫妻一方能够证明债权人与债务人明确约定为个人债务的除外。据此，黄某在婚姻存续期间以个人名义向刘某所借10万元应认定为夫妻共同债务，黄某与唐某应承担连带清偿责任。

选项 C 正确，D 项错误。《婚姻家庭编司法解释（一）》第35条，当事人的离婚协议或者

---

[1] C [2] C

人民法院的判决书、裁定书、调解书已经对夫妻财产分割问题作出处理的，债权人仍有权就夫妻共同债务向男女双方主张权利。一方就共同债务承担连带清偿责任后，基于离婚协议或者人民法院的法律文书向另一方主张追偿的，人民法院应当支持。因此，黄某与唐某在离婚协议中对夫妻共同债务承担的约定不能对抗债权人，双方仍需对债权人承担连带责任；但是，该约定在黄某与唐某间可发生效力。故如黄某偿还了 10 万元，则有权向唐某追偿 10 万元。

第三章 离 婚

1. 乙女与甲男婚后多年未生育，后甲男发现乙女因不愿生育曾数次擅自终止妊娠，为此甲男多次殴打乙女。乙女在被打住院后诉至法院要求离婚并请求损害赔偿，甲男以生育权被侵害为由提起反诉，请求乙女赔偿其精神损害。法院经调解无效，拟判决双方离婚。下列哪些选项是正确的？（2017）[1]

A. 法院应支持乙女的赔偿请求　　　　B. 乙女侵害了甲男的生育权
C. 乙女侵害了甲男的人格尊严　　　　D. 法院不应支持甲男的赔偿请求

【考点】离婚损害赔偿

【答案解析】本题考查离婚损害赔偿。有下列情形之一，导致离婚的，无过错方有权请求损害赔偿：（1）重婚；（2）与他人同居；（3）实施家庭暴力；（4）虐待、遗弃家庭成员；（5）有其他重大过错。承担《民法典》第1091条规定的损害赔偿责任的主体，为离婚诉讼当事人中无过错方的配偶。人民法院判决不准离婚的案件，对于当事人提出的损害赔偿请求，不予支持。在婚姻关系存续期间，当事人不起诉离婚而单独依据该条规定提起损害赔偿请求的，人民法院不予受理。

本题中，甲男多次殴打乙女，属于实施家庭暴力；乙女已经诉请离婚；法院拟判决双方离婚，符合离婚损害赔偿的条件，故A正确。我国现行法律并未承认生育权，B错误。乙女的行为也谈不上侵害甲男的人格尊严，C错误。本题中，甲男的主张无法律依据，D正确。

2. 凌某和李某分居多年，于2021年9月签订离婚协议书。双方对婚后设定的多家公司的股权、名下的多套房产以及其他财产、债务进行了分割，并且变更了部分公司的股权登记和部分房产登记，其余则尚未变更。2023年李某到法院提起离婚诉讼。对此，以下哪一选项是正确的？（2023回忆）[2]

A. 协议书尚未生效，法院应依法分割财产和债务
B. 未变更的其他股权和房产，按协议书处理
C. 已登记变更的，变更时起成为一方个人财产
D. 如财产分割无法达成一致，法院应判决不许离婚

【考点】离婚协议的生效要件

【答案解析】离婚协议是附条件生效的合同，离婚协议自在民政部门办理离婚登记之后，才发生法律效力。因双方仅签订离婚协议书，未办理离婚登记，因此该协议书不发生效力。选项A正确，B错误。

因离婚协议未生效，夫妻共同财产应自离婚判决作出时发生变更，而非登记时发生变更。

---

[1] AD　[2] A

因此，选项 C 错误。

财产分割无法达成一致的，法院可以作出财产分割判决，这不是离婚的必要前提条件。因此，选项 D 错误。

3. 董楠（男）和申蓓（女）是美术学院同学，共同创作一幅油画作品《爱你一千年》。毕业后二人结婚育有一女。董楠染上吸毒恶习，未经申蓓同意变卖了《爱你一千年》，所得款项用于吸毒。因董楠恶习不改，申蓓在女儿不满 1 周岁时提起离婚诉讼。下列哪些说法是正确的？（2015）[1]

A. 申蓓虽在分娩后 1 年内提出离婚，法院应予受理

B. 如调解无效，应准予离婚

C. 董楠出售《爱你一千年》侵犯了申蓓的物权和著作权

D. 对董楠吸毒恶习，申蓓有权请求离婚损害赔偿

【考点】 离婚条件；离婚损害赔偿请求权

【答案解析】选项 A 正确。根据《民法典》第 1082 条，女方在怀孕期间、分娩后一年内或终止妊娠后六个月内，男方不得提出离婚。女方提出离婚的，或人民法院认为确有必要受理男方离婚请求的除外。

选项 B 正确。根据《民法典》第 1079 条，夫妻一方要求离婚的，可以由有关组织进行调解或者直接向人民法院提起离婚诉讼。人民法院审理离婚案件，应当进行调解；如果感情确已破裂，调解无效的，应当准予离婚。有下列情形之一，调解无效的，应当准予离婚：（1）重婚或者与他人同居；（2）实施家庭暴力或者虐待、遗弃家庭成员；（3）有赌博、吸毒等恶习屡教不改；（4）因感情不和分居满二年；（5）其他导致夫妻感情破裂的情形。一方被宣告失踪，另一方提起离婚诉讼的，应当准予离婚。经人民法院判决不准离婚后，双方又分居满一年，一方再次提起离婚诉讼的，应当准予离婚。本题中，董楠染上吸毒恶习，如调解无效，应准予离婚。

选项 C 错误。签订买卖合同并不意味着出售了该标的物上的知识产权，因此申蓓的著作权并没有被侵犯。

选项 D 错误，不当选。《民法典》第 1091 条规定："有下列情形之一，导致离婚的，无过错方有权请求损害赔偿：（1）重婚；（2）与他人同居；（3）实施家庭暴力；（4）虐待、遗弃家庭成员；（5）有其他重大过错。"可见离婚损害赔偿请求权的适用情形不包括吸毒。

4. 甲与乙结婚多年后，乙患重大疾病需要医治，甲保管夫妻共同财产但拒绝向乙提供治疗费，致乙疾病得不到及时治疗而恶化。下列哪一说法是错误的？（2012）[2]

A. 乙在婚姻关系存续期间，有权起诉请求分割夫妻共同财产

B. 乙有权提出离婚诉讼并请求甲损害赔偿

C. 乙在离婚诉讼中有权请求多分夫妻共同财产

D. 乙有权请求公安机关依照《治安管理处罚法》对甲予以行政处罚

【考点】 夫妻共同共有财产的分割；离婚损害赔偿请求权

【答案解析】选项 A 表述正确，不当选。根据《民法典》第 1066 条，婚姻关系存续期间，夫妻一方请求分割夫妻共同财产的，人民法院不予支持，但有下列重大理由且不损害债权人利益的除外：（1）一方有隐藏、转移、变卖、毁损、挥霍夫妻共同财产或者伪造夫妻共同债务等严重损害夫妻共同财产利益行为的；（2）一方负有法定扶养义务的人患重大疾病需要医治，

_____

[1] AB [2] C

另一方不同意支付相关医疗费用的。甲、乙系夫妻，负有相互扶养的法定义务。乙患重病期间，甲拒绝提供治疗费的行为构成虐待和遗弃。"举轻以明重"，可以类推适用该规定。同时，本题所述情形也可认定为"有重大理由需要分割的"，所以，乙有权在婚姻关系存续期间，起诉请求分割夫妻共同财产。

选项B表述正确，不当选。根据《民法典》第1091条，有下列情形之一，导致离婚的，无过错方有权请求损害赔偿：（1）重婚；（2）与他人同居；（3）实施家庭暴力；（4）虐待、遗弃家庭成员；（5）有其他重大过错。本题中，甲的行为属于虐待家庭成员。

选项C表述错误，当选。离婚时，一方隐藏、转移、变卖、毁损夫妻共同财产，或伪造债务企图侵占另一方财产的，分割夫妻共同财产时，对隐藏、转移、变卖、毁损夫妻共同财产或伪造债务的一方，可以少分或不分。本题不符合规定的情形。

选项D表述正确，不当选。实施家庭暴力或虐待家庭成员，受害人提出请求的，公安机关应当依照治安管理处罚的法律规定予以行政处罚。《治安管理处罚法》第45条规定："有下列行为之一的，处5日以下拘留或者警告：（1）虐待家庭成员，被虐待人要求处理的；（2）遗弃没有独立生活能力的被扶养人的。"

5. 雷某诉讼离婚，第一次没离成，分居两年后再次起诉。宋某不同意离婚。诉讼期间，雷某转移财产，把自己的租金所得转移到父亲账户，该租金来自于雷某婚前自己全款购买的而且登记在自己名下的房屋。(2023 回忆)[1]

A. 租金所得是雷某个人财产　　　　　　B. 房屋是雷某个人财产

C. 应该判决离婚　　　　　　　　　　　D. 雷某应当少分

【考点】夫妻财产制；离婚的条件与财产分割

【答案解析】A错误，B正确，《婚姻家庭编司法解释（一）》第26条，夫妻一方个人财产在婚后产生的收益，除孳息和自然增值外，应认定为夫妻共同财产。

C正确，《民法典》第1079条第3款规定，有下列情形之一，调解无效的，应当准予离婚：（一）重婚或者与他人同居；（二）实施家庭暴力或者虐待、遗弃家庭成员；（三）有赌博、吸毒等恶习屡教不改；（四）因感情不和分居满二年；（五）其他导致夫妻感情破裂的情形。上述案例中，夫妻双方感情不和分居满两年。

D选项正确，《民法典》第1092条规定，夫妻一方隐藏、转移、变卖、毁损、挥霍夫妻共同财产，或者伪造夫妻共同债务企图侵占另一方财产的，在离婚分割夫妻共同财产时，对该方可以少分或者不分。上述案例中，雷某转移共同财产。

6. 甲与乙离婚，甲乙的子女均已成年，与乙一起生活。甲与丙再婚后购买了一套房屋，登记在甲的名下。后甲因中风不能自理，常年卧床。丙见状离家出走达3年之久。甲乙的子女和乙想要回房屋，进行法律咨询。下列哪些意见是错误的？(2011)[2]

A. 因房屋登记在甲的名下，故属于甲个人房产

B. 丙在甲中风后未尽妻子责任和义务，不能主张房产份额

C. 甲乙的子女可以申请宣告丙失踪

D. 甲本人向法院提交书面意见后，甲乙的子女可代理甲参与甲与丙的离婚诉讼

【考点】夫妻共同财产；宣告失踪；离婚诉讼的代理

【答案解析】选项A错误。除非法律另有规定或者夫妻双方另有书面约定，在婚姻关系存续期间，夫妻一方或者双方取得的财产属于夫妻共同共有的财产。甲与丙婚后购买的房屋，虽

仅登记在甲一人名下，亦应认定为甲、丙共同共有。

选项 B 错误。夫妻一方对另一方不履行扶养义务的，另一方有权要求给付抚养费而已，B 项的表述并无法律依据。

选项 C 错误。自然人下落不明满二年的，利害关系人可以向人民法院申请宣告该自然人为失踪人。申请宣告失踪的利害关系人，包括被申请宣告失踪人的配偶、父母、子女、兄弟姐妹、祖父母、外祖父母、孙子女、外孙子女以及其他与被申请人有民事权利义务关系的人。甲乙的子女与丙无法律上的利害关系，无权申请宣告丙失踪。

选项 D 正确。为了维护婚姻自由原则（包括离婚自由），离婚（包括协议离婚和诉讼离婚）原则上不允许代理，但有例外，《民事诉讼法》第 65 条规定："离婚案件有诉讼代理人的，本人除不能表达意思的以外，仍应出庭；确因特殊情况无法出庭的，必须向人民法院提交书面意见。"据此，若甲因中风确实不能出庭参与与丙的离婚诉讼，可由甲出具书面意见（作出与丙离婚的意思表示），并委托自己的子女向法院出具该书面意见（此时，甲的子女系甲的传达人，而非代理人）。除了离婚的意思表示不能代理外，有关甲、丙夫妻财产分割的诉讼，可以代理，甲可委托其子女作为代理人。

7. 乙起诉离婚时，才得知丈夫甲此前已着手隐匿并转移财产。关于甲、乙离婚的财产分割，下列哪一选项是错误的？（2016）[1]

A. 甲隐匿转移财产，分割财产时可少分或不分

B. 就履行离婚财产分割协议事宜发生纠纷，乙可再起诉

C. 离婚后发现甲还隐匿其他共同财产，乙可另诉再次分割财产

D. 离婚后因发现甲还隐匿其他共同财产，乙再行起诉不受诉讼时效限制

【考点】 离婚财产分割

【答案解析】《民法典》第 1092 条规定，夫妻一方隐藏、转移、变卖、毁损、挥霍夫妻共同财产，或者伪造夫妻共同债务企图侵占另一方财产的，在离婚分割夫妻共同财产时，对该方可以少分或者不分。离婚后，另一方发现有上述行为的，可以向人民法院提起诉讼，请求再次分割夫妻共同财产。故 A 选项正确，不选；C 选项正确，不选。

根据《婚姻家庭编司法解释（一）》第 84 条，当事人依据民法典第 1092 条的规定向人民法院提起诉讼，请求再次分割夫妻共同财产的诉讼时效期间为三年，从当事人发现之日起计算。故 D 选项错误，当选。

根据《婚姻家庭编司法解释（一）》第 69 条第 2 款，当事人依照民法典第 1076 条签订的离婚协议中关于财产以及债务处理的条款，对男女双方具有法律约束力。登记离婚后当事人因履行上述协议发生纠纷提起诉讼的，人民法院应当受理。故 B 选项正确，不选。

8. 钟某性情暴躁，常殴打妻子柳某，柳某经常找同村未婚男青年杜某诉苦排遣，日久生情。现柳某起诉离婚，关于钟、柳二人的离婚财产处理事宜，下列哪一选项是正确的？（2016）[2]

A. 针对钟某家庭暴力，柳某不能向其主张损害赔偿

B. 针对钟某家庭暴力，柳某不能向其主张精神损害赔偿

C. 如柳某婚内与杜某同居，则柳某不能向钟某主张损害赔偿

D. 如柳某婚内与杜某同居，则钟某可以向柳某主张损害赔偿

【考点】 离婚损害赔偿请求权

---

[1] D [2] D

【答案解析】 根据《民法典》第 1091 条规定，有下列情形之一，导致离婚的，无过错方有权请求损害赔偿：（1）重婚；（2）与他人同居；（3）实施家庭暴力；（4）虐待、遗弃家庭成员；（5）有其他重大过错。"损害赔偿"，包括物质损害赔偿和精神损害赔偿。钟某常殴打妻子柳某，柳某可以主张离婚损害赔偿，A 选项错误，B 选项错误。

根据《婚姻家庭编司法解释（一）》第 90 条，夫妻双方均有民法典第 1091 条规定的过错情形，一方或者双方向对方提出离婚损害赔偿请求的，人民法院不予支持。柳某婚内与杜某同居，有过错，钟某实施家庭暴力，也有过错，双方均丧失离婚损害赔偿请求权，故 C 选项正确，D 选项错误。

9. 屈赞与曲玲协议离婚并约定婚生子屈曲由屈赞抚养，另口头约定曲玲按其能力给付抚养费并可随时探望屈曲。对此，下列哪些选项是正确的？（2016）[1]

A. 曲玲有探望权，屈赞应履行必要的协助义务

B. 曲玲连续几年对屈曲不闻不问，违背了法定的探望义务

C. 屈赞拒不履行协助曲玲探望的义务，经由裁判可依法对屈赞采取拘留、罚款等强制措施

D. 屈赞拒不履行协助曲玲探望的义务，经由裁判可依法强制从屈赞处接领屈曲与曲玲会面

【考点】 探望权

【答案解析】 根据《民法典》第 1086 条第 1 款，离婚后，不直接抚养子女的父或母，有探望子女的权利，另一方有协助的义务。屈赞与曲玲协议离婚并约定婚生子屈曲由屈赞抚养，不直接抚养子女的曲玲有探望权，屈赞应履行必要的协助义务，故 A 选项正确。

根据上述法条，探望权是权利，不是义务，故 B 选项错误。

根据《婚姻家庭编司法解释（一）》第 68 条，对于拒不协助另一方行使探望权的有关个人或者组织，可以由人民法院依法采取拘留、罚款等强制措施，但是不能对子女的人身、探望行为进行强制执行。故 C 选项正确，D 选项错误。

---

[1] AC

第四章　亲子关系

1. 小强现年9周岁，生父谭某已故，生母徐某虽有抚养能力，但因准备再婚决定将其送养。徐某的姐姐要求收养，其系华侨富商，除已育有一子外符合收养人的其他条件；谭某父母为退休教师，也要求抚养。下列哪一选项是正确的？（2017）[1]

A. 徐某因有抚养能力不能将小强送其姐姐收养

B. 徐某的姐姐因有子女不能收养小强

C. 谭某父母有优先抚养的权利

D. 收养应征得小强同意

【考点】收养的条件

【答案解析】本题考查收养的条件。生父母充当送养人的，须"有特殊困难无力抚养子女"这一条件，据此，通常情况下只有生父母没有抚养能力时方能送养其子女。收养三代以内同辈旁系血亲的子女，可以不受生父母有特殊困难的限制。据此，徐某的姐姐收养徐某之子女小强，并不要求徐某无抚养能力这一条件，故A错误。

华侨收养三代以内同辈旁系血亲的子女，还可以不受收养人无子女以及只有一名子女的限制。据此，徐某的姐姐虽然已育有一子，但因其是华侨，可以不受收养人无子女的限制，故仍然可以收养小强，B错误。

配偶一方死亡，另一方送养未成年子女的，死亡一方的父母有优先抚养的权利。因此，C正确。

收养人收养与送养人送养，须双方自愿。收养年满八周岁以上未成年人的，应当征得被收养人的同意。本题中小强仅有9周岁，故需征得其同意，D正确。

2. 张某和李某达成收养协议，约定由李某收养张某6岁的孩子小张；任何一方违反约定，应承担违约责任。双方办理了登记手续，张某依约向李某支付了10万元。李某收养小张1年后，因小张殴打他人赔偿了1万元，李某要求解除收养协议并要求张某赔偿该1万元。张某同意解除但要求李某返还10万元。下列哪一表述是正确的？（2014）[2]

A. 李某、张某不得解除收养关系　　B. 李某应对张某承担违约责任

C. 张某应赔偿李某1万元　　　　　D. 李某应返还不当得利

【考点】收养的解除；不当得利

【答案解析】选项A错误。根据《民法典》第1114条，收养人在被收养人成年以前，不得解除收养关系，但收养人、送养人双方协议解除的除外。养子女年满8周岁以上的，应当征得本人同意。

---

[1]　CD　[2]　D

选项 B 错误。由于李某解除收养协议经过了张某的同意，因此无须承担违约责任。

C 选项错误。自收养关系成立之日起，养父母与养子女间的权利义务关系，适用法律关于父母子女关系的规定；养子女与养父母的近亲属间的权利义务关系，适用法律关于子女与父母的近亲属关系的规定。养子女与生父母及其他近亲属间的权利义务关系，因收养关系的成立而消除。因此，在收养关系解除之前，被收养人致第三人损害的，应由养父母承担侵权责任。本题中，小张殴打他人所赔偿的 1 万元应由李某承担。

选项 D 正确。收养协议解除后，李某收取的 10 万元丧失了法律根据，因此构成不当得利，应予返还。

3. 余某与其妻婚后不育，依法收养了孤儿小翠。不久后余某与妻子离婚，小翠由余某抚养。现余某身患重病，为自己和幼女小翠的未来担忧，欲作相应安排。下列哪些选项是正确的？（2017）[1]

A. 余某可通过遗嘱指定其父亲在其身故后担任小翠的监护人
B. 余某可与前妻协议确定由前妻担任小翠的监护人
C. 余某可与其堂兄事先协商以书面形式确定堂兄为自己的监护人
D. 如余某病故，应由余某父母担任小翠的监护人

【考点】监护制度
【答案解析】本题考查监护制度。

①《民法典》第29条规定："被监护人的父母担任监护人的，可以通过遗嘱指定监护人。"余某身为小翠的法定监护人，可以通过遗嘱为小翠指定监护人，故 A 选项正确。需注意：离婚后，余某和前妻仍然是小翠的监护人，根据通说，遗嘱监护只能由"在后行使监护权"的父或母一方通过遗嘱指定。因此，在前妻具有监护能力时，余某设立遗嘱为小翠指定监护人的行为，其效力存在疑问，出题人设计题目时，忽略了此点。

②《民法典》第30条规定："依法具有监护资格的人之间可以协议确定监护人。协议确定监护人应当尊重被监护人的真实意愿。"同时《最高人民法院关于适用〈中华人民共和国民法典〉总则编若干问题的解释》第8条规定："未成年人的父母与其他依法具有监护资格的人订立协议，约定免除具有监护能力的父母的监护职责的，人民法院不予支持。协议约定在未成年人的父母丧失监护能力时由该具有监护资格的人担任监护人的，人民法院依法予以支持。依法具有监护资格的人之间依据民法典第三十条的规定，约定由民法典第二十七条第二款、第二十八条规定的不同顺序的人共同担任监护人，或者由顺序在后的人担任监护人的，人民法院依法予以支持。"据此，作为小翠的法定监护人，余某可以与其前妻协议确定由前妻担任（责任更重的）法定监护人（比如主要由前妻履行抚养、教育义务），故 B 正确。需注意：离婚后，余某与前妻仍是小翠的法定监护人、当然监护人，在这种情况下，余某仅需要和前妻约定由前妻履行更多"抚养义务"即可（抚养义务与监护职责并非一事），协议确定由前妻担任监护人，的确多此一举、画蛇添足。出题人设计题目时，忽略了此点。当午司法部官方公布的答案认为 B 正确，对此，掌握相应知识点即可，不用纠结答案。

③具有完全民事行为能力的成年人，可以与其近亲属、其他愿意担任监护人的个人或者组织事先协商，以书面形式确定自己的监护人。协商确定的监护人在该成年人丧失或者部分丧失民事行为能力时，履行监护职责。这是成年人在自己尚未丧失行为能力时，确定自己未来监护人的制度设计。据此，C 选项正确。

---

[1]　ABC

④父母是未成年子女的监护人。据此，父母是未成年人的当然监护人，只有未成年人的父母已经死亡或者没有监护能力的情况下，才可能由祖父母、外祖父母、兄弟姐妹等担任监护人。本题中，余某死亡，余某的前妻尚在，如果余某前妻具有监护能力，余某的前妻仍为小翠的当然监护人、法定监护人，其他人无资格担任小翠的法定监护人，D选项错误。综上，司法部答案为ABC，但本题存在争议。

4. 甲8周岁，多次在国际钢琴大赛中获奖，并获得大量奖金。甲的父母乙、丙为了甲的利益，考虑到甲的奖金存放银行增值有限，遂将奖金全部购买了股票，但恰遇股市暴跌，甲的奖金损失过半。关于乙、丙的行为，下列哪些说法是正确的（2016）[1]

A. 乙、丙应对投资股票给甲造成的损失承担责任

B. 乙、丙不能随意处分甲的财产

C. 乙、丙的行为构成无因管理，无须承担责任

D. 如主张赔偿，甲对父母的诉讼时效期间在进行中的最后6个月内因自己系无行为能力人而中止，待成年后继续计算

【考点】监护人的职责、诉讼时效的中止

【答案解析】《民法典》第34条规定："监护人的职责是代理被监护人实施民事法律行为，保护被监护人的人身权利、财产权利以及其他合法权益等。监护人依法履行监护职责产生的权利，受法律保护。监护人不履行监护职责或者侵害被监护人合法权益的，应当承担法律责任。因发生突发事件等紧急情况，监护人暂时无法履行监护职责，被监护人的生活处于无人照料状态的，被监护人住所地的居民委员会、村民委员会或者民政部门应当为被监护人安排必要的临时生活照料措施。"乙、丙除为被监护人的利益外，不得处理被监护人的财产，乙、丙应对投资股票给甲造成的损失承担责任，故A选项正确，B选项正确。

《民法典》第121条规定："没有法定的或者约定的义务，为避免他人利益受损失进行管理的人，有权要求受益人偿还由此而支出的必要费用。"乙、丙履行监护职责，有法律上的原因，不构成无因管理，故C选项错误。

《民法典》第190条规定："无民事行为能力人或者限制民事行为能力人对其法定代理人的请求权的诉讼时效期间，自该法定代理终止之日起计算。"因此若主张赔偿，甲对父母的诉讼时效期间自甲父母对甲的法定代理终止之日起算。因此，D选项错误。

5. 关于监护，下列哪一表述是正确的？（2013）[2]

A. 甲委托医院照料其患精神病的配偶乙，医院是委托监护人

B. 甲的幼子乙在寄宿制幼儿园期间，甲的监护职责全部转移给幼儿园

C. 甲丧夫后携幼子乙改嫁，乙的爷爷有权要求法院确定自己为乙的法定监护人

D. 市民甲、乙之子丙5周岁，甲乙离婚后对谁担任丙的监护人发生争议，丙住所地的居民委员会有权指定

【考点】监护

【答案解析】选项A正确。《民法典》第30条规定："依法具有监护资格的人之间可以协议确定监护人。协议确定监护人应当尊重被监护人的真实意愿。"甲委托医院照料其配偶乙，成立委托监护。

选项B错误。未成年人的父母是法定监护人，幼儿园虽然对未成年人负有教育、监管的职责，但并不是法定监护人，因此，法定监护人的监护职责并不转移至幼儿园。

选项 C 错误。《民法典》第 27 条规定："父母是未成年子女的监护人。未成年人的父母已经死亡或者没有监护能力的，由下列有监护能力的人按顺序担任监护人：（一）祖父母、外祖父母；（二）兄、姐；（三）其他愿意担任监护人的个人或者组织，但是须经未成年人住所地的居民委员会、村民委员会或者民政部门同意。"可见，未成年人父母是未成年人的"当然"监护人，只有在未成年人的父母已经死亡或者没有监护能力时，才可能由其他近亲属去担任监护人。选项 C 中，甲是乙的当然监护人，乙的爷爷无权要求法院确定自己为监护人。

选项 D 错误。未成年人的父母是未成年人的当然监护人，故未成年人父母对担任监护人发生争议的，不适用指定监护。换言之，只有在未成年人父母以外的监护人对担任监护人发生争议的情况下，才适用指定监护。

6. 甲 15 岁，精神病人。关于其监护问题，下列哪一表述是正确的？（2010）[1]

A. 监护人只能是甲的近亲属或关系密切的其他亲属、朋友

B. 监护人可以是同一顺序中的数人

C. 对担任监护人有争议的，可直接请求法院裁决

D. 为甲设定监护人，适用关于精神病人监护的规定

【考点】监护

【答案解析】选项 A 错误。《民法典》第 27 条规定："父母是未成年子女的监护人。未成年人的父母已经死亡或者没有监护能力的，由下列有监护能力的人按顺序担任监护人：（一）祖父母、外祖父母；（二）兄、姐；（三）其他愿意担任监护人的个人或者组织，但是须经未成年人住所地的居民委员会、村民委员会或者民政部门同意。"

选项 B 正确。监护人可以是一人，也可以是同一顺序中的数人。

选项 C 正确。《民法典》第 31 条第 1 款规定："对监护人的确定有争议的，由被监护人住所地的居民委员会、村民委员会或者民政部门指定监护人，有关当事人对指定不服的，可以向人民法院申请指定监护人；有关当事人也可以直接向人民法院申请指定监护人。"

选项 D 错误。为患有精神病的未成年人设定监护人应适用关于未成年人监护的规定。

---

[1] BC

第五章　自然人的死亡

1. 甲被法院宣告失踪，其妻乙被指定为甲的财产代管人。3个月后，乙将登记在自己名下的夫妻共有房屋出售给丙，交付并办理了过户登记。在此过程中，乙向丙出示了甲被宣告失踪的判决书，并将房屋属于夫妻二人共有的事实告知丙。1年后，甲重新出现，并经法院撤销了失踪宣告。现甲要求丙返还房屋。对此，下列哪一说法是正确的？（2016）[1]

A. 丙善意取得房屋所有权，甲无权请求返还

B. 丙不能善意取得房屋所有权，甲有权请求返还

C. 乙出售夫妻共有房屋构成家事代理，丙继受取得房屋所有权

D. 乙出售夫妻共有房屋属于有权处分，丙继受取得房屋所有权

【考点】宣告失踪

【答案解析】乙是甲的财产代管人，非为甲的利益不得处分甲的财产。该房屋属于夫妻共同财产。根据《民法典》第301条："处分共有的不动产或者动产以及对共有的不动产或者动产作重大修缮、变更性质或者用途的，应当经占份额三分之二以上的按份共有人或者全体共同共有人同意，但是共有人之间另有约定的除外。"乙将房屋出卖给丙，未经全体共同共有人同意，属于无权处分。而D选项认为乙是有权处分，错误。

但乙向丙出示了甲被宣告失踪的判决书，并将房屋属于夫妻二人共有的事实告知丙，故丙是恶意，不能善意取得房屋的所有权。甲仍然是所有权人，可以要求丙返还房屋。故A选项错误，B选项正确。

夫或妻在处理夫妻共同财产上的权利是平等的。因日常生活需要而处理夫妻共同财产的，任何一方均有权决定。但夫或妻非因日常生活需要对夫妻共同财产做重要处理决定，夫妻双方应当平等协商，取得一致意见。他人有理由相信其为夫妻双方共同意思表示的，另一方不得以不同意或不知道为由对抗善意第三人。故C选项错误。

2. 甲出境经商下落不明，2015年9月经其妻乙请求被K县法院宣告死亡，其后乙未再婚，乙是甲唯一的继承人。2016年3月，乙将家里的一辆轿车赠送给了弟弟丙，交付并办理了过户登记。2016年10月，经商失败的甲返回K县，为还债将登记于自己名下的一套夫妻共有住房私自卖给知情的丁；同年12月，甲的死亡宣告被撤销。下列哪些选项是正确的？（2017）[2]

A. 甲、乙的婚姻关系自撤销死亡宣告之日起自行恢复

B. 乙有权赠与该轿车

C. 丙可不返还该轿车

D. 甲出卖房屋的合同无效

---

[1]　B　[2]　BC

【考点】宣告死亡

【答案解析】本题考查宣告死亡。根据《民法典》第51条，被宣告死亡的人的婚姻关系，自死亡宣告之日起消灭。死亡宣告被撤销的，婚姻关系自撤销死亡宣告之日起自行恢复，但是其配偶再婚或者向婚姻登记机关书面声明不愿意恢复的除外。和此前的法律比较，新增"向婚姻登记机关书面声明不愿意恢复的除外"，据此，即使乙未再婚，但如果其向婚姻登记机关书面声明不愿意恢复，则甲的死亡宣告被撤销后，其与乙的婚姻关系也不会自行恢复，A说法欠妥当，存在例外情况，即其配偶再婚或向婚姻登记机关书面声明不愿意恢复婚姻关系的，婚姻关系不能自行恢复。虽然司法部公布的答案A选项是正确的，但该答案并不合理。

乙是甲唯一的继承人，其在甲被宣告死亡后，对家里轿车享有所有权，故有权赠与该轿车，B正确。

被撤销死亡宣告的人请求返还财产，其原物已被第三人合法取得的，第三人可不予返还。乙将轿车赠送给丙，交付并办理了过户登记，丙属于合法取得，可不予返还，C正确。

甲被宣告死亡后，其妻子乙实际上对原先夫妻共有的房屋即享有所有权，甲再将其出售给丁，构成无权处分。当事人一方以出卖人在缔约时对标的物没有所有权或者处分权为由主张合同无效的，人民法院不予支持。据此，无权处分所订立的买卖合同应按照有效来认定，D错误。

3. 甲、乙为夫妻，长期感情不和。2010年5月1日甲乘火车去外地出差，在火车上失踪，没有发现其被害尸体，也没有发现其在何处下车。2016年6月5日法院依照法定程序宣告甲死亡。之后，乙向法院起诉要求铁路公司对甲的死亡进行赔偿。关于甲被宣告死亡，下列哪些说法是正确的？（2016）[1]

A. 甲的继承人可以继承其财产

B. 甲、乙婚姻关系消灭，且不可能恢复

C. 2016年6月5日为甲的死亡日期

D. 铁路公司应当对甲的死亡进行赔偿

【考点】宣告死亡

【答案解析】继承从被继承人生理死亡或被宣告死亡时开始。2016年6月5日法院依照法定程序宣告甲死亡，故甲的继承人可以继承其财产，A选项正确。

被宣告死亡的人的婚姻关系，自死亡宣告之日起消灭。死亡宣告被撤销的，婚姻关系自撤销死亡宣告之日起自行恢复，但是其配偶再婚或者向婚姻登记机关书面声明不愿意恢复的除外。B选项认定婚姻关系不可能恢复，过于绝对，错误。

被宣告死亡的人，人民法院宣告死亡的判决作出之日视为其死亡的日期；因意外事件下落不明宣告死亡的，意外事件发生之日视为其死亡的日期。2016年6月5日法院依照法定程序宣告甲死亡，故C选项正确。

承运人应当对运输过程中旅客的伤亡承担损害赔偿责任，但伤亡是旅客自身健康原因造成的或者承运人证明伤亡是旅客故意、重大过失造成的除外。本题中，铁路公司并无侵权行为，铁路公司的行为和死亡的损害后果之间没有因果关系，故无须对甲的死亡承担赔偿责任，故D选项错误。

---

[1] AC

第六章 继 承

1. 甲（男）与乙（女）结婚，其子小明20周岁时，甲与乙离婚。后甲与丙（女）再婚，丙子小亮8周岁，随甲、丙共同生活。小亮成年成家后，甲与丙甚感孤寂，收养孤儿小光为养子，视同己出，未办理收养手续。丙去世，其遗产的第一顺序继承人有哪些？(2014)[1]

A. 小明　　　　　　B. 小亮　　　　　　C. 甲　　　　　　D. 小光

【考点】法定继承人的范围与顺序

【答案解析】根据《民法典》第1127条，遗产按照下列顺序继承，第一顺序：配偶、子女、父母。第二顺序：兄弟姐妹、祖父母、外祖父母。继承开始后，由第一顺序继承人继承，第二顺序继承人不继承。没有第一顺序继承人继承的，由第二顺序继承人继承。本法所说的子女，包括婚生子女、非婚生子女、养子女和有扶养关系的继子女。根据《民法典》第1105条，收养应当向县级以上人民政府民政部门登记。收养关系自登记之日起成立。据此，甲与丙收养小光，但因未办理收养手续，小光不是养子。丙去世，其遗产的第一顺序继承人为小亮和甲。本题正确答案为BC。

2. 甲自书遗嘱将所有遗产全部留给长子乙，并明确次子丙不能继承。乙与丁婚后育有一女戊、一子己。后乙、丁遇车祸，死亡先后时间不能确定。甲悲痛成疾，不久去世。丁母健在。下列哪些表述是正确的？(2013)[2]

A. 甲、戊、己有权继承乙的遗产

B. 丁母有权转继承乙的遗产

C. 戊、己、丁母有权继承丁的遗产

D. 丙有权继承；戊和己有权代位继承甲的遗产

【考点】遗嘱继承；法定继承

【答案解析】选项A、C正确。乙、丁遇车祸，死亡先后时间不能确定，2人均有继承人，且是同辈，则应推定为乙、丁同时死亡，彼此不发生继承。乙的第一顺序法定继承人是甲、戊、己，故有权继承乙的遗产。丁的第一顺序法定继承人是戊、己、丁母，有权继承丁的遗产。

选项B错误。丁母只有权继承丁的遗产。同时，由于乙和丁死亡先后时间不能确定，推定乙、丁同时死亡，丁不能继承乙的遗产，所以丁母不能转继承乙的遗产。

选项D正确。根据《民法典》第1154条，有下列情形之一的，遗产中的有关部分按照法定继承办理：……（3）遗嘱继承人、受遗赠人先于遗嘱人死亡的……，据此，因乙先于甲死亡，甲的遗产应按照法定继承办理。丙系甲第一顺位法定继承人，故丙有权继承甲的遗产。根

据《民法典》第1128条，被继承人的子女先于被继承人死亡的，由被继承人的子女直系晚辈血亲……，乙先于甲死亡，甲死亡时，甲的子女戊、己有权代位继承甲的遗产。

3. 甲育有二子乙和丙。甲生前立下遗嘱，其个人所有的房屋死后由乙继承。乙与丁结婚，并有一女戊。乙因病先于甲死亡后，丁接替乙赡养甲。丙未婚。甲死亡后遗有房屋和现金。下列哪些表述是正确的？（2012）[1]

A. 戊可代位继承　　　　　　　　　B. 戊、丁无权继承现金
C. 丙、丁为第一顺序继承人　　　　D. 丙无权继承房屋

【考点】遗嘱继承；法定继承；代位继承

【答案解析】选项A正确。根据《民法典》第1128条，被继承人的子女先于被继承人死亡的，由被继承人的子女直系晚辈血亲。代位继承人一般只能继承他的父亲或者母亲有权继承的遗产份额。乙先于甲死亡，甲死亡时，戊可作为第一顺序继承人代位继承。

选项B项错误；选项C正确。根据《民法典》第1129条，丧偶儿媳对公、婆，丧偶女婿对岳父、岳母，尽了主要赡养义务的，作为第一顺序继承人。乙去世后，丁接替乙赡养甲。所以，丧偶儿媳丁在甲死亡时可以作为第一顺序继承人继承。

选项D错误。根据《民法典》第1154条，有下列情形之一的，遗产中的有关部分按照法定继承办理：……（3）遗嘱继承人、受遗赠人先于遗嘱人死亡的。甲的遗嘱规定，房屋由乙遗嘱继承，但乙先于甲死亡，故房屋应按照法定继承办理，因此，丙对房屋也享有继承权。

4. 熊某与杨某结婚后，杨某与前夫所生之子小强由二人一直抚养，熊某死亡，未立遗嘱。熊某去世前杨某孕有一对龙凤胎，于熊某死后生产，产出时男婴为死体，女婴为活体但旋即死亡。关于对熊某遗产的继承，下列哪些选项是正确的？（2016）[2]

A. 杨某、小强均是第一顺位的法定继承人
B. 女婴死亡后，应当发生法定的代位继承
C. 为男婴保留的遗产份额由杨某、小强继承
D. 为女婴保留的遗产份额由杨某继承

【考点】胎儿特留份；转继承

【答案解析】根据《民法典》第1127条，遗产按照下列顺序继承，第一顺序：配偶、子女、父母。第二顺序：兄弟姐妹、祖父母、外祖父母。继承开始后，由第一顺序继承人继承，第二顺序继承人不继承。没有第一顺序继承人继承的，由第二顺序继承人继承。本法所说的子女，包括婚生子女、非婚生子女、养子女和有扶养关系的继子女。杨某是熊某的配偶，是第一顺位的继承人；小强一直由熊某与杨某抚养，小强是熊某形成扶养关系的继子女，是第一顺位的继承人。故A选项正确。

继承开始后，继承人没有表示放弃继承，并于遗产分割前死亡的，其继承遗产的权利转移给他的合法继承人。女婴死亡后，产生转继承而不是代位继承，故B选项错误。

根据《民法典》第16条，涉及遗产继承、接受赠与等胎儿利益保护的，胎儿视为具有民事权利能力。但是胎儿娩出时为死体的，其民事权利能力自始不存在。男婴出生时为死体，视为男婴自始没有民事权利能力，原来由男婴继承的熊某的遗产按照法定继承由熊某的其他法定继承人按照法定继承规则继承，即为男婴保留的遗产份额由杨某、小强、女婴继承。C选项少了女婴，故C选项错误。此解释是将C项理解的时间点定为女婴死亡之前，女婴应该继承为男婴保留的份额，但纵观题干整体，女婴最终死亡，其应继承的份额经过转继承（二次继承）

由杨某继承，故 C 项的叙述在整体上看也并无错误。考生理解其中知识点即可。

女婴出生时为活体，但旋即死亡，为女婴保留的遗产份额由女婴的继承人杨某继承，故 D 选项正确。

5. 韩某于 2017 年 3 月病故，留有住房 1 套、存款 50 万元、名人字画 10 余幅及某有限责任公司股权等遗产。韩某在 2014 年所立第一份自书遗嘱中表示全部遗产由其长子韩大继承。在 2015 年所立第二份自书遗嘱中，韩某表示其死后公司股权和名人字画留给 7 岁的外孙女婷婷。2017 年 6 月，韩大在未办理韩某遗留房屋所有权变更登记的情况下以自己的名义与陈卫订立了商品房买卖合同。下列哪些选项是错误的？（2017）[1]

A. 韩某的第一份遗嘱失效
B. 韩某的第二份遗嘱无效
C. 韩大与陈卫订立的商品房买卖合同无效
D. 婷婷不能取得某有限责任公司股东资格

【考点】 遗嘱继承

【答案解析】 本题考查遗嘱、非基于民事法律行为的物权变动。遗嘱人以不同形式立有数份内容相抵触的遗嘱，以最后所立的遗嘱为准。本题中，第二份遗嘱在公司股权和名人字画方面与第一份遗嘱相冲突，因此此部分内容应以第二份遗嘱为准，第二份遗嘱是有效的。而第一份遗嘱，仅是公司股权和名人字画方面是无效的，而在住房和存款这两项内容上则是有效的，故 A 和 B 均错误。

韩大虽未办理房屋所有权变更登记，但其在韩某死亡时即获得所有权，其将房屋出售于陈卫，属于有权处分，合同有效，C 错误。

《公司法》第 90 条规定："自然人股东死亡后，其合法继承人可以继承股东资格；但是，公司章程另有规定的除外。"故婷婷可以继承韩某的股权，取得股东资格，D 错误。

6. 老夫妇王冬与张霞有一子王希、一女王楠，王希婚后育有一子王小力。王冬和张霞曾约定，自家的门面房和住房属于王冬所有。2012 年 8 月 9 日，王冬办理了公证遗嘱，确定门面房由张霞和王希共同继承。2013 年 7 月 10 日，王冬将门面房卖给他人并办理了过户手续。2013 年 12 月，王冬去世，不久王希也去世。关于住房和出售门面房价款的继承，下列哪一说法是错误的？（2015）[2]

A. 张霞有部分继承权
B. 王楠有部分继承权
C. 王小力有部分继承权
D. 王小力对住房有部分继承权、对出售门面房的价款有全部继承权

【考点】 遗嘱继承；转继承

【答案解析】 选项 A、B、C 表述正确，不当选。根据《民法典》第 1142 条，立遗嘱后，遗嘱人实施与遗嘱内容相反的民事法律行为的，视为对遗嘱相关内容的撤回。因此，本题中，王冬将门面房出售的行为视为其撤回了有关门面房部分的公证遗嘱。因此，门面房价款应按照法定继承规则处理。张霞作为妻子、王楠作为女儿，享有第一顺位的继承权。王小力作为王希的儿子，在王希去世后享有转继承权。

选项 D 表述错误，当选。继承开始后，继承人没有表示放弃继承，并于遗产分割前死亡的，其继承遗产的权利转移给他的合法继承人。因此，住房由张霞和王小力共同继承。但门面

[1] ABCD　[2] D

房价款应由张霞、王楠和王小力共同继承。

7. 甲有乙、丙和丁三个女儿。甲于2013年1月1日亲笔书写一份遗嘱，写明其全部遗产由乙继承，并签名和注明年月日。同年3月2日，甲又请张律师代书一份遗嘱，写明其全部遗产由丙继承。同年5月3日，甲因病被丁送至医院急救，甲又立口头遗嘱一份，内容是其全部遗产由丁继承，在场的赵医生和李护士见证。甲病好转后出院休养，未立新遗嘱。如甲死亡，下列哪一选项是甲遗产的继承权人？(2014)[1]

A. 乙　　　　　　　B. 丙　　　　　　　C. 丁　　　　　　　D. 乙、丙、丁

【考点】遗嘱形式；遗嘱的撤回

【答案解析】遗嘱人可以撤回、变更自己所立的遗嘱。立有数份遗嘱，内容相抵触的，以最后的遗嘱为准。公证遗嘱由遗嘱人经公证机关办理。自书遗嘱由遗嘱人亲笔书写，签名，注明年、月、日。代书遗嘱应当有2个以上见证人在场见证，由其中1人代书，注明年、月、日，并由代书人、其他见证人和遗嘱人签名。以录音录像形式立的遗嘱，应当有2个以上见证人在场见证。遗嘱人在危急情况下，可以立口头遗嘱。口头遗嘱应当有2个以上见证人在场见证。危急情况解除后，遗嘱人能够用书面或者录音形式立遗嘱的，所立的口头遗嘱无效。由此可见，本题中第二、第三份遗嘱均未符合法律规定的遗嘱的形式要件，系无效遗嘱，唯有第一份遗嘱有效，甲的全部遗产由乙继承，故本题选A。

8. 甲与乙结婚，女儿丙三岁时，甲因医疗事故死亡，获得60万元赔款。甲生前留有遗书，载明其死亡后的全部财产由其母丁继承。经查，甲与乙婚后除共同购买了一套住房外，另有20万元存款。下列哪一说法是正确的？(2013)[2]

A. 60万元赔款属于遗产

B. 甲的遗嘱未保留丙的遗产份额，遗嘱全部无效

C. 住房和存款的各一半属于遗产

D. 乙有权继承甲的遗产

【考点】遗产的范围；遗嘱继承；遗嘱的效力

【答案解析】选项A错误。遗产是公民死亡时遗留的个人合法财产。医疗事故赔款是对生者的补偿，不属于遗产范围。

选项B和D错误。根据《民法典》第1141条，遗嘱应当对缺乏劳动能力又没有生活来源的继承人保留必要的遗产份额。本题中，虽然遗嘱没有保留丙的份额，但丙由乙抚养，不属于没有生活来源的继承人，故遗嘱合法有效。

选项C正确。根据《民法典》第1062条，夫妻在婚姻关系存续期间所得的下列财产，归夫妻共同所有："(1) 工资、奖金、劳务报酬；(2) 生产、经营、投资的收益；(3) 知识产权的收益；(4) 继承或者受赠的财产，但是本法第1063条第3项规定的除外；(5) 其他应当归共同所有的财产。"夫妻在婚姻关系存续期间所得的共同所有的财产，除有约定的以外，如果分割遗产，应当先将共同所有的财产的一半分出为配偶所有，其余的为被继承人的遗产。可见，夫妻共同财产中只有一半的财产份额属于遗产范围。

9. 甲在乙寺院出家修行，立下遗嘱，将下列财产分配给女儿丙：乙寺院出资购买并登记在甲名下的房产；甲以僧人身份注册的微博账号；甲撰写《金刚经解说》的发表权；甲的个人存款。甲死后，在遗产分割上乙寺院与丙之间发生争议。下列哪一说法是正确的？(2012)[3]

_____

[1] A　[2] C　[3] A

A. 房产虽然登记在甲名下，但甲并非事实上所有权人，其房产应归寺院所有

B. 甲以僧人身份注册的微博账号，目的是为推广佛法理念，其微博账号应归寺院所有

C. 甲撰写的《金刚经解说》属于职务作品，为保护寺院的利益，其发表权应归寺院所有

D. 甲既已出家，四大皆空，个人存款应属寺院财产，为维护宗教事业发展，其个人存款应归寺院所有

【考点】 遗产的范围

【答案解析】 选项 A 正确。寺院出资购买房产虽然登记在甲名下，但寺院为事实上所有权人。

选项 BCD 错误。微博账号属无形财产，应属于遗产范围，归僧人继承人享有。《著作权法实施条例》第 17 条规定，作者生前未发表的作品，如果作者未明确表示不发表，作者死亡后 50 年内，其发表权可由继承人或者受遗赠人行使；没有继承人又无人受遗赠的，由作品原件的所有人行使。甲撰写的《金刚经解说》在其生前未发表且未明确表示不发表，死后发表权由甲的继承人行使。甲的个人存款，不会因出家事实而改变，仍属于甲个人遗产范围。

10. 甲与保姆乙约定：甲生前由乙照料，死后遗产全部归乙。乙一直细心照料甲。后甲女儿丙回国，与乙一起照料甲，半年后甲去世。丙认为自己是第一顺序继承人，且尽了义务，主张甲、乙约定无效。下列哪一表述是正确的？(2012)[1]

A. 遗赠扶养协议有效

B. 协议部分无效，丙可以继承甲的一半遗产

C. 协议无效，应按法定继承处理

D. 协议有效，应按遗嘱继承处理

【考点】 遗赠扶养协议

【答案解析】 选项 A 项正确；选项 B、C 错误。根据《民法典》第 1158 条，自然人可以与继承人以外的组织或者个人签订遗赠扶养协议。按照协议，该组织或者个人承担该自然人生养死葬的义务，享有受遗赠的权利。注意：遗赠扶养协议中，扶养人不能属于对被扶养人具有法定扶养义务的人，否则遗赠扶养协议无效。遗赠扶养协议并不要求必须采取书面形式，口头形式亦可，且乙已经按照与甲之间的约定履行了义务，甲、乙间的遗赠扶养协议有效。

选项 D 错误。根据《民法典》第 1123 条，继承开始后，按照法定继承办理；有遗嘱的，按照遗嘱继承或者遗赠办理；有遗赠扶养协议的，按照协议办理。甲与乙之间所达成的协议是一种双务有偿的法律行为，而遗嘱是一种单方法律行为。

11. 张某李某系夫妻，生有一子张甲和一女张乙。张甲于 2007 年意外去世，有一女丙。张某在 2010 年死亡，生前拥有个人房产一套，遗嘱将该房产处分给李某。关于该房产的继承，下列哪些表述是正确的？(2011)[2]

A. 李某可以通过张某的遗嘱继承该房产

B. 丙可以通过代位继承要求对该房产进行遗产分割

C. 继承人自张某死亡时取得该房产所有权

D. 继承人自该房产变更登记后取得所有权

【考点】 代位继承；遗嘱继承；非基于法律行为的物权变动

【答案解析】 选项 A 正确；选项 B 错误。公民可以依照本法规定立遗嘱处分个人财产，并可以指定遗嘱执行人。公民可以立遗嘱将个人财产指定由法定继承人的一人或者数人继承。根

---

[1] A [2] AC

据《民法典》第 1128 条，被继承人的子女先于被继承人死亡的，由被继承人的子女直系晚辈血亲继承。代位继承人一般只能继承他的父亲或者母亲有权继承的遗产份额。本题中，该房产属于张某的个人财产，张某所立遗嘱确定该房产由法定继承人李某单独继承，丙自然不得要求代位继承。

选项 C 正确；选项 D 错误。因继承取得物权的，自继承开始时发生效力。因法定继承取得不动产物权的，属于非基于法律行为的物权变动。因遗嘱继承取得不动产物权的，属于基于单方法律行为的物权变动。通过继承取得不动产物权的，继承人于被继承人死亡时即取得不动产物权，无须履行变更登记。但是未经登记的，不得处分。

第六编　侵权责任法

1. 兹有四个事例：①张某驾车违章发生交通事故致搭车的李某残疾；②唐某参加王某组织的自助登山活动因雪崩死亡；③吴某与人打赌举重物因用力过猛致残；④何某心情不好邀好友郑某喝酒，郑某畅饮后驾车撞树致死。根据公平正义的法治理念和民法有关规定，下列哪一观点可以成立？（2013）[1]

A. 张某与李某未形成民事法律关系合意，如让张某承担赔偿责任，是惩善扬恶，显属不当

B. 唐某应自担风险，如让王某承担赔偿责任，有违公平

C. 吴某有完整意思能力，其自担损失，是非清楚

D. 何某虽有召集但未劝酒，无需承担责任，方能兼顾法理与情理

【考点】好意施惠；安全保障义务；侵权责任构成

【答案解析】A选项错误。免费搭乘关系中，搭乘服务提供者的行为属于好意施惠，在其与搭乘人之间并不产生民事法律关系，但若搭乘提供者有重大过失，并造成搭乘人人身伤害，就构成侵权，应当对搭乘人承担损害赔偿责任。也就是说，不论是有偿旅客运输还是免费搭乘，运输服务提供者都负有保障乘客的人身、财产安全的注意义务。

B选项正确。王某作为自助登山活动的组织者，对参与人员唐某负有安全保障义务，但题干中的信息并没有表明唐某的死亡是因王某违反这一义务导致的，故王某无需承担赔偿责任。

C选项错误。吴某与人打赌，举重物致残，参赌人员均有过错，吴某自己应对损害承担部分责任，与吴某打赌的人也应承担部分责任。

D选项错误。何某邀好友喝酒本属好意施惠，但何某对郑某酒驾有劝阻义务，郑某的死亡与何某违反劝阻义务存在因果关系。

2. 刘婆婆回家途中，看见邻居肖婆婆带着外孙小勇和另一家邻居的孩子小囡（均为4岁多）在小区花园中玩耍，便上前拿出几根香蕉递给小勇，随后离去。小勇接过香蕉后，递给小囡一根，小囡吞食时误入气管导致休克，经抢救无效死亡。对此，下列哪一选项是正确的？（2017）[2]

A. 刘婆婆应对小囡的死亡承担民事责任

B. 肖婆婆应对小囡的死亡承担民事责任

C. 小勇的父母应对小囡的死亡承担民事责任

D. 属意外事件，不产生相关人员的过错责任

【考点】侵权责任的免责事由

【答案解析】本题考查意外事件、侵权的构成。意外事件的认定标准，在法律上并无明确规定。理论上一般认为，构成意外事件，通常须满足三个条件：一是行为人的行为客观上造成了损害结果；二是行为人主观上没有过错（故意或者过失）；三是损害结果由不能预见的原因

---

[1]　B　[2]　D

所引起。本题中，损害后果是客观存在的；而不论是刘婆婆或肖婆婆，对小囡的损害均没有故意或过失；而通常情况下，香蕉并不能导致他人死亡，当事人均不能预见到这一损害后果，即损害是因不能预见的原因引起的，故本题可认为属于意外事件，D正确，其他选项均错误。

对于本题，不能扩展情节，如不能假设小囡吞食误入气管导致休克时肖婆婆没有尽到救助义务，因题目中没有提到这些情节，故根据法律职业资格考试命题规律，不应考虑这些情节，否则将导致无谓争论。

3. 姚某旅游途中，前往某玉石市场参观，在唐某经营的摊位上拿起一只翡翠手镯，经唐某同意后试戴，并问价。唐某报价18万元（实际进货价8万元，市价9万元），姚某感觉价格太高，急忙取下，不慎将手镯摔断。关于姚某的赔偿责任，下列哪一选项是正确的？（2017）[1]

A. 应承担违约责任   B. 应赔偿唐某8万元损失

C. 应赔偿唐某9万元损失   D. 应赔偿唐某18万元损失

【考点】财产侵权

【答案解析】本题考查财产损害赔偿范围。依据《民法典》第1184条："侵害他人财产的，财产损失按照损失发生时的市场价格或者其他合理方式计算。"本题中，手镯的市价为9万元，故姚某应赔偿唐某9万元，C正确，B、D均错误。因双方当事人并不存在合同关系，故不属于违约责任，A明显错误。

4. 甲参加乙旅行社组织的旅游活动。未经甲和其他旅游者同意，乙旅行社将本次业务转让给当地的丙旅行社。丙旅行社聘请丁公司提供大巴运输服务。途中，由于丁公司司机黄某酒后驾驶与迎面违章变道的个体运输户刘某货车相撞，造成甲受伤。甲的下列哪些请求能够获得法院的支持？（2014）[2]

A. 请求丁公司和黄某承担连带赔偿责任

B. 请求黄某与刘某承担连带赔偿责任

C. 请求乙旅行社和丙旅行社承担连带赔偿责任

D. 请求刘某承担赔偿责任

【考点】客运合同当事人的权利与义务；用人单位的工作人员致人损害的侵权责任；旅游合同

【答案解析】选项A、B不当选。《民法典》第823条规定："承运人应当对运输过程中旅客的伤亡承担损害赔偿责任；但是，伤亡是旅客自身健康原因造成的或者承运人证明伤亡是旅客故意、重大过失造成的除外。前款规定适用于按照规定免票、持优待票或者经承运人许可搭乘的无票旅客。"《旅游纠纷案件规定》第10条第2款规定："旅游经营者擅自将其旅游业务转让给其他旅游经营者，旅游者在旅游过程中遭受损害，请求与其签订旅游合同的旅游经营者和实际提供旅游服务的旅游经营者承担连带责任的，人民法院应予支持。"本案中，黄某是丁公司的司机，其驾车是执行职务行为，因此对旅客的赔偿责任应由丁公司承担责任，而不是黄某。

选项C、D当选。根据《道路交通安全法》第76条第1款规定，机动车发生交通事故造成人身伤亡、财产损失的，由保险公司在机动车第三者责任强制保险责任限额范围内予以赔偿；不足的部分，按照下列规定承担赔偿责任：（1）机动车之间发生交通事故的，由有过错的一方承担赔偿责任；双方都有过错的，按照各自过错的比例分担责任。（2）机动车与非机

动车驾驶人、行人之间发生交通事故，非机动车驾驶人、行人没有过错的，由机动车一方承担赔偿责任；有证据证明非机动车驾驶人、行人有过错的，根据过错程度适当减轻机动车一方的赔偿责任；机动车一方没有过错的承担不超过10%的赔偿责任。因此，就本题所述案件而言，甲可以要求乙旅行社、丙旅行社、丁公司、刘某承担损害赔偿责任。其中，乙旅行社、丙旅行社须承担连带责任，丁公司和刘某按照他们的过错承担相应的责任。

5. 甲、乙、丙三家毗邻而居，甲、乙分别饲养山羊各一只。某日二羊走脱，将丙辛苦栽培的珍稀药材悉数啃光。关于甲、乙的责任，下列哪些选项是正确的？（2017）[1]

A. 甲、乙可各自通过证明已尽到管理职责而免责

B. 基于共同致害行为，甲、乙应承担连带责任

C. 如能确定二羊各自啃食的数量，则甲、乙各自承担相应赔偿责任

D. 如不能确定二羊各自啃食的数量，则甲、乙平均承担赔偿责任

【考点】无意思联络的数人侵权

【答案解析】本题考查无意思联络的侵权。本题中，甲、乙分别饲养的山羊走脱后将丙的珍稀药材悉数啃光，甲、乙之间并没有任何意思联络，故不属于共同致害行为，B错误。

依据《民法典》第1172条："二人以上分别实施侵权行为造成同一损害，能够确定责任大小的，各自承担相应的责任；难以确定责任大小的，平均承担责任。"因此，如果能确定二羊各自啃食的数量，则甲、乙各自承担相应赔偿责任；如果不能确定二羊各自啃食的数量，则甲、乙应平均承担赔偿责任，C和D均是正确的。

饲养动物的侵权，归责原则为无过错责任原则，侵权人不能通过证明自己没有过错而免责，A错误。

6. 甲的儿子乙（8岁）因遗嘱继承了祖父遗产10万元。某日，乙玩耍时将另一小朋友丙的眼睛划伤。丙的监护人要求甲承担赔偿责任2万元。后法院查明，甲已尽到监护职责。下列哪一说法是正确的？（2013）[2]

A. 因乙的财产足以赔偿丙，故不需用甲的财产赔偿

B. 甲已尽到监护职责，无需承担侵权责任

C. 用乙的财产向丙赔偿，乙赔偿后可在甲应承担的份额内向甲追偿

D. 应由甲直接赔偿，否则会损害被监护人乙的利益

【考点】被监护人侵权责任

【答案解析】选项A正确，选项C、D错误。依据《民法典》第1188条"无民事行为能力人、限制民事行为能力人造成他人损害的，由监护人承担侵权责任。监护人尽到监护职责的，可以减轻其侵权责任。有财产的无民事行为能力人、限制民事行为能力人造成他人损害的，从本人财产中支付赔偿费用；不足部分，由监护人赔偿。"可见，被监护人侵权之场合，若行为人自身有财产，应从其个人财产中优先支付，不足部分再由监护人承担赔偿责任。

选项B错误。监护人责任属于无过错责任，即便监护人已尽到监护职责，也不能免除其责任，只是可以减轻其责任。

7. 甲家盖房，邻居乙、丙无偿前来帮忙。施工中，丙因失误从高处摔下受伤，乙不小心撞伤小孩丁。下列哪些表述是正确的？（2014）[3]

A. 对丙的损害，甲应承担赔偿责任，但可减轻其责任

B. 对丙的损害，甲不承担赔偿责任，但可在受益范围内予以适当补偿

C. 对丁的损害，甲应承担赔偿责任

D. 对丁的损害，甲应承担补充赔偿责任

【考点】帮工活动中的侵权责任

【答案解析】选项 A 正确，B 错误。根据《最高人民法院关于审理人身损害赔偿案件适用法律若干问题的解释》第 5 条，无偿提供劳务的帮工人因帮工活动遭受人身损害的，根据帮工人和被帮工人各自的过错承担相应的责任。被帮工人明确拒绝帮工的，不承担赔偿责任；但可以在受益范围内予以适当补偿。本题中，丙因失误从高处摔下受伤，因此，其损害应由被帮工人甲承担赔偿责任。本题中，丙的损害是因丙的过失所导致，因而丙应当分担一部分责任，故可减轻甲的责任。

选项 C 正确，D 错误。《最高人民法院关于审理人身损害赔偿案件适用法律若干问题的解释》第 4 条规定，无偿提供劳务的帮工人，在从事帮工活动中致人损害的，被帮工人应当承担赔偿责任。被帮工人承担赔偿责任后向有故意或者重大过失的帮工人追偿的，人民法院应予支持。被帮工人明确拒绝帮工的，不承担赔偿责任。本题中，帮工人乙在帮工活动中致丁损害，应由被帮工人甲承担责任，而不是由甲承担补充赔偿责任。

8. 某洗浴中心大堂处有醒目提示语："到店洗浴客人的贵重物品，请放前台保管"。甲在更衣时因地滑摔成重伤，并摔碎了手上价值 20 万元的定情信物玉镯。经查明：因该中心雇用的清洁工乙清洁不彻底，地面湿滑导致甲摔倒。下列哪一选项是正确的？(2013)[1]

A. 甲应自行承担玉镯损失

B. 洗浴中心应承担玉镯的全部损失

C. 甲有权请求洗浴中心赔偿精神损害

D. 洗浴中心和乙对甲的损害承担连带责任

【考点】违反安全保障义务的侵权责任；职务侵权

【答案解析】选项 A、B 错误。依据《民法典》第 1198 条："宾馆、商场、银行、车站、机场、体育场馆、娱乐场所等经营场所、公共场所的经营者、管理者或者群众性活动的组织者，未尽到安全保障义务，造成他人损害的，应当承担侵权责任。因第三人的行为造成他人损害的，由第三人承担侵权责任；经营者、管理者或者组织者未尽到安全保障义务的，承担相应的补充责任。经营者、管理者或者组织者承担补充责任后，可以向第三人追偿。"本题中，洗浴中心对甲负有安全保障义务，应对甲的人身、财产损害承担赔偿责任。由于洗浴中心已提示甲将贵重物品放置前台保管，甲未遵从，因而对于玉镯的损失，甲亦有错，应减轻洗浴中心的赔偿责任。

选项 C 正确。依据《民法典》第 1183 条："侵害自然人人身权益造成严重精神损害的，被侵权人有权请求精神损害赔偿。因故意或者重大过失侵害自然人具有人身意义的特定物造成严重精神损害的，被侵权人有权请求精神损害赔偿。"本题中，受损的玉镯属于"人格物"，故甲有权请求精神损害赔偿。

此外，选项 D 错误。依据《民法典》第 1191 条："用人单位的工作人员因执行工作任务造成他人损害的，由用人单位承担侵权责任。用人单位承担侵权责任后，可以向有故意或者重大过失的工作人员追偿。"本题中，乙作为洗浴中心的清洁工，其行为属于职务行为，故对于甲的损害，应由洗浴中心承担责任。

---

[1] C

9. 小偷甲在某商场窃得乙的钱包后逃跑，乙发现后急追。甲逃跑中撞上欲借用商场厕所的丙，因商场地板湿滑，丙摔成重伤。下列哪些说法是错误的？(2012)[1]

    A. 小偷甲应当赔偿丙的损失

    B. 商场须对丙的损失承担补充赔偿责任

    C. 乙应适当补偿丙的损失

    D. 甲和商场对丙的损失承担连带责任

【考点】 违反安全保障义务的侵权责任；正当防卫

【答案解析】 选项A正确，不当选。依据《民法典》第1165条："行为人因过错侵害他人民事权益造成损害的，应当承担侵权责任。依照法律规定推定行为人有过错，其不能证明自己没有过错的，应当承担侵权责任。"本题中，甲对丙遭受的损害具有过错，构成过错侵权，甲应对丙承担侵权责任。选项A正确，不当选。

依据《民法典》第1198条："宾馆、商场、银行、车站、机场、体育场馆、娱乐场所等经营场所、公共场所的经营者、管理者或者群众性活动的组织者，未尽到安全保障义务，造成他人损害的，应当承担侵权责任。因第三人的行为造成他人损害的，由第三人承担侵权责任；经营者、管理者或者组织者未尽到安全保障义务的，承担相应的补充责任。经营者、管理者或者组织者承担补充责任后，可以向第三人追偿。"据此，商场是公共场所的管理人，负有安全保障义务，借用商场厕所的丙亦属受安全保障义务保障的对象。现商场违反安全保障义务（地板湿滑），且因第三人（甲）的行为给丙造成损害，故丙遭受的损害应由甲承担，商场承担补充责任。选项D项错误，当选。

依据《民法典》第181条："因正当防卫造成损害的，不承担民事责任。正当防卫超过必要的限度，造成不应有的损害的，正当防卫人应当承担适当的民事责任。"乙追赶甲的行为属于正当防卫，未超出必要限度，故乙的行为不构成侵权，乙无须承担侵权责任。同时，依据《民法典》第1186条："受害人和行为人对损害的发生都没有过错的，依照法律的规定由双方分担损失。"适用公平责任的前提条件有三：（1）加害人和受害人对损害的发生均无过错，因此不构成过错侵权；（2）加害人的行为不属于法律明文规定的无过错侵权，因此不构成无过错侵权；（3）不责令加害人对受害人予以适当补偿显违公平原则。本题中，由于甲和商场因过错给丙造成损害，已然构成了过错侵权，就不再适用公平责任，乙无须对丙的损害适当补偿。选项C错误，当选。

10. 赵某从商店购买了一台甲公司生产的家用洗衣机，洗涤衣物时，该洗衣机因技术缺陷发生爆裂，叶轮飞出造成赵某严重人身损害并毁坏衣物。赵某的下列哪些诉求是正确的？(2015)[2]

    A. 商店应承担更换洗衣机或退货、赔偿衣物损失和赔偿人身损害的违约责任

    B. 商店应按违约责任更换洗衣机或者退货，也可请求甲公司按侵权责任赔偿衣物损失和人身损害

    C. 商店或者甲公司应赔偿因洗衣机缺陷造成的损害

    D. 商店或者甲公司应赔偿物质损害和精神损害

【考点】 产品责任；责任竞合；精神损害赔偿

【答案解析】 选项A正确。依据《民法典》第186条："因当事人一方的违约行为，损害对方人身权益、财产权益的，受损害方有权选择请求其承担违约责任或者侵权责任。"据此，

---

[1]　CD　[2]　ABCD

在加害给付之场合，债权人既可以请求债务人承担违约责任，也可以请求债务人承担侵权责任。此即请求权竞合。如果债权人主张违约责任，既可就合同履行利益之损失请求赔偿，亦可就履行利益之外的债权人人身、财产权益等固有利益损失请求赔偿。本题中，商店出售的洗衣机因质量缺陷造成赵某人身、财产损害，发生请求权竞合，赵某所受之全部损害请求商店承担违约责任。依据《民法典》第582条："履行不符合约定的，应当按照当事人的约定承担违约责任。对违约责任没有约定或者约定不明确，依据本法第510条的规定仍不能确定的，受损害方根据标的的性质以及损失的大小，可以合理选择请求对方承担修理、重作、更换、退货、减少价款或者报酬等违约责任。"综上，商店交付的洗衣机存在质量瑕疵，商店应更换洗衣机或退货，还应赔偿赵某衣物损失和赔偿人身损害。

选项B正确。选项C正确。依据《民法典》第1203条："因产品存在缺陷造成他人损害的，被侵权人可以向产品的生产者请求赔偿，也可以向产品的销售者请求赔偿。产品缺陷由生产者造成的，销售者赔偿后，有权向生产者追偿。因销售者的过错使产品存在缺陷的，生产者赔偿后，有权向销售者追偿。"可见，产品致人损害，由产品的生产者和销售者承担无过错连带责任。

选项D正确。《最高人民法院关于确定民事侵权精神损害赔偿责任若干问题的解释》第1条规定，因生命、身体、健康遭受侵害，赔偿权利人起诉请求赔偿义务人赔偿物质损害和精神损害的，人民法院应予受理。本题中，赵某因缺陷产品导致身体健康严重受损，故商店或甲公司应赔偿其物质损害和精神损害。

11. 李某用100元从甲商场购买一只电热壶，使用时因漏电致李某手臂灼伤，花去医药费500元。经查该电热壶是乙厂生产的。下列哪一表述是正确的？（2013）[1]

A. 李某可直接起诉乙厂要求其赔偿500元损失

B. 根据合同相对性原理，李某只能要求甲商场赔偿500元损失

C. 如李某起诉甲商场，则甲商场的赔偿范围以100元为限

D. 李某只能要求甲商场更换电热壶，500元损失则只能要求乙厂承担

【考点】产品责任；加害给付

【答案解析】选项A正确。依据《民法典》第1203条："因产品存在缺陷造成他人损害的，被侵权人可以向产品的生产者请求赔偿，也可以向产品的销售者请求赔偿。产品缺陷由生产者造成的，销售者赔偿后，有权向生产者追偿。因销售者的过错使产品存在缺陷的，生产者赔偿后，有权向销售者追偿。"据此，产品侵权致人损害的，产品生产者与销售者应对损害承担不真正连带责任。

选项B错误。若李某欲主张违约责任，根据合同相对性原理，李某只能对甲商场主张违约责任。若李某欲主张产品侵权责任，则不受合同相对性限制，可直接请求乙厂承担产品侵权责任。

选项C、D错误。依据《民法典》第186条："因当事人一方的违约行为，损害对方人身权益、财产权益的，受损害方有权选择请求其承担违约责任或者侵权责任。"据此，在加害给付之场合，债权人既可以请求债务人承担违约责任，也可以请求债务人承担侵权责任。此即请求权竞合。如果债权人主张违约责任，既可就合同履行利益之损失请求赔偿，亦可就履行利益之外的债权人人身、财产权益等固有利益损失请求赔偿。因此，本题中，如李某对甲商场提起违约之诉，甲商场的赔偿范围不以100元为限，还应当赔偿李某的500元医药费损失。此外，

_____

[1] A

由于甲商场的行为构成加害给付，李某可对甲商场择一主张违约责任或者侵权责任。如果李某选择甲商场承担侵权责任，依据《民法典》第1179条："侵害他人造成人身损害的，应当赔偿医疗费、护理费、交通费、营养费、住院伙食补助费等为治疗和康复支出的合理费用，以及因误工减少的收入。造成残疾的，还应当赔偿辅助器具费和残疾赔偿金；造成死亡的，还应当赔偿丧葬费和死亡赔偿金。"一般而言，侵权损害赔偿的范围包括受害人因侵权遭受的直接损失和间接损失，并不以100元或更换电热壶为限。

12. 甲系某品牌汽车制造商，发现已投入流通的某款车型刹车系统存在技术缺陷，即通过媒体和销售商发布召回该款车进行技术处理的通知。乙购买该车，看到通知后立即驱车前往丙销售公司，途中因刹车系统失灵撞上大树，造成伤害。下列哪些说法是正确的？（2011）[1]

A. 乙有权请求甲承担赔偿责任　　　　　B. 乙有权请求丙承担赔偿责任
C. 乙有权请求惩罚性赔偿　　　　　　　D. 甲的责任是无过错责任

【考点】 产品责任

【答案解析】 选项A、B正确。依据《民法典》第1206条："产品投入流通后发现存在缺陷的，生产者、销售者应当及时采取停止销售、警示、召回等补救措施；未及时采取补救措施或者补救措施不力造成损害扩大的，对扩大的损害也应当承担侵权责任。依据前款规定采取召回措施的，生产者、销售者应当负担被侵权人因此支出的必要费用。"产品投入流通后发现存在缺陷的，生产者、销售者应当及时采取警示、召回等补救措施。未及时采取补救措施或者补救措施不力造成损害的，应当承担侵权责任。本题中，汽车生产者甲公司虽采取了补救措施，但因补救措施不力造成产品侵权，仍应承担侵权责任。依据《民法典》第1203条："因产品存在缺陷造成他人损害的，被侵权人可以向产品的生产者请求赔偿，也可以向产品的销售者请求赔偿。产品缺陷由生产者造成的，销售者赔偿后，有权向生产者追偿。因销售者的过错使产品存在缺陷的，生产者赔偿后，有权向销售者追偿。"这表明，构成产品侵权的，生产者与销售者应承担不真正连带责任。

选项C错误，选项D正确。依据《民法典》第1207条："明知产品存在缺陷仍然生产、销售，或者没有依据前条规定采取有效补救措施，造成他人死亡或者健康严重损害的，被侵权人有权请求相应的惩罚性赔偿。"受害人因产品侵权对生产者或销售者主张惩罚性赔偿责任，有两个限制条件：（1）生产者或销售者明知产品具有缺陷；（2）损害后果必须达到受害人死亡或健康严重损害的程度。本题中，生产者甲、销售者丙均不具备明知的要件，故C项错误。此外，产品侵权责任为无过错责任。故D项正确。

13. 田某突发重病神志不清，田父将其送至医院，医院使用进口医疗器械实施手术，手术失败，田某死亡。田父认为医院在诊疗过程中存在一系列违规操作，应对田某的死亡承担赔偿责任。关于本案，下列哪一选项是正确的？（2016）[2]

A. 医疗损害适用过错责任原则，由患方承担举证责任
B. 医院实施该手术，无法取得田某的同意，可自主决定
C. 如因医疗器械缺陷致损，患方只能向生产者主张赔偿
D. 医院有权拒绝提供相关病历，且不会因此承担不利后果

【考点】 医疗侵权责任

【答案解析】 依据《民法典》第1218条："患者在诊疗活动中受到损害，医疗机构或者其医务人员有过错的，由医疗机构承担赔偿责任。"故A选项正确。

---

[1] ABD　[2] A

依据《民法典》第1220条："因抢救生命垂危的患者等紧急情况，不能取得患者或者其近亲属意见的，经医疗机构负责人或者授权的负责人批准，可以立即实施相应的医疗措施。"本题可以取得田某父亲同意，故B选项错误。

依据《民法典》第1223条："因药品、消毒产品、医疗器械的缺陷，或者输入不合格的血液造成患者损害的，患者可以向药品上市许可持有人、生产者、血液提供机构请求赔偿，也可以向医疗机构请求赔偿。患者向医疗机构请求赔偿的，医疗机构赔偿后，有权向负有责任的药品上市许可持有人、生产者、血液提供机构追偿。"C选项表述为只能向生产者主张赔偿，错误。

依据《民法典》第1222条："患者在诊疗活动中受到损害，有下列情形之一的，推定医疗机构有过错：（1）违反法律、行政法规、规章以及其他有关诊疗规范的规定；（2）隐匿或者拒绝提供与纠纷有关的病历资料；（3）遗失、伪造、篡改或者违法销毁病历资料。"D选项表述为，医院有权拒绝提供相关病历，且不会因此承担不利后果，错误。

14. 甲赴宴饮酒，遂由有驾照的乙代驾其车，乙违章撞伤丙。交管部门认定乙负全责。以下假定情形中对丙的赔偿责任，哪些表述是正确的？（2013）[1]

A. 如乙是与甲一同赴宴的好友，乙不承担赔偿责任

B. 如乙是代驾公司派出的驾驶员，该公司应承担赔偿责任

C. 如乙是酒店雇佣的为饮酒客人提供代驾服务的驾驶员，乙不承担赔偿责任

D. 如乙是出租车公司驾驶员，公司明文禁止代驾，乙为获高额报酬而代驾，乙应承担赔偿责任

【考点】 交通事故责任；用人单位责任；个人之间劳务关系中的侵权责任

【答案解析】 选项A错误。乙的行为属于好意施惠性质，但是客观上造成了车辆所有人与车辆使用人的分离，车辆使用人承担机动车一方的责任。故选项表述错误。

选项B正确。依据《民法典》第1191条："用人单位的工作人员因执行工作任务造成他人损害的，由用人单位承担侵权责任。用人单位承担侵权责任后，可以向有故意或者重大过失的工作人员追偿。劳务派遣期间，被派遣的工作人员因执行工作任务造成他人损害的，由接受劳务派遣的用工单位承担侵权责任；劳务派遣单位有过错的，承担相应的责任。"乙作为代驾公司派出的驾驶员，应由公司对丙承担赔偿责任。

选项C正确。乙作为酒店雇佣的专门代驾员，应由酒店对丙承担赔偿责任，乙不承担赔偿责任。

选项D错误。D项中，因公司明文禁止代驾，而乙代驾的行为其表现形式是履行职务或者与履行职务有内在联系的，应当认定为"从事雇佣活动"，所以，对于丙遭受的损害，应由出租车公司承担责任。故D项错误。

15. 周某从迅达汽车贸易公司购买了1辆车，约定周某试用10天，试用期满后3天内办理登记过户手续。试用期间，周某违反交通规则将李某撞成重伤。现周某困难，无力赔偿。关于李某受到的损害，下列哪一表述是正确的？（2011）[2]

A. 因在试用期间该车未交付，李某有权请求迅达公司赔偿

B. 因该汽车未过户，不知该汽车已经出卖，李某有权请求迅达公司赔偿

C. 李某有权请求周某赔偿，因周某是该汽车的使用人

D. 李某有权请求周某和迅达公司承担连带赔偿责任，因周某和迅达公司是共同侵权人

---

[1] BC　[2] C

【考点】机动车道路交通事故侵权责任

【答案解析】 选项 C 正确，选项 ABD 错误。依据《民法典》第 1210 条："当事人之间已经以买卖或者其他方式转让并交付机动车但是未办理登记，发生交通事故造成损害，属于该机动车一方责任的，由受让人承担赔偿责任。"根据该条，在机动车买卖、分期付款保留所有权买卖、试用买卖、赠与、融资租赁等合同中，交付机动车后，办理过户登记手续之前，若该机动车发生道路交通事故，且根据《道路交通安全法》第 76 条，该机动车应当承担责任的，不论该机动车的所有权是否已经移转，均由已经受让机动车占有的一方（享有机动车运行利益的一方）承担侵权责任，另一方不承担侵权责任。题干信息表明周某违反交通规则，因此造成的危害后果和迅达公司没有关系，故迅达公司不需要承担赔偿责任。机动车交付后但尚未办理过户手续的，因该机动车侵权遭受损害的人，有权要求买方即周某承担赔偿责任，但是无权要求机动车所有人承担赔偿责任。

16. 甲、乙、丙三家公司生产三种不同的化工产品，生产场地的排污口相邻。某年，当地大旱导致河水水位大幅下降，三家公司排放的污水混合发生化学反应，产生有毒物质致使河流下游丁养殖场的鱼类大量死亡。经查明，三家公司排放的污水均分别经过处理且符合国家排放标准。后丁养殖场向三家公司索赔。下列哪一选项是正确的？（2015）[1]

A. 三家公司均无过错，不承担赔偿责任

B. 三家公司对丁养殖场的损害承担连带责任

C. 本案的诉讼时效是 2 年

D. 三家公司应按照污染物的种类、排放量等因素承担责任

【考点】环境污染侵权责任

【答案解析】 选项 A 错误。依据《民法典》第 1229 条："因污染环境、破坏生态造成他人损害的，侵权人应当承担侵权责任。"因此，环境侵权采无过错责任原则。

选项 B 错误，选项 D 正确。依据《民法典》第 1231 条："两个以上侵权人污染环境、破坏生态的，承担责任的大小，根据污染物的种类、浓度、排放量，破坏生态的方式、范围、程度，以及行为对损害后果所起的作用等因素确定。"可见，两个以上污染者污染环境，由污染者承担按份责任。

选项 C 错误。依据《环境保护法》第 66 条，"提起环境损害赔偿诉讼的时效期间为三年，从当事人知道或者应当知道其受到损害时起计算。"

17. 王某因全家外出旅游，请邻居戴某代为看管其饲养的宠物狗。戴某看管期间，张某偷狗，被狗咬伤。关于张某被咬伤的损害，下列哪一选项是正确的？（2017）[2]

A. 王某应对张某所受损害承担全部责任

B. 戴某应对张某所受损害承担全部责任

C. 王某和戴某对张某损害共同承担全部责任

D. 王某或戴某不应对张某损害承担全部责任

【考点】饲养动物侵权

【答案解析】 本题考查饲养动物的侵权。依据《民法典》第 1245 条："饲养的动物造成他人损害的，动物饲养人或者管理人应当承担侵权责任；但是，能够证明损害是因被侵权人故意或者重大过失造成的，可以不承担或者减轻责任。"王某为狗的饲养人，戴某为狗的管理人，故应对狗咬伤承担侵权责任。张某是在偷狗时被咬伤，具有重大过失，应减轻侵权人之责任，

---

[1] D [2] D

故只有 D 正确，其他选项均错误。

18. 关于动物致害侵权责任的说法，下列哪些选项是正确的？（2015）[1]

A. 甲 8 周岁的儿子翻墙进入邻居院中玩耍，被院内藏獒咬伤，邻居应承担侵权责任

B. 小学生乙和丙放学途经养狗的王平家，丙故意逗狗，狗被激怒咬伤乙，只能由丙的监护人对乙承担侵权责任

C. 丁下夜班回家途经邻居家门时，未看到邻居饲养的小猪趴在路上而绊倒摔伤，邻居应承担侵权责任

D. 戊带女儿到动物园游玩时，动物园饲养的老虎从破损的虎笼蹿出将戊女儿咬伤，动物园应承担侵权责任

【考点】动物致害责任

【答案解析】A 选项正确。依据《民法典》第 1247 条："禁止饲养的烈性犬等危险动物造成他人损害的，动物饲养人或者管理人应当承担侵权责任。"据此，饲养危险动物致人损害的，动物饲养人承担的是绝对无过错责任，即不存在法定免责事由。故 A 选项正确。

选项 B 错误。依据《民法典》第 1250 条："因第三人的过错致使动物造成他人损害的，被侵权人可以向动物饲养人或者管理人请求赔偿，也可以向第三人请求赔偿。动物饲养人或者管理人赔偿后，有权向第三人追偿。"因此，本题中，受害人的损失应当由丙的监护人与王平承担不真正连带责任，而不是由丙的监护人单独承担侵权责任。

选项 C 正确。动物饲养人对动物引起的侵权事件，承担无过错责任。本题中，丁并无故意或重大过失，故应当由丁的邻居承担责任。

选项 D 正确。依据《民法典》第 1248 条："动物园的动物造成他人损害的，动物园应当承担侵权责任；但是，能够证明尽到管理职责的，不承担侵权责任。"本题中，动物园对虎笼破损存在明显的过错，故动物园应当承担责任。

19. 张小飞邀请关小羽来家中做客，关小羽进入张小飞所住小区后，突然从小区的高楼内抛出一块砚台，将关小羽砸伤。关于砸伤关小羽的责任承担，下列哪一选项是正确的？（2016）[2]

A. 张小飞违反安全保障义务，应承担侵权责任

B. 顶层业主通过证明当日家中无人，可以免责

C. 小区物业违反安全保障义务，应承担侵权责任

D. 如查明砚台系从 10 层抛出，10 层以上业主仍应承担补充责任

【考点】物件侵权责任

【答案解析】依据《民法典》1165 条："行为人因过错侵害他人民事权益造成损害的，应当承担侵权责任。依照法律规定推定行为人有过错，其不能证明自己没有过错的，应当承担侵权责任。"张小飞无安全保障义务，没有过错，无须承担责任。故 A 选项错误。

依据《民法典》第 1254 条规定："禁止从建筑物中抛掷物品。从建筑物中抛掷物品或者从建筑物上坠落的物品造成他人损害的，由侵权人依法承担侵权责任；经调查难以确定具体侵权人的，除能够证明自己不是侵权人的外，由可能加害的建筑物使用人给予补偿。可能加害的建筑物使用人补偿后，有权向侵权人追偿。物业服务企业等建筑物管理人应当采取必要的安全保障措施防止前款规定情形的发生；未采取必要的安全保障措施的，应当依法承担未履行安全保障义务的侵权责任。发生本条第一款规定的情形的，公安等机关应当依法及时调查，查清责任

人。"顶层业主证明家中无人，不是侵权人，可以免责，故 B 选项正确。

高空抛物责任，小区物业的过错在哪里，题干并无交代，无交代即无过错，C 选项错误。

查明了确切侵权人的，应由侵权人承担侵权责任，故 D 选项错误。

20. 4 名行人正常经过北方牧场时跌入粪坑，1 人获救 3 人死亡。据查，当地牧民为养草放牧，储存牛羊粪便用于施肥，一家牧场往往挖有三四个粪坑，深者达三四米，之前也发生过同类事故。关于牧场的责任，下列哪些选项是正确的？（2016）[1]

A. 应当适用无过错责任原则

B. 应当适用过错推定责任原则

C. 本案情形已经构成不可抗力

D. 牧场管理人可通过证明自己尽到管理职责而免责

【考点】 地下设施致人损害责任

【答案解析】 依据《民法典》第 1258 条："在公共场所或者道路上挖掘、修缮安装地下设施等造成他人损害，施工人不能证明已经设置明显标志和采取安全措施的，应当承担侵权责任。窨井等地下设施造成他人损害，管理人不能证明尽到管理职责的，应当承担侵权责任。"故 A 选项错误，B 选项正确，D 选项正确。

依据《民法典》第 180 条：因不可抗力不能履行民事义务的，不承担民事责任。法律另有规定的，依照其规定。故 C 选项错误。

---

[1] BD

第一章　客观题

1. 甲公司和乙公司在前者印制的标准格式《货运代理合同》上盖章。《货运代理合同》第四条约定："乙公司法定代表人对乙公司支付货运代理费承担连带责任。"乙公司法定代表人李红在合同尾部签字。后双方发生纠纷，甲公司起诉乙公司，并要求此时乙公司的法定代表人李蓝承担连带责任。关于李蓝拒绝承担连带责任的抗辩事由，下列哪一表述能够成立？(2014)[1]

A. 第四条为无效格式条款

B. 乙公司法定代表人未在第四条处签字

C. 乙公司法定代表人的签字仅代表乙公司的行为

D. 李蓝并未在合同上签字

【考点】代表行为；格式条款的无效；保证合同的成立；合同的相对性

【答案解析】选项 A 错误。格式条款提供格式条款一方不合理的免除其责任、加重对方责任、排除对方主要权利的，该条款无效。本题中，《货运代理合同》第 4 条约定的内容"乙公司法定代表人对乙公司支付货运代理费承担连带责任"不属于上述格式条款的法定无效情形，故应为有效格式条款。

选项 B 错误。《民法典》第 490 条规定"当事人采用合同书形式订立合同的，自当事人均签名、盖章或者按指印时合同成立。在签名、盖章或者按指印之前，当事人一方已经履行主要义务，对方接受时，该合同成立。法律、行政法规规定或者当事人约定合同应当采用书面形式订立，当事人未采用书面形式但一方已经履行主要义务，对方接受时，该合同成立。"本题中，实际上存在两个合同关系：一是甲公司与乙公司之间的货运代理合同，该合同自甲公司与乙公司加盖公章时即生效；二是甲公司与乙公司法定代表人李红之间的保证合同关系，其内容是由李红对乙公司支付货运代理费承担连带责任，该合同自李红在货运代理合同上签字时生效。尽管保证合同的内容是以第 4 条所约定的保证条款形式表现的，但当事人在合同尾部签字即可，不必在条款处签字。

选项 C 错误、选项 D 正确。本题中李红的签字有两层意义，一是作为乙公司的法定代表人的签字代表乙公司，这种意义上的签字对乙公司有拘束力，而且该拘束力不会因为法定代表人的更替而受到影响，新任法定代表人李蓝不能以其没有在合同上签字而否认货运代理合同对乙

---

[1]　D

公司的效力；二是作为保证人的签字代表其本人，这种意义上的签字在法律上意味着李红个人要对乙公司的货运代理费承担连带保证责任，根据合同相对性原理，既然李蓝没有在合同上签字，就无须对乙公司的货运代理费承担连带责任。此外，D选项争议的焦点在于《货运代理合同》第4条中的"法定代表人"究竟是指的签字时的法定代表人还是包括签字后的任何法定代表人？根据体系解释，纵观合同内容的上下文，在保证合同关系中，保证人是以其个人身份参与到法律关系中，并以其个人财产承担保证责任的，故第4条中的"法定代表人"仅指合同签订时的法定代表人，即李红。

2. 某知名作曲家在二手书店翻到了早年自己丢弃的笔记本，里面有自己青涩年华的乐谱，遂提出要买回笔记本。书店店员报价5000元，作曲家认为太高。（2023回忆）[1]

A. 作曲家对乐谱仍有著作权

B. 作曲家对乐谱仍有所有权

C. 可以在买下笔记本后主张胁迫撤销

D. 可以在买下笔记本后主张显失公平撤销

【考点】著作权与所有权的关系；抛弃，意思表示可撤销

【答案解析】A项正确，B项错误。作曲家明确抛弃乐谱，失去了乐谱的所有权。但失去所有权的同时，并不失去乐谱上的著作权。

C项错误，D项错误。题干中不存在作曲家被胁迫的相关情事。显示公平，除了客观要件之外，还需要具备主观要件。在相关案例中，作曲家并没有陷入到意志薄弱或者危难情形之中，主观要件欠缺。

3. 王某有王甲、王乙两个儿子。王某立下遗嘱，全部财产归王乙所有。王某死后，王乙把父亲家里的一幅名画卖掉，所获100万元赠送给王甲。几天后，王某的朋友李某向王乙索要那幅画，原来这幅画只是放在王某那里保管而已。请问李某如何救济自己的权利。（2023回忆）[2]

A. 李某可以向王甲索要返还100万元

B. 李某可以向王乙索要返还100万元

C. 向买受人主张返还原物

D. 李某可以让王乙承担侵权责任

【考点】无权处分、不当得利

【答案解析】王某将不属于遗产范围的名画卖掉，构成了无权处分。王某获得的100万元，属于没有法律原因而获得的利益，即不当得利。根据《民法典》第988条，得利人将取得的利益无偿转让给第三人的，受损失的人可以请求第三人在相应范围内承担返还义务。故A正确，B错误。

王甲的得利已不存在，且从本题综合分析，王甲对于不当得利应当是善意的，根据《民法典》第986条，不再承担返还义务。故C错误。

本题中，名画的买受人也是善意的，构成善意取得。李某已丧失对该画的所有权，无权要求返还原物。

本题中，王甲对于无权处分没有过错，因此李某也无权要求其承担侵权责任。故D错误。

4. 薛某驾车撞死一行人，交警大队确定薛某负全责。鉴于找不到死者亲属，交警大队调处后代权利人向薛某预收了6万元赔偿费，商定待找到权利人后再行转交。因一直未找到权利

人，薛某诉请交警大队返还6万元。根据社会主义法治理念公平正义要求和相关法律规定，下列哪一表述是正确的？（2014）[1]

A. 薛某是义务人，但无对应权利人，让薛某承担赔偿义务，违反了权利义务相一致的原则

B. 交警大队未受损失而保有6万元，形成不当得利，应予退还

C. 交警大队代收6万元，依法行使行政职权，与薛某形成合法有效的行政法律关系，无须退还

D. 如确实未找到权利人，交警大队代收的6万元为无主财产，应收归国库

【考点】权利义务相一致原则；不当得利的成立要件；行政法律关系；无主财产的归属

【答案解析】A选项错误。首先，薛某的行为构成侵权，应当对受害人承担损害赔偿责任，本题中的（受害人）赔偿权利人是死者的继承人，未找到权利人并不意味着没有权利人；其次，权利义务相一致原则指的是权利人在享有权利的同时应承担相应的义务，而非本题所述情况。

B选项错误。不当得利的构成须具备四个要件：①一方受有财产利益；②他方受有损失；③一方受益与他方受损之间存在因果关系；④无法律上的根据。本题中，交警仅是"代"权利人预收6万元赔偿费，并未实际取得财产利益，而且薛某作为赔偿责任人，本来就应履行给付义务，也没有受到损失。故交警不构成不当得利。

C选项错误。行政法律关系是行政主体依据职权实施行政行为而在其与行政相对人之间产生的一种"不平等"法律关系。本题中，交警大队代权利人向薛某预收赔偿费并"商定"转交的行为，在性质上属于平等主体之间的"协商"行为，显然不属于行政行为，没有引起行政法律关系的产生。

D选项正确。交警大队代收的6万元在找不到权利人的情况下，应当比照《民法典》第1160条的规定处理，即无人继承又无人受遗赠的遗产，归国家所有。

5. 张某从银行贷得80万元用于购买房屋，并以该房屋设定了抵押。在借款期间房屋被洪水冲毁。张某尽管生活艰难，仍想方设法还清了银行贷款。对此，周围多有议论。根据社会主义法治理念和民法有关规定，下列哪一观点可以成立？（2012）[2]

A. 甲认为，房屋被洪水冲毁属于不可抗力，张某无须履行还款义务。坚持还贷是多此一举

B. 乙认为，张某已不具备还贷能力，无须履行还款义务。坚持还贷是为难自己

C. 丙认为，张某对房屋的毁损没有过错，且此情况不止一家，银行应将贷款作坏账处理。坚持还贷是一厢情愿

D. 丁认为，张某与银行的贷款合同并未因房屋被冲毁而消灭。坚持还贷是严守合约、诚实信用

【考点】民事法律关系；履行不能；不可抗力

【答案解析】选项A、C错误，选项D正确。张某的借款行为（合同行为）与房屋被洪水冲毁（不可抗力）是两个不同的法律事实，前者引起张某与银行之间的借贷法律关系，后者引起房屋所有权的消灭。尽管房屋被洪水冲毁属于不可抗力，但不会对借贷法律关系产生影响，张某仍须履行还贷义务。

选项B错误。当事人一方未支付价款或者报酬的，对方可以要求其支付价款或者报酬。可

---

[1] D　[2] D

见，金钱债务不存在履行不能，尽管张某没有履行能力，但其还贷义务并不能免除。

6. 甲、乙、丙三人签订合伙协议并开始经营，但未取字号，未登记，也未推举负责人。其间，合伙人与顺利融资租赁公司签订融资租赁合同，租赁淀粉加工设备一台，约定租赁期限届满后设备归承租人所有。合同签订后，出租人按照承租人的选择和要求向设备生产商丁公司支付了价款。请回答第（1）~（3）题。(2016)

（1）如果承租人不履行支付价款的义务，出租人起诉，适格被告是：[1]

A. 合伙企业　　　　　　　　　　B. 甲、乙、丙全体

C. 甲、乙、丙中的任何人　　　　D. 丁公司

【考点】 个人合伙

【答案解析】 根据题干描述，甲、乙、丙三人签订合伙协议并开始经营，但未取字号，未登记，也未推举负责人。属于个人合伙，不是合伙企业，因此 A 选项错误。

起字号的个人合伙，在民事诉讼中，应当以依法核准登记的字号为诉讼当事人，并由合伙负责人为诉讼代表人。合伙负责人的诉讼行为，对全体合伙人发生法律效力。未起字号的个人合伙，合伙人在民事诉讼中为共同诉讼人。合伙人人数众多的，可以推举诉讼代表人参加诉讼，诉讼代表人的诉讼行为，对全体合伙人发生法律效力。推举诉讼代表人，应当办理书面手续。根据《民诉解释》第60条，在诉讼中，未依法登记领取营业执照的个人合伙的全体合伙人为共同诉讼人。个人合伙有依法核准登记的字号的，应在法律文书中注明登记的字号。全体合伙人可以推选代表人；被推选的代表人，应由全体合伙人出具推选书。故 B 选项正确。

全体合伙人对合伙经营的亏损额，对外应当负连带责任，对内则应按照协议约定的债务承担比例或者出资比例分担；协议未规定债务承担比例或者出资比例的，可以按照约定的或者实际的盈余分配比例承担。但是对造成合伙经营亏损有过错的合伙人，应当根据其过错程度相应地多承担责任。甲、乙、丙对外承担连带责任，故可以选择任何一人作为被告，C 选项正确。

根据《民法典》第752条，承租人应当按照约定支付租金。承租人经催告后在合理期限内仍不支付租金的，出租人可以请求支付全部租金；也可以解除合同，收回租赁物。丁公司是出卖方，没有支付租金的义务，故 D 选项错误。

（2）乙在经营期间发现风险太大，提出退伙，甲、丙表示同意，并通知了出租人，但出租人表示反对，认为乙退出后会加大合同不履行的风险。下列说法正确的是：[2]

A. 经出租人同意，乙可以退出

B. 乙可以退出，无需出租人同意

C. 乙必须向出租人提供有效担保后才能退出

D. 乙退出后对合伙债务不承担责任

【考点】 退伙

【答案解析】 合伙人退伙，书面协议有约定的，按书面协议处理；书面协议未约定的，原则上应予准许。但因其退伙给其他合伙人造成损失的，应当考虑退伙的原因、理由以及双方当事人的过错等情况，确定其应当承担的赔偿责任。原则上允许退伙，无须经过他人同意，故 A 选项错误，B 选项正确，C 选项错误。

合伙经营期间发生亏损，合伙人退出合伙时未按约定分担或者未合理分担合伙债务的，退伙人对原合伙的债务，应当承担清偿责任；退伙人已分担合伙债务的，对其参加合伙期间的全部债务仍负连带责任。乙退出后对其参加合伙期间的全部债务仍负连带责任，故 D 选项错误。

---

[1] BC　[2] B

（3）如租赁期间因设备自身原因停机，造成承租人损失。下列说法正确的是：[1]

A. 出租人应减少租金

B. 应由丁公司修理并赔偿损失

C. 承租人向丁公司请求承担责任时，出租人有协助义务

D. 出租人与丁公司承担连带责任

【考点】 融资租赁合同

【答案解析】 根据我国《民法典》第742条，承租人对出卖人行使索赔权，不影响其履行支付租金的义务，但是，承租人依赖出租人的技能确定租赁物或者出租人干预选择租赁物的，承租人可以请求减免相应租金。题干表述，合同签订后，出租人按照承租人的选择和要求向设备生产商丁公司支付了价款。故没有第742条但书的情形，承租人对出卖人行使索赔权，不影响其履行融资租赁合同项下支付租金的义务，A选项错误。

根据《民法典》第739条，出租人根据承租人对出卖人、租赁物的选择订立的买卖合同，出卖人应当按照约定向承租人交付标的物，承租人享有与受领标的物有关的买受人的权利。《民法典》第582条，履行不符合约定的，应当按照当事人的约定承担违约责任。对违约责任没有约定或者约定不明确，依据本法第五百一十条的规定仍不能确定的，受损害方根据标的的性质以及损失的大小，可以合理选择请求对方承担修理、重作、更换、退货、减少价款或者报酬等违约责任。丁公司作为出卖人，承担质量瑕疵担保责任，故B选项正确。

根据《民法典》第741条，出租人、出卖人、承租人可以约定，出卖人不履行买卖合同义务的，由承租人行使索赔的权利。承租人行使索赔权利的，出租人应当协助。故C选项正确。

根据《民法典》第747条，租赁物不符合约定或者不符合使用目的的，出租人不承担责任。但是，承租人依赖出租人的技能确定租赁物或者出租人干预选择租赁物的除外。本题中出租人并未干预租赁物的选择，故D选项错误。

7. 甲公司与乙公司约定，由甲公司向乙公司交付1吨药材，乙公司付款100万元。乙公司将药材转卖给丙公司，并约定由甲公司向丙公司交付，丙公司收货后3日内应向乙支付价款120万元。张某以自有汽车为乙公司的债权提供抵押担保，未办理抵押登记。抵押合同约定："在丙公司不付款时，乙公司有权就出卖该汽车的价款清偿自己的债权。"李某为这笔货款出具担保函："在丙公司不付款时，由李某承担保证责任"。丙公司收到药材后未依约向乙公司支付120万元，乙公司向张某主张实现抵押权，同时要求李某承担保证责任。张某见状，便将其汽车赠与刘某。刘某将该汽车作为出资，与钱某设立丁酒店有限责任公司，并办理完出资手续。丁公司员工方某驾驶该车接送酒店客人时，为躲避一辆逆行摩托车，将行人赵某撞伤。方某自行决定以丁公司名义将该车放在戊公司维修，为获得维修费的八折优惠，方某以其名义在与戊公司相关的庚公司为该车购买一套全新坐垫。汽车修好后，方某将车取走交丁公司投入运营。戊公司要求丁公司支付维修费，否则对汽车行使留置权，丁公司回函请宽限一周。庚公司要求丁公司支付坐垫费，丁公司拒绝。请回答（1）～（6）题。（2011）[2]

（1）关于乙公司与丙公司签订合同的效力，下列表述正确的是：[3]

A. 效力待定　　　　　　　　　B. 为甲公司设定义务的约定无效

C. 有效　　　　　　　　　　　D. 无效

【考点】 无权处分合同；合同的相对性

【答案解析】 选项A、D错误；选项C正确。因无权处分订立的买卖合同，出卖人无处分

---

[1]　BC　[2]　BC　[3]　C

权不再对合同效力产生影响，也就是说，只要合同本身没有其他效力瑕疵，因无权处分订立的买卖合同有效，而非效力待定。本题中，乙将药材转卖给丙时，乙对药材还没有取得所有权，因而乙、丙间的买卖合同属于因无权处分订立的买卖合同，应为有效合同。

选项B错误。根据《民法典》第523条："当事人约定由第三人向债权人履行债务的，第三人不履行债务或者履行债务不符合约定的，债务人应当向债权人承担违约责任。"可见，合同当事人约定由合同以外的第三人向债权人履行债务的，虽然对第三人不生效（除非经过其同意），但在合同当事人之间仍然是有效的，其效力表现为：债务人须对第三人的履行向债权人负责。因此，"为甲公司设定义务的约定无效"的说法过于笼统。

（2）关于乙公司要求担保人承担责任，下列表述正确的是：[1]

A. 乙公司不得向丙公司和李某一并提起诉讼

B. 李某对乙公司享有先诉抗辩权

C. 乙公司应先向张某主张实现抵押权

D. 乙公司可以选择向张某主张实现抵押权或者向李某主张保证责任

【考点】一般保证人的先诉抗辩权；混合担保

【答案解析】选项B正确。《民法典》第687条规定："当事人在保证合同中约定，债务人不能履行债务时，由保证人承担保证责任的，为一般保证。一般保证的保证人在主合同纠纷未经审判或者仲裁，并就债务人财产依法强制执行仍不能履行债务前，有权拒绝向债权人承担保证责任。"可见，一般保证中的保证人享有先诉抗辩权。本题中的保证方式为一般保证，因此，保证人李某对债权人乙公司享有先诉抗辩权。

选项A错误。一般保证的债权人向债务人和保证人一并提起诉讼的，人民法院可以将债务人和保证人列为共同被告参加诉讼。但是，应当在判决书中明确在对债务人财产依法强制执行后仍不能履行债务时，由保证人承担保证责任。由此可见，在一般保证中，尽管保证人享有先诉抗辩权，但不影响债权人将债务人与保证人作为共同被告一并起诉，其目的在于提高诉讼效率，以免在起诉债务人主张债权未果后，再以保证人为被告另行起诉。但即便如此，仍然应当在执行程序中对保证人的先诉抗辩权予以保障。

选项C错误；选项D正确。《民法典》第392条规定："被担保的债权既有物的担保又有人的担保的，债务人不履行到期债务或者发生当事人约定的实现担保物权的情形，债权人应当按照约定实现债权；没有约定或者约定不明确，债务人自己提供物的担保的，债权人应当先就该物的担保实现债权；第三人提供物的担保的，债权人可以就物的担保实现债权，也可以请求保证人承担保证责任。提供担保的第三人承担担保责任后，有权向债务人追偿。"本题中，乙公司的债权有两个担保，即张某的汽车抵押和李某的保证担保，构成混合担保。而且，当事人并没有对债权人行使担保权的顺序与份额作出约定。故当债务人丙不履行到期债务时，乙公司既可以就张某的汽车行使抵押权，也可以要求李某承担保证责任。

（3）在刘某办理出资手续后，关于汽车所有权人，下列选项正确的是：[2]

A. 乙公司　　　　　B. 张某　　　　　C. 刘某　　　　　D. 丁公司

【考点】善意取得与出资

【答案解析】选项D正确；选项A、B、C错误。

张某见状将汽车出赠给刘某，虽然属于逃避债务，但其作为所有权人，仍然有权处分汽车。刘某作为受赠人，获得汽车所有权后，可以将车辆出资给丁公司，因此丁公司可以获得汽

---

[1] BD　[2] D

车所有权。

（4）关于对赵某的损害应承担侵权责任的主体，下列选项正确的是：[1]

A. 方某   B. 钱某和刘某

C. 丁公司   D. 摩托车主

【考点】侵权责任的抗辩事由；紧急避险

【答案解析】选项 D 正确；选项 A、B、C 错误。《民法典》第 182 条："因紧急避险造成损害的，由引起险情发生的人承担责任。危险由自然原因引起的，紧急避险人不承担民事责任，可以给予适当补偿。紧急避险采取措施不当或者超过必要的限度，造成不应有的损害的，紧急避险人应当承担适当的民事责任。"本题中，丁公司员工方某驾驶该车接送酒店客人时，为躲避一辆逆行摩托车，将行人赵某撞伤，方某的行为构成紧急避险，且无避险不当的情形。紧急避险应由引起险情发生的摩托车主承担全部侵权责任。

（5）关于汽车维修合同，下列表述正确的是：[2]

A. 方某构成无因管理   B. 方某构成无权代理

C. 方某构成无权处分   D. 方某构成表见代理

【考点】无因管理；无权处分与无权代理的区分；表见代理

【答案解析】选项 B 正确。《民法典》第 171 条第 1 款规定："行为人没有代理权、超越代理权或者代理权终止后，仍然实施代理行为，未经被代理人追认的，对被代理人不发生效力。"该代理行为产生的法律后果由行为人承担责任。本题中，"方某自行决定"表明，丁公司并未授予方某对外订立汽车修理合同的代理权。故方某擅自以丁公司的名义与戊公司订立的汽车维修合同构成无权代理，该汽车维修合同属于效力待定的合同。

选项 C 错误。无权处分，指对标的物无处分权的主体以自己的名义所签订的旨在发生物权变动的合同。本题中当事人所签订的维修合同不属于无权处分合同，理由在于：其一，维修合同是以提供劳务为内容的合同，而非旨在发生物权变动；其二，无权处分合同必须是行为人以自己名义签订的，而本题中的维修合同是方某以丁公司名义签订的。

选项 A 正确。无因管理的构成要件有三个：（1）客观上实施了管理他人事务的行为；（2）主观上具有为他人管理事务的意思；（3）管理人对于管理他人事务无法定义务或约定义务。本题中，方某自行决定以丁公司的名义将该车放在戊公司维修的行为符合正当无因管理的构成要件。需要提及的是，本题中，方某的行为同时构成无因管理和无权代理，换言之，无权代理和无因管理之间并不互相冲突。尽管该合同需经过丁公司追认才能对丁公司生效，但并不影响此处方某的行为构成无因管理。

选项 D 错误。根据《民法典》第 172 条，表见代理的构成要件有四个：（1）行为人没有代理权；（2）存在表见事由，即客观上具有使相对人相信行为人具有代理权的事实和理由；（3）相对人主观上系善意且无过失；（4）表见事由的形成与被代理人的过失有关，或者说，被代理人的行为与权利外观的形成具有牵连性。本题中，方某的行为虽然属于无权代理，但并不存在表见事由，故不属于表见代理。

（6）关于坐垫费和维修费，下列表述正确的是：[3]

A. 方某应向庚公司支付坐垫费

B. 丁公司应向庚公司支付坐垫费

C. 丁公司应向戊公司支付维修费

---

[1] D [2] AB [3] AC

D. 戊公司有权将汽车留置

【考点】无因管理；效力待定合同；留置权

【答案解析】选项 A 正确；选项 B 项错误。本题中，丁公司并无向庚公司支付坐垫费的义务，理由在于：其一，方某是以自己（而非丁公司）的名义签订买卖合同的，根据合同相对性原理，理应由丁某承担付款义务。其二，方某为丁公司购买座垫的行为显然违背了丁公司可推知的意思，属于不当无因管理，故不发生无因管理之债法律关系。综合上述两点，丁公司无支付坐垫费的义务，应由方某承担该付款义务。

选项 C 正确。本题中，丁公司应向戊公司支付维修费，理由如下：其一，无权代理人以被代理人的名义订立合同，被代理人已经开始履行合同义务的，视为对合同的追认。可见，无权代理合同中，被代理人既可采用明示方式，亦可采用默示方式行使追认权。本题中，当戊公司要求丁公司支付维修费时，丁公司回函请宽限 1 周，丁公司已经以推定的方式对维修合同予以了追认，该汽车维修合同已经生效。其二，假设丁公司没有追认，因方某的行为构成无因管理，方某因实施无因管理负担的债务（此时为对戊公司的缔约过失责任）最终也应由本人丁公司承担。

选项 D 错误。《民法典》第 457 条规定："留置权人对留置财产丧失占有或者留置权人接受债务人另行提供担保的，留置权消灭。"据此，留置权成立以后，若留置权人自愿将留置的动产交付给债务人的，留置权消灭；或者留置的动产被他人侵占后，留置权人未在侵占之日起 1 年内回复占有的，留置权消灭。本题中，戊公司原本可以对汽车行使留置权，但题目交代，汽车修好后，方某将车取走交丁公司投入运营。表明戊公司已经自愿将汽车的占有移转给了债务人丁公司，戊公司对汽车的留置权已经消灭。

第二章　主观题

一、2008 年民法案例分析题

【案情】

A 房地产公司（下称 A 公司）与 B 建筑公司（下称 B 公司）达成一项协议，由 B 公司为 A 公司承建一栋商品房。合同约定，标的总额 6000 万元，8 个月交工，任何一方违约，按合同总标的额 20% 支付违约金。合同签订后，为筹集工程建设资金，A 公司用其建设用地使用权作抵押向甲银行贷款 3000 万元，乙公司为此笔贷款承担保证责任，但对保证方式未作约定。B 公司未经 A 公司同意，将部分施工任务交给丙建筑企业施工，该企业由张、李、王三人合伙出资组成。施工中，工人刘某不慎掉落手中的砖头，将路过工地的行人陈某砸成重伤，花去医药费 5000 元。A 公司在施工开始后即进行商品房预售。丁某购买了 1 号楼 101 号房屋，预交了 5 万元房款，约定该笔款项作为定金。但不久，A 公司又与汪某签订了一份合同，将上述房屋卖给了汪某，并在房屋竣工后将该房的产权证办理给了汪某。汪某不知该房已经卖给丁某的事实。汪某入住后，全家人出现皮肤瘙痒、流泪、头晕目眩等不适。经检测，发现室内甲醛等化学指标严重超标。但购房合同中未对化学指标作明确约定。因 A 公司不能偿还甲银行贷款，甲银行欲对 A 公司开发的商品房行使抵押权。

【问题】

1. 若 B 公司延期交付工程半个月，A 公司以此提起仲裁，要求支付合同总标的额 20% 即 1200 万元违约金，你作为 B 公司的律师，拟提出何种请求以维护 B 公司的利益？依据是什么？

2. 对于陈某的损失，应由谁承担责任？如何承担责任？为什么？

3. 对于陈某的赔偿，应当适用何种归责原则？依据是什么？

4. 对于乙公司的保证责任，其性质应如何认定？理由是什么？

5. 若甲银行行使抵押权，其权利标的是什么？甲银行如何实现自己的抵押权？

6. 丁某在得知房屋卖给汪某后，向法院提起诉讼，要求 A 公司履行合同交付房屋，其主张应否得到支持？为什么？

7. 汪某现欲退还房屋，要回房款。你作为汪某的代理人，拟提出何种请求维护汪某的利益？依据是什么？

8. 如果 A 公司不能向 B 公司支付工程款，B 公司可对 A 公司提出什么请求？

【参考答案】

1. 请求仲裁机构减少违约金。约定的违约金过分高于实际损失的，当事人可以请求法院或仲裁机构予以适当减少。

【考点】违约金酌减

2. 应当由丙建筑企业承担责任。因刘某系丙企业的雇员，其在执行雇主指令（或执行工作任务）中致人损害由雇主承担责任。由于丙企业系合伙企业，故由张、李、王实际承担连带赔偿责任。

【考点】雇主责任，合伙人连带责任

3. 应当适用过错推定原则。地面施工致人损害适用过错推定。

【考点】物件致害归责原则

4. 乙公司的保证责任性质属于一般保证。根据《民法典》相关规定，对保证责任性质约定不明的，保证人承担一般保证责任。

【考点】保证责任的类型

5. 甲银行的抵押权标的为土地使用权，不包括商品房。根据《民法典》相关规定，建设用地使用权抵押后，该土地上新增的建筑物不属于抵押财产。甲银行实现抵押权时可以将商品房一并处分，但不能就商品房所得价款优先受偿。

【考点】房地一体原则

6. 不能得到支持。因为汪某已经取得商品房的所有权，不动产以登记作为物权变动的依据。

【考点】不动产物权变动

7. 请求解除合同。因为A公司构成严重违约，房屋无法居住，不能实现合同目的。

【考点】合同的法定解除

8. B公司可向A公司主张违约责任或者对建设工程主张优先权。

【考点】违约责任，建设工程价款优先权

二、2009年民法案例分析题

【案情】

2005年1月1日，甲与乙口头约定，甲承租乙的一套别墅，租期为五年，租金一次付清，交付租金后即可入住。洽谈时，乙告诉甲屋顶有漏水现象。为了尽快与女友丙结婚共同生活，甲对此未置可否，付清租金后与丙入住并办理了结婚登记。入住后不久别墅屋顶果然漏水，甲要求乙进行维修，乙认为在订立合同时已对漏水问题提前作了告知，甲当时并无异议，仍同意承租，故现在乙不应承担维修义务。于是，甲自购了一批瓦片，找到朋友开的丁装修公司免费维修。丁公司派工人更换了漏水的旧瓦片，同时按照甲的意思对别墅进行了较大装修。更换瓦片大约花了10天时间，装修则用了一个月，乙不知情。更换瓦片时，一名工人不慎摔伤，花去医药费数千元。2005年6月，由于新换瓦片质量问题，别墅屋顶出现大面积漏水，造成甲一万余元财产损失。2006年4月，甲遇车祸去世，丙回娘家居住。半年后丙返回别墅，发现戊已占用别墅。原来，2004年12月甲曾向戊借款10万元，并亲笔写了借条，借条中承诺在不能还款时该别墅由戊使用。在戊向乙出示了甲的亲笔承诺后，乙同意戊使用该别墅，将房屋的备用钥匙交付于戊。

【问题】

1. 甲乙之间租赁合同的期限如何确定？理由是什么？如乙欲解除与甲的租赁合同，应如何行使权利？

2. 别墅维修及费用负担问题应如何处理？理由是什么？

3. 甲丁之间存有什么法律关系？其内容和适用规则如何？摔伤工人的医药费用、损失应如何处理？理由是什么？

4. 别墅装修问题应如何处理？理由是什么？

5. 甲是否有权请求乙赔偿因2005年6月屋顶漏水所受损失？理由是什么？

6. 丙可否行使对别墅的承租使用权？理由是什么？

7. 丙应如何向戊主张自己的权利？理由是什么？

【参考答案】

1. 为不定期租赁。租赁期限 6 个月以上，当事人未采取书面形式的，视为不定期租赁。乙可以随时解除合同，但应当在合理期限前通知承租人。

【考点】 不定期租赁

2. （1）甲有权要求乙在合理期限内维修。乙未履行维修义务，甲可以自行维修，维修费用由乙负担。（2）甲的维修属于无因管理的行为，由乙承担其支出的必要费用。瓦片质量问题不影响乙对该项义务的承担（3）因维修影响了甲的使用，应当相应减少租金或延长租期。但装修期间不在延长租期的范围。

【考点】 租赁物的维修

3. （1）甲丁之间属于无名合同，应适用《民法典》合同编通则的相关规定，并可参照合同编典型合同或其他法律最相类似的规定，例如，费用承担问题适用赠与合同的规则，完成工作问题适用承揽合同规则。（2）应由丁承担。因为丁为雇主，应对雇员在从事雇佣活动中遭受的人身损害承担赔偿责任。

【考点】 无名合同，雇主责任

4. 乙可以要求甲恢复原状或赔偿损失。理由是承租人未经出租人同意，对租赁物进行改装或增设他物的，出租人可以要求承租人恢复原状或赔偿损失。

【考点】 承租人违约

5. 无权。造成第二次漏水是甲自身的原因，乙无过错，因此损失应由甲自行承担。

【考点】 违约责任的因果关系

6. 丙有权对乙主张自己基于原租赁合同对该别墅的承租使用权。因为承租人在房屋租赁期间死亡的，与其生前共同居住的人可以按照原租赁合同租赁该房屋。

【考点】 共同居住人的继续承租权

7. 丙有权请求戊返还原物。因为丙是合法占有人，有权请求侵占人返还原物。

【考点】 占有回复请求权

三、2010 年民法案例分析题

【案情】

甲公司委派业务员张某去乙公司采购大蒜，张某持盖章空白合同书以及采购大蒜授权委托书前往。甲、乙公司于 2010 年 3 月 1 日签订大蒜买卖合同，约定由乙公司代办托运，货交承运人丙公司后即视为完成交付。大蒜总价款为 100 万元，货交丙公司后甲公司付 50 万元货款，货到甲公司后再付清余款 50 万元。双方还约定，甲公司向乙公司交付的 50 万元货款中包含定金 20 万元，如任何一方违约，需向守约方赔付违约金 30 万元。张某发现乙公司尚有部分绿豆要出售，认为时值绿豆销售旺季，遂于 2010 年 3 月 1 日擅自决定与乙公司再签订一份绿豆买卖合同，总价款为 100 万元，仍由乙公司代办托运，货交丙公司后即视为完成交付。其他条款与大蒜买卖合同的约定相同。2010 年 4 月 1 日，乙公司按照约定将大蒜和绿豆交给丙公司，甲公司将 50 万元大蒜货款和 50 万元绿豆货款汇付给乙公司。按照托运合同，丙公司应在十天内将大蒜和绿豆运至甲公司。2010 年 4 月 5 日，甲、丁公司签订以 120 万元价格转卖大蒜的合同。4 月 7 日因大蒜价格大涨，甲公司又以 150 万元价格将大蒜卖给戊公司，并指示丙公司将大蒜运至戊公司。4 月 8 日，丙公司运送大蒜过程中，因山洪暴发大蒜全部毁损。戊公司因未收到货物拒不付款，甲公司因未收到戊公司货款拒绝支付乙公司大蒜尾款 50 万元。后绿豆行情暴涨，丙公司以自己名义按 130 万元价格将绿豆转卖给不知情的己公司，并迅即交付，但尚未收取货款。甲公司得知后，拒绝追认丙公司行为，要求己公司返还绿豆。

【问题】

1. 大蒜运至丙公司时，所有权归谁？为什么？

2. 甲公司与丁、戊公司签订的转卖大蒜的合同的效力如何？为什么？

3. 大蒜在运往戊公司途中毁损的风险由谁承担？为什么？

4. 甲公司能否以未收到戊公司的大蒜货款为由，拒绝向乙公司支付尾款？为什么？

5. 乙公司未收到甲公司的大蒜尾款，可否同时要求甲公司承担定金责任和违约金责任？为什么？

6. 甲公司与乙公司签订的绿豆买卖合同效力如何？为什么？

7. 丙公司将绿豆转卖给己公司的行为法律效力如何？为什么？

8. 甲公司是否有权要求己公司返还绿豆？为什么？

【参考答案】

1. 甲公司。因为大蒜是动产，除合同有特别约定外，以交付作为其所有权转移的标志。甲公司和乙公司约定，大蒜交给丙公司时视为完成交付，故此时甲公司是大蒜所有权人。

【考点】 拟制交付

2. 有效。大蒜在交付之前，甲公司仍有所有权，享有处分权，出卖人就同一标的物订立的多重买卖合同，合同的效力相互之间是不排斥的。

【考点】 一物二卖合同的效力

3. 戊公司承担。在途货物的买卖，自买卖合同签订之日起，标的物意外毁损灭失的风险由买方承担。故大蒜毁损灭失的风险由买方戊公司承担。

【考点】 买卖合同风险移转

4. 不能。因为合同具有相对性，甲乙公司是大蒜购销合同的当事人，甲公司不能因为第三人戊公司的原因拒付尾款。

【考点】 合同相对性

5. 不能。因为甲公司和乙公司大蒜购销合同中既约定定金又约定违约金，乙公司只能选择适用违约金或者定金。

【考点】 违约金与定金的竞合

6. 有效。因为甲公司通过向乙公司支付50万元绿豆货款的行为，表示其已对张某无权代理行为进行了追认。

【考点】 无权代理的追认

7. 有效。虽然转卖行为是无权处分，但是该买卖合同仍是有效合同，丙公司的转卖行为有效。

【考点】 无权处分合同的效力

8. 无权。因为己公司构成善意取得。

【考点】 善意取得

四、2011年民法案例分析题

【案情】

甲公司从某银行贷款1200万元，以自有房产设定抵押，并办理了抵押登记。经书面协议，乙公司以其价值200万元的现有的以及将有的生产设备、原材料、半成品、产品为甲公司的贷款设定抵押，没有办理抵押登记。后甲公司届期无力清偿贷款，某银行欲行使抵押权。法院拟拍卖甲公司的房产。甲公司为了留住房产，与丙公司达成备忘录，约定："由丙公司参与竞买，价款由甲公司支付，房产产权归甲公司。"丙公司依法参加竞买，以1000万元竞买成功。甲公司将从子公司筹得的1000万元交给丙公司，丙公司将这1000万元交给了法院。法院依据竞拍结果制作民事裁定书，甲公司据此将房产过户给丙公司。法院裁定书下达次日，甲公司、丙公司与丁公司签约："甲公司把房产出卖给丁公司，丁公司向甲公司支付1400万元。合同签订后10日内，丁公司应先付给甲公司400万元，尾款待房产过户到丁公司名下之后支付。甲公司如果在合同签订之日起半年之内不能将房产过户到丁公司名下，则丁公司有权解除合同，并请求甲公司支付违约金700万元，甲公司和丙公司对合同的履行承担连带责任。"在甲公司、丙公司与丁公司签订房产买卖合同的次日，丙公司与戊公司签订了房产买卖合同。丙公司以1500万元的价格将该房产卖给戊公司，尚未办理过户手续。丁公司见状，拒绝履行支付400万元首付款的义务，并请求甲公司先办理房产过户手续，将房产过户到丁公司名下。甲公司则要求丁公司按约定支付400万元房产购置首付款。鉴于各方僵持不下，半年后，丙公司索性把房产过户给戊公司，并拒绝向丁公司承担连带责任。经查，在甲公司、丙公司和丁公司签订合同后，当地房地产市场价格变化不大。

【问题】

1. 乙公司以其现有的及将有的生产设备等动产为甲公司的贷款设立的抵押是否成立？为什么？

2. 某银行是否必须先实现甲公司的房产的抵押权，后实现乙公司的现有的及将有的生产设备等动产的抵押权？为什么？

3. 甲公司与丙公司达成的备忘录效力如何？为什么？

4. 丙公司与戊公司签订房产买卖合同效力如何？为什么？

5. 丁公司是否有权拒绝履行支付400万元的义务？为什么？

6. 丁公司是否有权请求甲公司在自己未支付400万首付款的情况下先办理房产过户手续？为什么？

7. 丁公司能否解除房产买卖合同？为什么？

8. 丙公司能否以自己不是合同的真正当事人为由拒绝向丁公司承担连带责任？为什么？

9. 甲公司可否请求法院减少违约金数额？为什么？

【参考答案】

1. 成立。因为根据《民法典》规定，经当事人书面协议，乙公司可以现有的以及将有的生产设备、原材料、半成品、产品设定抵押，无须以登记为成立要件。

【考点】 动产浮动抵押

2. 不是。因为甲公司房产抵押与乙公司现有的及将有的生产设备等动产的抵押没有明确约定抵押份额，属于连带共同抵押。抵押权人（即银行）可以选择就任一财产实现抵押权。

【考点】 共同抵押

3. 具有法律效力。因为在法院依据竞买结果制作裁决书后，甲公司将房产过户给了丙公司，丙公司是房产所有人。当事人对房产权属作的特别约定，不具有物权效力。但是该备忘录没有违背法律的强制性规定，具有债权效力，丙公司对甲公司负有合同义务，即依约履行将房产过户给甲公司的义务。

【考点】 物权法定原则

4. 有效。因为丙公司是房产所有权人，有权对房产进行处分，且就同一房产签订多份买卖合同，合同效力既不会仅因为房产没有过户而受影响，也不会仅因为是一物多卖而受影响。

【考点】 一物数卖；区分原则

5. 有权。因为丁公司可以行使不安抗辩权。虽然在甲公司、丙公司与丁公司签订的房产买卖合同中约定，丁公司应先交首付，甲公司后办理房产过户。但是，房产产权人丙公司在签约次日就和戊公司签订房产买卖合同。该行为已经明确表明，甲公司有无法履行交房义务的可能。作为先交首付款义务的丁方，有权行使不安抗辩权。

【考点】 不安抗辩权

6. 无权。因为甲公司可以行使先履行抗辩权。甲公司办理房产过户手续的义务在后。丁公司享有不安抗辩权，可以拒绝履行自己的先给付义务，但是不能以不安抗辩权要求甲公司履行在后的义务。

【考点】 先履行抗辩权

7. 能。因为甲公司在合同订立半年内没有履行办理房产过户手续的义务，丁公司行使约定解除权的条件已经成就。

【考点】 约定解除权

8. 不能。因为甲公司、丙公司与丁公司签订房产买卖合同中约定丙公司和甲公司对合同的履行承担连带责任。该约定属于当事人真实意思表示，不违反法律、行政法规的强制性规定和社会公共利益，具有法律约束力。

【考点】 连带债务

9. 可以。因为根据《民法典》和相关司法解释，合同约定的违约金超过造成损失的30%，数额过分高于损失的，当事人可以请求法院予以适当减少。

【考点】 违约金

五、2012年民法案例分析题

【案情】

信用卡在现代社会的运用越来越广泛。设甲为信用卡的持卡人，乙为发出信用卡的银行，丙为接受银行信用卡消费的百货公司。甲可以凭信用卡到丙处持卡消费，但应于下个月的15日前将其消费的款项支付给乙；丙应当接受甲的持卡消费，并于每月的20日请求乙支付甲消费的款项，丙不得请求甲支付其消费的款项。2012年3月，甲消费了5万元，无力向乙还款。甲与乙达成协议，约定3个月内还款，甲将其1间铺面房抵押给乙，并作了抵押登记。应乙的要求，甲为抵押的铺面房向丁保险公司投了火灾险，并将其对保险公司的保险赔偿请求权转让给了己。2012年4月，甲与张某签订借款意向书，约定甲以铺面房再作抵押向张某借款5万元，用于向乙还款。后因甲未办理抵押登记，张某拒绝提供借款。2012年7月，因甲与邻居戊有矛盾，戊放火烧毁了甲的铺面房。在保险公司理赔期间，己的债权人庚向法院申请冻结了保险赔偿请求权。

【问题】

1. 2012年3月之前，甲与乙之间存在什么法律关系？乙与丙之间存在什么法律关系？甲与丙之间存在什么法律关系？

2. 丙有权请求乙支付甲消费的款项但不得请求甲支付其消费的款项，其法律含义是什么？乙可否以甲不支付其消费的款项为理由，拒绝向丙付款？为什么？

3. 如甲不向乙支付其消费的款项，乙可以主张什么权利？如乙不向丙支付甲消费的款项，丙可以主张什么权利？

4. 如丙拒绝接受甲持卡消费，应由谁主张权利？可以主张什么权利？为什么？

5. 张某拒绝向甲提供借款是否构成违约？为什么？

6. 甲的抵押铺面房被烧毁之后，届期无力还款，乙可以主张什么权利？

7. 甲将保险赔偿请求权转让给己，己的债权人庚向法院申请冻结该保险赔偿请求权，对乙的抵押权有什么影响？为什么？

【参考答案】

1.①甲持卡在丙处消费，由乙向丙付款，这是一种无名合同关系，参照委托合同的规定处理。甲应依其消费金额向乙还款，甲乙之间还形成借款合同法律关系（或形成还款关系）。②丙负有接受符合条件的持卡人的消费的义务，即丙受乙的委托向第三人（消费者）为给付，有与第三人订立合同的义务，这是一种类似于委托的关系（或无名合同关系）。乙在丙完成对第三人的给付之后，丙有要求乙付款的权利。③甲与丙之间构成买卖合同关系。

【考点】 法律关系；合同分类

2. ①甲在丙处消费的付款义务，由乙承担。这是就将来可确定的债务，甲与乙订立债务承担协议。而且是经债权人同意的免责的债务承担，即免责的由乙承担，丙不得向甲主张权利。②乙不可以甲不付款为理由拒绝向丙支付价款。因为甲与乙、乙与丙之间的债的关系是独立的，而且债务承担具有无因性。

【考点】 免责的债务承担

3. ①如果甲不向乙支付其消费的款项，乙可依甲乙之间的还款协议要求甲支付其所消费的款项及利息（违约责任）。②如果乙不向丙支付甲所消费的款项，丙可依乙丙之间的还款关系要求乙支付甲所消费的款项及利息（违约责任）。

【考点】 合同的相对性

4. 如丙拒绝接受甲持卡消费，应由乙主张权利，乙可请求丙承担违约责任。因为免责债务承担合同（或者委托合同）成立于乙、丙间，根据违约责任的相对性，只能由乙对丙主张违约责任。

【考点】 违约责任的相对性

5. 不构成违约。因为自然人间的借款合同属于实践合同，张某未向甲提供借款，借款合同尚未生效。

【考点】 自然人间的借款合同

6. 乙可对房屋烧毁后的保险金行使抵押权。也可以回答：抵押权人乙可就甲对戊享有的损害赔偿金行使抵押权，优先受偿自己的债权。

【考点】 抵押权的物上代位性

7. 无影响。因为在甲的铺面房设定抵押后，甲将保险赔偿请求权转让给己，基于抵押权的物权效力（或追及效力，或优先效力），不影响抵押权的效力。己的债权人庚向法院申请冻结该保险赔偿请求权，基于抵押权的优先性，不影响抵押权的效力。

【考点】 物权优先于债权；物权的追及效力

六、2013 年民法案例分析题

【案情】

大学生李某要去 A 市某会计师事务所实习。此前，李某通过某租房网站租房，明确租房位置和有淋浴热水器两个条件。

张某承租了王某一套二居室，租赁合同中有允许张某转租的条款。张某与李某联系，说明该房屋的位置及房屋里配有高端热水器。李某同意承租张某的房屋，并通过网上银行预付了租金。

李某入住后发现，房屋的位置不错，卫生间也较大，但热水器老旧不堪，不能正常使用，屋内也没有空调。

另外，李某了解到张某已拖欠王某 1 个月的租金，王某已表示，依租赁合同的约定要解除与张某的租赁合同。李某要求张某修理热水器，修了几次都无法使用。再找张某，张某避而不见。李某只能用冷水洗澡并因此感冒，花了一笔医疗费。

无奈之下，李某去 B 公司购买了全新电热水器，B 公司派其员工郝某去安装。在安装过程中，找不到登高用的梯子，李某将张某存放在储藏室的一只木箱搬进卫生间，供郝某安装时使用。安装后郝某因有急事未按要求试用便离开，走前向李某保证该热水器可以正常使用。李某仅将该木箱挪至墙边而未搬出卫生间。李某电话告知张某，热水器已买来装好，张某未置可否。

另外，因暑热难当，李某经张某同意，买了一部空调安装在卧室。

当晚，同学黄某来 A 市探访李某。黄某去卫生间洗澡，按新装的热水器上的提示刚打开热水器，该热水器的接口处迸裂，热水喷溅不止，黄某受到惊吓，摔倒在地受伤，经鉴定为一级伤残。另外，木箱内装的贵重衣物，也被热水器喷出的水流浸泡毁损。

【问题】

1. 由于张某拖欠租金，王某要解除与张某的租赁合同，李某想继续租用该房屋，可以采取什么措施以抗辩王某的合同解除权？

2. 李某的医疗费应当由谁承担？为什么？

3. 李某是否可以更换热水器？李某更换热水器的费用应当由谁承担？为什么？

4. 李某购买空调的费用应当由谁承担？为什么？

5. 对于黄某的损失，李某、张某是否应当承担赔偿责任？为什么？

6. 对于黄某的损失，郝某、B 公司是否应当承担赔偿责任？为什么？

7. 对于张某木箱内衣物浸泡受损，李某、B 公司是否应当承担赔偿责任？为什么？

【参考答案】

1. 李某可以请求代张某支付其欠付王某的租金和违约金，以抗辩王某的合同解除权。

【考点】 合法转租；次承租人的代为清偿请求权

2. 由张某承担。因为张某作为出租人有提供热水（热水器）的义务，张某违反该义务，致李某损失，应由张某承担赔偿责任。

【考点】 出租人适租义务

3. 可以（是）。更换热水器的费用应由张某承担。因为张某（出租人）作为出租人应当按照约定将租赁物交付承租人，应当履行租赁物的维修义务，张某有保持租赁物符合约定用途的义务。

【考点】 出租人对租赁物的维修义务

4. 由李某承担。因为李某（承租人）经张某（出租人）同意装饰装修，但未就费用负担作特别约定，故承租人不得请求出租人补偿费用。

【考点】 房屋租赁合同装饰装修费用的处理

5. 否（李某或张某均不应当承担赔偿责任）。因为李某与黄某之间并无合同，李某不需承担违约损害赔偿责任。对于黄某的损失，李某亦无过错，不需承担侵权责任。故李某不应承担赔偿责任。张某与黄某之间并无合同，张某不需要承担违约损害赔偿责任；对于黄某的损失，张某并无过错，不需承担侵权责任。故张某不应承担赔偿责任。

【考点】 过错侵权；违约责任

6. 郝某不应当承担赔偿责任，B 公司应当承担赔偿责任。因为郝某是 B 公司的工作人员，执行 B 公司的工作任务，故不需承担侵权责任。又因热水器是缺陷产品，缺陷产品造成损害，被侵权人（黄某）既可向产品的生产者请求赔偿，也可向产品的销售者请求赔偿。故 B 公司需承担侵权责任。

【考点】 产品责任；用人单位责任

7. 李某不应承担赔偿责任，B 公司应承担赔偿责任。因为李某对衣物受损并无过错。缺陷产品的侵权责任，由生产者或销售者承担，故 B 公司应对张某衣物受损承担侵权责任。

【考点】 产品责任；过失的判断

七、2014 年民法案例分析题

【案情】

2 月 5 日，甲与乙订立一份房屋买卖合同，约定乙购买甲的房屋一套（以下称 01 号房），价格 80 万元。并约定，合同签订后一周内乙先付 20 万元，交付房屋后付 30 万元，办理过户登记后付 30 万元。

2 月 8 日，丙得知甲欲将该房屋出卖，表示愿意购买。甲告知其已与乙签订合同的事实，丙说愿出 90 万元。于是，甲与丙签订了房屋买卖合同，约定合同签订后 3 日内丙付清全部房款，同时办理过户登记。2 月 11 日，丙付清了全部房款，并办理了过户登记。

2 月 12 日，当乙支付第一笔房款时，甲说：房屋已卖掉，但同小区还有一套房屋（以下称 02 号房），可作价 100 万元出卖。乙看后当即表示同意，但提出只能首付 20 万元，其余 80 万元向银行申请贷款。甲、乙在原合同文本上将房屋相关信息、价款和付款方式作了修改，其余条款未修改。乙支付首付 20 万元后，恰逢国家出台房地产贷款调控政策，乙不再具备贷款资格。故乙表示仍然要买 01 号房，要求甲按原合同履行。甲表示 01 号房无法交付，并表示第二份合同已经生效，如乙不履行将要承担违约责任。乙认为甲违约在先。

3 月中旬，乙诉请法院确认甲丙之间的房屋买卖合同无效，甲应履行 2 月 5 日双方签订的合同，交付 01 号房，并承担迟延交付的违约责任。甲则要求乙继续履行购买 02 号房的义务。

3 月 20 日，丙聘请不具备装修资质的 A 公司装修 01 号房。装修期间，A 公司装修工张某因操作失误将水管砸坏，漏水导致邻居丁的家具等物件损坏，损失约 5000 元。

5 月 20 日，丙花 3000 元从商场购买 B 公司生产的热水器，B 公司派员工李某上门安装。5 月 30 日，李某从 B 公司离职，但经常到 B 公司派驻丙所住小区的维修处门前承揽维修业务。7 月 24 日，丙因热水器故障到该维修处要求 B 公司维修，碰到李某。丙对李某说：热水器是你装的，出了问题你得去修。维修处负责人因人手不够，便对李某说：那你就去帮忙修一下吧。李某便随丙去维修。李某维修过程中操作失误致热水器毁损。

【问题】

1. 01 号房屋的物权归属应当如何确定？为什么？

2. 甲、丙之间的房屋买卖合同效力如何？考查甲、丙之间合同效力时应当考虑本案中的哪些因素？

3. 2 月 12 日，甲、乙之间对原合同修改的行为的效力应当如何认定？为什么？

4. 乙的诉讼请求是否应当得到支持？为什么？

5. 针对甲要求乙履行购买 02 号房的义务，乙可主张什么权利？为什么？

6. 邻居丁所遭受的损失应当由谁赔偿？为什么？

7. 丙热水器的毁损，应由谁承担赔偿责任？为什么？

【参考答案】

1. 甲、丙基于合法有效的买卖合同十 2 月 11 日办理了过户登记手续，即完成了不动产物权的公示行为。不动产物权发生变动，即由原所有权人甲变更为丙。

【考点】 不动产物权变动的条件

2. 甲、丙之间于 2 月 8 日形成的房屋买卖合同，该合同为有效合同。尽管甲已就该房与乙签订了合同，但甲丙的行为不属于违背公序良俗的行为，也不违反法律、行政法规的强制性规定，不存在无效的因素。丙的行为仅为单纯的知情，甲、丙之间的合同不属于恶意串通行为，因其不以损害乙的权利为目的。

【考点】 合同无效的情形

3. 2 月 12 日，甲、乙之间修改合同的行为，该行为有效，其性质属于双方变更合同。双方受变更后的合同的约束。

【考点】合同的变更

4. 乙与甲通过协商变更了合同，甲、丙之间的合同有效且已经办理了物权变动的手续，故乙关于确认甲、丙之间合同无效、由甲交付 01 号房的请求不能得到支持。但是，乙可以请求甲承担违约责任，乙同意变更合同不等于放弃追索甲在 01 号房屋买卖合同项下的违约责任。

【考点】合同变更的法律效果

5. 乙可请求解除合同，甲应将收受的购房款本金及其利息返还给乙。因政策限购属于当事人无法预见的情形，且合同出现了履行不能的情形，乙有权解除合同，且无须承担责任。

【考点】不可抗力导致合同单方解除

6. 应当由丙和 A 公司承担。张某是受雇人，其执行职务的行为，由 A 公司承担侵权赔偿责任。丙聘请没有装修资质的 A 公司进屋装修，具有过错，也应对丁的损失承担赔偿责任。

【考点】用人单位侵权责任

7. B 公司承担。李某维修行为，构成表见代理，其行为后果由 B 公司承担（合同上的赔偿责任）。或者李某虽然离职，但经维修处负责人指派，仍为执行工作任务，应由 B 公司承担责任（侵权责任）。

【考点】表见代理；用人单位侵权责任

八、2015 年民法案例分析题

【案情】

甲欲出卖自家的房屋，但其房屋现已出租给张某，租赁期还剩余 1 年。甲将此事告知张某，张某明确表示，以目前的房价自己无力购买。

甲的同事乙听说后，提出购买。甲表示愿意但需再考虑细节。乙担心甲将房屋卖与他人，提出草签书面合同，保证甲将房屋卖与自己，甲同意。甲、乙一起到房屋登记机关验证房屋确实登记在甲的名下，且所有权人一栏中只有甲的名字，双方草签了房屋预购合同。

后双方签订正式房屋买卖合同约定：乙在合同签订后的 5 日内将购房款的三分之二通过银行转账给甲，但甲须提供保证人和他人房屋作为担保；双方还应就房屋买卖合同到登记机关办理预告登记。甲找到丙作为保证人，并用丁的房屋抵押。丁与乙签订了抵押合同并办理了抵押登记，但并没有约定担保范围。甲乙双方办理了房屋买卖合同预告登记，但甲忘记告诉乙房屋出租情况。

此外，甲的房屋实际上为夫妻共同财产，甲自信妻子李某不会反对其将旧房出卖换大房，事先未将出卖房屋的事情告诉李某。李某知道后表示不同意。但甲还是瞒着李某与乙办理了房屋所有权转移登记。3 年后，甲与李某离婚，李某认为当年甲擅自处分夫妻共有房屋造成了自己的损失，要求赔偿。甲抗辩说，赔偿请求权已过诉讼时效。

【问题】

1. 在本案中，如甲不履行房屋预购合同，乙能否请求法院强制其履行？为什么？

2. 甲未告知乙有租赁的事实，应对乙承担什么责任？

3. 如甲不按合同交付房屋并转移房屋所有权，预告登记将对乙产生何种保护效果？

4. 如甲在预告登记后又与第三人签订房屋买卖合同，该合同是否有效？为什么？

5. 如甲不履行合同义务，在担保权的实现上乙可以行使什么样的权利？担保权实现后，甲、丙、丁的关系如何？

6. 甲擅自处分共有财产，其妻李某能否主张买卖合同无效？是否可以主张房屋过户登记为无效或者撤销登记？为什么？

7. 甲对其妻李某的请求所提出的时效抗辩是否成立？为什么？

1. 不能。理由是预约虽是合同，其目的在于促进订立主合同。当事人签订认购书、备忘录等预约合同，约定将来订立买卖合同，一方不履行的，对方可请求其承担预约合同违约责任或者要求解除预约合同并主张损害赔偿。但是，法院不能强制当事人签订正式合同。乙可以请求赔偿，也可以请求解除合同并请求赔偿。

【考点】预约的法律效力

2. 甲应对乙承担违约责任。甲应说明买卖标的物上有负担的事实而未说明，违反了法律规定的附随义务，在合同有效的情况下，应该纳入到违约责任中。

【考点】违约责任的构成

3. 按照我国《民法典》第221条的规定，预告登记后，甲再处分房屋的，不产生物权效力。即乙对房屋的交付请求权具有物权性优先权，可以对抗所有的未登记的购买人。

【考点】预告登记

4. 预告登记后，甲与第三人签订的房屋买卖合同有效，只是不发生物权变动的效力，如果甲不履行，将对第三人承担违约责任。

【考点】合同的效力

5. 如果甲不履行合同义务，乙可以选择实现抵押权或者向保证人丙主张保证责任。无论丁还是丙履行担保责任后，都有权向甲追偿。

【考点】混合担保

6. 李某不得主张合同无效。即使甲没有处分权，也不影响合同效力。李某不可以主张房屋登记过户为无效，因为乙已经善意取得了房屋的所有权。

【考点】无权处分合同的效力；善意取得

7. 不成立。由于双方为夫妻共同财产制，夫妻关系存续是李某行使请求权的障碍。

【考点】诉讼时效的中止

九、2016年民法案例分析题

【案情】

自然人甲与乙订立借款合同，其中约定甲将自己的一辆汽车作为担保物让与给乙。借款合同订立后，甲向乙交付了汽车并办理了车辆的登记过户手续。乙向甲提供了约定的50万元借款。

一个月后，乙与丙公司签订买卖合同，将该汽车卖给对前述事实不知情的丙公司并实际交付给了丙公司，但未办理登记过户手续，丙公司仅支付了一半购车款。

某天，丙公司将该汽车停放在停车场时，该车被丁盗走。丁很快就将汽车出租给不知该车来历的自然人戊，戊在使用过程中因汽车故障送到己公司修理。己公司以戊上次来修另一辆汽车时未付修理费为由扣留该汽车。汽车扣留期间，己公司的修理人员庚偷开上路，违章驾驶撞伤行人辛，辛为此花去医药费2000元。

现丙公司不能清偿到期债务，法院已受理其破产申请。

【问题】

1. 甲与乙关于将汽车让与给债权人乙作为债务履行担保的约定效力如何？为什么？乙对汽车享有什么权利？

2. 甲主张乙将汽车出卖给丙公司的合同无效，该主张是否成立？为什么？

3. 丙公司请求乙将汽车登记在自己名下是否具有法律依据？为什么？

4. 丁与戊的租赁合同是否有效？为什么？丁获得的租金属于什么性质？

5. 己公司是否有权扣留汽车并享有留置权？为什么？

6. 如不考虑交强险责任，辛的2000元损失有权向谁请求损害赔偿？为什么？

7. 丙公司与乙之间的财产诉讼管辖应如何确定？法院受理丙公司破产申请后，乙能否就其债权对丙公司另行起诉并按照民事诉讼程序申请执行？

【参考答案】

1. 有效。债务人或者第三人与债权人约定将财产形式上转移至债权人名下，债务人不履行到期债务，债权人有权对财产折价或者以拍卖、变卖该财产所得价款偿还债务的，为让与担保。当事人已经完成财产权利变动的公示，债务人不履行到期债务，债权人可以请求参照《民法典》关于担保物权的有关规定就该财产优先受偿。

【考点】 债的担保方式

2. 不能成立。因为虽然乙将汽车出卖给丙公司的行为属于无权处分，但无权处分不影响合同效力，法律并不要求出卖人在订立买卖合同时对标的物享有所有权或者处分权。

【考点】 无效合同

3. 有法律依据。汽车属于特殊动产，交付即转移所有权，登记只是产生对外的效力，不登记不具有对抗第三人的效力。本案中因为汽车已经交付，丙公司已取得汽车所有权。

【考点】 物权登记

4. 有效，因为尽管丁不享有所有权或处分权，但是并不影响租赁合同效力。其所得的租金属于不当得利。

【考点】 租赁合同的效力

5. 已公司无权扣留汽车并享有留置权。债权人留置的动产与债权应该属于同一法律关系。而在本案中，债权与汽车无牵连关系。

【考点】 留置权的成立要件

6. 辛有权向庚请求赔偿，庚虽然是己公司的雇员，但庚将车偷开出去，不属于职务行为，更作为肇事人应自己承担责任。

【考点】 机动车侵权

7. 丙公司与乙之间的财产诉讼应该由破产案件受理的人民法院管辖。法院受理丙公司破产申请后，乙应当申报债权，如果对于债权有争议，可以向受理破产申请的人民法院提起诉讼，但不能按照民事诉讼程序申请执行。

【考点】 特殊管辖

十、2017年民法案例分析题

【案情】

2016年1月10日，自然人甲为创业需要，与自然人乙订立借款合同，约定甲向乙借款100万元，借款期限1年，借款当日交付。2016年1月12日，双方就甲自有的M商品房又订立了一份商品房买卖合同，其中约定：如甲按期偿还对乙的100万元借款，则本合同不履行；如甲到期未能偿还对乙的借款，则该借款变成购房款，甲应向乙转移该房屋所有权；合同订立后，该房屋仍由甲占有使用。

2016年1月15日，甲用该笔借款设立了S个人独资企业。为扩大经营规模，S企业向丙借款200万元，借款期限1年，丁为此提供保证担保，未约定保证方式；戊以一辆高级轿车为质押并交付，但后经戊要求，丙让戊取回使用，戊又私自将该车以市价卖给不知情的己，并办理了过户登记。

2016年2月10日，甲因资金需求，瞒着乙将M房屋出卖给了庚，并告知庚其已与乙订立房屋买卖合同一事。2016年3月10日，庚支付了全部房款并办理完变更登记，但因庚自3月12日出国访学，为期4个月，双方约定庚回国后交付房屋。

2016 年 3 月 15 日，甲未经同意将 M 房屋出租给知悉其卖房给庚一事的辛，租期 2 个月，月租金 5000 元。

2016 年 5 月 16 日，甲从辛处收回房屋的当日，因雷电引发火灾，房屋严重毁损。根据甲卖房前与某保险公司订立的保险合同（甲为被保险人），某保险公司应支付房屋火灾保险金 5 万元。

2016 年 7 月 13 日，庚回国，甲将房屋交付给了庚。

2017 年 1 月 16 日，甲未能按期偿还对乙的 100 万元借款，S 企业也未能按期偿还对丙的 200 万元借款，现乙和丙均向甲催要。

【问题】

1. 就甲对乙的 100 万元借款，如乙未起诉甲履行借款合同，而是起诉甲履行买卖合同，应如何处理？请给出理由。

2. 就 S 企业对丙的 200 万元借款，甲、丁、戊各应承担何种责任？为什么？

3. 甲、庚的房屋买卖合同是否有效？庚是否已取得房屋所有权？为什么？

4. 谁有权收取 M 房屋 2 个月的租金？为什么？

5. 谁应承担 M 房屋火灾损失？为什么？

6. 谁有权享有 M 房屋火灾损失的保险金请求权？为什么？

【参考答案】

1. 甲与乙前后签订两份合同，后一份买卖合同本质上是前一份借款合同的担保。当事人以签订买卖合同作为民间借贷合同的担保。借款到期后借款人不能还款，出借人不能请求履行买卖合同，只能申请拍卖买卖合同标的物，以偿还债务。

【考点】 名为买卖，实为担保

2. 甲作为 S 企业的投资人，在 S 企业财产不足以清偿债务时应以个人其他财产予以清偿。当事人对保证方式没有约定或者约定不明确的，按照一般保证承担保证责任。质权人将质物返还于出质人后，质权失去效力，质权本身消灭，因此，戊无需向丙承担质押的担保责任。

【考点】 个人独资企业的债务承担，保证责任的类型，质押权的消灭

3. 合同有效，庚已取得房屋所有权。甲对该房屋享有所有权，出售给庚属于有权处分，庚虽然知情，但并没有恶意串通的情节，故甲与庚的买卖合同有效。房屋所有权的转移，以办理变更登记为标准，因该房屋已变更登记至庚的名下，庚已取得房屋所有权，至于是否交付，并不影响房屋所有权的转移。

【考点】 不动产物权变动

4. 甲有权收取租金。甲和庚约定庚回国后交付房屋，因此，在庚回国前，甲为房屋的合法占有人，故甲与辛的租赁合同有效。依据合同相对性规则，甲有权收取房屋的租金。

【考点】 租赁合同的效力

5. 房屋火灾损失，应由甲承担。标的物毁损、灭失的风险，在标的物交付之前由出卖人承担，交付之后由买受人承担，但法律另有规定或者当事人另有约定的除外。据此，除当事人另有约定外，标的物风险自交付时起转移。本题中，甲未将房屋交付于庚，风险应由甲承担。

【考点】 合同风险移转

6. 庚有权享有 M 房屋火灾损失的保险金请求权。保险标的转让的，保险标的的受让人承继被保险人的权利和义务。甲卖房前即已与某保险公司订立的保险合同（甲为被保险人），因此，当甲将房屋出售给庚之后，由庚承继被保险人甲的权利和义务，因此 M 房屋火灾损失的保险金请求权，现应由庚主张。

【考点】 合同权利义务移转

十一、2023 主观题

王某于 2020 年 2 月 10 日在东山市设立甲公司，王某作为甲公司的唯一股东担任甲公司经理，后于 2021 年 3 月 15 日与李某结婚。结婚后，李某作为甲公司财务。2022 年 2 月 1 日，甲公司与乙公司签订设备购买合同，约定价款 200 万元，甲公司首付 100 万，剩余 100 万在 2023 年底支付完毕，于每月月初支付，每次支付 10 万元。王某承诺，如果甲公司还不了款，王某就替甲公司还款。后甲公司、王某、乙公司在合同上签字，李某未签字。甲公司支付了 7 期后，不再继续支付货款。乙公司了解到，因为甲公司对设备操作不熟导致产量低无法支付设备价款，遂与甲公司签订培训合同，由乙公司派人对甲公司员工进行培训，培训费 20 万元。之后，甲公司经乙公司催告后仍不履行付款义务，乙公司起诉到法院，要求解除合同并支付两个合同项下的价款。后乙公司查明，甲公司无力支付价款，起诉没有意义，在一审开庭前撤回起诉，法院准许。另查明，甲公司的财产跟王某的财产混同，王某把公司的钱用来为自己购买房子，并找丙银行贷款，王某和李某一起签署了借款合同。之后，乙公司再次起诉甲公司要求支付货款，并要求王某和李某对公司债务承担连带责任。甲公司提出异议：合同在乙公司第一次起诉其收到起诉状副本后就已经解除，现在要求履行合同义务，没有法律依据。

【问题】

1. 对于买卖合同，王某和李某是否承担保证责任进行分析。

2. 对于培训协议，王某和李某是否承担连带责任进行分析。

3. 乙公司能否要求解除买卖合同？

4. 乙能否请求支付培训合同项下的款项 20 万和赔偿迟延损失？

【参考答案】

1. 王某和李某均需要对买卖合同承担保证责任。王某明确表达了愿为公司的买卖合同债务承担保证责任的意愿，并在该合同上签字，符合保证合同书面形式要求。故王某需要承担保证责任。妻子李某虽然未共同签名，但甲公司是王某的一人公司，李某担任该公司的财务，换言之，甲公司的经营活动是王某与李某共同生活的主要收入来源。因此，王某为甲公司担保而产生的债务属于夫妻共同债务，妻子李某需要在夫妻共同财产的范围内承担保证责任。

【考点】 夫妻共同债务

2. 王某和李某需要对培训协议承担连带责任。因甲公司的财产与股东王某的财产发生混同，因此，甲公司与王某之间构成了人格否认，王某需要对甲公司的债务承担连带责任。如上题分析的，王某为甲公司的经营活动而产生的债务属于夫妻共同债务，妻子李某也需要承担连带责任。

【考点】 公司人格否认

3. 买卖合同为分期付款买卖，甲公司已经支付了 170 万元，剩余未付款项为 30 万元，未达到全部价款的 1/5，因此出卖人不可以请求解除合同。

【考点】 分期付款合同的解除

4. 培训合同没有约定付款期限，乙公司催告甲公司付款确定了付款的合理期限。甲公司仍未付款，乙公司起诉将合同解除，在起诉状副本送达时发生解除的效果。合同被解除后，不影响违约责任的承担。因此，甲的抗辩不能成立，乙公司可以要求甲继续支付培训费 20 万元，并赔偿逾期损失。

【考点】 合同解除的程序与效果

中国政法大学（简称法大）是一所以法学为特色和优势，兼有文学、历史学、哲学、经济学、管理学、教育学、理学、工学等学科的"211工程"重点建设大学。

法大的法律资格考试培训历史悠久，全国律师资格考试始于1986年，而1988年法大就开展了法律培训。2005年3月成立了中国政法大学司法考试学院，这是一所集法考研究、教学研究、辅导培训为一体的司法考试学院，2018年正式更名为中国政法大学法律职业资格考试学院。经过多年的积淀，法大法律职业资格考试学院被广大考生称为国家法律职业资格考试考前培训及法考研究、教学研究的大本营。

2024年法大法考课程体系
>>> 面授班型 <<<

班型		上课时间	标准学费（元）
主客一体面授班	面授精英A班	2024年3月-2024年10月	59800
	面授精英B班	2024年5月-2024年10月	49800
	面授集训A班	2024年6月-2024年10月	39800
	面授集训B班	2024年7月-2024年10月	32800
客观题面授班	面授全程班	2024年3月-2024年9月	35800

更多课程详情联系招生老师 →

📞 010-5890-8131   🌐 http://cuploeru.com
📍 北京市海淀区西土城路25号中国政法大学研究生院东门

法大法考姚老师   法大法考白老师

>>> 2024年法大法考课程体系 — 网络班型 <<<

班型		上课时间	标准学费（元）
主客一体网络班	网络尊享特训班	2024年3月-2024年10月	35800
	网络独享班	2023年7月-2025年10月	23800
	网络预热班	2024年3月-2024年10月	19800
	网络在职先行班	2023年7月-2024年10月	15800
	网络全程优学班	2024年3月-2024年10月	15800
	网络全程班	2024年3月-2024年10月	14800
	网络二战优学班	2023年7月-2024年10月	13800
	网络系统提高班	2023年7月-2024年10月	10800
	网络在职先锋班	2023年7月-2024年10月	9800
客观题网络班	网络入门先行班	2023年7月-2024年9月	2980
	网络基础班	2024年3月-2024年9月	8980
	网络强化班	2024年5月-2024年9月	7980
	网络冲刺班	2024年8月-2024年9月	3980
主观题网络班	网络全程班	2024年9月-2024年10月	9800
	网络冲刺班	2024年10月	4980

温馨提示：1、缴纳学费后，因个人原因不能坚持学习的，视为自动退学，学费不予退还。 2、课程有效期内，不限次回放
投诉及建议电话：吴老师17718315650

—— 优质服务 全程陪伴 ——

★历年真题 ★在线模考题库 ★打卡学习 ★错题本 ★课件下载 ★思维导图 ★1V1在线答疑随时咨询

★有效期内不限次数回放 ★上课考试通知 ★报考指导 ★成绩查询 ★认定指导 ★配备专属教辅

★客观/主观不过退费协议（部分班型） ★免费延期或重修1次（部分班型） ★专属自习室（部分班型）

★小组辅导 ★个人定制化学习通关和职业发展规划 ★颁发法大法考结业证（部分班型） ★特殊服务 随时跟读

法大法考

2024年国家法律职业资格考试

金题解析

行政法与行政诉讼法

（第三册）

法律职业资格考试培训中心（学院）◎编著

兰燕卓◎编写

中国政法大学出版社

2024·北京

图书在版编目（ＣＩＰ）数据

2024 年国家法律职业资格考试金题解析/法律职业资格考试培训中心（学院）编著. —北京：中国政法大学出版社，2024.4

ISBN 978-7-5764-1279-6

Ⅰ.①2… Ⅱ.①法… Ⅲ.①法律工作者－资格考试－中国－题解 Ⅳ.①D920.4

中国国家版本馆 CIP 数据核字(2024)第 007775 号

出 版 者　　中国政法大学出版社

地　　址　　北京市海淀区西土城路 25 号

邮寄地址　　北京 100088 信箱 8034 分箱　　邮编 100088

网　　址　　http://www.cuplpress.com（网络实名：中国政法大学出版社)

电　　话　　010-58908285(总编室) 58908433（编辑部）58908334(邮购部)

承　　印　　固安华明印业有限公司

开　　本　　787mm×1092mm　　1/16

印　　张　　112.75

字　　数　　2800 千字

版　　次　　2024 年 4 月第 1 版

印　　次　　2024 年 4 月第 1 次印刷

定　　价　　372.00 元（全八册）

序 言

2001 年《中华人民共和国法官法》《中华人民共和国检察官法》《中华人民共和国律师法》修正案相继通过。其中规定，国家对初任法官、检察官和取得律师资格实行统一的司法考试制度，这标志着我国正式确立了统一的司法考试制度，这是我国司法改革的一项重大举措。党的十八大以来，党中央和习近平总书记高度重视司法考试工作。2015 年 6 月 5 日，习近平总书记主持召开中央全面深化改革领导小组第十三次会议，审议通过了《关于完善国家统一法律职业资格制度的意见》，明确要将现行司法考试制度调整为国家统一法律职业资格考试制度。2017 年 9 月 1 日《全国人民代表大会常务委员会关于修改〈中华人民共和国法官法〉等八部法律的决定》审议通过，明确法律职业人员考试的范围，规定取得法律职业资格的条件等内容，定于 2018 年开始实施国家统一法律职业资格考试制度。这一改革对提高人才培养质量，提供依法治国保障，对全面推进依法治国，建设社会主义法治国家具有重大而深远的意义。

中国政法大学作为国家的双一流重点大学，以拥有作为国家一级重点学科的法学学科见长，其法学师资队伍汇集了一大批国内外知名法学家。他们不仅是法学教育园地的出色耕耘者，也是国家立法和司法战线的积极参与者。他们积累了法学教育和法律实践的丰富经验，取得了大量有影响的科研成果。

国家统一司法考试实施以来，我校专家学者在参与司法考试的制度建设和题库建设中做出了许多贡献，在此期间我校不仅有一批长期参加国家司法考试题库建设和考题命制的权威专家，也涌现出众多在国家司法考试培训中经验丰富和业绩突出的名师。伴随着司法考试改革，我校对法律职业资格考试进行更深入的分析研究，承继司法考试形成了强大的法律职业资格考试研究阵容和师资团队。

2005 年我校成立了中国高校首家司法考试学院。该院本着教学、科研和培训一体化的宗旨，承担着在校学生和社会考生司法考试培训任务。司法考试学院成立后，选拔了一批在司法考试方面的权威专家和名师，精心编写了中国政法大学《国家司法考试金题解析》作为考生考前提高应试能力的教材。伴随着 2018 年司法考试改革，我院根据法律职业资格考试内容及大纲对本书进行了全面修订，本书更名为《国家法律职业资格考试金题解析》。

法律职业资格考试中心（原司法考试学院）组织编写的此书紧扣国家法律职业资格考试大纲，较为系统地梳理真题及对应的考点，以帮助学生全面地掌握知识点。对每个考点涉及的法条和理论进行详细解读，有助于考生加深对重点考点的理解和掌握。全书渗透着编写教师多

年的教学经验，体现着国家法律职业资格考试的规律，帮助考生精准把握考试内容。本书将会对广大备考人员学习、理解和掌握国家法律职业资格考试的知识内容和应试方法具有积极的引导与促进作用，为考生提高考场实战能力提供支持和帮助。最后，对编写本套教材的各位老师辛勤付出表示感谢！编委会成员（按姓氏笔画排序）：方鹏、兰燕卓、叶晓川、安晋城、杨秀清、邹龙妹、宋亚伟、肖沛权、贾若山、梁泽宇。

在此预祝各位考生在国家法律职业资格考试中一举通过。

中国政法大学法律职业资格考试中心

（原中国政法大学司法考试学院）

前　言

当你看到这本书的时候，相信你已经至少完成了行政法的第一轮系统学习，接着想用这本书来巩固和加强你所学习的知识点。那么在这个阶段，你可能遇到"一学就会，一做就错"的困境。很多考生备考的困惑在于，感觉书本知识已经学会，但做题目时正确率却不高。

这种情况是正常的，也是大部分考生在这个阶段都会面临的一个问题，究其原因，是因为真题的学习实际上就是建立从知识点到考点的有效链接，帮助同学们迅速将"学什么"和"怎么考"一一对应起来。同学们都知道真题非常重要，但很多同学没有有效利用真题，仅仅将之作为查漏补缺的用途。实际上，真题是对命题人思路的直接反映，除了考点和法条的梳理，更重要的是对命题思路的认识和把握，而后者更能帮助我们进行高效的复习，通过考试。

本书在体例上有如下特点：

第一，本书基本涵盖了 2009 年到 2023 年十余年的行政法真题，较为系统地梳理了真题及对应的考点，以期帮助同学们全面地掌握知识点。

第二，按照考点进行编排的同时，在同一知识点下采取年份倒序的排列方法。即 2023 年在最前面，依次排列，这样编排主要是考虑到，越是年份近的题目，越能贴近命题人当下的最新的命题趋势，有利于同学们备考。

第三，对每个考点涉及的法条和理论进行详细解读，有助于同学们加深对重要考点的理解和掌握。

星光不负赶路人，祝你今年顺利通关！

兰燕卓
2024 年初于北京

目　录

第一章 行政法概述

一、合法行政

1. 合法行政是行政法的重要原则。下列哪些做法违反了合法行政要求？（2013/2/76 – 多）[1]

A. 某规章规定行政机关对行政许可事项进行监督时，不得妨碍被许可人正常的生产经营活动

B. 行政机关要求行政处罚听证申请人承担组织听证的费用

C. 行政机关将行政强制措施权委托给另一行政机关行使

D. 行政机关对行政许可事项进行监督时发现直接关系公共安全、人身健康的重要设备存在安全隐患，责令停止使用和立即改正

【考点】合法行政原则

【解析】根据《行政许可法》第 63 条规定，行政机关实施监督检查，不得妨碍被许可人正常的生产经营活动，不得索取或者收受被许可人的财物，不得谋取其他利益。根据《行政许可法》第 16 条第 4 款规定，法规、规章对实施上位法设定的行政许可作出的具体规定，不得增设行政许可；对行政许可条件作出的具体规定，不得增设违反上位法的其他条件。A 项中，某规章规定行政机关对行政许可事项进行监督时，不得妨碍被许可人正常的生产经营活动，不违反上位法，表述正确，不当选。

根据《行政处罚法》第 63 条第 2 款规定，当事人不承担行政机关组织听证的费用。B 项中，行政机关要求行政处罚听证申请人承担组织听证的费用，违反了当事人不承担行政机关组织听证的费用要求，与合法行政要求相抵触，表述错误，当选。

根据《行政强制法》第 22 条规定，查封、扣押应当由法律、法规规定的行政机关实施，其他任何行政机关或者组织不得实施。根据《行政强制法》第 29 条第 1 款规定，冻结存款、汇款应当由法律规定的行政机关实施，不得委托给其他行政机关或者组织；其他任何行政机关或者组织不得冻结存款、汇款。因此，行政机关不得将行政强制措施权委托另一行政机关行使。所以，C 项违反了合法行政的要求，表述错误，当选。

根据《行政许可法》第 68 条规定，对直接关系公共安全、人身健康、生命财产安全的重要设备、设施，行政机关应当督促设计、建造、安装和使用单位建立相应的自检制度。行政机关在监督检查时，发现直接关系公共安全、人身健康、生命财产安全的重要设备、设施存在安全隐患的，应当责令停止建造、安装和使用，并责令设计、建造、安装和使用单位立即改正。D 项中，行政机关对行政许可事项进行监督时发现直接关系公共安全、人身健康的重要设备存

在安全隐患，责令停止使用和立即改正，符合合法行政的要求，表述正确，不当选。

综上所述，本题答案为BC。

2. 依法行政是法治国家对政府行政活动提出的基本要求，而合法行政则是依法行政的根本。下列哪些做法违反合法行政的要求？（2011/2/78 - 多）[1]

A. 因蔬菜价格上涨销路看好，某镇政府要求村民拔掉麦子改种蔬菜

B. 为解决残疾人就业难，某市政府发布《促进残疾人就业指导意见》，对录用残疾人达一定数量的企业予以奖励

C. 孙某受他人胁迫而殴打他人致轻微伤，某公安局决定对孙某从轻处罚

D. 某市政府发布文件规定，外地物流公司到本地运输货物，应事前得到当地交通管理部门的准许，并缴纳道路特别通行费

【考点】 合法行政原则

【解析】 合法行政原则是指行政机关的职权和行使职权产生的权利义务必须以法律规定为依据，行政机关的法律能力和行政职权应当来自法律的授权。其包括两项子原则，即法律优先原则和法律保留原则，前者要求行政机关实施行政管理，应当依照法律、法规、规章的规定进行，禁止行政机关违反现行有效的法律规定；后者要求行政机关活动应当以明确的法律授权为前提和基础，法无授权即禁止。A项中，某镇政府以蔬菜价格上涨销路看好为由强制村民拔掉麦子改种蔬菜，没有法律的明确授权，属于违法行为。所以，A项当选。

行政奖励是指行政主体为了表彰先进、激励后进，充分调动和激发人们的积极性和创造性，依照法定条件和程序，对为国家、人民和社会作出突出贡献或者模范地遵纪守法的行政相对人，给予物质或者精神奖励的行政行为。B项中，某市政府为解决残疾人就业难问题发布《促进残疾人就业指导意见》，对录用残疾人达一定数量的企业予以奖励，是运用行政奖励的方式进行国家行政管理的重要方式。所以，某市政府发布《促进残疾人就业指导意见》没有违反法律规定，B项不当选。

根据《治安管理处罚法》第19条规定，违反治安管理有下列情形之一的，减轻处罚或者不予处罚：①情节特别轻微的；②主动消除或者减轻违法后果，并取得被侵害人谅解的；③出于他人胁迫或者诱骗的；④主动投案，向公安机关如实陈述自己的违法行为的；⑤有立功表现的。因此，C项中，孙某受他人胁迫而殴打他人致其轻微伤，应对其减轻或者免除处罚。某公安局决定对孙某从轻处罚，属于违法行为。所以，C项当选。

根据《行政许可法》第15条第2款规定，地方性法规和省、自治区、直辖市人民政府规章，不得设定应当由国家统一确定的公民、法人或者其他组织的资格、资质的行政许可；不得设定企业或者其他组织的设立登记及其前置性行政许可。其设定的行政许可，不得限制其他地区的个人或者企业到本地区从事生产经营和提供服务，不得限制其他地区的商品进入本地区市场。D项中，某市政府发布文件要求外地物流公司到本地运输货物，应事前得到当地交通管理部门的准许，并缴纳道路特别通行费的规定，违反了不得限制其他地区商品进入本地区的规定，属于违法行为。所以，D项当选。

综上所述，本题答案为ACD。

二、合理行政

1. 《行政强制法》规定，采用非强制手段可以达到行政管理目的的，不得设定和实施行政强制。这体现了哪项行政法基本原则？（2022 - 模拟题 - 单）[2]

----

[1] ACD　[2] A

A. 比例原则   B. 信赖利益保护原则

C. 考虑相关因素原则   D. 公众参与原则

【考点】比例原则

【解析】合理行政原则是行政法的基本原则之一，属于实质行政法治的范畴。它主要包括以下三个子原则：一是公平公正对待原则，即行政机关应当平等对待行政管理相对方，同等情况同等对待，不同情况不同对待，不偏私、不歧视。二是考虑相关因素原则，即行政机关在行政管理过程中，应当考虑符合立法授权目的的各种因素，不得考虑不相关因素。三是比例原则，它包括三个方面的要求：①合目的性，是指行政机关行使裁量权所采取的具体措施必须符合法律目的；②必要性，是指行政机关所选择的具体措施和手段应当为法律所必需，结果和手段之间存在正当性；③损害最小，即行政机关在可以采用多种方式实现某一行政目的时，应当采用对当事人权益损害最小的方式。

本案中，采用非强制手段可以达到行政管理目的的，不得设定和实施行政强制，是《行政强制法》第5条的规定，体现的是对当事人利益的保护，体现的是合理行政原则中的比例原则。所以，A项正确。

综上所述，本题的答案为A。

2. 关于比例原则，下列说法不正确的有：（2019－模拟题－多）[1]

A. 复议机关进行行政复议，听取当事人意见

B. 行政机关选择的手段应当为法律必需

C. 行政机关的措施应符合法律目的

D. 任何情况下，行政机关均应采取对当事人损益最小的措施

【考点】合理行政原则

【解析】程序正当原则包括以下三项子原则：①行政公开：除涉及国家秘密、商业秘密和个人隐私外，行政机关实施行政管理应当公开，以实现公民的知情权；②公众参与权：行政机关作出重要规定和决定，尤其是作出对公民不利决定时，应听取公民的意见，包括获得通知权、参与权、表达权和监督权；③回避原则：行政机关在行使职权和履行职责过程中，与相对人存在利害关系时，应当回避。A项中，复议机关进行行政复议，听取当事人意见，属于公众参与权，即程序正当原则。A项不属于比例原则，当选。

比例原则，它包括三个方面的要求：①合目的性，是指行政机关行使裁量权所采取的具体措施必须符合法律目的；②必要性，是指行政机关所选择的具体措施和手段应当为法律所必需，结果和手段之间存在正当性；③损害最小，即行政机关在可以采用多种方式实现某一行政目的时，应当采用对当事人权益损害最小的方式。因此，BC项表述正确，属于比例原则，不当选。D项表述为任何情况下，表述错误，当选。

综上所述，本题答案为AD。

3. 廖某在某镇沿街路边搭建小棚经营杂货，县建设局下发限期拆除通知后强制拆除，并对廖某作出罚款2万元的处罚。廖某起诉，法院审理认为廖某所建小棚未占用主干道，其违法行为没有严重到既需要拆除又需要实施顶格处罚的程度，判决将罚款改为1000元。法院判决适用了下列哪些原则？（2014/2/78－多）[2]

A. 行政公开   B. 比例原则   C. 合理行政   D. 诚实守信

【考点】合理行政原则

---

[1]　AD　[2]　BC

【解析】行政公开原则属于程序正当原则。行政公开原则，是指除涉及国家秘密、商业秘密、个人隐私外，行政机关应当通过一定形式向社会公开行政活动的信息，以实现公民的知情权。A项在题目中没有体现，不当选。

合理行政原则是行政法的基本原则之一，属于实质行政法治的范畴。它主要包括以下三个子原则：一是公平公正对待原则，即行政机关应当平等对待行政管理相对方，同等情况同等对待，不同情况不同对待，不偏私、不歧视。二是考虑相关因素原则，即行政机关在行政管理过程中，应当考虑符合立法授权目的的各种因素，不得考虑不相关因素。三是比例原则，它包括三个方面的要求：①合目的性，是指行政机关行使裁量权所采取的具体措施必须符合法律目的；②必要性，是指行政机关所选择的具体措施和手段应当为法律所必需，结果和手段之间存在正当性；③损害最小，即行政机关在可以采用多种方式实现某一行政目的时，应当采用对当事人权益损害最小的方式。本题中，法院衡量了廖某违法行为的危害后果，判决将县建设局对廖某的罚款2万元变更为1000元，是比例原则的适用。所以，法院的变更判决适用了比例原则和合理行政原则，BC项当选。

诚实守信原则，包括以下两个子原则：一是行政信息真实原则，即行政机关公布的信息应当全面、准确、真实。二是保护公民信赖利益原则。其包括以下内容：①非因法定事由并经法定程序，行政机关不得撤销、变更已经生效的行政决定；②因国家利益、公共利益或者其他法定事由需要撤回或者变更行政决定的，应当依照法定权限和程序进行，并对行政相对人因此受到的财产损失依法予以补偿；③行政机关违反法定程序或非因法定事由违法撤销已经生效的行政决定，对行政相对人因此受到的财产损失应依法予以赔偿。D项在题目中没有体现，不当选。

综上所述，本题答案为BC。

4. 合理行政是依法行政的基本要求之一。下列哪些做法体现了合理行政的要求？(2012/2/78－多)[1]

A. 行政机关在作出重要决定时充分听取公众的意见

B. 行政机关要平等对待行政管理相对人

C. 行政机关行使裁量权所采取的措施符合法律目的

D. 非因法定事由并经法定程序，行政机关不得撤销已生效的行政决定

【考点】合理行政原则

【解析】合理行政原则是行政法的基本原则之一，属于实质行政法治的范畴。它主要包括以下三个子原则：一是公平公正对待原则，即行政机关应当平等对待行政管理相对方，同等情况同等对待，不同情况不同对待，不偏私、不歧视。二是考虑相关因素原则，即行政机关在行政管理过程中，应当考虑符合立法授权目的的各种因素，不得考虑不相关因素。三是比例原则，它包括三个方面的要求：①合目的性，是指行政机关行使裁量权所采取的具体措施必须符合法律目的；②必要性，是指行政机关所选择的具体措施和手段应当为法律所必需，结果和手段之间存在正当性；③损害最小，即行政机关在可以采用多种方式实现某一行政目的时，应当采用对当事人权益损害最小的方式。本题中，B项属于公平公正对待原则，C项属于比例原则，都属于合理行政原则的内容；而A项是程序正当原则的要求，D项是诚实守信原则的要求。

综上所述，本题答案为BC。

---

[1] BC

5. 关于行政法的比例原则，下列哪一说法是正确的？（2010/2/39－单）[1]

A. 是权责统一原则的基本内容之一　　　B. 主要适用于羁束行政行为

C. 是合法行政的必然要求　　　D. 属于实质行政法治范畴

【考点】 比例原则

【解析】 行政法的比例原则，又称"禁止过分"原则。行政权的行使虽为达成行政目的所必需，但给公民造成的不利影响，不能超过目的所要求的价值的范围，必须在侵害人民权益最小的范围内行使。比例原则属于合理行政原则的范畴。A项为权责统一原则，C项为合法行政原则，所以，AC项错误。比例原则主要是对行政机关行使裁量权的限制，即主要针对的是裁量行政行为，而不是羁束行政行为，B项错误。与合法行政原则注重形式正义不同，合理行政原则追求公正、权利、平等、正义，属于实质行政法治范畴，D项正确。

综上所述，本题答案为D。

三、程序正当

1. 程序正当是当代行政法的基本原则，遵守程序是行政行为合法的要求之一。下列哪些做法违背了这一要求？（2014/2/77－多）[2]

A. 某环保局对当事人的处罚听证，由本案的调查人员担任听证主持人

B. 某县政府自行决定征收基本农田35公顷

C. 某公安局拟给予甲拘留10日的治安处罚，告知其可以申请听证

D. 乙违反治安管理的事实清楚，某公安派出所当场对其作出罚款500元的处罚决定

【考点】 程序正当原则

【解析】 程序正当原则包括以下三项子原则：①行政公开：除涉及国家秘密、商业秘密和个人隐私外，行政机关实施行政管理应当公开，以实现公民的知情权。②公众参与权：行政机关作出重要规定和决定，尤其是作出对公民不利决定时，应听取公民的意见。其包括获得通知权、参与权、表达权和监督权。③回避原则：行政机关在行使职权和履行职责过程中，与相对人存在利害关系时，应当回避。

根据《行政处罚法》第64条第4项规定，听证由行政机关指定的非本案调查人员主持；当事人认为主持人与本案有直接利害关系的，有权申请回避。A项中，某环保局对当事人的处罚听证，由本案的调查人员担任听证主持人，违反了程序正当原则中的回避原则。所以，A项当选。

根据《土地管理法》第46条第1款规定，征收下列土地的，由国务院批准：①永久基本农田；②永久基本农田以外的耕地超过35公顷的；③其他土地超过70公顷的。B项中，某县政府对于基本农田35公顷的征收，没有法律授权，违反的是合法行政原则。所以，B项不当选。该规定现在已经超纲，无须记忆。

根据《治安管理处罚法》第98条规定，公安机关作出吊销许可证以及处2000元以上罚款的治安管理处罚决定前，应当告知违反治安管理行为人有权要求举行听证；违反治安管理行为人要求听证的，公安机关应当及时依法举行听证。C项中，某公安局拟给予甲拘留10日的治安处罚，该种事项虽然不属于法定的听证情形，但依据程序正当原则中的公众参与权的要求，行政机关作出重要规定和决定，尤其是作出对公民不利决定时，应听取公民的意见。即听证作为重要的公众参与权之一，公安机关主动告知其可以申请听证是有利于当事人的。因此，公安局告知其可以申请听证，符合程序正当原则的要求。所以，C项不当选。

根据《治安管理处罚法》第 100 条规定，违反治安管理行为事实清楚、证据确凿，处警告或者 200 元以下罚款的，可以当场作出治安管理处罚决定。D 项中，某公安派出所对乙作出罚款 500 元的行政处罚决定，不可以当场作出，当场作出违反了程序正当原则。所以，D 项当选。

综上所述，本题答案为 AD。

2. 程序正当是行政法的基本原则。下列哪些选项是程序正当要求的体现？（2012/2/77 – 多）[1]

A. 实施行政管理活动，注意听取公民、法人或其他组织的意见

B. 对因违法行政给当事人造成的损失主动进行赔偿

C. 严格在法律授权的范围内实施行政管理活动

D. 行政执法中要求与其管理事项有利害关系的公务员回避

【考点】程序正当原则

【解析】程序正当原则包括以下三项子原则：①行政公开：除涉及国家秘密、商业秘密和个人隐私外，行政机关实施行政管理应当公开，以实现公民的知情权。②公众参与权：行政机关作出重要规定和决定，尤其是作出对公民不利决定时，应听取公民的意见。其包括获得通知权、参与权、表达权和监督权。③回避原则：行政机关在行使职权和履行职责过程中，与相对人存在利害关系时，应当回避。

本题中，A 项属于公众参与原则，D 项属于回避原则，都属于程序正当原则的要求；B 项属于权责统一原则，C 项属于合法行政原则。权责统一原则是指行政机关违法或者不当行使职权，应当依法承担法律责任，实现行政权力和法律责任的统一。合法行政原则要求严格在法律授权的范围内实施行政管理活动，不得与上位法相抵触。

综上所述，本题答案为 AD。

四、高效便民

1. 高效便民是行政管理的基本要求，是服务型政府的具体体现。下列哪些选项体现了这一要求？（2014/2/76 – 多）[2]

A. 简化行政机关内部办理行政许可流程

B. 非因法定事由并经法定程序，行政机关不得撤回和变更已生效的行政许可

C. 对办理行政许可的当事人提出的问题给予及时、耐心的答复

D. 对违法实施行政许可给当事人造成侵害的执法人员予以责任追究

【考点】高效便民原则

【解析】高效便民原则是针对行政活动的效率所提出的要求，因为法治政府的行为既应当是合法的，也应当是高效的。高效便民原则具体包括两项子原则：①行政效率，即行政机关应当积极履行其法定职责，禁止不作为或者不完全作为。遵守法定时限，禁止不合理迟延。②便利当事人，即行政机关应当尽可能减少当事人的程序性负担，节约当事人的办事成本。本题中，A 项简化行政机关内部办理行政许可流程和 C 项对办理行政许可的当事人提出的问题给予及时、耐心的答复是高效便民原则的体现，所以，AC 项当选。B 项是诚实守信原则的要求，D 项是权责统一原则的要求。

综上所述，本题答案为 AC。

---

[1] AD　[2] AC

2. 执法为民是社会主义法治的本质要求，行政机关和公务员在行政执法中应当自觉践行。下列哪些做法直接体现了执法为民理念？（2012/2/76 - 多）[1]

    A. 行政机关将行政许可申请书格式文本的费用由 2 元降为 1 元

    B. 行政机关安排工作人员主动为前来办事的人员提供咨询

    C. 工商局要求所属机构提高办事效率，将原 20 工作日办结事项减至 15 工作日办结

    D. 某区设立办事大厅，要求相关执法部门进驻并设立办事窗口

【考点】高效便民原则

【解析】根据《行政许可法》第 58 条第 2 款规定，行政机关提供行政许可申请书格式文本，不得收费。A 项不当选。

自觉践行执法为民理念，要求坚持以人为本；要求着眼于保障和改善民生；要求倡导和注重理性文明执法；也要求切实做到便民利民。本题中，BCD 项均为执法为民理念的体现，符合题意，当选。

综上所述，本题答案为 BCD。

3. 高效便民是社会主义法治理念的要求，也是行政法的基本原则。关于高效便民，下列哪些说法是正确的？（2011/2/77 - 多）[2]

    A. 是依法行政的重要补充

    B. 要求行政机关积极履行法定职责

    C. 要求行政机关提高办事效率

    D. 要求行政机关在实施行政管理时排除不相关因素的干扰

【考点】高效便民原则

【解析】高效便民原则具体包括两项子原则：①行政效率，即行政机关应当积极履行其法定职责，禁止不作为或者不完全作为。遵守法定时限，禁止不合理迟延。②便利当事人，即行政机关应当尽可能减少当事人的程序性负担，节约当事人的办事成本。

合法行政是行政法的首要原则，其他原则可以理解为该原则的延伸。因此，高效便民原则可以理解为合法行政原则的延伸，也可以理解为依法行政的延伸，而非重要补充。A 项错误。

BC 项是高效便民中行政效率原则的体现，正确。

D 项是合理行政原则中考虑相关因素原则的体现。合理行政原则包括三个原则，即：公平公正原则、考虑相关因素原则和比例原则。D 项错误。

综上所述，本题答案为 BC。

五、诚实守信

1. 县政府发布《招商引资意见》，承诺招商引资成功后按照实际到位出资给予 1% 的政策补贴。李某介绍某企业与县政府签订投资协议，以建设经营转移的方式投资 5000 万建设垃圾焚毁场，并经营至今。经李某多次催促，县政府支付李某 10 万元后，拒不支付余款，李某提起行政诉讼，下列说法正确是：（2021 - 模拟题 - 任）[3]

    A. 《招商引资意见》是具体行政行为

    B. 李某获得的 10 万元可免缴个人所得税

    C. 县政府拒付李某后续款项的行为违反信赖利益保护原则

    D. 某企业与政府就履行投资协议发生争议，可提起行政诉讼

【考点】诚实守信原则

---

[1] BCD   [2] BC   [3] CD

【解析】A项中，《招商引资意见》不是针对特定的人作出的行政行为，因此不是具体行政行为。该行为在性质上属于行政允诺行为，是一种单方的承诺。A项错误。

根据《个人所得税法》第4条规定，下列各项个人所得，免征个人所得税：省级人民政府、国务院部委和中国人民解放军军以上单位，以及外国组织、国际组织颁发的科学、教育、技术、文化、卫生、体育、环境保护等方面的奖金。B项中，李某的行政奖励由县政府发放，仍需缴纳个人所得税。本选项不属于行政法学科考查内容。B项错误。

信赖利益保护原则是指非因法定事由并经法定程序，行政机关不得撤销、变更已经生效的行政决定；因国家利益、公共利益或其他法定事由需要撤回或变更行政决定的，应当依照法定权限和程序进行，并对行政管理相对人因此而受到的财产损失依法予以补偿。C项中，政府承诺的政策补贴没有实际完成，违反信赖利益保护原则，正确。

根据《最高人民法院关于审理行政协议案件若干问题的规定》第4条规定，因行政协议的订立、履行、变更、终止等发生纠纷，公民、法人或者其他组织作为原告，以行政机关为被告提起行政诉讼的，法院应当依法受理。D项正确。

综上所述，本题答案为CD。

2. 关于诚实守信原则，下列说法正确的是：(2020－模拟题－多)[1]

A. 行政机关公布的信息应当全面、准确、真实

B. 行政机关不得撤销、变更已经生效的行政决定

C. 因国家利益、公共利益或者其他法定事由需要撤回或者变更行政决定的，应当依照法定权限和程序进行

D. 行政机关应当积极履行法定职责，禁止不作为或者不完全作为

【考点】诚实守信原则

【解析】诚实守信原则，包括以下两个子原则：一是行政信息真实原则，即行政机关公布的信息应当全面、准确、真实。二是保护公民信赖利益原则。其包括以下内容：①非因法定事由并经法定程序，行政机关不得撤销、变更已经生效的行政决定；②因国家利益、公共利益或者其他法定事由需要撤回或者变更行政决定的，应当依照法定权限和程序进行，并对行政相对人因此受到的财产损失依法予以补偿。

本题中，AC项正确。B项的正确说法是"非因法定事由并经法定程序"，行政机关不得撤销、变更已经生效的行政决定，而不是任何情况都不能撤销或变更。因此B项错误。D项属于高效便民原则的体现，错误。

综上所述，本题答案为AC。

3. 李某购买一套商品房，依法取得了房屋所有权证，政府为了修高铁拆迁，依法给予补偿的做法体现了下列哪一项行政法基本原则？(2019－模拟题－单)[2]

A. 程序正当　　　　　　　　　　B. 权责统一

C. 诚实守信　　　　　　　　　　D. 高效便民

【考点】诚实守信原则

【解析】诚实守信原则，包括以下两个子原则：一是行政信息真实原则，即行政机关公布的信息应当全面、准确、真实。二是保护公民信赖利益原则。其包括以下内容：①非因法定事由并经法定程序，行政机关不得撤销、变更已经生效的行政决定；②因国家利益、公共利益或者其他法定事由需要撤回或者变更行政决定的，应当依照法定权限和程序进行，并对行政相对

人因此受到的财产损失依法予以补偿。

本题中，李某已经取得了房屋所有权证，行政机关不得撤销、变更已经生效的行政决定。因国家利益、公共利益或者其他法定事由需要撤回或者变更行政决定的，应当依照法定权限和程序进行，并对行政相对人因此受到的财产损失依法予以补偿。本题属于诚实守信中的保护公民信赖利益原则。所以，C 项当选。

综上所述，本题答案为 C。

4. 某政府为鼓励招商引资，发布文件规定对于成功帮助政府招商引资给予相应的奖励，王某按照文件规定完成招商引资任务后要求政府给予奖励，政府拒不履行。该政府的行为违反了哪一项行政法基本原则？（2019 – 模拟题 – 单）〔1〕

A. 诚实守信　　　　　　　　　　B. 合法行政

C. 合理行政　　　　　　　　　　D. 高效便民

【考点】诚实守信原则

【解析】诚实守信原则，包括以下两个子原则：一是行政信息真实原则，即行政机关公布的信息应当全面、准确、真实。二是保护公民信赖利益原则。其包括以下内容：①非因法定事由并经法定程序，行政机关不得撤销、变更已经生效的行政决定；②因国家利益、公共利益或者其他法定事由需要撤回或者变更行政决定的，应当依照法定权限和程序进行，并对行政相对人因此受到的财产损失依法予以补偿。

本题中，该政府应当履行文件中所作的承诺，这是诚实守信原则的要求。所以，A 项当选。

综上所述，本题答案为 A。

5. 行政机关公开的信息应当准确，是下列哪一项行政法原则的要求？（2015/2/43 – 单）〔2〕

A. 合理行政　　　　　　　　　　B. 高效便民

C. 诚实守信　　　　　　　　　　D. 程序正当

【考点】诚实守信原则

【解析】合理行政原则是指行政机关行使行政权力应当客观、适度、符合理性。其包括以下三项子原则：①公平公正对待；②考虑相关因素；③比例原则。

高效便民原则是指：①行政机关应当积极履行法定职责，禁止不作为或者不完全作为。遵守法定时限，禁止不合理迟延。②行政机关应当尽可能减少当事人的程序性负担，节约当事人的办事成本。行政机关在行政活动中增加当事人的程序性负担的，是行政侵权行为。

诚实守信原则，包括以下两个子原则：一是行政信息真实原则，即行政机关公布的信息应当全面、准确、真实。二是保护公民信赖利益原则。其包括以下内容：①非因法定事由并经法定程序，行政机关不得撤销、变更已经生效的行政决定；②因国家利益、公共利益或者其他法定事由需要撤回或者变更行政决定的，应当依照法定权限和程序进行，并对行政相对人因此受到的财产损失依法予以补偿。

程序正当原则包括以下三项子原则：①行政公开：除涉及国家秘密、商业秘密和个人隐私外，行政机关实施行政管理应当公开，以实现公民的知情权。②公众参与权：行政机关作出重要规定和决定，尤其是作出对公民不利决定时，应听取公民的意见。其包括获得通知权、参与权、表达权和监督权。③回避原则：行政机关在行使职权和履行职责过程中，与相对人存在利害关系时，应当回避。

---

〔1〕A　〔2〕C

本题中，行政机关公开的信息应当准确是诚实守信原则中行政机关公布的信息应当全面、准确、真实的要求。所以，C项当选。

综上所述，本题答案为C。

6. 某县政府发布通知，对直接介绍外地企业到本县投资的单位和个人按照投资项目实际到位资金金额的1‰奖励。经张某引荐，某外地企业到该县投资500万元，但县政府拒绝支付奖励金。县政府的行为不违反下列哪些原则或要求？（2013/2/78 - 多）[1]

A. 比例原则
B. 行政公开
C. 程序正当
D. 权责一致

【考点】诚实守信原则

【解析】诚实守信原则，包括以下两个子原则：一是行政信息真实原则，即行政机关公布的信息应当全面、准确、真实。二是保护公民信赖利益原则。其包括以下内容：①非因法定事由并经法定程序，行政机关不得撤销、变更已经生效的行政决定；②因国家利益、公共利益或者其他法定事由需要撤回或者变更行政决定的，应当依照法定权限和程序进行，并对行政相对人因此受到的财产损失依法予以补偿。

本题中，县政府拒绝向张某支付招商引资奖励金，属于行政机关非因法定事由并未经法定程序，擅自撤销已经生效的行政决定，县政府的行为违反了保护公民信赖利益原则。所以，县政府的行为是对诚实守信原则的违反。其行为不违反比例原则、行政公开原则、程序正当原则和权责一致原则，因此ABCD项当选。

综上所述，本题答案为ABCD。

六、权责一致

1. 权责一致是行政法的基本要求。下列哪些选项符合权责一致的要求？（2013/2/77 - 多）[2]

A. 行政机关有权力必有责任
B. 行政机关作出决定时不得考虑不相关因素
C. 行政机关行使权力应当依法接受监督
D. 行政机关依法履行职责，法律、法规应赋予其相应的执法手段

【考点】权责一致原则

【解析】权责一致原则包括两项子原则：①行政责任原则，是指行政机关违法或不当行使权力，应当依法承担法律责任；②行政效能原则，是指行政机关依法履行管理职责，要拥有法律、法规赋予其相应的强制执法手段，用国家强制力做保障，行使行政优益权，保证政令有效。所以，ACD项当选。行政机关作出决定时不得考虑不相关因素是行政合理性原则的体现。所以，B项不当选。

综上所述，本题答案为ACD。

2. 权责一致是社会主义法治理念的要求，也是行政法的基本原则。下列哪些做法是权责一致的直接体现？（2011/2/76 - 多）[3]

A. 某建设局发现所作出的行政决定违法后，主动纠正错误并赔偿当事人损失
B. 某镇政府定期向公众公布本镇公款接待费用情况
C. 某国土资源局局长因违规征地受到行政记过处分
D. 某政府召开座谈会听取群众对政府的意见

【考点】权责一致原则

【解析】权责一致原则包括两项子原则：①行政责任原则，是指行政机关违法或不当行使权力，应当依法承担法律责任；②行政效能原则，是指行政机关依法履行管理职责，要拥有法律、法规赋予其相应的强制执法手段，用国家强制力做保障，行使行政优益权，保证政令有效。

A 项中，某建设局发现所作出的行政决定违法后，主动纠正错误并赔偿当事人损失，属于权责一致中的行政责任原则的表现。A 项当选。

B 项中，某镇政府定期向公众公布本镇公款接待费用情况，属于程序正当原则中的行政公开原则。行政公开原则的含义为：除涉及国家秘密、商业秘密和个人隐私外，行政机关实施行政活动应当公开，以实现公民的知情权。镇政府定期向公众公开本镇公款接待费用正是政务公开，实现公民知情权的表现。B 项不当选。

C 项中，某国土资源局局长因违规征地受到行政记过处分，属于权责一致原则中的行政责任原则。C 项当选。

D 项中，某政府召开座谈会听取群众对政府的意见，属于程序正当原则中的公众参与原则。公众参与原则是指，行政机关作出重要规定或决定前，应当听取公民、法人和其他组织的意见。特别是作出对公民、法人和其他组织不利的决定前，要听取他们的陈述和申辩。D 项不当选。

综上所述，本题答案为 AC。

第二章　行政组织与公务员

第一节　国务院行政机构设置和编制管理

1. 2023 年，国务院进行机构改革，组建国家数据局，由国家发展和改革委员会管理。负责协调推进数据基础制度建设，统筹数据资源整合共享和开发利用，统筹推进数字中国、数字经济、数字社会规划和建设等。关于国家数据局，下列说法正确的是？（2023 - 模拟题 - 单）[1]

A. 国家数据局的设立由国务院机构编制管理机关提出方案，报国家发展和改革委员会决定

B. 国家发展和改革委员会主管专门业务，具有独立的行政管理职能

C. 国家数据局有权制定规章

D. 国家数据局可以只设立处级内设机构

【考点】国务院行政机构设置与编制管理

【解析】根据《国务院行政机构设置和编制管理条例》第 8 条规定，国务院直属机构、国务院办事机构和国务院组成部门管理的国家行政机构的设立、撤销或者合并由国务院机构编制管理机关提出方案，报国务院决定。题目中的表述为国家数据局由国家发展和改革委员会管理，即国家数据局为国务院组成部门管理的国家行政机构，因此其设立、撤销或者合并由国务院机构编制管理机关提出方案，报国务院决定。A 项中，表述为报发改委决定是错误的，应该是报国务院决定。故 A 项错误。

根据《国务院行政机构设置和编制管理条例》第 6 条第 3 款规定，国务院组成部门依法分别履行国务院基本的行政管理职能。国务院组成部门包括各部、各委员会、中国人民银行和审计署。B 项中，发改委属于国务院的组成部门，履行国务院基本的行政管理职能；B 项的表述是国务院直属机构的职能，比如海关总署、税务总局等。故 B 项错误。

根据《立法法》第 91 条第 1 款规定，国务院各部、委员会、中国人民银行、审计署和具有行政管理职能的直属机构以及法律规定的机构，可以根据法律和国务院的行政法规、决定、命令，在本部门的权限范围内，制定规章。C 项中，有权制定规章的包括国务院的组成部门、具有行政管理职能的直属机构以及法律规定的机构，不包括数据局这样的国务院组成部门管理的国家行政机构。即发改委有立法权，发改委管理的数据局没有立法权。故 C 项错误。

根据《国务院行政机构设置和编制管理条例》第 13 条规定，国务院办公厅、国务院组成

---

[1] D

部门、国务院直属机构、国务院办事机构在职能分解的基础上设立司、处两级内设机构；国务院组成部门管理的国家行政机构根据工作需要可以设立司、处两级内设机构，也可以只设立处级内设机构。D项中，国家数据局可以设立司、处两级内设机构，也可以只设立处级内设机构。故D项正确。

综上所述，本题的答案为D。

2. 国家邮政局为交通运输部管理的国家局。关于国家邮政局，下列哪一说法是错误的？(2022 - 模拟题 - 单)[1]

　　A. 有权制定规章

　　B. 主管特定业务，具有行政管理职能

　　C. 其设立由国务院机构编制管理机关提出方案，报国务院决定

　　D. 其编制的增加由国务院机构编制管理机关审核方案，报国务院批准

【考点】部委管理国家局的设置与编制

【解析】根据《立法法》第91条第1款规定，国务院各部、委员会、中国人民银行、审计署和具有行政管理职能的直属机构以及法律规定的机构，可以根据法律和国务院的行政法规、决定、命令，在本部门的权限范围内，制定规章。A项中，国家邮政局作为部委管理的国家局，无权制定规章。所以，A项错误。

根据《国务院行政机构设置和编制管理条例》第6条第6款规定，国务院组成部门管理的国家行政机构由国务院组成部门管理，主管特定业务，行使行政管理职能。B项中，国家邮政局作为部委管理的国家局，主管特定业务，具有行政管理职能，正确。

根据《国务院行政机构设置和编制管理条例》第8条规定，国务院直属机构、国务院办事机构和国务院组成部门管理的国家行政机构的设立、撤销或者合并由国务院机构编制管理机关提出方案，报国务院决定。C项中，国家邮政局的设立由国务院机构编制管理机关提出方案，报国务院决定，正确。

根据《国务院行政机构设置和编制管理条例》第19条规定，国务院行政机构增加或者减少编制，由国务院机构编制管理机关审核方案，报国务院批准。D项中，国家邮政局编制的增加由国务院机构编制管理机关审核方案，报国务院批准，正确。

综上所述，本题的答案为A。

3. 以下哪些属于国务院组成部门？(2022 - 模拟题 - 多)[2]

　　A. 证监会　　　　　　　　　　B. 国家民族事务委员会

　　C. 审计署　　　　　　　　　　D. 国有资产监督管理委员会

【考点】国务院组成部门的构成

【解析】根据《国务院行政机构设置和编制管理条例》第6条第3款规定，国务院组成部门依法分别履行国务院基本的行政管理职能。国务院组成部门包括各部、各委员会、中国人民银行和审计署。所以，B项、C项属于国务院的组成部门，正确。

A项中，中国证券监督管理委员会是国务院直属机构，不属于国务院组成部门。所以，A项错误。

D项中，国务院国有资产监督管理委员会是国务院直属特设机构，不属于国务院组成部门。所以，D项错误。

综上所述，本题的答案为BC。

---

[1]　A　[2]　BC

4. 国务院扶贫开发领导小组是国务院的议事协调机构，2021 年改组为国务院直属机构国家乡村振兴局，以下说法正确的是？（2021 - 模拟题 - 单）[1]

A. 国务院扶贫领导小组有独立的人员编制

B. 国务院扶贫领导小组主管特定业务，行使行政管理职能

C. 国家乡村振兴局的设立由国务院批准

D. 国家乡村振兴局有权制定规章

【考点】 国务院直属机构设置和编制、议事协调机构的职能

【解析】 根据《国务院行政机构设置和编制管理条例》第 20 条规定，国务院议事协调机构不单独确定编制，所需要的编制由承担具体工作的国务院行政机构解决。A 项错误。

根据《国务院行政机构设置和编制管理条例》第 6 条规定，国务院组成部门管理的国家行政机构由国务院组成部门管理，主管特定业务，行使行政管理职能。国务院议事协调机构承担跨国务院行政机构的重要业务工作的组织协调任务。国务院议事协调机构议定的事项，经国务院同意，由有关的行政机构按照各自的职责负责办理。在特殊或者紧急的情况下，经国务院同意，国务院议事协调机构可以规定临时性的行政管理措施。B 项中，相关规定对应的是组成部门管理的国家局，而不是议事协调机构。B 项错误。

根据《国务院行政机构设置和编制管理条例》第 8 条规定，国务院直属机构、国务院办事机构和国务院组成部门管理的国家行政机构的设立、撤销或者合并由国务院机构编制管理机关提出方案，报国务院决定。C 项中，直属机构由国务院决定，而非批准。C 项错误。

根据《立法法》第 91 条第 1 款规定，国务院各部、委员会、中国人民银行、审计署和具有行政管理职能的直属机构以及法律规定的机构，可以根据法律和国务院的行政法规、决定、命令，在本部门的权限范围内，制定规章。本题中，国家乡村振兴局作为国务院直属机构，有权制定规章。D 项正确。

综上所述，本题答案为 D。

5. 国家市场监督管理总局是国务院直属机构，由几个部门的职权整合组成。关于该机构，下列说法正确的是：（2020 - 模拟题 - 单）[2]

A. 市场监督管理总局的设立由全国人大及其常委会最终决定

B. 市场监督管理总局无权制定部门规章

C. 市场监督管理总局的编制在设立时确定

D. 依法履行国务院基本的行政管理职能

【考点】 国务院直属机构设置和编制

【解析】 根据《国务院行政机构设置与编制管理条例》第 8 条规定，国务院直属机构、国务院办事机构和国务院组成部门管理的国家行政机构的设立、撤销或者合并由国务院机构编制管理机关提出方案，报国务院决定。A 项中，设立由全国人大及其常委会最终决定，错误。

根据《立法法》第 91 条第 1 款规定，国务院各部、委员会、中国人民银行、审计署和具有行政管理职能的直属机构以及法律规定的机构，可以根据法律和国务院的行政法规、决定、命令，在本部门的权限范围内，制定规章。B 项中，市场监督管理总局属于国务院直属机构，享有规章的制定权。所以，B 项错误。

根据《国务院行政机构设置和编制管理条例》第 18 条第 1 款规定，国务院行政机构的编制在国务院行政机构设立时确定。C 项正确。

根据《国务院行政机构设置与编制管理条例》第6条第4款规定，国务院直属机构主管国务院的某项专门业务，具有独立的行政管理职能。D项中，国家市场监督管理总局履行的是某项专项职能，而非基本职能。D项错误。

综上所述，本题答案为C。

6. 设立国务院组成部门、国务院直属机构、国务院办事机构和国务院组成部门管理的国家行政机构的方案，不包括下列哪个事项？（2019－模拟题－单）[1]

A. 设立机构的必要性和可行性　　　　B. 机构的类型、名称和职能
C. 处级内设机构的名称和职能　　　　D. 机构的编制

【考点】 国务院行政机构设置和编制

【解析】 根据《国务院行政机构设置和编制管理条例》第9条规定，设立国务院组成部门、国务院直属机构、国务院办事机构和国务院组成部门管理的国家行政机构的方案，应当包括下列事项：①设立机构的必要性和可行性；②机构的类型、名称和职能；③司级内设机构的名称和职能；④与业务相近的国务院行政机构职能的划分；⑤机构的编制。撤销或者合并前款所列机构的方案，应当包括下列事项：①撤销或者合并的理由；②撤销或者合并机构后职能的消失、转移情况；③撤销或者合并机构后编制的调整和人员的分流。

综上所述，本题答案为C。

7. 海关总署发布公告提醒消费者谨慎通过直邮方式从境外购买奶粉，下列说法正确的是：（2018－模拟题－单）[2]

A. 公告是具有强制力的行政决定　　　　B. 海关总署是国务院直属事业单位
C. 公告属于负担的具体行政行为　　　　D. 公告属于事实行为

【考点】 国务院行政机构设置和编制、具体行政行为的理论

【解析】 本题中的公告并不具备强制力，没有迫使当事人履行义务。A项错误。

国务院直属机构是主管国务院某项专门业务的部门，如中华人民共和国海关总署、国家税务总局等。B项错误。

负担的具体行政行为是指，为当事人设定义务或者剥夺其权益的行为。公告并不具有这样的特征。C项错误。

行政事实行为是不以建立、变更或者消灭当事人法律上权利义务为目的的行政活动。这种行为既可以是一种意思表示，也可以是一种实际操作。例如，提出供公众参考的信息、建议或者指导，交通管理部门在公共交通道路上设置交通安全指示标志，工商管理部门销毁已经依法没收的假冒产品。D项正确。

综上所述，本题答案为D。

8. 关于国务院行政机构设置和编制管理的说法，下列哪一选项是正确的？（2017/2/43－单）[3]

A. 国务院议事协调机构的撤销经由国务院常务会议讨论通过后，由国务院总理提交国务院全体会议讨论决定

B. 国务院行政机构增设司级内设机构，由国务院机构编制管理机关提出方案，报国务院决定

C. 国务院议事协调机构的编制根据工作需要单独确定

D. 国务院行政机构的编制在国务院行政机构设立时确定

---

〔1〕 C　〔2〕 D　〔3〕 D

【考点】 国务院行政机构设置和编制

【解析】 根据《国务院行政机构设置和编制管理条例》第11条规定，国务院议事协调机构的设立、撤销或者合并，由国务院机构编制管理机关提出方案，报国务院决定。A项错误。

根据《国务院行政机构设置和编制管理条例》第14条第1款规定，国务院行政机构的司级内设机构的增设、撤销或合并，经国务院机构编制管理机关审核方案，报国务院批准。B项错误。

根据《国务院行政机构设置和编制管理条例》第20条规定，国务院议事协调机构不单独确定编制，所需要的编制由承担具体工作的国务院行政机构解决。C项错误。

根据《国务院行政机构设置和编制管理条例》第18条第1款规定，国务院行政机构的编制在国务院行政机构设立时确定。D项正确。

综上所述，本题答案为D。

9. 国家税务总局为国务院直属机构。就其设置及编制，下列哪一说法是正确的？（2014/2/43－单）〔1〕

A. 设立由全国人大及其常委会最终决定

B. 合并由国务院最终决定

C. 编制的增加由国务院机构编制管理机关最终决定

D. 依法履行国务院基本的行政管理职能

【考点】 国务院直属机构设置和编制

【解析】 根据《国务院行政机构设置与编制管理条例》第8条规定，国务院直属机构、国务院办事机构和国务院组成部门管理的国家行政机构的设立、撤销或者合并由国务院机构编制管理机关提出方案，报国务院决定。A项中，设立由全国人大及其常委会最终决定，错误。B项中，合并由国务院最终决定，正确。

根据《国务院行政机构设置与编制管理条例》第19条规定，国务院行政机构增加或者减少编制，由国务院机构编制管理机关审核方案，报国务院批准。C项中，编制的增加由国务院机构编制管理机关最终决定，错误。

根据《国务院行政机构设置与编制管理条例》第6条第4款规定，国务院直属机构主管国务院的某项专门业务，具有独立的行政管理职能。D项中，国家税务总局履行的是某项专项职能，而非基本职能。D项错误。

综上所述，本题答案为B。

10. 国家海洋局为国务院组成部门管理的国家局。关于国家海洋局，下列哪一说法是正确的？（2013/2/44－单）〔2〕

A. 有权制定规章

B. 主管国务院的某项专门业务，具有独立的行政管理职能

C. 该局的设立由国务院编制管理机关提出方案，报国务院决定

D. 该局增设司级内设机构，由国务院编制管理机关审核批准

【考点】 国务院部门管理国家局设置

【解析】 根据《立法法》第91条第1款规定，国务院各部、委员会、中国人民银行、审计署和具有行政管理职能的直属机构以及法律规定的机构，可以根据法律和国务院的行政法规、决定、命令，在本部门的权限范围内，制定规章。A项中，国家海洋局属于部门管理的国

---

〔1〕 B 〔2〕 C

家局，没有规章的制定权。所以，A 项错误。

根据《国务院行政机构设置和编制管理条例》第 6 条第 6 款规定，国务院组成部门管理的国家行政机构由国务院组成部门管理，主管特定业务，行使行政管理职能。B 项中，国家海洋局主管国务院的某项专门业务，具有独立的行政管理职能，错误。

根据《国务院行政机构设置和编制管理条例》第 8 条规定，国务院直属机构、国务院办事机构和国务院组成部门管理的国家行政机构的设立、撤销或者合并由国务院机构编制管理机关提出方案，报国务院决定。C 项中，国家海洋局属于部门管理的国家行政机构，它的设立需要由国务院机构编制机关提出方案，报国务院决定。所以，C 项正确。

根据《国务院行政机构设置和编制管理条例》第 14 条第 1 款规定，国务院行政机构的司级内设机构的增设、撤销或者合并，经国务院机构编制管理机关审核方案，报国务院批准。D 项中，国家海洋局增设司级内设机构，由国务院编制管理机关审核批准，错误。

综上所述，本题答案为 C。

11. 国家禁毒委员会为国务院议事协调机构。关于该机构，下列哪一说法是正确的？(2011/2/40 – 单)[1]

A. 撤销由国务院机构编制管理机关决定

B. 可以规定行政措施

C. 议定事项经国务院同意，由有关的行政机关按各自的职责负责办理

D. 可以设立司、处两级内设机构

【考点】国务院议事协调机构设置

【解析】根据《国务院行政机构设置和编制管理条例》第 11 条规定，国务院议事协调机构的设立、撤销或者合并，由国务院机构编制管理机关提出方案，报国务院决定。因此，国务院议事协调机构的设立、撤销或者合并的决定权均属于国务院。所以，A 项错误。

根据《国务院行政机构设置和编制管理条例》第 6 条第 7 款规定，国务院议事协调机构议定的事项，经国务院同意，由有关的行政机构按照各自的职责负责办理。在特殊或者紧急的情况下，经国务院同意，国务院议事协调机构可以规定临时性的行政管理措施。因此，国务院议事协调机构经国务院同意可以规定临时性的行政管理措施，而不能规定行政措施。所以，B 项错误。议定事项经国务院同意，由有关的行政机关按各自的职责负责办理，C 项正确。

根据《国务院行政机构设置和编制管理条例》第 20 条规定，国务院议事协调机构不单独确定编制，所需要的编制由承担具体工作的国务院行政机构解决。所以，D 项错误。

综上所述，本题答案为 C。

12. 国务院某部拟合并处级内设机构。关于机构合并，下列哪一说法是正确的？（2010/2/40 – 单)[2]

A. 该部决定，报国务院机构编制管理机关备案

B. 该部提出方案，报国务院机构编制管理机关批准

C. 国务院机构编制管理机关决定，报国务院备案

D. 国务院机构编制管理机关提出方案，报国务院决定

【考点】国务院处级内设机构设置

【解析】根据《国务院行政机构设置和编制管理条例》第 14 条规定，国务院行政机构的司级内设机构的增设、撤销或者合并，经国务院机构编制管理机关审核方案，报国务院批准。

---

[1] C [2] A

国务院行政机构的处级内设机构的设立、撤销或者合并，由国务院行政机构根据国家有关规定决定，按年度报国务院机构编制管理机关备案。所以，A项正确，BCD项错误。

综上所述，本题答案为A。

13. 下列哪些事项属于国务院行政机构编制管理的内容？（2009/2/83 - 多）[1]

A. 机构的名称
B. 机构的职能
C. 机构人员的数量定额
D. 机构的领导职数

【考点】国务院行政机构编制管理

【解析】根据《国务院行政机构设置和编制管理条例》第9条第1款第2项规定，设立国务院组成部门、国务院直属机构、国务院办事机构和国务院组成部门管理的国家行政机构的方案，应当包括下列事项：……②机构的类型、名称和职能；……所以，AB项不当选。

根据《国务院行政机构设置和编制管理条例》第17条规定，国务院行政机构的编制依据职能配置和职位分类，按照精简的原则确定。前款所称编制，包括人员的数量定额和领导职数。而C项"机构人员的数量定额"和D项"机构的领导职数"是编制管理的内容。所以，CD项当选。

综上所述，本题答案为CD。

第二节　地方行政机构设置和编制管理

1. 某一个设区市政府将自然资源局、规划局合并成立自然资源和规划局，应该由下列哪个行政机关批准？（2019 - 模拟题 - 单）[2]

A. 市政府
B. 省政府
C. 国务院
D. 市人大常委会

【考点】地方行政机构设置和编制

【解析】根据《地方各级人民政府机构设置和编制管理条例》第9条规定，地方各级人民政府行政机构的设立、撤销、合并或者变更规格、名称，由本级人民政府提出方案，经上一级人民政府机构编制管理机关审核后，报上一级人民政府批准；其中，县级以上地方各级人民政府行政机构的设立、撤销或者合并，还应当依法报本级人民代表大会常务委员会备案。本题中，设区市政府合并行政机构，应由上一级政府批准，即省政府批准。所以，B项当选。

综上所述，本题答案为B。

2. 根据规定，地方的事业单位机构和编制管理办法由省、自治区、直辖市人民政府机构编制管理机关拟定，报国务院机构编制管理机关审核后，由下列哪一机关发布？（2016/2/43 - 单）[3]

A. 国务院
B. 省、自治区、直辖市人民政府
C. 国务院机构编制管理机关
D. 省、自治区、直辖市人民政府机构编制管理机关

【考点】地方行政机构设置和编制

【解析】根据《地方各级人民政府机构设置和编制管理条例》第29条规定，地方的事业单位机构和编制管理办法，由省、自治区、直辖市人民政府机构编制管理机关拟定，报国务院

机构编制管理机关审核后，由省、自治区、直辖市人民政府发布。事业编制的全国性标准由国务院机构编制管理机关会同国务院财政部门和其他有关部门制定。所以，B项当选。

综上所述，本题答案为B。

3. 甲市某县环保局与水利局对职责划分有异议，双方协商无法达成一致意见。关于异议的处理，下列哪一说法是正确的？（2015/2/45－单）[1]

A. 提请双方各自上一级主管机关协商确定

B. 提请县政府机构编制管理机关决定

C. 提请县政府机构编制管理机关提出协调意见，并由该机构编制管理机关报县政府决定

D. 提请县政府提出处理方案，经甲市政府机构编制管理机关审核后报甲市政府批准

【考点】 地方行政机构设置

【解析】 根据《地方各级人民政府机构设置和编制管理条例》第10条第2款规定，行政机构之间对职责划分有异议的，应当主动协商解决。协商一致的，报本级人民政府机构编制管理机关备案；协商不一致的，应当提请本级人民政府机构编制管理机关提出协调意见，由机构编制管理机关报本级人民政府决定。本题中，甲市某县环保局与水利局对职责划分有异议，双方协商无法达成一致意见，应当提请县政府机构编制管理机关提出协调意见，并由该机构编制管理机关报县政府决定。C项正确，ABD项错误。

综上所述，本题答案为C。

4. 根据行政法规规定，县级以上地方各级政府机构编制管理机关应当评估行政机构和编制的执行情况。关于此评估，下列哪一说法是正确的？（2012/2/44－单）[2]

A. 评估应当定期进行

B. 评估具体办法由国务院制定

C. 评估结果是调整机构编制的直接依据

D. 评估同样适用于国务院行政机构和编制的调整

【考点】 地方行政机构设置和编制的监督检查

【解析】 根据《地方各级人民政府机构设置和编制管理条例》第24条规定，县级以上各级人民政府机构编制管理机关应当定期评估机构和编制的执行情况，并将评估结果作为调整机构编制的参考依据。评估的具体办法，由国务院机构编制管理机关制定。所以，A项正确，BC项错误。

根据《国务院行政机构设置和编制管理条例》第22条规定，国务院机构编制管理机关应当对国务院行政机构的机构设置和编制执行情况进行监督检查。国务院行政机构应当每年向国务院机构编制管理机关提供其机构设置和编制管理情况的报告。所以，D项错误。

综上所述，本题答案为A。

5. 甲市为乙省政府所在地的市。关于甲市政府行政机构设置和编制管理，下列说法正确的是？（2011/2/98－任）[3]

A. 在一届政府任期内，甲市政府的工作部门应保持相对稳定

B. 乙省机构编制管理机关与甲市机构编制管理机关为上下级领导关系

C. 甲市政府的行政编制总额，由甲市政府提出，报乙省政府批准

D. 甲市政府根据调整职责的需要，可以在行政编制总额内调整市政府有关部门的行政编制

---

[1] C　[2] A　[3] AD

【考点】 地方行政机构设置和编制

【解析】 根据《地方各级人民政府机构设置和编制管理条例》第8条规定，地方各级人民政府行政机构应当以职责的科学配置为基础，综合设置，做到职责明确、分工合理、机构精简、权责一致，决策和执行相协调。地方各级人民政府行政机构应当根据履行职责的需要，适时调整。但是，在一届政府任期内，地方各级人民政府的工作部门应当保持相对稳定。A项中，在一届政府任期内，甲市政府的工作部门应保持相对稳定，正确。

根据《地方各级人民政府机构设置和编制管理条例》第5条规定，县级以上各级人民政府机构编制管理机关应当按照管理权限履行管理职责，并对下级机构编制工作进行业务指导和监督。所以，上级编制管理机关与下级编制管理机关为业务指导和监督关系，而不是上下级领导关系。B项错误。

根据《地方各级人民政府机构设置和编制管理条例》第16条规定，地方各级人民政府的行政编制总额，由省、自治区、直辖市人民政府提出，经国务院机构编制管理机关审核后，报国务院批准。C项中，甲市政府的行政编制总额，应由乙省人民政府提出，经国务院机构编制管理机关审核后，报国务院批准，C项错误。

根据《地方各级人民政府机构设置和编制管理条例》第18条规定，地方各级人民政府根据调整职责的需要，可以在行政编制总额内调整本级人民政府有关部门的行政编制。但是，在同一个行政区域不同层级之间调配使用行政编制的，应当由省、自治区、直辖市人民政府机构编制管理机关报国务院机构编制管理机关审批。D项中，甲市政府根据调整职责的需要，可以在行政编制总额内调整市政府有关部门的行政编制，D项正确。

综上所述，本题答案为AD。

6. 关于地方政府机构设置和编制管理，下列哪一选项是正确的？（2009/2/50 – 单）[1]

A. 政府机构编制管理机关实行省以下垂直管理体制

B. 地方政府在设置机构时应当充分考虑财政的供养能力

C. 县级以上政府的行政机构可以要求下级政府设立与其业务对口的行政机构

D. 地方事业单位机构设置和编制管理办法，由国务院机构编制管理机关审核发布

【考点】 地方行政机构设置和编制

【解析】 根据《地方各级人民政府机构设置和编制管理条例》第4条规定，地方各级人民政府的机构编制工作，实行中央统一领导、地方分级管理的体制。本级人民政府对本级政府机构编制管理机关进行领导。同时，该法第5条规定，县级以上各级人民政府机构编制管理机关应当按照管理权限履行管理职责，并对下级机构编制工作进行业务指导和监督。上下级政府的机构编制管理机关是业务指导和监督的关系。A项中，政府机构编制管理机关实行省以下垂直管理体制，错误。

根据《地方各级人民政府机构设置和编制管理条例》第6条规定，依照国家规定的程序设置的机构和核定的编制，是录用、聘用、调配工作人员、配备领导成员和核拨经费的依据。县级以上各级人民政府应当建立机构编制、人员工资与财政预算相互制约的机制，在设置机构、核定编制时，应当充分考虑财政的供养能力。机构实有人员不得突破规定的编制。禁止擅自设置机构和增加编制。对擅自设置机构和增加编制的，不得核拨财政资金或者挪用其他资金安排其经费。所以，B项正确。

根据《地方各级人民政府机构设置和编制管理条例》第7条规定，县级以上各级人民政府

————————————

[1]　B

行政机构不得干预下级人民政府行政机构的设置和编制管理工作，不得要求下级人民政府设立与其业务对口的行政机构。C项中，县级以上政府的行政机构可以要求下级政府设立与其业务对口的行政机构，错误。

根据《地方各级人民政府机构设置和编制管理条例》第29条规定，地方的事业单位机构和编制管理办法，由省、自治区、直辖市人民政府机构编制管理机关拟定，报国务院机构编制管理机关审核后，由省、自治区、直辖市人民政府发布。事业编制的全国性标准由国务院机构编制管理机关会同国务院财政部门和其他有关部门制定。D项中，地方事业单位机构设置和编制管理办法，由国务院机构编制管理机关审核发布，错误。

综上所述，本题答案为B。

第三节　公务员

一、公职的取得

1. 张某是税务局二级主任科员。下列说法正确的是？（2022－模拟题－任）[1]

A. 二级主任科员是张某的职级

B. 如张某符合任职资历要求，可直接晋升一级主任科员

C. 若张某认为自己应晋升一级主任科员而未获得晋升，可以依法提出申诉

D. 对张某的定期考核应采用年度考核的方式

【考点】公务员的职级、晋升和考核

【解析】根据《公务员法》第19条第2款规定，综合管理类公务员职级序列分为：一级巡视员、二级巡视员、一级调研员、二级调研员、三级调研员、四级调研员、一级主任科员、二级主任科员、三级主任科员、四级主任科员、一级科员、二级科员。A项中，二级主任科员是张某的职级，正确。

根据《公务员法》第49条规定，公务员职级应当逐级晋升，根据个人德才表现、工作实绩和任职资历，参考民主推荐或者民主测评结果确定人选，经公示后，按照管理权限审批。B项中，在张某符合任职资历要求的情况下，还要考虑其他因素和程序。所以，B项错误。

根据《公务员法》第95条规定，公务员对涉及本人的下列人事处理不服的，可以自知道该人事处理之日起三十日内向原处理机关申请复核；对复核结果不服的，可以自接到复核决定之日起十五日内，按照规定向同级公务员主管部门或者作出该人事处理的机关的上一级机关提出申诉；也可以不经复核，自知道该人事处理之日起三十日内直接提出申诉：①处分；②辞退或者取消录用；③降职；④定期考核定为不称职；⑤免职；⑥申请辞职、提前退休未予批准；⑦不按照规定确定或者扣减工资、福利、保险待遇；⑧法律、法规规定可以申诉的其他情形。对省级以下机关作出的申诉处理决定不服的，可以向作出处理决定的上一级机关提出再申诉。受理公务员申诉的机关应当组成公务员申诉公正委员会，负责受理和审理公务员的申诉案件。C项中，未获晋升并不是申诉的法定情形，不能提出申诉。所以，C项错误。

根据《公务员法》第37条规定，非领导成员公务员的定期考核采取年度考核的方式。而关于何为"领导成员"，《公务员法》第111条规定，本法所称领导成员，是指机关的领导人员，不包括机关内设机构担任领导职务的人员。一般可以理解为机关领导班子组成人员。D项

---

[1]　AD

中，二级主任科员属于非领导成员公务员，定期考核应采用年度考核的方式，正确。

综上所述，本题的答案为 AD。

2. 根据《公务员法》规定，聘任制公务员按照国家规定实行协议工资制。关于公务员聘任制的协议工资制的具体办法，由哪个机构规定？（2020 - 模拟题 - 单）〔1〕

A. 中央公务员主管部门

B. 省级以上人力资源和社会保障主管部门

C. 省级以上公务员主管部门

D. 国务院人力资源和社会保障主管部门

【考点】公务员聘任制

【解析】根据《公务员法》第 103 条规定，聘任合同应当具备合同期限，职位及其职责要求，工资、福利、保险待遇，违约责任等条款。聘任合同期限为 1 年至 5 年。聘任合同可以约定试用期，试用期为 1 个月至 12 个月。聘任制公务员实行协议工资制，具体办法由中央公务员主管部门规定。

综上所述，本题答案为 A。

3. 关于公务员的录用，下列说法正确的有：（2019 - 模拟题 - 多）〔2〕

A. 李某在财政局年度考核中不称职，降低一个职级层次

B. 公安局民警王某的定期考核以平时考核、专项考核为基础

C. 张某因受过行政拘留不得录用为公务员

D. 刘某在留党察看期不得录用为公务员

【考点】公务员录用

【解析】根据《公务员法》第 50 条规定，公务员的职务、职级实行能上能下。对不适宜或者不胜任现任职务、职级的，应当进行调整。公务员在年度考核中被确定为不称职的，按照规定程序降低一个职务或者职级层次任职。A 项正确。

根据《公务员法》第 36 条规定，公务员的考核分为平时考核、专项考核和定期考核等方式。定期考核以平时考核、专项考核为基础。B 项正确。

根据《公务员法》第 26 条规定，下列人员不得录用为公务员：①因犯罪受过刑事处罚的；②被开除中国共产党党籍的；③被开除公职的；④被依法列为失信联合惩戒对象的；⑤有法律规定不得录用为公务员的其他情形的。CD 项错误。

综上所述，本题答案为 AB。

4. 下列关于公务员的说法，正确的有：（2019 - 模拟题 - 多）〔3〕

A. 确定公务员工资的依据是公务员的领导职务和职级两项

B. 公务员职级实行委任制和聘任制

C. 聘任制公务员的工资是协议工资

D. 公务员职级在县处级以下设置

【考点】公务员职级

【解析】根据《公务员法》第 21 条规定，公务员的领导职务、职级应当对应相应的级别。公务员领导职务、职级与级别的对应关系，由国家规定。根据工作需要和领导职务与职级的对应关系，公务员担任的领导职务和职级可以互相转任、兼任；符合规定资格条件的，可以晋升领导职务或者职级。公务员的级别根据所任领导职务、职级及其德才表现、工作实绩和资历确

─────────────────

〔1〕 A 〔2〕 AB 〔3〕 BC

定。公务员在同一领导职务、职级上，可以按照国家规定晋升级别。公务员的领导职务、职级与级别是确定公务员工资以及其他待遇的依据。A 项错误。

根据《公务员法》第 40 条规定，公务员领导职务实行选任制、委任制和聘任制。公务员职级实行委任制和聘任制。领导成员职务按照国家规定实行任期制。B 项正确。

根据《公务员法》第 103 条规定，聘任合同应当具备合同期限，职位及其职责要求，工资、福利、保险待遇，违约责任等条款。聘任合同期限为 1 年至 5 年。聘任合同可以约定试用期，试用期为 1 个月至 12 个月。聘任制公务员实行协议工资制，具体办法由中央公务员主管部门规定。C 项正确。

根据《公务员法》第 19 条规定，公务员职级在厅局级以下设置。综合管理类公务员职级序列分为：一级巡视员、二级巡视员、一级调研员、二级调研员、三级调研员、四级调研员、一级主任科员、二级主任科员、三级主任科员、四级主任科员、一级科员、二级科员。综合管理类以外其他职位类别公务员的职级序列，根据本法由国家另行规定。D 项错误。

综上所述，本题答案为 BC。

5. 根据《公务员法》规定，经省级以上公务员主管部门批准，机关根据工作需要可以对下列哪些职位实行聘任制？（2017/2/76－多）[1]

A. 涉及国家秘密的职位   B. 专业性较强的职位

C. 辅助性职位   D. 机关急需的职位

【考点】公务员聘任制

【解析】根据《公务员法》第 100 条规定，机关根据工作需要，经省级以上公务员主管部门批准，可以对专业性较强的职位和辅助性职位实行聘任制。前款所列职位涉及国家秘密的，不实行聘任制。所以，BC 项当选。

综上所述，本题答案为 BC。

6. 王某经过考试成为某县财政局新录用的公务员，但因试用期满不合格被取消录用。下列哪一说法是正确的？（2014/2/44－单）[2]

A. 对王某的试用期限，由某县财政局确定

B. 对王某的取消录用，应当适用辞退公务员的规定

C. 王某不服取消录用向法院提起行政诉讼的，法院应当不予受理

D. 对王某的取消录用，在性质上属于对王某的不予录用

【考点】公务员录用制度

【解析】根据《公务员法》第 34 条规定，新录用的公务员试用期为 1 年。试用期满合格的，予以任职；不合格的，取消录用。本题中，对王某的试用期由《公务员法》进行规定，某县财政局无权确定。所以，A 项错误。

根据《公务员法》第 88 条规定，公务员有下列情形之一的，予以辞退：①在年度考核中，连续 2 年被确定为不称职的；②不胜任现职工作，又不接受其他安排的；③因所在机关调整、撤销、合并或者缩减编制员额需要调整工作，本人拒绝合理安排的；④不履行公务员义务，不遵守法律和公务员纪律，经教育仍无转变，不适合继续在机关工作，又不宜给予开除处分的；⑤旷工或者因公外出、请假期满无正当理由逾期不归连续超过 15 天，或者 1 年内累计超过 30 天的。B 项中，对王某的取消录用，应当适用辞退公务员的规定，错误。

根据《公务员法》第 95 条第 1 款规定，公务员对涉及本人的下列人事处理不服的，可以

---

〔1〕 BC   〔2〕 C

自知道该人事处理之日起30日内向原处理机关申请复核；对复核结果不服的，可以自接到复核决定之日起15日内，按照规定向同级公务员主管部门或者作出该人事处理的机关的上一级机关提出申诉；也可以不经复核，自知道该人事处理之日起30日内直接提出申诉：①处分；②辞退或者取消录用；③降职；④定期考核定为不称职；⑤免职；⑥申请辞职、提前退休未予批准；⑦不按照规定确定或者扣减工资、福利、保险待遇；⑧法律、法规规定可以申诉的其他情形。C项正确。

根据《公务员法》第26条规定，下列人员不得录用为公务员：①因犯罪受过刑事处罚的；②被开除中国共产党党籍的；③被开除公职的；④被依法列为失信联合惩戒对象的；⑤有法律规定不得录用为公务员的其他情形的。D项中，对王某的取消录用，在性质上属于对王某的不予录用，错误。

综上所述，本题答案为C。

7. 孙某为某行政机关的聘任制公务员，双方签订聘任合同。下列哪些说法是正确的？(2013/2/79 - 多)[1]

A. 对孙某的聘任须按照公务员考试录用程序进行公开招聘

B. 该机关应按照《公务员法》和聘任合同对孙某进行管理

C. 对孙某的工资可以按照国家规定实行协议工资

D. 如孙某与该机关因履行聘任合同发生争议，可以向人事争议仲裁委员会申请仲裁

【考点】公务员聘任制

【解析】根据《公务员法》第101条第1款规定，机关聘任公务员可以参照公务员考试录用的程序进行公开招聘，也可以从符合条件的人员中直接选聘。A项中，对孙某的聘任可以按照公务员考试录用程序进行公开招聘也可以从符合条件的人员中直接选聘。所以，A项错误。

根据《公务员法》第104条规定，机关依据《公务员法》和聘任合同对所聘公务员进行管理。所以，B项正确。

根据《公务员法》第103条第3款规定，聘任制公务员实行协议工资制，具体办法由中央公务员主管部门规定。对孙某的工资可以实行协议工资。所以，C项正确。

根据《公务员法》第105条规定，聘任制公务员与所在机关之间因履行聘任合同发生争议的，可以自争议发生之日起60日内申请仲裁。省级以上公务员主管部门根据需要设立人事争议仲裁委员会，受理仲裁申请。人事争议仲裁委员会由公务员主管部门的代表、聘用机关的代表、聘任制公务员的代表以及法律专家组成。当事人对仲裁裁决不服的，可以自接到仲裁裁决书之日起15日内向人民法院提起诉讼。仲裁裁决生效后，一方当事人不履行的，另一方当事人可以申请人民法院执行。D项中，如孙某与该机关因履行聘任合同发生争议，可以向人事争议仲裁委员会申请仲裁，正确。

综上所述，本题答案为BCD。

8. 关于公务员录用的做法，下列哪一选项是正确的？(2012/2/43 - 单)[2]

A. 县公安局经市公安局批准，简化程序录用1名特殊职位的公务员

B. 区财政局录用1名曾被开除过公职但业务和能力优秀的人为公务员

C. 市环保局以新录用的公务员李某试用期满不合格为由，决定取消录用

D. 国务院卫生行政部门规定公务员录用体检项目和标准，报中央公务员主管部门备案

【考点】公务员录用制度

---

[1] BCD [2] C

【解析】根据《公务员法》第 33 条规定，录用特殊职位的公务员，经省级以上公务员主管部门批准，可以简化程序或者采用其他测评办法。A 项中，县公安局经过市公安局批准简化程序录用 1 名特殊职位的公务员违反该规定。所以，A 项错误。

根据《公务员法》第 26 条规定，下列人员不得录用为公务员：①因犯罪受过刑事处罚的；②被开除中国共产党党籍的；③被开除公职的；④被依法列为失信联合惩戒对象的；⑤有法律规定不得录用为公务员的其他情形的。B 项中，区财政局录用 1 名曾被开除过公职但业务和能力优秀的人为公务员违反该规定。所以，B 项错误。

根据《公务员法》第 34 条规定，新录用的公务员试用期为 1 年。试用期满合格的，予以任职；不合格的，取消录用。C 项中，市环保局以新录用的公务员李某试用期满不合格为由，决定取消录用，符合法律规定。所以，C 项正确。

根据《公务员法》第 31 条规定，招录机关根据考试成绩确定考察人选，并进行报考资格复审、考察和体检。体检的项目和标准根据职位要求确定。具体办法由中央公务员主管部门会同国务院卫生健康行政部门规定。D 项中，体检的项目和标准的具体办法是由中央公务员主管部门会同国务院卫生健康行政部门规定的，而非由国务院卫生健康行政部门规定，再报中央公务员主管部门备案。所以，D 项错误。

综上所述，本题答案为 C。

9. 关于聘任制公务员，下列做法正确的是：(2010/2/98 - 任)[1]
A. 某县保密局聘任 2 名负责保密工作的计算机程序员
B. 某县财政局与所聘任的 1 名精算师实行协议工资制
C. 某市林业局聘任公务员的合同期限为 10 年
D. 某县公安局聘任网络管理员的合同需经上级公安机关批准

【考点】公务员聘任制

【解析】根据《公务员法》第 100 条规定，机关根据工作需要，经省级以上公务员主管部门批准，可以对专业性较强的职位和辅助性职位实行聘任制。前款所列职位涉及国家秘密的，不实行聘任制。A 项中，某县保密局聘任 2 名负责保密工作的计算机程序员，错误。

根据《公务员法》第 103 条规定，聘任合同应当具备合同期限，职位及其职责要求，工资、福利、保险待遇，违约责任等条款。聘任合同期限为 1 年至 5 年。聘任合同可以约定试用期，试用期为 1 个月至 12 个月。聘任制公务员实行协议工资制，具体办法由中央公务员主管部门规定。本题中，B 项某县财政局与所聘任的 1 名精算师实行协议工资制，正确。C 项某县林业局聘任公务员的合同期限为 10 年，错误。

根据《公务员法》第 102 条规定，机关聘任公务员，应当按照平等自愿、协商一致的原则，签订书面的聘任合同，确定机关与所聘公务员双方的权利、义务。聘任合同经双方协商一致可以变更或者解除。聘任合同的签订、变更或者解除，应当报同级公务员主管部门备案。D 项中，某县公安局聘任网络管理员的合同只需要报同级公务员主管部门备案即可，不需上级公安机关批准。所以，D 项错误。

综上所述，本题答案为 B。

二、公职的履行

1. 在定期考核中，民政局一级科员刘某被确定为基本称职，下列哪些说法是正确的？(2023 - 模拟题 - 多)[2]

---

[1] B [2] BC

A. 刘某不服该结果可以向考核机关申请复核

B. 对刘某的考核结果作为公务员奖励、培训、辞退的依据

C. 刘某不能获得年终奖金

D. 对刘某的考核由主管机关按照有关规定办理

【考点】公务员的考核

【解析】A 项考查的是公务员申诉权的适用情形。根据《公务员法》第 95 条第 1 款规定，公务员对涉及本人的下列人事处理不服的，可以自知道该人事处理之日起三十日内向原处理机关申请复核；对复核结果不服的，可以自接到复核决定之日起十五日内，按照规定向同级公务员主管部门或者作出该人事处理的机关的上一级机关提出申诉；也可以不经复核，自知道该人事处理之日起三十日内直接提出申诉：①处分；②辞退或者取消录用；③降职；④定期考核定为不称职；⑤免职；⑥申请辞职、提前退休未予批准；⑦不按照规定确定或者扣减工资、福利、保险待遇；⑧法律、法规规定可以申诉的其他情形。A 项中，刘某的考核结果为基本称职，根据公务员法的规定，只有定期考核定为不称职的才可以申诉，故 A 项错误。

根据《公务员法》第 39 条规定，定期考核的结果作为调整公务员职位、职务、职级、级别、工资以及公务员奖励、培训、辞退的依据。故 B 项正确。

根据《公务员法》第 80 条第 4 款规定，公务员在定期考核中被确定为优秀、称职的，按照国家规定享受年终奖金。因此，只有被确定为优秀、称职的才有年终奖金，基本称职没有年终奖金。故 C 项正确。

根据《公务员法》第 37 条规定，非领导成员公务员的定期考核采取年度考核的方式。先由个人按照职位职责和有关要求进行总结，主管领导在听取群众意见后，提出考核等次建议，由本机关负责人或者授权的考核委员会确定考核等次。领导成员的考核由主管机关按照有关规定办理。本题中，刘某为一级科员，不是领导，其考核应由本机关负责人或者授权的考核委员会确定考核等次。故 D 项错误。

综上所述，本题的答案为 BC。

2. 某财政局副局长张某因饮酒驾驶，公安机关对其作出暂扣驾驶证 6 个月，罚款 1000 元的处罚决定。同时，县监察委员会发现张某经常公车私用，遂决定对其作出撤职处分。下列说法正确的是？（2023 - 模拟题 - 单）[1]

A. 暂扣驾驶证属于行为罚

B. 张某不能对公安局的行为提起行政诉讼

C. 撤职的期间为 18 个月

D. 就公车私用这一行为，因监察委员会已经作出处分，财政局不能再对张某进行处分

【考点】公务员的政务处分、行政处罚的种类

【解析】《行政处罚法》第 9 条对行政处罚的种类进行了规定。其中，第一项为名誉罚，包括警告、通报批评；第二项为财产罚，包括罚款、没收违法所得、没收非法财物；第三项为资格罚，包括暂扣许可证件、降低资质等级、吊销许可证件；第四项为行为罚，包括限制开展生产经营活动、责令停产停业、责令关闭、限制从业；第五项为人身罚，主要是指行政拘留。A 项中，暂扣驾驶证属于资格罚，即通过对违反行政管理秩序的当事人实施暂时扣留许可证件，以暂时剥夺当事人从事某项活动或权利的行政处罚。故 A 项错误。

B 项中，公安局的行为属于行政处罚，当事人不服，可以提起行政诉讼。即便本案中张某

---

[1] D

是公职人员，但此行政处罚不属于内部行为，张某属于行政行为的相对人，可以向法院提起行政诉讼。故 B 项错误。

根据《政务处分法》第 8 条规定第 1 款规定，政务处分的期间为：①警告，六个月；②记过，十二个月；③记大过，十八个月；④降级、撤职，二十四个月。C 项中，撤职属于监察机关对违法的公职人员给予政务处分的活动，撤职的期间应为 24 个月。故 C 项错误。而考生没有区分政务处分和行政处分也不影响本题的答案，因为根据《公务员法》第 64 条，行政处分的降级、撤职，期间也是二十四个月。二者的区别在于政务处分的作出主体是监察机关，而行政处分的作出主体是公务员所在机关；以及适用的法条不同，前者适用《政务处分法》，后者适用《公务员法》。

根据《公务员法》第 61 条规定，公务员因违纪违法应当承担纪律责任的，依照本法给予处分或者由监察机关依法给予政务处分；违纪违法行为情节轻微，经批评教育后改正的，可以免予处分。对同一违纪违法行为，监察机关已经作出政务处分决定的，公务员所在机关不再给予处分。因此，监察委员会已经作出处分，财政局不能再对张某进行处分。故 D 项正确。

综上所述，本题的答案为 D。

3. 关于公务员的诫勉，下列选项正确的是？（2022 - 模拟题 - 单）[1]

A. 诫勉的性质是公务员的行政处分

B. 诫勉是组织对公务员的监督

C. 被诫勉的公务员不得涨工资

D. 对诫勉决定不服的，公务员不得提出申诉

【考点】 公务员的监督

【解析】 根据《公务员法》第 62 条规定，处分分为：警告、记过、记大过、降级、撤职、开除。A 项中，公务员的行政处分是公务法规定的六种，即警告、记过、记大过、降级、撤职、开除，诫勉不属于公务员的行政处分。所以，A 项错误。

根据《公务员法》第 57 条第 1、2 款规定，机关应当对公务员的思想政治、履行职责、作风表现、遵纪守法等情况进行监督，开展勤政廉政教育，建立日常管理监督制度。对公务员监督发现问题的，应当区分不同情况，予以谈话提醒、批评教育、责令检查、诫勉、组织调整、处分。B 项中，诫勉是组织对公务员的监督，正确。

根据《公务员法》第 64 条规定，公务员在受处分期间不得晋升职务、职级和级别，其中受记过、记大过、降级、撤职处分的，不得晋升工资档次。受处分的期间为：警告，六个月；记过，十二个月；记大过，十八个月；降级、撤职，二十四个月。受撤职处分的，按照规定降低级别。C 项中，不得涨工资的范畴是受记过、记大过、降级、撤职处分的，不包括诫勉。所以，C 项错误。

根据《公务员法》第 95 条规定，公务员对涉及本人的下列人事处理不服的，可以自知道该人事处理之日起三十日内向原处理机关申请复核；对复核结果不服的，可以自接到复核决定之日起十五日内，按照规定向同级公务员主管部门或者作出该人事处理的机关的上一级机关提出申诉；也可以不经复核，自知道该人事处理之日起三十日内直接提出申诉：①处分；②辞退或者取消录用；③降职；④定期考核定为不称职；⑤免职；⑥申请辞职、提前退休未予批准；⑦不按照规定确定或者扣减工资、福利、保险待遇；⑧法律、法规规定可以申诉的其他情形。对省级以下机关作出的申诉处理决定不服的，可以向作出处理决定的上一级机关提出再申诉。

---

[1] B

受理公务员申诉的机关应当组成公务员申诉公正委员会，负责受理和审理公务员的申诉案件。公务员对监察机关作出的涉及本人的处理决定不服向监察机关申请复审、复核的，按照有关规定办理。D项中，尽管诫勉不是行政处分，但属于不利的人事处理决定，公务员有申诉的权利。所以，D项错误。

综上所述，本题的答案为 B。

4. 某市财政局副局长孙某在 2020 年年度考核中被确定为不称职，下列哪一说法是正确的？（2021 - 模拟题 - 单）[1]

A. 孙某可以享受 2020 年度的年终奖金

B. 对孙某的考核等次不属于人事处理

C. 对孙某降低一个职务或者职级层次任职

D. 由财政局局长或者授权的考核委员会确定考核等次

【考点】公务员的考核

【解析】根据《公务员法》第80条规定，公务员在定期考核中被确定为优秀、称职的，按照国家规定享受年终奖金。A项错误。

根据《公务员法》第95条规定，公务员对涉及本人的下列人事处理不服的，可以自知道该人事处理之日起30日内向原处理机关申请复核；对复核结果不服的，可以自接到复核决定之日起15日内，按照规定向同级公务员主管部门或者作出该人事处理的机关的上一级机关提出申诉；也可以不经复核，自知道该人事处理之日起30日内直接提出申诉：定期考核定为不称职。B项错误。

根据《公务员法》第50条规定，公务员在年度考核中被确定为不称职的，按照规定程序降低一个职务或者职级层次任职。C项正确。

根据《公务员法》第37条规定，非领导成员公务员的定期考核采取年度考核的方式。先由个人按照职位职责和有关要求进行总结，主管领导在听取群众意见后，提出考核等次建议，由本机关负责人或者授权的考核委员会确定考核等次。领导成员的考核由主管机关按照有关规定办理。本题中，市财政局副局长属于领导成员，考核无须按照非领导成员公务员进行。D项错误。

综上所述，本题答案为 C。

5. 关于公务员的管理，下列说法错误的是：（2020 - 模拟题 - 多）[2]

A. 公务员的考核分为平时考核、专项考核和定期考核等方式

B. 记过的期间为 12 个月

C. 根据工作需要，机关可以采取挂职方式进行交流

D. 在年度考核中，被确定为不称职的，予以辞退

【考点】公务员的管理

【解析】根据《公务员法》第36条规定，公务员的考核分为平时考核、专项考核和定期考核等方式。A项正确。

根据《公务员法》第64条规定，公务员在受处分期间不得晋升职务、职级和级别，其中受记过、记大过、降级、撤职处分的，不得晋升工资档次。受处分的期间为：警告，6个月；记过，12个月；记大过，18个月；降级、撤职，24个月。受撤职处分的，按照规定降低级别。B项正确。

---

[1] C [2] CD

根据《公务员法》第 69 条规定，国家实行公务员交流制度。公务员可以在公务员和参照本法管理的工作人员队伍内部交流，也可以与国有企业和不参照本法管理的事业单位中从事公务的人员交流。交流的方式包括调任、转任。《公务员法》第 72 条规定，根据工作需要，机关可以采取挂职方式选派公务员承担重大工程、重大项目、重点任务或者其他专项工作。公务员在挂职期间，不改变与原机关的人事关系。公务员的挂职不属于交流。C 项错误。

根据《公务员法》第 88 条规定，公务员有下列情形之一的，予以辞退：①在年度考核中，连续两年被确定为不称职的；②不胜任现职工作，又不接受其他安排的；③因所在机关调整、撤销、合并或者缩减编制员额需要调整工作，本人拒绝合理安排的；④不履行公务员义务，不遵守法律和公务员纪律，经教育仍无转变，不适合继续在机关工作，又不宜给予开除处分的；⑤旷工或者因公外出、请假期满无正当理由逾期不归连续超过 15 天，或者一年内累计超过 30 天的。因此，连续两年被确定为不称职的才予以辞退，D 项错误。

综上所述，本题答案为 CD。

6. 县应急管理局副局长王某因在本县发生的火灾事故中处置失职，造成重大损失，引咎辞职。关于引咎辞职，下列说法正确的是：（2018 - 模拟题 - 单）[1]

A. 性质属于行政问责　　　　　　　B. 性质属于行政处分

C. 是对王某追究刑事责任的必经程序　　D. 意味着王某不再具有公务员身份

【考点】 公务员处分制度

【解析】 行政问责是国家机关对机关工作人员，特别是领导干部，由于故意或者过失不履行或者不正确履行法定职责，影响管理秩序和管理效率，贻误工作，或者损害管理相对人合法权益，造成不良影响和后果的行为，进行内部监督和责任追究的制度。A 项正确。

根据《公务员法》第 62 条规定，处分分为：警告、记过、记大过、降级、撤职、开除。B 项错误。

根据《公务员法》第 108 条规定，公务员主管部门的工作人员，违反《公务员法》规定，滥用职权、玩忽职守、徇私舞弊，构成犯罪的，依法追究刑事责任；尚不构成犯罪的，给予处分或者由监察机关依法给予政务处分。C 项错误。

根据《公务员法》第 87 条第 3 款规定，领导成员因工作严重失误、失职造成重大损失或者恶劣社会影响的，或者对重大事故负有领导责任的，应当引咎辞去领导职务。D 项错误。

综上所述，本题答案为 A。

7. 某县工商局科员李某因旷工被给予警告处分。关于李某的处分，下列哪一说法是正确的？（2017/2/44 - 单）[2]

A. 处分决定可以口头方式通知李某　　B. 处分决定自作出之日起生效

C. 受处分期间为 12 个月　　　　　　D. 李某在受处分期间不得晋升工资档次

【考点】 公务员处分制度

【解析】 根据《公务员法》第 63 条第 3 款规定，处分决定机关认为对公务员应当给予处分的，应当在规定的期限内，按照管理权限和规定的程序作出处分决定。处分决定应当以书面形式通知公务员本人。A 项错误。

根据《行政机关公务员处分条例》第 46 条规定，处分决定自作出之日起生效。B 项正确。请同学们注意，《行政机关公务员处分条例》虽然没有修改，但是，2018 年新修订的《公务员法》会对《行政机关公务员处分条例》的部分法条产生影响，比如该法第 46 条"处分决定、

---

[1] A　[2] B

解除处分决定自作出之日起生效"的后半句不再适用。原因为：新修改的《公务员法》将第65条第1款修订为"公务员受开除以外的处分，在受处分期间有悔改表现，并且没有再发生违纪违法行为的，处分期满后自动解除"，即处分期满后不再需要处分决定机关解除处分并以书面形式通知本人。因此，《行政机关公务员处分条例》第46条应相应修改为"处分决定自作出之日起生效"。

根据《公务员法》第64条规定，公务员在受处分期间不得晋升职务、职级和级别，其中受记过、记大过、降级、撤职处分的，不得晋升工资档次。受处分的期间为：警告，6个月；记过，12个月；记大过，18个月；降级、撤职，24个月。受撤职处分的，按照规定降低级别。CD项错误。

综上所述，本题答案为B。

8. 财政局干部李某在机关外兼职。关于李某兼职，下列哪些说法是正确的？（2016/2/76－多）[1]

A. 为发挥个人专长可在外兼职   B. 兼职应经有关机关批准

C. 不得领取兼职报酬   D. 兼职情况应向社会公示

【考点】公务员兼职制度

【解析】根据《公务员法》第44条规定，公务员因工作需要在机关外兼职，应当经有关机关批准，并不得领取兼职报酬。A项错误，BC项正确。

根据《公务员法》第32条规定，招录机关根据考试成绩、考察情况和体检结果，提出拟录用人员名单，并予以公示。公示期不少于5个工作日。公示期满，中央一级招录机关应当将拟录用人员名单报中央公务员主管部门备案；地方各级招录机关应当将拟录用人员名单报省级或者设区的市级公务员主管部门审批。根据《公务员法》第48条规定，公务员晋升领导职务的，应当按照有关规定实行任前公示制度和任职试用期制度。《公务员法》并未规定公务员兼职情况需要向社会公示。D项错误。

综上所述，本题答案为BC。

9. 根据《公务员法》规定，下列哪一选项不是公务员应当履行的义务？（2015/2/44－单）[2]

A. 公道正派   B. 忠于职守

C. 恪守职业道德   D. 参加培训

【考点】公务员的义务

【解析】根据《公务员法》第14条规定，公务员应当履行下列义务：①忠于宪法，模范遵守、自觉维护宪法和法律，自觉接受中国共产党领导；②忠于国家，维护国家的安全、荣誉和利益；③忠于人民，全心全意为人民服务，接受人民监督；④忠于职守，勤勉尽责，服从和执行上级依法作出的决定和命令，按照规定的权限和程序履行职责，努力提高工作质量和效率；⑤保守国家秘密和工作秘密；⑥带头践行社会主义核心价值观，坚守法治，遵守纪律，恪守职业道德，模范遵守社会公德、家庭美德；⑦清正廉洁，公道正派；⑧法律规定的其他义务。

本题中，公道正派、忠于职守和恪守职业道德都属于公务员应当履行的义务，参加培训不属于公务员应当履行的义务，而属于公务员的权利。所以D项当选。

综上所述，本题答案为D。

---

[1] BC [2] D

10. 根据《公务员法》的规定，下列哪些选项属于公务员交流方式？（2014/2/85－多）[1]

A. 调任　　　　　　　　　　　　B. 转任

C. 挂职锻炼　　　　　　　　　　D. 接受培训

【考点】公务员交流制度

【解析】根据《公务员法》第 69 条规定，国家实行公务员交流制度。公务员可以在公务员和参照本法管理的工作人员队伍内部交流，也可以与国有企业和不参照本法管理的事业单位中从事公务的人员交流。交流的方式包括调任、转任。所以，根据新法，交流的方式只包括调任、转任，挂职不再属于交流方式。

综上所述，根据新法，本题答案为 AB。

11. 关于国家机关公务员处分的做法或说法，下列哪一选项是正确的？（2010/2/41－单）[2]

A. 张某受记过处分期间，因表现突出被晋升一档工资

B. 孙某撤职处分被解除后，虽不能恢复原职但应恢复原级别

C. 童某受到记大过处分，处分期间为 24 个月

D. 田某主动交代违纪行为，主动采取措施有效避免损失，应减轻处分

【考点】公务员处分制度

【解析】根据《公务员法》第 64 条第 1 款规定，公务员在受处分期间不得晋升职务、职级和级别，其中受记过、记大过、降级、撤职处分的，不得晋升工资档次。A 项中，张某受记过处分期间，因表现突出被晋升一档工资，错误。

根据《公务员法》第 65 条规定，公务员受开除以外的处分，在受处分期间有悔改表现，并且没有再发生违纪违法行为的，处分期满后自动解除。解除处分后，晋升工资档次、级别和职务、职级不再受原处分的影响。但是，解除降级、撤职处分的，不视为恢复原级别、原职务、原职级。B 项中，孙某撤职处分被解除后，虽不能恢复原职但应恢复原级别，错误。

根据《公务员法》第 64 条第 2、3 款规定，受处分的期间为：警告，6 个月；记过，12 个月；记大过，18 个月；降级、撤职，24 个月。受撤职处分的，按照规定降低级别。C 项中，童某受到记大过处分，处分期间为 24 个月，错误。

根据《行政机关公务员处分条例》第 14 条规定，行政机关公务员主动交代违法违纪行为，并主动采取措施有效避免或者挽回损失的，应当减轻处分。行政机关公务员违纪行为情节轻微，经过批评教育后改正的，可以免予处分。D 项中，田某主动交代违纪行为，主动采取措施有效避免损失，应减轻处分，正确。

综上所述，本题答案为 D。

12. 下列哪些做法不属于公务员交流制度？（2009/2/42－多）[3]

A. 沈某系某高校副校长，调入国务院某部任副司长

B. 刘某系某高校行政人员，被聘为某区法院书记员

C. 吴某系某国有企业经理，调入市国有资产管理委员会任处长

D. 郑某系某部人事司副处长，到某市挂职担任市委组织部副部长

【考点】公务员交流制度

【解析】根据《公务员法》第 69 条规定，国家实行公务员交流制度。公务员可以在公务员和参照《公务员法》管理的工作人员队伍内部交流，也可以与国有企业和不参照《公务员

---

〔1〕 AB　〔2〕 D　〔3〕 BD

法》管理的事业单位中从事公务的人员交流。交流的方式包括调任、转任。

根据《公务员法》第70条规定，国有企业、高等院校和科研院所以及其他不参照《公务员法》管理的事业单位中从事公务的人员，可以调入机关担任领导职务或者四级调研员以上及其他相当层次的职级。调任人选应当具备《公务员法》第13条规定的条件和拟任职位所要求的资格条件，并不得有《公务员法》第26条规定的情形。调任机关应当根据上述规定，对调任人选进行严格考察，并按照管理权限审批，必要时可以对调任人选进行考试。所以，AC项是调任，属于公务员交流制度，不当选。

根据《公务员法》第100条第1款规定，机关根据工作需要，经省级以上公务员主管部门批准，可以对专业性较强的职位和辅助性职位实行聘任制。B项属于聘任制公务员的要求，不属于公务员交流制度，当选。

根据《公务员法》第72条规定，根据工作需要，机关可以采取挂职方式选派公务员承担重大工程、重大项目、重点任务或者其他专项工作。公务员在挂职期间，不改变与原机关的人事关系。D项符合挂职锻炼要求，根据新法，不属于公务员交流制度，当选。

综上所述，根据新法，本题答案为BD。

13. 下列哪些选项属于对公务员的处分？（2009/2/82－多）[1]

A. 降级　　　　　　　　　　　B. 免职
C. 撤职　　　　　　　　　　　D. 责令辞职

【考点】 公务员处分制度

【解析】 根据《公务员法》第62条规定，处分分为：警告、记过、记大过、降级、撤职、开除。因此，AC项当选。

综上所述，本题答案为AC。

三、公职的退出与救济

1. 区财政局政策法规科二级科员王某工作年限满三十年，申请提前退休。下列哪些选项是正确的？（2022－模拟题－多）[2]

A. 提前退休要经过任免机关批准
B. 王某可以按照公务员退休待遇领取退休金
C. 王某不符合申请提前退休的条件
D. 王某退休后三年内不得到与原工作业务直接相关的企业任职

【考点】 公务员的退休

【解析】 根据《公务员法》第93条规定，公务员符合下列条件之一的，本人自愿提出申请，经任免机关批准，可以提前退休：①工作年限满三十年的；②距国家规定的退休年龄不足五年，且工作年限满二十年的；③符合国家规定的可以提前退休的其他情形的。A项中，提前退休要经过任免机关批准。所以，A项正确。C项中，王某工作年限满三十年，符合申请提前退休的条件。所以，C项错误。

根据《公务员法》第94条规定，公务员退休后，享受国家规定的养老金和其他待遇，国家为其生活和健康提供必要的服务和帮助，鼓励发挥个人专长，参与社会发展。B项中，在符合公务员法规定的情况下提前退休，可以按照公务员退休待遇领取退休金。所以，B项正确。

根据《公务员法》第107条规定，公务员辞去公职或者退休的，原系领导成员、县处级以上领导职务的公务员在离职三年内，其他公务员在离职两年内，不得到与原工作业务直接相关

---

[1] AC　[2] AB

的企业或者其他营利性组织任职，不得从事与原工作业务直接相关的营利性活动。D项中，王某是二级科员，不属于领导成员、县处级以上领导职务的公务员，因此，是两年内不得到与原工作业务直接相关的企业或者其他营利性组织任职。D项错误。

综上所述，本题的答案为AB。

2. 关于公务员的辞职和辞退，下列哪些说法是正确的？（2015/2/76－多）[1]

A. 重要公务尚未处理完毕的公务员，不得辞去公职

B. 领导成员对重大事故负有领导责任的，应引咎辞去公职

C. 对患病且在规定的医疗期内的公务员，不得辞退

D. 被辞退的公务员，可根据国家有关规定享受失业保险

【考点】 公务员的辞职和辞退

【解析】 根据《公务员法》第86条规定，公务员有下列情形之一的，不得辞去公职：①未满国家规定的最低服务年限的；②在涉及国家秘密等特殊职位任职或者离开上述职位不满国家规定的脱密期限的；③重要公务尚未处理完毕，且须由本人继续处理的；④正在接受审计、纪律审查、监察调查，或者涉嫌犯罪，司法程序尚未终结的；⑤法律、行政法规规定的其他不得辞去公职的情形。本题中，重要公务尚未处理完毕的公务员且该公务必须由其本人继续处理的，才不得辞去公职。所以，A项中，重要公务尚未处理完毕的公务员，不得辞去公职，错误。

根据《公务员法》第87条第3款规定，领导成员因工作严重失误、失职造成重大损失或者恶劣社会影响的，或者对重大事故负有领导责任的，应当引咎辞去领导职务。B项中，领导成员对重大事故负有领导责任的，应引咎辞去公职与法条规定的引咎辞去领导职务不符，错误。

根据《公务员法》第89条规定，对有下列情形之一的公务员，不得辞退：①因公致残，被确认丧失或者部分丧失工作能力的；②患病或者负伤，在规定的医疗期内的；③女性公务员在孕期、产假、哺乳期内的；④法律、行政法规规定的其他不得辞退的情形。C项中，对患病且在规定的医疗期内的公务员，不得辞退，正确。

根据《公务员法》第90条第2款规定，被辞退的公务员，可以领取辞退费或者根据国家有关规定享受失业保险。D项中，被辞退的公务员，可根据国家有关规定享受失业保险，正确。

综上所述，本题答案为CD。

3. 当事人不服下列行为提起的诉讼，属于行政诉讼受案范围的是：（2011/2/97－任）[2]

A. 某人保局以李某体检不合格为由取消其公务员录用资格

B. 某公安局以新录用的公务员孙某试用期不合格为由取消录用

C. 某人保局给予工作人员田某记过处分

D. 某财政局对工作人员黄某提出的辞职申请不予批准

【考点】 公务员的救济

【解析】 根据《行政诉讼法》第2条规定，公民、法人或者其他组织认为行政机关和行政机关工作人员的行政行为侵犯其合法权益，有权依照本法向人民法院提起诉讼。前款所称行政行为，包括法律、法规、规章授权的组织作出的行政行为。根据《行政诉讼法》第13条规定，人民法院不受理公民、法人或者其他组织对下列事项提起的诉讼：①国防、外交等国家行为；

---

〔1〕 CD 〔2〕 A

②行政法规、规章或者行政机关制定、发布的具有普遍约束力的决定、命令；③行政机关对行政机关工作人员的奖惩、任免等决定；④法律规定由行政机关最终裁决的行政行为。根据第 3 项规定，行政机关工作人员，即行政机关公务员不得对与其相关的奖惩、任免等决定提起行政诉讼。为保护公务员的合法权益，《公务员法》第 95、96 条等规定提供了相应的救济渠道，即复核、申诉。所以，如何理解《行政诉讼法》第 13 条第 3 项规定，至关重要。从第 3 项规定的内容分析，不属于行政诉讼受案范围的行为，仅限于针对已成为公务员的行为，对不属于公务员的公民不适用。根据《最高人民法院关于适用〈中华人民共和国行政诉讼法〉的解释》（以下简称《行诉解释》）第 2 条第 3 款规定，《行政诉讼法》第 13 条第 3 项规定的"对行政机关工作人员的奖惩、任免等决定"，是指行政机关作出的涉及行政机关工作人员公务员权利义务的决定。A 项中，某人保局取消的只是李某被录用为公务员的资格，而不是其公务员身份，故《行政诉讼法》第 13 条第 3 项规定对其不适用。而某人保局取消李某资格的行为，为行政行为，李某对此行为不服，可以提起行政诉讼。A 项当选。同时，由于 BCD 项都是对已有公务员身份的人实施的奖惩、任免决定，不属于行政诉讼受案范围。所以 BCD 项不当选。

综上所述，本题答案为 A。

第三章　抽象行政行为

一、行政法规制定程序

1. 为促进中国（上海）自由贸易试验区的发展，有关机关决定在上海市暂时停止适用行政法规《国际海运条例》的部分内容，该决定由下列哪个主体作出？（2021－模拟题－单）[1]

A. 全国人民代表大会常务委员会　　　　B. 国务院

C. 上海市人民代表大会　　　　　　　　D. 上海市人民政府

【考点】行政法规的暂时停止适用

【解析】根据《行政法规制定程序条例》第35条规定，国务院可以根据全面深化改革、经济社会发展需要，就行政管理等领域的特定事项，决定在一定期限内在部分地方暂时调整或者暂时停止适用行政法规的部分规定。

综上所述，本题答案为B。

2. 《外国人来华登山管理办法》1991年7月13日经国务院批准，1991年8月29日由国家体育运动委员会发布实施，该办法的性质属于：（2020－模拟题－单）[2]

A. 部委制定的其他规范性文件　　　　　B. 国务院发布的决定和命令

C. 行政法规　　　　　　　　　　　　　D. 部门规章

【考点】行政法规的认定

【解析】根据2004年《关于审理行政案件适用法律规范问题的座谈会纪要》的规定，现行有效的行政法规有以下三种类型：①国务院制定并公布的行政法规。②立法法施行以前，按照当时有效的行政法规制定程序，经国务院批准、由国务院部门公布的行政法规。但在立法法施行以后，经国务院批准、由国务院部门公布的规范性文件，不再属于行政法规。③在清理行政法规时由国务院确认的其他行政法规。

题干中所涉及的《外国人来华登山管理办法》是1991年经国务院批准，由国家体育运动委员会发布的，符合第2种情况，故属于行政法规。所以C项当选。

综上所述，本题答案为C。

3. 国务院出台行政法规《中华人民共和国食品安全法实施条例》，2019年3月26日公布，2019年12月1日生效。关于行政法规的公布形式及备案时间，说法正确的有：（2019－模拟题－多）[3]

A. 以国务院令公布

B. 以总理令公布

C. 公布后30日内向全国人大常委会备案

---

[1]　B　[2]　C　[3]　AC

D. 生效后 30 日内向全国人大常委会备案

【考点】 行政法规制定程序

【解析】 根据《行政法规制定程序条例》第 27 条规定，国务院法制机构应当根据国务院对行政法规草案的审议意见，对行政法规草案进行修改，形成草案修改稿，报请总理签署国务院令公布施行。签署公布行政法规的国务院令载明该行政法规的施行日期。A 项正确，B 项错误。

根据《行政法规制定程序条例》第 30 条规定，行政法规在公布后的 30 日内由国务院办公厅报全国人民代表大会常务委员会备案。C 项正确，D 项错误。

综上所述，本题答案为 AC。

4. 关于效力冲突问题，下列哪一说法是正确的？（2019－模拟题－单）[1]

A. 国务院部门制定的规范性文件效力高于省人民代表大会制定的地方性法规

B. 国务院部门联合制定的规章与省级政府规章效力等级相同

C. 某省地方政府规章为了保护高新企业的发展，设定企业设立登记的前置性许可

D. 地方性法规的效力高于地方政府规章

【考点】 立法的效力位阶

【解析】 法律、行政法规、地方性法规、国务院部门规章和地方政府规章的制定、修改和废止，都受到《立法法》的约束，而规范性文件不属于立法，位阶低于上述内容。A 项错误。

根据《立法法》第 102 条规定，部门规章之间、部门规章与地方政府规章之间具有同等效力，在各自的权限范围内施行。B 项正确。

根据《行政许可法》第 15 条第 2 款规定，地方性法规和省、自治区、直辖市人民政府规章，不得设定应当由国家统一确定的公民、法人或者其他组织的资格、资质的行政许可；不得设定企业或者其他组织的设立登记及其前置性行政许可。其设定的行政许可，不得限制其他地区的个人或者企业到本地区从事生产经营和提供服务，不得限制其他地区的商品进入本地区市场。C 项错误。

根据《立法法》第 100 条规定，地方性法规的效力高于本级和下级地方政府规章。省、自治区的人民政府制定的规章的效力高于本行政区域内的设区的市、自治州的人民政府制定的规章。D 项错误。

综上所述，本题答案为 B。

5. 2018 年 2 月 7 日，国务院第 198 次常务会议通过《快递暂行条例》，经国务院总理签署，于 2018 年 3 月 2 日公布，该条例应当在下列哪些载体上刊载？（2018－模拟题－多）[2]

A. 国务院公报   B. 中国政府法制信息网

C. 全国范围内发行的报纸   D. 全国人大常委会公报

【考点】 行政法规制定程序

【解析】 根据《立法法》第 78 条第 1 款规定，行政法规签署公布后，及时在国务院公报和中国政府法制信息网以及在全国范围内发行的报纸上刊载。

综上所述，本题答案为 ABC。

6. 关于行政法规的立项，下列哪一说法是正确的？（2017/2/45－单）[3]

A. 省政府认为需要制定行政法规的，可于每年年初编制国务院年度立法工作计划前向国务院报请立项

B. 国务院法制机构根据有关部门报送的立项申请汇总研究，确定国务院年度立法工作计划

C. 列入国务院年度立法工作计划的行政法规项目应适应改革、发展、稳定的需要

D. 国务院年度立法工作计划一旦确定不得调整

【考点】*行政法规制定程序*

【解析】根据《行政法规制定程序条例》第8条第1款规定，国务院有关部门认为需要制定行政法规的，应当于国务院编制年度立法工作计划前，向国务院报请立项。所以，A项错误。

根据《行政法规制定程序条例》第9条规定，国务院法制机构应当根据国家总体工作部署，对行政法规立项申请和公开征集的行政法规制定项目建议进行评估论证，突出重点，统筹兼顾，拟订国务院年度立法工作计划，报党中央、国务院批准后向社会公布。列入国务院年度立法工作计划的行政法规项目应当符合下列要求：①贯彻落实党的路线方针政策和决策部署，适应改革、发展、稳定的需要；②有关的改革实践经验基本成熟；③所要解决的问题属于国务院职权范围并需要国务院制定行政法规的事项。所以，B项错误，C项正确。

根据《行政法规制定程序条例》第10条规定，对列入国务院年度立法工作计划的行政法规项目，承担起草任务的部门应当抓紧工作，按照要求上报国务院；上报国务院前，应当与国务院法制机构沟通。国务院法制机构应当及时跟踪了解国务院各部门落实国务院年度立法工作计划的情况，加强组织协调和督促指导。国务院年度立法工作计划在执行中可以根据实际情况予以调整。所以，D项错误。

综上所述，本题答案为C。

7. 行政法规条文本身需进一步明确界限或作出补充规定的，应对行政法规进行解释。关于行政法规的解释，下列说法正确的是：（2016/2/100－任）[1]

A. 解释权属于国务院

B. 解释行政法规的程序，适用行政法规制定程序

C. 解释可由国务院授权国务院有关部门公布

D. 行政法规的解释与行政法规具有同等效力

【考点】*行政法规的解释*

【解析】根据《行政法规制定程序条例》第31条规定，行政法规有下列情形之一的，由国务院解释：①行政法规的规定需要进一步明确具体含义的；②行政法规制定后出现新的情况，需要明确适用行政法规依据的。国务院法制机构研究拟订行政法规解释草案，报国务院同意后，由国务院公布或者由国务院授权国务院有关部门公布。行政法规的解释与行政法规具有同等效力。因此，ACD项正确。

根据《行政法规制定程序条例》第33条规定，对属于行政工作中具体应用行政法规的问题，省、自治区、直辖市人民政府法制机构以及国务院有关部门法制机构请求国务院法制机构解释的，国务院法制机构可以研究答复；其中涉及重大问题的，由国务院法制机构提出意见，报国务院同意后答复。B项中，解释行政法规的程序，适用行政法规制定程序，错误。

综上所述，本题答案为ACD。

8. 《计算机信息网络国际联网安全保护管理办法》于1997年12月11日经国务院批准，由公安部于1997年12月30日以公安部部令发布。该办法属于哪一性质的规范？（2014/2/

[1] ACD

46 – 单)[1]

A. 行政法规　　　　　　　　　　　B. 国务院的决定

C. 规章　　　　　　　　　　　　　D. 一般规范性文件

【考点】行政法规的认定

【解析】根据2004年《关于审理行政案件适用法律规范问题的座谈会纪要》的规定，现行有效的行政法规有以下3种类型：①国务院制定并公布的行政法规。②立法法施行以前，按照当时有效的行政法规制定程序，经国务院批准、由国务院部门公布的行政法规。但在立法法施行以后，经国务院批准、由国务院部门公布的规范性文件，不再属于行政法规。③在清理行政法规时由国务院确认的其他行政法规。题干中所涉及的《计算机信息网络国际联网安全保护管理办法》是1997年经国务院批准，由公安部发布的，符合第2种情况，故属于行政法规。所以A项当选。

综上所述，本题答案为A。

9. 国务院法制机构在审查起草部门报送的行政法规送审稿时认为，该送审稿规定的主要制度存在较大争议，且未征得相关部门同意。对此，可以采取下列哪些处理措施？（2011/2/85 – 多)[2]

A. 缓办　　　　　　　　　　　　　B. 移交其他部门起草

C. 退回起草部门　　　　　　　　　D. 向社会公布，公开征求意见

【考点】行政法规制定程序

【解析】根据《行政法规制定程序条例》第19条规定，行政法规送审稿有下列情形之一的，国务院法制机构可以缓办或者退回起草部门：①制定行政法规的基本条件尚不成熟或者发生重大变化的；②有关部门对送审稿规定的主要制度存在较大争议，起草部门未征得机构编制、财政、税务等相关部门同意的；③未按照本条例有关规定公开征求意见的；④上报送审稿不符合本条例第15条、第16条、第17条规定的。本题中，国务院法制机构在审查起草部门报送的行政法规送审稿时认为，该送审稿规定的主要制度存在较大争议，且未征得相关部门同意，符合本条第2项规定的情形，国务院法制机构可以缓办或退回起草部门。所以，AC项当选，BD项不当选。

综上所述，本题答案为AC。

10. 关于行政法规的决定与公布，下列哪一说法是正确的？（2010/2/42 – 单)[3]

A. 行政法规均应由国务院常务会议审议通过

B. 行政法规草案在国务院常务会议审议时，可由起草部门作说明

C. 行政法规草案经国务院审议报国务院总理签署前，不得再作修改

D. 行政法规公布后由国务院法制办报全国人大常委会备案

【考点】行政法规制定程序

【解析】根据《行政法规制定程序条例》第26条规定，行政法规草案由国务院常务会议审议，或者由国务院审批。国务院常务会议审议行政法规草案时，由国务院法制机构或者起草部门作说明。本题中，行政法规可以由国务院常务会议审议或者由国务院审批，A项中，行政法规均应由国务院常务会议审议通过，错误。B项中，行政法规草案在国务院常务会议审议时，可由起草部门作说明，正确。

根据《行政法规制定程序条例》第27条第1款规定，国务院法制机构应当根据国务院对

行政法规草案的审议意见，对行政法规草案进行修改，形成草案修改稿，报请总理签署国务院令公布施行。C 项中，行政法规草案经国务院审议报国务院总理签署前，不得再作修改，错误。

根据《行政法规制定程序条例》第 30 条规定，行政法规在公布后的 30 日内由国务院办公厅报全国人民代表大会常务委员会备案。行政法规报请备案的主体为国务院办公厅而非国务院法制办。D 项中，行政法规公布后由国务院法制办报全国人大常委会备案，错误。

综上所述，本题答案为 B。

二、规章制定程序

1. 为了保障公众健康和推进生态文明建设，某设区的市政府发布了地方政府规章《扬尘污染防治管理办法》，关于该规章，说法正确的是？（2023 – 模拟题 – 单）[1]

A. 若被处罚人认为该规章不合法，可以在对行政行为提起诉讼时，一并请求对该规章进行审查

B. 该规章应当在省级政府公报上刊载

C. 该规章应当报省政府备案

D. 可以设定临时性的行政许可

【考点】 规章的制定程序

【解析】 根据《行政诉讼法》第 53 条规定，公民、法人或者其他组织认为行政行为所依据的国务院部门和地方人民政府及其部门制定的规范性文件不合法，在对行政行为提起诉讼时，可以一并请求对该规范性文件进行审查。前款规定的规范性文件不含规章。A 项中，能够提出附带性审查的只有其他规范性文件，不包括规章。故 A 项错误。

根据《立法法》第 97 条第 2 款规定，地方政府规章签署公布后，及时在本级人民政府公报和中国政府法制信息网以及在本行政区域范围内发行的报纸上刊载。B 项中，该规章的制定主体为设区的市，所以应当在本级即市级政府公报上刊载，而不是省级政府公报。故 B 项错误。

根据《立法法》第 109 条第 4 项规定，部门规章和地方政府规章报国务院备案；地方政府规章应当同时报本级人民代表大会常务委员会备案；设区的市、自治州的人民政府制定的规章应当同时报省、自治区的人民代表大会常务委员会和人民政府备案。故 C 项正确。

根据《行政许可法》第 15 条第 1 款规定，本法第十二条所列事项，尚未制定法律、行政法规的，地方性法规可以设定行政许可；尚未制定法律、行政法规和地方性法规的，因行政管理的需要，确需立即实施行政许可的，省、自治区、直辖市人民政府规章可以设定临时性的行政许可。临时性的行政许可实施满一年需要继续实施的，应当提请本级人民代表大会及其常务委员会制定地方性法规。D 项中，设区的市政府无权设定临时性的行政许可，只有省级政府才有权设定该事项。故 D 项错误。

综上所述，本题的答案为 C。

2. 2017 年，中国人民银行和中国银行保险监督管理委员会联合发布规章《汽车贷款管理办法》。关于该《办法》，下列说法正确的是？（2022 – 模拟题 – 多）[2]

A. 该规章不得设定减损公民、法人和其他组织权利的规范

B. 该规章可以由中国人民银行单独制定

C. 起草规章可以采取座谈会、论证会等形式听取意见

---

[1] C [2] CD

D. 由两个部门的领导共同署名公布

【考点】 规章制定程序

【解析】 根据《规章制定程序条例》第3条第2款规定，没有法律或者国务院的行政法规、决定、命令的依据，部门规章不得设定减损公民、法人和其他组织权利或者增加其义务的规范，不得增加本部门的权力或者减少本部门的法定职责。没有法律、行政法规、地方性法规的依据，地方政府规章不得设定减损公民、法人和其他组织权利或者增加其义务的规范。A项中，前提是没有上位法的依据，规章才不得设定减损公民、法人和其他组织权利的规范，题目中并未出现这个前提。所以，A项错误。

根据《规章制定程序条例》第9条规定，涉及国务院两个以上部门职权范围的事项，制定行政法规条件尚不成熟，需要制定规章的，国务院有关部门应当联合制定规章。有前款规定情形的，国务院有关部门单独制定的规章无效。B项中，应由这两个部门联合制定规章。所以，B项错误。

根据《规章制定程序条例》第15条规定，起草规章，应当深入调查研究，总结实践经验，广泛听取有关机关、组织和公民的意见。听取意见可以采取书面征求意见、座谈会、论证会、听证会等多种形式。所以，C项正确。

根据《规章制定程序条例》第30条规定，公布规章的命令应当载明该规章的制定机关、序号、规章名称、通过日期、施行日期、部门首长或者省长、自治区主席、市长、自治州州长署名以及公布日期。部门联合规章由联合制定的部门首长共同署名公布，使用主办机关的命令序号。D项中，该规章因为由中国人民银行和中国银行保险监督管理委员会联合发布，所以由两个部门的领导共同署名公布。所以，D项正确。

综上所述，本题的答案为CD。

3. 2021年3月30日通过了《机动车排放召回管理规定》，并于2021年7月1日起施行，该规定由国家市场监督管理局局长和生态环境部部长共同签署公布。关于该规定，下列说法正确的是（2021-模拟题-单）[1]

A. 该规定解释权归国家市场监督管理局

B. 该规定需要在国务院公报上公布

C. 审议该规定草案时，需由起草单位作说明

D. 公民若认为该规定与法律相抵触，可以向国务院提出审查意见

【考点】 规章制定程序

【解析】 根据《规章制定程序条例》第33条规定，规章解释权属于规章制定机关。规章有下列情形之一的，由制定机关解释：①规章的规定需要进一步明确具体含义的；②规章制定后出现新的情况，需要明确适用规章依据的。规章解释由规章制定机关的法制机构参照规章送审稿审查程序提出意见，报请制定机关批准后公布。规章的解释同规章具有同等效力。A项中，该规章由两个部门联合制定，因此两个部门都有规章解释权，A项错误。

根据《规章制定程序条例》第31条规定，部门规章签署公布后，及时在国务院公报或者部门公报和中国政府法制信息网以及在全国范围内发行的报纸上刊载。B项错误。

根据《规章制定程序条例》第28条规定，审议规章草案时，由法制机构作说明，也可以由起草单位作说明。C项错误。

根据《规章制定程序条例》第35条规定，国家机关、社会团体、企业事业组织、公民认

---

[1] D

为规章同法律、行政法规相抵触的，可以向国务院书面提出审查的建议，由国务院法制机构研究并提出处理意见，按照规定程序处理。国家机关、社会团体、企业事业组织、公民认为设区的市、自治州的人民政府规章同法律、行政法规相抵触或者违反其他上位法的规定的，也可以向本省、自治区人民政府书面提出审查的建议，由省、自治区人民政府法制机构研究并提出处理意见，按照规定程序处理。D项正确。

综上所述，本题答案为D。

4. 关于规章的起草和审查，下列哪些说法是正确的？（2017/2/77－多）[1]

A. 起草规章可邀请专家参加，但不能委托专家起草

B. 起草单位就规章起草举行听证会，应制作笔录，如实记录发言人的主要观点和理由

C. 起草规章应广泛听取有关机关、组织和公民的意见

D. 如制定规章的基本条件不成熟，法制机构应将规章送审稿退回起草单位

【考点】规章制定程序

【解析】根据《规章制定程序条例》第15条第3款规定，起草专业性较强的规章，可以吸收相关领域的专家参与起草工作，或者委托有关专家、教学科研单位、社会组织起草。A项错误。

根据《规章制定程序条例》第16条第2款第3项规定，起草的规章涉及重大利益调整或者存在重大意见分歧，对公民、法人或者其他组织的权利义务有较大影响，人民群众普遍关注，需要进行听证的，起草单位应当举行听证会听取意见。听证会依照下列程序组织：……③听证会应当制作笔录，如实记录发言人的主要观点和理由；……B项正确。

根据《规章制定程序条例》第15条第1款规定，起草规章，应当深入调查研究，总结实践经验，广泛听取有关机关、组织和公民的意见。听取意见可以采取书面征求意见、座谈会、论证会、听证会等多种形式。C项正确。

《规章制定程序条例》第20条规定，规章送审稿有下列情形之一的，法制机构可以缓办或者退回起草单位：①制定规章的基本条件尚不成熟或者发生重大变化的；②有关机构或者部门对规章送审稿规定的主要制度存在较大争议，起草单位未与有关机构或者部门充分协商的；③未按照本条例有关规定公开征求意见的；④上报送审稿不符合本条例第18条规定的。D项错误。

综上所述，本题答案为BC。

5. 某省会城市的市政府拟制定限制电动自行车通行的规章。关于此规章的制定，下列哪些说法是正确的？（2016/2/77－多）[2]

A. 应先列入市政府年度规章制定工作计划中，未列入不得制定

B. 起草该规章应广泛听取有关机关、组织和公民的意见

C. 此规章送审稿的说明应对制定规章的必要性、规定的主要措施和有关方面的意见等情况作出说明

D. 市政府法制机构认为制定此规章基本条件尚不成熟，可将规章送审稿退回起草单位

【考点】规章制定程序

【解析】根据《规章制定程序条例》第13条规定，国务院部门，省、自治区、直辖市和设区的市、自治州的人民政府，应当加强对执行年度规章制定工作计划的领导。对列入年度规章制定工作计划的项目，承担起草工作的单位应当抓紧工作，按照要求上报本部门或者本级人

---

[1] BC [2] BCD

民政府决定。法制机构应当及时跟踪了解本部门、本级人民政府年度规章制定工作计划执行情况，加强组织协调和督促指导。年度规章制定工作计划在执行中，可以根据实际情况予以调整，对拟增加的规章项目应当进行补充论证。A 项错误。

根据《规章制定程序条例》第 15 条第 1 款规定，起草规章，应当深入调查研究，总结实践经验，广泛听取有关机关、组织和公民的意见。听取意见可以采取书面征求意见、座谈会、论证会、听证会等多种形式。B 项正确。

根据《规章制定程序条例》第 18 条第 3 款规定，规章送审稿的说明应当对制定规章的必要性、规定的主要措施、有关方面的意见及其协调处理情况等作出说明。C 项正确。

根据《规章制定程序条例》第 20 条规定，规章送审稿有下列情形之一的，法制机构可以缓办或者退回起草单位：①制定规章的基本条件尚不成熟或者发生重大变化的；②有关机构或者部门对规章送审稿规定的主要制度存在较大争议，起草单位未与有关机构或者部门充分协商的；③未按照本条例有关规定公开征求意见的；④上报送审稿不符合本条例第 18 条规定的。D 项正确。

综上所述，本题答案为 BCD。

6. 2015 年《立法法》修正后，关于地方政府规章，下列说法正确的是：（2015/2/97 - 任）[1]

A. 某省政府所在地的市针对城乡建设与管理、生态文明建设、历史文化保护、基层治理等以外的事项已制定的规章，自动失效

B. 应制定地方性法规但条件尚不成熟的，因行政管理迫切需要，可先制定地方政府规章

C. 没有地方性法规的依据，地方政府规章不得设定减损公民、法人和其他组织权利或者增加其义务的规范

D. 地方政府规章签署公布后，应及时在中国政府法制信息网上刊载

【考点】地方政府规章的制定程序和权限

【解析】根据《立法法》第 93 条第 3 款规定，设区的市、自治州的人民政府根据本条第 1 款、第 2 款制定地方政府规章，限于城乡建设与管理、生态文明建设、历史文化保护、基层治理等方面的事项。已经制定的地方政府规章，涉及上述事项范围以外的，继续有效。A 项中，对于此种情形是继续有效而不是自动失效，错误。

根据《立法法》第 93 条第 5 款规定，应当制定地方性法规但条件尚不成熟的，因行政管理迫切需要，可以先制定地方政府规章。规章实施满 2 年需要继续实施规章所规定的行政措施的，应当提请本级人民代表大会或者其常务委员会制定地方性法规。B 项正确。

根据《立法法》第 93 条第 6 款规定，没有法律、行政法规、地方性法规的依据，地方政府规章不得设定减损公民、法人和其他组织权利或者增加其义务的规范。C 项的上位法只有地方性法规，没有法律和行政法规，错误。

根据《立法法》第 97 条第 2 款规定，地方政府规章签署公布后，及时在本级人民政府公报和中国政府法制信息网以及在本行政区域范围内发行的报纸上刊载。所以，D 项正确。

综上所述，本题答案为 BD。

7. 有关规章的决定和公布，下列说法正确的是：（2014/2/97 - 任）[2]

A. 审议规章草案时须由起草单位作说明

B. 地方政府规章须经政府全体会议决定

---

[1] BD　[2] C

C. 部门联合规章须由联合制定的部门首长共同署名公布，使用主办机关的命令序号

D. 规章公布后须及时在全国范围内发行的有关报纸上刊登

【考点】 规章制定程序

【解析】 根据《规章制定程序条例》第28条规定，审议规章草案时，由法制机构作说明，也可以由起草单位作说明。A项中，审议规章草案时须由起草单位作说明，过于绝对，错误。

根据《规章制定程序条例》第27条第2款规定，地方政府规章应当经政府常务会议或者全体会议决定。B项中，地方政府规章须经政府全体会议决定，过于绝对，错误。

根据《规章制定程序条例》第30条第2款规定，部门联合规章由联合制定的部门首长共同署名公布，使用主办机关的命令序号。C项正确。

根据《规章制定程序条例》第31条规定，部门规章签署公布后，及时在国务院公报或者部门公报和中国政府法制信息网以及在全国范围内发行的报纸上刊载。地方政府规章签署公布后，及时在本级人民政府公报和中国政府法制信息网以及在本行政区域范围内发行的报纸上刊载。在国务院公报或者部门公报和地方人民政府公报上刊登的规章文本为标准文本。D项中，规章包括部门规章和地方政府规章，只有部门规章才是在全国范围内发行的有关报纸上刊登，地方政府规章无此要求。所以，D项错误。

综上所述，本题答案为C。

8. 某企业认为，甲省政府所在地的市政府制定的规章同某一行政法规相抵触，可以向下列哪些机关书面提出审查建议？(2010/2/80 - 多)[1]

A. 国务院　　　　　B. 国务院法制办　　　C. 甲省政府　　　　D. 全国人大常委会

【考点】 规章的审查

【解析】 根据《规章制定程序条例》第35条规定，国家机关、社会团体、企业事业组织、公民认为规章同法律、行政法规相抵触的，可以向国务院书面提出审查的建议，由国务院法制机构研究并提出处理意见，按照规定程序处理。国家机关、社会团体、企业事业组织、公民认为设区的市、自治州的人民政府规章同法律、行政法规相抵触或者违反其他上位法的规定的，也可以向本省、自治区人民政府书面提出审查的建议，由省、自治区人民政府法制机构研究并提出处理意见，按照规定程序处理。

根据这一规定，国务院可以受理对规章的审查建议，而省、自治区人民政府只能受理本行政区域内设区的市、自治州的人民政府制定的规章的审查建议。本题中，某企业提出审查建议的对象，是甲省政府所在地的市政府制定的规章，可以受理审查建议的机关包括国务院和甲省政府。国务院法制办只是研究处理审查建议的机关。所以，AC项当选，B项不当选。D项全国人大常委会接受审查的规范性文件为行政法规、地方性法规、自治条例和单行条例，不包括行政规章。所以，D项不当选。

综上所述，本题答案为AC。

9. 下列哪一选项符合规章制定的要求？(2009/2/39 - 单)[2]

A. 某省政府所在地的市政府将其制定的规章定名为"条例"

B. 某省政府在规章公布后60日向省人大常委会备案

C. 基于简化行政管理手续考虑，对涉及国务院甲乙两部委职权范围的事项，甲部单独制定规章加以规范

D. 某省政府制定的规章既规定行政机关必要的职权，又规定行使该职权应承担的责任

---

[1] AC　[2] D

【考点】 *规章的制定程序*

【解析】 根据《规章制定程序条例》第7条规定，规章的名称一般称"规定""办法"，但不得称"条例"。A项中，某省政府所在地的市政府将其制定的规章定名为"条例"，不符合该规定，不当选。

根据《规章制定程序条例》第34条规定，规章应当自公布之日起30日内，由法制机构依照《立法法》和《法规规章备案条例》的规定向有关机关备案。B项中，备案时间为30日内而非60日，不当选。

根据《规章制定程序条例》第9条规定，涉及国务院两个以上部门职权范围的事项，制定行政法规条件尚不成熟，需要制定规章的，国务院有关部门应当联合制定规章。有前款规定情形的，国务院有关部门单独制定的规章无效。C项中，对涉及国务院甲乙两部委职权范围的事项，甲部单独制定规章加以规范，不符合该规定，不当选。

根据《规章制定程序条例》第5条规定，制定规章，应当切实保障公民、法人和其他组织的合法权益，在规定其应当履行的义务的同时，应当规定其相应的权利和保障权利实现的途径。制定规章，应当体现行政机关的职权与责任相统一的原则，在赋予有关行政机关必要的职权的同时，应当规定其行使职权的条件、程序和应承担的责任。D项中，某省政府制定的规章既规定行政机关必要的职权，又规定行使该职权应承担的责任，符合规定，当选。

综上所述，本题答案为D。

第四章　具体行政行为概述

一、具体行政行为的分类

1. 下列哪些行为属于具体行政行为？（2021 - 模拟题 - 多）[1]

A. 市场监管局发文要求电商平台合法经营、规范经营

B. 防汛指挥部发布暴雨蓝色预警，请市民出行注意安全

C. 证监会对某公司负责人采取终身证券市场禁入措施

D. 证监局向某证券公司出具警示函，指出其执业过程中存在的问题并责令采取整改措施

【考点】具体行政行为的判断

【解析】具体行政行为是指具有行政权能的组织为实现行政规制而运用行政权，针对特定相对人设定、变更或消灭权利义务所作的行政行为。

A 项中，是具有普遍约束力的决定、命令，属于抽象行政行为，A 项错误。

B 项中，属于事实行为，它并不以建立、变更或者消灭当事人法律上权利义务为目的。B 项错误。

C 项中，采取终身证券市场禁入措施，属于行政处罚中的限制从业，属于具体行政行为，C 项正确。

D 项中，向某证券公司出具警示函，对当事人的权利义务关系产生了实际影响，属于具体行政行为。D 项正确。

综上所述，本题答案为 CD。

2. 行政机关所实施的下列行为中，哪一项属于具体行政行为？（2017/2/46 - 单）[2]

A. 公安交管局在辖区内城市快速路入口处悬挂"危险路段，谨慎驾驶"的横幅

B. 县公安局依照《刑事诉讼法》对李某进行拘留

C. 区政府对王某作出房屋征收决定

D. 因民间纠纷引起的打架斗殴双方经公安派出所调解达成的协议

【考点】具体行政行为的判断

【解析】具体行政行为，是国家行政机关依法就特定事项对特定的公民、法人和其他组织权利义务作出的单方行政职权行为。构成上述意义的具体行政行为的基本要素有以下各项：

第一，具体行政行为是行政机关对公民、法人或者其他组织作出的行政意思表示。这种意思表示的目的是要发生一定的法律后果，使行政法上的权利义务得以建立、变更或者消灭。A 项中，公安交管局在辖区内城市快速路入口处悬挂横幅的行为不具备这种特征，该行为属于提供信息的事实行为，不属于具体行政行为，不当选。B 项中，县公安局依照《刑事诉讼法》对

李某进行拘留，依据不是行政法，因此产生的不是行政法上的权利义务关系，不属于具体行政行为，不当选。D项中，因民间纠纷引起的打架斗殴双方经公安派出所调解达成的协议，属于对民事关系的处理，同样不产生行政法上的权利义务关系，不属于具体行政行为，不当选。

第二，具体行政行为是对特定人与特定事项的处理。具体行政行为是对特定人或者特定事项的一次性处理，这表明处理的个别性是具体行政行为的重要特征。

第三，具体行政行为是单方行政职权行为。具体行政行为是对公民、法人或者其他组织所安排的权利义务，是行政机关依据国家行政法律以命令形式单方面设定的，不需要公民、法人或者其他组织的同意。C项符合上述所有的要求，属于具体行政行为，当选。

综上所述，本题答案为C。

3. 为落实淘汰落后产能政策，某区政府发布通告：凡在本通告附件所列名单中的企业2年内关闭。提前关闭或者积极配合的给予一定补贴，逾期不履行的强制关闭。关于通告的性质，下列哪一选项是正确的？（2016/2/44－单）[1]

A. 行政规范性文件　　　　　　　　B. 具体行政行为

C. 行政给付　　　　　　　　　　　D. 行政强制

【考点】具体行政行为的分类

【解析】《行诉解释》第2条第2款规定，《行政诉讼法》第13条第2项规定的"具有普遍约束力的决定、命令"，是指行政机关针对不特定对象发布的能反复适用的规范性文件。这一规定确立了具体行政行为区别于抽象行政行为的标准：①对象是特定的；②不能反复适用。本题中的通告显然符合具体行政行为的特征，是具体行政行为。所以，B项正确，A项错误。该具体行政行为内容本身是要求附件所列名单中的企业2年内关闭，是为企业课加限制和义务的行为。为保证这一要求的实现，区政府的通告承诺"提前关闭或者积极配合的给予一定补贴"，而对"逾期不履行的强制关闭"。区政府如其后给予补贴可称为行政给付，强制关闭可称为行政强制执行。但是，就通知本身而言，并非行政给付或者行政强制。所以，CD项错误。

综上所述，本题答案为B。

4. 某地连续发生数起以低价出售物品引诱当事人至屋内后实施抢劫的事件，当地公安局通过手机短信告知居民保持警惕以免上当受骗。公安局的行为属于下列哪一性质？（2015/2/46－单）[2]

A. 履行行政职务的行为　　　　　　B. 负担性的行为

C. 准备性行政行为　　　　　　　　D. 强制行为

【考点】具体行政行为的分类

【解析】《治安管理处罚法》第1条规定，为维护社会治安秩序，保障公共安全，保护公民、法人和其他组织的合法权益，规范和保障公安机关及其人民警察依法履行治安管理职责，制定本法。本题中当地公安局通过手机短信告知居民保持警惕以免上当受骗，是在履行保护公民、法人和其他组织的合法权益的职责，是履行其职务的行为，但其履行职务行为不一定就对公民、法人和其他组织的合法权益产生实质性的影响，本题公安机关只是进行一种告知、建议，没有行政强制力，而负担性行为和强制行为具有强制力。所以，BD项不当选。

准备性行政行为是为下一步的行政处罚、行政强制等作准备的阶段性行政行为。本题中，当地公安局通过手机短信告知居民保持警惕以免上当受骗的行政行为，不是一个阶段性行为。所以，C项不当选。

---

[1]　B　[2]　A

综上所述，本题答案为 A。

二、具体行政行为的成立和效力

1. 对于无效的具体行政行为，下列说法正确的是？(2023－模拟题－单)[1]

A. 具体行政行为一经确认无效即应对当事人进行国家赔偿

B. 无效的具体行政行为对其他行政机关也没有拘束力

C. 我国对无效行政行为没有法律上的规定

D. 滥用裁量权的具体行政行为自始无效

【考点】具体行政行为的无效

【解析】根据具体行政行为的理论，在后果处理上，具体行政行为被确定无效后，原则上应当尽可能恢复到具体行政行为发布以前的状态。行政机关应当返还从当事人处取得的利益，取消要求当事人履行的所有义务，赔偿对当事人造成的损失。A 项中，赔偿的前提是对当事人的合法权益造成损害，而非一确认无效即应赔偿。故 A 项错误。

关于具体行政行为无效的后果，在实体法上，无效的具体行政行为自发布之日起就没有任何的法律约束力，因此当事人不受它的拘束，其他国家机关和其他社会成员也可以不尊重它。故 B 项正确。

《行政诉讼法》第 75 条规定，行政行为有实施主体不具有行政主体资格或者没有依据等重大且明显违法情形，原告申请确认行政行为无效的，人民法院判决确认无效。可以得知，在法律中是有关于无效的规定的。故 C 项错误。

《行政诉讼法》第 70 条规定，行政行为有下列情形之一的，人民法院判决撤销或者部分撤销，并可以判决被告重新作出行政行为：①主要证据不足的；②适用法律、法规错误的；③违反法定程序的；④超越职权的；⑤滥用职权的；⑥明显不当的。其中，对于裁量权的滥用，是属于第六项明显不当，即应判决撤销，因此从理论方面来说，滥用裁量权的具体行政行为属于可撤销，而非无效。故 D 项错误。

综上所述，本题的答案为 B。

2. 法定救济期限届满，具体行政行为不再争议、不得更改的效力，指的是行政行为的？(2020－模拟题－单)[2]

A. 拘束力   B. 确定力   C. 执行力   D. 成立

【考点】具体行政行为的效力

【解析】拘束力，是指具体行政行为一经生效，行政机关和对方当事人都必须遵守，其他国家机关和社会成员必须予以尊重的效力。确定力，是指法定救济期限届满，具体行政行为不再争议、不得更改的效力，具体行政行为因此取得不可撤销性。执行力，是指使用国家强制力迫使当事人履行义务或者以其他方式实现具体行政行为权利义务安排的效力。具体行政行为的成立，是指具体行政行为在法律上存在。

综上所述，本题答案为 B。

3. 关于具体行政行为，下列选项正确的有：(2019－模拟题－多)[3]

A. 具体行政行为是指对特定人或特定事项的一次性处理

B. 授益行政行为是与裁量行政行为相对应的具体行政行为

C. 确定力是指具体行政行为一经生效，行政机关和行政相对人都必须遵守

D. 2014 年修正的《行政诉讼法》未出现"具体行政行为"的用语

---

[1] B   [2] B   [3] AD

【考点】具体行政行为的特征与效力

【解析】具体行政行为，是国家行政机关依法就特定事项对特定的公民、法人和其他组织权利义务作出的单方行政职权行为。A项正确。

依据是否以行政机关在行使具体行政行为时须严格遵循法律的范围、方法、手段为条件，具体行政行为可以分为羁束行政行为与裁量行政行为。依据是否以具体行政行为赋予当事人权利和利益为判断条件，具体行政行为可以分为授益行政行为与负担行政行为。B项错误。

拘束力，是指具体行政行为一经生效，行政机关和对方当事人都必须遵守，其他国家机关和社会成员必须予以尊重的效力。确定力，是指具体行政行为不再争议、不得更改的效力。C项错误。

2014年修正的《行政诉讼法》，扩大了行政诉讼基本受案范围，把"行政行为"作为行政诉讼受案的基本范围，不再使用"具体行政行为"一词。该用语作为重要的学理概念，仍然存在。D项正确。

综上所述，本题答案为AD。

4. 如果具体行政行为有重大明显违法情形，它就是无效行政行为。关于无效行政行为，下列说法正确的有：（2018–模拟题–多）[1]

A. 减损权利的行政行为，如明显缺乏法律依据，为无效行政行为

B. 无效具体行政行为自发布之时起就没有法律约束力

C. 公民、法人或其他组织向法院起诉确认2015年1月作出的行政行为无效的，法院应当受理

D. 要求从事客观上不可能实施的行为，为无效行政行为

【考点】具体行政行为的效力

【解析】无效具体行政行为可以表现为许多具体情形，不能穷尽列举。但是如果一个具体行政行为发生如下情形，就可以构成无效的理由：①要求从事将构成犯罪的违法行为。例如，命令违法侵入公民住宅、发行非法出版物、捕杀珍稀濒危动物并达到违反刑事法律的程度。②明显缺乏法律依据的。例如，许可当地企业制作、销售传播淫秽内容的光盘。③明显缺乏事实根据的，或者要求从事客观上不可能实施的行为。例如，根据没有查证材料给一个无辜的公民以治安处罚。AD项正确。

在实体法上，无效的具体行政行为自发布之时就没有任何法律约束力，因此当事人不受它的拘束，其他国家机关和其他社会成员也可以不尊重它。B项正确。

《行诉解释》第162条规定，公民、法人或者其他组织对2015年5月1日之前作出的行政行为提起诉讼，请求确认行政行为无效的，人民法院不予立案。C项错误。

综上所述，本题答案为ABD。

5. 有关具体行政行为的效力和合法性，下列说法正确的是：（2014/2/99–任）[2]

A. 具体行政行为一经成立即生效

B. 具体行政行为违法是导致其效力终止的唯一原因

C. 行政机关的职权主要源自行政组织法和授权法的规定

D. 滥用职权是具体行政行为构成违法的独立理由

【考点】具体行政行为的成立和效力

【解析】按具体行政行为是否有附款为标准，可以将具体行政行为分为附款行政行为和无

---

[1] ABD [2] CD

附款行政行为。对于附款的行政行为，附款是否成就是具体行政行为效力发生或者解除与否的依据。附款使具体行政行为生效后，附款成就时才生效，并不是立即生效。A 项中，具体行政行为一经成立即生效，错误。

导致具体行政行为效力终止的原因，可以分为没有违法因素和有违法因素两类情形。没有违法因素的情形有：①具体行政行为为其设定专属权益或者义务的自然人死亡；②自然人放弃具体行政行为赋予的权益；③具体行政行为为其设定专属义务的法人或者其他组织不复存在；④具体行政行为规定的法律义务已经履行完毕或者有关客观事实已经消失；⑤新的立法规定取消已经实施的行政许可项目和其他行政管制项目，具体行政行为予以废止。有违法因素的情形主要有：①无效的具体行政行为；②可撤销的具体行政行为。行政行为效力终止也可以因为合法情况予以废止。B 项中，具体行政行为违法是导致其效力终止的唯一原因，错误。

职权法定，是指行政机关及其工作人员的行政权力必须有法律的明确授权，不能自行设定。行政机关要做到依法行政，首先必须有法律明确授予的行政职权，必须在法律规定的职权范围内活动。非经法律授权，行政机关不能作出行政管理行为；超出法律授权范围，行政机关也不享有对有关事务的管理权，否则都属于行政违法。因此，C 项是对职权法定原则的正确表述。

《行政诉讼法》第 70 条规定，行政行为有下列情形之一的，人民法院判决撤销或者部分撤销，并可以判决被告重新作出行政行为：①主要证据不足的；②适用法律、法规错误的；③违反法定程序的；④超越职权的；⑤滥用职权的；⑥明显不当的。D 项中，滥用职权是具体行政行为构成违法的独立理由，正确。

综上所述，本题答案为 CD。

6. 关于具体行政行为的合法性与效力，下列哪些说法是正确的？（2013/2/85 - 多）[1]

A. 遵守法定程序是具体行政行为合法的必要条件

B. 无效行政行为可能有多种表现形式，无法完全列举

C. 因具体行政行为废止致使当事人的合法权益受到损失的，应给予赔偿

D. 申请行政复议会导致具体行政行为丧失拘束力

【考点】具体行政行为的成立和效力

【解析】程序正当原则是行政法的基本原则之一，具体行政行为合法的必要条件之一是遵守法定程序。A 项中，遵守法定程序是具体行政行为合法的必要条件，符合行政法的程序正当原则的要求，正确。

无效具体行政行为可以表现为许多具体情形，不能穷尽列举。一般以下情形可以构成无效的理由：①要求行政相对人从事将构成犯罪的违法行为。如许可当地企业制作、销售传播淫秽内容的光盘。②行政行为明显缺乏法律依据的。③行政行为明显缺乏事实根据的或者要求从事客观上不可能实施的行为。如根据没有查证材料给予一个无辜的公民以治安处罚。B 项中，无效行政行为可能有多种表现形式，无法完全列举，正确。

C 项考查行政行为废止的法律结果。被废止的具体行政行为，自废止之日起丧失效力。原则上，具体行政行为废止之前给予当事人的利益、好处不再收回；当事人也不能对已履行的义务要求补偿。如果废止使当事人的合法权益受到严重损失，或者带来严重的社会不公正，行政机关应当给予受到损失的当事人以必要的补偿。C 项中，应给予补偿而不是赔偿，且前提条件为严重损失或严重不公，错误。

---

〔1〕 AB

拘束力是指已生效的具体行政行为所具有的拘束和限制行政主体和相对人的法律效力。其要求行为人的行为应当与具体行政行为相一致。D项中，申请行政复议会导致具体行政行为丧失拘束力，错误。

综上所述，本题答案为 AB。

7. 关于具体行政行为，下列哪一说法是正确的？（2011/2/49 - 单）[1]

A. 行政许可为依职权的行政行为

B. 具体行政行为皆为要式行政行为

C. 法律效力是具体行政行为法律制度中的核心因素

D. 当事人不履行具体行政行为确定的义务，行政机关予以执行是具体行政行为确定力的表现

【考点】具体行政行为的特征和效力

【解析】按具体行政行为是否可由行政主体主动实施为标准，可以将具体行政行为分为依职权行政行为和依申请行政行为。依职权行政行为是指行政主体根据其职权而无须行政相对人申请就能主动实施的具体行政行为。依申请行政行为是指行政主体只有在行政相对人提出申请后才能实施而不能主动采取的行政行为。A项中，行政许可是行政机关根据公民、法人或者其他组织的申请，经依法审查，准予其从事特定活动的行为。行政许可以当事人的申请为前提条件，属于依申请的行政行为。所以，A项错误。

按具体行政行为是否必须具备法定形式为标准，可以将具体行政行为分为要式行政行为和不要式行政行为。要式具体行政行为是指需要具备书面文字等其他特定形式为生效必要条件的具体行政行为。不要式具体行政行为是指不需要具备书面文字或者其他特定形式就可以生效的具体行政行为。绝大多数具体行政行为均为要式具体行政行为，但并非所有的具体行政行为都为要式具体行政行为。所以，B项错误。

法律效力是任何法律行为的核心因素，评价具体行政行为合法与否的实际意义，就在于其法律效力的影响。具体行政行为的效力可以分为若干种，一般包括拘束力、执行力和确定力。C项中，法律效力是具体行政行为法律制度中的核心因素，正确。

确定力，是指具体行政行为不再争议、不得更改的效力，具体行政行为因此取得不可撤销性。执行力，是指使用国家强制力迫使当事人履行义务或者以其他方式实现具体行政行为权利义务安排的效力。D项中，当事人不履行具体行政行为确定的义务，行政机关予以执行是具体行政行为执行力而非确定力的表现。所以，D项错误。

综上所述，本题答案为 C。

8. 关于具体行政行为的效力，下列哪些说法是正确的？（2010/2/81 - 多）[2]

A. 可撤销的具体行政行为在被撤销之前，当事人应受其约束

B. 具体行政行为废止前给予当事人的利益，在该行为废止后应收回

C. 为某人设定专属权益的行政行为，如此人死亡其效力应终止

D. 对无效具体行政行为，任何人都可以向法院起诉主张其无效

【考点】具体行政行为的效力

【解析】可撤销的具体行政行为，指具体行政行为存在违法情形或瑕疵，经过法定程序方能由有权国家机关予以撤销，从而否定其效力。与无效具体行政行为不同，可撤销的具体行政行为在被撤销之前一直具有法律效力，当事人应受其约束。所以，A项正确。

具体行政行为的废止指因客观条件发生变化，使该行为没有继续保持其效力的必要，从而予以废止，该行为自废止之日丧失效力。为保护当事人的权益和法律秩序的稳定，具体行政行为的废止原则上只有向后的效力，具体行政行为给予当事人的利益，不能因该行为的废止而收回。所以，B项错误。

具体行政行为的效力终止有多种原因。为某人设定专属权益的行政行为，因该种权益为该人所专有，自然应随着该人的死亡而终止。所以，C项正确。

具体行政行为的无效指具体行政行为存在严重和明显的违法，而被视为自始不具有法律效力。从法律效果上，无效的具体行政行为没有任何法律约束力，当事人不受它的拘束；但只有该具体行政行为致使其合法权益受到损害的公民、法人、其他组织或者有权机关，才可以在任何时候主张该具体行政行为无效。D项中，对无效具体行政行为，任何人都可以向法院起诉主张其无效，错误。

综上所述，本题答案为 AC。

9. 关于具体行政行为的成立和效力，下列哪些选项是错误的？(2009/2/80 – 多)〔1〕

A. 与抽象行政行为不同，具体行政行为一经成立即生效

B. 行政强制执行是实现具体行政行为执行力的制度保障

C. 未经送达领受程序的具体行政行为也具有法律约束力

D. 因废止具体行政行为给当事人造成损失的，国家应当给予赔偿

【考点】具体行政行为的成立和效力

【解析】抽象行政行为既可在公布之后一段时间内生效，也可以在公布后立即生效。虽然许多具体行政行为一经成立后即可生效，但行政机关也可为具体行政行为的生效附加条件或附生效时间。A项中，与抽象行政行为不同，具体行政行为一经成立即生效，错误，当选。

具体行政行为具有执行力，负有义务的当事人应当积极履行该行为为其设定的义务。但并非当事人都愿意履行义务，为保证具体行政行为所确定的义务得以实现，就需要设置相应的制度加以保障，即行政强制执行，是指使用强制执行实现行政法义务的国家执行制度。当公民、法人和其他组织没有及时充分地履行行政法上的义务，国家机关有权依法采取强制执行手段，迫使其履行义务或达到义务履行的同一状态。所以，B项正确，不当选。

具体行政行为并非一经作出，就具有法律效力。具体行政行为成立是其生效的前提条件，而成立须符合一定的条件，如在内容上向当事人作出具有效果的表示，在程序上向当事人进行送达。未经送达领受程序的具体行政行为，不发生法律约束力。所以，C项错误，当选。

D项考查行政行为废止的法律结果。被废止的具体行政行为，自废止之日起丧失效力。原则上，具体行政行为废止之前给予当事人的利益、好处不再收回；当事人也不能对已履行的义务要求补偿。如果废止使当事人的合法权益受到严重损失，或者带来严重的社会不公正，行政机关应当给予受到损失的当事人以必要的补偿。D项中，应给予补偿而不是赔偿，且前提条件为严重损失或严重不公，D项错误，当选。

综上所述，本题答案为 ACD。

---

〔1〕 ACD

第五章　行政许可

一、行政许可的范围

1. 某船舶公司向区政府申请筹建和经营渡口，区政府向当地海事部门征求意见，海事部门复函认定该公司不具备筹建和经营渡口的条件，区政府经实地勘验、专家评审和研究后，作出不予许可决定。船舶公司不服该决定，复议后提起行政诉讼。下列哪些选项是正确的?（2022 - 模拟题 - 多）[1]

A. 设立渡口属于关系公共利益的特定行业的准入类特许

B. 船舶公司对其提交材料实质内容的真实性负责

C. 船舶公司可以对复函提起行政诉讼

D. 区政府和海事局为共同被告

【考点】行政许可的分类、行政诉讼受案范围

【解析】《行政许可法》第 12 条规定，下列事项可以设定行政许可：①直接涉及国家安全、公共安全、经济宏观调控、生态环境保护以及直接关系人身健康、生命财产安全等特定活动，需要按照法定条件予以批准的事项；②有限自然资源开发利用、公共资源配置以及直接关系公共利益的特定行业的市场准入等，需要赋予特定权利的事项；③提供公众服务并且直接关系公共利益的职业、行业，需要确定具备特殊信誉、特殊条件或者特殊技能等资格、资质的事项；④直接关系公共安全、人身健康、生命财产安全的重要设备、设施、产品、物品，需要按照技术标准、技术规范，通过检验、检测、检疫等方式进行审定的事项；⑤企业或者其他组织的设立等，需要确定主体资格的事项；⑥法律、行政法规规定可以设定行政许可的其他事项。A 项中，渡口属于第二类，即有限自然资源开发利用、公共资源配置以及直接关系公共利益的特定行业的市场准入等，需要赋予特定权利的事项。所以，A 项正确。

《行政许可法》第 31 条第 1 款规定，申请人申请行政许可，应当如实向行政机关提交有关材料和反映真实情况，并对其申请材料实质内容的真实性负责。行政机关不得要求申请人提交与其申请的行政许可事项无关的技术资料和其他材料。B 项中，船舶公司对其提交材料实质内容的真实性负责。所以，B 项正确。

C 项中，复函是海事部门对区政府征求意见的回复，没有对该公司产生实际影响，因此该公司不能对复函提起行政诉讼。该公司起诉的应该是区政府的不予许可决定，因为该决定是对该公司作出的且对权利义务产生了实际影响。所以，C 项错误。

《行政诉讼法》第 26 条规定，经复议的案件，复议机关决定维持原行政行为的，作出原行政行为的行政机关和复议机关是共同被告；复议机关改变原行政行为的，复议机关是被告。D

---

〔1〕　AB

项中，作出原行为的行政机关是区政府，复议机关为市政府，被告视复议结果而定，但不会是区政府和海事局，海事局不是本案的被告。所以，D 项错误。

综上所述，本题的答案为 AB。

2. 甲被冒名登记为公司股东，起诉到法院要求撤销公司登记。下列说法正确的是：(2020 - 模拟题 - 任)[1]

A. 企业设立登记的性质是行政许可

B. 股东股权登记的性质是行政许可

C. 甲不具有原告资格

D. 本案的起诉期限是自冒名登记之日起 6 个月内

【考点】行政行为的性质、原告资格

【解析】《行政许可法》第 12 条规定，下列事项可以设定行政许可：①直接涉及国家安全、公共安全、经济宏观调控、生态环境保护以及直接关系人身健康、生命财产安全等特定活动，需要按照法定条件予以批准的事项；②有限自然资源开发利用、公共资源配置以及直接关系公共利益的特定行业的市场准入等，需要赋予特定权利的事项；③提供公众服务并且直接关系公共利益的职业、行业，需要确定具备特殊信誉、特殊条件或者特殊技能等资格、资质的事项；④直接关系公共安全、人身健康、生命财产安全的重要设备、设施、产品、物品，需要按照技术标准、技术规范，通过检验、检测、检疫等方式进行审定的事项；⑤企业或者其他组织的设立等，需要确定主体资格的事项；⑥法律、行政法规规定可以设定行政许可的其他事项。A 项中，该资格属于第 5 种许可的事项，正确。B 项中，甲被冒名登记为公司股东，这一行为并不属于第 5 项的设立登记，错误。

《行政诉讼法》第 25 条第 1 款规定，行政行为的相对人以及其他与行政行为有利害关系的公民、法人或者其他组织，有权提起诉讼。本案中，甲的利益因为错误登记受到了影响，具有原告资格。C 项错误。

《行政诉讼法》第 46 条规定，公民、法人或者其他组织直接向人民法院提起诉讼的，应当自知道或者应当知道作出行政行为之日起 6 个月内提出。法律另有规定的除外。因不动产提起诉讼的案件自行政行为作出之日起超过 20 年，其他案件自行政行为作出之日起超过 5 年提起诉讼的，人民法院不予受理。本案中，应当是自甲知道之日起，而非行为作出之日，D 项错误。

综上所述，本题答案为 A。

3. 市住房和城乡建设局将城市燃气特许经营权授权给甲公司，后经招标程序，乙公司中标也获得特许经营权，甲不服提起行政诉讼。关于此案，说法正确的是：(2020 - 模拟题 - 多)[2]

A. 给甲的授权属于行政许可

B. 给甲的授权属于民事行为

C. 乙是本案的第三人

D. 若甲公司取得该经营权未经招标程序，行政机关有权撤回甲的专营权

【考点】行政行为的性质、行政诉讼参加人

【解析】《行政许可法》第 12 条规定，下列事项可以设定行政许可：①直接涉及国家安全、公共安全、经济宏观调控、生态环境保护以及直接关系人身健康、生命财产安全等特定活

---

[1] A [2] AC

动，需要按照法定条件予以批准的事项；②有限自然资源开发利用、公共资源配置以及直接关系公共利益的特定行业的市场准入等，需要赋予特定权利的事项；③提供公众服务并且直接关系公共利益的职业、行业，需要确定具备特殊信誉、特殊条件或者特殊技能等资格、资质的事项；④直接关系公共安全、人身健康、生命财产安全的重要设备、设施、产品、物品，需要按照技术标准、技术规范，通过检验、检测、检疫等方式进行审定的事项；⑤企业或者其他组织的设立等，需要确定主体资格的事项；⑥法律、行政法规规定可以设定行政许可的其他事项。本案中，该资格属于第2种许可的事项，A项正确。B项错误。

《行政诉讼法》第29条第1款规定，公民、法人或者其他组织同被诉行政行为有利害关系但没有提起诉讼，或者同案件处理结果有利害关系的，可以作为第三人申请参加诉讼，或者由人民法院通知参加诉讼。C项中，乙公司属于和本案处理结果有利害关系，是本案第三人，正确。

《行政许可法》第8条第2款规定，行政许可所依据的法律、法规、规章修改或者废止，或者准予行政许可所依据的客观情况发生重大变化的，为了公共利益的需要，行政机关可以依法变更或者撤回已经生效的行政许可。由此给公民、法人或者其他组织造成财产损失的，行政机关应当依法给予补偿。本题中，甲公司取得该经营权未经招标程序的情形不符合这些条件。所以，D项错误。

综上所述，本题答案为AC。

二、行政许可的设定

1. 关于省、自治区、直辖市规章的设定权限，下列说法正确的是：（2019 - 模拟题 - 任）[1]

A. 无权设定行政许可

B. 可以在上位法设定的行政许可事项范围内，对实施该行政许可作出具体规定

C. 可以设定一定数额的罚款的行政处罚

D. 可以设定加处滞纳金的行政强制执行

【考点】地方政府规章的设定权限

【解析】《行政许可法》第15条第1款规定，《行政许可法》第12条所列事项，尚未制定法律、行政法规的，地方性法规可以设定行政许可；尚未制定法律、行政法规和地方性法规的，因行政管理的需要，确需立即实施行政许可的，省、自治区、直辖市人民政府规章可以设定临时性的行政许可。临时性的行政许可实施满1年需要继续实施的，应当提请本级人民代表大会及其常务委员会制定地方性法规。A项错误。

《行政许可法》第16条规定，行政法规可以在法律设定的行政许可事项范围内，对实施该行政许可作出具体规定。地方性法规可以在法律、行政法规设定的行政许可事项范围内，对实施该行政许可作出具体规定。规章可以在上位法设定的行政许可事项范围内，对实施该行政许可作出具体规定。法规、规章对实施上位法设定的行政许可作出的具体规定，不得增设行政许可；对行政许可条件作出的具体规定，不得增设违反上位法的其他条件。B项正确。

《行政处罚法》第14条第2款规定，尚未制定法律、法规的，地方政府规章对违反行政管理秩序的行为，可以设定警告、通报批评或者一定数额罚款的行政处罚。C项正确。

《行政强制法》第13条第1款规定，行政强制执行由法律设定。D项错误。

综上所述，本题答案为BC。

---

[1] BC

2. 关于行政许可的设定权限，下列哪些说法是不正确的？（2016/2/79 - 多）〔1〕

A. 必要时省政府制定的规章可设定企业的设立登记及其前置性行政许可

B. 地方性法规可设定应由国家统一确定的公民、法人或者其他组织的资格、资质的行政许可

C. 必要时国务院部门可采用发布决定的方式设定临时性行政许可

D. 省政府报国务院批准后可在本区域停止实施行政法规设定的有关经济事务的行政许可

【考点】行政许可的设定权限

【解析】《行政许可法》第 15 条第 2 款规定，地方性法规和省、自治区、直辖市人民政府规章，不得设定应当由国家统一确定的公民、法人或者其他组织的资格、资质的行政许可；不得设定企业或者其他组织的设立登记及其前置性行政许可。其设定的行政许可，不得限制其他地区的个人或者企业到本地区从事生产经营和提供服务，不得限制其他地区的商品进入本地区市场。所以，AB 项错误，当选。

《行政许可法》第 14 条规定，《行政许可法》第 12 条所列事项，法律可以设定行政许可。尚未制定法律的，行政法规可以设定行政许可。必要时，国务院可以采用发布决定的方式设定行政许可。实施后，除临时性行政许可事项外，国务院应当及时提请全国人民代表大会及其常务委员会制定法律，或者自行制定行政法规。所以，C 项错误，当选。

《行政许可法》第 21 条规定，省、自治区、直辖市人民政府对行政法规设定的有关经济事务的行政许可，根据本行政区域经济和社会发展情况，认为通过《行政许可法》第 13 条所列方式能够解决的，报国务院批准后，可以在本行政区域内停止实施该行政许可。所以，D 项正确，不当选。

综上所述，本题答案为 ABC。

3. 关于规章，下列哪一说法是正确的？（2011/2/41 - 单）〔2〕

A. 较大的市的人民政府制定的规章可以在上位法设定的行政许可事项范围内，对实施该行政许可作出具体规定

B. 行政机关实施许可不得收取任何费用，但规章另有规定的，依照其规定

C. 规章可以授权具有管理公共事务职能的组织实施行政处罚

D. 违法行为在 2 年内未被发现的，不再给予行政处罚，但规章另有规定的除外

【考点】行政许可规章的权限

【解析】《行政许可法》第 16 条第 3 款规定，规章可以在上位法设定的行政许可事项范围内，对实施该行政许可作出具体规定。A 项中，较大的市的人民政府制定的规章可以在上位法设定的行政许可事项范围内，对实施该行政许可作出具体规定，正确。

《行政许可法》第 58 条规定，行政机关实施行政许可和对行政许可事项进行监督检查，不得收取任何费用。但是，法律、行政法规另有规定的，依照其规定。行政机关提供行政许可申请书格式文本，不得收费。行政机关实施行政许可所需经费应当列入本行政机关的预算，由本级财政予以保障，按照批准的预算予以核拨。本题中，只有法律、行政法规有另行规定的权力，而规章没有。所以，B 项错误。

《行政处罚法》第 19 条规定，法律、法规授权的具有管理公共事务职能的组织可以在法定授权范围内实施行政处罚。本题中，只有法律、行政法规、地方性法规可以授予具有管理公共事务职能的组织实施行政处罚，而规章并不享有此种权力。所以，C 项错误。

---

〔1〕 ABC 〔2〕 A

《行政处罚法》第 36 条规定，违法行为在 2 年内未被发现的，不再给予行政处罚；涉及公民生命健康安全、金融安全且有危害后果的，上述期限延长至 5 年。法律另有规定的除外。前款规定的期限，从违法行为发生之日起计算；违法行为有连续或者继续状态的，从行为终了之日起计算。本题中，只有法律有对行政处罚的追诉时效作出特别规定的权力，规章并没有。所以，D 项错误。

综上所述，本题答案为 A。

三、行政许可的实施程序

1. 孙某向甲市乙区交通运输局申请网络预约出租车驾驶员证，甲市乙区交通运输局根据甲市交通运输局出台的规范性文件《某市网络预约出租汽车经营服务管理实施细则》，以孙某取得机动车驾驶证未满三年为由拒绝了孙某的申请。孙某不服，提起行政诉讼，同时要求对一并审查该文件。关于此案，下列说法正确的是？（2023 - 模拟题 - 任）[1]

A. 该许可属于直接关系公共安全的事项，需要通过检验、检测等方式进行审定

B. 孙某可以以电子邮件的方式提出行政许可的申请

C. 应当以市交通运输局和区交通运输局为共同被告

D. 市交通运输局申请出庭陈述意见的，法院应当准许

【考点】行政许可的程序

【解析】《行政许可法》第 12 条规定，下列事项可以设定行政许可：①直接涉及国家安全、公共安全、经济宏观调控、生态环境保护以及直接关系人身健康、生命财产安全等特定活动，需要按照法定条件予以批准的事项；②有限自然资源开发利用、公共资源配置以及直接关系公共利益的特定行业的市场准入等，需要赋予特定权利的事项；③提供公众服务并且直接关系公共利益的职业、行业，需要确定具备特殊信誉、特殊条件或者特殊技能等资格、资质的事项；④直接关系公共安全、人身健康、生命财产安全的重要设备、设施、产品、物品，需要按照技术标准、技术规范，通过检验、检测、检疫等方式进行审定的事项；⑤企业或者其他组织的设立等，需要确定主体资格的事项；⑥法律、行政法规规定可以设定行政许可的其他事项。本案中，网约车驾驶员证属于对人的资格的许可，是第三项内容，需要通过考试、考核等方式进行；而非第四项对设施的检验、检测。故 A 项错误。

《行政许可法》第 29 条第 3 款规定，行政许可申请可以通过信函、电报、电传、传真、电子数据交换和电子邮件等方式提出。因此，许可的申请有多种书面方式，其中包括电子邮件。故 B 项正确。

《行政诉讼法》第 26 条第 1 款规定，公民、法人或者其他组织直接向人民法院提起诉讼的，作出行政行为的行政机关是被告。本案中，该行政行为的作出主体是乙区交通运输局，被告应为乙区交通运输局。故 C 项错误。

《适用〈行政诉讼法〉的解释》第 147 条规定，人民法院在对规范性文件审查过程中，发现规范性文件可能不合法的，应当听取规范性文件制定机关的意见。制定机关申请出庭陈述意见的，人民法院应当准许。行政机关未陈述意见或者未提供相关证明材料的，不能阻止人民法院对规范性文件进行审查。因此，市交通运输局作为规范性文件的制定机关申请出庭陈述意见的，法院应当准许。故 D 项正确。

综上所述，本题的答案为 BD。

---

[1] BD

2. 某船舶公司向区政府申请筹建和经营港口，区政府向当地海事部门征求意见，海事部门复函认定该公司不具备筹建和经营港口的条件，区政府经实地勘验、专家评审和研究后，作出不予许可决定。船舶公司不服该决定，提起行政复议。下列说法正确的是？（2021-模拟题-多）[1]

A. 该公司可以对复函提起行政诉讼

B. 复议决定书一经送达，即发生法律效力

C. 法院应当将海事部门列为第三人

D. 专家评审时间不计入行政许可期限

【考点】复议决定书、许可期限

【解析】复函是海事部门对区政府征求意见的回复，没有对该公司产生实际影响，因此该公司不能对复函提起行政诉讼。该公司起诉的应该是区政府的不予许可决定，因为该决定是对该公司作出的且对其权利义务产生了实际影响。A项错误。

《行政复议法》第75条第2款规定，行政复议决定书一经送达，即发生法律效力。B项正确。

《行政诉讼法》第29条第1款规定，公民、法人或者其他组织同被诉行政行为有利害关系但没有提起诉讼，或者同案件处理结果有利害关系的，可以作为第三人申请参加诉讼，或者由人民法院通知参加诉讼。C项中，海事部门与行政行为和案件处理结果都不具有利害关系，不是本案的第三人。C项错误。

《行政许可法》第45条规定，行政机关作出行政许可决定，依法需要听证、招标、拍卖、检验、检测、检疫、鉴定和专家评审的，所需时间不计算在本节规定的期限内。行政机关应当将所需时间书面告知申请人。D项正确。

综上所述，本题答案为BD。

3. 张某向该市市场监管局申请开办公司，因申请材料不齐全，该局作出不予受理决定。下列说法错误的有：（2019-模拟题-多）[2]

A. 张某可以口头提出行政许可申请

B. 张某对不予受理决定不服，可以口头提出行政复议

C. 该局的决定符合法律程序的要求

D. 对于该项许可，行政机关应当通过招标、拍卖等公平竞争的方式作出决定

【考点】行政许可实施程序

【解析】《行政许可法》第29条第3款规定，行政许可申请可以通过信函、电报、电传、传真、电子数据交换和电子邮件等方式提出。A项错误，当选。

《行政复议法》第22条第1款规定，申请人申请行政复议，可以书面申请；书面申请有困难的，也可以口头申请。B项正确，不当选。

《行政许可法》第32条规定，行政机关对申请人提出的行政许可申请，应当根据下列情况分别作出处理：①申请事项依法不需要取得行政许可的，应当即时告知申请人不受理；②申请事项依法不属于本行政机关职权范围的，应当即时作出不予受理的决定，并告知申请人向有关行政机关申请；③申请材料存在可以当场更正的错误的，应当允许申请人当场更正；④申请材料不齐全或者不符合法定形式的，应当当场或者在5日内一次告知申请人需要补正的全部内容，逾期不告知的，自收到申请材料之日即为受理；⑤申请事项属于本行政机关职权范围，

申请材料齐全、符合法定形式，或者申请人按照本行政机关的要求提交全部补正申请材料的，应当受理行政许可申请。行政机关受理或者不予受理行政许可申请，应当出具加盖本行政机关专用印章和注明日期的书面凭证。本案中，张某的申请材料不齐全，行政机关应当告知其补正，而非不予受理。C项错误，当选。

《行政许可法》第56条规定，实施《行政许可法》第12条第5项所列事项的行政许可，申请人提交的申请材料齐全、符合法定形式的，行政机关应当当场予以登记。需要对申请材料的实质内容进行核实的，行政机关依照《行政许可法》第34条第3款的规定办理。即企业的设立登记符合要求的，行政机关应当当场登记，不需要招标、拍卖。D项错误，当选。

综上所述，本题答案为ACD。

4. 李某申请开办啤酒厂，甲市工商局依据该省政府某议事协调机构的文件，作出不予许可的决定。下列说法错误的有：（2018-模拟题-多）[1]

  A. 该议事协调机构可以设定企业设立登记的行政许可

  B. 如李某不服，可以在对不予许可决定提起诉讼时，提起对该文件的附带性审查

  C. 如李某申请复议，复议机关可为省政府

  D. 需要对申请材料内容进行核实的，行政机关应当指派2名以上工作人员进行核查

【考点】行政许可实施程序

【解析】《行政许可法》第14、15条规定，法律、行政法规、地方性法规可以设定行政许可；省、自治区、直辖市人民政府规章可以设定临时性的行政许可；必要时，国务院可以采用发布决定的方式设定行政许可。因此，议事协调机构的文件无权设定行政许可。A项错误，当选。

《行政诉讼法》第53条规定，公民、法人或者其他组织认为行政行为所依据的国务院部门和地方人民政府及其部门制定的规范性文件不合法，在对行政行为提起诉讼时，可以一并请求对该规范性文件进行审查。前款规定的规范性文件不含规章。因此，该文件属于附带性审查的范围。B项正确，不当选。

《行政复议法》第24条第1款规定，县级以上地方各级人民政府管辖下列行政复议案件：①对本级人民政府工作部门作出的行政行为不服的；②对下一级人民政府作出的行政行为不服的；③对本级人民政府依法设立的派出机关作出的行政行为不服的；④对本级人民政府或者其工作部门管理的法律、法规、规章授权的组织作出的行政行为不服的。本案中，被申请人是甲市工商局，复议机关为甲市政府。C项错误，当选。

《行政许可法》第34条第3款规定，根据法定条件和程序，需要对申请材料的实质内容进行核实的，行政机关应当指派2名以上工作人员进行核查。D项错误，当选。

综上所述，本题答案为ACD。

5. 天龙房地产开发有限公司拟兴建天龙金湾小区项目，向市规划局申请办理建设工程规划许可证，并提交了相关材料。下列哪一说法是正确的？（2017/2/47-单）[2]

  A. 公司应到市规划局办公场所提出申请

  B. 公司应对其申请材料实质内容的真实性负责

  C. 公司的申请材料不齐全的，市规划局应作出不受理决定

  D. 市规划局为公司提供的申请格式文本可收取工本费

【考点】行政许可实施程序

---

[1] ACD [2] B

【解析】《行政许可法》第29条第2款规定，申请人可以委托代理人提出行政许可申请。但是，依法应当由申请人到行政机关办公场所提出行政许可申请的除外。所以，A项错误。

《行政许可法》第31条第1款规定，申请人申请行政许可，应当如实向行政机关提交有关材料和反映真实情况，并对其申请材料实质内容的真实性负责。行政机关不得要求申请人提交与其申请的行政许可事项无关的技术资料和其他材料。所以，B项正确。

《行政许可法》第32条第1款第4项规定，行政机关对申请人提出的行政许可申请，应当根据下列情况分别作出处理：申请材料不齐全或者不符合法定形式的，应当当场或者在5日内一次告知申请人需要补正的全部内容，逾期不告知的，自收到申请材料之日起即为受理。所以，C项错误。

《行政许可法》第58条第2款规定，行政机关提供行政许可申请书格式文本，不得收费。所以，D项错误。

综上所述，本题答案为B。

6.《执业医师法》规定，执业医师需依法取得卫生行政主管部门发放的执业医师资格，并经注册后方能执业。关于执业医师资格，下列哪些说法是正确的？（2016/2/78－多）[1]

A. 该资格属于直接关系人身健康，需按照技术规范通过检验、检测确定申请人条件的许可

B. 对《执业医师法》规定的取得资格的条件和要求，部门规章不得作出具体规定

C. 卫生行政主管部门组织执业医师资格考试，应公开举行

D. 卫生行政主管部门组织执业医师资格考试，不得组织强制性考前培训

【考点】行政许可实施程序

【解析】《行政许可法》第12条规定，下列事项可以设定行政许可：①直接涉及国家安全、公共安全、经济宏观调控、生态环境保护以及直接关系人身健康、生命财产安全等特定活动，需要按照法定条件予以批准的事项；②有限自然资源开发利用、公共资源配置以及直接关系公共利益的特定行业的市场准入等，需要赋予特定权利的事项；③提供公众服务并且直接关系公共利益的职业、行业，需要确定具备特殊信誉、特殊条件或者特殊技能等资格、资质的事项；④直接关系公共安全、人身健康、生命财产安全的重要设备、设施、产品、物品，需要按照技术标准、技术规范，通过检验、检测、检疫等方式进行审定的事项；⑤企业或者其他组织的设立等，需要确定主体资格的事项；⑥法律、行政法规规定可以设定行政许可的其他事项。A项中，该资格属于第3种许可的事项，而非需按照技术规范通过检验、检测确定申请人条件的许可。所以，A项错误。

《行政许可法》第16条规定，行政法规可以在法律设定的行政许可事项范围内，对实施该行政许可作出具体规定。地方性法规可以在法律、行政法规设定的行政许可事项范围内，对实施该行政许可作出具体规定。规章可以在上位法设定的行政许可事项范围内，对实施该行政许可作出具体规定。法规、规章对实施上位法设定的行政许可作出的具体规定，不得增设行政许可；对行政许可条件作出的具体规定，不得增设违反上位法的其他条件。B项中，《执业医师法》规定的取得资格的条件和要求，部门规章不得作出具体规定，错误。

《行政许可法》第54条第2款规定，公民特定资格的考试依法由行政机关或者行业组织实施，公开举行。行政机关或者行业组织应当事先公布资格考试的报名条件、报考办法、考试科目以及考试大纲。但是，不得组织强制性的资格考试的考前培训，不得指定教材或者其他助考

---

[1] CD

材料。C 项中，卫生行政主管部门组织执业医师资格考试，应公开举行，正确。D 项中，卫生行政主管部门组织执业医师资格考试，不得组织强制性考前培训，正确。

综上所述，本题答案为 CD。

7. 关于行政许可实施程序的听证规定，下列说法正确的是：(2011/2/99 – 任)[1]

A. 行政机关应在举行听证 7 日前将时间、地点通知申请人、利害关系人

B. 行政机关可视情况决定是否公开举行听证

C. 申请人、利害关系人对听证主持人可以依照规定提出回避申请

D. 举办听证的行政机关应当制作笔录，听证笔录应当交听证参与人确认无误后签字或者盖章

【考点】 行政许可听证程序

【解析】《行政许可法》第 48 条第 1 款第 1 项规定，行政机关应当于举行听证的 7 日前将举行听证的时间、地点通知申请人、利害关系人，必要时予以公告。A 项正确。

《行政许可法》第 48 条第 1 款第 2 项规定，听证应当公开举行。B 项错误。

《行政许可法》第 48 条第 1 款第 3 项规定，行政机关应当指定审查该行政许可申请的工作人员以外的人员为听证主持人，申请人、利害关系人认为主持人与该行政许可事项有直接利害关系的，有权申请回避。C 项正确。

《行政许可法》第 48 条第 1 款第 5 项规定，听证应当制作笔录，听证笔录应当交听证参加人确认无误后签字或者盖章。D 项正确。

综上所述，本题答案为 ACD。

8. 刘某向卫生局申请在小区设立个体诊所，卫生局受理申请。小区居民陈某等人提出，诊所的医疗废物会造成环境污染，要求卫生局不予批准。对此，下列哪一选项符合《行政许可法》规定？(2010/2/43 – 单)[2]

A. 刘某既可以书面也可以口头申请设立个体诊所

B. 卫生局受理刘某申请后，应当向其出具加盖本机关专用印章和注明日期的书面凭证

C. 如陈某等人提出听证要求，卫生局同意并听证的，组织听证的费用应由陈某承担

D. 如卫生局拒绝刘某申请，原则上应作出书面决定，必要时口头告知即可

【考点】 行政许可实施程序

【解析】《行政许可法》第 29 条规定，公民、法人或者其他组织从事特定活动，依法需要取得行政许可的，应当向行政机关提出申请。申请书需要采用格式文本的，行政机关应当向申请人提供行政许可申请书格式文本。申请书格式文本中不得包含与申请行政许可事项没有直接关系的内容。申请人可以委托代理人提出行政许可申请。但是，依法应当由申请人到行政机关办公场所提出行政许可申请的除外。行政许可申请可以通过信函、电报、电传、传真、电子数据交换和电子邮件等方式提出。A 项中，刘某口头申请设立个体诊所不符合法律规定，此规定不允许行政许可申请人采用口头方式提出申请。所以，A 项不当选。

《行政许可法》第 32 条第 2 款规定，行政机关受理或者不予受理行政许可申请，应当出具加盖本行政机关专用印章和注明日期的书面凭证。所以，B 项当选。

《行政许可法》第 47 条规定，行政许可直接涉及申请人与他人之间重大利益关系的，行政机关在作出行政许可决定前，应当告知申请人、利害关系人享有要求听证的权利；申请人、利害关系人在被告知听证权利之日起 5 日内提出听证申请的，行政机关应当在 20 日内组织听证。

申请人、利害关系人不承担行政机关组织听证的费用。C项中，组织听证的费用应由陈某承担，不符合法律规定，不当选。

《行政许可法》第38条规定，申请人的申请符合法定条件、标准的，行政机关应当依法作出准予行政许可的书面决定。行政机关依法作出不予行政许可的书面决定的，应当说明理由，并告知申请人享有依法申请行政复议或者提起行政诉讼的权利。此条规定行政机关作出准予或者不准予许可的决定都必须以书面形式。D项中，如卫生局拒绝刘某申请，必要时口头告知即可不符合法律规定，不当选。

综上所述，本题答案为B。

9. 2001年原信息产业部制定的《电信业务经营许可证管理办法》（简称《办法》）规定"经营许可证有效期届满，需要继续经营的，应提前90日，向原发证机关提出续办经营许可证的申请"。2003年9月1日获得增值电信业务许可证（有效期为5年）的甲公司，于2008年拟向原发证机关某省通信管理局提出续办经营许可证的申请。下列哪一选项是正确的？（2009/2/40－单）[1]

A. 因《办法》为规章，所规定的延续许可证申请期限无效

B. 因《办法》在《行政许可法》制定前颁布，所规定的延续许可证申请期限无效

C. 如甲公司依法提出申请，某省通信管理局应在甲公司许可证有效期届满前作出是否准予延续的决定

D. 如甲公司依法提出申请，某省通信管理局在60日内不予答复的，视为拒绝延续

【考点】 行政许可的延续

【解析】《行政许可法》第50条规定，被许可人需要延续依法取得的行政许可的有效期的，应当在该行政许可有效期届满30日前向作出行政许可决定的行政机关提出申请。但是，法律、法规、规章另有规定的，依照其规定。行政机关应当根据被许可人的申请，在该行政许可有效期届满前作出是否准予延续的决定；逾期未作决定的，视为准予延续。因此，行政许可延续的申请期限分为一般期限和特别期限。一般期限是由《行政许可法》规定适用于一般情形的期限，即该行政许可有效期届满30日前。特别期限是由法律、法规和规章规定且有别于一般期限的期限。《行政许可法》允许规章对行政许可延续的申请期限作出特别规定，不存在上位法优于下位法、新法优于旧法的问题。所以，AB项错误。

根据该法条，行政机关应当根据被许可人的申请，在该行政许可有效期届满前作出是否准予延续的决定。所以，C项正确。

根据该法条，逾期不作决定的法律后果，《行政许可法》出于对被许可人权利保护，规定"逾期未作决定的，视为准予延续"。所以，D项错误。

综上所述，本题的答案是C。

10. 关于公告，下列哪些选项是正确的？（2009/2/90－多）[2]

A. 行政机关认为需要听证的涉及公共利益的重大许可事项应当向社会公告

B. 行政许可直接涉及申请人与他人之间重大利益关系的，申请人、利害关系人提出听证申请的，行政机关应当予以公告

C. 行政机关在其法定权限范围内，依据法律委托其他行政机关实施行政许可，对受委托行政机关和受委托实施许可的内容应予以公告

D. 被许可人以欺骗、贿赂等不正当手段取得行政许可，行政机关予以撤销的，应当向社

---

[1] C [2] AC

会公告

【考点】 *行政许可实施程序*

【解析】《行政许可法》第 46 条规定，法律、法规、规章规定实施行政许可应当听证的事项，或者行政机关认为需要听证的其他涉及公共利益的重大行政许可事项，行政机关应当向社会公告，并举行听证。A 项中，行政机关认为需要听证的涉及公共利益的重大许可事项应当向社会公告，正确。

《行政许可法》第 47 条第 1 款规定，行政许可直接涉及申请人与他人之间重大利益关系的，行政机关在作出行政许可决定前，应当告知申请人、利害关系人享有要求听证的权利；申请人、利害关系人在被告知听证权利之日起 5 日内提出听证申请的，行政机关应当在 20 日内组织听证。本条规定并不要求公告。《行政许可法》第 48 条第 1 款第 1 项规定，听证按照下列程序进行：行政机关应当于举行听证的 7 日前将举行听证的时间、地点通知申请人、利害关系人，必要时予以公告。B 项中，行政许可直接涉及申请人与他人之间重大利益关系的，申请人、利害关系人提出听证申请的，行政机关应当予以公告，错误。

《行政许可法》第 24 条第 1 款规定，行政机关在其法定职权范围内，依照法律、法规、规章的规定，可以委托其他行政机关实施行政许可。委托机关应当将受委托行政机关和受委托实施行政许可的内容予以公告。所以，C 项正确。

《行政许可法》第 79 条规定，被许可人以欺骗、贿赂等不正当手段取得行政许可的，行政机关应当依法给予行政处罚；取得的行政许可属于直接关系公共安全、人身健康、生命财产安全事项的，申请人在 3 年内不得再次申请该行政许可；构成犯罪的，依法追究刑事责任。本条虽规定可以对被许可人采取相应的制裁措施，但不包括应当向社会公告。所以，D 项错误。

综上所述，本题答案为 AC。

四、行政许可的费用

1. 某公司向规划局交纳了一定费用后获得了该局发放的建设用地规划许可证。刘某的房屋紧邻该许可规划用地，刘某认为建筑工程完成后将遮挡其房屋采光，向法院起诉请求撤销该许可决定。下列哪一说法是正确的？（2013/2/47－单）[1]

A. 规划局发放许可证不得向某公司收取任何费用

B. 因刘某不是该许可的利害关系人，规划局审查和决定发放许可证无需听取其意见

C. 因刘某不是该许可的相对人，不具有原告资格

D. 因建筑工程尚未建设，刘某权益受侵犯不具有现实性，不具有原告资格

【考点】 *行政许可的费用、原告资格*

【解析】《行政许可法》第 58 条第 1 款规定，行政机关实施行政许可和对行政许可事项进行监督检查，不得收取任何费用。但是，法律、行政法规另有规定的，依照其规定。A 项中，规划局发放许可证不得向某公司收取任何费用，正确。

规划局的行政许可决定影响了刘某房屋的采光，刘某与该行政许可具有利害关系。所以，B 项错误。

《最高人民法院关于审理行政许可案件若干问题的规定》第 1 条规定，公民、法人或者其他组织认为行政机关作出的行政许可决定以及相应的不作为，或者行政机关就行政许可的变更、延续、撤回、注销、撤销等事项作出的有关具体行政行为及其相应的不作为侵犯其合法权益，提起行政诉讼的，人民法院应当依法受理。本案中，刘某虽不是行政许可的相对人，但属

---

[1] A

于利害关系人，刘某具有原告资格。所以，C 项错误。

建筑工程虽然尚未建设，但该具体行政行为已经生效，对刘某的合法权益产生影响，刘某作为利害关系人可以起诉。所以，D 项错误。

综上所述，本题答案为 A。

2. 下列哪些地方性法规的规定违反《行政许可法》？（2010/2/82 – 多）[1]

A. 申请餐饮服务许可证，须到当地餐饮行业协会办理认证手续

B. 申请娱乐场所表演许可证，文化主管部门收取的费用由财政部门按一定比例返还

C. 外地人员到本地经营网吧，应当到本地电信管理部门注册并缴纳特别管理费

D. 申请建设工程规划许可证，需安装建设主管部门指定的节能设施

【考点】行政许可的费用、行政许可的设定权限

【解析】《行政许可法》第 15 条第 2 款规定，地方性法规和省、自治区、直辖市人民政府规章，不得设定应当由国家统一确定的公民、法人或者其他组织的资格、资质的行政许可；不得设定企业或者其他组织的设立登记及其前置性行政许可。其设定的行政许可，不得限制其他地区的个人或者企业到本地区从事生产经营和提供服务，不得限制其他地区的商品进入本地区市场。A 项中，申请餐饮服务许可证，须到当地餐饮行业协会办理认证手续，是前置性行政许可，地方性法规不得设定。所以，A 项违法，当选。C 项中，外地人员到本地经营网吧，应当到本地电信管理部门注册并缴纳特别管理费，属于限制其他地区的个人到本地区从事生产经营和提供服务，地方性法规不得设定。所以，C 项违法，当选。

《行政许可法》第 59 条规定，行政机关实施行政许可，依照法律、行政法规收取费用的，应当按照公布的法定项目和标准收费；所收取的费用必须全部上缴国库，任何机关或者个人不得以任何形式截留、挪用、私分或者变相私分。财政部门不得以任何形式向行政机关返还或者变相返还实施行政许可所收取的费用。B 项中，文化主管部门收取的费用由财政部门按一定比例返还，违法，当选。

《行政许可法》第 27 条第 1 款规定，行政机关实施行政许可，不得向申请人提出购买指定商品、接受有偿服务等不正当要求。D 项中，申请建设工程规划许可证，需安装建设主管部门指定的节能设施，违法，当选。

综上所述，本题答案为 ABCD。

五、行政许可的监督检查

1. 县水利局向一采砂场颁发河道采砂许可证，允许其在某河道采砂。后由于采砂区域划入湿地保护范围，水利局撤回了采砂许可证。采砂场提起行政诉讼，要求水利局补偿其损失 250 万元。对此，下列说法正确的是？（2023 – 模拟题 – 多）[2]

A. 提起行政诉讼前，采砂场应先应当先向水利局请求补偿

B. 应当按照实际投入的标准进行补偿

C. 法院应当判决水利局给予补偿

D. 水利局撤回采砂许可前应组织听证

【考点】行政许可的撤回

【解析】最高人民法院《关于审理行政许可案件若干问题的规定》第 14 条规定，行政机关依据行政许可法第 8 条第 2 款规定变更或者撤回已经生效的行政许可，公民、法人或者其他组织仅主张行政补偿的，应当先向行政机关提出申请；行政机关在法定期限或者合理期限内不

---

[1] ABCD　[2] ABC

予答复或者对行政机关作出的补偿决定不服的，可以依法提起行政诉讼。因此，在当事人仅主张补偿的情况下，找行政机关沟通较为经济和效率，沟通不了再向法院起诉，这一规定也体现了节约司法资源。故 A 项正确。

最高人民法院《关于审理行政许可案件若干问题的规定》第 15 条规定，法律、法规、规章或者规范性文件对变更或者撤回行政许可的补偿标准未作规定的，一般在实际损失范围内确定补偿数额；行政许可属于行政许可法第 12 条第 2 项规定情形的，一般按照实际投入的损失确定补偿数额。此处的"行政许可法第 12 条第 2 项"，是指"有限自然资源开发利用、公共资源配置以及直接关系公共利益的特定行业的市场准入等，需要赋予特定权利的事项"，本案中的采砂许可即属于此种特许，因此应当按照实际投入的损失确定补偿数额。故 B 项正确。

《行政许可法》第 8 条规定，公民、法人或者其他组织依法取得的行政许可受法律保护，行政机关不得擅自改变已经生效的行政许可。行政许可所依据的法律、法规、规章修改或者废止，或者准予行政许可所依据的客观情况发生重大变化的，为了公共利益的需要，行政机关可以依法变更或者撤回已经生效的行政许可。由此给公民、法人或者其他组织造成财产损失的，行政机关应当依法给予补偿。本案中，采砂区域划入湿地保护范围，是为了公共利益撤回了采砂许可证，对采砂场的损失应予补偿。故 C 项正确。

《行政许可法》第 46 条和第 47 条对于行政许可中的听证情形进行了规定，即法律、法规、规章规定实施行政许可应当听证的事项、或者行政机关认为需要听证的其他涉及公共利益的重大行政许可事项，属于依职权主动进行听证；行政许可直接涉及申请人与他人之间重大利益关系的，属于依申请的听证。但未像《行政处罚法》中对听证情形进行一一列举。在以往的考察中，如果考察属于听证的情形，命题中会直接出现"公共利益"、"重大利益"的表述，不会让考生自己猜想和判断。故 D 项错误。

综上所述，本题的答案为 ABC。

2. 关于行政许可的撤销与注销，下列哪些说法是错误的？（2022 - 模拟题 - 多）[1]

A. 都属于行政处罚　　　　　　　B. 都是具有可诉性的行政行为
C. 都属于依申请行政行为　　　　D. 都是裁量行政行为

【考点】 行政许可的撤销、注销

【解析】 本题考察撤销与注销的异同。

《行政许可法》第 69 条规定，有下列情形之一的，作出行政许可决定的行政机关或者其上级行政机关，根据利害关系人的请求或者依据职权，可以撤销行政许可：①行政机关工作人员滥用职权、玩忽职守作出准予行政许可决定的；②超越法定职权作出准予行政许可决定的；③违反法定程序作出准予行政许可决定的；④对不具备申请资格或者不符合法定条件的申请人准予行政许可的；⑤依法可以撤销行政许可的其他情形。被许可人以欺骗、贿赂等不正当手段取得行政许可的，应当予以撤销。依照前两款的规定撤销行政许可，可能对公共利益造成重大损害的，不予撤销。依照本条第 1 款的规定撤销行政许可，被许可人的合法权益受到损害的，行政机关应当依法给予赔偿。依照本条第 2 款的规定撤销行政许可的，被许可人基于行政许可取得的利益不受保护。

《行政许可法》第 70 条规定，有下列情形之一的，行政机关应当依法办理有关行政许可的注销手续：①行政许可有效期届满未延续的；②赋予公民特定资格的行政许可，该公民死亡或者丧失行为能力的；③法人或者其他组织依法终止的；④行政许可依法被撤销、撤回，或者行

---

[1] ACD

政许可证件依法被吊销的；⑤因不可抗力导致行政许可事项无法实施的；⑥法律、法规规定的应当注销行政许可的其他情形。

A 项中，撤销和注销都属于行政许可的监督和管理，不属于行政处罚，因为行政处罚是指行政机关依法对违反行政管理秩序的公民、法人或者其他组织，以减损权益或者增加义务的方式予以惩戒的行为。所以，A 项错误。

B 项中，《最高人民法院关于审理行政许可案件若干问题的规定》第 1 条规定，公民、法人或者其他组织认为行政机关作出的行政许可决定以及相应的不作为，或者行政机关就行政许可的变更、延续、撤回、注销、撤销等事项作出的有关具体行政行为及其相应的不作为侵犯其合法权益，提起行政诉讼的，人民法院应当依法受理。撤销和注销都属于行政诉讼的受案范围，所以，B 项正确。

C 项中，撤销的作出是根据利害关系人的请求或者依据职权；注销也是如此。所以，C 项错误。

D 项中，具体行政行为根据具体行政行为受法律约束的程度，可以分为羁束的和裁量的具体行政行为。立法对具体行政行为的范围、方法、手段等条件作出严格规定，行政机关采取时基本没有选择余地的，是羁束的具体行政行为；立法对具体行政行为的范围、方法、手段等方面给予行政机关根据实际情况裁量余地的，是裁量的具体行政行为。而撤销和注销都有各自的法定情形，不是由行政机关自由裁量，属于羁束行政行为。D 项错误。

综上所述，本题的答案为 ACD。

3. 某公司为修建办公楼申请并取得了建筑工程临时施工许可，后被住房和城乡建设局发现其以"保障性安居工程项目"为申请理由，欺骗取得该施工许可，遂予以撤销。本案中，说法正确的是：（2020－模拟题－任）[1]

A. 行政许可法未规定撤销许可程序

B. 临时施工许可属于关系公共利益的特定行业的准入许可

C. 撤销该许可的行为属于行政处罚

D. 行政机关实施行政许可和对行政许可事项进行监督检查，不得收取任何费用

【考点】行政许可的撤销

【解析】《行政许可法》第 69 条第 1、2、3 款规定，有下列情形之一的，作出行政许可决定的行政机关或者其上级行政机关，根据利害关系人的请求或者依据职权，可以撤销行政许可：①行政机关工作人员滥用职权、玩忽职守作出准予行政许可决定的；②超越法定职权作出准予行政许可决定的；③违反法定程序作出准予行政许可决定的；④对不具备申请资格或者不符合法定条件的申请人准予行政许可的；⑤依法可以撤销行政许可的其他情形。被许可人以欺骗、贿赂等不正当手段取得行政许可的，应当予以撤销。依照前两款的规定撤销行政许可，可能对公共利益造成重大损害的，不予撤销。因此，行政许可法规定了撤销的主体和情形，并未对撤销的程序进行规定，A 项正确。

《行政许可法》第 12 条规定，下列事项可以设定行政许可：①直接涉及国家安全、公共安全、经济宏观调控、生态环境保护以及直接关系人身健康、生命财产安全等特定活动，需要按照法定条件予以批准的事项；②有限自然资源开发利用、公共资源配置以及直接关系公共利益的特定行业的市场准入等，需要赋予特定权利的事项；③提供公众服务并且直接关系公共利益的职业、行业，需要确定具备特殊信誉、特殊条件或者特殊技能等资格、资质的事项；④直接

---

[1] AD

关系公共安全、人身健康、生命财产安全的重要设备、设施、产品、物品，需要按照技术标准、技术规范，通过检验、检测、检疫等方式进行审定的事项；⑤企业或者其他组织的设立等，需要确定主体资格的事项；⑥法律、行政法规规定可以设定行政许可的其他事项。B项中，临时施工许可不属于第3种许可，而是属于第1种许可，因此，B项错误。

行政许可的撤销，性质上属于对行政许可的监督管理，并不属于行政处罚。C项错误。

《行政许可法》第58条规定，行政机关实施行政许可和对行政许可事项进行监督检查，不得收取任何费用。但是，法律、行政法规另有规定的，依照其规定。行政机关提供行政许可申请书格式文本，不得收费。行政机关实施行政许可所需经费应当列入本行政机关的预算，由本级财政予以保障，按照批准的预算予以核拨。D项正确。

综上所述，本题答案为AD。

4. 某公司提供虚假材料获得了建设工程规划许可证，后在一次检查中被建设部门发现，作出《关于撤销建设工程规划许可证的决定》，将许可证撤销。下列哪一说法是错误的？(2019－模拟题－单)[1]

A. 《关于撤销建设工程规划许可证的决定》是行政处罚

B. 行政机关实施行政许可和对行政许可事项进行监督检查，不得收取任何费用

C. 撤销后应当依法办理注销手续

D. 撤销是一种独立的具体行政行为，该公司可以对其提起行政诉讼

【考点】行政许可的撤销

【解析】《行政许可法》第69条第1、2、3款规定，有下列情形之一的，作出行政许可决定的行政机关或者其上级行政机关，根据利害关系人的请求或者依据职权，可以撤销行政许可：①行政机关工作人员滥用职权、玩忽职守作出准予行政许可决定的；②超越法定职权作出准予行政许可决定的；③违反法定程序作出准予行政许可决定的；④对不具备申请资格或者不符合法定条件的申请人准予行政许可的；⑤依法可以撤销行政许可的其他情形。被许可人以欺骗、贿赂等不正当手段取得行政许可的，应当予以撤销。依照前两款的规定撤销行政许可，可能对公共利益造成重大损害的，不予撤销。依照本条第1款的规定撤销行政许可，被许可人的合法权益受到损害的，行政机关应当依法给予赔偿。依照本条第2款的规定撤销行政许可的，被许可人基于行政许可取得的利益不受保护。本题中，对以欺骗、贿赂等不正当手段取得的行政许可予以撤销，属于行政许可的监督管理，并不属于行政处罚。所以，A项错误，当选。

《行政许可法》第58条规定，行政机关实施行政许可和对行政许可事项进行监督检查，不得收取任何费用。但是，法律、行政法规另有规定的，依照其规定。行政机关提供行政许可申请书格式文本，不得收费。行政机关实施行政许可所需经费应当列入本行政机关的预算，由本级财政予以保障，按照批准的预算予以核拨。所以，B项正确，不当选。

《行政许可法》第70条规定，有下列情形之一的，行政机关应当依法办理有关行政许可的注销手续：①行政许可有效期届满未延续的；②赋予公民特定资格的行政许可，该公民死亡或者丧失行为能力的；③法人或者其他组织依法终止的；④行政许可依法被撤销、撤回，或者行政许可证件依法被吊销的；⑤因不可抗力导致行政许可事项无法实施的；⑥法律、法规规定的应当注销行政许可的其他情形。所以，C项正确，不当选。

《最高人民法院关于审理行政许可案件若干问题的规定》第1条规定，公民、法人或者其他组织认为行政机关作出的行政许可决定以及相应的不作为，或者行政机关就行政许可的变

---

[1] A

更、延续、撤回、注销、撤销等事项作出的有关具体行政行为及其相应的不作为侵犯其合法权益，提起行政诉讼的，人民法院应当依法受理。所以，D项正确，不当选。

综上所述，本题答案为A。

5. 下列哪些情形中，行政机关应依法办理行政许可的注销手续？(2017/2/78－多)〔1〕

A. 某企业的产品生产许可证有效期限届满未申请延续的

B. 某企业的旅馆业特种经营许可证被认定为以贿赂手段取得而被撤销的

C. 某房地产开发公司取得的建设工程规划许可证被吊销的

D. 拥有执业医师资格证的王医生死亡的

【考点】行政许可的注销

【解析】《行政许可法》第70条规定，有下列情形之一的，行政机关应当依法办理有关行政许可的注销手续：①行政许可有效期届满未延续的；②赋予公民特定资格的行政许可，该公民死亡或者丧失行为能力的；③法人或者其他组织依法终止的；④行政许可依法被撤销、撤回，或者行政许可证件依法被吊销的；⑤因不可抗力导致行政许可事项无法实施的；⑥法律、法规规定的应当注销行政许可的其他情形。A项中，某企业的产品生产许可证有效期限届满未申请延续的，属于注销的第1种情形，当选。B项中，某企业的旅馆业特种经营许可证被认定为以贿赂手段取得而被撤销的，属于注销的第4种情形，当选。C项中，某房地产开发公司取得的建设工程规划许可证被吊销的，属于注销的第4种情形，当选。D项中，拥有执业医师资格证的王医生死亡的，属于注销的第2种情形，当选。

综上所述，本题答案为ABCD。

6. 食品药品监督管理局向一药店发放药品经营许可证。后接举报称，该药店存在大量非法出售处方药的行为，该局在调查中发现药店的药品经营许可证系提供虚假材料欺骗所得。关于对许可证的处理，该局下列哪一做法是正确的？(2015/2/47－单)〔2〕

A. 撤回　　　　　　　　　　　　B. 撤销

C. 吊销　　　　　　　　　　　　D. 待有效期限届满后注销

【考点】行政许可的撤销

【解析】《行政许可法》第8条第2款规定，行政许可所依据的法律、法规、规章修改或者废止，或者准予行政许可所依据的客观情况发生重大变化的，为了公共利益的需要，行政机关可以依法变更或者撤回已经生效的行政许可。由此给公民、法人或者其他组织造成财产损失的，行政机关应当依法给予补偿。该法条明确了行政许可的撤回的条件，本题中出现的情形显然不符合这些条件。所以，A项错误。

《行政许可法》第69条第2款规定，被许可人以欺骗、贿赂等不正当手段取得行政许可的，应当予以撤销。B项中，药店在取得药品经营许可证时提供虚假材料欺骗食品药品监督管理局取得行政许可，属于行政许可的撤销事由。所以，B项正确。

行政许可吊销，是指当事人在取得行政许可后，因从事违法行为而剥夺其从事某项活动的权利或者资格的处罚形式，其本质是一种行政处罚。行政许可吊销的前提是相对人取得行政许可符合法定条件，没有《行政许可法》第69条规定的行政机关行使撤销权的情形存在。C项中，虽然该药店存在大量非法出售处方药的行为，但是因为其取得行政许可时采取欺骗、贿赂等不正当手段，不适用吊销这一行政处罚的情形，而是对其行政许可进行撤销。所以，C项错误。

---

〔1〕　ABCD　〔2〕　B

《行政许可法》第70条规定，有下列情形之一的，行政机关应当依法办理有关行政许可的注销手续：①行政许可有效期届满未延续的；②赋予公民特定资格的行政许可，该公民死亡或者丧失行为能力的；③法人或者其他组织依法终止的；④行政许可依法被撤销、撤回，或者行政许可证件依法被吊销的；⑤因不可抗力导致行政许可事项无法实施的；⑥法律、法规规定的应当注销行政许可的其他情形。D项中，该局在调查中发现药店的药品经营许可证系提供虚假材料欺骗所得，应当予以撤销，而不是待有效期届满后注销。所以，D项错误。

综上所述，本题答案为B。

7. 某市安监局向甲公司发放《烟花爆竹生产企业安全生产许可证》后，发现甲公司所提交的申请材料系伪造。对于该许可证的处理，下列哪一选项是正确的？（2011/2/42 – 单）[1]

A. 吊销
B. 撤销
C. 撤回
D. 注销

【考点】 行政许可的撤销

【解析】 行政许可吊销，是指当事人在取得行政许可后，因从事违法行为而剥夺其从事某项活动的权利或者资格的处罚形式，其本质是一种行政处罚。A项中，未提及甲公司在获得《烟花爆竹生产企业安全生产许可证》后，是否从事违法行为，而是指出发现甲公司所提交的申请材料系伪造，不符合吊销的要求。所以，A项错误。

《行政许可法》第69条规定，有下列情形之一的，作出行政许可决定的行政机关或者其上级行政机关，根据利害关系人的请求或者依据职权，可以撤销行政许可：①行政机关工作人员滥用职权、玩忽职守作出准予行政许可决定的；②超越法定职权作出准予行政许可决定的；③违反法定程序作出准予行政许可决定的；④对不具备申请资格或者不符合法定条件的申请人准予行政许可的；⑤依法可以撤销行政许可的其他情形。被许可人以欺骗、贿赂等不正当手段取得行政许可的，应当予以撤销。依照前两款的规定撤销行政许可，可能对公共利益造成重大损害的，不予撤销。依照本条第1款的规定撤销行政许可，被许可人的合法权益受到损害的，行政机关应当依法给予赔偿。依照本条第2款的规定撤销行政许可的，被许可人基于行政许可取得的利益不受保护。B项中，甲公司的《烟花爆竹生产企业安全生产许可证》是通过伪造申请材料取得的，即以欺骗的不正当手段取得的，符合撤销的条件，应予撤销。所以，B项正确。

《行政许可法》第8条第2款规定，行政许可所依据的法律、法规、规章修改或者废止，或者准予行政许可所依据的客观情况发生重大变化的，为了公共利益的需要，行政机关可以依法变更或者撤回已经生效的行政许可。由此给公民、法人或者其他组织造成财产损失的，行政机关应当依法给予补偿。该法条明确了行政许可撤回的条件，本题中出现的情形显然不符合这些条件。所以，C项错误。

行政许可的注销是指在出现特定事实时，行政机关依据法定程序收回行政许可证件或向社会公告行政许可失去效力的事实。注销更多是对特定事实的公示，不涉及行政许可的效力，因而主要是一个程序问题。《行政许可法》第70条明确规定了行政机关应当依法办理有关行政许可注销手续的特定情形，本题出现的情形虽然可能最终需要有注销程序，但某市安监局的处理首先是撤销已发放的许可证。所以，D项错误。

综上所述，本题答案为B。

---

[1] B

8. 经甲公司申请，市建设局给其颁发建设工程规划许可证。后该局在复核中发现甲公司在申请时报送的企业法人营业执照已经超过有效期，遂依据《行政许可法》规定，撤销该公司的规划许可证，并予以注销。甲公司不服，向法院提起诉讼。市建设局撤销甲公司规划许可证的行为属于下列哪一类别？（2009/2/41 - 单）[1]

    A. 行政处罚   B. 行政强制措施

    C. 行政行为的撤销   D. 行政检查

【考点】 行政许可的撤销

【解析】 行政处罚，是指行政机关依法对违反行政管理秩序的公民、法人或者其他组织，以减损权益或者增加义务的方式予以惩戒的行为。本题中，市建设局撤销给甲公司的许可证本身旨在纠正错误或违法行为，而不是对甲公司的制裁。所以，A 项不当选。

行政强制措施是行政机关在行政管理中为查明事实或为防止和制止危险、危害行为的发生或蔓延而采取的强制措施，多带有临时性，往往需要后续的处理。市建设局撤销甲公司的许可证，是对甲公司不符合条件但却获得许可证的处理，不是临时处置措施，故不属于行政强制措施。所以，B 项不当选。

《行政许可法》第69条第1款规定，有下列情形之一的，作出行政许可决定的行政机关或者其上级行政机关，根据利害关系人的请求或者依据职权，可以撤销行政许可：①行政机关工作人员滥用职权、玩忽职守作出准予行政许可决定的；②超越法定职权作出准予行政许可决定的；③违反法定程序作出准予行政许可决定的；④对不具备申请资格或者不符合法定条件的申请人准予行政许可的；⑤依法可以撤销行政许可的其他情形。本题中，市建设局之所以撤销已颁发给甲公司的工程规划许可证，是因为甲公司在申请时报送的企业法人营业执照已经超过有效期，即市建设局对不符合法定条件的申请人准许行政许可。应当说，市建设局的做法有明确的法律依据。所以，C 项当选。

行政检查是指行政主体对公民、组织是否守法和是否履行行政法义务进行强制性了解、督促和疏导的行为，是采取处置措施和行为的基础和前提。市建设局复核甲公司的申请材料，在一定意义上是行政监督检查行为，而市建设局基于复核情况作出的撤销甲公司许可证的行为，则是处置措施，行政检查是处置措施的前提和基础。所以，D 项不当选。

综上所述，本题答案为 C。

六、行政许可的诉讼

下列当事人提起的诉讼，哪些属于行政诉讼受案范围？（2011/2/80 - 多）[2]

A. 某造纸厂向市水利局申请发放取水许可证，市水利局作出不予许可决定，该厂不服申请复议后起诉

B. 食品药品监管局向申请餐饮服务许可证的李某告知补正申请材料的通知，李某认为通知内容违法而起诉

C. 化肥厂附近居民要求环保局提供对该厂排污许可证监督检查记录，遭到拒绝复议后起诉

D. 某国土资源局以建城市绿化带为由撤回向一公司发放的国有土地使用权证，该公司不服而起诉

【考点】 行政许可诉讼

【解析】 根据行政诉讼法受案范围的一般规定，以及《最高人民法院关于审理行政许可案

---

[1] C   [2] ACD

件若干问题的规定》第1条规定，公民、法人或者其他组织认为行政机关作出的行政许可决定以及相应的不作为，或者行政机关就行政许可的变更、延续、撤回、注销、撤销等事项作出的有关具体行政行为及其相应的不作为侵犯其合法权益，提起行政诉讼的，人民法院应当依法受理。本案中，A项中对当事人提出的行政许可申请，行政机关予以拒绝属于行政诉讼受案范围；D项中当事人对行政机关以公共利益为由撤回行政许可不服起诉，也属于行政诉讼受案范围。所以，AD项当选。

《最高人民法院关于审理行政许可案件若干问题的规定》第3条规定，公民、法人或者其他组织仅就行政许可过程中的告知补正申请材料、听证等通知行为提起行政诉讼的，人民法院不予受理，但导致许可程序对上述主体事实上终止的除外。食品药品监管局向申请餐饮服务许可证的李某告知补正申请材料的通知并不具有终止效果，并没有对相对人的权利产生直接的实际影响，不属于行政诉讼受案范围。所以，B项不当选。

《最高人民法院关于审理行政许可案件若干问题的规定》第2条规定，公民、法人或者其他组织认为行政机关未公开行政许可决定或者未提供行政许可监督检查记录侵犯其合法权益，提起行政诉讼的，人民法院应当依法受理。C项中，因化肥厂附近居民对该厂排污有利害关系，故在申请要求环保局提供对该厂排污许可证监督检查记录遭到拒绝后起诉，属于行政诉讼受案范围。所以，C项当选。

综上所述，本题答案为ACD。

第六章　行政处罚

一、行政处罚的种类

1. 甲公司在超市里销售没有食品经营许可证的蛋糕，被区市场监管局检查时发现，没收其违法所得 50 元，罚款 4000 元。下列说法正确的是？（2023 - 模拟题 - 多）[1]

A. 行政机关可以当场作出处罚

B. 如果甲不缴纳罚款，可以加处罚款，但加处罚款的金额不得超过 4050 元

C. 没收违法所得的性质属于行政处罚

D. 当事人不在场的，应当在 7 日内按照民事诉讼法的规定送达

【考点】 *行政处罚的性质与程序*

【解析】《行政处罚法》第 51 条规定，违法事实确凿并有法定依据，对公民处以二百元以下、对法人或者其他组织处以三千元以下罚款或者警告的行政处罚的，可以当场作出行政处罚决定。法律另有规定的，从其规定。A 项中，罚款金额为 4000 元，超出了 3000 元，不能当场作出处罚。故 A 项错误。

《行政处罚法》第 72 条第 1 款规定，当事人逾期不履行行政处罚决定的，作出行政处罚决定的行政机关可以采取下列措施：①到期不缴纳罚款的，每日按罚款数额的百分之三加处罚款，加处罚款的数额不得超出罚款的数额；②根据法律规定，将查封、扣押的财物拍卖、依法处理或者将冻结的存款、汇款划拨抵缴罚款；③根据法律规定，采取其他行政强制执行方式；④依照《中华人民共和国行政强制法》的规定申请人民法院强制执行。B 项中，需要注意罚款的金额是 4000 元，则加处罚款的金额不得超过 4000 元，无需加上没收的金额。故 B 项错误。

《行政处罚法》第 9 条规定，行政处罚的种类：①警告、通报批评；②罚款、没收违法所得、没收非法财物；③暂扣许可证件、降低资质等级、吊销许可证件；④限制开展生产经营活动、责令停产停业、责令关闭、限制从业；⑤行政拘留；⑥法律、行政法规规定的其他行政处罚。因此，没收违法所得是指行政机关依法将当事人因从事违法行为而获得金钱收入强制无偿收归国有的一种行政处罚。故 C 项正确。

《行政处罚法》第 61 条第 1 款规定，行政处罚决定书应当在宣告后当场交付当事人；当事人不在场的，行政机关应当在七日内依照《中华人民共和国民事诉讼法》的有关规定，将行政处罚决定书送达当事人。故 D 项正确。

综上所述，本题的答案为 CD。

2. 某县林业和草原局发现一公司在未取得林地使用手续的情况下用挖掘机开挖公路，责令其恢复原状并处罚款二十万元。该公司缴纳罚款后，县林业和草原局予以结案。该县检察院

---

[1]　CD

发现这一情况后，向县林业和草原局发出检察建议，建议采取有效措施恢复森林植被。后检察院以县林业和草原局未履行法定职责为由向法院提起行政诉讼。对此，下列说法正确的是？（2022－模拟题－任）[1]

A. 责令恢复原状是行政处罚

B. 县林业和草原局可以代为恢复原状

C. 检察院提出检察建议是行政公益诉讼的前置程序

D. 行政公益诉讼的起诉期限为6个月

【考点】行政处罚的性质、行政公益诉讼

【解析】《行政处罚法》第2条规定，行政处罚是指行政机关依法对违反行政管理秩序的公民、法人或者其他组织，以减损权益或者增加义务的方式予以惩戒的行为。理论上，一般认为责令恢复原状或者限期改正违法行为不具有惩戒性，不属于行政处罚，属于行政命令。所以，A项错误。

《行政强制法》第50条规定，行政机关依法作出要求当事人履行排除妨碍、恢复原状等义务的行政决定，当事人逾期不履行，经催告仍不履行，其后果已经或者将危害交通安全、造成环境污染或者破坏自然资源的，行政机关可以代履行，或者委托没有利害关系的第三人代履行。B项中，当事人不履行，行政机关可以代履行。所以，B项正确。

《行政诉讼法》第25条第4款规定，人民检察院在履行职责中发现生态环境和资源保护、食品药品安全、国有财产保护、国有土地使用权出让等领域负有监督管理职责的行政机关违法行使职权或者不作为，致使国家利益或者社会公共利益受到侵害的，应当向行政机关提出检察建议，督促其依法履行职责。行政机关不依法履行职责的，人民检察院依法向人民法院提起诉讼。C项中，检察院在向法院提起行政公益诉讼之前，应当先提出检察建议。所以，C项正确。

《行政诉讼法》第46条第1款规定，公民、法人或者其他组织直接向人民法院提起诉讼的，应当自知道或者应当知道作出行政行为之日起六个月内提出。法律另有规定的除外。D项中，行政公益诉讼未对起诉期限作特殊规定，因此适用行政诉讼起诉期限的一般规定，即6个月。所以，D项正确。

综上所述，本题的答案为BCD。

3. 交警大队民警发现王某涉嫌驾驶违法拼装车辆，当场对车辆进行了扣押。后根据专门机构出具的该车系违法拼装车辆的鉴定意见，对王某的车辆进行了收缴，又作出报废车辆的决定。王某不服，提起行政诉讼。下列说法正确的是？（2021－模拟题－多）[2]

A. 收缴属于行政处罚

B. 报废属于行政处罚

C. 扣押该车后，行政执法人员应在24小时内补办批准手续

D. 原告证明鉴定意见确有错误的，法院应不予采纳鉴定意见

【考点】行政处罚的性质

【解析】《行政处罚法》第2条规定，行政处罚是指行政机关依法对违反行政管理秩序的公民、法人或者其他组织，以减损权益或者增加义务的方式予以惩戒的行为。《行政处罚法》第9条规定，行政处罚的种类：①警告、通报批评；②罚款、没收违法所得、没收非法财物；③暂扣许可证件、降低资质等级、吊销许可证件；④限制开展生产经营活动、责令停产停业、

---

[1] BCD　[2] ACD

责令关闭、限制从业；⑤行政拘留；⑥法律、行政法规规定的其他行政处罚。本案中，确定王某的违法行为后，对车辆进行收缴属于行政处罚；而收缴之后的报废则属于事实行为，不属于行政处罚，因为车辆已经被收缴，报废不会对当事人产生权利义务关系的影响。A项正确，B项错误。

《行政强制法》第19条规定，情况紧急，需要当场实施行政强制措施的，行政执法人员应当在24小时内向行政机关负责人报告，并补办批准手续。行政机关负责人认为不应当采取行政强制措施的，应当立即解除。C项正确。

《最高人民法院关于行政诉讼证据若干问题的规定》第62条规定，对被告在行政程序中采纳的鉴定意见，原告或者第三人提出证据证明有下列情形之一的，人民法院不予采纳：①鉴定人不具备鉴定资格；②鉴定程序严重违法；③鉴定意见错误、不明确或者内容不完整。D项正确。

综上所述，本题答案为ACD。

4. 县生态环境局现场检查认定某公司养殖场存在影响环境问题，作出《责令停产整治决定书》，责令其停止经营性养殖活动，对养殖中存在的突出环境问题彻底整改。该公司不服，提起行政诉讼。关于本案，下列说法，下列哪一选项说法正确？（2021－模拟题－单）[1]

A. 责令停产整治是责令相对人对违法活动进行改正
B. 《责令停产整治决定书》不属于行政处罚
C. 作出该决定前，县生态环境局应告知其有申请听证的权利
D. 起诉期限为15日

【考点】 行政处罚的性质

【解析】《责令停产整治决定书》从名称上看不易判断其具体性质，需要看具体内容。该决定的内容是"责令其停止经营性养殖活动，对养殖中存在的突出环境问题彻底整改"，属于行政处罚中的责令停产停业，而不是责令改正。因为，该公司的成立是合法的，责令其停止经营性养殖活动属于制裁，负担以义务。因此，责令停产整治属于行政处罚，A项错误、B项错误。

《行政处罚法》第63条规定，行政机关拟作出下列行政处罚决定，应当告知当事人有要求听证的权利，当事人要求听证的，行政机关应当组织听证：①较大数额罚款；②没收较大数额违法所得、没收较大价值非法财物；③降低资质等级、吊销许可证件；④责令停产停业、责令关闭、限制从业；⑤其他较重的行政处罚；⑥法律、法规、规章规定的其他情形。当事人不承担行政机关组织听证的费用。C项责令停产停业属于听证的法定情形，正确。

《行政诉讼法》第46条规定，公民、法人或者其他组织直接向人民法院提起诉讼的，应当自知道或者应当知道作出行政行为之日起6个月内提出。法律另有规定的除外。因不动产提起诉讼的案件自行政行为作出之日起超过20年，其他案件自行政行为作出之日起超过5年提起诉讼的，人民法院不予受理。D项错误。

综上所述，本题答案为C。

5. 田某因驾驶货车载物超过核定载重量的30%、违反道路交通信号灯通过，分别被处以罚款1800元、记6分和罚款200元、记6分的处罚。某市交警队发现田某的驾照已经被扣满了12分，于是扣留田某机动车驾驶证，并直接注销了田某的机动车驾驶证。田某对注销行为不服提起行政诉讼，下列说法错误的是：（2020－模拟题－多）[2]

---

〔1〕 C　〔2〕 AC

A. 注销属于行政强制措施

B. 注销行为违法

C. 扣留驾照是行政处罚

D. 对罚款 200 元，田某有权提起行政诉讼

【考点】 行政行为的性质、行政行为的合法性

【解析】 行政许可的注销是指在出现特定事实时，行政机关依据法定程序收回行政许可证件或向社会公告行政许可失去效力的事实。《行政许可法》第 70 条明确规定了行政机关应当依法办理有关行政许可注销手续的特定情形。因此，注销是行政许可的监督管理，并不是行政强制措施。A 项错误。

《行政许可法》第 70 条规定，有下列情形之一的行政机关应当依法办理有关行政许可的注销手续：①行政许可有效期届满未延续的；②赋予公民特定资格的行政许可，该公民死亡或者丧失行为能力的；③法人或者其他组织依法终止的；④行政许可依法被撤销、撤回，或者行政许可证件依法被吊销的；⑤因不可抗力导致行政许可事项无法实施的；⑥法律、法规规定的应当注销行政许可的其他情形。本案中，未出现行政许可法和相关法律法规规定的注销情形，驾照分数扣满 12 分后会要求机动车驾驶人重新学习道路交通安全法律法规，考试合格的，返还其驾驶证，并不会直接注销。因此，B 项正确。

《行政强制法》第 9 条规定，行政强制措施的种类：①限制公民人身自由；②查封场所、设施或者财物；③扣押财物；④冻结存款、汇款；⑤其他行政强制措施。C 项中，扣留驾照等待其重新学习的行为，属于暂时性的控制，并未进行最终的处罚。因此，C 项错误。

《行政诉讼法》第 2 条规定，公民、法人或者其他组织认为行政机关和行政机关工作人员的行政行为侵犯其合法权益，有权依照本法向人民法院提起诉讼。前款所称行政行为，包括法律、法规、规章授权的组织作出的行政行为。本案中，田某认为罚款的行为侵犯其合法权益，可以提起行政诉讼。D 项正确。

综上所述，本题答案为 AC。

6. 下列哪些行政行为不属于行政处罚？（2016/2/81 – 多）[1]

A. 质监局对甲企业涉嫌冒用他人商品识别代码的产品予以先行登记保存

B. 食品药品监管局责令乙企业召回已上市销售的不符合药品安全标准的药品

C. 环保局对排污超标的丙企业作出责令停产 6 个月的决定

D. 工商局责令销售不合格产品的丁企业支付消费者 3 倍赔偿金

【考点】 行政处罚的种类

【解析】《行政处罚法》第 56 条规定，行政机关在收集证据时，可以采取抽样取证的方法；在证据可能灭失或者以后难以取得的情况下，经行政机关负责人批准，可以先行登记保存，并应当在 7 日内及时作出处理决定，在此期间，当事人或者有关人员不得销毁或者转移证据。A 项中，质监局对甲企业涉嫌冒用他人商品识别代码的产品予以先行登记保存，属于行政机关收集证据的手段，而非行政处罚，A 项当选。

行政处罚，是指行政机关依法对违反行政管理秩序的公民、法人或者其他组织，以减损权益或者增加义务的方式予以惩戒的行为。而责令召回是指行政机关在发现产品存在安全隐患、生产企业应当主动召回产品而不采取召回措施的情况下，作出要求企业召回产品的行为。责令召回不是行政处罚的种类之一，B 项当选。

---

[1]　ABD

《行政处罚法》第 9 条规定，行政处罚的种类：①警告、通报批评；②罚款、没收违法所得、没收非法财物；③暂扣许可证件、降低资质等级、吊销许可证件；④限制开展生产经营活动、责令停产停业、责令关闭、限制从业；⑤行政拘留；⑥法律、行政法规规定的其他行政处罚。C 项中，环保局对排污超标的丙企业作出责令停产 6 个月的决定，属于行政处罚的种类之一，C 项不当选。而 D 项中，工商局责令销售不合格产品的丁企业支付消费者 3 倍赔偿金，则属于民事责任的承担，D 项当选。

综上所述，本题的答案为 ABD。

7. 某县公安局开展整治非法改装机动车的专项行动，向社会发布通知：禁止改装机动车，发现非法改装机动车的，除依法暂扣行驶证、驾驶证 6 个月外，机动车所有人须到指定场所学习交通法规 5 日并出具自行恢复原貌的书面保证，不自行恢复的予以强制恢复。某县公安局依此通知查处 10 辆机动车，要求其所有人到指定场所学习交通法规 5 日并出具自行恢复原貌的书面保证。下列哪一说法是正确的？（2014/2/45－单）[1]

A. 通知为具体行政行为

B. 要求 10 名机动车所有人学习交通法规 5 日的行为为行政指导

C. 通知所指的暂扣行驶证、驾驶证 6 个月为行政处罚

D. 通知所指的强制恢复为行政强制措施

【考点】行政处罚的种类

【解析】抽象行政行为是指行政主体运用行政权，针对不特定相对人制定规制规则的行为，包括行政立法和制定行政规范性文件的行为。A 项中，公安局发布的"通知"为抽象行政行为，不是具体行政行为，A 项错误。

B 项中，要求 10 名机动车所有人学习交通法规 5 日的行为是具有强制力的具体行政行为，具有强制性，不是指导行为。所以，B 项错误。

《行政处罚法》第 9 条规定，行政处罚的种类：①警告、通报批评；②罚款、没收违法所得、没收非法财物；③暂扣许可证件、降低资质等级、吊销许可证件；④限制开展生产经营活动、责令停产停业、责令关闭、限制从业；⑤行政拘留；⑥法律、行政法规规定的其他行政处罚。C 项中，通知所指的暂扣行驶证、驾驶证 6 个月为行政处罚，正确。

行政强制措施，是指行政机关在行政管理过程中，为制止违法行为、防止证据毁损、避免危害发生、控制危险扩大等情形，依法对公民人身自由实施暂时性限制，或者对公民、法人或者其他组织的财产实施暂时性控制的行为。行政强制执行，是指在行政法律关系中，作为义务主体的行政相对人不履行其应履行的义务时，行政机关或者行政机关申请人民法院，依法强制其履行义务的行为。D 项中，强制恢复行为为行政强制执行，因为强制恢复以相对人不履行作为义务为适用前提。所以，D 项错误。

综上所述，本题的答案为 C。

8. 下列哪一行为属于行政处罚？（2010/2/44　单）[2]

A. 公安交管局暂扣违章驾车张某的驾驶执照 6 个月

B. 工商局对一企业有效期届满未申请延续的营业执照予以注销

C. 卫生局对流行性传染病患者强制隔离

D. 食品药品监督局责令某食品生产者召回其已上市销售的不符合食品安全标准的食品

【考点】行政处罚的种类

---

[1] C　[2] A

【解析】《行政处罚法》第9条规定，行政处罚的种类：①警告、通报批评；②罚款、没收违法所得、没收非法财物；③暂扣许可证件、降低资质等级、吊销许可证件；④限制开展生产经营活动、责令停产停业、责令关闭、限制从业；⑤行政拘留；⑥法律、行政法规规定的其他行政处罚。A项中，公安交管局对违章驾车的张某暂扣驾驶执照6个月，属于暂扣许可证的类别，属于行政处罚。所以，A项当选。

行政许可的注销是指在出现特定事实时，行政机关依据法定程序收回行政许可证件或向社会公告行政许可失去效力的事实。注销更多是对特定事实的公示，不涉及行政许可的效力，因而主要是一个程序问题。《行政许可法》第70条规定，有下列情形之一的行政机关应当依法办理有关行政许可的注销手续：①行政许可有效期届满未延续的；②赋予公民特定资格的行政许可，该公民死亡或者丧失行为能力的；③法人或者其他组织依法终止的；④行政许可依法被撤销、撤回，或者行政许可证件依法被吊销的；⑤因不可抗力导致行政许可事项无法实施的；⑥法律、法规规定的应当注销行政许可的其他情形。B项中，工商局对一企业有效期届满未申请延续的营业执照予以注销，属于行政许可的注销，不属于行政处罚。所以，B项不当选。

C项中，卫生局对流行性传染病患者强制隔离，属于行政强制法中的行政强制措施，不属于行政处罚。所以，C项不当选。

D项中，食品药品监督局责令某食品生产者召回其已上市销售的不符合食品安全标准的食品，是行政机关为生产者课加采取补救措施而设定的义务，不带有制裁性，不属于行政处罚。所以，D项不当选。

综上所述，本题的答案为A。

二、行政处罚的设定

1. 2023年，水利部以第55号令公布了《水行政处罚实施办法》，关于该《办法》对行政处罚事项作出规定的权限，下列哪一个选项是正确的？（2023-模拟题-单）[1]

A. 可以补充设定行政处罚

B. 可以对适用普通程序的处罚决定期限作出另行规定

C. 可以对简易程序的适用范围作出另行规定

D. 可以对行政处罚机关的级别管辖作出另行规定

【考点】 *部门规章的立法权限*

【解析】 A项考补充设定的权限。《行政处罚法》第11条第3款规定，法律对违法行为未作出行政处罚规定，行政法规为实施法律，可以补充设定行政处罚。该法第12条第3款规定，法律、行政法规对违法行为未作出行政处罚规定，地方性法规为实施法律、行政法规，可以补充设定行政处罚。因此，有权对行政处罚进行补充设定的是行政法规、地方性法规。而本题中，水利部以第55号令公布的《水行政处罚实施办法》，属于部门规章，无权补充设定行政处罚。故A项错误。

《行政处罚法》第60条规定，行政机关应当自行政处罚案件立案之日起九十日内作出行政处罚决定。法律、法规、规章另有规定的，从其规定。故B项正确。

《行政处罚法》第51条规定，违法事实确凿并有法定依据，对公民处以二百元以下、对法人或者其他组织处以三千元以下罚款或者警告的行政处罚的，可以当场作出行政处罚决定。法律另有规定的，从其规定。因此，能够对简易程序适用范围作出特殊规定，只有法律才可以，故C项错误。

---

〔1〕 B

《行政处罚法》第23条规定，行政处罚由县级以上地方人民政府具有行政处罚权的行政机关管辖。法律、行政法规另有规定的，从其规定。故D项错误。

本题具备一定难度，尽管是单选题，但考察了部门规章在行政处罚法中各种情形的"另有规定"，因都是法条，掌握起来有一定难度。因此，此处对《行政处罚法》中部门规章"另有规定"的情形进行归纳总结：（1）第22条规定，行政处罚由违法行为发生地的行政机关管辖。法律、行政法规、部门规章另有规定的，从其规定。（2）第28条第2款规定，当事人有违法所得，除依法应当退赔的外，应当予以没收。违法所得是指实施违法行为所取得的款项。法律、行政法规、部门规章对违法所得的计算另有规定的，从其规定。（3）第60条规定，行政机关应当自行政处罚案件立案之日起九十日内作出行政处罚决定。法律、法规、规章另有规定的，从其规定。即对于处罚的地域管辖、违法所得的计算、普通程序的决定期限，部门规章可以作出特殊规定。

综上所述，本题的答案为B。

2. 有关部门规章的权限，下列正确的是：（2021-模拟题-多）[1]

A. 可以制定行政处罚违法所得计算的特别规定

B. 可以根据上位法对行政许可进行具体规定

C. 可以对行政处罚的地域管辖进行特别规定

D. 可以对行政处罚进行补充设定

【考点】部门规章的设定与规定

【解析】《行政处罚法》第28条规定，行政机关实施行政处罚时，应当责令当事人改正或者限期改正违法行为。当事人有违法所得，除依法应当退赔的外，应当予以没收。违法所得是指实施违法行为所取得的款项。法律、行政法规、部门规章对违法所得的计算另有规定的，从其规定。A项正确。

《行政许可法》第16条第1、2、3款规定，行政法规可以在法律设定的行政许可事项范围内，对实施该行政许可作出具体规定。地方性法规可以在法律、行政法规设定的行政许可事项范围内，对实施该行政许可作出具体规定。规章可以在上位法设定的行政许可事项范围内，对实施该行政许可作出具体规定。B项正确。

《行政处罚法》第22条规定，行政处罚由违法行为发生地的行政机关管辖。法律、行政法规、部门规章另有规定的，从其规定。C项正确。

《行政处罚法》第11条规定，行政法规可以设定除限制人身自由以外的行政处罚。法律对违法行为已经作出行政处罚规定，行政法规需要作出具体规定的，必须在法律规定的给予行政处罚的行为、种类和幅度的范围内规定。法律对违法行为未作出行政处罚规定，行政法规为实施法律，可以补充设定行政处罚。拟补充设定行政处罚的，应当通过听证会、论证会等形式广泛听取意见，并向制定机关作出书面说明。行政法规报送备案时，应当说明补充设定行政处罚的情况。D项中，部门规章无权对行政处罚作出补充设定，因此错误。

综上所述，本题答案为ABC。

3. 下列哪个主体有权设定限制人身自由的强制措施和处罚？（2019-模拟题-单）[2]

A. 国务院   B. 公安机关

C. 全国人民代表大会   D. 地方各级人民代表大会及常务委员会

【考点】人身自由的设定权限

---

〔1〕 ABC 〔2〕 C

【解析】《立法法》第11条规定，下列事项只能制定法律：①国家主权的事项；②各级人民代表大会、人民政府、监察委员会、人民法院和人民检察院的产生、组织和职权；③民族区域自治制度、特别行政区制度、基层群众自治制度；④犯罪和刑罚；⑤对公民政治权利的剥夺、限制人身自由的强制措施和处罚；⑥税种的设立、税率的确定和税收征收管理等税收基本制度；⑦对非国有财产的征收、征用；⑧民事基本制度；⑨基本经济制度以及财政、海关、金融和外贸的基本制度；⑩诉讼制度和仲裁基本制度；⑪必须由全国人民代表大会及其常务委员会制定法律的其他事项。C项当选。

综上所述，本题的答案为C。

4. 关于省、自治区、直辖市政府规章的设定权，下列说法正确的是：（2018 - 模拟题 - 单）[1]

A. 可以设定警告、罚款、没收违法所得等行政处罚

B. 可以设定临时性的行政许可

C. 可以设定扣押财物的行政强制措施

D. 可以设定加处滞纳金的行政强制执行

【考点】地方政府规章的设定权限

【解析】《行政处罚法》第14条第2款规定，尚未制定法律、法规的，地方政府规章对违反行政管理秩序的行为，可以设定警告、通报批评或者一定数额罚款的行政处罚。A项错误。

《行政许可法》第15条第1款规定，省、自治区、直辖市人民政府规章可以设定临时性的行政许可。B项正确。

《行政强制法》第10条第4款规定，法律、法规以外的其他规范性文件不得设定行政强制措施。C项错误。

《行政强制法》第13条第1款规定，行政强制执行由法律设定。D项错误。

综上所述，本题的答案为B。

5. 关于部门规章的权限，下列哪一说法是正确的？（2013/2/48 - 单）[2]

A. 尚未制定法律、行政法规，对违反管理秩序的行为，可以设定暂扣许可证的行政处罚

B. 尚未制定法律、行政法规，且属于规章制定部门职权的，可以设定扣押财物的行政强制措施

C. 可以在上位法设定的行政许可事项范围内，对实施该许可作出具体规定

D. 可以设定除限制人身自由以外的行政处罚

【考点】部门规章的设定权限

【解析】《行政处罚法》第13条规定，国务院部门规章可以在法律、行政法规规定的给予行政处罚的行为、种类和幅度的范围内作出具体规定。尚未制定法律、行政法规的，国务院部门规章对违反行政管理秩序的行为，可以设定警告、通报批评或者一定数额罚款的行政处罚。罚款的限额由国务院规定。A项中，部门规章可以设定警告、通报批评或者一定数额罚款的行政处罚，但是无权设定暂扣许可证的行政处罚。所以，A项错误。同理，D项中，部门规章对于限制人身自由以外的行政处罚，除警告、通报批评或者一定数额罚款外，也无权设定。所以，D项错误。

《行政强制法》第10条第4款规定，法律、法规以外的其他规范性文件不得设定行政强制措施。B项中，部门规章不可以设定扣押财物的行政强制措施。所以，B项错误。

《行政许可法》第 16 条第 3 款规定，规章可以在上位法设定的行政许可事项范围内，对实施该行政许可作出具体规定。C 项中，规章可以在上位法设定的行政许可事项范围内，对实施该许可作出具体规定，正确。

综上所述，本题的答案为 C。

三、行政处罚的实施机关和管辖

1. 黄某未经批准非法采砂，该县国土资源局对其罚款 5 万元。在案件办理过程中发现，黄某的行为造成当地的资源严重破坏，已经构成犯罪，遂将本案移送司法机关处理。关于本案，说法正确的是：（2019 - 模拟题 - 任）[1]

A. 如人民法院判处罚金，无需对罚金进行折抵

B. 该做法违反一事不再罚原则

C. 对于该处罚，县国土资源局可以当场作出

D. 当事人逾期不履行行政处罚决定的，县国土资源局可以每日按罚款数额的 3% 加处罚款

【考点】行政处罚与刑法的衔接

【解析】《行政处罚法》第 35 条规定，违法行为构成犯罪，人民法院判处拘役或者有期徒刑时，行政机关已经给予当事人行政拘留的，应当依法折抵相应刑期。违法行为构成犯罪，人民法院判处罚金时，行政机关已经给予当事人罚款的，应当折抵相应罚金；行政机关尚未给予当事人罚款的，不再给予罚款。A 项中，该县国土资源局已对其罚款 5 万元，人民法院判处罚金时，应当予以折抵。所以，A 项错误。

《行政处罚法》第 29 条规定，对当事人的同一个违法行为，不得给予 2 次以上罚款的行政处罚。本案中，一次是行政处罚，一次是刑事处罚，并没有违反一事不再罚。所以，B 项错误。

《行政处罚法》第 51 条规定，违法事实确凿并有法定依据，对公民处以 200 元以下、对法人或者其他组织处以 3000 元以下罚款或者警告的行政处罚的，可以当场作出行政处罚决定。法律另有规定的，从其规定。C 项错误。

《行政处罚法》第 72 条第 1 款规定，当事人逾期不履行行政处罚决定的，作出行政处罚决定的行政机关可以采取下列措施：①到期不缴纳罚款的，每日按罚款数额的 3% 加处罚款，加处罚款的数额不得超出罚款的数额；②根据法律规定，将查封、扣押的财物拍卖、依法处理或者将冻结的存款、汇款划拨抵缴罚款；③根据法律规定，采取其他行政强制执行方式；④依照《中华人民共和国行政强制法》的规定申请人民法院强制执行。D 项正确。

综上所述，本题的答案为 D。

2. 关于一个行政机关行使有关行政机关的行政许可权和行政处罚权的安排，下列哪个说法是正确的？（2016/2/80 - 单）[2]

A. 涉及行政处罚的，由国务院或者经国务院授权的省、自治区、直辖市政府决定

B. 涉及行政许可的，由经国务院批准的省、自治区、直辖市政府决定

C. 限制人身自由的行政处罚只能由公安机关行使，不得交由其他行政机关行使

D. 由公安机关行使的行政许可，不得交由其他行政机关行使

【考点】行政处罚权和行政许可权的集中行使

【解析】《行政处罚法》第 18 条第 2、3 款规定，国务院或者省、自治区、直辖市人民政府可以决定一个行政机关行使有关行政机关的行政处罚权。限制人身自由的行政处罚权只能由公

---

[1] D [2] B

安机关和法律规定的其他机关行使。A 项中，涉及行政处罚的，由国务院或者经国务院授权的省、自治区、直辖市政府决定，新法修改后取消了省级政府要经国务院授权的要求，因此错误。C 项中，限制人身自由的行政处罚只能由公安机关行使，不得交由其他行政机关行使，新法修改后新增了法律规定的其他机关也可以行使限制人身自由的处罚权，因此错误。

《行政许可法》第 25 条规定，经国务院批准，省、自治区、直辖市人民政府根据精简、统一、效能的原则，可以决定一个行政机关行使有关行政机关的行政许可权。B 项中，涉及行政许可的，由经国务院批准的省、自治区、直辖市政府决定，正确。D 项中，由公安机关行使的行政许可，不得交由其他行政机关行使，错误。

综上所述，本题的答案为 B。

四、行政处罚的程序

1. 某市市场监督管理局对某公司的食品进行抽样检查，检验结论为不合格，市场监督管理局责令限期改正违法行为，公司仍不改正，市场监督管理局作出罚款 1 万元的处罚决定，并将处罚决定和企业信息进行了公开。该公司不服，提起行政诉讼。下列说法正确的是？(2023 - 模拟题 - 多)[1]

A. 责令限期改正的性质为行政处罚

B. 若法院判决改变了处罚的金额，市场监督管理局应当撤回公开的信息

C. 若该公司对处罚被公开不服，也可就公开行为提起行政诉讼

D. 公司应当在 3 个月内提起行政诉讼

【考点】行政处罚的公开

【解析】《行政处罚法》第 2 条规定，行政处罚是指行政机关依法对违反行政管理秩序的公民、法人或者其他组织，以减损权益或者增加义务的方式予以惩戒的行为。通常认为，责令当事人改正或者限期改正违法行为不具有惩戒性，不属于行政处罚，是行政机关纠正违法行为的行政命令。故 A 项错误。

《行政处罚法》第 48 条规定，具有一定社会影响的行政处罚决定应当依法公开。公开的行政处罚决定被依法变更、撤销、确认违法或者确认无效的，行政机关应当在三日内撤回行政处罚决定信息并公开说明理由。B 项中，法院判决改变了处罚的金额，即作出变更判决，行政机关应当撤回行政处罚决定信息。故 B 项正确。

《政府信息公开条例》第 51 条规定，公民、法人或者其他组织认为行政机关在政府信息公开工作中侵犯其合法权益的，可以向上一级行政机关或者政府信息公开工作主管部门投诉、举报，也可以依法申请行政复议或者提起行政诉讼。因此，对公开行为不服，属于行政诉讼受案范围。故 C 项正确。

《行政诉讼法》第 46 条第 1 款规定，公民、法人或者其他组织直接向人民法院提起诉讼的，应当自知道或者应当知道作出行政行为之日起六个月内提出。法律另有规定的除外。因此，本案的起诉期限应当为 6 个月，而非 3 个月。故 D 项错误。

综上所述，本题的答案为 BC。

2. 甲向区市场监管局投诉乙公司商标侵权，区市场监管局查封了乙公司的仓库，后经调查责令其停产停业。乙公司向区政府申请复议，区政府维持了原机关所作出的行政行为。乙公司不服，向法院提起行政诉讼。下列说法正确的是？(2021 - 模拟题 - 多)[2]

A. 区市场监管局和区政府为共同被告

---

〔1〕 BC   〔2〕 AD

B. 本案可以适用简易程序进行审理

C. 对于查封行为，乙公司可以申请听证

D. 若乙公司就责令其停产停业提出听证，则行政机关应当根据听证笔录作出处罚决定

【考点】听证程序

【解析】《行政诉讼法》第26条第2款规定，经复议的案件，复议机关决定维持原行政行为的，作出原行政行为的行政机关和复议机关是共同被告；复议机关改变原行政行为的，复议机关是被告。A项正确。

《行政诉讼法》第82条规定，人民法院审理下列第一审行政案件，认为事实清楚、权利义务关系明确、争议不大的，可以适用简易程序：①被诉行政行为是依法当场作出的；②案件涉及款额2000元以下的；③属于政府信息公开案件的。除前款规定以外的第一审行政案件，当事人各方同意适用简易程序的，可以适用简易程序。发回重审、按照审判监督程序再审的案件不适用简易程序。B项错误。

查封属于行政强制措施，没有听证制度。C项错误。

《行政处罚法》第65条规定，听证结束后，行政机关应当根据听证笔录，依照本法第57条的规定，作出决定。D项正确。

综上所述，本题答案为AD。

3. 市公安交通管理局发布了《关于交通限行的公告》，2021年7月20日到7月25日对部分道路交通限行。某交警大队通过监控发现李某违反限行规定，作出罚款200元的行政处罚，李某不服，提起行政诉讼。下列说法正确的是：（2021－模拟题－任）[1]

A. 监控的设置地点应当向社会公布

B. 对李某的处罚可以适用简易程序

C. 若对李某的监控录像未经审核，则不得作为处罚的证据

D. 市交通管理局和交警大队应当作为共同被告

【考点】电子监控的设置与审核

【解析】《行政处罚法》第41条规定，行政机关依照法律、行政法规规定利用电子技术监控设备收集、固定违法事实的，应当经过法制和技术审核，确保电子技术监控设备符合标准、设置合理、标志明显，设置地点应当向社会公布。电子技术监控设备记录违法事实应当真实、清晰、完整、准确。行政机关应当审核记录内容是否符合要求；未经审核或者经审核不符合要求的，不得作为行政处罚的证据。行政机关应当及时告知当事人违法事实，并采取信息化手段或者其他措施，为当事人查询、陈述和申辩提供便利。不得限制或者变相限制当事人享有的陈述权、申辩权。A项正确、C项正确。

《治安管理处罚法》第100条规定，违反治安管理行为事实清楚，证据确凿，处警告或者200元以下罚款的，可以当场作出治安管理处罚决定。B项正确。

交警大队依法具有独立的行政执法权和执法主体资格，可以成为行政诉讼的被告，是该行为的作出主体，因此被告应为交警大队。D项错误。

综上所述，本题答案为ABC。

4. 某水果店促销标语是"最新鲜、最好吃"，被市场监督管理局处10万元罚款，该店不服提起行政诉讼，法院认为处罚过重，作出了罚款3万元的判决。下列说法正确的是：（2020－模拟题－多)[2]

---

〔1〕 ABC 〔2〕 AB

A. 对于该处罚决定，市场监督管理局不能当场作出

B. 当事人有权进行陈述和申辩，行政机关必须充分听取当事人的意见

C. 法院只能审查行政行为的合法性，不能审查合理性

D. 法院作出的判决为撤销判决

【考点】行政处罚的程序、行政诉讼的判决

【解析】《行政处罚法》第51条规定，违法事实确凿并有法定依据，对公民处以200元以下、对法人或者其他组织处以3000元以下罚款或者警告的行政处罚的，可以当场作出行政处罚决定。法律另有规定的，从其规定。A项中，市场监督管理局对该店的罚款数额为10万元，不符合适用简易程序的条件，正确。

《行政处罚法》第45条规定，当事人有权进行陈述和申辩。行政机关必须充分听取当事人的意见，对当事人提出的事实、理由和证据，应当进行复核；当事人提出的事实、理由或者证据成立的，行政机关应当采纳。行政机关不得因当事人陈述、申辩而给予更重的处罚。B项正确。

《行政诉讼法》第6条规定，人民法院审理行政案件，对行政行为是否合法进行审查。这表明了法院审查行政行为的合法性，但并不意味着法院只能进行合法性审查，通过撤销判决、变更判决的适用条件可知，法院也对"明显不当"的行为进行审查。因此，C项错误。

《行政诉讼法》第77条规定，行政处罚明显不当，或者其他行政行为涉及对款额的确定、认定确有错误的，人民法院可以判决变更。人民法院判决变更，不得加重原告的义务或者减损原告的权益。但利害关系人同为原告，且诉讼请求相反的除外。本案中，法院直接对案件的判决结果进行了变更，属于变更判决，而不是撤销判决。D项错误。

综上所述，本题的答案为AB。

5. 区市场监督管理局给予甲公司罚款6000元，甲公司不服，向区政府申请复议。区政府认为处罚过轻，作出8000元的罚款决定。甲公司不服提起行政诉讼。下列说法正确是：（2020 – 模拟题 – 多）[1]

A. 甲公司到期不履行处罚决定，行政机关可以每日按罚款数额的3%加处罚款

B. 本案由中院进行管辖

C. 该复议决定违法

D. 该罚款可以由区市场监督管理局委托个人作出

【考点】行政处罚的执行、诉讼管辖

【解析】《行政处罚法》第72条第1款规定，当事人逾期不履行行政处罚决定的，作出行政处罚决定的行政机关可以采取下列措施：①到期不缴纳罚款的，每日按罚款数额的3%加处罚款，加处罚款的数额不得超出罚款的数额；②根据法律规定，将查封、扣押的财物拍卖、依法处理或者将冻结的存款、汇款划拨抵缴罚款；③根据法律规定，采取其他行政强制执行方式；④依照《中华人民共和国行政强制法》的规定申请人民法院强制执行。A项正确。

《行政诉讼法》第26条第1、2款规定，公民、法人或者其他组织直接向人民法院提起诉讼的，作出行政行为的行政机关是被告。经复议的案件，复议机关决定维持原行政行为的，作出原行政行为的行政机关和复议机关是共同被告；复议机关改变原行政行为的，复议机关是被告。《行政诉讼法》第15条规定，中级人民法院管辖下列第一审行政案件：①对国务院部门或者县级以上地方人民政府所作的行政行为提起诉讼的案件；②海关处理的案件；③本辖区内重

---

[1] ABC

大、复杂的案件；④其他法律规定由中级人民法院管辖的案件。本案中，复议机关改变了原行为，被告是复议机关区政府，所以由中院进行管辖。B项正确。

《行政复议法》第63条第2款规定，行政复议机关不得作出对申请人更为不利的变更决定，但是第三人提出相反请求的除外。本案中，复议机关加重了处罚，是违法的。因此，C项正确。

《行政处罚法》第20条规定，行政机关依照法律、法规、规章的规定，可以在其法定权限内书面委托符合本法第21条规定条件的组织实施行政处罚。行政机关不得委托其他组织或者个人实施行政处罚。委托书应当载明委托的具体事项、权限、期限等内容。委托行政机关和受委托组织应当将委托书向社会公布。委托行政机关对受委托组织实施行政处罚的行为应当负责监督，并对该行为的后果承担法律责任。受委托组织在委托范围内，以委托行政机关名义实施行政处罚；不得再委托其他组织或者个人实施行政处罚。该法条规定，"行政机关不得委托其他组织或者个人实施行政处罚"。D项错误。

综上所述，本题的答案为ABC。

6. 某企业超标排污，因污染环境被县环保局要求限期整改治理，整改后县环保局表示整改不合格，污染物仍然超标，做出整改不达标的通知决定书，同时责令其停产停业。下列说法错误的是：（2019－模拟题－任）[1]

　　A. 县环保局要求限期整改属于行政处罚

　　B. 县环保局责令停产停业属于行政强制措施

　　C. 县环保局作出责令停产决定前当事人没有申请听证的权利

　　D. 该企业对责令停产停业不服提起行政诉讼，如果停止执行不损害公共利益，则应停止执行

【考点】*行政处罚的程序*

【解析】《行政处罚法》第9条规定，行政处罚的种类：①警告、通报批评；②罚款、没收违法所得、没收非法财物；③暂扣许可证件、降低资质等级、吊销许可证件；④限制开展生产经营活动、责令停产停业、责令关闭、限制从业；⑤行政拘留；⑥法律、行政法规规定的其他行政处罚。限期改正违法行为是指行政机关在实施行政处罚的过程中对违法行为人发出的一种命令，并不属于行政处罚。所以，A项错误，当选。责令停产停业属于行政处罚，所以，B项错误，当选。

《行政处罚法》第63条规定，行政机关拟作出下列行政处罚决定，应当告知当事人有要求听证的权利，当事人要求听证的，行政机关应当组织听证：①较大数额罚款；②没收较大数额违法所得、没收较大价值非法财物；③降低资质等级、吊销许可证件；④责令停产停业、责令关闭、限制从业；⑤其他较重的行政处罚；⑥法律、法规、规章规定的其他情形。当事人不承担行政机关组织听证的费用。所以，C项错误，当选。

《行政诉讼法》第56条规定，诉讼期间，不停止行政行为的执行。但有下列情形之一的，裁定停止执行：①被告认为需要停止执行的；②原告或者利害关系人申请停止执行，人民法院认为该行政行为的执行会造成难以弥补的损失，并且停止执行不损害国家利益、社会公共利益的；③人民法院认为该行政行为的执行会给国家利益、社会公共利益造成重大损害的；④法律、法规规定停止执行的。当事人对停止执行或者不停止执行的裁定不服的，可以申请复议一次。D项错误，当选。

---

[1]　ABCD

综上所述，本题的答案为 ABCD。

7. 县林业局认定陈某未办理林木采伐许可证而砍伐 2 棵杨树，告知其拟罚款 300 元，并责令其补种 10 棵杨树。陈某辩称杨树归自己所有，不应处罚。林业局认为陈某对抗执法，遂作出罚款 500 元，并责令补种 10 棵杨树的决定。下列说法正确的是：(2018 - 模拟题 - 单)[1]

A. 如陈某收到通知之日起 15 日内未补种 10 棵杨树，林业局可对其按日加处罚款

B. 如陈某所种杨树不符合国家有关规定，可由林业局代为补种

C. 林业局作出罚款 500 元的决定，符合法律规定

D. 责令补种 10 棵杨树属于行政强制措施

【考点】行政行为的种类、行政处罚的适用

【解析】《行政强制法》第 45 条第 1 款规定，行政机关依法作出金钱给付义务的行政决定，当事人逾期不履行的，行政机关可以依法加处罚款或者滞纳金。本案中，补种杨树的行为不属于金钱给付义务，因此不能对其加处罚款。A 项错误。

《行政强制法》第 50 条规定，行政机关依法作出要求当事人履行排除妨碍、恢复原状等义务的行政决定，当事人逾期不履行，经催告仍不履行，其后果已经或者将危害交通安全、造成环境污染或者破坏自然资源的，行政机关可以代履行，或者委托没有利害关系的第三人代履行。B 项正确。

《行政处罚法》第 45 条规定，当事人有权进行陈述和申辩。行政机关必须充分听取当事人的意见，对当事人提出的事实、理由和证据，应当进行复核；当事人提出的事实、理由或者证据成立的，行政机关应当采纳。行政机关不得因当事人陈述、申辩而给予更重的处罚。C 项错误。

《森林法》第 76 条规定，盗伐林木的，由县级以上人民政府林业主管部门责令限期在原地或者异地补种盗伐株数 1 倍以上 5 倍以下的树木，并处盗伐林木价值 5 倍以上 10 倍以下的罚款。滥伐林木的，由县级以上人民政府林业主管部门责令限期在原地或者异地补种滥伐株数 1 倍以上 3 倍以下的树木，可以处滥伐林木价值 3 倍以上 5 倍以下的罚款。本案中，砍伐 2 棵，责令补种 10 棵，即为行政处罚。即便同学们判断不出该行为是行政处罚，至少也应能判断该行为不属于行政强制措施。行政强制措施，是指行政机关在行政管理过程中，为制止违法行为、防止证据损毁、避免危害发生、控制危险扩大等情形，依法对公民的人身自由实施暂时性限制，或者对公民、法人或者其他组织的财物实施暂时性控制的行为。林业局责令陈某补种杨树的行为不属于行政强制措施。D 项错误。

综上所述，本题的答案为 B。

8. 根据相关法律规定，在行政决定作出前，当事人有权就下列哪些情形要求举行听证？(2017/2/82 - 多)[2]

A. 区工商分局决定对个体户王某销售的价值 10 万元的假冒他人商标的服装予以扣押

B. 县公安局以非法种植罂粟为由对陈某处以 3000 元罚款

C. 区环保局责令排放污染物严重的某公司停业整顿

D. 胡某因酒后驾车，被公安交管部门吊销驾驶证

【考点】行政处罚的听证

【解析】根据《行政强制法》的规定，行政强制措施不适用听证，因为行政强制措施是对公民、法人或者其他组织的财物实施暂时性控制的行为。A 项中，区工商分局决定对个体户王

---

[1] B [2] BCD

某销售的价值 10 万元的假冒他人商标的服装予以扣押，不适用听证，不当选。

《治安管理处罚法》第 98 条规定，公安机关作出吊销许可证以及处 2000 元以上罚款的治安管理处罚决定前，应当告知违反治安管理行为人有权要求举行听证；违反治安管理行为人要求听证的，公安机关应当及时依法举行听证。B 项中，县公安局以非法种植罂粟为由对陈某处以 3000 元罚款，属于听证情形，当选。D 项中，胡某因酒后驾车，被公安交管部门吊销驾驶证，属于听证情形，当选。

《行政处罚法》第 63 条规定，行政机关拟作出下列行政处罚决定，应当告知当事人有要求听证的权利，当事人要求听证的，行政机关应当组织听证：①较大数额罚款；②没收较大数额违法所得、没收较大价值非法财物；③降低资质等级、吊销许可证件；④责令停产停业、责令关闭、限制从业；⑤其他较重的行政处罚；⑥法律、法规、规章规定的其他情形。当事人不承担行政机关组织听证的费用。C 项中，区环保局责令排放污染物严重的某公司停业整顿，属于行政处罚听证事项，当选。

综上所述，本题的答案为 BCD。

9. 对下列哪些拟作出的决定，行政机关应告知当事人有权要求听证？（2015/2/77 -多）[1]

A. 税务局扣押不缴纳税款的某企业价值 200 万元的商品
B. 交通局吊销某运输公司的道路运输经营许可证
C. 规划局发放的建设用地规划许可证，直接涉及申请人与附近居民之间的重大利益关系
D. 公安局处以张某行政拘留 10 天的处罚

【考点】 *行政处罚的听证*

【解析】 根据《行政强制法》的规定，行政强制措施不适用听证，因为行政强制措施是对公民、法人或者其他组织的财物实施暂时性控制的行为。A 项中，税务局扣押不缴纳税款的某企业价值 200 万元的商品，不适用听证，不当选。

《行政处罚法》第 63 条规定，行政机关拟作出下列行政处罚决定，应当告知当事人有要求听证的权利，当事人要求听证的，行政机关应当组织听证：①较大数额罚款；②没收较大数额违法所得、没收较大价值非法财物；③降低资质等级、吊销许可证件；④责令停产停业、责令关闭、限制从业；⑤其他较重的行政处罚；⑥法律、法规、规章规定的其他情形。当事人不承担行政机关组织听证的费用。B 项中，交通局吊销某运输公司的道路运输经营许可证，属于行政处罚听证事项，当选。

《行政许可法》第 47 条第 1 款规定，行政许可直接涉及申请人与他人之间重大利益关系的，行政机关在作出行政许可决定前，应当告知申请人、利害关系人享有要求听证的权利；申请人、利害关系人在被告知听证权利之日起 5 日内提出听证申请的，行政机关应当在 20 日内组织听证。C 项中，规划局发放建设用地规划许可证，直接涉及申请人与附近居民之间的重大利益关系，属于听证事项，当选。

行政拘留在理论上应该适用听证，但《行政处罚法》和《治安管理处罚法》在立法时都没有将行政拘留列入听证事项，因此拘留目前还不适用听证。D 项中，公安局对张某处以行政拘留 10 天行政处罚，不适用听证，不当选。

综上所述，本题的答案为 BC。

---

[1] BC

10. 2012年9月，某计划生育委员会以李某、周某二人于2010年7月违法超生第二胎，作出要求其缴纳社会抚养费12万元，逾期不缴纳每月加收2‰滞纳金的决定。二人不服，向法院起诉。下列哪些说法是正确的？（2013/2/81－多）[1]

A. 加处的滞纳金数额不得超出12万元

B. 本案为共同诉讼

C. 二人的违法行为发生在2010年7月，到2012年9月已超过《行政处罚法》规定的追究责任的期限，故决定违法

D. 法院不能作出允许少缴或免缴社会抚养费的变更判决

【考点】 行政处罚的适用、诉讼判决类型

【解析】《行政强制法》第45条第2款规定，加处罚款或者滞纳金的数额不得超出金钱给付义务的数额。所以，A项正确。

《行政诉讼法》第27条规定，当事人一方或者双方为二人以上，因同一行政行为发生的行政案件，或者因同类行政行为发生的行政案件、人民法院认为可以合并审理并经当事人同意的，为共同诉讼。本案的当事人为李某、周某二人，本案属于共同诉讼。所以，B项正确。

《行政处罚法》第36条规定，违法行为在2年内未被发现的，不再给予行政处罚；涉及公民生命健康安全、金融安全且有危害后果的，上述期限延长至5年。法律另有规定的除外。前款规定的期限，从违法行为发生之日起计算；违法行为有连续或者继续状态的，从行为终了之日起计算。本题中，征收社会抚养费是行政征收，不是行政处罚，不适用上述规定。所以，C项错误。

《行政诉讼法》第77条规定，行政处罚明显不当，或者其他行政行为涉及对款额的确定、认定确有错误的，人民法院可以判决变更。人民法院判决变更，不得加重原告的义务或者减损原告的权益。但利害关系人同为原告，且诉讼请求相反的除外。本题中，征收社会抚养费属于其他行政行为涉及对款额的确定、认定确有错误的，人民法院可以作出变更判决。所以，D项错误。

综上所述，本题的答案为AB。

11. 质监局发现王某生产的饼干涉嫌违法使用添加剂，遂将饼干先行登记保存，期限为1个月。有关质监局的先行登记保存行为，下列哪一说法是正确的？（2011/2/44－单）[2]

A. 系对王某的权利义务不产生实质影响的行为

B. 可以由2名执法人员在现场直接作出

C. 采取该行为的前提是证据可能灭失或以后难以取得

D. 登记保存的期限合法

【考点】 行政处罚的先行登记保存

【解析】《行政处罚法》第56条规定，行政机关在收集证据时，可以采取抽样取证的方法；在证据可能灭失或者以后难以取得的情况下，经行政机关负责人批准，可以先行登记保存，并应当在7日内及时作出处理决定，在此期间，当事人或者有关人员不得销毁或者转移证据。

A项中，登记保存行为虽只是行政机关收集证据的方式，不是最终决定，但是对当事人的实体权益的限制，对王某的权利义务产生了实质影响，错误。B项中，可以由2名执法人员在现场直接作出，错误。C项中，采取该行为的前提是证据可能灭失或以后难以取得，正确。D

---

[1] AB [2] C

项中，登记保存的期限定为 1 个月，错误。

综上所述，本题的答案为 C。

12. 甲公司将承建的建筑工程承包给无特种作业操作资格证书的邓某，邓某在操作时引发事故。某省建设厅作出暂扣甲公司安全生产许可证 3 个月的决定，市安全监督管理局对甲公司罚款 3 万元。甲公司对市安全监督管理局罚款不服，向法院起诉。下列哪些选项是正确的？（2009/2/85 - 多）[1]

A. 如甲公司对某省建设厅的决定也不服，向同一法院起诉的，法院可以决定合并审理
B. 市安全监督管理局不能适用简易程序作出罚款 3 万元的决定
C. 某省建设厅作出暂扣安全生产许可证决定前，应为甲公司组织听证
D. 因市安全监督管理局的罚款决定违反一事不再罚要求，法院应判决撤销

【考点】 *行政处罚简易程序、听证程序*

【解析】《行诉解释》第 73 条规定，根据《行政诉讼法》第 27 条的规定，有下列情形之一的，人民法院可以决定合并审理：①两个以上行政机关分别对同一事实作出行政行为，公民、法人或者其他组织不服向同一人民法院起诉的；②行政机关就同一事实对若干公民、法人或者其他组织分别作出行政行为，公民、法人或者其他组织不服分别向同一人民法院起诉的；③在诉讼过程中，被告对原告作出新的行政行为，原告不服向同一人民法院起诉的；④人民法院认为可以合并审理的其他情形。A 项中，对甲公司的违法行为，某省建设厅和市安全监督管理局分别依自己的职权对甲公司作出暂扣安全生产许可证 3 个月的决定和罚款 3 万元，而甲公司向同一法院起诉，受诉法院可以根据情况决定合并审理。所以，A 项正确。

《行政处罚法》第 51 条规定，违法事实确凿并有法定依据，对公民处以 200 元以下、对法人或者其他组织处以 3000 元以下罚款或者警告的行政处罚的，可以当场作出行政处罚决定。法律另有规定的，从其规定。B 项中，市安全监督管理局对甲公司的罚款数额为 3 万元，不符合适用简易程序的条件，正确。

《行政处罚法》第 63 条规定，行政机关拟作出下列行政处罚决定，应当告知当事人有要求听证的权利，当事人要求听证的，行政机关应当组织听证：①较大数额罚款；②没收较大数额违法所得、没收较大价值非法财物；③降低资质等级、吊销许可证件；④责令停产停业、责令关闭、限制从业；⑤其他较重的行政处罚；⑥法律、法规、规章规定的其他情形。当事人不承担行政机关组织听证的费用。因此，暂扣许可证不属于行政机关应当为当事人听证的范围。所以，C 项错误。

《行政处罚法》第 29 条规定，对当事人的同一个违法行为，不得给予 2 次以上罚款的行政处罚。D 项中，针对甲公司的同一个违法行为，某省建设厅和市安全监督管理局分别依自己的职权给予了处罚，一个是对甲公司作出暂扣安全生产许可证 3 个月的决定，另一个是罚款 3 万元的决定，不违反一事不再罚。所以，D 项错误。

综上所述，本题的答案为 AB。

五、治安管理处罚的程序

1. 张某和韩某发生肢体冲突，造成双方轻微伤。县公安局作出处罚决定，对张某拘留 10 日，罚款 500 元；对韩某拘留 5 日，罚款 200 元。张某不服处罚决定，向县政府申请行政复议，并要求暂缓执行拘留处罚决定。县政府作出维持决定，张某不服，提起行政诉讼。关于此案，下列说法正确的是？（2023 - 模拟题 - 单）[2]

---

[1] AB [2] D

A. 如果对张某暂缓执行拘留，也应暂缓对韩某的拘留

B. 作出处罚决定之前，县公安局应当告知张某有权申请听证

C. 本案的被告是县政府

D. 应由基层法院进行管辖

【考点】暂缓执行行政拘留、复议维持的被告与管辖

【解析】《治安管理处罚法》第107条规定，被处罚人不服行政拘留处罚决定，申请行政复议、提起行政诉讼的，可以向公安机关提出暂缓执行行政拘留的申请。公安机关认为暂缓执行行政拘留不致发生社会危险的，由被处罚人或者其近亲属提出符合本法第一百零八条规定条件的担保人，或者按每日行政拘留二百元的标准交纳保证金，行政拘留的处罚决定暂缓执行。因此，暂缓执行拘留需要当事人提出救济及暂缓申请等条件，本案中，即便对张某暂缓执行拘留，也不意味着对韩某暂缓，需要韩某满足上述条件才可以。故 A 项错误。

《治安管理处罚法》第98条规定，公安机关作出吊销许可证以及处二千元以上罚款的治安管理处罚决定前，应当告知违反治安管理行为人有权要求举行听证；违反治安管理行为人要求听证的，公安机关应当及时依法举行听证。因此，在治安管理处罚中，吊销许可证和2000元以上的罚款属于处罚听证的法定情形；而本案中，对张某的拘留 10 日和处罚 500 元都不属于上述范畴。故 B 项错误。

《行政诉讼法》第26条第2款规定，经复议的案件，复议机关决定维持原行政行为的，作出原行政行为的行政机关和复议机关是共同被告；复议机关改变原行政行为的，复议机关是被告。本案是复议维持案件，由原机关和复议机关作共同被告。故 C 项错误。

《适用〈行政诉讼法〉的解释》第134条第3款规定，复议机关作共同被告的案件，以作出原行政行为的行政机关确定案件的级别管辖。本案中，县公安局与县政府作共同被告，级别管辖就低，按照县公安局确定级别管辖，即由基层法院进行管辖。故 D 项正确。

综上所述，本题的答案为 D。

2. 于某破坏共享单车，派出所对其传唤后进行了询问，查证属实后作出罚款 500 元的决定。于某不服，申请行政复议，下列说法正确的是？（2023 – 模拟题 – 单）[1]

A. 询问笔录需要民警签字并加盖派出所公章

B. 区政府是本案的复议机关

C. 民警可以当场作出处罚决定

D. 当事人必须先申请行政复议，对复议不服才能提起行政诉讼

【考点】治安管理处罚的程序、复议与诉讼的关系

【解析】《治安管理处罚法》第84条第1款规定，询问笔录应当交被询问人核对；对没有阅读能力的，应当向其宣读。记载有遗漏或者差错的，被询问人可以提出补充或者更正。被询问人确认笔录无误后，应当签名或者盖章，询问的人民警察也应当在笔录上签名。因此，询问笔录上只需要民警签字，不需要加盖派出所的公章。故 A 项错误。

《行政复议法》第24条第4款规定，对县级以上地方各级人民政府工作部门依法设立的派出机构依照法律、法规、规章规定，以派出机构的名义作出的行政行为不服的行政复议案件，由本级人民政府管辖；其中，对直辖市、设区的市人民政府工作部门按照行政区划设立的派出机构作出的行政行为不服的，也可以由其所在地的人民政府管辖。因此，派出所作被申请人时，复议机关是区政府。故 B 项正确。

---

[1] B

《治安管理处罚法》第100条规定，违反治安管理行为事实清楚，证据确凿，处警告或者二百元以下罚款的，可以当场作出治安管理处罚决定。本案中，罚款金额为500元，不能当场作出。故C项错误。

《行政复议法》第23条第1款规定，有下列情形之一的，申请人应当先向行政复议机关申请行政复议，对行政复议决定不服的，可以再依法向人民法院提起行政诉讼：①对当场作出的行政处罚决定不服；②对行政机关作出的侵犯其已经依法取得的自然资源的所有权或者使用权的决定不服；③认为行政机关存在本法第十一条规定的未履行法定职责情形；④申请政府信息公开，行政机关不予公开；⑤法律、行政法规规定应当先向行政复议机关申请行政复议的其他情形。本案不属于上述复议前置的情形，当事人可以自由选择复议和诉讼。故D项错误。

综上所述，本题的答案为B。

3. 某县公安局以张某殴打他人为由决定对张某行政拘留五日并处罚款二百元。张某不服向县政府申请行政复议，县政府做了维持决定。张某向法院提起行政诉讼。关于本案，哪一选项正确？(2022－模拟题－单)[1]

A. 张某申请行政复议的期限为90日

B. 县公安局办理治安案件期限为90日

C. 本案被告为县政府

D. 张某可提出暂缓执行行政拘留的申请

【考点】治安管理处罚的期限、行政复议

【解析】《行政复议法》第20条第1款规定，公民、法人或者其他组织认为行政行为侵犯其合法权益的，可以自知道或者应当知道该行政行为之日起60日内提出行政复议申请；但是法律规定的申请期限超过60日的除外。A项中，张某申请行政复议的期限应为60日。所以，A项错误。

《治安管理处罚法》第99条第1款规定，公安机关办理治安案件的期限，自受理之日起不得超过三十日；案情重大、复杂的，经上一级公安机关批准，可以延长三十日。B项中，公安机关办理治安案件的期限即使经过延长批准最长也是60日。所以，B项错误。

《行政诉讼法》第26条第1、2款规定，公民、法人或者其他组织直接向人民法院提起诉讼的，作出行政行为的行政机关是被告。经复议的案件，复议机关决定维持原行政行为的，作出原行政行为的行政机关和复议机关是共同被告；复议机关改变原行政行为的，复议机关是被告。C项中，本案是复议维持，所以应以县公安局和县政府为共同被告。所以，C项错误。

《治安管理处罚法》第107条规定，被处罚人不服行政拘留处罚决定，申请行政复议、提起行政诉讼的，可以向公安机关提出暂缓执行行政拘留的申请。公安机关认为暂缓执行行政拘留不致发生社会危险的，由被处罚人或者其近亲属提出符合本法第108条规定条件的担保人，或者按每日行政拘留二百元的标准交纳保证金，行政拘留的处罚决定暂缓执行。D项中，张某已经提起行政诉讼，因此可以向县公安局提出暂缓执行行政拘留的申请。所以，D项正确。

综上所述，本题的答案为D。

4. 陈某因琐事与李某发生争吵，进而殴打李某，甲市乙县公安局所辖派出所对陈某处以12日拘留，陈某不服提出行政复议。乙县政府作出维持决定，陈某不服，向法院提起行政诉讼。关于此案，下列说法正确的是：(2019－模拟题－单)[2]

A. 陈某申请行政复议，可以向乙县政府或乙县公安局提出

B. 陈某不享有听证的权利

C. 本案情节较轻，派出所的行为违反了合理行政原则

D. 李某认为对陈某的处罚过轻，有权申请国家赔偿

【考点】 *治安管理处罚的程序*

【解析】《行政复议法实施条例》第 14 条规定，行政机关设立的派出机构、内设机构或者其他组织，未经法律、法规授权，对外以自己名义作出具体行政行为的，该行政机关为被申请人。《治安管理处罚法》第 91 条规定，治安管理处罚由县级以上人民政府公安机关决定；其中警告、500 元以下的罚款可以由公安派出所决定。本案中，派出所所作出的拘留决定，超越了授权的种类，应以所属的乙县公安局为被申请人。乙县公安局为被申请人，则复议机关为乙县政府。所以，A 项错误。

《治安管理处罚法》第 98 条规定，公安机关作出吊销许可证以及处 2000 元以上罚款的治安管理处罚决定前，应当告知违反治安管理行为人有权要求举行听证；违反治安管理行为人要求听证的，公安机关应当及时依法举行听证。本案中，派出所所作出的是拘留决定，不属于法定的听证情形。所以，B 项正确。

《治安管理处罚法》第 91 条规定，治安管理处罚由县级以上人民政府公安机关决定；其中警告、500 元以下的罚款可以由公安派出所决定。本案中，派出所作出了 12 日拘留的决定，属于违反合法行政原则。所以，C 项错误。

《国家赔偿法》第 2 条规定，国家机关和国家机关工作人员行使职权，有《国家赔偿法》规定的侵犯公民、法人和其他组织合法权益的情形，造成损害的，受害人有依照《国家赔偿法》取得国家赔偿的权利。《国家赔偿法》规定的赔偿义务机关，应当依照《国家赔偿法》及时履行赔偿义务。本案中，李某人身权的伤害是由陈某造成的，并非国家机关及工作人员。所以，D 项错误。

综上所述，本题的答案为 B。

5. 某公安派出所以李某放任所饲养的烈性犬恐吓张某为由对李某处以 500 元罚款。关于该处罚决定，下列哪些说法是正确的？（2017/2/79 – 多）[1]

A. 公安派出所可以自己名义作出决定

B. 可当场作出处罚决定

C. 应将处罚决定书副本抄送张某

D. 如李某不服处罚决定向法院起诉，应以该派出所所属的公安局为被告

【考点】 *治安管理处罚的程序*

【解析】《治安管理处罚法》第 91 条规定，治安管理处罚由县级以上人民政府公安机关决定；其中警告、500 元以下的罚款可以由公安派出所决定。A 项中，对于 500 元罚款，公安派出所可以以自己名义作出，正确。D 项中，如李某不服处罚决定向法院起诉，应以该派出所而非公安局为被告，错误。

《治安管理处罚法》第 100 条规定，违反治安管理行为事实清楚，证据确凿，处警告或者 200 元以下罚款的，可以当场作出治安管理处罚决定。B 项中，对于 500 元罚款，公安派出所不可以当场作出处罚决定。B 项错误。

《治安管理处罚法》第 97 条第 2 款规定，有被侵害人的，公安机关应当将决定书副本抄送被侵害人。C 项正确。

---

[1] AC

综上所述，本题的答案为 AC。

6. 李某多次发送淫秽短信、干扰他人正常生活，公安机关经调查拟对李某作出行政拘留10 日的处罚。关于此处罚决定，下列哪一做法是适当的？（2016/2/45 – 单）[1]

A. 由公安派出所作出
B. 依当场处罚程序作出
C. 应及时通知李某的家属
D. 紧急情况下可以口头方式作出

【考点】治安管理处罚的程序

【解析】《治安管理处罚法》第 91 条规定，治安管理处罚由县级以上人民政府公安机关决定；其中警告、500 元以下的罚款可以由公安派出所决定。A 项中，行政拘留10 日由公安派出所作出，错误，不当选。

《治安管理处罚法》第 100 条规定，违反治安管理行为事实清楚，证据确凿，处警告或者200 元以下罚款的，可以当场作出治安管理处罚决定。B 项中，行政拘留10 日依当场处罚程序作出，错误，不当选。

《治安管理处罚法》第 97 条第 1 款规定，公安机关应当向被处罚人宣告治安管理处罚决定书，并当场交付被处罚人；无法当场向被处罚人宣告的，应当在 2 日内送达被处罚人。决定给予行政拘留处罚的，应当及时通知被处罚人的家属。C 项中，应及时通知李某的家属，正确，当选。

《治安管理处罚法》第 96 条规定，公安机关作出治安管理处罚决定的，应当制作治安管理处罚决定书。决定书应当载明下列内容：①被处罚人的姓名、性别、年龄、身份证件的名称和号码、住址；②违法事实和证据；③处罚的种类和依据；④处罚的执行方式和期限；⑤对处罚决定不服，申请行政复议、提起行政诉讼的途径和期限；⑥作出处罚决定的公安机关的名称和作出决定的日期。决定书应当由作出处罚决定的公安机关加盖印章。D 项中，紧急情况下可以口头方式作出，错误，不当选。

综上所述，本题的答案为 C。

7. 公安局以田某等人哄抢一货车上的财物为由，对田某处以 15 日行政拘留处罚，田某不服申请复议。下列哪一说法是正确的？（2015/2/48 – 单）[2]

A. 田某的行为构成扰乱公共秩序
B. 公安局对田某哄抢的财物应予以登记
C. 公安局对田某传唤后询问查证不得超过 12 小时
D. 田某申请复议的期限为 6 个月

【考点】治安管理处罚的程序

【解析】《治安管理处罚法》第 49 条规定，盗窃、诈骗、哄抢、抢夺、敲诈勒索或者故意损毁公私财物的，处 5 日以上 10 日以下拘留，可以并处 500 元以下罚款；情节较重的，处 10日以上 15 日以下拘留，可以并处 1000 元以下罚款。A 项中，田某等人哄抢一货车上的财物的行为，属于侵犯人身权利、财产权利的行为，不是扰乱公共秩序的行为。所以，A 项错误。

《治安管理处罚法》第 89 条第 1 款规定，公安机关办理治安案件，对与案件有关的需要作为证据的物品，可以扣押；对被侵害人或者善意第三人合法占有的财产，不得扣押，应当予以登记。对与案件无关的物品，不得扣押。B 项中，田某哄抢的财物属于被侵害人合法占有的财产，公安机关不得扣押，但应当予以登记。所以，B 项正确。

《治安管理处罚法》第 83 条第 1 款规定，对违反治安管理行为人，公安机关传唤后应当及

时询问查证，询问查证的时间不得超过 8 小时；情况复杂，依照《治安管理处罚法》规定可能适用行政拘留处罚的，询问查证的时间不得超过 24 小时。C 项中，公安局对田某传唤后询问查证时间不得超过 12 小时，错误。

《行政复议法》第 20 条第 1 款规定，公民、法人或者其他组织认为行政行为侵犯其合法权益的，可以自知道或者应当知道该行政行为之日起 60 日内提出行政复议申请；但是法律规定的申请期限超过 60 日的除外。D 项中，田某对公安机关的行政拘留行为不服，申请行政复议的期限为 60 日而非 6 个月。所以，D 项错误。

综上所述，本题的答案为 B。

8. 某公安局以刘某引诱他人吸食毒品为由对其处以 15 日拘留，并处 3000 元罚款的处罚。刘某不服，向法院提起行政诉讼。下列哪些说法是正确的？（2014/2/79 - 多）[1]

A. 公安局在作出处罚决定前传唤刘某询问查证，询问查证时间最长不得超过 24 小时

B. 对刘某的处罚不应当适用听证程序

C. 如刘某为外国人，可以附加适用限期出境

D. 刘某向法院起诉的期限为 3 个月

【考点】治安管理处罚的程序

【解析】《治安管理处罚法》第 83 条第 1 款规定，对违反治安管理行为人，公安机关传唤后应当及时询问查证，询问查证的时间不得超过 8 小时；情况复杂，依照《治安管理处罚法》规定可能适用行政拘留处罚的，询问查证的时间不得超过 24 小时。A 项中，公安局在作出处罚决定前传唤刘某询问查证，询问查证时间最长不得超过 24 小时，正确。

《治安管理处罚法》第 98 条规定，公安机关作出吊销许可证以及处 2000 元以上罚款的治安管理处罚决定前，应当告知违反治安管理行为人有权要求举行听证；违反治安管理行为人要求听证的，公安机关应当及时依法举行听证。B 项中，刘某被罚款 3000 元，有权要求适用听证程序，错误。

《治安管理处罚法》第 10 条第 2 款规定，对违反治安管理的外国人，可以附加适用限期出境或者驱逐出境。C 项中，如刘某为外国人，可以附加适用限期出境，正确。

《行政诉讼法》第 46 条第 1 款规定，公民、法人或者其他组织直接向人民法院提起诉讼的，应当自知道或者应当知道作出行政行为之日起 6 个月内提出。法律另有规定的除外。D 项中，刘某向法院起诉的期限为 3 个月，错误。

综上所述，本题答案为 AC。

9. 因关某以刻划方式损坏国家保护的文物，公安局决定对其作出拘留 10 日，罚款 500 元的处罚。关某申请复议，并向该局提出申请、交纳保证金后，该局决定暂缓执行拘留决定。下列哪一说法是正确的？（2013/2/46 - 单）[2]

A. 关某的行为属于妨害公共安全的行为

B. 公安局应告知关某有权要求举行听证

C. 复议机关只能是公安局的上一级公安机关

D. 如复议机关撤销对关某的处罚，公安局应当及时将收取的保证金退还关某

【考点】治安管理处罚的程序

【解析】妨害公共安全的行为主要是关于危险物质、管制器具、公共设施、标志设施、管理设施、航空设施、铁路设施、公路设施、大型群众性活动和公共场所的安全事故危险的规

定。A 项中，关某的行为属于损坏国家保护的文物的行为，不属于妨害公共安全的行为。所以，A 项错误。

《治安管理处罚法》第 98 条规定，公安机关作出吊销许可证以及处 2000 元以上罚款的治安管理处罚决定前，应当告知违反治安管理行为人有权要求举行听证；违反治安管理行为人要求听证的，公安机关应当及时依法举行听证。B 项中，公安局应告知关某有权要求举行听证，错误。

《行政复议法》第 24 条第 1 款规定，县级以上地方各级人民政府管辖下列行政复议案件：①对本级人民政府工作部门作出的行政行为不服的；②对下一级人民政府作出的行政行为不服的；③对本级人民政府依法设立的派出机关作出的行政行为不服的；④对本级人民政府或者其工作部门管理的法律、法规、规章授权的组织作出的行政行为不服的。C 项中，复议机关只能是同级政府，而非上一级公安机关。所以，C 项错误。

《治安管理处罚法》第 111 条规定，行政拘留的处罚决定被撤销，或者行政拘留处罚开始执行的，公安机关收取的保证金应当及时退还交纳人。D 项中，复议机关撤销对关某的处罚，公安局应当及时将收取的保证金退还关某，正确。

综上所述，本题的答案为 D。

10. 经传唤调查，某县公安局以散布谣言，谎报险情为由，决定对孙某处以 10 日行政拘留，并处 500 元罚款。下列哪一选项是正确的？（2012/2/47 - 单）[1]

A. 传唤孙某时，某县公安局应当将传唤的原因和依据告知孙某
B. 传唤后对孙某的询问查证时间不得超过 48 小时
C. 孙某对处罚决定不服申请行政复议，应向市公安局申请
D. 如孙某对处罚决定不服直接起诉的，应暂缓执行行政拘留的处罚决定

【考点】治安管理处罚的程序

【解析】《治安管理处罚法》第 82 条规定，需要传唤违反治安管理行为人接受调查的，经公安机关办案部门负责人批准，使用传唤证传唤。对现场发现的违反治安管理行为人，人民警察经出示工作证件，可以口头传唤，但应当在询问笔录中注明。公安机关应当将传唤的原因和依据告知被传唤人。对无正当理由不接受传唤或者逃避传唤的人，可以强制传唤。A 项中，某县公安局应当将传唤的原因和依据告知孙某，正确。

《治安管理处罚法》第 83 条规定，对违反治安管理行为人，公安机关传唤后应当及时询问查证，询问查证的时间不得超过 8 小时；情况复杂，依照《治安管理处罚法》规定可能适用行政拘留处罚的，询问查证的时间不得超过 24 小时。公安机关应当及时将传唤的原因和处所通知被传唤人家属。B 项中，传唤后对孙某的询问查证时间不得超过 48 小时，错误。

《行政复议法》第 24 条第 1 款规定，县级以上地方各级人民政府管辖下列行政复议案件：①对本级人民政府工作部门作出的行政行为不服的；②对下一级人民政府作出的行政行为不服的；③对本级人民政府依法设立的派出机关作出的行政行为不服的；④对本级人民政府或者其工作部门管理的法律、法规、规章授权的组织作出的行政行为不服的。C 项中，应向县政府申请复议，而不是向市公安局。所以，C 项错误。

《治安管理处罚法》第 107 条规定，被处罚人不服行政拘留处罚决定，申请行政复议、提起行政诉讼的，可以向公安机关提出暂缓执行行政拘留的申请。公安机关认为暂缓执行行政拘留不致发生社会危险的，由被处罚人或者其近亲属提出符合《治安管理处罚法》第 108 条规定

---

[1] A

条件的担保人，或者按每日行政拘留 200 元的标准交纳保证金，行政拘留的处罚决定暂缓执行。因此，行政拘留暂缓执行须同时满足以下四个条件：①被处罚人对行政拘留决定提起了行政复议或行政诉讼；②被处罚人提出了暂缓执行此拘留的申请；③公安机关认为暂缓执行行政拘留不致发生社会危险；④提出了符合条件的担保人或保证金。本题中，孙某不服向法院直接起诉，只是暂缓执行的条件之一，不能由此推出公安机关应暂缓执行行政拘留处罚决定，因为其他三个要件本题并没有明确告知。所以，D 项错误。

综上所述，本题的答案为 A。

11. 某区公安分局以沈某收购赃物为由，拟对沈某处以 1000 元罚款。该分局向沈某送达了听证告知书，告知其可以在 3 日内提出听证申请，沈某遂提出听证要求。次日，该分局在未进行听证的情况下向沈某送达 1000 元罚款决定。沈某申请复议。下列哪些说法是正确的？(2011/2/81 - 多)[1]

A. 该分局在作出决定前，应告知沈某处罚的事实、理由和依据

B. 沈某申请复议的期限为 60 日

C. 该分局不进行听证并不违法

D. 该罚款决定违法

【考点】治安管理处罚的程序

【解析】《治安管理处罚法》第 94 条规定，公安机关作出治安管理处罚决定前，应当告知违反治安管理行为人作出治安管理处罚的事实、理由及依据，并告知违反治安管理行为人依法享有的权利。违反治安管理行为人有权陈述和申辩。公安机关必须充分听取违反治安管理行为人的意见，对违反治安管理行为人提出的事实、理由和证据，应当进行复核；违反治安管理行为人提出的事实、理由或者证据成立的，公安机关应当采纳。公安机关不得因违反治安管理行为人的陈述、申辩而加重处罚。A 项中，该分局在作出决定前，应告知沈某处罚的事实、理由和依据，正确。

《行政复议法》第 20 条第 1 款规定，公民、法人或者其他组织认为行政行为侵犯其合法权益的，可以自知道或者应当知道该行政行为之日起 60 日内提出行政复议申请；但是法律规定的申请期限超过 60 日的除外。《治安管理处罚法》对治安管理处罚的复议期限并未作出规定，所以应适用《行政复议法》所规定的一般复议期限，即 60 日。B 项中，沈某申请复议的期限为 60 日，正确。

《治安管理处罚法》第 98 条规定，公安机关作出吊销许可证以及处 2000 元以上罚款的治安管理处罚决定前，应当告知违反治安管理行为人有权要求举行听证；违反治安管理行为人要求听证的，公安机关应当及时依法举行听证。本题中，某区公安分局处以沈某罚款 1000 元，沈某依法不享有法定听证权。但是区公安分局已承诺给沈某听证且沈某要求听证，基于此沈某享有听证权。理由有二：①法律虽明确列举了行政机关须明确告知当事人享有听证权和进行听证的事项，但除此之外并未禁止行政机关在作出其他行政处罚时适用听证程序；②本题中区公安分局向沈某送达了听证告知书，明确告知当事人可以在 3 日内提出听证申请，这已表明区公安分局已自行选择了听证程序。所以，区公安分局不进行听证构成违法，该分局作出的处罚决定违法。所以，C 项错误，D 项正确。

综上所述，本题的答案为 ABD。

---

[1] ABD

12. 公安局认定朱某嫖娼，对其拘留 15 日并处罚款 5000 元。关于此案，下列哪些说法是正确的？（2010/2/83 - 多）[1]

　　A. 对朱某的处罚决定书应载明处罚的执行方式和期限

　　B. 如朱某要求听证，公安局应当及时依法举行听证

　　C. 朱某有权陈述和申辩，公安局必须充分听取朱某的意见

　　D. 如朱某对拘留和罚款处罚不服起诉，该案应由公安局所在地的法院管辖

【考点】治安管理处罚的程序

【解析】《治安管理处罚法》第 96 条规定，公安机关作出治安管理处罚决定的，应当制作治安管理处罚决定书。决定书应当载明下列内容：①被处罚人的姓名、性别、年龄、身份证件的名称和号码、住址；②违法事实和证据；③处罚的种类和依据；④处罚的执行方式和期限；⑤对处罚决定不服，申请行政复议、提起行政诉讼的途径和期限；⑥作出处罚决定的公安机关的名称和作出决定的日期。决定书应当由作出处罚决定的公安机关加盖印章。A 项中，对朱某的处罚决定书应载明处罚的执行方式和期限，正确。

　　《治安管理处罚法》第 98 条规定，公安机关作出吊销许可证以及处 2000 元以上罚款的治安管理处罚决定前，应当告知违反治安管理行为人有权要求举行听证；违反治安管理行为人要求听证的，公安机关应当及时依法举行听证。B 项中，公安局对朱某的处罚是拘留 15 日并处罚款 5000 元，其中罚款 5000 元符合听证的要求，公安局应依法举行听证。所以，B 项正确。

　　《治安管理处罚法》第 94 条规定，公安机关作出治安管理处罚决定前，应当告知违反治安管理行为人作出治安管理处罚的事实、理由及依据，并告知违反治安管理行为人依法享有的权利。违反治安管理行为人有权陈述和申辩。公安机关必须充分听取违反治安管理行为人的意见，对违反治安管理行为人提出的事实、理由和证据，应当进行复核；违反治安管理行为人提出的事实、理由或者证据成立的，公安机关应当采纳。公安机关不得因违反治安管理行为人的陈述、申辩而加重处罚。C 项中，朱某有权陈述和申辩，公安局必须充分听取朱某的意见，正确。

　　《行诉解释》第 8 条第 2 款规定，对行政机关基于同一事实，既采取限制公民人身自由的行政强制措施，又采取其他行政强制措施或者行政处罚不服的，由被告所在地或者原告所在地的人民法院管辖。D 项中，公安机关对朱某进行拘留属于治安管理处罚，而非限制公民人身自由的强制措施，不能适用原告所在地加被告所在地的特殊管辖，而应遵循原告就被告的一般管辖。D 项正确。

　　综上所述，本题的答案为 ABCD。

13. 某县公安局接到有人在薛某住所嫖娼的电话举报，遂派员前往检查。警察到达举报现场，敲门未开破门入室，只见薛某一人。薛某拒绝在检查笔录上签字，警察在笔录上注明这一情况。薛某认为检查行为违法，提起行政诉讼。下列哪些选项是正确的？（2009/2/88 - 多）[2]

　　A. 某县公安局应当对电话举报进行登记

　　B. 警察对薛某住所进行检查时不得少于 2 人

　　C. 警察对薛某住所进行检查时应当出示工作证件和县级以上政府公安机关开具的检查证明文件

　　D. 因薛某未在警察制作的检查笔录上签字，该笔录在行政诉讼中不具有证据效力

---

[1] ABCD　[2] ABC

【考点】治安管理处罚的程序

【解析】《治安管理处罚法》第77条规定，公安机关对报案、控告、举报或者违反治安管理行为人主动投案，以及其他行政主管部门、司法机关移送的违反治安管理案件，应当及时受理，并进行登记。所以，A项正确。

《治安管理处罚法》第87条第1款规定，公安机关对与违反治安管理行为有关的场所、物品、人身可以进行检查。检查时，人民警察不得少于2人，并应当出示工作证件和县级以上人民政府公安机关开具的检查证明文件。对确有必要立即进行检查的，人民警察经出示工作证件，可以当场检查，但检查公民住所应当出示县级以上人民政府公安机关开具的检查证明文件。所以，BC项正确。

《治安管理处罚法》第88条规定，检查的情况应当制作检查笔录，由检查人、被检查人和见证人签名或者盖章；被检查人拒绝签名的，人民警察应当在笔录上注明。所以，被检查人拒绝签名的，人民警察在笔录上注明，该检查笔录仍然具有证据效力，D项错误。

综上所述，本题的答案为ABC。

第七章　行政强制

一、行政强制的种类

1. 某县税务局认定甲公司构成"真代理，假进销"的违法行为，追缴其出口退税 500 万，并在其银行账户强制扣缴。甲公司向上一级税务局提出行政复议，被驳回申请后，起诉至法院。以下正确的是？（2021 – 模拟题 – 多）〔1〕

　　A. 甲申请复议期限为 3 个月　　　　　　B. 强制扣缴 500 万属于行政强制执行
　　C. 县税务局和上一级税务局为共同被告　　D. 甲公司也可向县政府申请复议

【考点】强制执行的性质、复议机关

【解析】《行政复议法》第 20 条第 1 款规定，公民、法人或者其他组织认为行政行为侵犯其合法权益的，可以自知道或者应当知道该行政行为之日起 60 日内提出行政复议申请；但是法律规定的申请期限超过 60 日的除外。A 项中，题目中未作出特殊规定，则按一般法 60 日确定复议期限。A 项错误。

《行政强制法》第 12 条规定，行政强制执行的方式：①加处罚款或者滞纳金；②划拨存款、汇款；③拍卖或者依法处理查封、扣押的场所、设施或者财物；④排除妨碍、恢复原状；⑤代履行；⑥其他强制执行方式。B 项正确。

《行诉解释》第 133 条规定，行政诉讼法第 26 条第 2 款规定的"复议机关决定维持原行政行为"，包括复议机关驳回复议申请或者复议请求的情形，但以复议申请不符合受理条件为由驳回的除外。C 项中，属于复议维持，县税务局和上一级税务局为共同被告，正确。

《行政复议法》第 27 条规定，对海关、金融、外汇管理等实行垂直领导的行政机关、税务和国家安全机关的行政行为不服的，向上一级主管部门申请行政复议。D 项中，税务属于垂直领导的工作部门，只能向上一级主管部门申请行政复议。D 项错误。

综上所述，本题答案为 BC。

2. 某县政府发布《关于加强"三无"船舶登记管理工作的通知》，要求所有"三无"船舶所有人或者经营者必须主动办理"三无"船舶信息备案登记手续，否则将依法进行处理。沈某的船属于"三无船舶"，但没有去港口登记，县政府要求他把船驶向指定地点，限期不准驶离。这个行为的性质是：（2020 – 模拟题 – 单）〔2〕

　　A. 抽象行政行为　　　　　　B. 行政处罚
　　C. 行政强制措施　　　　　　D. 行政强制执行

【考点】行政行为的性质

【解析】县政府的行为是对沈某做出的具体行政行为，不是抽象行政行为，A 项错误。

---

〔1〕 BC　〔2〕 C

《行政处罚法》第9条规定，行政处罚的种类：①警告、通报批评；②罚款、没收违法所得、没收非法财物；③暂扣许可证件、降低资质等级、吊销许可证件；④限制开展生产经营活动、责令停产停业、责令关闭、限制从业；⑤行政拘留；⑥法律、行政法规规定的其他行政处罚。本题中，县政府的行为对沈某产生了一定的限制，但并不是最终的处罚决定，而是制止性，限制其违法行为继续。B项错误。

行政强制措施，是指行政机关在行政管理的过程中为制止违法行为、防止证据毁损、避免危害发生、控制危险扩大等情形，依法对公民的人身自由实施暂时性限制，或对公民、法人或其他组织的财物实施暂时性控制的行为。本题中，要求沈某将船开到临近港口，限期不准离开，属于对沈某的财物实施暂时性限制的行为，属于行政强制措施。C项正确。

行政强制执行，是指行政机关或行政机关申请法院对不履行行政机关依法作出的行政处理决定中规定的义务，采取强制手段，强迫其履行义务，或达到与履行义务相同状态的行为。本题中，并没有对沈某的先行义务要求，因此不属于行政强制执行。D项错误。

综上所述，本题的答案为C。

3. 下列属于行政强制措施的是：（2020－模拟题－多）[1]

A. 市检疫局暂扣未经检验检疫就销售的肉类

B. 公安机关对醉酒的李某采取约束性措施至酒醒

C. 公安交通执法大队吊销王某机动车驾驶证

D. 税务局扣押价值相当于应纳税款的商品

【考点】 行政强制的种类

【解析】 行政强制措施，是指行政机关在行政管理的过程中为制止违法行为、防止证据毁损、避免危害发生、控制危险扩大等情形，依法对公民的人身自由实施暂时性限制，或对公民、法人或其他组织的财物实施暂时性控制的行为。《行政强制法》第9条规定，行政强制措施的种类：①限制公民人身自由；②查封场所、设施或者财物；③扣押财物；④冻结存款、汇款；⑤其他行政强制措施。A项中，市检疫局暂扣未经检验检疫就销售的肉类，属于行政强制措施。B项中，公安机关对醉酒的人采取约束性措施至酒醒，属于行政强制措施。D项中，税务局扣押价值相当于应纳税款的商品，属于行政强制措施。

《行政处罚法》第9条规定，行政处罚的种类：①警告、通报批评；②罚款、没收违法所得、没收非法财物；③暂扣许可证件、降低资质等级、吊销许可证件；④限制开展生产经营活动、责令停产停业、责令关闭、限制从业；⑤行政拘留；⑥法律、行政法规规定的其他行政处罚。C项中，公安交通执法大队吊销王某机动车驾驶证，属于行政处罚。

综上所述，本题的答案为ABD。

4. 张某申请机动车年检，但是该市公安局交警支队车管所予以拒绝，原因是张某的车辆还有一次违章记录没有处理，没有缴纳罚款。关于此案，说法错误的有：（2019－模拟题－多）[2]

A. 机动车年检属于行政强制措施

B. 机动车年检属于行政强制执行

C. 因张某不主动缴纳罚款，行政机关拒绝办理年检的行为合法

D. 车管所需要赔偿由此带来的张某误工费及交通损失费

【考点】 行政强制的种类

---

[1] ABD 　[2] ABCD

【解析】机动车年检是行政机关根据公民、法人或者其他组织的申请，经依法审查，准予其从事特定活动的行为，性质属于行政许可。AB 项错误，均当选。

《道路交通安全法》第 13 条第 1 款规定："……对提供机动车行驶证和机动车第三者责任强制保险单的，机动车安全技术检验机构应当予以检验，任何单位不得附加其他条件。对符合机动车国家安全技术标准的，公安机关交通管理部门应当发给检验合格标志。"据此，只要申请人提供机动车行驶证、机动车第三者责任强制保险单，且机动车经安全技术检验合格，公安交通管理部门就应当核发检验合格标志。本案中，因为张某没有缴纳罚款就拒绝办理年检，该行为违法。C 项错误，当选。

《行诉解释》第 98 条规定，因行政机关不履行、拖延履行法定职责，致使公民、法人或者其他组织的合法权益遭受损害的，人民法院应当判决行政机关承担行政赔偿责任。在确定赔偿数额时，应当考虑该不履行、拖延履行法定职责的行为在损害发生过程和结果中所起的作用等因素。本案中，张某的损失并非车管所拒发车辆检验合格标志所导致的直接损失，两者间并无法律上的直接因果关系，不属依法应予赔偿的范围。D 项错误，当选。

综上所述，本题的答案为 ABCD。

5. 下列哪一行政行为不属于行政强制措施？（2016/2/46 – 单）[1]

A. 审计局封存转移会计凭证的被审计单位的有关资料

B. 公安交通执法大队暂扣酒后驾车的贾某机动车驾驶证 6 个月

C. 税务局扣押某企业价值相当于应纳税款的商品

D. 公安机关对醉酒的王某采取约束性措施至酒醒

【考点】行政强制的种类

【解析】《行政强制法》第 9 条规定，行政强制措施的种类：①限制公民人身自由；②查封场所、设施或者财物；③扣押财物；④冻结存款、汇款；⑤其他行政强制措施。A 项中，审计局封存转移会计凭证的被审计单位的有关资料，属于行政强制措施，不当选。C 项中，税务局扣押某企业价值相当于应纳税款的商品，属于行政强制措施，不当选。D 项中，公安机关对醉酒的王某采取约束性措施至酒醒，属于行政强制措施，不当选。

《行政处罚法》第 9 条规定，行政处罚的种类：①警告、通报批评；②罚款、没收违法所得、没收非法财物；③暂扣许可证件、降低资质等级、吊销许可证件；④限制开展生产经营活动、责令停产停业、责令关闭、限制从业；⑤行政拘留；⑥法律、行政法规规定的其他行政处罚。B 项中，公安交通执法大队暂扣酒后驾车的贾某机动车驾驶证 6 个月，属于行政处罚，当选。

综上所述，本题的答案为 B。

6. 李某长期吸毒，多次自费戒毒均未成功。某公安局在一次检查中发现后，将李某送至强制隔离戒毒所进行强制隔离戒毒。强制隔离戒毒属于下列哪一性质的行为？（2013/2/43 – 单）[2]

A. 行政处罚   B. 行政强制措施

C. 行政强制执行   D. 行政许可

【考点】行政强制的种类

【解析】行政处罚，是指行政机关依法对违反行政管理秩序的公民、法人或者其他组织，以减损权益或者增加义务的方式予以惩戒的行为。本题中，某公安局将李某送至强制隔离戒毒

---

〔1〕 B   〔2〕 B

所进行强制隔离戒毒的行为不具有制裁性，不能认定为行政处罚。所以，A项不当选。

行政强制措施，是指行政机关在行政管理的过程中为制止违法行为、防止证据毁损、避免危害发生、控制危险扩大等情形，依法对公民的人身自由实施暂时性限制，或对公民、法人或其他组织的财物实施暂时性控制的行为。本题中，某公安局将李某送至强制隔离戒毒所的目的是对其进行强制戒毒，对其人身自由实施暂时性限制的行为，属于行政强制措施。所以，B项当选。

行政强制执行，是指行政机关或行政机关申请法院对不履行行政机关依法作出的行政处理决定中规定的义务，采取强制手段，强迫其履行义务，或达到与履行义务相同状态的行为。本题中，李某没有不履行行政机关依法作出的行政处理决定中规定的义务，强制隔离戒毒不属于行政强制执行。所以，C项不当选。

行政许可，是指行政机关根据公民、法人或者其他组织的申请，经依法审查，准予其从事特定活动的行为。本案中，强制隔离戒毒是对李某人身自由的暂时性限制，其性质不属于行政许可。所以，D项不当选。

综上所述，本题的答案为B。

7. 市林业局接到关于孙某毁林采矿的举报，遂致函当地县政府，要求调查。县政府召开专题会议形成会议纪要：由县林业局、矿产资源管理局与安监局负责调查处理。经调查并与孙某沟通，三部门形成处理意见：要求孙某合法开采，如发现有毁林或安全事故，将依法查处。再次接到举报后，三部门共同发出责令孙某立即停止违法开采，对被破坏的生态进行整治的通知。责令孙某立即停止违法开采的性质是：(2013/2/97－任)[1]

A. 行政处罚   B. 行政强制措施

C. 行政征收   D. 行政强制执行

【考点】行政强制的种类

【解析】行政处罚，行政机关依法对违反行政管理秩序的公民、法人或者其他组织，以减损权益或者增加义务的方式予以惩戒的行为。本案中，三部门共同发出责令孙某立即停止违法开采的行为不具有制裁性，不能认定为行政处罚。所以，A项不当选。

行政强制措施，是指行政机关在行政管理的过程中为制止违法行为、防止证据毁损、避免危害发生、控制危险扩大等情形，依法对公民的人身自由实施暂时性限制，或对公民、法人或其他组织的财物实施暂时性控制的行为。本案中，三部门共同发出责令孙某立即停止违法开采，对被破坏的生态进行整治的通知，该停止行为不是因为孙某的其他违法行为而对其作出的责令停产停业的行政处罚，而是基于其毁林采矿行为而责令其停止违法开采的行政强制措施。所以，B项当选。

行政征收，是指行政机关或者法定授权的组织根据法律、法规的规定，向公民、法人或者其他组织无偿收取一定财物的行政行为。本案中，三部门共同发出责令孙某立即停止违法开采行为很显然不属于行政征收。所以，C项不当选。

行政强制执行，是指行政机关或行政机关申请法院对不履行行政机关依法作出的行政处理决定中规定的义务，采取强制手段，强迫其履行义务，或达到与履行义务相同状态的行为。本案中，孙某没有不履行行政机关依法作出的行政处理决定中规定的义务，立即停止违法开采不属于行政强制执行。所以，D项不当选。

综上所述，本题的答案为B。

---

[1] B

8. 某交通局在检查中发现张某所驾驶货车无道路运输证，遂扣留了张某驾驶证和车载货物，要求张某缴纳罚款 1 万元。张某拒绝缴纳，交通局将车载货物拍卖抵缴罚款。下列说法正确的有：(2012/2/99 - 任)[1]

A. 扣留驾驶证的行为为行政强制措施　　B. 扣留车载货物的行为为行政强制措施

C. 拍卖车载货物的行为为行政强制措施　　D. 拍卖车载货物的行为为行政强制执行

【考点】行政强制的种类

【解析】行政强制措施，是指行政机关在行政管理的过程中为制止违法行为、防止证据毁损、避免危害发生、控制危险扩大等情形，依法对公民的人身自由实施暂时性限制，或对公民、法人或其他组织的财物实施暂时性控制的行为。

行政强制执行，是指行政机关或行政机关申请法院对不履行行政机关依法作出的行政处理决定中规定的义务，采取强制手段，强迫其履行义务，或达到与履行义务相同状态的行为。

本题中，对 C 项与 D 项的判断较为简单。相对复杂的是对 A 项与 B 项的判断，因涉及行政强制措施与行政处罚的区别。认为扣留驾驶证属于行政处罚属误解。行政处罚本质特征在于其制裁性，针对违反行政法律规定的行政制裁，是行政机关作出的最终处理，本题中的扣留驾驶证并不是最终处理。同时，此处的扣留不同于行政处罚法中的"暂扣或吊销许可证件"，即使用语相同，也要分析行为的本质性质。所以，ABD 项正确，C 项错误。

综上所述，本题的答案为 ABD。

9. 某区城管局以甲摆摊卖"麻辣烫"影响环境为由，将其从事经营的小推车等物品扣押。在实施扣押过程中，城管执法人员李某将甲打伤。对此，下列哪一说法是正确的？(2010/2/46 - 单)[2]

A. 扣押甲物品的行为，属于行政强制执行措施

B. 李某殴打甲的行为，属于事实行为

C. 因甲被打伤，扣押甲物品的行为违法

D. 甲被打伤的损失，应由李某个人赔偿

【考点】行政强制的种类、事实行为

【解析】行政强制分为行政强制措施和行政强制执行。行政强制措施是指行政机关在行政管理过程中，为制止违法行为、防止证据毁损、避免危害发生、控制危险扩大等情形，依法对公民人身自由实施暂时性限制，或者对公民、法人或者其他组织的财产实施暂时性控制的行为。行政强制执行，是指在行政法律关系中，作为义务主体的行政相对人不履行其应履行的义务时，行政机关或者行政机关申请人民法院，依法强制其履行义务的行为。本案中，区城管局扣押甲物品的行为，目的是制止违法行为的继续，属于行政强制措施，不是行政强制执行措施。所以，A 项错误。

事实行为，没有行政主体的任何意思表示，仅仅依靠法律的规定而直接产生后果的行为，它往往是纯粹的物理动作，如暴力殴打等。本案中，李某殴打甲的行为不是行政主体的意思表示行为。所以，B 项正确。

城管执法人员李某殴打甲的行为与城管局扣押甲物品的行为属于两个相互独立的行为。前者的结果不能推断城管局扣押甲物品的行为也是违法的，后者合法性的判断应该从某区城管局作出扣押行为是否有职权，主要证据是否充分，适用法律、法规是否正确，是否违反法定程序和是否存在滥用职权的情况等方面加以判定。C 项中，因甲被打伤，扣押甲物品的行为违法，

错误。

《国家赔偿法》第3条第3项规定，行政机关及其工作人员在行使行政职权时有下列侵犯人身权情形之一的，受害人有取得赔偿的权利：以殴打、虐待等行为或者唆使、放纵他人以殴打、虐待等行为造成公民身体伤害或者死亡的。执法人员在执法过程中采取殴打等暴力行为不属于个人行为，而属于职务行为，是代表国家和行政机关从事执法活动，其行为后果应由国家和其所在的行政机关承担。所以，本题情况属于行政赔偿范围。当然，李某在执法过程中如存在故意或重大过失，国家在赔偿甲损失后，可以向李某追偿。所以，D项错误。

综上所述，本题的答案为B。

二、行政强制的设定

下列哪些规范无权设定行政强制执行？（2017/2/80 – 多）[1]

A. 法律　　　　　　　　　　　B. 行政法规

C. 地方性法规　　　　　　　　D. 部门规章

【考点】行政强制的设定

【解析】《行政强制法》第13条第1款规定，行政强制执行由法律设定。即只有A项法律有权设定行政强制执行，BCD项无权设定，当选。

综上所述，本题的答案为BCD。

三、行政强制措施的实施程序

1. 关于行政法中的收费问题，下列说法正确的是？（2023 – 模拟题 – 单）[2]

A. 行政机关实施行政许可，不得收取任何费用。但是规章另有规定的除外

B. 行政机关申请法院强制执行，执行费用由被执行人承担

C. 代履行的费用一律由当事人承担

D. 扣押产生的费用由当事人承担

【考点】收费问题

【解析】《行政许可法》第58条规定，行政机关实施行政许可和对行政许可事项进行监督检查，不得收取任何费用。但是，法律、行政法规另有规定的，依照其规定。因此，能够对许可的收费作出特殊规定的是法律和行政法规，不包括规章。故A项错误。

《行政强制法》第60条第1款规定，行政机关申请人民法院强制执行，不缴纳申请费。强制执行的费用由被执行人承担。故B项正确。

《行政强制法》第51条第2款规定，代履行的费用按照成本合理确定，由当事人承担。但是，法律另有规定的除外。代履行的费用承担是有例外情况的，允许法律特殊规定，而非一律由当事人承担。故C项错误。

《行政强制法》第26条第3款规定，因查封、扣押发生的保管费用由行政机关承担。故D项错误。

综上所述，本题的答案为B。

2. 区城管局认定甲在道路上违法经营，将小推车等物品扣押，并于两天后向甲交付了扣押决定书和清单。二十天后，区城管局对扣押物品予以没收并进行销毁。下列哪些选项是正确的？（2022 – 模拟题 – 多）[3]

A. 城管局实施的扣押行为违法

B. 扣押发生的费用由当事人承担

---

[1] BCD　[2] B　[3] ACD

C. 没收扣押物品属于行政处罚

D. 对物品的销毁应有法律、行政法规的依据

【考点】强制措施的程序

【解析】《行政强制法》第24条第1款规定，行政机关决定实施查封、扣押的，应当履行本法第十八条规定的程序，制作并当场交付查封、扣押决定书和清单。A项中，区城管局两天后才交付了扣押决定书和清单，没有当时交付，因此该行政行为违法。所以，A项正确。

《行政强制法》第26条规定，对查封、扣押的场所、设施或者财物，行政机关应当妥善保管，不得使用或者损毁；造成损失的，应当承担赔偿责任。对查封的场所、设施或者财物，行政机关可以委托第三人保管，第三人不得损毁或者擅自转移、处置。因第三人的原因造成的损失，行政机关先行赔付后，有权向第三人追偿。因查封、扣押发生的保管费用由行政机关承担。B项中，扣押发生的费用应由行政机关承担。所以，B项错误。

《行政处罚法》第2条规定，行政处罚是指行政机关依法对违反行政管理秩序的公民、法人或者其他组织，以减损权益或者增加义务的方式予以惩戒的行为。《行政处罚法》第9条规定，行政处罚的种类：①警告、通报批评；②罚款、没收违法所得、没收非法财物；③暂扣许可证件、降低资质等级、吊销许可证件；④限制开展生产经营活动、责令停产停业、责令关闭、限制从业；⑤行政拘留；⑥法律、行政法规规定的其他行政处罚。C项中，没收属于行政处罚。所以，C项正确。

《行政强制法》第27条规定，行政机关采取查封、扣押措施后，应当及时查清事实，在本法第二十五条规定的期限内作出处理决定。对违法事实清楚，依法应当没收的非法财物予以没收；法律、行政法规规定应当销毁的，依法销毁；应当解除查封、扣押的，作出解除查封、扣押的决定。D项中，对物品的销毁应有法律、行政法规的依据。所以，D项正确。

综上所述，本题的答案为ACD。

3. 某市交通管理部门现场发现方某驾驶车辆在平台接单，经查方某没有办理《网络预约出租车经营许可证》，交通部门对涉事车辆予以扣押，并停放在停车场内，以下说法正确的是：（2021 - 模拟题 - 多）[1]

A. 扣押时应由两名以上行政执法人员实施

B. 扣押时应当制作现场笔录

C. 停车费用由方某承担

D. 经查如不需要扣押，应及时作出解除扣押决定

【考点】扣押的程序

【解析】《行政强制法》第18条第2、7项规定，行政机关实施行政强制措施应当遵守下列规定：由两名以上行政执法人员实施；制作现场笔录。A项正确。B项正确。

《行政强制法》第26条第3款规定，因查封、扣押发生的保管费用由行政机关承担。C项错误。

《行政强制法》第28条规定，有下列情形之一的，行政机关应当及时作出解除查封、扣押决定：①当事人没有违法行为；②查封、扣押的场所、设施或者财物与违法行为无关；③行政机关对违法行为已经作出处理决定，不再需要查封、扣押；④查封、扣押期限已经届满；⑤其他不再需要采取查封、扣押措施的情形。D项正确。

综上所述，本题答案为ABD。

---

[1] ABD

4. 某市市场监管局一次执法检查时发现一火锅店销售过期香肠，扣押了剩余的香肠并处以 10 000 元罚款，该火锅店逾期未缴纳罚款。下列说法正确的有：（2019－模拟题－多）[1]

A. 市场监管局应当制作并当场交付扣押决定书和清单

B. 对于该扣押行为，市场监管局可以委托卫生局作出

C. 市场监管局加处罚款超过 30 日，经催告当事人仍不履行的，市场监管局可以强制执行

D. 实施扣押需要通知当事人到场

【考点】 行政强制措施实施程序

【解析】《行政强制法》第 24 条规定，行政机关决定实施查封、扣押的，应当履行《行政强制法》第 18 条规定的程序，制作并当场交付查封、扣押决定书和清单。查封、扣押决定书应当载明下列事项：①当事人的姓名或者名称、地址；②查封、扣押的理由、依据和期限；③查封、扣押场所、设施或者财物的名称、数量等；④申请行政复议或者提起行政诉讼的途径和期限；⑤行政机关的名称、印章和日期。查封、扣押清单一式二份，由当事人和行政机关分别保存。A 项正确。

《行政强制法》第 17 条规定，行政强制措施由法律、法规规定的行政机关在法定职权范围内实施。行政强制措施权不得委托。依据《行政处罚法》的规定行使相对集中行政处罚权的行政机关，可以实施法律、法规规定的与行政处罚权有关的行政强制措施。行政强制措施应当由行政机关具备资格的行政执法人员实施，其他人员不得实施。B 项错误。

《行政强制法》第 46 条规定，行政机关依照《行政强制法》第 45 条规定实施加处罚款或者滞纳金超过 30 日，经催告当事人仍不履行的，具有行政强制执行权的行政机关可以强制执行。行政机关实施强制执行前，需要采取查封、扣押、冻结措施的，依照《行政强制法》第 3 章规定办理。没有行政强制执行权的行政机关应当申请人民法院强制执行。但是，当事人在法定期限内不申请行政复议或者提起行政诉讼，经催告仍不履行的，在实施行政管理过程中已经采取查封、扣押措施的行政机关，可以将查封、扣押的财物依法拍卖抵缴罚款。本案中，市场监管局没有强制执行权，不能实施强制执行。C 项错误。

《行政强制法》第 18 条第 4 项规定，行政机关实施行政强制措施应当通知当事人到场。D 项正确。

综上所述，本题的答案为 AD。

5. 王某夏季驾车运送活鱼途中，因撞坏公路设施而被执法机关暂扣车辆，王某表示活鱼受热会死亡，请求妥善处理后扣车，对方未予理会，后活鱼果然大量死亡，损失 1 万元多元。王某遂提起行政诉讼，下列说法错误的有：（2018－模拟题－多）[2]

A. 执法机关采取行政强制措施，应追求所造成的不利影响最小化

B. 若执法机关采取的措施于法有据，则无须对王某损失承担责任

C. 王某因扣车所受损失由其撞坏公路设施引起，一切后果自负

D. 行政诉讼仅审查行政行为合法性，不审查是否合理、适当

【考点】 行政强制措施实施程序

【解析】《行政强制法》第 5 条规定，行政强制的设定和实施，应当适当。采用非强制手段可以达到行政管理目的的，不得设定和实施行政强制。A 项正确，不当选。

《国家赔偿法》第 2 条第 1 款规定，国家机关和国家机关工作人员行使职权，有《国家赔偿法》规定的侵犯公民、法人和其他组织合法权益的情形，造成损害的，受害人有依照《国

---

[1] AD [2] BCD

家赔偿法》取得国家赔偿的权利。B项错误，当选。

《行政强制法》第23条规定，查封、扣押限于涉案的场所、设施或者财物，不得查封、扣押与违法行为无关的场所、设施或者财物；不得查封、扣押公民个人及其所扶养家属的生活必需品。当事人的场所、设施或者财物已被其他国家机关依法查封的，不得重复查封。C项错误，当选。

《行政诉讼法》第70条规定，行政行为有下列情形之一的，人民法院判决撤销或者部分撤销，并可以判决被告重新作出行政行为：①主要证据不足的；②适用法律、法规错误的；③违反法定程序的；④超越职权的；⑤滥用职权的；⑥明显不当的。因此，行政诉讼对合法性和合理性都进行审查。D项错误，当选。

综上所述，本题的答案为BCD。

6. 某市城管执法局发现李某未经批准在农贸市场的公共通道中擅自摆摊经营，经多次劝说无效后，遂对其商品进行了扣押，并对扣押过程全程录像。关于扣押的实施，下列做法正确的是：（2018－模拟题－单）[1]

A. 不得在夜间或者法定节假日实施扣押

B. 必须全程摄像，否则构成程序违法

C. 市城管执法局有扣押的权力，但扣押前需要听证

D. 制作并当场交付扣押决定书和清单，一式两份

【考点】行政强制措施实施程序

【解析】《行政强制法》第43条规定，行政机关不得在夜间或者法定节假日实施行政强制执行。但是，情况紧急的除外。行政机关不得对居民生活采取停止供水、供电、供热、供燃气等方式迫使当事人履行相关行政决定。A项扣押是强制措施，说法错误。

《行政强制法》第18条第7项规定，行政机关实施行政强制措施应当制作现场笔录。《行政强制法》中未规定全程摄像。B项错误。

《行政强制法》中未规定行政强制措施听证的情形，扣押不需听证。C项错误。

《行政强制法》第24条第1、3款规定，行政机关决定实施查封、扣押的，应当履行《行政强制法》第18条规定的程序，制作并当场交付查封、扣押决定书和清单。查封、扣押清单一式二份，由当事人和行政机关分别保存。D项正确。

综上所述，本题的答案为D。

7. 某市质监局发现王某开设的超市销售伪劣商品，遂依据《产品质量法》对发现的伪劣商品实施扣押。关于扣押的实施，下列哪一说法是错误的？（2017/2/48－单）[2]

A. 因扣押发生的保管费用由王某承担

B. 应制作现场笔录

C. 应制作并当场交付扣押决定书和扣押清单

D. 不得扣押与违法行为无关的财物

【考点】行政强制措施实施程序

【解析】《行政强制法》第26条第3款规定，因查封、扣押发生的保管费用由行政机关承担。A项中，因扣押发生的保管费用由王某承担，错误，当选。

《行政强制法》第18条第7项规定，行政机关实施行政强制措施应当制作现场笔录。B项中，应制作现场笔录，正确，不当选。

_____

[1] D [2] A

《行政强制法》第24条第1款规定，行政机关决定实施查封、扣押的，应当履行《行政强制法》第18条规定的程序，制作并当场交付查封、扣押决定书和清单。C项中，应制作并当场交付扣押决定书和扣押清单，正确，不当选。

《行政强制法》第23条第1款规定，查封、扣押限于涉案的场所、设施或者财物，不得查封、扣押与违法行为无关的场所、设施或者财物；不得查封、扣押公民个人及其所扶养家属的生活必需品。D项中，不得扣押与违法行为无关的财物，正确，不当选。

综上所述，本题的答案为A。

8. 某工商局因陈某擅自设立互联网上网服务营业场所扣押其从事违法经营活动的电脑15台，后作出没收被扣电脑的决定。下列哪些说法是正确的？（2016/2/82－多）[1]

A. 工商局应制作并当场交付扣押决定书和扣押清单

B. 因扣押电脑数量较多，作出扣押决定前工商局应告知陈某享有要求听证的权利

C. 对扣押的电脑，工商局不得使用

D. 因扣押行为系过程性行政行为，陈某不能单独对扣押行为提起行政诉讼

【考点】行政强制措施实施程序

【解析】《行政强制法》第24条第1款规定，行政机关决定实施查封、扣押的，应当履行《行政强制法》第18条规定的程序，制作并当场交付查封、扣押决定书和清单。A项中，工商局应制作并当场交付扣押决定书和扣押清单，正确。

《行政强制法》中未规定行政强制措施听证的情形，B项中，因扣押电脑数量较多，作出扣押决定前工商局应告知陈某享有要求听证的权利，错误。

《行政强制法》第26条第1款规定，对查封、扣押的场所、设施或者财物，行政机关应当妥善保管，不得使用或者损毁；造成损失的，应当承担赔偿责任。C项中，对扣押的电脑，工商局不得使用，正确。

《行政诉讼法》第12条第1～3项规定，人民法院受理公民、法人或者其他组织提起的下列诉讼：①对行政拘留、暂扣或者吊销许可证和执照、责令停产停业、没收违法所得、没收非法财物、罚款、警告等行政处罚不服的；②对限制人身自由或者对财产的查封、扣押、冻结等行政强制措施和行政强制执行不服的；③申请行政许可，行政机关拒绝或者在法定期限内不予答复，或者对行政机关作出的有关行政许可的其他决定不服的。D项中，因扣押行为系过程性行政行为，陈某不能单独对扣押行为提起行政诉讼，错误。

综上所述，本题的答案为AC。

9. 某公安交管局交通大队民警发现王某驾驶的电动三轮车未悬挂号牌，遂作出扣押的强制措施。关于扣押应遵守的程序，下列哪些说法是正确的？（2015/2/78－多）[2]

A. 由2名以上交通大队行政执法人员实施扣押

B. 当场告知王某扣押的理由和依据

C. 当场向王某交付扣押决定书

D. 将三轮车及其车上的物品一并扣押，当场交付扣押清单

【考点】行政强制措施实施程序

【解析】《行政强制法》第18条规定，行政机关实施行政强制措施应当遵守下列规定：①实施前须向行政机关负责人报告并经批准；②由2名以上行政执法人员实施；③出示执法身份证件；④通知当事人到场；⑤当场告知当事人采取行政强制措施的理由、依据以及当事人依

_____

[1] AC [2] ABC

法享有的权利、救济途径；⑥听取当事人的陈述和申辩；⑦制作现场笔录；⑧现场笔录由当事人和行政执法人员签名或者盖章，当事人拒绝的，在笔录中予以注明；⑨当事人不到场的，邀请见证人到场，由见证人和行政执法人员在现场笔录上签名或者盖章；⑩法律、法规规定的其他程序。A项中，扣押的强制措施应当由2名以上行政执法人员实施，正确。B项中，当场告知王某扣押的理由和依据，正确。

《行政强制法》第24条第1款规定，行政机关决定实施查封、扣押的，应当履行《行政强制法》第18条规定的程序，制作并当场交付查封、扣押决定书和清单。C项中，当场向王某交付扣押决定书，正确。

《行政强制法》第23条第1款规定，查封、扣押限于涉案的场所、设施或者财物，不得查封、扣押与违法行为无关的场所、设施或者财物；不得查封、扣押公民个人及其所扶养家属的生活必需品。D项中，王某驾驶的电动三轮车未悬挂号牌，电动三轮车是与违法行为有关的财物，是查封扣押的对象，但是电动三轮车上的物品与违法行为无关，不得查封、扣押。所以，D项错误。

综上所述，本题的答案为ABC。

10. 某区公安分局以非经许可运输烟花爆竹为由，当场扣押孙某杂货店的烟花爆竹100件。关于此扣押，下列哪一说法是错误的？（2014/2/47－单）[1]

A. 执法人员应当在返回该分局后立即向该分局负责人报告并补办批准手续

B. 扣押时应当制作现场笔录

C. 扣押时应当制作并当场交付扣押决定书和清单

D. 扣押应当由某区公安分局具备资格的行政执法人员实施

【考点】行政强制措施实施程序

【解析】《行政强制法》第19条规定，情况紧急，需要当场实施行政强制措施的，行政执法人员应当在24小时内向行政机关负责人报告，并补办批准手续。行政机关负责人认为不应当采取行政强制措施的，应当立即解除。所以，A项错误，当选。

《行政强制法》第18条规定，行政机关实施行政强制措施应当遵守下列规定：①实施前须向行政机关负责人报告并经批准；②由2名以上行政执法人员实施；③出示执法身份证件；④通知当事人到场；⑤当场告知当事人采取行政强制措施的理由、依据以及当事人依法享有的权利、救济途径；⑥听取当事人的陈述和申辩；⑦制作现场笔录；⑧现场笔录由当事人和行政执法人员签名或者盖章，当事人拒绝的，在笔录中予以注明；⑨当事人不到场的，邀请见证人到场，由见证人和行政执法人员在现场笔录上签名或者盖章；⑩法律、法规规定的其他程序。B项中，扣押时应当制作现场笔录，正确，不当选。

《行政强制法》第24条第1款规定，行政机关决定实施查封、扣押的，应当履行《行政强制法》第18条规定的程序，制作并当场交付查封、扣押决定书和清单。C项中，扣押时应当制作并当场交付扣押决定书和清单，正确，不当选。

《行政强制法》第17条第3款规定，行政强制措施应当由行政机关具备资格的行政执法人员实施，其他人员不得实施。D项中，扣押应当由某区公安分局具备资格的行政执法人员实施，正确，不当选。

综上所述，本题的答案为A。

[1]　A

11. 某工商分局接举报称肖某超范围经营，经现场调查取证初步认定举报属实，遂扣押与其经营相关物品，制作扣押财物决定及财物清单。关于扣押程序，下列哪些说法是正确的？（2013/2/80－多）[1]

A. 扣押时应当通知肖某到场

B. 扣押清单一式二份，由肖某和该工商分局分别保存

C. 对扣押物品发生的合理保管费用，由肖某承担

D. 该工商分局应当妥善保管扣押的物品

【考点】行政强制措施实施程序

【解析】《行政强制法》第18条规定，行政机关实施行政强制措施应当遵守下列规定：①实施前须向行政机关负责人报告并经批准；②由2名以上行政执法人员实施；③出示执法身份证件；④通知当事人到场；⑤当场告知当事人采取行政强制措施的理由、依据以及当事人依法享有的权利、救济途径；⑥听取当事人的陈述和申辩；⑦制作现场笔录；⑧现场笔录由当事人和行政执法人员签名或者盖章，当事人拒绝的，在笔录中予以注明；⑨当事人不到场的，邀请见证人到场，由见证人和行政执法人员在现场笔录上签名或者盖章；⑩法律、法规规定的其他程序。A项中，扣押时应当通知肖某到场符合第4项规定，正确。

《行政强制法》第24条第3款规定，查封、扣押清单一式二份，由当事人和行政机关分别保存。所以，B项正确。

《行政强制法》第26条第3款规定，因查封、扣押发生的保管费用由行政机关承担。C项中，对扣押物品发生的合理保管费用，由工商分局承担而不是肖某承担，错误。

《行政强制法》第26条第1款规定，对查封、扣押的场所、设施或者财物，行政机关应当妥善保管，不得使用或者损毁；造成损失的，应当承担赔偿责任。D项中，该工商分局应当妥善保管扣押的物品，正确。

综上所述，本题的答案为ABD。

12. 某工商局以涉嫌非法销售汽车为由扣押某公司5辆汽车。下列哪些说法是错误的？（2012/2/80－多）[2]

A. 工商局可以委托城管执法局实施扣押

B. 工商局扣押汽车的最长期限为90日

C. 对扣押车辆，工商局可以委托第三人保管

D. 对扣押车辆进行检测的费用，由某公司承担

【考点】行政强制措施实施程序

【解析】《行政强制法》第17条第1款规定，行政强制措施由法律、法规规定的行政机关在法定职权范围内实施。行政强制措施权不得委托。A项中，工商局可以委托城管执法局实施扣押，错误，当选。

《行政强制法》第25条规定，查封、扣押的期限不得超过30日；情况复杂的，经行政机关负责人批准，可以延长，但是延长期限不得超过30日。法律、行政法规另有规定的除外。延长查封、扣押的决定应当及时书面告知当事人，并说明理由。对物品需要进行检测、检验、检疫或者技术鉴定的，查封、扣押的期间不包括检测、检验、检疫或者技术鉴定的期间。检测、检验、检疫或者技术鉴定的期间应当明确，并书面告知当事人。检测、检验、检疫或者技术鉴定的费用由行政机关承担。B项中，工商局扣押汽车的最长期限应为60日而非90日，错

---

[1] ABD [2] ABD

误，当选。D项中，对扣押汽车进行检测的费用，应由行政机关承担，而非某公司承担，错误，当选。

《行政强制法》第26条规定，对查封、扣押的场所、设施或者财物，行政机关应当妥善保管，不得使用或者损毁；造成损失的，应当承担赔偿责任。对查封的场所、设施或者财物，行政机关可以委托第三人保管，第三人不得损毁或者擅自转移、处置。因第三人的原因造成的损失，行政机关先行赔付后，有权向第三人追偿。因查封、扣押发生的保管费用由行政机关承担。所以，C项正确，不当选。

综上所述，本题的答案为ABD。

四、行政强制执行的实施程序

1. 某规划局将一房屋认定为违章建筑，对其下达了《责令限期拆除通知书》。第2天，规划局将其建筑强制拆除。下列说法错误的有：(2019-模拟题-多)[1]

A. 《责令限期拆除通知书》属于行政程序性文件，当事人不能提起行政诉讼

B. 县规划局拆除违章建筑行为合法

C. 责令限期拆除是行政指导

D. 如当事人提出行政诉讼，本案应当适用简易程序进行审理

【考点】行政强制执行实施程序

【解析】《行政诉讼法》第2条规定，公民、法人或者其他组织认为行政机关和行政机关工作人员的行政行为侵犯其合法权益，有权依照《行政诉讼法》向人民法院提起诉讼。前款所称行政行为，包括法律、法规、规章授权的组织作出的行政行为。本案中，规划局将房屋认定为违章建筑，限期拆除，已经是一个独立的结果，可以提起行政诉讼。A项错误，当选。

责令限期拆除，应给予相对人合理的履行期间，第2天即将建筑强制拆除，没有考虑到当事人的履行能力，且没有经过催告程序，拆除行为违法。B项错误，当选。

行政指导行为是行政机关以倡导、示范、建议、咨询等方式，引导公民自愿配合而达到行政管理目的的行为。行政指导行为不具备强制力，当事人可以选择是否履行。本案中，责令限期拆除是行政机关设定的义务，当事人必须履行，因此不是行政指导。C项错误，当选。

《行政诉讼法》第82条规定，人民法院审理下列第一审行政案件，认为事实清楚、权利义务关系明确、争议不大的，可以适用简易程序：①被诉行政行为是依法当场作出的；②案件涉及款额2000元以下的；③属于政府信息公开案件的。除前款规定以外的第一审行政案件，当事人各方同意适用简易程序的，可以适用简易程序。发回重审、按照审判监督程序再审的案件不适用简易程序。本案中，责令限期拆除不属于法定适用简易程序的案件类型。D项错误，当选。

综上所述，本题的答案为ABCD。

2. 林某在河道内修建了"农家乐"休闲旅社，在紧急防汛期，防汛指挥机构认为需要立即清除该建筑物，林某无法清除。对此，下列哪些说法是正确的？(2017/2/81-多)[2]

A. 防汛指挥机构可决定立即实施代履行

B. 如林某提起行政诉讼，防汛指挥机构应暂停强制清除

C. 在法定节假日，防汛指挥机构也可强制清除

D. 防汛指挥机构可与林某签订执行协议约定分阶段清除

【考点】行政强制执行实施程序

---

[1] ABCD [2] AC

【解析】《行政强制法》第52条规定，需要立即清除道路、河道、航道或者公共场所的遗洒物、障碍物或者污染物，当事人不能清除的，行政机关可以决定立即实施代履行；当事人不在场的，行政机关应当在事后立即通知当事人，并依法作出处理。A项中，防汛指挥机构可决定立即实施代履行，正确。

《行政诉讼法》第56条第1款规定，诉讼期间，不停止行政行为的执行。B项中，如林某提起行政诉讼，防汛指挥机构应暂停强制清除，错误。

《行政强制法》第43条第1款规定，行政机关不得在夜间或者法定节假日实施行政强制执行。但是，情况紧急的除外。C项中，在法定节假日，防汛指挥机构也可强制清除，正确。

《行政强制法》第42条第1款规定，实施行政强制执行，行政机关可以在不损害公共利益和他人合法权益的情况下，与当事人达成执行协议。执行协议可以约定分阶段履行；当事人采取补救措施的，可以减免加处的罚款或者滞纳金。D项中，防汛指挥机构认为需要立即清除该建筑物，属于紧急情况，不适用于分阶段履行的情形，D项错误。

综上所述，本题的答案为AC。

3. 在行政强制执行过程中，行政机关依法与甲达成执行协议。事后，甲应当履行协议而不履行，行政机关可采取下列哪一措施？（2015/2/49－单）[1]

A. 申请法院强制执行　　　　　　　B. 恢复强制执行

C. 以甲为被告提起民事诉讼　　　　D. 以甲为被告提起行政诉讼

【考点】行政强制执行实施程序

【解析】《行政强制法》第42条规定，实施行政强制执行，行政机关可以在不损害公共利益和他人合法权益的情况下，与当事人达成执行协议。执行协议可以约定分阶段履行；当事人采取补救措施的，可以减免加处的罚款或者滞纳金。执行协议应当履行。当事人不履行执行协议的，行政机关应当恢复强制执行。本题中，在行政强制执行过程中，行政机关与甲达成执行协议，甲后来不履行该协议，行政机关应当恢复强制执行。所以，B项当选。

综上所述，本题的答案为B。

4. 代履行是行政机关强制执行的方式之一。有关代履行，下列哪些说法是错误的？（2014/2/81－多）[2]

A. 行政机关只能委托没有利害关系的第三人代履行

B. 代履行的费用均应当由负有义务的当事人承担

C. 代履行不得采用暴力、胁迫以及其他非法方式

D. 代履行3日前应送达决定书

【考点】代履行

【解析】《行政强制法》第50条规定，行政机关依法作出要求当事人履行排除妨碍、恢复原状等义务的行政决定，当事人逾期不履行，经催告仍不履行，其后果已经或者将危害交通安全、造成环境污染或者破坏自然资源的，行政机关可以代履行，或者委托没有利害关系的第三人代履行。A项中，行政机关只能委托没有利害关系的第三人代履行，错误，当选。

《行政强制法》第51条第2、3款规定，代履行的费用按照成本合理确定，由当事人承担。但是，法律另有规定的除外。代履行不得采用暴力、胁迫以及其他非法方式。B项中，代履行费用均应当由负有义务的当事人承担，错误，当选。C项中，代履行不得采用暴力、胁迫以及其他非法方式，正确，不当选。

———————————————

[1]　B　[2]　ABD

《行政强制法》第 51 条第 1 款第 1、2 项规定，代履行前送达决定书，代履行决定书应当载明当事人的姓名或者名称、地址，代履行的理由和依据、方式和时间、标的、费用预算以及代履行人。代履行 3 日前，催告当事人履行，当事人履行的，停止代履行。D 项中，代履行 3 日前应送达决定书，错误，当选。

综上所述，本题的答案为 ABD。

5. 某市质监局发现一公司生产劣质产品，查封了公司的生产厂房和设备，之后决定没收全部劣质产品、罚款 10 万元。该公司逾期不缴纳罚款。下列哪一选项是错误的？（2012/2/48 - 单）[1]

A. 实施查封时应制作现场笔录

B. 对公司的处罚不能适用简易程序

C. 对公司逾期缴纳罚款，质监局可以每日按罚款数额的 3% 加处罚款

D. 质监局可以通知该公司的开户银行划拨其存款

【考点】行政强制措施与执行实施程序

【解析】《行政强制法》第 18 条规定，行政机关实施行政强制措施应当遵守下列规定：①实施前须向行政机关负责人报告并经批准；②由 2 名以上行政执法人员实施；③出示执法身份证件；④通知当事人到场；⑤当场告知当事人采取行政强制措施的理由、依据以及当事人依法享有的权利、救济途径；⑥听取当事人的陈述和申辩；⑦制作现场笔录；⑧现场笔录由当事人和行政执法人员签名或者盖章，当事人拒绝的，在笔录中予以注明；⑨当事人不到场的，邀请见证人到场，由见证人和行政执法人员在现场笔录上签名或者盖章；⑩法律、法规规定的其他程序。A 项中，实施查封时应当制作现场笔录，正确，不当选。

《行政处罚法》第 51 条规定，违法事实确凿并有法定依据，对公民处以 200 元以下、对法人或者其他组织处以 3000 元以下罚款或者警告的行政处罚的，可以当场作出行政处罚决定。法律另有规定的，从其规定。B 项中，没收全部劣质产品、罚款 10 万元，不符合简易程序的适用范围。所以，B 项正确，不当选。

《行政强制法》第 13 条规定，行政强制执行由法律设定。法律没有规定行政机关强制执行的，作出行政决定的行政机关应当申请人民法院强制执行。《行政处罚法》第 72 条规定，当事人逾期不履行行政处罚决定的，作出行政处罚决定的行政机关可以采取下列措施：①到期不缴纳罚款的，每日按罚款数额的 3% 加处罚款，加处罚款的数额不得超出罚款的数额；②根据法律规定，将查封、扣押的财物拍卖、依法处理或者将冻结的存款、汇款划拨抵缴罚款；③根据法律规定，采取其他行政强制执行方式；④依照《中华人民共和国行政强制法》的规定申请人民法院强制执行。C 项中，对公司逾期缴纳罚款，质监局可以每日按罚款数额的 3% 加处罚款，正确，不当选。

D 项中，通知该公司的开户银行划拨其存款属于行政强制执行，质监局没有强制执行权，需要申请法院执行，而不能自行划拨该公司的银行存款。所以，D 项错误，当选。

综上所述，本题的答案为 D。

6. 规划局认定一公司所建房屋违反规划，向该公司发出《拆除所建房屋通知》，要求公司在 15 日内拆除房屋。到期后，该公司未拆除所建房屋，该局发出《关于限期拆除所建房屋的通知》，要求公司在 10 日内自动拆除，否则将依法强制执行。下列哪些说法是正确的？（2012/2/84 - 多）[2]

---

[1] D [2] AC

A. 《拆除所建房屋通知》与《关于限期拆除所建房屋的通知》性质不同

B. 《关于限期拆除所建房屋的通知》系行政处罚

C. 公司可以对《拆除所建房屋通知》提起行政诉讼

D. 在作出《拆除所建房屋通知》时，规划局可以适用简易程序

【考点】 行政强制执行实施程序

【解析】《行政强制法》第 35 条规定，行政机关作出强制执行决定前，应当事先催告当事人履行义务。催告应当以书面形式作出，并载明下列事项：①履行义务的期限；②履行义务的方式；③涉及金钱给付的，应当有明确的金额和给付方式；④当事人依法享有的陈述权和申辩权。本题中，规划局发出了两个通知。第一个通知，即规划局认定一公司所建房屋违反规划后发出的《拆除所建房屋通知》，其内容是要求公司在 15 日内拆除房屋。该通知旨在纠正公司的违法行为，为行政决定。第二个通知，即规划局发出第一个通知后，公司未拆除所建房屋，该局发出《关于限期拆除所建房屋的通知》，要求公司在 10 日内自动拆除。此通知为行政强制执行中的催告行为，目的在于督促当事人自动履行义务。所以，A 项正确，B 项错误。

《行政诉讼法》第 12 条规定，人民法院受理公民、法人或者其他组织提起的下列诉讼：①对行政拘留、暂扣或者吊销许可证和执照、责令停产停业、没收违法所得、没收非法财物、罚款、警告等行政处罚不服的；②对限制人身自由或者对财产的查封、扣押、冻结等行政强制措施和行政强制执行不服的；③申请行政许可，行政机关拒绝或者在法定期限内不予答复，或者对行政机关作出的有关行政许可的其他决定不服的；④对行政机关作出的关于确认土地、矿藏、水流、森林、山岭、草原、荒地、滩涂、海域等自然资源的所有权或者使用权的决定不服的；⑤对征收、征用决定及其补偿决定不服的；⑥申请行政机关履行保护人身权、财产权等合法权益的法定职责，行政机关拒绝履行或者不予答复的；⑦认为行政机关侵犯其经营自主权或者农村土地承包经营权、农村土地经营权的；⑧认为行政机关滥用行政权力排除或者限制竞争的；⑨认为行政机关违法集资、摊派费用或者违法要求履行其他义务的；⑩认为行政机关没有依法支付抚恤金、最低生活保障待遇或者社会保险待遇的；⑪认为行政机关不依法履行、未按照约定履行或者违法变更、解除政府特许经营协议、土地房屋征收补偿协议等协议的；⑫认为行政机关侵犯其他人身权、财产权等合法权益的。除前款规定外，人民法院受理法律、法规规定可以提起诉讼的其他行政案件。C 项中，《拆除所建房屋通知》是针对该公司作出的行政行为，具有可诉性，正确。

根据国务院法制办公室秘书行政司对四川省人民政府法制办公室《关于"责令限期拆除"是否是行政处罚行为的请示》的答复，根据《行政处罚法》第 23 条关于"行政机关实施行政处罚时，应当责令改正或者限期改正违法行为"的规定，《城市规划法》第 40 条规定的"责令限期拆除"，不应当理解为行政处罚行为。该答复未对限期拆除的性质作明确定性，也不适宜判断适用简易程序。所以，D 项错误。

综上所述，本题的答案为 AC。

7. 原《环境保护法》规定，当事人对行政处罚决定不服，可以在接到处罚通知之日起 15 日内申请复议，也可以在接到处罚通知之日起 15 日内直接向法院起诉。某县环保局依据《环境保护法》对违法排污企业作出罚款处罚决定，该企业不服。对此，下列哪一说法是正确的？(2010/2/48 改编 – 单)[1]

A. 如该企业申请复议，申请复议的期限应为 60 日

---

[1] A

B. 如该企业直接起诉，提起诉讼的期限应为 6 个月

C. 如该企业逾期不缴纳罚款，县环保局可从该企业的银行账户中划拨相应款项

D. 如该企业逾期不缴纳罚款，县环保局可扣押该企业的财产并予以拍卖

【考点】**行政强制执行实施程序、行政复议与行政诉讼期限**

【解析】《行政复议法》第 20 条第 1 款规定，公民、法人或者其他组织认为行政行为侵犯其合法权益的，可以自知道或者应当知道该行政行为之日起 60 日内提出行政复议申请；但是法律规定的申请期限超过 60 日的除外。由此可知，提出行政复议的申请一般期限为 60 日，特别期限取决于单行法律的规定，但不能少于 60 日。这意味着公民、法人或者其他组织申请行政复议期限应不少于 60 日，换言之，如果单行法律规定的申请行政复议期限短于 60 日的，为无效规定，应适用《行政复议法》所规定的一般期限，即 60 日。这是《行政复议法》作为行政复议的基本法对公民、法人或者其他组织申请复议期限的统一规定，既旨在实现行政复议申请期限的相对统一，更在于给予公民、法人或者其他组织的复议权充分保护。本题中，《环境保护法》规定当事人对行政处罚决定不服，可以自接到处罚通知之日起 15 日内申请复议，但因这一期限规定短于 60 日，此时应适用《行政复议法》一般期限规定，即企业申请复议，申请复议的期限应为 60 日，A 项正确。

《行政诉讼法》第 46 条第 1 款规定，公民、法人或者其他组织直接向人民法院提起诉讼的，应当自知道或者应当知道作出行政行为之日起 6 个月内提出。法律另有规定的除外。根据这一规定，公民、法人或者其他组织直接向人民法院提起诉讼的一般起诉期限为 6 个月，单行法律若对起诉期限作出特别规定的，则依特别规定，适用特别期限。本题中，原《环境保护法》对直接起诉的期限作出特别规定：当事人对行政处罚决定不服，可以在接到处罚通知之日起 15 日内直接向法院起诉，应予适用。故企业对处罚决定不服直接起诉，提起诉讼的期限应为 15 日，而不是 6 个月，B 项错误。（注意：2014 年《环境保护法》修订已删除环境行政处罚复议、诉讼期限的特别规定，但是通过此题可以掌握复议和诉讼对于期限的不同适用规则）

《行政强制法》第 13 条第 2 款规定，法律没有规定行政机关强制执行的，作出行政决定的行政机关应当申请人民法院强制执行。本题中，划拨银行款项和对财产的拍卖都是行政强制执行，无行政强制执行权的机关应当申请法院执行，而不能自行执行。所以 CD 项错误。

综上所述，本题的答案为 A。

五、申请法院强制执行

某河务局认定一公司在河滩区违法存放工程废土，决定对其罚款 10 万元。该公司未在法定期限内申请行政复议或提起行政诉讼，也未在指定期限内缴纳罚款。河务局向法院申请强制执行该罚款。说法正确的是？（2021－模拟题－多）[1]

A. 如法院审查后认为符合执行条件，应作出执行裁定

B. 应由法院执行庭对被执行行为的合法性进行审查

C. 申请法院强制执行前，河务局应催告该公司履行义务

D. 应向该公司所在地的基层法院申请

【考点】**申请法院强制执行的程序**

【解析】《行政强制法》第 57 条规定，人民法院对行政机关强制执行的申请进行书面审查，对符合本法第 55 条规定，且行政决定具备法定执行效力的，除本法第 58 条规定的情形外，人民法院应当自受理之日起 7 日内作出执行裁定。A 项正确。

---

[1] AC

《行诉解释》第160条第1款规定，人民法院受理行政机关申请执行其行政行为的案件后，应当在7日内由行政审判庭对行政行为的合法性进行审查，并作出是否准予执行的裁定。B项错误。

《行政强制法》第54条规定，行政机关申请人民法院强制执行前，应当催告当事人履行义务。C项正确。

《行政强制法》第54条规定，行政机关申请人民法院强制执行前，应当催告当事人履行义务。催告书送达10日后当事人仍未履行义务的，行政机关可以向所在地有管辖权的人民法院申请强制执行；执行对象是不动产的，向不动产所在地有管辖权的人民法院申请强制执行。《行诉解释》第157条第1款规定，行政机关申请人民法院强制执行其行政行为的，由申请人所在地的基层人民法院受理；执行对象为不动产的，由不动产所在地的基层人民法院受理。D项中，应向行政机关所在地的基层法院申请强制执行。D项错误。

综上所述，本题答案为AC。

第八章 行政协议与其他行政行为

一、行政协议的种类

政府发布《关于征收某地块的通知》，征收某小区土地。该小区的所有住户与政府签订安置补偿协议，6个月搬离。其中，安置补偿协议属于什么性质？（2019－模拟题－单）[1]

    A. 规范性文件　　　　　　　　　　B. 行政指导

    C. 单方行政行为　　　　　　　　　D. 行政合同

【考点】行政协议的性质

【解析】《行诉解释》第2条第2款规定，《行政诉讼法》第13条第2项规定的"具有普遍约束力的决定、命令"，是指行政机关针对不特定对象发布的能反复适用的规范性文件。这一规定确立了具体行政行为区别于抽象行政行为的标准：①对象是特定的；②不能反复适用。本题中，尽管小区人数众多，但属于特定的对象，属于具体行政行为。A项不当选。

行政指导行为是行政机关以倡导、示范、建议、咨询等方式，引导公民自愿配合而达到行政管理目的的行为。本题已就具体事项达成了协议，属于行政协议。B项不当选。

单方行政行为是指具体行政行为的作出不需要公民、法人或者其他组织的同意，是行政机关依据国家行政法律以命令形式单方面设定的。本题事项以双方合意为前提。C项不当选。

行政协议，是指行政机关为了实现行政管理或者公共服务目标，与公民、法人或者其他组织协商订立的具有行政法上权利义务内容的协议。D项符合本题的题意，当选。

综上所述，本题答案为D。

二、行政协议的诉讼时效与举证责任

1. 某区政府为实施房屋征收，确定由区自然资源和规划局具体实施征收工作。区自然资源和规划局与陈某签订了房屋征收补偿协议，但在约定期限内未给付补偿金。陈某不服，提起行政诉讼。下列说法正确的是？（2023－模拟题－单）[2]

    A. 应当以区政府为被告　　　　　　B. 该协议不得约定争议的管辖法院

    C. 该案不得进行调解　　　　　　　D. 诉讼时效参照民事法律规范确定

【考点】行政协议的诉讼

【解析】《行政诉讼法》第26条第1款规定，公民、法人或者其他组织直接向人民法院提起诉讼的，作出行政行为的行政机关是被告。本案中，该行政行为的作出主体是区自然资源和规划局，被告应区自然资源和规划局。故A项错误。

最高人民法院《关于审理行政协议案件若干问题的规定》第7条规定，当事人书面协议约定选择被告所在地、原告所在地、协议履行地、协议订立地、标的物所在地等与争议有实际联

---

[1] D　[2] D

系地点的人民法院管辖的，人民法院从其约定，但违反级别管辖和专属管辖的除外。因此，该协议可以约定争议的管辖法院，只要不违反级别管辖和专属管辖即可。故 B 项错误。

最高人民法院《关于审理行政协议案件若干问题的规定》第 23 条规定，人民法院审理行政协议案件，可以依法进行调解。人民法院进行调解时，应当遵循自愿、合法原则，不得损害国家利益、社会公共利益和他人合法权益。因此，行政协议案件可以进行调解。故 C 项错误。

最高人民法院《关于审理行政协议案件若干问题的规定》第 25 条规定，公民、法人或者其他组织对行政机关不依法履行、未按照约定履行行政协议提起诉讼的，诉讼时效参照民事法律规范确定；对行政机关变更、解除行政协议等行政行为提起诉讼的，起诉期限依照行政诉讼法及其司法解释确定。本案中，行政机关未在约定期限内给付补偿金，属于对行政机关不依法履行、未按照约定履行行政协议提起诉讼的情形，因此诉讼时效参照民事法律规范确定。故 D 项正确。

综上所述，本题的答案为 D。

2. 黄某房屋在拆迁范围内，甲县政府与黄某签订房屋拆迁补偿协议，拆迁款 100 万元，后甲县政府认为黄某房屋面积不足，单方变更拆迁款数额为 80 万元，黄某对变更数额决定不服提起诉讼。下列说法错误的是？（2021-模拟题-单）[1]

  A. 诉讼时效应符合行政诉讼法及司法解释规定

  B. 县政府单方变更协议数额，行为违法

  C. 本案的被告是县政府

  D. 县政府可就黄某不履行协议未按期限搬离提出反诉

【考点】行政协议的诉讼时效

【解析】《最高人民法院关于审理行政协议案件若干问题的规定》第 25 条规定，公民、法人或者其他组织对行政机关不依法履行、未按照约定履行行政协议提起诉讼的，诉讼时效参照民事法律规范确定；对行政机关变更、解除行政协议等行政行为提起诉讼的，起诉期限依照行政诉讼法及其司法解释确定。A 项中，黄某对行政机关变更行政协议不服起诉，诉讼时效依照行政诉讼法及其司法解释确定。A 项正确。

《最高人民法院关于审理行政协议案件若干问题的规定》第 1 条规定，行政机关为了实现行政管理或者公共服务目标，与公民、法人或者其他组织协商订立的具有行政法上权利义务内容的协议，属于行政诉讼法第 12 条第 1 款第 11 项规定的行政协议。B 项中，行政机关不能随意地单方变更协议，正确。

《最高人民法院关于审理行政协议案件若干问题的规定》第 4 条第 1 款规定，因行政协议的订立、履行、变更、终止等发生纠纷，公民、法人或者其他组织作为原告，以行政机关为被告提起行政诉讼的，人民法院应当依法受理。C 项正确。

《最高人民法院关于审理行政协议案件若干问题的规定》第 6 条规定，人民法院受理行政协议案件后，被告就该协议的订立、履行、变更、终止等提起反诉的，人民法院不予准许。D 项错误。

综上所述，本题答案为 D。

3. 依据县政府的文件，为了保护生态环境维护公共利益，县规划局和一家采石场签了关闭矿山的协议。协议内容包括这家采石场 60 天后关闭，政府给予补偿 15 万。后来采石场以显失公平为由提起诉讼，请求撤销该协议，下列说法正确是：（2020-模拟题-多）[2]

―――――――――

[1] D   [2] ABCD

A. 撤销合同事由的举证责任由采石场承担

B. 县规划局对订立协议的合法性承担举证责任

C. 行政协议可以约定由县法院管辖

D. 采石场可以要求附带性审查县政府的文件

【考点】 行政协议诉讼的举证责任

【解析】《最高人民法院关于审理行政协议案件若干问题的规定》第10条规定，被告对于自己具有法定职权、履行法定程序、履行相应法定职责以及订立、履行、变更、解除行政协议等行为的合法性承担举证责任。原告主张撤销、解除行政协议的，对撤销、解除行政协议的事由承担举证责任。对行政协议是否履行发生争议的，由负有履行义务的当事人承担举证责任。A项中，采石场要求撤销合同，由采石场对撤销的事由承担举证责任，正确。B项中，被告对订立协议的合法性承担举证责任，正确。

《最高人民法院关于审理行政协议案件若干问题的规定》第7条规定，当事人书面协议约定选择被告所在地、原告所在地、协议履行地、协议订立地、标的物所在地等与争议有实际联系地点的人民法院管辖的，人民法院从其约定，但违反级别管辖和专属管辖的除外。C项正确。

《行政诉讼法》第53条规定，公民、法人或者其他组织认为行政行为所依据的国务院部门和地方人民政府及其部门制定的规范性文件不合法，在对行政行为提起诉讼时，可以一并请求对该规范性文件进行审查。前款规定的规范性文件不含规章。D项中，县政府的文件是行为的依据，因此可以进行附带性审查。D项正确。

综上所述，本题的答案为ABCD。

三、行政协议诉讼的裁判

1. 孙某和孙小某是父子，孙某是户主，孙小某以孙某的名义跟政府签订了房屋征收协议，孙某称不知情向法院提起行政诉讼请求确认协议无效。下列哪一说法是正确的？（2022 - 模拟题 - 单)[1]

A. 法院不能用民事法律规范确认行政协议无效

B. 若协议约定管辖，则管辖无效

C. 若无效的事由在一审法庭辩论终结前消除，法院可以裁定驳回起诉

D. 法院应对行政机关订立协议的合法性进行审查

【考点】 行政协议诉讼的法律适用、管辖和裁判

【解析】《最高人民法院关于审理行政协议案件若干问题的规定》第12条第2款规定，人民法院可以适用民事法律规范确认行政协议无效。所以，A项错误。

《最高人民法院关于审理行政协议案件若干问题的规定》第7条规定，当事人书面协议约定选择被告所在地、原告所在地、协议履行地、协议订立地、标的物所在地等与争议有实际联系地点的人民法院管辖的，人民法院从其约定，但违反级别管辖和专属管辖的除外。B项中，行政协议的当事人可以书面约定与争议有实际联系地点的法院管辖，并非约定管辖一律无效。所以，B项错误。

《最高人民法院关于审理行政协议案件若干问题的规定》第12条第3款规定，行政协议无效的原因在一审法庭辩论终结前消除的，人民法院可以确认行政协议有效。C项中，法院可以确认行政协议有效，而非裁定驳回起诉，裁定驳回起诉通常适用于已经立案、但不符合起诉条

---

[1] D

件的情形。所以，C 项错误。

《最高人民法院关于审理行政协议案件若干问题的规定》第 11 条第 1 款的规定，人民法院审理行政协议案件，应当对被告订立、履行、变更、解除行政协议的行为是否具有法定职权、是否滥用职权、适用法律法规是否正确、是否遵守法定程序、是否明显不当、是否履行相应法定职责进行合法性审查。所以，D 项正确。

综上所述，本题的答案为 D。

2. 2016 年，方某与区政府签订了房屋征收补偿协议。区政府未按照约定发放补偿款，方某认为区政府违约诉至法院。法院审查后认为该协议无效，告知方某变更诉讼请求，方某予以拒绝。下列说法正确的是？（2022 - 模拟题 - 多）[1]

A. 征收行为属于公益征收

B. 由中级人民法院管辖

C. 因方某拒绝变更诉讼请求，法院可以判决驳回其诉讼请求

D. 若方某请求确认无效，则因协议签订于 2016 年法院不予立案

【考点】 行政协议诉讼的裁判

【解析】 行政征收有两种类型：一种是税费征收，另一种是公益征收。前者包括征税和行政收费。后者是指行政机关为了公共利益，需要依法以强制方式取得公民、法人或其他组织的财产权益，并给予相应补偿的行政行为，如房屋征收。A 项中，征收行为属于公益征收，正确。

《行政诉讼法》第 15 条第 1 项规定，中级人民法院管辖下列第一审行政案件：对国务院部门或者县级以上地方人民政府所作的行政行为提起诉讼的案件。B 项中，本案的被告是区政府，由中院进行管辖，正确。

《最高人民法院关于审理行政协议案件若干问题的规定》第 22 条规定，原告以被告违约为由请求人民法院判令其承担违约责任，人民法院经审理认为行政协议无效的，应当向原告释明，并根据原告变更后的诉讼请求判决确认行政协议无效；因被告的行为造成行政协议无效的，人民法院可以依法判决被告承担赔偿责任。原告经释明后拒绝变更诉讼请求的，人民法院可以判决驳回其诉讼请求。C 项中，因方某拒绝变更诉讼请求，法院可以判决驳回其诉讼请求，正确。

《行诉解释》第 162 条规定，公民、法人或者其他组织对 2015 年 5 月 1 日之前作出的行政行为提起诉讼，请求确认行政行为无效的，人民法院不予立案。D 项中，对于 2016 年作出的行政行为起诉确认无效的，法院应予立案。所以，D 项错误。

综上所述，本题的答案为 ABC。

3. 当地县政府与甲签订棚户区《征收补偿协议》，约定发生争议通过仲裁解决。后甲以签订协议受胁迫为由，向法院提起行政诉讼要求解除协议。下列说法正确的是？（2021 - 模拟题 - 单）[2]

A. 法院以协议约定仲裁条款为由裁定不予受理

B. 法院以协议约定仲裁条款为由确认协议无效

C. 甲对解除协议的事由承担举证责任

D. 本案不适用调解

【考点】 行政协议约定仲裁、行政协议的调解

---

[1] ABC [2] C

【解析】《最高人民法院关于审理行政协议案件若干问题的规定》第26条规定，行政协议约定仲裁条款的，人民法院应当确认该条款无效，但法律、行政法规或者我国缔结、参加的国际条约另有规定的除外。本案中，约定仲裁条款不影响行政案件的受理，A项错误。确认的是该条款无效，而非协议无效，B项错误。

《最高人民法院关于审理行政协议案件若干问题的规定》第10条规定，被告对于自己具有法定职权、履行法定程序、履行相应法定职责以及订立、履行、变更、解除行政协议等行为的合法性承担举证责任。原告主张撤销、解除行政协议的，对撤销、解除行政协议的事由承担举证责任。对行政协议是否履行发生争议的，由负有履行义务的当事人承担举证责任。C项正确。

《最高人民法院关于审理行政协议案件若干问题的规定》第23条规定，人民法院审理行政协议案件，可以依法进行调解。人民法院进行调解时，应当遵循自愿、合法原则，不得损害国家利益、社会公共利益和他人合法权益。D项错误。

综上所述，本题答案为C。

第九章　行政程序与政府信息公开

一、政府信息公开制度

1. 2023 年 7 月 5 日，孟某在县政府的网站上申请公开当地高新技术产业开发区综合交通规划图，同年 7 月 20 日，县政府以孟某申请事项不明确为由予以拒绝。7 月 25 日，县政府要求孟某补充该规划图的四至界限。下列说法正确的是？（2023 - 模拟题 - 多）[1]

A. 孟某对拒绝行为不服起诉，必须先申请行政复议

B. 县政府答复的期限自 2023 年 7 月 5 日起计算

C. 县政府答复的期限自收到孟某补正的申请之日起计算

D. 因孟某申请公开事项不明确，县政府予以拒绝是合法的

【考点】信息公开的申请与处理

【解析】《行政复议法》第 23 条第 1 款规定，有下列情形之一的，申请人应当先向行政复议机关申请行政复议，对行政复议决定不服的，可以再依法向人民法院提起行政诉讼：①对当场作出的行政处罚决定不服；②对行政机关作出的侵犯其已经依法取得的自然资源的所有权或者使用权的决定不服；③认为行政机关存在本法第十一条规定的未履行法定职责情形；④申请政府信息公开，行政机关不予公开；⑤法律、行政法规规定应当先向行政复议机关申请行政复议的其他情形。因此，根据 2023 年修订的行政复议法，对于当事人申请信息公开，行政机关不予公开的，属于复议前置的事项。故 A 项正确。

《政府信息公开条例》第 30 条规定，政府信息公开申请内容不明确的，行政机关应当给予指导和释明，并自收到申请之日起 7 个工作日内一次性告知申请人作出补正，说明需要补正的事项和合理的补正期限。答复期限自行政机关收到补正的申请之日起计算。申请人无正当理由逾期不补正的，视为放弃申请，行政机关不再处理该政府信息公开申请。本案中，属于信息公开不明确要求申请人补正的情形，答复期限自"行政机关收到补正的申请之日起"计算，本案中，未明确孟某的补正时间。故 B 项错误，C 项正确。同时，该法条还可以得知，对于此类信息公开申请内容不明确的，行政机关对当事人的行为具有指导义务，应当给予指导和释明，而不能直接拒绝。故 D 项错误。

综上所述，本题的答案为 AC。

2. 廖某的房屋在城区规划范围内被征收，廖某以邮寄平信的方式向市自然资源和规划局申请公开涉及项目地块的控制性规划，该局以廖某所申请信息不存在为由拒绝。廖某不服复议后提起行政诉讼。下列哪个选项是正确的？（2022 - 模拟题 - 单）[2]

A. 市自然资源与规划局收到申请的日期为信件签收之日

---

[1] AC　[2] D

B. 廖某需对申请信息的存在承担举证责任

C. 市自然资源和规划局有权要求廖某对申请的信息与自身特殊需要作出说明

D. 如果廖某对市自然资源和规划局的答复不服，应向市政府申请复议

【考点】政府信息公开的申请和举证责任

【解析】《政府信息公开条例》第 31 条规定，行政机关收到政府信息公开申请的时间，按照下列规定确定：①申请人当面提交政府信息公开申请的，以提交之日为收到申请之日；②申请人以邮寄方式提交政府信息公开申请的，以行政机关签收之日为收到申请之日；以平常信函等无需签收的邮寄方式提交政府信息公开申请的，政府信息公开工作机构应当于收到申请的当日与申请人确认，确认之日为收到申请之日；③申请人通过互联网渠道或者政府信息公开工作机构的传真提交政府信息公开申请的，以双方确认之日为收到申请之日。A 项中，平常信函是无需签收的，因此要求政府信息公开工作机构应当于收到申请的当日与申请人确认，确认之日为收到申请之日。所以，A 项错误。

《最高人民法院关于审理政府信息公开行政案件若干问题的规定》第 5 条第 5 款规定，被告主张政府信息不存在，原告能够提供该政府信息系由被告制作或者保存的相关线索的，可以申请人民法院调取证据。B 项中，被告主张信息不存在，应由被告举证其已经尽到充分的查找、检索义务；原告有权利申请法院调取证据，但无需对申请信息的存在承担举证责任。B 项错误。

《政府信息公开条例》第 27 条规定，除行政机关主动公开的政府信息外，公民、法人或者其他组织可以向地方各级人民政府、对外以自己名义履行行政管理职能的县级以上人民政府部门（含本条例第十条第二款规定的派出机构、内设机构）申请获取相关政府信息。C 项中，申请人申请公开，不需要信息与自身之间具有利害关系。C 项错误。

《行政复议法》第 23 条第 1 款规定，有下列情形之一的，申请人应当先向行政复议机关申请行政复议，对行政复议决定不服的，可以再依法向人民法院提起行政诉讼：①对当场作出的行政处罚决定不服；②对行政机关作出的侵犯其已经依法取得的自然资源的所有权或者使用权的决定不服；③认为行政机关存在本法第十一条规定的未履行法定职责情形；④申请政府信息公开，行政机关不予公开；⑤法律、行政法规规定应当先向行政复议机关申请行政复议的其他情形。因此，对于当事人申请信息公开，行政机关不予公开的，属于复议前置的事项。D 项中，如果廖某对市自然资源和规划局的答复不服，必须先向复议机关申请行政复议。所以，D 项正确。

综上所述，本题的答案为 D。

3. 吴某通过电子邮件向区政府申请公开作出房屋强制拆除决定前的会议纪要，区政府以信息不存在为由，拒绝公开。吴某复议后向法院提起行政诉讼，下列说法正确的是？（2021 - 模拟题 - 多）[1]

A. 会议纪要属于内部信息

B. 行政机关的收到申请日期为区政府收到电子邮件的日期

C. 吴某能够提供该政府信息系由被告制作或者保存的相关线索的，可以申请法院调取证据

D. 区政府应当向法院证明自己已经尽到检索义务

【考点】政府信息公开的程序、举证责任

---

[1] ACD

【解析】《政府信息公开条例》第16条规定，行政机关的内部事务信息，包括人事管理、后勤管理、内部工作流程等方面的信息，可以不予公开。行政机关在履行行政管理职能过程中形成的讨论记录、过程稿、磋商信函、请示报告等过程性信息以及行政执法案卷信息，可以不予公开。法律、法规、规章规定上述信息应当公开的，从其规定。A项正确。

《政府信息公开条例》第31条规定，行政机关收到政府信息公开申请的时间，按照下列规定确定：①申请人当面提交政府信息公开申请的，以提交之日为收到申请之日；②申请人以邮寄方式提交政府信息公开申请的，以行政机关签收之日为收到申请之日；以平常信函等无需签收的邮寄方式提交政府信息公开申请的，政府信息公开工作机构应当于收到申请的当日与申请人确认，确认之日为收到申请之日；③申请人通过互联网渠道或者政府信息公开工作机构的传真提交政府信息公开申请的，以双方确认之日为收到申请之日。B项中，应以双方确认的日期为收到申请之日。B项错误。

《最高人民法院关于审理政府信息公开行政案件若干问题的规定》第5条第5款规定，被告主张政府信息不存在，原告能够提供该政府信息系由被告制作或者保存的相关线索的，可以申请人民法院调取证据。C项正确。

《政府信息公开条例》第36条第4项规定，对政府信息公开申请，行政机关根据下列情况分别作出答复：经检索没有所申请公开信息的，告知申请人该政府信息不存在。D项正确。

综上所述，本题答案为ACD。

4. 某公司附近的居民沈某认为该公司超标排污，向区生态环境局申请公开环评报告，该局向公司征求意见，公司以涉及商业秘密为由不同意公开，该局遂以公司不同意公开为由拒绝公开。下列说法错误的是：（2020－模拟题－单）[1]

A. 若该公司若在规定期限内不回复，则予以公开
B. 沈某对答复不服，要先复议才能提起诉讼
C. 环保局不公开答复违法
D. 环保局征求该公司意见的时间不计算在答复的期限内

【考点】政府信息公开的处理

【解析】《政府信息公开条例》第32条规定，依申请公开的政府信息公开会损害第三方合法权益的，行政机关应当书面征求第三方的意见。第三方应当自收到征求意见书之日起15个工作日内提出意见。第三方逾期未提出意见的，由行政机关依照本条例的规定决定是否公开。第三方不同意公开且有合理理由的，行政机关不予公开。行政机关认为不公开可能对公共利益造成重大影响的，可以决定予以公开，并将决定公开的政府信息内容和理由书面告知第三方。A项中，若该公司若在规定期限内不回复，由行政机关决定是否公开，并不是直接公开。A项错误。C项中，环保局不能以该公司不同意为由拒绝公开，而是要衡量是否会对公共利益造成重大影响。如果环保局认为不公开可能对公共利益造成重大影响的，可以决定予以公开。C项正确。

《行政复议法》第23条第1款规定，有下列情形之一的，申请人应当先向行政复议机关申请行政复议，对行政复议决定不服的，可以再依法向人民法院提起行政诉讼：①对当场作出的行政处罚决定不服；②对行政机关作出的侵犯其已经依法取得的自然资源的所有权或者使用权的决定不服；③认为行政机关存在本法第十一条规定的未履行法定职责情形；④申请政府信息公开，行政机关不予公开；⑤法律、行政法规规定应当先向行政复议机关申请行政复议的其他

_____

[1] A

情形。因此，对于当事人申请信息公开，行政机关不予公开的，属于复议前置的事项。B 项正确。

《政府信息公开条例》第 33 条规定，行政机关收到政府信息公开申请，能够当场答复的，应当当场予以答复。行政机关不能当场答复的，应当自收到申请之日起 20 个工作日内予以答复；需要延长答复期限的，应当经政府信息公开工作机构负责人同意并告知申请人，延长的期限最长不得超过 20 个工作日。行政机关征求第三方和其他机关意见所需时间不计算在前款规定的期限内。D 项正确。

综上所述，本题的答案为 A。

5. 某镇政府开会讨论，作出《李家河征收问题的会议纪要》，村民李某以邮寄方式申请信息公开的请示。该镇政府以内部事务为由不予公开。李某向县政府申请复议，下列说法错误的是：(2020 - 模拟题 - 多)[1]

A. 李某申请行政复议的时间为 60 日

B. 镇政府不公开的理由不符合法律规定

C. 李某申请该信息应当证明与自己生活、生产有利害关系

D. 以政府和李某双方确认的时间为收到申请之日

【考点】 政府信息公开的处理

【解析】《行政复议法》第 20 条第 1 款规定，公民、法人或者其他组织认为行政行为侵犯其合法权益的，可以自知道或者应当知道该行政行为之日起 60 日内提出行政复议申请；但是法律规定的申请期限超过 60 日的除外。A 项正确。

《政府信息公开条例》第 16 条规定，行政机关的内部事务信息，包括人事管理、后勤管理、内部工作流程等方面的信息，可以不予公开。行政机关在履行行政管理职能过程中形成的讨论记录、过程稿、磋商信函、请示报告等过程性信息以及行政执法案卷信息，可以不予公开。法律、法规、规章规定上述信息应当公开的，从其规定。B 项中，会议纪要属于内部信息，行政机关可以不予公开，镇政府不公开的理由符合法律规定。B 项错误。

《政府信息公开条例》第 27 条规定，除行政机关主动公开的政府信息外，公民、法人或者其他组织可以向地方各级人民政府、对外以自己名义履行行政管理职能的县级以上人民政府部门（含本条例第 10 条第 2 款规定的派出机构、内设机构）申请获取相关政府信息。C 项中，当事人申请政府信息公开不需要与自己生活、生产有利害关系，这是旧法的规定，新法中已经取消。C 项错误。

《政府信息公开条例》第 31 条规定，行政机关收到政府信息公开申请的时间，按照下列规定确定：①申请人当面提交政府信息公开申请的，以提交之日为收到申请之日；②申请人以邮寄方式提交政府信息公开申请的，以行政机关签收之日为收到申请之日；以平常信函等无需签收的邮寄方式提交政府信息公开申请的，政府信息公开工作机构应当于收到申请的当日与申请人确认，确认之日为收到申请之日；③申请人通过互联网渠道或者政府信息公开工作机构的传真提交政府信息公开申请的，以双方确认之日为收到申请之日。D 项中，申请人以邮寄方式提交政府信息公开申请的，以行政机关签收之日为收到申请之日，并不需要双方确认，D 项错误。

综上所述，本题的答案为 BCD。

---

[1] BCD

6. 李某 2018 年 10 月至 2019 年 3 月期间连续 55 次申请公开镇政府的防汛信息。2019 年 5 月份，李某再一次向镇政府申请公开防汛信息。关于镇政府的做法，下列正确的是：（2019 – 模拟题 – 任）[1]

A. 收取相应信息处理费用

B. 以其不具有申请人资格为由不予提供

C. 以其此前多次重复申请为由不予受理

D. 可以要求其说明理由

【考点】政府信息公开的费用与处理

【解析】《政府信息公开条例》第 42 条规定，行政机关依申请提供政府信息，不收取费用。但是，申请人申请公开政府信息的数量、频次明显超过合理范围的，行政机关可以收取信息处理费。行政机关收取信息处理费的具体办法由国务院价格主管部门会同国务院财政部门、全国政府信息公开工作主管部门制定。A 项正确。

《政府信息公开条例》第 27 条规定，除行政机关主动公开的政府信息外，公民、法人或者其他组织可以向地方各级人民政府、对外以自己名义履行行政管理职能的县级以上人民政府部门（含本条例第 10 条第 2 款规定的派出机构、内设机构）申请获取相关政府信息。本案中，李某可以就防汛信息申请公开，行政机关可以要求申请人说明理由，而非不具备申请人资格。B 项错误。

《政府信息公开条例》第 35 条规定，申请人申请公开政府信息的数量、频次明显超过合理范围，行政机关可以要求申请人说明理由。行政机关认为申请理由不合理的，告知申请人不予处理；行政机关认为申请理由合理，但是无法在本条例第 33 条规定的期限内答复申请人的，可以确定延迟答复的合理期限并告知申请人。C 项错误，D 项正确。

综上所述，本题的答案为 AD。

7. 陈某于 2019 年 2 月份至 4 月份期间连续 55 次申请公开镇政府的防汛信息。5 月份，陈某又向镇政府申请公开防汛信息，下列说法正确的是：（2019 – 模拟题 – 任）[2]

A. 陈某应当提供身份证

B. 陈某应当提供申请公开的政府信息的内容

C. 如果政府信息公开申请内容不明确的，行政机关可以不予受理

D. 如果镇政府不予处理，陈某可以向上一级行政机关投诉

【考点】政府信息公开的程序

【解析】《政府信息公开条例》第 29 条规定，公民、法人或者其他组织申请获取政府信息的，应当向行政机关的政府信息公开工作机构提出，并采用包括信件、数据电文在内的书面形式；采用书面形式确有困难的，申请人可以口头提出，由受理该申请的政府信息公开工作机构代为填写政府信息公开申请。政府信息公开申请应当包括下列内容：①申请人的姓名或者名称、身份证明、联系方式；②申请公开的政府信息的名称、文号或者便于行政机关查询的其他特征性描述；③申请公开的政府信息的形式要求，包括获取信息的方式、途径。A 项正确，B 项错误。

《政府信息公开条例》第 30 条规定，政府信息公开申请内容不明确的，行政机关应当给予指导和释明，并自收到申请之日起 7 个工作日内一次性告知申请人作出补正，说明需要补正的事项和合理的补正期限。答复期限自行政机关收到补正的申请之日起计算。申请人无正当理由

---

[1] AD [2] AD

逾期不补正的，视为放弃申请，行政机关不再处理该政府信息公开申请。C 项错误。

《政府信息公开条例》第 51 条规定，公民、法人或者其他组织认为行政机关在政府信息公开工作中侵犯其合法权益的，可以向上一级行政机关或者政府信息公开工作主管部门投诉、举报，也可以依法申请行政复议或者提起行政诉讼。D 项正确。

综上所述，本题的答案为 AD。

8. 下列哪些信息，属于行政机关可以不公开的事项？（2019 - 模拟题 - 单）[1]

  A. 国家秘密   B. 行政机关的人事管理信息

  C. 商业秘密、个人隐私   D. 行政法规、规章和规范性文件

【考点】政府信息公开的范围

【解析】《政府信息公开条例》第 14 条规定，依法确定为国家秘密的政府信息，法律、行政法规禁止公开的政府信息，以及公开后可能危及国家安全、公共安全、经济安全、社会稳定的政府信息，不予公开。A 项不当选。

《政府信息公开条例》第 16 条规定，行政机关的内部事务信息，包括人事管理、后勤管理、内部工作流程等方面的信息，可以不予公开。行政机关在履行行政管理职能过程中形成的讨论记录、过程稿、磋商信函、请示报告等过程性信息以及行政执法案卷信息，可以不予公开。法律、法规、规章规定上述信息应当公开的，从其规定。B 项当选。

《政府信息公开条例》第 15 条规定，涉及商业秘密、个人隐私等公开会对第三方合法权益造成损害的政府信息，行政机关不得公开。但是，第三方同意公开或者行政机关认为不公开会对公共利益造成重大影响的，予以公开。C 项不当选。

《政府信息公开条例》第 20 条第 1 项规定，行政机关应当依照本条例第 19 条的规定，主动公开本行政机关的行政法规、规章和规范性文件。D 项不当选。

综上所述，本题的答案为 B。

9. 某环保联合会对某公司提起环境民事公益诉讼，因在诉讼中需要该公司的相关环保资料，遂向县环保局提出申请公开该公司的排污许可证、排污口数量和位置等有关环境信息。申请书中载明了单位名称、住所地、联系人及电话并加盖了公章、获取信息的方式等。县环保局收到申请后，要求环保联合会提供申请人身份的证明材料。环保联合会提供了社会团体登记证复印件。县环保局以申请公开的内容不明确为由拒绝公开。关于本案的信息公开申请及其处理，下列说法正确的是：（2017/2/97 - 任）[2]

  A. 环保联合会可采用数据电文形式提出信息公开

  B. 环保联合会不具有提出此信息公开申请的资格

  C. 县环保局有权要求环保联合会提供申请人身份的证明材料

  D. 县环保局认为申请内容不明确的，应告知环保联合会作出更改、补充

【考点】政府信息公开的申请

【解析】《政府信息公开条例》第 29 条第 1 款规定，公民、法人或者其他组织申请获取政府信息的，应当向行政机关的政府信息公开工作机构提出，并采用包括信件、数据电文在内的书面形式；采用书面形式确有困难的，申请人可以口头提出，由受理该申请的政府信息公开工作机构代为填写政府信息公开申请。A 项中，环保联合会可采用数据电文形式提出信息公开，正确。

《政府信息公开条例》第 27 条规定，除行政机关主动公开的政府信息外，公民、法人或者

---

[1]　B　[2]　ACD

其他组织可以向地方各级人民政府、对外以自己名义履行行政管理职能的县级以上人民政府部门（含本条例第10条第2款规定的派出机构、内设机构）申请获取相关政府信息。B项中，环保联合会具有提出此信息公开申请的资格。所以，B项错误。

《政府信息公开条例》第29条第2款第1项规定，政府信息公开申请应当包括申请人的姓名或者名称、身份证明、联系方式。C项中，某环保联合会申请公开的环境信息，需要提供申请人身份的证明材料。所以，C项正确。

《政府信息公开条例》第30条规定，政府信息公开申请内容不明确的，行政机关应当给予指导和释明，并自收到申请之日起7个工作日内一次性告知申请人作出补正，说明需要补正的事项和合理的补正期限。所以，D项正确。

综上所述，本题的答案为ACD。

10. 某环保公益组织以一企业造成环境污染为由提起环境公益诉讼，后因诉讼需要，向县环保局申请公开该企业的环境影响评价报告、排污许可证信息。环保局以该组织无申请资格和该企业在该县有若干个基地，申请内容不明确为由拒绝公开。下列哪些说法是正确的？（2015/2/50－多）[1]

A. 该组织提出申请时应出示其负责人的有效身份证明
B. 环保局认为其无申请资格不成立
C. 对该组织的申请内容是否明确，环保局的认定和处理是正确的
D. 该组织所申请信息属于依法不应当公开的信息

【考点】政府信息公开的申请

【解析】《政府信息公开条例》第29条第2款第1项规定，政府信息公开申请应当包括申请人的姓名或者名称、身份证明、联系方式。所以，A项正确。

《政府信息公开条例》第27条规定，除行政机关主动公开的政府信息外，公民、法人或者其他组织可以向地方各级人民政府、对外以自己名义履行行政管理职能的县级以上人民政府部门（含本条例第10条第2款规定的派出机构、内设机构）申请获取相关政府信息。所以，B项正确。

C项中，环保局的认定是错误的，若干个基地不能认定为申请内容不明确。环保局的处理也是错误的，《政府信息公开条例》第30条规定，政府信息公开申请内容不明确的，行政机关应当给予指导和释明，并自收到申请之日起7个工作日内一次性告知申请人作出补正，说明需要补正的事项和合理的补正期限。即便是申请内容不明确的情况下，环保局也不能直接拒绝公开，而应当给予指导和释明。所以，C项错误。

《最高人民法院关于审理政府信息公开行政案件若干问题的规定》第8条第1款规定，政府信息涉及国家秘密、商业秘密、个人隐私的，人民法院应当认定属于不予公开范围。D项中的该企业的环境影响评价报告、排污许可证信息不属于国家秘密、商业秘密和个人隐私，故该信息属于政府应当依法因申请公开的政府信息。所以，D项错误。

综上所述，本题的答案为AB。

11. 某乡属企业多年未归还方某借给的资金，双方发生纠纷。方某得知乡政府曾发过5号文件和210号文件处分了该企业的资产，遂向乡政府递交申请，要求公开两份文件。乡政府不予公开，理由是5号文件涉及第三方，且已口头征询其意见，其答复是该文件涉及商业秘密，不同意公开，而210号文件不存在。方某复议后向法院起诉。下列哪些说法是正确的？（2014/

2/48 - 多)〔1〕

    A. 方某申请时应当出示有效身份证明或者证明文件

    B. 对所申请的政府信息，方某不具有申请人资格

    C. 乡政府不公开 5 号文件合法

    D. 方某能够提供 210 号文件由乡政府制作的相关线索的，可以申请法院调取证据

【考点】 政府信息公开的方式和程序

【解析】《政府信息公开条例》第 29 条第 2 款第 1 项规定，政府信息公开申请应当包括申请人的姓名或者名称、身份证明、联系方式。A 项中，方某申请时应当出示有效身份证明或者证明文件，正确。

《政府信息公开条例》第 27 条规定，除行政机关主动公开的政府信息外，公民、法人或者其他组织可以向地方各级人民政府、对外以自己名义履行行政管理职能的县级以上人民政府部门（含本条例第 10 条第 2 款规定的派出机构、内设机构）申请获取相关政府信息。B 项中，对所申请的政府信息，该组织具有申请人资格。所以，B 项错误。

《政府信息公开条例》第 32 条规定，依申请公开的政府信息公开会损害第三方合法权益的，行政机关应当书面征求第三方的意见。C 项中，乡政府口头征询第三方意见不符合法律规定，应为书面方式。所以，C 项错误。

《最高人民法院关于审理政府信息公开行政案件若干问题的规定》第 5 条第 5 款规定，被告主张政府信息不存在，原告能够提供该政府信息系由被告制作或者保存的相关线索的，可以申请人民法院调取证据。D 项中，乡政府主张 210 号文件不存在，方某能够提供 210 号文件由乡政府制作的相关线索的，可以申请法院调取证据，符合此条规定。所以，D 项正确。

综上所述，本题的答案为 AD。

12. 某镇政府主动公开一胎生育证发放情况的信息。下列哪些说法是正确的？（2011/2/79 - 多）〔2〕

    A. 该信息属于镇政府重点公开的信息

    B. 镇政府可以通过设立的信息公告栏公开该信息

    C. 在无法律、法规或者规章特别规定的情况下，镇政府应当在该信息形成之日起 3 个月内予以公开

    D. 镇政府应当及时向公共图书馆提供该信息

【考点】 政府信息公开的内容和方式

【解析】《政府信息公开条例》第 20、21 条规定了政府主动公开的事项，但对重点公开的事项未作规定。A 项错误。

《政府信息公开条例》第 25 条第 2、3 款规定，行政机关可以根据需要设立公共查阅室、资料索取点、信息公告栏、电子信息屏等场所、设施，公开政府信息。行政机关应当及时向国家档案馆、公共图书馆提供主动公开的政府信息。B 项和 D 项中，镇政府可以通过设立的信息公告栏公开该信息，以及镇政府应当及时向公共图书馆提供该信息符合此规定。所以，BD 项正确。

《政府信息公开条例》第 26 条规定，属于主动公开范围的政府信息，应当自该政府信息形成或者变更之日起 20 个工作日内及时公开。法律、法规对政府信息公开的期限另有规定的，从其规定。C 项错误。

---

〔1〕 AD   〔2〕 BD

综上所述，本题的答案为 BD。

13. 区房管局向某公司发放房屋拆迁许可证。被拆迁人王某向区房管局提出申请，要求公开该公司办理拆迁许可证时所提交的建设用地规划许可证，区房管局作出拒绝公开的答复。对此，下列哪些说法是正确的？（2010/2/45 – 多）[1]

A. 王某提出申请时，应出示有效身份证件

B. 因王某与申请公开的信息无利害关系，拒绝公开是正确的

C. 因区房管局不是所申请信息的制作主体，拒绝公开是正确的

D. 拒绝答复应自收到王某申请之日起 1 个月内作出

【考点】 政府信息公开的申请

【解析】《政府信息公开条例》第 29 条第 2 款第 1 项规定，政府信息公开申请应当包括申请人的姓名或者名称、身份证明、联系方式。A 项正确。

《政府信息公开条例》第 27 条规定，除行政机关主动公开的政府信息外，公民、法人或者其他组织可以向地方各级人民政府、对外以自己名义履行行政管理职能的县级以上人民政府部门（含本条例第 10 条第 2 款规定的派出机构、内设机构）申请获取相关政府信息。B 项错误。

《政府信息公开条例》第 10 条第 1 款规定，行政机关制作的政府信息，由制作该政府信息的行政机关负责公开。行政机关从公民、法人和其他组织获取的政府信息，由保存该政府信息的行政机关负责公开；行政机关获取的其他行政机关的政府信息，由制作或者最初获取该政府信息的行政机关负责公开。法律、法规对政府信息公开的权限另有规定的，从其规定。此规定确立了行政机关公开政府信息的分工，即"谁制作谁公开""谁保存谁公开"，但这两项要求并非并列，前者处于优先地位。本题中，申请人王某向区房管局申请公开的是该公司办理拆迁许可证时所提交的建设用地规划许可证，此许可证的发放者为规划部门，而不是区房管局。所以，C 项正确。

《政府信息公开条例》第 33 条第 1、2 款规定，能够当场答复的，应当当场予以答复；不能当场答复的，应当自收到申请之日起 20 个工作日内予以答复；特殊情况可再延长 20 个工作日，即最长 40 个工作日。D 项错误。

综上所述，本题的答案为 AC。

14. 申请人申请公开下列哪些政府信息时，应当出示有效身份证件或证明文件？（2009/2/44 – 多）[2]

A. 要求税务机关公开本人缴纳个人所得税情况的信息

B. 要求区政府公开该区受理和审理行政复议案件的信息

C. 要求县卫生局公开本县公共卫生费用使用情况的信息

D. 要求市公安局公开办理养犬证收费情况的信息

【考点】 政府信息公开的申请

【解析】《政府信息公开条例》第 29 条第 2 款第 1 项规定，政府信息公开申请应当包括申请人的姓名或者名称、身份证明、联系方式。本题中，ABCD 项进行申请公开的信息，都需要出示身份证件。

综上所述，本题的答案为 ABCD。

15. 2002 年，甲乙两村发生用地争议，某县政府召开协调会并形成会议纪要。2008 年 12 月，甲村一村民向某县政府申请查阅该会议纪要。下列哪一选项是正确的？（2009/2/81 –

---

[1] AC [2] ABCD

单)[1]

    A. 该村民可以口头提出申请

    B. 因会议纪要形成于《政府信息公开条例》实施前，故不受《条例》规范

    C. 因会议纪要不属于政府信息，某县政府可以不予公开

    D. 如某县政府提供有关信息，可以向该村民收取检索、复制、邮寄等费用

【考点】政府信息公开的内容和方式

【解析】《政府信息公开条例》第 29 条第 1 款规定，公民、法人或者其他组织申请获取政府信息的，应当向行政机关的政府信息公开工作机构提出，并采用包括信件、数据电文在内的书面形式；采用书面形式确有困难的，申请人可以口头提出，由受理该申请的政府信息公开工作机构代为填写政府信息公开申请。A 项中，村民采取口头方式提出申请，符合法律规定，正确。

《政府信息公开条例》第 2 条规定，本条例所称政府信息，是指行政机关在履行行政管理职能过程中制作或者获取的，以一定形式记录、保存的信息。其对政府信息的界定十分宽泛，其宽泛不仅表现在其生成方式和存在形式之上，而且表现在其生成时间上。换言之，我国《政府信息公开条例》并未对政府信息生成的时间作限制，凡属于政府信息，无论是在该条例生效后制作或获取的，还是在该条例实施前生成的，均须受该条例的约束。B 项中，因会议纪要形成于《政府信息公开条例》实施前，故不受《条例》规范，错误。

C 项中，会议纪要是行政机关在履行职责过程中制作或者获取的，以一定形式记录、保存的信息，属于政府信息。选项前半句话错误。《政府信息公开条例》第 16 条第 2 款规定，行政机关在履行行政管理职能过程中形成的讨论记录、过程稿、磋商信函、请示报告等过程性信息以及行政执法案卷信息，可以不予公开。选项后半句正确。C 项错误。

《政府信息公开条例》第 42 条第 1 款规定，行政机关依申请提供政府信息，不收取费用。但是，申请人申请公开政府信息的数量、频次明显超过合理范围的，行政机关可以收取信息处理费。本案不属于收取信息处理费的情形，D 项错误。

综上所述，本题的答案为 A。

二、政府信息公开行政诉讼

1. 2021 年，因高铁拆迁，杨某名下房屋被纳入征收范围。同年 3 月 26 日，杨某通过邮寄方式，向自然资源规划局申请公开征收公告、补偿方案、征收红线图、勘测界定图等文件。区自然资源规划局作出《政府信息公开申请答复书》，只提供了征收公告、安置方案等信息，对于其他信息，答复称信息不存在。杨某不服，复议后提起行政诉讼。下列说法正确的是？(2023 - 模拟题 - 多)[2]

    A. 杨某在公开申请书中应当说明申请该信息的用途

    B. 若杨某能够提供该信息是由被告制作的相关线索，可以申请法院调取证据

    C. 杨某的起诉期限为二个月

    D. 杨某申请该信息，不需要与该信息之间具有利害关系

【考点】信息公开的申请与救济

【解析】《政府信息公开条例》第 29 条第 2 款规定，政府信息公开申请应当包括下列内容：（一）申请人的姓名或者名称、身份证明、联系方式；（二）申请公开的政府信息的名称、文号或者便于行政机关查询的其他特征性描述；（三）申请公开的政府信息的形式要求，包括

---

[1] A [2] BD

获取信息的方式、途径。因此，当事人在信息公开申请书中应当提供身份证明、联系方式等，不需要说明用途。故 A 项错误。

《政府信息公开案件规定》第 5 条第 5 款规定，被告主张政府信息不存在，原告能够提供该政府信息系由被告制作或者保存的相关线索的，可以申请人民法院调取证据。故 B 项正确。

《行政诉讼法》第 45 条规定，公民、法人或者其他组织不服复议决定的，可以在收到复议决定书之日起 15 日内向人民法院提起诉讼。复议机关逾期不作决定的，申请人可以在复议期满之日起 15 日内向人民法院提起诉讼。法律另有规定的除外。本题中，杨某申请了行政复议，后因为对行政复议决定不服向法院提起诉讼，该起诉期限应为收到复议决定书之日起 15 日内起诉。故 C 项错误。

《政府信息公开条例》第 27 条规定，除行政机关主动公开的政府信息外，公民、法人或者其他组织可以向地方各级人民政府、对外以自己名义履行行政管理职能的县级以上人民政府部门（含本条例第十条第二款规定的派出机构、内设机构）申请获取相关政府信息。为了保障公民的知情权，信息公开的申请不需要申请人与申请的信息之间具有利害关系。故 D 项正确。

综上所述，本题的答案为 BD。

2. 村民徐某要求乡政府公开该村的年度财务信息，乡政府回复说村的年度财务信息由该村制作，自己没有公开义务，建议向村委会申请。徐某不服，复议后向法院提起行政诉讼。下列说法错误的是？（2022 - 模拟题 - 多）[1]

A. 乡政府的答复违法

B. 法院不可以用简易程序审理

C. 法院可以适用简易程序审理，应当在 45 日内审结

D. 徐某需要提供身份证明和联系方式

【考点】政府信息公开的主体、行政诉讼简易程序

【解析】《政府信息公开条例》第 10 条第 1 款规定，行政机关制作的政府信息，由制作该政府信息的行政机关负责公开。行政机关从公民、法人和其他组织获取的政府信息，由保存该政府信息的行政机关负责公开；行政机关获取的其他行政机关的政府信息，由制作或者最初获取该政府信息的行政机关负责公开。法律、法规对政府信息公开的权限另有规定的，从其规定。A 项中，财务信息应当由制作机关即村委会负责公开，乡政府的答复合法。所以，A 项错误。

《行政诉讼法》第 82 条规定，人民法院审理下列第一审行政案件，认为事实清楚、权利义务关系明确、争议不大的，可以适用简易程序：①被诉行政行为是依法当场作出的；②案件涉及款额二千元以下的；③属于政府信息公开案件的。除前款规定以外的第一审行政案件，当事人各方同意适用简易程序的，可以适用简易程序。发回重审、按照审判监督程序再审的案件不适用简易程序。该法第 83 条规定，适用简易程序审理的行政案件，由审判员一人独任审理，并应当在立案之日起四十五日内审结。本案属于政府信息公开案件，可以适用简易程序进行审理。B 项错误，C 项正确。

《政府信息公开条例》第 29 条规定，公民、法人或者其他组织申请获取政府信息的，应当向行政机关的政府信息公开工作机构提出，并采用包括信件、数据电文在内的书面形式；采用书面形式确有困难的，申请人可以口头提出，由受理该申请的政府信息公开工作机构代为填写政府信息公开申请。政府信息公开申请应当包括下列内容：①申请人的姓名或者名称、身份证

---

[1]　AB

明、联系方式；②申请公开的政府信息的名称、文号或者便于行政机关查询的其他特征性描述；③申请公开的政府信息的形式要求，包括获取信息的方式、途径。D项中，徐某申请政府信息公开，需要提供姓名、身份证明及联系方式。所以，D项正确。

综上所述，本题的答案为AB。

3. 村民沈某以生活需要为由，向省财政厅申请公开2017年本县农民退耕还林补贴信息。省财政厅以该信息不存在为由不予公开，沈某不服复议后向法院起诉。关于本案，下列哪些说法正确？（2018-模拟题-多）[1]

A. 沈某申请时应明确说明申请公开的政府信息用途

B. 沈某必须先申请行政复议再向法院起诉

C. 若诉讼中沈某能够提供该信息是由省财政厅制作或者保存的相关线索的，可申请法院调取证据

D. 法院应判决省财政厅公开信息

【考点】政府信息公开诉讼

【解析】《政府信息公开条例》第29条规定，公民、法人或者其他组织申请获取政府信息的，应当向行政机关的政府信息公开工作机构提出，并采用包括信件、数据电文在内的书面形式；采用书面形式确有困难的，申请人可以口头提出，由受理该申请的政府信息公开工作机构代为填写政府信息公开申请。政府信息公开申请应当包括下列内容：①申请人的姓名或者名称、身份证明、联系方式；②申请公开的政府信息的名称、文号或者便于行政机关查询的其他特征性描述；③申请公开的政府信息的形式要求，包括获取信息的方式、途径。申请书中不需要说明用途，A项错误。

《行政复议法》第23条第1款规定，有下列情形之一的，申请人应当先向行政复议机关申请行政复议，对行政复议决定不服的，可以再依法向人民法院提起行政诉讼：①对当场作出的行政处罚决定不服；②对行政机关作出的侵犯其已经依法取得的自然资源的所有权或者使用权的决定不服；③认为行政机关存在本法第十一条规定的未履行法定职责情形；④申请政府信息公开，行政机关不予公开；⑤法律、行政法规规定应当先向行政复议机关申请行政复议的其他情形。因此，对于当事人申请信息公开，行政机关不予公开的，属于复议前置的事项。B项正确。

《最高人民法院关于审理政府信息公开行政案件若干问题的规定》第5条第5款规定，被告主张政府信息不存在，原告能够提供该政府信息系由被告制作或者保存的相关线索的，可以申请人民法院调取证据。C项正确。

《最高人民法院关于审理政府信息公开行政案件若干问题的规定》第9条规定，被告对依法应当与公开的政府信息拒绝或者部分拒绝公开的，人民法院应当撤销或者部分撤销被诉不予公开决定，并判决被告在一定期限内公开。尚需被告调查、裁量的，判决其在一定期限内重新答复。被告提供的政府信息不符合申请人要求的内容或者法律、法规规定的适当形式的，人民法院应当判决被告按照申请人要求的内容或者法律、法规规定的适当形式提供。人民法院经审理认为被告不予公开的政府信息内容可以作区分处理的，应当判决被告限期公开可以公开的内容。被告依法应当更正而不更正与原告相关的政府信息记录的，人民法院应当判决被告在一定期限内更正。尚需被告调查、裁量的，判决其在一定期限内重新答复。被告无权更正的，判决其转送有权更正的行政机关处理。根据相关规定，被告不予公开信息可能导致多种判决结果，

---

[1] BC

D 项错误。

综上所述，本题的答案为 BC。

4. 甲公司与乙公司发生纠纷向工商局申请公开乙公司的工商登记信息。该局公开了乙公司的名称、注册号、住所、法定代表人等基本信息，但对经营范围、从业人数、注册资本等信息拒绝公开。甲公司欲寻求救济。关于此事，下列哪一说法是正确的？（2016/2/47 - 单）[1]

A. 甲公司应先向工商局的上一级工商局申请复议，对复议决定不服再向法院起诉

B. 工商局应当对拒绝公开的依据以及履行法定告知和说明理由义务的情况举证

C. 本案审理不适用简易程序

D. 因相关信息不属政府信息，拒绝公开合法

【考点】政府信息公开诉讼

【解析】《行政复议法》第 23 条第 1 款规定，有下列情形之一的，申请人应当先向行政复议机关申请行政复议，对行政复议决定不服的，可以再依法向人民法院提起行政诉讼：①对当场作出的行政处罚决定不服；②对行政机关作出的侵犯其已经依法取得的自然资源的所有权或者使用权的决定不服；③认为行政机关存在本法第十一条规定的未履行法定职责情形；④申请政府信息公开，行政机关不予公开；⑤法律、行政法规规定应当先向行政复议机关申请行政复议的其他情形。因此，对于当事人申请信息公开，行政机关不予公开的，属于复议前置的事项。但本案的复议机关为工商局的同级政府，故 A 项错误。

《最高人民法院关于审理政府信息公开行政案件若干问题的规定》第 5 条第 1 款规定，被告拒绝向原告提供政府信息的，应当对拒绝的根据以及履行法定告知和说明理由义务的情况举证。B 项中，工商局应当对拒绝公开的依据以及履行法定告知和说明理由义务的情况举证，正确。

《行政诉讼法》第 82 条第 1、2 款规定，人民法院审理下列第一审行政案件，认为事实清楚、权利义务关系明确、争议不大的，可以适用简易程序：①被诉行政行为是依法当场作出的；②案件涉及款额 2000 元以下的；③属于政府信息公开案件的。除前款规定以外的第一审行政案件，当事人各方同意适用简易程序的，可以适用简易程序。C 项中，本案审理不适用简易程序，错误。

《政府信息公开条例》第 2 条规定，本条例所称政府信息，是指行政机关在履行行政管理职能过程中制作或者获取的，以一定形式记录、保存的信息。D 项中，因相关信息不属政府信息，拒绝公开合法，错误。

综上所述，本题的答案为 B。

5. 沈某向住建委申请公开一企业向该委提交的某危改项目纳入危改范围的意见和申报材料。该委以信息中有企业联系人联系电话和地址等个人隐私为由拒绝公开，沈某复议后起诉，法院受理。下列哪一说法是正确的？（2015/2/79 - 单）[2]

A. 在作出拒绝公开决定前，住建委无需书面征求企业联系人是否同意公开的意见

B. 本案的起诉期限为 6 个月

C. 住建委应对拒绝公开的根据及履行法定告知和说明理由义务的情况举证

D. 住建委拒绝公开答复合法

【考点】政府信息公开诉讼与举证责任

【解析】《最高人民法院关于审理政府信息公开行政案件若干问题的规定》第 8 条规定，

---

[1] B [2] C

政府信息涉及国家秘密、商业秘密、个人隐私的，人民法院应当认定属于不予公开范围。政府信息涉及商业秘密、个人隐私，但权利人同意公开的，或者不公开可能对公共利益造成重大影响的，不受前款规定的限制。本案中，一企业某危改项目纳入危改范围的意见和申报材料涉及该企业联系人电话和地址等个人隐私，住建委应当书面征求企业联系人是否公开的意见。所以，AD项错误。

《行政诉讼法》第45条规定，公民、法人或者其他组织不服复议决定的，可以在收到复议决定书之日起十五日内向人民法院提起诉讼。复议机关逾期不作决定的，申请人可以在复议期满之日起十五日内向人民法院提起诉讼。法律另有规定的除外。本题中，沈某对政府信息不公开不服，属于复议前置案件，需要先申请行政复议，后因为对行政复议决定不服向法院提起诉讼，该起诉期限应为收到复议决定书之日起十五日内起诉。所以B项错误。

《最高人民法院关于审理政府信息公开行政案件若干问题的规定》第5条第1款规定，被告拒绝向原告提供政府信息的，应当对拒绝公开的根据以及履行法定告知义务和说明理由义务的情况举证。C项中，住建委应对拒绝公开的根据及履行法定告知和说明理由义务的情况举证，正确。

综上所述，本题的答案为C。

6. 王某认为社保局提供的社会保障信息有误，要求该局予以更正。该局以无权更正为由拒绝更正。王某复议后向法院起诉，法院受理。下列哪些说法是正确的？ （2014/2/83－多)[1]

A. 王某应当提供其向该局提出过更正申请以及政府信息与其自身相关且记录不准确的事实根据

B. 该局应当对拒绝的理由进行举证和说明

C. 如涉案信息有误但该局无权更正的，法院即应判决驳回王某的诉讼请求

D. 如涉案信息有误且该局有权更正的，法院即应判决在15日内更正

【考点】政府信息公开诉讼与裁判

【解析】《最高人民法院关于审理政府信息公开行政案件若干问题的规定》第5条第7款规定，原告起诉被告拒绝更正政府信息记录的，应当提供其向被告提出过更正申请以及政府信息与其自身相关且记录不准确的事实根据。A项中，王某应当提供其向该局提出过更正申请以及政府信息与其自身相关且记录不准确的事实根据，正确。

《最高人民法院关于审理政府信息公开行政案件若干问题的规定》第5条第3款规定，被告拒绝更正与原告相关的政府信息记录，应当对拒绝的理由进行举证和说明。B项中，社保局应当对拒绝的理由进行举证和说明，正确。

《最高人民法院关于审理政府信息公开行政案件若干问题的规定》第9条第4款规定，被告依法应当更正而不更正与原告相关的政府信息记录的，人民法院应当判决被告在一定期限内更正。尚需被告调查、裁量的，判决其在一定期限内重新答复。被告无权更正的，判决其转送有权更正的行政机关处理。本案中，如涉案信息有误但该局无权更正的，法院即应判决其转送有权更正的行政机关处理，C项错误。如涉案信息有误且该局有权更正的，判决其在一定期限内重新答复而不是15日内，D项错误。

综上所述，本题的答案为AB。

---

[1] AB

7. 田某为在校大学生，以从事研究为由向某工商局提出申请，要求公开该局 2012 年度作出的所有行政处罚决定书，该局拒绝公开。田某不服，复议后向法院起诉。下列哪一说法是正确的？（2013/2/45－单）[1]

　　A. 因田某不具有申请人资格，拒绝公开合法

　　B. 因行政处罚决定为重点公开的政府信息，拒绝公开违法

　　C. 田某必须先申请复议再向法院起诉

　　D. 田某的起诉期限为 3 个月

【考点】政府信息公开诉讼

【解析】《政府信息公开条例》第 27 条规定，除行政机关主动公开的政府信息外，公民、法人或者其他组织可以向地方各级人民政府、对外以自己名义履行行政管理职能的县级以上人民政府部门（含本条例第 10 条第 2 款规定的派出机构、内设机构）申请获取相关政府信息。此规定将依申请的资格放宽，除了行政机关主动公开的政府信息，相对人都可以申请公开。A 项中，田某具有申请人资格。所以，A 项错误。

　　《政府信息公开条例》第 20、21 条规定了政府主动公开的事项，但未规定重点公开的事项。B 项错误。

　　《行政复议法》第 23 条第 1 款规定，有下列情形之一的，申请人应当先向行政复议机关申请行政复议，对行政复议决定不服的，可以再依法向人民法院提起行政诉讼：①对当场作出的行政处罚决定不服；②对行政机关作出的侵犯其已经依法取得的自然资源的所有权或者使用权的决定不服；③认为行政机关存在本法第十一条规定的未履行法定职责情形；④申请政府信息公开，行政机关不予公开；⑤法律、行政法规规定应当先向行政复议机关申请行政复议的其他情形。因此，对于当事人申请信息公开，行政机关不予公开的，属于复议前置的事项。所以，C 项正确。

　　《行政诉讼法》第 45 条规定，公民、法人或者其他组织不服复议决定的，可以在收到复议决定书之日起 15 日内向人民法院提起诉讼。复议机关逾期不作决定的，申请人可以在复议期满之日起 15 日内向人民法院提起诉讼。法律另有规定的除外。根据 C 项的解析可知，本题中，田某对该局信息不公开不服，属于复议前置案件，需要先申请行政复议，后面如果对行政复议决定不服向法院提起诉讼的，该起诉期限应为收到复议决定书之日起 15 内起诉。所以 D 项错误。

　　综上所述，本题的答案为 C。

8. 田某认为区人社局记载有关他的社会保障信息有误，要求更正，该局拒绝。田某复议后向法院起诉。下列哪些说法是正确的？（2012/2/81－多）[2]

　　A. 田某必须先申请行政复议再向法院起诉

　　B. 区人社局应对拒绝更正的理由进行举证和说明

　　C. 田某应提供区人社局记载有关他的社会保障信息有误的事实根据

　　D. 法院应判决区人社局在一定期限内更正

【考点】政府信息公开诉讼举证责任与裁判

【解析】《行政复议法》第 23 条第 1 款规定，有下列情形之一的，申请人应当先向行政复议机关申请行政复议，对行政复议决定不服的，可以再依法向人民法院提起行政诉讼：①对当场作出的行政处罚决定不服；②对行政机关作出的侵犯其已经依法取得的自然资源的所有权或

---

[1] C　[2] ABC

者使用权的决定不服；③认为行政机关存在本法第十一条规定的未履行法定职责情形；④申请政府信息公开，行政机关不予公开；⑤法律、行政法规规定应当先向行政复议机关申请行政复议的其他情形。本案中，不更正属于不作为，因此属于复议前置事项。A 项正确。

《最高人民法院关于审理政府信息公开行政案件若干问题的规定》第 5 条第 1、7 款规定，被告拒绝向原告提供政府信息的，应当对拒绝的根据以及履行法定告知和说明理由义务的情况举证。原告起诉被告拒绝更正政府信息记录的，应当提供其向被告提出过更正申请以及政府信息与其自身相关且记录不准确的事实根据。本案中，区人社局应对拒绝更正的理由进行举证和说明，田某应提供区人社局记载有关他的社会保障信息有误的事实根据符合此条规定。所以，BC 项正确。

《最高人民法院关于审理政府信息公开行政案件若干问题的规定》第 9 条规定，被告对依法应当与公开的政府信息拒绝或者部分拒绝公开的，人民法院应当撤销或者部分撤销被诉不予公开决定，并判决被告在一定期限内公开。尚需被告调查、裁量的，判决其在一定期限内重新答复。被告提供的政府信息不符合申请人要求的内容或者法律、法规规定的适当形式的，人民法院应当判决被告按照申请人要求的内容或者法律、法规规定的适当形式提供。人民法院经审理认为被告不公开的政府信息内容可以作区分处理的，应当判决被告限期公开可以公开的内容。被告依法应当更正而不更正与原告相关的政府信息记录的，人民法院应当判决被告在一定期限内更正，尚需被告调查、裁量的，判决其在一定期限内重新答复。被告无权更正的，判决其转送有权更正的行政机关处理。据此规定，对本题的情形，法院有 3 种判决方式：①被告依法应当更正而不更正与原告相关的政府信息记录的，判决被告在一定期限内更正；②尚需被告调查、裁量的，应判决其在一定期限内重新答复；③被告无权更正的，判决其转送有权更正的行政机关处理。本题显然存在 3 种可能，所以 D 项错误。

综上所述，本题的答案为 ABC。

9. 刘某系某工厂职工，该厂经区政府批准后改制。刘某向区政府申请公开该厂进行改制的全部档案、拖欠原职工工资如何处理等信息。区政府作出拒绝公开的答复，刘某复议后向法院起诉。下列哪一说法是正确的？（2011/2/43 – 单）[1]

A. 区政府在作出拒绝答复时，应告知刘某并说明理由
B. 刘某向法院起诉的期限为 2 个月
C. 此案应由区法院管辖
D. 因刘某与所申请的信息无利害关系，区政府拒绝公开答复是合法的

【考点】政府信息公开诉讼

【解析】《政府信息公开条例》第 36 条规定，对政府信息公开申请，行政机关根据下列情况分别作出答复：①所申请公开信息已经主动公开的，告知申请人获取该政府信息的方式、途径；②所申请公开信息可以公开的，向申请人提供该政府信息，或者告知申请人获取该政府信息的方式、途径和时间；③行政机关依据本条例的规定决定不予公开的，告知申请人不予公开并说明理由；④经检索没有所申请公开信息的，告知申请人该政府信息不存在；⑤所申请公开信息不属于本行政机关负责公开的，告知申请人并说明理由；能够确定负责公开该政府信息的行政机关的，告知申请人该行政机关的名称、联系方式；⑥行政机关已就申请人提出的政府信息公开申请作出答复、申请人重复申请公开相同政府信息的，告知申请人不予重复处理；⑦所申请公开信息属于工商、不动产登记资料等信息，有关法律、行政法规对信息的获取有特别规

---

[1] A

定的，告知申请人依照有关法律、行政法规的规定办理。A项中，区政府作出的拒绝公开的决定，属于该条第3种情形，应告知申请人并说明理由。所以，A项正确。

《行政诉讼法》第45条规定，公民、法人或者其他组织不服复议决定的，可以在收到复议决定书之日起十五日内向人民法院提起诉讼。复议机关逾期不作决定的，申请人可以在复议期满之日起十五日内向人民法院提起诉讼。法律另有规定的除外。本题中，刘某对区政府信息不公开不服，属于复议前置案件，需要先申请行政复议，对行政复议决定不服向法院提起诉讼的，该起诉期限应为收到复议决定书之日起十五日内起诉。所以，B项错误。

《行诉解释》第134条第3款规定，复议机关作共同被告的案件，以作出原行政行为的行政机关确定案件的级别管辖。本案中，如果复议机关作出维持决定，则按照区政府来确定级别管辖，即由中院进行管辖。如果复议改变，则按照复议机关市政府确定级别管辖，也由中院进行管辖。所以，C项错误。

《政府信息公开条例》第27条规定，除行政机关主动公开的政府信息外，公民、法人或者其他组织可以向地方各级人民政府、对外以自己名义履行行政管理职能的县级以上人民政府部门（含本条例第10条第2款规定的派出机构、内设机构）申请获取相关政府信息。此规定将依申请的资格放宽，除了行政机关主动公开的政府信息，相对人都可以申请公开。D项中，刘某具备申请人资格。所以，D项错误。

综上所述，本题的答案为A。

第十章 行政复议

一、行政复议受案范围

1. 下列争议中，当事人不服必须先申请复议，对行政复议决定不服，才能向法院起诉的有：（2020 - 模拟题 - 多）[1]

A. 纳税人对税务机关确定的纳税主体有争议

B. 纳税人对税务机关确定的减税、免税及退税有争议

C. 当事人对税务机关的处罚决定不服

D. 当事人对税务机关的税收保全措施不服

【考点】复议前置

【解析】《税收征收管理法》第88条规定，纳税人、扣缴义务人、纳税担保人同税务机关在纳税上发生争议时，必须先依照税务机关的纳税决定缴纳或者解缴税款及滞纳金或者提供相应的担保，然后可以依法申请行政复议；对行政复议决定不服的，可以依法向人民法院起诉。当事人对税务机关的处罚决定、强制执行措施或者税收保全措施不服的，可以依法申请行政复议，也可以依法向人民法院起诉。当事人对税务机关的处罚决定逾期不申请行政复议也不向人民法院起诉、又不履行的，作出处罚决定的税务机关可以采取本法第40条规定的强制执行措施，或者申请人民法院强制执行。

《税收征收管理法实施细则》第100条规定，税收征管法第88条规定的纳税争议，是指纳税人、扣缴义务人、纳税担保人对税务机关确定纳税主体、征税对象、征税范围、减税、免税及退税、适用税率、计税依据、纳税环节、纳税期限、纳税地点以及税款征收方式等具体行政行为有异议而发生的争议。

本案中，AB项正确，都属于复议前置事项。CD项错误，当事人可以自由选择行政复议或行政诉讼。

综上所述，本题的答案为AB。

2. 当事人对下列哪些事项既可以申请行政复议也可以提起行政诉讼？（2013/2/83 - 多）[2]

A. 行政机关对民事纠纷的调解

B. 出入境边防检查机关对外国人采取的遣送出境措施

C. 是否征收反倾销税的决定

D. 税务机关作出的处罚决定

【考点】行政复议的受案范围

---

[1] AB [2] CD

【解析】《行诉解释》第1条第2款第2项规定，下列行为不属于人民法院行政诉讼的受案范围：调解行为以及法律规定的仲裁行为。因为行政机关对民事纠纷的调解不具有强制执行力，不对当事人的权利义务产生实质的影响，其约束力取决于双方当事人的自愿接受，不能进行行政诉讼和行政复议，可以依法提起民事诉讼。所以，A项不当选。

《出境入境管理法》第64条第1款规定，外国人对依照《出境入境管理法》规定对其实施的继续盘问、拘留审查、限制活动范围、遣送出境措施不服的，可以依法申请行政复议，该行政复议决定为最终决定。B项中，对于出入境边防检查机关对外国人采取的遣送出境措施，只能进行复议不能进行诉讼。所以，B项不当选。

《反倾销条例》第53条规定，对依照本条例第25条作出的终裁决定不服的，对依照本条例第四章作出的是否征收反倾销税的决定以及追溯征收、退税、对新出口经营者征税的决定不服的，或者对依照本条例第五章作出的复审决定不服的，可以依法申请行政复议，也可以依法向人民法院提起诉讼。C项中，对于征收反倾销税的决定，既可以进行复议也可以进行诉讼。所以，C项当选。

《税收征收管理法》第88条第2款规定，当事人对税务机关的处罚决定、强制执行措施或者税收保全措施不服的，可以依法申请行政复议，也可以依法向人民法院起诉。D项中，对于税务机关作出的处罚决定，既可以复议也可以诉讼。所以，D项当选。

综上所述，本题的答案为CD。

二、行政复议参加人与复议机关

1. 区政府发布六号文，指定甲公司承担全区餐饮废弃物的收运处理。区城市管理局为落实六号文，发函要求本区五家屠宰场必须与甲公司签订废弃物清运协议，违者将予以处罚。五家屠宰场对发函不服，申请行政复议。关于此案，说法正确的是（2021-模拟题-任）[1]

A. 行政复议原则上采取开庭审理的方式

B. 行政复议的被申请人是区城市管理局

C. 行政复议的被申请人是区政府

D. 对发函不服，五家屠宰场也可以提起行政诉讼

【考点】 行政复议的参加人

【解析】《行政复议法》第49条规定，适用普通程序审理的行政复议案件，行政复议机构应当当面或者通过互联网、电话等方式听取当事人的意见，并将听取的意见记录在案。因当事人原因不能听取意见的，可以书面审理。A项错误。

《行政复议法》第19条第1款规定，公民、法人或者其他组织对行政行为不服申请行政复议的，作出行政行为的行政机关或者法律、法规、规章授权的组织是被申请人。B项正确。C项错误。

D项中，发函的内容影响了当事人的权利义务，也可以提起行政诉讼。D项正确。

综上所述，本题答案为BD。

2. 国家市场监督管理总局根据《反垄断法》对某企业罚款3000万元，该企业申请行政复议。下列哪些说法是正确的？（2019-模拟题-多）[2]

A. 国家市场监督管理总局是被申请人

B. 国家市场监督管理总局是复议机关

C. 复议机关可以进行调解

---

[1] BD [2] ABC

D. 该企业申请复议的期限为 15 天

【考点】 *行政复议的参加人与复议机关*

【解析】《行政复议法》第 25 条规定，国务院部门管辖下列行政复议案件：①对本部门作出的行政行为不服的；②对本部门依法设立的派出机构依照法律、行政法规、部门规章规定，以派出机构的名义作出的行政行为不服的；③对本部门管理的法律、行政法规、部门规章授权的组织作出的行政行为不服的。AB 项正确。

《行政复议法》第 5 条规定，行政复议机关办理行政复议案件，可以进行调解。调解应当遵循合法、自愿的原则，不得损害国家利益、社会公共利益和他人合法权益，不得违反法律、法规的强制性规定。C 项正确。

《行政复议法》第 20 条第 1 款规定，公民、法人或者其他组织认为行政行为侵犯其合法权益的，可以自知道或者应当知道该行政行为之日起六十日内提出行政复议申请；但是法律规定的申请期限超过六十日的除外。D 项错误。

综上所述，本题的答案为 ABC。

3. 县食药局认定某公司用超保质期的食品原料生产食品，根据《食品安全法》没收违法生产的食品和违法所得，并处 5 万元罚款。公司不服申请行政复议。下列哪些说法是正确的？(2017/2/84 - 多)[1]

A. 公司可向市食药局申请行政复议，也可向县政府申请行政复议

B. 公司可委托 1 至 2 名代理人参加行政复议

C. 公司提出行政复议申请时错列被申请人的，行政复议机构应告知公司变更被申请人

D. 对县食药局的决定，申请行政复议是向法院起诉的必经前置程序

【考点】 *行政复议的参加人与复议机关*

【解析】《行政复议法》第 24 条第 1 款规定，县级以上地方各级人民政府管辖下列行政复议案件：①对本级人民政府工作部门作出的行政行为不服的；②对下一级人民政府作出的行政行为不服的；③对本级人民政府依法设立的派出机关作出的行政行为不服的；④对本级人民政府或者其工作部门管理的法律、法规、规章授权的组织作出的行政行为不服的。本案中，对县食药局的行政行为不服的，只能向县政府申请行政复议。A 项错误。

《行政复议法》第 17 条规定，申请人、第三人可以委托一至二名律师、基层法律服务工作者或者其他代理人代为参加行政复议。B 项中，公司可委托 1 至 2 名代理人参加行政复议，正确。

《行政复议法实施条例》第 22 条规定，申请人提出行政复议申请时错列被申请人的，行政复议机构应当告知申请人变更被申请人。C 项中，公司提出行政复议申请时错列被申请人的，行政复议机构应告知公司变更被申请人，正确。

《行政复议法》第 23 条第 1 款规定，有下列情形之一的，申请人应当先向行政复议机关申请行政复议，对行政复议决定不服的，可以再依法向人民法院提起行政诉讼：①对当场作出的行政处罚决定不服；②对行政机关作出的侵犯其已经依法取得的自然资源的所有权或者使用权的决定不服；③认为行政机关存在本法第十一条规定的未履行法定职责情形；④申请政府信息公开，行政机关不予公开；⑤法律、行政法规规定应当先向行政复议机关申请行政复议的其他情形。D 项中，对县食药局的决定，公司可以直接向法院起诉。因此，D 项错误。

综上所述，本题的答案为 BC。

---

[1] BC

4. 甲市乙县公安局所辖派出所以李某制造噪声干扰他人正常生活为由，处以 500 元罚款。李某不服申请复议。下列哪个机关是本案的复议机关？（2011/2/84 – 单）[1]

    A. 乙县公安局   B. 乙县政府

    C. 甲市公安局   D. 甲市政府

【考点】 行政复议机关

【解析】《治安管理处罚法》第 91 条规定，治安管理处罚由县级以上人民政府公安机关决定；其中警告、500 元以下的罚款可以由公安派出所决定。本案中，对派出所作出的行政处罚 500 元决定不服的，以派出所为被申请人。

《行政复议法》第 24 条第 4 款规定，对县级以上地方各级人民政府工作部门依法设立的派出机构依照法律、法规、规章规定，以派出机构的名义作出的行政行为不服的行政复议案件，由本级人民政府管辖。本案中，派出所是派出机构，复议机关为设立其的公安局的同级人民政府，即乙县政府。

综上所述，本题的答案为 B。

5. 关于行政复议第三人，下列哪一选项是错误的？（2009/2/45 – 单）[2]

    A. 第三人可以委托 1 至 2 名代理人参加复议

    B. 第三人不参加行政复议，不影响复议案件的审理

    C. 复议机关应为第三人查阅有关材料提供必要条件

    D. 第三人与申请人逾期不起诉又不履行复议决定的强制执行制度不同

【考点】 行政复议第三人

【解析】《行政复议法》第 17 条第 1 款规定，申请人、第三人可以委托一至二名律师、基层法律服务工作者或者其他代理人代为参加行政复议。A 项中，第三人可以委托 1 至 2 名代理人参加复议，正确，不当选。

《行政复议法》第 16 条第 2 款规定，第三人不参加行政复议，不影响行政复议案件的审理。B 项正确，不当选。

《行政复议法实施条例》第 35 条规定，行政复议机关应当为申请人、第三人查阅有关材料提供必要条件。C 项正确，不当选。

《行政复议法》第 78 条规定，申请人、第三人逾期不起诉又不履行行政复议决定书、调解书的，或者不履行最终裁决的行政复议决定的，按照下列规定分别处理：①维持行政行为的行政复议决定书，由作出行政行为的行政机关依法强制执行，或者申请人民法院强制执行；②变更行政行为的行政复议决定书，由行政复议机关依法强制执行，或者申请人民法院强制执行；③行政复议调解书，由行政复议机关依法强制执行，或者申请人民法院强制执行。因此，第三人与申请人逾期不起诉又不履行复议决定的强制执行制度是相同的。D 项错误，当选。

综上所述，本题的答案为 D。

6. 2002 年底，王某按照县税务局要求缴纳税款 12 万元。2008 年初，王某发现多缴税款 2 万元。同年 7 月 5 日，王某向县税务局提出退税书面申请。7 月 13 日，县税务局向王某送达不予退税决定。王某在复议机关维持县税务局决定后向法院起诉。下列选项正确的是：（2009/2/98 – 任）[3]

    A. 复议机关是县税务局的上一级税务局

    B. 复议机关应自收到王某复议申请书之日起 2 个月内作出复议决定

---

[1] B [2] D [3] AD

C. 被告为县税务局

D. 是否适用《税收征收管理法》"纳税人自结算缴纳税款之日起3年内发现的，可以向税务机关要求退还多缴的税款"的规定，是本案审理的焦点之一

【考点】行政复议机关、行政复议程序

【解析】《行政复议法》第27条规定，对海关、金融、外汇管理等实行垂直领导的行政机关、税务和国家安全机关的行政行为不服的，向上一级主管部门申请行政复议。A项中，对税务机关作出具体行政行为不服申请行政复议，应当向上一级税务机关申请，正确。

《行政复议法》第62条第1款规定，适用普通程序审理的行政复议案件，行政复议机关应当自受理申请之日起六十日内作出行政复议决定；但是法律规定的行政复议期限少于六十日的除外。情况复杂，不能在规定期限内作出行政复议决定的，经行政复议机构的负责人批准，可以适当延长，并书面告知当事人；但是延长期限最多不得超过三十日。本案中，未明确是适用普通程序进行审理；如果是简易程序，则审限为30日。B项错误。

《行政诉讼法》第26条第1、2款规定，公民、法人或者其他组织直接向人民法院提起诉讼的，作出行政行为的行政机关是被告。经复议的案件，复议机关决定维持原行政行为的，作出原行政行为的行政机关和复议机关是共同被告；复议机关改变原行政行为的，复议机关是被告。C项中，王某在复议机关维持县税务局决定后向法院起诉，县税务局和复议机关应为共同被告。所以，C项错误。

被诉行政行为是不予退税决定，即不予退税决定是本案的审理对象，法院应对该决定的合法性进行审查并作出裁判。而要判断该决定的合法性，需要从该决定的法律适用、事实认定等方面进行审查。本题中，王某2002年年底按照县税务局要求缴纳税款，2008年年初提出退税申请，所以对王某是否适用《税收征收管理法》"纳税人自结算缴纳税款之日起3年内发现的，可以向税务机关要求退还多缴的税款"的规定，就是判断县税务局的决定适用法律是否正确的焦点问题，所以也是此案审理的焦点之一。所以，D项正确。

综上所述，本题的答案为AD。

三、行政复议的申请和受理

1. 某公司未申报上年度营业所得税，某市税务局责令补缴2万元税款并罚款1万元。该公司不服，申请行政复议，下列说法正确的是？（2021-模拟题-多）[1]

A. 该公司未按时补缴，市税务局可以书面通知银行划扣其存款

B. 复议机关应为市政府

C. 对补缴税款不服，公司可以不经复议直接提起行政诉讼

D. 申请复议期限为60日

【考点】行政复议与诉讼的关系

【解析】《税收征收管理法》第38条第2款规定，纳税人在前款规定的限期内缴纳税款的，税务机关必须立即解除税收保全措施；限期期满仍未缴纳税款的，经县以上税务局（分局）局长批准，税务机关可以书面通知纳税人开户银行或者其他金融机构从其冻结的存款中扣缴税款，或者依法拍卖或者变卖所扣押、查封的商品、货物或者其他财产，以拍卖或者变卖所得抵缴税款。A项正确。

《行政复议法》第27条规定，对海关、金融、外汇管理等实行垂直领导的行政机关、税务和国家安全机关的行政行为不服的，向上一级主管部门申请行政复议。B项中，以税务机关为

---

〔1〕 AD

被申请人，只能向上一级主管部门申请行政复议。B 项错误。

《税收征收管理法》第 88 条规定，纳税人、扣缴义务人、纳税担保人同税务机关在纳税上发生争议时，必须先依照税务机关的纳税决定缴纳或者解缴税款及滞纳金或者提供相应的担保，然后可以依法申请行政复议；对行政复议决定不服的，可以依法向人民法院起诉。C 项中，补缴税款属于复议前置事项。C 项错误。

《行政复议法》第 20 条第 1 款规定，公民、法人或者其他组织认为行政行为侵犯其合法权益的，可以自知道或者应当知道该行政行为之日起六十日内提出行政复议申请；但是法律规定的申请期限超过六十日的除外。D 项中，题目中未作出特殊规定，则按 60 日确定复议期限。D 项正确。

综上所述，本题答案为 AD。

2. 2010 年 3 月 10 日，县政府为汪某颁发集体土地使用证，6 月 20 日，杨某经查询得知该信息，认为该行为侵犯了自己已有的集体土地使用权，于同日向市政府申请复议，市政府认为杨某的复议请求超过了复议申请期，驳回了杨某的复议申请。杨某不服，就县政府给汪某颁发集体土地使用证的行为向法院提起行政诉讼。下列说法正确的是：(2020 - 模拟题 - 多)[1]

A. 杨某申请复议未超过复议申请期限

B. 法院应当以未经过复议为由，裁定驳回起诉

C. 法院可以受理本案

D. 若法院受理此案，在当事人各方同意的情况下，可以适用简易程序进行审理

【考点】行政复议受理与前置

【解析】《行政复议法》第 20 条第 1 款规定，公民、法人或者其他组织认为行政行为侵犯其合法权益的，可以自知道或者应当知道该行政行为之日起六十日内提出行政复议申请；但是法律规定的申请期限超过六十日的除外。A 项中，杨某于 6 月 20 日知道，并于当日提出复议申请，并没有超过复议的申请期限。A 项正确。

《行政复议法》第 23 条第 1 款规定，有下列情形之一的，申请人应当先向行政复议机关申请行政复议，对行政复议决定不服的，可以再依法向人民法院提起行政诉讼：①对当场作出的行政处罚决定不服；②对行政机关作出的侵犯其已经依法取得的自然资源的所有权或者使用权的决定不服；③认为行政机关存在本法第十一条规定的未履行法定职责情形；④申请政府信息公开，行政机关不予公开；⑤法律、行政法规规定应当先向行政复议机关申请行政复议的其他情形。《行政复议法》第 34 条规定，法律、行政法规规定应当先向行政复议机关申请行政复议、对行政复议决定不服再向人民法院提起行政诉讼的，行政复议机关决定不予受理、驳回申请或者受理后超过行政复议期限不作答复的，公民、法人或者其他组织可以自收到决定书之日起或者行政复议期限届满之日起十五日内，依法向人民法院提起行政诉讼。本案中，尽管属于复议前置的案件，复议机关驳回了杨某的复议申请，但仍然属于行政诉讼的受案范围。否则，杨某没有办法通过其他渠道寻求行政救济。因此，B 项错误，C 项正确。

《行政诉讼法》第 82 条规定，人民法院审理下列第一审行政案件，认为事实清楚、权利义务关系明确、争议不大的，可以适用简易程序：①被诉行政行为是依法当场作出的；②案件涉及款额 2000 元以下的；③属于政府信息公开案件的。除前款规定以外的第一审行政案件，当事人各方同意适用简易程序的，可以适用简易程序。发回重审、按照审判监督程序再审的案件不适用简易程序。D 项中，在当事人各方同意的情况下，可以适用简易程序进行审理，正确。

---

[1] ACD

综上所述，本题的答案为 ACD。

3. 区生态环境局对某公司作出责令停产停业的处罚，关于行政复议的申请与受理，下列哪一说法是正确的？（2019 – 模拟题 – 单）[1]

A. 该公司应向区政府申请行政复议

B. 与行政诉讼不同，行政复议以书面审查为原则

C. 该公司撤回行政复议申请的，不能再提出行政诉讼

D. 该公司必须先申请行政复议，才能提起行政诉讼

【考点】 行政复议的申请与审理

【解析】《行政复议法》第24条第1款规定，县级以上地方各级人民政府管辖下列行政复议案件：①对本级人民政府工作部门作出的行政行为不服的；②对下一级人民政府作出的行政行为不服的；③对本级人民政府依法设立的派出机关作出的行政行为不服的；④对本级人民政府或者其工作部门管理的法律、法规、规章授权的组织作出的行政行为不服的。本案中，该公司对区生态环境局的行为不服申请复议，复议机关是同级政府即区政府。所以，A 项正确。

《行政复议法》第49条规定，适用普通程序审理的行政复议案件，行政复议机构应当当面或者通过互联网、电话等方式听取当事人的意见，并将听取的意见记录在案。因当事人原因不能听取意见的，可以书面审理。因此，书面审查并不是行政复议的审理原则。B 项错误。

《行政复议法》第41条规定，申请人撤回行政复议申请，行政复议机构准予撤回的，行政复议机关决定终止行政复议。本案中，该公司撤回行政复议申请，导致行政复议终止。本案不是复议前置案件，在法定的起诉期限内，可以再提起行政诉讼。所以，C 项错误。

《行政诉讼法》第44条第1款规定，对属于人民法院受案范围的行政案件，公民、法人或者其他组织可以先向行政机关申请复议，对复议决定不服的，再向人民法院提起诉讼；也可以直接向人民法院提起诉讼。本案中，该公司既可以申请复议，也可以直接提起行政诉讼。所以，D 项错误。

综上所述，本题的答案为 A。

4. 某区环保局对超标排污的甲工厂进行处罚，甲工厂不服，向区政府提起行政复议。下列说法正确的是：（2018 – 模拟题 – 多）[2]

A. 甲工厂委托代理人，应当向行政复议机构提交授权委托书。在特殊情况下无法书面委托的，可以口头委托

B. 行政复议机关受理行政复议申请，不得向申请人收取任何费用

C. 复议过程中，区环保局不得自行收集证据

D. 区政府审理行政复议案件，应由 2 名以上行政复议人员参加，特殊时也可 1 人审理

【考点】 行政复议的申请与审理

【解析】《行政复议法实施条例》第10条规定，申请人、第三人可以委托 1 至 2 名代理人参加行政复议。申请人、第三人委托代理人的，应当向行政复议机构提交授权委托书。授权委托书应当载明委托事项、权限和期限。公民在特殊情况下无法书面委托的，可以口头委托。口头委托的，行政复议机构应当核实并记录在卷。申请人、第三人解除或者变更委托的，应当书面报告行政复议机构。因此，只有公民在特殊情况下，可以口头委托，甲工厂不可以口头委托，A 项错误。

《行政复议法》第87条规定，行政复议机关受理行政复议申请，不得向申请人收取任何费

用。B项正确。

《行政复议法》第46条规定，行政复议期间，被申请人不得自行向申请人和其他有关单位或者个人收集证据；自行收集的证据不作为认定行政行为合法性、适当性的依据。C项正确。

《行政复议法实施条例》第32条规定，行政复议机构审理行政复议案件，应当由2名以上行政复议人员参加。D项错误。

综上所述，本题的答案为BC。

5. 某区食品药品监管局以某公司生产经营超过保质期的食品违反《食品安全法》为由，作出处罚决定。公司不服，申请行政复议。关于此案，下列哪一说法是正确的？（2016/2/48 – 单）[1]

    A. 申请复议期限为60日

    B. 公司不得以电子邮件形式提出复议申请

    C. 行政复议机关不能进行调解

    D. 公司如在复议决定作出前撤回申请，行政复议中止

【考点】行政复议的申请与审理

【解析】《行政复议法》第20条第1款规定，公民、法人或者其他组织认为行政行为侵犯其合法权益的，可以自知道或者应当知道该行政行为之日起六十日内提出行政复议申请；但是法律规定的申请期限超过六十日的除外。A项中，申请复议期限为60日，正确。

《行政复议法》第22条规定，申请人申请行政复议，可以书面申请；书面申请有困难的，也可以口头申请。书面申请的，可以通过邮寄或者行政复议机关指定的互联网渠道等方式提交行政复议申请书，也可以当面提交行政复议申请书。行政机关通过互联网渠道送达行政行为决定书的，应当同时提供提交行政复议申请书的互联网渠道。《行政复议法实施条例》第18条规定，申请人书面申请行政复议的，可以采取当面递交、邮寄或者传真等方式提出行政复议申请。有条件的行政复议机构可以接受以电子邮件形式提出的行政复议申请。B项中，公司不得以电子邮件形式提出复议申请，错误。

《行政复议法》第5条规定，行政复议机关办理行政复议案件，可以进行调解。调解应当遵循合法、自愿的原则，不得损害国家利益、社会公共利益和他人合法权益，不得违反法律、法规的强制性规定。C项中，行政复议机关不能进行调解，错误。

《行政复议法》第41条规定，申请人撤回行政复议申请，行政复议机构准予撤回的，行政复议机关决定终止行政复议。因此，公司如在复议决定作出前撤回申请，行政复议是"终止"而非"中止"，D项错误。

综上所述，本题的答案为A。

6. 《反不正当竞争法》规定，当事人对监督检查部门作出的处罚决定不服的，可以自收到处罚决定之日起15日内向上一级主管机关申请复议；对复议决定不服的，可以自收到复议决定书之日起15日内向法院提起诉讼；也可以直接向法院提起诉讼。某县工商局认定某企业利用广告对商品作引人误解的虚假宣传，构成不正当竞争，处10万元罚款。该企业不服，申请复议。下列哪些说法是正确的？（2014/2/80 – 多）[2]

    A. 复议机关应当为该工商局的上一级工商局

    B. 申请复议期间为15日

    C. 如复议机关作出维持决定，该企业向法院起诉，起诉期限为15日

---

[1] A [2] CD

D. 对罚款决定，该企业可以不经复议直接向法院起诉

【考点】行政复议的申请与复议机关

【解析】《行政复议法》第24条第1款规定，县级以上地方各级人民政府管辖下列行政复议案件：①对本级人民政府工作部门作出的行政行为不服的；②对下一级人民政府作出的行政行为不服的；③对本级人民政府依法设立的派出机关作出的行政行为不服的；④对本级人民政府或者其工作部门管理的法律、法规、规章授权的组织作出的行政行为不服的。A项中，该企业对县工商局的行为不服申请复议，复议机关是同级政府即县政府。所以，A项错误。

《行政复议法》第20条第1款规定，公民、法人或者其他组织认为行政行为侵犯其合法权益的，可以自知道或者应当知道该行政行为之日起六十日内提出行政复议申请；但是法律规定的申请期限超过六十日的除外。因此，申请复议期限为60天，单行法规定少于60天的，应当按60天计算，B项错误。（注意：现行《反不正当竞争法》已删除对不正当竞争行为处罚决定复议、诉讼期限的特殊规定）

《行政诉讼法》第45条规定，公民、法人或者其他组织不服复议决定的，可以在收到复议决定书之日起15日内向人民法院提起诉讼。复议机关逾期不作决定的，申请人可以在复议期满之日起15日内向人民法院提起诉讼。法律另有规定的除外。C项正确。

《行政诉讼法》第44条第1款规定，对属于人民法院受案范围的行政案件，公民、法人或者其他组织可以先向行政机关申请复议，对复议决定不服的，再向人民法院提起诉讼；也可以直接向人民法院提起诉讼。D项中，对罚款决定，该企业可以不经复议直接向法院起诉，正确。

综上所述，本题的答案为CD。

7. 甲市乙区政府决定征收某村集体土地100亩。该村50户村民不服，申请行政复议。下列哪一说法是错误的？（2013/2/50–单）[1]

A. 申请复议的期限为30日

B. 村民应推选1至5名代表参加复议

C. 甲市政府为复议机关

D. 如要求申请人补正申请材料，应在收到复议申请之日起5日内书面通知申请人

【考点】行政复议的申请与受理

【解析】《行政复议法》第20条第1款规定，公民、法人或者其他组织认为行政行为侵犯其合法权益的，可以自知道或者应当知道该行政行为之日起六十日内提出行政复议申请；但是法律规定的申请期限超过六十日的除外。A项中，申请复议的期限为60日而不是30日，错误，当选。

《行政复议法实施条例》第8条规定，同一行政复议案件申请人超过5人的，推选1至5名代表参加行政复议。B项中，村民应推选1至5名代表参加复议，正确，不当选。

《行政复议法》第24条第1款规定，县级以上地方各级人民政府管辖下列行政复议案件：①对本级人民政府工作部门作出的行政行为不服的；②对下一级人民政府作出的行政行为不服的；③对本级人民政府依法设立的派出机关作出的行政行为不服的；④对本级人民政府或者其工作部门管理的法律、法规、规章授权的组织作出的行政行为不服的。C项中，甲市政府为乙区政府的上一级地方人民政府，正确，不当选。

《行政复议法》第31条规定，行政复议申请材料不齐全或者表述不清楚，无法判断行政复

---

〔1〕 A

议申请是否符合本法第三十条第一款规定的，行政复议机关应当自收到申请之日起五日内书面通知申请人补正。补正通知应当一次性载明需要补正的事项。D项中，如要求申请人补正申请材料，应在收到复议申请之日起5日内书面通知申请人，正确，不当选。

综上所述，本题的答案为A。

四、行政复议的审理、决定和执行

1. 银监局以某金融机构不符合银监管理法，出资报表不符合规定为由对该机构罚款20万元，该机构不服提出行政复议。下列说法正确的是：(2020 – 模拟题 – 任)[1]

A. 复议申请期限为60日

B. 该机构和银监局经准许达成和解，行政复议应中止

C. 该机构逾期不交罚款，银监局可通知银行从该机构账户直接划拨

D. 银监局和该金融机构可以约定分阶段履行

【考点】行政复议的申请期限、中止与终结

【解析】《行政复议法》第20条第1款规定，公民、法人或者其他组织认为行政行为侵犯其合法权益的，可以自知道或者应当知道该行政行为之日起六十日内提出行政复议申请；但是法律规定的申请期限超过六十日的除外。A项正确。

《行政复议法》第74条第1款规定，当事人在行政复议决定作出前可以自愿达成和解，和解内容不得损害国家利益、社会公共利益和他人合法权益，不得违反法律、法规的强制性规定。当事人达成和解后，由申请人向行政复议机构撤回行政复议申请。行政复议机构准予撤回行政复议申请、行政复议机关决定终止行政复议的，申请人不得再以同一事实和理由提出行政复议申请。但是，申请人能够证明撤回行政复议申请违背其真实意愿的除外。B项中，达成和解的，应当终止复议，而非中止。B项错误。

C项中，通知银行从该机构账户直接划拨属于行政强制执行，银监局没有强制执行权，需要申请法院执行，而不能自行划拨该公司的银行存款。所以，C项错误。

《行政强制法》第42条规定，实施行政强制执行，行政机关可以在不损害公共利益和他人合法权益的情况下，与当事人达成执行协议。执行协议可以约定分阶段履行；当事人采取补救措施的，可以减免加处的罚款或者滞纳金。执行协议应当履行。当事人不履行执行协议的，行政机关应当恢复强制执行。D项正确。

综上所述，本题的答案为AD。

2. 某工程运输公司在变更注册资本时存在违法行为，甲市乙区工商局作出了罚款20万元、暂扣营业执照的决定。该公司不服该处罚决定，向复议机关申请复议，请求审查该处罚的合法性，同时由于该决定是依据《会议纪要》作出的，一并要求对《会议纪要》进行审查。关于此案，下列说法错误的有：(2018 – 模拟题 – 多)[2]

A. 《会议纪要》属于行政复议范围

B. 复议机关应为甲市工商局

C. 申请人因不可抗力不能参加行政复议，行政复议终止

D. 复议机关经审查认为该行政行为违法，应当作撤销决定

【考点】行政复议的申请与受理

【解析】《会议纪要》是作出处罚的依据，但没有直接确定相对人的权利义务关系，不属于行政复议受案范围。A项错误，当选。

---

[1] AD [2] ABCD

《行政复议法》第 24 条第 1 款规定，县级以上地方各级人民政府管辖下列行政复议案件：①对本级人民政府工作部门作出的行政行为不服的；②对下一级人民政府作出的行政行为不服的；③对本级人民政府依法设立的派出机关作出的行政行为不服的；④对本级人民政府或者其工作部门管理的法律、法规、规章授权的组织作出的行政行为不服的。本案中，复议机关应为乙区政府。B 项错误，当选。

《行政复议法》第 39 条第 1 款规定，行政复议期间有下列情形之一的，行政复议中止：①作为申请人的公民死亡，其近亲属尚未确定是否参加行政复议；②作为申请人的公民丧失参加行政复议的行为能力，尚未确定法定代理人参加行政复议；③作为申请人的公民下落不明；④作为申请人的法人或者其他组织终止，尚未确定权利义务承受人；⑤申请人、被申请人因不可抗力或者其他正当理由，不能参加行政复议；⑥依照本法规定进行调解、和解，申请人和被申请人同意中止；⑦行政复议案件涉及的法律适用问题需要有权机关作出解释或者确认；⑧行政复议案件审理需要以其他案件的审理结果为依据，而其他案件尚未审结；⑨有本法第五十六条或者第五十七条规定的情形；⑩需要中止行政复议的其他情形。C 项错误，当选。

《行政复议法》第 63 - 65 条分别规定了变更、撤销及确认违法决定的情形，其中都包含着行政行为违法。因此，行政行为违法的，复议机关可以作出撤销、变更或者确认违法等多种决定，而非撤销决定一种，D 项错误，当选。

综上所述，本题的答案为 ABCD。

3. 关于行政复议案件的审理和决定，下列哪些说法是正确的？(2017/2/83 - 多)[1]

A. 行政复议期间涉及专门事项需要鉴定的，当事人可自行委托鉴定机构进行鉴定

B. 对重大、疑难、复杂的案件，行政复议机构可采取听证方式审理

C. 申请人在行政复议决定作出前自愿撤回行政复议申请的，经行政复议机构同意，可以撤回

D. 行政复议人员调查取证时应向当事人或者有关人员出示工作证件

【考点】行政复议的审理和决定

【解析】《行政复议法实施条例》第 37 条规定，行政复议期间涉及专门事项需要鉴定的，当事人可以自行委托鉴定机构进行鉴定，也可以申请行政复议机构委托鉴定机构进行鉴定。鉴定费用由当事人承担。鉴定所用时间不计入行政复议审理期限。A 项中，行政复议期间涉及专门事项需要鉴定的，当事人可自行委托鉴定机构进行鉴定，正确。

《行政复议法》第 50 条第 1 款规定，审理重大、疑难、复杂的行政复议案件，行政复议机构应当组织听证。是应当而非可以，B 项错误。

《行政复议法》第 41 条规定，申请人撤回行政复议申请，行政复议机构准予撤回的，行政复议机关决定终止行政复议。C 项正确。

《行政复议法》第 45 条规定，行政复议机关有权向有关单位和个人调查取证，查阅、复制、调取有关文件和资料，向有关人员进行询问。调查取证时，行政复议人员不得少于两人，并应当出示行政复议工作证件。被调查取证的单位和个人应当积极配合行政复议人员的工作，不得拒绝或者阻挠。D 项正确。

综上所述，本题的答案为 ACD。

4. 市工商局认定豪美公司的行为符合《广告法》第 28 条第 2 款第 2 项规定的"商品或者服务有关的允诺等信息与实际情况不符，对购买行为有实质性影响"情形，属发布虚假广告，

予以行政处罚。豪美公司向市政府申请行政复议，市政府受理。请回答下列两题。

（1）关于此案的复议，下列说法正确的是：（2016/2/97－任）[1]

A. 豪美公司委托代理人参加复议，应提交授权委托书

B. 应由2名以上行政复议人员参加审理

C. 市政府应为公司查阅有关材料提供必要条件

D. 如处罚决定认定事实不清，证据不足，市政府不得作出变更决定

【考点】行政复议的申请与决定

【解析】《行政复议法实施条例》第10条规定，申请人、第三人可以委托1至2名代理人参加行政复议。申请人、第三人委托代理人的，应当向行政复议机构提交授权委托书。授权委托书应当载明委托事项、权限和期限。公民在特殊情况下无法书面委托的，可以口头委托。口头委托的，行政复议机构应当核实并记录在卷。申请人、第三人解除或者变更委托的，应当书面报告行政复议机构。A项中，豪美公司委托代理人参加复议，应提交授权委托书，正确。

《行政复议法实施条例》第32条规定，行政复议机构审理行政复议案件，应当由2名以上行政复议人员参加。B项中，应由2名以上行政复议人员参加审理，正确。

《行政复议法实施条例》第35条规定，行政复议机关应当为申请人、第三人查阅有关材料提供必要条件。C项中，市政府应为公司查阅有关材料提供必要条件，正确。

《行政复议法》第63条规定，行政行为有下列情形之一的，行政复议机关决定变更该行政行为：①事实清楚，证据确凿，适用依据正确，程序合法，但是内容不适当；②事实清楚，证据确凿，程序合法，但是未正确适用依据；③事实不清、证据不足，经行政复议机关查清事实和证据。因此，如处罚决定认定事实不清，证据不足，复议机关可以作出变更决定。D项错误。

综上所述，本题的答案为ABC。

（2）如市政府在法定期限内不作出复议决定，下列说法正确的是：（2016/2/98－任）[2]

A. 有监督权的行政机关可督促市政府加以改正

B. 可对市政府直接负责的主管人员和其他直接负责人员依法给予警告、记过、记大过的行政处分

C. 豪美公司可向法院起诉要求市政府履行复议职责

D. 豪美公司可针对原处罚决定向法院起诉市工商局

【考点】行政复议的监督与法律责任

【解析】《行政复议法》第80条规定，行政复议机关不依照本法规定履行行政复议职责，对负有责任的领导人员和直接责任人员依法给予警告、记过、记大过的处分；经有权监督的机关督促仍不改正或者造成严重后果的，依法给予降级、撤职、开除的处分。A项中，有监督权的行政机关可督促市政府加以改正，正确。B项中，可对市政府直接负责的主管人员和其他直接负责人员依法给予警告、记过、记大过的行政处分，正确。

《行政诉讼法》第26条第1~3款规定，公民、法人或者其他组织直接向人民法院提起诉讼的，作出行政行为的行政机关是被告。经复议的案件，复议机关决定维持原行政行为的，作出原行政行为的行政机关和复议机关是共同被告；复议机关改变原行政行为的，复议机关是被告。复议机关在法定期限内未作出复议决定，公民、法人或者其他组织起诉原行政行为的，作出原行政行为的行政机关是被告；起诉复议机关不作为的，复议机关是被告。C项中，豪美公

_____

[1] ABC　[2] ABCD

司可向法院起诉要求市政府履行复议职责，正确。D项中，豪美公司可针对原处罚决定向法院起诉市工商局，正确。

综上所述，本题的答案为 ABCD。

5. 某区工商分局对一公司未取得出版物经营许可证销售电子出版物 100 套的行为，予以取缔，并罚款 6000 元。该公司向区政府申请复议。下列哪些说法是正确的？（2015/2/80 – 多）[1]

A. 公司可委托代理人代为参加行政复议

B. 在复议过程中区工商分局不得自行向申请人和其他有关组织或个人收集证据

C. 区政府应采取开庭审理方式审查此案

D. 如区工商分局的决定不适当，区政府应予以撤销

【考点】行政复议的审理与决定

【解析】《行政复议法》第17条规定，申请人、第三人可以委托一至二名律师、基层法律服务工作者或者其他代理人代为参加行政复议。A项中，该公司作为行政复议的申请人可以委托代理人参加行政复议。所以，A项正确。

《行政复议法》第46条第1款规定，行政复议期间，被申请人不得自行向申请人和其他有关单位或者个人收集证据；自行收集的证据不作为认定行政行为合法性、适当性的依据。B项中，在复议过程中区工商分局不得自行向申请人和其他有关组织或个人收集证据，正确。

《行政复议法》第49条规定，适用普通程序审理的行政复议案件，行政复议机构应当当面或者通过互联网、电话等方式听取当事人的意见，并将听取的意见记录在案。因当事人原因不能听取意见的，可以书面审理。C项中，区政府作为行政复议机关，以听取当事人意见为原则，以书面审理为例外。所以，C项错误。

《行政复议法》第63条第1款规定，行政行为有下列情形之一的，行政复议机关决定变更该行政行为：①事实清楚，证据确凿，适用依据正确，程序合法，但是内容不适当；②事实清楚，证据确凿，程序合法，但是未正确适用依据；③事实不清、证据不足，经行政复议机关查清事实和证据。D项中，如果区工商分局的决定不适当，区政府应予以变更，而非撤销。所以，D项错误。

综上所述，本题的答案为 AB。

6. 某区环保局因某新建水电站未报批环境影响评价文件，且已投入生产使用，给予其罚款 10 万元的处罚。水电站不服，申请复议，复议机关作出维持处罚的复议决定书。下列哪些说法是正确的？（2014/2/49 – 多）[2]

A. 复议机关应当为某区政府

B. 如复议期间案件涉及法律适用问题，需要有权机关作出解释，行政复议终止

C. 复议决定书一经送达，即发生法律效力

D. 水电站对复议决定不服向法院起诉，应由复议机关所在地的法院管辖

【考点】行政复议的审理与决定

【解析】《行政复议法》第24条第1款规定，县级以上地方各级人民政府管辖下列行政复议案件：①对本级人民政府工作部门作出的行政行为不服的；②对下一级人民政府作出的行政行为不服的；③对本级人民政府依法设立的派出机关作出的行政行为不服的；④对本级人民政府或者其工作部门管理的法律、法规、规章授权的组织作出的行政行为不服的。A项中，水电

---

[1] AB [2] AC

站对某区环保局的行为不服，行政机关为区政府。所以，A 项正确。

《行政复议法》第 39 条第 1 款规定，行政复议期间有下列情形之一的，行政复议中止：①作为申请人的公民死亡，其近亲属尚未确定是否参加行政复议；②作为申请人的公民丧失参加行政复议的行为能力，尚未确定法定代理人参加行政复议；③作为申请人的公民下落不明；④作为申请人的法人或者其他组织终止，尚未确定权利义务承受人；⑤申请人、被申请人因不可抗力或者其他正当理由，不能参加行政复议；⑥依照本法规定进行调解、和解，申请人和被申请人同意中止；⑦行政复议案件涉及的法律适用问题需要有权机关作出解释或者确认；⑧行政复议案件审理需要以其他案件的审理结果为依据，而其他案件尚未审结；⑨有本法第五十六条或者第五十七条规定的情形；⑩需要中止行政复议的其他情形。B 项中，如果复议期间案件涉及法律适用问题，需要有权机关作出解释，行政复议是中止而非终止。所以，B 项错误。

《行政复议法》第 75 条第 2 款规定，行政复议决定书一经送达，即发生法律效力。C 项正确。

《行政诉讼法》第 18 条第 1 款规定，行政案件由最初作出行政行为的行政机关所在地人民法院管辖。经复议的案件，也可以由复议机关所在地人民法院管辖。D 项错误。

综上所述，本题的答案为 AC。

7. 国务院某部对一企业作出罚款 50 万元的处罚。该企业不服，向该部申请行政复议。下列哪一说法是正确的？（2012/2/49-单）[1]

A. 在行政复议中，不应对罚款决定的适当性进行审查

B. 企业委托代理人参加行政复议的，可以口头委托

C. 如在复议过程中企业撤回复议的，即不得再以同一事实和理由提出复议申请

D. 如企业对复议决定不服向国务院申请裁决，企业对国务院的裁决不服向法院起诉的，法院不予受理

【考点】 行政复议的审理与决定

【解析】 行政复议与行政诉讼不同，行政复议既可以对行政行为的合法性进行审查，也可以对行政行为的合理性进行审查。A 项中，在行政复议中，不应对罚款决定的适当性进行审查，错误。

《行政复议法实施条例》第 10 条规定，申请人、第三人可以委托 1 至 2 名代理人参加行政复议。申请人、第三人委托代理人的，应当向行政复议机构提交授权委托书。授权委托书应当载明委托事项、权限和期限。公民在特殊情况下无法书面委托的，可以口头委托。口头委托的，行政复议机构应当核实并记录在卷。申请人、第三人解除或者变更委托的，应当书面报告行政复议机构。因此，在行政复议中委托代理人，原则上应采用书面形式，以授权委托书进行。但为了方便当事人，在特殊情况下允许口头委托，但仅限于公民个人，而不包括法人或其他组织。B 项中，申请人为公司，不是个人，不符合口头委托的条件，错误。

《行政复议法实施条例》第 38 条规定，申请人在行政复议决定作出前自愿撤回行政复议申请的，经行政复议机构同意，可以撤回。申请人撤回行政复议申请的，不得再以同一事实和理由提出行政复议申请。但是，申请人能够证明撤回行政复议申请违背其真实意思表示的除外。因此，此规定明确在申请人撤回复议申请时，原则上不允许再以同一事实和理由提出行政复议申请。但是为保护申请人的权益，避免受外在的压力违背其意愿撤回申请，允许有一定的例外，即在申请人能够证明撤回行政复议申请违背其真实意思表示时，允许其以同一事实和理由

---

[1] D

提出行政复议申请。C 项过于绝对，错误。

《行政复议法》第 26 条规定，对省、自治区、直辖市人民政府依照本法第二十四条第二款的规定、国务院部门依照本法第二十五条第一项的规定作出的行政复议决定不服的，可以向人民法院提起行政诉讼；也可以向国务院申请裁决，国务院依照本法的规定作出最终裁决。因此，当事人如果选择国务院裁决，该裁决即为最终裁决，若企业对国务院的裁决不服向法院起诉的，法院不予受理。D 项正确。

综上所述，本题的答案为 D。

8. 关于行政复议，下列哪些说法是正确的？（2011/2/47 - 多）[1]

A. 《行政复议法》规定，被申请人应自收到复议申请书或笔录复印件之日起 10 日提出书面答复，此处的 10 日指工作日

B. 行政复议期间，被申请人不得改变被申请复议的具体行政行为

C. 行政复议期间，复议机关发现被申请人的相关行政行为违法，可以制作行政复议意见书

D. 行政复议实行对具体行政行为进行合法性审查原则

【考点】行政复议的审理与决定

【解析】《行政复议法》第 88 条第 2 款规定，本法关于行政复议期间有关"三日"、"五日"、"七日"、"十日"的规定是指工作日，不含法定休假日。所以，A 项正确。

《行政复议法实施条例》第 39 条规定，行政复议期间被申请人改变原具体行政行为的，不影响行政复议案件的审理。但是，申请人依法撤回行政复议申请的除外。B 项中，行政复议期间，被申请人不得改变被申请复议的具体行政行为，错误。

《行政复议法》第 76 条规定，行政复议机关在办理行政复议案件过程中，发现被申请人或者其他下级行政机关的有关行政行为违法或者不当的，可以向其制发行政复议意见书。有关机关应当自收到行政复议意见书之日起六十日内，将纠正相关违法或者不当行政行为的情况报送行政复议机关。C 项中，行政复议期间，复议机关发现被申请人的相关行政行为违法，可以制作行政复议意见书，正确。

《行政复议法》第 1 条规定，为了防止和纠正违法的或者不当的行政行为，保护公民、法人和其他组织的合法权益，监督和保障行政机关依法行使职权，发挥行政复议化解行政争议的主渠道作用，推进法治政府建设，根据宪法，制定本法。因此，行政复议实行对行政行为进行合法性和合理性审查。D 项错误。

综上所述，本题的答案为 AC。

9. 关于行政复议有关事项的处理，下列哪些说法是正确的？（2010/2/84 - 多）[2]

A. 申请人因不可抗力不能参加行政复议致行政复议中止满 60 日的，行政复议终止

B. 复议进行现场勘验的，现场勘验所用时间不计入复议审理期限

C. 申请人对行政拘留不服申请复议，复议期间因申请人同一违法行为涉嫌犯罪，该行政拘留变更为刑事拘留的，行政复议中止

D. 行政复议期间涉及专门事项需要鉴定的，当事人可以自行委托鉴定机构进行鉴定

【考点】行政复议的审理

【解析】行政复议中止指出现特定情形时，行政复议程序暂时停止，待原因消除后恢复进行的制度。行政复议终止指出现特定情形，使行政复议程序无法进行或进行下去无意义时，行

---

[1] AC　[2] BD

政复议结束的制度。行政复议中止和终止都需基于法定事由。

《行政复议法》第 39 条第 1 款规定，行政复议期间有下列情形之一的，行政复议中止：①作为申请人的公民死亡，其近亲属尚未确定是否参加行政复议；②作为申请人的公民丧失参加行政复议的行为能力，尚未确定法定代理人参加行政复议；③作为申请人的公民下落不明；④作为申请人的法人或者其他组织终止，尚未确定权利义务承受人；⑤申请人、被申请人因不可抗力或者其他正当理由，不能参加行政复议；⑥依照本法规定进行调解、和解，申请人和被申请人同意中止；⑦行政复议案件涉及的法律适用问题需要有权机关作出解释或者确认；⑧行政复议案件审理需要以其他案件的审理结果为依据，而其他案件尚未审结；⑨有本法第五十六条或者第五十七条规定的情形；⑩需要中止行政复议的其他情形。A 项中，申请人因不可抗力不能参加行政复议致行政复议中止满 60 日的，此时行政复议应为中止而非终止，所以 A 项错误。

《行政复议法》第 41 条规定，行政复议期间有下列情形之一的，行政复议机关决定终止行政复议：①申请人撤回行政复议申请，行政复议机构准予撤回；②作为申请人的公民死亡，没有近亲属或者其近亲属放弃行政复议权利；③作为申请人的法人或者其他组织终止，没有权利义务承受人或者其权利义务承受人放弃行政复议权利；④申请人对行政拘留或者限制人身自由的行政强制措施不服申请行政复议后，因同一违法行为涉嫌犯罪，被采取刑事强制措施；⑤依照本法第三十九条第一款第一项、第二项、第四项的规定中止行政复议满六十日，行政复议中止的原因仍未消除。C 项中，申请人对行政拘留不服申请复议，复议期间因申请人同一违法行为涉嫌犯罪，该行政拘留变更为刑事拘留的，此时行政复议应为终止而非中止，所以 C 项错误。

《行政复议法实施条例》第 34 条规定，行政复议人员向有关组织和人员调查取证时，可以查阅、复制、调取有关文件和资料，向有关人员进行询问。调查取证时，行政复议人员不得少于 2 人，并应当向当事人或者有关人员出示证件。被调查单位和人员应当配合行政复议人员的工作，不得拒绝或者阻挠。需要现场勘验的，现场勘验所用时间不计入行政复议审理期限。B 项中，复议进行现场勘验的，现场勘验所用时间不计入复议审理期限，正确。

《行政复议法实施条例》第 37 条规定，行政复议期间涉及专门事项需要鉴定的，当事人可以自行委托鉴定机构进行鉴定，也可以申请行政复议机关委托鉴定机构进行鉴定。鉴定费用由当事人承担。鉴定所用时间不计入行政复议审理期限。D 项中，行政复议期间涉及专门事项需要鉴定的，当事人可以自行委托鉴定机构进行鉴定，正确。

综上所述，本题的答案为 BD。

第十一章　行政诉讼受案范围

1. 省住建厅联合省自然资源厅、省应急管理厅和省消防救援总队，发布了《关于加强全省县城高层建筑规划建设管理工作的通知》，要求新建住宅不能超过 18 层。县住建局据此驳回了四方公司提交的建设施工方案，四方公司对驳回行为不服，复议后提起行政诉讼。下列说法正确的是？（2022 - 模拟题 - 单）〔1〕

A. 四方公司可以直接就《通知》提起诉讼

B. 四方公司可以在起诉驳回行为时，一并请求法院对《通知》进行审查

C. 法院审理本案应当依据《通知》

D. 法院审理本案应当参照《通知》

【考点】 行政诉讼受案范围、审理依据

【解析】《行政诉讼法》第 13 条规定，人民法院不受理公民、法人或者其他组织对下列事项提起的诉讼：①国防、外交等国家行为；②行政法规、规章或者行政机关制定、发布的具有普遍约束力的决定、命令；③行政机关对行政机关工作人员的奖惩、任免等决定；④法律规定由行政机关最终裁决的行政行为。A 项中，三部门联合下发的性质属于规章或者行政机关制定、发布的具有普遍约束力的决定、命令，即抽象行政行为，不属于行政诉讼的受案范围。所以，A 项错误。

《行政诉讼法》第 53 条规定，公民、法人或者其他组织认为行政行为所依据的国务院部门和地方人民政府及其部门制定的规范性文件不合法，在对行政行为提起诉讼时，可以一并请求对该规范性文件进行审查。前款规定的规范性文件不含规章。B 项中，《通知》是县住建局驳回四方公司的依据，而《通知》的制定主体决定了其性质只能是其他规范性文件，而不是行政立法。因此对驳回行为不服，可以一并请求法院对《通知》进行审查。B 项正确。

《行政诉讼法》第 63 条规定，人民法院审理行政案件，以法律和行政法规、地方性法规为依据。地方性法规适用于本行政区域内发生的行政案件。人民法院审理民族自治地方的行政案件，并以该民族自治地方的自治条例和单行条例为依据。人民法院审理行政案件，参照规章。本案中，《通知》属于其他规范性文件，法院认为合法，可以选择适用；既不是依据，也不是参照。C 项、D 项错误。

综上所述，本题的答案为 B。

2. 某市规划国土资源局制定了规范性文件《湿地保护修复制度实施方案》（以下简称《方案》），区政府据此对破坏湿地的甲公司进行罚款两万元的行政处罚。甲公司对处罚行为不服，提起行政诉讼，同时向法院提出对《方案》的附带性审查。经法院审查，该《方案》不合法。

---

〔1〕 B

下列说法正确的是：（2021 - 模拟题 - 多）[1]

    A. 甲公司可以直接对《方案》提起行政诉讼

    B. 法院应当判决确认文件违法

    C. 法院应当听取市规划国土资源局的意见

    D. 法院应当报送上一级人民法院进行备案

【考点】 规范性文件的附带性审查

【解析】《行政诉讼法》第53条规定，公民、法人或者其他组织认为行政行为所依据的国务院部门和地方人民政府及其部门制定的规范性文件不合法，在对行政行为提起诉讼时，可以一并请求对该规范性文件进行审查。前款规定的规范性文件不含规章。A项错误。

《行诉解释》第149条第1款规定，人民法院经审查认为行政行为所依据的规范性文件合法的，应当作为认定行政行为合法的依据；经审查认为规范性文件不合法的，不作为人民法院认定行政行为合法的依据，并在裁判理由中予以阐明。作出生效裁判的人民法院应当向规范性文件的制定机关提出处理建议，并可以抄送制定机关的同级人民政府、上一级行政机关、监察机关以及规范性文件的备案机关。B项错误。

《行诉解释》第147条规定，人民法院在对规范性文件审查过程中，发现规范性文件可能不合法的，应当听取规范性文件制定机关的意见。制定机关申请出庭陈述意见的，人民法院应当准许。行政机关未陈述意见或者未提供相关证明材料的，不能阻止人民法院对规范性文件进行审查。C项正确。

《行诉解释》第150条规定，人民法院认为规范性文件不合法的，应当在裁判生效后报送上一级人民法院进行备案。涉及国务院部门、省级行政机关制定的规范性文件，司法建议还应当分别层报最高人民法院、高级人民法院备案。D项正确。

综上所述，本题答案为CD。

3. 王某在下班途中骑摩托因交通事故死亡，交警部门无法查清事故原因，不能作出交通事故认定书，遂出具《道路交通事故证明》，载明情况及事发地点。王某所在公司向市人力资源和社会保障局申请工伤认定，该局以公安机关交通管理部门尚未对本案事故作出交通事故认定书为由，作出《工伤认定时限中止通知书》，王某之子复议后向该局申请恢复认定，该局不予处理，王某之子向法院提起行政诉讼，请求撤销被告作出的中止通知。关于此案，说法错误的是：（2020 - 模拟题 - 任）[2]

    A. 《工伤认定时限中止通知书》不具有可诉性

    B. 《道路交通事故证明》是行政裁决

    C. 王某之子应向法院提供身份证明材料

    D. 公司为本案第三人

【考点】 行政诉讼受案范围、行政行为的性质

【解析】《行政诉讼法》第2条规定，公民、法人或者其他组织认为行政机关和行政机关工作人员的行政行为侵犯其合法权益，有权依照《行政诉讼法》向人民法院提起诉讼。前款所称行政行为，包括法律、法规、规章授权的组织作出的行政行为。本案中，虽然被告作出《中止通知》是工伤认定中的一种程序性行为，但该行为将导致原告的合法权益长期乃至永久得不到依法救济，直接影响了原告的合法权益，对其权利义务产生实质影响，并且原告也无法通过对相关实体性行政行为提起诉讼以获得救济。因此，被告作出《中止通知》，属于可诉行

_____

[1] CD   [2] AB

政行为，人民法院应当依法受理。A 项错误。

《道路交通安全法》第 73 条规定，公安机关交通管理部门应当根据交通事故现场勘验、检查、调查情况和有关的检验、鉴定结论，及时制作交通事故认定书，作为处理交通事故的证据。交通事故认定书应当载明交通事故的基本事实、成因和当事人的责任，并送达当事人。B 项中，道路交通事故证明和交通事故认定书的性质一致，都是处理交通事故的证据，而不是对争议的裁决，因为裁决意味着处理的结果，而此处只是作为证据。B 项错误。

《行政诉讼法》第 25 条规定，行政行为的相对人以及其他与行政行为有利害关系的公民、法人或者其他组织，有权提起诉讼。有权提起诉讼的公民死亡，其近亲属可以提起诉讼。《行诉解释》第 54 条规定，依照行政诉讼法第 49 条的规定，公民、法人或者其他组织提起诉讼时应当提交以下起诉材料：①原告的身份证明材料以及有效联系方式；②被诉行政行为或者不作为存在的材料；③原告与被诉行政行为具有利害关系的材料；④人民法院认为需要提交的其他材料。由法定代理人或者委托代理人代为起诉的，还应当在起诉状中写明或者在口头起诉时向人民法院说明法定代理人或者委托代理人的基本情况，并提交法定代理人或者委托代理人的身份证明和代理权限证明等材料。C 项中，王某死亡，其子具有原告资格，需要提供身份证明材料，正确。

《行政诉讼法》第 29 条第 1 款规定，公民、法人或者其他组织同被诉行政行为有利害关系但没有提起诉讼，或者同案件处理结果有利害关系的，可以作为第三人申请参加诉讼，或者由人民法院通知参加诉讼。D 项中，公司与案件处理结果有利害关系，是本案第三人。D 项正确。

综上所述，本题的答案为 AB。

4. 检察院对某区环保局提起公益诉讼，因为当地一造纸厂长期超标排污而环保局没有依法处理。关于此案，下列说法错误的有：（2019 - 模拟题 - 多）[1]

　　A. 检察院可以直接向法院提出行政公益诉讼

　　B. 检察院可以就该造纸厂超标排污行为提出行政诉讼

　　C. 如果事实清楚，法院可以对造纸厂的污染行为进行处罚

　　D. 现行《行政诉讼法》未对公益诉讼进行规定，应适用《民事诉讼法》的相关规定

【考点】行政公益诉讼

【解析】《行政诉讼法》第 25 条第 4 款规定，人民检察院在履行职责中发现生态环境和资源保护、食品药品安全、国有财产保护、国有土地使用权出让等领域负有监督管理职责的行政机关违法行使职权或者不作为，致使国家利益或者社会公共利益受到侵害的，应当向行政机关提出检察建议，督促其依法履行职责。行政机关不依法履行职责的，人民检察院依法向人民法院提起诉讼。本案中，检察院应当先向行政机关提出检察建议，而不能直接提起行政诉讼。A 项错误，当选。本案中，行政诉讼的被告是恒定的，必须是行政机关及法律、法规授权组织。B 项错误，当选。《行政诉讼法》第 25 条第 4 款即是对行政公益诉讼的规定，D 项错误，当选。

《行政诉讼法》第 6 条规定，人民法院审理行政案件，对行政行为是否合法进行审查。本案中，审理和裁判对象是行政机关的行为。C 项错误，当选。

综上所述，本题的答案为 ABCD。

---

[1] ABCD

5. 电信公司收取甲办理电话卡资费50元，甲向物价局申诉举报收费问题，物价局作出《关于对甲申诉书办理情况的答复》，物价局在未进行调查的情况下以省电信部门和发改委联合下发的文件进行了答复解释，电话卡收费标准均为50元。甲不服，以被告的答复违法为由申请行政复议，对复议不服提起行政诉讼。对此，下列说法正确的有：(2019－模拟题－多)[1]

A. 甲具有原告资格

B. 物价局的行为是对电信公司的复查行为

C. 本案属于行政诉讼的受案范围

D. 甲认为省电信部门和发改委联合下发的文件违法，可以就该文件提出附带性审查

【考点】 行政诉讼受案范围

【解析】《行政诉讼法》第25条第1款规定，行政行为的相对人以及其他与行政行为有利害关系的公民、法人或者其他组织，有权提起诉讼。本案中，甲与举报处理行为具有法律上的利害关系，具有行政诉讼原告主体资格，依法可以提起行政诉讼。A项正确。

物价局的复查行为一般是指当事人不服价格主管部门作出的价格事项处理决定而提出申请，依法由原处理机关的上一级行政机关对该价格事项处理决定及有关情况进行审查并作出决定的行为。本案中，物价局对甲的举报没有进行调查，不属于复查行为。B项错误。

《行政诉讼法》第12条第1款第6项规定，人民法院受理公民、法人或者其他组织提起的下列诉讼：申请行政机关履行保护人身权、财产权等合法权益的法定职责，行政机关拒绝履行或者不予答复的。本案中，物价局应当依法对该公司收取卡费行为是否违法进行调查认定，并告知调查结果。但题中未进行调查，属于行政不作为，符合行政诉讼的受案范围。C项正确。

《行政诉讼法》第53条规定，公民、法人或者其他组织认为行政行为所依据的国务院部门和地方人民政府及其部门制定的规范性文件不合法，在对行政行为提起诉讼时，可以一并请求对该规范性文件进行审查。前款规定的规范性文件不含规章。D项正确。

综上所述，本题的答案为ACD。

6. 下列哪一选项属于法院行政诉讼的受案范围？(2017/2/49－单)[2]

A. 张某对劳动争议仲裁裁决不服向法院起诉的

B. 某外国人对出入境边检机关实施遣送出境措施不服申请行政复议，对复议决定不服向法院起诉的

C. 财政局工作人员李某对定期考核为不称职不服向法院起诉的

D. 某企业对县政府解除与其签订的政府特许经营协议不服向法院起诉的

【考点】 行政诉讼受案范围

【解析】《行诉解释》第1条第2款规定，下列行为不属于人民法院行政诉讼的受案范围：①公安、国家安全等机关依照《刑事诉讼法》的明确授权实施的行为；②调解行为以及法律规定的仲裁行为；③行政指导行为；④驳回当事人对行政行为提起申诉的重复处理行为；⑤行政机关作出的不产生外部法律效力的行为；⑥行政机关为作出行政行为而实施的准备、论证、研究、层报、咨询等过程性行为；⑦行政机关根据人民法院的生效裁判、协助执行通知书作出的执行行为，但行政机关扩大执行范围或者采取违法方式实施的除外；⑧上级行政机关基于内部层级监督关系对下级行政机关作出的听取报告、执法检查、督促履责等行为；⑨行政机关针对信访事项作出的登记、受理、交办、转送、复查、复核意见等行为；⑩对公民、法人或者其他组织权利义务不产生实际影响的行为。A项中，张某对劳动争议仲裁裁决不服向法院起诉

---

[1] ACD [2] D

的，属于第二种调解行为以及法律规定的仲裁行为的情形，可以提起民事诉讼，不属于行政诉讼受案范围，不当选。

《出境入境管理法》第64条第1款规定，外国人对依照《出境入境管理法》规定对其实施的继续盘问、拘留审查、限制活动范围、遣送出境措施不服的，可以依法申请行政复议，该行政复议决定为最终决定。B项中，某外国人对出入境边检机关实施遣送出境措施不服申请行政复议，该行政复议决定为最终决定，不属于行政诉讼受案范围，不当选。

《行政诉讼法》第13条规定，人民法院不受理公民、法人或者其他组织对下列事项提起的诉讼：①国防、外交等国家行为；②行政法规、规章或者行政机关制定、发布的具有普遍约束力的决定、命令；③行政机关对行政机关工作人员的奖惩、任免等决定；④法律规定由行政机关最终裁决的行政行为。C项中，财政局工作人员李某对定期考核为不称职不服向法院起诉的，属于第三种行政机关对行政机关工作人员的奖惩、任免等决定的情形，不属于行政诉讼受案范围，不当选。

《行政诉讼法》第12条第1款第11项规定，人民法院受理公民、法人或者其他组织提起的下列诉讼：认为行政机关不依法履行、未按照约定履行或者违法变更、解除政府特许经营协议、土地房屋征收补偿协议等协议的。D项中，某企业对县政府解除与其签订的政府特许经营协议不服向法院起诉的，属于行政诉讼受案范围，当选。

综上所述，本题的答案为D。

7. 对于下列起诉，哪些不属于行政诉讼受案范围？（2016/2/83－多）[1]

A. 某公司与县政府签订天然气特许经营协议，双方发生纠纷后该公司以县政府不依法履行协议向法院起诉

B. 环保局干部孙某对定期考核被定为不称职向法院起诉

C. 李某与房屋征收主管部门签订国有土地上的房屋征收补偿安置协议，后李某不履行协议，房屋征收主管部门向法院起诉

D. 县政府发布全县征地补偿安置标准的文件，村民万某以文件确定的补偿标准过低为由向法院起诉

【考点】行政诉讼受案范围

【解析】《行政诉讼法》第12条第1款第11项规定，人民法院受理公民、法人或者其他组织提起的下列诉讼：认为行政机关不依法履行、未按照约定履行或者违法变更、解除政府特许经营协议、土地房屋征收补偿协议等协议的。A项中，公司以县政府不依法履行协议向法院起诉，属于行政诉讼受案范围，不当选。

《行政诉讼法》第13条规定，人民法院不受理公民、法人或者其他组织对下列事项提起的诉讼：①国防、外交等国家行为；②行政法规、规章或者行政机关制定、发布的具有普遍约束力的决定、命令；③行政机关对行政机关工作人员的奖惩、任免等决定；④法律规定由行政机关最终裁决的行政行为。B项中，环保局干部孙某对定期考核被定为不称职向法院起诉，属于第三种行政机关对行政机关工作人员的奖惩、任免等决定的情形，不属于行政诉讼受案范围，当选。D项中，村民万某以文件确定的补偿标准过低为由向法院起诉，属于第二种行政法规、规章或者行政机关制定、发布的具有普遍约束力的决定、命令的情形，不属于行政诉讼受案范围，当选。

《行政诉讼法》第12条第1款第11项规定，人民法院受理公民、法人或者其他组织提起

---

[1]　BCD

的下列诉讼：认为行政机关不依法履行、未按照约定履行或者违法变更、解除政府特许经营协议、土地房屋征收补偿协议等协议的。C项中，房屋征收主管部门向法院起诉李某不履行协议，房屋征收主管部门不是行政诉讼的适格原告，若其作为原告起诉违背了行政诉讼原被告恒定原则。所以，C项当选。

综上所述，本题的答案为BCD。

8. 下列选项属于行政诉讼受案范围的是：（2015/2/98－任）[1]

A. 方某在妻子失踪后向公安局报案要求立案侦查，遭拒绝后向法院起诉确认公安局的行为违法

B. 区房管局以王某不履行双方签订的房屋征收补偿协议为由向法院起诉

C. 某企业以工商局滥用行政权力限制竞争为由向法院起诉

D. 黄某不服市政府发布的征收土地补偿费标准直接向法院起诉

【考点】行政诉讼受案范围

【解析】《行诉解释》第1条第2款规定，下列行为不属于人民法院行政诉讼的受案范围：①公安、国家安全等机关依照《刑事诉讼法》的明确授权实施的行为；②调解行为以及法律规定的仲裁行为；③行政指导行为；④驳回当事人对行政行为提起申诉的重复处理行为；⑤行政机关作出的不产生外部法律效力的行为；⑥行政机关为作出行政行为而实施的准备、论证、研究、层报、咨询等过程性行为；⑦行政机关根据人民法院的生效裁判、协助执行通知书作出的执行行为，但行政机关扩大执行范围或者采取违法方式实施的除外；⑧上级行政机关基于内部层级监督关系对下级行政机关作出的听取报告、执法检查、督促履责等行为；⑨行政机关针对信访事项作出的登记、受理、交办、转送、复查、复核意见等行为；⑩对公民、法人或者其他组织权利义务不产生实际影响的行为。A项中，方某在妻子失踪后向公安局报案要求立案侦查，遭拒后向法院起诉确认公安局的行为违法，属于第一种公安、国家安全等机关依照《刑事诉讼法》的明确授权实施的行为，不属于行政诉讼的受案范围。所以，A项不当选。

《行政诉讼法》第12条第1款第11项规定，人民法院受理公民、法人或者其他组织提起的下列诉讼：认为行政机关不依法履行、未按照约定履行或者违法变更、解除政府特许经营协议、土地房屋征收补偿协议等协议的。B项中，区房管局以王某不履行双方签订的房屋征收补偿协议为由向法院起诉，区房管局不是行政诉讼的适格原告，若其作为原告起诉违背了行政诉讼原被告恒定原则。所以，B项不当选。

《行政诉讼法》第12条第1款第8项规定，人民法院受理公民、法人或者其他组织提起的下列诉讼：认为行政机关滥用行政权力排除或者限制竞争的。C项中，某企业以工商局滥用其行政权力限制竞争为由向法院起诉，属于行政诉讼的受案范围。所以，C项当选。

《行政诉讼法》第53条规定，公民、法人或者其他组织认为行政行为所依据的国务院部门和地方人民政府及其部门制定的规范性文件不合法，在对行政行为提起诉讼时，可以一并请求对该规范性文件进行审查。前款规定不含规章。D项中，黄某不服市政府发布的征收土地补偿费标准直接向法院起诉，征收土地补偿费标准是抽象行政行为，可以进行附带性审查但是不能直接起诉。所以，D项不当选。

综上所述，本题的答案为C。

9. 市林业局接到关于孙某毁林采矿的举报，遂致函当地县政府，要求调查。县政府召开专题会议形成会议纪要：由县林业局、矿产资源管理局与安监局负责调查处理。经调查并与孙

---

[1] C

某沟通，三部门形成处理意见：要求孙某合法开采，如发现有毁林或安全事故，将依法查处。再次接到举报后，三部门共同发出责令孙某立即停止违法开采，对被破坏的生态进行整治的通知。就上述事件中的行为的属性及是否属于行政诉讼受案范围，下列说法正确的是：（2013/2/98 – 任）[1]

A. 市林业局的致函不具有可诉性
B. 县政府的会议纪要具有可诉性
C. 三部门的处理意见是行政合同行为
D. 三部门的通知具有可诉性

【考点】行政诉讼受案范围

【解析】《行政诉讼法》第2条规定，公民、法人或者其他组织认为行政机关和行政机关工作人员的行政行为侵犯其合法权益，有权依照《行政诉讼法》向人民法院提起诉讼。前款所称行政行为，包括法律、法规、规章授权的组织作出的行政行为。A项中，市林业局的致函是行政机关的内部行为，不是行政行为，不能提起行政诉讼。所以，A项正确。B项中，县政府的会议纪要不是对当事人的权利义务产生实际影响的行政行为，不能进行行政诉讼。所以，B项错误。D项中，三部门的通知是对当事人孙某的权利义务产生实际影响的行政行为，可以进行行政诉讼。所以，D项正确。

行政合同指行政机关为达到维护与增进公共利益，实现行政管理目标之目的，与相对人之间经过协商一致达成的协议。三部门的处理意见不是行政机关与相对人签订的协议，不能认定为行政合同。所以，C项错误。

综上所述，本题的答案为 AD。

---

[1] AD

第十二章　行政诉讼的管辖

1. 为优化对外贸易营商环境，某市商务局将进出口许可业务委托给当地海关，一公司申请进口许可证，海关不予许可。该公司向市政府申请行政复议，市政府作出维持决定。该公司不服，提起行政诉讼。下列说法正确的是？（2023-模拟题-单）[1]

  A. 该案应当由基层法院管辖　　　　B. 海关和市政府作共同被告
  C. 该案应当由中级法院管辖　　　　D. 被申请人是海关

【考点】　委托关系被告的确定，复议维持的级别管辖

【解析】　本题的解题思路主要在于注意到题目中的"某市商务局将进出口许可业务委托给当地海关"，构成委托关系，根据行政主体的一般原理，委托机关是主体。也可以根据《行政复议法》第19条第3款的规定，行政机关委托的组织作出行政行为的，委托的行政机关是被申请人。因此，本案的被申请人是市商务局。又根据《行诉解释》第134条第3款的规定，复议机关作共同被告的案件，以作出原行政行为的行政机关确定案件的级别管辖。本案中，原机关是市商务局，市商务局作行政诉讼的被告，由基层法院管辖。因为《行政诉讼法》第15条规定，中级人民法院管辖下列第一审行政案件：①对国务院部门或者县级以上地方人民政府所作的行政行为提起诉讼的案件；②海关处理的案件；③本辖区内重大、复杂的案件；④其他法律规定由中级人民法院管辖的案件。故A项正确，C项错误，D项错误。

《行政诉讼法》第26条第2款规定，经复议的案件，复议机关决定维持原行政行为的，作出原行政行为的行政机关和复议机关是共同被告；复议机关改变原行政行为的，复议机关是被告。本案是复议维持案件，所以由市商务局和市政府作共同被告。故B项错误。

综上所述，本题的答案为A。

2. 市人社局将田某的基本养老保险关系转入社会保险关系，田某认为自己应按照事业单位保险缴纳，向市政府提起行政复议。市政府作出维持决定，田某不服，提起行政诉讼。下列选项正确的是？（2022-模拟题-任）[2]

  A. 法院应当对市政府和市人社局的行为一并进行裁判

  B. 市政府对市人社局行政行为合法性不承担举证责任

  C. 田某应当在收到复议决定之日起60日内提起诉讼

  D. 本案应当由中级法院管辖

【考点】　行政管辖与起诉期限

【解析】　《行政诉讼法》第79条规定，复议机关与作出原行政行为的行政机关为共同被告的案件，人民法院应当对复议决定和原行政行为一并作出裁判。A项中，复议机关市政府作维

---

〔1〕　A　〔2〕　A

持决定，由复议机关与原机关作为共同被告，法院应当对市政府和市人社局的行为一并进行裁判。A 项正确。

《行诉解释》第 135 条规定，复议机关决定维持原行政行为的，人民法院应当在审查原行政行为合法性的同时，一并审查复议决定的合法性。作出原行政行为的行政机关和复议机关对原行政行为合法性共同承担举证责任，可以由其中一个机关实施举证行为。复议机关对复议决定的合法性承担举证责任。B 项中，对于原行为的合法性，即市人社局行政行为合法性，由原行政机关和复议机关共同承担。B 项错误。

《行政诉讼法》第 45 条规定，公民、法人或者其他组织不服复议决定的，可以在收到复议决定书之日起十五日内向人民法院提起诉讼。复议机关逾期不作决定的，申请人可以在复议期满之日起十五日内向人民法院提起诉讼。法律另有规定的除外。C 项中，经复议的案件，起诉期限是 15 天。C 项错误。

《行诉解释》第 134 条第 3 款规定，复议机关作共同被告的案件，以作出原行政行为的行政机关确定案件的级别管辖。D 项中，市人社局和市政府作共同被告，根据市人社局来确定案件的级别管辖，即由基层法院进行管辖。D 项错误。

综上所述，本题的答案为 A。

3. 甲向某县公安局申请公开 2020 年 12 月的行政处罚决定书，县公安局作出不予公开的决定。甲遂向县政府申请复议，县政府以县公安局作出决定超期为由确认违法，并作出不予公开的复议决定。以下说法正确的是：（2021 - 模拟题 - 多）[1]

A. 行政处罚决定属于行政机关应当主动公开的信息
B. 本案被告为县公安局和县政府
C. 县政府应对复议决定的合法性承担举证责任
D. 本案可由县公安局所在地法院管辖

【考点】 经复议案件的管辖

【解析】《政府信息公开条例》第 20 条规定，行政机关应当依照《政府信息公开条例》第 19 条的规定，主动公开本行政机关的下列政府信息：实施行政处罚、行政强制的依据、条件、程序以及本行政机关认为具有一定社会影响的行政处罚决定。A 项中，具有一定社会影响的行政处罚决定才需要主动公开，而不是所有的处罚决定都需要公开。A 项错误。

《行诉解释》第 22 条第 3 款规定，复议机关确认原行政行为违法，属于改变原行政行为，但复议机关以违反法定程序为由确认原行政行为违法的除外。B 项中，县政府以县公安局作出决定超期为由确认违法，是以违反法定程序为由确认违法，属于维持，应由复议机关与原机关作为共同被告，正确。

《行诉解释》第 135 条规定，作出原行政行为的行政机关和复议机关对原行政行为合法性共同承担举证责任，可以由其中一个机关实施举证行为。复议机关对复议决定的合法性承担举证责任。C 项中，县政府是复议机关，对复议决定的合法性承担举证责任，说法正确。

《行政诉讼法》第 18 条规定，行政案件由最初作出行政行为的行政机关所在地人民法院管辖。经复议的案件，也可以由复议机关所在地人民法院管辖。D 项正确。

综上所述，本题答案为 BCD。

4. 市政府对某公司进行处罚，该公司不服，申请行政复议。其后，该公司对复议机关作出的复议决定不服，提起行政诉讼。关于本案的管辖，下列说法正确的是：（2020 - 模拟题 -

多)〔1〕

    A. 如果复议机关作出维持决定，则原机关所在地和复议机关所在地法院都有管辖权

    B. 如果复议机关作出改变决定，则只有复议机关所在地法院都有管辖权

    C. 如果复议机关作出维持决定，则本案由基层法院进行管辖

    D. 如果复议机关作出改变决定，则本案由中级法院进行管辖

【考点】 经复议案件的管辖

【解析】《行政诉讼法》第18条规定，行政案件由最初作出行政行为的行政机关所在地人民法院管辖。经复议的案件，也可以由复议机关所在地人民法院管辖。经最高人民法院批准，高级人民法院可以根据审判工作的实际情况，确定若干人民法院跨行政区域管辖行政案件。本案中，无论复议机关作出的决定是维持还是改变，只要是经过复议的案件，管辖法院都是原机关所在地加复议机关所在地法院。因此，A项正确，B项错误。

    《行政诉讼法》第15条规定，中级人民法院管辖下列第一审行政案件：①对国务院部门或者县级以上地方人民政府所作的行政行为提起诉讼的案件；②海关处理的案件；③本辖区内重大、复杂的案件；④其他法律规定由中级人民法院管辖的案件。C项中，对于维持决定，以原机关确定案件的级别管辖，即市政府，归中院进行管辖。C项错误。D项中，对于改变决定，被告是复议机关即省政府，归中院进行管辖。D项正确。

    综上所述，本题的答案为AD。

    5. 某公司因环境污染被区环保局罚款20万元，不服申请复议，区政府改为罚款10万元。该公司对二者的决定均不服，提起行政诉讼。关于本案的被告和管辖，下列哪一选项是正确的？（2019－模拟题－单）〔2〕

    A. 以区环保局为被告，区法院管辖

    B. 以区政府为被告，市中院管辖

    C. 以区环保局和区政府为共同被告，区法院管辖

    D. 以区政府为被告，区法院管辖

【考点】 行政诉讼被告与管辖

【解析】《行诉解释》第22条第1款规定，《行政诉讼法》第26条第2款规定的"复议机关改变原行政行为"，是指复议机关改变原行政行为的处理结果。《行政诉讼法》第26条规定，公民、法人或者其他组织直接向人民法院提起诉讼的，作出行政行为的行政机关是被告。经复议的案件，复议机关决定维持原行政行为的，作出原行政行为的行政机关和复议机关是共同被告；复议机关改变原行政行为的，复议机关是被告。本案中，复议机关改变了原机关的行为，以复议机关区政府为被告。

    《行政诉讼法》第14条规定，基层人民法院管辖第一审行政案件。《行政诉讼法》第15条规定，中级人民法院管辖下列第一审行政案件：①对国务院部门或者县级以上地方人民政府所作的行政行为提起诉讼的案件；②海关处理的案件；③本辖区内重大、复杂的案件；④其他法律规定由中级人民法院管辖的案件。本案中，被告是区政府，由市中院进行管辖。

    综上所述，本题的答案为B。

    6. 某市市场监督管理局在查处大商公司的案件时，认为该公司的行为违反了《强制性产品认证管理规定》，决定对其罚款2000元。该公司不服向市政府申请行政复议，市政府认为应当适用的是《中华人民共和国认证认可条例》，原处罚适用法律法规错误，维持了市工商局罚

---

〔1〕 AD 〔2〕 B

款 2000 元的处罚决定。该公司不服，提起行政诉讼。关于此案，下列说法错误的有：（2018 - 模拟题 - 多）[1]

　　A. 本案既可以由原机关所在地管辖，也可以由复议机关所在地管辖

　　B. 本案应由该市中院管辖

　　C. 对于市政府在审理复议案件中收集的证据，人民法院不应予以采纳

　　D. 本案行政复议是行政诉讼的必要前提

【考点】行政诉讼管辖与证据

【解析】《行政诉讼法》第 18 条第 1 款规定，行政案件由最初作出行政行为的行政机关所在地人民法院管辖。经复议的案件，也可以由复议机关所在地人民法院管辖。A 项正确，不当选。

　　《行诉解释》第 22 条第 1 款规定，《行政诉讼法》第 26 条第 2 款规定的"复议机关改变原行政行为"，是指复议机关改变原行政行为的处理结果。复议机关改变原行政行为所认定的主要事实和证据、改变原行政行为所适用的规范依据，但未改变原行政行为处理结果的，视为复议机关维持原行政行为。《行诉解释》第 134 条第 3 款规定，复议机关作共同被告的案件，以作出原行政行为的行政机关确定案件的级别管辖。B 项错误，当选。

　　《行诉解释》第 135 条第 3 款规定，复议机关作共同被告的案件，复议机关在复议程序中依法收集和补充的证据，可以作为人民法院认定复议决定和原行政行为合法的依据。C 项错误，当选。

　　《行政诉讼法》第 44 条规定，对属于人民法院受案范围的行政案件，公民、法人或者其他组织可以先向行政机关申请复议，对复议决定不服的，再向人民法院提起诉讼；也可以直接向人民法院提起诉讼。法律、法规规定应当先向行政机关申请复议，对复议决定不服再向人民法院提起诉讼的，依照法律、法规的规定。D 项错误，当选。

　　综上所述，本题的答案为 BCD。

　　7. 某区卫计局以董某擅自开展诊疗活动为由作出没收其违法诊疗工具并处 5 万元罚款的处罚。董某向区政府申请复议，区政府维持了原处罚决定。董某向法院起诉。下列哪一说法是正确的？（2016/2/49 - 单）[2]

　　A. 如董某只起诉区卫计局，法院应追加区政府为第三人

　　B. 本案应以区政府确定案件的级别管辖

　　C. 本案可由区卫计局所在地的法院管辖

　　D. 法院应对原处罚决定和复议决定进行合法性审查，但不对复议决定作出判决

【考点】行政诉讼管辖与裁判

【解析】《行诉解释》第 134 条第 1 款规定，复议机关决定维持原行政行为的，作出原行政行为的行政机关和复议机关是共同被告。原告只起诉作出原行政行为的行政机关或者复议机关的，人民法院应当告知原告追加被告。原告不同意追加的，人民法院应当将另一机关列为共同被告。A 项中，本案区政府维持了原处罚决定，董某向法院起诉，此时被告应为区卫计局和区政府。如果董某只起诉区卫计局，法院应追加区政府为共同被告。因此，A 项错误。

　　《行诉解释》第 134 条第 3 款规定，复议机关作共同被告的案件，以作出原行政行为的行政机关确定案件的级别管辖。B 项中，应以区卫计局确定案件的级别管辖，错误。

　　《行政诉讼法》第 18 条第 1 款规定，行政案件由最初作出行政行为的行政机关所在地人民

---

[1] BCD　[2] C

法院管辖。经复议的案件，也可以由复议机关所在地人民法院管辖。C项中，本案可由区卫计局所在地的法院管辖，正确。

《行政诉讼法》第79条规定，复议机关与作出原行政行为的行政机关为共同被告的案件，人民法院应当对复议决定和原行政行为一并作出裁判。D项中，法院应对原处罚决定和复议决定进行合法性审查，但不对复议决定作出判决，错误。

综上所述，本题的答案为C。

8. 李某不服县公安局对其作出的行政拘留5日的处罚，向县政府申请行政复议，县政府作出维持决定。李某不服，提起行政诉讼。下列哪些选项是正确的？（2015/2/82－多）〔1〕

A. 李某只能向县政府申请行政复议

B. 被告为县政府和县公安局

C. 县政府所在地的法院对本案无管辖权

D. 如李某的起诉状内容有欠缺，法院应给予指导和释明，并一次性告知需要补正的内容

【考点】 行政诉讼的被告与管辖

【解析】《行政复议法》第24条第1款规定，县级以上地方各级人民政府管辖下列行政复议案件：①对本级人民政府工作部门作出的行政行为不服的；②对下一级人民政府作出的行政行为不服的；③对本级人民政府依法设立的派出机关作出的行政行为不服的；④对本级人民政府或者其工作部门管理的法律、法规、规章授权的组织作出的行政行为不服的。对于职能部门，只能向同级政府申请行政复议。本案中，李某只能向县政府提出复议申请，而不能向上一级公安部门提出复议申请。所以，A项正确。

《行政诉讼法》第26条第2款规定，经复议的案件，复议机关决定维持原行政行为的，作出原行政行为的行政机关和复议机关是共同被告；复议机关改变原行政行为的，复议机关是被告。B项中，县政府作出维持决定，被告为县公安局和县政府，正确。

《行政诉讼法》第18条第1款规定，行政案件由最初作出行政行为的行政机关所在地人民法院管辖。经复议的案件，也可以由复议机关所在地人民法院管辖。C项中，该案件经过复议，县政府所在地的人民法院有管辖权。所以，C项错误。

《行诉解释》第55条第2款规定，起诉状内容或者材料欠缺的，人民法院应当给予指导和释明，并一次性全面告知当事人需要补正的内容、补充的材料及期限。在指定期限内补正并符合起诉条件的，应当登记立案。当事人拒绝补正或者经补正仍不符合起诉条件的，退回诉状并记录在册；坚持起诉的，裁定不予立案，并载明不予立案的理由。D项中，李某的起诉状内容欠缺，法院应给予指导和释明，并一次性告知需要补正的内容，正确。

综上所述，本题的答案为ABD。

9. 甲县宋某到乙县访亲，因醉酒被乙县公安局扣留24小时。宋某认为乙县公安局的行为违法，提起行政诉讼。下列哪些说法是正确的？（2012/2/79－多）〔2〕

A. 扣留宋某的行为为行政处罚   B. 甲县法院对此案有管辖权

C. 乙县法院对此案有管辖权   D. 宋某的亲戚为本案的第三人

【考点】 行政诉讼管辖与第三人

【解析】 行政强制措施，是指行政机关在行政管理过程中，为制止违法行为、防止证据损毁、避免危害发生、控制危险扩大等情形，依法对公民的人身自由实施暂时性限制，或者对公民、法人或者其他组织的财物实施暂时性控制的行为。《治安管理处罚法》第15条第2款规

定，醉酒的人在醉酒状态中，对本人有危险或者对他人的人身、财产或者公共安全有威胁的，应当对其采取保护性措施约束至酒醒。A 项中，扣留宋某是为避免危害发生，对其人身采取的保护性约束措施至清醒，是行政强制措施而不是行政处罚。所以，A 项错误。

《行政诉讼法》第 19 条规定，对限制人身自由的行政强制措施不服提起的诉讼，由被告所在地或者原告所在地人民法院管辖。本案中，被诉行政行为是限制人身自由的行政强制措施，由被告所在地或者原告所在地人民法院管辖，因此，甲县法院和乙县法院对本案都有管辖权。所以，BC 项正确。

《行政诉讼法》第 29 条规定，公民、法人或者其他组织同被诉行政行为有利害关系但没有提起诉讼，或者同案件处理结果有利害关系的，可以作为第三人申请参加诉讼，或者由人民法院通知参加诉讼。人民法院判决第三人承担义务或者减损第三人权益的，第三人有权依法提起上诉。因此，能否作为行政诉讼第三人的关键是，其是否与提起诉讼的行政行为有利害关系或者同案件处理结果有利害关系。本题中，宋某的亲戚与宋某被扣留不存在法律上的利害关系，不能成为第三人。所以，D 项错误。

综上所述，本题的答案为 BC。

10. 某药厂以本厂过期药品作为主原料，更改生产日期和批号生产出售。甲市乙县药监局以该厂违反《药品管理法》第 49 条第 1 款关于违法生产药品的规定，决定没收药品并处罚款 20 万元。药厂不服向县政府申请复议，县政府依《药品管理法》第 49 条第 3 款关于生产劣药行为的规定，决定维持处罚决定。药厂起诉。关于本案的被告和管辖，下列说法正确的有：(2012/2/97－任)[1]

A. 被告为乙县药监局，由乙县法院管辖
B. 被告为乙县药监局，甲市中级法院对此案有管辖权
C. 被告为乙县政府，乙县法院对此案有管辖权
D. 被告为乙县政府，由甲市中级法院管辖

【考点】 行政诉讼的被告与管辖

【解析】《行诉解释》第 22 条第 1 款规定，《行政诉讼法》第 26 条第 2 款规定的"复议机关改变原行政行为"，是指复议机关改变原行政行为的处理结果。复议机关改变原行政行为所认定的主要事实和证据、改变原行政行为所适用的规范依据，但未改变原行政行为处理结果的，视为复议机关维持原行政行为。本题中，甲市乙县药监局以该厂违反《药品管理法》第 49 条（现为第 98 条）第 1 款关于违法生产药品规定，决定没收药品并处罚款 20 万元。而复议机关县政府依《药品管理法》第 49 条（现为第 98 条）第 3 款关于生产劣药行为的规定，决定维持处罚决定。虽然原机关和复议机关适用的法律依据不同且对定性产生了影响，但处罚 20 万元的结果没有变化，是复议维持，不是复议改变。

《行政诉讼法》第 26 条第 1、2 款规定，公民、法人或者其他组织直接向人民法院提起诉讼的，作出行政行为的行政机关是被告。经复议的案件，复议机关决定维持原行政行为的，作出原行政行为的行政机关和复议机关是共同被告；复议机关改变原行政行为的，复议机关是被告。因此，本案中乙县药监局和乙县法院为共同被告。所以 ABCD 项都错误。

综上所述，根据新法，本题无解。

11. 某县工商局认定王某经营加油站系无照经营，予以取缔。王某不服，向县政府申请复议，在其作出维持决定后向法院提起诉讼，要求撤销取缔决定。关于此案，下列哪些说法是正

---

[1] 无答案

确的？（2010/2/85 - 多）[1]

    A. 县政府审理王某的复议案件，应由 2 名以上行政复议人员参加

    B. 此案的被告应为某县工商局

    C. 县政府所在地的法院对此案有管辖权

    D. 如法院认定取缔决定违法予以撤销，县政府的复议决定自然无效

【考点】 行政诉讼管辖、被告与裁判

【解析】《行政复议法实施条例》第 32 条规定，行政复议机构审理行政复议案件，应当由 2 名以上行政复议人员参加。A 项中，县政府审理王某的复议案件，应由 2 名以上行政复议人员参加，正确。

《行政诉讼法》第 26 条第 1、2 款规定，公民、法人或者其他组织直接向人民法院提起诉讼的，作出行政行为的行政机关是被告。经复议的案件，复议机关决定维持原行政行为的，作出原行政行为的行政机关和复议机关是共同被告；复议机关改变原行政行为的，复议机关是被告。B 项中，复议机关县政府作出维持决定，应由某县工商局与县政府为共同被告。所以，B 项错误。

《行政诉讼法》第 18 条第 1 款规定，行政案件由最初作出行政行为的行政机关所在地人民法院管辖。经复议的案件，也可以由复议机关所在地人民法院管辖。C 项中，本案属于经复议的案件，既可以由原机关所在地法院管辖，也可以由复议机关所在地人民法院管辖，即县政府所在地的法院对此案也有管辖权。所以，C 项正确。

《行政诉讼法》第 79 条规定，复议机关与作出原行政行为的行政机关为共同被告的案件，人民法院应当对复议决定和原行政行为一并作出裁判。D 项中，如法院认定取缔决定违法予以撤销，县政府的复议决定自然无效，属于已废止的旧法的规定，根据新法，错误。

综上所述，本题的答案为 AC。

12. 李某从田某处购得一辆轿车，但未办理过户手续。在一次查验过程中，某市公安局认定该车系走私车，予以没收。李某不服，向市政府申请复议，后者维持了没收决定。李某提起行政诉讼。下列哪些选项是正确的？（2009/2/46 - 多）[2]

    A. 市政府为本案的被告   B. 田某不能成为本案的第三人

    C. 市公安局所在地的法院对本案有管辖权 D. 市政府所在地的法院对本案有管辖权

【考点】 行政诉讼被告、第三人与管辖

【解析】《行政诉讼法》第 26 条第 1、2 款规定，公民、法人或者其他组织直接向人民法院提起诉讼的，作出行政行为的行政机关是被告。经复议的案件，复议机关决定维持原行政行为的，作出原行政行为的行政机关和复议机关是共同被告；复议机关改变原行政行为的，复议机关是被告。A 项中，本案是复议维持，因此被告应为某市公安局和市政府，A 项错误。

《行政诉讼法》第 29 条规定，公民、法人或者其他组织同被诉行政行为有利害关系但没有提起诉讼，或者同案件处理结果有利害关系的，可以作为第三人申请参加诉讼，或者由人民法院通知参加诉讼。人民法院判决第三人承担义务或者减损第三人权益的，第三人有权依法提起上诉。B 项中，李某从田某处购得一辆轿车，但未办理过户手续，某市公安局认定该车系走私车，予以没收。这种情况下，田某同案件处理结果有利害关系，是本案第三人。所以，B 项错误。

《行政诉讼法》第 18 条第 1 款规定，行政案件由最初作出行政行为的行政机关所在地人民

----

[1] AC [2] CD

法院管辖。经复议的案件，也可以由复议机关所在地人民法院管辖。CD项中，经复议的案件，原机关和复议机关所在地的人民法院都可以管辖，因此，市公安局、市政府所在地的法院对本案都有管辖权。所以，CD项正确。

综上所述，本题的答案为CD。

13. 黄某与张某之妻发生口角，被张某打成轻微伤。某区公安分局决定对张某拘留5日。黄某认为处罚过轻遂向法院起诉，法院予以受理。下列哪些选项是正确的？（2009/2/86 - 任）[1]

A. 某区公安分局在给予张某拘留处罚后，应及时通知其家属

B. 张某之妻为本案的第三人

C. 本案既可以由某区公安分局所在地的法院管辖，也可以由黄某所在地的法院管辖

D. 张某不符合申请暂缓执行拘留的条件

【考点】行政诉讼管辖与第三人、治安管理处罚程序与执行

【解析】《治安管理处罚法》第97条规定，公安机关应当向被处罚人宣告治安管理处罚决定书，并当场交付被处罚人；无法当场向被处罚人宣告的，应当在2日内送达被处罚人。决定给予行政拘留处罚的，应当及时通知被处罚人的家属。有被侵害人的，公安机关应当将决定书副本抄送被侵害人。A项中，某区公安分局在给予张某拘留处罚后，应及时通知其家属，正确。

B项中，黄某与张某之妻发生口角，被张某打成轻微伤。虽然事件起因与张某之妻有直接关联，但张某之妻与被诉行政行为没有直接的利害关系，张某之妻不能成为本案的第三人。所以，B项错误。

《行政诉讼法》第19条规定，对限制人身自由的行政强制措施不服提起的诉讼，由被告所在地或者原告所在地人民法院管辖。《行诉解释》第8条第2款规定，对行政机关基于同一事实，既采取限制公民人身自由的行政强制措施，又采取其他行政强制措施或者行政处罚不服的，由被告所在地或者原告所在地的人民法院管辖。C项中，受害人黄某提起行政诉讼，适用原告就被告的一般管辖；根据2018年的司法解释，即便是张某提起行政诉讼，也不适用原告加被告的特殊管辖，原因在于张某受到的拘留属于治安管理处罚，而非行政强制措施。所以，C项错误。

《治安管理处罚法》第107条规定，被处罚人不服行政拘留处罚决定，申请行政复议、提起行政诉讼的，可以向公安机关提出暂缓执行行政拘留的申请。公安机关认为暂缓执行行政拘留不致发生社会危险的，由被处罚人或者其近亲属提出符合《治安管理处罚法》第108条规定条件的担保人，或者按每日行政拘留200元的标准交纳保证金，行政拘留的处罚决定暂缓执行。因此，申请暂缓执行拘留决定的条件是被处罚人本人申请行政复议或提起行政诉讼。D项中，提起行政诉讼者是受害人黄某，而不是被处罚人张某，故张某不符合申请暂缓执行拘留的条件。所以，D项正确。

综上所述，本题的答案为AD。

---

[1] AD

第十三章　行政诉讼参加人

1. 2022年3月31日，张某因未按规定停放电动车，被市综合执法局当场罚款100元，并向张某送达《行政处罚当场处罚决定书》。张某不服行政处罚，于9月5日提起行政复议申请，复议机关市政府以超过行政复议申请期限为由驳回复议申请。张某不服，提起行政诉讼。下列说法正确的是？（2023－模拟题－单）[1]

A. 张某申请复议的期限为6个月

B. 本案属于复议机关不作为

C. 本案属于复议维持案件，应以市综合执法局和市政府共同被告

D. 本案由基层法院进行管辖

【考点】复议不作为的识别

【解析】《行政复议法》第20条第1款规定，公民、法人或者其他组织认为行政行为侵犯其合法权益的，可以自知道或者应当知道该行政行为之日起六十日内提出行政复议申请；但是法律规定的申请期限超过六十日的除外。因此，行政复议的期限为60日。故A项错误。

《行诉解释》第133条规定，《行政诉讼法》第26条第2款规定的"复议机关决定维持原行政行为"，包括复议机关驳回复议申请或者复议请求的情形，但以复议申请不符合受理条件为由驳回的除外。区分是复议维持还是复议改变主要看"结果"，所以驳回复议申请和驳回复议请求的情形结果都没变化，属于维持；但以超过行政复议申请期限为由驳回复议申请，事实上这个案件并没有经过复议机关的审理，所以不属于维持，而是不作为。故B项正确，C项错误。

《行政诉讼法》第26条第3款规定，复议机关在法定期限内未作出复议决定，公民、法人或者其他组织起诉原行政行为的，作出原行政行为的行政机关是被告；起诉复议机关不作为的，复议机关是被告。因此，复议不作为案件，被告由原告自由选择，如果原告诉原机关市综合执法局，则由基层法院进行管辖；如果原告诉复议机关市政府，则由中级法院进行管辖。故D项错误。

综上所述，本题的答案为B。

2. 张某和王某因林地使用权发生争议，请求镇政府解决。镇政府以此时应当由县政府处理，自己无权为由拒绝。张某不服，向法院提起行政诉讼，要求判决镇政府履行职责。下列说法正确的是？（2023－模拟题－单）[2]

A. 县政府是本案第三人

B. 张某在提起行政诉讼之前应当先申请行政复议

---

[1]　B　[2]　D

C. 根据《森林法》，镇政府无权处理此纠纷

D. 若镇政府作出处理，性质属于行政裁决

【考点】第三人，行政裁决

【解析】《行政诉讼法》第29条第1款规定，公民、法人或者其他组织同被诉行政行为有利害关系但没有提起诉讼，或者同案件处理结果有利害关系的，可以作为第三人申请参加诉讼，或者由人民法院通知参加诉讼。本案中，被告是镇政府，该行为与县政府没有利害关系，县政府不是本案的第三人。故 A 项错误。

《行政复议法》第23条第1款规定，有下列情形之一的，申请人应当先向行政复议机关申请行政复议，对行政复议决定不服的，可以再依法向人民法院提起行政诉讼：①对当场作出的行政处罚决定不服；②对行政机关作出的侵犯其已经依法取得的自然资源的所有权或者使用权的决定不服；③认为行政机关存在《行政复议法》第11条规定的未履行法定职责情形；④申请政府信息公开，行政机关不予公开；⑤法律、行政法规规定应当先向行政复议机关申请行政复议的其他情形。因此，案由属于"对行政机关作出的侵犯其已经依法取得的自然资源的所有权或者使用权的决定不服"才是复议前置事项，本案是镇政府未解决两个自然人之间的林地使用权争议，因此不属于行政复议前置的事项。故 B 项错误。

《森林法》第22条第2款规定，个人之间、个人与单位之间发生的林木所有权和林地使用权争议，由乡镇人民政府或者县级以上人民政府依法处理。本案中，张某和王某因林地使用权发生争议，是属于个人之间的争议，镇政府有权处理。故 C 项错误。本题不属于行政法学科的知识点，本题是单选题，可以用直选法解题。

行政裁决是指行政机关居间对特定的民事争议作出的有约束力处理的行为。本案中，镇政府对于个人之间的林权争议，属于行政裁决行为。故 D 项正确。

综上所述，本题的答案为 D。

3. 某县森林公安局发现一公司违规铲除植被面积2000平方米，责令其限期恢复原状并罚款3万元。该公司缴纳罚款后，森林公安局即对该案予以结案，所破坏的森林植被一直没有得到恢复。该县森林检察院向县森林公安局发出检察建议，建议依法履行职责，公安局置之不理。后县森林检察院向法院提起行政诉讼。下列说法正确的是？(2021 – 模拟题 – 多)[1]

A. 该诉讼是行政公益诉讼

B. 检察院提出检察建议是行政公益诉讼的前置程序

C. 只有符合条件的社会组织不提起诉讼，检察院才能提起行政诉讼

D. 县森林检察院应以该公司为本案被告

【考点】行政公益诉讼制度

【解析】《行政诉讼法》第25条第3款规定，人民检察院在履行职责中发现生态环境和资源保护、食品药品安全、国有财产保护、国有土地使用权出让等领域负有监督管理职责的行政机关违法行使职权或者不作为，致使国家利益或者社会公共利益受到侵害的，应当向行政机关提出检察建议，督促其依法履行职责。行政机关不依法履行职责的，人民检察院依法向人民法院提起诉讼。A 项正确。B 项正确。

C 项中，具有行政公益诉讼原告资格的只有检察院。C 项错误。

D 项中，被告是县森林公安局。D 项错误。

综上所述，本题答案为 AB。

---

[1] AB

4. 张某以尘肺病为由向区人社局申请工伤认定，区人社局以其所在单位股权制改革后主体消灭为由作出《工伤认定申请不予受理决定书》，张某向区政府申请行政复议，区政府以不属于工伤为由驳回复议申请，张某遂以区人社局为被告向人民法院提起行政诉讼。法院下列做法正确的是？（2021－模拟题－单）[1]

A. 裁定驳回起诉　　　　　　　　B. 告知张某追加区政府为共同被告

C. 告知张某变更被告　　　　　　D. 不予受理

【考点】被告的确定

【解析】《行诉解释》第133条规定，行政诉讼法第26条第2款规定的"复议机关决定维持原行政行为"，包括复议机关驳回复议申请或者复议请求的情形，但以复议申请不符合受理条件为由驳回的除外。

《行政诉讼法》第26条规定，经复议的案件，复议机关决定维持原行政行为的，作出原行政行为的行政机关和复议机关是共同被告；复议机关改变原行政行为的，复议机关是被告。

《行诉解释》第134条规定，复议机关决定维持原行政行为的，作出原行政行为的行政机关和复议机关是共同被告。原告只起诉作出原行政行为的行政机关或者复议机关的，人民法院应当告知原告追加被告。原告不同意追加的，人民法院应当将另一机关列为共同被告。

本案中，为复议维持，原告只起诉原机关的，法院应当告知张某追加被告。B项正确。

综上所述，本题答案为B。

5. 某公司获得了某地块的国有土地使用权，但长期不进行开发，占用土地资源。市自然资源局决定收回土地，市政府对市自然资源局作出批复，同意收回某公司国有土地使用权方案，并署名为市政府作出。市自然资源局收到批复后，将批复交市自然资源局下属的内设机构土地储备中心执行。某公司不服批复，向法院提起行政诉讼。下列哪些说法错误的是：（2020－模拟题－多）[2]

A. 批复不属于行政诉讼受案范围

B. 该公司的起诉期限为6个月

C. 被告为市资源局

D. 若公司对批复不服申请行政复议，市政府为被申请人

【考点】行政诉讼受案范围、行政诉讼被告

【解析】《行政诉讼法》第2条规定，公民、法人或者其他组织认为行政机关和行政机关工作人员的行政行为侵犯其合法权益，有权依照本法向人民法院提起诉讼。前款所称行政行为，包括法律、法规、规章授权的组织作出的行政行为。A项中，批复一般属于内部行为，但本案直接将批复交付执行，"外化成"为可诉的行政行为。A项错误。

《行政诉讼法》第46条规定，公民、法人或者其他组织直接向人民法院提起诉讼的，应当自知道或者应当知道作出行政行为之日起6个月内提出。法律另有规定的除外。因不动产提起诉讼的案件自行政行为作出之日起超过20年，其他案件自行政行为作出之日起超过5年提起诉讼的，人民法院不予受理。B项正确。

《行诉解释》第19条规定，当事人不服经上级行政机关批准的行政行为，向人民法院提起诉讼的，以对外发生法律效力的文书上署名的机关为被告。C项中，署名机关为市政府，因此市政府是被告。C项错误。

《行政复议法实施条例》第13条规定，下级行政机关依照法律、法规、规章规定，经上级

行政机关批准作出具体行政行为的，批准机关为被申请人。D 项中，批准机关是市政府，所以应以市政府为被申请人。D 项正确。

综上所述，本题的答案为 AC。

6. 甲县政府以某公司高速公路附近建广告牌为由而责令其限期拆除，广告公司未予处理。甲县乙镇政府强拆了广告牌。广告公司不服，以甲县政府为被告，请求法院确认拆除行为违法并主张赔偿损失 20 万元。下列说法正确的是：（2020 - 模拟题 - 单）[1]

A. 镇政府为本案第三人

B. 法院应当追加镇政府为共同被告

C. 法院应告知原告将被告变更为镇政府

D. 确认拆除行为违法和赔偿行为应分别立案

【考点】 行政诉讼参加人

【解析】《行政诉讼法》第 26 条规定，公民、法人或者其他组织直接向人民法院提起诉讼的，作出行政行为的行政机关是被告。《行政诉讼法》第 29 条规定，公民、法人或者其他组织同被诉行政行为有利害关系但没有提起诉讼，或者同案件处理结果有利害关系的，可以作为第三人申请参加诉讼，或者由人民法院通知参加诉讼。本案中，该强拆行为是镇政府作出的，因此本案的被告应为镇政府。A 项错误，B 项错误。

《行诉解释》第 26 条规定，原告所起诉的被告不适格，人民法院应当告知原告变更被告；原告不同意变更的，裁定驳回起诉。当追加被告而原告不同意追加的，人民法院应当通知其以第三人的身份参加诉讼，但行政复议机关作共同被告的除外。C 项中，被告应为镇政府，而公司起诉的是县政府，法院应当告知原告变更被告。C 项正确。

《最高人民法院关于审理行政赔偿案件若干问题的规定》未对立案方式作特殊规定，可以在一个案件中加以解决，没有分别立案的要求。D 项错误。

综上所述，本题的答案为 C。

7. 陈某下班后开车回家发生交通事故死亡，公司为陈某申请工伤保险，市人力资源社会保障局告知由于陈某酒后驾驶，不给予工伤保险待遇。陈某之妻不服，复议后提起行政诉讼。下列说法正确的有：（2019 - 模拟题 - 任）[2]

A. 工伤认定是行政确认

B. 工伤认定是行政裁决

C. 陈某的妻子具有原告资格

D. 被告对作出该行政行为的证据和所依据的规范性文件承担举证责任

【考点】 行政诉讼原告与行政行为的性质

【解析】 行政确认是指行政主体对行政相对人的法律地位、法律关系和法律事实进行甄别，给予确定、认可、证明并予以宣告的具体行政行为。工伤认定是劳动行政部门依法对职工因事故伤害或者患职业病是否属于工伤或者视同工伤给予定性的行政行为，性质上属于行政确认。A 项正确，B 项错误。

《行政诉讼法》第 25 条第 1、2 款规定，行政行为的相对人以及其他与行政行为有利害关系的公民、法人或者其他组织，有权提起诉讼。有权提起诉讼的公民死亡，其近亲属可以提起诉讼。本案中，陈某死亡，陈某之妻具备原告资格。C 项正确。

《行政诉讼法》第 34 条规定，被告对作出的行政行为负有举证责任，应当提供作出该行政行为的证据和所依据的规范性文件。被告不提供或者无正当理由逾期提供证据，视为没有相应证据。但是，被诉行政行为涉及第三人合法权益，第三人提供证据的除外。D项正确。

综上所述，本题的答案为 ACD。

8. 市工商局认定豪美公司的行为符合《广告法》第28条第2款第2项规定的"商品或者服务有关的允诺等信息与实际情况不符，对购买行为有实质性影响"情形，属发布虚假广告，予以行政处罚。豪美公司向市政府申请行政复议，市政府受理。

如市政府在复议时认定，豪美公司的行为符合《广告法》第28条第2款第4项规定的"虚构使用商品或者接受服务的效果"情形，亦属发布虚假广告，在改变处罚依据后维持了原处罚决定。公司不服起诉。下列说法正确的是：（2016/2/99－任）[1]

A. 被告为市工商局和市政府
B. 被告为市政府
C. 市工商局所在地的法院对本案有管辖权
D. 市政府所在地的法院对本案无管辖权

【考点】 行政诉讼被告与管辖

【解析】《行诉解释》第22条第1款规定，《行政诉讼法》第26条第2款规定的"复议机关改变原行政行为"，是指复议机关改变原行政行为的处理结果。复议机关改变原行政行为所认定的主要事实和证据、改变原行政行为所适用的规范依据，但未改变原行政行为处理结果的，视为复议机关维持原行政行为。本题中，市工商局认定豪美公司的行为符合《广告法》第28条第2款第2项规定的情形，而市政府在复议时认定，豪美公司的行为符合《广告法》第28条第2款第4项规定的情形，在改变处罚依据后维持了原处罚决定。虽然原机关和复议机关适用的法律依据不同，但行政行为没有变化，属于复议维持。《行政诉讼法》第26条第1、2款规定，公民、法人或者其他组织直接向人民法院提起诉讼的，作出行政行为的行政机关是被告。经复议的案件，复议机关决定维持原行政行为的，作出原行政行为的行政机关和复议机关是共同被告；复议机关改变原行政行为的，复议机关是被告。因此，本案的被告为市工商局和市政府。A项正确，B项错误。

《行政诉讼法》第18条第1款规定，行政案件由最初作出行政行为的行政机关所在地人民法院管辖。经复议的案件，也可以由复议机关所在地人民法院管辖。本案中，市工商局和市政府所在地的法院对本案都有管辖权。C项正确，D项错误。

综上所述，本题的答案为 AC。

9. 一公司为股份制企业，认为行政机关作出的决定侵犯其企业经营自主权，下列哪些主体有权以该公司的名义提起行政诉讼？（2013/2/82 改编－多）[2]

A. 股东
B. 股东大会
C. 股东会
D. 董事会

【考点】 行政诉讼原告

【解析】《行诉解释》第16条第1款规定，股份制企业的股东大会、股东会、董事会等认为行政机关作出的行政行为侵犯企业经营自主权的，可以企业名义提起诉讼。本题中，股东大会、股东会和董事会有权以企业名义提起诉讼。所以，BCD项当选，A项不当选。

综上所述，本题的答案为 BCD。

---

[1] AC [2] BCD

10. 村民甲、乙因自留地使用权发生争议，乡政府作出处理决定，认定使用权归属甲。乙不服向县政府申请复议，县政府以甲乙二人争议属于农村土地承包经营纠纷，乡政府无权作出处理决定为由，撤销乡政府的决定。甲不服向法院起诉。下列说法正确的是：（2013/2/100 – 任）[1]

A. 县政府撤销乡政府决定的同时应当确定系争土地权属
B. 甲的代理人的授权委托书应当载明委托事项和具体权限
C. 本案被告为县政府
D. 乙与乡政府为本案的第三人

【考点】 行政诉讼被告与第三人、行政复议决定

【解析】《土地管理法》第 14 条第 1、2 款规定，土地所有权和使用权争议，由当事人协商解决；协商不成的，由人民政府处理。单位之间的争议，由县级以上人民政府处理；个人之间、个人与单位之间的争议，由乡级人民政府或者县级以上人民政府处理。A 项中，村民甲、乙因自留地使用权发生争议属于个人之间的争议，乡政府有权处理。所以，A 项错误。

《行诉解释》第 31 条规定，当事人委托诉讼代理人，应当向人民法院提交由委托人签名或者盖章的授权委托书。委托书应当载明委托事项和具体权限。公民在特殊情况下无法书面委托的，也可以由他人代书，并由自己捺印等方式确认，人民法院应当核实并记录在卷；被诉行政机关或者其他有义务协助的机关拒绝人民法院向被限制人身自由的公民核实的，视为委托成立。当事人解除或者变更委托的，应当书面报告人民法院。B 项中，甲的代理人的授权委托书应当载明委托事项和具体权限，正确。

《行政诉讼法》第 26 条第 1、2 款规定，公民、法人或者其他组织直接向人民法院提起诉讼的，作出行政行为的行政机关是被告。经复议的案件，复议机关决定维持原行政行为的，作出原行政行为的行政机关和复议机关是共同被告；复议机关改变原行政行为的，复议机关是被告。本题中，县政府撤销乡政府的决定的行为是改变原行政行为，是复议改变，应以县政府为被告。所以，C 项正确。

《行政诉讼法》第 29 条规定，公民、法人或者其他组织同被诉行政行为有利害关系但没有提起诉讼，或者同案件处理结果有利害关系的，可以作为第三人申请参加诉讼，或者由人民法院通知参加诉讼。人民法院判决第三人承担义务或者减损第三人权益的，第三人有权依法提起上诉。本案中，乙与案件处理结果有利害关系，可以作为第三人参加行政诉讼。而就复议机关决定不服起诉时，原机关不做第三人，故乡政府不是本案的第三人。所以，D 项错误。

综上所述，本题的答案为 BC。

11. 经王某请求，国家专利复审机构宣告授予李某的专利权无效，并于 2011 年 5 月 20 日向李某送达决定书。6 月 10 日李某因交通意外死亡。李某妻子不服决定，向法院提起行政诉讼。下列哪一说法是正确的？（2012/2/46 – 单）[2]

A. 李某妻子应以李某代理人身份起诉
B. 法院应当通知王某作为第三人参加诉讼
C. 本案原告的起诉期限为 60 日
D. 本案原告应先申请行政复议再起诉

【考点】 行政诉讼参加人与起诉

【解析】《行政诉讼法》第 25 条第 1~3 款规定，行政行为的相对人以及其他与行政行为

有利害关系的公民、法人或者其他组织，有权提起诉讼。有权提起诉讼的公民死亡，其近亲属可以提起诉讼。有权提起诉讼的法人或者其他组织终止，承受其权利的法人或者其他组织可以提起诉讼。A项中，李某妻子是李某的近亲属，其可以原告身份起诉，而不是李某的代理人。所以，A项错误。

《行政诉讼法》第29条规定，公民、法人或者其他组织同被诉行政行为有利害关系但没有提起诉讼，或者同案件处理结果有利害关系的，可以作为第三人申请参加诉讼，或者由人民法院通知参加诉讼。人民法院判决第三人承担义务或者减损第三人权益的，第三人有权依法提起上诉。B项中，李某的专利权被宣告无效是经王某请求由国家专利复审机构宣告的，这表明王某与被诉的行政行为有利害关系，符合第三人的条件。同时，《专利法》第46条规定，国务院专利行政部门对宣告专利权无效的请求应当及时审查和作出决定，并通知请求人和专利权人。宣告专利权无效的决定，由国务院专利行政部门登记和公告。对国务院专利行政部门宣告专利权无效或者维持专利权的决定不服的，可以自收到通知之日起3个月内向人民法院起诉。人民法院应当通知无效宣告请求程序的对方当事人作为第三人参加诉讼。所以，B项正确。

《行政诉讼法》第46条第1款规定，公民、法人或者其他组织直接向人民法院提起诉讼的，应当自知道或者应当知道作出行政行为之日起6个月内提出。法律另有规定的除外。此规定在确立直接起诉的一般期限为6个月的同时，允许法律作出特别规定。根据《专利法》第46条规定，起诉期限为3个月而不是60日。所以，C项错误。

《行政诉讼法》第44条规定，对属于人民法院受案范围的行政案件，公民、法人或者其他组织可以先向行政机关申请复议，对复议决定不服的，再向人民法院提起诉讼；也可以直接向人民法院提起诉讼。法律、法规规定应当先向行政机关申请复议，对复议决定不服再向人民法院提起诉讼的，依照法律、法规的规定。根据《专利法》第46条的规定，专利领域的行政争议并不实行复议前置，而采用的是自由选择。所以，D项错误。

综上所述，本题的答案为B。

12. 村民甲带领乙、丙等人，与造纸厂协商污染赔偿问题。因对提出的赔偿方案不满，甲、乙、丙等人阻止生产，将工人李某打伤。公安局接该厂厂长举报，经调查后决定对甲拘留15日、乙拘留5日，对其他人未作处罚。甲向法院提起行政诉讼，法院受理。下列哪些人员不能成为本案的第三人？（2012/2/82 – 多）[1]

A. 丙   B. 乙

C. 李某   D. 造纸厂厂长

【考点】行政诉讼第三人

【解析】《行政诉讼法》第29条规定，公民、法人或者其他组织同被诉行政行为有利害关系但没有提起诉讼，或者同案件处理结果有利害关系的，可以作为第三人申请参加诉讼，或者由人民法院通知参加诉讼。人民法院判决第三人承担义务或者减损第三人权益的，第三人有权依法提起上诉。因此，第三人确定的判定关键在于分析是否"同被诉行政行为有利害关系但没有提起诉讼，或者同案件处理结果有利害关系"。本题中，甲、乙、丙等人阻止造纸厂生产，并将工人李某打伤，经该厂厂长举报，结果甲和乙两人分别被公安局处以拘留15日、5日的处罚，丙未受到处罚，而甲对处罚不服起诉。乙、丙都参与了违法行为，但结果却不同，乙受到处罚，属于同被诉行政行为有利害关系但没有提起诉讼，是第三人。而丙却未受到处罚，和该处罚行为没有利害关系，不能成为第三人。李某作为受害人，与被诉的处罚决定有利害关系，

---

[1] AD

应成为第三人。同时，造纸厂的厂长只是举报人，与被诉的处罚决定不存在利害关系，不能成为第三人。

综上所述，本题的答案为 AD。

13. 甲县政府设立的临时机构基础设施建设指挥部，认定有 10 户居民的小区自建的围墙及附属房系违法建筑，指令乙镇政府具体负责强制拆除。10 户居民对此决定不服起诉。下列说法正确的是：（2011/2/100 - 任）[1]

A. 本案被告为乙镇政府

B. 本案应由中级法院管辖

C. 如 10 户居民在指定期限内未选定诉讼代表人的，法院可以依职权指定

D. 如 10 户居民对此决定申请复议，复议机关为甲县政府

【考点】 行政诉讼被告与管辖、行政复议机关

【解析】《行诉解释》第 20 条第 1 款规定，行政机关组建并赋予行政管理职能但不具有独立承担法律责任能力的机构，以自己的名义作出行政行为，当事人不服提起诉讼的，应当以组建该机构的行政机关为被告。本题中，甲县政府设立的临时机构基础设施建设指挥部，认定有 10 户居民的小区自建的围墙及附属房系违法建筑，指令乙镇政府具体负责强制拆除。10 户居民对此决定不服起诉。所以，被诉的决定由基础设施建设指挥部作出，认定居民所建的建筑为违法建筑的决定，与乙镇政府无关。由于指挥部为临时机构，其本身并无行政主体资格，其行为后果应由设立它的行政机关承担，本题的被告应为甲县政府。所以，A 项错误。

《行政诉讼法》第 15 条规定，中级人民法院管辖下列第一审行政案件：①对国务院部门或者县级以上地方人民政府所作的行政行为提起诉讼的案件；②海关处理的案件；③本辖区内重大、复杂的案件；④其他法律规定由中级人民法院管辖的案件。本题中，被告是县政府，案件应由中级法院管辖。所以，B 项正确。

《行诉解释》第 29 条第 2 款规定，根据《行政诉讼法》第 28 条的规定，当事人一方人数众多的，由当事人推选代表人。当事人推选不出的，可以由人民法院在起诉的当事人中指定代表人。所以，C 项正确。需要注意的是，尽管这个选项所涉及的考点没有变化，但相关法条进行了修改，以下是修改后的内容，请同学们务必注意：《行诉解释》第 29 条第 1、3 款规定，《行政诉讼法》第 28 条规定的"人数众多"，一般指 10 人以上。《行政诉讼法》第 28 条规定的代表人为 2 至 5 人。代表人可以委托 1 至 2 人作为诉讼代理人。

《行政复议法》第 24 条第 1 款规定，县级以上地方各级人民政府管辖下列行政复议案件：①对本级人民政府工作部门作出的行政行为不服的；②对下一级人民政府作出的行政行为不服的；③对本级人民政府依法设立的派出机关作出的行政行为不服的；④对本级人民政府或者其工作部门管理的法律、法规、规章授权的组织作出的行政行为不服的。D 项中，甲县政府为行政复议的被申请人，那么复议机关是其上一级政府即市政府。所以，D 项错误。

综上所述，本题的答案为 BC。

14. 县计生委认定孙某违法生育第二胎，决定对孙某征收社会抚养费 40 000 元。孙某向县政府申请复议，要求撤销该决定。县政府维持该决定，并在征收总额中补充列入遗漏的 3000 元未婚生育社会抚养费。孙某不服，向法院起诉。下列哪些选项是正确的？（2010/2/86 - 多）[2]

A. 此案的被告应为县计生委与县政府

---

[1] BC 〔2〕 BC

B. 此案应由中级法院管辖

C. 此案的复议决定违法

D. 被告应当在收到起诉状副本之日起10日内提交答辩状

【考点】行政诉讼被告与管辖、举证期限

【解析】《行诉解释》第22条第1款规定，《行政诉讼法》第26条第2款规定的"复议机关改变原行政行为"，是指复议机关改变原行政行为的处理结果。复议机关改变原行政行为所认定的主要事实和证据、改变原行政行为所适用的规范依据，但未改变原行政行为处理结果的，视为复议机关维持原行政行为。本案中，县政府的复议决定，表面上维持了县计生委的决定，但事实上改变了县计生委原决定的处理结果：认定遗漏未婚生育社会抚养费，而且直接变更了处理结果，提高了社会抚养费用，从40 000元增加到43 000元。所以，复议机关县政府的决定属于对原行政行为的改变。《行政诉讼法》第26条第2款规定，经复议的案件，复议机关决定维持原行政行为的，作出原行政行为的行政机关和复议机关是共同被告；复议机关改变原行政行为的，复议机关是被告。本题中，复议机关改变了原行政行为，所以被告为复议机关县政府。A项错误。

《行政诉讼法》第15条规定，中级人民法院管辖下列第一审行政案件：①对国务院部门或者县级以上地方人民政府所作的行政行为提起诉讼的案件；②海关处理的案件；③本辖区内重大、复杂的案件；④其他法律规定由中级人民法院管辖的案件。B项中，被告为县政府，应由中级人民法院管辖，正确。

《行政复议法》第63条第2款规定，行政复议机关不得作出对申请人更为不利的变更决定，但是第三人提出相反请求的除外。本题中，县政府在征收总额中补充列入遗漏的3000元未婚生育社会抚养费，作出了对申请人孙某更为不利的复议决定，该复议决定违法。所以，C项正确。

《行政诉讼法》第67条规定，人民法院应当在立案之日起5日内，将起诉状副本发送被告。被告应当在收到起诉状副本之日起15日内向人民法院提交作出行政行为的证据和所依据的规范性文件，并提出答辩状。人民法院应当在收到答辩状之日起5日内，将答辩状副本发送原告。被告不提出答辩状的，不影响人民法院审理。D项中，被告应当在收到起诉状副本之日起10日内提交答辩状，错误。

综上所述，本题的答案为BC。

15. 某市工商局发现，某中外合资游戏软件开发公司生产的一种软件带有暴力和色情内容，决定没收该软件，并对该公司处以3万元罚款。中方投资者接受处罚，但外方投资者认为处罚决定既损害了公司的利益也侵害自己的权益，向法院提起行政诉讼。下列哪一选项是正确的？(2009/2/47–单)[1]

A. 外方投资者只能以合资公司的名义起诉

B. 外方投资者可以自己的名义起诉

C. 法院受理外方投资者起诉后，应追加未起诉的中方投资者为共同原告

D. 外方投资者只能以保护自己的权益为由提起诉讼

【考点】行政诉讼原告

【解析】《行诉解释》第16条第2款规定，联营企业、中外合资或者合作企业的联营、合资、合作各方，认为联营、合资、合作企业权益或者自己一方合法权益受行政行为侵害的，可

---

[1] B

以自己的名义提起诉讼。本题中，作为合资一方的外方投资者，无论认为合资企业的权益受到侵害，还是认为自己一方的权益受到侵害，都可以自己的名义独立提起行政诉讼。所以，B项正确，AD项错误。

《行诉解释》第30条第1款规定，行政机关的同一行政行为涉及两个以上利害关系人，其中一部分利害关系人对行政行为不服提起诉讼，人民法院应当通知没有起诉的其他利害关系人作为第三人参加诉讼。本案中，法院受理外方投资者起诉后，不是应追加中方投资者为共同原告，而是应当通知其作为第三人参加诉讼。所以，C项错误。

综上所述，本题的答案为B。

第十四章　行政诉讼程序

1. 李某向市国土资源局申请公开其房屋所在区域进行征收的文件，市国土资源局超过法定期限未予答复。李某复议后提起行政诉讼，法院适用简易程序对本案进行了审理。下列选项正确的是？（2022－模拟题－单）[1]

A. 如果当事人双方协商举证期限的，法院应当适用其协商的期限

B. 法院可以短信送达裁判文书

C. 法院可以电话传唤当事人

D. 应当在立案之日起60日内审结

【考点】行政诉讼简易程序

【解析】《行诉解释》第104条第1款规定，适用简易程序案件的举证期限由人民法院确定，也可以由当事人协商一致并经人民法院准许，但不得超过15日。被告要求书面答辩的，人民法院可以确定合理的答辩期间。A项中，尽管简易程序案件的举证期限可以由当事人协商一致，但需法院准许并且不得超过15日。所以，A项错误。

《行诉解释》第103条第1款规定，适用简易程序审理的行政案件，人民法院可以用口头通知、电话、短信、传真、电子邮件等简便方式传唤当事人、通知证人、送达裁判文书以外的诉讼文书。B项中，其他诉讼文书可以通过短信进行送达，但裁判文书不可以。所以，B项错误。C项中，法院可以电话传唤当事人。C项正确。

《行政诉讼法》第83条规定，适用简易程序审理的行政案件，由审判员一人独任审理，并应当在立案之日起45日内审结。D项中，适用简易程序审理的行政案件，应当在立案之日起45日内审结。所以，D项错误。

综上所述，本题的答案为C。

2. 2018年3月李某因无证经营被行政机关没收违法所得，后李某提起行政诉讼。下列哪一选项是正确的？（2018－模拟题－单）[2]

A. 原告李某应当举证其是在起诉期限内起诉

B. 李某没有预交案件受理费，又不提出缓交、减交、免交申请，按自动撤诉处理

C. 因李某提起行政诉讼，行政行为停止执行

D. 如果法院认为起诉超过起诉期限，应当裁定驳回起诉

【考点】行政诉讼程序

【解析】《最高人民法院关于行政诉讼证据若干问题的规定》第4条规定，公民、法人或者其他组织向人民法院起诉时，应当提供其符合起诉条件的相应的证据材料。在起诉被告不作

---

[1]　C　[2]　B

为的案件中，原告应当提供其在行政程序中曾经提出申请的证据材料。但有下列情形的除外：①被告应当依职权主动履行法定职责的；②原告因被告受理申请的登记制度不完备等正当事由不能提供相关证据材料并能够作出合理说明的。被告认为原告起诉超过法定期限的，由被告承担举证责任。《行政诉讼法》第49条规定，提起诉讼应当符合下列条件：①原告是符合《行政诉讼法》第25条规定的公民、法人或者其他组织；②有明确的被告；③有具体的诉讼请求和事实根据；④属于人民法院受案范围和受诉人民法院管辖。因此，原告的举证责任并不包括起诉在起诉期限内，而是被告认为原告起诉超过法定期限的，由被告承担举证责任。A项错误。

《行诉解释》第61条规定，原告或者上诉人未按规定的期限预交案件受理费，又不提出缓交、减交、免交申请，或者提出申请未获批准的，按自动撤诉处理。在按撤诉处理后，原告或者上诉人在法定期限内再次起诉或者上诉，并依法解决诉讼费预交问题的，人民法院应予立案。B项正确。

《行政诉讼法》第56条第1款规定，诉讼期间，不停止行政行为的执行。C项错误。

《行诉解释》第69条第1款第2项规定，超过法定起诉期限且无《行政诉讼法》第48条规定情形的，已经立案的，应当裁定驳回起诉。对于超过起诉期限，没有立案的，不予立案；已经立案的，裁定驳回起诉。本案中没有表明已经立案，D项错误。

综上所述，本题的答案为B。

某环保联合会对某公司提起环境民事公益诉讼，因在诉讼中需要该公司的相关环保资料，遂向县环保局提出申请公开该公司的排污许可证、排污口数量和位置等有关环境信息。申请书中载明了单位名称、住所地、联系人及电话并加盖了公章、获取信息的方式等。县环保局收到申请后，要求环保联合会提供申请人身份的证明材料。环保联合会提供了社会团体登记证复印件。县环保局以申请公开的内容不明确为由拒绝公开，该环保联合会复议后提起行政诉讼。请回答下列两题。

3. 关于本案的起诉，下列说法正确的是：（2017/2/98－任）[1]

A. 本案由县环保局所在地的法院或者环保联合会所在地的法院管辖

B. 起诉期限为6个月

C. 如法院当场不能判定起诉是否符合条件的，应接受起诉状，出具注明收到日期的书面凭证，并在7日内决定是否立案

D. 如法院当场不能判定起诉是否符合条件，经7日内仍不能作出判断的，应裁定暂缓立案

【考点】行政诉讼管辖、起诉与受理

【解析】《行政诉讼法》第18条第1款规定，行政案件由最初作出行政行为的行政机关所在地人民法院管辖。经复议的案件，也可以由复议机关所在地人民法院管辖。A项中，本案应由县环保局所在地法院进行管辖。A项错误。

《行政诉讼法》第45条规定，公民、法人或者其他组织不服复议决定的，可以在收到复议决定书之日起15日内向人民法院提起诉讼。复议机关逾期不作决定的，申请人可以在复议期满之日起15日内向人民法院提起诉讼。法律另有规定的除外。本案中，该环保联合会对县环保局信息不公开不服，属于复议前置案件，需要先申请行政复议，对行政复议决定不服向法院提起诉讼的，该起诉期限应为收到复议决定书之日起15日内起诉。所以，B项错误。

[1] C

《行政诉讼法》第 51 条第 1、2 款规定，人民法院在接到起诉状时对符合《行政诉讼法》规定的起诉条件的，应当登记立案。对当场不能判定是否符合《行政诉讼法》规定的起诉条件的，应当接收起诉状，出具注明收到日期的书面凭证，并在 7 日内决定是否立案。不符合起诉条件的，作出不予立案的裁定。裁定书应当载明不予立案的理由。原告对裁定不服的，可以提起上诉。C 项正确。

《行诉解释》第 53 条第 2 款规定，对当事人依法提起的诉讼，人民法院应当根据《行政诉讼法》第 51 条的规定接收起诉状。能够判断符合起诉条件的，应当当场登记立案；当场不能判断是否符合起诉条件的，应当在接收起诉状后 7 日内决定是否立案；7 日内仍不能作出判断的，应当先予立案。D 项错误。

综上所述，本题的答案为 C。

4. 若法院受理此案，关于此案的审理，下列说法正确的是：(2017/2/99 – 任)[1]

A. 法院审理第一审行政案件，当事人各方同意适用简易程序的，可适用简易程序

B. 县环保局负责人出庭应诉的，可另委托 1 至 2 名诉讼代理人

C. 县环保局应当对拒绝的根据及履行法定告知和说明理由义务的情况举证

D. 法院应要求环保联合会对其所申请的信息与其自身生产、生活、科研等需要的相关性进行举证

【考点】行政诉讼程序与举证责任

【解析】《行政诉讼法》第 82 条规定，人民法院审理下列第一审行政案件，认为事实清楚、权利义务关系明确、争议不大的，可以适用简易程序：①被诉行政行为是依法当场作出的；②案件涉及款额 2000 元以下的；③属于政府信息公开案件的。除前款规定以外的第一审行政案件，当事人各方同意适用简易程序的，可以适用简易程序。发回重审、按照审判监督程序再审的案件不适用简易程序。A 项正确。

《行诉解释》第 128 条第 2 款规定，行政机关负责人出庭应诉的，可以另行委托 1 至 2 名诉讼代理人。行政机关负责人不能出庭的，应当委托行政机关相应的工作人员出庭，不得仅委托律师出庭。B 项正确。

《最高人民法院关于审理政府信息公开行政案件若干问题的规定》第 5 条第 1 款规定，被告拒绝向原告提供政府信息的，应当对拒绝的根据以及履行法定告知和说明理由义务的情况举证。C 项中，县环保局以申请公开的内容不明确为由拒绝公开，县环保局应当对拒绝的根据及履行法定告知和说明理由义务的情况举证，正确。

《政府信息公开条例》第 27 条规定，除行政机关主动公开的政府信息外，公民、法人或者其他组织可以向地方各级人民政府、对外以自己名义履行行政管理职能的县级以上人民政府部门申请获取相关政府信息。该法条为 2019 年最新修订，取消了当事人申请信息公开，需要与自身生产、生活、科研等特殊需要有关的规定。D 选项在过去旧法（《最高人民法院关于审理政府信息公开行政案件若干问题的规定》第 5 条第 6 款：被告以政府信息与申请人自身生产、生活、科研等特殊需要无关为由不予提供的，人民法院可以要求原告对特殊需要事由作出说明）应用的时候就是错误选项，错在法院不是应当，而是可以。在新法修改了之后，仍然是错误选项。

综上所述，本题的答案为 ABC。

---

[1] ABC

5. 县政府以某化工厂不符合国家产业政策、污染严重为由，决定强制关闭该厂。该厂向法院起诉要求撤销该决定，并提出赔偿请求。一审法院认定县政府决定违法，予以撤销，但未对赔偿请求作出裁判，县政府提出上诉。下列说法正确的是：（2017/2/100 - 任）[1]

A. 本案第一审应由县法院管辖

B. 二审法院不得以不开庭方式审理该上诉案件

C. 二审法院应对一审法院的判决和被诉行政行为进行全面审查

D. 如二审法院经审查认为依法不应给予该厂赔偿的，应判决驳回其赔偿请求

【考点】行政诉讼二审程序

【解析】《行政诉讼法》第15条规定，中级人民法院管辖下列第一审行政案件：①对国务院部门或者县级以上地方人民政府所作的行政行为提起诉讼的案件；②海关处理的案件；③本辖区内重大、复杂的案件；④其他法律规定由中级人民法院管辖的案件。A项中，被告是县政府，案件应由中级法院管辖。所以，A项错误。

《行政诉讼法》第86条规定，人民法院对上诉案件，应当组成合议庭，开庭审理。经过阅卷、调查和询问当事人，对没有提出新的事实、证据或者理由，合议庭认为不需要开庭审理的，也可以不开庭审理。B项错误。

《行政诉讼法》第87条规定，人民法院审理上诉案件，应当对原审人民法院的判决、裁定和被诉行政行为进行全面审查。C项正确。

《行诉解释》第109条第4款规定，原审判决遗漏行政赔偿请求，第二审人民法院经审查认为依法不应当予以赔偿的，应当判决驳回行政赔偿请求。D项中，一审法院未对赔偿请求作出裁判，如二审法院经审查认为依法不应给予该厂赔偿的，应判决驳回其赔偿请求，正确。

综上所述，本题的答案为CD。

6. 交警大队以方某闯红灯为由当场处以50元罚款，方某不服起诉。法院适用简易程序审理。关于简易程序，下列哪些说法是正确的？（2016/2/84 - 多）[2]

A. 由审判员一人独任审理

B. 法院应在立案之日起30日内审结，有特殊情况需延长的经批准可延长

C. 法院在审理过程中发现不宜适用简易程序的，裁定转为普通程序

D. 对适用简易程序作出的判决，当事人不得提出上诉

【考点】行政诉讼简易程序

【解析】《行政诉讼法》第83条规定，适用简易程序审理的行政案件，由审判员一人独任审理，并应当在立案之日起45日内审结。A项中，由审判员一人独任审理，正确。B项中，法院应在立案之日起45日内而非30日内审结；且没有特殊情况可延长的规定，错误。

《行政诉讼法》第84条规定，人民法院在审理过程中，发现案件不宜适用简易程序的，裁定转为普通程序。C项中，法院在审理过程中发现不宜适用简易程序的，裁定转为普通程序，正确。

《行政诉讼法》第85条规定，当事人不服人民法院第一审判决的，有权在判决书送达之日起15日内向上一级人民法院提起上诉。当事人不服人民法院第一审裁定的，有权在裁定书送达之日起10日内向上一级人民法院提起上诉。逾期不提起上诉的，人民法院的第一审判决或者裁定发生法律效力。D项中，对适用简易程序作出的判决，当事人不得提出上诉，错误。

综上所述，本题的答案为AC。

---

7. 关于行政诉讼简易程序,下列哪些说法是正确的?(2015/2/83 - 多)[1]

A. 对第一审行政案件,当事人各方同意适用简易程序的,可以适用

B. 案件涉及款额 2000 元以下的发回重审案件和上诉案件,应适用简易程序审理

C. 适用简易程序审理的行政案件,由审判员一人独任审理

D. 适用简易程序审理的行政案件,应当庭宣判

【考点】行政诉讼简易程序

【解析】《行政诉讼法》第 82 条规定,人民法院审理下列行政案件,认为事实清楚、权利义务关系明确、争议不大的,可以适用简易程序:①被诉行政行为是依法当场作出的;②案件涉及款额 2000 元以下的;③属于政府信息公开案件的。除前款规定以外的第一审行政案件,当事人各方同意适用简易程序的,可以适用简易程序。发回重审、按照审判监督程序再审的案件不适用简易程序。A 项中,对第一审行政案件,当事人各方同意适用简易程序的,可以适用,正确。对于发回重审的案件以及上诉案件不适用简易程序,因为发回重审说明案件复杂、权利义务关系不明确,不符合适用简易程序的前提条件,同时上诉审是二审程序,简易程序适用于行政诉讼的一审程序。所以,B 项错误。

《行政诉讼法》第 83 条规定,适用简易程序审理的行政案件,由审判员一人独任审理,并应当在立案之日起 45 日内审结。C 项正确。

《行政诉讼法》第 80 条规定,人民法院对公开审理和不公开审理的案件,一律公开宣告判决。当庭宣判的,应当在 10 日内发送判决书;定期宣判的,宣判后立即发给判决书。宣告判决书时,必须告知当事人上诉权利、上诉期限和上诉的人民法院。D 项中,适用简易程序审理行政案件,既可以当庭也可以定期宣判,并非只能当庭宣判,D 项错误。

综上所述,本题的答案为 AC。

8. 2009 年 3 月 15 日,严某向某市房管局递交出让方为郭某(严某之母)、受让方为严某的房产交易申请表以及相关材料。4 月 20 日,该局向严某核发房屋所有权证。后因家庭纠纷郭某想出售该房产时发现房产已不在名下,于 2013 年 12 月 5 日以该局为被告提起诉讼,要求撤销向严某核发的房屋所有权证,并给自己核发新证。一审法院判决维持被诉行为,郭某提出上诉。下列哪一说法是正确的?(2014/2/84 - 单)[2]

A. 本案的起诉期限为 2 年

B. 本案的起诉期限从 2009 年 4 月 20 日起算

C. 如诉讼中郭某解除对诉讼代理人的委托,在其书面报告法院后,法院应当通知其他当事人

D. 第二审法院应对一审法院的裁判和被诉具体行政行为是否合法进行全面审查

【考点】行政诉讼起诉与二审程序

【解析】《行政诉讼法》第 46 条规定,公民、法人或者其他组织直接向人民法院提起诉讼的,应当自知道或者应当知道作出行政行为之日起 6 个月内提出。法律另有规定的除外。因不动产提起诉讼的案件自行政行为作出之日起超过 20 年,其他案件自行政行为作出之日起超过 5 年提起诉讼的,人民法院不予受理。A 项中,郭某的起诉期限为 6 个月而非 2 年,A 项错误。B 项中,本案的起诉期限为郭某知道或者应当知道该行政行为时开始计算,题目中该信息不明确,但肯定不是 2009 年 4 月 20 日这一行为作出之日。所以,B 项错误。

《行诉解释》第 31 条规定,当事人委托诉讼代理人,应当向人民法院提交由委托人签名或

---

[1] AC 〔2〕D

者盖章的授权委托书。委托书应当载明委托事项和具体权限。公民在特殊情况下无法书面委托的，也可以由他人代书，并由自己捺印等方式确认，人民法院应当核实并记录在卷；被诉行政机关或者其他有义务协助的机关拒绝人民法院向被限制人身自由的公民核实的，视为委托成立。当事人解除或者变更委托的，应当书面报告人民法院。C项中，如诉讼中郭某解除对诉讼代理人的委托，在其书面报告法院后，法院无需通知其他当事人，因此错误。

《行政诉讼法》第87条规定，人民法院审理上诉案件，应当对原审人民法院的判决、裁定和被诉行政行为进行全面审查。所以，D项正确。

综上所述，本题的答案为D。

9. 某国土资源局以陈某违反《土地管理法》为由，向陈某送达决定书，责令其在10日内拆除擅自在集体土地上建造的房屋3间，恢复土地原状。陈某未履行决定。下列哪一说法是错误的？（2011/2/48－单）[1]

A. 国土资源局的决定书应载明，不服该决定申请行政复议或提起行政诉讼的途径和期限

B. 国土资源局的决定为负担性具体行政行为

C. 因《土地管理法》对起诉期限有特别规定，陈某对决定不服提起诉讼的，应依该期限规定

D. 如陈某不履行决定又未在法定期限内申请复议或起诉的，国土资源局可以自行拆除陈某所建房屋

【考点】行政诉讼起诉期限、行政强制执行

【解析】《行政处罚法》第59条规定，行政机关依照《行政处罚法》第57条的规定给予行政处罚，应当制作行政处罚决定书。行政处罚决定书应当载明下列事项：①当事人的姓名或者名称、地址；②违反法律、法规、规章的事实和证据；③行政处罚的种类和依据；④行政处罚的履行方式和期限；⑤申请行政复议、提起行政诉讼的途径和期限；⑥作出行政处罚决定的行政机关名称和作出决定的日期。行政处罚决定书必须盖有作出行政处罚决定的行政机关的印章。A项中，国土资源局的决定书应载明，不服该决定申请行政复议或提起行政诉讼的途径和期限，正确，不当选。

按具体行政行为的内容对行政相对人是否有利为标准，可以将具体行政行为分为授益行政行为和负担行政行为。授益行政行为是指行政主体为行政相对人设定权益或者免除其义务的行政行为。负担行政行为是指行政主体为行政相对人设定义务或者剥夺、限制其权益的行政行为，又称不利行政行为。本案中，某国土资源局向陈某送达决定书，责令其在10日内拆除擅自在集体土地上建造的房屋3间，恢复土地原状的行为属于对陈某设定义务的行为，是负担性行政行为。所以，B项正确，不当选。

《行政诉讼法》第46条第1款规定，公民、法人或者其他组织直接向人民法院提起诉讼的，应当自知道或者应当知道作出行政行为之日起6个月内提出。法律另有规定的除外。《土地管理法》第83条规定，依照《土地管理法》规定，责令限期拆除在非法占用的土地上新建的建筑物和其他设施的，建设单位或者个人必须立即停止施工，自行拆除；对继续施工的，作出处罚决定的机关有权制止。建设单位或者个人对责令限期拆除的行政处罚决定不服的，可以在接到责令限期拆除决定之日起15日内，向人民法院起诉；期满不起诉又不自行拆除的，由作出处罚决定的机关依法申请人民法院强制执行，费用由违法者承担。C项，根据特别法优于普通法原则，正确，不当选。

_____

[1] D

《土地管理法》第83条规定，建设单位或者个人对责令限期拆除的行政处罚决定不服的，可以在接到责令限期拆除决定之日起15日内，向人民法院起诉；期满不起诉又不自行拆除的，由作出处罚决定的机关依法申请人民法院强制执行，费用由违法者承担。本题中，如陈某不履行决定又未在法定期限内申请复议或起诉的，国土资源局不具备强制执行权，不可以自行拆除陈某所建房屋，只能申请法院强制执行。D项错误，当选。

综上所述，本题的答案为D。

10. 2006年5月9日，县公安局以甲偷开乙的轿车为由，向其送达1000元罚款的处罚决定书。甲不服，于同月19日向市公安局申请行政复议。6月8日，复议机关同意甲撤回复议申请。6月20日，甲就该处罚决定向法院提起行政诉讼。下列说法正确的是：（2010/2/100 – 任）[1]

A. 对甲偷开的轿车县公安局可以扣押

B. 如甲能够证明撤回复议申请违背其真实意思表示，可以同一事实和理由再次对该处罚决定提出复议申请

C. 甲逾期不缴纳1000元罚款，县公安局可以每日按罚款数额的3%加处罚款

D. 法院不应当受理甲的起诉

【考点】行政复议程序、行政诉讼受理

【解析】《治安管理处罚法》第89条第1款规定，公安机关办理治安案件，对与案件有关的需要作为证据的物品，可以扣押；对被侵害人或者善意第三人合法占有的财产，不得扣押，应当予以登记。对与案件无关的物品，不得扣押。A项中，甲偷开的轿车属乙所有，属于被侵害人的合法财产，不得扣押，应当予以登记。所以，A项错误。

《行政复议法》第74条第2款规定，当事人达成和解后，由申请人向行政复议机构撤回行政复议申请。行政复议机构准予撤回行政复议申请、行政复议机关决定终止行政复议的，申请人不得再以同一事实和理由提出行政复议申请。但是，申请人能够证明撤回行政复议申请违背其真实意愿的除外。B项中，如甲能够证明撤回复议申请违背其真实意思表示，可以同一事实和理由再次对该处罚决定提出复议申请，正确。

《行政处罚法》第72条第1款规定，当事人逾期不履行行政处罚决定的，作出行政处罚决定的行政机关可以采取下列措施：①到期不缴纳罚款的，每日按罚款数额的3%加处罚款，加处罚款的数额不得超出罚款的数额；②根据法律规定，将查封、扣押的财物拍卖、依法处理或者将冻结的存款、汇款划拨抵缴罚款；③根据法律规定，采取其他行政强制执行方式；④依照《中华人民共和国行政强制法》的规定申请人民法院强制执行。该法条赋予有处罚权的行政机关采取间接强制执行的权力，即对到期不缴纳罚款的，每日按罚款数额的3%加处罚款，其本质是执行罚。行政机关批准延期、分期缴纳罚款的，申请人民法院强制执行的期限，自暂缓或者分期缴纳罚款期限结束之日起计算。所以，C项正确。

《行诉解释》第58条规定，法律、法规未规定行政复议为提起行政诉讼必经程序，公民、法人或者其他组织向复议机关申请行政复议后，又经复议机关同意撤回复议申请，在法定起诉期限内对原行政行为提起诉讼的，人民法院应当依法立案。因此，撤回复议申请后又提起诉讼的，只要在法定起诉期限内，法院应当受理。公安机关向甲送达罚款决定的日期是2006年5月9日，甲向法院起诉的时间是2006年6月20日，仍在法定起诉期限内。所以，D项错误。

综上所述，本题的答案为BC。

---

[1] BC

第十五章　行政诉讼的证据

1. 区市场监督管理局在对某小吃店进行检查时，发现其销售超保质期的饮料三瓶，遂对其进行罚款 2500 元。当事人不服，向区政府申请行政复议，区政府作出维持决定，当事人提起行政诉讼。下列说法正确的是？(2023 – 模拟题 – 多)[1]

A. 区市场监督管理局的执法人员不得少于两人

B. 本案由基层法院进行管辖

C. 诉讼中，区政府应当提供证据证明原行政行为的合法性

D. 当事人提起行政诉讼的期限是 6 个月

【考点】复议案件的管辖，复议维持的举证责任

【解析】《行政处罚法》第 42 条第 1 款规定，行政处罚应当由具有行政执法资格的执法人员实施。执法人员不得少于两人，法律另有规定的除外。故 A 项正确。

《行诉解释》第 134 条第 3 款规定，复议机关作共同被告的案件，以作出原行政行为的行政机关确定案件的级别管辖。本案中，区市场监督管理局与区政府作共同被告，级别管辖就低，按照区市场监督管理局确定级别管辖，即由基层法院进行管辖。故 B 项正确。

《行诉解释》第 135 条第 2 款规定，作出原行政行为的行政机关和复议机关对原行政行为合法性共同承担举证责任，可以由其中一个机关实施举证行为。复议机关对复议决定的合法性承担举证责任。因此，对于原行政行为合法性，由原机关和复议机关共同承担举证责任。故 C 项错误。

关于行政诉讼的起诉期限，《行政诉讼法》第 45 条规定，公民、法人或者其他组织不服复议决定的，可以在收到复议决定书之日起 15 日内向人民法院提起诉讼。复议机关逾期不作决定的，申请人可以在复议期满之日起 15 日内向人民法院提起诉讼。法律另有规定的除外。《行政诉讼法》第 46 条第 1 款规定，公民、法人或者其他组织直接向人民法院提起诉讼的，应当自知道或者应当知道作出行政行为之日起 6 个月内提出。法律另有规定的除外。区分这两个法条的关键在于"经复议"的案件，还是"直接"去起诉。本案是经复议的案件，因此起诉期限为 15 天。故 D 项错误。

综上所述，本题的答案为 AB。

2. 市场监管局查处某食用油外包装标签违法，对食用油生产厂家处以 20 万元罚款。该厂家不服提起行政诉讼。市场监管局向法院提供了现场笔录、食品外包装和询问该厂家员工李某的询问笔录。下列哪个选项是正确的？(2022 – 模拟题 – 单)[2]

A. 现场笔录应当加盖市场监管局印章

---

[1] AB　[2] D

B. 询问笔录应当加盖市场监管局印章

C. 该厂家应在法庭辩论终结前提供上述证据

D. 该厂家对现场笔录的真实性有异议，可要求相关执法人员出庭说明

【考点】行政诉讼证据的形式要求、举证期限

【解析】《最高人民法院关于行政诉讼证据若干问题的规定》第15条规定，根据《行政诉讼法》第31条第1款第7项（现为第33条第1款第8项）的规定，被告向人民法院提供的现场笔录，应当载明时间、地点和事件等内容，并由执法人员和当事人签名。当事人拒绝签名或者不能签名的，应当注明原因。有其他人在现场的，可由其他人签名。法律、法规和规章对现场笔录的制作形式另有规定的，从其规定。A项中，要求执法人员签名，并未要求加盖行政机关印章。所以，A项错误。

《最高人民法院关于行政诉讼证据若干问题的规定》第10条第1款第4项规定，被告提供的被诉具体行政行为所依据的询问、陈述、谈话类笔录，应当有行政执法人员、被询问人、陈述人、谈话人签名或者盖章。B项中，询问笔录要求执法人员和被询问人签名或者盖章，不要求加盖行政机关印章。所以，B项错误。

《行诉解释》第35条第1款规定，原告或者第三人应当在开庭审理前或者人民法院指定的交换证据清单之日提供证据。因正当事由申请延期提供证据的，经人民法院准许，可以在法庭调查中提供。逾期提供证据的，人民法院应当责令其说明理由；拒不说明理由或者理由不成立的，视为放弃举证权利。C项中，原告的举证时限是开庭审理前或者人民法院指定的交换证据清单之日提供证据，经准许可以在法庭调查中提供。所以，C项错误。

《行诉解释》第41条规定，有下列情形之一，原告或者第三人要求相关行政执法人员出庭说明的，人民法院可以准许：①对现场笔录的合法性或者真实性有异议的；②对扣押财产的品种或者数量有异议的；③对检验的物品取样或者保管有异议的；④对行政执法人员身份的合法性有异议的；⑤需要出庭说明的其他情形。所以，D项正确。

综上所述，本题的答案为D。

3. 区政府对甲的房屋进行强制拆除的过程中，执法人员未妥善处置导致屋内物品毁损，该行为被确认违法。甲向区政府申请赔偿未得到回复，向法院起诉要求赔偿屋内物品损失，并对相关执法人员进行追责。下列说法正确的是？（2022－模拟题－多）[1]

A. 甲应当对行政行为造成的损害提供证据

B. 因区政府的原因导致甲无法举证的，由区政府承担举证责任

C. 甲的起诉期限为6个月

D. 向相关执法人员追责不属于本案的审查对象

【考点】举证责任分配、行政赔偿诉讼

【解析】《行政诉讼法》第38条第2款规定，在行政赔偿、补偿的案件中，原告应当对行政行为造成的损害提供证据。因被告的原因导致原告无法举证的，由被告承担举证责任。A项、B项正确。

《国家赔偿法》第14条第1款规定，赔偿义务机关在规定期限内未作出是否赔偿的决定，赔偿请求人可以自期限届满之日起3个月内，向人民法院提起诉讼。C项中，甲提起的不是普通的行政诉讼，而是单独提起行政赔偿诉讼，因此起诉期限为特殊的3个月。所以，C项错误。

《国家赔偿法》第16条规定，赔偿义务机关赔偿损失后，应当责令有故意或者重大过失的

---

[1] ABD

工作人员或者受委托的组织或者个人承担部分或者全部赔偿费用。对有故意或者重大过失的责任人员，有关机关应当依法给予处分；构成犯罪的，应当依法追究刑事责任。D 项中，法院审查的是行政机关赔不赔、赔多少；执法人员是否承担赔偿责任不属于法院的审查对象，而是由赔偿义务机关区政府决定是否需要向执法人员追责。所以，D 项正确。

综上所述，本题的答案为 ABD。

4. 县环保局认为某公司超标排污，在委托市监测中心站检测后，依据监测中心站出具的检测报告、现场录像与证人证言，对该公司作出 30 万元处罚，某公司不服起诉，该局向法院提交了以上证据，下列说法正确的是：(2020 – 模拟题 – 多)〔1〕

A. 证人证言应有证人身份证明文件

B. 提交视频应该注明制作方法、制作时间、制作人员以及证明对象

C. 检测报告是现场笔录

D. 若依法应该对该公司作出处罚，县环保局却不给予处罚，市环保局可以直接作出处罚决定

【考点】行政诉讼的证据种类

【解析】《最高人民法院关于行政诉讼证据若干问题的规定》第 13 条规定，根据《行政诉讼法》第 33 条第 1 款第 5 项的规定，当事人向人民法院提供证人证言的，应当符合下列要求：①写明证人的姓名、年龄、性别、职业、住址等基本情况；②有证人的签名，不能签名的，应当以盖章等方式证明；③注明出具日期；④附有居民身份证复印件等证明证人身份的文件。A 项正确。

《最高人民法院关于行政诉讼证据若干问题的规定》第 12 条规定，根据《行政诉讼法》第 33 条第 1 款第 3 项的规定，当事人向人民法院提供计算机数据或者录音、录像等视听资料的，应当符合下列要求：①提供有关资料的原始载体。提供原始载体确有困难的，可以提供复制件；②注明制作方法、制作时间、制作人和证明对象等；③声音资料应当附有该声音内容的文字记录。B 项正确。

现场笔录是指行政机关在行政执法中对现场进行检查或勘验时，用于记载与违法活动有关的法律文书。而检测报告通过技术检测而来，属于鉴定意见。C 项错误。

基于上下级行政机关之间的层级监督关系，当有职权的行政机关不履行职责时，上级机关并不因此获得该职权，而是可以通过责令下一级机关完成。因此，D 项错误。

综上所述，本题的答案为 AB。

5. 甲市乙区生态环境局以丙公司建筑工程建在水源保护区，影响环境为由责令丙公司关闭该建设工程。乙区生态环境局提供了现场笔录、调查询问笔录等证据，下列说法正确是：(2020 – 模拟题 – 任)〔2〕

A. 现场笔录属于书证

B. 被告为区生态环境局

C. 被告对行政行为的合法性负有举证责任

D. 在诉讼期间，暂停执行该行为

【考点】行政诉讼的证据、举证责任

【解析】《行政诉讼法》第 33 条规定，证据包括：①书证；②物证；③视听资料；④电子数据；⑤证人证言；⑥当事人的陈述；⑦鉴定意见；⑧勘验笔录、现场笔录。以上证据经法庭

---

〔1〕 AB　〔2〕 BC

审查属实，才能作为认定案件事实的根据。A 项中，现场笔录和书证都属于证据的不同种类。A 项错误。

《行政诉讼法》第 26 条规定，公民、法人或者其他组织直接向人民法院提起诉讼的，作出行政行为的行政机关是被告。B 项中，乙区生态环境局是作为行政行为的行政机关，以其为被告提起行政诉讼，正确。

《行政诉讼法》第 34 条规定，被告对作出的行政行为负有举证责任，应当提供作出该行政行为的证据和所依据的规范性文件。被告不提供或者无正当理由逾期提供证据，视为没有相应证据。但是，被诉行政行为涉及第三人合法权益，第三人提供证据的除外。C 项正确。

《行政诉讼法》第 56 条规定，诉讼期间，不停止行政行为的执行。但有下列情形之一的，裁定停止执行：①被告认为需要停止执行的；②原告或者利害关系人申请停止执行，人民法院认为该行政行为的执行会造成难以弥补的损失，并且停止执行不损害国家利益、社会公共利益的；③人民法院认为该行政行为的执行会给国家利益、社会公共利益造成重大损害的；④法律、法规规定停止执行的。当事人对停止执行或者不停止执行的裁定不服的，可以申请复议一次。D 项错误。

综上所述，本题的答案为 BC。

6. 张某与邻居李某因琐事发生冲突，张某将李某打伤，并扬言以后见一次打一次。区公安分局对张某作出了拘留 5 天、罚款 500 元的处罚决定。张某认为是李某先进行挑衅，公安分局对自己处罚过重，据此提起行政诉讼。关于此案，下列说法错误的有：（2018 - 模拟题 - 多）[1]

A. 派出所提供的关于李某伤情的鉴定意见，应当有鉴定人的签名和鉴定部门的盖章

B. 居委会张大妈作为证人出庭作证，其费用应由原告张某支付

C. 张某对与本案有关的但不能自行收集的证据，可以申请法院调取

D. 张某应当先申请行政复议，对复议决定不服再提起诉讼

【考点】行政诉讼的证据制度

【解析】《最高人民法院关于行政诉讼证据若干问题的规定》第 14 条规定，被告向人民法院提供的在行政程序中采用的鉴定意见，应当载明委托人和委托鉴定的事项、向鉴定部门提交的相关材料、鉴定的依据和使用的科学技术手段、鉴定部门和鉴定人鉴定资格的说明，并应有鉴定人的签名和鉴定部门的盖章。A 项正确，不当选。

《行诉解释》第 40 条第 2 款规定，证人因履行出庭作证义务而支出的交通、住宿、就餐等必要费用以及误工损失，由败诉一方当事人承担。B 项错误，当选。

《行政诉讼法》第 41 条规定，与本案有关的下列证据，原告或者第三人不能自行收集的，可以申请人民法院调取：①由国家机关保存而须由人民法院调取的证据；②涉及国家秘密、商业秘密和个人隐私的证据；③确因客观原因不能自行收集的其他证据。C 项正确，不当选。

《行政诉讼法》第 44 条规定，对属于人民法院受案范围的行政案件，公民、法人或者其他组织可以先向行政机关申请复议，对复议决定不服的，再向人民法院提起诉讼；也可以直接向人民法院提起诉讼。法律、法规规定应当先向行政机关申请复议，对复议决定不服再向人民法院提起诉讼的，依照法律、法规的规定。本案中，治安管理处罚不属于复议前置的情形，可以由当事人自由选择。D 项错误，当选。

综上所述，本题的答案为 BD。

---

[1] BD

7. 梁某酒后将邻居张某家的门、窗等物品砸坏。县公安局接警后，对现场进行拍照、制作现场笔录，并请县价格认证中心作价格鉴定意见，对梁某作出行政拘留 8 日处罚。梁某向法院起诉，县公安局向法院提交照片、现场笔录和鉴定意见。下列哪些说法是正确的？（2015/2/84－多）[1]

A. 照片为书证

B. 县公安局提交的现场笔录无当事人签名的，不具有法律效力

C. 县公安局提交的鉴定意见应有县价格认证中心的盖章和鉴定人的签名

D. 梁某对现场笔录的合法性有异议的，可要求县公安局的相关执法人员作为证人出庭作证

【考点】行政诉讼的证据制度

【解析】书证是以文字、符号、图案等形式记载的，能够表达人的思想，用来证明案件事实的材料。其特征是通过其所表达或者反映的思想内容来证明案件事实的材料。A 项中，县公安局对张某家被砸坏的门、窗等物品进行拍照用以说明案件情况，属于书证。所以，A 项正确。

《最高人民法院关于行政诉讼证据若干问题的规定》第 15 条规定，根据《行政诉讼法》第 31 条第 1 款第 7 项（现为第 33 条第 1 款第 8 项）的规定，被告向人民法院提供的现场笔录，应当载明时间、地点和事件等内容，并由执法人员和当事人签名。当事人拒绝签名或者不能签名的，应当注明原因。有其他人在现场的，可由其他人签名。B 项中，县公安局提交的现场笔录无当事人签名的，并不影响现场笔录的法律效力，但应当在现场笔录中注明原因。所以，B 项错误。

《最高人民法院关于行政诉讼证据若干问题的规定》第 14 条规定，根据《行政诉讼法》第 31 条第 1 款第 6 项（现为第 33 条第 1 款第 7 项）规定，被告向人民法院提供的在行政程序中采用的鉴定意见，应当载明委托人和委托鉴定的事项、向鉴定部门提交的相关材料、鉴定的依据和使用的科学技术手段、鉴定部门和鉴定人鉴定资格的说明，并应当有鉴定人的签名和鉴定部门的盖章。通过分析获得的鉴定意见，应当说明分析过程。C 项中，县公安局提交鉴定意见应有县价格认证中心这一鉴定机构的盖章和鉴定人的签名，正确。

《行诉解释》第 41 条规定，有下列情形之一，原告或者第三人要求相关行政执法人员出庭说明的，人民法院可以准许：①对现场笔录的合法性或者真实性有异议的；②对扣押财产的品种或者数量有异议的；③对检验的物品取样或者保管有异议的；④对行政执法人员身份的合法性有异议的；⑤需要出庭说明的其他情形。D 项中，梁某对现场笔录的合法性有异议的，可要求县公安局的相关执法人员作为证人出庭作证，错误。

综上所述，根据新法，本题的答案为 AC。

8. 经夏某申请，某县社保局作出认定，夏某晚上下班途中驾驶摩托车与行人发生交通事故受重伤，属于工伤。夏某供职的公司认为其发生交通事故系醉酒所致，向法院起诉要求撤销认定。某县社保局向法院提交了公安局交警大队交通事故认定书、夏某住院的病案和夏某同事孙某的证言。下列说法正确的是：（2014/2/98－任）[2]

A. 夏某为本案的第三人

B. 某县社保局提供的证据均系书证

C. 法院对夏某住院的病案是否为原件的审查，系对证据真实性的审查

---

[1] AC　[2] ACD

D. 如有证据证明交通事故确系夏某醉酒所致，法院应判决撤销某县社保局的认定

【考点】 行政诉讼的证据制度

【解析】《行政诉讼法》第29条规定，公民、法人或者其他组织同被诉行政行为有利害关系但没有提起诉讼，或者同案件处理结果有利害关系的，可以作为第三人申请参加诉讼，或者由人民法院通知参加诉讼。人民法院判决第三人承担义务或者减损第三人权益的，第三人有权依法提起上诉。A项中，夏某与本案处理结果有利害关系，属于第三人。所以，A项正确。

《行政诉讼法》第33条规定，证据包括：①书证；②物证；③视听资料；④电子数据；⑤证人证言；⑥当事人的陈述；⑦鉴定意见；⑧勘验笔录、现场笔录。以上证据经法庭审查属实，才能作为认定案件事实的根据。B项中，同事孙某的证言是证人证言，不是书证。所以，B项错误。

《最高人民法院关于行政诉讼证据若干问题的规定》第56条规定，法庭应当根据案件的具体情况，从以下方面审查证据的真实性：①证据形成的原因；②发现证据时的客观环境；③证据是否为原件、原物，复制件、复制品与原件、原物是否相符；④提供证据的人或者证人与当事人是否具有利害关系；⑤影响证据真实性的其他因素。C项中，法院对夏某住院的病案是否为原件的审查，是对证据真实性的审查，正确。

《行政诉讼法》第70条规定，行政行为有下列情形之一的，人民法院判决撤销或者部分撤销，并可以判决被告重新作出行政行为：①主要证据不足的；②适用法律、法规错误的；③违反法定程序的；④超越职权的；⑤滥用职权的；⑥明显不当的。D项中，主要证据不足导致主要事实认定错误应该判决撤销，正确。

综上所述，本题的答案为ACD。

9. 某药厂以本厂过期药品作为主原料，更改生产日期和批号生产出售。甲市乙县药监局以该厂违反《药品管理法》第49条第1款关于违法生产药品规定，决定没收药品并处罚款20万元。药厂不服向县政府申请复议，县政府依《药品管理法》第49条第3款关于生产劣药行为的规定，决定维持处罚决定。药厂起诉。关于本案的举证与审理裁判，下列说法正确的有：(2012/2/98-任)[1]

A. 法院应对被诉行政行为和药厂的行为是否合法一并审理和裁判

B. 药厂提供的证明被诉行政行为违法的证据不成立的，不能免除被告对被诉行政行为合法性的举证责任

C. 如在本案庭审过程中，药厂要求证人出庭作证的，法院不予准许

D. 法院对本案的裁判，应当以证据证明的案件事实为依据

【考点】 行政诉讼证据制度与裁判

【解析】《行政诉讼法》第6条规定，人民法院审理行政案件，对行政行为是否合法进行审查。A项中，法院审查的是行政行为，药厂的行为不是本案的审查和裁判对象。所以，A项错误。

《行政诉讼法》第37条规定，原告可以提供证明行政行为违法的证据。原告提供的证据不成立的，不免除被告的举证责任。B项中，药厂提供的证明被诉行政行为违法的证据不成立的，不能免除被告对被诉行政行为合法性的举证责任，正确。

《最高人民法院关于行政诉讼证据若干问题的规定》第43条规定，当事人申请证人出庭作证的，应当在举证期限届满前提出，并经人民法院许可。人民法院准许证人出庭作证的，应当

---

[1] BD

在开庭审理前通知证人出庭作证。当事人在庭审过程中要求证人出庭作证的，法庭可以根据审理案件的具体情况，决定是否准许以及是否延期审理。因此，要求当事人申请证人出庭作证，原则上应在举证期限届满前提出。对当事人在庭审过程中要求证人出庭作证的，法庭可以根据审理案件的具体情况，决定是否准许以及是否延期审理。所以，C项错误。

《最高人民法院关于行政诉讼证据若干问题的规定》第53条规定，人民法院裁判行政案件，应当以证据证明的案件事实为依据。D项正确。

综上所述，本题的答案为BD。

10. 关于在行政诉讼中法庭对证据的审查，下列哪一说法是正确的？(2010/2/49-单)[1]

A. 从证据形成的原因方面审查证据的合法性

B. 从证人与当事人是否具有利害关系方面审查证据的关联性

C. 从发现证据时的客观环境审查证据的真实性

D. 从复制件与原件是否相符审查证据的合法性

【考点】 行政诉讼证据的审查

【解析】 证据的关联性指证据与待证案件事实之间是否有内在关联，是对行政诉讼证据关联性的审查。《最高人民法院关于行政诉讼证据若干问题的规定》第54条规定，法庭应当对经过庭审质证的证据和无需质证的证据进行逐一审查和对全部证据综合审查，遵循法官职业道德，运用逻辑推理和生活经验，进行全面、客观和公正地分析判断，确定证据材料与案件事实之间的证明关系，排除不具有关联性的证据材料，准确认定案件事实。

证据的合法性指证据应符合法律规定，包括证据要符合法定形式，取得要符合法律规定。《最高人民法院关于行政诉讼证据若干问题的规定》第55条规定，法庭应当根据案件的具体情况，从以下方面审查证据的合法性：①证据是否符合法定形式；②证据的取得是否符合法律、法规、司法解释和规章的要求；③是否有影响证据效力的其他违法情形。

证据的真实性指证据反映的案件事实应与客观事实一致。《最高人民法院关于行政诉讼证据若干问题的规定》第56条规定，法庭应当根据案件的具体情况，从以下方面审查证据的真实性：①证据形成的原因；②发现证据时的客观环境；③证据是否为原件、原物，复制件、复制品与原件、原物是否相符；④提供证据的人或者证人与当事人是否具有利害关系；⑤影响证据真实性的其他因素。

A项中，从证据形成的原因方面审查的是证据的真实性，而非合法性。所以，A项错误。B项中，从证人与当事人是否具有利害关系方面审查是证据的真实性，而非关联性。所以，B项错误。C项中，从发现证据时的客观环境审查证据的真实性，正确。D项中，从复制件与原件是否相符审查的是证据的真实性，而非合法性。所以，D项错误。

综上所述，本题的答案为C。

11. 市城管执法局委托镇政府负责对一风景区域进行城管执法。镇政府接到举报并经现场勘验，认定刘某擅自建房并对该房屋组织强制拆除。刘某父亲和嫂子称房屋系二人共建，拆除行为侵犯其合法权益，向法院起诉，法院予以受理。关于此案，下列哪些说法是正确的？(2010/2/89-多)[2]

A. 此案的被告是镇政府

B. 刘某父亲和嫂子应当提供证据证明房屋为二人共建或与拆除行为有利害关系

C. 如法院对拆除房屋进行现场勘验，应当邀请当地基层组织或当事人所在单位派人参加

[1] C 　[2] BCD

D. 被告应当提供证据和依据证明有拆除房屋的决定权和强制执行的权力

【考点】 行政诉讼的被告与证据制度

【解析】《行政诉讼法》第26条第5款规定，行政机关委托的组织所作的行政行为，委托的行政机关是被告。A项中，委托的行政机关是市城管执法局，镇政府是被委托组织，因此，被告应当是委托机关市城管执法局。所以，A项错误。

《最高人民法院关于行政诉讼证据若干问题的规定》第4条第1款规定，公民、法人或者其他组织向人民法院起诉时，应当提供其符合起诉条件的相应的证据材料。《行政诉讼法》第49条规定：提起诉讼应当符合下列条件：①原告是符合《行政诉讼法》第25条规定的公民、法人或者其他组织；②有明确的被告；③有具体的诉讼请求和事实根据；④属于人民法院受案范围和受诉人民法院管辖。B项中，刘某父亲和嫂子应当承担其相应的举证责任，证明房屋为二人共建或与拆除行为有利害关系，进而证明自己是适格的原告。所以，B项正确。

《最高人民法院关于行政诉讼证据若干问题的规定》第33条规定，人民法院可以依当事人申请或者依职权勘验现场。勘验现场时，勘验人必须出示人民法院的证件，并邀请当地基层组织或者当事人所在单位派人参加。当事人或其成年亲属应当到场，拒不到场的，不影响勘验的进行，但应当在勘验笔录中说明情况。C项中，法院对拆除房屋进行现场勘验，应当邀请当地基层组织或当事人所在单位派人参加，正确。

《行政诉讼法》第34条规定，被告对作出的行政行为负有举证责任，应当提供作出该行政行为的证据和所依据的规范性文件。被告不提供或者无正当理由逾期提供证据，视为没有相应证据。但是，被诉行政行为涉及第三人合法权益，第三人提供证据的除外。D项中，作为被告的市城管执法局是否有权作出拆除房屋的权力以及强制执行的权力，直接关系到被诉行政行为是否合法，被告有义务提供证据和依据加以证明。所以，D项正确。

综上所述，本题的答案为BCD。

12. 许某与汤某系夫妻，婚后许某精神失常。二人提出离婚，某县民政局准予离婚。许某之兄认为许某为无民事行为能力人，县民政局准予离婚行为违法，遂提起行政诉讼。县民政局向法院提交了县医院对许某作出的间歇性精神病的鉴定意见。许某之兄申请法院重新进行鉴定。下列哪些选项是正确的？（2009/2/87－多）[1]

A. 原告需对县民政局准予离婚行为违法承担举证责任

B. 鉴定意见应有鉴定人的签名和鉴定部门的盖章

C. 当事人申请法院重新鉴定可以口头提出

D. 当事人申请法院重新鉴定应当在举证期限内提出

【考点】 行政诉讼的证据制度

【解析】《行政诉讼法》第34条规定，被告对作出的行政行为负有举证责任，应当提供作出该行政行为的证据和所依据的规范性文件。被告不提供或者无正当理由逾期提供证据，视为没有相应证据。但是，被诉行政行为涉及第三人合法权益，第三人提供证据的除外。A项中，应由县民政局对准予离婚行为合法承担举证责任，而非原告对行政行为违法承担举证责任。所以，A项错误。

《最高人民法院关于行政诉讼证据若干问题的规定》第14条规定，根据《行政诉讼法》第31条第1款第6项（现为第33条第1款第7项）的规定，被告向人民法院提供的在行政程序中采用的鉴定意见，应当载明委托人和委托鉴定的事项、向鉴定部门提交的相关材料、鉴定

----

[1] BD

的依据和使用的科学技术手段、鉴定部门和鉴定人鉴定资格的说明，并应有鉴定人的签名和鉴定部门的盖章。通过分析获得的鉴定意见，应当说明分析过程。B 项中，鉴定意见应有鉴定人的签名和鉴定部门的盖章，正确。

《最高人民法院关于行政诉讼证据若干问题的规定》第 29 条规定，原告或者第三人有证据或者有正当理由表明被告据以认定案件事实的鉴定意见可能有错误，在举证期限内书面申请重新鉴定的，人民法院应予准许。本题中，原告申请重新鉴定须采用书面形式，且应在举证期限内提出。所以，C 项错误，D 项正确。

综上所述，本题的答案为 BD。

第十六章　行政诉讼的特殊制度

1. 某街道办事处以刘某名下有安置房为由停发了其最低生活保障金，区住房和城乡建设委据此停止对刘某发放市场租房补贴。刘某不服，分别以街道办事处和区住房和城乡建设委为被告，提起行政诉讼。下列说法正确的是？（2023－模拟题－任）[1]

A. 最低生活保障金属于行政给付

B. 对于市场租房补贴，刘某可以申请法院先予执行

C. 街道办事处是派出机构

D. 刘某提起诉讼的期限为15日

【考点】行政给付，先予执行

【解析】行政给付是指政府提供必需的生存条件、防范生活风险和社会共同生活条件的行政义务。例如，政府向公民提供最低生活保障金，提供失业、疾病、养老保险等。因此，最低生活保障金属于行政给付，A项正确。

《行政诉讼法》第57条规定，人民法院对起诉行政机关没有依法支付抚恤金、最低生活保障金和工伤、医疗社会保险金的案件，权利义务关系明确、不先予执行将严重影响原告生活的，可以根据原告的申请，裁定先予执行。当事人对先予执行裁定不服的，可以申请复议一次。复议期间不停止裁定的执行。因此，可以申请先予执行的案件类型不包括市场租房补贴，故B项错误。

街道办事处是政府的派出机关，由有权地方人民政府在一定行政区域内设立，代表设立机关管理该行政区域内各项行政事务。并且，街道办事处具备行政主体资格。对派出机关进行总结：包括行政公署、区公所、街道办事处。C项中的表述"派出机构"错误，因为派出机构是由有权地方人民政府的"职能部门"在一定区域内设立，代表该设立机构管理该行政区域内某一方面的行政事务，如派出所即属于派出机构。

《行政诉讼法》第46条第1款规定，公民、法人或者其他组织直接向人民法院提起诉讼的，应当自知道或者应当知道作出行政行为之日起六个月内提出。法律另有规定的除外。因此，本案中当事人的起诉期限为6个月。故D项错误。

综上所述，本题的答案为A。

2. 甲认为乙侵权其外观设计专利权，区知识产权局裁决乙的行为不构成侵权。甲向法院提起行政诉讼，请求撤销区知识产权局的裁决，同时一并请求判决乙停止侵害并赔偿损失。下列说法正确的是？（2022－模拟题－单）[2]

A. 法院可以一并审理行政争议和民事争议

---

[1] A　[2] A

B. 法院应当单独立案

C. 按行政案件的标准收取诉讼费用

D. 法院应当将行政争议和民事争议一并裁判

【考点】行政诉讼附带民事诉讼

【解析】《行政诉讼法》第 61 条第 1 款规定，在涉及行政许可、登记、征收、征用和行政机关对民事争议所作的裁决的行政诉讼中，当事人申请一并解决相关民事争议的，人民法院可以一并审理。A 项中，甲已经申请一并解决相关民事争议，法院可以一并审理，正确。

《行诉解释》第 140 条规定，人民法院在行政诉讼中一并审理相关民事争议的，民事争议应当单独立案，由同一审判组织审理。人民法院审理行政机关对民事争议所作裁决的案件，一并审理民事争议的，不另行立案。B 项中，区知识产权局所作裁决的案件，民事争议不另行立案。所以，B 项错误。

《行诉解释》第 144 条的规定，人民法院一并审理相关民事争议，应当按行政案件、民事案件的标准分别收取诉讼费用。所以，C 项错误。

《行诉解释》第 142 条的规定，对行政争议和民事争议应当分别裁判。当事人仅对行政裁判或者民事裁判提出上诉的，未上诉的裁判在上诉期满后即发生法律效力。第一审人民法院应当将全部案卷一并移送第二审人民法院，由行政审判庭审理。第二审人民法院发现未上诉的生效裁判确有错误的，应当按照审判监督程序再审。D 项中，对行政争议和民事争议应当分别裁判。所以，D 项错误。

综上所述，本题的答案为 A。

3. 甲公司向省自然资源厅申请颁发城乡规划编制单位甲级资质证书，省自然资源厅受理申请后一直未作出答复。后甲公司复议后向法院提起行政诉讼，请求判令省自然资源厅履行颁发资质证书的法定职责。案件审理期间，省自然资源厅向甲公司颁发了资质证书，甲公司坚持不撤诉。关于本案，下列说法正确的是：(2022 - 模拟题 - 单)[1]

A. 省自然资源厅可以依照行政法规的规定收取办理许可的费用

B. 甲公司的起诉期限是省自然资源厅受理申请之日起的 6 个月

C. 诉讼中省自然资源厅颁发资质证书需要经法院准许

D. 法院应当判决驳回原告的诉讼请求

【考点】行政许可的费用、诉讼中被告改变行政行为

【解析】《行政许可法》第 58 条第 1 款规定，行政机关实施行政许可和对行政许可事项进行监督检查，不得收取任何费用。但是，法律、行政法规另有规定的，依照其规定。A 项中，法律、行政法规可以对行政许可的收费作例外规定。所以，A 项正确。

《行政诉讼法》第 45 条规定，公民、法人或者其他组织不服复议决定的，可以在收到复议决定书之日起 15 日内向人民法院提起诉讼。复议机关逾期不作决定的，申请人可以在复议期满之日起 15 日内向人民法院提起诉讼。法律另有规定的除外。本案中，不作为案件属于复议前置事项，起诉期限应为收到复议决定书之日起 15 日内起诉。所以，B 项错误。

《行诉解释》第 81 条第 1 款规定，被告在一审期间改变被诉行政行为的，应当书面告知人民法院。C 项中，诉讼中被告改变行政行为，不需要法院准许，书面告知法院即可。所以，C 项错误。

《行诉解释》第 81 条第 4 款规定，原告起诉被告不作为，在诉讼中被告作出行政行为，原

---

[1] A

告不撤诉的，人民法院应当就不作为依法作出确认判决。D项中，甲公司起诉被告不作为，尽管被告在诉讼中履行了法定职责，但在原告不撤诉的情况下，法院需要对原不作为的行为进行合法性审查，进而作出确认违法的判决。所以，D项错误。

综上所述，本题的答案为 A。

4. 王某申请领取最低生活保障费，遭民政局拒绝。王某诉至法院，要求判令民政局履行法定职责，同时申请法院先予执行。对此下列说法正确的是：(2020 – 模拟题 – 多)[1]

A. 王某经过行政复议才能提出先予执行申请

B. 法院应作确认判决

C. 王某提出先予执行，应当提供担保

D. 如果法院作出先予执行裁定，民政局不服可以申请复议

【考点】行政给付、先予执行

【解析】《行政复议法》第23条第1款规定，有下列情形之一的，申请人应当先向行政复议机关申请行政复议，对行政复议决定不服的，可以再依法向人民法院提起行政诉讼：①对当场作出的行政处罚决定不服；②对行政机关作出的侵犯其已经依法取得的自然资源的所有权或者使用权的决定不服；③认为行政机关存在《行政复议法》第11条规定的未履行法定职责情形；④申请政府信息公开，行政机关不予公开；⑤法律、行政法规规定应当先向行政复议机关申请行政复议的其他情形。本案中，王某申请领取最低生活保障费，行政机关拒绝，属于行政不作为案件，因此属于复议前置的事项，A选项正确。

《行政诉讼法》第73条规定，人民法院经过审理，查明被告依法负有给付义务的，判决被告履行给付义务。B项中，本案是行政给付案件，法院应做给付判决。B项错误。

《行政诉讼法》第57条规定，人民法院对起诉行政机关没有依法支付抚恤金、最低生活保障金和工伤、医疗社会保险金的案件，权利义务关系明确、不先予执行将严重影响原告生活的，可以根据原告的申请，裁定先予执行。当事人对先予执行裁定不服的，可以申请复议一次。复议期间不停止裁定的执行。C项中，先予执行的目的在于保障原告的最低生活，不要求原告在申请先予执行时提供担保，若原告能提供担保则没有先予执行的必要。所以，C项错误。D项中，民政局申请复议并非行政复议，而是对法院先予执行裁定的司法复议，符合法律规定，正确。

综上所述，本题的答案为 AD。

5. 2019年7月，国家税务总局发布部门规章《税务登记管理办法》。下列说法错误的有：(2019 – 模拟题 – 多)[2]

A. 该办法是法院审理行政案件的依据

B. 该办法是法院审理行政案件的参照

C. 张某不服当地税务局处罚，可以就这一处罚依据提出附带性审查

D. 人民法院在审理行政案件中，经审查认为该办法不合法的，不作为认定行政行为合法的依据，并向制定机关提出处理建议

【考点】行政诉讼的法律适用

【解析】《行政诉讼法》第63条规定，人民法院审理行政案件，以法律和行政法规、地方性法规为依据。地方性法规适用于本行政区域内发生的行政案件。人民法院审理民族自治地方的行政案件，并以该民族自治地方的自治条例和单行条例为依据。人民法院审理行政案件，参

---

[1] AD [2] ACD

照规章。A 项错误，当选；B 项正确，不当选。

《行政诉讼法》第 53 条规定，公民、法人或者其他组织认为行政行为所依据的国务院部门和地方人民政府及其部门制定的规范性文件不合法，在对行政行为提起诉讼时，可以一并请求对该规范性文件进行审查。前款规定的规范性文件不含规章。本案中，该办法为规章，不能提出附带性审查。C 项错误，当选。

《行政诉讼法》第 64 条规定，人民法院在审理行政案件中，经审查认为《行政诉讼法》第 53 条规定的规范性文件不合法的，不作为认定行政行为合法的依据，并向制定机关提出处理建议。本案中，该办法为规章，法院无权审查，也无权作出处理决定。D 项错误，当选。

综上所述，本题的答案为 ACD。

6. 甲的房屋遮挡了邻居乙的房屋，乙认为侵犯了自己的采光权。经向当地镇政府反映，镇政府裁决甲应拆除部分房屋。甲不服该决定，向法院起诉要求撤销镇政府的裁决，并解决与乙的民事争议。关于此案，下列说法正确的是：(2018 – 模拟题 – 单) [1]

A. 行政争议和民事争议应当单独立案

B. 本案应由同一审判组织审理

C. 民事争议和行政争议应当一并裁判

D. 如当事人仅对民事裁判提出上诉，则行政诉讼的裁判等待上诉结果生效后即发生法律效力

【考点】行政诉讼附带民事诉讼

【解析】《行诉解释》第 140 条规定，人民法院在行政诉讼中一并审理相关民事争议的，民事争议应当单独立案，由同一审判组织审理。人民法院审理行政机关对民事争议所作裁决的案件，一并审理民事争议的，不另行立案。A 项错误，B 项正确。

《行诉解释》第 142 条规定，对行政争议和民事争议应当分别裁判。当事人仅对行政裁判或者民事裁判提出上诉的，未上诉的裁判在上诉期满后即发生法律效力。第一审人民法院应当将全部案卷一并移送第二审人民法院，由行政审判庭审理。第二审人民法院发现未上诉的生效裁判确有错误的，应当按照审判监督程序再审。CD 项错误。

综上所述，本题的答案为 B。

7. 甲、乙两村因土地使用权发生争议，县政府裁决使用权归甲村。乙村不服向法院起诉撤销县政府的裁决，并请求法院判定使用权归乙村。关于乙村提出的土地使用权归属请求，下列哪些说法是正确的？(2016/2/85 – 多) [2]

A. 除非有正当理由的，乙村应于第一审开庭审理前提出

B. 法院作出不予准许决定的，乙村可申请复议一次

C. 法院应单独立案

D. 法院应另行组成合议庭审理

【考点】行政诉讼附带民事诉讼

【解析】《行诉解释》第 137 条规定，公民、法人或者其他组织请求一并审理《行政诉讼法》第 61 条规定的相关民事争议，应当在第一审开庭审理前提出；有正当理由的，也可以在法庭调查中提出。A 项中，除非有正当理由的，乙村应于第一审开庭审理前提出，正确。

《行诉解释》第 139 条第 2 款规定，对不予准许的决定可以申请复议一次。B 项中，法院作出不予准许决定的，乙村可申请复议一次，正确。

---

〔1〕 B 〔2〕 AB

《行诉解释》第 140 条规定，人民法院在行政诉讼中一并审理相关民事争议的，民事争议应当单独立案，由同一审判组织审理。人民法院审理行政机关对民事争议所作裁决的案件，一并审理民事争议的，不另行立案。C 项中，法院应单独立案，错误。D 项中，法院应另行组成合议庭审理，错误。

综上所述，本题的答案为 AB。

8. 法院审理行政案件，对下列哪些事项，《行政诉讼法》没有规定的，适用《民事诉讼法》的相关规定？（2015/2/81 - 多）[1]

A. 受案范围、管辖

B. 期间、送达、财产保全

C. 开庭审理、调解、中止诉讼

D. 检察院对受理、审理、裁判、执行的监督

【考点】行政诉讼的法律适用

【解析】《行政诉讼法》第 101 条规定，人民法院审理行政案件，关于期间、送达、财产保全、开庭审理、调解、中止诉讼、终结诉讼、简易程序、执行等，以及人民检察院对行政案件受理、审理、裁判、执行的监督，本法没有规定的，适用《民事诉讼法》的相关规定。本题中，关于行政诉讼的受案范围和管辖只能适用《行政诉讼法》的有关规定，即使其没有规定，也不能适用《民事诉讼法》的有关规定。所以 A 项不当选，BCD 项当选。

综上所述，本题的答案为 BCD。

---

[1] BCD

第十七章　行政诉讼的裁判与执行

1. 当行政行为适用法律、法规错误，法院可以作出的判决包括：（2020－模拟题－单）[1]

A. 撤销判决
B. 履行判决
C. 确认违法判决
D. 变更判决

【考点】 行政诉讼的判决

【解析】《行政诉讼法》第70条规定，行政行为有下列情形之一的，人民法院判决撤销或者部分撤销，并可以判决被告重新作出行政行为：①主要证据不足的；②适用法律、法规错误的；③违反法定程序的；④超越职权的；⑤滥用职权的；⑥明显不当的。本题中，适用法律、法规错误，法院作出撤销判决，A项正确。

综上所述，本题的答案为A。

2. 某镇政府以一公司所建钢架大棚未取得乡村建设规划许可证为由责令限期拆除。该公司逾期不拆除，镇政府现场向其送达强拆通知书，组织人员拆除了大棚。该公司向法院起诉要求撤销强拆行为。如一审法院审理认为强拆行为违反法定程序，可作出的判决有：（2015/2/99－任）[2]

A. 撤销判决
B. 确认违法判决
C. 履行判决
D. 变更判决

【考点】 行政诉讼的判决类型

【解析】《行政诉讼法》第74条第2款规定，行政行为有下列情形之一，不需要撤销或者判决履行的，人民法院判决确认违法：①行政行为违法，但不具有可撤销内容的；②被告改变原违法行政行为，原告仍要求确认原行政行为违法的；③被告不履行或者拖延履行法定职责，判决履行没有意义的。本题中，镇政府的强制拆除大棚行为违反法定程序，法院应当判决撤销强制拆除行为，但是因为已经没有可撤销内容，所以法院对该违法行政行为只能作出确认违法判决。所以B项当选，ACD项不当选。

综上所述，本题的答案为B。

3. 在行政诉讼中，针对下列哪些情形，法院应当判决驳回原告的诉讼请求？（2014/2/82－多）[3]

A. 起诉被告不作为理由不能成立的
B. 受理案件后发现起诉不符合起诉条件的
C. 被诉具体行政行为合法，但因法律变化需要变更或者废止的
D. 被告在一审期间改变被诉具体行政行为，原告不撤诉的

---

[1] A　[2] B　[3] AC

【解析】《行政诉讼法》第 69 条规定，行政行为证据确凿，适用法律、法规正确，符合法定程序的，或者原告申请被告履行法定职责或者给付义务理由不成立的，人民法院判决驳回原告的诉讼请求。本题中，AC 项当选。

《行诉解释》第 69 条第 1 款第 1 项规定，不符合《行政诉讼法》第 49 条规定的，已经立案的，应当裁定驳回起诉。《行政诉讼法》第 49 条规定，提起诉讼应当符合下列条件：①原告是符合《行政诉讼法》第 25 条规定的公民、法人或者其他组织；②有明确的被告；③有具体的诉讼请求和事实根据；④属于人民法院受案范围和受诉人民法院管辖。所以，B 项不当选。

《行诉解释》第 81 条第 3 款规定，被告改变原违法行政行为，原告仍要求确认原行政行为违法的，人民法院应当依法作出确认判决。所以，D 项不当选。

综上所述，本题的答案为 AC。

4. 市政府决定，将牛某所在村的集体土地征收转为建设用地。因对补偿款数额不满，牛某对现场施工进行阻挠。市公安局接警后派警察到现场处理。经口头传唤和调查后，该局对牛某处以 10 日拘留。牛某不服处罚起诉，法院受理。下列哪一说法是正确的？（2011/2/46 - 单）[1]

A. 市公安局警察口头传唤牛某构成违法

B. 牛某在接受询问时要求就被询问事项自行提供书面材料，不予准许

C. 市政府征收土地决定的合法性不属于本案的审查范围

D. 本案不适用变更判决

【考点】*治安管理处罚程序、行政诉讼判决类型*

【解析】《治安管理处罚法》第 82 条规定，需要传唤违反治安管理行为人接受调查的，经公安机关办案部门负责人批准，使用传唤证传唤。对现场发现的违反治安管理行为人，人民警察经出示工作证件，可以口头传唤，但应当在询问笔录中注明。公安机关应当将传唤的原因和依据告知被传唤人。对无正当理由不接受传唤或者逃避传唤的人，可以强制传唤。A 项中，市公安局在现场发现牛某对施工进行阻挠并进行传唤，市公安局可以采用口头方式传唤牛某，并不违法，A 项错误。

《治安管理处罚法》第 84 条规定，询问笔录应当交被询问人核对；对没有阅读能力的，应当向其宣读。记载有遗漏或者差错的，被询问人可以提出补充或者更正。被询问人确认笔录无误后，应当签名或者盖章，询问的人民警察也应当在笔录上签名。被询问人要求就被询问事项自行提供书面材料的，应当准许；必要时，人民警察也可以要求被询问人自行书写。询问不满 16 周岁的违反治安管理行为人，应当通知其父母或者其他监护人到场。B 项中，作为被询问人牛某在接受询问时可以要求就被询问事项自行提供书面材料，公安机关应予准许。所以，B 项错误。

本题中出现了多个行政行为，牛某只是对拘留处罚提起诉讼，故案件的审理对象应为行政处罚决定，其他行政行为不是案件的审理对象。所以，C 项正确。

《行政诉讼法》第 77 条第 1 款规定，行政处罚明显不当，或者其他行政行为涉及对款额的确定、认定确有错误的，人民法院可以判决变更。所以，D 项错误。

综上所述，本题的答案为 C。

---

[1] C

5. 县环保局以一企业逾期未完成限期治理任务为由，决定对其加收超标准排污费并处以罚款1万元。该企业认为决定违法诉至法院，提出赔偿请求。一审法院经审理维持县环保局的决定。该企业提出上诉。下列哪一说法是正确的？（2011/2/50-单）[1]

A. 加收超标准排污费和罚款均为行政处罚

B. 一审法院开庭审理时，如该企业未经法庭许可中途退庭，法院应予训诫

C. 二审法院认为需要改变一审判决的，应同时对县环保局的决定作出判决

D. 一审法院如遗漏了该企业的赔偿请求，二审法院应裁定撤销一审判决，发回重审

【考点】 行政行为的分类、行政诉讼二审裁判

【解析】《环境保护法》第43条规定，排放污染物的企业事业单位和其他生产经营者，应当按照国家有关规定缴纳排污费。排污费应当全部专项用于环境污染防治，任何单位和个人不得截留、挤占或者挪作他用。依照法律规定征收环境保护税的，不再征收排污费。A项中，加收超标排污费是为了处理和减轻超标排污对于环境构成的损害而收取的费用，收费的目的在于治理污染物质而不是惩戒，所以其性质不属于处罚，而属于行政征收。所以，A项错误。

《行政诉讼法》第58条规定，经人民法院传票传唤，原告无正当理由拒不到庭，或者未经法庭许可中途退庭的，可以按照撤诉处理；被告无正当理由拒不到庭，或者未经法庭许可中途退庭的，可以缺席判决。《行政诉讼法》第59条规定，诉讼参与人或者其他人有下列行为之一的，人民法院可以根据情节轻重，予以训诫、责令具结悔过或者处1万元以下的罚款、15日以下的拘留；构成犯罪的，依法追究刑事责任：①有义务协助调查、执行的人，对人民法院的协助调查决定、协助执行通知书，无故推拖、拒绝或者妨碍调查、执行的；②伪造、隐藏、毁灭证据或者提供虚假证明材料，妨碍人民法院审理案件的；③指使、贿买、胁迫他人作伪证或者威胁、阻止证人作证的；④隐藏、转移、变卖、毁损已被查封、扣押、冻结的财产的；⑤以欺骗、胁迫等非法手段使原告撤诉的；⑥以暴力、威胁或者其他方法阻碍人民法院工作人员执行职务，或者以哄闹、冲击法庭等方法扰乱人民法院工作秩序的；⑦对人民法院审判人员或者其他工作人员、诉讼参与人、协助调查和执行的人员恐吓、侮辱、诽谤、诬陷、殴打、围攻或者打击报复的。人民法院对有前款规定的行为之一的单位，可以对其主要负责人或者直接责任人员依照前款规定予以罚款、拘留；构成犯罪的，依法追究刑事责任。罚款、拘留须经人民法院院长批准。当事人不服的，可以向上一级人民法院申请复议一次。复议期间不停止执行。B项中，一审法院开庭审理时，如该企业未经法庭许可中途退庭，不符合训诫的条件。所以，B项错误。

《行政诉讼法》第89条第3款规定，人民法院审理上诉案件，需要改变原审判决的，应当同时对被诉行政行为作出判决。C项中，二审法院认为需要改变一审判决的，应同时对县环保局的决定作出判决，正确。

《行诉解释》第109条第4、5款规定，原审判决遗漏行政赔偿请求，第二审人民法院经审查认为依法不应当予以赔偿的，应当判决驳回行政赔偿请求。原审判决遗漏行政赔偿请求，第二审人民法院经审理认为依法应当予以赔偿的，在确认被诉行政行为违法的同时，可以就行政赔偿问题进行调解；调解不成的，应当就行政赔偿部分发回重审。因此，对原审判决遗漏行政赔偿请求需要根据不同情况作出处理，而不是一律发回重审。所以，D项错误。

综上所述，本题的答案为C。

6. 余某拟大修房屋，向县规划局提出申请，该局作出不予批准答复。余某向县政府申请复议，在后者作出维持决定后，向法院起诉。县规划局向法院提交上级机关批准和保存的余某

房屋所在中心村规划布局图的复印件一张，余某提交了其房屋现状的录像，证明其房屋已破旧不堪。下列哪些说法是正确的？（2011/2/82 - 多）[1]

A. 县规划局提交的该复印件，应加盖上级机关的印章

B. 余某提交的录像应注明制作方法和制作时间

C. 如法院认定余某的请求不成立，可以判决驳回余某的诉讼请求

D. 如法院认定余某的请求成立，在对县规划局的行为作出裁判的同时，应对市规划局的复议决定作出裁判

【考点】行政诉讼证据与裁判

【解析】《最高人民法院关于行政诉讼证据若干问题的规定》第10条规定，根据《行政诉讼法》第31条第1款第1项（现为第33条第1款第1项）的规定，当事人向人民法院提供书证的，应当符合下列要求：①提供书证的原件，原本、正本和副本均属于书证的原件。提供原件确有困难的，可以提供与原件核对无误的复印件、照片、节录本。②提供由有关部门保管的书证原件的复制件、影印件或者抄录件的，应当注明出处，经该部门核对无异后加盖其印章。③提供报表、图纸、会计账册、专业技术资料、科技文献等书证的，应当附有说明材料。④被告提供的被诉具体行政行为所依据的询问、陈述、谈话类笔录，应当有行政执法人员、被询问人、陈述人、谈话人签名或者盖章。法律、法规、司法解释和规章对书证的制作形式另有规定的，从其规定。A项中，根据第2项规定，县规划局提交的复印件，应加盖上级机关的印章，正确。

《最高人民法院关于行政诉讼证据若干问题的规定》第12条规定，根据《行政诉讼法》第31条第1款第3项（现为第33条第1款第3项）的规定，当事人向人民法院提供计算机数据或者录音、录像等视听资料的，应当符合下列要求：①提供有关资料的原始载体。提供原始载体确有困难的，可以提供复制件；②注明制作方法、制作时间、制作人和证明对象等；③声音资料应当附有该声音内容的文字记录。B项中，余某提交的录像应注明制作方法和制作时间，正确。

《行政诉讼法》第69条规定，行政行为证据确凿，适用法律、法规正确，符合法定程序的，或者原告申请被告履行法定职责或者给付义务理由不成立的，人民法院判决驳回原告的诉讼请求。C项中，法院审理认定余某的请求不成立，可以判决驳回余某的诉讼请求，正确。

《行政诉讼法》第26条第2款规定，经复议的案件，复议机关维持原行政行为的，作出原行政行为的行政机关和复议机关是共同被告；复议机关改变原行政行为的，复议机关是被告。本案中，县规划局与市规划局为共同被告。《行政诉讼法》第79条规定，复议机关与作出原行政行为的行政机关为共同被告的案件，人民法院应当对复议决定和原行政行为一并作出裁判。D项中，如法院认定余某的请求成立，在对县规划局的行为作出裁判的同时，应对县政府的复议决定作出裁判，正确。

综上所述，本题的答案为ABCD。

7. 某公司向区教委申请《办学许可证》，遭拒后向法院提起诉讼，法院判决区教委在判决生效后30日内对该公司申请进行重新处理。判决生效后，区教委逾期拒不履行，某公司申请强制执行。关于法院可采取的执行措施，下列哪一选项是正确的？（2010/2/87 - 单）[2]

A. 对区教委按日处100元的罚款

B. 对区教委的主要负责人处以罚款

---

[1] ABCD [2] B

C. 经法院院长批准，对区教委直接责任人予以司法拘留

D. 责令由市教委对该公司的申请予以处理

【考点】行政诉讼判决的执行

【解析】《行政诉讼法》第96条规定，行政机关拒绝履行判决、裁定、调解书的，第一审人民法院可以采取下列措施：①对应当归还的罚款或者应当给付的款额，通知银行从该行政机关的账户内划拨；②在规定期限内不履行的，从期满之日起，对该行政机关负责人按日处50元至100元的罚款；③将行政机关拒绝履行的情况予以公告；④向监察机关或者该行政机关的上一级行政机关提出司法建议。接受司法建议的机关，根据有关规定进行处理，并将处理情况告知人民法院；⑤拒不履行判决、裁定、调解书，社会影响恶劣的，可以对该行政机关直接负责的主管人员和其他直接责任人员予以拘留；情节严重，构成犯罪的，依法追究刑事责任。

A项中，对区教委按日处100元的罚款，错误。B项中，对区教委的主要负责人处以罚款，正确。C项中，司法拘留的前提是拒不履行判决、裁定、调解书，且社会影响恶劣的，也没有规定需经法院院长批准。所以，C项错误。D项中，法院只能向监察机关或者该行政机关的上一级行政机关提出司法建议，而非责令。所以，D项错误。

综上所述，根据新法，本题的答案为B。

第十八章　国家赔偿

一、行政赔偿

1. 丁某以其房屋作抵押向孙某借款，双方到房管局办理手续，提交了房产证原件及载明房屋面积 100 平方米、借款 50 万元的房产抵押合同，该局以此出具房屋他项权证。丁某未还款，法院拍卖房屋，但因房屋面积只有 70 平方米，孙某遂以该局办理手续时未尽核实义务造成其 15 万元债权无法实现为由，起诉要求认定该局行为违法并赔偿损失。对此案，下列哪些说法是错误的？（2015/2/85－多）[1]

A. 法院可根据孙某申请裁定先予执行

B. 孙某应对房管局的行为造成其损失提供证据

C. 法院应对房管局的行为是否合法与行政赔偿争议一并审理和裁判

D. 孙某的请求不属国家赔偿范围

【考点】行政赔偿的范围与举证责任

【解析】《行政诉讼法》第 57 条第 1 款规定，人民法院对起诉行政机关没有依法支付抚恤金、最低生活保障金和工伤、医疗社会保险金的案件，权利义务关系明确、不先予执行将严重影响原告生活的，可以根据原告的申请，裁定先予执行。A 项中，案件类型不符合先予执行的范围和条件。所以，A 项错误，当选。

《国家赔偿法》第 15 条第 1 款规定，人民法院审理行政赔偿案件，赔偿请求人和赔偿义务机关对自己提出的主张，应当提供证据。B 项中，孙某提起行政赔偿应当对房管局行为对其造成的损失提供证据，正确。

《行政赔偿案件规定》未对审理和裁判方式作特殊规定，即当事人在行政诉讼中一并提出赔偿请求，属于一个案件中的两个诉讼请求，法院应当将行政行为是否合法与行政赔偿争议一并审理和裁判。C 项正确，不当选。

《国家赔偿法》第 4 条规定，行政机关及其工作人员在行使行政职权时有下列侵犯财产权情形之一的，受害人有取得赔偿的权利：①违法实施罚款、吊销许可证和执照、责令停产停业、没收财物等行政处罚的；②违法对财产采取查封、扣押、冻结等行政强制措施的；③违法征收、征用财产的；④造成财产损害的其他违法行政行为。D 项中，孙某因房管局的行政登记行为侵犯其合法权益，有权要求国家赔偿，属于国家赔偿范围。所以，D 项错误。

综上所述，本题的答案为 AD。

2. 某区规划局以一公司未经批准擅自搭建地面工棚为由，要求其限期自行拆除。该公司逾期未拆除。根据规划局的请求，区政府组织人员将违法建筑拆除，并将拆下的钢板作为建筑

---

[1]　AD

垃圾运走。如该公司申请国家赔偿，下列哪些说法是正确的？（2013/2/84－多）[1]

    A. 可以向区规划局提出赔偿请求

    B. 区政府为赔偿义务机关

    C. 申请国家赔偿之前应先申请确认运走钢板的行为违法

    D. 应当对自己的主张提供证据

【考点】行政赔偿义务机关与举证责任

【解析】《国家赔偿法》第7条第1款规定，行政机关及其工作人员行使行政职权侵犯公民、法人和其他组织的合法权益造成损害的，该行政机关为赔偿义务机关。本案中，强制拆除的行为是由区政府作出的，应以区政府为赔偿义务机关，而不是区规划局。所以，A项错误，B项正确。

《国家赔偿法》已经取消了赔偿请求提出之前的确认程序。并且，根据《行政赔偿案件规定》第13条第1款规定，行政行为未被确认为违法，公民、法人或者其他组织提起行政赔偿诉讼的，人民法院应当视为提起行政诉讼时一并提起行政赔偿诉讼。即实现了救济途径的畅通，即便未被确认违法，法院仍然予以受理。所以，C项错误。

《行政赔偿案件规定》第11条规定，行政赔偿诉讼中，原告应当对行政行为造成的损害提供证据；因被告的原因导致原告无法举证的，由被告承担举证责任。D项中，该公司应当对自己的主张提供证据，正确。

综上所述，本题的答案为BD。

3. 某区公安分局以蔡某殴打孙某为由对蔡某拘留10日并处罚款500元。蔡某向法院起诉，要求撤销处罚决定和赔偿损失。一审法院经审理认定处罚决定违法。下列哪些选项是正确的？（2009/2/48－多）[2]

    A. 蔡某所在地的法院对本案无管辖权

    B. 一审法院应判决撤销拘留决定，返还罚款500元、按照国家上年度职工日平均工资赔偿拘留10日的损失和一定的精神抚慰金

    C. 如一审法院的判决遗漏了蔡某的赔偿请求，二审法院应当裁定撤销一审判决，发回重审

    D. 如蔡某在二审期间提出赔偿请求，二审法院可以进行调解，调解不成的，应告知蔡某另行起诉

【考点】行政赔偿诉讼、国家赔偿计算标准

【解析】《行诉解释》第8条第2款规定，对行政机关基于同一事实，既采取限制公民人身自由的行政强制措施，又采取其他行政强制措施或者行政处罚不服的，由被告所在地或者原告所在地的人民法院管辖。A项中，某区公安分局以蔡某殴打孙某为由对蔡某拘留10日并处罚款500元，其中拘留属于行政处罚，不属于行政强制措施，不符合原告所在地加被告所在地的特殊管辖，而应当适用原告就被告的一般管辖。所以，A项正确。

《国家赔偿法》第35条规定，有《国家赔偿法》第3条或者第17条规定情形之一，致人精神损害的，应当在侵权行为影响的范围内，为受害人消除影响，恢复名誉，赔礼道歉；造成严重后果的，应当支付相应的精神损害抚慰金。《国家赔偿法》第3条第1项规定，行政机关及其工作人员在行使行政职权时有下列侵犯人身权情形之一的，受害人有取得赔偿的权利：违法拘留或者违法采取限制公民人身自由的行政强制措施的。B项中，某区公安局对蔡某的行政

拘留和罚款因违法而被法院依法撤销，蔡某有权获得赔偿。结合《国家赔偿法》第35条规定，蔡某没有提出精神抚慰金赔偿请求，题目也没有给出条件说明区公安局的违法行为对蔡某造成精神损害且有严重后果，所以不能判断要给付精神抚慰金。所以，B项错误。

《行诉解释》第109条第4、5款规定，原审判决遗漏行政赔偿请求，第二审人民法院经审查认为依法不应当予以赔偿的，应当判决驳回行政赔偿请求。原审判决遗漏行政赔偿请求，第二审人民法院经审理认为依法应当予以赔偿的，在确认被诉行政行为违法的同时，可以就行政赔偿问题进行调解；调解不成的，应当就行政赔偿部分发回重审。因此，一审法院的判决遗漏了蔡某的赔偿请求，第二审法院应当根据审理结果做不同的处理。二审法院要先确定是否应给予赔偿：①若二审法院认为不应赔偿，二审法院无需发回重审，即可判决驳回当事人的行政赔偿请求。②若法院认为应予赔偿，则进入第二阶段：法院就行政赔偿问题调解，调解成功，案件也无需发回重审；如果调解不成，法院则需发回重审，但并非全案发回，而是仅就行政赔偿部分发回重审。C项显然没有准确概括上述诸多情形，所以，C项错误。

《行诉解释》第109条第6款规定，当事人在第二审期间提出行政赔偿请求的，第二审人民法院可以进行调解；调解不成的，应当告知当事人另行起诉。D项正确。

综上所述，根据新法，本题的答案为AD。

二、司法赔偿

1. 黄某殴打张某，经鉴定机关鉴定张某构成二级轻伤。2021年11月12日，县公安局以黄某构成故意伤害罪为由立案侦查，11月30日将黄某刑事拘留，后县检察院作出逮捕决定。2022年5月3日，鉴定机关重新鉴定的结果是张某未受伤，同日，县公安局撤销案件，黄某被释放。黄某申请国家赔偿，赔偿义务机关不予赔偿。下列选项正确的是？（2023-模拟题-任）[1]

A. 县检察院是赔偿义务机关

B. 鉴定机构是赔偿义务机关

C. 赔偿义务机关不予赔偿，黄某可以提起赔偿诉讼

D. 赔偿期间为2021年11月30日至2022年5月3日

【考点】司法赔偿

【解析】《国家赔偿法》第21条规定，行使侦查、检察、审判职权的机关以及看守所、监狱管理机关及其工作人员在行使职权时侵犯公民、法人和其他组织的合法权益造成损害的，该机关为赔偿义务机关。对公民采取拘留措施，依照本法的规定应当给予国家赔偿的，作出拘留决定的机关为赔偿义务机关。对公民采取逮捕措施后决定撤销案件、不起诉或者判决宣告无罪的，作出逮捕决定的机关为赔偿义务机关。再审改判无罪的，作出原生效判决的人民法院为赔偿义务机关。二审改判无罪，以及二审发回重审后作无罪处理的，作出一审有罪判决的人民法院为赔偿义务机关。本案中，县检察院作出逮捕决定，县检察院是本案的赔偿义务机关。故A项正确，B项错误。

《国家赔偿法》第24条规定，赔偿义务机关在规定期限内未作出是否赔偿的决定，赔偿请求人可以自期限届满之日起30日内向赔偿义务机关的上一级机关申请复议。赔偿请求人对赔偿的方式、项目、数额有异议的，或者赔偿义务机关作出不予赔偿决定的，赔偿请求人可以自赔偿义务机关作出赔偿或者不予赔偿决定之日起30日内，向赔偿义务机关的上一级机关申请复议。赔偿义务机关是人民法院的，赔偿请求人可以依照本条规定向其上一级人民法院赔偿委

---

[1] AD

员会申请作出赔偿决定。因此，赔偿义务机关不予赔偿，可以向赔偿义务机关的上一级机关申请复议，而不能提起赔偿诉讼。即赔偿诉讼发生在行政赔偿中，本案是司法赔偿。故 C 项错误。

《国家赔偿法》第 17 条规定，行使侦查、检察、审判职权的机关以及看守所、监狱管理机关及其工作人员在行使职权时有下列侵犯人身权情形之一的，受害人有取得赔偿的权利：①违反刑事诉讼法的规定对公民采取拘留措施的，或者依照刑事诉讼法规定的条件和程序对公民采取拘留措施，但是拘留时间超过刑事诉讼法规定的时限，其后决定撤销案件、不起诉或者判决宣告无罪终止追究刑事责任的；②对公民采取逮捕措施后，决定撤销案件、不起诉或者判决宣告无罪终止追究刑事责任的；③依照审判监督程序再审改判无罪，原判刑罚已经执行的；④刑讯逼供或者以殴打、虐待等行为或者唆使、放纵他人以殴打、虐待等行为造成公民身体伤害或者死亡的；⑤违法使用武器、警械造成公民身体伤害或者死亡的。本案中，案件被撤销，但是已被拘留和逮捕，所以赔偿期间为 2021 年 11 月 30 日刑事拘留起至 2022 年 5 月 3 日释放之日。故 D 项正确。

综上所述，本题的答案为 AD。

2. 2021 年 3 月，某县公安局以方某涉嫌故意伤害罪为由将其刑事拘留，县检察院 1 个月后决定批准逮捕。后县公安局撤销案件，方某于同年 11 月被释放。2022 年 1 月，方某申请国家赔偿，要求赔偿人身自由赔偿金 10 万元和精神损害抚慰金 6 万元，赔偿义务机关决定不予赔偿。下列说法正确的是？（2022－模拟题－多）[1]

A. 县检察院为赔偿义务机关

B. 对方某的赔偿金标准应按照 2020 年度国家职工日平均工资计算

C. 对拒绝赔偿，方某可以向县公安局的上一级公安机关申请复议

D. 方某要求的精神损害抚慰金的数额不能得到支持

【考点】司法赔偿、精神损害赔偿

【解析】《国家赔偿法》第 21 条第 3 款规定，对公民采取逮捕措施后决定撤销案件、不起诉或者判决宣告无罪的，作出逮捕决定的机关为赔偿义务机关。A 项中，县检察院作出逮捕决定，应以县检察院为赔偿义务机关。所以，A 项正确。

《最高人民法院、最高人民检察院关于办理刑事赔偿案件适用法律若干问题的解释》第 21 条第 1 款规定，《国家赔偿法》第 33 条、第 34 条规定的上年度，是指赔偿义务机关作出赔偿决定时的上一年度；复议机关或者人民法院赔偿委员会改变原赔偿决定，按照新作出决定时的上一年度国家职工平均工资标准计算人身自由赔偿金。B 项中，方某 2022 年申请国家赔偿，赔偿决定的作出最快也是在 2022 年，则应按照上一年 2021 年的标准计算。所以，B 项错误。

《国家赔偿法》第 24 条规定，赔偿义务机关在规定期限内未作出是否赔偿的决定，赔偿请求人可以自期限届满之日起 30 日内向赔偿义务机关的上一级机关申请复议。赔偿请求人对赔偿的方式、项目、数额有异议的，或者赔偿义务机关作出不予赔偿决定的，赔偿请求人可以自赔偿义务机关作出赔偿或者不予赔偿决定之日起 30 日内，向赔偿义务机关的上一级机关申请复议。赔偿义务机关是人民法院的，赔偿请求人可以依照本条规定向其上一级人民法院赔偿委员会申请作出赔偿决定。C 项中，对拒绝赔偿，可以向赔偿义务机关县检察院的上一级检察院申请复议。所以，C 项错误。

《最高人民法院关于审理国家赔偿案件确定精神损害赔偿责任适用法律若干问题的解释》

---

[1] AD

第 8 条规定，致人精神损害，造成严重后果的，精神损害抚慰金一般应当在《国家赔偿法》第 33 条、第 34 条规定的人身自由赔偿金、生命健康赔偿金总额的 50%以下（包括本数）酌定；后果特别严重，或者虽然不具有本解释第 7 条第 2 款规定情形，但是确有证据证明前述标准不足以抚慰的，可以在 50%以上酌定。D 项中，方某被错误限制人身自由的时间超过 6 个月，属于造成严重后果，精神损害抚慰金应当在 10 万元的人身自由赔偿金的 50%以下（包括本数）确定，即小于等于 5 万元。所以，D 项正确。

综上所述，本题的答案为 AD。

3. 张某因涉嫌盗窃被县公安局刑事拘留，后经县检察院批准逮捕。县法院以盗窃罪判处张某有期徒刑 1 年零 6 个月，缓刑 2 年零 6 个月，并处罚金 6000 元。张某上诉，市中院改判无罪。张某申请国家赔偿，下列说法正确的是？（2022 - 模拟题 - 单）[1]

A. 申请国家赔偿的时效自羁押行为被确认为违法之日起计算

B. 因张某被判处有期徒刑缓期执行，国家不承担赔偿责任

C. 律师费不属于国家赔偿范围

D. 赔偿义务机关是区检察院和区法院

【考点】司法赔偿、精神损害赔偿

【解析】《国家赔偿法》第 39 条第 1 款规定，赔偿请求人请求国家赔偿的时效为两年，自其知道或者应当知道国家机关及其工作人员行使职权时的行为侵犯其人身权、财产权之日起计算，但被羁押等限制人身自由期间不计算在内。在申请行政复议或者提起行政诉讼时一并提出赔偿请求的，适用行政复议法、行政诉讼法有关时效的规定。A 项中，张某请求国家赔偿的时效应当自其知道或者应当知道国家机关及其工作人员行使职权时的行为侵犯其人身权、财产权之日起计算，而非羁押行为被确认为违法之日起计算。所以，A 项错误。

《最高人民法院关于人民法院执行〈中华人民共和国国家赔偿法〉几个问题的解释》第 4 条规定，根据赔偿法第 26 条（现为第 33 条）、第 27 条（现为第 34 条）的规定，人民法院判处管制、有期徒刑缓刑、剥夺政治权利等刑罚的人被依法改判无罪的，国家不承担赔偿责任，但是，赔偿请求人在判决生效前被羁押的，依法有权取得赔偿。B 项中，张某在判决生效前被羁押，仍然属于国家赔偿的范围。所以，B 项错误。

国家赔偿的财产权主要包括直接损失，律师费不在其赔偿范围。C 项正确。

《国家赔偿法》第 21 条第 4 款规定，再审改判无罪的，作出原生效判决的人民法院为赔偿义务机关。二审改判无罪，以及二审发回重审后作无罪处理的，作出一审有罪判决的人民法院为赔偿义务机关。D 项中，本案的赔偿义务机关是县法院。所以，D 项错误。

综上所述，本题的答案为 C。

4. 李某涉嫌挪用公款罪被区公安局于 2020 年 8 月 20 日立案侦查，2020 年 9 月 6 日区检察院批准逮捕。2021 年 1 月 6 日，区法院一审判决李某有期徒刑 2 年，缓期 3 年执行，李某当庭释放。李某不服一审判决提出上诉，市中院维持原判。李某申请再审，省高院再审改判无罪。关于本案，下列说法正确的是（2021 - 模拟题 - 多）[2]

A. 市中院是本案的赔偿义务机关

B. 因李某已被释放，国家不承担赔偿责任

C. 李某支出的律师费不属于国家赔偿范围

D. 因为李某被判缓刑，国家不承担赔偿责任

---

[1] C [2] AC

【考点】刑事赔偿的范围与义务机关

【解析】《国家赔偿法》第21条第4款规定，再审改判无罪的，作出原生效判决的人民法院为赔偿义务机关。二审改判无罪，以及二审发回重审后作无罪处理的，作出一审有罪判决的人民法院为赔偿义务机关。A项正确。

《国家赔偿法》第17条规定，行使侦查、检察、审判职权的机关以及看守所、监狱管理机关及其工作人员在行使职权时有下列侵犯人身权情形之一的，受害人有取得赔偿的权利：①违反刑事诉讼法的规定对公民采取拘留措施的，或者依照刑事诉讼法规定的条件和程序对公民采取拘留措施，但是拘留时间超过刑事诉讼法规定的时限，其后决定撤销案件、不起诉或者判决宣告无罪终止追究刑事责任的；②对公民采取逮捕措施后，决定撤销案件、不起诉或者判决宣告无罪终止追究刑事责任的；③依照审判监督程序再审改判无罪，原判刑罚已经执行的；④刑讯逼供或者以殴打、虐待等行为或者唆使、放纵他人以殴打、虐待等行为造成公民身体伤害或者死亡的；⑤违法使用武器、警械造成公民身体伤害或者死亡的。本案中，李某已经被错误拘留和批捕，属于国家赔偿的范围。B项错误，D项错误。

国家赔偿的财产权主要包括直接损失，律师费不在其赔偿范围。C项正确。

综上所述，本题答案为AC。

5. 县公安局以故意伤害罪为由将李某刑事拘留，县检察院批准逮捕，然后县公安局以证据不足为由撤销案件。后李某申请国家赔偿，下列说法正确的是：（2021 - 模拟题 - 多）[1]

A. 对李某的精神损害抚慰金不得少于人身自由赔偿金额的2倍

B. 本案赔偿义务机关是县检察院

C. 对赔偿决定不服，李某可以向赔偿义务机关的上一级机关申请复议

D. 赔偿义务机关不得就赔偿项目与当事人进行协商

【考点】刑事赔偿义务机关与程序

【解析】《最高人民法院关于审理国家赔偿案件确定精神损害赔偿责任适用法律若干问题的解释》第8条规定，致人精神损害，造成严重后果的，精神损害抚慰金一般应当在《国家赔偿法》第33条、第34条规定的人身自由赔偿金、生命健康赔偿金总额的50%以下（包括本数）酌定；后果特别严重，或者虽然不具有本解释第7条第2款规定情形，但是确有证据证明前述标准不足以抚慰的，可以在50%以上酌定。A项错误。

《国家赔偿法》第21条第3款规定，对公民采取逮捕措施后决定撤销案件、不起诉或者判决宣告无罪的，作出逮捕决定的机关为赔偿义务机关。B项正确。

《国家赔偿法》第24条规定，赔偿义务机关在规定期限内未作出是否赔偿的决定，赔偿请求人可以自期限届满之日起30日内向赔偿义务机关的上一级机关申请复议。赔偿请求人对赔偿的方式、项目、数额有异议的，或者赔偿义务机关作出不予赔偿决定的，赔偿请求人可以自赔偿义务机关作出赔偿或者不予赔偿决定之日起30日内，向赔偿义务机关的上一级机关申请复议。赔偿义务机关是人民法院的，赔偿请求人可以依照本条规定向其上一级人民法院赔偿委员会申请作出赔偿决定。C项正确。

《国家赔偿法》第23条第1款规定，赔偿义务机关应当自收到申请之日起2个月内，作出是否赔偿的决定。赔偿义务机关作出赔偿决定，应当充分听取赔偿请求人的意见，并可以与赔偿请求人就赔偿方式、赔偿项目和赔偿数额依照《国家赔偿法》第4章的规定进行协商。D项错误。

---

[1] BC

综上所述，本题答案为 BC。

6. 张某因违法犯罪行为于 2017 年被检察院批准逮捕，同年被中院一审判处张某有期徒刑 5 年。张某不服提起上诉，二审法院改判张某无罪。2019 年，张某申请国家赔偿，下列说法错误是：（2020－模拟题－多）[1]

A. 对赔偿义务机关决定不服的，向上一级机关申请复议

B. 上一级检察院是赔偿义务机关

C. 侵犯张某人身自由的每日赔偿金应按照 2017 年度职工日平均工资计算

D. 赔偿委员会应开庭审理

【考点】 刑事赔偿义务机关

【解析】《国家赔偿法》第 21 条规定，行使侦查、检察、审判职权的机关以及看守所、监狱管理机关及其工作人员在行使职权时侵犯公民、法人和其他组织的合法权益造成损害的，该机关为赔偿义务机关。对公民采取拘留措施，依照《国家赔偿法》的规定应当给予国家赔偿的，作出拘留决定的机关为赔偿义务机关。对公民采取逮捕措施后决定撤销案件、不起诉或者判决宣告无罪的，作出逮捕决定的机关为赔偿义务机关。再审改判无罪的，作出原生效判决的人民法院为赔偿义务机关。二审改判无罪，以及二审发回重审后作无罪处理的，作出一审有罪判决的人民法院为赔偿义务机关。本案中，赔偿义务机关为一审法院市中院，对其赔偿决定不服的，向高院赔偿委员会提出。《国家赔偿法》第 24 条第 3 款规定，赔偿义务机关是人民法院的，赔偿请求人可以依照本条规定向其上一级人民法院赔偿委员会申请作出赔偿决定。A 项错误，B 项错误。

《最高人民法院、最高人民检察院关于办理刑事赔偿案件适用法律若干问题的解释》第 21 条第 1 款规定，《国家赔偿法》第 33 条、第 34 条规定的上年度，是指赔偿义务机关作出赔偿决定时的上一年度；复议机关或者人民法院赔偿委员会改变原赔偿决定，按照新作出决定时的上一年度国家职工平均工资标准计算人身自由赔偿金。本案中，张某 2019 年申请国家赔偿，赔偿决定的作出最快也是在 2019 年，则应按照上一年 2018 年的标准计算。C 项错误。

《国家赔偿法》第 27 条规定，人民法院赔偿委员会处理赔偿请求，采取书面审查的办法。必要时，可以向有关单位和人员调查情况、收集证据。赔偿请求人与赔偿义务机关对损害事实及因果关系有争议的，赔偿委员会可以听取赔偿请求人和赔偿义务机关的陈述和申辩，并可以进行质证。D 项错误。

综上所述，本题的答案为 ABCD。

7. 公安机关对甲刑事拘留，并经县检察院批准逮捕。后检察院决定不起诉。甲申请国家赔偿。下列说法正确是：（2020－模拟题－多）[2]

A. 赔偿义务机关是县检察院

B. 赔偿义务机关可以与赔偿请求人就赔偿项目进行协商

C. 对赔偿决定不服，甲可以提起行政赔偿诉讼

D. 赔偿义务机关应当自收到申请之日起两个月内，作出是否赔偿的决定

【考点】 刑事赔偿程序

【解析】《国家赔偿法》第 21 条规定，行使侦查、检察、审判职权的机关以及看守所、监狱管理机关及其工作人员在行使职权时侵犯公民、法人和其他组织的合法权益造成损害的，该机关为赔偿义务机关。对公民采取拘留措施，依照《国家赔偿法》的规定应当给予国家赔偿

---

[1] ABCD [2] ABD

的，作出拘留决定的机关为赔偿义务机关。对公民采取逮捕措施后决定撤销案件、不起诉或者判决宣告无罪的，作出逮捕决定的机关为赔偿义务机关。再审改判无罪的，作出原生效判决的人民法院为赔偿义务机关。二审改判无罪，以及二审发回重审后作无罪处理的，作出一审有罪判决的人民法院为赔偿义务机关。本案中，赔偿义务机关县检察院。A项正确。

《国家赔偿法》第23条规定，赔偿义务机关应当自收到申请之日起2个月内，作出是否赔偿的决定。赔偿义务机关作出赔偿决定，应当充分听取赔偿请求人的意见，并可以与赔偿请求人就赔偿方式、赔偿项目和赔偿数额依照《国家赔偿法》第4章的规定进行协商。赔偿义务机关决定赔偿的，应当制作赔偿决定书，并自作出决定之日起10日内送达赔偿请求人。赔偿义务机关决定不予赔偿的，应当自作出决定之日起10日内书面通知赔偿请求人，并说明不予赔偿的理由。B项正确。D项正确。

刑事赔偿实行赔委会制度，没有行政赔偿诉讼。C项错误。

综上所述，本题的答案为ABD。

8. 张某因涉嫌故意伤害罪被公安刑事拘留，检察院决定批准逮捕。一审法院判处张某有期徒刑1年。张某不服提起上诉，二审法院改判张某无罪。张某申请国家赔偿，赔偿义务机关是：（2019－模拟题－单）[1]

A. 公安机关　　　　B. 检察院　　　　C. 一审法院　　　　D. 二审法院

【考点】刑事赔偿义务机关

【解析】《国家赔偿法》第21条规定，行使侦查、检察、审判职权的机关以及看守所、监狱管理机关及其工作人员在行使职权时侵犯公民、法人和其他组织的合法权益造成损害的，该机关为赔偿义务机关。对公民采取拘留措施，依照《国家赔偿法》的规定应当给予国家赔偿的，作出拘留决定的机关为赔偿义务机关。对公民采取逮捕措施后决定撤销案件、不起诉或者判决宣告无罪的，作出逮捕决定的机关为赔偿义务机关。再审改判无罪的，作出原生效判决的人民法院为赔偿义务机关。二审改判无罪，以及二审发回重审后作无罪处理的，作出一审有罪判决的人民法院为赔偿义务机关。本案中，赔偿义务机关为一审法院。故C项当选，ABD项不当选。

综上所述，本题的答案为C。

9. 某县公安局以涉嫌盗窃为由将李某刑事拘留，并经县检察院批准逮捕，后县法院以指控依据不足为由判决李某无罪，李某遂申请国家赔偿。下列哪些说法是正确的？（2019－模拟题－多）[2]

A. 赔偿义务机关作出赔偿决定的期限是自收到申请之日起2个月

B. 对不予赔偿决定不服，李某可以向赔偿义务机关的上一级机关申请复议

C. 赔偿义务机关可以与李某就赔偿方式和赔偿数额协商，赔偿项目不能协商

D. 赔偿义务机关不得向李某收取任何费用

【考点】刑事赔偿义务机关与程序

【解析】《国家赔偿法》第23条规定，赔偿义务机关应当自收到申请之日起2个月内，作出是否赔偿的决定。赔偿义务机关作出赔偿决定，应当充分听取赔偿请求人的意见，并可以与赔偿请求人就赔偿方式、赔偿项目和赔偿数额依照《国家赔偿法》第4章的规定进行协商。赔偿义务机关决定赔偿的，应当制作赔偿决定书，并自作出决定之日起10日内送达赔偿请求人。赔偿义务机关决定不予赔偿的，应当自作出决定之日起10日内书面通知赔偿请求人，并说明

---

[1]　C　　[2]　ABD

不予赔偿的理由。A项正确，C项错误。

《国家赔偿法》第24条规定，赔偿义务机关在规定期限内未作出是否赔偿的决定，赔偿请求人可以自期限届满之日起30日内向赔偿义务机关的上一级机关申请复议。赔偿请求人对赔偿的方式、项目、数额有异议的，或者赔偿义务机关作出不予赔偿决定的，赔偿请求人可以自赔偿义务机关作出赔偿或者不予赔偿决定之日起30日内，向赔偿义务机关的上一级机关申请复议。赔偿义务机关是人民法院的，赔偿请求人可以依照本条规定向其上一级人民法院赔偿委员会申请作出赔偿决定。本案中，赔偿义务机关为县检察院，如果对县检察院的不予赔偿决定不服，可以向上一级检察院申请复议。B项正确。

《国家赔偿法》第41条规定，赔偿请求人要求国家赔偿的，赔偿义务机关、复议机关和人民法院不得向赔偿请求人收取任何费用。对赔偿请求人取得的赔偿金不予征税。D项正确。

综上所述，本题的答案为ABD。

10. 王某被区检察院以贪污罪逮捕，区法院经审理认为构成职务侵占罪，因情节轻微，免除刑事处罚，王某未在上诉期内提起上诉，上诉期满该判决生效。后经市中级法院再审审判无罪，王某于是申请国家赔偿。赔偿义务机关认为，生效的判决为免除刑事责任，并没有侵犯其人身权，因此不予赔偿。下列说法错误的有：(2018 - 模拟题 - 多)[1]

A. 可以向区检察院的上一级检察院申请复议
B. 王某可以向市中级法院赔偿委员会申请赔偿
C. 不予赔偿的理由符合法律规定
D. 赔偿机关为区检察院和区法院

【考点】民事、行政诉讼中的司法赔偿

【解析】《国家赔偿法》第24条规定，赔偿义务机关在规定期限内未作出是否赔偿的决定，赔偿请求人可以自期限届满之日起30日内向赔偿义务机关的上一级机关申请复议。赔偿请求人对赔偿的方式、项目、数额有异议的，或者赔偿义务机关作出不予赔偿决定的，赔偿请求人可以自赔偿义务机关作出赔偿或者不予赔偿决定之日起30日内，向赔偿义务机关的上一级机关申请复议。赔偿义务机关是人民法院的，赔偿请求人可以依照本条规定向其上一级人民法院赔偿委员会申请作出赔偿决定。本案中，赔偿义务机关为区法院，而非区检察院。A项错误，当选。如果对区法院的赔偿决定不服，可以向市中院赔偿委员会申请赔偿。B项正确，不当选。

《国家赔偿法》第17条第2项规定，行使侦查、检察、审判职权的机关以及看守所、监狱管理机关及其工作人员在行使职权时有下列侵犯人身权情形之一的，受害人有取得赔偿的权利：对公民采取逮捕措施后，决定撤销案件、不起诉或者判决宣告无罪终止追究刑事责任的。本案中，王某有取得国家赔偿的权利。C项错误，当选。

《国家赔偿法》第21条规定，行使侦查、检察、审判职权的机关以及看守所、监狱管理机关及其工作人员在行使职权时侵犯公民、法人和其他组织的合法权益造成损害的，该机关为赔偿义务机关。对公民采取拘留措施，依照《国家赔偿法》的规定应当给予国家赔偿的，作出拘留决定的机关为赔偿义务机关。对公民采取逮捕措施后决定撤销案件、不起诉或者判决宣告无罪的，作出逮捕决定的机关为赔偿义务机关。再审改判无罪的，作出原生效判决的人民法院为赔偿义务机关。二审改判无罪，以及二审发回重审后作无罪处理的，作出一审有罪判决的人民法院为赔偿义务机关。本案中，赔偿义务机关为作出生效判决的区法院，D项错误，当选。

综上所述，本题的答案为ACD。

---

[1] ACD

11. 关于民事、行政诉讼中的司法赔偿，下列哪些说法是正确的？（2017/2/85－多）[1]

A. 对同一妨害诉讼的行为重复采取罚款措施的，属于违法采取对妨害诉讼的强制措施

B. 执行未生效法律文书的，属于对判决、裁定及其他生效法律文书执行错误

C. 受害人对损害结果的发生或者扩大也有过错的，国家不承担赔偿责任

D. 因正当防卫造成损害后果的，国家不承担赔偿责任

【考点】民事、行政诉讼中的司法赔偿

【解析】《最高人民法院关于审理民事、行政诉讼中司法赔偿案件适用法律若干问题的解释》第2条第4项规定，违法采取对妨害诉讼的强制措施，包括对同一妨害诉讼的行为重复采取罚款、拘留措施的情形。A项正确。

《最高人民法院关于审理民事、行政诉讼中司法赔偿案件适用法律若干问题的解释》第5条第1项规定，对判决、裁定及其他生效法律文书执行错误，包括执行未生效法律文书的情形。B项正确。

《最高人民法院关于审理民事、行政诉讼中司法赔偿案件适用法律若干问题的解释》第9条规定，受害人对损害结果的发生或者扩大也有过错的，应当根据其过错对损害结果的发生或者扩大所起的作用等因素，依法减轻国家赔偿责任。C项中，应为依法减轻国家赔偿责任，而非不承担赔偿责任，所以错误。

《最高人民法院关于审理民事、行政诉讼中司法赔偿案件适用法律若干问题的解释》第7条第5项规定，具有下列情形之一的，国家不承担赔偿责任：因不可抗力、正当防卫和紧急避险造成损害后果的。D项正确。

综上所述，本题的答案为ABD。

12. 某县公安局于2012年5月25日以方某涉嫌合同诈骗罪将其刑事拘留，同年6月26日取保候审，8月11日检察院决定批准逮捕方某。2013年5月11日，法院以指控依据不足为由判决方某无罪，方某被释放。2014年3月2日方某申请国家赔偿。下列哪一说法是正确的？（2016/2/50－单）[2]

A. 县公安局为赔偿义务机关

B. 赔偿义务机关可就赔偿方式和数额与方某协商，但不得就赔偿项目进行协商

C. 方某2012年6月26日至8月11日取保候审，不属于国家赔偿范围

D. 对方某的赔偿金标准应按照2012年度国家职工日平均工资计算

【考点】刑事赔偿义务机关、国家赔偿计算标准

【解析】《国家赔偿法》第21条规定，行使侦查、检察、审判职权的机关以及看守所、监狱管理机关及其工作人员在行使职权时侵犯公民、法人和其他组织的合法权益造成损害的，该机关为赔偿义务机关。对公民采取拘留措施，依照《国家赔偿法》的规定应当给予国家赔偿的，作出拘留决定的机关为赔偿义务机关。对公民采取逮捕措施后决定撤销案件、不起诉或者判决宣告无罪的，作出逮捕决定的机关为赔偿义务机关。再审改判无罪的，作出原生效判决的人民法院为赔偿义务机关。二审改判无罪，以及二审发回重审后作无罪处理的，作出一审有罪判决的人民法院为赔偿义务机关。A项中，赔偿义务机关应为县检察院，而非公安局，所以，A项错误。

《国家赔偿法》第23条第1款规定，赔偿义务机关应当自收到申请之日起2个月内，作出是否赔偿的决定。赔偿义务机关作出赔偿决定，应当充分听取赔偿请求人的意见，并可以与赔

偿请求人就赔偿方式、赔偿项目和赔偿数额依照《国家赔偿法》第4章的规定进行协商。B项中，赔偿项目可以进行协商，而非不能协商。所以，B项错误。

《国家赔偿法》第17条规定，行使侦查、检察、审判职权的机关以及看守所、监狱管理机关及其工作人员在行使职权时有下列侵犯人身权情形之一的，受害人有取得赔偿的权利：①违反《刑事诉讼法》的规定对公民采取拘留措施的，或者依照《刑事诉讼法》规定的条件和程序对公民采取拘留措施，但是拘留时间超过刑事诉讼法规定的时限，其后决定撤销案件、不起诉或者判决宣告无罪终止追究刑事责任的；②对公民采取逮捕措施后，决定撤销案件、不起诉或者判决宣告无罪终止追究刑事责任的；③依照审判监督程序再审改判无罪，原判刑罚已经执行的；④刑讯逼供或者以殴打、虐待等行为或者唆使、放纵他人以殴打、虐待等行为造成公民身体伤害或者死亡的；⑤违法使用武器、警械造成公民身体伤害或者死亡的。C项中，方某2012年6月26日至8月11日取保候审，不属于国家赔偿范围，正确。

《最高人民法院、最高人民检察院关于办理刑事赔偿案件适用法律若干问题的解释》第21条第1款规定，《国家赔偿法》第33条、第34条规定的上年度，是指赔偿义务机关作出赔偿决定时的上一年度；复议机关或者人民法院赔偿委员会改变原赔偿决定，按照新作出决定时的上一年度国家职工平均工资标准计算人身自由赔偿金。D项中，对方某的赔偿金标准应按照2012年度国家职工日平均工资计算，错误。

综上所述，本题的答案为C。

13. 某县公安局以涉嫌诈骗为由将张某刑事拘留，并经县检察院批准逮捕，后县公安局以证据不足为由撤销案件，张某遂申请国家赔偿。下列说法正确的是：（2015/2/100－任）[1]

A. 赔偿义务机关为县公安局和县检察院

B. 张某的赔偿请求不属国家赔偿范围

C. 张某当面递交赔偿申请书，赔偿义务机关应当场出具加盖本机关专用印章并注明收讫日期的书面凭证

D. 如赔偿义务机关拒绝赔偿，张某可向法院提起赔偿诉讼

【考点】刑事赔偿义务机关与程序

【解析】《国家赔偿法》第21条第3款规定，对公民采取逮捕措施后决定撤销案件、不起诉或者判决宣告无罪的，作出逮捕决定的机关为赔偿义务机关。A项中，县检察院为作出逮捕决定机关，公安机关后以证据不足撤销案件，作出逮捕决定的检察院为赔偿义务机关，县公安局不为赔偿义务机关，这是赔偿义务机关后置原则的体现。所以，A项错误。

《国家赔偿法》第17条第2项规定，行使侦查、检察、审判职权的机关以及看守所、监狱管理机关及其工作人员在行使职权时有下列侵犯人身权情形之一的，受害人有取得赔偿的权利：对公民采取逮捕措施后，决定撤销案件、不起诉或者判决宣告无罪终止追究刑事责任的。B项中，张某对县检察院逮捕自己的行为不服申请国家赔偿，属于国家赔偿范围。所以，B项错误。

《国家赔偿法》第22条第3款规定，赔偿请求人提出赔偿请求，适用《国家赔偿法》第11条、第12条的规定。《国家赔偿法》第12条第4款规定，赔偿请求人当面递交申请书的，赔偿义务机关应当当场出具加盖本行政机关专用印章并注明收讫日期的书面凭证。申请材料不齐全的，赔偿义务机关应当当场或者在5日内一次性告知赔偿请求人需要补正的全部内容。C项中，张某当面递交赔偿申请书，赔偿义务机关应当场出具加盖本机关专用印章并注明收讫日

期的书面凭证，正确。

《国家赔偿法》第24条第2款规定，赔偿请求人对赔偿的方式、项目、数额有异议的，或者赔偿义务机关作出不予赔偿决定的，赔偿请求人可以自赔偿义务机关作出赔偿或者不予赔偿决定之日起30日内，向赔偿义务机关的上一级机关申请复议。D项中，作为赔偿义务机关的县检察院如果拒绝赔偿，张某可以向县检察院的上一级检察院申请复议，而不能提起赔偿诉讼。所以，D项错误。

综上所述，本题的答案为C。

14. 甲市乙县法院强制执行生效民事判决时执行了案外人李某的财产且无法执行回转。李某向乙县法院申请国家赔偿，遭到拒绝后申请甲市中级法院赔偿委员会作出赔偿决定。赔偿委员会适用质证程序审理。下列哪一说法是正确的？（2014/2/50 - 单）〔1〕

A. 乙县法院申请不公开质证，赔偿委员会应当予以准许

B. 李某对乙县法院主张的不利于自己的事实，既未表示承认也未否认的，即视为对该项事实的承认

C. 赔偿委员会根据李某的申请调取的证据，作为李某提供的证据进行质证

D. 赔偿委员会应当对质证活动进行全程同步录音录像

【考点】赔偿委员会质证程序

【解析】《最高人民法院关于人民法院赔偿委员会适用质证程序审理国家赔偿案件的规定》第3条规定，除涉及国家秘密、个人隐私或者法律另有规定的以外，质证应当公开进行。赔偿请求人或者赔偿义务机关申请不公开质证，对方同意的，赔偿委员会可以不公开质证。A项中，乙县法院申请不公开质证，赔偿委员会应当予以准许，错误。

《最高人民法院关于人民法院赔偿委员会适用质证程序审理国家赔偿案件的规定》第19条第1款规定，赔偿请求人或者赔偿义务机关对对方主张的不利于自己的事实，在质证中明确表示承认的，对方无需举证；既未表示承认也未否认，经审判员询问并释明法律后果后，其仍不作明确表示的，视为对该项事实的承认。B项中，李某对乙县法院主张的不利于自己的事实，既未表示承认也未否认的，即视为对该项事实的承认，错在缺乏经审判员询问并释明法律后果程序，其仍不作明确表示这一前提条件。所以，B项错误。

《最高人民法院关于人民法院赔偿委员会适用质证程序审理国家赔偿案件的规定》第18条第1款规定，赔偿委员会根据赔偿请求人申请调取的证据，作为赔偿请求人提供的证据进行质证。C项中，赔偿委员会根据李某的申请调取的证据，作为李某提供的证据进行质证，正确。

《最高人民法院关于人民法院赔偿委员会适用质证程序审理国家赔偿案件的规定》第23条第2款规定，具备条件的，赔偿委员会可以对质证活动进行全程同步录音录像。D项中，赔偿委员会应当对质证活动进行全程同步录音录像，错误。

综上所述，本题的答案为C。

15. 某县公安局以沈某涉嫌销售伪劣商品罪为由将其刑事拘留，并经县检察院批准逮捕。后检察院决定不起诉。沈某申请国家赔偿，赔偿义务机关拒绝。下列说法正确的是：（2014/2/100 - 任）〔2〕

A. 县公安局为赔偿义务机关

B. 赔偿义务机关拒绝赔偿，应当书面通知沈某

C. 国家应当给予沈某赔偿

---

〔1〕 C 〔2〕 BCD

D. 对拒绝赔偿，沈某可以向县检察院的上一级检察院申请复议

【考点】刑事赔偿义务机关与程序

【解析】《国家赔偿法》第21条规定，行使侦查、检察、审判职权的机关以及看守所、监狱管理部门及其工作人员在行使职权时侵犯公民、法人和其他组织的合法权益造成损害的，该机关为赔偿义务机关。对公民采取拘留措施，依照《国家赔偿法》的规定应当给予国家赔偿的，作出拘留决定的机关为赔偿义务机关。对公民采取逮捕措施后决定撤销案件、不起诉或者判决宣告无罪，作出逮捕决定的机关为赔偿义务机关。再审改判无罪的，作出原生效判决的人民法院为赔偿义务机关。二审改判无罪，以及二审发回重审后作无罪处理的，作出一审有罪判决的人民法院为赔偿义务机关。A项中，县检察院批准逮捕后决定不起诉，应当由作出逮捕决定的县检察院为赔偿义务机关。所以，A项错误。

《国家赔偿法》第23条第3款规定，赔偿义务机关决定不予赔偿的，应当自作出决定之日起10日内书面通知赔偿请求人，并说明不予赔偿的理由。B项中，赔偿义务机关县检察院拒绝赔偿，应当书面通知沈某，正确。

《国家赔偿法》第17条规定，行使侦查、检察、审判职权的机关以及看守所、监狱管理机关及其工作人员在行使职权时有下列侵犯人身权情形之一的，受害人有取得赔偿的权利：①违反《刑事诉讼法》的规定对公民采取拘留措施的，或者依照《刑事诉讼法》规定的条件和程序对公民采取拘留措施，但是拘留时间超过刑事诉讼法规定的时限，其后决定撤销案件、不起诉或者判决宣告无罪终止追究刑事责任的；②对公民采取逮捕措施后，决定撤销案件、不起诉或者判决宣告无罪终止追究刑事责任的；③依照审判监督程序再审改判无罪，原判刑罚已经执行的；④刑讯逼供或者以殴打、虐待等行为或者唆使、放纵他人以殴打、虐待等行为造成公民身体伤害或者死亡的；⑤违法使用武器、警械造成公民身体伤害或者死亡的。C项中，国家应当给予沈某赔偿，正确。

《国家赔偿法》第24条第2款规定，赔偿请求人对赔偿的方式、项目、数额有异议的，或者赔偿义务机关作出不予赔偿决定的，赔偿请求人可以自赔偿义务机关作出赔偿或者不予赔偿决定之日起30日内，向赔偿义务机关的上一级机关申请复议。D项中，赔偿义务机关为县检察院，对县检察院拒绝赔偿的，沈某可以向县检察院的上一级检察院申请复议，正确。

综上所述，本题的答案为BCD。

16. 甲市某县公安局以李某涉嫌盗窃罪为由将其刑事拘留，经县检察院批准逮捕，县法院判处李某有期徒刑6年，李某上诉，甲市中级法院改判无罪。李某被释放后申请国家赔偿，赔偿义务机关拒绝赔偿，李某向甲市中级法院赔偿委员会申请作出赔偿决定。下列选项正确的是：（2013/2/99－任）[1]

A. 赔偿义务机关拒绝赔偿的，应书面通知李某并说明不予赔偿的理由

B. 李某向甲市中级法院赔偿委员会申请作出赔偿决定前，应当先向甲市检察院申请复议

C. 对李某申请赔偿案件，甲市中级法院赔偿委员会可指定一名审判员审理和作出决定

D. 如甲市中级法院赔偿委员会作出赔偿决定，赔偿义务机关认为确有错误的，可以向该省高级法院赔偿委员会提出申诉

【考点】刑事赔偿程序

【解析】《国家赔偿法》第23条第3款规定，赔偿义务机关决定不予赔偿的，应当自作出决定之日起10日内书面通知赔偿请求人，并说明不予赔偿的理由。所以，A项正确。

---

[1] AD

《国家赔偿法》第 24 条第 3 款规定，赔偿义务机关是人民法院的，赔偿请求人可以依照本条规定向其上一级人民法院赔偿委员会申请作出赔偿决定。B 项中，赔偿义务机关是县法院，可以直接向上一级法院赔偿委员会申请。所以，B 项错误。

《国家赔偿法》第 29 条第 1 款规定，中级以上的人民法院设立赔偿委员会，由人民法院 3 名以上审判员组成，组成人员的人数应当为单数。C 项中，对李某申请赔偿案件，甲市中级法院赔偿委员会可以指定 1 名审判员审理和作出决定，错误。

《国家赔偿法》第 30 条第 1 款规定，赔偿请求人或者赔偿义务机关对赔偿委员会作出的决定，认为确有错误的，可以向上一级人民法院赔偿委员会提出申诉。D 项中，甲市中级法院赔偿委员会作出赔偿决定，赔偿义务机关认为确有错误的，可以向该省高级法院赔偿委员会提出申诉，正确。

综上所述，本题的答案为 AD。

17. 县公安局以李某涉嫌盗窃为由将其刑事拘留，并经县检察院批准逮捕。县法院判处李某有期徒刑 5 年。李某上诉，市中级法院改判李某无罪。李某向赔偿义务机关申请国家赔偿。下列哪一说法是正确的？（2012/2/50 – 单）[1]

A. 县检察院为赔偿义务机关
B. 李某申请国家赔偿前应先申请确认刑事拘留和逮捕行为违法
C. 李某请求国家赔偿的时效自羁押行为被确认为违法之日起计算
D. 赔偿义务机关可以与李某就赔偿方式进行协商

【考点】刑事赔偿义务机关与赔偿程序

【解析】《国家赔偿法》第 21 条规定，行使侦查、检察、审判职权的机关以及看守所、监狱管理机关及其工作人员在行使职权时侵犯公民、法人和其他组织的合法权益造成损害的，该机关为赔偿义务机关。对公民采取拘留措施，依照《国家赔偿法》的规定应当给予国家赔偿的，作出拘留决定的机关为赔偿义务机关。对公民采取逮捕措施后决定撤销案件、不起诉或者判决宣告无罪的，作出逮捕决定的机关为赔偿义务机关。再审改判无罪的，作出原生效判决的人民法院为赔偿义务机关。二审改判无罪，以及二审发回重审后作无罪处理的，作出一审有罪判决的人民法院为赔偿义务机关。A 项中，为二审改判无罪的情形，应由作出一审有罪判决的人民法院为赔偿义务机关，即县法院为赔偿义务机关。所以，A 项错误。

《国家赔偿法》取消了此前的刑事赔偿的确认程序，即赔偿请求人无需申请确认相关行为违法而可以直接申请国家赔偿。所以，B 项错误。

《国家赔偿法》第 39 条规定，赔偿请求人请求国家赔偿的时效为 2 年，自其知道或者应当知道国家机关及其工作人员行使职权时的行为侵犯其人身权、财产权之日起计算，但被羁押等限制人身自由期间不计算在内。在申请行政复议或者提起行政诉讼时一并提出赔偿请求的，适用《行政复议法》《行政诉讼法》有关时效的规定。赔偿请求人在赔偿请求时效的最后 6 个月内，因不可抗力或者其他障碍不能行使请求权的，时效中止。从中止时效的原因消除之日起，赔偿请求时效期间继续计算。C 项中，李某请求国家赔偿的时效应当自其知道或者应当知道国家机关及其工作人员行使职权时的行为侵犯其人身权、财产权之日起计算，而非羁押行为被确认为违法之日起计算。所以，C 项错误。

《国家赔偿法》第 23 条第 1 款规定，赔偿义务机关应当自收到申请之日起 2 个月内，作出是否赔偿的决定。赔偿义务机关作出赔偿决定，应当充分听取赔偿请求人的意见，并可以与赔偿请求人就赔偿方式、赔偿项目和赔偿数额依照《国家赔偿法》第4章的规定进行协商。D项中，赔偿义务机关可以与李某就赔偿方式进行协商，正确。

综上所述，本题的答案为D。

18. 区公安分局以涉嫌故意伤害罪为由将方某刑事拘留，区检察院批准对方某的逮捕。区法院判处方某有期徒刑3年，方某上诉。市中级法院以事实不清为由发回区法院重审。区法院重审后，判决方某无罪。判决生效后，方某请求国家赔偿。下列哪些说法是错误的？（2012/2/83－多）[1]

A. 区检察院和区法院为共同赔偿义务机关

B. 区公安分局为赔偿义务机关

C. 方某应当先向区法院提出赔偿请求

D. 如区检察院在审查起诉阶段决定撤销案件，方某请求国家赔偿的，区检察院为赔偿义务机关

【考点】刑事赔偿义务机关

【解析】《国家赔偿法》第21条规定，行使侦查、检察、审判职权的机关以及看守所、监狱管理机关及其工作人员在行使职权时侵犯公民、法人和其他组织的合法权益造成损害的，该机关为赔偿义务机关。对公民采取拘留措施，依照《国家赔偿法》的规定应当给予国家赔偿的，作出拘留决定的机关为赔偿义务机关。对公民采取逮捕措施后决定撤销案件、不起诉或者判决宣告无罪的，作出逮捕决定的机关为赔偿义务机关。再审改判无罪的，作出原生效判决的人民法院为赔偿义务机关。二审改判无罪，以及二审发回重审后作无罪处理的，作出一审有罪判决的人民法院为赔偿义务机关。

本题中，一审法院判决有罪，二审法院发回重审，区法院重审后，判决方某无罪。此种情形符合最后一种情形，故区法院为赔偿义务机关。AB项错误，当选；C项正确，不当选。D项中，如区检察院在审查起诉阶段决定撤销案件，方某请求国家赔偿的，区检察院为赔偿义务机关，正确，不当选。

综上所述，本题的答案为AB。

19. 李某被县公安局以涉嫌盗窃为由刑事拘留，后被释放。李某向县公安局申请国家赔偿，遭到拒绝，经复议后，向市中级法院赔偿委员会申请作出赔偿决定。下列哪一说法是正确的？（2011/2/45－单）[2]

A. 李某应向赔偿委员会递交赔偿申请书一式四份

B. 县公安局可以委托律师作为代理人

C. 县公安局应对李某的损失与刑事拘留行为之间是否存在因果关系提供证据

D. 李某不服中级法院赔偿委员会作出的赔偿决定的，可以向上一级法院赔偿委员会申请复议一次

【考点】刑事赔偿程序

【解析】《最高人民法院关于人民法院赔偿委员会审理国家赔偿案件程序的规定》第1条规定，赔偿请求人向赔偿委员会申请作出赔偿决定，应当递交赔偿申请书一式四份。赔偿请求人书写申请书确有困难的，可以口头申请。口头提出申请的，人民法院应当填写《申请赔偿登记表》，由赔偿请求人签名或者盖章。A项中，李某应向赔偿委员会递交赔偿申请书一式四份，正确。

---

[1] AB [2] A

《最高人民法院关于人民法院赔偿委员会审理国家赔偿案件程序的规定》第 5 条规定，赔偿请求人可以委托 1 至 2 人作为代理人。律师、提出申请的公民的近亲属、有关的社会团体或者所在单位推荐的人、经赔偿委员会许可的其他公民，都可以被委托为代理人。赔偿义务机关、复议机关可以委托本机关工作人员 1 至 2 人作为代理人。此规定与一般的诉讼代理规定有所不同，对赔偿请求人可以委托的代理人范围作出了宽泛规定，律师、提出申请的公民的近亲属、有关的社会团体或者所在单位推荐的人、经赔偿委员会许可的其他公民，都可以被赔偿请求人委托为代理人。对赔偿义务机关、复议机关的代理人范围则作出严格限制，仅允许委托本机关工作人员作为代理人。所以，B 项错误。

《国家赔偿法》第 26 条规定，人民法院赔偿委员会处理赔偿请求，赔偿请求人和赔偿义务机关对自己提出的主张，应当提供证据。被羁押人在羁押期间死亡或者丧失行为能力的，赔偿义务机关的行为与被羁押人的死亡或者丧失行为能力是否存在因果关系，赔偿义务机关应当提供证据。C 项中，李某被县公安局以涉嫌盗窃为由刑事拘留，未出现在羁押期间死亡或者丧失行为能力的情形，故不属于应由赔偿义务机关即县公安局对李某的损失与刑事拘留行为之间是否存在因果关系提供证据的条件。所以，C 项错误。

《国家赔偿法》第 30 条规定，赔偿请求人或者赔偿义务机关对赔偿委员会作出的决定，认为确有错误的，可以向上一级人民法院赔偿委员会提出申诉。赔偿委员会作出的赔偿决定生效后，如发现赔偿决定违反《国家赔偿法》规定的，经本院院长决定或者上级人民法院指令，赔偿委员会应当在 2 个月内重新审查并依法作出决定，上一级人民法院赔偿委员会也可以直接审查并作出决定。最高人民检察院对各级人民法院赔偿委员会作出的决定，上级人民检察院对下级人民法院赔偿委员会作出的决定，发现违反《国家赔偿法》规定的，应当向同级人民法院赔偿委员会提出意见，同级人民法院赔偿委员会应当在 2 个月内重新审查并依法作出决定。D 项中，赔偿请求人或者赔偿义务机关对赔偿委员会作出的决定仅有提出申诉的权利，而无申请复议的权利。所以，D 项错误。

综上所述，本题的答案为 A。

20. 2009 年 2 月 10 日，王某因涉嫌诈骗被县公安局刑事拘留，2 月 24 日，县检察院批准逮捕王某。4 月 10 日，县法院以诈骗罪判处王某 3 年有期徒刑，缓期 2 年执行。5 月 10 日，县公安局根据县法院变更强制措施的决定，对王某采取取保候审措施。王某上诉，6 月 1 日，市中级法院维持原判。王某申诉，12 月 10 日，市中级法院再审认定王某行为不构成诈骗，撤销原判。对此，下列哪一说法是正确的？（2010/2/50－单）[1]

A. 因王某被判无罪，国家应当对王某在 2009 年 2 月 10 日至 12 月 10 日期间的损失承担赔偿责任

B. 因王某被判处有期徒刑缓期执行，国家不承担赔偿责任

C. 因王某被判无罪，国家应当对王某在 2009 年 6 月 1 日至 12 月 10 日期间的损失承担赔偿责任

D. 因王某被判无罪，国家应当对王某在 2009 年 2 月 10 日至 5 月 10 日期间的损失承担赔偿责任

【考点】刑事赔偿的范围

【解析】《最高人民法院关于人民法院执行〈中华人民共和国国家赔偿法〉几个问题的解释》第 4 条规定，根据赔偿法第 26 条（现为第 33 条）、第 27 条（现为第 34 条）的规定，人

---

[1] D

民法院判处管制、有期徒刑缓刑、剥夺政治权利等刑罚的人被依法改判无罪的，国家不承担赔偿责任，但是，赔偿请求人在判决生效前被羁押的，依法有权取得赔偿。

　　根据上述规定，对被判缓刑的人后被改判无罪的，国家并非一概赔偿或不赔偿，而要根据具体情形确定赔偿范围：①国家对判处有期徒刑缓刑本身，即使已执行也不承担赔偿责任；②赔偿请求人在判决生效前被羁押，国家应承担赔偿责任。本题中，王某曾被法院生效判决以构成诈骗罪判处3年有期徒刑，缓期2年执行，后经法院再审认定不构成诈骗，认定无罪，属于该法规定的情形。

　　因此，对王某判处有期徒刑、缓期2年执行本身，国家不负赔偿责任。但对判决生效前被羁押部分，国家应承担赔偿责任。在市中级人民法院2009年6月1日作出判决前，王某的羁押期间从2009年2月10日被县公安局刑事拘留开始，到5月10日县公安局根据县法院变更强制措施的决定对王某采取取保候审措施结束，对这一期间的羁押国家应对王某负赔偿责任。所以，D项正确。因对羁押期限计算错误，AC项错误。B项不准确，如前所述，对本题出现的情形国家并非一概不赔偿或赔偿，而是区分不同情形。即使对缓刑本身不赔偿，准确而言应是国家对王某判处有期徒刑缓期执行本身不承担赔偿责任，不应将判处有期徒刑缓期执行作为国家不承担赔偿责任的原因。所以，B项错误。

　　综上所述，本题的答案为D。

　　21. 2006年12月5日，王某因涉嫌盗窃被某县公安局刑事拘留，同月11日被县检察院批准逮捕。2008年3月4日王某被一审法院判处有期徒刑2年，王某不服提出上诉。2008年6月5日，二审法院维持原判，判决交付执行。2009年3月2日，法院经再审以王某犯罪时不满16周岁为由撤销生效判决，改判其无罪并当庭释放。王某申请国家赔偿，下列哪些选项是错误的？(2009/2/89－多)[1]

　　A. 国家应当对王某从2008年6月5日到2009年3月2日被羁押的损失承担赔偿责任

　　B. 国家应当对王某从2006年12月11日到2008年3月4日被羁押的损失承担赔偿责任

　　C. 国家应当对王某从2006年12月5日到2008年3月4日被羁押的损失承担赔偿责任

　　D. 国家应当对王某从2008年3月4日到2009年3月2日被羁押的损失承担赔偿责任

　　【考点】刑事赔偿的范围

　　【解析】《最高人民法院关于人民法院执行〈中华人民共和国国家赔偿法〉几个问题的解释》第1条规定，根据《中华人民共和国国家赔偿法》第17条（现为第19条）第2项、第3项的规定，依照《刑法》第14条（现为第17条）、第15条（现为第18条）规定不负刑事责任的人和依照《刑事诉讼法》第15条（现为第16条）规定不追究刑事责任的人被羁押，国家不承担赔偿责任。但是对起诉后经人民法院判处拘役、有期徒刑、无期徒刑和死刑并已执行的上列人员，有权依法取得赔偿。判决确定前被羁押的日期依法不予赔偿。

　　根据上述规定，对不负刑事责任的人和不追究刑事责任的人进行羁押的，国家并非一概赔偿或不赔偿，而要根据具体情形确定赔偿范围，界限点是判决确定。对判决确定前被羁押的期间，国家不予赔偿；而对判决确定后被法院判处拘役，有期徒刑、无期徒刑和死刑并已执行的，国家应承担赔偿责任。本题中，王某犯罪时不满16周岁，属不负刑事责任的情形，应当适用上述规定。王某在起诉前即被羁押，并且经起诉后被法院判处有期徒刑，并羁押至再审撤销生效判决时才被释放。所以，对王某判决确定前被羁押的期间，国家不承担赔偿责任；对判决确定后被羁押的期间，国家应承担赔偿责任。本题中，二审法院是在2008年6月5日维持

　　[1]　BCD

一审法院判处王某有期徒刑判决的，判决确定的日期是 2008 年 6 月 5 日，在此之后被羁押的期间应属于国家赔偿的范围。王某是在 2009 年 3 月 2 日被释放的，故判决确定后被羁押的期间是从 2008 年 6 月 5 日至 2009 年 3 月 2 日，对在此期间剥夺王某人身自由的损失，国家应承担赔偿责任。故 A 项正确，不当选；BCD 项错误，当选。

综上所述，本题的答案为 BCD。

三、国家赔偿的方式、标准和范围

1. 一采砂厂被责令停厂停业，后提起行政赔偿诉讼，法院判决确认行政决定违法。下列哪些事项属于国家赔偿的范围？（2019 – 模拟题 – 多）[1]

A. 设备租金　　　　　　　　　　　B. 留守职工工资

C. 可预期的利润损失　　　　　　　D. 缴纳的水电费

【考点】国家赔偿的范围

【解析】《最高人民法院关于审理民事、行政诉讼中司法赔偿案件适用法律若干问题的解释》第 14 条规定，《国家赔偿法》第 36 条第 6 项规定的停产停业期间必要的经常性费用开支，是指法人、其他组织和个体工商户为维系停产停业期间运营所需的基本开支，包括留守职工工资、必须缴纳的税费、水电费、房屋场地租金、设备租金、设备折旧费等必要的经常性费用。故 ABD 项当选，C 项不当选。

综上所述，本题的答案为 ABD。

2. 陈某在看守所中因不服管理，被工作人员打伤一只眼睛，经鉴定为七级伤残。下列哪些事项属于国家赔偿的范围？（2018 – 模拟题 – 多）[2]

A. 医疗费　　　　　　　　　　　　B. 残疾赔偿金

C. 残疾生活辅助具费　　　　　　　D. 未成年子女抚养费

【考点】国家赔偿的方式和标准

【解析】《国家赔偿法》第 34 条规定，侵犯公民生命健康权的，赔偿金按照下列规定计算：①造成身体伤害的，应当支付医疗费、护理费，以及赔偿因误工减少的收入。减少的收入每日的赔偿金按照国家上年度职工日平均工资计算，最高额为国家上年度职工年平均工资的 5 倍。②造成部分或者全部丧失劳动能力的，应当支付医疗费、护理费、残疾生活辅助具费、康复费等因残疾而增加的必要支出和继续治疗所必需的费用，以及残疾赔偿金。残疾赔偿金根据丧失劳动能力的程度，按照国家规定的伤残等级确定，最高不超过国家上年度职工年平均工资的 20 倍。造成全部丧失劳动能力的，对其扶养的无劳动能力的人，还应当支付生活费。③造成死亡的，应当支付死亡赔偿金、丧葬费，总额为国家上年度职工年平均工资的 20 倍。对死者生前扶养的无劳动能力的人，还应当支付生活费。前款第 2 项、第 3 项规定的生活费的发放标准，参照当地最低生活保障标准执行。被扶养人是未成年人的，生活费给付至 18 周岁止；其他无劳动能力的人，生活费给付至死亡时止。

《关于办理刑事赔偿案件适用法律若干问题的解释》第 17 条第 1 款规定，造成公民身体伤残的赔偿，应当根据司法鉴定人的伤残等级鉴定确定公民丧失劳动能力的程度，并参照以下标准确定残疾赔偿金：①按照国家规定的伤残等级确定公民为一级至四级伤残的，视为全部丧失劳动能力，残疾赔偿金幅度为国家上年度职工年平均工资的 10 倍至 20 倍。②按照国家规定的伤残等级确定公民为五级至十级伤残的，视为部分丧失劳动能力。五至六级的，残疾赔偿金幅度为国家上年度职工平均工资的 5 倍至 10 倍；七至十级的，残疾赔偿金幅度为国家上年度

〔1〕 ABD 〔2〕 ABC

职工年平均工资的 5 倍以下。

本案中，七级伤残为部分丧失劳动能力，赔偿的范围包括医疗费、护理费、残疾生活辅助具费、康复费等因残疾而增加的必要支出和继续治疗所必需的费用，以及残疾赔偿金。因此，ABC 项当选。D 项未成年子女抚养费只有全部丧失劳动能力及造成死亡时才赔偿，D 项不当选。

综上所述，本题的答案为 ABC。

3. 某市公安局以朱某涉嫌盗窃罪为由于 2013 年 7 月 25 日将其刑事拘留，经市检察院批准逮捕。2015 年 9 月 11 日，市中级法院判决朱某无罪，朱某被释放。2016 年 3 月 15 日，朱某以无罪被羁押为由申请国家赔偿，要求赔礼道歉并支付侵犯人身自由的赔偿金，赔偿精神损害抚慰金 200 万元。下列哪一说法是正确的？（2017/2/50 - 单）[1]

A. 市检察院为赔偿义务机关

B. 朱某不能以口头方式提出赔偿申请

C. 限制人身自由的时间是计算精神抚慰金的唯一标准

D. 侵犯朱某人身自由的每日赔偿金应按照 2014 年度职工日平均工资计算

【考点】国家赔偿的计算标准

【解析】《国家赔偿法》第 21 条规定，行使侦查、检察、审判职权的机关以及看守所、监狱管理部门及其工作人员在行使职权时侵犯公民、法人和其他组织的合法权益造成损害的，该机关为赔偿义务机关。对公民采取拘留措施，依照《国家赔偿法》的规定应当给予国家赔偿的，作出拘留决定的机关为赔偿义务机关。对公民采取逮捕措施后决定撤销案件、不起诉或者判决宣告无罪，作出逮捕决定的机关为赔偿义务机关。再审改判无罪的，作出原生效判决的人民法院为赔偿义务机关。二审改判无罪，以及二审发回重审后作无罪处理的，作出一审有罪判决的人民法院为赔偿义务机关。A 项中，市检察院为赔偿义务机关，正确。

《国家赔偿法》第 12 条第 2 款规定，赔偿请求人书写申请书确有困难的，可以委托他人代书；也可以口头申请，由赔偿义务机关记入笔录。B 项中，朱某不能以口头方式提出赔偿申请，错误。

《国家赔偿法》第 35 条规定，有《国家赔偿法》第 3 条或者第 17 条规定情形之一，致人精神损害的，应当在侵权行为影响的范围内，为受害人消除影响，恢复名誉，赔礼道歉；造成严重后果的，应当支付相应的精神损害抚慰金。因此，计算精神抚慰金要考虑是否受到精神损害及是否造成严重后果的影响。所以，C 项错误。

《最高人民法院、最高人民检察院关于办理刑事赔偿案件适用法律若干问题的解释》第 21 条第 1 款规定，《国家赔偿法》第 33 条、第 34 条规定的上年度，是指赔偿义务机关作出赔偿决定时的上一年度；复议机关或者人民法院赔偿委员会改变原赔偿决定，按照新作出决定时的上一年度国家职工平均工资标准计算人身自由赔偿金。D 项错误。

综上所述，本题的答案为 A。

4. 某法院以杜某逾期未履行偿债判决为由，先将其房屋查封，后裁定将房屋过户以抵债。杜某认为强制执行超过申请数额而申请国家赔偿，要求赔偿房屋过户损失 30 万元，查封造成屋内财产毁损和丢失 5000 元，误工损失 2000 元，以及精神损失费 1 万元。下列哪一事项属于国家赔偿范围？（2013/2/49 - 单）[2]

A. 2000 元   B. 5000 元

C. 1万元   D. 30万元

【考点】 国家赔偿的范围

【解析】《国家赔偿法》第38条规定，人民法院在民事诉讼、行政诉讼过程中，违法采取对妨害诉讼的强制措施、保全措施或者对判决、裁定及其他生效法律文书执行错误，造成损害的，赔偿请求人要求赔偿的程序，适用《国家赔偿法》刑事赔偿程序的规定。

《国家赔偿法》第36条规定，侵犯公民、法人和其他组织的财产权造成损害的，按照下列规定处理：①处罚款、罚金、追缴、没收财产或者违法征收、征用财产的，返还财产。②查封、扣押、冻结财产的，解除对财产的查封、扣押、冻结，造成财产损坏或者灭失的，依照本条第3项、第4项的规定赔偿。③应当返还的财产损坏的，能够恢复原状的恢复原状，不能恢复原状的，按照损害程度给付相应的赔偿金。④应当返还的财产灭失的，给付相应的赔偿金。⑤财产已经拍卖或者变卖的，给付拍卖或者变卖所得的价款；变卖的价款明显低于财产价值的，应当支付相应的赔偿金。⑥吊销许可证和执照、责令停产停业的，赔偿停产停业期间必要的经常性费用开支。⑦返还执行的罚款或者罚金、追缴或者没收的金钱，解除冻结的存款或者汇款的，应当支付银行同期存款利息。⑧对财产权造成其他损害的，按照直接损失给予赔偿。因此，只有查封造成屋内财产毁损和丢失的5000元属于国家赔偿的范围，B项当选，ACD项不当选。

综上所述，本题的答案为B。

5. 廖某在监狱服刑，因监狱管理人员放纵其被同室服刑人员殴打，致一条腿伤残。廖某经6个月治疗，部分丧失劳动能力，申请国家赔偿。下列属于国家赔偿范围的有：（2012/2/100-任）[1]

A. 医疗费   B. 残疾生活辅助具费

C. 残疾赔偿金   D. 廖某扶养的无劳动能力人的生活费

【考点】 国家赔偿的计算标准

【解析】《国家赔偿法》第34条规定，侵犯公民生命健康权的，赔偿金按照下列规定计算：①造成身体伤害的，应当支付医疗费、护理费，以及赔偿因误工减少的收入。减少的收入每日的赔偿金按照国家上年度职工日平均工资计算，最高额为国家上年度职工年平均工资的5倍。②造成部分或者全部丧失劳动能力的，应当支付医疗费、护理费、残疾生活辅助具费、康复费等因残疾而增加的必要支出和继续治疗所必需的费用，以及残疾赔偿金。残疾赔偿金根据丧失劳动能力的程度，按照国家规定的伤残等级确定，最高不超过国家上年度职工年平均工资的20倍。造成全部丧失劳动能力的，对其扶养的无劳动能力的人，还应当支付生活费。③造成死亡的，应当支付死亡赔偿金、丧葬费，总额为国家上年度职工年平均工资的20倍。对死者生前扶养的无劳动能力的人，还应当支付生活费。前款第2项、第3项规定的生活费的发放标准，参照当地最低生活保障标准执行。被扶养的人是未成年人的，生活费给付至18周岁止；其他无劳动能力的人，生活费给付至死亡时止。

本题中廖某部分丧失劳动能力，符合第2项规定中部分丧失劳动能力的情形，应支付医疗费、护理费、残疾生活辅助具费、康复费等因残疾而增加的必要支出和继续治疗所必需费用。ABC项当选。只有廖某全部丧失劳动能力或死亡的，才支付其扶养的无劳动能力的人的生活费。所以，D项不当选。

综上所述，本题的答案为ABC。

---

[1] ABC

6. 2006 年 9 月 7 日，县法院以销售伪劣产品罪判处杨某有期徒刑 8 年，并处罚金 45 万元，没收其推土机 1 台。杨某不服上诉，12 月 6 日，市中级法院维持原判交付执行。杨某仍不服，向省高级法院提出申诉。2010 年 9 月 9 日，省高级法院宣告杨某无罪释放。2011 年 4 月，杨某申请国家赔偿。关于本案的赔偿范围和标准，下列哪些说法是正确的？(2011/2/83 - 多)〔1〕

A. 对杨某被羁押，每日赔偿金按国家上年度职工日平均工资计算

B. 返还 45 万罚金并支付银行同期存款利息

C. 如被没收推土机已被拍卖的，应给付拍卖所得的价款及相应的赔偿金

D. 本案不存在支付精神损害抚慰金的问题

【考点】 国家赔偿的方式和计算标准

【解析】 《国家赔偿法》第 33 条规定，侵犯公民人身自由的，每日赔偿金按照国家上年度职工日平均工资计算。A 项中，对杨某被羁押，每日赔偿金按国家上年度职工日平均工资计算，正确。

《国家赔偿法》第 36 条规定，侵犯公民、法人和其他组织的财产权造成损害的，按照下列规定处理：①处罚款、罚金、追缴、没收财产或者违法征收、征用财产的，返还财产。②查封、扣押、冻结财产的，解除对财产的查封、扣押、冻结，造成财产损坏或者灭失的，依照本条第 3 项、第 4 项的规定赔偿。③应当返还的财产损坏的，能够恢复原状的恢复原状，不能恢复原状的，按照损害程度给付相应的赔偿金。④应当返还的财产灭失的，给付相应的赔偿金。⑤财产已经拍卖或者变卖的，给付拍卖或者变卖所得的价款；变卖的价款明显低于财产价值的，应当支付相应的赔偿金。⑥吊销许可证和执照、责令停产停业的，赔偿停产停业期间必要的经常性费用开支。⑦返还执行的罚款或者罚金、追缴或者没收的金钱，解除冻结的存款或者罚款的，应当支付银行同期存款利息。⑧对财产权造成其他损害的，按照直接损失给予赔偿。B 项中，返还 45 万罚金并支付银行同期存款利息，符合第 7 项的规定，正确。C 项中，根据第 5 项的规定，赔偿金的取得在于变卖的价款明显低于财产价值，是变卖而非拍卖，且需明显低于财产价值。所以，C 项错误。

《国家赔偿法》第 35 条规定，有《国家赔偿法》第 3 条或者第 17 条规定情形之一，致人精神损害的，应当在侵权行为影响的范围内，为受害人消除影响，恢复名誉，赔礼道歉；造成严重后果的，应当支付相应的精神损害抚慰金。D 项中，没有明确给出杨某被羁押期间是否致其精神损害及是否造成严重后果，不能直接判断是否存在精神损害抚慰金。所以，D 项错误。

综上所述，本题的答案为 AB。

7. 2001 年 5 月李某被某县公安局刑事拘留，后某县检察院以证据不足退回该局补充侦查，2002 年 11 月李某被取保候审。2004 年，县公安局撤销案件。次年 3 月，李某提出国家赔偿申请。县公安局于 2005 年 12 月作出给予李某赔偿的决定书。李某以赔偿数额过低为由，于 2006 年先后向市公安局和市法院赔偿委员会提出复议和申请，二者均作出维持决定。对李某被限制人身自由的赔偿金，应按照下列哪个年度的国家职工日平均工资计算？(2009/2/49 - 单)〔2〕

A. 2002 年度
B. 2003 年度
C. 2004 年度
D. 2005 年度

【考点】 国家赔偿的计算标准

【解析】 《国家赔偿法》第 33 条规定，侵犯公民人身自由的，每日的赔偿金按照国家上年度职工日平均工资计算。《最高人民法院、最高人民检察院关于办理刑事赔偿案件适用法律若

---

〔1〕 AB 〔2〕 C

干问题的解释》第21条第1款规定,《国家赔偿法》第33条、第34条规定的上年度,是指赔偿义务机关作出赔偿决定时的上一年度;复议机关或者人民法院赔偿委员会改变原赔偿决定,按照新作出决定时的上一年度国家职工平均工资标准计算人身自由赔偿金。

本题中,赔偿义务机关县公安局于2005年作出给予李某赔偿的赔偿决定书,复议机关市公安局和市法院赔偿委员会则于2006年作出维持决定,那么赔偿标准则应按作出原赔偿决定的上年度执行,即赔偿义务机关县公安局于2005年作出赔偿决定的上年度执行,即2004年度。所以,C项当选。

综上所述,本题的答案为C。

中国政法大学（简称法大）是一所以法学为特色和优势，兼有文学、历史学、哲学、经济学、管理学、教育学、理学、工学等学科的"211工程"重点建设大学。

法大的法律资格考试培训历史悠久，全国律师资格考试始于1986年，而1988年法大就开展了法律培训。2005年3月成立了中国政法大学司法考试学院，这是一所集法考研究、教学研究、辅导培训为一体的司法考试学院，2018年正式更名为中国政法大学法律职业资格考试学院。经过多年的积淀，法大法律职业资格考试学院被广大考生称为国家法律职业资格考试考前培训及法考研究、教学研究的大本营。

2024年法大法考课程体系
>>> 面授班型 <<<

班型		上课时间	标准学费（元）
主客一体面授班	面授精英A班	2024年3月-2024年10月	59800
	面授精英B班	2024年5月-2024年10月	49800
	面授集训A班	2024年6月-2024年10月	39800
	面授集训B班	2024年7月-2024年10月	32800
客观题面授班	面授全程班	2024年3月-2024年9月	35800

更多课程详情联系招生老师 ➡

010-5890-8131　　🌐 http://cuploeru.com

📍 北京市海淀区西土城路25号中国政法大学研究生院东门

法大法考姚老师　　　　法大法考白老师

>>> 2024年法大法考课程体系 — 网络班型 <<<

班型		上课时间	标准学费（元）
主客一体网络班	网络尊享特训班	2024年3月-2024年10月	35800
	网络独享班	2023年7月-2025年10月	23800
	网络预热班	2024年3月-2024年10月	19800
	网络在职先行班	2023年7月-2024年10月	15800
	网络全程优学班	2024年3月-2024年10月	15800
	网络全程班	2024年3月-2024年10月	14800
	网络二战优学班	2023年7月-2024年10月	13800
	网络系统提高班	2023年7月-2024年10月	10800
	网络在职先锋班	2023年7月-2024年10月	9800
客观题网络班	网络入门先行班	2023年7月-2024年9月	2980
	网络基础班	2024年3月-2024年9月	8980
	网络强化班	2024年5月-2024年9月	7980
	网络冲刺班	2024年8月-2024年9月	3980
主观题网络班	网络全程班	2024年9月-2024年10月	9800
	网络冲刺班	2024年10月	4980

温馨提示：1、缴纳学费后，因个人原因不能坚持学习的，视为自动退学，学费不予退还。 2、课程有效期内，不限次回放
投诉及建议电话：吴老师17718315650

—— 优质服务 全程陪伴 ——

★历年真题 ★在线模考题库 ★打卡学习 ★错题本 ★课件下载 ★思维导图 ★1V1在线答疑随时咨询

★有效期内不限次数回放 ★上课考试通知 ★报考指导 ★成绩查询 ★认定指导 ★配备专属教辅

★客观/主观不过退费协议（部分班型） ★免费延期或重修1次（部分班型） ★专属自习室（部分班型）

★小组辅导 ★个人定制化学习通关和职业发展规划 ★颁发法大法考结业证（部分班型） ★特殊服务 随时跟读

法大法考

2024年国家法律职业资格考试

金题解析

民事诉讼法与仲裁制度
（第四册）

法律职业资格考试培训中心（学院）◎编著

杨秀清◎编写

中国政法大学出版社

2024·北京

图书在版编目（ＣＩＰ）数据

2024 年国家法律职业资格考试金题解析/法律职业资格考试培训中心（学院）编著.—北京：中国政法大学出版社，2024.4

ISBN 978-7-5764-1279-6

Ⅰ.①2… Ⅱ.①法… Ⅲ.①法律工作者－资格考试－中国－题解 Ⅳ.①D920.4

中国国家版本馆 CIP 数据核字(2024)第 007775 号

出 版 者	中国政法大学出版社	
地　　址	北京市海淀区西土城路 25 号	
邮寄地址	北京 100088 信箱 8034 分箱　邮编 100088	
网　　址	http://www.cuplpress.com (网络实名：中国政法大学出版社)	
电　　话	010-58908285(总编室) 58908433（编辑部）58908334(邮购部)	
承　　印	固安华明印业有限公司	
开　　本	787mm×1092mm　1/16	
印　　张	112.75	
字　　数	2800 千字	
版　　次	2024 年 4 月第 1 版	
印　　次	2024 年 4 月第 1 次印刷	
定　　价	372.00 元（全八册）	

序 言

    2001 年《中华人民共和国法官法》《中华人民共和国检察官法》《中华人民共和国律师法》修正案相继通过。其中规定，国家对初任法官、检察官和取得律师资格实行统一的司法考试制度，这标志着我国正式确立了统一的司法考试制度，这是我国司法改革的一项重大举措。党的十八大以来，党中央和习近平总书记高度重视司法考试工作。2015 年 6 月 5 日，习近平总书记主持召开中央全面深化改革领导小组第十三次会议，审议通过了《关于完善国家统一法律职业资格制度的意见》，明确要将现行司法考试制度调整为国家统一法律职业资格考试制度。2017 年 9 月 1 日《全国人民代表大会常务委员会关于修改〈中华人民共和国法官法〉等八部法律的决定》审议通过，明确法律职业人员考试的范围，规定取得法律职业资格的条件等内容，定于 2018 年开始实施国家统一法律职业资格考试制度。这一改革对提高人才培养质量，提供依法治国保障，对全面推进依法治国，建设社会主义法治国家具有重大而深远的意义。

    中国政法大学作为国家的双一流重点大学，以拥有作为国家一级重点学科的法学学科见长，其法学师资队伍汇集了一大批国内外知名法学家。他们不仅是法学教育园地的出色耕耘者，也是国家立法和司法战线的积极参与者。他们积累了法学教育和法律实践的丰富经验，取得了大量有影响的科研成果。

    国家统一司法考试实施以来，我校专家学者在参与司法考试的制度建设和题库建设中做出了许多贡献，在此期间我校不仅有一批长期参加国家司法考试题库建设和考题命制的权威专家，也涌现出众多在国家司法考试培训中经验丰富和业绩突出的名师。伴随着司法考试改革，我校对法律职业资格考试进行更深入的分析研究，承继司法考试形成了强大的法律职业资格考试研究阵容和师资团队。

    2005 年我校成立了中国高校首家司法考试学院。该院本着教学、科研和培训一体化的宗旨，承担着在校学生和社会考生司法考试培训任务。司法考试学院成立后，选拔了一批在司法考试方面的权威专家和名师，精心编写了中国政法大学《国家司法考试金题解析》作为考生考前提高应试能力的教材。伴随着 2018 年司法考试改革，我院根据法律职业资格考试内容及大纲对本书进行了全面修订，本书更名为《国家法律职业资格考试金题解析》。

    法律职业资格考试中心（原司法考试学院）组织编写的此书紧扣国家法律职业资格考试大纲，较为系统地梳理真题及对应的考点，以帮助学生全面地掌握知识点。对每个考点涉及的法条和理论进行详细解读，有助于考生加深对重点考点的理解和掌握。全书渗透着编写教师多

年的教学经验，体现着国家法律职业资格考试的规律，帮助考生精准把握考试内容。本书将会对广大备考人员学习、理解和掌握国家法律职业资格考试的知识内容和应试方法具有积极的引导与促进作用，为考生提高考场实战能力提供支持和帮助。最后，对编写本套教材的各位老师辛勤付出表示感谢！编委会成员（按姓氏笔画排序）：方鹏、兰燕卓、叶晓川、安晋城、杨秀清、邹龙妹、宋亚伟、肖沛权、贾若山、梁泽宇。

在此预祝各位考生在国家法律职业资格考试中一举通过。

中国政法大学法律职业资格考试中心

（原中国政法大学司法考试学院）

前　言

熟悉考试规律＋理性方法复习＝跨越法律职业资格考试

一、考查特点

2018 年以后，法律职业资格考试与以往司法考试不同，采取了客观题与主观题分两次考试的形式。由于客观题试卷由司法考试时代的三卷改为目前法考的两卷，因此，民事诉讼法与仲裁法客观题的分值也随之降低，但是在客观题总分值之中的比例不仅未降低，还略有提升，大约 38 分，占 12.7%。2018 年以后的主观题考查中，呈现出了非常明显的程序法与实体法相结合的态势，往往用一道综合性案例将民事诉讼法、仲裁法、破产法、物权法、合同法、担保法等均融合在了一起，还有可能将民事强制执行、仲裁法、破产法与公司法结合在一起。总之，在法律职业资格考试中，对民事诉讼法与仲裁法的考查呈现出强化实用性，且与实体法灵活结合的特点，这也是法律职业资格考试承担选拔优秀法律职业人才职责的需要。尽管法律职业资格考试呈现出新的考查特点，但就所考查的知识而言，仍然主要集中于民事诉讼法与仲裁法的重点知识。

2018 年首届法律职业资格考试之后不再公布真题，但是，法律职业考试作为一种在以往司法考试基础上演变而来的全国性资格考试，特别是在客观题考查方面，依然会基本承袭以往司法考试的规律与特点，因此，熟悉近几年的考查特点，对于备考 2024 年法律职业资格考试仍然具有很强的指导意义。从题型设计和考点分布来看，在民事诉讼法和仲裁制度部分有以下几个比较明显的特点：

（一）重者恒重、轻者恒轻、略有翻盘

民事诉讼法与仲裁制度部分是考试中考查分值与考查内容相对稳定的科目，其所涉及的知识点，基本上都是民事诉讼法与仲裁制度中的重点内容：民事诉讼法主要考查如管辖制度中级别管辖、地域管辖与裁定管辖中的移送管辖、管辖权转移与指定管辖，当事人制度中主要考查当事人的资格以及各种当事人的诉讼地位及其相应诉讼权利的运用，证据制度中主要考查证据的立法种类、理论分类以及举证责任的理解与分配，审判程序中主要侧重于一审程序、二审程序与审判监督程序的考查，执行程序中侧重于对执行异议、执行和解、执行管辖等的考查；仲裁制度中仍然主要集中于仲裁与民事诉讼的关系、仲裁协议、仲裁程序以及司法监督等。这些内容基本构成了历年考试中民事诉讼法与仲裁制度中最主要的得分点。但在这一重者恒重的考查规律之下，一些非重点知识同样以题量小、分值轻的方式进行考查，例如民事诉讼法的基本原则与制度、法院调解、保全与先予执行、特别程序、督促程序、公示催告程序、涉外民事诉讼的特别规定等知识。除此之外，偶尔还有一些从未考过的制度也会以略有翻盘的方式进行考查，如 2013 年考查了中国国际经济贸易仲裁委员会仲裁规则中的简易程序，2014 年考查了《公司法司法解释》中关于公司财产保全的问题，2015 年考查了律师作为诉讼代理人应向法院提交哪些文件，2016 年考查了参与分配异议之诉的当事人等，因此，对本部门法的掌握，重点内容依旧要重点掌握，这是最易命题最易拿到分数的内容；而对于其他的内容要结合自身情况掌握几个特殊要点，切忌本末倒置。

（二）理论性逐渐增强

民事诉讼法与仲裁制度总体来说是一门程序法，试题大多都集中在具体的法律条文和司法解释上，但是从近五年的题目看，越来越多试题涉及对当事人适格、民诉与仲裁的区别、审判程序与执行程序的区别等理论问题的考查，并且多是以类比型题目出现，对此类考题，如果考生只是死记硬背法条，而不深入理解法条背后所蕴含的理论原理，是无法解答的。因而，考生需花一些时间在学科理论的学习上，这对于理解各种具体的程序规定可以起到提纲挈领的作用。

（三）强化融会贯通理解知识的考查

近几年考试，越来越注重关联性知识的综合考查，使得直观性知识的考查与关联性知识的综合考查平分秋色。也就是说，一个题目蕴含多个知识点，在精简题目数量的同时却加大题目考查容量，并且不是简单知识点的堆砌考查，而是需从中找出千丝万缕的联系，这也预示着法律职业资格考试逐渐需要考生加强知识点的融会贯通能力和理解运用能力。

二、备考策略

民事诉讼法与仲裁制度的核心在于解决民事纠纷，通过法院行使审判权、当事人行使处分权，按照既定的民事诉讼或仲裁的流程，最终以判决或裁定的执行来息讼止争。流程是琐碎、复杂的，又具有体系性；权利是广泛的、对等的，又受到相应的限制和牵制。同时这些诉讼程序和民事权利的运转，在一定程度上依赖于民事诉讼的理论支持，且离不开立法、司法实践的丰富素材，因此考生在备考复习时，需要把握以下几个方面的问题：

其一，以法条为基础。民事诉讼法是程序法，其在考试中的很多题目就是法条的再现。特别是新增法条，已成为重点考查的内容，因此熟悉法条是应试的基本功之一。

其二，构建知识体系。近几年的考试，综合性试题日益增多，因此考生对单一法条的掌握已经不能应对日趋复杂的题目，因此，备考过程中，应当注意构建学科知识体系，从而综合性理解与运用知识。

其三，演练真题。真题中不乏旧瓶装新酒之题目，所以说做真题就是最好的练习。

其四，加深理论功力。近几年考试中，民诉部分理论型试题正在逐年增加。因此考生从复习开始，就要注意民事诉讼法中的重要理论，尤其是那些没有被体现为法律和司法解释的理论。并且，要在案例中综合掌握理论制度与法条规定，要多做比较、分析，通过案例的演练，提高民诉的理论功底和应试技能。

三、分值分布

	单项选择题		多项选择题		不定项选择题		案例分析题		合计		总计
	民诉	仲裁	民诉	仲裁	民诉	仲裁	民诉	仲裁	民诉	仲裁	
2017 年	14	2	16	2	12	0	19		61	4	65
2016 年	15	1	18	0	4	8	22		59	9	68
2015 年	15	1	18	0	12	0	22		67	1	68
2014 年	16	0	18	0	6	6	20		60	6	66
2013 年	16	0	18	0	6	6	25		65	6	71

目　录

第一章 民事诉讼的基本理论、基本原则与基本制度

考点一 基本原则

1. 根据《民事诉讼法》规定的诚信原则的基本精神，下列哪一选项符合诚信原则？(2014/3/37)[1]

A. 当事人以欺骗的方法形成不正当诉讼状态

B. 证人故意提供虚假证言

C. 法院根据案件审理情况对当事人提供的证据不予采信

D. 法院对当事人提出的证据任意进行取舍或否定

【解析】《民事诉讼法》第13条第1款规定，民事诉讼应当遵循诚实信用原则。这就意味着参与民事诉讼的各种主体均应当本着诚实善意的理念行使诉讼权利，实施民事诉讼行为，而不得滥用其诉讼权利，具体而言，诚实信用原则禁止当事人以欺骗性的方法形成不正当诉讼状态，禁止证人提供虚假证人证言，因此，选项A与B违反诚实信用原则。此外，诚实信用原则要求法院依法决定证据的取舍，而不得任意进行证据的取舍与否定，因此，选项D违反诚实信用原则。根据民事诉讼证据法理论，证据应当具备客观性、关联性、合法性，根据《民事诉讼法》第68条第2款的规定，法院可以根据案件审理情况决定对当事人提供的证据是否采信，因此，选项C是本题的答案。

2. 关于民事诉讼基本原则的表述，下列哪一选项是正确的？(2013/3/45)[2]

A. 外国人在我国进行民事诉讼时，与中国人享有同等的诉讼权利义务，体现了当事人诉讼权利平等原则

B. 法院未根据当事人的自认进行事实认定，违背了处分原则

C. 当事人主张的法律关系与法院根据案件事实作出的认定不一致时，根据处分原则，当事人可以变更诉讼请求

D. 环保组织向法院提起公益诉讼，体现了支持起诉原则

【解析】根据《民事诉讼法》第5条第1款关于同等原则的规定，选项A中外国人在我国进行民事诉讼时，与中国人享有同等的诉讼权利义务，体现的是同等原则，而不是平等原则，因此是不正确的。根据民事诉讼理论，法院根据当事人自认进行事实认定是约束性辩论原则的内容之一，因此，选项B违反辩论原则，而不是处分原则，是不正确的。关于诉讼请求的释明，2019年《民诉证据规定》对2002年《民诉证据规定》第35条作出了修改，新《民诉证

据规定》第53条规定："诉讼过程中，当事人主张的法律关系性质或者民事行为效力与人民法院根据案件事实作出的认定不一致的，人民法院应当将法律关系性质或者民事行为效力作为焦点问题进行审理。但法律关系性质对裁判理由及结果没有影响，或者有关问题已经当事人充分辩论的除外。存在前款情形，当事人根据法庭审理情况变更诉讼请求的，人民法院应当准许并可以根据案件的具体情况重新指定举证期限"。根据该规定，当法院根据案件事实认定的法律关系性质或者民事行为的效力与当事人主张的不一致的，法院不再向当事人直接释明变更诉讼请求，但是，应当将法律关系性质或者民事行为效力作为焦点问题进行审理，并且当事人有权根据法庭审理情况变更诉讼请求，这体现了处分原则，因此，根据新《民诉证据规定》，选项C是正确的。根据《民事诉讼法》第15条的规定，机关、社会团体、企业事业单位对损害国家、集体或者个人民事权益的行为，可以支持受损害的单位或者个人向人民法院起诉，选项D环保组织向法院提起公益诉讼体现的是直接起诉原则，而不是支持起诉原则，因此，选项D是不正确的。

【提示】平等原则的核心是双方当事人平等行使诉讼权利，以及法院平等对待双方当事人；而同等原则的核心在于给外国当事人以国民待遇。

3. 中国甲公司与德国乙公司进口设备买卖合同纠纷一案，中国甲公司以德国公司提供的设备有质量问题诉至中国A市法院，请求责令德国乙公司承担违约责任。关于本案诉讼的下列表述，哪些选项体现的是辩论原则？（模拟题）[1]

A. 德国乙公司与中国甲公司在诉讼中自行协商达成和解协议

B. 中国甲公司在诉讼中变更诉讼请求

C. 德国乙公司认为设备质量问题系中国甲公司不当使用所致

D. 中国甲公司与德国乙公司就该案能否适用德国法律发表意见

【解析】根据《民事诉讼法》第13条第2款的规定，当事人有权在法律规定的范围内处分自己的民事权利和诉讼权利。当事人自行协商达成和解协议以及当事人在诉讼中变更诉讼请求均系当事人的处分行为，体现的是处分原则，因此，选项A与选项B均不正确。根据《民事诉讼法》第12条的规定，人民法院审理民事案件时，当事人有权进行辩论。根据民事诉讼理论，当事人可以就程序问题、实体事实问题以及实体法律适用问题进行辩论，因此，选项C与选项D均正确。

考点二 基本制度

1. 黄某诉李某交通事故损害赔偿纠纷一案，由M区法院受理。开庭审理前，法院书面告知了黄某合议庭组成人员，黄某未提出回避申请。开庭时，黄某得知人民陪审员刘某与被告李某系亲戚，遂提出回避申请。关于本案，下列说法正确的是？（2018/客观仿真）[2]

A. 对刘某的回避申请，应当由院长决定

B. 黄某可以在得知刘某与被告李某系亲戚时提出回避申请

C. 若刘某被决定不回避，刘某有权申请复议一次

D. 若刘某被决定回避，则该案的诉讼程序应当重新进行

【解析】根据《民事诉讼法》第49条的规定，院长担任审判长或独任审判员时的回避，

---

〔1〕 CD 〔2〕 AB

由审判委员会决定；审判人员的回避，由院长决定；其他人员的回避，由审判长或独任审判员决定。本题中，人民陪审员刘某属于审判人员，其回避由院长决定。因此，选项 A 是正确的。

根据《民事诉讼法》第 48 条第 1 款的规定，当事人提出回避申请，应当说明理由，在案件开始审理时提出；回避事由在案件开始审理后知道的，也可以在法庭辩论终结前提出。因此，选项 B 是正确的。

根据《民事诉讼法》第 50 条的规定，人民法院对当事人提出的回避申请，应当在申请提出的 3 日内，以口头或者书面形式作出决定。申请人对决定不服的，可以在接到决定时申请复议一次。本题中，法院对刘某是否回避作出决定后，有权申请复议的是申请人黄某，而非刘某，因此，选项 C 是不正确的。

在民事诉讼中，审判人员被决定回避后，该案的诉讼程序是否需要重新进行，《民事诉讼法》对此未作出具体规定。因此，选项 D 是不正确的。

2. 不同的审判程序，审判组织的组成往往是不同的。关于审判组织的适用，下列哪一选项是正确的？（2016/3/35）[1]

A. 适用简易程序审理的案件，当事人不服一审判决上诉后发回重审的，可由审判员独任审判

B. 适用简易程序审理的案件，判决生效后启动再审程序进行再审的，可由审判员独任审判

C. 适用普通程序审理的案件，当事人双方同意，经上级法院批准，可由审判员独任审判

D. 适用选民资格案件审理程序的案件，应组成合议庭审理，而且只能由审判员组成合议庭

【解析】根据《民事诉讼法》第 41 条第 3 款的规定，发回重审的案件，原审人民法院应当按照第一审程序另行组成合议庭，故选项 A 不正确。根据该条第 4 款规定，再审程序应当另行组成合议庭，故选项 B 是不正确的。根据《民事诉讼法》第 40 条第 2 款的规定，基层人民法院审理的基本事实清楚、权利义务关系明确的第一审民事案件，可以由审判员一人适用普通程序独任审判。也就是说，适用普通程序独任审判应当符合法定条件，而无需双方当事人同意，也无需上级人民法院批准。故选项 C 是不正确的。根据《民事诉讼法》第 185 条的规定，选民资格案件应当由审判员组成合议庭，故选项 D 是正确的。

3. 某区法院审理原告许某与被告某饭店食物中毒纠纷一案。审前，法院书面告知许某合议庭由审判员甲、乙和人民陪审员丙组成时，许某未提出回避申请。开庭后，许某始知人民陪审员丙与被告法定代表人是亲兄弟，遂提出回避申请。关于本案的回避，下列哪一说法是正确的？（2015/3/36）[2]

A. 许某可在知道丙与被告法定代表人是亲兄弟时提出回避申请

B. 法院对回避申请作出决定前，丙不停止参与本案审理

C. 应由审判长决定丙是否应回避

D. 法院作出回避决定后，许某可对此提出上诉

【解析】根据《民诉解释》第 43 条的规定，审判人员是本案当事人近亲属的，当事人有权申请其回避；此外，根据《民事诉讼法》第 48 条的规定，回避事由在案件开始审理后知道的，也可以在法庭辩论终结前提出，因此，选项 A 是正确的。根据《民事诉讼法》第 48 条第 2 款的规定，被申请回避的人员在人民法院作出是否回避的决定前，应当暂停参与本案的工

作，但案件需要采取紧急措施的除外，因此，选项 B 是不正确的。根据《民事诉讼法》第 49 条的规定，审判人员的回避，由院长决定，因此，选项 C 是不正确的。根据《民事诉讼法》第 50 条的规定，申请人对回避决定不服的，可以在接到决定时申请复议一次，因此，选项 D 是不正确的。

第二章　主管与管辖

考点一　级别管辖

1. 德国人凯尔和中国人刘畅因感情破裂离婚，向经常居住地浙江省宁波市的法院提起诉讼，请求分割价值 1000 万元人民币的财产。关于本案的管辖权和法律适用问题，下列说法正确的是？（2023 年仿真题）[1]

A. 由于本案是涉外离婚诉讼，应该由宁波市中级人民法院进行管辖

B. 双方可以约定适用德国法解决财产分割问题

C. 可以分别约定适用中国法和德国法解决离婚和财产分割问题

D. 如果经调解达成离婚协议，当事人不可以请求法院按照调解协议制作并发给判决书

【解析】根据《民事诉讼法》第 19 条的规定，重大涉外案件由中级人民法院管辖，因此，选项 A 不正确。《涉外民事关系法律适用法》第 24 条规定，夫妻财产关系，当事人可以协议选择适用一方当事人经常居所地法律、国籍国法律或者主要财产所在地法律。当事人没有选择的，适用共同经常居所地法律；没有共同经常居所地的，适用共同国籍国法律。因此，选项 B 正确。根据该法第 23 条规定，夫妻人身关系，适用共同经常居所地法律；没有共同经常居所地的，适用共同国籍国法律。因此，选项 C 不正确。《民诉解释》第 528 条规定，涉外民事诉讼中，经调解双方达成协议，应当制发调解书。当事人要求发给判决书的，可以依协议的内容制作判决书送达当事人。因此，选项 D 不正确。

2. 根据《民事诉讼法》相关司法解释，下列哪些法院对专利纠纷案件享有管辖权？（2015/3/77）[2]

A. 知识产权法院

B. 所有的中级法院

C. 最高法院确定的中级法院

D. 最高法院确定的基层法院

【解析】根据《民诉解释》第 2 条第 1 款的规定，专利纠纷案件由知识产权法院、最高人民法院确定的中级人民法院和基层人民法院管辖，因此，选项 A、C 与 D 的法院有管辖权，而选项 B 的说法不正确。

---

[1]　B　〔2〕　ACD

考点二　地域管辖

1. 户籍在 A 区的甲某与户籍在 B 区的乙某签订借款合同，约定就借款合同发生纠纷，协商不成由乙某住所地法院管辖。户籍在 C 区的丙某与甲某、乙某签订保证合同，由丙某为甲某的借款提供连带保证责任，并约定就保证合同发生纠纷，协商不成由丙某住所地法院管辖。甲某到期未归还借款。关于本案管辖的下列表述，哪些是正确的？（2021 年仿真题）[1]

　　A. 如果乙某起诉甲某归还借款，由 B 区法院管辖
　　B. 如果乙某起诉甲某归还借款，由 A 区和 B 区法院管辖
　　C. 如果乙某起诉丙某归还借款，由 C 区法院管辖
　　D. 如果乙某起诉丙某归还借款，由 B 区和 C 区法院管辖

【解析】正确解答本题需注意两个关键事实：第一，丙某对甲某向乙某借款承担连带保证责任。根据《民法典》第 688 条第 2 款的规定，乙某可以单独起诉主债务人甲某还款，也可以单独起诉保证人丙某还款。第二，甲某与乙某的借款合同以及丙某与甲某、乙某的保证合同各自约定了管辖法院。

《民事诉讼法》第 35 条规定："合同或者其他财产权益纠纷的当事人可以书面协议选择被告住所地、合同履行地、合同签订地、原告住所地、标的物所在地等与争议有实际联系的地点的人民法院管辖，但不得违反本法对级别管辖和专属管辖的规定。"甲某与乙某的借款合同约定就借款合同发生纠纷，协商不成由乙某住所地法院管辖。该协议管辖有效，因此，如果乙某起诉甲某归还借款，应由乙某住所地 B 区法院管辖，故选项 A 正确，而选项 B 不正确。丙某与甲某、乙某的保证合同约定就保证合同发生纠纷，协商不成由丙某住所地法院管辖，该约定符合《民事诉讼法》第 35 条关于协议管辖的规定，为有效协议管辖，如果乙某起诉丙某归还借款，应由丙某住所地 C 区法院管辖，故选项 C 正确，而选项 D 不正确。

2. 甲公司住所地在 A 地，与乙公司签订仓储合同，约定将货物存储在 B 地，合同中约定产生纠纷由 C 县仲裁委员会仲裁，后甲公司与另一家公司合并成立丙公司，住所地在 D 地（与甲公司住所地不同）。合同履行期限届满后，经催告甲公司仍未履行合同义务，乙公司起诉丙公司请求支付仓库费用，并要求其承担违约责任。下列说法正确的是？（2018/客观仿真）[2]

　　A. 仲裁协议无效
　　B. C 县法院没有管辖权
　　C. 仓储合同有效
　　D. D 县法院有管辖权

【解析】根据《仲裁法》第 16 条第 2 款的规定，仲裁协议应当有选定的仲裁委员会。根据《仲裁法》第 10 条第 1 款的规定，仲裁委员会可以在直辖市和省、自治区人民政府所在地的市设立，也可以根据需要在其他设区的市设立，不按行政区划层层设立。本题中，合同约定由 C 县仲裁委员会仲裁，也就是说，双方选择了一个不存在的仲裁机构，因此，该仲裁协议无效，故选项 A 是正确的。

本案属于仓储合同纠纷，根据《民事诉讼法》第 24 条的规定，因合同纠纷提起的诉讼，由被告住所地或者合同履行地人民法院管辖。甲公司与另一家公司合并成立丙公司，丙公司应概括承受甲公司的仓储合同权利义务，根据《民诉解释》第 63 条的规定，企业法人合并的，

_____

〔1〕　AC　〔2〕　ABCD

因合并前的民事活动发生的纠纷，以合并后的企业为当事人，因此，丙公司为本合同纠纷的当事人，乙公司有权要求丙公司支付仓储费用，并承担违约责任。本案合同履行地在B地，被告住所地为D地，有管辖权的法院为B地法院和D地法院，C县法院没有管辖权，故选项B与选项D均是正确的。

本案仓储合同系双方当事人自愿协商订立的，且不存在《民法典》第146条、153条、154条规定的民事法律行为无效的法定情形。因此，该仓储合同有效，选项C是正确的。

3. A区的甲公司为其车辆投保B区乙保险公司的交强险，投保车辆在C区与另一辆小汽车相撞，经查，小汽车司机丙负全部责任，丙的住所地在D区，该车车主为E区的丁，该小汽车投保了F区保险公司的交强险，丙向丁借用了该车。乙保险公司赔付后向F区的保险公司追偿，有管辖权的法院是？（2018/客观仿真）[1]

　　A. D区法院　　　　　　　　　　　　B. C区法院
　　C. E区法院　　　　　　　　　　　　D. F区法院

【解析】正确解答本题的关键在于对乙保险公司赔付后向F区的保险公司追偿的诉讼属于何种性质的纠纷。本题中，司机丙驾驶小汽车撞上甲公司的投保车辆，形成侵权关系，乙保险公司向甲公司赔付后，即代位取得甲公司对小汽车投保的F区保险公司追偿的权利，因此，本题乙保险公司对F区保险公司提起的追偿诉讼不能依据保险合同纠纷确定管辖法院，而应当依照本案的基础法律关系，即侵权纠纷确定管辖法院。根据《民事诉讼法》第29条的规定，因侵权行为提起的诉讼，由侵权行为地或者被告住所地人民法院管辖。本案被告为住所地在F区的保险公司，侵权行为地为车辆相撞的地点C区，故选项B的C区法院和选项D的F区法院有管辖权，而选项A与选项C的法院无管辖权。

4. 关于管辖，下列哪一表述是正确的？（2014/3/39）[2]

　　A. 军人与非军人之间的民事诉讼，都应由军事法院管辖，体现了专门管辖的原则

　　B. 中外合资企业与外国公司之间的合同纠纷，应由中国法院管辖，体现了维护司法主权的原则

　　C. 最高法院通过司法解释授予部分基层法院专利纠纷案件初审管辖权，体现了平衡法院案件负担的原则

　　D. 不动产纠纷由不动产所在地法院管辖，体现了管辖恒定的原则

【解析】军事法院作为专门法院，根据《民诉解释》第11条的规定，双方当事人均为军人或者军队单位的民事案件由军事法院管辖。因此，选项A是不正确的。根据《民事诉讼法》第279条的规定，在中国境内履行的中外合资经营企业合同纠纷专属于中国法院管辖，而选项B是合同纠纷，中外合资企业只是合同纠纷的一方当事人，合同纠纷属于特殊地域管辖案件，不属于专属管辖的案件，因此，选项B是不正确的。根据民事诉讼理论，确定级别管辖应考虑各级人民法院之间的职能分工，最高法院通过司法解释授予部分基层法院专利纠纷案件初审管辖权，就是为了平衡中级人民法院管辖第一审专利纠纷案件的负担，因此，选项C是正确的。根据《民事诉讼法》第34条的规定，不动产纠纷应当专属于不动产所在地法院管辖，此外，根据民事诉讼理论，管辖恒定制度是指人民法院受理案件后，其对案件的管辖权不受确定管辖因素变化的影响，因此，不动产纠纷属于专属管辖制度，而不是管辖恒定制度，因此，选项D是不正确的。

---

［1］ **BD** ［2］ **C**

5. 根据《民事诉讼法》和相关司法解释的规定，法院的下列哪些做法是违法的？（2014/3/78）[1]

A. 在一起借款纠纷中，原告张海起诉被告李河时，李河居住在甲市 A 区。A 区法院受理案件后，李河搬到甲市 D 区居住，该法院知悉后将案件移送 D 区法院

B. 王丹在乙市 B 区被黄玫打伤，以为黄玫居住乙市 B 区，而向该区法院提起侵权诉讼。乙市 B 区法院受理后，查明黄玫的居住地是乙市 C 区，遂将案件移送乙市 C 区法院

C. 丙省高院规定，本省中院受理诉讼标的额 1000 万元至 5000 万元的财产案件。丙省 E 市中院受理一起标的额为 5005 万元的案件后，向丙省高院报请审理该案

D. 居住地为丁市 H 区的孙溪要求居住地为丁市 G 区的赵山依约在丁市 K 区履行合同。后因赵山下落不明，孙溪以赵山为被告向丁市 H 区法院提起违约诉讼，该法院以本院无管辖权为由裁定不予受理

【解析】选项 A 是借款纠纷，原告张海起诉被告李河时，李河居住在甲市 A 区，A 区法院对该纠纷有管辖权。根据《民诉解释》第 37 条的规定，案件受理后，受诉人民法院的管辖权不受当事人住所地、经常居住地变更的影响。此外，根据《民事诉讼法》第 37 条的规定，人民法院发现受理的案件不属于本院管辖的，应当移送有管辖权的人民法院，受移送的人民法院应当受理。因此，选项 A 的做法是违法的。

选项 B 王丹被黄玫打伤，提起侵权纠纷诉讼，根据《民事诉讼法》第 29 条的规定，侵权纠纷由被告住所地或者侵权行为地法院管辖，本题中，被告黄玫的住所地乙市 C 区和侵权行为地乙市 B 区对该案均有管辖权，因此，选项 B 的做法是违法的。

根据选项 C 的信息，丙省 E 市中院对一起标的额为 5005 万元的案件是没有级别管辖权的，其受理没有级别管辖权的案件后，应当根据《民事诉讼法》第 37 条关于移送管辖的规定，将案件移送给丙省高级人民法院。根据《民事诉讼法》第 39 条关于管辖权转移的规定，下级人民法院对它所管辖的第一审民事案件，认为需要由上级人民法院审理的，可以报请上级人民法院审理。因此，下级人民法院根据管辖权转移制度将其管辖的案件报请上级人民法院审理，前提是其对受理的案件有管辖权。而选项 C 中 E 市中级人民法院受理无级别管辖权的案件后向丙省高院报请审理该案，其做法是违法的，故选项 C 是违法的。

选项 D 是一起合同纠纷，根据《民事诉讼法》第 24 条的规定，因合同纠纷提起的诉讼，由被告住所地或者合同履行地人民法院管辖。本题应当由被告赵山居住地丁市 G 区和合同履行地丁市 K 区法院管辖，而丁市 H 区是原告孙溪的居住地，对本案没有管辖权，无权受理案件，因此，选项 D 的做法不违法。

6. 关于管辖制度的表述，下列哪些选项是不正确的？（2013/3/79）[2]

A. 对下落不明或者宣告失踪的人提起的民事诉讼，均应由原告住所地法院管辖

B. 因共同海损或者其他海损事故请求损害赔偿提起的诉讼，被告住所地法院享有管辖权

C. 甲区法院受理某技术转让合同纠纷案后，发现自己没有级别管辖权，将案件移送至甲市中院审理，这属于管辖权的转移

D. 当事人可以书面约定纠纷的管辖法院，这属于选择管辖

【解析】该题综合性考查地域管辖、移送管辖、管辖权转移、协议管辖以及选择管辖制度。根据《民事诉讼法》第 23 条的规定，对下落不明或者宣告失踪的人提起的有关身份关系的诉讼，由原告住所地法院管辖，选项 A 中未明确是否身份关系诉讼，因此，选项 A 是不正

——————

[1] ABC 　[2] ABCD

确的。

根据本法第33条的规定，因共同海损提起的诉讼，由船舶最先到达地、共同海损理算地或者航程终止地人民法院管辖；此外，根据本法第31条的规定，因船舶碰撞或者其他海损事故请求损害赔偿提起的诉讼，由碰撞发生地、碰撞船舶最先到达地、加害船舶被扣留地或者被告住所地人民法院管辖。因此，选项B是不正确的。

根据本法第37条的规定，甲区法院将没有级别管辖权的案件移送至甲市中院审理，属于移送管辖，而不是管辖权转移，因此，选项C是不正确的。

根据本法第35条的规定，当事人书面约定纠纷的管辖法院属于协议管辖；此外，根据本法第36条的规定，选择管辖是两个以上人民法院都有管辖权的诉讼，原告可以向其中一个人民法院起诉，因此，选项D是不正确的。

考点三　裁定管辖

1. A市东区居民朱某（男）与A市西县刘某结婚，婚后双方住A市东区。一年后，公司安排刘某赴A市南县分公司工作。三年之后，因感情不和朱某向A市东区法院起诉离婚。东区法院受理后，发现刘某经常居住地在南县，其对该案无管辖权，遂裁定将案件移送南县法院。南县法院收到案件后，认为无管辖权，将案件移送刘某户籍所在地西县法院。西县法院收到案件后也认为无管辖权。关于本案的管辖问题，下列哪些说法是正确的？（2016/3/77）[1]

A. 东区法院有管辖权

B. 南县法院有管辖权

C. 西县法院有管辖权

D. 西县法院认为自己没有管辖权，应当裁定移送有管辖权的法院

【解析】正确解答本题应当注意两个关键事实：第一，在本题的离婚诉讼中，被告刘某离开住所地超过一年。第二，被告刘某的住所地在西县，婚后住在东区一年后赴南县工作，到起诉时，刘某在南县居住已满一年，故南县是被告刘某的经常居住地。根据《民诉解释》第12条第1款的规定，夫妻一方离开住所地超过一年，另一方起诉离婚的，可以由原告住所地人民法院管辖。因此，选项A正确。该司法解释规定可以由原告住所地人民法院管辖时，并未排除被告所在地法院的管辖权，而本题中，被告刘某的住所地虽然在西县，但南县是被告的经常居住地，因此，南县法院作为被告经常居住地法院，对本案有管辖权，因此，选项B正确，而选项C不正确。根据《民事诉讼法》第37条的规定，受移送法院认为受移送的案件依照规定不属于本院管辖的，应当报请上级人民法院指定管辖，不得再自行移送。因此，选项D是不正确的。

2. 根据民事诉讼法的规定，下列关于管辖的表述，哪些选项是正确的？（模拟）[2]

A. 受理案件的法院将自己有管辖权的案件，认为需要由上级法院审理的，报请上级法院审理了移送管辖制度

B. 两个以上的法院对同一案件享有管辖权体现了共同管辖制度

C. 有管辖权的人民法院由于特殊原因，不能行使管辖权的，报请上级指定其他法院管辖体现了指定管辖制度

---

[1]　AB　[2]　BC

D. 受理案件的法院认为自己没有级别管辖权，将案件移送至上级法院管辖体现了管辖权转移制度

【解析】根据《民事诉讼法》第39条第2款的规定，下级人民法院对它所管辖的第一审民事案件，认为需要由上级人民法院审理的，可以报请上级人民法院审理。因此，选项A体现管辖权转移制度，而不是移送管辖，故选项A是不正确的。

根据民事诉讼理论，共同管辖是指两个以上法院对同一案件均有管辖权。因此，选项B是正确的。

根据《民事诉讼法》第38条第1款的规定，有管辖权的人民法院由于特殊原因，不能行使管辖权的，由上级人民法院指定管辖。因此，选项C体现的是指定管辖，故选项C是正确的。

根据《民事诉讼法》第37条的规定，人民法院发现受理的案件不属于本院管辖的，应当移送有管辖权的人民法院，受移送的人民法院应当受理。因此，选项D体现的是移送管辖，而非管辖权转移，故选项D是不正确的。

【提示】正确解答本题的关键在于准确区分移送管辖、管辖权转移与指定管辖。移送管辖的前提是受理案件的法院没有管辖权，将案件移送给有管辖权的法院，可以同级法院之间移送，也可以上下级法院之间移送。管辖权转移的前提是受理案件的法院有管辖权，将案件管辖权依法转移给没有管辖权的下级法院或者上级法院，使原本没有管辖权的法院基于管辖权转移而取得对案件的管辖权。指定管辖的前提也是受理案件的法院有管辖权，基于特殊原因报请上级法院将案件指定到其他同级别的法院审理。

3. 甲区的陈某与乙区的开发公司签订了一份商品房买卖合同，陈某购买开发公司位于丙区的一套三居室住房。因开发公司未按时交房，陈某诉至乙区法院要求开发公司交付三居室住房。乙区法院受理案件后，认为没有管辖权，将案件移送给丙区法院。关于本案的下列表述，哪一选项是不正确的？[1]

A. 乙区法院和丙区法院对本案有管辖权
B. 本案应当专属于丙区法院管辖
C. 陈某向乙区法院起诉体现了选择管辖制度
D. 乙区法院的移送做法是不正确的

【解析】正确解答本题应注意本案涉及的是商品房买卖合同，并非适用专属管辖的政策性房屋买卖合同，因此，如何确定管辖法院取决于当事人起诉所涉争议的性质。本题因开发公司未按时交房，陈某起诉要求其交付住房，属于开发公司违约引起的合同纠纷，根据《民事诉讼法》第24条的规定，由被告住所地或合同履行地法院管辖。另外，双方未约定合同履行地，根据《民诉解释》第18条的规定，陈某要求开发公司交付住房，房屋所在地丙区为合同履行地，故本案应由被告开发公司住所地乙区法院和合同履行地丙区法院管辖，因此，选项A正确，而选项B不正确。根据《民事诉讼法》第36条的规定，两个以上人民法院都有管辖权的诉讼，原告可以选择向其中一个人民法院起诉，因此，选项C正确。根据《民事诉讼法》第37条的规定，人民法院发现受理的案件不属于本院管辖的，应当移送有管辖权的人民法院，本题中乙区法院有管辖权，其移送管辖的做法是不正确的，因此，选项D正确。

4. 甲向区法院起诉要求乙还钱，区法院受理案件后，乙未提交答辩状，也没有提管辖权异议。区法院审查案件时发现甲乙之间的借款合同约定了管辖法院，本法院无管辖权。关于本

---

[1] B

案区法院的下列做法，哪一做法是正确的？（模拟题）〔1〕

    A. 区法院能取得应诉管辖权   B. 区法院应移送管辖

    C. 区法院缺席判决   D. 区法院裁定驳回甲的起诉

【解析】《民事诉讼法》第130条第2款规定，当事人未提出管辖异议，并应诉答辩或者提出反诉的，视为受诉人民法院有管辖权，但违反级别管辖和专属管辖规定的除外。本题中，区法院受理案件后，乙未提交答辩状，也没有提管辖权异议，因此，乙的行为并未构成应诉管辖，选项A不正确。《民事诉讼法》第37条规定，人民法院发现受理的案件不属于本院管辖的，应当移送有管辖权的人民法院，受移送的人民法院应当受理。因此，选项B正确，而选项D不正确。根据《民事诉讼法》第147条的规定，缺席判决适用于被告经传票传唤，无正当理由拒不到庭的，或者未经法庭许可中途退庭，本题不存在缺席判决的适用情形，且区法院对本案无管辖权，因此，选项C不正确。

考点四　管辖权异议

1. 甲向法院起诉要求乙还钱，区法院受理案件后，乙未提交答辩状，也没有提管辖权异议，经公告送达后，开庭时乙未到庭参加诉讼。区法院审查案件时发现甲乙之间的借款合同约定了管辖法院，本法院无管辖权。关于本案区法院的下列做法，哪一做法是正确的？（2019年仿真题）〔2〕

    A. 区法院能取得应诉管辖权   B. 区法院应移送管辖

    C. 区法院缺席判决   D. 区法院驳回甲的起诉

【解析】根据《民事诉讼法》第130条第2款的规定，当事人未提出管辖异议，并应诉答辩的，视为受诉人民法院有管辖权，但违反级别管辖和专属管辖规定的除外。本题中，乙未提交答辩状，也没有提出管辖权异议，且开庭时也未到庭，因此，乙未应诉答辩，故选项A不正确。根据《民事诉讼法》第37条的规定，人民法院发现受理的案件不属于本院管辖的，应当移送有管辖权的人民法院，受移送的人民法院应当受理。因此，选项B是正确的。由于区法院对本案无管辖权，因此，其无权对本案作出相应的处理，故选项C与D均是不正确的。

2. 2017年5月，户籍在甲区的刘某向户籍在乙区的赵某借款70万元，约定借款期限为3个月。因刘某到期未归还借款，2017年10月，赵某向甲区法院起诉要求刘某归还70万元借款及利息。甲区法院受理案件后，2017年12月，刘某将户籍迁至丙区，甲区法院将案件移送给丙区法院，丙区法院审理后判决支持赵某的诉讼请求。刘某不服上诉至市中级法院，并提出一审丙区法院没有管辖权。关于本案的下列表述，哪些是正确的？（2018/客观仿真）〔3〕

    A. 甲区法院对本案没有管辖权   B. 甲区法院移送管辖的做法是正确的

    C. 刘某在二审中无权提出管辖权异议   D. 甲区法院对本案有管辖权

【解析】本题中，赵某起诉时，被告刘某的住所地在甲区，甲区法院受理案件后，刘某将户籍迁至丙区。根据《民诉解释》第37条的规定，案件受理后，受诉人民法院的管辖权不受当事人住所地、经常居住地变更的影响。因此，选项A与选项B均是不正确的，而选项D是正确的。

根据《民事诉讼法》第130条第1款的规定，人民法院受理案件后，当事人对管辖权有异议的，应当在提交答辩状期间提出。因此，选项C是正确的。

---

〔1〕 B　〔2〕 B　〔3〕 CD

3. 法院受理案件后，被告提出管辖异议，依据法律和司法解释规定，其可以采取下列哪些救济措施？（2016/3/78）[1]

A. 向受诉法院提出管辖权异议，要求受诉法院对管辖权的归属进行审查

B. 向受诉法院的上级法院提出异议，要求上级法院对案件的管辖权进行审查

C. 在法院对管辖异议驳回的情况下，可以对该裁定提起上诉

D. 在法院对案件审理终结后，可以以管辖错误作为法定理由申请再审

【解析】 根据《民事诉讼法》第130条第1款的规定，人民法院受理案件后，当事人对管辖权有异议的，应当在提交答辩状期间提出。因此，选项A是正确的，而选项B是不正确的。根据《民事诉讼法》第157条的规定，当事人对驳回管辖权异议的裁定可以上诉，因此，选项C是正确的。此外根据《民事诉讼法》第211条关于当事人申请再审的法定情形，管辖错误不属于申请再审的法定事由，因此，选项D是不正确的。

---

[1] AC

第三章 诉

考点一 诉的分类

李某驾车不慎追尾撞坏刘某轿车,刘某向法院起诉要求李某将车修好。在诉讼过程中,刘某变更诉讼请求,要求李某赔偿损失并赔礼道歉。针对本案的诉讼请求变更,下列哪一说法是正确的?(2015/3/37)[1]

A. 该诉的诉讼标的同时发生变更　　　　B. 法院应依法不允许刘某变更诉讼请求
C. 该诉成为变更之诉　　　　　　　　　D. 该诉仍属给付之诉

【解析】该案中刘某与李某发生争议请求人民法院裁判的民事法律关系始终是侵权关系,只是刘某的诉讼请求由要求李某将车修好变更为赔偿损失并赔礼道歉,因此,该案的诉讼标的未发生变化,故选项A是不正确的。根据《民事诉讼法》第54条的规定,原告可以变更诉讼请求,因此,选项B是不正确的。该案刘某向法院起诉要求李某将车修好,属于给付之诉;诉讼中,刘某变更后的诉讼请求,是要求李某赔偿损失并赔礼道歉,仍然属于给付之诉,因此,即使刘某在诉讼中变更请求,其请求内容的性质并未变化,仍属于给付之诉,故选项C是不正确的,而选项D是正确的。

考点二 反诉

1. 刘某与曹某签订房屋租赁合同,后刘某向法院起诉,要求曹某依约支付租金。曹某向法院提出的下列哪一主张可能构成反诉?(2014/3/43)[2]

A. 刘某的支付租金请求权已经超过诉讼时效
B. 租赁合同无效
C. 自己无支付能力
D. 自己已经支付了租金

【解析】根据民事诉讼理论,反诉是指在本诉的进行过程中,本诉的被告针对本诉的原告提出的与本诉具有牵连性、目的在于抵销或者吞并本诉请求的独立的反请求。可见,反诉就其性质而言是一种独立的诉,因此,选项B符合本题要求。选项A是被告曹某提出的一种阻却原告刘某权利实现的诉讼抗辩,选项D是被告曹某提出的一种消灭原告刘某权利的民诉抗辩,两

---

[1]　D　[2]　B

个选项的目的在于使原告的诉讼请求被法院判决驳回。而选项 C 只是被告曹某陈述的一种事实，因此，选项 A、C 与 D 不能构成反诉。

2. 关于反诉，下列哪些表述是正确的？（2013/3/80）[1]

A. 反诉的原告只能是本诉的被告

B. 反诉与本诉必须适用同一诉讼程序

C. 反诉必须在答辩期届满前提出

D. 反诉与本诉之间须存在牵连关系，因此必须源于同一法律关系

【解析】该题直接考查反诉的特征。根据民事诉讼理论，反诉应具有几个主要特征：（1）反诉主体特定，即反诉只能由本诉的被告针对本诉的原告提起，因此，选项 A 是正确的。（2）反诉与本诉必须适用同一诉讼程序，因此，选项 B 是正确的。（3）反诉应在法定期间内提出，《民诉解释》第 232 条的规定，在案件受理后，法庭辩论结束前，原告增加诉讼请求，被告提出反诉，第三人提出与本案有关的诉讼请求，可以合并审理的，人民法院应当合并审理。由此可见，反诉可以在法庭辩论结束前提出，因此，选项 C 是不正确的。（4）反诉与本诉之间具有牵连性，《民诉解释》第 233 条第 2 款的规定，反诉与本诉的诉讼请求基于相同法律关系、诉讼请求之间具有因果关系，或者反诉与本诉的诉讼请求基于相同事实的，人民法院应当合并审理。由此可见，反诉与本诉可以源于同一法律关系，也可以源于相牵连的不同法律关系，因此，选项 D 是不正确的。

3. 甲公司与乙公司设备买卖合同纠纷一案，甲公司诉至 A 区法院请求责令乙公司支付设备款 120 万元。在本案诉讼中，关于乙公司主张的下列表述，哪一项是不正确的？[2]

A. 乙公司主张甲公司起诉已超过诉讼时效属于诉讼抗辩

B. 乙公司请求法院责令甲公司赔偿因设备质量缺陷给自己造成的损失 30 万元属于反诉

C. 乙公司主张设备买卖合同上的签字盖章系甲公司伪造属于反驳

D. 乙公司主张已经向甲公司支付 120 万元设备款属于反驳

【解析】正确解答本题的关键在于区分反诉、诉讼抗辩与反驳。应注意两点：第一，三者中只有反诉具有诉的性质，而诉讼抗辩与反驳只是当事人的诉讼权利；第二，三者中反诉与诉讼抗辩的提出者均提出了自己的独立主张，而反驳的提出者未提出自己的独立主张，只是否定对方当事人提出的主张。选项 A 中乙公司主张甲公司起诉已超过诉讼时效系阻碍甲公司的诉讼请求获得法院支持的独立主张，属于诉讼抗辩，故选项 A 正确。选项 B 乙公司请求法院责令甲公司赔偿因设备质量缺陷给自己造成的损失 30 万元构成一个独立的给付之诉，且与甲公司请求责令其支付设备款 120 万元的本诉系基于同一设备买卖合同关系提出的具有牵连性的反请求，构成反诉，故选项 B 正确。选项 C 乙公司主张设备买卖合同上的签字盖章系甲公司伪造，系针对甲公司支持其诉讼请求所提出证据真实性的否定主张，属于反驳，故选项 C 正确。选项 D 乙公司主张已经向甲公司支付 120 万元设备款属于乙公司提出的消灭甲公司权利的独立主张，属于诉讼抗辩，故选项 D 不正确。

---

[1] AB　[2] D

第四章　当事人与诉讼代理人

考点一　当事人资格

1. 马迪由阳光劳务公司派往五湖公司担任驾驶员。因五湖公司经常要求加班，且不发加班费，马迪与五湖公司发生争议，向劳动争议仲裁委员会申请仲裁。关于本案仲裁当事人的确定，下列哪一表述是正确的？（2017/3/37）[1]

A. 马迪是申请人，五湖公司为被申请人

B. 马迪是申请人，五湖公司和阳光劳务公司为被申请人

C. 马迪是申请人，五湖公司为被申请人，阳光劳务公司可作为第三人参加诉讼

D. 马迪和阳光劳务公司为申请人，五湖公司为被申请人

【解析】本题中，阳光劳务公司是劳务派遣单位，而五湖公司是用人单位。根据《劳动争议调解仲裁法》第22条规定，发生劳动争议的劳动者和用人单位为劳动争议仲裁案件的双方当事人。劳务派遣单位或者用工单位与劳动者发生劳动争议的，劳务派遣单位和用工单位为共同当事人。因此，选项B正确，其余选项均是错误的。

2. 根据民事诉讼理论和相关法律法规，关于当事人的表述，下列哪些选项是正确的？（2014/3/81）[2]

A. 依法解散并注销的法人可以自己的名义作为当事人进行诉讼

B. 被宣告为无行为能力的成年人可以自己的名义作为当事人进行诉讼

C. 不具有法人资格的非法人组织依法可以自己的名义作为当事人进行诉讼

D. 中国消费者协会可以自己的名义作为当事人，对侵害众多消费者权益的企业提起公益诉讼

【解析】根据《民诉解释》第64条的规定，企业法人解散的，依法清算并注销前，以该企业法人为当事人；未依法清算即被注销的，以该企业法人的股东、发起人或者出资人为当事人。如果法人依法被解散、被撤销，则其民事主体资格灭失，因此，选项A是不正确的。

公民的诉讼权利能力始于出生，终于死亡，因此，选项B是正确的。

根据《民事诉讼法》第51条第1款的规定，公民、法人和其他组织可以作为民事诉讼的当事人。因此，选项C是正确的。

根据《消费者权益保护法》第47条的规定，对侵害众多消费者合法权益的行为，中国消费者协会以及在省、自治区、直辖市设立的消费者协会，可以向人民法院提起诉讼，因此，选

---

[1]　B　[2]　BCD

项 D 是正确的。

考点二 共同诉讼

1. 一个玩具展销协会组织开了一个玩具展览会，个体工商户 A 某向 B 某借了营业执照，租了 C 公司的柜台，卖 D 公司的拼图，消费者 E 某买回商品发现少了一块拼图。请问 E 某在展览会结束前可以谁为被告向法院起诉？（2019 年仿真题）[1]

    A. 玩具展销协会   B. A 某与 B 某

    C. C 公司   D. D 公司

【解析】正确解答本题应注意两个主要信息：第一，A 某向 B 某借了营业执照租了 C 公司的柜台在玩具展览会上卖玩具；第二，消费者 E 某在该柜台购买了拼图。根据《民诉解释》第 59 条第 2 款的规定，营业执照上登记的经营者与实际经营者不一致的，以登记的经营者和实际经营者为共同诉讼人。因此，选项 B 是本题答案，其余选项均不正确。

2. 精神病人姜某冲入向阳幼儿园将入托的小明打伤，小明的父母与姜某的监护人朱某及向阳幼儿园协商赔偿事宜无果，拟向法院提起诉讼。关于本案当事人的确定，下列哪一选项是正确的？（2016/3/36）[2]

    A. 姜某是被告，朱某是无独立请求权第三人

    B. 姜某与朱某是共同被告，向阳幼儿园是无独立请求权第三人

    C. 向阳幼儿园与姜某是共同被告

    D. 姜某、朱某、向阳幼儿园是共同被告

【解析】根据《民诉解释》第 67 条的规定，无民事行为能力人、限制民事行为能力人造成他人损害的，无民事行为能力人、限制民事行为能力人和其监护人为共同被告。本题中，精神病人姜某及其监护人朱某应作为共同被告。此外，根据《民法典》第 1199 条的规定，无民事行为能力人在幼儿园、学校或者其他教育机构学习、生活期间受到人身损害的，幼儿园、学校或者其他教育机构应当承担侵权责任；但是，能够证明尽到教育、管理职责的，不承担侵权责任。幼儿园对小明被打伤也存在监护过错，也应作为本案的共同被告，因此，选项 D 是正确的，其余选项均是不正确的。

3. 小桐是由菲特公司派遣到苏拉公司工作的人员，在一次完成苏拉公司分配的工作任务时，失误造成路人周某受伤，因赔偿问题周某起诉至法院。关于本案被告的确定，下列哪一选项是正确的？（2016/3/37）[3]

    A. 起诉苏拉公司时，应追加菲特公司为共同被告

    B. 起诉苏拉公司时，应追加菲特公司为无独立请求权第三人

    C. 起诉菲特公司时，应追加苏拉公司为共同被告

    D. 起诉菲特公司时，应追加苏拉公司为无独立请求权第三人

【解析】根据《民诉解释》第 58 条的规定，在劳务派遣期间，被派遣的工作人员因执行工作任务造成他人损害的，以接受劳务派遣的用工单位为当事人。当事人主张劳务派遣单位承担责任的，该劳务派遣单位为共同被告。也就是说，接受劳务派遣的单位可以单独作为被告，但是派遣单位只能作为共同被告，而不得单独作为被告，因此，选项 C 是正确的，其余选项均

----

[1] B [2] D [3] C

是不正确的。

4. 徐某开设打印设计中心并以自己名义登记领取了个体工商户营业执照,该中心未起字号。不久,徐某应征入伍,将该中心转让给同学李某经营,未办理工商变更登记。后该中心承接广告公司业务,款项已收却未能按期交货,遭广告公司起诉。下列哪一选项是本案的适格被告?(2015/3/39)[1]

A. 李某
B. 李某和徐某
C. 李某和该中心
D. 李某、徐某和该中心

【解析】根据《民诉解释》第59条的规定,在诉讼中,个体工商户以营业执照上登记的经营者为当事人。营业执照上登记的经营者与实际经营者不一致的,以登记的经营者和实际的经营者为共同诉讼人。因此,选项B是正确的,其余选项是不正确的。

5. 甲向大恒银行借款100万元,乙承担连带保证责任,甲到期未能归还借款,大恒银行向法院起诉甲乙二人,要求其履行债务。关于诉的合并和共同诉讼的判断,下列哪些选项是正确的?(2013/3/77)[2]

A. 本案属于诉的主体的合并
B. 本案属于诉的客体的合并
C. 本案属于必要共同诉讼
D. 本案属于普通共同诉讼

【解析】该题考查诉的合并理论及必要共同诉讼情形的适用。根据诉的合并理论,诉的合并有三种,即诉的主观合并、诉的客观合并和诉的混合合并。其中,诉的主观合并是指诉的当事人的合并;诉的客观合并是指诉的请求的合并;而诉的混合合并是指既有诉的主观合并,又有诉的客观合并。共同诉讼属于诉的当事人的合并,因此,选项A是正确的,而选项B是不正确的。

根据《民诉解释》第66条的规定,因保证合同纠纷提起的诉讼,债权人向保证人和被保证人一并主张权利的,人民法院应当将保证人和被保证人列为共同被告。本题中,乙某对甲向大恒银行的借款承担连带保证责任,大恒银行起诉甲乙二人,二人应作为必要共同诉讼人,因此,选项C是正确的,而选项D是不正确的。

【特别提示】在解答涉及保证合同关系的题目时,应注意《民法典》第686条第2款与《民诉解释》第66条关于一般保证责任保证和连带责任保证确定规定的不同,根据《民法典》第686条第2款的规定,当事人在保证合同中对保证方式没有约定或者约定不明确的,按照一般保证承担保证责任。而根据《民诉解释》第66条的规定,保证合同约定为一般保证,债权人仅起诉保证人的,人民法院应通知被保证人作为共同被告参加诉讼。换言之,根据《民诉解释》第66条的规定,一般责任需保证合同作出约定,这与《民法典》第686条第2款的规定相反,因此,在确定保证责任方式时,应当遵循《民法典》第686条第2款所确立的连带责任保证需当事人约定的规则。

6. 户籍在甲区的吴某挂靠在乙区的天虹出租公司名下从事出租运营业务,某日在丙区运营中与骑电动车的丁区陈某相撞,交警认定吴某负全责。陈某就损害赔偿一事,与天虹出租公司交涉未果,向法院起诉天虹出租公司赔偿其损失。关于本案的下列说法,哪一选项是正确的?(模拟题)[3]

A. 甲区、乙区和丙区法院均有管辖权
B. 法院应追加吴某作为共同被告
C. 吴某和天虹出租公司应承担连带责任

---

[1] B [2] AC [3] D

D. 乙区和丙区法院有管辖权

【解析】正确解答本题应注意两个关键事实：第一，甲区的吴某与乙区的天虹出租公司系挂靠关系；第二，吴某与丁区的陈某在丙区相撞，吴某负全责。《民法典》第1211条规定，以挂靠形式从事道路运输经营活动的机动车，发生交通事故造成损害，属于该机动车一方责任的，由挂靠人和被挂靠人承担连带责任。《民诉解释》第54条规定：以挂靠形式从事民事活动，当事人请求由挂靠人和被挂靠人依法承担民事责任的，该挂靠人和被挂靠人为共同诉讼人。由上述规定可以看出，吴某与天虹公司的诉讼地位取决于陈某如何起诉，换言之，虽然吴某与天虹公司存在法定连带责任，但在具体的诉讼中是否承担连带责任取决于陈某是否将两者作为共同被告提起诉讼。本题中，陈某向法院起诉天虹公司赔偿其损失，因此，天虹公司为被告，法院无需追加吴某作为共同被告，因此，选项B与C均不正确。本题系侵权引起的纠纷，根据《民事诉讼法》第29条的规定，由被告住所地或者侵权行为地法院管辖，本题被告天虹公司的住所地在乙区，侵权行为地在丙区，故乙区和丙区法院有管辖权，因此，选择A不正确，而选项D正确。

考点三　诉讼代表人

A上市公司披露虚假信息，致使股民利益受损。报纸披露此消息后，购买过该A上市公司股票的股民纷纷起诉A上市公司，要求赔偿损失。经法院公告后，甲、乙、丙、丁等30名股民向法院登记权利，甲和乙被推选为诉讼代表人参加诉讼，但丙与丁不同意甲与乙作为代表人。下列哪一选项是正确的？（模拟）[1]

A. 法院应当与30名股民协商确定代表人

B. 丙与丁可以亲自进行诉讼

C. 甲因病不能参加诉讼，可以委托一至两人作为诉讼代理人，而无需征得被代表的当事人的同意

D. 甲和乙经超过半数原告方当事人同意，可以和A厂签订和解协议

【解析】本题属于人数不确定的代表人诉讼。根据《民诉解释》第77条的规定，人数不确定的代表人诉讼，首先由在人民法院登记权利的当事人推选代表人；如果推选不出，可由人民法院提出人选与当事人协商；协商不成的才由人民法院指定。本题中，甲与乙已经被推选为诉讼代表人，因此，选项A是不正确的。

人数不确定的代表人诉讼均属于诉讼标的同一种类的普通共同诉讼，因当事人一方或者双方当事人人数众多而形成，诉讼代表人确定后，不同意诉讼代表人的当事人可以另行起诉，因此，选项B是不正确的。

根据《民事诉讼法》第57条第3款的规定，代表人的诉讼行为对其所代表的当事人发生效力，但代表人变更、放弃诉讼请求或者承认对方当事人的诉讼请求，进行和解，必须经被代表的当事人同意。因此，选项C是正确的，而选项D是不正确的。

---

[1] C

考点四　公益诉讼

1. 瑞达科技公司排放工业废气严重污染某沙漠。甲市环保组织向甲市中级法院提起环境公益诉讼，责令瑞达科技公司停止排污。甲市中级法院受理案件后20日，书面告知甲市环保局。开庭前，省环保组织申请参加诉讼。瑞达科技公司认为甲市环保组织提起诉讼影响其声誉，双方自行达成和解协议，瑞达科技公司停止排污，甲市环保组织以此为由申请撤诉。关于本案的下列表述，哪些是不正确的？（2018/客观仿真）[1]

A. 甲市中级法院书面告知甲市环保局的做法是正确的

B. 省环保组织可以作为本案的共同原告

C. 瑞达科技公司可以提起反诉

D. 甲市中级法院应裁定准许甲市环保组织的撤诉申请

【解析】根据《最高人民法院关于审理环境民事公益诉讼案件适用法律若干问题的解释》（以下简称《环境公益诉讼解释》）第12条的规定，人民法院受理环境民事公益诉讼后，应当在10日内告知对被告行为负有环境资源保护监督管理职责的部门。因此，选项A是不正确的。

根据《环境公益诉讼解释》第10条第2款的规定，有权提起诉讼的其他机关和社会组织在公告之日起30日内申请参加诉讼，经审查符合法定条件的，人民法院应当将其列为共同原告；逾期申请的，不予准许。因此，选项B是正确的。

根据《环境公益诉讼解释》第17条的规定，环境民事公益诉讼案件审理过程中，被告以反诉方式提出诉讼请求的，人民法院不予受理。因此，选项C是不正确的。

根据《环境公益诉讼解释》第25条第1款、第2款的规定，环境民事公益诉讼当事人达成调解协议或者自行达成和解协议后，人民法院应将协议内容公告，公告期间不少于30日。公告期满后，人民法院审查认为调解协议或者和解协议的内容不损害社会公共利益的，应当出具调解书。当事人以达成和解协议为由申请撤诉的，不予准许。因此，选项D是不正确的。

2. 某品牌手机生产商在手机出厂前预装众多程序，大幅侵占标明内存，某省消费者保护协会以侵害消费者知情权为由提起公益诉讼，法院受理了该案。下列哪一说法是正确的？（2015/3/35）[2]

A. 本案应当由侵权行为地或者被告住所地中级法院管辖

B. 本案原告没有撤诉权

C. 本案当事人不可以和解，法院也不可以调解

D. 因该案已受理，购买该品牌手机的消费者甲若以前述理由诉请赔偿，法院不予受理

【解析】根据《民诉解释》第283条第1款的规定，公益诉讼案件由侵权行为地或者被告住所地中级人民法院管辖，因此，选项A是正确的。

根据该解释第288条的规定，公益诉讼案件的原告在法庭辩论终结后申请撤诉的，人民法院不予准许，因此，选项B是不正确的。

根据该解释第287条第1款的规定，对公益诉讼案件，当事人可以和解，人民法院可以调解，因此，选项C是不正确的。

根据该解释第286条的规定，人民法院受理公益诉讼案件，不影响同一侵权行为的受害人

根据《民事诉讼法》第122条规定提起诉讼，因此，选项D是不正确的。

3. 根据《民事诉讼法》，关于公益诉讼的表述，下列哪一选项是错误的？（2013/3/35）[1]

A. 公益诉讼规则的设立，体现了依法治国的法治理念

B. 公益诉讼的起诉主体只限于法律授权的机关或团体

C. 公益诉讼规则的设立，有利于保障我国经济社会全面协调发展

D. 公益诉讼的提起必须以存在实际损害为前提

【解析】该题直接考查对公益诉讼制度的理解。公益诉讼制度的设立以维护社会公共利益为目的，有利于维护社会发展，体现了依法治国的法治理念，因此，选项A与选项C是正确的。

根据《民事诉讼法》第58条第1款的规定，对于公益诉讼，法律规定的机关和有关组织可以向人民法院提起诉讼，因此，选项B是正确的。

公益诉讼具有事前预防与事后救济的双重社会功能，公益诉讼既可以针对已经损害社会公共利益的行为提起，也可以针对存在潜在危害的行为提起，因此，选项D是错误的。

考点五　第三人

1. 乙公司要求甲公司偿还借款，甲公司没钱，但对丙公司有到期债权。乙公司以丙公司为被告向A法院提起代位权诉讼。A法院受理之后，发现甲公司的另一个债权人丁公司向B法院申请执行甲公司对丙公司的到期债权，且B法院已对该到期债权进行了冻结。下列何种表述是正确的？（2023年仿真题）[2]

A. 判决驳回乙公司的诉讼请求

B. 甲公司是无独立请求权的第三人

C. 追加丁公司为共同原告

D、甲公司为有独立请求权的第三人

【解析】《民法典》第535条第1款规定，因债务人怠于行使其债权或者与该债权有关的从权利，影响债权人的到期债权实现的，债权人可以向人民法院请求以自己的名义代为行使债务人对相对人的权利，但是该权利专属于债务人自身的除外。在本题中，乙公司有权对次债务人丙公司提起代位权诉讼，因此，选项A不正确。A法院对乙公司提起的代位权诉讼的处理结果，影响到甲公司对丙公司主张其债权，因此，甲公司系无独立请求权的第三人，选项B正确，而选项C与D均不正确。

2. 李某、潘某、钱某、甘某共有一玉石，各占比例25%，钱某将自己份额转让给郭某，潘某得知后向法院起诉主张优先购买权，李某明确表示不想增加自己的份额，甘某一直没有作出意思表示。关于本案的下列选项，哪些是正确的？（2019年仿真题）[3]

A. 李某可作共同原告，其不出席不影响审判结果

B. 钱某是被告

C. 郭某是第三人

D. 甘某可作共同原告，其不出席不影响审判结果

【解析】正确解答本题需注意一个前提性事实，即李某、潘某、钱某、甘某按份共有一玉

---

[1] D　[2] B　[3] BCD

石。根据《民法典》第 306 条第 1 款的规定，按份共有人可以转让其享有的共有的不动产或者动产份额。其他共有人在同等条件下享有优先购买的权利。本题中，钱某转让自己的份额时，李某、潘某、甘某在同等条件下均享有优先购买的权利，因此，钱某将自己份额转让给郭某即侵犯了李某、潘某与甘某的优先购买权。在潘某主张优先购买权的诉讼中，钱某应当作为被告，故选项 B 正确。李某与甘某是否需要作为共同原告参加诉讼需取决于其对是否主张优先购买权的态度。根据《民诉解释》第 74 条的规定，人民法院追加共同诉讼的当事人时，应当通知其他当事人。应当追加的原告，已明确表示放弃实体权利的，可以不予追加；既不愿意参加诉讼，又不放弃实体权利的，仍应追加为共同原告，其不参加诉讼，不影响人民法院对案件的审理和依法作出判决。本题中，李某明确表示不想增加自己的份额，故法院可以不追加李某作为原告，因此，选项 A 是不正确的；而甘某一直没有作出意思表示，因此，应追加其作为共同原告，其不参加诉讼，不影响人民法院对案件的审理和依法作出判决，故选项 D 是正确的。本案的处理结果影响受让钱某份额的郭某的实体利益，因此，郭某是无独立请求权的第三人，故选项 C 是正确的。

3. 甲对乙有 20 万债权，甲发现乙免除了对丙的 50 万债务，甲起诉请求法院撤销乙免除丙 50 万元债务的行为。诉讼中甲与乙自行达成和解协议，乙用一个宝物抵偿甲的 20 万债权，法院根据申请制作并送达了调解书。此后丁主张宝物是自己的，向法院提起第三人撤销之诉。关于第三人撤销之诉当事人的下列说法，哪一选项是正确的？（2019 年仿真题）[1]

    A. 甲、乙、丙均为被告   B. 甲与乙为被告，丙为第三人

    C. 甲与乙为被告，丙无需参加诉讼   D. 乙为被告，甲为第三人

【解析】 正确解答本题需要注意以下两点重要事实：第一，在甲起诉请求法院撤销乙免除丙 50 万元债务行为的诉讼中，乙是被告，丙是无独立请求权的第三人。第二，法院制作的调解书未责令丙承担民事责任。

根据《民诉解释》第 296 条的规定，第三人提起撤销之诉，人民法院应当将该第三人列为原告，生效判决、裁定、调解书的当事人列为被告，但生效判决、裁定、调解书中没有承担责任的无独立请求权的第三人列为第三人。选项 B 是正确的，其余选项均是不正确的。

4. 汤某设宴为母祝寿，向成某借了一尊清代玉瓶装饰房间。毛某来祝寿时，看上了玉瓶，提出购买。汤某以 30 万元将玉瓶卖给了毛某，并要其先付钱，寿典后 15 日内交付玉瓶。毛某依约履行，汤某以种种理由拒绝交付。毛某诉至甲县法院，要求汤某交付玉瓶，得到判决支持。汤某未上诉，判决生效。在该判决执行时，成某知晓了上述情况。对此，成某依法可采取哪些救济措施？（2017/3/77）[2]

    A. 以案外人身份向甲县法院直接申请再审

    B. 向甲县法院提出执行异议

    C. 向甲县法院提出第三人撤销之诉

    D. 向甲县法院申诉，要求甲县法院依职权对案件启动再审

【解析】 准确解答本题的关键在于对成某诉讼地位的判断，因为成某是清代玉瓶的所有权人，故成某是未参加本案诉讼的有独立请求权的第三人。根据《民诉解释》第 420 条的规定，必须共同进行诉讼的当事人因不能归责于本人或者其诉讼代理人的事由未参加诉讼的，可以申请再审，因此，选项 A 是不正确的。

根据《民事诉讼法》第 238 条的规定，成某有权向执行法院提出案外人异议，因此，选项

_____

[1] B [2] BCD

B 是正确的。

根据《民事诉讼法》第 59 条第 3 款的规定，有独立请求权的第三人和无独立请求权的第三人，因不能归责于本人的事由未参加诉讼，但有证据证明发生法律效力的判决、裁定、调解书的部分或者全部内容错误，损害其民事权益的，可以自知道或者应当知道其民事权益受到损害之日起 6 个月内，向作出该判决、裁定、调解书的人民法院提起诉讼。因此，选项 C 是正确的。

根据《民事诉讼法》第 209 条的规定，法院有权依职权启动再审程序，成某可以向县法院申诉，因此，选项 D 是正确的。

5. 李立与陈山就财产权属发生争议提起确权诉讼。案外人王强得知此事，提起诉讼主张该财产的部分产权，法院同意王强参加诉讼。诉讼中，李立经法院同意撤回起诉。关于该案，下列哪些选项是正确的？（2017/3/78）[1]

　　A. 王强是有独立请求权的第三人
　　B. 王强是必要的共同诉讼人
　　C. 李立撤回起诉后，法院应裁定终结诉讼
　　D. 李立撤回起诉后，法院应以王强为原告、李立和陈山为被告另案处理，诉讼继续进行

【解析】在本案李立与陈山就财产权属发生争议的确权诉讼中，案外人王强提起诉讼主张该财产的部分产权，因此，王强是有独立请求权的第三人，因此，选项 A 正确，而选项 B 是不正确的。

根据《民诉解释》第 237 条的规定，有独立请求权的第三人参加诉讼后，原告申请撤诉，人民法院在准许原告撤诉后，有独立请求权的第三人作为另案原告，原案原告、被告作为另案被告，诉讼继续进行。因此，选项 C 不正确，而选项 D 正确。

6. 丙公司因法院对甲公司诉乙公司工程施工合同案的一审判决（未提起上诉）损害其合法权益，向 A 市 B 县法院提起撤销诉讼。案件审理中，检察院提起抗诉，A 市中级法院对该案进行再审，B 县法院裁定将撤销诉讼并入再审程序。关于中级法院对丙公司提出的撤销诉讼请求的处理，下列哪一表述是正确的？（2017/3/38）[2]

　　A. 将丙公司提出的诉讼请求一并审理，作出判决
　　B. 根据自愿原则进行调解，调解不成的，告知丙公司另行起诉
　　C. 根据自愿原则进行调解，调解不成的，裁定撤销原判发回重审
　　D. 根据自愿原则进行调解，调解不成的，恢复第三人撤销诉讼程序

【解析】正确解答本题需要注意两个关键信息：一是 B 县法院裁定将丙公司提起的第三人撤销诉讼并入 A 市中级法院对该生效判决的再审程序；二是 A 市中级法院作为作出该案生效判决的 B 县法院的上级法院，再审时提审案件应当适用第二审程序再审。根据《民诉解释》第 300 条第 2 款的规定，第三人诉讼请求并入再审程序，按照第二审程序审理的，人民法院可以调解，调解达不成协议的，应当裁定撤销原判决、裁定、调解书，发回一审法院重审。因此，选项 C 正确，其余选项均不正确。

7. 丁一诉弟弟丁二继承纠纷一案，在一审中，妹妹丁爽向法院递交诉状，主张应由自己继承系争的遗产，并向法院提供了父亲生前所立的其过世后遗产全部由丁爽继承的遗嘱。法院予以合并审理，开庭审理前，丁一表示撤回起诉，丁二认为该遗嘱是伪造的，要求继续进行诉讼。法院裁定准予丁一撤诉后，在程序上，下列哪一选项是正确的？（2016/3/38）[3]

---

[1] AD　[2] C　[3] B

A. 丁爽为另案原告，丁二为另案被告，诉讼继续进行

B. 丁爽为另案原告，丁一、丁二为另案被告，诉讼继续进行

C. 丁一、丁爽为另案原告，丁二为另案被告，诉讼继续进行

D. 丁爽、丁二为另案原告，丁一为另案被告，诉讼继续进行

【解析】 正确解答本题的关键在于准确确定丁爽的诉讼地位，在本题中，丁爽主张父亲生前所立遗嘱将遗产全部由自己继承，因此，丁爽为有独立请求权的第三人。根据《民诉解释》第237条的规定，有独立请求权的第三人参加诉讼后，原告申请撤诉，人民法院在准许原告撤诉后，有独立请求权的第三人作为另案原告，原案原告、被告作为另案被告，诉讼继续进行。因此，选项B是正确的，其余选项均是不正确的。

8. 赵某与刘某将共有商铺出租给陈某。刘某瞒着赵某，与陈某签订房屋买卖合同，将商铺转让给陈某，后因该合同履行发生纠纷，刘某将陈某诉至法院。赵某得知后，坚决不同意刘某将商铺让与陈某。关于本案相关人的诉讼地位，下列哪一说法是正确的？(2015/3/38)[1]

A. 法院应依职权追加赵某为共同原告

B. 赵某应以刘某侵权起诉，陈某为无独立请求权第三人

C. 赵某应作为无独立请求权第三人

D. 赵某应作为有独立请求权第三人

【解析】 正确解答本题需准确判断赵某的诉讼地位，这就涉及考生对必要共同诉讼人、有独立请求权第三人和无独立请求权第三人基本概念的理解。在本案中，商铺系赵某与刘某共同共有，刘某瞒着赵某将商铺卖给承租人陈某的行为损害了赵某的合法权益，因此，在刘某与陈某的诉讼中，赵某坚决不同意刘某将商铺让与陈某，就意味着赵某既反对原告刘某，也反对被告陈某，其主张独立的实体权利，系有独立请求权的第三人，故选项D是正确的，其余选项均是不正确的。

9. 甲某将自己的4间临街商铺出租给乙某，乙某未经甲某同意擅自将其中2间出租给丙某。甲某诉至法院要求解除与乙某之间的商铺租赁合同。丙某申请参加本案诉讼。关于丙某的下列哪些说法是错误的？(模拟)[2]

A. 丙某在诉讼中有自己独立的诉讼地位

B. 丙某有权提出管辖异议

C. 一审判决没有判决丙某承担民事责任的，丙某不可以作为上诉人或被上诉人

D. 丙某有权申请参加诉讼和参加案件的调解活动，与案件原、被告达成调解协议

【解析】 正确解答本题的关键在于准确确定丙某在本案诉讼中的地位，因为丙某是2间商铺的承租人，甲某诉至法院要求解除与乙某之间的商铺租赁合同，该案的处理结果就会影响到丙某法律上的利害关系，因此，丙某系本案无独立请求权的第三人。

根据民事诉讼理论，无独立请求权第三人在民事诉讼中以自己的名义参加诉讼，具有独立于原告与被告的诉讼地位，因此，选项A是正确的。

根据《民诉解释》第82条的规定，无独立请求权第三人无权提出管辖权异议。判决承担民事责任的无独立请求权第三人，享有上诉权；虽然无独立请求权第三人的上诉权受到一定的限制，但是，其可以作为被上诉人，因此，选项B与C均是不正确的。

根据《民诉解释》第150条的规定，人民法院调解民事案件，需由无独立请求权的第三人承担责任的，应当经其同意。该第三人在调解书送达前反悔的，人民法院应当及时裁判。所以

选项 D 是正确的。

10. 甲为有独立请求权第三人，乙为无独立请求权第三人，关于甲、乙诉讼权利和义务，下列哪一说法是正确的？（模拟）[1]

　　A. 甲只能以起诉的方式参加诉讼，乙以申请或经法院通知的方式参加诉讼

　　B. 甲具有当事人的诉讼地位，乙不具有当事人的诉讼地位

　　C. 甲的诉讼行为可对本诉的当事人发生效力，乙的诉讼行为对本诉的当事人不发生效力

　　D. 任何情况下，甲有上诉权，而乙无上诉权

【解析】根据《民事诉讼法》第59条第1、2款规定，对当事人双方的诉讼标的，第三人认为有独立请求权的，有权提起诉讼。对当事人双方的诉讼标的，第三人虽然没有独立请求权，但案件处理结果同他有法律上的利害关系的，可以申请参加诉讼，或者由人民法院通知他参加诉讼。因此，选项 A 是正确的，而选项 B 是不正确的。

根据《民诉解释》第82条规定，在诉讼中，判决承担民事责任的无独立请求权的第三人有权提出上诉。因此，选项 D 是不正确的。

甲、乙作为第三人，其诉讼行为对本诉的当事人均发生效力，故 C 选项不正确。

11. 甲与乙对一古董所有权发生争议诉至法院。诉讼过程中，丙声称古董属自己所有，主张对古董的所有权。下列哪一说法是正确的？（模拟）[2]

　　A. 如丙没有起诉，法院可以依职权主动追加其作为有独立请求权第三人

　　B. 如丙起诉后认为受案法院无管辖权，可以提出管辖权异议

　　C. 如丙起诉后经法院传票传唤，无正当理由拒不到庭，应当视为撤诉

　　D. 如丙起诉后，甲与乙达成协议经法院同意而撤诉，应当驳回丙的起诉

【解析】准确解答本题的关键在于明确本题所涉及人员的诉讼地位，因为甲与乙之间就古董所有权发生争议诉至法院，而丙对古董主张所有权，因此，甲为原告，乙为被告，丙为有独立请求权的第三人。丙作为有独立请求权的第三人参加诉讼后，即形成两个独立之诉的合并审理，一个是原告与被告之间的本诉，另一个是有独立请求权第三人与本诉原告、被告之间的参加之诉，有独立请求权的第三人实际上具有参加之诉原告的诉讼地位，其享有原告的诉讼权利。此外，根据《民事诉讼法》第59条第1款的规定，对当事人双方的诉讼标的，第三人认为有独立请求权的，有权提起诉讼。因此，选项 A 是不正确的。

有独立请求权第三人作为本案的当事人，而非本诉的当事人，无权提出管辖权异议，因此，选项 B 是不正确的。

根据《民诉解释》第236条的规定，有独立请求权的第三人经人民法院传票传唤，无正当理由拒不到庭的，或者未经法庭许可中途退庭的，可以对该第三人比照《民事诉讼法》第146条的规定，按撤诉处理。因此，选项 C 是正确的。

根据《民诉解释》第237条的规定，有独立请求权的第三人参加诉讼后，原告申请撤诉，人民法院在准许原告撤诉后，有独立请求权的第三人作为另案原告，原案原告、被告作为另案被告，诉讼继续进行。本诉与有独立请求权第三人之诉是完全独立的两个诉，因此，选项 D 是不正确的。

---

[1] A　[2] C

考点六　第三人撤销之诉

1. 关于第三人撤销之诉，下列哪一说法是正确的？（2014/3/41）[1]

A. 法院受理第三人撤销之诉后，应中止原裁判的执行

B. 第三人撤销之诉是确认原审裁判错误的确认之诉

C. 第三人撤销之诉由原审法院的上一级法院管辖，但当事人一方人数众多或者双方当事人为公民的案件，应由原审法院管辖

D. 第三人撤销之诉的客体包括生效的民事判决、裁定和调解书

【解析】根据《民诉解释》第297条的规定，受理第三人撤销之诉案件后，原告提供相应担保，请求中止执行的，人民法院可以准许。由此可见，第三人撤销之诉产生中止原裁判执行的效力是附有相应条件的，即原告提供相应担保，并提出中止执行的请求，因此选项A是不正确的。

根据民事诉讼理论，第三人撤销之诉是通过撤销生效法律文书从而改变被生效法律文书所确定的权利义务关系，因此，属于变更之诉，而不是确认之诉，故选项B是不正确的。

根据《民事诉讼法》第59条第3款的规定，第三人撤销之诉向作出生效判决、裁定、调解书的人民法院提起，因此，选项C是不正确的，而选项D是正确的。

2. 仓储公司与建筑公司签订了两座仓库的建筑施工合同，两座仓库交付使用后，仓储公司发现仓库顶棚出现裂缝漏水，诉至A市甲区法院要求建筑公司承担违约责任。甲区法院经审理认定仓库顶棚使用的水泥板存在质量问题造成裂缝漏水，判决建筑公司承担违约责任。双方未上诉。此后，向建筑公司提供水泥板的建材公司认为该判决错误损害其合法权益。关于本案的下列表述，哪一选项是正确的？（模拟）[2]

A. 建材公司可以在判决生效之日起6个月内提起第三人撤销之诉

B. 建材公司可以向A市中级法院提起第三人撤销之诉

C. 建材公司提起第三人撤销之诉后，可以提供担保并申请法院中止生效判决的执行

D. 建材公司提起第三人撤销之诉后，法院可以根据情况决定是否组成合议庭审理

【解析】根据《民事诉讼法》第59条第3款的规定，第三人，因不能归责于本人的事由未参加诉讼，但有证据证明发生法律效力的判决、裁定、调解书的部分或者全部内容错误，损害其民事权益的，可以自知道或者应当知道其民事权益受到损害之日起6个月内，向作出该判决、裁定、调解书的人民法院提起诉讼。因此，选项A与选项B均是不正确的。

根据《民诉解释》第297条的规定，受理第三人撤销之诉案件后，原告提供相应担保，请求中止执行的，人民法院可以准许。因此，选项C是正确的。

根据《民诉解释》第292条的规定，人民法院对第三人撤销之诉案件，应当组成合议庭开庭审理。因此，选项D是不正确的。

3. 陈某与洪某房屋买卖合同纠纷一案，陈某诉至甲区法院，请求责令洪某向其交付房屋并办理过户手续。区法院经过审理，判决支持陈某的诉讼请求。洪某不服上诉至市中级法院，市中级法院经过审理，判决驳回洪某上诉，维持原判决。判决生效后，蔡某得知此事，认为该判决损害其合法权益，因为洪某已经将该房屋卖给自己，并且已将房屋交付自己。蔡某向市中

---

[1]　D　[2]　C

级法院提起第三人撤销之诉，该案审理期间，洪某向省高级法院申请再审，省高级法院裁定再审。关于本案的下列表述，哪些是正确的？（模拟）[1]

A. 市中级法院应裁定将第三人撤销之诉并入再审程序

B. 省高级法院可以调解，调解不成的，撤销市中级法院的二审判决，发回市中级法院重审

C. 如果陈某与洪某恶意串通损害蔡某的民事权益，应先行审理第三人撤销之诉，省高级法院裁定中止再审程序

D. 第三人撤销之诉与本案再审程序可以一并继续

【解析】 根据《民诉解释》第299条的规定，第三人撤销之诉案件审理期间，人民法院对生效判决、裁定、调解书裁定再审的，受理第三人撤销之诉的人民法院应当裁定将第三人的诉讼请求并入再审程序。但有证据证明原审当事人之间恶意串通损害第三人合法权益的，人民法院应当先行审理第三人撤销之诉案件，裁定中止再审诉讼。因此，选项A与选项C均是正确的，而选项D是不正确的。

根据《民诉解释》第300条的规定，第三人诉讼请求并入再审程序审理的，按照下列情形分别处理：（一）按照第一审程序审理的，人民法院应当对第三人的诉讼请求一并审理，所作的判决可以上诉；（二）按照第二审程序审理的，人民法院可以调解，调解达不成协议的，应当裁定撤销原判决、裁定、调解书，发回一审法院重审，重审时应当列明第三人。本题是经过两审终审的案件，法院调解达不成协议的、应当裁定撤销一、二审判决，发回一审法院重审。因此，选项B是不正确的。

考点七　诉讼代理人

1. 律师作为委托诉讼代理人参加诉讼，应向法院提交下列哪些材料？（2015/3/78）[2]

A. 律师所在的律师事务所与当事人签订的协议书

B. 当事人的授权委托书

C. 律师的执业证

D. 律师事务所的证明

【解析】 根据《民诉解释》第88条的规定，委托律师作为诉讼代理人除根据《民事诉讼法》第62条规定提交授权委托书外，还应当提交律师执业证、律师事务所证明材料。因此，选项B、C与D符合本题要求，而选项A不符合本题要求。

2. 依法治国要求树立法律权威，依法办事，因此在民事纠纷解决的过程中，各方主体都须遵守法律的规定。下列哪一行为违背了相关法律？（2014/3/36）[3]

A. 法院主动对确有错误的生效调解书启动再审

B. 派出所民警对民事纠纷进行调解

C. 法院为下落不明的被告指定代理人参加调解

D. 人民调解委员会主动调解当事人之间的民间纠纷

【解析】 根据《民事诉讼法》第209条的规定，各级人民法院院长对本院已经发生法律效力的判决、裁定、调解书，发现确有错误，认为需要再审的，应当提交审判委员会讨论决定。

---

[1] AC　[2] BCD　[3] C

最高人民法院对地方各级人民法院已经发生法律效力的判决、裁定、调解书，上级人民法院对下级人民法院已经发生法律效力的判决、裁定、调解书，发现确有错误的，有权提审或者指令下级人民法院再审。因此，选项 A 不违反法律规定。

民商事纠纷实行多元化纠纷解决制度，民事诉讼、仲裁、人民调解、行政调解、和解均可以解决民商事纠纷，因此，选项 B 与 D 不违反法律规定。

根据《民事诉讼法》的规定，民事诉讼代理人只有法定代理人与委托代理人两种，因此，选项 C 违反法律规定。

3. 某市法院受理了中国人郭某与外国人珍妮的离婚诉讼，郭某委托黄律师作为代理人，授权委托书仅写明代理范围为"全权代理"。关于委托代理的表述，下列哪一选项是正确的？（2013/3/42）[1]

　　A. 郭某已经委托了代理人，可以不出庭参加诉讼

　　B. 法院可以向黄律师送达诉讼文书，其签收行为有效

　　C. 黄律师可以代为放弃诉讼请求

　　D. 如果珍妮要委托代理人代为诉讼，必须委托中国公民

【解析】该题直接考查委托代理人的相关规定。根据《民事诉讼法》第 65 条的规定，离婚案件有诉讼代理人的，本人除不能表达意思的以外，仍应出庭，因此，选项 A 是不正确的。

根据本法第 283 条的规定，法院可以向受送达人委托的有权代其接受送达的诉讼代理人送达，因此，选项 B 是正确的。

根据本法第 62 条第 2 款的规定，诉讼代理人代为承认、放弃、变更诉讼请求，进行和解，提起反诉或者上诉，必须有委托人的特别授权，因此，选项 C 是不正确的。

根据本法第 274 条的规定，外国人需要委托律师代理诉讼的，必须委托中国律师，因此，选项 D 是不正确的。

4. 法定代理人是民事诉讼法为维护无民事诉讼行为能力人的合法权益而设置的一种诉讼代理制度。关于法定诉讼代理人，下列哪些认识是正确的？（模拟）[2]

　　A. 代理权的取得不是根据其所代理的当事人的委托授权

　　B. 在诉讼中可以按照自己的意志代理被代理人实施所有诉讼行为

　　C. 在诉讼中死亡的，产生与当事人死亡同样的法律后果

　　D. 所代理的当事人在诉讼中取得行为能力的，法定诉讼代理人则自动转化为委托代理人

【解析】法定诉讼代理人是指根据法律规定，代理无诉讼行为能力的当事人进行民事活动的人。法定代理人最基本的特征在于其代理权的取得，不是基于当事人的委托，而是根据法律的直接规定。所以 A 选项是正确的。

法定诉讼代理人的代理权限是全权代理，具有类似于当事人的诉讼权利，可以根据自己的意思或者意志行使当事人的诉讼权利。所以 B 选项是正确的。

尽管法定诉讼代理人具有类似当事人的诉讼地位，但法定代理人毕竟不具有当事人的诉讼地位，因此，法定代理人死亡后，诉讼中止而不必终结诉讼。如果当事人死亡，则可能产生诉讼中止或者诉讼终结的后果，故 C 选项错误。

在民事诉讼中，当被监护人即被代理人取得或者恢复民事诉讼行为能力时，法定诉讼代理人的代理权丧失，丧失法定诉讼代理权的人只有接受当事人的委托授权，才能成为委托诉讼代理人，因此，D 选项错误。

---

〔1〕 B 〔2〕 AB

第五章　民事证据与证明

考点一　民事证据的种类

1. 刘某与甲医院发生医疗侵权纠纷诉至法院，诉讼中，双方协商确定的鉴定中心出具了医疗鉴定报告，刘某申请某医科大学袁教授出庭参与质证，对做出医疗鉴定报告的雷研究员进行询问，庭审中，袁教授对雷研究员进行了询问，甲医院也对袁教授进行了询问。下列关于本案说法正确的是？（模拟题）[1]

A. 袁教授对雷研究员的询问适用当事人的规定

B. 甲医院对袁教授的询问适用证人的规定

C. 袁教授对雷研究员的询问适用鉴定人的规定

D. 甲医院对袁教授的询问适用当事人规定

【解析】正确回答本题需注意袁教授和雷研究员的诉讼地位，袁教授系刘某申请出庭的专家辅助人，雷研究员系对本案中的医疗专业性问题出具意见的鉴定人。《民诉解释》第122条第2款规定，具有专门知识的人在法庭上就专业问题提出的意见，视为当事人的陈述，因此，袁教授系代表当事人刘某对案件事实所涉及的专业问题提出意见，故，选项A正确，而选项C不正确。因为袁教授系专家辅助人，而非证人，因此，甲医院对袁教授的询问实际上系甲医院对当事人的询问，而非对证人的询问，故，选项B不正确，而选项D正确。

2. 债务人乙到期未向甲还钱，某日甲约乙出来交谈，期间乙承认其向甲借钱并承担利息，与甲商量是否可以宽限几天。后甲向法院起诉要求乙归还借款及利息，并将之前交谈过程中偷录的对话录音剪辑后交给法院作为证据。关于本案的下列表述，哪些是正确的？（2018/客观仿真）[2]

A. 偷录对话内容的手段违反收集证据的合法性

B. 该段偷录的对话录音可以作为证据

C. 该段偷录的对话录音不能单独作为认定案件事实的依据

D. 乙承认向甲借钱构成诉讼自认

【解析】根据《民诉解释》第106条的规定，对以严重侵害他人合法权益、违反法律禁止性规定或者严重违背公序良俗的方法形成或者获取的证据，不得作为认定案件事实的根据。本题中，甲使用偷录对话内容的手段获取证据不属于该条所规定的情形，具有合法性，因此，选项A是不正确的。

根据2019年新《民诉证据规定》第90条的规定，存有疑点的视听资料、电子数据不能单独作为认定案件事实的依据。本题中，该对话录音属于偷录获取，在民诉中可以作为证据，即具有证据能力，但是甲对该对话录音进行了剪辑，属于存有疑点的视听资料，证明力存在缺陷，不能单独作为认定案件事实的依据。因此，选项B与选项C均是正确的。

根据民事诉讼理论，诉讼自认是指在诉讼过程中，一方当事人对对方当事人所主张的、于己不利的案件主要事实表示的承认。此外，《民诉解释》第92条第1款也规定，一方当事人在法庭审理中，或者在起诉状、答辩状、代理词等书面材料中，对于己不利的事实明确表示承认的，另一方当事人无需举证证明。本题中，乙承认其向甲借钱是在诉讼之前，甲约乙出来交谈时做出的，并非在诉讼过程中表示的承认，因此，该承认不能构成诉讼自认。故选项D是不正确的。

3. 杨青（15岁）与何翔（14岁）两人经常嬉戏打闹，一次，杨青失手将何翔推倒，致何翔成了植物人。当时在场的还有何翔的弟弟何军（11岁）。法院审理时，何军以证人身份出庭。关于何军作证，下列哪些说法不能成立？（2017/3/79）[1]

A. 何军只有11岁，无诉讼行为能力，不具有证人资格，故不可作为证人

B. 何军是何翔的弟弟，应回避

C. 何军作为未成年人，其所有证言依法都不具有证明力

D. 何军作为何翔的弟弟，证言具有明显的倾向性，其证言不能单独作为认定案件事实的根据

【解析】根据2019年新《民诉证据规定》第67条的规定，不能正确表达意思的人，不能作为证人。待证事实与其年龄、智力状况或者精神健康状况相适应的无民事行为能力人和限制民事行为能力人，可以作为证人。因此，选项A不成立。

根据《民事诉讼法》第75条的规定，凡是知道案件情况的单位和个人，都有义务出庭作证。此外，根据《民事诉讼法》第47条的规定，回避适用的对象是审判人员、法官助理、书记员、司法技术人员、翻译人员、鉴定人、勘验人，因此，选项B不成立。

根据2019年新《民诉证据规定》第67条的规定，待证事实与其年龄、智力状况或者精神健康状况相适应的无民事行为能力人和限制民事行为能力人，可以作为证人。因此，选项C不成立。

根据2019年新《民诉证据规定》第90条的规定，与一方当事人或者其代理人有利害关系的证人陈述的证言不能单独作为认定案件事实的根据，因此，选项D成立。

4. 哥哥王文诉弟弟王武遗产继承一案，王文向法院提交了一份其父生前关于遗产分配方案的遗嘱复印件，遗嘱中有"本遗嘱的原件由王武负责保管"字样，并有王武的签名。王文在举证责任期间书面申请法院责令王武提交遗嘱原件，法院通知王武提交，但王武无正当理由拒绝提交。在此情况下，依据相关规定，下列哪些行为是合法的？（2016/3/80）[2]

A. 王文可只向法院提交遗嘱的复印件

B. 法院可依法对王武进行拘留

C. 法院可认定王文所主张的该遗嘱能证明的事实为真实

D. 法院可根据王武的行为而判决支持王文的各项诉讼请求

【解析】根据《民诉解释》第111条第1款的规定，提交原件确有困难的情形包括：原件在对方当事人控制之下，经合法通知提交而拒不提交的。因此，选项A是正确的。

---

[1]　ABC　[2]　AC

根据《民诉解释》第112条的规定，书证在对方当事人控制之下，承担举证证明责任的当事人可以在举证期限届满前书面申请人民法院责令对方当事人提交。对方当事人无正当理由拒不提交的，人法院可以认定申请人所主张的书证内容为真实。因此，选项C是正确的，而选项B与D是不正确的。

5. 张志军与邻居王昌因琐事发生争吵并相互殴打，之后，张志军诉至法院要求王昌赔偿医药费等损失共计3000元。在举证期限届满前，张志军向法院申请事发时在场的方强（26岁）、路芳（30岁）、蒋勇（13岁）出庭作证，法院准其请求。开庭时，法院要求上列证人签署保证书，方强签署了保证书，路芳拒签保证书，蒋勇未签署保证书。法院因此允许方强、蒋勇出庭作证，未允许路芳出庭作证。张志军在开庭时向法院提供了路芳的书面证言，法院对该证言不同意组织质证。关于本案，法院的下列哪些做法是合法的？（2015/3/79）[1]

A. 批准张志军要求事发时在场人员出庭作证的申请

B. 允许蒋勇出庭作证

C. 不允许路芳出庭作证

D. 对路芳的证言不同意组织质证

【解析】根据《民诉解释》第117条第1款的规定，当事人申请证人出庭作证的，应当在举证期限届满前提出，因此，选项A的做法合法。

根据《民诉解释》第119条第1款的规定，人民法院在证人出庭作证前应当告知其如实作证的义务以及作伪证的法律后果，并责令其签署保证书，但无民事行为能力人和限制民事行为能力人除外。因此，选项B的做法合法。

根据《民诉解释》第120条的规定，证人拒绝签署保证书的，不得作证，因此，选项C与D的做法合法。

6. 在一起侵权诉讼中，原告申请由其弟袁某（某大学计算机系教授）作为专家辅助人出庭对专业技术问题予以说明。下列哪一表述是正确的？（2014/3/38）[2]

A. 被告以袁某是原告的近亲属为由申请其回避，法院应批准

B. 袁某在庭上的陈述是一种法定证据

C. 被告可对袁某进行询问

D. 袁某出庭的费用，由败诉方当事人承担

【解析】根据《民事诉讼法》第47条，回避适用于审判人员、法官助理、书记员、司法技术人员、翻译人员、鉴定人、勘验人，而专家辅助人不适用回避制度，因此，选项A是不正确的。

根据本法第66条关于证据种类的规定，证据包括：当事人的陈述、书证、物证、视听资料、电子数据、证人证言、鉴定意见和勘验笔录，因此，选项B是不正确的。

根据2019年新《民诉证据规定》第84条的规定，审判人员可以对出庭的具有专门知识的人进行询问。经法庭准许，当事人可以对有专门知识的人进行询问，当事人各自申请的具有专门知识的人可以就案件中的有关问题进行对质。因此，其他当事人有权对专家辅助人提问，因此，选项C是正确的。

根据《民诉解释》第122条第3款的规定，人民法院准许当事人申请具有专门知识的人出庭的，相关费用由提出申请的当事人负担，故选项D是不正确的。

7. 张某驾车与李某发生碰撞，交警赶到现场后用数码相机拍摄了碰撞情况，后李某提起诉讼，要求张某赔偿损失，并向法院提交了一张光盘，内附交警拍摄的照片。该照片属于下列

哪一种证据？（2014/3/48）[1]

    A. 书证   B. 鉴定意见   C. 勘验笔录   D. 电子数据

【解析】根据民事诉讼证据理论，书证是以文字、符号、图形所反映的思想内容证明案件事实。鉴定意见是具有资质的专业人员运用专业知识与技能对民事诉讼中的专业性问题出具的专业性意见。勘验笔录是指审判人员对与案件有关的现场、物品进行勘察、检验后制作的笔录。根据《民诉解释》第116条第2款、第3款的规定，电子数据是指通过电子邮件、电子数据交换、网上聊天记录、博客、微博客、手机短信、电子签名、域名等形成或者存储在电子介质中的信息。存储在电子介质中的录音资料和影像资料，适用电子数据的规定。因此，选项D是本题的答案。

8. 某日，张某女友袁某在网上发现蔡某发布损害张某名誉的帖子，张某与蔡某交涉未果，诉至法院要求蔡某停止侵权行为，并在网上赔礼道歉。举证期限届满前，张某申请女友袁某出庭作证。关于本案证人证言的下列表述，哪些是正确的？[2]

    A. 袁某系张某女友，不具有证人资格

    B. 袁某系张某女友，其证人证言不能独立作为定案依据

    C. 张某申请袁某作证的行为符合法律规定

    D. 袁某出庭作证的费用由张某承担

【解析】根据《民事诉讼法》第75条的规定，凡是知道案件情况的单位和个人，都有义务出庭作证。故选项A不正确。根据《民诉证据规定》第90条的规定，与一方当事人或者其代理人有利害关系的证人陈述的证言，不能单独作为认定案件事实的依据，因此，选项B正确。根据《民诉证据规定》第69条第1款的规定，当事人申请证人出庭作证的，应当在举证期限届满前向人民法院提交申请书，因此，选项C正确。根据《民事诉讼法》第77条的规定，证人因履行出庭作证义务而支出的交通、住宿、就餐等必要费用以及误工损失，由败诉一方当事人负担，因此，选项D不正确。

考点二　证据的理论分类

1. 叶某诉汪某借款纠纷案，叶某向法院提交了一份内容为汪某向叶某借款3万元并收到该3万元的借条复印件，上有"本借条原件由汪某保管，借条复印件与借条原件具有同等效力"字样，并有汪某的署名。法院据此要求汪某提供借条原件，汪某以证明责任在原告为由拒不提供，后又称找不到借条原件。证人刘某作证称，他是汪某向叶某借款的中间人，汪某向叶某借款的事实确实存在；另外，汪某还告诉刘某，他在叶某起诉之后把借条原件烧毁，汪某在法院质证中也予以承认。在此情况下，下列哪些选项是正确的？（2017/3/80）[3]

    A. 法院可根据叶某提交的借条复印件，结合刘某的证言对案涉借款事实进行审查判断

    B. 叶某提交给法院的借条复印件是案涉借款事实的传来证据

    C. 法院可认定汪某向叶某借款3万元的事实

    D. 法院可对汪某进行罚款、拘留

【解析】根据《民诉解释》第111条的规定，原件在对方当事人控制之下，经合法通知提交而拒不提交的，当事人可以提交复印件。人民法院应当结合其他证据和案件具体情况，审查

---

[1]　D　[2]　BC　[3]　ABCD

判断书证复制品能否作为认定案件事实的根据。因此，选项 A 是正确的。

根据民事诉讼证据理论分类，原始证据是来源于案件事实的证据，而传来证据是来源于证据的证据。因此，借条复印件属于来源于证据的传来证据，故选项 B 是正确的。

根据 2019 年新《民诉证据规定》第 95 条的规定，一方当事人控制证据无正当理由拒不提交，对待证事实负有举证责任的当事人主张该证据的内容不利于控制人的，人民法院可以认定该主张成立。本题中，叶某向法院提交了一份内容为汪某向叶某借款 3 万元并收到该 3 万元的借条复印件，上有"本借条原件由汪某保管，借条复印件与借条原件具有同等效力"字样，并有汪某的署名。法院据此要求汪某提供借条原件，汪某以证明责任在原告为由拒不提供，法院可认定汪某向叶某借款 3 万元的事实，因此，选项 C 是正确的。

根据《民诉解释》第 113 条规定，持有书证的当事人以妨碍对方当事人使用为目的，毁灭有关书证或者实施其他致使书证不能使用行为，人民法院可以依照《民事诉讼法》第 114 条规定，对其处以罚款、拘留。因此，选项 D 是正确的。

2. 战某打电话向牟某借款 5 万元，并发短信提供账号，牟某当日即转款。之后，因战某拒不还款，牟某起诉要求战某偿还借款。在诉讼中，战某否认向牟某借款的事实，主张牟某转的款是为偿还之前向自己借的款，并向法院提交了证据；牟某也向法院提供了一些证据，以证明战某向其借款 5 万元的事实。关于这些证据的种类和类别的确定，下列哪一选项是正确的？(2016/3/39)[1]

A. 牟某提供的银行转账凭证属于书证，该证据对借款事实而言是直接证据

B. 牟某提供的记载战某表示要向其借款 5 万元的手机短信属于电子数据，该证据对借款事实而言是间接证据

C. 牟某提供的记载战某表示要向其借款 5 万元的手机通话录音属于电子数据，该证据对借款事实而言是直接证据

D. 战某提供一份牟某书写的向其借款 10 万元的借条复印件，该证据对牟某主张战某借款的事实而言属于反证

【解析】选项 A 中的银行转账凭证作为书证仅能证明转账事实，而无法证明该款项属于借款，因此就借款事实而言属于间接证据，而非直接证据，故选项 A 是不正确的。

选项 B 中的手机短信与选项 C 中的手机通话录音均属于电子数据，由于该短信与通话录音仅记载战某表示要向牟某借款 5 万元，是否形成借款事实无法确定，对借款事实而言属于间接证据，故选项 B 是正确的，而选项 C 是不正确的。

选项 D 中的战某提供一份牟某书写的借条复印件，该证据证明牟某借款的事实，属于战某的本证，而非反证，故选项 D 是不正确的。

3. 周某与某书店因十几本工具书损毁发生纠纷，书店向法院起诉，并向法院提交了被损毁图书以证明遭受的损失。关于本案被损毁图书，属于下列哪些类型的证据？(模拟)[2]

A. 直接证据　　　　B. 间接证据　　　　C. 书证　　　　D. 物证

【解析】直接证据是指能够单独、直接证明案件主要事实的证据。间接证据，是指那些本身不能单独直接证明，而需要与其他证据结合成证据链才能证明案件主要事实的证据。而本题中，被损毁的图书本身即可直接证明书店所遭受的损失，因此，被损毁的图书在本题中属于直接证据，故选项 A 应选，而选项 B 不应选。

书证是以物体中所记载的内容证明案件事实；物证是以其外部特征、形状、大小、规格、

质量等证明案件的物体，它并不具有思想内容。被损毁的图书是以其受损的外部形状，而不是以其思想内容来实现证明功能的，因此，被损毁的图书应当是物证，而非书证，故选项 D 应选，而选项 C 不应选。

因此，本题正确答案为 AD。

4. 关于证据理论分类的表述，下列哪一选项是正确的？（模拟）[1]

A. 传来证据有可能是直接证据

B. 诉讼中原告提出的证据都是本证，被告提出的证据都是反证

C. 证人转述他人所见的案件事实都属于间接证据

D. 一个客观与合法的间接证据可以单独作为认定案件事实的依据

【解析】原始证据是来源于案件事实本身的证据；而传来证据则是来源于证据的证据。正确解答本题还涉及对证据不同分类之间关系的理解，如果只是从理论的角度分析，而不涉及某一案件中的具体的一个证据，那么，从一种标准对证据分类的分析，转换成从另一种标准对证据分类的分析，两者之间的关系是一种可能性，而不是必然性，因此，选项 A 是正确的，而选项 C 是不正确的。

本证是负有证明责任的一方当事人提出用于证明自己所主张事实的证据，而反证则是对该事实不负有举证责任的当事人所提出的反驳对方主张的证据。区分本证与反证需注意两个关键点：第一，证据所证明的事实是否是证明对象。当事人提出证据证明的事实属于案件中的证明对象，该证据是当事人为完成证明责任而提出的证据，即为本证；反之，当事人提出证据证明的事实不属于案件中的证明对象，当事人提出该证据不是为了完成证明责任，而仅仅是反驳对方当事人的主张，该证据即为反证。第二，本证与反证的划分与当事人的诉讼地位没有关系。原告与被告均可以提出本证，也均可以提出反证。因此，选项 B 是不正确的。

直接证据是证据单一、直接证明案件事实；而间接证据是若干个证据结合成证据链证明案件事实，因此，选项 D 是不正确的。

【解题技巧】该题也涉及意思矛盾选项的设置，选项 A 与选项 C 的意思是矛盾的，单选题的答案在矛盾项之中。

考点三　证据收集与保全

甲县吴某与乙县宝丰公司在丙县签订了甜橙的买卖合同，货到后发现甜橙开始腐烂，未达到合同约定的质量标准。吴某退货无果，拟向法院起诉，为了证明甜橙的损坏状况，向法院申请诉前证据保全。关于诉前保全，下列哪一表述是正确的？（2013/3/46）[2]

A. 吴某可以向甲、乙、丙县法院申请诉前证据保全

B. 法院应当在收到申请 15 日内裁定是否保全

C. 法院在保全证据时，可以主动采取行为保全措施，减少吴某的损失

D. 如果法院采取了证据保全措施，可以免除吴某对甜橙损坏状况提供证据的责任

【解析】根据《民事诉讼法》第 84 条第 2 款规定，因情况紧急，在证据可能灭失或以后难以取得的情况下，利害关系人可以在起诉前向证据所在地、被申请人住所地或者有管辖权的人民法院申请保全证据。本案的证据所在地是甲县，被申请人住所地是乙县。本案作为买卖合

---

[1]　A　[2]　D

同纠纷，其管辖法院是合同履行地和被告住所地；被告住所地是乙县，本题合同履行地是甲县。可见，本案的管辖法院是甲县和乙县法院，丙县没有管辖权。因此丙县法院不能采取诉前证据保全。A 选项错误。根据《民事诉讼法》第 104 条第 2 款的规定，人民法院接受申请后，必须在 48 小时内作出裁定；裁定采取保全措施的，应当立即开始执行。诉前证据保全也需要参照适用此项规定。B 选项错误。

根据《民事诉讼法》第 104 条第 1 款的规定，利害关系人因情况紧急，不立即申请保全将会使其合法权益受到难以弥补的损害的，可以在提起诉讼或者申请仲裁前向被保全财产所在地、被申请人住所地或者对案件有管辖权的人民法院申请采取保全措施。申请人应当提供担保，不提供担保的，裁定驳回申请。可见，诉前保全必须依当事人申请进行，而不能由法院依职权主动采取，C 选项错误。证据保全是为了保护证据的证明力，使与案件有关的事实材料不因有关情形的发生而无法取得或丧失证明作用，以此来满足当事人证明案件事实和法院查明案件事实的需要。根据民事诉讼理论，被保全的证据的证明力等同于原始证据的证明力，因此，法院若采取了诉前证据保全，吴某对甜橙损坏状况便无需举证证明，因此 D 选项正确。

考点四　举证责任

1. 甲某诉至法院要求乙某偿还 5 万元借款。本案诉讼中，乙某主张已偿还 5 万元并提供了甲某出具的载明收到乙某还款 5 万元的收条复印件。关于该收条复印件，下列说法哪些是正确的？（2021 年仿真题）[1]

A. 书证　　　　　　B. 间接证据　　　　C. 直接证据　　　　D. 反证

【解析】根据民事诉讼理论，书证是指以文字、符号、图案所反映的思想内容证明案件事实的证据。该收条复印件证明乙某还款 5 万元的事实，系书证。故选项 A 正确。根据民事诉讼理论，直接证据是指能够单独、直接证明待证事实的全部或者部分的证据；而间接证据是通过与其他证据结合在一起才能证明待证事实的证据。该收条复印件可以单独、直接证明乙某还款这一待证事实，系直接证据。故选项 C 正确，而选项 B 不正确。根据民事诉讼理论，本证是对其主张事实负有证明责任的当事人所提出的支持其主张的证据；而反证则是对该事实不负有证明责任的当事人所提出的反驳对方主张的证据。根据《民诉解释》第 91 条的规定，主张法律关系消灭的当事人，应当对该法律关系消灭的基本事实承担证明责任。在本案中，乙某主张已经偿还 5 万元系消灭法律关系的事实，应由乙某承担证明责任。乙某为完成证明责任所提供的收条复印件系本证，而非反证。故选项 D 不正确。

2. 王某诉钱某返还借款案审理中，王某向法院提交了一份有钱某签名、内容为钱某向王某借款 5 万元的借条，证明借款的事实；钱某向法院提交了一份有王某签名、内容为王某收到钱某返还借款 5 万元并说明借条因王某过失已丢失的收条。经法院质证，双方当事人确定借条和收条所说的 5 万元是相对应的款项。关于本案，下列哪一选项是错误的？（2017/3/39）[2]

A. 王某承担钱某向其借款事实的证明责任

B. 钱某自认了向王某借款的事实

C. 钱某提交的收条是案涉借款事实的反证

D. 钱某提交的收条是案涉还款事实的本证

---

[1] AC　[2] C

【解析】根据《民诉解释》第91条的规定，主张法律关系存在的当事人，应当对产生该法律关系的基本事实承担举证证明责任，因此，选项A正确。

根据《民诉证据规定》第3条的规定，在诉讼过程中，一方当事人陈述的于己不利的事实，或者对于己不利的事实明确表示承认的，另一方当事人无需举证证明。在证据交换、询问、调查过程中，或者在起诉状、答辩状、代理词等书面材料中，当事人明确承认于己不利的事实的，适用前款规定。因此，选项B正确。

根据《民诉解释》第91条的规定，主张法律关系变更、消灭或者权利受到妨害的当事人，应当对该法律关系变更、消灭或者权利受到妨害的基本事实承担举证证明责任。因此，收条所证明的还款事实应当由被告钱某承担举证责任。根据民事诉讼理论，本证是指负有举证责任一方当事人提出支持其主张的证据，而反证是不负有举证责任一方提出的反驳对方主张的证据，因此，收条是钱某就还款事实提出的本证，故选项D正确，而选项C错误。

3. 薛某雇杨某料理家务。一天，杨某乘电梯去楼下扔掉厨房垃圾时，袋中的碎玻璃严重划伤电梯中的邻居乔某。乔某诉至法院，要求赔偿其各项损失3万元。关于本案，下列哪一说法是正确的？（2017/3/40）[1]

A. 乔某应起诉杨某，并承担杨某主观有过错的证明责任

B. 乔某应起诉杨某，由杨某承担其主观无过错的证明责任

C. 乔某应起诉薛某，由薛某承担其主观无过错的证明责任

D. 乔某应起诉薛某，薛某主观是否有过错不是本案的证明对象

【解析】根据《民诉解释》第57条的规定，提供劳务一方因劳务造成他人损害，受害人提起诉讼的，以接受劳务一方为被告。因此，乔某应起诉薛某。因此，选项A与选项B是不正确的。

根据民事诉讼证据理论，本案中，薛某承担的是替代责任，该替代责任是无过错责任，因此，被告主观是否存在过错不属于证明对象，不涉及证明责任的分配问题，因此，选项D正确，而选项C是不正确的。

4. 下列关于证明的哪一表述是正确的？（2014/3/45）[2]

A. 经过公证的书证，其证明力一般大于传来证据和间接证据

B. 经验法则可验证的事实都不需要当事人证明

C. 在法国居住的雷诺委托赵律师代理在我国的民事诉讼，其授权委托书需要经法国公证机关证明，并经我国驻法国使领馆认证后，方发生效力

D. 证明责任是一种不利的后果，会随着诉讼的进行，在当事人之间来回移转

【解析】证明力的比较只能适用于证据的不同立法种类之间，或者适用于证据不同理论分类之间，而在证据立法种类与理论分类之间是无法进行证明力比较的，因此，选项A是不正确的。

根据2019年新《民诉证据规定》第10条的规定，根据已知的事实和日常生活经验法则推定出的另一事实，当事人无需举证证明。根据民事诉讼理论，经验法则是进行事实推定应遵循的原则，根据经验法则推定出来的事实无需当事人证明，而并不是说，经过经验法则可验证的事实无需证明，因此，选项B是不正确的。

根据《民事诉讼法》第275条的规定，在中华人民共和国领域内没有住所的外国人、无国籍人、外国企业和组织委托中华人民共和国律师或者其他人代理诉讼，从中华人民共和国领域

---

[1] D　[2] C

外寄交或者托交的授权委托书，应当经所在国公证机关证明，并经中华人民共和国驻该国使领馆认证，或者履行中华人民共和国与该所在国订立的有关条约中规定的证明手续后，才具有效力。因此，选项 C 是正确的。

根据民事诉讼理论，证明责任的结果责任在当事人之间是不发生转移的，因此，选项 D 是不正确的。

5. 当事人可对某些诉讼事项进行约定，法院应尊重合法有效的约定。关于当事人的约定及其效力，下列哪些表述是错误的？（2014/3/79）[1]

A. 当事人约定"合同是否履行无法证明时，应以甲方主张的事实为准"，法院应根据该约定分配证明责任

B. 当事人在诉讼和解中约定"原告撤诉后不得以相同的事由再次提起诉讼"，法院根据该约定不能再受理原告的起诉

C. 当事人约定"如果起诉，只能适用普通程序"，法院根据该约定不能适用简易程序审理

D. 当事人约定"双方必须亲自参加开庭审理，不得无故缺席"，如果被告委托了代理人参加开庭，自己不参加开庭，法院应根据该约定在对被告两次传唤后对其拘传

【解析】根据民事诉讼理论，证明责任由法院依法进行分配，而当事人无权约定。因此，选项 A 是错误的。

根据民事诉讼理论，提起民事诉讼的权利是当事人的一项基本权利，当事人无权约定排斥当事人起诉权的行使。因此，选项 B 是错误的。

根据《民事诉讼法》第 160 条的规定，第一审法院适用普通程序审理的非简单民事案件，当事人可以约定适用简易程序，主要是有利于提高诉讼效率并节约司法资源，因此，根据诉讼原理，对于第一审法院适用简易程序审理的简单民事案件，当事人不可以约定适用普通程序，而不适用简易程序。故选项 C 是错误的。

根据《民事诉讼法》第 65 条的规定，离婚案件有诉讼代理人的，本人除不能表达意思的以外，仍应出庭；确因特殊情况无法出庭的，必须向人民法院提交书面意见。也就是说，其他案件的当事人委托代理人后，是否出庭参加诉讼是当事人的一项可以处分的权利。而且，根据《民事诉讼法》第 112 条的规定，拘传只能适用于必须到庭的被告，因此，选项 D 是错误的。

6. 根据民事诉讼理论，关于证明责任，下列哪些说法是正确的？（模拟）[2]

A. 只有在待证事实处于真伪不明情况下，证明责任的后果才会出现

B. 对案件中的同一事实，只有一方当事人负有证明责任

C. 当事人对其主张的某一事实没有提供证据证明，必将承担败诉的后果

D. 证明责任的结果责任不会在原、被告间相互转移

【解析】该题直接考查对证明责任双重含义的理解，有一定的难度。根据《民诉解释》第 90 条的规定，当事人对自己提出的诉讼请求所依据的事实或者反驳对方诉讼请求所依据的事实，应当提供证据加以证明，但法律另有规定的除外。在作出判决前，当事人未能提供证据或者证据不足以证明其事实主张的，由负有举证证明责任的当事人承担不利的后果。可见，证明责任，是指当事人对自己提出的事实主张，有提出证据并加以证明的责任，以及当事人无法提供证据或者所提供的证据不能证明待证事实的，应当承担不利的诉讼后果的责任。证明责任包括行为责任与结果责任双重含义。具体而言：第一，行为意义上的证明责任是指当事人对自己提出的需要作为证明对象的事实主张，有责任提供证据加以证明；第二，结果意义上的证明责

---

[1] ABCD　[2] ABD

任是指，若当事人对自己的主张不能提供证据或提供证据后不能证明自己的主张，将可能导致诉讼结果的不利。由此可见，证明责任的结果责任是在需要作为证明对象的案件事实真伪不明时产生的，因此，选项 A 是正确的。此外，当事人没有提供证据加以证明，不一定导致待证事实真伪不明，还要取决于法院是否调查收集证据以及调查收集证据的具体情况，因此，选项 C 是不正确的。

证明责任的结果责任是待证事实真伪不明时的一种后果，在双方当事人之间是不发生转移的，因此，选项 D 是正确的。

在民事诉讼中，经常会出现原告与被告双方当事人提出对立的事实主张，如原告主张被告向其借款，而被告自己主张未向原告借款这样一个否定性事实，这两个事实虽然由对立的双方当事人提出，但这两项事实就其本质而言属于同一项事实，因此，只能由提出积极事实主张的一方承担证明责任，因此，选项 B 是正确的。

7. 建筑公司与机械公司签订以 900 万元购买一台设备的合同，机械公司交付设备后，建筑公司拒绝支付设备款。机械公司诉至法院要求建筑公司支付设备款 900 万元。在本案诉讼中，建筑公司主张其与机械公司间在签订设备买卖合同后签订了补充协议，将设备款变更为 800 万元，且机械公司交付的设备不符合合同约定的质量，拒绝履行支付设备款的义务。关于本案证明责任的下列表述，哪些是正确的？（模拟）[1]

A. 机械公司应当就享有 900 万元设备款的事实承担证明责任
B. 机械公司应当就双方未将设备款变更为 800 万元的事实承担证明责任
C. 建筑公司应当就双方将设备款变更为 800 万元的事实承担证明责任
D. 建筑公司应当就机械公司交付的设备不符合合同约定质量的事实承担证明责任

【解析】根据《民诉解释》第 91 条的规定，人民法院应当依照下列原则确定举证证明责任的承担，但法律另有规定的除外：（一）主张法律关系存在的当事人，应当对产生该法律关系的基本事实承担举证证明责任；（二）主张法律关系变更、消灭或者权利受到妨害的当事人，应当对该法律关系变更、消灭或者权利受到妨害的基本事实承担举证证明责任。在本题中，机械公司要求建筑公司支付设备款 900 万元，其应当就享有该设备款的事实承担证明责任，因此，选项 A 是正确的。诉讼中，建筑公司主张双方补充协议将设备款变更为 800 万元，该主张系变更原告权利的主张，建筑公司应当就该事实承担证明责任，因此，选项 B 是不正确的，而选项 C 是正确的。

本题中双方互负债务，但题干中未明确是否有先后履行顺序。根据《民法典》第 525 条的规定，当事人互负债务，没有先后履行顺序的，应当同时履行。一方在对方履行之前有权拒绝其履行请求。一方在对方履行债务不符合约定时，有权拒绝其相应的履行请求。本题中，建筑公司以机械公司交付的设备不符合合同约定的质量为由，拒绝履行支付设备款的义务，其应当对此事实承担证明责任，因此，选项 D 是正确的。

8. 徐某系摄影爱好者，其摄影作品深受网友喜爱。为便于交流，徐某在网上开设自媒体空间。某日，徐某发现东方网将未获得其授权许可的摄影图片在网上传播。交涉未果，徐某诉至法院，要求东方网停止侵权行为，并向法院提交了载有其摄影作品的网页打印件。关于本案证据与证明的下列表述，哪一选项是不正确的？[2]

A. 网页打印件系电子数据的原件
B. 网页打印件系本证

C. 东方网应就获得徐某授权许可使用摄影作品的事实承担证明责任

D. 徐某应就东方网未获得其授权许可使用摄影作品的事实承担证明责任

【解析】根据《民诉证据规定》第 15 条第 2 款的规定，当事人以电子数据作为证据的，应当提供原件。电子数据的制作者制作的与原件一致的副本，或者直接来源于电子数据的打印件或其他可以显示、识别的输出介质，视为电子数据的原件。因此，选项 A 正确。本题中，徐某提交摄影作品的网页打印件是为了证明东方网存在将未获得其授权许可的摄影图片在网上传播的侵权行为的事实，该证据系本证，因此，选项 B 正确。本题中，选项 C 与选项 D 系矛盾选项，选项 C 东方网获得徐某授权许可使用摄影作品的事实是积极事实，应作为证明对象，由东方网承担证明责任，因此，选项 C 正确，而选项 D 不正确。

9. 陈某买房向银行贷款 60 万元，由秦某提供担保。陈某因到期无力偿还，与银行商定由秦某担保再贷款 80 万元，先偿还 60 万元贷款。后因陈某无偿还能力，银行诉至法院要求秦某承担担保责任偿还 80 万元。诉讼中，秦某主张不知道贷款合同变更一事，自己不应当承担担保还款责任。关于本案的下列表述，哪一选项是正确的？（模拟题）[1]

A. 秦某的主张属于诉讼抗辩

B. 秦某应当就不知道贷款合同变更的事实承担证明责任

C. 银行应对贷款合同变更的事实承担证明责任

D. 秦某的主张属于反诉

【解析】正确解答本题的关键在于对秦某主张性质的理解。《民法典》第 695 条规定，债权人和债务人未经保证人书面同意，协商变更主债权债务合同内容，减轻债务的，保证人仍对变更后的债务承担保证责任；加重债务的，保证人对加重的部分不承担保证责任。本题实际上系债权人银行与债务人陈某协商加重保证人秦某的保证责任，应获得保证人秦某的同意，秦某才需要对债务加重部分承担保证责任。秦某主张不知道贷款合同变更一事，系秦某提出的反驳，因此，选项 A 与选项 D 均不正确。根据《民诉解释》第 91 条的规定，主张法律关系变更的当事人应当就法律关系变更的基本事实承担证明责任，因此，选项 B 不正确，而选项 C 正确。

考点五　诉讼自认

1. 下列哪一情形可以产生自认的法律后果？（2015/3/40）[2]

A. 被告在答辩状中对原告主张的事实予以承认

B. 被告在诉讼调解过程中对原告主张的事实予以承认，但该调解最终未能成功

C. 被告认可其与原告存在收养关系

D. 被告承认原告主张的事实，但该事实与法院查明的事实不符

【解析】根据《民诉解释》第 92 条以及《民诉证据规定》第 3 条的规定，一方当事人在答辩状中，对于己不利的事实明确表示承认的，另一方当事人无需举证证明，因此，选项 A 是本题的答案。

根据《民诉解释》第 107 条的规定，在诉讼中，当事人为达成调解协议作出妥协而认可的事实，不得在后续的诉讼中作为对其不利的根据，但法律另有规定或者当事人均同意的除外，

因此，选项 B 不是本题的答案。

根据该《民诉解释》第 92 条第 2 款的规定，对于涉及身份关系的事实，不适用自认的规定，因此，选项 C 不是本题的答案。

根据《民诉解释》第 92 条第 3 款的规定，自认的事实与查明的事实不符的，人民法院不予确认，因此，选项 D 不是本题的答案。

2. 债务人乙到期未向甲还钱，某日甲约乙出来交谈，期间乙承认其向甲借钱并承担利息，希望甲宽限几天。后甲向法院起诉要求乙归还借款及利息，并将之前交谈过程中偷录的对话录音剪辑后作为证据交给法院。关于本案的下列表述，哪一选项是正确的？（模拟题）[1]

A. 甲应当就乙向其借款的事实承担证明责任

B. 该段偷录的对话录音可以作为定案证据

C. 乙向甲借款的事实无需作为证明对象

D. 乙承认向甲借钱构成诉讼自认

【解析】 根据《民诉解释》第 91 条的规定，主张法律关系存在的当事人，应当对产生该法律关系的基本事实承担举证证明责任，因此，选项 A 正确。根据《民诉证据规定》第 90 条的规定，存有疑点的视听资料、电子数据，不能单独作为认定案件事实的根据。本题中的对话录音经过了剪辑，因此，选项 B 不正确。根据《民诉证据规定》第 3 条的规定，在诉讼过程中，一方当事人陈述的于己不利的事实，或者对于己不利的事实明确表示承认的，另一方当事人无需举证证明。而本题中乙承认其向甲借钱并承担利息发生了诉讼之前，乙承认于己不利的事实不构成自认，因此，选项 C 和选项 D 均不正确。

考点六　举证时限

1. 李某起诉王某要求返还 10 万元借款并支付利息 5000 元，并向法院提交了王某亲笔书写的借条。王某辩称，已还 2 万元，李某还出具了收条，但王某并未在法院要求的时间内提交证据。法院一审判决王某返还李某 10 万元并支付 5000 元利息，王某不服提起上诉，并称一审期间未找到收条，现找到了并提交法院。关于王某迟延提交收条的法律后果，下列哪一选项是正确的？（2016/3/41）[2]

A. 因不属于新证据，法院不予采纳

B. 法院应采纳该证据，并对王某进行训诫

C. 如果李某同意，法院可以采纳该证据

D. 法院应当责令王某说明理由，视情况决定是否采纳该证据

【解析】 在本题中，李某出具的收条是认定本案王某还款 2 万元这一主要事实的证据，王某在二审中称一审期间未找到收条，现找到并提交法院，可见，王某对逾期提供该收据并不存在主观故意或者重大过失。根据《民诉解释》第 101 条第 1 款的规定，当事人逾期提供证据的，人民法院应当责令其说明理由，必要时可以要求其提供相应的证据。故选项 A 与 D 是不正确的。

根据《民诉解释》第 102 条第 2 款的规定，当事人非因故意或者重大过失逾期提供的证据，人民法院应当采纳，并对当事人予以训诫。故选项 B 是正确的，而选项 C 是不正确的。

---

[1] A　[2] B

2. 大皮公司因买卖纠纷起诉小华公司，双方商定了 25 天的举证时限，法院认可。时限届满后，小华公司提出还有一份发货单没有提供，申请延长举证时限，被法院驳回。庭审时小华公司向法庭提交该发货单。尽管大皮公司反对，但法院在对小华公司予以罚款后仍对该证据进行质证。下列哪一诉讼行为不符合举证时限的相关规定？（2013/3/40）[1]

  A. 双方当事人协议确定举证时限

  B. 双方确定了 25 天的举证时限

  C. 小华公司在举证时限届满后申请延长举证时限

  D. 法院不顾大皮公司反对，依然组织质证

  【解析】该题直接考查举证时限的运用。根据《民事诉讼法》第 68 条第 2 款的规定，法院根据当事人的主张和案件审理情况，确定当事人应当提供的证据及其期限。根据《民诉证据规定》第 51 条第 1 款的规定，举证期限可以由当事人协商，并经人民法院准许。因此，选项 A 符合规定。

  现行法律及司法解释没有明确规定当事人协商确定举证时限的具体时间，因此，选项 B 符合规定。

  根据《民事诉讼法》第 68 条第 2 款的规定，当事人在举证时限内提供证据确有困难的，可以向人民法院申请延长期限，因此，选项 C 不符合规定。

  根据《民事诉讼法》第 68 条第 2 款的规定，当事人逾期提供证据的，法院可以根据责令其说明理由的情况决定是否采纳证据，因此，选项 D 符合规定。

考点七　质证

  高某诉张某合同纠纷案，终审高某败诉。高某向检察院反映，其在一审中提交了偷录双方谈判过程的录音带，其中有张某承认货物存在严重质量问题的陈述，足以推翻原判，但法院从未组织质证。对此，检察院提起抗诉。关于再审程序中证据的表述，下列哪些选项是正确的？（2013/3/85）[2]

  A. 再审质证应当由高某、张某和检察院共同进行

  B. 该录音带属于电子数据，高某应当提交证据原件进行质证

  C. 虽然该录音带系高某偷录，但仍可作为质证对象

  D. 如再审法院认定该录音带涉及商业秘密，应当依职权决定不公开质证

  【解析】该题实际上考查证据的种类及证据的质证问题。根据《民诉解释》第 103 条第 1 款的规定，证据应当在法庭上出示，由当事人互相质证。未经当事人质证的证据，不得作为认定案件事实的根据。因此，选项 A 是不正确的。

  根据民事诉讼理论，录音带属于视听资料，此外，根据《民诉解释》第 104 条第 1 款的规定，人民法院应当组织当事人围绕证据的真实性、合法性以及与待证事实的关联性进行质证，并针对证据有无证明力和证明力大小进行说明和辩论，因此，选项 B 是不正确的。

  根据《民诉解释》第 106 条的规定，以严重侵害他人合法权益、违反法律禁止性规定的方法或者严重违背公序良俗的方法形成或者获取的证据，不能作为认定案件事实的依据，因此，偷录的录音带作为证据仍需要作为质证对象，故选项 C 是正确的。

  根据《民诉解释》第 103 条第 3 款的规定，涉及国家秘密、商业秘密、个人隐私或者法律规定应当保密的证据，不得公开质证。因此，选项 D 是正确的。

---

[1]　C　[2]　CD

考点八　证据的审查判断

甲公司与乙公司双方在诉前经过核查账本形成了对账单，以书面形式确认乙公司对甲公司欠款450万，双方签字确认。之后双方就此发生纠纷，乙公司不认可该对账单的效力，甲公司以此为由将乙公司诉至法院，甲公司将对账单作为证据证明乙公司对其欠款450万，乙公司矢口否认，提出该对账单系甲公司伪造。对此，下列说法正确的是什么？（2018/客观仿真）[1]

A. 对账单可以作为证据使用

B. 乙的行为已构成自认，不能反悔

C. 法官应结合其他证据材料综合判定，不应仅将对账单作为定案依据

D. 对账单的内容不能构成自认事实

【解析】根据民事诉讼理论，诉讼自认是指在诉讼过程中，一方当事人对对方当事人所主张的、于己不利的案件主要事实表示的承认。此外，《民诉证据规定》第3条也规定，在诉讼过程中，一方当事人陈述的于己不利的事实，或者对于己不利的事实明确表示承认的，另一方当事人无需举证证明。在证据交换、询问、调查过程中，或者在起诉状、答辩状、代理词等书面材料中，当事人明确承认于己不利的事实的，适用前款规定。本题中，双方当事人在诉讼之前达成的对账单，乙公司在诉讼中予以否认，因此，对于对账单的内容不能构成诉讼自认，故选项B是不正确的，而选项D是正确的。

本题中，由于乙公司否认对账单的内容，并提出该对账单系甲公司伪造，根据《民诉解释》第105条的规定，人民法院应当按照法定程序，全面、客观地审核证据，依照法律规定，运用逻辑推理和日常生活经验法则，对证据有无证明力和证明力大小进行判断，并公开判断的理由和结果。因此，选项A是不正确的，而选项C是正确的。

---

[1]　CD

第六章　期间、送达

考点一　期间

1. 甲乙纠纷诉至法院，法院作出一审判决后，甲不服一审判决欲提起上诉，在上诉期限内甲遇车祸住院一个月，因抢救无效甲死亡，丙是甲的唯一继承人。关于本案的下列选项，哪些是正确的？（2019年仿真题）[1]

A. 丙可以在甲死亡后10日内申请法院延长上诉期

B. 丙可以继承甲的诉讼法律地位

C. 法院裁定终结诉讼

D. 已过上诉期，一审判决生效

【解析】正确解答本题应注意一个关键事实：甲欲上诉，但在上诉期限内因遇车祸住院一个月死亡，丙是甲的唯一继承人。

根据民事诉讼理论，甲在上诉期内死亡，丙作为其唯一继承人，有权继受其诉讼主体资格，因此，选项B是正确的。根据《民事诉讼法》第86条的规定，当事人因不可抗拒的事由或者其他正当理由耽误期限的，在障碍消除后的10日内，可以申请顺延期限，是否准许，由法院决定。因此，选项A是正确的，而选项C与D是不正确的。

2. 张兄与张弟因遗产纠纷诉至法院，一审判决张兄胜诉。张弟不服，却在赴法院提交上诉状的路上被撞昏迷，待其经抢救苏醒时已超过上诉期限一天。对此，下列哪一说法是正确的？（2015/3/41）[2]

A. 法律上没有途径可对张弟上诉权予以补救

B. 因意外事故耽误上诉期限，法院应依职权决定顺延期限

C. 张弟可在清醒后10日内，申请顺延期限，是否准许，由法院决定

D. 上诉期限为法定期间，张弟提出顺延期限，法院不应准许

【解析】根据《民事诉讼法》第86条的规定，当事人因不可抗拒的事由或者其他正当理由耽误期限的，在障碍消除后的10日内，可以申请顺延期限，是否准许，由人民法院决定，因此，选项C是正确的，其余选项均是不正确的。

3. 关于《民事诉讼法》规定的期间制度，下列哪一选项是正确的？（模拟）[3]

A. 法定期间都属于绝对不可变期间

B. 涉外案件的审理不受案件审结期限的限制

---

[1]　AB　[2]　C　[3]　B

C. 当事人从外地到法院参加诉讼的在途期间不包括在期间内

D. 当事人有正当理由耽误了期间，法院应当依职权为其延长期间

【解析】本题直接考查诉讼期间的相关规定，选项 A、C、D 可能是考生不熟悉的知识，但是选项 B 是涉外民事诉讼期间的特殊规定，是一个重要的常考知识点，只要考生熟悉《民事诉讼法》第 287 条的规定，即人民法院审理涉外案件不受审限的限制，即可判定选项 B 是正确的，该题实际上也就顺利解出。

选项 A 的意思过于绝对，是错误的，因为法定期间通常是不可变期间，但特殊情况下可以延长，如法院适用普通程序审理一审案件的审限就可能会延长。

选项 C 中的在途期间不包括在期间内是指诉讼文书的在途时间，而当事人到法院参加诉讼的在途时间是包括在期间内的，故该选项是错误的。

根据《民事诉讼法》第 86 条的规定，当事人因不可抗拒的事由或者其他正当理由耽误期限的，在障碍消除后的 10 日内，可以申请顺延期限，是否准许，由人民法院决定，因此，选项 D 是错误的。

考点二　送达方式的运用

1. 李欢是当事人李红的诉讼代理人，法院电子邮件通知李欢到法院领取判决书，诉讼代理人李欢看到判决书内容后对判决结果不满意，在送达回证上签字后表示要提出上诉，法院工作人员登记在案，在送达回证上写明了情况，同时有相关见证人，并拍摄了照片。该种送达方式是下列哪一种？(2018/客观仿真)[1]

A. 直接送达　　　　B. 委托送达　　　　C. 留置送达　　　　D. 转交送达

【解析】根据《民事诉讼法》第 88 条第 1 款的规定，送达诉讼文书，应当直接送交受送达人。受送达人有诉讼代理人的，可以送交其代理人签收。《民诉解释》第 131 条规定，法院直接送达文书可以在当事人的住所以及住所以外的其他地方，也可以通知当事人到法院领取。因此，选项 A 是本题的答案。

根据《民事诉讼法》第 91 条的规定，直接送达诉讼文书有困难的，可以委托其他人民法院代为送达。因此，选项 B 不是本题答案。

根据《民事诉讼法》第 89 条的规定，受送达人或者他的同住成年家属拒绝接收诉讼文书的，送达人可以邀请有关基层组织或者所在单位的代表到场，说明情况，在送达回证上记明拒收事由和日期，由送达人、见证人签名或者盖章，把诉讼文书留在受送达人的住所；也可以把诉讼文书留在受送达人的住所，并采用拍照、录像等方式记录送达过程，即视为送达。因此，选项 C 不是本题答案。

根据《民事诉讼法》第 92 条的规定，受送达人是军人的，通过其所在部队团以上单位的政治机关转交；根据《民事诉讼法》第 93 条的规定，受送达人被监禁的，通过其所在监所转交。受送达人被采取强制性教育措施的，通过其所在强制性教育机构转交。因此，选项 D 不是本题的答案。

2. 张某诉美国人海斯买卖合同一案，由于海斯在我国无住所，法院无法与其联系，遂要求张某提供双方的电子邮件地址，电子送达了诉讼文书，并在电子邮件中告知双方当事人在收

---

[1]　A

到诉讼文书后予以回复，但开庭之前法院只收到张某的回复，一直未收到海斯的回复。后法院在海斯缺席的情况下，对案件作出判决，驳回张某的诉讼请求，并同样以电子送达的方式送达判决书。关于本案诉讼文书的电子送达，下列哪些做法是合法的？（2014/3/42）[1]

A. 向张某送达举证通知书　　　　　　B. 向张某送达缺席判决书

C. 向海斯送达举证通知书　　　　　　D. 向海斯送达缺席判决书

【解析】正确解答本题需要注意一个关键事实，即由于海斯在我国无住所，法院无法与其联系，其电子邮件是张某提供的。《民事诉讼法》第90条第1款规定，经受送达人同意，人民法院可以采用能够确认其收悉的电子方式送达诉讼文书。通过电子方式送达的判决书、裁定书、调解书，受送达人提出需要纸质文书的，人民法院应当提供。在本案中，法院无法与海斯联系，就意味着法院无法就电子送达取得海斯的同意，因此，选项C、D是不合法的，而选项A是合法的。经张某同意，可以电子送达判决书，因此，选项B是不合法的。

3. 关于法院的送达行为，下列哪些选项是正确的？（2013/3/39）[2]

A. 陈某以马某不具有选民资格向法院提起诉讼，由于马某拒不签收判决书，法院向其留置送达

B. 法院通过邮寄方式向葛某送达开庭传票，葛某未寄回送达回证，送达无效，应当重新送达

C. 法院在审理张某和赵某借款纠纷时，委托赵某所在学校代为送达起诉状副本和应诉通知

D. 经许某同意，法院用电子邮件方式向其送达证据保全裁定书

【解析】该题直接考查送达方式的适用。根据《民事诉讼法》第89条的规定，受送达人拒绝接受诉讼文书的，法院可以邀请有关人员见证或者采取拍照、录像等方式记录送达过程，适用留置送达，因此，选项A是正确的。

根据《民事诉讼法》第91条的规定，邮寄送达以回执上注明的收件日期为送达日期，因此，选项B是不正确的。

根据《民事诉讼法》第92条与第93条的规定，转交送达适用于受送达人是军人、被监禁的或者被采取强制性教育措施的人，因此，选项C是不正确的。

根据《民事诉讼法》第90条第1款的规定，经受送达人同意，电子邮件送达方式可以适用于裁定书，因此，选项D是正确的。

---

[1] AB　[2] AD

第七章　法院调解

考点一　调解协议与和解协议

1. 甲诉乙损害赔偿一案，双方在诉讼中达成和解协议。关于本案，下列哪一说法是正确的？（2018/客观仿真）[1]

A. 当事人无权向法院申请撤诉

B. 因当事人已达成和解协议，法院应当裁定终结诉讼程序

C. 当事人可以申请法院依和解协议内容制作调解书

D. 当事人可以申请法院依和解协议内容制作判决书

【解析】该题直接考查诉讼和解后的处理这一重要知识点。根据《民诉解释》第148条第1款的规定，当事人自行和解或者调解达成协议后，请求人民法院按照和解协议或者调解协议的内容制作判决书的，人民法院不予准许，因此，选项C是正确的，而选项D是错误的。此外，根据民事诉讼理论，当事人达成和解协议后，可以基于处分原则而选择申请撤诉，因此，选项A与选项B均是错误的。

2. 邱某与秦某就房屋所有权发生争议，邱某诉至区法院要求确认秦某占有的房屋系自己的。经法院调解达成协议，房屋归邱某所有。关于本案的下列表述，哪些是不正确的？（模拟）[2]

A. 邱某请求区法院制作判决书的，区法院可以制作判决书

B. 区法院应当依据调解协议制作调解书

C. 区法院制作的调解书具有强制执行力

D. 区法院制作调解书后，调解书即发生法律效力

【解析】根据《民诉解释》第148条第1款的规定，当事人自行和解或者调解达成协议后，请求人民法院按照和解协议或者调解协议的内容制作判决书的，人民法院不予准许。因此，选项A是不正确的。

根据《民事诉讼法》第100条第1款的规定，调解达成协议，人民法院应当制作调解书。调解书应当写明诉讼请求、案件的事实和调解结果。因此，选项B是正确的。

根据民事诉讼理论，具有给付内容的调解书具有强制执行力。本题系确认之诉，没有可供执行的给付内容，因此，本题调解书不具有强制执行力。故选项C是不正确的。

根据《民事诉讼法》第100条第3款的规定，调解书经双方当事人签收后，即具有法律效

---

[1]　C　[2]　ACD

力。因此，选项 D 是不正确的。

考点二　调解书

1. 甲和乙货款纠纷一案，经法院调解双方达成调解协议，法院根据调解协议制作了调解书。但是乙没有履行调解书确定的义务。关于本案的下列处理，哪一选项是正确的？（2019 年仿真题）[1]

A. 调解书一经制作，原来的诉讼程序即终结

B. 甲可以根据调解协议申请执行

C. 乙可以根据调解协议向法院申请制作判决书

D. 甲可以根据调解书申请执行

【解析】根据《民事诉讼法》第 100 条第 3 款的规定，调解书经双方当事人签收后，即具有法律效力。此外，根据该法第 102 条的规定，调解未达成协议或者调解书送达前一方反悔的，法院应当及时判决。因此，选项 A 是不正确的。

本案是货款纠纷，法院的调解书具有执行效力，乙没有履行调解书确定的义务时，甲可以申请执行调解书，而非申请执行调解协议，因此，选项 B 是不正确的，而选项 D 是正确的。

根据《民诉解释》第 148 条第 1 款的规定，当事人自行和解或者调解达成协议后，请求法院按照和解协议或者调解协议的内容制作判决书的，法院不予准许。因此，选项 C 是不正确的。

2. 甲乙是多年的夫妻，因产生矛盾一方诉至法院要求离婚，法院审理的过程中双方达成和解协议，约定房产两套归女方乙，法院根据当事人申请依据和解协议制作调解书，双方签字生效。乙发现调解书的内容存在错误，写成房产分割为夫妻双方各一套，遂向法院提出异议，下列处理方式错误的是什么？（2018/客观仿真）[2]

A. 以调解书内容违背当事人的意愿为由申请再审

B. 法院应以裁定书的方式补正

C. 以不能根据和解协议制作调解书，法律适用错误为由申请再审

D. 法院收回调解书修正后重新送达

【解析】正确解答本题需注意一个关键事实，即双方达成的调解协议是房产两套归女方乙，但调解书错误写成了房产分割为夫妻双方各一套。

根据《民事诉讼法》第 212 条的规定，当事人对已经发生法律效力的调解书，提出证据证明调解违反自愿原则或者调解协议的内容违反法律的，可以申请再审。经人民法院审查属实的，应当再审。本题乙提出异议是因为调解书的内容写错了，并非调解违反自愿原则，因此，选项 A 是不正确的。

根据《民事调解规定》第 13 条的规定，当事人以民事调解书与调解协议的原意不一致为由提出异议，人民法院审查后认为异议成立的，应当根据调解协议裁定补正民事调解书的相关内容。因此，选项 B 是正确的。

根据《民事调解规定》第 2 条的规定，当事人在诉讼过程中自行达成和解协议的，人民法院可以根据当事人的申请依法确认和解协议制作调解书。双方当事人申请庭外和解的期间，不

---

[1]　D　[2]　ACD

计入审限。因此，选项 C 是不正确的。

法院制作的任何法律文书发出后，如果法律文书存在问题，应当根据存在问题的不同性质适用法定的方法予以纠正，而不允许收回，因此，选项 D 是不正确的。

3. 甲公司因合同纠纷向法院提起诉讼，要求乙公司支付货款 280 万元。在法院的主持下，双方达成调解协议。协议约定：乙公司在调解书生效后 10 日内支付 280 万元本金，另支付利息 5 万元。为保证协议履行，双方约定由丙公司为乙公司提供担保，丙公司同意。法院据此制作调解书送达各方，但丙公司反悔拒绝签收。关于本案，下列哪一选项是正确的？（2016/3/42）[1]

A. 调解协议内容尽管超出了当事人诉讼请求，但仍具有合法性

B. 丙公司反悔拒绝签收调解书，法院可以采取留置送达

C. 因丙公司反悔，调解书对其没有效力，但对甲公司、乙公司仍具有约束力

D. 因丙公司反悔，法院应当及时作出判决

【解析】根据《民事调解规定》第 7 条的规定，调解协议内容超过诉讼请求的，人民法院可以准许。故选项 A 是正确的。

根据《民诉解释》第 133 条的规定，调解书应当直接送达当事人本人，不适用留置送达。故选项 B 是不正确的。

根据《民事调解规定》第 9 条第 2 款的规定，案外人提供担保的，人民法院制作调解书应当列明担保人，并将调解书送交担保人。担保人不签收调解书的，不影响调解书生效。故选项 C 与 D 均是不正确的。

第八章　保全与先予执行

考点一　保全

1. A 地的甲编写了一首歌曲，B 地的乙未经过甲的同意，在 C 地表演的时候演唱了该首歌曲。甲得知后为了禁止乙继续演唱该歌曲，故而向法院申请禁令。下列表述正确的是什么？（2018/客观仿真）[1]

A. 甲应向法院提供担保

B. 甲可向 B 地法院、C 地法院提出申请

C. 甲应在法院发出禁令后 30 天内向法院提起诉讼

D. 乙在 15 天内向法院提出书面复议，禁令失效

【解析】根据《民事诉讼法》第 104 条第 1 款的规定，利害关系人因情况紧急，不立即申请保全将会使其合法权益受到难以弥补的损害的，可以在提起诉讼或者申请仲裁前向被保全财产所在地、被申请人住所地或者对案件有管辖权的人民法院申请采取保全措施。申请人应当提供担保，不提供担保的，裁定驳回申请。本题中，甲向法院申请禁令属于诉前行为保全。因此，选项 A 是正确的。

本题中，B 地是被申请人乙住所地，C 地是乙表演的地点，作为本案的侵权行为地，属于对侵权纠纷案件有管辖权的法院，因此，选项 B 是正确的。

根据《民事诉讼法》第 104 条第 3 款的规定，申请人在人民法院采取保全措施后 30 日内不依法提起诉讼或者申请仲裁的，人民法院应当解除保全。因此，选项 C 是正确的。

根据《民事诉讼法》第 111 条的规定，当事人对保全或者先予执行的裁定不服的，可以申请复议一次。复议期间不停止裁定的执行。因此，选项 D 是不正确的。

2. 李某与温某之间债权债务纠纷经甲市 M 区法院审理作出一审判决，要求温某在判决生效后 15 日内偿还对李某的欠款。双方均未提起上诉。判决履行期内，李某发现温某正在转移财产，温某位于甲市 N 区有可供执行的房屋一套，故欲申请法院对该房屋采取保全措施。关于本案，下列哪一选项是正确的？（2016/3/43）[2]

A. 此时案件已经审理结束且未进入执行阶段，李某不能申请法院采取保全措施

B. 李某只能向作出判决的甲市 M 区法院申请保全

C. 李某可向甲市 M 区法院或甲市 N 区法院申请保全

D. 李某申请保全后，其在生效判决书指定的履行期间届满后 15 日内不申请执行的，法院应当解除保全措施

---

[1]　ABC　[2]　C

【解析】根据《民诉解释》第163条的规定，法律文书生效后，进入执行程序前，债权人因对方当事人转移财产等紧急情况，不申请保全将可能导致生效法律文书不能执行或者难以执行的，可以向执行法院申请采取保全措施。债权人在法律文书指定的履行期间届满后5日内不申请执行的，人民法院应当解除保全。故选项A与D是不正确的。根据《民事诉讼法》第235条第1款的规定，发生法律效力的民事判决裁定，以及刑事判决、裁定中的财产部分，由第一审人民法院或者与第一审人民法院同级的被执行的财产所在地人民法院执行。故选项B是不正确的，而选项C是正确的。

3. 李根诉刘江借款纠纷一案在法院审理，李根申请财产保全，要求法院扣押刘江向某小额贷款公司贷款时质押给该公司的两块名表。法院批准了该申请，并在没有征得该公司同意的情况下采取保全措施。对此，下列哪些选项是错误的？（2015/3/80）[1]

A. 一般情况下，某小额贷款公司保管的两块名表应交由法院保管

B. 某小额贷款公司因法院采取保全措施而丧失了对两块名表的质权

C. 某小额贷款公司因法院采取保全措施而丧失了对两块名表的优先受偿权

D. 法院可以不经某小额贷款公司同意对其保管的两块名表采取保全措施

【解析】根据《民诉解释》第157条的规定，人民法院对抵押物、质押物、留置物可以采取财产保全措施，但不影响抵押权人、质权人、留置权人的优先受偿权。因此，选项B与C是错误的，而选项D是正确的。根据《民诉解释》第154条第2款的规定，查封、扣押、冻结担保物权人占有的担保财产，一般由担保物权人保管；由人民法院保管的，质权、留置权不因采取保全措施而消灭。因此，选项A是错误的。

4. 甲公司生产的"晴天牌"空气清新器销量占据市场第一，乙公司见状，将自己生产的同类型产品注册成"清天牌"，并全面仿照甲公司产品，使消费者难以区分。为此，甲公司欲起诉乙公司侵权，同时拟申请诉前禁令，禁止乙公司销售该产品。关于诉前保全，下列哪些选项是正确的？（2015/3/81）[2]

A. 甲公司可向有管辖权的法院申请采取保全措施，并应当提供担保

B. 甲公司可向被申请人住所地法院申请采取保全措施，法院受理后，须在48小时内作出裁定

C. 甲公司可向有管辖权的法院申请采取保全措施，并应当在30天内起诉

D. 甲公司如未在规定期限内起诉，保全措施自动解除

【解析】根据《民事诉讼法》第104条的规定，利害关系人因情况紧急，不立即申请保全将会使其合法权益受到难以弥补的损害的，可以在提起诉讼或者申请仲裁前向被保全财产所在地、被申请人住所地或者对案件有管辖权的人民法院申请采取保全措施。申请人应当提供担保，不提供担保的，裁定驳回申请。人民法院接受申请后，必须在48小时内作出裁定；裁定采取保全措施的，应当立即开始执行。申请人在人民法院采取保全措施后30日内不依法提起诉讼或者申请仲裁的，人民法院应当解除保全。因此，选项A、B与C是正确的，而选项D是不正确的。

考点二　先予执行

1. 执法为民是社会主义法治的本质要求，据此，法院和法官应在民事审判中遵守诉讼程

序，履行释明义务。下列哪一审判行为符合执法为民的要求？（2013/3/36）[1]

    A. 在李某诉赵某的欠款纠纷中，法官向赵某释明诉讼时效，建议赵某提出诉讼时效抗辩

    B. 在张某追索赡养费的案件中，法官依职权作出先予执行裁定

    C. 在杜某诉阎某的离婚案件中，法官向当事人释明可以同时提出离婚损害赔偿

    D. 在罗某诉华兴公司房屋买卖合同纠纷中，法官主动走访现场，进行勘察，并据此支持了罗某的请求

【解析】该题综合性考查法官审判行为的正当行使问题。根据《民诉解释》第219条的规定，当事人超过诉讼时效期间起诉的，人民法院应予受理。受理后对方当事人提出诉讼时效抗辩，人民法院经审理认为抗辩事由成立的，判决驳回原告的诉讼请求。此外，根据《最高人民法院关于审理民事案件适用诉讼时效制度若干问题的规定》第2条的规定，当事人未提出诉讼时效抗辩，人民法院不应对诉讼时效问题进行释明。法院不应对诉讼时效问题进行释明，也不应主动适用诉讼时效进行裁判，因此，选项A是错误的。

根据《民事诉讼法》第109条的规定，人民法院对下列案件，根据当事人的申请，可以裁定先予执行：（一）追索赡养费、扶养费、抚养费、抚恤金、医疗费用的。法院裁定先予执行应根据当事人的申请，因此，选项B是错误的。

根据民事诉讼理论，法院可以对诉讼请求向当事人进行释明，因此，选项C是正确的。

根据《民诉解释》第96条的规定，"民事诉讼法第六十七条第二款规定的人民法院认为审理案件需要的证据包括：（一）涉及可能损害国家利益、社会公共利益的；（二）涉及身份关系的；（三）涉及民事诉讼法第五十八条规定诉讼的；（四）当事人有恶意串通损害他人合法权益可能的；（五）涉及依职权追加当事人、中止诉讼、终结诉讼、回避等程序性事项的。除前款规定外，人民法院调查收集证据，应当依照当事人的申请进行。"选项D所涉及的房屋买卖合同纠纷不属于法院依职权调查证据的范围，因此，选项D是错误的。

2. 关于财产保全和先予执行，下列哪些选项是正确的？（模拟）[2]

    A. 二者的裁定都可以根据当事人的申请或法院依职权作出

    B. 二者适用的案件范围相同

    C. 当事人提出财产保全或先予执行的申请时，法院可以责令其提供担保，当事人拒绝提供担保的，驳回申请

    D. 对财产保全和先予执行的裁定，当事人不可以上诉，但可以申请复议一次

【解析】根据《民事诉讼法》第103条第1款的规定，财产保全裁定可以根据当事人申请或者法院依职权作出。根据该法第109条的规定，先予执行的裁定根据当事人申请作出。因此，选项A是错误的。

《民事诉讼法》对财产保全的适用案件范围未作出规定，但根据该制度的目的，财产保全可以适用于有财产给付内容的案件；而《民事诉讼法》第109条规定："人民法院对下列案件，根据当事人的申请，可以裁定先予执行：（一）追索赡养费、扶养费、抚养费、抚恤金、医疗费用的；（二）追索劳动报酬的；（三）因情况紧急需要先予执行的"。此外，《民诉解释》第170条对"情况紧急"又作了相应的解释，也就是说，先予执行适用于特殊的案件。因此，选项B是错误的。

根据《民事诉讼法》第103条第2款的规定，人民法院采取保全措施，可以责令申请人提供担保，申请人不提供担保的，裁定驳回申请。该法第110条第2款规定，人民法院裁定先予

---

[1]　C　[2]　CD

·50·

执行的，可以责令申请人提供担保，申请人不提供担保的，驳回申请。申请人败诉的，应当赔偿被申请人因先予执行遭受的财产损失。因此，选项 C 是正确的。

根据《民事诉讼法》第 111 条的规定，当事人对保全或者先予执行的裁定不服的，可以申请复议一次。复议期间不停止裁定的执行。因此，选项 D 是正确的。

3. 刘某诉至 A 市甲区法院要求其子刘天支付赡养费，甲区法院适用简易程序由黄法官独任审理案件。在诉讼中，刘某突发心脏病住院治疗，黄法官得知后裁定责令刘天先支付刘某住院所需要的部分医疗费。刘天不服该裁定，向 A 市中级法院申请复议。关于本案的下列表述，哪一选项是不正确的？（模拟题）[1]

A. 甲区法院由黄法官独任审理案件是正确的

B. 本案属于先予执行的案件范围

C. 黄法官裁定责令刘天先支付刘某的部分住院治疗费用是不正确的

D. 刘天向市中级法院申请复议是正确的

【解析】根据《民事诉讼法》第 40 条第 2 款的规定，适用简易程序审理的民事案件，由审判员一人独任审理。因此，选项 A 正确。根据《民事诉讼法》第 109 条规定，人民法院对下列案件，根据当事人的申请，可以裁定先予执行：（一）追索赡养费、扶养费、抚养费、抚恤金、医疗费用的；（二）追索劳动报酬的；（三）因情况紧急需要先予执行的。因此，选项 B 和 C 均正确。根据《民诉解释》第 171 条规定，当事人对保全或者先予执行裁定不服的，可以自收到裁定书之日起五日内向作出裁定的人民法院申请复议。因此，选项 D 不正确。

---

[1] D

第九章 普通程序

考点一 起诉与受理

1. 某公路公司在挖路时，把 A 的骨灰盒轻微碰裂，公路公司及时恢复，后来 A 的外甥向法院提起诉讼要求精神损失，法院应该如何处理？（2019 年仿真题）[1]

A. 裁定不予受理　　　　　　　　　B. 判决驳回诉讼请求
C. 法院可判公路公司适当赔偿　　　D. 裁定驳回起诉

【解析】根据《民事诉讼法》第 122 条的规定，原告起诉的条件之一是原告是与本案有直接利害关系的公民、法人和其他组织。在本题中，就公路公司挖路时碰裂 A 的骨灰盒一案，A 的外甥与本案没有直接的利害关系，其不属于本案的适格原告。原告的起诉不符合条件，故法院应裁定不予受理，因此，选项 A 是本题的答案。

2. 甲、乙两公司签订了一份家具买卖合同，因家具质量问题，甲公司起诉乙公司要求更换家具并支付违约金 3 万元。法院经审理判决乙公司败诉，乙公司未上诉。之后，乙公司向法院起诉，要求确认该家具买卖合同无效。对乙公司的起诉，法院应采取下列哪一处理方式？（2017/3/42）[2]

A. 予以受理　　　　　　　　　　　B. 裁定不予受理
C. 裁定驳回起诉　　　　　　　　　D. 按再审处理

【解析】正确解答本题需注意两个关键信息：第一，法院对甲公司起诉乙公司要求其承担违约责任的合同纠纷作出的生效判决基于合同有效这一事实。第二，乙公司向法院起诉，要求确认该家具买卖合同无效，该诉与前诉的当事人相同，诉讼标的相同，并且乙公司的诉讼请求实质上否定前诉的裁判结果。根据《民诉解释》第 247 条的规定：当事人就已经提起诉讼的事项在诉讼过程中或者裁判生效后再次起诉，同时符合下列条件的，构成重复起诉：（一）后诉与前诉的当事人相同；（二）后诉与前诉的诉讼标的相同；（三）后诉与前诉的诉讼请求相同，或者后诉的诉讼请求实质上否定前诉的裁判结果。当事人重复起诉的，裁定不予受理；已经受理的，裁定驳回起诉，但法律、司法解释另有规定的除外。本题中乙公司的起诉构成重复起诉，当事人重复起诉的，法院应当裁定不予受理。因此，选项 B 正确，其余选项均是错误的。

3. 张丽因与王旭感情不和，长期分居，向法院起诉要求离婚。法院向王旭送达应诉通知书，发现王旭已于张丽起诉前因意外事故死亡。关于本案，法院应作出下列哪一裁判？（2015/3/48）[3]

---

[1] A　[2] B　[3] B

A. 诉讼终结的裁定　　　　　　　B. 驳回起诉的裁定
C. 不予受理的裁定　　　　　　　D. 驳回诉讼请求的判决

【解析】根据《民事诉讼法》第 122 条的规定，原告起诉的条件之一是有明确的被告，该案王旭已于张丽起诉前死亡，因此，张丽起诉离婚不符合《民事诉讼法》规定的条件，法院在受理案件后发现此事实，应裁定驳回原告的起诉，因此，选项 B 是本题的答案，其余选项均不是本题的答案。

【提示】本题需要注意离婚案件，一方当事人的死亡发生在不同的时间，可能产生不同的处理结果。如果本题王旭在诉讼过程中死亡，根据《民事诉讼法》第 154 条的规定，则应当裁定终结诉讼。如果本题法院在立案时发现王旭已于张丽起诉前因意外事故死亡，则应当裁定不予受理。

4. 何某因被田某打伤，向甲县法院提起人身损害赔偿之诉，法院予以受理。关于何某起诉行为将产生的法律后果，下列哪一选项是正确的？（2013/3/44）[1]
A. 何某的诉讼时效中断　　　　　B. 田某的答辩期开始起算
C. 甲县法院取得排他的管辖权　　D. 田某成为适格被告

【解析】根据民事诉讼理论，起诉行为产生诉讼时效中断的法律后果，因此，选项 A 是正确的。

根据《民事诉讼法》第 128 条的规定，被告应当在收到起诉状副本之日起 15 日内提出答辩状，因此，选项 B 是不正确的。

根据民事诉讼理论，法院依法受理案件后，产生取得排他管辖权以及当事人取得诉讼地位的法律后果，由于本题考查何某起诉行为产生的法律后果，因此，选项 C 与 D 均是不正确的。

5. 关于起诉与受理的表述，下列哪些选项是正确的？（模拟）[2]
A. 法院裁定驳回起诉的，原告再次起诉符合条件的，法院应当受理
B. 法院按撤诉处理后，当事人以同一诉讼请求再次起诉的，法院应当受理
C. 判决不准离婚的案件，当事人没有新事实和新理由再次起诉的，法院一律不予受理
D. 当事人超过诉讼时效起诉的，法院应当受理

【解析】根据《民诉解释》第 212 条的规定，裁定不予受理、驳回起诉的案件，原告再次起诉，且不属于《民事诉讼法》第 127 条规定情形的，人民法院应当受理。因此，选项 A 是正确的。

根据《民诉解释》第 214 条第 1 款的规定，原告撤诉或人民法院按撤诉处理后，原告以同一诉讼请求再次起诉的，人民法院应予受理。因此，选项 B 是正确的。

根据《民事诉讼法》第 127 条第 7 项的规定，判决不准离婚和调解和好的离婚案件，判决、调解维持收养关系的案件，没有新情况、新理由，原告在 6 个月内又起诉的，不予受理。因此，选项 C 是错误的。

根据《民诉解释》第 219 条的规定，当事人超过诉讼时效期间起诉的，人民法院应予受理。受理后对方当事人提出诉讼时效抗辩，人民法院经审理认为抗辩事由成立的，判决驳回原告的诉讼请求。因此，选项 D 是正确的。

6. 甲某认为乙公司制造的汽车的刹车灯侵犯其专利方法，诉至 A 区法院请求责令乙公司停止侵权行为。A 区法院经审理判决甲某败诉，双方未上诉。因甲某继续在网上散布不利于乙公司的信息，乙公司向 A 区法院起诉，请求确认生产汽车的行为未构成对甲某专利方法的侵

――――――――――――
[1] A　[2] ABD

权。A区法院的下列做法，哪一项是正确的？（模拟题）[1]

A. A区法院告知乙公司另行起诉

B. A区法院不予受理乙公司的起诉

C. A区法院受理后根据审理情况作出处理

D. A区法院责令乙公司就未侵犯甲某的专利方法承担证明责任

【解析】 根据《民诉解释》第247条规定，当事人就已经提起诉讼的事项在诉讼过程中或者裁判生效后再次起诉，同时符合下列条件的，构成重复起诉：（一）后诉与前诉的当事人相同；（二）后诉与前诉的诉讼标的相同；（三）后诉与前诉的诉讼请求相同，或者后诉的诉讼请求实质上否定前诉裁判结果。当事人重复起诉的，裁定不予受理；已经受理的，裁定驳回起诉，但法律、司法解释另有规定的除外。本题中，甲某诉至A区法院请求责令乙公司停止侵权行为。法院判决甲某败诉。判决生效后，乙公司向A区法院起诉，请求确认生产汽车的行为未构成对甲某专利方法的侵权，实际上构成重复诉讼，因此，选项B正确，其余选项均不正确。

考点二　开庭审理

下列哪一选项中法院的审判行为，只能发生在开庭审理阶段？（2013/3/43）[2]

A. 送达诉讼文书
B. 组织当事人进行质证

C. 调解纠纷，促进当事人达成和解
D. 追加必须参加诉讼的当事人

【解析】 根据《民事诉讼法》第128条的规定，法院受理案件后即开始依法向当事人送达诉讼文书。因此，选项A不是本题答案。

《民事诉讼法》及有关司法解释的规定，当事人应在开庭时举证与质证，因此，选项B只能发生在开庭审理阶段，符合本题要求。

在民事诉讼中，从法院受理案件后，即可以主持当事人通过调解方式解决纠纷，也可以根据需要追加必须参加诉讼的当事人，因此，选项C与选项D不符合本题要求。

考点三　当事人权利义务承担

程某诉刘某借款纠纷，诉讼过程中，程某将对刘某因该借款而形成的债权转让给了谢某。依据相关规定，下列哪些选项是正确的？（2016/3/79）[3]

A. 如程某撤诉，法院可以准许其撤诉

B. 如谢某申请以无独立请求权第三人身份参加诉讼，法院可予以准许

C. 如谢某申请替代程某诉讼地位的，法院可以根据案件的具体情况决定是否准许

D. 如法院不予准许谢某申请替代程某诉讼地位的，可以追加谢某为无独立请求权的第三人

【解析】 根据《民诉解释》第249条第1款的规定，在诉讼中，争议的民事权利义务转移的，不影响当事人的诉讼主体资格和诉讼地位。本题中，程某将对刘某的债权转让给谢某后不影响程某的诉讼地位，因此，程某仍然是原告，其享有申请撤诉的权利，故选项A是正

---

[1]　B　[2]　B　[3]　ABCD

确的。

根据《民诉解释》第249条第2款的规定，受让人申请以无独立请求权的第三人身份参加诉讼的，人民法院可予准许。受让人申请替代当事人承担诉讼的，人民法院可以根据案件的具体情况决定是否准许；不予准许的，可以追加其为无独立请求权的第三人。因此，选项B、C与D均是正确的。

考点四　缺席判决与撤诉

1. 甲因乙未按期偿还借款诉至法院，要求乙偿还借款100万元。现双方因乙是否已偿还借款产生争议，法院依法向双方送达传票后，开庭之日甲以自己忙为由只让代理律师纪某出庭，法院为此决定延期7日开庭，并再次向双方送达传票，7日后甲仍旧以自己忙为由只让代理律师纪某出庭，现法院应如何处理？（2023年仿真题）[1]

A. 视为撤诉

B. 拘传甲

C. 开庭审理，根据审理情况作出处理

D. 缺席审理，驳回甲的诉讼请求

【解析】本题中虽然甲以自己忙为由未出庭属于无正当理由未出庭，但本案系借款纠纷，不属于《民事诉讼法》第65条规定的需本人出庭的离婚案件，故甲只让其代理律师纪某出庭系甲的处分行为，不应适用《民事诉讼法》第146条关于按撤诉处理的规定，而应当开庭审理，根据审理情况作出处理，因此，选项A不正确，而选项C正确。本案系借款纠纷，且题干中未说明因甲不到庭无法查明案件事实，不符合《民诉解释》第174条第2款"人民法院对必须到庭才能查清案件基本事实的原告，经两次传票传唤，无正当理由拒不到庭的，可以拘传"的规定，因此，选项B不正确。本题甲虽无正当理由未出庭，但其代理律师参与庭审，不属于缺席审理，且甲的诉讼请求是否能得到支持需取决于审理的情况，如果甲提供的证据能够证明借款关系的存在，且乙未提供已偿还100万元借款的证据，法院依然可以判决支持甲的诉讼请求，因此，选项D不正确。

2. 李某与刘某结婚，刘母极力反对，以双方结婚未达到法定结婚年龄为由起诉到法院，要求宣告李某与刘某的婚姻无效。刘某坚持不同意，后刘母申请撤诉。法院应如何处理？（2021年仿真题）[2]

A. 判决驳回起诉　　　　　　　　B. 裁定驳回诉讼请求

C. 裁定不准许撤诉　　　　　　　D. 裁定中止诉讼

【解析】根据《民法典》第1051条第3项规定，未达到法定婚龄的婚姻无效。婚姻当事人或近亲属可以申请法院宣告婚姻无效。本案刘母作为刘某的近亲属有权诉至法院要求宣告李某与刘某的婚姻无效。根据《民事诉讼法》第148条第1款的规定，宣判前，原告申请撤诉的，是否准许，由法院裁定。根据《民诉解释》第238条第1款的规定，当事人申请撤诉或者依法可以按撤诉处理的案件，如果当事人有违反法律的行为需要依法处理的，人民法院可以不准许撤诉或者不按撤诉处理。因此，选项C正确，其余选项均不正确。

---

〔1〕　C　〔2〕　C

3. 法院开庭审理时一方当事人未到庭，关于可能出现的法律后果，下列哪些选项是正确的？（模拟）[1]

A. 延期审理

B. 按原告撤诉处理

C. 缺席判决

D. 采取强制措施拘传未到庭的当事人到庭

【解析】 根据《民事诉讼法》第 149 条的规定，有下列情形之一的，可以延期开庭审理：（1）必须到庭的当事人和其他诉讼参与人有正当理由没有到庭的；（2）当事人临时提出回避申请的；（3）需要通知新的证人到庭，调取新的证据，重新鉴定、勘验或者需要补充调查的；（4）其他应当延期审理的情形。因此，开庭审理时未到庭的一方当事人有正当理由，即可延期审理，故选项 A 是正确的。

根据《民事诉讼法》第 146 条的规定，原告经传票传唤，无正当理由拒不到庭，或者未经法庭许可中途退庭的，可以按撤诉处理。因此，开庭审理时未到庭的一方当事人是符合情形的原告，则可以按撤诉处理，故选项 B 是正确的。

根据《民事诉讼法》第 147 条的规定，被告经传票传唤，无正当理由拒不到庭，或者未经法庭许可中途退庭的，可以缺席判决。因此，开庭审理时未到庭的一方当事人是符合情形的被告，则可以缺席判决，故选项 C 是正确的。

根据《民事诉讼法》第 112 条的规定，人民法院对必须到庭的被告，经两次传票传唤，无正当理由拒不到庭的，可以拘传。因此，开庭审理时未到庭的一方当事人是符合情形的必须到庭的被告，则可以拘传，故选项 D 是正确的。

4. 刘某与洪某签订了 A 字画买卖合同，约定刘某将 A 字画以 2 万元价格卖给洪某，字画交付后，刘某发现自己将价值 20 万元的 B 字画误当作 A 字画卖给了洪某，并得知洪某将 A 字画以 10 万元卖给了黄某，但尚未交付。刘某向甲区法院起诉请求撤销与洪某之间的字画买卖合同，并申请扣押了 A 字画，黄某得知后申请参加诉讼，甲区法院同意。关于本案的下列表述，哪一选项是不正确的？（模拟）[2]

A. 甲区法院应当在 48 小时内裁定是否扣押 A 字画

B. 黄某经传票传唤，开庭时无正当理由不到庭，区法院可以对其缺席判决

C. 黄某有权与刘某、洪某自行协商达成和解协议

D. 黄某对本案的一审判决是否有权提出上诉取决于一审判决的结果

【解析】 正确解答本题需注意以下几点：第一，刘某基于重大误解将价值 20 万元的 B 字画误当作价值 2 万元的 A 字画卖给了洪某，其有权撤销该买卖行为；第二，洪某已将该字画卖给黄某，但尚未交付。因此，在刘某起诉请求撤销与洪某之间的字画买卖合同的诉讼中，黄某系无独立请求权的第三人。

根据《民事诉讼法》第 103 条第 3 款的规定，当事人申请诉讼中的财产保全，法院接受申请后，对于情况紧急的，法院必须在 48 小时内做出裁定。本题中，是否属于情况紧急并不明确，因此，选项 A 是不正确的。

根据《民诉解释》第 240 条的规定，无独立请求权的第三人经法院传票传唤，无正当理由拒不到庭或者未经法庭许可中途退庭的，不影响案件的审理。换言之，法院可以对无独立请求权的第三人缺席判决，因此，选项 B 是正确的。

---

[1] ABCD [2] A

根据《民诉解释》第82条规定，在一审诉讼中，无独立请求权的第三人无权提出管辖异议，无权放弃、变更诉讼请求或者申请撤诉，被判决承担民事责任的，有权提起上诉。因此，选项C与D均是正确的。

考点五　延期审理、诉讼中止和诉讼终结

1. 包某与洪某登记结婚，之后包某诉至法院，请求解除其与洪某的婚姻关系。在法院审理期间，洪某病故，洪某无其他直系亲属。关于本案的处理，下列哪一选项是正确的？（2021年仿真题）[1]

A. 裁定驳回起诉

B. 裁定终结诉讼

C. 继续审理该案

D. 裁定追加洪某所在地的民政部门为当事人

【解析】根据《民事诉讼法》第154条的规定，离婚案件一方当事人死亡的，终结诉讼。故选项B正确，其余选项均不正确。

2. 陈某诉王某合同纠纷一案，一审庭审法庭辩论结束后的第二天，陈某发生意外死亡，其唯一的继承人一直下落不明，法院应该如何处理？（2018/客观仿真）[2]

A. 裁定诉讼程序终结　　　　　　B. 裁定诉讼程序中止

C. 裁定驳回陈某起诉　　　　　　D. 法院可以直接作出判决

【解析】根据《民事诉讼法》第154条的规定，有下列情形之一的，终结诉讼：（一）原告死亡，没有继承人，或者继承人放弃诉讼权利的；（二）被告死亡，没有遗产，也没有应当承担义务的人的；（三）离婚案件一方当事人死亡的；（四）追索赡养费、扶养费、抚养费以及解除收养关系案件的一方当事人死亡的。所以诉讼终结适用因自然人死亡导致诉讼无法继续，或者继续进行诉讼失去意义的法定情形，本题不属于诉讼终结的情形。因此，选项A不是答案。

根据《民事诉讼法》第153条的规定，有下列情形之一的，中止诉讼：（一）一方当事人死亡，需要等待继承人表明是否参加诉讼的；（二）一方当事人丧失诉讼行为能力，尚未确定法定代理人的；（三）作为一方当事人的法人或者其他组织终止，尚未确定权利义务承受人的；（四）一方当事人因不可抗拒的事由，不能参加诉讼的；（五）本案必须以另一案的审理结果为依据，而另一案尚未审结的；（六）其他应当中止诉讼的情形。中止诉讼的原因消除后，恢复诉讼。所以诉讼中止适用于因法定情形导致诉讼程序暂停，引起诉讼中止的法定情形消失后，诉讼程序即可恢复的情况，本题中庭审法庭辩论已经结束，当事人已经充分行使完其相应诉讼权利，此时案件的事实已经调查清楚，双方的辩论意见也已经发表完毕，此后合议庭评议后即可以直接作出判决，因此，选项B不是本题答案，而选项D符合本题要求。

根据《民诉解释》第208条第3款的规定，立案后发现不符合起诉条件或者属于《民事诉讼法》第127条规定情形的，裁定驳回起诉，因此，选项C不是本题的答案。

3. 甲县法院受理居住在乙县的成某诉居住在甲县的罗某借款纠纷案。诉讼过程中，成某出差归途所乘航班失踪，经全力寻找仍无成某生存的任何信息，主管方宣布机上乘客不可能生还，成妻遂向乙县法院申请宣告成某死亡。对此，下列哪一说法是正确的？（2015/3/43）[3]

---

[1]　B　[2]　D　[3]　C

A. 乙县法院应当将宣告死亡案移送至甲县法院审理

B. 借款纠纷案与宣告死亡案应当合并审理

C. 甲县法院应当裁定中止诉讼

D. 甲县法院应当裁定终结诉讼

【解析】 本题中，成某向甲县法院起诉罗某借款纠纷案属于诉讼案件，而成妻向乙县法院申请宣告成某死亡属于适用特别程序的非讼案件，两种案件属于性质不同的案件，应当适用性质不同的程序分别进行审理，因此，选项 A 与选项 B 是不正确的。

《民事诉讼法》第 153 条关于诉讼中止的法定情形的规定包括，本案必须要以另一案的审理结果为依据，而另一案尚未审结的；此外还包括，一方当事人死亡，需要等待继承人表明是否参加诉讼的。本案诉讼的进行需要以两个事实为基础，一是乙县法院是否宣告成某死亡，二是如果乙县法院判决宣告成某死亡，还需要等待成某的继承人表示是否参加诉讼，因此，选项 C 是正确的，而选项 D 是不正确的。

4. 法院对于诉讼中有关情况的处理，下列哪些做法是正确的？（模拟）[1]

A. 甲起诉其子乙请求给付赡养费。开庭审理前，法院依法对甲、乙进行了传唤，但开庭时乙未到庭，也未向法院说明理由。法院裁定延期审理

B. 甲、乙人身损害赔偿一案，甲在前往法院开庭的路上，胃病发作住院治疗。法院决定延期审理

C. 甲诉乙离婚案件，在案件审理中甲死亡。法院裁定终结诉讼

D. 原告在诉讼中因车祸成为植物人，在原告法定代理人没有确定的期间，法院裁定中止诉讼

【解析】 根据《民事诉讼法》第 149 条规定："有下列情形之一的，可以延期开庭审理：（一）必须到庭的当事人和其他诉讼参与人有正当理由没有到庭的；（二）当事人临时提出回避申请的；（三）需要通知新的证人到庭，调取新的证据，重新鉴定、勘验，或者需要补充调查的；（四）其他应当延期的情形"。此外，根据《民事诉讼法》第 112 条的规定，人民法院对必须到庭的被告，经两次传票传唤，无正当理由拒不到庭的，可以拘传。根据《民诉解释》第 174 条的规定，《民事诉讼法》第 112 条规定的必须到庭的被告，是指负有赡养、抚育、扶养义务和不到庭就无法查清案情的被告。选项 A 是赡养案件，当事人必须到庭，不到庭则延期审理，但是，延期审理应当用决定，而不是裁定，因此，选项 A 是不正确的。

甲胃病发作未到庭属于《民事诉讼法》第 149 条中有正当理由未到庭，法院可决定延期审理是正确的，选项 B 是正确的。

根据《民事诉讼法》第 154 条关于诉讼终结的规定，离婚案件一方当事人死亡的，应裁定终结诉讼，因此，选项 C 是正确的。

根据《民事诉讼法》第 153 条规定："有下列情形之一的，中止诉讼：（一）一方当事人死亡，需要等待继承人表明是否参加诉讼的；（二）一方当事人丧失诉讼行为能力，尚未确定法定代理人的；（三）作为一方当事人的法人或者其他组织终止，尚未确定权利义务承受人的；（四）一方当事人因不可抗拒的事由，不能参加诉讼的；（五）本案必须以另一案的审理结果为依据，而另一案尚未审结的；（六）其他应当中止诉讼的情形。中止诉讼的原因消除后，恢复诉讼。"因此，选项 D 是正确的。

---

[1] BCD

5. 居民甲与金山房地产公司签订了购买商品房一套的合同，后因甲未按约定付款。金山公司起诉至法院，要求甲付清房款并承担违约责任。在诉讼中，甲的妻子乙向法院主张甲患有精神病，没有辨别行为的能力，要求法院认定购房合同无效。关于本案的说法，下列哪一选项是正确的？（模拟）[1]

    A. 法院应当通知甲的妻子作为法定诉讼代理人出庭进行诉讼

    B. 由乙或金山公司申请对甲进行鉴定，鉴定过程中，诉讼继续进行

    C. 法院可以依职权决定对甲进行鉴定

    D. 乙或金山公司可以向法院申请认定甲为无民事行为能力人，法院应裁定诉讼中止

【解析】 在本案诉讼中，甲的妻子乙向法院主张甲患有精神病，没有辨别行为的能力，要求法院认定购房合同无效，也就意味着，甲是否没有民事行为能力直接影响着本题中合同纠纷案件的处理，根据《民事诉讼法》第153条的规定，本案必须以另一案的审理结果为依据，而另一案尚未审结的，法院裁定中止诉讼。因此，选项D是正确的。在本案中，甲是否没有民事行为能力尚未确定时，还不涉及法定代理人代为诉讼的问题，因此，选项A是不正确的。本案所涉及合同纠纷属于诉讼案件，而甲的行为能力问题属于非讼问题，因此，在诉讼案件的审理过程中，不得对甲的行为能力进行鉴定，因此，选项B与C均是不正确的。

考点六　民事判决、裁定、决定

1. 甲与乙合伙协议纠纷一案，一审法院经过审理作出判决，甲对一审判决不服，提起上诉。恰好此时一审法院发现自己的判决确有错误。关于本案一审法院的下列做法，哪一选项是正确的？（2019年仿真题）[2]

    A. 要求二审法院发回重审

    B. 将一审判决有错误的意见报送第二审法院

    C. 裁定补正判决的错误

    D. 一审法院按审判监督程序处理

【解析】 正确解答本题应注意一个关键事实，即甲对一审判决提起上诉，一审法院发现自己的判决确有错误。

根据《民事诉讼法》第177条的规定，第二审人民法院对上诉案件，经过审理，按照下列情形，分别处理：（一）原判决、裁定认定事实清楚，适用法律正确的，以判决、裁定方式驳回上诉，维持原判决、裁定；（二）原判决、裁定认定事实错误或者适用法律错误的，以判决、裁定方式依法改判、撤销或者变更；（三）原判决认定基本事实不清的，裁定撤销原判决，发回原审人民法院重审，或者查清事实后改判；（四）原判决遗漏当事人或者违法缺席判决等严重违反法定程序的，裁定撤销原判决，发回原审人民法院重审。原审人民法院对发回重审的案件作出判决后，当事人提起上诉的，第二审人民法院不得再次发回重审。可见，发回重审是第二审法院在原审判决出现发回重审的法定情形时依职权作出的，一审法院无权要求二审法院发回重审，因此，选项A是不正确的。根据《民诉解释》第242条的规定，一审宣判后，原审人民法院发现判决有错误，当事人在上诉期内提出上诉的，原审人民法院可以提出原判决有错误的意见，报送第二审人民法院，由第二审人民法院按照第二审程序进行审理；当事人不

上诉的，按照审判监督程序处理。因此，选项 B 是正确的，而选项 D 是不正确的。根据《民事诉讼法》第 157 条与《民诉解释》第 245 条的规定，裁定补正笔误适用于法律文书误写、误算，诉讼费用漏写、误算和其他笔误。因此，选项 C 是不正确的。

2. 某死亡赔偿案件，二审法院在将判决书送达当事人签收后，发现其中死亡赔偿金计算错误（数学上的错误），导致总金额少了 7 万余元。关于二审法院如何纠正，下列哪一选项是正确的？（2016/3/46）[1]

    A. 应当通过审判监督程序，重新制作判决书

    B. 直接作出改正原判决的新判决书并送达双方当事人

    C. 作出裁定书予以补正

    D. 报请上级法院批准后作出裁定予以补正

【解析】正确解答本题的关键在于对死亡赔偿金计算错误的性质理解，由于该计算错误属于数学上的错误，根据《民诉解释》第 245 条的规定，《民事诉讼法》第 157 条第 1 款第 7 项规定的应当裁定补正判决书中的笔误，该笔误是指法律文书误写、误算，诉讼费用漏写、误算和其他笔误，故选项 C 是正确的，其余选项均是不正确的。

3. 关于民事诉讼程序中的裁判，下列哪些表述是正确的？（2014/3/82）[2]

    A. 判决解决民事实体问题，而裁定主要处理案件的程序问题，少数涉及实体问题

    B. 判决都必须以书面形式作出，某些裁定可以口头方式作出

    C. 一审判决都允许上诉，一审裁定有的允许上诉，有的不能上诉

    D. 财产案件的生效判决都有执行力，大多数裁定都没有执行力

【解析】根据民事诉讼理论，判决是人民法院行使审判权对于实体性问题进行审理后作出的职务判断，而裁定则是人民法院对于程序性问题进行处理所作出的，但少数裁定，如先予执行的裁定则涉及实体义务的履行。因此，选项 A 是正确的。

判决应当采用书面判决书的形式作出，而裁定则可以采取书面形式，也可以采取口头形式，因此，选项 B 是正确的。

根据《民事诉讼法》第 21 条和第 158 条的规定，最高人民法院可以管辖第一审民事案件，其作出的判决不得上诉。此外，根据《民事诉讼法》第 157 条的规定，只有部分裁定可以上诉。因此，选项 C 是不正确的。

根据民事诉讼理论，具有给付内容的生效判决具有执行力，而财产案件的生效判决不一定都具有给付内容；而裁定只有少数涉及给付内容的才具有执行力，因此，选项 D 是不正确的。

---

〔1〕 C   〔2〕 AB

第十章　简易程序

考点一　简易程序的具体适用

1. 夏某因借款纠纷起诉陈某，法院决定适用简易程序审理。法院依夏某提供的被告地址送达时，发现有误，经多方了解和查证也无法确定准确地址。对此，法院下列哪一处理是正确的？（2017/3/43）[1]

A. 将案件转为普通程序审理　　　　B. 采取公告方式送达

C. 裁定中止诉讼　　　　　　　　　D. 裁定驳回起诉

【解析】根据《最高人民法院关于适用简易程序审理民事案件的若干规定》第8条的规定，人民法院按照原告提供的被告的送达地址或者其他联系方式无法通知被告应诉的，应当按以下情况分别处理：（一）原告提供了被告准确的送达地址，但人民法院无法向被告直接送达或者留置送达应诉通知书的，应当将案件转入普通程序审理；（二）原告不能提供被告准确的送达地址，人民法院经查证后仍不能确定被告送达地址的，可以被告不明确为由裁定驳回原告起诉。因此，选项A是不正确的，而选项D是正确的。

根据《民诉解释》第140条的规定，适用简易程序的案件，不适用公告送达。因此，选项B是不正确的。

本题不存在《民事诉讼法》第153条规定的诉讼中止的法定情形之一，因此，选项C是不正确的。

2. 周立诉孙华人身损害赔偿案，一审法院适用简易程序审理，电话通知双方当事人开庭，孙华无故未到庭，法院缺席判决孙华承担赔偿周立医疗费。判决书生效后，周立申请强制执行，执行程序开始，孙华向一审法院提出再审申请。法院裁定再审，未裁定中止原判决的执行。关于本案，下列哪一说法是正确的？（2015/3/46）[2]

A. 法院电话通知当事人开庭是错误的

B. 孙华以法院未传票通知其开庭即缺席判决为由，提出再审申请是符合法律规定的

C. 孙华应向二审法院提出再审申请，而不可向原一审法院申请再审

D. 法院裁定再审，未裁定中止原判决的执行是错误的

【解析】根据《民诉解释》第261条第1款、第2款的规定，适用简易程序审理案件，人民法院可以依照《民事诉讼法》第90条、第162条的规定采取捎口信、电话、短信、传真、电子邮件等简便方式传唤双方当事人、通知证人和送达诉讼文书。以简便方式送达的开庭通

---

[1]　D　[2]　B

知，未经当事人确认或者没有其他证据证明当事人已经收到的，人民法院不得缺席判决。因此，选项A是不正确的。

根据《民事诉讼法》第211条关于申请再审的法定事由之一，即未经传票传唤，缺席判决为由认为孙华据此申请再审是符合法律规定的，故选项B是正确的。

试题中未谈本案是否经过二审，选项C是不正确的。

根据《民事诉讼法》第217条的规定，按照审判监督程序决定再审的案件，裁定中止原判决、裁定、调解书的执行，但追索赡养费、扶养费、抚恤金、医疗费用、劳动报酬等案件，可以不中止执行。因此，选项D是不正确的。

3. 章俊诉李泳借款纠纷案在某县法院适用简易程序审理。县法院判决后，章俊上诉，二审法院以事实不清为由发回重审。县法院征得当事人同意后，适用简易程序重审此案。在答辩期间，李泳提出管辖权异议，县法院不予审查。案件开庭前，章俊增加了诉讼请求，李泳提出反诉，县法院受理了章俊提出的增加诉讼请求，但以重审不可提出反诉为由拒绝受理李泳的反诉。关于本案，该县法院的下列哪些做法是正确的？（2015/3/82）[1]

A. 征得当事人同意后，适用简易程序重审此案

B. 对李泳提出的管辖权异议不予审查

C. 受理章俊提出的增加诉讼请求

D. 拒绝受理李泳的反诉

【解析】根据《民诉解释》第257条第2项的规定，发回重审的案件不适用简易程序，因此，选项A是不正确的。

根据《民诉解释》第39条第2款的规定，人民法院发回重审或者按照第一审程序再审的案件，当事人提出管辖权异议的，人民法院不予审查，因此，选项B是正确的。

根据《民诉解释》第251条的规定，二审裁定撤销一审判决发回重审的案件，当事人申请变更、增加诉讼请求或者提出反诉，第三人提出与本案有关的诉讼请求的，依照《民事诉讼法》第143条的规定处理。即法院可以合并审理，因此，选项C是正确的，而选项D是不正确的。

4. 郑飞诉万雷侵权纠纷一案，虽不属于事实清楚、权利义务关系明确、争议不大的案件，但双方当事人约定适用简易程序进行审理，法院同意并以电子邮件的方式向双方当事人通知了开庭时间（双方当事人均未回复）。开庭时被告万雷无正当理由不到庭，法院作出了缺席判决。送达判决书时法院通过各种方式均未联系上万雷，遂采取了公告送达方式送达了判决书。对此，法院下列的哪些行为是违法的？（2015/3/83）[2]

A. 同意双方当事人的约定，适用简易程序对案件进行审理

B. 以电子邮件的方式向双方当事人通知开庭时间

C. 作出缺席判决

D. 采取公告方式送达判决书

【解析】根据《民事诉讼法》第160条的规定，基层人民法院和它派出的法庭审理事实清楚、权利义务关系明确、争议不大的简单的民事案件，适用本章规定（简易程序）。基层人民法院和它派出的法庭审理前款规定以外的民事案件，当事人双方也可以约定适用简易程序。因此，选项A是合法的。

根据《民诉解释》第261条第1款、第2款的规定，适用简易程序审理案件，人民法院可

以依照《民事诉讼法》第 90 条、第 162 条的规定采取捎口信、电话、短信、传真、电子邮件等简便方式传唤双方当事人、通知证人和送达诉讼文书。以简便方式送达的开庭通知，未经当事人确认或者没有其他证据证明当事人已经收到的，人民法院不得缺席判决。因此，选项 B 是合法的，而选项 C 是违法的。

根据《民诉解释》第 140 条的规定，简易程序不得适用公告送达，故选项 D 是错误的。

5. 关于简易程序的简便性，下列哪一表述是不正确的？（2013/3/41）[1]

A. 受理程序简便，可以当即受理，当即审理

B. 审判程序简便，可以不按法庭调查、法庭辩论的顺序进行

C. 庭审笔录简便，可以不记录诉讼权利义务的告知、原被告的诉辩意见等通常性程序内容

D. 裁判文书简便，可以简化裁判文书的事实认定或判决理由部分

【解析】该题综合考查简易程序的相关规定。根据《民事诉讼法》第 161 条第 2 款的规定，当事人双方可以同时到基层人民法院或者它的派出法庭，请求解决纠纷。基层法院或者它派出的法庭可以当即审理，也可以另定日期审理。因此，选项 A 是正确的。

根据《民事诉讼法》第 163 条的规定，简单的民事案件由审判员一人独任审理，并不受本法第 139 条、第 141 条、第 144 条规定的限制。即适用简易程序审理案件，不受本法关于法庭调查、法庭辩论顺序的限制，因此，选项 B 是正确的。

根据《最高人民法院关于适用简易程序审理民事案件的若干规定》第 24 条的规定，书记员应当将适用简易程序审理民事案件的全部活动记入笔录。对于下列事项，应当详细记载：（一）审判人员关于当事人诉讼权利义务的告知、争议焦点的概括、证据的认定和裁判的宣告等重大事项；（二）当事人申请回避、自认、撤诉、和解等重大事项；（三）当事人当庭陈述的与其诉讼权利直接相关的其他事项。因此，选项 C 是不正确的。

根据《民诉解释》第 270 条的规定，在法定情形之下，可以适当简化裁判文书关于事实认定或判决理由部分，因此，选项 D 是正确的。

考点二 小额诉讼程序

1. 吴某与洪某 5000 元借款纠纷，吴某诉至区法院要求洪某归还借款，区法院适用小额诉讼程序审理该案。洪某要求书面答辩，区法院经洪某同意为其确定 7 日答辩期。洪某对区法院的管辖权提出异议，区法院裁定驳回其异议。吴某与洪某协商确定 25 天的举证期限。关于本案的下列表述，正确的是？（2018/客观仿真）[2]

A. 区法院适用小额诉讼程序审理该案作出的判决是生效判决

B. 区法院为洪某确定的答辩期合法

C. 洪某对区法院裁定驳回其管辖权异议不服，有权提出上诉

D. 吴某与洪某协商确定 25 天的举证期限是合法的

【解析】根据《民事诉讼法》第 165 条第 1 款的规定，基层人民法院和它派出的法庭审理事实清楚、权利义务关系明确、争议不大的简单金钱给付的民事案件，标的额为各省、自治区、直辖市上年度就业人员年平均工资百分之五十以下的，适用小额诉讼的程序审理，实行一

---

[1] C　[2] AB

审终审。因此，选项 A 是正确的。

根据《民诉解释》第 275 条第 1 款、第 2 款的规定，小额诉讼案件的举证期限由人民法院确定，也可以由当事人协商一致并经人民法院准许，但一般不超过 7 日。被告要求书面答辩的，人民法院可以在征得其同意的基础上合理确定答辩期间，但最长不得超过 15 日。因此，选项 B 是正确的，而选项 D 是不正确的。

根据《民诉解释》第 276 条的规定，当事人对小额诉讼案件提出管辖异议的，人民法院应当作出裁定。裁定一经作出即生效。因此，选项 C 是不正确的。

2. 李某诉谭某返还借款一案，M 市 N 区法院按照小额诉讼案件进行审理，判决谭某返还借款。判决生效后，谭某认为借款数额远高于法律规定的小额案件的数额，不应按小额案件审理，遂向法院申请再审。法院经审查，裁定予以再审。关于该案再审程序适用，下列哪些选项是正确的？（2016/3/81）[1]

A. 谭某应当向 M 市中级法院申请再审

B. 法院应当组成合议庭审理

C. 对作出的再审判决当事人可以上诉

D. 作出的再审判决仍实行一审终审

【解析】根据《民诉解释》第 424 条第 2 款的规定，当事人以不应按小额诉讼案件审理为由向原审人民法院申请再审的，人民法院应当受理。理由成立的，应当裁定再审，组成合议庭审理。作出的再审判决、裁定，当事人可以上诉。因此，选项 A 与 D 是不正确的，而选项 B 与 C 是正确的。

3. 根据《民事诉讼法》及相关司法解释，下列哪些案件不适用小额诉讼程序？（2015/3/84）[2]

A. 人身关系案件   B. 涉外民事案件

C. 海事案件   D. 发回重审的案件

【解析】根据《民事诉讼法》第 166 条的规定，人身关系和涉外案件，不适用小额诉讼程序，因此，选项 A 与 B 是本题的答案。

根据《民诉解释》第 273 条的规定，海事法院可以适用小额诉讼的程序审理海事、海商案件，因此，选项 C 不是本题的答案。

根据《民事诉讼法》第 165 条第 1 款的规定，基层人民法院和它派出的法庭审理事实清楚、权利义务关系明确、争议不大的简单金钱给付的民事案件，标的额为各省、自治区、直辖市上年度就业人员年平均工资百分之五十以下的，适用小额诉讼的程序审理，实行一审终审。可见，小额诉讼程序属于简易程序的再简化，应以适用简易程序审理的简单案件为适用前提，而根据《民诉解释》第 257 条的规定，发回重审的案件不适用简易程序，因此，选项 D 是本题的答案。

4. 赵洪诉陈海返还借款 100 元，法院决定适用小额诉讼程序审理。关于该案的审理，下列哪一选项是错误的？（2014/3/40）[3]

A. 应在开庭审理时先行调解

B. 应开庭审理，但经过赵洪和陈海的书面同意后，可书面审理

C. 应当庭宣判

D. 应一审终审

---

[1] BC [2] ABD [3] B

【解析】根据《民事诉讼法》第 165 条第 1 款的规定，小额诉讼程序是简易程序中针对标的金额小的案件适用的程序，属于简易程序的简化，根据民事诉讼理论，小额诉讼程序未作特别规定的内容，应当适用简易程序的相关规定。根据《最高人民法院关于适用简易程序审理民事案件的若干规定》第 14 条第 1 款第 6 项的规定，标的额较小的案件法院应当先行调解，因此，选项 A 是正确的。

根据《民事诉讼法》第 165 条的规定，小额诉讼程序属于第一审简易程序的简化形式，应当开庭审理，当事人无权选择书面审理，因此，选项 B 是错误的。

《民事诉讼法》未对适用小额诉讼程序审理案件的宣判方式做出具体规定，应适用《最高人民法院关于适用简易程序审理民事案件的若干规定》第 27 条的规定，即适用简易程序审理的民事案件，除人民法院认为不宜当庭宣判的以外，应当当庭宣判。因此，选项 C 是正确的。

根据《民事诉讼法》第 165 条第 1 款的规定，小额诉讼程序实行一审终审制度，因此，选项 D 是正确的。

第十一章　第二审程序

考点一　二审程序的理解

关于民事诉讼二审程序的表述，下列哪些选项是正确的？（2014/3/83）[1]

A. 二审既可能因为当事人上诉而发生，也可能因为检察院的抗诉而发生

B. 二审既是事实审，又是法律审

C. 二审调解书应写明撤销原判

D. 二审原则上应开庭审理，特殊情况下可不开庭审理

【解析】根据《民事诉讼法》第171条的规定，当事人不服地方人民法院第一审判决的，有权在判决书送达之日起15日内向上一级人民法院提起上诉。当事人不服地方人民法院第一审裁定的，有权在裁定书送达之日起10日内向上一级人民法院提起上诉。可见，民事诉讼第二审程序只能基于当事人的上诉而发生。因此，选项A是不正确的。

根据《民事诉讼法》第175条的规定，第二审人民法院应当对上诉请求的有关事实和适用法律进行审查。因此，选项B是正确的。

根据《民事诉讼法》第179条的规定，第二审人民法院审理上诉案件，可以进行调解。调解达成协议，应当制作调解书，由审判人员、书记员署名，加盖人民法院印章。调解书送达后，原审人民法院的判决即视为撤销。因此，选项C是不正确的。

根据《民事诉讼法》第176条第1款的规定，第二审人民法院对上诉案件，应当开庭审理。经过阅卷、调查和询问当事人，对没有提出新的事实、证据或者理由，人民法院认为不需要开庭审理的，可以不开庭审理。因此，选项D是正确的。

考点二　上诉的形式

吴某被王某打伤后诉至法院，王某败诉。一审判决书送达王某时，其当即向送达人郑某表示上诉，但因其不识字，未提交上诉状。关于王某行为的法律效力，下列哪一选项是正确的？（模拟）[2]

A. 王某已经表明上诉，产生上诉效力

B. 郑某将王某的上诉要求告知法院后，产生上诉效力

---

〔1〕　BD　〔2〕　C

C. 王某未提交上诉状，不产生上诉效力

D. 王某口头上诉经二审法院同意后，产生上诉效力

【解析】 该题直接考查书面上诉形式。根据《民诉解释》第318条的规定，一审宣判时或者判决书、裁定书送达时，当事人口头表示上诉的，人民法院应告知其必须在法定上诉期间内递交上诉状。未在法定上诉期间内递交上诉状的，视为未提起上诉。虽递交上诉状，但未在指定的期限内交纳上诉费的，按自动撤回上诉处理。可见，上诉只能用书面形式。所以C选项正确，其余选项均是不正确的。

考点三 允许上诉的裁判范围

下列哪些情况下，法院不应受理当事人的上诉请求？（2013/3/78）[1]

A. 宋某和卢某借款纠纷一案，卢某终审败诉，宋某向区法院申请执行，卢某提出执行管辖异议，区法院裁定驳回卢某异议。卢某提起上诉

B. 曹某向市中院诉刘某侵犯其专利权，要求赔偿损失1元钱，中院驳回其请求。曹某提起上诉

C. 孙某将朱某打伤，经当地人民调解委员会调解达成协议，并申请法院进行了司法确认。后朱某反悔提起上诉

D. 尹某诉与林某离婚，法院审查中发现二人系禁婚的近亲属，遂判决二人婚姻无效。尹某提起上诉

【解析】 该题实际上综合性考查上诉的实质条件，即允许上诉的判决与裁定。根据《最高人民法院关于适用〈中华人民共和国民事诉讼法〉执行程序若干问题的解释》第3条的规定，法院裁定驳回执行管辖异议后，当事人可以向上一级人民法院申请复议，因此，选项A的上诉，法院不应受理。

根据《民事诉讼法》第171条的规定，当事人不服地方人民法院第一审判决的，有权在判决书送达之日起十五日内向上一级人民法院提起上诉。当事人不服地方人民法院第一审裁定的，有权在裁定书送达之日起十日内向上一级人民法院提起上诉。即对于驳回诉讼请求的判决，当事人有权提起上诉。因此，选项B的上诉，法院应当受理。

根据《民事诉讼法》第206条的规定，人民法院受理申请后，经审查，符合法律规定的，裁定调解协议有效，一方当事人拒绝履行或者未全部履行的，对方当事人可以向人民法院申请执行；不符合法律规定的，裁定驳回申请，当事人可以通过调解方式变更原调解协议或者达成新的调解协议，也可以向人民法院提起诉讼。即人民调解协议经法院司法确认有效后，具有强制执行力；确认无效，当事人有权起诉。因此，选项C的上诉，法院不应当受理。

根据《最高人民法院关于适用〈中华人民共和国民法典〉婚姻家庭编的解释（一）》，确认婚姻无效实行一审终审，因此，选项D的上诉，法院不应当受理。

---

[1] ACD

考点四 二审当事人地位的确定

1. 甲、乙、丙三人共同致丁身体损害，丁起诉三人要求赔偿3万元。一审法院经审理判决甲、乙、丙分别赔偿2万元、8000元和2000元，三人承担连带责任。甲认为丙赔偿2000元的数额过低，提起上诉。关于本案二审当事人诉讼地位的确定，下列哪一选项是正确的？（2017/3/44）[1]

A. 甲为上诉人，丙为被上诉人，乙为原审被告，丁为原审原告
B. 甲为上诉人，丙、丁为被上诉人，乙为原审被告
C. 甲、乙为上诉人，丙为被上诉人，丁为原审原告
D. 甲、乙、丙为上诉人，丁为被上诉人

【解析】本题中，甲、乙、丙三人共同致丁身体损害，丁起诉三人要求赔偿3万元，甲、乙、丙因共同侵权而成为本案的必要共同被告。本题一审判决作出后，只有必要共同被告之一的甲提起上诉，其他当事人均未提起上诉，因此正确解答本题的关键在于分析甲提起上诉，其上诉请求对与谁之间的权利义务分担有意见。本题中，甲认为丙赔偿2000元的数额过低，提起上诉，可见，甲仅对丙有意见，而对乙和丁没有意见。根据《民诉解释》第317条的规定，甲为上诉人，丙为被上诉人，其他人依原审诉讼地位列明。故选项A正确，其余选项均是错误的。

2. 甲、乙、丙诉丁遗产继承纠纷一案，甲不服法院作出的一审判决，认为分配给丙和丁的遗产份额过多，提起上诉。关于本案二审当事人诉讼地位的确定，下列哪一选项是正确的？（2016/3/44）[2]

A. 甲是上诉人，乙、丙、丁是被上诉人
B. 甲、乙是上诉人，丙、丁是被上诉人
C. 甲、乙、丙是上诉人，丁是被上诉人
D. 甲是上诉人，乙为原审原告，丙、丁为被上诉人

【解析】本题中，甲、乙、丙诉丁遗产继承纠纷，甲、乙、丙即为本案的必要共同原告。在本题中，必要共同原告甲提出上诉，其他当事人未提起上诉，因此，正确解答本题的关键在于准确判断，甲提起上诉对与谁之间的权利义务分担有意见。由于甲提起上诉，认为分配给丙和丁的遗产份额过多，也就是说，甲作为上诉人对与共同原告中的丙以及对方当事人丁之间的权利义务承担有意见，而对与共同原告中的乙之间的权利义务承担没有意见，因此，根据《民诉解释》第317条的规定，甲为上诉人，丙和丁为被上诉人，乙依原审诉讼地位参加诉讼，故选项D是正确的，其余选项均是不正确的。

3. 甲对乙享有10万元到期债权，乙无力清偿，且怠于行使对丙的15万元债权，甲遂对丙提起代位权诉讼，法院依法追加乙为第三人。一审判决甲胜诉，丙应向甲给付10万元。乙、丙均提起上诉，乙请求法院判令丙向其支付剩余5万元债务，丙请求法院判令甲对乙的债权不成立。关于二审当事人地位的表述，下列哪一选项是正确的？（2013/3/48）[3]

A. 丙是上诉人，甲是被上诉人　　　　　B. 乙、丙是上诉人，甲是被上诉人
C. 乙是上诉人，甲、丙是被上诉人　　　D. 丙是上诉人，甲、乙是被上诉人

---

[1] A　[2] D　[3] A

【解析】该题直接考查二审当事人诉讼地位的判断，正确解答该题的关键在于对乙的诉讼地位的准确判断。在本题中，甲代位乙对次债务人丙提起代位权诉讼，乙作为代位权诉讼中的主债务人，应处于无独立请求权第三人的诉讼地位，根据《民诉解释》第82条的规定，一审判决其承担民事责任的无独立请求权的第三人有权上诉，在本题中，法院一审判决仅判决丙向甲支付10万元，未判决无独立请求权的第三人乙承担民事责任，乙没有上诉权，因此，选项B与C是不正确的。

在本题中，丙上诉请求法院判令甲对乙的债权不成立，也就是说，丙对甲代位乙提起代位权诉讼的原告资格有意见，因此，选项A是正确的，而选项D是不正确的。

4. 甲在某报发表纪实报道，对明星乙和丙的关系作了富有想象力的描述。乙和丙以甲及报社共同侵害了他们的名誉权为由提起诉讼，要求甲及报社赔偿精神损失并公开赔礼道歉。一审判决甲向乙和丙赔偿1万元，报社赔偿3万元，并责令甲及报社在该报上书面道歉。报社提起上诉，请求二审法院改判甲和自己各承担2万元，以甲的名义在该报上书面道歉。二审法院如何确定当事人的地位？（模拟）[1]

A. 报社是上诉人，甲是被上诉人，乙和丙列为原审原告

B. 报社是上诉人，甲、乙、丙是被上诉人

C. 报社是上诉人，乙和丙是被上诉人，甲列为原审被告

D. 报社和甲是上诉人，乙和丙是被上诉人

【解析】根据《民诉解释》第317条的规定可知，必要共同诉讼中的一人或者部分共同诉讼人提出上诉的，按下列情况分别处理：（1）该上诉仅对与对方当事人之间权利与义务分担有意见，不涉及其他共同诉讼人利益的，对方当事人为被上诉人，未上诉的同一方当事人依原审诉讼地位列明。（2）该上诉仅对共同诉讼人之间权利与义务分担有意见，不涉及对方当事人利益的，未上诉的同一方当事人为被上诉人，对方当事人依原审诉讼地位列明。（3）该上诉对双方当事人之间以及共同诉讼人之间权利与义务承担有意见的，未提起上诉的其他当事人均为被上诉人。由此可见，其规律是：有权上诉并提起上诉的人是上诉人，上诉人对与谁之间的权利义务分担有意见，谁为被上诉人，其他人依原审诉讼地位列明。上诉人对与同一方当事人以及对方当事人之间的权利义务分担均有意见的，同一方当事人以及对方当事人均为被上诉人。

本案中，报社提起上诉，报社应是上诉人，该案一审判决的内容是：甲向乙和丙赔偿1万元，报社赔偿3万元，并责令甲及报社在该报上书面道歉。现在报社的上诉请求为改判甲和自己各承担2万元，以甲的名义在该报上书面道歉。因此，报社既对与同一方当事人甲之间的权利义务分担有意见，也对与对方当事人乙和丙之间的权利义务分担有意见，因此，报社为上诉人，甲、乙与丙均为被上诉人。故选项B是正确的，而选项A与选项C是不正确的。此外，本题只有报社提起上诉，而选项D将甲也作为了上诉人，显然是错误的。

考点五　上诉的撤回

1. 张某诉新立公司买卖合同纠纷案，新立公司不服一审判决提起上诉。二审中，新立公司与张某达成协议，双方同意撤回起诉和上诉。关于本案，下列哪一选项是正确的？（2017/3/

---

[1] B

45) [1]

A. 起诉应在一审中撤回，二审中撤回起诉的，法院不应准许

B. 因双方达成合意撤回起诉和上诉的，法院可准许张某二审中撤回起诉

C. 二审法院应裁定撤销一审判决并发回重审，一审法院重审时准许张某撤回起诉

D. 二审法院可裁定新立公司撤回上诉，而不许张某撤回起诉

【解析】本题中，二审中，新立公司与张某达成协议，双方同意撤回起诉和上诉，也就是说，二审程序中，原审原告张某申请撤回起诉，上诉人新立公司申请撤回上诉。根据《民诉解释》第336条第1款的规定，在第二审程序中，原审原告申请撤回起诉，经其他当事人同意，且不损害国家利益、社会公共利益、他人合法权益的，人民法院可以准许。准许撤诉的，应当一并裁定撤销一审裁判。由此可见，原审原告在第二审程序中有权申请撤回起诉，因此，选项B正确，其余选项均是错误的。

2. 石山公司起诉建安公司请求返还86万元借款及支付5万元利息，一审判决石山公司胜诉，建安公司不服提起上诉。二审中，双方达成和解协议：石山公司放弃5万元利息主张，建安公司在撤回上诉后15日内一次性付清86万元本金。建安公司向二审法院申请撤回上诉后，并未履行还款义务。关于石山公司的做法，下列哪一表述是正确的？（2017/3/46）[2]

A. 可依和解协议申请强制执行　　　　B. 可依一审判决申请强制执行

C. 可依和解协议另行起诉　　　　　　D. 可依和解协议申请司法确认

【解析】在本题二审程序中，双方当事人达成和解协议后，上诉人建安公司申请撤回上诉，二审法院裁定准许后，产生一审判决生效的法律后果。因此，选项B正确，而选项A与选项C不正确。根据《民事诉讼法》第205条的规定，经依法设立的调解组织调解达成的调解协议，申请司法确认的，由双方当事人自调解协议生效之日起30日内，共同向人民法院提出。由此可见，申请司法确认的对象是调解组织调解达成的调解协议，因此，选项D是不正确的。

3. 甲公司诉乙公司买卖合同纠纷一案，法院判决乙公司败诉并承担违约责任，乙公司不服提起上诉。在二审中，甲公司与乙公司达成和解协议，并约定双方均将提起之诉予以撤回。关于两个公司的撤诉申请，下列哪一说法是正确的？（2016/3/45）[3]

A. 应当裁定准许双方当事人的撤诉申请，并裁定撤销一审判决

B. 应当裁定准许乙公司撤回上诉，不准许甲公司撤回起诉

C. 不应准许双方撤诉，应依双方和解协议制作调解书

D. 不应准许双方撤诉，应依双方和解协议制作判决书

【解析】在本题中，乙公司提起上诉，在二审中，因双方当事人达成和解协议，并约定双方均将提起之诉予以撤回，就意味着甲公司在二审中撤回起诉，而乙公司在二审中撤回上诉。根据《民诉解释》第336条的规定，在第二审程序中，原审原告撤回起诉，准许撤诉的，应当一并裁定撤销一审判决，因此，选项A是正确的，而选项B、C与D均是不正确的。

4. 王某诉赵某借款纠纷一案，法院一审判决赵某偿还王某债务，赵某不服，提出上诉。二审期间，案外人李某表示，愿以自己的轿车为赵某偿还债务提供担保。三人就此达成书面和解协议后，赵某撤回上诉，法院准许。一个月后，赵某反悔并不履行和解协议。关于王某实现债权，下列哪一选项是正确的？（2016/3/47）[4]

A. 依和解协议对赵某向法院申请强制执行

B. 依和解协议对赵某、李某向法院申请强制执行

---

[1] B　[2] B　[3] A　[4] C

C. 依一审判决对赵某向法院申请强制执行

D. 依一审判决与和解协议对赵某、李某向法院申请强制执行

【解析】 正确解答本题的关键在于注意到题干中的一个重要信息，即当事人在二审程序中达成和解协议后，上诉人赵某撤回上诉，法院准许。根据民事诉讼理论，上诉人在二审程序中撤回上诉并获得法院准许后，产生一审判决生效的法律后果。因当事人不履行和解协议，王某实现债权的方式应当是依照生效的一审判决书申请执行。因此，选项 C 是正确的。此外，需注意当事人达成的和解协议本身不具有强制执行力，因此，选项 A、B 与 D 均是不正确的。

考点六　上诉案件的审理范围

朱某诉力胜公司商品房买卖合同纠纷案，朱某要求判令被告支付违约金 5 万元；因房屋质量问题，请求被告修缮，费用由被告支付。一审法院判决被告败诉，认可了原告全部诉讼请求。力胜公司不服令其支付 5 万元违约金的判决，提起上诉。二审法院发现一审法院关于房屋有质量问题的事实认定，证据不充分。关于二审法院对本案的处理，下列哪些说法是正确的？(2017/3/82)[1]

A. 应针对上诉人不服违约金判决的请求进行审理

B. 可对房屋修缮问题在查明事实的情况下依法改判

C. 应针对上诉人上诉请求所涉及的事实认定和法律适用进行审理

D. 应全面审查一审法院对案件的事实认定和法律适用

【解析】 正确解答本题，应当注意力胜公司仅对一审判决令其支付 5 万元违约金的内容提起上诉。根据《民事诉讼法》第 175 条的规定，第二审人民法院应当对上诉请求的有关事实和适用法律进行审查。此外，《民诉解释》第 321 条规定，第二审人民法院应当围绕当事人的上诉请求进行审理。当事人没有提出请求的，不予审理，但一审判决违反法律禁止性规定，或者损害国家利益、社会公共利益、他人合法权益的除外。因此，选项 A 与选项 C 是正确的，而选项 B 是不正确的。此外，通过上述两个关于第二审审理上诉案件范围的规定，可以看出，出于尊重当事人处分权，除法定特殊情形之外，民事诉讼第二审实行有限审理，而不是全面审理，因此，选项 D 是不正确的。

考点七　上诉案件的裁判

1. 对张男诉刘女离婚案（两人无子女，刘父已去世），因刘女为无行为能力人，法院准许其母李某以法定代理人身份代其诉讼。2017 年 7 月 3 日，法院判决二人离婚，并对双方共有财产进行了分割。该判决同日送达双方当事人，李某对解除其女儿与张男的婚姻关系无异议，但对共有财产分割有意见，拟提起上诉。2017 年 7 月 10 日，刘女身亡。在此情况下，本案将产生哪些法律后果？(2017/3/81)[2]

A. 本案诉讼中止，视李某是否就一审判决提起上诉而确定案件是否终结

B. 本案诉讼终结

---

[1]　AC　[2]　BD

C. 一审判决生效，二人的夫妻关系根据判决解除，李某继承判决分配给刘女的财产

D. 一审判决未生效，二人的共有财产应依法分割，张男与李某对刘女的遗产均有继承权

【解析】根据《民事诉讼法》第154条第3项的规定，离婚案件一方当事人死亡的，诉讼终结，因此，选项A错误，而选项B是正确的。本题中一审判决7月3日送达双方当事人，7月10日刘女身亡，法定上诉期尚未届满，因此，一审判决尚未生效，也就意味着，刘女死亡后，其与张男的夫妻共同财产应当依法分割，属于刘女的财产作为其遗产由张男与李某继承，故选项C错误，而选项D是正确的。

2. 住所在A市B区的甲公司与住所在A市C区的乙公司签订了一份买卖合同，约定履行地为D县。合同签订后尚未履行，因货款支付方式发生争议，乙公司诉至D县法院。甲公司就争议的付款方式提交了答辩状。经审理，法院判决甲公司败诉。甲公司不服，以一审法院无管辖权为由提起上诉，要求二审法院撤销一审判决，驳回起诉。关于本案，下列哪一表述是正确的？（2017/3/36）[1]

A. D县法院有管辖权，因D县是双方约定的合同履行地

B. 二审法院对上诉人提出的管辖权异议不予审查，裁定驳回异议

C. 二审法院应裁定撤销一审判决，发回一审法院重审

D. 二审法院应裁定撤销一审判决，裁定将案件移送有管辖权的法院审理

【解析】本题B区甲公司和C区乙公司签订的买卖合同约定的履行地在D县，未在双方当事人住所地，合同没有履行就发生争议。根据《民诉解释》第18条的规定，该案履行地D县法院没有管辖权，应当由被告甲公司住所地B区法院管辖。故选项A错误。

D县法院受理案件后，被告甲公司在答辩期内未提出管辖权异议，却提交了答辩状，根据《民事诉讼法》第130条第2款的规定，当事人未提出管辖异议，并应诉答辩的，视为受诉法院有管辖权，因此，D县法院基于被告甲公司的应诉答辩行为而取得管辖权。此外，根据《民事诉讼法》第130条第1款的规定，当事人应当在提交答辩状期间提出管辖权异议，甲公司无权以一审法院没有管辖权为由提出上诉，因此，二审法院无需审查甲公司的管辖权异议，故选项B正确。

根据《民事诉讼法》第177条的规定，第二审法院对于原判决认定基本事实不清、原判决遗漏当事人或者违法缺席判决等严重违反法定程序的，裁定撤销一审判决，发回重审，而本题不属于发回重审的法定情形，因此，选项C错误。

根据《民诉解释》第329条规定，人民法院依照第二审程序审理案件，认为第一审人民法院受理案件违反专属管辖规定的，应当裁定撤销原裁判并移送有管辖权的人民法院。故选项D错误。

3. 甲诉乙人身损害赔偿一案，一审法院根据甲的申请，冻结了乙的银行账户，并由李法官独任审理。后甲胜诉，乙提出上诉。二审法院认为一审事实不清，裁定撤销原判，发回重审。关于重审，下列哪一表述是正确的？（2014/3/47）[2]

A. 由于原判已被撤销，一审中的审判行为无效，保全措施也应解除

B. 由于原判已被撤销，一审中的诉讼行为无效，法院必须重新指定举证时限

C. 重审时不能再适用简易程序，应组成合议庭，李法官可作为合议庭成员参加重审

D. 若重审法院判决甲胜诉，乙再次上诉，二审法院认为重审认定的事实依然错误，则只能在查清事实后改判

【解析】第二审人民法院依法裁定撤销原判，发回重审，只是第二审人民法院对上诉案件

---

[1] B　[2] D

的处理，不影响原有诉讼行为的效力，因此，选项 A 与 B 均是不正确的。

根据《民诉解释》第 257 条第 2 项的规定，发回重审的案件不得适用简易程序，而应当适用普通程序。根据《民事诉讼法》第 41 条第 3 款的规定，发回重审的案件，原审人民法院应当按照第一审程序另行组成合议庭。因此，选项 C 是不正确的。

根据《民事诉讼法》第 177 条第 2 款的规定，原审人民法院对发回重审的案件作出判决后，当事人提起上诉的，第二审人民法院不得再次发回重审。因此，选项 D 是正确的。

4. 甲公司与乙公司因合同纠纷向 A 市 B 区法院起诉，乙公司应诉。经开庭审理，法院判决甲公司胜诉。乙公司不服 B 区法院的一审判决，以双方签订了仲裁协议为由向 A 市中级法院提起上诉，要求据此撤销一审判决，驳回甲公司的起诉。A 市中级法院应当如何处理？（模拟）[1]

A. 裁定撤销一审判决，驳回甲公司的起诉

B. 应当首先审查仲裁协议是否有效，如果有效，则裁定撤销一审判决，驳回甲公司的起诉

C. 应当裁定撤销一审判决，发回原审法院重审

D. 应当判决驳回乙公司的上诉，维持原判决

【解析】根据《仲裁法》第 26 条规定，当事人达成仲裁协议，一方向人民法院起诉未声明有仲裁协议，人民法院受理后，另一方在首次开庭前提交仲裁协议的，人民法院应当驳回起诉，但仲裁协议无效的除外；另一方在首次开庭前未对人民法院受理该案提出异议的，视为放弃仲裁协议，人民法院应当继续审理。本题乙公司应诉后，即使甲、乙公司之间存在有效仲裁协议，也因为乙公司在首次开庭前未提出异议而视为放弃仲裁协议，此时，法院对该案的审理是合法的。一审判决后，当事人以存在仲裁协议为由提出上诉，明显属于上诉请求不成立。根据《民事诉讼法》第 177 条第 1 款第 1 项的规定，即原判决、裁定认定事实清楚，适用法律正确的，以判决、裁定方式驳回上诉，维持原判决、裁定。因此，选项 D 是本题的答案。

根据《民诉解释》第 328 条的规定，选项 A 的裁定撤销一审判决，驳回起诉适用于二审法院认为起诉不符合受理条件，而本题情形很明显不属于起诉不符合受理条件的状况。因此，选项 A 是不正确的。

对于当事人在一审程序中已经放弃的仲裁协议，二审法院无需审查仲裁协议有效与否，因此，选项 B 的处理也是错误的。

根据《民事诉讼法》第 177 条第 1 款第 3 项、第 4 项的规定，选项 C 的裁定撤销一审判决，发回原审法院重审所适用的法定情形是原判决认定基本事实不清的，或者原判决遗漏当事人或者违法缺席判决等严重违反法定程序的，而本题的情形很明显不属于选项 C 的情形，因此，选项 C 也是不正确的。

5. 陈某因运输公司解除劳动合同关系诉至区法院，要求运输公司续签劳动关系。区法院审理后判决驳回陈某的诉讼请求。陈某不服上诉至市中级法院。市中级法院二审中发现该案未经过劳动争议仲裁。市中级法院的下列做法，哪一项是正确的？[2]

A. 判决驳回陈某上诉，维持原判

B. 裁定撤销原判，发回区法院重审

C. 裁定撤销原判，驳回陈某起诉

D. 裁定撤销原判，告知陈某另起起诉

---

[1] D [2] C

【解析】 正确解答本题的关键在于需注意劳动争议仲裁是诉讼的前置程序，市中级法院在二审中发现劳动争议未经过劳动争议仲裁的前置程序，系起诉不符合受理条件。根据《民诉解释》第328条的规定，人民法院依照第二审程序审理案件，认为依法不应由人民法院受理的，可以由第二审人民法院直接裁定撤销原裁判，驳回起诉。因此，选项C正确，其他均不正确。

考点八　上诉案件的调解

1. 开发公司与城建公司建设工程施工合同纠纷一案，城建公司诉至区法院要求开发公司支付拖欠的工程款850万元。甲区法院判决支持城建公司的诉讼请求。开发公司不服上诉至市中级法院。二审中，双方经法院调解达成协议，开发公司向城建公司支付工程款780万元。关于本案的下列表述，哪些是不正确的？（2018/客观仿真）[1]

A. 二审法院可以根据开发公司的履行情况决定是否制作调解书

B. 二审法院制作调解书应写明撤销原判决

C. 调解书送达前，开发公司有权申请撤回上诉

D. 二审法院制作的调解书送达后，原判决视为撤销

【解析】 根据《民事诉讼法》第179条的规定，第二审人民法院审理上诉案件，可以进行调解。调解达成协议，应当制作调解书，由审判人员、书记员署名，加盖人民法院印章。调解书送达后，原审人民法院的判决即视为撤销。此外，根据民事诉讼理论，二审程序中，双方经法院调解达成协议后，二审法院应当制作调解书，因为二审调解书影响一审裁判的效力。因此，选项A与选项B均是不正确的，而选项D是正确的。

根据《民事诉讼法》第180条的规定，第二审人民法院判决宣告前，上诉人申请撤回上诉的，是否准许，由第二审人民法院裁定。因此，选项C是正确的。

2. 齐远、张红是夫妻，因感情破裂诉至法院离婚，提出解除婚姻关系、子女抚养、住房分割等诉讼请求。一审判决准予离婚并对子女抚养问题作出判决。齐远不同意离婚提出上诉。二审中，张红增加诉讼请求，要求分割诉讼期间齐远继承其父的遗产。下列哪一说法是正确的？（2015/3/44）[2]

A. 一审漏判的住房分割诉讼请求，二审可调解，调解不成，发回重审

B. 二审增加的遗产分割诉讼请求，二审可调解，调解不成，发回重审

C. 住房和遗产分割的两个诉讼请求，二审可合并调解，也可一并发回重审

D. 住房和遗产分割的两个诉讼请求，经当事人同意，二审法院可一并裁判

【解析】 正确解答本题应当注意两个关键事实：第一，一审法院审理与判决时遗漏了住房分割的诉讼请求；第二，二审中，张红增加了要求分割诉讼期间齐远继承其父遗产的诉讼请求。

根据《民诉解释》第324条的规定，对当事人在第一审程序中已经提出的诉讼请求，原审人民法院未作审理、判决的，第二审人民法院可以根据当事人自愿的原则进行调解；调解不成的，发回重审。因此，选项A是正确的。

根据《民诉解释》第326条的规定，在第二审程序中，原审原告增加独立的诉讼请求或者原审被告提出反诉的，第二审人民法院可以根据自愿原则就新增加的诉讼请求或者反诉进行调

_____

[1]　AB　[2]　A

解；调解不成的，告知当事人另行起诉。双方当事人同意由第二审人民法院一并审理的，第二审人民法院一并裁判，因此，选项 B、C 与 D 均是不正确的。

3. 二审法院审理继承纠纷上诉案时，发现一审判决遗漏另一继承人甲。关于本案，下列哪些说法是正确的？（模拟）[1]

A. 为避免诉讼拖延，二审法院可依职权直接改判

B. 二审法院可根据自愿原则进行调解，调解不成的裁定撤销原判决发回重审

C. 甲应列为本案的有独立请求权第三人

D. 甲应是本案的共同原告

【解析】根据《民诉解释》第 70 条的规定，在继承遗产的诉讼中，部分继承人起诉的，人民法院应通知其他继承人作为共同原告参加诉讼，也就是说，遗漏的继承人属于必要共同诉讼人，因此，选项 D 是正确的，而选项 C 是不正确的。

根据《民诉解释》第 325 条的规定，二审程序中发现一审法院遗漏了应当共同参加诉讼的当事人，根据自愿原则进行调解，调解不成的，发回重审。因此，选项 B 是正确的，而选项 A 是不正确的。

4. 某借款纠纷案二审中，双方达成调解协议，被上诉人当场将欠款付清。关于被上诉人请求二审法院制作调解书，下列哪一选项是正确的？（模拟）[2]

A. 可以不制作调解书，因为当事人之间的权利义务已经实现

B. 可以不制作调解书，因为本案属于法律规定可以不制作调解书的情形

C. 应当制作调解书，因为二审法院的调解结果除解决纠纷外，还具有对一审法院的判决效力发生影响的功能

D. 应当制作调解书，因为被上诉人已经提出请求，法院应当予以尊重

【解析】该案双方当事人在二审程序中达成调解协议，并当场将欠款付清，虽然属于《民事诉讼法》第 101 条规定的法定不制作调解书的案件，但是，由于该调解发生在二审程序中，根据《民事诉讼法》第 179 条的规定，第二审人民法院审理上诉案件，可以进行调解。调解达成协议，应当制作调解书，由审判人员、书记员署名，加盖人民法院印章。调解书送达后，原审人民法院的判决即视为撤销。也就是说，二审调解成功后，应当制作调解书，因为该调解书不仅解决纠纷，还影响一审法院判决的效力，因此，选项 C 是正确的，而其余选项均是不正确的。

---

[1] BD [2] C

第十二章　特别程序

考点一　特别程序的特点

关于《民事诉讼法》规定的特别程序的表述，下列哪些选项是正确的？（模拟）[1]

A. 适用特别程序审理的案件应当由基层人民法院管辖

B. 起诉人或申请人与案件都有直接的利害关系

C. 适用特别程序审理的案件都是一审终审

D. 陪审员通常不参加适用特别程序案件的审理

【解析】该题考查特别程序的相关程序问题。根据民事诉讼法的相关规定，适用特别程序审理的各类案件均由基层人民法院管辖，因此，选项 A 是正确的。

选民资格案件的起诉人与本案可能没有任何关系，其他适用特别程序的案件，申请人或者与案件有利害关系，或者没有利害关系，因此，选项 B 是错误的。

根据《民事诉讼法》第185条的规定，依照本章程序审理的案件，实行一审终审。选民资格案件或者重大、疑难的案件，由审判员组成合议庭审理；其他案件由审判员一人独任审理。因此，选项 C 是正确的，而选项 D 是错误的。

考点二　选民资格案件

在基层人大代表换届选举中，村民刘某发现选举委员会公布的选民名单中遗漏了同村村民张某的名字，遂向选举委员会提出申诉。选举委员会认为，刘某不是本案的利害关系人无权提起申诉，故驳回了刘某的申诉，刘某不服诉至法院。下列哪一选项是错误的？（模拟）[2]

A. 张某、刘某和选举委员会的代表都必须参加诉讼

B. 法院应该驳回刘某的起诉，因刘某与案件没有直接利害关系

C. 选民资格案件关系到公民的重要政治权利，只能由审判员组成合议庭进行审理

D. 法院对选民资格案件做出的判决是终审判决，当事人不得对此提起上诉

【解析】根据《民事诉讼法》第189条第1款、第2款规定："人民法院受理选民资格案件后，必须在选举日前审结。审理时，起诉人、选举委员会的代表和有关公民必须参加。"可知张某为有关公民，刘某为起诉人，因此选项 A 是正确的。

---

[1]　AC　[2]　B

根据《民事诉讼法》第188条规定："公民不服选举委员会对选民资格的申诉所作的处理决定，可以在选举日的五日以前向选区所在地基层人民法院起诉。"可知对于选民资格案件，起诉人员资格没有限制，任何人均可起诉，因此选项B是错误的。

根据《民事诉讼法》第185条规定："依照本章程序审理的案件，实行一审终审。选民资格案件或者重大、疑难的案件，由审判员组成合议庭审理；其他案件由审判员一人独任审理。"因此，选项C与D是正确的。

考点三　宣告失踪案件

李某因债务人刘某下落不明申请宣告刘某失踪。法院经审理宣告刘某为失踪人，并指定刘妻为其财产代管人。判决生效后，刘父认为由刘妻代管财产会损害儿子的利益，要求变更刘某的财产代管人。关于本案程序，下列哪一说法是正确的？（2017/3/47）[1]

A. 李某无权申请刘某失踪

B. 刘父应提起诉讼变更财产代管人，法院适用普通程序审理

C. 刘父应向法院申请变更刘妻的财产代管权，法院适用特别程序审理

D. 刘父应向法院申请再审变更财产代管权，法院适用再审程序审理

【解析】正确解答本题应当注意一个关键事实，即法院判决宣告刘某为失踪人，并指定刘妻为其财产代管人，但刘父要求变更刘某的财产代管人。申请宣告失踪的利害关系人，包括被申请宣告失踪人的配偶、父母、子女、兄弟姐妹、祖父母、外祖父母、孙子女、外孙子女以及其他与被申请人有民事权利义务关系的人。因此，选项A不正确。

根据《民诉解释》第342条第2款的规定，失踪人的其他利害关系人申请变更代管的，人民法院应当告知其以原指定的代管人为被告起诉，并按普通程序进行审理。因此，选项B正确，而选项C与选项D不正确。

考点四　调解协议的司法确认案件

1. 李云将房屋出售给王亮，后因合同履行发生争议，经双方住所地人民调解委员会调解，双方达成调解协议，明确王亮付清房款后，房屋的所有权归属王亮。为确保调解协议的效力，双方约定向法院提出司法确认申请，李云随即长期出差在外。下列哪一说法是正确的？（2015/3/45）[2]

A. 本案系不动产交易，应向房屋所在地法院提出司法确认申请

B. 李云长期出差在外，王亮向法院提出确认申请，法院可受理

C. 李云出差两个月后，双方向法院提出确认申请，法院可受理

D. 本案的调解协议内容涉及物权确权，法院不予受理

【解析】根据《民事诉讼法》第205条的规定，经依法设立的调解组织调解达成调解协议，申请司法确认的，由双方当事人自调解协议生效之日起30日内，共同向下列人民法院提出：（一）人民法院邀请调解组织开展先行调解的，向作出邀请的人民法院提出；（二）调解

---

[1]　B　[2]　D

组织自行开展调解的，向当事人住所地、标的物所在地、调解组织所在地的基层人民法院提出；调解协议所涉纠纷应当由中级人民法院管辖的，向相应的中级人民法院提出。因此，选项A、B与C均是不正确的。根据《民诉解释》第355条的规定，当事人申请司法确认调解协议，人民法院裁定不予受理的情形之一是调解协议内容涉及物权、知识产权确权的。因此，选项D是正确的。

2. A区小贷公司与B区王某借款纠纷一案，小贷公司诉至A区法院要求王某归还借款50万元及利息4万元。A区法院受理前邀请设在B区的金融调解中心调解，达成王某还款50万元，小贷公司免除利息的协议。关于本案的下列表述，哪一选项是不正确的？（模拟题）[1]

A. 小贷公司有权向B区法院申请确认该调解协议

B. 申请确认该调解协议可以采用口头形式提出申请

C. 申请法院确认该调解协议应当在调解协议生效之日起30日内提出

D. 法院确认调解协议适用特别程序

【解析】《民事诉讼法》第205条规定，经依法设立的调解组织调解达成调解协议，申请司法确认的，由双方当事人自调解协议生效之日起三十日内，共同向下列人民法院提出：（一）人民法院邀请调解组织开展先行调解的，向作出邀请的人民法院提出；（二）调解组织自行开展调解的，向当事人住所地、标的物所在地、调解组织所在地的基层人民法院提出；调解协议所涉纠纷应当由中级人民法院管辖的，向相应的中级人民法院提出。本题中，A区法院邀请B区的金融调解中心调解，因此，选项A不正确，而选项C正确。《民诉解释》第353条规定，当事人申请司法确认调解协议，可以采用书面形式或者口头形式。当事人口头申请的，人民法院应当记入笔录，并由当事人签名、捺印或者盖章。因此，选项B正确。根据《民事诉讼法》第184条的规定，法院审理确认调解协议案件适用特别程序，因此，选项D正确。

考点五　担保物权的实现案件

1. 乙公司向甲公司借款，乙公司董事长孙某以个人独有写字楼与一副夫妻共有的古画提供足额担保，甲公司发函给孙某丈夫李某索要同意函，李某收信后未置可否，甲公司也未再坚持。后乙公司无力还款，甲公司向法院申请实现担保物权，李某提出异议，主张古画的担保物权未经其书面同意，不能成立。关于本案的下列说法，哪些是正确的？（2018/客观模拟）[2]

A. 法院告知李某另行起诉

B. 孙某和李某是本案的被申请人

C. 法院可裁定准许拍卖写字楼

D. 乙公司是本案的无独立请求权第三人

【解析】根据本题信息，乙公司董事长孙某以个人独有写字楼与一副夫妻共有的古画为甲公司提供足额担保，因此，甲公司可以孙某与李某为被申请人向法院申请实现担保物权，故选项B正确。在本案担保物权实现程序中，李某提出异议，主张古画的担保物权未经其书面同意，不能成立，意味着李某对甲公司申请就古画实现担保物权存在实质争议，而就写字楼实现担保物权无实质争议。根据《民诉解释》第370条第2项的规定，当事人对实现担保物权有部分实质争议的，可以就无争议部分裁定准许拍卖、变卖担保财产，故选项C是正确的，而选项

A 是不正确的。担保物权实现程序系非讼程序，不涉及第三人的实体利益，因此，选项 D 是不正确的。

2. 甲公司与银行订立了标的额为 8000 万元的贷款合同，甲公司董事长美国人汤姆用自己位于 W 市的三套别墅为甲公司提供抵押担保。贷款到期后甲公司无力归还，银行向法院申请适用特别程序实现对别墅的抵押权。关于本案的分析，下列哪一选项是正确的？（2014/3/44）[1]

　　A. 由于本案标的金额巨大，且具有涉外因素，银行应向 W 市中院提交书面申请

　　B. 本案的被申请人只应是债务人甲公司

　　C. 如果法院经过审查，作出拍卖裁定，可直接移交执行庭进行拍卖

　　D. 如果法院经过审查，驳回银行申请，银行可就该抵押权益向法院起诉

【解析】根据《民事诉讼法》第 207 条的规定，申请实现担保物权，由担保物权人以及其他有权请求实现担保物权的人依照《民法典》等法律，向担保财产所在地或者担保物权登记地基层人民法院提出。因此，选项 A 是不正确的。

本题中，银行向法院申请适用特别程序实现对甲公司董事长美国人汤姆别墅的抵押权，因此，被申请人应当是汤姆，而非甲公司，故选项 B 是不正确的。

根据《民事诉讼法》第 208 条的规定，人民法院受理申请后，经审查，符合法律规定的，裁定拍卖、变卖担保财产，当事人依据该裁定可以向人民法院申请执行；不符合法律规定的，裁定驳回申请，当事人可以向人民法院提起诉讼。因此，选项 C 是不正确的，而选项 D 是正确的。

3. 甲公司与乙公司之间发生纠纷，经人民调解委员会调解，达成调解协议后，双方共同向人民法院申请司法确认其效力，法院作出裁定后乙公司反悔。乙公司如何申请救济？（模拟）[2]

　　A. 应向作出法院提出异议　　　　　　　　B. 应向上级法院提出异议

　　C. 应向作出法院申请再审　　　　　　　　D. 应向上级法院申请再审

【解析】根据《民诉解释》第 372 条第 1 款的规定，适用特别程序作出的判决、裁定，当事人、利害关系人认为有错误的，可以向作出该判决、裁定的人民法院提出异议。此外，该规定第 2 款规定，对人民法院作出的确认调解协议、准许实现担保物权的裁定，当事人有异议的，应当自收到裁定之日起 15 日内提出；利害关系人有异议的，自知道或者应当知道其民事权益受到侵害之日起 6 个月内提出。因此，选项 A 是正确的，而选项 B 是不正确的。

根据《民诉解释》第 378 条的规定，适用特别程序、督促程序、公示催告程序、破产程序等非讼程序审理的案件，当事人不得申请再审。因此，选项 C 与选项 D 均是不正确的。

---

[1]　D　[2]　A

第十三章　审判监督程序

考点一　检察监督权的抗诉与检察建议

1. 关于法院制作的调解书，下列哪一说法是正确的？（2015/3/42）[1]

A. 经法院调解，老李和小李维持收养关系，可不制作调解书

B. 某夫妻解除婚姻关系的调解书生效后，一方以违反自愿为由可申请再审

C. 检察院对调解书的监督方式只能是提出检察建议

D. 执行过程中，达成和解协议的，法院可根据当事人的要求制作成调解书

【解析】根据《民事诉讼法》第101条第1款第2项的规定，调解维持收养关系的案件，人民法院可以不制作调解书，因此，选项A是正确的。

根据《民事诉讼法》第213条的规定，当事人对已经发生法律效力的解除婚姻关系的判决、调解书，不得申请再审，因此，选项B是不正确的。

根据《民事诉讼法》第219条的规定，最高人民检察院或者上级人民检察院发现调解书损害国家利益、社会公共利益，应当提出抗诉，如果是地方各级人民检察院发现同级人民法院的调解书损害国家利益、社会公共利益的，可以向同级人民法院提出检察建议，并报上级人民检察院备案，也可以提请上级人民检察院向同级人民法院提出抗诉。可见，检察院对调解书的监督方式可以是依法提出检察建议，也可以是依法提出抗诉，因此，选项C是不正确的。

根据《民事诉讼法》第241条的规定，在执行中，双方当事人自行和解达成协议的，执行员应当将协议内容记入笔录，由双方当事人签名或者盖章。因此，选项D是不正确的。

2. 就瑞成公司与建华公司的合同纠纷，某省甲市中院作出了终审裁判。建华公司不服，打算启动再审程序。后其向甲市检察院申请检察建议，甲市检察院经过审查，作出驳回申请的决定。关于检察监督，下列哪些表述是正确的？（2014/3/80）[2]

A. 建华公司可在向该省高院申请再审的同时，申请检察建议

B. 在甲市检察院驳回检察建议申请后，建华公司可向该省检察院申请抗诉

C. 甲市检察院在审查检察建议申请过程中，可向建华公司调查核实案情

D. 甲市检察院在审查检察建议申请过程中，可向瑞成公司调查核实案情

【解析】根据《民事诉讼法》第220条的规定，有下列情形之一的，当事人可以向人民检察院申请检察建议或者抗诉：（一）人民法院驳回再审申请的；（二）人民法院逾期未对再审申请作出裁定的；（三）再审判决、裁定有明显错误的。人民检察院对当事人的申请应当在三

---

[1]　A　[2]　CD

个月内进行审查，作出提出或者不予提出检察建议或者抗诉的决定。当事人不得再次向人民检察院申请检察建议或者抗诉。可见，该法律规定明确了两点内容：一是当事人先向法院申请再审，此后才能向检察院申请抗诉或者申请提出检察建议；二是当事人在向检察院申请抗诉或者申请提出检察建议中只能选择其一。因此，选项 A 与 B 是不正确的。

根据《民事诉讼法》第 221 条的规定，人民检察院因履行法律监督职责提出检察建议或者抗诉的需要，可以向当事人或者案外人调查核实有关情况。因此，选项 C 与 D 是正确的。

3. 关于检察监督，下列哪一选项是正确的？（2013/3/49）[1]

A. 甲县检察院认为乙县法院的生效判决适用法律错误，对其提出检察建议

B. 丙市检察院就合同纠纷向仲裁委员会提出检察建议，要求重新仲裁

C. 丁县检察院认为丁县法院某法官在制作除权判决时收受贿赂，向该法院提出检察建议

D. 戊县检察院认为戊县法院认定某公民为无民事行为能力人的判决存在程序错误，报请上级检察院提起抗诉

【解析】根据《民事诉讼法》第 219 条第 2 款的规定，地方各级人民检察院对同级人民法院生效的判决，发现法定情形之一的，可以向同级人民法院提出检察建议，并报上级人民检察院备案，因此，选项 A 与选项 B 均是不正确的。

根据《民事诉讼法》第 219 条第 3 款的规定，各级人民检察院对审判监督程序以外的其他审判程序中审判人员的违法行为，有权向同级人民法院提出检察建议，因此，选项 C 是正确的。

根据《民诉解释》第 412 条的规定，人民检察院对已经发生法律效力的判决以及不予受理、驳回起诉的裁定依法提出抗诉的，人民法院应予受理，但适用特别程序、督促程序、公示催告程序、破产程序以及解除婚姻关系的判决、裁定等不适用审判监督程序的判决、裁定除外，因此，选项 D 是不正确的。

4. 周某因合同纠纷起诉，甲省乙市的两级法院均驳回其诉讼请求。周某申请再审，但被驳回。周某又向检察院申请抗诉，检察院以原审主要证据系伪造为由提出抗诉，法院裁定再审。关于启动再审的表述，下列哪些说法是不正确的？（2013/3/81）[2]

A. 周某只应向甲省高院申请再审

B. 检察院抗诉后，应当由接受抗诉的法院审查后，作出是否再审的裁定

C. 法院应当在裁定再审的同时，裁定撤销原判

D. 法院应当在裁定再审的同时，裁定中止执行

【解析】该题综合考查当事人申请再审，法院对检察院抗诉的处理以及裁定再审后的程序处理。正确解答本题需要注意一个关键事实，即乙市中级法院的二审判决是本案的生效判决。根据《民事诉讼法》第 210 条的规定，当事人一方人数众多或者当事人双方是公民的案件，也可以向原审人民法院申请再审，因此，选项 A 是不正确的。

根据《民事诉讼法》第 222 条的规定，人民检察院提出抗诉的案件，接受抗诉的人民法院应当在收到抗诉书之日起 30 日内作出再审的裁定，也就是说，接受抗诉的人民法院对检察院提出的抗诉不得进行审查，因此，选项 B 是不正确的。

根据《民事诉讼法》第 217 条的规定，按照审判监督程序决定再审的案件，裁定中止原判决、裁定、调解书的执行，因此，选项 C 是不正确的，而选项 D 是正确的。

---

[1] C [2] ABC

考点二　当事人申请再审

1. 甲向法院申请对某公司强制执行，执行过程中双方达成和解协议并履行完毕，法院裁定执行终结。被执行人在履行完毕和解协议后，发现新的证据向中级人民法院申请再审。法院受理后，经审查发现双方在执行过程中已经履行完毕和解协议，法院应如何处理？（2018/客观模拟）[1]

A. 裁定终结再审申请的审查　　　　B. 裁定驳回再审申请

C. 执行回转　　　　　　　　　　　D. 审查执行和解协议的合法性

【解析】根据《民诉解释》第400条的规定，再审申请审查期间，有下列情形之一的，裁定终结审查：……（三）当事人达成和解协议且已履行完毕的，但当事人在和解协议中声明不放弃申请再审权利的除外；……因此，选项A是本题的答案。

根据《民诉解释》第393条第2款的规定，当事人主张的再审事由不成立，或者当事人申请再审超过法定申请再审期限、超出法定再审事由范围等不符合民事诉讼法和本解释规定的申请再审条件的，人民法院应当裁定驳回再审申请。因此，选项B不是本题答案。

根据《民事诉讼法》第244条的规定，执行完毕后，据以执行的判决、裁定和其他法律文书确有错误，被人民法院撤销的，对已被执行的财产，人民法院应当作出裁定，责令取得财产的人返还；拒不返还的，强制执行。可见，执行回转的前提是作为执行根据的法律文书在执行完毕后被依法撤销，因此，选项C不是本题的答案。

根据《民诉解释》第384条的规定，人民法院受理申请再审案件后，应当依照民事诉讼法第207条、第208条、第211条等规定，对当事人主张的再审事由进行审查。而执行和解协议不属于审查再审申请的内容，受理再审申请的法院无权对执行和解协议进行审查，因此，选项D不是本题的答案。

2. 韩某起诉翔鹭公司要求其依约交付电脑，并支付迟延履行违约金5万元。经县市两级法院审理，韩某均胜诉。后翔鹭公司以原审适用法律错误为由申请再审，省高院裁定再审后，韩某变更诉讼请求为解除合同，支付迟延履行违约金10万元。再审法院最终维持原判。关于再审程序的表述，下列哪些选项是正确的？（2013/3/82）[2]

A. 省高院可以亲自提审，提审应当适用二审程序

B. 省高院可以指令原审法院再审，原审法院再审时应当适用一审程序

C. 再审法院对韩某变更后的请求应当不予审查

D. 对于维持原判的再审裁判，韩某认为有错误的，可以向检察院申请抗诉

【解析】该题综合考查法院对当事人申请再审案件的程序适用、对再审案件的审理范围以及当事人申请再审与申请检察院抗诉的关系。根据《民事诉讼法》第215条第2款的规定，高级法院裁定再审的案件，由本院再审或者交其他人民法院再审，也可以交原审法院再审。本题是县市两级法院两审终审的案件，根据《民事诉讼法》第218条的规定，上级法院按照审判监督程序提审的，按照第二审程序审理，因此，选项A是正确的；发生法律效力的判决是由第二审法院作出的，按照第二审程序审理，因此，选项B是不正确的。

根据《民诉解释》第403条第1款的规定，人民法院审理再审案件应当围绕再审请求进

---

[1]　A　[2]　ACD

行。当事人的再审请求超出原审诉讼请求的，不予审理；符合另案诉讼条件的，告知当事人可以另行起诉。因此，选项 C 是正确的。

根据《民事诉讼法》第 220 条的规定，再审判决、裁定有明显错误的，当事人可以向人民检察院申请检察建议或者抗诉，因此，选项 D 是正确的。

3. 2010 年 7 月，甲公司不服 A 市 B 区法院对其与乙公司买卖合同纠纷的判决，上诉至 A 市中级法院，A 市中级法院经审理维持原判决。2011 年 3 月，甲公司与丙公司合并为丁公司。之后，丁公司法律顾问在复查原甲公司的相关材料时，发现上述案件具备申请再审的法定事由。关于该案件的再审，下列哪一说法是正确的？（模拟）[1]

A. 应由甲公司向法院申请再审

B. 应由甲公司与丙公司共同向法院申请再审

C. 应由丁公司向法院申请再审

D. 应由丁公司以案外人身份向法院申请再审

【解析】 根据《民诉解释》第 63 条的规定，企业法人合并的，因合并前的民事活动发生的纠纷，以合并后的企业为当事人。此外，根据《民诉解释》第 373 条第 1 款的规定，当事人死亡或者终止的，其权利义务承继者可以根据《民事诉讼法》第 206 条、第 208 条的规定申请再审，因此，选项 C 是正确的，其余选项都是错误的。

4. 甲公司诉乙公司合同纠纷案，南山市 S 县法院进行了审理并作出驳回甲公司诉讼请求的判决，甲公司未提出上诉。判决生效后，甲公司因收集到新的证据申请再审。下列哪些选项是正确的？（模拟）[2]

A. 甲公司应当向 S 县法院申请再审

B. 甲公司应当向南山市中级法院申请再审

C. 法院应当适用一审程序再审本案

D. 法院应当适用二审程序再审本案

【解析】 根据《民事诉讼法》第 210 条规定："当事人对已经发生法律效力的判决、裁定，认为有错误的，可以向上一级人民法院申请再审；当事人一方人数众多或者当事人双方为公民的案件，也可以向原审人民法院申请再审。当事人申请再审的，不停止判决、裁定的执行。"本题中甲公司应向一审法院的上一级人民法院南山市中级法院申请再审，因此，选项 A 是错误的，而选项 B 是正确的。

根据《民事诉讼法》第 215 条第 2 款规定："因当事人申请裁定再审的案件由中级人民法院以上的人民法院审理，但当事人依照本法第二百一十条的规定选择向基层人民法院申请再审的除外。最高人民法院、高级人民法院裁定再审的案件，由本院再审或者交其他人民法院再审，也可以交原审人民法院再审。"可知南山市中级法院经审查认为再审事由成立的，应当由本院提审，依《民事诉讼法》第 218 条规定可知，按照审判监督程序提审的，应当适用第二审程序审理，故选项 C 是错误的，而选项 D 是正确的。

5. 加工公司与机械公司设备质量纠纷一案，经过甲市太湖区法院和甲市中级法院两审终审，均判决责令机械公司更换不合格设备。判决生效后，机械公司发现原判决认定案件主要事实的证据是加工公司伪造的，申请再审。关于本案的下列表述，哪一选项是正确的？（模拟题）[3]

A. 机械公司应向省高级法院申请再审

B. 机械公司应当在判决生效之日起6个月内申请再审

C. 机械公司申请再审时，中止原判决的执行

D. 机械公司可以在申请再审的同时，向甲市检察院申请抗诉

【解析】《民事诉讼法》第210条规定，当事人对已经发生法律效力的判决、裁定，认为有错误的，可以向上一级人民法院申请再审；当事人一方人数众多或者当事人双方为公民的案件，也可以向原审人民法院申请再审。当事人申请再审的，不停止判决、裁定的执行。因此，对甲市中级法院的生效判决，机械公司应向上一级省高级法院申请再审，但机械公司申请再审，不停止判决的执行，故，选项A正确，而选项C不正确。《民事诉讼法》第216条规定，当事人申请再审，应当在判决、裁定发生法律效力后六个月内提出；有本法第211条第一项、第三项、第十二项、第十三项规定情形的，自知道或者应当知道之日起六个月内提出。本题中，机械公司申请再审的事由是原判决认定案件主要事实的证据是加工公司伪造的，系第211条第三项情形，因此，选项B不正确。《民事诉讼法》第220条第1款规定，有下列情形之一的，当事人可以向人民检察院申请检察建议或者抗诉：（一）人民法院驳回再审申请的；（二）人民法院逾期未对再审申请作出裁定的；（三）再审判决、裁定有明显错误的。可以看出，机械公司不得同时申请再审和申请抗诉，因此，选项D不正确。

考点三　法院对再审案件的处理

万某起诉吴某人身损害赔偿一案，经过两级法院审理，均判决支持万某的诉讼请求，吴某不服，申请再审。再审中万某未出席开庭审理，也未向法院说明理由。对此，法院的下列哪一做法是正确的？（2014/3/50）[1]

A. 裁定撤诉，视为撤回起诉　　　　　B. 裁定撤诉，视为撤回再审申请

C. 裁定诉讼中止　　　　　　　　　　D. 缺席判决

【解析】根据民事诉讼理论，普通程序具有普适性，其他审判程序中未作出特别规定的，可以适用普通程序的相关规定。本题中的万某是再审程序中的被申请人，再审中万某未出席开庭审理，也未向法院说明理由，应当适用普通程序关于缺席判决的规定。因此，选项D是正确的，其余选项均是不正确的。

考点四　案外人申请再审

1. 甲的钢琴被乙占有，甲请求乙归还无果，起诉请求乙返还，该案经区、市两级法院审理，均判决支持了甲的诉讼请求。判决生效后，乙仍拒绝归还，甲向区法院申请执行，执行过程中，丙提出异议，主张该钢琴是自己的，法院审查后裁定驳回丙某的异议。丙认为原判决存在错误，向市中级法院申请再审，市中级法院经再审审理认为该钢琴属于丙和原审原告甲共同所有。此时，市中级法院应如何处理？（2018/客观模拟）[2]

A. 市中级法院应判决驳回丙的再审请求，并告知丙另行提起执行异议之诉

B. 市中级法院应直接裁定撤销原判决，发回重审

---

[1]　D　[2]　D

C. 市中级法院应告知丙另行起诉

D. 市中级法院应进行调解，调解不成，裁定撤销原判决，发回重审

【解析】 正确解答本题的关键在于对丙的诉讼地位的判断。本题中，丙的执行异议被区法院裁定驳回后，其向市中级法院申请再审，市中级法院经再审审理认为该钢琴属于丙和原审原告甲共同所有，根据《民诉解释》第72条的规定，共有财产权受到他人侵害，部分共有权人起诉的，其他共有权人为共同诉讼人，因此，丙应当为本案的必要共同诉讼人。

根据《民事诉讼法》第238条的规定，执行过程中，案外人对执行标的提出书面异议的，人民法院应当自收到书面异议之日起15日内审查，理由成立的，裁定中止对该标的的执行；理由不成立的，裁定驳回。案外人、当事人对裁定不服，认为原判决、裁定错误的，依照审判监督程序办理；与原判决、裁定无关的，可以自裁定送达之日起十五日内向人民法院提起诉讼。本题中，丙异议的钢琴与本案判决有关，其不能提起案外人异议之诉，因此，选项A是不正确的。

根据《民诉解释》第422条的规定，根据《民事诉讼法》第238条规定，人民法院裁定再审后，案外人属于必要的共同诉讼当事人的，依照本解释第420条第2款规定处理，即按照第一审程序再审的，应当追加其为当事人，作出新的判决、裁定；按照第二审程序再审，经调解不能达成协议的，应当撤销原判决、裁定，发回重审，重审时应追加其为当事人。本题是经过两审终审的案件，再审应当适用第二审程序，因此，选项B与选项C均是不正确的，而选项D是正确的。

2. 赵某与黄某因某项财产所有权发生争议，赵某向法院提起诉讼，经一、二审法院审理后，判决该项财产属赵某所有。此后，陈某得知此事，向二审法院反映其是该财产的共同所有人，并提供了相关证据。二审法院经审查，决定对此案进行再审。关于此案的说法，下列哪一选项是正确的？（模拟）[1]

A. 陈某不是本案一、二审当事人，不能参加再审程序

B. 二审法院可以直接通知陈某参加再审程序，并根据自愿原则进行调解，调解不成的，告知陈某另行起诉

C. 二审法院可以直接通知陈某参加再审程序，并根据自愿原则进行调解，调解不成的，裁定撤销一、二审判决，发回原审法院重审

D. 二审法院只能裁定撤销一、二审判决，发回原审法院重审

【解析】 正确解答本题的关键在于对案外人陈某诉讼地位的判断。本题中，陈某得知此事，向二审法院反映其是该财产的共同所有人，根据《民诉解释》第72条的规定，共有财产权受到他人侵害，部分共有权人起诉的，其他共有权人为共同诉讼人，因此，陈某是本案的必要共同诉讼人。根据《民诉解释》第420条规定："必须共同进行诉讼的当事人因不能归责于本人或者其诉讼代理人的事由未参加诉讼的，可以根据民事诉讼法第二百零七条第八项规定，自知道或者应当知道之日起六个月内申请再审，但符合本解释第四百二十一条规定情形的除外。人民法院因前款规定的当事人申请而裁定再审，按照第一审程序再审的，应当追加其为当事人，作出新的判决、裁定；按照第二审程序再审，经调解不能达成协议的，应当撤销原判决、裁定，发回重审，重审时应追加其为当事人。"本题中陈某作为财产共有权人申请再审，属于案外人以必要共同诉讼人的身份申请再审，因此，选项C是正确的，其余选项均是不正确的。

---

[1] C

【解题技巧】 本题属于意思矛盾选项设置的运用，选项 B 与 C 是矛盾选项。

3. 刘某与田某字画买卖合同纠纷一案，经过 A 市甲区法院和 A 市中级法院两审终审，均判决责令田某向刘某交付字画。判决生效后，因为田某拒绝交付字画，刘某向甲区法院申请执行。此时，齐某得知父亲遗留给自己并借与田某临摹的字画被田某出卖，认为该生效判决损害自己的合法权益。关于齐某欲寻求救济的做法，哪些是正确的？（模拟）[1]

A. 齐某可以提起第三人撤销之诉

B. 齐某可以直接作为案外人申请再审

C. 齐某可以提出执行异议，异议被法院裁定驳回后提起第三人撤销之诉

D. 齐某可以提出执行异议，异议被法院裁定驳回后申请再审

【解析】 正确解答本题的关键在于准确确定齐某的诉讼地位，齐某认为该题中的字画是自己借予田某临摹的，因此，齐某是有独立请求权的第三人。

根据《民事诉讼法》第 59 条第 3 款的规定，因不能归责于本人的事由未参加诉讼，但有证据证明发生法律效力的判决、裁定、调解书的部分或者全部内容错误，损害其民事权益的，可以自知道或者应当知道其民事权益受到损害之日起 6 个月内，向作出该判决、裁定、调解书的人民法院提起诉讼。因此，选项 A 是正确的。

根据《民诉解释》第 420 条第 1 款的规定，必须共同进行诉讼的当事人因不能归责于本人或者其诉讼代理人的事由未参加诉讼的，可以根据《民事诉讼法》第 207 条第 8 项规定，自知道或者应当知道之日起 6 个月内申请再审，但符合本解释第 421 条规定情形的除外。因此，选项 B 是不正确的。

根据《民诉解释》第 301 条的规定，第三人提起撤销之诉后，未中止生效判决、裁定、调解书执行的，执行法院对第三人依照《民事诉讼法》第 238 条规定提出的执行异议，应予审查。第三人不服驳回执行异议裁定，申请对原判决、裁定、调解书再审的，人民法院不予受理。案外人对人民法院驳回其执行异议裁定不服，认为原判决、裁定、调解书内容错误损害其合法权益的，应当根据《民事诉讼法》第 238 条规定申请再审，提起第三人撤销之诉的，人民法院不予受理。因此，选项 C 是不正确的，而选项 D 是正确的。

4. 王某与于某房屋买卖合同纠纷一案，经过 A 市洪湖区法院和 A 市中级法院两审终审后，判决责令于某向王某交付房屋并办理过户手续。判决生效后，周某主张自己是该房屋的共有权人，生效判决损害其合法权益，申请再审。关于本案的下列说法，哪些是不正确的？（模拟）[2]

A. 再审法院仅审理生效判决损害周某民事权益的内容，并根据审理的情况作出处理

B. 周某可以自判决生效之日起 6 个月内申请再审

C. 周某无权申请再审，因为其不是本案的当事人

D. 再审法院根据自愿原则调解，调解不成的，撤销一二审判决，发回洪湖区法院重审

【解析】 根据《民诉解释》第 422 条的规定，根据《民事诉讼法》第 234 条规定，人民法院裁定再审后，案外人属于必要的共同诉讼当事人的，依照本解释第 420 条第 2 款规定处理。案外人不是必要的共同诉讼当事人的，人民法院仅审理原判决、裁定、调解书对其民事权益造成损害的内容。经审理，再审请求成立的，撤销或者改变原判决、裁定、调解书；再审请求不成立的，维持原判决、裁定、调解书。本题中，周某主张自己是该房屋的共有权人，因此，周某是必要共同诉讼人，故选项 A 是不正确的。

---

[1] AD　[2] ABC

本题是经过两审终审的案件，根据《民诉解释》第420条的规定，必须共同进行诉讼的当事人因不能归责于本人或者其诉讼代理人的事由未参加诉讼的，可以根据《民事诉讼法》第211条第8项规定，自知道或者应当知道之日起6个月内申请再审，但符合本解释第421条规定情形的除外。人民法院因前款规定的当事人申请而裁定再审，按照第一审程序再审的，应当追加其为当事人，作出新的判决、裁定；按照第二审程序再审，经调解不能达成协议的，应当撤销原判决、裁定，发回重审，重审时应追加其为当事人。因此，选项B与选项C均是不正确的，而选项D是正确的。

第十四章　督促程序与公示催告程序

考点一　督促程序

1. 甲向乙借款20万元，丙是甲的担保人，现已到偿还期限，经多次催讨未果，乙向法院申请支付令。法院受理并审查后，向甲送达支付令。甲在法定期间未提出异议，但以借款不成立为由向另一法院提起诉讼。关于本案，下列哪一说法是正确的？（2019年/客观模拟）[1]

A. 甲向另一法院提起诉讼，视为对支付令提出异议

B. 甲向另一法院提起诉讼，法院应裁定终结督促程序

C. 甲在法定期间未提出书面异议，不影响支付令效力

D. 法院发出的支付令，对丙具有拘束力

【解析】正确解答本题需注意两个关键信息：第一，法院向主债务人甲发出支付令；第二，甲在法定期间未提出异议，而是向另一法院提起诉讼。

根据《民诉解释》第431条第1款的规定，债务人在收到支付令后，未在法定期间提出书面异议，而向其他法院起诉的，不影响支付令的效力。因此，选项A是不正确的，而选项C是正确的。

根据《民事诉讼法》第228条第1款的规定，人民法院收到债务人提出的书面异议后，经审查，异议成立的，应当裁定终结督促程序，支付令自行失效。因此，选项B是不正确的。

根据《民诉解释》第434条第1款的规定，对设有担保的债务的主债务人发出的支付令，对担保人没有拘束力。因此，选项D是不正确的。

2. 李某欠债权人王某2万元，债务期限届满经催告后仍未归还，王某向甲法院申请了支付令，为了保险起见，又向乙法院以李某为被告提起诉讼，乙法院依法受理。债务人李某于15天内对支付令没有提出异议，也未履行债务，对此下列表述正确的是什么？（2018/客观仿真）[2]

A. 甲法院应裁定终结督促程序

B. 乙法院作出生效判决后，支付令失效

C. 因债权人申请了支付令，乙法院应裁定驳回起诉

D. 支付令有效，王某可以依支付令向甲法院申请强制执行

【解析】根据《民诉解释》第430条规定，有下列情形之一的，人民法院应当裁定终结督促程序，已发出支付令的，支付令自行失效：（一）人民法院受理支付令申请后，债权人就同

---

[1]　C　[2]　A

一债权债务关系又提起诉讼的；（二）人民法院发出支付令之日起三十日内无法送达债务人的；（三）债务人收到支付令前，债权人撤回申请的。因此，选项A是正确的，其余选项均是不正确的。

3. 甲公司购买乙公司的产品，丙公司以其房产为甲公司提供抵押担保。因甲公司未按约支付120万元货款，乙公司向A市B县法院申请支付令。法院经审查向甲公司发出支付令，甲公司拒绝签收。甲公司未在法定期间提出异议，而以乙公司提供的产品有质量问题为由向A市C区法院提起诉讼。关于本案，下列哪些表述是正确的？（2017/3/83）[1]

　　A. 甲公司拒绝签收支付令，法院可采取留置送达

　　B. 甲公司提起诉讼，法院应裁定中止督促程序

　　C. 乙公司可依支付令向法院申请执行甲公司的财产

　　D. 乙公司可依支付令向法院申请执行丙公司的担保财产

【解析】根据《民诉解释》第429条的规定，向债务人本人送达支付令，债务人拒绝接收的，人民法院可以留置送达。因此，选项A是正确的。

根据《民诉解释》第431条第1款的规定，债务人在收到支付令后，未在法定期间提出书面异议，而向其他人民法院起诉的，不影响支付令的效力。因此，选项B是不正确的。

根据《民事诉讼法》第227条第3款的规定，债务人在法定期间不提出异议又不履行支付令的，债权人可以向人民法院申请执行。因此，选项C是正确的。

根据《民诉解释》第434条第1款的规定，对设有担保的债务的主债务人发出的支付令，对担保人没有拘束力。因此，选项D是不正确的。

4. 单某将八成新手机以4000元的价格卖给卢某，双方约定：手机交付卢某，卢某先付款1000元，待试用一周没有问题后再付3000元。但试用期满卢某并未按约定支付余款，多次催款无果后单某向M法院申请支付令。M法院经审查后向卢某发出支付令，但卢某拒绝签收，法院采取了留置送达。20天后，卢某向N法院起诉，以手机有质量问题要求解除与单某的买卖合同，并要求单某退还1000元付款。根据本案，下列哪些选项是正确的？（2016/3/82）[2]

　　A. 卢某拒绝签收支付令，M法院采取留置送达是正确的

　　B. 单某可以依支付令向法院申请强制执行

　　C. 因卢某向N法院提起了诉讼，支付令当然失效

　　D. 因卢某向N法院提起了诉讼，M法院应当裁定终结督促程序

【解析】根据《民诉解释》第429条的规定，向债务人本人送达支付令，债务人拒绝接收的，人民法院可以留置送达。因此，选项A是正确的。

根据《民事诉讼法》第227条第2款的规定，债务人应当自收到支付令之日起15日内清偿债务，或者向人民法院提出书面异议。该条第3款规定，债务人在前款规定的期间（即在收到支付令之日起15日内）不提出异议又不履行支付令的，债权人可以向人民法院申请执行。因此，选项B是正确的，而选项C与D是不正确的。

5. 黄某向法院申请支付令，督促陈某返还借款。送达支付令时，陈某拒绝签收，法官遂进行留置送达。12天后，陈某以已经归还借款为由向法院提起书面异议。黄某表示希望法院彻底解决自己与陈某的借款问题。下列哪一说法是正确的？（2014/3/46）[3]

　　A. 支付令不能留置送达，法官的送达无效

　　B. 提出支付令异议的期间是10天，陈某的异议不发生效力

---

[1] AC　[2] AB　[3] D

C. 陈某的异议并未否认二人之间存在借贷法律关系，因而不影响支付令的效力

D. 法院应将本案转为诉讼程序审理

【解析】根据《民诉解释》第 429 条的规定，向债务人本人送达支付令，债务人拒绝接收的，人民法院可以留置送达。因此，选项 A 是不正确的。

根据《民事诉讼法》第 227 条第 2 款的规定，债务人应当自收到支付令之日起 15 日内清偿债务，或者向人民法院提出书面异议。因此，选项 B 是不正确的。

根据《民诉解释》第 436 条的规定，债务人对债务本身没有异议，只是提出缺乏清偿能力、延缓债务清偿期限、变更债务清偿方式等异议的，不影响支付令的效力。而本题中，陈某提出已经归还借款，因此，陈某的主张构成异议，故选项 C 是不正确的。

根据《民事诉讼法》第 228 条的规定，人民法院收到债务人提出的书面异议后，经审查，异议成立的，应当裁定终结督促程序，支付令自行失效。支付令失效的，转入诉讼程序，但申请支付令的一方当事人不同意提起诉讼的除外。因此，选项 D 是正确的。

6. 胡某向法院申请支付令，督促慧星公司缴纳房租。慧星公司收到后立即提出书面异议称，根据租赁合同，慧星公司的装修款可以抵销租金，因而自己并不拖欠租金。对于法院收到该异议后的做法，下列哪些选项是正确的？（2013/3/84）[1]

A. 对双方进行调解，促进纠纷的解决

B. 终结督促程序

C. 将案件转为诉讼程序审理，但慧星公司不同意的除外

D. 将案件转为诉讼程序审理，但胡某不同意的除外

【解析】该题综合考查督促程序的相关程序问题。根据《民诉解释》第 143 条之规定，适用督促程序的案件，人民法院不予调解，因此，选项 A 是不正确的。

在本题中，慧星公司书面异议称自己并不拖欠租金构成支付令异议。此外，根据《民事诉讼法》第 228 条第 1 款的规定，异议成立的，应当终结督促程序，支付令自行失效，因此，选项 B 是正确的。

根据《民事诉讼法》第 228 条第 2 款的规定，支付令失效的，转入诉讼程序，但申请支付令的一方当事人不同意提起诉讼的除外，因此，选项 C 是不正确的，而选项 D 是正确的。

7. 关于支付令，下列哪些说法是正确的？（模拟）[2]

A. 支付令送达后即具有法律效力

B. 债务人提出支付令异议的，法院无需审查异议理由客观上是否属实

C. 债务人收到支付令后不在法定期间提出异议而向法院起诉的，不影响支付令的效力

D. 支付令送达后即具有强制执行力

【解析】《民事诉讼法》第 227 条第 2 款、第 3 款规定，债务人应当自收到支付令之日起 15 日内清偿债务，或者向人民法院提出书面异议。债务人在前款规定的期间不提出异议又不履行支付令的，债权人可以向人民法院申请执行。由此可见，支付令自送达后即具有督促效力，但强制执行力需债务人在收到支付令之日起 15 日内不提出书面异议时才能产生，因此，选项 A 是正确的，而选项 D 是不正确的。

根据《民诉解释》第 435 条的规定，经形式审查，债务人提出的书面异议有法定情形之一的，应当认定异议成立，裁定终结督促程序，支付令自行失效。因此，选项 B 是正确的。

根据《民诉解释》第 431 条第 1 款的规定，债务人在收到支付令后，不在法定期间提出书

---

〔1〕 BD 〔2〕 AB

面异议，而向其他人民法院起诉的，不影响支付令的效力。但债务人若在法定期间向本院起诉，应视为对支付令提出异议。因此，选项C过于笼统，是不正确的。

8. 对民事诉讼法规定的督促程序，下列哪一选项是正确的？（模拟）[1]

A. 向债务人送达支付令时，债务人拒绝签收的，法院可以留置送达

B. 向债务人送达支付令时法院发现债务人下落不明的，可以公告送达

C. 支付令送达债务人之后，在法律规定的异议期间，支付令不具有法律效力

D. 债务人对支付令提出异议，通常以书面的形式，但书写异议书有困难的，也可以口头提出

【解析】依据《民诉解释》第429条规定，向债务人本人送达支付令，债务人拒绝接收的，人民法院可以留置送达。支付令允许留置送达，因此，选项A是正确的。

根据《民诉解释》第427条的规定，债权人申请支付令的条件之一是债务人在我国境内且未下落不明，这就意味着，债务人下落不明的不得适用督促程序，也就不涉及公告送达的问题，因此，选项B是不正确的。

根据《民事诉讼法》第228条第1款的规定，人民法院收到债务人提出的书面异议后，经审查，异议成立的，应当裁定终结督促程序，支付令自行失效。可见，支付令送达债务人之后，在法律规定的异议期间，支付令产生督促债务人履行义务或者提出书面异议的效力，但是，不具有强制执行力。因此，选项C是不正确的。

依据《民事诉讼法》第227条第2款的规定，债务人应当自收到支付令之日起15日内清偿债务，或者向人民法院提出书面异议。因此，选项D是不正确的。

考点二　公示催告程序

1. 海昌公司因丢失票据申请公示催告，期间届满无人申报权利，海昌公司遂申请除权判决。在除权判决作出前，家佳公司看到权利申报公告，向法院申报权利。对此，法院下列哪一做法是正确的？（2017/3/48）[2]

A. 因公示催告期满，裁定驳回家佳公司的权利申报

B. 裁定追加家佳公司参加案件的除权判决审理程序

C. 应裁定终结公示催告程序

D. 作出除权判决，告知家佳公司另行起诉

【解析】根据《民诉解释》第448条的规定，在申报期届满后、判决作出之前，利害关系人申报权利的，应当适用《民事诉讼法》第232条第2款、第3款规定处理，即人民法院收到利害关系人的申报后，应当裁定终结公示催告程序，并通知申请人和支付人。申请人或者申报人可以向人民法院起诉。因此，选项C正确，而选项A与选项B是不正确的。

根据《民事诉讼法》第233条规定，没有人申报的，人民法院应当根据申请人的申请，作出判决，宣告票据无效。判决应当公告，并通知支付人。自判决公告之日起，申请人有权向支付人请求支付。可见，作出除权判决需要申请人申请。因此，选项D是不正确的。

2. 大界公司就其遗失的一张汇票向法院申请公示催告，法院经审查受理案件并发布公告。在公告期间，盘堂公司持被公示催告的汇票向法院申报权利。对于盘堂公司的权利申报，法院

---

[1] A　[2] C

实施的下列哪些行为是正确的？（2016/3/83）[1]

    A. 应当通知大界公司到法院查看盘堂公司提交的汇票

    B. 若盘堂公司出具的汇票与大界公司申请公示的汇票一致，则应当开庭审理

    C. 若盘堂公司出具的汇票与大界公司申请公示的汇票不一致，则应当驳回盘堂公司的申请

    D. 应当责令盘堂公司提供证明其对出示的汇票享有所有权的证据

【解析】根据《民诉解释》第449条的规定，利害关系人申报权利，人民法院应当通知其向法院出示票据，并通知公示催告申请人在指定的期间查看该票据。公示催告申请人申请公示催告的票据与利害关系人出示的票据不一致的，应当裁定驳回利害关系人的申报。因此，选项A与C是正确的。

根据民事诉讼理论，公示催告程序属于非讼程序，法院仅对利害关系人的申报作形式审查，而无需开庭审理。因此，选项B与D是不正确的。

3. 甲公司财务室被盗，遗失金额为80万元的汇票一张。甲公司向法院申请公示催告，法院受理后即通知支付人A银行停止支付，并发出公告，催促利害关系人申报权利。在公示催告期间，甲公司按原计划与材料供应商乙企业签订购货合同，将该汇票权利转让给乙企业作为付款。公告期满，无人申报，法院即组成合议庭作出判决，宣告该汇票无效。关于本案，下列哪些说法是正确的？（2015/3/85）[2]

    A. A银行应当停止支付，直至公示催告程序终结

    B. 甲公司将该汇票权利转让给乙企业的行为有效

    C. 甲公司若未提出申请，法院可以作出宣告该汇票无效的判决

    D. 法院若判决宣告汇票无效，应当组成合议庭

【解析】根据《民事诉讼法》第231条的规定，支付人收到人民法院停止支付的通知，应当停止支付，至公示催告程序终结。公示催告期间，转让票据权利的行为无效。因此，选项A是正确的，而选项B是不正确的。

根据《民事诉讼法》第233条的规定，没有人申报的，人民法院应当根据申请人的申请，作出判决，宣告票据无效。因此，选项C是不正确的。

根据《民诉解释》第452条的规定，适用公示催告程序审理案件，可由审判员一人独任审理；判决宣告票据无效的，应当组成合议庭审理，因此，选项D是正确的。

4. 甲公司因票据遗失向法院申请公示催告。在公示催告期间届满的第3天，乙向法院申报权利。下列哪一说法是正确的？（模拟）[3]

    A. 因公示催告期间已经届满，法院应当驳回乙的权利申报

    B. 法院应当开庭，就失票的权属进行调查，组织当事人进行辩论

    C. 法院应当对乙的申报进行形式审查，并通知甲到场查验票据

    D. 法院应当审查乙迟延申报权利是否具有正当事由，并分别情况作出处理

【解析】该题考查公示催告程序中的申报权利及其处理。根据《民诉解释》第448条的规定，在申报期届满后、判决作出之前，利害关系人申报权利的，应当适用《民事诉讼法》第232条第2款、第3款的规定处理（裁定终结公示催告程序）。因此，选项A是错误的。

对于公示催告程序，法院只就利害关系人申报权利做形式审查，而不作实质审查，因此，选项B与D是错误的，而选项C是正确的。

---

[1]　AC　[2]　AD　[3]　C

5. 下列关于公示催告程序特点的哪些说法是正确的?（模拟）[1]

A. 公示催告程序仅适用于基层人民法院　　B. 公示催告程序实行一审终审

C. 公示催告程序中没有答辩程序　　　　　D. 公示催告程序中没有开庭审理程序

【解析】根据《民事诉讼法》第 229 条第 1 款规定:"按照规定可以背书转让的票据持有人,因票据被盗、遗失或者灭失,可以向票据支付地的基层人民法院申请公示催告。"因此,选项 A 是正确的。

根据民事诉讼理论,公示催告程序作为非讼程序实行一审终审,并且没有答辩程序与开庭审理程序。因此,选项 B、C 与 D 均是正确的。

---

[1]　ABCD

第十五章 执行程序

考点一 执行异议

1. 陈某与赵某 100 万元借款纠纷一案,区法院与市中级法院两审终审均支持陈某的诉讼请求。陈某向区法院申请执行,因赵某无资金可供执行,区法院执行赵某居住的房屋,赵某的父亲老赵提出房屋是自己的,不是赵某的,法院经审查驳回了老赵的主张。关于本案的下列表述,哪一选项是正确的?(2019/客观模拟)[1]

    A. 老赵可以提出执行异议之诉   B. 老赵可以申请复议

    C. 老赵可以申请再审   D. 老赵可以提起第三人撤销之诉

【解析】正确解答本题应注意两个重要事实:第一,区法院执行赵某居住的房屋与本案判决无关;第二,老赵提出案外人执行异议被法院裁定驳回。

根据《民事诉讼法》第 238 条的规定,执行过程中,案外人对执行标的提出书面异议的,人民法院应当自收到书面异议之日起 15 日内审查,理由成立的,裁定中止对该标的的执行;理由不成立的,裁定驳回。案外人、当事人对裁定不服,认为原判决、裁定错误的,依照审判监督程序办理;与原判决、裁定无关的,可以自裁定送达之日起 15 日内向人民法院提起诉讼。因此,选项 A 是正确的,其余选项均是不正确的。

2. 章某与陈某名人字画买卖纠纷一案,经过 A 区法院和市中级法院两审终审,判决责令陈某向章某交付字画。章某向 A 区法院申请执行责令陈某向其交付字画,宋某得知此事,向 A 区法院主张该名人字画陈某已卖予自己,且自己已付清款项。A 区法院审查后裁定驳回了宋某的异议,宋某认为该生效判决错误损害其合法权益。关于本案的下列表述,正确的是什么?(2018/客观仿真)[2]

    A. 宋某可以向市中级法院提起第三人撤销之诉

    B. 宋某可以向市中级法院申请再审

    C. 宋某可以向 A 区法院提起案外人异议之诉

    D. 宋某可以向市中级法院申请复议

【解析】根据《民诉解释》第 301 条的规定,第三人提起撤销之诉后,未中止生效判决、裁定、调解书执行的,执行法院对第三人依照《民事诉讼法》第 238 条规定提出的执行异议,应予审查。第三人不服驳回执行异议裁定,申请对原判决、裁定、调解书再审的,人民法院不予受理。案外人对人民法院驳回其执行异议裁定不服,认为原判决、裁定、调解书内容错误损

---

[1] A [2] B

害其合法权益的，应当根据《民事诉讼法》第238条规定申请再审，提起第三人撤销之诉的，人民法院不予受理。因此，选项A是不正确的，而选项B是正确的。

根据《民事诉讼法》第238条的规定，执行过程中，案外人对执行标的提出书面异议的，人民法院应当自收到书面异议之日起15日内审查，理由成立的，裁定中止对该标的的执行；理由不成立的，裁定驳回。案外人、当事人对裁定不服，认为原判决、裁定错误的，依照审判监督程序办理；与原判决、裁定无关的，可以自裁定送达之日起15日内向人民法院提起诉讼。本题中，宋某异议的名人字画与生效判决有关，因此，宋某不能提出案外人异议之诉，故选项C是不正确的。

根据《民事诉讼法》第236条的规定，当事人、利害关系人认为执行行为违反法律规定的，可以向负责执行的人民法院提出书面异议。当事人、利害关系人提出书面异议的，人民法院应当自收到书面异议之日起15日内审查，理由成立的，裁定撤销或者改正；理由不成立的，裁定驳回。当事人、利害关系人对裁定不服的，可以自裁定送达之日起10日内向上一级人民法院申请复议。本题宋某的异议属于案外人对执行标的的异议，而非针对执行行为违法的异议，因此，选项D是不正确的。

3. 易某依法院对王某支付其5万元损害赔偿金之判决申请执行。执行中，法院扣押了王某的某项财产。案外人谢某提出异议，称该财产是其借与王某使用的，该财产为自己所有。法院经审查，认为谢某异议理由成立，遂裁定中止对该财产的执行。关于本案的表述，下列哪一选项是正确的？（2017/3/41）[1]

A. 易某不服该裁定提起异议之诉的，由易某承担对谢某不享有该财产所有权的证明责任

B. 易某不服该裁定提起异议之诉的，由谢某承担对其享有该财产所有权的证明责任

C. 王某不服该裁定提起异议之诉的，由王某承担对谢某不享有该财产所有权的证明责任

D. 王某不服该裁定提起异议之诉的，由王某承担对其享有该财产所有权的证明责任

【解析】正确解答本题应当注意一个关键事实，即执行中法院扣押的王某的某项财产与本题生效判决支付5万元损害赔偿金没有关系。案外人谢某提出异议，法院据此裁定中止对该财产的执行。根据《民诉解释》第304条的规定，申请执行人提起执行异议之诉的条件之一，是依案外人执行异议申请，人民法院裁定中止执行。此外，根据《民诉解释》第309条的规定，案外人或者申请执行人提起执行异议之诉的，案外人应当就其对执行标的享有足以排除强制执行的民事权益承担举证证明责任。因此，选项A错误，而选项B正确。

根据《民诉解释》第307条的规定，申请执行人对中止执行裁定未提起执行异议之诉，被执行人提起执行异议之诉的，人民法院告知其另行起诉。因此，选项C与选项D均是错误的。

4. 对于甲和乙的借款纠纷，法院判决乙应归还甲借款。进入执行程序后，由于乙无现金，法院扣押了乙住所处的一架钢琴准备拍卖。乙提出钢琴是其父亲的遗物，申请用一台价值与钢琴相当的相机替换钢琴。法院认为相机不足以抵偿乙的债务，未予同意。乙认为扣押行为错误，提出异议。法院经过审查，驳回该异议。关于乙的救济渠道，下列哪一表述是正确的？（2014/3/49）[2]

A. 向执行法院申请复议　　　　　　B. 向执行法院的上一级法院申请复议

C. 向执行法院提起异议之诉　　　　D. 向原审法院申请再审

【解析】本题中乙作为被执行人，认为法院的扣押行为错误提出异议，属于当事人对执行行为的异议。根据《民事诉讼法》第236条的规定，当事人、利害关系人认为执行行为违反法

---

[1] B　[2] B

律规定的，可以向负责执行的人民法院提出书面异议。当事人、利害关系人提出书面异议的，人民法院应当自收到书面异议之日起 15 日内审查，理由成立的，裁定撤销或者改正；理由不成立的，裁定驳回。当事人、利害关系人对裁定不服的，可以自裁定送达之日起 10 日内向上一级人民法院申请复议。因此，选项 B 是正确的。其余选项均是不正确的。

5. 关于执行行为异议与案外人对诉讼标的异议的比较，下列哪一选项是错误的？（2011/3/47）[1]

A. 异议都是在执行过程中提出
B. 异议都应当向执行法院提出
C. 申请异议当事人有部分相同
D. 申请异议人对法院针对异议所作裁定不服，可采取的救济手段相同

【解析】对执行行为的异议，是指当事人、利害关系人对人民法院违反法定程序的执行行为提出质疑，从而要求人民法院变更或停止执行行为的请求。案外人对执行标的的异议是指在执行过程中，案外人对被执行的财产的全部或部分主张实体权利并要求负责执行的人民法院停止并变更执行的书面请求。执行行为异议、案外人对执行标的异议都是在执行过程中提出来的，都向执行法院提出。因此选项 A 与选项 B 是正确的。

对执行行为异议，由当事人或利害关系人提出，而利害关系人是案外人。对执行标的异议，是由案外人提出的，也可能是案件的利害关系人，由此可见，执行行为异议与案外人对执行标的的异议，申请异议当事人有部分相同。因此，选项 C 是正确的。

根据《民事诉讼法》第236条的规定，当事人、利害关系人提出书面异议的，人民法院应当自收到书面异议之日起 15 日内审查，理由成立的，裁定撤销或者改正；理由不成立的，裁定驳回。当事人、利害关系人对裁定不服的，可以自裁定送达之日起 10 日内向上一级人民法院申请复议。而根据《民事诉讼法》第238条的规定，执行过程中，案外人对执行标的提出书面异议的，人民法院应当自收到书面异议之日起 15 日内审查，理由成立的，裁定中止对该标的的执行；理由不成立的，裁定驳回。案外人、当事人对裁定不服，认为原判决、裁定错误的，依照审判监督程序办理；与原判决、裁定无关的，可以自裁定送达之日起 15 日内向人民法院提起诉讼。可见，选项 D 的说法是错误的。

6. 甲公司申请强制执行乙公司的财产，法院将乙公司的一处房产列为执行标的。执行中，丙银行向法院主张，乙公司已将该房产抵押贷款，并以自己享有抵押权为由提出异议。乙公司否认将房产抵押给丙银行。经审查，法院驳回丙银行的异议。丙银行拟向法院起诉，关于本案被告的确定，下列哪一选项是正确的？（2010/3/49）[2]

A. 丙银行只能以乙公司为被告起诉
B. 丙银行只能以甲公司为被告起诉
C. 丙银行可选择甲公司为被告起诉，也可选择乙公司为被告起诉
D. 丙银行应当以甲公司和乙公司为共同被告起诉

【解析】依据《民诉解释》第305条规定，案外人提起执行异议之诉的，以申请执行人为被告。被执行人反对案外人异议的，被执行人为共同被告；被执行人不反对案外人异议的，可以列被执行人为第三人。本题中，丙银行作为案外人对房产主张抵押权遭到了被申请人乙公司的否认，因此，丙银行应当以申请执行人甲公司和被执行人乙公司作为共同被告。故选项 D 是正确的，而选项 A、B、C 均是不正确的。

---

[1] D [2] D

考点二　执行和解

1. 黄某依据生效判决向区法院申请执行，责令梁某归还借款 200 万元。执行程序中，黄某与梁某达成和解协议，梁某用其位于中坤商厦的一间商铺抵偿黄某的 200 万元。和解协议达成后，法院裁定中止执行。因梁某拒不履行和解协议，黄某向法院起诉要求梁某向其交付商铺。蔡某主张梁某已将商铺卖给自己，黄某与梁某达成的和解协议侵害其合法权益。关于本案的下列表述，正确的是什么？（2018/客观仿真）[1]

A. 区法院可以根据执行和解协议制作以物抵债裁定

B. 黄某向法院起诉要求梁某向其交付商铺的做法是正确的

C. 蔡某可以向区法院提起案外人异议之诉

D. 蔡某可以向区法院起诉要求撤销和解协议

【解析】根据《最高人民法院关于执行和解若干问题的规定》（以下简称《执行和解规定》）第 6 条的规定，当事人达成以物抵债执行和解协议的，人民法院不得依据该协议作出以物抵债裁定。因此，选项 A 是不正确的。

根据《执行和解规定》第 9 条的规定，被执行人一方不履行执行和解协议的，申请执行人可以申请恢复执行原生效法律文书，也可以就履行执行和解协议向执行法院提起诉讼。因此，选项 B 是正确的。

根据《执行和解规定》第 16 条第 1 款规定，当事人、利害关系人认为执行和解协议无效或者应予撤销的，可以向执行法院提起诉讼。执行和解协议被确认无效或者撤销后，申请执行人可以据此申请恢复执行。因此，选项 C 是不正确的，而选项 D 是正确的。

2. 甲乙双方合同纠纷，经仲裁裁决，乙须偿付甲货款 100 万元，利息 5 万元，分 5 期偿还。乙未履行该裁决。甲据此向法院申请执行，在执行过程中，双方达成和解协议，约定乙一次性支付货款 100 万元，甲放弃利息 5 万元并撤回执行申请。和解协议生效后，乙反悔，未履行和解协议。关于本案，下列哪一说法是正确的？（2015/3/49）[2]

A. 对甲撤回执行的申请，法院裁定中止执行

B. 甲可向法院申请执行和解协议

C. 甲可以乙违反和解协议为由提起诉讼

D. 甲可向法院申请执行原仲裁裁决，法院恢复执行

【解析】根据《民事诉讼法》第 268 条第 1 项的规定，申请人撤销申请的，人民法院裁定终结执行，因此，选项 A 是不正确的。

根据《执行和解规定》第 9 条规定，被执行人一方不履行执行和解协议的，申请执行人可以申请恢复执行原生效法律文书，也可以就履行执行和解协议向执行法院提起诉讼。因此，选项 B 是不正确的，而选项 C 与选项 D 是正确的。

【注意】《最高人民法院关于执行和解若干问题的规定》是 2021 年 1 月 1 日起开始实施的。该题是 2015 年的试题，根据当年《民事诉讼法》第 230 条第 2 款的规定，当事人不履行和解协议的，人民法院可以根据当事人的申请，恢复对原生效法律文书的执行，因此，当年的答案是 D。

---

[1]　BD　[2]　CD（司法部原答案是 D）

3. 甲诉乙返还 10 万元借款。胜诉后进入执行程序，乙表示自己没有现金，只有一枚祖传玉石可抵债。法院经过调解，说服甲接受玉石抵债，双方达成和解协议并当即交付了玉石。后甲发现此玉石为赝品，价值不足千元，遂申请法院恢复执行。关于执行和解，下列哪些说法是正确的？（2014/3/85）[1]

A. 法院不应在执行中劝说甲接受玉石抵债

B. 由于和解协议已经即时履行，法院无须再将和解协议记入笔录

C. 由于和解协议已经即时履行，法院可裁定执行中止

D. 法院应恢复执行

【解析】根据民事诉讼理论，法院调解是法院行使审判权解决纠纷的一种方式，因此，法院调解不得适用于执行程序，因此，选项 A 是正确的。

根据《民事诉讼法》第 241 条第 1 款的规定，在执行中，双方当事人自行和解达成协议的，执行员应当将协议内容记入笔录，由双方当事人签名或者盖章。因此，选项 B 是不正确的。

根据《执行和解规定》第 8 条规定，执行和解协议履行完毕的，法院应作执行结案处理，因此，选项 C 是不正确的。

本案中，甲发现此玉石为赝品，价值不足千元，因此，该案中的执行和解协议是甲在被欺诈的情况下达成的，根据《民事诉讼法》第 241 条第 2 款的规定，申请执行人因受欺诈、胁迫与被执行人达成和解协议，或者当事人不履行和解协议的，人民法院可以根据当事人的申请，恢复对原生效法律文书的执行。因此，选项 D 是正确的。

4. 甲公司依据生效判决书向区法院申请执行，请求责令乙公司支付拖欠的设备款 200 万元。执行程序中，甲公司与乙公司达成和解协议，约定乙公司在一个月内向甲公司支付 190 万元，丙公司提供担保，并承诺恢复执行后，愿意接受法院的强制执行。关于本案的下列表述，哪些选项是正确的？（模拟）[2]

A. 双方共同向法院提交书面和解协议后，法院裁定中止执行程序

B. 乙公司履行和解协议后，法院裁定终结执行程序

C. 如果乙公司不履行该和解协议，甲公司可以依据和解协议向执行法院起诉

D. 如果乙公司不履行该和解协议，甲公司申请法院恢复原判决书执行后，法院可以将丙公司追加为被执行人

【解析】根据《执行和解规定》第 2 条第 1 项的规定，各方当事人共同向法院提交书面和解协议的，法院可以裁定中止执行，因此，选项 A 是正确的。根据该规定第 8 条的规定，执行和解协议履行完毕的，法院作执行结案处理。因此，选项 B 是正确的。根据该规定第 9 条的规定，被执行人一方不履行执行和解协议的，申请执行人可以申请恢复执行原生效法律文书，也可以就履行执行和解协议向法院起诉。因此，选项 C 是正确的。根据该规定第 18 条的规定，执行和解协议中约定担保条款，且担保人向法院承诺在被执行人不履行执行和解协议时自愿接受直接强制执行的，恢复执行原法律文书后，法院可以依申请执行人申请及担保条款的约定，直接裁定执行担保财产或者保证人的财产。因此，选项 D 是不正确的。

---

[1] AD　[2] ABC

考点三　执行担保

1. 在民事执行中，被执行人朱某申请暂缓执行，提出由吴某以自有房屋为其提供担保，申请执行人刘某同意。法院作出暂缓执行裁定，期限为六个月。对于暂缓执行期限届满后朱某仍不履行义务的情形，下列哪一选项是正确的？（模拟）[1]

A. 刘某应起诉吴某，取得执行依据可申请执行吴某的担保房产

B. 朱某财产不能清偿全部债务时刘某方能起诉吴某，取得执行依据可申请执行吴某的担保房产

C. 朱某财产不能清偿刘某债权时法院方能执行吴某的担保房产

D. 法院可以直接裁定执行吴某的担保房产

【解析】根据《民事诉讼法》第 242 条的规定："在执行中，被执行人向人民法院提供担保，并经申请执行人同意的，人民法院可以决定暂缓执行及暂缓执行的期限。被执行人逾期仍不履行的，人民法院有权执行被执行人的担保财产或者担保人的财产。"根据《民诉解释》第 468 条第 1 款的规定，根据《民事诉讼法》第 242 条规定向人民法院提供执行担保的，可以由被执行人或者他人提供财产担保，也可以由他人提供保证。此外，根据该解释第 469 条的规定，被执行人在人民法院决定暂缓执行的期限届满后仍不履行义务的，人民法院可以直接执行担保财产，或者裁定执行担保人的财产，但执行担保人的财产以担保人应当履行义务部分的财产为限。因此，选项 A、B 与 C 均是不正确的，而选项 D 是正确的。

2. 陈某依据法院调解书向区法院申请执行，责令黄某支付 125 万元赔偿款。执行程序中，黄某向区法院申请由其父亲老黄以其住房提供担保 6 个月，区法院征得陈某同意后暂缓执行 1 年。暂缓执行期满，黄某仍未支付赔偿款。关于本案的下列表述，哪一项是正确的？[2]

A. 区法院暂缓执行 1 年是正确的

B. 区法院应先执行黄某的财产，在其无财产可供执行时，才可以执行老黄的住房

C. 区法院可以将老黄追加为本案的被执行人

D. 区法院可以直接执行老黄的住房

【解析】正确解答本题需注意一个事实：黄某向区法院申请由其父亲老黄以其住房提供担保 6 个月。根据《民诉解释》第 467 条的规定，人民法院依照《民事诉讼法》第 242 条规定决定暂缓执行的，如果担保是有期限的，暂缓执行的期限应当与担保期限一致，但最长不得超过一年。因此，选项 A 不正确。根据该解释第 469 条的规定，被执行人在人民法院决定暂缓执行的期限届满后仍不履行义务的，人民法院可以直接执行担保财产，或者裁定执行担保人的财产。因此，选项 B 不正确，而选项 D 正确。根据《最高人民法院关于执行担保若干问题的规定》第 11 条第 1 款的规定，暂缓执行期限届满后被执行人仍不履行义务，法院可以依申请执行人的申请恢复执行，并直接裁定执行担保财产或者保证人的财产，不得将担保人变更、追加为被执行人。因此，选项 C 不正确。

---

[1]　D　[2]　D

考点四　委托执行

甲诉乙侵权赔偿一案，经 A 市 B 区法院一审、A 市中级法院二审，判决乙赔偿甲损失。乙拒不履行生效判决所确定的义务，甲向 B 区法院申请强制执行，B 区法院受理后委托乙的财产所在地 C 市 D 区法院执行，在执行中，案外人丙向 D 区法院提出执行异议。对于丙的执行异议，D 区法院应当采取下列哪种处理方式？（模拟）[1]

A. 应当对异议进行审查，异议不成立的，应当裁定驳回；异议成立的，应当裁定中止执行，并函告 B 区法院

B. 应当函告 B 区法院，由 B 区法院作出处理

C. 应当报请 C 市中级法院处理

D. 应当报请 A 市中级法院处理

【解析】正确解答此类试题的关键在于考生需理解委托法院与受托法院之间的关系。即在委托法院与受托法院之间，委托法院是具有执行管辖权的法院，因此，受托法院在执行过程中，遇有案外人提出异议、执行中止、执行终结等特殊情形时，受托法院无权作出相应的处理，只能函告给委托法院，由委托法院予以处理。因此，选项 A 是不正确的，而选项 B 是正确的。此外，受托法院遇有上述情况，函告委托法院时，无需其他法院同意，因此，选项 C 与 D 均是不正确的。

【解题技巧】该题是意思矛盾项的设置，选项 A 与 B 的处理是意思矛盾的，根据规律，单选题的答案在矛盾项中，因此，可以排除选项 C 与 D 的可能性。

考点五　被执行主体变更

1. 钱某在甲、乙、丙三人合伙开设的饭店就餐时被砸伤，遂以营业执照上登记的字号"好安逸"饭店为被告提起诉讼，要求赔偿医疗费等费用 25 万元。法院经审理，判决被告赔偿钱某 19 万元。执行过程中，"好安逸"饭店支付了 8 万元后便再无财产可赔。对此，法院应采取下列哪一处理措施？（2017/3/49）[2]

A. 裁定终结执行

B. 裁定终结本次执行

C. 裁定中止执行，告知当事人另行起诉合伙人承担责任

D. 裁定追加甲、乙、丙为被执行人，执行其财产

【解析】根据《民诉解释》第 471 条的规定，其他组织在执行中不能履行法律文书确定的义务的，人民法院可以裁定执行对该其他组织依法承担义务的法人或者公民个人的财产。此外，根据《最高人民法院关于民事执行中变更、追加当事人若干问题的规定》第 14 条第 1 款规定，作为被执行人的合伙企业，不能清偿生效法律文书确定的债务，申请执行人申请变更、追加普通合伙人为被执行人的，人民法院应予支持。因此，选项 D 是正确的，其余选项均错误。

---

[1]　B　[2]　D

2. 何某依法院生效判决向法院申请执行甲的财产，在执行过程中，甲突发疾病猝死。法院询问甲的继承人是否继承遗产，甲的继承人乙表示继承，其他继承人均表示放弃继承。关于该案执行程序，下列哪一选项是正确的？（2016/3/49）[1]

A. 应裁定延期执行

B. 应直接执行被执行人甲的遗产

C. 应裁定变更乙为被执行人

D. 应裁定变更甲的全部继承人为被执行人

【解析】 该题直观考查被执行人的变更。根据《民诉解释》第473条的规定，作为被执行人的公民死亡，其遗产继承人没有放弃继承的，人民法院可以裁定变更被执行人，由该继承人在遗产的范围内偿还债务。继承人放弃继承的，人民法院可以直接执行被执行人的遗产。因此，选项C是正确的，其余选项均是不正确的。

考点六　执行回转

甲公司起诉乙公司，区法院经审理判决甲公司胜诉。双方未上诉。乙公司发现原判决适用法律错误，向市中级法院申请再审。市中级法院再审中发现甲公司申请区法院执行乙公司，且已经执行完毕。市中级法院再审后改判驳回甲公司的诉讼请求。关于本案的下列做法，哪些是不正确的？（2019/客观模拟）[2]

A. 执行回转

B. 恢复原判决的执行

C. 区法院驳回甲公司的执行申请

D. 乙公司申请法院执行，责令甲公司返还不当得利

【解析】 正确解答本题应注意一个关键事实，即生效判决执行完毕后，该生效判决经审判监督程序被撤销。根据《民事诉讼法》第244条的规定，执行完毕后，据以执行的判决、裁定和其他法律文书确有错误，被法院撤销的，对已被执行的财产，法院应当作出裁定，责令取得财产的人返还；拒不返还的，强制执行。因此，在我国执行回转由法院依职权进行，无需当事人的申请，故选项A是正确的，其余选项均是不正确的。

考点七　执行措施

1. 王某与陈某婚后育一子，王某诉至法院与陈某离婚。法院判决二人离婚，孩子由王某抚养，陈某可以每月探望孩子两次。判决生效后，王某一直拒绝陈某探望孩子。陈某向法院申请探望孩子，对于法院所采取的下列措施，哪些是正确？[3]

A. 让陈某自己与王某协商探望　　　　B. 对王某进行拘留

C. 把孩子带到指定地方由陈某探望　　D. 对王某进行罚款

【解析】 本案的核心在于王某拒不履行生效判决所确定的准许陈某每月探望孩子两次的行为义务，且该行为属于不可替代的行为。根据《民事诉讼法》第263条的规定，对判决指定的

---

[1] C　[2] BCD　[3] BCD

行为，被执行人未按执行通知履行的，法院可以强制执行。因此，选项 C 正确，而选项 A 不正确。《民诉解释》第 503 条对不可替代行为的执行作出了明确规定，即被执行人不履行法律文书指定的行为，且该项行为只能由被执行人完成的，人民法院可以依照民事诉讼法第 114 条第 1 款第 6 项规定处理。《民事诉讼法》第 114 条第 1 款第 6 项规定，拒不履行人民法院已经发生法律效力的判决、裁定的，人民法院可以根据情节轻重予以罚款、拘留；构成犯罪的，依法追究刑事责任。因此，选项 B 与 D 正确。

2. 乙欠甲款，甲诉至法院要求乙还款，法院经审理判决支持甲的诉讼请求。双方未上诉。甲申请执行，由于乙怠于行使对丙的到期债权，甲申请法院执行乙对丙的到期债权，丙辩称已全部清偿对乙的债务，此时丁向法院称乙已经将其对丙的债权转让给了自己。关于本案的下列表述，哪些是正确的？（2019/客观模拟）[1]

A. 若法院驳回丁的异议，丁能提起执行异议之诉
B. 若甲向法院提供担保，法院可以不停止对丙的执行
C. 若法院驳回丁的异议，丁可以向上一级法院申请复议
D. 若甲请求对丙强制执行，法院不予支持

【解析】正确解答本题需注意以下关键信息：第一，甲申请法院执行乙对丙的到期债权。第二，丙辩称已全部清偿对乙的债务，属于他人对到期债权有异议。第三，丁向法院称乙已经将其对丙的债权转让给了自己，属于案外人对执行标的提出异议。

根据《民诉解释》第 499 条第 2 款的规定，该他人对到期债权有异议，申请执行人请求对异议部分强制执行的，人民法院不予支持。因此，选项 D 正确，而选项 B 是不正确的。

根据《民诉解释》第 499 条第 2 款的规定，利害关系人对到期债权有异议的，法院应当按照民事诉讼法第 238 条规定处理，即按照案外人对执行标的的异议处理。根据《民事诉讼法》第 238 条的规定，案外人异议理由不成立，裁定驳回后，与原判决、裁定无关的，案外人可以自裁定送达之日起 15 日内向法院提起诉讼。因此，选项 A 是正确的，而选项 C 是不正确的。

3. 安安公司依据生效判决向法院申请执行阳山公司拖欠的货款。执行中，安安公司申请法院执行阳山公司的到期债权，法院发现阳山公司对三环公司有到期债权，于是裁定冻结债权。但三环公司提出异议，称已经履行了对阳山公司的全部债务，要求法院撤销冻结裁定。关于本案的下列做法，哪个是正确的？（2019/客观模拟）[2]

A. 三环提出异议，法院应当驳回其异议，因为其无权对到期债权提出异议
B. 法院裁定冻结阳山公司对三环公司的到期债权是正确的
C. 法院应告知三环公司申请复议
D. 法院应告知三环公司向上级法院申请再审

【解析】正确解答本题应当注意以下信息：第一，安安公司申请法院执行阳山公司的到期债权，法院裁定冻结了阳山公司对三环公司的到期债权。第二，三环公司提出异议，称已经履行了对阳山公司的全部债务，要求法院撤销冻结裁定。

根据《民诉解释》第 499 条第 1 款的规定，人民法院执行被执行人对他人的到期债权，可以做出冻结债权的裁定，并通知该他人向申请执行人履行。因此，选项 B 是正确的。

根据《民诉解释》第 499 条第 2 款的规定，该他人对到期债权有异议，申请执行人请求对异议部分强制执行的，法院不予支持。换言之，该他人对到期债权有异议的，法院无权对该异议进行审查。因此，选项 A、C 与 D 均是不正确的。

---

[1] AD 〔2〕 B

4. 甲、乙公司之间就设备维修问题产生争议，后乙公司诉至法院，要求甲公司交付约定维修的设备。法院判决甲公司败诉，向乙公司交付约定维修的设备，甲公司未上诉。判决生效后甲公司未在规定时间内履行交付义务，乙公司申请法院强制执行，执行过程中发现由于甲公司保管不善导致维修设备毁损。关于本案的执行，下列说法正确的是什么？（2018/客观模拟）[1]

A. 乙公司可以直接向法院起诉甲公司请求赔偿损失

B. 甲、乙公司对该维修设备的折价赔偿问题进行协商，不能协商一致的，法院裁定执行终结，乙公司另行起诉

C. 法院可以执行甲公司价值相当的其他财产

D. 法院直接裁定折价赔偿，拒不履行的法院可以强制执行

【解析】根据《民诉解释》第492条的规定，执行标的物为特定物的，应当执行原物。原物已毁损或者灭失的，经双方当事人同意，可以折价赔偿。双方当事人对折价赔偿不能协商一致的，人民法院应当终结执行程序。申请执行人可以另行起诉。因此，选项B是正确的，其余选项均是不正确的。

5. 龙前铭申请执行郝辉损害赔偿一案，法院查扣了郝辉名下的一辆汽车。查扣后，郝辉的两个哥哥向法院主张该车系三兄弟共有。法院经审查，确认该汽车为三兄弟共有。关于该共同财产的执行，下列哪些表述是正确的？（2017/3/84）[2]

A. 因涉及案外第三人的财产，法院应裁定中止对该财产的执行

B. 法院可查扣该共有财产

C. 共有人可对该共有财产协议分割，经债权人同意有效

D. 龙前铭可对该共有财产提起析产诉讼

【解析】在本案执行中，郝辉的两个哥哥向法院主张该车系三兄弟共有，法院经审查，确认该汽车为三兄弟共有，因此，郝辉的两个哥哥是必要共同诉讼人，因此，选项A是不正确的。

根据《最高人民法院关于人民法院民事执行中查封、扣押、冻结财产的规定》第12条第1款的规定，对被执行人与其他人共有的财产，人民法院可以查封、扣押、冻结，并及时通知共有人。因此，选项B是正确的。

根据该条第2款的规定，共有人协议分割共有财产，并经债权人认可的，人民法院可以认定有效。因此，选项C是正确的。

根据该条第3款的规定，共有人提起析产诉讼或者申请执行人代为提起析产诉讼的，人民法院应当准许。因此，选项D是正确的。

6. 甲向法院申请执行郭某的财产，乙、丙和丁向法院申请参与分配，法院根据郭某财产以及各执行申请人债权状况制定了财产分配方案。甲和乙认为分配方案不合理，向法院提出了异议，法院根据甲和乙的意见，对分配方案进行修正后，丙和丁均反对。关于本案，下列哪一表述是正确的？（2016/3/48）[3]

A. 丙、丁应向执行法院的上一级法院申请复议

B. 甲、乙应向执行法院的上一级法院申请复议

C. 丙、丁应以甲和乙为被告向执行法院提起诉讼

D. 甲、乙应以丙和丁为被告向执行法院提起诉讼

---

[1] B　[2] BCD　[3] D

【解析】 该题直观考查参与分配异议之诉的当事人。根据《民诉解释》第510条的规定，债权人或者被执行人对分配方案提出书面异议的，执行法院应当通知未提出异议的债权人、被执行人。未提出异议的债权人、被执行人自收到通知之日起15日内未提出反对意见的，执行法院依异议人的意见对分配方案审查修正后进行分配；提出反对意见的，应当通知异议人。异议人可以自收到通知之日起15日内，以提出反对意见的债权人、被执行人为被告，向执行法院提起诉讼。因此，选项D是正确的，其余选项均是不正确的。

7. 田某拒不履行法院令其迁出钟某房屋的判决，因钟某已与他人签订租房合同，房屋无法交给承租人，使钟某遭受损失，钟某无奈之下向法院申请强制执行。法院受理后，责令田某15日内迁出房屋，但田某仍拒不履行。关于法院对田某可以采取的强制执行措施，下列哪些选项是正确的？（2016/3/84）[1]

A. 罚款
B. 责令田某向钟某赔礼道歉
C. 责令田某双倍补偿钟某所受到的损失
D. 责令田某加倍支付以钟某所受损失为基数的同期银行利息

【解析】 正确解答本题需注意两个关键事实：一是本题被执行人田某拒不履行的是非金钱义务；二是因被执行人田某拒不履行非金钱义务已经给申请执行人钟某造成损失。

根据《民事诉讼法》第114条第1款第6项的规定，拒不履行人民法院已经发生法律效力的判决、裁定的，人民法院可以对直接责任人员予以罚款、拘留，因此，选项A是正确的。

本题中法院判决未责令田某向钟某赔礼道歉，因此，选项B是不正确的。

根据《民诉解释》第505条的规定，被执行人未按判决、裁定和其他法律文书指定的期间履行非金钱给付义务的，无论是否已给申请执行人造成损失，都应当支付迟延履行金。已经造成损失的，双倍补偿申请执行人已经受到的损失。因此，选项C是正确的。

根据《民事诉讼法》第264条的规定，被执行人未按判决、裁定和其他法律文书指定的期间履行给付金钱义务的，应当加倍支付迟延履行期间的债务利息。被执行人未按判决、裁定和其他法律文书指定的期间履行其他义务的，应当支付迟延履行金。本题被执行人应当履行的是非金钱义务，因此，选项D是不正确的。

---

[1] AC

第十六章　涉外民事诉讼程序

考点一　涉外民事诉讼程序的规定

1. 2012 年 1 月，中国甲市公民李虹（女）与美国留学生琼斯（男）在中国甲市登记结婚，婚后两人一直居住在甲市 B 区。2014 年 2 月，李虹提起离婚诉讼，甲市 B 区法院受理了该案件，适用普通程序审理。关于本案，下列哪些表述是正确的？（2014/3/84）[1]

A. 本案的一审审理期限为 6 个月

B. 法院送达诉讼文书时，对李虹与琼斯可采取同样的方式

C. 不服一审判决，李虹的上诉期为 15 天，琼斯的上诉期为 30 天

D. 美国驻华使馆法律参赞可以个人名义作为琼斯的诉讼代理人参加诉讼

【解析】正确解答本题需要注意一个关键事实，即中国甲市公民李虹（女）与美国留学生琼斯（男）一直居住在中国甲市 B 区。

根据《民事诉讼法》第 287 条的规定，人民法院审理涉外民事案件的期间，不受本法第 152 条、第 183 条规定的限制。因此，选项 A 是不正确的。

根据《民事诉讼法》第 283 条的规定，涉外民事诉讼中的特殊送达方式适用于在中国领域内没有住所的当事人，在本题中，美国人琼斯与中国公民李虹结婚后住在中国甲市 B 区，因此，法院对琼斯的送达不适用涉外民事诉讼的特殊送达方式的规定，故选项 B 是正确的。

根据《民事诉讼法》第 286 条的规定，在中华人民共和国领域内没有住所的当事人，不服第一审人民法院判决、裁定的，有权在判决书、裁定书送达之日起 30 日内提起上诉。由于琼斯住在中国甲市 B 区，因此，其上诉不应适用涉外民事诉讼程序对上诉期的特别规定，而应适用《民事诉讼法》关于上诉期的一般性规定。此外，根据《民事诉讼法》第 171 条第 1 款的规定，当事人不服地方人民法院第一审判决的，有权在判决书送达之日起十五日内向上一级人民法院提起上诉。因此，选项 C 是不正确的。

根据《民事诉讼法》第 274 条的规定，外国人、无国籍人、外国企业和组织在人民法院起诉、应诉，需要委托代理诉讼的，必须委托中华人民共和国的律师。因此，选项 D 是正确的。

2. 关于涉外民事诉讼管辖的表述，下列哪一选项是正确的？（2013/3/47）[2]

A. 凡是涉外诉讼与我国法院所在地存在一定实际联系的，我国法院都有管辖权，体现了诉讼与法院所在地实际联系原则

B. 当事人在不违反级别管辖和专属管辖的前提下，可以约定各类涉外民事案件的管辖法

---

[1]　BD　[2]　A

院，体现了尊重当事人原则

C. 中外合资经营企业与其他民事主体的合同纠纷，专属我国法院管辖，体现了维护国家主权原则

D. 重大的涉外案件由中级以上级别的法院管辖，体现了便于当事人诉讼原则

【解析】 该题综合考查关于涉外民事诉讼管辖的相关规定。根据《民事诉讼法》第276条关于牵连管辖的规定，选项A是正确的。

根据《民诉解释》第529条第1款规定，涉外合同或者其他财产权益纠纷的当事人，可以书面协议选择被告住所地、合同履行地、合同签订地、原告住所地、标的物所在地、侵权行为地等与争议有实际联系地点的外国法院管辖。

对尊重当事人原则内涵的解释：尊重当事人原则是指无论当事人一方是否为中国公民、法人和其他组织，在不违反级别管辖和专属管辖的前提下，都可以选择与争议有实际联系地点的法院管辖。

当事人约定管辖法院仅适用于涉外合同纠纷以及其他财产权益纠纷，且约定管辖的法院须为与争议具有实际联系地点的法院。因此，选项B是不正确的。

根据《民事诉讼法》第279条：下列民事案件，由人民法院专属管辖：（一）因在中华人民共和国领域内设立的法人或者其他组织的设立、解散、清算，以及该法人或者其他组织作出的决议的效力等纠纷提起的诉讼；（二）因与在中华人民共和国领域内审查授予的知识产权的有效性有关的纠纷提起的诉讼；（三）因在中华人民共和国领域内履行中外合资经营企业合同、中外合作经营企业合同、中外合作勘探开发自然资源合同发生纠纷提起的诉讼。司法管辖权是国家主权的构成部分。因三资合同履行而引发的纠纷适用民事诉讼专属管辖的规定。C选项中中外合资经营企业与其他民事主体的合同纠纷并不等同于因履行三资合同而引发的纠纷，故不属于专属管辖的适用范围。因此，选项C是不正确的。

根据民事诉讼理论，有重大影响的案件由中级以上级别的法院管辖体现了权衡各级法院职能的原则，因此，选项D是不正确的。

3. 住所位于我国A市B区的甲公司与美国乙公司在我国M市N区签订了一份买卖合同，美国乙公司在我国C市D区设有代表处。甲公司因乙公司提供的产品质量问题诉至法院。关于本案，下列哪些选项是正确的？（模拟）[1]

A. M市N区法院对本案有管辖权

B. C市D区法院对本案有管辖权

C. 法院向乙公司送达时，可向乙公司设在C市D区的代表处送达

D. 如甲公司不服一审判决，应当在一审判决书送达之日起十五日内提起上诉

【解析】 根据《民事诉讼法》第276条规定，因涉外民事纠纷，对在中华人民共和国领域内没有住所的被告提起除身份关系以外的诉讼，如果合同签订地、合同履行地、诉讼标的物所在地、可供扣押财产所在地、侵权行为地、代表机构住所地位于中华人民共和国领域内的，可以由合同签订地、合同履行地、诉讼标的物所在地、可供扣押财产所在地、侵权行为地、代表机构住所地人民法院管辖。因此，选项A、B正确。

根据《民事诉讼法》第283条的规定，人民法院对在中华人民共和国领域内没有住所的当事人送达诉讼文书，可以采用下列方式：……（五）向受送达人在中华人民共和国领域内设立的代表机构或者有权接受送达的分支机构、业务代办人送达；……因此，选项C正确。

---

[1]   ABCD

根据《民事诉讼法》第286条的规定，在中华人民共和国领域内没有住所的当事人，不服第一审人民法院判决、裁定的，有权在判决书、裁定书送达之日起30日内提起上诉。被上诉人在收到上诉状副本后，应当在30日内提出答辩状。当事人不能在法定期间提起上诉或者提出答辩状，申请延期的，是否准许，由人民法院决定。但甲公司住所地在我国A市B区，不适用上述规定，应适用《民事诉讼法》第171条规定的15日上诉期，故选项D正确。

考点二　涉外民事案件调解

达善公司因合同纠纷向甲市A区法院起诉美国芙泽公司，经法院调解双方达成调解协议。关于本案的处理，下列哪些选项是正确的？（2016/3/85）[1]

A. 法院应当制作调解书

B. 法院调解书送达双方当事人后即发生法律效力

C. 当事人要求根据调解协议制作判决书的，法院应当予以准许

D. 法院可以将调解协议记入笔录，由双方签字即发生法律效力

【解析】根据《民事诉讼法》第100条第1款的规定，调解达成协议，人民法院应当制作调解书。因此，选项A是正确的。

根据《民事诉讼法》第100条第3款的规定，调解书经双方当事人签收后，即具有法律效力。因此，选项B是正确的，而选项D是不正确的。

根据《民诉解释》第528条的规定，涉外民事诉讼中，经调解双方达成协议，应当制发调解书。当事人要求发给判决书的，可以依协议的内容制作判决书送达当事人。因此，选项C是正确的。

《民诉解释》第151条规定，根据民事诉讼法第一百零一条第一款第四项规定，当事人各方同意在调解协议上签名或者盖章后即发生法律效力的，经人民法院审查确认后，应当记入笔录或者将调解协议附卷，并由当事人、审判人员、书记员签名或者盖章后即具有法律效力。因此，人民法院可以将调解协议记入笔录，调解协议的生效须经由各方当事人、审判人员、书记员签名或者盖章。调解协议仅有双方当事人的签字尚不具有法律效力。选项D错误。

考点三　司法协助

根据《民事诉讼法》的规定，我国法院与外国法院可以进行司法协助，互相委托，代为一定的诉讼行为。但是在下列哪些情况下，我国法院应予以驳回或说明理由退回外国法院？（模拟）[2]

A. 委托事项同我国的主权、安全不相容的

B. 不属于我国法院职权范围的

C. 违反我国法律的基本准则或者我国国家利益、社会利益的

D. 外国法院委托我国法院代为送达法律文书，未附中文译本的

【解析】根据《民事诉讼法》第293条的规定，根据中华人民共和国缔结或者参加的国际

---

[1]　ABC　[2]　ABCD

条约，或者按照互惠原则，人民法院和外国法院可以相互请求，代为送达文书、调查取证以及进行其他诉讼行为。外国法院请求协助的事项有损于中华人民共和国的主权、安全或者社会公共利益的，人民法院不予执行。可知选项 A 与 C 是本题的答案。

根据民事诉讼理论，我国法院只能就职权范围内的司法事务依法进行司法协助，因此选项 B 也是本题的答案。

根据《民事诉讼法》第 295 条规定，外国法院请求人民法院提供司法协助的请求书及其所附文件，应当附有中文译本或者国际条约规定的其他文字文本。人民法院请求外国法院提供司法协助的请求书及其所附文件，应当附有该国文字译本或者国际条约规定的其他文字文本。可知选项 D 是本题的答案。

第十七章　仲裁协议

考点一　仲裁协议效力的认定

1. 住所在 M 省甲县的旭日公司与住所在 N 省乙县的世新公司签订了一份建筑工程施工合同，工程地为 M 省丙县，并约定如合同履行发生争议，在北京适用《中国国际经济贸易仲裁委员会仲裁规则》进行仲裁。履行过程中，因工程款支付问题发生争议，世新公司拟通过仲裁或诉讼解决纠纷，但就在哪个仲裁机构进行仲裁，双方产生分歧。对此，下列哪一部门对该案享有管辖权？（2017/3/35）[1]

  A. 北京仲裁委员会　　　　　　　　B. 中国国际经济贸易仲裁委员会
  C. M 省甲县法院　　　　　　　　　D. M 省丙县法院

【解析】《最高人民法院关于适用〈中华人民共和国仲裁法〉若干问题的解释》（后称《仲裁法解释》）第 4 条规定，仲裁协议仅约定纠纷适用的仲裁规则的，视为未约定仲裁机构，但当事人达成补充协议或者按照约定的仲裁规则能够确定仲裁机构的除外。根据《中国国际经济贸易仲裁委员会仲裁规则》第 4 条第 4 款的规定，当事人约定按照本规则进行仲裁但未约定仲裁机构的，视为同意将争议提交仲裁委员会仲裁。在本题中，双方当事人在合同中约定在北京适用《中国国际经济贸易仲裁委员会仲裁规则》进行仲裁，这显然能够确定仲裁机构即为中国国际经济贸易仲裁委员会。此外，本案建筑工程施工合同纠纷虽然属于专属管辖，但是专属管辖排除的是其他法院的管辖，而不得排除仲裁。因此，选项 B 是正确的，其余选项均是错误的。

2. 住所在 A 市 B 区的两江公司与住所在 M 市 N 区的百向公司，在两江公司的分公司所在地 H 市 J 县签订了一份产品购销合同，并约定如发生合同纠纷可向设在 W 市的仲裁委员会申请仲裁（W 市有两个仲裁委员会）。因履行合同发生争议，两江公司向 W 市的一个仲裁委员会申请仲裁。仲裁委员会受理后，百向公司拟向法院申请认定仲裁协议无效。百向公司应向下列哪一法院提出申请？（2017/3/50）[2]

  A. 可向 W 市中级法院申请　　　　　B. 只能向 M 市中级法院申请
  C. 只能向 A 市中级法院申请　　　　　D. 可向 H 市中级法院申请

【解析】根据《最高人民法院关于审理仲裁司法审查案件若干问题的规定》第 2 条第 1 款的规定，申请确认仲裁协议效力的案件，由仲裁协议约定的仲裁机构所在地、仲裁协议签订地、申请人住所地、被申请人住所地的中级人民法院或者专门人民法院管辖。本题中，W 市有两个仲裁委员会，且当事人就选择仲裁机构未达成补充协议，属于约定不明，因此，本题无法

由仲裁协议约定的仲裁机构所在地中级法院确认，故选项 A 是不正确的。

本题申请人百向公司住所地在 M 市，被申请人两江公司住所地在 A 市，合同签订地在 H 市，这三个法院均有权认定，选项 B 与选项 C 太绝对了，排除其他法院的权利，故是不正确的，而选项 D 是正确的。

3. 住所在北京市 C 区的甲公司与住所在北京市 H 区的乙公司在天津市 J 区签订了一份买卖合同，约定合同履行发生争议，由北京仲裁委员会仲裁或者向 H 区法院提起诉讼。合同履行过程中，双方发生争议，甲公司到北京仲裁委员会申请仲裁，仲裁委员会受理并向乙公司送达了甲公司的申请书副本。在仲裁庭主持首次开庭的答辩阶段，乙公司对仲裁协议的效力提出异议。仲裁庭对此作出了相关的意思表示。此后，乙公司又向法院提出对仲裁协议的效力予以认定的申请。下列哪些选项是正确的？（2017/3/85）[1]

A. 双方当事人约定的仲裁协议原则有效
B. 仲裁庭对案件管辖权作出决定应有仲裁委员会的授权
C. 仲裁庭对乙公司的申请应予以驳回，继续审理案件
D. 乙公司应向天津市中级法院申请认定仲裁协议的效力

【解析】 根据《仲裁法解释》第 7 条的规定，当事人约定争议可以向仲裁机构申请仲裁也可以向人民法院起诉的，仲裁协议无效。但一方向仲裁机构申请仲裁，另一方未在《仲裁法》第 20 条第 2 款规定期间内提出异议的除外。本题中，双方约定由北京仲裁委员会仲裁或者向 H 区法院提起诉讼，该仲裁协议无效，因此，选项 A 是不正确的。

本题中虽然双方当事人约定的仲裁协议因违反或裁或审的基本制度而无效，但是，根据《仲裁法解释》第 7 条的规定，甲公司到北京仲裁委员会申请仲裁，乙公司未在仲裁庭首次开庭前提出异议的，可以继续进行仲裁。本题中乙公司既然在首次开庭的答辩阶段对仲裁协议的效力提出异议，还是应当对乙公司的异议作出决定。根据《北京仲裁委员会仲裁规则》第 6 条第 4 项的规定，本会或者本会授权的仲裁庭有权就仲裁案件的管辖权作出决定。因此，选项 B 是正确的。

根据《仲裁法》第 20 条第 2 款的规定，当事人对仲裁协议的效力有异议的，应当在仲裁庭首次开庭前提出。因此，选项 C 是正确的。

根据《仲裁法解释》第 13 条第 2 款的规定，仲裁机构对仲裁协议的效力作出决定后，当事人向人民法院申请确认仲裁协议效力或者申请撤销仲裁机构的决定的，人民法院不予受理。

D 选项考查的是仲裁协议效力确认的管辖问题。《仲裁法解释》第 12 条第 1 款规定，当事人向人民法院申请确认仲裁协议效力的案件，由仲裁协议约定的仲裁机构所在地的中级人民法院管辖；仲裁协议约定的仲裁机构不明确的，由仲裁协议签订地或者被申请人住所地的中级人民法院管辖。由于当事人在合同中约定的仲裁机构不明确，故本案可由北京市的中级法院或天津市的中级法院管辖。D 选项错误。

4. 大成公司与华泰公司签订投资合同，约定了仲裁条款：如因合同效力和合同履行发生争议，由 A 仲裁委员会仲裁。合作中双方发生争议，大成公司遂向 A 仲裁委员会提出仲裁申请，要求确认投资合同无效。A 仲裁委员会受理。华泰公司提交答辩书称，如合同无效，仲裁条款当然无效，故 A 仲裁委员会无权受理本案。随即，华泰公司向法院申请确认仲裁协议无效，大成公司见状，向 A 仲裁委员会提出请求确认仲裁协议有效。关于本案，下列哪一说法是正确的？（2015/3/50）[2]

---

[1]　BC　[2]　C

A. A 仲裁委员会无权确认投资合同是否有效

B. 投资合同无效，仲裁条款即无效

C. 仲裁条款是否有效，应由法院作出裁定

D. 仲裁条款是否有效，应由 A 仲裁委员会作出决定

【解析】 根据《仲裁法》第 20 条第 1 款规定，当事人对仲裁协议的效力有异议的，可以请求仲裁委员会作出决定或者请求人民法院作出裁定。一方请求仲裁委员会作出决定，另一方请求人民法院作出裁定的，由人民法院裁定。因此，选项 A 与 D 是不正确的，而选项 C 是正确的。

根据《仲裁法》第 19 条第 1 款规定，仲裁协议独立存在，合同的变更、解除、终止或者无效，不影响仲裁协议的效力，因此，选项 B 是不正确的。

考点二　仲裁协议的内容

武当公司与洪湖公司签订了一份钢材购销合同，同时约定，因合同效力或合同的履行发生纠纷提交 A 仲裁委员会或 B 仲裁委员会仲裁解决。合同签订后，洪湖公司以本公司具体承办人超越权限签订合同为由，主张合同无效。关于本案，下列哪一说法是正确的？（2012/3/48）[1]

A. 因当事人约定了 2 个仲裁委员会，仲裁协议当然无效

B. 因洪湖公司承办人员超越权限签订合同导致合同无效，仲裁协议当然无效

C. 洪湖公司如向法院起诉，法院应当受理

D. 洪湖公司如向法院起诉，法院应当裁定不予受理

【解析】 根据《仲裁法解释》第 5 条的规定，仲裁协议约定两个以上仲裁机构的，当事人可以协议选择其中的一个仲裁机构申请仲裁；当事人不能就仲裁机构选择达成一致的，仲裁协议无效。选项 A 的意思过于绝对，因此是错误的。

根据《仲裁法》第 19 条的规定，仲裁协议独立存在，合同的变更、解除、终止或者无效，不影响仲裁协议的效力。仲裁庭有权确认合同的效力。因此，选项 B 是错误的。

《仲裁法》第 5 条规定，当事人达成仲裁协议，一方向人民法院起诉的，人民法院不予受理，但仲裁协议无效的除外。选项 C 与选项 D 是意思矛盾项，选项 C 是正确的，因为仲裁协议无效的情况下，当事人有权向法院起诉纠纷案件。

考点三　仲裁协议效力的扩张

A 市甲公司与 B 市乙公司在 B 市签订了一份钢材购销合同，约定合同履行地在 A 市。同时双方还商定因履行该合同所发生的纠纷，提交 C 仲裁委员会仲裁。后因乙公司无法履行该合同，经甲公司同意，乙公司的债权债务转让给 D 市的丙公司，但丙公司明确声明不接受仲裁条款。关于本案仲裁条款的效力，下列哪些选项是错误的？（模拟）[2]

A. 因丙公司已明确声明不接受合同中的仲裁条款，所以仲裁条款对其无效

---

[1]　C　[2]　BCD

B. 因丙公司受让合同中的债权债务，所以仲裁条款对其有效

C. 丙公司声明只有取得甲公司同意，该仲裁条款对丙公司才无效

D. 丙公司声明只有取得乙公司同意，该仲裁条款对丙公司才无效

【解析】依据《仲裁法解释》第9条的规定，债权债务全部或者部分转让的，仲裁协议对受让人有效，但当事人另有约定、在受让债权债务时受让人明确反对或者不知有单独仲裁协议的除外。由题干信息可以得知，受让人丙公司明确声明不接受仲裁条款，因此仲裁条款对其是无效的，所以选项A是正确的，而选项B是不正确的。

债权债务转让是基于当事人意思表示而发生的实体权利义务承继，丙公司只要在受让合同中债权债务时明确表示反对仲裁条款，则仲裁条款对其就无效，无需取得甲、乙公司同意，因此选项C、D也是错误的。

考点四　仲裁协议的失效

当事人在合同中约定了仲裁条款，出现下列哪些情况时，法院可以受理当事人的起诉？（模拟）[1]

A. 双方协商拟解除合同，但因赔偿问题发生争议，一方向法院起诉的

B. 当事人申请仲裁后达成和解协议而撤回仲裁申请，因一方反悔，另一方向法院起诉的

C. 仲裁裁决被法院依法裁定不予执行后，一方向法院起诉的

D. 仲裁裁决被法院依法撤销后，一方向法院起诉的

【解析】正确解答本题需要准确理解命题者的题意。根据题干的内容，该题实际上借助于起诉受理考查仲裁协议的失效，因为只有在合同中的仲裁条款失效的情况下，法院才可以受理当事人的起诉。依《仲裁法》第19条第1款规定："仲裁协议独立存在，合同的变更、解除、终止或者无效，不影响仲裁协议的效力。"选项A中双方拟协商解除合同，不影响仲裁条款的效力，因此，法院不可以受理当事人的起诉。

根据《仲裁法》第50条规定："当事人达成和解协议，撤回仲裁申请后反悔的，可以根据仲裁协议申请仲裁。"此处的仲裁协议既可以指原仲裁协议，也可以指重新达成的仲裁协议，因此选项B的起诉，法院不可以受理。

根据《仲裁法》第9条第2款规定："裁决被人民法院依法裁定撤销或者不予执行的，当事人就该纠纷可以根据双方重新达成的仲裁协议申请仲裁，也可以向人民法院起诉。"因此选项C、D的起诉，法院可以受理。

---

[1]　CD

第十八章　仲裁程序

考点一　仲裁审理

关于法院与仲裁庭在审理案件有关权限的比较，下列哪些选项是正确的？（模拟）[1]

A. 在一定情况下，法院可以依职权收集证据，仲裁庭也可以自行收集证据

B. 对专门性问题需要鉴定的，法院可以指定鉴定部门鉴定，仲裁庭也可以指定鉴定部门鉴定

C. 当事人在诉讼中或仲裁中达成和解协议的，法院可以根据当事人的申请制作判决书，仲裁庭也可以根据当事人的申请制作裁决书

D. 当事人协议不愿写明争议事实和判（裁）决理由的，法院可以在判决书中不予写明，仲裁庭也可以在裁决书中不予写明

【解析】根据《民事诉讼法》第 70 条第 1 款规定，人民法院有权向有关单位和个人调查取证，有关单位和个人不得拒绝。根据《仲裁法》第 43 条的规定，当事人应当对自己的主张提供证据。仲裁庭认为有必要收集的证据，可以自行收集。因此，选项 A 是正确的。

根据《民事诉讼法》第 79 条第 2 款的规定，当事人未申请鉴定，人民法院对专门性问题认为需要鉴定的，应当委托具备资格的鉴定人进行鉴定。根据《仲裁法》第 44 条第 1 款的规定，仲裁庭对专门性问题认为需要鉴定的，可以交由当事人约定的鉴定部门鉴定，也可以由仲裁庭指定的鉴定部门鉴定。因此，选项 B 是正确的。

根据《最高人民法院关于人民法院民事调解工作若干问题的规定》第 2 条第 1 款的规定，当事人在诉讼过程中自行达成和解协议的，人民法院可以根据当事人的申请依法确认和解协议制作调解书。此外，根据《最高人民法院关于适用〈中华人民共和国民事诉讼法〉的解释》第 148 条的规定，当事人自行和解或者经调解达成协议后，请求人民法院按照和解协议或者调解协议的内容制作判决书的，人民法院不予准许。根据《仲裁法》第 49 条的规定，当事人申请仲裁后，可以自行和解。达成和解协议的，可以请求仲裁庭根据和解协议作出裁决书，也可以撤回仲裁申请。因此，选项 C 是错误的。

根据《仲裁法》第 54 条的规定，裁决书应当写明仲裁请求、争议事实、裁决理由、裁决结果、仲裁费用的负担和裁决日期。当事人协议不愿写明争议事实和裁决理由的，可以不写。但是，在民事诉讼中当事人则无此项诉讼权利，因此，选项 D 是错误的。

---

[1]　AB

考点二　仲裁庭的组成

　　甲公司与乙公司因合同纠纷向某仲裁委员会申请仲裁，第一次开庭后，甲公司的代理律师发现合议庭首席仲裁员苏某与乙公司的老总汪某在一起吃饭，遂向仲裁庭提出回避申请。关于本案仲裁程序，下列哪一选项是正确的？（2016/3/50）[1]

　　A. 苏某的回避应由仲裁委员会集体决定

　　B. 苏某回避后，合议庭应重新组成

　　C. 已经进行的仲裁程序应继续进行

　　D. 当事人可请求已进行的仲裁程序重新进行

　　【解析】根据《仲裁法》第36条的规定，仲裁员的回避由仲裁委员会主任决定。因此，选项A是不正确的。

　　根据《仲裁法》第37条第1款的规定，仲裁员因回避或者其他原因不能履行职责的，应当依照本法规定重新选定或者指定仲裁员。因此，选项B是不正确的。

　　根据《仲裁法》第37条第2款的规定，因回避而重新选定或者指定仲裁员后，当事人可以请求已进行的仲裁程序重新进行，是否准许，由仲裁庭决定；仲裁庭也可以自行决定已进行的仲裁程序是否重新进行。因此，选项C是不正确的，而选项D是正确的。

考点三　仲裁与民事诉讼的关系

　　1. 甲、乙因遗产继承发生纠纷，双方书面约定由某仲裁委员会仲裁。后甲反悔，向遗产所在地法院起诉。法院受理后，乙向法院声明双方签订了仲裁协议。关于法院的做法，下列哪一选项是正确的？（2010/3/43）[2]

　　A. 裁定驳回起诉

　　B. 裁定驳回诉讼请求

　　C. 裁定将案件移送某仲裁委员会审理

　　D. 法院裁定仲裁协议无效，对案件继续审理

　　【解析】正确解答本题的关键在于对本案所涉及仲裁协议效力的判断。根据《仲裁法》第17条第1项的规定，约定的仲裁事项超出法律规定的仲裁范围的，仲裁协议无效。此外，根据《仲裁法》第3条第1项的规定，本案双方当事人约定的继承事项不允许仲裁，因此该仲裁协议无效。根据《仲裁法》第26条的规定，当事人达成仲裁协议，一方向人民法院起诉未声明有仲裁协议，人民法院受理后，另一方在首次开庭前提交仲裁协议的，人民法院驳回起诉，但仲裁协议无效的除外；另一方在首次开庭前未对人民法院受理该案提出异议的，视为放弃仲裁协议，人民法院应继续审理。因此，选项D是正确的，其余选项均是不正确的。

　　2. 甲公司与乙公司签订了一份钢材购销合同，约定因该合同发生纠纷双方可向A仲裁委员会申请仲裁，也可向合同履行地B法院起诉。关于本案，下列哪些选项是正确的？（模拟）[3]

　　A. 双方达成的仲裁协议无效

---

[1]　D　[2]　D　[3]　ABC

B. 双方达成的管辖协议有效

C. 如甲公司向 A 仲裁委员会申请仲裁，乙公司在仲裁庭首次开庭前未提出异议，A 仲裁委员会可对该案进行仲裁

D. 如甲公司向 B 法院起诉，乙公司在法院首次开庭时对法院管辖提出异议，法院应当驳回甲公司的起诉

【解析】根据《仲裁法解释》第 7 条规定，当事人约定争议可以向仲裁机构申请仲裁也可以向人民法院起诉的，仲裁协议无效。但一方向仲裁机构申请仲裁，另一方未在《仲裁法》第 20 条第 2 款规定期间内提出异议的除外。换言之，一方向仲裁机构申请仲裁，另一方未在法定期间内提出异议的，仲裁机构应继续进行仲裁。因此，选项 A 与 C 都是正确的。

根据《民事诉讼法》第 35 条的规定，合同或者其他财产权益纠纷的当事人可以书面协议选择被告住所地、合同履行地、合同签订地、原告住所地、标的物所在地等与争议有实际联系的地点的人民法院管辖，但不得违反本法对级别管辖和专属管辖的规定。合同诉讼中双方当事人可以协议选择合同履行地法院管辖。因此，选项 B 是正确的。

根据《仲裁法》第 26 条的规定，当事人达成仲裁协议，一方向人民法院起诉未声明有仲裁协议，人民法院受理后，另一方在首次开庭前提交仲裁协议的，人民法院应当驳回起诉，但仲裁协议无效的除外。因此，选项 D 是不正确的。

考点四　仲裁保全

1. 甲县的佳华公司与乙县的亿龙公司订立的烟叶买卖合同中约定，如果因为合同履行发生争议，应提交 A 仲裁委员会仲裁。佳华公司交货后，亿龙公司认为烟叶质量与约定不符，且正在霉变，遂准备提起仲裁，并对烟叶进行证据保全。关于本案的证据保全，下列哪些表述是正确的？（2014/3/77）[1]

A. 在仲裁程序启动前，亿龙公司可直接向甲县法院申请证据保全

B. 在仲裁程序启动后，亿龙公司既可直接向甲县法院申请证据保全，也可向 A 仲裁委员会申请证据保全

C. 法院根据亿龙公司申请采取证据保全措施时，可要求其提供担保

D. A 仲裁委员会收到保全申请后，应提交给烟叶所在地的中级法院

【解析】根据《民事诉讼法》第 84 条第 2 款的规定，因情况紧急，在证据可能灭失或者以后难以取得的情况下，利害关系人可以在提起诉讼或者申请仲裁前向证据所在地、被申请人住所地或者对案件有管辖权的人民法院申请保全证据。本题中的甲县是被申请人住所地，因此，选项 A 是正确的。

根据《仲裁法》第 46 条的规定，在证据可能灭失或者以后难以取得的情况下，当事人可以申请证据保全。当事人申请证据保全的，仲裁委员会应当将当事人的申请提交证据所在地的基层人民法院。可见，仲裁中的证据保全，当事人只能向仲裁委员会提出申请，由仲裁委员会转交证据所在地的基层人民法院。因此，选项 B 与选项 D 均是不正确的。

根据《民事诉讼法》第 84 条第 3 款的规定，证据保全的其他程序，参照适用本法第九章保全的有关规定。此外，根据《民事诉讼法》第 103 条第 2 款的规定，人民法院采取保全措

---

[1]　AC

施，可以责令申请人提供担保，申请人不提供担保的，裁定驳回申请。因此，选项 C 是正确的。

2. 民事诉讼与民商事仲裁都是解决民事纠纷的有效方式，但两者在制度上有所区别。下列哪些选项是正确的？（模拟）[1]

A. 民事诉讼可以解决各类民事纠纷，仲裁不适用与身份关系有关的民事纠纷

B. 民事诉讼实行两审终审，仲裁实行一裁终局

C. 民事诉讼判决书需要审理案件的全体审判人员签署，仲裁裁决则可由部分仲裁庭成员签署

D. 民事诉讼中财产保全由法院负责执行，而仲裁机构则不介入任何财产保全活动

【解析】根据《仲裁法》第 2 条规定，平等主体的公民、法人和其他组织之间发生的合同纠纷和其他财产权益纠纷，可以仲裁。可知基于身份关系的纠纷不适用仲裁。而根据《民事诉讼法》第 3 条规定，人民法院受理公民之间、法人之间、其他组织之间以及他们相互之间因财产关系和人身关系提起的民事诉讼，适用本法的规定。可知基于财产关系和身份关系引起的纠纷均适用民事诉讼。因此，选项 A 是正确的。

根据《仲裁法》第 9 条第 1 款规定，仲裁实行一裁终局的制度。而根据《民事诉讼法》第 10 条的规定，人民法院审理民事案件，依照法律规定实行合议、回避、公开审判和两审终审制度。因此，选项 B 是正确的。

根据《民事诉讼法》第 155 条的规定，判决书应当写明判决结果和作出该判决的理由。判决书内容包括：（一）案由、诉讼请求、争议的事实和理由；（二）判决认定的事实和理由、适用的法律和理由；（三）判决结果和诉讼费用的负担；（四）上诉期间和上诉的法院。判决书由审判人员、书记员署名，加盖人民法院印章。根据《仲裁法》第 54 条规定，裁决书应当写明仲裁请求、争议事实、裁决理由、裁决结果、仲裁费用的负担和裁决日期。当事人协议不愿写明争议事实和裁决理由的，可以不写。裁决书由仲裁员签名，加盖仲裁委员会印章。对裁决持不同意见的仲裁员，可以签名，也可以不签名。因此，选项 C 是正确的。

根据《仲裁法》第 28 条规定，一方当事人因另一方当事人的行为或者其他原因，可能使裁决不能执行或者难以执行的，可以申请财产保全。当事人申请财产保全的，仲裁委员会应当将当事人的申请依照民事诉讼法的有关规定提交人民法院。申请有错误的，申请人应当赔偿被申请人因财产保全所遭受的损失。可知在仲裁中，仲裁委员会虽然无权实施财产保全措施，但还是会介入财产保全程序的，因为仲裁委员会应当将当事人的财产保全申请提交被申请人住所地或者被保全财产所在地人民法院，因此，选项 D 是不正确的。

考点五 仲裁中的和解与调解

下列关于民事诉讼与仲裁中和解与调解的表述，哪些是不正确的？（模拟）[2]

A. 在民事诉讼与仲裁中，当事人自行协商达成和解协议后，均可以请求确认和解协议制作调解书

B. 在民事诉讼与仲裁中，自愿调解与先行调解是并列的调解方式

C. 在民事诉讼与仲裁中，经调解达成协议后只能制作调解书

---

[1] ABC [2] ABC

D. 在民事诉讼与仲裁中，当事人自行达成和解协议后，均可以选择撤回程序

【解析】 根据《调解规定》第 2 条第 1 款规定，当事人在诉讼过程中自行达成和解协议的，人民法院可以根据当事人的申请依法确认和解协议制作调解书。双方当事人申请庭外和解的期间，不计入审限。根据《仲裁法》第 49 条的规定，当事人申请仲裁后，可以自行和解。达成和解协议的，可以请求仲裁庭根据和解协议作出裁决书，也可以撤回仲裁申请。因此，选项 A 是不正确的，而选项 D 是正确的。

根据《民事诉讼法》第 9 条、第 125 条及相关司法解释的规定，民事诉讼中，自愿调解是原则，先行调解是例外。根据《仲裁法》第 51 条的规定，仲裁庭在作出裁决前，可以先行调解。当事人自愿调解的，仲裁庭应当调解。调解不成的，应当及时作出裁决。调解达成协议的，仲裁庭应当制作调解书或者根据协议的结果制作裁决书。调解书与裁决书具有同等法律效力。因此，选项 B 与选项 C 均是不正确的。

考点六　仲裁裁决

1. 根据《仲裁法》，仲裁庭作出的裁决书生效后，在下列哪一情形下仲裁庭不可进行补正？（2011/3/50）[1]

A. 裁决书认定的事实错误

B. 裁决书中的文字错误

C. 裁决书中的计算错误

D. 裁决书遗漏了仲裁评议中记录的仲裁庭已经裁决的事项

【解析】《仲裁法》第 56 条规定，对仲裁裁决书中的文字、计算错误或者仲裁庭已经裁决但在裁决书中遗漏的事项，仲裁庭应当补正；当事人自收到仲裁裁决书之日起 30 日内，可以请求仲裁庭补正。只有 A 项不可以进行补正，其余三个选项的内容都可以补正。

2. 甲公司因与乙公司合同纠纷申请仲裁，要求解除合同。某仲裁委员会经审理裁决解除双方合同，还裁决乙公司赔偿甲公司损失 6 万元。关于本案的仲裁裁决，下列哪些表述是正确的？（模拟）[2]

A. 因仲裁裁决超出了当事人请求范围，乙公司可申请撤销超出甲公司请求部分的裁决

B. 因仲裁裁决超出了当事人请求范围，乙公司可向法院提起诉讼

C. 因仲裁裁决超出了当事人请求范围，乙公司可向法院申请再审

D. 乙公司可申请不予执行超出甲公司请求部分的仲裁裁决

【解析】 根据仲裁理论，仲裁庭只能对当事人基于仲裁协议提出的仲裁请求进行审理并作出裁决，而不得超出当事人的仲裁请求范围作出裁决；根据《仲裁法解释》第 19 条，当事人以仲裁裁决事项超出仲裁协议范围为由申请撤销仲裁裁决，经审查属实的，人民法院应当撤销仲裁裁决中的超裁部分。但超裁部分与其他裁决事项不可分的，人民法院应当撤销仲裁裁决。本题中，仲裁委员会的仲裁裁决超出了当事人的请求范围，乙公司可申请撤销超出甲公司请求部分的裁决，因此，选项 A 是正确的。此外，乙公司还可以向法院申请不予执行超出甲公司请求部分的仲裁裁决，因此，选项 D 是正确的。

在超出当事人请求范围的裁决未被撤销或不予执行之前，乙公司不可以就该超出事项向法

---

〔1〕 A 〔2〕 AD

院提起诉讼，故选项 B 是不正确的。

根据《民事诉讼法》第 209 条的规定，当事人申请再审的对象应当是生效的判决、裁定和调解书，因此，选项 C 是不正确的。

3. 下列关于仲裁裁决的哪些观点是正确的？（模拟）[1]

A. 当事人可以请求仲裁庭根据双方的和解协议作出裁决

B. 仲裁庭可以根据双方当事人达成的调解协议作出裁决

C. 仲裁裁决应当根据仲裁庭多数仲裁员的意见作出，形不成多数意见的，由仲裁委员会讨论决定

D. 仲裁裁决一经作出立即发生法律效力

【解析】根据《仲裁法》第 49 条规定，当事人申请仲裁后，可以自行和解。达成和解协议的，可以请求仲裁庭根据和解协议作出裁决书，也可以撤回仲裁申请。因此，选项 A 是正确的。

根据《仲裁法》第 51 条规定，仲裁庭在作出裁决前，可以先行调解。当事人自愿调解的，仲裁庭应当调解。调解不成的，应当及时作出裁决。调解达成协议的，仲裁庭应当制作调解书或者根据协议的结果制作裁决书。调解书与裁决书具有同等法律效力。因此，选项 B 是正确的。

根据《仲裁法》第 53 条规定，裁决应当按照多数仲裁员的意见作出，少数仲裁员的不同意见可以记入笔录。仲裁庭不能形成多数意见时，裁决应当按照首席仲裁员的意见作出。因此，选项 C 是不正确的。

根据《仲裁法》第 57 条规定，裁决书自作出之日起发生法律效力。因此，选项 D 是正确的。

4. 华泰公司与中坤公司建设工程施工合同纠纷一案，A 仲裁委员会受理案件后。华泰公司选择徐某担任仲裁员，中坤公司选择陈某担任仲裁员，A 仲裁委员会主任指定田某担任首席仲裁员组成合议制仲裁庭。合议庭评议案件时，田某认为合同无效，徐某与陈某均认为合同有效，徐某认为应当解除合同，陈某认为应当继续履行合同。关于本案的下列表述，哪些选项是正确的？（模拟题）[2]

A. 本案应当按照田某的意见认定合同无效

B. 本案应当按照徐某与陈某的意见认定合同有效

C. 本案合议庭组成合法

D. 本案裁决作出后，持不同意见的仲裁员可以签名，可以拒绝签名

【解析】《仲裁法》第 53 条规定，裁决应当按照多数仲裁员的意见作出，少数仲裁员的不同意见可以记入笔录。仲裁庭不能形成多数意见时，裁决应当按照首席仲裁员的意见作出。因此，选项 A 正确，而选项 B 不正确。《仲裁法》第 31 条第 1 款规定，当事人约定由三名仲裁员组成仲裁庭的，应当各自选定或者各自委托仲裁委员会主任指定一名仲裁员，第三名仲裁员由当事人共同选定或者共同委托仲裁委员会主任指定。第三名仲裁员是首席仲裁员。因此，选项 C 不正确。根据《仲裁法》第 54 条的规定，对裁决持不同意见的仲裁员，可以签名，也可以不签名。因此，选项 D 正确。

第十九章　仲裁的司法监督

考点一　申请撤销仲裁裁决

1. 甲某与乙某房屋买卖合同纠纷一案，A市仲裁委员会审理并作出仲裁裁决，责令乙某向甲某交付房屋。乙某申请A市中级法院撤销仲裁裁决，A市中级法院裁定驳回乙某申请。此后乙某发现法官是甲某的亲戚。关于本案乙某的下列做法，哪些是错误的？　（2019/客观模拟）[1]

A. 向省检察院申请抗诉

B. 向A市中级法院院长申诉启动再审

C. 向A市中级法院申请不予执行仲裁裁决

D. 向有管辖权的法院起诉

【解析】该题直接考查当事人撤销仲裁裁决申请被法院驳回后，当事人还有无救济途径的问题。根据我国现行《仲裁法》第58条及司法解释的规定，仲裁裁决作出后，当事人有权向仲裁委员会所在地中级法院申请撤销仲裁裁决，申请撤销理由不成立的，法院裁定驳回当事人申请，该裁定一经作出即生效。该裁定不属于审判监督的对象，因此，选项A与B是不正确的。

根据《民事诉讼法》第248条的规定，法官是甲某的亲戚不属于申请不予执行仲裁裁决的法定情形，因此，选项C是不正确的。

根据《仲裁法》第9条第2款的规定，裁决被法院依法裁定撤销或者不予执行的，当事人就该纠纷可以根据双方重新达成的仲裁协议申请仲裁，也可以向法院起诉。本案中A市中级法院裁定驳回了乙某的申请，仲裁裁决具有法律效力，乙某无权再向法院起诉。因此，选项D是不正确的。

2. 甲与乙的合同纠纷由A仲裁委员会作出裁决，甲在履行期限内向乙交付1吨钢材，甲认为仲裁委员会对钢材的权属认定错误，甲认为钢材应属于丙，故向法院申请撤销仲裁裁决，下列表述正确的是什么？（2018/客观仿真）[2]

A. 应向A仲裁委所在地中级法院申请

B. 仲裁委可以作为无独立请求权的第三人参加诉讼

C. 撤销仲裁裁决需要经过高级法院批准

D. 丙可以作为有独立请求权的第三人参加诉讼

---

〔1〕　ABCD　〔2〕　AC

【解析】根据《仲裁法》第58条的规定，当事人提出证据证明裁决有法定情形之一的，可以向仲裁委员会所在地的中级人民法院申请撤销裁决。因此，选项A是正确的。

甲申请撤销仲裁委员会的仲裁裁决，以乙为被申请人，仲裁委员会与该撤销仲裁裁决案件并不存在民事法律上的利害关系，作为无独立请求权的第三人参加诉讼没有依据，因此，选项B是不正确的。

根据《最高人民法院关于仲裁司法审查案件报核问题的有关规定（2021修正）》第2条第2款的规定，各中级人民法院或者专门人民法院办理非涉外涉港澳台仲裁司法审查案件，经审查拟认定仲裁协议无效，不予执行或者撤销我国内地仲裁机构的仲裁裁决，应当向本辖区所属高级人民法院报核；待高级人民法院审核后，方可依高级人民法院的审核意见作出裁定。因此，选项C是正确的。

《民事诉讼法》第59条第1款，对当事人双方的诉讼标的，第三人认为有独立请求权的，有权提起诉讼。甲申请撤销仲裁委员会的仲裁裁决，以乙为被申请人，法院对甲的申请进行审查，需要解决的是甲申请撤销仲裁裁决的理由是否属于法定情形以及是否成立的问题，对此，丙不能主张独立的请求权，因此，选项D是不正确的。

3. 甲公司与乙公司因借款合同发生纠纷，甲公司依据合同中的仲裁条款向A市仲裁委员会申请仲裁，仲裁庭经过审理裁决乙公司向甲公司偿还借款90万元。之后乙公司向A市中级人民法院申请撤销仲裁裁决，法院裁定撤销该仲裁裁决。关于甲公司的下列做法，哪些表述是不正确的？[1]

A. 甲公司可以向法院提起诉讼，要求乙公司偿还借款

B. 甲公司可以依据原仲裁条款，向A市仲裁委重新申请仲裁

C. 甲公司可以向A市中级法院申诉，请求法院自行启动再审予以纠错

D. 甲公司可以向省检察院申请提出抗诉

【解析】根据《仲裁法》第9条第2款的规定，依法裁定撤销或者不予执行的，当事人就该纠纷可以根据双方重新达成的仲裁协议申请仲裁，也可以向人民法院起诉。因此，选项A正确，而选项B不正确。根据《民事诉讼法》第210条、第211条，当事人申请再审或者申请检察院抗诉应针对法院对诉讼案件作出的生效判决、裁定、调解书，法院对撤销仲裁裁决案件作出的裁定不属于再审的对象，因此，选项C与选项D均不正确。

考点二　不予执行仲裁裁决

1. 甲公司因与乙公司的合同纠纷向某仲裁委员会申请仲裁，甲公司的仲裁请求得到仲裁庭的支持。裁决作出后，乙公司向法院申请撤销仲裁裁决。法院在审查过程中，甲公司向法院申请强制执行仲裁裁决。关于本案，下列哪一说法是正确的？[2]

A. 法院对撤销仲裁裁决申请的审查，不影响法院对该裁决的强制执行

B. 法院不应当受理甲公司的执行申请

C. 法院应当受理甲公司的执行申请，同时应当告知乙公司向法院申请裁定不予执行仲裁裁决

D. 法院应当受理甲公司的执行申请，受理后应当裁定中止执行

----

[1]　BCD　[2]　D

【解析】该题直接考查一方当事人申请撤销仲裁裁决，另一方当事人申请执行仲裁裁决的处理问题。《仲裁法解释》第25条规定：人民法院受理当事人撤销仲裁裁决的申请后，另一方当事人申请执行同一仲裁裁决的，受理执行申请的人民法院应当在受理后裁定中止执行。

因此，本题A、B选项错误。人民法院受理甲公司强制执行仲裁裁决的申请后，应由法院直接作出不予执行该仲裁裁决的裁定，而不是告知乙公司向法院申请裁定不予执行仲裁裁决，本题C选项错误，D为正确选项。

2. 关于法院对仲裁的司法监督的说法，下列哪一选项是错误的?[1]

A. 仲裁当事人申请财产保全，应当向仲裁机构申请，由仲裁机构将该申请移交给相关法院

B. 仲裁当事人申请撤销仲裁裁决被法院驳回，此后以相同理由申请不予执行，法院不予支持

C. 仲裁当事人在仲裁程序中没有提出对仲裁协议效力的异议，此后以仲裁协议无效为由申请撤销或不予执行，法院不予支持

D. 申请撤销仲裁裁决或申请不予执行仲裁裁决程序中，法院可通知仲裁机构在一定期限内重新仲裁

【解析】根据《仲裁法》第28条第2款规定，当事人申请财产保全的，仲裁委员会应当将当事人的申请依照民事诉讼法的有关规定提交人民法院。因此，选项A是正确的。

根据《仲裁法解释》第26条规定，当事人向人民法院申请撤销仲裁裁决被驳回后，又在执行程序中以相同理由提出不予执行抗辩的，人民法院不予支持。因此，选项B是正确的。

根据《仲裁法解释》第27条第1款规定，当事人在仲裁程序中未对仲裁协议的效力提出异议，在仲裁裁决作出后以仲裁协议无效为由主张撤销仲裁裁决或者提出不予执行抗辩的，人民法院不予支持。因此，选项C是正确的。

根据《仲裁法》第61条规定，人民法院受理撤销裁决的申请后，认为可以由仲裁庭重新仲裁的，通知仲裁庭在一定期限内重新仲裁，并裁定中止撤销程序。仲裁庭拒绝重新仲裁的，人民法院应当裁定恢复撤销程序。只有在申请撤销仲裁裁决的程序中，法院才可以通知仲裁机构在一定期限内重新仲裁；而在申请不予执行仲裁裁决的程序中法院不可以通知仲裁庭重新仲裁。因此，选项D是错误的。

3. 张某根据与刘某达成的仲裁协议，向某仲裁委员会申请仲裁。在仲裁审理中，双方达成和解协议并申请依和解协议作出裁决。裁决作出后，刘某拒不履行其义务，张某向法院申请强制执行，而刘某则向法院申请裁定不予执行该仲裁裁决。法院应当如何处理?[2]

A. 裁定中止执行，审查是否具有不予执行仲裁裁决的情形

B. 终结执行，审查是否具有不予执行仲裁裁决的情形

C. 继续执行，不予审查是否具有不予执行仲裁裁决的情形

D. 先审查是否具有不予执行仲裁裁决的情形，然后决定后续执行程序是否进行

【解析】本题中的仲裁裁决是仲裁庭根据当事人申请依据和解协议而制作的合意裁决，根据《最高人民法院关于人民法院办理仲裁裁决执行案件若干问题的规定》第17条，被执行人申请不予执行仲裁调解书或者根据当事人之间的和解协议、调解协议作出的仲裁裁决，人民法院不予支持，但该仲裁调解书或者仲裁裁决违背社会公共利益的除外。本题中，张某向法院申请强制执行，虽然刘某向法院申请裁定不予执行该仲裁裁决，但是，刘某实际上没有此项权

利。因此，选项 C 的处理是正确的，其余选项的处理都是不正确的。

【疑难辨析】该题的重点在于区分合意裁决与依法裁决，合意裁决是仲裁庭根据当事人申请，依据当事人自行达成的和解协议以及根据当事人经调解达成的调解协议而制作的裁决，合意裁决的基础是意思自治，因此，合意裁决不存在司法监督问题，当事人不得申请法院撤销或者不予执行合意裁决。而依法裁决是仲裁庭在依法查明事实，适用法律的基础上所作出的裁决，出现法定情形时，当事人有权申请法院撤销或者不予执行仲裁裁决。

第二十章　综合试题解析

一、不定项选择题

（一）2015 年 4 月，居住在 B 市（直辖市）东城区的林剑与居住在 B 市西城区的钟阳（二人系位于 B 市北城区正和钢铁厂的同事）签订了一份借款合同，约定钟阳向林剑借款 20 万元，月息 1%，2017 年 1 月 20 日前连本带息一并返还。合同还约定，如因合同履行发生争议，可向 B 市东城区仲裁委员会仲裁。至 2017 年 2 月，钟阳未能按时履约。2017 年 3 月，二人到正和钢铁厂人民调解委员会（下称调解委员会）请求调解。调解委员会委派了三位调解员主持该纠纷的调解。（2017/3/95－97）

请回答第 95～97 题。

95. 如调解委员会调解失败，解决的办法有：[1]

A. 双方自行协商达成和解协议

B. 在双方均同意的情况下，要求林剑居住地的街道居委会的人民调解委员会组织调解

C. 依据借款合同的约定通过仲裁的方式解决

D. 通过诉讼方式解决

【解析】该题考查多元化纠纷解决机制的运用。自行和解是当事人自愿协商，达成协议解决民事纠纷的一种方式，因此，选项 A 是正确的。

人民调解是诉讼外通过人民调解组织调解达成协议解决纠纷的重要方式，因此，选项 B 是正确的。

根据《仲裁法》第 18 条的规定，选定仲裁委员会的明确性是仲裁协议的有效要件，而根据《仲裁法》第 10 条的规定，仲裁委员会可以在直辖市和省、自治区人民政府所在地的市设立，也可以根据需要在其他设区的市设立，不按行政区划层层设立，由此可见，本题中双方约定的"B 市东城区仲裁委员会"不存在，因此，选项 C 是不正确的。

根据《民事诉讼法》第 3 条的规定，人民法院受理公民之间、法人之间、其他组织之间以及他们相互之间因人身关系和财产关系发生的争议，适用本法规定。因此，选项 D 是正确的。

96. 如调解成功，林剑与钟阳在调解委员会的主持下达成如下协议：2017 年 5 月 15 日之前，钟阳向林剑返还借款 20 万元，支付借款利息 2 万元。该协议有林剑、钟阳的签字，盖有调解委员会的印章和三位调解员的签名。钟阳未按时履行该调解协议，林剑拟提起诉讼。在此情况下，下列说法正确的是：[2]

A. 应以调解委员会为被告

B. 应以钟阳为被告

C. 应以调解委员会和钟阳为共同被告

---

[1]　ABD　　[2]　B

D. 应以钟阳为被告，调解委员会为无独立请求权的第三人

【解析】 根据《民诉解释》第61条的规定，当事人之间的纠纷经人民调解委员会调解达成协议后，一方当事人不履行调解协议，另一方向人民法院提起诉讼的，应以对方当事人为被告，因此，选项A与选项C是不正确的，而选项B是正确的。

根据民事诉讼理论，无独立请求权的第三人是指对原被告之间的诉讼标的不能主张独立的请求权，但案件的处理结果与其有法律上的利害关系，为了维护自己的民事权益而参加本诉诉讼程序的人。本题中林剑与钟阳的借款纠纷的处理结果与调解委员会不存在法律上的利害关系，因此，选项D是不正确的。

97. 如调解成功，林剑与钟阳在调解委员会的主持下达成了调解协议，相关人员希望该调解协议被司法确认，下列说法正确的是：[1]

A. 应由林剑或钟阳向有管辖权的法院申请

B. 应由林剑、钟阳共同向有管辖权的法院申请

C. 应在调解协议生效之日起30日内提出申请，申请可以是书面方式，也可以是口头方式

D. 对申请的案件有管辖权的法院包括：B市西城区法院、B市东城区法院和B市北城区法院

【解析】 根据《民事诉讼法》第205条的规定，经依法设立的调解组织调解达成调解协议，申请司法确认的，由双方当事人自调解协议生效之日起30日内，共同向下列人民法院提出：（一）人民法院邀请调解组织开展先行调解的，向作出邀请的人民法院提出；（二）调解组织自行开展调解的，向当事人住所地、标的物所在地、调解组织所在地的基层人民法院提出；调解协议所涉纠纷应当由中级人民法院管辖的，向相应的中级人民法院提出。本案是由调解组织自行开展调解的，B市东城区是林剑住所地，B市西城区是钟阳住所地，B市北城区是调解组织所在地，对申请司法确认调解协议案件均有管辖权。因此，选项B和D是正确的，而选项A是不正确的。

根据《民诉解释》第353条规定，当事人申请司法确认调解协议，可以采用书面形式或者口头形式。当事人口头申请的，人民法院应当记入笔录，并由当事人签名、捺印或者盖章。因此，选项C是正确的。

（二）大洲公司超标排污导致河流污染，公益环保组织甲向A市中级法院提起公益诉讼，请求判令大洲公司停止侵害并赔偿损失。法院受理后，在公告期间，公益环保组织乙也向A市中级法院提起公益诉讼，请求判令大洲公司停止侵害、赔偿损失和赔礼道歉。公益案件审理终结后，渔民梁某以大洲公司排放的污水污染了其承包的鱼塘为由提起诉讼，请求判令赔偿其损失。（2017/3/98 – 100）

请回答第98 ~ 100题。

98. 对乙组织的起诉，法院的正确处理方式是：[2]

A. 予以受理，与甲组织提起的公益诉讼合并审理

B. 予以受理，作为另案单独审理

C. 属重复诉讼，不予受理

D. 允许其参加诉讼，与甲组织列为共同原告

【解析】 根据《民诉解释》第285条的规定，人民法院受理公益诉讼案件后，依法可以提起诉讼的其他机关和组织，可以在开庭向人民法院申请参加诉讼。人民法院准许参加诉讼的，

列为共同原告。因此，选项 D 是正确的，其余选项均是错误的。

99. 公益环保组织因与大洲公司在诉讼中达成和解协议申请撤诉，法院的正确处理方式是：[1]

A. 应将和解协议记入笔录，准许公益环保组织的撤诉申请

B. 不准许公益环保组织的撤诉申请

C. 应将双方的和解协议内容予以公告

D. 应依职权根据和解协议内容制作调解书

【解析】根据《最高人民法院关于审理环境民事公益诉讼案件适用法律若干问题的解释（2020 修正）》第 25 条第 1 款和第 2 款的规定，环境民事公益诉讼当事人达成调解协议或者自行达成和解协议后，人民法院应当将协议内容公告，公告期间不少于三十日。公告期满后，人民法院审查认为调解协议或者和解协议的内容不损害社会公共利益的，应当出具调解书。当事人以达成和解协议为由申请撤诉的，不予准许。因此，选项 A 是不正确的，选项 B、选项 C 与选项 D 是正确的。

100. 对梁某的起诉，法院的正确处理方式是：[2]

A. 属重复诉讼，裁定不予受理

B. 不予受理，告知其向公益环保组织请求给付

C. 应予受理，但公益诉讼中已提出的诉讼请求不得再次提出

D. 应予受理，其诉讼请求不受公益诉讼影响

【解析】根据《最高人民法院关于审理环境民事公益诉讼案件适用法律若干问题的解释（2020 修正）》第 29 条的规定，法律规定的机关和社会组织提起环境民事公益诉讼的，不影响因同一污染环境、破坏生态行为受到人身、财产损害的公民、法人和其他组织依据民事诉讼法第 119 条的规定提起诉讼。因此，选项 D 是正确的，其余选项是错误的。

（三）住所地在 H 省 K 市 L 区的甲公司与住所地在 F 省 E 市 D 区的乙公司签订了一份钢材买卖合同，价款数额为 90 万元。合同在 B 市 C 区签订，双方约定合同履行地为 W 省 Z 市 Y 区，同时约定如因合同履行发生争议，由 B 市仲裁委员会仲裁。合同履行过程中，因钢材质量问题，甲公司与乙公司发生争议，甲公司欲申请仲裁解决。因 B 市有两个仲裁机构，分别为丙仲裁委员会和丁仲裁委员会（两个仲裁委员会所在地都在 B 市 C 区），乙公司认为合同中的仲裁条款无效，欲向有关机构申请确认仲裁条款无效。(2016/3/95 - 97)

请回答第 95 ~ 97 题。

95. 依据法律和司法解释的规定，乙公司可以向有关机构申请确认仲裁条款无效。关于确认的机构，下列选项正确的是：[3]

A. 丙仲裁委员会　　　　　　　　B. 丁仲裁委员会

C. B 市中级法院　　　　　　　　D. B 市 C 区法院

【解析】根据《仲裁法》第 20 条第 1 款的规定，当事人对仲裁协议的效力有异议的，可以请求仲裁委员会作出决定或者请求人民法院作出裁定。因此，选项 A 与 B 是正确的。

根据《最高人民法院关于审理仲裁司法审查案件若干问题的规定》第 2 条第 1 款规定，申请确认仲裁协议效力的案件，由仲裁协议约定的仲裁机构所在地、仲裁协议签订地、申请人住所地、被申请人住所地的中级人民法院或者专门人民法院管辖。因此，选项 C 是正确的，而选项 D 是不正确的。

---

96. 如相关机构确认仲裁条款无效，甲公司欲与乙公司达成协议，确定案件的管辖法院。关于双方可以协议选择的管辖法院，下列选项正确的是：[1]

A. H省K市L区法院
B. F省E市D区法院
C. B市C区法院
D. W省Z市Y区法院

【解析】根据《民事诉讼法》第35条的规定，合同或者其他财产权益纠纷的当事人可以书面协议选择被告住所地、合同履行地、合同签订地、原告住所地、标的物所在地等与争议有实际联系的地点的人民法院管辖，但不得违反本法对级别管辖和专属管辖的规定。因此，选项A、B、C与D均是正确的。

97. 如仲裁条款被确认无效，甲公司与乙公司又无法达成新的协议，甲公司欲向法院起诉乙公司。关于对本案享有管辖权的法院，下列选项正确的是：[2]

A. H省K市L区法院
B. F省E市D区法院
C. W省Z市Y区法院
D. B市C区法院

【解析】根据《民事诉讼法》第24条的规定，因合同纠纷提起的诉讼，由被告住所地或者合同履行地人民法院管辖。本题中被告乙公司的住所地在F省E市D区，双方约定合同履行地为W省Z市Y区，因此，选项B与C是正确的，而选项A与D是不正确的。

（四）甲市L区居民叶某购买了住所在乙市M区的大亿公司开发的位于丙市N区的商品房一套，合同中约定双方因履行合同发生争议可以向位于丙市的仲裁委员会（丙市仅有一家仲裁机构）申请仲裁。因大亿公司迟迟未按合同约定交付房屋，叶某向仲裁委员会申请仲裁。大亿公司以仲裁机构约定不明，向仲裁委员会申请确认仲裁协议无效。经审查，仲裁委员会作出了仲裁协议有效的决定。在第一次仲裁开庭时，大亿公司声称其又向丙市中级法院请求确认仲裁协议无效，申请仲裁庭中止案件审理。在仲裁过程中仲裁庭组织调解，双方达成了调解协议，仲裁庭根据协议内容制作了裁决书。后因大亿公司不按调解协议履行义务，叶某向法院申请强制执行，而大亿公司则以调解协议内容超出仲裁请求为由，向法院申请不予执行仲裁裁决。（2016/3/98－100）

请回答第98～100题。

98. 大亿公司向丙市中级法院请求确认仲裁协议无效，对此，正确的做法是：[3]

A. 丙市中级法院应予受理并进行审查
B. 丙市中级法院不予受理
C. 仲裁庭在法院就仲裁协议效力作出裁定之前，应当中止仲裁程序
D. 仲裁庭应继续开庭审理

【解析】根据《仲裁法》第20条第2款的规定，当事人对仲裁协议的效力有异议，应当在仲裁庭首次开庭前提出。本题中，在第一次仲裁开庭时，大亿公司声称其又向丙市中级法院请求确认仲裁协议无效，此时，丙市中级法院不予受理，仲裁庭继续开庭审理，因此，选项B与D是正确的，而选项A与C是不正确的。

99. 双方当事人在仲裁过程中达成调解协议，仲裁庭正确的结案方式是：[4]

A. 根据调解协议制作调解书
B. 应当依据调解协议制作裁决书
C. 将调解协议内容记入笔录，由双方当事人签字后即发生法律效力
D. 根据调解协议的结果制作裁决书

---

[1] ABCD [2] BC [3] BD [4] AD

【解析】根据《仲裁法》第51条第2款的规定，调解达成协议的，仲裁庭应当制作调解书或者根据协议的结果制作裁决书。因此，选项A与D是正确的，而选项B的表述过于绝对，排除了依据调解协议制作调解书的做法，故是不正确的。

根据《仲裁法》第52条第2款的规定，调解书经双方当事人签收后，即发生法律效力。因此，选项C是不正确的。

100. 大亿公司以调解协议超出仲裁请求范围请求法院不予执行仲裁裁决，法院正确的做法是：[1]

A. 不支持，继续执行

B. 应支持，并裁定不予执行

C. 应告知当事人申请撤销仲裁裁决，并裁定中止执行

D. 应支持，必要时可通知仲裁庭重新仲裁

【解析】根据仲裁调解的基本理论，调解达成协议是当事人基于意思自治的处分行为，可以超出仲裁请求的范围达成调解协议，因此，选项A是正确的，其余选项均是不正确的。

（五）主要办事机构在A县的五环公司与主要办事机构在B县的四海公司于C县签订购货合同，约定：货物交付地在D县；若合同的履行发生争议，由原告所在地或者合同签订地的基层法院管辖。现五环公司起诉要求四海公司支付货款。四海公司辩称已将货款交给五环公司业务员付某。五环公司承认付某是本公司业务员，但认为其无权代理本公司收取货款，且付某也没有将四海公司声称的货款交给本公司。四海公司向法庭出示了盖有五环公司印章的授权委托书，证明付某有权代理五环公司收取货款，但五环公司对该授权书的真实性不认可。根据案情，法院依当事人的申请通知付某参加（参与）了诉讼。（2015/3/95~97）

请回答第95~97题。

95. 对本案享有管辖权的法院包括：[2]

A. A县法院　　　　B. B县法院　　　　C. C县法院　　　　D. D县法院

【解析】根据《民事诉讼法》第35条的规定，合同或者其他财产权益纠纷的当事人可以书面协议选择被告住所地、合同履行地、合同签订地、原告住所地、标的物所在地等与争议有实际联系的地点的人民法院管辖，但不得违反本法对级别管辖和专属管辖的规定。此外，根据《民诉解释》第30条第2款规定，管辖协议约定两个以上与争议有实际联系的地点的人民法院管辖，原告可以向其中一个人民法院起诉。因此，A县法院作为原告住所地法院有管辖权，C县法院作为合同签订地法院有管辖权，故选项A与C是本题的答案。

96. 本案需要由四海公司承担证明责任的事实包括：[3]

A. 四海公司已经将货款交付给了五环公司业务员付某

B. 付某是五环公司业务员

C. 五环公司授权付某代理收取货款

D. 付某将收取的货款交到五环公司

【解析】根据《民诉解释》第91条的规定，人民法院应当依照下列原则确定举证证明责任的承担，但法律另有规定的除外：（一）主张法律关系存在的当事人，应当对产生该法律关系的基本事实承担举证证明责任；（二）主张法律关系变更、消灭或者权利受到妨害的当事人，应当对该法律关系变更、消灭或者权利受到妨害的基本事实承担举证证明责任。在本案中，被告四海公司应当就原告的权利消灭，即自己已经履行付款义务承担举证责任，因此，选

---

[1] A　[2] AC　[3] AC

项 A 与 C 的事实构成被告四海公司合理履行付款义务的事实，因此，选项 A 与选项 C 是本题的答案。

在本案诉讼中，选项 B 付某是五环公司的业务员，以及选项 D 付某将收取的货款交到五环公司，是五环公司的内部关系，不影响对本案被告四海公司是否合理履行付款义务的判断，因此，这两项事实无需由被告四海公司承担证明责任，故选项 B 与选项 D 不是本题的答案。

97. 根据案情和法律规定，付某参加（参与）诉讼，在诉讼中所居地位是：[1]

    A. 共同原告   B. 共同被告

    C. 无独立请求权第三人   D. 证人

【解析】在本案中，付某作为五环公司的业务员，根据五环公司的授权代为接受四海公司支付的货款，付某与本案不存在法律上的民事权利义务关系，其只是了解案件的情况，因此，付某应当是本案的证人。因此，选项 D 是本题的答案，其余选项均是不正确的。

（六）张山承租林海的商铺经营饭店，因拖欠房租被诉至饭店所在地甲法院，法院判决张山偿付林海房租及利息，张山未履行判决。经律师调查发现，张山除所居住房以外，其名下另有一套房屋，林海遂向该房屋所在地乙法院申请执行。乙法院对该套房屋进行查封拍卖。执行过程中，张山前妻宁虹向乙法院提出书面异议，称两人离婚后该房屋已由丙法院判决归其所有，目前尚未办理房屋变更登记手续。（2015/3/98～100）

请回答第 98～100 题。

98. 对于宁虹的异议，乙法院的正确处理是：[2]

    A. 应当自收到异议之日起 15 日内审查

    B. 若异议理由成立，裁定撤销对该房屋的执行

    C. 若异议理由不成立，裁定驳回

    D. 应当告知宁虹直接另案起诉

【解析】根据《民事诉讼法》第 238 条的规定，执行过程中，案外人对执行标的提出书面异议的，人民法院应当自收到书面异议之日起十五日内审查，理由成立的，裁定中止对该标的的执行；理由不成立的，裁定驳回。因此，选项 A 与 C 是正确的，选项 B 与 D 是不正确的。

99. 如乙法院裁定支持宁虹的请求，林海不服提出执行异议之诉，有关当事人的诉讼地位是：[3]

    A. 林海是原告，张山是被告，宁虹是第三人

    B. 林海和张山是共同原告，宁虹是被告

    C. 林海是原告，张山和宁虹是共同被告

    D. 林海是原告，宁虹是被告，张山视其态度而定

【解析】根据《民诉解释》第 306 条的规定，申请执行人提起执行异议之诉的，以案外人为被告。被执行人反对申请执行人主张的，以案外人和被执行人作为共同被告；被执行人不反对申请执行人主张的，可以列被执行人为第三人。本题中，被执行人张山是否反对申请人林海的主张，题干信息中未明确，因此，选项 D 是本题的答案，其余选项均不正确。

100. 乙法院裁定支持宁虹的请求，林海提出执行异议之诉，下列说法可成立的是：[4]

    A. 林海可向甲法院提起执行异议之诉

    B. 如乙法院审理该案，应适用普通程序

    C. 宁虹应对自己享有涉案房屋所有权承担证明责任

----

[1] D [2] AC [3] D [4] BC

D. 如林海未对执行异议裁定提出诉讼，张山可以提出执行异议之诉

【解析】根据《民诉解释》第 302 条的规定，根据《民事诉讼法》第 234 条规定，案外人、当事人对执行异议裁定不服，自裁定送达之日起 15 日内向人民法院提起执行异议之诉的，由执行法院管辖。本题的执行法院是房屋所在地乙法院，因此，选项 A 是不成立的。

根据《民诉解释》第 308 条的规定，人民法院审理执行异议之诉案件，适用普通程序。因此，选项 B 是成立的。

根据《民诉解释》第 309 条的规定，案外人或者申请执行人提起执行异议之诉的，案外人应当就其对执行标的享有足以排除强制执行的民事权益承担举证证明责任。因此，选项 C 是成立的。

根据《民诉解释》第 307 条的规定，申请执行人对中止执行的裁定未提起执行异议之诉，被执行人提起执行异议之诉的，人民法院告知其另行起诉。因此，选项 D 是不成立的。

（七）甲县的葛某和乙县的许某分别拥有位于丙县的云峰公司 50% 的股份。后由于二人经营理念不合，已连续四年未召开股东会，无法形成股东会决议。许某遂向法院请求解散公司，并在法院受理后申请保全公司的主要资产（位于丁县的一块土地的使用权）。（2014/3/95 ~ 97）

请回答第 95 ~ 97 题。

95. 关于本案当事人的表述，下列说法正确的是：[1]

A. 许某是原告

B. 葛某是被告

C. 云峰公司可以是无独立请求权第三人

D. 云峰公司可以是有独立请求权第三人

【解析】本案是云峰公司的两个股东许某与葛某就云峰公司是否解散发生的争议，根据《最高人民法院关于适用〈中华人民共和国公司法〉若干问题的规定（二）（2020 修正）》第 4 条第 1 款、第 2 款的规定，股东提起解散公司诉讼应以公司为被告。原告以其他股东为被告一并提起诉讼的，人民法院应当告知原告将其他股东变更为第三人；原告坚持不予变更的，人民法院应当驳回原告对其他股东的起诉。因此，许某是本案的原告，云峰公司是本案的被告，葛某是第三人。故选项 A 是正确的，选项 B、C 与 D 是不正确的。

96. 依据法律，对本案享有管辖权的法院是：[2]

A. 甲县法院　　　　B. 乙县法院　　　　C. 丙县法院　　　　D. 丁县法院

【解析】根据《民事诉讼法》第 27 条的规定，因公司设立、确认股东资格、分配利润、解散等纠纷提起的诉讼，由公司住所地人民法院管辖。本题中，云峰公司位于丙县，因此，选项 C 的法院对本案有管辖权，其余选项的法院均无管辖权。

97. 关于许某的财产保全申请，下列说法正确的是：[3]

A. 本案是给付之诉，法院可作出保全裁定

B. 本案是变更之诉，法院不可作出保全裁定

C. 许某在申请保全时应提供担保

D. 如果法院认为采取保全措施将影响云峰公司的正常经营，应驳回保全申请

【解析】根据《最高人民法院关于适用〈中华人民共和国公司法〉若干问题的规定（二）（2020 修正）》第 3 条的规定，股东提起解散公司诉讼时，向人民法院申请财产保全或者证据

---

[1] A　[2] C　[3] CD

保全的，在股东提供担保且不影响正常经营的情形下，人民法院可予以保全。因此，选项 C 与 D 是正确的。

选项 A 与 B 仅从本案诉的种类的角度分析法院能否做出保全裁定，而忽略了公司司法解散诉讼本身的特殊性，即公司司法解散对公司存续经营可能产生的重大影响，因此，是不正确的。

（八）B 市的京发公司与 T 市的蓟门公司签订了一份海鲜买卖合同，约定交货地在 T 市，并同时约定"涉及本合同的争议，提交 S 仲裁委员会仲裁。"京发公司收货后，认为海鲜等级未达到合同约定，遂向 S 仲裁委员会提起解除合同的仲裁申请，仲裁委员会受理了该案。在仲裁规则确定的期限内，京发公司选定仲裁员李某作为本案仲裁庭的仲裁员，蓟门公司未选定仲裁员，双方当事人也未共同选定第三名仲裁员，S 仲裁委主任指定张某为本案仲裁庭仲裁员、刘某为本案首席仲裁员，李某、张某、刘某共同组成本案的仲裁庭，仲裁委向双方当事人送达了开庭通知。

开庭当日，蓟门公司未到庭，也未向仲裁庭说明未到庭的理由。仲裁庭对案件进行了审理并作出缺席裁决。在评议裁决结果时，李某和张某均认为蓟门公司存在严重违约行为，合同应解除，而刘某认为合同不应解除，拒绝在裁决书上签名。最终，裁决书上只有李某和张某的签名。

S 仲裁委员会将裁决书向双方当事人进行送达时，蓟门公司拒绝签收，后蓟门公司向法院提出撤销仲裁裁决的申请。（2014/3/98～100）

请回答第 98～100 题。

98. 关于本案中仲裁庭组成，下列说法正确的是：[1]

A. 京发公司有权选定李某为本案仲裁员

B. 仲裁委主任有权指定张某为本案仲裁员

C. 仲裁委主任有权指定刘某为首席仲裁员

D. 本案仲裁庭的组成合法

【解析】根据《仲裁法》第 31 条第 1 款的规定，当事人约定由三名仲裁员组成仲裁庭的，应当各自选定或者各自委托仲裁委员会主任指定一名仲裁员。第三名仲裁员由当事人共同选定或者共同委托仲裁委员会主任指定。第三名仲裁员是首席仲裁员。此外，根据《仲裁法》第 32 条的规定，当事人没有在仲裁规则规定的期限内约定仲裁庭的组成方式或者选定仲裁员的，由仲裁委员会主任指定。因此，选项 A、B、C 与 D 均是正确的。

99. 关于本案的裁决书，下列表述正确的是：[2]

A. 裁决书应根据仲裁庭中的多数意见，支持京发公司的请求

B. 裁决书应根据首席仲裁员的意见，驳回京发公司的请求

C. 裁决书可支持京发公司的请求，但必须有首席仲裁员的签名

D. 无论蓟门公司是否签收，裁决书自作出之日起生效

【解析】根据《仲裁法》第 53 条的规定，裁决应当按照多数仲裁员的意见作出，少数仲裁员的不同意见可以记入笔录。仲裁庭不能形成多数意见时，裁决应当按照首席仲裁员的意见作出。本题中，仲裁员李某和张某均认为蓟门公司存在严重违约行为，合同应解除，而首席仲裁员刘某认为合同不应解除。本案仲裁庭业已形成多数意见，因此，选项 A 是正确的，而选项 B 是不正确的。

---

[1] ABCD　[2] AD

根据《仲裁法》第 54 条的规定，裁决书应当由仲裁员签名，加盖仲裁委员会印章。对裁决持不同意见的仲裁员，可以签名，也可以不签名。因此，选项 C 是不正确的。

根据《仲裁法》第 57 条的规定，裁决书自作出之日起发生法律效力。因此，选项 D 是正确的。

100. 关于蓟门公司撤销仲裁裁决的申请，下列表述正确的是：[1]

A. 蓟门公司应向 S 仲裁委所在地中院提出申请

B. 法院应适用普通程序审理该撤销申请

C. 法院可以适用法律错误为由撤销 S 仲裁委的裁决

D. 法院应以缺席裁决违反法定程序为由撤销 S 仲裁委的裁决

【解析】 根据《仲裁法》第 58 条第 1 款的规定，当事人提出证据证明裁决有法定情形，可以向仲裁委员会所在地的中级人民法院申请撤销裁决，因此，选项 A 是正确的。

申请撤销仲裁裁决的案件如何审理，法律并未作出明确规定，因此，选项 B 是不正确的。

《仲裁法解释》第 24 条：当事人申请撤销仲裁裁决的案件，人民法院应当组成合议庭审理，并询问当事人。司法解释这一规定可能使部分考生将合议庭与诉讼程序相混淆进而误选 B 项。

在此，须厘清合议庭与普通程序的区别。合议庭是一类审判组织，组成合议庭并不代表适用普通程序。普通程序是诉讼程序的一种，在诉讼程序中的一审程序原则上适用普通程序，但符合简易程序规定的适用简易程序，在二审、再审程序中没有特别规定的，也适用普通程序的规定。撤销仲裁裁决案件并不实质性的解决民事争议，因此属于诉讼程序以外的一类特殊的司法审查程序，并不是诉讼程序，所以不适用普通程序的规定。

根据《仲裁法》第 58 条第 1 款的规定，当事人申请撤销仲裁裁决应提出证据证明裁决有下列情形之一：（一）没有仲裁协议的；（二）裁决的事项不属于仲裁协议的范围或者仲裁委员会无权仲裁的；（三）仲裁庭的组成或者仲裁的程序违反法定程序的；（四）裁决所根据的证据是伪造的；（五）对方当事人隐瞒了足以影响公正裁决的证据的；（六）仲裁员在仲裁该案时有索贿受贿、徇私舞弊、枉法裁决行为的。适用法律错误并非人民法院撤销仲裁裁决的法定情形，因此，选项 C 是不正确的。

根据《仲裁法》第 42 条第 2 款的规定，被申请人经仲裁庭书面通知后，无正当理由不到庭或者未经仲裁庭许可中途退庭的，仲裁庭可以缺席裁决，因此，本题中的缺席裁决并未违反《仲裁法》的规定，故选项 D 是不正确的。

（九）兴源公司与郭某签订钢材买卖合同，并书面约定本合同一切争议由中国国际经济贸易仲裁委员会仲裁。兴源公司支付 100 万元预付款后，因郭某未履约依法解除了合同。郭某一直未将预付款返还，兴源公司遂提出返还货款的仲裁请求，仲裁庭适用简易程序审理，并作出裁决，支持该请求。

由于郭某拒不履行裁决，兴源公司申请执行。郭某无力归还 100 万元现金，但可以收藏的多幅字画提供执行担保。担保期满后郭某仍无力还款，法院在准备执行该批字画时，朱某向法院提出异议，主张自己才是这些字画的所有权人，郭某只是代为保管。（2013/3/95～100）

请回答第 95～100 题。

95. 关于仲裁协议的表述，下列选项正确的是：[2]

A. 买卖合同虽已解除，但仲裁条款具有独立性，兴源公司可以据此申请仲裁

---

[1] A [2] A

B. 兴源公司返还货款的请求是基于不当得利请求权，与买卖合同无关，不应据此申请仲裁

C. 仲裁协议未约定适用简易程序，仲裁庭不应适用简易程序审理

D. 双方选择的中国国际经济贸易仲裁委员会是涉外仲裁机构，本案不具有涉外因素，应当重新选择

【解析】根据《仲裁法》第 19 条的规定，仲裁协议独立存在，合同的变更、解除、终止或者无效，不影响仲裁协议的效力。仲裁庭有权确认合同的效力。因此，选项 A 是正确的。

选项 B 中的兴源公司返还货款的请求是基于买卖合同而产生的，因此，选项 B 是不正确的。

根据《中国国际经济贸易仲裁委员会仲裁规则（2014 修订）》第 56 条第 1 项的规定，争议标的额是 500 万元以下的，适用简易程序，因此，选项 C 是不正确的。

就我国仲裁实践的发展来看，中国国际经济贸易仲裁委员会自设立之初，就是一个专业的涉外仲裁机构。但是，自 1995 年《仲裁法》实施之后，该机构改变其性质，开始受理当事人约定的国内争议案件，因此，选项 D 是不正确的。

96. 本案适用简易程序审理后，关于仲裁委员会和仲裁庭可以自行决定的事项，下列选项正确的是：[1]

A. 指定某法院的王法官担任本案仲裁员

B. 由一名仲裁员组成仲裁庭独任审理

C. 依据当事人的材料和证据书面审理

D. 简化裁决书，未写明争议事实

【解析】该题直接考查中国国际经济贸易仲裁委员会适用简易程序仲裁案件时的特殊规定。根据《仲裁法》第 13 条第 2 项的规定，仲裁委员会可以聘任曾经担任审判员 8 年以上的法官担任仲裁员，而现职法官不得作为仲裁员，因此，选项 A 是不正确的。

根据《中国国际经济贸易仲裁委员会仲裁规则（2014 修订）》第 58 条的规定，除非当事人另有约定，适用简易程序的案件，依照本规则第 28 条的规定成立独任仲裁庭审理案件。因此，选项 B 是正确的。

根据该规则第 60 条的规定，仲裁庭可以按照其认为适当的方式审理案件，可以在征求当事人意见后决定只依据当事人提交的书面材料和证据进行书面审理，也可以决定开庭审理。因此，选项 C 是正确的。

根据《仲裁法》第 54 条的规定，仲裁裁决应当写明仲裁请求、争议事实、裁决理由、裁决结果、费用负担与裁决日期，当事人协议不愿写明争议事实和裁决理由的，可以不写，因此，选项 D 是不正确的。

97. 假设在执行过程中，郭某向法院提出异议，认为本案并非合同纠纷，不属于仲裁协议约定的纠纷范围。法院对该异议正确的处理方式是：[2]

A. 裁定执行中止

B. 经过审理，裁定不予执行仲裁裁决的，同时裁定终结执行

C. 经过审理，可以通知仲裁委员会重新仲裁

D. 不予支持该异议

【解析】该题直接考查被执行人申请法院不予执行仲裁裁决制度。在本题执行过程中，郭

---

[1] BC [2] D

某作为被执行人提出异议，认为本案并非合同纠纷，不属于仲裁协议约定的纠纷范围，《仲裁法》第19条第1款：仲裁协议独立存在，合同的变更、解除、终止或者无效，不影响仲裁协议的效力。本案中的买卖合同虽已解除，但仲裁协议仍然有效。可见，本案仍受仲裁协议的约束，郭某的异议不成立，执行法院应当不予支持。因此，选项D的处理是正确的，而选项A、选项B与选项C的处理均是不正确的。

98. 针对本案中郭某拒不履行债务的行为，法院采取的正确的执行措施是：[1]

A. 依职权决定限制郭某乘坐飞机

B. 要求郭某报告当前的财产情况

C. 强制郭某加倍支付迟延履行期间的债务利息

D. 根据郭某的申请，对拖欠郭某货款的金康公司发出履行通知

【解析】该题综合性考查执行措施的运用。根据《最高人民法院关于限制被执行人高消费及有关消费的若干规定（2015修正）》第1条第1款：被执行人未按执行通知书指定的期间履行生效法律文书确定的给付义务的，人民法院可以限制其高消费。第3条第1项：被执行人为自然人的，被限制高消费后，乘坐交通工具时，不得选择飞机、列车软卧、轮船二等以上舱位。第4条规定：限制高消费一般由申请执行人提出书面申请，经人民法院审查决定；必要时人民法院可以依职权决定。选项A是正确的。

根据《民事诉讼法》第252条的规定，被执行人未按执行通知履行法律文书确定的义务，应当报告当前以及收到执行通知之日前一年的财产情况，因此，选项B是正确的。

根据《民事诉讼法》第264条的规定，被执行人未按判决、裁定和其他法律文书指定的期间履行给付金钱义务的，应当加倍支付迟延履行期间的债务利息，因此，选项C是正确的。

根据《民诉解释》第499条的规定，人民法院执行被执行人对他人的到期债权，可以作出冻结债权的裁定，并通知该他人向申请执行人履行。该他人对到期债权有异议，申请执行人请求对异议部分强制执行的，人民法院不予支持。利害关系人对到期债权有异议的，人民法院应当按照民事诉讼法第238条规定处理。对生效法律文书确定的到期债权，该他人予以否认的，人民法院不予支持，因此，选项D是正确的。

99. 如果法院批准了郭某的执行担保申请，驳回了朱某的异议，关于执行担保的效力和救济，下列选项正确的是：[2]

A. 批准执行担保后，应当裁定终结执行

B. 担保期满后郭某仍无力偿债，法院根据兴源公司申请方可恢复执行

C. 恢复执行后，可以执行作为担保财产的字画

D. 恢复执行后，既可以执行字画，也可以执行郭某的其他财产

【解析】该题直接考查执行担保的效力及恢复执行。根据《民事诉讼法》第242条的规定，在执行中，被执行人向人民法院提供担保，并经申请人同意的，人民法院可以决定暂缓执行及暂缓执行期限。被执行人逾期仍不履行的，人民法院有权执行被执行人的担保财产或者担保人的财产。因此，选项A与选项B均是不正确的。恢复执行后，除执行担保财产之外，被执行人的其他财产也属于可执行的对象范围。而选项C与选项D均是正确的。

100. 关于朱某的异议和处理，下列选项正确的是：[3]

A. 朱某应当以书面方式提出异议

B. 法院在审查异议期间，不停止执行活动，可以对字画采取保全措施和处分措施

---

[1] ABCD 〔2〕 CD 〔3〕 AC

C. 如果朱某对驳回异议的裁定不服，可以提出执行标的异议之诉

D. 如果朱某对驳回异议的裁定不服，可以申请再审

【解析】 该题直接考查案外人对执行标的的异议及其处理。根据《民事诉讼法》第238条的规定，执行过程中，案外人有权对执行标的提出书面异议，因此，选项A是正确的。

根据《最高人民法院关于适用〈中华人民共和国民事诉讼法〉执行程序若干问题的解释(2020修正)》第16条第1款规定，案外人异议审查期间，人民法院不得对执行标的进行处分，因此，选项B是不正确的。

由于本题中，申请人的执行债权是100万元金钱债权，而朱某异议的是作为执行标的的，但却与本案金钱债权无关的字画，因此，根据《民事诉讼法》第238条的规定，如果朱某对驳回异议的裁定不服，可以提出异议之诉，故选项C是正确的，而选项D是不正确的。

（十）2019年11月，A市甲区的尚学网校与B市乙区的华盛大厦在B市丙区签订了为期5年的租赁合同，约定尚学网校承租华盛公司在B市丙区盈都大厦的2层1010号房间开幼教学习班，同时约定，因履行租赁合同所发生的纠纷，协商不成由C市仲裁委员会仲裁。尚学网校同时与B市丁区的华盛公司子公司华盛物业公司签订了为期5年的物业服务合同，约定：华盛物业公司为尚学网校承租华盛公司的房间提供物业服务，如果因合同履行发生争议，协商不成，由最先起诉一方当事人住所地法院管辖。2020年5月，尚学网校不再支付租金。2020年11月，华盛公司与尚学网校达成补充协议，约定尚学网校付清拖欠租金后解除合同，如果发生争议协商不成，由原告住所地法院管辖。根据案情，回答下列问题：

1. 华盛公司欲解决尚学网校拖欠租金事宜，关于其争议解决方式，下列选项中正确选项是什么？[1]

A. 仲裁协议无效，因为同时约定了仲裁与诉讼两种争议解决方式

B. 仲裁协议失效，因为双方通过补充协议改变了争议解决方式

C. 应当通过诉讼方式解决争议

D. 应当通过仲裁方式解决争议，因为存在有效仲裁协议

【解析】 本案中，尚学网校与华盛公司之间的房屋租赁合同中约定了C市仲裁委员会仲裁，但后来签订的补充协议将争议解决方式变更为由原告住所地法院管辖，意味着双方放弃了用仲裁方式解决纠纷，因此，应通过诉讼方式解决尚学网校付清拖欠租金产生的纠纷。因此，选项B与选项C正确，而选项A与选项D不正确。

2. 如果华盛公司向法院起诉尚学网校支付拖欠的房屋租金，有管辖权的法院是哪个(些)？[2]

A. 甲区法院   B. 乙区法院

C. 丙区法院   D. B市中级法院

【解析】 华盛公司向法院起诉尚学网校支付拖欠的房屋租金系因房屋租赁合同产生的纠纷，根据《民诉解释》第28条第2款的规定，房屋租赁合同纠纷按照不动产纠纷确定管辖。根据《民事诉讼法》第34条第1项的规定，因不动产纠纷提起的诉讼，由不动产所在地法院管辖，因此，应由B市丙区法院管辖，故选项C正确，其余选项均不正确。

3. 在第2问的诉讼中，如果尚学网校主张其不再支付租金，是因为华盛公司的子公司华盛物业公司无法保障教学正常用电导致学生纷纷退班，申请法院通知华盛物业公司参加诉讼。关于华盛物业公司的诉讼地位，下列表述正确的是什么？[3]

---

[1] BC [2] C [3] D

A. 必要共同诉讼人   B. 普通共同诉讼人

C. 有独立请求权的第三人   D. 无独立请求权的第三人

【解析】根据《民事诉讼法》第 59 条第 2 款：对当事人双方的诉讼标的，第三人虽然没有独立请求权，但案件处理结果同他有法律上的利害关系的，可以申请参加诉讼，或者由人民法院通知他参加诉讼。人民法院判决承担民事责任的第三人，有当事人的诉讼权利义务。本题中，尚学网校主张其不再支付租金，是因为华盛公司的子公司华盛物业公司无法保障教学正常用电导致学生纷纷退班引起的，也就意味着，华盛公司起诉尚学网校支付拖欠租金纠纷一案的诉讼结果与华盛物业公司存在法律上的利害关系，因此，华盛物业公司系本案无独立请求权的第三人，故选项 D 正确，其余选项均不正确。

4. 如果尚学网校要求华盛物业公司赔偿因经常停电导致学生退班所造成的损失，关于其争议解决方式的下列表述，正确的是什么？[1]

A. 甲区法院有管辖权，因为存在有效协议管辖

B. 丙区法院和丁区法院有管辖权，因为本案系合同纠纷

C. 甲区法院和丁区法院有管辖权，因为本案系侵权纠纷

D. 乙区法院和丁区法院有管辖权，因为华盛物业公司是华盛公司的子公司

【解析】尚学网校与华盛物业公司签订的物业服务合同约定，因合同履行发生争议，协商不成，由最先起诉一方当事人住所地法院管辖，符合《民事诉讼法》第 35 条关于协议管辖的约定，也就是说双方约定了原告住所地法院管辖。因此，尚学网校起诉华盛物业公司侵权赔偿，应根据双方协议管辖的约定确定管辖法院，由原告尚学网校的住所地 A 市甲区法院管辖，故选项 A 正确，其余选项均不正确。

二、案例分析题

（一）案情（2018/主/4/模拟【特别说明：该题是一道典型的实体法与程序法深度融合的试题，该题民法问题的参考答案由中国政法大学刘家安教授提供，民诉法与仲裁法问题的参考答案由杨秀清教授提供】）

【案情】

甲公司中标了某地块的开发权，与乙公司签订合同，由乙公司负责建筑施工，但甲公司未支付工程款，于是甲公司和乙公司协商后重新达成协议，将甲公司之前的欠款本金 8500 万元作为对乙公司的借款，乙公司同意以未完成的工程做抵押向银行贷款 2 亿元，甲公司偿还贷款 5000 万元后剩余的 1.5 亿元作为资本继续开发。但甲公司的公章要交由乙公司保管，甲公司对外签订合同需经过乙公司同意，乙公司对外使用甲公司公章需经甲公司同意。甲乙两公司约定若发生争议，由 s 省 q 市仲裁委员会仲裁。

乙公司拿到甲公司公章后，重新做了补充协议，并加盖了甲公司公章，并且将仲裁委员会改成 g 省 c 市仲裁委员会。后来乙公司以甲公司的名义与丁公司签订购货合同，并加盖了甲公司公章。

后甲乙公司发生争议，乙公司向 g 省 c 市仲裁委员会提出仲裁申请，仲裁委员会受理后，甲公司提出管辖异议，认为仲裁协议无效，g 省 c 市仲裁委员会认为仲裁协议有效，继续审理，并作出了裁决。甲公司向法院申请撤销仲裁裁决。

后甲公司与丙公司的韩某签订房屋销售委托合同，经乙公司同意，加盖了甲公司公章，由丙公司负责销售甲公司的楼房，丙公司刚换了法定代表人，但未办理变更登记，韩某是被替换

---

[1] A

的原法定代表人（甲、乙公司派律师打听了该消息，并获知事情）。

后丙公司销售不力，甲公司向法院起诉以此解除委托合同，一审法院判决甲公司败诉，甲公司不服提起上诉，在二审诉讼中变更了诉讼请求，请求判决合同无效，并请求赔偿。

后来甲公司因负债过多，于是和戊签订了借款合同，同时签订了房屋买卖合同，约定戊借款2亿元给甲公司，若甲公司到期无法清偿，则甲公司同意用其开发的一栋楼的房屋作价偿还戊的2亿元借款本息。

因甲公司无力向乙公司支付工程款，乙公司遂罢工，导致甲公司想通过建成房屋出售后赢利的计划无法实现，遂提出解除合同。

后因甲公司负债累累，有债权人向a省b市法院对甲公司提出破产申请，a省b市法院受理了对甲公司的破产申请。之前与甲公司签订购货合同的丁公司向甲公司发货后，收到了破产通知，遂通知卡车返回。丁公司申报破产债权，被甲公司拒绝。丁公司遂向法院提起诉讼。

【问题】

根据案情回答下列问题：

1. 乙公司签订补充协议的行为是否属于表见代理？为什么？

2. 若甲公司能证明补充仲裁协议是乙公司私自用甲公司公章盖的，g省c市仲裁委员会仲裁的仲裁协议是否有效？为什么？

3. 对于g省c市仲裁委员会作出的仲裁裁决，甲公司是否可以申请撤销？若甲公司要申请撤销仲裁裁决应向哪个法院提出？

4. 甲公司与丙公司的合同是否无效？韩某的行为如何定性？为什么？

5. 甲公司是否有权解除与丙公司的委托合同？为什么？

6. 甲公司在二审中能否变更诉讼请求？为什么？

7. 若甲公司到期无法偿债，戊是否有权取得房屋的所有权？

8. 甲公司与戊的房屋买卖合同能否看成物权担保？为什么？

9. 甲公司是否有权解除与乙公司的合同？为什么？

10. a省b市法院受理甲公司的破产案件，且受理了乙公司诉甲公司的诉讼，b市法院能否将该诉讼案件移送其他法院管辖？

11. 甲公司与乙公司之间有仲裁协议，甲公司进入破产程序，甲公司与乙公司就仲裁协议约定事项发生争议，该争议应由仲裁委员会仲裁还是由法院管辖？

12 如果乙公司先起诉甲公司主张合同款项的本金，在胜诉之后再次起诉主张利息部分。是否构成重复起诉？法院应否受理？

13. 乙公司对甲公司的工程房屋是否有优先权？为什么？优先权的范围是什么？

【补充】由于案情均系18年考生回忆整理，未必准确，且我们的主要目的仍然是讲清法理，所以，在不特别纠结"18年真题的细节到底如何"的情况下，对于前述设定的案情，至少还有两问可以提出（前述案情把丁公司的角色遗忘了）：

14. 乙擅自使用甲的公章与丁公司订立购货合同，该合同的效力如何？为什么？

15. 丁公司接到破产通知后，能否指示运货卡车返回？为什么？

【参考答案与解题思路】

1. 【参考答案】乙公司签订补充协议的行为不属于表见代理，理由如下：乙公司未经甲公司授权，不享有代理权，但手中有甲公司的公章，貌似有一定代理权外观；但是，表见代理系针对善意相对人而言，而乙公司签订补充协议是以甲公司名义与自己缔约，根本不存在因善意信赖而需要保护的第三人，故不构成表见代理。

【解题思路】须理解代理的基本结构（三方当事人的结构）；在有权代理中，"自己代理"

构成代理权滥用，已属于代理概念的异常现象；一般情况下讨论"无权占有"，包括其属概念"表见代理"，均以通常之三方存在为其前提；尤其是表见代理，关键点就是"相对人有理由相信代理人有代理权的"，当无权代理人同时是相对人时，怎么可能构成表见代理呢？

【启示】本题其实一点都不难，要看民法学基础是否扎实。法考时代，主观题其实是对法学基础提出了更高的要求（其实是最基本要求），过去纯"应试技巧"的捷径比较难走了。

2. 【程序法视角参考答案】g省c市仲裁委员会的仲裁协议无效。因为根据仲裁法理论，仲裁协议是双方当事人在商事争议发生之前或者之后，通过自愿协商达成的将争议提交仲裁委员会仲裁解决的书面意思表示。因此，意思表示真实是仲裁协议的有效要件之一。本题中，若甲公司能证明补充仲裁协议是乙公司私自用甲公司公章盖的，就意味着将仲裁委员会改成g省c市仲裁委员会并非甲公司的真实意思表示，不符合仲裁协议的有效要件。

【实体法视角参考答案】本题从实体法角度作答也没有问题（感觉从实体法作答更佳）：仲裁协议无效。理由如下：甲、乙公司先前达成的仲裁条款约定的仲裁机构是s省q市仲裁委员会；更换仲裁机构构成合同变更，而合同变更须经双方合意，且须满足合同有效的诸要件；如前所述，由于补充协议中根本没有甲公司的意思表示，且不存在表见代理的情形，故此变更仲裁机构的合同条款无效。

【程序法视角解题思路】就理论而言，判断一个仲裁协议是否有效，可以从《仲裁法》第16条和《仲裁法》第17条两个角度分析，但是，究竟从哪个角度分析需要结合案情信息来确定。本题的关键信息是"乙公司拿到甲公司公章后，重新做了补充协议，改变了仲裁机构"。《仲裁法》第17条规定了仲裁协议无效的法定情形，如果考生从这个角度回答这道题就偏离了题干信息。正确回答本题，首先应确定从《仲裁法》第16条第1项规定的仲裁协议法定内容之一："请求仲裁的意思表示"入手，明确仲裁协议的有效要件；其次，结合案情分析乙公司签订的补充协议中的仲裁协议是否系甲公司的真实意思表示。

【实体法视角答题思路】从实体法上答，其实大概只需以前一问为基础加以延伸论证即可。但需要注意一个小问题，在解题时，最好从"甲公司根本无意思表示"从而在整个补充协议上根本没有"合意"并当然不生效力这一角度谈，这要比单纯谈合同无效要好；简单地说，应强调"没有协议"而不简单说"协议无效"。因为，如果你仅谈合同整体上无效，可能会被以下法条所纠缠：《民法典》第507条"合同不生效、无效、被撤销或者终止的，不影响合同中有关解决争议方法的条款的效力"。

【启示】虽然实际参考答案要求不会太高，但是，严谨永远会让你获得好的评价

3. 【参考答案】（1）对于g省c市仲裁委员会作出的仲裁裁决，甲公司可以申请撤销。（2）甲公司要申请撤销仲裁裁决，应向g省c市仲裁委员会所在的c市中级法院提出。因为仲裁委员会受理后，甲公司提出管辖异议，认为仲裁协议无效，g省c市仲裁委员会在认定仲裁协议有效的情况下作出了仲裁裁决，甲公司可以根据《仲裁法》第58条规定的"没有仲裁协议"为由申请撤销。

【解题思路】本题直接考查《仲裁法》第58条关于申请撤销仲裁裁决的法定情形与管辖法院。根据《仲裁法解释》第27条第2款的规定，当事人在仲裁程序中对仲裁协议的效力提出异议，在仲裁裁决作出后又以此为由主张撤销仲裁裁决，经审查符合《仲裁法》第58条或者《民事诉讼法》第248条、第291条规定，法院应当支持。申请撤销仲裁裁决的管辖法院是仲裁委员会所在地中级法院。

4. 【参考答案】甲公司与丙公司的合同无效，韩某的行为属于无权代表的行为。理由如下：（1）丙公司系营利法人，其法定代表人有权以公司名义对外订立合同；（2）在与甲公司订立合同时，韩某已不再担任法定代表人，已经无代表法人对外签约的资格；（3）《民法典》

第504条"法人的法定代表人或者非法人组织的负责人超越权限订立的合同,除相对人知道或者应当知道其超越权限外,该代表行为有效,订立的合同对法人或者非法人组织发生效力。"再参照有关表见代理的原理,如甲公司有理由相信韩某继续担任丙公司法定代理人,则韩某的行为可构成"表见代表",依题目给定的事实,尽管丙公司未办理法人代表变更登记,但甲公司明知韩某已不再担任丙公司法定代表人,因此,甲、丙公司之间合同无效。

【解题思路】注意审读案件事实,应该将思维导向到"代表"、"无权代理"、"表见代理"、"表见代表"等,然后把逻辑理顺。不能以"恶意串通"为理由,因为案情未提及韩某的恶意配合,故彼种思维不符合案情引导。

【启发】(1)还是需要扎实基础,知道"代表"、"代理"的区别;(2)要会读题,"未办理法人代表登记","派律师探明真实情况"。(民法上信赖保护的思想)

5.【参考答案】常规解答:甲公司不能解除与丙公司的委托合同。理由:依前题,甲、丙公司之间的委托合同不发生效力;而《民法典》规定的解除权,无论其属于何种类型(法定解除权、约定解除权、任意解除权)均针对有效合同而言,不生效的合同不存在解除的可能。

【思路与启发】履行、履行抗辩权、不能实现合同目的、解除、违约、迟延,所有这些范畴均以有效合同存在为前提。一定要有能力区分有效、无效的基本逻辑。

【存疑及进一步分析】题面有"后丙公司销售不力"的表述。须知,韩某的行为不构成有效的代表行为,其法律效果应参照狭义无权代理认定为效力待定。无论如何,在韩某已不是法定代表人的情况下,其出面订立的合同依常理不会得到丙公司的承认和履行,而材料说丙公司实际履行了该份委托销售合同,那就应该解释为该合同经当事人追认而发生了效力。如该合同做生效论,则本问可继续分析如下:(1)题面有"丙公司销售不力"的表述,并说甲公司"以此"主张解除,但销售不力不能解释为根本违约,且案情中不包括解除权条件的约定,故甲不应拥有法定解除权;(2)重要的是,即便甲公司没有法定解除权,它是否有其他解除权呢?《民法典》第933条规定:"委托人或者受托人可以随时解除委托合同。因解除合同造成对方损失的,除不可归责于该当事人的事由外,无偿委托合同的解除方应当赔偿因解除时间不当造成的直接损失,有偿委托合同的解除方应当赔偿对方的直接损失和合同履行后可以获得的利益。"据此,可以推定认为甲公司可以向丙公司主张任意解除权。

【考场应变】法考题出现歧义、漏洞,甚至错误,完全有可能。在考场上,对于可能的争议、歧义和理解角度,只有一个最佳办法:从案情的整体出发,揣摩命题人的意思(认识),顺着命题人的思维走,不要较劲,先入为主、固执己见并非明智的应试思维与得分策略。如果按这种认识走,如果按这种认识思维,建议考生仅按照前述第一种较为简单的认识思路作答即可,第二层的质疑思考可以省略。理由有二:(a)命题人不太可能透过"丙公司销售不力"这样轻巧的一句话给考生挖一个大坑(以实际履行补正了合同效力缺陷);(b)案情后续出现了甲公司在二审中"主张无效"的描述。

6.【参考答案】甲公司在二审中不能变更诉讼请求。因为根据民事诉讼原理及相关法律规定,原告的诉讼请求是法院审理与裁判的对象,原告应当在法庭辩论终结前变更诉讼请求,第二审作为第一审的续审,第二审法院应当对当事人上诉请求的有关事实和适用法律进行审理,当事人没有提出请求的,不予审理,但一审判决违反法律禁止性规定,或者损害国家利益、社会公共利益、他人合法权益的除外。

【解题思路】正确回答本题需要注意原告变更诉讼请求与原告增加新诉讼请求的区别。原告的诉讼请求是法院审理与裁判的对象,原告只能在一审法庭辩论终结前变更诉讼请求;而增加新诉讼请求是在原诉讼请求不变的情况下,增加独立的诉讼请求,原告可以在一审法庭辩论终结前增加新诉讼请求,也可以在二审程序中增加新诉讼请求。根据《民诉解释》第326条第

1款的规定，在第二审程序中，原审原告增加独立的诉讼请求或者原审被告提出反诉的，第二审人民法院可以根据当事人自愿的原则就新增加的诉讼请求或者反诉进行调解；调解不成的，告知当事人另行起诉。

7. 【参考答案】戊无权取得房屋的所有权。理由如下：（1）甲、戊公司同时订立借款合同与房屋买卖合同，构成《最高人民法院关于审理民间借贷案件适用法律若干问题的规定（2020第二次修正）》第23条第1款规定的情形（"当事人以签订买卖合同作为民间借贷合同的担保，借款到期后借款人不能还款，出借人请求履行买卖合同的，人民法院应当按照民间借贷法律关系审理。当事人根据法庭审理情况变更诉讼请求的，人民法院应当准许"）。根据该项司法解释，戊公司连基于买卖合同的债权请求权都没有，更谈不上取得房屋所有权。（2）即便当事人协议中包括"丙公司取得房屋所有权"的约定（真题在此点上究竟如何措辞，不确定），该约定也不能发生所有权变动的物权效力，因在我国民法上所有权的取得不仅要基于有效的债权合同，而且还需要完成不动产所有权转移登记。

【答题思路及启示】法考主观题尽管更侧重法理论和法律思维，但是包括司法解释在内的法源规范仍是非常重要的。回答本题（及下一题），依赖对《最高人民法院关于审理民间借贷案件适用法律若干问题的规定（2020第二次修正）》第23条第1款的了解。另外，既然题目问到房屋所有权能不能取得，还应从"物权变动"角度展开论述，答案会趋于完美。主观题的得分技巧之一便在于善于感知、抓取题目中有价值的得分点，尽己所能地围绕其展开论述。

8. 【参考答案】甲公司与戊公司之间的买卖合同不能看成物权担保，理由如下：（1）我国《民法典》第116条确立了物权法定原则；我国法上的物权担保仅限于抵押权、质权与留置权，本案所涉安排不属于法定物权担保方式；（2）即便民法理论与实务中有包括"让与担保"在内的所谓非典型担保方式，但是，一方面这些非典型担保方式并不能简单归入"物权担保"的范畴，另一方面，让与担保也从不以订立买卖合同方式表现。因此，不能认为戊取得了对甲房屋的担保物权。

【解题思路及启示】本题目考查的依旧是考生对于基础性知识的掌握。题干设问是否为担保物权，需要考生立刻关联至"物权法定"。大家可能学习过"让与担保"的方式，如何写到这个题目答案中呢？最佳方法就是采用上述答案（2）的"即便……"的表述，答案会趋于完美。主观题应尽可能把答案写得"完美"。

9. 【常规参考答案】甲公司有权解除合同，理由是：揣摩命题人意思，题面特别点出甲公司"不能实现"合同目的，而根据《民法典》第563条第4项，债务人一方迟延履行债务或者有其他违约行为致使不能实现合同目的，债权人可解除合同。本案中，债务人罢工导致了债权人不能实现目的，故甲公司可解除合同。

【疑点与分析】如前所述，考场上，在揣摩命题人意思后，就做上述作答即可。但是，这一答案其实不太经得起推敲：（a）尽管本案案情描述不全，未披露甲、乙公司施工、结算的时间、顺序等细节，但既然题面提及"甲公司无力向乙公司支付工程款"，就说明甲公司的付款义务已经到期，而乙公司继续施工就成为履行顺序在后的合同义务，据此，乙公司罢工（停工）可认定为行使《民法典》第526条的顺序履行抗辩权；而行使此项抗辩权的行为当然不能认定为违约行为，更不构成"根本违约"，则何来发包人的解除权。实践中，因发包人不及时结算，承包人不愿意继续投工投料，以停工作为保护自身利益的手段相当常见，怎可将其视为根本违约，反而赋予不及时支付工程款的一方以解除权？难道不是应该要求发包方及时支付或提供有效担保，以消除承包方的抗辩权，使其复工吗？（b）建设工程合同程序繁杂、牵涉面广，对于本题中情形，难道法院可以轻易支持不付工程款的发包人解除与承包人的施工合同？解除后怎么办？乙公司的工程款还给不给？谁来接手半拉子工程？还要不要重新招投标？

要不要重新走相关行政许可、报备、监理等所有手续？合同都解除了，乙公司还能主张建设工程优先受偿权吗（第13问）？由此可见，说可以解除，其实不仅不太符合法理，而且完全不符合实务的要求。

10.【参考答案】b市法院不能将该诉讼案件移送其他法院管辖。因为根据《企业破产法》第21条的规定，人民法院受理破产申请后，有关债务人的民事诉讼，只能向受理破产申请的人民法院提起。

【解题思路】正确回答本题务必要注意问题中的概念，该问题问的是"b市法院能否将该诉讼案件移送其他法院管辖"，即问题的关键概念是"移送"，那就是移送管辖问题，因此，答案应当是不能移送给其他法院管辖。如果改变一下问题，改为"b市法院能否将该诉讼案件交给（或者'转转给'）其他法院管辖"，即问题的关键概念是"交给"或者"转移"，那就是管辖权转移问题了，答案就应当是能够交给或者转移给其他法院管辖。因此，本题的关键在于注意区分移送管辖和管辖权转移。最高人民法院《最高人民法院关于适用〈中华人民共和国企业破产法〉若干问题的规定（二）（2020修正）》第47条第1款、第2款规定："人民法院受理破产申请后，当事人提起的有关债务人的民事诉讼案件，应当依据企业破产法第二十一条的规定，由受理破产申请的人民法院管辖。受理破产申请的人民法院管辖的有关债务人的第一审民事案件，可以依据民事诉讼法第三十八条的规定，由上级人民法院提审，或者报请上级人民法院批准后交下级人民法院审理。"由此可见，《企业破产法》及司法解释确立了与破产债务人有关的民事诉讼案件应由受理破产申请的人民法院管辖的原则；此外，对于破产债务人有关的民事诉讼案件可以适用管辖权转移制度，而非移送管辖制度。

11.【参考答案】乙公司与甲公司就仲裁协议约定事项发生争议，只要仲裁协议有效，就应当由仲裁委员会仲裁；如果仲裁协议无效，则应由受理破产申请的人民法院管辖。因为《企业破产法》第21条所确立的与破产债务人有关的民事诉讼案件应由受理破产申请的人民法院管辖的原则，只能适用于以民事诉讼方式解决争议时，对争议案件管辖法院的确定，不能对抗当事人以仲裁协议将争议案件交付仲裁委员会仲裁的意思表示，当事人订立仲裁协议的目的就在于排除法院对仲裁协议约定事项的管辖权。

【解题思路】正确回答本案的关键在于对仲裁与民事诉讼关系的理解，仲裁与民事诉讼是两种具有相同法律效力的争议解决方式，凡是具有可仲裁性的争议事项，当事人即可以通过订立有效仲裁协议排除法院对该争议事项的管辖权。

12.【参考答案】不构成重复起诉，法院应予受理。因为根据《民诉解释》第247条第1款规定，当事人就已经提起诉讼的事项在裁判生效后再次起诉，同时符合下列条件的，构成重复起诉：（一）后诉与前诉的当事人相同；（二）后诉与前诉的诉讼标的相同；（三）后诉与前诉的诉讼请求相同，或者后诉的诉讼请求实质上否定前诉裁判结果。本题中，乙公司基于同一合同关系二次起诉甲公司，"当事人"与"诉讼标的"两个要件是相同的，但利息属于法院未裁判过的新诉讼请求，不符合上述第（三）项要件，故不构成重复起诉，法院应当受理。

【解题思路】该题是一道直接考查对司法解释规定理解的试题，正确回答本题，需注意司法解释关于构成重复起诉要件的具体规定。

13.【参考答案】（1）乙公司对甲公司的工程房屋有优先权。因为根据《民法典》第807条的规定，建设工程承包人就其针对发包人的建设工程的价款债权，可以就该工程折价或者拍卖的价款优先受偿。根据此项法定优先权的规定，乙公司对其施工的工程享有优先权。另，案情第一段文字说乙同意甲以在建工程抵押贷款但没再交代相关案情，故可考虑多写一句诸如"即使该工程上有第三人的抵押权，乙公司的建设工程价款优先受偿权也优先于抵押权"。

（2）根据最高人民法院《人民法院办理执行案件规范》第945条第2款（注：类似这种

紧扣法条的出题点，最好将相关规范答出），能够主张优先权的建筑工程价款的范围包括承包人为建设工程应当支付的工作人员报酬、材料款等实际支出的费用，不包括承包人因发包人违约所造成的损失。（原文抄录）

【解题思路及启示】 从这一问题中，我们可以获得以下的解题经验与启示：对重点法条要熟悉，知道在哪里找，尤其是第二问（优先权范围），没有比考场上迅速翻到最高院批复照抄下来更好的方法。

14.**【参考答案】** 甲、丁之间的购货合同有效，因为乙虽因未得到甲公司的授权而不具有代理权，但其手握甲公司的公章，具备代理权的外观，同时这一结果也是甲公司不谨慎的行为所致，故乙公司以甲公司名义与丁订立合同的行为构成表见代理，购货合同有效。

【解题思路】 与第一问形成对比，出题人在同一段中构造两种案情，此问中的丁是第三人，应解为构成表见代理。

15.**【参考答案】** 丁公司可以通知卡车返回。根据《企业破产法》第 39 条的规定，人民法院受理破产申请时，出卖人已将买卖标的物向作为买受人的债务人发运，债务人尚未收到且未付清全部价款的，出卖人可以取回在运途中的标的物。但是，管理人可以支付全部价款，请求出卖人交付标的物。根据本题案情，人民法院已受理甲公司破产申请，丁公司尚未收到甲公司的货款，故可主张取回运途中的标的物。

【解题思路】 该问（如果有的话），是本题唯一涉及破产实体法（通常归入商法知识单元）的一问，需熟悉出卖人取回权的知识，并迅速检索到《企业破产法》第 39 条。

（二）案情（2017/4/6）

2013 年 5 月，居住在 S 市二河县的郝志强、迟丽华夫妻将二人共有的位于 S 市三江区的三层楼房出租给包童新居住，协议是以郝志强的名义签订的。2015 年 3 月，住所地在 S 市四海区的温茂昌从该楼房底下路过，被三层掉下的窗户玻璃砸伤，花费医疗费 8500 元。

就温茂昌受伤赔偿问题，利害关系人有关说法是：包童新承认当时自己开了窗户，但没想到玻璃会掉下，应属窗户质量问题，自己不应承担责任；郝志强认为窗户质量没有问题，如果不是包童新使用不当，窗户玻璃不会掉下；此外，温茂昌受伤是在该楼房院子内，作为路人的温茂昌不应未经楼房主人或使用权人同意擅自进入院子里，也有责任；温茂昌认为自己是为了躲避路上的车辆而走到该楼房旁边的，不知道这个区域已属个人私宅的范围。为此，温茂昌将郝志强和包童新诉至法院，要求他们赔偿医疗费用。

法院受理案件后，向被告郝志强、包童新送达了起诉状副本等文件。在起诉状、答辩状中，原告和被告都坚持协商过程中自己的理由。开庭审理 5 天前，法院送达人员将郝志强和包童新的传票都交给包童新，告其将传票转交给郝志强。开庭时，温茂昌、包童新按时到庭，郝志强迟迟未到庭。法庭询问包童新是否将出庭传票交给了郝志强，包童新表示 4 天之前就交了。法院据此在郝志强没有出庭的情况下对案件进行审理并作出了判决，判决郝志强与包童新共同承担赔偿责任：郝志强赔偿 4000 元，包童新赔偿 4500 元，两人相互承担连带责任。

一审判决送达后，郝志强不服，在上诉期内提起上诉，认为一审审理程序上存在瑕疵，要求二审法院将案件发回重审。包童新、温茂昌没有提起上诉。

问题：

1. 哪些（个）法院对本案享有管辖权？为什么？

2. 本案的当事人确定是否正确？为什么？

3. 本案涉及的相关案件事实应由谁承担证明责任？

4. 一审案件的审理在程序上有哪些瑕疵？二审法院对此应当如何处理？

【参考答案与解题思路】

1.【答案】S市三江区法院和S市二河县法院对本案有管辖权。《民事诉讼法》第29条规定，因侵权行为提起的诉讼，由侵权行为地或者被告住所地法院管辖。S市三江区法院为被告郝志强住所地，S市二河县法院为侵权行为地和被告包童新住所地。

【解题思路】正确解答本题需要注意两点：第一，本案被告的确定，即房屋所有权人郝志强、迟丽华与房屋承租人包童新均应作为被告。第二，本案房屋所在地S市三江区为侵权行为发生地。

2.【答案】本案一审当事人的确定不完全正确（或部分正确，或部分错误）：（1）温茂昌作为原告、郝志强、包童新作为被告正确，遗漏迟丽华为被告错误。温茂昌是受害人，与案件的处理结果有直接的利害关系，作为原告，正确；（2）《民法典》第1253条规定，建筑物、构筑物或者其他设施及其搁置物、悬挂物发生脱落坠落造成他人损害，所有人、管理人或者使用人不能证明自己没有过错的，应当承担侵权责任。郝志强为楼房所有人，包童新为楼房使用人，作为被告，正确；（3）迟丽华作为楼房的所有人之一，没有列为被告，错误。

【解题思路】解答本题的关键在于对民事诉讼中原告与被告的理解以及《民法典》关于建筑物、悬挂物坠落造成他人损害的民事责任确定的相关规定。

3.【答案】（1）郝志强为该楼所有人、包童新为该楼使用人的事实、该楼三层掉下的窗户玻璃砸伤温茂昌的事实、温茂昌受伤状况的事实、温茂昌治伤花费医疗费8500元的事实等，由温茂昌承担证明责任；（2）包童新认为窗户质量存在问题的事实，由包童新承担证明责任；（3）包童新使用窗户不当的事实、温茂昌未经楼房的主人或使用权人的同意擅自进到楼房的院子里的事实，由郝志强承担证明责任。

【解题思路】正确解答本题的关键在于对证明责任分配规则的准确适用。本题考查《民法典》第1253条关于建筑物、坠落物造成他人损害侵权纠纷证明责任分配的特殊规定。

4.【答案】（1）一审案件的审理存在如下瑕疵：第一，遗漏被告迟丽华：作为楼房所有人之一，应当作为被告参加诉讼。第二，一审法院通过包童新向郝志强送达开庭传票没有法律根据，属于违法行为；法院未依法向郝志强送达开庭传票，进而导致案件缺席判决，不符合作出缺席判决的条件，并严重限制了郝志强辩论权的行使。

（2）遗漏当事人、违法缺席判决、严重限制当事人辩论权的行使，都属于司法解释中列举的程序上严重违法、案件应当发回重审的行为，因此，二审法院应当裁定发回重审。

【解题思路】正确解答本题关于第一审程序的瑕疵需要注意两点：第一，本案中房屋所有权人之一的迟丽华应当作为本案的共同被告，不应当遗漏；第二，送达是法院向受送达人以法定程序与方法送达诉讼文书的行为，本案中法院对被告之一的郝志强的送达不合法，进而导致缺席判决不合法。正确解答本题关于第二审法院的处理主要涉及《民事诉讼法》第177条关于二审法院对上诉案件裁判的具体规定。

（三）案情（2016/4/6）

陈某转让一辆中巴车给王某但未办过户。王某为了运营，与明星汽运公司签订合同，明确挂靠该公司，王某每月向该公司交纳500元，该公司为王某代交规费、代办各种运营手续、保险等。明星汽运公司依约代王某向鸿运保险公司支付了该车的交强险费用。

2015年5月，王某所雇司机华某驾驶该中巴车致行人李某受伤，交警大队认定中巴车一方负全责，并出具事故认定书。但华某认为该事故认定书有问题，提出虽肇事车辆车速过快，但李某横穿马路没有走人行横道，对事故发生也负有责任。因赔偿问题协商无果，李某将王某和其他相关利害关系人诉至F省N市J县法院，要求王某、相关利害关系人向其赔付治疗费、误工费、交通费、护理费等费用。被告王某委托N市甲律师事务所刘律师担任诉讼代理人。

案件审理中，王某提出其与明星汽运公司存在挂靠关系、明星汽运公司代王某向保险公司交纳了该车的交强险费用、交通事故发生时李某横穿马路没走人行横道等事实；李某陈述了自己受伤、治疗、误工、请他人护理等事实。诉讼中，各利害关系人对上述事实看法不一。李某为支持自己的主张，向法院提交了因误工被扣误工费、为就医而支付交通费、请他人护理而支付护理费的书面证据。但李某声称治疗的相关诊断书、处方、药费和治疗费的发票等不慎丢失，其向医院收集这些证据遭拒绝。李某向法院提出书面申请，请求法院调查收集该证据，J县法院拒绝。

在诉讼中，李某向J县法院主张自己共花治疗费36 650元，误工费、交通费、护理费共计12 000元。被告方仅认可治疗费用15 000元。J县法院对案件作出判决，在治疗费方面支持了15 000元。双方当事人都未上诉。

一审判决生效一个月后，李某聘请N市甲律师事务所张律师收集证据、代理本案的再审，并商定实行风险代理收费，约定按协议标的额的35%收取律师费。经律师说服，医院就李某治伤的相关诊断书、处方、药费和治疗费的支付情况出具了证明，李某据此向法院申请再审，法院受理了李某的再审申请并裁定再审。

再审中，李某提出增加赔付精神损失费的诉讼请求，并要求张律师一定坚持该意见，律师将其写入诉状。

问题：

1. 本案的被告是谁？简要说明理由。

2. 就本案相关事实，由谁承担证明责任？简要说明理由。

3. 交警大队出具的事故认定书，是否当然就具有证明力？简要说明理由。

4. 李某可以向哪个（些）法院申请再审？其申请再审所依据的理由应当是什么？

5. 再审法院应当按照什么程序对案件进行再审？再审法院对李某增加的再审请求，应当如何处理？简要说明理由。

6. 根据律师执业规范，评价甲律师事务所及律师的执业行为，并简要说明理由。

【答案与解题思路】

1.【答案】本案被告得以原告的主张来加以确定：原告主张挂靠单位和被挂靠单位承担责任的，王某、明星汽运公司、鸿运保险公司为共同被告。理由：根据《民法典》第1213条的规定，机动车发生交通事故造成损害，属于该机动车一方责任的，先由承保机动车强制保险的保险人在强制保险责任限额范围内予以赔偿；不足部分，由承保机动车商业保险的保险人按照保险合同的约定予以赔偿；仍然不足或者没有投保机动车商业保险的，由侵权人赔偿。明星汽运公司为王某从事中巴车运营的被挂靠单位，根据《民诉解释》第54条规定，以挂靠形式从事民事活动，当事人请求由挂靠人和被挂靠人依法承担民事责任的，该挂靠人和被挂靠人为共同诉讼人。原告不主张挂靠单位承担责任的，王某、鸿运保险公司为共同被告。

【解题思路】正确解答本题需注意两点：第一，陈某转让一辆中巴车给王某但未办过户，明星汽运公司依约代王某向鸿运保险公司支付了该车的交强险费用，此时就产生了鸿运保险公司在强制责任保险范围内予以赔偿责任。第二，王某挂靠于明星汽运公司，就产生了王某与明星汽运公司作为必要共同诉讼人的问题。

2.【答案】王某与明星汽运公司存在挂靠关系的事实由王某承担证明责任；明星汽运公司依约代王某向鸿运保险公司交纳了该车的强制保险费用的事实由王某承担证明责任；交通事故发生时李某横穿马路没走人行通道的事实，由王某承担证明责任；李某受伤状况、治疗状况、误工状况、请他人护理状况等事实，由李某承担证明责任。理由：诉讼中，在通常情况下，谁主张事实支持自己的权利主张，由谁来承担自己所主张的事实的证明责任。本案上述事实，不存在特殊情况的情形，因此由相对应的事实主张者承担证明责任。

【解题思路】正确解答本题的关键在于对证明责任分配规则的准确适用，本题并不存在法定证明责任分配的特殊情形，应当适用《民诉解释》第 91 条关于证明责任分配一般原则的规定，即谁主张，谁举证。

3. 【答案】交警大队出具的事故认定书，不当然具有证明力。理由：在诉讼中，交警大队出具的事故认定书只是证据的一种，其所证明的事实与案件其他证据所证明的事实是否一致，以及法院是否确信该事故认定书所确认的事实，法院有权根据案件的综合情况予以判断，即该事故认定书的证明力由法院判断后确定。

【解题思路】正确解答本题的关键在于对证据证明力的理解，为此要区分证据的资格，即证据的能力与证据的证明力的关系，具备证据的客观性、关联性和合法性只是意味着具备了证据的资格，即证据的能力，但该证据的证明力则是由法院依据案件具体情况进行判断。

4. 【答案】李某可以向 F 省 N 市中级法院申请再审。因为，根据《民事诉讼法》第 210 条，再审案件原则上向原审法院的上级法院提出。本案不存在向原审法院申请再审的法定事由。再审的理由为：对审理案件需要的主要证据，当事人因客观原因不能自行收集，书面申请人民法院调查收集，人民法院未调查收集；有新的证据，足以推翻原判决。

【解题思路】本题直观考查当事人申请再审的管辖与法定情形的适用。正确解答本题需注意两个基本事实：第一，本案的生效判决是 F 省 N 市 J 县法院作出的，且本案当事人中有非公民的法人，因此，当事人应当向上一级法院申请再审。第二，本案判决生效后，李某委托的律师说服医院就李某治伤的相关诊断书、处方、药费和治疗费的支付情况出具了证明，也就是说，对于主要证据，当事人因客观原因无法收集，书面申请法院调查，法院拒绝收集；李某委托律师收集的证据可以作为新证据推翻原判决。

5. 【答案】再审法院应当按照第二审程序对案件进行再审。因为受理并裁定对案件进行再审的，是原审法院的上级法院，应当适用第二审程序对案件进行再审。

再审法院对李某增加的要求被告支付精神损失费的再审请求不予受理；且该请求也不属于可以另行起诉的情形，再审法院也不可告知另行起诉。因为，当事人在侵权诉讼中没有提出赔偿精神损害的诉讼请求，诉讼终结后，又基于同一侵权事实另行起诉请求赔偿精神损害赔偿的，人民法院不予受理。

【解题思路】该题直观考查再审程序的适用以及再审的审理范围。正确解答本题需注意两个事实：第一，本案生效判决虽然是第一审 J 县法院作出的，但当事人向其上级法院 N 市中级法院申请再审，N 市中级法院只能提审此案，而上级法院提审案件必须适用第二审程序再审。第二，再审中，李某提出增加赔付精神损失费的诉讼请求，根据《民诉解释》第 403 条第 1 款的规定，不属于再审的审理范围，且不属于可以另行起诉的内容。

6. 【答案】（1）可以适用风险代理，但风险代理收费按规定不得高于30%；（2）甲律所张律师担任李某申诉代理人，违反《律师执业行为规范（试行）》第51条第7项规定；（3）李某增加诉讼请求不符合有关规定（理由如前），律师应指出未能指出，有违"以事实为根据、以法律为准绳"的执业原则及勤勉尽责的要求。

【解题思路】该题直观考查律师执业规范的具体内容。

（四）案情（2015/4/4）

杨之元开设古玩店，因收购藏品等所需巨额周转资金，即以号称"镇店之宝"的一块雕有观音图像的翡翠（下称翡翠观音）作为抵押物，向胜洋小额贷款公司（简称胜洋公司）贷款 200 万元，但翡翠观音仍然置于杨之元店里。后，古玩店经营不佳，进入亏损状态，无力如期偿还贷款。胜洋公司遂向法院起诉杨之元。

法院经过审理，确认抵押贷款合同有效，杨之元确实无力还贷，遂判决翡翠观音归胜洋公司所有，以抵偿 200 万元贷款及利息。判决生效后，杨之元未在期限内履行该判决。胜洋公司遂向法院申请强制执行。

在执行过程中，案外人商玉良向法院提出执行异议，声称该翡翠观音属于自己，杨之元无权抵押。并称：当初杨之元开设古玩店，需要有"镇店之宝"装点门面，经杨之元再三请求，商玉良才将自己的翡翠观音借其使用半年（杨之元为此还支付了 6 万元的借用费），并约定杨之元不得处分该翡翠观音，如造成损失，商玉良有权索赔。

法院经审查，认为商玉良提出的执行异议所提出的事实没有充分的证据，遂裁定驳回商玉良的异议。

问题：

1. 执行异议被裁定驳回后，商玉良是否可以提出执行异议之诉？为什么？

2. 如商玉良认为作为法院执行根据的判决有错，可以采取哪两种途径保护自己的合法权益？

3. 与第 2 问"两种途径"相关的两种民事诉讼制度（或程序）在适用程序上有何特点？

4. 商玉良可否同时采用上述两种制度（或程序）维护自己的权益？为什么？

【答案与解题思路】

1.【答案】商玉良不可以提出执行异议之诉。因为，商玉良主张被抵押的翡翠观音属自己所有，即法院将翡翠观音用以抵偿杨之元的债务的判决是错误的，该执行异议与原判决有关，不能提起执行异议之诉。

【解题思路】正确回答本题的关键在于考生应当注意，商玉良所主张的翡翠观音是本案判决所涉及的财产，因此，其执行异议被法院裁定驳回后，只能申请再审，而不能提出异议之诉。

2.【答案】商玉良可以根据《民事诉讼法》第 59 条第 3 款规定，提起第三人撤销之诉；或根据《民事诉讼法》第 238 条规定，以案外人身份申请再审。

【解题思路】正确回答本题的关键在于考生对商玉良身份的准确判断。在胜洋公司与杨之元的诉讼中，商玉良属于有独立请求权的第三人，但因不能归责于商玉良的原因，其未参加诉讼，因此，胜洋公司与杨之元的判决生效后，商玉良认为生效判决损害其合法权益，其可以选择直接提起第三人撤销之诉救济自身合法权益，也可以选择在执行程序中提出案外人执行异议，被法院裁定驳回后以案外人身份申请再审救济其合法权益。

3.【答案】(1) 第三人撤销之诉在适用上的特点：第一，诉讼主体：有权提起第三人撤销之诉的须是当事人以外的第三人，该第三人应当具备诉的利益，即其民事权益受到了原案判决书的损害。商玉良是原告，杨之元和胜洋公司是被告。第二，诉讼客体：损害了第三人民事权益的发生法律效力的判决书。第三，提起诉讼的期限、条件与受理法院：期限是自知道或应当知道其民事权益受到损害之日起 6 个月内。条件为：因不能归责于本人的事由未参加诉讼；发生法律效力的判决的全部或者部分内容错误；判决书内容错误，损害其民事权益。受诉法院为作出生效判决的人民法院。

(2) 案外人申请再审程序特点：第一，适用一审程序进行再审的，应当追加案外人为当事人；适用二审程序进行再审的，可以进行调解，调解不成的，应撤销原判决，发回重审，并在重审中追加案外人为当事人。第二，其他程序内容与通常的再审程序基本相同。

【解题思路】该题直接考查考生对第三人撤销之诉与案外人申请再审程序特点的理解。

4.【答案】商玉良不可以同时适用上述两种制度（或程序）。

根据《民诉解释》第 301 条，第三人提起撤销之诉后，未中止生效判决、裁定、调解书执行的，执行法院对第三人依照民事诉讼法第234条规定提出的执行异议，应予审查。第三人不服驳回执行异议裁定，申请对原判决、裁定、调解书再审的，人民法院不予受理。案外人对人民法院驳回其执行异议裁定不服，认为原判决、裁定、调解书内容错误损害其合法权益的，应当根据民事诉讼法第234条规定申请再审，提起第三人撤销之诉的，人民法院不予受理。

【解题思路】正确回答本题的关键需要考生清楚，第三人撤销之诉与案外人申请均属于裁判生效后，对受到生效裁判损害其民事权益的案外人予以事后救济的方式，但是，究竟适用何种方式救济其民事权益，由案外人进行选择，两种方式不能并行。

（五）案情（2014/4/6）

赵文、赵武、赵军系亲兄弟，其父赵祖斌于2013年1月去世，除了留有一个元代青花瓷盘外，没有其他遗产。该青花瓷盘在赵军手中，赵文、赵武要求将该瓷盘变卖，变卖款由兄弟三人平均分配。赵军不同意。2013年3月，赵文、赵武到某省甲县法院（赵军居住地和该瓷盘所在地）起诉赵军，要求分割父亲赵祖斌的遗产。经甲县法院调解，赵文、赵武与赵军达成调解协议：赵祖斌留下的青花瓷盘归赵军所有，赵军分别向赵文、赵武支付人民币20万元。该款项分2期支付：2013年6月各支付5万元、2013年9月各支付15万元。

但至2013年10月，赵军未向赵文、赵武支付上述款项。赵文、赵武于2013年10月向甲县法院申请强制执行。经法院调查，赵军可供执行的款项有其在银行的存款10万元，可供执行的其他财产折价为8万元，另外赵军手中还有一把名家制作的紫砂壶，市场价值大约5万元。赵军声称其父亲留下的那个元代青花瓷盘被卖了，所得款项50万元做生意亏掉了。法院全力调查也未发现赵军还有其他的款项和财产。法院将赵军的上述款项冻结，扣押了赵军可供执行的财产和赵军手中的那把紫砂壶。

2013年11月，赵文、赵武与赵军拟达成执行和解协议：2013年12月30日之前，赵军将其在银行的存款10万元支付给赵文，将可供执行财产折价8万元与价值5万元的紫砂壶交付给赵武。赵军欠赵文、赵武的剩余债务予以免除。

此时，出现了以下情况：①赵军的朋友李有福向甲县法院报告，声称赵军手中的那把紫砂壶是自己借给赵军的，紫砂壶的所有权是自己的。②赵祖斌的朋友张益友向甲县法院声称，赵祖斌留下的那个元代青花瓷盘是他让赵祖斌保存的，所有权是自己的。自己是在一周之前（2013年11月1日）才知道赵祖斌已经去世以及赵文、赵武与赵军进行诉讼的事。③赵军的同事钱进军向甲县法院声称，赵军欠其5万元。同时，钱进军还向法院出示了公证机构制作的债权文书执行证书，该债权文书所记载的钱进军对赵军享有的债权是5万元，债权到期日是2013年9月30日。

问题：

1. 在不考虑李有福、张益友、钱进军提出的问题的情况下，如果赵文、赵武与赵军达成了执行和解协议，将产生什么法律后果？（考生可以就和解协议履行的情况作出假设）

2. 根据案情，李有福如果要对案中所提到的紫砂壶主张权利，在民事诉讼制度的框架下，其可以采取什么方式？采取相关方式时，应当符合什么条件？（考生可以就李有福采取的方式可能出现的后果作出假设）

3. 根据案情，张益友如果要对那个元代青花瓷盘所涉及的权益主张权利，在民事诉讼制度的框架下，其可以采取什么方式？采取该方式时，应当符合什么条件？

4. 根据案情，钱进军如果要对赵军主张5万元债权，在民事诉讼制度的框架下，其可以采取什么方式？为什么？

【答案与解题思路】

1. 【答案】如果赵文、赵武与赵军达成了执行和解协议，将产生的法律后果是：（1）和解协议达成后，执行程序中止；（2）如果在执行和解履行期内赵军履行了和解协议，执行程序终结，调解书视为执行完毕；（3）如果在执行期届满后，赵军没有履行执行和解协议，赵文、赵武可以申请恢复执行，也可以就履行和解协议向法院起诉，要求赵军履行和解协议的义务。如果申请恢复执行，执行将以调解书作为根据，执行和解协议失效。如果赵军履行了执行和解协议的一部分，执行时应当对该部分予以扣除。

【解题思路】该问实际上考查当事人在执行程序中达成和解协议后可能出现的法律后果，因此，分为两个方面：一方面是和解协议由当事人自觉履行完毕后产生终结执行程序的后果；另一方面，如果达成和解协议后不履行或者不完全履行，申请人可以申请法院恢复对原生效法律文书的执行，也可以就履行和解协议向法院起诉。解答该题应当注意 2018 年 3 月 1 日起实施的《最高人民法院关于执行和解若干问题的规定（2020 修正）》第 9 条对于被执行人不履行和解协议，申请人权利规定的变化。被执行人一方不履行执行和解协议的，申请执行人可以申请恢复执行原生效法律文书，也可以就履行执行和解协议向执行法院提起诉讼。

2.【答案】李有福如果要对案中所提到的紫砂壶主张权利，在赵文、赵武与赵军的案件已经进入了执行阶段的情况下，在民事诉讼制度的框架下，其可以采取的方式是：第一，提出对执行标的的异议。提出异议应当以书面的形式向甲县法院提出。第二，如果法院裁定驳回了李有福的执行标的异议，李有福可以提出案外人异议之诉。提出案外人异议之诉应当符合的条件是：（1）起诉的时间应当在收到执行法院对执行标的的异议作出驳回裁定后 15 日内；（2）管辖法院为执行法院，即甲县法院；（3）李有福作为原告，赵文、赵武作为被告，如果赵军反对李有福的主张，赵军也作为共同被告；如果赵军不反对李有福的主张，赵军作为第三人。

【解题思路】该问题考查案外人异议及其提出以及法院对案外人异议的处理，正确回答本题的关键在于需注意到案外人李有福主张实体权利所针对的紫砂壶是作为执行根据的调解书所未确定的财产，因此，无论法院是否支持李有福的异议，可能引起的都是异议之诉。如果法院支持李有福的异议，裁定中止执行，则申请人赵文、赵武提出申请人异议之诉；如果法院裁定驳回李有福的异议，则李有福提出案外人异议之诉。

3.【答案】张益友如果要对元代青花瓷盘所涉及的权益主张权利，在赵文、赵武与赵军的案件已经进入了执行阶段的情况下，在民事诉讼制度的框架中，其可以提出第三人撤销之诉；张益友提出第三人撤销之诉应当符合的条件是：（1）张益友作为原告，赵文、赵武、赵军作为被告；（2）向作出调解书的法院即甲县法院提出诉讼；（3）应当在 2013 年 11 月 1 日之后的 6 个月内提出。

【解题思路】该问题考查第三人撤销之诉，因为本题中赵文、赵武与赵军达成调解协议：赵祖斌留下的青花瓷盘归赵军所有，损害了张益友的实体权利。

4.【答案】钱进军如果要对其对赵军所享有的那 5 万元债权主张权利，在赵文、赵武与赵军的案件已经进入了执行阶段的情况下，在民事诉讼制度的框架下，其可以申请参与分配。

因为其条件符合申请参与分配的条件。按照《最高人民法院关于适用〈中华人民共和国民事诉讼法〉的解释》第 506 条第 1 款的规定，参与分配的条件包括：第一，被执行人的财产无法清偿所有债权，本案中赵军的财产不足以清偿其所有的债务。第二，被执行人为自然人或其他组织，而非法人，本案中赵军为自然人。第三，有多个申请人对同一被申请人享有债权，本案中有三个申请人对赵军享有债权。第四，申请人取得生效的执行根据或者对法院查封、扣押、冻结的财产有优先权、担保物权，本案中钱进军有经过公证的债权文书作为执行根据。第五，参与分配必须发生在执行程序开始后，被执行人的财产清偿完毕之前，本案情形与此相符。

【解题思路】该问题考查参与分配的条件。正确回答本题的关键在于需注意到作为被执行人的赵军不能清偿全部债权人的债权，而且钱进军已经取得对赵军的 5 万元的金钱执行根据，有权通过参与分配的方式公平受偿以实现自己的债权。

（六）案情（2013/4/7）

孙某与钱某合伙经营一家五金店，后因经营理念不合，孙某唆使赵龙、赵虎兄弟寻衅将钱某打伤，钱某花费医疗费 2 万元，营养费 3000 元，交通费 2000 元。钱某委托李律师向甲县法院起诉赵家兄弟，要求其赔偿经济损失 2.5 万元，精神损失 5000 元，并提供了医院诊断书、处方、出租车票、发票、目击者周某的书面证言等证据。甲县法院适用简易程序审理本案。二被告没有提供证据，庭审中承认将钱某打伤，但对赔偿金额提出异议。甲县法院最终支持了钱某的所有主张。

二被告不服，向乙市中院提起上诉，并向该法院承认，二人是受孙某唆使。钱某要求追加孙某为共同被告，赔偿损失，并要求退伙析产。乙市中院经过审查，认定孙某是必须参加诉讼的当事人，遂通知孙某参加调解。后各方达成调解协议，钱某放弃精神损害赔偿，孙某即时向钱某支付赔偿金 1.5 万元，赵家兄弟在 7 日内向钱某支付赔偿金 1 万元，孙某和钱某同意继续合伙经营。乙市中院制作调解书送达各方后结案。

问题：

1. 请结合本案，简要概括钱某的起诉状或法院的一审判决书的结构和内容。（起诉状或一审判决书择一作答；二者均答时，评判排列在先者）

2. 如果乙市中院调解无效，应当如何处理？

3. 如果甲县法院重审本案，应当在程序上注意哪些特殊事项？

4. 近年来，随着社会转型的深入，社会管理领域面临许多挑战，通过人民调解、行政调解、司法调解和民事诉讼等多种渠道化解社会矛盾纠纷成为社会治理的必然选择；同时，司法改革以满足人民群众的司法需求为根本出发点，让有理有据的人打赢官司，让公平正义通过司法渠道得到彰显。请结合本案和社会发展情况，试述调解和审判在转型时期的关系。

答题要求：

1. 根据法律、司法解释规定及民事诉讼法理知识作答。

2. 观点明确，逻辑清晰，说理充分，文字通畅；

3. 请按提问顺序逐一作答，总字数不得少于 600 字。

【答案与解题思路】

1. **【解析】**起诉状与一审判决书格式略。

2. **【答案】**第一，对于原审原告钱某要求追加孙某作为共同被告，乙市中院调解无效，应裁定撤销甲县法院的判决，发回甲县法院重审，但发回重审的裁定不应列入被追加为共同被告的孙某。第二，对于原审原告钱某增加的退伙析产的诉讼请求，乙市中院调解无效的，应告知钱某另行起诉。

【解题思路】正确解答本题的关键在于准确分析乙市中院的二审中有哪些特殊事项需要处理。考生应当注意到，在本案二审程序中，原审原告钱某要求追加孙某作为共同被告，并新增加了退伙析产的诉讼请求。

3. **【答案】**如果甲县法院重审本案，应当在程序上注意以下特殊事项：第一，重审本案应当适用普通程序，而不得适用简易程序。第二，应当按照第一审程序另行组成合议庭，而不得适用独任制。第三，重审本案时应当追加孙某作为共同被告。

【解题思路】正确解答本题的关键在于考生首先要熟悉《民事诉讼法》第 41 条第 3 款、第 4 款对发回重审时的具体程序要求，即发回重审时，重审法院应当适用普通程序，而不得适用简易程序；此外，重审法院按照第一审程序另行组成合议庭，而不得适用独任制。此外，结合本案例，发回重审时还涉及追加孙某作为共同被告的程序问题。

4.【答案】调解和审判在转型时期的关系。（略）

【解题思路】回答本题应当注意三点：第一，简要回答调解及其特点；第二，简要回答审判及其特点；第三，回答调解与审判之间的关系。

法大法考

2024年国家法律职业资格考试

金题解析

刑事诉讼法
（第五册）

法律职业资格考试培训中心（学院）◎编著

肖沛权◎编写

中国政法大学出版社

2024·北京

图书在版编目（ＣＩＰ）数据

2024 年国家法律职业资格考试金题解析/法律职业资格考试培训中心（学院）编著. —北京：中国政法大学出版社，2024.4

ISBN 978-7-5764-1279-6

Ⅰ.①2… Ⅱ.①法… Ⅲ.①法律工作者－资格考试－中国－题解 Ⅳ.①D920.4

中国国家版本馆 CIP 数据核字(2024)第 007775 号

出 版 者　　中国政法大学出版社

地　　　址　　北京市海淀区西土城路 25 号

邮寄地址　　北京 100088 信箱 8034 分箱　邮编 100088

网　　　址　　http://www.cuplpress.com（网络实名：中国政法大学出版社）

电　　　话　　010-58908285(总编室) 58908433（编辑部）58908334(邮购部)

承　　印　　固安华明印业有限公司

开　　本　　787mm×1092mm　1/16

印　　张　　112.75

字　　数　　2800 千字

版　　次　　2024 年 4 月第 1 版

印　　次　　2024 年 4 月第 1 次印刷

定　　价　　372.00 元（全八册）

序　言

2001 年《中华人民共和国法官法》《中华人民共和国检察官法》《中华人民共和国律师法》修正案相继通过。其中规定，国家对初任法官、检察官和取得律师资格实行统一的司法考试制度，这标志着我国正式确立了统一的司法考试制度，这是我国司法改革的一项重大举措。党的十八大以来，党中央和习近平总书记高度重视司法考试工作。2015 年 6 月 5 日，习近平总书记主持召开中央全面深化改革领导小组第十三次会议，审议通过了《关于完善国家统一法律职业资格制度的意见》，明确要将现行司法考试制度调整为国家统一法律职业资格考试制度。2017 年 9 月 1 日《全国人民代表大会常务委员会关于修改〈中华人民共和国法官法〉等八部法律的决定》审议通过，明确法律职业人员考试的范围，规定取得法律职业资格的条件等内容，定于 2018 年开始实施国家统一法律职业资格考试制度。这一改革对提高人才培养质量，提供依法治国保障，对全面推进依法治国，建设社会主义法治国家具有重大而深远的意义。

中国政法大学作为国家的双一流重点大学，以拥有作为国家一级重点学科的法学学科见长，其法学师资队伍汇聚了一大批国内外知名法学家。他们不仅是法学教育园地的出色耕耘者，也是国家立法和司法战线的积极参与者。他们积累了法学教育和法律实践的丰富经验，取得了大量有影响的科研成果。

国家统一司法考试实施以来，我校专家学者在参与司法考试的制度建设和题库建设中做出了许多贡献，在此期间我校不仅有一批长期参加国家司法考试题库建设和考题命制的权威专家，也涌现出众多在国家司法考试培训中经验丰富和业绩突出的名师。伴随着司法考试改革，我校对法律职业资格考试进行更深入的分析研究，承继司法考试形成了强大的法律职业资格考试研究阵容和师资团队。

2005 年我校成立了中国高校首家司法考试学院。该院本着教学、科研和培训一体化的宗旨，承担着在校学生和社会考生司法考试培训任务。司法考试学院成立后，选拔了一批在司法考试方面的权威专家和名师，精心编写了中国政法大学《国家司法考试金题解析》作为考生考前提高应试能力的教材。伴随着 2018 年司法考试改革，我院根据法律职业资格考试内容及大纲对本书进行了全面修订，本书更名为《国家法律职业资格考试金题解析》。

法律职业资格考试中心（原司法考试学院）组织编写的此书紧扣国家法律职业资格考试大纲，较为系统地梳理真题及对应的考点，以帮助学生全面地掌握知识点。对每个考点涉及的法条和理论进行详细解读，有助于考生加深对重点考点的理解和掌握。全书渗透着编写教师多

年的教学经验，体现着国家法律职业资格考试的规律，帮助考生精准把握考试内容。本书将会对广大备考人员学习、理解和掌握国家法律职业资格考试的知识内容和应试方法具有积极的引导与促进作用，为考生提高考场实战能力提供支持和帮助。最后，对编写本套教材的各位老师辛勤付出表示感谢！编委会成员（按姓氏笔画排序）：方鹏、兰燕卓、叶晓川、安晋城、杨秀清、邹龙妹、宋亚伟、肖沛权、贾若山、梁泽宇。

在此预祝各位考生在国家法律职业资格考试中一举通过。

中国政法大学法律职业资格考试中心

（原中国政法大学司法考试学院）

目　录

第一章　刑事诉讼法概述

第一节　刑事诉讼法的概念

一、刑事诉讼法与刑法的关系（刑事诉讼法的工具价值与独立价值）

1. 刑事诉讼法的独立价值之一是具有影响刑事实体法实现的功能。下列哪些选项体现了这一功能？（2016 – 2 – 64，多）[1]

A. 被告人与被害人达成刑事和解而被法院量刑时从轻处理

B. 因排除犯罪嫌疑人的口供，检察院作出证据不足不起诉的决定

C. 侦查机关对于已超过追诉期限的案件不予立案

D. 只有被告人一方上诉的案件，二审法院判决时不得对被告人判处重于原判的刑罚

【解析】刑事诉讼法的价值分为工具价值和独立价值。工具价值是指刑事诉讼法保障、促进刑法的实施。刑事诉讼的独立价值的含义包含以下三种：（1）刑事诉讼所规定的诉讼结构、原则、制度、程序，体现着程序本身的民主、法治、人权精神，也反映出一国刑事司法制度的进步、文明程度，是衡量社会公正的一个十分重要的指标；（2）刑事诉讼法具有弥补刑事实体法的不足并"创制"刑事实体法的功能；（3）刑事诉讼法具有影响刑事实体法实现的功能。

A项，当事人和解的公诉案件诉讼程序是《刑事诉讼法》规定的一种特别程序，《刑事诉讼法》第290条规定："对于达成和解协议的案件，公安机关可以向人民检察院提出从宽处理的建议。人民检察院可以向人民法院提出从宽处罚的建议；对于犯罪情节轻微，不需要判处刑罚的，可以作出不起诉的决定。人民法院可以依法对被告人从宽处罚。"由该法条可以看出，适用当事人和解的公诉案件可以在《刑法》规定的刑罚范围以内从轻处理，表明该案件的程序选择影响了最终法院的量刑，发挥了刑事诉讼法影响刑事实体法实现的功能。因此，A项正确。

B项，非法证据排除规则属于刑事诉讼法确立的一项规则，《刑事诉讼法》第52条规定："审判人员、检察人员、侦查人员必须依照法定程序，收集能够证实犯罪嫌疑人、被告人有罪或者无罪、犯罪情节轻重的各种证据。严禁刑讯逼供和以威胁、引诱、欺骗以及其他非法方法收集证据……"目的在于严肃司法机关执法、纠正违法行为，切实保障诉讼参与人的权利，表明排除口供后对刑事诉讼程序有所影响，这一规则对于查明案件事实具有一定的限制作用，影

响了刑事实体法的实现。因此，B 项正确。

C 项，超过追诉期限，属于《刑法》规定的内容。侦查机关对于已超过追诉期限的案件不予立案，属于保障《刑法》的正确实施，根据刑事实体法的要求是不再追究刑事责任的，因此刑事诉讼法作出相应的不立案处理，并没有体现出刑事诉讼法影响、制约刑事实体法的独立价值，而是体现刑事诉讼法的工具价值。因此，C 项错误。

D 项，上诉不加刑原则属于刑事诉讼法确立的一项规则，《刑事诉讼法》第 237 条规定：第二审人民法院审理被告人或者他的法定代理人、辩护人、近亲属上诉的案件，不得加重被告人的刑罚。第二审人民法院发回原审人民法院重新审判的案件，除有新的犯罪事实，人民检察院补充起诉的以外，原审人民法院也不得加重被告人的刑罚。人民检察院提出抗诉或者自诉人提出上诉的，不受前款规定的限制。该规定影响了最终法院的量刑，发挥了影响刑事实体法实现的功能。因此，D 项正确。

综上所述，本题答案为 ABD。

2. 二审法院发现一审法院的审理违反《刑事诉讼法》关于公开审判、回避等规定的，应当裁定撤销原判、发回原审法院重新审判。关于该规定，下列哪些说法是正确的？（2012 - 2 - 65，多）[1]

A. 体现了分工负责、互相配合、互相制约的原则
B. 体现了严格遵守法定程序原则的要求
C. 表明违反法定程序严重的，应当承担相应法律后果
D. 表明程序公正具有独立的价值

【解析】A 项，"分工负责、互相配合、互相制约"原则体现的是公、检、法三机关之间的关系，而在本题题干中表现的是二审法院与一审法院上下级之间的监督制约关系。因此，A 项错误。

BC 项，根据《刑事诉讼法》规定人民法院、人民检察院和公安机关在进行刑事诉讼活动时，必须严格遵守刑事诉讼法和其他有关法律的规定，不得违反法律规定的程序和规则，更不得侵害各方当事人和其他诉讼参与人的合法权益；违反法律程序严重时，应当依法承担相应的法律后果。B 项二审法院发现一审法院的审理违反法定诉讼程序，裁定撤销原判、发回原审法院重新审判的做法是严格遵守法定程序的体现。C 项中"一审法院的审理违反《刑事诉讼法》关于公开审判、回避等规定"严重地违反法定程序，承担的相应法律后果是"被发回重审"。因此，B、C 项正确。

D 项，刑诉法具有自身独特、独立的价值，即程序正义。刑事诉讼法所规定的诉讼结构、原则、制度、程序，体现着程序本身的民主、法治、人权精神，也反映出一国刑事司法制度的进步、文明程度，是衡量社会公正的一个极为重要的指标。刑事诉讼法具有弥补刑事实体法的不足并"创制"刑事实体法的功能。即使违反了公开审判等程序，也不一定会影响对被告人定罪量刑的准确性，但是也需承担程序性制裁的后果，即"应当裁定撤销原判、发回原审法院重新审判"。因此，D 项正确。

综上所述，本题答案为 BCD。

_____

[1] BCD

二、刑事诉讼法与法治国家（刑事诉讼法与宪法的关系）

关于"宪法是静态的刑事诉讼法、刑事诉讼法是动态的宪法"，下列哪些选项是正确的？（2014-2-64，多）[1]

A. 有关刑事诉讼的程序性条款，构成各国宪法中关于人权保障条款的核心

B. 刑事诉讼法关于强制措施的适用权限、条件、程序与辩护等规定，都直接体现了宪法关于公民人身、住宅、财产不受非法逮捕、搜查、扣押以及被告人有权获得辩护等规定的精神

C. 刑事诉讼法规范和限制了国家权力，保障了公民享有宪法规定的基本人权和自由

D. 宪法关于人权保障的条款，都要通过刑事诉讼法保证刑法的实施来实现

【解析】A项，《宪法》的规范较为抽象，不利于切实执行，因此《刑事诉讼法》中规定的程序性条款起到了将宪法条文由抽象变具体的作用，在刑事诉讼中体现法治主义的程序性条款，构成了各国宪法或宪法性文件中关于人权保障条款的核心。所以A项正确。

B项，刑事诉讼法律规范中有关强制措施的使用权限、条件、程序、羁押期限、辩护、侦查、审判的原则与程序等规定，都直接体现了宪法关于公民人身、住宅、财产不受非法搜查、逮捕、扣押以及犯罪嫌疑人、被告人有权获得辩护等规定的精神。所以B项正确。

C项，刑事诉讼与公民的基本权利特别是人身自由息息相关，根据宪法的规定，公民的基本权利若非依据法律不得侵犯，因此必须对刑事诉讼中的公权力进行限制和规范。所以C项正确。

D项，宪法的许多规定，一方面，要通过刑事诉讼法保证刑法的实施来实现；另一方面，要通过刑事诉讼法本身的实施来实现。故宪法关于人权保障的条款，不都是通过刑事诉讼法保证刑法的实施来实现的。所以D项错误。

综上所述，本题答案为ABC。

第二节　刑事诉讼的基本理念

一、惩罚犯罪与保障人权

关于《刑事诉讼法》"尊重和保障人权，保护公民的人身权利、财产权利、民主权利和其他权利"的规定，下列哪一选项是正确的？（2012-2-22，单）[2]

A. 体现了以人为本、保障和维护公民基本权利和自由的理念

B. 体现了犯罪嫌疑人、被告人权利至上的理念

C. 体现了实体公正与程序公正并重的理念

D. 体现了公正优先、兼顾效率的理念

【解析】A项，刑事诉讼中的保障人权，是指在通过刑事诉讼惩罚犯罪的过程中，保障公民合法权益不受非法侵犯，体现了以人为本、保障和维护公民基本权利和自由的理念。并且保障人权是与公民有关，当然有利于保障和维护公民基本权利和自由。因此，A项正确。

B项，刑诉的保障人权是指普遍主体的人权，所有刑诉参与人及其他参与人的人权都应当得到平等保障，犯罪嫌疑人、被告人在刑事诉讼活动中是被追诉的对象，因此一旦国家的公权

---

[1]　ABC　[2]　A

力机关超出界限很容易侵犯他们的合法权益，所以他们应当是保障的重点对象，但不是强调犯罪嫌疑人、被告人的权利至上。因此，B项错误。

C项，实体公正与程序公正并重表述正确，程序公正与实体公正体现的是诉讼理念，与题目中的尊重和保障人权没有直接联系。因此，C项错误。

D项，公正优先、兼顾效率体现的是诉讼理念，公正优先、兼顾效率表述正确，但与题目中的尊重和保障人权没有直接联系。因此，D项错误。

C、D项的选项都是看似正确，但与题目中的表述没有关系故而错误，这是真题惯用的答非所问的陷阱。

综上所述，本题答案为A。

二、实体公正与程序公正

1. 社会主义法治公平正义的实现，应当高度重视程序的约束作用，避免法治活动的任意性和随意化，据此，下列哪一说法是正确的？（2014 - 2 - 22，单）[1]

A. 程序公正是实体公正的保障，只要程序公正就能实现实体公正

B. 刑事程序的公开与透明有助于发挥程序的约束作用

C. 为实现程序的约束作用，违反法定程序收集的证据均应予以排除

D. 对复杂程度不同的案件进行程序上的繁简分流会限制程序的约束作用

【解析】公正可分为实体公正和程序公正，实体公正即结果公正，程序公正即过程公正，应当同等重视，不可代替。

A项，实体的内容必须依据程序的规定才能实现，因此程序公正确实可以保证实体公正的实现。同时程序公正和实体公正还可能发生冲突，如何抉择需要进行衡量，有时采取程序公正优先原则，例如非法证据排除规则、程序的终局性等；有时则采取实体公正优先原则，例如非法证据的自由裁量规则等。因此不能说程序公正一定可以保证实体公正的实现。因此，A项错误。

B项，程序的公开与透明可以保证程序在阳光下进行，有利于对程序进行监督，更加有助于程序公正的实现。因此，B项正确。

C项，违反法定程序收集的证据可分为瑕疵证据和非法证据，根据《刑事诉讼法》的规定，若物证、书证的收集不符合法定程序，可能严重影响司法公正的，应当予以补正或者作出合理解释；不能补正或者作出合理解释的，对该证据应当予以排除。因此我们可知违反法定程序收集的证据不一定立马被排除，部分证据还有被补正和作出解释的机会。因此，C项错误。

D项，简易程序的适用是有条件的，不是随意适用，同时法律规定了一系列适用简易程序的规定，仍然存在着控辩对抗等。而且繁简分流有利于提高诉讼效率，合理配置司法资源。因此适用简易程序和限制程序的约束作用没有必然关系，因此，D项错误。

综上所述，本题答案为B。

2. 甲发现自家优质甜瓜常被人夜里偷走，怀疑乙所为。某夜，甲带上荧光恐怖面具，在乙偷瓜时突然怪叫，乙受到惊吓精神失常。甲后悔不已，主动承担乙的治疗费用。公安机关以涉嫌过失致人重伤将甲拘留，乙父母向公安机关表示已谅解甲，希望不追究甲的责任。在公安机关主持下，乙父母与甲签订和解协议，公安机关将案件移送检察院并提出从宽处理建议。下

---

[1] B

列社会主义法治理念和刑事诉讼理念的概括，哪一选项与本案处理相一致？（2012 - 2 - 23，单）[1]

A. 既要充分发挥司法功能，又要构建多元化的矛盾纠纷化解机制

B. 既要坚持法律面前人人平等，又要考虑对特殊群体区别对待

C. 既要追求公平正义，又要兼顾诉讼效率

D. 既要高度重视程序的约束作用，又不应忽略实体公正

【解析】A 项，当事人和解作为一种新型的解决纠纷方式，具有传统刑事处罚方式所不具有的优点和功能，和解的达成取决于双方当事人自由意志，充分尊重了双方当事人的主体地位，而且有利于恢复犯罪嫌疑人因犯罪而受到损害的社会关系，同时也节约了司法资源。公安机关本着有利于化解社会矛盾，修复社会关系的考虑，主持双方当事人达成和解协议，并建议检察院从宽处理，体现了刑事和解制度能够充分发挥司法功能的特点，有利于构建多元化的矛盾纠纷化解机制。因此，A 项正确。

B 项，本案并未涉及未成年人、精神病人、怀孕或者哺乳的妇女等特殊群体。而且当事人和解的公诉案件诉讼程序适用于所有群体，而非仅针对特殊群体。因此，B 项错误。

C 项，当事人和解的公诉案件诉讼程序有利于促进社会秩序的和谐稳定，有效解决纠纷。公正和效率的关系与和解没有直接关系。因此，C 项错误。

D 项，实体和程序的关系与和解没有直接关系。因此，D 项错误。

综上所述，本题答案为 A。

三、诉讼效率

1. 效率是刑事诉讼的基本理念之一，下列哪些选项体现了刑事诉讼的效率理念？（2019 仿真题）[2]

A. 被告人人数较多、案情较为复杂的案件在正式开庭审理前可以召开庭前会议

B. 检察机关可不经逮捕程序而直接起诉涉嫌交通肇事罪的犯罪嫌疑人

C. 不满十八周岁的犯罪嫌疑人符合条件的，可以适用附条件不起诉

D. 辩护人可通过申请在法庭审理中播放特定时间段的讯问录像的方式，来调查口供收集的合法性

【解析】诉讼效率是指诉讼中所投入的司法资源（包括人力、财力、设备等）与所取得的成果的比例。提高诉讼效率不仅为了节约司法成本、缓和办案经费紧张，更重要的是为了使犯罪分子及时得到惩罚，无罪的人早日免受刑事追诉，被害人也可以及时得到精神上和物质上的补偿，从而更有效地实现刑事诉讼的任务。我国《刑事诉讼法》也规定了："准确、及时地查明犯罪事实"的内容。召开庭前会议厘清案件争议焦点，提高庭审效率，有利于提高诉讼效率，A 项正确。交通肇事案件一般属于案件事实清楚、案情简单的案件，检察机关可不经逮捕程序而直接起诉涉嫌交通肇事罪的犯罪嫌疑人，有利于提高诉讼效率，B 项正确。《刑事诉讼法》第 282 条："对于未成年人涉嫌刑法分则第四章、第五章、第六章规定的犯罪，可能判处一年有期徒刑以下刑罚，符合起诉条件，但有悔罪表现的，人民检察院可以作出附条件不起诉的决定。"适用附条件不起诉，有利于未成年人案件的分流，将那些犯罪情节轻微，社区矫正较为方便的案件在审前进行分流，有利于将更多的司法资源集中到那些疑难复杂的案件上来，

实现司法资源的有效分配，从而提高诉讼效率。C项正确。《刑诉解释》第135条："法庭决定对证据收集的合法性进行调查的，由公诉人通过宣读调查、侦查讯问笔录、出示提讯登记、体检记录、对讯问合法性的核查材料等证据材料，有针对性地播放讯问录音录像，提请法庭通知有关调查人员、侦查人员或者其他人员出庭说明情况等方式，证明证据收集的合法性。"辩护人可通过申请在法庭审理中播放特定时间段的讯问录像的方式，来调查口供收集的合法性，体现非法证据排除规则，是程序公正的重要体现。D项错误。

综上所述，本题答案为ABC。

2. 诉讼效率是指诉讼中所投入的司法资源（包括人力、财力、物力等）与案件处理数量的比例。刑事诉讼法在保障公正优先的前提下尽量提高办理刑事案件的效率。下列关于刑事诉讼中的做法有哪些体现效率原则？（2018仿真题）[1]

A. 集中审理原则

B. 速裁程序

C. 在看守所派驻值班律师为犯罪嫌疑人提供法律帮助的认罪认罚案件

D. 网上远程视频开庭

【解析】A项，集中审理原则要求一个案件组成一个审判庭进行审理，每起案件自始至终应由同一法庭进行审判。在案件审理开始后尚未结束前不允许法庭再审理其他任何案件。法庭成员不得更换，集中证据调查与法庭辩论，庭审不中断并迅速作出裁判。据此，集中审理有助于提高审判效率，A正确。

B项，适用速裁程序审理案件，人民法院应当在受理后10天以内审结；对可能判处的有期徒刑超过1年的，可以延长至15日，可以看出与普通程序相比，审理期限大大缩短，体现了效率原则，B正确。

C项，值班律师为认罪认罚案件没有辩护律师的犯罪嫌疑人提供帮助，由于值班律师提供的服务对象是不特定的、广泛的，因此能够服务更多的对象，有助于司法资源合理分配和提高诉讼效率，C正确。

D项，网上远程视频开庭是简化后的开庭方式，节约时间空间资源，方便诉讼参与人参加诉讼，缩短庭审周期，有助于提高办案效率，D正确。

综上所述，本题答案为ABCD。

第三节　刑事诉讼的基本范畴

一、刑事诉讼目的

在刑事司法实践中坚持不偏不倚、不枉不纵、秉公执法原则，反映了我国刑事诉讼"惩罚犯罪与保障人权并重"的理论观点。如果有观点认为"司法机关注重发现案件真相的立足点是防止无辜者被错误定罪"，该观点属于下列哪一种学说？（2013-2-22，单）[2]

A. 正当程序主义 　　　　　　B. 形式真实发现主义

C. 积极实体真实主义 　　　　D. 消极实体真实主义

---

[1] ABCD　[2] D

【解析】实体真实主义和正当程序主义是关于刑事诉讼目的的分类的一种。

实体真实主义认为，刑事诉讼旨在追求案件实体真实的诉讼目的观。实体真实主义可分为积极实体真实主义和消极实体真实主义。积极实体真实主义，是指凡是出现了犯罪，就应当毫无遗漏地加以发现、认定并予以处罚；为不使一个犯罪人逃脱，刑事程序以发现真相为要，可能会导致无辜者被错误定罪。消极实体真实主义，是指将发现真实与保障无辜相联系的目的观，认为刑事诉讼目的在于发现实体真实，力求避免处罚无辜者，不能为了惩罚有罪者而使无辜者被错误定罪，而不单纯是无遗漏地处罚任何一个犯罪者。

正当程序主义认为并不必然追求实体上的正义，刑事诉讼的目的重在维护正当的程序。刑事诉讼对案件事实的认识能力是十分有限的，刑事诉讼中的真实只是作为认识的真实，刑事诉讼中的真实只是有限的真实，我们只能通过诉讼程序内在活动去接近这种真实。刑诉诉讼活动是否严格按照法律的规定进行是其判断公正的标准，只要刑事诉讼活动是严格按照刑事诉讼法规定的程序进行的，其结果就是公正的。其特点在于不追究案件的实体是否真实。

本题中，"司法机关注重发现案件真相的立足点是防止无辜者被错误定罪"的表达体现了消极实体真实主义的思想。因此，D项正确，A、C项错误。

B项，形式真实发现主义与正当程序主义相近，但更为严苛，在事实认定上，根据当事人之间无争议的事实或者当事人提出的证据，通过法定程序认定的事实，即认定为真实，而不一定是实体真实。因此B项错误。

综上所述，本题答案为D。

二、刑事诉讼价值

1. 刑事诉讼的效益价值既包括效率，也包括在保证社会生产方面所产生的效益，即刑事诉讼对推动社会经济发展方面的效益。下列关于刑事诉讼中的做法有哪些体现效益价值？(2018 仿真题)[1]

A. 扩大人民陪审员的参审范围

B. 简易的案件，在派出所对被告人进行视频讯问

C. 对短期内无法回国出庭作证的证人，允许进行视频作证

D. 在看守所派驻值班律师为犯罪嫌疑人提供法律帮助的认罪认罚案件

【解析】若要实现效益价值就是一定的司法资源（人力、物力、财力等）下解决更多的刑事案件。

A项，人民陪审员的作用是参与、监督司法，扩大人民陪审员的参审范围能够缓解法院案多人少的压力。A选项正确。

B项，视频讯问被告人不仅节省了往来的路程时间，同时也节省了空间资源的消耗，实现讯问方式的多元化，提升诉讼的效率。B选项正确。

C项，根据《刑诉解释》第253条："证人具有下列情形之一，无法出庭作证的，人民法院可以准许其不出庭：（一）庭审期间身患严重疾病或者行动极为不便的；（二）居所远离开庭地点且交通极为不便的；（三）身处国外短期无法回国的；（四）有其他客观原因，确实无法出庭。具有前款规定情形的，可以通过视频等方式作证。"证人若短期内无法回国属于不用出庭作证的正当理由，但是并不是免除了作证的义务，可以通过视频作证等方式替代，也节

----

[1]　ABCD

约了司法资源。因此 C 选项正确。

D 项，认罪认罚从宽制度是推进案件繁简分流的重要方式，在认罪认罚案件中一方面犯罪嫌疑人、被告人以简便的诉讼程序进行刑事诉讼，减轻了诉累；另一方面节省了司法资源，实现诉讼效率的提高，D 选项正确。

综上所述，本题答案为 ABCD。

2. 关于刑事诉讼价值的理解，下列哪一选项是错误的？（2015 - 2 - 22，单）[1]

A. 公正在刑事诉讼价值中居于核心的地位

B. 通过刑事程序规范国家刑事司法权的行使，是秩序价值的重要内容

C. 效益价值属刑事诉讼法的工具价值，而不属刑事诉讼法的独立价值

D. 适用强制措施遵循比例原则是公正价值的应有之义

【解析】A 项，公正是刑事诉讼法所要追求的首要价值，在刑事诉讼价值中居于核心的地位。因此，A 项正确，不当选。

B 项，秩序价值一方面体现为通过诉讼程序惩罚犯罪和解决社会纠纷，恢复被破坏的社会关系，另一方面体现为限制公权力的行使，防止产生新的混乱。刑事诉讼要求依据法律的规定追究犯罪，司法权的正确行使体现了秩序的价值。因此，B 项正确，不当选。

C 项，刑事诉讼法的工具价值是为了保证刑法的实施，而独立价值是刑事诉讼法的制定和适用本身也在实现着秩序、公正、效益价值，而效益是刑事诉讼法的独立价值而非工具价值，因此，C 项错误，当选。

D 项，公正价值包括程序公正和实体公正，强制措施的遵循适度原则，这是程序公正的要求。因此，D 项正确，不当选。

综上所述，本题为选非题，答案为 C。

3. 关于刑事诉讼的秩序价值的表述，下列哪些选项是正确的？（2012 - 2 - 64，多）[2]

A. 通过惩罚犯罪维护社会秩序

B. 追究犯罪的活动必须是有序的

C. 刑事司法权的行使，必须受到刑事程序的规范

D. 效率越高，越有利于秩序的实现

【解析】A、B 项，秩序价值包括：通过惩治犯罪，维护社会秩序，即恢复被犯罪破坏的社会秩序以及预防社会秩序被犯罪所破坏；追究犯罪的活动是有序的。因此，A、B 项正确。

C 项，"刑事司法权的行使，必须受到刑事程序的规范"体现了刑事诉讼中的法定程序。对刑事诉讼秩序价值的追求，意味着对抑制犯罪行为、保持社会的和平与稳定的期望，需要防止政府及其官员滥用权力而使社会成员没有安全保障。也即国家刑事司法权的行使，必须受到刑事程序的规范。因此，C 项正确。

D 项，刑事诉讼的秩序、公正、效益诸项价值都很重要，不可偏废。效率过高不一定会更有利于秩序实现，可能会扰乱秩序。因此，D 项错误。

综上所述，本题答案为 ABC。

---

[1] C [2] ABC

三、刑事诉讼职能

1. 下列关于刑事诉讼职能的表述，正确的是：（2019仿真题，单）[1]

A. 人民检察院排除侦查机关的非法证据，体现了其控诉职能

B. 证人证明被告人罪轻或无罪，体现了其辩护职能

C. 被害人在公诉和自诉案件中均承担控诉职能

D. 诉讼代理人均承担控诉职能

【解析】控诉职能指参与刑事诉讼的直接目的是提出控诉，要求追究犯罪嫌疑人、被告人的刑事责任的职能，直接目的不利于被告人。辩护职能是指针对犯罪嫌疑人或指控进行反驳，说明犯罪嫌疑或指控不存在、不成立，论证犯罪嫌疑人、被告人无罪、罪轻或者应当从轻、减轻、免除刑罚处罚的职能，直接目的有利于被告人。

A项，人民检察院排除侦查机关的非法证据的行为是法律监督职能的体现，并未体现控诉犯罪的功能，所以选项A错误。

B项，证人在刑事诉讼中不承担控诉、辩护、审判之中的任何一个职能。选项B错误。

C项，在公诉案件中，由检察院承担控诉职能，而被害人辅助检察院行使控诉职能；在自诉案件中，被害人提出控诉，承担控诉职能，故选项C正确。

D项，刑事诉讼中附带民事诉讼的诉讼代理人参加诉讼是代为追究民事责任，和刑事诉讼中的控诉职能无关，选项D错误。

综上所述，本题答案为C。

2. 下列关于刑事诉讼职能的说法哪些是正确的？（2019仿真题）[2]

A. 无论是公诉案件还是自诉案件，被害人均承担控诉职能

B. 检察机关在审判阶段提出对有利于被告人的量刑证据，属于行使控诉职能

C. 某证人出庭证明被告人的口供系刑讯逼供所得，其承担的是辩护职能

D. 公安机关侦查终结的案件移送检察院审查起诉，检察院排除了其非法取得的证据，检察院的行为体现的是控诉职能

【解析】A项，在公诉案件中，虽然追诉被认为是一种国家的职能活动，被害人不再担任原告的角色，但是作为案件的当事人，被害人依然是承担着部分控诉职能的诉讼参与人。而在自诉案件中，被害人作为自诉人，在诉讼中的地位相当于原告，承担控诉职能。A项正确。

B项，检察机关就被告人的犯罪事实进行控诉，只有在审判阶段辩护方提出有利于被告人的量刑事实时，才能对有利于被告人的量刑事实，行使控诉职能。B项正确。

C项，证人是指除当事人以外的了解案件情况并向专门机关作出陈述的人，因此证人不承担控诉、辩护、审判职能。C项错误。

D项，检察院排除非法证据，行使的是诉讼监督权而非控诉职能。D项错误。

综上所述，本题答案为AB。

四、刑事诉讼构造

1. 关于刑事诉讼构造，下列哪一选项是正确的？（2020仿真题）[3]

A. 当今世界范围内，刑事诉讼构造有职权主义、当事人主义、混合式诉讼构造和纠问式诉讼构造四种类型

---

[1] C [2] AB [3] D

B. 混合式诉讼构造是当事人主义吸收职权主义的因素形成的

C. 一个国家实行何种诉讼构造是由该国的诉讼目的和价值所决定的

D. 职权主义诉讼将诉讼的主动权委于国家专门机关

【解析】A项，目前刑事诉讼构造可分为弹劾式诉讼、纠问式诉讼、职权主义、当事人主义、混合式诉讼构造五种，而题目中缺少了弹劾式诉讼，A项错误。

B项，混合式诉讼又称"折衷主义"诉讼，是在原有的职权主义诉讼模式的基础之上大力吸收当事人主义的积极因素的结果，故B项错误。

C项，制定刑事诉讼法的目的，是由一个国家对秩序、公正、效益等诉讼价值的认识程度和水平决定，而刑事诉讼法的目的决定了一个国家的诉讼构造，即"价值"影响"目的"，"目的"决定"构造"。C项错误。

D项，职权主义将诉讼的主动权委于国家专门机关，适用于实体真实的诉讼目的。D项正确。

综上所述，本题答案为D。

2. 关于我国刑事诉讼构造，下列哪一选项是正确的？（2017-2-22 单）[1]

A. 自诉案件审理程序适用当事人主义诉讼构造

B. 被告人认罪案件审理程序中不存在控辩对抗

C. 侦查程序已形成控辩审三方构造

D. 审查起诉程序中只存在控辩关系

【解析】刑事诉讼构造指的是在刑事诉讼过程中控辩审三方的地位及其相互间的法律关系，弹劾式诉讼和纠问式诉讼为当前刑事诉讼理论通说的两种诉讼结构。1979年我国第一部《刑事诉讼法》被认为是超职权主义，后来随着《刑事诉讼法》的不断修改，吸收了当事人主义的合理因素，削弱刑事诉讼中的职权主义色彩，强调控辩双方的平等对抗，现行《刑事诉讼法》被学者称之为控辩式审判模式。

A项，我国的公诉、自诉案件的刑事诉讼构造均不是当事人主义。因此，A项错误。

B项，在审判程序中无论被告人是否认罪均存在控辩对抗。因此，B项错误。

C项，侦查阶段是侦查机关与犯罪嫌疑人的对抗，我国在侦查阶段并没有构建起控辩审三方构造的格局。因此，C项错误。

D项，在审查起诉阶段是控诉机关与犯罪嫌疑人的对抗，没有审判的参与，因此只有控辩对抗。因此，D项正确。

综上所述，本题答案为D。

3. 《中共中央关于全面深化改革若干重大问题的决定》提出"让审理者裁判、由裁判者负责"。结合刑事诉讼基本原理，关于这一表述的理解，下列哪一选项是正确的？（2016-2-22, 单)[2]

A. 体现了我国刑事诉讼职能的进一步细化与完善

B. 体现了刑事诉讼直接原则的要求

C. 体现了刑事审判的程序性特征

D. 体现了刑事审判控辩式庭审方式改革的方向

---

〔1〕 D 〔2〕 B

【解析】A项，"让审理者裁判，让裁判者负责"的重点在于法官，而非刑事诉讼职能所强调控、辩、审三方之间的关系。因此，A项错误。

B项，直接言词原则可以分为直接原则和言词原则，其中直接原则的含义即是强调法官的亲历性，让法官真正参与到法庭中，亲自听取被告人、证人及其他诉讼参与人的陈述、举证、质证。"让审理者裁判、由裁判者负责"同样也要求审理者必须直接参与裁判，体现了直接原则思想。因此，B项正确。

C项，"让审判者裁判、由裁判者负责"的含义是审判者直接参与审判并且对其作出的审判结果负责，与严格依据程序办事没有太大关系。因此，C项错误。

D项，目前我国控辩审的改革方向在于突出控辩双方的积极、平等对抗，突出控辩审三方，而"让审判者裁判、由裁判者负责"的含义是审判者直接参与审判并且对其作出的审判结果负责，强调的是审判者，与控辩双方的积极、平等对抗没有关系。因此，D项错误。

综上所述，本题答案为B。

4. 关于刑事诉讼构造，下列哪一选项是正确的？（2014 - 2 - 24，单）[1]

A. 刑事诉讼价值观决定了刑事诉讼构造

B. 混合式诉讼构造是当事人主义吸收职权主义的因素形成的

C. 职权主义诉讼构造适用于实体真实的诉讼目的

D. 当事人主义诉讼构造与控制犯罪是矛盾的

【解析】刑事诉讼构造集中体现为在刑事诉讼过程中，控辩审三方的地位及其相互间的法律关系。

A项，国家对于诉讼价值的追求影响制定法律的目的，而目的进而决定该采取怎样的诉讼构造，因此不能说价值直接决定构造，两者之间没有直接决定关系。因此，A项错误。

B项，日本在"二战"后受当事人主义诉讼模式的影响，因此在职权主义中大量吸收当事人主义因素，从而形成了以当事人主义为主，以职权主义为补充的混合式诉讼模式。因此混合式诉讼模式并不是当事人主义吸收职权主义因素形成的，而是职权主义吸收当事人主义形成的。因此，B项错误。

C项，职权主义的目的在于发现实体真实，因此国家可以发挥较大的主动权去追究犯罪，职权主义构造认为法官可以最大限度地依据自己的专业、理性、良心作出公正的判决，正确地打击犯罪。因此，C项正确。

D项，当事人主义限制国家公权力机关的职权，发挥当事人在刑事诉讼中的主要作用，更大限度地实现了程序上保障人权的诉讼目的。职权主义更强调国家公权力机关的作用，虽然侧重点不同，但是二者都是以惩罚犯罪和保障人权为目的，因此，不可以直接说当事人主义诉讼构造与控制犯罪就是矛盾的。因此，D项错误。

综上所述，本题答案为C。

5. 在刑事诉讼中，法官消极中立，通过当事人举证、辩论发现事实真相，并由当事人推动诉讼进程。这种诉讼构造属于下列哪一种类型？（2013 - 2 - 23，单）[2]

A. 职权主义   B. 当事人主义

C. 纠问主义   D. 混合主义

---

[1] C   [2] B

【解析】A 项，职权主义注重发挥国家专门机关在诉讼中的重要作用，特别是法官的主动指挥作用，适用于实体真实的诉讼目的。因此 A 项不当选。

B 项，当事人主义注重发挥当事人的作用，将开始和推动诉讼的主动权委于当事人，以当事人为主，法官在法庭上充当公断人的角色，控诉、辩护双方当事人在诉讼中居于主动地位，适用于程序上保障人权的诉讼目的。因此 B 项当选。

C 项，"纠问主义诉讼"是司法机关承担全部的犯罪追究活动，不论被害人是否诉讼，法官都可以主动追究犯罪。因此 C 项不当选。

D 项，"混合主义"综合了职权主义和当事人主义的特点，例如日本既保留了法官主动依职权调查证据的权力，又大力借鉴当事人主义的因素，注重控辩双方平等对抗。因此 D 项当选。

综上所述，本题答案为 B。

第二章　刑事诉讼的基本原则

第一节　刑事诉讼基本原则概述

关于刑事诉讼基本原则，下列哪些说法是正确的？（2014－2－65，多）[1]

A. 体现刑事诉讼基本规律，有着深厚的法律理论基础和丰富的思想内涵

B. 既可由法律条文明确表述，也可体现于刑事诉讼法的指导思想、目的、任务、具体制度和程序之中

C. 既包括一般性原则，也包括独有原则

D. 与规定具体制度、程序的规范不同，基本原则不具有法律约束力，只具有倡导性、指引性

【解析】A 项，刑事诉讼法原则的特点之一是体现刑事诉讼活动的基本规律，有着深厚的法律理论基础和丰富的思想内涵，对刑事诉讼过程具有普遍或者重大指导意义的原则。因此，A 项正确。

B 项，刑事诉讼法原则的特点之二是既可以由法律明确规定，包括宪法或宪法性文件，刑事诉讼法等，也可以体现于刑事诉讼法的指导思想、目的、任务、具体制度和程序之中。因此，B 项正确。

C 项，刑事诉讼法的基本原则分为一般原则与刑事诉讼所独有的原则，前者包括：（1）以事实为根据，以法律为准绳原则；（2）公民在法律面前一律平等原则；（3）各民族公民有权使用本民族语言文字进行诉讼原则；（4）审判公开原则；（5）保障诉讼参与人的诉讼权利原则，等等。后者包括：（1）侦查权、检察权、审判权由专门机关依法行使原则；（2）人民法院、人民检察院依法独立行使职权原则；（3）分工负责、互相配合、互相制约原则；（4）犯罪嫌疑人、被告人有权获得辩护原则，等等。因此，C 项正确。

D 项，基本原则虽然较为抽象和概括，但各项具体的诉讼制度和程序都必须与之相符合。而且，在具体诉讼制度没有作出详细规定的时候，可以直接适用刑事诉讼法的基本原则，即刑事诉讼原则具有弥补法律规定不足和填补法律漏洞的功能。因此，D 项错误。

综上所述，本题答案为 ABC。

---

[1]　ABC

第二节　严格遵守法律程序原则（程序法定原则）

关于程序法定，下列哪些说法是正确的？（2015 - 2 - 64，多）[1]

A. 程序法定要求法律预先规定刑事诉讼程序

B. 程序法定是大陆法系国家法定原则的重要内容之一

C. 英美国家实行判例制度而不实行程序法定

D. 以法律为准绳意味着我国实行程序法定

【解析】A 项，程序法定原则在于约束国家追诉权，不得因特定的案件或特定的人而事后设立刑事诉讼程序，因此程序法定原则在立法方面就要求刑事诉讼程序应当由法律事先明确规定。因此，A 项正确。

B 项，不同国家确立程序法定原则的形式有所不同。大陆法系国家程序法定原则与罪刑法定原则共同构成法定原则的内容，所以程序法定是大陆法系国家法定原则的重要内容之一。因此，B 项正确。

C 项，英美法系国家是判例法传统，注重遵循先例，正当程序原则是其确立程序法定原则的表现。因此，C 项错误。

D 项，程序法定原则要求刑事诉讼活动应当依据国家法律规定的刑事程序来进行。以法律为准绳包含两层含义，不仅要求依实体法进行裁判，同时也要严格依照程序法的规定进行裁判，所以以法律为准绳意味着我国实行程序法定。因此，D 项正确。

综上所述，本题答案为 ABD。

第三节　人民法院、人民检察院依法独立行使职权原则

人民法院、人民检察院依法独立行使职权是司法改革的重要目标。下列关于人民法院、人民检察院依法独立行使职权说法不正确的是：（2018 仿真题）[2]

A. 人民法院、人民检察院依照法律规定独立行使审判权、检察权，不受行政机关、社会团体和个人的干涉，也不受党和人大的监督

B. 人民法院工作人员在审理相关案件时，以本人或者他人名义持有与所审理案件相关的上市公司股票的，应主动申请回避

C. 健全维护司法权威的法律制度。完善惩戒妨碍司法机关依法行使职权、拒不执行生效裁判和决定、藐视法庭权威等违法犯罪行为的法律规定

D. 非因法定事由，非经法定程序，不得将法官、检察官调离、辞退或者作出免职、降级等处分

【解析】A 项，人民法院、人民检察院确实依法独立行使审判权、检察权，不受行政机关、社会团体和个人的干涉，但是仍然需要接受党的领导，接受各级人民代表大会的监督，故 A 项

---

[1]　ABD　[2]　A

表述错误。

B 项，根据《刑事诉讼法》第 29 条的规定："审判人员、检察人员、侦查人员有下列情形之一的，应当自行回避，当事人及其法定代理人也有权要求他们回避：（一）是本案的当事人或者是当事人的近亲属的；（二）本人或者他的近亲属和本案有利害关系的；（三）担任过本案的证人、鉴定人、辩护人、诉讼代理人的；（四）与本案当事人有其他关系，可能影响公正处理案件的。"因此人民法院工作人员在审理相关案件时，以本人或者他人名义持有与所审理案件相关的上市公司股票的，应主动申请回避，以实现公正与中立，故 B 项正确。

C 项，健全维护司法权威的法律制度。完善惩戒妨碍司法机关依法行使职权、拒不执行生效裁判和决定、藐视法庭权威等违法犯罪行为的法律规定属于我国刑事诉讼法中规定的人民法院、人民检察院依法独立行使职权的要求，故 C 项正确

D 项，建立健全司法人员履行法定职责保护机制。非因法定事由，非经法定程序，不得将法官、检察官调离、辞退或者作出免职、降级等处分为人民法院、人民检察院依法独立行使职权的要求之一，故 D 项正确。

综上所述，本题为选非题，本题答案为 A。

第四节　人民检察院依法对刑事诉讼实行法律监督

某市发生一起社会影响较大的绑架杀人案。在侦查阶段，因案情重大复杂，市检察院提前介入侦查工作。检察官在开展勘验、检查等侦查措施时在场，并就如何进一步收集、固定和完善证据以及适用法律向公安机关提出了意见，对已发现的侦查活动中的违法行为提出了纠正意见。关于检察院提前介入侦查，下列哪些选项是正确的？(2017 - 2 - 64 多)[1]

A. 侵犯了公安机关的侦查权，违反了侦查权、检察权、审判权由专门机关依法行使的原则

B. 体现了分工负责，互相配合，互相制约的原则

C. 体现了检察院依法对刑事诉讼实行法律监督的原则

D. 有助于严格遵守法律程序原则的实现

【解析】AB 项，分工负责指法院、检察院、公安机关在刑事诉讼中根据法律有明确的职权分工，应当在法定范围内行使职权，各司其职，各负其责，既不能相互替代，也不能相互推诿。互相配合指法院、检察院、公安机关进行刑事诉讼，应当在分工负责的基础上，相互支持，通力合作，使案件处理能上下衔接、协调一致，共同完成查明案件事实，追究、惩罚犯罪的任务。互相制约指法院、检察院、公安机关进行刑事诉讼，应当按照职能分工和程序上的设置，相互约束，相互制衡，防止发生错误或及时纠正错误，保证准确执行法律，做到不错不漏，不枉不纵。A 项检察院是合法地介入侦查活动行使监督权，并没有侵犯公安的侦查权。B 项检察院介入侦查体现了两个机关之间的制约。因此，A 项错误、B 项正确。

C 项，根据《刑事诉讼法》第 8 条及第 100 条规定，人民检察院依法对刑事诉讼实行法律监督，包括对侦查活动的监督，人民检察院在审查批准逮捕工作中，如果发现公安机关的侦查

---

[1]　BCD

活动有违法情况，应当通知公安机关予以纠正，公安机关应当将纠正情况通知人民检察院。人民检察院提前介入后纠正违法行为，体现了法律监督机关的职能。因此，C项正确。

D项，检察机关监督侦查活动的目的是为了遵守法定程序，防止程序违法出现。因此，D项正确。

综上所述，本题答案为BCD。

第五节　犯罪嫌疑人、被告人有权获得辩护

关于犯罪嫌疑人、被告人有权获得辩护原则，下列哪些说法是正确的？（2011 - 2 - 64，多）[1]

A. 在任何情况下，对任何犯罪嫌疑人、被告人都不得以任何理由限制或者剥夺其辩护权

B. 辩护权是犯罪嫌疑人、被告人最基本的诉讼权利，有关机关应当为每个犯罪嫌疑人、被告人免费提供律师帮助

C. 为保障辩护权，任何机关都有为犯罪嫌疑人、被告人提供辩护帮助的义务

D. 辩护不应当仅是形式上的，而且应当是实质意义上的

【解析】AD项，《刑事诉讼法》第11条规定，人民法院审判案件，被告人有权获得辩护，人民法院有义务保证被告人获得辩护。辩护权是犯罪嫌疑人、被告人最基本的诉讼权利，应当充分保障犯罪嫌疑人、被告人行使，不得以任何理由限制或剥夺，且仅从立法上规定辩护权的保障是远远不够的，还需要在司法实践中切实保障犯罪嫌疑人、被告人辩护权的行使。故A、D项正确。

B项，《刑事诉讼法》第35条规定："犯罪嫌疑人、被告人因经济困难或者其他原因没有委托辩护人的，本人及其近亲属可以向法律援助机构提出申请。对符合法律援助条件的，法律援助机构应当指派律师为其提供辩护。犯罪嫌疑人、被告人是盲、聋、哑人，或者是尚未完全丧失辨认或者控制自己行为能力的精神病人，没有委托辩护人的，人民法院、人民检察院和公安机关应当通知法律援助机构指派律师为其提供辩护。犯罪嫌疑人、被告人可能被判处无期徒刑、死刑，没有委托辩护人的，人民法院、人民检察院和公安机关应当通知法律援助机构指派律师为其提供辩护。"可知法律援助辩护不是为每一个犯罪嫌疑人、被告人提供，需要犯罪嫌疑人、被告人符合一定的条件才可以，故B项错误。

C项，并非任何机关都有义务提供法律援助，对于法律规定应当提供法律援助的犯罪嫌疑人、被告人，也只有公、检、法有职责通知法律援助机构指派律师为其提供辩护，故C项错误。

综上所述，本题答案为AD。

---

[1]　AD

第六节　未经人民法院依法判决对任何人都不得确定有罪

社会主义法治的公平正义，要通过法治的一系列基本原则加以体现。"未经法院依法判决，对任何人都不得确定有罪"是《刑事诉讼法》确立的一项基本原则。关于这一原则，下列哪些说法是正确的？（2013－2－64，多）[1]

A. 明确了定罪权的专属性，法院以外任何机关、团体和个人都无权行使这一权力

B. 确定被告人有罪需要严格依照法定程序进行

C. 表明我国刑事诉讼法已经全面认同和确立无罪推定原则

D. 按照该规定，可以得出疑罪从无的结论

【解析】AB项，我国《刑事诉讼法》第12条规定："未经人民法院依法判决，对任何人都不得确定有罪。"它的含义包括以下两点：明确规定了确定被告人有罪的权力（即定罪权）只能由人民法院统一行使，其他任何机关、团体和个人都无权行使。定罪权是刑事审判权的核心，人民法院作为我国唯一的审判机关，代表国家统一独立行使刑事审判权。人民法院判决被告人有罪，必须严格依照法定程序。A、B项该表述与上述相符合。因此，A、B项正确。

C项，根据《刑事诉讼法》第12条的规定，可以得出两条结论：一是定罪权只能由法院统一行使，其他任何机关都不能行使；二是，法院行使定罪权应当依法行使。根据以上两项内容无法推导出无罪推定原则，因此其只能表明我国刑事诉讼法吸收了无罪推定的精神，但是不能说我国已经确立了无罪推定原则。因此，C项错误。

D项，"疑罪从无"体现在审判阶段，根据《刑事诉讼法》第200条第三项规定，对于证据不足、不能认定被告人有罪的，人民法院应当作出证据不足、指控罪名不能成立的无罪判决。根据证明责任的分配以及现代无罪推定原则的要求，疑案要作疑罪从无处理。从无罪推定原则可以推导出疑罪从无的精神，但从人民法院专属定罪权原则不能得出疑罪从无的结论。因此，D项错误。

综上所述，本题答案为AB。

第七节　保障诉讼参与人的诉讼权利

关于保障诉讼参与人的诉讼权利原则，下列哪些选项是正确的？（2016－2－65，多）[2]

A. 是对《宪法》和《刑事诉讼法》尊重和保障人权的具体化

B. 保障诉讼参与人的诉讼权利，核心在于保护犯罪嫌疑人、被告人的辩护权

C. 要求诉讼参与人在享有诉讼权利的同时，还应承担法律规定的诉讼义务

D. 保障受犯罪侵害的人的起诉权和上诉权，是这一原则的重要内容

【解析】A项，我国《宪法》和《刑事诉讼法》均明确规定应尊重和保障人权，应保护公民的人身权利、财产权利、民主权利和其他权利，而保障诉讼参与人诉讼权利原则是尊重和保

---

[1]　AB　[2]　ABC

障人权的重要组成部分，该原则的规定是对《宪法》与《刑事诉讼法》中的人权条款进行了细化的诠释。A 项正确。

B 项，刑事诉讼的核心就是在国家专门机关和相关诉讼参与人参与下，解决犯罪嫌疑人、被告人刑事责任问题。可以说，犯罪嫌疑人、被告人是刑事诉讼活动的核心焦点。因此保障诉讼参与人的诉讼权利的核心是在于保护犯罪嫌疑人、被告人的辩护权，B 项正确。

C 项，诉讼参与人在享有诉讼权利的同时，还应当承担法律规定的诉讼义务。权利和义务是相对的。C 项正确。

D 项，刑事诉讼中受侵害的人可分为公诉案件的被害人、自诉案件的自诉人，而在公诉案件中起诉权属于检察院，被害人没有起诉权，有控告权，没有上诉权，有申请抗诉权；而在自诉案件中自诉人既有起诉权，也有上诉权。据此，保障受犯罪侵害的人在自诉案件中的起诉权和上诉权是保障诉讼参与人的诉讼权利原则的重要内容，该选项表述不完全准确，故 D 项错误。

综上所述，本题答案为 ABC。

第八节　认罪认罚从宽原则

一、基本原则

认罪认罚从宽原则是我国刑事诉讼法规定的一项基本原则。下列关于认罪认罚从宽原则的理解，说法正确的有：（2020 仿真题）[1]

A. 认罪是指犯罪嫌疑人、被告人自愿如实供述自己的罪行，对指控的犯罪事实没有异议。

B. 犯罪嫌疑人、被告人犯数罪，仅如实供述其中一罪或部分罪名事实的，全案不作"认罪"的认定，不适用认罪认罚从宽制度

C. 认罚在审查起诉阶段表现为接受人民检察院拟作出的起诉或不起诉决定，认可人民检察院的量刑建议，签署认罪认罚具结书

D. 犯罪嫌疑人、被告人虽然表示"认罚"，但不同意适用速裁程序的，不作"认罚"的认定，不适用认罪认罚从宽制度

【解析】认罪认罚从宽原则是指犯罪嫌疑人、被告人自愿如实供述自己的罪行，承认指控的犯罪事实，愿意接受处罚的，可以依法从宽处理。《刑诉解释》第 347 条规定："刑事诉讼法第十五条规定的'认罪'，是指犯罪嫌疑人、被告人自愿如实供述自己的罪行，对指控的犯罪事实没有异议。刑事诉讼法第十五条规定的'认罚'，是指犯罪嫌疑人、被告人真诚悔罪，愿意接受处罚。被告人认罪认罚的，可以依照刑事诉讼法第十五条的规定，在程序上从简、实体上从宽处理。"

A 项，根据《刑诉解释》第 347 条规定及上述解释，故 A 项正确。

B 项，犯罪嫌疑人、被告人犯数罪，仅如实供述其中一罪或部分罪名事实的，全案不作"认罪"的认定，不适用认罪认罚从宽制度。法条依据为《关于适用认罪认罚从宽制度的指导意见》第 6 条，故 B 项正确。

_____

〔1〕　ABC

C 项，根据《关于适用认罪认罚从宽制度的指导意见》中第 7 条规定，"认罚"，在审查起诉阶段表现为接受人民检察院拟作出的起诉或不起诉决定，认可人民检察院的量刑建议，签署认罪认罚具结书，故 C 项正确。

D 项，是否同意适用速裁程序不影响"认罪认罚从宽原则"的具体适用，根据《关于适用认罪认罚从宽制度的指导意见》中第 7 条规定，"认罚"考察的重点是犯罪嫌疑人、被告人的悔罪态度和悔罪表现，应当结合退赃退赔、赔偿损失、赔礼道歉等因素考量。D 项错误。

综上所述，本题答案为 ABC。

二、不同阶段认罪认罚的处理

常某和郑某交往期间骗取郑某 8 万元，后常某涉嫌诈骗犯罪被公安机关立案侦查。案件侦查终结移送审查起诉。在审查起诉阶段，常某认罪认罚，积极退还部分款项并取得郑某谅解。检察院向法院提起公诉并建议适用速裁程序。法院适用速裁程序审理。在审理中，常某辩称欺骗郑某感情为真，但并非诈骗，该款项为民间借贷，因此不接受司法机关的认定意见，并在积极退赔中。关于本案，下列说法正确的是？（2022 仿真题，单选）[1]

A. 法院当庭将量刑从重处罚
B. 常某的辩称影响"认罚"，但不影响"认罪"
C. 法院可以将速裁程序转为简易程序继续审理
D. 法院仍可按照积极退赔从宽量刑

【解析】本题考查的是认罪认罚从宽原则。

AB 项，根据《关于适用认罪认罚从宽制度的指导意见》中第 6 条规定，认罪认罚从宽原则中的"认罪"要求承认犯罪事实，如果承认指控的主要犯罪事实，仅对个别事实情节提出异议，或者虽然对行为性质提出辩解但表示接受司法机关认定意见的，不影响"认罪"的认定。本案中，常某不接受司法机关认定的意见，因此不能认定为认罪。对于原来认罪认罚，后来反悔不认罪的，应当是转换程序，而不能继续按速裁程序进行审理。因此，AB 项错误。

C 项，《刑事诉讼法》第 214 条第 1 款规定："基层人民法院管辖的案件，符合下列条件的，可以适用简易程序审判：（一）案件事实清楚、证据充分的；（二）被告人承认自己所犯罪行，对指控的犯罪事实没有异议的；（三）被告人对适用简易程序没有异议的。"由于简易程序的适用前提是要求被告人认罪，但本案中由于被告人不认罪，所以不能转为简易程序审理，只能转为普通程序继续审理。因此，C 项错误。

D 项，虽然被告人不认罪，但是其积极退赔，作为酌定量刑情节，虽然不再适用认罪认罚从宽原则，但法院仍可以根据其积极退赔从宽量刑。因此，D 项正确。

综上所述，本题答案为 D。

第九节　具有法定情形不予追究刑事责任原则

一、不予追究刑事责任的法定情形

社会主义法治要通过法治的一系列原则加以体现。具有法定情形不予追究刑事责任是《刑事

---

[1]　D

诉讼法》确立的一项基本原则，下列哪一案件的处理体现了这一原则？（2014-2-23，单）[1]

    A. 甲涉嫌盗窃，立案后发现涉案金额400余元，公安机关决定撤销案件

    B. 乙涉嫌抢夺，检察院审查起诉后认为犯罪情节轻微，不需要判处刑罚，决定不起诉

    C. 丙涉嫌诈骗，法院审理后认为其主观上不具有非法占有他人财物的目的，作出无罪判决

    D. 丁涉嫌抢劫，检察院审查起诉后认为证据不足，决定不起诉

【解析】《刑事诉讼法》第16条规定："有下列情形之一的，不追究刑事责任，已经追究的，应当撤销案件，或者不起诉，或者终止审理，或者宣告无罪：（一）情节显著轻微、危害不大，不认为是犯罪的；（二）犯罪已过追诉时效期限的；（三）经特赦令免除刑罚的；（四）依照刑法告诉才处理的犯罪，没有告诉或者撤回告诉的；（五）犯罪嫌疑人、被告人死亡的；（六）其他法律规定免予追究刑事责任的。"

A项，根据《办理盗窃刑事案件适用法律若干问题的解释》第1条第1款规定，盗窃公私财物价值1000元至3000元以上、3万元至10万元以上、30万元至50万元以上的，应当分别认定为《刑法》第264条规定的"数额较大"、"数额巨大"、"数额特别巨大"，通过上述规定可以看出，立案后侦查阶段发现涉案金额400元未达到刑法要求的起刑点，不足以追究刑事责任，属于上述（一）项，故撤销案件。因此，A项正确。

B项，根据《刑事诉讼法》第177条规定，在审查起诉环节，检察机关认为情节"显著轻微"，危害不大，根据刑法不认为是犯罪的，应当作出法定不起诉的处理；而如果检察机关认为犯罪情节"轻微"，依照刑法规定不需要判处刑罚或者免除刑罚的，可以作出酌定不起诉的处理。本题中B选项属于酌定不起诉制度。因此，B项错误。

C项，"主观上不具有非法占有他人财物的目的"的含义是被告人没有犯罪故意，因此不构成犯罪。作出无罪判决是通过开庭审理案件所作出的裁判，不属于《刑事诉讼法》第16条规定的六种不追究刑事责任的情形。因此，C项错误。

D项，丁涉嫌抢劫，检察院审查起诉后认为证据不足所作出的存疑不起诉，是指在现阶段搜集到的证据不足以支持检察院对丁提起公诉，不属于《刑事诉讼法》第16条规定的六种不追究刑事责任的情形。因此，D项错误。

综上所述，本题答案为A。

---

[1] A

第三章　刑事诉讼中的专门机关和诉讼参与人

第一节　刑事诉讼中的专门机关

1. 张某发现甲企业在生产有毒有害食品，于是向 A 县质量监督局举报。A 县质量监督局受理后经过调查发现甲企业已经构成生产有毒有害食品罪，遂将案件移送给 A 县公安局立案侦查。A 县公安局审查后作出不予立案的决定。关于张某与 A 县质量监督局的诉讼权利，下列哪一选项是正确的？（2018 仿真题）[1]

A. 张某可以向作出不予立案决定的公安机关申请复议

B. 张某可以向作出不予立案决定的公安机关的上一级公安机关申请复核

C. A 县质量监督局可以向作出不予立案决定的公安机关申请复议

D. A 县质量监督局可以向作出不予立案决定的公安机关的上一级公安机关申请复核

【解析】本案中，张某并不是控告人身份，而是举报人身份，因此不享有控告人的复议复核权。据此，A、B 选项错误。《公安部规定》第 181 条规定："移送案件的行政执法机关对不予立案决定不服的，可以在收到不予立案通知书后 3 日以内向作出决定的公安机关申请复议；公安机关应当在收到行政执法机关的复议申请后 3 日以内作出决定，并书面通知移送案件的行政执法机关。"由此可见，移送案件的行政执法机关对公安机关不立案决定不服的，可以申请复议，但不能申请复核。据此，C 项正确，D 项错误。

综上所述，本题答案为 C。

2. 某案件经中级法院一审判决后引起社会的广泛关注。为回应社会关注和保证办案质量，在案件由高级法院作出二审判决前，基于我国法院和检察院的组织体系与上下级关系，最高法院和最高检察院可采取下列哪些措施？（2017－2－65，多）[2]

A. 最高法院可听取高级法院对该案的汇报并就如何审理提出意见

B. 最高法院可召开审判业务会议对该案的实体和程序问题进行讨论

C. 最高检察院可听取省检察院的汇报并对案件事实、证据进行审查

D. 最高检察院可决定检察机关在二审程序中如何发表意见

【解析】AB 项，《最高人民法院关于规范上下级人民法院审判业务关系的若干意见》第 2 条规定："各级人民法院在法律规定范围内履行各自职责，依法独立行使审判权。"据此可知，

---

[1]　C　[2]　CD

上下级法院是一种监督和被监督的关系，上级法院不得直接干涉下级法院的具体办案。我国上下级法院之间的监督，必须通过法定程序进行，即改变管辖、二审程序、死刑复核程序、再审程序等，不能互相干涉。因此，A、B项错误。

CD项，《检察院组织法》第10条规定："最高人民检察院是最高检察机关。最高人民检察院领导地方各级人民检察院和专门人民检察院的工作，上级人民检察院领导下级人民检察院的工作。"可见，我国上下级检察院之间是领导关系，而最高人民检察院领导地方各级人民检察院和专门检察院的工作，上级人民检察院领导下级人民检察院的工作，并可以直接参与指挥下级检察院的办案活动。因此，CD项正确。

综上所述，本题答案为CD。

3. 关于公检法机关的组织体系及其在刑事诉讼中的职权，下列哪些选项是正确的？（2015－2－65，多）[1]

A. 公安机关统一领导、分级管理，对超出自己管辖的地区发布通缉令，应报有权的上级公安机关发布。

B. 基于检察一体化，检察院独立行使职权是指检察系统整体独立行使职权。

C. 检察院上下级之间是领导关系，上级检察院认为下级检察院二审抗诉不当的，可直接向同级法院撤回抗诉。

D. 法院上下级之间是监督指导关系，上级法院如认为下级法院审理更适宜，可将自己管辖的案件交由下级法院审理。

【解析】A项，《刑事诉讼法》第155条第2款规定："各级公安机关在自己管辖的地区以内，可以直接发布通缉令；超出自己管辖的地区，应当报请有权决定的上级机关发布。"因此，A项正确。

B项，检察院独立行使检察权，实质上是指检察一体化，即独立行使检察权是建立在检察系统为一个整体的基础上。我国人民检察院上下级之间是领导与被领导的关系，上级人民检察院有权就具体案件对下级人民检察院作出命令、指示。因此，B项正确。

C项，人民检察院上下级之间是领导与被领导的关系，上级人民检察院有权就具体案件对下级人民检察院作出命令、指示。但是《最高检规则》第589条第2款规定："上一级人民检察院认为抗诉不当的，应当听取下级人民检察院的意见。听取意见后，仍然认为抗诉不当的，应当向同级人民法院撤回抗诉，并且通知下级人民检察院。"可知上级人民检察院如果认为抗诉不当，可以向同级人民法院撤回抗诉，并且通知下级人民检察院。因此，C项正确。

D项，人民法院上下级之间是监督与被监督的关系。根据《刑事诉讼法》第24条规定可知，上级人民法院不能将自己管辖的案件交由下级人民法院审理，即法院应当受到级别管辖的规制，下级法院绝不可以审判应由上级法院审判的案件。因此，D项错误。

综上所述，本题答案为ABC。

---

[1] ABC

第二节　诉讼参与人

一、诉讼参与人的范围

在袁某涉嫌故意杀害范某的案件中,下列哪些人员属于诉讼参与人?(2017 - 2 - 66,多)[1]

A. 侦查阶段为袁某提供少数民族语言翻译的翻译人员

B. 公安机关负责死因鉴定的法医

C. 就证据收集合法性出庭说明情况的侦查人员

D. 法庭调查阶段就范某死因鉴定意见出庭发表意见的有专门知识的人

【解析】刑事诉讼主体是所有参与刑事诉讼活动,在刑事诉讼中享有一定权利、承担一定义务的国家专门机关和诉讼参与人。其中承担基本诉讼职能的专门机关和当事人是主要的诉讼主体,其他诉讼参与人是一般诉讼主体。国家专门机关工作人员不是诉讼参与人,他们在诉讼中的地位就是专门机关工作人员。因此,案件中的侦查人员、公诉人、法官、人民陪审员不是诉讼参与人。《刑事诉讼法》第108条第4项规定:"'诉讼参与人'是指当事人、法定代理人、诉讼代理人、辩护人、证人、鉴定人和翻译人员。"诉讼参与人包括两种:一为直接影响诉讼进程并且与诉讼结果有直接利害关系的诉讼当事人,包括犯罪嫌疑人、被告人、被害人、自诉人、附带民事诉讼的原告人和被告人;二是协助国家专门机关和诉讼当事人进行诉讼活动的其他诉讼参与人,包括法定代理人、诉讼代理人、辩护人、证人、鉴定人和翻译人员等。

A项,翻译人员属于诉讼参与人。因此,A项正确。

B项,鉴定人属于诉讼参与人。因此,B项正确。

C项,侦查人员属于专门机关人员。因此,C项错误。

D项,有专门知识的人不属于诉讼参与人。因此,D项错误。

综上所述,本题答案为AB。

二、当事人

1. 犯罪嫌疑人、被告人在刑事诉讼中享有的诉讼权利可分为防御性权利和救济性权利。下列哪些选项属于犯罪嫌疑人、被告人享有的救济性权利?(2017 - 2 - 67多)[2]

A. 侦查机关讯问时,犯罪嫌疑人有申辩自己无罪的权利

B. 对办案人员人身侮辱的行为,犯罪嫌疑人有提出控告的权利

C. 对办案机关应退还取保候审保证金而不退还的,犯罪嫌疑人有申诉的权利

D. 被告人认为一审判决量刑畸重,有提出上诉的权利

【解析】ABCD项,防御性权利,是指犯罪嫌疑人、被告人为对抗追诉方的指控、抵消其控诉效果所享有的诉讼权利。主要包括:(1)有权使用本民族语言文字进行诉讼;(2)辩护权;(3)拒绝回答权;(4)被告人有权在开庭10日以前收到起诉书副本;(5)参加法院调查权;(6)参加法庭辩论权;(7)最后陈述权;(8)反诉权。救济性权利,是指犯罪嫌疑人、被告人对国家专门机关所作的对其不利的行为、决定或裁判,要求另一专门机关予以审查并作

---

[1]　AB　[2]　BCD

出改变或撤销的诉讼权利。主要包括：（1）申请复议权，对驳回申请回避的决定的，有权申请复议；（2）控告权，对侵犯其诉讼权利和人身侮辱的行为，有权提出控告；（3）申请变更强制措施权，犯罪嫌疑人、被告人被羁押的，有权申请变更强制措施；对于人民法院、人民检察院和公安机关采取的强制措施法定期限届满的，有权要求解除；（4）申诉权；（5）上诉权。由此可知，A项属于防御性权利，BCD项属于救济性权利。因此，A项错误，BCD项正确。

综上所述，本题答案为BCD。

2. 关于刑事诉讼当事人中的被害人的诉讼权利，下列哪些选项是正确的？（2015-2-66，多）[1]

A. 撤回起诉、申请回避
B. 委托诉讼代理人、提起自诉
C. 申请复议、提起上诉
D. 申请抗诉、提出申诉

【解析】

A项，公诉案件的被害人无权撤回起诉。A项错误。

B项，公诉案件的被害人有权委托诉讼代理人。公诉案件若符合公诉转自诉条件的，被害人也可以提起自诉，因此B项正确。

C项，公诉案件被害人都有权申请复议；但是公诉案件被害人无权提起上诉，C项错误。

D项，根据《刑事诉讼法》第229条规定，公诉案件被害人不服地方各级人民法院第一审的判决的，有权申请检察院抗诉；根据《刑事诉讼法》第252条规定，被害人认为已生效裁判有错的，有权向法院或检察院申诉，D项正确。

综上所述，本题答案为BD。

3. 关于被害人在刑事诉讼中的权利，下列哪一选项是正确的？（2014-2-25，单）[2]

A. 自公诉案件立案之日起有权委托诉讼代理人
B. 对因作证而支出的交通、住宿、就餐等费用，有权获得补助
C. 对法院作出的强制医疗决定不服的，可向作出决定的法院申请复议一次
D. 对检察院作出的附条件不起诉决定不服的，可向上一级检察院申诉

【解析】A项，根据《刑事诉讼法》第46条第1款规定："公诉案件的被害人及其法定代理人或者近亲属，附带民事诉讼的当事人及其法定代理人，自案件移送审查起诉之日起，有权委托诉讼代理人。自诉案件的自诉人及其法定代理人，附带民事诉讼的当事人及其法定代理人，有权随时委托诉讼代理人。"所以A项错误。

B项，《刑事诉讼法》第65条第1款规定："证人因履行作证义务而支出的交通、住宿、就餐等费用，应当给予补助。证人作证的补助列入司法机关业务经费，由同级政府财政予以保障。"可知，该规定是证人的相关规定，与被害人无关。故B项错误。

C项，《刑事诉讼法》第305条第2款规定："被决定强制医疗的人、被害人及其法定代理人、近亲属对强制医疗决定不服的，可以向上一级人民法院申请复议。"可知，应该是向上一级法院申请复议，而不是向作出决定的法院申请复议。C项错误。

D项，《人民检察院办理未成年人刑事案件的规定》第33条规定："人民检察院作出附条件不起诉的决定后，应当制作附条件不起诉决定书，并在3日以内送达公安机关、被害人或者其近亲属及其诉讼代理人、未成年犯罪嫌疑人及其法定代理人、辩护人。送达时，应当告知被

---

[1] BD [2] D

害人或者其近亲属及其诉讼代理人，如果对附条件不起诉决定不服，可以自收到附条件不起诉决定书后 7 日以内向上一级人民检察院申诉。"根据该规定，D 项正确。

综上所述，本题答案为 D。

三、其他诉讼参与人

1. 关于诉讼代理人参加刑事诉讼，下列哪一说法是正确的？（2012 - 2 - 24，单）[1]

A. 诉讼代理人的权限依据法律规定而设定

B. 除非法律有明文规定，诉讼代理人也享有被代理人享有的诉讼权利

C. 诉讼代理人应当承担被代理人依法负有的义务

D. 诉讼代理人的职责是帮助被代理人行使诉讼权利

【解析】刑事诉讼中的代理可分为两种：一种是法定代理，即基于法律规定而产生的代理；二是委托代理，即基于被代理人的委托、授权而产生的代理。法定代理与委托代理在其代理人的范围、权利与义务等方面有所不同。法定代理人是由法律规定的对被代理人负有专门保护义务并代其进行诉讼的人。诉讼代理人是基于被代理人的委托而代表被代理人参与刑事诉讼的人，范围包括律师；社会团体或所在单位推荐的人；被代理人的监护人或者亲友。

A 项，法定代理人的诉讼权限是依据法律规定而设定，而委托代理则根据被代理人的委托、授权。因此，A 项错误。

B 项，诉讼代理人只能在被代理人授权范围内进行诉讼活动，既不得超越代理范围，也不能违背被代理人的意志。如果没有被代理人的授权，诉讼代理人代替被代理人进行的诉讼活动就不具有法律效力。因此，B 项错误。

CD 项，代理是指以被代理人的名义参加诉讼，由被代理人承担代理行为的法律后果的一项诉讼活动。因此诉讼代理人的职责只是帮助被代理人行使诉讼权利，而由此产生的诉讼义务仍然由被代理人承担。因此，C 项错误，D 项正确。

综上所述，本题答案为 D。

2. 关于证人证言与鉴定意见，下列哪一选项是正确的？（2015 - 2 - 23，单）[2]

A. 证人证言只能由自然人提供，鉴定意见可由单位出具

B. 生理上、精神上有缺陷的人有时可以提供证人证言，但不能出具鉴定意见

C. 如控辩双方对证人证言和鉴定意见有异议的，相应证人和鉴定人均应出庭

D. 证人应出庭而不出庭的，其庭前证言仍可能作为证据；鉴定人应出庭而不出庭的，鉴定意见不得作为定案根据

【解析】A 项，在刑事诉讼法中，因为证人是以自己的感官感知案情为前提来提供证言的，故证人证言只能由自然人作出，单位不能作证人。而鉴定意见必须有自然人鉴定人的签名，不能只有鉴定单位的名称和盖章，因此不能由单位出具，故 A 项错误。

B 项，根据《刑事诉讼法》第 62 条规定："凡是知道案件情况的人，都有作证的义务。生理上、精神上有缺陷或者年幼，不能辨别是非、不能正确表达的人，不能作证人。"可知要排除一个了解案件情况的人作为证人的资格，须同时符合以下两个条件：一是生理上、精神上有缺陷或者年幼；二是不能辨别是非、不能正确表达，因此，生理上、精神上有缺陷的人有时可以提供证人证言。《司法鉴定人登记管理办法》第 13 条规定："有下列情形之一的，不得申请

从事司法鉴定业务：（一）因故意犯罪或者职务过失犯罪受过刑事处罚的；（二）受过开除公职处分的；（三）被司法行政机关撤销司法鉴定人登记的；（四）所在的司法鉴定机构受到停业处罚，处罚期未满的；（五）无民事行为能力或者限制行为能力的；（六）法律、法规和规章规定的其他情形。"可知生理上有缺陷的人有时可以担任鉴定人，出具鉴定意见。故 B 项错误。

C 项，根据《刑事诉讼法》第 192 条规定："公诉人、当事人或者辩护人、诉讼代理人对证人证言有异议，且该证人证言对案件定罪量刑有重大影响，人民法院认为证人有必要出庭作证的，证人应当出庭作证。人民警察就其执行职务时目击的犯罪情况作为证人出庭作证，适用前款规定。公诉人、当事人或者辩护人、诉讼代理人对鉴定意见有异议，人民法院认为鉴定人有必要出庭的，鉴定人应当出庭作证。经人民法院通知，鉴定人拒不出庭作证的，鉴定意见不得作为定案的根据。"可知，人民法院认为有必要出庭的，才应当出庭。C 项错误。

D 项，《刑诉解释》第 91 条第 3 款规定："经人民法院通知，证人没有正当理由拒绝出庭或者出庭后拒绝作证，法庭对其证言的真实性无法确认的，该证人证言不得作为定案的根据。"《刑诉解释》第 99 条第 1 款规定："经人民法院通知，鉴定人拒不出庭作证的，鉴定意见不得作为定案的根据。"根据上述规定可以看出，可知，证人应当出庭而不出庭的，只有在其庭前证言的真实性无法确认的情况下才予以排除，而鉴定人应出庭而不出庭的，鉴定意见不得作为定案依据。D 项正确。

综上所述，本题答案为 D。

3. 关于鉴定人与鉴定意见，下列哪一选项是正确的？（2014 - 2 - 29，单）[1]

A. 经法院通知，鉴定人无正当理由拒不出庭的，可由院长签发强制令强制其出庭

B. 鉴定人有正当理由无法出庭的，法院可中止审理，另行聘请鉴定人重新鉴定

C. 经辩护人申请而出庭的具有专门知识的人，可向鉴定人发问

D. 对鉴定意见的审查和认定，受到意见证据规则的规制

【解析】AB 项，根据《刑诉解释》第 99 条规定："经人民法院通知，鉴定人拒不出庭作证的，鉴定意见不得作为定案的根据。鉴定人由于不能抗拒的原因或者有其他正当理由无法出庭的，人民法院可以根据情况决定延期审理或者重新鉴定。对没有正当理由拒不出庭作证的鉴定人，人民法院应当通报司法行政机关或者有关部门。"《刑诉解释》第 255 条规定："强制证人出庭的，应当由院长签发强制证人出庭令。"可知，对于证人可以由法院签发强制出庭令强制出庭，但关于鉴定人，立法及司法解释没有强制鉴定人出庭的相关规定，若鉴定人有正当理由无法出庭的，法院可延期审理，故 A、B 项错误。

C 项，《刑事诉讼法》第 197 条第 2 款规定："公诉人、当事人和辩护人、诉讼代理人可以申请法庭通知有专门知识的人出庭，就鉴定人作出的鉴定意见提出意见。"向鉴定人发问是有专门知识的人就鉴定意见提出意见的重要方式，可见，有专门知识的人出庭的目的就是向鉴定人发问，C 项正确。

D 项，意见证据规则，是指证人作证只能陈述自己体验的过去的事实，而不能将自己的判断意见和推测作为证言的内容。根据《刑诉解释》第 88 条第 2 款规定："证人的猜测性、评论性、推断性的证言，不得作为证据使用，但根据一般生活经验判断符合事实的除外。"即证人

---

[1] C

只能客观陈述看到或者感知的事实，不能提推断性意见。意见证据规则规制证人作证，与鉴定人、鉴定意见无关。D 项错误。

综上所述，本题答案为 C。

4. 某幼儿园老师甲因 4 岁的小朋友小杨午休期间吵闹而用针扎了他。同是 4 岁的小刘目睹了小杨被针扎的过程。小刘放学后把小杨被老师针扎的事情告诉了自己妈妈。小刘妈妈随即报警。甲因涉嫌犯罪被公安机关立案侦查。关于本案，下列说法正确的是？(2018 仿真题)[1]

A. 因小刘对所证事实具有辨别能力，符合其智力水平，其证言可以作为定案的依据

B. 4 岁的小杨作为被害人可以对犯罪嫌疑人甲进行辨认

C. 由于小杨的辨认笔录没有见证人的签名，该辨认笔录不能作为定案的依据

D. 小杨的母亲与案件有利害关系，其证言不可以作为定案的依据

【解析】A 项，《刑事诉讼法》第 62 条规定："凡是知道案件情况的人，都有作证的义务。生理上、精神上有缺陷或者年幼，不能辨别是非、不能正确表达的人，不能作证人。"据此，要排除一个年幼的人作证的资格，必须还得符合"不能辨别是非、不能正确表达"才行。在本案中，虽然 4 岁的小刘年幼，但其对所证事实具有辨别能力，符合其智力水平，因此可以作为证人，其证言可以作为定案的依据。A 选项正确。

B 项，《公安部规定》第 258 条规定："为了查明案情，在必要的时候，侦查人员可以让被害人、证人或者犯罪嫌疑人对与犯罪有关的物品、文件、尸体、场所或者犯罪嫌疑人进行辨认。"据此，不管年龄大小，只要是被害人，都是辨认的主体。B 选项正确。

C 项，《关于办理死刑案件审查判断证据若干问题的规定》第 30 条第 2 款规定："有下列情形之一的，通过有关办案人员的补正或者作出合理解释的，辨认结果可以作为证据使用：（一）主持辨认的侦查人员少于 2 人的；（二）没有向辨认人详细询问辨认对象的具体特征的；（三）对辨认经过和结果没有制作专门的规范的辨认笔录，或者辨认笔录没有侦查人员、辨认人、见证人的签名或者盖章的；（四）辨认记录过于简单，只有结果没有过程的；（五）案卷中只有辨认笔录，没有被辨认对象的照片、录像等资料，无法获悉辨认的真实情况的。"根据该条第 2 款第（三）项，C 选项错误。

D 项，《刑事诉讼法》第 62 条第 1 款规定："凡是知道案件情况的人，都有作证的义务。"据此，尽管小杨的母亲与案件有利害关系，但其也有作证的义务，其证言可以作为定案的根据，故 D 选项错误。

综上所述，本题答案为 AB。

---

[1] AB

第四章 管 辖

第一节 立案管辖

一、人民检察院直接受理的案件范围（也称为"自侦案件"）

1. 司法工作人员甲涉嫌刑讯逼供被检察院立案侦查，检察院在侦查过程中发现甲在另一起案件的办理中涉嫌受贿和暴力取证，关于本案的处理，下列哪些选项是正确的？（2019仿真题）[1]

A. 对于甲涉嫌的刑讯逼供案，检察院可以根据需要采取技术侦查措施

B. 对于甲涉嫌的暴力取证案，检察院可以立案侦查

C. 对于甲涉嫌的受贿案，检察院与监察委员会沟通后，认为由检察院管辖更为适宜的，可以由检察院立案侦查

D. 在甲涉嫌的暴力取证案中，法院对于被害人提起的附带民事诉讼应当不予受理

【解析】A项，《最高检规则》第227条："人民检察院在立案后，对于利用职权实施的严重侵犯公民人身权利的重大犯罪案件，经过严格的批准手续，可以采取技术侦查措施，交有关机关执行。"据此，本案中检察院根据需要可以对甲涉嫌的刑讯逼供案进行技术侦查措施。A项正确。

B项、C项，《最高检规则》第13条："人民检察院在对诉讼活动实行法律监督中发现的司法工作人员利用职权实施的非法拘禁、刑讯逼供、非法搜查等侵犯公民权利、损害司法公正的犯罪，可以由人民检察院立案侦查。"本案中甲涉嫌暴力取证，已经侵犯公民权利、损害司法公正，因此检察院可以立案侦查。对于甲涉嫌受贿案，《监察法》第11条："监察委员会依照本法和有关法律规定履行监督、调查、处置职责：（一）对公职人员开展廉政教育，对其依法履职、秉公用权、廉洁从政从业以及道德操守情况进行监督检查；（二）对涉嫌贪污贿赂、滥用职权、玩忽职守、权力寻租、利益输送、徇私舞弊以及浪费国家资财等职务违法和职务犯罪进行调查；（三）对违法的公职人员依法作出政务处分决定；对履行职责不力、失职失责的领导人员进行问责；对涉嫌职务犯罪的，将调查结果移送人民检察院依法审查、提起公诉；向监察对象所在单位提出监察建议。"据此甲受贿案不属于检察院管辖案件范围。B项正确，C项错误。

---

[1] AB

D 项，《刑诉解释》第 177 条："国家机关工作人员在行使职权时，侵犯他人人身、财产权利构成犯罪，被害人或者其法定代理人、近亲属提起附带民事诉讼的，人民法院不予受理，但应当告知其可以依法申请国家赔偿。"本案中，甲作为司法工作人员，属于国家机关工作人员。对其行使职权时侵犯的受害人提起的附带民事诉讼，法院应当不予受理，但应当告知其可以依法申请国家赔偿。D 项错误。

综上所述，本题答案为 AB。

2. 孙某系甲省乙市海关科长，与走私集团通谋，利用职权走私国家禁止出口的文物，情节特别严重。关于本案管辖，下列哪些选项是正确的？（2015－2－67，多）[1]

A. 可由公安机关立案侦查

B. 经甲省检察院决定，可由检察院立案侦查

C. 甲省检察院决定立案侦查后可根据案件情况自行侦查

D. 甲省检察院决定立案侦查后可根据案件情况指定甲省丙市检察院侦查

【解析】A 项，根据《刑事诉讼法》第 19 条："刑事案件的侦查由公安机关进行，法律另有规定的除外。人民检察院在对诉讼活动实行法律监督中发现的司法工作人员利用职权实施的非法拘禁、刑讯逼供、非法搜查等侵犯公民权利、损害司法公正的犯罪，可以由人民检察院立案侦查。对于公安机关管辖的国家机关工作人员利用职权实施的重大犯罪案件，需要由人民检察院直接受理的时候，经省级以上人民检察院决定，可以由人民检察院立案侦查。"孙某参与走私文物的行为，构成走私文物罪，属于公安机关的管辖范围，因此，A 项正确。

B 项，根据《刑事诉讼法》19 条可知，需要检察院直接受理时，由省级以上检察院决定，可以由人民检察院立案侦查。因此经甲省检察院决定，可由检察院立案侦查。因此，B 项正确。

CD 项，根据《最高检规则》第 15 条第 3 款的规定："省级人民检察院应当在收到提请批准直接受理书后十日以内作出是否立案侦查的决定。省级人民检察院可以决定由设区的市级人民检察院立案侦查，也可以自行立案侦查。"本案属于该规定描述的情况，甲省检察院决定立案侦查后可根据案件情况自行侦查，也可以决定立案侦查后可根据案件情况指定甲省某市检察院侦查，因此，C、D 项正确。

综上所述，本题答案为 ABCD。

二、公安机关立案侦查的案件

1. 罗辉与郭鹏系大学好友，两人毕业后共同出资在甲省 M 市设立佳绩公司经营日化用品。公司设立后不久，二人分别以公司的名义骗取银行的贷款，贷款到期后佳绩公司以现有资金无法支付本金及利息，案发后罗辉和郭鹏被 M 市公安机关立案侦查，罗辉得知消息后潜逃至相邻的乙省，公安机关只抓捕到郭鹏一人，关于本案的处理，下列哪些说法是正确的？（2019 仿真题）[2]

A. 如果公安机关对于郭鹏的骗取贷款行为和其他相关事实已调查清楚，可以将郭鹏单独移送检察院审查起诉

B. 公安机关移送审查起诉后，检察院在审查时如果认为本案系单位犯罪，事实清楚，证据确实充分，可以直接追加佳绩公司为犯罪嫌疑人

C. 对于罗辉，M市公安机关不能直接发布通缉令，而应当逐级报请公安部发布

D. 案件诉至法院后，法院应当在作出判决前调查郭鹏的财产状况

【解析】A项，《最高检规则》第158条第3款："对于移送起诉的案件，犯罪嫌疑人在逃的，应当要求公安机关采取措施保证犯罪嫌疑人到案后再移送起诉。共同犯罪案件中部分犯罪嫌疑人在逃的，对在案犯罪嫌疑人的移送起诉应当受理。"本案中郭鹏犯罪事实已经查清，可以移送审查起诉。A项正确。

B项，《刑事诉讼法》第19条："刑事案件的侦查由公安机关进行，法律另有规定的除外。人民检察院在对诉讼活动实行法律监督中发现的司法工作人员利用职权实施的非法拘禁、刑讯逼供、非法搜查等侵犯公民权利、损害司法公正的犯罪，可以由人民检察院立案侦查。对于公安机关管辖的国家机关工作人员利用职权实施的重大犯罪案件，需要由人民检察院直接受理的时候，经省级以上人民检察院决定，可以由人民检察院立案侦查。自诉案件，由人民法院直接受理。"本案属于公安机关负责侦查的管辖案件，检察院没有管辖权，没有经过侦查程序不能直接追加公司为犯罪嫌疑人，B项错误。

C项，《公安部规定》第274条第2款："县级以上公安机关在自己管辖的地区内，可以直接发布通缉令；超出自己管辖的地区，应当报请有权决定的上级公安机关发布。"本案中罗辉已经不在M市管辖范围，因此M市公安机关应当报请有权决定的上级公安机关发布，即公安部发布，C项正确。

D项，《刑诉解释》第294条："合议庭评议案件，应当根据已经查明的事实、证据和有关法律规定，在充分考虑控辩双方意见的基础上，确定被告人是否有罪、构成何罪，有无从重、从轻、减轻或者免除处罚情节，应否处以刑罚、判处何种刑罚，附带民事诉讼如何解决，查封、扣押、冻结的财物及其孳息如何处理等，并依法作出判决、裁定。"因此本案中法院在作出判决前无需调查郭鹏的财产状况。D项错误。

综上所述，本题答案为AC。

2. 关于监狱在刑事诉讼中的职权，下列哪一选项是正确的？（2016 - 2 - 23，单）[1]

A. 监狱监管人员指使被监管人体罚虐待其他被监管人的犯罪，由监狱进行侦查

B. 罪犯在监狱内犯罪并被发现判决时所没有发现的罪行，应由监狱一并侦查

C. 被判处有期徒刑罪犯的暂予监外执行均应当由监狱提出书面意见，报省级以上监狱管理部门批准

D. 被判处有期徒刑罪犯的减刑应当由监狱提出建议书，并报法院审核裁定

【解析】A项，根据《关于监狱办理刑事案件有关问题的规定》第1条规定，"对监狱在押罪犯与监狱工作人员（监狱警察、工人）或者狱外人员共同犯罪案件，涉案的在押罪犯由监狱立案侦查，涉案的监狱工作人员或者狱外人员由人民检察院或者公安机关立案侦查，在侦查过程中，双方应当相互协作。"监狱监管人员指使被监管人体罚虐待其他被监管人，属于监管人员与在押人员共同犯罪案件。虐待被监管人罪属于国家机关工作人员利用职权实施的侵犯公民人身权利和民主权利的犯罪案件，对于监管人员应该由人民检察院立案侦查，对于在押人员应该由监狱立案侦查，故A项错误。

B项，根据《监狱法》第60条规定："对罪犯在监狱内犯罪的案件，由监狱进行侦查。侦

查终结后，写出起诉意见书，连同案卷材料、证据一并移送人民检察院。"即监狱负责对罪犯在监狱内犯罪的案件进行侦查，不属于监狱内的犯罪，则不能由监狱并案侦查，而应当由有管辖权的监察委调查或公安、检察院立案侦查。B项错误。

C项，根据《暂予监外执行规定》第2条规定："对罪犯适用暂予监外执行，分别由下列机关决定或者批准：（一）在交付执行前，由人民法院决定；（二）在监狱服刑的，由监狱审查同意后提请省级以上监狱管理机关批准；（三）在看守所服刑的，由看守所审查同意后提请设区的市一级以上公安机关批准。对有关职务犯罪罪犯适用暂予监外执行，还应当依照有关规定逐案报请备案审查。"即只有在监狱服刑期内的暂予监外执行由监狱提出书面意见，报省级以上监狱管理部门批准。C项错误。

D项，根据《监狱提请减刑假释工作程序规定》第3条规定："被判处有期徒刑的罪犯的减刑、假释，由监狱提出建议，提请罪犯服刑地的中级人民法院裁定。"即被判处有期徒刑罪犯的减刑应当由监狱提出建议书，并报罪犯服刑地的中级法院审核裁定。故D项正确。

综上所述，本题答案为D。

三、管辖权竞合的处理（交叉管辖的处理）

1. 检察院在查办侦查人员刘某刑讯逼供案件中，发现刘某还涉嫌贪污贿赂犯罪。关于本案犯罪的处理，下列选项正确的是？（2020仿真题）[1]

A. 检察院应当及时与同级监察委员会沟通，应当由监察委员会为主调查，人民检察院予以协助

B. 检察院应当与同级监察委员会沟通，经沟通，可以将刘某涉嫌的两个罪由检察院一并侦查

C. 检察院应当及时与同级监察委员会沟通。经沟通，认为全案由监察委员会管辖更为适宜的，人民检察院应当将刘某涉嫌的两个罪一并移送监察委员会

D. 检察院应当及时与同级监察委员会沟通，经沟通，认为分别管辖更为适宜的，检察院应当将刘某的贪污贿赂犯罪线索移送监察委员会，对刘某刑讯逼供案继续侦查

【解析】根据《最高检规则》第17条的规定，"人民检察院办理直接受理侦查的案件，发现犯罪嫌疑人同时涉嫌监察机关管辖的职务犯罪线索的，应当及时与同级监察机关沟通。经沟通，认为全案由监察机关管辖更为适宜的，人民检察院应当将案件和相应职务犯罪线索一并移送监察机关；认为由监察机关和人民检察院分别管辖更为适宜的，人民检察院应当将监察机关管辖的相应职务犯罪线索移送监察机关，对依法由人民检察院管辖的犯罪案件继续侦查。人民检察院应当及时将沟通情况报告上一级人民检察院。沟通期间不得停止对案件的侦查。"检察院与监察机关之间出现管辖竞合，应当按照如下原则处理：人民检察院立案侦查自侦案件时，发现犯罪嫌疑人同时涉嫌监察委员会管辖的职务犯罪线索的，应当及时与同级监察委员会沟通，一般应当由监察委员会为主调查，人民检察院予以协助。人民检察院办理直接受理侦查的案件，发现犯罪嫌疑人同时涉嫌监察机关管辖的职务犯罪线索的，应当及时与同级监察机关沟通。（1）经沟通，认为全案由监察机关管辖更为适宜的，人民检察院应当将案件和相应职务犯罪线索一并移送监察机关；（2）认为由监察机关和人民检察院分别管辖更为适宜的，人民检察院应当将监察委员会管辖的相应职务犯罪线索移送监察委员会，对依法由人民检察院管辖

---

[1] CD

的犯罪案件继续侦查。（3）人民检察院应当及时将沟通情况报告上一级人民检察院。沟通期间，人民检察院不得停止对案件的侦查。

ABCD项，在本题中，侦查人员刘某的刑讯逼供案应属检察院管辖范围。本题中，侦查人员刘某的贪污贿赂犯罪案件属于监察委员会管辖的案件范围，人民检察院应将案件和相应职务犯罪线索移送监察机关，并继续侦查属于人民检察院管辖范围的刑讯逼供案件，如果全案由监察委员会管辖更为适宜的，应当将刘某涉嫌的两个罪一并移送监察委员会，故A、B项错误，C、D项正确。

综上所述，本题答案为CD。

第二节　审判管辖

一、级别管辖

1. 某县破获一抢劫团伙，涉嫌多次入户抢劫，该县法院审理后认为，该团伙中只有主犯赵某可能被判处无期徒刑。关于该案的移送管辖，下列哪些选项是正确的？（2014-2-66，多）[1]

A. 应当将赵某移送中级法院审理，其余被告人继续在县法院审理

B. 团伙中的未成年被告人应当一并移送中级法院审理

C. 中级法院审查后认为赵某不可能被判处无期徒刑，可不同意移送

D. 中级法院同意移送的，应当书面通知其同级检察院

【解析】A项，根据《刑诉解释》第15条的规定："一人犯数罪、共同犯罪或者其他需要并案审理的案件，其中一人或者一罪属于上级人民法院管辖的，全案由上级人民法院管辖。"即对于团伙作案的，一人犯数罪、共同犯罪和其他需要并案审理的案件，只要其中一人或者一罪属于上级人民法院管辖的，全案由上级人民法院审理。因此本案应当将全案移送中级法院审理，A项错误。

B项，根据《刑诉解释》第551条的规定："对分案起诉至同一人民法院的未成年人与成年人共同犯罪案件，可以由同一个审判组织审理；不宜由同一个审判组织审理的，可以分别审理。未成年人与成年人共同犯罪案件，由不同人民法院或者不同审判组织分别审理的，有关人民法院或者审判组织应当互相了解共同犯罪被告人的审判情况，注意全案的量刑平衡。"即在涉及到未成年人和成年人共同犯罪的案件中，因为未成年人案件遵循"分案处理"原则，因此，主犯赵某可能被判处无期徒刑而需要移送中级法院审理时，团伙中的未成年被告人不受影响，其所涉抢劫案仍由基层法院审理即可。B项错误。

CD项，《刑诉解释》第16条规定：上级人民法院决定审判下级人民法院管辖的第一审刑事案件的，应当向下级人民法院下达改变管辖决定书，并书面通知同级人民检察院。《刑诉解释》第17条第3款规定：中级人民法院应当在接到申请后10日以内作出决定。不同意移送的，应当下达不同意移送决定书，由请求移送的人民法院依法审判；同意移送的，应当下达同意移送决定书，并书面通知同级人民检察院。因此，中级法院可以同意，也可以不同意移送，

---

[1]　CD

故 C、D 项正确。

综上所述，本题答案为 CD。

2. 美国人杰克与香港居民赵某在内地私藏枪支、弹药，公安人员查缉枪支、弹药时，赵某以暴力方法阻碍公安人员依法执行职务。下列哪一说法是正确的？（2011－2－23，单）[1]

A. 全案由犯罪地的基层法院审判，因为私藏枪支、弹药罪和妨碍公务罪都不属于可能判处无期徒刑以上刑罚的案件

B. 杰克由犯罪地中级法院审判，赵某由犯罪地的基层法院审判

C. 杰克由犯罪地中级法院审判，赵某由中级法院根据具体案件情况而决定是否交由基层法院审判

D. 全案由犯罪地的中级法院审判

【解析】ABCD 项，根据《刑事诉讼法》第 21 条，"中级人民法院管辖下列第一审刑事案件：（一）危害国家安全、恐怖活动案件；（二）可能判处无期徒刑、死刑的案件。"中级人民法院管辖范围：（1）危害国家安全、恐怖活动案件；（2）可能判处无期徒刑、死刑的案件；（3）违法所得没收程序；（4）贪污贿赂案件、经最高人民检察院核准的严重危害国家安全犯罪、恐怖活动犯罪案件而被告人在境外的缺席审判程序。根据《刑事诉讼法》第 25 条，"刑事案件由犯罪地的人民法院管辖。如果由被告人居住地的人民法院审判更为适宜的，可以由被告人居住地的人民法院管辖。"

根据《刑法》的第 128 条、277 条规定，私藏枪支、弹药罪和妨碍公务罪都不属于可能判处无期徒刑以上刑罚的案件。而外国人犯罪只要不属于危害国家安全、恐怖活动案件或者可能判处无期徒刑、死刑的案件，也应当由基层人民法院管辖。根据上述中级人民法院管辖范围，本题的情况不属于中级人民法院管辖。因此，A 项错误，BCD 项正确。

本题的难点在于综合考查了刑法与刑事诉讼法的知识，需要考生了解私藏枪支、弹药罪和妨碍公务罪的量刑，难度较高，但这种考查方式在刑事诉讼法真题中不太常见。

综上所述，本题答案为 A。

二、地区管辖

1. 我国某省居民甲从大江市乘船到大河市（内水领域），在渡船途经大海市的时候在渡船卫生间拍摄了淫秽视频，后在大河市登陆上岸，后乘公交车去到大川市的宾馆上传淫秽视频，公安机关对其以传播淫秽物品罪立案，问哪些法院有管辖权？（2021 仿真题，多选）[2]

A. 大江市法院   B. 大河市法院

C. 大海市法院   D. 大川市法院

【解析】《刑诉解释》第 4 条规定："在中华人民共和国内水、领海发生的刑事案件，由犯罪地或者被告人登陆地的人民法院管辖。由被告人居住地的人民法院审判更为适宜的，可以由被告人居住地的人民法院管辖。"

《刑诉解释》第 2 条第 1 款的规定："犯罪地包括犯罪行为地和犯罪结果地。"

A 项，大江市为甲在乘船过程的起始地，并不是犯罪地，也并不确定大江市是否为甲的居住地，因此 A 项错误；

B 项，大河市是甲的登陆地，符合《刑诉解释》第 4 条规定的"被告人登陆地"，因此 B

---

[1] A   [2] BCD

项正确；

C 项，大海市为甲在渡船卫生间拍摄淫秽视频的地方，属于传播淫秽物品罪的犯罪预备，因此大海市是犯罪行为地，符合《刑诉解释》第 4 条规定的"犯罪地"，因此 C 项正确；

D 项，大川市为甲上传淫秽视频的宾馆所在地，是传播淫秽物品罪的犯罪结果地，符合《刑诉解释》第 4 条规定的"犯罪地"。因此 D 项正确。

综上所述，本题答案为 BCD。

2. 周某采用向计算机植入木马程序的方法窃取齐某的网络游戏账号、密码等信息，将窃取到的相关数据存放在其租用的服务器中，并利用这些数据将齐某游戏账户内的金币、点券等虚拟商品放在第三方网络交易平台上进行售卖，获利 5000 元。下列哪些地区的法院对本案具有管辖权？（2013 - 2 - 65，多）〔1〕

A. 周某计算机所在地　　　　　　　B. 齐某计算机所在地
C. 周某租用的服务器所在地　　　　D. 经营该网络游戏的公司所在地

【解析】ABCD 项，根据《刑诉解释》第 2 条规定："犯罪地包括犯罪行为地和犯罪结果地。针对或者主要利用计算机网络实施的犯罪，犯罪地包括用于实施犯罪行为的网络服务使用的服务器所在地，网络服务提供者所在地，被侵害的信息网络系统及其管理者所在地，犯罪过程中被告人、被害人使用的信息网络系统所在地，以及被害人被侵害时所在地和被害人财产遭受损失地等。"根据上述规定，周某计算机所在地，齐某计算机所在地，周某租用的服务器所在地，经营该网络游戏的公司所在地分别属于被告人使用的计算机信息系统所在地，被害人使用的计算机信息系统所在地，犯罪行为发生地的网站服务器所在地，网站建立者、管理者所在地。因此，ABCD 项正确。

综上所述，本题答案为 ABCD。

3. 家住 A 市的高某，在开往 B 市的火车运行途中扒窃（途经甲站时行窃），得手后在下一站乙站下车回家，返回居住地 A 市后被抓获。下列有管辖权的法院是哪一个？（2022 仿真题，单选）〔2〕

A. 抓获地 A 市法院

B. 乙站所在地负责审判铁路运输刑事案件的法院

C. 甲站所在地负责审判铁路运输刑事案件的法院

D. 该列车乘务的铁路公安机关对应的审判铁路运输刑事案件的法院

【解析】本题考查的是审判管辖中在列车上犯罪的管辖。

ABCD 项，根据《刑诉解释》第 5 条规定："在列车上的犯罪，被告人在列车运行途中被抓获的，由前方停靠站所在地负责审判铁路运输刑事案件的人民法院管辖。必要时，也可以由始发站或者终点站所在地负责审判铁路运输刑事案件的人民法院管辖。被告人不是在列车运行途中被抓获的，由负责该列车乘务的铁路公安机关对应的审判铁路运输刑事案件的人民法院管辖；被告人在列车运行途经车站被抓获的，也可以由该车站所在地负责审判铁路运输刑事案件的人民法院管辖。"在中国领域内的中国列车上的犯罪，区分在运行途中被抓获还是不在运行途中被抓获有所不同。第一，如果是在运行途中被抓获的，该犯罪由前方停靠站所在地负责审判铁路运输刑事案件的人民法院管辖（注意：前方停靠站包括但不限于前方停靠的第一站）。

---

〔1〕　ABCD　〔2〕　D

必要时，也可以由始发站或者终点站所在地负责审判铁路运输刑事案件的人民法院管辖。第二，如果不是在运行途中被抓获的话，首先第一点要明确的，就是不管在哪里被抓获，负责该列车乘务的铁路公安机关（即乘警地）对应的审判铁路运输刑事案件的人民法院都有权管辖；如果是在列车运行途经车站被抓获的，则除了乘警地审判铁路运输刑事案件的法院有权管辖外，也可以由该车站所在地负责审判铁路运输刑事案件的人民法院管辖。

总结思路如下图：

在列车上犯罪 { 在**车上**被抓：**前方停靠站**，必要时，可以**始发站**或者**终点站**
下车后被抓：{ **离开车站才**被抓：**乘警地**
在车站内被抓：**乘警地 + 车站所在地**

在本案中，由于高某是下车后离开车站被抓的，因此，只能由该列车乘务的铁路公安机关对应的审判铁路运输刑事案件的法院管辖。D 项正确。

综上所述，本题答案为 D。

三、指定管辖

甲是 A 市中院副院长、因涉嫌职务犯罪被起诉至 B 区法院、甲也曾经担任过 A 市 B 区法院院长，以下说法正确的是：（2019 仿真题）[1]

A. 甲可以申请 A 市 B 区法院全体人员回避

B. B 区法院可以直接请求省高院指定其他法院管辖

C. B 区法院可以报请上一法院指定管辖

D. B 区法院可以直接移送至 A 市以外的法院管辖

【解析】A 项，我国并未规定整体回避，因此甲不能申请 B 区法院全体人员回避。选项 A 错误。

B 项，根据《刑诉解释》第 18 条的规定："有管辖权的人民法院因案件涉及本院院长需要回避或者其他原因，不宜行使管辖权的，可以请求移送上一级人民法院管辖。上一级人民法院可以管辖，也可以指定与提出请求的人民法院同级的其他人民法院管辖。"本案中犯罪嫌疑人甲曾任 A 市 B 区法院院长，现任 A 市中院副院长，因此 A 市中院和 A 市境内所有基层法院都会受影响。故 B 区法院可以请求移送上一级人民法院指定管辖，A 市中院接到 B 区法院报请后，应当再报请省高院指定 A 市以外的其他法院行使管辖权，而不能直接请求省高院指定管辖，故 B 项错误。

C 项，根据 B 项答案所述，B 区法院可以请求移送上一级人民法院指定管辖，因此 C 项正确。

D 项，根据 B 项答案所述，B 区法院可以请求移送上一级人民法院指定管辖，A 市中院接到 B 区法院报请后，应当再报请省高院指定 A 市以外的其他法院行使管辖权，而不能直接移送至 A 市以外的法院管辖，故 D 项错误。

综上所述，本题答案为 C 项。

四、特殊管辖

1. 甲和乙是盗窃案的共犯，被人民法院判处有期徒刑后在同一监狱服刑。二人在服刑期间脱逃至 A 市。甲在 A 市某宾馆吃饭时被抓获，押解回监狱后发现甲在 A 市还犯有盗窃罪；

---

[1] C

乙在 A 市抢劫时被当场抓获。对甲和乙所犯的新罪应当如何进行管辖？（2020 仿真题）[1]

A. 二人均由监狱所在地法院一并进行审理

B. 二人均由 A 市法院一并进行审理

C. 甲由服刑地法院进行审理，乙由 A 地法院进行审理

D. 乙由服刑地法院进行审理，甲由 A 地法院进行审理

【解析】《刑诉解释》第 13 条："正在服刑的罪犯在判决宣告前还有其他罪没有判决的，由原审地人民法院管辖；由罪犯服刑地或者犯罪地的人民法院审判更为适宜的，可以由罪犯服刑地或者犯罪地的人民法院管辖。罪犯在服刑期间又犯罪的，由服刑地的人民法院管辖。罪犯在脱逃期间又犯罪的，由服刑地的人民法院管辖。但是，在犯罪地抓获罪犯并发现其在脱逃期间犯罪的，由犯罪地的人民法院管辖。"

A 项，根据《刑诉解释》第 13 条规定，甲罪犯在脱逃期间又犯罪的，由服刑地法院管辖，乙在犯罪地抓获罪犯并发现其在脱逃期间犯罪的，由 A 地法院管辖，而不是由监狱所在地法院一并进行审理，故 A 项错误。

B 项，根据《刑诉解释》第 13 条规定，甲罪犯在脱逃期间又犯罪的，由服刑地法院管辖，而不是由 A 市法院一并进行审理，乙在犯罪地抓获罪犯并发现其在脱逃期间犯罪的，由 A 地法院管辖，故 B 项错误。

CD 项，根据《刑诉解释》第 13 条规定，甲罪犯在脱逃期间又犯罪的，由服刑地法院管辖，乙在犯罪地抓获罪犯并发现其在脱逃期间犯罪的，由 A 地法院管辖，因此 C 项正确，D 项错误。

综上所述，本题答案为 C。

2. 甲、乙为中国人，居住在 A 市，两人一同前往日本留学。在留学期间，甲伙同外国人丙绑架了乙，并以此要挟乙的家属支付赎金。案发后，甲和丙在中国 B 市进入中国国境，并居住于 C 市。乙从 D 市入境。本案中，对甲和该外国人的犯罪行为，哪一法院没有管辖权？（2018 仿真题）[2]

A. A 市法院　　　　B. B 市法院　　　　C. C 市法院　　　　D. D 市法院

【解析】ABCD 项，根据《刑诉解释》第 10 条规定："中国公民在中华人民共和国领域外的犯罪，由其登陆地、入境地、离境前居住地或者现居住地的人民法院管辖；被害人是中国公民的，也可以由被害人离境前居住地或者现居住地的人民法院管辖。"且第 11 条规定："外国人在中华人民共和国领域外对中华人民共和国国家或者公民犯罪，根据《中华人民共和国刑法》应当受处罚的，由该外国人登陆地、入境地或者入境后居住地的人民法院管辖，也可以由被害人离境前居住地或者现居住地的人民法院管辖。"在本案中，A 市是甲离境前居住地，B 市是甲入境地，C 市是甲现居住地，B 市法院、A 市法院、C 市法院，对甲有权管辖，B 市是外国人丙入境地，C 市是丙入境后的居住地，A 市是被害人离境前居住地，B 市法院、C 市法院以及 A 市法院对该外国人犯罪有权管辖。因此，ABC 项错误，D 项正确。

综上所述，本题答案为 D。

---

[1] C　[2] D

五、综合

王某系 A 市法院刑事审判庭法官。2016 年 9 月，王某在审理本市吴某抢劫案中，违反法律规定认为吴某有立功情节，对吴某减轻处罚并判处有期徒刑 10 年，吴某的弟弟为此向王某行贿 50 万元。王某为规避法律，让其侄子王小六收钱并保管。

2018 年 11 月，A 市监察委接到举报后对王某立案调查，调查中另查明王某在担任审判监督庭法官时犯有徇私舞弊减刑的犯罪事实，A 市监察委对本案调查终结，移送检察机关审查起诉，检察机关以王某涉嫌受贿罪和徇私舞弊减刑罪向 A 市法院提起公诉，同时以王小六构成掩饰、隐瞒犯罪所得罪另案起诉。法院审理期间，王某改变了在监察委调查和检察机关审查起诉期间不认罪的态度，主动承认被指控的犯罪并自愿接受处罚，法院按照认罪认罚从宽的规定，对王某从轻做出了判决。一审判决后，检察机关没有抗诉，王某未上诉，一审判决发生法律效力。（2019 仿真题）

问题：

1. 本案在管辖上有无问题，请说明理由。

2. 王小六涉嫌掩饰、隐瞒犯罪所得罪在未经立案调查或侦查的前提下，检察机关能否径行起诉，为什么？

3. 如本案中王某的行为既涉及监察机关管辖的犯罪又涉及公安机关、检察机关管辖的犯罪，关于管辖处理的原则是什么？

4. A 市法院按照认罪认罚从宽的规定对王某从轻做出判决，是否符合法律规定？请说明理由。

【解析】本题分别考察的是管辖、检察院径行起诉条件、《监察法》与"《刑诉法》的衔接"以及"认罪认罚从宽原则"，管辖的问题作答时应当同时考虑到"立案管辖"与"审判管辖"的事项。

【参考答案】1. 答：管辖从立案管辖和审判管辖两方面进行讨论。就立案管辖而言，监察委调查本案是正确的。根据《监察法》第 11 条第 2 项规定，"监察委员会依照本法和有关法律规定履行监督、调查、处置职责：（二）对涉嫌贪污贿赂、滥用职权、玩忽职守、权力寻租、利益输送、徇私舞弊以及浪费国家资财等职务违法和职务犯罪进行调查。"由此，本案中，王某涉嫌受贿罪和徇私舞弊减刑罪，A 市监察委接到举报后可对王某进行立案调查。就审判管辖而言，A 市法院审理本案违反法律规定。根据《刑事诉讼法》第 29 条的规定，"审判人员、检察人员、侦查人员有下列情形之一的，应当自行回避，当事人及其法定代理人也有权要求他们回避：（一）是本案的当事人或者是当事人的近亲属的；（二）本人或者他的近亲属和本案有利害关系的；（三）担任过本案的证人、鉴定人、辩护人、诉讼代理人的；（四）与本案当事人有其他关系，可能影响公正处理案件的。"王某原为 A 市法院法官，该院审判人员与其为同事关系，应当回避。而根据《刑诉解释》第 18 条规定，"有管辖权的人民法院因案件涉及本院院长需要回避或者其他原因，不宜行使管辖权的，可以请求移送上一级人民法院管辖。上一级人民法院可以管辖，也可以指定与提出请求的人民法院同级的其他人民法院管辖。"因此，A 市法院因此而不宜行使管辖权，应请求移送上一级法院管辖。

2. 答：检察机关不能在未经立案调查或侦查的前提下径行起诉。公诉案件阶段为立案、侦查、起诉、审判、执行，其中审查起诉阶段是人民检察院对侦查机关、监察机关确认的犯罪事实和证据、犯罪性质和罪名进行审查核实并作出处理决定的一项诉讼活动，审查起诉活动是建立在侦查机关、监察机关对案件的侦查、调查基础之上的。根据《最高检规则》第 356 条规定，"人民检察院在办理公安机关移送起诉的案件中，发现遗漏罪行或者有依法应当移送起诉的同案犯罪嫌疑人未移送起诉的，应当要求公安机关补充侦查或者补充移送起诉。对于犯罪事实清楚，证据确实、充分的，也可以直接提起公诉。"但此处案件事实清楚、证据确实充分，指的是同一犯罪嫌疑人遗漏罪行或同一犯罪遗漏共犯嫌疑人，而本案当中，王小六涉嫌掩饰、隐瞒犯罪所得罪，既不属于同一嫌疑人遗漏罪行，也不属于同一犯罪事实遗漏嫌疑人，二者虽犯罪事实存在牵连，但不属于共同犯罪。故王小六涉嫌掩饰、隐瞒犯罪所得罪未经侦查机关侦查、监察机关调查，人民检察院不得对此径行起诉。

3. 关于管辖处理的原则，根据《监察法》第34条规定，"人民法院、人民检察院、公安机关、审计机关等国家机关在工作中发现公职人员涉嫌贪污贿赂、失职渎职等职务违法或者职务犯罪的问题线索，应当移送监察机关，由监察机关依法调查处置。被调查人既涉嫌严重职务违法或者职务犯罪，又涉嫌其他违法犯罪的，一般应当由监察机关为主调查，其他机关予以协助"。本案中王某的行为既涉及监察机关管辖的犯罪，又涉及公安机关、检察机关管辖的犯罪，一般应当由监察机关为主调查，其他机关予以协助。根据《关于人民检察院立案侦查司法工作人员相关职务犯罪案件若干问题的规定》，如果认为由监察委员会和人民检察院分别管辖更为适宜的，人民检察院应当将监察委员会管辖的相应职务犯罪线索移送监察委员会，对依法由人民检察院管辖的犯罪案件继续侦查。

4. 答：对王某从轻作出判决符合法律规定。《刑事诉讼法》第15条规定，"犯罪嫌疑人、被告人自愿如实供述自己的罪行，承认指控的犯罪事实，愿意接受处罚的，可以依法从宽处理"。该规定确立了我国刑事诉讼法基本原则中的认罪认罚从宽原则。认罪认罚从宽原则贯穿于刑事诉讼整个阶段，在侦查、审查起诉、审判环节犯罪嫌疑人、被告人都可以认罪认罚，不以在诉讼活动伊始认罪认罚为要件。因此，虽然王某在调查和审查起诉阶段不认罪，但在审判阶段，王某主动承认被指控的犯罪并自愿接受处罚，符合认罪认罚从宽原则的要求，法院可以对王某从宽处罚。

第五章　回　避

第一节　回避的理由与种类

一、回避理由

林某盗版销售著名作家黄某的小说涉嫌侵犯著作权罪，经一审和二审后，二审法院裁定撤销原判，发回原审法院重新审判。关于该案的回避，下列哪些选项是正确的？（2014－2－67，多）[1]

A. 一审法院审判委员会委员甲系林某辩护人妻子的弟弟，黄某的代理律师可申请其回避

B. 一审书记员乙系林某的表弟而未回避，二审法院可以此为由裁定发回原审法院重审

C. 一审合议庭审判长丙系黄某的忠实读者，应当回避

D. 丁系二审合议庭成员，如果林某对一审法院重新审判作出的裁判不服再次上诉至二审法院，丁应当自行回避

【解析】A项，《刑事诉讼法》第29条规定："审判人员、检察人员、侦查人员有下列情形之一的，应当自行回避，当事人及其法定代理人也有权要求他们回避：（一）是本案的当事人或者是当事人的近亲属的；（二）本人或者他的近亲属和本案有利害关系的；（三）担任过本案的证人、鉴定人、辩护人、诉讼代理人的；（四）与本案当事人有其他关系，可能影响公正处理案件的。"根据《最高人民法院关于审判人员在诉讼活动中执行回避制度若干问题的规定》第1条第2款的规定，"本规定所称近亲属，包括与审判人员有夫妻、直系血亲、三代以内旁系血亲及近姻亲关系的亲属。"可知，此处的近亲属属于广义，包括与审判人员有夫妻、直系血亲、三代以内旁系血亲及近姻亲关系的亲属。甲与林某辩护人是近姻亲关系，因此甲的近亲属与本案有利害关系，甲应当回避。而根据《刑事诉讼法》第32条第2款的规定："辩护人、诉讼代理人可以依照本章的规定要求回避、申请复议。"可知，黄某的代理律师是有权申请回避的主体。因此，A项正确。

B项，《最高人民法院关于审判人员在诉讼活动中执行回避制度若干问题的规定》第7条规定："第二审人民法院认为第一审人民法院的审理有违反本规定第一条至第三条规定的，应当裁定撤销原判，发回原审人民法院重新审判。"在B项中，一审书记员乙系林某的表弟，属于应当回避的情形，而乙并未回避，违反了法律规定的诉讼程序，故第二审法院可以此为由裁

---

[1]　AB

定发回重审。因此，B 项正确。

C 项，《刑事诉讼法》第 30 条规定："审判人员、检察人员、侦查人员不得接受当事人及其委托的人的请客送礼，不得违反规定会见当事人及其委托的人。审判人员、检察人员、侦查人员违反前款规定的，应当依法追究法律责任。当事人及其法定代理人有权要求他们回避。"根据《刑事诉讼法》第 29 条、第 30 条规定的应当回避的法定情形，一审合议庭审判长丙是黄某的忠实读者并不属于应当回避的理由，且我们应当注意对于法条中"利害关系"的理解不可作无限的延展，通常的利害关系除了近亲属以外还包括老邻居、师生关系、同学关系等，因此，一审合议庭审判长丙在本案中无需回避。因此，C 项错误。

D 项，根据《刑诉解释》第 29 条第 2 款的规定："在一个审判程序中参与过本案审判工作的合议庭组成人员或者独任审判员，不得再参与本案其他程序的审判。但是，发回重新审判的案件，在第一审法院作出裁判后又进入第二审程序、在法定刑以下判处刑罚的复核程序或者死刑复核程序的，原第二审程序、在法定刑以下判处刑罚的复核程序或者死刑复核程序中的合议庭组成人员不受本款规定的限制。"在 D 项中丁某为原二审合议庭成员，在案件发回重审又进入二审程序后仍可审理该案，无需回避。因此，D 项错误。

综上所述，本题答案为 AB 项。

二、回避的种类

齐某在 A 市 B 区利用网络捏造和散布虚假事实，宣称刘某系当地黑社会组织"大哥"，A 市中级法院院长王某为其"保护伞"。刘某以齐某诽谤为由，向 B 区法院提起自诉。关于本案处理，下列哪一选项是正确的？(2017 - 2 - 24 单)[1]

A. B 区法院可以该案涉及王某为由裁定不予受理

B. B 区法院受理该案后应请求上级法院指定管辖

C. B 区法院受理该案后，王某应自行回避

D. 齐某可申请 A 市中级法院及其下辖的所有基层法院法官整体回避

【解析】A 项，根据《刑诉解释》第 320 条第 2 款规定："具有下列情形之一的，应当说服自诉人撤回起诉；自诉人不撤回起诉的，裁定不予受理：（一）不属于本解释第一条规定的案件的；（二）缺乏罪证的；（三）犯罪已过追诉时效期限的；（四）被告人死亡的；（五）被告人下落不明的；（六）除因证据不足而撤诉的以外，自诉人撤诉后，就同一事实又告诉的；（七）经人民法院调解结案后，自诉人反悔，就同一事实再行告诉的。（八）属于本解释第一条第二项规定的案件，公安机关正在立案侦查或者人民检察院正在审查起诉的；（九）不服人民检察院对未成年犯罪嫌疑人作出的附条件不起诉决定或者附条件不起诉考验期满后作出的不起诉决定，向人民法院起诉的。"本案的犯罪地就是在 B 区，依据《刑事诉讼法》第 25 条第 1 款规定："刑事案件由犯罪地的人民法院管辖。"本案刘某以齐某诽谤为由，向 B 区法院起诉，符合自诉案件受案范围且不属于不予受理情形，B 区法院应当依法受理，B 区法院裁定不予受理错误。因此，A 项错误。

B 项，根据《刑诉解释》第 18 条规定："有管辖权的人民法院因案件涉及本院院长需要回避或者其他原因，不宜行使管辖权的，可以请求移送上一级人民法院管辖。上一级人民法院可以管辖，也可以指定与提出请求的人民法院同级的其他人民法院管辖。"在本案中，B 区法院

_____

[1] B

受理此案后，考虑到本案一审后可能上诉至 A 市中级法院，而本案又涉及 A 市中院院长王某需要回避，A 市中级法院不宜作为本案的二审法院，故而本案中 B 区法院需要逐级上报 A 市中院的上级法院指定管辖。因此，B 项正确。

C 项，王某是 A 市中院院长，并非受理法院 B 区法院的审判人员，在本案中无需自行回避。因此，C 项错误。

D 项，我国并没有整体回避的规定。所以本案中，齐某要求 A 市中院及其下辖的所有基层法官回避是不正确的；且被申请回避的法官必须参与了具体案件的办理。在本案中，A 市中级法院及其下辖所有基层法院法官并不是该案的审判人员，也就谈不上申请其回避的问题。因此，D 项错误。

综上所述，本题答案为 B。

第二节 回避的程序

一、回避的期间

法院审理过程中，被告人赵某在最后陈述时，以审判长数次打断其发言为理由申请更换审判长。对于这一申请，下列哪一说法是正确的？（2013－2－28，单）[1]

A. 赵某的申请理由不符合法律规定，法庭应当当庭驳回申请

B. 赵某在法庭调查前没有申请回避，法院院长应当驳回申请

C. 如法院作出驳回申请的决定，赵某可以在决定作出后 5 日内向上级法院提出上诉

D. 如法院作出驳回申请的决定，赵某可以向上级法院申请复议一次

【解析】根据《刑诉解释》第 36 条规定："当事人及其法定代理人申请出庭的检察人员回避的，人民法院应当区分情况作出处理：（一）属于刑事诉讼法第二十九条、第三十条规定情形的回避申请，应当决定休庭，并通知人民检察院尽快作出决定；（二）不属于刑事诉讼法第二十九条、第三十条规定情形的回避申请，应当当庭驳回，并不得申请复议。"

《刑事诉讼法》第 29 条规定："审判人员、检察人员、侦查人员有下列情形之一的，应当自行回避，当事人及其法定代理人也有权要求他们回避：（一）是本案的当事人或者是当事人的近亲属的；（二）本人或者他的近亲属和本案有利害关系的；（三）担任过本案的证人、鉴定人、辩护人、诉讼代理人的；（四）与本案当事人有其他关系，可能影响公正处理案件的。"《刑事诉讼法》第 30 条规定："审判人员、检察人员、侦查人员不得接受当事人及其委托的人的请客送礼，不得违反规定会见当事人及其委托的人。审判人员、检察人员、侦查人员违反前款规定的，应当依法追究法律责任。当事人及其法定代理人有权要求他们回避。"

A 项，在本案中赵某申请回避的理由是审判长打断其发言，并不属于上述法条规定的回避理由，法庭应当当庭驳回该申请。因此，A 项正确。

B 项，申请回避可以在各个诉讼阶段进行，并不必然限制于法庭调查前，法庭调查前没有申请回避的，庭审中仍可以提出申请。因此，B 项错误。

C 项，对于驳回回避申请决定的救济方式应当是申请复议，而不能是上诉或者抗诉，因此

赵某的做法错误。因此，C 项错误。

D 项，赵某申请回避的理由为打断发言，并非法定回避理由，应当当庭驳回该申请。且赵某不能提起复议。此外，就算赵某可以复议，也应当向作出驳回回避申请决定的法院申请，而非向上级法院复议。因此，D 项错误。

综上所述，本题答案为 A。

二、回避的申请

1. 未成年人小付涉嫌故意伤害袁某，袁某向法院提起自诉。小付的父亲委托律师黄某担任辩护人，袁某委托其在法学院上学的儿子担任诉讼代理人。本案中，下列哪些人有权要求审判人员回避？(2015 - 2 - 68，多)〔1〕

A. 黄某　　　　B. 袁某　　　　C. 袁某的儿子　　　　D. 小付的父亲

【解析】ABCD 项，根据《刑事诉讼法》第 29 条规定："审判人员、检察人员、侦查人员有下列情形之一的，应当自行回避，当事人及其法定代理人也有权要求他们回避：（一）是本案的当事人或者是当事人的近亲属的；（二）本人或者他的近亲属和本案有利害关系的；（三）担任过本案的证人、鉴定人、辩护人、诉讼代理人的；（四）与本案当事人有其他关系，可能影响公正处理案件的。"《刑诉解释》第 39 条规定："辩护人、诉讼代理人可以依照本章的有关规定要求回避、申请复议。"因此黄某是辩护人；袁某为自诉人，是当事人；袁某的儿子是诉讼代理人；小付是未成年人，他的父亲属于法定代理人，因此有权申请回避。黄某、袁某、袁某的儿子、小付的父亲均有权申请回避。因此，ABCD 项正确。

综上所述，本题答案为 ABCD。

2. 郭某（16 岁）与罗某发生争执，被打成轻伤，遂向法院提起自诉。法庭审理中，罗某提出，审判员李某曾在开庭前违反规定与自诉人父亲及姐姐会见，要求李某回避，但郭某父亲及姐姐均否认此事。法院院长经过审查作出李某回避的决定。下列选项正确的是？(2011 - 2 - 24，单)〔2〕

A. 郭某有权申请复议　　　　　　　　B. 郭某父亲有权申请复议
C. 郭某姐姐有权申请复议　　　　　　D. 李某无权申请复议

【解析】AB 项，根据《刑诉解释》第 35 条第 2 款的规定："当事人及其法定代理人申请回避被驳回的，可以在接到决定时申请复议一次。不属于刑事诉讼法第二十九条、第三十条规定情形的回避申请，由法庭当庭驳回，并不得申请复议。"可知，本题中回避申请被允许，而当事人及其法定代理人对回避决定进行复议的前提是回避申请被驳回，故不满足复议条件。故 AB 项错误。

C 项，郭某姐姐属于郭某的近亲属，而不属于法定代理人，因此其亦无权申请复议，故 C 项错误。

D 项，被决定回避的人（相关公、检、法人员）不享有申请回避权和申请复议权，而李某属于"被申请回避的人员"，因此李某无权对回避决定申请复议。因此，D 项正确。

综上所述，本题答案为 D。

3. 下列关于回避的说法，错误的是？(2022 仿真题，不定项)〔3〕

A. 甲一审被某区法院判有期徒刑三年，不服提出上诉，二审法院发回重审，该区法院应

---

〔1〕　ABCD　　〔2〕　无正确答案　　〔3〕　ABCD

当另行组成合议庭，再次上诉后，二审法院也应当另行组成合议庭进行审理

B. 被告人以法官张某是本案被害人的小舅子为由提出回避申请，院长决定张法官回避后，张法官可以复议一次

C. 最高法院复核死刑立即执行案件时，复核期间出现新的影响定罪量刑的事实、证据的，应当发回重审，重审法院应当另行组成合议庭

D. 最高人民法院在复核章某死刑案件后，发现事实不清证据不足，于是发回重审。重审法院应当另行组成合议庭，重审法院又判决章某死刑立即执行，最高人民法院再次复核时，应当另行组成合议庭

【解析】本题考查的是回避的法定理由及回避的程序。

A项，根据《刑诉解释》第29条第2款的规定："在一个审判程序中参与过本案审判工作的合议庭组成人员或者独任审判员，不得再参与本案其他程序的审判。但是，发回重新审判的案件，在第一审法院作出裁判后又进入第二审程序、在法定刑以下判处刑罚的复核程序或者死刑复核程序的，原第二审程序、在法定刑以下判处刑罚的复核程序或者死刑复核程序中的合议庭组成人员不受本款规定的限制。"在一个审判程序中参与过本案审判工作的合议庭组成人员或者独任审判员，不得再参与本案其他程序的审判。但是，发回重新审判的案件，在第一审人民法院作出裁判后又进入第二审程序、在法定刑以下判处刑罚的复核程序或者死刑复核程序的，原第二审程序、在法定刑以下判处刑罚的复核程序或者死刑复核程序中的合议庭组成人员可以不回避。思路示图如下：

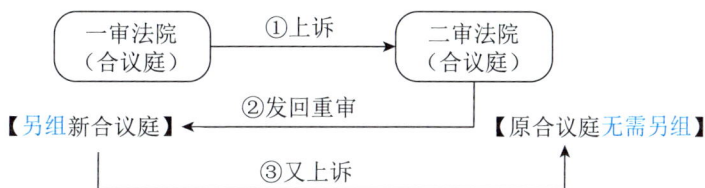

A项中，二审法院发回重审，区法院应当另行组成合议庭审理，这是正确的。但是再次上诉后，二审法院再次按二审程序审理时，原来的合议庭成员可以不回避，因此，A项错误，当选。

B项，根据《刑诉解释》第35条第2款的规定："当事人及其法定代理人申请回避被驳回的，可以在接到决定时申请复议一次。"《刑诉解释》第39条规定："辩护人、诉讼代理人可以依照本章的有关规定要求回避、申请复议。"根据现行法律规定，有权救济的主体是：当事人及其法定代理人、辩护人、诉讼代理人。而对于被申请回避的人员，被决定回避了就回避了，是无权救济的。因此，B项错误，当选。

C项，根据《刑诉解释》第432条的规定，"最高人民法院裁定不予核准死刑，发回重新审判的案件，原审人民法院应当另行组成合议庭审理。"但是，以下两种情形发回重审的除外：(1) 复核期间出现新的影响定罪量刑的事实、证据，发回重新审判的。(出现新事实、证据)(2) 原判认定事实正确、证据充分，但依法不应当判处死刑的，应当裁定不予核准，并撤销原判，发回重新审判的。(量刑错误)。本案中，由于是因为出现新事实、证据发回重审的，因此下级法院重审时原来合议庭的成员不需要回避，即无须另组合议庭。C项错误，当选。由于这部分内容是在第十七章死刑复核程序中规定的，因此考生若还没复习到第十七章内容导致本选项做错，则不必太过于在意。

D 项，根据《刑诉解释》第 29 条第 2 款的规定，在一个审判程序中参与过本案审判工作的合议庭组成人员或者独任审判员，不得再参与本案其他程序的审判。但是，发回重新审判的案件，在第一审人民法院作出裁判后又进入第二审程序、在法定刑以下判处刑罚的复核程序或者死刑复核程序的，原第二审程序、在法定刑以下判处刑罚的复核程序或者死刑复核程序中的合议庭组成人员可以不回避。具体图示如下：

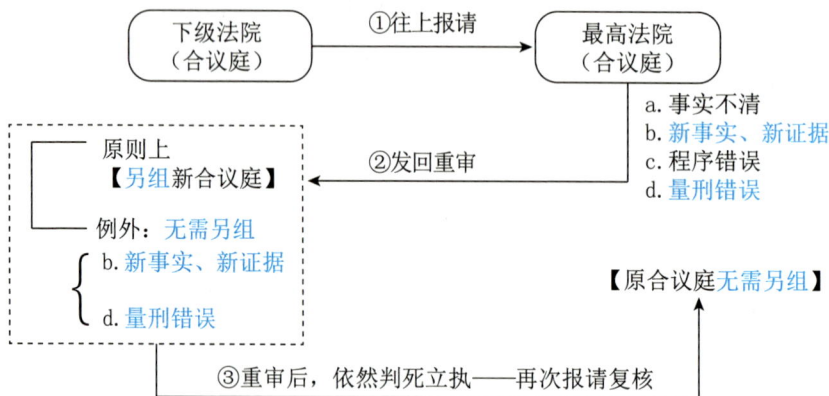

下级法院（合议庭）　①往上报请→　最高法院（合议庭）
　　　　　　　　　　　　　　　　　　a. 事实不清
　　　　　　　　　　　　　　　　　　b. 新事实、新证据
原则上【另组新合议庭】　←②发回重审　c. 程序错误
　　　　　　　　　　　　　　　　　　d. 量刑错误
例外：无需另组
　　b. 新事实、新证据
　　d. 量刑错误　　　　　　　　【原合议庭无需另组】

③重审后，依然判死立执——再次报请复核

D 项中，最高法院复核后以事实不清证据不足发回重审，重审法院重审时应当另行组成合议庭，这是正确的，因为只有新事实、证据和量刑错误发回重审时下级法院重审时才可以不另组合议庭。但是，原审法院又判处死刑立即执行后，再次报到最高法院复核时，根据上述规定，最高法院原来复核过本案的法官就可以不回避，因此，D 项错误，当选。

综上所述，本题答案为 ABCD。

第六章　辩护与代理

第一节　辩护制度概述

一、有效辩护原则

关于有效辩护原则，下列哪些理解是正确的？（2015－2－69，多）[1]

A. 有效辩护原则的确立有助于实现控辩平等对抗

B. 有效辩护是一项主要适用于审判阶段的原则，但侦查、审查起诉阶段对辩护人权利的保障是审判阶段实现有效辩护的前提

C. 根据有效辩护原则的要求，法庭审理过程中一般不应限制被告人及其辩护人发言的时间

D. 指派没有刑事辩护经验的律师为可能被判处无期徒刑、死刑的被告人提供法律援助，有违有效辩护原则

【解析】A项，有效辩护原则确立了犯罪嫌疑人、被告人刑事诉讼主体地位，反映了人权保障的理念，是人类社会文明进步在刑事诉讼中的体现，有效辩护原则有助于强化辩方成为影响诉讼进程的重要力量，维系控辩平等对抗。A项正确。

B项，有效辩护原则的内容之一是，允许犯罪嫌疑人、被告人聘请合格的能够有效履行辩护职责的辩护人为其辩护。可知，有效辩护原则适用于刑事诉讼的整个诉讼过程，并不是主要适用于审判阶段。因此，B项错误。

C项，有效辩护原则要求犯罪嫌疑人、被告人在整个诉讼过程中应当享有充分的辩护权，为了保障辩护权的有效行使，不应限制被告人及其辩护人发言的时间。因此，C项正确。

D项，有效辩护原则要求国家应当保障犯罪嫌疑人、被告人自行辩护权的充分行使，并通过设立法律援助制度确保犯罪嫌疑人、被告人能够获得符合最低标准并具有实质意义的律师帮助。法律援助制度的设立目标是确保犯罪嫌疑人、被告人能够获得符合最低标准并具有实质意义的律师帮助，而如果"指派没有刑事辩护经验的律师为可能被判处无期徒刑、死刑的被告人提供法律援助"，显然无法保障被告人获得实质意义的律师帮助。因此，D项正确。

综上所述，本题答案为ACD。

---

[1]　ACD

第二节　我国辩护制度的基本内容

一、辩护人辩护的基本内容

（一）辩护人的范围

1. 法官齐某从 A 县法院辞职后，在其妻洪某开办的律师事务所从业。关于齐某与洪某的辩护人资格，下列哪一选项是正确的？（2016-2-25，单）[1]

A. 齐某不得担任 A 县法院审理案件的辩护人

B. 齐某和洪某不得分别担任同案犯罪嫌疑人的辩护人

C. 齐某和洪某不得同时担任同一犯罪嫌疑人的辩护人

D. 洪某可以律师身份担任 A 县法院审理案件的辩护人

【解析】A 项，根据《法官法》第36条第2款和《刑诉解释》第41条第2款的规定可知，审判人员和人民法院其他工作人员从人民法院离任后，不得担任原任职法院所审理案件的辩护人，但系被告人的监护人、近亲属的除外。可见，A 项的说法太过于绝对。齐某如果系被告人的监护人、近亲属的，则可以担任 A 县法院审理案件的辩护人。因此，A 项错误。

B 项，根据《刑诉解释》第43条第2款的规定："一名辩护人不得为两名以上的同案被告人，或者未同案处理但犯罪事实存在关联的被告人辩护。"可知一般来说，同一个律所的律师不能同时代理双方诉讼参与人，但是，同一个律所的律师同时代理共同犯罪中不同的犯罪嫌疑人、被告人则不受限制。但并未规定两名辩护人不得分别担任同案犯罪嫌疑人的辩护人或者不得同时担任同一犯罪嫌疑人的辩护人。因此，B 项错误。

C 项，根据《刑诉解释》第43条第1款规定："一名被告人可以委托一至二人作为辩护人。"齐某和洪某可以同时担任同一犯罪嫌疑人的辩护人。因此，C 项错误。

D 项，根据《刑诉解释》第41条第3款的规定可知审判人员和人民法院其他工作人员的配偶、子女或者父母不得担任其任职法院所审理案件的辩护人。在本案中齐某已辞职，因此洪某便不再是现职审判人员的配偶，因此可以以律师身份担任 A 县法院审理案件的辩护人。因此，D 项正确。

综上所述，本题答案为 D。

2. 鲁某与洪某共同犯罪，洪某在逃。沈律师为鲁某担任辩护人。案件判决生效三年后，洪某被抓获并被起诉。关于沈律师可否担任洪某辩护人，下列哪一说法是正确的？（2013-2-29，单）[2]

A 沈律师不得担任洪某辩护人

B 如果洪某系法律援助对象，沈律师可以担任洪某辩护人

C 如果被告人洪某同意，沈律师可以担任洪某辩护人

D 如果公诉人未提出异议，沈律师可以担任洪某辩护人

【解析】ABCD 项，《六机关规定》第4条第2款规定，一名辩护人不得为两名以上的同案犯罪嫌疑人、被告人辩护，不得为两名以上的未同案处理但实施的犯罪存在关联的犯罪嫌疑

————

[1] D　[2] A

人、被告人辩护。本题中，鲁某、洪某属于共同犯罪，属于同案犯。虽然洪某在逃并在鲁某案件判决3年后才归案，但这并不改变鲁某、洪某之间的同案犯关系，属于实施的犯罪存在关联但是俩人并未同案处理的情形。故沈律师担任鲁某辩护人后不得再为洪某辩护。因此，A项正确，BCD项错误。

综上所述，本题答案为A。

3. Y公司涉嫌走私普通货物罪，公司实控人甲也被提起公诉，A律师事务所律师乙担任公司诉讼代表人。关于本案的辩护，下列哪一说法是正确的？（2021仿真题，单选）[1]

A. 甲不可委托A律师事务所的律师担任其辩护人

B. 乙担任诉讼代表人可由甲所在公司委托，也可由检察机关指派

C. 乙在本案中行使辩护职能

D. 乙可以接受委托作为甲的辩护律师

【解析】本题考查的是辩护人的范围。

A项，法律并不禁止由同一律所的律师分别担任同一案件中不同被告人的辩护人，只要甲委托的辩护人与公司委托的辩护人不是同一人即可。因此，A项错误。

B项，根据诉讼代表人的相关规定，即《刑诉解释》第336条第1款的规定，"被告单位的诉讼代表人，应当是法定代表人、实际控制人或者主要负责人；法定代表人、实际控制人或者主要负责人被指控为单位犯罪直接责任人员或者因客观原因无法出庭的，应当由被告单位委托其他负责人或者职工作为诉讼代表人。但是，有关人员被指控为单位犯罪直接责任人员或者知道案件情况、负有作证义务的除外。"，依据第一顺位（法定代表人、主要负责人、实际控制人）和第二顺位（接受委托的本单位的其他职工）均难以确定诉讼代表人的，可以由被告单位委托律师等单位以外的人员作为诉讼代表人。由此可见，律师等单位以外的人要担任诉讼代表人，是由单位来委托担任的。B项错误。需要提醒考生注意的是，根据《刑诉解释》第337条第1款规定，开庭审理单位犯罪案件，应当通知被告单位的诉讼代表人出庭；诉讼代表人不符合前条规定，应要求人民检察院另行确定。由此可见，单位委托了诉讼代表人后，只有在委托的诉讼代表人不符合规定，或者属于不是第一顺位的诉讼代表人经通知无正当理由不到庭的，才由检察院另行确定，但题干中没有这些信息，因此，不能自己加条件。因此，B项错误。

C项，本案中，律师乙作为公司的诉讼代表人，其是代表刑事诉讼中的被告人（单位被告人）行使权利，因此，被告单位承担何种职能，诉讼代表人就行使何种职能，因此，律师乙行使辩护职能。因此，C项正确。

D项，根据诉讼代表人的相关规定，即《刑诉解释》第336条第3款的规定，诉讼代表人不得同时担任被告单位或者被指控为单位犯罪直接责任人员的有关人员的辩护人。律师乙在本案中已经担任Y公司的诉讼代表人，他就不能同时担任被指控为单位犯罪直接责任人员甲的辩护人了，因此，D项错误。

综上所述，本题答案为C。

---

〔1〕 C

（二）辩护人的人数、诉讼地位与职责

郭某涉嫌参加恐怖组织罪被逮捕，随后委托律师姜某担任辩护人。关于姜某履行辩护职责，下列哪一选项是正确的？（2016-2-26，单）[1]

A. 姜某到看守所会见郭某时，可带1-2名律师助理协助会见

B. 看守所可对姜某与郭某的往来信件进行必要的检查，但不得截留、复制

C. 姜某申请法院收集、调取证据而法院不同意的，法院应书面说明不同意的理由

D. 法庭审理中姜某作无罪辩护的，也可当庭对郭某从轻量刑的问题发表辩护意见

【解析】A项，根据《关于依法保障律师执业权利的规定》第7条第4款的规定："……犯罪嫌疑人、被告人委托两名律师担任辩护人的，两名辩护律师可以共同会见，也可以单独会见。辩护律师可以带一名律师助理协助会见。……"可知，姜某到看守所会见郭某时，只可以带一名律师助理协助会见。因此，A项错误。

B项，本案中，因郭某涉嫌参加恐怖组织罪，属于涉嫌危害公共安全或者严重危害他人人身安全的范畴，根据《关于依法保障律师执业权利的规定》第13条的规定："看守所应当及时传递辩护律师同犯罪嫌疑人、被告人的往来信件。看守所可以对信件进行必要的检查，但不得截留、复制、删改信件，不得向办案机关提供信件内容，但信件内容涉及危害国家安全、公共安全、严重危害他人人身安全以及涉嫌串供、毁灭证据等情形的除外。"可知，其与姜某的往来信件内容存在危害国家安全、公共安全、严重危害他人人身安全的可能，看守所可以对信件进行截留、复制。因此，B项错误。

C项，根据《关于依法保障律师执业权利的规定》第18条的规定："辩护律师申请人民检察院、人民法院收集、调取证据的，人民检察院、人民法院应当在三日以内作出是否同意的决定，并通知辩护律师。辩护律师书面提出有关申请时，办案机关不同意的，应当书面说明理由；辩护律师口头提出申请的，办案机关可以口头答复。"可知，若姜某以口头形式申请法院收集、调取证据而法院不同意的，法院可以口头答复。C项未说明姜某以何种形式申请，故C项后半句表述为法院应书面说明不同意的理由不符合上述规定。因此，C项错误。

D项，根据《关于依法保障律师执业权利的规定》第35条规定："辩护律师作无罪辩护的，可以当庭就量刑问题发表辩护意见，也可以庭后提交量刑辩护意见。"法庭审理中姜某作无罪辩护的，对郭某从轻量刑的问题仍可当庭发表或庭后提交辩护意见。因此，D项正确。

综上所述，本题答案为D。

（三）辩护人的诉讼权利

1. 甲公司与耿某签订买卖合同订购一批电子产品，双方约定甲公司预先支付货款80万元，甲公司按照约定支付款项后，耿某因生产机器出现故障无法在约定的期限内完成相应电子产品的交付。后耿某因涉嫌合同诈骗罪被公安机关立案侦查，同时其资产也被采取冻结措施，关于本案的处理，下列哪一选项是正确的？（2019仿真题，单）[2]

A. 涉案买卖合同原件已丢失，合同复印件不能作为证据出示

B. 公安机关告知辩护律师杨某，其主张耿某不具有非法占有目的的辩护意见应当以书面形式提出

C. 辩护律师杨某申请检察院调取耿某积极履行合同义务的相关证据，检察院在进行调取

---

[1] D [2] C

时，杨某可以在场

D. 案件移送审查起诉后，耿某在被检察院作出不起诉决定的同时，其资产的冻结自动解除

【解析】A项，《刑诉解释》第84条规定："据以定案的书证应当是原件。取得原件确有困难的，可以使用副本、复制件。对书证的更改或者更改迹象不能作出合理解释，或者书证的副本、复制件不能反映原件及其内容的，不得作为定案的根据。书证的副本、复制件，经与原件核对无误、经鉴定或者以其他方式确认为真实的，可以作为定案的根据。"本案中，合同原件丢失属于"取证确有困难"，因此可以适用复印件。A项错误。

B项，《公安部规定》第58条第1款规定："案件侦查终结前，辩护律师提出要求的，公安机关应当听取辩护律师的意见，根据情况进行核实，并记录在案。辩护律师提出书面意见的，应当附卷。"因此，杨某若提出辩护意见，并非一定要以书面形式提出。B项错误。

C项，《最高检规则》第52条第2款规定："人民检察院根据辩护律师的申请收集、调取证据时，辩护律师可以在场。"检察院在根据杨某的申请调查取证时，杨某可以在场。C项正确。

D项，《最高检规则》第374条规定："人民检察院决定不起诉的案件，应当同时书面通知作出查封、扣押、冻结决定的机关或者执行查封、扣押、冻结决定的机关解除查封、扣押、冻结。"因此，本案中冻结的财产，需要检察院书面通知公安机关解除冻结时方可解除，而非自动解除。D项错误。

综上所述，本题答案为C。

2. 关于辩护律师在刑事诉讼中享有的诉讼权利，下列哪些说法是正确的？（2018仿真题，单）[1]

A. 在侦查阶段，辩护律师可以向犯罪嫌疑人核实证据

B. 辩认律师认为在侦查期间公安机关收集的证明犯罪嫌疑人无罪或者罪轻的证据材料未随案移送的，可以向检察院申请调取

C. 自行向现场目击证人（被害人提供）收集与本案有关的材料

D. 在案件侦查终结前，辩护律师可以查阅侦查机关的起诉意见书

E. 法院在开庭前7日给辩护律师送达起诉书副本，辩护律师可以以此为理由拒绝出庭辩护

【解析】A项，根据《刑事诉讼法》第39条第4款规定："辩护律师会见在押的犯罪嫌疑人、被告人，可以了解案件有关情况，提供法律咨询等；自案件移送审查起诉之日起，可以向犯罪嫌疑人、被告人核实有关证据。辩护律师会见犯罪嫌疑人、被告人时不被监听。"由此可见，辩护律师自移送审查起诉之日起才能向犯罪嫌疑人核实证据，故A项错误。

B项，根据《刑事诉讼法》第41条规定："辩护人认为在侦查、审查起诉期间公安机关、人民检察院收集的证明犯罪嫌疑人、被告人无罪或者罪轻的证据材料未提交的，有权申请人民检察院、人民法院调取。"故B项正确。

C项，根据《刑事诉讼法》第43条第2款："辩护律师经人民检察院或者人民法院许可，并且经被害人或者其近亲属、被害人提供的证人同意，可以向他们收集与本案有关的材料。"

_____

[1] B

可知，本案中辩护律师向被害人方调查取证需经检察院或法院同意。C项错误。

D项，根据《刑事诉讼法》第40条规定："辩护律师自人民检察院对案件审查起诉之日起，可以查阅、摘抄、复制本案的案卷材料。其他辩护人经人民法院、人民检察院许可，也可以查阅、摘抄、复制上述材料。"由此可见，辩护律师行使阅卷权的起始时间为检察院对案件审查起诉之日起。在侦查阶段，辩护律师不享有阅卷权，在侦查终结前不能查阅起诉意见书，故D项错误。

E项，根据《律师法》第32条第2款规定："律师接受委托后，无正当理由的，不得拒绝辩护或者代理。但是，委托事项违法、委托人利用律师提供的服务从事违法活动或者委托人故意隐瞒与案件有关的重要事实的，律师有权拒绝辩护或者代理。"虽然《刑事诉讼法》第187条规定应该在开庭10日前送达起诉书副本，此处存在程序违法，但本案不属于上述三种情形之一，律师无权拒绝辩护，故E项错误。

综上所述，本题答案为B。

3. 张某涉嫌诈骗罪被甲县公安局立案侦查。侦查人员在3日内讯问了张某两次，但只在第二次讯问时才告知其有权委托律师、亲友等人担任辩护人。张某遂委托了王律师担任其辩护人。王律师向甲县公安局提出了会见张某以及了解案件有关情况的请求。关于本案，下列哪一说法是正确的？（2018仿真题，单）[1]

A. 甲县公安局在第二次讯问张某时告知其有权委托辩护人，符合《刑事诉讼法》的规定

B. 对于王律师的会见请求，甲县公安局批准其会见张某并派员在场，是依法保障律师执业权利的表现

C. 甲县公安局告知张某有权委托亲友担任辩护人，充分保障了张某的辩护权

D. 若甲县公安局以妨碍侦查为由拒绝告知王律师本案的有关情况，则侵犯了王律师的诉讼权利

【解析】AC项，根据《刑事诉讼法》第34条第1、2款规定："犯罪嫌疑人自被侦查机关第一次讯问或者采取强制措施之日起，有权委托辩护人；在侦查期间，只能委托律师作为辩护人。被告人有权随时委托辩护人。侦查机关在第一次讯问犯罪嫌疑人或者对犯罪嫌疑人采取强制措施的时候，应当告知犯罪嫌疑人有权委托辩护人。人民检察院自收到移送审查起诉的案件材料之日起三日以内，应当告知犯罪嫌疑人有权委托辩护人。人民法院自受理案件之日起三日以内，应当告知被告人有权委托辩护人。犯罪嫌疑人、被告人在押期间要求委托辩护人的，人民法院、人民检察院和公安机关应当及时转达其要求。"据此，侦查机关在第一次讯问时就应当告知犯罪嫌疑人有权委托辩护人，而且在侦查阶段，只能委托律师而不得委托非律师的人员担任辩护人，可知，甲县公安局在第二次讯问张某时才告知其有权委托辩护人的做法错误，甲县公安局告知张某有权委托亲友担任辩护人的做法错误。因此，AC项错误。

B项，根据《刑事诉讼法》第39条第2、3款规定："辩护律师持律师执业证书、律师事务所证明和委托书或者法律援助公函要求会见在押的犯罪嫌疑人、被告人的，看守所应当及时安排会见，至迟不得超过四十八小时。危害国家安全犯罪、恐怖活动犯罪案件，在侦查期间辩护律师会见在押的犯罪嫌疑人，应当经侦查机关许可。上述案件，侦查机关应当事先通知看守所。"本案只是普通的诈骗案，辩护律师仅凭三证即可要求会见，无须批准。此外，《刑事诉

---

[1] D

讼法》第 39 条第 4 款规定："辩护律师会见在押的犯罪嫌疑人、被告人，可以了解案件有关情况，提供法律咨询等；自案件移送审查起诉之日起，可以向犯罪嫌疑人、被告人核实有关证据。辩护律师会见犯罪嫌疑人、被告人时不被监听。""不被监听"包括办案机关不得派员在场。因此，B 项错误。

D 项，根据《刑事诉讼法》第 38 条规定："辩护律师在侦查期间可以为犯罪嫌疑人提供法律帮助；代理申诉、控告；申请变更强制措施；向侦查机关了解犯罪嫌疑人涉嫌的罪名和案件有关情况，提出意见。"可知，了解案件有关情况是辩护律师在侦查阶段的诉讼权利，侦查机关不得以任何理由拒绝提供案件有关情况，因此，D 项正确。

综上所述，本题答案为 D。

4. 成年人钱甲教唆未成年人小沈实施诈骗犯罪，钱甲委托其在邻市检察院担任检察官助理的哥哥钱乙担任辩护人，小沈由法律援助律师武某担任辩护人。关于本案处理，下列哪一选项是正确的？(2017－2－25 单)[1]

A. 钱甲被拘留后，钱乙可为其申请取保候审

B. 本案移送审查起诉时，公安机关应将案件移送情况告知钱乙

C. 检察院讯问小沈时，武某可在场

D. 如检察院对钱甲和小沈分案起诉，法院可并案审理

【解析】A 项，根据《刑事诉讼法》第 97 条规定："犯罪嫌疑人、被告人及其法定代理人、近亲属或者辩护人有权申请变更强制措施。人民法院、人民检察院和公安机关收到申请后，应当在 3 日以内作出决定；不同意变更强制措施的，应当告知申请人，并说明不同意的理由。"在本案中，钱乙并非律师，所以侦查阶段不能作为钱甲的辩护人，但可以作为近亲属为钱甲申请取保候审。因此，A 项正确。

B 项，依据《刑事诉讼法》第 162 条第 1 款规定："公安机关侦查终结的案件，应当做到犯罪事实清楚，证据确实、充分，并且写出起诉意见书，连同案卷材料、证据一并移送同级人民检察院审查决定；同时将案件移送情况告知犯罪嫌疑人及其辩护律师。"钱乙作为钱甲的近亲属且属于检察院的现职人员，不能在侦查阶段担任钱甲的辩护人，即钱乙的身份只能是钱甲的近亲属而非辩护人，因此公安机关无需将移送审查起诉的情况告知钱乙。因此，B 项错误。

C 项，《刑事诉讼法》第 281 条第 1 款规定："对于未成年人刑事案件，在讯问和审判的时候，应当通知未成年犯罪嫌疑人、被告人的法定代理人到场。无法通知、法定代理人不能到场或者法定代理人是共犯的，也可以通知未成年犯罪嫌疑人、被告人的其他成年亲属，所在学校、单位、居住地基层组织或者未成年人保护组织的代表到场，并将有关情况记录在案。到场的法定代理人可以代为行使未成年犯罪嫌疑人、被告人的诉讼权利。"故讯问未成年犯罪嫌疑人、被告人时，在场的不包括担任犯罪嫌疑人、被告人辩护人的律师。因此，C 项错误。

D 项，依据《刑诉解释》第 551 条第 1 款规定："对分案起诉至同一人民法院的未成年人与成年人共同犯罪案件，可以由同一个审判组织审理；不宜由同一个审判组织审理的，可以分别审理。"若检察院对钱甲和小沈分案起诉，可以由同一审判组织审理，但不能并案审理。因此，D 项错误。

综上所述，本题答案为 A。

<hr>

[1] A

（四）辩护人的诉讼义务

1. 根据《刑事诉讼法》的规定，辩护律师收集到的下列哪一证据应及时告知公安机关、检察院？（2016－2－27，单）[1]

A. 强奸案中被害人系精神病人的证据

B. 故意伤害案中犯罪嫌疑人系正当防卫的证据

C. 投放危险物质案中犯罪嫌疑人案发时在外地出差的证据

D. 制造毒品案中犯罪嫌疑人犯罪时刚满 16 周岁的证据

【解析】ABC 项，根据《刑事诉讼法》第 42 条规定："辩护人收集的有关犯罪嫌疑人不在犯罪现场、未达到刑事责任年龄、属于依法不负刑事责任的精神病人的证据，应当及时告知公安机关、人民检察院。"A 项说的是被害人系精神病人，而只有在犯罪嫌疑人是不负刑事责任的精神病人时律师才有义务告知。B 项的故意伤害案中犯罪嫌疑人系正当防卫的证据，不属于上述规定的辩护人应当告知公安机关、检察院的证据范围。C 项的投放危险物质案中犯罪嫌疑人案发时在外地出差的证据，属于犯罪嫌疑人不在犯罪现场的证据，辩护人依法应当及时告知公安机关、检察院。因此，AB 项错误，C 项正确。

D 项，根据《刑法》第 17 条规定："已满十六周岁的人犯罪，应当负刑事责任。"制造毒品案中犯罪嫌疑人犯罪时刚满 16 周岁的证据，不属于未达到刑事责任年龄的证据，辩护人无须及时告知公安机关、检察院。因此，D 项错误。

综上所述，本题答案为 C。

2. 关于辩护律师在刑事诉讼中享有的权利和承担的义务，下列哪一说法是正确的？（2012－2－25，单）[2]

A. 在侦查期间可以向犯罪嫌疑人核实证据

B. 会见在押的犯罪嫌疑人、被告人，可以了解案件有关情况

C. 收集到的有利于犯罪嫌疑人的证据，均应及时告知公安机关、检察院

D. 在执业活动中知悉犯罪嫌疑人、被告人曾经实施犯罪的，应及时告知司法机关

【解析】AB 项，根据《刑事诉讼法》第 39 条第 4 款的规定："辩护律师会见在押的犯罪嫌疑人、被告人，可以了解案件有关情况，提供法律咨询等；自案件移送审查起诉之日起，可以向犯罪嫌疑人、被告人核实有关证据。辩护律师会见犯罪嫌疑人、被告人时不被监听。"，可见，律师自移送审查起诉之日起才能向犯罪嫌疑人核实证据。因此，A 项错误，B 项正确。

C 项，根据《刑事诉讼法》第 42 条的规定："辩护人收集的有关犯罪嫌疑人不在犯罪现场、未达到刑事责任年龄、属于依法不负刑事责任的精神病人的证据，应当及时告知公安机关、人民检察院。"可见并不是所有有利于犯罪嫌疑人的证据都应当及时告知公安机关、检察院，只有在收集到犯罪嫌疑人"不在场"、"不够大"和"不正常"三种情况的证据时，律师才有义务及时告知公安机关、检察院。因此，C 项错误。

D 项，根据《刑事诉讼法》第 48 条的规定："辩护律师对在执业活动中知悉的委托人的有关情况和信息，有权予以保密。但是，辩护律师在执业活动中知悉委托人或者其他人，准备或者正在实施危害国家安全、公共安全以及严重危害他人人身安全的犯罪的，应当及时告知司法机关。"可见，对于在执业活动中知悉犯罪嫌疑人、被告人曾经实施的犯罪行为，辩护律师没

---

[1] C　[2] B

有报告的义务。因此，D项错误。

综上所述，本题答案为B。

三、拒绝辩护

在法庭审判中，被告人翻供，否认犯罪，并当庭拒绝律师为其进行有罪辩护。合议庭对此问题的处理，下列哪一选项是正确的？（2013－2－38，单）[1]

A. 被告人有权拒绝辩护人辩护，合议庭应当准许

B. 辩护律师独立辩护，不受当事人意思表示的约束，合议庭不应当准许拒绝辩护

C. 属于应当提供法律援助的情形的，合议庭不应当准许拒绝辩护

D. 有多名被告人的案件，部分被告人拒绝辩护人辩护的，合议庭不应当准许

【解析】A项，《刑诉解释》第311条第2款规定：被告人当庭拒绝辩护人辩护，要求另行委托辩护人或者指派律师的，合议庭应当准许。被告人拒绝辩护人辩护后，没有辩护人的，应当宣布休庭；仍有辩护人的，庭审可以继续进行。因此合议庭应当准许。因此，A项正确。

因此，A项正确，C项错误。

B项，根据《刑诉解释》第311条第2款可知被告人拒绝辩护的，应当准许，因此合议庭不能以辩护律师具有独立地位为由不予准许拒绝辩护的请求。因此，B项错误。

C项，根据《刑诉解释》第50条第2款的规定："属于应当提供法律援助的情形，被告人拒绝指派的律师为其辩护的，人民法院应当查明原因。理由正当的，应当准许，……"第311条第5款规定："被告人属于应当提供法律援助的情形，重新开庭后再次当庭拒绝辩护人辩护的，不予准许。"可知，若被告人属于应当提供法律援助的情形，被告人第一次当庭拒绝辩护人为其辩护的，人民法院应当查明原因。理由正当的，应当准许，并让其另行委托辩护人或为其另行指派辩护人。重新开庭后被告人再次当庭拒绝辩护人辩护的，才不予准许。因此，C项错误。

D项，根据《刑诉解释》第311条第3款的规定，有多名被告人的案件，部分被告人拒绝辩护人辩护后，没有辩护人的，根据案件情况，可以对该部分被告人另案处理，对其他被告人的庭审继续进行。可知，部分被告人拒绝辩护的，合议庭并非不能准许。因此，D项错误。

综上所述，本题答案为A。

第三节　值班律师制度

一、值班律师制度的内容

值班律师制度是《刑事诉讼法》确立的一项诉讼制度。值班律师需要以其专业的法律知识为犯罪嫌疑人、被告人提供一系列法律帮助。下列关于值班律师在刑事诉讼中的权利与职责，说法正确的是？（2020仿真题）[2]

A. 为被告人提供出庭辩护服务

B. 可以会见犯罪嫌疑人、被告人

C. 自人民检察院对案件审查起诉之日起，值班律师可以查阅、摘抄、复制案卷材料、了

---

[1] A　[2] BD

解案情

D. 认罪认罚案件中，引导、帮助犯罪嫌疑人、被告人及其近亲属申请法律援助

【解析】A项，《刑事诉讼法》第36条规定："法律援助机构可以在人民法院、看守所等场所派驻值班律师。犯罪嫌疑人、被告人没有委托辩护人，法律援助机构没有指派律师为其提供辩护的，由值班律师为犯罪嫌疑人、被告人提供法律咨询、程序选择建议、申请变更强制措施、对案件处理提出意见等法律帮助。人民法院、人民检察院、看守所应当告知犯罪嫌疑人、被告人有权约见值班律师，并为犯罪嫌疑人、被告人约见值班律师提供便利。"即在具体案件的身份不是辩护人，不提供出庭辩护的服务，但需要以其专业的法律知识为犯罪嫌疑人、被告人提供法律咨询、程序选择建议、申请变更强制措施、对案件处理提出意见等一系列法律帮助。而不包括出庭辩护服务，A项错误。

B项，法律援助机构可以在人民法院、人民检察院、看守所等场所派驻值班律师。且根据《法律援助值班律师工作办法》第6条第3款规定，值班律师办理案件时，可以应犯罪嫌疑人、被告人的约见进行会见，也可以经办案机关允许主动会见。可见，值班律师有权会见犯罪嫌疑人、被告人，故B项正确。

C项，根据《最高检规则》第269条第2款规定，自人民检察院对案件审查起诉之日起，值班律师可以查阅案卷材料，了解案情。可见，在审查起诉阶段值班律师对案卷材料仅能查阅，无权摘抄、复制，C选项错误。

D项，《法律援助值班律师工作办法》第6条第1款规定了值班律师的指责："值班律师依法提供以下法律帮助：（一）提供法律咨询；（二）提供程序选择建议；（三）帮助犯罪嫌疑人、被告人申请变更强制措施；（四）对案件处理提出意见；（五）帮助犯罪嫌疑人、被告人及其近亲属申请法律援助；（六）法律法规规定的其他事项。"据此，值班律师应当引导、帮助认罪认罚案件中的犯罪嫌疑人、被告人及其近亲属申请法律援助，故D选项正确。

综上所述，本题答案为BD。

第七章　刑事证据

第一节　刑事证据的基本范畴

一、证据的法定种类

1. 甲、乙二人系药材公司仓库保管员，涉嫌5次共同盗窃其保管的名贵药材，涉案金额40余万元。一审开庭审理时，药材公司法定代表人丙参加庭审。经审理，法院认定了其中4起盗窃事实，另1起因证据不足未予认定，甲和乙以职务侵占罪分别被判处有期徒刑3年和1年。关于本案证据，下列选项正确的是：（2017 – 2 – 92 – 不）[1]

A. 侦查机关制作的失窃药材清单是书证

B. 为查实销赃情况而从通信公司调取的通话记录清单是书证

C. 甲将部分销赃所得10万元存入某银行的存折是物证

D. 因部分失窃药材不易保存而在法庭上出示的药材照片是物证

【解析】ABC项，本题A选项中侦查机关案发后制作的失窃药材清单是勘验笔录，不是书证。勘验笔录是以其文字、图表等记载的内容来说明一定案件事实，从这个意义上来说，它与书证有相似之处，但二者有很大的不同。两者主要区别是：（1）产生的时间不同。书证一般是在案件发生前或在案发过程中制作发生的；而勘验笔录则是在案件发生后，在诉讼过程中，为了查明案件事实，对物证或者现场进行检验后制作的。（2）制作主体不同。书证一般是由当事人或有关单位及公民制作的；而勘验笔录则是办案人员或人民法院指定进行勘验的人在执行公务的过程中依法制作的一种文书。（3）反映的内容不同。书证一般是用文字、符号来表达其内容，本身能直接证明案件的事实情况，是制作人主观意志的外部表现；而勘验笔录的文字、图片记载的内容，是对物证或者现场的重新再现，其内容不能有制作人的主观意思表示，完全是一种对客观情况的如实记载。（4）能否重新制作不同。书证不能涂改也不能重新制作，要保持其原意；而勘验笔录则不同，若记载有误或不明确，可以重新勘验，并作出新的勘验笔录。所以本题A选项中侦查机关案发后制作的失窃药材清单是勘验笔录；B选项中通话记录清单是书证；C选项中的存折是用文字、符号来表达其销赃所得具体数额内容，属于书证。因此，AC项错误，B项正确。

D项，此处的照片是因为药材不易搬运，所以用照片的形式在法庭上予以呈现，载体并不

---

[1]　BD

会改变证据的性质，照片是载体，但药材仍然属于物证。因此，D项正确。

综上所述，本题答案为BD项。

2. 某建设工程公司总经理王某涉嫌工程重大安全事故罪被立案侦查。侦查机关聘请某省工程质量监督检测中心进行检验，检验人张某出具的检验报告认为，该建设工程公司违反国家规定，降低工程质量标准是造成重大安全事故的主要原因。关于本案，下列说法正确的是？(2018仿真题，多选)〔1〕

A. 张某在本案中是鉴定人身份，属于应当回避的对象

B. 经法院通知，张某需出庭作证

C. 张某出具的检验报告可以作为证据来使用

D. 张某所进行的检验属于勘验、检查的一种形式

【解析】A项，《刑诉解释》第100条第1款规定："因无鉴定机构，或者根据法律、司法解释的规定，指派、聘请有专门知识的人就案件的专门性问题出具的报告，可以作为证据使用。"据此，尽管检验人是具有专门知识的人，且接受聘请，但检验人并非鉴定人，不具有鉴定人的身份。故A选项错误。

需要指出的是，有专门知识的人回避，适用《刑诉解释》第100条第2款规定："对检验报告的审查与认定，参照适用本节的有关规定。"而该解释第98条规定："鉴定意见具有下列情形之一的，不得作为定案的根据……(二)鉴定人不具备法定资质，不具有相关专业技术或者职称，或者违反回避规定的……"据此，检验人作为有专门知识的人，也属于回避的对象。

B项，《刑诉解释》第100条第3款规定："经人民法院通知，出具报告的人拒不出庭作证的，有关报告不得作为定案的根据。"故B选项正确。

C项，根据《刑诉解释》第100条第1款的规定，检验报告可以作为证据使用，故C选项正确。

D项，勘验、检查是指侦查人员对与犯罪有关的场所、物品、尸体、人身进行勘查和检验的一种侦查行为。二者的适用主体都只能是侦查人员，且勘验的对象是现场、物品和尸体；而检查则是针对活人的身体。而本案中的检验主体并非侦查人员，其所进行的检验不属于勘验、检查，故D选项错误。

综上所述，本题答案为BC项。

二、刑事证据的分类

1. 乙有一批限量黑胶片被盗，经查将犯罪嫌疑人甲抓获，从甲处缴获该被盗胶片。下列有关证据的说法，哪些是正确的？(2021仿真题，多选)〔2〕

A. 防盗门的划痕是原始证据
B. 丢失的胶片清单是实物证据
C. 丢失的胶片是间接证据
D. 监控记录的嫌疑人作案，是传来证据

【解析】A项，原始证据是指直接来源于案件事实，未经过复制、转述的证据。防盗门的刮痕直接来源于案件事实，所以是原始证据。因此，A项正确。

B项，实物证据是指以物品、痕迹和内容具有证据价值的书面文件等实物作为表现形式的证据。物证、书证、视听资料等都属于实物证据。丢失胶片清单属于书证，所以是实物证据。

---

〔1〕 BC　〔2〕 ABC

因此，B项正确。

C项，间接证据是指不能单独、直接证明刑事案件主要事实，需要与其他证据相结合才能证明案件事实的证据。仅凭丢失的胶片，不能证明犯罪事实是否存在，以及谁实施了犯罪，不能单独、直接反映案件主要事实，所以丢失的胶片属于间接证据。因此，C项正确。

D项，凡是不直接来源于案件事实，而是从间接的非第一来源获得的证据材料，被称为传来证据。监控记录嫌疑人作案直接来源于案件事实，未经过复制、转述，属于原始证据。因此，D项错误。

综上所述，本题答案为ABC。

2. 甲驾车将昏迷的乙送往医院，并垫付了医疗费用。随后赶来的乙的家属报警称甲驾车撞倒乙。急救中，乙曾短暂清醒并告诉医生自己系被车辆撞倒。医生将此话告知警察，并称从甲送乙入院时的神态看，甲应该就是肇事者。关于本案证据，下列哪些选项是正确的？（2016-2-67，多）[1]

A. 甲垫付医疗费的行为与交通肇事不具有关联性
B. 乙告知医生"自己系被车辆撞倒"属于直接证据
C. 医生基于之前乙的陈述，告知警察乙系被车辆撞倒，属于传来证据
D. 医生认为甲是肇事者的证词属于符合一般生活经验的推断性证言，可作为定案依据

【解析】A项，证据的关联性是指证据必须与案件事实有客观联系，对证明刑事案件事实具有某种实际意义；反之，与本案无关的事实或材料，都不能成为证据。证据与案件事实相关联的方式是多种多样、十分复杂的。其中最常见的是因果联系，即证据事实是犯罪的原因或结果事实。例如与犯罪相关的空间、时间、条件、方法、手段的事实。它们或者反映犯罪的动机，或者反映犯罪的手段，或者反映犯罪过程和实施犯罪的环境、条件，或者反映犯罪后果，还有反映犯罪事实不存在或犯罪并非犯罪嫌疑人、被告人所为等。甲垫付医疗费的行为与交通肇事并不存在因果联系，也无法反映与犯罪相关的空间、时间、条件、方法、手段的事实。所以，本案中甲垫付医疗费的行为与交通肇事不具有关联性。因此，A项正确。

B项，直接证据是可以单独、直接证明案件主要事实的证据。也就是说，某一项证据的内容，无需经过推理的过程，即可以直观地说明犯罪行为是否是犯罪嫌疑人、被告人所实施。本案中，乙告知医生"自己系被车辆撞倒"，只是陈述了自己被车撞倒的事实，无法据此判断系何人撞倒，故不属于直接证据。因此，B项错误。

C项，凡是不直接来源于案件事实，而是从间接的非第一来源获得的证据材料，称为传来证据。本案中，医生基于之前乙的陈述告知警察"乙系被车辆撞倒"，该证言并不直接来源于案件事实，故属于传来证据。因此，C项正确。

D项，根据《刑诉解释》第88条第2款的规定："证人的猜测性、评论性、推断性证言，不得作为证据使用，但根据一般生活经验判断符合事实的除外。"本案中，医生称从甲送乙入院时的神态看，甲应该就是肇事者，该证言属于推断性证言，并且不符合一般生活经验，所以该证言不得作为定案依据。因此，D项错误。

综上所述，本题答案为AC。

---

[1] AC

3. 甲涉嫌盗窃室友乙存放在储物柜中的笔记本电脑一台并转卖他人，但甲辩称该电脑系其本人所有，只是暂存于乙处。下列哪一选项既属于原始证据，又属于直接证据？（2015－2－25，单）[1]

A. 侦查人员在乙储物柜的把手上提取的甲的一枚指纹

B. 侦查人员在室友丙手机中直接提取的视频，内容为丙偶然拍下的甲打开储物柜取走电脑的过程

C. 室友丁的证言，内容是曾看到甲将一台相同的笔记本电脑交给乙保管

D. 甲转卖电脑时出具的现金收条

【解析】 原始证据是指来自原始出处，直接来源于案件事实的证据材料，即第一手材料。传来证据是指不是直接来源于案件事实，而是从间接的非第一来源获得的证据材料。直接证据是指能够单独、直接证明案件主要事实的证据。间接证据是指不能单独、直接证明刑事案件主要事实，需要与其他证据相结合才能证明的证据。

A项，属于原始证据、间接证据。因为，根据目前的指纹提取技术，将指纹从储物柜把手上提取出来，把手上的指纹不再存在，该指纹属于第一手材料，即原始证据。在乙储物柜的把手上提取的甲的一枚指纹，只能证明甲接触过该储物柜，但不能证明甲存在盗窃行为。所以A项错误。

B项，属于传来证据、间接证据。手机中的视频由侦查人员提取（譬如通过拷贝、下载、传输等方式），手机中的原始视频仍然存在或者留有痕迹，提取到的视频属于对原始视频的复制，即传来证据。丙偶然拍下的甲打开储物柜取走电脑的过程，但不能证明甲拿走的是乙的电脑，也不能直接证明该行为属于盗窃。所以B项错误。

C项，属于原始证据、直接证据。丁的证言属于第一手材料，属于直接证据，同时丁的证言可以直接证明该电脑为甲所有，所以，甲的行为不是盗窃，此处属于无罪证据。所以C项正确。

D项，属于原始证据、间接证据。甲转卖电脑时出具的现金收条，仅能证明甲存在出卖电脑的事实，但对电脑的来源等事实无法证明。所以D项错误。

综上所述，本题答案为C。

4. 张某伪造、变造国家机关公文、证件、印章案的下列哪一证据既属于言词证据，又属于间接证据？（2011－2－25，单）[2]

A. 用于伪造、变造国家机关公文、证件、印章的设备、工具

B. 伪造、变造的国家机关公文、证件、印章

C. 张某关于实施伪造、变造行为的供述

D. 判别国家机关公文、证件、印章真伪的鉴定意见

【解析】 根据证据的表现形式不同，可以将证据分为言词证据和实物证据。凡是表现为人的陈述，即以言词作为表现形式的证据，是言词证据。证人证言、被害人陈述、犯罪嫌疑人、被告人供述和辩解、鉴定意见都属于言词证据。凡是表现为物品和痕迹及其内容具有证据价值的书面文件，即以实物作为表现形式的证据，是实物证据。物证、书证属于实物证据。勘验、检查笔录是办案人员在勘验、检查中对所见客观情况的客观记载，而不是办案人员的陈述，所

---

[1] C [2] D

以，勘验、检查笔录也属于实物证据。视听资料也属于实物证据。

根据证据与案件主要事实的证明关系的不同，可以将证据划分为直接证据与间接证据。所谓刑事案件的主要事实，是指犯罪行为是否系犯罪嫌疑人、被告人所实施；所谓证明关系的不同，是指某一证据是否可以单独地、直接地证明案件的主要事实。间接证据是不能单独地直接指明刑事案件主要事实，需要与其他证据相结合才能证明的证据。直接证据能够单独地、直接地指明案件主要事实，但根据"孤证不能定案"的原则，只有一个直接证据，因其本身的真实性得不到其他证据印证，不得据此认定案件事实。

A项，用于伪造、变造国家机关公文、证件、印章的设备、工具属于犯罪工具，是实物证据，且这些工具不能单独、直接地证明张某实施了伪造行为，属于间接证据，所以A项错误。

B项，伪造、变造的国家机关公文、证件、印章是实物证据，且不能证明谁实施了犯罪行为，不能单独、直接地证明张某实施了伪造行为，属于间接证据，所以B项错误。

C项，张某关于实施伪造、变造行为的供述属于言词证据，但直接证明其实施了伪造行为，属于直接证据，所以C项错误。

D项，判别国家机关公文、证件、印章真伪的鉴定意见属于言词证据，且不能单独、直接地证明张某实施了伪造行为，属于间接证据，所以D项正确。

综上所述，本题答案为D。

第二节　证据的运用

一、证据的运用之证据能力的判断（解决的是哪些证据材料能够作为证据来使用的问题）

（一）证据的属性

关于证据的关联性，下列哪一选项是正确的？（2014-2-27，单）[1]

A. 关联性仅指证据事实与案件事实之间具有因果关系

B. 具有关联性的证据即具有可采性

C. 证据与待证事实的关联度决定证据证明力的大小

D. 类似行为一般具有关联性

【解析】关联性也称为相关性，指证据必须与案件事实有客观联系，对证明刑事案件事实具有某种实际意义；反之，与本案无关的事实或材料，都不能称为刑事证据。需要注意的是：（1）关联性是证据的一种客观属性，不是办案人员的主观想象或者强加的联系；（2）证据与案件事实相关联的形式是多种多样、十分复杂的。其中最常见的是因果联系，其次是与犯罪相关的空间、时间、条件、方法、手段的事实；（3）证据的关联性是证据证明力的原因，所谓证明力是指证据所具有的对案件事实的证明作用，也就是证据对证明案件事实的价值。证据对案件事实有无证明力以及证明力的大小，取决于证据本身与案件事实有无联系以及联系的紧密、强弱程度。

A项，关联性不仅指证据事实与案件事实之间有因果关系，还有可能有时间、空间等事实的联系。所以A项错误。

----

[1]　C

B 项，证据的可采性也被称为证据资格、证据能力，是指证据的采纳必须符合法律所规定的范围，可以被用来证明案件的待证事实。证据具有关联性仅表示证据与待证事实之间存在关联，但证据是否具有可采性，还应当考虑证据的合法性及客观性。所以 B 项错误。

C 项，证据对案件事实有无证明力以及证明力的大小，取决于证据本身与案件事实有无联系以及联系的紧密、强弱程度。所以 C 项正确。

D 项，关联性有两大例外，一是类似行为，一是品德证据。类似行为一般不具有关联性，所以 D 项错误。

综上所述，本题答案为 C。

（二）非法证据排除规则

1. 张某涉嫌抢劫罪被甲公安机关立案侦查。在侦查阶段收集到以下证据，其中应当予以排除，不得作为定案依据的证据有哪些？（2018 仿真题，多）[1]

A. 侦查人员陈某与李某对张某采用强光持续照射眼睛的方式进行讯问获取了张某的供述，之后，二人再次对张某进行合法讯问，张某作出了与第一次供述相同的供述

B. 侦查人员在讯问时威胁张某，称若不如实供述，就将张某逃税漏税的事实向有关机关告发，张某遂作出了承认抢劫的供述

C. 侦查人员在凌晨抓获张某后对其连夜审讯至天亮而获得的张某的供述

D. 侦查人员对张某非法拘禁，张某因害怕而作出的有罪供述

【解析】 A 项，根据《关于办理刑事案件严格排除非法证据若干问题的规定》第 5 条的规定，"采用刑讯逼供方法使犯罪嫌疑人、被告人作出供述，之后犯罪嫌疑人、被告人受该刑讯逼供行为影响而作出的与该供述相同的重复性供述，应当一并排除。"侦查人员采用强光持续照射眼睛的方式进行讯问取得供述属于刑讯逼供取得供述，要排除；再次合法讯问取得供述，属于重复性的供述，也要排除。张某的两次供述都应当予以排除，故 A 选项正确。

B 项，虽然采取了威胁的方法，但该威胁未达到难以忍受的痛苦的程度，且并未损害其合法权益，故张某的供述不排除，B 选项错误。

C 项，疲劳审讯收集的被告人供述应当排除，但需要指出的是，连夜审讯至天亮要构成疲劳审讯，必须以该犯罪嫌疑人在白天被抓获为前提。犯罪嫌疑人是在凌晨被抓获的，立即讯问并审讯至天亮并不属于疲劳审讯，故 C 选项不正确。

D 项，根据《关于办理刑事案件严格排除非法证据若干问题的规定》第 4 条的规定，"采用非法拘禁等非法限制人身自由的方法收集的犯罪嫌疑人、被告人供述，应当予以排除。"故 D 选项正确。

综上所述，本题答案为 AD。

2. 公安机关发现一具被焚烧过的尸体，因地处偏僻且天气恶劣，无法找到见证人，于是对勘验过程进行了全程录像，并在笔录中注明原因。法庭审理时，辩护人以勘验时没有见证人在场为由，申请排除勘验现场收集的物证。关于本案证据，下列哪一选项是正确的？（2016 - 2 - 29，单）[2]

A. 因违反取证程序的一般规定，应当排除

B. 应予以补正或者作出合理解释，否则予以排除

---

[1] AD [2] D

C. 不仅物证应当排除，对物证的鉴定意见等衍生证据也应排除

D. 有勘验过程全程录像并在笔录中已注明理由，不予排除

【解析】ABD项，根据《刑诉解释》第103条的规定："勘验、检查笔录存在明显不符合法律、有关规定的情形，不能作出合理解释的，不得作为定案的根据。"同时根据《刑诉解释》第80条的规定："下列人员不得担任见证人：（一）生理上、精神上有缺陷或者年幼，不具有相应辨别能力或者不能正确表达的人；（二）与案件有利害关系，可能影响案件公正处理的人；（三）行使勘验、检查、搜查、扣押、组织辨认等监察调查、刑事诉讼职权的监察、公安、司法机关的工作人员或者其聘用的人员。对见证人是否属于前款规定的人员，人民法院可以通过相关笔录载明的见证人的姓名、身份证件种类及号码、联系方式以及常住人口信息登记表等材料进行审查。由于客观原因无法由符合条件的人员担任见证人的，应当在笔录材料中注明情况，并对相关活动进行全程录音录像。"可知，本案属于由于客观原因无法由符合条件的人员担任见证人的情况，公安机关应当在笔录材料中注明情况并对相关活动进行全程录音录像。本案对勘验过程进行了全程录像，并在笔录中注明原因，符合上述法律规定，勘验现场收集的物证不属于非法证据。且对于勘验笔录而言，如果是违法取证的，只能作出合理解释，不能补正。因此，AB项错误，D项正确。

C项，本题中勘验的过程没有违法，收集的物证也不应予以排除。那么，对该物证的鉴定意见等衍生证据就更谈不上排除的问题。因此，C项错误。

综上所述，本题答案为D。

3. 在法庭审理过程中，被告人屠某、沈某和证人朱某提出在侦查期间遭到非法取证，要求确认其审前供述或证言不具备证据能力。下列哪些情形下应当根据法律规定排除上述证据？（2013－2－68，多）[1]

A. 将屠某"大"字形吊铐在窗户的铁栏杆上，双脚离地

B. 对沈某进行引诱，说"讲了就可以回去"

C. 对沈某进行威胁，说"不讲就把你老婆一起抓进来"

D. 对朱某进行威胁，说"不配合我们的工作就把你关进来"

【解析】《刑事诉讼法》第56条第1款规定："采用刑讯逼供等非法方法收集的犯罪嫌疑人、被告人供述和采用暴力、威胁等非法方法收集的证人证言、被害人陈述，应当予以排除。"《关于办理刑事案件排除非法证据若干问题的规定》第1条规定："严禁刑讯逼供和以威胁、引诱、欺骗以及其他非法方法收集证据，不得强迫任何人证实自己有罪。对一切案件的判处都要重证据，重调查研究，不轻信口供。"第2条同时规定："采取殴打、违法使用戒具等暴力方法或者变相肉刑的恶劣手段，使犯罪嫌疑人、被告人遭受难以忍受的痛苦而违背意愿作出的供述，应当予以排除。"

A项，根据《刑诉解释》第123条第1项的规定："采用下列非法方法收集的被告人供述，应当予以排除：（一）采用殴打、违法使用戒具等暴力方法或者变相肉刑的恶劣手段，使被告人遭受难以忍受的痛苦而违背意愿作出的供述……"将屠某大字吊铐在窗户的铁栏杆上，属于采用刑讯逼供方法取得的被告人供述，属于非法言词证据，应当排除。因此，A项正确。

B项，对被告人沈某说"讲了就可以回去"，没有达到刑讯逼供的程度，也没有以暴力或

---

[1] ACD

者严重损害近亲属合法权益相威胁，故不排除。因此，B项错误。

C项，根据《关于办理刑事案件严格排除非法证据若干问题的规定》第3条："采用以暴力或者严重损害本人及其近亲属合法权益等进行威胁的方法，使犯罪嫌疑人、被告人遭受难以忍受的痛苦而违背意愿作出的供述，应当予以排除。"题目中的"不讲就把你老婆一起抓进来"，作为以近亲属的合法权益相威胁取得的证据应当予以排除。应当注意，本题中是否使沈某遭受难以忍受的痛苦而违背意愿这一条件的判断比较抽象，实践中也很难判断，因此老师对答案的观点也有争议，但真题答案认为当选，也就是说，"不讲就把你老婆一起抓进来"，已经暗含了达到"遭受难以忍受的痛苦而违背意愿"的条件。因此，C项正确。

D项，《关于办理刑事案件严格排除非法证据若干问题的规定》第6条规定："采用暴力、威胁以及非法限制人身自由等非法方法收集的证人证言、被害人陈述，应当予以排除。"朱某属于证人，对朱某进行威胁取得的证言，属于非法言词证据，应当排除。因此，D项正确。

综上所述，本题答案为ACD。（原答案是AD）

4. 关于非法证据的排除，下列哪些说法是正确的？（2012 - 2 - 67，多）[1]

A. 非法证据排除的程序，可以根据当事人等申请而启动，也可以由法庭依职权启动

B. 申请排除以非法方法收集的证据的，应当提供相关线索或者材料

C. 检察院应当对证据收集的合法性加以证明

D. 只有确认存在《刑事诉讼法》第56条规定的以非法方法收集证据情形时，才可以对有关证据应以排除

【解析】AB项，根据《刑事诉讼法》第58条的规定："法庭审理过程中，审判人员认为可能存在本法第五十六条规定的以非法方法收集证据情形的，应当对证据收集的合法性进行法庭调查。当事人及其辩护人、诉讼代理人有权申请人民法院对以非法方法收集的证据依法予以排除。申请排除以非法方法收集的证据的，应当提供相关线索或者材料。"可知，非法证据排除程序有依申请和依职权两种启动方式，当事人等申请排除以非法方法收集的证据的，应当提供相关线索或者材料。因此，AB项正确。

C项，根据《刑事诉讼法》第59条第1款的规定："在对证据收集的合法性进行法庭调查的过程中，人民检察院应当对证据收集的合法性加以证明。"可知，庭审过程中，检察院应当对证据收集的合法性加以证明。因此，C项正确。

D项，根据《刑事诉讼法》第60条的规定："对于经过法庭审理，确认或者不能排除存在本法第五十六条规定的以非法方法收集证据情形的，对有关证据应当予以排除。"可知，并非只有确认存在非法情形时才能排除，当不能排除存在《刑事诉讼法》第56条规定的情形时，相关证据也应当予以排除。因此，D项错误。

综上所述，本题答案为ABC。

（三）证据的审查与判断

1. 赵某涉嫌抢劫案被立案侦查。侦查人员对此案组织了辨认。下列关于辨认程序不符合有关规定，经补正或者作出合理解释后，辨认笔录可以作为证据使用的情形，下列选项正确的是？（2020仿真题）[2]

A. 被害人张某在辨认前见到了辨认对象赵某

---

[1] ABC [2] C

B. 侦查人员将赵某混杂在 5 名具有类似特征的人员中，由被害人张某进行辨认

C. 案卷中只有辨认笔录，没有被辨认对象的照片、录像等资料，无法获悉辨认的真实情况的

D. 侦查人员组织证人贾某与罗某同时对犯罪嫌疑人进行辨认

【解析】《刑诉解释》第 104 条规定：对辨认笔录应当着重审查辨认的过程、方法，以及辨认笔录的制作是否符合有关规定。《刑诉解释》第 105 条规定：辨认笔录具有下列情形之一的，不得作为定案的根据：（1）辨认不是在调查人员、侦查人员主持下进行的；（2）辨认前使辨认人见到辨认对象的；（3）辨认活动没有个别进行的；（4）辨认对象没有混杂在具有类似特征的其他对象中，或者供辨认的对象数量不符合规定的；（5）辨认中给辨认人明显暗示或者明显有指认嫌疑的；（6）违反有关规定、不能确定辨认笔录真实性的其他情形。

A 项，被害人张某在辨认前见到了辨认对象赵某，使辨认人见到辨认对象的，根据《刑诉解释》第 105 条第 2 项的规定，不得作为定案依据，故 A 项错误。

B 项，侦查人员将赵某混杂在 5 名具有类似特征的人员中组织辨认，少于 7 人，不符合《公安部规定》第 260 条第 2 款对于辨认犯罪嫌疑人时被辨认的人数的规定，根据《刑诉解释》第 105 条第 4 项的规定，不得作为定案依据，故 B 项错误。

C 项，案卷中只有辨认笔录，没有被辨认对象的照片、录像等资料，无法获悉辨认的真实情况的情况并未在《刑诉解释》第 105 条排除辨认笔录的规定中体现，通过有关办案人员的补正或者作出合理解释的，辨认结果可以作为证据使用，故 C 项正确。

D 项，证人贾某与罗某同时对犯罪嫌疑人进行辨认，辨认活动没有个别进行，根据《刑诉解释》第 105 条第 3 项的规定，不得作为定案依据，故 D 项错误。

综上所述，本题答案为 C。

2. 张甲涉嫌在火车上扒窃被立案侦查并提起公诉，王乙和陈丙在案发时与张甲处于同一车厢，两人在侦查阶段作为目击证人提供了证人证言。关于本案的处理，下列哪一选项是正确的？（2019 仿真题，单）[1]

A. 公安机关向法院提交的讯问笔录虽然没有经过被讯问人张甲核对签名确认，但是如果可以补正或作出合理解释，法院可以采纳作为定案依据

B. 辩护人柳丁向法院申请王乙出庭作证，法院告知柳丁应当说明其拟证明的案件事实

C. 在庭前会议中，控辩双方对于王乙的证言没有争议，在法庭调查阶段可以不再出示该证言

D. 在法庭审理中，陈丙无正当理由拒不出庭，法院以其在侦查阶段提供的证言作为定案依据，法院的做法不符合法律规定

【解析】A 项，《刑事诉讼法》第 122 条规定："讯问笔录应当交犯罪嫌疑人核对，对于没有阅读能力的，应当向他宣读。如果记载有遗漏或者差错，犯罪嫌疑人可以提出补充或者改正。犯罪嫌疑人承认笔录没有错误后，应当签名或者盖章。"因此，对于未经张甲核对并签名的笔录，不应当被采纳为定案依据。A 项错误。

B 项，《刑诉解释》第 247 条规定："控辩双方申请证人出庭作证，出示证据，应当说明证据的名称、来源和拟证明的事实。"故此，法官要求柳某说明证人拟证明的事实是正确的。B

_____

[1] B

项正确。

C项，《刑诉解释》第229条规定："庭前会议中，审判人员可以询问控辩双方对证据材料有无异议，对有异议的证据，应当在庭审时重点调查；无异议的，庭审时举证、质证可以简化。"因此，尽管控辩双方对王乙的证言没有争议，但仍应当出示并进行质证，只不过可以简化举证质证过程。C项错误。

D项，《刑事诉讼法》第192条第1款规定："公诉人、当事人或者辩护人、诉讼代理人对证人证言有异议，且该证人证言对案件定罪量刑有重大影响，人民法院认为证人有必要出庭作证的，证人应当出庭作证。"我国刑诉法虽然规定了对有异议且法院认为有必要出庭作证的，证人应当出庭，但对证人未出庭，并未规定证人证言不可用作定案依据的法律后果。此外，《刑事诉讼法》第61条规定，"证人证言必须在法庭上经过公诉人、被害人和被告人、辩护人双方质证并且查实以后，才能作为定案的根据。"因此，陈某的证言若经过质证和查实，仍然可用作定案依据，法院的做法符合法律规定。D项错误。

综上所述，本题答案为B。

3. 某幼儿园老师甲因4岁的小朋友小杨午休期间吵闹而用针扎了他。同是4岁的小刘目睹了小杨被针扎的过程。小刘放学后把小杨被老师针扎的事情告诉了自己妈妈。小刘妈妈随即报警。甲因涉嫌犯罪被公安机关立案侦查。关于本案，下列说法正确的是？（2018仿真题，单）[1]

A. 因小刘对所证事实具有辨别能力，符合其智力水平，其证言可以作为定案的依据

B. 4岁的小杨作为被害人可以对犯罪嫌疑人甲进行辨认

C. 由于小杨的辨认笔录没有见证人的签名，该辨认笔录不能作为定案的依据

D. 小杨的母亲与案件有利害关系，其证言不可以作为定案的依据

【解析】A项，《刑事诉讼法》第62条规定："凡是知道案件情况的人，都有作证的义务。生理上、精神上有缺陷或者年幼，不能辨别是非、不能正确表达的人，不能作证人。"据此，要排除一个年幼的人作证的资格，必须还得符合"不能辨别是非、不能正确表达"才行。在本案中，虽然4岁的小刘年幼，但其所陈述的是"看到小杨被老师针扎"，这是符合其智力水平的，对所证事实具有辨别能力，因此可以作为证人，其证言可以作为定案的依据。A选项正确。

B项，《公安部规定》第258条规定："为了查明案情，在必要的时候，侦查人员可以让被害人、证人或者犯罪嫌疑人对与犯罪有关的物品、文件、尸体、场所或者犯罪嫌疑人进行辨认。"据此，不管年龄大小，只要是被害人，都是辨认的主体。B选项正确。

C项，《关于办理死刑案件审查判断证据若干问题的规定》第30条第2款规定：有下列情形之一，通过有关办案人员的补正或者作出合理解释的，辨认结果可以作为证据使用：（1）主持辨认的侦查人员少于2人的；（2）没有向辨认人详细询问辨认对象的具体特征的；（3）对辨认经过和结果没有制作专门的规范的辨认笔录，或者辨认笔录没有侦查人员、辨认人、见证人的签名或者盖章的；（4）辨认记录过于简单，只有结果没有过程的；（5）案卷中只有辨认笔录，没有被辨认对象的照片、录像等资料，无法获悉辨认的真实情况。根据该条第2款第3项，没有见证人签名不属于上述5种直接排除的情形之一，因此没有见证人签名是可以补正或作出合理解释的，经补正或作出合理解释后，辨认笔录可以作为定案的依据。C选项错误。

---

[1] AB

D 项,《刑事诉讼法》第 62 条第 1 款规定:"凡是知道案件情况的人,都有作证的义务。"据此,尽管小杨的母亲与案件有利害关系,但其也有作证的义务,其证言可以作为定案的根据,故 D 选项错误。

综上所述,本题答案为 AB。

4. 甲涉嫌利用木马程序盗取 Q 币并转卖他人,公安机关搜查其住处时,发现一个 U 盘内存储了用于盗取账号密码的木马程序。关于该 U 盘的处理,下列哪些选项是正确的?(2017 - 2 - 69 - 多)[1]

A. 应扣押 U 盘并制作笔录

B. 检查 U 盘内的电子数据时,应将 U 盘拆封过程进行录像

C. 公安机关移送审查起诉时,对 U 盘内提取的木马程序,应附有该木马程序如何盗取账号密码的说明

D. 如 U 盘未予封存,且不能补正或作出合理解释的,U 盘内提取的木马程序不得作为定案的根据

【解析】A 项,根据《关于办理刑事案件收集提取和审查判断电子数据若干问题的规定》第 8 条第 1 款的规定:"收集、提取电子数据,能够扣押电子数据原始存储介质的,应当扣押、封存原始存储介质,并制作笔录,记录原始存储介质的封存状态。"可知,本题中 U 盘属于电子数据的原始存储介质,扣押 U 盘并应制作扣押笔录符合上述规定。A 项正确。

B 项,根据《关于办理刑事案件收集提取和审查判断电子数据若干问题的规定》第 16 条第 2 款的规定:"电子数据检查,应当对电子数据存储介质拆封过程进行录像……"可知,检查 U 盘内的电子数据时,应将 U 盘拆封过程进行录像。(注意:此真题 B 选项中原表述为"拆分"。出于严谨考虑,将对应处改为"拆封",使其与法条表述一致。)B 项将 U 盘拆封过程进行录像的做法正确。

C 项,根据《关于办理刑事案件收集提取和审查判断电子数据若干问题的规定》第 19 条的规定:"对侵入、非法控制计算机信息系统的程序、工具以及计算机病毒等无法直接展示的电子数据,应当附电子数据属性、功能等情况的说明。对数据统计量、数据同一性等问题,侦查机关应当出具说明。"可知,用于盗取 Q 币的木马程序即属于此类电子数据,移送审查起诉时,应当附有木马程序如何盗取账号密码的说明。C 项正确。

D 项,根据《刑诉解释》第 113 条的规定:"电子数据的收集、提取程序有下列瑕疵,经补正或者作出合理解释的,可以采用;不能补正或者作出合理解释的,不得作为定案的根据:(一)未以封存状态移送的;……"可知,U 盘未予封存,且不能补正或作出合理解释的 U 盘内提取的木马程序不得作为定案的根据。D 项正确。

综上所述,本题答案为 ABCD。

5. 某地发生一起以爆炸手段故意杀人致多人伤亡的案件。公安机关立案侦查后,王某被确定为犯罪嫌疑人。关于本案辨认,下列哪一选项是正确的?(2016 - 2 - 34,单)[2]

A. 证人甲辨认制造爆炸物的工具时,混杂了另外 4 套同类工具

B. 证人乙辨认犯罪嫌疑人时未同步录音或录像,辨认笔录不得作为定案的依据

C. 证人丙辨认犯罪现场时没有见证人在场,辨认笔录不得作为定案的依据

---

〔1〕 ABCD   〔2〕 A

D. 王某作为辨认人时，陪衬物不受数量的限制

【解析】A项，根据《公安部规定》第260条第1款的规定："辨认时，应当将辨认对象混杂在特征相类似的其他对象中，不得在辨认前向辨认人展示辨认对象及其影像资料，不得给辨认人任何暗示。"根据辨认的规定，辨认要遵循混杂原则。混杂原则有两项要求：一是相似性要求，即要求辨认对象具有相似特征；二是数量上的要求，即公安机关侦查的案件，如果辨认对象是犯罪嫌疑人的，要求人数是7人及以上；如果是犯罪嫌疑人的照片的，要求是10张及以上；如果是物品的，则要求5件及以上；物的照片是10张及以上。本案将制造爆炸物的工具混杂在另外4套同类工具中让证人甲辨认，符合上述规定。因此，A项正确。

B项，根据《公安部规定》第262条的规定："对辨认经过和结果，应当制作辨认笔录，由侦查人员、辨认人、见证人签名。必要时，应当对辨认过程进行录音录像。"公安机关认为必要的，才应当对辨认过程进行录音录像，本案未说明公安机关认为有录音或者录像的必要，故辨认笔录不得作为定案的依据的结论过于绝对。因此，B项错误。

C项，根据《最高检规则》第225条的规定："几名辨认人对同一被辨认对象进行辨认时，应当由每名辨认人单独进行。必要时，可以有见证人在场。"根据上述规定，证人丙辨认犯罪现场时，公安机关认为有必要的，可以有见证人在场，而非必须要有见证人在场。因本案未说明公安机关认为有见证人在场的必要，也即辨认笔录不得作为定案的依据的结论过于绝对。因此，C项错误。

D项，根据《公安部规定》第260条第4款的规定："对场所、尸体等特定辨认对象进行辨认，或者辨认人能够准确描述物品独有特征的，陪衬物不受数量的限制。"只有在对场所、尸体等特定辨认对象进行辨认，或者辨认人能够准确描述物品独有特征时，陪衬物的数量才不受限制。王某作为辨认人时，陪衬物的数量应该符合辨认的相关规定。因此，D项错误。

综上所述，本题答案为A。

6. 关于网络犯罪案件证据的收集与审查，下列哪一选项是正确的？（2015－2－24，单）[1]

A. 询问异地证人、被害人的，应由办案地公安机关通过远程网络视频等方式进行

B. 收集、提取电子数据，能够获取原始存储介质的应封存原始存储介质，并对相关活动录像

C. 远程提取电子数据的，应说明原因，并对相关活动录像

D. 对电子数据涉及的专门性问题难以确定的，可由公安部指定的机构出具检验报告

【解析】本题考查的是侦查中收集电子数据的特殊要求。主要是对当年新增司法解释，即最高人民法院、最高人民检察院、公安部《关于办理网络犯罪案件适用刑事诉讼程序若干问题的意见》（公通字〔2014〕10号）主要内容进行考查。需要指出的是，最高人民法院、最高人民检察院、公安部于2022年8月联合颁布了《关于办理信息网络犯罪案件适用刑事诉讼程序若干问题的意见》（法发〔2022〕23号），同时废止了2014年的上述司法解释。因此，本题要按新的司法解释作答。同时，提醒考生，要注意本年度的新增司法解释的主要内容。

A项，根据《关于办理信息网络犯罪案件适用刑事诉讼程序若干问题的意见》（法发〔2022〕23号）第15条第1款的规定："询（讯）问异地证人、被害人以及与案件有关联的犯罪嫌疑人的，可以由办案地公安机关通过远程网络视频等方式进行并制作笔录。"据此，是

_____

[1] D

"可以"而不是"应"由办案地公安机关通过远程网络视频等方式进行，A 项错误。

B 项，根据 2014 年《关于办理网络犯罪案件适用刑事诉讼程序若干问题的意见》第 14 条的规定："收集、提取电子数据……有条件的，侦查人员应当对相关活动进行录像。"据此，是"有条件的"才应当录像，并不是全都要录像。因此，B 项错误。需要指出的是，2022 年新的司法解释出来后，将原来的该 14 条规定删除了，考生如果做错本选项，不必太过在意，只要记住本年度新增法律、司法解释的主要内容即可。

C 项，根据 2014 年《关于办理网络犯罪案件适用刑事诉讼程序若干问题的意见》第 16 条的规定："……远程提取电子数据的，应当说明原因，有条件的，应当对相关活动进行录像。……"据此，是"有条件的"才应当录像，并不是全都要录像。因此，C 项错误。需要指出的是，2022 年新的司法解释出来后，将原来的第 16 条规定删除了，考生如果做错本选项，不必太过在意，只要记住本年度新增法律、司法解释的主要内容即可。

D 项，根据 2014 年《关于办理网络犯罪案件适用刑事诉讼程序若干问题的意见》第 18 条的规定："对电子数据涉及的专门性问题难以确定的，由司法鉴定机构出具鉴定意见，或者由公安部指定的机构出具检验报告。"因此，D 项正确。需要指出的是，2022 年新的司法解释出来后，将原来的该 18 条规定删除了，考生如果做错本选项，不必太过在意，只要记住本年度新增法律、司法解释的主要内容即可。

综上所述，本题当年答案为 D。（有考生会有疑惑，为什么 2014 年版的司法解释废止了，而且 BCD 选项中的内容在新的司法解释中没有，还要保留此题？之所以保留，是因为做错不要紧，最重要的是想提醒考生要注意当年新增法律、司法解释的内容）

7. 关于证人证言的收集程序和方式存在瑕疵，经补正或者作出合理解释后，可以作为证据使用的情形，下列哪一选项是正确的？（2012 - 2 - 42，单）[1]

A. 询问证人时没有个别进行的

B. 询问笔录反映出在同一时间内，同一询问人员询问不同证人的

C. 询问聋哑人时应当提供翻译而未提供的

D. 没有经证人核对确认并签名（盖章）、捺指印的

【解析】A、C、D 项，根据《刑诉解释》第 89 条的规定："证人证言具有下列情形之一的，不得作为定案的根据：（一）询问证人没有个别进行的；（二）书面证言没有经证人核对确认的；（三）询问聋、哑人，应当提供通晓聋、哑手势的人员而未提供的；（四）询问不通晓当地通用语言、文字的证人，应当提供翻译人员而未提供的。"可知，A 项属于上述第一项，C 项属于上述第三项，D 项属于上述第二项。均属于证人证言有重大瑕疵，应绝对排除，不能经过补正适用。因此，ACD 项错误。

B 项，根据《刑诉解释》第 90 条的规定："证人证言的收集程序、方式有下列瑕疵，经补正或者作出合理解释的，可以采用；不能补正或者作出合理解释的，不得作为定案的根据：……（四）询问笔录反映出在同一时段，同一询问人员询问不同证人的……"可知，询问笔录反映出在同一时段，同一询问人员询问不同证人的，经补正或者作出合理解释的，可以采用。因此，B 项正确。

综上所述，本题答案为 B。

----

[1] B

8. 关于辨认程序不符合有关规定，经补正或者作出合理解释后，辨认笔录可以作为证据使用的情形，下列哪一选项是正确的？（2012 - 2 - 27，单）[1]

A. 辨认前使辨认人见到辨认对象的

B. 供辨认的对象数量不符合规定的

C. 案卷中只有辨认笔录，没有被辨认对象的照片、录像等资料，无法获悉辨认的真实情况的

D. 辨认活动没有个别进行的

【解析】 A、B、D项，根据《刑诉解释》第104条的规定："对辨认笔录应当着重审查辨认的过程、方法，以及辨认笔录的制作是否符合有关规定。"及第105条的规定："辨认笔录具有下列情形之一的，不得作为定案的根据：（一）辨认不是在调查人员、侦查人员主持下进行的；（二）辨认前使辨认人见到辨认对象的；（三）辨认活动没有个别进行的；（四）辨认对象没有混杂在具有类似特征的其他对象中，或者供辨认的对象数量不符合规定的；（五）辨认中给辨认人明显暗示或者明显有指认嫌疑的；（六）违反有关规定、不能确定辨认笔录真实性的其他情形。"另《关于办理死刑案件审查判断证据若干问题的规定》第30条第2款规定："有下列情形之一的，通过有关办案人员的补正或者作出合理解释的，辨认结果可以作为证据使用："（一）主持辨认的侦查人员少于二人的；（二）没有向辨认人详细询问辨认对象的具体特征的；（三）对辨认经过和结果没有制作专门的规范的辨认笔录，或者辨认笔录没有侦查人员、辨认人、见证人的签名或者盖章的；（四）辨认记录过于简单，只有结果没有过程的；（五）案卷中只有辨认笔录，没有被辨认对象的照片、录像等资料，无法获悉辨认的真实情况的。"可知，A项属于上述第二项，B项属于上述第四项，D项属于上述第三项，不得作为定案的证据。因此，ABD项错误。

C项，根据《关于办理死刑案件审查判断证据若干问题的规定》第30条第2款的规定："有下列情形之一的，通过有关办案人员的补正或者作出合理解释的，辨认结果可以作为证据使用：……（五）案卷中只有辨认笔录，没有被辨认对象的照片、录像等资料，无法获悉辨认的真实情况的。"可知，虽然出现瑕疵、无照片和录像，但由于可以通过补正或解释来消除程序违法对辨认结论准确性的影响，故可以作为证据使用，甚至可以作为定案的根据。因此，C项正确。

综上所述，本题答案为C。

9. 具有特定情形的下列哪些证据不能作为定案的根据？（2011 - 2 - 66，多）[2]

A. 视听资料的制作时间、地点存有异议，不能作出合理解释，也没有提供必要证明的

B. 在做DNA检测时送检材料与比对样本属于同一个来源的

C. 证人在犯罪现场听到被告人喊"给他点厉害瞧瞧"的陈述

D. 犯罪嫌疑人拒绝签名、盖章而由侦查人员在笔录上注明情况的讯问笔录

【解析】 A项，根据《刑诉解释》第109条的规定，"视听资料具有下列情形之一的，不得作为定案的根据：（一）系篡改、伪造或者无法确定真伪的；（二）制作、取得的时间、地点、方式等有疑问，不能作出合理解释的。"A项正确。

B项，根据《刑诉解释》第98条的规定，"鉴定意见具有下列情形之一的，不得作为定案

---

[1] C [2] ABD

的根据：……（三）送检材料、样本来源不明，或者因污染不具备鉴定条件的；"鉴定程序违反规定的或鉴定过程和方法不符合相关专业的规范要求的鉴定意见，不得作为定案的根据，在鉴定过程中送检材料和比对样本不得同源。B项正确。

C项，根据《刑诉解释》第87条第1项的规定，对证人证言应当着重审查以下内容：（一）证言的内容是否为证人直接感知。证人在犯罪现场听到被告人喊"给他点厉害瞧瞧"的陈述是其直接感知的内容，可以作为定案根据，C项错误。

D项，根据《关于办理死刑案件审查判断证据若干问题的规定》第20条第1项的规定：讯问笔录没有经被告人核对确认并签名（盖章）、捺指印的，不能作为定案的根据。D项正确。

综上所述，本题答案为ABD。

10. 关于证据的审查判断，下列哪一说法是正确的？（2011－2－27，单）[1]

A. 被害人有生理缺陷，对案件事实的认知和表达存在一定困难，故其陈述在任何情况下都不得采信

B. 与被告人有利害冲突的证人提供的对被告人不利的证言，在任何情况下都不得采信

C. 公安机关制作的放火案的勘验、检查笔录没有见证人签名，一律不得采信

D. 搜查获得的杀人案凶器，未附搜查笔录，不能证明该凶器来源，一律不得采信

【解析】A、B项，根据《刑诉解释》第143条的规定："下列证据应当慎重使用，有其他证据印证的，可以采信：（一）生理上、精神上有缺陷，对案件事实的认知和表达存在一定困难，但尚未丧失正确认知、表达能力的被害人、证人和被告人所作的陈述、证言和供述；（二）与被告人有亲属关系或者其他密切关系的证人所作的有利于被告人的证言，或者与被告人有利害冲突的证人所作的不利于被告人的证言。"可知，被害人有生理缺陷，对案件事实的认知和表达存在一定困难或者与被告人有利害冲突的证人提供的对被告人不利的证言，在有其他证据印证的情形下，可以采信，所以AB项错误。

C项，根据《关于办理死刑案件审查判断证据若干问题的规定》第26条规定："勘验、检查笔录存在明显不符合法律及有关规定的情形，并且不能作出合理解释或者说明的，不能作为证据使用。勘验、检查笔录存在勘验、检查没有见证人的，勘验、检查人员和见证人没有签名、盖章的，勘验、检查人员违反回避规定等情形，应当结合案件其他证据，审查其真实性和关联性。"可知，勘验检查笔录没有见证人签名的，应当结合案件其他证据，审查其真实性和关联性，再根据情况决定是否采信，并非一律不得采信，所以C项错误。

D项，根据《刑诉解释》第86条第1款规定："在勘验、检查、搜查过程中提取、扣押的物证、书证，未附笔录或者清单，不能证明物证、书证来源的，不得作为定案的根据。"可知，未附搜查笔录，不能证明物证、书证来源的，不能采信，所以D项正确。

综上所述，本题答案为D。

11. 某软件公司利用网络侵犯多人敏感信息被立案侦查，被害人数量众多，且陈述基本一致。下列做法正确的是？（多选，2023仿真题）[2]

A. 犯罪嫌疑人的律师申请排除重复信息，法院可以拒绝

B. 检察机关必须逐条核对被侵犯信息人的数量

C. 侦查机关必须逐条核对所有电子数据

---

[1] D　[2] AD

D. 法院审查证据后，不能排除合理怀疑的，应当作出有利于被告人的认定

【解析】 本题考查的是信息网络犯罪的海量证据抽样取证规则。

A项，法律只规定了信息网络犯罪，针对数量特别众多且具有同质性的证据材料，确因客观条件限制无法逐一收集的，公安机关应当采取抽样取证的方式进行选取，但并没有限制公安机关的选取范围，如果公安机关选取的证据材料仍有部分重复信息，移送检察院后递交法院，法院依然应当依法进行审查，并不一定要排除。因此，律师申请排除重复信息，法院当然可以拒绝（即不排除）。故 A 项正确。

B项，根据海量证据抽样取证规则所获得的证据，检察院、法院应当重点审查【取证方法、过程】是否科学。检察院、法院应当【结合】其他证据材料，以及犯罪嫌疑人、被告人及其辩护人所提辩解、【辩护意见】，审查认定取得的证据。因此，本题中检察院无须逐条核对。故 B 项错误。

C项，依据规定，办理信息网络犯罪案件，对于数量特别众多且具有同类性质、特征或者功能的物证、书证、证人证言、被害人陈述、视听资料、电子数据等证据材料，确因客观条件限制无法逐一收集的，应当按照一定【比例】或者【数量】选取证据，并对选取情况作出说明和论证。因此，本案符合信息网络犯罪案件中数量众多且具有同质性的前提，无须侦查机关逐条核对。故 C 项错误。

D项，依据规定，检察院、法院应当结合其他证据材料，以及犯罪嫌疑人、被告人及其辩护人所提辩解、辩护意见，审查认定取得的证据。经审查，对相关事实【不能排除合理怀疑】的，应当作出【有利于】犯罪嫌疑人、被告人的认定。故 D 项正确。

综上所述，本题答案为 AD。

12. 杨某涉嫌强奸 8 岁女孩，公安机关调取的证据显示杨某已年满 14 周岁，但杨某父母表示年龄在上户时调大了，杨某实际并未满 14 周岁，以下哪种意见证据可以作为证据使用？（不定项，2023 仿真题）[1]

A. 鉴定机构表示骨龄鉴定有 2 年误差

B. 村民甲说当年出生的男孩子很多，杨某也是当年出生的孩子之一

C. 户籍民警说，有人要求更改年龄，可能存在登记簿登记错误的情形

D. 人口普查员表示，户籍卡出生日期有涂改的字迹，有可能系事后涂改的

【解析】 本题考查的是对意见证据的审查判断。

意见证据，是证人根据其所能感知的事实作出的【意见或者推定性】证言。意见证据规则指证人只能陈述自己亲身感受的事实，不得陈述对案件事实的意见或者结论。《刑诉解释》第 88 条第 2 款规定："证人的猜测性、评论性、推断性的证言，不得作为证据使用，但根据一般生活经验判断符合事实的除外。"但是（1）鉴定意见、（2）根据一般生活经验判断符合事实的意见、（3）有专门知识的人出具的报告（如价格认定书）、（4）有关部门针对事故进行调查形成的报告，这四类意见证据虽都含有意见，但是不受意见证据规则约束、不影响其作为证据使用。

ABCD项，A 项鉴定机构的鉴定结论属于意见证据规则的例外，A 项当选。B 项是证人甲亲身感受的事实（亲耳所听），并不是甲的推测，不属于意见证据，但问题问的是哪种意见证

据可以作为证据使用，故 B 不当选。CD 项均属于普通证人发表的猜测性、推断性的意见，这类推断不得作为证据采用，不当选。

综上所述，本题答案为 A。

13. 王某酒后驾驶，在地下商场撞损 4 辆汽车后逃逸，被保安发现报警，警察何某赶赴现场将其抓获。在现场进行讯问时，王某说自己喝了 4 两白酒，经酒精测试仪测试为 191mg/100ml。之后再次讯问时，王某又说只喝了一瓶啤酒，白酒是在逃逸后喝的。检察机关以王某犯危险驾驶罪提起公诉，以下哪些证据经转化，查证属实后可作为定案依据？（多选，2023 仿真题）〔1〕

A. 何某抓获王某时的情况说明　　　B. 何某关于现场讯问的讯问笔录
C. 王某车上的行车记录仪　　　　　D. 关于王某醉酒驾车的鉴定意见

【解析】本题考查的是证据的审查认定。

ABCD 项，行政机关在行政执法和查办案件过程中收集的物证、书证、视听资料、电子数据、鉴定意见、勘验、检查笔录等证据材料，在刑事诉讼中可以作为证据使用；经法庭查证属实，且收集程序符合有关法律、行政法规规定的，可以作为定案的根据。换言之，除鉴定意见以外的其他言词类行政证据，都不得作为定案的依据。

A 项的情况说明不属于上述任何一种证据，故不得作为证据使用，A 项错误。

B 项的讯问笔录属于除鉴定意见外的言词类行政证据，不得作为定案的依据，B 项错误。

C 项属于视听资料，D 项是鉴定意见，都符合要求，只要经查证属实，可作为定案依据，故 CD 项正确。

综上所述，本题答案为 CD。

（四）刑事证据规则

1. 某小学发生一起猥亵儿童案件，三年级女生甲向校长许某报称被老师杨某猥亵。许某报案后，侦查人员通过询问许某了解了甲向其陈述的被杨某猥亵的经过。侦查人员还通过询问甲了解到，另外两名女生乙和丙也可能被杨某猥亵，乙曾和甲谈到被杨某猥亵的经过，甲曾目睹杨某在课间猥亵丙。讯问杨某时，杨某否认实施猥亵行为，并表示他曾举报许某贪污，许某报案是对他的打击报复。关于本案证据，下列选项正确的是：（2017－2－96，不）〔2〕

A. 甲向公安机关反映的情况，既是被害人陈述，也是证人证言
B. 关于甲被猥亵的经过，许某的证言可作为甲陈述的补强证据
C. 关于乙被猥亵的经过，甲的证言属于传闻证据，不得作为定案的依据
D. 甲、乙、丙因年幼，其陈述或证言必须有其他证据印证才能采信

【解析】Λ 项，犯罪行为的直接受害者就案件事实所作的陈述，叫被害人陈述，由公安司法人员询问被害人取得，其他任何个人和单位不得非法收集。本案中甲作为被害人被公安机关询问，其向公安机关反映的自己被杨某猥亵的经过，属于被害人陈述，甲曾目睹杨某在课间猥亵丙，属于证人证言。因此，A 项正确。

B 项，补强证据必须具有独立的来源，不能和被补强证据（主证据）同源。补强证据与补强对象之间不能重叠，而必须独立于补强对象，具有独立的来源，否则就无法担保补强对象的真实性。关于甲被猥亵的经过，许某的证言是转述甲的陈述，因为没有独立来源不可作为甲陈

_____

〔1〕　CD　〔2〕　A

述的补强证据。因此，B 项错误。

C 项，依据《刑事诉讼法》第 195 条的规定："……对未到庭的证人的证言笔录、鉴定人的鉴定意见、勘验笔录和其他作为证据的文书，应当当庭宣读……"该规定表明，在立法上似乎又允许一部分证人可以不出庭作证。由此可见，我国现行立法并没有规定传闻证据排除规则，只是有条件地采纳传闻证据的精神，本题中甲的证言属于传闻证据，如果能和其他证据一起形成证据链完全可以作为定案的依据。因此，C 项错误。

D 项，依据《刑事诉讼法》第 62 条的规定，凡是知道案件情况的人，都有作证的义务。生理上、精神上有缺陷或者年幼，不能辨别是非、不能正确表达的人，不能作证人。因此，D 项错误。

综上所述，本题答案为 A。

2. 下列哪一证据规则属于调整证据证明力的规则？(2017 - 2 - 26 单)[1]

A. 传闻证据规则   B. 非法证据排除规则

C. 关联性规则   D. 意见证据规则

【解析】ABCD 项，本题从证明力与证据能力这一对概念考查对于刑事证据规则的理解。证据能力，是指证据资格，即允许证据在诉讼中使用并作为认定案件事实的依据。举个例子：在一起杀人案中，证人甲作证说王某杀人了。那么甲的证言能否作为证据，这就是证据能力。如果甲的证言属于检察院的诱供，则甲的证言就不能作为证据了，就没有证明能力了。所谓证明力，是指已经具有证据能力的证据所具有的对案件事实的证明作用大小，也就是证据对证明案件事实的价值。

刑事证据规则，是指在证据制度中，控辩双方收集和出示证据，法庭采纳和运用证据认定案件事实必须遵循的重要准则。证据规则大体包括两类：第一，调整证据能力（即一项涉案材料是否符合客观性、关联性、合法性，能否作为证据使用）的规则。如传闻证据规则、非法证据排除规则、意见证据规则、最佳证据规则等。第二，调整证明力（一项证据的证明作用大小问题）的规则，例如关联性规则、补强证据规则等。根据上述原理，调整证据证明力的规则只有关联性规则。因此，ABD 项错误，C 项正确。

综上所述，本题答案为 C。

3. 下列哪一选项属于传闻证据？(2015 - 2 - 26，单)[2]

A. 甲作为专家辅助人在法庭上就一起伤害案的鉴定意见提出的意见

B. 乙了解案件情况但因重病无法出庭，法官自行前往调查核实的证人证言

C. 丙作为技术人员"就证明讯问过程合法性的同步录音录像是否经过剪辑"在法庭上所作的说明

D. 丁曾路过发生杀人案的院子，其开庭审理时所作的"当时看到一个人从那里走出来，好像喝了许多酒"的证言

【解析】传闻证据，包括两种形式：一是书面传闻证据，即亲身感受了案件事实的证人在庭审期间以外及庭审准备期间以外所作的书面证人证言，及警察、检察人员所作的（证人）询问笔录；二是言词传闻证据，即证人并非就自己亲身感知的事实作证，而是向法庭转述他从别人那里听到的情况。

A 项，专家辅助人就鉴定意见提出的意见，可以认为是协助当事人对鉴定意见进行实质性质证，不属于传闻证据。A 项错误。

B 项，由于乙无法出庭，由法官前往核实乙的证言，意味着乙是在法庭外提供的证言，因此其证人证言属于传闻证据。B 项正确。

C 项，丙所作的说明是在法庭上就自己亲身感知的事实作证，不属于传闻证据。C 项错误。

D 项，丁的证人证言是在法庭上陈述的，是就自己亲身感知的事实作证，不是向法庭转述他从别人那里听到的情况，不属于传闻证据。D 项错误。

综上所述，本题答案为 B。

4. 下列哪一选项所列举的证据属于补强证据？（2014-2-28，单）[1]

A. 证明讯问过程合法的同步录像材料

B. 证明获取被告人口供过程合法，经侦查人员签名并加盖公章的书面说明材料

C. 根据被告人供述提到到的隐蔽性极强、并能与被告人供述和其他证据相印证的物证

D. 对与被告人有利害冲突的证人所作的不利被告人的证言的真实性进行佐证的书证

【解析】补强证据，指用以增强另一证据证明力的证据。一开始收集到的对证实案件有重要意义的证据是"主证据"。而用以印证该证据真实性的其他证据是"补强证据"。补强证据必须满足以下条件：（1）补强证据必须具有证据能力；（2）补强证据本身必须具有担保补强对象真实的能力；（3）补强证据必须具有独立的来源，补强证据与补强对象之间不能重叠。

A 项，只有一项证据，即同步录像，其属于视听资料，而无法找到第二项证据。"证明讯问过程合法"只是这段录像的内容，而不是一个单独的证据种类。补强证据存在首先需要满足有两个证据，而我国的八种法定证据种类中（物证，书证，证人证言，犯罪嫌疑人、被告人供述和辩解，被害人陈述，鉴定意见，勘验、检查、辨认、侦查实验等笔录，视听资料、电子数据），没有"讯问过程"这种证据。故 A 项错误。

B 项，侦查人员出具的说明材料不属于《刑事诉讼法》规定的八种法定证据之列，故不具有证据能力。所以 B 项错误。

C 项，证据属于具有相互印证功能的证据，而不是对证据本身证明力的补强。且该物证是根据被告人的供述提取到的，虽然能与被告人的供述相互印证，但是都来源于被告人的供述，来源具有同一性，因此不符合补强证据的条件，所以 C 项错误。

D 项，该书证的目的是增强与被告人有利害冲突的证人所做的不利于被告人的证言的真实性，其具有独立的来源，是法定证据种类中的一种，具有证据能力。所以 D 项正确。

综上所述，本题答案为 D。

5. 关于补强证据，下列哪　说法是正确的？（2012-2-40，单）[2]

A. 应当具有证据能力   B. 可以和被补强证据来源相同

C. 对整个待证事实有证明作用   D. 应当是物证或者书证

【解析】补强证据规则，是指为了防止误认事实或发生其他危险性，而在运用某些证明力显然薄弱的证据认定案情时，必须有其他证据补强其证明力，才能被法庭采信为定案根据。补强证据必须满足：（1）补强证据必须具有证据能力；（2）只要求具有担保部分证据对象真实

的能力，无需对全部主证据都有补强证明作用；（3）补强证据必须具有独立的来源。

A 项，补强证据规则是调整证明力的规则，故前提是补强证据本身必须具有证据能力。因此，A 项正确。

B 项，补强证据必须具有独立的来源，不能和被补强证据来源相同。因此，B 项错误。

C 项，补强证据的作用在于确保补强对象的真实性，因此补强证据不需要对整个待证事实有证明作用。因此，C 项错误。

D 项，补强证据既可以是直接证据，也可以是间接证据；既可以是其他形式的言词证据，也可以是实物证据。因此，D 项错误。

综上所述，本题答案为 A。

6. 下列哪一选项表明我国基本确立了自白任意性规则？（2012 - 2 - 28，单）[1]

A. 侦查人员在讯问犯罪嫌疑人的时候，可以对讯问过程进行录音或者录像

B. 不得强迫任何人证实自己有罪

C. 逮捕后应当立即将被逮捕人送交看守所羁押

D. 不得以连续拘传的方式变相拘禁犯罪嫌疑人、被告人

【解析】ABCD 项，自白任意性规则，又称非任意自白排除规则，是指在刑事诉讼中，只有基于被追诉人自由意志而作出的自白（即承认有罪的供述），才具有可采性，违背当事人意愿或违反法定程序而强制作出的供述不是自白，而是逼供，不具有可采性，必须予以排除。根据《刑事诉讼法》第 52 条的规定："审判人员、检察人员、侦查人员必须依照法定程序，收集能够证实犯罪嫌疑人、被告人有罪或者无罪、犯罪情节轻重的各种证据。严禁刑讯逼供和以威胁、引诱、欺骗以及其他非法方法收集证据，不得强迫任何人证实自己有罪。必须保证一切与案件有关或者了解案情的公民，有客观地充分地提供证据的条件，除特殊情况外，可以吸收他们协助调查。"不得强迫任何人证实自己有罪，表明我国基本确立了自白任意性规则。因此，ACD 项错误，B 项正确。

综上所述，本题答案为 B。

7. "证人猜测性、评论性、推断性的证言，不能作为证据使用"，系下列哪一证据规则的要求？（2011 - 2 - 26，单)[2]

A. 传闻证据规则　　　　　　　　　　B. 意见证据规则

C. 补强证据规则　　　　　　　　　　D. 最佳证据规则

【解析】A 项，传闻证据原则，也称传闻证据排除规则，是法律排除传闻证据作为认定犯罪事实的根据的规则。根据这一规则，如无法定理由，任何人在庭审期间以外及庭审准备期间以外的陈述，不得作为认定被告人有罪的证据。根据该定义可知，传闻证据强调的是作出陈述的时间和地点，是要求陈述者出庭陈述，所以 A 项错误。

B 项，意见证据规则，是指证人只能陈述自己亲身感受和经历的事实，而不得陈述对该事实的意见或者结论。《刑诉解释》第 88 条第 2 款规定："证人的猜测性、评论性、推断性的证言，不能作为证据使用，但根据一般生活经验判断符合事实的除外。"此条即意见证据规则的体现，所以 B 项正确。

C 项，补强证据规则，是指防止误认事实或者发生其他危险性，而在运用某些证明力显然

薄弱的证据认定案情时，必须有其他证据补强其证明力，才能被法庭采信为定案根据。该规则要求其他证据的辅助证明，题目中强调的是不能作为证据，所以 C 项错误。

D 项，最佳证据规则，又称原始证据规则，是指以文字、符号、图形等方式记载的内容来证明案情时，原件才是最佳证据。该规则与证人证言无关，所以 D 项错误。

综上所述，本题答案为 B。

二、刑事诉讼证明（证据的运用之如何证明）

（一）刑事诉讼证明对象（需要证明的事实）

1. 下列哪些选项属于刑事诉讼中的证明对象？(2016 - 2 - 69，多)[1]

A. 行贿案中，被告人知晓其谋取的系不正当利益的事实

B. 盗窃案中，被告人的亲友代为退赃的事实

C. 强奸案中，用于鉴定的体液检材是否被污染的事实

D. 侵占案中，自诉人申请期间恢复而提出的其突遭车祸的事实，且被告人和法官均无异议

【解析】 刑事诉讼中的证明对象是证明主体运用一定的证明方法所要证明的一切法律要件事实，包括实体法事实、程序法事实两个方面。

A 项，为谋取不正当利益，给予国家工作人员以财物的，是行贿。行贿罪的构成要件中，要求行为人的目的是谋取不正当利益，所以，被告人知晓其谋取的系不正当利益的事实系应被证明的实体法事实，属于刑事诉讼中的证明对象。因此，A 项正确。

B 项，对于盗窃罪，被告人的亲友代为退赃的事实涉及到酌定量刑情节，属于有关附带民事诉讼、涉案财物处理的事实，系待证的实体法事实，亦属于刑事诉讼中的证明对象。因此，B 项正确。

C 项，对证据材料的审查与判断被称为验证"证据事实"的过程，证据事实不是证明对象，而是证明手段。证明对象是指需要用证据证明的案件事实，而证据事实则是指证据本身的来源、构成等要素。"强奸案中，用于鉴定的体液检材是否被污染的事实"属于"证据事实"，而非证明对象。因此，C 项错误。

D 项，侵占案中，自诉人申请期间恢复而提出的其突遭车祸的事实，且被告人和法官均无异议，属于在法庭审理中不存在异议的免证事实，不属于刑事诉讼的证明对象。因此，D 项错误。

综上所述，本题答案为 AB。

2. 关于死刑案件的证明对象的表述，下列哪些选项是正确的？(2011 - 2 - 74，多)[2]

A. 被指控的犯罪事实的发生

B. 被告人实施犯罪的时间、地点、手段、后果以及其他情节

C. 被害人有无过错及过错程度

D. 被告人的近亲属是否协助抓获被告人

【解析】 AB 项，根据《关于办理死刑案件审查判断证据若干问题的规定》第 5 条第 2 款的规定：办理死刑案件，对于以下事实的证明必须达到证据确实、充分：（1）被指控的犯罪事实的发生；（2）被告人实施了犯罪行为与被告人实施犯罪行为的时间、地点、手段、后果

---

[1] AB 〔2〕 ABCD

以及其他情节；（3）影响被告人定罪的身份情况；（4）被告人有刑事责任能力；（5）被告人的罪过；（6）是否共同犯罪及被告人在共同犯罪中的地位、作用；（7）对被告人从重处罚的事实。可知，在办理死刑案件时，证明被指控的犯罪事实的发生、被告人实施了犯罪行为与被告人实施犯罪行为的时间、地点、手段、后果以及其他情节等事实需要证据确实、充分，所以AB项正确。

CD项，根据《关于办理死刑案件审查判断证据若干问题的规定》第36条的规定：在对被告人作出有罪认定后，人民法院认定被告人的量刑事实，除审查法定情节外，还应审查以下影响量刑的情节：（1）案件起因；（2）被害人有无过错及过错程度，是否对矛盾激化负有责任及责任大小；（3）被告人的近亲属是否协助抓获被告人；（4）被告人平时表现及有无悔罪态度；（5）被害人附带民事诉讼赔偿情况，被告人是否取得被害人或者被害人近亲属谅解；（6）其他影响量刑的情节。既有从轻、减轻处罚等情节，又有从重处罚等情节的，应当依法综合相关情节予以考虑。不能排除被告人具有从轻、减轻处罚等量刑情节的，判处死刑应当特别慎重。可知，办理死刑案件时，应审查被害人有无过错及过错程度，是否对矛盾激化负有责任及责任大小、被告人的近亲属是否协助抓获被告人等影响量刑的情节，所以CD项正确。

综上所述，本题答案为ABCD。

（二）刑事诉讼证明责任

1. 证明责任也称举证责任，是诉讼法和证据法中的一项基本制度，是指人民检察院或某些当事人应当收集或提供证据证明应予认定的案件事实或有利于自己的主张的责任，否则将承担其主张不能成立的风险。下列法庭审理中的行为哪一项体现了刑事诉讼证明责任的承担？（2019仿真题，单）[1]

A. 郑某因涉嫌侵占罪被起诉至法院，后其向法庭提供证据证明电脑原本就为自己所有

B. 任某抢劫一案中，辩护人提供了案发时被告人正在出差途中的证据

C. 申某故意杀人一案中，被告人指出自己被羁押后曾被带至看守所之外进行讯问，法院由此对被告人口供的合法性有所怀疑，检察院提供证据解释说明

D. 李某被指控犯绑架罪，被告人当庭要求排除之前的有罪供述，理由是曾被侦查人员打伤肋骨，同时提供了被羁押前就医时所拍的X光片

【解析】A项，根据《刑事诉讼法》第33条第1款的规定："犯罪嫌疑人、被告人除自己行使辩护权以外，还可以委托一至二人作为辩护人。"郑某提供证据证明电脑为自己所有是自己行使辩护权的表现。A项错误。

B项，根据《刑事诉讼法》第37条的规定："辩护人的责任是根据事实和法律，提出犯罪嫌疑人、被告人无罪、罪轻或者减轻、免除其刑事责任的材料和意见，维护犯罪嫌疑人、被告人的诉讼权利和其他合法权益。"辩护人举证以证明任某在案发时正在出差，是履行辩护职责的体现，而非证明责任的承担。B项错误。

C项，根据《刑事诉讼法》第59条第1款："在对证据收集的合法性进行法庭调查的过程中，人民检察院应当对证据收集的合法性加以证明。"因此检察院对被告人口供合法性进行解释说明是承担证明责任的表现。C项正确。

D项，根据《刑事诉讼法》第58条第2款的规定："当事人及其辩护人、诉讼代理人有权

申请人民法院对以非法方法收集的证据依法予以排除。申请排除以非法方法收集的证据的，应当提供相关线索或者材料。"因此，李某作为申请人只有提供线索和资料的义务。D 项错误。

综上所述，本题答案为 C。

2. 关于我国刑事诉讼的证明主体，下列哪些选项是正确的？(2017－2－70 多)〔1〕

A. 故意毁坏财物案中的附带民事诉讼原告人是证明主体

B. 侵占案中提起反诉的被告人是证明主体

C. 妨害公务案中就执行职务时目击的犯罪情况出庭作证的警察是证明主体

D. 证明主体都是刑事诉讼主体

【解析】A 项，附带民事诉讼本质上是一种特殊的民事诉讼，其诉讼程序和审判原则均适用民事诉讼法，因此在证明责任的分配上，附带民事诉讼也是"谁主张，谁举证"的责任分配方式。附带民事诉讼原告人对其民事赔偿请求所依据的事实应承担提出证据加以证实的责任。因此，A 项正确。

B 项，侵占案中提起反诉的被告人，此时由自诉的被告变成反诉中的反诉人，对自己的积极主张是证明主体。因此，B 项正确。

C 项，妨害公务案中就执行职务时目击的犯罪情况出庭作证的警察此时的身份是普通证人。证人鉴定人、翻译人等，由于他们与诉讼结果没有直接的利害关系，其参与刑事诉讼是为了协助国家专门机关充分有效地履行诉讼职能，或者是为了给诉讼各方提供证据资料或为诉讼顺利进行提供服务和帮助，他们在诉讼中既无自己的诉讼主张，也不承担证明不力时的不利诉讼后果，因而不属于证明主体。因此，C 项错误。

D 项，刑事诉讼主体是所有参与刑事诉讼活动，在刑事诉讼中享有一定权利、承担一定义务的国家专门机关和诉讼参与人，因此刑事诉讼主体的范围大于证明主体的范围，证明主体都是刑事诉讼主体的说法正确，但说刑事诉讼主体都是证明主体这个说法就错误。因此，D 项正确。

综上所述，本题答案为 ABD。

3. 关于《刑事诉讼法》规定的证明责任分担，下列哪一选项是正确的？（2016－2－30，单)〔2〕

A. 公诉案件中检察院负有证明被告人有罪的责任，证明被告人无罪的责任由被告方承担

B. 自诉案件的证明责任分配依据"谁主张，谁举证"的法则确定

C. 巨额财产来源不明案中，被告人承担说服责任

D. 非法持有枪支案中，被告人负有提出证据的责任

【解析】A 项，根据《刑事诉讼法》第 51 条的规定："公诉案件中被告人有罪的举证责任由人民检察院承担，自诉案件中被告人有罪的举证责任由自诉人承担。"因此，A 项前半句的表述"公诉案件中检察院负有证明被告人有罪的责任"是正确的，判断 A 项是否正确关键在于后半句。根据《刑事诉讼法》第 52 条的规定："审判人员、检察人员、侦查人员必须依照法定程序，收集能够证实犯罪嫌疑人、被告人有罪或者无罪、犯罪情节轻重的各种证据。严禁刑讯逼供和以威胁、引诱、欺骗以及其他非法方法收集证据，不得强迫任何人证实自己有罪。必须保证一切与案件有关或者了解案情的公民，有客观地充分地提供证据的条件，除特殊情况

---

〔1〕 ABD 〔2〕 D

外，可以吸收他们协助调查。"根据上述规定，不得强迫任何人证实自己有罪，也就是说被告方并没有证明被告人无罪的责任，A项后半句的表述不符合法律规定。因此，A项错误。

B项，根据《刑事诉讼法》第51条的规定："公诉案件中被告人有罪的举证责任由人民检察院承担，自诉案件中被告人有罪的举证责任由自诉人承担。"这是证明责任理论中"谁主张、谁举证"的古老法则在刑事诉讼中的直接体现，但是并不能因此而认定自诉案件的证明责任分配依据"谁主张，谁举证"的法则确定，因为根据"否认者不负证明责任"的古老法则和现代无罪推定原则的要求，犯罪嫌疑人、被告人不负证明自己无罪的责任，即使其主张自己无罪，也不承担举证责任。因此，B项错误。

C项，根据《刑法》第395条第1款的规定："国家工作人员的财产、支出明显超过合法收入，差额巨大的，可以责令该国家工作人员说明来源，不能说明来源的，差额部分以非法所得论，处五年以下有期徒刑或者拘役；差额特别巨大的，处五年以上十年以下有期徒刑。财产的差额部分予以追缴。"对于巨额财产来源不明罪，被告人负有说明明显超过合法收入的那部分财产、支出的来源的责任，如果不能说明来源，则以巨额财产来源不明罪论处。但是，证明存在财产、收入明显超过合法性收入并差额巨大这一事实的责任，仍由公诉机关承担。因此，对于巨额财产来源不明案，被告人具有提出一定证据的责任，这不是说服责任，也不是证明责任。因此，C项错误。注意：持有型犯罪和巨额财产来源不明罪的证明责任还是属于检察院，包括说服责任，但被告人有提出证据的责任。（提出证据的责任不等于证明责任）

D项，对于非法持有枪支案，被告人负有对其持有枪支的合法性提出证据的责任，这是基于持有类犯罪的特殊规定。因此，D项正确。但注意，该选项正确不能说明被告人有证明责任。

综上所述，本题答案为D。

第八章　强制措施

第一节　强制措施概述

一、强制措施的概念与特点

关于强制措施的特点下列说法正确的是？(2019仿真题)[1]

A. 犯罪嫌疑人的人身危险性变强,办案机关决定将取保候审变更为逮捕,体现了强制措施的可变更性。

B. 刑诉法对各种强制措施的适用机关、适用条件、程序和时间都进行了严格的规定体现了强制措施适用的法定性

C. 具体适用五种强制措施里的哪一种体现了适用强制措施须遵循比例性

D. 强制措施会限制或剥夺他人的人身自由,体现了强制措施的惩罚性

【解析】A项,适用强制措施的基本原则为变更性原则,变更性原则是指强制措施的适用,需要随着诉讼的进展、犯罪嫌疑人、被告人及案件情况的变化而及时变更或解除。随着案件的进展,应当根据情况对强制措施予以变更,A项正确。

B项,法定性原则,是指刑事诉讼法对各种强制措施的适用机关、适用条件、程序和时间都进行了严格的规定,公安司法人员在适用时不得突破法律的规定,必须依照法定的程序进行。目的是严格控制强制措施的适用,防止滥用而侵犯人权,体现了其法定性。B项正确。

C项,比例原则,又称为相当性原则,是指适用何种强制措施,应当与犯罪嫌疑人、被告人的人身危险性程度和涉嫌犯罪的轻重程度相适应。五种强制措施具体要适用哪一种需要综合考虑案件情节的严重程度、人身危险性大小,C项正确。

D项,刑事诉讼强制措施是一种预防性措施,其目的在于保障刑事诉讼的顺利进行,不以惩罚为目的,D项错误。

综上所述,答案为ABC。

二、适用强制措施的原则与应当考虑的因素

(一)适用强制措施的原则

我国强制措施的适用应遵循变更性原则。下列哪些情形符合变更性原则的要求？(2017-2-71多)[2]

---

[1]　ABC　[2]　ACD

A. 拘传期间因在身边发现犯罪证据而直接予以拘留

B. 犯罪嫌疑人在取保候审期间被发现另有其他罪行，要求其相应地增加保证金的数额

C. 犯罪嫌疑人在取保候审期间违反规定后对其先行拘留

D. 犯罪嫌疑人被羁押的案件，不能在法律规定的侦查羁押期限内办结的，予以释放

【解析】变更性原则是我国适用刑事强制措施应当遵循的基本原则，其基本内涵是，强制措施的适用，需要随着诉讼的进展、犯罪嫌疑人、被告人及案件情况的变化而及时变更或解除。适用强制措施之所以需要遵循变更性原则的原因是，强制措施是一种保障性的手段而非惩罚性的手段，其目的是为了刑事诉讼活动的顺利进行，所以随着案件的进展会出现变化，同时考生需要注意变更既包括从轻变重也包括从重变轻。

A 项，根据《刑事诉讼法》第 82 条第 3 项的规定："公安机关对于现行犯或者重大嫌疑分子，如果有下列情形之一的，可以先行拘留：……（三）在身边或者住处发现有犯罪证据的。"因为案件出现了新的情况，强制措施从拘传升格到拘留，属于措施的变重，符合变更性原则。所以，A 项表述正确；

B 项，根据《关于取保候审若干问题的规定》的第 29 条："被取保候审人没有违反刑事诉讼法第七十一条的规定，但在取保候审期间涉嫌故意实施新的犯罪被立案侦查的，公安机关应当暂扣保证金，待人民法院判决生效后，决定是否没收保证金。对故意实施新的犯罪的，应当没收保证金；对过失实施新的犯罪或者不构成犯罪的，应当退还保证金。"可知并不涉及数额的加减，只涉及没收与否。而根据《最高检规则》第 101 条第 1 款第 1 项的规定："犯罪嫌疑人有下列违反取保候审规定的行为，人民检察院应当对犯罪嫌疑人予以逮捕：（一）故意实施新的犯罪；……"所以，此项属于本身知识点表述错误。从变更的角度而言应该变更为逮捕，B 项表述错误；

C 项，根据《刑事诉讼法》第 71 条第 4 款的规定：犯罪嫌疑人在取保候审期间违反规定后需要予以逮捕的，可以对其先行拘留。所以从取保到拘留属于强制措施的升格符合变更性的要求，C 项表述正确；

D 项，根据《刑事诉讼法》第 98 条的规定："犯罪嫌疑人、被告人被羁押的案件，不能在本法规定的侦查羁押、审查起诉、一审、二审期限内办结的，对犯罪嫌疑人、被告人应当予以释放；需要继续查证、审理的，对犯罪嫌疑人、被告人可以取保候审或者监视居住。"《刑诉解释》第 170 条规定："被逮捕的被告人具有下列情形之一的，人民法院应当立即释放；必要时，可以依法变更强制措施：（一）第一审人民法院判决被告人无罪、不负刑事责任或者免予刑事处罚的；（二）第一审人民法院判处管制、宣告缓刑、单独适用附加刑，判决尚未发生法律效力的；（三）被告人被羁押的时间已到第一审人民法院对其判处的刑期期限的；（四）案件不能在法律规定的期限内审结的。"所以从逮捕变更为非逮捕的情形符合变更原则的要求，D 项表述正确。

综上所述，此题应选 ACD。

第二节 强制措施的种类

一、拘传

关于拘传，下列哪些说法是正确的？（2012-2-66，多）[1]

A. 对在现场发现的犯罪嫌疑人，经出示工作证件可以口头拘传，并在笔录中注明

B. 拘传持续的时间不得超过 12 小时

C. 案情特别重大、复杂，需要采取拘留、逮捕措施的，拘传持续的时间不得超过 24 小时

D. 对于被拘传的犯罪嫌疑人，可以连续讯问 24 小时

【解析】《刑事诉讼法》第 119 条规定："对不需要逮捕、拘留的犯罪嫌疑人，可以传唤到犯罪嫌疑人所在市、县内的指定地点或者到他的住处进行讯问，但是应当出示人民检察院或者公安机关的证明文件。对在现场发现的犯罪嫌疑人，经出示工作证件，可以口头传唤，但应当在讯问笔录中注明。传唤、拘传持续的时间不得超过十二小时；案情特别重大、复杂，需要采取拘留、逮捕措施的，传唤、拘传持续的时间不得超过二十四小时。不得以连续传唤、拘传的形式变相拘禁犯罪嫌疑人。传唤、拘传犯罪嫌疑人，应当保证犯罪嫌疑人的饮食和必要的休息时间。"

A 项，对在现场发现的犯罪嫌疑人，经出示工作证件，可以口头"传唤"而非"拘传"，拘传必须出示《拘传证》，不能口头。因此，A 项错误。

BC 项，一般情况下，传唤、拘传持续的时间不得超过 12 小时；需要采取拘留、逮捕措施的，传唤、拘传持续的时间不得超过 24 小时。因此，BC 项正确。

D 项，传唤、拘传犯罪嫌疑人，应当保证犯罪嫌疑人的饮食和必要的休息时间，不得连续讯问 24 小时。因此，D 项错误。

综上所述，本题答案为 BC。

二、取保候审

1. 谢某涉嫌暴力取证案被立案侦查。侦查期间被取保候审并适用保证金方式保证。关于本案取保候审的说法，正确的是？（2020 仿真题）[2]

A. 保证金的数额，应当由检察院综合考虑保证诉讼活动正常进行的需要等因素而确定

B. 保证金应当由检察院统一收取，存入指定银行的专门账户

C. 对谢某不能同时使用保证金担保和保证人担保两种方式

D. 对违反取保候审规定，需要予以逮捕的，应当对谢某先行拘留

【解析】A 项，《刑事诉讼法》第 72 条第 1 款规定："取保候审的决定机关应当综合考虑保证诉讼活动正常进行的需要，被取保候审人的社会危险性，案件的性质、情节，可能判处刑罚的轻重，被取保候审人的经济状况等情况，确定保证金的数额。"据此，A 选项正确。

B 项，《刑事诉讼法》第 72 条第 2 款规定，保证金应当由提供保证金的人直接存入执行机关指定银行的专门账户，不经过检察院收取，B 选项错误。

C 项，《刑诉解释》第 150 条规定：被告人具有刑事诉讼法第六十七条第一款规定情形之

一的，人民法院可以决定取保候审。对被告人决定取保候审的，应当责令其提出保证人或者交纳保证金，不得同时使用保证人保证与保证金保证。C 选项正确。

D 项，《刑事诉讼法》第 71 条第 4 款规定："对违反取保候审规定，需要予以逮捕的，可以对犯罪嫌疑人、被告人先行拘留。"可见，该种情况下是"可以"对其先行拘留。"应当"的表述错误。D 选项错误。

综上所述，本题答案为 AC。

2. 陈某涉嫌贪污贿赂被监察委员会立案调查，在调查中对陈某采取了留置措施。监察委员会调查终结后将案件移送人民检察院审查起诉。关于人民检察院采取的强制措施，下列说法正确的是？（2020 仿真题）[1]

A. 检察院应当对陈某先行拘留，并解除留置措施

B. 检察院应当在拘留陈某后的 10 日以内作出是否逮捕、取保候审或者监视居住的决定。在特殊情况下，决定的时间可以延长 1 日至 4 日。

C. 检察院决定采取强制措施的期间计入审查起诉期限

D. 取保候审期间，陈某如违反规定，需要对其予以逮捕的，应当对其先行拘留

【解析】《刑事诉讼法》第 170 条第 2 款规定：对于监察机关移送起诉的已采取留置措施的案件，人民检察院应当对犯罪嫌疑人先行拘留，留置措施自动解除。人民检察院应当在拘留后的十日以内作出是否逮捕、取保候审或者监视居住的决定。在特殊情况下，决定的时间可以延长一日至四日。人民检察院决定采取强制措施的期间不计入审查起诉期限。

A 项，根据上述法条规定，检察院对陈某先行拘留后留置措施自动解除，无需再进行解除，A 选项错误。

B 项，根据上述法条规定，B 选项正确。

C 项，根据上述法条规定，C 选项错误。

D 项，根据《刑事诉讼法》第 71 条第 4 款规定，对违反取保候审规定，需要予以逮捕的，可以对犯罪嫌疑人、被告人先行拘留。可见，该种情况下是"可以"对其先行拘留。"应当"的表述错误。D 选项错误。

综上所述，本题选择 B。

3. 甲与邻居乙发生冲突致乙轻伤，甲被刑事拘留期间，甲的父亲代为与乙达成和解，公安机关决定对甲取保候审。关于甲在取保候审期间应遵守的义务，下列哪一选项是正确的？（2016 - 2 - 31，单）[2]

A. 将驾驶证件交执行机关保存

B. 不得与乙接触

C. 工作单位调动的，在 24 小时内报告执行机关

D. 未经公安机关批准，不得进入特定的娱乐场所

【解析】《刑事诉讼法》第 71 条第 1、2 款规定："被取保候审的犯罪嫌疑人、被告人应当遵守以下规定：（一）未经执行机关批准不得离开所居住的市、县；（二）住址、工作单位和联系方式发生变动的，在二十四小时以内向执行机关报告；（三）在传讯的时候及时到案；（四）不得以任何形式干扰证人作证；（五）不得毁灭、伪造证据或者串供。人民法院、人民

检察院和公安机关可以根据案件情况，责令被取保候审的犯罪嫌疑人、被告人遵守以下一项或者多项规定：（一）不得进入特定的场所；（二）不得与特定的人员会见或者通信；（三）不得从事特定的活动；（四）将护照等出入境证件、驾驶证件交执行机关保存。"

A项，将驾驶证件交执行机关保存不属于被取保候审人甲应当遵守的义务，属于公检法可以根据案件情况自主决定的。因此，A项错误。

B项，对于甲是否可以与乙接触应该由公安机关决定，而不属于甲应当遵守的义务。因此，B项错误。

C项，被取保候审的犯罪嫌疑人、被告人住址、工作单位和联系方式发生变动的，应当在二十四小时以内向执行机关报告，因此甲工作单位调动的，应该在24小时内报告执行机关。因此，C项正确。

D项，人民法院、人民检察院和公安机关可以根据案件情况，责令被取保候审的犯罪嫌疑人、被告人不得进入特定的场所，本案中，若公安机关未责令甲不得进入特定的娱乐场所，则甲可以进入特定的娱乐场所，且无需经过公安机关的批准。因此，D项错误。

综上所述，本题答案为C。

4. 郭某涉嫌报复陷害申诉人蒋某，侦查机关因郭某可能毁灭证据将其拘留。在拘留期限即将届满时，因逮捕郭某的证据尚不充足，侦查机关责令其交纳2万元保证金取保候审。关于本案处理，下列哪一选项是正确的？（2015－2－27，单）[1]

A. 取保候审由本案侦查机关执行

B. 如郭某表示无力全额交纳保证金，可降低保证金数额，同时责令其提出保证人

C. 可要求郭某在取保候审期间不得进入蒋某居住的小区

D. 应要求郭某在取保候审期间不得变更住址

【解析】A项，根据《刑事诉讼法》第67条第2款的规定："取保候审由公安机关执行。"可知，取保候审由公安机关执行，所以A项错误。

B项，根据《刑诉解释》第150条的规定："被告人具有刑事诉讼法第六十七条第一款规定情形之一的，人民法院可以决定取保候审。对被告人决定取保候审的，应当责令其提出保证人或者交纳保证金，不得同时使用保证人保证与保证金保证。"可知，郭某无需既交纳保证金，又提供保证人，B项错误。

C项，根据《刑事诉讼法》第71条第1、2款的规定："被取保候审的犯罪嫌疑人、被告人应当遵守以下规定：（一）未经执行机关批准不得离开所居住的市、县；（二）住址、工作单位和联系方式发生变动的，在二十四小时以内向执行机关报告；（三）在传讯的时候及时到案；（四）不得以任何形式干扰证人作证；（五）不得毁灭、伪造证据或者串供。人民法院、人民检察院和公安机关可以根据案件情况，责令被取保候审的犯罪嫌疑人、被告人遵守以下一项或者多项规定：（一）不得进入特定的场所；（二）不得与特定的人员会见或者通信；（三）不得从事特定的活动；（四）将护照等出入境证件、驾驶证件交执行机关保存。"可知，本案中侦查机关可以根据案件情况要求郭某在取保候审期间不得进入蒋某居住的小区符合前述规定，所以C项正确。

D项，根据《刑事诉讼法》第71条第1、2款的规定可知，郭某在取保候审期间住址发生

变动的应在二十四小时以内向执行机关报告，侦查机关不能要求其在取保候审期间不得变更住址，所以 D 项错误。

综上所述，本题答案为 C。

5. 未成年人郭某涉嫌犯罪被检察院批准逮捕。在审查起诉中，经羁押必要性审查，拟变更为取保候审并适用保证人保证。关于保证人，下列哪一选项是正确的？（2014 - 2 - 30，单）[1]

A. 可由郭某的父亲担任保证人，并由其交纳 1000 元保证金

B. 可要求郭某的父亲和母亲同时担任保证人

C. 如果保证人协助郭某逃匿，应当依法追究保证人的刑事责任，并要求其承担相应的民事连带赔偿责任

D. 保证人未履行保证义务应处罚款的，由检察院决定

【解析】A 项，根据《刑诉解释》第 150 条第 2 款的规定："对被告人决定取保候审的……不得同时使用保证人保证与保证金保证。"所以 A 项郭某的父亲同时担任保证人并交纳保证金的说法错误，因此，A 项错误。

B 项，根据《刑诉解释》第 151 条的规定："对下列被告人决定取保候审的，可以责令其提出一至二名保证人：（一）无力交纳保证金的；（二）未成年或者已满七十五周岁的；（三）不宜收取保证金的其他被告人。"本题中，郭某属于未成年人，可以要求郭某的父母两人同时担任保证人，所以 B 项正确。

C 项，根据《刑诉解释》第 157 条的规定："根据案件事实和法律规定，认为已经构成犯罪的被告人在取保候审期间逃匿的，如果系保证人协助被告人逃匿，或者保证人明知被告人藏匿地点但拒绝向司法机关提供，对保证人应当依法追究责任。"根据该规定，只是要求追究保证人的刑事责任，并没有要求其承担民事连带赔偿责任。因此 C 项错误。

D 项，根据《最高人民法院、最高人民检察院、公安部、国家安全部司法部、全国人大常委会法制工作委员会关于实施刑事诉讼法若干问题的规定》第 14 条的规定："对取保候审保证人是否履行了保证义务，由公安机关认定，对保证人的罚款决定，也由公安机关作出。"所以，保证人未履行保证义务应处罚款的，由公安机关决定，D 项错误。

综上所述，本题答案为 B。

6. 关于取保候审的程序限制，下列哪一选项是正确的？（2013 - 2 - 31，单）[2]

A. 保证金应当由决定机关统一收取，存入指定银行的专门账户

B. 对于可能判处徒刑以上刑罚的，不得采取取保候审措施

C. 对同一犯罪嫌疑人不得同时使用保证金担保和保证人担保两种方式

D. 对违反取保候审规定，需要予以逮捕的，不得对犯罪嫌疑人、被告人先行拘留

【解析】A 项，《刑事诉讼法》第 72 条第 2 款规定，提供保证金的人应当将保证金存入执行机关指定银行的专门账户。《刑诉解释》第 153 条规定，对决定取保候审的被告人使用保证金保证的，应当依照刑事诉讼法第七十二条第一款的规定确定保证金的具体数额，并责令被告人或者为其提供保证金的单位、个人将保证金一次性存入公安机关指定银行的专门账户。可知，保证金是由提供保证金的单位、个人将保证金存入公安机关指定的银行专门账户，而不是由决定机关统一收取后再存入指定账户的。因此，A 项错误。

---

[1] B [2] C

B 项，《刑事诉讼法》第 67 条第 1 款规定，人民法院、人民检察院和公安机关对有下列情形之一的犯罪嫌疑人、被告人，可以取保候审：（一）可能判处管制、拘役或者独立适用附加刑的；（二）可能判处有期徒刑以上刑罚，采取取保候审不致发生社会危险性的；（三）患有严重疾病、生活不能自理，怀孕或者正在哺乳自己婴儿的妇女，采取取保候审不致发生社会危险性的；（四）羁押期限届满，案件尚未办结，需要采取取保候审。根据第 2 项，对于判处有期徒刑的，采取取保候审不致发生社会危险性的，是可以取保候审的。因此，B 项错误。

C 项，《刑事诉讼法》第 68 条规定，人民法院、人民检察院和公安机关决定对犯罪嫌疑人、被告人取保候审，应当责令犯罪嫌疑人、被告人提出保证人或者交纳保证金。《刑诉解释》第 150 条第 2 款规定，对被告人决定取保候审的，应当责令其提出保证人或者交纳保证金，不得同时使用保证人保证与保证金保证。因此，C 项正确。

D 项，《刑事诉讼法》第 71 条第 4 款规定，对违反取保候审规定，需要予以逮捕的，可以对犯罪嫌疑人、被告人先行拘留。因此，D 项错误。

综上所述，本题答案为 C。

7. 公安机关接举报称本市张大明为牟取非法利益而贩卖毒品，后立案展开侦查，侦查过程中公安机关提请逮捕张大明并获检察院批准，最终张大明因涉嫌贩卖毒品罪被检察院提起公诉，但其始终辩称是被冤枉，声称侦查人员在其家中查获的毒品并非自己所有，而是被恶人栽赃陷害。一审法院经审理认为现有证据无法排除合理怀疑，遂判决宣告张大明无罪。检察机关认为一审判决确有错误向上一级法院提起抗诉，在二审开庭前检察院发现了关于毒品来源的关键证据，关于本案的处理，下列哪些选项是正确的？（2019 仿真题）[1]

A. 法院应当通知辩方查阅、摘抄或复制检察机关发现的新证据

B. 因二审开庭前本案出现新的关键性证据，二审法院审理后认为一审判决事实不清、证据不足的，应撤销原判、发回重审

C. 依据全面贯彻证据裁判规则的要求，本案中一审法院作出无罪判决并无不当

D. 张大明应于一审宣判后立即被释放，检察机关可对其另行适用取保候审的强制措施

【解析】A 项，根据题目描述，证据为二审开庭前发现的关于毒品来源的关键证据，根据《刑诉解释》第 395 条："第二审期间，人民检察院或者被告人及其辩护人提交新证据的，人民法院应当及时通知对方查阅、摘抄或者复制。"被发现的关键证据属于上述规定中的"新证据"，检察院应当通知辩方查阅、摘抄或复制，A 项正确。

B 项，《刑事诉讼法》根据第 236 条第 1 款第 3 项："第二审人民法院对不服第一审判决的上诉、抗诉案件……（三）原判决事实不清楚或者证据不足的，可以在查清事实后改判；也可以裁定撤销原判，发回原审人民法院重新审判。……"因此本案中二审法院既可以在查清事实后改判；也可以裁定撤销原判，发回原审人民法院重新审判，两种选择都正确。B 项错误。

C 项，根据《刑事诉讼法》第 55 条："对一切案件的判处都要重证据，重调查研究，不轻信口供。只有被告人供述，没有其他证据的，不能认定被告人有罪和处以刑罚；没有被告人供述，证据确实、充分的，可以认定被告人有罪和处以刑罚。证据确实、充分，应当符合以下条件：（一）定罪量刑的事实都有证据证明；（二）据以定案的证据均经法定程序查证属实；

---

[1] ACD

（三）综合全案证据，对所认定事实已排除合理怀疑。"据此，本案中一审法院经审理认为现有证据无法排除合理怀疑判决张大明无罪并无不当，C项正确。

D项，《刑事诉讼法》第260条规定："第一审人民法院判决被告人无罪、免除刑事处罚的，如果被告人在押，在宣判后应当立即释放。"本案中张大明已被宣判无罪，因此应当被立即释放，检察机关可以对其进行取保候审。D项正确。

综上所述，本题答案为ACD。

8. 胡某（2004年出生）住在H市，2022年12月在G市旅行期间殴打吕某致其轻伤，2023年1月该案被G市公安机关立案侦查并将胡某取保候审，关于胡某的取保候审，下列选项正确的是？（2023仿真题，单选）[1]

A. 如公安机关对胡某撤销案件，则取保候审自动解除

B. 胡某的取保候审应当在G市执行

C. 公安机关应当对胡某优先适用保证人保证

D. 公安机关可以要求胡某不得向吕某发送短信

【解析】本题考查的是取保候审的执行、方式、酌定义务以及自动解除。

A项，根据两高两部《关于取保候审的规定》第24条，取保候审的【自动解除】有以下几种情况：①取保候审依法变更为监视居住、拘留、逮捕，并已开始执行；②检察院作出不起诉决定的；③法院作出无罪、免罚或不负刑事责任的判决、裁定已经发生法律效力的；④被判处管制或者适用缓刑，社区矫正已经开始执行的；⑤被单处附加刑，判决已经开始发生法律效力的；⑥被判处监禁刑，刑罚已经开始执行的。公安机关的撤销不属于以上几种情形。除此外，根据规定，对于发现不应当追究被取保候审人刑事责任并作出撤销案件或者终止侦查决定的，决定机关应当【及时作出解除取保候审决定】，并送交执行机关。因此，A项表述错误，不当选。

B项，公安机关决定取保候审的，应当及时通知被取保候审人【居住地】的派出所执行。被取保候审人居住地在异地的，应当及时通知【居住地】公安机关，由其指定被取保候审人居住地的派出所执行。本案中胡某的居住地在H市，应当由H市的派出所执行，B项表述错误，不当选。

C项，根据《刑事诉讼法》第68条，对犯罪嫌疑人、被告人决定取保候审的，应当责令其提出保证人或者交纳保证金。对同一犯罪嫌疑人、被告人决定取保候审的，不得同时使用保证人保证和保证金保证。对未成年人取保候审的，应当优先适用保证人保证。本题中对胡某采取取保候审时其非未成年人，因此C选项表述错误，不当选。

D项，根据《刑事诉讼法》第71条，决定取保候审时，可以根据案件情况责令被取保候审人不得与下列"特定的人员"会见或者通信：证人、鉴定人、被害人及其法定代理人和近亲属，因此，公安机关可以要求胡某不得向被害人吕某发送短信，D项表述正确。

综上所述，本题答案为D。

---

[1] D

三、监视居住

在符合逮捕条件时，对下列哪些人员可以适用监视居住措施？（2012 - 2 - 68，多）[1]

A. 甲患有严重疾病、生活不能自理　　B. 乙正在哺乳自己婴儿

C. 丙系生活不能自理的人的唯一扶养人　　D. 丁系聋哑人

【解析】根据《刑事诉讼法》第74条第1款的规定："人民法院、人民检察院和公安机关对符合逮捕条件，有下列情形之一的犯罪嫌疑人、被告人，可以监视居住：（一）患有严重疾病、生活不能自理的；（二）怀孕或者正在哺乳自己婴儿的妇女；（三）系生活不能自理的人的唯一扶养人；（四）因为案件的特殊情况或者办理案件的需要，采取监视居住措施更为适宜的；（五）羁押期限届满，案件尚未办结，需要采取监视居住措施的。"

A项，属于上述第一项，故A项正确；

B项，属于上述第二项，故B项正确；

C项，属于上述第三项，故C项正确；

D项，聋哑人不能排除逮捕的适用。因此，D项错误。

综上所述，本题答案为ABC。

四、拘留

1. 严某从A区邮寄毒品给B区的李某，李某在B区与宋某交易时被当场抓获，下列关于本案的诉讼程序，说法正确的是：（2019仿真题）[2]

A. 拘留李某4天后通知了李某的家属

B. B区公安机关应经过A区公安机关同意才能抓捕A区的严某

C. 公安机关在拘留李某时，没有搜查证也可对其住处进行搜查

D. 公安机关查封李某的唯一住所后，可以对其指定居所监视居住

【解析】A项，根据《刑事诉讼法》第85条的规定，拘留后……除无法通知或危害国家安全犯罪、恐怖活动犯罪通知有碍侦查情形以外，应当在拘留后24小时以内，通知被拘留人的家属。有碍侦查情形消失以后，应当立即通知被拘留人的家属。可知，4天后通知的做法错误。A错误。

B项，根据《刑事诉讼法》第83条的规定，公安机关在异地执行拘留、逮捕的，应当通知被拘留、逮捕人所在地的公安机关，被拘留、逮捕人所在地的公安机关应当予以配合。因此B区无需取得A区公安机关同意，可知，选项B不正确。

C项，该选项是在执行拘留时发生的情况，根据《刑事诉讼法》第138条的规定，进行搜查，必须向被搜查人出示搜查证。在执行拘留、逮捕的时候，遇有紧急情况，不另用搜查证也可以进行搜查。可知，选项C正确。

D项，根据《刑事诉讼法》第75条第1款的规定，监视居住应当在犯罪嫌疑人、被告人的住处执行；无固定住处的，可以在指定的居所执行。对于涉嫌危害国家安全犯罪、恐怖活动犯罪，在住处执行可能有碍侦查的，经上一级公安机关批准，也可以在指定的居所执行。但是，不得在羁押场所、专门的办案场所执行。根据描述，李某的唯一住所被侦查机关查封，因此，可以在指定的居所执行监视居住。选项D正确。

综上所述，本题答案为CD。

---

[1] ABC 　[2] CD

2. 章某涉嫌故意伤害致人死亡，因犯罪后企图逃跑被公安机关先行拘留。关于本案程序，下列哪一选项是正确的？（2015 - 2 - 28，单）[1]

A. 拘留章某时，必须出示拘留证

B. 拘留章某后，应在 12 小时内将其送看守所羁押

C. 拘留后对章某的所有讯问都必须在看守所内进行

D. 因怀疑章某携带管制刀具，拘留时公安机关无需搜查证即可搜查其身体

【解析】A 项，《公安部规定》第 125 条第 2 款规定："紧急情况下，对于符合本规定第一百二十四条所列情形之一的，经出示人民警察证，可以将犯罪嫌疑人口头传唤至公安机关后立即审查，办理法律手续。"可知，先行拘留的，可以补办手续。所以 A 项错误。

B 项，《刑事诉讼法》第 85 条规定："公安机关拘留人的时候，必须出示拘留证。拘留后，应当立即将被拘留人送看守所羁押，至迟不得超过二十四小时。除无法通知或者涉嫌危害国家安全犯罪、恐怖活动犯罪通知可能有碍侦查的情形以外，应当在拘留后二十四小时以内，通知被拘留人的家属。"拘留章某后，应立即送看守所羁押，至迟不得超过 24 小时，而不是 12 小时。所以 B 项错误。

C 项，《刑事诉讼法》第 118 条第 2 款规定："犯罪嫌疑人被送交看守所羁押以后，侦查人员对其进行讯问，应当在看守所内进行。"关键点在送交看守所之后，不是拘留后，刑诉法要求的是 24 小时之内将被拘留人送看守所羁押，也就是说在送看守所之前是有一定的时间间隔的，在这个时间内是可以进行讯问的，法律并没有禁止规定，因此在这个时间内的讯问就不是在看守所。所以 C 项错误。

D 项，《刑事诉讼法》第 138 条第 1 款规定："进行搜查，必须向被搜查人出示搜查证。在执行逮捕、拘留的时候，遇有紧急情况，不另用搜查证也可以进行搜查。"所以 D 项正确。

综上所述，本题答案为 D。

3. 甲涉嫌黑社会性质组织犯罪，10 月 5 日上午 10 时被刑事拘留。下列哪一处置是违法的？（2012 - 2 - 29，单）[2]

A. 甲于当月 6 日上午 10 时前被送至看守所羁押

B. 甲涉嫌黑社会性质组织犯罪，因考虑通知家属有碍进一步侦查，决定暂不通知

C. 甲在当月 6 日被送至看守所之前，公安机关对其进行了讯问

D. 讯问后，发现甲依法需要逮捕，当月 8 日提请检察院审批

【解析】A 项，根据《刑事诉讼法》第 85 条第 2 款的规定："拘留后，应当立即将被拘留人送看守所羁押，至迟不得超过二十四小时。除无法通知或者涉嫌危害国家安全犯罪、恐怖活动犯罪通知可能有碍侦查的情形以外，应当在拘留后二十四小时以内，通知被拘留人的家属。有碍侦查的情形消失以后，应当立即通知被拘留人的家属。"可知，对于甲的拘留至迟不得超过 24 小时，因此，A 项正确。

B 项，根据《刑事诉讼法》第 85 条第 2 款的规定："……除无法通知或者涉嫌危害国家安全犯罪、恐怖活动犯罪通知可能有碍侦查的情形以外，应当在拘留后二十四小时以内，通知被拘留人的家属……"可知黑社会性质组织犯罪不属于排除通知的事由，故 B 项错误，当选。

C 项，根据《刑事诉讼法》第 86 条的规定："公安机关对被拘留的人，应当在拘留后的二

---

[1] D　[2] B

十四小时以内进行讯问。在发现不应当拘留的时候，必须立即释放，发给释放证明。"可知，公安机关的讯问行为是合法的。因此，C 项正确。

D 项，根据《刑事诉讼法》第 91 条第 1 款的规定："公安机关对被拘留的人，认为需要逮捕的，应当在拘留后的三日以内，提请人民检察院审查批准。在特殊情况下，提请审查批准的时间可以延长一日至四日。"可知，甲 10 月 5 日被拘留，拘留后的 3 日内提请批捕，10 月 8 日提请批捕，不违反规定。因此，D 项正确。

综上所述，本题答案为 B。

五、逮捕

1. 甲涉嫌盗窃罪被逮捕。在侦查阶段，甲父向检察院申请进行羁押必要性审查。关于羁押必要性审查的程序，下列哪一选项是正确的？(2017－2－27 单)[1]

A. 由检察院侦查监督部门负责

B. 审查应不公开进行

C. 检察院可向公安机关了解本案侦查取证的进展情况

D. 如对甲父的申请决定不予立案的，应由检察长批准

【解析】A 项，根据《最高检规则》第 575 条第 1 款规定："负责捕诉的部门依法对侦查和审判阶段的羁押必要性进行审查。经审查认为不需要继续羁押的，应当建议公安机关或者人民法院释放犯罪嫌疑人、被告人或者变更强制措施。"同时，最高人民检察院、公安部联合印发《人民检察院、公安机关羁押必要性审查、评估工作规定》第 4 条第 1 款规定："人民检察院依法开展羁押必要性审查，由捕诉部门负责。负责刑事执行、控告申诉、案件管理、检察技术的部门应当予以配合。"可知，根据《最高检规则》和《人民检察院、公安机关羁押必要性审查、评估工作规定》，负责羁押必要性审查的部门是捕诉部门，而不是侦查监督部门。因此，A 项错误。

B 项，最高人民检察院、公安部联合印发《人民检察院、公安机关羁押必要性审查、评估工作规定》第 3 条规定："人民检察院、公安机关应当依法、及时、规范开展羁押必要性审查、评估工作，全面贯彻宽严相济刑事政策，准确把握羁押措施适用条件，严格保守办案秘密和国家秘密、商业秘密、个人隐私。"据此，如果进行羁押必要性审查涉及国家秘密、商业秘密、个人隐私的，不得公开审查。这意味着如果不属于上述情形的，可以公开审查。盗窃罪不属于涉及国家秘密、商业秘密、个人隐私的情形，因此可以公开进行。因此，B 项错误。

C 项，最高人民检察院、公安部联合印发《人民检察院、公安机关羁押必要性审查、评估工作规定》第 13 条规定："开展羁押必要性审查、评估工作，可以采取以下方式：(1) 审查犯罪嫌疑人、被告人不需要继续羁押的理由和证明材料；(2) 听取犯罪嫌疑人、被告人及其法定代理人、近亲属或者辩护人、值班律师意见；(3) 听取被害人及其法定代理人、诉讼代理人、近亲属或者其他有关人员的意见，了解和解、谅解、赔偿情况；(4) 听取公安机关、人民法院意见，必要时查阅、复制原案卷宗中有关证据材料；(5) 调查核实犯罪嫌疑人、被告人身体健康状况；(6) 向看守所调取有关犯罪嫌疑人、被告人羁押期间表现的材料；(7) 进行羁押必要性审查、评估需要采取的其他方式。听取意见情况应当制作笔录，与书面意见、调查核实获取的其他证据材料等一并附卷。"据此，检察院可以听取公安机关的意见，向公安机

关于了解本案侦查取证的进展情况。因此，C 项正确。

D 项，该选项涉及旧题新做的问题。2023 年 11 月 30 日随着《人民检察院、公安机关羁押必要性审查、评估工作规定》的颁布，《办理羁押必要性审查案件规定（试行）》在 2023 年 11 月 30 日废止。但是从 2017 年的题目来看，当年的《办理羁押必要性审查案件规定（试行）》第 12 条规定："经初审，对于犯罪嫌疑人、被告人可能具有本规定第 17 条、第 18 条情形之一的，检察官应当制作立案报告书，经检察长或者分管副检察长批准后予以立案。对于无理由或者理由明显不成立的申请，或者经人民检察院审查后未提供新的证明材料或者没有新的理由而再次申请的，由检察官决定不予立案，并书面告知申请人。"可知，简言之，①有羁押必要——检察官决定；②没有羁押必要——检察长（正副皆可）批准。本题中，根据当年的司法解释，对甲父的申请决定不予立案，意思就是检察院认为有羁押必要，故只需检察官决定即可。不过，因为《办理羁押必要性审查案件规定（试行）》已经废止，而《人民检察院、公安机关羁押必要性审查、评估工作规定》在该问题上并没有作出规定，因此，从 2024 年开始做题的角度来看，本题 D 项不确定。考生不用纠结这个问题，只要记住《人民检察院、公安机关羁押必要性审查、评估工作规定》的新规定即可。

综上所述，由于本题是单选题，因此本题答案为 C。

2. 甲、乙二人涉嫌猥亵儿童，甲被批准逮捕，乙被取保候审。案件起诉到法院后，乙被法院决定逮捕。关于本案羁押必要性审查，下列哪一选项是正确的？（2016 - 2 - 32，单）[1]

A. 在审查起诉阶段对甲进行审查，由检察院公诉部门办理

B. 对甲可进行公开审查并听取被害儿童法定代理人的意见

C. 检察院可依职权对乙进行审查

D. 经审查发现乙系从犯、具有悔罪表现且可能宣告缓刑，不予羁押不致发生社会危险性的，检察院应要求法院变更强制措施

【解析】A 项，根据《最高检规则》第 575 条第 2 款规定："审查起诉阶段，负责捕诉的部门经审查认为不需要继续羁押的，应当直接释放犯罪嫌疑人或者变更强制措施。"第 576 条第 1 款规定："办案机关对应的同级人民检察院负责控告申诉检察的部门或者负责案件管理的部门收到羁押必要性审查申请后，应当在当日移送本院负责捕诉的部门。"同时，最高人民检察院、公安部联合印发《人民检察院、公安机关羁押必要性审查、评估工作规定》第 4 条第 1 款规定："人民检察院依法开展羁押必要性审查，由捕诉部门负责。负责刑事执行、控告申诉、案件管理、检察技术的部门应当予以配合。"因此在审查起诉阶段，无论是检察院依职权还是依申请对甲进行羁押必要性审查，均应当由检察院负责捕诉的部门办理，而非由公诉部门办理。负责捕诉的部门指的就是原来的负责逮捕的部门和公诉部门合并为一体的部门。因此，A 项错误。

B 项，这里涉及要判断两处做法是否正确：一是对甲可不可以进行公开审查；二是可以听取儿童法定代理人的意见是否正确。首先，对于对甲可不可以进行公开审查的问题，最高人民检察院、公安部联合印发《人民检察院、公安机关羁押必要性审查、评估工作规定》第 3 条规定："人民检察院、公安机关应当依法、及时、规范开展羁押必要性审查、评估工作，全面贯彻宽严相济刑事政策，准确把握羁押措施适用条件，严格保守办案秘密和国家秘密、商业秘

---

[1] C

密、个人隐私。"据此，如果进行羁押必要性审查涉及国家秘密、商业秘密、个人隐私的，不得公开审查。由于本案甲乙二人涉嫌猥亵儿童罪，属于涉及个人隐私的案件，所以不可对甲进行公开审查。其次，可以听取儿童法定代理人的意见是否正确的问题，最高人民检察院、公安部联合印发《人民检察院、公安机关羁押必要性审查、评估工作规定》第13条规定："开展羁押必要性审查、评估工作，可以采取以下方式：（1）审查犯罪嫌疑人、被告人不需要继续羁押的理由和证明材料；（2）听取犯罪嫌疑人、被告人及其法定代理人、近亲属或者辩护人、值班律师意见；（3）听取被害人及其法定代理人、诉讼代理人、近亲属或者其他有关人员的意见，了解和解、谅解、赔偿情况；（4）听取公安机关、人民法院意见，必要时查阅、复制原案案卷宗中有关证据材料；（5）调查核实犯罪嫌疑人、被告人身体健康状况；（6）向看守所调取有关犯罪嫌疑人、被告人羁押期间表现的材料；（7）进行羁押必要性审查、评估需要采取的其他方式。听取意见情况应当制作笔录，与书面意见、调查核实获取的其他证据材料等一并附卷。"据此，检察院听取被害人的法定代理人的意见。综上所述，因对甲不可以公开审查，B项错误。

C项，最高人民检察院、公安部联合印发《人民检察院、公安机关羁押必要性审查、评估工作规定》第6条规定："人民检察院在刑事诉讼过程中可以对被逮捕的犯罪嫌疑人、被告人依职权主动进行羁押必要性审查。人民检察院对审查起诉阶段未经羁押必要性审查、可能判处三年有期徒刑以下刑罚的在押犯罪嫌疑人，在提起公诉前应当依职权开展一次羁押必要性审查。公安机关根据案件侦查情况，可以对被逮捕的犯罪嫌疑人继续采取羁押强制措施是否适当进行评估。"据此，人民检察院在刑事诉讼过程中，不管哪个阶段，均可以依职权主动进行羁押的必要性审查。因此，C项正确。

D项，最高人民检察院、公安部联合印发《人民检察院、公安机关羁押必要性审查、评估工作规定》第17条规定："人民检察院审查后发现犯罪嫌疑人、被告人具有下列情形之一的，且具有悔罪表现，不予羁押不致发生社会危险性的，可以向公安机关、人民法院提出释放或者变更强制措施建议；审查起诉阶段的，可以决定释放或者变更强制措施。（1）预备犯或者中止犯；（2）主观恶性较小的初犯；（3）共同犯罪中的从犯或者胁从犯；（4）过失犯罪的；（5）防卫过当或者避险过当的；（6）认罪认罚的；（7）与被害方依法自愿达成和解协议或者获得被害方谅解的；（8）已经或者部分履行赔偿义务或者提供担保的；（9）患有严重疾病、生活不能自理的；（10）怀孕或者正在哺乳自己婴儿的妇女；（11）系未成年人或者已满七十五周岁的人；（12）系未成年人的唯一抚养人；（13）系生活不能自理的人的唯一扶养人；（14）可能被判处一年以下有期徒刑的；（15）可能被宣告缓刑的；（16）其他不予羁押不致发生社会危险性的情形。公安机关评估后发现符合上述情形的，可以决定释放或者变更强制措施。"据此，刘丁"共同犯罪中的从犯或者胁从犯"或者"可能被宣告缓刑的"，检察院是"可以"向办案机关"建议"释放或者变更强制措施。本案中，经审查发现乙系从犯、具有悔罪表现且可能宣告缓刑，不予羁押不致发生社会危险性，人民检察院依据上述规定，可以向办案机关提出释放或者变更强制措施的建议，D项表述为检察院"应要求"法院变更强制措施，注意法律规定是"可以建议"，不是"应当要求"。因此，D项错误。

综上所述，本题答案为C。

3. 王某涉嫌在多个市县连续组织淫秽表演，2014年9月15日被刑事拘留，随即聘请律师担任辩护人，10月17日被检察院批准逮捕，12月5日被移送检察院审查起诉。关于律师提请

检察院进行羁押必要性审查，下列哪一选项是正确的？（2015 - 2 - 29，单）[1]

    A. 10 月 14 日提出申请，检察院应受理

    B. 11 月 18 日提出申请，检察院应告知其先向侦查机关申请变更强制措施

    C. 12 月 3 日提出申请，由检察院承担监所检察工作的部门负责审查

    D. 12 月 10 日提出申请，由检察院公诉部门负责审查

【解析】A 项，《刑事诉讼法》第 95 条规定："犯罪嫌疑人、被告人被逮捕后，人民检察院仍应当对羁押的必要性进行审查。对不需要继续羁押的，应当建议予以释放或者变更强制措施。有关机关应当在十日以内将处理情况通知人民检察院。"可知，10 月 14 日，检察院尚未批准逮捕王某，所以检察院不需要进行羁押必要性审查。所以 A 项错误。

B 项，最高人民检察院、公安部联合印发《人民检察院、公安机关羁押必要性审查、评估工作规定》第 8 条规定："犯罪嫌疑人、被告人及其法定代理人、近亲属或者辩护人、值班律师可以向人民检察院申请开展羁押必要性审查。申请人提出申请时，应当说明不需要继续羁押的理由，有相关证据或者其他材料的，应当予以提供。申请人依据刑事诉讼法第九十七条规定，向人民检察院、公安机关提出变更羁押强制措施申请的，人民检察院、公安机关应当按照本规定对羁押的必要性进行审查、评估。"据此，律师可以直接向人民检察院申请开展羁押必要性审查，并没有向侦查机关申请变更强制措施的前置程序。需要指出的是，根据上述规定，哪怕律师没有申请羁押必要性审查，而是向检察院、公安机关提出变更羁押强制措施申请的，检察院、公安机关也应当进行羁押必要性审查、羁押必要性评估。B 项错误。

CD 项，根据《最高检规则》第 575 条第 1 款规定："负责捕诉的部门依法对侦查和审判阶段的羁押必要性进行审查。经审查认为不需要继续羁押的，应当建议公安机关或者人民法院释放犯罪嫌疑人、被告人或者变更强制措施。"同时，最高人民检察院、公安部联合印发《人民检察院、公安机关羁押必要性审查、评估工作规定》第 4 条第 1 款规定："人民检察院依法开展羁押必要性审查，由捕诉部门负责。负责刑事执行、控告申诉、案件管理、检察技术的部门应当予以配合。"可知，无论是哪个阶段，均由检察院负责捕诉的部门进行羁押必要性审查。本在 12 月 3 日提出申请，意味着案件处于侦查阶段，应由检察院负责捕诉部门负责审查，而非检察院承担监所检察工作的部门负责审查，C 项错误。D 项中，目前检察院已经没有公诉部门这么一说，现称之为负责捕诉部门。如前所述，无论是哪个阶段，均由检察院负责捕诉的部门进行羁押必要性审查。从严谨角度来看，D 项表述也不正确，D 项错误。

综上所述，本题答案无解。

4. 关于犯罪嫌疑人的审前羁押，下列哪一选项是错误的？（2014 - 2 - 31，单）[2]

    A. 基于强制措施适用的必要性原则，应当尽量减少审前羁押

    B. 审前羁押是临时性的状态，可根据案件进展和犯罪嫌疑人的个人情况予以变更

    C. 经羁押必要性审查认为不需要继续羁押的，检察院应及时释放或变更为其他非羁押强制措施

    D. 案件不能在法定办案期限内办结的，应当解除羁押

【解析】A 项，必要性原则是指只有在为保证刑事诉讼的顺利进行而有必要时方能采取，若无必要，不得随意适用强制措施。故基于强制措施适用的必要性原则，应当尽量减少审前羁

押。A 项正确，不当选。

B 项，强制措施的适用，要遵循变更性原则，即强制措施的适用，需要随着诉讼的进展、犯罪嫌疑人、被告人及案件情况的变化而及时变更或解除。B 项正确，不当选。

C 项，根据《最高检规则》第 575 条第 1 款规定："负责捕诉的部门依法对侦查和审判阶段的羁押必要性进行审查。经审查认为不需要继续羁押的，应当建议公安机关或者人民法院释放犯罪嫌疑人、被告人或者变更强制措施。"同时，根据最高人民检察院、公安部联合印发《人民检察院、公安机关羁押必要性审查、评估工作规定》第 16 条规定："人民检察院审查后发现犯罪嫌疑人、被告人具有下列情形之一的，应当向公安机关、人民法院提出释放或者变更强制措施建议；审查起诉阶段的，应当及时决定释放或者变更强制措施。……"据此，在侦查阶段与审判阶段，经审查认为不需要继续羁押的，检察院只是"建议"公安机关或者人民法院释放犯罪嫌疑人、被告人或者变更强制措施，而非检察院释放或变更强制措施；只有在审查起诉阶段，检察院才是自己释放或变更强制措施。据此，C 项太绝对，不正确，当选。

D 项，《刑事诉讼法》第 98 条规定，犯罪嫌疑人、被告人被羁押的案件，不能在本法规定的侦查羁押、审查起诉、一审、二审期限内办结的，对犯罪嫌疑人、被告人应当予以释放；需要继续查证、审理的，对犯罪嫌疑人、被告人可以取保候审或者监视居住。所以 D 项正确，不当选。

综上所述，本题为选非题，C 项为正确答案。

5. 检察机关审查批准逮捕，下列哪些情形存在时应当讯问犯罪嫌疑人？（2013 - 2 - 67，多）[1]

A. 犯罪嫌疑人的供述前后反复且与其他证据矛盾

B. 犯罪嫌疑人要求向检察机关当面陈述

C. 侦查机关拘留犯罪嫌疑人 36 小时以后将其送交看守所羁押

D. 犯罪嫌疑人是聋哑人

【解析】根据《最高检规则》第 280 条第 1 款的规定："人民检察院办理审查逮捕案件，可以讯问犯罪嫌疑人；具有下列情形之一的，应当讯问犯罪嫌疑人：（一）对是否符合逮捕条件有疑问的；（二）犯罪嫌疑人要求向检察人员当面陈述的；（三）侦查活动可能有重大违法行为的；（四）案情重大、疑难、复杂的；（五）犯罪嫌疑人认罪认罚的；（六）犯罪嫌疑人系未成年人的；（七）犯罪嫌疑人是盲、聋、哑人或者是尚未完全丧失辨认或者控制自己行为能力的精神病人的。"

A 项，符合《最高检规则》第 280 条第 1 款规定的第 1 项，A 项正确；

B 项，符合《最高检规则》第 280 条第 1 款规定的第 2 项，B 项正确；

C 项，根据《刑事诉讼法》第 85 条第 2 款的规定："拘留后，应当立即将被拘留人送看守所羁押，至迟不得超过二十四小时。"该项中，侦查机关拘留犯罪嫌疑人 36 小时后将其送交看守所，属于上述第 3 项，检察院应当讯问犯罪嫌疑人。因此，C 项正确；

D 项，符合《最高检规则》第 280 条第 1 款规定的第 7 项，D 项正确。

综上所述，本题答案为 ABCD。

---

[1] ABCD

6. 检察院审查批准逮捕时，遇有下列哪一情形依法应当讯问犯罪嫌疑人？（2012－2－26，单）[1]

A. 辩护律师提出要求的　　　　　B. 犯罪嫌疑人要求向检察人员当面陈述的

C. 犯罪嫌疑人要求会见律师的　　D. 共同犯罪的

【解析】　根据《刑事诉讼法》第88条第1款的规定："人民检察院审查批准逮捕，可以讯问犯罪嫌疑人；有下列情形之一的，应当讯问犯罪嫌疑人：（一）对是否符合逮捕条件有疑问的；（二）犯罪嫌疑人要求向检察人员当面陈述的；（三）侦查活动可能有重大违法行为的。"另根据《最高检规则》第280条第1款的规定："人民检察院办理审查逮捕案件，可以讯问犯罪嫌疑人；具有下列情形之一的，应当讯问犯罪嫌疑人：（一）对是否符合逮捕条件有疑问的；（二）犯罪嫌疑人要求向检察人员当面陈述的；（三）侦查活动可能有重大违法行为的；（四）案情重大、疑难、复杂的；（五）犯罪嫌疑人认罪认罚的；（六）犯罪嫌疑人系未成年人的；（七）犯罪嫌疑人是盲、聋、哑人或者是尚未完全丧失辨认或者控制自己行为能力的精神病人的。"

A项，根据《刑事诉讼法》第88条第1款可知辩护律师提出要求不是应当讯问犯罪嫌疑人的情形，故A项错误；

B项，属于上述2项——犯罪嫌疑人要求向检察人员当面陈述的，依法应当讯问犯罪嫌疑人。因此B项正确；

C项，根据《刑事诉讼法》第88条第1款可知犯罪嫌疑人要求会见律师不是应当讯问犯罪嫌疑人的情形，故C项错误；

D项，根据《刑事诉讼法》第88条第1款可知共同犯罪不是应当讯问犯罪嫌疑人的情形，故D项错误。

综上所述，本题答案为B。

7. 赵某、钱某、孙某与李某四人涉嫌共同抢劫被立案侦查。侦查期间，赵某和钱某被逮捕，孙某被监视居住，对李某未采取强制措施。案件起诉到法院后，法院判处赵某有期徒刑5年，钱某有期徒刑2年缓刑3年，孙某免予刑事处罚，李某无罪。一审判决下来之后，检察院对本案提起抗诉。法院对他们四人强制措施的变更，正确的是？（2018仿真题）[2]

A. 对赵某应当变更为取保候审　　B. 对钱某变更为取保候审或释放

C. 对孙某变更为取保候审或释放　D. 对李某应当予以释放

【解析】　变更性原则是强制措施的适用基本原则之一，《刑诉解释》第170条规定了可以依法变更强制措施的情形：被逮捕的被告人具有下列情形之一的，人民法院应当立即释放；必要时，可以依法变更强制措施：（1）第一审人民法院判决被告人无罪、不负刑事责任或者免予刑事处罚的；（2）第一审人民法院判处管制、宣告缓刑、单独适用附加刑，判决尚未发生法律效力的；（3）被告人被羁押的时间已到第一审人民法院对其判处的刑期期限的；（4）案件不能在法律规定的期限内审结的。

A项，本案中，赵某一审被判处有期徒刑5年，不符合上述规定，故A选项错误。

B项，钱某被判处缓刑，根据上述规定第2项，法院应对其立即释放，只有在必要时才可以依法变更强制措施，故B选项错误。

C 项，孙某被判处免予刑事处罚，法院应当在宣判后立即释放，故 C 选项错误。

D 项，李某被判无罪，法院应当在宣判后立即释放，故 D 选项正确。

综上所述，本题答案为 D。

8. 下列哪些情形，法院应当变更或解除强制措施？（2016－2－70，多）〔1〕

A. 甲涉嫌绑架被逮捕，案件起诉至法院时发现怀有身孕

B. 乙涉嫌非法拘禁被逮捕，被法院判处有期徒刑 2 年，缓期 2 年执行，判决尚未发生法律效力

C. 丙涉嫌妨害公务被逮捕，在审理过程中突发严重疾病

D. 丁涉嫌故意伤害被逮捕，因对被害人伤情有异议而多次进行鉴定，致使该案无法在法律规定的一审期限内审结

【解析】A 项，根据《刑诉解释》第 169 条的规定："被逮捕的被告人具有下列情形之一的，人民法院可以变更强制措施：（一）患有严重疾病、生活不能自理的；（二）怀孕或者正在哺乳自己婴儿的；（三）系生活不能自理的人的唯一扶养人。"因此，对于怀孕的已经被逮捕的被告人，人民法院可以变更强制措施，而非应当变更强制措施。因此，A 项错误。

B 项，根据《刑诉解释》第 170 条的规定："被逮捕的被告人具有下列情形之一的，人民法院应当立即释放；必要时，可以依法变更强制措施：（一）第一审人民法院判决被告人无罪、不负刑事责任或者免予刑事处罚的；（二）第一审人民法院判处管制、宣告缓刑、单独适用附加刑，判决尚未发生法律效力的；（三）被告人被羁押的时间已到第一审人民法院对其判处的刑期期限的；（四）案件不能在法律规定的期限内审结的。"乙涉嫌非法拘禁被逮捕，被法院判处有期徒刑 2 年，缓期 2 年执行，判决尚未发生法律效力，根据上述规定，法院应当变更强制措施或者予以释放。因此，B 项正确。

C 项，根据《刑诉解释》第 169 条的规定："被逮捕的被告人具有下列情形之一的，人民法院可以变更强制措施：（一）患有严重疾病、生活不能自理的；（二）怀孕或者正在哺乳自己婴儿的；（三）系生活不能自理的人的唯一扶养人。"丙在审理过程中突发严重疾病，人民法院可以变更强制措施，而非应当变更强制措施。因此，C 项错误。

D 项，根据《六机关规定》第 40 条第 1 款的规定："刑事诉讼法第一百四十七条（现为第 149 条）规定：'对犯罪嫌疑人作精神病鉴定的期间不计入办案期限。'根据上述规定，犯罪嫌疑人、被告人在押的案件，除对犯罪嫌疑人、被告人的精神病鉴定期间不计入办案期限外，其他鉴定期间都应当计入办案期限。对于因鉴定时间较长，办案期限届满仍不能终结的案件，自期限届满之日起，应当对被羁押的犯罪嫌疑人、被告人变更强制措施，改为取保候审或者监视居住。"《刑诉解释》第 170 条规定："被逮捕的被告人具有下列情形之一的，人民法院应当立即释放；必要时，可以依法变更强制措施：（一）第一审人民法院判决被告人无罪、不负刑事责任或者免予刑事处罚的；（二）第一审人民法院判处管制、宣告缓刑、单独适用附加刑，判决尚未发生法律效力的；（三）被告人被羁押的时间已到第一审人民法院对其判处的刑期期限的；（四）案件不能在法律规定的期限内审结的。"D 项为因对被害人伤情进行多次鉴定而导致案件无法在一审审限内审结，自期限届满之日起，应当对被羁押的犯罪嫌疑人、被告人变更强制措施，改为取保候审或者监视居住。因此，D 项正确。

---

〔1〕 B

综上所述，本题应当选 B。

六、监察机关移送案件的强制措施

张某因涉嫌受贿罪被 F 市监察委员会立案调查。在调查过程中，F 市监察委员会对张某采取了留置措施。案件调查终结后，F 市监察委员会将案件移送 F 市人民检察院审查起诉。下列关于本案的处理，说法正确的是？（2018 仿真题）[1]

A. 由于 F 市监察委员会在调查过程中对张某采取了留置措施，案件移送人民检察院审查起诉后，人民检察院可以对张某采取刑事强制措施

B. F 市监察委员会在《监察法》生效前对张某留置 6 个月，在《监察法》生效后张某被判处有期徒刑 3 年。该留置的 6 个月折抵刑期 6 个月

C. 对于经过两次退回监察委员会补充调查的案件，F 市人民检察院在审查起诉中认为仍然事实不清，证据不足，直接作出不起诉的决定

D. F 市监察委员会认为人民检察院不起诉决定有错误的，有权向 F 市人民检察院提请复议

【解析】A 项，根据《监察法》第 47 条第 1 款的规定："对监察机关移送的案件，人民检察院依照《中华人民共和国刑事诉讼法》对被调查人采取强制措施。"据此，对于监察委员会移送的案件，检察院根据刑事诉讼法的规定对被调查人采取刑事强制措施。A 选项正确。

B 项，根据《监察法》第 44 条第 3 款的规定："被留置人员涉嫌犯罪移送司法机关后，被依法判处管制、拘役和有期徒刑的，留置一日折抵管制二日，折抵拘役、有期徒刑一日。"据此，B 选项中被调查人被判处有期徒刑 3 年，留置一日折抵有期徒刑一日，B 选项正确。

C 项，《监察法》第 47 条第 2、3、4 款规定："人民检察院经审查，认为犯罪事实已经查清，证据确实、充分，依法应当追究刑事责任的，应当作出起诉决定。人民检察院经审查，认为需要补充核实的，应当退回监察机关补充调查，必要时可以自行补充侦查。对于补充调查的案件，应当在一个月内补充调查完毕。补充调查以二次为限。人民检察院对于有《中华人民共和国刑事诉讼法》规定的不起诉的情形的，经上一级人民检察院批准，依法作出不起诉的决定。监察机关认为不起诉的决定有错误的，可以向上一级人民检察院提请复议。"因此 F 市人民检察院作出不起诉决定，应当经上一级人民检察院批准，而不能直接作出不起诉决定，故 C 选项错误。

D 项，根据上述《监察法》第 47 条第 2、3、4 款的规定："……监察机关认为不起诉的决定有错误的，可以向上一级人民检察院提请复议。"F 市监察委员会认为 F 市人民检察院不起诉决定有错误的，应当向 F 市人民检察院的上一级人民检察院提请复议，故 D 选项错误。

综上所述，本题答案为 AB。

七、强制措施的变更

甲、乙涉嫌非法拘禁罪被取保候审。本案提起公诉后，法院认为对甲可继续适用取保候审，乙因有伪造证据的行为而应予逮捕。对于法院适用强制措施，下列哪些选项是正确的？（2017 - 2 - 72 多）[2]

A. 对甲可变更为保证人保证

B. 决定逮捕之前可先行拘留乙

---

[1] AB [2] ACD

C. 逮捕乙后应在 24 小时内讯问

D. 逮捕乙后，同级检察院可主动启动对乙的羁押必要性审查

【解析】A 项，根据《刑诉解释》第 162 条的规定："人民检察院、公安机关已经对犯罪嫌疑人取保候审、监视居住，案件起诉至人民法院后，需要继续取保候审、监视居住或者变更强制措施的，人民法院应当在七日以内作出决定，并通知人民检察院、公安机关。决定继续取保候审、监视居住的，应当重新办理手续，期限重新计算；继续使用保证金保证的，不再收取保证金。"取保候审的担保方式有保证人和保证金担保两种，在法院对甲继续采取取保候审的情况下，如果法院认为应使用保证人保证，可以通过重新办理手续予以变更。即决定取保的法院有权变更取保的担保方式。因此，A 项正确。

B 项，根据《刑诉解释》第 147 条第 1 款的规定："人民法院根据案件情况，可以决定对被告人拘传、取保候审、监视居住或者逮捕。"据此可知，法院并无刑事拘留的决定权，更无刑事拘留的执行权，拘留只能由两机关决定，不含法院。因此，B 项错误。

C 项，根据《刑诉解释》第 168 条的规定："人民法院对决定逮捕的被告人，应当在逮捕后二十四小时以内讯问。发现不应当逮捕的，应当立即释放。必要时，可以依法变更强制措施。"因此，C 项正确。

D 项，根据《最高检规则》第 574 条第 1 款的规定："人民检察院在办案过程中可以依职权主动进行羁押必要性审查。"同时，《人民检察院 公安机关 羁押必要性审查、评估工作规定》第 6 条规定："人民检察院在刑事诉讼过程中可以对被逮捕的犯罪嫌疑人、被告人依职权主动进行羁押必要性审查。人民检察院对审查起诉阶段未经羁押必要性审查、可能判处三年有期徒刑以下刑罚的在押犯罪嫌疑人，在提起公诉前应当依职权开展一次羁押必要性审查。公安机关根据案件侦查情况，可以对被逮捕的犯罪嫌疑人继续采取羁押强制措施是否适当进行评估。"据此，逮捕乙后，同级检察院可依职权主动启动对乙的羁押必要性审查。因此，D 项正确。

综上所述，本题答案为 ACD。

第九章　附带民事诉讼

第一节　附带民事诉讼成立条件

1. 甲系某地交通运输管理所工作人员，在巡查执法时致一辆出租车发生重大交通事故，司机乙重伤，乘客丙当场死亡，出租车严重受损。甲以滥用职权罪被提起公诉。关于本案处理，下列哪一选项是正确的？（2017 - 2 - 28 单）[1]

A. 乙可成为附带民事诉讼原告人

B. 交通运输管理所可成为附带民事诉讼被告人

C. 丙的妻子提起附带民事诉讼的，法院应裁定不予受理

D. 乙和丙的近亲属可与甲达成刑事和解

【解析】A 项，此案中甲系某地交通运输管理所工作人员，且甲以滥用职权罪被提起公诉。依据《刑诉解释》第 177 条，国家机关工作人员在行使职权时，侵犯他人人身、财产权利构成犯罪，被害人或者其法定代理人、近亲属提起附带民事诉讼的，人民法院不予受理，但应当告知其可以依法申请国家赔偿，因此 A 项乙不可提出附带民事诉讼，A 项错误。

B 项，同上可得 B 项错误。

C 项，同上可得 C 项正确。

D 项，根据《刑事诉讼法》第 288 条第 1 款的规定："下列公诉案件，犯罪嫌疑人、被告人真诚悔罪，通过向被害人赔偿损失、赔礼道歉等方式获得被害人谅解，被害人自愿和解的，双方当事人可以和解：（一）因民间纠纷引起，涉嫌刑法分则第四章、第五章规定的犯罪案件，可能判处三年有期徒刑以下刑罚的；（二）除渎职犯罪以外的可能判处七年有期徒刑以下刑罚的过失犯罪案件。"本题中，甲以滥用职权罪被提起公诉，属于不能适用当事人和解程序的案件。故 D 项表述错误。

综上所述，此题答案为 C。

2. 法院可以受理被害人提起的下列哪一附带民事诉讼案件？（2015 - 2 - 30，单）[2]

A. 抢夺案，要求被告人赔偿被夺走并变卖的手机

B. 寻衅滋事案，要求被告人赔偿所造成的物质损失

C. 虐待被监管人案，要求被告人赔偿因体罚虐待致身体损害所产生的医疗费

D. 非法搜查案，要求被告人赔偿因非法搜查所导致的物质损失

【解析】A项，根据《刑诉解释》第176条的规定：对于被告人非法占有、处置被害人财产的，应当依法予以追缴或者责令退赔，而非提起附带民事诉讼。A项中的手机只是被抢夺和变卖，并没有毁坏，故提起附带民事诉讼，法院不会受理。A项错误。

B项，根据《刑事诉讼法》第101条第1款的规定，被害人由于被告人的犯罪行为而遭受物质损失的，在刑事诉讼过程中，有权提起附带民事诉讼。寻衅滋事过程中，很可能造成他人人身权利的损害，从而产生物质损失（如医疗费），对此，被害人提起附带民事诉讼的，法院可以受理。因此，寻衅滋事造成的人身损害可以提起附带民事诉讼。B项正确。

C项，虐待被监管人案只能由负有监管职责的特殊主体实施，根据《刑诉解释》第177条的规定："国家机关工作人员在行使职权时，侵犯他人人身、财产权利构成犯罪，被害人或者其法定代理人、近亲属提起附带民事诉讼的，人民法院不予受理，但应当告知其可以依法申请国家赔偿。"因此C项错误。

D项，非法搜查主体既有可能是一般主体也有可能是特殊主体，如果是司法工作人员在行使职权时造成的损失应当通过国家赔偿程序追究，而一般主体实施则可以提附带民事诉讼。D项错误。

综上所述，本题答案为B。

3. 韩某和苏某共同殴打他人，致被害人李某死亡、吴某轻伤，韩某还抢走吴某的手机。后韩某被抓获，苏某在逃。关于本案的附带民事诉讼，下列哪一选项是正确的？（2014－2－32，单）[1]

A. 李某的父母和祖父母都有权提起附带民事诉讼

B. 韩某和苏某应一并列为附带民事诉讼的被告人

C. 吴某可通过附带民事诉讼要求韩某赔偿手机

D. 吴某在侦查阶段与韩某就民事赔偿达成调解协议并全部履行后又提起附带民事诉讼，法院不予受理

【解析】A项，附带民事诉讼的原告应当具备诉讼权利能力，根据《刑事诉讼法》第101条第1款的规定，被害人死亡或者丧失行为能力的情况下，被害人的法定代理人、近亲属有权提起附带民事诉讼。本案中，被害人李某死亡，李某的父母有权提起附带民事诉讼，刑事诉讼中的近亲属仅包括：夫妻、父母、子女、同胞兄弟姐妹，李某的祖父母不属于法定代理人或者近亲属，无权提起民事诉讼。A项错误。

B项，根据《刑诉解释》第183条的规定，共同犯罪案件，同案犯在逃的，不应列为附带民事诉讼被告人。逃跑的同案犯到案后，被害人或者其法定代理人、近亲属可以对其提起附带民事诉讼，但已经从其他共同犯罪人处获得足额赔偿的除外。本案中，苏某在逃，不应列为附带民事诉讼被告人。B项错误。

C项，根据《刑诉解释》第176条的规定，被告人非法占有、处置被害人财产的，应当依法予以追缴或者责令退赔。被害人提起附带民事诉讼的，人民法院不予受理。本案中，被抢走的手机并没有损坏，被害人只能通过追缴或者退赔程序处理，不能提起附带民事诉讼。C项错误。

---

[1] D

D项，根据《刑诉解释》第185条的规定，侦查、审查起诉期间，有权提起附带民事诉讼的人提出赔偿要求，经公安机关、人民检察院调解，当事人双方已经达成协议并全部履行，被害人或者其法定代理人、近亲属又提起附带民事诉讼的，人民法院不予受理，但有证据证明调解违反自愿、合法原则的除外。可见，D项正确。

综上所述，本题答案为D。

4. 张一、李二、王三因口角与赵四发生斗殴，赵四因伤势过重死亡。其中张一系未成年人，王三情节轻微未被起诉，李二在一审开庭前意外死亡。

（1）本案依法负有民事赔偿责任的人是：（2013 - 2 - 95，任）[1]

A. 张一、李二
B. 张一父母、李二父母
C. 张一父母、王三
D. 张一父母、李二父母、王三

【解析】《刑诉解释》第180条规定：附带民事诉讼中依法负有赔偿责任的人包括：（1）刑事被告人以及未被追究刑事责任的其他共同侵害人；（2）刑事被告人的监护人；（3）死刑罪犯的遗产继承人；（4）共同犯罪案件中，案件审结前死亡的被告人的遗产继承人；（5）对被害人的物质损失依法应当承担赔偿责任的其他单位和个人。附带民事诉讼被告人的亲友自愿代为赔偿的，可以准许。

A项，李二在案件审结前已经死亡，不能承担民事赔偿责任，A项错误。

B项，张一是未成年人，其父母属于上述第2类责任人。李二已死亡，其父母属于上述第4类责任人。B项正确。

C项，王三未被起诉，属于上述第1类责任人。张一的父母是"未成年被告人的监护人"，属于负有民事赔偿的责任人。C项正确。

D项，融合了B、C项中的主体，因此D正确。

综上所述，本题答案为D。理论上，该题应当选B、C、D。但官方答案给的是D，可能是因为D项表述的最全面。考生不用过于纠结，掌握好题目背后的知识点即可。

（2）在一审过程中，如果发生附带民事诉讼原、被告当事人不到庭情形，法院的下列做法正确的是：（2013 - 2 - 96，任）[2]

A. 赵四父母经传唤，无正当理由不到庭，法庭应当择期审理
B. 赵四父母到庭后未经法庭许可中途退庭，法庭应当按撤诉处理
C. 王三经传唤，无正当理由不到庭，法庭应当采取强制手段强制其到庭
D. 李二父母未经法庭许可中途退庭，就附带民事诉讼部分，法庭应当缺席判决

【解析】A、B项，根据《刑诉解释》第195条第1款的规定："附带民事诉讼原告人经传唤，无正当理由拒不到庭，或者未经法庭许可中途退庭的，应当按撤诉处理。"赵四父母经传唤，无正当理由不到庭，法庭应当按撤诉处理而不是择期审理；赵四父母到庭后未经法庭许可中途退庭，法庭应当按撤诉处理。因此，A项错误，B项正确。

C、D项，根据《刑诉解释》第195条第2款的规定："刑事被告人以外的附带民事诉讼被告人经传唤，无正当理由拒不到庭，或者未经法庭许可中途退庭的，附带民事部分可以缺席判决。"王三经传唤，无正当理由不到庭，法庭可以缺席判决，而不是采取强制手段强制其到庭；李二父母未经法庭许可中途退庭，就附带民事诉讼部分，法庭可以缺席判决而不是应当。因

---

[1] D [2] B

此，CD 项错误。

综上所述，本题答案为 B。

5. 司法工作人员甲涉嫌刑讯逼供被检察院立案侦查，检察院在侦查过程中发现甲在另一起案件的办理中涉嫌受贿和暴力取证，关于本案的处理，下列哪些选项是正确的？（2019 仿真题，多）[1]

A. 对于甲涉嫌的刑讯逼供案，检察院可以根据需要采取技术侦查措施

B. 对于甲涉嫌的暴力取证案，检察院可以立案侦查

C. 对于甲涉嫌的受贿案，检察院与监察委员会沟通后，认为由检察院管辖更为适宜的，可以由检察院立案侦查

D. 在甲涉嫌的暴力取证案中，法院对于被害人提起的附带民事诉讼应当不予受理

【解析】A 项，根据《最高检规则》第 227 条："人民检察院在立案后，对于利用职权实施的严重侵犯公民人身权利的重大犯罪案件，经过严格的批准手续，可以采取技术侦查措施，交有关机关执行。"本案当事人是司法工作人员，并涉嫌刑讯逼供，检察院根据需要可以对甲涉嫌的刑讯逼供案进行技术侦查措施。A 项正确。

B 项、C 项，根据《最高检规则》第 13 条第 1 款："人民检察院在对诉讼活动实行法律监督中发现的司法工作人员利用职权实施的非法拘禁、刑讯逼供、非法搜查等侵犯公民权利、损害司法公正的犯罪，可以由人民检察院立案侦查。"本案中甲涉嫌暴力取证，已经侵犯公民权利、损害司法公正，因此检察院可以立案侦查。对于甲涉嫌受贿案，《监察法》第 11 条规定："监察委员会依照本法和有关法律规定履行监督、调查、处置职责：（一）对公职人员开展廉政教育，对其依法履职、秉公用权、廉洁从政从业以及道德操守情况进行监督检查；（二）对涉嫌贪污贿赂、滥用职权、玩忽职守、权力寻租、利益输送、徇私舞弊以及浪费国家资财等职务违法和职务犯罪进行调查；（三）对违法的公职人员依法作出政务处分决定；对履行职责不力、失职失责的领导人员进行问责；对涉嫌职务犯罪的，将调查结果移送人民检察院依法审查、提起公诉；向监察对象所在单位提出监察建议。"据此甲受贿案应属于监察机关管辖案件范围，不属于检察院管辖范围。B 项正确，C 项错误。

D 项，《刑诉解释》第 177 条规定："国家机关工作人员在行使职权时，侵犯他人人身、财产权利构成犯罪，被害人或者其法定代理人、近亲属提起附带民事诉讼的，人民法院不予受理，但应当告知其可以依法申请国家赔偿。"本案中，甲作为司法工作人员，属于国家机关工作人员。对其行使职权时侵犯的受害人提起的附带民事诉讼，法院应当不予受理，但应当告知其可以依法申请国家赔偿。D 项错误。

综上本题答案为 AB。

第二节　附带民事诉讼的程序

1. 为勒索钱财，左某绑架王某之女并将其杀害，一审法院判处左某死刑缓期两年执行，并赔偿附带民事诉讼原告人王某人民币 35 万元。检察院未提出抗诉，左某和王某对附带民事

部分提起上诉。关于本案的审理，下列说法正确的有哪些？（2021仿真题，多）[1]

    A. 二审法院应将刑事部分和附带民事部分一并审理

    B. 二审审结前可暂缓将左某送监执行

    C. 若二审期间王某提出独立的诉讼请求，二审法院调解不成的，可以告知王某另行起诉

    D. 二审法院不得增加左某的赔偿数额

【解析】A项，《刑诉解释》第409条规定："第二审人民法院审理对附带民事部分提出上诉，刑事部分已经发生法律效力的案件，应当对全案进行审查，并按照下列情形分别处理：（一）第一审判决的刑事部分并无不当的，只需就附带民事部分作出处理；（二）第一审判决的刑事部分确有错误的，依照审判监督程序对刑事部分进行再审，并将附带民事部分与刑事部分一并审理。"上述规定是刑事诉讼中的全面审查原则，在该种情况下二审法院应当一并审理。因此，A项正确。

B项，根据《刑诉解释》第408条第2款的规定："应当送监执行的第一审刑事被告人是第二审附带民事诉讼被告人的，在第二审附带民事诉讼案件审结前，可以暂缓送监执行。"因此，B项正确。

C项，根据《刑诉解释》第410条的规定："第二审期间，第一审附带民事诉讼原告人增加独立的诉讼请求或者第一审附带民事诉讼被告人提出反诉的，第二审人民法院可以根据自愿、合法的原则进行调解；调解不成的，告知当事人另行起诉。"可知，C项正确。

D项，根据题目可知，王某和左某均提起了上诉，由于王某是附带民事诉讼的原告，所以二审法院可以增加左某的赔偿数额，并不违反上诉不加刑原则的要求。因此，D项错误。

综上所述，本题答案为ABC。

2. 张某因超速驾驶发生交通事故，不慎将行人A撞成重伤，且把B停放在路边的摩托车撞毁了。张某因害怕承担责任在肇事后逃逸。S区公安局在张某哥哥的协助下将张某抓获归案。S区检察院以交通肇事罪对张某提起公诉。关于本案，下列说法正确的是？（2018仿真题）[2]

    A. 张某就民事赔偿问题与A没有达成和解，而与B达成了和解，法院应当对张某从轻处罚

    B. B只有向法院提起附带民事诉讼后，才能委托诉讼代理人

    C. B向法院提起附带民事诉讼后，张某与B达成和解，但张某不能即时履行全部赔偿义务，S区法院应当制作附带民事和解书

    D. 对张某哥哥协助公安机关抓获张某的行为，因为不是法定量刑情节，法院可不予以审理

【解析】A项，根据《刑诉解释》第596条的规定："对达成和解协议的案件，人民法院应当对被告人从轻处罚；符合非监禁刑适用条件的，应当适用非监禁刑；判处法定最低刑仍然过重的，可以减轻处罚；综合全案认为犯罪情节轻微不需要判处刑罚的，可以免予刑事处罚。共同犯罪案件，部分被告人与被害人达成和解协议的，可以依法对该部分被告人从宽处罚，但应当注意全案的量刑平衡。"据此，只要被告人与被害人达成和解协议，不管是与部分被害人还是全部被害人达成和解协议，法院均应当对被告人从轻处罚。因此，A选项正确。

---

[1] ABC   [2] A

B 项，根据《刑事诉讼法》第 46 条第 1 款的规定："公诉案件的被害人及其法定代理人或者近亲属，附带民事诉讼的当事人及其法定代理人，自案件移送审查起诉之日起，有权委托诉讼代理人。自诉案件的自诉人及其法定代理人，附带民事诉讼的当事人及其法定代理人，有权随时委托诉讼代理人。"本案为公诉案件，B 作为被害人，自案件移送审查起诉之日起，即有权委托诉讼代理人。因此，B 选项错误。

C 项，根据《刑诉解释》第 595 条的规定："被害人或者其法定代理人、近亲属提起附带民事诉讼后，双方愿意和解，但被告人不能即时履行全部赔偿义务的，人民法院应当制作附带民事调解书。"此种情形下，人民法院应当制作调解书而非和解书。因此，C 选项错误。

D 项，根据最高人民法院《关于办理死刑案件审查判断证据若干问题的规定》第 36 条的规定：在对被告人作出有罪认定后，人民法院认定被告人的量刑事实，除审查法定情节外，还应审查以下影响量刑的情节：（1）案件起因；（2）被害人有无过错及过错程度，是否对矛盾激化负有责任及责任大小；（3）被告人的近亲属是否协助抓获被告人；（4）被告人平时表现及有无悔罪态度；（5）被害人附带民事诉讼赔偿情况，被告人是否取得被害人或者被害人近亲属谅解；（6）其他影响量刑的情节。既有从轻、减轻处罚等情节，又有从重处罚等情节的，应当依法综合相关情节予以考虑。不能排除被告人具有从轻、减轻处罚等量刑情节的，判处死刑应当特别慎重。据此，尽管张某哥哥协助抓获张某并非法定量刑情节，但属于酌定量刑情节，法院应当予以审理。因此，D 选项错误。

综上所述，本题答案为 A。

3. 王某被姜某打伤致残，在开庭审判前向法院提起附带民事诉讼，关于本案的处理，说法正确的是？[1]

A. 对于王某提出财产保全的申请，法院可以采取查封、扣押或者冻结被告人财产的措施

B. 经法院调解，调解达成协议的，应当制作调解书

C. 调解达成协议并即时履行完毕的，可以不制作调解书，但应当制作笔录

D. 应当结合被告人赔偿被害人物质损失的情况认定其悔罪表现，并在量刑时予以考虑。追缴、退赔的情况，应当作为量刑情节考虑

【解析】A 项，根据《刑诉解释》第 189 条第 1 款的规定，人民法院对可能因被告人的行为或者其他原因，使附带民事判决难以执行的案件，根据附带民事诉讼原告人的申请，可以裁定采取保全措施，查封、扣押或者冻结被告人的财产，因此 A 项正确。

B、C 项，《刑诉解释》第 190 条规定，人民法院审理附带民事诉讼案件，可以根据自愿、合法的原则进行调解。经调解达成协议的，应当制作调解书。调解书经双方当事人签收后即具有法律效力。调解达成协议并即时履行完毕的，可以不制作调解书，但应当制作笔录，经双方当事人、审判人员、书记员签名后即发生法律效力。B、C 项正确。

D 项，《刑诉解释》第 194 条规定，审理刑事附带民事诉讼案件，人民法院应当结合被告人赔偿被害人物质损失的情况认定其悔罪表现，并在量刑时予以考虑。第 176 条规定，被告人非法占有、处置被害人财产的，应当依法予以追缴或者责令退赔。被害人提起附带民事诉讼的，人民法院不予受理。追缴、退赔的情况，可以作为量刑情节考虑。因此，对于追缴、退赔的情况，是"可以"作为量刑情节考虑，应当的表述错误。D 选项错误。

综上所述，本题答案为 ABC。

4. 赵某（16 周岁，高中学生）在游乐园游玩时因琐事与李某（15 周岁，高中学生）发生争执，赵某殴打李某致其轻伤。李某向法院提起自诉，要求追究赵某的刑事责任。关于本案，说法错误的是？（2018 仿真题，单）[1]

A. 法院受理李某的自诉案件后，李某自愿撤诉，2 个月后，李某又以同一事实对赵某提起自诉，法院应当受理

B. 赵某的父亲是一名律师，其可以同时担任赵某的辩护人

C. 李某的母亲可以为李某委托诉讼代理人

D. 法院在审理本案时，可以进行调解

【解析】A 项，根据《刑诉解释》第 320 条第 2 款的规定："具有下列情形之一的，应当说服自诉人撤回起诉；自诉人不撤回起诉的，裁定不予受理：……（六）除因证据不足而撤诉的以外，自诉人撤诉后，就同一事实又告诉的；…。"A 选项错误。

B 项，根据《刑事诉讼法》第 33 条第 1 款的规定："犯罪嫌疑人、被告人除自己行使辩护权以外，还可以委托一至二人作为辩护人。下列的人可以被委托为辩护人：（一）律师；（二）人民团体或者犯罪嫌疑人、被告人所在单位推荐的人；（3）犯罪嫌疑人、被告人的监护人、亲友。"赵某的父亲不仅是被告人的监护人，还有律师身份，可以担任赵某的辩护人，B 选项正确。

C 项，《刑事诉讼法》第 46 条第 1 款规定："…自诉案件的自诉人及其法定代理人，附带民事诉讼的当事人及其法定代理人，有权随时委托诉讼代理人。"本案中，李某母亲作为自诉人的法定代理人有权随时委托诉讼代理人，故 C 选项正确。

D 项，根据《刑事诉讼法》第 212 条第 1 款的规定："人民法院对自诉案件，可以进行调解；自诉人在宣告判决前，可以同被告人自行和解或者撤回自诉。本法第二百一十条第三项规定的案件不适用调解。"以及第 210 条规定："自诉案件包括下列案件：（一）告诉才处理的案件；（二）被害人有证据证明的轻微刑事案件；（三）被害人有证据证明对被告人侵犯自己人身、财产权利的行为应当依法追究刑事责任，而公安机关或者人民检察院不予追究被告人刑事责任的案件。"法院对于告诉才处理的案件和被害人有证据证明的轻微刑事案件可以进行调解。本案是故意伤害案（轻伤），属于被害人有证据证明的轻微刑事案件，故本案可以进行调解，D 选项正确。

综上所述，本题答案为 A。

5. 王某被姜某打伤致残，在开庭审判前向法院提起附带民事诉讼，并提出财产保全的申请。法院对于该申请的处理，下列哪一选项是正确的？（2013 - 2 - 32，单）[2]

A. 不予受理

B. 可以采取查封、扣押或者冻结被告人财产的措施

C. 只有在王某提供担保后，法院才予以财产保全

D. 移送财产所在地的法院采取保全措施

【解析】A 项，《刑事诉讼法》第 101 条第 1 款规定：被害人由于被告人的犯罪行为而遭受物质损失的，在刑事诉讼过程中，有权提起附带民事诉讼。《刑事诉讼法》第 102 条规定：人

民法院在必要的时候，可以采取保全措施，查封、扣押或者冻结被告人的财产。附带民事诉讼原告人或者人民检察院可以申请人民法院采取保全措施。人民法院采取保全措施，适用民事诉讼法的有关规定。本题中，王某被姜某打伤，在开庭审判前向法院提起诉讼，属于在刑事诉讼过程中，符合《刑事诉讼法》第101条的规定，法院应当受理。故 A 项错误。

B 项，《刑事诉讼法》第102条规定：人民法院在必要的时候，可以采取保全措施，查封、扣押或者冻结被告人的财产。附带民事诉讼原告人或者人民检察院可以申请人民法院采取保全措施。人民法院采取保全措施，适用民事诉讼法的有关规定。B 项正确。

C 项，根据《刑诉解释》第189条的规定：人民法院对可能因被告人的行为或者其他原因，使附带民事判决难以执行的案件，根据附带民事诉讼原告人的申请，可以裁定采取保全措施，查封、扣押或冻结被告人的财产；附带民事诉讼原告人未提出申请的，必要时，人民法院也可以采取保全措施。有权提起附带民事诉讼的人因情况紧急，不立即申请保全将会使其合法权益受到难以弥补的损害的，可以在提起附带民事诉讼前，向被保全财产所在地、被申请人居住地或者对案件有管辖权的人民法院申请采取保全措施。财产保全可以被区分为诉前财产保全和诉中财产保全，其中，诉中财产保全，法院是"可以"责令王某提供担保，并非只有王某提供担保后予以财产保全。故 C 项错误。

D 项，根据上述《刑诉解释》第189条的规定，可知被保全财产所在地，被申请人居住地和案件有管辖权的法院均有权采取保全措施，并非需要移交财产所在地法院采取。故 D 项错误。

综上所述，本题答案为 B。

6. 关于附带民事诉讼案件诉讼程序中的保全措施，下列哪一说法是正确的？（2012 - 2 - 30，单)[1]

A. 法院应当采取保全措施

B. 附带民事诉讼原告人和检察院都可以申请法院采取保全措施

C. 采取保全措施，不受《民事诉讼法》规定的限制

D. 财产保全的范围不限于犯罪嫌疑人、被告人的财产或与本案有关的财产

【解析】《刑事诉讼法》第102条规定：人民法院在必要的时候，可以采取保全措施，查封、扣押或者冻结被告人的财产。附带民事诉讼原告人或者人民检察院可以申请人民法院采取保全措施。人民法院采取保全措施，适用民事诉讼法的有关规定。

A 项，附带民事诉讼中，"应当"的表述错误，A 项错误。

B 项，根据上述法条，B 项正确。

C 项，根据上述法条，保全措施适用《民事诉讼法》的有关规定，C 项错误。

D 项，根据《刑事诉讼法》第102条的规定，人民法院采取保全措施，适用民事诉讼法的有关规定。《民事诉讼法》第105条规定：保全限于请求的范围，或者与本案有关的财物。故 D 项错误。

综上所述，本题选 B。

7. 在罗某放火案中，钱某、孙某和吴某3家房屋均被烧毁。一审时，钱某和孙某提起要求罗某赔偿损失的附带民事诉讼，吴某未主张。一审判决宣告后，吴某欲让罗某赔偿财产损失。

---

[1] B

下列哪一说法是正确的？（2011－2－28，单）[1]

A. 吴某可另行提起附带民事诉讼

B. 吴某不得再提起附带民事诉讼，可在刑事判决生效后另行提起民事诉讼

C. 吴某可提出上诉，请求法院在二审程序中判令罗某予以赔偿

D. 吴某既可另行提起附带民事诉讼，也可单独提起民事诉讼

【解析】A、B、D项，根据《刑诉解释》第198条的规定："第一审期间未提起附带民事诉讼，在第二审期间提起的，第二审人民法院可以依法进行调解；调解不成的，告知当事人可以在刑事判决、裁定生效后另行提起民事诉讼。"因此，AD项错误，B项正确。

C项，吴某既然在一审中并未提起附带民事诉讼，就无权提出上诉。因此，C项错误。

综上所述，故本题答案为B。

三、综合

1. 甲于2018年3月份生产、销售了一批不符合食品安全标准的膨化零食，在市场流通后多人因食用该零食而出现不适症状。于是检察院以甲涉嫌生产、销售不符合安全标准的食品罪向法院提起公诉，另外检察院认为甲的行为致多人出现健康问题，损害了不特定消费者的生命健康权，在提起公诉的同时提起附带民事公益诉讼。关于本案的处理，下列选项正确的是？（2019仿真题）[2]

A. 本案应由中级法院管辖，因其涉及公益诉讼

B. 检察院可以就附带民事公益诉讼判决提起上诉

C. 检察院可以在提起附带民事公益诉讼的同时，要求甲通过公开媒体向社会公众赔礼道歉

D. 法院对甲判处罚金的同时要求甲向检察院交付赔偿款，法院的做法符合法律规定

【解析】A项，根据《关于检察公益诉讼案件适用法律若干问题的解释》第20条的规定："人民检察院对破坏生态环境和资源保护，食品药品安全领域侵害众多消费者合法权益，侵害英雄烈士等的姓名、肖像、名誉、荣誉等损害社会公共利益的犯罪行为提起刑事公诉时，可以向人民法院一并提起附带民事公益诉讼，由人民法院同一审判组织审理。人民检察院提起的刑事附带民事公益诉讼案件由审理刑事案件的人民法院管辖。"本案不属于刑事诉讼法中规定由中院进行管辖的特殊情形，因此，本案应当由基层人民法院管辖。A项错误。

B项，根据《关于检察公益诉讼案件适用法律若干问题的解释》第10条："人民检察院不服人民法院第一审判决、裁定的，可以向上一级人民法院提起上诉。"据此，检察院可以就附带民事公益诉讼判决提出上诉。B项正确。

C项，根据《民法典》第179条："承担民事责任的方式主要有：（一）停止侵害；（二）排除妨碍；（三）消除危险；（四）返还财产；（五）恢复原状；（六）修理、重作、更换；（七）继续履行；（八）赔偿损失；（九）支付违约金；（十）消除影响、恢复名誉；（十一）赔礼道歉。法律规定惩罚性赔偿的，依照其规定。本条规定的承担民事责任的方式，可以单独适用，也可以合并适用。"据此，检察院在提起附带民事公益诉讼的同时，要求甲通过公开媒体向社会公众赔礼道歉的行为并无不当。C项正确。

D项，《刑诉解释》第193条规定："人民检察院提起附带民事诉讼的，人民法院经审理，

---

[1]　B　[2]　BCD

认为附带民事诉讼被告人依法应当承担赔偿责任的，应当判令附带民事诉讼被告人直接向遭受损失的单位作出赔偿；遭受损失的单位已经终止，有权利义务继受人的，应当判令其向继受人作出赔偿；没有权利义务继受人的，应当判令其向人民检察院交付赔偿款，由人民检察院上缴国库。"据此，法院的做法符合法律规定。D 项正确。

综上本题选择 BCD。

2. 因一企业破坏生态环境，损害社会公共利益的犯罪行为，某区人民检察院向某区人民法院提起公诉时对案件附带提起了公益诉讼，关于本案说法不符合法律规定的是？（2019 仿真题）[1]

A. 公益诉讼应当归中级人民法院管辖，所以区人民法院应当不予受理本案

B. 人民检察院对附带民事部分不服可以上诉

C. 不特定的消费者遭受损失的时候，法院应当判决被告人将损失赔偿给检察院

D. 被告人可以对附带公益诉讼提起反诉

【解析】A 项，根据《关于检察公益诉讼案件适用法律若干问题的解释》第 4 条，人民检察院以公益诉讼起诉人身份提起公益诉讼，依照民事诉讼法、行政诉讼法享有相应的诉讼权利，履行相应的诉讼义务，但法律、司法解释另有规定的除外。第 20 条第 2 款规定人民检察院提起的刑事附带民事公益诉讼案件由审理刑事案件的人民法院管辖。可知，刑事案件的管辖权归区法院，因而区人民法院可以一并受理附带民事的公益诉讼。所以 A 项错误。

B 项，根据《关于检察公益诉讼案件适用法律若干问题的解释》第 10 条，人民检察院不服人民法院第一审判决、裁定的，可以向上一级法院提起上诉，本案中，检察院是以原告人的身份提起诉讼，因此可以向上一级法院提起上诉，B 选项正确。

C 项错误，应当直接赔给遭受损失的消费者。

D 项，根据上述法规第 16 条的规定，人民检察院提起的民事公益诉讼案件中，被告以反诉方式提出诉讼请求的，人民法院不予受理。可知 D 项错误。

综上所述，本题答案是 ACD。

3. 甲、乙殴打丙，致丙长期昏迷，乙在案发后潜逃，检察院以故意伤害罪对甲提起公诉。关于本案，下列哪些选项是正确的？（2016 - 2 - 71，多）[2]

A. 丙的妻子、儿子和弟弟都可成为附带民事诉讼原告人

B. 甲、乙可作为附带民事诉讼共同被告人，对故意伤害丙造成的物质损失承担连带赔偿责任

C. 丙因昏迷无法继续履行与某公司签订的合同造成的财产损失不属于附带民事诉讼的赔偿范围

D. 如甲的朋友愿意代为赔偿，法院应准许并可作为酌定量刑情节考虑

【解析】A 项，《刑事诉讼法》第 101 条第 1 款规定：被害人由于被告人的犯罪行为而遭受物质损失的，在刑事诉讼过程中，有权提起附带民事诉讼。被害人死亡或者丧失行为能力的，被害人的法定代理人、近亲属有权提起附带民事诉讼。丙的妻子、儿子、弟弟属于被害人的近亲属，可以提起附带民事诉讼。A 项正确。

B 项，对于共同犯罪案件的附带民事诉讼，根据《刑诉解释》第 183 条的规定，共同犯罪

---

[1] ACD [2] ACD

案件，同案犯在逃的，不应列为附带民事诉讼被告人。乙在逃，属于上述"同案犯在逃"情形 不能被列为附带民事诉讼共同被告人，B 项错误。

C 项，附带民事诉讼的赔偿限于犯罪行为直接造成的物质损害，《刑诉解释》第 192 条第 2 款规定，具体包括：犯罪行为造成被害人人身损害的，应当赔偿医疗费、护理费、交通费等为治疗和康复支付的合理费用，以及因误工减少的收入。造成被害人残疾的，还应当赔偿残疾生活辅助具费等费用；造成被害人死亡的，还应当赔偿丧葬费等费用。以及第 1 款规定的由于财物被犯罪分子 破坏而遭受的物质损失。本案中，丙被殴打产生的医疗费等费用属于因犯罪行为直接侵害造成 的物质损失，而因被伤害继而导致的合同无法履行，不属于犯罪行为造成被害人人身损害的赔偿范围，因此 C 项正确。

D 项，《刑诉解释》第 180 条第 2 款规定：附带民事诉讼被告人的亲友自愿代为赔偿的，可以当准许。可见，D 项正确。

综上所述，本题应当选 ACD。

第十章　期间、送达

第一节　期　间

一、期间的计算

（一）期间的一般计算与特殊计算

1. 卢某妨害公务案于 2016 年 9 月 21 日一审宣判，并当庭送达判决书。卢某于 9 月 30 日将上诉书交给看守所监管人员黄某，但黄某因忙于个人事务直至 10 月 8 日上班时才寄出，上诉书于 10 月 10 日寄到法院。关于一审判决生效，下列哪一选项是正确的？（2017 - 2 - 29 单）[1]

A. 一审判决于 9 月 30 日生效

B. 因黄某耽误上诉期间，卢某将上诉书交予黄某时，上诉期间中止

C. 因黄某过失耽误上诉期间，卢某可申请期间恢复

D. 上诉书寄到法院时一审判决尚未生效

【解析】ABD 项，根据《刑事诉讼法》第 105 条的规定："期间以时、日、月计算。期间开始的时和日不算在期间以内。法定期间不包括路途上的时间。上诉状或者其他文件在期满前已经交邮的，不算过期。期间的最后一日为节假日的，以节假日后的第一日为期满日期。"可知，判决 2016 年 9 月 21 日一审宣判并送达，自 9 月 22 日开始计算 10 天的上诉期，9 月 30 日尚未达 10 天。因此，A 项错误。上诉期截止日原为 10 月 1 日，但考虑到法定节假日因素，应以 10 月 8 日为截止日。黄某因忙于个人事务直至 10 月 8 日上班时才寄出，是在期满前已经交邮的，不算过期，上诉书于 10 月 10 日寄到法院，10 月 8 日～10 月 10 日算路途上的时间。一审判决尚未生效。因此，B 项错误，D 项正确。

C 项，根据《刑事诉讼法》第 106 条第 1 款的规定："当事人由于不能抗拒的原因或者有其他正当理由而耽误期限的，在障碍消除后五日以内，可以申请继续进行应当在期满以前完成的诉讼活动。"可知，黄某过失耽误上诉期间，但黄某不是当事人，卢某不能申请恢复。因此，C 项错误。

综上所述，本题正确答案为 D。

---

[1]　D

2. 关于办案期限重新计算的说法，下列哪一选项是正确的？（2015－2－31，单）[1]

A. 甲盗窃汽车案，在侦查过程中发现其还涉嫌盗窃 1 辆普通自行车，重新计算侦查羁押期限

B. 乙受贿案，检察院审查起诉时发现一笔受贿款项证据不足，退回补充调查后再次移送审查起诉时，重新计算审查起诉期限

C. 丙聚众斗殴案，在处理完丙提出的有关检察院书记员应当回避的申请后，重新计算一审审理期限

D. 丁贩卖毒品案，二审法院决定开庭审理并通知同级检察院阅卷，检察院阅卷结束后，重新计算二审审理期限

【解析】A 项，《最高检规则》第 315 条规定："人民检察院在侦查期间发现犯罪嫌疑人另有重要罪行的，自发现之日起依照本规则第三百零五条的规定重新计算侦查羁押期限。另有重要罪行是指与逮捕时的罪行不同种的重大犯罪或者同种的影响罪名认定、量刑档次的重大犯罪。"A 项中，在侦查过程中发现其还涉嫌盗窃 1 辆普通自行车，这既不是不同种重大犯罪，亦不属于能够影响罪名认定、量刑档次的重大犯罪，不属于"另有重要罪行"，故无需重新计算侦查羁押期限。A 项错误。

B 项，《最高检规则》346 条规定："退回监察机关补充调查、退回公安机关补充侦查的案件，均应当在一个月以内补充调查、补充侦查完毕。补充调查、补充侦查以二次为限。补充调查、补充侦查完毕移送起诉后，人民检察院重新计算审查起诉期限。人民检察院负责捕诉的部门退回本院负责侦查的部门补充侦查的期限、次数按照本条第一款至第三款的规定执行。"可知，退回补充调查后再次移送审查起诉时，应重新计算审查起诉期限，所以 B 项正确。

C 项，《刑诉解释》第 36 条规定："当事人及其法定代理人申请出庭的检察人员回避的……属于刑事诉讼法第二十九条、第三十条规定情形的回避申请，人民法院应当决定休庭，并通知人民检察院尽快作出决定。"休庭的时间需要计入审限，不会导致一审审限重新计算。C 项错误。

D 项，《刑事诉讼法》第 235 条规定，人民检察院提出抗诉的案件或者第二审人民法院开庭审理的公诉案件，同级人民检察院都应当派员出席法庭。第二审人民法院应当在决定开庭审理后及时通知人民检察院查阅案卷。人民检察院应当在 1 个月以内查阅完毕。人民检察院查阅案卷的时间不计入审理期限。可见，没有"检察院阅卷结束后，重新计算二审审理期限"的规定。D 项错误。

综上所述，本题答案为 B。

3. 关于期间的计算，下列哪一选项是正确的？（2014－2－33，单）[2]

A. 重新计算期限包括公检法的办案期限和当事人行使诉讼权利的期限两种情况

B. 上诉状或其他法律文书在期满前已交邮的不算过期，已交邮是指在期间届满前将上诉状或其他法律文书递交邮局或投入邮筒内

C. 法定期间不包括路途上的时间，比如有关诉讼文书材料在公检法之间传递的时间应当从法定期间内扣除

D. 犯罪嫌疑人、被告人在押的案件，在羁押场所以外对患有严重疾病的犯罪嫌疑人、被

_____

[1] B [2] C

告人进行医治的时间，应当从法定羁押期间内扣除

【解析】A项，重新计算期限仅包括公检法的办案期限，而不包括当事人行使诉讼权利的期限，譬如，在侦查期间，发现犯罪嫌疑人另有重要罪行的，重新计算侦查羁押期限。又如，人民检察院和人民法院改变管辖的公诉案件，从改变后的办案机关收到案件之日起计算办案期限。对于当事人行使诉讼权利的期限没有重新计算的规定，如果当事人耽误了期限，只能申请恢复期限。A项错误。

B项，根据《刑事诉讼法》第105条第3款的规定，法定期间不包括路途上的时间。上诉状或者其他文件在期满前已经交邮的，不算过期。根据该条规定，"路途上的时间"是指"司法机关邮寄送达诉讼文书在路途上所占用的时间"，交邮"应当以邮件上的邮戳为证"。故B项错误。

C项，根据《刑事诉讼法》第105条第3款的规定，C选项中"有关诉讼文书材料在公检法之间传递的时间"即属于该种情形，应当从法定期间扣除，故C项正确。

D项，依据《刑事诉讼法》第149条，对犯罪嫌疑人作精神病鉴定的时间不计入办案期限，其他鉴定期间都应当计入办案期限。另从保障犯罪嫌疑人诉讼权利的角度推论，只要犯罪嫌疑人、被告人在押，期间即应计入羁押期限，即使对患有严重疾病的犯罪嫌疑人、被告人在羁押场所外进行医治，医治的时间也不应当从法定羁押期间内扣除。D项错误。

综上所述，本题答案为C。

第二节　送　达

1. 被告人徐某为未成年人，法院书记员到其住处送达起诉书副本，徐某及其父母拒绝签收。关于该书记员处理这一问题的做法，下列哪些选项是正确的？(2013－2－70，多)[1]

A. 邀请见证人到场

B. 在起诉书副本上注明拒收的事由和日期，该书记员和见证人签名或盖章

C. 采取拍照、录像等方式记录送达过程

D. 将起诉书副本留在徐某住处

【解析】《刑诉解释》第204条规定：送达诉讼文书，应当由收件人签收。收件人不在的，可以由其成年家属或者所在单位负责收件的人员代收。收件人或者代收人在送达回证上签收的日期为送达日期。收件人或者代收人拒绝签收的，送达人可以邀请见证人到场，说明情况，在送达回证上注明拒收的事由和日期，由送达人、见证人签名或者盖章，将诉讼文书留在收件人、代收人的住处或者单位；也可以把诉讼文书留在受送达人的住处，并采用拍照、录像等方式记录送达过程，即视为送达。

A、C、D项，可见，A、C、D项符合上述规定，正确。

B项，应当在"送达回证"上注明拒收的事由和日期。B项错误。

综上所述，本题答案为ACD。

---

[1]　ACD

第十一章 立 案

第一节 立案的概念及立案材料的来源

一、立案的材料来源

1. 关于初查下列说法符合法律规定的有？（2019 仿真题）[1]

A. 公安机关在初查中对初查对象的通话进行监听

B. 初查中侦查机关扣押了初查对象的手机以便保存手机里的数据

C. 在一起贩毒案中侦查人员怀疑犯罪嫌疑人还有部分毒品，隐匿警察身份的人引诱其做交易

D. 暴力取证罪可以采取技术侦查手段

【解析】A 项，监听属于技术侦查措施，只有在立案后才可以对犯罪嫌疑人、被告人采取。所以 A 项错误；

B 项，初查中不可以限制初查对象的财产，即不能查封、扣押、冻结其财产，本案扣押手机违反法律规定；B 项错误。

C 项，《公安部规定》第 271 条规定："为了查明案情，在必要的时候，经县级以上公安机关负责人决定，可以由侦查人员或者公安机关指定的其他人员隐匿身份实施侦查。隐匿身份实施侦查时，不得使用促使他人产生犯罪意图的方法诱使他人犯罪，不得采用可能危害公共安全或者发生重大人身危险的方法。"可知侦查人员引诱他人犯罪的做法错误；C 项错误。

D 项，《刑事诉讼法》第 150 条第 2 款规定："人民检察院在立案后，对于利用职权实施的严重侵犯公民人身权利的重大犯罪案件，根据侦查犯罪的需要，经过严格的批准手续，可以采取技术侦查措施，按照规定交有关机关执行。"暴力取证属于检察院的自侦案件，可以采取技术侦查。所以 D 项正确。

综上所述，本题答案为 D。

2. 1996 年 11 月，某市发生一起故意杀人案。2017 年 3 月，当地公安机关根据案发时现场物证中提取的 DNA 抓获犯罪嫌疑人陆某。2017 年 7 月，最高检察院对陆某涉嫌故意杀人案核准追诉。在最高检察院核准前，关于本案处理，下列哪一选项是正确的？（2017 - 2 - 23 单）[2]

---

[1] D [2] B

A. 不得侦查本案
B. 可对陆某先行拘留

C. 不得对陆某批准逮捕
D. 可对陆某提起公诉

【解析】《最高检规则》第320条规定："法定最高刑为无期徒刑、死刑的犯罪，已过二十年追诉期限的，不再追诉。如果认为必须追诉的，须报请最高人民检察院核准。"本题涉及的故意杀人属于法定最高刑为无期徒刑、死刑的，经过20年后追诉的需经最高人民检察院核准，而最高人民检察院核准的内容是是否向法院提起公诉以追究其刑事责任，但在提起公诉前的侦查活动并非需要等核准后才能进行。

AC项，《最高检规则》第321条第2款规定："公安机关报请核准追诉并提请逮捕犯罪嫌疑人，人民检察院经审查认为必须追诉而且符合法定逮捕条件的，可以依法批准逮捕，同时要求公安机关在报请核准追诉期间不得停止对案件的侦查。"因此，AC项错误。

B项，《最高检规则》第321条第1款规定："须报请最高人民检察院核准追诉的案件，公安机关在核准之前可以依法对犯罪嫌疑人采取强制措施。"故公安机关在最高人民检察院核准前可以对犯罪嫌疑人采取包括拘留在内的强制措施。因此，B项正确。

D项，《最高检规则》第321条第3款规定："未经最高人民检察院核准，不得对案件提起公诉。"因此，D项错误。

综上所述，本题答案为B。

3. 公安机关获知有多年吸毒史的王某近期可能从事毒品制售活动，遂对其展开初步调查工作。关于这一阶段公安机关可以采取的措施，下列哪些选项是正确的？（2016-2-72，多）[1]

A. 监听
B. 查询王某的银行存款

C. 询问王某
D. 通缉

【解析】A项，《公安部规定》第264条规定："技术侦查措施是指由设区的市一级以上公安机关负责技术侦查的部门实施的记录监控、行踪监控、通信监控、场所监控等措施。技术侦查措施的适用对象是犯罪嫌疑人、被告人以及与犯罪活动直接关联的人员。"本案尚处于初查阶段，公安机关不可对王某进行监听。因此，A项错误。

BC项，《公安部规定》第174条规定："对接受的案件，或者发现的犯罪线索，公安机关应当迅速进行审查。发现案件事实或者线索不明的，必要时，经办案部门负责人批准，可以进行调查核实。调查核实过程中，公安机关可以依照有关法律和规定采取询问、查询、勘验、鉴定和调取证据材料等不限制被调查对象人身、财产权利的措施。但是，不得对被调查对象采取强制措施，不得查封、扣押、冻结被调查对象的财产，不得采取技术侦查措施。"故查询王某的银行存款、询问王某均属于公安机关在初查阶段可以采取的措施。因此，BC项正确。

D项，《公安部规定》第274条第1款规定："应当逮捕的犯罪嫌疑人在逃的，经县级以上公安机关负责人批准，可以发布通缉令，采取有效措施，追捕归案。"本案尚处于初查阶段，不可对王某实施逮捕，也就无法通缉王某。因此，D项错误。

综上所述，本题答案为BC。

---

[1] BC

第二节　立案监督

1. 李某到县公安机关称其被陈某强奸，公安机关传讯了陈某，陈某称他与李某是恋爱关系。公安机关遂作出不立案决定，对于公安机关不立案决定，下列说法正确的是？[1]

A. 李某有权在收到《不予立案通知书》后7日内向原决定的公安机关申请复议

B. 人民检察院认为公安机关对应当立案的案件而不立案的，应当通知公安机关立案

C. 对于公安机关不立案的决定，李某有权向法院直接提起自诉

D. 对于公安机关不立案的决定，检察院有权撤销该决定退赔的情况，应当作为量刑情节考虑

【解析】A选项，根据《公安部规定》第179条第1款，控告人对不予立案决定不服的，可以在收到不予立案通知书后七日以内向作出决定的公安机关申请复议，A选项正确。

B、D选项，根据《刑事诉讼法》第113条，人民检察院认为公安机关对应当立案侦查的案件而不立案侦查的，或者被害人认为公安机关对应当立案侦查的案件而不立案侦查，向人民检察院提出的，人民检察院应当要求公安机关说明不立案的理由。人民检察院认为公安机关不立案理由不能成立的，应当通知公安机关立案，公安机关接到通知后应当立案。因此，人民检察院应当先要求公安机关说明不立案的理由，而非直接通知公安机关立案，也无撤销权。B、D选项错误。

C选项，《刑事诉讼法》第210条规定："自诉案件包括下列案件：（一）告诉才处理的案件；（二）被害人有证据证明的轻微刑事案件；（三）被害人有证据证明对被告人侵犯自己人身、财产权利的行为应当依法追究刑事责任，而公安机关或者人民检察院不予追究被告人刑事责任的案件。"强奸罪属于依法应当提起公诉的案件，若公安机关不予立案，李某可以依据上述条款第三项的规定向人民法院提起自诉。C选项正确。

综上所述，本题答案为AC。

2. 罗辉与郭鹏系大学好友，两人毕业后共同出资在甲省M市设立佳绩公司经营日化用品。公司设立后不久，二人分别以公司的名义骗取银行的贷款，贷款到期后佳绩公司以现有资金无法支付本金及利息，案发后罗辉和郭鹏被M市公安机关立案侦查，罗辉得知消息后潜逃至相邻的乙省，公安机关只抓捕到郭鹏一人，关于本案的处理，下列哪些说法是正确的？（2019仿真题）[2]

A. 如果公安机关对于郭鹏的骗取贷款行为和其他相关事实已调查清楚，可以将郭鹏单独移送检察院审查起诉

B. 公安机关移送审查起诉后，检察院在审查时如果认为本案系单位犯罪，事实清楚，证据确实充分，可以直接增加佳绩公司为犯罪嫌疑人

C. 对于罗辉，M市公安机关不能直接发布通缉令，而应当逐级报请公安部发布

D. 案件诉至法院后，法院应当在作出判决前调查郭鹏的财产状况

【解析】A项，《最高检规则》第158条第3款规定："对于移送起诉的案件，犯罪嫌疑人

———————————

〔1〕　AC　〔2〕　AC

在逃的，应当要求公安机关采取措施保证犯罪嫌疑人到案后再移送起诉。共同犯罪案件中部分犯罪嫌疑人在逃的，对在案犯罪嫌疑人的移送起诉应当受理。"本案中郭鹏犯罪事实已经查清，可以移送审查起诉。A项正确。

B项，《刑事诉讼法》第19条规定："刑事案件的侦查由公安机关进行，法律另有规定的除外。人民检察院在对诉讼活动实行法律监督中发现的司法工作人员利用职权实施的非法拘禁、刑讯逼供、非法搜查等侵犯公民权利、损害司法公正的犯罪，可以由人民检察院立案侦查。对于公安机关管辖的国家机关工作人员利用职权实施的重大犯罪案件，需要由人民检察院直接受理的时候，经省级以上人民检察院决定，可以由人民检察院立案侦查。自诉案件，由人民法院直接受理。"本案属于公安机关负责侦查的案件，检察院没有管辖权，没有经过侦查程序不能直接追加公司为犯罪嫌疑人，B项错误。

C项，《公安部规定》第274条第2款规定："县级以上公安机关在自己管辖的地区内，可以直接发布通缉令；超出自己管辖的地区，应当报请有权决定的上级公安机关发布。"本案中罗辉已经不在M市管辖范围，因此M市公安机关应当报请有权决定的上级公安机关发布，即公安部发布，C项正确。

D项，《刑诉解释》第294条规定："合议庭评议案件，应当根据已经查明的事实、证据和有关法律规定，在充分考虑控辩双方意见的基础上，确定被告人是否有罪、构成何罪，有无从重、从轻、减轻或者免除处罚情节，应否处以刑罚、判处何种刑罚，附带民事诉讼如何解决，查封、扣押、冻结的财物及其孳息如何处理等，并依法作出判决、裁定。"因此本案中法院在作出判决前无需调查郭鹏的财产状况。D项错误。

综上所述，本题选择AC。

3. 张某发现甲企业在生产有毒有害食品，于是向A县质量监督局举报。A县质量监督局受理后经过调查发现甲企业已经构成生产有毒有害食品罪，遂将案件移送给A县公安局立案侦查。A县公安局审查后作出不予立案的决定。关于张某与A县质量监督局的诉讼权利，下列哪一选项是正确的？（2018仿真题）[1]

A. 张某可以向作出不予立案决定的公安机关申请复议

B. 张某可以向作出不予立案决定的公安机关的上一级公安机关申请复核

C. A县质量监督局可以向作出不予立案决定的公安机关申请复议

D. A县质量监督局可以向作出不予立案决定的公安机关的上一级公安机关申请复核

【解析】A、B项，根据《公安部规定》第179条："控告人对不予立案决定不服的，可以在收到不予立案通知书后七日以内向作出决定的公安机关申请复议；公安机关应当在收到复议申请后三十日以内作出决定，并将决定书送达控告人。控告人对不予立案的复议决定不服的，可以在收到复议决定书后七日以内向上一级公安机关申请复核；上一级公安机关应当在收到复核申请后三十日以内作出决定。对上级公安机关撤销不予立案决定的，下级公安机关应当执行。案情重大、复杂的，公安机关可以延长复议、复核时限，但是延长时限不得超过三十日，并书面告知申请人。"据此，控告人对公安机关不立案决定不服的，可以先复议后复核。本案中，张某并不是控告人身份，而是举报人身份，因此不享有控告人的复议复核权。据此，A、B选项错误。

---

[1] C

C、D 项，《公安部规定》第 181 条规定："移送案件的行政执法机关对不予立案决定不服的，可以在收到不予立案通知书后三日以内向作出决定的公安机关申请复议；公安机关应当在收到行政执法机关的复议申请后三日以内作出决定，并书面通知移送案件的行政执法机关。"由此可见，移送案件的行政执法机关对公安机关不立案决定不服的，可以申请复议，但不能申请复核。据此，C 项正确，D 项错误。

综上所述，本题答案为 C。

4. 环卫工人马某在垃圾桶内发现一名刚出生的婴儿后向公安机关报案，公安机关紧急将婴儿送医院成功抢救后未予立案。关于本案的立案程序，下列哪一选项是正确的？(2017 - 2 - 30 单)[1]

A. 确定遗弃婴儿的原因后才能立案

B. 马某对公安机关不予立案的决定可申请复议

C. 了解婴儿被谁遗弃的知情人可向检察院控告

D. 检察院可向公安机关发出要求说明不立案理由通知书

【解析】A 项，《公安部规定》第 178 条第 1 款规定："公安机关接受案件后，经审查，认为有犯罪事实需要追究刑事责任，且属于自己管辖的，经县级以上公安机关负责人批准，予以立案；认为没有犯罪事实，或者犯罪事实显著轻微不需要追究刑事责任，或者具有其他依法不追究刑事责任情形的，经县级以上公安机关负责人批准，不予立案。"公安机关的立案标准为同时满足有犯罪事实、需要追究刑事责任、符合管辖的规定三个条件，无需确定遗弃婴儿的原因后才能立案，故 A 项错误。

B 项，根据《公安部规定》第 179 条第 1、2 款，控告人对不予立案决定不服的，可以在收到不予立案通知书后七日以内向作出决定的公安机关申请复议；控告人对不予立案的复议决定不服的，可以在收到复议决定书后七日以内向上一级公安机关申请复核。控告人有权对不予立案的决定申请复议、复核，但本案中马某是报案人，所以 B 错误。

C 项，了解婴儿被谁遗弃的知情人为与案件无直接利害关系的个人，可向检察院举报，不是控告。考生须注意区分举报和控告。因此 C 错误。

D 项，根据《刑事诉讼法》第 113 条及《六机关规定》第 18 条的规定可知，对于检察院认为应当立案而公安机关不立案的案件，检察院对此进行监督，向公安机关发出要求说明不立案理由通知书，要求公安机关对不予立案进行说理，因此 D 项正确。

综上所述，本题答案为 D。

5. 甲、乙二人在餐厅吃饭时言语不合进而互相推搡，乙突然倒地死亡，县公安局以甲涉嫌过失致人死亡立案侦查。经鉴定乙系特殊体质，其死亡属意外事件，县公安局随即撤销案件。关于乙的近亲属的诉讼权利，下列哪一选项是正确的？(2016 - 2 - 33，单)[2]

A. 就撤销案件向县公安局申请复议

B. 就撤销案件向县公安局的上一级公安局申请复核

C. 向检察院侦查监督部门申请立案监督

D. 直接向法院对甲提起刑事附带民事诉讼

【解析】AB 项，《公安部规定》第 179 条第 1 款、第 2 款规定："控告人对不予立案决定

_____

[1] D [2] D

不服的，可以在收到不予立案通知书后七日以内向作出决定的公安机关申请复议；公安机关应当在收到复议申请后三十日以内作出决定，并将决定书送达控告人。控告人对不予立案的复议决定不服的，可以在收到复议决定书后七日以内向上一级公安机关申请复核；上一级公安机关应当在收到复核申请后三十日以内作出决定。对上级公安机关撤销不予立案决定的，下级公安机关应当执行。"《最高检规则》第557条第1款规定："被害人及其法定代理人、近亲属或者行政执法机关，认为公安机关对其控告或者移送的案件应当立案侦查而不立案侦查，或者当事人认为公安机关不应当立案而立案，向人民检察院提出的，人民检察院应当受理并进行审查。"法律并未规定被害人的近亲属可以向撤销案件的公安机关申请复议或者向其上一级公安机关申请复核。上述规定是对"不予立案"或"不应当立案而立案"的救济手段，并非对"撤销案件"的救济手段。因此，AB项错误。

C项，《最高检规则》第558条规定："人民检察院负责控告申诉检察的部门受理对公安机关应当立案而不立案或者不应当立案而立案的控告、申诉，应当根据事实、法律进行审查。认为需要公安机关说明不立案或者立案理由的，应当及时将案件移送负责捕诉的部门办理；认为公安机关立案或者不立案决定正确的，应当制作相关法律文书，答复控告人、申诉人。"本题不属于应当立案而不立案或者不应当立案而立案的情形，不适用该规定。就算是立案监督，也应当向检察院控告申诉检察部门申请立案监督，而不是向侦查监督部门申请。因此，C项错误。注意：新《最高检规则》将受理对公安机关应当立案而不立案或者不应当立案而立案的控告、申诉的"控告检察部门"修改为"控告申诉检察部门"。

D项，《刑诉解释》第1条第3项规定："人民法院直接受理的自诉案件包括：……（三）被害人有证据证明对被告人侵犯自己人身、财产权利的行为应当依法追究刑事责任，且有证据证明曾经提出控告，而公安机关或者人民检察院不予追究被告人刑事责任的案件。"本案中，公安机关已经作出了撤销案件的决定，属于公诉转自诉案件。《刑事诉讼法》第114条规定："对于自诉案件，被害人有权向人民法院直接起诉。被害人死亡或者丧失行为能力的，被害人的法定代理人、近亲属有权向人民法院起诉。人民法院应当依法受理。"本题中，被害人乙已经死亡，其近亲属有权向人民法院起诉。因此，D项正确。

综上所述，本题答案为D。

6. 甲公司以虚构工程及伪造文件的方式，骗取乙工程保证金400余万元。公安机关接到乙控告后，以尚无明确证据证明甲涉嫌犯罪为由不予立案。关于本案，下列哪一选项是正确的？（2015-2-32，单）[1]

A. 乙应先申请公安机关复议，只有不服复议决定的才能请求检察院立案监督

B. 乙请求立案监督，检察院审查后认为公安机关应立案的，可通知公安机关立案

C. 公安机关接到检察院立案通知后仍不立案的，经省级检察院决定，检察院可自行立案侦查

D. 乙可直接向法院提起自诉

【解析】A项，控告人对于公安机关不予立案的决定不服的，根据《公安部规定》第179条的规定可知：控告人可以在收到不予立案通知书后七日以内向作出决定的公安机关申请复议；公安机关应当在收到复议申请后三十日以内作出决定，并将决定书送达控告人。控告人对

---

[1] D

不予立案的复议决定不服的，可以在收到复议决定书后七日以内向上一级公安机关申请复核——即先复议后复核；根据《最高检规则》第557条第1款的规定，被害人及其法定代理人、近亲属或者行政执法机关，认为公安机关对其控告或者移送的案件应当立案侦查而不立案侦查，或者当事人认为公安机关不应当立案而立案，向检察院提出的，检察院应当受理并进行审查。根据上述规定可知，不服公安机关不立案决定的，控告人可以向公安机关申请复议，但是复议并不是请求人民检察院立案监督的必经程序，故A项错误。

B项，人民检察院是法律监督机关，对公安机关的立案活动也进行监督。根据《刑事诉讼法》第113条的规定：人民检察院认为公安机关对应当立案侦查的案件而不立案侦查的，或者被害人认为公安机关对应当立案侦查的案件而不立案侦查，向人民检察院提出的，人民检察院应当要求公安机关说明不立案的理由。人民检察院认为公安机关不立案理由不能成立的，应当通知公安机关立案，公安机关接到通知后应当立案。可知，检察院对公安机关不立案进行监督应先让公安机关说明理由，理由不成立后才可通知公安机关立案，而不是直接通知立案，故B项表述错误。

C项，公安机关收到检察院的立案通知书后应当立案的，若不立案的，根据《最高检规则》第564条第2款的规定我们可知：人民检察院应当发出纠正违法通知书予以纠正。公安机关仍不纠正的，报上一级人民检察院协商同级公安机关处理，且根据《最高检规则》第13条第2款的规定，对于公安机关管辖的国家机关工作人员利用职权实施的重大犯罪案件，需要由人民检察院直接受理的，经省级以上人民检察院决定，可以由人民检察院立案侦查。因此对于公安机关收到通知立案书或者通知撤销案件书后超过期限不予立案或复议的，应先提出纠正违法通知书，若仍不采取行动，则报上一级检察院协同同级公安机关处理，故C项表述错误。

D项，根据《刑诉法解释》第1条的规定可知，我国规定的自诉分为三种：告诉才处理的犯罪；公诉兼自诉；公诉转自诉，即《刑事诉讼法》第210条规定的：（一）告诉才处理的案件；（二）被害人有证据证明的轻微刑事案件；（三）被害人有证据证明对被告人侵犯自己人身、财产权利的行为应当依法追究刑事责任，而公安机关或者检察院不予追究被告人刑事责任的案件。本案属于第3项，因此对于公安机关不予立案的，乙可以直接向法院提起自诉。因此D项正确。

综上所述，本题答案为D。

7. 卢某坠楼身亡，公安机关排除他杀，不予立案。但卢某的父母坚称他杀可能性大，应当立案，请求检察院监督。检察院的下列哪一做法是正确的？（2013－2－34，单）[1]

A. 要求公安机关说明不立案理由

B. 拒绝受理并向卢某的父母解释不立案原因

C. 认为符合立案条件的，可以立案并交由公安机关侦查

D. 认为公安机关不立案理由不能成立的，应当建议公安机关立案

【解析】《刑事诉讼法》第113条规定："人民检察院认为公安机关对应当立案侦查的案件而不立案侦查的，或者被害人认为公安机关对应当立案侦查的案件而不立案侦查，向人民检察院提出的，人民检察院应当要求公安机关说明不立案的理由。人民检察院认为公安机关不立案理由不能成立的，应当通知公安机关立案，公安机关接到通知后应当立案。"

---

[1] A

A 项，根据上述规定及《刑事诉讼法》第 114 条："对于自诉案件，被害人有权向人民法院直接起诉。被害人死亡或者丧失行为能力的，被害人的法定代理人、近亲属有权向人民法院起诉。人民法院应当依法受理。"被害人的父母认为公安机关对应当立案侦查的案件而不立案侦查，向人民检察院提出的，人民检察院应当要求公安机关说明不立案的理由，因此 A 项正确。

B 项，根据上述规定，应当受理被害人的父母认为公安机关对应当立案侦查的案件而不立案侦查的监督请求，因此 B 项错误。

C 项，人民检察院认为公安机关不立案理由不能成立的，应当通知公安机关立案。对于 C 项，检察院不会直接立案，故 C 项错误。

D 项，通知和建议含义不同，通知较建议更加正式，通知的强制性大于建议。故 D 项错误。

综上所述，本题答案为 A。

第十二章 侦 查

第一节 侦查概述

一、对侦查实施的司法控制

1. 在朱某危险驾驶案的辩护过程中，辩护律师查看了侦查机关录制的讯问同步录像。同步录像中的下列哪些行为违反法律规定？（2017 - 2 - 73 多）[1]

A. 后续讯问的侦查人员与首次讯问的侦查人员完全不同

B. 朱某请求自行书写供述，侦查人员予以拒绝

C. 首次讯问时未告知朱某可聘请律师

D. 其中一次讯问持续了 14 个小时

【解析】 A 项，负责讯问的侦查人员只是向犯罪嫌疑人提出问题并记录讯问情况，《刑事诉讼法》及其司法解释并未禁止更换侦查人员。故 A 项并不违法。因此，A 项不当选。

B 项，《公安部规定》第 207 规定："犯罪嫌疑人请求自行书写供述的，应当准许……"因此，B 项当选。

C 项，《公安部规定》第 43 条第 1 款规定："公安机关在第一次讯问犯罪嫌疑人或者对犯罪嫌疑人采取强制措施的时候，应当告知犯罪嫌疑人有权委托律师作为辩护人，并告知其如果因经济困难或者其他原因没有委托辩护律师的，可以向法律援助机构申请法律援助。告知的情形应当记录在案。"首次讯问时未告知朱某可聘请律师的做法错误。因此，C 项当选。

D 项，《刑事诉讼法》第 119 条第 2 款规定："传唤、拘传持续的时间不得超过十二小时；案情特别重大、复杂，需要采取拘留、逮捕措施的，传唤、拘传持续的时间不得超过二十四小时。"危险驾驶罪不属于案情特别重大、复杂的案件，对朱某的讯问时间不得超过 12 小时。因此，D 项当选。

综上所述，本题正确答案 BCD。

2. 对侦查所实施的司法控制，包括对某些侦查行为进行事后审查。下列哪一选项是正确的？（2013 - 2 - 35，单）[2]

A. 事后审查的对象主要包括逮捕、羁押、搜查等

B. 事后审查主要针对的是强行性侦查措施

---

[1] BCD [2] D

C. 采取这类侦查行为不可以由侦查机关独立作出决定

D. 对于这类行为，公民认为侦查机关侵犯其合法权益的，可以寻求司法途径进行救济

【解析】根据侦查行为是否带有强制性、是否会侵犯犯罪嫌疑人的人身、财产权利，可以将侦查行为区分为强制性侦查措施和任意性侦查措施。强制性侦查措施主要包括：强制措施、搜查、扣押、查封、冻结、技术侦查措施等。而任意性侦查措施包括：勘验、检查、鉴定、询问等等。如果不对侦查行为尤其是强制性侦查措施进行控制和监督，司法实践中可能会出现侵犯人权的现象。检察机关作为法律监督机关，依法行使法律监督职权。根据监督的时间不同，检察机关对侦查行为的监督可以被区分为事前监督和事后监督。事前监督指的是，侦查机关无权自行决定适用侦查措施，需要事先报请检察院批准、决定后方可实施的制度。事后监督指的是，侦查机关有权自行决定适用侦查措施，无需事先报请检察院批准、决定，检察院只在侦查措施实施后根据侦查机关的报备或者当事人的申诉对侦查措施进行审查的制度。一般认为，对于强制性侦查措施，譬如逮捕，需要接受事前审查。而对于任意性侦查措施，只接受事后审查即可。此外，若当事人和辩护人、诉讼代理人、利害关系人对于司法机关及其工作人员存在法定侵权行为（不放人、不退钱、乱扣乱用不解除）的，有权申诉或者控告。

A项，逮捕、羁押、搜查属于事前审查的对象，而非事后。因此，A项错误。

B项，事前审查主要针对的是强行性侦查措施；事后审查主要针对的是任意性侦查措施。因此，B项错误。

C项，对于事后审查可由侦查机关独立地作出决定。因此，C项错误。

D项，对于事后审查，公民对于侦查机关在侦查过程中对其合法权益的侵害，可以寻求司法途径进行救济，也可以是采取提起行政诉讼的方式进行。因此，D项正确。

综上所述，本题答案为D。

第二节　侦查行为

1. 搜查是指侦查人员对犯罪嫌疑人以及可能隐藏罪犯或者罪证的人的身体、物品、住处和其他有关的地方进行搜索、检查的一种侦查行为，下列关于搜查的说法正确的是?[1]

A. 搜查只能由公、检、法专门机关进行，其他任何机关、单位和个人都无权对公民人身和住宅进行搜查

B. 搜查妇女的身体，应当由女工作人员或者医师进行

C. 搜查的时候，应当有被搜查人及他的家属、邻居还有见证人同时在场

D. 搜查时，必须向被搜查人出示搜查证，但是侦查人员在执行逮捕、拘留的时候，遇有紧急情况，不另用搜查证也可以进行搜查

【解析】A项，法院没有搜查权，也没有刑事拘留权，A项说法院可以进行搜查，故A项错误。

B项，根据《刑事诉讼法》第139条第2款的规定：搜查妇女的身体，应当由女工作人员进行。故B项错误。

---

[1] D

C 项，根据《刑事诉讼法》第 139 条第 1 款的规定：搜查时，应当有被搜查人或者他的家属、邻居或者其他见证人在场。C 项错误。

D 项，根据《刑事诉讼法》第 138 条的规定：进行搜查，必须向被搜查人出示搜查证。在执行逮捕、拘留的时候，遇有紧急情况，不另用搜查证也可以进行搜查。D 项正确。

综上所述，本题答案为 D。

2. 出租车司机张三被乘客举报贩卖毒品，A 区公安机关接到线索后立即对张三进行初查，发现其确有重大嫌疑，便正式对该案进行立案侦查。关于本案的侦查行为，下列哪些选项是不正确的？（2019 仿真题）[1]

A. A 区公安机关在初查过程中可对张三实施监听，但要经上一级公安局局长批准

B. 在公安机关查明张三确有毒品准备出售时，侦查人员可以隐匿身份，向张三表示希望购买毒品，以便更好地获取犯罪证据

C. 在毒品交易现场对张三进行拘留时，侦查人员在无搜查证的情况下对张三当时驾驶的汽车进行搜查符合法律规定

D. 出租车公司的电子数据记录了张三的行驶轨迹，侦查人员为掌握这一证据可凭立案决定书进行调取

【解析】A 项，《公安部规定》第 174 条："对接受的案件，或者发现的犯罪线索，公安机关应当迅速进行审查。发现案件事实或者线索不明的，必要时，经办案部门负责人批准，可以进行调查核实。调查核实过程中，公安机关可以依照有关法律和规定采取询问、查询、勘验、鉴定和调取证据材料等不限制被调查对象人身、财产权利的措施。但是，不得对被调查对象采取强制措施，不得查封、扣押、冻结被调查对象的财产，不得采取技术侦查措施。"据此，A 区公安机关在初查过程中不能对张三实施监听。A 项错误。

B 项，《公安部规定》第 271 条："为了查明案情，在必要的时候，经县级以上公安机关负责人决定，可以由侦查人员或者公安机关指定的其他人员隐匿身份实施侦查。隐匿身份实施侦查时，不得使用促使他人产生犯罪意图的方法诱使他人犯罪，不得采用可能危害公共安全或者发生重大人身危险的方法。"本案中，侦查人员隐匿身份实施侦查，使得张三产生犯意所得的证据不能作为定罪依据。B 项错误。

C 项，《公安部规定》第 224 条："执行拘留、逮捕的时候，遇有下列紧急情况之一的，不用搜查证也可以进行搜查：（一）可能随身携带凶器的；（二）可能隐藏爆炸、剧毒等危险物品的；（三）可能隐匿、毁弃、转移犯罪证据的；（四）可能隐匿其他犯罪嫌疑人的；（五）其他突然发生的紧急情况。"本案中侦查人员在交易现场对张三进行拘留的紧急情况下，可以不用搜查证进行搜查。C 项正确。

D 项，《公安部规定》第 62 条："公安机关向有关单位和个人调取证据，应当经办案部门负责人批准，开具调取证据通知书，明确调取的证据和提供时限。被调取单位及其经办人、持有证据的个人应当在通知书上盖章或者签名，拒绝盖章或者签名的，公安机关应当注明。必要时，应当采用录音录像方式固定证据内容及取证过程。"据此，本案中侦查人员凭立案决定书对张三在出租车公司的电子数据记录进行调取不符合规定。D 项错误。

综上所述，本题选择 ABD。

---

[1] ABD

3. 下列关于监察机关调查程序表述、正确的是？（2019仿真题）[1]

A. 监察机关将案件移送人民检察院审查起诉后，检察院有权直接决定通缉犯罪嫌疑人

B. 监察机关有向法院直接提起公诉的权力

C. 监察机关不服人民检察院的不起诉决定，可以向同级人民检察院申请复议

D. 监察机关移送人民检察院审查起诉后，如果有证据证明犯罪嫌疑人有犯罪事实，可能判处10年有期徒刑以上刑罚的、人民检察院应当对其径行逮捕

【解析】A项，监察机关将案件移送人民检察院审查起诉后，依据《最高检规则》第233条规定，各级人民检察院需要在本区内通缉犯罪嫌疑人的，可以直接决定通缉；需要在本辖区外通缉的，由有决定权的上级人民检察院决定。但通缉的发布主体始终是公安机关。可知，选项A正确。

B项，根据《监察法》第45条第4项的规定，对涉嫌职务犯罪的，监察机关经调查认为事实清楚，证据确实、充分的，制作起诉意见书，连同案卷材料、证据一并送人民检察院依法审查、提起公诉。可知监察机关自己没有提起公诉的权力，选项B不正确。

C项，根据《监察法》第47条第4款的规定，人民检察院对于有《刑事诉讼法》规定的不起诉的情形的，经上一级人民检察院批准，依法作出不起诉的决定。监察机关认为不起诉的决定有错误的，可以向上一级人民检察院提请复议。可知，选项C错误。

D项，根据《刑事诉讼法》第81条第3款的规定，对有证据证明有犯罪事实可能判处10年有期徒刑以上刑罚的，或者有证据证明有犯罪事实，可能判处徒刑以上，曾经故意犯罪或者身份不明的，应当予以直接逮捕。可知，选项D正确。

综上所述，本题答案为AD。

4. 司法工作人员甲涉嫌刑讯逼供被检察院立案侦查，检察院在侦查过程中发现甲在另一起案件的办理中涉嫌受贿和暴力取证，关于本案的处理，下列哪些选项是正确的？（2019仿真题）[2]

A. 对于甲涉嫌的刑讯逼供案，检察院可以根据需要采取技术侦查措施

B. 对于甲涉嫌的暴力取证案，检察院可以立案侦查

C. 对于甲涉嫌的受贿案，检察院与监察委员会沟通后，认为由检察院管辖更为适宜的，可以由检察院立案侦查

D. 在甲涉嫌的暴力取证案中，法院对于被害人提起的附带民事诉讼应当不予受理

【解析】A项，《最高检规则》第227条："人民检察院在立案后，对于利用职权实施的严重侵犯公民人身权利的重大犯罪案件，经过严格的批准手续，可以采取技术侦查措施，交有关机关执行。"据此，本案中检察院根据需要可以对甲涉嫌的刑讯逼供案进行技术侦查措施。A项正确。

B项、C项，《最高检规则》第13条："人民检察院在对诉讼活动实行法律监督中发现的司法工作人员利用职权实施的非法拘禁、刑讯逼供、非法搜查等侵犯公民权利、损害司法公正的犯罪，可以由人民检察院立案侦查。对于公安机关管辖的国家机关工作人员利用职权实施的重大犯罪案件，需要由人民检察院直接受理的，经省级以上人民检察院决定，可以由人民检察院立案侦查。"本案中甲涉嫌暴力取证，已经侵犯公民权利、损害司法公正，因此检察院可以

---

[1] AD [2] AB

立案侦查。对于甲涉嫌受贿案，《监察法》第11条："监察委员会依照本法和有关法律规定履行监督、调查、处置职责：（一）对公职人员开展廉政教育，对其依法履职、秉公用权、廉洁从政从业以及道德操守情况进行监督检查；（二）对涉嫌贪污贿赂、滥用职权、玩忽职守、权力寻租、利益输送、徇私舞弊以及浪费国家资财等职务违法和职务犯罪进行调查；（三）对违法的公职人员依法作出政务处分决定；对履行职责不力、失职失责的领导人员进行问责；对涉嫌职务犯罪的，将调查结果移送人民检察院依法审查、提起公诉；向监察对象所在单位提出监察建议。"据此甲受贿案不属于检察院管辖案件范围。并且，依据《监察法》34条第2款规定，检察机关与监察机关沟通后，如认为分别管辖更为适宜的，则应将监察机关管辖的犯罪线索移送监察机关，对依法由检察院管辖的犯罪案件继续侦查，不存在"由检察院立案侦查"的说法。B项正确，C项错误。

D项，《刑诉解释》第177条："国家机关工作人员在行使职权时，侵犯他人人身、财产权利构成犯罪，被害人或者其法定代理人、近亲属提起附带民事诉讼的，人民法院不予受理，但应当告知其可以依法申请国家赔偿。"本案中，甲作为司法工作人员，属于国家机关工作人员。对其行使职权时侵犯的受害人提起的附带民事诉讼，法院不予受理，但应当告知其可以依法申请国家赔偿，说法并不准确。D项错误。

综上所述，本题答案为AB。

5. 某建设工程公司总经理王某涉嫌工程重大安全事故罪被立案侦查。侦查机关聘请某省工程质量监督检测中心进行检验，检验人张某出具的检验报告认为，该建设工程公司违反国家规定，降低工程质量标准是造成重大安全事故的主要原因。关于本案，下列说法正确的是？（2018仿真题）[1]

A. 张某在本案中是鉴定人身份，属于应当回避的对象
B. 经法院通知，张某需出庭作证
C. 张某出具的检验报告可以作为证据来使用
D. 张某所进行的检验属于勘验、检查的一种形式

【解析】A项，《刑诉解释》第100条第1款规定：因无鉴定机构，或者根据法律、司法解释的规定，指派、聘请有专门知识的人就案件的专门性问题出具的报告，可以作为证据使用。据此，尽管检验人是具有专门知识的人，且接受聘请，但案件中检验人并非鉴定人的身份，而是有专门知识的人。故A选项错误。

需要指出的是，《刑诉解释》第100条第2款规定：对前款规定的报告的审查与认定，参照适用本节的有关规定。而该解释第98条规定："鉴定意见具有下列情形之一的，不得作为定案的根据：……（二）鉴定人不具备法定资质，不具有相关专业技术或者职称，或者违反回避规定的；……"由此可以推知，检验人属于回避的对象。

B项，《刑诉解释》第100条第3款规定："经人民法院通知，出具报告的人拒不出庭作证的，有关报告不得作为定案的根据。"故B选项正确。

C项，根据《刑诉解释》第100条第1款的规定，因无鉴定机构，或者根据法律、司法解释的规定，指派、聘请有专门知识的人就案件的专门性问题出具的报告，可以作为证据使用可以作为证据使用，故C选项正确。

D 项，勘验、检查是指侦查人员对与犯罪有关的场所、物品、尸体、人身进行勘查和检验的一种侦查行为。二者的适用主体都只能是侦查人员，且勘验的对象是现场、物品和尸体；而检查则是针对活人的身体。而本案中的检验主体并非侦查人员，不属于勘验、检查的一种，故 D 选项错误。

综上所述，本题答案为 BC。

6. 某嫌疑人可能构成贩卖毒品罪，公安机关对此案立案侦查。侦查中决定采取监听通话和隐藏身份的手段进行。关于本案下列说法正确的是？(2018 仿真题)[1]

A. 对于有可能向其买毒品的人，公安机关不能进行电话监听

B. 采取监听通话和隐藏身份进行侦查均需报省公安机关

C. 监听内容涉及国家秘密的内容审判时不得采用

D. 如申请监听通话和隐藏身份后即将满 3 个月，侦查机关想更换为另一种技术侦查则应重新审批

【解析】A 项，根据《公安部规定》第 272 条规定，对涉及给付毒品等违禁品或者财物的犯罪活动，为查明参与该项犯罪的人员和犯罪事实，根据侦查需要，经县级以上公安机关负责人决定，可以实施控制下交付。而根据第 264 条第 2 款规定：技术侦查措施的适用对象是犯罪嫌疑人、被告人以及与犯罪活动直接关联的人员。可知购买毒品的人员都可以采取技侦手段，进行控制下交付。所以 A 错误。

B 项，根据《公安部规定》第 271 条第 1 款规定：为了查明案情，在必要的时候，经县级以上公安机关负责人决定，可以由侦查人员或者公安机关指定的其他人员隐匿身份实施侦查。根据其第 265 条第 1 款规定，需要采取技术侦查措施的，应当制作呈请采取技术侦查措施报告书，报设区的市一级以上公安机关负责人批准，制作采取技术侦查措施决定书。所以不管是监听通话还是隐藏身份进行侦查都不需要报省公安机关，隐匿身份实施侦查需要报县级以上公安机关，技术侦查则报市一级以上公安机关。B 项错误。

C 项，根据《刑事诉讼法》第 152 条第 2、3 款规定，侦查人员对采取技术侦查措施过程中知悉的国家秘密、商业秘密和个人隐私，应当保密；对采取技术侦查措施获取的与案件无关的材料，必须及时销毁。采取技术侦查措施获取的材料，只能用于对犯罪的侦查、起诉和审判，不得用于其他用途。即使涉及国家秘密依然可以使用，只是需保密。所以 C 项错误。

D 项，根据《公安部规定》第 267 条规定：采取技术侦查措施，必须严格按照批准的措施种类、适用对象和期限执行。在有效期限内，需要变更技术侦查措施种类或者适用对象的，应当按照本规定第 265 条规定重新办理批准手续。所以 D 项正确。

综上所述，本题答案为 D。

7. 关于侦查辨认，下列哪一选项是正确的？(2017－2－31，单)[2]

A. 强制猥亵案，让犯罪嫌疑人对被害人进行辨认

B. 盗窃案，让犯罪嫌疑人到现场辨认藏匿赃物的房屋

C. 故意伤害案，让犯罪嫌疑人和被害人一起对凶器进行辨认

D. 刑讯逼供案，让被害人在 4 张照片中辨认犯罪嫌疑人

【解析】A 项，辨认是指为了查明案情，在必要时让被害人、证人以及犯罪嫌疑人对与犯

---

[1] D [2] B

罪有关的物品、文件、场所或者犯罪嫌疑人进行辨认。没有犯罪嫌疑人辨认被害人的规定。B项盗窃案中，犯罪嫌疑人到现场辨认藏匿赃物的房屋是符合法律规定的。因此，A项错误，B项正确。

C项，依据《刑诉解释》第104条规定："对辨认笔录应当着重审查辨认的过程、方法，以及辨认笔录的制作是否符合有关规定。"第105条的规定："辨认笔录具有下列情形之一的，不得作为定案的根据：（一）辨认不是在调查人员、侦查人员主持下进行的；（二）辨认前使辨认人见到辨认对象的；（三）辨认活动没有个别进行的；（四）辨认对象没有混杂在具有类似特征的其他对象中，或者供辨认的对象数量不符合规定的；（五）辨认中给辨认人明显暗示或者明显有指认嫌疑的；（六）违反有关规定，不能确定辨认笔录真实性的其他情形。"几个辨认人对同一被辨认对象进行辨认时，应当由每名辨认人单独进行，不能被害人和犯罪嫌疑人一起对凶器进行辨认。因此，C项错误。

D项，依据《最高检规则》第226条第2款规定："辨认犯罪嫌疑人时，被辨认的人数不得少于七人，照片不得少于十张。"故被害人在4张照片中辨认犯罪嫌疑人数量不符合法律规定。因此，D项错误。

综上所述，本题答案为B。

8. 某小学发生一起猥亵儿童案件，三年级女生甲向校长许某报称被老师杨某猥亵。许某报案后，侦查人员通过询问许某了解了甲向其陈述的被杨某猥亵的经过。侦查人员还通过询问甲了解到，另外两名女生乙和丙也可能被杨某猥亵，乙曾和甲谈到被杨某猥亵的经过，甲曾目睹杨某在课间猥亵丙。讯问杨某时，杨某否认实施猥亵行为，并表示他曾举报许某贪污，许某报案是对他的打击报复。关于本案侦查措施，下列选项正确的是：（2017-2-95，不）[1]

A. 经出示工作证件，侦查人员可在学校询问甲

B. 询问乙时，可由学校的其他老师在场并代行乙的诉讼权利

C. 可通过侦查实验确定甲能否在其所描述的时间、地点看到杨某猥亵丙

D. 搜查杨某在学校内的宿舍时，可由许某在场担任见证人

【解析】A项，根据《刑事诉讼法》第127条，询问被害人，适用本节各条规定。因此，询问被害人，适用询问证人的规定。法律规定侦查人员询问证人，可以在现场进行，也可以到证人所在单位、住处或者证人提出的地点进行，在必要的时候，可以通知证人到检察院或者公安机关提供证言。在现场询问证人，应当出示工作证件，到证人所在单位、住处或者证人提出的地点询问证人，应当出示检察院或者公安机关的证明文件。甲属于本案的被害人以及其他案件的证人。本案中学校是现场，侦查人员经出示工作证件可以在学校询问甲。故A项表述正确。

B项，询问未成年人时应当遵守《刑事诉讼法》第281条第1款的规定：对于未成年人刑事案件，在讯问和审判的时候，应当通知未成年犯罪嫌疑人、被告人的法定代理人到场。无法通知、法定代理人不能到场或者法定代理人是共犯的，也可以通知未成年犯罪嫌疑人、被告人的其他成年亲属，所在学校、单位、居住地基层组织或者未成年人保护组织的代表到场，并将有关情况记录在案。到场的法定代理人可以代为行使未成年犯罪嫌疑人、被告人的诉讼权利。故B项表述错误。

---

[1] AC

C 项，根据《公安部规定》第 221 条规定可知，为了查明案情，在必要的时候，经县级以上公安机关负责人批准，可以进行侦查实验。进行侦查实验，应当全程录音录像，并制作侦查实验笔录，由参加实验的人签名。进行侦查实验，禁止一切足以造成危险、侮辱人格或者有伤风化的行为。本项所述的侦查实验目的在于在特定的条件下甲能否看到案件的发生，不存在有伤风化的情形。故 C 项表述正确。

D 项，根据《刑诉解释》第 80 条，下列人员不得担任见证人：（一）生理上、精神上有缺陷或者年幼，不具有相应辨别能力或者不能正确表达的人；（二）与案件有利害关系，可能影响案件公正处理的人；（三）行使勘验、检查、搜查、扣押、组织辨认等监察调查、刑事诉讼职权的监察、公安、司法机关的工作人员或者其聘用的人员。对见证人是否属于前款规定的人员，人民法院可以通过相关笔录载明的见证人的姓名、身份证件种类及号码、联系方式以及常住人口信息登记表等材料进行审查。由于客观原因无法由符合条件的人员担任见证人的，应当在笔录材料中注明情况，并对相关活动进行全程录音录像。由于许某与案件有利害关系，可能影响案件公正处理，所以不能担任本案的见证人，故 D 选项错误。

综上所述，此题选 AC。

9. 赵某、石某抢劫杀害李某，被路过的王某、张某看见并报案。赵某、石某被抓获后，2 名侦查人员负责组织辨认。请回答第 92～93 题。

（1）关于辨认的程序，下列选项正确的是：（2014－2－92，任）[1]

A. 在辨认尸体时，只将李某尸体与另一尸体作为辨认对象

B. 在 2 名侦查人员的主持下，将赵某混杂在 9 名具有类似特征的人员中，由王某、张某个别进行辨认

C. 在对石某进行辨认时，9 名被辨认人员中的 4 名民警因紧急任务离开，在 2 名侦查人员的主持下，将石某混杂在 5 名人员中，由王某、张某个别进行辨认

D. 根据王某、张某的要求，辨认在不暴露他们身份的情况下进行

【解析】根据《公安部规定》第 259 条规定："辨认应当在侦查人员的主持下进行。主持辨认的侦查人员不得少于二人。几名辨认人对同一辨认对象进行辨认时，应当由辨认人个别进行。"另《公安部规定》第 260 条规定："辨认时，应当将辨认对象混杂在特征相类似的其他对象中，不得在辨认前向辨认人展示辨认对象及其影像资料，不得给辨认人任何暗示。辨认犯罪嫌疑人时，被辨认的人数不得少于七人；对犯罪嫌疑人照片进行辨认的，不得少于十人的照片。辨认物品时，混杂的同类物品不得少于五件；对物品的照片进行辨认的，不得少于十个物品的照片。对场所、尸体等特定辨认对象进行辨认，或者辨认人能够准确描述物品独有特征的，陪衬物不受数量的限制。"

A 项，对尸体进行辨认，陪衬物不受数量限制，只将李某尸体与另一尸体作为辨认对象的行为合法。所以，A 项正确。

B 项，辨认犯罪嫌疑人赵某时，被辨认的人数多于七人，且由王某、张某分别辨认，符合程序的规定。所以，B 项正确。

C 项，由于被辨认对象少于七人，不符合法定人数要求。所以，C 项错误。

D 项，根据《公安部规定》第 261 条的规定："对犯罪嫌疑人的辨认，辨认人不愿意公开

---

[1] ABD

进行时，可以在不暴露辨认人的情况下进行，并应当为其保守秘密。"所以，D项正确。

综上所述，本题应当选 ABD。

（2）关于辨认笔录的审查与认定，下列选项正确的是：（2014－2－93，任）[1]

A. 如对尸体的辨认过程没有录像，则辨认结果不得作为定案证据

B. 如侦查人员组织辨认时没有见证人在场，则辨认结果不得作为定案的根据

C. 如在辨认前没有详细向辨认人询问被辨认对象的具体特征，则辨认结果不得作为定案证据

D. 如对赵某的辨认只有笔录，没有赵某的照片，无法获悉辨认真实情况的，也可补正或进行合理解释

【解析】A项，根据《公安部规定》第259条，辨认应当在侦查人员的主持下进行，并且辨认需个别进行；以及根据《公安部规定》第260条规定：辨认时，应当将辨认对象混杂在特征相类似的其他对象中，不得在辨认前向辨认人展示辨认对象及其影像资料，不得给辨认人任何暗示。辨认犯罪嫌疑人时，被辨认的人数不得少于七人；对犯罪嫌疑人照片进行辨认的，不得少于十人的照片。辨认物品时，混杂的同类物品不得少于五件；对物品的照片进行辨认的，不得少于十个物品的照片。对场所、尸体等特定辨认对象进行辨认，或者辨认人能够准确描述物品独有特征的，陪衬物不受数量的限制。由此可知，若违反第259条和第260条的规定则应当排除辨认笔录，而辨认过程没有录像并不属于260条规定的排除情形，故A项错误。

B项，根据《公安部规定》第260条可知，辨认时没有见证人在场并不属于排除情形，故B项错误。

C项，根据《公安部规定》第260条可知，没有详细询问被辨认对象的具体特征不属于排除情形，故C项错误。

D项，根据《公安部规定》第260条可知，辨认只有笔录没有照片，不属于260条规定的排除情形，由此说明该瑕疵是可以被补正或合理解释的，故D项正确。

综上所述，本题答案为D。

10. 关于讯问犯罪嫌疑人，下列哪些选项是正确的？（2014－2－70，多）[2]

A. 在拘留犯罪嫌疑人之前，一律不得对其进行讯问

B. 在拘留犯罪嫌疑人之后，可在送看守所羁押前进行讯问

C. 犯罪嫌疑人被拘留送看守所之后，讯问应当在看守所内进行

D. 对于被指定居所监视居住的犯罪嫌疑人，应当在指定的居所进行讯问

【解析】A项，根据《刑事诉讼法》第119条第1款规定："对不需要逮捕、拘留的犯罪嫌疑人，可以传唤到犯罪嫌疑人所在市、县内的指定地点或者到他的住处进行讯问，但是应当出示人民检察院或者公安机关的证明文件。对在现场发现的犯罪嫌疑人，经出示工作证件，可以口头传唤，但应当在讯问笔录中注明。"因此，在拘留犯罪嫌疑人之前，仍然可以传唤犯罪嫌疑人，对其进行讯问。所以，A项错误。

B项，讯问并非一定要在看守所内进行，但采取拘留、逮捕措施后要在法定时间内送看守所羁押。所以在拘留犯罪嫌疑人之后，可以在送看守所之前讯问。所以，B项正确。

C项，《刑事诉讼法》第118条第2款规定："犯罪嫌疑人被送交看守所羁押以后，侦查人

员对其进行讯问，应当在看守所内进行。"所以，C项正确。

D项，根据《刑事诉讼法》第119条第1款规定："对不需要逮捕、拘留的犯罪嫌疑人，可以传唤到犯罪嫌疑人所在市、县内的指定地点或者到他的住处进行讯问，但是应当出示人民检察院或者公安机关的证明文件。对在现场发现的犯罪嫌疑人，经出示工作证件，可以口头传唤，但应当在讯问笔录中注明。"据此可知，并未要求应当在指定的居所进行讯问。所以，D项错误。

综上所述，本题答案为BC。

11. 关于勘验、检查，下列哪一选项是正确的？（2014-2-34，单）[1]

A. 为保证侦查活动的规范性与合法性，只有侦查人员可进行勘验、检查

B. 侦查人员进行勘验、检查，必须持有侦查机关的证明文件

C. 检查妇女的身体，应当由女工作人员或者女医师进行

D. 勘验、检查应当有见证人在场，勘验、检查笔录上没有见证人签名的，不得作为定案的根据

【解析】A项，《刑事诉讼法》第128条规定："侦查人员对于与犯罪有关的场所、物品、人身、尸体应当进行勘验或者检查。在必要的时候，可以指派或者聘请具有专门知识的人，在侦查人员的主持下进行勘验、检查。"所以，并非只有侦查人员可进行勘验、检查，A项错误。

B项，《刑事诉讼法》第130条规定："侦查人员执行勘验、检查，必须持有人民检察院或者公安机关的证明文件。"对于检察院自侦案件，检察院是侦查机关，对于公安机关侦查的案件，公安机关是侦查机关。所以，B项正确。

C项，《刑事诉讼法》第132条规定："为了确定被害人、犯罪嫌疑人的某些特征、伤害情况或者生理状态，可以对人身进行检查，可以提取指纹信息，采集血液、尿液等生物样本。犯罪嫌疑人如果拒绝检查，侦查人员认为必要的时候，可以强制检查。检查妇女的身体，应当由女工作人员或者医师进行。"未要求女医师，所以C项错误。

D项，《刑事诉讼法》第133条规定："勘验、检查的情况应当写成笔录，由参加勘验、检查的人和见证人签名或者盖章。"《刑诉解释》第103条规定："勘验、检查笔录存在明显不符合法律、有关规定的情形，不能作出合理解释的，不得作为定案的根据。"所以，勘验、检查笔录上没有见证人签名的，但可以作出合理解释或者说明的，可以作为定案的根据，D项错误。

综上所述，本题答案为B。

12. 某地法院审理齐某组织、领导、参加黑社会性质组织罪，关于对作证人员的保护，下列哪些选项是正确的？（2014-2-69，多）[2]

A. 可指派专人对被害人甲的人身和住宅进行保护

B. 证人乙可申请不公开真实姓名、住址等个人信息

C. 法院通知侦查人员丙出庭说明讯问的合法性，为防止黑社会组织报复，对其采取不向被告人暴露外貌、真实声音的措施

D. 为保护警方卧底丁的人身安全，丁可不出庭作证，由审判人员在庭外核实丁的证言

【解析】AB项，根据《刑事诉讼法》第64条第1款规定："对于危害国家安全犯罪、恐

怖活动犯罪、黑社会性质的组织犯罪、毒品犯罪等案件，证人、鉴定人、被害人因在诉讼中作证，本人或者其近亲属的人身安全面临危险的，人民法院、人民检察院和公安机关应当采取以下一项或者多项保护措施：（一）不公开真实姓名、住址和工作单位等个人信息；（二）采取不暴露外貌、真实声音等出庭作证措施；（三）禁止特定的人员接触证人、鉴定人、被害人及其近亲属；（四）对人身和住宅采取专门性保护措施；（五）其他必要的保护措施。"A对应（四），B对应（一），因此，AB项正确。

C项，丙是侦查人员而不是法律规定中的"证人、鉴定人、被害人"，因此不属于保护对象；同时侦查人员正是可能实施刑讯逼供的人，其对取证合法性的说明不属于证人证言，也就不适用上述证人保护的相关规定。因此，C项错误。

D项，《刑事诉讼法》第154条规定："依照本节规定采取侦查措施收集的材料在刑事诉讼中可以作为证据使用。如果使用该证据可能危及有关人员的人身安全，或者可能产生其他严重后果的，应当采取不暴露有关人员身份、技术方法等保护措施，必要的时候，可以由审判人员在庭外对证据进行核实。"因此，D项正确。

综上所述，本题答案为ABD。

13. 在一起聚众斗殴案件发生时，证人甲、乙、丙、丁四人在现场目睹事实经过，侦查人员对上述四名证人进行询问。关于询问证人的程序和方式，下列哪一选项是错误的？（2013－2－30，单）[1]

A. 在现场立即询问证人甲

B. 传唤证人乙到公安机关提供证言

C. 到证人丙租住的房屋询问证人丙

D. 到证人丁提出的其工作单位附近的快餐厅询问证人丁

【解析】《刑事诉讼法》第124条第1款规定，侦查人员询问证人，可以在现场进行，也可以到证人所在单位、住处或者证人提出的地点进行，在必要的时候，可以通知证人到人民检察院或者公安机关提供证言。在现场询问证人，应当出示工作证件，到证人所在单位、住处或者证人提出的地点询问证人，应当出示人民检察院或者公安机关的证明文件。

A项，在现场询问证人甲符合上述法条的规定，侦查人员询问证人，可以在现场进行。因此，A项正确，不当选。

B项，根据上述规定，在必要的时候，可以通知证人到公安机关提供证言。对证人是通知，而非传唤。因此，B项错误，当选。

C项，到丙租住的房屋询问证人属于证人的住处。因此，C项正确，不当选。

D项，证人丁所提出的工作单位的快餐厅属于证人提出的地点。因此，D项正确，不当选。

综上所述，本题答案为B。

14. 侦查措施是查明案件事实的手段，与公民的权利保障密切相关。请回答第92～94题。

（1）关于讯问犯罪嫌疑人的地点，下列选项正确的是：（2012－2－92，任）[2]

A. 对不需要逮捕、拘留的犯罪嫌疑人，可以传唤到犯罪嫌疑人所在市、县的公安局进行讯问

---

[1] B　[2]　ABCD

B. 对不需要逮捕、拘留的犯罪嫌疑人，可以传唤到犯罪嫌疑人所在市、县的公司内进行讯问

C. 对于已经被逮捕羁押的犯罪嫌疑人，应当在看守所内进行讯问

D. 犯罪现场发现的犯罪嫌疑人，可以当场口头传唤，但须出示工作证并在讯问笔录中注明

【解析】《刑事诉讼法》第119条第1款规定：对不需要逮捕、拘留的犯罪嫌疑人，可以传唤到犯罪嫌疑人所在市、县内的指定地点或者到他的住处进行讯问，但是应当出示人民检察院或者公安机关的证明文件。对在现场发现的犯罪嫌疑人，经出示工作证件，可以口头传唤，但应当在讯问笔录中注明。

A项，根据上述规定：对不需要逮捕、拘留的犯罪嫌疑人，可以传唤到犯罪嫌疑人所在市、县内的指定地点或者到他的住处进行讯问，但是应当出示人民检察院或者公安机关的证明文件。对在现场发现的犯罪嫌疑人，经出示工作证件，可以口头传唤，但应当在讯问笔录中注明。因此可以传唤犯罪嫌疑人至公安局进行讯问，A项正确。

B项，根据《刑事诉讼法》第119条第1款的规定，"对不需要逮捕、拘留的犯罪嫌疑人，可以传唤到犯罪嫌疑人所在市、县内的指定地点或者到他的住处进行讯问，但是应当出示人民检察院或者公安机关的证明文件。对在现场发现的犯罪嫌疑人，经出示工作证件，可以口头传唤，但应当在讯问笔录中注明。"犯罪嫌疑人的公司也可以是所在市、县内的指定地点，所以B项正确。

C项，《刑事诉讼法》第118条第2款规定：犯罪嫌疑人被送交看守所羁押以后，侦查人员对其进行讯问，应当在看守所内进行。因此C项正确。

D项，对在现场发现的犯罪嫌疑人，经出示工作证件，可以口头传唤，但应当在讯问笔录中注明，D项正确。

综上所述，本题答案为ABCD。

（2）关于询问被害人，下列选项正确的是：（2012－2－93，任）[1]

A. 侦查人员可以在现场进行询问

B. 侦查人员可以在指定的地点进行询问

C. 侦查人员可以通知被害人到侦查机关接受询问

D. 询问笔录应当交被害人核对，如记载有遗漏或者差错，被害人可以提出补充或者改正

【解析】A项，《刑事诉讼法》第124条第1款规定：侦查人员询问证人，可以在现场进行，也可以到证人所在单位、住处或者证人提出的地点进行，在必要的时候，可以通知证人到人民检察院或者公安机关提供证言。在现场询问证人，应当出示工作证件，到证人所在单位、住处或者证人提出的地点询问证人，应当出示人民检察院或者公安机关的证明文件。《刑事诉讼法》第127条规定，询问被害人，适用询问证人的规定。因此可以在现场对被害人进行询问，故A项正确。

B项，根据上述规定，可以到被害人指定的地点询问而不能笼统地说在"指定的地点"询问，故B项错误。

C项，根据上述规定，可知可以通知证人到人民检察院或者公安机关提供证言，故C项

正确。

D项，《刑事诉讼法》第122条规定：讯问笔录应当交犯罪嫌疑人核对，对于没有阅读能力的，应当向他宣读。如果记载有遗漏或者差错，犯罪嫌疑人可以提出补充或者改正。犯罪嫌疑人承认笔录没有错误后，应当签名或者盖章。侦查人员也应当在笔录上签名。犯罪嫌疑人请求自行书写供述的，应当准许。必要的时候，侦查人员也可以要犯罪嫌疑人亲笔书写供词。《刑事诉讼法》第126条规定，本法第122条的规定，也适用于询问证人。可见关于讯问笔录的规定可以适用于询问证人，而询问被害人，适用询问证人的规定。故，询问被害人可以适用讯问笔录的规定。即，询问笔录应当交被害人核对，如记载有遗漏或者差错，被害人可以提出补充或者改正，D项正确。

综上所述，本题答案为ACD。

（3）关于查封、扣押措施，下列选项正确的是：（2012-2-94，任）[1]

A. 查封、扣押犯罪嫌疑人与案件有关的各种财物、文件只能在勘验、搜查中实施

B. 根据侦查犯罪的需要，可以依照规定扣押犯罪嫌疑人的存款、汇款、债券、股票、基金份额等财产

C. 侦查人员认为需要扣押犯罪嫌疑人的邮件、电报的时候，可通知邮电机关将有关的邮件、电报检交扣押

D. 对于查封、扣押的财物、文件、邮件、电报，经查明确实与案件无关的，应当在3日以内解除查封、扣押，予以退还

【解析】A项，根据《刑事诉讼法》第141条第1款规定："在侦查活动中发现的可用以证明犯罪嫌疑人有罪或者无罪的各种财物、文件，应当查封、扣押；与案件无关的财物、文件，不得查封、扣押。"可知，在侦查活动中发现的可用以证明犯罪嫌疑人有罪或者无罪的各种财物、文件就可以查封、扣押，不限制于勘验、搜查程序。因此，A项错误。

B项，根据《刑事诉讼法》第144条第1款规定："人民检察院、公安机关根据侦查犯罪的需要，可以依照规定查询、冻结犯罪嫌疑人的存款、汇款、债券、股票、基金份额等财产。有关单位和个人应当配合。"可知，根据侦查犯罪的需要，可以依照规定查询、冻结犯罪嫌疑人的存款、汇款、债券、股票、基金份额等财产，但是不得扣押。因此，B项错误。

C项，根据《刑事诉讼法》第143条第1款规定："侦查人员认为需要扣押犯罪嫌疑人的邮件、电报的时候，经公安机关或者人民检察院批准，即可通知邮电机关将有关的邮件、电报检交扣押。"可知，侦查人员经公安机关或者人民检察院批准，才可以实施扣押邮件、电报的行为。因此，C项错误。

D项，根据《刑事诉讼法》第145条规定："对查封、扣押的财物、文件、邮件、电报或者冻结的存款、汇款、债券、股票、基金份额等财产，经查明确实与案件无关的，应当在三日以内解除查封、扣押、冻结，予以退还。"因此，D项正确。

综上所述，本题答案为D。

15. 关于技术侦查，下列哪些说法是正确的？（2012-2-71，多）[2]

A. 适用于严重危害社会的犯罪案件

B. 必须在立案后实施

C. 公安机关和检察院都有权决定并实施

D. 获得的材料需要经过转化才能在法庭上使用

【解析】《刑事诉讼法》第 150 条规定："公安机关在立案后，对于危害国家安全犯罪、恐怖活动犯罪、黑社会性质的组织犯罪、重大毒品犯罪或者其他严重危害社会的犯罪案件，根据侦查犯罪的需要，经过严格的批准手续，可以采取技术侦查措施。人民检察院在立案后，对于利用职权实施的严重侵犯公民人身权利的重大犯罪案件，根据侦查犯罪的需要，经过严格的批准手续，可以采取技术侦查措施，按照规定交有关机关执行。追捕被通缉或者批准、决定逮捕的在逃的犯罪嫌疑人、被告人，经过批准，可以采取追捕所必需的技术侦查措施。"

A 项，技术侦查适用于严重危害社会的犯罪案件和利用职权实施的严重侵犯公民人身权利的重大犯罪案件。因此，A 项正确。

B 项，技术侦查在公安机关或者人民检察院立案后实施。因此，B 项正确。

C 项，检察院有决定采取技术侦查的权力，但具体实施需交由有关机关执行。因此，C 项错误。

D 项，《刑事诉讼法》第 154 条规定："依照本节规定采取侦查措施收集的材料在刑事诉讼中可以作为证据使用。如果使用该证据可能危及有关人员的人身安全，或者可能产生其他严重后果的，应当采取不暴露有关人员身份、技术方法等保护措施，必要的时候，可以由审判人员在庭外对证据进行核实。"可知，侦查措施收集的材料在刑事诉讼中可以作为证据使用，不需要经过转化。因此，D 项错误。

综上所述，本题答案为 AB。

16. 甲涉嫌集资诈骗罪，侦查人员对其住宅搜查时发现其电脑中存有大量与案件相关的电子数据。对此，下列哪些说法是正确的？（2021 仿真题）[1]

A. 如提取的电子数据未以封存状态移送，不得作为定案的依据

B. 侦查人员提取电子数据时可以有见证人在场也可以用录像替代

C. 侦查人员从电脑中提取电子数据时应当制作笔录和清单

D. 如提取的电子数据有修改情形，影响电子数据真实性，且不能作出合理解释的，不得作为定案的依据

【解析】本题综合考查了证据的审查判断与侦查行为中的搜查。

关于证据的审查判断，考生在做此类题目时要注意，因为不同的证据种类排除规则有所不同，因此在判断能否作为定案依据时，务必要先看清楚选项中涉及的证据是属于哪种证据种类，然后根据不同证据种类的排除规则予以判断能否作为定案的依据。本题涉及的证据种类是电子数据，因此，需根据电子数据的排除规则来作答。而且，不管题目问的是直接排除（不能作为定案依据）还是经补正或作出合理解释后继续作为证据使用（能够作为定案依据），都用排除法，即只要把直接排除的情形记住，其他的，即使有问题，都是经补正或作出合理解释后继续作为证据使用的情形。

根据规定，电子数据在以下 4 种情形下直接排除，其余的情形都是可以补正或作出合理解释的：①视听资料或电子数据系篡改、伪造或者无法确定真伪的；②视听资料制作、取得的时间、地点、方式等有疑问，不能作出合理解释的；③电子数据有增加、删除、修改等情形，影

---

[1] BC

响电子数据真实性的；④其他无法保证电子数据真实性的情形。

A项，"未以封存状态移送"，不属于上述4种直接排除的情形之一，因此，用排除法，是属于可以补正或作出合理解释的，经补正或作出合理解释后可以作为定案的依据，A项错误。

B项，根据2016年最高人民法院、最高人民检察院、公安部《关于办理刑事案件收集提取和审查判断电子数据若干问题的规定》第15条第1款规定："收集、提取电子数据，应当根据刑事诉讼法的规定，由符合条件的人员担任见证人。由于客观原因无法由符合条件的人员担任见证人的，应当在笔录中注明情况，并对相关活动进行录像。"可知，没有见证人，可以录像替代。因此，B项正确。

C项，2016年最高人民法院、最高人民检察院、公安部《关于办理刑事案件收集提取和审查判断电子数据若干问题的规定》第14条的规定："收集、提取电子数据，应当制作笔录，记录案由、对象、内容、收集、提取电子数据的时间、地点、方法、过程，并附电子数据清单，注明类别、文件格式、完整性校验值等，由侦查人员、电子数据持有人（提供人）签名或者盖章；……"因此，C项正确。

D项，"电子数据有修改情形"属于4种直接排除的情形之一，是不能作出合理解释的，D项错误。

综上所述，本题答案为BC。

17. 小明（5岁）在幼儿园被徐老师猥亵，后徐老师因涉嫌猥亵儿童被立案侦查。下列做法正确的是？（不定项，2023仿真题）[1]

A. 侦查人员在小明家中对小明一次性完成询问

B. 为确定案件事实，经过小明及其父母的同意后，侦查人员对小明进行身体检查

C. 侦查人员给小明看了徐某的个人照，小明确认后制作辨认笔录

D. 对徐老师决定拘留后，公安机关为了防止证据灭失，可以在拘留后三天通知其家属

【解析】本题考查的是侦查期间询问、检查、辨认与拘留的有关规定。

A项，根据《刑诉解释》第556条，公安机关、人民检察院、人民法院办理未成年人遭受性侵害或者暴力伤害案件，在询问未成年被害人、证人时，应当采取同步录音录像等措施，尽量一次完成。此外，侦查人员询问证人，可以在现场进行，也可以到证人所在单位、住处或者证人提出的地点进行，在必要的时候，可以（书面、电话或者当场）通知证人到侦查机关提供证言。而侦查机关询问被害人适用询问证人的规定。因此，本案对被害人小明的询问地点与方式均符合法律规定，A项正确。

B项，根据《公安部规定》第217条，为了确定被害人、犯罪嫌疑人的某些特征、伤害情况或者生理状态，可以对人身进行检查。因此，B项正确。

C项，根据《公安部规定》第260条，辨认对象是犯罪嫌疑人的照片的，数量应不少于10张照片，侦查人员只给小明看徐某的照片，违反了辨认原则。因此，C项错误。

D项，根据《公安部规定》第127条，除无法通知或者涉嫌危害国家安全犯罪、恐怖活动犯罪通知可能有碍侦查的情形以外，应当在拘留后24小时以内制作拘留通知书，通知被拘留人的家属。本案中不存在无法通知其家属或者涉嫌危害国家安全犯罪、恐怖活动犯罪的情形，应当在拘留后24小时内通知其家属。因此，D项错误。

---

[1] AB

综上所述，本题答案为 AB。

18. 某地发生了故意杀人的重大刑事案件，公安机关在现场勘验时请了一名见证人甲，关于见证人甲，以下说法正确的有？（多选，2023 仿真题）[1]

A. 庭审中对勘验笔录有疑问的，法院可以通知见证人出庭作证

B. 见证人应当在勘验笔录上签字

C. 见证人甲属于诉讼参与人

D. 见证人有权要求公安机关采取保护措施

【解析】本题考查的是见证人的相关规定。

A 项，根据《刑诉解释》第 136 条："控辩双方申请法庭通知调查人员、侦查人员或者其他人员出庭说明情况，法庭认为有必要的，应当通知有关人员出庭。根据案件情况，法庭可以依职权通知调查人员、侦查人员或者其他人员出庭说明情况。"换言之，只要法院认为有必要，就可以通知任何人出庭作证。故 A 项正确。

B 项，根据《公安部规定》第 216 条，勘查现场，应当拍摄现场照片、绘制现场图，制作笔录，由参加勘查的人和见证人签名。故 B 项正确。

C 项，刑诉中的诉讼参与人指在诉讼过程中，除了公安机关、检察院和法院以外所有依法参与诉讼的公民、法人和其他组织。刑事案件的诉讼参与人有：当事人、法定代理人、诉讼代理人、辩护人、证人、鉴定人和翻译人员，见证人不属于诉讼参与人，故 C 项错误。

D 项，《刑诉解释》第 256 条，证人、鉴定人、被害人因出庭作证，本人或者其近亲属的人身安全面临危险的，人民法院应当采取不公开其真实姓名、住址和工作单位等个人信息，或者不暴露其外貌、真实声音等保护措施。故此，人身保护权的权利主体只包括证人、鉴定人、被害人及上述人员的近亲属，并不包含见证人。故 D 项错误。

综上所述，本题答案为 AB。

第三节　侦查终结

关于侦查程序中的辩护权保障和情况告知，下列哪一选项是正确的？（2012－2－39，单）[2]

A. 辩护律师提出要求的，侦查机关可以听取辩护律师的意见，并记录在案

B. 辩护律师提出书面意见的，可以附卷

C. 侦查终结移送审查起诉时，将案件移送情况告知犯罪嫌疑人或者其辩护律师

D. 侦查终结移送审查起诉时，将案件移送情况告知犯罪嫌疑人及其辩护律师

【解析】A 项，根据《刑事诉讼法》第 161 条规定："在案件侦查终结前，辩护律师提出要求的，侦查机关应当听取辩护律师的意见，并记录在案。辩护律师提出书面意见的，应当附卷。"可知，"可以"听取的表述错误，应为"应当"听取。A 项错误。

B 项，根据上述规定，可知"可以"附卷的表述错误，应为"应当"附卷。B 项错误。

C 项，根据《刑事诉讼法》第 162 条第 1 款规定："公安机关侦查终结的案件，应当做到

---

[1]　AB　[2]　D

犯罪事实清楚，证据确实、充分，并且写出起诉意见书，连同案卷材料、证据一并移送同级人民检察院审查决定；同时将案件移送情况告知犯罪嫌疑人及其辩护律师。"可知，告知犯罪嫌疑人"或者"辩护律师的表述错误，应为"及其"。C项错误。

D项，根据上述规定可知，D项正确。

综上所述，本题答案为D。

第四节　补充侦查与补充调查

关于补充侦查，下列哪些选项是正确的？（2015 - 2 - 70，多）[1]

A. 审查批捕阶段，只有不批准逮捕的，才能通知公安机关补充侦查

B. 审查起诉阶段的补充侦查以两次为限

C. 审判阶段检察院应自行侦查，不得退回公安机关补充侦查

D. 审判阶段法院不得建议检察院补充侦查

【解析】A项，根据《刑事诉讼法》第90条规定："人民检察院对于公安机关提请批准逮捕的案件进行审查后，应当根据情况分别作出批准逮捕或者不批准逮捕的决定。对于批准逮捕的决定，公安机关应当立即执行，并且将执行情况及时通知人民检察院。对于不批准逮捕的，人民检察院应当说明理由，需要补充侦查的，应当同时通知公安机关。"可知，A项正确。

B项，根据《最高检规则》第346条第2款规定："补充调查、补充侦查以二次为限。"可知，B项正确。

C项，根据《最高检规则》第422条第1款规定："在审判过程中，对于需要补充提供法庭审判所必需的证据或者补充侦查的，人民检察院应当自行收集证据和进行侦查，必要时可以要求监察机关或者公安机关提供协助；也可以书面要求监察机关或者公安机关补充提供证据。"可知，C项正确。

D项，根据《刑诉解释》第277条第2款规定："审判期间，被告人提出新的立功线索的，人民法院可以建议人民检察院补充侦查。"可知，D项错误。

综上所述，本题正确答案为ABC。

---

[1]　ABC

第十三章 起 诉

第一节 起诉概述

1. 只要有足够证据证明犯罪嫌疑人构成犯罪，检察机关就必须提起公诉。关于这一制度的法理基础，下列哪一选项是正确的？（2013 – 2 – 36，单）[1]

A. 起诉便宜主义　　　　　　　　B. 起诉法定主义

C. 公诉垄断主义　　　　　　　　D. 私人诉追主义

【解析】A项，起诉便宜主义是指当被告人的行为在具备起诉条件时，是否起诉，由检察官根据被告人及其行为的具体情况以及刑事政策等因素自由裁量。本题不属于起诉便宜主义，A项错误。

B项，起诉法定主义是指只要被告人的行为符合法定起诉条件，检察机关就必须起诉，不享有自由裁量的权力，且不论情节。本题属于起诉法定主义，B项正确。

C项，公诉垄断主义是指刑事案件的起诉权被国家垄断，排除被害人自诉。本题不属于公诉垄断主义，C项错误。

D项，私人诉追主义是指将刑事案件的起诉权归于私人。本题不属于私人诉追主义，D项错误。

综上所述，本题答案为B。

2. 关于我国刑事起诉制度，下列哪些选项是正确的？（2010 – 2 – 70，多）[2]

A. 实行公诉为主、自诉为辅的犯罪追诉机制

B. 公诉为主表明公诉机关可主动干预自诉

C. 实行的起诉原则为起诉法定主义为主，兼采起诉便宜主义

D. 起诉法定为主要求凡构成犯罪的必须起诉

【解析】A项，当今各国对刑事案件起诉权的分配主要有两种做法：一种是起诉独占主义，即起诉权只能由国家专设的专门机关和官员独占（通常是检察机关和检察官），不存在自诉形式，如美国、法国、日本等；另一种是公诉和自诉并存，公诉为主、自诉为辅，我国和俄罗斯、德国、奥地利等国即属于该种做法。A项正确。

B项，公诉和自诉各有各的条件，公诉为主只能说明在我国公诉案件居多，但不能说明公

———————————

诉案件可以干预或者影响自诉案件，B项错误。

C项，在公诉案件中，起诉法定主义，是指凡具有犯罪嫌疑并且具备起诉条件的案件，检察官就必须依职权进行起诉，不能依案件具体情况而自由裁量起诉与否；起诉便宜主义，是指检察官虽认为具备犯罪嫌疑且符合起诉条件，仍可斟酌具体情况决定是否起诉。根据我国相关法律的规定，原则上要求对于符合起诉条件的要一律予以起诉，只是在酌定不起诉中人民检察院才拥有对符合起诉条件的案件斟酌具体情况决定起诉与否的自由裁量权。可知，C项正确。

D项，起诉法定要求凡构成犯罪的必须起诉，但起诉法定"为主"则要求起诉便宜为辅，检察官还是有一定的裁量权的。D项错误。

综上所述，本题答案为AC。

第二节　提起公诉的程序

1. 薛某（15岁）对付某寻衅滋事一案，经公安提请，检察院决定对薛某适用逮捕措施。薛某在侦查阶段拒不认罪认罚，在审查起诉阶段认罪认罚，但是在赔偿方面未与付某达成一致。关于本案，检察院应当如何处理？（2021仿真题）[1]

A. 检察院可以建议法院适用速裁程序进行审理

B. 可积极促成薛某与付某进行刑事和解

C. 应及时对薛某进行羁押必要性审查

D. 检察院对薛某提起量刑建议之后，可以自行开展社会调查

【解析】A项，本案中，犯罪嫌疑人薛某15岁，属于未成年人。根据《最高检规则》第438条第2项规定："具有下列情形之一的，人民检察院不得建议人民法院适用速裁程序：……（二）被告人是未成年人的；……"可知，检察院不得建议法院适用速裁程序审理本案。因此，A项错误。

B项，本案中，薛某涉嫌寻衅滋事，根据《公安部规定》第334条第3项规定："有下列情形之一的，不属于因民间纠纷引起的犯罪案件：……（三）涉及寻衅滋事的；……"可知，本案不属于因民间纠纷引起的犯罪案件。又根据《最高检规则》第492条第1款规定："下列公诉案件，双方当事人可以和解：（一）因民间纠纷引起，涉嫌刑法分则第四章、第五章规定的犯罪案件，可能判处三年有期徒刑以下刑罚的；（二）除渎职犯罪以外的可能判处七年有期徒刑以下刑罚的过失犯罪案件。"可知，本案不属于上述情形之一，不得适用刑事和解程序。因此，B项错误。

C项，根据《最高检规则》第573条规定："犯罪嫌疑人、被告人被逮捕后，人民检察院仍应当对羁押的必要性进行审查。"可知，本案中，检察院在薛某被逮捕后应及时对其进行羁押必要性审查。因此，C项正确。

D项，根据《最高检规则》第461条第1款规定："人民检察院根据情况可以对未成年犯罪嫌疑人的成长经历、犯罪原因、监护教育等情况进行调查，并制作社会调查报告，作为办案和教育的参考。"同时，根据《认罪认罚从宽指导意见》第36条规定："审查起诉阶段的社会

---

[1]　CD

调查。犯罪嫌疑人认罪认罚，人民检察院拟提出缓刑或者管制量刑建议的，可以及时委托犯罪嫌疑人居住地的社区矫正机构进行调查评估，也可以自行调查评估。人民检察院提起公诉时，已收到调查材料的，应当将材料一并移送，未收到调查材料的，应当将委托文书随案移送；在提起公诉后收到调查材料的，应当及时移送人民法院。"因此，D项正确。

综上所述，本题的答案为CD。

2. 检察院审查批准逮捕时，遇有下列哪些情形依法应当讯问犯罪嫌疑人？[1]

A. 侦查机关拘留犯罪嫌疑人36小时以后将其送交看守所羁押

B. 犯罪嫌疑人要求向检察人员当面陈述的

C. 犯罪嫌疑人认罪认罚的

D. 共同犯罪的

【解析】A项，根据《刑事诉讼法》第85条第2款规定："拘留后，应当立即将被拘留人送看守所羁押，至迟不得超过二十四小时。……"根据《刑事诉讼法》第88条第1款第3项规定："人民检察院审查批准逮捕，可以讯问犯罪嫌疑人；有下列情形之一的，应当讯问犯罪嫌疑人：（三）侦查活动可能有重大违法行为的；"拘留36小时后才将犯罪嫌疑人送交看守所羁押的行为违反了第85条第2款的规定，属于第88条第1款第3项情形，应当对其进行讯问，A项正确。

B项，根据《刑事诉讼法》第88条第1款第2项规定："人民检察院审查批准逮捕，可以讯问犯罪嫌疑人；有下列情形之一的，应当讯问犯罪嫌疑人：（二）犯罪嫌疑人要求向检察人员当面陈述的；"可知，B项正确。

C项，根据《最高检规则》第280条第1款第5项规定："人民检察院办理审查逮捕案件，可以讯问犯罪嫌疑人；具有下列情形之一的，应当讯问犯罪嫌疑人：（五）犯罪嫌疑人认罪认罚的；"可知，C项正确。

D项，不属于《刑事诉讼法》第88条第1款、《最高检规则》第280条第1款规定的依法应当讯问的情形，D项错误。

综上所述，本题答案为ABC。

3. 甲、乙共同实施抢劫，该案经两次退回补充侦查后，检察院发现甲在两年前曾实施诈骗犯罪。关于本案，下列哪一选项是正确的？（2016-2-35，单）[2]

A. 应将全案退回公安机关依法处理

B. 对新发现的犯罪自行侦查，查清犯罪事实后一并提起公诉

C. 将新发现的犯罪移送公安机关侦查，待公安机关查明事实移送审查起诉后一并提起公诉

D. 将新发现的犯罪移送公安机关立案侦查，对已查清的犯罪事实提起公诉

【解析】根据《最高检规则》第349条规定："人民检察院对已经退回监察机关二次补充调查或者退回公安机关二次补充侦查的案件，在审查起诉中又发现新的犯罪事实，应当将线索移送监察机关或者公安机关。对已经查清的犯罪事实，应当依法提起公诉。"本题中，检察院发现甲在两年前曾实施诈骗犯罪属于"发现新的犯罪事实"，应当将该犯罪线索移送公安机关，对已查清的犯罪事实提起公诉。D项正确。

---

〔1〕 ABC 〔2〕 D

综上所述，本题答案为 D。

4. 高某涉嫌抢劫犯罪，公安机关经二次补充侦查后将案件移送检察机关，检察机关审查发现高某可能还实施了另一起盗窃犯罪。检察机关关于此案的处理，下列哪一选项是正确的？(2013-2-25，单)[1]

A. 再次退回公安机关补充侦查，并要求在一个月内补充侦查完毕

B. 要求公安机关收集并提供新发现的盗窃犯罪的证据材料

C. 对新发现的盗窃犯罪自行侦查，并要求公安机关提供协助

D. 将新发现的盗窃犯罪移送公安机关另行立案侦查，对已经查清的抢劫犯罪提起公诉

【解析】根据《最高检规则》第349条规定："人民检察院对已经退回监察机关二次补充调查或者退回公安机关二次补充侦查的案件，在审查起诉中又发现新的犯罪事实，应当将线索移送监察机关或者公安机关。对已经查清的犯罪事实，应当依法提起公诉。"本题中，检察机关发现新的犯罪事实，应当移送公安机关立案侦查，如果抢劫罪已查清的，应当依法提起公诉。D项正确。

综上所述，本题答案为 D。

5. 有关单位或个人对于检察院作出不起诉决定不服有权要求救济。下列关于不同单位或个人的救济，表述正确的是？(2022仿真题)[2]

A. 公安机关针对自己移送检察院审查起诉的案件而检察院作出不起诉决定的，可以向作出决定的检察院申请复议

B. 公安机关对复议结果不服的，可以向作出不起诉决定检察院的上一级检察院申请复核

C. 监察机关针对其移送给检察院起诉的案件而检察院作出不起诉决定的，可以向作出决定的检察院申请复议

D. 监察机关对复议结果不服的，可以向作出不起诉决定检察院的上一级检察院申请复核

【解析】A、B项，根据《刑事诉讼法》第179条规定："对于公安机关移送起诉的案件，人民检察院决定不起诉的，应当将不起诉决定书送达公安机关。公安机关认为不起诉的决定有错误的时候，可以要求复议，如果意见不被接受，可以向上一级人民检察院提请复核。"可知，A、B项正确。

C项，根据《监察法》第47条第4款规定："人民检察院对于有《中华人民共和国刑事诉讼法》规定的不起诉的情形的，经上一级人民检察院批准，依法作出不起诉的决定。监察机关认为不起诉的决定有错误的，可以向上一级人民检察院提请复议。"可知，监察机关不服不起诉决定的，应当向上一级检察院而不是作出决定的检察院申请复议，C项错误。

D项，根据上述规定可知监察机关向上一级检察院申请的是复议而不是复核，D项错误。

综上所述，本题答案为 AB。

6. 王某涉嫌盗窃罪被立案侦查。侦查终结后移送检察院审查起诉。因为王某认罪认罚，且案件情节轻微，按照刑法规定不需要判处刑罚，因此检察院对王某作出酌定不起诉的决定。在作出不起诉决定后，王某不积极履行赔礼道歉、赔偿损失等义务，下列关于检察院审查后的处理，说法正确的是？(2022仿真题)[3]

A. 检察院审查后如发现王某的情节显著轻微，危害不大，不认为是犯罪，应撤销原不起

———————

[1] D [2] AB [3] AD

诉决定，依法重新作出不起诉决定

B. 检察院审查后如发现王某没有犯罪事实，应当撤销原不起诉决定，并将案卷材料退回侦查机关，建议其撤销案件

C. 检察院审查后认为案件仍然属于犯罪情节轻微，依照刑法规定不需要判处刑罚或者免除刑罚的，应当维持原不起诉决定

D. 排除认罪认罚因素后，符合起诉条件的，应当根据案件具体情况撤销原不起诉决定，依法对王某提起公诉

【解析】A项，根据《刑事诉讼法》第16条第1项规定："有下列情形之一的，不追究刑事责任，已经追究的，应当撤销案件，或者不起诉，或者终止审理，或者宣告无罪：（一）情节显著轻微、危害不大，不认为是犯罪的；"根据《最高检规则》第278条第1项规定："犯罪嫌疑人认罪认罚，人民检察院依照刑事诉讼法第一百七十七条第二款作出不起诉决定后，犯罪嫌疑人反悔的，人民检察院应当进行审查，并区分下列情形依法作出处理：（一）发现犯罪嫌疑人没有犯罪事实，或者符合刑事诉讼法第十六条规定的情形之一的，应当撤销原不起诉决定，依照刑事诉讼法第一百七十七条第一款的规定重新作出不起诉决定；"可知，A项正确。

B项，根据上述规定可知，检察院撤销原不起诉决定后，应当依法重新作出法定不起诉决定，而非退回侦查机关并建议撤销案件。B项错误。

C项，根据《最高检规则》第278条第2项规定，犯罪嫌疑人犯罪情节轻微，依照刑法不需要判处刑罚或者免除刑罚的，可以维持原不起诉决定。可知，"应当"维持原不起诉决定的表述错误，应为"可以"维持。C项错误。

D项，根据《最高检规则》第278条第3项规定，排除认罪认罚因素后，符合起诉条件的，应当根据案件具体情况撤销原不起诉决定，依法提起公诉。可知，D项正确。

综上所述，本题答案为AD。

7. 小甲（17周岁）和乙为父子，因生活所迫，小甲在乙的教唆下贩卖淫秽物品牟利，两人后来被公安机关立案侦查并采取强制措施，小甲被取保候审，乙被批准逮捕，关于本案的处理，下列哪一选项是正确的？（2019仿真题）[1]

A. 若公安机关对小甲和乙都提请批准逮捕，检察院在对小甲和乙审查批捕时均应当进行讯问

B. 案件移送审查起诉后，检察院对小甲可以决定适用附条件不起诉，并要求其在考察期间不得进入娱乐场所

C. 因小甲是未成年人，本案分案起诉后应由不同的审判组织进行审理

D. 检察院在对小甲作出附条件不起诉的决定之前应征得被害人的同意

【解析】A项，根据《最高检规则》第280条第1款规定："人民检察院办理审查逮捕案件，可以讯问犯罪嫌疑人；具有下列情形之一的，应当讯问犯罪嫌疑人：（一）对是否符合逮捕条件有疑问的；（二）犯罪嫌疑人要求向检察人员当面陈述的；（三）侦查活动可能有重大违法行为的；（四）案情重大、疑难、复杂的；（五）犯罪嫌疑人认罪认罚的；（六）犯罪嫌疑人系未成年人的；（七）犯罪嫌疑人是盲、聋、哑人或者是尚未完全丧失辨认或者控制自己行为能力的精神病人的。"本案小甲与乙均不属于该条所规定的"应当讯问"的情形，A项

---

[1] B

错误。

B项，根据《最高检规则》第476条第3项规定："人民检察院可以要求被附条件不起诉的未成年犯罪嫌疑人接受下列矫治和教育：（三）不得进入特定场所，与特定的人员会见或者通信，从事特定的活动；"可知，B项正确。

C项，根据《刑诉解释》第551条第1款规定："对分案起诉至同一人民法院的未成年人与成年人共同犯罪案件，可以由同一个审判组织审理；不宜由同一个审判组织审理的，可以分别审理。"由于本案不存在不宜由同一审判组织审理的情形，因此"可以"由同一个审判组织审理，而非"应当"由不同的审判组织审理。C项错误。

D项，根据《最高检规则》第469条第2款规定："人民检察院在作出附条件不起诉的决定以前，应当听取公安机关、被害人、未成年犯罪嫌疑人及其法定代理人、辩护人的意见，并制作笔录附卷。"可知，检察院在对小甲作出附条件不起诉的决定之前只需听取被害人的意见，而无需征得其同意。D项错误。

综上所述，本题答案为B。

8. 叶某涉嫌飞车抢夺行人财物被立案侦查。移送审查起诉后，检察院认为实施该抢夺行为的另有其人。关于本案处理，下列哪一选项是正确的？（2017－2－32，单）[1]

A. 检察院可将案卷材料退回公安机关并建议公安机关撤销案件

B. 在两次退回公安机关补充侦查后，检察院应作出证据不足不起诉的决定

C. 检察院作出不起诉决定后，被害人不服向法院提起自诉，法院受理后，不起诉决定视为自动撤销

D. 如最高检察院认为对叶某的不起诉决定确有错误的，可直接撤销不起诉决定

【解析】A、B项，根据《最高检规则》第365条第2款规定："对于犯罪事实并非犯罪嫌疑人所为，需要重新调查或者侦查的，应当在作出不起诉决定后书面说明理由，将案卷材料退回监察机关或者公安机关并建议重新调查或者侦查。"可知，本题中检察院将案件退回公安机关后，应当建议公安机关"重新侦查"，而非"撤销案件"或"补充侦查"。A、B项错误。

C项，根据《最高检规则》第384条规定："人民检察院收到人民法院受理被害人对被不起诉人起诉的通知后，应当终止复查，将作出不起诉决定所依据的有关案卷材料移送人民法院。"可知，不起诉决定不会因为被害人提起自诉而自动撤销。C项错误。

D项，根据《最高检规则》第389条规定："最高人民检察院对地方各级人民检察院的起诉、不起诉决定，上级人民检察院对下级人民检察院的起诉、不起诉决定，发现确有错误的，应当予以撤销或者指令下级人民检察院纠正。"可知，最高检有权直接撤销地方各级检察院作出的不起诉决定，D项正确。

综上所述，本题答案为D。

9. 甲、乙、丙、丁四人涉嫌多次结伙盗窃，公安机关侦查终结移送审查起诉后，甲突然死亡。检察院审查后发现，甲和乙共同盗窃1次，数额未达刑事立案标准；乙和丙共同盗窃1次，数额刚达刑事立案标准；甲、丙、丁三人共同盗窃1次，数额巨大，但经两次退回公安机关补充侦查后仍证据不足；乙对其参与的2起盗窃有自首情节。关于本案，下列哪一选项是正确的？（2015－2－33，单）[2]

---

[1] D [2] D

A. 对甲可作出酌定不起诉决定　　　B. 对乙可作出法定不起诉决定

C. 对丙应作出证据不足不起诉决定　　D. 对丁应作出证据不足不起诉决定

【解析】A项，根据《刑事诉讼法》第16条第5项规定："有下列情形之一的，不追究刑事责任，已经追究的，应当撤销案件，或者不起诉，或者终止审理，或者宣告无罪：（五）犯罪嫌疑人、被告人死亡的；"本案中，犯罪嫌疑人甲死亡，检察院应当对其作出法定不起诉决定。A项错误。

B项，乙共盗窃2次，第一次数额未达刑事立案标准，符合《刑事诉讼法》第16条第1项规定的"情节显著轻微、危害不大，不认为是犯罪"，属于法定不起诉情形；第二次数额已经达到刑事立案标准，已经构成犯罪，不得再单独对乙作出法定不起诉的决定，B项错误。

C项，丙共盗窃2次，第一次数额刚达刑事立案标准，符合《刑事诉讼法》第177条第2款规定的"犯罪情节轻微，依照刑法规定不需要判处刑罚或者免除刑罚"，属于酌定不起诉情形；第二次盗窃符合《刑事诉讼法》第175条第4款规定的"对于二次补充侦查的案件，人民检察院仍然认为证据不足，不符合起诉条件的，应当作出不起诉的决定"，属于证据不足不起诉情形。此时不得单独作出证据不足不起诉的决定，C项错误。

D项，符合《刑事诉讼法》第175条第4款规定的"对于二次补充侦查的案件，人民检察院仍然认为证据不足，不符合起诉条件的，应当作出不起诉的决定"，属于证据不足不起诉情形。检察院应当直接对丁作出证据不足不起诉决定，D项正确。

综上所述，本题答案为D。

10. 检察院对孙某敲诈勒索案审查起诉后认为，作为此案关键证据的孙某口供系刑讯所获，依法应予排除。在排除该口供后，其他证据显然不足以支持起诉，因而作出不起诉决定。关于该案处理，下列哪一选项是错误的？（2014－2－35，单）[1]

A. 检察院的不起诉属于存疑不起诉

B. 检察院未经退回补充侦查即作出不起诉决定违反《刑事诉讼法》的规定

C. 检察院排除刑讯获得的口供，体现了法律监督机关的属性

D. 检察院不起诉后，又发现新的证据，符合起诉条件时，可提起公诉

【解析】A项，存疑不起诉是指根据《刑事诉讼法》第175条第4款规定："对于二次补充侦查的案件，人民检察院仍然认为证据不足，不符合起诉条件的，应当作出不起诉的决定。"可知，A项正确。

B项，对于证据不足不起诉，根据《最高检规则》第73条第1款规定："人民检察院经审查认定存在非法取证行为的，对该证据应当予以排除，其他证据不能证明犯罪嫌疑人实施犯罪行为的，应当不批准或者决定逮捕。已经移送起诉的，可以依法将案件退回监察机关补充调查或者退回公安机关补充侦查，或者作出不起诉决定。被排除的非法证据应当随案移送，并写明为依法排除的非法证据。"可知，检察机关直接作出不起诉决定不违反《最高检规则》规定，B项错误。

C项，检察机关是我国的法律监督机关，有权对侦查行为的合法性进行监督。C项正确。

D项，根据《最高检规则》第369条规定："人民检察院根据刑事诉讼法第一百七十五条第四款规定决定不起诉的，在发现新的证据，符合起诉条件时，可以提起公诉。"可知，D项正确。

---

[1] B

综上所述，本题答案为 B。

11. 被害人对于检察院作出不起诉决定不服而在 7 日内提出申诉时，下列哪一说法是正确的？(2011－2－31，单)[1]

A. 由作出决定的检察院受理被害人的申诉

B. 由与作出决定的检察院相对应的法院受理被害人的申诉

C. 被害人提出申诉同时又向法院起诉的，法院应裁定驳回起诉

D. 被害人提出申诉后又撤回的，仍可向法院起诉

【解析】A、B 项，根据《刑事诉讼法》第 180 条规定："对于有被害人的案件，决定不起诉的，人民检察院应当将不起诉决定书送达被害人。被害人如果不服，可以自收到决定书后七日以内向上一级人民检察院申诉，请求提起公诉。……"可知，受理被害人申诉的法院应为作出不起诉决定的上一级检察院。A、B 项错误。

C、D 项，根据《刑事诉讼法》第 180 条规定："……对人民检察院维持不起诉决定的，被害人可以向人民法院起诉。被害人也可以不经申诉，直接向人民法院起诉。人民法院受理案件后，人民检察院应当将有关案件材料移送人民法院。"可知，被害人申诉与自诉之间没有前后顺序问题，因此，法院不得因被害人同时提出了申诉而裁定驳回其起诉，被害人撤回申诉后仍可以向法院提起自诉。C 项错误，D 项正确。

综上所述，本题答案为 D。

12. 甲醉酒后骑乘电动自行车与行人乙相撞，被公安机关以危险驾驶罪移送检察院审查起诉。下列选项中，检察院应当作出存疑不起诉决定的是？(2022 仿真题)[2]

A. 甲辩称知道醉酒不能开车但是不知道不能骑电动自行车

B. 甲的血液样本被污染

C. 能证明甲骑车时路段人稀少，检察院可以侦查后决定

D. 能证明甲骑的电动车属于非机动车

【解析】存疑不起诉也称为证据不足不起诉，具体规定为《最高检规则》第 368 条："具有下列情形之一，不能确定犯罪嫌疑人构成犯罪和需要追究刑事责任的，属于证据不足，不符合起诉条件：(一) 犯罪构成要件事实缺乏必要的证据予以证明的；(二) 据以定罪的证据存在疑问，无法查证属实的；(三) 据以定罪的证据之间、证据与案件事实之间的矛盾不能合理排除的；(四) 根据证据得出的结论具有其他可能性，不能排除合理怀疑的；(五) 根据证据认定案件事实不符合逻辑和经验法则，得出的结论明显不符合常理的。"

A 项，甲的辩称属于违法性认识错误。行为人实施了犯罪行为，即便其认为该行为是合法的，原则上不能阻却行为的犯罪性，在符合起诉条件的情况下，检察机关可依法提起公诉，不属于证据不足不起诉的情形。因此，A 项错误。

B 项，根据《刑诉解释》第 98 条第 3 项的规定："鉴定意见具有下列情形之一的，不得作为定案的根据：(三) 送检材料、样本来源不明，或者因污染不具备鉴定条件的；"可知，甲的血液样本被污染的，属于送检样本因污染不具备鉴定条件，据此作出的鉴定意见应当直接排除，不得作为定案的根据。进而无法确定甲案发时是否为醉酒状态，属于《最高检规则》第 368 条第 1 项规定的情形，即犯罪构成要件事实缺乏必要的证据予以证明的，检察机关依法应

---

[1] D　[2] B

当作出存疑不起诉决定。因此，B项正确。

C项，危险驾驶罪属于抽象危险犯，要求足以危害不特定多数人的生命健康安全和公共财产安全。如果能证明甲骑车时路段人稀少，对公共安全的危险系数小，犯罪情节轻微，根据《刑事诉讼法》第177条第2款的规定："对于犯罪情节轻微，依照刑法规定不需要判处刑罚或者免除刑罚的，人民检察院可以作出不起诉决定。"可知，此时检察院可以依据案情作出酌定不起诉决定。因此，C项错误。

D项，根据《刑法》第133条之一第1款第2项的规定："在道路上驾驶机动车，有下列情形之一的，处拘役，并处罚金：（二）醉酒驾驶机动车的；"可知，危险驾驶罪的成立要件之一为"驾驶机动车"，若能证明甲骑的电动车属于非机动车，则甲不成立犯罪。根据《刑事诉讼法》第177条第1款的规定："犯罪嫌疑人没有犯罪事实，或者有本法第十六条规定的情形之一的，人民检察院应当作出不起诉决定。"可知，此时检察院应当作出法定不起诉决定，而非存疑不起诉。因此，D项错误。

综上所述，本题答案为B。

13. 甲涉嫌贪污罪，在留置期间认罪认罚，积极退赃。关于本案，下列哪些说法是正确的？（2021仿真题）[1]

A. 移送审查起诉期间，如检察院决定取保候审，留置措施自动解除

B. 该案需指定审判管辖时，应由检察院与同级法院协商确定

C. 监察机关可以提出从宽处罚的建议

D. 检察院应当在接到监察机关移送的案件之日起3日内告知甲有权委托辩护人

【解析】A项，根据《最高检规则》第142条的规定："对于监察机关移送起诉的已采取留置措施的案件，人民检察院应当在受理案件后，及时对犯罪嫌疑人作出拘留决定，交公安机关执行。执行拘留后，留置措施自动解除。"题干中已说明监察机关调查期间已对甲采取留置，因此案件移送检察院时，检察院应当先行拘留，一旦对甲采取拘留，留置自动解除。因此，A项错误。

B项，根据《最高检规则》第329条的规定："监察机关移送起诉的案件，需要依照刑事诉讼法的规定指定审判管辖的，人民检察院应当在监察机关移送起诉二十日前协商同级人民法院办理指定管辖有关事宜。"因此，B项正确。

C项，根据《监察法》第31条规定："涉嫌职务犯罪的被调查人主动认罪认罚，有下列情形之一的，监察机关经领导人员集体研究，并报上一级监察机关批准，可以在移送人民检察院时提出从宽处罚的建议：（一）自动投案，真诚悔罪悔过的；（二）积极配合调查工作，如实供述监察机关还未掌握的违法犯罪行为的；（三）积极退赃，减少损失的；（四）具有重大立功表现或者案件涉及国家重大利益等情形的。"本题中甲在留置期间认罪认罚且积极退赃，符合该法第31条的规定，监察机关可以提出从宽处罚的建议。因此，C项正确。

D项，根据《最高检规则》第145条规定："人民检察院应当自收到移送起诉的案卷材料之日起三日以内告知犯罪嫌疑人有权委托辩护人。对已经采取留置措施的，应当在执行拘留时告知。"本题中检察院应当对甲在执行拘留时告知，而非收到材料之日起3日内。因此，D项错误。

综上所述，本题答案为BC。

---

[1] BC

第十四章　刑事审判概述

第一节　刑事审判的原则

1. 评议前因特殊原因合议庭部分成员不能继续履职，需要重新开庭，以下说法正确的是？（2021仿真题）[1]

A. 体现了集中审理原则　　　　　B. 合议庭成员全部更换

C. 体现直接原则　　　　　　　　D. 应该重新审判

【解析】AD项，A项集中审理原则的含义是法院开庭审理案件，应在不更换审判人员的条件下连续进行，不得中断审理。集中审理原则的主要要求有：（1）每起案件自始至终由同一法庭进行审判；（2）法庭成员不可更换，对于法庭成员因故不能继续参加审理的，应由始终在场的候补法官、候补陪审员替换；（3）集中证据调查与法庭辩论；（4）庭审不中断并迅速作出裁判。D项，根据《刑诉解释》第301条规定："庭审结束后、评议前，部分合议庭成员不能继续履行审判职责的，人民法院应当依法更换合议庭组成人员，重新开庭审理。"本题中评议前合议庭部分成员不能继续履职的，更换合议庭组成人员后应重新开庭，作出裁判。因此，AD项正确。

B项，合议庭部分成员不能继续履职的，只需更换部分新的合议庭成员即可，无需全部更换。因此，B项错误。

C项，直接原则包括直接审理原则和直接采证原则，是指法官必须与诉讼参与人直接接触，直接审查案件事实材料和证据。直接原则与本题无关，因此，C项错误。

综上所述，本题答案为AD。

2. 下列哪一选项属于两审终审制的例外？（2017-2-33，单）[2]

A. 自诉案件的刑事调解书经双方当事人签收后，即具有法律效力，不得上诉

B. 地方各级法院的第一审判决，法定期限内没有上诉、抗诉，期满即发生法律效力

C. 在法定刑以下判处刑罚的判决，报请最高法院核准后生效

D. 法院可通过再审，撤销或者改变已生效的二审判决

【解析】两审终审制是指一个案件最多经过两级法院审判即告终结，不得上诉和提出二审抗诉。

---

[1]　AD　[2]　C

A项，根据《刑诉解释》第328条第1款规定："人民法院审理自诉案件，可以在查明事实、分清是非的基础上，根据自愿、合法的原则进行调解。调解达成协议的，应当制作刑事调解书，由审判人员、法官助理、书记员署名，并加盖人民法院印章。调解书经双方当事人签收后，即具有法律效力。调解没有达成协议，或者调解书签收前当事人反悔的，应当及时作出判决。"两审终审制的前提是案件需经过审判，而自诉案件中的调解虽然是一调终局，但没有经过审判。A项错误。

B项，二审判决在上诉、抗诉期限届满后生效，没有违反两审终审制，不是两审终审制的例外。B项错误。

C项，根据《刑诉解释》第414条规定："报请最高人民法院核准在法定刑以下判处刑罚的案件，应当按照下列情形分别处理：（一）被告人未上诉、人民检察院未抗诉的，在上诉、抗诉期满后三日以内报请上一级人民法院复核。上级人民法院同意原判的，应当书面层报最高人民法院核准；不同意的，应当裁定发回重新审判，或者按照第二审程序提审；（二）被告人上诉或者人民检察院抗诉的，上一级人民法院维持原判，或者改判后仍在法定刑以下判处刑罚的，应当依照前项规定层报最高人民法院核准。"可知，C项属于两审终审制的例外，正确。

D项，审判监督程序的对象是已经发生法律效力的判决、裁定，不是两审终审制的例外。D项错误。

综上所述，本题答案为C。

3. 我国刑事审判模式正处于由职权主义走向控辩式的改革过程之中，2012年《刑事诉讼法》修改内容中，下列哪一选项体现了这一趋势？（2015－2－34，单）[1]

A. 扩大刑事简易程序的适用范围　　B. 延长第一审程序的审理期限
C. 允许法院强制证人出庭作证　　D. 增设当事人和解的公诉案件诉讼程序

【解析】控辩式刑事审判模式有以下几点要求：（1）庭前审查由实体性审查改为程序性审查；（2）强化控方的举证责任和辩方的辩护职能，弱化法官的事实调查功能；（3）扩大辩护方的权利范围，强化庭审的对抗性。

A、B、D项，未能直接体现上述控辩式刑事审判模式的特点。A、B、D项错误。

C项，根据《刑诉解释》第251条："为查明案件事实、调查核实证据，人民法院可以依职权通知证人、鉴定人、有专门知识的人、调查人员、侦查人员或者其他人员出庭。"法院强制证人出庭的目的就是保障控辩双方与证人的质证权，强化控辩双方的积极对抗，体现了控辩式刑事审判模式的要求，C项正确。

综上所述，本题答案为C。

4. 刑事审判具有亲历性特征。下列哪一选项不符合亲历性要求？（2014－2－36，单）[2]

A. 证人因路途遥远无法出庭，采用远程作证方式在庭审过程中作证

B. 首次开庭并对出庭证人的证言质证后，某合议庭成员因病无法参与审理，由另一人民陪审员担任合议庭成员继续审理并作出判决

C. 某案件独任审判员在公诉人和辩护人共同参与下对部分证据进行庭外调查核实

D. 第二审法院对决定不开庭审理的案件，通过讯问被告人，听取被害人、辩护人和诉讼代理人的意见进行审理

---

〔1〕　C　〔2〕　B

【解析】刑事审判的亲历性也可以被表述为直接言词原则和集中审理原则，即案件的审判者在时间维度上必须全程参与办案，在参与程度上必须亲自参与办案，审查所有证据，对案件作出判决须以充分听取控辩双方的意见为前提。

A 项，证人本人虽未在物理意义上到庭，但通过网络远程作证，他仍能参与法庭审理、接受诉讼各方的询问，因此符合亲历性要求。A 项正确。

B 项，另一人民陪审员在案件审理中途加入合议庭，对加入之前的审理不具有亲历性，违背了集中审理原则。B 项错误。

C 项，虽然法官是庭外调查，但却是在公诉人和辩护人共同参与下进行的，因此符合亲历性要求。C 项正确。

D 项，虽然法官不开庭审理，但法官仍然讯问被告人，听取被害人、辩护人和诉讼代理人的意见，因此符合亲历性的要求。D 项正确。

综上所述，本题答案为 B。

5. 开庭审判过程中，一名陪审员离开法庭处理个人事务，辩护律师提出异议并要求休庭，审判长予以拒绝，四十分钟后陪审员返回法庭继续参与审理。陪审员长时间离开法庭的行为违背下列哪一审判原则？（2013 - 2 - 37，单）[1]

A. 职权主义原则
B. 证据裁判规则
C. 直接言词原则
D. 集中审理原则

【解析】A 项，我国的审判原则包括：（1）公开审理原则；（2）直接言词原则；（3）辩论原则；（4）集中审理原则。职权主义原则是指法官在审判程序中居于主导和控制地位，控辩双方的发言需要服从法官指挥的审判原则。该原则不是我国的审判原则。A 项错误。

B 项，证据裁判规则是指对于诉讼中案件事实的认定，只能依据有关的证据进行，没有证据就不得认定案件事实。"证据裁判"与"自由心证"是我国两大证据原则，而非审判原则，B 项错误。

C 项，陪审员在离开法庭的这段时间内无法直接参与案件的审理，直接审查判断证据，并直接询问控辩双方，这违背了直接言词原则的要求。C 项正确。

D 项，集中审理原则强调"不换人、不换庭、不中断"。本案中一名陪审员离开法庭，但合议庭其他成员没有更换，庭审也没有中断，因此没有违反集中审理原则。D 项错误。

综上所述，本题答案为 C。

6. 审判长在法庭审理过程中突发心脏病，无法继续参与审判，需在庭外另行指派其他审判人员参加审判。法院院长的下列哪一做法是正确的？（2011 - 2 - 32，单）[2]

A. 指派一名陪审员担任审判长重新审理
B. 指派一名审判员担任审判长继续审理
C. 指派一名陪审员并指定原合议庭一名审判员担任审判长继续审理
D. 指定一名审判员担任审判长重新审理

【解析】A 项，根据《人民陪审员法》第 14 条规定："人民陪审员和法官组成合议庭审判案件，由法官担任审判长，可以组成三人合议庭，也可以由法官三人与人民陪审员四人组成七人合议庭。"可知，陪审员不能担任审判长，A 项错误。

---

[1] C [2] D

B、C、D项，集中审理原则要求法院开庭审理案件应在不更换审判人员的条件下连续进行，不得中断审理。如庭审因不可抗拒原因导致中断的，在更换审判人员后应当重新进行审理，不能继续审理。因此，B、C项错误，D项正确。

综上所述，本题答案为D。

7. 《刑事诉讼法》规定，未成年人犯罪的案件一律或一般不公开审理。关于该规定中未成年人"年龄"的理解，下列哪一选项是正确的？（2010－2－30，单）[1]

A. 张某被采取强制措施时十七岁，不应当公开审理

B. 李某在审理时十五岁，不应当公开审理

C. 钱某犯罪时十六岁，不应当公开审理

D. 赵某被立案时十八岁，不应当公开审理

【解析】 根据《刑事诉讼法》第285条规定："审判的时候被告人不满十八周岁的案件，不公开审理。但是，经未成年被告人及其法定代理人同意，未成年被告人所在学校和未成年人保护组织可以派代表到场。"

A、C项，张某和钱某虽未满18周岁，但均不是在审判时的年龄。A、C项错误。

B项，李某在审理时未满18周岁，不得公开审理。B项正确。

D项，赵某被立案时已年满18周岁，审判时也已属于成年人，应当公开审理。D项错误。

综上所述，本题正确答案为B。

8. 下列哪些选项体现了集中审理原则的要求？（2010－2－73，多）[2]

A. 案件一旦开始审理即不得更换法官

B. 法庭审理应不中断地进行

C. 更换法官或者庭审中断时间较长的，应当重新进行审理

D. 法庭审理应当公开进行

【解析】 A、B项，集中审理原则是指，法院开庭审理案件应在不更换审判人员的条件下连续进行，不得中断审理。集中审理原则的内容主要包括：（1）不换庭，也即一个案件组成一个审判庭进行审理；（2）不换人，也即法庭成员不可更换；（3）不中断，也即集中证据调查与法庭辩论；（4）庭审不中断并迅速作出裁判。可知，A、B项正确。

C项，重新进行审理能够保证后续庭审的不中断。C项正确。

D项，属于公开审判原则，不属于集中审理原则。D项错误。

综上所述，本题答案为ABC。

第一节　审判组织

1. 下列哪些情形下，合议庭成员不承担责任？（2013－2－73，多）[3]

A. 发现了新的无罪证据，合议庭作出的判决被改判的

B. 合议庭认为审前供述虽非自愿，但能够与其他证据相印证，因此予以采纳，该供述后来被上级法院排除后而改判的

C. 辩护方提出被告人不在犯罪现场的线索和证据材料，合议庭不予调查，作出有罪判决而被改判无罪的

D. 合议庭对某一事实的认定以生效的民事判决为依据，后来该民事判决被撤销，导致刑事判决发回重审的

【解析】根据《关于进一步加强合议庭职责的若干规定》第10条规定："……合议庭审理案件有下列情形之一的，合议庭成员不承担责任：……（二）因对案件事实和证据认识上的偏差而导致案件被改判或者发回重审的；（三）因新的证据而导致案件被改判或者发回重审的；……（五）因裁判所依据的其他法律文书被撤销或变更而导致案件被改判或者发回重审的；……"

A项，符合上述第3项情形，A项正确。

B项，符合上述第2项情形，B项正确。

D项，符合上述第5项情形，D项正确。

C项，根据《人民法院审判人员违法审判责任追究办法（试行）》第2条规定："人民法院审判人员在审判、执行工作中，故意违反与审判工作有关的法律、法规，或者因过失违反与审判工作有关的法律、法规造成严重后果的，应当承担违法审判责任。"第9条进一步规定了审判人员违法审判责任的追究范围："依职权应当对影响案件主要事实认定的证据进行鉴定、勘验、查询、核对，或者应当采取证据保全措施而故意不进行，导致裁判错误的。"可知，合议庭对于辩护人提出的线索和证据材料不予调查导致裁判错误，合议庭成员应当承担责任，C项错误。

综上所述，本题答案为ABD。

2. 某市法院审理本市第一起醉酒驾车刑事案件。下列哪一说法是正确的？（2011－2－34，单）[1]

A. 审判长可以提请庭长组织相关审判人员共同讨论

B. 法院院长可以主动组织相关审判人员共同讨论并作出决定

C. 庭长按照规定组织相关审判人员共同讨论形成的意见对合议庭有约束力

D. 法院院长可以指令庭长组织相关审判人员共同讨论

【解析】A项，根据《关于进一步加强合议庭职责的若干规定》第7条第1款第1项规定："……下列案件可以由审判长提请院长或者庭长决定组织相关审判人员共同讨论，合议庭成员应当参加：（一）重大、疑难、复杂或者新类型的案件；"本案中，醉酒驾车犯罪属于新类型的案件，符合该项情形，A项正确。

B、D项，根据上述规定，只能由审判长提请院长或者庭长决定审判人员共同讨论，不能由法院院长主动组织或者指令共同讨论，B、D项错误。

C项，根据《关于进一步加强合议庭职责的若干规定》第7条第2款规定："上述案件的讨论意见供合议庭参考，不影响合议庭依法作出裁判。"可知，C项错误。

综上所述，本题答案为A。

3. 根据最高人民法院《关于进一步加强合议庭职责的若干规定》，关于合议庭，下列哪些说法是正确的？（2010－2－72，多）[2]

A. 合议庭是法院的基本审判组织，由审判员和人民陪审员随机组成

B. 合议庭成员因对案件事实和证据认识上的偏差而导致案件被改判或者发回重审的不承担责任

C. 合议庭成员因法律修订或者政策调整而导致案件被改判或者发回重审的不承担责任

D. 开庭审理时，合议庭成员从事与该庭审无关的活动，当事人提出异议合议庭不纠正的，当事人可以要求延期审理，并将有关情况记入庭审笔录。

【解析】 A项，根据《人民法院组织法》第30条第1款规定："合议庭由法官组成，或者由法官和人民陪审员组成，成员为三人以上单数。"可知，合议庭并不必然由审判员和人民陪审员共同组成，审判员也可单独组成合议庭。A项错误。

B、C项，根据《关于进一步加强合议庭职责的若干规定》第10条第2项、第4项规定："……合议庭审理案件有下列情形之一的，合议庭成员不承担责任：……（二）因对案件事实和证据认识上的偏差而导致案件被改判或者发回重审的；……（四）因法律修订或者政策调整而导致案件被改判或者发回重审的；"可知，B、C项正确。

D项，根据《关于进一步加强合议庭职责的若干规定》第5条规定："开庭审理时，合议庭全体成员应当共同参加，不得缺席、中途退庭或者从事与该庭审无关的活动。合议庭成员未参加庭审、中途退庭或者从事与该庭审无关的活动，当事人提出异议的，应当纠正。合议庭仍不纠正的，当事人可以要求休庭，并将有关情况记入庭审笔录。"可知，当事人可以要求"休庭"而非"延期审理"。D项错误。

综上所述，本题答案为BC。

4. 下列关于发回重审后的审判组织，说法正确的是？（单，2023仿真题）[1]

A. 发回重审后原一审法官和书记员应当回避

B. 发回重审后可以适用独任制，但是原一审法官可以回避

C. 发回重审后，原一审法官应回避，原一审人民陪审员可以参与

D. 发回重审后应由3名法官和4名陪审员组成七人合议庭审理

【解析】 本题考查的是回避制度、合议庭组成。

ABC项，根据《刑事诉讼法》第239条规定，发回重新审判的案件，应当另行组成【合议庭】，且发回重审和再审均不适用独任庭。合议庭由【法官】或者由【法官和人民陪审员】组成。另行组成合议庭的含义为组成原合议庭的所有法官，以及参与原案审理的法官助理、书记员等审判辅助人员，均不得参与后案的办理工作。因此，BC错误，A选项说法正确。

D项，发回重审应当另组新合议庭，可能按照一审，也可能按照二审程序组成合议庭。因此，发回重审后可能是3人庭、5人庭或7人庭，不是必须组成7人合议庭。D项错误。

综上所述，本题答案为A项。

---

[1] A

第三节　人民陪审员制度

1. 关于人民陪审员制度，下列说法正确的是？（2020仿真题）[1]

A. 甲省高级人民法院审判案件由人民陪审员参加合议庭审判的，在其所在地的基层人民法院的人民陪审员名单中随机抽取确定。

B. 乙市中级人民法院审理张三可能判死刑的案件，有人民陪审员参加的，可以组成3人合议庭，也可以由法官3人与人民陪审员4人组成7人合议庭。

C. 丙区基层法院审理李四盗窃一案，由人民陪审员与法官组成三人合议庭进行审理，人民陪审员对事实认定、法律适用，独立发表意见，行使表决权。

D. 丁市中级人民法院审理一起死刑案件，由人民陪审员与法官7人组成合议庭，人民陪审员对事实认定、法律适用，独立发表意见，行使表决权。

【解析】A项，根据《人民陪审员法》第19条第2款规定："中级人民法院、高级人民法院审判案件需要由人民陪审员参加合议庭审判的，在其辖区内的基层人民法院的人民陪审员名单中随机抽取确定。"可知，"所在地"的表述错误，应为"辖区内"。A项错误。

B项，根据《人民陪审员法》第16条第1项规定："人民法院审判下列第一审案件，由人民陪审员和法官组成七人合议庭进行：（一）可能判处十年以上有期徒刑、无期徒刑、死刑，社会影响重大的刑事案件；"可知，本案一审可能对张三判处死刑，应当由人民陪审员和法官组成7人合议庭进行审理，不得组成3人合议庭。B项错误。

C项，根据《人民陪审员法》第21条规定："人民陪审员参加三人合议庭审判案件，对事实认定、法律适用，独立发表意见，行使表决权。"可知，C项正确。

D项，根据《人民陪审员法》第22条规定："人民陪审员参加七人合议庭审判案件，对事实认定，独立发表意见，并与法官共同表决；对法律适用，可以发表意见，但不参加表决。"可知，人民陪审员在7人合议庭中不得参与法律适用部分的表决。D项错误。

综上所述，本题答案为C。

2. 罗某作为人民陪审员参与D市中级法院的案件审理工作。关于罗某的下列哪一说法是正确的？（2015-2-35，单）[2]

A. 担任人民陪审员，必须经D市人大常委会任命

B. 同法官享有同等权利，也能担任合议庭审判长

C. 可参与中级法院二审案件审理，并对事实认定、法律适用独立行使表决权

D. 可要求合议庭将案件提请院长决定是否提交审委会讨论决定

【解析】A项，根据《人民陪审员法》第10条规定："司法行政机关会同基层人民法院，从通过资格审查的人民陪审员候选人名单中随机抽选确定人民陪审员人选，由基层人民法院院长提请同级人民代表大会常务委员会任命。"可知，罗某由基层人大常委会任命即可。A项错误。

B项，根据《人民陪审员法》第2条第2款规定："人民陪审员依照本法产生，依法参加

人民法院的审判活动，除法律另有规定外，同法官有同等权利。"根据《人民陪审员法》第14条规定："人民陪审员和法官组成合议庭审判案件，由法官担任审判长，……"可知，陪审员和法官享有同等权利的表述正确，能够担任审判长的表述错误。B项错误。

C项，根据《人民陪审员法》第15条第1款规定："人民法院审判第一审刑事、民事、行政案件，有下列情形之一的，由人民陪审员和法官组成合议庭进行：（一）涉及群体利益、公共利益的；（二）人民群众广泛关注或者其他社会影响较大的；（三）案情复杂或者有其他情形，需要由人民陪审员参加审判的。"可知，人民陪审员只能参加第一审案件的审理，无权参加第二审案件的审理。C项错误。

D项，根据《人民陪审员法》第23条规定："合议庭评议案件，实行少数服从多数的原则。人民陪审员同合议庭其他组成人员意见分歧的，应当将其意见写入笔录。合议庭组成人员意见有重大分歧的，人民陪审员或者法官可以要求合议庭将案件提请院长决定是否提交审判委员会讨论决定。"可知，D项正确。

综上所述，本题答案为D。

3. 关于我国人民陪审员制度与一些国家的陪审团制度存在的差异，下列哪一选项是正确的？（2013－2－26，单）[1]

A. 人民陪审员制度目的在于协助法院完成审判任务，陪审团制度目的在于制约法官

B. 人民陪审员与法官行使相同职权，陪审团与法官存在职权分工

C. 人民陪审员在成年公民中随机选任，陪审团从有选民资格的人员中聘任

D. 是否适用人民陪审员制度取决于当事人的意愿，陪审团适用于所有案件

【解析】A项，我国人民陪审员制度目的不在于"协助"法院完成审判任务，而是和法官"共同"完成审判任务，合作解决被告人的刑事责任问题。陪审团的目的在于制约法官权力，减少法官滥用定罪权的可能性，将定罪权牢牢掌握在人民手中。A项错误。

B项，我国的陪审员既负责定罪又负责量刑，除法律另有规定外，人民陪审员同法官有同等权利。而陪审团与法官存在职权分工，陪审团负责定罪，法官负责量刑。陪审团中的陪审员具有对被告人是否有罪进行实质裁决的权力。法官实际上没有对被告人定罪的权力，只能在陪审团确定被告人罪名成立后对其进行量刑。B项正确。

C项，我国的陪审员需要满足年满28周岁、品性正派等条件。而陪审团中的陪审员的条件在英美法系国家各有不同，多从年龄、经验、专业、生活背景等方面进行限制，不仅仅只要求有选民资格。C项错误。

D项，在我国，陪审员可以参加各级法院第一审刑事案件的审理，但具体个案审理中是否需要陪审员还需要考虑案件影响等诸多因素。在美国，90%以上的刑事案件是通过辩诉交易制度终结的，只有10%不到的案件进入正式审判程序，在进入正式审判程序的案件中也并非全都由陪审团审理。D项错误。

综上所述，本题答案为B。

4. 陪审员王某参加一起案件审判。被告辩护人当庭提出被告有正当防卫和自首情节，公诉人予以否定，提请合议庭不予采信，审判长没有就此进行调查。王某对审判长没有征询合议庭其他成员意见就决定不予调查，在评议时提出异议，但审判长不同意。对此，关于王某可以

---

[1] B

行使的权力，下列哪一选项是正确的？（2011-2-35，单）[1]

A. 要求合议庭将案件提请院长决定是否展开调查

B. 要求合议庭将案件提交审判委员会讨论决定

C. 提请院长决定是否提交审判委员会讨论决定

D. 要求合议庭提请院长决定是否提交审判委员会讨论决定

【解析】根据《人民陪审员法》第23条第2款规定："合议庭组成人员意见有重大分歧的，人民陪审员或者法官可以要求合议庭将案件提请院长决定是否提交审判委员会讨论决定。"可知，D项正确，A、B、C项错误。

综上所述，本题答案为D。

5. 甲系某法院7人合议庭中的人民陪审员，关于其享有的权利，下列哪些说法是正确的？（2021仿真题）[2]

A. 针对案件的法律适用发表意见的权利

B. 开庭前阅卷的权利

C. 若甲参加3人合议庭审判案件，对事实认定、法律适用，独立发表意见，行使表决权

D. 经审判长同意向证人发问的权利

【解析】本题考查的是人民陪审员制度。

A项，根据《人民陪审员法》第22条："人民陪审员参加七人合议庭审判案件，对事实认定，独立发表意见，并与法官共同表决；对法律适用，可以发表意见，但不参加表决。"因此，人民陪审员参加七人合议庭审判案件，对事实认定，独立发表意见，并与法官共同表决；对法律适用，可以发表意见，但不参加表决。因此，A项正确。

B项，根据最高人民法院《关于适用〈中华人民共和国人民陪审员法〉若干问题的解释》第8条的规定："人民法院应当在开庭前，将相关权利和义务告知人民陪审员，并为其阅卷提供便利条件。"可知，陪审员有庭前阅卷的权利。因此，B项正确。

C项，根据《人民陪审员法》第21条："人民陪审员参加三人合议庭审判案件，对事实认定、法律适用，独立发表意见，行使表决权。"因此，人民陪审员参加三人合议庭审判案件，对事实认定、法律适用，独立发表意见，行使表决权。因此，C项正确。

D项，根据最高人民法院《关于适用〈中华人民共和国人民陪审员法〉若干问题的解释》第11条的规定："庭审过程中，人民陪审员依法有权向诉讼参加人发问，审判长应当提示人民陪审员围绕案件争议焦点进行发问。"可知，陪审员发问并不需要经审判长同意。因此，D项错误。

综上所述，本题答案为ABC。

――――――――――

[1] D [2] ABC

第十五章 第一审程序

第一节 公诉案件的第一审程序

1. 高某利用职务便利多次收受贿赂，还雇凶将举报他的下属王某打成重伤。关于本案庭前会议，下列哪些选项是正确的？（2015 - 2 - 72，多）[1]

A. 高某可就案件管辖提出异议

B. 王某提起附带民事诉讼的，可调解

C. 高某提出其口供系刑讯所得，法官可在审查讯问时同步录像的基础上决定是否排除口供

D. 庭前会议上出示过的证据，庭审时举证、质证可简化

【解析】A项，根据《刑诉解释》第228条第1款第1项规定："庭前会议可以就下列事项向控辩双方了解情况，听取意见：（一）是否对案件管辖有异议；"可知，庭前会议中被告人高某有权就案件管辖提出异议，A项正确。

B项，根据《刑诉解释》第228条第2款规定："庭前会议中，人民法院可以开展附带民事调解。"可知，被害人王某提起附带民事诉讼的，可以在庭前会议中调解。B项正确。

C项，根据《刑诉解释》第228条第1款第4项规定："庭前会议可以就下列事项向控辩双方了解情况，听取意见：（四）是否申请排除非法证据；"根据《刑诉解释》第230条第3款规定："庭前会议准备就非法证据排除了解情况、听取意见，或者准备询问控辩双方对证据材料的意见的，应当通知被告人到场。有多名被告人的案件，可以根据情况确定参加庭前会议的被告人。"可知，庭前会议中，法官可以对是否申请排除非法证据这一程序性事项进行处理，但不能对非法证据本身进行实质性审查，也不决定是否将非法证据排除。C项错误。

D项，根据《刑诉解释》第229条规定："庭前会议中，审判人员可以询问控辩双方对证据材料有无异议，对有异议的证据，应当在庭审时重点调查；无异议的，庭审时举证、质证可以简化。"可知，在庭前会议中出示过的证据，只有控辩双方均无异议的，庭审时举证、质证才可以简化。D项错误。

综上所述，本题答案为AB。

---

[1] AB

2. 法院对检察院提起公诉的案件进行庭前审查，下列哪些做法是正确的？（2010－2－71，多）[1]

A. 发现被告人张某在起诉前已从看守所脱逃的，退回检察院

B. 法院裁定准许撤诉的抢劫案，检察院因被害人范某不断上访重新起诉的，不予受理

C. 起诉时提供的一名外地证人石某没有列明住址和通讯处的，通知检察院补送

D. 某被告人被抓获后始终一言不发，也没有任何有关姓名、年龄、住址、单位等方面的信息或线索的，不予受理

【解析】当年司法部答案为 A、B、C，根据现行法律应当选 A、C。

A 项，根据《刑诉解释》第 219 条第 1 款第 3 项规定："人民法院对提起公诉的案件审查后，应当按照下列情形分别处理：（三）被告人不在案的，应当退回人民检察院；但是，对人民检察院按照缺席审判程序提起公诉的，应当依照本解释第二十四章的规定作出处理；"张某在起诉前已从看守所脱逃，符合上述情形，法院应当将本案退回检察院。A 项正确。

B 项，根据《刑诉解释》第 219 条第 1 款第 6 项规定："人民法院对提起公诉的案件审查后，应当按照下列情形分别处理：（六）依照本解释第二百九十六条规定裁定准许撤诉的案件，没有新的影响定罪量刑的事实、证据，重新起诉的，应当退回人民检察院；"检察院没有新的事实和证据，仅因被害人不断上诉而重新起诉，符合上述情形，法院应当将本案退回检察院。B 项错误。

C 项，根据《刑诉解释》第 219 条第 1 款第 4 项规定："人民法院对提起公诉的案件审查后，应当按照下列情形分别处理：（四）不符合前条第二项至第九项规定之一，需要补充材料的，应当通知人民检察院在三日以内补送；"证人没有列明个人信息符合上述情形，法院应当通知人民检察院在 3 日内补送。C 项正确。

D 项，根据《刑诉解释》第 219 条第 1 款第 7 项规定："人民法院对提起公诉的案件审查后，应当按照下列情形分别处理：（七）被告人真实身份不明，但符合刑事诉讼法第一百六十条第二款规定的，应当依法受理。"缺乏证明被告人真实身份的信息，符合上述规定，人民法院应当予以受理。D 项错误。

综上所述，本题答案为 AC。

3. 某国有银行涉嫌违法发放贷款造成重大损失，该行行长因系直接负责的主管人员也被追究刑事责任，信贷科科长齐某因较为熟悉银行贷款业务被确定为单位的诉讼代表人。关于本案审理程序，下列哪一选项是正确的？（2015－2－37，单）[2]

A. 如该案在开庭审理前召开庭前会议，应通知齐某参加

B. 齐某无正当理由拒不出庭的，可拘传其到庭

C. 齐某可当庭拒绝银行委托的辩护律师为该行辩护

D. 齐某没有最后陈述的权利

【解析】A 项，根据《刑诉解释》第 230 条第 3 款规定："庭前会议准备就非法证据排除了解情况、听取意见，或者准备询问控辩双方对证据材料的意见的，应当通知被告人到场。有多名被告人的案件，可以根据情况确定参加庭前会议的被告人。"可知，一般情况下法院"可以"通知被告人参加庭前会议，只有在需要处理特定事项时才"应当"通知被告人到场。本

案不符合上述情形，法院并不必须通知齐某参加庭前会议。A项错误。

B项，根据《刑诉解释》第337条第2款第1项规定："被告单位的诉讼代表人不出庭的，应当按照下列情形分别处理：（一）诉讼代表人系被告单位的法定代表人、实际控制人或者主要负责人，无正当理由拒不出庭的，可以拘传其到庭；因客观原因无法出庭，或者下落不明的，应当要求人民检察院另行确定诉讼代表人；"本案中，齐某并非"被告单位的法定代表人、实际控制人或者主要负责人"，因此，不得拘传齐某。B项错误。

C项，根据《刑诉解释》第311条第2款规定："被告人当庭拒绝辩护人辩护，要求另行委托辩护人或者指派律师的，合议庭应当准许。……"齐某作为单位被告人，有权当庭拒绝银行委托的辩护律师为该行辩护，C项正确。

D项，最后陈述是被告人的一项不可剥夺的基本诉讼权利，齐某作为单位被告人有权进行最后陈述。D项错误。

综上所述，本题答案为C。

4. 关于庭前会议，下列哪些选项是正确的？（2014－2－71，多）[1]

A. 被告人有参加庭前会议的权利

B. 被害人提起附带民事诉讼的，审判人员可在庭前会议中进行调解

C. 辩护人申请排除非法证据的，可在庭前会议中就是否排除作出决定

D. 控辩双方可在庭前会议中就出庭作证的证人名单进行讨论

【解析】A项，根据《刑诉解释》第230条第3款规定："庭前会议准备就非法证据排除了解情况、听取意见，或者准备询问控辩双方对证据材料的意见的，应当通知被告人到场。有多名被告人的案件，可以根据情况确定参加庭前会议的被告人。"可知，参加庭前会议并非被告人的权利，只有特定情况下才应当通知被告人参加庭前会议。A项错误。

B项，根据《刑诉解释》第228条第2款规定："庭前会议中，人民法院可以开展附带民事调解。"可知，B项正确。

C项，根据《刑诉解释》第228条第1款第4项规定："庭前会议可以就下列事项向控辩双方了解情况，听取意见：（四）是否申请排除非法证据；"可知，召开庭前会议时，审判人员只能就是否申请排除非法证据这一程序性事项向控辩双方了解情况，听取意见，但不能对非法证据进行实体处理。C项错误。

D项，根据《刑诉解释》第228条第1款第8项规定："庭前会议可以就下列事项向控辩双方了解情况，听取意见：（八）是否申请证人、鉴定人、有专门知识的人、调查人员、侦查人员或者其他人员出庭，是否对出庭人员名单有异议；"可知，D项正确。

综上所述，本题答案为BD。

5. 关于刑事诉讼中的证人出庭作证，下列说法正确的是？（2021仿真题）[2]

A. 丁某对法院因其拒不出庭作证的拘留处罚决定提出复议，拘留处罚暂缓执行

B. 法院认为证人刘某有篡改证言的可能性，将强制出庭令交公安机关执行

C. 江某因身处国外短期无法回国而通过视频作证

D. 被害人的配偶于某经法院通知无正当理由拒不出庭作证，法院强制其到庭作证

【解析】A项，根据《刑事诉讼法》第193条第2款规定："证人没有正当理由拒绝出庭

或者出庭后拒绝作证的，予以训诫，情节严重的，经院长批准，处以十日以下的拘留。被处罚人对拘留决定不服的，可以向上一级人民法院申请复议。复议期间不停止执行。"可知，丁某对拘留处罚决定提出复议的，复议期间不停止执行该拘留决定。因此，A项错误。

B项，根据《刑诉解释》第255条规定："强制证人出庭的，应当由院长签发强制证人出庭令，由法警执行。必要时，可以商请公安机关协助。"可知，强制证人出庭一般由法警执行，只有在必要时才商请公安机关协助。因此，B项错误。

C项，根据《刑诉解释》第253条第1款第3项、第2款规定："证人具有下列情形之一，无法出庭作证的，人民法院可以准许其不出庭：（三）身处国外短期无法回国的；具有前款规定情形的，可以通过视频等方式作证。"可知，江某属于上述情形，可以通过视频方式作证。因此，C项正确。

D项，根据《刑事诉讼法》第193条第1款的规定："经人民法院通知，证人没有正当理由不出庭作证的，人民法院可以强制其到庭，但是被告人的配偶、父母、子女除外。"可知，被害人的配偶不属于上述除外情形，可以强制其出庭作证。因此，D项正确。

综上所述，本题答案为CD。

6. 张三因故意伤害罪被检察院提起公诉，后张三觉得侦查人员收集证据的程序不合法便向法院申请排除非法证据，合议庭因此召开了庭前会议，其后法院对此案开庭审理，法庭审理包括了下列环节：①公诉人对被告人张三进行讯问；②辩方证人李四出庭作证；③公诉人宣读起诉书；④张三对控方出示的作案工具匕首进行辨认；⑤法庭宣布庭前会议对证据收集合法性的审查情况。关于以上庭审环节的先后顺序，排列正确的是哪一项？（2019仿真题）[1]

A. ③①⑤②④
B. ③⑤①②④
C. ⑤③①②④
D. ③⑤①④②

【解析】A、C项，根据《人民法院办理刑事案件庭前会议规程（试行）》第24条规定："对于召开庭前会议的案件，在宣读起诉书后，法庭应当宣布庭前会议报告的主要内容；……"根据《人民法院办理刑事案件排除非法证据规程（试行）》第19条第1项规定："法庭决定对证据收集的合法性进行调查的，一般按照以下步骤进行：（一）召开庭前会议的案件，法庭应当在宣读起诉书后，宣布庭前会议中对证据收集合法性的审查情况，以及控辩双方的争议焦点；"据此，可以判断③应当先于⑤。A、C项错误。

B、D项，《刑诉解释》第9章第3节"宣布开庭与法庭调查"规定了开庭和法庭调查的流程：第242条第1款："在审判长主持下，公诉人可以就起诉书指控的犯罪事实讯问被告人。"第246条第2款："在控诉方举证后，被告人及其法定代理人、辩护人可以提请法庭通知证人、鉴定人、有专门知识的人、调查人员、侦查人员或者其他人员出庭，或者出示证据。"第267条："举证方当庭出示证据后，由对方发表质证意见。"上述三条分别对应题干中①②④的表述，可以推知庭审环节的正确顺序应为①②④。B项正确，D项错误。

综上所述，本题答案为B。

7. 张甲涉嫌在火车上扒窃被立案侦查并提起公诉，王乙和陈丙在案发时与张甲处于同一车厢，两人在侦查阶段作为目击证人提供了证人证言。关于本案的处理，下列哪一选项是正确的？（2019仿真题）[2]

---

〔1〕 B 〔2〕 B

A. 公安机关向法院提交的讯问笔录虽然没有经过被讯问人张甲核对签名确认，但是如果可以补正或作出合理解释，法院可以采纳作为定案依据

B. 辩护人柳丁向法院申请王乙出庭作证，法院告知柳丁应当说明其拟证明的案件事实

C. 在庭前会议中，控辩双方对于王乙的证言没有争议，在法庭调查阶段可以不再出示该证言

D. 在法庭审理中，陈丙无正当理由拒不出庭，法院以其在侦查阶段提供的证言作为定案依据，法院的做法不符合法律规定

【解析】A项，根据《刑诉解释》第94条第1项规定："被告人供述具有下列情形之一的，不得作为定案的根据：（一）讯问笔录没有经被告人核对确认的；"可知，对于未经张甲核对并签名的讯问笔录应当直接排除，不能在补正或合理解释后采纳。A项错误。

B项，根据《刑诉解释》第247条："控辩双方申请证人出庭作证，出示证据，应当说明证据的名称、来源和拟证明的事实。法庭认为有必要的，应当准许；对方提出异议，认为有关证据与案件无关或者明显重复、不必要，法庭经审查异议成立的，可以不予准许。"可知，B项正确。

C项，根据《刑诉解释》第229条规定："庭前会议中，审判人员可以询问控辩双方对证据材料有无异议，对有异议的证据，应当在庭审时重点调查；无异议的，庭审时举证、质证可以简化。"可知，尽管控辩双方对王乙的证言没有争议，但仍应当在庭审中出示和质证，只不过可以简化举证质证过程。C项错误。

D项，根据《刑事诉讼法》第192条第1款规定："公诉人、当事人或者辩护人、诉讼代理人对证人证言有异议，且该证人证言对案件定罪量刑有重大影响，人民法院认为证人有必要出庭作证的，证人应当出庭作证。"可知，我国刑诉法虽然规定了证人应当出庭的情形，但并未在法律后果上规定未出庭证人的证言不可用作定案依据。此外，《刑事诉讼法》第61条规定："证人证言必须在法庭上经过公诉人、被害人和被告人、辩护人双方质证并且查实以后，才能作为定案的根据。……"可知，陈丙虽然未出庭，但其证言若经过质证和查实，仍然可用作定案依据，法院的做法符合法律规定。D项错误。

综上所述，本题答案为B。

8. 《关于推进以审判为中心的刑事诉讼制度改革的意见》第13条要求完善法庭辩论规则，确保控辩意见发表在法庭。法庭应当充分听取控辩双方意见，依法保障被告人及其辩护人的辩论辩护权。关于这一规定的理解，下列哪些选项是正确的？（2017-2-74，多）[1]

A. 符合我国刑事审判模式逐步弱化职权主义色彩的发展方向

B. 确保控辩意见发表在法庭，核心在于保障被告人和辩护人能充分发表意见

C. 体现了刑事审判的公开性

D. 被告人认罪的案件的法庭辩论，主要围绕量刑进行

【解析】A、D项，实现以司法审判标准为中心，对被告人认罪的案件的法庭辩论，主要围绕量刑进行，充分发挥审判尤其是庭审在查明事实、认定证据、保护诉权、公正裁判中的作用，最终实现司法公正，符合我国刑事审判模式逐步弱化职权主义色彩的发展方向。这对于完善我国司法制度，切实维护司法公正，防止冤假错案，让人民群众在每一起司法案件中都感受

---

[1] ABD

到公平正义都具有重要意义。A、D 项正确。

B 项，刑事审判的举证、质证是法庭调查的核心，核心在于保障被告人和辩护人能充分发表意见。在庭审过程中充分质证，对于查清案件事实具有重要作用，是推进以审判为中心的诉讼制度改革的关键措施。B 项正确。

C 项，"推进以审判为中心的刑事诉讼制度改革"，是贯彻落实党的十八届四中全会决定、全面依法治国的重要举措。这项改革的实质是要改变在刑事诉讼中长期存在的以侦查为中心、以笔录卷宗为中心的刑事诉讼制度，强化辩护律师在法庭调查中质证权。刑事审判的公开性与这项改革的要义无关，C 项错误。

综上所述，本题答案为 ABD。

9. 甲、乙二人系药材公司仓库保管员，涉嫌 5 次共同盗窃其保管的名贵药材，涉案金额 40 余万元。一审开庭审理时，药材公司法定代表人丙参加庭审。经审理，法院认定了其中 4 起盗窃事实，另 1 起因证据不足未予认定，甲和乙以职务侵占罪分别被判处有期徒刑 3 年和 1 年。关于丙参与法庭审理，下列选项正确的是：(2017 - 2 - 93，任)[1]

A. 丙可委托诉讼代理人参加法庭审理

B. 公诉人讯问甲和乙后，丙可就犯罪事实向甲、乙发问

C. 丙可代表药材公司在附带民事诉讼中要求甲和乙赔偿被窃的药材损失

D. 丙反对适用简易程序的，应转为普通程序审理

【解析】A 项，根据《刑事诉讼法》第 46 条："公诉案件的被害人及其法定代理人或者近亲属，附带民事诉讼的当事人及其法定代理人，自案件移送审查起诉之日起，有权委托诉讼代理人……"虽然单位作为被害人参与刑事诉讼，方式和自然人被害人有别，需要通过法定代表人行使诉讼权利，但是被害单位和自然人被害人均委托诉讼代理人的权利，A 项正确。

B 项，根据《刑诉解释》第 242 条："……经审判长准许，被害人及其法定代理人、诉讼代理人可以就公诉人讯问的犯罪事实补充发问……"本题中，丙作为被害单位的诉讼代表人，有权就犯罪事实向被告人甲、乙发问。B 项正确。

C 项，根据《刑诉解释》第 176 条规定："被告人非法占有、处置被害人财产的，应当依法予以追缴或者责令退赔。被害人提起附带民事诉讼的，人民法院不予受理。……"甲和乙非法占有、处置单位被害人药材公司的财产，应当通过追缴或责令退赔而非附带民事诉讼处理。C 项错误。

D 项，根据《刑事诉讼法》第 214 条规定："基层人民法院管辖的案件，符合下列条件的，可以适用简易程序审判：(一)案件事实清楚、证据充分的；(二)被告人承认自己所犯罪行，对指控的犯罪事实没有异议的；(三)被告人对适用简易程序没有异议的。人民检察院在提起公诉的时候，可以建议人民法院适用简易程序。"可知，被害人是否同意不是适用简易程序的条件之一，本案适用简易程序无需征求被害公司诉讼代表人丙的同意。D 项错误。

综上所述，本题答案为 AB。

10. 王某系聋哑人，因涉嫌盗窃罪被提起公诉。关于本案，下列哪一选项是正确的？(2016 - 2 - 28，单)[2]

A. 讯问王某时，如有必要可通知通晓聋哑手势的人参加

B. 王某没有委托辩护人，应通知法律援助机构指派律师为其提供辩护

C. 辩护人经通知未到庭，经王某同意，法院决定开庭审理

D. 因事实清楚且王某认罪，实行独任审判

【解析】A项，根据《公安部规定》第204条第1款规定："讯问聋、哑的犯罪嫌疑人，应当有通晓聋、哑手势的人参加，并在讯问笔录上注明犯罪嫌疑人的聋、哑情况，以及翻译人员的姓名、工作单位和职业。"可知，讯问聋哑人王某时必须通知通晓聋、哑手势的人参加。A项错误。

B项，根据《刑事诉讼法》第35条第2款规定："犯罪嫌疑人、被告人是盲、聋、哑人，或者是尚未完全丧失辨认或者控制自己行为能力的精神病人，没有委托辩护人的，人民法院、人民检察院和公安机关应当通知法律援助机构指派律师为其提供辩护。"可知，B项正确。

C项，根据《刑事诉讼法》第35条第2款规定："犯罪嫌疑人、被告人是盲、聋、哑人，或者是尚未完全丧失辨认或者控制自己行为能力的精神病人，没有委托辩护人的，人民法院、人民检察院和公安机关应当通知法律援助机构指派律师为其提供辩护。"可知聋哑人王某属于应当提供法律援助的情形。根据《刑诉解释》第225条第2款规定："辩护人经通知未到庭，被告人同意的，人民法院可以开庭审理，但被告人属于应当提供法律援助情形的除外。"可知，法院不得在王某没有辩护人的情况下开庭。C项错误。

D项，根据《刑事诉讼法》第215条第1项规定："有下列情形之一的，不适用简易程序：（一）被告人是盲、聋、哑人，或者是尚未完全丧失辨认或者控制自己行为能力的精神病人的；"第223条第1项规定："有下列情形之一的，不适用速裁程序：（一）被告人是盲、聋、哑人，或者是尚未完全丧失辨认或者控制自己行为能力的精神病人的；"可知，本案符合上述情形，不适用简易程序或速裁程序。根据《刑事诉讼法》第183条第1款规定："基层人民法院、中级人民法院审判第一审案件，应当由审判员三人或者由审判员和人民陪审员共三人或者七人组成合议庭进行，但是基层人民法院适用简易程序、速裁程序的案件可以由审判员一人独任审判。"可知，只有简易程序、速裁程序才可能由审判员一人独任审理，由于本案不能适用简易程序或速裁程序，因此不得独任审判。D项错误。

综上所述，本题答案为B。

11. 甲女与乙男在某社交软件互加好友，手机网络聊天过程中，甲女多次向乙男发送暧昧言语和色情图片，表示可以提供有偿性服务。二人于酒店内见面后因价钱谈不拢而争吵，乙男强行将甲女留在房间内，并采用胁迫手段与其发生性关系。后甲女向公安机关报案，乙男则辩称双方系自愿发生性关系。请回答第95~96题。

（1）乙男提供了二人之前的网络聊天记录。关于这一网络聊天记录，下列选项正确的是：（2016－2－95，任）[1]

A. 属电子数据的一种

B. 必须随原始的聊天时使用的手机移送才能作为定案的依据

C. 只有经甲女核实认可后才能作为定案的依据

D. 因不具有关联性而不得作为本案定罪量刑的依据

【解析】A项，电子数据是案件发生过程中形成的，以数字化形式存储、处理、传输的，

---

[1] A

能够证明案件事实的数据。一般认为，电子数据包括但不限于下列信息、电子文件：①网页、博客、微博、朋友圈、贴吧、网盘等网络平台发布的信息；②手机短信、电子邮件、即时通信、通讯群组等网络应用服务的通信信息；③用户注册信息、身份认证信息、电子交易记录、通信记录、登录日志等信息；④文档、图片、音视频、数字证书、计算机程序等电子文件。可知，本题中的网络聊天记录应当属于电子数据。A 项正确。

B 项，《关于办理网络犯罪案件适用刑事诉讼程序若干问题的意见》第 15 条规定："具有下列情形之一，无法获取原始存储介质的，可以提取电子数据，但应当在笔录中注明不能获取原始存储介质的原因、原始存储介质的存放地点等情况，并由侦查人员、电子数据持有人、提供人签名或者盖章；持有人、提供人无法签名或者拒绝签名的，应当在笔录中注明，由见证人签名或者盖章；有条件的，侦查人员应当对相关活动进行录像：（1）原始存储介质不便封存的；（2）提取计算机内存存储的数据、网络传输的数据等不是存储在存储介质上的电子数据的；（3）原始存储介质位于境外的；（4）其他无法获取原始存储介质的情形。"可知，特殊情况下原始存储介质可以不随案移送。B 项错误。

C 项，根据《刑事诉讼法》第 50 条第 3 款规定："证据必须经过查证属实，才能作为定案的根据。"但是，查证证据有多种方法，并不一定必须经过被害人核实。C 项错误。

D 项，网络聊天记录可以证明犯罪行为发生的起因，与犯罪具有关联性，D 项错误。

综上所述，本题答案为 A。

（2）本案后起诉至法院，关于本案审理程序，下列选项正确的是：（2016-2-96，任）[1]

A. 应当不公开审理

B. 甲女因出庭作证而支出的交通、住宿的费用，法院应给予补助

C. 甲女可向法院提起附带民事诉讼要求乙男赔偿因受侵害而支出的医疗费

D. 公诉人讯问乙男后，甲女可就强奸的犯罪事实向乙男发问

【解析】A 项，根据《刑事诉讼法》第 188 条第 1 款规定："人民法院审判第一审案件应当公开进行。但是有关国家秘密或者个人隐私的案件，不公开审理；涉及商业秘密的案件，当事人申请不公开审理的，可以不公开审理。"本案被告人涉及强奸犯罪，涉及被害人个人隐私，应当不公开审理。A 项正确。

B 项，根据《刑事诉讼法》第 65 条第 1 款规定："证人因履行作证义务而支出的交通、住宿、就餐等费用，应当给予补助。证人作证的补助列入司法机关业务经费，由同级政府财政予以保障。"本案中，甲女是被害人而不是证人，不能获得法院补助。B 项错误。

C 项，根据《刑事诉讼法》第 101 条第 1 款规定："被害人由于被告人的犯罪行为而遭受物质损失的，在刑事诉讼过程中，有权提起附带民事诉讼。……"可知，C 项正确。

D 项，根据《刑诉解释》第 242 条第 1、2 款规定："在审判长主持下，公诉人可以就起诉书指控的犯罪事实讯问被告人。经审判长准许，被害人及其法定代理人、诉讼代理人可以就公诉人讯问的犯罪事实补充发问；……"可知，公诉人讯问乙男后，甲女可就强奸的犯罪事实向乙男发问，但需要事先经过审判长许可。D 项正确。

综上所述，本题答案为 ACD。

———————————

[1] ACD

12. 迅辉制药股份公司主要生产健骨消痛丸，公司法定代表人陆某指令保管员韩某采用不登记入库、销售人员打白条领取产品的方法销售，逃避缴税 65 万元。迅辉公司及陆某以逃税罪被起诉到法院。请回答第 92～94 题。

（1）可以作为迅辉公司单位犯罪的诉讼代表人的是：（2013－2－92，任）[1]

A. 公司法定代表人陆某　　　　　　　　B. 被单位委托的职工王某

C. 保管员韩某　　　　　　　　　　　　D. 公司副经理李某

【解析】根据《刑诉解释》第 336 条第 1 款规定："被告单位的诉讼代表人，应当是法定代表人、实际控制人或者主要负责人；法定代表人、实际控制人或者主要负责人被指控为单位犯罪直接责任人员或者因客观原因无法出庭的，应当由被告单位委托其他负责人或者职工作为诉讼代表人。但是，有关人员被指控为单位犯罪直接责任人员或者知道案件情况、负有作证义务的除外。"

A 项，陆某被指控为单位犯罪的直接责任人员，不能作为被告单位的诉讼代表人。A 项错误。

B 项，当陆某不能作为被告单位的诉讼代表人时，被告单位可以委托职工王某为诉讼代表人，B 项正确。

C 项，保管员韩某知道本案情况，负有作证义务，不能作为被告单位的诉讼代表人。C 项错误。

D 项，在陆某不能作为被告单位的诉讼代表人时，其他负责人李某要成为单位的诉讼代表人必须接受单位的委托。D 项错误。

综上所述，本题答案为 B。

（2）对迅辉公司财产的处置，下列选项正确的是：（2013－2－93，任）[2]

A. 涉及违法所得及其孳息，尚未被追缴的，法院应当追缴

B. 涉及违法所得及其孳息，尚未被查封、扣押、冻结的，法院应当查封、扣押、冻结

C. 为了保证判决的执行，对迅辉公司财产，法院应当先行查封、扣押、冻结

D. 如果迅辉公司能够提供担保，对其财产也可以不采取查封、扣押、冻结

【解析】A、B 项，根据《刑诉解释》第 341 条规定："被告单位的违法所得及其他涉案财物，尚未被依法追缴或者查封、扣押、冻结的，人民法院应当决定追缴或者查封、扣押、冻结。"可知，A、B 项正确。

C、D 项，根据《刑诉解释》第 342 条规定："为保证判决的执行，人民法院可以先行查封、扣押、冻结被告单位的财产，或者由被告单位提出担保。"可知，对迅辉公司财产，法院"可以"先行查封、扣押、冻结而不是"应当"。查封、扣押、冻结迅辉公司财产与迅辉公司提供担保之间为"或者"关系，如果迅辉公司能够提供担保，则判决执行有所保障，对其财产可以不查封、扣押、冻结。C 项错误，D 项正确。

综上所述，本题答案为 ABD。

（3）如迅辉公司在案件审理期间发生下列变故，法院的做法正确的是：（2013－2－94，任）[3]

A. 公司被撤销，不能免除单位和单位主管人员的刑事责任

B. 公司被注销，对单位不再追诉，对主管人员继续审理

C. 公司被合并，仍应将迅辉公司列为被告单位，并以其在新单位的财产范围承担责任

D. 公司被分立，应将分立后的单位列为被告单位，并以迅辉公司在新单位的财产范围承担责任

【解析】A、B项，根据《刑诉解释》第344条规定："审判期间，被告单位被吊销营业执照、宣告破产但尚未完成清算、注销登记的，应当继续审理；被告单位被撤销、注销的，对单位犯罪直接负责的主管人员和其他直接责任人员应当继续审理。"可知，A项错误、B项正确。

C、D项，根据《刑诉解释》第345条规定："审判期间，被告单位合并、分立的，应当将原单位列为被告单位，并注明合并、分立情况。对被告单位所判处的罚金以其在新单位的财产及收益为限。"可知，公司被合并或者分立的，仍应将原单位迅辉公司列为被告单位，但应以其在新单位的财产范围承担责任。C项正确、D项错误。

综上所述，本题答案为BC。

13. 审理一起团伙犯罪案时，因涉及多个罪名和多名被告人、被害人，审判长为保障庭审秩序，提高效率，在法庭调查前告知控辩双方注意事项。下列哪些做法是错误的？（2012 - 2 - 69，多）[1]

A. 公诉人和被告人仅就刑事部分进行辩论，被害人和被告人仅就附带民事部分进行辩论

B. 控辩双方仅在法庭辩论环节就证据的合法性、相关性问题进行辩论

C. 控辩双方可就证据问题、事实问题、程序问题以及法律适用问题进行辩论

D. 为保证控方和每名辩护人都有发言时间，控方和辩方发表辩论意见时间不超过30分钟

【解析】A项，根据《最高人民法院、最高人民检察院关于检察公益诉讼案件适用法律若干问题的解释》第9条："出庭检察人员履行以下职责：……（三）参加法庭调查，进行辩论并发表意见；……"因此，当检察机关代表公共利益对附带民事诉讼被告人提起附带民事诉讼时，也可以就附带民事诉讼部分进行辩论。对附带民事诉讼部分进行辩论的通常是附带民事诉讼的原告和附带民事诉讼被告。A项错误。

B项，控辩双方的辩论不仅存在于法庭辩论环节，也可见于法庭调查阶段。B项错误。

C项，控辩双方辩论的范围没有严格限制，可以包含事实、证据、法律、程序等多个方面，C项正确。

D项，没有法律根据。D项错误。

综上所述，本题答案为ABD。

14. 关于证人出庭作证，下列哪些说法是正确的？（2012 - 2 - 72，多）[2]

A. 需要出庭作证的警察就其执行职务时目击的犯罪情况出庭作证，适用证人作证的规定

B. 警察就其非执行职务时目击的犯罪情况出庭作证，不适用证人作证的规定

C. 对了解案件情况的人，确有必要时，可以强制到庭作证

D. 证人没有正当理由拒绝出庭作证的，只有情节严重，才可以处以拘留，且拘留不可以超过10日

【解析】A、B项，根据《刑事诉讼法》第192条第1、2款规定："公诉人、当事人或者辩护人、诉讼代理人对证人证言有异议，且该证人证言对案件定罪量刑有重大影响，人民法院

---

[1] ABD　[2] AD

认为证人有必要出庭作证的，证人应当出庭作证。人民警察就其执行职务时目击的犯罪情况作为证人出庭作证，适用前款规定。"可知，警察就其执行职务时目击的犯罪情况出庭作证，适用证人作证的规定，A项正确。

B项，此时警察为普通证人，应当适用证人作证的规定。B项错误。

C项，根据《刑事诉讼法》第193条第1款规定："经人民法院通知，证人没有正当理由不出庭作证的，人民法院可以强制其到庭，但是被告人的配偶、父母、子女除外。"可知，人民法院强制证人到庭需要满足一定条件，C项错误。

D项，根据《刑事诉讼法》第193条第2款规定："证人没有正当理由拒绝出庭或者出庭后拒绝作证的，予以训诫，情节严重的，经院长批准，处以十日以下的拘留。被处罚人对拘留决定不服的，可以向上一级人民法院申请复议。复议期间不停止执行。"可知，D项正确。

综上所述，本题答案为AD。

15. 关于量刑程序，下列哪些说法是正确的？（2011-2-70，多）[1]

A. 检察院可以在公诉意见书中提出量刑建议

B. 合议庭在评议前应向到庭旁听的人发放调查问卷了解他们对量刑的意见

C. 简易程序审理的案件，被告人自愿承认指控的犯罪事实和罪名且知悉认罪法律后果的，法庭审理可以直接围绕量刑问题进行

D. 辩护人无权委托有关方面制作涉及未成年人的社会调查报告

【解析】A项，根据《最高检规则》第364条第2款规定："提出量刑建议的，可以制作量刑建议书，与起诉书一并移送人民法院。……"根据《最高检规则》第418条第1款规定："人民检察院向人民法院提出量刑建议的，公诉人应当在发表公诉意见时提出。"可知，对提起公诉的案件需要提出量刑建议的，一般应当制作专门的量刑建议书。未制作专门的量刑建议书的，可以在公诉意见中载明量刑建议。A项正确。

B项，没有法律根据，错误。

C项，根据《关于规范量刑程序若干问题的意见》第13条第1款规定："适用简易程序审理的案件，在确认被告人对起诉书指控的犯罪事实和罪名没有异议，自愿认罪且知悉认罪的法律后果后，法庭审理可以直接围绕量刑进行，不再区分法庭调查、法庭辩论，但在判决宣告前应当听取被告人的最后陈述意见。"可知，C项正确。

D项，根据《关于规范量刑程序若干问题的意见》第18条规定："人民法院、人民检察院、侦查机关或者辩护人委托有关方面制作涉及未成年人的社会调查报告的，调查报告应当在法庭上宣读，并进行质证。"可知，辩护人有权委托制作涉及未成年人的社会调查报告，D项错误。

综上所述，本题答案为AC。

16. 法院在审理胡某持有毒品案时发现，胡某不仅持有毒品数量较大，而且向他人出售毒品，构成贩卖毒品罪。关于本案，下列哪一选项是正确的？（2016-2-36，单）[2]

A. 如胡某承认出售毒品，法院可直接改判

B. 法院可在听取控辩双方意见基础上直接改判

C. 法院可建议检察院补充或者变更起诉

D. 法院可建议检察院退回补充侦查

【解析】当年司法部答案为C，但根据现行法律规定，本题无答案。

根据2021年修订的《刑诉解释》第297条规定："审判期间，人民法院发现新的事实，可能影响定罪量刑的，或者需要补查补证的，应当通知人民检察院，由其决定是否补充、变更、追加起诉或者补充侦查。人民检察院不同意或者在指定时间内未回复书面意见的，人民法院应当就起诉指控的事实，依照本解释第二百九十五条的规定作出判决、裁定。"可知，本案中，胡某涉嫌贩卖毒品，属于检察院起诉范围之外的新的犯罪事实，人民法院的正确做法是通知人民检察院，由其决定是否补充、变更、追加起诉或者补充侦查。

综上所述，因《刑诉解释》修改，本题无答案。

17. 关于我国刑事诉讼中起诉与审判的关系，下列哪一选项是正确的？（2015 - 2 - 36，单）[1]

A. 自诉人提起自诉后，在法院宣判前，可随时撤回自诉，法院应准许

B. 法院只能就起诉的罪名是否成立作出裁判

C. 在法庭审理过程中，法院可建议检察院补充、变更起诉

D. 对检察院提起公诉的案件，法院判决无罪后，检察院不能再次起诉

【解析】当年司法部答案为C，但根据现行法律规定，本题无答案。

A项，根据《刑诉解释》第329条规定："判决宣告前，自诉案件的当事人可以自行和解，自诉人可以撤回自诉。人民法院经审查，认为和解、撤回自诉确属自愿的，应当裁定准许；认为系被强迫、威吓等，并非自愿的，不予准许。"可知，法院应当对自诉人撤回自诉的自愿性进行审查，不能直接准许。A项错误。

B项，根据《刑诉解释》第352条规定："对认罪认罚案件，人民检察院起诉指控的事实清楚，但指控的罪名与审理认定的罪名不一致的，人民法院应当听取人民检察院、被告人及其辩护人对审理认定罪名的意见，依法作出判决。"可知，指控的罪名与审理认定的罪名不一致的，法院应当在充分听取控辩双方意见的基础上依法判决，并非只能就起诉罪名作出裁判。B项错误。

C项，根据2012年的《刑诉解释》第243条规定："审判期间，人民法院发现新的事实，可能影响定罪的，可以建议人民检察院补充或者变更起诉；……"第283条规定了："对应当认定为单位犯罪的案件，人民检察院只作为自然人犯罪起诉的，人民法院应当建议人民检察院对犯罪单位补充起诉。……"据此，原答案为C。但是2021年修订后的《刑诉解释》第297条规定："审判期间，人民法院发现新的事实，可能影响定罪量刑的，或者需要补查补证的，应当通知人民检察院，由其决定是否补充、变更、追加起诉或者补充侦查。人民检察院不同意或者在指定时间内未回复书面意见的，人民法院应当就起诉指控的事实，依照本解释第二百九十五条的规定作出判决、裁定。"第340条规定："对应当认定为单位犯罪的案件，人民检察院只作为自然人犯罪起诉的，人民法院应当建议人民检察院对犯罪单位追加起诉。……"因司法解释修改，C项错误。

D项，根据《刑诉解释》第219条第1款第5项规定："人民法院对提起公诉的案件审查后，应当按照下列情形分别处理：（五）依照刑事诉讼法第二百条第三项规定宣告被告人无罪

后，人民检察院根据新的事实、证据重新起诉的，应当依法受理；"可知，因证据不足宣告被告人无罪后，人民检察院如果根据新的事实、证据重新起诉，人民法院应当受理。D项错误。

综上所述，因《刑诉解释》修改，本题无答案。

18. 法院审理郑某涉嫌滥用职权犯罪案件，在宣告判决前，检察院发现郑某和张某接受秦某巨款，涉嫌贿赂犯罪。对于新发现犯罪嫌疑人和遗漏罪行的处理，下列哪些做法是正确的？(2013－2－66，多)[1]

  A. 法院可以主动将张某、秦某追加为被告人一并审理

  B. 检察院可以补充起诉郑某、张某和秦某的贿赂犯罪

  C. 检察院可以将张某、秦某追加为被告人，要求法院一并审理

  D. 检察院应当撤回起诉，将三名犯罪嫌疑人以两个罪名重新起诉

【解析】法院受制于不告不理原则，不可以主动将张某、秦某追加为被告人一并审理，A项错误。

《最高检规则》第423条规定："人民法院宣告判决前，人民检察院发现被告人的真实身份或者犯罪事实与起诉书中叙述的身份或者指控犯罪事实不符的，或者事实、证据没有变化，但罪名、适用法律与起诉书不一致的，可以变更起诉。发现遗漏同案犯罪嫌疑人或者罪行的，应当要求公安机关补充移送起诉或者补充侦查；对于犯罪事实清楚，证据确实、充分的，可以直接追加、补充起诉。"

本题中，检察院在判决宣告前发现郑某和张某涉嫌贿赂犯罪，属于发现遗漏的罪行、同案犯罪嫌疑人的情形，检察院可以追加、补充起诉。故B、C项正确，检察院无需撤回起诉，只需追加、补充起诉即可，D项错误。

综上所述，本题答案为BC。

19. 法院在审理案件过程中发现被告人可能有立功情节，而起诉书和移送的证据材料中没有此种材料，下列哪一处理是正确的？(2012－2－41，单)[2]

  A. 将全部案卷材料退回提起公诉的检察院

  B. 建议提起公诉的检察院补充侦查

  C. 建议公安机关补充侦查

  D. 宣布休庭，进行庭外调查

【解析】当年司法部答案为B，但根据现行法律，本题无答案。

根据1998年《刑诉解释》第159条规定："合议庭在案件审理过程中，发现被告人可能有自首、立功等法定量刑情节，而起诉和移送的证据材料中没有这方面的证据材料的，应当建议人民检察院补充侦查。"可知，A、C、D项错误，B项正确。

但是，2021年《刑诉解释》对此作出了不同规定。根据现行《刑诉解释》第277条规定："审判期间，合议庭发现被告人可能有自首、坦白、立功等法定量刑情节，而人民检察院移送的案卷中没有相关证据材料的，应当通知人民检察院在指定时间内移送。审判期间，被告人提出新的立功线索的，人民法院可以建议人民检察院补充侦查。"本题中，法院自行发现检察院遗漏，而不是由被告人提出新的立功线索，因此，法院应当通知检察院移送，而不能建议提起公诉的检察院补充侦查。A、B、C、D项均错误。

---

[1] BC   [2] 无答案

综上所述，因《刑诉解释》修改，本题无答案。

20. 法院在审理一起抢夺案时，发现被告人朱某可能有自首情节，但起诉书和移送材料中没有相关证据材料。关于法院应当如何处理，下列哪一选项是正确的？(2010 - 2 - 33，单)[1]

A. 运用庭外调查权调查核实　　　　B. 建议检察院补充侦查

C. 裁定驳回起诉　　　　　　　　　D. 根据已有证据定罪量刑

【解析】当年司法部答案为 B，但根据现行法律，本题无答案。

根据 1998 年《刑诉解释》第 159 条规定："合议庭在案件审理过程中，发现被告人可能有自首、立功等法定量刑情节，而起诉和移送的证据材料中没有这方面的证据材料的，应当建议人民检察院补充侦查。"可知，A、C、D 项错误，B 项正确。

但是，2021 年《刑诉解释》对此作出了不同规定。根据现行《刑诉解释》第 277 条规定："审判期间，合议庭发现被告人可能有自首、坦白、立功等法定量刑情节，而人民检察院移送的案卷中没有相关证据材料的，应当通知人民检察院移送。审判期间，被告人提出新的立功线索的，人民法院可以建议人民检察院补充侦查。"本题中，合议庭主动发现案卷存在遗漏，应当通知检察院移送，不能建议检察院补充侦查。A、B、C、D 项均错误，本题无答案。

综上所述，因《刑诉解释》修改，本题无答案。

21. 被告人刘某在案件审理期间死亡，法院作出终止审理的裁定。其亲属坚称刘某清白，要求法院作出无罪判决。对于本案的处理，下列哪些选项是正确的？(2013 - 2 - 74，多)[2]

A. 应当裁定终止审理

B. 根据已查明的案件事实和认定的证据，能够确认无罪的，应当判决宣告刘某无罪

C. 根据刘某亲属要求，应当撤销终止审理的裁定，改判无罪

D. 根据刘某亲属要求，应当以审判监督程序重新审理该案

【解析】A、B 项，根据《刑事诉讼法》第 297 条第 1 款规定："被告人死亡的，人民法院应当裁定终止审理，但有证据证明被告人无罪，人民法院经缺席审理确认无罪的，应当依法作出判决。"可知，A、B 项正确。

C、D 项，法院已经作出终止审理的裁定裁判已经生效，被告人亲属的申诉必须符合法定条件才能引起审判监督程序。根据《刑事诉讼法》第 253 条："当事人及其法定代理人、近亲属的申诉符合下列情形之一的，人民法院应当重新审判：（一）有新的证据证明原判决、裁定认定的事实确有错误，可能影响定罪量刑的；（二）据以定罪量刑的证据不确实、不充分、依法应当予以排除，或者证明案件事实的主要证据之间存在矛盾的；（三）原判决、裁定适用法律确有错误的；（四）违反法律规定的诉讼程序，可能影响公正审判的；（五）审判人员在审理该案件的时候，有贪污受贿，徇私舞弊，枉法裁判行为的。"因此，人民法院对申诉案件启动再审程序需要满足上述条件之一，不可能仅仅根据其亲属的申诉就直接改判或决定再审。C、D 项错误。

综上所述，本题答案为 AB。

22. 下列哪一选项属于刑事诉讼中适用中止审理的情形？(2012 - 2 - 31，单)[3]

A. 由于申请回避而不能进行审判的

B. 需要重新鉴定的

---

[1] 无答案　[2] AB　[3] C

C. 被告人患有严重疾病，长时间无法出庭的

D. 检察人员发现提起公诉的案件需要补充侦查，提出建议的

【解析】A、B、D项，根据《刑事诉讼法》第204条规定："在法庭审判过程中，遇有下列情形之一，影响审判进行的，可以延期审理：（一）需要通知新的证人到庭，调取新的物证，重新鉴定或者勘验的；（二）检察人员发现提起公诉的案件需要补充侦查，提出建议的；（三）由于申请回避而不能进行审判的。"A、B、D项分别属于上述第3、1、2项情形，适用延期审理决定。A、B、D项错误。

C项，根据《刑事诉讼法》第206条第1款规定："在审判过程中，有下列情形之一，致使案件在较长时间内无法继续审理的，可以中止审理：（一）被告人患有严重疾病，无法出庭的；（二）被告人脱逃的；（三）自诉人患有严重疾病，无法出庭，未委托诉讼代理人出庭的；（四）由于不能抗拒的原因。"C项属于上述第1项情形，适用中止审理裁定。C项正确。

综上所述，本题答案为C。

23. 高某抢劫一案在甲市A县法院开庭审理，审理过程中高某的辩护律师林某存在扰乱法庭秩序的不当行为，被多次提醒、制止、警告后仍置之不理，审判长遂指令法警将其带出法庭，旁听人员谢某因强烈支持辩方而对法院的做法大为不满，一气之下殴打了法警，后被法院移送A县公安机关处理。关于本案扰乱法庭秩序行为的处理，下列哪些说法是正确的？（2019仿真题）[1]

A. 林某被带出法庭后，高某要求自行辩护的，庭审应当继续进行

B. 林某被带出法庭后，高某要求另行委托辩护人的，法院应当决定延期审理

C. 林某对A县法院将其强行带出法庭的做法不服，可以向甲市检察院申诉

D. 如果A县检察院以扰乱法庭秩序罪将谢某起诉至A县法院，A县法院可以请求将案件移送甲市法院管辖

【解析】A、B项，根据《刑诉解释》第310条第1款规定："辩护人严重扰乱法庭秩序，被责令退出法庭、强行带出法庭或者被处以罚款、拘留，被告人自行辩护的，庭审继续进行；被告人要求另行委托辩护人，或者被告人属于应当提供法律援助情形的，应当宣布休庭。"可知，辩护律师林某被带出法庭后，如果被告人高某要求自行辩护的，庭审应当继续进行，如果要求另行委托辩护人的，法院应当宣布休庭，而不是延期审理。A正确、B项错误。

C项，根据《六机关规定》第10条规定："刑事诉讼法第四十七条规定：'辩护人、诉讼代理人认为公安机关、人民检察院、人民法院及其工作人员阻碍其依法行使诉讼权利的，有权向同级或者上一级人民检察院申诉或者控告。人民检察院对申诉或者控告应当及时进行审查，情况属实的，通知有关机关予以纠正。'人民检察院受理辩护人、诉讼代理人的申诉或者控告后，应当在十日以内将处理情况书面答复提出申诉或者控告的辩护人、诉讼代理人。"可知，林某可以向A县法院的上一级检察院也即甲市检察院申诉。C项正确。

D项，根据《刑诉解释》第17条第2款规定："基层人民法院对下列第一审刑事案件，可以请求移送中级人民法院审判：（一）重大、复杂案件；（二）新类型的疑难案件；（三）在法律适用上具有普遍指导意义的案件。"第18条规定："有管辖权的人民法院因案件涉及本院院长需要回避或者其他原因，不宜行使管辖权的，可以请求移送上一级人民法院管辖。上一级人

---

[1] AC

民法院可以管辖，也可以指定与提出请求的人民法院同级的其他人民法院管辖。"可知，谢某扰乱法庭秩序不属于上述案件类型，A县法院不能请求移送甲市法院。D项错误。

综上所述，本题答案为AC。

24. 关于对法庭审理中违反法庭秩序的人员可采取的措施，下列哪些选项是正确的？(2012-2-70，多)[1]

A. 警告制止　　　　　　　　　　B. 强行带出法庭

C. 只能在1000元以下处以罚款　　D. 只能在10日以下处以拘留

【解析】A、B、C项，根据《刑事诉讼法》第199条第1款规定："在法庭审判过程中，如果诉讼参与人或者旁听人员违反法庭秩序，审判长应当警告制止。对不听制止的，可以强行带出法庭；情节严重的，处以一千元以下的罚款或者十五日以下的拘留。罚款、拘留必须经院长批准。被处罚人对罚款、拘留的决定不服的，可以向上一级人民法院申请复议。复议期间不停止执行。"其中C项的表达不够严谨，考生需要注意的是违反法庭秩序不止有一千元以下罚款的惩戒措施，还可以进行十五日以下的司法拘留，该选项存在一定的歧义，请考生根据法条规定，掌握知识点即可。由此可知，A、B、C项正确。

D项，根据上述规定，对违反法庭秩序的人最高可处15日以下拘留，而不是10日以下。应D项错误。

综上所述，本题答案为ABC。

25. 赵甲与儿子赵乙（16周岁）因琐事与邻居康某发生争执，康某造成赵乙轻伤，赵甲作为本案的重要证人，下列选项表述正确的是？（单，2023仿真题）[2]

A. 赵甲作为证人出庭支出的食宿、交通费用，有权要求康某支付

B. 赵甲可以作为赵乙的法定代理人出庭

C. 赵甲有义务协助康某的律师调查取证

D. 赵甲无权拒绝强制出庭作证

【解析】本题考查的是证人出庭作证制度。

A项，根据《刑诉解释》第254条，证人因履行作证义务而支出的交通、住宿、就餐等费用，人民法院应当给予补助。证人作证的补助列入司法机关业务经费，由【同级政府财政予以保障】。因此，证人出庭作证的补助由同级政府财政予以保障，不是由康某支付。故A项错误。

B项，根据证人优先原则，一个人同时具备证人和其他诉讼参与人身份时，应当首先担任证人。故B项错误。

C项，根据《刑事诉讼法》第43条，辩护律师向被害人、被害人近亲属及其提供的证人取证，须经检察院、法院许可，且经证人本人同意【许可+同意】。赵甲作为被害人的近亲属，若他不同意，康某的辩护律师则无权向其调查取证，故赵甲并没有义务协助。故C项错误。

D项，根据《刑事诉讼法》第193条，经人民法院通知，证人没有正当理由不出庭作证的，人民法院可以强制其到庭，但是被告人的配偶、父母、子女除外。D选项中赵甲是【被害人】的父亲，不是被告人的配偶、父母、子女，无权拒绝强制出庭作证。故D项正确。

综上所述，本题答案为D。

_____

[1] ABC　[2] D

第二节 自诉案件的第一审程序

1. 赵某和陈某共同在网上侮辱周某，对周某名誉造成较大损害。周某向法院提起了针对赵某一人的自诉。下列有关自诉的说法正确的是？（2021仿真题）[1]

A. 若周某经法院两次传唤无正当理由拒不到庭，则视为撤诉

B. 若周某无法收集自己在网上被侮辱的证据，法院可以要求公安机关协助收集

C. 若法院在案件审理过程中发现赵某还涉嫌诈骗周某，则两案应当一并处理

D. 若周某自愿放弃对陈某的自诉，则法院可责令陈某为第三人

【解析】A项，根据《刑事诉讼法》第211条第2款："自诉人经两次依法传唤，无正当理由拒不到庭的，或者未经法庭许可中途退庭的，按撤诉处理。"因此，A项正确。

B项，根据《刑诉解释》第325条第2款："对通过信息网络实施的侮辱、诽谤行为，被害人向人民法院告诉，但提供证据确有困难的，人民法院可以要求公安机关提供协助。"因此，B项正确。

C项，根据《刑诉解释》第324条："被告人实施两个以上犯罪行为，分别属于公诉案件和自诉案件，人民法院可以一并审理。对自诉部分的审理，适用本章的规定。"可知，若被告人的两个犯罪行为都已被起诉，则法院可以一并审理。但本案中，由于赵某涉嫌诈骗周某的行为未被提起公诉，因此，根据不告不理原则，法院不能直接审理，应当移送公安机关立案侦查。因此，C项错误。

D项，根据《刑诉解释》第323条第1款："自诉人明知有其他共同侵害人，但只对部分侵害人提起自诉的，人民法院应当受理，并告知其放弃告诉的法律后果；……"可知，若自诉人周某自愿放弃对陈某的自诉的，法院应当受理并告知其放弃告诉的法律后果，而不是责令未被起诉的部分侵害人为第三人。因此，D项错误。

综上所述，本题的答案为AB。

2. 赵某（16周岁，高中学生）在游乐园游玩时因琐事与李某（15周岁，高中学生）发生争执，赵某殴打李某致其轻伤。李某向法院提起自诉，要求追究赵某的刑事责任。关于本案，说法错误的是？（2019仿真题）[2]

A. 法院受理李某的自诉案件后，李某自愿撤诉，2个月后，李某又以同一事实对赵某提起自诉，法院应当受理

B. 赵某的父亲是一名律师，其可以担任赵某的辩护人

C. 李某的母亲可以为李某委托诉讼代理人

D. 法院在审理本案时，可以进行调解

【解析】A项，根据《刑诉解释》第320条第2款第6项："具有下列情形之一的，应当说服自诉人撤回起诉；自诉人不撤回起诉的，裁定不予受理：（六）除因证据不足而撤诉的以外，自诉人撤诉后，就同一事实又告诉的；"自诉人李某自愿撤诉后又就同一事实再次告诉，法院裁定不予受理，而不是应当受理。因此，A项错误，当选。

---

[1] AB [2] A

B项，根据《刑事诉讼法》第33条第1款："犯罪嫌疑人、被告人除自己行使辩护权以外，还可以委托一至二人作为辩护人。下列的人可以被委托为辩护人：（一）律师；（二）人民团体或者犯罪嫌疑人、被告人所在单位推荐的人；（三）犯罪嫌疑人、被告人的监护人、亲友。"赵某的父亲作为监护人，且为律师，可以担任赵某的辩护人。因此，B项正确，不当选。

C项，根据《刑事诉讼法》第46条第1款："……自诉案件的自诉人及其法定代理人，附带民事诉讼的当事人及其法定代理人，有权随时委托诉讼代理人。"本案中，自诉人李某的母亲作为其法定代理人有权随时委托诉讼代理人。因此，C项正确，不当选。

D项，根据《刑事诉讼法》第210条："自诉案件包括下列案件：（一）告诉才处理的案件；（二）被害人有证据证明的轻微刑事案件；（三）被害人有证据证明对被告人侵犯自己人身、财产权利的行为应当依法追究刑事责任，而公安机关或者人民检察院不予追究被告人刑事责任的案件。"同时根据《刑事诉讼法》第212条第1款："人民法院对自诉案件，可以进行调解；自诉人在宣告判决前，可以同被告人自行和解或者撤回自诉。本法第二百一十条第三项规定的案件不适用调解。"可知，法院可以调解的自诉案件范围是告诉才处理的案件和被害人有证据证明的轻微刑事案件。本案是故意伤害案（轻伤），属于被害人有证据证明的轻微刑事案件，法院可以进行调解。因此，D项正确，不当选。

综上所述，本题答案为A。

3. 关于自诉案件的程序，下列哪一选项是正确的？（2014－2－37，单）[1]

A. 不论被告人是否羁押，自诉案件与普通公诉案件的审理期限都相同

B. 不论在第一审程序还是第二审程序中，在宣告判决前，当事人都可和解

C. 不论当事人在第一审还是第二审审理中提出反诉的，法院都应当受理

D. 在第二审程序中调解结案的，应当裁定撤销第一审裁判

【解析】A项，根据《刑事诉讼法》第208条第1款规定："人民法院审理公诉案件，应当在受理后2个月以内宣判，至迟不得超过3个月。对于可能判处死刑的案件或者附带民事诉讼的案件，以及有本法第156条规定情形之一的，经上一级人民法院批准，可以延长3个月；因特殊情况还需要延长的，报请最高人民法院批准。"根据《刑事诉讼法》第212条第2款规定："人民法院审理自诉案件的期限，被告人被羁押的，适用本法第208条第1款、第2款的规定；未被羁押的，应当在受理后六个月以内宣判。"可知，自诉案件审限因被告人是否被羁押而有所不同，并非都与普通公诉案件审理期限相同。A项错误。

B项，根据《刑事诉讼法》第212条第1款规定："人民法院对自诉案件，可以进行调解；自诉人在宣告判决前，可以同被告人自行和解或者撤回自诉。本法第二百一十条第三项规定的案件不适用调解。"可知，B项正确。

C项，根据《刑诉解释》第334条第1款规定："告诉才处理和被害人有证据证明的轻微刑事案件的被告人或者其法定代理人在诉讼过程中，可以对自诉人提起反诉。……"可知，公诉转自诉的案件不可以反诉。根据《刑诉解释》第412条规定："第二审期间，自诉案件的当事人提出反诉的，应当告知其另行起诉。"可知，二审中当事人提出反诉的，法院只能告知另行起诉，并非应当受理。因此，C项错误。

D项，根据《刑诉解释》第411条规定："对第二审自诉案件，必要时可以调解，当事人

_____

[1] B

也可以自行和解。调解结案的，应当制作调解书，第一审判决、裁定视为自动撤销。……"可知，二审调解结案的，一审裁判"视为"自动撤销而非"裁定"撤销。因此，D项错误。

综上所述，本题答案为B。

4. 方某涉嫌在公众场合侮辱高某和任某，高某向法院提起自诉。关于本案的审理，下列哪些选项是正确的？（2014－2－72，多）[1]

A. 如果任某担心影响不好不愿起诉，任某的父亲可代为起诉

B. 法院通知任某参加诉讼并告知其不参加的法律后果，任某仍未到庭，视为放弃告诉，该案宣判后，任某不得再行自诉

C. 方某的弟弟系该案关键目击证人，经法院通知其无正当理由不出庭作证的，法院可强制其到庭

D. 本案应当适用简易程序审理

【解析】A项，根据《刑诉解释》第317条第1款规定："本解释第一条规定的案件（三类自诉案件），如果被害人死亡、丧失行为能力或者因受强制、威吓等无法告诉，或者是限制行为能力人以及因年老、患病、盲、聋、哑等不能亲自告诉，其法定代理人、近亲属告诉或者代为告诉的，人民法院应当依法受理。"任某仅仅是担心影响不好，并不符合上述情形，其父亲不能代为起诉。A项错误。

B项，根据《刑诉解释》第323条第2款规定："共同被害人中只有部分人告诉的，人民法院应当通知其他被害人参加诉讼，并告知其不参加诉讼的法律后果。被通知人接到通知后表示不参加诉讼或者不出庭的，视为放弃告诉。第一审宣判后，被通知人就同一事实又提起自诉的，人民法院不予受理。但是，当事人另行提起民事诉讼的，不受本解释限制。"可知，该案宣判后，此前放弃告诉的任某不得再行自诉，但可以另行提起民事诉讼。B项正确。

C项，根据《刑事诉讼法》第193条第1款规定："经人民法院通知，证人没有正当理由不出庭作证的，人民法院可以强制其到庭，但是被告人的配偶、父母、子女除外。"由于弟弟不属于"配偶、父母、子女"的范围，因此法院强制可以方某的弟弟到庭。C项正确。

D项，根据《刑诉解释》第327条规定："自诉案件符合简易程序适用条件的，可以适用简易程序审理。不适用简易程序审理的自诉案件，参照适用公诉案件第一审普通程序的有关规定。"可知，符合条件的自诉案件"可以"适用简易程序，而非"应当"适用。D项错误。

综上所述，本题答案为BC。

5. 关于自诉案件的和解和调解，下列哪些说法是正确的？（2011－2－72，多）[2]

A. 和解和调解适用于自诉案件

B. 和解和调解都适用于告诉才处理和被害人有证据证明的轻微案件

C. 和解和调解应当制作调解书、和解协议，由审判人员和书记员署名并加盖法院印章

D. 对于当事人已经签收调解书或法院裁定准许自诉人撤诉的案件，被告人被羁押的，应当予以解除

【解析】AB项，根据《刑事诉讼法》第210条规定："自诉案件包括下列案件：（一）告诉才处理的案件；（二）被害人有证据证明的轻微刑事案件；（三）被害人有证据证明对被告人侵犯自己人身、财产权利的行为应当依法追究刑事责任，而公安机关或者人民检察院不予追

究被告人刑事责任的案件。"《刑事诉讼法》第212条第1款规定："人民法院对自诉案件，可以进行调解；自诉人在宣告判决前，可以同被告人自行和解或者撤回自诉。本法第二百一十条第三项规定的案件不适用调解。"《刑诉解释》第329条第1款规定："判决宣告前，自诉案件的当事人可以自行和解，自诉人可以撤回自诉。"可知，告诉才处理和被害人有证据证明的轻微案件适用和解和调解，公诉转自诉案件适用和解但是不适用调解。因此，A项错误，B项正确。

C项，根据《刑诉解释》第328条第1款规定："人民法院审理自诉案件，可以在查明事实、分清是非的基础上，根据自愿、合法的原则进行调解。调解达成协议的，应当制作刑事调解书，由审判人员、法官助理和书记员署名，并加盖人民法院印章。……"根据《刑事诉讼法》第289条规定："双方当事人和解的，公安机关、人民检察院、人民法院应当听取当事人和其他有关人员的意见，对和解的自愿性、合法性进行审查，并主持制作和解协议书。"但该条文适用于公诉案件，法律没有对自诉案件是否必须制作和解协议以及署名和盖章问题作出规定，C项错误。

D项，根据《刑诉解释》第330条规定："裁定准许撤诉的自诉案件，被告人被采取强制措施的，人民法院应当立即解除。"可知，D项正确。

综上所述，本题答案为BD。

6. 某法院在审理张某自诉伤害案中，发现被告人还实施过抢劫。对此，下列哪一做法是正确的？（2010－2－31，单）[1]

A. 继续审理伤害案，将抢劫案移送有管辖权的公安机关

B. 鉴于伤害案属于可以公诉的案件，将伤害案与抢劫案一并移送有管辖权的公安机关

C. 继续审理伤害案，建议检察院对抢劫案予以起诉

D. 对伤害案延期审理，待检察院对抢劫案起诉后一并予以审理

【解析】ABCD项，人民法院在审理公诉案件时，原告人又提起自诉的，根据《刑诉解释》第324条规定："被告人实施两个以上犯罪行为，分别属于公诉案件和自诉案件，人民法院可以一并审理。……"可知，此时法院可以对原告人提起的自诉案件一并审理。人民法院在审理自诉案件时又发现被告人有属于公诉案件犯罪行为的，则应将新发现的案件另案移送有管辖权的公安机关或检察院处理。

本案中，法院新发现的抢劫案件属于公诉案件，根据不告不理原则的要求，如果检察院没有对该案件提起公诉，则法院不能对该案进行审判，应当另案移送有管辖权的公安机关、检察院处理。同时依据管辖分工的有关规定，抢劫行为应由公安机关立案侦查。因此，人民法院应当将抢劫案移送公安机关侦查，对伤害案继续审理。因此，A项正确，B、C、D项错误。

综上所述，本题答案为A。

7. 下列哪些案件法院审理时可以调解？（2010－2－74，多）[2]

A. 《刑法》规定告诉才处理的案件

B. 被害人有证据证明的轻微刑事案件

C. 检察院决定不起诉后被害人提起自诉的案件

D. 刑事诉讼中的附带民事诉讼案件

【解析】当年司法部为答案A、B项；根据现行法律应当选A、B、D项。

---

[1] A [2] ABD

A、B、C项，根据《刑事诉讼法》第210条规定："自诉案件包括下列案件：（一）告诉才处理的案件；（二）被害人有证据证明的轻微刑事案件；（三）被害人有证据证明对被告人侵犯自己人身、财产权利的行为应当依法追究刑事责任，而公安机关或者人民检察院不予追究被告人刑事责任的案件。"根据《刑事诉讼法》第212条第1款规定："人民法院对自诉案件，可以进行调解；自诉人在宣告判决前，可以同被告人自行和解或者撤回自诉。本法第二百一十条第三项规定的案件不适用调解。"可知，告诉才处理的案件和被害人有证据证明的轻微刑事案件均可以调解，公诉转自诉案件，不适用调解。因此，A、B项正确，C项错误。值得一提的是，C项的表述不够严谨，因为其也可以被理解为检察院没有提起公诉、被害人有证据证明的轻微刑事案件，此时它适用调解。

D项，根据《刑事诉讼法》第103条规定："人民法院审理附带民事诉讼案件，可以进行调解，或者根据物质损失情况作出判决、裁定。"可知，D项正确。

综上所述，本题答案为ABD。

第三节　简易程序

1. 张一犯抢夺罪，法院经审查决定适用简易程序审理。关于本案，下列选项正确的是？（2020仿真题）[1]

A. 适用简易程序必须由检察院提出建议

B. 由于本案可能判处有期徒刑2年，法院只能由法官独任审判

C. 由于本案适用简易程序，检察院可以不派员出庭

D. 如无特殊情况，应当当庭宣判

【解析】A项，根据《刑诉解释》第359条规定："基层人民法院受理公诉案件后，经审查认为案件事实清楚、证据充分的，在将起诉书副本送达被告人时，应当询问被告人对指控的犯罪事实的意见，告知其适用简易程序的法律规定。被告人对指控的犯罪事实没有异议并同意适用简易程序的，可以决定适用简易程序，并在开庭前通知人民检察院和辩护人。对人民检察院建议或者被告人及其辩护人申请适用简易程序审理的案件，依照前款规定处理；不符合简易程序适用条件的，应当通知人民检察院或者被告人及其辩护人。"可知，简易程序的启动方式有检察院提出建议和辩护方申请两种，除此之外，法院也可以自行决定适用简易程序，并不是必须由检察院提出建议。因此，A项错误。

B项，根据《刑事诉讼法》第216条第1款规定："适用简易程序审理案件，对可能判处二年有期徒刑以下刑罚的，可以组成合议庭进行审判，也可以由审判员一人独任审判；对可能判处的有期徒刑超过三年的，应当组成合议庭进行审判。"本案张一犯抢劫罪，可能判处的刑罚为三年有期徒刑以下，独任审判或合议庭审判均可。因此，B项错误。

C项，根据《刑事诉讼法》第216条第2款规定："适用简易程序审理公诉案件，人民检察院应当派员出席法庭。"因此，C项错误。

D项，根据《刑诉解释》第367条第2款规定："适用简易程序审理案件，一般应当当庭

宣判。"因此，D项正确。

综上所述，本题答案为D。

2. 甲犯合同诈骗罪，法院经审查决定适用简易程序审理。关于本案，下列说法正确的是？(2018仿真题)[1]

A. 本案开庭审理时，检察院应当派员出席法庭

B. 法院若认为本案可能判处3年以下有期徒刑，可由审判员一人独任审判

C. 在法庭审理中，被告人对被指控的犯罪事实无异议，但认为本案构成诈骗罪，而非合同诈骗罪，法院于是转为普通程序重新审理

D. 法院于2018年9月10日对本案开庭审判，于2018年10月12日判决甲有期徒刑5年，则本案已超过法定审判期限

【解析】A项，根据《刑事诉讼法》第216条第2款规定："适用简易程序审理公诉案件，人民检察院应当派员出席法庭。"可知，A项正确。

B项，根据《刑事诉讼法》第216条第1款规定："适用简易程序审理案件，对可能判处三年有期徒刑以下刑罚的，可以组成合议庭进行审判，也可以由审判员一人独任审判；对可能判处的有期徒刑超过三年的，应当组成合议庭进行审判。"可知，B项正确。

C项，根据《刑事诉讼法》第214条第1款规定："基层人民法院管辖的案件，符合下列条件的，可以适用简易程序审判：(一) 案件事实清楚、证据充分的；(二) 被告人承认自己所犯罪行，对指控的犯罪事实没有异议的；(三) 被告人对适用简易程序没有异议的。"可知，适用简易程序只要求被告人对指控的犯罪事实没有异议即可，并不要求对指控的罪名也没有异议，C项错误。

D项，《刑事诉讼法》第220条规定："适用简易程序审理案件，人民法院应当在受理后二十日以内审结；对可能判处的有期徒刑超过三年的，可以延长至一个半月。"本案中，甲被判处的有期徒刑超过三年，审判期限可以延长至一个半月，没有超期。D项错误。

综上所述，本题答案为AB。

3. 下列哪一案件可适用简易程序审理？(2017-2-34，单)[2]

A. 甲为境外非法提供国家秘密案，情节较轻，可能判处3年以下有期徒刑

B. 乙抢劫案，可能判处10年以上有期徒刑，检察院未建议适用简易程序

C. 丙传播淫秽物品案，经审查认为，情节显著轻微，可能不构成犯罪

D. 丁暴力取证案，可能被判处拘役，丁的辩护人作无罪辩护

【解析】A项，根据《刑事诉讼法》第214条第1款规定："基层人民法院管辖的案件，符合下列条件的，可以适用简易程序审判：……"可知，简易程序只适用于基层法院审理的案件。同时根据《刑事诉讼法》第21条规定："中级人民法院管辖下列第一审刑事案件：(一) 危害国家安全、恐怖活动案件；(二) 可能判处无期徒刑、死刑的案件。"甲为境外非法提供国家秘密，属于危害国家安全案件，不属于基层法院管辖范围，不能适用简易程序。因此，A项错误。

B项，根据《刑事诉讼法》第214条第2款规定："人民检察院在提起公诉的时候，可以建议人民法院适用简易程序。"可知，人民检察院对于简易程序的适用只有建议权，若检察院未建议适用简易程序的，法院仍然可以自行决定适用。B项正确。

---

[1] AB [2] B

C 项，根据《刑诉解释》第 360 条第 6 项规定："具有下列情形之一的，不适用简易程序：（六）被告人认罪但经审查认为可能不构成犯罪的；"可知，C 项错误。

D 项，根据《刑诉解释》第 360 条第 5 项规定："具有下列情形之一的，不适用简易程序：（五）辩护人作无罪辩护的；"可知，D 项错误。

综上所述，本题答案为 B。

4. 甲犯抢夺罪，法院经审查决定适用简易程序审理。关于本案，下列哪一选项是正确的？（2016 - 2 - 37，单）[1]

A. 适用简易程序必须由检察院提出建议

B. 如被告人已提交承认指控犯罪事实的书面材料，则无需再当庭询问其对指控的意见

C. 不需要调查证据，直接围绕罪名确定和量刑问题进行审理

D. 如无特殊情况，应当庭宣判

【解析】A 项，根据《刑诉解释》第 359 条规定："基层人民法院受理公诉案件后，经审查认为案件事实清楚、证据充分的，在将起诉书副本送达被告人时，应当询问被告人对指控的犯罪事实的意见，告知其适用简易程序的法律规定。被告人对指控的犯罪事实没有异议并同意适用简易程序的，可以决定适用简易程序，并在开庭前通知人民检察院和辩护人。对人民检察院建议或者被告人及其辩护人申请适用简易程序审理的案件，依照前款规定处理；不符合简易程序适用条件的，应当通知人民检察院或者被告人及其辩护人。"可知，简易程序的启动方式有检察院提出建议和辩护方申请两种，除此之外，法院也可以自行决定适用简易程序，并不是必须由检察院提出建议。因此，A 项错误。

B 项，根据《刑诉解释》第 364 条规定："适用简易程序审理案件，审判长或者独任审判员应当当庭询问被告人对指控的犯罪事实的意见，告知被告人适用简易程序审理的法律规定，确认被告人是否同意适用简易程序。"可知，当庭询问被告人对指控的意见这一环节不可省略。B 项错误。

C 项，根据《刑诉解释》第 365 条第 1 款第 3、4 项规定："适用简易程序审理案件，可以对庭审作如下简化：……（三）对控辩双方无异议的证据，可以仅就证据的名称及所证明的事项作出说明；对控辩双方有异议或者法庭认为有必要调查核实的证据，应当出示，并进行质证；（四）控辩双方对与定罪量刑有关的事实、证据没有异议的，法庭审理可以直接围绕罪名确定和量刑问题进行。"可知，简易程序只是对庭审程序进行了简化，而非不需要调查证据。C 项错误。

D 项，根据《刑诉解释》第 367 条第 2 款规定："适用简易程序审理案件，一般应当当庭宣判。"可知，D 项正确。

综上所述，本题答案为 D。

5. 关于简易程序，下列哪些选项是正确的？（2014 - 2 - 73，多）[2]

A. 甲涉嫌持枪抢劫，法院决定适用简易程序，并由两名审判员和一名人民陪审员组成合议庭进行审理

B. 乙涉嫌盗窃，未满 16 周岁，法院只有在征得乙的法定代理人和辩护人同意后，才能适用简易程序

---

[1] D　[2]　ABD

C. 丙涉嫌诈骗并对罪行供认不讳，但辩护人为其做无罪辩护，法院决定适用简易程序

D. 丁涉嫌故意伤害，经审理认为可能不构成犯罪，遂转为普通程序审理

【解析】A项，根据《刑法》第263条第7项规定："以暴力、胁迫或者其他方法抢劫公私财物的，处三年以上十年以下有期徒刑，并处罚金；有下列情形之一的，处十年以上有期徒刑、无期徒刑或者死刑，并处罚金或者没收财产：（七）持枪抢劫的；"可知，甲可能被判处的刑罚超过有期徒刑三年。根据《刑事诉讼法》第216条第1款规定："适用简易程序审理案件，对可能判处三年有期徒刑以下刑罚的，可以组成合议庭进行审判，也可以由审判员一人独任审判；对可能判处的有期徒刑超过三年的，应当组成合议庭进行审判。"可知，本案应当组成合议庭进行审理。A项正确。

B项，根据《刑诉解释》第566条规定："对未成年人刑事案件，人民法院决定适用简易程序审理的，应当征求未成年被告人及其法定代理人、辩护人的意见。上述人员提出异议的，不适用简易程序。"可知，B项正确。

C项，根据《刑诉解释》第360条第5项规定："具有下列情形之一的，不适用简易程序：（五）辩护人作无罪辩护的；"可知，C项错误。

D项，根据《刑诉解释》第368条第1款第1项规定："适用简易程序审理案件，在法庭审理过程中，具有下列情形之一的，应当转为普通程序审理：（一）被告人的行为可能不构成犯罪的；"可知，D项正确。

综上所述，本题答案为ABD。

6. 下列哪一情形不得适用简易程序？（2012-2-32，单）[1]

A. 未成年人案件　　　　　　　　B. 共同犯罪案件

C. 有重大社会影响的案件　　　　D. 被告人没有辩护人的案件

【解析】根据《刑事诉讼法》第215条规定："有下列情形之一的，不适用简易程序：（一）被告人是盲、聋、哑人，或者是尚未完全丧失辨认或者控制自己行为能力的精神病人的；（二）有重大社会影响的；（三）共同犯罪案件中部分被告人不认罪或者对适用简易程序有异议的；（四）其他不宜适用简易程序审理的。"

A项，不属于以上情形，可以适用简易程序。A项错误。

B项，根据上述规定第3项：除了部分被告人不认罪或者对适用简易程序有异议的共同犯罪案件以外，其他共同犯罪案件可以适用简易程序。B项错误。

C项，符合上述规定第2项情形，不得适用简易程序。C项正确。

D项，不属于以上情形，可以适用简易程序。D项错误。

综上所述，本题答案为C。

7. 关于适用简易程序审理刑事案件变更为适用普通程序，下列哪些说法是正确的？（2011-2-71，多）[2]

A. 法院可以决定直接变更为普通程序审理，不需要将案件退回检察院

B. 对于自诉案件变更为普通程序的，按照自诉案件程序审理

C. 自诉案件由简易程序转化为普通程序时原起诉仍然有效，自诉人不必另行起诉

D. 在适用普通程序后又发现可适用简易程序时，可以再次变更为简易程序

---

〔1〕 C 〔2〕 ABC

【解析】当年司法部答案为B、C项；根据现行法律，本题答案应为A、B、C。

A项，根据《刑事诉讼法》第221条规定："人民法院在审理过程中，发现不宜适用简易程序的，应当按照本章第一节或者第二节的规定重新审理。"可知，简易程序转为普通程序后，法院只需按照一审普通程序重新审理即可。A项正确。

B项，程序的转化没有改变自诉案件的性质，应当按照自诉案件程序审理。B项正确。

C项，自诉人起诉的效果是引起审判程序，无论后续适用何种审判程序，审判程序均已开始，达到了自诉人起诉的效果，因此自诉人不必另行起诉。C项正确。

D项，普通程序转为简易程序于法无据。D项错误。

综上所述，本题答案为ABC。

第四节　速裁程序

1. 当事人因为诽谤提起自诉，法院立案受理。因为案情重大，危害社会公共秩序，检察院以涉嫌诽谤罪提起公诉。关于本案，下列说法正确的是？（2021仿真题）[1]

A. 自诉案件，认罪认罚且同意适用速裁程序，可以适用速裁程序

B. 自诉案件，应和公诉案件一并审理

C. 公诉案件，认罪认罚且同意适用速裁程序，可以适用速裁程序

D. 不论公诉或自诉案件，均可以和解

【解析】本题考查的是速裁程序。

A项，目前，我国立法对自诉案件是否适用速裁程序并未作出明确规定。对于该问题，最高人民法院于2021年修改《刑诉解释》时，曾对此问题有所回应。立法起草小组指出，因自诉案件由自诉人自行提起，没有经过侦查、审查起诉的程序，检察院很难判断证据是否确实、充分，且自诉案件自诉人与被告人往往存在较大争议等，故自诉案件不适合用速裁程序审理。因此，A项错误。

B项，本案中的诽谤行为涉及重大公共利益，自诉转为公诉案件，就不存在一并审理的情形。因此B项错误。

C项，根据规定，基层人民法院管辖的可能判处三年有期徒刑以下刑罚的案件，案件事实清楚，证据确实、充分，被告人认罪认罚并同意适用速裁程序的，可以适用速裁程序，由审判员一人独任审判。本项中诽谤可能判处三年有期徒刑以下刑罚，且被告人认罪认罚并同意适用速裁程序的，可以适用速裁程序。因此，C项正确。

D项，根据自诉案件的审理特点，三类自诉案件均可以和解。公诉案件符合一定的条件（见第二十章第二节当事人和解的公诉案件诉讼程序）也可以进行和解。因此，D项正确。

综上所述，本题答案为CD。

2. 关于适用速裁程序审理刑事案件，下列选项正确的是？（2020仿真题）[2]

A. 适用速裁程序审理案件，由审判员一人独任审判

B. 适用速裁程序审理案件，一律不进行法庭调查、法庭辩论

---

[1]　CD　[2]　AD

C. 适用速裁程序审理案件，一般应当庭宣判。

D. 适用速裁程序审理案件，在判决宣告前应当听取辩护人的意见

【解析】A项，根据《刑事诉讼法》第222条第1款规定："基层人民法院管辖的可能判处三年有期徒刑以下刑罚的案件，案件事实清楚，证据确实、充分，被告人认罪认罚并同意适用速裁程序的，可以适用速裁程序，由审判员一人独任审判。"可知，A项正确。

B项，根据《刑事诉讼法》第224条第1款规定："适用速裁程序审理案件，不受送达期限的限制，一般不进行法庭调查、法庭辩论，但在判决宣告前应当听取辩护人的意见和被告人的最后陈述意见。"可知，速裁程序中的法庭调查和法庭辩论是"一般"不进行而不是"一律"不进行，B项错误。

C项，根据《刑事诉讼法》第224条第2款规定："适用速裁程序审理案件，应当当庭宣判。"可知，速裁程序"应当"当庭宣判，而不是"一般"。C项错误。

D项，根据《刑事诉讼法》第224条第1款规定："适用速裁程序审理案件，不受送达期限的限制，一般不进行法庭调查、法庭辩论，但在判决宣告前应当听取辩护人的意见和被告人的最后陈述意见。"可知，宣判前听取辩护人意见的环节不可省略。D项正确。

综上所述，本题答案为AD。

3. 林杨案，余周案，楚凌案和潘武案均事实清楚，证据确实充分，检察院在提起公诉时建议法院适用速裁程序审理，法院接受检察院的建议对四个案件适用速裁程序集中开庭审理。关于这些案件的审理，下列选项正确的是？（2019仿真题）[1]

A. 法院可以安排值班律师为没有委托辩护人的林杨进行辩护

B. 法院在受理余周涉嫌危险驾驶罪一案后，应当在10日内审结

C. 对于楚凌案，法院认为检察院所指控的罪名需要变更，可以在庭后听取控辩双方的意见，定期作出宣判

D. 在潘武案的审理过程中，法院如果认为其应当判处的刑罚不符合速裁程序的适用条件，应当组成合议庭重新审理该案

【解析】A项，根据《刑事诉讼法》第36条第1款规定："法律援助机构可以在人民法院、看守所等场所派驻值班律师。犯罪嫌疑人、被告人没有委托辩护人，法律援助机构没有指派律师为其提供辩护的，由值班律师为犯罪嫌疑人、被告人提供法律咨询、程序选择建议、申请变更强制措施、对案件处理提出意见等法律帮助。"可知，法院只能安排值班律师为林杨提供法律帮助，而不是为其辩护。A项错误。

B项，根据《刑事诉讼法》第225条规定："适用速裁程序审理案件，人民法院应当在受理后十日以内审结；对可能判处的有期徒刑超过一年的，可以延长至十五日。"根据我国《刑法》第133条之一规定，危险驾驶罪的法定刑为"处拘役，并处罚金"，属于一年有期徒刑以下刑罚，因此法院应当在10日内审结。B项正确。

C项，根据《刑诉解释》第295条第1款第2项规定："起诉指控的事实清楚，证据确实、充分，但指控的罪名不当的，应当依据法律和审理认定的事实作出有罪判决。"且根据《刑事诉讼法》第224条第2款规定："适用速裁程序审理案件，应当当庭宣判。"可知，法院庭后听取意见，择期宣判的做法不符合规定。C项错误。

---

[1] BD

D 项，首先，明确程序转换问题。根据《关于适用认罪认罚从宽制度的指导意见》第 48 条规定："程序转换。人民法院在适用速裁程序审理过程中，发现有被告人的行为不构成犯罪或者不应当追究刑事责任、被告人违背意愿认罪认罚、被告人否认指控的犯罪事实情形的，应当转为普通程序审理。发现其他不宜适用速裁程序但符合简易程序适用条件的，应当转为简易程序重新审理。发现有不宜适用简易程序审理情形的，应当转为普通程序审理。……"可知，潘武案如果符合简易程序适用条件的，应当转为简易程序进行审理，如果不宜适用简易程序审理的，应当转为普通程序进行审理。其次，明确本案刑罚。根据《刑事诉讼法》第 222 条第 1 款规定："基层人民法院管辖的可能判处三年有期徒刑以下刑罚的案件，案件事实清楚，证据确实、充分，被告人认罪认罚并同意适用速裁程序的，可以适用速裁程序，由审判员一人独任审判。"本案中，法院认为对潘武应处的刑罚不符合速裁程序的适用条件，意味着该刑罚超过了三年有期徒刑。最后，确定不同程序各自的审判组织形式。本案如果转为简易程序审理的，根据《刑事诉讼法》第 216 条第 1 款规定："适用简易程序审理案件，对可能判处三年有期徒刑以下刑罚的，可以组成合议庭进行审判，也可以由审判员一人独任审判；对可能判处的有期徒刑超过三年的，应当组成合议庭进行审判。"可知，适用简易程序审理潘武案的，应当组成合议庭进行审判。如果转为普通程序审理的，根据《刑事诉讼法》第 183 条第 1 款规定："基层人民法院、中级人民法院审判第一审案件，应当由审判员三人或者由审判员和人民陪审员共三人或者七人组成合议庭进行，……"可知，适用普通程序审理潘武案的，也应当组成合议庭。D 项正确。

综上所述，本题答案为 BD。

第五节 · 判决、裁定与决定

1. 在一审法院审理中出现下列哪一特殊情形时，应以判决的形式作出裁判？（2017 - 2 - 35，多）[1]

A. 经审理发现犯罪已过追诉时效且不是必须追诉的

B. 自诉人未经法庭准许中途退庭的

C. 经审理发现被告人系精神病人，在不能控制自己行为时造成危害结果的

D. 被告人在审理过程中死亡，根据已查明的案件事实和认定的证据，尚不能确认其无罪的

【解析】A 项，根据《刑事诉讼法》第 16 条第 2 项规定："有下列情形之一的，不追究刑事责任，已经追究的，应当撤销案件，或者不起诉，或者终止审理，或者宣告无罪：(2) 犯罪已过诉讼时效期限的"可知，在审判阶段应该"裁定"终止审理而不是作出判决。A 项错误。

B 项，根据《刑诉解释》第 331 条第 1 款规定："自诉人经两次依法传唤，无正当理由拒不到庭的，或者未经法庭准许中途退庭的，人民法院应当裁定按自诉人撤诉处理。"可知，B 项错误。

C 项，根据《刑诉解释》第 295 条第 1 款第 7 项规定："被告人是精神病人，在不能辨认或者不能控制自己行为时造成危害结果，不予刑事处罚的，应当判决宣告被告人不负刑事责任；……"可知，C 项正确。

---

[1] CD

D项，根据《刑诉解释》第606条规定，"人民法院受理案件后被告人死亡的，应当裁定终止审理；但有证据证明被告人无罪，经缺席审理确认无罪的，应当判决宣告被告人无罪。前款所称'有证据证明被告人无罪，经缺席审理确认无罪'，包括案件事实清楚，证据确实、充分，依据法律认定被告人无罪的情形，以及证据不足，不能认定被告人有罪的情形。"据此，D项正确。

综上所述，本题答案为CD。（需要指出的是，本题原来是单选题，但得旧题新做，因为原来有证据证明被告人无罪仅包括事实清楚，证据确实充分，依法认定被告人无罪的情形，但是2021年《刑诉解释》修改时增加了第二种情形，即证据不足，不能认定被告人有罪的情形，据此，第二种情形下也是用判决的方式宣告无罪。）

2. 检察院以抢夺罪向法院提起公诉，法院经审理后查明被告人构成抢劫罪。关于法院的做法，下列哪一选项是正确的？（2013 – 2 – 39，单）[1]

A. 应当建议检察院改变起诉罪名，不能直接以抢劫罪定罪

B. 可以直接以抢劫罪定罪，不必建议检察院改变起诉罪名

C. 只能判决无罪，检察院应以抢劫罪另行起诉

D. 应当驳回起诉，检察院应以抢劫罪另行起诉

【解析】ABCD项，根据《刑诉解释》第295条第1款第2项规定："对第一审公诉案件，人民法院审理后，应当按照下列情形分别作出判决、裁定：（2）起诉指控的事实清楚，证据确实、充分，但指控的罪名不当的，应当依据法律和审理认定的事实作出有罪判决；"可知，在检察院的起诉范围内，法院审理认定的罪名与指控罪名不一致的，法院应当按照审理认定的罪名直接定罪。B项正确，A、C、D项错误。

综上所述，本题答案为B。

3. 关于刑事判决与裁定的区别，下列哪一选项是正确的？（2010 – 2 – 35，单）[2]

A. 判决解决案件的实体问题，裁定解决案件的程序问题

B. 一案中只能有一个判决，裁定可以有若干个

C. 判决只能以书面的形式表现，裁定只以口头作出

D. 不服判决与不服裁定的上诉、抗诉期限不同

【解析】A项，判决解决案件的实体问题的表述正确，裁定解决案件的程序问题的表述错误。裁定不仅解决案件的程序问题，也可解决某些实体问题，例如减刑、假释、撤销缓刑、减免罚金等。A项错误。

B项，一案中可以有多个裁定的表述正确，因为同一案件中可能出现多个需要用裁定解决的程序问题。一案只能有一个判决的表述错误，因为同一案件中确实只能有一个生效判决，但却可以有多个判决。B项错误。

C项，判决只能以书面的形式表现表述正确。裁定只以口头作出表述错误，裁定既可以口头方式作出，也可以书面方式作出。

D项，根据《刑事诉讼法》第230条规定："不服判决的上诉和抗诉的期限为十日，不服裁定的上诉和抗诉的期限为五日，从接到判决书、裁定书的第二日起算。"可知，D项正确。

综上所述，本题答案为D。

_____

[1] B 〔2〕D

第十六章　第二审程序

第一节　第二审程序概念和提起

一、第二审程序的提起

（一）上诉与抗诉的主体

关于法定代理人对法院一审判决、裁定的上诉权，下列哪一说法是错误的？（2011 - 2 - 22，单）[1]

A. 自诉人高某的法定代理人有独立上诉权

B. 被告人李某的法定代理人有独立上诉权

C. 被害人方某的法定代理人有独立上诉权

D. 附带民事诉讼当事人吴某的法定代理人对附带民事部分有独立上诉权

【解析】A、B项，根据《刑事诉讼法》第227条第1款规定："被告人、自诉人和他们的法定代理人，不服地方各级人民法院第一审的判决、裁定，有权用书状或者口头向上一级人民法院上诉。被告人的辩护人和近亲属，经被告人同意，可以提出上诉。"可知，自诉人高某、被告人李某以及他们的法定代理人均为享有独立上诉权的主体，A、B项正确。

C项，根据《刑事诉讼法》第229条规定："被害人及其法定代理人不服地方各级人民法院第一审的判决的，自收到判决书后5日以内，有权请求人民检察院提出抗诉。……"可知，被害人及其法定代理人不是享有独立上诉权的主体，他们只享有请求抗诉的权利。C项错误。

D项，《刑事诉讼法》第227条第2款规定："附带民事诉讼的当事人和他们的法定代理人，可以对地方各级人民法院第一审的判决、裁定中的附带民事诉讼部分，提出上诉。"可知，对于一审裁判中的附带民事诉讼部分，吴某和他的法定代理人享有独立的上诉权。D项正确。

综上所述，本题答案为C。

（二）上诉、抗诉的撤回

黄某倒卖文物案于2014年5月28日一审终结。6月9日（星期一），法庭宣判黄某犯倒卖文物罪，判处有期徒刑4年并立即送达了判决书，黄某当即提起上诉，但于6月13日经法院准许撤回上诉；检察院以量刑畸轻为由于6月12日提起抗诉，上级检察院认为抗诉不当，于6月17日向同级法院撤回了抗诉。关于一审判决生效的时间，下列哪一选项是正确的？（2015 -

---

[1]　C

2 - 38，单)[1]

  A. 6月9日　　　　B. 6月17日　　　　C. 6月19日　　　　D. 6月20日

  【解析】根据《刑事诉讼法》第259条第2款第1项规定："下列判决和裁定是发生法律效力的判决和裁定：（一）已过法定期限没有上诉、抗诉的判决和裁定；"根据《刑诉解释》第380条第1款规定："上诉、抗诉必须在法定期限内提出。不服判决的上诉、抗诉的期限为10日；不服裁定的上诉、抗诉的期限为5日。上诉、抗诉的期限，从接到判决书、裁定书的第2日起计算。"根据《刑诉解释》第386条规定："在上诉、抗诉期满前撤回上诉、抗诉的，第一审判决、裁定在上诉、抗诉期满之日起生效。……"可知，本题中，上诉和抗诉均在法定的上诉、抗诉期限内撤回，第一审判决应当在上诉、抗诉期满之日起生效。

  A项，6月9日是法院一审宣判时间，此时判决尚未发生法律效力。A项错误。

  B项，6月17日是检察院撤回抗诉时间，此时判决尚未发生法律效力。B项错误。

  C项，6月19日是上诉、抗诉期限届满日，此时判决发生法律效力。C项正确。

  D项，6月20日与本题无关。D项错误。

  本题存在一定争议，有部分观点认为本题应当选择D项，理由是从6月10日开始计算10日，第10日应当是6月19日，这一天上诉、抗诉仍被允许，裁判尚未生效。只有到了6月20日，才算过了上诉、抗诉期，裁判才能生效。但本人认为官方答案无误，因为根据上述《刑诉解释》第380条、第386条的规定，第一审裁判在上诉、抗诉期满之日起生效，法条并没有说是从期满后第2日起生效，期满之日指的就是第10日。因此本题中判决自6月19日生效没有问题，建议考生按照官方答案理解即可。

  综上所述，本题答案为C。

第二节　第二审程序的审判

一、第二审程序的审判原则

  1. 甲、乙涉嫌故意杀人，A省B市中级法院开庭审理后，以甲犯故意杀人罪，判处死刑立即执行，乙犯故意杀人罪，判处死刑缓期二年执行。一审宣判后，乙以量刑过重为由向A省高级法院提起上诉，甲没有上诉，检察院也没有提起抗诉。如A省高级法院审理后认为，本案事实清楚、证据确实充分，对甲量刑适当，但对乙应当判处死刑缓期二年执行同时限制减刑，则对本案正确的做法是：（2020仿真题）[2]

  A. 二审应开庭审理

  B. 由于未提起抗诉，同级检察院可不派员出席法庭

  C. 高级法院可将全案发回B市中级法院重新审判

  D. 高级法院可维持对甲的判决，并改判乙死刑缓期二年执行同时限制减刑

  【解析】A项，根据《刑诉解释》第393条第1款第2项规定："下列案件，根据刑事诉讼法第234条的规定，应当开庭审理：（2）被告人被判处死刑的上诉案件；"由于被判处死刑的上诉案件中的"死刑"不仅包括死刑立即执行案件，也包括死刑缓期二年执行案件，因此，

本案二审应当开庭审理。A项正确。

B项，根据《刑事诉讼法》第235条规定："人民检察院提出抗诉的案件或者第二审人民法院开庭审理的公诉案件，同级人民检察院都应当派员出席法庭。……"根据A项分析可知，本案应当开庭审理，因此，尽管检察院没有提起抗诉，同级检察院仍应当派员出席法庭。B项错误。

C项，根据《刑事诉讼法》第236条第1款第2项规定："第二审人民法院对不服第一审判决的上诉、抗诉案件，经过审理后，应当按照下列情形分别处理：（二）原判决认定事实没有错误，但适用法律有错误，或者量刑不当的，应当改判；"本案中，A省高级法院认为本案事实清楚、证据确实充分，只是对乙的量刑不当，因此，高级法院应当直接改判，不能发回B市中级法院重新审判。C项错误。

D项，根据《刑诉解释》第401条第1款第6项规定："审理被告人或者其法定代理人、辩护人、近亲属提出上诉的案件，不得对被告人的刑罚作出实质不利的改判，并应当执行下列规定：（六）原判对被告人判处死刑缓期执行没有限制减刑、决定终身监禁的，不得限制减刑、决定终身监禁；"本案为上诉案件，二审法院改判为死刑缓期执行并限制减刑的做法加重了对乙的刑罚，违反了上述规定。D项错误。

综上所述，本题答案为A。

2. 某法院判决赵某犯诈骗罪处有期徒刑四年，犯盗窃罪处有期徒刑九年，合并执行有期徒刑11年。赵某提出上诉。中级法院经审理认为，判处刑罚不当，犯诈骗罪应处有期徒刑5年，犯盗窃罪应处有期徒刑8年。根据上诉不加刑原则，下列哪一做法是正确的？（2010－2－36，单）[1]

A. 以事实不清、证据不足为由发回原审法院重新审理

B. 直接改判两罪刑罚，分别为5年和8年，合并执行12年

C. 直接改判两罪刑罚，分别为5年和8年，合并执行仍为11年

D. 维持一审判决

【解析】A项，根据《刑事诉讼法》第236条第1款第2项规定："第二审人民法院对不服第一审判决的上诉、抗诉案件，经过审理后，应当按照下列情形分别处理：（二）原判决认定事实没有错误，但适用法律有错误，或者量刑不当的，应当改判；"可知，中级法院认为量刑不当的，应当直接改判，不能发回重审。A项错误。

B、C项，根据《刑诉解释》第401条第1款第3项规定："审理被告人或者其法定代理人、辩护人、近亲属提出上诉的案件，不得对被告人的刑罚作出实质不利的改判，并应当执行下列规定：（三）原判认定的罪数不当的，可以改变罪数，并调整刑罚，但不得加重决定执行的刑罚或者对刑罚执行产生不利影响；"B项中，合并执行12年加重了一审决定执行的刑罚，B项错误。C项中，对两罪刑罚进行了调整，但总刑期不变，没有违反上诉不加刑原则，C项正确。

D项，根据《刑诉解释》第401条第1款第7项规定："审理被告人或者其法定代理人、辩护人、近亲属提出上诉的案件，不得对被告人的刑罚作出实质不利的改判，并应当执行下列规定：（七）原判判处的刑罚不当、应当适用附加刑而没有适用的，不得直接加重刑罚、适用

---

[1] CD

附加刑。原判判处的刑罚畸轻，必须依法改判的，应当在第二审判决、裁定生效后，依照审判监督程序重新审判。"可知，二审法院认为量刑畸轻的，应当在二审判决生效后按照审判监督程序重新审判。D项正确。

本题当年司法部答案为D。根据2013年《刑诉解释》第325条第1款第3项、第7项规定："审理被告人或者其法定代理人、辩护人、近亲属提出上诉的案件，不得加重被告人的刑罚，并应当执行下列规定：（3）原判对被告人实行数罪并罚的，不得加重决定执行的刑罚，也不得加重数罪中某罪的刑罚；（7）原判事实清楚，证据确实、充分，但判处的刑罚畸轻、应当适用附加刑而没有适用的，不得直接加重刑罚、适用附加刑，也不得以事实不清、证据不足为由发回第一审人民法院重新审判。必须依法改判的，应当在第二审判决、裁定生效后，依照审判监督程序重新审判。"据此，A、B、C项错误，答案为D项。但《刑诉解释》已在2021年进行修订，删除了原第3项中"不得加重数罪中某罪的刑罚"的表述。根据现行法条，本题应选C、D项。

综上所述，本题答案为CD。

3. 朱某自诉陈某犯诽谤罪，法院审理后，陈某反诉朱某侮辱罪。法院审查认为，符合反诉条件，合并审理此案，判处陈某有期徒刑一年，判处朱某有期徒刑一年。两人不服，均以对方量刑过轻、己方量刑过重为由提出上诉。关于二审法院的判决，下列哪些选项是正确的？(2010－2－77，多)[1]

A. 如认为对两人量刑均过轻，可同时加重朱某和陈某的刑罚

B. 如认为对某一人的量刑过轻，可加重该人的刑罚

C. 即使认为对两人量刑均过轻，也不得同时加重朱某和陈某的刑罚

D. 如认为一审量刑过轻，只能通过审判监督程序纠正

【解析】ABC项：根据《刑事诉讼法》第237条规定："第二审人民法院审判被告人或者他的法定代理人、辩护人、近亲属上诉的案件，不得加重被告人的刑罚。第二审人民法院发回原审人民法院重新审判的案件，除有新的犯罪事实，人民检察院补充起诉的以外，原审人民法院也不得加重被告人的刑罚。人民检察院提出抗诉或者自诉人提出上诉的，不受前款规定的限制。"本案中，朱某为诽谤罪自诉人，陈某为侮辱罪自诉人，二人都提出了上诉。因此，根据前述规定，二人均不受上诉不加刑原则的限制。二审法院认为量刑过轻的，可以加重对其中任何一人或同时加重二人的刑罚。A、B项正确，C项错误。

D项：启动审判监督程序的前提条件是已生效裁判确有错误，本案处于二审程序阶段，判决尚未生效，不能通过审判监督程序纠正。因此，D项错误。

综上所述，本题答案为AB。

4. 甲因涉嫌诈骗罪与盗窃罪被A市B区检察院提起公诉。A市B区法院开庭审理后，以甲犯诈骗罪判处有期徒刑5年，犯盗窃罪判处有期徒刑5年，数罪并罚决定执行有期徒刑8年。一审宣判后，甲以量刑过重为由向A市中级法院提起上诉，检察院未提起抗诉。A市中级法院审理后以事实不清、证据不足为由撤销原判，发回B区法院重新审判。B区法院重新审理后以甲犯诈骗罪判处有期徒刑6年，对盗窃罪不予认定。检察院对该判决不服提起抗诉。关于本案，正确做法是？(2022仿真题)[2]

---

[1] AB　[2] C

A. 对于检察院抗诉的二审，A 市中级法院不得加重对诈骗罪 6 年有期徒刑

B. 对于检察院抗诉的二审，A 市中级法院对盗窃罪不得判高于 5 年有期徒刑

C. 对于检察院抗诉的二审，A 市中级法院对甲最终判处的刑罚不得高于有期徒刑 8 年

D. 对于检察院抗诉的二审，A 市中级法院发现事实不清、证据不足，可以撤销原判，发回重审

【解析】ABC 项，根据规定，被告人或者其法定代理人、辩护人、近亲属提出上诉，人民检察院未提出抗诉的案件，第二审人民法院发回重新审判后，除有新的犯罪事实且人民检察院补充起诉的以外，原审人民法院不得加重被告人的刑罚。对上述规定的案件，原审人民法院对上诉发回重新审判的案件依法作出判决后，人民检察院抗诉的，第二审人民法院【不得改判为重于】原审人民法院第一次判处的刑罚。据此，如果只有被告人一方上诉的案件，二审法院发回重审的，原审法院重新作出一审判决后检察院才抗诉到二审法院的，二审法院不得改判为重于原审人民法院第一次判处的刑罚。本案中，原一审法院 B 区法院第一次判处的总刑罚是有期徒刑 8 年，只有被告人一方上诉，二审法院发回重审后，B 区法院改判为 6 年有期徒刑，此时，检察院抗诉至二审法院。二审法院就不能判处重于 B 区法院第一次判处的 8 年有期徒刑。因此，AB 项错误，C 项正确。

D 项，根据规定，二审法院以事实不清、证据不足发回重审的次数只有一次。本案中，二审法院以事实不清、证据不足为由发回过重审过一次了，重审后检察院抗诉至二审法院后，二审法院就不能再以此为由发回重审了。如果二审法院发现仍然事实不清、证据不足的，只能在查清的基础上改判。因此，D 项错误。

综上所述，本题答案为 C。

二、第二审的审理

1. 某市中级人民法院对甲被指控故意杀人一案进行了第一审审理，判处甲无期徒刑。检察院认为量刑过轻，提出抗诉。关于本案的第二审程序，下列说法正确的是？（2018 仿真题）[1]

A. 如果甲不服一审判决，可以口头方式提起上诉

B. 二审法院可以不开庭审理

C. 二审法院仅就甲的量刑问题进行审查

D. 第二审法院经审查，认为原判事实不清、证据不足，需要发回重新审判的，可以不开庭审理

【解析】A 项，根据《刑事诉讼法》第 227 条第 1 款规定："被告人、自诉人和他们的法定代理人，不服地方各级人民法院第一审的判决、裁定，有权用书状或者口头向上一级人民法院上诉。……"可知，被告人甲可以通过口头形式提起上诉。A 项正确。

B 项，根据《刑事诉讼法》第 234 条第 1 款第 3 项规定："第二审人民法院对于下列案件，应当组成合议庭，开庭审理：（三）人民检察院抗诉的案件；"本案属于该项情形，应当开庭审理。B 项错误。

C 项，根据《刑事诉讼法》第 233 条第 1 款规定："第二审人民法院应当就第一审判决认定的事实和适用法律进行全面审查，不受上诉或者抗诉范围的限制。"可知，二审法院审理案

[1] AD

件遵循全面审查原则，除了对量刑问题进行审查之外，对于事实部分等也应当进行审查。C项错误。

D项，根据《刑诉解释》第394条规定："对上诉、抗诉案件，第二审人民法院经审查，认为原判事实不清、证据不足，或者具有刑事诉讼法第238条规定的违反法定诉讼程序情形，需要发回重新审判的，可以不开庭审理。"可知，D项正确。

综上所述，本题答案为AD。

2. 甲、乙二人系药材公司仓库保管员，涉嫌5次共同盗窃其保管的名贵药材，涉案金额40余万元。一审开庭审理时，药材公司法定代表人丙参加庭审。经审理，法院认定了其中4起盗窃事实，另1起因证据不足未予认定，甲和乙以职务侵占罪分别被判处有期徒刑3年和1年。一审判决作出后，乙以量刑过重为由提出上诉，甲未上诉，检察院未抗诉。关于本案二审程序，下列选项正确的是：（2017－2－94，任）[1]

A. 二审法院受理案件后应通知同级检察院查阅案卷

B. 二审法院可审理并认定一审法院未予认定的1起盗窃事实

C. 二审法院审理后认为乙符合适用缓刑的条件，将乙改判为有期徒刑2年，缓刑2年

D. 二审期间，甲可另行委托辩护人为其辩护

【解析】A项，根据《刑事诉讼法》第235条规定："……第二审人民法院应当在决定开庭审理后及时通知人民检察院查阅案卷。……"可知，二审法院应当在决定开庭审理后及时通知检察院阅卷，而不是受理案件后。同时本案也不存在二审应当开庭的情形，可以不开庭审理，也就不需要通知同级检察院查阅案卷。因此，A项错误。

B项，根据《刑诉解释》第388条规定："第二审人民法院审理上诉、抗诉案件，应当就第一审判决、裁定认定的事实和适用法律进行全面审查，不受上诉、抗诉范围的限制。"二审只能就一审判决认定的事实进行全面审查，而不能认定一审未予认定的事实，这是因为我国实行"二审终审"原则，一旦二审认定了一审法院未予认定的事实，就侵犯了对方的上诉权。B项错误。

C项，根据《刑诉解释》第401条第1款第7项的规定："原判判处的刑罚不当、应当适用附加刑而没有适用的，不得直接加重刑罚、适用附加刑。原判判处的刑罚畸轻，必须依法改判的，应当在第二审判决、裁定生效后，依照审判监督程序重新审判。"一审判处乙有期徒刑1年，二审法院将乙改判为有期徒刑2年、缓刑2年，直接加重了乙实际判处的刑罚，违背了上诉不加刑原则。C项错误。

D项，根据《刑诉解释》第392条第1款："第二审期间，被告人除自行辩护外，还可以继续委托第一审辩护人或者另行委托辩护人辩护。"可知，D项正确。

综上所述，本题答案为D。

3. 某基层法院就郭某敲诈勒索案一审适用简易程序，判处郭某有期徒刑4年。对于一审中的下列哪些情形，二审法院应以程序违法为由，撤销原判发回重审？（2016－2－73，多）[2]

A. 未在开庭10日前向郭某送达起诉书副本

B. 由一名审判员独任审理

C. 公诉人没有对被告人进行发问

---

[1] D 〔2〕 BD

D. 应公开审理但未公开审理

【解析】根据《刑诉解释》第406条规定："第二审人民法院发现原审人民法院在重新审判过程中，有《刑事诉讼法》第238条规定的情形之一，或者违反第239条规定的，应当裁定撤销原判，发回重新审判。"根据《刑事诉讼法》第238条规定："第二审人民法院发现第一审人民法院的审理有下列违反法律规定的诉讼程序的情形之一的，应当裁定撤销原判，发回原审人民法院重新审判：（一）违反本法有关公开审判的规定的；（二）违反回避制度的；（三）剥夺或者限制了当事人的法定诉讼权利，可能影响公正审判的；（四）审判组织的组成不合法的；（五）其他违反法律规定的诉讼程序，可能影响公正审判的。"

A项，根据《刑事诉讼法》第219条规定："适用简易程序审理案件，不受本章第一节关于送达期限、讯问被告人、询问证人、鉴定人、出示证据、法庭辩论程序规定的限制。但在判决宣告前应当听取被告人的最后陈述意见。"本案适用简易程序审理，未在开庭10日前向郭某送达起诉书副本，并没有程序违法。因此，A项错误。

B项，根据《刑事诉讼法》第216条第1款规定："适用简易程序审理案件，对可能判处3年有期徒刑以下刑罚的，可以组成合议庭进行审判，也可以由审判员一人独任审判；对可能判处的有期徒刑超过3年的，应当组成合议庭进行审判。"本案一审对郭某判处有期徒刑4年，应当组成合议庭进行审判，由一名审判员独任审理属于《刑事诉讼法》第238条第4项规定的情形，二审应当撤销原判、发回重审。B项正确。

C项，根据《刑诉法解释》第365条："适用简易程序审理案件，可以对庭审作如下简化：……（二）公诉人、辩护人、审判人员对被告人的讯问、发问可以简化或者省略；"可知，在简易程序中，公诉人没有对被告人发问并没有程序违法。因此，C项错误。

D项，属于《刑事诉讼法》第238条第1项规定的情形，二审应当撤销原判、发回重审。D项正确。

综上所述，本题应当选BD。

4. 龚某因生产不符合安全标准的食品罪被一审法院判处有期徒刑5年，并被禁止在刑罚执行完毕之日起3年内从事食品加工行业。龚某以量刑畸重为由上诉，检察院未抗诉。关于本案二审，下列哪一选项是正确的？（2016－2－38，单）[1]

A. 应开庭审理

B. 可维持有期徒刑5年的判决，并将职业禁止的期限变更为4年

C. 如认为原判认定罪名不当，二审法院可在维持原判刑罚不变的情况下改判为生产有害食品罪

D. 发回重审后，如检察院变更起诉罪名为生产有害食品罪，一审法院可改判并加重龚某的刑罚

【解析】A项，根据《刑诉解释》第393条规定："下列案件，根据刑事诉讼法第234条的规定，应当开庭审理：（一）被告人、自诉人及其法定代理人对第一审认定的事实、证据提出异议，可能影响定罪量刑的上诉案件；（二）被告人被判处死刑的上诉案件；（三）人民检察院抗诉的案件；（四）应当开庭审理的其他案件。被判处死刑的被告人没有上诉，同案的其他被告人上诉的案件，第二审人民法院应当开庭审理。"本案龚某未被判处死刑且其仅对量刑提

---

[1] C

出上诉，检察院也未抗诉，并不属于二审应当开庭审理的情形，可以不开庭审理。因此，A 项错误。

BC 项，根据《刑诉解释》第 401 条第 1 款规定："审理被告人或者其法定代理人、辩护人、近亲属提出上诉的案件，不得对被告人的刑罚作出实质不利的改判，并应当执行下列规定：……（二）原判认定的罪名不当的，可以改变罪名，但不得加重刑罚或者对刑罚执行产生不利影响；……（五）原判没有宣告职业禁止、禁止令的，不得增加宣告；原判宣告职业禁止、禁止令的，不得增加内容、延长期限；"二审法院可以只变更罪名不改变刑罚，但是不能将原判的职业禁止期限由 3 年延长至 4 年。因此，B 项错误，C 项正确。

D 项，根据《刑诉解释》第 403 条第 1 款规定："被告人或者其法定代理人、辩护人、近亲属提出上诉，人民检察院未提出抗诉的案件，第二审人民法院发回重新审判后，除有新的犯罪事实且人民检察院补充起诉的以外，原审人民法院不得加重被告人的刑罚。"可知，一审法院不能仅因检察院变更起诉罪名就加重被告人刑罚，D 项错误。

综上所述，本题答案为 C。

5. 甲、乙、丙三人共同实施故意杀人，一审法院判处甲死刑立即执行、乙无期徒刑、丙有期徒刑 10 年。丙以量刑过重为由上诉，甲和乙未上诉，检察院未抗诉。关于本案的第二审程序，下列哪一选项是正确的？（2014 - 2 - 38，单）[1]

A. 可不开庭审理

B. 认为没有必要的，甲可不再到庭

C. 由于乙没有上诉，其不得另行委托辩护人为其辩护

D. 审理后认为原判事实不清且对丙的量刑过轻，发回一审法院重审，一审法院重审后可加重丙的刑罚

【解析】A 项，根据《刑诉解释》第 393 条第 2 款规定："被判处死刑的被告人没有上诉，同案的其他被告人上诉的案件，第二审人民法院应当开庭审理。"本案中，被判处死刑的甲没有上诉，被判处有期徒刑 10 年的丙提起上诉，属于该款规定的情形，二审应当开庭审理。A 项错误。

B 项，根据《刑诉解释》第 399 条第 2 款规定："同案审理的案件，未提出上诉、人民检察院也未对其判决提出抗诉的被告人要求出庭的，应当准许。出庭的被告人可以参加法庭调查和辩论。"本案中，甲既没有上诉也没有被抗诉，甲不要求出庭，其在二审中可以不出庭。B 项正确。

C 项，根据《刑诉解释》第 392 条规定："第二审期间，被告人除自行辩护外，还可以继续委托第一审辩护人或者另行委托辩护人辩护。共同犯罪案件，只有部分被告人提出上诉，或者自诉人只对部分被告人的判决提出上诉，或者人民检察院只对部分被告人的判决提出抗诉的，其他同案被告人也可以委托辩护人辩护。"可见，乙仍可以另行委托辩护人为其辩护。C 项错误。

D 项，根据《刑诉解释》第 403 条第 1 款规定："被告人或者其法定代理人、辩护人、近亲属提出上诉，人民检察院未提出抗诉的案件，第二审人民法院发回重新审判后，除有新的犯罪事实且人民检察院补充起诉的以外，原审人民法院不得加重被告人的刑罚。"可知，没有同

_____

[1] B

时满足"有新的犯罪事实且检察院补充起诉"条件时，一审法院重审后不得加重丙的刑罚，D项错误。

综上所述，本题答案为 B。

6. 为勒索钱财，左某绑架王某之女并将其杀害，一审法院判处左某死刑缓期两年执行，并赔偿附带民事诉讼原告人王某人民币 35 万元。检察院未提出抗诉，左某和王某对附带民事部分提起上诉。关于本案的审理，下列说法正确的有哪些？(2021 仿真题)[1]

A. 二审法院应将刑事部分和附带民事部分一并审查

B. 二审审结前可暂缓将左某送监执行

C. 若二审期间王某提出独立的诉讼请求，二审法院调解不成的，应当告知王某另行起诉

D. 二审法院不得增加左某的赔偿数额

【解析】A 项，二审法院要遵循全面审查原则，亦即，第二审人民法院应当就第一审判决认定的事实和适用法律进行全面审查，不受上诉或者抗诉范围的限制。共同犯罪的案件只有部分被告人上诉的，应当对全案进行审查，一并处理。据此，不管不服刑事部分还是附带民事诉讼部分，只要上诉了，二审法院就应当将刑事部分与附带民事部分一并审查。A 项正确。

B 项，根据《刑诉法解释》第 408 条第 2 款规定："应当送监执行的第一审刑事被告人是第二审附带民事诉讼被告人的，在第二审附带民事诉讼案件审结前，可以暂缓送监执行。"据此，在二审附带民事诉讼案件审结前，可以暂缓将左某送监执行。因此，B 项正确。

C 项，根据《刑诉法解释》第 410 条规定："第二审期间，第一审附带民事诉讼原告人增加独立的诉讼请求或者第一审附带民事诉讼被告人提出反诉的，第二审人民法院可以根据自愿、合法的原则进行调解；调解不成的，告知当事人另行起诉。"据此，C 项正确。

D 项，因为附带民事诉讼原告人王某也对附带民事部分提起了上诉，所以二审法院可以增加左某的赔偿数额，并不违反上诉不加刑原则的要求。因此，D 项错误。

综上所述，本题答案为 ABC。

三、第二审法院经过审理后的处理

1. 公安机关接举报称本市张大明为牟取非法利益而贩卖毒品，后立案展开侦查，侦查过程中公安机关提请逮捕张大明并获检察院批准，最终张大明因涉嫌贩卖毒品罪被检察院提起公诉，但其始终辩称是被冤枉的，声称侦查人员在其家中查获的毒品并非自己所有，而是被恶人栽赃陷害，一审法院经审理认为现有证据无法排除合理怀疑，遂判决宣告张大明无罪。检察机关认为一审判决确有错误向上一级法院提起抗诉，在二审开庭前检察院发现了关于毒品来源的关键证据，关于本案的处理，下列哪些选项是正确的？(2019 仿真题)[2]

A. 法院应当通知辩方查阅、摘抄或复制检察机关发现的新证据

D. 因二审开庭前本案出现新的关键性证据，二审法院审理后认为一审判决事实不清、证据不足的，应撤销原判、发回重审

C. 依据全面贯彻证据裁判规则的要求，本案中一审法院作出无罪判决并无不当

D. 张大明应于一审宣判后立即被释放，检察机关可对其另行适用取保候审的强制措施

【解析】A 项，根据《刑诉解释》第 395 条规定："第二审期间，人民检察院或者被告人及其辩护人提交新证据的，人民法院应当及时通知对方查阅、摘抄或者复制。"本案中检察机

关二审开庭前发现关于毒品来源的关键证据，法院应当通知辩方查阅、摘抄或复制。所以，A项正确。

B项，根据《刑事诉讼法》第236条第1款第3项规定："原判决事实不清楚或者证据不足的，可以在查清事实后改判；也可以裁定撤销原判，发回原审人民法院重新审判。"本案开庭前检察机关发现了关键证据，二审法院认为原判决事实不清的，可撤销原判、发回重审，还可以查清事实后改判。因此，B项错误。

C项，证据裁判规则要求必须有相应的证据证明才能认定案件事实，综合裁判所依据的证据应达到证明标准：案件事实清楚、证据确实充分，排除合理怀疑。而本案的一审中张大明始终不承认犯罪，也没有确凿证据证明张大明确实实施了犯罪，不能排除张大明家中毒品为他人放置的可能性，现有证据无法排除合理怀疑。所以，此种情况下作出无罪判决是正确的，C项正确。

D项，本案中一审对张大明宣判无罪，根据《刑事诉讼法》第260条的规定："第一审人民法院判决被告人无罪、免除刑事处罚的，如果被告人在押，在宣判后应当立即释放。"因此应当立即释放张大明。又因为检察院认为一审判决错误，张大明仍有犯罪嫌疑，所以检察机关可以对其进行取保候审。D项正确。

综上所述，本题答案为ACD。

2. 辩护律师在庭审中对控方证据提出异议，主张这些证据不得作为定案依据。对下列哪些证据的异议，法院应当予以支持？（2016－2－68，多）[1]

A. 因证人拒不到庭而无法当庭询问的证人证言

B. 被告人提供了有关刑讯逼供的线索及材料，但公诉人不能证明讯问合法的被告人庭前供述

C. 工商行政管理部门关于查处被告人非法交易行为时的询问笔录

D. 侦查人员在办案场所以外的地点询问被害人所获得的被害人陈述

【解析】A项，根据《刑诉解释》第91条第3款的规定："经人民法院通知，证人没有正当理由拒绝出庭或者出庭后拒绝作证，法庭对其证言的真实性无法确认的，该证人证言不得作为定案的根据。"可知，因证人拒不到庭而无法当庭询问的证人证言是可以作为定案根据使用的，只有法庭对证人证言真实性无法确认时，才不得作为定案根据。A项错误。

B项，根据《刑诉解释》第137条规定："法庭对证据收集的合法性进行调查后，确认或者不能排除存在刑事诉讼法第56条规定的以非法方法收集证据情形的，对有关证据应当排除。"被告人提供了有关刑讯逼供的线索及材料，但公诉人不能证明讯问合法的被告人庭前供述，所以该份被告人庭前供述不能排除存在以非法方法收集，应当予以排除，B项正确。

C项，根据《刑诉解释》第75条第1款的规定："行政机关的物证、书证、视听资料、电子数据等实物证据材料，可以转化为刑事案件定案的根据。"本案中工商行政管理部门收集的询问笔录属于言词证据，是不能直接作为刑事证据使用的。因此，C项正确。

D项，根据《公安部规定》第210条第1款的规定："询问证人、被害人，可以在现场进行，也可以到证人、被害人所在单位、住处或者证人、被害人提出的地点进行。在必要的时候，可以书面、电话或者当场通知证人、被害人到公安机关提供证言。"可知，侦查人员在"办案地点以外的地点"询问被害人是符合规定的，该份被害人陈述收集合法，法院不应当支

---

[1] BC

持该异议。因此，D 项错误。

综上所述，本题答案为 BC。

3. 关于发回重审，下列哪一说法是不正确的？(2011－2－37，单)[1]

A. 发回重审原则上不能超过二次

B. 在发回重审裁定书中应详细阐明发回重审的理由及法律根据

C. 一审剥夺或者限制了当事人的法定诉讼权利，可能影响公正审判的，应当发回重审

D. 发回重审应当撤销原判

【解析】A 项，法律中并没有对二审法院以"违反程序"理由发回重审规定次数限制，只规定了原审人民法院对于以"事实不清、证据不足"为由发回重新审判的案件仅限发回重审一次（《刑事诉讼法》第 236 条第 2 款）。所以，"发回重审原则上不能超过二次"的说法是错误的，A 项错误。

B 项，根据《关于规范上下级人民法院审判业务关系的若干意见》第 6 条的规定："第一审人民法院已经查清事实的案件，第二审人民法院原则上不得以事实不清、证据不足为由发回重审。第二审人民法院作出发回重审裁定时，应当在裁定书中详细阐明发回重审的理由及法律依据。"此外，近些年最高法一直在强调加强规范裁判文书释法说理，B 项正符合这一指导意见。由此可知，B 项正确。

C 项，根据《刑事诉讼法》第 238 条第 3 项规定："第二审人民法院发现第一审人民法院的审理有下列违反法律规定的诉讼程序的情形之一的，应当裁定撤销原判，发回原审人民法院重新审判：（三）剥夺或者限制了当事人的法定诉讼权利，可能影响公正审判的；"可知，C 项正确。

D 项，发回原审人民法院重新审判的，应当裁定撤销原判，所以 D 项正确。

综上所述，本题答案为 A。

4. 甲在马路上持刀杀人一案，检察院提起公诉，一审法院判决甲犯故意杀人罪。甲不服提起上诉，二审审理期间发现甲为精神病人。二审法院应当如何处理？(2021 仿真题)[2]

A. 以一审法律适用错误为由，撤销原判发回重审

B. 先判决甲不负刑事责任，再对甲作出强制医疗决定

C. 按照强制医疗程序直接作出裁判

D. 先裁定中止审理，再启动强制医疗程序

【解析】ABCD 项，根据《刑诉法解释》第 640 条："第二审人民法院在审理刑事案件过程中，发现被告人可能符合强制医疗条件的，可以依照强制医疗程序对案件作出处理，也可以裁定发回原审人民法院重新审判。"同时，根据《强制医疗决定程序监督规定》第 16 条第 3 款的规定："人民法院未适用强制医疗程序对案件进行审理，或者未判决宣告被告人不负刑事责任，直接作出强制医疗决定的，人民检察院应当提出书面纠正意见。"可知，二审法院在审理期间发现被告人可能符合强制医疗程序的，第一种处理是裁定发回原审人民法院重新审判，但是理由不能是 A 项中的适用法律错误，因为二审认为原判适用法律错误应当直接改判；第二种处理是依照强制医疗程序作出处理，但此时二审程序属于普通程序，二审法院应当先作出不负刑事责任的判决，再启动特别程序。因此，B 项正确，ACD 项错误。

综上所述，本题答案为 B。

第十七章　死刑复核程序

第一节　死刑立即执行案件的复核程序

1. 甲因犯绑架罪被中级法院判处死刑立即执行，甲以量刑过重为由上诉，检察院未抗诉。高级法院裁定维持原判。关于本案的死刑复核程序，下列说法正确的是？（2020仿真题）[1]

A. 高级法院应先复核再报请最高法院核准

B. 最高法院复核本案的死刑立即执行判决，应当由审判员三人组成合议庭进行

C. 最高法院如认为原判决对甲的犯罪事实不清，证据不足，可以查清后核准死刑，也可以不予核准，发回重审

D. 最高法院复核本案的死刑立即执行判决，应当听取辩护律师的意见

【解析】A项，根据《刑诉法解释》第423条第1款："报请最高人民法院核准死刑的案件，应当按照下列情形分别处理：……（二）中级人民法院判处死刑的第一审案件，被告人上诉或者人民检察院抗诉，高级人民法院裁定维持的，应当在作出裁定后十日以内报请最高人民法院核准；"本案中，被告人提出了上诉，那么高级法院既是二审法院也是死刑复核法院，二审即包括复核，不需要再单独复核，直接报请最高法核准即可。A项错误。

B项，根据《刑事诉讼法》第249条的规定："最高人民法院复核死刑案件，高级人民法院复核死刑缓期执行的案件，应当由审判员三人组成合议庭进行。"B项正确。

C项，根据《刑诉解释》第429条的规定，最高人民法院复核死刑案件，对原判事实不清、证据不足的，应当裁定不予核准，并撤销原判，发回重新审判。若最高法认为原判事实不清，证据不足，只能裁定不予核准，并撤销原判，发回重新审判，而不能查清后核准。C项错误。

D项，《刑事诉讼法》第251条规定："最高人民法院复核死刑案件，应当讯问被告人，辩护律师提出要求的，应当听取辩护律师的意见。"可见，如果辩护律师没有提出要求，最高法不需要听取律师意见，故D项错误。

综上所述，本题答案为B。

2. 甲因犯故意杀人罪被H省S市中级法院判处死刑立即执行，甲未上诉，检察机关也未抗诉。最高人民法院经复核后认为，原判认定事实清楚，证据确实充分，但量刑过重，依法不

应当判处死刑，不予核准，发回重审。关于本案的诉讼程序，下列说法错误的是？（2018 仿真题）[1]

A. S 市中级法院判处死刑立即执行后，应当先报请 H 省高级法院复核后再报请最高法院核准

B. 最高人民法院发回 S 市中级法院重新审判的，S 市中级法院应当另行组成合议庭审理

C. 最高人民法院发回 S 市中级法院重新审判的，S 市中级法院应当开庭审理

D. S 市中级法院重新审判后，甲如果不服判决结果的，可以上诉

【解析】A 项，根据《刑事诉讼法》第 247 条第 1 款规定："中级人民法院判处死刑的第一审案件，被告人不上诉的，应当由高级人民法院复核后，报请最高人民法院核准。高级人民法院不同意判处死刑的，可以提审或者发回重新审判。"本案中甲被判处死刑立即执行，没有上诉，也没有抗诉，应当先报请 H 省高级法院复核后再报请最高法院核准。A 项正确。

B 项，根据《刑诉解释》第 429 条、第 432 条的规定，最高人民法院发回 S 市中级法院重新审判，则 S 市中级法院应当另行组成合议庭审理，但"复核期间出现新的影响定罪量刑的事实、证据"或者"原判认定事实正确、证据充分，但依法不应当判处死刑"两种情形可以不另行组成合议庭。本案中，原判认定事实清楚，证据确实充分，只是量刑过重，判处死刑不当，符合"原判认定事实正确、证据充分，但依法不应当判处死刑"情形，因此，S 市中级法院不用另行组成合议庭审理。B 项错误，当选。

C 项，根据《刑诉解释》第 430 条的规定，最高法发回第一审人民法院重新审判的，应当开庭审理。本案中，S 市中级法院是一审法院，所以 S 市中院应当开庭审理，C 项正确。

D 项，S 市中院是本案的一审法院，最高法院发回 S 市中院重新审判，S 市中院应当按照一审程序进行审理并作出一审判决。所以甲如果对该判决不服的，可以提出上诉。D 项正确。

综上所述，本题答案为 B。

3. 段某因贩卖毒品罪被市中级法院判处死刑立即执行，段某上诉后省高级法院维持了一审判决。最高法复核后认为，原判认定事实清楚，但量刑过重，依法不应当判处死刑，不予核准，发回省高级法院重新审判。关于省高级法院重新审判，下列哪一选项是正确的？（2017 - 2 - 36，单）[2]

A. 应另行组成合议庭

B. 应由审判员 5 人组成合议庭

C. 应开庭审理

D. 可直接改判死刑缓期 2 年执行，该判决为终审判决

【解析】A 项，根据《刑诉解释》第 429 条、第 432 条的规定，最高人民法院发回原审法院重新审判，则原审法院应当另行组成合议庭审理，但"复核期间出现新的影响定罪量刑的事实、证据"或者"原判认定事实正确、证据充分，但依法不应当判处死刑"两种情形可以不另行组成合议庭。本案中，最高法院复核后认为，原判认定事实清楚，但量刑过重，依法不应当判处死刑，该种情形原审人民法院无需另行组成合议庭审理，故 A 项错误。

B 项，本案中，段某上诉后省高级法院维持了一审判决，最高法对死刑判决未核准，发回省高院重审，根据《刑诉解释》第 431 条的规定，最高法对死刑案件不予核准、发回高级人民

─────────────────────

[1] B [2] D

法院重新审判的，高级人民法院可以依照第二审程序提审或者发回重新审判。所以省高院重审应适用二审程序。又根据《刑事诉讼法》第183条第4款的规定，二审审理应由审判员三人或者五人组成合议庭进行。由此可知省高院重审应由审判员3人或5人组成合议庭进行审理，而非只能由五人审判员组成合议庭审理。所以B项错误。

CD项，根据《刑诉法解释》第430条第3款规定："第一审人民法院重新审判的，应当开庭审理。第二审人民法院重新审判的，可以直接改判；必须通过开庭查清事实、核实证据或者纠正原审程序违法的，应当开庭审理。"本案中，省高院是二审法院，只有必须通过开庭查清事实、核实证据或者纠正原审程序违法的，才应当开庭审理，其他情形可以不开庭。本案中，事实认定正确，只是判处死刑不当，无须开庭审理。同时因为高级法院是二审法院，所以改判后的判决是终审判决。因此，C项错误，D项正确。

综上所述，此题答案为D。

4. 甲和乙因故意杀人被中级法院分别判处死刑立即执行和无期徒刑。甲、乙上诉后，高级法院裁定维持原判。关于本案，下列哪一选项是正确的？（2016-2-39，单）[1]

A. 高级法院裁定维持原判后，对乙的判决即已生效

B. 高级法院应先复核再报请最高法核准

C. 最高法如认为原判决对乙的犯罪事实未查清，可查清后对乙改判并核准甲的死刑

D. 最高法如认为甲的犯罪事实不清、证据不足，不予核准死刑的，只能适用裁定

【解析】A项，根据《关于刑事案件终审判决和裁定何时发生法律效力问题的批复》的规定：终审的判决和裁定自宣告之日起发生法律效力。可知，高级法院对乙的判决进行宣告后，对乙的判决才生效。因此，A项错误。

B项，首先，乙被判处无期徒刑，无期徒刑无需复核。其次，虽然甲被判处死刑立即执行，需要层报最高法复核，但是甲提出了上诉，高级法院既是复核法院也是二审法院，二审审理可以包含复核，无需再单独进行复核程序。所以B项错误。

CD项，根据《刑诉解释》第429条的规定："最高人民法院复核死刑案件，应当按照下列情形分别处理：……（三）原判事实不清、证据不足的，应当裁定不予核准，并撤销原判，发回重新审判；"所以，最高法院如认为原判决对乙的犯罪事实未查清，应裁定不予核准，并撤销原判、发回重审。因此，C项错误，D项正确。

综上所述，本题答案为D。

5. 鲁某与关某涉嫌贩卖冰毒500余克，B省A市中级法院开庭审理后，以鲁某犯贩卖毒品罪，判处死刑立即执行，关某犯贩卖毒品罪，判处死刑缓期二年执行。一审宣判后，关某以量刑过重为由向B省高级法院提起上诉，鲁某未上诉，检察院也未提起抗诉。如B省高级法院审理后认为，一审判决认定事实和适用法律正确、量刑适当，裁定驳回关某的上诉，维持原判，则对本案进行死刑复核的正确程序是：（2015-2-96，任）[2]

A. 对关某的死刑缓期二年执行判决，B省高级法院不再另行复核

B. 最高法院复核鲁某的死刑立即执行判决，应由审判员三人组成合议庭进行

C. 如鲁某在死刑复核阶段委托律师担任辩护人的，死刑复核合议庭应在办公场所当面听取律师意见

---

〔1〕 D　〔2〕 ABD

D. 最高法院裁定不予核准鲁某死刑的，可发回 A 市中级法院或 B 省高级法院重新审理

【解析】A 项，根据《刑诉法解释》第 423 条规定："报请最高人民法院核准死刑的案件，应当按照下列情形分别处理：……（二）中级人民法院判处死刑的第一审案件，被告人上诉或者人民检察院抗诉，高级人民法院裁定维持的，应当在作出裁定后十日以内报请最高人民法院核准；"本案中，被告人关某提出了上诉，那么 B 省高级法院既是二审法院也是死刑复核法院，二审即包括复核，所以 B 省高级法院无需再单独复核。因此，A 项正确。

B 项，根据《刑事诉讼法》第 249 条规定："最高人民法院复核死刑案件，高级人民法院复核死刑缓期执行的案件，都应由审判员三人组成合议庭进行复核。"因此，B 项正确。

C 项，根据《刑事诉讼法》第 251 条第 1 款规定："最高人民法院复核死刑案件，应当讯问被告人，辩护律师提出要求的，应当听取辩护律师的意见。"可知，死刑复核阶段，最高法不是"应当"听取律师意见，而是律师提出要求应当听取意见。因此，C 项错误。

D 项，根据《刑诉解释》第 430 条第 1 款规定："最高人民法院裁定不予核准死刑的，根据案件情况，既可以发回第二审法院重新审判，也可以发回第一审法院重新审判。"本案中 A 市中级法院为一审法院，B 省高级法院为二审法院。所以 D 项正确。

综上所述，本题答案为 ABD。

6. 甲和乙共同实施拐卖妇女、儿童罪，均被判处死刑立即执行。最高法复核后认为全案判决认定事实正确，甲系主犯应当判处死刑立即执行，但对乙可不立即执行。关于最高法对此案的处理，下列哪一选项是正确的？（2014 - 2 - 39，单）[1]

A. 将乙改判为死缓，并裁定核准甲死刑

B. 对乙作出改判，并判决核准甲死刑

C. 对全案裁定不予核准，撤销原判，发回重审

D. 裁定核准甲死刑，撤销对乙的判决，发回重审

【解析】本案中，最高法复核后认为全案判决认定事实正确，对甲判处死刑立即执行无误，但对乙不应当判处死刑立即执行。根据《刑诉解释》第 429 条的规定，最高法核准死刑，对原判认定事实和适用法律正确、量刑适当、诉讼程序合法的，应当裁定核准；对原判认定事实正确、证据充分，但依法不应当判处死刑的，应当裁定不予核准，并撤销原判，发回重新审判，必要时也可以依法改判。

A 项，根据法律规定，最高法可以对乙改判或者裁定撤销原判、发回重审，如果最高法对乙进行了改判，则应在同一判决中核准甲的死刑，所以并非"裁定"核准甲死刑，而应该是"判决"核准甲死刑。A 项错误。

B 项，最高法对乙进行了改判，故应在同一判决中核准甲的死刑。B 项正确。

C 项，根据法律规定，本案中最高法复核后认为全案判决认定事实正确，甲系主犯应当判处死刑立即执行，所以应当对甲的死刑予以核准而不能对全案裁定不予核准。C 项错误。

D 项，根据《刑诉解释（2012 版）》第 352 条的规定，对有两名以上被告人被判处死刑的案件，最高人民法院复核后，认为其中部分被告人的死刑判决、裁定事实不清、证据不足的，应当对全案裁定不予核准，并撤销原判，发回重新审判；认为其中部分被告人的死刑判决、裁定认定事实正确，但依法不应当判处死刑的，可以改判，并对其他应当判处死刑的被告人作出

---

[1]　B

核准死刑的判决。本案并非属于"事实不清、证据不足"情形，故不应撤销原判，而应当对不适当的乙作出改判、对甲进行核准。D项错误。【该条已经在2021版《刑诉解释》中删除】

综上所述，本题正确答案为B。

7. 张某因犯故意杀人罪和爆炸罪，一审均被判处死刑立即执行，张某未上诉，检察机关也未抗诉。最高法院经复核后认为，爆炸罪的死刑判决事实不清、证据不足，但故意杀人罪死刑判决认定事实和适用法律正确、量刑适当。关于此案的处理，下列哪些选项是错误的？(2013-2-75，多)[1]

A. 对全案裁定核准死刑

B. 裁定核准故意杀人罪死刑判决，并对爆炸罪死刑判决予以改判

C. 裁定核准故意杀人罪死刑判决，并撤销爆炸罪的死刑判决，发回重审

D. 对全案裁定不予核准，并撤销原判，发回重审

【解析】ABCD项，根据《刑诉解释》第429条的规定，最高法核准死刑，对原判认定事实和适用法律正确、量刑适当、诉讼程序合法的，应当裁定核准；对原判事实不清、证据不足的，应当裁定不予核准，并撤销原判，发回重新审判。本案中，首先，最高法复核时认为张某的爆炸罪判决事实不清、证据不足，针对此种情况，依据法律规定，最高法应当裁定不予核准，并撤销原判、发回重新审判；其次，最高法复核时认为张某的故意杀人罪判决认定事实和适用法律正确、量刑适当，针对此种情况，最高法应当对该罪予以核准。因此，ABD项错误，C项正确。

综上所述，本题选错误选项：故答案为ABD。

8. 关于死刑复核程序，下列哪一选项是正确的？(2012-2-33，单)[2]

A. 最高法复核死刑案件，可以不讯问被告人

B. 最高法复核死刑案件，应当听取辩护律师的意见

C. 在复核死刑案件过程中，最高检应当向最高法院提出意见

D. 最高法应当将死刑复核结果通报最高检察院

【解析】AB项，根据《刑事诉讼法》第251条第1款规定："最高人民法院复核死刑案件，应当讯问被告人，辩护律师提出要求的，应当听取辩护律师的意见。"可知，最高法复核死刑案件应当讯问被告人，但是并不是全部都应当听取辩护律师意见。因此，AB项错误。

CD项，根据《刑事诉讼法》第251条第2款规定："在复核死刑案件过程中，最高人民检察院可以向最高人民法院提出意见。最高人民法院应当将死刑复核结果通报最高人民检察院。"因此，C项错误，D项正确。

综上所述，本题答案为D。

9. 关于检察院办理死刑上诉、抗诉案件的开庭前审查程序，下列哪些说法是正确的？(2011-2-73，多)[3]

A. 应当讯问被告人，听取被告人的上诉理由或者辩解

B. 应当听取辩护人的意见

C. 应当询问证人

D. 可以听取被害人的意见

---

[1] ABD [2] D [3] ABD

【解析】根据《最高检规则》第450条的规定："人民检察院办理死刑上诉、抗诉案件，应当进行下列工作：（1）讯问原审被告人，听取原审被告人的上诉理由或者辩解；（2）听取辩护人的意见；（3）复核主要证据，必要时询问证人；（4）必要时补充收集证据；（5）对鉴定意见有疑问的，可以重新鉴定或者补充鉴定；（6）根据案件情况，可以听取被害人的意见。"

A项，检察院应当讯问被告人，听取被告人的上诉理由或者辩解。A项正确。

B项，检察院应当听取辩护人的意见。B项正确。

C项，检察院复核主要证据有必要时才询问证人。C项错误。

D项，检察院根据案件情况，可以听取被害人的意见。D项正确。

综上所述，本题答案为ABD。

10. 甲被某中级人民法院判处死刑，同案犯乙因其他罪另案处理，关于本案中最高人民法院死刑复核程序，下列说法正确的是？（多选，2023仿真题）[1]

A. 提交到最高人民法院的报告应包含同案犯乙的处理情况

B. 最高人民法院审查认为不应当判处死刑立即执行的，可以直接改判

C. 甲的辩护律师可将辩护意见直接寄送最高人民法院

D. 如死刑复核期间最高检提出意见，最高人民法院应当面听取并制作笔录

【解析】本题考查的是死刑复核程序。

A项，根据《刑诉解释》第426条，报请复核死刑、死刑缓期执行的报告，应当写明案由、简要案情、审理过程和判决结果。案件综合报告应当包括以下内容：（六）需要说明的问题。包括共同犯罪案件中另案处理的【同案犯】的处理情况，案件有无重大社会影响，以及当事人的反应等情况。故A项正确。

B项，根据《刑诉解释》第429条，最高法经过核准，认为量刑有错的，原则上应发回重审；但根据案件情况，必要时也可依法改判。故B项正确。

C项，根据最高法《关于办理死刑复核案件听取辩护律师意见的办法》第3条，辩护律师提交委托手续、法律援助手续及辩护意见、证据等书面材料的，可以经高级法院同意后代收并随案移送，也可以【寄送至最高人民法院承办案件的审判庭】或者在当面反映意见时提交；对尚未立案的案件，辩护律师可以寄送至最高人民法院立案庭，由立案庭在立案后随案移送。故C正确。

D项，根据《刑诉解释》第435条，最高检在死刑复核期间提出意见的，最高法院【应当审查】并【反馈最高检】。根据《刑诉解释》第434条，死刑复核期间，辩护律师要求当面反映意见的，最高人民法院有关合议庭应当在办公场所听取其意见，并制作笔录；辩护律师提出书面意见的，应当附卷。法律只规定了【辩护律师】要求【当面】反映意见的，最高人民法院应当在办公场所听取辩护律师的意见。但并无法律规定最高检提出意见，最高法一定要当面听取。故D项错误。

综上所述，本题答案为ABC选项。

---

[1] ABC

第二节　死刑缓期执行限制减刑案件的审理程序

1. 关于死刑缓期执行限制减刑案件的审理程序，下列哪一说法是正确的？（2011－2－36，单）[1]

A. 对一审法院作出的限制减刑的判决，被告人的辩护人、近亲属可以独立提起上诉

B. 高级法院认为原判对被告人判处死刑缓期执行适当但限制减刑不当的，应当改判，撤销限制减刑

C. 最高法复核死刑案件，认为可以判处死刑缓期执行并限制减刑的，可以裁定不予核准，发回重新审判

D. 最高法复核死刑案件，认为对部分被告人应当适用死刑缓期执行的，如符合《刑法》限制减刑规定，应当裁定不予核准，发回重新审判

【解析】A项，根据最高人民法院《关于死刑缓期执行限制减刑案件审理程序若干问题的规定》第2条规定："被告人对第一审人民法院作出的限制减刑判决不服的，可以提出上诉。被告人的辩护人和近亲属，经被告人同意，也可以提出上诉。"可见，被告人的辩护人、近亲属没有独立的上诉权，需经被告人同意方可提出上诉。A项错误。

B项，根据最高人民法院《关于死刑缓期执行限制减刑案件审理程序若干问题的规定》第3条规定："高级法院认为原判对被告人判处死刑缓期执行适当但限制减刑不当的，应当改判，撤销限制减刑。"因此，B项正确。

C项，根据最高人民法院《关于死刑缓期执行限制减刑案件审理程序若干问题的规定》第6条第1款规定："最高法院复核死刑案件，认为可以判处死刑缓期执行并限制减刑的，应当裁定不予核准，发回重新审判。"注意是"应当"，而不是"可以"。因此，C项错误。

D项，根据最高人民法院《关于死刑缓期执行限制减刑案件审理程序若干问题的规定》第6条第2款规定："一案中二名以上被告人被判处死刑，最高人民法院复核后，认为对部分被告人应当适用死刑缓期执行的，如符合《刑法》第五十五条第二款的规定，可以同时决定对其限制减刑。"因此，D项错误。

综上所述，本题答案为B。

2. 根据有关立法及司法解释的规定，对被判处死刑缓期执行的被告人可以同时决定对其限制减刑，因而涉及相关诉讼程序方面的问题。请回答下列问题：

（1）关于犯罪分子可以适用死刑缓期执行限制减刑的案件，下列选项正确的是：（2011－2－92，任）[2]

A. 绑架案件　　　　　　　　　　B. 抢劫案件

C. 爆炸案件　　　　　　　　　　D. 有组织的暴力性案件

【解析】ABCD项，根据《关于死刑缓期执行限制减刑案件审理程序若干问题的规定》第1条的规定：对被判处死刑缓期执行的累犯以及因故意杀人、强奸、抢劫、绑架、放火、爆炸、投放危险物质或者有组织的暴力型犯罪被判处死刑缓期执行的犯罪分子，人民法院根据犯

罪情节、人身危险性等情况，可以在作出裁判的同时决定对其限制减刑。因此，ABCD 项正确。

综上所述，本题正确答案为 ABCD。

（2）高级法院审理判处死刑缓期执行没有限制减刑的上诉案件，认为原判事实清楚、证据充分，但确有必要限制减刑的，下列处理程序正确的是：(2011 - 2 - 93，任)[1]

A. 直接改判

B. 发回重新审判

C. 维持原判不再纠正

D. 二审判决、裁定生效后，按照审判监督程序重新审判

【解析】ABCD 项，根据《关于死刑缓期执行限制减刑案件审理程序若干问题的规定》第 4 条第 1 款的规定："高级人民法院审理判处死刑缓期执行没有限制减刑的上诉案件，认为原判事实清楚、证据充分，但应当限制减刑的，不得直接改判，也不得发回重新审判。确有必要限制减刑的，应当在第二审判决、裁定生效后，按照审判监督程序重新审判。"因此，首先，高院在认为原判事实清楚、证据充分，不得直接改判，也不得发回重新审判。其次，确有必要限制减刑的，应当在第二审判决、裁定生效后，按照审判监督程序重新审判，而不是不再纠正。因此，ABC 项错误，D 项正确。

综上所述，本题答案为 D。

---

[1] D

第十八章 审判监督程序

第一节 审判监督程序的提起

一、再审申诉（提起审判监督程序的材料来源）（如何申诉）

1. 关于审判监督程序中的申诉，下列哪一选项是正确的？（2015-2-39，单）[1]

A. 二审法院裁定准许撤回上诉的案件，申诉人对一审判决提出的申诉，应由一审法院审理

B. 上一级法院对未经终审法院审理的申诉，应直接审理

C. 对经两级法院依照审判监督程序复查均驳回的申诉，法院不再受理

D. 对死刑案件的申诉，可由原核准的法院审查，也可交由原审法院审查

【解析】A项，《刑诉解释》第453条第1款中规定"……第二审人民法院裁定准许撤回上诉的案件，申诉人对第一审判决提出申诉的，可以由第一审人民法院审查处理。"应注意审查处理并非审理，所以"应由一审法院审理"表述错误。A项错误。

B项，《刑诉解释》第453条第2款规定，上一级人民法院对未经终审人民法院审查处理的申诉，案件疑难、复杂、重大的，可以直接审查处理。但是审查处理并非审理，所以"应直接审理"表述错误。B项错误。

C项，如果申诉人提出新的理由，或者刑事案件的原审被告人可能被宣告无罪的申诉，法院仍可受理。C项错误。

D项，根据《刑诉解释》第455条的规定，对死刑案件的申诉，可以由原核准的人民法院直接审查处理，也可以交由原审人民法院审查。D项正确。

综上所述，本题答案为D。

2. 某检察院申诉接待室《申诉指引》中的下列哪些表述是正确的？（2011-2-75，多）[2]

A. 不服法院已经执行完毕的刑事判决、裁定的申诉，由控告申诉检察部门办理

B. 被告人不服法院已经发生法律效力且尚在执行中的判决、裁定的申诉，由监所检察部门办理

C. 不服法院死刑终审判决、裁定尚未执行的申诉，由审查起诉部门办理

D. 被害人不服法院已经发生法律效力且尚在执行中的刑事判决、裁定的申诉，由控告申

---

[1] D [2] 本题无正确答案

诉检察部门办理

【解析】根据《人民检察院办理刑事申诉案件规定》第16、17、19条的规定：首先，刑事申诉由控告申诉检察部门统一接收。其次，控告申诉检察部门应当对受理的刑事申诉案件进行审查。最后，控告申诉检察部门经审查，具有下列情形之一的，应当移送刑事检察部门办理：（1）原判决、裁定或者处理决定存在错误可能的；（2）不服人民检察院诉讼终结的刑事处理决定首次提出申诉的；（3）被害人及其法定代理人、近亲属、被不起诉人及其法定代理人、近亲属不服不起诉决定，在收到不起诉决定书后7日以内提出申诉的。

A项，不服法院已经执行完毕的刑事判决、裁定的申诉，由控告申诉检察部门接收，并不是办理。A项错误。

B项，被告人不服法院已经发生法律效力且尚在执行中的判决、裁定的申诉，由刑事检察部门办理。B项错误。

C项，不服法院死刑终审判决、裁定尚未执行的申诉，由刑事检察部门办理。C项错误。

D项，被害人不服法院已经发生法律效力且尚在执行中的刑事判决、裁定的申诉，由刑事检察部门办理。D项错误。

综上所述，根据现行法律，本题无正确答案。

二、有权提起审判监督程序的主体（如何启动再审程序）

1. 李鹏因实施诈骗行为被A市甲县公安机关立案侦查，后甲县检察院就本案向甲县法院提起公诉，法院经审理认为现有证据不能证明李鹏的行为构成诈骗，故判决李鹏无罪，判决生效10个月后，甲县检察院偶然间发现了新的证据足以证明李鹏构成诈骗。关于甲县检察院对本案的处理，下列哪一选项是正确的？（2019仿真题）[1]

A. 向甲县法院再次提起公诉，要求追究李鹏诈骗罪的刑事责任

B. 以检察建议书的形式要求甲县法院纠正已生效的错误判决

C. 以甲县法院所作的无罪判决确有错误为由，向A市法院提起抗诉

D. 先向甲县法院发出检察建议要求撤销先前的无罪判决后，才能起诉李鹏构成诈骗罪

【解析】A项，本案中，甲县检察院偶然间发现了新的证据足以证明李鹏构成诈骗，该新证据能够证明原判有误。根据《最高检规则》第591条的规定，甲县检察院认为法院已经发生法律效力的判决、裁定确有错误，具有"有新的证据证明原判决、裁定认定的事实确有错误，可能影响定罪量刑的"情形，应当按照审判监督程序，提请上一级人民检察院提出抗诉而不能自己直接抗诉。A项错误。

B项，根据《人民检察院检察建议工作规定》第8条的规定："甲县检察院发现同级人民法院已经发生法律效力的判决、裁定具有法律规定的应当再审情形的，可以向同级法院提出检察建议书。"B项正确。

C项，根据再审监督程序的相关规定，同级检察院不能向同级或上级法院提出再审抗诉（最高检除外）。C项错误。

D项，根据《人民检察院检察建议工作规定》第5条的规定："检察建议主要包括以下类型：（一）再审检察建议；（二）纠正违法检察建议；（三）公益诉讼检察建议；（四）社会治理检察建议；（五）其他检察建议。"可见检察建议不包括要求撤销原判，所以D项错误。

---

[1] B

综上所述，本题答案为 B。

2. 王某因间谍罪被甲省乙市中级法院一审判处死刑，缓期 2 年执行。王某没有上诉，检察院没有抗诉。判决生效后，发现有新的证据证明原判决认定的事实确有错误。下列哪些机关有权对本案提起审判监督程序？（2017－2－75，多）[1]

A. 乙市中级法院　　　　　　　　B. 甲省高级法院
C. 甲省检察院　　　　　　　　　D. 最高人民检察院

【解析】根据《刑诉解释》第460、461条，《最高检规则》第597条的规定，提起审判监督程序的主体包括：（1）生效裁判法院院长提请本院审判委员会讨论决定；（2）生效裁判法院的上级法院；（3）生效裁判法院的上级检察院。（4）最高检可以向最高法提出再审抗诉。本案中，王某被乙市法院一审判处死刑，缓期 2 年执行。虽然王某没有上诉，检察院也未抗诉，但是王某被判处死刑缓期执行判决，其判决必须经过甲省高院复核后方可生效，所以在本案中甲省高院才是作出生效裁判的法院。

A 项，乙市中级法院是本案作出生效裁判的法院的下级法院，无权提起审判监督程序。A 项错误。

B 项，甲省高级法院是本案作出生效裁判的法院，有权提起审判监督程序。B 项正确。

C 项，甲省检察院是本案作出生效裁判法院的同级检察院，无权提起审判监督程序。C 项错误。

D 项，最高人民检察院是本案作出生效裁判法院的上级检察院，有权提起审判监督程序。D 项正确。

综上所述，本题正确答案为 BD。

第二节　依照审判监督程序对案件的重新审判

1. 在一起共同犯罪案件当中，法院经过审理判处甲乙有期徒刑 3 年，丙无罪释放。判决生效后，上级法院发现甲其实是替丙顶罪，故指令下级法院进行再审。那么在再审审理中，下列说法正确的是？（2021 仿真题，多）[2]

A. 法院可以加重乙的刑罚
B. 法院在再审审理中可以决定中止执行甲的刑罚
C. 检察院可以决定对丙采取强制措施
D. 再审法院应当重新组成合议庭

【解析】本题旨在考察提起审判监督程序的审理。A 项，本案中甲乙丙为共同犯罪，判决生效后上级法院发现甲和丙原判错误，指令下级法院对本案再审，根据《刑诉解释》第469条的规定："除人民检察院抗诉的以外，再审一般不得加重原审被告人的刑罚。再审决定书或者抗诉书只针对部分原审被告人的，不得加重其他同案原审被告人的刑罚。"因此，A 项错误。

B 项，本案中甲是替丙顶罪，甲可能经再审改判无罪，根据《刑诉解释》第464条的规定，法院可以决定中止执行甲的刑罚。因此，B 项正确。

---

[1]　BD　[2]　BD

C 项，根据《刑事诉讼法》第 257 条第 1 款的规定，对于需要对被告人采取强制措施的案件，应当由谁提出再审就由谁采取强制措施。本案是由法院决定再审的案件，故应当由法院决定是否对丙采取强制措施。因此，C 项错误。

D 项，根据《刑诉解释》第 466 条第 1 款的规定："原审人民法院审理依照审判监督程序重新审判的案件，应当另行组成合议庭。"所以，再审法院应当另行组成合议庭进行审理。因此，D 项正确。

综上所述，本题的答案为 BD。

2. 关于审判监督程序，下列选项正确的是？（2020 仿真题）[1]

A. 当事人及其法定代理人、近亲属有权对已经发生效力的裁判提出申诉

B. 上级法院指令下级法院再审的，一般应当指令原审法院以外的下级法院审理；由原审法院审理更为适宜的，也可以指令原审法院审理

C. 被告人可能经再审改判无罪，或者可能经再审减轻原判刑罚而致刑期届满的，可以裁定中止原判决、裁定的执行

D. 不论是否属于由法院决定的再审案件，逮捕均由法院决定

【解析】A 项，根据《刑事诉讼法》第 252 条的规定，当事人及其法定代理人、近亲属，对已经发生法律效力的判决、裁定，可以向人民法院或者人民检察院提出申诉。A 项正确。

B 项，根据《刑事诉讼法》第 255 条的规定："上级人民法院指令下级人民法院再审的，应当指令原审人民法院以外的下级人民法院审理；由原审人民法院审理更为适宜的，也可以指令原审人民法院审理。"B 项正确。

C 项，根据《刑诉解释》第 464 条的规定，一般情况下，再审期间不停止原判决、裁定的执行。但被告人可能经再审改判无罪，或者可能经再审减轻原判刑罚而致刑期届满的，可以决定中止原判决、裁定的执行。需要注意的是中止原判决、裁定的执行应是"决定"而非"裁定"。C 项错误。

D 项，根据《刑事诉讼法》第 257 第 1 款的规定，由哪个司法机关启动再审程序，就由哪个司法机关决定对被告人采取强制措施。所以如果是检察院决定再审的案件，应当由检察院决定采取逮捕措施而不是由法院决定。D 项错误。

综上所述，本题正确答案为 AB。

3. 最高人民法院《关于适用〈中华人民共和国刑事诉讼法〉的解释》第 386 条（现为第 469 条）规定，除检察院抗诉的以外，再审一般不得加重原审被告人的刑罚。关于这一规定的理解，下列哪些选项是正确的？（2016 - 2 - 74，多）Ⅲ[2]

A. 体现了刑事诉讼惩罚犯罪和保障人权基本理念的平衡

B. 体现了刑事诉讼具有追求实体真实与维护正当程序两方面的目的

C. 再审不加刑有例外，上诉不加刑也有例外

D. 审判监督程序的纠错功能决定了再审不加刑存在例外情形

【解析】A 项，《刑诉解释》规定再审一般不得加重原审被告人的刑罚，该规定是保护被告人权利、防止被告人被滥用刑罚，体现的是刑事诉讼法保障人权的基本理念；而法律同时又规定了检察院抗诉这一可以加重被告人刑罚的例外，这是为了满足惩罚犯罪人的现实需要，体

现了刑事诉讼惩罚犯罪的基本理念。所以 A 项正确。

B 项，再审一般不得加重原审被告人的刑罚的规定体现了维护正当程序的目的，而检察院抗诉的例外规定又体现了刑事诉讼在维护正当程序的同时也兼顾现实需要（对有必要的被告人加重刑罚的需要），这体现了刑事诉讼具有追求实体真实与维护正当程序两方面的目的。所以 B 项正确。

C 项，上诉不加刑只适用于仅有被告人一方上诉的情形，上诉不加刑没有例外。C 项错误。

D 项，审判监督程序的纠错功能意味着再审法院需要对原审不正确的定罪量刑进行纠正，经纠正后的正确定罪量刑不免会加重被告人的刑罚，这是必要的，所以再审不加刑不可能毫无例外。所以 D 项正确。

综上所述，本题应当选 ABD。

4. 关于审判监督程序，下列哪些选项是正确的？（2014 - 2 - 75，多）[1]

A. 只有当事人及其法定代理人、近亲属才能对已经发生法律效力的裁判提出申诉

B. 原审法院依照审判监督程序重新审判的案件，应当另行组成合议庭

C. 对于依照审判监督程序重新审判后可能改判无罪的案件，可中止原判决、裁定的执行

D. 上级法院指令下级法院再审的，一般应当指令原审法院以外的下级法院审理

【解析】A 项，根据《刑诉解释》第 451 条的规定，除了当事人及其法定代理人、近亲属可以提出申诉之外，案外人也可以提出申诉。A 项错误。

B 项，根据《刑事诉讼法》第 256 条第 1 款的规定，人民法院按照审判监督程序重新审判的案件，由原审人民法院审理的，应当另行组成合议庭进行。B 项正确。

C 项，根据《刑诉解释》第 464 条的规定，一般情况下，再审期间不停止原判决、裁定的执行，但被告人可能经再审改判无罪的案件，可中止原判决、裁定的执行。C 项正确。

D 项，根据《刑诉解释》第 461 条第 2 款的规定，上级人民法院指令下级人民法院再审的，一般应当指令原审人民法院以外的下级人民法院审理。D 项正确。

综上所述，本题应当选 BCD。

5. 法院就被告人"钱某"盗窃案作出一审判决，判决生效后检察院发现"钱某"并不姓钱，于是在确认其真实身份后向法院提出其冒用他人身份，但该案认定事实和适用法律正确。关于法院对此案的处理，下列哪一选项是正确的？（2013 - 2 - 40，单）[2]

A. 可以建议检察院提出抗诉，通过审判监督程序加以改判

B. 可以自行启动审判监督程序加以改判

C. 可以撤销原判并建议检察机关重新起诉

D. 可以用裁定对判决书加以更正

【解析】根据《刑诉解释》第 473 条的规定："原判决、裁定认定被告人姓名等身份信息有误，但认定事实和适用法律正确、量刑适当的，作出生效判决、裁定的人民法院可以通过裁定对有关信息予以更正。"本案中认定事实和适用法律正确，仅仅是被告人身份信息错误，故法院应当通过裁定对有关信息予以更正。

A 项，本案判决的定罪量刑均无错误，无需启动审判监督程序进行改判。A 项错误。

_____

[1] BCD [2] D

B 项，本案判决的定罪量刑均无错误，无需启动审判监督程序进行改判。B 项错误。

C 项，本案判决的定罪量刑均无错误，如果仅仅身份信息错误就要求整个案件的诉讼流程重新来，会导致司法资源严重浪费。C 项错误。

D 项，用裁定对判决书加以更正符合法律规范。D 项错误。

综上所述，本题答案为 D。

6. 关于审判监督程序，下列哪一选项是正确的？（2012 - 2 - 34，单）[1]

A. 对于原判决事实不清楚或者证据不足的，应当指令下级法院再审

B. 上级法院指令下级法院再审的，应当指令原审法院以外的下级法院审理；由原审法院审理更为适宜的，也可以指令原审法院审理

C. 不论是否属于由检察院提起抗诉的再审案件，逮捕由检察院决定

D. 法院按照审判监督程序审判的案件，应当决定中止原判决、裁定的执行

【解析】 A 项，根据《刑事诉讼法》第 254 条第 4 款的规定："人民检察院抗诉的案件，接受抗诉的人民法院应当组成合议庭重新审理，对于原判决事实不清楚或者证据不足的，可以指令下级人民法院再审。"所以是"可以"而非"应当"，A 项错误。

B 项，根据《刑事诉讼法》第 255 条的规定："上级人民法院指令下级人民法院再审的，应当指令原审人民法院以外的下级人民法院审理；由原审人民法院审理更为适宜的，也可以指令原审人民法院审理。"B 项正确。

C 项，根据《刑事诉讼法》第 257 条的规定，由哪个司法机关启动再审程序，就由哪个司法机关决定对被告人采取强制措施。所以如果是法院决定再审的案件，应当由法院决定采取逮捕措施而不是检察院决定。C 项错误。

D 项，根据《刑诉解释》第 464 条的规定，一般情况下，再审期间不停止原判决、裁定的执行。D 项错误。

综上所述，本题答案为 B。

7. 邢某因涉嫌强奸罪被判处有期徒刑。刑罚执行期间，邢某父母找到证人金某，证明案发时邢某正与金某在外开会，邢某父母提出申诉。法院对该案启动再审。关于原判决的执行，下列哪一说法是正确的？（2011 - 2 - 38，单）[2]

A. 继续执行原判决
B. 由再审法院裁定中止执行原判决
C. 由再审法院决定中止执行原判决
D. 报省级法院决定中止原判决

【解析】 根据《刑诉解释》第 457 条的规定，经审查，具有下列情形的，应当决定重新审判：（1）有新的证据证明原判决、裁定认定的事实确有错误，可能影响定罪量刑的；（2）据以定罪量刑的证据不确实、不充分、依法应当排除的；（3）证明案件事实的主要证据之间存在矛盾的；（4）主要事实依据被依法变更或者撤销的；（5）认定罪名错误的；（6）量刑明显不当的；（7）对违法所得或者其他涉案财物的处理确有明显错误的；（8）违反法律关于溯及力规定的；（9）违反法定诉讼程序，可能影响公正裁判的；（10）审判人员在审理该案件时有贪污受贿、徇私舞弊、枉法裁判行为的根据。又根据《刑诉解释》第 464 条的规定，再审期间不停止原判决、裁定的执行，但被告人可能经再审改判无罪，或者可能经再审减轻原判刑罚而致刑期届满的，可以决定中止原判决、裁定的执行。

———————————

本案中，刑某父母以有证据证明案发时刑某在外开会为由提出申诉，满足法律规定的启动再审的条件，且邢某案发时不在案发现场则很有可能是无罪的，根据法律规定，再审法院可以决定中止执行原判决。

A项，本案中邢某有可能被改判为无罪，不应继续执行原判决。A项错误。

B项，根据法律规定，再审法院可以决定中止执行原判决。但应注意，是"决定"而不是裁定。B项错误。

C项，根据法律规定，再审法院可以决定中止执行原判决。C项正确。

D项，根据法律规定，应由再审法院决定中止执行，而不是报省级法院决定。D项错误。

综上所述，本题答案为D。

第十九章 执 行

第一节 执行概述

关于生效裁判执行，下列哪一做法是正确的？（2016 - 2 - 40，单）[1]

A. 甲被判处管制 1 年，由公安机关执行

B. 乙被判处有期徒刑 1 年宣告缓刑 2 年，由社区矫正机构执行

C. 丙被判处有期徒刑 1 年 6 个月，在被交付执行前，剩余刑期 5 个月，由看守所代为执行

D. 丁被判处 10 年有期徒刑并处没收财产，没收财产部分由公安机关执行

【解析】 根据法律规定，法院负责执行无罪、免于刑事处罚以及死刑立即执行、罚金和没收财产判决的刑罚；监狱负责执行死缓、无期徒刑和余刑 3 个月以上的有期徒刑判决的刑罚；社区矫正机构负责执行管制、缓刑、假释和暂予监外执行的刑罚；公安机关负责执行拘役、剥夺政治权利和余刑 3 个月以下有期徒刑的刑罚。

A 项，管制应由社区矫正机关执行。A 项错误。

B 项，缓刑应由社区矫正机构执行。B 项正确。

C 项，余刑 5 个月的有期徒刑应由监狱执行。C 项错误。

D 项，没收财产的应由法院执行，必要时才可以会同公安机关执行。D 项错误。

综上所述，本题答案为 B。

第二节 各种判决、裁定的执行程序

一、死刑立即执行判决的执行

赵某因绑架罪被甲省 A 市中级法院判处死刑缓期两年执行，后交付甲省 B 市监狱执行。死刑缓期执行期间，赵某脱逃至乙省 C 市实施抢劫被抓获，C 市中级法院一审以抢劫罪判处无期徒刑。赵某不服判决，向乙省高级法院上诉。乙省高级法院二审维持一审判决。此案最终经最高法院核准死刑立即执行。关于执行赵某死刑的法院，下列哪一选项是正确的？（2013 - 2 - 24，单）[2]

---

[1] B [2] B

A. A 市中级法院　　　　　　　　　B. B 市中级法院
C. C 市中级法院　　　　　　　　　D. 乙省高级法院

【解析】根据《刑诉解释》第 499 条的规定："最高人民法院的执行死刑命令，由高级人民法院交付第一审人民法院执行。第一审人民法院接到执行死刑命令后，应当在 7 日内执行。在死刑缓期执行期间故意犯罪，最高人民法院核准执行死刑的，由罪犯服刑地的中级人民法院执行。"

A 项，赵某为死刑缓期执行期间故意犯罪、被最高法院核准死刑，根据法律规定应由服刑地的中级法院负责执行死刑，赵某的服刑地为 B 市，故应当由 B 市中级法院负责执行死刑，而不是 A 市。A 项错误。

B 项，B 市是赵某的服刑地，故 B 市中级法院为死刑执行法院。B 项正确。

C 项，C 市并非赵某服刑地，所以 C 项错误。

D 项，乙省高级法院并非赵某服刑地，所以 D 项错误。

综上所述，本题答案为 B。

二、缓刑的执行

关于有期徒刑缓刑、拘役缓刑的执行，下列哪些选项是正确的？（2014 - 2 - 74，多）[1]

A. 对宣告缓刑的罪犯，法院应当核实其居住地

B. 法院应当向罪犯及原所在单位或居住地群众宣布犯罪事实、期限及应遵守的规定

C. 罪犯在缓刑考验期内犯新罪应当撤销缓刑的，由原审法院作出裁定

D. 法院撤销缓刑的裁定，一经作出立即生效

【解析】A 项，根据《刑诉解释》第 519 条第 1 款的规定："对被判处管制、宣告缓刑的罪犯，人民法院应当依法确定社区矫正执行地。社区矫正执行地为罪犯的居住地；罪犯在多个地方居住的，可以确定其经常居住地为执行地；罪犯的居住地、经常居住地无法确定或者不适宜执行社区矫正的，应当根据有利于罪犯接受矫正、更好地融入社会的原则，确定执行地。"由此可知，法院不仅应当核实罪犯的居住地，还应当根据罪犯的经常居住地等情况确定社区矫正执行地。A 项错误。

B 项，现行法律中并没有规定法院应当向罪犯及原所在单位或居住地群众宣布犯罪事实、期限及应遵守的规定，所以 B 项错误。

C 项，根据《刑诉解释》第 542 条的规定，罪犯在缓刑、假释考验期限内犯新罪应当撤销缓刑、假释的，应当由审判新罪的人民法院撤销原判决、裁定宣告的缓刑、假释。所以 C 项错误。

D 项，根据《刑诉解释》第 545 条的规定，人民法院应当在收到社区矫正机构的撤销缓刑、假释建议书后 30 日以内作出裁定。撤销缓刑、假释的裁定，一经作出，立即生效。D 项正确。

综上所述，本题答案为 D。

当时司法部答案为 AD，但注意法律规定修改后，A 项错误。

三、刑事裁判涉财产部分和附带民事裁判的执行

1. 李某因涉嫌多次盗窃被检察院提起公诉。法院判处李某盗窃罪并对其盗窃所得的赃款

_____

[1] D

赃物进行追缴。以下哪些赃款赃物依法应当予以追缴？（2018 仿真题）[1]

A. 李某将盗窃所得的价值 100 万元却以 10 万元卖给古玩店的古董

B. 李某赠予其女友的价值一万元的金项链

C. 李某通过网络二手买卖平台将价值 8000 元而以 6000 元转卖他人的智能手机

D. 李某用于偿还赌债的 4 万元盗窃赃款

【解析】根据最高人民法院《关于刑事裁判涉财产部分执行的若干规定》第 11 条的规定，以下赃款赃物应当依法追缴：（1）第三人明知是涉案财物而接受的；（2）第三人无偿或者以明显低于市场的价格取得涉案财物的；（3）第三人通过非法债务清偿或者违法犯罪活动取得涉案财物的；（4）第三人通过其他恶意方式取得涉案财物的。

A 项，李某将价值 100 万元的古董以 10 万元卖给古玩店是明显低于市场价格的，故应当予以追缴。A 项正确。

B 项，李某将价值一万元的金项链赠予其女友，其女友无偿取得了涉案财物，故应当予以追缴。B 项正确。

C 项，李某在网络二手平台转卖的手机，并没有说李某以不合理的低价进行转让，所以第三人是善意取得，应当不予追缴。C 项错误。

D 项，赌博属于违法活动，对李某用于偿还赌债的盗窃赃款应予以追缴。D 项正确。

综上所述，本题答案为 ABD。

2. 甲纠集他人多次在市中心寻衅滋事，造成路人乙轻伤、丙的临街商铺严重受损。甲被起诉到法院后，乙和丙提起附带民事诉讼。法院判处甲有期徒刑 6 年，罚金 1 万元，赔偿乙医疗费 1 万元，赔偿丙财产损失 4 万元。判决生效交付执行后，查明甲除 1 辆汽车外无其他财产，且甲曾以该汽车抵押获取小额贷款，尚欠银行贷款 2.5 万元，银行主张优先受偿。法院以 8 万元的价格拍卖了甲的汽车。关于此 8 万元的执行顺序，下列哪一选项是正确的？（2017 - 2 - 37，单）[2]

A. 医疗费→银行贷款→财产损失→罚金

B. 医疗费→财产损失→银行贷款→罚金

C. 银行贷款→医疗费→财产损失→罚金

D. 医疗费→财产损失→罚金→银行贷款

【解析】根据《关于刑事裁判财产部分执行的若干规定》第 13 条的规定，被执行人在执行中同时承担刑事责任、民事责任，其财产不足以支付的，按照下列顺序执行：人身损害赔偿中的医疗费用→退赔被害人的损失→其他民事债务→罚金→没收财产。但是应当注意，债权人对执行标的依法享有优先受偿权，其主张优先受偿的，人民法院应当在前款第（1）项规定的医疗费用受偿后，予以支持。

本案中，甲曾以该汽车抵押获取小额贷款，意味着银行对该执行标的享有优先受偿权，所以银行贷款受偿顺序应在医疗费用受偿后、财产损失前。也即本案中执行顺序应为医疗费→银行贷款→财产损失→罚金。

综上所述，本题答案为 A。

3. 关于刑事裁判涉财产部分执行，下列哪一说法是正确的？（2015 - 2 - 40，单）[1]

A. 对侦查机关查封、冻结、扣押的财产，法院执行时可直接裁定处置，无需侦查机关出具解除手续

B. 法院续行查封、冻结、扣押的顺位无需与侦查机关的顺位相同

C. 刑事裁判涉财产部分的裁判内容应明确具体，涉案财产和被害人均应在判决书主文中详细列明

D. 刑事裁判涉财产部分，应由与一审法院同级的财产所在地的法院执行

【解析】A 项，根据最高人民法院《关于刑事裁判涉财产部分执行的若干规定》第 5 条第 2 款的规定，对侦查机关查封、冻结、扣押的财产，法院执行时可直接裁定处置，无需侦查机关出具解除手续。A 项正确。

B 项，根据最高人民法院《关于刑事裁判涉财产部分执行的若干规定》第 5 条第 1 款的规定，人民法院续行查封、扣押、冻结的顺位与侦查机关查封、扣押、冻结的顺位相同。B 项错误。

C 项，根据最高人民法院《关于刑事裁判涉财产部分执行的若干规定》第 6 条第 1 款的规定："刑事裁判涉财产部分的裁判内容，应当明确、具体。涉案财物或者被害人人数较多，不宜在判决主文中详细列明的，可以概括叙明并另附清单。"所以，涉案财产和被害人并非均应在判决书主文中详细列明，C 项错误。

D 项，根据最高人民法院《关于刑事裁判涉财产部分执行的若干规定》第 2 条的规定："刑事裁判涉财产部分，由第一审人民法院执行，第一审人民法院可以委托财产所在地的同级人民法院执行。"应注意是在需要的时候第一审人民法院可以委托财产所在地的同级人民法院执行，而不是执行刑事裁判涉财产部分就必须由与一审法院同级的财产所在地的法院执行。D 项错误。

综上所述，本题答案为 A。

4. 甲因诈骗罪被 A 区法院判处有期徒刑并处罚金 30 万元，后提起上诉，市中院裁定维持原判。现查明，甲名下只有位于 B 区的一处房子，已被公安机关查封，该房此前已被抵押给银行。关于该房屋的处置，下列哪一说法是正确的？（2021 仿真题）[2]

A. 公安机关出具解封手续后，法院才可以处置该房屋

B. 若银行主张优先受偿，应将其排在补偿被害人被骗钱款之后

C. B 区法院可受委托处置房屋

D. 应由市中级法院负责房屋的处置

【解析】A 项，根据最高人民法院《关于刑事裁判涉财产部分执行的若干规定》第 5 条第 2 款的规定，对侦查机关查封、扣押、冻结的财产，人民法院执行中可以直接裁定处置，无需侦查机关出具解除手续，但裁定中应当指明侦查机关查封、扣押、冻结的事实。因此，A 项错误。

B 项，根据《关于刑事裁判财产部分执行的若干规定》第 13 条的规定，被执行人在执行中同时承担刑事责任、民事责任，其财产不足以支付的，按照下列顺序执行：人身损害赔偿中的医疗费用 > 优先受偿权 > 退赔被害人的损失 > 其他民事债务 > 罚金 > 没收财产。由此可见，

---

[1] A [2] C

银行的优先受偿权应排在退赔被害人的损失之前。因此，B 项错误。

CD 项，根据最高人民法院《关于刑事裁判涉财产部分执行的若干规定》第 2 条的规定，刑事裁判涉财产部分，由第一审人民法院执行。第一审人民法院可以委托财产所在地的同级人民法院执行。本题中 A 区法院系一审法院，负责房屋的处置。由于该房屋位于 B 区，因此 A 区法院可委托 B 区法院处置。因此，C 项正确，D 项错误。

综上所述，本题答案为 C。

第三节　执行的变更

一、死刑立即执行的变更程序

关于最高人民法院裁定停止执行死刑后的处理，下列哪一选项是正确的？（2019 仿真题）[1]

A. 确认张三怀有身孕的，应当裁定不予核准死刑，撤销原判，发回重审

B. 如果确认李四的死刑判决确有错误，需要改判的，应当改判

C. 王五因故意杀人罪被判处死刑，停止执行后确认其另犯有强奸罪需要追诉的，应对强奸罪作出判决后裁定继续执行死刑

D. 赵六确有重大立功表现，但经查明确认不影响原判决执行的，应当裁定继续执行死刑

【解析】根据《刑诉解释》第 504 条的规定："最高人民法院对停止执行死刑的案件，应当按照下列情形分别处理：（一）确认罪犯怀孕的，应当改判；（二）确认罪犯有其他犯罪，依法应当追诉的，应当裁定不予核准死刑，撤销原判，发回重新审判；（三）确认原判决、裁定有错误或者罪犯有重大立功表现，需要改判的，应当裁定不予核准死刑，撤销原判，发回重新审判；（四）确认原判决、裁定没有错误，罪犯没有重大立功表现，或者重大立功表现不影响原判决、裁定执行的，应当裁定继续执行死刑，并由院长重新签发执行死刑的命令。"

A 项，张三怀有身孕，不应裁定撤销原判、发回重审，而应当改判。A 项错误。

B 项中，如果确认李四的死刑判决确有错误，需要改判的，应当裁定不予核准死刑，撤销原判、发回重审而不能直接改判。B 项错误。

C 项，王五停止执行后确认其另犯有强奸罪需要追诉，则应当裁定不予核准死刑，撤销原判，发回重审。C 项错误。

D 项中，赵六虽有重大立功表现，但经查明确认不影响原判决执行的，应当裁定继续执行死刑。D 项正确。

综上所述，本题选择 D。

二、暂予监外执行

1. 在刑事诉讼执行程序中，下列情形中可以暂予监外执行的是？（2020 仿真题）[2]

A. 被判处无期徒刑的女罪犯张某，被发现服刑时怀有身孕

B. 被判处有期徒刑 10 年的罪犯王某，在狱中自杀未遂，致使生活不能自理

C. 被判处有期徒刑 5 年的罪犯李某患有严重疾病需要保外就医

---

[1]　D　[2]　AC

D. 被判处无期徒刑的女罪犯赵某，生活不能自理，适用暂予监外执行不致危害社会的

【解析】根据《刑事诉讼法》第265条的规定，首先，对被判处有期徒刑或者拘役的罪犯，对以下三种情形的罪犯可以暂予监外执行：（1）有严重疾病需要保外就医的；（2）怀孕或者正在哺乳自己婴儿的妇女；（3）生活不能自理，适用暂予监外执行不致危害社会的。其次，对被判处无期徒刑的怀孕或者正在哺乳自己婴儿的妇女，可以暂予监外执行。此外，法律还规定，对适用保外就医可能有社会危险性的罪犯，或者自伤自残的罪犯，不得保外就医。

A项，被判处无期徒刑但怀有身孕的张某符合暂予监外执行的条件，A项正确。

B项，王某在狱中自杀未遂，根据法律规定，自伤自残的罪犯不得保外就医，B项错误。

C项，李某被判有期徒刑，但患有严重疾病需要保外就医，符合暂予监外执行条件，C项正确。

D项，赵某被判处无期徒刑，不适用于"生活不能自理，适用暂予监外执行不致危害社会"这一暂予监外执行情形，所以不符合暂予监外执行条件。D项错误。

综上所述，本题正确答案为AC。

2. 张某居住于甲市A区，曾任甲市B区某局局长，因受贿罪被B区法院判处有期徒刑5年，执行期间突发严重疾病而被决定暂予监外执行。张某在监外执行期间违反规定，被决定收监执行。关于本案，下列哪一选项是正确的？（2017-2-38，单）[1]

A. 暂予监外执行由A区法院决定

B. 暂予监外执行由B区法院决定

C. 暂予监外执行期间由A区司法行政机关实行社区矫正

D. 收监执行由B区法院决定

【解析】根据《刑事诉讼法》第265条第5款的规定："在交付执行前，暂予监外执行由交付执行的人民法院决定；在交付执行后，暂予监外执行由监狱或者看守所提出书面意见，报省级以上监狱管理机关或者设区的市一级以上公安机关批准。"

本案中，张某在执行期间突发严重疾病，属于交付执行后的暂予监外执行。由于张某被判处被判处有期徒刑，故其执行机关为监狱，所以应由监狱提出意见，并且报省级以上监狱管理机关批准。

A项，张某的暂予监外执行应由监狱提出意见，并且报省级以上监狱管理机关批准，而不是法院决定。A、B、D项错误。

C项，根据《刑诉解释》第519条的规定，社区矫正执行地为罪犯的居住地。本案中A区为其居住地，即A区为社区矫正执行地，所以由A区司法行政机关实行社区矫正是正确的。C项正确。

综上所述，本题答案选C。

3. 钱某涉嫌纵火罪被提起公诉，在法庭审理过程中被诊断患严重疾病，法院判处其有期徒刑8年，同时决定予以监外执行。下列哪一选项是错误的？（2014-2-26，单）[2]

A. 决定监外执行时应当将暂予监外执行决定抄送检察院

B. 钱某监外执行期间，应当对其实行社区矫正

C. 如钱某拒不报告行踪、脱离监管，应当予以收监

---

[1] C　[2] D

D. 如法院作出收监决定，钱某不服，可向上一级法院申请复议

【解析】A项，《刑诉解释》第517条第2款规定，人民法院应当将收监执行决定书送达社区矫正机构和公安机关，并抄送人民检察院，由公安机关将罪犯交付执行。所以A项正确。

B项，根据《刑事诉讼法》第269条的规定，钱某的监外执行应当由社区矫正机构负责执行。B项正确。

C项，根据《刑诉解释》第516条的规定，人民法院收到社区矫正机构的收监执行建议书后，经审查，确认暂予监外执行的罪犯"未经批准离开所居住的市、县，经警告拒不改正，或者拒不报告行踪，脱离监管的"，应当作出收监执行的决定。C项正确。

D项，收监决定一经作出，立即生效，并且目前我国《刑事诉讼法》及相关司法解释并没有规定罪犯罪收决定不服的相关救济方式。D项错误。

综上所述，本题答案为D项。

4. 下列哪一选项是2012年《刑事诉讼法修正案》新增加的规定内容？（2012－2－35，单）[1]

A. 怀孕或者正在哺乳自己婴儿的妇女可以暂予监外执行

B. 监狱、看守所提出暂予监外执行的书面意见的，应当将书面意见的副本抄送检察院

C. 决定或者批准暂予监外执行的机关应当将暂予监外执行的决定抄送检察院

D. 检察院认为暂予监外执行不当的，应当在法定期间内将书面意见送交决定或者批准暂予监外执行的机关

【解析】2012年《刑事诉讼法修正案》中增加了检察院对暂予监外执行进行法律监督的内容，为现行《刑事诉讼法》第266条（原255条），内容为：监狱、看守所提出暂予监外执行的书面意见的，应当将书面意见的副本抄送人民检察院。人民检察院可以向决定或者批准机关提出书面意见。

由此可知，B项正确。

A、C、D项不是新增内容。

综上所述，本题答案为B。

三、减刑、假释

1. 甲因贷款诈骗罪被判处有期徒刑12年，在D市监狱服刑。服刑期间认真遵守监规，接受教育改造，确有悔改表现，在刑罚执行4年后，D市监狱向D市中级人民法院提出减刑建议书。关于本案的减刑程序，下列说法正确的是？（2018仿真题）[2]

A. D市中级人民法院审理本案可以书面审理

B. D市中级人民法院可由审判员李某一人独任审判

C. 在审理过程中，甲对报请理由有疑问的，在经审判长许可后可以申请能够证明其有悔改表现的证人乙出庭作证

D. D市中级人民法院受理本案的，应当由甲提供其确有悔改表现的具体事实的书面证明材料

【解析】根据《刑诉解释》第538条的规定，人民法院应当组成合议庭审理减刑、假释案件，必须开庭审理的案件包括：（1）因罪犯有重大立功表现提请减刑的；（2）提请减刑的起始时间、

---

[1]　B　[2]　C

间隔时间或者减刑幅度不符合一般规定的；（3）被提请减刑、假释罪犯系职务犯罪罪犯，组织、领导、参加、包庇、纵容黑社会性质组织罪犯，破坏金融管理秩序罪犯或者金融诈骗罪犯的；（4）社会影响重大或者社会关注度高的；（5）公示期间收到不同意见的；（6）人民检察院提出异议的；（7）有必要开庭审理的其他案件。

A项，本案为贷款诈骗犯罪，属于金融诈骗犯罪，依法应当开庭审理，而不能书面审理。A项错误。

B项，根据《刑诉解释》第538条的规定，人民法院应当组成合议庭审理减刑、假释案件，所以不可独任审理。B项错误。

C项，根据最高人民法院《关于减刑、假释案件审理程序的规定》第11条第2款的规定，庭审过程中，如果甲对报请理由有疑问，在经审判长许可后，可以出示证据，申请证人到庭，向证人提问并发表意见。C项正确。

D项，本案中甲被判处有期徒刑，在监狱服刑，根据《刑诉解释》第534条的规定，应由执行机关（也就是监狱）提出减刑建议书。既然由监狱提出甲的减刑建议书，那么监狱理应提供甲确有悔改表现的具体事实的书面证明材料以供法院审查。D项错误。

综上所述，本题答案为C。

2. 关于减刑、假释案件审理程序，下列哪一选项是正确的？（2015－2－41，单）[1]

A. 甲因抢劫罪和绑架罪被法院决定执行有期徒刑20年，对甲的减刑，应由其服刑地高级法院作出裁定

B. 乙因检举他人重大犯罪活动被报请减刑的，法院应通知乙参加减刑庭审

C. 丙因受贿罪被判处有期徒刑5年，对丙的假释，可书面审理，但必须提讯丙

D. 丁因强奸罪被判处无期徒刑，对丁的减刑，可聘请律师到庭发表意见

【解析】A项，根据《刑诉解释》第534条的规定，对被判处有期徒刑和被减为有期徒刑的罪犯的减刑、假释，由罪犯服刑地的中级人民法院在收到执行机关提出的减刑、假释建议书后一个月以内作出裁定。甲被判处有期徒刑20年，所以对甲的减刑，应由其服刑地中级法院作出裁定。A项错误。

B项，根据最高人民法院《关于减刑、假释案件审理程序的规定》第7条第1款的规定："人民法院开庭审理减刑、假释案件，应当通知人民检察院、执行机关及被报请减刑、假释罪犯参加庭审。"乙因检举他人重大犯罪活动被报请减刑，依法应当开庭审理。乙作为被报请减刑的罪犯，应当通知到庭。B项正确。

C项，根据《刑诉解释》第538条的规定，如果被提请减刑、假释罪犯系职务犯罪罪犯，组织、领导、参加、包庇、纵容黑社会性质组织罪犯，破坏金融管理秩序罪犯或者金融诈骗罪犯的，应当开庭审理。丙因受贿罪被判处有期徒刑5年，属于职务犯罪，所以对丙的假释应当开庭审理，而不能书面审理。C项错误。

D项，目前《刑事诉讼法》以及相关司法解释并没有规定罪犯在减刑假释案件的审理中可以委托辩护律师。执行程序中暂无辩护或代理的规定。D项错误。

综上所述，本题答案为B。

---

[1] B

第二十章　特别程序

第一节　未成年人刑事案件诉讼程序

一、未成年人刑事案件诉讼程序的方针与特有原则

1. 律师邹某受法律援助机构指派，担任未成年人陈某的辩护人。关于邹某的权利，下列哪些说法是正确的？（2015 - 2 - 73，多）[1]

A. 可调查陈某的成长经历、犯罪原因、监护教育等情况，并提交给法院

B. 可反对法院对该案适用简易程序，法院因此只能采用普通程序审理

C. 可在陈某最后陈述后进行补充陈述

D. 可在有罪判决宣告后，受法庭邀请参与对陈某的法庭教育

【解析】A项，未成年人程序中的特有原则之一即社会调查原则。根据《刑诉解释》第568条第1款的规定："对人民检察院移送的关于未成年被告人性格特点、家庭情况、社会交往、成长经历、犯罪原因、犯罪前后的表现、监护教育等情况的调查报告，以及辩护人提交的反映未成年被告人上述情况的书面材料，法庭应当接受"，邹某作为陈某的辩护律师，可调查陈某的成长经历、犯罪原因、监护教育等情况，并提交给法院，以供法院在最终裁判时参考。A项正确。

B项，未成年人案件虽然可以适用简易程序，但是根据《刑诉解释》第566条的规定如果未成年被告人、其法定代理人、辩护人中有人提出异议，则不适用简易程序。所以，如果辩护人对简易程序提出异议，则只能适用普通程序进行审理。B项正确。

C项，根据《刑诉解释》第577条的规定，法定代理人可以在未成年被告人最后陈述后进行补充陈述，但是陈某作为辩护人，并没有补充陈述权。C项错误。

D项，未成年人案件的指导方针即为教育、感化、挽救。《刑诉解释》第576条规定了法庭、法定代理人以及法定代理人以外的成年亲属或者教师、辅导员等都可以参与感化、挽救未成年人，这个主体是广泛的。所以可以理解为，只要辩护人有利于对陈某进行感化、挽救，即可受邀进行。D项正确。

综上所述，本题答案为ABD。

---

[1]　ABD

2. 根据《刑事诉讼法》规定，审判的时候被告人不满18周岁的案件，不公开审理。但是，经未成年被告人及其法定代理人同意，未成年被告人所在学校和未成年人保护组织可以派代表到场。关于该规定的理解，下列哪些说法是错误的？（2012－2－73，多）[1]

A. 该规定意味着经未成年被告人及其法定代理人同意，可以公开审理

B. 未成年被告人所在学校和未成年人保护组织派代表到场是公开审理的特殊形式

C. 未成年被告人所在学校和未成年人保护组织经同意派代表到场是为了维护未成年被告人合法权益和对其进行教育

D. 未成年被告人所在学校和未成年人保护组织经同意派代表到场参与审判的时候被告人不满18周岁的案件不公开审理并不矛盾

【解析】 A项，法律允许未成年被告人所在学校和未成年人保护组织可以派代表到场是出于教化和保护未成年人而考虑，并不意味着未成年人案件可以公开审理。A项错误。

B项，未成年被告人所在学校和未成年人保护组织派代表到场并不是公开审理，也就不可能是公开审理的特殊形式。B项错误。

C项，未成年被告人所在学校和未成年人保护组织经同意派代表到场是针对未成年人心理以及生理上的特点、有利于维护未成年被告人合法权益、对未成年人进行教育的制度设计。C项正确。

D项，不公开审理指的是庭审不能面向社会、面向新闻媒体、舆论进行公开，未成年被告人所在学校和未成年人保护组织派代表到场并不是为了将案件审理向外界公开而是为了保护、教育未成年人，这二者并不矛盾。D项正确。

综上所述，本题选择错误的选项，答案为AB。

3. 关于犯罪记录封存的适用条件，下列哪些选项是正确的？（2012－2－74，多）[2]

A. 犯罪的时候不满18周岁　　　　　　B. 被判处5年有期徒刑以下刑罚

C. 初次犯罪　　　　　　　　　　　　D. 没有受过其他处罚

【解析】 根据《刑事诉讼法》第286条第1款的规定："犯罪的时候不满十八周岁，被判处五年有期徒刑以下刑罚的，应当对相关犯罪记录予以封存。"

A项，"犯罪的时候不满18周岁"属于犯罪记录封存的适用条件。A项正确。

B项，"被判处5年有期徒刑以下刑罚"属于犯罪记录封存的适用条件。B项正确。

C项，"初次犯罪"并不是犯罪记录封存的适用条件，即使是累犯，只要满足"犯罪的时候不满18周岁""5年有期徒刑以下刑罚"的条件，就可以适用犯罪记录封存。C项错误。

D项，"没有受过其他处罚"并不是犯罪记录封存的适用条件，即使受过其他处罚，只要总刑罚不超过五年，就可以适用犯罪记录封存。C项错误。

综上所述，本题答案为AB。

二、未成年人刑事案件诉讼程序的特殊规定

1. 关于未成年人刑事案件审判程序，下列说法正确的是[3]？（2021仿真题，多）

A. 曹某（14岁）强奸杀人案，检察院决定逮捕，但应保障其继续接受义务教育

B. 邓某利用孙某（13岁）运输毒品，为保护证人人身安全，孙某可在不暴露外貌、声音的条件下出庭作证

---

[1] AB　[2] AB　[3] ABC。

C. 于某猥亵儿童案，询问被害人时应同步录音录像并一次性完成

D. 在校大学生张某盗窃案，法院受理本案时张某刚满20岁，不能由未成年人案件审判组织审理

【解析】A项，曹某为未成年人，根据《刑诉解释》第553条第3款的规定，对被逮捕且没有完成义务教育的未成年被告人，应当保证其接受义务教育。因此，A项正确。

B项，根据《刑事诉讼法》第64条第1款第2项的规定："对于危害国家安全犯罪、恐怖活动犯罪、黑社会性质的组织犯罪、毒品犯罪等案件，证人、鉴定人、被害人因在诉讼中作证，本人或者其近亲属的人身安全面临危险的，人民法院、人民检察院和公安机关应当采取以下一项或者多项保护措施：（二）采取不暴露外貌、真实声音等出庭作证措施……"邓某为毒品犯罪，孙某可以在通过技术手段处理了外貌、声音的情况下出庭作证。因此，B项正确。

C项，于某猥亵儿童，根据《刑诉解释》第556条第2款的规定，审理未成年人遭受性侵害或者暴力伤害案件，在询问未成年被害人、证人时，应当采取同步录音录像等措施，尽量一次完成。因此，C项正确。

D项，在校大学生张某在法院受理案件时刚满20岁，根据《刑诉解释》第550条第2款第1项的规定，人民法院立案时不满二十二周岁的在校学生犯罪案件，可以由未成年人案件审判组织审理。所以张某可以由未成年人案件审判组织审理。因此，D项错误。

综上所述，本题的答案为ABC。

2. 15岁的男孩小马与13岁的女孩小刘发生了性关系，公安机关对小马进行立案侦查。关于本案的处理，下列选项正确的是？（2021仿真题，多）〔1〕

A. 审查起诉期间，小马父亲对小马认罪认罚有异议，可将异议内容在具结书中注明，但不影响对小马从宽

B. 法庭审理中，侦查阶段对小马进行社会调查的工作人员可以出庭说明情况

C. 在询问被害人之时没有法定代理人或合适成年人在场，被害人证言不得作为定案依据

D. 若小马在审查起诉阶段未认罪认罚，但在审判阶段认罪认罚，并不影响对其从宽处理

【解析】A项，根据《最高检规则》第468条第3款的规定："未成年犯罪嫌疑人的法定代理人、辩护人对认罪认罚有异议而不签署具结书的，不影响从宽处理。"所以审查起诉期间，如果小马父亲对小马认罪认罚有异议，可将异议内容在具结书中注明，并且不影响对小马从宽。因此，A项正确。

B项，根据《刑诉解释》第575条第2款的规定，人民法院可以通知作出调查报告的人员出庭说明情况，接受控辩双方和法庭的询问。所以在法庭审理中，侦查阶段对小马进行社会调查的工作人员可以出庭说明情况。因此，B项正确。

C项，根据《刑诉解释》第90条第5项的规定，询问未成年人，其法定代理人或者合适成年人不在场的证人证言，经补正或者作出合理解释的，可以采用；不能补正或者作出合理解释的，不得作为定案的根据。所以在询问被害人之时没有法定代理人或合适成年人在场所获得的被害人证言，只有不能补正的才不得作为定案依据。因此，C项错误。

D项，认罪认罚从宽制度贯穿于刑事诉讼全过程，适用于所有的刑事案件。所以小马在审判阶段认罪认罚，仍然可以适用认罪认罚从宽制度。因此，D项正确。

〔1〕 ABD

综上所述，本题答案为 ABD。

3. 未成年人甲（17 周岁，还有两个月满 18 周岁）涉嫌故意伤害罪（轻伤）被 A 区公安机关立案侦查，A 区公安机关侦查终结将案件移送审查起诉两日后甲满 18 周岁。A 区人民检察院对案件进行审查后决定附条件不起诉。在考验期间，甲犯新的盗窃罪，A 区人民检察院对甲作出撤销附条件不起诉的决定，并向 A 区人民法院提起公诉。关于本案的诉讼程序，下列说法正确的是？（2018 仿真题）[1]

A. A 区人民法院应当对本案公开审判，但不得组织人员旁听

B. A 区人民法院决定适用简易程序，应当征得他的父亲同意才能适用

C. 本案中 A 区人民检察院附条件不起诉的决定是违法的

D. A 区人民法院立案时甲未满 20 周岁，本案应当由少年法庭审理

【解析】A 项，根据《刑诉解释》第 557 条的规定，开庭审理时被告人不满十八周岁的案件，一律不公开审理。本案被告人在开庭审理时已经年满十八周岁，所以 A 区人民法院应当对本案公开审判。但是，该条法律规定，公开审理但可能需要封存犯罪记录的案件，不得组织人员旁听。又根据《刑事诉讼法》第 286 条的规定，甲犯罪时不满十八周岁，故意伤害罪（轻伤）法定刑低于五年有期徒刑，所以甲应当被封存犯罪记录。依此，A 区人民法院不得组织人员旁听。A 项正确。

B 项，根据《刑诉解释》第 566 条的规定，对于未成年人刑事案件，未成年被告人、其法定代理人、辩护人有一人提出异议的，即不适用简易程序。所以本案中，如果要适用简易程序，征得甲的父亲的同意还不够，还需要征得甲及其辩护人的同意。B 项错误。

C 项，本案中，甲在犯罪时未满 18 周岁，涉嫌故意伤害罪（轻伤），可能判处 1 年有期徒刑以下刑罚（故意伤害罪的法定刑为三年有期徒刑及以下）。根据《刑事诉讼法》第 282 条第 1 款规定，未成年人涉嫌刑法分则第四章、第五章、第六章规定的犯罪，可能判处一年有期徒刑以下刑罚，符合起诉条件，但有悔罪表现的，人民检察院可以作出附条件不起诉的决定。所以本案中 A 区人民检察院附条件不起诉的决定并不违法。C 项错误。

D 项，根据修订后的《刑诉解释》，选项中的"少年法庭"现应表述为"未成年人案件审判组织"。根据《刑诉解释》第 550 条第 1 款的规定："被告人实施被指控的犯罪时不满十八周岁、人民法院立案时不满二十周岁的案件，由未成年人案件审判组织审理。"本题中，检察院做出的附条件不起诉是针对甲的故意伤害罪做出的，故撤销不起诉决定、提起公诉的也是甲的故意伤害案件。甲在实施故意伤害犯罪时尚未年满十八周岁，故依法应当由未成年人案件审判组织审理。D 选项正确。

综上所述，本题答案为 AD。

4. 甲、乙系初三学生，因涉嫌抢劫同学丙（三人均不满 16 周岁）被立案侦查。关于该案诉讼程序，下列哪些选项是正确的？（2015 - 2 - 74，多）[2]

A. 审查批捕讯问时，甲拒绝为其提供的合适成年人到场，应另行通知其他合适成年人到场

B. 讯问乙时，因乙的法定代理人无法到场而通知其伯父到场，其伯父可代行乙的控告权

C. 法庭审理询问丙时，应通知丙的法定代理人到场

---

[1] AD　[2] AC

D. 如该案适用简易程序审理，甲的法定代理人不能到场时可不再通知其他合适成年人到场

【解析】A项，根据《最高检规则》第465条第3款的规定，讯问未成年犯罪嫌疑人，应当通知其法定代理人到场。如果甲明确拒绝法定代理人以外的合适成年人到场，且有正当理由的，人民检察院可以准许，但应当在征求其意见后通知其他合适成年人到场。A项正确。

B项，根据《最高检规则》第465条第2款的规定，讯问未成年犯罪嫌疑人，应当通知其法定代理人到场，告知法定代理人依法享有的诉讼权利和应当履行的义务。到场的法定代理人可以代为行使未成年犯罪嫌疑人的诉讼权利，代为行使权利时不得损害未成年犯罪嫌疑人的合法权益。法律虽然规定了未成年犯罪嫌疑人的法定代理人可以代为行使其诉讼权利，但是并未赋予合适成年人此权利。因此，本题中伯父作为合适成年人，不可代行乙的控告权。B项错误。

C项，根据《刑诉解释》第555条的规定，人民法院审理未成年人刑事案件，在讯问和开庭时，应当通知未成年被告人的法定代理人到场。而第556条又规定，询问未成年被害人、证人，适用未成年犯罪嫌疑人的相关规定，所以法庭审理询问丙时，也应通知丙的法定代理人到场。C项正确。

D项，根据《刑诉解释》第555条的规定，法定代理人无法通知、不能到场或者是共犯的，也可以通知合适成年人到场，并将有关情况记录在案。该规定在简易程序（审理未成年人案件）中同样适用。所以，应当通知未成年被告人的法定代理人到场。法定代理人无法通知、不能到场或者是共犯的，也可以通知合适成年人到场。D项错误。

综上所述，本题答案为AC。

5. 黄某（17周岁，某汽车修理店职工）与吴某（16周岁，高中学生）在餐馆就餐时因琐事与赵某（16周岁，高中学生）发生争吵，并殴打赵某致其轻伤。检察院审查后，综合案件情况，拟对黄某作出附条件不起诉决定，对吴某作出不起诉决定。关于本案审查起诉的程序，下列选项正确的是：（2014-2-94，任）[1]

A. 应当对黄某、吴某的成长经历、犯罪原因和监护教育等情况进行社会调查

B. 在讯问黄某、吴某和询问赵某时，应当分别通知他们的法定代理人到场

C. 应当分别听取黄某、吴某的辩护人的意见

D. 拟对黄某作出附条件不起诉决定，应当听取赵某及其法定代理人与诉讼代理人的意见

【解析】A项，《刑事诉讼法》第279条规定："公安机关、人民检察院、人民法院办理未成年人刑事案件，根据情况可以对未成年犯罪嫌疑人、被告人的成长经历、犯罪原因、监护教育等情况进行调查。"从该条规定能够看出对于未成年人的社会调查是"可以"进行而非"应当进行"。A项错误。

B项，根据《刑事诉讼法》第281条第1款的规定，讯问、询问未成年犯罪嫌疑人、未成年被害人、未成年证人时，应当通知未成年人的法定代理人到场。B项正确。

C项，《刑事诉讼法》第173条第1款规定，人民检察院审查案件，应当讯问犯罪嫌疑人，听取辩护人或者值班律师、被害人及其诉讼代理人的意见，并记录在案。根据法律规定，检察院在审查起诉阶段，应当听取犯罪嫌疑人黄某和吴某的辩护人的意见。C项正确。

---

[1] BCD

D项，根据《刑事诉讼法》第282条第2款、《最高检规则》第469条第2款的规定，人民检察院在作出附条件不起诉的决定以前，应当听取公安机关、被害人、未成年犯罪嫌疑人的法定代理人、辩护人的意见，并制作笔录附卷。被害人是未成年人的，还应当听取被害人的法定代理人、辩护人、诉讼代理人的意见。本案中，赵某属于未成年被害人的范畴，所以检察院在对黄某做出不起诉决定前，应当听取被害人赵某及其法定代理人、诉讼代理人的意见。D项正确。

综上所述，本题答案为BCD。

6. 赵某因涉嫌抢劫犯罪被抓获，作案时未满18周岁，案件起诉到法院时已年满18周岁。下列哪一说法是正确的？（2011－2－33，单）[1]

A. 本案由少年法庭审理

B. 对赵某不公开审理

C. 对赵某进行审判，可以通知其法定代理人到场

D. 对赵某进行审判，应当通知其监护人到场

【解析】A项，本案赵某作案时未满十八周岁、审判时已满十八周岁但未满二十周岁，根据《刑诉解释》第550条的规定，应当由未成年人案件审判组织（旧法称"少年法庭"）审理。A项正确。

B项，赵某审判时已满十八周岁，不符合《刑事诉讼法》第285条规定的不公开审理条件。B项错误。

C项，赵某审判时已满十八周岁，不再是未成年人。而《刑诉解释》第555条规定的是"人民法院审理未成年人刑事案件，在讯问或开庭时，应当通知未成年被告人的法定代理人到场。"由此可知，因为赵某审判时不是未成年人，所以无需通知法定代理人或监护人到场。C项错误。

D项，赵某审判时不是未成年人，所以无需通知其监护人到场。D项错误。

综上所述，本题正确答案为A。

7. 根据《人民检察院办理未成年人刑事案件的规定》，关于检察院审查批捕未成年犯罪嫌疑人，下列哪些做法是正确的？（2010－2－78，多）[2]

A. 讯问未成年犯罪嫌疑人，应当通知法定代理人到场

B. 讯问女性未成年犯罪嫌疑人，应当有女检察人员参加

C. 讯问未成年犯罪嫌疑人一般不得使用戒具

D. 对难以判断犯罪嫌疑人实际年龄，影响案件认定的，应当作出不批准逮捕的决定

【解析】A项，根据《刑事诉讼法》第281条第1款的规定，讯问、询问未成年人犯罪嫌疑人、未成年人被害人、未成年人证人时，应当通知未成年人的法定代理人到场。A项正确。

B项，根据《最高检规则》第465条第5款规定，讯问女性未成年犯罪嫌疑人，应当有女性检察人员参加。B项正确。

C项，根据《最高检规则》第466条第2款规定，讯问未成年犯罪嫌疑人一般不得使用戒具。C项正确。

D项，根据《最高检规则》第464条第2款规定，对犯罪嫌疑人实际年龄难以判断，影响

---

〔1〕 A 〔2〕 ABCD

对该犯罪嫌疑人是否应当负刑事责任认定的，应当不批准逮捕。需要补充侦查的，同时通知公安机关。D 项正确。

综上所述，本题的答案为 ABCD。

8. 根据《刑事诉讼法》第 277 条的规定，对犯罪的未成年人实行教育、感化、挽救方针，坚持教育为主，惩罚为辅，下列表述正确的是？（多选，2023 仿真题）〔1〕

A. 以欺骗的方式获取的犯罪供述应当排除

B. 可委托社会组织对未成年人开展社会调查

C. 对未成年被害人的询问应由女性工作人员进行

D. 对证明未成年人构成该罪责任年龄的证据不足的，作有利于未成年人的认定

【解析】本题考查的是未成年人犯罪的特殊保护原则。

A 项，根据《刑诉解释》第 123 条："采用下列非法方法收集的被告人供述，应当予以排除：（一）采用殴打、违法使用戒具等暴力方法或者变相肉刑的恶劣手段，使被告人遭受难以忍受的痛苦而违背意愿作出的供述；（二）采用以暴力或者严重损害本人及其近亲属合法权益等相威胁的方法，使被告人遭受难以忍受的痛苦而违背意愿作出的供述；（三）采用非法拘禁等非法限制人身自由的方法收集的被告人供述。"应当排除的非法供述包括使用暴力、威胁、限制人身自由等方式收集的供述，但并不包括以欺骗或引诱的方式取得的供述，因此，A 项错误。

B 项，根据《高检规则》第 461 条："人民检察院开展社会调查，可以委托有关组织或者机构进行。"社会调查报告既可以由公检法自行开展调查，也可以委托社区矫正机构、社会组织等机构进行调查。因此，B 项正确。

C 项，根据《刑诉解释》第 556 条："审理未成年人遭受性侵害或者暴力伤害案件，在询问未成年被害人、证人时，应当采取同步录音录像等措施，尽量一次完成；未成年被害人、证人是女性的，应当由女性工作人员进行。"询问未成年【女性】被害人，才应当由女性工作人员进行。询问未成年男性被害人，并不一定要由女工作人员进行。因此，C 项错误。

D 项，刑事诉讼法的功能有惩罚犯罪和保障人权，在惩罚犯罪的过程中，要保障公民的合法权益不受侵犯，因此刑事诉讼中适用存疑有利于被告人的原则，在事实认定存在模糊之处难以正确适用法律的时候，应当作出有利于被告人的结论。因此，D 选项正确

综上所述，本题答案为 BD。

9. 王某（16 周岁）因信息网络犯罪被判处 3 年有期徒刑，因其未满 18 周岁，法院决定对其犯罪记录予以封存。以下说法正确的是？（多选，2023 仿真题）〔2〕

A. 媒体可以在隐匿王某个人信息后进行新闻报道

B. 满 18 周岁后王某在服刑期内再故意犯新罪，被判处 6 年 6 个月，应当解除其犯罪记录封存

C. 满 18 周岁后王某在服刑期内再故意犯新罪，被判处 6 年 6 个月，应当先减后并

D. 王某因涉嫌再次犯罪接受司法机关侦查时，公安机关可以查询其犯罪记录

【解析】本题考查的是未成年人刑事案件诉讼程序中的犯罪记录封存制度。

A 项，根据两高两部《关于未成年人犯罪记录封存的实施办法》第 21 条，"涉案未成年人

---

〔1〕 BD 〔2〕 ABCD

应当封存的信息被不当公开，造成未成年人在就学、就业、生活保障等方面未受到同等待遇的，未成年人及其法定代理人可以向相关机关、单位提出封存申请，或者向人民检察院申请监督。"因此，媒体隐匿王某个人信息后报道，未对王某造成不当影响，故可以报道。故 A 项正确。

B 项，根据两高两部《关于未成年人犯罪记录封存的实施办法》第 18 条，被封存犯罪记录的未成年人，成年后又故意犯罪的，人民法院应当在裁判文书中载明其之前的犯罪记录。本题中，王某在成年后又故意犯罪，人民法院应当在裁判文书中载明其之前的犯罪记录，即可认定为王某之前的犯罪记录封存得以解除。故 B 项正确。

C 项，根据《刑法》规定，判决宣告以后，刑罚执行完毕以前，被判刑的犯罪分子又犯罪的，应当对新犯的罪作出判决，把前罪没有执行的刑罚和后罪所判处的刑罚，依照数罪并罚的一般规定，决定执行的刑罚。"前罪没有执行的刑罚"即指"先减"，故本题中王某在服刑期内又犯新罪的，应当先减后并。故 C 项正确。

D 项，根据两高两部《关于未成年人犯罪记录封存的实施办法》第 16 条，对司法机关为办理案件、开展重新犯罪预防工作需要申请查询的，封存机关可以依法允许其查阅、摘抄、复制相关案卷材料和电子信息。故本题中王某再次犯罪接受调查时，公安机关可以查询其犯罪记录。D 项正确。

综上所述，本题答案为 ABCD。

三、附条件不起诉制度

1. 李某（高一学生，刚满 17 周岁），因涉嫌盗窃罪被 A 县公安局立案侦查。侦查终结移送 A 县检察院审查起诉。A 县检察院对李某附条件不起诉，并确定考验期为 9 个月。下列关于本案的附条件不起诉，说法正确的是？（2020 仿真题）[1]

A. 本案审查起诉期限自作出附条件不起诉决定之日起中止

B. 监督考察期间，如李某经批准迁居 B 县继续上学，应由 A 县检察院负责监督考察

C. 监督考察期间，如李某违反有关附条件不起诉的监督管理规定，可将考察期限延长为 1 年 2 个月

D. 被害人如果对本案附条件不起诉不服可以向上一级检察院申诉，也可以向人民法院起诉

【解析】A 项，根据《人民检察院办理未成年人刑事案件的规定》第 45 条第 3 款的规定："作出附条件不起诉决定的案件，审查起诉期限自人民检察院作出附条件不起诉决定之日起中止计算，自考验期限届满之日起或者人民检察院作出撤销附条件不起诉决定之日起恢复计算。"A 项正确。

B 项，根据《刑事诉讼法》第 283 条第 1 款的规定，在附条件不起诉的考验期内，由人民检察院对被附条件不起诉的未成年犯罪嫌疑人进行监督考察。本案中对李某作出附条件不起诉决定的是 A 县检察院，所以应由 A 县检察院负责监督考察李某。B 项正确。

C 项，首先，根据《刑事诉讼法》第 283 条第 2 款的规定，附条件不起诉的考验期为六个月以上一年以下。附条件不起诉的考验期不能超过一年。其次，根据《最高检规则》第 479 条的规定，被附条件不起诉的未成年犯罪嫌疑人，在考验期内有"违反有关附条件不起诉的监督

---

[1] AB

管理规定"情形的，如果造成严重后果，或者多次违反监督管理规定，则人民检察院应当撤销附条件不起诉的决定，提起公诉。C项错误。

D项，根据《刑事诉讼法》第282条第2款的规定，对附条件不起诉的决定，公安机关要求复议、提请复核或者被害人申诉的，适用不起诉的相关规定。《刑事诉讼法》第180条规定：被害人如果对不起诉不服，有两种救济途径：（1）可以自收到决定书后7日以内向上一级人民检察院申诉，请求提起公诉。（2）对于人民检察院维持不起诉决定的，被害人可以向人民法院起诉。被害人也可以不经申诉，直接向人民法院起诉。但是因为《最高检规则》第472条规定，被害人不服附条件不起诉决定的，不可以向人民法院起诉。所以，如果被害人对附条件不起诉决定不服的，只能向上一级人民检察院申诉。D项错误。

综上所述，本题正确答案为AB。

2. 未成年人小周涉嫌故意伤害被取保候审，A县检察院审查起诉后决定对其适用附条件不起诉，监督考察期限为6个月。关于本案处理，下列哪一选项是正确的？（2017－2－39，单）〔1〕

A. 作出附条件不起诉决定后，应释放小周

B. 本案审查起诉期限自作出附条件不起诉决定之日起中止

C. 监督考察期间，如小周经批准迁居B县继续上学，改由B县检察院负责监督考察

D. 监督考察期间，如小周严格遵守各项规定，表现优异，可将考察期限缩短为5个月

【解析】A项，检察机关对未成年人作出附条件不起诉决定后需要经过考验期的考察监督，确定未成年人犯罪嫌疑人真心悔改、没有社会危害性，才能对其真正作出不起诉决定。所以作出附条件不起诉决定后，不应释放小周，还需要经过考验期的考察监督来确定是否对小周作出不起诉决定。A项错误。

B项，根据《人民检察院办理未成年人刑事案件的规定》第45条第3款的规定："作出附条件不起诉决定的案件，审查起诉期限自人民检察院作出附条件不起诉决定之日起中止计算，自考验期限届满之日起或者人民检察院作出撤销附条件不起诉决定之日起恢复计算。"B项正确。

C项，根据《刑事诉讼法》第283条的规定，在附条件不起诉的考验期内，由人民检察院对被附条件不起诉的未成年犯罪嫌疑人进行监督考察。未成年犯罪嫌疑人离开所居住的市、县或者迁居，应当报经考察机关批准。对小周作出附条件不起诉的检察机关是A县检察院，所以应当由A县检察院批准。C项错误。

D项，根据《刑事诉讼法》第283条第2款的规定，附条件不起诉的法定考验期为六个月以上一年以下。据法条可知，附条件不起诉的考验期不能短于六个月，所以将考察期限缩短为5个月错误。D项错误。

综上所述，此题答案为B。

3. 未成年人小天因涉嫌盗窃被检察院适用附条件不起诉。关于附条件不起诉可以附带的条件，下列哪些选项是正确的？（2016－2－75，多）〔2〕

A. 完成一个疗程四次的心理辅导

B. 每周参加一次公益劳动

C. 每个月向检察官报告日常花销和交友情况

D. 不得离开所居住的县

【解析】A项，根据《刑事诉讼法》第283条、《最高检规则》第476条的规定，人民检察院可以要求被附条件不起诉的未成年犯罪嫌疑人接受完成戒瘾治疗、心理辅导或者其他适当的处遇措施。A项正确。

B项，根据《最高检规则》第476条的规定，人民检察院可以要求被附条件不起诉的未成年犯罪嫌疑人向社区或者公益团体提供公益劳动。B项正确。

C项，根据《刑事诉讼法》第283条的规定，被附条件不起诉的未成年犯罪嫌疑人，应当按照考察机关的规定报告自己的活动情况。C项正确。

D项，根据《刑事诉讼法》第283条第3款第3项的规定，被附条件不起诉的未成年犯罪嫌疑人可以离开所居住的县，但是应当报经考察机关批准。D项错误。

综上所述，本题答案为ABC。

4. 全国人大常委会关于《刑事诉讼法》第271条第2款的解释规定，检察院办理未成年人刑事案件，在作出附条件不起诉决定以及考验期满作出不起诉决定前，应听取被害人的意见。被害人对检察院作出的附条件不起诉的决定和不起诉的决定，可向上一级检察院申诉，但不能向法院提起自诉。关于这一解释的理解，下列哪些选项是正确的？（2015－2－71，多）[1]

A. 增加了听取被害人陈述意见的机会

B. 有利于对未成年犯罪嫌疑人的转向处置

C. 体现了对未成年犯罪嫌疑人的特殊保护

D. 是刑事公诉独占主义的一种体现

【解析】A项，《解释》明确规定"应听取被害人的意见"，这显然是增加了听取被害人陈述意见的机会。A项正确。

B项，《解释》限制未成年人案件中被害人向法院提出自诉，减少了未成年人犯罪嫌疑人进入诉讼的路径，是未成年人犯罪嫌疑人在符合法律规定的情况下，尽可能少地进入刑事审判，这有利于对未成年人犯罪嫌疑人的转向处置。B项正确。

C项，《解释》限制未成年人案件中被害人向法院提出自诉，由此被害人只能向上一级检察院申诉而不能直接起诉未成年人犯罪嫌疑人，这使得未成年人犯罪嫌疑人在法律规定范围内，有更多可能免受刑事审判与刑罚处罚，体现出了对未成年犯罪嫌疑人的特殊保护。C项正确。

D项，刑事公诉独占主义指的是，刑事案件的起诉权被国家垄断，排除被害人自诉。但是不允许被害人自诉只是未成年人案件中的特殊规定，在总体上我国并没有排除被害人自诉，被害人仍享有自诉权。所以我国并不是公诉独占主义，未成年人案件中不允许被害人自诉自然也不是公诉独占主义的体现。D项错误。

综上所述，本题答案为ABC。

5. 黄某（17周岁，某汽车修理店职工）与吴某（16周岁，高中学生）在餐馆就餐时因琐事与赵某（16周岁，高中学生）发生争吵，并殴打赵某致其轻伤。检察院审查后，综合案件情况，拟对黄某作出附条件不起诉决定，对吴某作出不起诉决定。关于本案的办理，下列选项正确的是：（2014－2－96，任）[2]

---

[1] ABC [2] B

A. 在对黄某作出附条件不起诉决定、对吴某作出不起诉决定时，必须达成刑事和解

B. 检察院对黄某作出附条件不起诉决定、对吴某作出不起诉决定时，可要求他们向赵某赔礼道歉、赔偿损失

C. 在附条件不起诉考验期内，检察院可将黄某移交有关机构监督考察

D. 检察院对黄某作出附条件不起诉决定，对吴某作出不起诉决定后，均应将相关材料装订成册，予以封存

【解析】本案中，需明确检察机关对黄某是附条件不起诉，对吴某是酌定不起诉。

A项，首先，根据《刑事诉讼法》第282条的规定，检察院对黄某作出附条件不起诉决定，并不以达成刑事和解为前提；其次，根据《刑事诉讼法》第177条第2款的规定，检察院如果认为吴某"犯罪情节轻微，依照刑法规定不需要判处刑罚或者免除刑罚"，则可以对吴某作出不起诉决定，也不需要达成刑事和解。A选项错误。

B项，首先，根据《办理未成年人刑事案件的规定》第27条的规定，对于未成年人实施的轻伤害案件等，情节轻微，犯罪嫌疑人确有悔罪表现，当事人双方自愿就民事赔偿达成协议并切实履行或者经被害人同意并提供有效担保，符合《刑法》第37条规定的，人民检察院可以依照刑事诉讼法第173条（现应为第177条）第2款的规定作出不起诉决定，并可以根据案件的不同情况，予以训诫或者责令具结悔过、赔礼道歉、赔偿损失，或者由主管部门予以行政处罚。所以，检察院可以要求吴某向被害人赵某赔礼道歉和赔偿损失。其次，根据《最高检规则》第476条第4项的规定，人民检察院可以要求被附条件不起诉的未成年犯罪嫌疑人向被害人赔偿损失、赔礼道歉。所以，检察院也可要求黄某向被害人赵某赔礼道歉和赔偿损失。B项正确。

C项，根据《刑事诉讼法》第283条第1款的规定："在附条件不起诉的考验期内，由人民检察院对被附条件不起诉的未成年犯罪嫌疑人进行监督考察。未成年犯罪嫌疑人的监护人，应当对未成年犯罪嫌疑人加强管教，配合人民检察院做好监督考察工作。"所以，只有检察院可以担任考验期的监督考察机关，不能将未成年犯罪嫌疑人移交其他机构进行考察。C项错误。

D项，根据《最高检规则》第486条规定，人民检察院对未成年犯罪嫌疑人作出不起诉决定后，应当对相关记录予以封存。但是，在本案中，检察院仅仅对吴某作出了不起诉的决定，对黄某作出的是附条件不起诉，"附条件不起诉"仅为一种临时状态，还需要等考验期结束来决定是否最终作出不起诉的决定。所以不能对被作出附条件不起诉的黄某封存犯罪记录。D项错误。

综上所述，本题答案为B。

6. 黄某（17周岁，某汽车修理店职工）与吴某（16周岁，高中学生）在餐馆就餐时因琐事与赵某（16周岁，高中学生）发生争吵，并殴打赵某致其轻伤。检察院审查后，综合案件情况，拟对黄某作出附条件不起诉决定，对吴某作出不起诉决定。关于对黄某的考验期，下列选项正确的是：（2014－2－95，任）[1]

A. 从宣告附条件不起诉决定之日起计算

B. 不计入检察院审查起诉的期限

---

[1]　BC

C. 可根据黄某在考验期间的表现，在法定范围内适当缩短或延长

D. 如黄某违反规定被撤销附条件不起诉决定而提起公诉，已经过的考验期可折抵刑期

【解析】 A项，《刑事诉讼法》第283条第2款规定："附条件不起诉的考验期为六个月以上一年以下，从人民检察院作出附条件不起诉的决定之日起计算。"由此可知，考验期不是从宣告之日起算而是从作出之日起算。A项错误。

B项，根据《办理未成年人刑事案件的规定》第40条第1款的规定，考验期不计入案件审查起诉期限。B项正确。

C项，根据《办理未成年人刑事案件的规定》第40条第2款的规定，可以根据未成年犯罪嫌疑人在考验期的表现，在法定期限范围内适当缩短或者延长。C项正确。

D项，我国《刑事诉讼法》以及相关司法解释中均没有规定该未成年人犯罪嫌疑人附条件起诉的考验期可以折抵刑期。并且，一般是犯罪嫌疑人在被判处刑罚前被限制了人身自由、处于羁押状态，才可以折抵刑期，而未成年人附条件不起诉的考验期内并不会限制未成年人犯罪嫌疑人的人身自由，不可能可以折抵刑期。D项错误。

综上所述，本题答案为BC。

7. 检察机关对未成年人童某涉嫌犯罪的案件进行审查后决定附条件不起诉。在考验期间，下列哪些情况下可以对童某撤销不起诉的决定、提起公诉？(2013-2-72，多)[1]

A. 根据新的证据确认童某更改过年龄，在实施涉嫌犯罪行为时已满十八周岁的

B. 发现决定附条件不起诉以前还有其他犯罪需要追诉的

C. 违反考察机关有关附条件不起诉的监管规定，情节严重的

D. 违反治安管理规定，情节严重的

【解析】 A项，如果检察机关确认童某更改过年龄，在实施涉嫌犯罪行为时已满十八周岁，则不可对其适用《刑事诉讼法》第282条规定的附条件不起诉，因为附条件不起诉的条件之一即未满十八周岁。所以，检察院应当撤销对童某附条件不起诉的决定，并提起公诉。A项正确。

B项，根据《刑事诉讼法》第284条的规定，人民检察院在考验期内发现童某在决定附条件不起诉以前还有其他犯罪需要追诉的，应当撤销附条件不起诉的决定，提起公诉。B项正确。

C项，根据《刑事诉讼法》第284条的规定，人民检察院在考验期内发现童某违反考察机关有关附条件不起诉的监督管理规定、情节严重的，应当撤销附条件不起诉的决定，提起公诉。C项正确。

D项，根据《刑事诉讼法》第284条的规定，人民检察院在考验期内发现童某违反治安管理规定、情节严重的，应当撤销附条件不起诉的决定，提起公诉。D项正确。

综上所述，本题答案为ABCD。

8. 关于附条件不起诉，下列哪一说法是错误的？(2012-2-36，单)[2]

A. 只适用于未成年人案件

B. 应当征得公安机关、被害人的同意

C. 未成年犯罪嫌疑人及其法定代理人对附条件不起诉有异议的应当起诉

D. 有悔罪表现时，才可以附条件不起诉

---

〔1〕 ABCD 〔2〕 B

【解析】《刑事诉讼法》第282条第1款规定："对于未成年人涉嫌刑法分则第四章、第五章、第六章规定的犯罪，可能判处1年有期徒刑以下刑罚，符合起诉条件，但有悔罪表现的，人民检察院可以作出附条件不起诉的决定。人民检察院在作出附条件不起诉的决定以前，应当听取公安机关、被害人的意见。"

A项，根据法律规定，附条件不起诉只适用于未成年人案件。A项正确。

B项，根据法律规定，人民检察院在作出附条件不起诉的决定以前，应当"听取"公安机关的意见，而不是"征求"公安机关的意见。B项错误。

C项，根据《刑事诉讼法》第282条第3款的规定："未成年犯罪嫌疑人及其法定代理人对人民检察院决定附条件不起诉有异议的，人民检察院应当作出起诉的决定。"C项正确。

D项，根据法律规定，有悔罪表现是适用附条件不起诉的条件之一。D项正确。

综上所述，本题选错误选项，答案为B。

第二节　当事人和解的公诉案件诉讼程序

一、当事人和解的公诉案件诉讼程序的具体制度与程序

（一）适用条件

1. 下列哪一案件可以适用当事人和解的公诉案件诉讼程序？（2016-2-41，单）[1]

A. 甲因侵占罪被免除处罚2年后，又涉嫌故意伤害致人轻伤

B. 乙涉嫌寻衅滋事，在押期间由其父亲代为和解，被害人表示同意

C. 丙涉嫌过失致人重伤，被害人系限制行为能力人，被害人父亲愿意代为和解

D. 丁涉嫌破坏计算机信息系统，被害人表示愿意和解

【解析】A项，侵占罪和故意伤害罪均属于故意犯罪，并且仅相隔两年，根据《刑事诉讼法》第288条第2款的规定，犯罪嫌疑人、被告人在五年以内曾经故意犯罪的，不适用刑事和解程序。A项错误。

B项，根据《公安机关办理刑事案件程序规定》第334条的规定，雇凶伤人、黑社会性质组织犯罪、寻衅滋事、聚众斗殴、多次故意伤害他人身体的，不属于因民间纠纷引起的犯罪案件。所以寻衅滋事不属于民间纠纷，不能适用和解程序。B项错误。

C项，过失致人重伤属于可能被判处7年以下有期徒刑的过失犯罪，可以适用和解程序。又根据《刑诉解释》第588条第2款的规定，被害人系无行为能力或者限制行为能力人的，被害人父亲作为其法定代理人，可以代为和解。C项正确。

D项，根据《刑事诉讼法》第288条第1款的规定，只有"因民间纠纷引起，涉嫌刑法分则第四章（侵犯人身、民主权利）、第五章（侵犯财产权利）规定的犯罪案件，可能判处三年有期徒刑以下刑罚"的案件以及"除渎职犯罪以外的可能判处七年有期徒刑以下刑罚的过失犯罪案件"能够适用和解程序，而破坏计算机信息系统罪属于刑法分则第六章，即妨害社会管理秩序犯罪，所以本罪不适用和解程序。D项错误。

综上所述，本题答案为C。

---

[1]　C

2. 李某因琐事将邻居王某打成轻伤。案发后，李家积极赔偿，赔礼道歉，得到王家谅解。如检察院根据双方和解对李某作出不起诉决定，需要同时具备下列哪些条件？（2013－2－71，多）[1]

A. 双方和解具有自愿性、合法性

B. 李某实施伤害的犯罪情节轻微，不需要判处刑罚

C. 李某五年以内未曾故意犯罪

D. 公安机关向检察院提出从宽处理的建议

【解析】A项，根据《刑事诉讼法》第289条的规定，公安机关、人民检察院、人民法院应当听取当事人和其他有关人员的意见，并对和解的自愿性、合法性进行审查。由此可知，双方和解应当具有自愿性、合法性。A项正确。

B项，根据《刑事诉讼法》第290条的规定，检察院对于犯罪情节轻微，不需要判处刑罚的，可以作出不起诉的决定。B项正确。

C项，根据《刑事诉讼法》第288条第2款的规定，犯罪嫌疑人、被告人在5年以内曾经故意犯罪的，不适用刑事和解程序。所以"李某五年以内未曾故意犯罪"是和解必须具备的条件。C项正确。

D项，根据《刑事诉讼法》第290条的规定，检察院作出不起诉决定不需要以公安机关向检察院提出从宽处理的建议为前提条件。公安机关向检察院提出从宽处理的建议是和解程序中公安机关对和解案件的处理，而不是检察院作出不起诉决定的必要条件。D项错误。

综上所述，本题答案为ABC。

（二）适用案件范围

1. 薛某（15岁）对付某寻衅滋事一案，经公安提请，检察院决定对薛某适用逮捕措施。薛某在侦查阶段拒不认罪认罚，在审查起诉阶段认罪认罚，但是在赔偿方面未与付某达成一致。关于本案，检察院应当如何处理？（2021仿真题，多）[2]

A. 检察院可以建议法院适用速裁程序进行审理

B. 可积极促成薛某与付某进行刑事和解

C. 应及时对薛某进行羁押必要性审查

D. 检察院对薛某提起量刑建议之后，可以自行开展社会调查

【解析】A项，本案被告薛某属于未成年人，根据《最高检规则》第438条第2项的规定，被告人是未成年人的，人民检察院不得建议人民法院适用速裁程序。所以，检察院不得建议法院适用速裁程序进行审理。因此，A项错误。

B项，根据《最高检规则》第492条第1款的规定以及《公安部规定》第334条第3项的规定，涉及寻衅滋事的案件，不属于因民间纠纷引起的犯罪案件。所以，薛某涉嫌的寻衅滋事一案并不属于可以适用刑事和解程序的案件，检察院不可促成当事人之间的和解。因此，B项错误。

C项，根据《最高检规则》第573条的规定："犯罪嫌疑人、被告人被逮捕后，人民检察院仍应当对羁押的必要性进行审查。"所以检察院应在薛某被逮捕后及时对其进行羁押必要性审查。因此，C项正确。

----

[1] ABC　[2] CD

D 项，薛某为未成年人，根据《最高检规则》第 461 条第 1 款的规定："人民检察院根据情况可以对未成年犯罪嫌疑人的成长经历、犯罪原因、监护教育等情况进行调查，并制作社会调查报告，作为办案和教育的参考。"同时根据《认罪认罚从宽指导意见》第 36 条的规定，犯罪嫌疑人认罪认罚，人民检察院拟提出缓刑或者管制量刑建议的，可以及时委托犯罪嫌疑人居住地的社区矫正机构进行调查评估，也可以自行调查评估。所以检察院对薛某提起量刑建议之后，可以自行开展社会调查。因此，D 项正确。

综上所述，本题的答案为 CD。

2. 关于可以适用当事人和解的公诉案件诉讼程序的案件范围，下列哪些选项是正确的？(2012 - 2 - 75，多)〔1〕

A. 交通肇事罪
B. 暴力干涉婚姻自由罪
C. 过失致人死亡罪
D. 刑讯逼供罪

【解析】根据《刑事诉讼法》第 288 条第 1 款的规定，以下两类案件可以适用刑事和解程序：（1）因民间纠纷引起，涉嫌刑法分则第四章（侵犯公民人身权利、民主权利罪）、第五章（侵犯财产罪）规定的犯罪案件，可能判处三年有期徒刑以下刑罚的；（2）除渎职犯罪以外的可能判处七年有期徒刑以下刑罚的过失犯罪案件。此外，根据《刑事诉讼法》第 288 条第 2 款的规定以及《公安机关办理刑事案件程序规定》第 334 条的规定，五年以内曾经故意犯罪的案件，以及雇凶伤人、黑社会性质组织犯罪、寻衅滋事、聚众斗殴、多次故意伤害他人身体的案件，均不能适用和解程序。

A 项，交通肇事罪属于过失犯罪，基本刑为 3 年以下有期徒刑或者拘役，如果交通运输肇事后逃逸或者有其他特别恶劣情节的则处 3 年以上 7 年以下有期徒刑。所以交通肇事罪可以适用当事人和解程序。A 项正确。

B 项，根据《刑法》第 257 条规定，以暴力干涉他人婚姻自由的，处 2 年以下有期徒刑或者拘役。犯前款罪，致使被害人死亡的，处 2 年以上 7 年以下有期徒刑。第一款罪，告诉的才处理。暴力干涉婚姻自由案件属于自诉案件，而刑事和解程序仅适用于公诉案件。B 项错误。

C 项，根据《刑法》第 233 条的规定，过失致人死亡的，处 7 年以下有期徒刑，可以适用当事人和解程序。C 项正确。

D 项，首先，刑讯逼供罪不属于因民间纠纷引起的犯罪；其次，刑讯逼供罪不属于过失犯罪。所以刑讯逼供罪不适用当事人和解程序。D 项错误。

综上所述，本题答案为 AC。

（三）和解主体

甲因邻里纠纷失手致乙死亡，甲被批准逮捕。案件起诉后，双方拟通过协商达成和解。对于此案的和解，下列哪一选项是正确的？(2014 - 2 - 40，单)〔2〕

A. 由于甲在押，其近亲属可自行与被害方进行和解
B. 由于乙已经死亡，可由其近亲属代为和解
C. 甲的辩护人和乙近亲属的诉讼代理人可参与和解协商
D. 由于甲在押，和解协议中约定的赔礼道歉可由其近亲属代为履行

【解析】A 项，根据《刑诉解释》第 589 条第 1 款的规定，被告人的近亲属经被告人同意，

---

〔1〕 AC 〔2〕 C

可以代为和解。所以被告人的近亲属不可以自行与被害人和解。A项错误。

B项，根据《刑诉解释》第588条的规定，刑事和解程序中，被害人死亡的，其近亲属可以与被告人和解；被害人是无行为能力或者限制行为能力人的，其法定代理人、近亲属可以代为和解。所以，如果乙已经死亡，则其近亲属可以与被告人和解，而不是"代为"和解。B项错误。

C项，《刑诉解释》第587条第2款规定，人民法院可以邀请人民调解员、辩护人、诉讼代理人、当事人亲友等参与促成双方当事人和解。所以，甲的辩护人和乙近亲属的诉讼代理人可以参与和解协商。C项正确。

D项，根据《刑诉解释》第589条第3款的规定，和解协议约定的赔礼道歉等事项必须由被告人本人履行，不可代为履行。D项错误。

综上所述，本题答案为C。

（四）和解对象

董某（17岁）在某景点旅游时，点燃荒草不慎引起大火烧毁集体所有的大风公司林地，致大风公司损失5万元，被检察院提起公诉。关于本案处理，下列哪一选项是正确的？（2017-2-40，单）[1]

A. 如大风公司未提起附带民事诉讼，检察院可代为提起，并将大风公司列为附带民事诉讼原告人

B. 董某与大风公司既可就是否对董某免除刑事处分达成和解，也可就民事赔偿达成和解

C. 双方刑事和解时可约定由董某在1年内补栽树苗200棵

D. 如双方达成刑事和解，检察院经法院同意可撤回起诉并对董某适用附条件不起诉

【解析】A项，根据《刑事诉讼法》第101条第2款的规定，如果集体财产遭受损失，人民检察院在提起公诉的时候，可以提起附带民事诉讼。又根据《刑诉解释》第179条的规定，人民检察院提起附带民事诉讼的，应当列为附带民事诉讼原告人。所以附带民事诉讼原告人不是大风公司而是检察院。A项错误。

B项，根据《最高检规则》第495条的规定，双方当事人可以就赔偿损失、赔礼道歉等民事责任事项进行和解，但是不得对案件的事实认定、证据采信、法律适用和定罪量刑等依法属于公安机关、人民检察院、人民法院职权范围的事宜进行协商。免除刑事处分属于人民法院职权范围的事宜，董某和大风公司不可协商。B项错误。

C项，根据《最高检规则》第495条的规定，双方当事人可以就赔偿损失、赔礼道歉等民事责任事项进行和解，并且可以就被害人及其法定代理人或者近亲属是否要求或者同意公安机关、人民检察院、人民法院对犯罪嫌疑人依法从宽处理进行协商。由董某在1年内补栽树苗200棵民事赔偿的约定不属于公检法职权范围内事宜，也不违反法律。C项正确。

D项，根据《刑事诉讼法》第290条的规定，对于达成和解协议的案件，人民检察院对于犯罪情节轻微，不需要判处刑罚的，可以作出不起诉的决定。这是检察院在审查阶段自由裁量权的行使，无需法院同意。但是如果检察院已经向法院提起公诉、进入审判阶段，则不能以行使自由裁量权为由要求撤回起诉、对董某不起诉。D项错误。

综上所述，此题答案为C。

---

[1] C

（五）不同阶段达成和解协议的处理

对于适用当事人和解的公诉案件诉讼程序而达成和解协议的案件，下列哪一做法是错误的？（2012－2－37，单）[1]

A. 公安机关可以撤销案件

B. 检察院可以向法院提出从宽处罚的建议

C. 对于犯罪情节轻微，不需要判处刑罚的，检察院可以不起诉

D. 法院可以依法对被告人从宽处罚

【解析】根据《刑事诉讼法》第290条的规定，不同阶段中，对于达成和解协议的案件，公检法机关应当作出如下处理：（1）公安机关可以向人民检察院提出从宽处理的建议。（2）人民检察院可以向人民法院提出从宽处罚的建议；对于犯罪情节轻微，不需要判处刑罚的，可以作出不起诉的决定。（3）人民法院可以依法对被告人从宽处罚。

A项，公安机关无权撤销案件。A项错误。

B项，检察院可以向法院提出从宽处罚的建议。B项正确。

C项，检察院对于犯罪情节轻微，不需要判处刑罚的案件，可以作出不起诉的决定。C项正确。

D项，法院可以依法对被告人从宽处罚。D项正确。

综上所述，本题选择错误选项，答案为A。

（六）和解协议

1. 张某因超速驾驶发生交通事故，不慎将行人A撞成重伤，且把B停放在路边的摩托车撞毁了。张某因害怕承担责任在肇事后逃逸。S区公安局在张某哥哥的协助下将张某抓获归案。S区检察院以交通肇事罪对张某提起公诉。关于本案，下列说法正确的是？（2018仿真题）[2]

A. 张某就民事赔偿问题与A没有达成和解，而与B达成了和解，法院应当对张某从轻处罚

B. B只有向法院提起附带民事诉讼后，才能委托诉讼代理人

C. B向法院提起附带民事诉讼后，张某与B达成和解，但张某不能即时履行全部赔偿义务，S区法院应当制作附带民事和解书

D. 对张某哥哥协助公安机关抓获张某的行为，因为不是法定量刑情节，法院可不予以审理

【解析】A项，根据《刑诉解释》第596条第1款的规定，对达成和解协议的案件，人民法院应当对被告人从轻处罚。此外，《刑事诉讼法》以及相关司法解释并未限制达成和解协议的人数范围，因此，只要达成和解协议，均应当获得法院的"从轻处罚"，而不论被告人是否与全部被害人达成。A项正确。

B项，本案是公诉案件，根据《刑事诉讼法》第46条第1款的规定，公诉案件的被害人及其法定代理人或者近亲属，附带民事诉讼的当事人及其法定代理人，自案件移送审查起诉之日起，有权委托诉讼代理人。所以，B作为被害人，自案件移送审查起诉之日起即有权委托诉讼代理人。B项错误。

---

[1] A [2] A

C 项，根据《刑诉解释》第 595 条的规定："被害人或者其法定代理人、近亲属提起附带民事诉讼后，双方愿意和解，但被告人不能即时履行全部赔偿义务的，人民法院应当制作附带民事调解书。"由此可知，S 区法院应当制作附带民事调解书。C 项错误。

D 项，根据最高人民法院《关于办理死刑案件审查判断证据若干问题的规定》第 36 条的规定，在对被告人作出有罪认定后，人民法院认定被告人的量刑事实，除审查法定情节外，还应审查其他影响量刑的情节，其中包括：案件起因；被害人有无过错及过错程度，是否对矛盾激化负有责任及责任大小；被告人的近亲属是否协助抓获被告人等。张某哥哥协助公安机关抓获张某的行为属于"被告人的近亲属协助抓获被告人"，所以人民法院应当予以审查。D 项错误。

综上所述，本题答案为 A。

2. 甲因琐事与乙发生口角进而厮打，推搡之间，不慎致乙死亡。检察院以甲涉嫌过失致人死亡提起公诉，乙母丙向法院提起附带民事诉讼。关于本案处理，下列哪些选项是正确的？（2015 - 2 - 75，多）[1]

A. 法院可对附带民事部分进行调解

B. 如甲与丙经法院调解达成协议，调解协议中约定的赔偿损失内容可分期履行

C. 如甲提出申请，法院可组织甲与丙协商以达成和解

D. 如甲与丙达成刑事和解，其约定的赔偿损失内容可分期履行

【解析】A 项，根据《刑事诉讼法》第 103 条的规定，人民法院审理附带民事诉讼案件，可以进行调解，或者根据物质损失情况作出判决、裁定。A 项正确。

B 项，根据《刑诉解释》第 595 条的规定："被害人或者其法定代理人、近亲属提起附带民事诉讼后，双方愿意和解，但被告人不能即时履行全部赔偿义务的，人民法院应当制作附带民事调解书。"由此可知，分期履行是可以允许的。B 项正确。

C 项，根据《刑诉解释》第 587 条第 1 款的规定，对符合公诉和解程序的案件，事实清楚、证据充分的，人民法院应当告知当事人可以自行和解；当事人提出申请的，人民法院可以主持双方当事人协商以达成和解。C 项正确。

D 项，根据《刑诉解释》第 593 条第 1 款的规定："和解协议约定的赔偿损失内容，被告人应当在协议签署后及时履行。"又根据《刑诉解释》第 595 的规定，被告人不能即时履行全部赔偿义务的，人民法院应当制作附带民事调解书。所以如果分期履行则应当采取调解方式，由法院制作附带民事调解书。D 项错误。

综上所述，本题答案为 ABC。

第三节　缺席审判程序

关于贪污贿赂犯罪案件被告人在境外的缺席审判程序，下列说法正确的是？（2020 仿真题）[2]

A. 由犯罪地、被告人离境前居住地或者最高人民法院指定的基层人民法院组成合议庭进

---

[1]　ABC　[2]　C

行审理

B. 被告人及其近亲属没有委托辩护人的，人民法院可以通知法律援助机构指派律师为其提供辩护

C. 在审理过程中，被告人自动投案或者被抓获的，人民法院应当重新审理。

D. 被告人的近亲属经被告人同意，可以向上一级人民法院上诉。

【解析】A项，根据《刑事诉讼法》第291条的规定，对于贪污贿赂犯罪、被告人在境外的案件，可以适用缺席审判程序进行审理，应当由犯罪地、被告人离境前居住地或者最高人民法院指定的中级人民法院组成合议庭进行审理，而不是基层人民法院。A项错误。

B项，根据《刑事诉讼法》第293条的规定："在缺席审判程序中，如果被告人及其近亲属没有委托辩护人的，人民法院应当通知法律援助机构指派律师为其提供辩护。"所以，被告人及其近亲属没有委托辩护人的，人民法院"应当"通知法律援助机构指派律师而非"可以"通知。B项错误。

C项，根据《刑事诉讼法》第295条第1款的规定："在审理过程中，被告人自动投案或者被抓获的，人民法院应当重新审理。"C项正确。

D项，《刑事诉讼法》第294条第1款规定："被告人或者其近亲属不服判决的，有权向上一级人民法院上诉。辩护人经被告人或者其近亲属同意，可以提出上诉"。由此可知，缺席审判程序中，被告人的近亲属无须取得被告人同意即可提出上诉。D项错误。

综上所述，本题正确答案为C。

第四节　犯罪嫌疑人、被告人逃匿、死亡案件违法所得的没收程序

1. 王某家住A市，系该市某工商局副局长，涉嫌贪污公款1200余万元，被立案调查后移送检察院审查起诉。A市检察院提起公诉，A市中级法院受理该案后，王某脱逃，下落不明。关于王某脱逃后的诉讼程序，下列选项正确的是：（2020仿真题）[1]

A. 王某脱逃后，法院应当裁定终止审理

B. 在通缉王某一年不到案后，A市检察院可向A市中级法院提出没收王某违法所得的申请

C. 王某的近亲属只能在6个月的公告期内申请参加诉讼

D. 在审理没收违法所得的案件过程中，王某被抓捕归案的，法院应裁定终止审理

【解析】A项，根据《刑事诉讼法》第206条第1款的规定："在审判过程中，有下列情形之一，致使案件在较长时间内无法继续审理的，可以中止审理：（一）被告人患有严重疾病，无法出庭的；（二）被告人脱逃的；（三）自诉人患有严重疾病，无法出庭，未委托诉讼代理人出庭的；（四）由于不能抗拒的原因。"所以，王某脱逃应中止审理而不是终止审理，终止审理是指刑事审判结束或没有必要继续进行。王某逃脱虽然短时间内无法继续审理，但是待其归案仍要对其进行刑事审判，所以不可能是终止审理。A项错误。

B项，根据《刑事诉讼法》第298条第1款的规定："对于贪污贿赂犯罪、恐怖活动犯罪

---

[1]　BD

等重大犯罪案件，犯罪嫌疑人、被告人逃匿，在通缉一年后不能到案，依照刑法规定应当追缴其违法所得及其他涉案财产的，人民检察院可以向人民法院提出没收违法所得的申请。"王某涉嫌贪污公款1200余万元后脱逃，通缉一年后不能到案，符合没收违法所得程序的适用条件，所以A市检察院可以向A市中级法院提出没收王某违法所得的申请。B选项正确。

C项，根据《刑诉解释》第617条第1款的规定，犯罪嫌疑人、被告人的近亲属和其他利害关系人申请参加诉讼的，应当在公告期间提出。但是，《刑诉解释》第617条第3款又补充规定：利害关系人在公告期满后申请参加诉讼，能够合理说明理由的，人民法院应当准许。所以即使王某的近亲属超过公告期申请参加诉讼，法院也有可能准许。C项错误。

D项，《刑诉解释》第625条规定："在审理申请没收违法所得的案件过程中，在逃的犯罪嫌疑人、被告人到案的，人民法院应当裁定终止审理。……"D项正确。

综上所述，本题答案为BD。

2. 李某（女）家住甲市，系该市某国有公司会计，涉嫌贪污公款500余万元，被甲市检察院立案侦查后提起公诉，甲市中级法院受理该案后，李某脱逃，下落不明。关于李某脱逃后的诉讼程序，下列选项正确的是：(2015－2－93，任)[1]

A. 李某脱逃后，法院可中止审理

B. 在通缉李某一年不到案后，甲市检察院可向甲市中级法院提出没收李某违法所得的申请

C. 李某的近亲属只能在6个月的公告期内申请参加诉讼

D. 在审理没收违法所得的案件过程中，李某被抓捕归案的，法院应裁定终止审理

【解析】A项，根据《刑事诉讼法》第206条第1款第2项的规定，在审判过程中，如果被告人脱逃，致使案件在较长时间内无法继续审理的，可以中止审理。所以，李某脱逃后，法院可中止审理。A项正确。

B项，根据《刑事诉讼法》第298条第1款的规定，没收违法所得程序适用于两种情况：(1) 贪污贿赂犯罪、恐怖活动犯罪等重大犯罪案件，犯罪嫌疑人、被告人逃匿，在通缉一年后不能到案，依照刑法规定应当追缴其违法所得及其他涉案财产的。(2) 犯罪嫌疑人、被告人死亡，依照刑法规定应当追缴其违法所得及其他涉案财产的。本案中，李某涉嫌贪污公款500余万元并脱逃、通缉一年不能到案，这属于第一种情况，甲市检察院可以向甲市中级法院提出没收李某违法所得的申请。B项正确。

C项，根据《刑诉解释》第617条第3款的规定，利害关系人在公告期满后申请参加诉讼，能够合理说明理由的，人民法院应当准许。所以即使李某的近亲属超过公告期申请参加诉讼，法院也有可能准许。C项错误。

D项，《刑诉解释》第625条规定："在审理申请没收违法所得的案件过程中，在逃的犯罪嫌疑人、被告人到案的，人民法院应当裁定终止审理。……"D项正确。

综上所述，本题答案为ABD。

3. A市原副市长马某，涉嫌收受贿赂2000余万元。为保证公正审判，上级法院指令与本案无关的B市中级法院一审。B市中级法院受理此案后，马某突发心脏病不治身亡。关于此案处理，下列哪一选项是错误的？(2014－2－41，单)[2]

---

[1] ABD [2] B

A. 应当由法院作出终止审理的裁定，再由检察院提出没收违法所得的申请

B. 应当由 B 市中级法院的同一审判组织对是否没收违法所得继续进行审理

C. 如裁定没收违法所得，而马某妻子不服的，可在 5 日内提出上诉

D. 如裁定没收违法所得，而其他利害关系人不服的，有权上诉

【解析】A 项，B 市中级法院受理此案后，马某突发心脏病不治身亡。根据《刑事诉讼法》第 16 条规定，犯罪嫌疑人、被告人死亡的，法院应当裁定终止审理。但是，根据《刑事诉讼法》第 298 条第 1 款规定，马某涉嫌收受贿赂 2000 余万元，虽然马某已经死亡但是相关涉案财产有必要追缴，所以可以对马某一案适用没收违法所得程序。故检察院应向法院提出没收违法所得的申请。A 项正确。

B 项，根据《刑事诉讼法》第 299 条第 1 款的规定："没收违法所得案件应由犯罪地或者犯罪嫌疑人、被告人居住地的中级人民法院组成合议庭进行审理。"B 市中级人民法是由上级法院指令的、与本案无关的法院，不能审理违法所得没收案件。B 项错误。

C 项，根据《刑诉解释》第 622 条的规定："对没收违法所得或者驳回申请的裁定，犯罪嫌疑人、被告人的近亲属和其他利害关系人或者人民检察院可以在 5 日以内提出上诉、抗诉。"马某妻子作为马某的近亲属，有权在 5 日内提出上诉。C 项正确。

D 项，根据《刑诉解释》第 622 条的规定："对没收违法所得或者驳回申请的裁定，犯罪嫌疑人、被告人的近亲属和其他利害关系人或者人民检察院可以在 5 日以内提出上诉、抗诉。"D 项正确。

综上所述，本题选择错误选项，答案为 B。

4. 关于犯罪嫌疑人、被告人逃匿、死亡案件违法所得的没收程序，下列哪一说法是正确的？(2012 - 2 - 38，单)[1]

A. 贪污贿赂犯罪案件的犯罪嫌疑人潜逃，通缉 1 年后不能到案的，依照《刑法》规定应当追缴其违法所得及其他涉案财产的，公安机关可以向法院提出没收违法所得的申请

B. 在 A 选项所列情形下，检察院可以向法院提出没收违法所得的申请

C. 没收违法所得及其他涉案财产的申请，由犯罪地的基层法院组成合议庭进行审理

D. 没收违法所得案件审理中，在逃犯罪嫌疑人被抓获的，法院应当中止审理

【解析】A 项，根据《刑事诉讼法》第 298 条第 1、2 款的规定，应由人民检察院向人民法院提出没收违法所得的申请，公安机关只能向检察院移送没收违法所得意见书。A 项错误。

B 项，根据《刑事诉讼法》第 298 条第 1 款的规定，贪污贿赂犯罪案件的犯罪嫌疑人潜逃，通缉 1 年后不能到案的，依照《刑法》规定应当追缴其违法所得及其他涉案财产的，人民检察院可以向人民法院提出没收违法所得的申请。B 项正确。

C 项，根据《刑事诉讼法》第 299 条第 1 款的规定，没收违法所得案件应该由犯罪地或者犯罪嫌疑人、被告人居住地的中级人民法院审理而不是基层法院审理。C 项错误。

D 项，《刑事诉讼法》第 301 条第 1 款规定："在审理过程中，在逃的犯罪嫌疑人、被告人自动投案或者被抓获的，人民法院应当终止审理。"D 项"中止审理"错误。D 项错误。

综上所述，本题答案为 B。

_____

[1] B

第五节　依法不负刑事责任的精神病人的强制医疗程序

一、强制医疗程序的适用程序

（一）强制医疗程序的启动

1. 孙某将李某杀害，经鉴定孙某系精神病人，甲县检察院遂向甲县法院申请适用强制医疗程序。关于本案，下列说法正确的是？（2018仿真题）[1]

A. 在法院决定强制医疗前，甲县检察院可以对孙某采取临时的保护性约束措施

B. 甲县法院受理检察院的强制医疗申请后，可由审判员一人独任审判

C. 甲县法院审理该案，应当会见孙某

D. 经审理发现孙某具有部分刑事责任能力，依法应当追究刑事责任的，可直接判处孙某故意杀人罪

【解析】A项，根据《刑事诉讼法》第303条第3款的规定："对实施暴力行为的精神病人，在人民法院决定强制医疗前，公安机关可以采取临时的保护性约束措施。"所以有权采取临时保护性约束措施的是"公安机关"，而不是"检察院"。A项错误。

B项，《刑事诉讼法》第304条第1款规定："人民法院受理强制医疗的申请后，应当组成合议庭进行审理。"由此可知，法院审理强制医疗案件不能独任审判，应当组成合议庭进行审理。B项错误。

C项，根据《刑诉解释》第635条第2款的规定："法院审理强制医疗案件，应当会见被申请人，听取被害人及其法定代理人的意见。"C项正确。

D项，根据《刑诉解释》第637条第3项的规定，对申请强制医疗的案件，人民法院审理后，发现孙某具有部分刑事责任能力，依法应当追究刑事责任的，应当作出驳回强制医疗申请的决定，并退回人民检察院依法处理。因为法院要遵循不告不理原则，甲县法院能否判孙某故意杀人罪，要取决于甲县检察院是否向其提起公诉。D项错误。

综上所述，本题答案为C。

2. 甲将乙杀害，经鉴定甲系精神病人，检察院申请法院适用强制医疗程序。关于本案，下列哪一选项是正确的？（2016－2－42，单）[2]

A. 法院审理该案，应当会见甲

B. 甲没有委托诉讼代理人的，法院可通知法律援助机构指派律师担任其诉讼代理人

C. 甲出庭的，应由其法定代理人或诉讼代理人代为发表意见

D. 经审理发现甲具有部分刑事责任能力，依法应当追究刑事责任的，转为普通程序继续审理

【解析】A项，《刑诉解释》第635条第2款规定："审理强制医疗案件，应当会见被申请人，听取被害人及其法定代理人的意见。"A项正确。

B项，根据《刑事诉讼法》第304条第2款的规定，强制医疗程序中，如果被申请人或者被告人没有委托诉讼代理人的，法院应当通知法律援助机构指派律师担任其诉讼代理人，为其

---

[1]　C　[2]　A

提供法律帮助。所以如果甲没有委托诉讼代理人，法院"应当"而非"可以"通知法律援助机构指派律师担任其诉讼代理人。B项错误。

C项，根据《刑诉解释》第636条第2款的规定，出庭的被申请人，在法庭调查、辩论阶段，可以发表意见。所以甲可以自己发表意见，不是必须由其法定代理人或诉讼代理人代为发表意见。C项错误。

D项，根据《刑诉解释》第637条的规定："对申请强制医疗的案件，人民法院审理后，应当按照下列情形分别处理：（一）符合《刑事诉讼法》第三百零二条规定的强制医疗条件的，应当作出对被申请人强制医疗的决定；（二）被申请人属于依法不负刑事责任的精神病人，但不符合强制医疗条件的，应当作出驳回强制医疗申请的决定；被申请人已经造成危害结果的，应当同时责令其家属或者监护人严加看管和医疗；（三）被申请人具有完全或者部分刑事责任能力，依法应当追究刑事责任的，应当作出驳回强制医疗申请的决定，并退回人民检察院依法处理。法院如果经审理发现甲具有部分刑事责任能力，依法应当追究刑事责任，则应作出驳回强制医疗申请的决定，并退回人民检察院依法处理。"D项错误。

综上所述，本题答案为A。

3. 依法不负刑事责任的精神病人的强制医疗程序是一种特别程序。关于其特别之处，下列哪一说法是正确的？（2015－2－42，单）[1]

A. 不同于普通案件奉行的不告不理原则，法院可未经检察院对案件的起诉或申请而启动这一程序

B. 不同于普通案件审理时被告人必须到庭，可在被申请人不到庭的情况下审理并作出强制医疗的决定

C. 不同于普通案件中的抗诉或上诉，被决定强制医疗的人可通过向上一级法院申请复议启动二审程序

D. 开庭审理时无需区分法庭调查与法庭辩论阶段

【解析】A项，根据《刑事诉讼法》第303条的规定，有权启动精神病强制医疗程序的主体有二，分别是：（1）检察院——申请法院启动；（2）法院——公诉案件审理过程中依职权启动。虽然法院可未经检察院申请启动强制医疗程序，但是也需要检察院先起诉，在公诉审理中依职权启动强制医疗程序。A项错误。

B项，根据《刑诉解释》第636条第2款的规定，被申请人要求出庭，人民法院需要审查其身体和精神状态，只有法院认为被申请人可以出庭的，被申请人才能被准许出庭。所以，被申请人是可以不到庭的，这是因为被申请人有可能是暴力倾向的精神病人，如果让无法自控的精神病人出庭不利于正常法庭审理。B项正确。

C项，根据《刑诉解释》第642条的规定，被决定强制医疗的人、被害人及其法定代理人、近亲属对强制医疗决定不服的，可以自收到决定书第二日起5日以内向上一级人民法院申请复议。申请复议并不是上诉，强制医疗程序也并非普通一审审理程序，该复议并不能引起二审程序。C项错误。

D项，《刑诉解释》第636条第1款规定了开庭审理申请强制医疗的案件应当遵循的程序：（1）审判长宣布法庭调查开始后，先由检察员宣读申请书，后由被申请人的法定代理人、诉

---

[1] B

讼代理人发表意见；（2）法庭依次就被申请人是否实施了危害公共安全或者严重危害公民人身安全的暴力行为、是否属于依法不负刑事责任的精神病人、是否有继续危害社会的可能进行调查；调查时，先由检察员出示证据，后由被申请人的法定代理人、诉讼代理人发表意见、出示证据，并进行质证；必要时，可以通知鉴定人出庭 对鉴定意见作出说明；（3）法庭辩论阶段，先由检察员发言，后由被申请人的法定代理人、诉讼代理人发言，并进行辩论。从以上程序规定来看，强制医疗程序也是区分法庭调查和法庭辩论两个阶段的。D 项错误。

综上所述，本题答案为 B。

4. 公安机关在案件侦查中，发现打砸多辆机动车的犯罪嫌疑人何某神情呆滞，精神恍惚。经鉴定，何某属于依法不负刑事责任的精神病人。关于公安机关对此案的处理，下列哪一选项是正确的？（2013－2－41，单）[1]

A. 写出强制医疗意见书，移送检察院向法院提出强制医疗申请

B. 撤销案件，将何某交付其亲属并要求其积极治疗

C. 移送强制医疗机构对何某进行诊断评估

D. 何某的亲属没有能力承担监护责任的，可以采取临时的保护性约束措施

【解析】A 项，《刑事诉讼法》第 302 条规定："实施暴力行为，危害公共安全或者严重危害公民人身安全，经法定程序鉴定依法不负刑事责任的精神病人，有继续危害社会可能的，可以予以强制医疗。"何某是依法不负刑事责任的精神病人，又打砸多辆机动车、危害公共安全，但是没有说何某继续危害社会的可能，所以何某不适用于《刑事诉讼法》所规定的强制医疗程序，公安机关也就不需要写强制医疗意见书并移送人民检察院。A 项错误。

B 项，何某不适用于强制医疗程序，又因为其依法不负刑事责任，根据《刑事诉讼法》第 16 条的规定，公安机关应当撤销案件。B 项正确。

C 项，根据《刑事诉讼法》第 303 条第 2 款的规定，如果公安机关认为何某有继续危害社会的可能性，则应当写强制医疗意见书移送检察院，否则公安机关就应该撤销案件。在没有法院决定的情况下，公安机关无权将何某移送强制医疗机构。C 项错误。

D 项，根据《刑事诉讼法》第 303 条第 3 款的规定，对进入强制医疗程序的、实施暴力行为的精神病人，在人民法院决定强制医疗前，公安机关可以采取临时的保护性约束措施。而何某并不符合强制医疗程序的适用条件，即使何某的亲属没有能力承担监护责任，公安机关也不能对何某采取临时性约束措施。D 项错误。

综上所述，本题答案为 B。

5. 犯罪嫌疑人刘某涉嫌故意杀人被公安机关立案侦查。在侦查过程中，侦查人员发现刘某行为异常。经鉴定，刘某属于依法不负刑事责任的精神病人，需要对其实施强制医疗。请回答（1）（2）两题。

（1）关于有权启动强制医疗程序的主体，下列选项正确的是：（2012－2－95，任）[2]

A. 公安机关

B. 检察院

C. 法院

D. 刘某的监护人、法定代理人以及受害人

---

[1] B [2] BC

【考点】程序的启动方式

【解析】根据《刑事诉讼法》第303条第2款的规定，有权启动精神病强制医疗程序的主体有二，分别是：（1）检察院——申请法院启动；（2）法院——公诉案件审理过程中依职权启动。

A项，公安机关无权启动强制医疗程序。A项错误。

B项，检察院可以启动强制医疗程序。B项正确。

C项，法院可以在公诉案件的审理过程中依职权启动强制医疗程序。C项正确。

D项，刘某的监护人、法定代理人以及受害人无权启动强制医疗程序。D项错误。

综上所述，本题答案为BC。

（2）法院审理刘某强制医疗一案，下列做法不符合法律规定的是：（2012－2－96，任）[1]

A. 由审判员和人民陪审员共3人组成合议庭

B. 鉴于刘某自愿放弃委托诉讼代理人，法院只通知了刘某的法定代理人到场

C. 法院认为刘某符合强制医疗的条件，依法对刘某作出强制医疗的裁定

D. 本案受害人不服法院对刘某强制医疗裁定，可申请检察院依法提起抗诉

【解析】A项，《刑事诉讼法》第304条第1款规定："人民法院受理强制医疗的申请后，应当组成合议庭进行审理。"法律只规定了强制医疗程序应当由合议庭进行审理，并没有明确必须由审判员组成合议庭，则合议庭可能存在陪审员。A项正确。

B项，根据《刑事诉讼法》第304条第2款的规定，强制医疗程序中，如果被申请人或者被告人没有委托诉讼代理人的，法院应当通知法律援助机构指派律师担任其诉讼代理人，为其提供法律帮助。法院不应只通知刘某的法定代理人到场，还应当通知法援机构指派律师为其担任诉讼代理人。B项错误。

C项，根据《刑事诉讼法》第305条第1款的规定："人民法院经审理，对于被申请人或者被告人符合强制医疗条件的，应当在一个月以内作出强制医疗的决定。"由此可知，人民法院经强制医疗程序审理作出的应当是"决定"而不是"裁定"。C项错误。

D项，根据《刑事诉讼法》第305条第2款规定："被决定强制医疗的人、被害人及其法定代理人、近亲属对强制医疗决定不服的，可以向上一级人民法院申请复议。"所以，如果被害人不服，可以向上一级人民法院申请复议，但是不能申请检察院抗诉。D项错误。

综上所述，本题选择错误选项，答案为BCD。

（二）强制医疗的决定程序

1. 审理

（1）甲在马路上持刀杀人一案，检察院提起公诉，一审法院判决甲犯故意杀人罪。甲不服提起上诉，二审审理期间发现甲为精神病人。二审法院应当如何处理？（2021仿真题，单）[2]

A. 以一审法律适用错误为由，撤销原判发回重审

B. 先判决甲不负刑事责任，再对甲作出强制医疗决定

C. 按照强制医疗程序直接作出裁判

D. 先裁定中止审理，再启动强制医疗程序

【解析】A项，根据《刑事诉讼法》第236条第1款第2项的规定，第二审人民法院对不

---

[1] BCD　[2] B

服第一审判决的上诉、抗诉案件，经过审理后，认为原判决认定事实没有错误，但适用法律有错误，或者量刑不当的，应当改判。所以二审法院认为一审判决法律适用有误的，应当直接改判，无需发回重审。因此，A项错误。

BD项，根据《刑诉解释》第640条的规定："第二审人民法院在审理刑事案件过程中，发现被告人可能符合强制医疗条件的，可以依照强制医疗程序对案件作出处理，也可以裁定发回原审人民法院重新审判。"又根据《强制医疗决定程序监督规定》第16条第3款的规定，法院应当先作出判决，再适用强制医疗程序。因此，B项正确，D项错误。

C项，强制医疗程序是不同于一般审判程序的特殊程序，法院不能在二审审理中按照强制医疗程序直接作出裁判。因此，C项错误。

综上所述，本题的答案为B项。

（2）下列关于强制医疗程序说法不正确的是？（2020仿真题）[1]

A. 被申请人或者被告人没有委托诉讼代理人的，法院应当通知法援机构指派律师为其提供法律帮助

B. 人民法院审理强制医疗案件，被申请人或者被告人及其法定代理人应当到场

C. 强制医疗案件，由被申请人实施暴力行为所在地的中级法院管辖；由被申请人居住地法院审判更为适宜的，可以由被申请人居住地的中级法院管辖

D. 被决定强制医疗的人、被害人及其法定代理人、近亲属对强制医疗决定不服的，可以向上一级人民法院上诉

【解析】A项，根据《刑事诉讼法》第304条第2款的规定，强制医疗程序中，如果被申请人或者被告人没有委托诉讼代理人的，法院应当通知法律援助机构指派律师担任其诉讼代理人，为其提供法律帮助。A项正确。

B项，《刑事诉讼法》第304条第2款规定，人民法院审理强制医疗案件，应当通知被申请人或者被告人的法定代理人到场。注意，法条规定的是"法院应当通知"而不是"应当到场"，所以，被申请人或者被告人及其法定代理人不是必须要到场。B项错误。

C项，根据《刑诉解释》第631条规定："人民检察院申请对依法不负刑事责任的精神病人强制医疗的案件，由被申请人实施暴力行为所在地的基层人民法院管辖；由被申请人居住地的人民法院审判更为适宜的，可以由被申请人居住地的基层人民法院管辖。"由此可知，强制医疗案件应当由基层法院审理而不是中级法院审理。C项错误。

D项，根据《刑事诉讼法》第305条第2款的规定："被决定强制医疗的人、被害人及其法定代理人、近亲属对强制医疗决定不服的，可以向上一级人民法院申请复议。"法院在强制医疗程序中作出的是决定，只有判决和裁定才能上诉，而针对决定只能复议。D项错误。

综上所述，本题选择错误选项，答案为BCD。

2. 对处理结果不服的复议

（1）甲在公共场所实施暴力行为，经鉴定为不负刑事责任的精神病人，被县法院决定强制医疗。甲父对决定不服向市中级法院申请复议，市中级法院审理后驳回申请，维持原决定。关于本案处理，下列哪一选项是正确的？（2017－2－41，单）[2]

A. 复议期间可暂缓执行强制医疗决定，但应采取临时的保护性约束措施

B. 应由公安机关将甲送交强制医疗

C. 强制医疗 6 个月后，甲父才能申请解除强制医疗

D. 申请解除强制医疗应向市中级法院提出

【解析】A 项，根据《刑诉解释》第 642 条的规定，复议期间不停止执行强制医疗的决定，A 项错误。

B 项，根据《刑诉解释》第 641 条的规定，人民法院作出强制医疗的决定后，应当由公安机关将被决定强制医疗的人送交强制医疗。B 项正确。

C 项，根据《刑诉解释》第 645 条第 2 款的规定，如果被强制医疗的人及其近亲属提出的解除强制医疗申请被法院驳回，6 个月后再次提出申请的，法院应当受理。也即法律对驳回后再次申请间隔期间作出了规定。但是应注意，法律并没有限制首次提出解除强制医疗申请的时间，所以被申请人强制医疗不满 6 个月也是可以申请解除强制医疗的。C 项错误。

D 项，根据《刑诉解释》第 631 条规定："人民检察院申请对依法不负刑事责任的精神病人强制医疗的案件，由被申请人实施暴力行为所在地的基层人民法院管辖；由被申请人居住地的人民法院审判更为适宜的，可以由被申请人居住地的基层人民法院管辖。"由此可知，强制医疗案件应当由基层法院审理而不是中级法院审理。D 项错误。

综上所述，本题答案为 B。

（2）法院受理叶某涉嫌故意杀害郭某案后，发现其可能符合强制医疗条件。经鉴定，叶某属于依法不负刑事责任的精神病人，法院审理后判决宣告叶某不负刑事责任，同时作出对叶某强制医疗的决定。关于此案的救济程序，下列哪一选项是错误的？（2013 - 2 - 42，单）[1]

A. 对叶某强制医疗的决定，检察院可以提出纠正意见

B. 叶某的法定代理人可以向上一级法院申请复议

C. 叶某对强制医疗决定可以向上一级法院提出上诉

D. 郭某的近亲属可以向上一级法院申请复议

【解析】A 项，根据《刑诉解释》第 648 条的规定："人民检察院认为强制医疗决定或者解除强制医疗决定不当，在收到决定书后二十日以内提出书面纠正意见的，人民法院应当另行组成合议庭审理，并在一个月以内作出决定。"由此可知，检察院可以对叶某强制医疗的决定提出纠正意见，A 项正确。

B 项，根据《刑事诉讼法》第 305 条第 2 款的规定："被决定强制医疗的人、被害人及其法定代理人、近亲属对强制医疗决定不服的，可以向上一级人民法院申请复议。"B 项正确。

C 项，法院对强制医疗案件作出的是决定，决定不能上诉只能申请复议，只有判决和裁定才能上诉。C 项错误。

D 项，根据《刑事诉讼法》第 305 条第 2 款的规定，郭某的近亲属对强制医疗决定不服的，可以向上一级人民法院申请复议。D 项正确。

综上所述，本题选择错误选项，答案为 C。

（3）关于强制医疗程序，下列说法正确的是？（单选，2023 仿真题）[2]

A. 决定适用强制医疗程序后，法院应当宣读精神病鉴定意见

B. 决定强制医疗前，法院应先判决其不负刑事责任

---

[1] C [2] A

C. 决定强制医疗后，其身份由被申请人转化为被告人

D. 对于已经提起附带民事诉讼的，宣布决定强制医疗时，应当告知被害人可以另行提起民事赔偿诉讼

【解析】本题考查的是强制医疗程序、附带民事诉讼。

A项，根据《刑诉解释》第638条，开庭审理适用强制医疗程序的案件，应当先由合议庭组成人员【宣读】对被告人的【法医精神病鉴定意见】，说明被告人可能符合强制医疗的条件，后依次由公诉人和被告人的法定代理人、诉讼代理人发表意见。故A项正确。

B项，根据《刑诉解释》第639条，被告人符合强制医疗条件的，应当判决宣告被告人不负刑事责任，【同时】作出对被告人强制医疗的决定。因此是【同时作出】，不是"决定前"作出。故B项错误。

C项，根据《刑事诉讼法》第303条："根据本章规定对精神病人强制医疗的，由人民法院决定。公安机关发现精神病人符合强制医疗条件的，应当写出强制医疗意见书，移送人民检察院。对于公安机关移送的或者在审查起诉过程中发现的精神病人符合强制医疗条件的，人民检察院应当向人民法院提出强制医疗的申请。人民法院在审理案件过程中发现被告人符合强制医疗条件的，可以作出强制医疗的决定。"有权启动强制医疗程序的主体是检察院和法院。检察院启动的强制医疗程序中的精神病人称为被申请人，对于法院启动的强制医疗程序中的精神病人称为被告人。因此，身份只是因启动主体不同而称呼不同，并不会因程序的流转而发生变化。故C项错误。

D项，根据《刑诉解释》第333条："对自诉案件，应当参照刑事诉讼法第二百条和本解释第二百九十五条的有关规定作出判决。对依法宣告无罪的案件，有附带民事诉讼的，其附带民事部分可以依法进行调解或者一并作出判决，也可以告知附带民事诉讼原告人另行提起民事诉讼。"首先，附带民事诉讼中，若被告人被认定为无罪，那么附民部分【可以】与刑事部分一并判决，也【可以】告知被害人另行提起民事诉讼。其次，被决定强制医疗的人，虽被鉴定为无刑事责任能力人，不负法律责任，但是其危害行为给被害人及社会造成的损害是客观存在的，依然有权要求民事赔偿。因此法院对附民部分可以与刑事部分一并判决，也【可以】告知被害人另行提起民事诉讼，由此可见，D项中的"应当"说法过于绝对。故D项错误。

综上所述，本题答案为A。

(4) 马某涉嫌故意伤害，审查起诉阶段，检察机关欲作出酌定不起诉决定，后经鉴定发现马某是精神病人，检察机关申请启动强制医疗程序。下列说法正确的是？（多，2023仿真题）[1]

A. 马某经审查符合强制医疗条件的，应当作出对被申请人强制医疗的决定

B. 如法院审理认为要追究刑事责任，应当转普通程序

C. 法院应当通知被申请人的法定代理人到场

D. 被害人对决定不服可以向上一级法院复议

【解析】本题考查的是强制医疗程序的有关规定。

A项，根据《刑诉解释》第637条："对申请强制医疗的案件，人民法院审理后，应当按照下列情形分别处理：（一）符合刑事诉讼法第三百零二条规定的强制医疗条件的，应当作出

---

[1] ACD

对被申请人强制医疗的决定；……"，审理依检察院申请而启动的强制医疗案件，法院审理后，符合强制医疗条件的，应当作出对被申请人强制医疗的决定。本题中，该程序由检察院启动，法院审查符合强制医疗条件，应当作出对被申请人强制医疗的决定，故 A 项正确。

B 项，根据《刑诉解释》第 637 条，审理检察院申请而启动的强制医疗案件，法院审理后，认为被申请人具有完全或者部分刑事责任能力，依法应当追究刑事责任的，应当作出驳回强制医疗申请的决定，并退回检察院依法处理。本题中，该程序由检察院启动，故法院受制于不告不理的原则，在检察院没有向法院起诉马某前，不能直接将马某的程序转为普通程序。故 B 项错误。

C 项，根据《刑诉解释》第 634 条，法院审理强制医疗案件，应当通知被申请人或者被告人的法定代理人到场。故 C 选项正确。

D 项，根据《刑诉解释》第 642 条，被害人对强制医疗决定不服的，可以自收到决定书第 2 日起 5 日内向上一级法院申请复议。复议期间不停止执行强制医疗的决定。故 D 选项正确。

综上所述，本题答案为 ACD。

第二十一章　涉外刑事诉讼程序与司法协助制度

第一节　涉外刑事诉讼程序

1. W国人约翰涉嫌在我国某市A区从事间谍活动被立案侦查并提起公诉。关于本案诉讼程序，下列哪一选项是正确的？（2017 - 2 - 42，单）[1]

　　A. 约翰可通过W国驻华使馆委托W国律师为其辩护

　　B. 本案由A区法院一审

　　C. 约翰精通汉语，开庭时法院可不为其配备翻译人员

　　D. 给约翰送达的法院判决书应为中文本

【解析】A项，根据《刑诉解释》第485条第1款的规定："外国籍被告人委托律师辩护，或者外国籍附带民事诉讼原告人、自诉人委托律师代理诉讼的，应当委托具有中国律师资格并依法取得执业证书的律师。"所以约翰不可以委托W国律师为其辩护。A项错误。

　　B项，本案中，约翰涉嫌在我国某市A区从事间谍活动，危害我国国家安全，根据《刑事诉讼法》第21条的规定，危害国家安全案件应由中级人民法院管辖，故本案应由中级法院审理。B项错误。

　　C项，根据《刑诉解释》第484条第3款的规定，外国籍当事人通晓中国语言、文字，拒绝他人翻译，或者不需要诉讼文书外文译本的，应当由其本人出具书面声明。由此可知，只有当外国人自己拒绝他人翻译时法院才可以不为其配备翻译人员。C项错误。

　　D项，根据《刑诉解释》第484条第2款的规定："法院的诉讼文书为中文本。外国籍当事人不通晓中文的，应当附有外文译本，译本不加盖人民法院印章，以中文本为准。"D项正确。

　　综上所述，此题答案为D。

2. 李某、阮某持某外国护照，涉嫌贩卖毒品罪被检察机关起诉至某市中级人民法院。关于李某、阮某的诉讼权利及本案诉讼程序，下列说法正确的是：（2011 - 2 - 95，任）[2]

　　A. 即使李某、阮某能够使用中文交流，也应当允许其使用本国语言进行诉讼

　　B. 向李某、阮某送达中文本诉讼文书时，可以附有李某、阮某通晓的外文译本

　　C. 李某、阮某只能委托具有中华人民共和国律师资格并依法取得执业证书的律师作为辩

---

　　[1] D　[2] A

护人

D. 如我国缔结或参加的国际条约中有关于刑事诉讼程序具体规定的，审理该案均适用该条约的规定

【解析】 A项，根据《刑诉解释》第484条第1款的规定，人民法院审判涉外刑事案件，使用中华人民共和国通用的语言、文字，应当为外国籍当事人提供翻译。这意味着外国籍当事人在法庭上可以使用其本国语言，即使李某、阮某能够使用中文交流，也应当允许其使用本国语言进行诉讼。A项正确。

B项，根据《刑诉解释》第484条第2款的规定，人民法院的诉讼文书为中文本，向李某、阮某送达中文本诉讼文书时，应当附有李某、阮某通晓的外文译本，但译本不加盖人民法院印章，以中文本为准。因此是"应当"附有，而不是"可以"附有。B项错误。

C项，《刑诉解释》第485条第1款规定，外国籍被告人只能委托中国律师辩护或代理诉讼。但是，如果委托的辩护人是非律师身份的其他辩护人，则不受必须是"中国的"限制。C项错误。

D项，我国《刑事诉讼法》以及相关法律中并没有对刑事案件中审判时是否可以直接援引我国缔结或参加的国际条约进行明确规定。D项错误。

综上所述，本题答案为A。

3. 下列哪些案件适用涉外刑事诉讼程序？（2010-2-79，多）[1]

A. 在公海航行的我国货轮被索马里海盗抢劫的案件

B. 我国国内一起贩毒案件的关键目击证人在诉讼时身在国外

C. 陈某经营的煤矿发生重大安全事故后携款潜逃国外的案件

D. 我驻某国大使馆内中方工作人员甲、乙因看世界杯而发生斗殴的故意伤害案件

【解析】 涉外诉讼程序，是指公安司法机关在办理具有涉外因素的刑事案件时所适用的诉讼程序。所谓"涉外因素"主要是指诉讼当事人全部或者部分为外国人，或者刑事案件发生在国外。根据《刑诉解释》第475条的规定，所谓的"涉外刑事案件"包括：（1）在中华人民共和国领域内，外国人犯罪的或者我国公民对外国、外国人犯罪的刑事案件；（2）符合《刑法》第7条、第10条规定情形的我国公民在中华人民共和国领域外犯罪的案件；（3）符合《刑法》第8条、第10条规定情形的外国人犯罪的案件；（4）符合《刑法》第9条规定情形的中华人民共和国在所承担国际条约义务范围内行使管辖权的案件。

A项，海盗抢劫案件虽然发生在公海上，但是海盗抢劫属于国际犯罪，属于我国在所承担国际条约范围内刑事管辖权的案件，是涉外案件，适用涉外程序。A项正确。

B项，虽然该案件不属于上述规定的涉外案件，但是关键证人在诉讼时身在国外，相关侦查、审判诉讼文书送达等诉讼活动都会涉及该证人，因此适用涉外刑事诉讼程序。B项正确。

C项，虽然该案不属于上述规定的涉外案件，但陈某潜逃至国外，如果对该案进行审判则会涉及刑事司法协助，适用涉外刑事诉讼程序。C项正确。

D项，案件发生在我国使馆内，当事人都是中国人，依法应由我国法院管辖，不属于涉外案件。D项错误。

综上所述，本题答案为ABC。

---

[1] ABC

法大法考

2024年国家法律职业资格考试

金题解析

商法·经济法·知识产权法
(第六册)

法律职业资格考试培训中心(学院)◎编著

梁泽宇◎编写

中国政法大学出版社

2024·北京

图书在版编目（ＣＩＰ）数据

2024 年国家法律职业资格考试金题解析/法律职业资格考试培训中心（学院）编著.—北京：中国政法大学出版社，2024.4
ISBN 978-7-5764-1279-6

Ⅰ.①2… Ⅱ.①法… Ⅲ.①法律工作者－资格考试－中国－题解 Ⅳ.①D920.4

中国国家版本馆 CIP 数据核字(2024)第 007775 号

出　版　者	中国政法大学出版社
地　　　址	北京市海淀区西土城路 25 号
邮寄地址	北京 100088 信箱 8034 分箱　邮编 100088
网　　　址	http://www.cuplpress.com (网络实名：中国政法大学出版社)
电　　　话	010-58908285(总编室) 58908433（编辑部）58908334(邮购部)
承　　　印	固安华明印业有限公司
开　　　本	787mm×1092mm　1/16
印　　　张	112.75
字　　　数	2800 千字
版　　　次	2024 年 4 月第 1 版
印　　　次	2024 年 4 月第 1 次印刷
定　　　价	372.00 元（全八册）

序　言

2001 年《中华人民共和国法官法》《中华人民共和国检察官法》《中华人民共和国律师法》修正案相继通过。其中规定，国家对初任法官、检察官和取得律师资格实行统一的司法考试制度，这标志着我国正式确立了统一的司法考试制度，这是我国司法改革的一项重大举措。党的十八大以来，党中央和习近平总书记高度重视司法考试工作。2015 年 6 月 5 日，习近平总书记主持召开中央全面深化改革领导小组第十三次会议，审议通过了《关于完善国家统一法律职业资格制度的意见》，明确要将现行司法考试制度调整为国家统一法律职业资格考试制度。2017 年 9 月 1 日《全国人民代表大会常务委员会关于修改〈中华人民共和国法官法〉等八部法律的决定》审议通过，明确法律职业人员考试的范围，规定取得法律职业资格的条件等内容，定于 2018 年开始实施国家统一法律职业资格考试制度。这一改革对提高人才培养质量，提供依法治国保障，对全面推进依法治国，建设社会主义法治国家具有重大而深远的意义。

中国政法大学作为国家的双一流重点大学，以拥有作为国家一级重点学科的法学学科见长，其法学师资队伍汇集了一大批国内外知名法学家。他们不仅是法学教育园地的出色耕耘者，也是国家立法和司法战线的积极参与者。他们积累了法学教育和法律实践的丰富经验，取得了大量有影响的科研成果。

国家统一司法考试实施以来，我校专家学者在参与司法考试的制度建设和题库建设中做出了许多贡献，在此期间我校不仅有一批长期参加国家司法考试题库建设和考题命制的权威专家，也涌现出众多在国家司法考试培训中经验丰富和业绩突出的名师。伴随着司法考试改革，我校对法律职业资格考试进行更深入的分析研究，承继司法考试形成了强大的法律职业资格考试研究阵容和师资团队。

2005 年我校成立了中国高校首家司法考试学院。该院本着教学、科研和培训一体化的宗旨，承担着在校学生和社会考生司法考试培训任务。司法考试学院成立后，选拔了一批在司法考试方面的权威专家和名师，精心编写了中国政法大学《国家司法考试金题解析》作为考生考前提高应试能力的教材。伴随着 2018 年司法考试改革，我院根据法律职业资格考试内容及大纲对本书进行了全面修订，本书更名为《国家法律职业资格考试金题解析》。

法律职业资格考试中心（原司法考试学院）组织编写的此书紧扣国家法律职业资格考试大纲，较为系统地梳理真题及对应的考点，以帮助学生全面地掌握知识点。对每个考点涉及的法条和理论进行详细解读，有助于考生加深对重点考点的理解和掌握。全书渗透着编写教师多

年的教学经验，体现着国家法律职业资格考试的规律，帮助考生精准把握考试内容。本书将会对广大备考人员学习、理解和掌握国家法律职业资格考试的知识内容和应试方法具有积极的引导与促进作用，为考生提高考场实战能力提供支持和帮助。最后，对编写本套教材的各位老师辛勤付出表示感谢！编委会成员（按姓氏笔画排序）：方鹏、兰燕卓、叶晓川、安晋城、杨秀清、邹龙妹、宋亚伟、肖沛权、贾若山、梁泽宇。

在此预祝各位考生在国家法律职业资格考试中一举通过。

中国政法大学法律职业资格考试中心
（原中国政法大学司法考试学院）

目　录

第一编　商　法

第二编　经济法

第三编　环境资源法

第一章 公司法

考点1 公司法人人格否认制度

1. 古墓公司的两个股东是王重阳和林朝英，王重阳是控股股东并派人担任古墓公司董事长。后王重阳无偿调用古墓公司的大部分资金，并且该笔资金调用在古墓公司财务上没有任何记载。债权人白头山公司在要求古墓公司偿还贷款时，发现古墓公司的资产不足以清偿全部债务。现白头山公司直接起诉王重阳，请求王重阳对古墓公司的债务承担连带责任。关于本案当事人的诉讼地位，下列哪一选项是正确的？（2020年单选）[1]

A. 白头山公司为原告，王重阳为被告

B. 法院应告知白头山公司追加古墓公司为共同被告

C. 法院应告知白头山公司追加古墓公司为第三人

D. 法院应裁定不予受理

【本题考点】 法人人格否认之诉当事人的诉讼地位

【选项分析】 根据"九民纪要"第13条第3项，债权人对债务人公司享有的债权尚未经生效裁判确认，直接提起公司人格否认诉讼，请求公司股东对公司债务承担连带责任的，人民法院应当向债权人释明，告知追加公司为共同被告。债权人拒绝追加的，人民法院应当裁定驳回起诉。

A选项错误，因为该选项表述不准确，本案可能被裁定驳回起诉，届时王重阳就不再是被告。

B选项正确，符合"九民纪要"第13条的规定。

C选项错误，古墓公司应为共同被告，而非第三人。

D选项错误，法院应当首先进行释明，而非直接裁定不予受理。

【关联法条】

《全国法院民商事审判工作会议纪要》（"九民纪要"）第13条 人民法院在审理公司人格否认纠纷案件时，应当根据不同情形确定当事人的诉讼地位：

（1）债权人对债务人公司享有的债权已经由生效裁判确认，其另行提起公司人格否认诉

---

[1] B

讼，请求股东对公司债务承担连带责任的，列股东为被告，公司为第三人；

（2）债权人对债务人公司享有的债权提起诉讼的同时，一并提起公司人格否认诉讼，请求股东对公司债务承担连带责任的，列公司和股东为共同被告；

（3）债权人对债务人公司享有的债权尚未经生效裁判确认，直接提起公司人格否认诉讼，请求公司股东对公司债务承担连带责任的，人民法院应当向债权人释明，告知其追加公司为共同被告。债权人拒绝追加的，人民法院应当裁定驳回起诉。

【总结】公司法人人格否认之诉中当事人的诉讼地位：

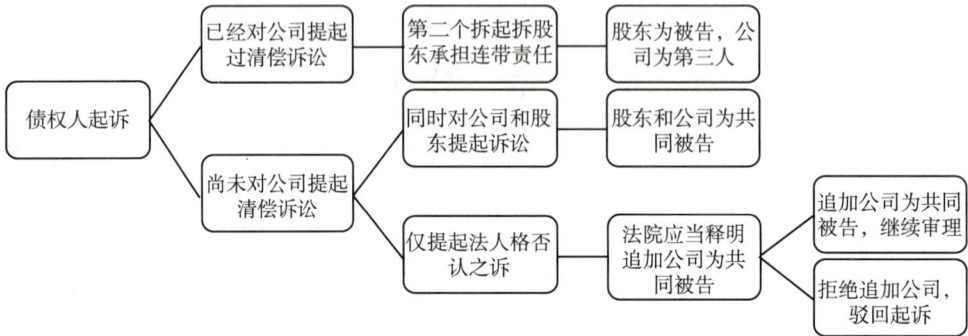

考点 2　公司类型

2. 信阳丐帮咨询有限公司于 2020 年设立北京分公司。北京分公司已领取营业执照，白世镜担任北京分公司负责人。对此，下列说法正确的是？（2021 年多选）[1]

A. 白世镜代表北京分公司签订合同，相关责任由北京分公司独立承担

B. 白世镜代表北京分公司签订合同，相关责任由总公司信阳丐帮咨询有限公司承担

C. 白世镜可以北京分公司名义起诉或应诉

D. 白世镜可以直接以北京分公司名义对外签订担保合同

【本题考点】总公司和分公司

【选项分析】A 选项错误，B 选项正确。分公司不是独立法人，不具有独立承担责任的能力，分公司的责任最终由总公司承担。当然，在分公司有财产时，可以以分公司的财产先承担责任。

C 选项正确，虽然分公司不具有法人资格，但是为了方便分公司起诉或应诉，民事诉讼法及其司法解释赋予分支机构以当事人的资格。

D 选项错误，分公司对外提供担保的，应当经总公司股东会或董事会决议。未经前述决议的，除相对人善意外，总公司和分公司均不承担担保责任。

【关联法条】

1.《民事诉讼法》第 51 条　公民、法人和其他组织可以作为民事诉讼的当事人。法人由其法定代表人进行诉讼。其他组织由其主要负责人进行诉讼。

2. "民诉法解释"第 52 条　民事诉讼法第五十一条规定的其他组织是指合法成立、有一定的组织机构和财产，但又不具备法人资格的组织，包括：……（五）依法设立并领取营业

---

[1]　BC

执照的法人的分支机构……

3. "担保制度解释"第 11 条第 1 款　公司的分支机构未经公司股东（大）会或者董事会决议以自己的名义对外提供担保，相对人请求公司或者其分支机构承担担保责任的，人民法院不予支持，但是相对人不知道且不应当知道分支机构对外提供担保未经公司决议程序的除外。

3. 阳顶天于 2017 年成立日月有限公司，是一人公司。2019 年，为了拓展业务，日月有限公司设立了北京市海淀区分公司和全资子公司天鹰有限公司，并均由殷天正担任负责人。日月有限公司和海淀分公司逐渐发展壮大。2020 年阳顶天邀请成昆出资入股日月有限公司。对此，下列说法正确的是？（2021 年多选）〔1〕

A. 2019 年，日月公司决定全资设立天鹰有限公司，不符合法律规定

B. 2019 年，日月公司决定设立海淀分公司，不符合法律规定

C. 成昆入股加入日月公司，需要阳顶天和殷天正一致同意

D. 成昆入股加入日月公司，日月公司需要变更登记

【本题考点】一人公司

【选项分析】A 选项错误，2024 年 7 月 1 日施行的新《公司法》已经取消曾经的"一子无孙"限制。

B 选项错误，一人公司可以设立分公司。

C 选项错误，只有阳顶天是日月公司的股东，新股东的加入，无需殷天正的同意。

D 选项正确，新股东加入公司，公司需要变更登记。

考点 3　公司担保

4. 张无忌为明教有限公司董事长兼法定代表人，未经公司董事会、股东会决议，擅自以公司名义为其股东锐金公司自大都银行贷款提供担保对此下列说法正确的是？（2020 年单选）〔2〕

A. 因属于越权担保，故担保无效

B. 虽属于越权担保，但公司内部决议的缺失不应影响外部行为的效力，担保有效

C. 大都银行作为债权人，应当取得明教公司同意担保的股东会决议，且该决议不应当有锐金公司签章

D. 大都银行作为债权人，应当取得明教公司同意担保的董事会决议或股东会决议

【本题考点】公司关联担保

【选项分析】A 选项错误，张无忌的行为属于越权担保，担保是否有效应当根据相对人善意与否而定，因此不可简单地认为担保无效。

B 选项错误，根据"九民纪要"第 17 条和第 18 条、"担保制度司法解释"第 7 条，公司内部决议的缺失影响外部行为的效力。

C 选项正确，D 选项错误。本题的担保属于关联担保，关联担保必须由公司股东会决议。债权人若要构成善意，债权人应当提供证据证明其在订立合同时对股东会决议进行了审查，决议的表决程序符合新《公司法》第 15 条的规定，即在排除被担保股东表决权的情况下，该项表决由出席会议的其他股东所持表决权的过半数通过，签字人员也符合公司章程的规定。

---

〔1〕　D（因《公司法》修改本题变为单选）　〔2〕　C

【关联法条】

1. "九民纪要"第17条 为防止法定代表人随意代表公司为他人提供担保给公司造成损失，损害中小股东利益，《公司法》第16条（新《公司法》第15条，下同）对法定代表人的代表权进行了限制。根据该条规定，担保行为不是法定代表人所能单独决定的事项，而必须以公司股东（大）会、董事会等公司机关的决议作为授权的基础和来源。法定代表人未经授权擅自为他人提供担保的，构成越权代表，人民法院应当根据《合同法》第50条（《民法典》第504条）关于法定代表人越权代表的规定，区分订立合同时债权人是否善意分别认定合同效力：债权人善意的，合同有效；反之，合同无效。

2. "九民纪要"第18条 前条所称的善意，是指债权人不知道或者不应当知道法定代表人超越权限订立担保合同。《公司法》第16条对关联担保和非关联担保的决议机关作出了区别规定，相应地，在善意的判断标准上也应当有所区别。一种情形是，为公司股东或者实际控制人提供关联担保，《公司法》第16条明确规定必须由股东（大）会决议，未经股东（大）会决议，构成越权代表。在此情况下，债权人主张担保合同有效，应当提供证据证明其在订立合同时对股东（大）会决议进行了审查，决议的表决程序符合《公司法》第16条的规定，即在排除被担保股东表决权的情况下，该项表决由出席会议的其他股东所持表决权的过半数通过，签字人员也符合公司章程的规定。另一种情形是，公司为公司股东或者实际控制人以外的人提供非关联担保，根据《公司法》第16条的规定，此时由公司章程规定是由董事会决议还是股东（大）会决议。无论章程是否对决议机关作出规定，也无论章程规定决议机关为董事会还是股东（大）会，根据《民法总则》第61条第3款关于"法人章程或者法人权力机构对法定代表人代表权的限制，不得对抗善意相对人"的规定，只要债权人能够证明其在订立担保合同时对董事会决议或者股东（大）会决议进行了审查，同意决议的人数及签字人员符合公司章程的规定，就应当认定其构成善意，但公司能够证明债权人明知公司章程对决议机关有明确规定的除外。

债权人对公司机关决议内容的审查一般限于形式审查，只要求尽到必要的注意义务即可，标准不宜太过严苛。公司以机关决议系法定代表人伪造或者变造、决议程序违法、签章（名）不实、担保金额超过法定限额等事由抗辩债权人非善意的，人民法院一般不予支持。但是，公司有证据证明债权人明知决议系伪造或者变造的除外。

3. "担保制度司法解释"第7条 公司的法定代表人违反公司法关于公司对外担保决议程序的规定，超越权限代表公司与相对人订立担保合同，人民法院应当依照民法典第六十一条和第五百零四条等规定处理：

（一）相对人善意的，担保合同对公司发生效力；相对人请求公司承担担保责任的，人民法院应予支持。

（二）相对人非善意的，担保合同对公司不发生效力；相对人请求公司承担赔偿责任的，参照适用本解释第十七条的有关规定。

法定代表人超越权限提供担保造成公司损失，公司请求法定代表人承担赔偿责任的，人民法院应予支持。

第一款所称善意，是指相对人在订立担保合同时不知道且不应当知道法定代表人超越权限。相对人有证据证明已对公司决议进行了合理审查，人民法院应当认定其构成善意，但是公司有证据证明相对人知道或者应当知道决议系伪造、变造的除外。

5. 2019年胡一刀全资成立沧州飞天有限公司，之后胡一刀又和苗人凤共同设立沧州雪山有限公司，胡一刀担任该公司法定代表人。2019年底，胡一刀分别以沧州飞天有限公司、沧州雪山有限公司名义为胡一刀的个人债务提供担保，并与善意相对人大顺银行签订了两份《保

证合同》。债务到期后，胡一刀无力向大顺银行清偿。对此，下列**错误**的是？（2021 年多选）[1]

  A. 沧州飞天有限公司不设立股东会、董事会

  B. 胡一刀无权以沧州飞天有限公司名义为其个人债务提供担保

  C. 胡一刀无权以沧州雪山有限公司名义为其个人债务提供担保

  D. 雪山金面有限公司应当承担担保责任

【本题考点】公司关联担保和非关联担保

【选项分析】A 选项错误，沧州飞天有限公司是一人公司，不设股东会，但是可以设董事会。

  B 选项错误，沧州飞天有限公司作为一人公司可以为其股东提供担保。

  C 选项正确，沧州雪山有限公司为股东提供担保，应当经过股东会决议，且关联股东应当回避。胡一刀在未经股东会决议的情况下，无权以公司名义为自己个人债务提供担保。

  D 选项正确，胡一刀的行为构成越权担保，而债权人善意的，担保行为有效，故而沧州雪山有限公司应当承担担保责任。

【关联法条】

  新《公司法》第 15 条　公司向其他企业投资或者为他人提供担保，按照公司章程的规定，由董事会或者股东会决议；公司章程对投资或者担保的总额及单项投资或者担保的数额有限额规定的，不得超过规定的限额。

  公司为公司股东或者实际控制人提供担保的，应当经股东会决议。

  前款规定的股东或者受前款规定的实际控制人支配的股东，不得参加前款规定事项的表决。该项表决由出席会议的其他股东所持表决权的过半数通过。

  6. 褚万里、古笃诚、傅思归、朱丹臣四人共同出资设立王府护卫有限责任公司（以下简称王府公司），褚万里担任董事长兼法定代表人。公司章程规定，股东为本公司股东提供担保的，需要董事会全体成员一致通过。在公司经营过程中，褚万里擅自以王府公司的名义为其朋友的天龙寺公司借款提供担保，并将伪造的董事会决议交给债权人审查。另外，经过董事会决议，王府公司为傅思归的一笔个人债务提供了担保，债权人也审查了董事会决议。据此，下列哪些说法是正确的？（2022 年多选）[2]

  A. 王府公司需要对天龙寺公司债务承担担保责任

  B. 王府公司不需要对天龙寺公司债务承担担保责任

  C. 王府公司需要对傅思归的债务承担担保责任

  D. 王府公司不需要对傅思归的债务承担担保责任

【本题考点】公司关联担保、公司非关联担保

【选项分析】A 选项正确，B 选项错误。王府公司为天龙寺公司提供担保，属于非关联担保。褚万里的行为构成越权代表，担保合同是否对王府公司有效，取决于天龙寺公司的债权人是否善意。"九民纪要"第 18 条第 1 款规定，公司为公司股东或者实际控制人以外的人提供非关联担保，根据公司法第 16 条（新《公司法》第 15 条）的规定，此时由公司章程规定是由董事会决议还是股东会决议。无论章程是否对决议机关作出规定，也无论章程规定决议机关为董事会还是股东会，根据《民法典》第 61 条第 3 款关于"法人章程或者法人权力机构对法定代表人代表权的限制，不得对抗善意相对人"的规定，只要债权人能够证明其在订立担保合同

---

[1]　AB　[2]　AD

时对董事会决议或者股东会决议进行了审查，同意决议的人数及签字人员符合公司章程的规定，就应当认定其构成善意，但公司能够证明债权人明知公司章程对决议机关有明确规定的除外。该条第 2 款规定，公司以机关决议系法定代表人伪造或者变造、决议程序违法、签章（名）不实、担保金额超过法定限额等事由抗辩债权人非善意的，人民法院一般不予支持。因此，天龙寺公司的债权人为善意，王府公司需要对天龙寺公司债务承担担保责任。

C 选项错误，D 选项正确。王府公司为傅思归提供担保，属于关联担保。新《公司法》第 15 条第 2 款规定，公司为公司股东或者实际控制人提供担保的，应当经股东会决议，因此王府公司对股东提供担保，必须经股东会通过，不得授权董事会表决通过。"九民纪要"第 18 条规定，为公司股东或者实际控制人提供关联担保，公司法第 16 条（新《公司法》第 15 条）明确规定必须由股东会决议，未经股东会决议，构成越权代表。在此情况下，债权人主张担保合同有效，应当提供证据证明其在订立合同时对股东会决议进行了审查，决议的表决程序符合公司法的规定，即在排除被担保股东表决权的情况下，该项表决由出席会议的其他股东所持表决权的过半数通过，签字人员也符合公司章程的规定。由于傅思归的债权人没有审查王府公司的股东会决议，而只是审查了董事会决议，因此傅思归的债权人为非善意，担保合同不能约束王府公司。

考点4　股东出资制度

7. 乔峰、段誉二人设立了天龙有限公司，乔峰担任公司法定代表人。公司章程约定两人应当于 2035 年前缴足出资款项。2018 年 1 月，虚竹拟入股加入天龙有限公司，但是要求乔峰、段誉两股东必须 2019 年缴足出资。2018 年 7 月，虚竹与天龙公司签订《出资协议》，根据《出资协议》，虚竹将向天龙公司增资 100 万元，并持有天龙公司 8% 股权，且乔峰、虚竹应当于 2019 年履行全部出资义务。2018 年 7 月中旬，天龙公司股东会一致审议批准了《出资协议》。因业务繁忙，天龙公司一直未修改公司章程，关于天龙公司股东出资义务的履行，下列说法正确的是？（2019 年多选）[1]

A. 乔峰应在 2035 年缴齐　　　　　　B. 乔峰应在 2019 年缴齐
C. 段誉应在 2019 年缴齐　　　　　　D. 段誉应在 2035 年缴齐

【本题考点】出资期限

【选项分析】A 选项错误，B 选项正确。根据《出资协议》和股东会一致批准《出资协议》两个行为，可以认定乔峰同意于 2019 年提前向公司履行出资义务，且公司知晓乔峰将缴资期限提前，因此乔峰应于 2019 年缴齐出资。

C 选项错误，《出资协议》没有规定段誉应当于 2019 年履行全部出资义务。

D 选项错误，根据新《公司法》第 47 条，全体股东应当自公司成立之日起五年内缴足出资。《国务院关于实施〈中华人民共和国公司法〉注册资本登记管理制度的规定（征求意见稿）》第 3 条规定，在新《公司法》施行前设立的公司，缴资期限过长的，有三年的过渡期，过渡期后，剩余出资期限不得超过五年。因此，段誉最晚应当于 2032 年（2024 + 3 + 5）缴齐出资。

---

〔1〕　B（因《公司法》修改本题变为单选）

1. 新《公司法》第47条　有限责任公司的注册资本为在公司登记机关登记的全体股东认缴的出资额。全体股东认缴的出资额由股东按照公司章程的规定自公司成立之日起五年内缴足。

法律、行政法规以及国务院决定对有限责任公司注册资本实缴、注册资本最低限额、股东出资期限另有规定的，从其规定。

2.《国务院关于实施〈中华人民共和国公司法〉注册资本登记管理制度的规定（征求意见稿）》第3条　依照公司法第二百六十六条规定，设置三年过渡期，自2024年7月1日至2027年6月30日。公司法施行前设立的公司出资期限超过公司法规定期限的，应当在过渡期内进行调整。

公司法施行前设立的有限责任公司自2027年7月1日起剩余出资期限不足五年的，无需调整出资期限；剩余出资期限超过五年的，应当在过渡期内将剩余出资期限调整至五年内。调整后股东的出资期限应当记载于公司章程，并依法在国家企业信用信息公示系统上向社会公示。

公司法施行前设立的股份有限公司应当在三年过渡期内，缴足认购股份的股款。

8. 江南七怪公司成立于2016年。2020年5月，江南七怪公司向法院申请破产并被受理。破产管理人发现，公司章程规定，其股东柯镇恶认缴300万元，约定于2018年7月前缴足，但至今未缴纳。股东韩小莹认缴500万元，约定于2025年7月前缴足。关于本案，下列说法错误的有？（2020年多选）[1]

A. 管理人可以责令柯镇恶缴纳出资

B. 韩小莹出资期限未届至，管理人不应责令其缴纳出资

C. 韩小莹可以柯镇恶未如期缴纳出资为由，拒绝缴纳出资

D. 法院尚未宣告七怪公司破产，管理人无权要求股东缴纳出资

【本题考点】公司破产股东出资加速到期

【选项分析】A选项正确，柯镇恶构成瑕疵出资，管理人有权责令其缴纳出资。

B选项错误，公司进入破产程序时，股东丧失其出资的期限利益。

C选项错误，韩小莹因公司进入破产程序而丧失出资的期限利益，与柯镇恶是否瑕疵出资无关。

D选项错误，法院受理公司破产申请后，股东即丧失出资期限利益。

【关联法条】

《企业破产法》第35条　人民法院受理破产申请后，债务人的出资人尚未完全履行出资义务的，管理人应当要求该出资人缴纳所认缴的出资，而不受出资期限的限制。

9. 洪七公、欧阳锋、一灯大师、黄药师共同出资设立一家有限责任公司，约定每人出资100万元。之后，洪七公、欧阳锋均按期足额出资；一灯大师到期只出资了40万元；黄药师以房屋出资，已交付使用但未过户。股东会通过两个决议。决议一：一灯大师在补足出资前只能按10%分配利润；决议二：黄药师在完成过户前不享有股东权利。据此，下列哪些说法是错误的？（2022年多选）[2]

A. 决议一无效，公司未催告一灯大师补足出资

B. 决议一对一灯大师利润分配请求权的限制不合法

C. 决议二无效，黄药师无需办理过户，自房屋交付之日起即享有股权

D. 黄药师未办理房屋过户，无需向洪七公、欧阳锋、一灯大师承担违约责任

【本题考点】股东出资形式、限制股东分红权

【选项分析】A选项错误，限制股东分红权不以催告出资为前提，此处应当与股东除权制度相区别。

B选项正确，根据"公司法解释三"第16条，股东未履行或者未全面履行出资义务或者抽逃出资，公司根据公司章程或者股东会决议对其利润分配请求权、新股优先认购权、剩余财产分配请求权等股东权利作出相应的合理限制。一灯大师已经缴纳出资的40%，按照40%分配利润较为合理，10%显然过低。

C选项错误，根据新《公司法》第49条第2款规定，以非货币财产出资的，应当依法办理其财产权的转移手续。又根据"公司法解释三"第10条，已经交付公司使用但未办理权属变更手续，公司、其他股东或者公司债权人主张认定出资人未履行出资义务的，人民法院应当责令当事人在指定的合理期间内办理权属变更手续。故而，黄药师需要办理过户。当然，黄药师办理房屋过户后，其自房屋交付之日起即享有股权。

D选项正确，黄药师交付房屋但未办理房屋过户，属于瑕疵出资。黄药师瑕疵出资，根据新《公司法》第49条仅须向公司承担责任，而无须向其他股东承担责任。当然，若四个股东对出资签订有设立协议，且协议规定了违约责任，则黄药师应当依据协议向其他股东承担违约责任。而本题中并未提及四个股东签订有设立协议。2018年《公司法》第28条第2款规定，股东不按照前款规定缴纳出资的，除应当向公司足额缴纳外，还应当向已按期足额缴纳出资的股东承担违约责任。新《公司法》已经将前述规定删除，足见立法者认为瑕疵出资的股东无须向其他股东承担违约责任。

【关联法条】

1. 新《公司法》第49条　股东应当按期足额缴纳公司章程规定的各自所认缴的出资额。

股东以货币出资的，应当将货币出资足额存入有限责任公司在银行开设的账户；以非货币财产出资的，应当依法办理其财产权的转移手续。

股东未按期足额缴纳出资的，除应当向公司足额缴纳外，还应当对给公司造成的损失承担赔偿责任。

2. "公司法解释三"第10条　出资人以房屋、土地使用权或者需要办理权属登记的知识产权等财产出资，已经交付公司使用但未办理权属变更手续，公司、其他股东或者公司债权人主张认定出资人未履行出资义务的，人民法院应当责令当事人在指定的合理期间内办理权属变更手续；在前述期间内办理了权属变更手续的，人民法院应当认定其已经履行了出资义务；出资人主张自其实际交付财产给公司使用时享有相应股东权利的，人民法院应予支持。

出资人以前款规定的财产出资，已经办理权属变更手续但未交付给公司使用，公司或者其他股东主张其向公司交付、并在实际交付之前不享有相应股东权利的，人民法院应予支持。

3. "公司法解释三"第16条　股东未履行或者未全面履行出资义务或者抽逃出资，公司根据公司章程或者股东会决议对其利润分配请求权、新股优先认购权、剩余财产分配请求权等股东权利作出相应的合理限制，该股东请求认定该限制无效的，人民法院不予支持。

10. 洪七公、欧阳锋、一灯大师、黄药师设立五绝有限责任公司，洪七公认缴出资1000万元，以厂房20年使用权出资；欧阳锋认缴出资300万元，以其对某公司的300万元到期债权出资；一灯大师认缴出资200万元，以房屋出资；黄药师实缴出资30万元，并担任设立主要负责人。后发现一灯大师用于出资的房屋其实归其兄长，一灯大师篡改遗嘱取得该房屋所有权，董事长黄药师对此事知情。欧阳锋对某公司的300万元债权因某公司破产，只分得30万

元。对此，下列哪些表述是错误的？（2023年多选）[1]

    A. 债权不是法定出资形式，欧阳锋的该项出资不合法

    B. 五绝有限责任公司有权向欧阳锋追缴出资270万元

    C. 洪七公以厂房使用权出资不合法，需要以厂房所有权出资

    D. 五绝有限责任公司不能取得该房屋

【本题考点】 出资形式、瑕疵出资责任

【选项分析】 A选项错误，新《公司法》第48条明确债权可以作为出资形式。

B选项错误。本题表述并不准确，只能合理推测出题人的真实意图。出题人应当是想考查"公司法解释三"第15条："出资人以符合法定条件的非货币财产出资后，因市场变化或者其他客观因素导致出资财产贬值，公司、其他股东或者公司债权人请求该出资人承担补足出资责任的，人民法院不予支持。但是，当事人另有约定的除外。"那么，欧阳锋以300万债权出资后，债权贬值的，欧阳锋不负责任。

本题的另一种可能性是，欧阳锋明知债务人将要破产，而将必然要贬值的债权出资，此时由于缺乏第三方评估，贬值部分应当由欧阳锋承担补足责任。

C选项错误，根据新《公司法》第48条和法理，适格的非货币出资具有两个要件，即可以用货币估价、可以依法转让。房屋使用权显然符合这两个特征。有一种观点认为只能以房屋所有权出资，观点太过陈旧，不符法理且缺乏实证法支撑。

本题的担保属于关联担保，关联担保必须由公司股东会决议。债权人若要构成善意，债权人应当提供证据证明其在订立合同时对股东会决议进行了审查，决议的表决程序符合新《公司法》第15条的规定，即在排除被担保股东表决权的情况下，该项表决由出席会议的其他股东所持表决权的过半数通过，签字人员也符合公司章程的规定。

D选项正确。首先，一灯大师的行为构成无权处分。因此公司是否可以取得房屋，要看公司是否构成善意取得。其次，由于黄药师担任设立的主要负责人和董事长，其对一灯大师无处分权是知情的，鉴于黄药师在公司中的重要地位，应当认定公司知情。故而，公司不构成善意取得，不能取得该房屋。

【关联法条】

1. 新《公司法》第48条　股东可以用货币出资，也可以用实物、知识产权、土地使用权、股权、债权等可以用货币估价并可以依法转让的非货币财产作价出资；但是，法律、行政法规规定不得作为出资的财产除外。

对作为出资的非货币财产应当评估作价，核实财产，不得高估或者低估作价。法律、行政法规对评估作价有规定的，从其规定。

2. "公司法解释三"第7条　出资人以不享有处分权的财产出资，当事人之间对于出资行为效力产生争议的，人民法院可以参照民法典第三百一十一条的规定予以认定。

以贪污、受贿、侵占、挪用等违法犯罪所得的货币出资后取得股权的，对违法犯罪行为予以追究、处罚时，应当采取拍卖或者变卖的方式处置其股权。

11. 五绝有限公司成立于2014年，股东为洪七公、欧阳锋、一灯大师、黄药师四人，章程规定缴纳出资期限为20年。2020年初，受疫情影响，五绝有限公司经营陷入困境，现已拖欠大金公司设备款债务1000万元，公司账户中的资金已不足以偿付。大金公司主张洪七公等股东对上述债务承担补充赔偿责任，其所提出的下列哪些理由能得到法院支持？（2020年多

---

[1]　ABC

选）〔1〕

    A. 洪七公等股东尚未缴足出资的

    B. 五绝公司已具备破产原因但尚未申请破产的

    C. 有证据证明在上述债务产生后，五绝公司修改章程延长股东出资期限的

    D. 五绝公司已经被法院受理破产的

【本题考点】股东出资加速到期

【选项分析】A、B、C选项正确。新《公司法》大幅放宽非清算型股东出资加速到期的条件，规定只要公司不能清偿到期债务，已到期债权的债权人就有权要求已认缴出资但未届出资期限的股东提前缴纳出资。

    D选项正确，公司被法院受理破产的，股东丧失期限利益。

【关联法条】

    新《公司法》第54条　公司不能清偿到期债务的，公司或者已到期债权的债权人有权要求已认缴出资但未届出资期限的股东提前缴纳出资。

    12. 洪七公是一人公司丐帮公司的股东，后洪七公、一灯大师、黄药师三人设立五绝有限公司。洪七公在向五绝公司缴纳出资1000万元后的第5天，以五绝公司的名义与丐帮公司签订了一份建设工程施工合同，将1000万元转到丐帮公司，但丐帮公司并无施工资质，该合同没有实际履行。现查明，五绝公司欠大金公司巨额货款无力偿还。对此，下列说法正确的是：（2020年多选）〔2〕

    A. 建设工程施工合同属于恶意串通行为应为无效

    B. 洪七公的行为构成抽逃出资

    C. 大金公司可请求洪七公与五绝公司承担连带责任

    D. 大金公司可请求洪七公对五绝公司不能清偿的部分承担补充赔偿责任

【本题考点】抽逃出资

【选项分析】A选项正确，《民法典》第154条："行为人与相对人恶意串通，损害他人合法权益的民事法律行为无效。"

    B选项正确，洪七公的行为符合"通过虚构债权债务关系将其出资转出"，属于抽逃出资行为。

    C选项错误，洪七公与五绝公司并没有构成人格混同，因此二者无须对大金公司承担连带责任。

    D选项正确，"公司法解释三"第14条第2款规定，公司债权人有权请求抽逃出资的股东在抽逃出资本息范围内对公司债务不能清偿的部分承担补充赔偿责任。

【关联法条】

    1.《民法典》第154条　行为人与相对人恶意串通，损害他人合法权益的民事法律行为无效。

    2. "公司法解释三"第12条　公司成立后，公司、股东或者公司债权人以相关股东的行为符合下列情形之一且损害公司权益为由，请求认定该股东抽逃出资的，人民法院应予支持：

    （一）制作虚假财务会计报表虚增利润进行分配；

    （二）通过虚构债权债务关系将其出资转出；

    （三）利用关联交易将出资转出；

---

〔1〕　ABCD　〔2〕　ABD

（四）其他未经法定程序将出资抽回的行为。

3. "公司法解释三"第14条第2款　公司债权人请求抽逃出资的股东在抽逃出资本息范围内对公司债务不能清偿的部分承担补充赔偿责任、协助抽逃出资的其他股东、董事、高级管理人员或者实际控制人对此承担连带责任的，人民法院应予支持；抽逃出资的股东已经承担上述责任，其他债权人提出相同请求的，人民法院不予支持。

13. 2017年6月，洪七公、欧阳锋、一灯大师、黄药师四人共同出资成立了五绝有限责任公司，公司章程约定洪七公认缴出资400万元，出资期限为2017年9月之前。至2017年年末，经公司多次催告，洪七公仍未缴纳出资。2018年1月，五绝公司召开股东会会议，洪七公未出席，经欧阳锋、一灯大师、黄药师三股东同意，最终通过了对洪七公除名的决议。对此，下列说法正确的有：（2018年多选）[1]

A. 洪七公系五绝公司重要股东，因其未出席此次股东会会议，故该决议无效

B. 对洪七公除名的决议与洪七公有利害关系，即使其没有表决，该决议也仍然有效

C. 在洪七公被除名的相关登记事项变更完成之前，若五绝公司有对外债务不能清偿，则洪七公仍需承担补充赔偿责任

D. 五绝公司对洪七公除名后，应当及时办理相应的减资程序，或安排其他主体缴纳相应的出资

【本题考点】瑕疵出资股东的除权

【选项分析】A选项错误，B选项正确。根据商业惯例，该次决议与洪七公与利害关系，利害关系人应当回避表决。

C选项正确，在洪七公被除名的相关登记事项变更完成之前，公司债权人对洪七公认缴的400万元出资具有信赖，此时五绝公司不能偿还债务的，债权人可以依据"公司法解释三"第13条第2款"公司债权人请求未履行或者未全面履行出资义务的股东在未出资本息范围内对公司债务不能清偿的部分承担补充赔偿责任的，人民法院应予支持"，请求洪七公承担补充赔偿责任。

D选项正确，新《公司法》第52条第2款规定，（因股东瑕疵出资被除权）丧失的股权应当依法转让，或者相应减少注册资本并注销该股权；六个月内未转让或者注销的，由公司其他股东按照其出资比例足额缴纳相应出资。

【关联法条】

1. 新《公司法》第52条　股东未按照公司章程规定的出资日期缴纳出资，公司依照前条第一款规定发出书面催缴书催缴出资的，可以载明缴纳出资的宽限期；宽限期自公司发出催缴书之日起，不得少于六十日。宽限期届满，股东仍未履行出资义务的，公司经董事会决议可以向该股东发出失权通知，通知应当以书面形式发出。自通知发出之日起，该股东丧失其未缴纳出资的股权。

依照前款规定丧失的股权应当依法转让，或者相应减少注册资本并注销该股权；六个月内未转让或者注销的，由公司其他股东按照其出资比例足额缴纳相应出资。

股东对失权有异议的，应当自接到失权通知之日起三十日内，向人民法院提起诉讼。

2. "公司法解释三"第13条　股东未履行或者未全面履行出资义务，公司或者其他股东请求其向公司依法全面履行出资义务的，人民法院应予支持。

公司债权人请求未履行或者未全面履行出资义务的股东在未出资本息范围内对公司债务不

---

[1] BCD

能清偿的部分承担补充赔偿责任的，人民法院应予支持；未履行或者未全面履行出资义务的股东已经承担上述责任，其他债权人提出相同请求的，人民法院不予支持。

股东在公司设立时未履行或者未全面履行出资义务，依照本条第一款或者第二款提起诉讼的原告，请求公司的发起人与被告股东承担连带责任的，人民法院应予支持；公司的发起人承担责任后，可以向被告股东追偿。

股东在公司增资时未履行或者未全面履行出资义务，依照本条第一款或者第二款提起诉讼的原告，请求未尽公司法第一百四十七条第一款规定的义务而使出资未缴足的董事、高级管理人员承担相应责任的，人民法院应予支持；董事、高级管理人员承担责任后，可以向被告股东追偿。

考点 5　股东资格与股东权利

14. 郭靖和黄蓉系男女朋友，2018 年 1 月郭靖与黄蓉签订《股权转让协议》，将其持有的射雕有限公司股权转让给黄蓉。双方约定以 2018 年 5 月 1 日为基准日，基准日之前的收益归转让方，之后的归受让方。2018 年 1 月 10 日，黄蓉向郭靖支付了股权转让价款 100 万元。至 2018 年 7 月公司进行上半年利润分配，因公司业务繁忙，此时仍未办理相关股东名册和登记信息变更。对此，以下说法正确的是？（2019 年多选）[1]

A. 对于 2018 年 5 月后的收益，公司应当向郭靖分配

B. 对于 2018 年 5 月后的收益，公司应当向黄蓉分配

C. 公司有义务协助黄蓉办理股东名册和登记文件的变更

D. 2018 年 5 月公司有对外债务无法清偿，债权人以郭靖未完全履行出资义务为由，要求其承担相应责任，郭靖以股权已转让为由抗辩，该理由成立

【本题考点】股东资格的认定

【选项分析】A 选项正确，B 选项错误。以 2018 年 5 月 1 日为基准日区分公司收益的分配，仅是郭靖和黄蓉二人的约定，不能约束公司。新《公司法》第 86 条第 2 款规定，股权转让的，受让人自记载于股东名册时起可以向公司主张行使股东权利。

由于相关股东名册和登记信息变更尚未变更，郭靖仍然是公司的股东，故而公司应当向郭靖分配收益。

C 选项正确。新《公司法》第 86 条第 1 款规定，股东转让股权的，应当书面通知公司，请求变更股东名册；需要办理变更登记的，并请求公司向公司登记机关办理变更登记。公司拒绝或者在合理期限内不予答复的，转让人、受让人可以依法向人民法院提起诉讼。

D 选项错误，由于 2018 年 5 月时公司的股东仍然登记为郭靖，且事实上郭靖仍然为公司股东，故而郭靖应当承担股东出资义务及相应责任。

15. 小龙女是古墓模特有限公司的股东，持股比例为 20%。2017 年 6 月，小龙女向公孙绿萼借款 50 万元，期限一年，为担保公孙绿萼的债权，小龙女与公孙绿萼签订协议，约定将小龙女在古墓模特公司的股权转让给公孙绿萼，但双方并未办理股权变更手续。2018 年 7 月，小龙女将股权转让给了不知情的郭襄并办理了变更登记。但郭襄未按照约定支付后续款项。此时，小龙女欠公孙绿萼的债务已违约。对此下列说法正确的是？（2021 年单选）[2]

---

[1] AC　[2] C

A. 郭襄只有付清全部股权转让款，才能取得古墓模特有限公司的股东资格

B. 股权变更登记完成时，郭襄才取得古墓模特公司的股东资格

C. 小龙女与公孙绿萼之间的约定有效

D. 借款到期日起，公孙绿萼有权要求古墓模特公司将其登记为股东

【本题考点】股权让与担保

【选项分析】A选项错误，B选项错误。依学界主流观点，股东自记载于股东名册时取得股东资格，因此A和B都错误。

C选项正确，D选项错误。小龙女和公孙绿萼之间合同的性质为"股权让与担保"，即名为股权转让，实为股权担保。"担保制度司法解释"第68条第2款规定，债务人或者第三人与债权人约定将财产形式上转移至债权人名下，债务人不履行到期债务，财产归债权人所有的，人民法院应当认定该约定无效，但是不影响当事人有关提供担保的意思表示的效力。因此，小龙女与公孙绿萼之间的约定有效，C正确。但是，股权归属于债权人即公孙绿萼的约定无效，故而借款到期后，公孙绿萼无权要求古墓模特公司将其登记为股东，D错误。

【关联法条】

"担保制度司法解释"第68条 债务人或者第三人与债权人约定将财产形式上转移至债权人名下，债务人不履行到期债务，债权人有权对财产折价或者以拍卖、变卖该财产所得价款偿还债务的，人民法院应当认定该约定有效。当事人已经完成财产权利变动的公示，债务人不履行到期债务，债权人请求参照民法典关于担保物权的有关规定就该财产优先受偿的，人民法院应予支持。

债务人或者第三人与债权人约定将财产形式上转移至债权人名下，债务人不履行到期债务，财产归债权人所有的，人民法院应当认定该约定无效，但是不影响当事人有关提供担保的意思表示的效力。当事人已经完成财产权利变动的公示，债务人不履行到期债务，债权人请求对该财产享有所有权的，人民法院不予支持；债权人请求参照民法典关于担保物权的规定对财产折价或者以拍卖、变卖该财产所得的价款优先受偿的，人民法院应予支持；债务人履行债务后请求返还财产，或者请求对财产折价或者以拍卖、变卖所得的价款清偿债务的，人民法院应予支持。

债务人与债权人约定将财产转移至债权人名下，在一定期间后再由债务人或者其指定的第三人以交易本金加上溢价款回购，债务人到期不履行回购义务，财产归债权人所有的，人民法院应当参照第二款规定处理。回购对象自始不存在的，人民法院应当依照民法典第一百四十六条第二款的规定，按照其实际构成的法律关系处理。

16. 郭靖购买了洪七公所持丐帮公司的股权，签订了股权转让协议，当天支付给洪七公部分股权转让款，剩余部分分期支付，丐帮公司已经变更股东名册，尚未在工商行政管理部门办理股权变更登记。对此，下列说法正确的是：（2020年不定项）[1]

A. 办理了股权变更登记，郭靖才能取得股权

B. 郭靖已经取得已经支付股权转让款的部分股权

C. 未办理股权变更登记，不得对抗善意第三人

D. 郭靖已经取得了所购买的洪七公的股权

【本题考点】股东资格的取得、登记对抗效力

【选项分析】A选项错误，B选项错误，D选项正确。新《公司法》第86条第2款规定，

股权转让的，受让人自记载于股东名册时起可以向公司主张行使股东权利。因此郭靖自丐帮公司变更股东名册时成为公司的股东，与股权变更登记、支付股款无关。

C 选项正确，新《公司法》第 34 条第 2 款规定，公司登记事项未经登记或者未经变更登记，不得对抗善意相对人，此即股权转让自变更登记后方取得对抗效力。

【关联法条】

1. 新《公司法》第 86 条 股东转让股权的，应当书面通知公司，请求变更股东名册；需要办理变更登记的，并请求公司向公司登记机关办理变更登记。公司拒绝或者在合理期限内不予答复的，转让人、受让人可以依法向人民法院提起诉讼。

股权转让的，受让人自记载于股东名册时起可以向公司主张行使股东权利。

2. 新《公司法》第 34 条 公司登记事项发生变更的，应当依法办理变更登记。

公司登记事项未经登记或者未经变更登记，不得对抗善意相对人。

17. 乔峰、虚竹、段誉三人设立天龙公司，于 2018 年 3 月设立登记，乔峰的名字在工商行政部门登记，但由于乔峰是通过朋友转账出资，公司出纳太忙忘记为其签发出资证明书和将其名字记载于股东名册。后在认定乔峰的股东资格时发生争议。就本案，下列哪一选项是正确的？（2019 年单选）[1]

A. 应按照工商登记认定

B. 乔峰没有被记载在股东名册上，不具有股东资格

C. 乔峰因无出资证明书，不具有股东资格

D. 判断乔峰是否具有股东资格，应综合各种证据认定

【本题考点】 股东资格的认定

【选项分析】 新《公司法》第 86 条第 2 款规定，股权转让的，受让人自记载于股东名册时起可以向公司主张行使股东权利。因此乔峰应当自其记载于股东名册成为公司的股东。A 选项、C 选项错误。

在本题中，由于系公司的错误导致股东名册没有记载乔峰的名字，"公司法解释三"第 23 条规定，当事人依法履行出资义务或者依法继受取得股权后，公司未根据公司法第三十一条、第三十二条的规定签发出资证明书、记载于股东名册并办理公司登记机关登记，当事人请求公司履行上述义务的，人民法院应予支持。因此，不能仅因为乔峰没有被记载在股东名册上就直接认定其不具有股东资格，而应当综合各种证据认定。B 错误，D 正确

【关联法条】

"公司法解释三"第 23 条 当事人依法履行出资义务或者依法继受取得股权后，公司未根据公司法第三十一条、第三十二条的规定签发出资证明书、记载于股东名册并办理公司登记机关登记，当事人请求公司履行上述义务的，人民法院应予支持。

18. 天龙公司成立于 2017 年 9 月。登记股东为乔峰、虚竹、段誉。其中虚竹所持股权为无崖子实际出资（无崖子当时因故不愿成为登记股东），对此乔峰、段誉知情。2020 年 6 月，虚竹未告知无崖子，便将其股权全部转让给段誉，很快办理了股东变更登记。无崖子得知后表示反对，向法院提起诉讼。关于本案正确的是？（2020 年单选）[2]

A. 乔峰对虚竹转让给段誉的股权有优先受让权

B. 段誉主张其受让股权有效，能够得到法院支持

C. 无崖子主张股权转让无效，能够得到法院支持

---

[1] D [2] C

D. 登记机关变更股东错误，应当对无崖子承担赔偿责任

【本题考点】公司对外担保

【选项分析】A 选项错误，虚竹转让给段誉是股权的内部转让，其他股东无优先受让权。

B 选项错误，C 选项正确。虚竹是名义股东，无崖子是实际出资人，虚竹转让股权的，应当依据"公司法解释三"第 25 条参照善意取得制度处理。本处段誉是知情人，不符合善意取得的构成要件，因此段誉不能取得股权。

D 选项错误，登记机关不知晓公司内部情形，仅对登记事项作形式审查，因此不存在过错。

【关联法条】

"公司法解释三"第 25 条　名义股东将登记于其名下的股权转让、质押或者以其他方式处分，实际出资人以其对于股权享有实际权利为由，请求认定处分股权行为无效的，人民法院可以参照民法典第三百一十一条的规定处理。

名义股东处分股权造成实际出资人损失，实际出资人请求名义股东承担赔偿责任的，人民法院应予支持。

19. 丁春秋在火车站广场捡到无崖子遗失的身份证，2020 年 1 月，丁春秋利用无崖子的身份信息注册成立了新疆逍遥咨询有限公司，登记信息显示：无崖子认缴出资 100 万元，于公司成立之日起 1 个月内缴纳。2020 年 7 月，丁春秋、无崖子均未履行出资义务。对此，正确的是？(2021 年多选)[1]

A. 逍遥公司债权人主张无崖子在 100 万元范围内承担补充赔偿责任的，法院应当予以支持

B. 逍遥公司债权人主张丁春秋在 100 万元范围内承担补充赔偿责任的，法院应当予以支持

C. 无崖子得知自己身份信息被冒用后，可以向逍遥咨询公司主张查阅会计账簿

D. 丁春秋将登记在无崖子名下的股权转让给不知情的阿紫，变更登记后产生股权转让的效力

【本题考点】冒名股东

【选项分析】丁春秋的行为是冒名行为，被冒名人不承担任何股东义务亦不享有任何股东权利，任何股东权利、义务均由冒名人享有、承担。

因此 A 错误、B 正确、C 错误、D 正确。

考点 6　知情权

20. 全真有限公司的股东周伯通持股比例为 3%。全真公司全体股东约定，周伯通不参与公司的经营管理，不过问公司事务，但分红比例为 10%。后全真公司连续 3 年未进行利润分配，周伯通直接向法院提起知情权之诉，要求查阅全真公司会计账簿等资料。诉讼中，全真公司提出了周伯通在其他同类公司中参股投资的证据以及周伯通放弃知情权的证据。据此，下列哪些选项是正确的？(2022 年多选)[2]

A. 周伯通应先向甲公司主张查阅，被拒绝后才可以起诉

---

[1]　BD　[2]　AC

B. 周伯通有权查阅并复制甲公司的会计账簿

C. 周伯通用知情权换取高额分红权的约定无效

D. 法院应当支持全真公司拒绝周伯通查阅公司会计账簿的主张

【本题考点】股东查账的前置程序、不正当目的

【选项分析】A选项正确，新《公司法》第57条第2款规定，股东要求查阅公司会计账簿、会计凭证的，应当向公司提出书面请求，说明目的。因此股东查阅会计账簿应当经过前置程序。

B选项错误，新《公司法》第57条第2款规定，股东可以要求查阅公司会计账簿、会计凭证，不能复制会计账簿。

C选项正确，"公司法解释四"第9条规定，公司章程、股东之间的协议等实质性剥夺股东依据公司法第三十三条、第九十七条规定查阅或者复制公司文件材料的权利，公司以此为由拒绝股东查阅或者复制的，人民法院不予支持。"用知情权换取高额分红权"，本质就是对股东知情权的实质性剥夺，因此无效。

D选项错误。本选项需要一定的推理，"公司法解释四"第8条规定，"不正当目的"的一种情形为：股东自营或者为他人经营与公司主营业务有实质性竞争关系业务的。此处的"自营"和"为他人经营"应当指，股东在竞争对手处发挥着实质性的经营管理作用。题设中，周伯通在同类公司中参股投资，并不能证明周伯通在竞争对手处进行经营管理。因此本选项不当选。

【关联法条】

1. 新《公司法》第57条 股东有权查阅、复制公司章程、股东名册、股东会会议记录、董事会会议决议、监事会会议决议和财务会计报告。

股东可以要求查阅公司会计账簿、会计凭证。股东要求查阅公司会计账簿、会计凭证的，应当向公司提出书面请求，说明目的。公司有合理根据认为股东查阅会计账簿、会计凭证有不正当目的，可能损害公司合法利益的，可以拒绝提供查阅，并应当自股东提出书面请求之日起十五日内书面答复股东并说明理由。公司拒绝提供查阅的，股东可以向人民法院提起诉讼。

股东查阅前款规定的材料，可以委托会计师事务所、律师事务所等中介机构进行。

股东及其委托的会计师事务所、律师事务所等中介机构查阅、复制有关材料，应当遵守有关保护国家秘密、商业秘密、个人隐私、个人信息等法律、行政法规的规定。

股东要求查阅、复制公司全资子公司相关材料的，适用前四款的规定。

2. "公司法解释四"第8条 有限责任公司有证据证明股东存在下列情形之一的，人民法院应当认定股东有公司法第三十三条第二款规定的"不正当目的"：

（一）股东自营或者为他人经营与公司主营业务有实质性竞争关系业务的，但公司章程另有规定或者全体股东另有约定的除外；

（二）股东为了向他人通报有关信息查阅公司会计账簿，可能损害公司合法利益的；

（三）股东在向公司提出查阅请求之日前的三年内，曾通过查阅公司会计账簿，向他人通报有关信息损害公司合法利益的；

（四）股东有不正当目的的其他情形。

3. "公司法解释四"第9条 公司章程、股东之间的协议等实质性剥夺股东依据公司法第三十三条、第九十七条规定查阅或者复制公司文件材料的权利，公司以此为由拒绝股东查阅或者复制的，人民法院不予支持。

21. 韦小宝是大清有限责任公司小股东，康熙是执行董事。同时，韦小宝还在天地会有限责任公司任董事，而大清公司与天地会公司均在本市从事物业服务。2021年，韦小宝对大清

公司连年亏损的会计账簿存有疑惑，要求查阅和复制甲公司的财务会计报告、会计账簿等文件材料。关于本案，下列哪些选项是正确的？（2021年多选）[1]

    A. 大清公司有权以张某的查账目的不具正当性为由拒绝其复制财务会计报告

    B. 大清公司有权要求韦小宝先向监事会提出查账请求

    C. 大清公司有权以韦小宝的查账目的不具正当性为由拒绝其查阅会计账簿

    D. 康熙未妥善保管甲公司会计账簿的，应当向韦小宝承担民事赔偿责任

【本题考点】 股东查账的前置程序、不正当目的

【选项分析】 A选项错误，新《公司法》第57条第1款规定，股东有权查阅、复制公司章程、股东名册、股东会会议记录、董事会会议决议、监事会会议决议和财务会计报告。股东查阅、复制公司财务会计报告，不受"不正当目的"的限制。

B选项错误，查阅敏感财务文件的前置程序为"股东要求查阅公司会计账簿、会计凭证的，应当向公司提出书面请求，说明目的"，并不需要向监事会提出。

C选项正确，"公司法解释四"第8条规定，"不正当目的"的一种情形为：股东自营或者为他人经营与公司主营业务有实质性竞争关系业务的，但公司章程另有规定或者全体股东另有约定的除外。韦小宝在竞争公司担任董事，属于"为他人经营"这一类型。

D选项正确，"公司法解释四"第12条规定，公司董事、高级管理人员等未依法履行职责，导致公司未依法制作或者保存公司法第三十三条、第九十七条规定的公司文件材料，给股东造成损失，股东依法请求负有相应责任的公司董事、高级管理人员承担民事赔偿责任的，人民法院应当予以支持。

【关联法条】

"公司法解释四"第12条　公司董事、高级管理人员等未依法履行职责，导致公司未依法制作或者保存公司法第三十三条、第九十七条规定的公司文件材料，给股东造成损失，股东依法请求负有相应责任的公司董事、高级管理人员承担民事赔偿责任的，人民法院应当予以支持。

考点7　异议股东回购请求权

22. 甲有限责任公司成立于2015年，章程约定：公司成立后前3年不分红，之后如果公司分红，则应在股东会决议作出后3个月内完成分配。2020年，甲公司召开股东会，股东张某请求分红被拒。2021年5月召开股东会时，因多个股东要求分红，甲公司形成了在12月31日前完成向股东分红的决议。据此，下列说法正确的是：（2021年单选）[2]

    A. 2020年张某要求分红被拒绝，其有权请求甲公司以合理价格回购股权

    B. 甲公司2021年决定分红，股东可对外转让利润分配请求权

    C. 甲公司章程约定公司成立后前3年不分红不合法

    D. 全体股东只能按照2021年股东会决议中约定的时间完成分红

【本题考点】 异议股东回购请求权、利润分配请求权

【选项分析】 A选项错误，新《公司法》第89条第1款规定，公司连续5年不向股东分配利润，而公司该5年连续盈利，并且符合本法规定的分配利润条件的，股东可以行使异议股东

---

[1]　CD　[2]　B

回购请求权。本题中，虽然甲公司连续5年未分配利润，但是并未说明甲公司是否在这5年里连续盈利，并且符合公司法规定的分配利润条件，因此不当选。

B选项正确。甲公司决定分红后，股东对公司的抽象盈余分配请求权就转化为具体盈余分配请求权，性质上属于一种债权，因此可以转让。

C选项错误，公司章程可以对是否分配利润进行规定，此种行为属于公司意思自治范畴。

D选项错误，本选项最大错误在于"只能"太过绝对。如果甲公司关于分配的决议，没有达到2/3以上的同意票，则该次决议不能更改章程的约定，则本次分配应当按照公司章程的规定进行，即在2021年8月进行分配。要注意的是，如果该次决议同意票达到2/3以上，此票数达到了修改章程的票数，则此次决议可以视为对章程的更改，则本次利润的分配时间可以延长至2021年12月31日。

【关联法条】

新《公司法》第89条 有下列情形之一的，对股东会该项决议投反对票的股东可以请求公司按照合理的价格收购其股权：

（一）公司连续五年不向股东分配利润，而公司该五年连续盈利，并且符合本法规定的分配利润条件；

（二）公司合并、分立、转让主要财产；

（三）公司章程规定的营业期限届满或者章程规定的其他解散事由出现，股东会通过决议修改章程使公司存续。

自股东会决议作出之日起六十日内，股东与公司不能达成股权收购协议的，股东可以自股东会决议作出之日起九十日内向人民法院提起诉讼。

公司的控股股东滥用股东权利，严重损害公司或者其他股东利益的，其他股东有权请求公司按照合理的价格收购其股权。

公司因本条第一款、第三款规定的情形收购的本公司股权，应当在六个月内依法转让或者注销。

考点8 股东代表诉讼

23. 天龙公司是一家非上市股份公司，其中乔峰、虚竹、段誉分别持股49%、1%、50%，其中，乔峰担任公司董事长。公司章程规定：公司为他人提供担保，应当经全体董事一致同意。2021年3月，乔峰未经过董事会擅自决定为大辽公司提供担保。后大辽公司未能按约定偿还本息，债权人要求天龙公司承担保证责任。为此天龙公司遭受重大损失。2021年4月段誉将其持有的公司股权转让给慕容复。2022年5月，股东欲通过代表诉讼维护公司利益。对此，下列说法正确的是？（2022年不定项）[1]

A. 紧急情况下虚竹有权提出股东代表诉讼

B. 若股东提起代表诉讼，应把公司列为第三人，但是诉讼所得利益归公司所有

C. 在紧急情况下段誉有权提出股东代表诉讼

D. 在紧急情况下慕容复有权提出股东代表诉讼

【本题考点】 股东代表诉讼

---

[1] ABD

【选项分析】A 选项正确，C 选项错误，D 选项正确。依据新《公司法》第 189 条第 1 款，股份公司股东提起股东代表诉讼的资格为：连续一百八十日以上单独或者合计持有公司百分之一以上股份。依据新《公司法》第 189 条第 2 款，在紧急情况下，前述股东可以不经过前置程序而直接提起诉讼。因此，紧急情况下虚竹有权提出股东代表诉讼，A 正确。段誉由于在 2022 年 5 月时已经没有股东资格，因此无权提起诉讼，C 错误。而 2022 年 5 月时，慕容复持股时间已经超过 180 天，因此也有权提起诉讼，D 正确。

B 选项正确，股东代表诉讼中，公司既非原告也非被告，不过由于诉讼利益由公司承受，且公司加入有利于查明事实，因此公司应当被列为第三人。

【关联法条】

1. 新《公司法》第 189 条　董事、高级管理人员有前条规定的情形的，有限责任公司的股东、股份有限公司连续一百八十日以上单独或者合计持有公司百分之一以上股份的股东，可以书面请求监事会向人民法院提起诉讼；监事有前条规定的情形的，前述股东可以书面请求董事会向人民法院提起诉讼。

监事会或者董事会收到前款规定的股东书面请求后拒绝提起诉讼，或者自收到请求之日起三十日内未提起诉讼，或者情况紧急、不立即提起诉讼将会使公司利益受到难以弥补的损害的，前款规定的股东有权为公司利益以自己的名义直接向人民法院提起诉讼。

他人侵犯公司合法权益，给公司造成损失的，本条第一款规定的股东可以依照前两款的规定向人民法院提起诉讼。

公司全资子公司的董事、监事、高级管理人员有前条规定情形，或者他人侵犯公司全资子公司合法权益造成损失的，有限责任公司的股东、股份有限公司连续一百八十日以上单独或者合计持有公司百分之一以上股份的股东，可以依照前三款规定书面请求全资子公司的监事会、董事会向人民法院提起诉讼或者以自己的名义直接向人民法院提起诉讼。

2. "公司法解释四"第 24 条第 1 款　符合公司法第一百五十一条第一款规定条件的股东，依据公司法第一百五十一条第二款、第三款规定，直接对董事、监事、高级管理人员或者他人提起诉讼的，应当列公司为第三人参加诉讼。

考点 9　公司组织结构

24. 2018 年乔峰、虚竹、段誉三人共同创办天龙有限公司，乔峰担任经理，虚竹担任董事。2019 年乔峰提出要退隐江湖，要求退股。对此，其他股东并不同意，之后乔峰一直没有上班。2020 年 1 月，天龙公司召开股东会会议，作出决议如下：（1）不同意乔峰退股；（2）解聘乔峰的经理职务；（3）虚竹能力不足，解聘虚竹的董事职务。对此，下列说法正确的是？（2020 年多选）[1]

A. 股东会不同意乔峰退股，符合法律规定

B. 股东会无权解聘乔峰的经理职务

C. 股东会无权解聘虚竹的董事职务

D. 无论股东会是否有权解聘乔峰、虚竹，两人均有权主张工作期间的报酬

【本题考点】董事任命、经理任命、减资

---

〔1〕　ABD

【选项分析】 A选项正确，乔峰退股本质上就是公司减资，公司减资应当经过2/3以上表决通过的股东会决议。股东会决议不允许乔峰退股，符合法律规定。

B选项正确，经理由董事会任命，不属于股东会的职权范围，股东会不能"越位"。

C选项错误，股东会有权任命董事，并有权无理由罢免董事，因此有权解聘虚竹的董事职务。

D选项正确，固然乔峰、虚竹是公司的股东，但是他们作为经理和董事时，亦为公司提供了人力资本，因此有权就他们的工作获得报酬。

考点 10　决议

25. 乔峰、虚竹、段誉等人是天龙有限公司股东，其中乔峰持股60%担任董事长。虚竹持有15%，段誉持5%，其他股权由其他5位股东持有。2018年9月，乔峰主张修改公司章程，变动关于公司为关联方提供担保的条款。乔峰在未通知其他股东的情况下，自行出具了"股东会决议"，伪造了虚竹、段誉签字，经全体股东80%决权通过了修改公司章程的决议。关于该股东会决议效力，下列正确的是？（2019年单选）[1]

A. 该决议不成立　　　　　　　　B. 该决议无效
C. 虚竹可向法院主张撤销该决议　　D. 该决议有效

【本题考点】 决议效力

【选项分析】 新《公司法》第27条规定，未召开股东会、董事会会议作出决议的，公司股东会、董事会的决议不成立。乔峰没有通知其他股东，属于没有召开股东会，因此由此作出的"股东会决议"不成立。

【关联法条】

新《公司法》第27条　有下列情形之一的，公司股东会、董事会的决议不成立：

（一）未召开股东会、董事会会议作出决议；

（二）股东会、董事会会议未对决议事项进行表决；

（三）出席会议的人数或者所持表决权数未达到本法或者公司章程规定的人数或者所持表决权数；

（四）同意决议事项的人数或者所持表决权数未达到本法或者公司章程规定的人数或者所持表决权数。

考点 11　盈余分配

26. 甲公司是一家非上市股份公司，成立于2020年初，成立时注册资本为1亿元，资本公积金为0.5亿元。2020年末甲公司未弥补亏损为0.4亿元，2021年甲公司盈利状况良好，净利润为0.8亿元，无累积的法定公积金。关于2021年甲公司的财务处理，下列说法正确的是？（2022年多选）[2]

A. 甲公司应当先用利润弥补亏损

---

[1]　A　[2]　ABD

B. 甲公司可提取法定公积金 0.04 亿元

C. 甲公司董事会可决定提取一定比例的任意公积金

D. 甲公司可以用资本公积弥补亏

【本题考点】盈余分配、公积金

【选项分析】A 选项正确，新《公司法》第 210 条第 2 款规定，公司的法定公积金不足以弥补以前年度亏损的，在依照前款规定提取法定公积金之前，应当先用当年利润弥补亏损。

B 选项正确，2021 年甲公司的净利润为 0.8 亿，先弥补亏损 0.4 亿，剩余 0.4 亿，从中提取法定公积金 0.04 亿（由于截止 2021 年底法定公积金尚未超过注册资本的 50%，因此必须提取）。

C 选项错误，新《公司法》第 210 条第 3 款规定，公司从税后利润中提取法定公积金后，经股东会决议，还可以从税后利润中提取任意公积金。本选项错在董事会决定。

D 选项正确，新《公司法》第 214 条第 2 款规定，公积金弥补公司亏损，应当先使用任意公积金和法定公积金；仍不能弥补的，可以按照规定使用资本公积金。

【关联法条】

1. 新《公司法》第 210 条　公司分配当年税后利润时，应当提取利润的百分之十列入公司法定公积金。公司法定公积金累计额为公司注册资本的百分之五十以上的，可以不再提取。

公司的法定公积金不足以弥补以前年度亏损的，在依照前款规定提取法定公积金之前，应当先用当年利润弥补亏损。

公司从税后利润中提取法定公积金后，经股东会决议，还可以从税后利润中提取任意公积金。

公司弥补亏损和提取公积金后所余税后利润，有限责任公司按照股东实缴的出资比例分配利润，全体股东约定不按照出资比例分配利润的除外；股份有限公司按照股东所持有的股份比例分配利润，公司章程另有规定的除外。

公司持有的本公司股份不得分配利润。

2. 新《公司法》第 214 条　公司的公积金用于弥补公司的亏损、扩大公司生产经营或者转为增加公司注册资本。

公积金弥补公司亏损，应当先使用任意公积金和法定公积金；仍不能弥补的，可以按照规定使用资本公积金。

法定公积金转为增加注册资本时，所留存的该项公积金不得少于转增前公司注册资本的百分之二十五。

考点 12　股份公司回购股份

27. 逍遥股份公司注册资本 5000 万元，是深圳证券交易所的上市公司。灵鹫宫公司持有 200 万股逍遥公司股份。2019 年 1 月，逍遥公司拟吸收合并灵鹫宫公司，对此，下列说法正确的是？（2019 年单选）[1]

A. 两家公司合并应当由逍遥公司董事会决议

B. 两家公司合并后，对于逍遥公司所回购的股份应当在 10 日内注销

---

[1]　D

C. 逍遥公司可回购 15% 股份用于未来两家公司的员工激励

D. 对于两家公司合并持有异议的逍遥公司股东，有权要求逍遥公司回购其股份

【本题考点】 股份公司回购股份

【选项分析】 A 选项错误，两家公司合并原则上应当分别经两家公司的特别股东会决议，除非在例外情形时，即逍遥公司支付的价款不超过公司净资产百分之十的，可以不经股东会决议，题设并未提及此种特殊情形，因此本选项错误。

B 选项错误，根据新《公司法》第 162 条第 3 款，两家公司合并后，对于逍遥公司所回购的股份应当在 6 个月内注销或转让，而非 10 日内注销。

C 选项错误，根据新《公司法》第 162 条第 3 款，回顾用于员工激励的股份不得超过 10%。

D 选项正确，为公司法的直接规定。

【关联法条】

1. 新《公司法》第 162 条　公司不得收购本公司股份。但是，有下列情形之一的除外：

（一）减少公司注册资本；

（二）与持有本公司股份的其他公司合并；

（三）将股份用于员工持股计划或者股权激励；

（四）股东因对股东会作出的公司合并、分立决议持异议，要求公司收购其股份；

（五）将股份用于转换公司发行的可转换为股票的公司债券；

（六）上市公司为维护公司价值及股东权益所必需。

公司因前款第一项、第二项规定的情形收购本公司股份的，应当经股东会决议；公司因前款第三项、第五项、第六项规定的情形收购本公司股份的，可以按照公司章程或者股东会的授权，经三分之二以上董事出席的董事会会议决议。

公司依照本条第一款规定收购本公司股份后，属于第一项情形的，应当自收购之日起十日内注销；属于第二项、第四项情形的，应当在六个月内转让或者注销；属于第三项、第五项、第六项情形的，公司合计持有的本公司股份数不得超过本公司已发行股份总数的百分之十，并应当在三年内转让或者注销。

上市公司收购本公司股份的，应当依照《中华人民共和国证券法》的规定履行信息披露义务。上市公司因本条第一款第三项、第五项、第六项规定的情形收购本公司股份的，应当通过公开的集中交易方式进行。

公司不得接受本公司的股份作为质权的标的。

2. 新《公司法》第 219 条　公司与其持股百分之九十以上的公司合并，被合并的公司不需经股东会决议，但应当通知其他股东，其他股东有权请求公司按照合理的价格收购其股权或者股份。

公司合并支付的价款不超过本公司净资产百分之十的，可以不经股东会决议；但是，公司章程另有规定的除外。

公司依照前两款规定合并不经股东会决议的，应当经董事会决议。

第二章 合伙企业法

考点 13 普通合伙企业

28. 乔峰、虚竹、段誉三人共同设立一家普通合伙企业。乔峰以甲、乙两栋房屋出资，两房屋均已交付合伙企业使用，其中甲房屋已经办理过户登记，乙房屋未办理过户登记。后乔峰将甲、乙两栋房屋卖给了第三人鸠摩智并且办理了过户登记。企业经营中，事务执行人段誉以合伙企业的名义将企业所有的设备抵押，向银行办理贷款，所得款项用于合伙企业的日常经营。以下哪些说法是正确的？（2022 年多选）[1]

A. 鸠摩智符合善意取得条件可以取得甲房屋
B. 鸠摩智符合善意取得条件可以取得乙房屋
C. 段誉的抵押行为有效
D. 段誉的抵押行为无效

【本题考点】合伙事务的执行

【选项分析】A 选项正确，由于已经办理过户登记，甲房屋的所有权归属于合伙企业，乔峰的行为属于无权处分，鸠摩智可以善意取得房屋。

B 选项错误，由于尚未办理过户登记，乙房屋的所有权归属于乔峰，鸠摩智可以继受取得房屋，而无须善意取得。

C 选项正确，D 选项错误。根据《合伙企业法》第 31 条，段誉不得处分合伙企业的不动产、不得以合伙企业名义为他人提供担保（因为此两项均需全体合伙人一致同意）。设备不是合伙企业的不动产，而段誉设立的抵押并不是为他人提供担保，而是为企业提供担保。因此，段誉的抵押行为没有违反《合伙企业法》第 31 条，是有效的。

【关联法条】

《合伙企业法》第 31 条　除合伙协议另有约定外，合伙企业的下列事项应当经全体合伙人一致同意：

（一）改变合伙企业的名称；
（二）改变合伙企业的经营范围、主要经营场所的地点；
（三）处分合伙企业的不动产；
（四）转让或者处分合伙企业的知识产权和其他财产权利；
（五）以合伙企业名义为他人提供担保；

---

[1]　AC

（六）聘任合伙人以外的人担任合伙企业的经营管理人员。

29. 甲乙丙丁戊五人共同设立某普通合伙企业，合伙协议约定事务由甲、乙共同处理，并登记。2023 年 5 月甲代表合伙企业与 A 公司签订材料购买合同，当年 6 月甲与乙共同代表合伙企业与 B 公司签订产品开发合同，当年 7 月丙经过甲、乙同意将其持有的合伙企业财产份额出质于 C 公司。下列说法正确的是：（2023 年多选）[1]

A. 由于丙事先征得甲、乙的同意，因此 C 公司有效取得质权

B. 甲与 A 公司签订的合同有效

C. 甲与 A 公司签订的合同仅乙有权提异议

D. 甲、乙与 B 公司签订的合同有效

【本题考点】执行事务合伙人、合伙企业财产份额质押

【选项分析】A 选项错误，依据《合伙企业法》第 25 条，丙质押其合伙企业财产份额，须经其他合伙人一致同意，而不能仅取得甲、乙的同意。

B 选项正确，每一个执行事务合伙人都可以代表本企业对外签订合同。

C 选项正确，《合伙企业法》第 29 条规定，合伙人分别执行合伙事务的，执行事务合伙人可以对其他合伙人执行的事务提出异议。因此，只有其他执行事务合伙人，可以对执行事务合伙人提出异议。

D 选项正确。

【关联法条】

1.《合伙企业法》第 25 条　合伙人以其在合伙企业中的财产份额出质的，须经其他合伙人一致同意；未经其他合伙人一致同意，其行为无效，由此给善意第三人造成损失的，由行为人依法承担赔偿责任。

2.《合伙企业法》第 29 条　合伙人分别执行合伙事务的，执行事务合伙人可以对其他合伙人执行的事务提出异议。提出异议时，应当暂停该项事务的执行。如果发生争议，依照本法第三十条规定作出决定。

受委托执行合伙事务的合伙人不按照合伙协议或者全体合伙人的决定执行事务的，其他合伙人可以决定撤销该委托。

30. 牛家贸易商行是杨康和郭靖共同出资设立的普通合伙企业，于 2020 年 4 月份完成设立登记并领取营业执照，合伙协议约定郭靖是合伙事务执行人。2020 年 3 月，在合伙企业筹备阶段，郭靖以合伙企业名义和桃花岛公司签了一份购买九花玉露丸的合同。2020 年 5 月，杨康了解到白驼山公司还有九花玉露丸存货，杨康遂以合伙企业名义和白驼山公司签了购买合同。后来市场测温仪需求大降，桃花岛公司现在要求还款，白驼山公司要求履行合同。关于本案，下列说法正确的是：（2020 年多选）[2]

A. 郭靖与桃花岛公司签订合同时，企业未领取营业执照，郭靖不得以合伙企业名义签订合同

B. 白驼山公司无权要求杨康承担责任

C. 白驼山公司可主张郭靖、杨康对合伙企业债务承担连带责任

D. 杨康无权以合伙企业的名义对外签订合同，故白驼山公司无权要求合伙企业履行合同

【本题考点】普通合伙企业合伙事务执行、合伙企业与第三人关系

【选项分析】A 选项正确，根据《合伙企业法》第 11 条，合伙企业领取营业执照前，合

伙人不得以合伙企业名义从事合伙业务。合伙企业 4 月份领取营业执照，郭靖 3 月份签订合同不能以合伙企业的名义。

B 选项错误，根据《合伙企业法》第 39 条，合伙企业不能清偿到期债务的，合伙人承担无限连带责任。杨康是普通合伙人，白驼山公司有权要求杨康承担责任。

C 选项正确，同样根据《合伙企业法》第 39 条，白驼山公司可以主张郭靖、杨康对合伙企业债务承担连带责任。

D 选项错误，根据《合伙企业法》第 37 条，合伙企业对合伙人执行合伙事务以及对外代表合伙企业权利的限制，不得对抗善意第三人。本案合伙企业的合伙事务执行人是郭靖，杨康不执行合伙事务，但这属于合伙企业对合伙人执行合伙事务的内部限制，若白驼山公司善意，即不知且不应知杨康不是合伙事务执行人，不能对外代表合伙企业，则内部限制不得对抗善意的白驼山公司。所谓不得对抗，即合伙企业不得主张杨康与白驼山公司所签订的合同无效。

【关联法条】

1. 《合伙企业法》第 11 条　合伙企业的营业执照签发日期，为合伙企业成立日期。

合伙企业领取营业执照前，合伙人不得以合伙企业名义从事合伙业务。

2. 《合伙企业法》第 37 条　合伙企业对合伙人执行合伙事务以及对外代表合伙企业权利的限制，不得对抗善意第三人。

3. 《合伙企业法》第 38 条　合伙企业对其债务，应先以其全部财产进行清偿。

4. 《合伙企业法》第 39 条　合伙企业不能清偿到期债务的，合伙人承担无限连带责任。

考点 14　入伙、退伙

31. 东邪、西毒、南帝、北丐共同设立了一家普通合伙企业，约定各合伙人应在 2020 年 3 月底之前完成出资。2020 年 5 月 8 日，因西毒到期一直未出资，东邪、南帝、北丐在一致同意的情况下作出了将西毒除名的决议，并于 2020 年 5 月 13 日通知了西毒，但未办理变更登记。2020 年 7 月，合伙企业和全真公司签订买卖合同。2020 年 11 月，经东邪、南帝、北丐一致同意，杨过加入合伙企业，成为新的合伙人，并办理了变更登记。2021 年 4 月，合伙企业无法清偿全真公司的到期债务。据此，下列说法正确的是：（2022 年多选）[1]

A. 西毒于 2020 年 5 月 8 日丧失合伙人资格

B. 因缺少西毒的意见，所以杨过不能成为合伙人

C. 全真公司可以请求杨过对合伙企业的债务承担连带责任

D. 若全真公司对西毒被除名的事实不知情，则可以请求西毒对合伙企业的债务承担连带责任

【本题考点】普通合伙企业的退伙、入伙

【选项分析】A 选项错误，根据《合伙企业法》第 49 条第 1 款第 1 项，合伙人未履行出资义务时，经其他合伙人一致同意，可以决议将其除名；根据第 2 款，被除名人接到除名通知之日，除名生效，被除名人退伙。西毒未履行出资义务，其余三位合伙人一致同意将其除名，该决议有效；西毒于 2020 年 5 月 13 日收到除名通知，故该日除名生效，西毒丧失合伙人资格，而非作出除名决议的 5 月 8 日。

---

[1]　CD

B选项错误，西毒已于2020年5月13日退伙，2020年11月杨过入伙事宜，无须经西毒同意。

C选项正确，根据《合伙企业法》第44条第2款，新合伙人对入伙前合伙企业的债务承担无限连带责任。虽然合伙企业与全真公司的合同于2020年7月签订，杨过也需要对此承担连带责任。

D选项正确，虽然对于合伙企业内部来说，西毒已被除名，但是对此未办理变更登记，因此不能对抗善意第三人。全真公司对西毒被除名的事实不知情，属于善意，故可以请求西毒承担连带责任。

【关联法条】

1.《合伙企业法》第13条　合伙企业登记事项发生变更的，执行合伙事务的合伙人应当自作出变更决定或者发生变更事由之日起十五日内，向企业登记机关申请办理变更登记。

2.《合伙企业法》第44条　入伙的新合伙人与原合伙人享有同等权利，承担同等责任。入伙协议另有约定的，从其约定。

新合伙人对入伙前合伙企业的债务承担无限连带责任。

3.《合伙企业法》第49条　合伙人有下列情形之一的，经其他合伙人一致同意，可以决议将其除名：

（一）未履行出资义务；

（二）因故意或者重大过失给合伙企业造成损失；

（三）执行合伙事务时有不正当行为；

（四）发生合伙协议约定的事由。

对合伙人的除名决议应当书面通知被除名人。被除名人接到除名通知之日，除名生效，被除名人退伙。

被除名人对除名决议有异议的，可以自接到除名通知之日起三十日内，向人民法院起诉。

考点15　有限合伙企业

32. 日月有限合伙企业共有30位合伙人，任我行是唯一的普通合伙人。全体合伙人一致同意合伙人向问天以其在合伙企业工作的薪酬作为出资。合伙人曲洋在没有通知其他合伙人的情况下，私自将其所持合伙份额转让给不知情的刘正风；合伙人杨莲亭私自将其所持合伙份额出质给第三人令狐冲。经查，合伙协议对上述事项均无规定，且协议虽经全体合伙人签字但并未向工商部门登记。对此，下列哪一选项是正确的？（2021年单选）[1]

A. 该合伙协议已经生效

B. 向问天的出资合法有效

C. 因未提前30天通知其他合伙人，曲洋将合伙份额转让的行为无效

D. 杨莲亭将合伙份额出质的行为因没有得到全体合伙人一致同意而无效

【本题考点】 有限合伙企业合伙协议、出资形式、财产份额对外转让、出质

【选项分析】 A选项正确，根据《合伙企业法》第4条，合伙协议依法由全体合伙人协商一致、以书面形式订立。根据第66条，有限合伙企业登记事项中应当载明有限合伙人的姓名

---

[1]　A

或者名称及认缴的出资数额。本案合伙协议经过全体合伙人签字即生效，未向工商部门登记不影响其效力。

B选项错误，根据《合伙企业法》第64条第2款，有限合伙人不得以劳务出资。向问天作为有限合伙人，不能以在合伙企业工作的薪酬出资。

C选项错误，根据《合伙企业法》第73条，有限合伙人可以按照合伙协议的约定向合伙人以外的人转让其在有限合伙企业中的财产份额，但应当提前三十日通知其他合伙人。曲洋将合伙份额转让给刘正风，系对外转让财产份额，应当提前三十日通知其他合伙人；关键问题在于，未提前三十日通知，是否会影响财产份额转让的效力。与普通合伙企业合伙人转让财产份额的规定相比较（第22、23条），普通合伙人对外转让财产份额，需经其他合伙人一致同意，且其他合伙人有优先购买权；而有限合伙人对外转让财产份额，无需其他合伙人一致同意，且其他合伙人无优先购买权。比较可知，有限合伙人对外转让财产份额，虽然应当提前三十天通知其他合伙人，但其他合伙人是否同意都无关紧要，因此未通知时，亦不影响合伙份额转让的效力。

D选项错误，根据《合伙企业法》第72条，有限合伙人可以将其在有限合伙企业中的财产份额出质；但是，合伙协议另有约定的除外。本案合伙协议无另外约定，杨莲亭作为有限合伙人，可以将财产份额出质，无需经过其他合伙人一致同意。注意这也是和普通合伙人出质财产份额（第25条）不一样的地方。

【关联法条】

1.《合伙企业法》第4条　合伙协议依法由全体合伙人协商一致、以书面形式订立。

2.《合伙企业法》第22条　除合伙协议另有约定外，合伙人向合伙人以外的人转让其在合伙企业中的全部或者部分财产份额时，须经其他合伙人一致同意。

合伙人之间转让在合伙企业中的全部或者部分财产份额时，应当通知其他合伙人。

3.《合伙企业法》第23条　合伙人向合伙人以外的人转让其在合伙企业中的财产份额的，在同等条件下，其他合伙人有优先购买权；但是，合伙协议另有约定的除外。

4.《合伙企业法》第25条　合伙人以其在合伙企业中的财产份额出质的，须经其他合伙人一致同意；未经其他合伙人一致同意，其行为无效，由此给善意第三人造成损失的，由行为人依法承担赔偿责任。

5.《合伙企业法》第64条　有限合伙人可以用货币、实物、知识产权、土地使用权或者其他财产权利作价出资。

有限合伙人不得以劳务出资。

6.《合伙企业法》第66条　有限合伙企业登记事项中应当载明有限合伙人的姓名或者名称及认缴的出资数额。

7.《合伙企业法》第72条　有限合伙人可以将其在有限合伙企业中的财产份额出质；但是，合伙协议另有约定的除外。

8.《合伙企业法》第73条　有限合伙人可以按照合伙协议的约定向合伙人以外的人转让其在有限合伙企业中的财产份额，但应当提前三十日通知其他合伙人。

33. 向问天是日月有限合伙企业的有限合伙人，持有该企业15%份额。在合伙协议无特别约定的情况下，向问天在合伙期间未经其他合伙人同意实施了下列行为，其中**违反**《合伙企业法》规定的是哪一项？（2019年单选）[1]

---

[1]　B

A. 将自购的机器设备出租给合伙企业使用

B. 以合伙企业的名义购买汽车一辆归合伙企业使用

C. 以自己在合伙企业中的财产份额向银行提供质押担保

D. 提前1个月通知其他合伙人将其部分合伙份额转让给合伙人以外的人

【本题考点】 有限合伙人的权利

【选项分析】 A选项不违反规定，根据《合伙企业法》第70条，有限合伙人可以同本有限合伙企业进行交易；但是，合伙协议另有约定的除外。在合伙协议无特别约定的情况下，向问天作为有限合伙人，可以自我交易。

B选项违反规定，根据第68条第1款，有限合伙人不执行合伙事务，不得对外代表有限合伙企业。向问天以合伙企业名义购买汽车，即属于对外代表有限合伙企业，违反规定。

C选项不违反规定，根据第72条，有限合伙人可以将其在有限合伙企业中的财产份额出质；但是，合伙协议另有约定的除外。在合伙协议无特别约定的情况下，向问天作为有限合伙人，可以以自己在合伙企业中的财产份额向银行提供质押担保。

D选项不违反规定，根据第73条，有限合伙人可以按照合伙协议的约定向合伙人以外的人转让其在有限合伙企业中的财产份额，但应当提前三十日通知其他合伙人。可知向问天提前1个月通知其他合伙人将其部分合伙份额转让给合伙人以外的人的行为符合规定。

【关联法条】

1. 《合伙企业法》第68条　有限合伙人不执行合伙事务，不得对外代表有限合伙企业。

有限合伙人的下列行为，不视为执行合伙事务：

（一）参与决定普通合伙人入伙、退伙；

（二）对企业的经营管理提出建议；

（三）参与选择承办有限合伙企业审计业务的会计师事务所；

（四）获取经审计的有限合伙企业财务会计报告；

（五）对涉及自身利益的情况，查阅有限合伙企业财务会计账簿等财务资料；

（六）在有限合伙企业中的利益受到侵害时，向有责任的合伙人主张权利或者提起诉讼；

（七）执行事务合伙人怠于行使权利时，督促其行使权利或者为了本企业的利益以自己的名义提起诉讼；

（八）依法为本企业提供担保。

2. 《合伙企业法》第70条　有限合伙人可以同本有限合伙企业进行交易；但是，合伙协议另有约定的除外。

3. 《合伙企业法》第72条　有限合伙人可以将其在有限合伙企业中的财产份额出质；但是，合伙协议另有约定的除外。

4. 《合伙企业法》第73条　有限合伙人可以按照合伙协议的约定向合伙人以外的人转让其在有限合伙企业中的财产份额，但应当提前三十日通知其他合伙人。

第三章　外商投资法

考点16　外商投资

34. 根据我国《外商投资法》对外商投资企业的投资保护措施，下列说法**错误**的有：(2020年多选)[1]

A. 为保障在外商投资过程中开展技术合作，行政机关及其工作人员可以利用行政手段强制转让技术

B. 地方政府制定涉及外商投资的规范性文件可根据当地经济和社会发展需要设置市场准入和退出条件

C. 地方政府及其有关部门可依权限和程序改变向外国投资者作出的政策承诺

D. 国家对外国投资者的投资不实行征收

【本题考点】 外商投资保护

【选项分析】 A选项错误，行政机关及其工作人员不可以利用行政手段强制转让技术，本选项仅凭常识即可选出。

B选项错误，根据《外商投资法》第24条，地方政府只能依据法律法规的规定设置市场准入和退出条件，不得根据当地经济和社会发展需要设置市场准入和退出条件。

C选项错误，本选项仅凭常识即可选出。

D选项正确，《外商投资法》第20条第1款规定，国家对外国投资者的投资不实行征收。本选项涉及一类做题技巧，即法条既有一般规定又有特殊规定的，选项只说一般不说特殊，为正确选项。

【关联法条】

1.《外商投资法》第20条　国家对外国投资者的投资不实行征收。

在特殊情况下，国家为了公共利益的需要，可以依照法律规定对外国投资者的投资实行征收或者征用。征收、征用应当依照法定程序进行，并及时给予公平、合理的补偿。

2.《外商投资法》第24条　各级人民政府及其有关部门制定涉及外商投资的规范性文件，应当符合法律法规的规定；没有法律、行政法规依据的，不得减损外商投资企业的合法权益或者增加其义务，不得设置市场准入和退出条件，不得干预外商投资企业的正常生产经营活动。

---

[1]　ABC

第四章 证券法

考点17 信息披露

35. 灵鹫宫公司欲收购重整无量剑上市公司，聘请神算子会计师事务所对无量剑公司进行调查，李秋水是此次调查的首席会计师，掌握了无量剑公司的详细信息。在正式收购协议签订前，该会计师事务所暗箱操作，李秋水联系几个机构投资者大量购买无量剑公司的股票，待并购信息公告后又将股票卖出。此行为引起无量剑公司股价大幅度震荡，造成众多投资者的损失。对此，下列哪些说法是正确的？（2021年多选）[1]

A. 灵鹫宫公司应当赔偿投资者的损失

B. 李秋水应当赔偿投资者的损失

C. 该会计师事务所应当赔偿投资者的损失

D. 证券监督管理部门可以对李秋水没收违法所得并处以罚款

【本题考点】内幕交易

【选项分析】收购重整上市公司，属于对股价有重大影响的内幕信息。在内幕信息依法公开前，任何知情人不得买卖或建议他人买卖证券。

A选项错误，灵鹫宫公司虽然是知情人，但并没有不当利用内幕信息。

B选项、C选项正确。李秋水和会计师事务所都属于知情人，李秋水自己利用内幕信息买卖股票、并建议他人买卖股票，会计师事务所暗箱操作，都属于内幕交易行为，应当对投资者的损失进行赔偿。

D选项正确。

36. 桃花岛公司为房地产行业龙头公司，2018年发行的公司债券在证券交易所上市交易，当时桃花岛公司的信用等级被评为AAAA。2020年，因桃花岛公司经营危机，在评级中被调低至AAA。桃花岛公司实际控制人黄药师认为，如果现在公布评级状况，则会导致公司债券价格走低，对桃花岛公司融资业务产生影响，遂向律师咨询。关于律师的说法，下列哪些选项是正确的？（2021年多选）[2]

A. 桃花岛公司应向证券交易所提交临时报告

B. 桃花岛公司应向国务院证券监督管理机构提交临时报告

C. 若黄药师指使桃花岛公司不报送上述报告，则可以对其处以不超过500万元的罚款

D. 若黄药师指使桃花岛公司仅报告信用评级为AAA，而不公告评级降级结果对公司可能

---

[1] BCD [2] ABC

产生的法律后果，则可以对其处以不超过 500 万元的罚款

【本题考点】 临时报告制度

【选项分析】 A 选项正确，B 选项正确。根据《证券法》第 80 条第 1 款，发生重大事件的，公司应当同时向证券交易所和证监会提交临时报告。

C 选项正确，D 选项错误。根据《证券法》第 197 条，信息披露义务人的责任形态为两种：（1）不报告的，公司和实际控制人罚款 50～500 万；（2）虽然报告但是虚假陈述的，罪加一等，公司和实际控制人罚款 100～1000 万。故而，C 正确；D 错在罚款上限不是 500 万，而是 1000 万。

【关联法条】

1.《证券法》第 80 条第 1 款　发生可能对上市公司、股票在国务院批准的其他全国性证券交易场所交易的公司的股票交易价格产生较大影响的重大事件，投资者尚未得知时，公司应当立即将有关该重大事件的情况向国务院证券监督管理机构和证券交易场所报送临时报告，并予公告，说明事件的起因、目前的状态和可能产生的法律后果。

2.《证券法》第 197 条　信息披露义务人未按照本法规定报送有关报告或者履行信息披露义务的，责令改正，给予警告，并处以五十万元以上五百万元以下的罚款；对直接负责的主管人员和其他直接责任人员给予警告，并处以二十万元以上二百万元以下的罚款。发行人的控股股东、实际控制人组织、指使从事上述违法行为，或者隐瞒相关事项导致发生上述情形的，处以五十万元以上五百万元以下的罚款；对直接负责的主管人员和其他直接责任人员，处以二十万元以上二百万元以下的罚款。

信息披露义务人报送的报告或者披露的信息有虚假记载、误导性陈述或者重大遗漏的，责令改正，给予警告，并处以一百万元以上一千万元以下的罚款；对直接负责的主管人员和其他直接责任人员给予警告，并处以五十万元以上五百万元以下的罚款。发行人的控股股东、实际控制人组织、指使从事上述违法行为，或者隐瞒相关事项导致发生上述情形的，处以一百万元以上一千万元以下的罚款；对直接负责的主管人员和其他直接责任人员，处以五十万元以上五百万元以下的罚款。

第五章 保险法

考点18 保险合同的订立

37. 段延庆组建了一支施工队，承包开发商的地产工程。2020年，段延庆聘请堂弟段正淳加入其施工队，并为段正淳投保了人身意外险。受益人是段正淳的妻子刀白凤，段正淳对于购买意外险及受益人知情，未表示反对。2020年末，段正淳离职后在返乡途中遭遇交通事故意外身亡。刀白凤要求保险人履行赔付义务，对此，下列说法正确的是？（2021年多选）[1]

A. 因段延庆组建的施工队与段正淳存在劳动合同关系，故保险合同订立时，段延庆对段正淳有保险利益，保险合同有效

B. 因段延庆是段正淳的堂哥，两人之间存在亲属关系，故保险合同订立时，段延庆对段正淳有保险利益，保险合同有效

C. 刀白凤作为受益人，有权要求保险人进行赔付

D. 保险合同订立时，段延庆可以指定自己为受益人

【本题考点】人身保险的保险利益

【选项分析】A选项正确，根据《保险法》第31条，投保人对与投保人有劳动关系的劳动者具有保险利益。

B选项错误，段延庆虽然与段正淳是堂兄弟关系，但是后者不属于"与投保人有抚养、赡养或者扶养关系的家庭其他成员、近亲属"。

C选项正确，由于段延庆为段正淳投保时有保险利益，因此保险合同有效，刀白凤作为受益人有权要求保险人进行赔付。

D选项错误，《保险法》第39条第2款规定，投保人为与其有劳动关系的劳动者投保人身保险，不得指定被保险人及其近亲属以外的人为受益人。

【关联法条】

1.《保险法》第31条 投保人对下列人员具有保险利益：

（一）本人；

（二）配偶、子女、父母；

（三）前项以外与投保人有抚养、赡养或者扶养关系的家庭其他成员、近亲属；

（四）与投保人有劳动关系的劳动者。

除前款规定外，被保险人同意投保人为其订立合同的，视为投保人对被保险人具有保险

---

[1] AC

利益。

订立合同时，投保人对被保险人不具有保险利益的，合同无效。

2.《保险法》第39条　人身保险的受益人由被保险人或者投保人指定。

投保人指定受益人时须经被保险人同意。投保人为与其有劳动关系的劳动者投保人身保险，不得指定被保险人及其近亲属以外的人为受益人。

被保险人为无民事行为能力人或者限制民事行为能力人的，可以由其监护人指定受益人。

38. 保险公司推销员甲向张三推销一份保险，在填写投保单时，张三委托甲代为填写并签字。在填写投保人职业时，甲依稀记得张三是出租车司机，实际上张三是货车司机，而该份保险合同的保险范围不包括货车驾驶员。保险合同订立后，张三缴纳了保费。据此，下列哪些说法是正确的？（2022年多选）[1]

A. 甲不是张三的代理人　　　　　　　B. 甲是张三的代理人
C. 保险公司可以解除保险合同　　　　D. 保险公司应当承担保险责任

【本题考点】代填保单的处理

【选项分析】A选项错误，B选项正确。题设中表明，张三委托甲代为填写投保单并签字，表明甲为张三的代理人。此时甲同时作为保险公司的代理人和投保人的代理人，法理上属于双方代理，我国《民法典》并未禁止双方代理，故而甲是张三的代理人。

C选项错误，D选项正确。《保险法》第16条第6款规定，保险人在合同订立时已经知道投保人未如实告知的情况的，保险人不得解除合同；发生保险事故的，保险人应当承担赔偿或者给付保险金的责任。题设中，张三的代理人甲的行为构成了虚假告知，但是由于甲同时还是保险公司的代理人，因此视为保险公司知道投保人未如实告知，故而保险公司仍然应当承担保险责任。

【关联法条】

1.《保险法》第16条　订立保险合同，保险人就保险标的或者被保险人的有关情况提出询问的，投保人应当如实告知。

投保人故意或者因重大过失未履行前款规定的如实告知义务，足以影响保险人决定是否同意承保或者提高保险费率的，保险人有权解除合同。

前款规定的合同解除权，自保险人知道有解除事由之日起，超过三十日不行使而消灭。自合同成立之日起超过二年的，保险人不得解除合同；发生保险事故的，保险人应当承担赔偿或者给付保险金的责任。

投保人故意不履行如实告知义务的，保险人对于合同解除前发生的保险事故，不承担赔偿或者给付保险金的责任，并不退还保险费。

投保人因重大过失未履行如实告知义务，对保险事故的发生有严重影响的，保险人对于合同解除前发生的保险事故，不承担赔偿或者给付保险金的责任，但应当退还保险费。

保险人在合同订立时已经知道投保人未如实告知的情况的，保险人不得解除合同；发生保险事故的，保险人应当承担赔偿或者给付保险金的责任。

保险事故是指保险合同约定的保险责任范围内的事故。

2. "保险法解释二"第3条第1款　投保人或者投保人的代理人订立保险合同时没有亲自签字或者盖章，而由保险人或者保险人的代理人代为签字或者盖章的，对投保人不生效。但投保人已经交纳保险费的，视为其对代签字或者盖章行为的追认。

---

[1]　BD

考点 19　投保人的如实告知义务

39. 2020 年 1 月，黄药师陪夫人冯蘅去体检，体检报告单上关于冯蘅甲状腺的描述为"表面未见明显异常，边缘呈锯齿状，疑似有结节状，建议定期复诊"。2020 年 3 月，黄药师为冯蘅在某保险公司投保医疗健康险。在健康告知部分，询问表中写明"被保险人是否有息肉、肿瘤、结节……等疾病？"，黄药师填了"否"。2021 年冯蘅患甲状腺癌，申请理赔。对此，下列说法正确的是？（2022 年单选）〔1〕

A. 因为保险公司没有明确询问被保险人是否有甲状腺疾病，保险公司承担保险责任

B. 保险公司有权以重大误解为由撤销合同，并退还保险金

C. 黄药师故意未如实告知，保险公司有权拒绝赔偿

D. 黄药师因重大过失未如实告知，保险公司可以解除合同并退还保费

【本题考点】 保险公司的问询义务、投保人的如实告知义务

【选项分析】 A 选项错误，根据"保险法解释二"第 6 条第 2 款，保险人可以对含有具体内容的概况性条款进行询问。题设中"被保险人是否有息肉、肿瘤、结节……等疾病？"，虽然是概况性提问，但是含有具体内容。

B 选项错误。"重大误解"指保险公司因为自己的原因而出现重大的错误判断，本处保险公司的错误判断来自黄药师的错误陈述，因此不属于重大误解。

C 选项错误，D 选项正确。体检报告单的描述为"疑似有结节状"，这说明黄药师并不是明确知道冯蘅有结节或没有结节，因此黄药师的主观状态为重大过失而非故意。

【关联法条】

"保险法解释二"第 6 条　投保人的告知义务限于保险人询问的范围和内容。当事人对询问范围及内容有争议的，保险人负举证责任。

保险人以投保人违反了对投保单询问表中所列概括性条款的如实告知义务为由请求解除合同的，人民法院不予支持。但该概括性条款有具体内容的除外。

考点 20　人身保险合同

40. 2005 年，甲和保险公司约定为其妻子乙投保重疾险，保险合同约定缴费期间为 20 年，保险金为 30 万元。甲依据保险合同按期缴纳 10 年保费。因经济困难，2015 年 8 月以后甲不再缴纳保费，保险公司催缴无果。2016 年 2 月，乙检查出肝癌，住院医疗费共计 60 万元。甲向保险公司提出补缴保费并申请赔偿。对本案，下列哪一选项是正确的？（2021 年单选）〔2〕

A. 保险公司应当按约定支付保险金 30 万元

B. 保险公司应当按实际医疗费支付赔偿金 60 万元

C. 保险公司在收到甲提出的恢复效力申请后，30 日内未明确拒绝的，应认定为同意恢复效力

D. 因甲未支付当期保险费，保险公司有权解除保险合同

---

〔1〕 D　〔2〕 C

【本题考点】 人身保险合同的中止与复效

【选项分析】 A 选项错误，B 选项错误。由于 2015 年 8 月以后甲不再缴纳保费，保险公司催缴无果，此时保险合同的效力处于中止状态，此阶段发生的保险事故，保险公司不承担保险责任。

C 选项正确，《保险法》第 37 条规定，合同效力依照本法第三十六条规定中止的，经保险人与投保人协商并达成协议，在投保人补交保险费后，合同效力恢复。但是，自合同效力中止之日起满二年双方未达成协议的，保险人有权解除合同。"保险法解释三"第 8 条第 2 款规定，保险人在收到恢复效力申请后，三十日内未明确拒绝的，应认定为同意恢复效力。2016 年 2 月距离合同中止不足两年，因此 C 选项正确。

D 选项错误。人身保险合同的终止较为复杂，并不是甲欠缴保费就立刻终止，而是应当先中止二年，满二年而双方未达成协议的，保险人才有权解除合同。

【关联法条】

1.《保险法》第 37 条 合同效力依照本法第三十六条规定中止的，经保险人与投保人协商并达成协议，在投保人补交保险费后，合同效力恢复。但是，自合同效力中止之日起满二年双方未达成协议的，保险人有权解除合同。

保险人依照前款规定解除合同的，应当按照合同约定退还保险单的现金价值。

2."保险法解释三"第 8 条 保险合同效力依照保险法第三十六条规定中止，投保人提出恢复效力申请并同意补交保险费，除被保险人的危险程度在中止期间显著增加外，保险人拒绝恢复效力的，人民法院不予支持。

保险人在收到恢复效力申请后，三十日内未明确拒绝的，应认定为同意恢复效力。

保险合同自投保人补交保险费之日恢复效力。保险人要求投保人补交相应利息的，人民法院应予支持。

41. 公孙止给其妻子裴千尺投保意外险（若裴千尺意外身亡，保险公司赔付 100 万元），受益人是公孙止本人。2018 年，两人感情恶化，未经裴千尺同意，公孙止将受益人变更为公孙止的母亲。2019 年 1 月，公孙止在裴千尺的水杯中下毒，导致裴千尺死亡。下列说法正确的是？（2020 年多选）[1]

A. 公孙止的母亲可以获得保险公司给付的保险金

B. 公孙止擅自变更受益人不发生法律效力

C. 公孙止有权获得保险公司给付的保险金

D. 保险公司有权拒绝赔偿

【本题考点】 死亡险受益人的变更、投保人故意致使被保险人死亡

【选项分析】 A 选项错误，B 选项正确。人身保险合同，投保人变更受益人须经被保险人同意。因此，公孙止擅自变更受益人不发生法律效力，公孙止的母亲不可以获得保险公司给付的保险金。

C 选项错误，D 选项正确。《保险法》第 43 条规定，投保人故意造成被保险人死亡、伤残或者疾病的，保险人不承担给付保险金的责任。

【关联法条】

《保险法》第 43 条 投保人故意造成被保险人死亡、伤残或者疾病的，保险人不承担给付保险金的责任。投保人已交足二年以上保险费的，保险人应当按照合同约定向其他权利人退还

---

[1] BD

保险单的现金价值。

受益人故意造成被保险人死亡、伤残、疾病的，或者故意杀害被保险人未遂的，该受益人丧失受益权。

42. 公孙止为其妻裘千尺投保人身保险，受益人是其女公孙绿萼。保险合同成立后，因为公孙止所任职公司裁员，公孙止不想再缴纳保费，于是提出解除该保险合同。据此，下列哪一选项是正确的？（2021 年单选）[1]

    A. 公孙止可以解除保险合同，但需要经被保险人裘千尺同意

    B. 公孙止可以解除保险合同，但需要经受益人公孙绿萼同意

    C. 保险合同解除后，公孙止可以领取保险单的现金价值

    D. 保险合同解除后，公孙绿萼可以领取保险单的现金价值

【本题考点】 人身保险合同的解除

【选项分析】 A 选项错误，B 选项错误。保险合同是由保险人和投保人签订，因此投保人可以解除合同而无需征得被保险人和受益人的同意。应当注意的是，本题还可能考得更加深入，即：若被保险人或者受益人已向投保人支付相当于保险单现金价值的款项并通知保险人的，保险合同不得解除。

C 选项正确，D 选项错误。保险人和投保人是保险合同的当事人，保险合同解除后，投保人将获取保险单的现金价值。这里要做区别的是，如果投保人故意造成被保险人死亡、伤残或者疾病的，保险人不承担给付保险金的责任。投保人已交足二年以上保险费的，保险人应当按照合同约定向其他权利人退还保险单的现金价值。

【关联法条】

1. 《保险法》第 47 条　投保人解除合同的，保险人应当自收到解除合同通知之日起三十日内，按照合同约定退还保险单的现金价值。

2. "保险法解释三"第 17 条　投保人解除保险合同，当事人以其解除合同未经被保险人或者受益人同意为由主张解除行为无效的，人民法院不予支持，但被保险人或者受益人已向投保人支付相当于保险单现金价值的款项并通知保险人的除外。

考点 21　财产保险合同

43. 2018 年 1 月，甲将其轿车向天平财产保险公司投保财产损失险，在甲与保险公司签订的《保险合同》中写明甲已知悉免责条款。7 月 10 日，甲将轿车转让给乙，并通知了保险公司，但未告知乙保险合同中的免责条款。9 月 5 日乙在使用轿车时，发生交通事故，按照保单该事故属于保险公司的免责范围。对此，下列说法正确的是？（2019 年单选）[2]

    A. 甲有告知乙免责条款的义务

    B. 甲可向天平保险公司主张赔偿

    C. 乙可向天平保险公司主张赔偿

    D. 天平保险公司不能引用免责条款主张免责

【本题考点】 保险标的的转让

【选项分析】 A 选项正确，依据民法基本原理，甲向乙出售轿车，应当告知买受人标的物

---

[1]　C　[2]　A

的相关情况。

B选项错误，《保险法》第48条规定，保险事故发生时，被保险人对保险标的不具有保险利益的，不得向保险人请求赔偿保险金。甲已经出售了轿车，不再对保险标的具有保险利益。

C选项错误，D选项错误，根据"保险法解释四"第2条，保险人已向投保人履行了保险法规定的提示和明确说明义务，保险标的受让人以保险标的转让后保险人未向其提示或者明确说明为由，主张免除保险人责任的条款不成为合同内容的，人民法院不予支持。

【关联法条】

1.《保险法》第48条　保险事故发生时，被保险人对保险标的不具有保险利益的，不得向保险人请求赔偿保险金。

2."保险法解释四"第2条　保险人已向投保人履行了保险法规定的提示和明确说明义务，保险标的受让人以保险标的转让后保险人未向其提示或者明确说明为由，主张免除保险人责任的条款不成为合同内容的，人民法院不予支持。

44.甲为自己的私家车投保商业车辆财产险。后甲把车借给了乙用于开网约车，但未通知保险公司。乙在开车的时候不小心掉进了河里，造成车损10万元。甲向保险公司索赔，保险公司调查后拒赔。关于本案，下列哪一选项是正确的？(2022年单选)[1]

A. 保险合同无效

B. 保险公司不承担赔偿保险金的责任

C. 保险公司有权解除保险合同并退还部分保险费

D. 甲有权主张约定的保险金

【本题考点】 保险标的的危险程度显著增加

【选项分析】 A选项错误，保险合同已经成立并生效，甲改变保险标的的用途，不会导致保险合同无效。

B选项正确，C选项错误，D选项错误。甲把车借给乙用于开网约车，车的危险程度显著增加。根据《保险法》第52条，保险标的的危险程度显著增加的，被保险人应当按照合同约定及时通知保险人，未履行通知义务的，因保险标的的危险程度显著增加而发生的保险事故，保险人不承担赔偿保险金的责任。由于甲没有通知保险公司，因此保险公司无需赔偿，且无需退还保险费。

【关联法条】

《保险法》第52条　在合同有效期内，保险标的的危险程度显著增加的，被保险人应当按照合同约定及时通知保险人，保险人可以按照合同约定增加保险费或者解除合同。保险人解除合同的，应当将已收取的保险费，按照合同约定扣除自保险责任开始之日起至合同解除之日止应收的部分后，退还投保人。

被保险人未履行前款规定的通知义务的，因保险标的的危险程度显著增加而发生的保险事故，保险人不承担赔偿保险金的责任。

45.甲公司请乙为公司调试机器，约定如果调试出现事故，对于机器的损失乙只承担10%责任，甲公司承担90%责任。甲公司向保险公司为该批设备投保财产损失险。经保险公司询问，甲公司并未告知保险公司其与乙之间的约定。机器调试中，因乙操作失误，发生事故，毁坏了价值100万元的设备。保险公司随后进行了全额赔偿。下列选项说法正确的是？(2019年多选)[2]

---

[1]　B　[2]　AD

A. 保险公司可以向乙请求赔偿 10 万元

B. 保险公司可以向乙请求赔偿在保险额度内的所有款项

C. 保险公司可以主张免责协议无效

D. 保险公司可以向甲公司请求返还 90 万元保险金

【本题考点】代位求偿权、放弃

【选项分析】A 选项正确，B 选项错误，C 选项错误。"保险法解释四"第 9 条规定，在保险人以第三者为被告提起的代位求偿权之诉中，第三者以被保险人在保险合同订立前已放弃对其请求赔偿的权利为由进行抗辩，人民法院认定上述放弃行为合法有效，保险人就相应部分主张行使代位求偿权的，人民法院不予支持。由于甲已经放弃对乙 90% 的求偿权，此放弃行为是有效的，因此作为代位求偿权人的保险人，也只能对乙行使 10% 的求偿权。

D 选项正确，"保险法解释四"第 9 条规定，保险合同订立时，保险人就是否存在上述放弃情形提出询问，投保人未如实告知，导致保险人不能代位行使请求赔偿的权利，保险人请求返还相应保险金的，人民法院应予支持。保险公司由于只能向乙主张 10 万元的代位求偿权，对于剩余的 90 万，可以向甲请求返还。

【关联法条】

"保险法解释四"第 9 条　在保险人以第三者为被告提起的代位求偿权之诉中，第三者以被保险人在保险合同订立前已放弃对其请求赔偿的权利为由进行抗辩，人民法院认定上述放弃行为合法有效，保险人就相应部分主张行使代位求偿权的，人民法院不予支持。

保险合同订立时，保险人就是否存在上述放弃情形提出询问，投保人未如实告知，导致保险人不能代位行使请求赔偿的权利，保险人请求返还相应保险金的，人民法院应予支持，但保险人知道或者应当知道上述情形仍同意承保的除外。

第六章 企业破产法

考点 22 破产原因

46. 甲公司欠乙公司租金 1500 万元。1 年后，乙公司索要时，发现甲公司尚有 1000 万元的资产，但是法定代表人不知所踪，公司也不再经营。据此，下列说法正确的是：（2022 年单选）[1]

A. 乙公司没有向法院申请确认合同债权，不能向法院申请破产
B. 乙公司没有向法院确认甲公司资不抵债，法院不能受理其破产申请
C. 乙公司应当向甲公司所在地的中级人民法院申请破产
D. 乙公司可以直接向法院申请对甲公司进行破产清算

【本题考点】 破产原因、破产申请

【选项分析】 A 选项错误，D 选项正确。"破产法解释一"第 6 条规定，债权人申请债务人破产的，应当提交债务人不能清偿到期债务的有关证据。故而，乙公司无需向法院申请确认合同债权，可以直接向法院申请对甲公司进行破产清算。

B 选项错误，依据"破产法解释一"第 4 条，即便债务人账面资产大于负债，只要法定代表人下落不明且无其他人员负责管理财产即可认定债务人明显缺乏清偿能力。

C 选项错误，破产案件可以由基层法院受理。

【关联法条】

1. "破产法解释一"第 4 条 债务人账面资产虽大于负债，但存在下列情形之一的，人民法院应当认定其明显缺乏清偿能力：

（一）因资金严重不足或者财产不能变现等原因，无法清偿债务；

（二）法定代表人下落不明且无其他人员负责管理财产，无法清偿债务；

（三）经人民法院强制执行，无法清偿债务；

（四）长期亏损且经营扭亏困难，无法清偿债务；

（五）导致债务人丧失清偿能力的其他情形。

2. "破产法解释一"第 6 条第 1 款 债权人申请债务人破产的，应当提交债务人不能清偿到期债务的有关证据。债务人对债权人的申请未在法定期限内向人民法院提出异议，或者异议不成立的，人民法院应当依法裁定受理破产申请。

---

[1] D

考点 23　管理人

47. 甲公司于 2021 年 8 月 1 日被法院受理破产申请，后管理人发现甲公司于 2021 年 5 月向乙公司支付 1200 万元用于购买设备，乙公司于 2021 年 7 月 10 日发货，管理人于 8 月 13 日收到该批设备。据此，下列说法正确的是：（2022 年单选）[1]

A. 管理人可将该批设备列为债务人财产

B. 乙公司有权取回该批设备

C. 管理人有权解除该合同

D. 管理人有权向法院申请撤销对乙公司的价款支付

【本题考点】 管理人职权

【选项分析】 在法院受理破产申请之日（2021 年 8 月 1 日），甲公司与乙公司之间的关系为：甲公司已经履行其付款义务，乙公司履行其发货义务。

A 选项正确，B 选项错误。由于管理人已经收到该批设备，该批设备就不再属于在途货物，且甲公司已经支付全部价款，因此该批设备属于甲公司的财产，乙公司无权取回。

C 选项错误。管理人享有双方当事人均未履行完毕的合同解除权，题设中甲公司和乙公司均履行完毕，因此管理人不享有解除权。

D 选项错误。管理人撤销权发生于两种情况：一是在破产受理前一年内，甲公司无偿处分其财产；二是在破产受理前半年内，甲公司个别清偿债务。题设中，甲公司于破产受理前半年内达成了合同，并不属于个别清偿，也不属于无偿处分财产。

【关联法条】

1.《企业破产法》第 18 条　人民法院受理破产申请后，管理人对破产申请受理前成立而债务人和对方当事人均未履行完毕的合同有权决定解除或者继续履行，并通知对方当事人。管理人自破产申请受理之日起二个月内未通知对方当事人，或者自收到对方当事人催告之日起三十日内未答复的，视为解除合同。

管理人决定继续履行合同的，对方当事人应当履行；但是，对方当事人有权要求管理人提供担保。管理人不提供担保的，视为解除合同。

2.《企业破产法》第 31 条　人民法院受理破产申请前一年内，涉及债务人财产的下列行为，管理人有权请求人民法院予以撤销：

（一）无偿转让财产的；

（二）以明显不合理的价格进行交易的；

（三）对没有财产担保的债务提供财产担保的；

（四）对未到期的债务提前清偿的；

（五）放弃债权的。

3.《企业破产法》第 32 条　人民法院受理破产申请前六个月内，债务人有本法第二条第一款规定的情形，仍对个别债权人进行清偿的，管理人有权请求人民法院予以撤销。但是，个别清偿使债务人财产受益的除外。

4.《企业破产法》第 39 条　人民法院受理破产申请时，出卖人已将买卖标的物向作为买

---

[1]　A

受人的债务人发运，债务人尚未收到且未付清全部价款的，出卖人可以取回在运途中的标的物。但是，管理人可以支付全部价款，请求出卖人交付标的物。

48. 2019年6月，法院受理了针对大江有限公司的破产申请，并同时指定甲律师事务所担任管理人。2019年9月，甲律所欲处分大江公司的一处不动产。对此下列说法正确的是？（2019年多选）[1]

A. 若此时未召开第一次债权人会议，则甲律所决定后，应当经法院许可

B. 若此时已经召开债权人会议，则甲律所应当制作财产变价方案，提交债权人会议审议，债权人会议通过后，甲律所实施处分前应当提前10天报告债权人委员会

C. 若设立了债权人委员会，其对甲律所能否处分该处不动产有决定权

D. 不动产处分所得价款纳入债务人财产

【本题考点】管理人职权、重大事项处分

【选项分析】处分不动产属于《企业破产法》第69条规定的重大事项处分行为。

A选项正确，为《企业破产法》第26条规定，在第一次债权人会议召开之前，管理人决定继续或者停止债务人的营业或者有本法第六十九条规定行为之一的，应当经人民法院许可。

B选项正确，"破产法解释三"第15条规定，管理人处分企业破产法第六十九条规定的债务人重大财产的，应当事先制作财产管理或者变价方案并提交债权人会议进行表决，债权人会议表决未通过的，管理人不得处分。管理人实施处分前，应当根据企业破产法第六十九条的规定，提前十日书面报告债权人委员会或者人民法院。

C选项错误，债权人委员会为监督机构，对于重大事项的处分无决定权。

D选项正确。

【关联法条】

1.《企业破产法》第26条　在第一次债权人会议召开之前，管理人决继续或者停止债务人的营业或者有本法第六十九条规定行为之一的，应当经人民法院许可。

2.《企业破产法》第69条　管理人实施下列行为，应当及时报告债权人委员会：

（一）涉及土地、房屋等不动产权益的转让；

（二）探矿权、采矿权、知识产权等财产权的转让；

（三）全部库存或者营业的转让；

（四）借款；

（五）设定财产担保；

（六）债权和有价证券的转让；

（七）履行债务人和对方当事人均未履行完毕的合同；

（八）放弃权利；

（九）担保物的取回；

（十）对债权人利益有重大影响的其他财产处分行为。

未设立债权人委员会的，管理人实施前款规定的行为应当及时报告人民法院。

3."破产法解释三"第15条　管理人处分企业破产法第六十九条规定的债务人重大财产的，应当事先制作财产管理或者变价方案并提交债权人会议进行表决，债权人会议表决未通过的，管理人不得处分。

管理人实施处分前，应当根据企业破产法第六十九条的规定，提前十日书面报告债权人委

---

[1]　ABD

员会或者人民法院。债权人委员会可以依照企业破产法第六十八条第二款的规定，要求管理人对处分行为作出相应说明或者提供有关文件依据。

债权人委员会认为管理人实施的处分行为不符合债权人会议通过的财产管理或变价方案的，有权要求管理人纠正。管理人拒绝纠正的，债权人委员会可以请求人民法院作出决定。

人民法院认为管理人实施的处分行为不符合债权人会议通过的财产管理或变价方案的，应当责令管理人停止处分行为。管理人应当予以纠正，或者提交债权人会议重新表决通过后实施。

考点 24　破产债权

49. 甲公司向乙公司借款，丙公司提供一般保证担保，该笔借款尚未到期。后甲公司于2020 年 9 月被裁定进入破产程序，丙公司于 2021 年 7 月被受理破产。据此，下列哪些说法是正确的？（2021 年多选）[1]

A. 因该笔借款未到期，乙公司不能向丙公司主张申报保证债权
B. 若乙公司向甲公司申报了全部债权，丙公司仍可以其对甲公司的将来求偿权申报债权
C. 乙公司有权向丙公司和甲公司分别申报债权
D. 乙公司向丙公司申报债权时，丙公司可以主张其自 2020 年 9 月起停止计息

【本题考点】破产债权

【选项分析】A 选项错误，保证人被裁定进入破产程序，即使主债务未到期，为了保证债权人的利益，保证债权在保证人破产申请受理时视为到期。

B 选项错误，《企业破产法》第 51 条第 2 款规定，债务人的保证人或者其他连带债务人尚未代替债务人清偿债务的，以其对债务人的将来求偿权申报债权。但是，债权人已经向管理人申报全部债权的除外。由于乙已经向甲公司管理人申报了全部债权，丙公司不得再以将来求偿权申报债权，否则就会形成一笔债权被申报多次的情况。

C 选项正确，当债务人、保证人均被裁定进入破产程序的，债权人有权向债务人保证人分别申报债权。

D 选项正确，依据"担保制度司法解释"第 22 条，人民法院受理债务人破产案件后，债权人请求担保人承担担保责任，担保人主张担保债务自人民法院受理破产申请之日起停止计息的，人民法院对担保人的主张应予支持。

【关联法条】

1. 《企业破产法》第 51 条　债务人的保证人或者其他连带债务人已经代替债务人清偿债务的，以其对债务人的求偿权申报债权。

债务人的保证人或者其他连带债务人尚未代替债务人清偿债务的，以其对债务人的将来求偿权申报债权。但是，债权人已经向管理人申报全部债权的除外。

2. "破产法解释三"第 4 条　保证人被裁定进入破产程序的，债权人有权申报其对保证人的保证债权。

主债务未到期的，保证债权在保证人破产申请受理时视为到期。一般保证的保证人主张行使先诉抗辩权的，人民法院不予支持，但债权人在一般保证人破产程序中的分配额应予提存，

---

[1]　CD

待一般保证人应承担的保证责任确定后再按照破产清偿比例予以分配。

保证人被确定应当承担保证责任的，保证人的管理人可以就保证人实际承担的清偿额向主债务人或其他债务人行使求偿权。

3. "破产法解释三"第5条　债务人、保证人均被裁定进入破产程序的，债权人有权向债务人、保证人分别申报债权。

债权人向债务人、保证人均申报全部债权的，从一方破产程序中获得清偿后，其对另一方的债权额不作调整，但债权人的受偿额不得超出其债权总额。保证人履行保证责任后不再享有求偿权。

4. "担保制度司法解释"第22条　人民法院受理债务人破产案件后，债权人请求担保人承担担保责任，担保人主张担保债务自人民法院受理破产申请之日起停止计息的，人民法院对担保人的主张应予支持。

考点25　破产清算

50. 2019年2月7日，东城区法院受理了针对恒山公司的破产重整申请，并指定令狐冲律师担任管理人。为继续营业，经法院许可，决定向恒山公司股东五岳公司借款50万元；向恒山公司股东定闲师太借款100万元，并以恒山公司的厂房设定抵押担保（破产申请受理前，该厂房已为银行2000万元贷款设定了抵押担保）。重整期间，恒山公司经营状况进一步恶化，2019年7月2日，法院宣告恒山公司破产。对此，下列说法正确的是？（2019年单选）[1]

A. 五岳公司50万元债权应当作为破产债权，劣后于职工债权和税金获得清偿

B. 定闲师太100万元债权应当作为共益债务，劣后于职工债权，但优先于普通破产债权获得清偿

C. 定闲师太100万元债权应当作为共益债务，优先于职工债权获得清偿

D. 恒山公司厂房经拍卖获得价款2000万元，定闲师太可在其债权金额范围内优先于银行获得清偿

【本题考点】共益债务

【选项分析】破产申请受理后，为债务人继续营业而借款所产生的债务列为共益债务。债务人财产清偿的顺序分别为：别除权→破产费用、共益债务→职工债权→税务和社保→普通债权。

A选项错误，B选项错误，C选项正确。五岳公司50万元债权和定闲师太100万元债权都是共益债务，因此应当在职工债权之前受偿。

D选项错误。根据《民法典》第414条，两个抵押权同时登记的，登记时间靠前的优先受偿。

【关联法条】

1.《民法典》第414条　同一财产向两个以上债权人抵押的，拍卖、变卖抵押财产所得的价款依照下列规定清偿：

（一）抵押权已经登记的，按照登记的时间先后确定清偿顺序；

（二）抵押权已经登记的先于未登记的受偿；

---

[1]　C

（三）抵押权未登记的，按照债权比例清偿。

其他可以登记的担保物权，清偿顺序参照适用前款规定。

2.《企业破产法》第113条　破产财产在优先清偿破产费用和共益债务后，依照下列顺序清偿：

（一）破产人所欠职工的工资和医疗、伤残补助、抚恤费用，所欠的应当划入职工个人账户的基本养老保险、基本医疗保险费用，以及法律、行政法规规定应当支付给职工的补偿金；

（二）破产人欠缴的除前项规定以外的社会保险费用和破产人所欠税款；

（三）普通破产债权。

破产财产不足以清偿同一顺序的清偿要求的，按照比例分配。

破产企业的董事、监事和高级管理人员的工资按照该企业职工的平均工资计算。

3.“破产法解释三”第2条　破产申请受理后，经债权人会议决议通过，或者第一次债权人会议召开前经人民法院许可，管理人或者自行管理的债务人可以为债务人继续营业而借款。提供借款的债权人主张参照企业破产法第四十二条第四项的规定（共益债务）优先于普通破产债权清偿的，人民法院应予支持，但其主张优先于此前已就债务人特定财产享有担保的债权清偿的，人民法院不予支持。

管理人或者自行管理的债务人可以为前述借款设定抵押担保，抵押物在破产申请受理前已为其他债权人设定抵押的，债权人主张按照民法典第四百一十四条规定的顺序清偿，人民法院应予支持。

考点26　破产重整与和解

51. 甲公司因经营不善，2019年10月10日进入破产重整程序。根据重整计划草案，拟引入乙公司作为战略投资者，并向甲公司以增资方式投入流动资金5000万元。同时，甲公司原股东所持股权5%以上部分将划转给乙公司，以使乙公司获得甲公司67%股权（重整后）。张三是甲公司股东，持股比例为3.99%。对此下列说法正确的是？（2020年多选）[1]

A. 甲公司债权人会议对重整计划草案的表决，应当分组进行

B. 甲公司债权人会议应当设出资人组

C. 因张三所持股权不会划转给乙公司故张三无权参加债权人会议对重整计划草案的表决

D. 若甲公司股东参加债权人会议表决，涉及出资人权益调整事项应当经出席会议的股东过半数，且其所代表的表决权三分之二以上通过

【本题考点】破产重整

【选项分析】A选项正确，重整计划的表决，应当分组进行。

B选项正确，重整计划草案涉及出资人权益调整事项的，应当设出资人组，对该事项进行表决。

C选项正确，根据“破产法解释三”第11条的规定，对重整计划草案进行分组表决时，权益因重整计划草案受到调整或者影响的债权人或者股东，有权参加表决；权益未受到调整或者影响的债权人或者股东，不参加重整计划草案的表决。

D选项错误，本选项有一些超纲，破产法及其司法解释并未对出资人组的表决进行规定。

---

[1]　ABC

实务中采取了与股东会会议表决规则相同的规则，即由三分之二以上表决权的股东通过即可，并不要求人数也过半数。

【关联法条】

1.《企业破产法》第85条　债务人的出资人代表可以列席讨论重整计划草案的债权人会议。

重整计划草案涉及出资人权益调整事项的，应当设出资人组，对该事项进行表决。

2."破产法解释三"第11条第2款　根据企业破产法第八十二条规定，对重整计划草案进行分组表决时，权益因重整计划草案受到调整或者影响的债权人或者股东，有权参加表决；权益未受到调整或者影响的债权人或者股东，参照企业破产法第八十三条的规定，不参加重整计划草案的表决。

第七章 票据法

考点 27 汇票权利

52. 甲公司签发一张支票给乙，乙背书给丙，并且记载：不得转让，丙于 7 月 15 日将票据背书给丁。7 月 28 日丁为了偿还对天龙公司的债务直接将票据交给天龙公司财务负责人包不同。对此，下列说法正确的是？（2022 年单选）[1]

A. 因包不同是公司财务负责人，天龙公司享有票据权利

B. 包不同是票据权利人，享有票据权利

C. 因乙背书时附有条件，该票据无效

D. 票据权利人不能向乙行使追索权

【本题考点】背书转让、限制背书

【选项分析】A 选项错误，B 选项错误。票据应当以连续背书的方式进行转让。天龙公司没有出现在被背书栏，仅持有票据这一行为本身，不能说明天龙公司是票据权利人。同理，包不同也不是票据权利人。

C 选项错误，D 选项正确。乙不是票据的出票人，其在支票上记载不得转让，效果是乙仅对丙承担票据责任，对丙的后手不承担责任，而不会导致票据无效。因此 C 错误。进一步地，丙的背书行为有效，丁取得票据权利，可以对丙和甲主张票据权利，但不能对乙行使票据权利。

53. 甲公司为支付货款，将一张已经银行承兑的汇票交付给乙，但是没写被背书人乙的名字。后乙用该张汇票支付丙的货款。丙觉得汇票没有乙的签章，不放心，于是乙请来丁为汇票进行保证，丁在票据上记载"保证"并签章，但是未记载被保证人名称。后丙要求承兑人付款时，承兑人拒绝付款。下列说法正确的是：（2020 年单选）[2]

A. 丙应先向甲行使票据追索权，后向丁行使

B. 乙对丙不需负担任何法律责任

C. 未记载被保证人名称，保证无效

D. 汇票的被保证人是承兑人

【本题考点】背书转让、票据保证

【选项分析】A 选项错误，票据保证的有效要件为"保证"字样和保证人签章，因此丁的票据保证有效，保证人应当与被保证人对持票人承担连带责任。

---

[1] D [2] D

B选项错误，乙虽然不是票据债权人，无需承担票据责任，但是应当依据民法承担民事责任。

C选项错误，D选项正确。汇票上未记载被保证人名称的，票据保证有效，已承兑的汇票，承兑人为被保证人。

【关联法条】

1.《票据法》第46条　保证人必须在汇票或者粘单上记载下列事项：

（一）表明"保证"的字样；

（二）保证人名称和住所；

（三）被保证人的名称；

（四）保证日期；

（五）保证人签章。

2.《票据法》第47条　保证人在汇票或者粘单上未记载前条第（三）项的，已承兑的汇票，承兑人为被保证人；未承兑的汇票，出票人为被保证人。

保证人在汇票或者粘单上未记载前条第（四）项的，出票日期为保证日期。

考点28　支票

54. 乔峰是天龙公司的法定代表人，在一次展销会上遇到燕子坞公司的业务员包不同。乔峰代表天龙公司和包不同签订了50万元的订单，并以天龙公司的名义开具支票，但未加盖公司印章。后包不同将支票背书转让给鸠摩智。对此，下列说法正确的是：（2022年单选）[1]

A. 因未加盖天龙公司公章，故丙只能向乔峰行使追索权

B. 因未加盖天龙公司公章，故该支票无效

C. 虽然未盖章，但该张支票仍然可以背书转让，鸠摩智享有票据权利

D. 该张支票有法定代表人签名，故该支票有效

【本题考点】 支票效力

【选项分析】 A选项错误，B选项正确，C选项错误，D选项错误。

《票据法》第7条第2款规定："法人和其他使用票据的单位在票据上的签章，为该法人或者该单位的盖章加其法定代表人或者其授权的代理人的签章。"因此，本题中的支票若要有效，必须同时具有公章加上法定代表人签章。《票据法》第84条规定，支票必须记载下列事项：……（六）出票人签章。支票上未记载前款规定事项之一的，支票无效。因此，本支票无效。

【关联法条】

1.《票据法》第7条　票据上的签章，为签名、盖章或者签名加盖章。

法人和其他使用票据的单位在票据上的签章，为该法人或者该单位的盖章加其法定代表人或者其授权的代理人的签章。

在票据上的签名，应当为该当事人的本名。

2.《票据法》第84条　支票必须记载下列事项：

（一）表明"支票"的字样；

（二）无条件支付的委托；

_____

[1] B

（三）确定的金额；

（四）付款人名称；

（五）出票日期；

（六）出票人签章。

支票上未记载前款规定事项之一的，支票无效。

第八章 竞争法

考点29 垄断行为

55. 甲市大米行业协会和会员企业签订协议，内容是：为增强中小经营者的竞争力，要求大米均定价10元一斤，会员企业必须按照协议销售，否则禁止使用该协会的商标。据此，下列哪一选项是正确的？（2022年单选）[1]

A. 该协议属于纵向垄断协议

B. 该协议属于横向垄断协议

C. 该协会的行为属于滥用市场支配地位

D. 该协议构成反垄断豁免，是有效协议

【本题考点】垄断协议

【选项分析】A选项错误，纵向垄断协议指上下游的经营者签订的垄断协议。大米行业协会不是大米企业的上游（供货方），也不是大米企业的下游（销售方），因此该协议不属于纵向垄断协议。

B选项正确，横向垄断协议，是指具有竞争关系的经营者之间达成的固定商品价格、限制商品数量等的协议。该协议的实质是，以大米行业协议为领头，各个大米经营企业一起参与的垄断协议，这些大米经营企业才是协议的实质参与者，而这些企业是具有竞争关系的经营者，因此协议属于横向垄断协议。

C选项错误，市场支配地位，是指经营者在相关市场内具有能够控制商品价格、数量或者其他交易条件，或者能够阻碍、影响其他经营者进入相关市场能力的市场地位。大米行业协会不是经营者，也没有市场支配地位。

D选项错误。虽然协议上写明"为增强中小经营者的竞争力"，但很明显这只是一个幌子，其实质是限制竞争，提高大米价格。根据《反垄断法》第20条，为提高中小经营者经营效率，增强中小经营者竞争力的协议，属于豁免情形，但是经营者还应当证明所达成的协议不会严重限制相关市场的竞争，并且能够使消费者分享由此产生的利益。题设中大米价格高达10元一斤，很明显消费者无法分享利益。

---

[1] B

《反垄断法》第20条　经营者能够证明所达成的协议属于下列情形之一的，不适用本法第十七条、第十八条第一款、第十九条的规定：

（一）为改进技术、研究开发新产品的；

（二）为提高产品质量、降低成本、增进效率，统一产品规格、标准或者实行专业化分工的；

（三）为提高中小经营者经营效率，增强中小经营者竞争力的；

（四）为实现节约能源、保护环境、救灾救助等社会公共利益的；

（五）因经济不景气，为缓解销售量严重下降或者生产明显过剩的；

（六）为保障对外贸易和对外经济合作中的正当利益的；

（七）法律和国务院规定的其他情形。

属于前款第一项至第五项情形，不适用本法第十七条、第十八条第一款、第十九条规定的，经营者还应当证明所达成的协议不会严重限制相关市场的竞争，并且能够使消费者分享由此产生的利益。

56. 甲公司、乙公司在中国境内儿童安全椅市场各持有60%、30%市场份额，两个公司约定某型号安全椅最低销售价为3000元，实际成本为500元。据此，下列哪一说法是正确的？（2021年单选）[1]

A. 甲公司和乙公司构成横向垄断协议

B. 甲公司和乙公司构成纵向垄断协议

C. 若乙公司主动向反垄断执法机构报告并反映该行为，则应当免受处罚

D. 若甲公司主动将产品降至500元，则应当免受处罚

【本题考点】垄断协议、宽大制度

【选项分析】A选项正确，B选项错误，甲公司和乙公司是同行业的竞争者，二者的协议为横向垄断协议。

C选项错误，其错误之处有两个：一是适用条件不准确，经营者主动向反垄断执法机构报告达成垄断协议的有关情况并提供重要证据的，可以酌情减轻或者免除对该经营者的处罚，乙公司只是报告丙反映了该行为，并未提供重要证据；二是宽大的效果不准确，宽大的效果为"可以酌情减轻或者免除对该经营者的处罚"，而非应当免受处罚。

D选项错误，垄断协议已经达成，停止遵从该协议，并非宽大制度的适用条件。

【关联法条】

《反垄断法》第56条　经营者违反本法规定，达成并实施垄断协议的，由反垄断执法机构责令停止违法行为，没收违法所得，并处上一年度销售额百分之一以上百分之十以下的罚款，上一年度没有销售额的，处五百万元以下的罚款；尚未实施所达成的垄断协议的，可以处三百万元以下的罚款。经营者的法定代表人、主要负责人和直接责任人员对达成垄断协议负有个人责任的，可以处一百万元以下的罚款。

经营者组织其他经营者达成垄断协议或者为其他经营者达成垄断协议提供实质性帮助的，适用前款规定。

经营者主动向反垄断执法机构报告达成垄断协议的有关情况并提供重要证据的，反垄断执法机构可以酌情减轻或者免除对该经营者的处罚。

---

[1]　A

行业协会违反本法规定，组织本行业的经营者达成垄断协议的，由反垄断执法机构责令改正，可以处三百万元以下的罚款；情节严重的，社会团体登记管理机关可以依法撤销登记。

57. 甲电脑公司为节约成本，对乙芯片公司进行收购，达到了经营者集中申报标准，就此向反垄断执法机构报告。下列说法正确的是？（2019年单选）[1]

A. 国务院反垄断执法机构作出实施进一步审查决定后，甲公司即可完成对乙芯片公司的收购

B. 对经营者集中的审查应当考虑甲公司对乙公司芯片的依赖程度

C. 若反垄断执法机构作出同意实施集中的决定，应当及时向社会公开

D. 若反垄断执法机构作出不予禁止的决定，可同时要求甲公司三年内不得收购其他芯片公司

【本题考点】经营者集中申报

【选项分析】A选项错误，《反垄断法》第31条规定，国务院反垄断执法机构决定实施进一步审查的，应当自决定之日起九十日内审查完毕，作出是否禁止经营者集中的决定，并书面通知经营者。作出禁止经营者集中的决定，应当说明理由。审查期间，经营者不得实施集中。

B选项错误，依据《反垄断法》第33条，审查经营者集中，应当考虑的因素主要涉及经营者集中对市场竞争的影响，而不考虑甲公司对乙公司芯片的依赖程度。

C选项错误，《反垄断法》第36条规定，国务院反垄断执法机构应当将禁止经营者集中的决定或者对经营者集中附加限制性条件的决定，及时向社会公布。《反垄断法》并未规定作出同意实施集中的决定，应当及时向社会公开，事实上也无需公开，因为同意实施集中的，经营者依此决定进行集中，自然就是对社会的公开。

D选项正确，《反垄断法》第35条规定，对不予禁止的经营者集中，国务院反垄断执法机构可以决定附加减少集中对竞争产生不利影响的限制性条件。

【关联法条】

《反垄断法》第33条　审查经营者集中，应当考虑下列因素：

（一）参与集中的经营者在相关市场的市场份额及其对市场的控制力；

（二）相关市场的市场集中度；

（三）经营者集中对市场进入、技术进步的影响；

（四）经营者集中对消费者和其他有关经营者的影响；

（五）经营者集中对国民经济发展的影响；

（六）国务院反垄断执法机构认为应当考虑的影响市场竞争的其他因素。

58. 企鹅科技有限公司是国内的互联网巨头，2017年以吸收合并方式与土拨鼠音乐公司整合。整合完成后，又通过与上游音乐版权方签订独家授权协议独占了国内热门歌手的相关音乐，在互联网音乐市场占据80%份额，在互联网音乐市场产生了明晰的排除竞争的效果。经查明，企鹅科技公司与土拨鼠音乐公司的合并已经达到国务院规定的经营者集中申报标准，但当时双方均未进行申报。对此，下列说法正确的是？（2021年多选）[2]

A. 反垄断执法机构可以对合并后的公司处上一年度销售额百分之十以下的罚款

B. 反垄断执法机构可以要求合并后的公司采取解除独家授权协议等措施，以恢复到集中前的状态

C. 企鹅科技有限公司与土拨鼠音乐公司若向反垄断执法机构补充申报，可免于承担相关

责任

D. 两者合并后企鹅科技公司具有市场支配地位，反垄断执法机构应介入调查并予以处罚

【本题考点】 经营者集中、滥用市场支配地位

【选项分析】 A选项正确。《反垄断法》第58条规定，经营者违反本法规定实施集中，且具有或者可能具有排除、限制竞争效果的，由国务院反垄断执法机构责令停止实施集中、限期处分股份或者资产、限期转让营业以及采取其他必要措施恢复到集中前的状态，处上一年度销售额百分之十以下的罚款；不具有排除、限制竞争效果的，处五百万元以下的罚款。

B选项正确，《反垄断法》第57条规定，经营者违反本法规定，滥用市场支配地位的，由反垄断执法机构责令停止违法行为，没收违法所得，并处上一年度销售额百分之一以上百分之十以下的罚款。停止违法行为即包括解除独家授权协议等措施。

C选项错误，参与经营者集中的经营者不允许事后补充申报，且对于经营者集中行为没有宽大制度。

D选项错误。本选项具有一定的模糊性，考生只需要明白考点即可。本处的考点是，市场支配地位本身不具有违法性，只有滥用市场支配地位才具有违法性。

59. 天龙公司为某市65%用户提供城市用水。天龙公司与一品堂公司签订某房地产项目供水合同时，指定由灵鹫宫公司负责该项目的给水工程设计，并直接将灵鹫宫公司作为合同当事人的格式合同交给一品堂公司签字。对此，下列哪些说法是正确的？（2021年多选）[1]

A. 可推定天龙公司具有市场支配地位

B. 判断是否构成垄断，应界定该公司所涉相关市场

C. 天龙公司构成"没有正当理由，拒绝与交易相对人进行交易"的行为

D. 反垄断执法机构仅能向该市水务局提出依法处理的建议

【本题考点】 滥用市场支配地位

【选项分析】 A选项正确，《反垄断法》第24条第1款规定，一个经营者在相关市场的市场份额达到1/2的，在没有证据证明其不具有市场支配地位时，可推定其具有市场支配地位。

B选项正确，市场支配地位，是指经营者在相关市场内具有能够控制商品价格、数量或者其他交易条件，或者能够阻碍、影响其他经营者进入相关市场能力的市场地位。因此，在判断是否滥用市场支配地位时，前提就是界定相关市场。

C选项错误，天龙公司的行为符合《反垄断法》第22条第1款第4项的规定：没有正当理由，限定交易相对人只能与其进行交易或者只能与其指定的经营者进行交易。

D选项错误，天龙公司不是政府部门，反垄断执法机构可以直接对其进行处理。

【关联法条】

《反垄断法》第61条 行政机关和法律、法规授权的具有管理公共事务职能的组织滥用行政权力，实施排除、限制竞争行为的，由上级机关责令改正；对直接负责的主管人员和其他直接责任人员依法给予处分。反垄断执法机构可以向有关上级机关提出依法处理的建议。行政机关和法律、法规授权的具有管理公共事务职能的组织应当将有关改正情况书面报告上级机关和反垄断执法机构。

法律、行政法规对行政机关和法律、法规授权的具有管理公共事务职能的组织滥用行政权力实施排除、限制竞争行为的处理另有规定的，依照其规定。

---

[1] AB

考点 30　不正当竞争行为

60. 金硕巅峰公司是知名教育培训机构，其广告宣传语为"金硕巅峰，已助众多考生圆梦金硕"。飞跃公司为同行业教培机构，在其网站展示"金硕 VIP 全程班"课程的链接，点击该链接是其自身的网站。对此，下列说法正确的是：（2022 年单选）[1]

A. 飞跃公司的行为会让人误认为其与金硕巅峰公司存在特定联系，其行为违法

B. 飞跃公司属于虚假宣传，其行为违法

C. 飞跃公司并未使用和金硕巅峰公司同样的宣传语，其行为合法

D. 飞跃公司没有使用金硕巅峰公司的域名，不构成违法

【本题考点】混淆行为

【选项分析】A 选项正确，C 选项错误，D 选项错误。飞跃公司为同行业教培机构，使用"金硕 VIP 全程班"课程名称，足以引他人误认为该课程是由金硕巅峰公司提供，已经构成混淆行为。

B 选项错误，虚假宣传指经营者对其商品的性能、功能、质量、销售状况、用户评价、曾获荣誉等作虚假或者引人误解的商业宣传，欺骗、误导消费者，其中并不包括经营者"蹭热点"行为。

【关联法条】

1. 《反不正当竞争法》第 6 条　经营者不得实施下列混淆行为，引人误认为是他人商品或者与他人存在特定联系：

（一）擅自使用与他人有一定影响的商品名称、包装、装潢等相同或者近似的标识；

（二）擅自使用他人有一定影响的企业名称（包括简称、字号等）、社会组织名称（包括简称等）、姓名（包括笔名、艺名、译名等）；

（三）擅自使用他人有一定影响的域名主体部分、网站名称、网页等；

（四）其他足以引人误认为是他人商品或者与他人存在特定联系的混淆行为。

2. 《反不正当竞争法》第 8 条　经营者不得对其商品的性能、功能、质量、销售状况、用户评价、曾获荣誉等作虚假或者引人误解的商业宣传，欺骗、误导消费者。

经营者不得通过组织虚假交易等方式，帮助其他经营者进行虚假或者引人误解的商业宣传。

61. 甲公司为了提升其淘宝店铺的交易量综合排名，聘请专业营销人员采取"刷单"的形式交易，即营销人员自带资金买下商品，店铺发空盒，该营销人员给商品好评，随后甲公司凭好评截图把商品本金与佣金打给营销人员。为此，甲公司支付刷单佣金 2 万元。就该事件的判断，下列说法正确的是：（2019 年单选）[2]

A. 甲公司构成对商品作引人误解的虚假宣传

B. 双方有真实交易关系，虽然违反道德但不构成违法

C. 甲公司构成互联网不正当竞争

D. 淘宝网对商家监督不力，应当对上述虚构交易给消费者造成的损失承担赔偿责任

【本题考点】虚假宣传

---

[1]　A　[2]　A

【选项分析】A选项正确，B选项错误。《反不正当竞争法》第8条规定，经营者不得对其商品的性能、功能、质量、销售状况、用户评价、曾获荣誉等作虚假或者引人误解的商业宣传，欺骗、误导消费者。甲公司用"刷单"的手段"刷好评"，属于对其商品的用户评价进行虚假宣传，违反法律。

C选项错误，虽然甲公司的行为是在互联网上进行的，但是互联网不正当竞争有其定义，主要包括利用网络技术对其他经营者进行流量劫持、强制卸载、恶意不兼容等。因此甲公司的行为未构成互联网不正当竞争。

D选项错误，根据题设难以得出淘宝网监督不力的结论。

【关联法条】

《反不正当竞争法》第12条　经营者利用网络从事生产经营活动，应当遵守本法的各项规定。

经营者不得利用技术手段，通过影响用户选择或者其他方式，实施下列妨碍、破坏其他经营者合法提供的网络产品或者服务正常运行的行为：

（一）未经其他经营者同意，在其合法提供的网络产品或者服务中，插入链接、强制进行目标跳转；

（二）误导、欺骗、强迫用户修改、关闭、卸载其他经营者合法提供的网络产品或者服务；

（三）恶意对其他经营者合法提供的网络产品或者服务实施不兼容；

（四）其他妨碍、破坏其他经营者合法提供的网络产品或者服务正常运行的行为。

62. 嵩山少林公司主要从事武术培训业务，火工头陀是该公司员工。在职期间火工头陀偷偷将公司诸多客户的联系方式拷贝。2020年1月，火工头陀自嵩山少林公司辞职，并创办了西域少林公司并担任经理。西域少林公司销售人员利用火工头陀提供的联系方式给嵩山少林公司客户打电话，告知西域少林公司系由火工头陀创办，并提供优质课程。嵩山少林公司客户基于对火工头陀的信任，报名了西域少林公司的同类课程。以下正确的是？（2021年单选）[1]

A. 火工头陀偷偷拷贝嵩山少林公司客户联系方式的行为属于侵犯商业秘密

B. 因西域少林公司对火工头陀获得客户信息的情况不知情，西域少林公司行为合法

C. 虽然火工头陀获取客户信息方式不正当，但客户系基于对火工头陀的信任与西域少林公司开展业务，火工头陀行为正当

D. 虽然火工头陀获取客户信息方式不正当，但客户系基于对火工头陀的信任与西域少林公司开展业务，西域少林公司行为正当

【本题考点】侵犯商业秘密

【选项分析】A选项正确，《最高人民法院关于审理侵犯商业秘密民事案件适用法律若干问题的规定》第1条规定，客户信息属于商业秘密。

B选项错误，西域少林公司系由火工头陀创立，且由火工头陀担任经理，因此西域少林公司对火工头陀获得客户信息的情况是知情的。

C选项错误，D选项错误。《最高人民法院关于审理侵犯商业秘密民事案件适用法律若干问题的规定》第2条规定，客户基于对员工个人的信赖而与该员工所在单位进行交易，该员工离职后，能够证明客户自愿选择与该员工或者该员工所在的新单位进行交易的，人民法院应当认定该员工没有采用不正当手段获取权利人的商业秘密。题设中，客户并不是完全自愿与西域少林公司开展业务，而是由火工头陀和西域少林公司劝诱的，如果火工头陀没有盗取客户信

---

[1] A

息，就会有大量的客户继续与嵩山少林公司开展业务。

【关联法条】

1. 《反不正当竞争法》第9条 经营者不得实施下列侵犯商业秘密的行为：

（一）以盗窃、贿赂、欺诈、胁迫、电子侵入或者其他不正当手段获取权利人的商业秘密；

（二）披露、使用或者允许他人使用以前项手段获取的权利人的商业秘密；

（三）违反保密义务或者违反权利人有关保守商业秘密的要求，披露、使用或者允许他人使用其所掌握的商业秘密；

（四）教唆、引诱、帮助他人违反保密义务或者违反权利人有关保守商业秘密的要求，获取、披露、使用或者允许他人使用权利人的商业秘密。

经营者以外的其他自然人、法人和非法人组织实施前款所列违法行为的，视为侵犯商业秘密。

第三人明知或者应知商业秘密权利人的员工、前员工或者其他单位、个人实施本条第一款所列违法行为，仍获取、披露、使用或者允许他人使用该商业秘密的，视为侵犯商业秘密。

本法所称的商业秘密，是指不为公众所知悉、具有商业价值并经权利人采取相应保密措施的技术信息、经营信息等商业信息。

2. 《最高人民法院关于审理侵犯商业秘密民事案件适用法律若干问题的规定》第1条 与技术有关的结构、原料、组分、配方、材料、样品、样式、植物新品种繁殖材料、工艺、方法或其步骤、算法、数据、计算机程序及其有关文档等信息，人民法院可以认定构成反不正当竞争法第九条第四款所称的技术信息。

与经营活动有关的创意、管理、销售、财务、计划、样本、招投标材料、客户信息、数据等信息，人民法院可以认定构成反不正当竞争法第九条第四款所称的经营信息。

前款所称的客户信息，包括客户的名称、地址、联系方式以及交易习惯、意向、内容等信息。

3. 《最高人民法院关于审理侵犯商业秘密民事案件适用法律若干问题的规定》第2条 当事人仅以与特定客户保持长期稳定交易关系为由，主张该特定客户属于商业秘密的，人民法院不予支持。

客户基于对员工个人的信赖而与该员工所在单位进行交易，该员工离职后，能够证明客户自愿选择与该员工或者该员工所在的新单位进行交易的，人民法院应当认定该员工没有采用不正当手段获取权利人的商业秘密。

63. 乙是国内大型视频网站，购买取得了热播电视剧独家网络播放权。但免费用户收看乙网站的热播电视剧，不可避免需要同时收看片头片尾广告，这是广告商看准乙网站热播剧的流量，花巨额广告费买的广告位。甲开发广告屏蔽软件，可屏蔽乙网站加载的广告，并自行招商播第三方的广告。对此，下列说法正确的有：（2020年多选）[1]

A. 甲的行为构成不正当竞争

B. 甲开发屏蔽广告软件仅为一项技术手段，基于"技术无罪"不构成违法行为

C. 乙网站的实际损失难以计算的，可按照甲获取的利益确定赔偿金额

D. 乙网站调查甲行为所支付的所有费用应由甲赔偿

【本题考点】 互联网不正当竞争行为

【选项分析】 A选项正确，B选项错误。《反不正当竞争法》第12条规定，经营者不得利

---

[1] AC

用技术手段，通过影响用户选择或者其他方式，实施妨碍、破坏其他经营者合法提供的网络产品或者服务正常运行的行为，乙的商业模式为提供免费的热播电视剧招揽客户，通过广告赚取收入，甲破坏了乙合法的商业行为，构成互联网不正当竞争行为。

C选项正确，《反不正当竞争法》第17条第3款规定，因不正当竞争行为受到损害的经营者的赔偿数额，按照其因被侵权所受到的实际损失确定；实际损失难以计算的，按照侵权人因侵权所获得的利益确定。

D选项错误，《反不正当竞争法》第17条第3款规定，赔偿数额应当包括经营者为制止侵权行为所支付的合理开支，本选项错在"所有费用"。

第九章 消费者保护法

考点 31 消费者权益保护

64. 甲到某著名手机品牌的官网上买了一个手机，用了一个月之后感觉手机有问题，遂到维修店进行检测，检测结果为二手手机。对此，甲能够主张下列哪些请求？（2021年多选）[1]

A. 以存在欺诈为由，撤销买卖合同   B. 要求退还旧手机，换一台新手机

C. 主张三倍的惩罚性赔偿   D. 保留该手机，主张补偿差价

【本题考点】惩罚性赔偿

【选项分析】A选项错误。手机品牌的生产商过通官网出售手机，在订立合同时并未欺诈甲，故而甲不能以受到欺诈而撤销合同。生产商出售二手手机给甲，属于违约，甲可以解除合同。

B选项正确，生产商出售二手手机给甲，属于违约，甲可以要求继续履行。

C选项正确，《消费者权益保护法》第55条第1款规定，经营者提供商品或者服务有欺诈行为的，应当按照消费者的要求增加赔偿其受到的损失，增加赔偿的金额为消费者购买商品的价款或者接受服务的费用的三倍；增加赔偿的金额不足五百元的，为五百元。法律另有规定的，依照其规定。生产商出售二手手机，明显构成欺诈行为，因此甲主张三倍的惩罚性赔偿。

D选项正确，生产商出售二手手机给甲，属于违约，甲可以要求补足差价。

【关联法条】

《民法典》第577条 当事人一方不履行合同义务或者履行合同义务不符合约定的，应当承担继续履行、采取补救措施或者赔偿损失等违约责任。

65. 玩具协会举办展销会，甲公司借用乙公司营业执照，租赁了丙公司柜台出售丁公司生产的拼图，消费者张三购买拼图后发现少一块，准备索赔，发现展销会已经结束。张三有权找谁进行赔偿？（2019年多选）[2]

A. 有权找玩具协会进行赔偿   B. 有权找乙公司进行赔偿

C. 有权找丙公司进行赔偿   D. 有权找丁公司进行赔偿

【本题考点】特殊消费情景

【选项分析】A选项正确，C选项正确，《消费者权益保护法》第43条规定，消费者在展销会、租赁柜台购买商品或者接受服务，其合法权益受到损害的，可以向销售者或者服务者要求赔偿。展销会结束或者柜台租赁期满后，也可以向展销会的举办者、柜台的出租者要求赔

---

[1] BCD   [2] ABC

偿。展销会的举办者、柜台的出租者赔偿后，有权向销售者或者服务者追偿。展销会现已结束，张三可以请求举办者玩具协会承担责任；柜台租赁期满，张三可以请求柜台的出租者丙公司赔偿。

B选项正确，《消费者权益保护法》第42条规定，使用他人营业执照的违法经营者提供商品或者服务，损害消费者合法权益的，消费者可以向其要求赔偿，也可以向营业执照的持有人要求赔偿。因此甲和乙都要对张三承担责任。

D选项错误。题设中拼图少一块属于产品瑕疵责任，遵循合同相对原则，张三只能找销售者承担责任。仅当产品存在缺陷造成人身、缺陷产品以外的其他财产损害时，张三才可以穿透到生产者主张赔偿。

考点 32　产品质量法

66. 甲从二手车平台"栗子购车网"购买一辆电动汽车。"栗子网"平台承诺本平台出售车辆均无质量问题。现甲在驾驶该电动汽车时电瓶发生爆炸，甲身受重伤导致残疾。经查明，该款电动汽车在全国已多次发生相同问题，但生产厂家并未停止生产和销售，"栗子网"对此亦是知晓的。就该案，下列哪些表述是正确的？（2020年多选）[1]

A. 汽车厂和"栗子网"承担连带赔偿责任

B. 汽车厂和"栗子网"承担按份赔偿责任

C. 甲可主张精神损害赔偿

D. 甲可主张所受损失2倍以下的惩罚性赔偿

【本题考点】产品缺陷责任、惩罚性赔偿

【选项分析】A选项正确，B选项错误。《产品质量法》第43条规定，因产品存在缺陷造成人身、他人财产损害的，受害人可以向产品的生产者要求赔偿，也可以向产品的销售者要求赔偿。属于产品的生产者的责任，产品的销售者赔偿的，产品的销售者有权向产品的生产者追偿。属于产品的销售者的责任，产品的生产者赔偿的，产品的生产者有权向产品的销售者追偿。汽车厂和"栗子网"应当承担连带赔偿责任，而非按份责任。

C选项正确，《消费者权益保护法》第51条规定，经营者有侮辱诽谤、搜查身体、侵犯人身自由等侵害消费者或者其他受害人人身权益的行为，造成严重精神损害的，受害人可以要求精神损害赔偿。甲遭受重伤，造成严重精神损害，可以请求精神损害赔偿。

D选项正确。《消费者权益保护法》第55条第2款规定，经营者明知商品或者服务存在缺陷，仍然向消费者提供，造成消费者或者其他受害人死亡或者健康严重损害的，受害人有权要求经营者依照本法第四十九条、第五十一条等法律规定赔偿损失，并有权要求所受损失二倍以下的惩罚性赔偿。《民法典》第1207条规定，明知产品存在缺陷仍然生产、销售，或者没有依据前条规定采取有效补救措施，造成他人死亡或者健康严重损害的，被侵权人有权请求相应的惩罚性赔偿。因此，甲可主张所受损失2倍以下的惩罚性赔偿。

---

〔1〕　ACD

考点 33　食品安全法

67. 甲生产并销售当地特产黄坡驴肉，乙吃了之后导致腹泻。经查，黄坡驴肉没有制定国家标准，但有地方标准和行业标准。据此，下列说法正确的是：(2022 年多选)[1]

A. 因没有国家标准，故可以适用行业标准

B. 因没有国家标准，故可以适用地方标准

C. 受害者乙应当对该食品符合质量标准承担举证责任

D. 销售者甲应当对该食品符合质量标准承担举证责任

【本题考点】食品安全标准、食品质量举证责任

【选项分析】A 选项错误，B 选项正确。《最高人民法院关于审理食品药品纠纷案件适用法律若干问题的规定》第 6 条规定，食品的生产者与销售者应当对于食品符合质量标准承担举证责任。认定食品是否安全，应当以国家标准为依据；对地方特色食品，没有国家标准的，应当以地方标准为依据。没有前述标准的，应当以食品安全法的相关规定为依据。因此，黄坡驴肉应当适用地方标准，而非行业标准。

C 选项错误，D 选项正确。依据前述司法解释，食品的生产者与销售者应当对于食品符合质量标准承担举证责任。

68. 百草公司为了宣传其新开发的某保健品，擅自篡改食品安全监管部门审批的批准文号。百草公司委托卓越广告公司设计了该保健品的广告，聘请大腕明星张三做代言人，但经查明张三从未服用过该保健品，只是碍于情面为其推荐。现百草公司在报刊和电视上高频率地发布该广告。部分消费者服用后引发心律不齐，经鉴定，该保健品中含有不得添加的药物。根据相关法律，下列判断正确的是：(2020 年不定项)[2]

A. 当地食品安全监督管理部门需要对消费者承担连带责任

B. 卓越广告公司只有在明知该保健品功效虚假的情况下才承担法律责任

C. 明星张三须承担连带责任

D. 发布该广告的报纸和电视台无需对消费者承担连带责任

【本题考点】食品虚假广告的法律责任

【选项分析】A 选项错误，食品安全监督管理部门对消费者承担责任，于法无据。

B 选项错误，D 选项错误，《食品安全法》第 140 条第 2 款规定，广告经营者、发布者设计、制作、发布虚假食品广告，使消费者的合法权益受到损害的，应当与食品生产经营者承担连带责任。卓越广告公司是广告经营者，发布广告的报纸和电视台是发布者，他们都应当对消费者承担连带责任。

C 选项正确，《食品安全法》第 140 条第 3 款规定，社会团体或者其他组织、个人在虚假广告或者其他虚假宣传中向消费者推荐食品，使消费者的合法权益受到损害的，应当与食品生产经营者承担连带责任。

【关联法条】

《食品安全法》第 140 条　违反本法规定，在广告中对食品作虚假宣传，欺骗消费者，或者发布未取得批准文件、广告内容与批准文件不一致的保健食品广告的，依照《中华人民共和

---

[1]　BD　[2]　C

国广告法》的规定给予处罚。

广告经营者、发布者设计、制作、发布虚假食品广告，使消费者的合法权益受到损害的，应当与食品生产经营者承担连带责任。

社会团体或者其他组织、个人在虚假广告或者其他虚假宣传中向消费者推荐食品，使消费者的合法权益受到损害的，应当与食品生产经营者承担连带责任。

违反本法规定，食品安全监督管理等部门、食品检验机构、食品行业协会以广告或者其他形式向消费者推荐食品，消费者组织以收取费用或者其他牟取利益的方式向消费者推荐食品的，由有关主管部门没收违法所得，依法对直接负责的主管人员和其他直接责任人员给予记大过、降级或者撤职处分；情节严重的，给予开除处分。

对食品作虚假宣传且情节严重的，由省级以上人民政府食品安全监督管理部门决定暂停销售该食品，并向社会公布；仍然销售该食品的，由县级以上人民政府食品安全监督管理部门没收违法所得和违法销售的食品，并处二万元以上五万元以下罚款。

第十章　银行业法

考点 34　商业银行

69. 甲有限公司经营严重困难，拖欠某商业银行贷款，甲公司欲通过"债转股"的方式清偿银行债务，下列选项说法正确的是？（2019年单选）[1]

A. 甲公司可以通过公积金转增股本扩股，并将扩股部分出让给某商业银行，将所得价款用于清偿银行欠款

B. 甲公司可以向某商业银行定向增发股权，该银行可根据市场行情决定转让该部分股权

C. 商业银行可将其债权转让给资产管理公司，由资产管理公司完成对乙公司的"债转股"

D. 拖欠商业银行贷款3年以上，才能实施债转股

【本题考点】商业银行业务

【选项分析】A选项错误，B选项错误。《商业银行法》第43条规定，商业银行在中华人民共和国境内不得从事信托投资和证券经营业务，不得向非自用不动产投资或者向非银行金融机构和企业投资，但国家另有规定的除外。因此，商业银行法不得成为甲公司的股东。A和B选项都会导致商业银行成为企业的股东，进而触犯《商业银行法》第43条。

C选项正确。根据《金融资产投资公司管理办法（试行）》第4条的规定，银行通过金融资产投资公司实施债转股，应当通过向金融资产投资公司转让债权，由金融资产投资公司将债权转为对象企业股权的方式实现。银行不得直接将债权转化为股权，但国家另有规定的除外。在存在《商业银行法》第43条限制的背景下，商业银行将其债权转让给资产管理公司，由资产管理公司完成对债务人公司的"债转股"，是唯一可行办法。

D选项错误，于法无据。

---

[1]　C

第十一章　财税法和审计法

考点35　增值税、消费税和车船税

70. 关于新能源电动汽车的税款征收，下列选项正确的是：（2022年单选）[1]

A. 个人购买一辆新能源纯电动乘用车应当缴纳消费税

B. 个人购买一辆新能源纯电动乘用车无须缴纳车船税

C. 甲公司进口的新能源电动汽车无须缴纳增值税

D. 乙公司接受赠与一辆新能源电动车，无须缴纳企业所得税

【本题考点】增值税、消费税、车船税、企业所得税

【选项分析】A选项错误。消费税的征税对象为高耗能、高污染和高档消费品。新能源电动汽车低耗能、低污染，为国家扶持产业，因此无需缴纳消费税。

B选项正确。《关于节能新能源车船享受车船税优惠政策的通知》第2条规定，对新能源车船，免征车船税。其法律依据为《车船税法》第4条，对节约能源、使用新能源的车船可以减征或者免征车船税。

C选项错误。《增值税暂行条例》第1条规定，在中华人民共和国境内销售货物或者加工、修理修配劳务（以下简称劳务），销售服务、无形资产、不动产以及进口货物的单位和个人，为增值税的纳税人，应当依照本条例缴纳增值税。《增值税暂行条例》第15条规定了免征增值税的项目，其中不包括新能源电动车。

D选项错误。根据《企业所得税法》第6条的规定，接受捐赠收入应当缴纳企业所得税。

【关联法条】

1.《增值税暂行条例》第15条第1款　下列项目免征增值税：

（一）农业生产者销售的自产农产品；

（二）避孕药品和用具；

（三）古旧图书；

（四）直接用于科学研究、科学试验和教学的进口仪器、设备；

（五）外国政府、国际组织无偿援助的进口物资和设备；

（六）由残疾人的组织直接进口供残疾人专用的物品；

（七）销售的自己使用过的物品。

2.《企业所得税法》第6条　企业以货币形式和非货币形式从各种来源取得的收入，为收

---

[1]　B

入总额。包括：

（一）销售货物收入；

（二）提供劳务收入；

（三）转让财产收入；

（四）股息、红利等权益性投资收益；

（五）利息收入；

（六）租金收入；

（七）特许权使用费收入；

（八）接受捐赠收入；

（九）其他收入。

考点 36　个人所得税

71. 外籍艺人华筝将 2022 年在我国参演影片的劳务报酬算作境内甲公司的经营所得，还将其在境外设立的乙公司获得的股权收益转增为乙公司股本，经查华筝常年居住于北京的酒店，2022 年度共计有 222 天在我国境内居住，境内甲公司和境外乙公司均为华筝控股，但并未开展日常经营活动，以下说法正确的有：（2023 年多选）[1]

A. 华筝系我国居民纳税人

B. 华筝的影片劳务报酬和境外股权收益应计入其个人综合所得

C. 华筝须办理汇算清缴

D. 税务机关有权按照合理方法对华筝境外股权收益进行纳税调整

【本题考点】居民纳税人、个人综合所得、汇算清缴、纳税调整

【选项分析】A 选项正确，居民个人包括两类：①在中国境内有住所的个人；②无住所而 1 个纳税年度内在中国境内居住累计满 183 天的个人。华筝在 2022 年度在我国境内居住超过 183 天，因此属于居民个人。

B 选项错误。居民个人以其在境内和境外的收入在我国纳税。华筝将 2022 年在我国参演影片的劳务报酬算境内甲公司的经营所得，属于逃税行为，税务机关有权依法予以调整。因此华筝的影片劳务报酬属于劳务报酬，应当计入个人综合所得。华筝将其在境外设立的乙公司获得的股权收益转增为乙公司股本，该行为可视为以下两个行为的合一：先视同分红给股东，股东再用分红款进行投资。因此，华筝在境外股权收益性质上属于利息、股息、红利所得，该笔收入不计入个人综合所得（个人综合所得为工资、薪金＋劳务报酬＋稿酬＋特许权使用费）。

C 选项正确，由于华筝是居民个人，所以应当办理汇算清缴。非居民个人取得工资、薪金所得，劳务报酬所得，稿酬所得和特许权使用费所得，有扣缴义务人的，由扣缴义务人按月或者按次代扣代缴税款，不办理汇算清缴。

D 选项正确。依据《个人所得税法》第 8 条第 1 款，有下列情形之一的，税务机关有权按照合理方法进行纳税调整：（一）个人与其关联方之间的业务往来不符合独立交易原则而减少本人或者其关联方应纳税额，且无正当理由；（二）居民个人控制的，或者居民个人和居民企业共同控制的设立在实际税负明显偏低的国家（地区）的企业，无合理经营需要，对应当归

---

[1]　ACD

属于居民个人的利润不作分配或者减少分配；（三）个人实施其他不具有合理商业目的的安排而获取不当税收利益。

72. 甲发明了一个净水器，解决了缺水地区的饮水问题。基于甲的重大贡献，国际组织奖励了 5 万元奖金，甲住所地的 A 市政府奖励了一套商品房，乙企业奖励了 10 万元，且乙企业在本纳税年度内产生利润 50 万元。据此，下列哪一选项是正确的？（2022 年单选）[1]

  A. 国际组织奖励的 5 万元奖金可以免缴个人所得税

  B. 市政府奖励的商品房可以免缴个人所得税

  C. 乙企业奖励的 10 万元可以免缴个人所得税

  D. 乙企业在缴税时可以扣除 10 万元

【本题考点】个人综合所得、免税所得

【选项分析】A 选项正确，B 选项错误，C 选项错误。《个人所得税法》第 4 条规定，可以免征个人所得税的奖金为省级人民政府、国务院部委和中国人民解放军军以上单位，以及外国组织、国际组织颁发的科学、教育、技术、文化、卫生、体育、环境保护等方面的奖金。国际组织奖励当选，市政府和企业的奖励都级别不够。

D 选项错误，《企业所得税法》第 9 条规定，企业发生的公益性捐赠支出，在年度利润总额 12% 内的部分，准予按税法规定在计算应纳税所得额时扣除。根据《关于公益性捐赠税前扣除有关事项的公告》第 1 条，企业或个人通过公益性社会组织、县级以上人民政府及其部门等国家机关，用于符合法律规定的公益慈善事业捐赠支出，准予按税法规定在计算应纳税所得额时扣除。因此，乙企业对甲的捐助不属于公益性捐赠。

考点 37 企业所得税

73. 根据《企业所得税法》，企业实际发生的与取得收入有关的、合理的支出，可以在计算应纳税所得额时扣除。某企业的下列支出，哪些属于计算应纳税所得额时可以扣除的事项？（2019 年多选）[2]

  A. ①购买原材料 5000 万元、②生产设备折旧费 50 万元、③公司支出专利使用费 100 万元、④公司租用厂房 1 年支付租金 20 万元

  B. 公司通过"红十字会"捐款给希望小学 100 万元

  C. 公司赞助歌星演唱会 100 万元

  D. ①公司弥补上一年企业所得税 5000 万元、②公司本年度分给股东的投资分红 10 万元

【本题考点】企业所得税扣除事项

【选项分析】A 选项正确。《企业所得税法》第 8 条规定，企业实际发生的与取得收入有关的、合理的支出，包括成本、费用、税金、损失和其他支出，准予在计算应纳税所得额时扣除。A 选项所含四项均属于成本、费用、税金、损失和其他支出，可以扣除。

B 选项正确。《企业所得税法》第 9 条规定，企业发生的公益性捐赠支出，在年度利润总额 12% 以内的部分，准予在计算应纳税所得额时扣除；超过年度利润总额 12% 的部分，准予结转以后三年内在计算应纳税所得额时扣除。

---

〔1〕 A 〔2〕 AB

C 选项错误。根据《企业所得税法》第 9 条、第 10 条和《关于公益性捐赠税前扣除有关事项的公告》第 1 条（企业或个人通过公益性社会组织、县级以上人民政府及其部门等国家机关，用于符合法律规定的公益慈善事业捐赠支出，准予按税法规定在计算应纳税所得额时扣除），赞助歌星演唱会不属于公益性捐赠，不得扣除。

D 选项错误，根据《企业所得税法》第 10 条，上一年的税款和分红都属于不得扣除事项。

【关联法条】

《企业所得税法》第 10 条　在计算应纳税所得额时，下列支出不得扣除：

（一）向投资者支付的股息、红利等权益性投资收益款项；

（二）企业所得税税款；

（三）税收滞纳金；

（四）罚金、罚款和被没收财物的损失；

（五）本法第九条规定以外的捐赠支出；

（六）赞助支出；

（七）未经核定的准备金支出；

（八）与取得收入无关的其他支出。

第十二章　土地法与房地产法

考点 38　土地管理法

74. 东坡村有 50 亩永久基本农田，下列说法错误的是？（2020 年多选）[1]
A. 该村为了提高经济效益，决定将上述永久基本农田挖塘养鱼
B. 该村为了提高经济效益，决定将上述永久基本农田种植苹果树
C. 若改变上述农田用途，应当由省级政府审批
D. 永久基本农田不得被征收

【本题考点】 永久基本农田

【选项分析】 A 选项错误，B 选项错误，《土地管理法》第 37 条第 3 款规定，禁止占用永久基本农田发展林果业和挖塘养鱼。

C 选项错误，《土地管理法》第 44 条第 2 款规定，永久基本农田转为建设用地的，由国务院批准。

D 选项错误，《土地管理法》第 35 条第 1 款规定，永久基本农田经依法划定后，任何单位和个人不得擅自占用或者改变其用途。国家能源、交通、水利、军事设施等重点建设项目选址确实难以避让永久基本农田，涉及农用地转用或者土地征收的，必须经国务院批准。因此，在特殊情况下确实难以避让永久基本农田的，可以征收。

75. 根据土地利用总体规划，某镇 K 地块为工业用地，并登记为集体经营性建设用地。星宿化工厂欲在该地块建设化工生产项目，对此下列说法正确的是？（2020 年多选）[2]
A. 镇集体可以通过出让方式交由星宿化工厂使用，并收取土地出让金
B. 镇集体若将该地块出让给星宿化工厂，应当经本集体经济组织成员的村民会议三分之二以上成员或者三分之二以上村民代表的同意
C. 星宿化工厂若以出让方式自镇集体获得 K 地块土地使用权，使用期限不受限制
D. 星宿化工厂若以出让方式自镇集体获得 K 地块土地使用权，若无特别约定，可以再进行转让、互换、出资、赠与或者抵押

【本题考点】 集体经营性建设用地入市

【选项分析】 A 选项正确，《土地管理法》第 63 条第 1 款规定，土地利用总体规划、城乡规划确定为工业、商业等经营性用途，并经依法登记的集体经营性建设用地，土地所有权人可以通过出让、出租等方式交由单位或者个人使用，并应当签订书面合同。

---

[1]　ABCD　　[2]　ABD

B 选项正确，《土地管理法》第 63 条第 2 款规定，集体经营性建设用地出让、出租等，应当经本集体经济组织成员的村民会议三分之二以上成员或者三分之二以上村民代表的同意。

C 选项错误，《土地管理法》第 63 条第 4 款规定，集体经营性建设用地的出租，集体建设用地使用权的出让及其最高年限、转让、互换、出资、赠与、抵押等，参照同类用途的国有建设用地执行。因此本地块的出让年限应当为 50 年。

D 选项正确，《土地管理法》第 63 条第 3 款规定，通过出让等方式取得的集体经营性建设用地使用权可以转让、互换、出资、赠与或者抵押，但法律、行政法规另有规定或者土地所有权人、土地使用权人签订的书面合同另有约定的除外。

考点 39　城市房地产管理法

76. 甲公司于 2017 年 1 月 1 日通过出让方式获得某地块土地使用权，出让协议约定：土地使用权出让金总价款 10 亿元，并于 2017 年 2 月 1 日前动工开发。甲公司于 2018 年 7 月 1 日动工，后欲将土地使用权转让给乙公司，房屋开发投资总额 10 亿元，此时甲公司已投入资金 2 亿元。下列选项正确的是？（2019 年多选）[1]

A. 乙公司不能取得土地的使用权
B. 政府可以无偿收回
C. 甲公司支付的闲置费不超过 2 亿元
D. 乙公司需要重新与有关部门签订土地使用权出让合同

【本题考点】房地产开发、土地使用权转让、土地闲置费

【选项分析】A 选项正确。《城市房地产管理法》第 39 条规定，以出让方式取得土地使用权的，转让房地产时，应当符合下列条件：（一）按照出让合同约定已经支付全部土地使用权出让金，并取得土地使用权证书；（二）按照出让合同约定进行投资开发，属于房屋建设工程的，完成开发投资总额的百分之二十五以上，属于成片开发土地的，形成工业用地或者其他建设用地条件。转让房地产时房屋已经建成的，还应当持有房屋所有权证书。

由于甲完成的开发投资只有 20%，不满足以上条件，因此乙公司不能取得土地的使用权。

B 选项错误，C 选项正确。《城市房地产管理法》第 26 条规定，以出让方式取得土地使用权进行房地产开发的，必须按照土地使用权出让合同约定的土地用途、动工开发期限开发土地。超过出让合同约定的动工开发日期满一年未动工开发的，可以征收相当于土地使用权出让金百分之二十以下的土地闲置费；满二年未动工开发的，可以无偿收回土地使用权；但是，因不可抗力或者政府、政府有关部门的行为或者动工开发必需的前期工作造成动工开发迟延的除外。甲于 2018 年 7 月 1 日动工，距离 2017 年 2 月 1 日超过 1 年，少于 2 年，因此政府不得无偿收回土地使用权，但可以征收 20% 以下的土地闲置费，即不超过 2 亿元的闲置费。

D 选项错误，由于乙公司不能取得土地使用权，因此无需重新签订土地使用权出让合同。此外，根据《城市房地产管理法》第 44 条（以出让方式取得土地使用权的，转让房地产后，受让人改变原土地使用权出让合同约定的土地用途的，必须取得原出让方和市、县人民政府城市规划行政主管部门的同意，签订土地使用权出让合同变更协议或者重新签订土地使用权出让合同，相应调整土地使用权出让金），只有当受让方改变原土地使用权出让合同约定的土地用

---

[1]　AC

途的，才需要重新签订土地使用权出让合同。

考点40　不动产登记暂行条例

77. 关于不动产登记程序，下列哪些判断符合《不动产登记暂行条例》的规定？（2020年不定项）[1]

A. 因买卖、设定抵押权等申请不动产登记的，应当由当事人双方共同申请
B. 继承、接受遗赠取得不动产权利的，可以由当事人单方申请
C. 若不动产申请存在尚未解决的权属争议的，不动产登记机构应当不予登记
D. 对在建建筑物办理抵押权登记的，不动产登记机构可以进行实地查看

【本题考点】不动产登记程序

【选项分析】A选项正确，《不动产登记暂行条例》第14条第1款规定，因买卖、设定抵押权等申请不动产登记的，应当由当事人双方共同申请。《不动产登记暂行条例》第14条第2款规定了例外情况。根据做题技巧，当选项只说一般情况的，选项正确。

B选项正确，《不动产登记暂行条例》第14条第2款规定，继承、接受遗赠取得不动产权利的，可以由当事人单方申请。

C选项正确。《不动产登记暂行条例》第22条第2项规定，不动产申请存在尚未解决的权属争议的，不动产登记机构应当不予登记。

D选项正确。《不动产登记暂行条例》第19条第1款第2项规定，在建建筑物办理抵押权登记的，不动产登记机构可以进行实地查看。

【关联法条】

1.《不动产登记暂行条例》第14条　因买卖、设定抵押权等申请不动产登记的，应当由当事人双方共同申请。

属于下列情形之一的，可以由当事人单方申请：

（一）尚未登记的不动产首次申请登记的；

（二）继承、接受遗赠取得不动产权利的；

（三）人民法院、仲裁委员会生效的法律文书或者人民政府生效的决定等设立、变更、转让、消灭不动产权利的；

（四）权利人姓名、名称或者自然状况发生变化，申请变更登记的；

（五）不动产灭失或者权利人放弃不动产权利，申请注销登记的；

（六）申请更正登记或者异议登记的；

（七）法律、行政法规规定可以由当事人单方申请的其他情形。

2.《不动产登记暂行条例》第19条　属于下列情形之一的，不动产登记机构可以对申请登记的不动产进行实地查看：

（一）房屋等建筑物、构筑物所有权首次登记；

（二）在建建筑物抵押权登记；

（三）因不动产灭失导致的注销登记；

（四）不动产登记机构认为需要实地查看的其他情形。

---

[1]　ABCD

对可能存在权属争议，或者可能涉及他人利害关系的登记申请，不动产登记机构可以向申请人、利害关系人或者有关单位进行调查。

不动产登记机构进行实地查看或者调查时，申请人、被调查人应当予以配合。

3. 《不动产登记暂行条例》第22条　登记申请有下列情形之一的，不动产登记机构应当不予登记，并书面告知申请人：

（一）违反法律、行政法规规定的；

（二）存在尚未解决的权属争议的；

（三）申请登记的不动产权利超过规定期限的；

（四）法律、行政法规规定不予登记的其他情形。

第十三章 环境保护法

考点 41 环境影响评价法

78. 甲公司是某市民办医院的承建商，该医院项目环境影响报告书经批准后，因为项目资金问题一直没有开工建设。6 年后，该项目准备开工，有关部门提出周围新建有养老院、居民楼，需要在施工中降低噪音。对此，下列说法正确的是：（2021 年单选）[1]

A. 甲公司需将原环境影响评价报告备案，不影响继续执行

B. 甲公司在原环境影响评价报告的基础上进行补充评价

C. 甲公司需将原环境影响评价报告报原审批部门重新审核

D. 甲公司需重新制作环境影响评价报告报原审批部门审批

【本题考点】环境影响评价报告重新审核

【选项分析】《环境影响评价法》第 24 条第 2 款规定，建设项目的环境影响评价文件自批准之日起超过 5 年，方决定该项目开工建设的，其环境影响评价文件应当报原审批部门重新审核。因此 C 选项正确。

A 选项错误，因为需要重新审核，而非备案，不得继续执行。

B 选项错误，"环境影响评价文件应当报原审批部门重新审核"，故而无需补充评价。

D 选项错误，"环境影响评价文件应当报原审批部门重新审核"，指将原环境影响评价报告递交审批部门，而非重新制作环境影响评价报告。

考点 42 环境保护法

79. 关于因污染环境和破坏生态造成损害的环境侵权，下列判断正确的是：（2019 年不定项）[2]

A. 要求污染单位停止侵权的诉讼时效期间为 3 年，从当事人知道或者应当知道其受到损害时起计算

---

[1] C [2] BD

B. 为维护社会公共利益提起诉讼的社会组织不得通过诉讼牟取经济利益

C. 污染者以排污符合国家或者地方污染物排放标准为由可主张不承担侵权责任

D. 水污染损害是由受害人故意造成的，排污方不承担赔偿责任

【本题考点】环境侵权责任、环境公益诉讼

【选项分析】A 选项错误，《民法典》第 196 条规定，请求停止侵害、排除妨碍、消除危险，不适用诉讼时效。

B 选项正确，《环境保护法》第 58 条第 2 款规定，提起诉讼的社会组织不得通过诉讼牟取经济利益。

C 选项错误，《最高人民法院关于审理生态环境侵权责任纠纷案件适用法律若干问题的解释》第 4 条第 1 款规定，污染环境、破坏生态造成他人损害，行为人不论有无过错，都应当承担侵权责任。

D 选项正确，《水污染防治法》第 96 条第 3、4 款规定，水污染损害是由受害人故意造成的，排污方不承担赔偿责任。水污染损害是由受害人重大过失造成的，可以减轻排污方的赔偿责任。水污染损害是由第三人造成的，排污方承担赔偿责任后，有权向第三人追偿。

第十四章　自然资源法

考点43　森林法

80. 村民甲要将承包的林地里的枣树砍掉种樱桃树，关于申请林木采伐许可证，下列哪一说法是正确的？（2022年单选）[1]

A. 如果该县今年采伐限额已满，甲明年自动取得采伐许可证

B. 甲砍伐枣树无须申请采伐许可证

C. 乡政府可颁发采伐许可证

D. 如果同村乙有采伐许可证，甲能租用

【本题考点】采伐许可证

【选项分析】A选项错误，《森林法》第59条规定，审核发放采伐许可证的部门不得超过年采伐限额发放采伐许可证。因此，第二年甲不一定能够取得采伐许可证。

B选项错误，C选项正确。《森林法》第57条第3款规定，农村居民采伐自留山和个人承包集体林地上的林木，由县级人民政府林业主管部门或者其委托的乡镇人民政府核发采伐许可证。甲要砍伐承包地上的林木，应当取得采伐许可证，因此B错误。县级人民政府林业主管部门或者其委托的乡镇人民政府核发采伐许可证，因此C正确。

D选项错误。《森林法》第56条第5款规定，禁止伪造、变造、买卖、租借采伐许可证。

考点44　矿产资源法

81. 锡矿是实行保护性开采的特定矿种，甲公司（集体企业）有权在某锡矿产区采矿。张某为甲公司工程师，离职后开设一家建材店，需要以锡矿为原材料。该锡矿产区边缘有一条货运铁路，临近铁路轨道附近有零星分散的锡矿。对此，下列哪一说法是正确的？（2021年单选）[2]

A. 张某可以在采矿区内零星开采

B. 张某可与甲公司合作开采矿区内的锡矿

C. 甲公司可以在矿区外铁路周边零星开采

D. 张某不得个人采挖以及和甲公司合作开采

---

[1]　C　[2]　D

【本题考点】*矿产资源的开采*

【选项分析】A 选项错误。《矿产资源法》第 35 条第 1 款规定，国家允许个人采挖零星分散资源和只能用作普通建筑材料的砂、石、粘土以及为生活自用采挖少量矿产。第 2 款规定，国家规定实行保护性开采的特定矿种和国家规定禁止个人开采的其他矿产资源，个人不得开采。

B 选项错误，D 选项正确。《矿产资源法》第 35 条第 2 款规定，矿产储量规模适宜由矿山企业开采的矿产资源、国家规定实行保护性开采的特定矿种和国家规定禁止个人开采的其他矿产资源，个人不得开采。锡矿是实行保护性开采的特定矿种，因此张三不可以个人采挖以及与甲公司合伙开采。

C 选项错误，根据《矿产资源法》第 20 条第 3 项，非经国务院授权的有关主管部门同意，不得在铁路两侧一定距离以内采矿。

【关联法条】

《矿产资源法》第 20 条　非经国务院授权的有关主管部门同意，不得在下列地区开采矿产资源：

（一）港口、机场、国防工程设施圈定地区以内；

（二）重要工业区、大型水利工程设施、城镇市政工程设施附近一定距离以内；

（三）铁路、重要公路两侧一定距离以内；

（四）重要河流、堤坝两侧一定距离以内；

（五）国家划定的自然保护区、重要风景区，国家重点保护的不能移动的历史文物和名胜古迹所在地；

（六）国家规定不得开采矿产资源的其他地区。

第十五章 劳动法和劳动合同法

考点 45 劳动制度

82. 桃花岛矿业集团因旧矿的采集量减少，故准备建设新的矿井。桃花岛公司招聘井下作业人员进行新矿井的建设，陈玄风夫妇决定去工作，公司让他们负责井下设备的管理。桃花岛公司的下列哪些做法是符合劳动法规定的？（2021 年多选）[1]

A. 桃花岛公司需要对该批职工配备防毒面具并可收取费用

B. 桃花岛公司需要对陈玄风定期进行健康检查

C. 桃花岛公司可以聘用陈玄风夫妇从事矿井下作业的工作

D. 桃花岛公司应当在新建矿井的同时安装瓦斯探测器设备

【本题考点】劳动安全卫生制度、对女职工的特殊保护

【选项分析】A 选项错误，根据《劳动法》第 54 条，用人单位必须为劳动者提供符合国家规定的劳动安全卫生条件和必要的劳动防护用品。这是用人单位的法定义务，不能收取费用。

B 选项正确，根据《劳动法》第 54 条，用人单位对从事有职业危害作业的劳动者应当定期进行健康检查。

C 选项错误，根据《劳动法》第 59 条，禁止安排女职工从事矿山井下、国家规定的第四级体力劳动强度的劳动和其他禁忌从事的劳动。

D 选项正确，根据《劳动法》第 53 条第 2 款，新建、改建、扩建工程的劳动安全卫生设施必须与主体工程同时设计、同时施工、同时投入生产和使用。瓦斯探测器设备属于劳动安全卫生设施。

【关联法条】

1.《劳动法》第 53 条 劳动安全卫生设施必须符合国家规定的标准。

新建、改建、扩建工程的劳动安全卫生设施必须与主体工程同时设计、同时施工、同时投入生产和使用。

2.《劳动法》第 54 条 用人单位必须为劳动者提供符合国家规定的劳动安全卫生条件和

---

[1] BD

必要的劳动防护用品，对从事有职业危害作业的劳动者应当定期进行健康检查。

3.《劳动法》第59条　禁止安排女职工从事矿山井下、国家规定的第四级体力劳动强度的劳动和其他禁忌从事的劳动。

考点46　集体合同

83. 白驼山公司经常加班引起职工不满。现工会代表与白驼山公司签订了集体合同。关于集体合同，下列哪些说法是正确的？（2021年多选）[1]

A. 集体合同约定，每个月加班48小时，每年年假多放5天

B. 集体合同草案应当提交职工代表大会或者全体职工讨论通过

C. 集体合同签订后应当报劳动行政部门，劳动行政部门在15日内未提出异议的，集体合同生效

D. 因履行集体合同发生争议，经协商解决不成的，工会有权以自己的名义申请仲裁、提起诉讼

【本题考点】集体合同的内容、生效

【选项分析】A选项错误，根据《劳动法》第41条，用人单位由于生产经营需要，经与工会和劳动者协商后可以延长工作时间，一般每日不得超过一小时；因特殊原因需要延长工作时间的，在保障劳动者身体健康的条件下延长工作时间每日不得超过三小时，但是每月不得超过三十六小时。因此集体合同约定每月加班48小时，违反了《劳动法》的规定。并且，本案也不属于《劳动法》第42条的例外情形。《劳动法》的规定属于劳动基准，集体合同关于劳动者权利的约定不能低于劳动基准的规定。

B选项正确，根据《劳动合同法》第51条第1款，集体合同草案应当提交职工代表大会或者全体职工讨论通过。

C选项正确，根据《劳动合同法》第54条第1款，集体合同订立后，应当报送劳动行政部门；劳动行政部门自收到集体合同文本之日起十五日内未提出异议的，集体合同即行生效。

D选项正确，根据《劳动合同法》第56条，因履行集体合同发生争议，经协商解决不成的，工会可以依法申请仲裁、提起诉讼。

【关联法条】

1.《劳动法》第41条　用人单位由于生产经营需要，经与工会和劳动者协商后可以延长工作时间，一般每日不得超过一小时；因特殊原因需要延长工作时间的，在保障劳动者身体健康的条件下延长工作时间每日不得超过三小时，但是每月不得超过三十六小时。

2.《劳动法》第42条　有下列情形之一的，延长工作时间不受本法第四十一条规定的限制：

（一）发生自然灾害、事故或者因其他原因，威胁劳动者生命健康和财产安全，需要紧急处理的；

（二）生产设备、交通运输线路、公共设施发生故障，影响生产和公众利益，必须及时抢修的；

（三）法律、行政法规规定的其他情形。

---

[1]　BCD

3.《劳动法》第43条 用人单位不得违反本法规定延长劳动者的工作时间。

4.《劳动合同法》第51条 企业职工一方与用人单位通过平等协商，可以就劳动报酬、工作时间、休息休假、劳动安全卫生、保险福利等事项订立集体合同。集体合同草案应当提交职工代表大会或者全体职工讨论通过。

集体合同由工会代表企业职工一方与用人单位订立；尚未建立工会的用人单位，由上级工会指导劳动者推举的代表与用人单位订立。

5.《劳动合同法》第54条第1款 集体合同订立后，应当报送劳动行政部门；劳动行政部门自收到集体合同文本之日起十五日内未提出异议的，集体合同即行生效。

6.《劳动合同法》第56条 用人单位违反集体合同，侵犯职工劳动权益的，工会可以依法要求用人单位承担责任；因履行集体合同发生争议，经协商解决不成的，工会可以依法申请仲裁、提起诉讼。

84. 2017年1月1日杨过入职全真公司，未签订书面劳动合同但一直上班。2018年6月1日杨过以单位未签订书面合同为由，主张解除劳动合同并主张用人单位应支付双倍工资。下列哪些说法是正确的？（2019年多选）[1]

A. 用人单位应再支付17个月的工资
B. 杨过索要第2倍工资的仲裁时效尚未超过
C. 应视为双方签订无固定期限劳动合同
D. 用人单位应支付经济补偿金

【本题考点】 未签订书面劳动合同的后果、劳动争议仲裁时效

【选项分析】 A选项错误，根据《劳动合同法实施条例》第7条，用人单位自用工之日起满一年未与劳动者订立书面劳动合同的，自用工之日起满一个月的次日至满一年的前一日应当依照劳动合同法第八十二条的规定向劳动者每月支付两倍的工资，并视为自用工之日起满一年的当日已经与劳动者订立无固定期限劳动合同，应当立即与劳动者补订书面劳动合同。因此，本案用人单位应当向杨过支付2倍工资，共计11个月。在用人单位已经每月支付工资的情况下，还需要另行支付杨过11个月的工资。

B选项正确，根据《劳动争议调解仲裁法》第27条第1款，劳动争议申请仲裁的时效期间为一年。仲裁时效期间从当事人知道或者应当知道其权利被侵害之日起计算。第27条第4款规定，劳动关系存续期间因拖欠劳动报酬发生争议的，劳动者申请仲裁不受本条第一款规定的仲裁时效期间的限制；但是，劳动关系终止的，应当自劳动关系终止之日起一年内提出。因此，本案首先要判断是否属于因拖欠劳动报酬发生的争议，索要第2倍工资在性质上属于用人单位因不签订书面劳动合同的赔偿（补偿），而非劳动报酬，因此不属于因拖欠劳动报酬发生的争议，也就不落入第4款，而应适用第1款，即1年的仲裁时效。其次，要判断该仲裁时效是否经过，仲裁时效期间从当事人知道或者应当知道其权利被侵害之日起计算，本案第2倍工资应从2017年2月支付到2017年12月，因此仲裁时效期间的起算时点为2018年1月1日起算，因此未超过1年的仲裁时效。

C选项正确，根据《劳动合同法》第14条第3款，用人单位自用工之日起满一年不与劳动者订立书面劳动合同的，视为用人单位与劳动者已订立无固定期限劳动合同。根据《劳动合同法实施条例》第7条，用人单位自用工之日起满一年未与劳动者订立书面劳动合同的……视为自用工之日起满一年的当日已经与劳动者订立无固定期限劳动合同，应当立即与劳动者补订

---

[1] BC

书面劳动合同。

D 选项错误，本案不具有《劳动合同法》第 38 条劳动者解除劳动合同的事由，不属于用人单位支付经济补偿金的范围。

85. 2013 年 7 月阿紫进入星宿公司，签订 2 年期劳动合同。2014 年 10 月阿紫被选派到灵鹫公司进行专业技术培训，培训费 15 万元由星宿公司支付，并签订了回单位后服务期为 3 年的合同，阿紫于 2015 年 4 月回到星宿公司。在阿紫和星宿公司约定的服务期内发生如下纠纷，其中处理符合法律规定的有哪些？（2020 年多选）[1]

　　A. 星宿公司未为员工阿紫缴纳社会保险费，服务期内阿紫提出辞职的，无需支付违约金

　　B. 阿紫严重违反公司规章制度，现星宿公司提前解除服务期合同并要求阿紫支付违约金

　　C. 星宿公司要求阿紫支付的违约金 20 万元包括所应分摊的培训费用以及阿紫辞职给公司造成的损失

　　D. 在服务期内，阿紫因不能进行岗位调整，提出辞职，无需支付违约金

【本题考点】服务期条款

【选项分析】A 选项正确，因为用人单位应当为劳动者缴纳社会保险费用，否则，依据《劳动合同法》第 38 条第 1 款第 3 项，用人单位未依法为劳动者缴纳社会保险费的，劳动者可以解除劳动合同。另依据《劳动合同法实施条例》第 26 条第 1 款，用人单位与劳动者约定了服务期，劳动者依照劳动合同法第三十八条的规定解除劳动合同的，不属于违反服务期的约定，用人单位不得要求劳动者支付违约金。可知 A 选项正确。

B 选项正确，根据《劳动合同法实施条例》第 26 条第 2 款第 1 项，劳动者严重违反用人单位的规章制度的，用人单位与劳动者解除约定服务期的劳动合同的，劳动者应当按照劳动合同的约定向用人单位支付违约金。可知 B 选项正确。

C 选项错误，根据《劳动合同法》第 22 条第 2 款，劳动者违反服务期约定的，应当按照约定向用人单位支付违约金。违约金的数额不得超过用人单位提供的培训费用。违约金数额最高不能超过 15 万。

D 选项错误，由于劳动者的原因提出辞职，属于违反服务期约定，需要支付违约金。

【关联法条】

1.《劳动合同法》第 22 条　用人单位为劳动者提供专项培训费用，对其进行专业技术培训的，可以与该劳动者订立协议，约定服务期。

劳动者违反服务期约定的，应当按照约定向用人单位支付违约金。违约金的数额不得超过用人单位提供的培训费用。用人单位要求劳动者支付的违约金不得超过服务期尚未履行部分所应分摊的培训费用。

用人单位与劳动者约定服务期的，不影响按照正常的工资调整机制提高劳动者在服务期期间的劳动报酬。

2.《劳动合同法》第 38 条　用人单位有下列情形之一的，劳动者可以解除劳动合同：

（一）未按照劳动合同约定提供劳动保护或者劳动条件的；

（二）未及时足额支付劳动报酬的；

（三）未依法为劳动者缴纳社会保险费的；

（四）用人单位的规章制度违反法律、法规的规定，损害劳动者权益的；

（五）因本法第二十六条第一款规定的情形致使劳动合同无效的；

---

〔1〕　AB

（六）法律、行政法规规定劳动者可以解除劳动合同的其他情形。

用人单位以暴力、威胁或者非法限制人身自由的手段强迫劳动者劳动的，或者用人单位违章指挥、强令冒险作业危及劳动者人身安全的，劳动者可以立即解除劳动合同，不需事先告知用人单位。

3.《劳动合同法实施条例》第26条　用人单位与劳动者约定了服务期，劳动者依照劳动合同法第三十八条的规定解除劳动合同的，不属于违反服务期的约定，用人单位不得要求劳动者支付违约金。

有下列情形之一，用人单位与劳动者解除约定服务期的劳动合同的，劳动者应当按照劳动合同的约定向用人单位支付违约金：

（一）劳动者严重违反用人单位的规章制度的；

（二）劳动者严重失职，营私舞弊，给用人单位造成重大损害的；

（三）劳动者同时与其他用人单位建立劳动关系，对完成本单位的工作任务造成严重影响，或者经用人单位提出，拒不改正的；

（四）劳动者以欺诈、胁迫的手段或者乘人之危，使用人单位在违背真实意思的情况下订立或者变更劳动合同的；

（五）劳动者被依法追究刑事责任的。

86. 梅超风与桃花岛公司签订劳动合同，岗位是公司技术总监，公司章程约定技术总监是高管。在该劳动合同中约定，梅超风应保守公司商业秘密，泄露技术秘密需承担违约金，但并未约定竞业限制条款。梅超风离职2年后，使用在桃花岛公司任职期间获取的技术秘密成立了一家自己的公司（黑风公司）。对此，下列说法正确的有：（2019年多选）[1]

A. 章程约定技术总监为高管不合法

B. 梅超风应依据《劳动合同法》承担违约责任，支付违约金

C. 桃花岛公司可以要求梅超风赔偿

D. 桃花岛公司可以要求黑风公司赔偿

【本题考点】商业秘密、竞业限制

【选项分析】A选项错误，根据《公司法》第265条第1项，高级管理人员，是指公司的经理、副经理、财务负责人，上市公司董事会秘书和公司章程规定的其他人员。因此本案章程规定技术总监是高管合法。

B选项错误，根据《劳动合同法》第25条，除本法第二十二条和第二十三条规定的情形外，用人单位不得与劳动者约定由劳动者承担违约金。也就是说，只有违反服务期约定和违反竞业限制约定，劳动者才需要支付违约金，不能约定其他情形下劳动者支付违约金。

C选项正确，D选项正确。根据《反不正当竞争法》第9条第1款第3项，经营者不得违反保密义务或者违反权利人有关保守商业秘密的要求，披露、使用或者允许他人使用其所掌握的商业秘密；根据第2、3款，经营者以外的其他自然人、法人和非法人组织实施前款所列违法行为的，视为侵犯商业秘密。第三人明知或者应知商业秘密权利人的员工、前员工或者其他单位、个人实施本条第一款所列违法行为，仍获取、披露、使用或者允许他人使用该商业秘密的，视为侵犯商业秘密。因此，梅超风和梅超风成立的黑风公司均侵害了桃花岛公司的商业秘密权，均需承担赔偿责任。

---

[1]　CD

考点 47 劳动合同解除

87. 2021 年 5 月 10 日庄聚贤入职丐帮文化传播有限公司，但公司未与庄聚贤签订劳动合同。为了拓展业务，丐帮文化传播有限公司设立北京分公司，于 2021 年 10 月 10 日将庄聚贤派遣至北京分公司工作。2022 年 8 月 10 日，北京分公司业绩不佳，提出与庄聚贤解除合同，庄聚贤同意离职。至此，劳资双方一直未签订劳动合同。对此，下列说法正确是？（2022 年多选）[1]

A. 因未签订书面劳动合同，丐帮文化传播公司应当向庄聚贤多支付 11 个月的报酬

B. 丐帮文化传播公司是用人单位，北京分公司是用工单位

C. 北京分公司与庄聚贤解除劳动合同，无须支付经济补偿

D. 北京分公司与庄聚贤解除劳动合同，应当支付经济补偿金，补偿金为庄聚贤一个半月的工资

【本题考点】 未订立劳动合同的处理、经济补偿金

【选项分析】 A 选项正确，因单位原因未与劳动者签订书面劳动合同的，自用工之日起 2 个月至满 1 年，单位应当每个月向劳动者支付两倍的工资。因此，丐帮公司应当在庄聚贤入职 2~12 这 11 个月里，支付双倍工资。入职 12 个月之后的工资，庄聚贤不得要求支付双倍。

B 选项错误，丐帮文化传播公司是总公司，北京分公司是分支机构，后者并非独立主体，庄聚贤在北京分公司工作，就是为丐帮文化传播公司而工作。

C 选项错误，D 选项正确。北京分公司与庄聚贤解除劳动合同属于协议解除，但由于是用人单位提出的，故单位仍然应当向劳动者支付经济补偿金。经济补偿金的计算方式为，工作每满 1 年，支付一个月的工资；不满 6 个月的，支付半月工资。庄聚贤在丐帮公司工作了 1 年 3 个月，应当获得相当于一个半月工资的补偿金。

【总结】

1. 未订立劳动合同的处理：

时间段	用人单位责任
用工起 1 个月内	首月不违法、不处罚
用工起第 2~12 个月	每月 2 倍工资，并支付经济补偿金
用工满 1 年后	签订无固定期限劳动合同；补签书面合同；正常工资

2. 凡是劳动者没有"主观过错"的，都应当获得补偿金：

解除类型	解除情形	补偿金
协商解除	双方自愿达成	用人单位主动提出，应给经济补偿

---

[1] AD

解除类型		解除情形	补偿金
劳动者	预告解除	1. 试用期内提前 3 日 2. 正式履约期内，提前 30 日书面通知	无须理由，没有补偿金
	随时解除	不付钱；不交社保；不保护；规章违法；欺诈等	补偿金
	立即解除	暴力、威胁强迫劳动；违章指挥、强令冒险作业	
用人单位	即时解除	试用期不过；严重违反制度；严重失职；脚踏两只船；欺诈等；刑责	被开除，无补偿
	预告解除	提前 30 日书面通知或额外 1 月工资： 1. 非因工伤，医疗期满后，不能工作 2. 不能胜任，换岗、培训后依然不能 3. 客观情况重大变化	1. 经济补偿 2. 不得解除： ①疑似职业病 ②因工负伤 ③医疗期内 ④女职工三期 ⑤15 + 5 老职工
	经济性裁员	1. 严重困难 2. 用人单位决定→告知工会、职工，听取意见→报告人社局 3. 优先留用（弱势群体和老员工） + 优先返聘	

考点 48　劳务派遣

88. 甲劳务派遣公司将员工李某派至乙公司，在工作期间，李某遭遇事故死亡。经查，甲公司未缴纳工伤保险。据此，下列说法正确的是：（2022 年单选）[1]

A. 应由甲公司承担工伤保险责任

B. 应由甲公司和乙公司共同承担工伤保险责任

C. 应由乙公司承担工伤保险责任

D. 应由乙公司申请工伤认定

【本题考点】劳务派遣纠纷

【选项分析】劳动者受工伤由用人单位承担工伤保险责任：①被派遣劳动者在用工单位因工作遭受事故伤害的，劳务派遣单位应依法申请工伤认定，用工单位应当协助工伤认定的调查核实工作。②劳务派遣单位承担工伤保险责任，但可以与用工单位约定补偿办法。

因此 A 选项正确，B 选项错误，C 选项错误。D 选项错误，应由甲公司申请工伤认定，乙公司应当协助工伤认定的调查核实工作。

---

[1]　A

第十六章　劳动争议调解仲裁法

考点49　劳动争议仲裁的管辖

89. 襄阳市丐帮劳务派遣公司把杨过派遣到在西安市的全真公司工作，一年来一直没给杨过发过工资。杨过分别向丐帮劳务派遣公司所在地和全真公司所在地的劳动争议仲裁委员会申请仲裁，均被受理。本案最终应由哪个仲裁机构管辖？（2021年单选）[1]

A. 全真公司所在地的劳动争议仲裁委员会管辖
B. 丐帮公司所在地的劳动争议仲裁委员会管辖
C. 先受理的劳动争议仲裁委员会管辖
D. 两个劳动争议仲裁委员会协商管辖

【本题考点】劳动争议仲裁管辖

【选项分析】根据《劳动争议调解仲裁法》第21条第2款，劳动争议由劳动合同履行地或者用人单位所在地的劳动争议仲裁委员会管辖。双方当事人分别向劳动合同履行地和用人单位所在地的劳动争议仲裁委员会申请仲裁的，由劳动合同履行地的劳动争议仲裁委员会管辖。

题设中，只有杨过申请仲裁，因此不属于"双方当事人分别仲裁"的情形。杨过一人既向劳动合同履行地仲裁委申请，又向用人单位所在地仲裁委申请的，由先受理的劳动争议仲裁委员会管辖。因此，A选项错误，B选项错误，C选项正确，D选项错误。

考点50　劳动争议仲裁与诉讼关系

90. 阿紫是星宿公司聘用的工作人员，因为不喜欢当地气候欲辞去工作但被星宿公司拒绝。逍遥法律援助中心协助阿紫成功离职，但是星宿公司拒不支付阿紫最后一个月工资3000元。阿紫欲申请劳动争议仲裁。关于本案，下列哪一选项说法是正确的？（2019年单选）[2]

A. 阿紫辞职的理由不合理，不能辞职
B. 工作3年的星宿公司工会工作人员摘星子可以做该劳动争议的仲裁员
C. 阿紫可以委托逍遥法律援助中心参加仲裁活动
D. 如此案提交劳动争议仲裁，星宿公司一方对仲裁裁决不服的，有权向法院起诉

【本题考点】劳动争议仲裁程序

---

[1]　C　[2]　C

【选项分析】A选项错误，劳动者享有单方解除权，只需提前30日以书面形式通知用人单位即可。

B选项错误，根据《劳动争议调解仲裁法》第20条第2款，工会工作人员工作满5年方能担任仲裁员。

C选项正确，《法律援助法》第22条规定，法律援助机构可以组织法律援助人员依法提供下列形式的法律援助服务：（一）法律咨询；（二）代拟法律文书；（三）刑事辩护与代理；（四）民事案件、行政案件、国家赔偿案件的诉讼代理及非诉讼代理；（五）值班律师法律帮助；（六）劳动争议调解与仲裁代理；（七）法律、法规、规章规定的其他形式。

D选项错误，《劳动争议调解仲裁法》第47条规定了单边终局裁决制度，下列劳动争议，除本法另有规定的外，仲裁裁决为终局裁决，裁决书自作出之日起发生法律效力：（一）追索劳动报酬、工伤医疗费、经济补偿或者赔偿金，不超过当地月最低工资标准十二个月金额的争议；（二）因执行国家的劳动标准在工作时间、休息休假、社会保险等方面发生的争议。题设的争议金额为3000元，不会超过当地月最低工资标准十二个月，因此该裁决对星宿公司为终局性的。另根据《劳动争议调解仲裁法》第48条，劳动者对仲裁裁决不服的，可以起诉。

【关联法条】
《劳动争议调解仲裁法》第20条　劳动争议仲裁委员会应当设仲裁员名册。

仲裁员应当公道正派并符合下列条件之一：

（一）曾任审判员的；

（二）从事法律研究、教学工作并具有中级以上职称的；

（三）具有法律知识、从事人力资源管理或者工会等专业工作满五年的；

（四）律师执业满三年的。

第十七章　社会保障法

考点51　工伤保险

91. 快递员方某送快递时因电瓶车速度过快，误入人行道撞到退休职工张大爷，快递员重伤，经鉴定为一级伤残，张大爷轻微伤。下列选项正确的是？（2019年多选）[1]

A. 快递员有权申请从工伤保险基金中按月领取伤残津贴

B. 快递公司称该事故是由快递员过错导致，拒绝向张大爷承担赔偿责任，能够得到法院支持

C. 张大爷可以直接使用医疗保险账户支取医疗费用

D. 如果快递公司未依法缴纳工伤保险费，也不支付工伤保险待遇，可从工伤保险基金中先行支付

【本题考点】工伤保险赔付

【选项分析】A选项正确，《社会保险法》第38条规定，因工伤发生的下列费用，按照国家规定从工伤保险基金中支付：……（六）一次性伤残补助金和一至四级伤残职工按月领取的伤残津贴。

B选项错误，《民法典》第1191条规定了"雇主责任"，用人单位的工作人员因执行工作任务造成他人损害的，由用人单位承担侵权责任。用人单位承担侵权责任后，可以向有故意或者重大过失的工作人员追偿。

C选项错误，《社会保险法》第30条规定，下列医疗费用不纳入基本医疗保险基金支付范围：（一）应当从工伤保险基金中支付的；（二）应当由第三人负担的；（三）应当由公共卫生负担的；（四）在境外就医的。医疗费用依法应当由第三人负担，第三人不支付或者无法确定第三人的，由基本医疗保险基金先行支付。基本医疗保险基金先行支付后，有权向第三人追偿。因此，本选项错在"直接"，张大爷应当先请求快递公司支付医疗费，当快递公司不支付时，再由基本医疗保险基金先行支付。

D选项正确，《社会保险法》第41条第1款规定，职工所在用人单位未依法缴纳工伤保险费，发生工伤事故的，由用人单位支付工伤保险待遇。用人单位不支付的，从工伤保险基金中先行支付。

---

[1]　AD

第十八章 著作权法

考点 52 著作权的内容

92. 知名画家向问天将其未发表的一幅画作《黑木崖之春》赠与恒山公司老总令狐冲，令狐冲将该幅画作挂在办公室，让员工拍照并用作公司网站首页产品宣传的背景图。对此，下列说法正确的是：（2022 年单选）[1]

A. 侵犯了向问天的展览权

B. 侵犯了向问天的发表权

C. 侵犯了向问天的复制权

D. 侵犯了向问天的信息网络传播权

【本题考点】 美术作品原件所有权转移

【选项分析】 A 选项错误，根据《著作权法》第 20 条第 1 款，美术、摄影作品原件的展览权由原件所有人享有。由于向问天已经将画作赠送给令狐冲，因此令狐冲拥有美术作品原件的所有权，进而享有展览权。

B 选项错误，根据《著作权法》第 20 条第 2 款，作者将未发表的美术、摄影作品的原件所有权转让给他人，受让人展览该原件不构成对作者发表权的侵犯。

C 选项错误，复制权指以印刷、复印、拓印、录音、录像、翻录、翻拍、数字化等方式将作品制作一份或者多份的权利，强调的是作品被复制在物理上独立的、有形的载体上。题设中，员工拍照并上传网络，并没有将《黑木崖之春》制作成物理上独立的、有形的载体，因此没有侵犯向问天的复制权。

D 选项正确。根据《著作权法》第 20 条第 1 款，向问天将原件所有权转移给令狐冲，一并转移的只是著作权中的展览权，其他著作权仍由向问天享有。信息网络传播权，指以有线或者无线方式向公众提供，使公众可以在其选定的时间和地点获得作品的权利。员工拍照上传网络，公众就可以在其选定的时间和地点观赏画作，因此该行为侵犯了向问天的信息网络传播权。

---

[1] D

《著作权法》第20条　作品原件所有权的转移，不改变作品著作权的归属，但美术、摄影作品原件的展览权由原件所有人享有。

作者将未发表的美术、摄影作品的原件所有权转让给他人，受让人展览该原件不构成对作者发表权的侵犯。

93. 雷雪公司是网络游戏《仙侠世界》的开发运营商（著作权人）。张三私自拷贝了该游戏的服务器程序，并架设服务器吸引玩家。李四是一名程序员，制作了一款针对《仙侠世界》的外挂（与游戏程序挂接，让用户迅速提高游戏水平）。对此，下列说法正确的是：（2019年多选）[1]

A. 张三侵犯了雷雪公司的发行权

B. 张三侵犯了雷雪公司的复制权

C. 张三侵犯了雷雪公司的信息网络传播权

D. 李四侵犯了雷雪公司的保护作品完整权

【本题考点】发行权、复制权、信息网络传播权、保护作品完整权

【选项分析】A选项错误。发行权，指以出售或者赠与方式向公众提供作品的原件或者复制件的权利。这里的原件和复制件指的是客观的、独立的、有形的载体。张三私自拷贝该游戏的服务器程序，并架设服务器，并没有向公众提供客观的、独立的、有形的载体，因此没有侵犯雷雪公司的发行权。如果张三将游戏程序刻录在光盘或U盘上，出售光盘或U盘，则侵犯了雷雪公司的发行权。

B选项错误。复制权指以印刷、复印、拓印、录音、录像、翻录、翻拍、数字化等方式将作品制作一份或者多份的权利，这里的"将作品制作一份或者多份（复制件）"也是指客观的、独立的、有形的载体。因此，张三没有侵犯雷雪公司的复制权。

C选项正确。信息网络传播权，指以有线或者无线方式向公众提供，使公众可以在其选定的时间和地点获得作品的权利。张三私自拷贝该游戏的服务器程序，并架设服务器，实际上是向公众提供了《仙侠世界》这款游戏，而公众可以在自己选定的时间登录服务器，因此张三的行为侵犯了雷雪公司的信息网络传播权。

D选项正确。保护作品完整权，指保护作品不受歪曲、篡改的权利。外挂的原理是篡改了原游戏的部分参数，使得使用者获得更高的数值，破坏了游戏的完整性，因而李四的行为构成侵犯雷雪公司的保护作品完整权。

94. 韦小宝创作了小说《大清爱情故事》，多隆读后将该小说扫描，并上传到神龙文学论坛网站。洪安通是神龙论坛管理员，看到后将该帖子及小说电子版资源下载链接放置到"精华区"并置顶。郑克塽在县中学旁经营一家书店，在论坛上下载了小说电子版，并印制成册，出租给学校的学生。吴应熊租借两天，将小说内容朗读录制成有声书在班级播放。对此，下列说法正确的是：（2019年多选）[2]

A. 多隆的行为构成侵权，需承担赔偿责任

B. 神龙论坛的行为构成侵权，需承担赔偿责任

C. 郑克塽的行为构成侵权，需承担赔偿责任

D. 吴应熊的行为构成侵权，需承担赔偿责任

【本题考点】信息网络传播权、复制权、出租权、表演权、合理使用

---

[1]　CD　[2]　AC

A 选项正确。信息网络传播权，指以有线或者无线方式向公众提供，使公众可以在其选定的时间和地点获得作品的权利。多隆将小说扫描后上传，符合信息网络传播权的定义。多隆的行为也不符合合理使用和法定许可，因此行为构成侵权，需要承担赔偿责任。

B 选项错误。首先，神龙论坛的行为构成侵权，这是一种间接侵权状态，因为论坛作为网络服务提供者，客观上侵犯了韦小宝的信息网络传播权，而侵犯著作权本身是不考虑行为人主观状态的。其次，神龙论坛无需赔偿，应当获得"避风港"规则的保护。根据《信息网络传播权保护条例》第 22 条，神龙论坛在不知道多隆侵权、未从小说中直接获得经济利益时不承担赔偿责任。题设中，多隆上传小说到神龙文学论坛网站，可以认为神龙论坛不知道多隆侵权；洪安通作为神龙论坛管理员，将该帖子及小说电子版资源下载链接放置到"精华区"并置顶，可以推定神龙论坛未从小说中直接获得经济利益。因此神龙论坛无需承担赔偿责任。

C 选项正确。复制权指以印刷、复印、拓印、录音、录像、翻录、翻拍、数字化等方式将作品制作一份或者多份的权利。郑克塽下载小说并复制多份，侵犯了韦小宝的复制权。特别的，由于韦小宝作为文字作品的著作权人，不享有出租权，因此郑克塽没有侵犯出租权。

D 选项错误。表演权，指公开表演作品，以及用各种手段公开播送作品的表演的权利。吴应熊的行为是表演行为。不过由于吴应熊在班级内播放，没有收费，属于"免费表演已经发表的作品，该表演未向公众收取费用，也未向表演者支付报酬，且不以营利为目的"，因此属于合理使用。总结而言，吴应熊的行为构成合理使用，未侵犯韦小宝的著作权。

【关联法条】

1. 《著作权法》第 24 条　在下列情况下使用作品，可以不经著作权人许可，不向其支付报酬，但应当指明作者姓名或者名称、作品名称，并且不得影响该作品的正常使用，也不得不合理地损害著作权人的合法权益：

（一）为个人学习、研究或者欣赏，使用他人已经发表的作品；

（二）为介绍、评论某一作品或者说明某一问题，在作品中适当引用他人已经发表的作品；

（三）为报道新闻，在报纸、期刊、广播电台、电视台等媒体中不可避免地再现或者引用已经发表的作品；

（四）报纸、期刊、广播电台、电视台等媒体刊登或者播放其他报纸、期刊、广播电台、电视台等媒体已经发表的关于政治、经济、宗教问题的时事性文章，但著作权人声明不许刊登、播放的除外；

（五）报纸、期刊、广播电台、电视台等媒体刊登或者播放在公众集会上发表的讲话，但作者声明不许刊登、播放的除外；

（六）为学校课堂教学或者科学研究，翻译、改编、汇编、播放或者少量复制已经发表的作品，供教学或者科研人员使用，但不得出版发行；

（七）国家机关为执行公务在合理范围内使用已经发表的作品；

（八）图书馆、档案馆、纪念馆、博物馆、美术馆、文化馆等为陈列或者保存版本的需要，复制本馆收藏的作品；

（九）免费表演已经发表的作品，该表演未向公众收取费用，也未向表演者支付报酬，且不以营利为目的；

（十）对设置或者陈列在公共场所的艺术作品进行临摹、绘画、摄影、录像；

（十一）将中国公民、法人或者非法人组织已经发表的以国家通用语言文字创作的作品翻译成少数民族语言文字作品在国内出版发行；

（十二）以阅读障碍者能够感知的无障碍方式向其提供已经发表的作品；

（十三）法律、行政法规规定的其他情形。

前款规定适用于对与著作权有关的权利的限制。

2.《信息网络传播权保护条例》第22条　网络服务提供者为服务对象提供信息存储空间，供服务对象通过信息网络向公众提供作品、表演、录音录像制品，并具备下列条件的，不承担赔偿责任：

（一）明确标示该信息存储空间是为服务对象所提供，并公开网络服务提供者的名称、联系人、网络地址；

（二）未改变服务对象所提供的作品、表演、录音录像制品；

（三）不知道也没有合理的理由应当知道服务对象提供的作品、表演、录音录像制品侵权；

（四）未从服务对象提供作品、表演、录音录像制品中直接获得经济利益；

（五）在接到权利人的通知书后，根据本条例规定删除权利人认为侵权的作品、表演、录音录像制品。

考点53　著作权主体

95. 段正淳老年时欲将自己的传奇人生记录下来，遂由段正淳口述并聘请作家苏星河执笔，苏星河以段正淳的人生经历为素材完成了20万字的小说《我的罗曼蒂克史》，二人未约定著作权的归属，段正淳亦尚未支付稿酬。后段正淳和苏星河一同外出，在途中因车祸去世，苏星河的继承人薛慕华在整理遗物时发现了原著手稿。薛慕华欲将其出版，段正淳的继承人段誉反对。下列哪些表述是正确的？（2021年多选）[1]

A. 薛慕华有权向段誉主张支付稿酬

B. 因手稿在薛慕华手中，该自传的著作权归薛慕华享有

C. 原著手稿的所有权归薛慕华所有

D. 段誉主张其享有自传出版著作权，能够得到法院支持

【本题考点】著作权的主体、遗著、自传体作品

【选项分析】A选项正确，段正淳尚欠付苏星河稿酬。二人去世后，段誉继承了段正淳的财产，故而同时也继承了该笔债务，薛慕华继承了该笔债权。

B选项错误，D选项正确。原著手稿的所有与著作权并不同一。《我的罗曼蒂克史》属于自传体作品，该类作品著作权的归属规则是，有约定的从其约定，无约定的，著作权归该特定人物享有，执笔人或者整理人可以要求获得适当报酬。因此，此书著作权属于段正淳。段正淳去世后，该书的财产性著作权由段誉继承。因此B错误，D正确。

C选项正确。《我的罗曼蒂克史》的著作权归属于段正淳，而原著手稿的所有权段正淳与苏星河尚未约定，苏星河合法占有该书，此后薛慕华合法占有该书，在无相反证据下，占有动产的人推定为所有权人。

96. 天龙公司经作家甲的许可，将其创作的小说改编并拍摄成电影，还聘请著名词曲作者乙为电影创作插曲。下列哪些说法是正确的？（2020年多选）[2]

A. 一品堂剧团若将该电影改编舞台剧并上演，只需经天龙公司许可并付费

---

〔1〕　ACD　〔2〕　BD

B. 曼陀出版社若出版该电影的连环画，需经天龙公司和甲的许可并付费

C. 大理网未经许可提供该电影的超前点播服务，同时侵犯了天龙公司、甲和乙的著作权

D. 燕子坞唱片公司希望自聘歌手演唱该电影插曲并制成唱片，只需乙许可并付费

【本题考点】视听作品、改编作品

【选项分析】A选项错误。《著作权法》第16条规定，使用改编、翻译、注释、整理、汇编已有作品而产生的作品进行出版、演出和制作录音录像制品，应当取得该作品的著作权人和原作品的著作权人许可，并支付报酬。天龙公司改编了小说，对改编后的剧本享有著作权，甲对小说仍然享有著作权。因此一品堂剧团若将该电影改编舞台剧并上演，需要同时向天龙公司和甲获得许可并付费。

B选项正确。出版电影的连环画，属于对电影的改编。改编权，指改变作品，创作出具有独创性的新作品的权利。因此曼陀出版社出版该电影的连环画，需经天龙公司的许可并付费。同时，将该电影改编为连环画，必然会体现原来小说的情节和人物，同时也就可能侵犯原小说的著作权，因此应当获得甲的许可并付费。

C选项错误。视听作品是一类特殊的合作作品，依据《著作权法》第17条第1款，视听作品中的电影作品、电视剧作品的著作权由制作者享有，但编剧、导演、摄影、作词、作曲等作者享有署名权，并有权按照与制作者签订的合同获得报酬。因此，对于信息网络传播行为，只有天龙公司享有控制权，甲和乙不享有控制权。大理网的行为属于信息网络传播行为，只侵犯了天龙公司的著作权。

D选项正确。依据《著作权法》第17条第3款，视听作品中的剧本、音乐等可以单独使用的作品的作者有权单独行使其著作权。燕子坞唱片公司单独使用电影插曲的，只需乙的许可并付费。

考点54　邻接权

97. 燕子坞舞蹈团为了一品堂公司的庆典晚会，高薪聘请了舞蹈家虚竹来编舞，并让舞蹈团的王语嫣领舞。演出当天，观众段誉在观看节目的同时录制了王语嫣跳舞的高光时刻，并上传到了朋友圈。段誉的行为侵犯了下列何种权利？（2022年单选）[1]

A. 侵犯了舞蹈团的著作权　　　　　B. 侵犯了舞蹈团的表演者权

C. 侵权了王语嫣的表演者权　　　　D. 侵犯了虚竹的发表权

【本题考点】舞蹈作品、委托作品、职务表演、信息网络传播权、邻接权、发表权

【选项分析】A选项错误。题设中构成作品的是舞蹈本身。依据《著作权法》第19条，受委托创作的作品，著作权的归属由委托人和受托人通过合同约定。合同未作明确约定或者没有订立合同的，著作权属于受托人。本题中，舞蹈团聘请虚竹编舞，构成了委托虚竹创作舞蹈作品，由于题目中没有提及二者的约定，因此推定著作权属于受托人（即虚竹）。故而段誉不可能侵犯舞蹈团的著作权。

B选项正确，C选项错误。段誉录制王语嫣跳舞并上传朋友圈的行为，让大众观看到了王语嫣的表演同时观看到了虚竹的编舞。根据《著作权法》第40条第1款，演员为完成本演出单位的演出任务进行的表演为职务表演，演员享有表明身份和保护表演形象不受歪曲的权利，

---

[1]　B

其他权利归属由当事人约定。当事人没有约定或者约定不明确的，职务表演的权利由演出单位享有。王语嫣的表演属于职务表演，由于题设未说明王语嫣与舞蹈团之间的约定，故而推定王语嫣的表演由舞蹈团享有表演者权。表演者权包括信息网络传播权。因此，段誉的行为侵犯了舞蹈团的表演者权。

D选项错误，发表权，指决定作品是否公之于众的权利。发表权遵循"一次用尽"原则，虚竹既然同意舞蹈在庆典晚会上演出，就已经用尽其发表权，段誉不可能再次侵犯。

98. 作曲家李某编写了一首歌曲，甲公司经过授权许可，录制了该歌曲的钢琴版并制作成在线数字专辑进行售卖。据此，下列哪些情况下，播放该钢琴曲需要取得李某的许可并支付报酬，但不需要取得甲公司的许可只需要支付报酬？（2022年多选）[1]

A. 某电影将该钢琴曲作为电影的片尾曲
B. 网络电台按照预定节目单播放该钢琴曲
C. 餐饮店将该钢琴曲作为背景音乐播放
D. 在线音乐平台将该钢琴曲用于用户点播

【本题考点】著作权、录音制作者权

【选项分析】A选项错误。摄制电影必然会将李某编写的歌曲一同摄制进去，如此就落入李某摄制权的范畴。摄制权，指以摄制视听作品的方法将作品固定在载体上的权利。因此，电影制片者应当获得李某的许可并付费。甲公司为录音制作者。依据《著作权法》第44条第1款，录音录像制作者对其制作的录音录像制品，享有许可他人复制、发行、出租、通过信息网络向公众传播并获得报酬的权利。电影将该钢琴曲作为电影的片尾曲，一旦电影被复制成复制件或者是被发行、被出租、通过信息网络向公众传播，就会导致钢琴曲被一同复制、发行、出租、通过信息网络传播。因此，此处情形下，电影制片者也应当获得甲公司的许可并付费。

B选项正确。网络电台按照预定节目单播放该钢琴曲属于广播行为。李某作为著作权人享有广播权，因此网络电台应当获得李某许可并付费。录音制作者并不享有广播权，但可以根据《著作权法》第45条享有获得报酬的权利（将录音制品用于有线或者无线公开传播，或者通过传送声音的技术设备向公众公开播送的，应当向录音制作者支付报酬）。因此B当选。

C选项正确。餐饮店将该钢琴曲作为背景音乐播放属于表演行为。李某作为著作权人享有表演权，餐饮店应当获得李某许可并付费。录音制作者并不享有表演权，但可以根据《著作权法》第45条享有获得报酬的权利（将录音制品用于有线或者无线公开传播，或者通过传送声音的技术设备向公众公开播送的，应当向录音制作者支付报酬）。因此C当选。

D选项错误。在线音乐平台将该钢琴曲用于用户点播，由于用户可以随时点播，具有"交互性"，因此该行为属于信息网络传播行为。李某和甲公司都享有信息网络传播权，该音乐平台应当同时获得李某和甲公司的许可并向二者分别付费。D不当选。

【总结】著作权和邻接权的内容总结如下：

	著作权	表演者权	录音制作者权	录像制作者权	广播组织者权
发表权	√	×	×	×	×
署名权	√	表明身份	×	×	×
修改权	√	×	×	×	×
保护作品完整权	√	形象不受歪曲	×	×	×

---

[1] BC

	著作权	表演者权	录音制作者权	录像制作者权	广播组织者权
复制权	√	√＋首次固定	√	√	√
发行权	√	√	√	√	√
出租权	视听＋软件	√	√	√	×
表演权	√	×	获酬权	×	×
广播权	√	现场直播	获酬权	许可电视台	转播权
信息网络传播权	√	√	√	√	√
展览权	美术＋摄影	×	×	×	×
演绎权	√	×	×	×	×

第十九章　专利法

考点 55　专利的申请

99. 甲、乙两家公司在互不知情的情况下各自研发了一件技术完全相同的产品，并于 2022 年 7 月 1 日同一天，甲在行业内举办的展览会上展出该技术，乙在中国政府承认的世界博览会上展出该技术。2022 年 9 月 1 日，甲提交了发明专利申请，2022 年 9 月 2 日，乙也提交了发明专利申请。对此，下列哪一选项是正确的？（2022 年单选）[1]

A. 甲已经展出该项技术，即丧失了新颖性，所以甲不能申请专利

B. 乙已经展出该项技术，即丧失了新颖性，所以乙不能申请专利

C. 因为甲先于乙提交申请，所以应授予甲专利权

D. 专利局应当通知甲、乙协商确定申请人

【本题考点】新颖性、不丧失新颖性的公开、在先申请原则

【选项分析】A 选项正确，B 选项错误。甲在行业内举办的展览会上展出该技术，由于参展人众多，这种技术已经被公开，不再具有新颖性，因此甲不能申请专利。《专利法》第 24 条规定，在中国政府主办或者承认的国际展览会上首次展出的，只要在展出之后的六个月内申请专利，就不丧失新颖性，因此乙没有丧失新颖性，可以申请专利。当然，本题出得不好，因为甲、乙既然研发的产品技术完全一样，那么甲丧失了新颖性，其实乙也就丧失了新颖性。

C 选项错误，由于甲丧失了新颖性，所以不能够授予甲专利权。

D 选项错误。如果多个申请人同时分别就同样的发明创造申请专利，应当在收到国务院专利行政部门的通知后自行协商确定申请人。甲、乙是前后两天申请，并非同时申请，因此无需协商。

【关联法条】

《专利法》第 24 条　申请专利的发明创造在申请日以前六个月内，有下列情形之一的，不丧失新颖性：

（一）在国家出现紧急状态或者非常情况时，为公共利益目的首次公开的；

（二）在中国政府主办或者承认的国际展览会上首次展出的；

（三）在规定的学术会议或者技术会议上首次发表的；

（四）他人未经申请人同意而泄露其内容的。

---

[1]　A

考点 56 专利权无效

100. 甲公司出品的游戏卡牌设计美观，享有一项外观设计专利。乙公司未经甲公司许可大量仿制同样的游戏卡牌，并销售给玩具批发商丙公司。丁经营一家桌游馆，其以市场价格自丙公司购买 10 套该类游戏卡牌，用于日常经营。甲公司发现上述情形后，认为乙公司、丙公司、丁侵犯其专利权，向法院起诉。乙公司在答辩期间，向国家知识产权局申请甲公司的外观设计专利权无效。对此，下列哪些说法是正确的？（2022 年多选）[1]

A. 乙公司的行为侵犯甲公司的专利权

B. 丙公司的行为侵犯甲公司的专利权

C. 丁的行为侵犯甲公司的专利权

D. 甲公司提起的侵权之诉应当中止审理

【本题考点】专利的实施、专利诉讼

【选项分析】A 选项正确，B 选项正确。《专利法》第 11 条第 2 款规定，外观设计专利权被授予后，任何单位或者个人未经专利权人许可，都不得实施其专利，即不得为生产经营目的制造、许诺销售、销售、进口其外观设计专利产品。乙公司制造了外观设计专利产品，丙公司销售了外观设计专利产品，二者都侵犯了甲公司的专利权。

C 选项错误。丁的行为构成使用该外观设计专利产品，然而根据《专利法》第 11 条第 2 款的规定，外观设计专利权人仅对制造、许诺销售、销售、进口具有专有权，对于使用并无专有权，因此丁的行为没有侵犯甲公司的专利权。

D 选项正确，《最高人民法院关于审理专利纠纷案件适用法律问题的若干规定》第 5 条规定，人民法院受理的侵犯实用新型、外观设计专利权纠纷案件，被告在答辩期间内请求宣告该项专利权无效的，人民法院应当中止诉讼。

【关联法条】

《最高人民法院关于审理专利纠纷案件适用法律问题的若干规定》第 5 条　人民法院受理的侵犯实用新型、外观设计专利权纠纷案件，被告在答辩期间内请求宣告该项专利权无效的，人民法院应当中止诉讼，但具备下列情形之一的，可以不中止诉讼：

（一）原告出具的检索报告或者专利权评价报告未发现导致实用新型或者外观设计专利权无效的事由的；

（二）被告提供的证据足以证明其使用的技术已经公知的；

（三）被告请求宣告该项专利权无效所提供的证据或者依据的理由明显不充分的；

（四）人民法院认为不应当中止诉讼的其他情形。

【总结】被告在诉讼期间请求宣告专利权无效的，人民法院处理方式总结如下：

分类	内容
1. 原则	（1）在答辩期间内提出无效申请的，原则上应当中止诉讼 （2）答辩期间届满后提出无效申请的，原则上不中止诉讼，除非经审查认为有必要中止诉讼

---

[1]　ABD

分类	内容	
2. 例外	（1）原告专利可靠度高	人民法院受理的侵犯发明专利权纠纷案件或者经国务院专利行政部门审查维持专利权的侵犯实用新型、外观设计专利权纠纷案件，人民法院可以不中止诉讼
	（2）现有证据足够判决	人民法院受理的侵犯实用新型、外观设计专利权纠纷案件，被告在答辩期间内请求宣告该项专利权无效的，人民法院应当中止诉讼，但具备下列情形之一的，可以不中止诉讼： ①原告出具的检索报告或者专利权评价报告未发现导致实用新型或者外观设计专利权无效的事由的 ②被告提供的证据足以证明其使用的技术已经公知的 ③被告请求宣告该项专利权无效所提供的证据或者依据的理由明显不充分 ④人民法院认为不应当中止诉讼的其他情形

考点 57　专利侵权

101. 甲公司通过新方法培育出特级对虾，并将养殖方法申请了专利，乙公司未经允许私自使用甲公司的专利方法培育出了该品种对虾。丙公司购买了乙公司培育的虾并制作成了虾酱。丁超市从丙公司处购买并出售该虾酱。戊研究所使用甲公司的养殖方法培养对虾，研究发现培育出来的虾成活率不高，后在此基础上研究出了新型培育对虾的养殖方法。据此，下列说法正确的是：（2021年多选）[1]

A. 乙公司侵犯了甲公司专利　　　　B. 丙公司侵犯了甲公司专利
C. 丁超市侵犯了甲公司专利　　　　D. 戊研究所侵犯了甲公司专利

【本题考点】专利侵权、专利侵权抗辩

【选项分析】甲公司所获得的是方法专利，根据《专利法》第11条第1款的规定，发明和实用新型专利权被授予后，除本法另有规定的以外，任何单位或者个人未经专利权人许可，都不得实施其专利，不得使用其专利方法以及使用、许诺销售、销售、进口依照该专利方法直接获得的产品。

A选项正确，乙公司使用甲公司的专利方法且销售依照该专利方法直接获得的产品，构成侵犯专利权。

B选项正确。乙公司使用甲公司的专利方法所培育的对虾，是"依照该专利方法直接获得的产品"，丙公司的行为构成使用依照该专利方法直接获得的产品，因此构成侵权。

C选项错误。丙公司制作出的虾酱属于"后续产品"，不再属于"依照该专利方法直接获得的产品"，因此丁超市的销售行为不构成侵犯专利权。

D选项错误。戊研究所的行为属于《专利法》第75条第4项所规定的"专为科学研究和实验而使用有关专利"，因此不视为侵犯专利权。

---

[1]　AB

【关联法条】

1.《专利法》第75条　有下列情形之一的，不视为侵犯专利权：

（一）专利产品或者依照专利方法直接获得的产品，由专利权人或者经其许可的单位、个人售出后，使用、许诺销售、销售、进口该产品的；

（二）在专利申请日前已经制造相同产品、使用相同方法或者已经作好制造、使用的必要准备，并且仅在原有范围内继续制造、使用的；

（三）临时通过中国领陆、领水、领空的外国运输工具，依照其所属国同中国签订的协议或者共同参加的国际条约，或者依照互惠原则，为运输工具自身需要而在其装置和设备中使用有关专利的；

（四）专为科学研究和实验而使用有关专利的；

（五）为提供行政审批所需要的信息，制造、使用、进口专利药品或者专利医疗器械的，以及专门为其制造、进口专利药品或者专利医疗器械的。

2.《最高人民法院关于审理侵犯专利权纠纷案件应用法律若干问题的解释（二）》第20条　对于将依照专利方法直接获得的产品进一步加工、处理而获得的后续产品，进行再加工、处理的，人民法院应当认定不属于专利法第十一条规定的"使用依照该专利方法直接获得的产品"。

【总结】专利权的内容

			制造	使用	许诺销售	销售	进口
发明、实用新型	产品发明和实用新型		√	√	√	√	√
	方法发明	方法	×	√	×	×	×
		直接产品	×	√	√	√	√
外观设计			√	×	√	√	√

第二十章　商标法

考点 58　商标注册申请

102. 奔月公司在其皮箱产品上使用"奔月"商标，产生一定影响但未注册。其经销商甲公司发现奔月公司未注册"奔月"商标，于是在皮箱上注册了"奔月"商标。乙公司以囤积商标为业，预计奔月公司未来生产皮带产品，于是在皮带产品上注册"奔月"商标，以期卖给奔月公司牟利。以下哪些说法是正确的？（2020 年多选）[1]

A. 若甲公司以奔月公司侵犯其注册商标权为由提起诉讼，奔月公司可以"先用权"为由抗辩

B. 若乙公司 3 年未使用该商标，则应当由国家知识产权局依职权主动予以撤销

C. 奔月公司只能在"奔月"商标在皮箱上注册之日起 5 年内，申请宣告甲公司的注册商标无效

D. 奔月公司只能在"奔月"商标在皮带上注册之日起 5 年内，申请宣告乙公司的注册商标无效

【本题考点】在先使用、不以使用为目的的恶意注册

【选项分析】A 选项正确，《商标法》第 59 条第 3 款规定，商标注册人申请商标注册前，他人已经在同一种商品或者类似商品上先于商标注册人使用与注册商标相同或者近似并有一定影响的商标的，注册商标专用权人无权禁止该使用人在原使用范围内继续使用该商标，但可以要求其附加适当区别标识。因此，由于奔月公司在皮箱上使用"奔月"商标在先，可以继续在原有范围内使用。

B 选项错误，《商标法》第 49 条第 2 款规定，注册商标成为其核定使用的商品的通用名称或者没有正当理由连续三年不使用的，任何单位或者个人可以向商标局申请撤销该注册商标。因此商标局不能依职权主动撤销，而应当依申请撤销。

C 选项正确，《商标法》第 45 条第 1 款规定，已经注册的商标，违反本法第十三条第二款和第三款、第十五条、第十六条第一款、第三十条、第三十一条、第三十二条规定的，自商标注册之日起五年内，在先权利人或者利害关系人可以请求商标评审委员会宣告该注册商标无效。

D 选项错误。《商标法》第 44 条第 1 款规定，已经注册的商标，违反本法第四条（恶意抢注）、第十条、第十一条、第十二条、第十九条第四款规定的，或者是以欺骗手段或者其他不

---

[1]　AC

正当手段取得注册的，由商标局宣告该注册商标无效；其他单位或者个人可以请求商标评审委员会宣告该注册商标无效。乙公司的行为属于恶意抢注，申请其无效不受时效的限制。

考点 59　商标侵权

103. 甲公司生产优质大米，并为其大米的包装袋注册了"飘香"商标。甲公司委托乙公司生产了一万个包装袋，但乙偷偷生产了两万个，其中的一万个交付给了甲公司，剩下的一万个包装袋卖给了知情的丙。丙农场用这一万个包装袋装入自己农场生产的大米，并和不知情的丁超市签订了买卖合同。不知情的戊饭店以市场价格从丁超市处购买了该批大米。据此，下列说法正确的是：(2022 年多选)[1]

A. 乙对甲公司构成侵权
B. 丙对甲公司构成侵权
C. 丁对甲公司构成侵权
D. 戊不知情，但仍需停止侵权行为

【本题考点】商标侵权、合法来源抗辩

【选项分析】A 选项正确，乙的行为属于"擅自制造他人注册商标标识"，符合《商标法》第 57 条第 4 项所描述的行为。

B 选项正确，丙的行为属于"未经商标注册人的许可，在同一种商品上使用与其注册商标相同的商标"，符合《商标法》第 57 条第 1 项所描述的行为。

C 选项正确，丁的行为属于"销售侵犯注册商标专用权的商品"，符合《商标法》第 57 条第 3 项所描述的行为，因此构成侵犯商标权。《商标法》第 64 条第 2 款规定，销售不知道是侵犯注册商标专用权的商品，能证明该商品是自己合法取得并说明提供者的，不承担赔偿责任。这条是常见考点"合法来源抗辩"。但是合法来源抗辩只表明丁无需承担赔偿责任，丁仍然构成侵权是无疑的。

D 选项错误。戊的行为是将大米做成主食或者菜肴呈现给食客，食客并不关心大米来自于哪个品牌。因此，戊的行为没有损害商标的功能，不构成侵权。

【关联法条】

《商标法》第 57 条　有下列行为之一的，均属侵犯注册商标专用权：

（一）未经商标注册人的许可，在同一种商品上使用与其注册商标相同的商标的；

（二）未经商标注册人的许可，在同一种商品上使用与其注册商标近似的商标，或者在类似商品上使用与其注册商标相同或者近似的商标，容易导致混淆的；

（三）销售侵犯注册商标专用权的商品的；

（四）伪造、擅自制造他人注册商标标识或者销售伪造、擅自制造的注册商标标识的；

（五）未经商标注册人同意，更换其注册商标并将该更换商标的商品又投入市场的；

（六）故意为侵犯他人商标专用权行为提供便利条件，帮助他人实施侵犯商标专用权行为的；

（七）给他人的注册商标专用权造成其他损害的。

---

[1]　ABC

考点 60　驰名商标的特别保护

104. 曼陀罗咖啡店经营状况良好，开设多家分店。"曼陀罗"商标虽未注册，但 2020 年"曼陀罗"被认定为驰名商标（第 43 类餐饮住宿——430024 咖啡馆）。曼陀罗咖啡店员工段誉离职后经营山茶花餐饮店，店铺装潢与员工服装均与曼陀罗咖啡店一致。曼陀罗咖啡店计划发展餐饮业务时，发现"曼陀罗"已经被段誉开设的餐饮店注册，且超过 5 年。对此，下列哪一说法是正确的？（2022 年单选）[1]

A. 曼陀罗咖啡店有权直接向法院申请宣告餐饮店的注册商标无效，能够获得人民法院的支持

B. 曼陀罗咖啡店有权要求餐饮店赔偿损失，能够得到人民法院的支持

C. 曼陀罗咖啡店有权要求餐饮店停止使用"曼陀罗"商标，能够得到人民法院的支持

D. 段誉的行为属于恶意注册，任何主体均可向国家知识产权局申请宣告其注册商标无效

【本题考点】驰名商标的保护

【选项分析】A 选项错误，依据《商标法》，申请宣告注册商标无效的，应当先向商标局申请，对商标局的决定不服的再向法院起诉，本选项错在"直接"。

B 选项错误，C 选项正确。未注册的驰名商标，不享有获得赔偿的权利，仅享有排除使用的权利。

D 选项错误。此处要区分不以使用为目的的恶意注册，和以使用为目的的恶意注册。段誉注册商标也是为了使用，故而异议主体只能是曼陀罗咖啡店，而非任何主体。

---

[1]　C

中国政法大学（简称法大）是一所以法学为特色和优势，兼有文学、历史学、哲学、经济学、管理学、教育学、理学、工学等学科的"211工程"重点建设大学。

法大的法律资格考试培训历史悠久，全国律师资格考试始于1986年，而1988年法大就开展了法律培训。2005年3月成立了中国政法大学司法考试学院，这是一所集法考研究、教学研究、辅导培训为一体的司法考试学院，2018年正式更名为中国政法大学法律职业资格考试学院。经过多年的积淀，法大法律职业资格考试学院被广大考生称为国家法律职业资格考试考前培训及法考研究、教学研究的大本营。

2024年法大法考课程体系
>>> 面授班型 <<<

班型		上课时间	标准学费（元）
主客一体面授班	面授精英A班	2024年3月-2024年10月	59800
	面授精英B班	2024年5月-2024年10月	49800
	面授集训A班	2024年6月-2024年10月	39800
	面授集训B班	2024年7月-2024年10月	32800
客观题面授班	面授全程班	2024年3月-2024年9月	35800

更多课程详情联系招生老师 ➡

法大法考姚老师　　法大法考白老师

>>> 2024年法大法考课程体系 — 网络班型 <<<

班型		上课时间	标准学费（元）
主客一体网络班	网络尊享特训班	2024年3月-2024年10月	35800
	网络独享班	2023年7月-2025年10月	23800
	网络预热班	2024年3月-2024年10月	19800
	网络在职先行班	2023年7月-2024年10月	15800
	网络全程优学班	2024年3月-2024年10月	15800
	网络全程班	2024年3月-2024年10月	14800
	网络二战优学班	2023年7月-2024年10月	13800
	网络系统提高班	2023年7月-2024年10月	10800
	网络在职先锋班	2023年7月-2024年10月	9800
客观题网络班	网络入门先行班	2023年7月-2024年9月	2980
	网络基础班	2024年3月-2024年9月	8980
	网络强化班	2024年5月-2024年9月	7980
	网络冲刺班	2024年8月-2024年9月	3980
主观题网络班	网络全程班	2024年9月-2024年10月	9800
	网络冲刺班	2024年10月	4980

温馨提示：1、缴纳学费后，因个人原因不能坚持学习的，视为自动退学，学费不予退还。 2、课程有效期内，不限次回放
投诉及建议电话：吴老师17718315650

—— 优质服务 全程陪伴 ——

★ 历年真题 ★ 在线模考题库 ★ 打卡学习 ★ 错题本 ★ 课件下载 ★ 思维导图 ★ 1V1在线答疑随时咨询

★ 有效期内不限次数回放 ★ 上课考试通知 ★ 报考指导 ★ 成绩查询 ★ 认定指导 ★ 配备专属教辅

★ 客观/主观不过退费协议（部分班型） ★ 免费延期或重修1次（部分班型） ★ 专属自习室（部分班型）

★ 小组辅导 ★ 个人定制化学习通关和职业发展规划 ★ 颁发法大法考结业证（部分班型） ★ 特殊服务 随时跟读

法大法考

2024年国家法律职业资格考试

金题解析

国际法·国际私法·国际经济法
（第七册）

法律职业资格考试培训中心（学院）◎编著

邹龙妹◎编写

中国政法大学出版社

2024·北京

图书在版编目（ＣＩＰ）数据

2024 年国家法律职业资格考试金题解析/法律职业资格考试培训中心（学院）编著.—北京：中国政法大学出版社，2024.4
ISBN 978-7-5764-1279-6

Ⅰ.①2… Ⅱ.①法… Ⅲ.①法律工作者－资格考试－中国－题解 Ⅳ.①D920.4

中国国家版本馆 CIP 数据核字(2024)第 007775 号

出 版 者	中国政法大学出版社
地　　址	北京市海淀区西土城路 25 号
邮寄地址	北京 100088 信箱 8034 分箱　邮编 100088
网　　址	http://www.cuplpress.com (网络实名：中国政法大学出版社)
电　　话	010-58908285(总编室) 58908433（编辑部）58908334(邮购部)
承　　印	固安华明印业有限公司
开　　本	787mm×1092mm　1/16
印　　张	112.75
字　　数	2800 千字
版　　次	2024 年 4 月第 1 版
印　　次	2024 年 4 月第 1 次印刷
定　　价	372.00 元（全八册）

序　言

　　2001 年《中华人民共和国法官法》《中华人民共和国检察官法》《中华人民共和国律师法》修正案相继通过。其中规定，国家对初任法官、检察官和取得律师资格实行统一的司法考试制度，这标志着我国正式确立了统一的司法考试制度，这是我国司法改革的一项重大举措。党的十八大以来，党中央和习近平总书记高度重视司法考试工作。2015 年 6 月 5 日，习近平总书记主持召开中央全面深化改革领导小组第十三次会议，审议通过了《关于完善国家统一法律职业资格制度的意见》，明确要将现行司法考试制度调整为国家统一法律职业资格考试制度。2017 年 9 月 1 日《全国人民代表大会常务委员会关于修改〈中华人民共和国法官法〉等八部法律的决定》审议通过，明确法律职业人员考试的范围，规定取得法律职业资格的条件等内容，定于 2018 年开始实施国家统一法律职业资格考试制度。这一改革对提高人才培养质量，提供依法治国保障，对全面推进依法治国，建设社会主义法治国家具有重大而深远的意义。

　　中国政法大学作为国家的双一流重点大学，以拥有作为国家一级重点学科的法学学科见长，其法学师资队伍汇集了一大批国内外知名法学家。他们不仅是法学教育园地的出色耕耘者，也是国家立法和司法战线的积极参与者。他们积累了法学教育和法律实践的丰富经验，取得了大量有影响的科研成果。

　　国家统一司法考试实施以来，我校专家学者在参与司法考试的制度建设和题库建设中做出了许多贡献，在此期间我校不仅有一批长期参加国家司法考试题库建设和考题命制的权威专家，也涌现出众多在国家司法考试培训中经验丰富和业绩突出的名师。伴随着司法考试改革，我校对法律职业资格考试进行更深入的分析研究，承继司法考试形成了强大的法律职业资格考试研究阵容和师资团队。

　　2005 年我校成立了中国高校首家司法考试学院。该院本着教学、科研和培训一体化的宗旨，承担着在校学生和社会考生司法考试培训任务。司法考试学院成立后，选拔了一批在司法考试方面的权威专家和名师，精心编写了中国政法大学《国家司法考试金题解析》作为考生考前提高应试能力的教材。伴随着 2018 年司法考试改革，我院根据法律职业资格考试内容及大纲对本书进行了全面修订，本书更名为《国家法律职业资格考试金题解析》。

　　法律职业资格考试中心（原司法考试学院）组织编写的此书紧扣国家法律职业资格考试大纲，较为系统地梳理真题及对应的考点，以帮助学生全面地掌握知识点。对每个考点涉及的法条和理论进行详细解读，有助于考生加深对重点考点的理解和掌握。全书渗透着编写教师多

年的教学经验，体现着国家法律职业资格考试的规律，帮助考生精准把握考试内容。本书将会对广大备考人员学习、理解和掌握国家法律职业资格考试的知识内容和应试方法具有积极的引导与促进作用，为考生提高考场实战能力提供支持和帮助。最后，对编写本套教材的各位老师辛勤付出表示感谢！编委会成员（按姓氏笔画排序）：方鹏、兰燕卓、叶晓川、安晋城、杨秀清、邹龙妹、宋亚伟、肖沛权、贾若山、梁泽宇。

在此预祝各位考生在国家法律职业资格考试中一举通过。

中国政法大学法律职业资格考试中心

（原中国政法大学司法考试学院）

目　录

国际法

国际法

第一章 导 论

第一节 国际法的渊源和基本原则

1. 国际人道法中的区分对象原则（区分军事与非军事目标，区分战斗员与平民）是一项已经确立的国际习惯法原则，也体现在《日内瓦四公约第一附加议定书》中。甲乙丙三国中，甲国是该议定书的缔约国，乙国不是，丙国曾是该议定书的缔约国，后退出该议定书。根据国际法的有关原理和规则。下列哪些项是错误的（2007 - 1 - 77，多）[1]

A. 该原则对甲国具有法律拘束力，但对乙国没有法律拘束力

B. 丙国退出该议定书后，该议定书对丙国不再具有法律拘束力

C. 丙国退出该议定书后，该原则对丙国不再具有法律拘束力

D. 该原则对于甲乙丙三国都具有法律拘束力

【解析】国际习惯是在国际交往中反复实践并广为接受的有法律约束力的行为规则或制度，是国际法最古老的渊源。国际习惯具有普遍性。对所有国家具有法律约束力。国际人道法中的区分对象原则是一项已经确立的国际习惯法原则，对所有的国家，无论甲国、乙国、丙国均有约束力，因此 D 选项的说法是正确的。

丙国退出议定书后，就不再是条约的缔约国，议定书对丙国不再具有法律约束力，B 选项的说法是正确的。本题选错误选项，因此选 AC。

2. 亚金索地区是位于甲乙两国之间的一条山谷。18 世纪甲国公主出嫁乙国王子时，该山谷由甲国通过条约自愿割让给乙国。乙国将其纳入本国版图一直统治至今。2001 年，乙国发生内乱，反政府武装控制该山谷并宣布脱离乙国建立"亚金索国"。该主张遭到乙国政府的强烈反对，但得到甲国政府的支持和承认。根据国际法的有关规则，下列哪一选项是正确的？（2007 - 1 - 30，单）[2]

A. 国际法中的和平解决国际争端原则要求乙国政府在解决"亚金索国"问题时必须采取非武力的方式

B. 国际法中的民族自决原则为"亚金索国"的建立提供了充分的法律根据

C. 上述 18 世纪对该地区的割让行为在国际法上是有效的，该地区的领土主权目前应属于

---

[1] AC 〔2〕 C

乙国

D. 甲国的承认，使得"亚金索国"满足了国际法上构成国家的各项要件

【考点】国际法基本原则

【解析】A 错误。和平解决国际争端原则：各国发生争端时，都必须采取和平的方式予以解决，禁止将武力或武力威胁的方式付诸争端解决的过程中。1928 年《巴黎非战公约》首次把和平解决国际争端规定为一项普遍性的国际义务。而亚金索国并非国际法主体，所以不应适用该原则。

B 错误。民族自决原则：民族自决原则中独立权的范围，仅仅适用于殖民地民族的独立，不得扩大适用。对于一国内的民族分离主义活动，不得援引民族自决原则作为根据。严格禁止任何国家假借民族自决名义，制造、煽动或支持民族分裂行为。

不使用武力原则：包括禁止侵略行为、禁止从事武力威胁和进行侵略战争的宣传。例外：自卫、联合国集体安全制度下的武力使用。

C 正确。

D 错误。承认是承认者对被承认者出现这一事实作出的单方面行为。它表明对事实的接受而不改变被承认者的性质。

3. 关于国际法基本原则，下列哪些选项是正确的？（2013 - 1 - 75，多）[1]

A. 国际法基本原则具有强行法性质

B. 不得使用威胁或武力原则是指禁止除国家对侵略行为进行的自卫行动以外的一切武力的使用

C. 对于一国国内的民族分离主义活动，民族自决原则没有为其提供任何国际法根据

D. 和平解决国际争端原则是指国家间在发生争端时，各国都必须采取和平方式予以解决

【考点】国际法的基本原则

【解析】A 正确。依据《维也纳条约法公约》的规定，国际法基本原则具有强行法性质，但是，并不是所有的强行法规则都是国际法基本原则。

B 错误。B 选项遗漏了联合国集体安全制度下的武力使用。

C 正确。民族自决原则是指在帝国主义殖民统治和奴役下的被压迫民族具有自主决定自己的命运，摆脱殖民统治，建立民族独立国家的权利。该原则中的民族独立权，只严格适用于殖民地民族。

D 正确。1928 年《巴黎非战公约》和 1945 年《联合国宪章》后，根据现代国际法，国家间在发生争端时，各国都必须采取和平方式予以解决，禁止将武力或武力威胁的方式付诸任何争端的解决过程。

第二节　国际法与国内法的关系

4. 中国参与某项民商事司法协助多边条约的谈判并签署了该条约，下列哪些表述是正确的？（2012 - 1 - 74，多）[2]

A. 中国签署该条约后有义务批准该条约

B. 该条约须由全国人大常委会决定批准

——————————

[1]　ACD　[2]　BCD

C. 对该条约规定禁止保留的条款，中国在批准时不得保留

D. 如该条约获得批准，对于该条约与国内法有不同规定的部分，在中国国内可以直接适用，但中国声明保留的条款除外

【考点】条约缔结、条约保留、国际条约在中国的适用

【解析】A 错误。表示同意受条约的拘束是缔约程序中最关键的环节，任何缔约主体只有作出同意受某一条约约束的表示，才能成为条约的当事方。而表示的主要方式有签署、批准、加入和接受。是否批准及何时批准一项条约，由各国自行决定，国家没有必须批准其所签署的条约的义务。

B 正确。《中华人民共和国缔结条约程序法》（以下简称"《缔结条约程序法》"）第 7 条第 1 款规定："条约和重要协定的批准由全国人民代表大会常务委员会决定。"

C 正确。根据《维也纳条约法公约》第 19 条的规定，下列情况下不得提出保留：（1）条约规定禁止保留；（2）条约准许特定的保留，而有关保留不在条约准许的保留范围内；（3）保留与条约的目的和宗旨不符。

D 正确。根据《维也纳条约法公约》第 26 条的规定，凡有效的条约对其各当事国具有拘束力，必须由其善意履行，一国不得以其国内法规定为理由而不履行条约。国际法在我国国内适用情况分为 3 种方式，条约的直接适用、条约与相关国内法的并行适用、条约须经国内立法转化才能适用。《中华人民共和国民事诉讼法》第 271 条规定："中华人民共和国缔结或者参加的国际条约同本法有不同规定的，适用该国际条约的规定，但中华人民共和国声明保留的条款除外。"

第二章 国际法律责任

第一节 国际法主体

一、国家的管辖权与国家主权豁免

1. 甲国政府与乙国 A 公司在乙国签订一份资源开发合同后，A 公司称甲国政府未按合同及时支付有关款项。纠纷发生后，甲国明确表示放弃关于该案的诉讼管辖豁免权。根据国际法规则，下列哪一选项是正确的？（2010 - 1 - 30，单）〔1〕

A. 乙国法院可对甲国财产进行查封

B. 乙国法院原则上不能对甲国强制执行判决，除非甲国明示放弃在该案上的执行豁免

C. 如第三国法院曾对甲国强制执行判决，则乙国法院可对甲国强制执行判决

D. 如乙国主张限制豁免，则可对甲国强制执行判决

【考点】国家及其财产豁免权

【解析】A 错误，B 正确。国家豁免权的放弃，是指国家可以自愿地就某种特定行为或不行为接受外国法院的管辖。一国对司法管辖豁免权的放弃，并不意味着对执行豁免的放弃，即外国法院不能因一国放弃管辖豁免权而对该国家财产实施扣押、查封等强制执行措施，执行豁免的放弃必须另行作出明示表示。

C 错误。国家豁免权的放弃，是一国对于某种特定行为或某个方面的放弃，此种放弃必须是自愿的、特定的、明确的，不能将一国的豁免权放弃推移到其他国家身上。

D 错误。乙国主张限制豁免，即使甲国接受其主张而不能援引管辖豁免，也并不意味着甲国放弃了对其财产的执行豁免。

2. 甲国某公司与乙国驻甲国使馆因办公设备合同产生纠纷，并诉诸甲国法院。根据相关国际法规则，下列哪些选项是正确的？（2014 - 1 - 75，多）〔2〕

A. 如合同中有适用甲国法律的条款，则表明乙国放弃了其管辖的豁免

B. 如乙国派代表出庭主张豁免，不意味着其默示接受了甲国的管辖

C. 如乙国在本案中提起了反诉，则是对管辖豁免的默示放弃

D. 如乙国曾接受过甲国法院的管辖，甲国法院即可管辖本案

【考点】国家主权豁免、2004 年《联合国国家及其财产管辖豁免公约》

【解析】A 错误。一国同意适用另一国的法律之行为不应解释为同意另一国的法院对其行使管辖权。

---

〔1〕 B 〔2〕 BC

B 正确。如乙国派代表出庭主张豁免，不意味着其默示接受了甲国的管辖。

C 正确。国家豁免权的默示放弃包括：起诉、应诉、反诉、利害关系人介入。

D 错误。依照《联合国国家及其财产管辖豁免公约》第8条和第9条的规定，如果一国本身就该事项或案件在他国法院提起诉讼、介入诉讼或提起反诉，则亦不得在另一法院中援引管辖豁免，此即国家豁免的默示放弃形式。

3. 甲国人张某侵吞中国某国企驻甲国办事处的大量财产。根据中国和甲国的法律，张某的行为均认定为犯罪。中国与甲国没有司法协助协定。根据国际法相关规则，下列哪一选项是正确的？（2011 - 1 - 33，单）[1]

　　A. 张某进入中国境内时，中国有关机关可依法将其拘捕

　　B. 中国对张某侵吞财产案没有管辖权

　　C. 张某乘甲国商船逃至公海时，中国有权派员在公海将其缉拿

　　D. 甲国有义务将张某引渡给中国

【考点】属人管辖权、属地管辖权、保护性管辖权、普遍性管辖权、引渡

【解析】A 正确，B 错误。保护性管辖权，是指国家对于在其领土范围以外从事严重侵害该国或其公民重大利益行为的外国人进行管辖的权利。一个国家欲行使保护性管辖权必须要符合两个条件：（1）外国人在领土外的行为所侵害的是该国或其公民的重大利益，构成该国刑法规定的罪行或规定应处一定刑罚以上的罪行；（2）该行为根据行为地的法律同样构成应处刑罚的罪行。实施保护性管辖权可以通过两种方式实现：（1）行为人进入该受害国境内被依法拘捕和管辖；（2）通过国家间对行为人的引渡实现受害国的管辖权。

C 错误。公海领域内，中国没有权力对于张某采取刑事措施。公海不属于任何国家的领土，国家不得对公海本身行使管辖权或在公海范围行使属地管辖权，但可以基于国际法有关管辖规则和相关连接点，行使船旗国管辖和普遍性管辖。船旗国管辖，是指国家对于公海上悬挂其旗帜的船舶以及船舶上的人、物、事件的管辖，一般属于船舶内部事务或与其他国家船舶在公海发生的碰撞或其他航行事故而发生的纠纷。公海上的普遍性管辖，是指各国对发生在公海的，被国际法认为是普遍管辖权对象的特定国际罪行或违反国际法的行为行使管辖权。这些罪行或不法行为包括：海盗行为、非法广播、贩卖奴隶或毒品等。

依据国际法实践，国家管辖权一般包括以下几种类型：属地管辖权、属人管辖权、保护性管辖权、普遍性管辖权。

D 错误。在国际法中，国家一般没有引渡义务，除非国家之间有引渡条约。在没有相关的引渡条约的情形下，针对他国的引渡请求，被请求国可以自由裁量。

二、国际法上的承认与继承

4. 甲乙二国建立正式外交关系数年后，因两国多次发生边境冲突，甲国宣布终止与乙国的外交关系。根据国际法相关规则，下列哪一选项是正确的？（2010 - 1 - 29，单）[2]

　　A. 甲国终止与乙国的外交关系，并不影响乙国对甲国的承认

　　B. 甲国终止与乙国的外交关系，表明甲国不再承认乙国作为一个国家

　　C. 甲国主动与乙国断交，则乙国可以撤回其对甲国作为国家的承认

　　D. 乙国从未正式承认甲国为国家，建立外交关系属于事实上的承认

【考点】国际法上的国家承认

【解析】A 正确，B 错误。承认是承认者对被承认者出现这一事实作出的单方面行为。它

---

[1] A 　[2] A

表明对事实的接受而不改变被承认者的性质。因此两国是否终止或断绝外交关系并不能影响承认的事实。

C错误。法律承认是认定被承认者作为法律的正式人格存在，表明承认者愿意与被承认者发展全面正常的关系，带来全面而广泛的法律效果。这种承认是正式和不可撤销的。

D错误。建立外交关系属于法律承认，而不是事实承认。事实承认是一种权宜做法，适用于既需要某种交往而又不愿或不宜建立全面正式交往的情形。事实承认是不完全的、非正式的、暂时性的。

5. 甲国分立为"东甲"和"西甲"，甲国在联合国的席位由"东甲"继承，"西甲"决定加入联合国。"西甲"与乙国（联合国成员）交界处时有冲突发生。根据相关国际法规则，下列哪一选项是正确的？（2014－1－32，单）[1]

A. 乙国在联大投赞成票支持"西甲"入联，一般构成对"西甲"的承认

B. "西甲"认为甲国与乙国的划界条约对其不产生效力

C. "西甲"入联后，其所签订的国际条约必须在秘书处登记方能生效

D. 经安理会9个理事国同意后，"西甲"即可成为联合国的会员国

【考点】 国际法上的承认和继承、《联合国宪章》之条约登记、联合国会员国

【解析】 A正确。乙国在联大投票赞成"西甲"入联，属于默示承认，一般构成对"西甲"的承认。承认又分为明示承认与默示承认：（1）明示承认是指既存国家以明确的语言文字表达承认意思的承认，包括通过单方面发表宣言或声明，向新国家致送外交照会或函电，或者与新国家共同发表联合公报、声明或缔结条约等方式明确表示对新国家的承认；（2）默示承认是指通过与承认对象有关的行为表现出承认的意思，包括与承认者建立正式外交关系，与承认者缔结正式的政治性条约，正式接受领事或正式投票支持其参加政府间国际组织的行为等。

B错误。甲国分立为"东甲"和"西甲"，原有的甲、乙两国之间的划界条约仍对"东甲""西甲"有效。根据1978年的《关于国家在条约方面的继承的维也纳公约》的规定，与领土有关的"人身条约"，如边界条约、管理边界河流或湖泊的条约，有关国际河流或国际水道的使用和涉及国家领土通过权的条约等，原则上不受国家继承的影响。在国家发生分离或分裂时，无论被继承国是否继续存在，原来对被继承国全部领土有效的条约，继续对其所有继承国有效。

C错误。未经登记的条约或协定不得在联合国任何机关援引，而非不登记不生效。《联合国宪章》第102条规定："一、本宪章发生效力后，联合国任何会员国所缔结之一切条约及国际协定应尽速在秘书处登记，并由秘书处公布之。二、当事国对于未经依本条第一项规定登记之条约或国际协定，不得向联合国任何机关援引之。"

D错误。成为联合国的新会员国须满足：获得安理会（包括常任理事国一致同意）的推荐和大多数会员国（2/3多数决议）的准许。《联合国宪章》第4条第2款规定："准许上述国家成为联合国会员国，将由大会经安全理事会之推荐以决议行之"。

三、国际组织

6. 联合国大会由全体会员国组成，具有广泛的职权。关于联合国大会，下列哪一选项是正确的？（2015－1－32，单）[2]

A. 其决议具有法律拘束力

B. 表决时安理会 5 个常任理事国的票数多于其他会员国

C. 大会是联合国的立法机关，三分之二以上会员国同意才可以通过国际条约

D. 可以讨论《联合国宪章》范围内或联合国任何机关的任何问题，但安理会正在审议的除外

【考点】 联合国

【解析】 A 错误。根据《联合国宪章》的规定，联合国大会对于联合国组织内部事务通过的决议对于会员国具有拘束力，对于其他事项作出的决议仅具有建议性质。

B 错误。联合国大会表决实行会员国一国一票制。

C 错误。联合国大会不是联合国的立法机关，其决议性质也不属于国际条约。

D 正确。联合国大会可以讨论《联合国宪章》范围内或联合国任何机关的任何问题，但是安理会正在审议的除外。

7. 联合国会员国甲国出兵侵略另一会员国。联合国安理会召开紧急会议，讨论制止甲国侵略的决议案，并进行表决。表决结果为：常任理事国 4 票赞成、1 票弃权；非常任理事国 8 票赞成、2 票否决。据此，下列哪一选项是正确的？（2016 - 1 - 32，单）[1]

A. 决议因有常任理事国投弃权票而不能通过

B. 决议因非常任理事国两票否决而不能通过

C. 投票结果达到了安理会对实质性问题表决通过的要求

D. 安理会为制止侵略行为的决议获简单多数赞成票即可通过

【考点】 联合国

【解析】 A、B 错误，C 正确。根据《联合国宪章》的规定，联合国安理会的表决制度为：

对于程序性事项：包括全体常任理事国在内的 9 个同意票；

对于非程序性事项（实质性事项）：包括全体常任理事国在内的 9 个同意票，任何一个常任理事国都享有一票否决权，常任理事国的缺席或弃权不视为否决。

D 错误。联合国安理会表决不采取简单多数制。

8. 由于甲国海盗严重危及国际海运要道的运输安全，在甲国请求下，联合国安理会通过决议，授权他国军舰在经甲国同意的情况下，在规定期限可以进入甲国领海打击海盗。据此决议，乙国军舰进入甲国领海解救被海盗追赶的丙国商船。对此，下列哪一选项是正确的？（2009 - 1 - 31）[2]

A. 安理会无权作出授权外国军舰进入甲国领海打击海盗的决议

B. 外国军舰可以根据安理会决议进入任何国家的领海打击海盗

C. 安理会的决议不能使军舰进入领海打击海盗成为国际习惯法

D. 乙国军舰为解救丙国商船而进入甲国领海属于保护性管辖

【解析】 本题中，经甲国请求，安理会有权作出授权外国军舰进入甲国领海打击海盗的决议，故 A 错。而安理会非经一国政府要求不能作出进入该国领海打击海盗的决议，否则构成对其主权的侵犯，故 B 错误。国际习惯法有其形成特点，并非安理会决议形成，C 正确。D 错误，保护性管辖权是指国家对在该国领土范围以外犯有侵害该国国家及其公民重大利益的罪行的外国人进行管辖的权利。

---

[1] C [2] C

第二节　国际责任制度

9. 甲国某核电站因极强地震引发爆炸后，甲国政府依国内法批准将核电站含低浓度放射性物质的大量污水排入大海。乙国海域与甲国毗邻，均为《关于核损害的民事责任的维也纳公约》缔约国。下列哪一说法是正确的？（2011 - 1 - 32，单）[1]

A. 甲国领土范围发生的事情属于甲国内政

B. 甲国排污应当得到国际海事组织同意

C. 甲国对排污的行为负有国际法律责任，乙国可通过协商与甲国共同解决排污问题

D. 根据"污染者付费"原则，只能由致害方，即该核电站所属电力公司承担全部责任

【考点】不干涉内政原则、国际赔偿责任问题

【解析】A 错误。内政是国家基于其管辖的领土而行使主权的表现，包括建立国家政权体制和建立社会、经济、教育、文化等制度，处理其立法、行政、司法事务，以及制定对外政策、开展对外交往等所有的措施和行动。内政范围不与领土范围完全对应。甲国的排污行为虽在其境内进行，但危害具有跨国性，受害国有权要求赔偿。

B 错误。没有法律根据。

C 正确。由于科学技术的发展，很多国家从事某些开发或试验性活动，如核能利用、航空航天、跨界河流开发等，这些活动本身对于人类具有重要的探索和利用价值，是国际法不加禁止的行为，但如果从事这些活动造成跨国性危害，受害国有权要求加害国给予合理赔偿。

D 错误。因从事这些活动而导致的国际赔偿责任不同于一般的国家责任制度，就赔偿责任主体而言，现行的制度包括 3 类：（1）国家责任制度，即由国家承担对外国损害的责任，如《空间物体造成损害的国际责任公约》的规定；（2）双重责任制度，即国家与营运人共同承担对外国损害的赔偿责任，如《关于核损害的民事责任的维也纳公约》和《核动力船舶经营人责任公约》的规定，国家保证营运人的赔偿责任，并在营运人不足赔偿的情况下，在规定的限额内进行赔偿；（3）营运人赔偿，即无论营运人是国家或私人企业，都由营运人直接承担有限赔偿责任。本题是双重责任制度。

---

[1]　C

第三章　国际法上的空间划分

第一节　领　土

一、领土和领土主权

1. 甲河是多国河流，乙河是国际河流。根据国际法相关规则，下列哪些选项是正确的？(2011 - 1 - 74，多)[1]

A. 甲河沿岸国对甲河流经本国的河段拥有主权

B. 甲河上游国家可对自己享有主权的河段进行改道工程，以解决自身缺水问题

C. 乙河对非沿岸国商船也开放

D. 乙河的国际河流性质决定了其属于人类共同的财产

【考点】多国河流和国际河流

【解析】A正确。多国河流流经各国的河段分别属于各国领土，各国分别对位于其领土的一段拥有主权。多国河流一般对所有沿岸国开放，而非沿岸国船舶未经许可不得航行。

B错误。因多国河流的使用涉及流经国的利益，所以对多国河流的航行、使用、管理等事项，一般都应由有关国家协议解决，不能为了自身利益侵害其他国家的利益，更不能自作主张擅自对河流予以改道或堵塞河流。

C正确。国际河流，是指通过条约规定对所有国家开放航行的多国河流。首先需要明确的是，国际河流一般是多国河流，但多国河流不一定是国际河流，多国河流经国际条约约定而对所有国家开放航行的才属于国际河流，一般而言，国际河流经各国领土的河段仍然是该国主权下的领土，允许所有国家的船舶特别是商船无害通过。

D错误。国际河流本质上属于多国河流，其权利应归属于其沿岸国，不属于全人类共同财产。

二、领土取得方式

2. 甲乙丙三国均为南极地区相关条约缔约国。甲国在加入条约前，曾对南极地区的某区域提出过领土要求。乙国在成为条约缔约国后，在南极建立了常年考察站。丙国利用自己靠近南极的地理优势，准备在南极大规模开发旅游。根据《南极条约》和相关制度，下列哪些判断是正确的？(2010 - 1 - 78，多)[2]

A. 甲国加入条约意味着其放弃或否定了对南极的领土要求

B. 甲国成为条约缔约国，表明其他缔约国对甲国主张南极领土权利的确认

---

[1]　AC　[2]　CD

C. 乙国上述在南极地区的活动，并不构成对南极地区提出领土主张的支持和证据

D. 丙国旅游开发不得对南极环境系统造成破坏

【考点】国际法上的空间划分——领土取得方式、《南极条约》

【解析】A、B错误，C正确。《南极条约》不构成对任何现有的对南极领土主张的支持或反对。

D正确。在南极进行的任何活动不得破坏南极的环境或生态。

目前南极法律制度的核心有四点：（1）冻结了各国对南极地区的领土主张；（2）开放南极用于和平探索和利用；（3）强调了对南极环境和生态的保护；（4）建立一种国际协商合作机制。

3. 关于领土的合法取得，依当代国际法，下列哪些选项是正确的？（2016－1－75，多）[1]

A. 甲国围海造田，未对他国造成影响

B. 乙国屯兵邻国边境，邻国被迫与其签订条约割让部分领土

C. 丙国与其邻国经平等协商，将各自边界的部分领土相互交换

D. 丁国最近二十年派兵持续控制其邻国部分领土，并对外宣称拥有主权

【考点】国际法上的空间划分——领土取得方式

【解析】A正确。未对他国造成影响的围海造田属于领土的添附。添附指自然或人为地增加一国领土，历来被认为是国际法中一项合法获取领土的方式。

B错误。割让分为强制性割让与非强制性割让两种，强制性割让作为领土取得的方式已为现代国际法所否定。本项情况显然属于强制性割让。

C正确。非强制性割让是国家在自愿平等的基础上，达成一致并缔结条约发生的领土变更，符合现代国际法基本原则。

D错误。通过时效方式获取领土，指一国占有他国某块土地后，在相当长的时期内持续公开地、不受干扰地占有，即取得该地主权的方式。时效取得历来争议很大。由于本项中时效的使用涉及非法使用武力（如派兵持续控制），因此不符合现代国际法基本原则。

三、边界与边境制度

4. 甲乙两国边界附近爆发部落武装冲突，致两国界标被毁，甲国一些边民趁乱偷渡至乙国境内。依相关国际法规则，下列哪一选项是正确的？（2016－1－33，单）[2]

A. 甲国发现界标被毁后应尽速修复或重建，无需通知乙国

B. 只有甲国边境管理部门才能处理偷渡到乙国的甲国公民

C. 偷渡到乙国的甲国公民，仅能由乙国边境管理部门处理

D. 甲乙两国对界标的维护负有共同责任

【考点】边境制度

【解析】A错误，D正确。相邻国家对界标维护负有共同责任。若一方发现界标出现被移动、损坏或灭失的情况，应尽快通知另一方，在双方代表在场的情况下修复或重建。

B、C错误。边境地区的一般事件，如偷越国境，损毁界标等，通常由相邻国家间签订的条约设置的由双方代表共同组成的边界委员会处理。边界委员会未能解决的或特别严重的事件，通过外交途径解决。并不必然由某一国的边境管理部门处理。

---

[1] AC [2] D

5. 某河是甲乙两国的界河，甲乙两国对该河流的界限划定和使用权限等问题没有单独约定。根据国际法的相关规定，下列说法正确的是：（2019－回忆版，单）[1]

   A. 甲国国民可以在整条河上捕鱼

   B. 如甲国的渔船遭遇风暴，为避险则可不经同意停靠乙国一侧河岸

   C. 乙国可以不经甲国同意在该河流上建设堤坝

   D. 如乙国发生旱灾，则可不经过甲国许可炸开其本国一侧堤坝灌溉农田

【考点】 界河制度

【解析】 界河是流经两国之间并作为两国领土分界线的河流。通航则多依主航道中心线为分界进行划分，相邻国家有平等的航行权，航行时应具有明显国籍标志。

   A 错误。一般国民只能在界河本国一侧捕鱼。

   B 正确。一方船舶未经允许不得在对方靠岸停泊，紧急情况除外。

   C 错误。一方如欲在界河上建造工程设施，必须征得另一方同意。

   D 错误。一国在使用界水时，不得损害邻国利益。包括不得采取可能使河流枯竭或泛滥的措施，更不得单方故意使河水改道。炸开本国一侧堤坝，可能会发生以上结果。

6. 乙国民航飞机某某号，因机械故障在甲乙两国边界附近坠毁，界碑因此毁损，并引发森林火灾。乙国救援队为灭火和抢救生命，擅自进入甲国界数十米，尽管乙国尽力救助，火灾还是给甲国造成了财产损失。根据国际法相关规则，下列有关说法，正确的是哪项？（2021－回忆版，单）[2]

   A. 乙国救援人员未经甲国同意越过边境救灾，构成国际不法行为

   B. 乙国可自行修复界碑，恢复后通知甲国

   C. 乙国通知甲国后，应尽快修复界碑

   D. 乙国无需承担因火灾给甲国造成的损失

【考点】 边境和边界

【解析】 A 错误。国家对本国边境地区土地的利用，不得使对方国家的利益遭受损害。如遇边境地区森林火灾，国家应尽力扑救并控制火势，不使火灾蔓延到对方境内。乙国救援人员虽然未经甲国同意越过边境，因火灾之故，属于危难和紧急状态，属于国家行为不当行的排除情形。

   B、C 错误。在已设界标边界线上，相邻国家对界标的维护负有共同责任。双方都应采取必要措施防止界标被移动、损坏或灭失。若一方发现界标出现上述情况，应尽速通知另一方，在双方代表在场的情况下修复或重建。国家有责任对移动、损坏或毁灭界标的行为给予严厉惩罚。

   D 正确。该民航飞机坠毁并非可归因国家的行为，乙国也进行了积极的救助。乙国无需承担因火灾给甲国造成的损失。

7. 风光秀丽的纳列温河是甲国和乙国的界河。两国的边界限确定为该河流的主航道中心线。甲乙两国间没有其他涉及界河制度的条约。现甲国提议开发边界线纳列温河的旅游资源，相关旅行社也设计了一系列界河水上旅游工程。依据国际法的相关原则和规章，以下哪一项活动不需要经过乙国的同意，甲国即可以合法从事？（2006－1－30）[3]

   A. 在纳列温河甲国一侧修建抵近主航道的大型观光栈桥

   B. 游客乘甲国的旅游船抵达乙国河岸停靠观光，但不上岸

   C. 游客乘甲国渔船在整条河中进展垂钓和捕捞活动

   D. 游客乘甲国游船在主航道上沿河航行巡游

【解析】一般地，沿岸国对界水有共同的使用权，一国在使用界水时，不得损害邻国的利益。渔民只能在界水本国的一侧捕鱼；除遇难或有其他特别状况外，一方船舶未经允许不得在对方靠岸停靠；一方欲在界水上建筑工程设施的，应取得另一方的同意。界水的沿岸国都具有公平的在界水主航道上的航行权。

第二节　海洋法

一、领海及毗连区

8. "潇湘"号运送该批平板电脑的航行路线要经过丁国的毗连区。根据《联合国海洋法公约》，下列选项正确的是：(2011－1－97，不定项)〔1〕

　　A. "潇湘"号在丁国毗连区通过时的权利和义务与在丁国领海的无害通过相同

　　B. 丁国可在"潇湘"号通过时对毗连区上空进行管制

　　C. 丁国可根据其毗连区领土主权对"潇湘"号等船舶规定分道航行

　　D. "潇湘"号应遵守丁国在海关、财政、移民和卫生等方面的法律规定

【考点】毗连区法律制度

【解析】A 错误。毗连区是领海以外的区域，不属于国家领土，沿海国不能行使主权，而领海是国家主权的一部分，沿海国行使主权管辖和支配权。毗连区和领海的权利和义务是不同的。

　　B 错误，D 正确。一国对毗连区的管制只能基于下列事项：（1）防止在其领土或领海内违反其海关、财政、移民或卫生的法律或规章的行为发生；（2）惩处在其领土或领海内违反上述法规的行为。而且管制的范围不包括上空。

　　C 错误。丁国对其毗连区不能行使领土主权。

9. "乐安"号运送该货物的航行路线要经过丁国的领海和毗连区。根据《联合国海洋法公约》，下列选项正确的是：(2012－1－97，不定项)〔2〕

　　A. "乐安"号可不经批准穿行丁国领海，并在其间停泊转运货物

　　B. "乐安"号在丁国毗连区走私货物，丁国海上执法船可行使紧追权

　　C. "乐安"号在丁国毗连区走私货物，丁国海上执法机关可出动飞机行使紧追权

　　D. 丁国海上执法机关对"乐安"号的紧追权在其进入公海时立即终止

【考点】领海制度、毗连区制度和公海制度

【解析】A 错误。"乐安"号可不经批准穿行丁国领海，但其间不能进行停泊转运货物，否则就超越了无害通过权的范围。依据《联合国海洋法公约》的规定，外国船舶在领海内享有无害通过权，即外国船舶在不损害沿海国和平安宁和正常秩序的条件下，拥有无须事先通知或征得沿海国许可而连续不断地通过其领海的航行权利。

　　B、C 正确。紧追行为只能由军舰、军用飞机或得到正式授权且有清楚可识别标志的政府船舶或飞机从事。

　　D 错误。紧追可以追入公海中继续进行，直至追上并依法采取措施，但必须是连续不断的，在被紧追船舶进入其本国或第三国领海时立即终止。

10. "青田"号是甲国的货轮、"前进"号是乙国的油轮、"阳光"号是丙国的科考船，三船通过丁国领海。依《联合国海洋法公约》，下列哪些选项是正确的？(2016－1－76，多)〔3〕

――――――――――

〔1〕　D　〔2〕　BC　〔3〕　BC

A. 丁国有关对油轮实行分道航行的规定是对"前进"号油轮的歧视

B. "阳光"号在丁国领海进行测量活动是违反无害通过的

C. "青田"号无须事先通知或征得丁国许可即可连续不断地通过丁国领海

D. 丁国可以对通过其领海的外国船舶征收费用

【考点】领海制度

【解析】 A错误。根据《联合国海洋法公约》的规定，沿海国有关无害通过的权利主要包括：（1）关于无害通过的立法权；（2）指定海道和实施分道通航制的权利。沿海国出于航行安全的考虑，可要求无害通过其领海的外国船舶使用其为管制船舶通过而指定或规定的海道和分道通航制，特别是油轮、核动力船舶和载运核物质或材料或其他本质上危险或有毒物质或材料的船舶；（3）沿海国的保护权。沿海国可在其领海内采取必要的措施以防止非无害的通过。

因此对油轮实行分道航行规定不属于歧视。

B正确。所有国家的船舶在沿海国领海内均享有无害通过权。《联合国海洋法公约》第19条第2款列举了12种非无害通过的情况，其中包括"进行研究或测量活动"。

C正确。"无害通过权"指所有国家船舶在不损害沿海国的和平、良好秩序或安全的前提下，均享有继续不停和迅速地通过他国领海的权利，无须事先征得沿海国的许可。

D错误。沿海国有关无害通过的义务主要包括：（1）除按照公约规定外，沿海国不应妨碍外国船舶无害通过领海；（2）不得仅以外国船舶通过其领海为理由而对其征收任何费用；（3）沿海国应将其所知的领海内对航行有危险的任何情况妥为公布。

11. 甲国的一个航海航空爱好者组织"碧海蓝天"协会准备进行一次小型飞机"蓝天号"和赛艇"碧海号"的海上联合表演，计划涉及我国的领海和领海上空。对此，根据国际法的有关规则和我国的相关法律，下列哪些判断是正确的？（2002-1-58）[1]

A. "蓝天号"飞行表演如在我国领海上空进行，必须得到我国的允许

B. "碧海号"赛艇表演如果在我国领海中进行，必须得到我国的允许

C. "蓝天号"在前往表演空域中，如果仅仅是以通过为目的，从而可以飞过我国的领海上空，则无须得到我国的许可

D. "碧海号"在前往表演海域的途中，如果仅仅是以通过为目的，从而穿越我国的领海，则无须得到我国的许可

【解析】 无害通过是指外国船舶在不损害沿海国和平与安宁和正常秩序的条件下，拥有无须事先通知或征得沿海国许可而连续不断地通过其领海的航行权利。无害通过仅适用于船舶，不适用于飞机。一般下列行为被认为是有害的：武装演习、收集情报、起落飞机、污染行为以及捕鱼活动等。另外，外国潜水艇和其他潜水器通过领海时必须浮出海面航行，并展示其旗帜。

二、专属经济区和大陆架、群岛水域

12. 甲国在其宣布的专属经济区水域某暗礁上修建了一座人工岛屿。乙国拟铺设一条通过甲国专属经济区的海底电缆。根据《联合国海洋法公约》，下列哪一选项是正确的？（2010-1-31，单）[2]

A. 甲国不能在该暗礁上修建人工岛屿

B. 甲国对建造和使用该人工岛屿拥有管辖权

C. 甲国对该人工岛屿拥有领土主权

---

[1] ABD [2] B

D. 乙国不可在甲国专属经济区内铺设海底电缆

【考点】国际法上的空间划分——海洋法、专属经济区

【解析】专属经济区的法律地位：既不是领海，也不是公海。沿海国对于专属经济区不拥有领土主权，只享有公约规定的某些主权权利，主要体现为对该区域内以开发自然资源为目的的活动拥有排他性的主权权利和与此相关的某些管辖权。

沿海国对专属经济区的权利：

（1）勘探、开发、养护和管理海床和底土及其上覆水域自然资源为目的的主权权利，以及关于在该区域内从事经济性开发和勘探的主权权利；

（2）建造和使用人工岛屿和设施、海洋科学研究、海洋环境保护事项的管辖权；

（3）制定符合国际公约的专属经济区法规以及必要的辅助执行手段，包括登临、检查、逮捕和司法程序。B 正确，A、C 错误。

沿海国对专属经济区的义务：

（1）允许其他国家在此区域内的航行和飞越权、铺设海底电缆和管道及其他合法活动；

（2）对外国船舶违法行为采取措施时需遵循一定的规则：①对被捕的船只及其船员，当其提出适当的担保书或担保后，应迅速予以释放；②对因违反渔业法规而要作处罚时，如有关国家无相反的协议，不能采取监禁和体罚方式；③逮捕或扣押外国船只后及时通知船旗国。D 错误。

13. 甲国是《联合国海洋法公约》的缔约国，甲国在其专属经济区进行的下列哪项行为符合公约的规定？（2019 – 回忆版，单）[1]

A. 击落上空的乙国无人机　　　　B. 击沉海面的丙国军舰

C. 在海上修建风力发电站　　　　D. 破坏丁国铺设的海底电缆

【考点】专属经济区

【解析】A、B、D 错误，沿海国允许其他国家在此区域内的航行和飞越权、铺设海底电缆和管道及其他合法活动。其他国家在沿海国的专属经济区和大陆架有权铺设海底电缆和管道，但线路的划定必须经过沿海国的同意。C 正确，沿海国可以在其专属经济区内勘探、开发和养护自然资源。修建风力发电站属于开发自然资源的行为。

14. 甲国是群岛国，乙国是甲国的隔海邻国，两国均为《联合国海洋法公约》的缔约国。根据相关国际法规则，下列哪一选项是正确的？（2014 – 1 – 33，单）[2]

A. 他国船舶通过甲国的群岛水域均须经过甲国的许可

B. 甲国为连接其相距较远的两岛屿，其群岛基线可隔断乙国的专属经济区

C. 甲国因已划定了群岛水域，则不能再划定专属经济区

D. 甲国对其群岛水域包括上空和底土拥有主权

【考点】群岛水域

【解析】A 错误。根据《联合国海洋法公约》的规定，除内水外，所有国家的船舶均享有无害通过群岛水域的权利。"群岛海道通过权"即一种专为在公海或专属经济区的一部分和公海或专属经济区的另一部分之间继续不停、迅速和无障碍过境的目的，行使正常方式的航行和飞越的权利。因此，他国船舶通过甲国的群岛水域无须经过甲国的许可。

B 错误。根据《联合国海洋法公约》的规定，群岛国采用的基线制度不得使另一国的领海与公海或专属经济区隔断。

C 错误。专属经济区是根据《联合国海洋法公约》确立的新区域，它的地位既不同于领

海，也不同于公海。该海域位于领海以外并邻接领海，从测算领海宽度的基线量起不超过200海里。没有规定划定了群岛水域就不能划定专属经济区。

D 正确。群岛国对群岛水域享有主权，且此项主权及于群岛水域的上空、海床和底土，以及其中所包含的资源。

15. 根据《联合国海洋法公约》和中国相关规则和实践，下列哪一选项是正确的？（2020 – 回忆版，单）[1]

A. 甲国军用飞机飞越我国毗连区须经我国同意

B. 甲国渔民在我大陆架捕杀濒危海龟，我国可依我国刑法追究其刑事责任

C. 甲国潜水艇必须浮出水面并展示其国旗才能通过我国毗连区

D. 联合国科考船可不经我国同意在我国专属经济区采集样本

【考点】海域的法律制度

【解析】毗连区不是国家领土，国家对毗连区不享有主权，而且国家对于毗连区的管制不包括其上空。A 错误。

毗连区不是领水，实行自由航行制度。C 错误。

2016 年 8 月，我国最高人民法院公布《关于审理发生在我国管辖海域相关案件若干问题的规定（一）》《关于审理发生在我国管辖海域相关案件若干问题的规定（二）》，明确了我国管辖的海域不仅包括内水、领海，也包括毗连区、专属经济区、大陆架等其他海域。中国公民或组织在我国与有关国家缔结的协定确定的共同管理的渔区或公海从事捕捞作业的，也适用该规定。中国公民或者外国人在我国管辖海域实施非法猎捕、杀害珍贵濒危野生动物或者非法捕捞水产品等犯罪的，依照我国刑法追究刑事责任。B 正确。

专属经济区，沿海国对建造和使用人工岛屿和设施、海洋科学研究、海洋环境保护事项拥有管辖权。D 错误。

16. 根据《联合国海洋法公约》以及我国相关法律规定，下列说法正确的是哪一项？（2021 – 回忆版，单）[2]

A. 甲国军舰可以无须事先征得许可而在我国领海无害通过

B. 我国军舰可以从毗连区开始实施紧追权，到了公海则紧追权终止

C. 甲国商务飞机可以在我国领海上空无害通过

D. 甲国有权在我国大陆架铺设电缆，但铺设线路计划需要取得我国同意

【考点】领海、毗连区、大陆架法律制度

【解析】A 错误。无害通过是指外国船舶在不损害沿海国和平安宁和正常秩序的情况下，享有无需事先通知或征得沿海国许可而连续不断地通过其领海的制度。对于军舰是否享有无害通过权，各国实践并不一致，根据《中华人民共和国领海及毗连区法》第6条第2款的规定，外国军用船舶通过中国领海，须经中国政府批准。

B 错误。紧追权是沿海国拥有对违反其法规并从该国管辖范围的海域向公海行驶的外国船舶进行追逐的权利。可以开始于一国的内水、领海、毗连区或专属经济区。紧追可以追入公海中继续进行，直至追上并采取措施，但必须是连续不断的。

C 错误。无害通过制度只适用于船舶，不适用于飞机。

D 正确。根据《联合国海洋法公约》的规定，所有国家有权在其他国家的大陆架上铺设电缆和管道，但其线路的划定须经沿海国同意，并应顾及现有电缆和管道，不得加以损害。

_____

[1] B　[2] D

17. 甲乙两国计划在海底修建天然气运输管道，管道途径丙丁两国的专属经济区和大陆架，管道口需要经过丁国的领海，根据相关海洋法规则，下列说法正确的是？[1]

A. 甲乙两国在丙国的专属经济区铺设海底管道，需要经过丙国的同意

B. 该管道在丙国的专属经济区发生泄漏，丙国可以依据其国内法进行管辖并采取相关措施。

C. 专属经济区需要经过沿海国的宣告，大陆架不需要宣告。

D. 甲乙两国在大陆架铺设海底管道，线路的规划需要经过沿海国的同意。

【考点】专属经济区和大陆架

【解析】A选项错误。其他国家在专属经济区享有铺设海底电缆和管道的自由。

B选项正确。沿海国对海洋环境保护事项拥有管辖权。为行使该权利，沿海国可制定与公约规定一致的专属经济区法规。并可采取必要的措施以确保其法规得到遵守，包括登临、检查、逮捕和进行司法程序。

C选项正确。专属经济区需要经过沿海国的宣告，大陆架不需要宣告，

D选项正确。其他国家在专属经济区享有铺设海底电缆和管道的自由。但路线的划定必须经过沿海国的同意。

第三节　国际航空法与外层空间法

国际航空法体系

18. 甲国发生内战，乙国拟派民航包机将其侨民接回，飞机需要飞越丙国领空。根据国际法相关规则，下列哪些选项是正确的？（2011 - 1 - 75，多）[2]

A. 乙国飞机因接其侨民，得自行飞越丙国领空

B. 乙国飞机未经甲国许可，不得飞入甲国领空

C. 乙国飞机未经允许飞越丙国领空，丙国有权要求其在指定地点降落

D. 丙国军机有权在警告后将未经许可飞越丙国领空的乙国飞机击落

【考点】国际航空法——《芝加哥公约》、领空制度

【解析】B、C正确，A、D错误。领空是一国领陆和领水上方一定高度的空间，领空完全受国家主权的支配。领空主权原则表现为：

（1）外国航空器进入国家领空需经该国许可并遵守领空国的有关法律；

（2）对于非法入境的外国民用航空器，国家可以行使主权，采取符合国际法有关规则的任何适当手段，包括要求其终止此类侵犯立即离境或要求其在指定地点降落等，但不得危及航空器内人员的生命和航空器的安全，避免使用武器；

（3）国家有权制定外国航空器入境离境和在境内飞行的规章制度，各国可以指定外国航空器降停的机场；

（4）国家保留国内航线专属权，一国为安全及军事需要有权在其领空中划定某些禁区。

19. 甲国某航空公司国际航班在乙国领空被乙国某公民劫持，后乙国将该公民控制，并拒绝了甲国的引渡请求。两国均为1971年《关于制止危害民用航空安全的非法行为的公约》等三个国际民航安全公约缔约国。对此，下列哪一说法是正确的？（2013 - 1 - 33，单）[3]

---

〔1〕 BCD　〔2〕 BC　〔3〕 C

A. 劫持未发生在甲国领空，甲国对此没有管辖权

B. 乙国有义务将其引渡到甲国

C. 乙国可不引渡，但应由本国进行刑事审判

D. 本案属国际犯罪，国际刑事法院可对其行使管辖权

【考点】《东京公约》《海牙公约》《蒙特利尔公约》关于危害民用航空安全的罪行、国际刑事法院

【解析】 B 错误，C 正确。根据三个公约的规定，危害民航安全罪行是一种可引渡罪行，但各国没有强制引渡义务。国家可依据引渡协议或国内法决定是否予以引渡。如果嫌疑人所在国没有相关协议引渡义务，并决定不予引渡的，应在本国作为严重的普通刑事案件进行起诉。

A 错误。下列国家对于危害民航安全罪行享有管辖权：航空器登记国；当罪犯仍在航空器内，该航空器降落地国；当航空器是不带机组的出租时，承租人的营业地国或常住地国；犯罪行为发生地国；罪行后果涉及国，包括受害人国籍国或永久居所国、后果涉及领土国、罪行危及其安全的国家；根据本国法行使管辖权的其他国家。

D 错误。国际刑事法院作为对各国国内司法制度的补充，其管辖范围限于灭绝种族罪、战争罪、危害人类罪、侵略罪等几大类；所管辖的犯罪行为限于发生在规约生效后的行为。法院只追究个人的刑事责任，其最高刑罚为无期徒刑。

20. 乘坐乙国航空公司航班的甲国公民，在飞机进入丙国领空后实施劫机，被机组人员制服后交丙国警方羁押。甲、乙、丙三国均为 1963 年《东京公约》、1970 年《海牙公约》及 1971 年《蒙特利尔公约》缔约国。据此，下列哪一选项是正确的？（2017 - 1 - 32，单）[1]

A. 劫机发生在丙国领空，仅丙国有管辖权

B. 犯罪嫌疑人为甲国公民，甲国有管辖权

C. 劫机发生在乙国航空器上，仅乙国有管辖权

D. 本案涉及国际刑事犯罪，应由国际刑事法院管辖

【考点】 国际民航空安全制度、对危害民用航空安全的罪行管辖权、国际刑事法院管辖权

【解析】 根据上述三公约，对危害民航安全的罪行，航空器登记国、航空器降落地国（当罪嫌仍在航空器内）、承租人的营业地国或常住地国（当航空器是不带机组的出租）、嫌疑人所在国、嫌疑人国籍国或永久居所国、犯罪行为发生地国、罪行后果涉及国（包括受害人国籍国或永久居所国、后果涉及领土国、罪行危及其安全的国家）、根据本国法行使管辖权的其他国家都可以行使管辖权。犯罪嫌疑人是甲国公民，甲国有管辖权。B 正确。行为发生在丙国领空，丙国有管辖权。A 错误。劫机行为危害乙国航空器，乙国有管辖权。C 错误。

国际刑事法院仅管辖灭绝种族罪、危害人类罪、战争罪、侵略罪，不包括劫机。D 错误。

21. 甲国由于技术的原因与乙国共同发射一颗卫星，该卫星在丙国境内实际发射。发射过程中火箭碎片掉落，砸伤受邀现场观看发射的某丁国国民。由于轨道偏离，该人造卫星与丁国遥感卫星相撞，丁国卫星碎片跌落砸坏戊国建筑并造成戊国人员伤亡。甲乙丙丁戊都加入《空间物体所造成损害的国际责任公约》（简称《责任公约》）的缔约国，下列哪些判断是正确的？（2020 - 回忆版，多）[2]

A. 丁国不对戊国财产和人员伤亡承担责任

B. 火箭碎片对某丁国国民造成的损害不适用《责任公约》

C. 甲乙丙丁国应对戊国的财产和人员伤亡承担绝对责任

---

〔1〕 B 〔2〕 BCD

D. 甲乙丙国应对丁国卫星损害承担过错责任

【考点】《空间物体所造成损害的国际责任公约》

【解析】《责任公约》对于空间物体造成损失的赔偿责任制度，作出了具体的规定。根据公约，损害赔偿应由该物体的发射国承担。这里的发射国包括：发射或促使发射空间物体的国家以及从其领土或设施发射空间物体的国家。结合本题，甲乙丙均为发射国。"发射"包括未成功的发射在内。两个或两个以上的国家共同发射空间物体时，对所造成的损害应承担共同或单独的责任。发射国对其空间物体在地球表面或给飞行中的飞机造成的损害，应负有赔偿的绝对责任。C正确。

发射国的空间物体在地球表面以外的地方，对另一发射国的空间物体造成损害，并因此对第三国或第三国的自然人或法人造成损害时：如果是在第三国的地球表面或对飞行中的飞机造成的，则前两国对第三国负绝对责任；如果对地球表面以外的其他地方的第三国外空物体或所载人员财产造成损害，则前两国依各自的过错承担相应的责任。D正确。

发射国空间物体对于下面两种人员造成的损害不适用《责任公约》：该国的国民，以及在空间物体从发射至降落的任何阶段内参加操作的或者应发射国的邀请而留在紧接预定发射或回收区的外国公民。B正确。

第四章　国际法上的个人

第一节　国　籍

1. 中国人王某定居美国多年，后自愿加入美国国籍，但没有办理退出中国国籍的手续。根据我国相关法律规定，下列哪些选项是正确的？（2010－1－80，多）〔1〕

A. 由于王某在中国境外，故须向在国外的中国外交代表机关或领事机关办理退出中国国籍的手续

B. 王某无需办理退出中国国籍的手续

C. 王某具有双重国籍

D. 王某已自动退出了中国国籍

【考点】国际法上的个人—国籍的取得与丧失、《中华人民共和国国籍法》（以下简称"《国籍法》"）

【解析】A错误，B、D正确。本题中王某自动丧失中国国籍，无须办理退籍手续。根据《国籍法》第9条规定："定居外国的中国公民，自愿加入或取得外国国籍的，即自动丧失中国国籍。"《国籍法》第14条规定："中国国籍的取得、丧失和恢复，除第九条规定的以外，必须办理申请手续。未满十八周岁的人，可由其父母或其他法定代理人代为办理申请。"

C错误。《国籍法》第3条规定："中华人民共和国不承认中国公民具有双重国籍。"

2. 中国公民王某与甲国公民彼得于2013年结婚后定居甲国并在该国产下一子，取名彼得森。关于彼得森的国籍，下列哪些选项是正确的？（2015－1－75，多）〔2〕

A. 具有中国国籍，除非其出生时即具有甲国国籍

B. 可以同时拥有中国国籍与甲国国籍

C. 出生时是否具有甲国国籍，应由甲国法确定

D. 如出生时即具有甲国国籍，其将终生无法获得中国国籍

【考点】国籍的取得

【解析】A正确，B错误。《国籍法》第5条规定："父母双方或一方为中国公民，本人出生在外国，具有中国国籍；但父母双方或一方为中国公民并定居在外国，本人出生时即具有外国国籍的，不具有中国国籍。"彼得森具有中国国籍的父或母已经在甲国定居，因此若彼得森出生时取得甲国国籍，则不能再获得中国国籍，但若出生时未获得甲国国籍，仍然有权获得中国国籍。

C正确。国籍的取得取决于各国自身的规定，彼得森出生时能否获得甲国国籍当然应由甲

---

〔1〕　BD　〔2〕　AC

国法确定。

D 错误。如果彼得森出生时即具有甲国国籍，根据我国《国籍法》其不能因出生取得中国国籍，但仍然可以通过加入等其他途径获得中国国籍，故 D 错误。

3. 中国公民李某与俄罗斯公民莎娃结婚，婚后定居北京，并育有一女李莎。依我国《国籍法》，下列哪些选项是正确的？（2017 - 1 - 75，多）〔1〕

A. 如李某为中国国家机关公务员，其不得申请退出中国国籍
B. 如莎娃申请中国国籍并获批准，不得再保留俄罗斯国籍
C. 如李莎出生于俄罗斯，不具有中国国籍
D. 如李莎出生于中国，具有中国国籍

【考点】 国籍的取得和丧失

【解析】《国籍法》第 12 条规定："国家工作人员和现役军人，不得退出中国国籍。" A 正确。

《国籍法》第 8 条规定："申请加入中国国籍获得批准的，即取得中国国籍；被批准加入中国国籍的，不得再保留外国国籍。" B 正确。

《国籍法》第 5 条规定："父母双方或一方为中国公民，本人出生在外国，具有中国国籍；但父母双方或一方为中国公民并定居在外国，本人出生时即具有外国国籍的，不具有中国国籍。"李某是中国人且与莎娃定居中国，即使李莎出生于俄罗斯，也具有中国国籍。C 错误。

《国籍法》第 4 条规定："父母双方或一方为中国公民，本人出生在中国，具有中国国籍。" D 正确。

4. 甲国球星皮埃尔申请加入中国国籍。对此，下列哪一说法是正确的？（2020 - 回忆版，单）〔2〕

A. 加入中国国籍应由中国外交部批准
B. 皮埃尔申请被批准前，与中国女子李某在广州出生的儿子具有中国国籍
C. 一旦加入中国国籍就不能退出
D. 皮埃尔加入中国国籍后，可保留甲国国籍

【考点】《国籍法》

【解析】《国籍法》第 16 条规定："加入、退出和恢复中国国籍的申请，由中华人民共和国公安部审批。经批准的，由公安部发给证书。"加入中国国籍应由公安部批准。A 错误。

《国籍法》第 4 条规定："父母双方或一方为中国公民，本人出生在中国，具有中国国籍。" B 正确。

《国籍法》第 8 条规定："申请加入中国国籍获得批准的，即取得中国国籍；被批准加入中国国籍的，不得再保留外国国籍。" D 错误。

《国籍法》中规定了中国国籍加入、退出的条件，并非不得退出。C 错误。

第二节　外国人的法律地位

外国人的入境、居留和出境

5. 甲国公民大卫到乙国办理商务，购买了联程客票搭乘甲国的国际航班，经北京首都国

---

〔1〕　ABD　〔2〕　B

际机场转机到乙国。甲国与我国没有专门协定。根据我国有关出入境法律，下列判断正确的是：（2010－1－98，不定项）[1]

A. 大卫必须提前办理中国过境签证

B. 如大卫在北京机场的停留时间不超过 24 小时且不出机场，可免办中国入境签证

C. 如大卫不出北京机场，无论其停留时间长短都可免办中国入境签证

D. 如大卫在北京转机临时离开机场，需经边防检查机关批准

【考点】《中华人民共和国出入境管理法》（以下简称"《出入境管理法》"）、联程客票

【解析】A、C 错误，B 正确。《出境入境管理法》第 22 条规定："外国人有下列情形之一的，可以免办签证：

（一）根据中国政府与其他国家政府签订的互免签证协议，属于免办签证人员的；

（二）持有效的外国人居留证件的；

（三）持联程客票搭乘国际航行的航空器、船舶、列车从中国过境前往第三国或者地区，在中国境内停留不超过二十四小时且不离开口岸，或者在国务院批准的特定区域内停留不超过规定时限的；

（四）国务院规定的可以免办签证的其他情形。"

D 正确。《出境入境管理法》第 23 条规定："有下列情形之一的外国人需要临时入境的，应当向出入境边防检查机关申请办理临时入境手续：

（一）外国船员及其随行家属登陆港口所在城市的；

（二）本法第二十二条第三项规定的人员需要离开口岸的；

（三）因不可抗力或者其他紧急原因需要临时入境的。

临时入境的期限不得超过十五日。

对申请办理临时入境手续的外国人，出入境边防检查机关可以要求外国人本人、载运其入境的交通运输工具的负责人或者交通运输工具出境入境业务代理单位提供必要的保证措施。"

6. 外国公民雅力克持旅游签证来到中国，我国公安机关查验证件时发现，其在签证已经过期的情况下，涂改证照，居留中国并临时工作。关于雅力克的出入境和居留，下列哪些表述符合中国法律规定？（2012－1－75，多）[2]

A. 在雅力克旅游签证有效期内，其前往不对外国人开放的地区旅行，不再需要向当地公安机关申请旅行证件

B. 对雅力克的行为县级以上公安机关可拘留审查

C. 对雅力克的行为县级以上公安机关可依法予以处罚

D. 如雅力克持涂改的出境证件出境，中国边防检查机关有权阻止其出境

【考点】《出境入境管理法》

【解析】《出境入境管理法》第 70 条规定："本章规定的行政处罚，除本章另有规定外，由县级以上地方人民政府公安机关或者出入境边防检查机关决定；其中警告或者五千元以下罚款，可以由县级以上地方人民政府公安机关出入境管理机构决定。"

《出境入境管理法》第 71 条规定："有下列行为之一的，处一千元以上五千元以下罚款；情节严重的，处五日以上十日以下拘留，可以并处二千元以上一万元以下罚款：

（一）持用伪造、变造、骗取的出境入境证件出境入境的；

（二）冒用他人出境入境证件出境入境的；

---

[1] BD　[2] BCD

（三）逃避出境入境边防检查的；

（四）以其他方式非法出境入境的。"

BCD 正确。

【备注】《中华人民共和国外国人入境出境管理法》和《中华人民共和国公民出境入境管理法》已由 2012 年 6 月 30 日公布的《中华人民共和国出境入境管理法》统一修改，因此关于此考点相关题目了解即可，建议按照最新修订法律条文记忆，故上述试题某些选项未作解析。

7. 甲国公民杰克申请来中国旅游，关于其在中国出入境和居留期间的管理，下列哪些选项是正确的？（2013 - 1 - 76，多）[1]

A. 如杰克患有严重精神障碍，中国签证机关不予签发其签证

B. 如杰克入境后可能危害中国国家安全和利益，中国出入境边防检查机关可不准许其入境

C. 杰克入境后，在旅馆以外的其他住所居住或者住宿的，应当在入住后 48 小时内由本人或者留宿人，向居住地的公安机关办理登记

D. 如杰克在中国境内有未了结的民事案件，法院决定不准出境的，中国出入境边防检查机关有权阻止其出境

【考点】《出境入境管理法》

【解析】A 正确。《出境入境管理法》第 21 条规定："外国人有下列情形之一的，不予签发签证：

（一）被处驱逐出境或者被决定遣送出境，未满不准入境规定年限的；

（二）患有严重精神障碍、传染性肺结核病或者有可能对公共卫生造成重大危害的其他传染病的；

（三）可能危害中国国家安全和利益、破坏社会公共秩序或者从事其他违法犯罪活动的；

（四）在申请签证过程中弄虚作假或者不能保障在中国境内期间所需费用的；

（五）不能提交签证机关要求提交的相关材料的；

（六）签证机关认为不宜签发签证的其他情形。

对不予签发签证的，签证机关可以不说明理由。"

B 正确。《出境入境管理法》第 25 条规定："外国人有下列情形之一的，不准入境：

（一）未持有效出境入境证件或者拒绝、逃避接受边防检查的；

（二）具有本法第二十一条第一款第一项至第四项规定情形的；

（三）入境后可能从事与签证种类不符的活动的；

（四）法律、行政法规规定不准入境的其他情形。

对不准入境的，出入境边防检查机关可以不说明理由。"

D 正确。《出境入境管理法》第 28 条规定："外国人有下列情形之一的，不准出境：

（一）被判处刑罚尚未执行完毕或者属于刑事案件被告人、犯罪嫌疑人的，但是按照中国与外国签订的有关协议，移管被判刑人的除外；

（二）有未了结的民事案件，人民法院决定不准出境的；

（三）拖欠劳动者的劳动报酬，经国务院有关部门或者省、自治区、直辖市人民政府决定不准出境的；

（四）法律、行政法规规定不准出境的其他情形。"

---

[1] ABD

C 错误。《出境入境管理法》第 39 条规定："外国人在中国境内旅馆住宿的，旅馆应当按照旅馆业治安管理的有关规定为其办理住宿登记，并向所在地公安机关报送外国人住宿登记信息。外国人在旅馆以外的其他住所居住或者住宿的，应当在入住后二十四小时内由本人或者留宿人，向居住地的公安机关办理登记。"

8. 王某是定居美国的中国公民，2013 年 10 月回国为父母购房。根据我国相关法律规定，下列哪一选项是正确的？（2014－1－34，单）[1]

A. 王某应向中国驻美签证机关申请办理赴中国的签证

B. 王某办理所购房产登记需提供身份证明的，可凭其护照证明其身份

C. 因王某是中国公民，故需持身份证办理房产登记

D. 王某回中国后，只要其有未了结的民事案件，就不准出境

【考点】《出入境管理法》

【解析】A 错误。王某是定居美国的中国公民，也就是说王某仍具有中国国籍。而持有本国签发的有效护照和拟进入国家发给的签证是外国人入境的条件。王某返回中国属于中国公民入境，不适用外国人入境的条件，无须办理赴中国的签证。

B 正确，C 错误。《出境入境管理法》第 14 条规定："定居国外的中国公民在中国境内办理金融、教育、医疗、交通、电信、社会保险、财产登记等事务需要提供身份证明的，可以凭本人的护照证明其身份。"因此，王某办理房产登记需要提供身份证明的，可以凭护照证明。

D 错误。《出境入境管理法》第 12 条规定："中国公民有下列情形之一的，不准出境：……（三）有未了结的民事案件，人民法院决定不准出境的；……"因此，不是只要有未了结的民事案件就不准出境，而是必须满足"人民法院决定不准出境"的条件。故 D 错误。

9. 马萨是一名来华留学的甲国公民，依中国法律规定，下列哪些选项是正确的？（2017－1－76，多）[2]

A. 马萨入境中国时，如出入境边防检查机关不准其入境，可以不说明理由

B. 如马萨留学期间发现就业机会，即可兼职工作

C. 马萨留学期间在同学家中短期借住，应按规定向居住地的公安机关办理登记

D. 如马萨涉诉，则不得出境

【考点】外国人出入境

【解析】《出境入境管理法》第 25 条第 2 款规定："对不准入境的，出入境边防检查机关可以不说明理由。"A 正确。

《出境入境管理法》第 41 条第 1 款规定："外国人在中国境内工作，应当按照规定取得工作许可和工作类居留证件。任何单位和个人不得聘用未取得工作许可和工作类居留证件的外国人。"马萨是学生，没有工作许可和工作类居留证，不得兼职工作。B 错误。

《出境入境管理法》第 39 条第 2 款规定："外国人在旅馆以外的其他住所居住或者住宿的，应当在入住后二十四小时内由本人或者留宿人，向居住地的公安机关办理登记。"C 正确。

《出境入境管理法》第 28 条规定："外国人有下列情形之一的，不准出境：（一）被判处刑罚尚未执行完毕或者属于刑事案件被告人、犯罪嫌疑人的，但是按照中国与外国签订的有关协议，移管被判刑人的除外；（二）有未了结的民事案件，人民法院决定不准出境的；……"可知如果是民事案件，须经法院决定马萨才不得出境。D 错误。

10. 甲国人汉斯因公务签证来华，在北京已居住两年并与中国籍女子结婚，育有一子。根

---

[1] B　[2] AC

据中国相关法律规定，下列哪些判断是正确的？（2019 - 回忆版，多）[1]

A. 只要汉斯有尚未完结的民事诉讼，边检机关就可限制其出境

B. 北京是汉斯的经常居所地

C. 汉斯利用周末假期在某语言培训机构兼职教课，属于非法工作

D. 汉斯的儿子具有中国国籍

【考点】外国人出入境、经常居所地

【解析】A 错误。根据我国法律的规定，外国人有未了结的民事诉讼，且经人民法院决定的，不得出境。A 项中缺少了人民法院决定这一条件，所以是错误的。

B 错误。涉外民事法律关系中的经常居所地必须连续居住满一年，且作为生活中心。但要排除就医、公务和劳务派遣。本题中明确说明汤姆来华是公务，所以北京并不是他的经常居所地。

C 正确。外国人在我国工作必须有工作类的签证和许可。题目中显然没有说明这些因素。

D 正确。根据我国法律的规定，父母双方或一方是中国人，本人出生在中国，具有中国国籍。所以，汤姆和王某的孩子具有中国国籍是正确的。

11. 2012 年，甲国夫妇来华收养中国儿童小白，并一同定居甲国。小白因收养关系取得甲国国籍，并改名艾莉。2016 年艾莉被中国的高校录取来中国境内读书。下列选项正确的是哪一项？（2021 - 回忆版，单）[2]

A. 艾莉到中国学习，无需办理签证

B. 艾莉可以同时有甲国和中国国籍

C. 甲国夫妇想来中国看望艾莉，但甲国爆发较严重疫情，中国入境边防检查机关可以拒绝该夫妇入境，并未说明理由

D. 艾莉可以利用周末期间到快餐店打工

【考点】外国人的入境、出境、国籍相关制度

【解析】A 错误。《出境入境管理法》第 24 条规定："外国人入境，应当向出入境边防检查机关交验本人的护照或者其他国际旅行证件、签证或者其他入境许可证明，履行规定的手续，经查验准许，方可入境。"乙因为收养关系加入甲国国籍，应符合本条规定。

B 错误。《国籍法》第 3 条规定："中华人民共和国不承认中国公民具有双重国籍。"第 9 条规定："定居外国的中国公民，自愿加入或取得外国国籍的，即自动丧失中国国籍。"乙的国籍状态应为甲国国籍。

C 正确。根据《出境入境管理法》第 21 条的规定，患有严重精神障碍、传染性肺结核病或者有可能对公共卫生造成重大危害的其他传染病的，不予签发签证，对不予签发签证的，签证机关可以不说明理由。根据《出境入境管理法》第 25 条的规定，外国人患有严重精神障碍、传染性肺结核病或者有可能对公共卫生造成重大危害的其他传染病的，不准入境，对不准入境的，出入境边防检查机关可以不说明理由。

D 错误。《出境入境管理法》第 41 条第 1 款规定："外国人在中国境内工作，应当按照规定取得工作许可和工作类居留证件。"根据《出境入境管理法》第 43 条的规定，未按照规定取得工作许可和工作类居留证件在中国境内工作的，属于非法就业。外国留学生违反勤工助学管理规定，超出规定的岗位范围或者时限在中国境内工作的，属于非法就业。选项 D 未对许可情况加以说明，未满足以上条件，乙不可以在中国境内工作。

---

[1] CD [2] C

第三节　引渡和庇护

12. 甲国公民库克被甲国刑事追诉，现在中国居留，甲国向中国请求引渡库克，中国和甲国间无引渡条约。关于引渡事项，下列选项正确的是：（2013-1-97，不定项）〔1〕

A. 甲国引渡请求所指的行为依照中国法律和甲国法律均构成犯罪，是中国准予引渡的条件之一

B. 由于库克健康原因，根据人道主义原则不宜引渡，中国可以拒绝引渡

C. 根据中国法律，引渡请求所指的犯罪纯属军事犯罪的，中国应当拒绝引渡

D. 根据甲国法律，引渡请求所指的犯罪纯属军事犯罪的，中国应当拒绝引渡

【考点】引渡

【解析】《中华人民共和国引渡法》（以下简称"《引渡法》"）第7条第1款遵循了引渡法原理上的"双重犯罪原则"。双重犯罪原则是可引渡罪行的必备条件之一，是指被请求引渡人的行为必须是请求国和被请求国的法律都认定的犯罪。甲国是请求国，我国是被请求国，引渡请求所指的库克的行为依照中国法律和甲国法律均构成犯罪，具备了我国准予引渡的条件之一。A正确。

根据《引渡法》第9条的规定，由于被请求引渡人的年龄、健康等原因，根据人道主义原则不宜引渡的，外国向我国提出引渡请求，我国可以拒绝。库克由于健康原因，根据人道主义原则不宜引渡，我国可以拒绝引渡。B正确。

根据《引渡法》第8条第5项的规定，根据我国法律或者请求国法律，引渡请求所指的犯罪纯属军事犯罪的，我国也应当拒绝请求国的引渡请求。也就是说，库克无论是构成我国法上的军事犯罪，还是构成甲国法上的军事犯罪，都不应当被引渡。C、D正确。

13. 甲国公民汤姆于2012年在本国故意杀人后潜逃至乙国，于2014年在乙国强奸一名妇女后又逃至中国。乙国于2015年向中国提出引渡请求。经查明，中国和乙国之间没有双边引渡条约。依相关国际法及中国法律规定，下列哪一选项是正确的？（2015-1-33，单）〔2〕

A. 乙国的引渡请求应向中国最高人民法院提出

B. 乙国应当作出互惠的承诺

C. 最高人民法院应对乙国的引渡请求进行审查，并由审判员组成合议庭进行

D. 如乙国将汤姆引渡回本国，则在任何情况下都不得再将其转引

【考点】《中华人民共和国引渡法》

【解析】A错误。《引渡法》第4条第1款规定："中华人民共和国和外国之间的引渡，通过外交途径联系。中华人民共和国外交部为指定的进行引渡的联系机关。"因此外交部是我国引渡的对外机关。

B正确。《引渡法》第15条规定："在没有引渡条约的情况下，请求国应当作出互惠的承诺。"因此我国对外引渡要有条约或互惠承诺，题干中我国与乙国之间没有双边引渡条约，因此本案引渡应建立在互惠承诺的基础上。

C错误。《引渡法》第16条第2款规定："最高人民法院指定的高级人民法院对请求国提出的引渡请求是否符合本法和引渡条约关于引渡条件等规定进行审查并作出裁定。最高人民法

---

〔1〕　ABCD　〔2〕　B

院对高级人民法院作出的裁定进行复核。"可见对外引渡的决策机关是最高人民法院指定的高院，最高院复核。

D错误。经引出国同意可以转引渡。

14. 甲国公民彼得，在中国境内杀害一中国公民和一乙国在华留学生，被中国警方控制。乙国以彼得杀害本国公民为由，向中国申请引渡，中国和乙国间无引渡条约。关于引渡事项，下列哪些选项是正确的？（2012－1－76，多）〔1〕

A. 中国对乙国无引渡义务

B. 乙国的引渡请求应通过外交途径联系，联系机关为外交部

C. 应由中国最高法院对乙国的引渡请求进行审查，并作出裁定

D. 在收到引渡请求时，中国司法机关正在对引渡所指的犯罪进行刑事诉讼，故应当拒绝引渡

【考点】引渡

【解析】A正确。引渡一般需要根据有关的引渡条约进行，如没有相关条约，国家没有引渡义务，当他国在没有引渡条约的情况下提出引渡时，一国可以自由裁量。

B正确。《引渡法》第4条第1款规定："中华人民共和国和外国之间的引渡，通过外交途径联系。中华人民共和国外交部为指定的进行引渡的联系机关。"《引渡法》第16条第1款规定："外交部收到请求国提出的引渡请求后，应当对引渡请求书及其所附文件、材料是否符合本法第二章第二节和引渡条约的规定进行审查。"

C错误。审查法院为指定的高级法院，最高法院行使复核权。最高人民法院指定的高级人民法院对请求国提出的引渡请求是否符合本法和引渡条约关于引渡条件等规定进行审查并作出裁定。最高人民法院对高级人民法院作出的裁定进行复核。

D错误。中国是"可以"拒绝引渡，而不是"应当"拒绝。《引渡法》第9条规定："外国向中华人民共和国提出的引渡请求，有下列情形之一的，可以拒绝引渡：

（一）中华人民共和国对于引渡请求所指的犯罪具有刑事管辖权，并且对被请求引渡人正在进行刑事诉讼或者准备提起刑事诉讼的；

（二）由于被请求引渡人的年龄、健康等原因，根据人道主义原则不宜引渡的。"

15. 中国人张某在甲国将甲国公民杀死后逃至乙国，已知甲国和乙国之间没有签订引渡条约，但是中国和甲乙两国都有引渡条约。下列选项正确的是？（2018－回忆版，多）〔2〕

A. 中国外交部可以向乙国政府请求将张某先行采取强制措施再行引渡

B. 如甲国向乙国申请引渡，乙国无正当理由不得拒绝引渡

C. 如果乙国未经中国同意将张某引渡给甲国，则中国可以向乙国提起外交保护

D. 如乙国将张某引渡给中国后，甲国向中国提请引渡张某，中国政府应当予以拒绝

【考点】引渡

【解析】引渡程序的联系机关为外交部，中国政府对张某有属人管辖权，基于引渡条约，中国外交部可以向乙国申请引渡。A正确。

没有引渡条约，引渡是一国权利，而非义务，因此，乙国可以拒绝引渡。B错误。

外交保护的条件为：（1）一国国民权利因所在国国家不当行为受到侵害；（2）"国籍持续原则"；（3）"用尽当地救济原则"。乙国并未施有国家不当行为。C错误。

被请求引渡人具有中国国籍的，应当拒绝引渡。D正确。

---

〔1〕 AB 〔2〕 AD

16. 甲国人汤姆在乙国旅游，乙国应丙国的引渡请求对汤姆采取了相关措施。根据国际法的相关规定，下列说法正确的是：（2019 - 回忆版，多）[1]

A. 如果汤姆是政治犯，则乙国应该拒绝丙国的引渡请求

B. 如果汤姆的行为在乙国和丙国均被认为构成犯罪，则乙国可以同意丙国的引渡请求

C. 如果汤姆的行为仅在丙国被认为构成犯罪，则乙国应当拒绝丙国的引渡请求

D. 因为汤姆是甲国公民，所以乙国无权将其引渡给丙国

【考点】引渡

【解析】A 正确。根据国际法的规定，"政治犯不引渡"是引渡领域的一般规则。

B 正确。根据国际法的规定，"双重犯罪"也是引渡领域的一般规则，即相关行为在请求国和被请求国都应当被认定为犯罪才可以引渡。

C 正确。参见 B 项解析。

D 错误。国际法只规定了"本国人不引渡"规则，即当被请求引渡的人员具有被请求引渡国国籍时，被请求国可以拒绝引渡，并没有禁止对第三国人的引渡。总体来说，除"本国人"外，引渡的对象可以包括任何国家的人员。

17. 甲国人亨利持假护照入境乙国，并以政治避难为名进入丙国驻乙国的使馆。甲乙丙三国都是《维也纳外交关系公约》的缔约国，此外彼此间没有相关的其他协议。根据国际法的有关规则，下列哪些选项是正确的？（2007 - 1 - 78）[2]

A. 亨利目前位于乙国领土上，其身份为非法入境者

B. 亨利目前位于丙国领土内，丙国有权对其提供庇护

C. 丙国有义务将亨利引渡给甲国

D. 丙国使馆有义务将亨利交由乙国依法处理

【解析】根据一般国际法，国家没有义务允许外国人入境，外国人入境要持有有效护照并获得入境签证。亨利持假护照进入乙国，是非法入境，故 A 项正确。丙国驻乙国使馆仍然属于乙国领土。国家只应根据属地优越权在本国领土内行使庇护权，域外庇护未得到国际社会的普遍接受。

18. 甲乙两国爆发大规模武装冲突，大量甲国难民涌入乙国，甲乙两国都是《联合国难民公约》的缔约国，下列说法正确的是哪些？（2022 - 回忆版，多）[3]

A. 甲国的难民 A 到乙国，可以从事营利性活动

B. 甲国的难民 B 未经乙国许可进入乙国，无论何种理由，乙国可对其进行惩罚

C. 如果甲国的难民 C 回国将面临生命安全威胁，在任何情况下，乙国都不能将其遣返

D. 乙国接收甲国难民属于国际法上的庇护

【解析】根据《关于难民地位的公约》的规定，缔约国应对合法居留在其领土内的难民，自己经营农业、工业、手工业、商业以及设立工商业公司，给予尽可能优惠的待遇，至少不得低于一般外国人享有的待遇。对于未经许可而进入或逗留于一国领土的难民，如向当局说明其正当理由，该缔约国不得因该难民的非法入境或逗留而处以刑罚。任何缔约国不得以任何方式将难民驱逐或送回（"推回"）至其生命或自由因为他的种族、宗教、国籍、参加某一社会团体或具有某种政治见解而受威胁的领土边界。

19. 甲国请求乙国引渡甲国国民金荣和乙国国民萨亚，指控他们在甲国境内的商业活动中存在腐败行为，但依据乙国法律规定，对甲国指控的行为不予处罚。甲国和乙国都是《联合国

---

[1] ABC 　[2] AD 　[3] AC

反腐败公约》的缔约国，且甲国和乙国有双边引渡条约。下列哪一说法是正确的？（2023 回忆题）[1]

    A. 金荣不应该被引渡

    B.《联合国反腐败公约》优先于两国的双边引渡条约

    C. 萨亚不应该被引渡

    D. 甲乙两国不必然适用《反腐败公约》

【考点】 联合国两公约中的引渡规则

【解析】 A 选项错误，公约放宽了双重犯罪的条件，即如果缔约国本国法律允许，可以就公约涵盖但依照本国法律不予处罚的任何犯罪准予引渡，因此金荣可以被引渡。

B 选项错误，公约尊重现有缔约国引渡制度，公约可以但不必然作为缔约国之间产生引渡义务的法律依据。

C 选项错误，如乙国允许可以引渡。

D 选项正确。公约可以但不必然作为缔约国之间产生引渡义务的法律依据。

---

[1] D

第五章　外交关系和领事关系法

第一节　外交关系法

1. 甲乙二国建有外交及领事关系，均为《维也纳外交关系公约》和《维也纳领事关系公约》缔约国。乙国为举办世界杯足球赛进行城市改建，将甲国使馆区域、大使官邸、领馆区域均纳入征用规划范围。对此，乙国作出了保障外国使馆、领馆执行职务的合理安排，并对搬迁使领馆给予及时、有效、充分的补偿。根据国际法相关规则，下列哪些判断是正确的？（2010－1－79，多）[1]

A. 如甲国使馆拒不搬迁，乙国可采取强制的征用搬迁措施

B. 即使大使官邸不在使馆办公区域内，乙国也不可采取强制征用搬迁措施

C. 在作出上述安排和补偿的情况下，乙国可征用甲国总领馆办公区域

D. 甲国总领馆馆舍在任何情况下均应免受任何方式的征用

【考点】使馆特权和领馆特权

【解析】根据《维也纳外交关系公约》第22条的规定，使馆馆舍享有的特权与豁免包括：

（1）接受国人员非经使馆馆长许可，不得进入使馆馆舍；

（2）接受国对使馆馆舍负有特殊的保护责任，应采取一切适当步骤保护使馆馆舍免受侵入或损害，并防止一切扰乱使馆尊严和安宁的事情；

（3）使馆馆舍及设备，以及馆舍内其他财产与使馆交通工具免受搜查、征用、扣押或强制执行。

根据《维也纳领事关系公约》第31条的规定，领馆享有的特权与豁免包括：

（1）接受国人员非经领馆馆长或其指定人员或派遣国使馆馆长同意，不得进入领馆馆舍中专供领馆工作之用的部分。但遇火灾或其他灾害须迅速采取保护行动时，可以推定馆长已同意；

（2）接受国负有特殊责任，采取一切适当步骤保护领馆馆舍免受侵入或损害，并防止任何扰乱领馆安宁或有损领馆尊严的事情；

（3）领馆馆舍、馆舍设备以及领馆的财产与交通工具一般应免受任何方式的征用。如接受国确有征用的必要时，应采取一切可能步骤以免妨碍领馆执行职务，并应向派遣国作出迅速、充分及有效的补偿。

A错误，B正确。使馆是不得征收征用的，更不得采取任何强制搬迁措施。

---

[1]　BC

C 正确，D 错误。对于领馆馆舍在符合一定条件下可以进行征用。

2. 甲乙丙三国均为《维也纳外交关系公约》缔约国。甲国汤姆长期旅居乙国，结识甲国驻乙国大使馆参赞杰克，二人在乙国与丙国汉斯发生争执并互殴，汉斯被打成重伤后，杰克将汤姆秘匿于使馆休息室。关于事件的处理，下列哪一选项是正确的？（2012 - 1 - 32，单）〔1〕

A. 杰克行为已超出职务范围，乙国可对其进行逮捕

B. 该使馆休息室并非使馆工作专用部分，乙国警察有权进入逮捕汤姆

C. 如该案件在乙国涉及刑事诉讼，杰克无作证义务

D. 因该案发生在乙国，丙国法院无权对此进行管辖

【考点】使馆特权和外交人员特权

【解析】外交人员的豁免权主要包括：

（1）刑事管辖豁免：享有完全的对接受国刑事管辖的豁免，即接受国的司法机关不得对其进行刑事审判和处罚。A 错误。外交人员刑事管辖采用完全豁免原则。

（2）民事和行政管辖豁免：接受国的法院不对外交人员进行民事管辖，包括不进行审判和处罚，也不采取强制执行措施。在行政管辖事项上，接受国对外交人员也给予一定的豁免，如免除外交人员的户籍和婚姻登记，对其违反行政法规的行为不实行行政制裁等。

外交人员的民事和行政管辖豁免的例外情形：

①外交人员在接受国境内私有不动产物权的诉讼，但其代表派遣国为使馆用途置有的不动产不在此列；

②外交人员以私人身份并不代表派遣国而作为遗嘱执行人、遗产管理人、继承人或受赠人之继承事项的诉讼；

③外交人员在接受国内在公务范围以外所从事的专业或商务活动的诉讼；

④外交人员主动起诉而引起的与该诉讼直接有关的反诉。

（3）外交人员享有的上述豁免是接受国的管辖豁免，如外交人员有违法行为，其相关责任并不能因此而豁免，有关的责任问题将通过外交途径解决。

（4）外交人员免除作证义务，不仅没有被迫在法律程序中作为证人出庭的作证义务，而且没有提供证词的义务。C 正确。外交人员免除作证义务。

（5）外交人员的特权和管辖豁免可以由其派遣国放弃，但这种放弃只能由派遣国明示作出，外交人员本身没有作出这种放弃的权利。对诉讼程序上管辖豁免的放弃，不得视为对判决执行豁免的默示放弃，后项放弃需由派遣国单独明确作出。

B 错误。使馆休息室也属于使馆馆舍的一部分，非经许可不得进入。

D 错误。依据属人管辖原则，丙国法院有权进行管辖。

3. 甲乙两国因政治问题交恶，甲国将其驻乙国的大使馆降级为代办处。后乙国出现大规模骚乱，某乙国公民试图翻越围墙进入甲国驻乙国代办处，被甲国随员汤姆开枪打死。根据该案情以下说法正确的是？（2018 - 回忆版，单）〔2〕

A. 因甲国主动将驻乙国使馆降级为代办处，根据相关公约的规定代办处不再受到外交法的保护

B. 随员汤姆的行为是为了保护代办处的安全，因此不负任何刑事责任

C. 乙国可以因随员汤姆的开枪行为对其采取刑事强制措施

D. 如果甲国明示放弃汤姆的外交豁免权，则乙国可以对汤姆采取刑事强制措施

---

〔1〕 C　〔2〕 D

【考点】《维也纳外交关系公约》、使馆特权和外交人员特权

【解析】根据《维也纳外交关系公约》第14条的规定，使馆馆长分为如下三级：大使或教廷大使，使节、公使及教廷公使，代办。代办处仍然受外交法的保护。A错误。

随员是外交职员的一种，属于使馆职员，享有外交人员的特权和豁免，外交代表对管辖之豁免可由派遣国抛弃之。豁免之抛弃，概须明示。C错误，D正确。

享有外交特权与豁免是程序问题，并不意味着在实体上不负任何刑事责任，通过外交途径解决。B错误。

4. 甲乙丙三国因历史原因，冲突不断，甲国单方面暂时关闭了驻乙国使馆。艾诺是甲国派驻丙国使馆的二秘，近日被丙国宣布为不受欢迎的人。根据相关国际法规则，下列哪些选项是正确的？（2014－1－74，多）[1]

A. 甲国关闭使馆应经乙国同意后方可实现

B. 乙国驻甲国使馆可用合法手段调查甲国情况，并及时向乙国作出报告

C. 丙国宣布艾诺为不受欢迎的人，须向甲国说明理由

D. 在丙国宣布艾诺为不受欢迎的人后，如甲国不将其召回或终止其职务，则丙国可拒绝承认艾诺为甲国驻丙国使馆人员

【考点】使馆特权和豁免、外交代表的派遣

【解析】A错误。一国关闭驻外使馆无须他国同意。

B正确。根据《维也纳外交关系公约》第3条第1款第4项的规定，使馆有权通过一切合法手段调查接受国之状况及发展情形，并向派遣国政府具报。

C错误，D正确。秘书是按照使馆馆长的旨意办理外交事务的外交官，可以分为一等秘书、二等秘书和三等秘书。《维也纳外交关系公约》第9条规定："一、接受国得随时不具解释通知派遣国宣告使馆馆长或使馆任何外交职员为不受欢迎人员或使馆任何其他职员为不能接受。遇此情形，派遣国应斟酌情况召回该员或终止其在使馆中之职务。任何人员得于其到达接受国国境前，被宣告为不受欢迎或不能接受。二、如派遣国拒绝或不在相当期间内履行其依本条第一项规定所负义务，接受国得拒绝承认该员为使馆人员。"丙国宣布艾诺为不受欢迎的人，无须解释和说明理由。

5. 甲国驻乙国大使汤姆因辱骂乙国总统被乙国宣布为"不受欢迎的人"。根据国际法的规定，下列说法正确的是：（2019－回忆版，多）[2]

A. 甲国应立即将汤姆召回

B. 甲国应立即停止汤姆的大使职务

C. 甲国有权要求乙国说明将汤姆列为不受欢迎人员的理由

D. 如甲国拒绝将汤姆召回或终止其大使职务，乙国可令汤姆限期离境

【考点】外交人员被宣布为不受欢迎

【解析】接受国得随时不具解释通知派遣国宣告使馆馆长或使馆任何外交职员为不受欢迎人员或使馆任何其他职员为不能接受。遇此情形，派遣国应斟酌情况召回该员或终止其在使馆中之职务。任何人员得于其到达接受国国境前，被宣告为不受欢迎或不能接受而无需说明理由。

6. 甲国公民杰克是甲国派驻乙国使馆的一名武官，关于其在乙国的行为，根据《维也纳外交关系公约》，下列哪些说法是正确的？[3]

_____

[1] BD 　[2] BD 　[3] BD

A. 杰克周末可以利用自己的特长参加专业技能活动获利

B. 不得因为维护甲国利益而参与乙国反动组织的游行

C. 武官涉及民事诉讼，可以自行书面放弃管辖豁免

D. 参与刑事违法活动要承担责任

【考点】外交人员的特权与豁免使馆及享有外交特权与豁免人员的义务

【解析】外交代表不应在接受国内为私人利益从事任何专业或商业活动。A选项错误。外交代表及其他享有特权与豁免的人不得参加或支持旨在反对接受国政府的游行、示威活动。B选项正确。外交人员的特权和管辖可以由其派遣国放弃，外交人员本身没有作出这种放弃的权利。C选项错误。参与刑事违法活动，虽然有对接受国刑事管辖的豁免，但仍需要承担责任，并非免除责任。D选项正确。

7. 甲、乙两国均为《维也纳外交关系公约》缔约国，甲国拟向乙国派驻大使馆工作人员。其中，杰克是武官，约翰是二秘，玛丽是甲国籍会计且非乙国永久居留者。依该公约，下列哪一选项是正确的？（2017 - 1 - 33，单）〔1〕

A. 甲国派遣杰克前，无须先征得乙国同意

B. 约翰在履职期间参与贩毒活动，乙国司法机关不得对其进行刑事审判与处罚

C. 玛丽不享有外交人员的特权与豁免

D. 如杰克因参加斗殴意外死亡，其家属的特权与豁免自其死亡时终止

【考点】外交代表的派遣、外交人员及其家属的特权与豁免

【解析】根据《维也纳外交关系公约》第7条的规定，派遣国派遣武官，应先行提名并征得接受国同意。A错误。

约翰属于外交人员，履职期间享有完全的刑事管辖豁免。B正确。

玛丽是使馆中的行政人员，非接受国国民且不在乙国永久居留，享有有限的豁免。C错误。

使馆人员死亡，其家属应继续享有应享之特权与豁免，至听任其离境之合理期间终了之时为止。D错误。

8. 汉斯为甲国驻乙国大使馆的武官，甲乙都是《维也纳外交关系条约》的缔约国，下列哪一选项是正确的？（2019 - 回忆版，单）〔2〕

A. 甲国驻乙国大使馆爆发恶性传染病，乙国卫生部门人员可未经许可进入使馆馆舍消毒

B. 乙国应为甲国大使馆提供免费的物业服务

C. 甲国大使馆非经许可，不得安装或使用无线设备

D. 汉斯射杀3个翻墙进入使馆的乙国人，乙国司法部门不得对其进行刑事审判与处罚

【考点】外交代表的特权与豁免

【解析】A错误。根据国际法的规定，使馆不经同意绝对不得进入，即使有紧急情况也不能推定同意。

B错误。使馆不须缴纳关税和捐税。但间接税、服务费不在其中。

C错误。国际法规定是不经接受国同意不得安装或使用无线电发报机，C项的表述是无线设备。

D正确。根据国际法的规定，外交人员享有完全的刑事豁免。

---

〔1〕 B 〔2〕 D

9. 甲乙两国均为《维也纳外交关系公约》的缔约国，两国未签订其他相关协定。根据《维也纳外交关系公约》相关规定，下列哪些选项是正确的是哪些？（2021-回忆版，多）〔1〕

A. 外交邮袋可以经商业飞机机长转递

B. 甲乙两国宣战后，甲国扣押乙国使馆档案财产

C. 即使甲国驻乙国大使馆长期撤离后，甲国也不得进入扣押

D. 甲国驻乙国大使馆有权庇护被乙国通缉的丙

【考点】使馆特权与豁免

【解析】A 正确。根据《维也纳外交关系公约》第 27 条的规定，外交邮袋可托交预定在准许入境地点降落的商业飞机机长转递。机长应持有载明构成邮袋的邮包件数的官方文件，但机长不能视为外交信差。使馆得派馆员一人径向飞机机长自由取得外交邮袋。

B 错误。使馆财产及档案不得侵犯。使馆的档案及文件无论何时何处，均不得侵犯。接受国任何时候都不得要求使馆交出其档案和文件，也不得对使馆的档案和文件采取搜查、查封、扣押、没收或销毁等措施，无论这些文件档案位于何处。战争开始后，交战国间的外交关系和领事关系一般自动断绝。交战国关闭其在敌国的使、领馆。接受国有一般的义务尊重馆舍财产和档案安全。

C 正确。使馆财产及档案不得侵犯这项特权即使两国断交、使馆馆长长期或暂时撤退、发生武装冲突时也不例外。

D 错误。庇护是国家基于领土主权而引申出的权利。关于领土以外的庇护，或称为域外庇护，最常见的是指利用国家在外国的外交或领事机构馆舍、船舶或飞机等作为场所进行的庇护。这种庇护是没有一般国际法根据的。

第二节 领事关系法

10. 甲乙两国均为《维也纳领事关系公约》缔约国，阮某为甲国派驻乙国的领事官员。关于阮某的领事特权与豁免，下列哪一表述是正确的？（2013-1-32，单）〔2〕

A. 如犯有严重罪行，乙国可将其羁押

B. 不受乙国的司法和行政管辖

C. 在乙国免除作证义务

D. 在乙国免除缴纳遗产税的义务

【考点】领事的特权与豁免及其例外

【解析】A 正确。领事官员人身自由受到一定程度的保护。包括接受国对领事官员不得予以逮捕候审或羁押候审，不得监禁或以其他方式拘束领事官员的人身自由，但对犯有严重罪行或司法机关已裁判执行的除外。

B 错误。领事官员管辖豁免也有例外，其表述过于绝对。

C 错误。领事官员仅就职务行为免除作证义务。

D 错误。间接税、遗产税、服务费等不在领事官员免税的范围之内。

11. 甲国与乙国基于传统友好关系，兼顾公平与效率原则，同意任命德高望重并富有外交经验的丙国公民布朗作为甲乙两国的领事官员派遣至丁国。根据《维也纳领事关系公约》（以

---

〔1〕 AC 〔2〕 A

下简称"《公约》"），下列哪一选项是正确的？（2015 - 1 - 34，单）[1]

  A. 布朗既非甲国公民也非乙国公民，此做法违反《公约》

  B. 《公约》没有限制，此做法无须征得丁国同意

  C. 如丁国明示同意，此做法是被《公约》允许的

  D. 如丙国与丁国均明示同意，此做法才被《公约》允许

  【考点】领事关系

  【解析】无论是外交人员还是领事官员，只要其不具有派遣国国籍均须经接受国明示同意。C 正确。

12. 甲乙两国均为《维也纳外交关系公约》《维也纳领事关系公约》缔约国，以下选项正确的是？（2020 - 回忆版，单）[2]

  A. 甲国驻乙国参赞涉嫌交通肇事罪，自己放弃外交特权与豁免，乙国可对其逮捕和审判

  B. 某特别外交邮差涉嫌毒品犯罪，等他把外交信件投递完毕后，乙国有权将其逮捕并审判。

  C. 甲国驻乙国领事官员可在甲国驻乙国大使的批准下，在领馆范围外从事职务活动

  D. 乙国驻甲国公使可在节假日有偿参加商事活动

  【考点】外交人员特权与豁免、领事人员特权与豁免

  【解析】外交人员的特权和管辖豁免可以由其派遣国放弃，但这种放弃只能由派遣国明示作出，外交人员本身没有作出这种放弃的权利。A 错误。

  派遣国或其使馆还可派特别外交信差。这种信差亦享有外交信差的豁免，但当其将负责携带的外交邮袋送交收件人后即不再享有此等豁免。B 正确。

  领事事务应在领事辖区内行使。C 错误。

  外交代表不应在接受国内为私人利益从事任何专业或商业活动。D 错误。

13. 根据《维也纳外交关系公约》《维也纳领事关系公约》相关规定，以下选项正确的是？（2020 - 回忆版，单）[3]

  A. 甲国驻乙国大使馆有权在使馆内庇护涉嫌在乙国犯罪的丙国公民

  B. 乙国怀疑甲国驻乙国某领馆的邮袋内有爆炸物，若甲国该领馆拒绝开拆，乙国可以将邮袋退回

  C. 甲国有权声明乙国某外交人员为不受欢迎的人，但必须说明理由

  D. 乙国驻甲国某领馆办公楼发生火灾，因为情况紧急，在乙国领馆馆长反对的情况下，甲国消防人员也可进入领馆灭火

  【考点】外交人员特权与豁免、领事人员特权与豁免

  【解析】使馆馆舍不得用于与使馆职务不相符合的其他用途。如不得利用使馆馆舍庇护接受国或第三国的人员。A 错误。

  领馆的邮袋不得予以开拆或扣留，但如有重大理由可在派遣国授权代表在场下开拆邮袋。若派遣国拒绝开拆，邮袋应退回原发送地。B 正确。

  该事项无须说明理由。C 错误。

  接受国人员非经领馆馆长或其指定人员或派遣国使馆馆长同意，不得进入领馆馆舍中专供领馆工作之用的部分。但遇火灾或其他灾害须迅速采取保护行动时，可以推定馆长已同意。而本题中并非推定，而是明确拒绝，因而不得进入。D 错误。

---

[1] C [2] B [3] B

第六章　条约法

第一节　条约的缔结

1. 中国拟与甲国就有关贸易条约进行谈判。根据我国相关法律规定，下列哪一选项是正确的？（2010－1－32，单）[1]

A. 除另有约定，中国驻甲国大使参加该条约谈判，无须出具全权证书

B. 中国驻甲国大使必须有外交部长签署的全权证书方可参与谈判

C. 该条约在任何条件下均只能以中国和甲国两国的官方文字作准

D. 该条约在缔结后应由中国驻甲国大使向联合国秘书处登记

【考点】条约的缔结

【解析】《缔结条约程序法》第6条规定："谈判和签署条约、协定的代表按照下列程序委派：

（一）以中华人民共和国名义或者中华人民共和国政府名义缔结条约、协定，由外交部或者国务院有关部门报请国务院委派代表。代表的全权证书由国务院总理签署，也可以由外交部长签署；

（二）以中华人民共和国政府部门名义缔结协定，由部门首长委派代表。代表的授权证书由部门首长签署。部门首长签署以本部门名义缔结的协定，各方约定出具全权证书的，全权证书由国务院总理签署，也可以由外交部长签署。

下列人员谈判、签署条约、协定，无须出具全权证书：

（一）国务院总理、外交部长；

（二）谈判、签署与驻在国缔结条约、协定的中华人民共和国驻该国使馆馆长，但是各方另有约定的除外；

（三）谈判、签署以本部门名义缔结协定的中华人民共和国政府部门首长，但是各方另有约定的除外；

（四）中华人民共和国派往国际会议或者派驻国际组织，并在该会议或者该组织内参加条约、协定谈判的代表，但是该会议另有约定或者该组织章程另有规定的除外。"A正确，B错误。

《缔结条约程序法》第13条规定："中华人民共和国同外国缔结的双边条约、协定，以中文和缔约另一方的官方文字写成，两种文本同等作准；必要时，可以附加使用缔约双方同意的

---

[1]　A

一种第三国文字，作为同等作准的第三种正式文本或者作为起参考作用的非正式文本；经缔约双方同意，也可以规定对条约、协定的解释发生分歧时，以该第三种文本为准。

某些属于具体业务事项的协定，以及同国际组织缔结的条约、协定，经缔约双方同意或者依照有关国际组织章程的规定，也可以只使用国际上较通用的一种文字。"C 错误。

《缔结条约程序法》第 17 条规定："中华人民共和国缔结的条约和协定由外交部按照联合国宪章的有关规定向联合国秘书处登记。

中华人民共和国缔结的条约和协定需要向其他国际组织登记的，由外交部或者国务院有关部门按照各该国际组织章程的规定办理。"D 错误。

2. 依据《中华人民共和国缔结条约程序法》及中国相关法律，下列哪些选项是正确的？(2015 - 1 - 76，多)[1]

A. 国务院总理与外交部长参加条约谈判，无需出具全权证书

B. 由于中国已签署《联合国国家及其财产管辖豁免公约》，该公约对我国具有拘束力

C. 中国缔结或参加的国际条约与中国国内法有冲突的，均优先适用国际条约

D. 经全国人大常委会决定批准或加入的条约和重要协定，由全国人大常委会公报公布

【考点】全权证书、条约的生效

【解析】A 正确。国家元首、政府首脑、外交部长属于无需出具全权证书的人。

B 错误。国际条约如何发生拘束力，首先由条约本身的规定决定；其次，根据我国《缔结条约程序法》第 7 条的相关规定，条约和重要协定均须经全国人大常委会的批准。

C 错误。在民商事范围内条约与国内法冲突时，条约可以优先适用；若条约在我国是经转化适用的，我国应保证转化后的国内法在内容上与条约一致，但可从根本上排除该条约的直接适用，若条约都不能直接适用，更加谈不上优先适用。

D 正确。《缔结条约程序法》第 15 条规定："经全国人民代表大会常务委员会决定批准或者加入的条约和重要协定，由全国人民代表大会常务委员会公报公布。其他条约、协定的公布办法由国务院规定。"

第二节　条约的保留和条约的效力

3. 根据《维也纳条约法公约》和《中华人民共和国缔结条约程序法》，关于中国缔约程序问题，下列哪些表述是正确的？(2013 - 1 - 74，多)[2]

A. 中国外交部长参加条约谈判，无需出具全权证书

B. 中国谈判代表对某条约作出待核准的签署，即表明中国表示同意受条约约束

C. 有关引渡的条约由全国人大常委会决定批准，批准书由国家主席签署

D. 接受多边条约和协定，由国务院决定，接受书由外交部长签署

【考点】条约法—条约的保留—保留的法律效果

【解析】根据《缔结条约程序法》第 6 条第 2 款的规定，A 正确。

根据《缔结条约程序法》第 7 条第 1、2 款的规定，中国谈判代表签署的条约必须经全国人大常委会批准才能生效，B 错误，C 正确。

《缔结条约程序法》第 12 条规定："接受多边条约和协定，由国务院决定。

---

〔1〕　AD　〔2〕　ACD

经中国代表签署的或者无须签署的载有接受条款的多边条约、协定，由外交部或者国务院有关部门会同外交部审查后，提出建议，报请国务院作出接受的决定。接受书由外交部长签署，具体手续由外交部办理。"D正确。

4. 甲乙丙三国为某投资公约的缔约国，甲国在参加该公约时提出了保留，乙国接受该保留，丙国反对该保留，后乙丙丁三国又签订了涉及同样事宜的新投资公约。根据《维也纳条约法公约》，下列哪些选项是正确的？（2014－1－76，多）[1]

A. 因乙丙丁三国签订了新公约，导致甲乙丙三国原公约失效

B. 乙丙两国之间应适用新公约

C. 甲乙两国之间应适用保留修改后的原公约

D. 尽管丙国反对甲国在原公约中的保留，甲丙两国之间并不因此而不发生条约关系

【考点】条约法——条约的保留、条约的冲突

【解析】A错误。缔约方就同一事项缔结了两个或数个内容不同的条约，造成不同的条约之间产生矛盾，这种情形称为条约的冲突。依据有关的条约冲突规则，签订新条约并不导致签订在先的条约失效。

B正确。对于反对保留国，如果反对保留国的国家未反对条约在本国与保留国之间生效，此项保留所涉及的规定在保留的范围内，对于该两国间不适用，但不反对条约本身生效。故乙丙两国之间就保留事项不适用，适用新公约。

C正确。根据《维也纳条约法公约》的规定，条约的保留一经成立，在保留国与接受保留国之间，修改保留所涉及的有关条款。对接受保留国而言，其与保留国的关系依据同一范围修改有关规定。故甲乙两国之间应适用保留修改后的原公约。

D正确。尽管丙反对甲国在原公约的保留，但甲丙两国并不因此不发生条约关系。

5. 甲乙丙丁都是某多边条约的缔约国，条约规定缔约国之间就该条约产生的纠纷应提交国际法院解决，甲对此规定声明保留。乙国表示接受甲的保留；丙国不仅反对甲国的保留，还主张条约在甲丙之间不发生效力；丁国反对甲国的保留但不反对条约其他条款在甲丁两国的适用。甲乙丙丁是《维也纳条约法公约》的缔约国，下列哪些判断是正确的？（2020－回忆版，多）[2]

A. 甲乙之间因该条约产生的纠纷应由国际法院管辖

B. 丙国可反对甲国的保留，但不能主张条约在甲丙之间不发生效力

C. 甲丁之间条约有效，仅保留条款在两国之间视为不存在

D. 乙丁之间因该条约产生的纠纷应由国际法院管辖

【考点】条约的保留

【解析】根据《维也纳条约法公约》的规定，（1）在保留国与接受保留国之间，按保留的范围，修改了该保留所涉及的一些条款所规定的权利义务关系。A错误。

（2）在保留国与反对保留国之间，若反对保留国并不反对该条约在保留国与反对保留国之间生效，则保留所涉及的规定，在保留的范围内，不在该两国之间适用。C正确，B错误。

（3）在未提出保留的国家之间，按照原来条约的规定，无论未提出保留的国家是否接受另一缔约国的保留。D正确。

---

[1] BCD [2] CD

第七章 国际争端的和平解决

1. 根据国际法相关规则，关于国际争端解决方式，下列哪些表述是正确的？（2011 - 1 - 76，多）[1]

A. 甲乙两国就界河使用发生纠纷，丙国为支持甲国可出面进行武装干涉

B. 甲乙两国发生边界争端，丙国总统可出面进行调停

C. 甲乙两国可书面协议将两国的专属经济区争端提交联合国国际法院，国际法院对此争端拥有管辖权

D. 国际法院可就国际争端解决提出咨询意见，该意见具有法律拘束力

【考点】国际争端解决方式

【解析】国际争端的解决方式包括传统方式和法律方式，前者又包括强制方法和非强制方法；后者又包括仲裁、法院方式。

武装干涉属于一种解决争端的强制方法，是指第三方擅自或片面介入其他国家间的争端，并强迫按照干涉国的方式解决争端，这种方式在现代国际法中属于非法行为。A 错误。

调停属于一种解决争端的非强制方法，指第三方以调停人的身份，就争端的解决提出方案，并直接参加或主持谈判，以协助争端解决。B 正确。丙国总统的行为是可行的。

对于争端国纠纷，国际法院是否具有诉讼管辖权，取决于两个方面：对人管辖权和对事管辖权。

"对人管辖权"即谁可以作为国际法院诉讼当事方：（1）联合国会员国；（2）非联合国会员国但为《国际法院规约》的当事国；（3）既非联合国会员国也非《联合国规约》当事国，但根据安理会决定的条件，预先向国际法院书记处交存一份声明，表示愿意接受国际法院管辖、保证执行法院判决及履行相关义务的国家。

"对事管辖权"即对什么事项可以管辖，国际法院管辖案件可以通过三种方式建立：（1）自愿管辖：即对任何争端，当事国达成协议，提交国际法院管辖；（2）协定管辖：依据条约或协定而提交国际法院管辖；（3）任择强制管辖：《国际法院规约》当事国通过发表声明，就特定事项接受国际法院强制管辖而不需要另有协议或条约规定。

虽然本题未明确对甲乙两国的身份给予提示，但其协定提交国际法院进行解决争议的方式是合法的，国际法院具有管辖权。C 正确。

国际法院的咨询管辖权，请求主体有限制，只有联合国大会及大会临时委员会、安理会、经社理事会、托管理事会、要求复核行政法庭所作判决的申请委员会以及经大会授权的联合国专门机构或其他机构，可以就执行其职务中的任何法律问题请求国际法院发表咨询意见，除此

---

[1] BC

之外的任何国家、团体、个人包括联合国秘书长都无权请求法院提供咨询意见。国际法院作出的咨询意见没有法律约束力，但具有一定的影响力。D 错误。

2. 甲乙两国协议将其边界领土争端提交联合国国际法院。国际法院作出判决后，甲国拒不履行判决确定的义务。根据《国际法院规约》，关于乙国，下列哪一说法是正确的？（2011 - 1 - 34，单）[1]

A. 可申请国际法院指令甲国国内法院强制执行

B. 可申请由国际法院强制执行

C. 可向联合国安理会提出申诉，请求由安理会作出建议或决定采取措施执行判决

D. 可向联大法律委员会提出申诉，由法律委员会决定采取行动执行判决

【考点】国际法院判决的执行

【解析】国际法院的判决是终局性的，判决一经作出，即对本案及本案当事国产生拘束力，当事国必须履行，如果一方拒不履行判决，另一方得向安理会提出申诉，安理会可以作出有关建议或决定采取措施执行判决。C 正确。

3. 甲、乙是联合国会员国。甲作出了接受联合国国际法院强制管辖的声明，乙未作出接受联合国国际法院强制管辖的声明。甲、乙也是《联合国海洋法公约》的当事国，现对相邻海域中某岛屿归属产生争议。关于该争议的处理，下列哪一选项是不符合国际法的？（2012 - 1 - 33，单）[2]

A. 甲、乙可达成协议将争议提交联合国国际法院

B. 甲、乙可自愿选择将争议提交联合国国际法院或国际海洋法庭

C. 甲可单方将争议提交联合国国际法院

D. 甲、乙可自行协商解决争议

【考点】和平解决国际争端——解决争端的传统方式

【解析】国际争端解决方式包括传统方式（强制方法与非强制方法）、政治方法、国际组织解决、法律方法。

国际争端法律解决方法又包括仲裁与法院，其中法院指国际法院又称联合国国际法院。国际法院有诉讼管辖和咨询管辖两项职权，诉讼管辖又分为"对人管辖权"和"对事管辖权"。而国际法院对事管辖权的行使一般是通过 3 种方式建立的：（1）自愿管辖：当事国在争端发生后达成协议，将争端提交国际法院；（2）协议管辖：在现行条约或协定中，规定各方同意将有关的争端提交国际法院解决；（3）任择强制管辖：当事国通过发表声明，对某些性质的争端，对于接受同样义务的任何其他当事国，接受法院的管辖为当然具有强制性，而不需要再有特别约定。

A、B、D 都是正确解决争端的方式，而 C 错误，国家单方是不能自主将争议提交国际法院的。

4. 关于联合国国际法院的表述，下列哪一选项是正确的？（2013 - 1 - 34，单）[3]

A. 联合国常任理事国对国际法院法官的选举不具有否决权

B. 国际法院法官对涉及其国籍国的案件，不适用回避制度，即使其就任法官前曾参与该案件

C. 国际法院判决对案件当事国具有法律拘束力，构成国际法的渊源

D. 国际法院作出的咨询意见具有法律拘束力

【考点】国际法院

[1] C [2] C [3] A

【解析】国际法院法官由联合国大会、安理会双重选举产生；安理会常任理事国对法官选举没有否决权。A正确。

回避制度及专案法官制度：本国案件不回避，除非就任以前曾经接手；如果案件的一个当事国的国民是国际法院的法官，他方则可以选派一人做"专案法官"，享有与法官同等权利，双方均没有本国国籍的法官，则双方可以各选派一名"专案法官"。B错误。

国际法院作出的咨询意见没有法律拘束力。D错误。

国际法院判决对案件当事国具有法律拘束力，但不构成国际法的渊源，国际法的渊源包括国际条约、国际习惯和一般法律原则。C错误。

5. 关于国际法院，依《国际法院规约》，下列哪一选项是正确的？（2016－1－34，单）〔1〕

A. 安理会常任理事国对法官选举拥有一票否决权

B. 国际法院是联合国的司法机关，有诉讼管辖和咨询管辖两项职权

C. 联合国秘书长可就执行其职务中的任何法律问题请求国际法院发表咨询意见

D. 国际法院做出判决后，如当事国不服，可向联合国大会上诉

【考点】国际法院

【解析】A错误。根据《联合国宪章》和《国际法院规约》的规定，联合国秘书长就法官候选人名单，交联合国大会和安理会分别选举。候选人同时在大会和安理会中获得绝对多数票时当选，安理会投票时，常任理事国不得行使一票否决权。

B正确，C错误。国际法院作为联合国的司法机关，享有诉讼管辖权与咨询管辖权两项职权。咨询管辖权指联合国大会及大会临时委员会、安理会、经社理事会、托管理事会、要求复核行政法庭所做判决的申请委员会，以及经大会授权的联合国专门机构或其他机构，对于任何法律问题得请求国际法院发表咨询意见。其他任何国家、团体、个人，包括联合国秘书长都无权请求法院提供咨询意见。

D错误。国际法院的判决是终局性的。判决一经作出，即对本案及本案当事国产生拘束力，当事国必须履行。如有一方拒不履行，他方得向安理会提出申诉，安理会可以作出有关建议或决定采取措施执行判决。

6. 甲、乙、丙三国对某海域的划界存在争端，三国均为《联合国海洋法公约》缔约国。甲国在批准公约时书面声明海洋划界的争端不接受公约的强制争端解决程序，乙国在签署公约时口头声明选择国际海洋法法庭的管辖，丙国在加入公约时书面声明选择国际海洋法法庭的管辖。依相关国际法规则，下列哪一选项是正确的？（2017－1－34，单）〔2〕

A. 甲国无权通过书面声明排除公约强制程序的适用

B. 国际海洋法法庭对该争端没有管辖权

C. 无论三国选择与否，国际法院均对该争端有管辖权

D. 国际海洋法法庭的设立排除了国际法院对海洋争端的管辖权

【考点】海洋划界争端解决程序、国际海洋法法庭管辖权、国际法院管辖权

【解析】国际法院和联合国海洋法法庭是两个不同的机构，海洋法法庭是根据《联合国海洋法公约》设立的，它是在海洋活动领域的全球性司法机构，但其建立不排除国际法院对海洋活动的管辖，争端当事国可以自愿选择将海洋争端交由哪个机构来审理。《海洋法公约》第298条规定了排除公约强制程序的例外。A错误。

国际海洋法法庭、国际法院的管辖权均以争端方同意为条件，甲国未同意。B正确，C错误。

国际海洋法法庭的设立不能排除国际法院对海洋争端的管辖权。D错误。

---

〔1〕 B 〔2〕 B

7. 甲乙两国都是联合国会员国，现因领土争端，甲国欲向国际法院提起诉讼，关于该问题以下说法正确的是？（2018 - 回忆版，单）〔1〕

A. 如国际法院受理该案件，发现主审法官中有甲国公民，则乙国可以申请该法官回避

B. 如审理案件中甲国发现法官中有乙国法官，则可以申请增加本国国籍的法官为专案法官

C. 如法院判决乙国败诉又不执行该判决，则甲国可以申请国际法院强制执行该判决

D. 如果国际法院作出判决，则该判决可以成为国际法渊源对所有联合国成员国都有约束力

【解析】国际法院的回避制度中，法官对本国为当事一方的案件有权参加审理，只有以前曾经参与过的案件才不得参加审理。A 错误。

国际法院设有专案法官制度，即法院受理案件，如果当事国没有本国国籍的法官，可为该案件选派一名专案法官，虽然它没有义务这样做。专案法官不必持有指派国籍。B 正确。

若争端一方拒不履行国际法院判决，他方得向联合国安理会提出申诉，请求由安理会作出建议或者决定采取措施执行判决。C 错误。

国际法渊源为国际条约、国际习惯和一般法律原则，此外，司法判例、权威公法学家学说和国际组织的决议为确定法律原则的辅助方法，并非法律渊源。D 错误。

8. 约翰为甲国国际法学者，拟参选联合国国际法院法官，安理会常任理事国乙国坚决反对，下列关于联合国国际法官的说法正确的是哪项？（2022 - 回忆版，单）〔2〕

A. 约翰若当选国际法官，对涉及甲国的案件不需要申请回避

B. 国际法官在大会和安理会投票表决均超过 2/3 才可当选

C. 若乙国投出否决票，则约翰不能当选国际法官

D. 甲国驻联合国代表团可提名约翰为国际法院法官

【解析】法官对涉及其国籍国的案件，不适用回避制度，除非其就任法官前曾参与该案件。安理会常任理事国对法官选举没有否决权。因此 A 正确，C 错误。法官在联合国大会和安理会中分别独立选举，只有在两个机关同时都获得绝对多数票方可当选，不需要 2/3。因此，B 选项错误。国际法院法官的提名，由各国根据常设仲裁法院的"各国团体"名单提出候选人，在常设仲裁法院没有本国代表的国家可由本国的法学家专门团体提名，而并非由政府提名，故 D 选项错误。

9. 甲国籍船船长约翰在公海航行期间，故意撞击一中国渔船，导致中国籍船舶"跃海号"渔船渔民严重伤亡。"跃海号"在中国海南某港口停靠，约翰上岸治疗，渔民家属在中国某法院对"跃海号"和约翰提起刑事附带民事诉讼。已知甲国和中国都是《联合国海洋法公约》缔约国。下列选项哪些是正确的？（2022 - 回忆版，多）〔3〕

A. 本案的刑事诉讼可由中国法院管辖

B. 本案的刑事诉讼应由海洋法法庭管辖

C. 本案的民事诉讼赔偿适用《联合国海洋法公约》

D. 本案的民事诉讼赔偿适用中国法

【考点】国际争端的法律解决方法

【解析】A 项正确，中国可以行使保护性管辖权。BC 错误，《联合国海洋法公约》不包括民事赔偿规则，海洋法庭也不管辖此类民事争议。

《海商法》第 273 条第 1、2 款规定："船舶碰撞的损害赔偿，适用侵权行为地法律。船舶在公海上发生碰撞的损害赔偿，适用受理案件的法院所在地法律。"D 项正确。

---

〔1〕 B 〔2〕 A 〔3〕 AD

第八章 战争与武装冲突法

1. 甲、乙国发生战争，丙国发表声明表示恪守战时中立义务。对此，下列哪一做法不符合战争法？（2012-1-34，单）[1]

A. 甲、乙战争开始后，除条约另有规定外，两国间商务条约停止效力

B. 甲、乙不得对其境内敌国人民的私产予以没收

C. 甲、乙交战期间，丙可与其任一方保持正常外交和商务关系

D. 甲、乙交战期间，丙同意甲通过自己的领土过境运输军用装备

【考点】 战争与武装冲突法—战时中立

【解析】 中立国的义务：（1）不作为义务，指中立国不得直接或间接地向任何交战国提供军事支持或帮助；（2）防止义务，指中立国有义务采取一切可能的措施，防止交战国在其领土或其管辖范围内的区域从事战争，或利用其资源准备从事战争敌对行动以及战争相关行动，包括在该区域征兵、备战、建立军事设施或捕获法庭、军队及军用装备过境等；（3）容忍义务，中立国必须容忍交战国根据战争法对其国家和人民采取的有关措施，包括对其有关的船舶临检、对其从事非中立义务的船舶的拿捕审判、处罚或非常征用。D项丙国作为中立国违反了防止义务。

2. 甲国和乙国是陆上邻国，因划界纠纷问题争端频发，后引发战争。根据国际法相关规则，下列选项正确的是哪些？（2021-回忆版，多）[2]

A. 战争开始后，甲乙两国互助条约立即废止

B. 战争开始后，两国边界条约当然废止

C. 战争开始后，甲国军舰在海上遇到乙国商船可以拿捕没收

D. 甲国有权对其境内的乙国居民进行敌侨登记，并进行强制集中居住

【考点】 战争开始的法律后果

【解析】 A正确。战争开始后，凡以维持共同政治行动或友好关系为前提的条约，如同盟条约、互助条约或和平友好条约立即废止。

B错误。关于规定缔约国间固定或永久状态的条约，如边界条约、割让条约等一般应继续维持，除非这类条约另有规定，或缔约方另有协议。题中没有说明存在另有规定的情形，因而两国边界条约应继续维持，而不是当然废止。

C正确。交战国对在海上遇到敌国公、私船舶及货物，可予以拿捕没收，但对从事探险、科学、宗教或慈善以及执行医院任务的船舶除外。

D正确。交战国对其境内的敌国公民可实行各种限制，如进行敌侨登记，强制集中居住等。但就战争许可范围内，应尽可能地减免对敌国公民人身、财产和尊荣上的限制和强制。

---

[1] D [2] BC

3. 甲乙两国发生战争，两国的共同邻国丙国宣布战时中立。根据国际法相关规则，下列哪一说法是正确的？(2022－回忆版，单)[1]

A. 为缩短后勤补给时间，甲国可借丙国领土运送军用物资

B. 甲国没收敌国乙国的使馆财产

C. 甲国驻乙国大使馆的外交人员自两国宣战时起不再享有外交特权和豁免

D. 甲国不可没收乙国战俘的金钱与贵重财产

【解析】 防止义务指中立国有义务采取一切可能的措施，防止交战国在其领土或其管辖范围内的区域从事战争，或利用其资源准备从事战争敌对行动以及战争相关的行动，包括在该区域中征兵、备战、建立军事设施或捕获法庭、军队及军用装备过境等。故 A 选项错误。

战争开始后，对敌国的财产，在交战国境内的敌国财产如果是公产、不动产（除属于使馆的财产档案外）可以没收和使用，但不能加以变卖。故 B 选项错误。

享有外交特权与豁免的人员，其特权与豁免通常是该员离境之时或给予其离境的合理期间结束之时终止。故 C 选项错误。

战俘应保有其被俘时所享有的民事权利。战俘的个人财物除武器、马匹、军事装备和军事文件以外的自用物品一律归其个人所有，战俘的金钱和贵重物品可由拘留国保存，但不得没收，故 D 选项正确。

---

[1] D

第一章　国际私法理论部分

第一节　国际私法主体

1. 张某居住在深圳，2008 年 3 月被深圳某公司劳务派遣到马来西亚工作，2010 年 6 月回深圳，转而受雇于香港某公司，其间每周一到周五在香港上班，周五晚上回深圳与家人团聚。2012 年 1 月，张某离职到北京治病，2013 年 6 月回深圳，现居该地。依《涉外民事关系法律适用法》（不考虑该法生效日期的因素）和司法解释，关于张某经常居所地的认定，下列哪一表述是正确的？（2013 - 1 - 37，单）〔1〕

A. 2010 年 5 月，在马来西亚　　　　B. 2011 年 12 月，在香港
C. 2013 年 4 月，在北京　　　　　　D. 2008 年 3 月至今，一直在深圳

【考点】自然人的居所

【解析】D 正确。依据《最高人民法院关于适用〈中华人民共和国涉外民事关系法律适用法〉若干问题的解释（一）》（以下简称《关于适用〈涉外民事关系法律适用法〉若干问题的解释（一）》）第 13 条规定："自然人在涉外民事关系产生或者变更、终止时已经连续居住一年以上且作为其生活中心的地方，人民法院可以认定为涉外民事关系法律适用法规定的自然人的经常居所地，但就医、劳务派遣、公务等情形除外。"张某在 2008 年在马来西亚以及 2010 年在香港均属于劳务派遣，而 2012 年在北京属于就医的情形，故均不属于经常居所地，只有深圳才是经常居所地。

2. 约翰具有甲乙两国的国籍，定居中国上海，约翰和中国公民王某在上海发生侵权纠纷，向中国法院起诉，根据中国相关法律规定，以下选项正确的是？（2020 - 回忆版，多）〔2〕

A. 我国否认双重国籍制度，因此本案不予受理
B. 两人之间的侵权关系只能适用中国法
C. 侵权关系中两人协议甲国法，法院应予适用
D. 在法院认定约翰国籍时，应该适用最密切联系原则

【考点】自然人国籍冲突法律适用、侵权关系法律适用

【解析】《涉外民事关系法律适用法》第 19 条就解决国籍积极冲突规定："依照本法适用

---

〔1〕　D　〔2〕　CD

国籍国法律，自然人具有两个以上国籍的，适用有经常居所的国籍国法律；在所有国籍国均无经常居所的，适用与其有最密切联系的国籍国法律。"A错误。D正确。

《涉外民事关系法律适用法》第44条规定："侵权行为发生后，当事人协议选择适用法律的，按照其协议。"B错误，C正确。

第二节　冲突规范和准据法

3.《涉外民事关系法律适用法》规定：结婚条件，适用当事人共同经常居所地法律；没有共同经常居所地的，适用共同国籍国法律；没有共同国籍，在一方当事人经常居所地或者国籍国缔结婚姻的，适用婚姻缔结地法律。该规定属于下列哪一种冲突规范？（2011-1-38，单）[1]

A. 单边冲突规范　　　　　　　　B. 重叠适用的冲突规范
C. 无条件选择适用的冲突规范　　D. 有条件选择适用的冲突规范

【考点】国际民商事法律冲突的产生和特点、国际民商事法律冲突的解决方法（冲突法解决方法、实体法解决方法）

【解析】根据冲突规范对应适用的法律规定的不同，可将冲突规范划分为不同类型。

（1）单边冲突规范，即直接规定适用某国法律的冲突规范，既可以明确指出适用内国法，也可以直接规定适用外国法。单边冲突规范只规定了一个明确的连结点，适用内国法即不能再指向外国法，反之，则否。

（2）双边冲突规范，是指冲突规范的系属并不直接规定适用内国法还是外国法，而只是规定一个可推定的系属，再根据这个系属并结合民商事法律关系的具体情况去推定应适用某法律的冲突规范。双边冲突规范所指定的准据法可能是内国法，也可能是外国法，必须结合民商事法律关系的具体情况才能最终确定。

（3）重叠适用的冲突规范，是指系属具有两个或者两个以上，并且同时适用于某种民商事法律关系的冲突规范。重叠适用的冲突规范所规定的必须使用的两个准据法中，常常有一个是法院地法，之所以如此，无非是出于法院地的公共秩序不被破坏的考虑。

（4）选择适用的冲突规范，是指其系属具有两个或者两个以上，但只选择其中之一来调整民商事法律关系的冲突规范。选择适用的冲突规范分为两类，即无条件选择适用的冲突规范和有条件选择的冲突规范。前者的各系属提供的可供选择的法律具有同等价值，并无主次之分；后者的各系属提供的可供选择的法律具有主次轻重之分，只允许依次或者有条件的选择其一作为国际民商事法律关系的准据法。D正确。

4 关于冲突规范和准据法，下列哪　判断是错误的？（2010-1-33，单）[2]

A. 冲突规范与实体规范相似
B. 当事人的属人法包括当事人的本国法和住所地法
C. 当事人的本国法指的是当事人国籍所属国的法律
D. 准据法是经冲突规范指引、能够具体确定国际民事法律关系当事人权利义务的实体法

【考点】冲突规范的类型（单边冲突规范、双边冲突规范、重叠适用的冲突规范、选择适用的冲突规范）

---

[1]　D　[2]　A

【解析】 D正确。冲突规范，是一种法律适用规范或法律选择规范，其功能在于指明某种国际民商事法律关系应适用何种法律。准据法，是指经冲突规范指引具体确定民商事法律关系当事人权利与义务的特定的实体法律。

A错误，冲突规范与实体规范具有不同的功能。

B、C正确。系属公式，是冲突规范的系属部分，本身并不是冲突规范，常见的系属公式包括属人法、物之所在地法、行为地法、当事人合意选择的法律、法院地法、船旗国法、最密切联系地法。属人法，是以当事人的国籍、住所或惯常居所作为连接点的系属，包括本国法和住所地法。

5. 在某合同纠纷中，中国当事方与甲国当事方协议选择适用乙国法，并诉至中国法院。关于该合同纠纷，下列哪些选项是正确的？（2015 - 1 - 77，多）[1]

A. 当事人选择的乙国法，仅指该国的实体法，既不包括其冲突法，也不包括其程序法

B. 如乙国不同州实施不同的法律，人民法院应适用该国首都所在地的法律

C. 在庭审中，中国当事方以乙国与该纠纷无实际联系为由主张法律选择无效，人民法院不应支持

D. 当事人在一审法庭辩论即将结束时决定将选择的法律变更为甲国法，人民法院不应支持

【考点】 准据法、意思自治

【解析】 A正确，合同纠纷中当事人选择的准据法一定为实体法。

B错误，确定准据法的目标国家具有区际法律冲突时，应适用最密切联系原则确定准据法。

C正确，《关于适用〈涉外民事关系法律适用法〉若干问题的解释（一）》第5条规定："一方当事人以双方协议选择的法律与系争的涉外民事关系没有实际联系为由主张选择无效的，人民法院不予支持。"

D错误，《关于适用〈涉外民事关系法律适用法〉若干问题的解释（一）》第6条第1款规定："当事人在一审法庭辩论终结前协议选择或者变更选择适用的法律的，人民法院应予以准许。"一审法庭辩论即将结束时也属于一审法庭辩论终结前。

第三节　适用冲突规范的制度

6. 根据《涉外民事关系法律适用法》和司法解释，关于外国法律的查明问题，下列哪一表述是正确的？（2013 - 1 - 36，单）[2]

A. 行政机关无查明外国法律的义务

B. 查明过程中，法院应当听取各方当事人对应当适用的外国法律的内容及其理解与适用的意见

C. 无法通过中外法律专家提供的方式获得外国法律的，法院应认定为不能查明

D. 不能查明的，应视为相关当事人的诉讼请求无法律依据

【考点】 外国法律的查明

【解析】 A、D错误。《涉外民事关系法律适用法》第10条规定："涉外民事关系适用的外国法律，由人民法院、仲裁机构或者行政机关查明。当事人选择适用外国法律的，应当提供该

---

[1] AC　[2] B

国法律。不能查明外国法律或者该国法律没有规定的，适用中华人民共和国法律。"外国法查明的主体包括人民法院、仲裁机构、行政机关、当事人。当事人只对选择适用的外国法律负有查明义务。

《关于适用〈涉外民事关系法律适用法〉若干问题的解释（一）》第15条规定："人民法院通过由当事人提供、已对中华人民共和国生效的国际条约规定的途径、中外法律专家提供等合理途径仍不能获得外国法律的，可以认定为不能查明外国法律。根据涉外民事关系法律适用法第十条第一款的规定，当事人应当提供外国法律，其在人民法院指定的合理期限内无正当理由未提供该外国法律的，可以认定为不能查明外国法律。"

非当事人选择适用的外国法律查明必须在当事人途径、国际条约规定的途径、中外法律专家途径等方式都不能查明时，才可认定不能查明。

当事人选择适用的外国法律在法院指定期限内无正当理由未提供的，视为不能查明。C错误。

《关于适用〈涉外民事关系法律适用法〉若干问题的解释（一）》第16条规定："人民法院应当听取各方当事人对应当适用的外国法律的内容及其理解与适用的意见，当事人对该外国法律的内容及其理解与适用均无异议的，人民法院可以予以确认；当事人有异议的，由人民法院审查认定。"B正确。

7. 根据我国法律和司法解释，关于涉外民事关系适用的外国法律，下列说法正确的是：（2014－1－98，多）[1]

A. 不能查明外国法律，适用中国法律

B. 如果中国法有强制性规定，直接适用该强制性规定

C. 外国法律的适用将损害中方当事人利益的，适用中国法

D. 外国法包括该国法律适用法

【考点】涉外民事关系中的强制性规定

【解析】A正确。《涉外民事关系法律适用法》第10条规定："涉外民事关系适用的外国法律，由人民法院、仲裁机构或者行政机关查明。当事人选择适用外国法律的，应当提供该国法律。

不能查明外国法律或者该国法律没有规定的，适用中华人民共和国法律。"

B正确。《涉外民事关系法律适用法》第4条规定："中华人民共和国法律对涉外民事关系有强制性规定的，直接适用该强制性规定。"

C错误。《涉外民事关系法律适用法》第5条规定："外国法律的适用将损害中华人民共和国社会公共利益的，适用中华人民共和国法律。"必须是达到损害社会公共利益的程度才可以排除适用外国法律，而非损害中方当事人利益。

D错误。《涉外民事关系法律适用法》第9条规定："涉外民事关系适用的外国法律，不包括该国的法律适用法。"

8. 波兰甲公司和中国乙公司签订买卖合同，双方在合同中约定适用波兰法。后因纠纷中国乙公司在我国某法院向波兰甲公司提起诉讼。根据我国法律的规定，下列哪些选项是正确的？（2019－回忆版，多）[2]

A. 甲乙公司应查明并提供波兰法律

B. 如甲乙公司对波兰法律的理解存在异议，则应由法院审查认定

C. 甲乙公司可以在一审法庭辩论终结前协议变更为适用德国法

D. 如甲公司认为由波兰法院审理本案更为方便，我国法院可以在核实后裁定驳回起诉

【考点】 **外国法的查明、不方便法院原则**

【解析】 A正确。根据我国法律的规定，当事人选择适用外国法的，应当查明外国法的内容。本题中双方明确约定适用波兰法，所以应该由甲乙公司查明并提供。

B正确。根据我国法律的规定，法院应该听取双方当事人对外国法理解和适用的意见，当事人没有异议的，法院可以认定；当事人存在异议的，由法院审查认定。

C正确。根据我国法律的规定，当事人可以在一审法庭辩论终结前选择或变更选择适用的法律。

D错误。没有同时满足不方便法院原则的条件。

9. 中国甲公司与M国乙公司签订贸易合同，约定合同解释须适用M国法律，后双方发生纠纷，甲公司依约向中国法院提起诉讼，为明确M国法律内容，甲公司申请某大学下设外国法查明中心的林博士出庭，下列说法正确的是哪一项？(2022-回忆版，单)[1]

A. 林博士可作为鉴定人出庭

B. 林博士可作为专家辅助人出庭

C. 林博士可作为证人出庭

D. M国法律的内容不是证据，林博士无须出庭

【解析】 当事人选择适用外国法律的，应当提供该国法律。外国法的内容并非证据，专家没有出庭的义务。

10. 中国甲公司与德国乙公司进行一项商事交易，约定适用英国法律。后双方发生争议，甲公司在中国法院提起诉讼。关于该案的法律适用问题，下列哪一选项是错误的？(2013-1-35，单)[2]

A. 如案件涉及食品安全问题，该问题应适用中国法

B. 如案件涉及外汇管制问题，该问题应适用中国法

C. 应直接适用的法律限于民事性质的实体法

D. 法院在确定应当直接适用的中国法律时，无需再通过冲突规范的指引

【考点】 **强制性规定的直接适用**

【解析】《涉外民事关系法律适用法》第4条规定："中华人民共和国法律对涉外民事关系有强制性规定的，直接适用该强制性规定。"

《关于适用〈涉外民事关系法律适用法〉若干问题的解释（一）》第8条规定："有下列情形之一，涉及中华人民共和国社会公共利益、当事人不能通过约定排除适用、无需通过冲突规范指引而直接适用于涉外民事关系的法律、行政法规的规定，人民法院应当认定为涉外民事关系法律适用法第四条规定的强制性规定：

（一）涉及劳动者权益保护的；

（二）涉及食品或公共卫生安全的；

（三）涉及环境安全的；

（四）涉及外汇管制等金融安全的；

（五）涉及反垄断、反倾销的；

（六）应当认定为强制性规定的其他情形。"

---

[1] D [2] C

根据上述规定，在涉及劳动者权益保护、食品或公共卫生安全、环境安全、外汇管制、反倾销、反垄断等强制性规定的领域时，直接适用中国法，而题目中的商事交易不属于强制性规定的范畴，故不可以直接适用中国法。C错误。

11. 沙特某公司在华招聘一名中国籍雇员张某。为规避中国法律关于劳动者权益保护的强制性规定，劳动合同约定排他性地适用菲律宾法。后因劳动合同产生纠纷，张某向中国法院提起诉讼。关于该劳动合同的法律适用，下列哪一选项是正确的？（2015 - 1 - 35，单）[1]

A. 适用沙特法

B. 因涉及劳动者权益保护，直接适用中国的强制性规定

C. 在沙特法、中国法与菲律宾法中选择适用对张某最有利的法律

D. 适用菲律宾法

【考点】强制性规定的直接适用

【解析】《关于适用〈涉外民事关系法律适用法〉若干问题的解释（一）》第8条规定："有下列情形之一，涉及中华人民共和国社会公共利益、当事人不能通过约定排除适用、无需通过冲突规范指引而直接适用于涉外民事关系的法律、行政法规的规定，人民法院应该认定为涉外民事关系法律适用法第四条规定的强制性规定：

（一）涉及劳动者权益保护的；

（二）涉及食品或公共卫生安全的；

（三）涉及环境安全的；

（四）涉及外汇管制等金融安全的；

（五）涉及反垄断、反倾销的；

（六）应当认定为强制性规定的其他情形。"

中国法律关于保护劳动者权益的强制性规定在我国具有直接适用的效力。B正确。

12. 根据我国相关法律规定，关于合同法律适用问题上的法律规避，下列哪些选项是正确的？（2010 - 1 - 81，多）[2]

A. 当事人规避中国法律强制性规定的，应当驳回起诉

B. 当事人规避中国法律强制性规定的，不发生适用外国法律的效力

C. 如果当事人采用明示约定的方式，则其规避中国法律强制性规定的行为将为法院所认可

D. 当事人在合同关系中规避中国法律强制性规定的行为无效，该合同应适用中国法

【考点】法律规避

【解析】《关于适用〈涉外民事关系法律适用法〉若干问题的解释（一）》第9条："一方当事人故意制造涉外民事关系的连结点，规避中华人民共和国法律、行政法规的强制性规定的，人民法院应认定为不发生适用外国法律的效力。"

规避中国法律强制性规定的效力：诉讼继续进行，但应适用中国法律，排除当事人选择的法律。A、C错误，B、D正确。

13. 墨西哥人甲某在我国法院涉诉，根据我国法律的规定该纠纷应该适用墨西哥法律，但根据墨西哥法律的规定则应该适用我国法律。根据我国《涉外民事关系法律适用法》的规定，下列说法正确的是？（2019 - 回忆版，单）[3]

A. 本案应适用墨西哥的实体法

---

[1] B [2] BD [3] A

B. 本案应依最密切联系原则选择实体法

C. 本案应适用我国实体法

D. 因中国法律和墨西哥法律规定冲突，法院应当驳回起诉

【考点】反致

【解析】"反致"，是指对某一案件，法院按照自己的冲突规范本应适用外国法或外域法，而该外国法或外域法的冲突规范却指定此种法律关系应适用法院地法，结果该法院适用了法院地法。

根据我国法律规定，根据冲突规范适用外国法时，不包括法律适用法。也就是说冲突规范指向的外国法律仅指外国的实体法，是不包括外国冲突规范的。A 正确。

14. 中国甲公司与英国乙公司因合同纠纷诉至中国某人民法院，根据我国涉外民事诉讼相关规则和实践，下列哪项判断是正确的？（2020 - 回忆版，单）[1]

A. 如合同约定适用欧盟商事条款，该法律选择条款无效

B. 如合同约定适用英国法，人民法院应依英国对反致的态度，决定是否适用英国的国际私法规则

C. 人民法院审理本案，不受民事诉讼法关于审理时限的限制

D. 如合同规定适用英国法，人民法院应依英国国际私法规则，确定合同应适用哪一国实体法

【考点】意思自治、反致

【解析】《涉外民事关系法律适用法》第 9 条规定："涉外民事关系适用的外国法律，不包括该国的法律适用法。"可见，我国司法实践中不接受反致，当我国法院受理涉外民商事案件时，根据我国冲突规范应适用某一外国法时，应直接适用该外国的相关实体法。B、D 错误。

合同法律适用中，意思自治优先，当事人可以合意选择法律。A 错误，C 正确。

15. 中英两公司签订买卖合同，合同约定适用英国法，由北京仲裁委仲裁，仲裁地是英国，现诉到中国法院。按照我国相关法律规定，以下选项正确的是？（2020 - 回忆版，单）[2]

A. 因为合同约定适用英国法，所以应用英国法确定仲裁效力

B. 如果适用中国法无效，适用英国法有效，则应认定仲裁协议有效

C. 用英国法发现需要适用其他国法，应从其规定

D. 如果英国法规定适用中国法应适用反致

【考点】认定国际商事仲裁协议效力的法律适用、反致

【解析】《涉外民事关系法律适用法》第 18 条规定："当事人可以协议选择仲裁协议适用的法律。当事人没有选择的，使用仲裁机构所在地法律或者仲裁地法律。"同时，《最高人民法院关于审理仲裁司法审查案件若干问题的规定》第 13 条规定："当事人协议选择确认涉外仲裁协议效力适用的法律，应当作出明确的意思表示，仅约定合同适用的法律，不能作为确认合同中仲裁条款效力适用的法律。"中英两公司的约定仅构成对买卖合同中适用法律的约定，不能作为确认合同中仲裁条款效力适用的法律，不能适用英国法确定合同中仲裁条款效力。A 错误。

《最高人民法院关于审理仲裁司法审查案件若干问题的规定》第 14 条规定："人民法院根据《中华人民共和国涉外民事关系法律适用法》第十八条的规定，确定确认涉外仲裁协议效力适用的法律时，当事人没有选择适用的法律，适用仲裁机构所在地的法律与适用仲裁地的法律将对仲裁协议的效力作出不同认定的，人民法院应当适用确认仲裁协议有效的法律。"B 正确。

《涉外民事关系法律适用法》第9条规定："涉外民事关系适用的外国法律，不包括该国的法律适用法。"C错误。

当我国法院受理涉外民商事案件时，根据我国冲突规范应适用某一外国法时，应直接适用该外国的相关实体法。D错误。

第二章　国际民商事关系的法律适用

第一节　民事主体

1. 德国甲公司与中国乙公司在中国共同设立了某合资有限责任公司，后甲公司以确认其在合资公司的股东权利为由向中国某法院提起诉讼。关于本案的法律适用，下列哪一选项是正确的？（2014-1-35，单）[1]

A. 因合资公司登记地在中国，故应适用中国法

B. 因侵权行为地在中国，故应适用中国法

C. 因争议与中国的联系更密切，故应适用中国法

D. 当事人可协议选择纠纷应适用的法律

【考点】法人的民事权利能力

【解析】《涉外民事关系法律适用法》第14条规定："法人及其分支机构的民事权利能力、民事行为能力、组织机构、股东权利义务等事项，适用登记地法律。

法人的主营业地与登记地不一致的，可以适用主营业地法律。法人的经常居所地，为其主营业地。"在此，涉及合资公司的股东权利纠纷，适用公司登记地即中国的法律。A正确。

2. 韩国公民金某在新加坡注册成立一家公司，主营业地设在香港地区。依中国法律规定，下列哪些选项是正确的？（2016-1-77，多）[2]

A. 该公司为新加坡籍

B. 该公司拥有韩国与新加坡双重国籍

C. 该公司的股东权利义务适用中国内地法

D. 该公司的民事权利能力与行为能力可适用香港地区法或新加坡法

【考点】法人的国籍、法人的民事权利能力、法人的民事行为能力

【解析】A正确，B错误。《公司法》第2条规定："本法所称公司，是指依照本法在中华人民共和国境内设立的有限责任公司和股份有限公司。"《公司法》第243条规定："本法所称外国公司，是指依照外国法律在中华人民共和国境外设立的公司。"由此可知，我国目前采用设立地说来确定法人国籍。本题中该公司在新加坡依照新加坡法律注册成立，因此依中国法律应为新加坡籍。

C错误，D正确。《涉外民事法律关系适用法》第14条规定："法人及其分支机构的民事权利能力、民事行为能力、组织机构、股东权利义务等事项，适用登记地法律。

---

〔1〕　A　〔2〕　AD

法人的主营业地与登记地不一致的，可以适用主营业地法律。法人的经常居所地，为其主营业地。"在此，该公司登记地为新加坡，主营业地为香港，登记地与主营业地不一致，故其股东权利义务、民事权利能力与民事行为能力可以适用新加坡法律，也可适用香港地区法律。

3. 沃林公司在甲国登记注册，其主要办事机构也在甲国。后沃林公司被乙国福特公司全资收购，其办事机构随之迁往乙国。后因经营不善，乙国福特公司又被中国启迪公司全资收购，但考虑到业务需要，沃林公司的主要办事机构仍在乙国。关于沃林公司的国籍，下列哪项判断是正确的？（2020 - 回忆版，单）[1]

A. 因沃林公司在甲国登记注册，其国籍始终是甲国

B. 因沃林公司的主要办事机构在乙国，其国籍应为乙国

C. 因沃林公司已被中国启迪公司收购，故其国籍应为中国

D. 沃林公司的国籍应由收购协议约定

【考点】 法人的国籍

【解析】 法人的国籍根据我国相关法律规定，指的是法人的登记地。《关于适用〈涉外民事关系法律适用法〉若干问题的解释（一）》第14条规定："人民法院应当将法人的设立登记地认定为涉外民事关系法律适用法规定的法人的登记地。"A正确，B、C、D错误。

4. 甲国公民琼斯的经常居住地在乙国，其在中国居留期间，因合同纠纷在中国法院参与民事诉讼。关于琼斯的民事能力的法律适用，下列哪一选项是正确的？（2012 - 1 - 35，单）[2]

A. 民事权利能力适用甲国法

B. 民事权利能力适用中国法

C. 民事行为能力应重叠适用甲国法和中国法

D. 依照乙国法琼斯为无民事行为能力，依照中国法为有民事行为能力的，其民事行为能力适用中国法

【考点】 自然人的民事权利能力

【解析】《涉外民事关系法律适用法》第11条规定："自然人的民事权利能力，适用经常居所地法律。"琼斯的经常居住地在乙国，其民事权利能力适用乙国法，A、B错误。

《涉外民事关系法律适用法》第12条规定："自然人的民事行为能力，适用经常居所地法律。

自然人从事民事活动，依照经常居所地法律为无民事行为能力，依照行为地法律为有民事行为能力的，适用行为地法律，但涉及婚姻家庭、继承的除外。"此为自然人民事行为能力适用经常居所地法的商事例外。D正确。

5. 经常居所同在上海的越南公民阮某与中国公民李某结伴乘新加坡籍客轮从新加坡到印度游玩。客轮在公海遇风暴沉没，两人失踪。现两人亲属在上海某法院起诉，请求宣告两人失踪。依中国法律规定，下列哪一选项是正确的？（2016 - 1 - 35，单）[3]

A. 宣告两人失踪，均应适用中国法

B. 宣告阮某失踪，可适用中国法或越南法

C. 宣告李某失踪，可适用中国法或新加坡法

D. 宣告阮某与李某失踪，应分别适用越南法与中国法

【考点】 宣告失踪和宣告死亡的法律适用

【解析】 A正确，B、C、D错误。《涉外民事关系法律适用法》第13条规定："宣告失踪

或者宣告死亡，适用自然人经常居住地法律。"在此题中，二人经常居住地均为中国，故均适用中国法。

6. 新加坡公民王颖与顺捷国际信托公司在北京签订协议，将其在中国的财产交由该公司管理，并指定受益人为其幼子李力。在管理信托财产的过程中，王颖与顺捷公司发生纠纷，并诉至某人民法院。关于该信托纠纷的法律适用，下列哪些选项是正确的？（2017 - 1 - 77，多）[1]

A. 双方可协议选择适用瑞士法

B. 双方可协议选择适用新加坡法

C. 如双方未选择法律，法院应适用中国法

D. 如双方未选择法律，法院应在中国法与新加坡法中选择适用有利于保护李力利益的法律

【考点】信托的法律适用

【解析】《涉外民事法律关系适用法》第 17 条："当事人可以协议选择信托适用的法律。当事人没有选择的，适用信托财产所在地法律或者信托关系发生地法律。"A、B 正确。

本案财产所在地和信托关系发生地均在中国，因此，如双方未选择法律，应适用中国法，C 正确，D 错误。

7. 经常居所地都在广州的越南籍公民陈某和莱索托籍公民姆扎曼尼，在中国西部登山途中失踪。数年后两人亲属在广州某法院提出宣告死亡的申请，关于本案的法律适用，下列哪一选项是正确的？（2021 - 回忆版，单）[2]

A. 如果莱索托法律无法查明，则应适用中国法

B. 关于二人的宣告死亡，均适用中国法

C. 应适用各自的国籍国法，外国法的内容由两人亲属提供

D. 应适用各自的国籍国法，外国法的内容由法院负责查明

【解析】我国《涉外民事关系法律适用法》第 13 条规定："宣告失踪或者宣告死亡，适用自然人经常居所地法律。"莱索托籍公民姆扎曼尼经常居所地为中国，其亲属向中国法院申请宣告其死亡，中国法院应适用中国法。选项 A 错误。

陈某尽管是越南公民，但其经常居所地为中国，陈某的亲属向中国法院申请宣告其死亡，中国法院应适用中国法。莱索托籍公民姆扎曼尼经常居所地为中国，亲属向中国法院申请宣告其死亡，中国法院应适用中国法。因此，选项 B 正确，CD 选项错误。

第二节　物　权

8. 2014 年 1 月，北京居民李某的一件珍贵首饰在家中失窃后被窃贼带至甲国。同年 2 月，甲国居民陈某在当地珠宝市场购得该首饰。2015 年 1 月，在获悉陈某将该首饰带回北京拍卖的消息后，李某在北京某法院提起原物返还之诉。关于该首饰所有权的法律适用，下列哪一选项是正确的？（2015 - 1 - 36，单）[3]

A. 应适用中国法

B. 应适用甲国法

---

[1] ABC　[2] B　[3] D

C. 如李某与陈某选择适用甲国法，不应支持

D. 如李某与陈某无法就法律选择达成一致，应适用甲国法

【考点】 *动产物权的法律适用*

【解析】《涉外民事关系法律适用法》第 37 条规定："当事人可以协议选择动产物权适用的法律。当事人没有选择的，适用法律事实发生时动产所在地法律。"D 正确。

9. 经常居所在天津的德国公民托马斯家中失窃一幅名画，该画后被中国公民李某在韩国艺术品市场购得，得知李某将画带回中国并委托拍卖公司在天津拍卖，现托马斯欲通过诉讼主张对该画作的所有权，关于本案的法律适用，以下说法正确的是：(2018 - 回忆版，单)[1]

A. 托马斯的诉讼行为能力应适用德国法来判断

B. 该案件的准据法应当在与案件有实际联系的德国法、中国法以及韩国法中进行选择

C. 当双方当事人不能就准据法的选择达成一致时应适用韩国法的法律规定

D. 当双方当事人不能就准据法的选择达成一致时应适用法院地法中国法的规定

【考点】 *动产物权的法律适用*

【解析】 自然人的诉讼行为能力原则上适用经常居所地法判断，托马斯的经常居所地在天津，应当适用中国法进行判断。A 错误。

针对动产物权的法律适用，意思自治原则优先，双方没有达成一致的情况下，适用法律事实发生时物之所在地法。本案中，被告为李明，获得该画事实发生于韩国艺术品市场，故而该案件的准据法应当适用韩国法，而非适用与案件有实际联系的中国法、德国法或者法院地法。B、D 错误，C 正确。

10. 甲国马戏团带着动物明星小狗来中国演出，因管理人员看管不利，小狗逃脱被中国公民王某捕获，王某将小狗卖给甲国公民琳达。现甲国马戏团在中国某法院起诉，要求琳达归还小狗。根据我国《涉外民事关系法律适用法》，我国法院应如何认定本案动产物权的法律适用？(2020 - 回忆版，单)[2]

A. 若当事人双方选择乙国法，应当适用乙国法

B. 适用双方共同国籍国法甲国法

C. 因为小狗购买、演出和逃脱均发生在中国，所以只能适用中国法

D. 本案当事人可以在甲国法和乙国法中选择适用

【考点】 *动产物权法律适用*

【解析】《涉外民事关系法律适用法》第 37 条规定："当事人可以协议选择动产物权适用的法律。当事人没有选择的，适用法律事实发生时动产所在地法律。"本题中琳达获取小狗的法律事实发生在中国，故如果双方当事人没有选择法律时，应适用中国法。A 正确，B、C、D 错误。

11. 荷兰甲公司将一批货物卖给中国乙公司，买卖合同订立时，该批货物载于由荷兰鹿特丹开往大连的韩国籍"靖远"号远洋货船上。乙公司就该批货物的所有权纠纷诉至某法院，关于变更所有权，根据我国法律规定，以下选项中正确的是哪项？(2021 - 回忆版，单)[3]

A. 应适用中国法或者荷兰法

B. 若双方协议约定适用瑞士法，应从其约定

C. 若双方没有约定，适用韩国法

D. 可以在中国法或者荷兰法中择一适用

---

[1] C [2] A [3] B

【考点】 中国关于运输中的动产物权法律适用的规定

【解析】 A错误。《涉外民事关系法律适用法》第38条规定："当事人可以协议选择运输中动产物权发生变更适用的法律。当事人没有选择的，适用运输目的地法律。"

B正确。根据第38条规定，当事人选择的法律，应予适用。而且法条中没有限制意思自治的范围。

C错误。如双方没有约定选择法律，根据第38条规定，应适用运输目的地法律。根据题意，运输目的地为中国大连，运输目的地法应为中国法，并非韩国法。

D错误。不符合第38条法律选择规定。

第三节 债 权

12. 根据我国有关法律规定，关于涉外民事关系的法律适用，下列哪些领域采用当事人意思自治原则？(2011 - 1 - 77，多)[1]

A. 合同
B. 侵权
C. 不动产物权
D. 诉讼离婚

【考点】 意思自治原则

【解析】 意思自治原则是指允许当事人通过协商一致的意思表示自由选择其所适用的法律。涉外民事关系法律适用中，可以适用意思自治原则的领域包括委托代理、信托、仲裁协议、合同、侵权、动产物权、夫妻财产关系、协议离婚、知识产权的转让和许可、知识产权的侵权责任（可以协议适用法院地法，如未约定的适用被请求保护地法律）。

《涉外民事关系法律适用法》第41条规定："当事人可以协议选择合同适用的法律。当事人没有选择的，适用履行义务最能体现该合同特征的一方当事人经常居所地法律或者其他与该合同有最密切联系的法律。"第44条规定："侵权责任，适用侵权行为地法律，但当事人有共同经常居所地的，适用共同经常居所地法律。侵权行为发生后，当事人协议选择适用法律的，按照其协议。"A、B正确。

《涉外民事关系法律适用法》第36条规定："不动产物权，适用不动产所在地法律。"C错误。

《涉外民事关系法律适用法》第27条规定："诉讼离婚，适用法院地法律。"D错误。

13. 中国甲公司与英国乙公司签订一份商事合同，约定合同纠纷适用英国法。合同纠纷发生4年后，乙公司将甲公司诉至某人民法院。英国关于合同纠纷的诉讼时效为6年。关于本案的法律适用，下列哪些选项是正确的？(2017 - 1 - 79，多)[2]

A. 本案的诉讼时效应适用中国法
B. 本案的实体问题应适用英国法
C. 本案的诉讼时效与实体问题均应适用英国法
D. 本案的诉讼时效应适用中国法，实体问题应适用英国法

【考点】 诉讼时效、合同的法律适用

【解析】《涉外民事关系法律适用法》第7条："诉讼时效，适用相关涉外民事关系应当适用的法律。"可知诉讼时效的法律适用与实体法律关系一致，本案实体法律关系为合同关系，

---

[1] AB [2] BC

法律适用以意思自治优先，故双方在合同中约定适用英国法有效，本案实体问题和诉讼时效均应适用英国法，A、D错误，B、C正确。

14. 在涉外民事关系中，依《涉外民事关系法律适用法》和司法解释，关于当事人意思自治原则，下列表述中正确的是：(2013 - 1 - 98，不定项)〔1〕

A. 当事人选择的法律应与所争议的民事关系有实际联系

B. 当事人仅可在具有合同性质的涉外民事关系中选择法律

C. 在一审法庭辩论终结前，当事人有权协议选择或变更选择适用的法律

D. 各方当事人援引相同国家的法律且未提出法律适用异议的，法院可以认定当事人已经就涉外民事关系适用的法律作出了选择

【考点】实际联系原则

【解析】A错误。《关于适用〈涉外民事关系法律适用法〉若干问题的解释（一）》第5条规定："一方当事人以双方协议选择的法律与系争的涉外民事关系没有实际联系为由主张选择无效的，人民法院不予支持。"

B错误，当事人除了债权关系中可以协议选择适用的法律外，在侵权行为关系、代理关系、夫妻财产关系、协议离婚、知识产权等方面当事人都可以协议选择适用的法律。

《关于适用〈涉外民事关系法律适用法〉若干问题的解释（一）》第6条规定："当事人在一审法庭辩论终结前协议选择或者变更选择适用的法律的，人民法院应予准许。

各方当事人援引相同国家的法律且未提出法律适用异议的，人民法院可以认定当事人已经就涉外民事关系适用的法律做出了选择。"C、D正确。

15. 中国甲公司与巴西乙公司因合同争议在中国法院提起诉讼。关于该案的法律适用，下列哪些选项是正确的？(2014 - 1 - 77，多)〔2〕

A. 双方可协议选择合同争议适用的法律

B. 双方应在一审开庭前通过协商一致，选择合同争议适用的法律

C. 因法院地在中国，本案的时效问题应适用中国法

D. 如案件涉及中国环境安全问题，该问题应适用中国法

【考点】最密切联系原则

【解析】A正确。《涉外民事关系法律适用法》第41条规定："当事人可以协议选择合同适用的法律。当事人没有选择的，适用履行义务最能体现该合同特征的一方当事人经常居所地法律或者其他与该合同有最密切联系的法律。"

B错误。《关于适用〈涉外民事关系法律适用法〉若干问题的解释（一）》第6条第1款规定："当事人在一审法庭辩论终结前协议选择或变更选择适用的法律的，人民法院应予准许。"故选择的时间点应当是在一审法庭辩论终结前，而非一审开庭前。

C错误。《涉外民事关系法律适用法》第7条规定："诉讼时效，适用相关涉外民事关系应当适用的法律。"在此不适用法院地法。

D正确。《关于适用〈涉外民事关系法律适用法〉若干问题的解释（一）》第8条规定："有下列情形之一，涉及中华人民共和国社会公共利益、当事人不能通过约定排除适用、无需通过冲突规范指引而直接适用于涉外民事关系的法律、行政法规的规定，人民法院应当认定为涉外民事关系法律适用法第四条规定的强制性规定：

（一）涉及劳动者权益保护的；

---

〔1〕 CD 〔2〕 AD

（二）涉及食品或公共卫生安全的；

（三）涉及环境安全的；

（四）涉及外汇管制等金融安全的；

（五）涉及反垄断、反倾销的；

（六）应当认定为强制性规定的其他情形。"

在此，环境安全属于中国法律对涉外民事关系有强制性规定，直接适用中国法。

16. 中英两国公司因合同纠纷，诉至中国法院，合同中双方约定准据法为英国法，根据中国的法律规定，下列选项正确的是哪些？(2021－回忆版，多)[1]

A. 英国法律不统一故应适用英格兰法

B. 双方在第一次开庭辩论时可约定诉讼时效适用中国法

C. 双方在第一次开庭辩论时约定适用英格兰法，法院应予支持

D. 关于诉讼时效规定应适用英国法

【考点】诉讼时效法律适用的规定；意思自治的规定；区际法律冲突

【解析】A 错误。《涉外民事关系法律适用法》第6条规定："涉外民事关系适用外国法律，该国不同区域实施不同法律的，适用与该涉外民事关系有最密切联系区域的法律。"

B 错误。根据《涉外民事关系法律适用法》第7条规定："诉讼时效，适用相关涉外民事关系应当适用的法律。"时效的法律适用不是以当事人选择适用的。

C 正确。根据《关于适用〈涉外民事关系法律适用法〉若干问题的解释（一）》，选择法律的时间，应在一审法庭辩论终结前。

D 正确。符合法律规定。本合同准据法当事人约定为英国法，时效和准据法一致，也应当适用英国法。

17. 甲国公民大卫被乙国某公司雇佣，该公司主营业地在丙国，大卫工作内容为巡回于东亚地区进行产品售后服务，后双方因劳动合同纠纷诉诸中国某法院。关于该纠纷应适用的法律，下列哪一选项是正确的？(2014－1－38，单)[2]

A. 中国法　　　　　　　　　　　B. 甲国法

C. 乙国法　　　　　　　　　　　D. 丙国法

【考点】劳动合同的法律适用

【解析】《涉外民事关系法律适用法》第43条规定："劳动合同，适用劳动者工作地法律；难以确定劳动者工作地的，适用用人单位主营业地法律。劳务派遣，可以适用劳务派出地法律。"在此，大卫的工作地为东亚地区巡回工作，难以确定具体地点，适用用人单位主营业地即丙国法。D 正确。

18. 主营业地在广州的法国某公司雇用了一个韩国人金某，金某的工作内容为巡回于东亚从事产品售后服务工作。后金某提出辞职，公司不允许并向广州起诉了金某。关于本案的法律适用，下列说法哪一项是正确的？(2018－回忆版，单)[3]

A. 如果金某是韩国来中国的留学生，则公安机关应对法国公司进行罚款处理

B. 关于该劳动合同的纠纷双方可以在一审庭审辩论终结前协商一致选择韩国法为准据法

C. 该劳动合同纠纷应该适用法国法

D. 对于该案件我国法院无管辖权，应裁定驳回法国公司的起诉

【考点】劳动合同的法律适用

---

〔1〕　CD　〔2〕　D　〔3〕　A

【解析】《出境入境管理法》第 41 条第 1 款规定："外国人在中国境内工作，应当按照规定取得工作许可和工作类居留证件。任何单位和个人不得聘用未取得工作许可和工作类居留证件的外国人。"此外，为了规范外国留学生在中国实习和勤工助学的行为，2013 年 9 月 1 日起施行的《外国人入境出境管理条例》第 22 条规定："持学习类居留证件的外国人需要在校外勤工助学或者实习的，应当经所在学校同意后，向公安机关出入境管理机构申请居留证件加注勤工助学或者实习地点、期限等信息。持学习类居留证件的外国人所持居留证件未加注前款规定信息的，不得在校外勤工助学或者实习。"金某是韩国的留学生，只能在校外从事勤工助学或者实习，不能正式入职工作，法国公司雇佣金某巡回于东亚从事产品售后服务工作违反了该条例的规定，公安机关应对法国公司罚款。A 正确。

《涉外民事关系法律适用法》第 43 条规定："劳动合同，适用劳动者工作地法律；难以确定劳动者工作地的，适用用人单位主营业地法律。劳务派遣，可以适用劳务派出地法律。"该条首先禁止了劳动合同中意思自治原则的适用，其次明确了两点：（1）劳动合同原则上适用劳动者工作地法律；（2）该原则存在两个例外，其一是劳动者工作地难以确定的，适用用人单位主营业地法，其二是劳务派遣合同还可以适用劳务派出地法。金某与法国公司的劳动合同属于劳动聘用合同，金某工作内容为巡回于东亚从事产品售后服务工作，其工作地无法确定的情况下适用用人单位主营业地法，法国公司的主营业地在广州，应当适用中国法，该条法律规定限制了当事人的意思自治。B 错误。

C 错误。该劳动合同纠纷应当适用中国法。

《民事诉讼法》第 24 条规定："因合同纠纷提起的诉讼，由被告住所地或者合同履行地人民法院管辖。"第 276 条第 1 款规定："因涉外民事纠纷，对在中华人民共和国领域内没有住所的被告提起除身份关系以外的诉讼，如果合同签订地、合同履行地、诉讼标的物所在地、可供扣押财产所在地、侵权行为地、代表机构住所地位于中华人民共和国领域内的，可以由合同签订地、合同履行地、诉讼标的物所在地、可供扣押财产所在地、侵权行为地、代表机构住所地人民法院管辖。"本案属于劳动合同纠纷，被告在中国领域内没有住所，可以适用特殊管辖，原告的主营业地在中国广州，合同在中国签订，我国法院具有管辖权。D 错误。

19. 法国人皮埃尔与主营业地在深圳的公司签订劳动合同，并根据劳动合同被派往尼日利亚分公司工作。随后，因皮埃尔被深圳公司开除而诉至深圳某法院。关于本案，法院应适用哪个国家的法律？（2019 – 回忆版，单）[1]

A. 适用法国法、中国法或尼日利亚法中有利于皮埃尔的法律

B. 适用法国法，因为皮埃尔是法国人

C. 适用中国法，因为深圳公司的主营业地在中国

D. 适用尼日利亚法，因为皮埃尔的工作地在尼日利亚

【考点】劳动合同的法律适用

【解析】劳动合同适用劳动者工作地法律；难以确定工作地的，适用用人单位主营业地法律；劳务派遣，可以适用劳务派出地法律。D 正确。

20. 南非居民约翰与中国上海甲公司签订劳动合同，甲公司与莫桑比克乙公司签订劳务派遣合同，将约翰从上海派遣到莫桑比克做非全日制工，后产生劳动合同纠纷在中国法院起诉。关于本案，下列哪些说法是正确的？（2022 – 回忆版，多）[2]

A. 因劳务地在莫桑比克，可适用莫桑比克法律

---

[1] D [2] AC

B. 约翰有权请求南非驻沪领事馆以领事身份担任诉讼代理人，但在诉讼中该领事不享有领事官员的特权与豁免

C. 因中国上海的甲公司是派出地，可适用中国法

D. 约翰是南非公民，应适用南非法

【解析】《涉外民事关系法律适用法》第43条规定，劳动合同适用劳动者工作地法律。本案因劳务地在莫桑比克，可适用莫桑比克法律。A选项正确。约翰可以请求南非领事担任诉讼代理人，但只能以个人名义，并且在诉讼活动中不享有相关特权和豁免。B选项错误。

劳务派遣可以适用劳务派出地法律。因中国上海的甲公司是派出地，可适用中国法。

21. 中国人张某在韩国首尔出差时在金达公司购买了一箱"野生高丽参"，回国后经鉴定该高丽参系人工养殖，遂引发纠纷。经查，金达公司在中国既无住所，也未从事过相关经营活动，但在大连有可供扣押的房产。根据我国相关的法律规定，下列说法正确的是哪些？(2021 - 回忆版，多)[1]

A. 本纠纷应在韩国法和中国法中适用对张某有利的法律

B. 如张某在大连起诉，我国法院有管辖权

C. 本纠纷应适用韩国法

D. 如张某在大连起诉，我国法院能否管辖取决于金达公司的意思表示

【考点】消费者合同

【解析】A错误。消费者合同，适用消费者经常居所地法律；消费者选择适用商品、服务提供地法律或者经营者在消费者经常居所地没有从事相关经营活动的，适用商品、服务提供地法律。并没有有利于某一方的要求。

B正确。因合同纠纷或者其他财产权益纠纷，对在中华人民共和国领域内没有住所的被告提起的诉讼，如果合同在中华人民共和国领域内签订或者履行，或者诉讼标的物在中华人民共和国领域内，或者被告在中华人民共和国领域内有可供扣押的财产，或者被告在中华人民共和国领域内设有代表机构，可以由合同签订地、合同履行地、诉讼标的物所在地、可供扣押财产所在地、侵权行为地或者代表机构住所地人民法院管辖。

C正确。经营者在消费者经常居所地没有从事相关经营活动的，适用商品、服务提供地法律。

D错误。法院管辖权的确定，依据《民事诉讼法》确定。

22. 甲国人特里长期居于乙国，丙国人王某长期居于中国，两人在北京经营相互竞争的同种产品。特里不时在互联网上发布不利于王某的消息，王某在中国法院起诉特里侵犯其名誉权、肖像权和姓名权。关于该案的法律适用，根据我国相关法律规定，下列哪些选项是错误的？(2011 - 1 - 78，多)[2]

A. 名誉权的内容应适用中国法律，因为权利人的经常居住地在中国

B. 肖像权的侵害适用甲国法律，因为侵权人是甲国人

C. 姓名权的侵害适用乙国法律，因为侵权人的经常居所地在乙国

D. 网络侵权应当适用丙国法律，因为被侵权人是丙国人

【考点】侵权责任的法律适用

【解析】《涉外民事关系法律适用法》第46条规定："通过网络或者采用其他方式侵害姓名权、肖像权、名誉权、隐私权等人格权的，适用被侵权人经常居所地法律。"本题应适用被侵权人王某的经常居所地法律即中国法。A正确，B、C、D。

---

[1]　BC　[2]　BCD

23. 经常居所在广州的西班牙公民贝克，在服务器位于西班牙的某网络论坛上发帖诽谤经常居所在新加坡的中国公民王某。现王某将贝克诉至广州某法院，要求其承担侵害名誉权的责任。关于该纠纷的法律适用，下列哪一选项是正确的？（2017 – 1 – 35，单）[1]

A. 侵权人是西班牙公民，应适用西班牙法

B. 被侵权人的经常居所在新加坡，应适用新加坡法

C. 被侵权人是中国公民，应适用中国法

D. 论坛服务器在西班牙，应适用西班牙法

【考点】 侵权责任的法律适用

【解析】《涉外民事关系法律适用法》第 46 条规定："通过网络或者采用其他方式侵害姓名权、肖像权、名誉权、隐私权等人格权的，适用被侵权人经常居所地法律。"通过网络方式侵犯名誉权，应适用被侵权人王某经常居所地新加坡的法律。B 正确，A、C、D 错误。

24. 中国公民张某在法国巴黎留学，中国明星李某经常居所地在德国柏林。张某偷拍李某很多照片并上传到中国某网站，李某在中国某法院起诉张某侵犯其隐私权。下列判断哪一项是正确的？（2022 – 回忆版，单）[2]

A. 张某和李某可在一审法庭辩论终结前合意选择法国法

B. 若依德国法类似案件应适用被侵权人国籍国法，法院应适用中国法

C. 诉讼时效应适用中国法

D. 本案应适用的法律应由法院查明

【解析】 根据《涉外民事关系法律适用法》规定，通过网络或者采用其他方式侵害姓名权、肖像权、名誉权、隐私权等人格权的，适用被侵权人经常居所地法律。因此当事人不能合意选择，A 项错误。涉外民事关系适用的外国法律，不包括该国的法律适用法，B 项错误。诉讼时效，适用相关涉外民事关系应当适用的法律，被侵权人经常居所地法律为德国，因而应适用德国法。D 项正确，此法律并非当事人协议选择，人民法院应当依职权查明。

25. 德国人甲某的狗被中国人乙某打死，甲某一怒之下将乙某的隐私在网络上进行传播。后甲某在南京某法院起诉乙某，乙某则提起反诉。经查明，甲某的经常居所地在新加坡，乙某的经常居所地在新加坡。根据我国法律的规定，下列说法正确的是？（2019 – 回忆版，单）[3]

A. 甲某和乙某的诉求均可协议选择所适用的法律

B. 甲某和乙某的诉求均应适用中国法

C. 甲某诉乙某侵权应适用德国法

D. 乙某反诉甲某侵权应适用新加坡法

【考点】 侵权之债法律适用

【解析】 本案涉及两个诉求，一是德国人甲某诉中国人乙某打死他的狗，属于一般侵权；一是乙某反诉甲某在网上公开其隐私，属于网络侵犯人格权。

对于甲某的诉求，根据《涉外民事关系法律适用法》第 44 条规定，侵权责任，适用侵权行为地法律，但当事人有共同经常居所地的，适用共同经常居所地法律。侵权行为发生后，当事人协议选择适用法律的，按照其协议。可见，应该首先适用双方协议选择的法律，而非直接适用德国法或中国法。B、C 错误。

对于乙某的诉求，根据《涉外民事关系法律适用法》第 46 条规定，通过网络或者采用其他方式侵害姓名权、肖像权、名誉权、隐私权等人格权的，适用被侵权人经常居所地法律。可

见，应适用乙某的经常居住地，即新加坡法律。而且，这里不允许双方协议选择法律。A错误，D正确。

26. 甲国游客杰克于2015年6月在北京旅游时因过失导致北京居民孙某受重伤。现孙某在北京以杰克为被告提起侵权之诉。关于该侵权纠纷的法律适用，下列哪一选项是正确的？（2015－1－37，单）[1]

A. 因侵权行为发生在中国，应直接适用中国法

B. 如当事人在开庭前协议选择适用乙国法，应予支持，但当事人应向法院提供乙国法的内容

C. 因本案仅与中国、甲国有实际联系，当事人只能在中国法与甲国法中进行选择

D. 应在中国法与甲国法中选择适用更有利于孙某的法律

【考点】侵权之债法律适用、意思自治原则

【解析】《涉外民事关系法律适用法》第44条规定："侵权责任，适用侵权行为地法律，但当事人有共同经常居所地的，适用共同经常居所地法律。侵权行为发生后，当事人协议选择适用法律的，按照其协议。"本案属于人身侵权纠纷，法律适用的第一顺序是尊重当事双方的意思自治，第二顺序是当事人双方共同经常居所地，第三顺序是侵权行为发生地。因此本案首先应适用当事人选择的法律，当事人没有选择适用中国法。A、D错误。

《关于适用〈涉外民事关系法律适用法〉若干问题的解释（一）》第5条规定："一方当事人以双方协议选择的法律与系争的涉外民事关系没有实际联系为由主张选择无效的，人民法院不予支持。"可见法律适用的意思自治可以突破实际联系原则的限制。C错误。

27. 英国公民苏珊来华短期旅游，因疏忽多付房费1000元，苏珊要求旅店返还遭拒后，将其诉至中国某法院。关于该纠纷的法律适用，下列哪一选项是正确的？（2016－1－36，单）[2]

A. 因与苏珊发生争议的旅店位于中国，因此只能适用中国法

B. 当事人可协议选择适用瑞士法

C. 应适用中国法和英国法

D. 应在英国法与中国法中选择适用对苏珊有利的法律

【考点】不当得利的法律适用

【解析】《涉外民事关系法律适用法》第47条规定："不当得利，无因管理，适用当事人协议选择适用的法律。当事人没有选择的，适用当事人共同经常居所地法律；没有共同经常居所地的，适用不当得利、无因管理发生地法律。"故A正确，B、C、D错误。

本题为不当得利之诉，首先适用当事人协议的法律。B正确。

若无协议，则适用共同经常居所地法律，但本案当事人双方的经常居所地分别为英国和中国，没有共同经常居所地。

若无共同经常居所地，则适用不当得利发生地法律，本题中不当得利发生地在中国，故在双方无共同意思自治的情况下，应适用中国法。A、C、D错误。

28. 中国人甲某在韩国旅游期间发病，在韩国出差的日本人乙某将甲某送入医院并垫付了医药费。乙某向上海某法院起诉甲某，要求其偿还垫付的医疗费用。经查明，双方均定居在上海且未对所适用的法律进行选择。根据我国法律的规定，本案应适用哪国法律？（2019－回忆版，单）[3]

A. 中国法   B. 日本法   C. 韩国法   D. 最密切联系地法

---

[1] B   [2] B   [3] A

【解析】《涉外民事关系法律适用法》第47条规定:"不当得利,无因管理,适用当事人协议选择适用的法律。当事人没有选择的,适用当事人共同经常居所地法律;没有共同经常居所地的,适用不当得利、无因管理发生地法律。"故A正确,B、C、D错误。

29. 经常居住地在法国巴黎的贝尔特到广州进行公务活动,其间外出旅行数日,其猫跳入隔壁邻居李某家,李某细心喂养。后贝尔特归来,李某归还其猫并要求贝尔特支付喂养费用,贝尔特拒绝。后李某将贝尔特诉至人民法院。关于本案的法律适用,下列选项正确的是哪些?(2021 – 回忆版,多)〔1〕

    A. 如果她们两个未选择法律,应在中国法和法国法中选择其一适用

    B. 如果二人选择,可以协议选择适用德国法

    C. 如双方没有协议选择法律,应适用中国法

    D. 应适用中国法或法国法

【考点】 无因管理的法律适用

【解析】《涉外民事关系法律适用法》第47条规定:"不当得利、无因管理,适用当事人协议选择适用的法律。当事人没有选择的,适用当事人共同经常居所地法律;没有共同经常居所地的,适用不当得利、无因管理发生地法律。"

选项A错误。玛丽和李某如果没有选择法律,应适用他们的共同经常居所地法律。《关于适用〈涉外民事关系法律适用法〉若干问题的解释(一)》第13条规定:"自然人在涉外民事关系产生或者变更、终止时已经连续居住一年以上且作为其生活中心的地方,人民法院可以认定为涉外民事关系法律适用法规定的自然人的经常居所地,但就医、劳务派遣、公务等情形除外。"本题中玛丽的公务行为没有改变她的经常居所地,所以玛丽经常居所地是法国。本题中玛丽经常居所地在法国,李某经常居所地在中国,双方没有共同经常居所地。那么顺次选择,没有共同经常居所地的,适用无因管理发生地,本题中发生地在中国,应适用中国法。

B正确。《涉外民事关系法律适用法》第41条规定:"当事人可以协议选择合同适用的法律。"没有特殊规定情况下,并没有对法律选择的范围作出限定。因此双方可以选择德国法。

C正确。符合法条规定。事实发生地为中国。

D错误。不符合法条规定。

第四节　商事关系

30. 在中国法院审理的某票据纠纷中,与该票据相关的法律行为发生在中国,该票据付款人为甲国某州居民里斯。关于里斯行为能力的法律适用,根据我国相关法律规定,下列哪一判断是正确的?(2010 – 1 – 38,单)〔2〕

    A. 应适用与该票据纠纷有最密切联系的法律

    B. 应适用里斯住所地的法律

    C. 如依据中国法里斯具有完全行为能力,则应认定其具有完全行为能力

    D. 如关于里斯行为能力的准据法无法查明,则应驳回起诉

【考点】 票据关系的法律适用

---

〔1〕 BC　〔2〕 C

【解析】《票据法》第 96 条规定："票据债务人的民事行为能力，适用其本国法律。

票据债务人的民事行为能力，依照其本国法律为无民事行为能力或者为限制民事行为能力而依照行为地法律为完全民事行为能力的，适用行为地法律。"C 正确。

31. 中国公民李某在柏林签发一张转账支票给德国甲公司用于支付货款，付款人为中国乙银行北京分行；甲公司在柏林将支票背书转让给中国丙公司，丙公司在北京向乙银行请求付款时被拒。关于该支票的法律适用，依中国法律规定，下列哪一选项是正确的？(2017 - 1 - 36，单)[1]

A. 如李某依中国法为限制民事行为能力人，依德国法为完全民事行为能力人，应适用德国法

B. 甲公司对该支票的背书行为，应适用中国法

C. 丙公司向甲公司行使票据追索权的期限，应适用中国法

D. 如丙公司不慎将该支票丢失，其请求保全票据权利的程序，应适用德国法

【考点】票据关系的法律适用

【解析】《票据法》第 96 条规定："票据债务人的民事行为能力，适用其本国法律。

票据债务人的民事行为能力，依照其本国法律为无民事行为能力或者为限制民事行为能力而依照行为地法律为完全民事行为能力的，适用行为地法律。"本案李某为中国公民，票据签发地在德国，应适用德国法。A 正确。

《票据法》第 98 条规定："票据的背书、承兑、付款和保证行为，适用行为地法律。"票据的行为的准据法是行为地法律，甲公司背书行为地是德国，应适用德国法。B 错误。

《票据法》第 99 条规定："票据追索权的行使期限，适用出票地法律。"丙公司向甲公司行使票据追索权的期限应适用出票地法律德国法。C 错误。

《票据法》第 101 条规定："票据丧失时，失票人请求保全票据权利的程序，适用付款地法律。"丙公司请求保全票据权利的程序，应适用付款地法律中国法。D 错误。

32. 德国甲公司在上海向越南乙公司出具汇票，汇票付款人为德国甲公司在上海的分支机构。越南乙公司在河内将汇票背书转让给了越南丙公司，丙公司不慎丢失汇票，被经常居所地在广州的李先生拾得。后中国某法院受理有关该汇票的纠纷。关于本案，下列哪一说法是正确的？(2022 - 回忆版，单)[2]

A. 乙公司对该汇票的背书行为，应适用中国法

B. 丙公司对乙公司行使汇票追索权的期限，应适用中国法

C. 丙公司请求保全汇票权利的程序，应适用越南法

D. 李先生拾得汇票是否构成不当得利的问题，应适用越南法

【解析】《票据法》第 98 条，票据的背书、承兑、付款和保证行为，适用行为地法律。本题中越南乙公司在河内将汇票背书转让给了越南丙公司，应适用越南法。A 选项错误。

《票据法》第 99 条，票据追索权的行使期限，适用出票地法律。本题中出票地为中国上海，适用中国法。B 选项正确。

《票据法》第 101 条，票据丧失时，失票人请求保全票据权利的程序，适用付款地法律。本题中付款地为上海，应适用中国法。C 选项错误。

不当得利、无因管理，首先适用当事人协议选择适用的法律。并非应当适用某法律，D 选项错误。

---

[1] A [2] B

33. 甲国公司与乙国航运公司订立海上运输合同，由丙国籍船舶"德洋"号运输一批货物，有关"德洋"号的争议现在中国法院审理。根据我国相关法律规定，下列哪一选项是正确的？（2010－1－35，单）[1]

A. 该海上运输合同应适用船旗国法律

B. 有关"德洋"号抵押权的受偿顺序应适用法院地法律

C. 有关"德洋"号船舶优先权的争议应适用丙国法律

D. 除法律另有规定外，甲国公司与乙国航运公司可选择适用于海上运输合同的法律

【考点】海事关系的法律适用

【解析】《海商法》第269条规定："合同当事人可以选择合同适用的法律，法律另有规定的除外。合同当事人没有选择的，适用与合同有最密切联系的国家的法律。"

A错误，D正确。该海上运输合同可以由当事人自由选择法律的适用，没有选择的，适用最密切联系原则。

依据我国法律，适用船旗国法的情形：

（1）《海商法》第270条规定："船舶所有权的取得、转让和消灭，适用船旗国法律。"

（2）第271条规定："船舶抵押权适用船旗国法律。

船舶在光船租赁以前或者光船租赁期间，设立船舶抵押权的，适用原船舶登记国的法律。"

（3）第273条规定："船舶碰撞的损害赔偿，适用侵权行为地法律。

船舶在公海上发生碰撞的损害赔偿，适用受理案件的法院所在地法律。

同一国籍的船舶，不论碰撞发生于何地，碰撞船舶之间的损害赔偿适用船旗国法律。"B错误，应适用丙国法律。

适用法院地法的情形：

（1）《海商法》第272条规定："船舶优先权，适用受理案件的法院所在地法律。"

（2）船舶在公海上发生碰撞的损害赔偿。

（3）第275条规定："海事赔偿责任限制，适用受理案件的法院所在地法律。"C错误，应适用中国法律。

34. 中国甲公司将其旗下的东方号货轮光船租赁给韩国乙公司，为便于使用，东方号的登记国由中国变更为巴拿马。现东方号与另一艘巴拿马籍货轮在某海域相撞，并被诉至中国某海事法院。关于本案的法律适用，下列哪一选项是正确的？（2017－1－37，单）[2]

A. 两船碰撞的损害赔偿应适用中国法

B. 如两船在公海碰撞，损害赔偿应适用《联合国海洋法公约》

C. 如两船在中国领海碰撞，损害赔偿应适用中国法

D. 如经乙公司同意，甲公司在租赁期间将东方号抵押给韩国丙公司，该抵押权应适用中国法

【考点】海事关系的法律适用、船舶物权的法律适用

【解析】《海商法》第273条规定："船舶碰撞的损害赔偿，适用侵权行为地法律。

船舶在公海上发生碰撞的损害赔偿，适用受理案件的法院所在地法律。

同一国籍的船舶，不论碰撞发生于何地，碰撞船舶之间的损害赔偿适用船旗国法律。"本案两船均为巴拿马籍船舶，不论碰撞发生于何地，均应适用巴拿马法。A、B、C错误。

《海商法》第271条规定："船舶抵押权适用船旗国法律。

---

[1] D 〔2〕 D

船舶在光船租赁以前或者光船租赁期间，设立船舶抵押权的，适用原船舶登记国的法律。"题干中强调东方号货轮为光船租赁，设立抵押权应适用原船舶登记国法律——中国法。D 正确。

35. 甲国某航空公司在中国设有代表处，其一架飞机从中国境内出发，经停甲国后前往乙国，在乙国发生空难。关于乘客向航空公司索赔的诉讼管辖和法律适用，根据中国相关法律，下列哪些表述是正确的？（2013－1－78，多）[1]

A. 中国法院对该纠纷具有管辖权

B. 中国法律并不限制乙国法院对该纠纷行使管辖

C. 即使甲国法院受理了该纠纷，中国法院仍有权就同一诉讼行使管辖权

D. 如中国法院受理该纠纷，应适用受害人本国法确定损害赔偿数额

【考点】 专属管辖—航空事故损害赔偿

【解析】《民事诉讼法》第 28 条规定："因铁路、公路、水上、航空运输和联合运输合同纠纷提起的诉讼，由运输始发地、目的地或者被告住所地人民法院管辖。"

《民事诉讼法》第 30 条规定："因铁路、公路、水上和航空事故请求损害赔偿提起的诉讼，由事故发生地或者车辆、船舶最先到达地、航空器最先降落地或者被告住所地人民法院管辖。"A、B 正确。对于该诉讼，事故发生地乙国、航空器最先降落地、被告住所地甲国、中国都具有管辖权。

C 正确。《最高人民法院关于适用〈中华人民共和国民事诉讼法〉的解释》第 531 条第 1 款规定："中华人民共和国法院和外国法院都有管辖权的案件，一方当事人向外国法院起诉，而另一方当事人向中华人民共和国法院起诉的，人民法院可予受理。判决后，外国法院申请或者当事人请求人民法院承认和执行外国法院对本案作出的判决、裁定的，不予准许；但双方共同缔结或者参加的国际条约另有规定的除外。"

D 错误。《涉外民事关系法律适用法》第 44 条规定："侵权责任，适用侵权行为地法律，但当事人有共同经常居所地的，适用共同经常居所地法律。侵权行为发生后，当事人协议选择适用法律的，按照其协议。"侵权案件，应首先适用侵权行为地法，即乙国法。

第五节　婚姻与家庭

36. 甲国公民玛丽与中国公民王某经常居住地均在中国，2 人在乙国结婚。关于双方婚姻关系的法律适用，下列哪些选项是正确的？（2012－1－77，多）[2]

A. 结婚手续只能适用中国法

B. 结婚手续符合甲国法、中国法和乙国法中的任何一个，即为有效

C. 结婚条件应适用乙国法

D. 结婚条件应适用中国法

【考点】 婚姻关系的法律适用

【解析】 A 错误，B 正确。根据《涉外民事关系法律适用法》第 22 条，结婚手续法律适用可以是婚姻缔结地、一方当事人经常居所地或一方的国籍国法律。因此甲乙结婚手续除了可以适用中国法外，也可以适用甲国法、乙国法。

C 错误，D 正确。《涉外民事关系法律适用法》第 21 条规定："结婚条件，适用当事人共

同经常居所地法律；没有共同经常居所地的，适用共同国籍国法律；没有共同国籍，在一方当事人经常居所地或者国籍国缔结婚姻的，适用婚姻缔结地法律。"结婚条件法律适用，首先看双方有没有共同的经常居所地；其次，没有共同的经常居所地的，则适用共同国籍法；最后，如果无前述情形，则适用婚姻缔结地法律。甲乙在中国都有经常居所地，结婚条件应适用中国法。

37. 中国人李某（女）与甲国人金某（男）2011年在乙国依照乙国法律登记结婚，婚后二人定居在北京。依《涉外民事关系法律适用法》，关于其夫妻关系的法律适用，下列哪些表述是正确的？（2013－1－77，多）[1]

A. 婚后李某是否应改从其丈夫姓氏的问题，适用甲国法

B. 双方是否应当同居的问题，适用中国法

C. 婚姻对他们婚前财产的效力问题，适用乙国法

D. 婚姻存续期间双方取得的财产的处分问题，双方可选择适用甲国法

【考点】 婚姻关系的法律适用

【解析】《涉外民事关系法律适用法》第23条规定："夫妻人身关系，适用共同经常居所地法律；没有共同经常居所地的，适用共同国籍国法律。"姓氏、同居问题属于人身权，应适用共同经常居所地法律，李某与金某的共同经常居所地为北京，故应适用中国法。A错误，B正确。

《涉外民事关系法律适用法》第24条规定："夫妻财产关系，当事人可以协议选择适用一方当事人经常居所地法律、国籍国法律或者主要财产所在地法律。当事人没有选择的，适用共同经常居所地法律；没有共同经常居所地的，适用共同国籍国法律。"夫妻财产问题，当事人可以协议选择适用的法律，没有选择的，适用共同居所地法律或共同国籍法。C错误，D正确。

38. 韩国公民金某与德国公民汉森自2013年1月起一直居住于上海，并于该年6月在上海结婚。2015年8月，二人欲在上海解除婚姻关系。关于二人财产关系与离婚的法律适用，下列哪些选项是正确的？（2015－1－78，多）[2]

A. 二人可约定其财产关系适用韩国法

B. 如诉讼离婚，应适用中国法

C. 如协议离婚，二人没有选择法律的，应适用中国法

D. 如协议离婚，二人可以在中国法、韩国法及德国法中进行选择

【考点】 夫妻关系法律适用、离婚法律适用

【解析】 A正确。《涉外民事关系法律适用法》第24条规定："夫妻财产关系，当事人可以协议选择适用一方当事人经常居所地法律、国籍国法律或者主要财产所在地法律。当事人没有选择的，适用共同经常居所地法律；没有共同经常居所地的，适用共同国籍国法律。"夫妻财产关系法律适用的第一顺序允许有限制的意思自治，本案韩国属于一方当事人的国籍国，该选择有效。

B正确。《涉外民事关系法律适用法》第27条规定："诉讼离婚，适用法院地法律。"本案诉讼地在中国。

C、D正确。《涉外民事关系法律适用法》第26条规定："协议离婚，当事人可以协议选择适用一方当事人经常居所地法律或者国籍国法律。当事人没有选择的，适用共同经常居所地

---

[1] BD　[2] ABCD

法律；没有共同经常居所地的，适用共同国籍国法律；没有共同国籍的，适用办理离婚手续机构所在地法律。"可见，协议离婚法律适用的第一顺序是有限制的意思自治，本案韩国和德国分别是双方当事人的国籍国，中国为双方的共同经常居所地，因此争议双方可以在中国法、韩国法及德国法中选择法律；若无意思自治，则应适用第二顺序的共同经常居所的法，故本案为中国法。

39. 经常居所在汉堡的德国公民贝克与经常居所在上海的中国公民李某打算在中国结婚。关于贝克与李某结婚，依《涉外民事关系法律适用法》，下列哪一选项是正确的？（2016－1－37，单）[1]

A. 两人的婚龄适用中国法　　　　　B. 结婚的手续适用中国法
C. 结婚的所有事项均适用中国法　　D. 结婚的条件同时适用中国法与德国法

【考点】 婚姻关系的法律适用

【解析】 A 正确，D 错误。《涉外民事关系法律适用法》第 21 条规定："结婚条件，适用当事人共同经常居所地法律；没有共同经常居所地的，适用共同国籍国法律；没有共同国籍，在一方当事人经常居所地或者国籍国缔结婚姻的，适用婚姻缔结地法律。"在此题中，由于贝克和李某没有共同经常居所地，也没有共同国籍，又在李某的经常居所地/国籍国——中国缔结婚姻，故结婚条件应适用婚姻缔结地法律即中国法。婚龄属于结婚条件之一，适用中国法。

B 错误。《涉外民事关系法律适用法》第 22 条规定："结婚手续，符合婚姻缔结地法律、一方当事人经常居所地法律或者国籍国法律的，均为有效。"在此题中，婚姻一方李某的经常居所地、国籍国均为中国，婚姻缔结地也在中国，故结婚手续可以适用中国法。

C 错误。结婚手续也可以适用婚姻一方贝克的经常居所地或国籍国法律，即德国法。并不必然要求适用中国法。

40. 中国公民王某将甲国公民米勒诉至某人民法院，请求判决两人离婚、分割夫妻财产并将幼子的监护权判决给她。王某与米勒的经常居所及主要财产均在上海，其幼子为甲国籍。关于本案的法律适用，下列哪些选项是正确的？（2017－1－78，多）[2]

A. 离婚事项，应适用中国法
B. 夫妻财产的分割，王某与米勒可选择适用中国法或甲国法
C. 监护权事项，在甲国法与中国法中选择适用有利于保护幼子利益的法律
D. 夫妻财产的分割与监护权事项均应适用中国法

【考点】 诉讼离婚、夫妻财产关系、监护关系的法律适用

【解析】《涉外民事关系法律适用法》第 27 条规定："诉讼离婚，适用法院地法律。"A 正确。

《涉外民事关系法律适用法》第 24 条规定："夫妻财产关系，当事人可以协议选择适用一方当事人经常居所地法律、国籍国法律或者主要财产所在地法律。当事人没有选择的，适用共同经常居所地法律；没有共同经常居所地的，适用共同国籍国法律。"B 正确。

《涉外民事关系法律适用法》第 30 条规定："监护，适用一方当事人经常居所地法律或者国籍国法律中有利于保护被监护人权益的法律。"C 正确。

由 B、C 可知，D 错误。

41. 共同居住在上海的中国男子王某和新加坡男子杰克欲在中国登记结婚，遭到拒绝后到英国伦敦办理的婚姻登记。后两人因感情不和到中国法院诉讼离婚，并要求分割财产，关于该

---

〔1〕　A　〔2〕　ABC

离婚案件，以下选项哪项是正确的？（2018 – 回忆版，单）[1]

    A. 关于双方能否结婚应适用婚姻登记地英国的法律

    B. 判断婚姻的效力应适用双方共同居所地中国的法律

    C. 双方财产的分割应适用法院地中国的法律

    D. 王某和杰克的行为构成国际私法上的法律规避行为

【考点】 婚姻关系、夫妻财产关系的法律适用、法律规避

【解析】《涉外民事关系法律适用法》第 21 条规定："结婚条件，适用当事人共同经常居所地法律；没有共同经常居所地的，适用共同国籍国法律；没有共同国籍，在一方当事人经常居所地或者国籍国缔结婚姻的，适用婚姻缔结地法律。"A 错误，B 正确。

《涉外民事关系法律适用法》第 24 条规定："夫妻财产关系，当事人可以协议选择适用一方当事人经常居所地法律、国籍国法律或者主要财产所在地法律。当事人没有选择的，适用共同经常居所地法律；没有共同经常居所地的，适用共同国籍国法律。"C 错误。

《关于适用〈涉外民事关系法律适用法〉若干问题的解释（一）》第 9 条规定："一方当事人故意制造涉外民事关系的连结点，规避中华人民共和国法律、行政法规的强制性规定的，人民法院应认定为不发生适用外国法律的效力。"本题中当事人未规避强制性规定，D 错误。

42. 埃及公民甲某和印度公民乙某的经常居住地和主要财产都在上海，现二人在上海某法院起诉离婚并要求分割财产，关于本案的法律适用，根据中国相关法律规定，下列选项正确的是哪项？（2021 – 回忆版，单）[2]

    A. 如果二者在上海生下一子，其子出生时不具有中国国籍

    B. 甲乙可就财产分割问题协议使用新加坡法

    C. 诉讼离婚和夫妻财产分割事项均应适用中国法

    D. 只要该诉讼尚未终结前，甲乙二人均不可离境

【考点】 诉讼离婚、夫妻财产关系的法律适用，国籍、外国人出入境管理

【解析】 A 正确。根据《中华人民共和国国籍法》的规定，父母双方或一方为中国公民，本人出生在中国，具有中国国籍。父母双方或一方为中国公民，本人出生在外国，具有中国国籍；但父母双方或一方为中国公民并定居在外国，本人出生时即具有外国国籍的，不具有中国国籍。由此可判断，中国的出生取得国籍以血统主义原则为主。题中父母均为外国公民，其在中国生下一子并不当然具有中国国籍。

B 错误。《涉外民事关系法律适用法》第 24 条规定："夫妻财产关系，当事人可以协议选择适用一方当事人经常居所地法律、国籍国法律或者主要财产所在地法律。当事人没有选择的，适用共同经常居所地法律；没有共同经常居所地的，适用共同国籍国法律。"本题所有连接点均未指向新加坡法律，因而当事人不能选择新加坡法。

C 错误。《涉外民事关系法律适用法》第 27 条规定："诉讼离婚，适用法院地法律。"二人在上海离婚，如果是诉讼离婚，就应适用中国法。而 C 选项中表述财产分割应适用中国法表述错误，财产分割当事人可以协议选择适用一方当事人经常居所地法律、国籍国法律或者主要财产所在地法律，本案中可以选择埃及法律、印度法律、中国法律，并非应当适用中国法。

D 错误。《出境入境管理法》第 28 条规定："外国人有下列情形之一的，不准出境：（一）被判处刑罚尚未执行完毕属于刑事案件被告人、犯罪嫌疑人的，但是按照中国与外国签订的有关协议，移管被判刑人的除外；（二）有未了结的民事案件，人民法院决定不准出境的；（三）拖

欠劳动者的劳动报酬，经国务院有关部门或者省、自治区、直辖市人民政府决定不准出境的；（四）法律、行政法规规定不准出境的其他情形。"

其中，有未了结的民事案件，并非一概不准出境，而是人民法院决定不准出境的，方不准出境。

43. 经常居所地在深圳的甲（女）和经常居所地在香港的乙（男），婚前协议约定离婚适用中国香港特别行政区法律，乙将其持有的香港股票分一半给甲。现甲向深圳法院提起离婚诉讼，请求分割夫妻共同财产，法院判决离婚且分割乙在香港的 50% 股权给甲。根据中国相关法律规定，下列哪些说法是正确的？[1]

A. 香港高等法院可根据深圳法院的判决命令乙向甲转让其 50% 的香港股权
B. 甲可向香港法院申请认可与执行深圳法院判决的全部或部分判项
C. 因诉讼离婚适用法院地法，故夫妻财产分割应适用中国内地法
D. 因诉讼离婚适用法院地法，故离婚财产处理应适用香港特别行政区法

【解析】根据《最高人民法院关于内地与香港特别行政区法院相互认可和执行婚姻家庭民事案件判决的安排》第 12 条的规定，内地法院做出的有关财产归一方所有的判项，在香港特别行政区将被视为命令一方向另一方转让该财产。A 选项正确。

根据《婚姻家事判决安排》第 10 条的规定，被请求方法院不能对判决的全部判项予以认可和执行时，可以认可和执行其中的部分判项。B 选项正确。

根据《涉外民事关系法律适用法》第 24 条的规定，夫妻财产关系，当事人可以协议选择适用一方当事人经常居所地法律、国籍国法律或者主要财产所在地法律。当事人没有选择的，适用共同经常居所地法律；没有共同经常居所地的，适用共同国籍国法律。夫妻财产分割适用的法律可以由当事人协议选择，本案当事人选择了香港特别行政区法律，因而本案中夫妻财产分割适用香港特别行政区法律，而非中国内地法。C 选项错误。

根据《涉外民事关系法律适用法》第 27 条的规定，诉讼离婚适用法院地法，即内地法，故按照此逻辑，离婚财产处理应适用中国内地法。D 选项错误。

44. 某甲国公民经常居住地在甲国，在中国收养了长期居住于北京的中国儿童，并将其带回甲国生活。根据中国关于收养关系法律适用的规定，下列哪一选项是正确的？（2012-1-36，单）[2]

A. 收养的条件和手续应同时符合甲国法和中国法
B. 收养的条件和手续符合中国法即可
C. 收养效力纠纷诉至中国法院的，应适用中国法
D. 收养关系解除的纠纷诉至中国法院的，应适用甲国法

【考点】收养关系的法律适用

【解析】《涉外民事关系法律适用法》第 28 条规定："收养的条件和手续，适用收养人和被收养人经常居所地法律。收养的效力，适用收养时收养人经常居所地法律。收养关系的解除，适用收养时被收养人经常居所地法律或者法院地法律。"A 正确。

45. 经常居住于英国的法国籍夫妇甲和乙，想来华共同收养某儿童。对此，下列哪一说法是正确的？（2014-1-37，单）[3]

A. 甲、乙必须共同来华办理收养手续
B. 甲、乙应与送养人订立书面收养协议

---

[1] AB [2] A [3] B

C. 收养的条件应重叠适用中国法和法国法

D. 若发生收养效力纠纷，应适用中国法

【考点】收养关系的法律适用

【解析】B 正确，A 错误。《民法典》第 1109 条规定："外国人依法可以在中华人民共和国收养子女。外国人在中华人民共和国收养子女，应当经其所在国主管机关依照该国法律审查同意。收养人应当提供由其所在国有权机构出具的有关其年龄、婚姻、职业、财产、健康、有无受过刑事处罚等状况的证明材料，并与送养人签订书面协议，亲自向省、自治区、直辖市人民政府民政部门登记。前款规定的证明材料应当经收养人所在国外交机关或者外交机关授权的机构认证，并经中华人民共和国驻该国使领馆认证，但是国家另有规定的除外。"在此，没有强制要求收养人必须共同来华办理收养手续，但收养人应当与送养人订立书面收养协议。

C 错误。《涉外民事关系法律适用法》第 28 条规定："收养的条件和手续，适用收养人和被收养人经常居所地法律。收养的效力，适用收养时收养人经常居所地法律。收养关系的解除，适用收养时被收养人经常居所地法律或者法院地法律。"在此题中，收养条件适用经常居所地法即英国法。

D 错误。收养效力适用收养人经常居所地法律，即英国法。

46. 经常居住地在上海的德国夫妇去云南收养了一个孩子，后因收养纠纷于人民法院涉诉，根据中国相关法律规定，关于本案的法律适用，选项正确的是哪一项？（2021 - 回忆版，单）[1]

A. 收养的手续适应用中国法或德国法

B. 收养效力应适用德国法

C. 解除收养关系应适应中国法

D. 本案的所有法律关系应同时适用中国和德国法

【考点】收养的法律适用

【解析】《涉外民事关系法律适用法》第 28 条规定："收养的条件和手续，适用收养人和被收养人经常居所地法律。收养的效力，适用收养时收养人经常居所地法律。收养关系的解除，适用收养时被收养人经常居所地法律或者法院地法律。"

A 错误。收养人和被收养人经常居所地都是中国，因而收养的手续应适用中国法。

B 错误。收养的效力，适用收养时收养人经常居所地法律。德国夫妇经常居住地在上海，收养效力应适用中国法。

C 正确。收养关系的解除，适用收养时被收养人经常居所地法律或者法院地法律，本题中收养时收养人经常居所地是中国云南，法院地是中国。收养关系的解除应适用中国法。

D 错误。D 项把各种法律关系混为一谈，不符合法律规定。

47. 经常居住地在上海的中国人孙某和同在中国生活的德国人汉森结婚，两人在越南旅行时，收养了越南当地女童阮某，并将其带回中国共同生活。三年后汉森因病去世，留下 100 万存款，并且未留遗嘱，孙某因遗产继承纠纷诉至法院。对此，下列哪些说法是正确的？[2]

A. 如孙某想解除收养，要适用中国法、德国法、越南法中最有利于阮某的

B. 汉森的遗产适用中国法

C. 收养效力适用中国法

D. 收养的手续适用中国法

---

[1] C [2] BC

【考点】 收养的法律适用、法定继承

【解析】 根据《涉外民事关系法律适用法》第28条规定，收养关系的解除，适用收养时被收养人经常居所地法律或者法院地法律。本案中，解除法律关系适用收养时被收养人经常居所地越南法，或者法院地法中国法。"有利于保护"的表述没有法律依据。A选项错误。

根据《涉外民事关系法律适用法》31条规定，法定继承，适用被继承人死亡时经常居所地法律，但不动产法定继承，适用不动产所在地法律。未留遗嘱，应适用法定继承的相关规定，动产适用被继承人死亡时经常居所地中国法。B选项正确。

根据《涉外民事关系法律适用法》第28条规定，收养的效力，适用收养时收养人经常居所地法律，即适用中国法。C选项正确。

根据《涉外民事关系法律适用法》第28条规定，收养的条件和手续，适用收养人和被收养人经常居所地法律。此为重叠型冲突规范，要求同时符合收养人和被收养人经常居所地法律，即中国法和越南法。D选项未提及越南法，错误。

第六节 继 承

48. 中国人李某定居甲国，后移居乙国，数年后死于癌症，未留遗嘱。李某在中国、乙国分别有住房和存款，李某养子和李某妻子的遗产之争在中国法院审理。关于该遗产继承案的法律适用，下列哪些选项是正确的？(2010-1-83，多)[1]

A. 李某动产的继承应适用甲国法

B. 李某动产的继承应适用乙国法

C. 李某动产的继承应适用中国法

D. 李某所购房屋的继承应适用房屋所在国的法律

【考点】 法定继承的法律适用

【解析】《涉外民事关系法律适用法》第31条规定："法定继承，适用被继承人死亡时经常居所地法律，但不动产法定继承，适用不动产所在地法律。"

A、C错误，B正确。本题中，李某的动产即在乙国的存款应适用被继承人居所地法律，即乙国法，故李某动产应适用乙国法。

D正确。李某不动产即所购房屋为不动产，应适用不动产所在地法律，即中国法。

本题重点在于分清楚以下几个关键性概念：动产与不动产、定居地与最后居所地。

49. 经常居所在上海的瑞士公民怀特未留遗嘱死亡，怀特在上海银行存有100万元人民币，在苏黎世银行存有10万欧元，且在上海与巴黎各有一套房产。现其继承人因遗产分割纠纷诉至上海某法院。依中国法律规定，下列哪些选项是正确的？(2016-1-78，多)[2]

A. 100万元人民币存款应适用中国法

B. 10万欧元存款应适用中国法

C. 上海的房产应适用中国法

D. 巴黎的房产应适用法国法

【考点】 法定继承的法律适用

【解析】《涉外民事法律关系适用法》第31条规定："法定继承，适用被继承人死亡时经

---

[1] BD [2] ABCD

常居所地法律，但不动产法定继承，适用不动产所在地法律。"

A、B 正确。未留遗嘱的动产法定继承，适用被继承人死亡时经常居所地法律。怀特死亡时经常居所地为中国上海，因此适用中国法。

C、D 正确。不动产法定继承，适用不动产所在地法律。即在上海的房产适用中国法，巴黎的房产适用法国法。

50. 经常居所地在苏州的甲国公民亨利通过悦音短视频留下遗嘱。亨利死后遗产继承纠纷诉至中国苏州某人民法院，根据中国的相关规定，以下选项正确的是？（2020－回忆版，单)[1]

A. 该遗嘱方式须符合中国法和甲国法，遗嘱才能成立

B. 如需适用甲国法解决本案纠纷，而双方当事人对甲国法内容有异议，人民法院应认定甲国法无法查明

C. 如亨利立遗嘱时，甲国已禁止本国人使用悦音公司的短视频产品，则该遗嘱无效

D. 该遗嘱的效力应适用中国法或甲国法

【考点】遗嘱的法律适用、外国法的查明

【解析】《涉外民事关系法律适用法》第 32 条规定："遗嘱方式，符合遗嘱人立遗嘱时或者死亡时经常居所地法律、国籍国法律或者遗嘱行为地法律的，遗嘱均为成立。"A 错误，C 错误。B 错误，此时法院审查认定。D 正确。

第七节　知识产权

51. 德国甲公司与中国乙公司签订许可使用合同，授权乙公司在英国使用甲公司在英国获批的某项专利。后因相关纠纷诉诸中国法院。关于该案的法律适用，下列哪些选项是正确的？(2014－1－78，多)[2]

A. 关于本案的定性，应适用中国法

B. 关于专利权归属的争议，应适用德国法

C. 关于专利权内容的争议，应适用英国法

D. 关于专利权侵权的争议，双方可以协议选择法律，不能达成协议，应适用与纠纷有最密切联系的法律

【考点】知识产权的法律适用

【解析】A 正确。《涉外民事关系法律适用法》第 8 条规定："涉外民事关系的定性，适用法院地法律。"

B 错误，C 正确。《涉外民事关系法律适用法》第 48 条规定："知识产权的归属和内容，适用被请求保护地法律。"故在此，应适用英国法。

D 错误。《涉外民事关系法律适用法》第 50 条规定："知识产权的侵权责任，适用被请求保护地法律，当事人也可以在侵权行为发生后协议选择适用法院地法律。"

52. 韩国甲公司为其产品在中韩两国注册了商标。中国乙公司擅自使用该商标生产了大量仿冒产品并销售至中韩两国。现甲公司将乙公司诉至中国某法院，要求其承担商标侵权责任。关于乙公司在中韩两国侵权责任的法律适用，依中国法律规定，下列哪些选项是正确的？

---

[1] D　[2] AC

(2016 - 1 - 79，多)[1]

    A. 双方可协议选择适用中国法

    B. 均应适用中国法

    C. 双方可协议选择适用韩国法

    D. 如双方无法达成一致，则应分别适用中国法与韩国法

【考点】知识产权的法律适用

【解析】《涉外民事法律关系适用法》第50条规定："知识产权的侵权责任，适用被请求保护地法律，当事人也可以在侵权行为发生后协议选择适用法院地法律。" A正确，B、C错误。双方只能协议适用法院地法律。

    D正确。若双方未能达成协议，应分别适用被请求保护地法律，本案中，中韩两国均有仿冒产品销售，在中国请求保护则适用中国法，在韩国请求保护则适用韩国法。

53. 日本甲公司与中国乙公司签订合同，授权中国乙公司在中国境内销售的手机上安装甲公司拥有专利权的某款APP，双方约定该协议适用日本法。乙公司随后在销往越南的手机上也安装了该款APP。甲公司发现上述情况后在我国法院起诉乙公司违约并侵犯了其在越南获得的专利，下列说法正确的是？(2019 - 回忆版，多)[2]

    A. 如乙公司的主营业地在中国，则违约和侵权纠纷都应该适用中国法

    B. 违约纠纷应适用日本法

    C. 双方可以在开庭前选择适用中国法

    D. 侵权纠纷应适用日本法

【考点】知识产权的法律适用

【解析】合同纠纷，可以选择所适用的法律，也可以在一审辩论终结前选择或变更选择。B正确。

    知识产权侵权，也可以选择，但只能选择法院地法。没有选择的适用被请求保护地法，即权利授予地法，注意题目最后表述为"在越南取得的专利"，所以权利赋予地在越南。D错误。

    选择的时间：一审辩论终结前，开庭更在辩论前。C正确。

54. 挪威甲公司开发了一款计算机软件并根据我国法律享有相关权利。中国乙公司未经许可擅自使用了甲公司开发的软件。挪威甲公司向我国法院提起侵权之诉并明确表示不同意适用中国法。根据我国法律的规定，下列哪一说法是正确的？(2019 - 回忆版，单)[3]

    A. 适用挪威法，因为甲公司作为原告不同意适用中国法

    B. 适用中国法，因为法院地在中国

    C. 适用挪威法，因为软件开发地在挪威

    D. 适用中国法，因为中国为被请求保护地

【考点】知识产权的法律适用

【解析】《涉外民事法律关系适用法》第50条规定："知识产权的侵权责任，适用被请求保护地法律，当事人也可以在侵权行为发生后协议选择适用法院地法律。" D正确，A、B、C错误。

---

[1] AD   [2] BC   [3] D

第三章　国际民商事争议的解决

第一节　国际商事仲裁

1. 中国 A 公司与甲国 B 公司签订货物买卖合同，约定合同争议提交中国 C 仲裁委员会仲裁，仲裁地在中国，但对仲裁条款应适用的法律未作约定。后因货物质量问题双方发生纠纷，中国 A 公司依仲裁条款向 C 仲裁委提起仲裁，但 B 公司主张仲裁条款无效。根据我国相关法律规定，关于本案仲裁条款的效力审查问题，下列哪些判断是正确的？　（2012 - 1 - 78，多）[1]

A. 对本案仲裁条款的效力，C 仲裁委无权认定，只有中国法院有权审查

B. 对本案仲裁条款的效力，如 A 公司请求 C 仲裁委作出决定，B 公司请求中国法院作出裁定的，由中国法院裁定

C. 对本案仲裁条款效力的审查，应适用中国法

D. 对本案仲裁条款效力的审查，应适用甲国法

【考点】仲裁协议效力的法律适用

【解析】《最高人民法院关于适用〈中华人民共和国仲裁法〉若干问题的解释》第 16 条规定："对涉外仲裁协议的效力审查，适用当事人约定的法律；当事人没有约定适用的法律但约定了仲裁地的，适用仲裁地法律；没有约定适用的法律也没有约定仲裁地或者仲裁地约定不明的，适用法院地法律。"本题中，对涉外仲裁条款的效力审查，应适用仲裁机构所在地法律，即中国法。C 正确。

《仲裁法》第 20 条规定："当事人对仲裁协议的效力有异议的，可以请求仲裁委员会作出决定或者请求人民法院作出裁定。一方请求仲裁委员会作出决定，另一方请求人民法院作出裁定的，由人民法院裁定。当事人对仲裁协议的效力有异议，应当在仲裁庭首次开庭前提出。"仲裁条款的效力认定机构可以是仲裁委员会，也可以是人民法院。A 错误。如果既向仲裁机构提出申请，又向法院提出申请的，由法院裁定。B 正确。

2. 中国甲公司与外国乙公司在合同中约定，合同争议提交中国国际经济贸易仲裁委员会仲裁，仲裁地在北京。双方未约定仲裁规则及仲裁协议适用的法律。对此，下列哪些选项是正确的？（2014 - 1 - 79，多）[2]

A. 如当事人对仲裁协议效力有争议，提请所选仲裁机构解决的，应在首次开庭前书面提出

---

〔1〕　BC　〔2〕　ABC

B. 如当事人将仲裁协议效力的争议诉至中国法院，应适用中国法

C. 如仲裁协议有效，应适用中国国际经济贸易仲裁委员会的仲裁规则仲裁

D. 如仲裁协议有效，仲裁中申请人可申请更改仲裁请求，仲裁庭不能拒绝

【考点】 仲裁协议效力的法律适用、仲裁规则的适用

【解析】 A 正确。《中国国际经济贸易仲裁委员会仲裁规则》第 6 条第 4 项规定："当事人对仲裁协议及/或仲裁案件管辖权的异议，应当在仲裁庭首次开庭前书面提出；书面审理的案件，应当在第一次实体答辩前提出。"

B 正确。《涉外民事关系法律适用法》第 18 条规定："当事人可以协议选择仲裁协议适用的法律。当事人没有选择的，适用仲裁机构所在地法律或者仲裁地法律。"

C 正确。《中国国际经济贸易仲裁委员会仲裁规则》第 4 条第 2 项规定："当事人约定将争议提交仲裁委员会仲裁的，视为同意按照本规则进行仲裁。"

D 错误。《中国国际经济贸易仲裁委员会仲裁规则》第 17 条规定："申请人可以申请对其仲裁请求进行变更，被申请人也可以申请对其反请求进行变更；但是仲裁庭认为其提出变更的时间过迟而影响仲裁程序正常进行的，可以拒绝其变更请求。"

3. 法国某公司依 1958 年联合国《承认与执行外国仲裁裁决公约》，请求中国法院承认与执行一项国际商会国际仲裁院的裁决。依据该公约及中国相关司法解释，下列哪一表述是正确的？（2013-1-38，单）[1]

A. 法院应依职权主动审查该仲裁过程中是否存在仲裁程序与仲裁协议不符的情况

B. 该公约第 5 条规定的拒绝承认与执行外国仲裁裁决的理由是穷尽性的

C. 如该裁决内含有对仲裁协议范围以外事项的决定，法院应拒绝承认执行该裁决

D. 如该裁决所解决的争议属于侵权性质，法院应拒绝承认执行该裁决

【考点】 外国仲裁裁决承认与执行的条件、仲裁范围

【解析】 承认与执行外国仲裁裁决的条件：根据《承认与执行外国仲裁裁决公约》（以下简称《公约》）第 5 条第 1 款，凡外国仲裁裁决有下列情形之一的，被请求承认与执行的国家的主管机关可依被执行人的申请，拒绝承认与执行：（1）签订仲裁协议的当事人，根据对他们适用的法律，当时是处于某种无行为能力的情况下；或者根据仲裁协议所选定的准据法，或在未选定准据法时依据仲裁地法，该仲裁协议无效；（2）被执行人未接到关于指派仲裁员或关于仲裁程序的适当通知，或者由于其他情况未能在案件中进行申辩；（3）裁决所处理的事项不是当事人交付仲裁的事项，或者不包括在仲裁协议规定之内，或者超出了仲裁协议的范围；（4）仲裁庭的组成或仲裁程序与当事人之间的协议不符，或者当事人之间没有这种协议时，与仲裁地所在国法律不符；（5）裁决尚未发生法律效力，或者裁决已经由作出仲裁的国家或根据其法律作出裁决的国家的主管机关撤销或停止执行。《公约》第 5 条关于拒绝承认和执行外国裁决的情况属于穷尽列举的方式。B 正确。

根据《公约》第 5 条第 2 款，如果被请求承认与执行地国的主管机关依职权主动查明有下列情形之一的，也可以拒绝承认与执行：（1）依照执行地国法律，争议事项不可以用仲裁方式加以解决（如我国法律规定，婚姻、收养、监护、扶养、继承纠纷以及应当由行政机关处理的行政争议）；（2）承认与执行该裁决违反承认与执行地国的公共政策。

《民事诉讼法》第 291 条规定："对中华人民共和国涉外仲裁机构作出的裁决，被申请人提出证据证明仲裁裁决有下列情形之一的，经人民法院组成合议庭审查核实，裁定不予执行：

---

[1] B

（一）当事人在合同中没有订有仲裁条款或者事后没有达成书面仲裁协议的；

（二）被申请人没有得到指定仲裁员或者进行仲裁程序的通知，或者由于其他不属于被申请人负责的原因未能陈述意见的；

（三）仲裁庭的组成或者仲裁的程序与仲裁规则不符的；

（四）裁决的事项不属于仲裁协议的范围或者仲裁机构无权仲裁的。

人民法院认定执行该裁决违背社会公共利益的，裁定不予执行。"

根据《民诉法解释》第539条，人民法院强制执行涉外仲裁机构的仲裁裁决时，被执行人以有民事诉讼法第281条第1款（现为第291条第1款）规定的情形为由提出抗辩的，人民法院应当对被执行人的抗辩进行审查，并根据审查结果裁定执行或者不予执行。

A错误。法院应当在被请求人申请下予以审查。

C错误。对于裁决所包含的仲裁协议范围以外的事项，法院可以拒绝承认与执行，但符合条件的部分不受影响。

D错误。依据我国仲裁法，该侵权案件不存在拒绝承认和执行的情况，故法院不可以拒绝承认和执行该裁决。

4. 2015年3月，甲国公民杰夫欲向中国法院申请承认并执行一项在甲国境内作出的仲裁裁决。中国与甲国均为《承认与执行外国仲裁裁决公约》成员国。关于该裁决的承认和执行，下列哪一选项是正确的？（2015 - 1 - 38，单）[1]

A. 杰夫应通过甲国法院向被执行人住所地或其财产所在地的中级人民法院申请

B. 如该裁决系临时仲裁庭作出的裁决，人民法院不应承认与执行

C. 如承认和执行申请被裁定驳回，杰夫可向人民法院起诉

D. 如杰夫仅申请承认而未同时申请执行该裁决，人民法院可以对是否执行一并作出裁定

【考点】外国仲裁裁决的承认和执行

【解析】外国仲裁裁决承认与执行的申请人仅为当事人。A错误。

《民诉法解释》第543条规定："对临时仲裁庭在中华人民共和国领域外作出的仲裁裁决，一方当事人向人民法院申请承认和执行的，人民法院应当依照民事诉讼法第二百九十条规定处理。"可见对外国仲裁裁决的承认与执行范围已经扩大到临时仲裁庭作出的仲裁裁决。B错误。

外国仲裁裁决或外国法院判决的承认和执行申请若被裁定驳回，当事人均可向人民法院起诉。C正确。

2022年《民诉法解释》第544条第2款规定："当事人仅申请承认而未同时申请执行的，人民法院仅对应否承认进行审查并作出裁定。"D错误。

5. 中国甲公司与日本乙公司的商事纠纷在日本境内通过仲裁解决。因甲公司未履行裁决，乙公司向某人民法院申请承认与执行该裁决。中日均为《纽约公约》缔约国，关于该裁决在中国的承认与执行，下列哪一选项是正确的？（2017 - 1 - 38，单）[2]

A. 该人民法院应组成合议庭审查

B. 如该裁决是由临时仲裁庭作出的，该人民法院应拒绝承认与执行

C. 如该人民法院认为该裁决不符合《纽约公约》的规定，即可直接裁定拒绝承认和执行

D. 乙公司申请执行该裁决的期间应适用日本法的规定

【考点】外国仲裁裁决的承认与执行

【解析】《民诉法解释》第546条第1款规定："承认和执行外国法院作出的发生法律效力

---

〔1〕C 〔2〕A

的判决、裁定或者外国仲裁裁决的案件，人民法院应当组成合议庭进行审查。"A 正确。

《民诉法解释》第 543 条规定："对临时仲裁庭在中华人民共和国领域外作出的仲裁裁决，一方当事人向人民法院申请承认和执行的，人民法院应当依照民事诉讼法第二百九十条规定处理。"可知法院对临时仲裁裁决应当一视同仁地依法审查而非直接拒绝承认与执行，B 错误。

对外仲裁裁决人民法院决定不予承认和执行的，应在裁定拒绝承认和执行之前，报请本辖区所属高级人民法院审查，如果高级人民法院同意拒绝承认和执行，应将其审查意见报最高人民法院，待最高人民法院答复后方可裁定拒绝承认和执行，而非直接裁定，C 错误。

司法协助的程序原则上应当依据被请求国的法律，本案被请求国是中国，所以申请承认执行该裁决的期间，应当适用中国法，D 错误。

6. 德国彩虹公司与中国杭州的晓晨公司在杭州签署了一个投资合作协议，后在中国履行协议期间发生纠纷。关于该纠纷的法律适用，以下选项正确的有哪些？（2018 - 模拟题，多）[1]

A. 双方可以选择德国的法律作为该合同的准据法

B. 双方可以在合同中约定该合同纠纷由德国法院进行管辖

C. 双方可以约定该案件在瑞士的斯德哥尔摩仲裁院进行仲裁

D. 双方可以约定该案件在巴黎的国际商会仲裁院进行仲裁

【考点】国际商事仲裁

【解析】《民法典》第 467 条第 2 款规定："在中华人民共和国境内履行的中外合资经营企业合同、中外合作经营企业合同、中外合作勘探开发自然资源合同，适用中华人民共和国法律。"该条属于单边冲突规范，德国彩虹公司与杭州的晓晨公司之间的投资合作协议的性质属于中外合资经营企业合同，同时该协议在国内履行，符合该条款的适用条件，故双方无权选择法律适用法，应以中国法律作为该合同纠纷的准据法。A 错误。

《民事诉讼法》第 279 条第 3 项规定，因在中华人民共和国履行中外合资经营企业合同、中外合作经营企业合同、中外合作勘探开发自然资源合同发生纠纷提起的诉讼，由中华人民共和国人民法院管辖。该条属于专属管辖，合同双方当事人无权通过书面协议的方式约定纠纷的管辖法院，该纠纷应当由中国法院管辖。B 错误。

《仲裁法》第 16 条规定："仲裁协议包括合同中订立的仲裁条款和以其他书面方式在纠纷发生前或者纠纷发生后达成的请求仲裁的协议。仲裁协议应当具有下列内容：（一）请求仲裁的意思表示；（二）仲裁事项；（三）选定的仲裁委员会。"协议双方当事人可以基于意思自治原则选择仲裁法院。C、D 正确。

第二节　国际民事诉讼

7. 某外国公民阮某因合同纠纷在中国法院起诉中国公民张某。关于该民事诉讼，下列哪一选项是正确的？（2012 - 1 - 38，单）[2]

A. 阮某可以委托本国律师以非律师身份担任诉讼代理人

B. 受阮某委托，某该国驻华使馆官员可以以个人名义担任诉讼代理人，并在诉讼中享有外交特权和豁免权

---

[1] CD　[2] A

C. 阮某和张某可用明示方式选择与争议有实际联系的地点的法院管辖

D. 中国法院和外国法院对该案都有管辖权的，如张某向外国法院起诉，阮某向中国法院起诉，中国法院不能受理

【考点】**外国人的诉讼代理人、意思自治原则**

【解析】A 正确。《民事诉讼法》第 274 条规定："外国人、无国籍人、外国企业和组织在人民法院起诉、应诉，需要委托律师代理诉讼的，必须委托中华人民共和国的律师。"《民诉法解释》第 526 条规定："涉外民事诉讼中的外籍当事人，可以委托本国人为诉讼代理人，也可以委托本国律师以非律师身份担任诉讼代理人……。"

B 错误。《民诉法解释》第 526 条规定："……外国驻华使领馆官员，受本国公民的委托，可以以个人名义担任诉讼代理人，但在诉讼中不享有外交或者领事特权和豁免。"

C 错误。《民事诉讼法》第 35 条规定："合同或者其他财产权益纠纷的当事人可以书面协议选择被告住所地、合同履行地、合同签订地、原告住所地、标的物所在地等与争议有实际联系的地点的人民法院管辖，但不得违反本法对级别管辖和专属管辖的规定。"《民诉法解释》第 529 条第 1 款规定："涉外合同或者其他财产权益纠纷的当事人，可以书面协议选择被告住所地、合同履行地、合同签订地、原告住所地、标的物所在地、侵权行为地等与争议有实际联系地点的外国法院管辖。"协议管辖要求当事人以书面方式而不是明示方式选择法院管辖。

D 错误。《民诉法解释》第 531 条第 1 款规定："中华人民共和国法院和外国法院都有管辖权的案件，一方当事人向外国法院起诉，而另一方当事人向中华人民共和国法院起诉的，人民法院可予受理。判决后，外国法院申请或者当事人请求人民法院承认和执行外国法院对本案作出的判决、裁定的，不予准许；但双方共同缔结或者参加的国际条约另有规定的除外。"

8. 英国人施密特因合同纠纷在中国法院涉诉。关于该民事诉讼，下列哪一选项是正确的？（2015 - 1 - 39，单）[1]

A. 施密特可以向人民法院提交英文书面材料，无需提供中文翻译件

B. 施密特可以委托任意一位英国出庭律师以公民代理的形式代理诉讼

C. 如施密特不在中国境内，英国驻华大使馆可以授权本馆官员为施密特聘请中国律师代理诉讼

D. 如经调解双方当事人达成协议，人民法院已制发调解书，但施密特要求发给判决书，应予拒绝

【考点】**外国当事人的民事诉讼地位**

【解析】A 错误。《民诉法解释》第 525 条第 1 款规定："当事人向人民法院提交的书面材料是外文的，应当同时向人民法院提交中文翻译件。"

B 错误。外国人有权委托其本国律师以非律师身份担任诉讼代理人，但仍然受到《民事诉讼法》第 61 条关于委托诉讼代理人的限制，故"任意"错误。

D 错误。《民诉法解释》第 528 条规定："涉外民事诉讼中，经调解双方达成协议，应当制发调解书。当事人要求发给判决书的，可以依照协议的内容制作判决书送达当事人。"

9. 俄罗斯公民萨沙来华与中国公民韩某签订一份设备买卖合同。后因履约纠纷韩某将萨沙诉至中国某法院。经查，萨沙在中国境内没有可供扣押的财产，亦无居所；该套设备位于中国境内。关于本案的管辖权与法律适用，依中国法律规定，下列哪一选项是正确的？（2016 - 1 - 38，单）[2]

---

[1] C　[2] B

A. 中国法院没有管辖权

B. 韩某可在该套设备所在地或合同签订地法院起诉

C. 韩某只能在其住所地法院起诉

D. 萨沙与韩某只能选择适用中国法或俄罗斯法

【考点】国际民事案件管辖权、涉外民商事合同的法律适用

【解析】《民事诉讼法》第24条规定："因合同纠纷提起的诉讼，由被告住所地或者合同履行地人民法院管辖。"

《民事诉讼法》第35条规定："合同或者其他财产权益纠纷的当事人可以书面协议选择被告住所地、合同履行地、合同签订地、原告住所地、标的物所在地等与争议有实际联系的地点的人民法院管辖，但不得违反本法对级别管辖和专属管辖的规定。"

《民事诉讼法》第276条规定："因涉外民事纠纷，对在中华人民共和国领域内没有住所的被告提起除身份关系以外的诉讼，如果合同签订地、合同履行地、诉讼标的物所在地、可供扣押财产所在地、侵权行为地、代表机构住所地位于中华人民共和国领域内的，可以由合同签订地、合同履行地、诉讼标的物所在地、可供扣押财产所在地、侵权行为地、代表机构住所地人民法院管辖。

除前款规定外，涉外民事纠纷与中华人民共和国存在其他适当联系的，可以由人民法院管辖。"

B正确，A错误。对于涉外合同纠纷的管辖，只要在我国境内能找到有联系的点，该有联系点所在地人民法院均可行使管辖。本题中，合同签订地、合同履行地、诉讼标的物所在地均在中国，中国法院有管辖权。

C错误。本题中，韩某可以与萨沙书面协议选择被告住所地，即俄罗斯法院起诉，若无事先约定，也可以直接向被告住所地法院起诉，并非只能在中国法院起诉。

D错误。《涉外民事关系法律适用法》第41条规定："当事人可以协议选择合同适用的法律。当事人没有选择的，适用履行义务最能体现该合同特征的一方当事人经常居所地法律或者其他与该合同有最密切联系的法律。"在涉外合同法律适用领域，当事人意思自治优先，其协议选择法律适用时，并不受特征性履行原则或最密切联系原则的限制。

10. A与B都是中国人，在中国上海结婚，B婚后都在美国居住，A定居上海，后A向上海某法院递交离婚申请，B抗辩说她已经在三个月前向美国的法院递交了离婚申请，美国法院已经受理离婚诉讼，认为中国法院没有管辖权，根据中国法律相关规定，以下选项正确的是？（2020－回忆版，单）[1]

A. 不管美国是否有管辖权，中国法院都有管辖权，且不受美国管辖权影响

B. 中国法院可以要求美国法院移交案件材料给中国法院

C. 中国法院应中止审理，等待美国法院判决结果

D. 中国法院没有管辖权，应拒绝受理

【考点】平行管辖

【解析】平行管辖原则，又称为选择管辖原则，是指一个国家在主张自己对某些案件有管辖权的同时，并不否认其他国家法院对这些案件行使管辖权。

11. 甲国人朴某与中国人张某在甲国诉讼离婚，朴某向张某住所地的我国某法院申请承认和执行该离婚判决。我国和甲国之间既没有双边协定也没有互惠关系。下列说法正确的是？

---

[1] A

　A. 由于没有条约或互惠关系，我国法院应该拒绝承认和执行该离婚判决

　B. 如果甲国的离婚判决是在张某缺席且未得到合法传唤情况下做出，则我国法院应当拒绝承认与执行该判决

　C. 法院受理朴某的承认与执行申请后，张某向该法院提起离婚诉讼的，该法院应当受理

　D. 如法院已经受理了朴某的申请，则朴某不得撤回该申请

【考点】　国外离婚判决的承认与执行、平行管辖

【解析】　A 错误。根据我国法律的规定，承认与执行外国法院判决必须有条约或互惠关系，但婚姻家庭判决中解除身份关系的内容除外。A 项的表述没有考虑到例外情形。

B 正确。根据我国法律的规定，缺席判决的承认与执行申请必须提供已经合法传唤的证明，除非判决、裁定中已经予以说明。本题中明确表示未经合法传唤，显然不符合规定，应当拒绝。

C 错误。根据我国法律的规定，对于我国法院依照我国法律有管辖权的案件，即使外国法院已经受理或已经做出判决，我国法院仍旧能够受理。但我国法院已经认可和执行外国法院判决的除外。C 项中，我国法院虽然尚未做出认可和执行的裁定，但是已经审了相关申请，在做出决定前也不应该受理张某的诉讼，而应该根据结果再行决定。不予认可和执行的，受理张某的诉讼；予以认可和执行的，不受理张某的诉讼。C 项中"应当受理"的说法显然不正确。

D 错误。根据我国法律的规定，当事人提出的认可或执行外国法院判决的申请后可以撤回申请，人民法院应该裁定准予撤回。

12. 中国某法院审理一起涉外民事纠纷，需要向作为被告的外国某公司进行送达。根据《关于向国外送达民事或商事司法文书和司法外文书公约》（海牙《送达公约》）、中国法律和司法解释，关于该案件的涉外送达，法院的下列哪一做法是正确的？（2013 – 1 – 39，单）〔2〕

　A. 应首先按照海牙《送达公约》规定的方式进行送达

　B. 不得对被告采用邮寄送达方式

　C. 可通过中国驻被告所在国使领馆向被告进行送达

　D. 可通过电子邮件方式向被告送达

【考点】　承认与执行外国法院判决的程序和条件（双边司法协助协定的规定中关于外国法院判决承认与执行的规定）

【解析】　A 错误。根据海牙《送达公约》规定，在所有民事或商事案件中，如有必须递送司法文书或司法外文书以便向国外送达的情形，才适用本公约。因此如果题目中外国公司在中国领域内设有代表机构的，可以直接向该代表机构送达而不必根据《送达公约》向国外送达。

B 错误。《民诉法解释》第 534 条第 1 款规定："受送达人所在国允许邮寄送达的，人民法院可以邮寄送达。"因此，中国法院向外国公司可以采取邮寄送达方式，但需要满足条件·受送达人所在国法律允许。

C 错误。《民事诉讼法》第 283 条规定："人民法院对在中华人民共和国领域内没有住所的当事人送达诉讼文书，可以采用下列方式：

（一）依照受送达人所在国与中华人民共和国缔结或者共同参加的国际条约中规定的方式送达；

（二）通过外交途径送达；

---

〔1〕　B　〔2〕　D

（三）对具有中华人民共和国国籍的受送达人，可以委托中华人民共和国驻受送达人所在国的使领馆代为送达；

（四）向受送达人委托的有权代其接受送达的诉讼代理人送达；

（五）向受送达人在中华人民共和国领域内设立的独资企业、代表机构、分支机构或者有权接受送达的业务代办人送达；

（六）受送达人为外国人、无国籍人，其在中华人民共和国领域内设立的法人或者其他组织担任法定代表人或者主要负责人，且与该法人或者其他组织为共同被告的，向该法人或者其他组织送达；

（七）受送达人为外国法人或者其他组织，其法定代表人或者主要负责人在中华人民共和国领域内的，向其法定代表人或者主要负责人送达；

（八）受送达人所在国的法律允许邮寄送达的，可以邮寄送达，自邮寄之日起满三个月，送达回证没有退回，但根据各种情况足以认定已经送达的，期间届满之日视为送达；

（九）采用能够确认受送达人收悉的电子方式送达，但是受送达人所在国法律禁止的除外；

（十）以受送达人同意的其他方式送达，但是受送达人所在国法律禁止的除外。

不能用上述方式送达的，公告送达，自发出公告之日起，经过六十日，即视为送达。"

采取此方式送达的对象是中国公民。

D 正确。《民事诉讼法》第 283 条规定："人民法院对在中华人民共和国领域内没有住所的当事人送达诉讼文书，可以采用下列方式……采用能够确认受送达人收悉的电子方式送达，但是受送达人所在国法律禁止的除外……。"

13. 中国与甲国均为《关于从国外调取民事或商事证据的公约》的缔约国，现甲国法院因审理一民商事案件，需向中国请求调取证据。根据该公约及我国相关规定，下列哪一说法是正确的？（2014 - 1 - 39，单）[1]

A. 甲国法院可将请求书交中国司法部，请求代为取证

B. 中国不能以该请求书不属于司法机关职权范围为由拒绝执行

C. 甲国驻中国领事代表可在其执行职务范围内，向中国公民取证，必要时可采取强制措施

D. 甲国当事人可直接在中国向有关证人获取证人证言

【考点】 国际私法协助、域外调取证据

【解析】 A 正确。《最高人民法院、外交部、司法部关于执行〈关于向国外送达民事或商事司法文书和司法外文书公约〉有关程序的通知》第 1 条规定："凡公约成员国驻华使、领馆转送该国法院或其他机关请求我国送达的民事或商事司法文书，应直接送交司法部，由司法部转递给最高人民法院，再由最高人民法院交有关人民法院送达给当事人。送达证明由有关人民法院交最高人民法院退司法部，再由司法部送交该国驻华使、领馆。"

B 错误。《关于从国外调取民事或商事证据的公约》第 12 条规定："只有在下列情况下，才能拒绝执行请求书：（一）在执行国，该请求书的执行不属于司法机关的职权范围；或（二）被请求国认为，请求书的执行将会损害其主权和安全。执行国不能仅因其国内法已对该项诉讼标的规定专属管辖权或不承认对该事项提起诉讼的权利为理由，拒绝执行请求。"中国可以以请求书不属于司法机关职权范围为理由拒绝执行。

---

[1] A

C 错误。《关于从国外调取民事或商事证据的公约》第 15 条第 1 款规定："在民事或商事案件中，每一缔约国的外交官员或领事代表在另一缔约国境内其执行职务的区域内，可以向他所代表的国家的国民在不采取强制措施的情况下调取证据，以协助在其代表的国家的法院中进行的诉讼。"因此，甲国驻中国领事代表只可以向甲国的国民在不采取强制措施情况下调取证据，不可以向中国公民取证，更不能采取强制措施。

D 错误。我国原则上不允许外国当事人或诉讼代理人自行取证。

14. 当事人欲将某外国法院作出的民事判决申请中国法院承认和执行。根据中国法律，下列哪一选项是错误的？（2012－1－39，单）[1]

A. 该判决应向中国有管辖权的法院申请承认和执行

B. 该判决应是外国法院作出的发生法律效力的判决

C. 承认和执行该判决的请求须由该外国法院向中国法院提出，不能由当事人向中国法院提出

D. 如该判决违反中国的公共利益，中国法院不予承认和执行

【考点】我国民事判决的承认与执行

【解析】A、B 正确。《民事诉讼法》第 298 条规定："外国法院作出的发生法律效力的判决、裁定，需要中华人民共和国人民法院承认和执行的，可以由当事人直接向有管辖权的中级人民法院申请承认和执行，也可以由外国法院依照该国与中华人民共和国缔结或者参加的国际条约的规定，或者按照互惠原则，请求人民法院承认和执行。"《民诉法解释》第 542 条规定："当事人向中华人民共和国有管辖权的中级人民法院申请承认和执行外国法院作出的发生法律效力的判决、裁定的，如果该法院所在国与中华人民共和国没有缔结或者共同参加国际条约，也没有互惠关系的，裁定驳回申请，但当事人向人民法院申请承认外国法院作出的发生法律效力的离婚判决的除外。承认和执行申请被裁定驳回的，当事人可以向人民法院起诉。"

C 错误。外国法院的判决、裁定申请中国法院承认和执行的，可以由当事人申请，也可以由外国法院请求执行。

D 正确。《民事诉讼法》第 299 条规定："人民法院对申请或者请求承认和执行的外国法院作出的发生法律效力的判决、裁定，依照中华人民共和国缔结或者参加的国际条约，或者按照互惠原则进行审查后，认为不违反中华人民共和国法律的基本原则且不损害国家主权、安全、社会公共利益的，裁定承认其效力，需要执行的，发出执行令，依照本法的有关规定执行。"

15. 蒙古公民高娃因民事纠纷在蒙古某法院涉诉。因高娃在北京居住，该蒙古法院欲通过蒙古驻华使馆将传票送达高娃，并向其调查取证。依中国法律规定，下列哪一选项是正确的？（2016－1－39，单）[2]

A. 蒙古驻华使馆可向高娃送达传票

B. 蒙古驻华使馆不得向高娃调查取证

C. 只有经中国外交部同意后，蒙古驻华使馆才能向高娃送达传票

D. 蒙古驻华使馆可向高娃调查取证并在必要时采取强制措施

【考点】国际司法协助、域外送达、域外取证

【解析】《民事诉讼法》第 294 条规定："请求和提供司法协助，应当依照中华人民共和国缔结或者参加的国际条约所规定的途径进行；没有条约关系的，通过外交途径进行。

外国驻中华人民共和国的使领馆可以向该国公民送达文书和调查取证，但不得违反中华人

---

[1] C [2] A

民共和国的法律，并不得采取强制措施。

除前款规定的情况外，未经中华人民共和国主管机关准许，任何外国机关或者个人不得在中华人民共和国领域内送达文书、调查取证。"

A 正确，C 错误。只要不违反中国法律，外国驻中国使领馆可以向该国公民送达文书，不必经中国外交部同意。

B、D 错误。只要不违反中国法律，蒙古驻华使领馆可以向该国公民调查取证，但不得采取强制措施。

16. 希腊甲公司授权中国乙公司在亚洲地区独占使用甲公司的某项发明专利，许可期限 10 年，标的额 3.68 亿元，双方协议选择我国最高人民法院国际商事法庭对该案进行管辖。后因甲公司在协议有效期内又给予荷兰丙公司以同样的独占许可，中国乙公司根据协议向希腊甲公司提起诉讼。根据我国法律，下列说法正确的是？(2019 - 回忆版，单)[1]

A. 当事人对国际商事法庭做出的判决可以向最高人民法院本部申请再审

B. 有丰富经验的希腊法学家可以被国际商事法庭遴选为法官参与本案的审理

C. 如双方无异议，甲公司提交的证据材料必须提供中文译本

D. 在希腊获得的证据经过公证和认证后可以在法庭直接被采用

【考点】《最高人民法院关于设立国际商事法庭若干问题的规定》

【解析】 对法庭作出的已经生效的判决、裁定和调解书，可向最高人民法院本部申请再审。当事人提交的证据材料系英文且经对方当事人同意的，可以不提交中文翻译件。域外形成材料无论是否公证、认证，均需质证。

17. 最高人民法院国际商事法庭审理某国际商事案件，根据我国相关法律，下列说法正确的是？(2019 - 回忆版，多)[2]

A. 该法庭做出的调解书经双方签收后，具有与判决同样的法律效力

B. 外方当事人可以委托其本国律师代理诉讼

C. 外方当事人可以委托其使领馆官员以个人身份代理诉讼

D. 如对法庭做出的判决不服，可向最高人民法院本部提起上诉

【考点】《最高人民法院关于设立国际商事法庭若干问题的规定》

【解析】 A 正确。根据上述司法解释，当事人可以选择调解程序，法庭作出的调解书经过签收后与判决具有同样的法律效力。

B 错误。根据我国法律的规定，外方当事人可以委托其本国人或本国律师以"非律师"身份代理诉讼，但不是公民代理。B 项中没有标明"非律师"身份，错误。

C 正确。根据我国法律的规定，外方当事人可以委托本国使领馆官员以个人身份代理诉讼。作为诉讼代理人时，不享有特权与豁免。

D 错误。根据上述司法解释的规定，对国际商事法庭作出的判决，可以向最高人民法院本部申请再审，但不得上诉。

18. 中国甲公司和美国乙公司签订买卖合同，合同标的为 1 亿美元且双方约定因合同发生的纠纷提交中国最高人民法院进行管辖。根据我国法律的规定，下列说法正确的是：(2019 - 回忆版，单)[3]

A. 因违反我国关于级别管辖的规定，所以该法院选择协议无效

B. 如国际商事法庭受理此案，法庭可以直接委托国际商事专家委员会进行调解

C. 如国际商事法庭受理此案并作出判决，则被诉方不能上诉

D. 如国际商事法庭受理此案且经双方当事人同意，则可用英文进行案件的审理

【考点】《最高人民法院关于设立国际商事法庭若干问题的规定》

【解析】 A 错误，根据上述司法解释的规定，当事人可以选择我国最高人民法院进行管辖。

B 错误，当事人可以选择调解方式解决纠纷，委托法庭或者国际商事专家委员会调解。而不是法庭"直接"委托调解。

D 错误，应当用中国的语言文字。

19. 中国国际商事法庭受理了中国甲公司和新西兰乙公司的国际货物买卖合同纠纷，审理过程中乙公司咨询能否通过视听传输技术等信息网络方式质证，根据最高人民法院《关于设立国际商事法庭若干问题的规定》，下列哪项判断是正确的？（2020 - 回忆版，单）〔1〕

A. 审限应为 6 个月

B. 本案判决可直接向国际商事法庭申请执行

C. 如双方当事人无异议，本案可以英文制作判决书

D. 本案必须现场质证，不可以网络方式质证

【考点】《最高人民法院关于设立国际商事法庭若干问题的规定》

【解析】 涉外案件审限不受《民事诉讼法》审理时限限制。A 错误。

《最高人民法院关于设立国际商事法庭若干问题的规定》第 17 条规定："国际商事法庭作出的发生法律效力的判决、裁定和调解书，当事人可以向国际商事法庭申请执行。"B 正确。

第 9 条第 2 款规定："当事人提交的证据材料系英文且经对方当事人同意的，可以不提交中文翻译件。"C 错误。

第 10 条规定："国际商事法庭调查收集证据以及组织质证，可以采用视听传输技术及其他信息网络方式。"D 错误。

20. 德国英海公司与韩国致远公司协议将合同纠纷提交中国国际商事法庭管辖。依中国法律规定及司法解释，下列哪一选项是正确的？（2020 - 回忆版，单）〔2〕

A. 如该法庭对本案作出判决，为避免影响判决书效力，法官的少数意见不应当在判决书中载明

B. 因该法庭是最高人民法院常设审判机构，英海公司与致远公司无权选择其作为一审法院

C. 如该法庭受理本案，应先委托国际商事专家委员会调解

D. 如合同争议与中国无实际联系，该法庭无管辖权

【考点】《最高人民法院关于设立国际商事法庭若干问题的规定》

【解析】 A 错误。《最高人民法院关于设立国际商事法庭若干问题的规定》第 5 条第 2 款规定："合议庭评议案件，实行少数服从多数的原则。少数意见可以在裁判文书中载明。"

B 错误。在满足管辖权条件下可以选择。

C 错误。上述规定第 12 条规定："……经当事人同意，可以委托国际商事专家委员会成员或者国际商事调解机构调解。"

D 正确。

21. 中国甲公司和英国乙公司签订在渤海湾共同勘探开发石油资源的合同，后因合同履行发生纠纷，下列哪一选项是正确的：（2021 - 回忆版，单）〔3〕

A. 因合同在海上履行，该纠纷适用《联合国海洋法公约》

---

〔1〕 B 〔2〕 D 〔3〕 B

B. 该纠纷只能适用我国法律

C. 两公司可约定将该纠纷提交新加坡国际仲裁中心仲裁解决

D. 两公司可约定该纠纷选择英国法院诉讼解决

【解析】民事诉讼法规定，因在中华人民共和国履行中外合资经营企业合同、中外合作经营企业合同、中外合作勘探开发自然资源合同发生纠纷提起的诉讼，由中华人民共和国人民法院管辖。该合同根据民法典规定，只能适用中国法。

22. 中国籍男子 1 在国内与中国籍女子 2 结婚后去德国工作，在德国又与德国籍女子 3 结婚，婚后取得德国国籍。后该男子在德国因交通事故死亡，3 将获赔的交通肇事赔偿款存入了中国某银行，2 得知后，认为自己是遗产继承人并提起诉讼。根据中国法律规定和司法实践，下列哪一说法是正确的?[1]

A. 法院应适用中国法确定继承关系以及 1 和 3 的婚姻关系

B. 1 与 3 存在法律规避，法院不应受理

C. 中国法院可以受理本案

D. 该案件只能在德国受理

【考点】国际民事案件管辖权

【解析】根据最高人民法院《关于适用《中华人民共和国涉外民事关系法律适用法》若干问题的解释（一）》第 11 条规定，案件涉及两个或者两个以上的涉外民事关系时，人民法院应当分别确定应当适用的法律。A 选项表述为法院应适用中国法确定继承关系以及 1 和 3 的婚姻关系，没有法律依据。A 选项错误。法律规避不是法院不受理的理由，是否受理应根据管辖权规则。B 选项错误。3 将获赔的交通肇事赔偿款存入了中国某银行，作为可供扣押财产地具有管辖权，中国法院可以受理。C 选项正确。根据中国特别地域管辖的规定，中国法院具有管辖权。D 选项错误。

---

[1] C

第四章 区际法律问题

第一节 区际法律冲突与区际冲突法

1. 中国某法院受理一涉外民事案件后，依案情确定应当适用甲国法。但在查找甲国法时发现甲国不同州实施不同的法律。关于本案，法院应当采取下列哪一做法？（2011 - 1 - 39，单）[1]

A. 根据意思自治原则，由当事人协议决定适用甲国哪个州的法律

B. 直接适用甲国与该涉外民事关系有最密切联系的州法律

C. 首先适用甲国区际冲突法确定准据法，如甲国没有区际冲突法，适用中国法律

D. 首先适用甲国区际冲突法确定准据法，如甲国没有区际冲突法，适用与案件有最密切联系的州法律

【考点】区际冲突法

【解析】《涉外民事关系法律适用法》第6条规定："涉外民事关系适用外国法律，该国不同区域实施不同法律的，适用与该涉外民事关系有最密切联系区域的法律。"B正确。

第二节 区际司法协助

2. 香港地区甲公司与内地乙公司发生投资纠纷，乙公司诉诸某中级人民法院。陈某是甲公司法定代表人，张某是甲公司的诉讼代理人。关于该案的文书送达及法律适用，下列哪些选项是正确的？（2011 - 1 - 79，多）[2]

A. 如陈某在内地，受案法院必须通过上一级人民法院向其送达

B. 如甲公司在授权委托书中明确表明张某无权代为接收有关司法文书，则不能向其送达

C. 如甲公司在内地设有代表机构的，受案人民法院可直接向该代表机构送达

D. 同时采用公告送达和其他多种方式送达的，应当根据最先实现送达的方式确定送达日期

【考点】中国内地与港澳台之间的送达

【解析】《最高人民法院关于涉港澳民商事案件司法文书送达问题若干规定》第3条规定："作为受送达人的自然人或者企业、其他组织的法定代表人、主要负责人在内地的，人民法院

---

[1] B 〔2〕 BC

可以直接向该自然人或者法定代表人、主要负责人送达。"陈某如在内地，中级人民法院可以直接向其送达，不需要再经过上一级人民法院。A错误。

上述规定第4条规定："除受送达人在授权委托书中明确表明其诉讼代理人无权代为接收有关司法文书外，其委托的诉讼代理人为有权代其接受送达的诉讼代理人，人民法院可以向该诉讼代理人送达。"因甲公司在授权委托书中明确了不能由张某代收司法文书，故中级人民法院不能向张某送达。B正确。

上述规定第5条规定："受送达人在内地设立有代表机构的，人民法院可以直接向该代表机构送达。受送达人在内地设立有分支机构或者业务代办人并授权其接受送达的，人民法院可以直接向该分支机构或者业务代办人送达。"C正确。注意题干表述的是代表机构，而不是分支机构或业务代办人。

上述规定第10条规定："除公告送达方式外，人民法院可以同时采取多种法定方式向受送达人送达。采取多种方式送达的，应当根据最先实现送达的方式确定送达日期。"D错误。该条第2款排除了公告送达方式，也就是说公告送达与其他法定方式的送达不能同时运用，采用了公告送达就排除了其他送达方式。

【注意】《最高人民法院关于涉港澳民商事案件司法文书送达问题若干规定》（简称《若干规定》）对于《最高人民法院关于内地与香港特别行政区法院相互委托送达民商事司法文书的安排》（简称《安排》）相关内容作了补充规定，《安排》规定双方委托送达司法文书，均必须通过内地各高级人民法院和香港特别行政区高等法院进行，中级人民法院不能直接送达，而《若干规定》则对于受送达人是港澳地区的公民、法人或其他组织的，如其法定代表人、主要负责人在内地、在内地设立有代表机构、分支机构或者业务代办人的，可以直接向这些主体送达，除此之外的情形继续适用《安排》规定。

3. 内地某中级人民法院审理一起涉及澳门特别行政区企业的商事案件，需委托澳门特别行政区法院进行司法协助。关于该司法协助事项，下列哪些表述是正确的？（2013-1-79，多）[1]

A. 该案件司法文书送达的委托，应通过该中级人民法院所属高级法院转交澳门特别行政区终审法院

B. 澳门特别行政区终审法院有权要求该中级人民法院就其中文委托书提供葡萄牙语译本

C. 该中级人民法院可以请求澳门特别行政区法院协助调取与该案件有关的证据

D. 在受委托方法院执行委托调取证据时，该中级人民法院司法人员经过受委托方允许可以出席并直接向证人提问

【考点】 涉澳区际司法协助

【解析】《最高人民法院关于内地与澳门特别行政区法院就民商事案件相互委托送达司法文书和调取证据的安排》第2条第1款规定："双方相互委托送达司法文书和调取证据，通过各高级人民法院和澳门特别行政区终审法院进行。最高人民法院与澳门特别行政区终审法院可以直接相互委托送达和调取证据。"内地与澳门司法文书送达与调取证据的机关：内地为各高院、最高院；澳门是终审法院。A正确，C正确。

第5条规定："委托书应当以中文文本提出。所附司法文书及其他相关文件没有中文文本的，应当提供中文译本。"B错误。中文属于官方语言，澳门终审法院不能要求提供葡萄牙译本。

[1] ACD

第 20 条规定："受委托方法院在执行委托调取证据时，根据委托方法院的请求，可以允许委托方法院派司法人员出席。必要时，经受委托方允许，委托方法院的司法人员可以向证人、鉴定人等发问。"D 正确。

4. 澳门甲公司与内地乙公司的合同争议由内地一仲裁机构审理，甲公司最终胜诉。乙公司在广东、上海和澳门均有财产。基于这些事实，下列哪些选项是正确的？（2010 - 1 - 82，多）[1]

A. 甲公司可分别向广东和上海有管辖权的法院申请执行

B. 只有国务院港澳办提供的名单内的仲裁机构作出的裁决才能被澳门法院认可与执行

C. 甲公司分别向内地和澳门法院申请执行的，内地法院应先行执行清偿

D. 两地法院执行财产总额不得超过依裁决和法律规定所确定的数额

【考点】内地与港澳台之间仲裁裁决的承认与执行

【解析】《关于内地与澳门特别行政区相互认可和执行仲裁裁决的安排》（以下简称"《安排》"）第 2 条第 1 款、第 2 款规定："在内地或者澳门特别行政区作出的仲裁裁决，一方当事人不履行的，另一方当事人可以向被申请人住所地、经常居住地或者财产所在地的有关法院申请认可和执行。

内地有权受理认可和执行仲裁裁决申请的法院为中级人民法院。两个或者两个以上中级人民法院均有管辖权的，当事人应当选择向其中一个中级人民法院提出申请。"如果内地两个或两个以上法院都有管辖权的，申请人只能向内地其中一个法院申请执行。A 错误。

上述《安排》第 1 条规定："内地人民法院认可和执行澳门特别行政区仲裁机构及仲裁员按照澳门特别行政区仲裁法规在澳门作出的民商事仲裁裁决，澳门特别行政区法院认可和执行内地仲裁机构依据《中华人民共和国仲裁法》在内地作出的民商事仲裁裁决，适用本安排。

本安排没有规定的，适用认可和执行地的程序法律规定。"B 错误。

上述《安排》第 3 条规定："被申请人的住所地、经常居住地或者财产所在地分别在内地和澳门特别行政区的，申请人可以向一地法院提出认可和执行申请，也可以分别向两地法院提出申请。

当事人分别向两地法院提出申请的，两地法院都应当依法进行审查。予以认可的，采取查封、扣押或者冻结被执行人财产等执行措施。仲裁地法院应当先进行执行清偿；另一地法院在收到仲裁地法院关于经执行债权未获清偿情况的证明后，可以对申请人未获清偿的部分进行执行清偿。两地法院执行财产的总额，不得超过依据裁决和法律规定所确定的数额。"C、D 正确。

5. 秦某与洪某在台北因合同纠纷涉诉，被告洪某败诉。现秦某向洪某财产所在地的大陆某中级人民法院申请认可该台湾地区的民事判决。关于该判决的认可，下列哪些选项是正确的？（2015 - 1 - 79，多）[2]

A. 人民法院受理秦某申请后，应当在 6 个月内审结

B. 受理秦某的认可申请后，作出裁定前，秦某要求撤回申请的，人民法院应当允许

C. 如人民法院裁定不予认可该判决，秦某可以在裁定作出 1 年后再次提出申请

D. 人民法院受理申请后，如对该判决是否生效不能确定，应告知秦某提交作出判决的法院出具的证明文件

【考点】台湾判决的承认和执行

---

[1] CD [2] ABD

【解析】A 正确。《最高人民法院关于认可和执行台湾地区法院民事判决的规定》第 14 条第 1 款规定："人民法院受理认可台湾地区法律民事判决的申请后，应当在立案之日起六个月内审结。有特殊情况需要延长的，报请上一级人民法院批准。"

B 正确。当事人请求撤回申请的，可以裁定允许。

C 错误。上述规定第 19 条规定："对人民法院裁定不予认可的台湾地区法院民事判决，申请人再次提出申请的，人民法院不予受理，但是申请人可以就同一争议向人民法院起诉。"

D 正确。上述规定第 16 条第 1 款规定："人民法院经审查能够确认台湾地区法院民事判决真实并且已经生效，而且不具有本规定第十五条所列情形的，裁定认可其效力；不能确认该民事判决的真实性或者已经生效的，裁定驳回申请人的申请。"可见人民法院受理申请后，如对判决是否生效不能确定，有权要求申请人提交作出判决的法院出具的证明文件。

第一章　国际货物买卖

第一节　《国际贸易术语解释通则》

1. 甲国 A 公司（卖方）与中国 B 公司采用 FOB 价格条件订立了一份货物买卖合同，约定货物保质期为交货后一年。B 公司投保了平安险。货物在海运途中因天气恶劣部分损毁，另一部分完好交货，但在交货后半年左右出现质量问题。根据《联合国国际货物销售合同公约》和有关贸易惯例，下列哪一选项是正确的？（2010 - 1 - 42，单）〔1〕

A. A 公司在陆地上将货物交给第一承运人时完成交货

B. 货物风险在装运港越过船舷时转移

C. 对交货后半年出现的货物质量问题，因风险已转移，A 公司不承担责任

D. 对海运途中损毁的部分货物，应由保险公司负责赔偿

【考点】FOB 下风险转移时间、违约与风险转移的关系、平安险的范围

【解析】A 错误。FOB 术语下，交货地点为装运港船上。

C 错误。货物风险，是指货物因自然灾害、意外事故或人为原因所致的损坏或灭失的危险，并不包括由于卖方违反合同所致的损失。

D 错误。平安险，又称"单独海损不赔"，责任范围包括：

（1）因自然灾害造成的整批货物的全部损失或推定全损；

（2）因运输工具遭遇意外事故造成货物全部或部分损失；

（3）因运输工具发生意外事故后，货物又遭遇自然灾害所造成的部分损失；

（4）装卸或转运过程中货物落海造成的全部或部分损失；

（5）被保险人采取救济措施所支付的合理费用，但不能超过保险金额；

（6）避难港装卸货、存仓、运送货物产生的特别费用；

（7）共同海损的牺牲、分摊和救助费用；

（8）"船舶互撞责任条款"规定的应由货方偿还船方的损失。

本题中货物的损失属于自然灾害造成的部分损失，不属于平安险承保范围。

---

〔1〕　B

2. 某国甲公司向中国乙公司出售一批设备，约定贸易术语为"FOB（Incoterms 2010）"，后设备运至中国。依《国际贸易术语解释通则》和《联合国国际货物销售合同公约》，下列哪一选项是正确的？（2013 - 1 - 40，单）[1]

A. 甲公司负责签订货物运输合同并支付运费

B. 甲、乙公司的风险承担以货物在装运港越过船舷为界

C. 如该批设备因未按照同类货物通用方式包装造成损失，应由甲公司承担责任

D. 如该批设备侵犯了第三方在中国的专利权，甲公司对乙公司不承担责任

【考点】FOB（Incoterms 2010）、《联合国国际货物销售合同公约》卖方义务

【解析】A错误。FOB（Incoterms 2010）下，卖方没有签订运输合同的义务。

B错误。FOB（Incoterms 2010）下，风险自货物交到船上时转移给买方，2010年贸易术语风险转移不再设定"船舷"界限，只强调卖方承担货物装上船为止的一切风险。

C正确。依据《联合国国际货物销售合同公约》规定，货物应当按照同类货物通用的方式装箱或包装，如果没有此种通用方式，则按照足以保全和保护货物的方式装箱或包装。因卖方包装不符而造成的货损应由卖方承担责任。

D错误。卖方所交付的货物，必须是第三方不能依工业产权或其他知识产权主张任何权利或要求的货物；并且如果第三方的权利是依买方营业所所在地国的法律取得的，不管卖方是否知晓，卖方都应承担责任。

3. 法国甲公司和我国乙公司签订合同出口一批红酒，双方选择FOB（2010）规范双方的权利和义务。从甲公司的酒庄到港口有一段需要公路运输。双方后因合同争议诉至我国法院。法国和我国均为《联合国国际货物销售合同公约》缔约国。下列说法正确的是：（2019 - 回忆版，单）[2]

A. 中国乙公司应承担包括陆路运输在内的一切运输

B. 法国甲公司将货物交给陆路运输的第一承运人即完成了交货

C. 法国甲公司在装运港将货物装上指定的船舶即完成了交货

D. 我国乙公司应该负责酒庄到目的港的运输

【考点】FOB（Incoterms 2010）

【解析】首先必须明确，法国甲公司为卖方，中国乙公司为买方。

A错误。在2010版术语下，FOB术语仅仅适用于水上运输。

B错误。本题考察的是交货。FOB在货物装上船时完成交货即转移风险。综合而言，FOB术语应该在装运地货物装上船时完成交货。

D错误。如A项解析所述，虽然买方有义务负责运输，但其只负责海上运输这一段，路上运输在没有特别约定的情况下应该由卖方即甲公司负责。

4. 法国甲公司与中国乙公司签订合同进口一批货物，合同选用了《2020年国际贸易术语解释通则》的CIP术语，下列哪些判断是正确的？（2020 - 回忆版，多）[3]

A. CIP约定适用2020通则，但是当事人约定投平安险为有效

B. 货物风险装运港装运上船时转移

C. 如果双方合同约定保平安险，则甲公司（卖方）只需要保平安险

D. 即使双方合同约定保平安险，甲公司（卖方）也应投保一切险

【考点】《2020年通则》

---

[1] C [2] C [3] AC

【解析】依《2020年通则》CIP术语，卖方取得的保险应符合《协会货物保险条款》（A）条款的保险险别，A条款即类似于中国人民保险公司海洋货物运输保险中的"一切险"。当然，双方当事人仍可以自由商定较低的保险险别。A、C正确，D错误。CIP，意为"运费和保险费付至（指定目的地）"，指卖方通过以下方式向买方完成交货及风险转移：将货物交付给承运人，该承运人已与卖方签约，或者取得已经如此交付的货物。卖方为此可依所采用的运输工具之合适方式和地点让承运人实际占有货物。B错误。

5. 中国A公司从甲国埃拉公司以DPU术语进口一批货物，信用证方式付款，根据国际经济法的相关规则和实践，下列哪些判断是正确的？（2020－回忆版，多）[1]

A. 埃拉公司有义务为中国A公司投保货物运输险

B. 埃拉公司应在"运输终端"完成交货

C. 埃拉公司应承担运输中的风险

D. 中国A公司如发现货物与合同约定不符，应在合理时间通知埃拉公司

【考点】《2020年通则》

【解析】双方之间均无订立保险合同的义务，由于DPU是在买方所在国家交货，卖方需要将货物运输过去，运输途中的风险都由卖方承担，因此，虽然卖方对买方没有保险的义务，但其为了成功交货，应当办理保险。买方应对方要求，应向卖方提供取得保险所需信息。A错误，C正确。卖方必须在约定日期或期限内，在指定目的地的约定地点（如有），以将货物从抵达的运输工具上卸下并交由买方处置，或以取得已经如此交付的货物的方式交货。B错误。根据《联合国国际货物销售合同公约》D正确。

第二节 《联合国国际货物销售合同公约》

一、公约的适用范围

6. 中国甲公司与法国乙公司签订了向中国进口服装的合同，价格条件CIF。货到目的港时，甲公司发现有两箱货物因包装不当途中受损，因此拒收，该货物在目的港码头又被雨淋受损。依1980年《联合国国际货物销售合同公约》及相关规则，下列哪一选项是正确的？（2015－1－40，单）[2]

A. 因本合同已选择了CIF贸易术语，则不再适用《公约》

B. 在CIF条件下应由法国乙公司办理投保，故乙公司也应承担运输途中的风险

C. 因甲公司拒收货物，乙公司应承担货物在目的港码头雨淋造成的损失

D. 乙公司应承担因包装不当造成的货物损失

【考点】CIF术语

【解析】A错误。合同中对贸易术语的选择只能部分排除公约。

B错误。CIF术语中卖方负责签订运输合同和保险合同，但是CIF术语下货物风险是在装运港货物装上船时转移给买方，因此运输途中的风险不应由卖方承担。

C错误。《联合国国际货物销售合同公约》规定了买方接收货物的义务，本案货物在目的港码头遭受雨淋造成的损失是因为买方未履行接收义务导致损失的扩大，故该损失应由买方（本案的甲公司）承担。

---

[1] CD [2] D

D 正确。如果货物损失是因为卖方包装不当所致，卖方违反了质量担保义务，应承担由此造成的货物损失。

7. 营业地位于不同国家的甲乙两公司签订了货物买卖合同，约定使用 FCA 术语为交货条件。关于该术语以下选项正确的有哪些？（2018 - 回忆版，多）[1]

A. 该术语可以适用于任何的运输方式，包括多式联运
B. 该术语只能适用于海运运输合同
C. 该术语要求卖方将货物交给第一承运人时完成交货义务
D. 承运人自收到货物时，货物的风险由卖方转移给买方

【考点】 FCA 术语

【解析】 FCA 术语适用于任何一种或一种以上的运输方式。A 正确，B 错误。卖方将货物交给第一承运人时完成交货义务。C 正确。货物风险自卖方将货物交给第一承运人时转移。D 正确。

8. 中国甲公司与法国乙公司商谈进口特种钢材，乙公司提供了买卖该种钢材的格式合同，两国均为 1980 年公约缔约国。根据相关规则，下列哪一选项是正确的？ （2014 - 1 - 40，单）[2]

A. 因两国均为公约缔约国，双方不能在合同中再选择适用其他法律
B. 格式合同为该领域的习惯法，对双方具有约束力
C. 双方可对格式合同的内容进行修改和补充
D. 如双方在合同中选择了贸易术语，则不再适用公约

【考点】《联合国国际货物销售合同公约》适用的任意性

【解析】 A 错误。《联合国国际货物销售合同公约》第 6 条规定："双方当事人可以不适用本公约，或在第十二条的条件下，减损本公约的任何规定或改变其效力。"公约适用具有任意性，当事人可以通过选择其他国家的法律而排除公约的适用，也可以对公约规定的内容进行修改。

B 错误，C 正确。格式合同并没有法律效力，经当事人同意可以修改和补充。

D 错误。当事人选择贸易术语并不意味着排除适用《联合国国际货物销售合同公约》。

二、国际货物买卖合同双方的义务

9. A 公司和 B 公司于 2011 年 5 月 20 日签订合同，由 A 公司将一批平板电脑售卖给 B 公司。A 公司和 B 公司营业地分别位于甲国和乙国，两国均为《联合国国际货物销售合同公约》缔约国。合同项下的货物由丙国 C 公司的"潇湘"号商船托运，装运港是甲国某港口，目的港是乙国某港口，在运输途中，B 公司与中国 D 公司就货物转卖达成协议。请回答下题。如货物运抵乙国后，乙国的 E 公司指控该批平板电脑侵犯其在乙国取得的专利权，致使货物遭乙国海关扣押，B 公司向 A 公司索赔。在下列选项中，A 公司无须承担责任的情形是（2011 - 1 - 100，不定项）[3]

A. A 公司在订立合同时不知道这批货物可能依乙国法属侵权
B. B 公司在订立合同时知道这批货物存在第三者权利
C. A 公司是遵照 B 公司提供的技术图样和款式进行生产的
D. B 公司在订立合同后知道这批货物侵权但未在合理时间内及时通知 A 公司

【考点】 卖方对知识产权担保义务的限制

---

[1] ACD 〔2〕 C 〔3〕 BCD

【解析】A错误。卖方所交付的货物，必须是第三者不得依工业产权或者其他知识产权主张任何权利或要求的货物；特别是第三者的权利是依买方营业所所在地国的法律取得的，不管卖方是否知晓，都应承担责任。

B正确。买方在订立合同时知道、已经知道或不可能不知道此项权利或要求的，卖方免责。

C正确。此项权利或要求的发生，是由于卖方要遵照买方所提供的技术图样、图案、款式或其他规格，卖方免责。

D正确。买方怠于通知，则买方丧失索赔权利。

10. 甲公司从国外进口一批货物，根据《联合国国际货物销售合同公约》，关于货物检验和交货不符合同约定的问题，下列说法正确的是：（2013－1－99，不定项）[1]

A. 甲公司有权依自己习惯的时间安排货物的检验

B. 如甲公司须再发运货物，没有合理机会在货到后加以检验，而卖方在订立合同时已知道再发运的安排，则检验可推迟到货物到达新目的地后进行

C. 甲公司在任何时间发现货物不符合同均可要求卖方赔偿

D. 货物不符合同情形在风险转移时已经存在，在风险转移后才显现的，卖方应当承担责任

【考点】《联合国国际货物销售合同公约》

【解析】A错误，B正确。《联合国国际货物销售合同公约》第38条规定："（1）买方必须在按情况实际可行的最短时间内检验货物或由他人检验货物。（2）如果合同涉及货物的运输，检验可推迟到货物到达目的地后进行。（3）如果货物在运输途中改运或买方须再发运货物，没有合理机会加以检验，而卖方在订立合同时已知道或理应知道这种改运或再发运的可能性，检验可推迟到货物到达新目的地后进行。"

C错误。《联合国国际货物销售合同公约》第39条规定："（1）买方对货物不符合同，必须在发现或理应发现不符情形后一段合理时间内通知卖方，说明不符合同情形的性质，否则就丧失声称货物不符合同的权利。（2）无论如何，如果买方不在实际收到货物之日起两年内将货物不符合同情形通知卖方，他就丧失声称货物不符合同的权利，除非这一时限与合同规定的保证期限不符。"

D正确。《联合国国际货物销售合同公约》第36条规定："（1）卖方应按照合同和本公约的规定，对风险移转到买方时所存在的任何不符合同情形，负有责任，即使这种不符合同情形在该时间后方始明显。（2）卖方对在上一款所述时间后发生的任何不符合同情形，也应负有责任，如果这种不符合同情形是由于卖方违反他的某项义务所致，包括违反关于在一段时间内货物将继续适用于其通常使用的目的或某种特定目的，或将保持某种特定质量或性质的任何保证。"

11. 甲公司的营业所在甲国，乙公司的营业所在中国，甲国和中国均为《联合国国际货物销售合同公约》的当事国。甲公司将一批货物卖给乙公司，该批货物通过海运运输。货物运输途中，乙公司将货物转卖给了中国丙公司。根据该公约，下列哪些选项是正确的？（2012－1－80，多）[2]

A. 甲公司出售的货物，必须是第三方依中国知识产权不能主张任何权利的货物

B. 甲公司出售的货物，必须是第三方依中国或者甲国知识产权均不能主张任何权利的

---

[1] BD [2] AC

货物

    C. 乙公司转售的货物，自双方合同成立时风险转移

    D. 乙公司转售的货物，自乙公司向丙公司交付时风险转移

【考点】 卖方知识产权担保义务、在途货物风险转移时间

【解析】 A 正确，B 错误。甲公司出售的货物，转卖给中国的丙公司，该货物是否侵犯第三人的知识产权必须要依照中国的知识产权法规定，并不要求符合卖方国家的知识产权法规定。根据《联合国国际货物销售合同公约》，卖方所交付的货物，必须是第三方不能依工业产权或其他知识产权主张任何权利或要求的货物。但同时对卖方知识产权担保义务又作了限制性规定，即卖方无须对其出售的货物担保不得侵犯全世界任何一个知识产权人的权利，主要包括：（1）地域限制：第一，货物使用地或转售地国家的法律，即第三人的请求必须是依货物使用地或转售地国家法律提出的，如果双方在订立合同时，没有规定货物的最终使用地或转卖地，则卖方对买方不承担向不知名的转卖地转卖的知识产权的担保义务；第二，依买方营业地所在国法律，即第三人的请求必须是依买方营业地所在国的法律提出的，换言之，如果双方没有确定货物的最终使用地或者转卖地，则卖方只对那些依买方营业地所在国的法律提出的请求向买方负责。（2）主观限制：卖方在下列两种情形下，免除其知识产权担保义务。第一，双方在订立合同时已知或不可能不知道此项权利或要求；第二，此项权利或要求的发生，是由于卖方遵照买方所提供的技术图样、图案、款式或其他规格的结果。

    C 正确，D 错误。根据《联合国国际货物销售合同公约》，在途运输货物销售，风险自买卖合同成立时转移。

    12. 中国伟业公司与甲国利德公司签订了采取铁路运输方式由中国出口一批货物的合同。后甲国法律发生变化，利德公司在收货后又自行将该批货物转卖到乙国，现乙国一公司声称该批货物侵犯了其知识产权。中国和甲国均为《国际货物销售合同公约》和《国际铁路货物联运协定》缔约国。依相关规则，下列哪一选项是正确的？（2017－1－40，单）[1]

    A. 伟业公司不承担该批货物在乙国的知识产权担保义务

    B. 该批货物的风险应于订立合同时由伟业公司转移给利德公司

    C. 铁路运输承运人的责任期间是从货物装上火车时起至卸下时止

    D. 不同铁路运输区段的承运人应分别对在该区段发生的货损承担责任

【考点】 卖方知识产权担保义务、国际货物买卖的风险转移、国际铁路货物运输承运人的责任

【解析】《联合国国际货物销售合同公约》第 42 条第 1 款规定："（1）卖方所交付的货物，必须是第三方不能根据工业产权或其他知识产权主张任何权利或要求的货物，但以卖方在订立合同时已知道或不可能不知道的权利或要求为限，而且这种权利或要求根据以下国家的法律规定是以工业产权或其他知识产权为基础的：（a）如果双方当事人在订立合同时预期货物将在某一国境内转售或做其他使用，则根据货物将在其境内转售或做其他使用的国家的法律；或者（b）在任何其他情况下，根据买方营业地所在国家的法律。"利德公司是自行将该批货物转卖到乙国，不在伟业公司预期之内，故伟业公司不承担该批货物在乙国的知识产权担保义务。A 正确。

    货物风险原则上自"交货时"转移。B 错误。

    根据《国际铁路货物联运协定》，承运人责任期间为签发运单时起至终点交付货物时止。

---

[1]   A

C 错误。

根据《国际铁路货物联运协定》，按运单承运货物的铁路部门应对货物负连带责任。D 错误。

13. 中国甲公司和某外国乙公司签订合同出口一批瓷器，双方约定采用 CIF2010 术语规范双方之间的合同。货物运到该国时恰逢该国内乱，导致部分货物受损。中国和该国均是《1980 年联合国国际货物销售合同公约》的缔约国。下列说法正确的是：(2019 – 回忆版，单)[1]

A. 乙公司无需支付该损毁货物的货款

B. 鉴于该国的环境，甲公司有义务投保一切险和战争险

C. 在没有特别约定的情况下，甲公司只需投保平安险

D. 乙公司在没有机会验货的情况下，可以不付款

【考点】《联合国国际货物销售合同公约》、CIF2010

【解析】 根据题目中的表述，甲公司为卖方，乙公司为买方。

A 错误。本题中的术语下，风险在装运地就已经从卖方转移到了买方。既然买方承担风险，乙公司显然有义务支付该批货物的货款。

B 错误。甲公司有购买保险的义务是正确的。但在没有特殊约定的情况下，仅需要购买最基础的平安险即可。

C 正确。参见 B 项解析。

D 错误。根据《联合国国际货物销售合同公约》，买方应该按照约定或者在收到货物的合理时间内付款。本题合同中并未说明验收为付款的条件，显然不能够将验货作为付款条件。

14. 中国 A 公司从甲国 B 公司进口一批电子设备，合同中约定了设备规格，并选用了 DPU 术语。A 公司制作好样品后，将样品邮寄至 B 公司，请求确认并按照样品履行，B 公司收到样品后确认收到并回复："请依合同履行。"设备到货后与样品相符，但与合同不符，中国 A 公司要求甲国 B 公司承担违约责任。中国和甲国都是 1980 年《联合国国际货物销售合同公约》的缔约国，下列哪些选项判断是正确的？(2020 – 回忆版，多)[2]

A. 甲国 B 公司应承担违约责任，因其交付的设备不符合同约定规格

B. 甲国 B 公司不应承担违约责任，因其交付的设备与其提供的样品相符

C. 本案货物风险自货交第一承运人时转移

D. 甲国 B 公司须在指定目的地，或者在该指定目的地内的约定交货点交货

【考点】《2020 年通则》《联合国国际货物销售合同公约》

【解析】 卖方必须在约定日期或期限内，在指定目的地的约定地点（如有），以将货物从抵达的运输工具上卸下并交由买方处置，或以取得已经如此交付的货物的方式交货。C 错误，D 正确。

根据《联合国国际货物销售合同公约》第 35 条第 1 款，卖方交付的货物必须与合同规定的数量、质量和规格相符，并须按照合同所规定的方式装箱或包装。在合同没有对数量、质量、规格和包装作出明确规定的情况下，则应依《联合国国际货物销售合同公约》第 35 条第 2 款的规定："……（c）货物的质量与卖方向买方提供的货物样品或样式相同。"且题中 B 公司回复为：依合同履行。A 正确。

---

[1]　C　[2]　AD

三、违反合同的补救办法（根本违约）

15. 甲公司（卖方）与乙公司订立了国际货物买卖合同。由于甲公司在履约中出现违反合同的情形，乙公司决定宣告合同无效，解除合同。依据《联合国国际货物销售合同公约》，下列哪些选项是正确的？（2010－1－86，多）[1]

A. 宣告合同无效意味着解除了甲乙二公司在合同中的义务

B. 宣告合同无效意味着解除了甲公司损害赔偿的责任

C. 双方在合同中约定的争议解决条款也因宣告合同无效而归于无效

D. 如甲公司应归还价款，它应同时支付相应的利息

【考点】违约救济——根本违约、解除合同的法律后果

【解析】A 正确，B 错误，C 错误。《联合国国际货物销售合同公约》第 81 条第 1 款规定："宣告合同无效解除了双方在合同中的义务，但应负责的任何损害赔偿仍应负责。宣告合同无效不影响合同关于解决争端的任何规定，也不影响合同中关于双方在宣告合同无效后权利和义务的任何其他规定。"

D 正确。《联合国国际货物销售合同公约》第 84 条第 1 款规定："如果卖方有义务归还价款，他必须同时从支付价款之日起支付价款利息。"

16. 甲公司（卖方）与乙公司于 2007 年 10 月签订了两份同一种农产品的国际贸易合同，约定交货期分别为 2008 年 1 月底和 3 月中旬，采用付款交单方式。甲公司依约将第一份合同项下的货物发运后，乙公司以资金周转困难为由，要求变更付款方式为货到后 30 天付款。甲公司无奈同意该变更。乙公司未依约付款，并以资金紧张为由再次要求延期付款。甲公司未再发运第二个合同项下的货物并提起仲裁。根据《联合国国际货物销售合同公约》，下列哪一选项是正确的？（2010－1－40，单）[2]

A. 乙公司应以付款交单的方式支付货款

B. 甲公司不发运第二份合同项下货物的行为构成违约

C. 甲公司可以停止发运第二份合同项下的货物，但应及时通知乙公司

D. 如乙公司提供了付款的充分保证，甲公司仍可拒绝发货

【考点】预期违约与中止履行合同

【解析】A 错误。甲乙公司于中途对付款方式作了变更，甲乙公司应以变更后付款方式支付货款。

B 错误。乙公司迟迟不履行第一份合同的付款义务，甲公司基于此有权认定乙公司对第二份合同付款义务的履行缺乏保证，故甲公司有权中止第二份合同的履行，不构成违约。

C 正确。涉及中止方的义务，公约规定中止履行的一方当事人不论是在货物发运前还是发运后，都必须通知另一方当事人。

D 错误。被中止方当事人提供了履行合同义务的充分保证，中止履行结束。

17. 甲公司（买方）与乙公司订立了一份国际货物买卖合同。后因遇到无法预见与不能克服的障碍，乙公司未能按照合同履行交货义务，但未在合理时间内将此情况通知甲公司。甲公司直到交货期过后才得知此事。乙公司的行为使甲公司遭受了损失。依《联合国国际货物销售合同公约》，下列哪些表述是正确的？（2010－1－87，多）[3]

A. 乙公司可以解除合同，但应把障碍及其影响及时通知甲公司

B. 乙公司解除合同后，不再对甲公司的损失承担赔偿责任

---

[1] AD　[2] C　[3] AD

C. 乙公司不交货，无论何种原因均属违约

D. 甲公司有权就乙公司未通知有关情况而遭受的损失请求赔偿

【考点】 非所能控制的障碍、免责

【解析】 A 正确。根据《联合国国际货物销售合同公约》第 79 条第 4 款，不履行义务的一方必须将障碍及其对他履行义务能力的影响通知另一方。

B 错误，D 正确。如果对方在不履行义务的一方已知道或理应知道此一障碍后一段合理时间仍未收到通知，则不履行义务的一方对由于对方未收到通知而造成的损害应负赔偿责任。

C 错误。当事人对不履行义务，不负责任，如果他能证明此种不履行义务，是由于当事人不能控制的障碍所致；这种障碍是不履行一方在订立合同时不能预见的；这种障碍是当事人不能避免或不能克服的。

18. 中国甲公司与德国乙公司签订了进口设备合同，分三批运输。两批顺利履约后乙公司得知甲公司履约能力出现严重问题，便中止了第三批的发运。依《国际货物销售合同公约》，下列哪一选项是正确的？（2016 – 1 – 40，单）[1]

A. 如已履约的进口设备在使用中引起人身伤亡，则应依公约的规定进行处理

B. 乙公司中止发运第三批设备必须通知甲公司

C. 乙公司在任何情况下均不应中止发运第三批设备

D. 如甲公司向乙公司提供了充分的履约担保，乙公司可依情况决定是否继续发运第三批设备

【考点】 预期违约与中止履行合同

【解析】 A 错误。《联合国国际货物销售合同公约》第 5 条规定："本公约不适用于卖方对于货物对任何人所造成的死亡或伤害的责任。"在此，公约不涉及设备引起的人身伤亡的法律问题，因此不应依公约处理。

B 正确。C、D 错误。《联合国国际货物销售合同公约》第 71 条规定："如果订立合同后，另一方当事人由于下列原因显然将不履行其大部分重要义务，一方当事人可以中止履行义务：(a) 他履行义务的能力或他的信用有严重缺陷；或 (b) 他在准备履行合同或履行合同中的行为。……中止履行义务的一方当事人不论是在货物发运前还是发运后，都必须立即通知另一方当事人，如经另一方当事人对履行义务提供充分保证，则他必须继续履行义务。"

由此，在甲公司履约能力出现严重问题的情形下，乙公司可以中止履行义务，即中止发运第三批设备。C 错误。但乙公司在中止履行义务之前有立即通知对方的义务。B 正确。如甲公司向乙公司提供了充分的履约担保，则乙公司必须继续履行义务。D 错误。

---

[1] B

第二章　国际货物运输与保险

第一节　国际货物运输

1. 一批货物由甲公司运往中国青岛港，运输合同适用《海牙规则》。运输途中因雷击烧毁部分货物，其余货物在目的港被乙公司以副本提单加保函提走。丙公司为该批货物正本提单持有人。根据《海牙规则》和我国相关法律规定，下列哪一选项是正确的？（2010 - 1 - 45，单）[1]

A. 甲公司应对雷击造成的货损承担赔偿责任，因损失在其责任期间发生

B. 甲公司可限制因无正本提单交货的赔偿责任

C. 丙公司可要求甲公司和乙公司承担连带赔偿责任

D. 甲公司应以货物成本加利润赔偿因无正本提单交货造成的损失

【考点】 承运人的免责、无单放货承运人责任

【解析】 A错误。雷击属于自然灾害造成的损害，根据《海牙规则》，自然灾害造成的风险承运人可以免责。

B错误。根据《最高人民法院关于审理无正本提单交付货物案件适用法律若干问题的规定》，承运人无单放货不能享受赔偿责任限制。

C正确。正本提单持有人可以要求承运人与无正本提单提取货物的人承担连带赔偿责任。

D错误。承运人的损失赔偿额，按照货物装船时的价值加运费和保险费计算。

2. 中国甲公司通过海运从某国进口一批服装，承运人为乙公司，提单收货人一栏写明"凭指示"。甲公司持正本提单到目的港提货时，发现货物已由丙公司以副本提单加保函提取。甲公司与丙公司达成了货款支付协议，但随后丙公司破产。甲公司无法获赔，转而向乙公司索赔。根据我国相关法律规定，关于本案，下列哪一选项是正确的？（2011 - 1 - 40，单）[2]

A. 本案中正本提单的转让无需背书

B. 货物是由丙公司提走的，故甲公司不能向乙公司索赔

C. 甲公司与丙公司虽已达成货款支付协议，但未得到赔付，不影响甲公司要求乙公司承担责任

D. 乙公司应当在责任限制的范围内承担因无单放货造成的损失

【考点】 无正本提单交付货物问题

【解析】 A错误。指示提单必须经过背书才能转让。

---

[1]　C　[2]　C

B 错误。乙公司作为承运人无单放货，甲公司作为正本提单持有人当然可以向乙公司索赔。

C 正确。在承运人未凭正本提单交付货物后，正本提单持有人与无正本提单提取货物的人就货款支付达成协议，在协议款项得不到赔付时，不影响正本提单持有人就其遭受的损失，要求承运人承担无正本提单交付货物的民事责任。

D 错误。《最高人民法院关于审理无正本提单交付货物案件适用法律若干问题的规定》第4条规定："承运人因无正本提单交付货物承担民事责任的，不适用海商法第五十六条关于限制赔偿责任的规定。"承运人无单放货，则其不能享受赔偿责任限制。

3. 中国甲公司从国外购货，取得了代表货物的单据，其中提单上记载"凭指示"字样，交货地点为某国远东港，承运人为中国乙公司。当甲公司凭正本提单到远东港提货时，被乙公司告知货物已不在其手中。后甲公司在中国法院对乙公司提起索赔诉讼。乙公司在下列哪些情形下可免除交货责任？（2013 - 1 - 81，多）[1]

A. 在甲公司提货前，货物已被同样持有正本提单的某公司提走

B. 乙公司按照提单托运人的要求返还了货物

C. 根据某国法律要求，货物交给了远东港管理当局

D. 货物超过法定期限无人向某国海关申报，被海关提取并变卖

【考点】 无单放货

【解析】 A 正确。《最高人民法院关于审理无正本提单交付货物案件适用法律若干问题的规定》第10条规定："承运人签发一式数份正本提单，向最先提交正本提单的人交付货物后，其他持有相同正本提单的人要求承运人承担无正本提单交付货物民事责任的，人民法院不予支持。"

B 错误。上述规定第12条规定："向承运人实际交付货物并持有指示提单的托运人，虽然在正本提单上没有载明其托运人身份，因承运人无正本提单交付货物，要求承运人依据海上货物运输合同承担无正本提单交付货物民事责任的，人民法院应予支持。"

C 正确。上述规定第7条规定："承运人依照提单载明的卸货港所在地法律规定，必须将承运到港的货物交付给当地海关或者港口当局的，不承担无正本提单交付货物的民事责任。"

D 正确。上述规定第8条规定："承运到港的货物超过法律规定期限无人向海关申报，被海关提取并依法变卖处理，或者法院依法裁定拍卖承运人留置的货物，承运人主张免除交付货物责任的，人民法院应予支持。"

4. 两批化妆品从韩国由大洋公司"清田"号货轮运到中国，适用《海牙规则》，货物投保了平安险。第一批货物因"清田"号过失与他船相碰致部分货物受损，第二批货物收货人在持正本提单提货时，发现已被他人提走。争议诉至中国某法院。根据相关规则及司法解释，下列哪些选项是正确的？（2014 - 1 - 81，多）[2]

A. 第一批货物受损虽由"清田"号过失碰撞所致，但承运人仍可免责

B. 碰撞导致第一批货物的损失属于保险公司赔偿的范围

C. 大洋公司应承担第二批货物无正本提单放货的责任，但可限制责任

D. 大洋公司对第二批货物的赔偿范围限于货物的价值加运费

【考点】 承运人责任和免责、平安险赔偿范围、无单放货法律责任

【解析】 A 正确。第一批货物因"清田"号过失与他船相碰致部分货物受损，属于航行过

---

[1] ACD [2] AB

失。根据《海牙规则》，承运人就航行过失免责。航行过失免责是指船长、船员、引水员或承运人的雇佣人在驾驶或管理船舶中的行为、疏忽或不履行职责造成的货物损失承运人可以免责。

B正确。碰撞导致第一批货物的损失属于平安险承保范围内的"运输工具搁浅触礁、沉没、互撞以及失火、爆炸等意外事故造成的货物全部或部分损失"，属于赔偿范围。

C错误。大洋公司作为承运人应当承担第二批货物无正本提单放货的责任，且不限制责任。《最高人民法院关于审理无正本提单交付货物案件适用法律若干问题的规定》明确了在承运人无正本提单交付货物的情况下，正本提单持有人可以要求承运人与取货的人承担连带赔偿责任。承运人无单放货，正本提单持有人可以要求承运人承担违约责任，或者承担侵权责任；承运人的赔偿额为货物装船时的价值加运费和保险费，不适用海事赔偿责任限制的规定。

D错误。大洋公司的赔偿范围为货物装船时的价值加运费和保险费。

5. 青田轮承运一批啤酒花从中国运往欧洲某港，货物投保了一切险，提单上的收货人一栏写明"凭指示"，因生产过程中水分过大，啤酒花到目的港时已变质。依《海牙规则》及相关保险规则，下列哪一选项是正确的？（2015－1－41，单）[1]

A. 承运人没有尽到途中管货的义务，应承担物途中变质的赔偿责任

B. 因货物投保了一切险，保险人应承担货物变质的赔偿责任

C. 本提单可通过交付进行转让

D. 承运人对啤酒花的变质可以免责

【考点】指示提单、承运人的责任和免责、保险责任

【解析】A错误。本案货物损失承运人无过失，可以免责。

B错误。本案货物损失属于保险标的物的本身缺陷所致，属于保险人除外责任，保险公司无赔偿责任。

C错误。提单上的收货人一栏写明"凭指示"，说明本案提单为指示提单，可以转让但是需要背书。

6. 中国某公司进口了一批仪器，采取海运方式并投保了水渍险，提单上的收货人一栏写明"凭指示"的字样。途中因船方过失致货轮与他船相撞，部分仪器受损。依《海牙规则》及相关保险条款，下列哪一选项是正确的？（2017－1－41，单）[2]

A. 该提单交付即可转让

B. 因船舶碰撞是由船方过失导致，故承运人应对仪器受损承担赔偿责任

C. 保险人应向货主赔偿部分仪器受损的损失

D. 承运人的责任期间是从其接收货物时起至交付货物时止

【考点】提单种类、海运承运人货损责任、责任期间、海洋运输货物保险险别

【解析】提单上的收货人一栏写明"凭指示"，说明为指示提单，须经背书方式转让。A错误。

根据《海牙规则》，承运人可以援引航行过失免责。B错误。

船舶碰撞属保险关系中的意外事故，水渍险的承保范围包括意外事故导致的损失。C正确。

根据《海牙规则》，承运人的责任期间为"装到卸"。D错误。

---

[1] D　[2] C

7. 中国甲公司向波兰乙公司出口一批电器，采用 DAP 术语，通过几个区段的国际铁路运输，承运人签发了铁路运单，货到目的地后发现有部分损坏。依相关国际惯例及《国际铁路货物联运协定》，下列哪些选项是正确的？（2016 – 1 – 80，多）[1]

A. 乙公司必须确定损失发生的区段，并只能向该区段的承运人索赔

B. 铁路运单是物权凭证，乙公司可通过转让运单转让货物

C. 甲公司在指定目的地运输终端将仍处于运输工具上的货物交由乙公司处置时，即完成交货

D. 各铁路区段的承运人应承担连带责任

【考点】 其他方式的国际货物运输

【解析】 A 错误，D 正确。《国际铁路货物联运协定》第 21 条规定：“按国际货协运单承运货物的铁路，应负责完成货物的全程运送，直到在到站交付货物时为止……每一继续运送的铁路，自接收附有运单的货物时起，即作为参加这项运送合同，并承担因此而发生的义务。”几个区段的铁路承运人应承担连带责任。

B 错误。铁路运单是由铁路运输承运人签发的货运单据，是收、发货人同铁路之间的运输契约。一般一式两份，正本随货物同行，到目的地交收货人作为提货通知；副本交托运人作为收到托运货物的收据。在铁路运单的收货人栏都需要填写准确的收货人名称，以方便验证提货。故铁路运单的性质与提单不同，它只是运输合约的证明和承运人收到货物的凭证，不是物权凭证，客户不能根据单据提货，也不能通过转让单据来转让货物，而只能凭发货人和船公司约定好的提货通知提货。

C 正确。采用 DAP（指定目的地交货）术语时，卖方只需要将货物在指定目的地交给买方即可，无需承担将货物从运输工具上卸下的义务。

8. 中国甲公司从意大利乙公司进口一批珠宝。乙公司委托货运代理公司安排了航空运输，但因为飞机故障，飞机在航空站以外的地点降落导致货物受损。根据《华沙公约》和我国法律的有关规定，下列说法正确的是：（2019 – 回忆版，单）[2]

A. 航空运单不是物权凭证

B. 乙公司和航空货运代理公司因安排航空运输产生的纠纷应适用意大利法律

C. 航空公司对飞机在航空站外地点停降造成的损失免责

D. 飞机在航空站外停降造成的损失应该由买方承担

【考点】 其他方式的国际货物运输

【解析】 A 正确。在目前我们接触到的运输单证中，只有提单是物权凭证。航空运单、海运单和铁路运单均不是物权凭证。

B 错误。乙公司和代理公司之间的关系属于代理的内部关系，首先应该适用双方当事人选择的法律，未选择时适用代理关系发生地法律。B 项中忽略了选择。

C 错误。根据规定，航空公司对货物在整个运输期间内造成的损失负责，航空运输期间包括货物在承运人保管下的整个期间，不论在航空站内、在航空器上或在航空站外降停的任何地点。

D 错误。参见 C 项解析。

第二节 国际货物运输保险

9. 关于海洋运输货物保险，下列哪一选项是正确的？（2010-1-43，单）[1]

A. 平安险项下赔偿的因自然灾害造成的全部损失只包括实际全损

B. 保险人的责任期间自保险合同订立时开始

C. 与平安险相比，水渍险的保险范围还包括因自然灾害造成的保险标的的部分损失

D. 附加险别可独立承保

【考点】海洋运输货物保险险别、基本险和附加险

【解析】A错误。平安险项下赔偿的因自然灾害造成的全部损失不仅包括实际全损，还包括推定全损。

B错误。国际保险业通用的"仓至仓条款"（W/W Clause）。根据该条款，保险人的保险责任自被保险货物运离保险单所载明的起运地仓库或储存处所开始运输时生效，直到该项货物到达保险单所载明目的地收货人的最后仓库或储存处所或被保险人用作分配、分派或非正常运输的其他储存处为止。如未抵达上述目的地，则在货物于最后卸载港全部卸离海轮后60天为止。在上述60天内如再需转运，则开始转运时保险责任终止。

C正确。水渍险的责任范围除了包括上列"平安险"的各项责任外，还负责被保险货物由于恶劣气候、雷电、海啸、地震、洪水等自然灾害所造成的部分损失。

D错误。附加险别不可独立承保。

10. 中国甲公司与某国乙公司签订茶叶出口合同，并投保水渍险，议定由丙公司"天然"号货轮承运。下列哪些选项属于保险公司应赔偿范围？（2011-1-80，多）[2]

A. 运输中因茶叶串味等外来原因造成货损

B. 运输中因"天然"号过失与另一轮船相撞造成货损

C. 运输延迟造成货损

D. 运输中因遭遇台风造成部分货损

【考点】水渍险的承保范围

【解析】A错误。水渍险不承保因串味等外来原因造成的货物损失。

B正确，D正确。水渍险的责任范围除了包括上列"平安险"的各项责任外，还负责被保险货物由于恶劣气候、雷电、海啸、地震、洪水等自然灾害所造成的部分损失。故台风造成的部分损失属于水渍险的范围。

C错误。保险公司的除外责任，包括：被保险货物的自然损耗、本质缺陷、特性以及市价跌落、运输延迟所造成的损失和费用。

11. 甲国A公司向乙国B公司出口一批货物，双方约定适用2010年《国际贸易术语解释通则》中CIF术语。该批货物由丙国C公司"乐安"号商船承运，运输途中船舶搁浅，为起浮抛弃了部分货物。船舶起浮后继续航行中又因恶劣天气，部分货物被海浪打入海中。到目的港后发现还有部分货物因固有缺陷而损毁。该批货物投保了平安险，关于运输中的相关损失的认定及赔偿，依《海牙规则》，下列选项正确的是（2012-1-100，不定项）[3]

A. 为起浮抛弃货物造成的损失属于共同海损

---

[1] C [2] BD [3] AB

B. 因恶劣天气部分货物被打入海中的损失属于单独海损

C. 保险人应赔偿共同海损和因恶劣天气造成的单独海损

D. 承运人对因固有缺陷损失的货物免责，保险人应承担赔偿责任

【考点】共同海损

【解析】A 正确。平安险承保共同海损的牺牲、分摊和救助费用。

B 正确。由于恶劣天气部分货物被打入海中的损失属于单独海损。

C 错误。平安险下保险人不赔偿由于恶劣天气造成的货物的部分损失。

D 错误。固有缺陷造成货物损失属于保险人的除外责任，保险公司不赔。

12. 甲公司向乙公司出口一批货物，由丙公司承运，投保了中国人民保险公司的平安险。在装运港装卸时，一包货物落入海中。海运途中，因船长过失触礁造成货物部分损失。货物最后延迟到达目的港。依《海牙规则》及国际海洋运输保险实践，关于相关损失的赔偿，下列哪些选项是正确的？（2013 - 1 - 82，多）[1]

A. 对装卸过程中的货物损失，保险人应承担赔偿责任

B. 对船长驾船过失导致的货物损失，保险人应承担赔偿责任

C. 对运输延迟造成的损失，保险人应承担赔偿责任

D. 对船长驾船过失导致的货物损失，承运人可以免责

【考点】平安险范围

【解析】A 正确。平安险包括整件货物落海造成的损失。

B 正确。对船长驾船过失导致的货物损失，属于平安险范围，平安险包括由于运输工具遭遇搁浅、触礁、沉没、互撞、与流冰或其他物体碰撞以及失火、爆炸等意外事故造成被保险货物的全部或部分损失。

C 错误。这是保险公司的除外责任，不负赔偿责任，包括：被保险货物的自然损耗、本质缺陷、特性以及市价跌落、运输延迟所造成的损失和费用。

D 正确。根据《海牙规则》，船长驾船过失导致的货物损失，承运人可以免责。

13. 中国三泰公司与西班牙甲公司签订合同进口一批货物，合同选用了《2020年国际贸易术语解释通则》中的 CIF 术语，同时约定甲公司应为该批货物投保水渍险。甲公司将货物交承运人装船后，承运人签发了清洁提单（选用《海牙规则》）。后在海运途中货物因遭遇恶劣天气部分毁损，中国和西班牙均为《联合国国际货物销售合同公约》缔约国。下列哪项判断是正确的？（2021 - 回忆版，单）[2]

A. 甲公司应为该批货物投保一切险

B. 承运人应赔偿货物损失

C. 保险公司应赔偿货物损失

D. 因货物部分毁损，中国三泰公司有权要求减价

【考点】海牙规则、海洋运输货物保险条款

【解析】A 错误。CIF 意为"成本，保险费加运费（指定目的港）"，在此术语下，卖方需办理运输中的保险，但仅需投保最低险别，即平安险。在《2020年通则》下，对此术语的保险险种要求并没有变化。

B 错误。根据《海牙规则》，不论承运人或船舶，对由于下列原因引起或造成的灭失或损坏，都不负责：（1）船长、船员、引水员或承运人的雇佣人员，在驾驶船舶或管理船舶中的行为、疏

---

[1] ABD 〔2〕 C

忽或不履行义务；（2）火灾，但由于承运人的实际过失或私谋所引起的除外；（3）海上或其它可航水域的灾难、危险和意外事故；（4）天灾；（5）战争行为；（6）公敌行为；（7）君主、当权者或人民的扣留或管制，或依法扣押；（8）检疫限制；（9）托运人或货主、其代理人或代表的行为或不行为；（10）不论由于任何原因所引起的局部或全面罢工、关厂停止或限制工作；（11）暴动和骚乱；（12）救助或企图救助海上人命或财产；（13）由于货物的固有缺点、质量或缺陷引起的体积或重量亏损，或任何其它灭失或损坏；（14）包装不充分；（15）标志不清或不当；（16）虽克尽职责亦不能发现的潜在缺点；（17）非由于承运人的实际过失或私谋，或者承运人的代理人，或雇佣人员的过失或疏忽所引起的其它任何原因。本题中承运人不承担责任，此为无过失免责。

C 正确。海上货物运输保险基本险别包括平安险、水渍险和一切险。水渍险的责任范围除了包括"平安险"的各项责任外，还负责被保险货物由于自然灾害所造成的部分损失，也就是说，水渍险 = 平安险 + 单独海损。本题中遭遇了恶劣天气，属于水渍险保险范围。保险公司应该赔偿。

D 错误。根据《联合国国际货物销售合同公约》第 66 条，货物在风险转移到买方承担后遗失或损坏的，买方支付货款的义务并不因此解除。除非这种损坏或遗失是由于卖方的行为或不行为造成的。CIF 术语下，货物灭失或损坏的风险在货物交到船上时发生转移。在本题中风险发生在运输途中。此时，货物风险已经转移给买方，买方无权要求减价。

14. 某中国公司和某英国公司签订了一份电子产品的买卖合同，中国公司是卖方，选择的贸易术语是 FCA（国际贸易术语通则 2020 版本）。在运输过程中发生自然灾害，货物推定全损。对此，下列哪一说法是正确的？[1]

A. 风险发生后，保险公司可以接受委付也可以不接受

B. FCA 术语项下，买方有义务办理保险

C. 由于货物已经推定全损，英国公司可以免于支付货物的款项

D. FCA 不可用于多式联运

【考点】 国际货物运输保险、《国际贸易术语解释通则》

【解析】 A 选项正确。这种转让保险标的的权利的做法被称为委付。委付发生在保险标的出现推定全损的情况下。被保险人可以按全部损失求偿，由被保险人将保险标的转让给保险人，而由保险人赔付全部的保险金额。保险人可以接受委付也可以不接受。

FCA 术语项下，货物的风险在指定地点交货时发生转移。因此，运输途中的风险均在买方，所以买方办理保险是为了自己的利益需要，而不是义务。B 选项错误。

货物的风险在指定地点交货时发生转移，风险转移后买方不能以发生风险为由不支付货款。C 选项错误。

D 选项错误。FCA 适用于各种运输方式，包括多式联运。

---

[1] A

第三章　国际贸易支付

1. 中国甲公司（卖方）与某国乙公司签订了国际货物买卖合同，规定采用信用证方式付款，由设在中国境内的丙银行通知并保兑。信用证开立之后，甲公司在货物已经装运，并准备将有关单据交银行议付时，接到丙银行通知，称开证行已宣告破产，丙银行将不承担对该信用证的议付或付款责任。据此，下列选项正确的是：（2010 - 1 - 100，不定项）[1]

A. 乙公司应为信用证项下汇票上的付款人

B. 丙银行的保兑义务并不因开证行的破产而免除

C. 因开证行已破产，甲公司应直接向乙公司收取货款

D. 虽然开证行破产，甲公司仍可依信用证向丙银行交单并要求付款

【考点】信用证纠纷的法律适用

【解析】A 错误。信用证项下汇票的付款人可以是开证行、付款行、保兑行或通知行。

B 正确，C 错误，D 正确，保兑行承担第一付款人责任。

2. 根据《最高人民法院关于审理信用证纠纷案件若干问题的规定》，中国法院认定存在信用证欺诈的，应当裁定中止支付或者判决终止支付信用证项下款项，但存在除外情形。关于除外情形，下列哪些表述是正确的？（2012 - 1 - 81，多）[2]

A. 开证行的指定人、授权人已按照开证行的指令善意地进行了付款

B. 开证行或者其指定人、授权人已对信用证项下票据善意地作出了承兑

C. 保兑行善意地履行了付款义务

D. 议付行善意地进行了议付

【考点】信用证欺诈例外的例外

【解析】《最高人民法院关于审理信用证纠纷案件若干问题的规定》第 10 条规定："人民法院认定存在信用证欺诈的，应当裁定中止支付或者判决终止支付信用证项下款项，但有下列情形之一的除外：

（一）开证行的指定人、授权人已按照开证行的指令善意地进行了付款；

（二）开证行或者其指定人、授权人已对信用证项下票据善意地作出了承兑；

（三）保兑行善意地履行了付款义务；

（四）议付行善意地进行了议付。"

根据上述规定可知，ABCD 正确。

3. 中国甲公司从某国乙公司进口一批货物，委托中国丙银行出具一份不可撤销信用证。乙公司发货后持单据向丙银行指定的丁银行请求付款，银行审单时发现单据上记载内容和信用

---

[1]　BD　[2]　ABCD

证不完全一致。乙公司称甲公司接受此不符点，丙银行经与甲公司沟通，证实了该说法，即指示丁银行付款。后甲公司得知乙公司所发货物无价值，遂向有管辖权的中国法院申请中止支付信用证项下的款项。下列说法正确的是：(2013-1-100，不定项)[1]

    A. 甲公司已接受不符点，丙银行必须承担付款责任

    B. 乙公司行为构成信用证欺诈

    C. 即使丁银行已付款，法院仍应裁定丙银行中止支付

    D. 丙银行发现单证存在不符点，有义务联系甲公司征询是否接受不符点

【考点】信用证欺诈例外的例外

【解析】A 错误。根据信用证独立原则，在单证不符时，即使申请人放弃对单证一致的要求，开证行依然有权对受益人拒付。《最高人民法院关于审理信用证纠纷案件若干问题的规定》第7条规定："开证行有独立审查单据的权利和义务，有权自行作出单据与信用证条款、单据与单据之间是否在表面上相符的决定，并自行决定接受或者拒绝接受单据与信用证条款、单据与单据之间的不符点。

"开证行发现信用证项下存在不符点后，可以自行决定是否联系开证申请人接受不符点。开证申请人决定是否接受不符点，并不影响开证行最终决定是否接受不符点。开证行和开证申请人另有约定的除外。

"开证行向受益人明确表示接受不符点的，应当承担付款责任。

"开证行拒绝接受不符点时，受益人以开证申请人已接受不符点为由要求开证行承担信用证项下付款责任的，人民法院不予支持。"

B 正确。《最高人民法院关于审理信用证纠纷案件若干问题的规定》第8条规定："凡有下列情形之一的，应当认定存在信用证欺诈：

（一）受益人伪造单据或者提交记载内容虚假的单据；

（二）受益人恶意不交付货物或者交付的货物无价值；

（三）受益人和开证申请人或者其他第三方串通提交假单据，而没有真实的基础交易；

（四）其他进行信用证欺诈的情形。"

C 错误。《最高人民法院关于审理信用证纠纷案件若干问题的规定》第10条规定："人民法院认定存在信用证欺诈的，应当裁定中止支付或者判决终止支付信用证项下款项，但有下列情形之一的除外：

（一）开证行的指定人、授权人已按照开证行的指令善意地进行了付款；

（二）开证行或者其指定人、授权人已对信用证项下票据善意地作出了承兑；

（三）保兑行善意地履行了付款义务；

（四）议付行善意地进行了议付。"

D 错误。开证行自己决定是否联系开证申请人接受不符点，不是必须履行的义务。根据《最高人民法院关于审理信用证纠纷案件若干问题的规定》第7条规定，开证行发现信用证项下存在不符点后，可以自行决定是否联系开证申请人接受不符点。

    4. 中国甲公司与德国乙公司签订了出口红枣的合同，约定品质为二级，信用证方式支付。后因库存二级红枣缺货，甲公司自行改装一级红枣，虽发票注明品质为一级，货价仍以二级计收。但在银行办理结汇时遭拒付。根据相关公约和惯例，下列哪些选项是正确的？(2014-1-80，多)[2]

----

[1] B [2] AC

A. 甲公司应承担交货不符的责任

B. 银行应在审查货物的真实等级后再决定是否收单付款

C. 银行可以发票与信用证不符为由拒绝收单付款

D. 银行应对单据记载的发货人甲公司的诚信负责

【考点】UCP600 规定

【解析】A 正确。甲公司作为信用证的受益人接受了信用证，就承担了按买卖合同交货的义务。甲公司自行改装一级红枣，并在发票注明品质为一级，而约定的品质为二级，属于交货不符，须承担交货不符的责任。

B 错误，D 错误。根据 UCP600，银行对于单据有效性是免责的。银行只审查单据的表面，不审查实质。银行对任何单据所代表的货物、服务或其他履约行为的描述、数量、重量、品质、状况、包装、交付、价值或其存在与否，或对发货人、承运人、货运代理人、收货人、货物的保险人或其他任何人的诚信与否、作为或不作为、清偿能力、履约或资信状况，概不负责。

C 正确。银行的义务是在单证一致、单单一致条件下付款。单证一致原则是指受益人提交的单据必须在表面上符合信用证条款、单据之间应互相一致，否则银行有权拒绝受益人提交的单据，并拒绝付款、承兑或议付。

5. 依最高人民法院《关于审理信用证纠纷案件若干问题的规定》，出现下列哪一情况时，不能再通过司法手段干预信用证项下的付款行为？（2015 - 1 - 42，单）[1]

A. 开证行的授权人已对信用证项下票据善意地作出了承兑

B. 受益人交付的货物无价值

C. 受益人和开证申请人串通提交假单据

D. 受益人提交记载内容虚假的单据

【考点】信用证欺诈例外

【解析】在信用证欺诈的情况下，法院发出止付令的条件有三：（1）有欺诈的确凿证据；（2）申请人提供了充分、可靠的担保；（3）任何一家关联银行没有善意的付款或承兑。若开证行的授权人已对信用证项下票据善意地做出了承兑，止付令颁发的条件就已不具备。《最高人民法院关于审理信用证纠纷案件若干问题的规定》第10条规定："人民法院认定存在信用证欺诈的，应当裁定中止支付或者判决终止支付信用证项下款项，但有下列情形之一的除外：

（一）开证行的指定人、授权人已按照开证行的指令善意地进行了付款；

（二）开证行或者其指定人、授权人已对信用证项下票据善意地作出了承兑；

（三）保兑行善意地履行了付款义务；

（四）议付行善意地进行了议付。"

6. 中国甲公司与法国乙公司订立了服装进口合同，信用证付款，丙银行保兑。货物由"铂丽"号承运，投保了平安险。甲公司知悉货物途中遇台风全损后，即通知开证行停止付款。依《海牙规则》、UCP600 号及相关规则，下列哪一选项是正确的？（2016 - 1 - 41，单）[2]

A. 承运人应承担赔偿甲公司货损的责任

B. 开证行可拒付，因货已全损

C. 保险公司应赔偿甲公司货物的损失

D. 丙银行可因开证行拒付而撤销其保兑

【考点】《海牙规则》、信用证、国际海洋货物运输保险

【解析】A错误。根据《海牙规则》，承运人的免责共有17项，其中就包括"海上或其他能航水域的灾难、危险和意外事故"所引起或造成的灭失或损害，承运人不负责任。因此根据《海牙规则》，货物遇台风所受损失，承运人不负赔偿责任。

B、D错误。根据信用证独立原则，银行有审单的权利和义务。若受益人提交的单据满足单证一致、单单一致的条件，开证行、保兑行应承担无条件付款的责任。故开证行不得因为货物全损而拒付，保兑行也不得因为开证行拒付而拒绝保兑。

C正确。平安险承保海上风险造成的货物全部和部分损失。本题中投保了平安险的货物由于台风导致全损，保险公司应当赔偿。

7. 中国某公司进口了一批皮制品，信用证方式支付，以海运方式运输并投保了一切险。中国收货人持正本提单提货时发现货物已被他人提走。依相关司法解释和国际惯例，下列哪一选项是正确的？（2017 - 1 - 42，单）[1]

A. 承运人应赔偿收货人因其无单放货造成的货物成本加利润损失

B. 因该批货物已投保一切险，故保险人应对货主赔偿无单放货造成的损失

C. 因货物已放予他人，收货人不再需要向卖方支付信用证项下的货款

D. 如交单人提交的单证符合信用证的要求，银行即应付款

【考点】无单放货、保险的险别、信用证

【解析】承运人无正本提单交付货物造成正本提单持有人损失的赔偿额，按照货物装船时的价值加运费和保险费计算，即货物的CIF价格。A错误。

虽然被保险人投保了一切险，包含货物在运输途中遭受自然灾害、意外事故，以及外来风险所致的损失。但是，承运人无单放货，不属于一切险的承保范围，保险公司无赔偿义务。B错误。

本案支付方式为信用证，信用证下的付款责任仅为"单证、单单表面相符"，与基础交易无关。C错误，D正确。

8. 中国天津甲公司与某国乙公司签订CFR出口合同，货分两批由丙公司承运，海上运输（运输均适用《海牙规则》）均投保平安险，信用证支付。第一批货物遇海上风浪部分毁损，第二批货物在中国天津因疫情防控检疫被扣押，推定全损。以下选项哪些是正确的？（2022 - 回忆版，多）[2]

A. 乙公司因第二批全损可以通知银行止付

B. 乙公司可以将第二批货物交给保险公司，保险公司可以接受也可以不接受

C. 承运人对第一批货物损失可免责

D. 保险公司应赔偿第一批货物部分毁损造成的损失

【解析】A项错误。信用证开证行与受益人之间的权利义务关系，独立于作为其依据的销售合同。只要受益人提供符合信用证要求的单据且不存在信用证欺诈，银行就应承担付款义务。

B项正确。当保险标的出现推定全损时，被保险人可以选择将保险标的的权利转让给保险人，而由保险人赔付全部的保险金额，这种转让保险标的的做法叫做委付。对于保险人来说，可以接受委付，也可以不接受委付。

---

[1] D [2] BC

C 项正确。根据《海牙规则》，承运人对海上的风险、危险或意外事故可免责。

D 项错误。货物投保平安险，货物遭遇海上自然灾害造成的部分损失不在平安险的责任范围。

9. 中国甲公司和非洲乙公司签订了一批出口机械设备的合同。由于两国之间没有直达航线，需要转船运输。合同约定了信用证方式付款。关于乙公司申请设立的信用证，下列哪些描述属于"软条款"信用证？（2019 – 回忆版，多）[1]

A. 信用证要求保兑

B. 信用证要求提单为已装船提单

C. 信用证规定：开证行必须在货物已经检验合格后付款

D. 信用证规定"禁止转船"

【考点】信用证

【解析】A 错误。保兑是第三方为开证行进行担保，这种方式可以增强信用证的偿付效力，不属于"软条款"。

B 错误。要求已装船提单属于正常的交易条件，也不属于"软条款"。

C 正确。这属于对付款条件的限制。信用证本身最大的特点就是在受益人提交的单据符合要求的情况下，开证行必须付款。这个条件显然打破了上述规则，极大的弱化了信用证的偿付功能，属于"软条款"。

D 正确。这属于对运输方式的限制，题目中已经明确说明由于客观条件的限制需要转船运输，信用证恰恰对这一点进行限制，其目的就在于弱化开证行的付款义务，属于"软条款"。

---

[1] CD

第四章 对外贸易管理制度

第一节 中国的对外贸易法

1. 中国人杨某和甲公司都从事某种商品的出口,该种商品在国外颇受欢迎,销量可观。后该种商品被列入我国出口管制清单,根据《对外贸易法》和《出口管制法》的相关规定,下列哪些判断是正确的?（2021-回忆版,多）[1]

A. 杨某作为个人不能从事对外贸易活动

B. 甲公司只有经有关部门审批方能从事对外贸易活动

C. 该种商品出口应申领出口许可证

D. 外国进口商不能擅自改变该种进口商品的最终用途

【考点】《对外贸易法》《出口管制法》

【解析】A错误。外贸经营者指依法办理工商登记或者其他执业手续,依照对外贸易法或其他有关法律、行政法规的规定从事对外贸易经营活动的法人、其他组织或者个人。外贸经营者包括自然人。

B错误。外贸经营权的获得实行登记制,法律、行政法规或者国务院对外贸易主管部门规定不需要登记的除外。并非为审批制。

C正确。根据《出口管制法》第12条规定,国家对管制物项的出口实行许可制度。出口管制清单所列管制物项或者临时管制物项,出口经营者应当向国家出口管制管理部门申请许可。

D正确。根据《出口管制法》第16条规定,管制物项的最终用户应当承诺,未经国家出口管制管理部门允许,不得擅自改变相关管制物项的最终用途或者向任何第三方转让。

2. 中国甲公司营业地在上海,与A国乙公司签订出口某种与两用物项相关的货物合同,合同约定了CFR术语。双方约定货物运输前存放在甲公司位于上海的B231仓库,乙公司为该批货物最终用户。根据国际经济法相关规则和中国有关法律规定,下列哪一说法是正确的?（2022-回忆版,单）[2]

A. 上海的B231仓库为该批货物的交货地点

B. 中国甲公司应为该批货物的出口申请许可

C. 乙公司应为该批货物投保平安险

D. 乙公司收到货物后可向第三方转卖

---

[1] CD [2] B

【解析】 CFR 术语是成本加运费的价格构成，卖方应将货物装上船，或者取得已如此交付的货物完成交货。A 选项错误。CFR 术语是成本加运费的价格构成，卖方需支付将货物运至指定目的港所需的运费，买方自行购买保险，但不是义务，不是"应当"。C 选项错误。

根据《中华人民共和国出口管制法》第 12 条规定，国家对管制物项的出口实行许可制度。出口管制清单所列管制物项或者临时管制物项，出口经营者应当向国家出口管制管理部门申请许可。而根据《中华人民共和国出口管制法》第 2 条规定，国家对两用物项、军品、核以及其他与维护国家安全和利益、履行防扩散等国际义务相关的货物、技术、服务等物项（以下统称管制物项）的出口管制，适用本法。因而题中所说两用物项，中国甲公司应为该批货物的出口申请许可。

《中华人民共和国出口管制法》第 16 条规定，管制物项的最终用户应当承诺，未经国家出口管制管理部门允许，不得擅自改变相关管制物项的最终用途或者向任何第三方转让。

第二节　贸易救济措施

一、反倾销措施

3. 国内某产品生产商向我国商务部申请对从甲国进口的该产品进行反倾销调查。该产品的国内生产商共有 100 多家。根据我国相关法律规定，下列哪一选项是正确的？（2010 - 1 - 44，单）[1]

A. 任何一家该产品的国内生产商均可启动反倾销调查

B. 商务部可强迫甲国出口商作出价格承诺

C. 如终裁决定确定的反倾销税高于临时反倾销税，甲国出口商应当补足

D. 反倾销税税额不应超过终裁决定确定的倾销幅度

【考点】 反倾销调查和措施

【解析】 A 错误。反倾销调查发起主体：（1）国内产业或者代表国内产业的自然人、法人或者其他组织；（2）商务部。第一种主体提起反倾销调查的申请条件：

①申请调查的进口产品倾销、对国内产业造成损害、二者之间存在因果关系的证据；

②有足够的国内生产者的支持，在支持申请和反对申请的生产者中，支持者的产量占二者总产量的 50% 以上，同时不得低于国内同类产品总产量的 25%。

B 错误。商务部可以建议但不得强迫出口经营者作出价格承诺。

C 错误，D 正确。对实施临时反倾销税的期间追溯征收的，采取"多退少不补"原则，终裁决定确定的反倾销税高于已付或应付临时反倾销税或担保金额的，差额部分不予征收；低于已付或应付临时反倾销税或担保金额的，差额部分应予退还或重新计算。

4. 甲、乙、丙中国企业代表国内某食品原料产业向商务部提出反倾销调查申请，要求对原产于 A 国、B 国、C 国的该原料进行相关调查。经查，商务部终局裁定确定倾销成立，对国内产业造成损害，决定征收反倾销税。根据我国相关法律规定，下列哪一说法是正确的？（2011 - 1 - 42，单）[2]

A. 反倾销税的纳税人是该原料的出口经营者

B. 在反倾销调查期间，商务部可以建议进口经营者作出价格承诺

---

[1] D　[2] C

C. 终裁决定确定的反倾销税额高于已付或应付临时反倾销税或担保金额的，差额部分不予征收

D. 终裁决定确定的反倾销税额低于已付或应付临时反倾销税或担保金额的，差额部分不予退还

【考点】 反倾销措施

【解析】 A错误。反倾销税的纳税人是该原料进口经营者。

B错误。在反倾销调查期间，商务部可以建议出口经营者作出价格承诺。

C正确，D错误。对实施临时反倾销税的期间追溯征收的，采取"多退少不补"原则，终裁决定确定的反倾销税高于已付或应付临时反倾销税或担保金额的，差额部分不予征收；低于已付或应付临时反倾销税或担保金额的，差额部分应予退还或重新计算。

5. 部分中国企业向商务部提出反倾销调查申请，要求对原产于某国的某化工原材料进口产品进行相关调查。经查，商务部终局裁定确定倾销成立，决定征收反倾销税。根据我国相关法律规定，下列哪一说法是正确的？（2012-1-41，单）[1]

A. 构成倾销的前提是进口产品对我国化工原材料产业造成了实质损害，或者产生实质损害威胁

B. 对不同出口经营者应该征收同一标准的反倾销税税额

C. 征收反倾销税，由国务院关税税则委员会作出决定，商务部予以执行

D. 与反倾销调查有关的对外磋商、通知和争端事宜由外交部负责

【考点】 反倾销措施

【解析】 A正确。反倾销的构成要件包括：存在倾销、损害行为、倾销与损害之间存在因果关系。而其中损害是指倾销对已经建立的国内产业造成实质损害或者产生实质损害威胁，或者对建立国内产业造成实质阻碍。《中华人民共和国反倾销条例》（以下简称《反倾销条例》）第2条规定："进口产品以倾销方式进入中华人民共和国市场，并对已经建立的国内产业造成实质损害或者产生实质损害威胁，或者对建立国内产业造成实质阻碍的，依照本条例的规定进行调查，采取反倾销措施。"

B错误。反倾销税税额不能实行统一征收标准。《反倾销条例》第41条规定："反倾销税应当根据不同出口经营者的倾销幅度，分别确定。对未包括在审查范围内的出口经营者的倾销进口产品，需要征收反倾销税的，应当按照合理的方式确定对其适用的反倾销税。"

C错误。《反倾销条例》第38条规定："征收反倾销税，由商务部提出建议，国务院关税税则委员会根据商务部的建议作出决定，由商务部予以公告。海关自公告规定实施之日起执行。"注意各主体的职权：商务部建议权，国务院关税税则委员会决定权，商务部公告权，海关执行权。

D错误，对外事宜是由商务部而不是外交部负责。《反倾销条例》第57条规定："商务部负责与反倾销有关的对外磋商、通知和争端解决事宜。"

6. 甲乙丙三国企业均向中国出口某化工产品，2010年中国生产同类化工产品的企业认为进口的这一化工产品价格过低，向商务部提出了反倾销调查申请。根据相关规则，下列哪一选项是正确的？（2014-1-42，单）[2]

A. 反倾销税税额不应超过终裁决定确定的倾销幅度

B. 反倾销税的纳税人为倾销进口产品的甲乙丙三国企业

---

[1] A [2] A

C. 商务部可要求甲乙丙三国企业作出价格承诺，否则不能进口

D. 倾销进口产品来自两个以上国家，即可就倾销进口产品对国内产业造成的影响进行累积评估

【考点】反倾销措施

【解析】A 正确。反倾销的税率不得高于倾销幅度，倾销幅度是被控产品的正常价格与实际出口价格之间的差额，差额越大，倾销幅度越大。反倾销税原则上不追溯征收，追溯征收的，实行多退少不补。

B 错误。反倾销税的纳税人是进口倾销产品的进口商，出口商不得直接或间接代替进口商缴纳。

C 错误。在倾销调查的肯定性初裁作出后，被控倾销的出口商与进口国主管当局可以在双方自愿基础上签订价格承诺协定。进口国主管当局若接受了承诺应停止调查。进口国主管当局也可以采用征收反倾销税的方式。但在反倾销个案的终局裁定中，征收反倾销税和接受价格承诺不能同时并用。

D 错误。对来自不同国家的进口产品造成的影响累计评估需要满足特定的条件。并非 D 项中所说"即可"进行累计评估。《反倾销条例》第 9 条第 1 款规定："倾销进口产品来自两个以上国家（地区），并且同时满足下列条件的，可以就倾销进口产品对国内产业造成的影响进行累积评估：

（一）来自每一国家（地区）的倾销进口产品的倾销幅度不小于2%，并且其进口量不属于可忽略不计的；（二）根据倾销进口产品之间以及倾销进口产品与国内同类产品之间的竞争条件，进行累积评估是适当的。"

7. 应国内化工产业的申请，中国商务部对来自甲国的某化工产品进行了反倾销调查。依《反倾销条例》，下列哪一选项是正确的？（2016 - 1 - 42，单）[1]

A. 商务部的调查只能限于中国境内

B. 反倾销税税额不应超过终裁确定的倾销幅度

C. 甲国某化工产品的出口经营者必须接受商务部有关价格承诺的建议

D. 针对甲国某化工产品的反倾销税征收期限为 5 年，不得延长

【考点】反倾销调查和措施

【解析】A 错误。倾销是指在正常贸易过程中进口产品以低于其正常价值的出口价格进入进口国市场。对倾销的调查和确定，由商务部负责。进口产品的正常价值确定需使用同类产品在出口国的可比价格、出口到第三国的可比价格或推定的原产国构成价格。因此，商务部在反倾销调查中为确定产品正常价值，需要调查其同类产品的国外价格，此类调查并不限于中国境内。

B 正确。《反倾销条例》第 42 条规定："反倾销税税额不超过终裁决定确定的倾销幅度。"

C 错误。《反倾销条例》第 31 条规定："……商务部可以向出口经营者提出价格承诺的建议。商务部不得强迫出口经营者作出价格承诺。"因此出口经营者并非必须接受商务部有关价格承诺的建议。

D 错误。《反倾销条例》第 48 条规定："反倾销税的征收期限和价格承诺的履行期限不超过 5 年；但是，经复审确定终止征收反倾销税有可能导致倾销和损害的继续或者再度发生的，反倾销税的征收期限可以适当延长。"

---

[1] B

8. 甲、乙、丙三国生产卷钢的企业以低于正常价值的价格向中国出口其产品，代表中国同类产业的8家企业拟向商务部申请反倾销调查。依我国《反倾销条例》，下列哪一选项是正确的？（2017-1-43，单）[1]

A. 如支持申请的国内生产者的产量不足国内同类产品总产量25%的，不得启动反倾销调查

B. 如甲、乙、丙三国的出口经营者不接受商务部建议的价格承诺，则会妨碍反倾销案件的调查和确定

C. 反倾销税的履行期限是5年，不得延长

D. 终裁决定确定的反倾销税高于已付的临时反倾销税的，差额部分应予补交

【考点】反倾销措施

【解析】《反倾销条例》第17条规定："在表示支持申请或者反对申请的国内产业中，支持者的产量占支持者和反对者的总产量的50%以上的，应当认定申请是由国内产业或者代表国内产业提出，可以启动反倾销调查；但是，表示支持申请的国内生产者的产量不足国内同类产品总产量的25%的，不得启动反倾销调查。"A正确。

《反倾销条例》第32条规定："出口经营者不作出价格承诺或者不接受价格承诺的建议的，不妨碍对反倾销案件的调查和确定。出口经营者继续倾销进口产品的，商务部有权确定损害威胁更有可能出现。"B错误。

《反倾销条例》第48条规定："反倾销税的征收期限和价格承诺的履行期限不超过5年；但是，经复审确定终止征收反倾销税有可能导致倾销和损害的继续或者再度发生的，反倾销税的征收期限可以适当延长。"C错误。

《反倾销条例》第43条第3款规定："终裁决定确定的反倾销税，高于已付或者应付的临时反倾销税或者为担保目的而估计的金额的，差额部分不予收取；低于已付或者应付的临时反倾销税或者为担保目的而估计的金额的，差额部分应当根据具体情况予以退还或者重新计算税额。"反倾销税征收适用"多退少不补"原则。D错误。

9. 甲国某公司向中国出口一类商品，因价格过低涉及反倾销被商务部调查，该出口商向商务部作出价格承诺，以下正确的是？（2020-回忆版，多）[2]

A. 若该公司违反价格承诺，则商务部可以立即恢复反倾销调查

B. 若商务部拒绝该公司的价格承诺，应当告知理由

C. 在行政诉讼中，甲国某公司应对自己的主张举证

D. 出口商不得就价格承诺复审提起行政诉讼

【考点】价格承诺

【解析】根据《反倾销条例》第36条的规定，出口经营者违反其价格承诺的，商务部依照《反倾销条例》的规定，可以立即决定恢复反倾销调查。A项正确。

根据《反倾销条例》第33条的规定，商务部不接受价格承诺的，应当向有关出口经营者说明理由。B项正确。

根据《反倾销条例》第53条规定："对依照本条例第二十五条作出的终裁决定不服的，对依照本条例第四章作出的是否征收反倾销税的决定以及追溯征收、退税、对新出口经营者征税的决定不服的，或者对依照本条例第五章作出的复审决定不服的，可以依法申请行政复议，也可以依法向人民法院提起诉讼。"其中包含了商务部对继续履行价格承诺的必要性进行复审

---

[1] A [2] AB

的情形。C 错误。行政机关应举证。D 错误。

10. 我国轧钢产业向商务部申请对从甲国进口的轧钢进行反倾销调查，商务部终局裁定确定倾销成立，对国内轧钢产业造成损害，决定征收反倾销税，根据我国相关法律规定，下列哪一选项是正确的？（2020－回忆版，单）〔1〕

　　A. 我国某轧钢企业认为其已经缴纳的反倾销税税额超过倾销幅度，可以向商务部申请退税

　　B. 反倾销税的纳税人应该是甲国轧钢出口商

　　C. 针对商务部的终局裁定，甲国轧钢出口商必须先申请行政复议，对结果不服才能提起行政诉讼

　　D. 针对商务部的终局裁定，甲国轧钢出口商只能申请行政复议，无权提起行政诉讼

【考点】 价格承诺

【解析】 反倾销税税额不得超过终局裁定确定的倾销幅度。A 正确。

反倾销税的纳税人为倾销进口产品的进口经营者。B 项错误。

对于反倾销税和价格承诺，商务部可以决定对其必要性进行复审；经利害关系方申请，商务部也可以对反倾销税和价格承诺的必要性进行复审。当事人也可以直接提起行政诉讼。C、D 错误。

11. 甲乙两国企业均向中国出口某化工产品，中国生产同类化工产品的企业认为进口的这一化工产品价格过低，向商务部提出了反倾销调查申请。商务部终局裁定确定倾销成立，决定征收反倾销税。中国和甲乙两国均为 WTO 成员国，根据相关国际法规则，下列哪些选项是正确的？（2022－回忆版，多）〔2〕

　　A. 商务部可以就甲乙两国倾销进口产品对国内产业造成的影响分别调查评估

　　B. 中国进口经营者对商务部终局裁定不服的，可以提起行政诉讼

　　C. 甲乙两国出口经营者对反倾销裁定不服可诉诸 WTO 争端解决机制解决

　　D. 对甲乙两国不同出口经营者应该征收同一标准的反倾销税税额

【解析】 商务部可以就甲乙两国倾销进口产品对国内产业造成的影响分别调查评估，满足一定条件下可累计评估。A 选项正确。

《反倾销条例》第 53 条，对依照本条例第 25 条作出的终裁决定不服的，对依照本条例第四章作出的是否征收反倾销税的决定以及追溯征收、退税、对新出口经营者征税的决定不服的，或者对依照本条例第五章作出的复审决定不服的，可以依法申请行政复议，也可以依法向人民法院提起诉讼。B 选项正确。

WTO 争端解决机制是处理 WTO 成员之间的贸易争端的。国内企业并非 WTO 成员，无权启动 WTO 争端解决程序。C 选项错误。

《反倾销条例》第 40 条的规定，反倾销税的纳税人为倾销进口产品的进口经营者。D 选项错误。

12. 国内某产业的企业代表向商务部提出反倾销调查申请。经调查，A、B 两家外国企业在该产业市场占有率为 3%，商务部要求该两国企业作出价格承诺。根据中国相关规定，下列哪一说法是正确的？〔3〕

　　A. 如果两企业拒绝作出价格承诺，将承担不利的调查后果

　　B. 市场占有率超过 2% 应当累积评估

C. 反倾销税的纳税人为倾销进口产品的进口经营者

D. 如果两企业违反其作出的价格承诺，将承担不利的调查后果

【考点】 反倾销措施

【解析】 根据《反倾销条例》第32条第1款规定，出口经营者不作出价格承诺或不接受价格承诺建议，不妨碍反倾销案件的调查和确定。并不是承担不利的调查后果。A选项错误。

根据《反倾销条例》第9条规定，倾销进口产品来自两个以上国家（地区），可以就倾销进口产品对国内产业造成的影响进行累积评估，需要满足一定的条件，而不是应当累积评估。B选项错误。

根据《反倾销条例》第40条规定，反倾销税的纳税人为倾销进口产品的进口经营者。C选项正确。

根据《反倾销条例》第36条规定，出口经营者违反其价格承诺的，可以立即决定恢复反倾销调查。D选项错误。

二、反补贴措施

13. 根据《中华人民共和国反补贴条例》，下列哪些选项属于补贴？ （2014－1－82，多）[1]

A. 出口国政府出资兴建通向口岸的高速公路

B. 出口国政府给予企业的免税优惠

C. 出口国政府提供的贷款

D. 出口国政府通过向筹资机构付款，转而向企业提供资金

【考点】《中华人民共和国反补贴条例》

【解析】 A错误，B、C、D正确。《中华人民共和国反补贴条例》第3条规定："补贴，是指出口国（地区）政府或者其任何公共机构提供的并为接受者带来利益的财政资助以及任何形式的收入或者价格支持。出口国（地区）政府或者其任何公共机构，以下统称出口国（地区）政府。本条第一款所称财政资助，包括：（一）出口国（地区）政府以拨款、贷款、资本注入等形式直接提供资金，或者以贷款担保等形式潜在地直接转让资金或者债务；（二）出口国（地区）政府放弃或者不收缴应收收入；（三）出口国（地区）政府提供除一般基础设施以外的货物、服务，或者由出口国（地区）政府购买货物；（四）出口国（地区）政府通过向筹资机构付款，或者委托、指令私营机构履行上述职能。"

14. 中国某产业认为甲国出口到中国的某商品构成政府补贴，侵害了中国企业的利益，提出反补贴调查申请。在反补贴调查中，甲国出口商拒绝提供相关证据。商务部终局裁定采取反补贴措施。下列选项正确的有哪些？（2021－回忆版，多）[2]

A. 该项政府补贴应具有专向性

B. 对于甲国出口商在行政诉讼中提供的，但在反补贴调查中依法应当提供而拒不提供的证据，人民法院一般不予采纳

C. 甲国出口商对商务部的终局裁定不服，可以提交WTO争端解决

D. 甲国出口商对商务部的终局裁定，可以申请复议，也可以向法院提起诉讼

【考点】《反补贴条例》

【解析】 A正确。根据《中华人民共和国反补贴条例》第4条的规定，进行调查、采取反补贴措施的补贴，必须具有专向性。

---

[1] BCD [2] ABD

B 正确。

C 错误。出口商不符合提交 WTO 争端解决的成员要求。

D 正确。符合《中华人民共和国反补贴条例》的规定。

三、保障措施

15. 根据我国相关法律规定，满足下列哪些条件，商务部才可决定采取保障措施？（2010 - 1 - 85，多）[1]

A. 进口产品数量增加

B. 进口产品数量增加是出口方倾销或补贴的结果

C. 进口产品数量增加并对生产同类产品的国内产业造成严重损害

D. 进口产品数量增加并对国内直接竞争产品的产业造成严重损害威胁

【考点】我国的对外贸易管理制度—中国的贸易救济措施、保障措施

【解析】A、B 错误，C、D 正确。采取保障措施的基本条件：

（1）进口产品数量增加：是指进口产品数量绝对增加或者与国内生产相比相对增加。

（2）对生产同类产品或者直接竞争产品的国内产业造成严重损害或者产生严重损害威胁。保障措施要求的损害程度重于反倾销或反补贴情形，即严重损害而不是实质损害。

（3）进口数量增加与国内产业受到损害存在因果关系。

上述 3 个条件必须同时符合方能采取保障措施。

16. 进口到中国的某种化工材料数量激增，其中来自甲国的该种化工材料数量最多，导致中国同类材料的生产企业遭受实质损害。根据我国相关法律规定，下列哪一选项是正确的？（2011 - 1 - 41，单）[2]

A. 中国有关部门启动保障措施调查，应以国内有关生产者申请为条件

B. 中国有关部门可仅对已经进口的甲国材料采取保障措施

C. 如甲国企业同意进行价格承诺，则可避免被中国采取保障措施

D. 如采取保障措施，措施针对的材料范围应当与调查范围相一致

【考点】保障措施、《中华人民共和国保障措施条例》

【解析】A 错误。适用保障措施要求产业损害程度重于反倾销或反补贴要求的损害程度，即严重损害而不是实质损害，根据《中华人民共和国保障措施条例》，启动保障措施的方式包括两种：（1）与国内产业有关的自然人、法人或者其他组织，可以向商务部提出保障措施的申请；（2）必要时，商务部在没有收到此类申请时，也可以立案调查。

B 错误。保障措施实施形式包括提高关税、数量限制等，保障措施针对的对象为正在进口的产品，不区分产品来源国。

C 错误。价格承诺是出口商为了避免反倾销税或反补贴税，出口商可以通过承诺提高他们的出口价格的一种行为。价格承诺只能针对一国政府作出反倾销税或反补贴税的裁定而作出，不适用一国政府采取的保障措施。

D 正确。《中华人民共和国保障措施条例》第 23 条规定："采取保障措施应当限于防止、补救严重损害并便利调整国内产业所必要的范围内。"

17. 根据《中华人民共和国保障措施条例》，下列哪一说法是不正确的？（2013 - 1 - 44，单）[3]

A. 保障措施中"国内产业受到损害"，是指某种进口产品数量增加，并对生产同类产品或

---

[1] CD [2] D [3] D

直接竞争产品的国内产业造成严重损害或严重损害威胁

B. 进口产品数量增加指进口数量的绝对增加或与国内生产相比的相对增加

C. 终裁决定确定不采取保障措施的，已征收的临时关税应当予以退还

D. 保障措施只应针对终裁决定作出后进口的产品实施

【考点】保障措施、《中华人民共和国保障措施条例》

【解析】A、B、C正确，D错误。在初步裁定下，可以实施临时保障措施。《中华人民共和国保障措施条例》第16条规定："有明确证据表明进口产品数量增加，在不采取临时保障措施将对国内产业造成难以补救的损害的紧急情况下，可以作出初裁决定，并采取临时保障措施。临时保障措施采取提高关税的形式。"

18. 进口中国的某类化工产品2015年占中国的市场份额比2014年有较大增加，经查，两年进口总量虽持平，但仍给生产同类产品的中国产业造成了严重损害。依我国相关法律，下列哪一选项是正确的？（2015-1-43，单）[1]

A. 受损害的中国国内产业可向商务部申请反倾销调查

B. 受损害的中国国内产业可向商务部提出采取保障措施的书面申请

C. 因为该类化工产品的进口数量并没有绝对增加，故不能采取保障措施

D. 该类化工产品的出口商可通过价格承诺避免保障措施的实施

【考点】保障措施

【解析】A、B两项，进口产品数量增加并对国内产业造成严重损害是保障措施而非反倾销措施适用的条件。A错误，B正确。

C错误。保障措施中所称的"进口数量增加"包括绝对增加和相对增加。

D错误。价格承诺是反倾销和反补贴的措施之一，保障措施没有价格承诺这种种类。

---

[1] B

第五章　世界贸易组织

1. 甲乙丙三国为世界贸易组织成员，丁国不是该组织成员。关于甲国对进口立式空调和中央空调的进口关税问题，根据《关税与贸易总协定》，下列违反最惠国待遇的做法是：（2014 – 1 – 100，不定项）[1]

　　A. 甲国给予来自乙国的立式空调和丙国的中央空调以不同的关税

　　B. 甲国给予来自乙国和丁国的立式空调以不同的进口关税

　　C. 因实施反倾销措施，导致从乙国进口的立式空调的关税高于从丙国进口的

　　D. 甲国给予来自乙丙两国的立式空调以不同的关税

　　【考点】《关税与贸易总协定》原则

　　【解析】A 错误。乙国的立式空调和丙国的中央空调属于不同的产品，可以实行不同的关税，并不违反最惠国待遇原则。

　　B 错误。丁国不是世界贸易组织的成员。最惠国待遇原则要求一成员给予另一国家（包括GATT 成员和非成员）的好处应当相应地给予所有其他成员，丁国不属于成员，所以可以对丁国的立式空调实行与乙国不同的进口关税标准。

　　C 错误。受不公平竞争损害的成员征收额外关税（反倾销、反补贴税）和采取贸易报复的方法补偿所受损失，正是非歧视原则的体现。最惠国待遇原则也是非歧视原则的体现，所以因实行反倾销措施导致的关税提高并不违反最惠国待遇原则。

　　D 正确。乙丙均为世界贸易组织成员，甲国对于乙丙的同一品种立式空调以不同关税，属于一成员给予另一国家在进出口货物方面的好处没有相应地给予另一成员，违反了最惠国待遇原则。

2. 甲乙二国均为世贸组织成员国，乙国称甲国实施的保障措施违反非歧视原则，并将争端提交世贸组织争端解决机构。对此，下列哪一选项是正确的？（2010 – 1 – 46，单）[2]

　　A. 对于乙国没有提出的主张，专家组仍可因其相关性而作出裁定

　　B. 甲乙二国在解决争端时必须经过磋商、仲裁和调解程序

　　C. 争端解决机构在通过争端解决报告上采用的是"反向一致"原则

　　D. 如甲国拒绝履行上诉机构的裁决，乙国可向争端解决机构上诉

　　【考点】保障措施、WTO 争端解决程序

　　【解析】A 错误。对争端方没有提出的主张，专家组不能作出裁定，即使相关专家提出了这样的主张。

　　B 错误。调解不是 WTO 争端解决机制的必经程序。

---

[1]　D　[2]　C

C 正确。所谓"反向一致"原则，实质上是指一票通过制，即除非争端解决机构一致不同意通过相关争端解决报告。

D 错误。争端解决机构设立的上诉机构，只受理对专家组报告的上诉，不受理争端方的上诉。

3. 甲、乙均为世界贸易组织成员方。乙称甲关于影像制品的进口管制违反国民待遇原则，为此向世界贸易组织提出申诉，并经专家组和上诉机构审理。对此，下列哪一选项是正确的？（2012 - 1 - 42，单）[1]

A. 甲、乙磋商阶段达成的谅解协议，可被用于后续争端解决审理

B. 专家组可对未在申请书中指明的诉求予以审查

C. 上诉机构可将案件发回专家组重审

D. 上诉案件由上诉机构 7 名成员中 3 人组成上诉庭审理

【考点】WTO 争端解决程序

【解析】A 错误。磋商阶段的磋商事项以及磋商的充分性，与设立专家组的申请以及专家组将作出的裁定没有关系，磋商仅仅是一种程序要求，因此磋商阶段达成的谅解协议与后续争端解决程序无关。

B 错误。专家组审查的范围仅仅局限于争端方申请内容，未申请的部分，专家组不能作出审查。

C 错误。上诉机构只审查专家组报告涉及的法律问题和专家组作出的法律解释。上诉机构可以推翻、修改或撤销专家组的调查结果和结论，但没有将案件发回专家组重新审理的权力。

4. 关于世界贸易组织争端解决机制的表述，下列哪一选项是不正确的？（2013 - 1 - 43，单）[2]

A. 磋商是争端双方解决争议的必经程序

B. 上诉机构为世界贸易组织争端解决机制中的常设机构

C. 如败诉方不遵守争端解决机构的裁决，申诉方可自行采取中止减让或中止其他义务的措施

D. 申诉方在实施报复时，中止减让或中止其他义务的程度和范围应与其所受到损害相等

【考点】WTO 争端解决程序

【解析】A、B 正确。

C 错误，D 正确。被裁定违反了有关协议的一方，应在合理时间内履行争端解决机构的裁定和建议，未履行的，经申诉方请求，争端双方应就双方均可接受的补偿进行谈判，如达不成补偿协议，原申诉方可以向争端解决机构申请授权报复，对被诉方中止减让或中止其他义务。

中止减让或其他义务，须符合下列条件：

（1）应在被认定为违反义务或造成利益丧失或受损的部门的相同部门实施；

（2）对相同部门采取上述行为不可行或无效时，可以对同一协议项下的其他部门实施；

（3）如对同一协议项下的其他部门实施依然不可行或无效时，可寻求中止另一协议项下的减让或其他义务；

（4）中止减让或其他义务的程度和范围，应与其所受到的损害相等。被申诉方如认为程度不一致的，可以诉诸仲裁。

---

[1] D [2] C

5. 甲、乙、丙三国均为世界贸易组织成员，甲国对进口的某类药品征收8%的国内税，而同类国产药品的国内税为6%。针对甲国的规定，乙、丙两国向世界贸易组织提出申诉，经裁决甲国败诉，但其拒不执行。依世界贸易组织的相关规则，下列哪些选项是正确的？（2015－1－80，多）[1]

A. 甲国的行为违反了国民待遇原则

B. 乙、丙两国可向上诉机构申请强制执行

C. 乙、丙两国经授权可以对甲国采取中止减让的报复措施

D. 乙、丙两国的报复措施只限于在同种产品上使用

【考点】WTO争端解决机制

【解析】A正确。甲国对进口的某类药品征收8%的国内税高于同类国产药品6%的国内税，明显地违反了国民待遇原则。

B错误，WTO争端解决机制中没有强制执行程序。

C正确。WTO的争端解决机构DSB对不执行裁定的一方的制裁手段是授权报复。

D错误。WTO争端解决机制规定的报复措施可以采用交叉报复，不是只能限于同类产品。

6. 甲、乙、丙三国均为WTO成员方，甲国给予乙国进口丝束的配额，但没有给予丙国配额，而甲国又是国际上为数不多消费丝束产品的国家。为此，丙国诉诸WTO争端解决机制。依相关规则，下列哪些选项是正确的？（2017－1－80，多）[2]

A. 丙国生产丝束的企业可以甲国违反最惠国待遇为由起诉甲国

B. 甲、丙两国在成立专家组之前必须经过"充分性"的磋商

C. 除非争端解决机构一致不通过相关争端解决报告，该报告即可通过

D. 如甲国败诉且拒不执行裁决，丙国可向争端解决机构申请授权对甲国采取报复措施

【考点】WTO争端解决机制

【解析】WTO争端只能由成员方提起，国内企业无权启动WTO争端解决程序。A错误。

磋商是申请设立专家组的前提条件，但磋商严格的时限条件使得磋商无论充分与否均不影响专家组的设立。B错误。

WTO争端解决机构通过专家组报告和上诉报告时适用"反向一致原则"，除非争端解决机构一致不通过相关争端解决报告，该报告即可通过。C正确。

报复是裁决得以执行的制约手段，但报复须经争端解决机构的授权，并非自动启动。D正确。

7. 甲国多家出口企业在乙国被终裁具有倾销行为，并征收了反倾销税，现这些出口企业欲进行相关法律救济，已知甲乙两国均为WTO成员方，那么以下说法正确的有：（2018－回忆版，多）[3]

A. 出口企业可以在乙国提起对乙国政府征税行为的行政诉讼

B. 甲国政府可以直接向乙国政府提起外交保护

C. 甲国政府可以在WTO起诉乙国政府违反其承担的WTO的相关义务

D. 如果乙国政府在WTO被裁决败诉，WTO有权责令乙国修改其本国的法律

【考点】WTO争端解决机制

【解析】外交保护的条件为：（1）一国国民权利因所在国国家不当行为受到侵害；（2）"国籍持续原则"；（3）"用尽当地救济原则"。出口企业应用尽当地救济，甲国政府不可以直

---

[1] AC　[2] CD　[3] AC

接对乙国政府提起外交保护。反倾销、反补贴调查适用国内司法审查（行政诉讼）。A 正确，B 错误。

WTO 争端解决机制中，争端类型分为违反性申诉和非违反性申诉。（1）违反性申诉中，申诉方须证明被诉方违反协议，申诉成功，被诉方有义务修改或废除。（2）非违反性申诉中，申诉方无须证明违反，只需要证明自己的利益受损或者丧失，而申诉成功，被诉方无须修改或废止，但需要补偿。C 正确，D 错误。

8. 甲、乙两国均为 WTO 成员国，甲国针对乙国的某种商品采取了反倾销措施，乙国以甲国反倾销措施违反 WTO 协议为由诉至 WTO 争端解决机构。根据国际经济法的相关规则，以下哪些判断是正确的？（2021 - 回忆版，多）[1]

A. 反倾销措施是针对进口产品数量增加采取的贸易救济措施
B. 对争端方没有提出的主张，WTO 专家组无权审理
C. 争端解决机构审理争端时应适用 WTO 相关规则
D. 若争端解决机构裁决支持了乙国，有权直接撤销甲国的反倾销措施

【解析】进口数量增加是采取保障措施的条件，A 项错误。D 项错误，如乙国获得了支持，且甲国没有在合理期限内履行裁决，乙国可申请授权报复，可对甲国中止减让或中止其他义务。

9.《服务贸易总协定》规定了服务贸易的方式，下列哪一选项不属于协定规定的服务贸易？（2012 - 1 - 40，单）[2]

A. 中国某运动员应聘到美国担任体育教练
B. 中国某旅行公司组团到泰国旅游
C. 加拿大某银行在中国设立分支机构
D. 中国政府援助非洲某国一笔资金

【考点】《服务贸易总协定》
【解析】服务贸易有四种提供方式：

（1）跨境交付：指服务的提供者在一成员方的领土内，向另一成员方领土内的消费者提供服务的方式，如在中国境内通过电信、邮政、计算机网络等手段实现对境外的外国消费者的服务；

（2）境外消费：指服务提供者在一成员方的领土内，向来自另一成员方的消费者提供服务的方式，如中国公民在其他国家短期居留期间，享受国外的医疗服务；

（3）商业存在：指一成员方的服务提供者在另一成员方领土内设立商业机构，在后者领土内为消费者提供服务的方式，如外国服务类企业在中国设立公司为中国企业或个人提供服务；

（4）自然人流动：指一成员方的服务提供者以自然人的身份进入另一成员方的领土内提供服务的方式，如某外国律师作为外国律师事务所的驻华代表到中国境内为消费者提供服务。故 D 不属于服务贸易方式。

---

[1] BC [2] D

第六章 国际经济法领域的其他法律制度

第一节 知识产权的国际保护

1. 关于版权保护，下列哪一选项体现了《与贸易有关的知识产权协议》对《伯尔尼公约》的补充？（2010 - 1 - 41，单）[1]

A. 明确了摄影作品的最低保护期限

B. 将计算机程序和有独创性的数据汇编列为版权保护的对象

C. 增加了对作者精神权利方面的保护

D. 无例外地实行国民待遇原则

【考点】《保护文学艺术作品伯尔尼公约》和 TRIPS 比较

【解析】A 错误。此为 TRIPS 对《罗马公约》的修订：表演者和录制者保护期限为 50 年，广播组织的保护期限为 20 年。

B 正确。TRIPS 的保护对象扩大到计算机程序和有独创性的数据汇编。

C 错误。对作者精神权利方面的保护不是 TRIPS 的补充。

D 错误。TRIPS 要求各成员在知识产权保护上，实行国民待遇原则，但有例外情形，即坚持遵循《保护文学艺术作品伯尔尼公约》（以下简称《伯尔尼公约》）第 6 条和《罗马公约》第 16 条第 1 款的规定，允许特殊情形下，以近似互惠的保护代替因"作品国籍"原应享有的国民待遇。

版权保护方面，TRIPS 对《伯尔尼公约》的补充表现在：

（1）保护客体：将计算机程序和有独创性的数据汇编列入版权保护的对象。

（2）权利内容：增加了计算机程序和电影作品的出租权。

（3）追溯力：将《伯尔尼公约》有关追溯力的规定比照适用于表演者权及录音制品制作者权。

2. 李伍为惯常居所地在甲国的公民，满成为惯常居所地在乙国的公民。甲国不是《保护文学艺术作品伯尔尼公约》缔约国，乙国和中国是该公约的缔约国。关于作品在中国的国民待遇，下列哪些选项是正确的？（2012 - 1 - 82，多）[2]

A. 李伍的文章在乙国首次发表，其作品在中国享有国民待遇

B. 李伍的文章无论发表与否，其作品在中国享有国民待遇

C. 满成的文章无论在任何国家首次发表，其作品在中国享有国民待遇

---

[1] B [2] ACD

D. 满成的文章无论发表与否，其作品在中国享有国民待遇

【考点】《保护文学艺术作品伯尔尼公约》

【解析】 A 正确，B 错误。甲国虽不是《保护文学艺术作品伯尔尼公约》缔约国，但乙国是缔约国，依据"作品国籍"原则，李伍的作品在中国享有国民待遇。但依照"作品国籍"原则要求作品必须发表。

C、D 正确。满成可以依据"作者国籍"原则在中国享有国民待遇，不论作品是否发表，根据《保护文学艺术作品伯尔尼公约》，有权享有国民待遇的国民包括"作者国籍"和"作品国籍"两类情况。"作者国籍"指公约成员国国民和在成员国有惯常住所地的非成员国国民，其作品无论是否出版，均应在一切成员国中享有国民待遇。"作品国籍"针对非公约成员国国民，其作品只要是在任何一个成员国出版，或者在一个成员国和非成员国同时出版（30 天之内），也应在一切成员国中享有国民待遇。

3. 甲国人柯里在甲国出版的小说流传到乙国后出现了利用其作品的情形，柯里认为侵犯了其版权，并诉诸乙国法院。尽管甲乙两国均为《伯尔尼公约》的缔约国，但依甲国法，此种利用作品不构成侵权，另外，甲国法要求作品要履行一定的手续才能获得保护。根据相关规则，下列哪一选项是正确的？（2014－1－43，单）[1]

A. 柯里须履行甲国法要求的手续才能在乙国得到版权保护

B. 乙国法院可不受理该案，因作品来源国的法律不认为该行为是侵权

C. 如该小说在甲国因宗教原因被封杀，乙国仍可予以保护

D. 依国民待遇原则，乙国只能给予该作品与甲国相同水平的版权保护

【考点】《保护文学艺术作品伯尔尼公约》

【解析】 A 错误。根据《保护文学艺术作品伯尔尼公约》（以下简称《伯尔尼公约》）的自动保护原则，柯里无须履行甲国法手续，由于其已在甲国出版则自动获得乙国的版权保护。根据《伯尔尼公约》第 3 条，公约成员国国民和在成员国有惯常居所的非成员国国民，其作品无论是否出版，均应在一切成员国中享有国民待遇；非公约成员国国民，其作品只要是在任何一个成员国首次出版，或者在一个成员国和非成员国同时出版（30 天之内），也应在一切成员国中享有国民待遇。

B 错误，C 正确。根据《伯尔尼公约》第 5 条的版权独立性原则，享有国民待遇的人在公约任何成员国所得到的著作权保护，不依赖其作品在来源国受到的保护。

D 错误。根据《伯尔尼公约》，所说的"国民待遇"包含两方面的含义：（1）享有公约各成员国依本国法现在给予和今后可能给予其本国国民的权利；（2）享有公约特别授予的权利，即公约提出的最低保护要求。

4. 2011 年 4 月 6 日，张某在广交会上展示了其新发明的产品，4 月 15 日，张某在中国就其产品申请发明专利（后获得批准）。6 月 8 日，张某在向《巴黎公约》成员国甲国申请专利时，得知甲国公民已在 6 月 6 日向甲国就同样产品申请专利。下列哪一说法是正确的？（2013－1－41，单）[2]

A. 如张某提出优先权申请并加以证明，其在甲国的申请日至少可以提前至 2011 年 4 月 15 日

B. 2011 年 4 月 6 日这一时间点对张某在甲国以及《巴黎公约》其他成员国申请专利没有任何影响

C. 张某在中国申请专利已获得批准，甲国也应当批准他的专利申请

D. 甲国不得要求张某必须委派甲国本地代理人代为申请专利

【考点】《巴黎公约》

【解析】A 正确。优先权的获得不是自动的，需要提出申请并提供证明文件。

B 错误。2011 年 4 月 6 日是张某可以主张优先权，且优于甲国公民的时间点。

C 错误。考查专利独立性原则。独立性原则的主要内容：

（1）关于外国人的专利申请或商标注册，应由各成员国依本国法决定，而不受原属国和其他任何国家就该申请作出的决定的影响；

（2）在优先权期限内的专利，在后申请是否提供保护、申请的结果如何，与在先申请没有关系。

D 错误。国民待遇原则的主要内容：公约规定，任何缔约国在知识产权的保护方面给予缔约国的国民和在一个缔约国领域内设有住所或真实有效的工商营业所的非缔约国民以国民待遇。例外：各成员国在关于司法和行政程序、管辖以及选定送达地址或指定代理人的法律规定等方面，凡工业产权法有所要求的，可以保留。如有的国家的工业产权法要求外国专利申请人必须委派当地国家的代理人代理申请，并指定送达文件的地址。

5. 甲国人迈克在甲国出版著作《希望之路》后 25 天内，又在乙国出版了该作品，乙国是《保护文学和艺术作品伯尔尼公约》缔约国，甲国不是。依该公约，下列哪一选项是正确的？（2017 - 1 - 44，单）[1]

A. 因《希望之路》首先在非缔约国出版，不能在缔约国享受国民待遇

B. 迈克在甲国出版《希望之路》后 25 天内在乙国出版，仍然具有缔约国的作品国籍

C. 乙国依国民待遇为该作品提供的保护需要迈克履行相应的手续

D. 乙国对该作品的保护有赖于其在甲国是否受保护

【考点】《保护文学艺术作品伯尔尼公约》

【解析】根据《保护文学艺术作品伯尔尼公约》的"国民待遇"原则，非公约成员国国民，其作品只要在任何一个成员国首次出版（发表），或者在一个成员国和非成员国同时（30 天之内）出版（发表），也应在一切成员国中享有国民待遇。A 错误，B 正确。

《保护文学艺术作品伯尔尼公约》明确规定，版权自动保护原则。C 错误。

根据公约的独立性原则，享有国民待遇的作品，在公约的任何成员国所得到的著作权保护，不依赖于其在来源国受到的保护。D 错误。

6. 香槟是法国地名，中国某企业为了推广其葡萄酒产品，拟为该产品注册"香槟"商标。依《与贸易有关的知识产权协议》，下列哪些选项是正确的？（2015 - 1 - 81，多）[2]

A. 只要该企业有关"香槟"的商标注册申请在先，商标局就可以为其注册

B. 如该注册足以使公众对该产品的来源误认，则应拒绝注册

C. 如该企业是在利用香槟这一地理标志进行暗示，则应拒绝注册

D. 如允许来自法国香槟的酒产品注册"香槟"的商标，而不允许中国企业注册该商标，则违反了国民待遇原则

【考点】《与贸易有关的知识产权协议》

【解析】A、B、C 三项，WTO《与贸易有关的知识产权协议》要求成员方采取措施禁止将地理标志做任何不正当竞争的使用或作为商标注册，此处还特别要求各成员采取法律手段，防

---

[1] B 〔2〕 BC

止任何人使用一种地理标志来表示并非来源于该标志所指地方的葡萄酒或烈酒。A 错误，B、C 正确。

D 项，"香槟"是法国地名，因此如允许来自法国香槟的酒产品注册"香槟"商标，并不会构成对地理标志权的侵害，但是如果允许中国企业注册该商标，就可能导致消费者误认误购，这与国民待遇无关。D 错误。

7. 中国甲公司与德国乙公司签订了一项新技术许可协议，规定在约定期间内，甲公司在亚太区独占使用乙公司的该项新技术。依相关规则，下列哪一选项是正确的？（2016 - 1 - 43，单）〔1〕

　　A. 在约定期间内，乙公司在亚太区不能再使用该项新技术
　　B. 乙公司在全球均不能再使用该项新技术
　　C. 乙公司不能再将该项新技术允许另一家公司在德国使用
　　D. 乙公司在德国也不能再使用该项新技术

【考点】国际技术贸易法律制度——国际许可协议

【解析】国际许可协议在实践中存在多种类型，包括独占许可协议、排他许可协议及普通许可协议等。其中，独占许可协议指在协议规定的时间和地域范围内，许可方授予被许可方技术的独占使用权，许可方不仅不能将该技术使用权另行转让给第三方，而且许可方自己也不能在该时间和地域范围内使用该项出让的技术。

A 正确。作为许可方的乙公司本身也不得在约定时间和地域内（亚太区）使用该技术。

B 错误。乙公司可以在约定地域以外的区域使用该技术。

C 错误。乙公司可以在亚太区以外使用该技术，自然也可以在亚太区之外的地区将该技术授予其他公司。

D 错误。乙公司可以在亚太区以外使用该技术，而德国在亚太区以外。

8. 中国甲公司是一家生产牙膏的公司，为其"芳芳"牌牙膏向英国和俄罗斯分别申请"FANGFANG"商标，因英语"FANG"含有毒牙的意思，故英国不予注册。俄罗斯给予了注册。根据《与贸易有关的知识产权协定》（TRIPS），下列哪些选项是错误的？（2021 - 回忆版，多）〔2〕

　　A. 英国和俄罗斯的不同做法违反了平等原则
　　B. 英国和俄罗斯的不同做法违反了国民待遇原则
　　C. 英国和俄罗斯的不同做法违反了最惠国待遇原则
　　D. 知识产权独立性原则影响了甲公司在不同国家的注册

【解析】TRIPS 首先将《巴黎公约》《伯尔尼公约》《罗马公约》《关于集成电路的知识产权条约》的实体性规定全部纳入，成为世贸成员必须给予知识产权保护的最低标准。根据《巴黎公约》，关于外国人的专利申请或商标注册，应由各成员国依法决定，而不受原属国或其他任何国家就该申请做出的任何决定的影响。

---

〔1〕 A 〔2〕 ABC

第二节　国际投资法

9. 根据《多边投资担保机构公约》，关于多边投资担保机构（MIGA）的下列哪一说法是正确的？（2011 - 1 - 44，单）[1]

A. MIGA 承保的险别包括征收和类似措施险、战争和内乱险、货币汇兑险和投资方违约险

B. 作为 MIGA 合格投资者（投保人）的法人，只能是具有东道国以外任何一个缔约国国籍的法人

C. 不管是发展中国家的投资者，还是发达国家的投资者，都可向 MIGA 申请投保

D. MIGA 承保的前提条件是投资者母国和东道国之间有双边投资保护协定

【考点】多边投资担保机构

【解析】A 错误。MIGA 承保的险别包括征收和类似措施险、战争和内乱险、货币汇兑险和违约险，违约是指政府违约。

B 错误。MIGA 所担保的合格投资者（投保人），必须是符合下列条件的自然人和法人：（1）该自然人不是东道国的国民；（2）该法人不具有东道国的法人资格或在该东道国设有主要营业地点；（3）相关法人的经营以商业盈利为目的。但如投资者和东道国的联合申请，且用于投资的资本来自东道国境外，经机构董事会特别多数票通过，可将合格投资者扩大到东道国的自然人、在东道国注册的法人以及其他多数资本为东道国国民所有的法人。不具有法人资格的合伙视为具有未经注册的企业及公司的分部的地位，此类经济实体的所有权人可单独向机构申请投资担保，具有法人资格的合伙组织则可直接向机构申请担保。

C 正确。《多边投资担保机构公约》只对东道国的资格作出了限制性规定，即机构只对向发展中国家成员领土内的投资予以担保，而对于投资者来自发展中国家还是发达国家不作限制。

D 错误。投资者母国与投资东道国之间的 BIT 不是合格投资的必要条件。公约在第 12 条（d）中规定了 MIGA 在担保一项投资时，应对投资项目的经济合理性、合法性进行审查，审查的标准为：（1）该项投资的经济合理性及其对东道国的贡献；（2）该项投资是否符合东道国的法令；（3）该项投资与东道国宣布的发展目标和重点是否相一致；（4）东道国的投资条件，包括该投资是否得到公正与公平待遇及法律保护。如果东道国与投资者母国之间订有双边投资条约，则可认为构成了充分的法律保护。

10. 甲国公司在乙国投资建成地热公司，并向多边投资担保机构投了保。1993 年，乙国因外汇大量外流采取了一系列的措施，使地热公司虽取得了收入汇出批准书，但仍无法进行货币汇兑并汇出，甲公司认为已发生了禁兑风险，并向投资担保机构要求赔偿。根据相关规则，下列选项正确的是：（2014 - 1 - 99，不定项）[2]

A. 乙国中央银行已批准了货币汇兑，不能认为发生了禁兑风险

B. 消极限制货币汇兑也属于货币汇兑险的范畴

C. 乙国应为发展中国家

D. 担保机构一经向甲公司赔付，即代位取得向东道国的索赔权

【考点】货币汇兑险

---

[1]　C　[2]　BCD

【解析】A错误，B正确。由于乙国因采取措施使得地热公司虽取得了收入汇出批准书但仍无法进行货币汇兑并汇出，实际上无法兑换成自由货币，已经发生了禁兑风险。

货币汇兑险是指由于东道国政府的责任而采取的任何措施，限制将其货币转换成可自由使用货币或担保权人可接受的另一货币，并汇出东道国境外，包括东道国政府未能在合理的时间内对该保险人提出的此类汇兑申请做出行动。东道国政府的限制措施，是指限制转移的一切新措施，无论是直接的还是间接的，法律上规定的或是事实上存在的；同时，东道国的这些措施既包括积极的作为，也包括消极的不作为。此外，MIGA在其《业务细则》中还规定，MIGA对于投资者在东道国货币换成其他货币时可能受到的汇率歧视也予以担保。

C正确。根据《多边投资担保机构公约》第14条和第15条，合格投资所在的东道国必须同时满足以下条件：（1）必须是一个发展中国家会员国，因为MIGA只对发展中国家会员国领土内所做投资予以担保；（2）必须是一个同意担保特定投资风险的国家。公约规定，在东道国同意就指定的风险予以担保之前，MIGA不得缔结任何担保合同。

D正确。MIGA一经向投保人支付或同意支付赔偿，即代位取得投保人对东道国或其他债务人所拥有的有关承保投资的各种权利或索赔权。

11. 甲国T公司与乙国政府签约在乙国建设自来水厂，并向多边投资担保机构投保。依相关规则，下列哪一选项是正确的？（2016-1-44，单）[1]

A. 乙国货币大幅贬值造成T公司损失，属货币汇兑险的范畴

B. 工人罢工影响了自来水厂的正常营运，属战争内乱险的范畴

C. 乙国新所得税法致T公司所得税增加，属征收和类似措施险的范畴

D. 乙国政府不履行与T公司签订的合同，乙国法院又拒绝受理相关诉讼，属政府违约险的范畴

【考点】多边投资担保机构

【解析】根据《多边投资担保机构公约》，货币汇兑险是指"东道国政府采取新的措施，限制其货币兑换成可自由使用货币或被保险人可接受的另一种货币，及汇出东道国境外，包括东道国政府未能在合理的时间内对该被保险人提出的此类汇兑申请作出行动。"仅仅是货币的大幅贬值并不构成货币汇兑险。A错误。

战争内乱险是指"东道国境内任何地区的任何军事行动或内乱"，并不包括工人罢工。B错误。

征收和类似措施险是指"东道国政府采取立法或行政措施，或懈怠行为，实际上剥夺了被保险人对其投资的所有权或控制权，或其应从该投资中得到的大量收益。但政府为管理其境内的经济活动而通常采取的普遍适用的非歧视性措施不在此列"。国家新所得税法即属于"政府为管理其境内的经济活动而通常采取的普遍适用的非歧视性措施"，不构成征收和类似措施险。C错误。

政府违约险是指"东道国政府不履行或违反与被保险人签订的合同，并且（1）被保险人无法求助于司法或仲裁机关对其提出的有关诉讼作出裁决，或（2）该司法或仲裁机关未能在担保合同根据机构的条例规定的合理期限内作出裁决，或（3）虽有这样的裁决但未能执行。"乙国政府不履行合同，又因为法院拒绝受诉而无法求助于司法或仲裁机关对其提出的有关诉讼作出裁决，应属于政府违约险的范畴。

---

[1] D

12. 甲国某公司要到乙国投资建设一个垃圾处理厂，并与乙国政府签订了垃圾处理合同，后乙国因为环境政策的改变增加了环境保护税。乙国政府遂以该合同履行不再具有经济意义为由拒绝履行该合同。现该公司寻求相关的法律救济措施。以下说法正确的有？（2018 - 回忆版，多）[1]

A. 乙国政府的做法属于政府违约行为

B. 乙国政府的行为属于征收或类似措施行为

C. 如果该公司寻求多边投资担保机构进行理赔，应以用尽乙国当地救济为前提条件

D. 多边投资担保机构进行理赔后，可以直接向乙国政府主张代位求偿

【考点】 多边投资担保机构

【解析】 多边投资担保机构承保的险别为：货币汇兑险、征收或类似措施险、战争内乱险和政府违约险等。征收或类似措施险指承保（1）剥夺投资者对其投资的所有权或控制权，或（2）剥夺投资产生的大量效益。政府违约险指承保东道国违约且投资者无法寻求当地救济。A正确，B错误。MIGA理赔不以用尽当地救济为前提。C错误。多边投资担保机构理赔后，取得了代位求偿权，因此，可以向乙国政府主张代位求偿。D正确。

13. 关于《解决国家和他国国民间投资争端公约》和依其设立的解决国际投资争端中心，下列哪些说法是正确的？（2011 - 1 - 81，多）[2]

A. 中心管辖直接因投资引起的法律争端

B. 中心管辖的争端必须是关于法律权利或义务的存在或其范围，或是关于因违反法律义务而实行赔偿的性质或限度的

C. 批准或加入公约本身并不等于缔约国承担了将某一特定投资争端提交中心调解或仲裁的义务

D. 中心的裁决对争端各方均具有约束力

【考点】 《解决国家和他国国民间投资争端公约》

【解析】 A、B正确。根据《解决国家和他国国民间投资争端公约》，中心受理一缔约国和另一缔约国国民之间直接因投资而产生的任何法律争端。对于何为"投资"，公约本身没有规定，可以由当事方自主决定。对于"法律争端"，董事会报告认为，争端必须是关于法律权利或义务的存在或其范围，或是关于因违反法律义务而实行赔偿的性质或限度的。

C正确。批准或加入公约本身并不等于缔约国承担了将某一特定投资争端提交中心调解或仲裁的义务。

D正确。中心的裁决对于争端双方均具有约束力，不得进行任何上诉或采取任何其他除本公约规定之外的补救办法。

14. 甲国A公司在乙国投资设立B公司，并就该投资项目向多边投资担保机构投保货币汇兑险。A公司的某项产品发明在甲国首次申请专利后又在乙国提出专利申请，同时要求获得优先权保护。甲乙两国都是《多边投资担保机构公约》和《保护工业产权巴黎公约》的缔约国，下列哪些判断是正确的？（2020 - 回忆版，多）[3]

A. 乙国应为发展中国家

B. 乙国外汇管制是商业风险，不属于担保范围

C. 若A公司的专利申请在甲国被驳回，也不影响在乙国的优先权

D. 乙国有权要求以本国专利代理机构代理相关事项

---

[1] AD　[2] ABCD　[3] ACD

【解析】A 正确。根据《多边投资担保机构公约》，机构只对向发展中国家成员领土内的投资予以担保。

货币汇兑险，承保由于东道国的责任而采取的任何措施，使投资人无法自由将其投资所得、相关投资企业破产的清算收入及其他收益兑换成可自由使用的货币，或依东道国的法律，无法将相关收益汇出东道国的风险。外汇管制属于政治风险。B 错误。

《巴黎公约》在优先权期限届满之前，后来在其他缔约国提出的申请，均不因在此期间内他人所做的任何行为而失效。在先申请的撤回、放弃或驳回不影响该申请的优先权地位。C 正确。

国民待遇的例外是各成员国在关于司法和行政程序、管辖以及选定送达地址或指定代理人的法律规定等方面，凡工业产权法有所要求的，可以保留。如有的国家的工业产权法要求外国专利申请人必须委派当地国家的代理人代理申请，并指定送达文件的地址，以利于程序的进行。D 正确。

15. 甲、乙均为《解决国家和他国公民间投资争端公约》缔约国。甲国 A 公司拟将与乙的争端提交根据该公约成立的解决国际投资争端中心。对此，下列哪一选项是不正确的？（2012 - 1 - 43，单）[1]

A. 该中心可根据 A 公司的单方申请对该争端行使管辖权

B. 该中心对该争端行使管辖权，须以 A 公司和乙书面同意为条件

C. 如乙没有特别规定，该中心对争端享有管辖权不以用尽当地救济为条件

D. 该中心对该争端行使管辖权后，可依争端双方同意的法律规则作出裁决

【解析】A 错误，B 正确。根据《解决国家和他国公民间投资争端公约》（也称《华盛顿公约》），中心仅对争端双方书面同意提交给 ICSID 裁决的争端有管辖权，单方不能申请中心对争端行使管辖权。

C 正确。根据《华盛顿公约》第 26 条，缔约国可以要求用尽当地各种行政或司法补救办法，作为其同意根据本公约交付仲裁的一个条件。也就是说，ICSID 仲裁机制并没有特别强调用尽当地救济原则的必须适用性。

D 正确。根据《华盛顿公约》第 42 条，中心仲裁庭应依争端双方同意的法律规则对争端作出裁决，如双方没有对应适用的法律规则达成协议，则适用作为争端一方的缔约国的国内法以及可以适用的国际法规则。仲裁庭不得以没有明确的法律规定或法律规定含义不清而不作出裁决。

16. 甲国惊奇公司的创新科技产品经常参加各类国际展览会，该公司向乙国的投资包含了专利转让，甲、乙两国均为《巴黎公约》和《华盛顿公约》（公约设立的解决国际投资争端中心的英文简称为 ICSID）的成员。依相关规定，下列哪些选项是正确的？（2017 - 1 - 81，多）[2]

A. 惊奇公司的新产品参加在乙国举办的国际展览会，产品中可取得专利的发明应获得临时保护

B. 如惊奇公司与乙国书面协议将其争端提交给 ICSID 解决，ICSID 即对该争端有管辖权

C. 提交 ICSID 解决的争端可以是任何与投资有关的争端

---

[1] A　[2]　AB

D. 乙国如对 ICSID 裁决不服的，可寻求向乙国的最高法院上诉

【考点】《巴黎公约》临时性保护原则、ICSID 管辖权

【解析】《巴黎公约》的"临时性保护"原则，要求缔约国对在任何一个成员国内举办的或经官方承认的国际展览会上展出的商品中，可以取得专利的发明、实用新型、外观设计和可以注册的商标给予临时保护。A 正确。

ICSID 行使管辖权须满足三个条件：（1）主体方面：受理的争端限于一缔约国政府与另一缔约国国民的争端，但是在争端双方均同意的情况下，也受理东道国和受外国投资者控制的东道国法人之间的争端；（2）争端性质方面：受理的争端必须是直接因国际投资而引起的法律争端；（3）主观条件方面：需要争端双方出具同意中心管辖的书面文件。B 正确。

ICSID 受理的争端必须是直接因国际投资引起的法律争端。C"任何"的提法错误。

ICSID 一裁终局，裁决对争端各方均具有约束力。D 错误。

17. 为了促进本国汽车产业，甲国出台规定，如生产的汽车使用了 30% 国产零部件，即可享受税收减免的优惠。依世界贸易组织的相关规则，关于该规定，下列哪一选项是正确的？（2015 - 1 - 44，单）[1]

A. 违反了国民待遇原则，属于禁止使用的与贸易有关的投资措施

B. 因含有国内销售的要求，是扭曲贸易的措施

C. 有贸易平衡的要求，属于禁止的数量限制措施

D. 有外汇平衡的要求，属于禁止的投资措施

【考点】《与贸易有关的投资措施协议》

【解析】甲国"如生产的汽车使用了 30% 国产零部件，即可享受税收减免的优惠"的规定会促使本国的汽车制造商为了获得税收优惠扩大国产零部件的使用比例，最终的结果是使国产零部件的待遇高于进口同类零部件，明显违反了国民待遇原则。

18. 甲国法律要求外国投资者必须购买东道国的原材料。乙国认为该项措施违反了世界贸易组织《与贸易有关的投资措施协议》，从而诉诸世界贸易组织争端解决机构。下列说法正确的是：（2019 - 回忆版，单）[2]

A. 甲国的规定属于禁止使用外汇的数量限制

B. 《与贸易有关的投资措施协议》适用于货物、服务和知识产权交易相关的投资措施

C. 磋商是成立专家组之前的必经程序

D. 争端解决机构的受案范围仅涉及货物贸易和服务贸易争端，不受理因投资措施协议等引起的争端

【考点】《与贸易有关的投资措施协议》

【解析】A 错误。根据《与贸易有关的投资措施协议》，甲国法律的规定属于违反国民待遇的规定，具体说，属于当地成分要求限制。

B 错误。该协议只适用于货物贸易相关的投资措施，不适用于服务贸易和知识产权贸易。

C 正确。根据世贸组织的规定，为期 60 天的秘密磋商程序属于设立专家组的必经程序。

D 错误。根据世贸组织的规定，争端解决机构受理因违反任何世贸组织协议而引起的争端，可以将其理解为一个统一的、综合性的争端解决机构。

---

[1] A　[2] C

第三节 国际融资法

19. 甲国公司承担乙国某工程，与其签订工程建设合同。丙银行为该工程出具见索即付的保函。后乙国发生内战，工程无法如期完工。对此，下列哪些选项是正确的？（2011 - 1 - 82，多）[1]

A. 丙银行对该合同因战乱而违约的事实进行实质审查后，方履行保函义务

B. 因该合同违约原因是乙国内战，丙银行可以此为由不履行保函义务

C. 丙银行出具的见索即付保函独立于该合同，只要违约事实出现即须履行保函义务

D. 保函被担保人无须对甲国公司采取各种救济方法，便可直接要求丙银行履行保函义务

【考点】 国际融资担保——见索即付保函

【解析】 A错误，B错误，C、D正确。见索即付担保，又称独立保函，指一旦主债务人违约，贷款人无须先向主债务人追索，即可无条件要求保证人承担第一偿付责任的保证。其特点是：

（1）无条件性，担保人仅凭受益人提出的要求即应付款，只需符合担保合同规定的手续即可，而不问付款要求是否有合理依据。索赔提供的证明文件只有书面形式的要求，保证人无须核实借款是否违约。保证人承担的是第一顺序的、独立的还款义务，一旦借款人不履约，贷款人事先无须对借款人采取各种救济方法，便可直接要求保证人承担还款责任。

（2）单一性，即担保人所承担的只是付款义务，而不是实际履行本应由借款人履行的义务。担保人的付款义务是独立的、非从属性的。

（3）独立性，见索即付保证是独立的，担保人所承担的义务独立于基础合同，担保人不能以基础合同的履行、修改或无效对抗受益人。

20. 中国甲公司在承担中东某建筑工程时涉及一系列分包合同和买卖合同，并使用了载明适用《见索即付保函统一规则》的保函。后涉及保函的争议诉至中国某法院。依相关司法解释，下列哪些选项是正确的？（2017 - 1 - 82，多）[2]

A. 保函内容中与《见索即付保函统一规则》不符的部分无效

B. 因该保函记载了某些对应的基础交易，故该保函争议应适用我国《民法典》有关保证的规定

C. 只要受益人提交的单据与独立保函条款、单据与单据之间表面相符，开立人就须独立承担付款义务

D. 单据与独立保函条款之间表面上不完全一致，但并不导致相互之间产生歧义的，仍应认定构成表面相符

【考点】 见索即付保函

【解析】《见索即付保函统一规则》是任意性规定，保函内容中与其不符的部分以保函为准，并非无效。A错误。

《关于审理独立保函纠纷案件若干问题的规定》第3条第3款规定："当事人主张独立保函适用民法典关于一般保证或连带保证规定的，人民法院不予支持。"B错误。

见索即付保函与基础交易无关，只要"单单、单证一致"即承担付款义务。C正确。

---

[1] CD [2] CD

《见索即付保函统一规则》第19条第2款规定："保函所要求的单据的内容应结合该单据本身、保函和本规则进行审核。单据的内容无需与该单据的其他内容、其他要求的单据或保函中的内容等同一致，但不得矛盾。"可知审查见索即付保函表面一致与否适用"非歧义原则"而非"镜像原则"。D正确。

21. 中国某工程公司在甲国承包了一项工程，中国某银行对甲国的发包方出具了见索即付的保函。后甲国发包方以中国公司违约为由向中国银行要求支付保函上的款项遭到拒绝。以下说法哪项是正确的？(2018 - 回忆版，单)[1]

A. 如果工程承包公司是我国政府独资的国有企业，则银行可以以此为由拒绝向受益人付款

B. 中国银行可以主张保函受益人先向中国承包公司主张求偿，待其拒绝后再履行保函义务

C. 中国银行应对施工合同进行实质性审查后方可决定是否履行保函义务

D. 只要保函受益人提交的书面文件与保函要求相符，银行就必须承担付款责任

【考点】见索即付保函

【解析】根据2020年《关于审理独立保函纠纷案件若干问题的规定》，见索即付保函的特点：(1) 独立性：不受基础合同效力的影响；(2) 连带性：担保人没有先诉抗辩权；(3) 无条件：受益人只需要提交符合保函要求的单据，开立人应立即付款。开立人不得要求受益人先向承包公司主张求偿或者进行实质性审查之后决定是否履行保函义务，单函、单单表面一致开立人即应向受益人付款。B、C错误，D正确。

开立人的义务在于单函、单单表面一致即付款，在不一致的情况下或者法院颁发止付令的情况下可以拒绝付款，故不因承包公司的性质为政府独资的国有企业而拒绝付款。

22. 中国甲公司和美国乙公司签订天然气买卖合同，双方在合同中约定通过仲裁解决争端。中国甲公司委托中国银行开设了独立保函。现乙公司和中国银行因保函履行产生纠纷。根据我国法律的规定，下列说法正确的是：(2019 - 回忆版，多)[2]

A. 因天然气买卖合同明确约定通过仲裁解决纠纷，所以法院对该纠纷无权管辖

B. 中国银行住所地法院有权对该案进行管辖

C. 如我国法院受理该案，中国银行主张该独立保函属于一般保证的，法院不予支持

D. 如该独立保函存在欺诈，则中国银行住所地法院对该欺诈纠纷有管辖权

【考点】独立保函

【解析】A错误。无论是独立保函纠纷案件还是独立保函欺诈案件，基础交易中约定的争端解决条款对独立保函案件均没有约束力。本题中天然气买卖合同是基础交易合同，其中约定的争端解决方式对独立保函纠纷案件没有约束力。"独立"就是独立于基础交易。

B正确。我国《关于审理独立保函纠纷案件若干问题的规定》明确规定在当事人没有选择的情况下，被告人住所地法院和独立保函开立人住所地法院均对独立保函纠纷案件有管辖权。中国银行住所地法院属于开立人住所地法院，有管辖权。

C正确。根据我国《关于审理独立保函纠纷案件若干问题的规定》，当事人以独立保函中记载基础交易为由认为独立保函应当适用民法典中关于一般保证和连带责任保证的，法院不予支持。

D正确。根据我国《关于审理独立保函纠纷案件若干问题的规定》，在当事人没有选择的

---

[1] D [2] BCD

情况下，被告住所地法院和独立保函开立人住所地法院有权管辖独立保函欺诈案件。

23. 在一国际贷款中，甲银行向贷款银行乙出具了备用信用证，后借款人丙公司称贷款协议无效，拒绝履约。乙银行向甲银行出示了丙公司的违约证明，要求甲银行付款。依相关规则，下列哪些选项是正确的？(2016-1-81，多)[1]

A. 甲银行必须对违约的事实进行审查后才能向乙银行付款
B. 备用信用证与商业跟单信用证适用相同的国际惯例
C. 备用信用证独立于乙银行与丙公司的国际贷款协议
D. 即使该国际贷款协议无效，甲银行仍须承担保证责任

【考点】国际融资担保——备用信用证

【解析】备用信用证是开证行（担保人）应客户（借款人）要求开立的以贷款人为受益人的付款凭证，承诺在受益人出示信用证所规定的违约证明和票据时即向受益人付款。备用信用证最大的特点就是它独立于作为它的基础的借贷合同。C正确。

只要开证行经审查认为证明符合信用证的规定，开证行即可付款。开证行不负责审查是否确实存在不履行贷款协议义务的违约事件，即无需对违约的事实进行实质性审查。A错误。也不负责审查贷款协议是否有效。只要贷款人提示的证件合格，开证行必须支付规定的款项，承担保证责任。D正确。

备用信用证与一般商业跟单信用证不同，它不是国际贸易的支付方式，而本质上相当于银行作出的独立、连带保证。因此二者适用的国际惯例也不同。普通商业跟单信用证适用《跟单信用证统一惯例》(UCP600)，UCP600中的"信用证"的概念虽然包含备用信用证，但对备用信用证不能完全适用，也不适合，并未能全面涉及备用信用证中的问题。因此备用信用证需要更加专门的行为规则及惯例。如国际商会发布的《国际备用证惯例》(ISP98)，联合国通过的《联合国独立担保和备用信用证公约》等。B错误。

24. 我国某省政府为了引进外国L公司的投资做了一些承诺并出具了意愿书。其后由我国甲银行为牵头人为L公司的投资项目组织了银团贷款。后因政策改变，L公司的投资项目不能履行。根据国际经济法的相关规则和实践，下列选项中正确的是哪项？(2021-回忆版，单)[2]

A. 该政府为其出具的意愿书应承担法律责任
B. 银团内各个贷款银行应相互承担连带责任
C. 应当由甲银行和L公司单独签订贷款合同
D. 可以由银团内各个贷款银行和L公司签订贷款合同

【解析】意愿书只有道义上的约束力，不具有法律上的执行力。国际银团贷款，是由数家各国商业银行联合组成集团，依统一的贷款条件向同一借款人提供贷款的方式。因而不是连带责任，仅就各自承诺的份额负责。直接式银团贷款是与各银行直接签订合同，间接式是与牵头银行签订合同，因而D项正确，C项错在"应当"过于绝对。

---

[1] CD　[2] D

第四节　国际税法

25. 目前各国对非居民营业所得的纳税普遍采用常设机构原则。关于该原则，下列哪些表述是正确的？（2010-1-84，多）[1]

A. 仅对非居民纳税人通过在境内的常设机构获得的工商营业利润实行征税

B. 常设机构原则同样适用于有关居民的税收

C. 管理场所、分支机构、办事处、工厂、油井、采石场等属于常设机构

D. 常设机构必须满足公司实体的要求

【考点】 来源地税收管辖权、常设机构原则

【解析】 A 正确，B 错误。常设机构原则，是指仅对非居民纳税人通过在境内常设机构而获取的工商营业利润实行征税的原则。

C 正确。常设机构包括：管理场所、分支机构、办事处、工厂、车间、作业场所、矿场、油井、采石场等，但不包括：陈列、展销、商品库存、为采购货物等而保有的场所，其他具有准备性、辅助性的固定场所。

D 错误。常设机构包括的范围较广，不要求必须满足实体性。

常设机构利润范围的认定一般采取实际联系原则和引力原则。

实际联系原则，是指通过常设机构取得的营业利润，及与常设机构有关联的其他所得，包括股息、利息、特许权使用费等。例外：国际海运和航空运输业，不实行常设机构原则，一般由企业的实际管理机构所在国征税。

26. 甲国人李某长期居住在乙国，并在乙国经营一家公司，在甲国则只有房屋出租。在确定纳税居民的身份上，甲国以国籍为标准，乙国以住所和居留时间为标准。根据相关规则，下列哪一选项是正确的？（2014-1-44，单）[2]

A. 甲国只能对李某在甲国的房租收入行使征税权，而不能对其在乙国的收入行使征税权

B. 甲乙两国可通过双边税收协定协调居民税收管辖权的冲突

C. 如甲国和乙国对李某在乙国的收入同时征税，属于国际重叠征税

D. 甲国对李某在乙国经营公司的收入行使的是所得来源地税收管辖权

【考点】 税收管辖权、国际重复征税、国际重叠征税

【解析】 A 错误。李某是甲国居民纳税人，甲国基于居民税收管辖权可以要求本国纳税居民承担全球纳税义务。因此，甲国可以对李某在乙国的收入行使征税权。

B 正确。在国际税收实践中，可以通过双边或多边税收条约或协定对彼此的居民税收管辖权与来源地税收管辖权的冲突进行协调。

C 错误。甲国和乙国对李某在乙国的收入同时征税，不是国际重叠征税，而是国际重复征税。国际重复征税是指两个或两个以上的国家，对同一纳税人就同一征税对象，在同一时期课征相同或类似的税收。

D 错误。来源国原则，或称领土原则，或来源地税收管辖权原则，是指一国政府针对非居民纳税人就其来源于该国境内的所得征税的原则。甲国对李某在乙国经营公司的收入行使的是居民税收管辖权。

---

[1]　AC　[2]　B

27. 为了完成会计师事务所交办的涉及中国某项目的财务会计报告，永居甲国的甲国人里德来到中国工作半年多，圆满完成报告并获得了相应的报酬。依相关法律规则，下列哪些选项是正确的？（2015 – 1 – 82，多）[1]

　　A. 里德是甲国人，中国不能对其征税

　　B. 因里德在中国停留超过了183天，中国对其可从源征税

　　C. 如中国已对里德征税，则甲国在任何情况下均不得对里德征税

　　D. 如里德被甲国认定为纳税居民，则应对甲国承担无限纳税义务

【考点】税收管辖权

【解析】来源地税收管辖权指一国政府针对非居民纳税人就其来源于该国境内的所得征税的权力。里德虽是甲国人，但其所得来源于中国，中国可根据来源地税收管辖权对其所得征税。具体来说，甲国人里德来到中国工作获的报酬属于劳务所得。劳务所得包括独立个人劳务所得和非独立个人劳务所得。独立个人劳务所得，指个人独立从事独立性专业活动所取得的收入，本题中即属独立个人劳务所得。《个人所得税法》第1条第1款规定："在中国境内有住所，或者无住所而一个纳税年度内在中国境内居住累计满一百八十三天的个人，为居民个人。居民个人从中国境内和境外取得的所得，依照本法规定缴纳个人所得税。"A错误，B正确。

　　居民税收管辖权指一国政府对于本国税法上的居民纳税人来自境内及境外的全部财产和收入实行征税的权力。居民纳税人承担的是无限的纳税义务。如里德被甲国认定为纳税居民，则应对甲国承担无限纳税义务，即使中国已对其征税，甲国仍可根据居民税收管辖权对其征税。C错误，D正确。

28. 甲国A公司在乙国开设了十多家药店用于销售进口药品。后A公司发现乙国对其所销售的进口药品征收的国内税远远高于同类国产药品。甲国和乙国都是世界贸易组织成员方。下列说法正确的是：（2019 – 回忆版，多）[2]

　　A. 为保护本国医药企业，乙国有权对进口药品征收更高的国内税

　　B. A公司有义务就其在乙国开设的药店向乙国纳税

　　C. 乙国的做法违反了最惠国待遇原则

　　D. 乙国的做法违反了国民待遇原则

【考点】国民待遇原则

【解析】根据世界贸易组织中有关国民待遇原则的规定，进口产品的待遇不得低于国内同类产品。B正确。乙国可以对上述药店行使来源地税收管辖权。

29. 中国和新加坡都接受了《金融账户信息自动交换标准》中的"共同申报准则"（CRS）。定居在中国的王某在新加坡银行和保险公司均开设有账户，同时还在新加坡拥有房产和收藏品。根据该准则，下列说法正确的是：（2019 – 回忆版，多）[3]

　　A. 王某可以持有巴拿马护照为理由要求新加坡拒绝向中国报送账户信息

　　B. 如中国未提供正当理由，新加坡无需向中国提供王某的金融账户信息

　　C. 新加坡有义务向中国提供王某在保险机构的账户信息

　　D. 新加坡可以不提供王某在新加坡的房产和收藏品信息

【考点】共同申报准则（CRS）

【解析】A错误。CRS是以税收居民身份为基础。根据《个人所得税法》，只要在我国境内有住所，或者无住所而一个纳税年度内在我国境内居住累计满一百八十三天，即可视为我国

---

[1] BD 　[2] BD 　[3] CD

的纳税居民。根据我国法律的规定，自然人税收居民身份的确定和国籍无关。

B错误。CRS规定信息交换应该是无理由的，自动的，并且1年1次。

C、D正确。CRS中涉及的金融信息是广义的概念，银行、信托、保险均属于金融的范畴。投资海外房产、珠宝、艺术品、贵金属等不属于金融资产的品类，则不需要申报。

30. 甲国人A某和家人长期居住在中国，其于海外多国均有生意。A某在乙国有存款账户和托管账户，在丙国有房产，房产内有珠宝和艺术品。中国与甲乙丙国均已确认了共同申报准则（CRS）实施税务信息交换。根据CRS与我国税法的规定，下列选项正确的有哪些？（2021-回忆版，多）[1]

A. 乙国应依中国的申请，方提供A某的相关税务信息

B. 因A某是甲国人，中国对其没有税收管辖权

C. A某在乙国的存款账户和托管账户均需报给中国

D. A某在丙国的房产、艺术品、珠宝，无须申报给中国

【解析】根据CRS交换税收情报是无需申请，自动进行的。A某长期居住在中国，自然人纳税居民身份的确定适用住所和居住时间标准。A某为中国纳税居民，中国有税收管辖权。海外房产、珠宝、艺术品不属于金融资产类的品类，不需要申报。

---

[1] CD

法大法考

2024年国家法律职业资格考试

金题解析

理论法

（第八册）

法律职业资格考试培训中心（学院）◎编著

叶晓川◎编写

中国政法大学出版社

2024·北京

图书在版编目（ＣＩＰ）数据

2024 年国家法律职业资格考试金题解析/法律职业资格考试培训中心（学院）编著.—北京：中国政法大学出版社，2024.4
ISBN 978-7-5764-1279-6

Ⅰ.①2… Ⅱ.①法… Ⅲ.①法律工作者－资格考试－中国－题解 Ⅳ.①D920.4

中国国家版本馆 CIP 数据核字(2024)第 007775 号

出 版 者	中国政法大学出版社
地　　址	北京市海淀区西土城路 25 号
邮寄地址	北京 100088 信箱 8034 分箱　邮编 100088
网　　址	http://www.cuplpress.com (网络实名：中国政法大学出版社)
电　　话	010-58908285(总编室) 58908433（编辑部）58908334(邮购部)
承　　印	固安华明印业有限公司
开　　本	787mm×1092mm　1/16
印　　张	112.75
字　　数	2800 千字
版　　次	2024 年 4 月第 1 版
印　　次	2024 年 4 月第 1 次印刷
定　　价	372.00 元（全八册）

序　言

2001 年《中华人民共和国法官法》《中华人民共和国检察官法》《中华人民共和国律师法》修正案相继通过。其中规定，国家对初任法官、检察官和取得律师资格实行统一的司法考试制度，这标志着我国正式确立了统一的司法考试制度，这是我国司法改革的一项重大举措。党的十八大以来，党中央和习近平总书记高度重视司法考试工作。2015 年 6 月 5 日，习近平总书记主持召开中央全面深化改革领导小组第十三次会议，审议通过了《关于完善国家统一法律职业资格制度的意见》，明确要将现行司法考试制度调整为国家统一法律职业资格考试制度。2017 年 9 月 1 日《全国人民代表大会常务委员会关于修改〈中华人民共和国法官法〉等八部法律的决定》审议通过，明确法律职业人员考试的范围，规定取得法律职业资格的条件等内容，定于 2018 年开始实施国家统一法律职业资格考试制度。这一改革对提高人才培养质量，提供依法治国保障，对全面推进依法治国，建设社会主义法治国家具有重大而深远的意义。

中国政法大学作为国家的双一流重点大学，以拥有作为国家一级重点学科的法学学科见长，其法学师资队伍汇集了一大批国内外知名法学家。他们不仅是法学教育园地的出色耕耘者，也是国家立法和司法战线的积极参与者。他们积累了法学教育和法律实践的丰富经验，取得了大量有影响的科研成果。

国家统一司法考试实施以来，我校专家学者在参与司法考试的制度建设和题库建设中做出了许多贡献，在此期间我校不仅有一批长期参加国家司法考试题库建设和考题命制的权威专家，也涌现出众多在国家司法考试培训中经验丰富和业绩突出的名师。伴随着司法考试改革，我校对法律职业资格考试进行更深入的分析研究，承继司法考试形成了强大的法律职业资格考试研究阵容和师资团队。

2005 年我校成立了中国高校首家司法考试学院。该院本着教学、科研和培训一体化的宗旨，承担着在校学生和社会考生司法考试培训任务。司法考试学院成立后，选拔了一批在司法考试方面的权威专家和名师，精心编写了中国政法大学《国家司法考试金题解析》作为考生考前提高应试能力的教材。伴随着 2018 年司法考试改革，我院根据法律职业资格考试内容及大纲对本书进行了全面修订，本书更名为《国家法律职业资格考试金题解析》。

法律职业资格考试中心（原司法考试学院）组织编写的此书紧扣国家法律职业资格考试大纲，较为系统地梳理真题及对应的考点，以帮助学生全面地掌握知识点。对每个考点涉及的法条和理论进行详细解读，有助于考生加深对重点考点的理解和掌握。全书渗透着编写教师多

年的教学经验，体现着国家法律职业资格考试的规律，帮助考生精准把握考试内容。本书将会对广大备考人员学习、理解和掌握国家法律职业资格考试的知识内容和应试方法具有积极的引导与促进作用，为考生提高考场实战能力提供支持和帮助。最后，对编写本套教材的各位老师辛勤付出表示感谢！编委会成员（按姓氏笔画排序）：方鹏、兰燕卓、叶晓川、安晋城、杨秀清、邹龙妹、宋亚伟、肖沛权、贾若山、梁泽宇。

在此预祝各位考生在国家法律职业资格考试中一举通过。

中国政法大学法律职业资格考试中心

（原中国政法大学司法考试学院）

目　录

习近平法治思想

法理学

宪　法

中国法律史

司法制度和法律职业道德

习近平法治思想

专题一　习近平法治思想的形成发展及重大意义

1. 习近平在中央全面依法治国委员会第一次会议的讲话上引用了商鞅立木建信的故事，史籍曰，商鞅推广变法，为取信于民，在城中立一木，移此木至城门可获赏十金，起初无人相信，后提高至赏五十金，方有人移木至城门，并获赏。下面哪一说法最符合该故事所揭示的道理？(2021年回忆版)[1]

A. 法不阿贵，绳不挠曲
B. 善禁者，先禁其身，而后人；不善禁者，先禁人而后身
C. 举直错诸枉，则民服；举枉错诸直，则民不服
D. 天下之事，不难于立法，而难于法之必行

【解析】商鞅立木建信的故事揭示了要想在大范围内实行某种措施，必须要先"取信于民"，人民是国家的根本。人无信不立，为政者更要说到做到，取信于民，法律和政策才能得到很好地贯彻。"法不阿贵，绳不挠曲"是说法律不偏袒有权有势的人，墨线不向弯曲的地方倾斜，指法律应公平公正，一视同仁。故A项错误。"善禁者，先禁其身而后人；不善禁者，先禁人而后身"是说善于用禁令治理社会的人，必然自己首先按禁令要求自己，然后才去要求别人；不善于用禁令治理社会的人，首先要求别人按照禁令去做，然后才去要求自己。引申义为律己足以服人，要以身作则。故B项错误。"举直错诸枉，则民服；举枉错诸直，则民不服"是说提拔正直的人，安置在邪曲的人之上，人民就服从；提拔邪曲的人，安置在正直的人之上，人民就不服从。指提拔什么人，关系到能否赢得人心。故C项错误。"天下之事，不难于立法，而难于法之必行"是说天下的事情，制定法令并不困难，难的是认真切实地贯彻执行。突出说明法律的生命在于实施。故D项表述符合题意。

2. 2021年6月26日，习近平法治思想研究中心在京成立。中共中央政治局委员、中国法学会会长王晨出席成立大会并强调，要坚持以习近平新时代中国特色社会主义思想为指导，深入开展习近平法治思想的研究、阐释和宣介工作，推动将科学理论转化为做好全面依法治国各项工作的强大动力，更好服务党和国家工作大局。对此，下列说法正确的是：[2]

A. 党的十九大首次提出了习近平法治思想
B. "深入开展习近平法治思想的研究"表明习近平法治思想具有高度理论性的鲜明特色
C. "以习近平新时代中国特色社会主义思想为指导"表明习近平新时代中国特色社会主义思想是在法治轨道上推进国家治理体系和治理能力现代化的根本遵循

---

[1]　D　[2]　D

D. "推动将科学理论转化为做好全面依法治国各项工作的强大动力"表明习近平法治思想是引领法治中国建设实现高质量发展的思想旗帜

【解析】2020 年中央全面依法治国委员会工作会议首次提出习近平法治思想，故 A 项错误。习近平法治思想的鲜明特色包括原创性、系统性、时代性、人民性、实践性，故 B 项错误。习近平法治思想是在法治轨道上推进国家治理体系和治理能力现代化的根本遵循，故 C 项错误。2020 年中央全面依法治国委员会工作会议提出，习近平法治思想是引领法治中国建设实现高质量发展的思想旗帜，要把习近平法治思想转化为做好全面依法治国各项工作的强大动力，故 D 项正确。

3. 在我国开启全面建设社会主义现代化国家新征程的重要时刻，明确习近平法治思想在全面依法治国工作中的指导地位，是全面贯彻习近平新时代中国特色社会主义思想，加快建设中国特色社会主义法治体系、建设社会主义法治国家的必然要求。关于习近平法治思想，下列说法正确的是：[1]

A. 2019 年中央全面依法治国工作会议明确了习近平法治思想在全面依法治国工作中的指导地位

B. 习近平法治思想具有原创性、系统性、时代性、人民性、实践性五大鲜明特色

C. 人民代表大会制度是坚持党的领导、人民当家作主、依法治国有机统一的根本制度安排

D. 法治国家、法治政府、法治社会三者相互联系、相互支撑、相辅相成，法治国家是法治建设的基础，法治政府是建设法治国家的关键，法治社会是构筑法治国家的目标

【解析】2020 年中央全面依法治国工作会议明确了习近平法治思想在全面依法治国工作中的指导地位，故 A 项错误。B 项、C 项表述正确。法治国家、法治政府、法治社会三者相互联系、相互支撑、相辅相成，法治国家是法治建设的目标，法治政府是建设法治国家的重点，法治社会是构筑法治国家的基础，故 D 项错误。

---

[1] BC

专题二　习近平法治思想的核心要义

1. 某市建立并推行"重大决策合法性审查"制度，将其作为市委、市政府重大决策的前置程序。对此，下列哪一说法是错误的？（2017－1－3）[1]

A. 有利于确保决策的科学性和正当性

B. 是健全依法决策的重要措施

C. 是以法治方式推动发展的一种表现

D. 可以代替公众参与和集体讨论

【解析】对重大决策程序的审查，主要是审查决策方案的起草过程是否按照法律预先设置的方式、方法和步骤运行，确保行政决策公正。有利于确保决策的科学性和正当性，是以法治方式推动发展的一种表现。因此 A、B、C 项正确。重大决策合法性审查与公众参与和集体讨论对于科学决策都具有重要意义，二者都不可偏废，因此 D 项错误。

2. 梁某欲将儿子转到离家较近的学校上小学，学校要求其提供无违法犯罪记录证明。梁某找到户籍地派出所，民警告知，公安机关已不再出具无违法犯罪记录证明等 18 类证明。考虑到梁某的难处，民警仍出具了证明，并附言一句："请问学校，难道父母有犯罪记录，就可以剥夺小孩读书的权利吗？"对此，下列哪一说法是正确的？（2017－1－4）[2]

A. 公安机关不再出具无违法犯罪记录证明，将减损公民合法权益

B. 民警的附言客观上起到了普法作用，符合"谁执法谁普法"的要求

C. 派出所对学校的要求提出质疑，不符合文明执法的要求

D. 梁某要求派出所出具已明令不再出具的证明，其法治意识不强

【解析】公安机关简政放权，不会减损公民合法权益，因此 A 项错误，B 项正确。派出所有权对学校的要求提出质疑，C 项错误。梁某要求派出所出具证明，不能据此断定其法治意识不强，D 项错误。

3. 完善以宪法为核心的中国特色社会主义法律体系，要求推进科学立法和民主立法。下列哪一做法没有体现这一要求？（2015－1－3）[3]

A. 在《大气污染防治法》修改中，立法部门就处罚幅度听取政府部门和专家学者的意见

B. 在《种子法》修改中，全国人大农委调研组赴基层调研，征求果农、种子企业的意见

C. 甲市人大常委会在某社区建立了立法联系点，推进立法精细化

D. 乙市人大常委会在环境保护地方性法规制定中发挥主导作用，表决通过后直接由其公布施行

【解析】设区的市、自治州的地方性法规须报省、自治区的人民代表大会常务委员会批准，由本级人大常委会发布公告予以公布，D 项错误。

---

[1]　D　[2]　B　[3]　D

4. 建设法治政府必然要求建立权责统一、权威高效的依法行政体制。关于建设法治政府，下列哪一观点是正确的？（2015 – 1 – 4）[1]

A. 明晰各级政府事权配置的着力点，强化市县政府宏观管理的职责

B. 明确地方事权，必要时可以适当牺牲其他地区利益

C. 政府权力清单制度是促进全面履行政府职能、厘清权责、提高效率的有效制度

D. 推行政府法律顾问制度的主要目的是帮助行政机关摆脱具体行政事务，加强宏观管理

【解析】明晰政府事权配置，强化政府宏观管理应属于行政执法管理，A 项不符合题意。牺牲其他地区利益违背了兼顾全局的要求，B 项错误。C 项符合建设法治政府的要求，C 项正确，当选。推行政府法律顾问制度的主要目的在于建设法治政府，摆脱具体行政事务的说法明显错误，D 项错误。

5. 对领导干部干预司法活动、插手具体案件处理的行为作出禁止性规定，是保证公正司法的重要举措。对此，下列哪一说法是错误的？（2015 – 1 – 5）[2]

A. 任何党政机关让司法机关做违反法定职责、有碍司法公正的事情，均属于干预司法的行为

B. 任何司法机关不接受对司法活动的干预，可以确保依法独立行使审判权和检察权

C. 任何领导干部在职务活动中均不得了解案件信息，以免干扰独立办案

D. 对非法干预司法机关办案，应给予党纪政纪处分，造成严重后果的依法追究刑事责任

【解析】确保公正司法，不允许任何党政机关以任何违法形式干预司法活动，A 项正确。依法独立行使审判权和检察权，要求司法活动不受到任何干预，B 项正确。对于一些正当职权范围内的事项是可以进行了解的，C 项错误，当选。确保司法公正应当建立领导干部干预司法活动、插手具体案件处理的记录、通报和责任追究制度，D 项正确。

6. 推进严格司法，应统一法律适用标准，规范流程，建立责任制，确保实现司法公正。据此，下列哪一说法是错误的？（2015 – 1 – 6）[3]

A. 最高法院加强司法解释和案例指导，有利于统一法律适用标准

B. 全面贯彻证据裁判规则，可以促进法庭审理程序在查明事实、认定证据中发挥决定性作用

C. 在司法活动中，要严格遵循依法收集、保存、审查、运用证据，完善证人、鉴定人出庭制度

D. 司法人员办案质量终身负责制，是指司法人员仅在任职期间对所办理的一切错案承担责任

【解析】终身负责制要求司法人员对在办案过程中故意违反法律法规的，或者因重大过失导致裁判错误并造成严重后果的案件终身承担责任，D 项错误。

7. 增强全民法治观念，推进法治社会建设，使人民群众内心拥护法律，需要健全普法宣传教育机制。某市的下列哪一做法没有体现这一要求？（2015 – 1 – 7）[4]

A. 通过《法在身边》电视节目、微信公众号等平台开展以案释法，进行普法教育

B. 印发法治宣传教育工作责任表，把普法工作全部委托给人民团体

C. 通过举办法治讲座、警示教育报告会等方式促进领导干部带头学法、模范守法

D. 在暑期组织"预防未成年人违法犯罪模拟法庭巡演"，向青少年宣传《未成年人保护法》

---

[1] C　[2] C　[3] D　[4] B

【解析】普法工作是要发挥人民团体和社会组织在法治社会建设中的积极作用，而非将普法工作全部委托给人民团体，B项错误。

8. 备案审查是宪法监督的重要内容和环节。根据中国特色社会主义法治理论有关要求和《立法法》规定，对该项制度的理解，下列哪些表述是正确的？（2015－1－52）[1]

A. 建立规范性文件备案审查机制，要把所有规范性文件纳入审查范围
B. 地方性法规和地方政府规章应纳入全国人大常委会的备案审查范围
C. 全国人大常委会有权依法撤销和纠正违宪违法的规范性文件
D. 提升备案审查能力，有助于提高备案审查的制度执行力和约束力

【解析】对于规范性法律文件都应当进行审查，A项正确。地方政府规章报本级人大常委会备案，国务院不对其进行备案审查，B项错误；C项、D项正确。

9. 十二届全国人大作出了制定二十余部新法律、修改四十余部法律的立法规划，将为经济、政治等各领域一系列重大改革提供法律依据。关于加强重点领域立法，下列哪些观点是正确的？（2015－1－53）[2]

A. 修订《促进科技成果转化法》，能够为科技成果产业化提供法治保障
B. 推进反腐败立法，是完善惩治和预防腐败的有效机制
C. 为了激发社会组织活力，加快实施政社分开，应当加快社会组织立法
D. 用严格的法律制度保护生态环境，大幅度提高环境违法成本，会对经济发展带来不利影响

【解析】经济的发展不能以牺牲环境为代价，D项错误。

10. 2015年1月，最高人民法院巡回法庭先后在深圳、沈阳正式设立，负责审理跨行政区域重大行政和民商事案件。关于设立巡回法庭的意义，下列哪些理解是正确的？（2015－1－54）[3]

A. 有利于保证公正司法和提高司法公信力
B. 有助于消除审判权运行的行政化问题
C. 有助于节约当事人诉讼成本，体现了司法为民的原则
D. 有利于就地化解纠纷，减轻最高法院本部办案压力

【解析】最高院巡回法庭的设立具有重要的意义，四个选项的表述都属于其设立的意义。A项、B项、C项、D项都正确。

11. 全面推进依法治国，要求深入推进依法行政，加快建设法治政府。下列做法符合该要求的是：（2015－1－86）[4]

A. 为打击医药购销领域商业贿赂，某省对列入不良记录逾期不改的药品生产企业，取消所有产品的网上采购资格
B. 某市建立行政机关内部重大决策合法性审查机制，未经审查的，不得提交讨论
C. 某省交管部门开展校车整治行动时，坚持以人为本，允许家长租用私自改装的社会运营车辆接送学生
D. 某市推进综合执法，为减少市县两级政府执法队伍种类，要求无条件在所有领域实现跨部门综合执法

【解析】关于法治政府建设，C项、D项明显错误。

12. 2015年4月，最高人民法院发布了《关于人民法院推行立案登记制改革的意见》。关

于立案登记制，下列理解正确的是：（2015－1－87）[1]

A. 有利于做到有案必立，保障当事人诉权

B. 有利于促进法院案件受理制度的完善

C. 法院对当事人的起诉只进行初步的实质审查，当场登记立案

D. 适用于民事起诉、强制执行和国家赔偿申请，不适用于行政起诉

【解析】A、B两项属于立案登记制度的意义所在，A项、B项正确，当选。我国目前实行立案登记制度，不进行实质审查，C项错误。行政起诉同样适用立案登记制度，D项错误。

13. 完善中国特色社会主义法律体系，需要健全宪法实施和监督制度。对此，下列表述正确的有？[2]

A. 任何人都必须以宪法为根本活动准则，都负有维护宪法尊严、保证宪法实施的职责

B. 一切违反宪法的行为都必须予以司法追究

C. 提升备案审查能力，要求把党内法规纳入全国人大常委会的备案审查范围

D. 健全有立法权的人大领导立法工作的体制机制，发挥人大及其常委会在立法工作中的领导作用

【解析】A正确，《宪法》序言中规定："全国各族人民、一切国家机关和武装力量、各政党和各社会团体、各企业事业组织，都必须以宪法为根本的活动准则，并且负有维护宪法尊严、保证宪法实施的职责。"B错误，《宪法》第5条规定："一切违反宪法和法律的行为，必须予以追究。"对于违反宪法的行为，比如下位法违反上位法，司法机关无权追究。C错误，《中共中央关于全面推进依法治国若干重大问题的决定》要求，加强备案审查制度和能力建设，把所有规范性文件纳入备案审查范围，依法撤销和纠正违宪违法的规范性文件。全国人大常委会不接受党内法规和规章的备案。D错误，《中共中央关于全面推进依法治国若干重大问题的决定》要求，健全有立法权的人大主导立法工作的体制机制，发挥人大及其常委会在立法工作中的主导作用。

14. 2018年4月25日，最高人民法院发布了《关于人民陪审员制度改革试点情况的报告》，对三年来人民陪审员制度改革试点工作情况进行总结，并对改革试点中涉及的重点难点问题进行了分析，并提出了切实可行的建议。人民陪审员制度是保障人民群众参与司法的一项重要制度，关系到司法公开、公正和高效，以下分析不正确的是？[3]

A. 完善人民陪审员制度，保障公民陪审权利，应限缩陪审员参审范围和数量，提高陪审质量

B. 构建开放、动态、透明、便民的阳光司法机制，推进审判公开，包括庭审、休庭评议、裁判宣告等在内的各个审判程序均应公开进行

C. 完善随机抽选方式，提高人民陪审员制度公信力。逐步实现人民陪审员与法官共同审理法律适用问题与事实认定问题

D. 要做到司法公正，就要防止干预司法现象发生，要逐渐杜绝媒体对案件的报道，防止舆论影响司法公正

【解析】完善人民陪审员制度应扩大人民陪审员参审范围，A项错误。法院审判过程中休庭评议这个程序因涉及审判秘密不应公开进行，B项错误。人民陪审员今后逐渐不再审理法律适用问题，只参与审理事实认定问题，C项错误。做到司法公正要接受媒体监督，只是要规范媒体对案件的报道，D项错误。

---

[1] AB　[2] A　[3] ABCD

15. 党的十八大以来，习近平总书记一再强调，依法治国是党领导人民治理国家的基本方略，法治是治国理政的基本方式。适应时代要求，在更高层次更高起点上推进平安中国建设，把"枫桥经验"坚持好、发展好，把党的群众路线坚持好、贯彻好，各级领导干部应该更加注重提高运用法治思维和法治方式化解矛盾、维护稳定的能力，更加注重创新群众工作方法，一刻不停地增强依法办事的本领。对此，关于推进多层次、多领域依法治理，健全依法维权和化解纠纷机制的具体做法，正确的有？[1]

A. 在社会治理规则体系中，法律法规居于基础性的地位，依法治理主要就是依据法律法规进行社会治理，因此要弱化市民公约、乡规民约、行业规章、社团章程等社会规范在社会治理中的作用

B. 建立健全社会组织参与社会时事、维护公共利益、救助困难群众、帮教特殊人群、预防违规犯罪的机制和制度化渠道

C. 健全社会矛盾纠纷预防化解机制，完善调解、仲裁、行政裁决、行政复议、诉讼等有机衔接、相互协调的多元化纠纷解决机制

D. 加强行业性、专业性人民调解组织建设，完善立法调解、行政调解、司法调解联动共同体系

【解析】要发挥市民公约、乡规民约、行业规章、社团章程等社会规范在社会治理中的积极作用，A 项错误。加强行业性、专业性人民调解组织建设，完善人民调解、行政调解、司法调解联动工作体系，D 项错误。B、C 项正确。

16. 关于加快建设法治政府，下列说法不正确的是？（2018 年回忆版）[2]

A. 必须建立重大决策终身责任追究制度及责任倒查机制

B. 建立健全行政裁量权基准制度，细化、量化行政裁量标准

C. 积极推进政府法律顾问制度，建立政府法治机构人员为主体、吸收专家和律师参加的法律顾问队伍

D. 为完善行政组织和行政程序法律制度，行政机关可以法外设定权力

【解析】根据《中共中央关于全面推进依法治国若干重大问题的决定》，深入推进依法行政，加快建设法治政府要建立重大决策终身责任追究制度及责任倒查机制，对决策严重失误或者依法应该及时作出决策但久拖不决造成重大损失、恶劣影响的，严格追究行政首长、负有责任的其他领导人员和相关责任人员的法律责任。故 A 项正确。

建立健全行政裁量权基准制度，细化、量化行政裁量标准，规范裁量范围、种类、幅度。加强行政执法信息化建设和信息共享，提高执法效率和规范化水平。故 B 项正确。

积极推行政府法律顾问制度，建立政府法制机构人员为主体、吸收专家和律师参加的法律顾问队伍，保证法律顾问在制定重大行政决策、推进依法行政中发挥积极作用。故 C 项正确。

完善行政组织和行政程序法律制度，推进机构、职能、权限、程序、责任法定化。行政机关要坚持法定职责必须为、法无授权不可为，勇于负责、敢于担当，坚决纠正不作为、乱作为，坚决克服懒政、怠政，坚决惩处失职、渎职。行政机关不得法外设定权力，没有法律法规依据不得作出减损公民、法人和其他组织合法权益或者增加其义务的决定。推行政府权力清单制度，坚决消除权力设租寻租空间。故 D 项错误。

17. 关于保证公正司法，提高司法公信力，下列说法不正确的是？（2018 年回忆版）[3]

A. 要逐步实行办案质量终身负责制和错案责任倒查问责制

B. 要逐步实行人民陪审员不但审理事实认定，而且还参与法律适用问题，切实保障人民群众参与司法

C. 改革法院案件受理制度，变立案审查制度为立案登记制度

D. 依法规范司法人员与当事人、律师、特殊关系人、中介组织的接触、交往行为

【解析】根据《中共中央关于全面推进依法治国若干重大问题的决定》，保证公正司法，提高司法公信力，要明确各类司法人员工作职责、工作流程、工作标准，实行办案质量终身负责制和错案责任倒查问责制，确保案件处理经得起法律和历史检验。故 A 项正确。

完善人民陪审员制度，保障公民陪审权利，扩大参审范围，完善随机抽选方式，提高人民陪审制度公信度。逐步实行人民陪审员不再审理法律适用问题，只参与审理事实认定问题。故 B 项错误。

改革法院案件受理制度，变立案审查制为立案登记制，对人民法院依法应该受理的案件，做到有案必立、有诉必理，保障当事人诉权。故 C 项正确。

依法规范司法人员与当事人、律师、特殊关系人、中介组织的接触、交往行为。严禁司法人员私下接触当事人及律师、泄露或者为其打探案情、接受吃请或者收受其财物、为律师介绍代理和辩护业务等违法违纪行为，坚决惩治司法掮客行为，防止利益输送。故 D 项正确。

18. 全面依法治国要求加强和改进立法工作，完善立法体制。下列哪一做法不符合上述要求？(2016-1-3)[1]

A. 改进法律起草机制，重要的法律草案由有关部门组织全国人大专门委员会、全国人大常委会法工委起草

B. 完善立法协调沟通机制，对于部门间争议较大的重要立法事项，引入第三方评估

C. 完善法规、规章制定程序和公众参与政府立法机制

D. 加强法律解释工作，及时明确法律规定含义和适用法律依据

【解析】《中共中央关于全面推进依法治国若干重大问题的决定》指出："建立由全国人大相关专门委员会、全国人大常委会法制工作委员会组织有关部门参与起草综合性、全局性、基础性等重要法律草案制度。"故 A 项错误，应选。

19. 我国于 2015 年公布了全面实施一对夫妇可生育两个孩子的政策，《人口与计划生育法》随即作出修改。对此，下列哪些说法是正确的？(2016-1-51)[2]

A. 在我国，政策与法律具有共同的指导思想和社会目标

B. 立法在实践中总是滞后的，只能"亡羊补牢"而无法适度超越和引领社会发展

C. 越强调法治，越要提高立法质量，通过立法解决改革发展中的问题

D. 修改《人口与计划生育法》有助于缓解人口老龄化对我国社会发展的压力

【解析】法与执政党政策在内容和实质方面存在联系，包括阶级本质、经济基础、指导思想、基本原则和社会目标等根本方面具有共同性。故 A 项正确。《中共中央关于全面推进依法治国若干重大问题的决定》指出："建设中国特色社会主义法治体系，必须坚持立法先行，发挥立法的引领和推动作用，抓住提高立法质量这个关键。"故立法也能发挥引领和推动作用，B 项错误。《中共中央关于全面推进依法治国若干重大问题的决定》指出："实现立法和改革决策相衔接，做到重大改革于法有据、立法主动适应改革和经济社会发展需要。实践证明行之有效的，要及时上升为法律。实践条件还不成熟、需要先行先试的，要按照法定程序作出授权。对不适应改革要求的法律法规，要及时修改和废止。"据此，C 项正确。于 2016 年 1 月 1 日起

---

[1] A 〔2〕ACD

施行的《人口与计划生育法》明确：国家提倡一对夫妻生育两个子女。于2021年8月20日起施行的新《人口与计划生育法》明确：国家提倡适龄婚育、优生优育。一对夫妻可以生育三个子女。这有助于缓解人口老龄化对我国社会发展的压力。故D项正确。

20. 深入推进依法行政，要求健全依法决策机制。下列哪一做法不符合上述要求？（2016 - 1 - 4）[1]

A. 甲省推行"重大决策风险评估"制度，将风险评估作为省政府决策的法定程序

B. 乙市聘请当地知名律师担任政府法律顾问，对重大决策进行事前合法性审查

C. 丙区因发改局长立下"军令状"保证某重大项目不出问题，遂直接批准项目上马

D. 丁县教育局网上征求对学区调整、学校撤并等与群众切身利益相关事项的意见

【解析】《中共中央关于全面推进依法治国若干重大问题的决定》指出："把公众参与、专家论证、风险评估、合法性审查、集体讨论决定确定为重大行政决策法定程序，确保决策制度科学、程序正当、过程公开、责任明确。"C项的"直接批准项目上马"的做法违反上述关于决策程序的要求。

21. 某市律师协会与法院签订协议，选派10名实习律师到法院从事审判辅助工作6个月，法院为他们分别指定一名资深法官担任导师。对此，下列哪一说法是正确的？（2017 - 1 - 7）[2]

A. 法官与律师具有完全相同的职业理想和职业道德

B. 是对法院审判活动进行监督的一种新途径

C. 有助于加深律师和法官相互的了解和信任

D. 是从律师中招录法官、充实法官队伍的一种方式

【解析】法官与律师由于所履行的职能不同，故不具有完全相同的职业理想和职业道德，A项错误。实习律师从事审判辅助工作，并不是对审判的监督，故B项错误。实习律师从事审判辅助工作，有利于律师了解法官工作，也有利于法官了解律师，故C项正确。实习律师从事审判辅助工作，并不是成为法官，故D项错误。

22. 某法院推行办案责任制后，直接由独任法官、合议庭裁判的案件比例达到99.9%，提交审委会讨论的案件仅占0.1%。对此，下列说法正确的是？（2017 - 1 - 87）[3]

A. 对提交审委会讨论的案件，法官、合议庭也可以不执行审委会的决定

B. 办案责任制体现了"让审理者裁判、让裁判者负责"的精神

C. 提交审委会讨论的案件应以审委会的名义发布裁判文书

D. 法庭审理对于查明事实和公正裁判具有决定性作用

【解析】审判委员会是人民法院的最高审判组织，在总结审判经验，审理疑难、复杂、重大案件中具有重要的作用。审判委员会的决定，合议庭、独任审判员应当执行；有不同意见的，可以建议院长提交审判委员会复议。故A项错误。建立中国特色社会主义审判权力运行体系，必须落实审判责任制，做到让审理者裁判、由裁判者负责。故B项正确。提交审委会讨论的案件仍应以法院的名义发布裁判文书。故C项错误。建立中国特色社会主义审判权力运行体系，必须尊重司法规律，确保庭审在保护诉权、认定证据、查明事实、公正裁判中发挥决定性作用，实现诉讼证据质证在法庭、案件事实查明在法庭、诉辩意见发表在法庭、裁判理由形成在法庭。据此，D项正确。

23. 某法院完善人民陪审员选任方式，在增加陪审员数量的基础上建立"陪审员库"，随机抽选陪审员参与案件审理。关于人民陪审员制度，下列哪一说法是错误的？（2016 - 1 - 5）[4]

---

[1] C [2] C [3] BD [4] C

A. 应避免陪审员选任的过度"精英化"

B. 若少数陪审员成为常驻法院的"专审员"，将影响人民陪审员制度的公信力

C. 完善人民陪审员制度的主要目的是让人民群众通过参与司法养成守法习惯

D. 陪审员的大众思维和朴素观念能够弥补法官职业思维的局限性

【解析】完善人民陪审员制度的主要目的是"保障人民群众参与司法。坚持人民司法为人民，依靠人民推进公正司法，通过公正司法维护人民权益"。故 C 项表述错误。

24. 中国古代有"厌讼"传统，老百姓万不得已才打官司。但随着经济社会发展，我国司法领域却出现了诉讼案件激增的现象。对此，下列哪一说法是错误的？（2016－1－6）[1]

A. 相比古代而言，法律在现代社会中对保障人们的权利具有更重要的作用

B. 从理论上讲，当诉讼成本高于诉讼可能带来的收益时，更易形成"厌讼"的传统

C. 案件激增从一个侧面说明人民群众已逐渐树立起遇事找法、解决问题靠法的观念

D. 在法治社会，诉讼是解决纠纷的唯一合法途径

【解析】在法治社会，诉讼并不是解决纠纷的唯一合法途径。仲裁、行政调解、人民调解、商事调解、行业调解以及其他非诉讼纠纷解决方式，也是纠纷解决的合法途径。故 D 项错误。

25. 全面依法治国要求加强人权的司法保障，下列哪些做法体现了这一要求？（2016－1－53）[2]

A. 最高法院、公安部规定在押刑事被告人、上诉人应穿着正装或便装出庭受审

B. 某省扩大法律援助的覆盖面，将与民生密切相关的事项纳入援助范围

C. 某中级法院加大对生效判决的执行力度，确保当事人的胜诉权益及时兑现

D. 某基层法院设立"少年法庭"，对开庭审理时不满 16 周岁的未成年人刑事案件一律不公开审理

【解析】《中共中央关于全面推进依法治国若干重大问题的决定》指出："（五）加强人权司法保障。强化诉讼过程中当事人和其他诉讼参与人的知情权、陈述权、辩护辩论权、申请权、申诉权的制度保障。健全落实罪刑法定、疑罪从无、非法证据排除等法律原则的法律制度。……依法保障胜诉当事人及时实现权益。……对聘不起律师的申诉人，纳入法律援助范围。"上述做法均体现了加强人权的司法保障的要求。故 A、B、C、D 项均应选。

26. 2019 年 12 月 25 日，第十三届全国人民代表大会常务委员会第十五次会议在京举行，沈春耀代表法制工作委员会作了 2019 年备案审查工作情况报告。对此，下列说法正确的一项是？[3]

A. 备案审查制度从体制机制上促进了宪法的全面实施

B. 备案审查制度是我国的司法制度

C. 提升备案审查能力，要求把党内法规纳入全国人大常委会备案审查范围

D. 备案审查制度是事前审查制度

【解析】十九届四中全会提出"健全保证宪法全面实施的体制机制。依法治国首先要坚持依宪治国，依法执政首先要坚持依宪执政。加强宪法实施和监督，落实宪法解释程序机制，推进合宪性审查工作，加强备案审查制度和能力建设，依法撤销和纠正违宪违法的规范性文件"，故 A 项正确。备案审查机关并非司法机关，备案审查制度并非司法制度，故 B 项错误。备案审查机关是全国人大常委会，国法与党规二分之下，党内法规的备案审查并不应由全国人大常委会负责，故 C 项错误。备案审查制度属于事后审查制度，故 D 项错误。

---

〔1〕 D 〔2〕 ABCD 〔3〕 A

27. 有研究表明，在实施行贿犯罪的企业中，有一部分企业是由于担心竞争对手提前行贿，自己不行贿就会"输在起跑线上"，才实施了行贿行为。对此，下列哪些说法是正确的？（2017-1-51）[1]

A. 市场环境不良是企业行贿的诱因，应适当减轻对此类犯罪的处罚

B. 应健全以公平为核心的市场法律制度，维护公平竞争的市场秩序

C. 应加快反腐败立法，从源头上堵塞企业行贿的漏洞

D. 必须强化对公权力的制约，核心是正确处理政府和市场的关系

【解析】减轻处罚必须有法律认可的理由。市场环境不良也许是企业行贿的诱因，但不能据此减轻对此类犯罪的处罚，故 A 选项错误。社会主义市场经济本质上是法治经济。为使市场在资源配置中起决定性作用和更好发挥政府作用，必须以保护产权、维护契约、统一市场、平等交换、公平竞争、有效监管为基本导向，完善社会主义市场经济法律制度，故 B 选项正确。加快推进反腐败国家立法，完善惩治和预防腐败体系，形成不敢腐、不能腐、不想腐的有效机制，坚决遏制和预防腐败现象。为了预防腐败，也需要从源头上堵塞企业行贿的漏洞，故 C 选项正确。经济体制改革是全面深化改革的重点，核心问题是处理好政府和市场的关系，使市场在资源配置中起决定性作用和更好发挥政府作用。而处理好政府和市场的关系，是经济体制改革的核心问题，"经济体制改革"必然涉及强化对公权力的制约，故 D 选项正确。

28. 程某利用私家车从事网约车服务，遭客管中心查处。执法人员认为程某的行为属于以"黑车"非法营运，遂依该省《道路运输条例》对其处以 2 万元罚款。对此，下列哪些说法是正确的？（2017-1-55）[2]

A. 当新经营模式出现时，不应一概将其排斥在市场之外

B. 程某受到处罚，体现了"法无授权不可为"的法治原则

C. 科学技术的进步对治理体系和治理能力提出了更高要求

D. 对新事物以禁代管、以罚代管，这是缺乏法治思维的表现

【解析】依法加强和改善宏观调控、市场监管，反对垄断，促进合理竞争，维护公平竞争的市场秩序，故 A 选项正确。"法无授权不可为"是针对国家机关的，而不是针对公民的，故 B 选项错误。网约车基于网络，是科技进步的表现，如何治理网约车，对行政机关的法治体系和能力提出更高的要求，故 C 选项正确。法治思维是指按照社会主义法治的逻辑来观察、分析和解决社会问题的思维方式，它是将法律规定、法律知识、法治理念付诸实施的认识过程。对新事物以禁代管、以罚代管，违反服务政府的法治理念，故 D 选项正确。

29. 全面依法治国必须坚持从中国实际出发。对此，下列哪一理解是正确的？（2017-1-1）[3]

A. 从实际出发不能因循守旧、墨守成规，法治建设可适当超越社会发展阶段

B. 全面依法治国的制度基础是中华法系，实践基础是中国传统社会的治理经验

C. 从中国实际出发不等于"关起门来搞法治"，应移植外国法律制度和法律文化

D. 从实际出发要求凸显法治的中国特色，坚持中国特色社会主义道路、理论体系和制度

【解析】从实际出发不能因循守旧、墨守成规，但法治建设应当符合社会发展阶段，符合国情，不能超越社会发展阶段，因此 A 项错误。全面依法治国的制度基础是中国特色社会主义制度，实践基础是新中国成立以来的法治建设实践。因此 B 项错误。从中国实际出发不等于"关起门来搞法治"。可以移植外国法律制度和法律文化，而非应当移植，因此 C 项错误。D 项

---

[1] BCD [2] ACD [3] D

正确。

30. 全面推进依法治国，总目标是建设中国特色社会主义法治体系，建设社会主义法治国家。关于对全面推进依法治国的重大意义和总目标的理解，下列哪一选项是不正确的？（2015 - 1 - 1）[1]

A. 依法治国事关我们党执政兴国，事关人民的幸福安康，事关党和国家的长治久安
B. 依法治国是实现国家治理体系和治理能力现代化的必然要求
C. 总目标包括形成完备的法律规范体系和高效的法律实施体系
D. 通过将全部社会关系法律化，为建设和发展中国特色社会主义法治国家提供保障

【解析】法律规制和调整社会关系的范围和深度是有限的，有些社会关系（如人们的情感关系、友谊关系）不适宜由法律来调整，D 项错误。

31. 关于全面依法治国的总目标，下列说法错误的是？（2020 年回忆版）[2]

A. 严密的法治监督体系既是全面依法治国总目标的重要内容，也是法治建设的一个重要环节
B. 依法治国是党领导人民治理国家的基本方略，依法治国能不能做好，关键要看党能否做到依法执政，各级政府能否做到依法行政
C. 法治社会是法治建设的目标，法治政府是法治建设的主体，法治国家是法治社会的基础
D. 全面依法治国既是国家治理体系和治理能力现代化的重要保障，也是国家治理体系和治理能力现代化的重要内容

【解析】A 选项说法正确，全面依法治国的总目标是建设中国特色社会主义法治体系，建设社会主义法治国家。这就是，在中国共产党领导下，坚持中国特色社会主义制度，贯彻中国特色社会主义法治理论，形成完备的法律规范体系、高效的法治实施体系、严密的法治监督体系、有力的法治保障体系，完善党内法规体系，坚持依法治国、依法执政、依法行政共同推进，坚持法治国家、法治政府、法治社会一体建设，实现科学立法、严格执法、公正司法、全民守法，促进国家治理体系和治理能力现代化。B 选项说法正确，在全面依法治国的过程中，党的领导是必须要坚持的基本原则，而各级政府作为执法主体，是确保法律的各项要求能够真正落地的关键环节，因此，依法治国能不能做好，关键要看党能否做到依法执政，各级政府能否做到依法行政。C 选项说法错误，在全面推进依法治国的总体战略过程中，法治国家是法治建设的目标，法治政府是建设法治国家的主体，法治社会是建设法治国家的基础。D 选项说法正确，依法治国是坚持和发展中国特色社会主义的本质要求和重要保障，是实现国家治理体系和治理能力现代化的必然要求，事关我党执政兴国，事关人民幸福安康，事关党和国家长治久安。全面建成小康社会、实现中华民族伟大复兴的中国梦，全面深化改革、完善和发展中国特色社会主义制度，提高党的执政能力和执政水平，必须全面推进依法治国。因此，实现国家治理体系和治理能力现代化，离不开依法治国战略的稳定推进。

32. 推进依法行政、转变政府职能要求健全透明预算制度。修改后的《预算法》规定，经本级人大或者常委会批准的政府预算、预算调整和决算，应及时向社会公开，部门预算、决算及报表也应向社会公开。对此，下列哪一说法是错误的？（2017 - 1 - 2）[3]

A. 依法行政要求对不适应法治政府建设需要的法律及时进行修改和废止
B. 透明预算制度有利于避免财政预算的部门化倾向

---

[1] D [2] C [3] D

C. 立法对政府职能转变具有规范作用，能为法治政府建设扫清障碍

D. 立法要适应政府职能转变的要求，但立法总是滞后于改革措施

【解析】依法行政要求对不适应社会发展的法律进行修改和废除，因此 A 项正确。2016 年 2 月中办、国办印发《关于进一步推进预算公开工作的意见》，进一步提出预算公开是预算管理制度改革的核心要求，是现代财政制度的基本特征，是对于避免财政预算部门化倾向的有力措施，因此 B 项正确。立法对政府职能转变具有规范作用，能为法治政府建设扫清障碍，因此 C 项正确。党的十八届四中全会指出，建设中国特色社会主义法治体系，必须坚持立法先行，发挥立法的引领和推动作用，因此 D 项错误。

33. 关于对全面推进依法治国基本原则的理解，下列哪些选项是正确的？ （2015 - 1 - 51）[1]

A. 要把坚持党的领导、人民当家作主、依法治国有机统一起来

B. 坚持人民主体地位，必须坚持法治建设以保障人民根本利益为出发点

C. 要坚持从中国实际出发，并借鉴国外法治有益经验

D. 坚持法律面前人人平等，必须以规范和约束公权力为重点

【解析】依法治国的五大基本原则：坚持中国共产党的领导，坚持人民主体地位，坚持法律面前人人平等，坚持依法治国与以德治国相结合，坚持从中国实际出发。A 项、B 项、C 项、D 项都正确。

34. 党的十九大报告指出："推进全面依法治国，总目标是建设中国特色社会主义法治体系，建设社会主义法治国家。"对此，下列理解不正确的有？[2]

A. 这是实现国家治理体系和治理能力现代化的必然要求

B. 包括形成完善的党内法规体系和社会主义道德体系

C. 坚持依法治国、依法执政、依法行政共同推进，坚持法治国家、法治政府、法治社会一体建设

D. 实现科学立法、严格执法、公正司法和全民守法

【解析】A 项正确，依法治国是实现国家治理体系和治理能力现代化的必然要求，也是新时代深化社会体制改革、推动社会建设转型发展的重大举措。B 项错误，推进全面依法治国，就是在中国共产党领导下，坚持中国特色社会主义制度，贯彻中国特色社会主义法治理论，形成完备的法律规范体系、高效的法治实施体系、严密的法治监督体系、有力的法治保障体系，形成完善的党内法规体系。C 项正确，要坚持依法治国、依法执政、依法行政共同推进，坚持法治国家、法治政府、法治社会一体建设。D 项正确，实现科学立法、严格执法、公正司法、全民守法。

35. 推进全面依法治国，必须坚持中国共产党的领导。对此，下列表述错误的有？[3]

A. 党的领导是中国特色社会主义最本质的特征，是社会主义法治最根本的保证

B. 坚持党的领导，就是要把党的领导贯彻到依法治国的全过程和各方面

C. 依法执政既要求党遵守宪法法律，也要求党遵守党内法规

D. 党的主张成为国家意志，主要通过党中央向全国人大提出立法议案的形式来实现

【解析】A 项正确，党的领导是中国特色社会主义最本质的特征，是社会主义法治最根本的保证。B 项正确，把党的领导贯彻到依法治国全过程和各方面，是我国社会主义法治建设的一条基本经验。C 项正确，依法执政，既要求党遵守宪法法律，也要求党遵守党内法规；既要

---

[1] ABCD [2] B [3] D

求党依据宪法法律治国理政，也要求党依据党内法规管党治党。D项错误，党中央没有立法提案权。

36. 推进全面依法治国，需要坚持人民主体地位。对此，下列表述错误的是？[1]

A. 人民是法治的主体，因此，法治建设不仅需要强调保障权利，也需强调履行义务

B. 保障人民根本利益是法治的出发点和落脚点

C. 人民依照法律规定，通过各种途径和形式，管理国家事务，管理经济和文化事业，管理社会事务

D. 要增强全社会学法、尊法、守法、用法意识，坚持把群众学法、守法作为树立法治意识的关键

【解析】A项正确，任何一项法律权利都有相对应的法律义务，没有无义务的权利，也没有无权利的义务，法治建设既要强调保障权利，也要强调履行义务。B项正确，必须坚持法治建设为了人民、依靠人民、造福人民、保护人民，以保障人民根本权益为出发点和落脚点，保证人民依法享有广泛的权利和自由、承担应尽的义务，维护社会公平正义，促进共同富裕。C项正确，人民依照法律规定，通过各种途径和形式，管理国家事务，管理经济和文化事业，管理社会事务。D项错误，要增强全社会学法、尊法、守法、用法意识，坚持把领导干部带头学法、模范守法作为树立法治意识的关键。

37. 下列哪个选项不属于新时代深化依法治国的实践？[2]

A. 成立中央全面依法治国领导小组，加强对法治中国建设的统一领导

B. 加强宪法实施和监督，推进合宪性审查工作，维护宪法权威

C. 建设法治政府，推进依法行政，严格规范公正文明执法

D. 加大全民普法力度，实行国家机关"谁立法谁普法"的普法责任制

【解析】习近平总书记在党的十九大报告中强调，要深化依法治国实践。全面依法治国是国家治理的一场深刻革命，必须坚持厉行法治，推进科学立法、严格执法、公正司法、全民守法。成立中央全面依法治国领导小组，加强对法治中国建设的统一领导。加强宪法实施和监督，推进合宪性审查工作，维护宪法权威。推进科学立法、民主立法、依法立法，以良法促进发展、保障善治。建设法治政府，推进依法行政，严格规范公正文明执法。深化司法体制综合配套改革，全面落实司法责任制，努力让人民群众在每一个司法案件中感受到公平正义。加大全民普法力度，建设社会主义法治文化，树立宪法法律至上、法律面前人人平等的法治理念。各级党组织和全体党员要带头尊法、学法、守法、用法，任何组织和个人都不得有超越宪法法律的特权，绝不允许以言代法、以权压法、逐利违法、徇私枉法。因此A、B、C项表述正确。

《中共中央关于全面推进依法治国若干重大问题的决定》指出，健全普法宣传教育机制，实行国家机关"谁执法谁普法"的普法责任制，把法治教育纳入精神文明创建内容，提高普法实效。因此D项表述错误。

38. 全面依法治国，必须坚持人民的主体地位。对此，下列哪一理解是错误的？（2016-1-1)[3]

A. 法律既是保障人民自身权利的有力武器，也是人民必须遵守的行为规范

B. 人民依法享有广泛的权利和自由，同时也承担应尽的义务

C. 人民通过各种途径直接行使立法、执法和司法的权力

D. 人民根本权益是法治建设的出发点和落脚点，法律要为人民所掌握、所遵守、所运用

---

[1] D [2] D [3] C

【解析】我国《宪法》第2条第3款规定："人民依照法律规定，通过各种途径和形式，管理国家事务，管理经济和文化事业，管理社会事务。"但这并不意味着人民直接行使立法、执法和司法的权力，故C项错误，应选。

39. 党的十九届四中全会指出要坚持宪法法律至上，健全法律面前人人平等保障机制。对此，下列表述不正确的一项是？[1]

A. 同案同判体现了法律面前人人平等

B. 对边远地区少数民族的政策倾斜体现了法律面前人人平等

C. 要实现法律面前人人平等必须以规范和约束公权力为重点

D. 每个社会民众享有均等的立法表决权

【解析】同案同判是指相同的案件要作出相同的判决，不能因为当事人的身份或其他无关因素作出不公正判决，体现了法律面前人人平等，故A项正确。平等包括形式平等和实质平等，给予边远少数民族政策上的倾斜是为了弥补其与国家整体之间的发展差距，从实质上落实法律面前人人平等原则，故B项正确。不受规范和制约的公权力最容易导致不平等，因此近代以来实现法律面前人人平等都以规范和约束公权力为重点，故C项正确。立法表决权属于立法机关特有的职权，属于公权力范畴，普通的社会民众不享有此类公权力，故D项错误。

40. 培养高素质的法治专门队伍，旨在为建设社会主义法治国家提供强有力的组织和人才保障。下列哪些举措体现了这一要求？（2015-1-55）[2]

A. 从符合条件的律师中招录立法工作者、法官、检察官

B. 实行招录人才的便捷机制，在特定地区，政法专业毕业生可直接担任法官

C. 建立检察官逐级遴选制度，初任检察官由省级检察院统一招录，一律在基层检察院任职

D. 将善于运用法治思维和法治方式推动工作的人员优先选拔至领导岗位

【解析】《法官法》第12条第1款第6项规定："从事法律工作满五年。其中获得法律硕士、法学硕士学位，或者获得法学博士学位的，从事法律工作的年限可以分别放宽至四年、三年。"政法专业毕业生可直接担任法官的说法明显错误，B项错误。A项、C项、D项正确，当选。

41. 根据中国特色社会主义法治理论有关内容，关于加强法治工作队伍建设，下列哪些表述是正确的？（2015-1-83）[3]

A. 全面推进依法治国，必须大力提高法治工作队伍思想政治素质、业务工作能力、职业道德水准

B. 建立法律职业人员统一职前培训制度，有利于他们形成共同的法律信仰、职业操守和提高业务素质、职业技能

C. 加强律师职业道德建设，需要进一步健全完善律师职业道德规范制度体系、教育培训及考核机制

D. 为推动法律服务志愿者队伍建设和鼓励志愿者发挥作用，可采取自愿无偿和最低成本方式提供社会法律服务

【解析】为推动法律服务志愿者队伍建设和鼓励志愿者发挥作用，应当为他们提供必要的支持与帮助，D项错误。A项、B项、C项正确，当选。

---

[1] D [2] ACD [3] ABC

42. 根据中国特色社会主义法治理论，关于法官、检察官的下列说法不正确的是?[1]

A. 应当建立法官、检察官专业职务序列及工资制度

B. 法官、检察官应当坚持党的事业、人民的利益、宪法法律至上

C. 可以从符合条件的律师、法学专家中招录法官、检察官

D. 初任法官、检察官由最高人民法院、最高人民检察院统一招录，一律在基层人民法院、检察院任职

【解析】《中共中央关于全面推进依法治国若干重大问题的决定》指出，建立法官、检察官逐级遴选制度。初任法官、检察官由高级人民法院、省级人民检察院统一招录，一律在基层法院、检察院任职。上级人民法院、人民检察院的法官、检察官一般从下一级人民法院、人民检察院的优秀法官、检察官中遴选。故 D 项"最高人民法院、最高人民检察院"的表述错误。

43. 加强和改进党对推进全面依法治国的领导是法治工作的根本保障。对此，下列说法错误的是?[2]

A. 坚持依法执政是依法治国的关键

B. 加强党风廉政建设，依据党内法规对各种腐败行为进行法律制裁

C. 推进基层治理法治化是推进全面依法治国的基础和工作重点

D. 加强区域执法司法协作，打击跨境违法犯罪

【解析】党内法规是管党治党的依据，不能作为法律制裁的依据。因此 B 错误。

44. 2018 年 3 月 11 日，第十三届全国人民代表大会审议通过的宪法修正案，在《宪法》第二十七条中增加规定："国家工作人员就职时应当依照法律规定公开进行宪法宣誓。"这一重要修改，将全国人大常委会通过的《关于实行宪法宣誓制度的决定》所确立的宣誓制度，上升到宪法层面，充分体现了以习近平同志为核心的党中央坚持依法治国，维护宪法权威的决心。关于宪法宣誓制度的下列说法中，正确的是?[3]

A. 有利于维护宪法的根本法地位，树立宪法权威，推进全面依法治国

B. 面对宪法宣誓，意味着宣誓主体的每项职务行为都要受到宪法约束，能够使国家工作人员明确权力来源于宪法，按照宪法法律的规定行使权力，产生神圣的使命感和强烈的责任感，时刻受到誓言的约束

C. 宣誓仪式本身就是很好的宪法教育，有助于塑造公众的宪法信仰、法治信仰，在全社会烘托尊重宪法、宪法至上的氛围

D. 宪法的实施不仅包括根据宪法制定法律、进行宪法解释等，还包括宪法宣誓。实行宪法宣誓制度有利于促进宪法的实施

【解析】宪法宣誓总体来说有四大功能：第一，有利于树立宪法权威，推进全面依法治国；第二，有利于增强公职人员的宪法观念，激励其忠于和维护宪法；第三，有利于提高公民的宪法意识，培养宪法意识；第四，有利于在全社会传播宪法理念，树立法治信仰。题干四个选项均正确。

---

[1] D [2] B [3] ABCD

专题三　习近平法治思想的实践要求

1. 某县医院在两个月内连续发生 5 起"医闹"事件，当地公安部门开展了"打击医闹专项行动"，共处理涉嫌违法、犯罪人员 24 人，但"医闹"仍时有发生。之后，该县政府倡导发挥相对独立的第三方医患调处组织的作用，以政府购买服务的形式来解决问题。对此，下列哪一说法是正确的？（2017－1－6）[1]

A. 第三方医患调处组织的处理决定具有国家强制力

B. "医闹"的解决依赖源头治理，国家机关不应介入

C. "医闹"的存在说明法律在矛盾化解中的权威地位仍待加强

D. 政府购买第三方服务不利于公正地解决医患矛盾

【解析】第三方医患调处组织不是国家机关，其处理决定不具有国家强制力，因此 A 项错误。"医闹"行为危及公民的人身关系和财产关系，以及社会稳定，依赖源头治理，国家机关应当介入，因此 B 项错误，C 项正确。社会第三方服务机构有利于发挥客观公正、中立不偏私的优势，有利于公正地解决医患矛盾，因此 D 项错误。

2. 孙某是某部热播电视剧中的人物，在剧中的角色是一级政府部门的主要负责人。孙某每天按时上下班，一刻不耽误；不贪污，也不怎么干事。其座右铭是"无私者无畏"：只要不贪不占，就没什么好害怕的。对此，下列哪些说法是正确的？（2017－1－52）[2]

A. 官员应依法全面履行职责，既不能乱作为，也不能不作为

B. 对不能依法办事，经批评教育仍不改正的官员应调离领导岗位

C. "庸官"即使不贪不占，其"懒政"也可能造成严重的社会后果

D. 官员不能仅满足于不腐败，而应积极为人民谋福利

【解析】官员应依法全面履行职责，既不能乱作为，也不能不作为，因此 A 项正确。对不能依法办事，经批评教育仍不改正的官员应调离领导岗位，因此 B 项正确。"庸官"即使不贪不占，其"懒政"也可能造成严重的社会后果，因此 C 项正确。官员不能仅满足于不腐败，而应积极为人民谋福利，因此 D 项正确。

3. 近年来，一些党员领导干部利用手中权力和职务便利收受巨额贿赂，根据党内法规和法律被开除党籍和公职，并依法移送司法机关处理。对此，下列哪一说法是错误的？（2015－1－8）[3]

A. 这表明党员领导干部在行使权力、履行职责时要牢记法律底线不可触碰

B. 依照党内法规惩治腐败，有利于督促党员领导干部运用法治思维依法办事

C. 要注重将党内法规与国家法律进行有效衔接和协调，以作为对党员违法犯罪行为进行法律制裁的依据

---

[1]　C　[2]　ABCD　[3]　C

D. 党规党纪严于国家法律，对违反者必须严肃处理

【解析】对违法犯罪行为的处理应当依照法律进行，C项错误。

4. 人民调解制度是我国的创举，被西方国家誉为法治的"东方经验"。关于人民调解，下列哪些说法是正确的？（2016－1－55）[1]

A. 人民调解员不属于法治工作队伍，但仍然在法治建设中起着重要作用

B. 法院应当重视已确认效力的调解协议的执行，防止调解过的纠纷再次涌入法院

C. 人民调解制度能够缓解群众日益增长的司法需求与国家司法资源不足之间的矛盾

D. 人民调解组织化解纠纷的主要优势是不拘泥于法律规定，不依赖专业法律知识

【解析】根据《中共中央关于全面推进依法治国若干重大问题的决定》，法治工作队伍包括法治专门队伍（如立法工作者、法官、检察官、人民警察）和法律服务队伍（如律师、公证员、基层法律服务工作者、人民调解员、法律服务志愿者）。故A项"人民调解员不属于法治工作队伍"说法错误。调解主要优势是有利于化解社会矛盾，实现案结事了，有利于修复当事人之间的关系，实现和谐。调解也不得违背法律、法规和国家政策。故D项错误。

5. 新华社北京2018年8月24日电，中共中央总书记、国家主席、中央军委主席、中央全面依法治国委员会主任习近平8月24日上午主持召开中央全面依法治国委员会第一次会议并发表重要讲话。对于成立中央全面依法治国委员会的重要意义，下列认识正确的是？[2]

A. 加强党对全面依法治国集中统一领导的需要

B. 协调推进中国特色社会主义法治体系和社会主义法治国家建设的需要

C. 为实现中华民族伟大复兴中国梦提供法治保障的需要

D. 是统筹兼顾，全面深化改革的需要

【解析】在中央全面依法治国委员会第一次会议上，习近平总书记指出，党中央决定组建中央全面依法治国委员会，这是我们党历史上第一次设立这样的机构，目的是加强党对全面依法治国的集中统一领导，统筹推进全面依法治国工作。第一，这是贯彻落实党的十九大精神，加强党对全面依法治国集中统一领导的需要；第二，这是研究解决依法治国重大事项、重大问题，协调推进中国特色社会主义法治体系和社会主义法治国家建设的需要；第三，这是推动实现"两个一百年"奋斗目标，为实现中华民族伟大复兴中国梦提供法治保障的需要。故A项、B项、C项正确，D项错误。

6. 关于党的领导和社会主义法治的关系，下列说法错误的是？（2018回忆版）[3]

A. 党的领导是中国特色社会主义最本质的特征，是社会主义法治最根本的保证

B. 必须坚持党领导立法、保证执法、支持司法、带头守法

C. 政法委员会是党委领导政法工作的组织形式，必须长期坚持

D. 党内法规应严于和高于国家法律

【解析】A选项说法正确：党的领导是中国特色社会主义最本质的特征，是社会主义法治最根本的保证。B选项说法正确：必须坚持党领导立法、保证执法、支持司法、带头守法。C选项说法正确：政法委员会是党委领导政法工作的组织形式，必须长期坚持。D选项说法错误：党纪可以严于国法，但不能高于国法，在法治国家当中，宪法和法律至上。

7. 东部某市是我国获得文明城市称号且犯罪率较低的城市之一，该市某村为了提高村民的道德素养，建有一条"爱心互助街"，使其成为交换和传递爱心的街区。关于对法治和德治相结合的原则的理解，下列哪一选项是错误的？（2015－1－2）[4]

---

[1] BC [2] ABC [3] D [4] C

A. 道德可以滋养法治精神和支撑法治文化

B. 通过公民道德建设提高社会文明程度，能为法治实施创造良好的人文环境

C. 坚持依法治国和以德治国相结合，更要强调发挥道德的教化作用

D. 道德教化可以劝人向善，也可以弘扬公序良俗，培养人们的规则意识

【解析】坚持依法治国和以德治国相结合，国家和社会治理需要法律和道德共同发挥作用。C选项单纯强调了道德的重要性而忽略法治的重要作用，C项错误。

法理学

专题一　法的原理

考点一　法的本质

1. "法学作为科学无力回答正义的标准问题，因而是不是法与是不是正义的法是两个必须分离的问题，道德上的善或正义不是法律存在并有效力的标准，法律规则不会因违反道德而丧失法的性质和效力，即使那些同道德严重对抗的法也依然是法。"关于这段话，下列说法正确的是？（2015－1－90）[1]

A. 这段话既反映了实证主义法学派的观点，也反映了自然法学派的基本立场

B. 根据社会法学派的看法，法的实施可以不考虑法律的社会实效

C. 根据分析实证主义法学派的观点，内容正确性并非法的概念的定义要素

D. 所有的法学学派均认为，法律与道德、正义等在内容上没有任何联系

【解析】题干表述属于典型的实证主义立场，核心意思可概括为"恶法亦法"，故 A 项错误。社会法学派以社会实效为主，权威性制定为辅，所以应当考虑社会实效，故 B 项错误。只有非实证主义学派才会强调内容正确性这个要素，故 C 项正确。实证主义和非实证主义争论的核心在于法律和道德是否存在概念上的必然联系，因此无论哪个流派都不会否认法律和道德、正义在内容上可能会有重合之处，故 D 项错误。

2. 关于实证主义法学和非实证主义法学，下列说法不正确的是？（2013－1－88）[2]

A. 实证主义法学认为，在"实际上是怎样的法"与"应该是怎样的法"之间不存在概念上的必然联系

B. 非实证主义法学在定义法的概念时并不必然排除社会实效性要素和权威性制定要素

C. 所有的非实证主义法学都可以被看作是古典自然法学

D. 仅根据社会实效性要素，并不能将实证主义法学派、非实证主义法学派和其他法学派（比如社会法学派）在法定义上的观点区别开来

【解析】实证主义法学认为，法与道德没有概念上的必然联系，即在"实际上是怎样的法"与"应该是怎样的法"之间不存在概念上的必然联系，故 A 项正确。非实证主义中的第三条道路，以内容的正确性、权威性制定和社会实效三个要素为法定要素，故 B 项正确。非实

---

[1]　C　[2]　C

证主义分为两派：一为古典自然法学派，二是第三条道路，其主张内容的正确性、权威性制定和社会实效三个要素为法概念的要素，故 C 项错误。实证主义和非实证主义中的第三条道路在定义法律时，均要考虑社会实效，因此仅根据社会实效性要素，并不能将实证主义法学派、非实证主义法学派和其他法学派在法定义上的观点区别开来，故 D 项正确。

3. 马克思曾说："社会不是以法律为基础，那是法学家的幻想。相反，法律应该以社会为基础。法律应该是社会共同的，由一定的物质生产方式所产生的利益需要的表现，而不是单个人的恣意横行。"根据这段话所表达的马克思主义法学原理，下列哪一选项是正确的？（2007 - 1 - 1）[1]

A. 强调法律以社会为基础，这是马克思主义法学与其他派别法学的根本区别

B. 法律在本质上是社会共同体意志的体现

C. 在任何社会，利益需要实际上都是法律内容的决定性因素

D. 特定时空下的特定国家的法律都是由一定的社会物质生活条件所决定的

【解析】马克思主义法学认为法的本质具有正式性（官方性、国家性）、阶级性、社会性（物质制约性），法的本质存在于国家意志、阶级意志与社会存在、社会物质条件之间的对立统一关系之中。而强调法律以社会为基础并非是马克思主义法学的独创，其他法学派如社会法学派也强调法律以社会为基础。A 项错误。

马克思主义法学认为法所体现的国家意志实际上只能是统治阶级的意志，而不是社会共同体的意志。B 项错误。

法的本质最终体现为法的物质制约性，法律是由一定社会的物质生活条件决定的。利益需要只有符合统治阶级的意志才可能决定法律内容。C 项错误，D 项正确。

4. 下列有关"国法"的理解，哪些是不正确的？（2012 - 1 - 54）[2]

A. "国法"是国家法的另一种说法

B. "国法"仅指国家立法机关创制的法律

C. 只有"国法"才有强制性

D. 无论自然法学派，还是实证主义法学派，都可能把"国法"看作实在法

【解析】"国法"指特定国家现行有效的法，包括：（1）国家专门机关（立法机关）制定的"法"（成文法）；（2）法院或法官在判决中创制的规则（判例法）；（3）国家通过一定方式认可的习惯法（不成文法）；（4）其他执行国法职能的法（如教会法）。"国家法"是指国家机关制定或认可的法律，包括制定法、习惯法、判例法。因此，"国法"的外延大于"国家法"的范围。A 项、B 项错误。

法律、习惯、道德、宗教等社会规范都具有强制性，但只有法律具有国家强制性。C 项错误。

"实在法"的概念源于古希腊和古罗马时代，是指各国在不同历史时期制定或认可的法律，包括成文法、判例法和习惯法等，是根据经验事实制定的、确有法律效力的行为规范。自然法学派认为"恶法非法"，即只有符合道德的"国法"才是"实在法"。实证主义法学派强调"恶法亦法"，即只要是国家制定或认可的"国法"都是"实在法"。D 项正确。

5. 我国立法机关对一些重要法律进行制定或者修改时，都要以各种方式征求社会群众意见，如据中国人大网的数据显示，从 2016 年 7 月 5 日到 8 月 4 日，短短一个月的时间，社会各界参与民法总则草案征求意见的人数达到 13802 人，共提出了 65000 余条建议。对此，以下分

---

[1] D 〔2〕 ABC

析正确的是？[1]

A. 法律是公共意志的反映，离不开人的主观能动性

B. 根据马克思主义关于法的本质的理论，法是最广大人民共同意志的体现

C. 适时制定《民法总则》体现了立法机关专业的立法规划技术和预测技术，同时，针对社会各界群众提出的立法建议，充分体现了在法律条文中需要良好的立法表达技术

D. 20 名全国人大代表可以联名提出制定《民法总则》的法律案

【解析】阶级性是法的本质特征之一，A 错误。法律是统治阶级的整体意志，而非共同意志，B 错误。一个代表团或者 30 名代表可以提出法律案，D 错误。C 正确。

考点二　法的特征

1. 法是以国家强制力为后盾，通过法律程序保证实现的社会规范。关于法的这一特征，下列哪些说法是正确的？（2013 - 1 - 55）[2]

A. 法律具有保证自己得以实现的力量

B. 法律具有程序性，这是区别于其他社会规范的重要特征

C. 按照马克思主义法学的观点，法律主要依靠国家暴力作为外在强制的力量

D. 自然力本质上属于法的强制力之组成部分

【解析】法作为一种社会规范，其特征主要有：规范性（调整对象的不特定性、反复适用性、面向将来）、国家意志性、普遍性（普遍有效性、普遍平等对待性和法的内容普遍一致性）、权利义务性、国家强制性和程序性、可诉性。

法律由国家强制力保证实施，有保障其实现的力量。A 项正确。

法律作为一种规范人们外部行为的规则，具有程序性，可以被任何人在法律规定的机构中通过争议解决程序加以运用。这是法区别于其他社会规范的重要特征。B 项正确。

国家强制力是保证法得以实现的后盾，马克思主义法学强调国家强制力即属国家暴力，法律主要依靠国家暴力作为外在强制的力量。C 项正确。

法的强制力就是国家强制力，包括军队、警察、监狱、法庭等。自然力不是国家强制力的组成部分，自然力是自然法则得以实现的力量。D 项错误。

2. 《中华人民共和国畜禽遗传资源进出境和对外合作研究利用审批办法》第 3 条规定："本办法所称畜禽，是指列入依照《中华人民共和国畜牧法》第十一条规定公布的畜禽遗传资源目录的畜禽。本办法所称畜禽遗传资源，是指畜禽及其卵子（蛋）、胚胎、精液、基因物质等遗传材料。"对此，下列哪些表述是错误的？（2010 - 1 - 56）[3]

A. 《中华人民共和国畜牧法》是《中华人民共和国畜禽遗传资源进出境和对外合作研究利用审批办法》的上位法

B. 《中华人民共和国畜牧法》和《中华人民共和国畜禽遗传资源进出境和对外合作研究利用审批办法》均属于行政法规

C. 该条款内容属于技术规范

D. 该条款规定属于任意性规则

【解析】《中华人民共和国畜牧法》是由全国人大常委会制定的，属于"法律"范畴，《中

---

[1] C　〔2〕ABC　〔3〕BCD

华人民共和国畜禽遗传资源进出境和对外合作研究利用审批办法》是由国务院制定的，属于"行政法规"范畴，"法律"效力高于"行政法规"。A 项正确，B 项错误。

该条款内容用于解释某些法律概念，是技术性法律规范。法律规范属于社会规范，而非技术规范。社会规范不同于技术规范和自然法则：社会规范调整人和人之间的关系；技术规范调整人与自然的关系；自然法则调整自然现象之间的关系。C 项错误。

该条款内容属于法律概念，不属于法律规则。D 项错误。

3. 《最高人民法院关于审理盗窃案件具体应用法律若干问题的解释》规定：各省、自治区、直辖市高级人民法院可根据本地区经济发展状况，并考虑社会治安状况，在本解释规定的数额幅度内，分别确定本地区执行的"数额较大""数额巨大""数额特别巨大"的标准。依据法理学的有关原理，下列正确的表述是：（2007 - 1 - 92）〔1〕

A. 该规定没有体现法的普遍性特征

B. 该规定违反了"法律面前人人平等"的原则

C. 该规定说明：法律内容的决定因素是社会经济状况

D. 该规定说明：政治对法律没有影响

【解析】法是具有普遍性的社会规范，这是法的特征之一。法的普遍性强调法对不特定的主体可以反复适用。最高人民法院的这一规定适用于"本地区"所有的人，因此也体现了法的普遍性特征。A、B 项错误。

最高人民法院的这一规定说明了社会的经济状况决定法律的内容。C 项正确。

法律受到政治、宗教、道德等其他社会规范的影响。D 项错误。

4. 下列哪一选项体现了法律的可诉性特征？（2007 - 1 - 7）〔2〕

A. 下一级的规范性法律文件因与上一级的规范性法律文件冲突而被宣布无效

B. 公民和法人可以利用法律维护自己的权利

C. "一国两制"原则体现在《香港特别行政区基本法》的制定过程中

D. 道德规范上升为法律规范

【解析】法的可诉性是法的特征之一，是法区别于其他社会规范的标志之一。法的可诉性是指法律具有被任何人（包括公民和法人）在法律规定的机构（尤其是法院和仲裁机构）中通过争议解决程序（特别是诉讼程序）加以运用维护自身权利的可能性。B 项正确。

【特别提示】法的特征包括规范性、国家意志性、普遍性、权利义务性、国家强制性和程序性、可诉性。上述特征的某一个方面，可能习惯、宗教、道德等其他社会规范也具备，比如社会规范都具有规范性，宗教也具有程序性；但上述六个特征同时具备的社会规范，只有法。

5. 我国《民法典》第 1081 条规定：现役军人的配偶要求离婚，须得军人同意，但军人一方有重大过错的除外。依据法理学的有关原理，下列正确的表述是：（2007 - 1 - 91，改编）〔3〕

A. 该条中所规定的军人的配偶在离婚方面所承担的义务没有相应的权利存在

B. 现役军人与其配偶之间的权利义务是不一致的

C. 该条所规定的法律义务是一种对人义务或相对义务

D. 该法律条文完整地表达了一个法律规则的构成要素

【解析】马克思主义法学认为，法律权利和法律义务在结构上相辅相成，"没有无义务的权利，也没有无权利的义务"；在数量上是等值关系；从产生和发展来看，两者经历了一个从浑然一体到分裂对立再到相对一致的过程；从价值上看，两者代表了不同的法律精神。因此 A

---

〔1〕 C 〔2〕 B 〔3〕 C

项、B 项错误。

法律权利义务分为绝对权利义务（对世权利和对世义务）和相对权利义务（对人权利和对人义务）。绝对权利义务是对不特定的法律主体的权利和义务，相对权利义务是对特定的法律主体的权利和义务。该条所规定的法律义务是一种相对义务。C 项正确。

在该法律条文中，"现役军人的配偶要求离婚"为假定条件，"须得军人一方同意，但军人一方有重大过错的除外"为行为模式，但没有规定法律后果，因此该法律条文并未完整地表达一个法律规则的构成要素。D 项错误。

6. 2018 年是四川汶川地震十周年，当年发生了震惊全国的"范跑跑"事件，社会公众对此进行了大规模的道德评价，随后教育部也相应修订了《中小学教师职业道德规范》，增加了"保护学生安全"的规定。对此，下列说法正确的是?[1]

A. 法律的特征在于法律具备规范性，道德等其他的社会规范没有规范性

B. 法律与道德总是同步发展的

C. 近现代以来，法学家们一般都倾向于强调法律调整的突出作用，依法治国成为普遍的政治主张

D. 强调依法治国和以德治国相结合，这就意味着在新的历史时期应当让法与道德达到浑然一体的状态

【解析】在形式归属上，法与道德都属于社会规范，都具有规范性，A 错误。法律与道德并不总是同步发展的，B 错误。法律与道德不能达到浑然一体，截然不分的状态，D 错误。C 正确。

7. 2019 年 7 月底，小伟买到一双限量球鞋，购买价格为 3.65 万元。他将球鞋送到大刘的擦鞋店进行清洗。后小伟发现两只鞋面均不同程度受损，小伟要求大刘按照自己的购买价格进行赔偿。但双方对鞋子的价值认知差异过大，小伟将大刘诉至法院。小伟认为，大刘的擦鞋店具有较长从业时间，理应了解球鞋在行业内的价值。大刘则表示，虽然小伟提供的票据中显示他在商铺的购买价格是 3.65 万元，但是该球鞋的出厂价格为 1880 元，出厂时间是 2010 年，小伟购买时价格虚高是因市场"炒鞋"导致；自己对于球鞋受损的事实无异议，愿意修复鞋面，按出厂价格 1880 元进行赔偿，并另行适当补偿 1000 元。法院适用小额诉讼程序审理了该案。法院认为，案涉球鞋的价值不能仅根据出厂价进行认定，其实际价值应包含升值空间价值，且升值空间占据了主要部分。大刘将球鞋洗破后，自行修理并更换了非原装鞋面，导致球鞋价值基本全损。因被告专业性及约定，认定对该损失可预见。结合球鞋的折旧率、实际使用时间、鞋子残值等因素，在平衡双方利益的基础上，认定球鞋购买价格的 60% 即 2.19 万元作为原告损失，并判令大刘限期支付该款。对此，下列说法正确的是?[2]

A. 小伟与大刘双方在法庭上就证据和案件事实进行质证，就法的适用开展辩论，体现了法的普遍性

B. 认定购买价格的 60% 即 2.19 万元作为原告损失，判令大刘限期支付该款，是从逻辑前提中推导出来的

C. 适用法律必须面对规范和事实问题

D. "大刘将球鞋洗破后，自行修理并更换了非原装鞋面"这是一个规范语句

【解析】A 项体现的是法的程序性，不是普遍性，因此 A 项错误。"大刘将球鞋洗破后，自行修理并更换了非原装鞋面"这不是一个法律规则，所以不存在法律规则中的规范语句和陈

---

[1] C [2] BC

述语句的区别，因此 D 项错误。B 项、C 项是正确的。

考点三 法的作用

1. 2011 年 7 月 5 日，某公司高经理与员工在饭店喝酒聚餐后表示：别开车了，"酒驾"已入刑，咱把车推回去。随后，高经理在车内掌控方向盘，其他人推车缓行。记者从交警部门了解到，如机动车未发动，只操纵方向盘，由人力或其他车辆牵引，不属于酒后驾车。但交警部门指出，路上推车既会造成后方车辆行驶障碍，也会构成对推车人的安全威胁，建议酒后将车置于安全地点，或找人代驾。鉴于我国对"酒后代驾"缺乏明确规定，高经理起草了一份《酒后代驾服务规则》，包括总则、代驾人、被代驾人、权利与义务、代为驾驶服务合同、法律责任等共 6 章 21 条邮寄给国家立法机关。关于高经理和公司员工拒绝"酒驾"所体现的法的作用，下列说法正确的是：(2011－1－89)[1]

A. 法的指引作用　　　　　　　　B. 法的评价作用
C. 法的预测作用　　　　　　　　D. 法的强制作用

【解析】法的作用分为规范作用和社会作用。规范作用的对象是人的行为，社会作用的对象是社会关系。规范作用分为指引（本人行为）作用、评价（他人行为）作用、预测（相互行为）作用、教育（一般人的行为）作用和强制（违法犯罪行为）作用。高经理和公司员工根据法律规定拒绝酒驾，属于法的规范作用中的指引作用。A 项正确。

2. 关于法的规范作用，下列哪一说法是正确的？(2014－1－10)[2]

A. 陈法官依据诉讼法规定主动申请回避，体现了法的教育作用
B. 法院判决王某行为构成盗窃罪，体现了法的指引作用
C. 林某参加法律培训后开始重视所经营企业的法律风险防控，反映了法的保护自由价值的作用
D. 王某因散布谣言被罚款 300 元，体现了法的强制作用

【解析】A 项是指引作用，B 项是强制作用，C 项是指引作用，因此 A 项、B 项、C 项都错误，D 项正确。

3. "社会的发展是法产生的社会根源。社会的发展，文明的进步，需要新的社会规范来解决社会资源有限与人的欲求无限之间的矛盾，解决社会冲突，分配社会资源，维持社会秩序。适应这种社会结构和社会需要，国家和法这一新的社会组织和社会规范就出现了。"关于这段话的理解，下列哪些选项是正确的？(2012－1－51)[3]

A. 社会不是以法律为基础，相反，法律应以社会为基础
B. 法律的起源与社会发展的进程相一致
C. 马克思主义的法律观认为，法律产生的根本原因在于社会资源有限与人的欲求无限之间的矛盾
D. 解决社会冲突，分配社会资源，维持社会秩序属于法的规范作用

【解析】马克思主义法律观认为法是由一定社会的物质生活条件决定的，法律应以社会为基础，法的本质最终体现为法的社会性，即物质制约性。A 项、B 项正确。

按照马克思主义学说，法律的产生是社会基本矛盾运动的结果，生产力发展到一定阶段，

---

[1] A　[2] D　[3] AB

导致了法律的产生：（1）私有制的出现是法律产生的经济根源；（2）阶级的分化是法律产生的社会根源；（3）国家这种公共权力组织的出现是法律产生的政治根源。C项错误。

法的社会作用涉及三个领域（社会经济生活、政治生活、思想文化生活）和两个方向，即政治职能（通常说的阶级统治的职能）和社会职能（执行社会公共事务的职能）。对社会冲突的化解，维护社会统治体现的是法的社会作用。D项错误。

4. 关于法的作用，下列哪些选项是错误的？（2008 川 - 1 - 51）[1]

A. 法是由人创制的，人们在立法时受社会条件的制约

B. 法律人在处理法律问题时没有自己的价值立场

C. 法具有概括性，能够涵盖社会生活的所有方面

D. 法律不能要求人们去从事难以做到的事情

【解析】法律不是万能的，法的作用是有局限性的：法律是以社会为基础的，因此，法律不可能超出社会发展需要"创造"或改变社会；法律是社会规范之一，必然受到其他社会规范以及社会条件和环境的制约；法律规制和调整社会关系的范围和深度是有限的，有些社会关系（如人们的情感关系、友谊关系）不适宜由法律来调整；法律还受自身条件的限制，如语言表达力的局限。A项正确，C项错误。

法律判断分为事实判断和价值判断。事实判断是一种描述性判断，即"是什么"的客观判断；价值判断是一种规范性判断，即"应该是什么"的主观性判断。法律规范和依照法律规范作出的实体性结论为价值性判断。对案件的认定总体上属于事实判断，但是证据的证明力需要主体作价值判断。法的运行的过程是法律人进行价值判断的过程。B项错误。

西方法谚说"法律不强人所难"，这是"期待可能性"理论的谚语表述，即法律不能强求人们去做难以做到的事情。D项正确。

5. 2008年修订的《中华人民共和国残疾人保障法》第50条规定："县级以上人民政府对残疾人搭乘公共交通工具，应当根据实际情况给予便利和优惠。残疾人可以免费携带随身必备的辅助器具。盲人持有效证件免费乘坐市内公共汽车、电车、地铁、渡船等公共交通工具。盲人读物邮件免费寄递。国家鼓励和支持提供电信、广播电视服务的单位对盲人、听力残疾人、言语残疾人给予优惠。"对此，下列说法错误的是：（2010 - 1 - 92）[2]

A. 该规定体现了立法者在残疾人搭乘公共交通工具问题上的价值判断和价值取向

B. 从法的价值的角度分析，该规定的主要目的在于实现法的自由价值

C. 该规定对于有关企业、政府及残疾人均具有指引作用

D. 该规定在交通、邮政、电信方面给予残疾人的优待有悖于法律面前人人平等原则

【解析】立法的过程是立法者进行价值判断的过程。A项正确。

从法的价值角度分析，保护弱势群体是正义价值的应有之义，该规定的主要目的是实现法的正义价值。B项错误。

该规定能够指引有关企业、政府和残疾人本身做出相应的行为。C项正确。

平等原则要求相同情况相同对待，不同情况区别对待。该规定给予残疾人的优待不仅不悖于法律面前人人平等的原则，反而体现了法律面前人人平等的原则。D项错误。

6. 贾律师在一起未成年人盗窃案件辩护意见中写道："首先，被告人刘某只是为了满足其上网玩耍的欲望，实施了秘密窃取少量财物的行为，主观恶性不大；其次，本省盗窃罪的追诉限额为800元，而被告所窃财产评估价值仅为1050元，社会危害性较小；再次，被告人刘某

---

[1] BC 　[2] BD

仅从这次盗窃中分得200元，收益较少。故被告人刘某的犯罪情节轻微，社会危害性不大，主观恶性小，依法应当减轻或免除处罚。"关于该意见，下列哪些选项是不正确的？（2010 - 1 - 55）[1]

A. 辩护意见既运用了价值判断，也运用了事实判断

B. "被告人刘某的犯罪情节轻微，社会危害性不大，主观恶性小，依法应当减轻或免除处罚"，属于事实判断

C. "本省盗窃罪的追诉限额为800元，而被告人所窃取财产评估价值仅为1050元"，属于价值判断

D. 辩护意见中的"只是""仅为""仅从"这类词汇，属于法律概念

【解析】 "被告人刘某的犯罪情节轻微，社会危害性不大，主观恶性小，依法应当减轻或免除处罚"，属于价值判断；"本省盗窃罪的追诉限额为800元，而被告人所窃取财产评估价值仅为1050元"，属于事实判断。A项正确，B项错误，C项错误。

法律概念是对各种法律事实进行概括，抽象出它们的共同特征而形成的权威性范畴，是解决法律问题的重要工具。辩护意见中的"只是""仅为""仅从"这类词汇，不属于法律概念。D项错误。

7. 近期，无人驾驶汽车在公共交通道路行驶，公众围绕其是否违法、事故后是否担责、如何加强立法进行规制展开讨论，下列说法中正确的是？（2018年回忆版）[2]

A. 若无人驾驶汽车上路行驶引发民事纠纷被诉至法院，因法无明文规定，法院不得裁判

B. 科技发展引发的问题只能通过法律解决

C. 现行交通法规对无人驾驶汽车上路行驶尚无规定，这反映了法律的局限性

D. 只有当科技发展造成了实际危害后果时，才能动用法律手段干预

【解析】 司法是正义的最后一道防线，法院不得拒绝裁判，故A项错误。

法律只是解决社会问题的一种方式，还可以依靠道德等手段，故B项错误。

法律对新事物的规定不够详尽或因无法预料而缺乏规定，这反映了法律的局限性，故C项正确。

法律对社会发展和人的行为具有指引作用，法律对科技发展的干预分为事前干预和事后干预两种，故D项错误。

8. 王某和李某是好朋友，王某生意失败，欠下巨款，意图去盗窃，李某认为盗窃是一种犯罪行为，因而进行劝阻，但没有成功。李某猜测王某盗窃后会坐牢，便从此不与其相处。王某盗窃后被逮捕，后被诉至法院。原本的审判法官是王某的弟弟，其申请了回避。后来王某因盗窃罪被判刑。关于此案，下列说法错误的是？[3]

A. 李某认为盗窃罪是一种犯罪行为，这体现了法的评价作用

B. 王某被法院判刑，体现的是法的评价作用

C. 李某猜测王某以后会去坐牢，体现的是法的预测作用

D. 审判法官因为自己是王某的弟弟故而申请回避，体现的是法的指引作用

【解析】 王某被法院判刑，体现的是法的强制作用，因此B项错误。

9. 陈某与前妻林某婚生子陈某宝（7岁）由林某抚养，林某与王某再婚后，王某擅自将陈某宝改为王某宝。陈某诉至法院，法官认为，陈某宝是无民事行为能力的人，其变更姓名需要由亲生父母同意，故判决林某恢复其子原姓名。对此，下列哪一说法是正确的？（2019年回忆

版)〔1〕

    A. 法院判决是规范性法律文件

    B. 法院判决体现了法的评价作用

    C. 姓名权具有相对性

    D. 陈某宝是无民事行为能力的人，不享有任何民事权利

【解析】 法院的判决书只针对案件当事人发生效力，案外人则不需受其约束，因此属于典型的非规范性法律文件，故 A 项错误。评价作用是指以法律为标准对他人已经做出的行动作出合法或违法的判定，法院通过依法裁判对当事人的行为进行判定直接体现了法律的评价作用，故 B 项正确。作为人格权一部分的姓名权是典型的绝对权，权利人以外的一般主体都应尊重并负有不侵犯义务，故 C 项错误。无民事行为能力人是指其从事民事法律行为的范围受限，并不意味着其不享有任何民事权利，这是完全不同的两个概念。无民事行为能力的人法律规定可以实施纯获利益的行为，故 D 项错误。

    10. 刘某因销售的新型跑步机不符合现行国家强制标准，被以涉嫌销售伪劣产品罪起诉。法院认为该跑步机与传统跑步机有明显区别，相关行业专家认为该跑步机属于创新产品，消费者也普遍反映该产品未造成人身伤害和财产损失，不能套用传统产品的国家强制标准认定为伪劣产品，故判决刘某无罪。对此，下列哪些说法是正确的？（2021 年回忆版）〔2〕

    A. 因技术创新而产生的新型法律问题，不能受传统法律规范的约束

    B. 本案中新型跑步机不符合现行国家强制标准的情形，体现了法的局限性

    C. 法院将法律判断、行业判断与民众认知相结合，保证了判决实质公平性

    D. 创新产品不能套用传统产品的国家强制标准，故销售创新产品的行为属于法外空间

【解析】 因技术创新而产生的新型法律问题，可以通过法律解释适用传统法律规范，故 A 项错误。法律并非万能的，具有一定的局限性，本案中新型跑步机不符合现行国家强制标准的情形，体现了法的局限性，故 B 项正确。本案中法院结合法律判断、相关行业专家、消费者的观点对创新产品是否适用传统标准进行论证得出判决，保证了判决的实质公平性，故 C 项正确。法外空间是指不属于法律调整的领域。但销售创新产品的行为属于法律调整的社会关系，因此不属于法外空间，故 D 项错误。

考点四　法的价值

    1. "法律只是在自由的无意识的自然规律变成有意识的国家法律时，才成为真正的法律，哪里法律成为实际的法律，即成为自由的存在，哪里法律就成为人的实际的自由存在。"关于该段话下列说法正确的是：（2016 - 1 - 88）〔3〕

    A. 从自由与必然的关系上讲，规律是自由的，但却是无意识的，法律永远是不自由的，但却是有意识的

    B. 法律是"人的实际的自由存在"的条件

    C. 国家法律须尊重自然规律

    D. 自由是评价法律进步与否的标准

【解析】 专制制度下的法律虽然由国家制定，形式上具有合法权威，然而由于本质上忽视

---

〔1〕　B　〔2〕　BC　〔3〕　BCD

了自由的要求，因而只能是一种徒具形式的"恶法"。从这个意义上而言，任何不符合自由意蕴的法律，都不是真正意义上的法律。因此 A 项错误。自由是指在没有外在强制的情况下，能够按照自己的意志进行活动的能力。这正如霍布斯将自由定义为"没有障碍"一样，它表明主体可以根据自己的意志、目的而行动，而不是按照外界的强制或限制来行动。法的价值上所言的"自由"，即意味着法律确认、保障"人的实际的自由存在"。从这个意义上而言，任何不符合自由意蕴的法律，都不是真正意义上的法律，因此 B 项正确，C、D 项正确。

2. 秦某以虚构言论、合成图片的手段在网上传播多条"警察打人"的信息，造成恶劣影响，县公安局对其处以行政拘留 9 日的处罚。秦某认为自己是在行使言论自由权，遂诉至法院。法院认为，原告捏造、散布虚假事实的行为不属于言论自由，为法律所明文禁止，应承担法律责任。对此，下列哪一说法是正确的？（2017 - 1 - 8）[1]

A. 相对于自由价值，秩序价值处于法的价值的顶端

B. 法官在该案中运用了个案平衡原则解决法的价值冲突

C. "原告捏造、散布虚假事实的行为不属于言论自由"仅是对案件客观事实的陈述

D. 言论自由作为人权，既是道德权利又是法律权利

【解析】 自由价值处于法的价值的顶端，因此 A 项错误。对于个人自由和社会秩序的冲突，法官运用了价值位阶原则解决法的价值冲突，因此 B 项错误。"原告捏造、散布虚假事实的行为不属于言论自由"既有客观事实的陈述，也有主观上的价值判断，因此 C 项错误。言论自由作为人权，既是道德权利又是法律权利，D 项正确。

3. 关于法律与自由，下列哪一选项是正确的？（2008 - 1 - 2）[2]

A. 自由是至上和神圣的，限制自由的法律就不是真正的法律

B. 自由对人至关重要，因此，自由是衡量法律善恶的唯一标准

C. 从实证的角度看，一切法律都是自由的法律

D. 自由是神圣的，也是有限度的，这个限度应由法律来规定

【解析】 法的价值表明了法律对于人们而言所拥有的正面意义，它体现了其属性中为人们所重视、珍惜的部分。法的主要价值包括自由、正义和秩序。自由是法的最高价值。法律是自由的保障，自由是判断法律善恶的标准之一。良法应当是自由之法。但自由是有限度的、有范围的，而这个限度和范围由法律来设立。A 项错误，D 项正确。

自由对人至关重要，但是衡量法律善恶并非只有自由这一个标准，另外还包括诸如正义等标准。B 项错误。

从实证的角度，也就是从现实生活中看，并非一切法律都维护自由。C 项错误。

4. 临产孕妇黄某由于胎盘早剥被送往医院抢救，若不尽快进行剖宫产手术将危及母子生命。当时黄某处于昏迷状态，其家属不在身边，且联系不上。经医院院长批准，医生立即实施了剖宫产手术，挽救了母子生命。该医院的做法体现了法的价值冲突的哪一解决原则？（2015 - 1 - 9）[3]

A. 价值位阶原则　　　　　　　　　B. 自由裁量原则

C. 比例原则　　　　　　　　　　　D. 功利主义原则

【解析】 本题的价值冲突主要体现在个人的生命自由与秩序的冲突，这是典型的价值位阶原则，A 项正确。

5. 我国《刑法》第 21 条规定，为了使国家、公共利益、本人或者他人的人身、财产和其

他权利免受正在发生的危险，不得已采取的紧急避险行为，造成损害的，不负刑事责任。紧急避险超过必要限度造成不应有的损害的，应当负刑事责任，但是应当减轻或者免除处罚。该条文中的价值平衡，适用的是下列哪一项原则？（2008－1－3）[1]

A. 价值位阶原则　　　　　　　　B. 个案平衡原则

C. 比例原则　　　　　　　　　　D. 功利原则

【解析】解决法律价值冲突的原则主要有：（1）价值位阶原则，指在不同位阶的法的价值发生冲突时，在先的价值优于在后的价值；（2）个案平衡原则，指在处于同一位阶上的法的价值之间发生冲突时，必须综合考虑主体之间的特定情形、需求和利益，以使得个案的解决能够适当兼顾双方的利益；（3）比例原则，指为保护某种较为优越的法的价值必须侵犯另外一种价值时，不得逾越此目的所必要的限度，或者说因为某种价值而牺牲另外一种价值时，应将损害的程度降到最低。题干所述符合比例原则。C项正确。

6. 宽严相济是我国的基本刑事政策，要求法院对于危害国家安全、恐怖组织犯罪、"黑恶"势力犯罪等严重危害社会秩序和人民生命财产安全的犯罪分子，尤其对于极端仇视国家和社会，以不特定人为侵害对象，所犯罪行特别严重的犯罪分子，该依法重判的坚决重判，该依法判处死刑立即执行的绝不手软。对于解决公共秩序、社会安全、犯罪分子生命之间存在的法律价值冲突，该政策遵循下列哪一原则？（2011－1－13）[2]

A. 个案平衡原则　　　　　　　　B. 比例原则

C. 价值位阶原则　　　　　　　　D. 自由裁量原则

【解析】法的价值冲突的解决原则主要有：价值位阶原则、个案平衡原则、比例原则。公共秩序、社会安全体现了秩序价值，犯罪分子生命体现了自由价值。本题是秩序与自由的冲突，属于价值位阶原则。C项正确。

7. 2012年，潘桂花、李大响老夫妇处置房产时，发现房产证产权人由潘桂花变成其子李能。原来，早在七年前李能就利用其母不识字骗其母签订合同，将房屋作价过户到自己名下。二老怒将李能诉至法院。法院查明，潘桂花因精神障碍，被鉴定为限制民事行为能力人。据此，法院认定该合同无效。对此，下列哪一说法是不正确的？（2013－1－14）[3]

A. 李能的行为违反了物权的取得应当遵守法律、尊重公德、不损害他人合法权益的法律规定

B. 从法理上看，法院主要根据"法律家长主义"原则（法律对于当事人"不真实反映其意志的危险选择"应进行限制，使之免于自我伤害）对李能的意志行为进行判断，从而否定了他的做法

C. 潘桂花被鉴定为限制民事行为能力人是对法律关系主体构成资格的一种认定

D. 从诉讼"争点"理论看，本案争执的焦点不在李能是否利用其母不识字骗其母签订合同，而在于合同转让的效力如何认定

【解析】法律对自由进行限制的正当理由包括：（1）伤害原则，即社会干预个人行动自由唯一的目的是自我保护，只有为了阻止对别人和公共的伤害，法律对社会成员的限制才是合理的；（2）法律家长主义，即法律对于当事人"不真实反映其意志的危险选择"应进行限制，使之免于自我伤害；（3）冒犯原则，即法律禁止那些虽不伤害别人但却冒犯别人的行为；（4）法律道德主义原则，即一个人的行为只要违背了一个社群所接受的道德准则，应该受到法律的禁止或者惩罚。潘桂花因精神障碍，被鉴定为限制民事行为能力人，据此法院认定该合同无效，

从而保护了潘桂花的利益，从法理上看，法院主要根据"法律家长主义"原则对潘桂花的意志行为进行判断，从而否定了她的做法。B 项错误。

8. 法律具有诸多作用和价值，以下分析不正确的是？[1]

A. 《民法典》第 1192 条规定："个人之间形成劳务关系，提供劳务一方因劳务造成他人损害的，由接受劳务一方承担侵权责任。"甲根据该条到法院起诉其雇佣公司承担赔偿责任，体现了法的指引作用，这是法的社会作用。

B. 2017 年 8 月，四川九寨沟发生地震后，西安一居民张先生在微信朋友圈散布西安即将发生大地震的谣言，经多次转发后引起当地居民恐慌，造成社会公共秩序混乱，被公安机关予以治安管理处罚。上述事实中体现了法律的预测作用、教育作用和强制作用

C. 《行政处罚法》第 5 条第 2 款规定："设定和实施行政处罚必须以事实为依据，与违法行为的事实、性质、情节以及社会危害程度相当。"该条规定，体现的是处理法律价值冲突时的价值位阶原则

D. 某派出所民警在社区悬挂"坚决打击某省籍敲诈勒索团伙"的条幅，后被上级机关要求立即拆除，并对责任人进行了处理。该事件体现了法律自由价值和正义价值的冲突

【解析】A 项体现了法的指引作用，但指引作用属于法的规范作用而不是社会作用，A 项错误。B 项中体现了强制作用，未体现预测作用和教育作用，B 项错误。价值位阶原则指在不同位阶的法的价值发生冲突时，在先的价值优于在后的价值，C 项中涉及的条款表现出的是行政处罚的轻重应与违法行为及其危害程度相匹配，不应过重，也不应过轻，这是比例原则，C 项错误。民警悬挂条幅是为了打击犯罪，恢复社会秩序，但是条幅内容涉嫌地域歧视，因此违反了正义价值，是秩序与正义之间的冲突，D 项错误。

9. 疫情发生以来，网络上众多言论，虚虚实实，因为有了八名医生被武汉市政府因"谣言"被"训诫"的前例，政府对处理谣言很是谨慎，稍微不慎就会被冠以侵害自由、侵犯人权的帽子。对有关法的价值，下列说法正确的是？[2]

A. 自由是评价法律进步与否的标准，是人性最深刻的需要，因此人的言论不应该受到任何限制

B. 人权是指每个人作为人应该享有的或享有的权利，它是一个历史概念，会随着历史的发展而变化

C. 在各种价值相互冲突时，应当适用价值位阶原则予以解决

D. 限制个人自由的理论基础主要有伤害原则、道德主义原则、家长主义原则

【解析】自由确实是最本质的价值，但是也应当受到合理的限制，因此 A 项错误。具体案件中各种价值之间的冲突应当用个案中的比例原则予以解决，不考虑具体案件的情况下，应当适用价值位阶原则予以考虑各个价值之间的优先性，因此 C 项错误。D 项正确。

10. 开发商建衡公司与小红因为未能在合同的规定期限内办理房产证而产生纠纷，小红将建衡公司诉至某人民法院，请求解除双方签订的商品房买卖合同。法院在审理该案件时，认为因延迟办证而形成的解除权的合理期限，现行法律并未作出规定。但为维护商品经济秩序和平衡买卖合同双方利益需要对该期限进行合理限制。对此，法官援引了合同法解释中与延迟办证具有一定相似性的因迟延交房形成的解除权的合理期限规定，从而作出相应的判决。下列说法正确的是？（2019 年回忆版）[3]

A. 对于该判决法官运用了类比推理

---

[1] ABCD　[2] BD　[3] ABD

B. 平衡买卖双方的利益和维护交易秩序稳定，体现了法的价值

C. 本案中存在的法律漏洞属于嗣后漏洞

D. 若需要认定法律漏洞，则需要探究立法目的

【解析】类比推理是指基于两种情形的相似性而作出相似处理的推理方式，法官基于延迟交房和延迟办证的相似性而作出相应判决的做法，正是类比推理的直接应用，故 A 项正确。平衡买卖双方的利益和维护交易秩序稳定体现了法律对于正义的追求和对秩序的维护，当然体现了法的价值，故 B 项正确。本案中涉及的延迟办证能否导致合同解除的问题，在法律中未有明确规定，显然属于法律漏洞，但这一漏洞在立法之时就已存在，应理解为自始漏洞，并不属于因法律滞后于社会经济发展而导致的嗣后漏洞，故 C 项错误。当出现法律漏洞时，我们需要结合立法目的进行扩张或限缩以期实现法律创设本应实现的目的，故 D 项正确。

11. 杜某在微博上造谣"中国萌娃"小楼为日本小孩，小楼母亲分别在微博与小红书平台发文"辟谣"，但杜某拒不删除。小楼及其家人认为，杜某的行为侵害小楼肖像权，故小楼向法院提起诉讼，要求杜某公开登报赔礼道歉并赔偿损失。法院认为："根据《民法典》规定，侵害自然人肖像权的构成要件为：未经本人同意；实施了利用他人肖像的行为。本案中，原告属无民事行为能力人，他人使用原告肖像，应获得原告监护人的同意。被告发布带有原告肖像的图片，但未经原告监护人同意，属于非法使用原告的肖像，被告行为构成对原告肖像权的侵害。"后杭州互联网法院对该案作出判决，责令被告杜某登报向原告楼某赔礼道歉，并赔偿原告精神抚慰金 10000 元、维权费用损失 5000 元。关于此案，下列说法正确的是？[1]

A. 从法理上看，法院主要依据"法律家长主义"原则对案件进行评判

B. 法院酌情判定被告赔偿原告精神损害抚慰金金额的自由裁量仅受法律规定的限制

C. 法院的判决体现了法的价值冲突解决中的价值位阶原则

D. 法官在审判中根据侵害自然人肖像权构成要件推导出判决结论属于类比推理

【解析】法律家长主义原则是为阻止相对人自我伤害，或为帮助个人增进其利益，可以不同程度地限制相对人的自由或权利。而本案法官的判决是基于"伤害原则"，故 A 项错误。法官的自由裁量权要受到政治、法律、习惯、道德等各方面因素制约，故 B 项错误。该法院的判决体现了法的价值冲突解决中的价值位阶原则，即社会秩序比个人自由更重要，故 C 项正确。从前提推导出结论，属于演绎推理，故 D 项错误。

12. 法谚云："公共福利是最高的法律"。对此，以下理解正确的是？（2023 年回忆版，单选）[2]

A. 公共福利法是效力位阶最高的法律

B. 公共福利是实质法治的追求

C. 公共福利是法律实现的最高价值

D. 实现公共福利就不能限制个人权利

【解析】我国《宪法》序言指出："本宪法以法律的形式确认了中国各族人民奋斗的成果，规定了国家的根本制度和根本任务，是国家的根本法，具有最高的法律效力。"因此效力位阶最高的法律是宪法，不是公共福利法，故 A 项错误。法治包括形式法治和实质法治。形式法治注重法治的形式合理，追求形式平等性，而实质法治则着眼于法的伦理性及法的自由、正义等价值追求，重视实质合理，强调法治不仅仅要符合相关的法律形式要件，而且要实现权力制约和权利保障。公共福利是国家和社会为满足全体社会成员的物质及精神生活基本需要而兴办的

---

[1] C [2] B

公益性设施和提供的相关服务，追求的是实质法治，故 B 项正确。公共福利（公共利益）是法的价值之一，但是法的最高价值是自由，故 C 项错误。实现公共福利是追求实质平等，实质的平等认为正义不仅仅是依靠法律的普遍性和统一性，法律还必须考虑特殊性，因个体差异而实行区别对待，注重条件平等和结果平等，为此可以限制个人权利，故 D 项错误。

考点五　法律规则

1.《治安管理处罚法》第 115 条规定："公安机关依法实施罚款处罚，应当依照有关法律、行政法规的规定，实行罚款决定与罚款收缴分离；收缴的罚款应当全部上缴国库。"关于该条文，下列哪一说法是正确的？（2016 - 1 - 8）[1]

A. 表达的是禁止性规则
B. 表达的是强行性规则
C. 表达的是程序性原则
D. 表达了法律规则中的法律后果

【解析】　按照规则对人们行为规定和限定的范围或程度不同，可以把法律规则分为强行性和任意性规则。所谓强行性规则，是指内容规定具有强制性质，不允许人们随便加以更改的法律规则。义务性规则、职权性规则属于强行性规则。本题即为强行性规则。义务性规则又分为命令性规则和禁止性规则。本题规定"应当"，因此属于命令性规则，而不是禁止性（规定"不得""禁止"等）规则。因此 A 项错误、B 项正确。程序性规则是相对于实体性规则而言，本题中涉及具体的内容规定，因此 C 项错误。本规则中，"公安机关依法实施罚款处罚"属于假定条件，"应当依照有关法律、行政法规的规定，实行罚款决定与罚款收缴分离；收缴的罚款应当全部上缴国库"属于行为模式，但没有规定法律后果，因此 D 项错误。

2.《民法总则》第 187 条规定："民事主体因同一行为应当承担民事责任、行政责任和刑事责任的，承担行政责任或者刑事责任不影响承担民事责任；民事主体的财产不足以支付的，优先用于承担民事责任。"关于该条文，下列哪一说法是正确的？（2017 - 1 - 9）[2]

A. 表达的是委任性规则
B. 表达的是程序性原则
C. 表达的是强行性规则
D. 表达的是法律责任的竞合

【解析】　委任性规则，是指内容尚未确定，而只规定某种概括性指示，由相应国家机关通过相应途径或程序加以确定的法律规则，该法条表达的是确定性规则，因此 A 项错误。程序性原则是直接涉及程序法问题的原则，该条文表达的是法律规则，而不是法律原则，因此 B 项错误。强行性规则是指规定了明确的行为模式而不得自行变更其内容的规则，C 项正确。责任竞合，是指由于某一法律事实的出现，导致产生两种或两种以上的法律责任，这些法律责任彼此之间相互冲突的现象。该条文中的多个法律责任可以共存，不属于责任竞合，因此 D 项错误。

3. 法律格言云："不确定性在法律中受到非难，但极度的确定性反而有损确定性"。对此，下列哪些说法是正确的？（2017 - 1 - 59）[3]

A. 在法律中允许有内容本身不确定，而且可以援引其他相关内容规定的规范
B. 借助法律推理和法律解释，可提高法律的确定性
C. 通过法律原则、概括条款，可增强法律的适应性
D. 凡规定义务的，即属于极度确定的；凡规定权利的，即属于不确定的

【解析】　在法律中允许有内容本身不确定，而是可以援引其他相关内容规定的规范，该类

---

[1]　B　[2]　C　[3]　ABC

规范被称为准用性规则，因此 A 项正确。借助法律推理和法律解释，可提高法律的确定性，因此 B 项正确。通过法律原则、概括条款，可增强法律的适应性，因此 C 项正确。义务的规定并非都是极度确定的，也可以是不确定的；权利的规定并非都不确定的，也可以是确定的，因此 D 项错误。

4.《集会游行示威法》第 4 条规定："公民在行使集会、游行、示威的权利的时候，必须遵守宪法和法律，不得反对宪法所确定的基本原则，不得损害国家的、社会的、集体的利益和其他公民的合法的自由和权利。"关于这一规定，下列哪一说法正确？（2009 - 1 - 12）[1]

A. 该条是关于权利的规定，因此属于授权性规则

B. 该规定表明法律保护人的自由，但自由也应受到法律的限制

C. 公民在行使集会、游行、示威的权利的时候，不得损害国家的、社会的、集体的利益，因此国家利益是我国法律的最高价值

D. 该规定的内容比较模糊，因而对公民不具有指导意义

【解析】法律规则是采取一定的结构形式具体规定人们的法律权利、法律义务以及相应的法律后果的行为规范。法律规则按照规则的内容规定不同分为授权性规则和义务性规则。授权性规则是指规定人们有权做一定行为或不做一定行为的规则，即规定人们的"可为模式"的规则。它又可分为权利性规则和职权性规则。义务性规则是指在内容上规定人们的法律义务，即有关人们应当做出或不做出某种行为的规则。它也分为两种：命令性规则和禁止性规则。《集会游行示威法》第 4 条的这个规定属于义务性规则，而非授权性规则。A 项错误。

公民有集会、游行、示威的权利与自由，但也要受到法律的限制。B 项正确。

自由是法律的最高价值目标。C 项错误。

《集会游行示威法》的这条规定具有指引作用。D 项错误。

5.《刑事诉讼法》第 56 条规定："采用刑讯逼供等非法方法收集的犯罪嫌疑人、被告人供述和采用暴力、威胁等非法方法收集的证人证言、被害人陈述，应当予以排除。"对此条文，下列哪一理解是正确的？（2015 - 1 - 10）[2]

A. 运用了规范语句来表达法律规则

B. 表达的是一个任意性规则

C. 表达的是一个委任性规则

D. 表达了法律规则中的假定条件、行为模式和法律后果

【解析】带有助动词的语句是规范语句，A 项正确。任意性规则是指在一定范围内，允许人们自行选择或协商确定为与不为、为的方式以及法律关系中的权利义务内容的法律规则。本题中该条文应当属于强制性规则，即不允许人们随便加以更改的法律规则，B 项错误。委任性规则指内容尚未确定，而只规定某种概括性指示，由相应国家机关通过相应途径或程序加以确定的法律规则。本条文应属于确定性规则，即内容已明确规定，无须再援引或参照其他规则来确定其内容的法律规则，C 项错误。本题中该条文没有体现法律后果，D 项错误。

6.《民法典》第 1065 条第 1 款规定："男女双方可以约定婚姻关系存续期间所得的财产以及婚前财产归各自所有、共同所有或者部分各自所有、部分共同所有。约定应当采用书面形式，没有约定或者约定不明确的，适用本法第一千零六十二条、第一千零六十三条的规定。"关于该条款规定的规则（或原则），下列哪一选项是正确的？（2013 - 1 - 10，改编）[3]

A. 任意性规则　　　　　　　　　　B. 法律原则

---

[1] B　[2] A　[3] A

C. 准用性规则   D. 禁止性规则

【解析】 法律规则根据强度的不同可以分为强行性规则和任意性规则。强行性规则是指内容规定具有强制性质，不允许人们随便加以更改的法律规则。义务性规则、职权性规则属于强行性规则。任意性规则是指在一定范围内，允许人们自行选择或协商确定为与不为、为的方式以及法律关系中的权利义务内容的法律规则。题干所述该条款属于任意性规则。A项正确。

法律原则是为法律规则提供某种基础或者本源的综合性的、指导性的价值准则或规范。该款的规定属于法律规则。B项错误。

根据法律规则内容确定性程度的不同分为确定性规则、委任性规则和准用性规则。确定性规则是指内容已明确规定，无须再援引或参照其他规则来确定其内容的法律规则。委任性规则是指内容尚未确定，而只规定某种概括性指示，由相应国家机关通过相应途径或程序加以确定的法律规则。准用性规则是指内容本身没有规定人们具体的行为模式，而是可以援引或参照其他相应内容规定的规则。该条款属于确定性规则。该规定也没有禁止内容，不属于禁止性规则。C项、D项错误。

7. 《老年人权益保障法》第18条第1款规定："家庭成员应当关心老年人的精神需求，不得忽视、冷落老年人。"关于该条款，下列哪些说法是正确的？（2013－1－54）[1]

A. 规定的是确定性规则，也是义务性规则

B. 是用"规范语句"表述的

C. 规定了否定式的法律后果

D. 规定了家庭成员对待老年人之行为的"应为模式"和"勿为模式"

【解析】 该条款规定的是确定性规则。关心老年人是家庭其他成员不能放弃的义务，因此该条款规定的也是义务性规则。A项正确。

表达法律规则的特定语句往往是一种规范语句（也可以是陈述句）。规范语句带有道义助动词，陈述句不带有道义助动词。规范语句根据所运用的助动词的不同，可以被区分为命令句（使用道义助动词"必须""应该""禁止"）和允许句（使用道义助动词"可以"）。B项正确。

该条规定并没有规定否定性的法律后果。C项错误。

"家庭成员应当关心老年人的精神需求"是应为模式，"不得忽视、冷落老年人"是勿为模式。D项正确。

8. 关于法律规则的逻辑结构与法律条文，下列哪些选项是正确的？（2008－1－54）[2]

A. 假定部分在法律条文中不能省略

B. 行为模式在法律条文中可以省略

C. 法律后果在法律条文中不能省略

D. 法律规则三要素在逻辑上缺一不可

【解析】 法律规则是法律条文的内容，法律条文是法律规则的表现形式。从逻辑上来讲，任何法律规则都是由假定条件、行为模式和法律后果构成，这三个要素在逻辑上缺一不可。但在具体的法律条文中，法律规则的三个要素都是有可能被省略的。A项错误，B项正确，C项错误，D项正确。

9. 关于法律要素，下列哪一说法是错误的？（2011－1－9，改编）[3]

A.《反垄断法》第45条："行政机关和法律、法规授权的具有管理公共事务职能的组织

不得滥用行政权力，制定含有排除、限制竞争内容的规定。"这属于义务性规则

B.《行政处罚法》第43条第1款："执法人员与案件有直接利害关系或者有其他关系可能影响公正执法的，应当回避。"这既不属于法律原则，也不属于法律规则

C.《政府信息公开条例》第55条："教育、卫生健康、供水、供电、供气、供热、环境保护、公共交通等与人民群众利益密切相关的公共企事业单位，公开在提供社会公共服务过程中制作、获取的信息，依照相关法律、法规和国务院有关主管部门或者机构的规定执行。全国政府信息公开工作主管部门根据实际需要可以制定专门的规定。"这属于委任性规则

D.《民法典》第1115条"自然人应当随父姓或者母姓……"这属于确定性规则

【解析】《反垄断法》第45条是对行政机关的禁止性规定，属于义务性规则。A项正确。

《行政处罚法》第43条第1款所表达的是法律规则。B项错误。

《政府信息公开条例》第55条"全国政府信息公开工作主管部门根据实际需要可以制定专门的规定"属于委任性规则。C项正确。

《民法典》第1115条"自然人应当随父姓或者母姓……"这属于确定性规则。D项正确。

10. 商务部颁布的《酒类流通管理办法》第19条规定："酒类经营者不得向未成年人销售酒类商品，并应当在经营场所显著位置予以明示。"第30条规定："违反本办法第十九条规定的，由商务主管部门或会同有关部门予以警告，责令改正；情节严重的，处两千元以下罚款"。对于上述法律规定，以下分析正确的有？[1]

A.《酒类流通管理办法》属于行政法规，是我国正式法律渊源

B. 从法律规则的逻辑结构来看，上述条文缺少假定条件

C. 上述条文表述的是禁止性法律规则

D. 上述条文确定的是行政法律责任

【解析】《酒类流通管理办法》是由商务部发布的，属于部门规章，属于我国的正式法律渊源，A错误。该《办法》第19条和第30条合起来是一个完整的法律规则，19条中的"酒类经营者"为假定条件，"不得向未成年人销售酒类商品，并应当在经营场所显著位置予以明示"为行为模式，第30条中的"予以警告、责令改正……"为法律后果，B错误。从"不得"向未成年人销售酒类商品这一行为模式角度而言，是禁止性法律规则；从"应"在经营场所显著位置予以明示这一行为模式而言，是命令性法律规则，二者都是义务性法律规则，C错误。D正确。

11.《宪法》第49条规定："婚姻、家庭、母亲和儿童受国家的保护。夫妻双方有实行计划生育的义务。父母有抚养教育未成年子女的义务，成年子女有赡养扶助父母的义务。禁止破坏婚姻自由，禁止虐待老人、妇女和儿童。"关于该条文，下列说法正确的是？[2]

A. 运用了陈述语句来表达法律规则

B. 这个法条规定的义务是一种相对义务，因为有着特定的权利人

C. 此条文属于任意性规则

D. 规定了否定式的法律后果

【解析】出现"禁止"这个道义助动词，属于规范语句，因此A项错误。此条文属于强行性规则，因此C项错误。此条文没有法律后果，因此D项错误。

12. 下列关于法律规则、法律原则和法律条文的说法，错误的是？（2018－1－53）[3]

A. 法律规则在逻辑上由假定条件、行为模式和法律后果三部分组成，上述任何一个部分，

---

[1]　D　[2]　B　[3]　BC

在具体条文的表述中，均可能被省略

B. 法律条文既可以表达法律规则，也可以表达法律原则，还可以表达规则或原则以外的内容，而规范性条文就是直接表达法律规则的条文

C. 在诉讼过程中，与当事人有利害关系的，应当回避，这是一个法律原则，其行为模式为应为模式

D. 法律规则与法律条文的关系为内容与形式的关系，因此，法律规则既可以通过法律条文来表达，也可以通过法律条文以外的形式来表达，典型如判例和习惯

【解析】法律规则的逻辑结构三要素，在表述中均可以被省略，在逻辑上缺一不可。故 A 项正确。规范性条文指的是直接表达法律规范的条文，法律规范包括法律规则和法律原则。故 B 项错误。C 项表述的是法律规则，假定条件、行为模式和法律后果是规则的逻辑结构，只用来描述规则，对于原则不适用，故 C 项错误。规则和条文的关系为内容与形式的关系，二者可以随意对应，规则可以通过条文来表述，也可以通过条文以外的其他形式，如判例和习惯来表述。条文既可以表达规则这一内容，也可以表达规则以外的其他内容，如法律概念，法律原则等。故 D 项正确。

13. 法律规则和法律原则的区别，下列哪些表述是正确的？（2018 年回忆版）[1]

A. 对一般情形之个案，两个冲突规则，一个有效，另一个就无效

B. 对一般情形之个案，两个竞争原则，一个有分量，另一个就无分量

C. 对一般情形之个案，需穷尽规则，方可适用原则

D. 对一般情形之个案，可以先适用原则再适用规则

【解析】法律规则以全有或全无的方式适用于个案，规则竞争的结果是获胜的规则排除与其相竞争的规则。故 A 项正确。法律原则则以权衡强度或分量的方式适用于个案，原则竞争的结果则是分量重的原则优先适用，落败的原则并非毫无分量，只是分量较轻不主导案件裁判罢了。故 B 项错误。法律规则因其内容明确具体，能够最大限度地实现法律的可预测性价值且能够有效地限制法官的自由裁量，因此在案件裁判中具有通常的优先地位。故 C 项正确。法律原则的适用条件更为严格而已，具体包括：一是穷尽规则，二是为了个案正义加更强理由。不能先适用原则再适用规则，故 D 项错误。

14. 我国《宪法》第 5 条第 3 款规定："一切法律、行政法规和地方性法规都不得同宪法相抵触。"关于该宪法规范，理解正确的是哪一项？（2021 年回忆版）[2]

A. 在类型上，该宪法规范属于倡导性规范

B. 在逻辑结构上，该宪法规范没有规定法律后果

C. 在类型上，该宪法规范属于确认性规范

D. 在逻辑结构上，该条文规定的是行为模式

【解析】倡导性规范是指规定在一定条件下，鼓励、提倡人们为或不为某种行为的规范，即鼓励性规范、引导性规范。故 A 项错误。确认性规范是对已经存在事实的认定，主要意义在于根据一定原则和程序，确立具体宪法制度和权力关系，以肯定性规范的存在为其主要特征。该宪法规范应为禁止性规范，即对特定主体或行为的一种限制。故 C 项错误。法律规则的逻辑结构包括假定条件、行为模式和法律后果。该宪法规范属于法律原则，因此不涉及行为模式和法律后果，故 B 项正确、D 项错误。

---

[1] AC [2] B

考点六 法律原则

1. 全兆公司利用提供互联网接入服务的便利，在搜索引擎讯集公司网站的搜索结果页面上强行增加广告，被讯集公司诉至法院。法院认为，全兆公司行为违反诚实信用原则和公认的商业道德，构成不正当竞争。关于该案，下列哪一说法是正确的？（2016-1-9）[1]

    A. 诚实信用原则一般不通过"法律语句"的语句形式表达出来

    B. 与法律规则相比，法律原则能最大限度实现法的确定性和可预测性

    C. 法律原则的着眼点不仅限于行为及条件的共性，而且关注它们的个别性和特殊性

    D. 法律原则是以"全有或全无"的方式适用于个案当中

【解析】诚实信用作为一项法律原则，仍然需要以法律语句的形式加以规定，不同在于其内容、适用范围以及适用方式上的差异，故 A 错误。法律原则要求比较笼统、模糊，它不预先设定明确的、具体的假定条件，更没有设定明确的法律后果。它只对行为或裁判设定一些概括性的要求或标准。因此法律规则比法律原则能最大限度实现法的确定性和可预测性，因此 B 项错误。C 项正确。法律原则的适用不同于法律规则，它不是以"全有或全无的方式"，而是以衡量的方式应用于个案当中的，因为不同的法律原则是具有不同的"强度"（weight，分量）的，而且这些不同强度的原则甚至冲突的原则都可能存在于一部法律之中，因此 D 项错误。

2. 王甲经法定程序将名字改为与知名作家相同的"王乙"，并在其创作的小说上署名"王乙"以增加销量。作家王乙将王甲诉至法院。法院认为，公民虽享有姓名权，但被告署名的方式误导了读者，侵害了原告的合法权益，违背诚实信用原则。关于该案，下列哪一选项是正确的？（2017-1-10）[2]

    A. 姓名权属于应然权利，而非法定权利

    B. 诚实信用原则可以填补规则漏洞

    C. 姓名权是相对权

    D. 若法院判决王甲承担赔偿责任，则体现了确定法与道德界限的"冒犯原则"

【解析】《民法典》第 1012 条规定："自然人享有姓名权，有权依法决定、使用、变更或者许可他人使用自己的姓名，但是不得违背公序良俗。"姓名权属于应然权利，也是公民的法定权利，因此 A 项错误。法律原则可以填补法律规则的漏洞，因此 B 项正确。姓名权是指公民决定其姓名、使用其姓名和变更其姓名并要求他人尊重自己姓名的权利，属于绝对权（对世权），因此 C 项错误。"冒犯原则"（公序良俗原则）是指法律禁止那些虽不伤害别人但却冒犯别人的行为。这里的冒犯行为是指使人愤怒、羞耻或惊恐的淫荡行为或放肆行为，如人们忌讳的性行为、虐待尸体、亵渎国旗。这种行为公然侮辱公众的道德信念、道德感情和社会风尚，因此必须受到刑事制裁。王甲因违背诚实信用原则而被法院判决承担赔偿责任，不属于"冒犯原则"的体现，因此 D 项错误。

3. 甲公司派员工伪装成客户，设法取得乙公司盗版销售其所开发软件的证据并诉至法院。审理中，被告认为原告的"陷阱取证"方式违法。法院认为，虽然非法取得的证据不能采信，但法律未对非法取证行为穷尽式列举，特殊情形仍需依据法律原则具体判断。原告取证目的并无不当，也未损害社会公共利益和他人合法权益，且该取证方式有利于遏制侵权行为，应认定

合法。对此，下列哪些说法是正确的？（2017－1－58）[1]

A. 采用穷尽式列举有助于提高法的可预测性

B. 法官判断原告取证是否违法时作了利益衡量

C. 违法取得的证据不得采信，这说明法官认定的裁判事实可能同客观事实不一致

D. 与法律规则相比，法律原则应优先适用

【解析】法律规则具体明确，法律原则笼统模糊，法律规则比法律原则更有利于实现法的确定性和可预测性，因此优先适用，穷尽法律规则，方可适用法律原则，因此 D 项错误。A、B、C 项正确。

4. 2011 年，李某购买了刘某一套房屋，准备入住前从他处得知该房内两年前曾发生一起凶杀案。李某诉至法院要求撤销合同。法官认为，根据我国民俗习惯，多数人对发生凶杀案的房屋比较忌讳，被告故意隐瞒相关信息，违背了诚实信用原则，已构成欺诈，遂判决撤销合同。关于此案，下列哪些说法是正确的？（2015－1－56）[2]

A. 不违背法律的民俗习惯可以作为裁判依据

B. 只有在民事案件中才可适用诚实信用原则

C. 在司法判决中，诚实信用原则以全有或全无的方式加以适用

D. 诚实信用原则可以为相关的法律规则提供正当化基础

【解析】诚实信用原则是基本的法律原则，并不仅仅在民事法律关系中适用，B 项错误；法律规则以全有或者全无的方式加以适用，而诚实信用原则属于典型的法律原则，C 项错误。

5. 某省政府向社会公布了政府在行政审批领域中的权力清单。关于该举措，下列哪一说法是错误的？（2014－1－2）[3]

A. 旨在通过政务公开约束政府权力　　B. 有利于保障行政相对人权利

C. 体现了比例原则　　D. 符合法治原则

【解析】行政法中的比例原则是指行政权力的行使除了有法律依据这一前提外，行政主体还必须选择对人民侵害最小的方式进行。权力清单并未体现对侵害程度的要求，因此 C 项错误。

6. 依法行政是依法治国的一个关键环节，是法治国家对政府行政活动的基本要求。依法行政要求行政机关必须诚实守信。下列哪一行为违反了诚实守信原则？（2014－1－4）[4]

A. 某县发生煤矿重大安全事故，政府部门通报了相关情况，防止了现场矛盾激化

B. 某市政府在招商引资过程中承诺给予优惠，因国家政策变化推迟兑现

C. 某县政府因县内其他民生投资导致资金紧张，未按合同及时支付相关企业的市政工程建设款项

D. 某区政府经过法定程序对已经公布的城建规划予以变更

【解析】政府作为合同的一方应当严格按照合同的约定履行义务，因此 C 项违反了诚实信用原则。

7. 法律格言说："法律不能使人人平等，但在法律面前人人是平等的。"关于该法律格言，下列哪一说法是正确的？（2014－1－9）[5]

A. 每个人在法律面前事实上是平等的

B. 在任何时代和社会，法律面前人人平等都是一项基本法律原则

C. 法律可以解决现实中的一切不平等问题

———————————————

[1] ABC　[2] AD　[3] C　[4] C　[5] D

D. 法律面前人人平等原则并不禁止在立法上作出合理区别的规定

【解析】法律面前的平等不等于事实上的平等。A项错误。

法律面前人人平等是民主法治社会的一项基本法律原则。B项错误。

法律的作用是有限的，不可能解决现实中的一切不平等问题。C项错误。

8. 关于法律原则的适用，下列哪些选项是错误的？（2008－1－51）[1]

A. 案件审判中，先适用法律原则，后适用法律规则

B. 案件审判中，法律原则都必须无条件地适用

C. 法律原则的适用可以弥补法律规则的漏洞

D. 法律原则的适用采取"全有或全无"的方式

【解析】法律规则与法律原则的区别包括：（1）在内容上，法律规则是明确、具体的，法律原则是笼统、模糊的；（2）在适用范围上，法律规则只适用于某一类行为，法律原则对人的行为及其条件有更大的覆盖面和抽象性；（3）在适用方式上，法律规则是以"全有或全无的方式"应用于个案当中，法律原则不是以"全有或全无的方式"应用于个案当中的，不同强度的原则甚至冲突的原则都可能存在于一部法律之中。因此，为了实现法的确定性和可预测性，为了尽量限制法官的自由裁量权，实现司法正义，在法的适用中，一般先适用法律规则，后适用法律原则。A项错误，D项错误。

法律原则的适用条件有：（1）穷尽法律规则，方得适用法律原则；（2）除非为了实现个案正义，否则不得舍弃法律规则而直接适用法律原则；（3）没有更强理由，不得径行适用法律原则。B项错误。

法律规则可能出现漏洞，法律原则没有漏洞，因此法律原则的适用可以弥补法律规则的漏洞。C项正确。

9. 关于法律概念、法律原则、法律规则的理解和表述，下列哪一选项不能成立？（2007－1－3）[2]

A. 法律规则并不都由法律条文来表述，并非所有的法律条文都规定法律规则

B. 法律原则最大程度地实现法律的确定性和可预测性

C. 法律概念是解决法律问题的重要工具，但是法律概念不能单独适用

D. 法律原则可以克服法律规则的僵硬性缺陷，弥补法律漏洞

【解析】法律规则并不都由法律条文来表述，如习惯法和判例法并不由法律条文来表述。法律条文分为规范性条文和非规范性条文。规范性条文表述法律规则和法律原则，非规范性条文不直接表述法律规范，而是规定某些法律技术内容（如专门法律术语的界定、公布机关和时间、法律生效日期）的条文。A项正确。

法律规则具体、明确，法律原则笼统、模糊，因此法律规则最大程度地实现法律的确定性和可预测性。B项错误。

法律概念是用于表述法律规则或法律原则的工具，依附于法律规则或法律原则，不能单独适用。C项正确。

法律规则着眼于主体行为及各种条件的共性，法律原则的着眼点不仅限于行为及条件的共性，而且关注他们的个别性。法律原则可以克服法律规则的僵硬性缺陷，弥补法律漏洞，实现个案正义。D项正确。

---

[1] ABD [2] B

10. 原告刘某系两被告的独生女。2012 年 11 月，原、被告共同购买重庆某小区的房屋一套，大部分房款由两被告支付，双方就房屋产权约定原告占 90% 份额，两被告各占 5% 份额。该房屋是两被告唯一居住房屋。后原被告双方因房屋装修产生矛盾，原告向法院提起诉讼，请求判决两被告所占房屋产权份额转让给原告所有，原告补偿两被告房屋款 2.8 万元，被告不同意。人民法院经审理认为，虽然本案讼争房屋系原告与被告按份共有，但两被告与原告系父母子女关系，双方以居住为目的购房，两被告支付了大部分房款，并出于对子女的疼爱，将 90% 产权登记在原告名下。现原告要求被告转让产权份额，但被告不同意。依据原《物权法》第 7 条规定："物权的取得和行使，应当遵守法律，尊重社会公德，不得损害公共利益和他人合法权益。"法院认为原告的诉求与善良风俗、传统美德不符，依法不予支持。对此，以下说法错误的是？[1]

A. 在本案中，法官是依据法律原则而非法律规则作出裁判的

B. 在本案中，法官违反了"穷尽法律规则，方得适用法律原则"的司法标准，因此该裁判属于违法裁判

C. 对于本案法官而言，面临着在法律的安定性和合目的性之间取其一的艰难选择

D. 在这个案件中，法官的裁判体现了一个价值判断的过程

【解析】 为了实现个案的正义，可以舍弃法律规则直接适用法律原则，因此 B 错误。A、C、D 正确。

11. 杨某与丈夫赵某于 1980 年结婚，后赵某又在婚姻存续期间与弟媳冯某同居，1996 年赵某因车祸死亡，此前赵某曾订立遗嘱并进行了公证，承诺在其死后将名下的宝马车赠与冯某，赵某去世后，冯某因车辆所有权争议纠纷诉至法院。法院认为协议内容虽然真实，但因赵某与冯某行为有违公序良俗，故协议无效。对此，下列哪些说法是正确的？（2019 年回忆版）[2]

A. 法院对遗赠扶养协议的有关法律规则创设例外是基于公序良俗原则

B. 法院审理案件时适用的公序良俗原则属于公理性原则

C. 法官在审理案件时进行了事实判断和价值判断

D. 法院选择适用公序良俗原则的目的是实现个案正义，属于内部证成

【解析】 法院基于公序良俗原则认定协议内容无效，显然是为遗嘱继承应当优先于法定继承的规定创设了例外情形，故 A 项正确。尊重善良风俗是具有普遍性的人类共同要求，因此属于世界各国普遍承认的公理性原则，与只在特定国家或地区存在的政策性原则相对应，故 B 项正确。法院在裁判案件的过程中查清案件事实的做法，体现了事实判断，坚守法律和人伦底线否定赵某的遗嘱效力，体现了价值判断，故 C 项正确。法院选择适用公序良俗原则裁判案件，需要对大前提法律规范作出充分的论证说理，而对前提的论证属于外部证成。故 D 项错误。

12. 法谚云："规则 切皆有例外，例外证明原则"，对这 说法，下面说法正确的是？（2021 年回忆版）[3]

A. 规则乃共通原则，原则系特别规则   B. 规则有漏洞，原则无歧义

C. 规则具化原则，原则证成规则   D. 规则是原则的例外

【解析】 法律原则是法律精神的体现，是构成法律规则基础或本源的、对法律规则的制定与实施具有指导作用的基本原理与准则；而法律规则是具体规定人们法律权利、法律义务以及相应法律后果的行为准则。因此规则与原则共通，但原则并非特别规则。故 A 项错误。法律规

---

[1] B   [2] ABC   [3] C

则具有具体性与明确性，但同时也决定了法律规则只能在明确规定的行为范围内进行法律调整，无法涵盖全部社会关系，具有"漏洞"；法律原则的涵盖面广，具有稳定性，但也会产生歧义。故 B 项错误。法律规则的内容明确具体，只适用于某一类型行为，是对法律原则的具体化，而非全部是法律原则的例外；证成是给一个决定提供充足理由的活动和过程，法律原则是构成法律规则基础或本源的、对法律规则的制定与实施具有指导作用的基本原理与准则，因此原则证成规则。故 C 项正确、D 项错误。

13. 沈某因继承而取得其祖父生前房屋的全部所有权之后，起诉至法院要求其继祖母李某搬离房屋。法院认为，该房屋是李某的唯一住所，李某年事已高且无生活来源，若让其搬离房屋，有违公序良俗。虽然该房尚未登记设立居住权，但根据我国《民法典》规定的居住权的立法目的，应当承认李某享有继续居住的权利，故判决沈某败诉。对此，下列说法正确的是（2021 年回忆版）[1]

A. 法院的判决体现了法律分配正义的个人需要原则

B. 为了证成李某的权利，法院做了目的论扩张

C. 沈某的所有权是普通权利，受到居住权这一基本权利的限制

D. 为了确保判决合目的性，法院考量了公序良俗

【解析】 法律分配正义中的个人需要原则是指一个公平正义的社会应当保证人们在遭遇极端不利的状况时，能够获得社会的救助，以满足最基本的生存需要，是社会存在和发展所必需的、对社会分配的一种改变。本案中，法院认为该房屋是李某的唯一住所，李某年事已高且无生活来源，应当承认李某享有继续居住的权利，符合法律分配正义中的个人需要原则。故 A 项正确。目的论扩张是一种法律漏洞填补方法，其主要适用于法律规定明显小于规范目的的"潜在包含"情形，此时应当结合立法目的扩张规则适用范围，将本该包含的情形包含进来。对于本案法律适用，法院在该房尚未登记设立居住权时，根据我国《民法典》规定的居住权的立法目的，承认李某享有继续居住的权利，属于目的论扩张。故 B 项正确。根据权利所表现的内容与内部结构体系，权利分为普通权利和基本权利。普通权利是普通法中规定的权利，是权利主体在具体的法律关系中享有的具体的权利，反映了权利主体的法律地位。而基本权利是宪法规定的权利，涉及社会生活的基本方面，反映了权利主体的宪法地位。本案中，法院认为李某应继续享有居住的权利，沈某的所有权受到居住权的限制。但宪法中并未规定居住权，因此居住权不属于基本权利，故 C 项错误。法院认为若让其搬离房屋，有违公序良俗，后承认李某享有继续居住的权利。可知，法院在做出判决时，考量了公序良俗原则，故 D 项正确。

14. 胡某与陈某离婚后，母亲陈某让 7 岁女儿一个人和保姆居住，胡某向法院提起诉讼，请求法院判令将婚生女的抚养权变更给自己。在原被告双方为抚养权争夺不下之时，孩子的意见影响了法院的最终判决。法院最终认为抚养权仍然归陈某所有，但对其失职行为依法予以纠正，并依据《未成年人保护法》《家庭教育促进法》，对陈某发出全国首份《家庭教育令》。该令规定，陈某不得让 8 岁孩子单独与保姆居住生活，应让孩子与其同住，并由其本人或近亲属亲自养育与陪伴孩子。对此，下列说法正确的是？[2]

A. 法院认为，"儿童利益最大化原则是在审理涉未成年人权益保护的民事案件时的首要考虑"。这说明，在法律适用中，法律原则优先于法律规则

B. 《家庭教育促进法》由全国人大常委会通过后，在常务委员会公报上刊登的法律文本为标准文本

C. 相对于《家庭教育促进法》而言,《未成年人保护法》属于特别法

D.《家庭教育令》是规范性法律文件

【解析】 法律原则的适用条件为:穷尽法律规则,方得适用法律原则;为了实现个案正义,可以优先适用法律原则,但必须具有更强理由。但就本案法院的观点,仅仅是在未成年人权益保护方面应首先考虑该原则,并非说明法律原则优于法律规则,故 A 项错误。《立法法》第 47 条规定:"常务委员会通过的法律由国家主席签署主席令予以公布。"《立法法》第 62 条规定:"签署公布法律的主席令载明该法律的制定机关、通过和施行日期。法律签署公布后,法律文本以及法律草案的说明、审议结果报告等,应当及时在全国人民代表大会常务委员会公报和中国人大网以及在全国范围内发行的报纸上刊载。在常务委员会公报上刊登的法律文本为标准文本。"故 B 项正确。一般法与特别法是按照法的效力范围的不同所做的分类。一般法是指在一国范围内,对一般的人和事有效的法;特别法是指在一国的特定地区、特定期间或对特定事件、特定公民有效的法。一般情况下,在同一领域,法律适用遵循特别法优于一般法的原则。《家庭教育促进法》与《未成年人保护法》都属于法律,二者负责的领域有交叉,并非一般法与特殊法的关系,故 C 项错误。规范性法律文件是一种总称,专指一定的国家机关按照法定权力范围,依据法定程序制定出来的、以权利义务为主要内容的、有约束力的、要求人们普遍遵守的行为规则的总称。因此,法院发出的《家庭教育令》不属于规范性法律文件,而是属于非规范性法律文件,故 D 项错误。

考点七 法的渊源

1. 某村通过修订村规民约改变"男尊女卑""男娶女嫁"的老习惯、老传统,创造出"女娶男"的婚礼形式,以解决上门女婿的村民待遇问题。关于村规民约,下列哪些说法是正确的?(2016-1-54)[1]

A. 是完善村民自治、建设基层法治社会的有力抓手

B. 是乡村普法宣传教育的重要媒介,有助于在村民中培育规则意识

C. 具有"移风易俗"功能,既传承老传统,也创造新风尚

D. 可直接作为法院裁判上门女婿的村民待遇纠纷案件的法律依据

【解析】 乡村的老习惯、老传统是作为一种非正式法律渊源而存在。其往往与人们的一些具体义务和责任相关,是特定共同体的人们在长久的生产生活实践中自然而然形成的,是该共同体的人们事实上的共同感情和要求的体现,也是他们的共同性的体现。因此 A、B、C 项正确。但是其作为非正式的法律渊源,不具有明文规定的法律效力,仅具有法律说服力,因此法院在把村规民约作为裁判依据时,不能"直接"适用,而要论证其在本案中的有效性,因此 D 项错误。

2. 林某与所就职的鹏翔航空公司发生劳动争议,解决争议中曾言语威胁将来乘坐鹏翔公司航班时采取报复措施。林某离职后在选乘鹏翔公司航班时被拒载,遂诉至法院。法院认为,航空公司依《民法典》合同编负有强制缔约义务,依《民用航空法》有保障飞行安全义务。尽管相关国际条约和我国法律对此类拒载无明确规定,但依航空业惯例航空公司有权基于飞行安全事由拒载乘客。关于该案,下列哪些说法是正确的?(2016-1-56,改编)[2]

---

[1] ABC [2] ACD

A. 反映了法的自由价值和秩序价值之间的冲突

B. 若法无明文规定，则法官自由裁量不受任何限制

C. 我国缔结或参加的国际条约是正式的法的渊源

D. 不违反法律的行业惯例可作为裁判依据

【解析】 自由、正义和秩序作为最基本的价值，经常会发生冲突，甚至导致更强的抵牾。本题存在乘客飞行自由和航空公司航空安全之间的冲突，即自由价值和秩序价值的冲突，因此A项正确。一般而言，解决价值冲突、进行价值衡量的基本原则有个案平衡原则、比例原则、价值位阶原则，法官在案件判决过程中需要进行自由裁量，也受到各种约束，以实现政治效果、社会效果和法律效果的统一，因此B项错误。国际条约虽然不是由我国立法机关直接制定，但是条约生效后，根据条约必须遵守的国际惯例对缔约国的国家机关团体和公民就具有法律上的约束力，因而国际条约也是当代中国法的正式渊源之一，因此C项正确。不违反法律的行业惯例可以作为非正式法律渊源，自然可以作为裁判依据，因此D项正确。

3. 某法院在审理一起合同纠纷案时，参照最高人民法院发布的第15号指导性案例所确定的"法人人格混同"标准作出了判决。对此，下列哪一说法是正确的？（2017-1-11）[1]

A. 在我国，指导性案例是正式的法的渊源

B. 判决是规范性法律文件

C. 法官在该案中运用了类比推理

D. 在我国，最高人民法院和各级人民法院均可发布指导性案例

【解析】 在我国，指导性案例是非正式的法的渊源，因此A项错误。判决是非规范性法律文件，因此B项错误。C项正确。指导性案例只能由最高人民法院发布，因此D项错误。

4. 某区质监局以甲公司未依《食品安全法》取得许可从事食品生产为由，对其处以行政处罚。甲公司认为，依特别法优先于一般法原则，应适用国务院《工业产品生产许可证管理条例》（以下简称《条例》）而非《食品安全法》，遂提起行政诉讼。对此，下列哪些说法是正确的？（2017-1-56）[2]

A. 《条例》不是《食品安全法》的特别法，甲公司说法不成立

B. 《食品安全法》中规定食品生产经营许可的法律规范属于公法

C. 若《条例》与《食品安全法》抵触，法院有权直接撤销

D. 《条例》与《食品安全法》都属于当代中国法的正式渊源中的"法律"

【解析】《食品安全法》是法律，《条例》是国务院的行政法规，《食品安全法》与《条例》是上位法与下位法的关系，不是一般法与特别法的关系，因此A项正确。《食品安全法》中规定食品生产经营许可的法律规范属于行政法，属于公法，因此B项正确。《立法法》第110条规定："国务院、中央军事委员会、国家监察委员会、最高人民法院、最高人民检察院和各省、自治区、直辖市的人民代表大会常务委员会认为行政法规、地方性法规、自治条例和单行条例同宪法或者法律相抵触，或者存在合宪性、合法性问题的，可以向全国人民代表大会常务委员会书面提出进行审查的要求，由全国人民代表大会有关的专门委员会和常务委员会工作机构进行审查、提出意见。前款规定以外的其他国家机关和社会团体、企业事业组织以及公民认为行政法规、地方性法规、自治条例和单行条例同宪法或者法律相抵触的，可以向全国人民代表大会常务委员会书面提出进行审查的建议，由常务委员会工作机构进行审查；必要时，送有关的专门委员会进行审查、提出意见。"因此若《条例》与《食品安全法》抵触，法院无权

---

[1] C 〔2〕 AB

直接撤销，C项错误。当代中国法的正式渊源中的"法律"是指全国人大及其常委会颁布制定的规范性法律文件，即狭义的"法律"，《食品安全法》属于狭义的"法律"，但国务院的《条例》属于行政法规，不属于狭义的"法律"，因此D项错误。

5. 关于非正式法源，下列哪些选项是正确的？（2008延-1-52）[1]

A. 它具有一定的说服力

B. 它可以弥补正式法源的漏洞

C. 它没有正式的法律效力，司法机关不能以它作为裁判案件的理由

D. 它具有法律意义

【解析】法的渊源是指特定法律共同体所承认的具有法的约束力或具有法律说服力并能够作为法律人的法律决定之大前提的规范或准则来源的那些资料，如制定法、判例、习惯、法理等。以是否表现为国家制定的法律文件中的明确条文形式为标准，法的渊源可分为正式法源和非正式法源。

正式法源是指那些可以从国家制定的规范性法律文件中的明确条文形式中得到的渊源，如宪法、法律、法规等，主要为制定法。

非正式法源是指那些具有法律意义的准则和观念，这些准则和观念尚未在正式法律中得到权威性的明文体现，如正义标准、理性原则、公共政策、道德观念、社会思潮、习惯、乡规民约、社团规章、权威性法学著作，还有外国法等。

正式法源具有正式法律效力，非正式法源不具有正式法律效力，但非正式法源具有一定的法律意义和说服力，可以弥补正式法源的漏洞，司法机关可以以它作为裁判案件的理由。在法律适用过程中，一般先适用正式法源，然后适用非正式法源。A项正确，B项正确，C项错误，D项正确。

6. 《民法通则》第7条规定："民事活动应当尊重社会公德。"《合同法》第7条规定："当事人订立、履行合同，应当遵守法律、行政法规，尊重社会公德。"某县法院的法官在审理一起合同纠纷时认为该合同内容违反了社会公德，因此判定该合同无效。关于本案，下列哪些选项是正确的？（2008延-1-54）[2]

A. 法律、行政法规、社会公德都是法的渊源

B. 在本案审判中，法官的解释具有一定的价值取向性

C. 判决的可接受性是法官在判案过程所考量的因素

D. 违反公共道德的民事行为也可能被法院判为无效，这说明在司法审判中，道德规范具有和法律规则同等的法律效力

【解析】法律、行政法规、社会公德都是法的渊源，法律、行政法规属于正式法源，社会公德属于非正式法源。A项正确。

法官的解释、推理等适用法律的过程，包含了法官的立场、情感、价值和利益，属于价值判断。B项正确。

法律人适用法律的最直接的目标就是获得一个合理的法律决定。在法治社会，所谓合理的法律决定就是指法律决定具有可预测性和可接受性。C项正确。

法律规则属于正式法源，具有正式的法律效力；道德规范属于非正式法源，不具有正式的法律效力。因此，法律规则比道德规范具有更高的法律效力。D项错误。

---

〔1〕ABD　〔2〕ABC

7. 关于法律语言、法律适用、法律条文和法律渊源，下列哪一选项不成立？（2007 - 1 - 6）[1]

A. 法律语言具有开放性，因此法律没有确定性

B. 法律适用并不是适用法律条文自身的语词，而是适用法律条文所表达的意义

C. 法律适用的过程并不是纯粹的逻辑推理过程，而有法律适用者的价值判断

D. 社会风俗习惯作为非正式的法律渊源，可以支持对法律所作的解释

【解析】法律语言具有开放性，然而通过一定的法律解释技术，是能够保证法律的确定性的。A项错误。

法律规则是通过特定语句表达的，但是，法律人适用法律解决具体案件时适用的不是语句自身或语句所包含的字和词的本身，而是语句所表达的意义。B项正确。

法律人在适用法律的时候并不是机械地适用法律的条文，还需要结合案件事实，对法律规范进行解释，并经由推理规则作出结论。法律解释和法律推理的过程，就是法律适用者的价值判断过程。C项正确。

社会风俗习惯是法的非正式渊源。社会风俗习惯具有法律说服力，能够成为法律人的法律决定的大前提，可以支持对法律所做的解释。D项正确。

8. 张老太介绍其孙与马先生之女相识，经张老太之手曾给付女方"认大小"钱10 100元，后双方分手。张老太作为媒人，去马家商量退还"认大小"钱时发生争执。因张老太犯病，马先生将其送医，并垫付医疗费1251.43元。后张老太以马家未返还"认大小"钱为由，拒绝偿付医药费。马先生以不当得利为由诉至法院。法院考虑此次纠纷起因及张老太疾病的诱因，判决张老太返还马先生医疗费1000元。关于本案，下列哪一理解是正确的？（2012 - 1 - 13）[2]

A. 我国男女双方订婚前由男方付"认大小"钱是通行的习惯法

B. 张老太犯病直接构成与马先生之医药费返还法律关系的法律事实

C. 法院判决时将保护当事人的自由和效益原则作为主要的判断标准

D. 本案的争议焦点不在于事实确认而在于法律认定

【解析】习惯法是指国家认可并由国家强制力保证实施的习惯。习惯法具有法律效力。我国男女双方订婚前由男方付"认大小"钱的做法并未获得国家认可，不具有法律效力，不是习惯法。A项错误。

张老太犯病并不能直接导致马先生返还医药费，马先生垫付医疗费的行为才是张老太必须返还医疗费的法律事实。B项错误。

本案法院的判决体现了保护当事人合法权益的公正原则，并未体现保护当事人的自由和效益原则。C项错误。

本案事实清楚，对事实并没有争议。本案的争议焦点是"认大小"钱的法律性质，以及对不当得利的法律认定。D项正确。

9. 甲法官处理一起伤害赔偿案件，耐心向被告乙解释计算赔偿数额的法律依据，并将最高法院公报发布的已生效同类判决提供乙参考。乙接受甲法官建议，在民事调解书上签字赔偿了原告损失。关于本案，下列哪一判断是正确的？（2011 - 1 - 14）[3]

A. 法院已生效同类判决具有普遍约束力

B. 甲法官在该案调解时适用了判例法

---

[1] A [2] D [3] C

C. 甲法官提供的指导性案例具有说服力

D. 民事调解书经乙签署后即具有行政强制执行力

【解析】判例法是英美法系法的正式渊源之一，在我国，判例的作用日益得到重视，但已生效的判决只是对审判工作起指导作用，不具有正式法律效力，不具有普遍约束力，属于法的非正式渊源。A 项错误，C 项正确。

判例法的基本原则是"遵循先例"，即法院审理案件时，必须将先前法院的判例作为审理和裁决的法律依据。本题中甲法官在案件的审理过程中，将最高法院已生效判决作为参考，不属于适用判例法的行为。B 项错误。

根据民事诉讼法相关规定，民事调解书经送达当事人签字后生效，生效的民事调解书具有司法强制执行力，并非行政强制执行力。D 项错误。

10. 2000 年 6 月，最高人民法院决定定期向社会公布部分裁判文书，在汇编前言中指出"最高人民法院的裁判文书，由于具有最高的司法效力，因而对各级人民法院的审判工作具有重要的指导作用，同时还可以为法律法规的制定和修改提供参考，也是法律专家和学者开展法律教学和研究的宝贵素材。"对此段文字的理解，下列哪一选项是正确的？(2010 – 1 – 11)[1]

A. 最高人民法院的裁判文书可以构成法的渊源之一

B. 最高人民法院的裁判文书对各级法院审判工作具有重要指导作用，属于规范性法律文件

C. 最高人民法院的裁判文书具有最高的普遍法律效力

D. 最高人民法院的裁判文书属于司法解释范畴

【解析】裁判文书就是判例，属于非正式法源，是法的渊源之一。A 项正确。

规范性法律文件属于法的范畴，适用于不特定对象，具有普遍法律效力。最高人民法院的裁判文书适用于特定当事人，不具有普遍法律效力，属于非规范性法律文件。B 项错误，C 项错误。

最高人民法院的裁判文书是适用法律或司法解释的结果，不是司法解释本身。D 项错误。

【特别提示】在我国，法的非正式渊源主要包括习惯、判例和政策等。习惯，是指积久养成的生活方式。作为非正式法源的习惯，仅仅是指社会习惯。判例，就是之前法官的判决。在我国，中国共产党的政策属于法的非正式渊源。《民法典》不再将国家政策作为民法法源。

习惯不同于习惯法：在我国，习惯属于非正式法源，而习惯法属于正式法源。

判例不同于判例法：在我国，有判例，但没有判例法；判例在我国属于非正式法源，而判例法在英美法系属于正式法源。

11. 司法审判中，当处于同一位阶的规范性法律文件在某个问题上有不同规定时，法官可以依据下列哪些法的适用原则进行审判？(2010 – 1 – 52)[2]

A. 特别法优于一般法   B. 上位法优于下位法

C. 新法优于旧法   D. 法溯及既往

【解析】不同位阶的规范性法律文件冲突的解决原则：(1) 宪法至上；(2) 法律高于法规；(3) 法规高于规章；(4) 行政法规高于地方性法规。

同一位阶的规范性法律文件冲突的解决原则：(1) 全国性法律优先；(2) 特别法优先；(3) 后法优先或新法优先；(4) 国际法优先；(5) 实体法优先；(6) 省、自治区的人民政府制定的规章的效力高于本行政区域内的较大的市的人民政府制定的规章；(7) 法律之间对同

一事项的新的一般规定与旧的特别规定不一致，不能确定如何适用时，由全国人民代表大会常务委员会裁决；（8）行政法规之间对同一事项的新的一般规定与旧的特别规定不一致，不能确定如何适用时，由国务院裁决。根据上述（2），A项正确；根据上述（6），B项正确；根据上述（3），C项正确。

12. 近年来，网络直播平台不断增加，覆盖用户超过2亿。在快速成长的同时，网络直播市场也充斥着各种乱象，如宣扬淫秽、色情、危害社会公德的表演，含有暴力、教唆犯罪等内容，对此，国家互联网信息办公室颁布了《互联网直播服务管理规定》，对互联网直播服务提供者和使用者提出具体行为规范和禁止性规定。对此，下列说法正确的是？[1]

A. 《互联网直播服务管理规定》作为行政法规，具有普遍适用效力

B. 《互联网直播服务管理规定》是我国法的正式渊源

C. 依法治国依赖于法制完备，法律健全了，法治也就实现了

D. 科学技术影响法律的内容，成为法律规定的重要依据，科技法日益成为一个独立的法律部门

【解析】《互联网直播服务管理规定》是由国家互联网信息办公室颁发的，不是由国务院制定发布的，不属于行政法规，A错误。国家互联网信息办公室不属于国务院的部委，《互联网直播服务管理规定》不是规范性法律文件，因此属于我国法的非正式渊源，B错误。法制完备了不等于法治就实现了，法治实现还取决于宪法法律的权威等其他因素，C错误。随着科技的发展，出现了大量新的立法领域，科技法学作为一个新的独立的学科也被广泛地承认，D正确。

13. 张某对自己八十多岁的母亲不孝顺，其老母亲起诉到法院，法院依据"子女有赡养扶助父母的义务"之规定，判处张某应当履行自己的赡养义务。该法官除引用了我国相关法律规定外，还在判决文书中引用"孝顺父母是中华民族的美德"之类的道德原则，进一步强调孝顺的道德义务性质，被网友称为"最温情的判决书"。对于这一事例，下列说法正确的是？[2]

A. 赡养父母既是道德义务也是法律义务，说明道德义务可以转化为法律义务

B. 法官引用了"孝顺父母是中华民族的美德"这一道德原则，说明道德规范是法律的正式渊源

C. 赡养父母属于绝对义务

D. "子女有赡养扶助父母的义务"，是规范语句，该规范语句表述的法律规则属于命令性规则

【解析】道德规范可以上升到法律高度，从而使道德义务转化为法律义务，A正确。道德规范属于法律的非正式渊源，B错误。赡养父母属于对人义务，故属于相对义务，C错误。"子女有赡养扶助父母的义务"属于用陈述句表述的法律规则，属于命令性规则，D错误。

14. 欧某的朋友赵某开了一家文印店，其朋友在安装广告牌时，欧某自愿前去帮忙，欧某帮助完之后回家，踏入旱井不幸坠亡。欧某家人认为赵某应当承担责任，要求其赔偿损失。但法院没有予以支持，认为其属于道德范畴，不在法律调整范围。对此，下列说法正确的是？[3]

A. 之所以不适用道德规范，是因为道德规范并不属于法的渊源

B. 法律可以调整所有社会关系，所以我们要补足相关立法，做到有法可依

C. 道德规范在特定情况下也是可以作为司法裁判的理由的

D. 道德规范没有强制性，所以案件无法诉诸道德规范

【解析】道德规范属于非正式的法的渊源，是属于法的渊源的，因此A项错误。法律的调

整范围是有局限性的,并不是所有的行为都是法律所调整的对象,因此 B 项错误。法律、道德、宗教都是具有强制性的,虽然道德规范不是一种国家强制,但是是一种内在强制,精神强制,也具有强制性,因此 D 项错误。

15. 国务院,即中央人民政府,是最高国家权力机关的执行机关,最高国家行政机关。根据我国根本法《宪法》以及相关法律的规定,关于国务院,下列哪一项是正确的?(2019 年回忆版)[1]

  A. 有权制定有关行政拘留的规范性文件

  B. 国务院司法部与教育部联合制定的规章的效力与地方政府规章的效力相同

  C. 领导和管理民政、司法行政、民族事务和监察监督等工作

  D. 行政法规的效力高于省级人大制定的法规,因此部门规章的效力高于市级人大制定的法规

【解析】 根据我国《立法法》第 11 条的规定,犯罪与刑罚,对公民政治权利的剥夺和限制人身自由的强制措施和处罚,以及诉讼和仲裁,属于法律的绝对保留事项,因此只能由全国人大或全国人大常委会制定法律加以规定,国务院的行政法规无权规定上述事项。故 A 项错误。部门规章与地方政府规章没有高下之分,在发生矛盾的情况下,由国务院裁决。故 B 项正确。2018 年宪法修改创设了监察委员会这一全新的国家机关,专职负责监察工作,原政府部门中的监察部门并入监察委,因此国务院不再领导和管理监察工作。故 C 项错误。部门规章与地方性法规没有上位法和下位法的关系,二者发生矛盾时,由国务院决定适用地方性法规或由全国人大常委会裁决。故 D 项错误。

16. 2018～2021 年我国颁布了典型案例,旨在加强保护知识产权和企业家权益的政策,提高司法保护力,发挥典型案例的价值引导和行为规范的作用。对此,下列说法正确的是?(2022 年回忆版,单选)[2]

  A. 典型案例有普遍约束力

  B. 在我国,党的政策都是正式的渊源

  C. 对于最高法院的典型案例,法院审判类似案件时必须参照适用

  D. 司法具有政策实施功能

【解析】 最高法院的典型案例不是规范性法律文件,而是非规范性法律文件,因此不具有普遍约束力,A 项错误。

法的渊源,是指特定法律共同体所承认的具有法的约束力或具有说服力并能够成为法律人的法律决定之大前提的规范或准则来源的那些资料,如制定法、判例、习惯、法理等。根据法的渊源在法律推理中的效力和地位的不同,法的渊源分为正式的渊源和非正式的渊源:(1) 正式的法的渊源,是指具有明文规定的法律效力并且直接作为法律人的法律决定的大前提的规范来源的那些资料,主要是制定法。对于正式的法的渊源,法律人必须予以考虑,法律人有义务适用它们。(2) 非正式的法的渊源,是指不具有明文规定的法律效力,但具有法律说服力并能够构成法律人的法律决定的大前提的准则来源的那些资料,如正义标准、理性原则、公共政策、道德信念、社会思潮、习惯、乡规民约、社团章程、权威性法学著作,还有外国法等。在当代中国,法的非正式渊源主要包括:习惯;判例(或指导性案例);政策。在我国,作为法的非正式渊源的政策,是指那些未被整合到法律中的政策,既包括国家政策,也包括中国共产党的政策中与国家或政府有关的政策。在我国,党的政策是非正式的渊源,B 项错误。

————————————————————

[1] B   [2] C

《最高人民法院关于案例指导工作的规定》第 7 条规定："最高人民法院发布的指导性案例，各级人民法院审判类似案例时应当参照。"《〈最高人民法院关于案例指导工作的规定〉实施细则》第 9 条规定："各级人民法院正在审理的案件，在基本案情和法律适用方面，与最高人民法院发布的指导性案例相类似的，应当参照相关指导性案例的裁判要点作出裁判。"C 项正确。

司法的功能分为应然和实然两个层面。就司法的应然功能而言，即通常说的"定分止争""惩奸除恶""止恶扬善""实现公平正义""最后一道防线"，以及亚里士多德讲的"矫正正义"等。就司法的实然功能而言，从总体上看，司法具有解决纠纷的直接功能，还具有人权保障、调整社会关系、解释和补充法律、形成公共政策、秩序维持、文化支持等间接功能。因此，司法具有形成公共政策功能，而不是具有政策实施功能，D 项错误。

17. 在一起父母出资帮助子女买房的民间借贷纠纷案件中，针对父母要求子女返还有关资金的诉求，一审法院在判决理由中称："在当前高房价背景下，部分子女经济条件有限，父母在其购房时给予资助属于常态，但不能将此视为理所当然，也绝非法律所倡导，否则严重违背法律公平正义之理念。子女成年后，父母已经尽到了抚养义务，并无继续提供供养的义务。子女买房是父母出资，除明确表示赠与外，应当视为以帮助为目的的临时性资金出借，子女负有偿还义务"。关于该案的裁判要点，下列说法不正确的是？[1]

A. 法院在判决中提到公平正义理念，因此公平正义理念属于正式的法的渊源

B. 该案中的民事诉讼法律关系属于第二性法律关系

C. 本案中，子女负有偿还义务，属于绝对义务

D. 法院的判决理由属于司法解释

【解析】公平正义理念属于非正式的法的渊源，故 A 项错误。第一性法律关系，也称之为主法律关系，是具有独立性的法律关系；第二性法律关系，也称之为从法律关系，是从属性的法律关系。诉讼法律关系属于第二性法律关系，故 B 项正确。子女的偿还义务，属于相对义务，故 C 项错误。司法解释只能由最高人民法院和最高人民检察院作出，故 D 项错误。

18. 2022 年 5 月 25 日北京市第十五届人民代表大会常务委员会第三十九次会议通过了《北京中轴线文化遗产保护条例》。对此，下列说法正确的是？[2]

A. 该《条例》与文旅部规章不一致，不能确定如何适用的，由国务院裁决

B. 国务院有权改变该《条例》

C. 该会议可以由北京市人大常委会副主任主持

D. 会议期间，甲某等 6 名常委会委员可以联名向常委会提出书面质询案，就中轴线文化保护工作向市政府质询

【解析】《立法法》第 106 条第 1 款第 2 项规定："地方性法规与部门规章之间对同一事项的规定不一致，不能确定如何适用时，由国务院提出意见，国务院认为应当适用地方性法规的，应当决定在该地方适用地方性法规的规定；认为应当适用部门规章的，应当提请全国人民代表大会常务委员会裁决。"故 A 项错误。《立法法》第 108 条第 3 项规定："国务院有权改变或者撤销不适当的部门规章和地方政府规章。"该《条例》为地方性法规，国务院无权改变或撤销，故 B 项错误。《地方各级人民代表大会和地方各级人民政府组织法》第 51 条第 1 款规定："常务委员会会议由主任召集并主持，每两个月至少举行一次。遇有特殊需要时，可以临时召集常务委员会会议。主任可以委托副主任主持会议。"故 C 项正确。《地方各级人民代表

---

[1] ACD　[2] CD

大会和地方各级人民政府组织法》第53条第1款规定："在常务委员会会议期间，省、自治区、直辖市、自治州、设区的市的人民代表大会常务委员会组成人员五人以上联名，县级的人民代表大会常务委员会组成人员三人以上联名，可以向常务委员会书面提出对本级人民政府及其工作部门、监察委员会、人民法院、人民检察院的质询案。质询案必须写明质询对象、质询的问题和内容。"故D项正确。

考点八　法的效力

1. 有法谚云："法律为未来作规定，法官为过去做判决"。关于该法谚，下列哪一说法是正确的？（2016－1－11）[1]

A. 法律的内容规定总是超前的，法官的判决根据总是滞后的

B. 法官只考虑已经发生的事实，故判案时一律选择适用旧法

C. 法律绝对禁止溯及既往

D. 即使案件事实发生在过去，但"为未来作规定"的法律仍然可以作为其认定的根据

【解析】虽然立法发生在司法之前，但并不意味着其内容都是超前的，同理司法也不意味着判决根据都是滞后的，因此A项错误。目前各国采用的通例是"从旧兼从轻"的原则，即新法原则上不溯及既往，但是新法不认为犯罪或者处刑较轻的，适用新法，这被称为"有利追溯原则"，因此B、C项错误、D项正确。

2. 《中华人民共和国刑法》第8条规定："外国人在中华人民共和国领域外对中华人民共和国国家或者公民犯罪，而按本法规定的最低刑为三年以上有期徒刑的，可以适用本法，但是按照犯罪地的法律不受处罚的除外。"关于该条文，下列哪些判断是正确的？（2012－1－52）[2]

A. 规定的是法的溯及力　　　　　　B. 规定的是法对人的效力
C. 体现的是保护主义原则　　　　　D. 体现的是属人主义原则

【解析】法的效力即法的约束力，是指法律对什么人、什么事、在什么地方和什么时间有约束力。法的效力分为对人的效力、对事的效力、空间效力和时间效力。对人的效力分为属人主义、属地主义、保护主义和折中主义。属人主义，即法律只适用于本国公民，不论其身在国内还是国外，非本国公民即使身在该国领域内也不适用；属地主义，即法律适用于该国管辖地区内的所有人，不论是否是本国公民，都受法律约束和法律保护，本国公民不在本国，则不受本国法律的约束和保护；保护主义，即以维护本国利益作为是否适用本国法律的依据，任何侵害了本国利益的人，不论其国籍和所在地域，都要受该国法律的追究；折中主义，即以属地主义为主，与属人主义、保护主义相结合。

《刑法》第8条是关于法对人的效力的规定，体现的是保护主义原则。B项、C项正确。

【特别提示】属地主义是法对人的效力，不是法的空间效力，因为属地主义针对的是"人"，而不是"空间"。

3. 律师潘某认为《母婴保健法》与《婚姻登记条例》关于婚前检查的规定存在冲突，遂向全国人大常委会书面提出了进行审查的建议。对此，下列哪一说法是错误的？（2015－1－11）[3]

A. 《母婴保健法》的法律效力高于《婚姻登记条例》

---

[1]　D　[2]　BC　[3]　B

B. 如全国人大常委会审查后认定存在冲突，则有权改变或撤销《婚姻登记条例》

C. 全国人大相关专门委员会和常务委员会工作机构需向潘某反馈审查研究情况

D. 潘某提出审查建议的行为属于社会监督

【解析】全国人大常委会审查后认定存在冲突，则有权撤销而无权改变《婚姻登记条例》，B 项错误。

4. 关于法律溯及力，下列哪些选项是正确的？（2007 - 1 - 55）[1]

A. 刑事法律若具有溯及力可能导致国家权力的滥用和扩张，也违反正义的原则

B. 法治社会要求法律具有可预测性和确定性，而法不溯及既往原则符合这一要求

C. 在某些现代民事法律中，为了保障公民权利，一定程度上承认法律有溯及力

D. 法不溯及既往原则属于法律责任的归责原则

【解析】法的溯及力，是指新法可否适用于其生效以前发生的事件和行为。如果新法适用于其生效前发生的行为和事件，则法律溯及既往；如果新法只适用于其生效以后发生的行为和事件，则法律不溯及既往。法律一般采用"不溯及既往"的原则，但并非绝对：侵权、违约的法律和刑事法律，一般以法律不溯及既往为原则；在某些有关民事权利的法律中，为了更好地保护当事人的权益，法律有溯及力，这被称为"有利追溯"原则。A 项正确，B 项正确，C 项正确。

法律责任的归责原则主要包括责任法定原则、公正原则、效益原则和合理性原则。法不溯及既往原则是法的时间效力原则，不属于法律责任的归责原则。D 项错误。

5. 从 1999 年 11 月 1 日起，对个人在中国境内储蓄机构取得的人民币、外币储蓄存款利息，按 20% 税率征收个人所得税。某居民 2003 年 4 月 1 日在我国境内某储蓄机构取得 1998 年 4 月 1 日存入的 5 年期储蓄存款利息 5000 元，若该居民被征收了 1000 元的个人所得税，则这种处理违背了下列哪一项法的效力原则？（2008 川 - 1 - 7）[2]

A. 法律优位原则   B. 新法优于旧法原则

C. 法不溯及既往原则   D. 特别法优于普通法原则

【解析】题干所述处理方法违背了法不溯及既往原则。C 项正确。

考点九　法律关系

1. 甲和乙系夫妻，因外出打工将女儿小琳交由甲母照顾两年，但从未支付过抚养费。后甲与乙闹离婚且均不愿抚养小琳，甲母将甲和乙告上法院要求支付抚养费两万元，法院认为甲母对孙女无法定或约定的扶养义务，判决甲和乙支付甲母抚养费。关于该案，下列哪一选项是正确的？（2016 - 1 - 10）[3]

A. 判决是规范性法律文件

B. 甲和乙对小琳的抚养义务是相对义务

C. 判决在原被告间不形成法律权利和义务关系

D. 小琳是民事诉讼法律关系的主体之一

【解析】法律文件分为规范性法律文件和非规范性法律文件，规范性法律文件就是法律本身，非规范性法律文件是适用法律的结果，包括判决书、裁定书、逮捕证、许可证、合同等。

---

[1]　ABC　[2]　C　[3]　B

这些文件在经过法定程序之后也具有约束力，任何人不得违反，因此 A 项错误。根据相对应的主体范围可以将权利义务分为绝对权利义务和相对权利义务，其中相对权利和义务又称"对人权利"和"对人义务"，是对应特定的法律主体的权利和义务。"相对权利"对应特定的义务人；"相对义务"对应特定的权利人。因此 B 项正确。判决能够对法律关系主体形成法律上的权利义务关系，因此 C 项错误。法律关系主体是法律关系的参加者，即在法律关系中一定权利的享有者和一定义务的承担者，本题中原告（甲母）、被告（甲和乙）和法院都是民事诉讼法律关系的主体，但小琳不是民事诉讼法律关系的主体，因此 D 项错误。

2. 某日，陈某因生活琐事将肖某打伤。当地公安局询问了双方和现场目击者并做了笔录，但未做处理。两年后，该公安局对陈某做出了拘留 10 日的处罚。陈某申诉，上一级公安局维持了原处罚决定。陈某提起诉讼。法官甲认为该公安局违反了《人民警察法》关于对公民报警案件应当及时查处的规定，因此应当撤销其处罚决定。法官乙认为，如果因公安局的迟延处理而撤销其处罚，就丧失了对陈某的违法行为进行再处理的可能，因此不应当撤销。依据法理学的有关原理，下列哪些选项是正确的？（2007 - 1 - 53）[1]

A. 陈某与该公安局之间不存在法律关系

B. 法官甲的观点说明法律具有程序性的特征

C. 法官甲的推理属于形式推理

D. 法官乙的观点属于司法解释

【解析】法律关系是在法律规范调整社会关系的过程中形成的人们之间的权利和义务关系。法律关系的特征：（1）法律关系是根据法律规范建立的一种社会关系，具有合法性；（2）法律关系是体现意志性的特种社会关系；（3）法律关系是以法律上的权利义务为内容的社会关系。本案中，陈某与该公安局之间形成一种行政法律关系。A 项错误。

在执法过程中，执法人员必须按照法律所规定的程序进行，违背法律程序的做法是非法的。法官甲的观点正好说明了法律具有程序性的特征。B 项正确。

形式推理，就是法律人在从一定的前提中推导出法律决定的过程中所必须遵循的推理规则。法官甲从《人民警察法》的规定（作为大前提）中推导出撤销公安机关的处罚决定，正是形式推理的运用。C 项正确。

司法解释是最高人民法院和最高人民检察院对司法工作中如何具体应用法律问题所作的解释。司法解释的主体是最高人民法院和最高人民检察院。法官乙的解释不属于司法解释。D 项错误。

3. 张某到某市公交公司办理公交卡退卡手续时，被告知：根据本公司公布施行的《某市公交卡使用须知》，退卡时应将卡内 200 元余额用完，否则不能退卡，张某遂提起诉讼。法院认为，公交公司依据《某市公交卡使用须知》拒绝张某要求，侵犯了张某自主选择服务方式的权利，该条款应属无效，遂判决公交公司退还卡中余额。关于此案，下列哪一说法是正确的？（2015 - 1 - 12）[2]

A. 张某、公交公司之间的服务合同法律关系属于纵向法律关系

B. 该案中的诉讼法律关系是主法律关系

C. 公交公司的权利能力和行为能力是同时产生和同时消灭的

D. 《某市公交卡使用须知》属于地方规章

【解析】张某与公交公司之间属于横向法律关系，A 项错误。

---

[1] BC 〔2〕 C

诉讼关系属于从法律关系，B 项错误。

法人的权利能力与行为能力是同时产生同时消灭的，C 选正确。

地方规章由地方政府制定，D 选错误。

4. 张某因其妻王某私自堕胎，遂以侵犯生育权为由诉至法院请求损害赔偿，但未获支持。张某又请求离婚，法官调解无效后依照《婚姻法》中"其他导致夫妻感情破裂的情形"的规定判决准予离婚。对此，下列选项中正确的是：（2015－1－88）[1]

A. 王某与张某婚姻关系的消灭是由法律事件引起的

B. 张某主张的生育权属于相对权

C. 法院未支持张某的损害赔偿诉求，违反了"有侵害则有救济"的法律原则

D. "其他导致夫妻感情破裂的情形"属于概括性立法，有利于提高法律的适应性

【解析】 判决王某与张某婚姻关系的消灭行为属于法律行为，而非法律事件，A 项错误。

生育权属于相对权主要在于生育权是特定主体双方之间的一种权利，B 项正确。

"有侵害则有救济"的法律原则在这里不能够适用，C 项错误。D 项正确。

5. 孙某的狗曾咬伤过邻居钱某的小孙子，钱某为此一直耿耿于怀。一天，钱某趁孙某不备，将孙某的狗毒死。孙某掌握了钱某投毒的证据之后，起诉到法院，法院判决钱某赔偿孙某 600 元钱。对此，下列哪一选项是正确的？（2008－1－7）[2]

A. 孙某因对其狗享有所有权而形成的法律关系属于保护性法律关系

B. 由于孙某起诉而形成的诉讼法律关系属于第二性的法律关系

C. 因钱某毒死孙某的狗而形成的损害赔偿关系属于纵向的法律关系

D. 因钱某毒死孙某的狗而形成的损害赔偿关系中，孙某不得放弃自己的权利

【解析】 法律关系可分为：（1）调整性法律关系和保护性法律关系：调整性法律关系是基于人们的合法行为而产生的，执行法的调整职能的法律关系，它所实现的是法律规范（规则）的行为规则（指示）的内容，不需要适用法律制裁；保护性法律关系是由于违法行为产生的、旨在恢复被破坏的权利和秩序的法律关系，它执行着法的保护职能，所实现的是法律规范（规则）的保护规则（否定性法律后果）的内容，是法的实现的非正常形式。它的典型特征是一方主体（国家）适用法律制裁，另一方主体（通常是违法者）必须接受这种制裁，如刑事法律关系。（2）纵向（隶属）的法律关系和横向（平权）的法律关系：纵向（隶属）的法律关系中的法律主体处于不平等的地位；横向（平权）的法律关系中的法律主体处于平等的地位。（3）单向（单务）法律关系、双向（双边）法律关系和多向（多边）法律关系：单向（单务）法律关系中权利人仅享有权利，义务人仅履行义务；双向（双边）法律关系中特定双方法律主体之间存在着两个密不可分的单向权利义务关系；多向（多边）法律关系是三个或三个以上相关法律关系的复合体。（4）第一性法律关系（主法律关系）和第二性法律关系（从法律关系）：第一性法律关系（主法律关系）是指人们之间依法建立的不依赖其他法律关系而独立存在的或在多向法律关系中居于支配地位的法律关系；第二性法律关系（从法律关系）是指由第一性法律关系产生的、居于从属地位的法律关系。

孙某对其狗享有所有权而形成的法律关系属于调整性法律关系。A 项错误。

由于孙某起诉而形成的诉讼法律关系属于第二性的法律关系。B 项正确。

因钱某毒死孙某的狗而形成的损害赔偿关系属于横向法律关系。C 项错误。

因钱某毒死孙某的狗而形成的损害赔偿关系中，孙某作为当事人可以放弃自己的民事权

利。D 项错误。

6. 韩某与刘某婚后购买住房一套,并签订协议:"刘某应忠诚于韩某,如因其婚外情离婚,该住房归韩某所有。"后韩某以刘某与第三者的 QQ 聊天记录为证据,诉其违反忠诚协议。法官认为,该协议系双方自愿签订,不违反法律禁止性规定,故合法有效。经调解,两人离婚,住房归韩某。关于此案,下列哪一说法是不正确的?(2013 - 1 - 11)[1]

A. 该协议仅具有道德上的约束力

B. 当事人的意思表示不能仅被看作是一种内心活动,而应首先被视为可能在法律上产生后果的行为

C. 法律禁止的行为或不禁止的行为,均可导致法律关系的产生

D. 法官对协议的解释符合"法伦理性的原则"

【解析】 意思自治是民事法律的基本原则,只要没有违反法律的禁止性条款,没有损害公序良俗即可发生法律效力,所以该法律协议具有法律效力,而不是仅具有道德约束力。A 项错误。

【特别提示】 法律关系以法律规范为前提,具有合法性,因此法律关系本身是合法的。但引起法律关系产生的原因,既可能是合法行为(法律不禁止的行为),也可能是违法甚至犯罪行为(法律禁止的行为)。合法行为引起调整性法律关系,违法或者犯罪行为引起保护性法律关系。

7. 张女穿行马路时遇车祸,致两颗门牙缺失。交警出具的责任认定书认定司机负全责。张女因无法与肇事司机达成赔偿协议,遂提起民事诉讼,认为司机虽赔偿 3000 元安装假牙,但假牙影响接吻,故司机还应就她的"接吻权"受到损害予以赔偿。关于本案,下列哪一选项是正确的?(2010 - 1 - 7)[2]

A. 张女与司机不存在产生法律关系的法律事实

B. 张女主张的"接吻权"属于法定权利

C. 交警出具的责任认定书是非规范性法律文件,具有法律效力

D. 司机赔偿 3000 元是绝对义务的承担方式

【解析】 法律事实,就是法律规范规定的、能够引起法律关系产生、变更和消灭的客观情况或现象。张女和司机之间因为司机的侵权行为而产生法律关系,侵权行为属于法律事实。A 项错误。

"接吻权"在法律中并没有明确规定,因此不属于法定权利。B 项错误。

交警出具的责任认定书的对象是特定主体,属于非规范性法律文件,具有法律效力。C 项正确。

司机向张女赔偿 3000 元,该权利义务关系的双方主体都是特定的,因此司机承担的是相对义务。D 项错误。

8. 王某恋爱期间承担了男友刘某的开销计 20 万元。后刘某提出分手,王某要求刘某返还开销费用。经过协商,刘某自愿将该费用转为借款并出具了借条,不久刘某反悔,以不存在真实有效借款关系为由拒绝还款,王某诉至法院。法院认为,"刘某出具该借条系本人自愿,且并未违反法律强制性规定",遂判决刘某还款。对此,下列哪些说法是正确的?(2014 - 1 - 53)[3]

A. "刘某出具该借条系本人自愿,且并未违反法律强制性规定"是对案件事实的认定

B. 出具借条是导致王某与刘某产生借款合同法律关系的法律事实之一

C. 因王某起诉产生的民事诉讼法律关系是第二性法律关系

D. 本案的裁判是以法律事件的发生为根据作出的

【解析】法律事实分为法律事件和法律行为：（1）法律事件是法律规范规定的、不以当事人的意志为转移而引起法律关系形成、变更或消灭的客观事实，包括社会事件（如社会革命、战争等）和自然事件（如人的生老病死、自然灾害等）；（2）法律行为是根据当事人的个人意愿形成的一种有意识的活动，它是在社会生活中引起法律关系产生、变更和消灭的最经常的事实。本案中，刘某出具该借条属于法律行为。D项错误。

9. 张某有祖传的玉雕一尊，委托德龙拍卖公司进行拍卖，最终被一家文化公司以140万元的价格买到。对此，下列表述正确的是：（2008 川－1－92）[1]

A. 这个事件中只有一种法律关系

B. 在拍卖过程中，拍卖公司和竞拍者的关系属于隶属性的法律关系

C. 在该案件涉及的法律关系中，法律关系的主体既有自然人也有法人

D. 在本案中，导致拍卖成交的客观情况是法律事件

【解析】在这个事件中存在三种法律关系：张某与德龙拍卖公司之间的委托法律关系；德龙拍卖公司与竞买人之间的拍卖法律关系；张某与文化公司之间的买卖法律关系。A项错误。

在拍卖过程中，拍卖公司和竞拍者的关系属于横向的法律关系。B项错误。

在该案件涉及的法律关系中，张某是自然人，德龙拍卖公司和文化公司是法人。C项正确。

在本案中，导致拍卖成交的拍卖行为是法律行为。D项错误。

【特别提示】同一个法律事实可以引起多种法律关系的产生、变更和消灭，如工伤致死，不仅可以导致劳动关系、婚姻关系的消灭，而且也导致劳动保险合同关系、继承关系的产生；有时需要两个或两个以上的法律事实相结合才能引起同一个法律关系的产生、变更或消灭，如房屋买卖，除了双方当事人签订买卖协议外，还须向房管部门办理登记过户手续方有效力，相互之间的关系也才能够成立。

10. 西方法律格言说："任何人不得因为自己的错误而获得利益。"关于这个格言的理解，下列哪一选项是错误的？（2008 川－1－1）[2]

A. 错误不是构成合法利益的前提

B. 任何时候，行为人只要没有错误，就应获得利益

C. 任何人只要行为正确，其利益就应得到保护

D. 利益的获得在一定程度上取决于行为的正确与错误

【解析】法律关系的客体是指法律关系主体之间权利和义务所指向的对象，包括物、人身、精神产品和行为结果。法律关系的客体是一定利益的法律形式。法律关系的客体和利益密不可分。美国联邦最高法院在1889年的"帕尔玛案"中确立了"任何人不得因为自己的错误而获得利益"原则，该原则主要内容为：（1）错误不是构成合法利益的前提；（2）只要人们的行为正确，其所获得的利益就应得到保护；（3）利益的获得在一定程度上取决于行为的正确与否。A项、C项、D项正确。

即使行为人没有错误，但是其要获得一定的利益还需要通过法律事实引起一定的法律关系的产生、变更或消灭才能实现。B项错误。

---

[1]　C　〔2〕　B

【特别提示】买卖法律关系的客体是物，包括货物和货款。

11. 孙某与李某签订的购房合同规定：孙某将租借张某的房子于 2018 年 7 月 1 日前出卖给李某，李某支付人民币 12 万元。李某明知该房屋属于张某，仍于 2018 年 6 月将房款交给孙某。张某得知消息后，将孙、李二人告至法院。法院审理后确认孙、李两被告侵权成立，宣布其购房合同无效，并向张某支付赔偿金 3000 元。对本案，以下分析正确的是？[1]

A. 孙某与李某之间是合同法律关系

B. 孙某、李某与张某之间是侵权法律关系

C. 因为法院判处孙某、李某向张某支付赔偿金，因此孙、李与张某之间的法律关系是调整性法律关系

D. 法官确认孙某与李某之间购房合同无效依据的法律事实属于法律事件

【解析】法律关系应具有合法性，因此孙某与李某签订的是无效合同，因此不存在合同法律关系，A 错误。孙某与李某签订的无效合同侵犯了张某对房屋的所有权，产生了侵权法律关系，B 正确。调整性法律关系是基于合法行为而产生，孙、李与张某之间的法律关系是保护性法律关系，C 错误。孙某与李某之间购房合同无效的依据是孙某租借张某的房子，属于法律行为而不是法律事件，D 错误。

12. 王某因为要和妻子外出打工，将自己的老母亲交给好朋友赵某照料，从没有支付过赡养费，赵某顾及友情，而赵某妻子不愿意，她向王某索要赡养费，王某拒绝了。法院认为王某老母亲应当由王某照料，赵某夫妇无法定照料义务，却一直承担着老母亲的赡养责任，判决王某支付赡养费若干。关于此案，下列说法正确的是？[2]

A. 王某对于自己母亲的照顾是天经地义的，因此承担着绝对义务

B. 王某老母亲是民事诉讼法律关系的主体之一

C. 王某要向赵某支付赡养费，他们之间形成纵向法律关系

D. 判决在王某和赵某之间形成法律权利与法律义务关系

【解析】绝对义务对应不特定的权利人，相对义务对应的是特定的义务人，本案中王某作为赡养义务人，属于相对义务，因此 A 项错误。在本案中，老母亲既不是原告，也不是被告，在诉讼法律关系中并非权利的享有者和义务的承担者，所以并非该民事诉讼法律关系的主体，因此 B 项错误。纵向法律关系中法律主体地位不平等，存在权力服从关系，而王某和李某之间是横向法律关系，因此 C 项错误。D 项正确。

13. 某软件公司研发人工智能写作系统，将此系统命名为小 k，该公司写作团队利用这个系统自动生成一篇文章，署名"小 k"。罗某未经许可将该文章署上自己的姓名发表，软件公司知道以后诉至法院。法院认为原告权利应受保护，故判决罗某败诉。本案中关于人工智能写作技术的影响，正确的是？（2021 年回忆版）[3]

A. 扩大了法律调整的社会关系范围　　　B. 产生了法律关系主体的新型种类

C. 扩展了法律关系客体的表现形式　　　D. 提升了法律关系主体的权利能力

【解析】法是调整人的行为的社会规范，法律关系是法律规范在调整社会关系过程中所形成的人与人的权利义务关系，主要涉及法律关系主体、内容、客体。本案中，法律调整的著作权侵权案件并未扩大法律调整的社会关系范围，故 A 项错误。对于本案而言，法律关系主体为某软件公司与罗某，并未产生新型种类，故 B 项错误。一般来说，法律关系的客体为物、人身、精神产品、行为结果，本案中的客体表现为新型智力成果，扩展了法律关系客体的表现形

---

[1] B　[2] D　[3] C

式，故 C 项正确。法律关系主体的权利能力，是指能够参加一定的法律关系，依法享有一定权利和承担一定义务的法律资格。就本案某软件公司与罗某而言，并未提升法律关系主体的权利能力，故 D 项错误。

14. 男子陈某与女子刘某登记结婚，婚后二人因原发性不孕症、外院反复促排卵及人工授精失败，在某市医院进行体外受精胚胎移植助孕手术，并获得受精胚胎 4 枚（尚未移植）。后夫妻二人因车祸死亡，遗留受精胚胎 4 枚。死者双方的父母因受精胚胎的监管权和处置权发生争议，陈某父母诉至人民法院。该医院作为诉讼第三人参与诉讼，并宣称胚胎属于特殊的物，涉及人性伦理问题，不能成为继承标的。为此，一审法院以"有违社会伦理和道德""合同履行不能"等法律规定为由，判决驳回陈某父母的诉讼请求。二人不服一审判决，随后上诉至该市中级人民法院。二审法院认为，"伦理""情感"等道德因素构成公民权利的基本组成部分，上诉人在不违反法律、公序良俗和他人利益的前提下，可以获得 4 枚受精胚胎的监管权和处置权。对此，下列说法不正确的是？[1]

A. 胚胎涉及伦理和情感，因此属于法律关系客体中的精神产品

B. 车祸导致陈某和刘某死亡，车祸属于法律行为

C. 法律的内容归根到底是由科技水平决定的

D. 法官重视"伦理""情感"，表明道德属于我国法律体系的重要组成部分

【解析】胚胎属于法律关系客体中的物，而不是精神产品，故 A 项错误。车祸不以当事人意志为转移，属于法律事件，而不是法律行为，故 B 项错误。法律的内容归根到底是由一定社会物质生活条件决定，而不仅仅由科技水平决定，故 C 项错误。法律体系由法律部门组成，故 D 项错误。

考点十　法律体系

1. 法律格言说："不知自己之权利，即不知法律。"关于这句法律格言涵义的阐释，下列哪一选项是正确的？（2010 - 1 - 6）[2]

A. 不知道法律的人不享有权利

B. 任何人只要知道自己的权利，就等于知道整个法律体系

C. 权利人所拥有的权利，既是事实问题也是法律问题

D. 权利构成法律上所规定的一切内容，在此意义上，权利即法律，法律亦权利

【解析】一个人是否知道法律，不影响其所拥有的权利，包括公民的基本权利。A 项错误。

法律体系是指一国的部门法体系，即一国现行的全部法律规范根据一定的标准和原则划分成不同的法律部门，并由这些法律部门所构成的具有内在联系的统一整体。一个人知道自己的权利，不等于知道整个法律体系。B 项错误。

法律除了规定权利，还规定义务，因此，法律不等于权利。D 项错误。

2. 关于法的渊源和法律部门，下列哪些判断是正确的？（2011 - 1 - 51）[3]

A. 自治条例和单行条例是地方国家权力机关制定的规范性文件

B. 行政法部门就是由国务院制定的行政法规构成的

C. 国际公法是中国特色社会主义法律体系的组成部分

---

[1]　ABCD　[2]　C　[3]　AD

D. 划分法律部门的主要标准是法律规范所调整的社会关系

【解析】 自治条例和单行条例是民族自治地方的人民代表大会依照当地民族的政治、经济和文化的特点，经全国或省级人民代表大会常委会批准后生效的规范性文件。A项正确。

法律体系由法律部门组成。2011年，中国特色社会主义法律体系已经形成。中国特色社会主义法律体系以宪法为统帅，以法律为主干，包括七个法律部门：宪法相关法、民法商法、行政法、经济法、社会法、刑法、诉讼与非诉讼程序法；包括三个层级的法律规范：法律、行政法规、地方性法规和自治法规。因此，每个法律部门都应当包括上述三个层级的法律规范，行政法部门应当由法律、行政法规、地方性法规和自治法规三个层级的法律规范构成。B项错误。

法律体系是由一国现行的全部法律规范所组成的不同类别的部门法（或称法律部门）所构成的体系，不包括完整意义的国际法（即国际公法）。C项错误。

法律部门也称部门法，是根据一定标准和原则所划定的调整某一类社会关系的法律规范的总称。划分法律部门的标准：（1）法律规范的调整对象（即法律规范所调整的社会关系）；（2）法律规范的调整方法。其中，调整对象是划分法律部门的主要标准。D项正确。

3. 上合组织成员国领导人于2018年6月10日在中国青岛举行元首理事会会议，各成员国共同重申恪守《上合组织成员国长期睦邻友好合作条约》《禁止化学武器公约》等在内的一系列公约。对于相关法律知识，说法正确的有？[1]

　　A. 生效的国际条约构成我国的法的正式渊源

　　B. 这说明我国的法律体系包括国际条约等在内的国际法

　　C. 近年来出现我国国内法吸收国际条约内容的立法实践，这属于法律移植

　　D. 吸收国际条约的成熟经验，是我国法的现代化的一部分，我国的法的现代化是立法主导型

【解析】 国际条约成为我国法的正式渊源的前提是我国承认或者加入，A错误。法律体系是由一国国内法构成的体系，不包括国际公法，B错误。对其他国家和国际立法的吸收，属于法律移植，C正确。我国法的现代化的启动形式是立法主导型，D正确。

考点十一　法律责任

1. 李某向王某借款二百万，由赵某担保。后李某因涉嫌非法吸收公众存款罪被立案。王某将李某和赵某诉至法院，要求偿还借款。赵某认为，若李某罪名成立，则借款合同因违反法律的强制性规定而无效，赵某无需承担担保责任。法院认为，借款合同并不因李某犯罪而无效，判决李某和赵某承担还款和担保责任。关于该案，下列哪些说法是正确的？（2016－1－59）[2]

　　A. 若李某罪名成立，则出现民事责任和刑事责任的竞合

　　B. 李某与王某间的借款合同法律关系属于调整性法律关系

　　C. 王某的起诉是引起民事诉讼法律关系产生的唯一法律事实

　　D. 王某可以免除李某的部分民事责任

【解析】 法律责任竞合的特点之一在于责任主体实施了一个行为。如果是数个行为分别触

---

〔1〕　CD　〔2〕　BD

犯不同的法律规定，并且符合不同的法律责任构成要件，则应针对各行为追究不同的法律责任，不能按责任竞合处理。本题中民事责任和刑事责任可以并存，不属于法律责任的竞合，因此 A 项错误。调整性法律关系是相对于保护性法律关系而言的，是基于人们的合法行为而产生的、执行法的调整职能的法律关系，它所实现的是法律规范（规则）的行为规则（指示）的内容，因此 B 项正确。法律事实包括法律行为和法律事件，引起民事诉讼法律关系产生的法律事实包括当事人的起诉行为和法院的受理行为两个法律事实，因此 C 项错误。免责形式有多种，包括不诉及协议免责。王某可以免除李某的部分民事责任，因此 D 项正确。

2. 赵某在行驶中的地铁车厢内站立，因只顾看手机而未抓扶手，在地铁紧急制动时摔倒受伤，遂诉至法院要求赔偿。法院认为，《侵权责任法》规定，被侵权人对损害的发生有过失的，可以减轻经营者的责任。地铁公司在车厢内循环播放"站稳扶好"来提醒乘客，而赵某因看手机未抓扶手，故存在重大过失，应承担主要责任。综合各种因素，判决地铁公司按 40% 的比例承担赔偿责任。对此，下列哪些说法是正确的？(2017 - 1 - 57)[1]

A. 该案中赵某是否违反注意义务，是衡量法律责任轻重的重要标准

B. 该案的民事诉讼法律关系属第二性的法律关系

C. 若经法院调解后赵某放弃索赔，则构成协议免责

D. 法官对责任分摊比例的自由裁量不受任何限制

【解析】 法官的自由裁量权的行使要实现政治效果、社会效果和法律效果的统一，因此 D 项错误。A、B、C 项正确。

3. 张某过马路闯红灯，司机李某开车躲闪不及将张某撞伤，法院查明李某没有违章，依据《道路交通安全法》的规定判李某承担 10% 的赔偿责任。关于本案，下列哪一选项是错误的？(2008 - 1 - 5)[2]

A. 《道路交通安全法》属于正式的法的渊源

B. 违法行为并非是承担法律责任的唯一根源

C. 如果李某自愿支付超过 10% 的赔偿金，法院以民事调解书加以确认，则李某不能反悔

D. 李某所承担的是一种竞合的责任

【解析】《交通道路安全法》是我国的制定法，属于正式的法的渊源。A 项正确。

法律责任是指行为人由于违法行为、违约行为或者由于法律规定而应承受的某种不利的法律后果。因此承担法律责任的根源包括违法行为、违约行为或者由于法律的规定。B 项正确。

民事调解书属于非规范性法律文件，具有法律效力，故李某不能反悔。C 项正确。

法律责任的竞合是指由于某种法律事实的出现，导致两种或两种以上的法律责任的产生，而这些责任之间相互冲突的现象。法律责任竞合的特点：（1）数个法律责任的主体为同一法律主体；（2）责任主体实施了一个行为；（3）该行为符合两个或两个以上法律责任的构成要件；（4）数个法律责任之间相互冲突。本案并不存在法律责任的竞合。D 项错误。

4. 下列构成法律责任竞合的情形是：(2014 - 1 - 91)[3]

A. 方某因无医师资格开设诊所被卫生局没收非法所得，并被法院以非法行医罪判处 3 年有期徒刑

B. 王某通话时，其手机爆炸导致右耳失聪，可选择以侵权或违约为由追究手机制造商法律责任

C. 林某因故意伤害罪被追究刑事责任和民事责任

---

[1] ABC 〔2〕 D 〔3〕 BD

D. 戴某用 10 万元假币购买一块劳力士手表，其行为同时触犯诈骗罪与使用假币罪

【解析】法律责任竞合的特点是不同的法律责任之间不能并存，不能吸收。A 项中的"没收非法所得"与"以非法行医罪判处 3 年有期徒刑"可以并存，不属于法律责任竞合。B 项中的"侵权责任"与"违约责任"属于法律责任竞合。C 项中的"刑事责任"和"民事责任"可以并存，不属于法律责任竞合。D 项中的"诈骗罪"与"使用假币罪"属于法律责任竞合。

5. 刘某与房地产公司签订拆迁安置协议，约定将刘某安置到另一小区。刘某迁入新居后，日常生活受到高速公路严重噪声干扰。刘某要求房地产公司解决噪声问题，该公司称高速公路是由市公路局投资建设的，应由公路局解决；公路局称该高速公路多年来一直由市发展公司管理经营，应由发展公司解决；发展公司则称房地产公司选址建房，发生问题应自行解决。刘某向法院提起诉讼。法院判定由房地产公司和发展公司承担责任。根据法理学有关原理，下列哪些选项是正确的？（2008 川 - 1 - 56）[1]

A. 处理该纠纷的法律依据是我国的社会保障法
B. 房地产公司承担的法律责任不因与刘某之间的协议而加以免除
C. 发展公司承担法律责任是基于法律责任的竞合
D. 房地产公司和发展公司承担责任与它们的义务没有直接关系

【解析】社会保障法是指调整有关社会保险、社会救济、社会优抚和社会福利方面的法律。处理本案的法律依据是我国民法的相关规定，而不是社会保障法。A 项错误。

房地产公司虽与刘某签订有拆迁安置协议，约定将刘某安置到另一小区，但房地产公司有义务保证为刘某所提供的住房必须达到适居的目的。本案纠纷所争议的噪声污染已影响到刘某享受安宁生活环境的权利，因此房地产公司有责任履行自己的附随义务，其应按无过错责任原则承担责任，故其承担的法律责任并不能因与刘某之间存在协议而免除。B 项正确。

本案是交通噪声污染损害赔偿案，涉及的权益是享受安宁生活环境的权利即安宁权（属于环境权），被告可以构成环境噪声污染侵权，被告也可以构成民法上违反相邻义务的侵权。环境噪声污染侵权和违反相邻义务的侵权属于法律责任的竞合。C 项正确。

污染环境致人损害适用无过错责任。免责事由有三个：（1）完全由于不可抗拒的自然灾害，并经及时采取合理措施，仍然不能避免造成环境污染损害的；（2）污染损害是由受害人自己的过错造成的；（3）污染损害是由第三人的过错造成的。可见，即使履行了义务，没有免责事由的情况下，仍然要承担责任。所以，发展公司和房地产公司承担责任与它们的义务没有直接关系。D 项正确。

6. 法律格言说："紧急时无法律。"关于这句格言涵义的阐释，下列哪一选项是正确的？（2009 - 1 - 6）[2]

A. 在紧急状态下是不存在法律的
B. 人们在紧急状态下采取紧急避险行为可以不受法律处罚
C. 有法律，就不会有紧急状态
D. 任何时候，法律都以紧急状态作为产生和发展的根本条件

【解析】"紧急时无法律"并不是指在紧急状态下不存在法律，而是指在紧急状态下，人们可以为了自己、他人或国家的利益而采取紧急避险的行为，这种状态下对他人造成的损失不负法律责任。B 项正确。

---

[1] BCD [2] B

7. 中学生小张课间打篮球时被同学小黄撞断锁骨，小张诉请中学和小黄赔偿 1.4 万余元。法院审理后认为，虽然两被告对原告受伤均没有过错，不应承担赔偿责任，但原告毕竟为小黄所撞伤，该校的不当行为也是伤害事故发生的诱因，且原告花费 1.3 万余元治疗后尚未完全康复，依据公平原则，法院酌定被告各补偿 3000 元。关于本案，下列哪一判断是正确的？（2012 - 1 - 12）[1]

A. 法院对被告实施了法律制裁

B. 法院对被告采取了不诉免责和协议免责的措施

C. 法院做出对被告有利的判决，在于对案件事实与规范间关系进行了证成

D. 被告承担法律责任主要不是因为行为与损害间存在因果关系

【解析】法律制裁是由特定的国家机关对违法者（或违约者）依其所应承担的法律责任而实施的强制性惩罚措施。本案中，法院并未对被告实施强制性的惩罚措施，因此不属于法律制裁。A 项错误。

免责是指具备法定事由而免除法律责任。免责条件包括：（1）时效免责；（2）不诉及协议免责；（3）自首、立功免责；（4）因履行不能而免责。本案不存在免责事由。B 项错误。

被告承担法律责任是因为行为与损害间存在因果关系。D 项错误。

【特别提示】

1. 免责以法律责任的存在为前提。但正当防卫、紧急避险是合法行为，不存在法律责任，因此正当防卫、紧急避险不属于免责。

2. 有法律责任，不一定导致法律制裁；但法律制裁以法律责任为前提。

8. 王某因张某家的燃气爆燃而受伤，将张某及燃气公司告上法庭。燃气公司称，自己已经将安全用气方法告知王某，故不担责。法院认为燃气公司具有更强的安全风险判断能力，应承担更高的安全保障义务，燃气公司在安装燃气设备时已发现严重安全隐患，应立即采取有效措施消除隐患。故判决燃气公司承担 15% 的责任，其余责任由张某承担。对此，下列说法正确的是？（2021 年回忆版）[2]

A. 判决燃气公司担 15% 的责任，实际上是对张某的责任部分免除

B. 对于责任的公正分配，应与行为人所承担的具体义务一致

C. 张某和燃气公司的责任出现了竞合

D. 法院判决燃气公司承担 15% 的责任属于对燃气公司的法律制裁

【解析】就本案而言，张某与燃气公司对王某的受伤承担各自相应的责任，因此燃气公司承担的责任并非是对张某责任的部分免除，故 A 项错误。法律责任是行为人由于违法行为、违约行为或者由于法律规定而应承受的某种不利的法律后果。对于责任的公正分配，应与行为人所承担的具体义务一致，故 B 项正确。法律责任竞合的特点为数个法律责任的主体为同一法律主体，而本案中王某与燃气公司属于不同主体，承担不同责任，不属于法律责任竞合，故 C 项错误。法律责任不一定会导致法律制裁，因此 D 项错误。

9. 2021 年 12 月 31 日，全国首例保护"古村落"人文遗迹案一审宣判，其中两被告徐某与方某偷盗明清石匾获利 2200 元被判赔人文遗迹修复费用、人文生态资源损失 40 万元。法院经审理认为："人文遗迹属于我国环境法保护的范畴。传统村落是中国农耕文明留下的宝贵文化遗产，归属于人文遗迹，是环境的重要组成部分。对传统村落的保护应当重视其生态价值和文化价值的保护，而且必须着眼于整体性保护，方能实现传统村落的可持续发展。因破坏古迹、建筑群、遗址等人文遗迹造成生态资源损害的，侵权人应当承担侵权责任。"此前 5 月，

---

[1] C [2] B

该法院就该案刑事部分分别判处徐某、方某有期徒刑一年四个月、一年三个月，并各处罚金1万元。对此，下列说法不正确的是？[1]

A. 法院将传统村落归属于人文遗迹，属于环境法保护范畴，是运用了历史解释方法

B. 本案件中的两被告既要承担民事责任，也要承担刑事责任，这两种责任虽然竞合，但并不互相冲突，可以同时追究

C. 法院认为的可持续发展理念是《民法典》中绿色原则的体现，该原则必须以作为"法律语句"的语句形式表达出来

D. 本案宣判后，大多数人不敢再破坏人文生态环境资源，这体现了法的强制作用

【解析】 历史解释，是指依据正在讨论的法律问题的历史事实对某个法律规定进行解释。本案中法院对传统村落的归属认定并未体现这种方法的相关要求，故 A 项错误。法律责任的竞合，是指由于某种法律事实的出现，导致两种或两种以上的法律责任产生，而这些责任之间相互冲突的现象。本题中，徐某与方某要承担民事责任与刑事责任，这两个法律责任并不互相冲突，可以同时追究，因此，不是民事责任和刑事责任的竞合，故 B 项错误。《民法典》第 9 条规定："民事主体从事民事活动，应当有利于节约资源、保护生态环境。"这是典型的通过法律语句形式来表达法律原则，并且一切法律规范，都必须以作为"法律语句"的语句形式表达出来，离开了语言，法律就无以表达，故 C 项正确。本案的审判，既是对两被告所做行为的否定评价，也是对广大公众人文生态资源权益遭受损害的填补，更在于警示、教育、唤起全体社会成员人文生态资源保护意识，更好地留住历史传承，留住美丽乡愁，这体现了法的教育作用。法的强制作用是指法可以通过制裁违法犯罪行为来强制人们遵守法律，故 D 项错误。

---

[1]　ABD

专题二 法的运行

考点一 法的创制

1. 关于我国立法和法的渊源的表述，下列选项不正确的是：（2013 - 1 - 87）[1]

A. 从法的正式渊源上看，"法律"仅指全国人大及其常委会制定的规范性文件

B. 公布后的所有法律、法规均以在《国务院公报》上刊登的文本为标准文本

C. 行政法规和地方性法规均可采取"条例""规定""办法"等名称

D. 所有法律议案（法律案）都须交由全国人大常委会审议、表决和通过

【解析】在我国，法的正式渊源包括宪法、法律、行政法规、地方性法规、自治法规等。此处的"法律"，应作狭义理解，即指全国人大及其常委会制定的规范性文件。A项正确。

《立法法》第62条第2款和第3款规定："法律签署公布后，法律文本以及法律草案的说明、审议结果报告等，应当及时在全国人民代表大会常务委员会公报和中国人大网以及在全国范围内发行的报纸上刊载。在常务委员会公报上刊登的法律文本为标准文本。"《立法法》第78条规定："行政法规签署公布后，及时在国务院公报和中国政府法制信息网以及在全国范围内发行的报纸上刊载。在国务院公报上刊登的行政法规文本为标准文本。"《立法法》第89条规定："地方性法规、自治条例和单行条例公布后，其文本以及草案的说明、审议结果报告等，应当及时在本级人民代表大会常务委员会公报和中国人大网、本地方人民代表大会网站以及在本行政区域范围内发行的报纸上刊载。在常务委员会公报上刊登的地方性法规、自治条例和单行条例文本为标准文本。"《立法法》第97条规定："部门规章签署公布后，及时在国务院公报或者部门公报和中国政府法制信息网以及在全国范围内发行的报纸上刊载。地方政府规章签署公布后，及时在本级人民政府公报和中国政府法制信息网以及在本行政区域范围内发行的报纸上刊载。在国务院公报或者部门公报和地方人民政府公报上刊登的规章文本为标准文本。"B项错误。

行政法规名称多用"条例"，亦用"办法""实施细则"等名称。地方性法规可称为"条例""规定""办法"等，但必须冠以省、自治区、直辖市和较大的市的名称。C项正确。

《立法法》第10条规定："全国人民代表大会和全国人民代表大会常务委员会根据宪法规定行使国家立法权。"全国人大及其常委会都可依法审议、表决和通过有关法律案。D项错误。

【特别提示】根据《立法法》的规定，在我国，授权立法有两种，特别注意这两种授权立法的授权主体是不一样的：

---

[1] BD

《立法法》第12条规定:"本法第十一条规定的事项尚未制定法律的,全国人民代表大会及其常务委员会有权作出决定,授权国务院可以根据实际需要,对其中的部分事项先制定行政法规,但是有关犯罪和刑罚、对公民政治权利的剥夺和限制人身自由的强制措施和处罚、司法制度等事项除外。"

《立法法》第84条规定:"经济特区所在地的省、市的人民代表大会及其常务委员会根据全国人民代表大会的授权决定,制定法规,在经济特区范围内实施。"

2. 党的十八届四中全会《决定》明确指出:"完善以宪法为核心的中国特色社会主义法律体系。"据此,下列哪些做法是正确的?(2015-1-66)[1]

A. 建立全国人大及其常委会宪法监督制度,健全宪法解释程序机制

B. 健全有立法权的人大主导立法工作的体制,规范和减少政府立法活动

C. 探索委托第三方起草法律法规草案,加强立法后评估,引入第三方评估

D. 加快建立生态文明法律制度,强化生产者环境保护的法律责任

【解析】全国人大及其常委会的宪法监督制度已经存在,A项应将"建立"改为"健全"全国人大及其常委会宪法监督制度。A项错误。

政府立法活动要规范但是不可以任意减少。B项错误。

3. 某市政府为缓解拥堵,经充分征求广大市民意见,做出车辆限号行驶的规定。但同时明确,接送高考考生、急病送医等特殊情况未按号行驶的,可不予处罚。关于该免责规定体现的立法基本原则,下列哪一选项是不准确的?(2011-1-10)[2]

A. 实事求是,从实际出发   B. 民主立法

C. 注重效率   D. 原则性与灵活性相结合

【解析】我国的立法原则主要有:合宪性与合法性原则;实事求是、从实际出发原则;民主立法原则;原则性与灵活性相结合原则。"某市政府为缓解拥堵,经充分征求广大市民意见,做出车辆限号行驶的规定",追求的是秩序和效率,但"接送高考考生、急病送医等特殊情况未按号行驶的,可不予处罚"的免责规定体现的是正义,而非效率。C项当选。

4. 某省人大常务委员会认为一项法律的个别条款在适用上存在某些困难,并认为有必要对该条款作出法律解释。根据我国宪法和立法法规定,该省人大常委会正确的做法是:(2007-1-93)[3]

A. 对该条款直接作出法律解释

B. 提请全国人民代表大会常务委员会就该条款作出法律解释

C. 提请最高人民法院就该条款作出司法解释

D. 提请全国人民代表大会就该条款作出法律解释

【解析】《立法法》第49条规定:"国务院、中央军事委员会、国家监察委员会、最高人民法院、最高人民检察院、全国人民代表大会各专门委员会,可以向全国人民代表大会常务委员会提出法律解释要求或者提出相关法律案。省、自治区、直辖市的人民代表大会常务委员会可以向全国人民代表大会常务委员会提出法律解释要求。"B项正确。

5. 根据省政府制定的地方规章,省质监部门对生产销售不合格产品的某公司予以行政处罚。被处罚人认为,该省政府规章违反《产品质量法》规定,不能作为处罚依据,遂向法院起诉,请求撤销该行政处罚。关于对该省政府规章是否违法的认定及其处理,下列哪一选项是正确的?(2012-1-25)[4]

---

〔1〕 CD 〔2〕 C 〔3〕 B 〔4〕 D

A. 由审理案件的法院进行审查并宣告其是否有效

B. 由该省人大审查是否违法并作出是否改变或者撤销的决定

C. 由国务院将其提交全国人大常委会进行审查并作出是否撤销的决定

D. 由该省人大常委会审查其是否违法并作出是否撤销的决定

【解析】《立法法》第108条规定："改变或者撤销法律、行政法规、地方性法规、自治条例和单行条例、规章的权限是：（一）全国人民代表大会有权改变或者撤销它的常务委员会制定的不适当的法律，有权撤销全国人民代表大会常务委员会批准的违背宪法和本法第85条第2款规定的自治条例和单行条例；（二）全国人民代表大会常务委员会有权撤销同宪法和法律相抵触的行政法规，有权撤销同宪法、法律和行政法规相抵触的地方性法规，有权撤销省、自治区、直辖市的人民代表大会常务委员会批准的违背宪法和本法第85条第2款规定的自治条例和单行条例；（三）国务院有权改变或者撤销不适当的部门规章和地方政府规章；（四）省、自治区、直辖市的人民代表大会有权改变或者撤销它的常务委员会制定的和批准的不适当的地方性法规；（五）地方人民代表大会常务委员会有权撤销本级人民政府制定的不适当的规章；（六）省、自治区的人民政府有权改变或者撤销下一级人民政府制定的不适当的规章；（七）授权机关有权撤销被授权机关制定的超越授权范围或者违背授权目的的法规，必要时可以撤销授权。"根据该条第5项的规定，D项正确。

6. 根据我国《立法法》的规定，下列哪些主体既可以向全国人民代表大会，也可以向全国人民代表大会常务委员会提出法律案？（2008-1-63）[1]

A. 国务院

B. 中央军事委员会

C. 全国人民代表大会各专门委员会

D. 三十人以上全国人民代表大会代表联名

【解析】《立法法》第17条规定："全国人民代表大会主席团可以向全国人民代表大会提出法律案，由全国人民代表大会会议审议。全国人民代表大会常务委员会、国务院、中央军事委员会、国家监察委员会、最高人民法院、最高人民检察院、全国人民代表大会各专门委员会，可以向全国人民代表大会提出法律案，由主席团决定列入会议议程。"《立法法》第29条规定："委员长会议可以向常务委员会提出法律案，由常务委员会会议审议。国务院、中央军事委员会、国家监察委员会、最高人民法院、最高人民检察院、全国人民代表大会各专门委员会，可以向常务委员会提出法律案……"第30条规定："常务委员会组成人员十人以上联名，可以向常务委员会提出法律案……"由此可知，国务院、中央军事委员会、国家监察委员会、最高人民法院、最高人民检察院、全国人民代表大会各专门委员会，既可以向全国人民代表大会，也可以向全国人大常委会提出法律案。A项正确，B项正确，C项正确。

7. 根据《宪法》和法律的规定，关于立法权限和立法程序，下列选项正确的是：（2013-1-89）[2]

A. 全国人大常委会在全国人大闭会期间，可以对全国人大制定的法律进行部分补充和修改，但不得同该法律的基本原则相抵触

B. 全国人大通过的法律由全国人民代表大会主席团予以公布

C. 全国人大法律委员会审议法律案时，应邀请有关专门委员会的成员列席会议，发表意见

---

〔1〕 ABC 〔2〕 ACD

D. 列入全国人大常委会会议议程的法律案，除特殊情况外，应当在举行会议七日前将草案发给常委会组成人员

【解析】《立法法》第10条第3款规定："全国人民代表大会常务委员会制定和修改除应当由全国人民代表大会制定的法律以外的其他法律；在全国人民代表大会闭会期间，对全国人民代表大会制定的法律进行部分补充和修改，但是不得同该法律的基本原则相抵触。"A项正确。

《立法法》第28条规定："全国人民代表大会通过的法律由国家主席签署主席令予以公布。"B项错误。

《立法法》第36条第2款规定："宪法和法律委员会审议法律案时，应当邀请有关的专门委员会的成员列席会议，发表意见。"C项正确。

《立法法》第31条第1款规定："列入常务委员会会议议程的法律案，除特殊情况外，应当在会议举行的七日前将法律草案发给常务委员会组成人员。"D项正确。

因此，根据2023年版《立法法》规定，应选ACD，原司法部答案为AD。

【特别提示】法律文件的公布主体：

1. 宪法修正案由全国人大主席团公布。这属于我国的宪法惯例。

2. 法律由国家主席公布。

3. 法律解释由全国人大常委会公布。

4. 行政法规由总理签署国务院令公布。有关国防建设的行政法规，可以由国务院总理、中央军事委员会主席共同签署国务院、中央军事委员会令公布。

5. 省、自治区、直辖市的人民代表大会制定的地方性法规由大会主席团发布公告予以公布。

6. 省、自治区、直辖市的人大常委会制定的地方性法规由常务委员会发布公告予以公布。

7. 设区的市、自治州的人民代表大会及其常务委员会制定的地方性法规报经批准后，由设区的市、自治州的人民代表大会常务委员会发布公告予以公布。

8. 自治条例和单行条例报经批准后，分别由自治区、自治州、自治县的人大常委会发布公告予以公布。

9. 部门规章由部门首长签署命令予以公布。

10. 地方政府规章由省长、自治区主席、市长或者自治州州长签署命令予以公布。

8. 关于法律、行政法规、地方性法规、自治条例和单行条例、规章的适用，下列哪些选项符合《立法法》规定？（2009－1－62）[1]

A. 同一机关制定的特别规定与一般规定不一致时，适用特别规定

B. 法律、行政法规、地方性法规原则上不溯及既往

C. 地方性法规与部门规章之间对同一事项的规定不一致不能确定如何适用时，由国务院裁决

D. 根据授权制定的法规与法律规定不一致不能确定如何适用时，由全国人大常委会裁决

【解析】《立法法》第103条规定："同一机关制定的法律、行政法规、地方性法规、自治条例和单行条例、规章，特别规定与一般规定不一致的，适用特别规定；新的规定与旧的规定不一致的，适用新的规定。"A项正确。

《立法法》第104条规定："法律、行政法规、地方性法规、自治条例和单行条例、规章不

---

[1]　ABD

溯及既往，但为了更好地保护公民、法人和其他组织的权利和利益而作的特别规定除外。"B项正确。

《立法法》第106条第1款第2项规定："地方性法规与部门规章之间对同一事项的规定不一致，不能确定如何适用时，由国务院提出意见，国务院认为应当适用地方性法规的，应当决定在该地方适用地方性法规的规定；认为应当适用部门规章的，应当提请全国人民代表大会常务委员会裁决。"C项错误。

《立法法》第106条第2款规定："根据授权制定的法规与法律规定不一致，不能确定如何适用时，由全国人民代表大会常务委员会裁决。"D项正确。

9. 法谚云："习惯在于自觉遵守，而法律在于强制服从"，关于法律和习惯的说法，下列选项正确的是？（2020年回忆版）[1]

A. 法律不被公布则不能生效　　　　B. 法律不被遵守则不具有强制力
C. 习惯不具有强制力　　　　　　　D. 习惯具有成文性

【解析】公布是立法程序中最后也是最重要的程序，公布是法律生效的必要程序，法律不公布，不能生效。故A项正确。法律只要经过完整的立法程序则成为有效的立法，就享有法律的强制力。不被公众遵守并不否认法的当然具有的国家强制力。故B项错误。任何规范都有保证自己实现的力量，只不过，法律的强制力是一种国家强制力。习惯的强制力往往来自社会舆论、个人自觉等主观因素，并不是没有强制力。故C项错误。习惯虽可以被文字记录，但是否具有成文形式却并非其能够存续的关键，一般认为，习惯法也是不成文法最重要的表现形式之一。故D项错误。

考点二　执法与司法

1. 2011年7月，某市公安机关模仿诗歌《见与不见》的语言和风格，在官方网站上发布信息，敦促在逃人员投案自首："你逃，或者不逃，事就在那，不改不变。你跑，或者不跑，网就在那，不撤不去。你想，或者不想，法就在那，不偏不倚。你自首，或者不自首，警察就在那，不舍不弃。早日去投案，或者，惶惶终日，潜逃无聊，了结真好。"关于某市公安机关的做法，下列哪一说法是恰当的？（2011－1－8）[2]

A. 公安机关有权减轻或免除对自首人员的处罚
B. 公安机关应以社会管理职能代替政治统治职能
C. 公安机关可以从实际工作出发，对法律予以行政解释
D. 公安机关可以创新工作手段、利用有效宣传形式，促进全面充分履职

【解析】公安机关作为行政机关无权减轻或免除对犯罪人员的处罚，有该项权力的是审判机关。A项错误。

公安机关的基本职能主要包括专政职能和民主职能。专政职能，也可以称之为政治统治职能；民主职能，也称之为社会管理职能，这是两种不同性质的职能，不能互相代替。B项错误。

行政解释是指国家行政机关对不属于审判和检察工作中的其他法律的具体应用问题以及自己依法制定的法规进行的解释。行政解释包括国务院及其主管部门对不属于审判和检察工作中的其

---

[1]　A　[2]　D

他法律的具体应用问题、行政法规、部门规章进行的解释，省级政府主管部门对属于地方性法规如何应用的问题进行的解释，因此某市公安机关不具有行政解释权。C 项错误。D 项正确。

2. 关于司法的表述，下列哪些选项可以成立？（2007 - 1 - 54）[1]

A. 司法的依据主要是正式的法律渊源，而当代中国司法原则"以法律为准绳"中的"法律"则需要作广义的理解

B. 司法是司法机关以国家名义对社会进行全面管理的活动

C. 司法权不是一种决策权、执行权，而是一种判断权

D. 当代中国司法追求法律效果与社会效果的统一

【解析】执法是国家行政机关及其公职人员以国家的名义对社会进行全面管理的活动，而司法是国家司法机关根据法定职权和法定程序，具体应用法律处理案件的专门活动。B 项错误。

立法是决策权，执法是执行权，司法是判断权。C 项正确。

【特别提示】司法与执法的区别：

1. 司法也称"法的适用"，是由司法机关及其公职人员适用法律的活动；执法是由国家行政机关及其公职人员来执行法律的活动。

2. 司法活动的对象是案件；执法是以国家的名义对社会进行全面管理，执法的内容远比司法广泛。

3. 司法活动有严格的程序性要求；执法活动虽然也有相应的程序规定，但其程序性规定没有司法活动那样严格和细致。

4. 司法活动具有被动性；执法则具有较强的主动性。

3. 李某因热水器漏电受伤，经鉴定为重伤，遂诉至法院要求厂家赔偿损失，其中包括精神损害赔偿。庭审时被告代理律师辩称，一年前该法院在审理一起类似案件时并未判决给予精神损害赔偿，本案也应作相同处理。但法院援引最新颁布的司法解释，支持了李某的诉讼请求。关于此案，下列认识正确的是：（2015 - 1 - 89）[2]

A. "经鉴定为重伤"是价值判断而非事实判断

B. 此案表明判例不是我国正式的法的渊源

C. 被告律师运用了类比推理

D. 法院生效的判决具有普遍约束力

【解析】"经鉴定为重伤"属于一种事实上的判断，并非价值判断。A 项错误。

判例属于我国的非正式法律渊源。B 项正确。

被告律师援用一年前相似案件的判决结果正是类比推理的体现。C 项正确。

法院生效的判决仅对判决双方具有约束力。D 项错误。

4. 审判组织是我国法院行使审判权的组织形式。关于审判组织，下列说法错误的是：（2015 - 1 - 98）[3]

A. 独任庭只能适用简易程序审理民事案件，但并不排斥普通程序某些规则的运用

B. 独任法官发现案件疑难复杂，可以转为普通程序审理，但不得提交审委会讨论

C. 再审程序属于纠错程序，为确保办案质量，应当由审判员组成合议庭进行审理

D. 不能以审委会名义发布裁判文书，但审委会意见对合议庭具有重要的参考作用

【解析】刑事自诉案件也可以适用独任制。A 项错误。

---

[1] ACD　[2] BC　[3] ABCD

遇有重大疑难案件法官是可以提交审委会的。B 项错误。

再审案件中，如果原审为一审发回重审时仍应当适用一审程序，可以由审判员和陪审员共同组成合议庭。C 项错误。

审判委员会讨论决定的案件的判决书和裁定书，应当以审理该案件的合议庭成员的名义发布，审判委员会的决定，合议庭应当执行，而不是参考。D 项错误。

5. 在柏林墙推倒的前两年，东德一个名叫亨里奇的守墙卫兵，开枪射杀了攀爬柏林墙企图逃向西德的青年克利斯。在墙倒后对他的审判中，他的律师辩称，他仅仅是实施命令的人，基本没有挑选的权利，罪不在己。而法官则指出："作为警察，不实施上级命令是有罪的，然而打不准是无罪的。作为一个心智健全的人，此时此刻，你有把枪抬高一厘米的权力，这是你应自动承担的良心义务。"这个世界，在法律之外还有良心。当法律和良心抵触时，良心是最高的行动准则，而不是法律。对此，下列说法不正确的是？[1]

A. 法律非实证主义者以内容的正确性作为法的概念的唯一定义要素，认为法律与道德之间存在必然联系

B. 相较于法律，道德因缺乏交涉性，故与程序无关

C. "作为警察，不实施上级命令是有罪的"，说明执法具有被动性

D. "当法律和良心抵触时，良心是最高的行动准则"，表明正义是法的最高价值

【解析】 非实证主义者都强调内容的正确性，但并非所有流派都认为这是唯一定义要素，如超越自然法和法实证主义的第三条道路，即以内容的正确性与权威性制定或社会实效要素同时作为法的概念的定义要素，故 A 项错误。程序是法律的核心，法律的实体内容通过程序选择和决定；而道德的重心在于义务或责任，其义务不对应权利，也不以权利为前提，因此缺乏交涉性，与程序无关，故 B 项正确。执法具有主动性，司法具有被动性，故 C 项错误。自由是法的最高价值，故 D 项错误。

考点三　法的适用

1. 王某在未依法取得许可的情况下购买氰化钠并存储于车间内，被以非法买卖、储存危险物质罪提起公诉。法院认为，氰化钠对人体和环境具有极大毒害性，属于《刑法》第 125 条第 2 款规定的毒害性物质，王某未经许可购买氰化钠，虽只有购买行为，但刑法条文中的"非法买卖"并不要求兼有买进和卖出的行为，王某罪名成立。关于该案，下列说法正确的是：(2016 - 1 - 89)[2]

A. 法官对"非法买卖"进行了目的解释

B. 查明和确认"王某非法买卖毒害性物质"的过程是一个与法律适用无关的过程

C. 对"非法买卖"的解释属于外部证成

D. 内部证成关涉的是从前提到结论之间的推论是否有效

【解析】 目的解释包括立法者的主观目的解释和法律本身的客观目的解释。法院基于对氰化钠的认识，认为其具有极大毒性，因此基于《刑法》对毒害性物质禁止买卖的立法者主观目的和维护社会公平正义的法律客观目的，对"非法买卖"进行了不要求兼有买进和卖出行为的目的解释，因此 A 项正确。法律适用也就是司法，司法活动是三段论推理，包括大前提

---

[1]　ACD　[2]　ACD

（法律规范）、小前提（案件事实）和结论，查明和确认"王某非法买卖毒害性物质"的过程是查明案件事实，是为法律适用提供小前提的过程，因此 B 项错误。法律人法律适用的合理性取决于两个方面，一方面法律适用是按照一定的推理规则从前提推导出来的，另一方面推导法律结论所依赖的前提（包括大前提和小前提）是合理的、正当的，前者为内部证成，后者为外部证成。对非法买卖的解释直接涉及对大前提的认识，因而属于外部证成，因此 C、D 项正确。

2. "当法律人在选择法律规范时，他必须以该国的整个法律体系为基础，也就是说，他必须对该国的法律有一个整体的理解和掌握，更为重要的是他要选择一个与他确定的案件事实相切合的法律规范，他不仅要理解和掌握法律的字面含义，还要了解和掌握法律背后的意义。"关于该表述，下列哪一理解是错误的？(2017－1－12)[1]

A. 适用法律必须面对规范与事实问题

B. 当法律的字面含义不清晰时，可透过法律体系理解其含义

C. 法律体系由一国现行法和历史上曾经有效的法构成

D. 法律的字面含义有时与法律背后的意义不一致

【解析】 法律适用以规范为大前提，以事实为小前提，因此 A 项正确。当法律的字面含义不清晰时，可透过法律体系，通过体系解释，理解其含义，因此 B 项正确。法律体系是一国现行法构成的体系，反映一国法律的现实状况，它不包括历史上废止的已经不再有效的法律，一般也不包括尚待制定、还未生效的法律，因此 C 项错误。法律的字面含义有时与法律背后的意义不一致，D 项正确。

3. 据《二刻拍案惊奇》，大儒朱熹作知县时专好锄强扶弱。一日有百姓诉称："有乡绅夺去祖先坟茔作了自家坟地"。朱熹知当地颇重风水，常有乡绅强占百姓风水吉地之事，遂亲往踏勘。但见坟地山环水绕，确是宝地，遂问之，但乡绅矢口否认。朱熹大怒，令掘坟取证，见青石一块，其上多有百姓祖先名字。朱熹遂将坟地断给百姓，并治乡绅强占田土之罪。殊不知青石是那百姓暗中埋下的，朱熹一片好心办了错案。对此，下列说法正确的是：(2017－1－90)[2]

A. 青石上有百姓祖先名字的生活事实只能被建构为乡绅夺去百姓祖先坟茔的案件事实

B. "有乡绅夺去祖先坟茔作了自家坟地"是一个规范语句

C. 勘查现场是确定案件事实的必要条件，但并非充分条件

D. 裁判者自身的价值判断可能干扰其对案件事实的认定

【解析】 法律人要想将一定的规范适用在特定的案件中，就必须要把纯粹生活事实转化为法律事实。青石上有百姓祖先名字的生活事实可能被建构为乡绅夺去百姓祖先坟茔的案件事实，而非"只能被构建为"，因此 A 项错误。"有乡绅夺去祖先坟茔作了自家坟地"中并无道义助动词，因此不是 个规范语句，而是陈述句，因此 B 项错误。勘查现场是确定案件事实的条件之一，但并非充分条件，因此 C 项正确。裁判者自身的价值判断具有主观性，可能干扰其对案件事实的认定，因此 D 项正确。

4. 某国跨国甲公司发现中国乙公司申请注册的域名侵犯了甲公司的商标权，遂起诉要求乙公司撤销该域名注册。乙公司称，商标和域名是两个领域的完全不同的概念，网络域名的注册和使用均不属中国《商标法》的调整范围。法院认为，两国均为《巴黎公约》成员国，应当根据中国法律和该公约处理注册纠纷。法院同时认为，对驰名商标的权利保障应当扩展到网

络空间，故乙公司的行为侵犯了甲公司的商标专用权。据此，下列表述正确的是：（2008 - 1 - 92）[1]

　　A. 法律应该以社会为基础，随着社会的发展而变化

　　B. 科技的发展影响法律的调整范围，而法律可以保障科技的发展

　　C. 国际条约可以作为我国法的渊源

　　D. 乙公司的辩称和法院的判断表明：法律决定的可预测性与可接受性之间存在着一定的紧张关系

　　【解析】法律应该以社会为基础，随着社会的发展而变化。A 项正确。

　　科技发展对一些传统法律领域提出新问题，使传统法律部门面临着种种挑战，要求各个法律部门的发展不断深化。国家可以运用法律管理科技活动，确立国家科技事业的地位以及国际竞争与合作的准则，保障科技的发展。B 项正确。

　　在中国，法的正式渊源中包括国际条约、国际惯例。C 项正确。

　　法律人适用法律的最直接的目标就是要获得一个合理的决定，在法治社会，所谓合理的决定就是法律决定具有可预测性和正当性。正当性也就是可接受性。可预测性是形式法治的要求，正当性是实质法治的要求。法律决定的可预测性和可接受性之间存在着一定的紧张关系，这种紧张关系实质上是形式法治与实质法治之间的紧张关系的一种体现。对特定的一个时间段内特定的国家的法律人来说，法律决定的可预测性具有初始的优先性。D 项正确。

　　5. 关于法的适用，下列哪一说法是正确的？（2015 - 1 - 15）[2]

　　A. 在法治社会，获得具有可预测性的法律决定是法的适用的唯一目标

　　B. 法律人查明和确认案件事实的过程是一个与规范认定无关的过程

　　C. 法的适用过程是一个为法律决定提供充足理由的法律证成过程

　　D. 法的适用过程仅仅是运用演绎推理的过程

　　【解析】可预测性和正当性是法的适用的目标。A 项错误。

　　查明与确认案件事实的过程必然涉及法律规范的认定。B 项错误。

　　在法的适用过程中对于法律推理的几种形式都会用到，不可能仅仅适用演绎推理。D 项错误。

　　6. 周某半夜驾车出游时发生交通事故致行人鲁某重伤残疾，检察院以交通肇事罪起诉周某。法院开庭，公诉人和辩护人就案件事实和证据进行质证，就法的适用展开辩论。法庭经过庭审查实，交通事故致鲁某重伤残疾并非因周某行为引起，宣判其无罪释放。依据法学原理，下列判断正确的是：（2009 - 1 - 92）[3]

　　A. 法院审理案件目的在于获得正确的法律判决，该判决应当在形式上符合法律规定，具有可预测性，还应当在内容上符合法律的精神和价值，具有正当性

　　B. 在本案中，检察院使用了归纳推理的方法

　　C. 法院在庭审中认定交通事故致鲁某重伤残疾并非因周某行为引起，这主要解决的是事实问题

　　D. 法庭主持的调查和法庭辩论活动，从法律推理的角度讲，是在为演绎推理确定大小前提

　　【解析】法律人适用法律的最直接目标就是要获得一个合理的法律决定。在法治社会，所谓合理的法律决定就是指法律决定具有可预测性和正当性。法律决定的可预测性是形式法治的

---

[1]　ABCD　[2]　C　[3]　AD

要求，正当性是实质法治的要求。A项正确。

演绎推理在结构上由大前提、小前提和结论三部分组成。大前提是法律规范，小前提是案件事实。归纳推理方法是：首先，汇集众多个别案件及经验事实；其次，对所汇集的对象进行比较、分类和概括；最后，发现或者确定归纳得以实现的案件和经验事实中那些共同的特征和属性，并形成具有普遍性的判断。因此，检察院使用的是演绎推理的方法，而非归纳推理的方法。B项错误。

整体上来说，法律人适用有效的法律规范解决具体个案纠纷的过程在形式上是逻辑中的三段论推理过程，即大前提、小前提和结论。上述对法律人业务操作过程的划分是一种逻辑意义上的划分，在实际的法律活动中，这三个步骤"绝不是各自独立且严格区分的单个行为，它们之间界限模糊并且可以相互转换"。如法律人查明和确认案件事实的过程就不是一个纯粹的事实归结过程，而是一个在法律规范与事实之间的循环过程，即目光在事实与规范之间来回穿梭，也就是既要确认案件的法律事实，同时也在进行着寻找法律的过程。所以法院在庭审中认定交通事故致鲁某重伤残疾并非因周某行为引起，既解决了事实问题，也解决了法律问题。C项错误。

法庭主持的调查和法庭辩论的目的就在于发现事实、寻找适用于本案的法律规范，即为演绎推理确定小前提和大前提。D项正确。

7. 某法院在一起疑难案件的判决书中援引了法学教授叶某的学说予以说理。对此，下列哪些说法是正确的？（2015－1－57）[1]

A. 法学学说在当代中国属于法律原则的一种

B. 在我国，法学学说中对法律条文的解释属于非正式解释

C. 一般而言，只能在民事案件中援引法学学说

D. 参考法学学说有助于对法律条文作出正确理解

【解析】本题较为简单，A项、C项明显错误。

法学学说属于一种非正式解释，上升不到法律原则的地位。B项、D项正确。

8. 原被告双方就"暗刷流量"需求达成一致并签订服务合同，该合同分三个履行阶段，现双方就第三阶段的流量质量和投放统计标准产生争议。法院根据《民法典》第153条第2款规定"违背公序良俗的民事法律行为无效"，认为涉案交易损害社会公共利益、违背公序良俗，应属无效，双方当事人不得基于合意行为获得其所期待的合同利益。对此，下列说法不正确的是？[2]

A. 法院所引用条款规定的内容表明法的现代化意味着法律和道德的结合

B. 公序良俗的内涵和外延需要在司法裁判中不断充实，本案体现了法官在个案中的价值取向

C. 在法律适用过程中，法律证成、价值判断与法律解释都必不可少

D. 可预测性与正当性是法律决定是否"合理"的判断标准，二者冲突时，实质法治的正当性要求具有通常的优先性

【解析】法律的现代化意味着法律和道德的相互分离，故A项错误。公序良俗的内涵和外延确实需要在司法裁判中、面对不同案例中不断充实；法律不可能对具体情形进行一一例举，故需要法官的裁量，本案法官认为暗刷流量的交易损害社会公共利益、违背公序良俗，应属无效，体现了法官在个案中的价值取向，故B项正确。在具体法律适用过程中，法律证成、价值

---

[1] BD　[2] AD

判断与法律解释都必不可少，是法官得出结论的必要手段，故 C 项正确。法律人适用法律最直接的目标就是获得一个合理的法律决定，在法治社会，所谓合理的法律决定是指法律决定具有可预测性和正当性。可预测性与正当性之间产生冲突时，可预测性具有通常的优先性，故 D 项错误。

考点四　法律论证

1. 关于法的适用与法律论证，下列哪些说法是错误的？（2009 - 1 - 56）[1]

A. 法的适用所处理的问题，既包括法律事实问题也包括法律规范问题，还包括法律语言问题

B. 法的适用通常采用逻辑中的三段论推理

C. 法的适用只要有外部证成即可，毋需内部证成

D. 法律论证是一个独立的过程，与法律推理、法律解释没有关系

【解析】　法的适用，以法律规范作为大前提，以案件事实作为小前提。一切法律规范都必须以作为"法律语句"的语句形式表达出来，具有语言的依赖性。A 项正确。

法的适用通常采用逻辑中的三段论推理。B 项正确。

法律人法律适用的合理性取决于两个方面：一方面法律适用是按照一定的推理规则从前提中推导出来的；另一方面，推导法律结论所依赖的前提是合理的、正当的。前者为内部证成，后者为外部证成。法律推理或法律适用在整体框架上是一个三段论，而且是大三段论套小三段论，这就意味着在外部证成的过程中也必然涉及内部证成。C 项错误。

法律论证的过程也是法的适用的过程，是一个逻辑中的三段论推理的过程，离不开推理规则。三段论推理的大前提和小前提之间，也就是法律规范和法律事实之间，存在缝隙，而这个缝隙正是通过法律解释得到缝合。因此，法律论证、法律推理、法律解释密不可分。D 项错误。

2. 关于适用法律过程中的内部证成，下列选项正确的是：（2013 - 1 - 86）[2]

A. 内部证成是给一个法律决定提供充足理由的活动

B. 内部证成是按照一定的推理规则从相关前提中逻辑地推导出法律决定的过程

C. 内部证成是对法律决定所依赖的前提的证成

D. 内部证成和外部证成相互关联

【解析】　对法律决定所依赖的前提的证成属于外部证成。C 项错误。

3. 关于法律论证中的内部证成和外部证成，下列哪些选项是错误的？（2008 - 1 - 52）[3]

A. 法律论证中的内部证成和外部证成之间的区别表现为，内部证成是针对案件事实问题进行的论证，外部证成是针对法律规范问题进行的论证

B. 无论内部证成还是外部证成都不解决法律决定的前提是否正确的问题

C. 内部证成主要使用演绎方法，外部证成主要使用归纳方法

D. 无论内部证成还是外部证成都离不开支持性理由和推理规则

【解析】　论证前提，包括大前提和小前提，也就是法律规范和案件事实，都属于外部证成。A 项错误。

――――――――――――

[1]　CD　[2]　ABD　[3]　ABC

外部证成解决法律决定的前提是否正确的问题。B项错误。

无论是内部证成还是外部证成，都采用逻辑中的三段论推理，也就是演绎推理方法。C项错误。

内部证成和外部证成都属于法律论证，因此都离不开支持性理由和推理规则。D项正确。

4. 关于法律论证中外部证成的说法，下列哪些选项是错误的？（2010－1－54）[1]

A. 外部证成是对内部证成中所使用的前提本身之合理性的证成

B. 外部证成是法官在审判中根据法条直接推导出判决结论的过程

C. 外部证成与案件事实的法律认定无关

D. 外部证成本身也是一个推理过程

【解析】 法官在审判中根据法条直接推导出判决结论的过程属于内部证成。B项错误。

案件事实的法律认定也就是论证小前提，证明前提的正确性属于外部证成。C项错误。

5. 张某与王某于2000年3月登记结婚，次年生一女小丽。2004年12月张某去世，小丽随王某生活。王某不允许小丽与祖父母见面，小丽祖父母向法院起诉，要求行使探望权。法官在审理中认为，我国《婚姻法》虽没有直接规定隔代亲属的探望权利，但正确行使隔代探望权有利于儿童健康成长，故依据《民法通则》第7条有关"民事活动应当尊重社会公德"的规定，判决小丽祖父母可以行使隔代探望权。关于此案，下列哪些说法是正确的？（2012－1－53）[2]

A. 我国《婚姻法》和《民法通则》均属同一法律部门的规范性文件，均是"基本法律"

B. "民事活动应当尊重社会公德"的规定属于命令性规则

C. 法官对判决理由的证成是一种外部证成

D. 法官的判决考虑到法的安定性和合目的性要求

【解析】 基本法律，即全国人大制定和修改的刑事、民事、国家机构和其他方面的规范性文件。基本法以外的法律，由全国人大常委会制定和修改。《婚姻法》《民法通则》都是由全国人大制定并修改的民事法律，属于基本法律。A项正确。

"民事活动应当尊重社会公德"的规定不属于法律规则，而是属于法律原则。B项错误。

外部证成关涉的是对内部证成中所使用的前提本身的合理性的证成。C项正确。

法律决定的合理性，是指法律决定具有可预测性和正当性。可预测性也就是法的安定性，正当性也就是法的合目的性。D项正确。

6. 关于法定继承，《继承法》第10条规定："第一顺序：配偶、子女、父母。"第7条第3项规定，"遗弃被继承人的，或者虐待被继承人情节严重的"，丧失继承权。甲作为法定继承人，被乙告上法庭，声称甲虐待被继承人，不应享有继承权。本案审理法官查明甲虐待行为未达到情节严重，依法驳回乙的诉讼请求。关于本案，下列哪一选项是错误的？（2008川－1－3）[3]

A. 本案体现了法律的可诉性

B. "遗弃被继承人的，或者虐待被继承人情节严重的"规定是本案审理法官推理的大前提之一

C. "第一顺序：配偶、子女、父母。"这样的规定不是法律规范

D. 《继承法》第10条和第7条第3项均可作为法律论证中的内部证成的支持性理由

【解析】 法的可诉性包括可争讼性和可裁判性两个方面。《继承法》是本案原告和被告争讼的依据，也是法官进行裁判的依据，体现了法律的可诉性。A项正确。

---

[1] BC [2] ACD [3] C

法律规范是法官推理的大前提。B项正确。

法律规范分为法律规则和法律原则。"第一顺序：配偶、子女、父母。"的规定是法律规则，因此属于法律规范。C项错误。

《继承法》第10条和第7条第3款作为法律规范，均可作为法律论证中的内部证成的大前提，也就是支持性理由。D项正确。

7. 齐某酒后驾驶小轿车将正在过马路的行人孙某撞死，孙某家属向齐某索要一百万便可以"私了"，但公安机关以交通肇事罪对齐某立案侦查，后法院判处齐某有期徒刑二年，并承担相应民事赔偿责任。对此，分析错误的是？[1]

A. 引起齐某与公安机关之间法律关系的法律事实属于法律事件

B. 齐某与孙某的家属之间不形成实体法律关系

C. 本案中存在着法律责任竞合

D. 法官根据刑法规定判决案件的推理过程属于外部证成

【解析】本案中引起齐某与公安机关之间法律关系的事实是齐某的行为，属于法律行为，不是法律事件，A错误。民事赔偿责任承担就是实体法律关系，B错误。张某虽然存在民事责任和刑事责任，但是二者可以并存，不属于责任竞合，C错误。法官判案的过程属于内部证成，D错误。

8. 现行《刑法》与《治安管理处罚法》对引诱、容留、介绍他人卖淫都有规定，但是现行《刑法》及其司法解释、《治安管理处罚法》都没有对"卖淫行为"作出具体界定，也没有明文将"打飞机"等色情服务列入"卖淫"之列。甲地法院认为组织妇女进行"打飞机""胸推"等服务，不构成犯罪。理由是最高人民法院未将手淫、"胸推"等行为列入卖淫行为中，法无明文规定不为罪。公安部的《批复》不是法律，也不是行政法规，也不属于部门规章，只是一个"批复"，不能作为认定罪与非罪的法律依据。既然关于手淫是否属于卖淫没有法律依据，那么根据刑法"法律明文规定为犯罪行为的，依照法律定罪处刑；法律没有明文规定为犯罪行为的，不得定罪处刑"的规定，法院作出这样的判决是正确的。乙地法院认为法律不应该是僵死的文字，而是具有生命，随时空因素变化而变化的行为规范。如果固守狭隘的性行为理论，一味强求必须是性器官的结合，无视其他学科对性行为的认识，是机械地执行法律。对此，下列说法错误的是？[2]

A. 对于"卖淫行为"的解释属于一种外部证成

B. 乙地法院在面对现有法律的漏洞时，采用的方法是目的论扩张

C. 乙地法院灵活执行法律也是一种守法的表现

D. 各省、自治区、直辖市、设区的地级市的人民代表大会常务委员会可以提请全国人大常委会对法律规定不明确的内容进行解释

【解析】能提出法律解释要求的主体有六个：国务院、中央军事委员会、最高人民法院、最高人民检察院、全国人大各专门委员会和各省、自治区、直辖市的人民代表大会常务委员会，没有设区的地级市人大常委会。因此D项错误。其他选项正确。

9. 王某幼年被亲生父母抛弃，后被李某抚养成人。王某为自己购买一份意外死亡险，指定受益人为其法定继承人后，王某意外死亡。李某要求保险公司支付保险金，保险公司以李某未办理收养手续为由拒付，李某诉至法院，法院认为王某死亡时，并无其他法定继承人，将年事已高的李某作为保险受益人，保障其基本生存条件，符合公序良俗原则和王某真实意愿，故

判决李某胜诉。对此，下列说法正确的是？（2021 年回忆版）〔1〕

    A. 法院通过目的论扩张的方式，确认了李某的权利

    B. 该判决将人权作为重要的价值评价标准

    C. 推定王某的真实意愿，属于外部证成

    D. 在民法的各项原则中，公序良俗原则处于最高的效力位阶

【解析】 目的论扩张是一种法律漏洞填补方法，其主要适用于法律规定明显小于规范目的"潜在包含"情形，此时应当结合立法目扩张规则适用范围，将本该包含的情形包含进来。本案中，对于保险公司的主张，法院将年事已高的李某作为保险受益人，保障其基本生存条件，符合公序良俗原则和王某真实意愿，符合目的论扩张的意图，故 A 项正确。法院在论证中将李某的基本生存条件作为考虑因素，将人权作为重要的价值评价标准，故 B 项正确。法律的外部证成是对法律决定所依赖的前提的证成，关涉的是对内部证成中所使用的前提本身的合理性，法院推定王某的真实意愿，属于外部证成，故 C 项正确。公序良俗作为一个弹性条款，配合各种具体的法律规则对民事活动起调控作用，在性质上属于授权性规定，目的是在遇有损害国家利益、社会公共利益和道德秩序的行为，而又缺乏相应的禁止性法律规定时，法院可以直接适用公序良俗原则判定该行为无效，但在直接依据公序良俗原则进行裁判时应审慎适用，不宜做不合法律的扩大解释，其具体适用有相应的限制条件，因此公序良俗原则在民法各项原则中并非优先适用，并非处于最高效力位阶。故 D 项错误。

考点五　法律推理

1. 在宋代话本小说《错斩崔宁》中，刘贵之妾陈二姐因轻信刘贵欲将她休弃的戏言连夜回娘家，路遇年轻后生崔宁并与之结伴同行。当夜盗贼自刘贵家盗走 15 贯钱并杀死刘贵，邻居追赶盗贼遇到陈、崔二人，因见崔宁刚好携带 15 贯钱，遂将二人作为凶手捉拿送官。官府当庭拷讯二人，陈、崔屈打成招，后被处斩。关于该案，下列哪一说法是正确的？（2016 - 1 - 12）〔2〕

    A. 话本小说《错斩崔宁》可视为一种法的非正式渊源

    B. 邻居运用设证推理方法断定崔宁为凶手

    C. "盗贼自刘贵家盗走 15 贯钱并杀死刘贵"所表述的是法律规则中的假定条件

    D. 从生活事实向法律事实转化需要一个证成过程，从法治的角度看，官府的行为符合证成标准

【解析】 法的非正式渊源，是指虽不具有明文规定的法律效力，但具有法律说服力，能够构成法律人的法律决定的大前提的准则来源的那些资料，而话本小说不具有此特征，因此 A 项错误。设证推理是指从所有能够解释事实的假设中优先选择一个假设的推论，邻居运用设证推理方法断定崔宁为凶手，因此 B 项正确。C 项的内容表述的是法律事实，属于法律推理的小前提，而非法律规则的假定条件，故 C 项错误。从法律证成的角度看法律人的法律决定的合理性取决于下列两个方面，一方面法律决定是按照一定的推理规则从前提中推导出来的，另一方面推导法律决定所依赖的前提是合理的，而本案的"事实"是屈打成招所得，即本案中官府据以推理的小前提是不成立的，因此官府的行为不能同时满足这两个方面，是不符合证成标准

---

〔1〕　ABC　〔2〕　B

的，因此造成了冤假错案，因此 D 项错误。

2. 徐某被何某侮辱后一直寻机报复，某日携带尖刀到何某住所将其刺成重伤。经司法鉴定，徐某作案时辨认和控制能力存在，有完全的刑事责任能力。法院审理后以故意伤害罪判处徐某有期徒刑 10 年。关于该案，下列哪些说法是正确的？（2015－1－58）[1]

A. "徐某作案时辨认和控制能力存在，有完全的刑事责任能力"这句话包含对事实的认定

B. 法院判决体现了法的强制作用，但未体现评价作用

C. 该案中法官运用了演绎推理

D. "徐某被何某侮辱后一直寻机报复，某日携带尖刀到何某住所将其刺成重伤"是该案法官推理中的大前提

【解析】 对于徐某作案时辨认和控制能力的判断是对于事实情况的认定，A 项正确；

法院对徐某进行判决事实上就是一种价值评价，B 项错误；

C 项正确；

大前提是法律规定，D 选项的内容属于小前提，D 项错误。

3. 新郎经过紧张筹备准备迎娶新娘。婚礼当天迎亲车队到达时，新娘却已飞往国外，由其家人转告将另嫁他人，离婚手续随后办理。此事对新郎造成严重伤害。法院认为，新娘违背诚实信用和公序良俗原则，侮辱了新郎人格尊严，判决新娘赔偿新郎财产损失和精神抚慰金。关于本案，下列哪些说法可以成立？（2014－1－52）[2]

A. 由于缺乏可供适用的法律规则，法官可依民法基本原则裁判案件

B. 本案法官运用了演绎推理

C. 确认案件事实是法官进行推理的前提条件

D. 只有依据法律原则裁判的情形，法官才需提供裁判理由

【解析】 法律原则可以弥补法律规则的空白和漏洞，穷尽法律规则，可适用法律原则。A 项正确。

法官以法律原则为大前提，以案件事实为小前提，采取三段论的形式作出判决，属于演绎推理。B 项正确。

确认案件事实是法官进行推理的小前提。C 项正确。

法官作出裁判，无论是依据法律规则，还是依据法律原则，都需要进行说理，也就是提供裁判理由。D 项错误。

4. 赵某与陈女订婚，付其 5000 元彩礼，赵母另付其 1000 元"见面礼"。双方后因性格不合解除婚约，赵某诉请陈女返还该 6000 元费用。法官根据《婚姻法》和最高法院《关于适用〈婚姻法〉若干问题的解释（二）》的相关规定，认定该现金属彩礼范畴，按照习俗要求返还不违反法律规定，遂判决陈女返还。对此，下列哪一说法是正确的？（2013－1－12）[3]

A. 法官所提及的"习俗"在我国可作为法的正式渊源

B. 在本案中，法官主要运用了归纳推理技术

C. 从法理上看，该判决不符合《婚姻法》第 19 条"夫妻可以约定婚姻关系存续期间所得的财产"之规定

D.《婚姻法》和《关于适用〈婚姻法〉若干问题的解释（二）》均属于规范性法律文件

【解析】 社会习惯在我国属于法的非正式渊源。法官所提及的"习俗"在我国属于法的非

---

[1] AC 〔2〕 ABC 〔3〕 D

正式渊源。A 项错误。

本案以《婚姻法》和最高人民法院《关于适用〈婚姻法〉若干问题的解释（二）》的相关规定作为大前提，以案件事实为小前提，作出判决，属于演绎推理。B 项错误。

订婚只是一种民间仪式，并不能产生婚姻关系，婚姻关系的成立必须经过婚姻登记。赵某与陈女二人之间仅仅是订婚，并未登记结婚，因此不存在婚姻关系，所以也就不能适用"夫妻可以约定婚姻关系存续期间所得的财产"之规定。C 项错误。

《婚姻法》和《关于适用〈婚姻法〉若干问题的解释（二）》的适用对象是不特定的，具有普遍法律效力，可以反复适用，因此都属于规范性法律文件。D 项正确。

5. 范某参加单位委托某拓展训练中心组织的拔河赛时，由于比赛用绳断裂导致范某骨折致残。范某起诉该中心，认为事故主要是该中心未尽到注意义务引起，要求赔偿 10 万余元。法院认定，拔河人数过多导致事故的发生，范某本人也有过错，判决该中心按 40% 的比例承担责任，赔偿 4 万元。关于该案，下列哪一说法是正确的？（2013 – 1 – 15）[1]

A. 范某对案件仅做了事实描述，未进行法律判断

B. "拔河人数过多导致了事故的发生"这一语句所表达的是一种裁判事实，可作为演绎推理的大前提

C. "该中心按 40% 的比例承担责任，赔偿 4 万元"是从逻辑前提中推导而来的

D. 法院主要根据法律责任的效益原则作出判决

【解析】范某起诉该中心，认为事故主要是该中心未尽到注意义务引起，要求赔偿 10 万余元。这一行为不是事实描述，而是法律判断。A 项错误。

演绎推理以法律规范为大前提，案件事实为小前提，"拔河人数过多导致了事故的发生"这一语句所表达的是一种裁判事实，是小前提。B 项错误。

认定该中心承担赔偿责任是从大、小前提中推导出来的。C 项正确。

法院主要根据法律责任的公正原则和合理性原则作出判决。D 项错误。

6. 谢某、阮某与曾某在曾某经营的"皇太极"酒吧喝酒，离开时谢某从楼梯摔下，被扶起后要求在酒吧休息，第 2 天被发现已死亡。经鉴定，谢某系"醉酒后猝死"。该案审理中，合议庭对"餐饮经营者对醉酒者是否负有义务"产生争议。刘法官认为，我国相关法律对此没有明确规定，但根据德国、奥地利、芬兰等国判例，餐饮经营者负有确保醉酒顾客安全的义务，认定曾某负赔偿责任符合法律保护弱者的立法潮流。依据法学原理，下列哪一说法是正确的？（2010 – 1 – 9）[2]

A. 刘法官的解释属于我国正式法律解释体制中的司法解释

B. 刘法官在该案的论证中运用了有关法的非正式渊源的知识

C. 从法律推理角度看，"经鉴定，谢某系'醉酒后猝死'"是推理的大前提

D. 从德国、奥地利、芬兰等国家存在判例的情形看，这些国家的法律属于判例法系

【解析】司法解释权只属于最高人民法院、最高人民检察院。A 项错误。

本案中，刘法官根据德国等国的判例做出自己的判断，判例在我国属于法的非正式渊源。B 项正确。

"经鉴定，谢某系'醉酒后猝死'"，是确认事实，属于演绎推理的小前提。C 项错误。

德国、奥地利、芬兰等国属于大陆法系。D 项错误。

---

7. 关于法律解释和法律推理，下列哪一说法可以成立？（2009－1－9）[1]

A. 作为一种法律思维活动，法律推理的根本目的在于发现绝对事实和真相

B. 法律解释和法律推理属于完全不同的两种思维活动，法律推理完全独立于法律解释

C. 法官在进行法律推理时，既要遵守和服从法律规则又要在不同利益冲突间进行价值平衡和选择

D. 法律推理是严格的形式推理，不受人的价值观影响

【解析】 法律推理是一种寻求正当性证明的推理。法律推理以法律规范为前提，包含了法律人的价值判断，具有一定的主观性，经过法律推理发现的事实和真相仅仅是法律意义上或法律程序上的事实和真相，而非绝对事实和真相。A 项错误。

法律推理的大前提和小前提的缝隙，是通过法律解释缝合的。在这个意义上我们可以说，法律解释是法律推理的必经环节，法律解释也是法的适用的必经环节。B 项错误。

法律解释、法律推理都属于价值判断，既要遵守和服从法律规则又要在不同利益冲突间进行价值平衡和选择，都受人的价值观影响。C 项正确，D 项错误。

8. 徐某深夜潜入一住家小卖铺盗窃财物，分文未得，就被主人发现后擒获。检察机关依盗窃罪提起公诉。一审法院认为，刑法第 264 条规定，入户盗窃的，处三年以下有期徒刑、拘役或者管制，并处或者单处罚金。据此，即便徐某分文未得，也构成盗窃罪，判处一年有期徒刑。徐某不服提起上诉。二审法院认为，本案发生的场所是小卖铺，虽然有人住，但主体是营业场所，具有公共性，因此不能认定为住宅。所以，徐某的行为不属于入户盗窃。关于本案，下列说法正确的是？[2]

A. 一审法院作出判决运用的是演绎推理

B. 二审法院认定小卖铺不是住宅运用的是当然推理

C. 二审法院对"住宅"的解释是目的解释，是确定法律推理的小前提

D. 针对同一刑法条文，一、二审法院得出不同结论，说明该条文是起到不确定的指引作用

【解析】 一审法院根据法律规定作出判决，是典型的演绎推理，A 正确。当然推理指的是由某个更广泛的法律规范的效力推导出某个不那么广泛的法律规范的效力。二审法院将小卖铺与住宅进行比较，得出本案并不属于在住宅内盗窃的情况，属于类比推理，B 错误。二审法院通过探求法律自身目的，也就是刑法相关条款要实现的价值来评价本案中的场所是否为住宅，属于客观目的解释，是确定法律推理的大前提，C 错误。《刑法》第 264 条规定了明确的法律义务和责任，是确定的指引，D 错误。

9. 李某驾驶摩托车与高某驾驶的出租车相撞，李某死亡。交警部门认定高某、李某承担事故的同等责任。在交警部门主持下，高某与死者李某之妻达成调解协议，由高某赔偿李某家属各项费用 12.2 万元，双方永无纠葛。不久，李某之妻发现自己已有身孕，并在 7 个月后生下女儿小鑫。李某之妻依据全国人大颁布的《民法通则》第一百一十九条，将受偿主体确定为死者生前"扶养"的人的规定，向高某索要女儿抚养费。高某根据国务院制定的《道路交通事故处理办法》第三十七条，将受偿主体确定为死者生前"实际扶养"的人，拒绝做出赔偿。对此，下列说法错误的是？（2018 年回忆版）[3]

A. 根据特别法优于一般法的原则，本案应当优先适用《道路交通事故处理办法》

B. 双方当事人及律师关于本案法律适用问题的辩论，属于外部证成

C. 法官对本案案件事实的确定过程，是一个纯粹的事实判断的过程

D. 李某之妻和高某的举动，均显现了法律的指引作用

【解析】 特别法优于一般法是同一位阶的法律渊源冲突解决原则，本案中《民法通则》和《道路交通事故处理办法》一个是基本法律，一个是行政法规，显然属于不同位阶。故 A 项错误。双方当事人及律师关于本案法律适用问题的辩论，属于对法律渊源的辩论（围绕大前提展开），是典型的外部证成。故 B 项正确。案件事实是法官在法律规范的立场下，通过"目光在事实与规范之间的往返流转"所得到的结果，案件事实本身就带有鲜明的规范性立场和裁判者价值判断，所以注定不是一个单纯的事实判断过程。故 C 项错误。指引作用主要体现为依法办事，显然李某之妻和高某的行为均是依法而为，都属于接受了法律的指引。故 D 项正确。

10. 朱男和吕女结婚前，给了吕女母亲一笔钱款。后朱男与吕女离婚，朱男未向吕母要求返还，吕女向其母索要该钱无果后诉至法院。法院经调查风俗习惯后认定该钱款系朱男婚前向吕母支付的彩礼，而非赠与吕女的财产。法律规定只有给付彩礼方有权请求接受方返还彩礼，而吕女无权向其母亲索要该笔彩礼，故吕女败诉。对此，以下正确选项有哪些？（2021 年回忆版）[1]

A. 法院在适用返还彩礼相关规定时，进行了反向推理

B. 在认定该笔款项性质时，法院以当地习俗为大前提

C. 法院查明习俗的过程，属于法的发现

D. 整个推理过程，法院采用了涵摄的方法

【解析】 反向推理将法律规范解释为，它只适用于它明确规定的情形，即"明示其一即否定其余"或"例外证实了非例外情形中的规则"。本案中，法官认为法律规定只有给付彩礼方有权请求接受方返还彩礼，而吕女无权向其母亲索要该笔彩礼。案例中的事实与法律规定的事实不相符，所以法律规定的法律效果不能适用于案例中的事实，属于反向推理。故 A 项正确。依据《中华人民共和国民法典》第 10 条规定："处理民事纠纷，应当依照法律；法律没有规定的，可以适用习惯，但是不得违背公序良俗。"本案中法官依据当地风俗习惯认定该笔款项的性质，故 B 项正确。法的发现，指特定法律人的心理因素与社会因素引发他针对特定案件做出某个法律决定的实际过程，这是法律人获得法律决定的事实过程。法的发现将心理因素、社会因素与法律决定之间的关系视为因果关系而进行处理。这里的心理因素与社会因素主要是指法律人的直觉、情感、利益立场、社会阶层、价值偏好等。因此法院查明习俗的过程，属于法的发现，故 C 项正确。涵摄是指确定生活事实与法律规范之间的关系的思维过程，将事实涵摄于法律规范，就是检验事实是否满足法律规范的事实构成并因此产生该规范所规定的法律后果。因此就本案整个推理过程而言，法院采用了涵摄的方法，故 D 项正确。

11. 王某，男，70 周岁，系某单位清洁工，已领取退休金。某日王某在打扫卫生时受伤，请求保险公司赔偿。保险公司以其超过退休年龄为由拒赔。王某诉至某法院。法院认为："根据《最高人民法院关于审理劳动争议案件适用法律问题的解释（一）》第三十二条第一款规定，用人单位与其招用的已经依法享受养老保险待遇或者领取退休金的人员发生用工争议而提起诉讼的，人民法院应当按劳务关系处理。据此，王某不能享有工伤劳动保险待遇。但王某孤苦伶仃，无人照料，生活极度贫困。考虑到我国社会老龄化加速的实际情况，为维护老年人合法权益，保险公司应支付保险费用。"王某胜诉。该案例体现了？（2023 年回忆版，单选）[2]

A. 当然推理　　　B. 反向推理　　　C. 历史解释　　　D. 客观目的解释

---

[1]　ABCD　　[2]　D

【解析】当然推理，是指由某个更广泛的法律规范的效力推导出某个不那么广泛的法律规范的效力。换言之，是指"如果较强的规范有效，那么较弱的规范就必然更加有效"。当然推理主要包括两种形式：举轻以明重、举重以明轻。本题不涉及当然推理，故 A 项错误。反向推理，又叫"反面推论"，是指从法律规范赋予某种事实情形以某个法律后果推出，这一后果不适用于法律规范未规定的其他事实情形。本题不涉及反向推理，故 B 项错误。历史解释，是指依据正在讨论的法律问题的历史事实对某个法律规定进行解释。本题不涉及历史解释，故 C 项错误。客观目的解释，是指根据"理性的目的"或"在有效的法秩序的框架中客观上所指示的"目的，即法的客观目的，对某个法律规定进行解释。客观目的解释可以使法律决定与特定社会的伦理与道德要求相一致，从而使法律决定具有最大可能的正当性。客观目的解释着重于社会效果的预测和社会利益的衡量，根据各种社会因素对法律规范的社会目的和社会效益进行解释。本题中，法官审判时考虑了当前社会老龄化的实际情况以及维护老年人合法权益这一社会的伦理与道德要求，属于客观目的解释，故 D 项正确。

考点六　法律解释

1. 在莎士比亚喜剧《威尼斯商人》中，安东尼与夏洛克订立契约，约定由夏洛克借款给安东尼，如不能按时还款，则夏洛克将在安东尼的胸口割取一磅肉。期限届至，安东尼无力还款，夏洛克遂要求严格履行契约。安东尼的未婚妻鲍西娅针锋相对地向夏洛克提出：可以割肉，但仅限一磅，不许相差分毫，也不许流一滴血，惟其如此方符合契约。关于该故事，下列说法正确的是：(2016－1－90)[1]

A. 夏洛克主张有约必践，体现了强烈的权利意识和契约精神

B. 夏洛克有约必践（即使契约是不合理的）的主张本质上可以看作是"恶法亦法"的观点

C. 鲍西娅对契约的解释运用了历史解释方法

D. 安东尼与夏洛克的约定遵循了人权原则而违背了平等原则

【解析】夏洛克有约必践的行为是对私人之间契约的履行，能够体现民法的权利意识和契约精神，因此 A 项正确。

夏洛克主张已经签订的契约，即使该契约是不合理的（违反正义的），也应得到遵守，可以看作是"恶法亦法"的观点，因此 B 项正确。

历史解释是指根据正在讨论的法律问题的历史事实对某个法律进行解释。本题属于文义解释，不属于历史解释，因此 C 项错误。

安东尼和夏洛克的约定遵循了平等原则，但违背了人权原则，因此 D 项错误。

2.《全国人民代表大会常务委员会关于〈中华人民共和国刑法〉第一百五十八条、第一百五十九条的解释》中规定："刑法第一百五十八条、第一百五十九条的规定，只适用于依法实行注册资本实缴登记制的公司。"关于该解释，下列哪一说法是正确的？(2016－1－13)[2]

A. 效力低于《刑法》

B. 全国人大常委会只能就《刑法》作法律解释

C. 对法律条文进行了限制解释

---

[1] AB　[2] C

D. 是学理解释

【解析】我国宪法规定了全国人大常委会享有法律解释权。这被称为立法解释，其效力等同于法律本身，因此 A 项错误。

立法解释的对象是法律，而非只是《刑法》，因此 B 项错误。

从内容来看，题干中的法律解释是对公司的限制，因而是文义解释中的限制解释，因此 C 项正确。

立法解释属于正式解释（有权解释），而不是非正式解释（无权解释、学理解释），因此 D 项错误。

3. 依《刑法》第 180 条第 4 款之规定，证券从业人员利用未公开信息从事相关交易活动，情节严重的，依照第 1 款的规定处罚；该条第 1 款规定了"情节严重"和"情节特别严重"两个量刑档次。在审理史某利用未公开信息交易一案时，法院认为，尽管第 4 款中只有"情节严重"的表述，但仍应将其理解为包含"情节严重"和"情节特别严重"两个量刑档次，并认为史某的行为属"情节特别严重"。其理由是《刑法》其他条款中仅有"情节严重"的规定时，相关司法解释仍规定按照"情节严重""情节特别严重"两档量刑。对此，下列哪些说法是正确的？（2017 – 1 – 60）[1]

A. 第 4 款中表达的是准用性规则

B. 法院运用了体系解释方法

C. 第 4 款的规定可以避免法条重复表述

D. 法院的解释将焦点集中在语言上，并未考虑解释的结果是否公正

【解析】法律规则分为确定性规则、委任性规则和准用性规则，第 4 款中"依照第 1 款的规定处罚"说明表达的是准用性规则，A 项正确。

法院在审理中，结合《刑法》的不同条款和相关司法解释的规定，说明运用了体系解释方法，因此 B 项正确。

准用性规则可以避免法条重复表述，因此 C 项正确。

法院对"情节严重"的解释不仅仅是将焦点集中在语言上，同时考虑了解释的结果是否公正，因此 D 项错误。

4. 《全国人民代表大会常务委员会关于〈中华人民共和国民法通则〉第九十九条第一款、〈中华人民共和国婚姻法〉第二十二条的解释》规定："公民依法享有姓名权。公民行使姓名权，还应当尊重社会公德，不得损害社会公共利益。"关于该解释，下列哪些选项是正确的？（2017 – 1 – 64）[2]

A. 我国《宪法》明确规定了姓名权，故该解释属于宪法解释

B. 与《民法通则》和《婚姻法》具有同等效力

C. 由全国人大常委会发布公告予以公布

D. 法院可在具体审判过程中针对个案对该解释进行解释

【解析】《民法通则》第 99 条第 1 款规定："公民享有姓名权，有权决定、使用和依照规定改变自己的姓名，禁止他人干涉、盗用、假冒。"而《宪法》第 38 条规定："中华人民共和国公民的人格尊严不受侵犯。禁止用任何方法对公民进行侮辱、诽谤和诬告陷害。"该条并未明确规定姓名权。本题全国人大常委会的解释属于法律解释，并非宪法解释，因此 A 项错误。

全国人大常委会解释法律属于立法解释，与法律具有同等效力，因此 B 项正确。

---

〔1〕 ABC 〔2〕 BCD

根据《立法法》第 52 条规定："法律解释草案表决稿由常务委员会全体组成人员的过半数通过，由常务委员会发布公告予以公布。"因此 C 项正确。

法院可在具体审判过程中针对个案对该解释进行解释，因此 D 项正确。

5. 《最高人民法院、最高人民检察院关于办理赌博刑事案件具体应用法律若干问题的解释》第 2 条规定："以营利为目的，在计算机网络上建立赌博网站，或者为赌博网站担任代理，接受投注的，属于刑法第三百零三条规定的'开设赌场'。"关于该解释，下列哪一说法是不正确的？（2014－1－14）[1]

A. 属于法定解释

B. 对刑法条文做了扩大解释

C. 应当自公布之日起 30 日内报全国人大常委会备案

D. 运用了历史解释方法

【解析】法律解释是指一定的人或组织对法律规定意义的说明与阐述。法律解释分为正式解释和非正式解释：正式解释也叫法定解释或有权解释，是指由特定的国家机关、官员或其他有解释权的人对法律作出的具有法律上普遍约束力的解释；非正式解释又称任意解释、学理解释，一般是由学者或者其他个人及组织对法律规定所作的不具有普遍约束力的解释。该解释是司法解释，属于法定解释。A 项正确。

法律解释根据解释尺度可以分为限制解释、扩大解释与字面解释三种：（1）限制解释是指在法律条文的字面含义显然比立法原意广时，作出比字面含义窄的解释；（2）扩大解释是指在法律条文的字面含义显然比立法原意窄时，作出比字面含义广的解释；（3）字面解释是指严格按照法律条文字面的通常含义解释法律，既不缩小，也不扩大。B 项正确。

《中华人民共和国各级人民代表大会常务委员会监督法》第 31 条规定："最高人民法院、最高人民检察院作出的属于审判、检察工作中具体应用法律的解释，应当自公布之日起三十日内报全国人民代表大会常务委员会备案。"C 项正确。

历史解释是指依据正在讨论的法律问题的历史事实对某个法律规定进行解释。本题并未运用历史解释方法，因此 D 项错误。

6. 张某出差途中突发疾病死亡，被市社会保障局认定为工伤。但张某所在单位认为依据《工伤保险条例》，只有"在工作时间和工作岗位突发疾病死亡"才属于工伤，遂诉至法院。法官认为，张某为完成单位分配任务，须经历从工作单位到达出差目的地这一过程，出差途中应视为工作时间和工作岗位，故构成工伤。关于此案，下列哪些说法是正确的？（2015－1－59）[2]

A. 解释法律时应首先运用文义解释方法

B. 法官对条文作了扩张解释

C. 对条文文义的扩张解释不应违背立法目的

D. 一般而言，只有在法律出现漏洞时才需要进行法律解释

【解析】文义解释是法律解释的首要解释方法。A 项正确。

文中将工作时间与工作岗位扩张解释为出差途中，属于一种扩张解释。B 项正确。

解释不应违背立法目的。C 项正确。

法律解释贯穿于法律适用的整个过程，并不是只在有漏洞时才进行解释。D 项错误。

---

[1] D　[2] ABC

7. 《最高人民法院关于适用〈中华人民共和国合同法〉若干问题的解释（二）》第 19 条规定："对于合同法第七十四条规定的'明显不合理的低价'，人民法院应当以交易当地一般经营者的判断，并参考交易当时交易地的物价部门指导价或者市场交易价，结合其他相关因素综合考虑予以确认。"关于该解释，下列哪些说法是正确的？（2015 - 1 - 60）[1]

A. 并非由某个个案裁判而引起

B. 仅关注语言问题而未涉及解释结果是否公正的问题

C. 具有法律约束力

D. 不需报全国人大常委会备案

【解析】B 选项的规定不仅仅关注了语言问题，对于解释结果也进行了关注。B 项错误。

"两高"司法解释要报全国人大常委会备案。D 项错误。

8. 最高人民法院、最高人民检察院联合公布了《关于执行〈中华人民共和国刑法〉确定罪名的补充规定（三）》，对适用刑法的部分罪名进行了补充或修改，取消了原来的"公司、企业人员受贿罪"罪名，修改为"非国家工作人员受贿罪"。对此，下列哪些选项是正确的？（2008 川 - 1 - 53）[2]

A. 该规定属于立法解释　　　　　　　B. 该规定没有正式的法的效力

C. 该规定的效力低于宪法　　　　　　D. 该规定属于正式解释

【解析】1981 年，全国人大常委会作出《关于加强法律解释工作的决议》，明确规定："凡关于法律、法令条文本身需要进一步明确界限或作补充规定的，由全国人民代表大会常务委员会进行解释或用法令加以规定。"《立法法》第 48 条规定："法律解释权属于全国人民代表大会常务委员会。"全国人大常委会对法律的解释被称为立法解释。最高人民法院、最高人民检察院对法律在司法工作中的具体应用所作的解释被称为司法解释。立法解释和司法解释都属于正式解释，都具有法律上的普遍约束力。A 项错误，B 项错误，D 项正确。

宪法具有最高的效力，司法解释的效力低于立法解释和法律，当然低于宪法。C 项正确。

9. 2004 年《全国人民代表大会常务委员会关于〈中华人民共和国刑法〉有关信用卡规定的解释》规定："刑法规定的'信用卡'，是指由商业银行或者其他金融机构发行的具有消费支付、信用贷款、转账结算、存取现金等全部功能或者部分功能的电子支付卡。"对此，下列哪些说法是正确的？（2009 - 1 - 51）[3]

A. 该解释是学理解释　　　　　　　　B. 该解释属于有权解释

C. 该解释和刑法本身具有同等效力　　D. 该解释所采用的是文理解释

【解析】该解释是由全国人大常委会作出的，是立法解释，属于有权解释，不属于学理解释。A 项错误，B 项正确。

《立法法》第 53 条规定："全国人民代表大会常务委员会的法律解释同法律具有同等效力。"C 项正确。

文理解释即文义解释，是指从法律条文的字面意义来说明法律规定的涵义。D 项正确。

10. 2005 年 8 月全国人大常委会对《妇女权益保障法》进行了修正，增加了"禁止对妇女实施性骚扰"的规定，但没有对"性骚扰"予以具体界定。2007 年 4 月，某省人大常委会通过《实施〈中华人民共和国妇女权益保障法〉办法》，规定"禁止以语言、文字、电子信息、肢体等形式对妇女实行骚扰"。关于该《办法》，下列哪一选项可以成立？（2007 - 1 - 5）[4]

A. 《办法》对构成"性骚扰"具体行为所作的界定，属于对《妇女权益保障法》的立法

解释

  B. 《办法》属于《妇女权益保障法》的下位法，按照法律高于法规的原则其效力较低

  C. 《办法》属于对《妇女权益保障法》的变通或补充规定

  D. 《办法》对"性骚扰"进行了体系解释

  【解析】在我国，立法解释权属于全国人大常委会。该《办法》由某省人大常委会制定，不属于立法解释。A项错误。

  《办法》是由某省人大常委会制定的，属于地方性法规，而《妇女权益保障法》是由全国人大常委会制定的，属于法律。因此，《办法》属于《妇女权益保障法》的下位法，按照法律高于法规的原则其效力较低。B项正确。

  《办法》将《妇女权益保障法》中的"禁止对妇女实施性骚扰"具体界定为"禁止以语言、文字、电子信息、肢体等形式对妇女实行骚扰"，属于对"性骚扰"进行的文义解释，不属于"变通或补充规定"。C项错误。

  体系解释也称系统解释，是指将被解释的法律条文放在整部法律中乃至整个法律体系中，联系此法条与其他法条的相互关系来解释法律。D项错误。

  【特别提示】

  1. 《立法法》第48条第2款规定："法律有以下情况之一的，由全国人民代表大会常务委员会解释：（一）法律的规定需要进一步明确具体含义的；（二）法律制定后出现新的情况，需要明确适用法律依据的。"

  2. 《立法法》第49条规定："国务院、中央军事委员会、国家监察委员会、最高人民法院、最高人民检察院、全国人民代表大会各专门委员会，可以向全国人民代表大会常务委员会提出法律解释要求或者提出相关法律案。省、自治区、直辖市的人民代表大会常务委员会可以向全国人民代表大会常务委员会提出法律解释要求。"

  3. 《立法法》有关"变通"的规定：（1）第85条第2款规定："自治条例和单行条例可以依照当地民族的特点，对法律和行政法规的规定作出变通规定，但不得违背法律或者行政法规的基本原则，不得对宪法和民族区域自治法的规定以及其他有关法律、行政法规专门就民族自治地方所作的规定作出变通规定。"（2）第101条规定："自治条例和单行条例依法对法律、行政法规、地方性法规作变通规定的，在本自治地方适用自治条例和单行条例的规定。经济特区法规根据授权对法律、行政法规、地方性法规作变通规定的，在本经济特区适用经济特区法规的规定。"

  11. 2003年7月，年过七旬的王某过世，之前立下一份"打油诗"遗嘱："本人已年过七旬，一旦病危莫抢救；人老病死本常事，古今无人寿长久；老伴子女莫悲愁，安乐停药助我休；不搞哀悼不奏乐，免得干扰邻和友；遗体器官若能用，解剖赠送我原求；病体器官无处要，育树肥花环境秀；我的一半财产权，交由老伴可拥有；上述遗愿能实现，我在地下乐悠悠。"对于王某遗嘱中"我的一半财产权"所涉及的住房，指的是"整个房子的一半"，还是"属于父亲份额的一半"，家人之间有不同的理解。儿子认为，父亲所述应理解为母亲应该继承属于父亲那部分房产的一半，而不是整个房产的一半。王某老伴坚持认为，这套房子是其与丈夫的共同财产，自己应拥有整个房产（包括属于丈夫的另一半房产）。关于该案，下列哪一说法是正确的？（2012-1-11）[1]

  A. 王某老伴与子女间的争议在于他们均享有正式的法律解释权

---

[1] C

B. 王某老伴与子女对遗嘱的理解属于主观目的解释

C. 王某遗嘱符合意思表示真实、合法的要求

D. 遗嘱中的"我的一半财产权"首先应当进行历史解释

【解析】王某老伴与子女对遗嘱的解释不具有正式的法律效力，因此他们的解释属于非正式解释。A项错误。

目的解释有两种：（1）立法者的目的解释，又称为主观目的解释，是指探求立法者事实上的意思，即立法者的看法、企图和价值观；（2）客观目的解释，这种学说认为法律解释的目标不是在于探求历史上立法者事实上的意思，法律从被颁布之日起，就有它自身的目的。法律解释的目标就是探求这个内在于法律的目标。王某儿子根据"父亲所述"解释遗嘱，意在探求王某的真实意图，进行的是主观目的解释。王某老伴认为自己"应"拥有整个房产，是脱离了立遗嘱者的意图，从"应当"这一法的客观目的出发进行的解释，属于客观目的解释。B项错误。

王某遗嘱符合意思表示真实、合法的要求。C项正确。

文义解释是首先考虑的解释方法，相对于其他解释方法具有优先性。D项错误。

12. 某商场促销活动时宣称："凡购买100元商品均送80元购物券。对因促销活动产生的纠纷，本商场有最终解释权。"刘女士在该商场购买了1000元商品，返回800元购物券。刘女士持券买鞋时，被告知鞋类商品2天前已退出促销活动，必须现金购买。刘女士遂找商场理论，协商未果便将商场告上法庭。关于本案，下列哪一认识是正确的？（2012－1－14）[1]

A. 从法律的角度看，"本商场有最终解释权"是一种学理解释权的宣称

B. 本案的争议表明，需要以公平正义去解释合同填补漏洞

C. 当事人对合同进行解释，等同于对合同享有法定的解释权

D. 商场的做法符合"权利和义务相一致"的原则

【解析】商场的解释不具有正式法律效力，因此属于学理解释。学理解释也就是无权解释，它不是一种专属的法定权力，因此不存在"学理解释权"这一概念。A项错误。

公平正义作为法律原则，以公平正义去解释合同，可以填补合同的漏洞。B项正确。

当事人对合同进行解释，属于学理解释，不是法定解释，因此不享有法定的解释权。C项错误。

商场的做法违背了诚信原则，逃避了自己的义务，不符合"权利义务相一致"原则。D项错误。

13. 李某在某餐馆就餐时，被邻桌互殴的陌生人误伤。李某认为，依据《消费者权益保护法》第7条第1款中"消费者在购买、使用商品和接受服务时享有人身、财产安全不受损害的权利"的规定，餐馆应负赔偿责任，据此起诉。法官结合该法第7条第2款中"消费者有权要求经营者提供的商品和服务，符合保障人身、财产安全的要求"的规定来解释第7条第1款，认为餐馆对商品和服务之外的因素导致伤害不应承担责任，遂判决李某败诉。对此，下列哪一说法是不正确的？（2013－1－13）[2]

A. 李某的解释为非正式解释

B. 李某运用的是文义解释方法

C. 法官运用的是体系解释方法

D. 就不同解释方法之间的优先性而言，存在固定的位阶关系

---

[1] B 〔2〕 D

【解析】通常情况下，法律解释一般按下列位阶进行：文义解释→体系解释→立法者意图或目的解释→历史解释→比较解释→客观目的解释。但这种位阶关系并非不能改变，个别解释方法的重要性如何还取决于其将造成的结果。在出现更强的理由的情况下，经过充分的论证，上述位阶关系可以推翻。D项错误。

14. 法律解释是法律适用中的必经环节。关于法律解释及其方法，下列哪一说法是错误的？（2010－1－10）[1]

A. "欲寻词句义，应观上下文"，描述的是体系解释方法

B. 文义解释是首先考虑的解释方法，相对于其他解释方法具有优先性

C. 历史解释的对象主要是法律问题中的历史事实，与特定解决方案中的法律后果无关

D. 客观目的解释中，一些法伦理性的原则可以作为解释的根据

【解析】不同的法律解释方法会造成不同的法律后果，或者说，法律解释方法和法律后果直接相关。因此，历史解释与特定解决方案中的法律后果直接有关。C项错误。

15. 我国某省人大常委会制定了该省的《食品卫生条例》，关于该地方性法规，下列哪一选项是不正确的？（2010－1－8）[2]

A. 该法规所规定的内容主要属于行政法部门

B. 该法规属于我国法律的正式渊源，法院审理相关案件时可直接适用

C. 该法规的具体应用问题，应由该省人大常委会进行解释

D. 该法规虽仅在该省范围适用，但从效力上看具有普遍性

【解析】1981年，全国人大常委会作出的《关于加强法律解释工作的决议》规定："凡属于地方性法规条文本身需要进一步明确界限或作补充规定的，由制定法规的省、自治区、直辖市人民代表大会常务委员会进行解释或作出规定。凡属于地方性法规如何具体应用的问题，由省、自治区、直辖市人民政府主管部门进行解释。"因此，该地方性法规的具体应用问题，应由该省政府卫生主管部门进行解释。C项错误。

16. 在一起案件中，主审法官认为，生产假化肥案件中的"假化肥"不属于《刑法》第140条规定的"生产者、销售者在产品中掺杂、掺假，以假充真，以次充好或者以不合格产品冒充合格产品"中的"产品"范畴，因为《刑法》第147条对"生产假农药、假兽药、假化肥"有专门规定。关于该案，法官采用的法律解释方法属于下列哪一种？（2008－1－6）[3]

A. 比较解释   B. 历史解释

C. 体系解释   D. 目的解释

【解析】比较解释是指根据外国的立法例和判例学说对某个法律规定进行解释。本案中，主审法官将"假化肥"放在整个刑法的体系中进行解释，属于体系解释。C项正确。

17. 2007年，张某请风水先生选了块墓地安葬亡父，下葬时却挖到十年前安葬的刘某父亲的棺木，张某将该棺木锯下一角，紧贴着安葬了自己父亲。后刘某发觉，以故意损害他人财物为由起诉张某，要求赔偿损失以及精神损害赔偿。对于此案，合议庭意见不一。法官甲认为，下葬棺木不属于民法上的物，本案不存在精神损害。法官乙认为，张某不仅要承担损毁他人财物的侵权责任，还要因其行为违背公序良俗而向刘某支付精神损害赔偿金。对此，下列哪些说法是正确的？（2010－1－53）[4]

A. 下葬棺木是否属于民法上的物，可以通过"解释学循环"进行判断

B. "入土为安，死者不受打扰"是中国大部分地区的传统，在一定程度上可以成为法律

推理的前提之一

C. "公序良俗"属伦理范畴，非法律规范，故法官乙推理不成立

D. 当地群众对该事件的一般看法，可成为判断刘某是否受到精神损害的因素之一

【解析】法律解释受解释学循环的制约，解释学循环理论是解释学中的一个中心问题，循环规律要求法律人在解释某个法律规范时，必须将该法律规范置于其上下文、整部法律、该国的整个法律体系的脉络中进行理解和解释，否则就不能正确地揭示某个法律规范的意义。本题在解释下葬棺木是否属于民法上的物，势必要受"解释学循环"规律的约束。A 项正确。

"入土为安，死者不受打扰"是中国大部分地区的传统，属于社会习惯，是法的非正式渊源，一定程度上可以成为法律推理的大前提。B 项正确。

"公序良俗"原则在《民法典》中有明确的规定，属于法律规范。C 项错误。

精神损害的评判标准是确定刘某是否受到精神损害的关键因素。一般来讲，法学上采取"第三人标准"，即以普通正常人的标准判断精神利益的损害是否达到"严重程度"，不以当事人的主观感受为准。D 项正确。

18. 《刑法》第 263 条规定，持枪抢劫是抢劫罪的加重理由，应处 10 年以上有期徒刑、无期徒刑或者死刑。冯某抢劫了某出租车司机的钱财。法院在审理过程中确认，冯某抢劫时使用的是仿真手枪，因此，法官在对冯某如何量刑上发生了争议。法官甲认为，持仿真手枪抢劫系本条款规定的持枪抢劫，而且立法者的立法意图也应是这样。因为如果立法者在制定法律时不将仿真手枪包括在枪之内，就会在该条款作出例外规定。法官乙认为，持仿真手枪抢劫不是本条款规定的持枪抢劫，而且立法者的意图并不是法律本身的目的；刑法之所以将持枪抢劫规定为抢劫罪的加重事由，是因为这种抢劫可能造成他人伤亡因而其危害性大，而持仿真手枪抢劫不可能造成他人伤亡，因而其危害性并不大。对此，下列哪些说法是正确的？(2006 - 1 - 56)[1]

A. 法官甲对《刑法》第 263 条规定的解释是一种体系解释

B. 法官乙对《刑法》第 263 条规定的解释是一种目的解释

C. 法官对仿真手枪是不是枪的判断是一种纯粹的事实判断

D. 法官的争议说明：法律条文中所规定的"词"的意义具有一定的开放性，需要根据案件事实通过"解释学循环"来确定其意义

【解析】法官甲根据"立法者的立法意图"进行解释，属于立法者主观目的解释。A 项错误。

法官乙认为"立法者的意图并不是法律本身的目的"，根据"危害性"这一"法律本身的目的"进行解释，属于客观目的解释。B 项正确。

法律解释属于价值判断，不是事实判断。C 项错误。

法律解释受解释学循环的制约。D 项正确。

19. 下列关于法律漏洞的说法哪些是正确的？[2]

A. 根据法律对于某个事项是否完全没有规定，法律漏洞可以分为明显漏洞和隐藏漏洞

B. 根据法律漏洞的表现形态，可以将法律漏洞分为完全漏洞和部分漏洞

C. 根据法律漏洞产生的时间，可以将法律漏洞分为自始漏洞和嗣后漏洞

D. 填补法律漏洞的方法是目的扩张论

【解析】对于法律漏洞，可以从不同的角度进行分类，根据法律对于某个事项是否完全没有规定，法律漏洞可以分为完全漏洞和部分漏洞，因此 A 错误。根据漏洞的表现形态，可以将

法律漏洞分为明显漏洞和隐藏漏洞，因此 B 错误。根据法律漏洞产生的时间，可以将法律漏洞分为自始漏洞和嗣后漏洞，C 正确。填补明显漏洞和隐藏漏洞的方法分别是目的扩张论和目的限缩论，D 错误。

20. 古有一辩士持白马非马之说，一日进城门卫说："马过城门须纳税。"辩士称白马非马，不纳税。门卫不为所动，最终辩士纳了税。对此，下列说法正确的是？（2019年回忆版）[1]

　　A. 双方讨论的是法律问题而不是事实问题

　　B. 门卫执法的强制性来源于国家权力

　　C. 马过城门须纳税可以直接适用不需要解释

　　D. 双方的分歧是白马是不是马

　　【解析】"马过城门须纳税"，只要是这一法律规定中的"马"就需要纳税，双方讨论的是白马是否属于这一法律规定中的马，是法律问题，故 A 项正确。

　　门卫代表国家公权力，其执法具有强制性，这种强制性来源于国家权力，故 B 项正确。

　　法律解释是法律适用中必不可少的一个环节，抽象的法律规定适用于具体个案时离不开对抽象规定的解释，故 C 项错误。

　　双方的分歧在于白马属不属于本法律规定中的"马"，故 D 项正确。

21. 法谚有云："法官是会说话的法律"，关于此法律谚语的理解，下列选项正确的是？（2020年回忆版）[2]

　　A. 法律不经法官，则无从解释　　　　　B. 法律不经解释，则不可适用

　　C. 法律不经裁判，不产生义务　　　　　D. 法律不经适用，不具效力

　　【解析】法官并非法律解释的唯一主体，特定的国家机关可以作出正式解释，社会公众和包括法官在内的法律人也可以对法律作出非正式解释。故 A 项错误。法律在现实的司法审判中，只有经过法官的解释才能够真正作用于案件裁判，产生直接影响当事人具体权利义务关系的司法判决。故 B 项正确。立法活动可以直接设定人们的法律义务，执法行为也可以在现实的社会生活中通过行政处罚等方式对行政相对人产生具体的义务。故 C 项错误。现代社会中，法律的效力有无和高低取决于其制定主体本身的权威性，司法审判只是对有效法律规范的具体适用而已，并不是使得法律有效的原因。故 D 项错误。

22. 张某为其轿车购买保险，合同约定保险公司应赔偿该车因火灾发生的损失。后该车发生自燃，保险公司以"自燃"并非"火灾"为由拒赔，张某诉至法院。法院认为，在日常用语中，"自燃"是"火灾"的一种类型，但该保险合同的免责条款明确了"自燃"概念，故该合同中的"自燃"并非"火灾"之义。对此，下列哪些说法是正确的？（2021年回忆版）[3]

　　A. 法院对"火灾"和"自燃"两个概念进行了比较解释

　　B. 法院对"火灾"概念进行了体系解释

　　C. 法院对"自燃"概念进行了文义解释

　　D. 法院采用了解释方法适用模式中的冲突模式

　　【解析】比较解释是指根据外国的立法判例和判例学说对某个法律规定进行解释。本案中法院对"火灾"和"自燃"的解释并非运用比较解释方法。故 A 项错误。体系解释是将被解释的法律条文放在整部法律乃至整个法律体系中，联系此法条与其他法条的相互关系来解释法律。本案中，法院对"自燃"的解释，联系了日常用语中"自燃"的概念，以及该保险合同的免责条款中"自燃"的概念，明确了该合同中的"自燃"并非"火灾"之义，故 B 项正确。

---

[1] ABD　[2] B　[3] BCD

文义解释是指按照日常的、一般的或法律的语言使用方式描述制定法的某个条款的内容。本案中，法院认为，在日常用语中，"自燃"是"火灾"的一种类型，这属于文义解释。故 C 项正确。法律解释方法适用模式中的冲突模式是法律人针对特定案件事实，同时适用两种以上的法律解释方法，对特定法律文本或法的渊源进行解释而得到至少两个相互对立、冲突的解释结果，而且这些解释结果证成了不同的法律决定。此模式运用的关键和根本之处不在于法官或法律适用者运用不同的相互独立的法律解释方法证成不同的法律解释结果，而在于证成哪一个法律解释结果具有优先性，即解决冲突问题。就本案而言，法院认为，在日常用语中，"自燃"是"火灾"的一种类型，但该保险合同的免责条款明确了"自燃"概念，故该合同中的"自燃"并非"火灾"之义，法院就"自燃"概念判定哪种解释具有优先性，解决冲突问题，故 D 项正确。

23. "无论如何审慎从事的法律，其仍然不能对所有——属于该法律规整范围，并且需要调整的——事件提供答案，换言之，法律必然'有漏洞'"。关于法律漏洞及其填补方法，下列说法正确的是?[1]

A. 法律必然有漏洞，这是法律局限性的表现

B. 法律调整社会生活的广度和深度都是有限的，这是造成法律漏洞的主要原因

C. 《工伤保险条例》规定在工作时间和工作岗位突发疾病死亡属于工伤，对于张某在出差途中死亡是否属于工伤的问题，法官认为受单位派遣出差途中，也应属于工作时间和工作岗位，所以把出差途中包括在工作时间和工作岗位之中。该认定过程属于目的论扩张

D. 某法律规定四条腿的动物致损害主人应负法律责任，有人养的鸵鸟致人伤害，对于鸵鸟的主人应不应该负法律责任的问题，法官认为基于立法目的，鸵鸟主人也应该负法律责任。该认定过程属于扩大解释

【解析】法律必然有漏洞，这是法律局限性的表现，故 A 项正确。法律调整社会生活的广度和深度都是有限的，因此存在"法外空间"，但"法外空间"不同于法律漏洞，因此 B 项错误。目的论扩张是填补明显漏洞的方法，是指法律规范的文义未能涵盖某类案件，但是依据立法的目的，该规范应该包含此类情形，因而扩张该规范的范围，将其包含进来。目的论扩张和扩大解释的区别在于是否超越了文义的"射程范围"，如果没有超越文义的射程范围，解释后的含义尚在文义的射程范围之内，则为扩大解释；反之则为目的论扩张。关于 C 项中的受单位派遣出差途中，也应属于工作时间和工作岗位，所以把出差途中包括在工作时间和工作岗位之中，尚在文义的射程范围之内，属于扩大解释，而不是目的论扩张，故 C 项错误。对于 D 项内容，此时把鸵鸟包含在四足动物之内就是进行了目的论的扩张而不是扩大解释，因为无论如何扩大，鸵鸟不可能是四足动物，故 D 项错误。

24. 评估一个论题是否被证立或一个论证是否成立的两条标准为：前提真实和推理正确，即一切论证成立或任何论题被证立不但取决于从前提或理由推导出结论的必然性或合理性，而且取决于论证所依据的前提或理由本身的真实性或正确性。关于法律适用过程中的证成，下列说法不正确的是?[2]

A. 外部证成通过内部证成的方式进行

B. 内部证成可以保证法律推理前提的真实性

C. 法的证成和法的发现密切关联，它们是两个先后各自独立发生的过程

D. 相对而言，大陆法系偏重内部证成，而英美法系偏重外部证成

---

[1] A [2] BCD

【**解析**】外部证成是通过三段论的推理方式，即内部证成的方式进行，故 A 项正确。法律证成分为内部证成和外部证成，法律决定必须按照一定的推理规则从相关前提中逻辑地推导出来，属于内部证成，对法律决定所依赖的前提本身合理性的证成属于外部证成，故 B 项错误。法的证成和法的发现密切关联，虽然它们是两种不同性质的过程，但是它们并不是两个先后各自独立发生的过程，而是同一个过程的不同层面，故 C 项错误。内部证成和外部证成共同保证法律决定的合理性，两者在法的适用中都是不可或缺的，同等重要，故 D 项错误。

专题三　法的发展

考点一　法系

1. 《摩奴法典》是古印度的法典，《法典》第 5 卷第 158 条规定："妇女要终生耐心、忍让、热心善业、贞操，淡泊如学生，遵守关于妇女从一而终的卓越规定。"第 164 条规定："不忠于丈夫的妇女生前遭诟辱，死后投生在豺狼腹内，或为象皮病和肺痨所苦。"第 8 卷第 417 条规定："婆罗门贫困时，可完全问心无愧地将其奴隶首陀罗的财据为己有，而国王不应加以处罚。"第 11 卷第 81 条规定："坚持苦行，纯洁如学生，凝神静思，凡 12 年，可以偿赎杀害一个婆罗门的罪恶。"结合材料，判断下列哪一说法是错误的？（2009 - 1 - 8）[1]

A. 《摩奴法典》的规定表明，人类早期的法律和道德、宗教等其他规范是浑然一体的

B. 《摩奴法典》规定苦修可以免于处罚，说明《法典》缺乏强制性

C. 《摩奴法典》公开维护人和人之间的不平等

D. 《摩奴法典》带有浓厚的神秘色彩，与现代法律精神不相符合

【解析】原始社会的习惯法融道德、宗教等社会规范于一体，国家产生之初的习惯法与宗教规范、道德规范等没有明显的界限，三者相互渗透、浑然一体。《摩奴法典》第 5 卷第 158 条的内容正是体现了这一点。A 项正确。

任何社会规范都具有一定的强制性，《摩奴法典》规定苦修可以免除处罚，是法律规定的一种免责情形，并不能因此而说该《法典》缺乏强制性。B 项错误。

《法典》第 8 卷第 417 条规定的婆罗门贫困时的做法明显是人和人之间不平等的规定。C 项正确。

该《法典》第 5 卷第 164 条的规定很显然是具有浓厚的神秘色彩的，与现代法律精神不相符合。D 项正确。

2. "在中国法的发展历史上，追求'民族化'显然是一个主线，形成了'尚古主义'取向的具有保守性格的中华法系。只是到了清末出现一批主张借鉴西方法律制度的学者和政治家如沈家本之后，法的民族化受到部分冲击。西方近代以后两大法系基本形成，两大法系的发达程度之高已被国际公认，其原因不得不归结为法的民族化与国际化的协调一致。"基于这段引文，下列表述正确的是：（2008 延 - 1 - 91）[2]

A. 无论中华法系还是西方的两大法系都包含各自的法律文化

B. 中华法系具有保守性格，追求"民族化"，与其他法系的文化之间没有形成交流与融

---

〔1〕　B　〔2〕　AD

C. 西方的两大法系在历史发展的过程中逐渐实现了与国际化的协调一致，但与中华法系相比，却又失去了"民族化"特色

D. 沈家本是倾向于法律移植的法学家

【解析】法系划分的主要理论依据是法的传统。各个法系都有各自独特的法律文化和传统。A项正确。

无论是哪个法系，它们之间可以通过法的移植来进行交流与融合。B项错误。

该段引文只是讲民族化受到了冲击，但并没有说失去了民族化的特色。C项错误。

沈家本主张借鉴西方法律制度，说明其观点中包含法律移植的意思。D项正确。

3. 法系是法学上的一个重要概念。关于法系，下列哪些选项是正确的？（2008 - 1 - 55）[1]

A. 法系是一个比较法学上的概念，是根据法的历史传统和外部特征的不同对法所作的分类

B. 历史上曾经存在很多个法系，但大多都已经消亡，目前世界上仅存的法系只有民法法系和普通法系

C. 民法法系有编纂成文法典的传统，因此，有成文法典的国家都属于民法法系

D. 法律移植是一国对外国法的借鉴、吸收和摄取，因此，法律移植是法系形成和发展的重要途径

【解析】法系是一个比较法学上的概念，具体是指根据法的历史传统和外部特征的不同对法所作的分类。据此分类，凡属于同一传统的法律就构成一个法系。A项正确。

在历史上，世界各主要地区曾经存在过许多法系，诸如印度法系、中华法系、伊斯兰法系、民法法系和普通法系等等。当今世界上最有影响力的是民法法系和普通法系。然而这并不是说当今世界上仅存在民法法系和普通法系。B项错误。

并非有成文法典的国家都属于民法法系，一个很典型的例子就是美国有成文的宪法典，但其属于普通法系，不属于民法法系。C项错误。

法的移植是指在鉴别、认同、调适、整合的基础上，引进、吸收、采纳、摄取、同化外国法，使之成为本国法律体系的有机组成部分，为本国所用。法系是指根据法的历史传统和外部特征的不同对法所作的分类。所以，法的移植是形成和发展法系的重要途径。D项正确。

4. 下列关于两大法系的说法中，错误的是？（2018年回忆版）[2]

A. 普通法法系又称英美法系，英国法系，海洋法系或判例法系

B. 民法法系内部有法国法系和德国法系两大分支，前者凸显个人本位，后者强调社会利益

C. 大陆法系的基本法律分类是公法与私法，海洋法系的基本法律分类是普通法与衡平法

D. 罗马法系的正式法律渊源为制定法，英美法系的正式法律渊源是普通法与衡平法

【解析】A项、B项、C项都是正确的。D选项：在法律渊源上，大陆法系的正式法律渊源只有一种表现方式，即以成文法典为代表的制定法。但英美法系的正式法律渊源则较为复杂，不仅包括由普通法和衡平法组成的判例法，还包括由议会制定的成文法（制定法），因此D项错误。

---

〔1〕 AD 〔2〕 D

考点二　法的发展

1. 有学者这样解释法的产生：最初的纠纷解决方式可能是双方找到一位共同信赖的长者，向他讲述事情的原委并由他作出裁决；但是当纠纷多到需要占用一百位长者的全部时间时，一种制度化的纠纷解决机制就成为必要了，这就是最初的法律。对此，下列哪一说法是正确的？（2017 - 1 - 13）[1]

A. 反映了社会调整从个别调整到规范性调整的规律

B. 说明法律始终是社会调整的首要工具

C. 看到了经济因素和政治因素在法产生过程中的作用

D. 强调了法律与其他社会规范的区别

【解析】本题题干反映了社会调整从个别调整到规范性调整的规律，A 项正确。法律的作用是有局限性的，有时法律并非是社会调整的首要工具和最佳手段，因此 B 项错误。本题题干中并未体现"看到了经济因素和政治因素在法产生过程中的作用"，以及"强调了法律与其他社会规范的区别"，因此 C、D 项不当选。

2. 关于法的现代化，下列哪一说法是正确的？（2017 - 1 - 14）[2]

A. 内发型法的现代化具有依附性，带有明显的工具色彩

B. 外源型法的现代化是在西方文明的特定历史背景中孕育、发展起来的

C. 外源型法的现代化具有被动性，外来因素是最初的推动力

D. 中国法的现代化的启动形式是司法主导型

【解析】外源型法的现代化具有依附性，带有明显的工具色彩，因此 A 项错误。内发型法的现代化是在西方文明的特定历史背景中孕育、发展起来的，因此 B 项错误。外源型法的现代化具有被动性，外来因素是最初的推动力，C 项正确。中国法的现代化的启动形式是立法主导型，因此 D 项错误。

3. 关于法律发展、法律传统、法律现代化，下列哪些选项可以成立？（2007 - 1 - 56）[3]

A. 中国法律的现代化的启动形式是立法主导型

B. 进入 20 世纪以后，各国、各民族法律的特殊性逐渐受到普遍关注，民族历史传统可能构成现实法律制度的组成部分

C. 在当今经济全球化的背景下，对各国法律进行法系划分已失去了意义

D. 法的继承体现时间上的先后关系，法的移植反映一个国家对同时代其他国家法律制度的吸收和借鉴

【解析】中国法的现代化属于外源型法的现代化，其启动形式是立法主导型。从清末修律开始，中国法的现代化一直是立法主导型，即通过大规模的、有明确针对性的立法，自上而下地建立全新的法律体制。A 项正确。

进入 20 世纪以后，各国、各民族法律的特殊性逐渐受到普遍关注，因此，民族历史传统可能构成现实法律制度的组成部分。B 项正确。

法系划分的理论依据主要是法的传统。许多国家的法律在法律技术、法律术语、法律结构、法律观念、法律方法及相应的文化背景方面是相同的或相似的。这样一来，世界各国的法

---

[1]　A　〔2〕　C　〔3〕　ABD

律就能够分成数目有限的不同类别，进而就可以对它们加以比较，促进法律领域的交流。在当今经济全球化的背景下，对各国的法律进行法系划分并没有失去意义。C 项错误。

法的继承是不同历史类型的法律制度之间的延续和继受，一般表现为旧法对新法的影响。这就是体现时间上的先后关系。法的移植是指在鉴别、认同、调适、整合的基础上，引进、吸收、采纳、摄取、同化外国法，使之成为本国法律体系的有机组成部分，为本国所用。它反映了一个国家对同时代其他国家法律制度的吸收和借鉴。D 项正确。

4. "法的继承体现时间上的先后关系，法的移植则反映一个国家对同时代其他国家法律制度的吸收和借鉴，法的移植的范围除了外国的法律外，还包括国际法律和惯例。"据此，下列哪些说法是正确的？（2009 - 1 - 52）[1]

A. 1804 年《法国民法典》是对罗马法制度、原则的继承

B. 国内法不可以继承国际法

C. 法的移植不反映时间关系，仅体现空间关系

D. 法的移植的范围除了制定法，还包括习惯法

【解析】 法的继承是不同历史类型的法律制度之间的延续和继受，一般表现为旧法对新法的影响和新法对旧法的承继和继受。法的历史类型分为四种：奴隶制法、封建制法、资本主义法和社会主义法。1804 年《法国民法典》是资本主义法，罗马法是奴隶制法，两者属于不同历史类型的法，因此 1804 年《法国民法典》可以继承罗马法制度、原则。A 项正确。

根据题干"法的移植的范围除了外国的法律外，还包括国际法律和惯例"，因此国内法可以移植国际法律和习惯法，但国内法不可以继承国际法。B 项正确，D 项正确。

根据题干"法的移植则反映一个国家对同时代其他国家法律制度的吸收和借鉴"，此处的"同时代"反映时间关系，"其他国家"反映空间关系。C 项错误。

5. 关于法的移植与法的继承，下列说法正确的是？（2018 年回忆版）[2]

A. 法的移植的对象是外国的法律，国际法和国际惯例不属于移植对象

B. 与法律继承不同，法律移植的主要原因是社会发展和法的发展的不平衡性

C. 当前我国对美国诉讼法的吸收不属于法律移植

D. 法律继承的对象，必须局限于本民族的古代的法律

【解析】 法的移植的范围除了外国的法律外，还包括国际法律和惯例，故 A 项错误。

社会发展和法的发展的不平衡性决定了法的移植的必然性，比较落后的国家为促进社会的发展，有必要移植先进国家的某些法律，故 B 项正确。

我国对美国诉讼法的借鉴吸收属于法律移植，故 C 项错误。

法的继承是不同历史类型的法律制度之间的延续和继受，一般表现为旧法对新法的影响和新法对旧法的承接和继受。法律继承不限于本民族古代法的范围，故 D 项错误。

6. 2018 年 1 月 1 日起，修订后的《反不正当竞争法》开始施行，该法规定将严惩商业贿赂、虚假广告、侵犯商业秘密等七类不正当竞争行为。对于该法的相关问题，以下表述不正确的有？（2018 年回忆版）[3]

A. 《反不正当竞争法》的立法例最早出自美国，说明法的发展可以突破资本主义、社会主义，英美法系、社会主义法系等篱笆，从法律技术层面实现法的移植

B. 在法治社会，在各个社会关系和社会生活领域，法都是主要的调整方法

C. 该法案通过后，应由全国人大常委会委员长签署予以公布

———————————

[1] ABD [2] B [3] BCD

D. 我国市场经济的发展客观上需要《反不正当竞争法》的出台，这个事实说明，经济才是法律产生和发展的唯一条件

【解析】 法的移植是指对同时期外国法的借鉴和吸收，A正确。法的作用具有局限性，在某些社会关系和社会生活领域，法并不是主要的调整方法，B错误。法律由全国人大常委会通过后，应由国家主席签署主席令予以公布，C错误。经济才是法律产生和发展的重要条件，但是经济之外法律还受其他社会因素的影响，D错误。

【特别提示】

1. 法由法律规范组成，法律规则和法律原则组成法律规范，法律规范组成法律部门，法律部门组成法律体系，法律体系组成法系。

2. 法律体系是一国现行国内法所构成的体系，不包括本国历史上已经宣布废止的法律，也不包括尚未制定或者虽然制定颁布、但还尚未生效的法律。因此，《城市流浪乞讨人员收容遣送办法》不属于中国特色社会主义法律体系，因为该法已经被废止；《行政法》同样不属于中国特色社会主义法律体系，因为上述法典尚未制定、生效。

3. 法律体系不同于法系：法律体系是一国国内法的整体；法系是不同国家或地区法的整体。

4. 法的继承不同于法的移植：法的继承对象是不同历史类型的法；法的移植对象是同时期的外国法或国际法。

7. "现代化"既是一场人类历史迄今为止最剧烈、最深远并且无可避免的社会变革，也是一场持续高速地自我限定与拓展的远未完结的社会运动。在法律领域，关于我国法的现代化，下列说法错误的是？[1]

A. 清末修律体现了我国法的现代化属于外源型

B. 《钦定宪法大纲》的制定表明我国近代继承了西方法律制度

C. 法的现代化意味着法律和道德在内容上完全分离

D. 法系的形成使得法律体系失去了存在的基础

【解析】 清末修律是统治阶级为了应付国内外矛盾而为的被动措施，体现了我国法的现代化是外源型的现代化，故A项正确。《钦定宪法大纲》反映了人权、平等等一些西方法律价值观念，属于法的移植而非法的继承，故B项错误。法律和道德在内容上是有联系的，不可能完全分离，故C项错误。法律体系和法系是两个不同的概念，法系的形成不会使得法律体系失去存在的基础，故D项错误。

8. 法谚云：语言是法律精神的体现。对此，下列说法正确的是？（2021年回忆版）[2]

A. 若语言可被翻译，则法律必然可被移植

B. 语言描述法理，法理形成规范

C. 若语言有歧义，法律无效力

D. 语言相同，则法律必然相同

【解析】 法律移植具有必然性和必要性，如果不同国家的语言可以互相翻译，就为法律移植提供充分条件，因此若语言可被翻译，则法律必然可被移植。故A项正确。法理需要语言进行描述，正因为语言的描述，法理得以成规范。故B项正确。语言具有开放性，因此语言必会产生歧义，但并不意味着导致法律失去效力。法的效力与语言是否有歧义并无必然关系，故C项错误。语言相同，法律不一定相同，比如英国的法律和美国的法律就存在差异。法律的制定

---

[1] BCD　[2] AB

与多种因素相关，是以一定客观经济关系为基础的主观意志活动，并且受社会其他因素的影响。故 D 项错误。

考点三　法治国家

1. "近现代法治的实质和精义在于控权，即对权力在形式和实质上的合法性的强调，包括权力制约权力、权利制约权力和法律的制约。法律的制约是一种权限、程序和责任的制约。"关于这段话的理解，下列哪些选项是正确的？（2013 - 1 - 51）[1]

A. 法律既可以强化权力，也可以弱化权力

B. 近现代法治只控制公权，而不限制私权

C. 在法治国家，权力若不加限制，将失去在形式和实质上的合法性

D. 从法理学角度看，权力制约权力、权利制约权力实际上也应当是在法律范围内的制约和法律程序上的制约

【解析】法律有其工具性的一面，可以强化权力的统治甚至是暴力统治；也可以实现相互制衡，弱化权力。A 项正确。

近代法治理论不仅仅认识到了公权力对个人权利的侵害而控制公权力，也意识到私人权利的滥用会带来的危害后果，因而规定了对私权利的限制，如对所有权的限制。B 项错误。

"一切拥有权力的人都容易滥用权力，这是万古不移的一条经验，拥有权力的人们使用权力一直到遇有界限的地方才休止。"法国思想家孟德斯鸠对权力扩张性的阐释不仅适用于人治和德治的国家，同样适用于法治国家。权力——无论是公权力还是私权利的无限扩张最后都会损害到别人，进而危及权力自身的合法性。法治国家不过是用权力制约权力、权利制约权力的方式限制了权力的无限扩张而已。而在制约的过程中法律和法律程序无疑是最有效的手段。C 项、D 项正确。

2. 卡尔·马克思说："法官是法律世界的国王，法官除了法律没有别的上司。"对于这句话，下列哪一理解是正确的？（2015 - 1 - 14）[2]

A. 法官的法律世界与其他社会领域（政治、经济、文化等）没有关系

B. 法官的裁判权不受制约

C. 法官是法律世界的国王，但必须是法律的奴仆

D. 在法律世界中（包括在立法领域），法官永远是其他一切法律主体（或机构）的上司

【解析】本题比较简单，法官的世界必然与其他社会领域相联系。A 项错误。

法官的裁判最主要受法律的约束。B 项错误。

D 选项表述明显错误。

---

[1] ACD　[2] C

专题四　法与社会

考点一　法与道德

1. 相传，清朝大学士张英的族人与邻人争宅基，两家因之成讼。族人驰书求助，张英却回诗一首："一纸书来只为墙，让他三尺又何妨？万里长城今犹在，不见当年秦始皇。"族人大惭，遂后移宅基三尺。邻人见状亦将宅基后移三尺，两家重归于好。根据上述故事，关于依法治国和以德治国的关系，下列哪一理解是正确的？(2016-1-2)[1]

A. 在法治国家，道德通过内在信念影响外部行为，法律的有效实施总是依赖于道德

B. 以德治国应大力弘扬"和为贵、忍为高"的传统美德，不应借诉讼对利益斤斤计较

C. 道德能够令人知廉耻、懂礼让、有底线，良好的道德氛围是依法治国的重要基础

D. 通过立法将"礼让为先""勤俭节约""见义勇为"等道德义务全部转化为法律义务，有助于发挥道德在依法治国中的作用

【解析】材料中"三尺巷"的故事表明道德对法律的影响，特别是道德在功能上对法律的影响作用。一般而言，古代更多强调道德在社会控制中的首要和主要地位，对法律的强调也更多在其惩治功能上，强调"德主刑辅"。近现代后法学家们一般都倾向于强调法律调整的突出作用，依法治国成为普遍的政治主张，在强调依法治国的基础上明确法律调整与道德调整各自优势且形成互补。因而A、B项错误，C项正确。同时，强调依法治国并不意味着以法律完全取代道德，法律的作用有其局限性，因此D项错误。

2. 王某参加战友金某婚礼期间，自愿帮忙接待客人。婚礼后王某返程途中遭遇车祸，住院治疗花去费用1万元。王某认为，参加婚礼并帮忙接待客人属帮工行为，遂将金某诉至法院要求赔偿损失。法院认为，王某行为属由道德规范的情谊行为，不在法律调整范围内。关于该案，下列哪一说法是正确的？(2016-1-14)[2]

A. 在法治社会中，法律可以调整所有社会关系

B. 法官审案应区分法与道德问题，但可进行价值判断

C. 道德规范在任何情况下均不能作为司法裁判的理由

D. 一般而言，道德规范具有国家强制性

【解析】本题关注法与道德的区别。法与道德，虽然存在着密切的联系，但调整范围、调整手段以及强制方式等诸多方面存在着巨大的差异，法律调整社会关系的范围是有限的，法律并不能调整所有的社会关系，因此A项错误。

---

[1]　C　[2]　B

法官审案应区分法与道德问题，但法官可基于自己的情感、立场、价值观念和利益需求进行价值判断，因此 B 项正确。

非正式法律渊源能够弥补正式法律渊源的漏洞和不足，在缺乏法律明文规定的情况下，政策、道德、习惯等能作为非正式的法律渊源，能够成为法律适用的大前提，作为行为的正当性依据，因此 C 项错误。

道德在本质上是良心和信念的自由，道德主要凭靠内在的良知认同或责难，即便是舆论压力和谴责也只能在主体对谴责所依据的道德准则认同的前提下发挥作用，因此道德不具有国家强制性，D 项错误。

3. 孟子的弟子问孟子，舜为天子时，若舜的父亲犯法，舜该如何处理？孟子认为，舜既不能以天子之权要求有司枉法，也不能罔顾亲情坐视父亲受刑，正确的处理方式应是放弃天子之位，与父亲一起隐居到偏远之地。对此，下列说法正确的是：(2017 – 1 – 86)[1]

A. 情与法的冲突总能找到两全其美的解决方案

B. 中华传统文化重视伦理和亲情，对当代法治建设具有借鉴意义

C. 孟子的方案虽然保全了亲情，但完全未顾及法律

D. 不同法律传统对情与法的矛盾可能有不同的处理方式

【解析】 情与法的冲突有时不能找到两全其美的解决方案，因此 A 项错误。

中华传统文化重视伦理和亲情，对当代法治建设具有借鉴意义，因此 B 项正确。

孟子提出该方案的原因，在于"舜既不能以天子之权要求有司枉法，也不能罔顾亲情坐视父亲受刑"，说明孟子的建议既考虑到了亲情，也考虑到了法律，因此 C 项错误。

不同法律传统对情与法的矛盾可能有不同的处理方式，D 项正确。

4. 某法院在网络、微信等平台上公布失信被执行人名单以督促其履行义务，不少失信被执行人迫于"面子"和舆论压力主动找到法院配合执行。对此，下列哪一理解是正确的？(2017 – 1 – 5)[2]

A. 道德问题的有效解决总是必须依赖法律的强制手段

B. 公布失信被执行人名单有助于形成守法光荣、违法可耻的社会氛围

C. 法律的有效实施总是必须诉诸道德谴责和舆论压力

D. 法律与道德具有概念上的必然关系，法律其实就是道德

【解析】 道德问题的解决主要依靠自律，并非总是必须依赖法律的强制手段，因此 A 项错误。B 项正确。

法律的有效实施并非总是必须诉诸道德谴责和舆论压力，必要时需要国家强制力，因此 C 项错误。

法律与道德是否具有概念上的必然关系存在争议，法律与道德是不同的社会规范，法律并非道德，因此 D 项错误。

5. "法学作为科学无力回答正义的标准问题，因而是不是法与是不是正义的法是两个必须分离的问题，道德上的善或正义不是法律存在并有效力的标准，法律规则不会因违反道德而丧失法的性质和效力，即使那些同道德严重对抗的法也依然是法。"关于这段话，下列说法正确的是：(2015 – 1 – 90)[3]

A. 这段话既反映了实证主义法学派的观点，也反映了自然法学派的基本立场

B. 根据社会法学派的看法，法的实施可以不考虑法律的社会实效

---

[1] BD [2] B [3] C

C. 根据分析实证主义法学派的观点，内容正确性并非法的概念的定义要素

D. 所有的法学学派均认为，法律与道德、正义等在内容上没有任何联系

【解析】A选项题干表述法与道德无关，属于典型的实证主义法学派，A项错误；社会法学派注重考虑法的社会实效，B项错误；D选项明显错误。

6. 关于实证主义法学和非实证主义法学，下列说法不正确的是：(2013-1-88)[1]

A. 实证主义法学认为，在"实际上是怎样的法"与"应该是怎样的法"之间不存在概念上的必然联系

B. 非实证主义法学在定义法的概念时并不必然排除社会实效性要素和权威性制定要素

C. 所有的非实证主义法学都可以被看作是古典自然法学

D. 仅根据社会实效性要素，并不能将实证主义法学派、非实证主义法学派和其他法学派（比如社会法学派）在法定义上的观点区别开来

【解析】根据法与道德的关系，可以把法的概念分为法律实证主义和非实证主义。法律实证主义主张法和道德在概念上是分离的，具体说来，在法与道德之间，在法律命令什么与正义要求什么之间，即实然法和应然法之间，不存在概念上的必然联系，主张"恶法亦法"。A项正确。

法律实证主义是以权威性制定与社会实效两个要素定义法的概念的，包括以社会实效为法的概念首要定义要素的社会学法学，和以权威性制定为法的概念首要定义要素的分析实证主义法学。所有的非实证主义理论都主张法与道德在概念上是必然联系的，法的概念以内容的正确性作为必要要素，同时也可以包括社会实效性要素和权威性制定要素，主张"恶法非法"。B项、D项正确。

非实证主义法学包括以内容的正确性作为法的概念的唯一定义要素的古典自然法学和以内容的正确性要素、社会实效要素和权威性制定要素这三要素同时作为法的定义的要素的超越自然法学与分析实证主义法学的第三条道路。C项错误。

【特别提示】西方不同法学派别的代表人物及核心理论：庞德是美国社会学法学的代表，其核心理论是"通过法律的社会控制"；霍姆斯是美国现代实用主义法学创始人，提出"法律的生命在于经验而非逻辑"；奥斯丁是现代英国法理之父，法律实证主义创始人之一，他通过严格的科学程序创设法理学学科体系，使法理学作为法学的一个分支成为可能；哈特，英国分析法学家，他在奥斯丁的基础上建立了法律规则理论；凯尔森，美籍奥地利法学家，纯粹法学的创始人和主要代表；阿列克西，德国著名法学家，第三条道路的代表人物，提出法律论证理论。

7. 公元前399年，在古雅典城内，来自社会各阶层的501人组成的法庭审理了一起特别案件。被告人是著名哲学家苏格拉底，其因在公共场所喜好与人辩论、传授哲学而被以"不敬神"和"败坏青年"的罪名判处死刑。在监禁期间，探视友人欲帮其逃亡，但被拒绝。苏格拉底说，虽然判决不公正，但逃亡是毁坏法律，不能以错还错。最后，他服从判决，喝下毒药而亡。对此，下列哪些说法是正确的？(2013-1-52)[2]

A. 人的良知、道德感与法律之间有时可能发生抵牾

B. 苏格拉底服从判决的决定表明，一个人可以被不公正地处罚，但不应放弃探究真理的权利

C. 就本案的事实看，苏格拉底承认判决是不公正的，但并未从哲学上明确得出"恶法非

---

[1] C [2] ABCD

法"这一结论

D. 从本案的法官、苏格拉底和他的朋友各自的行为看，不同的人对于"正义"概念可能
会有不同的理解

【解析】苏格拉底一生坚持探究真理。苏格拉底之死是西方法学、哲学和伦理学的经典案
例，典型地体现了法律和道德之间的冲突，表明人的良知、道德感与法律之间有时可能发生抵
触。苏格拉底明知城邦的判决是不公正的，但仍然服从该判决，因为他认为守法是公民应尽的
义务。他并没有因为该判决违背正义而否定该判决的效力，说明他不主张"恶法非法"。A项
正确，B项正确，C项正确。

"正义"概念是一个历史范畴，属于价值判断，因人而异。D项正确。

8. "一般来说，近代以前的法在内容上与道德的重合程度极高，有时浑然一体。……近现
代法在确认和体现道德时大多注意二者重合的限度，倾向于只将最低限度的道德要求转化为法
律义务，注意明确法与道德的调整界限。"据此引文及相关法学知识，下列判断正确的是：
(2010 - 1 - 91)[1]

A. 在历史上，法与道德之间要么是浑然一体的，要么是绝然分离的

B. 道德义务和法律义务是可以转化的

C. 古代立法者倾向于将法律标准和道德标准分开

D. 近现代立法者均持"恶法亦法"的分析实证主义法学派立场

【解析】法与道德在内容上存在相互渗透的密切联系，而不是绝对的浑然一体或绝然分
离。A项错误。

近现代法在确认和体现道德时大多注意二者重合的限度，倾向将最低限度的道德要求转化
为法律义务，因此道德义务和法律义务是可以转化的。B项正确。

古代立法者倾向于将法律标准和道德标准结合，法律与道德的重合程度极高，有时浑然一
体。C项错误。

近现代关于法律与道德的在本质上的联系有两种学说，一种是实证主义法学派的"恶法亦
法"，一种是非实证主义法学派的"恶法非法"。D项错误。

9. 关于法与道德的论述，下列哪些说法是正确的？(2009 - 1 - 55)[2]

A. 法律规范与道德规范的区别之一就在于道德规范不具有国家强制性

B. 按照分析实证主义法学的观点，法与道德在概念上没有必然联系

C. 法和道德都是程序选择的产物，均具有建构性

D. 违反法律程序的行为并不一定违反道德

【解析】法和道德的区别包括：在生成方式上，法律具有建构性，道德是非建构性的；在
行为标准上，法律具有确定性，道德具有模糊性；在存在形态上，法律具有一元性，道德具有
多元性；在调整方式上，法律调整人的外在行为，道德除了调整人的外在行为，还关注人的内
心；在运作机制上，法律具有程序性，道德具有非程序性；在强制方式上，法律具有国家强制
性，道德依靠内在约束；在解决方式上，法律具有可诉性，道德不具有可诉性。A项正确，C
项错误。

按照分析实证主义法学的观点，法与道德在概念上没有必然联系，"恶法亦法"。B项
正确。

违反法律程序的行为并不一定违反道德，违反道德的行为也不一定违反法律程序。D项

---

[1] B [2] ABD

正确。

10. 尹老汉因女儿很少前来看望，诉至法院要求判决女儿每周前来看望 1 次。法院认为，根据《老年人权益保障法》第 18 条第 1、2 款规定，家庭成员应当关心老年人的精神需求，不得忽视、冷落老年人；与老年人分开居住的家庭成员，应当经常看望或问候老年人。而且，关爱老人也是中华传统美德。法院遂判决被告每月看望老人 1 次。关于此案，下列哪一说法是错误的？（2014 - 1 - 11）[1]

A. 被告看望老人次数因法律没有明确规定，由法官自由裁量

B. 《老年人权益保障法》第 18 条中没有规定法律后果

C. 法院判决所依据的法条中规定了积极义务和消极义务

D. 法院判决主要是依据道德作出的

【解析】被告看望老人次数因法律没有明确规定，由法官自由裁量。A 项正确。

《老年人权益保障法》第 18 条中没有规定法律后果。B 项正确。

法律义务分为积极义务和消极义务。积极义务又称作为义务，即义务人必须作出一定的行为；消极义务又称不作为义务，即义务人不得作出一定的行为。"家庭成员应当关心老年人的精神需求""与老年人分开居住的家庭成员，应当经常看望或问候老年人"属于积极义务，"不得忽视、冷落老年人"属于消极义务。C 项正确。

本案判决是依照《老年人权益保障法》作出的，并非依据道德作出。D 项错误。

11. 甲乙有两个苹果，一大一小。两人没有约定苹果怎么分配，甲就拿了大的，这时乙很生气，说甲自私。这时甲就反问乙："如果让你先拿，你拿哪个？"乙说拿小的，甲说："那我拿大的苹果正好符合你的心意，你又何必怪我呢。"根据该故事，结合对法治和德治观念的理解，下列说法正确的是？（2019 年回忆版）[2]

A. 同样的结果可能因为程序不同而被赋予不同意义

B. 外部约束能消除分歧，但是解决道德领域难题只能依靠内在约束

C. 仅靠道德无法确保人在相同的情况下做出相同选择

D. 依照事先约定的规则行事有助于避免产生矛盾和纠纷

【解析】程序除了满足实体需求外，还有其自身的价值，剥夺当事人的程序权利，可能不会影响实体结果，但程序参与权的丧失意味着实体结果不具有公正性。故 A 项正确。

外部约束能消除分歧，但是对于解决道德领域难题主要依靠内在约束，而非只能依靠内在约束，故 B 项错误。

道德的实施有赖于人的内在约束，仅靠道德无法确保人在相同的情况下做出相同选择，故 C 项正确。

规则对人的行为具有指导性和预测性，依照事先约定的规则行事有助于避免产生矛盾和纠纷，故 D 项正确。

考点二　法与其他社会规范

1. 奥地利法学家埃利希在《法社会学原理》中指出："在当代以及任何其他的时代，法的发展的重心既不在立法，也不在法学或司法判决，而在于社会本身。"关于这句话涵义的阐释，

---

[1]　D　[2]　ACD

下列哪一选项是错误的？（2009－1－7）[1]

A. 法是社会的产物，也是时代的产物

B. 国家的法以社会的法为基础

C. 法的变迁受社会发展进程的影响

D. 任何时代，法只要以社会为基础，就可以脱离立法、法学和司法判决而独立发展

【解析】法以社会为基础，法是社会的产物，也是时代的产物，法的变迁受社会发展进程的影响。A项、C项正确。

法以社会为基础，制定认可法律的国家以社会为基础，国家权力以社会力量为基础，同时还可以说国家法以社会法为基础，"纸上的法"以"活法"为基础。B项正确。

虽然法以社会为基础，但法的发展离不开立法、法学和司法判决的发展。如罗马法的发展离不开乌尔比安、伯比尼安、保罗、盖尤斯、莫迪斯蒂努斯等著名法学家的贡献；大陆法系倾向于法典编纂；英美法系也称判例法系，强调"遵循先例"。D项错误。

2. 青年男女在去结婚登记的路上被迎面驶来的卡车撞伤，未能登记即被送往医院抢救。女方伤势过重成为植物人，男方遂悔婚约。女方父母把男方告到法院，要求男方对女方承担照顾抚养的责任。法院以法无明文规定为由，裁定不予受理。关于本案，下列哪些评论是错误的？（2008－1－53）[2]

A. 支持不受理，因为法官面对的是法律不调整的"法外空间"事项

B. 支持不受理，因为法官正确运用了类比推理而没有采用设证推理

C. 反对不受理，因为法官违反了"禁止拒绝裁判原则"

D. 反对不受理，因为法官没有发挥法律在社会中的创造作用

【解析】本案属于民事纠纷。《民事诉讼法》第3条规定："人民法院受理公民之间、法人之间、其他组织之间以及他们相互之间因财产关系和人身关系提起的民事诉讼，适用本法的规定。"第122条规定："起诉必须符合下列条件：（一）原告是与本案有直接利害关系的公民、法人和其他组织；（二）有明确的被告；（三）有具体的诉讼请求和事实、理由；（四）属于人民法院受理民事诉讼的范围和受诉人民法院管辖。"只要符合起诉的条件，法院就应该受理。受理后，法院是否支持原告的诉讼请求，则要依据事实、证据和法律。A项错误。

类比推理是根据两个或两类对象有部分属性相同，从而推出它们的其他属性也相同的推理。设证推理（又称溯因推理）是从已知的某个结果出发，试图确定与其相关的解释。设证推理虽然效力很弱，但在法的适用中，设证推理不可或缺。因为如果没有这种假设，法律人适用法律就失去了方向。本案中，法官的行为不可避免涉及设证推理，但不涉及类比推理。B项错误。

禁止拒绝裁判原则是指法院有义务对其管辖范围内的待决案件作出裁判，不论法律规定清楚与否，也不论法律有无规定；任何情况下，法官都无权拒绝裁判。C项正确。

法是由一定社会的物质生活条件决定的，因此法律不能创造社会，法律只能表述社会。D项错误。

3. 关于法与人权的关系，下列哪一说法是错误的？（2014－1－15）[3]

A. 人权不能同时作为道德权利和法律权利而存在

B. 按照马克思主义法学的观点，人权不是天赋的，也不是理性的产物

C. 人权指出了立法和执法所应坚持的最低的人道主义标准和要求

D. 人权被法律化的程度会受到一国民族传统、经济和文化发展水平等因素的影响

---

[1] D　[2] ABD　[3] A

【解析】人权有三种基本存在形态，即应有权利、法定权利和实有权利。应有权利是作为人应该拥有的权利，是应然权利，属于道德问题；法定权利由法律规定，属于法律问题；实有权利是事实上的权利，属于事实问题。因此，权利（包括人权）可以同时作为道德权利、法律权利和事实权利而存在。A 项错误。

4. 下列关于人权的说法错误的是？(2018 年回忆版)[1]

A. 人权与法律权利在内容上是一致的

B. 人权的存在和发展是社会经济、文化发展的结果

C. 人权的主体要比公民权的主体宽泛，不仅包括个体人权，还包括集体人权

D. 为了更好地保护人权，人权应当被尽可能地法律化

【解析】人权是自然权利，法律权利是法律上规定的权利，二者在内容上不同，人权范围大于法律权利范围，故 A 项错误。

人权的存在和发展是社会经济、文化发展的结果，人权思想的产生与资本主义经济和人本主义思想有密切关系，故 B 项正确。

人权主体包括个体和集体，公民权主体为个人，故 C 项正确。

为了更好地保护人权，人权应当被尽可能地法律化，用实在法加以保护，故 D 项正确。

5. 近期，无人驾驶汽车在公共交通道路行驶，公众围绕其是否违法、事故后是否担责、如何加强立法进行规制展开讨论，下列说法中正确的是？(2018 年回忆版)[2]

A. 若无人驾驶汽车上路行驶引发民事纠纷被诉至法院，因法无明文规定，法院不得裁判

B. 科技发展引发的问题只能通过法律解决

C. 现行交通法规对无人驾驶汽车上路行驶尚无规定，这反映了法律的局限性

D. 只有当科技发展造成了实际危害后果时，才能动用法律手段干预

【解析】根据禁止拒绝裁判原则，即"法官不得以法律没有规定或规定的不清楚为理由拒绝裁判"，在民事案件的处理过程中，法律没有明文规定的情况下，法官仍可以采用非正式渊源或法律漏洞填补技术对案件进行处理。故 A 项错误。法律的作用具有局限性，在社会治理的过程中，除了可以利用法律手段来处理社会问题外，还可以依靠政策、道德等其他社会规范来进行规制，因此诸如无人驾驶汽车等伴随科技发展引发的新问题并非只能通过法律手段才能解决。故 B 项错误。现行交通法规对无人驾驶汽车上路行驶尚无规定属于立法空白，这是法律局限性的具体表现。故 C 项正确。立法本身就应当具有一定的前瞻性，完全可以对可能出现的社会问题进行事前预防，因此并非只有当科技发展造成了实际危害后果时，才能动用法律手段干预。故 D 项错误。

6.《民法典》是新中国第一部以法典命名的法律，开创了我国法典编纂的先河，具有里程碑意义。对《民法典》的意义和举措，下列说法正确的是？(2020 年回忆版)[3]

A. 婚姻家庭编凸显了中国社会治理经验，传承了中华文化精神气质

B. 弘扬社会主义核心价值观为重要立法目的，具有鲜明中国特色

C. 人格权独立成编，扩大到网络社会对人格权的保护，彰显了信息网络时代社会对人格权保护的特殊价值

D. 其颁布和实施一劳永逸地解决了新时代中国的民事法治建设问题

【解析】《民法典》婚姻家庭编总结了此前《婚姻法》《收养法》等立法经验，重新对婚姻家庭规范进行立法，凸显了中国社会治理经验，在"送养""过继"问题上又体现了对中国

---

[1] A [2] C [3] ABC

传统社会习俗的充分尊重，故 A 项正确。弘扬社会主义核心价值观是宪法规定的公民思想道德领域的基本要求，作为社会生活的百科全书的《民法典》当然对其应当有所反映。故 B 项正确。《民法典》第 1034 条规定，自然人的个人信息受法律保护。个人信息是以电子或者其他方式记录的能够单独或者与其他信息结合识别特定自然人的各种信息。这体现了在信息社会发展的趋势下，民事立法对人格权的保护的新回应。故 C 项正确。法律的作用具有局限性，理性的有限性使得立法者无法设计出完美的法典，社会的发展也会使得应当保持稳定的法律不可避免地具有滞后性，故 D 项错误。

7. "居有其所"是每个人最基本的生存需求，随着我国经济社会发展，居住权益保障问题日益成为人们普遍关注的社会热点问题，在这一背景下，《民法典》新增了居住权的规定，对此，下列表述正确的是？（2020 年回忆版）〔1〕

    A. 居住权作为一项人权，其产生先于《民法典》的规定
    B. 居住权的设置有利于弱势群体的权益保障
    C. 居住权既是道德权利，也是一项法律权利
    D. 凡是道德需求的，都应当纳入法律的调整范围之内

【解析】 人权是指每个人作为人应该享有的权利，是一种应然权利，具有自然法的属性，也就是属于道德层面上的权利。而居住权作为人权的一类，其产生先于《民法典》的规定。故 A 项正确。我国法律体系中，居住权首先出现于原《关于适用〈中华人民共和国婚姻法〉若干问题的解释（一）》，其中第 27 条第 3 款规定："离婚时，一方以个人财产中的住房对生活困难者进行帮助的形式，可以是房屋的居住权或者房屋的所有权。"此款体现了居住权对离婚后无房可居者的保护。《民法典》承继该精神，扩张了居住权的适用范围。故 B 项正确。居住权作为人权的一类，也就当然是一项道德权利。《民法典》第 366 条对居住权作出规定，意味着居住权从道德权利上升为法律权利。故 C 项正确。法律是有局限性的，法律规定的权利只是人权中最普遍享有的权利，或者是最容易受到侵犯的权利，因而有必要通过法律严肃申明。因此，即使是人的基本需求，也无法都由法律作出规定。故 D 项错误。

8. ChatGPT 的发展给法律带来挑战。对此，国家网信办联合其他部门通过了《生成式人工智能服务管理暂行办法》。《办法》规定，国家坚持发展和安全并重、促进创新和依法治理相结合的原则，采取有效措施鼓励生成式人工智能创新发展，对生成式人工智能服务实行包容审慎和分类分级监管。对此，下列哪一说法是正确的？（2023 年回忆版，单选）〔2〕

    A. 法律必然滞后于科技发展
    B. 《生成式人工智能服务管理暂行办法》属于规范性法律文件
    C. 对科技而言，发展价值优于安全价值
    D. 科技的发展将导致法系之间界限日益模糊

【解析】 在法律与科技的关系中，科技影响法律的内容，成为法律规定的重要依据，科技发展也拓宽了法律的调整领域，引起法律变化；同时法律会为科技创造良好的社会环境，为组织科技活动提供必要准则，推动科技健康发展。科技发展会产生新兴领域，导致法律无法覆盖，体现出法律的滞后性，但是法律在立法技术上又具有前瞻性。立法技术分为立法预测技术、立法规划技术和立法表达技术。立法预测技术是指对立法的发展状况、趋势和各种情况进行预计、测算的科学方法、手段和规则。因此，法律并不必然滞后于科技发展，两者相辅相成，互相推动发展、完善。故 A 项错误。《生成式人工智能服务管理暂行办法》具有法律效

---

〔1〕　ABC　　〔2〕　B

力，并且其调整对象是不特定的当事人，因此属于规范性法律文件，故 B 项正确。《办法》规定国家坚持发展和安全并重、促进创新和依法治理相结合的原则，因此发展价值与安全价值是并重的，故 C 项错误。法系，是指根据法的历史传统和外部特征的不同，对世界各国、各民族的法所作的宏观分类。法系划分的标准，主要包括法的历史渊源、主导性的法学思想方法、法的表现形式及其解释方法、特定的法律制度等。因此，科技的发展不会导致法系之间界限日益模糊，因此 D 项是错误的。

9. 国家之权乃是"神器"，是神圣的。公权力姓公，也必须为公。对此，下列哪一选项是正确的？（2023 年回忆版，单选）[1]

A. 公权力是神圣的，超越政治的

B. 公职人员在公职外不可以有个人利益

C. 公权力必须得到制约和监督

D. 公权力行使的依据仅限于"国法"

【解析】公权力是指国家机关依照宪法和法律，代表人民的意志和利益行使的权力，是一种具有国家强制力的权力，因此公权力是神圣的。在我国，公权力的行使要在党的领导下，依照宪法和法律的规定进行，不能违背正确的政治方向，不能超越政治，故 A 项错误。公权力的行使侧重公共利益，私权利的行使侧重个人利益，国家公职人员在行使公权力时不能有个人利益，因为公权力的目的是为了维护公共利益。但在公职之外可以行使私权利，即可以有个人利益，故 B 项错误。公权力姓公，也必须为公，公权力必须被制约和监督，否则容易被滥用，故 C 项正确。公权力的行使要坚持依法治国和以德治国相结合，要实现政治效果、社会效果和法律效果的有机统一，让人民群众感受到公平正义，因此不能仅限于"国法"，故 D 项错误。

10. 党的二十大报告明确要求："坚持依法治国和以德治国相结合，把社会主义核心价值观融入法治建设、融入社会发展、融入日常生活。"对此，下列表述最符合这一要求的是哪一项？（2023 年回忆版，单选）[2]

A. 法治和德治都是治国理政不可或缺的重要手段和基本方略

B. 法律和道德都具有调整社会关系和维护社会秩序的作用

C. 既要重视发挥法律的规范作用，又要重视发挥道德的教化作用

D. 社会主义核心价值观融入法治建设就是通过立法使之上升为法律规范

【解析】"坚持依法治国和以德治国相结合，把社会主义核心价值观融入法治建设、融入社会发展、融入日常生活"这句话强调的是法律和道德的结合，A 项和 B 项都未强调法律和道德结合，因此不当选。"既要重视发挥法律的规范作用，又要重视发挥道德的教化作用"，强调法律和道德相结合，依法治国和以德治国相结合，故 C 项正确，当选。社会主义核心价值观属于道德规范，而道德和法律之间是有界限和区别的，并非全部的道德规范都可以法律化，法律仅仅是最低限度的道德。因此并非社会主义核心价值观的全部内容都可以通过立法使之上升为法律规范，故 D 项错误，不当选。

---

[1] C [2] C

宪 法

专题一　宪法基本理论

考点一　宪法的分类

1. 成文宪法和不成文宪法是英国宪法学家提出的一种宪法分类。关于成文宪法和不成文宪法的理解，下列哪一选项是正确的？（2017－1－21）[1]

A. 不成文宪法的特点是其内容不见于制定法

B. 宪法典的名称中必然含有"宪法"字样

C. 美国作为典型的成文宪法国家，不存在宪法惯例

D. 在程序上，英国不成文宪法的内容可像普通法律一样被修改或者废除

【解析】　宪法分为成文宪法和不成文宪法，不成文宪法是指不以成文法典的形式公之于众的宪法，因此 A 项错误。宪法典的名称中一般含有"宪法"字样，而非必然含有"宪法"字样，比如 1949 年联邦德国制定的宪法名为《德意志联邦共和国基本法》，因此 B 项错误。美国作为典型的成文宪法国家，也存在宪法惯例，比如在美国宪法修正案第 22 条出台前，美国总统的任期不得超过两届，这就是美国宪法惯例之一，因此 C 项错误。根据英国宪法学家普莱士的观点，英国宪法属于不成文宪法，也属于柔性宪法，制定和修改程序同普通法律一样，因此 D 项正确。

2. 最高法院印发的《人民法院民事裁判文书制作规范》规定："裁判文书不得引用宪法……作为裁判依据，但其体现的原则和精神可以在说理部分予以阐述。"关于该规定，下列哪一说法是正确的？（2017－1－22）[2]

A. 裁判文书中不得出现宪法条文

B. 当事人不得援引宪法作为主张的依据

C. 宪法对裁判文书不具有约束力

D. 法院不得直接适用宪法对案件作出判决

【解析】　裁判文书是记载人民法院审理过程和裁判结果的法律文书，它是诉讼活动结果的载体，也是人民法院确定和分配当事人实体权利义务的唯一凭证。裁判文书承载裁判的事实和理由，可以出现宪法条文，因此 A 项错误。当事人可以援引宪法作为主张的依据，因此 B 项错

---

[1]　D　[2]　D

误。宪法是国家的根本大法，具有最高的法律效力，宪法对裁判文书具有约束力，因此 C 项错误。按照最高法院印发的《人民法院民事裁判文书制作规范》，法院不得直接适用宪法对案件作出判决，因此 D 项正确。

3. 根据宪法分类理论，下列哪一选项是正确的？（2012 - 1 - 21）[1]

A. 成文宪法也叫文书宪法，只有一个书面文件

B. 1215 年的《自由大宪章》是英国宪法的组成部分

C. 1830 年法国宪法是钦定宪法

D. 柔性宪法也具有最高法律效力

【解析】宪法是规定国家的根本制度和根本任务，集中体现各种政治力量对比关系，保障公民基本权利的根本大法。根据宪法是否具有统一的法典形式，宪法分为成文宪法和不成文宪法。成文宪法，也可称之为文书宪法或制定宪法，是指具有统一法典形式的宪法。成文宪法具有统一法典形式，但并不意味着只有一个书面文件，因此 A 项错误。

不成文宪法国家没有统一的宪法典。英国没有统一的宪法典，属于不成文宪法国家。一般认为 1215 年的《自由大宪章》是英国宪法最早的组成部分，因此 B 项正确。

根据宪法制定机关不同，宪法分为钦定宪法、民定宪法和协定宪法。法国 1830 年宪法是协定宪法，而不是钦定宪法，因此 C 项错误。

根据法律效力以及其制定修改的程序是否区别于普通法律，宪法分为刚性宪法和柔性宪法。刚性宪法的制定、修改机关和程序与普通法律不同，具有最高法律效力；柔性宪法的制定、修改机关和程序与普通法律相同，因而宪法的效力和权威等同于普通法律，因此 D 项错误。

4. 关于宪法的历史发展，下列哪一选项是不正确的？（2014 - 1 - 21）[2]

A. 资本主义商品经济的普遍化发展，是近代宪法产生的经济基础

B. 1787 年美国宪法是世界历史上的第一部成文宪法

C. 1918 年《苏俄宪法》和 1919 年德国《魏玛宪法》的颁布，标志着现代宪法的产生

D. 行政权力的扩大是中国宪法发展的趋势

【解析】中国宪法发展趋势：（1）政府行政权力将受到一定程度的限制，行政指导在政府对经济管理的过程中将显得日益重要；（2）以人民法院审判权为核心的司法权将得到扩大与加强；（3）中国共产党领导的多党合作与政治协商制度在宪制实践中将得到进一步巩固和发展；（4）公民基本权利将得到较大发展；（5）宪法监督制度将进一步完善。因此 D 项错误。

【特别提示】1. 1787 年美国宪法是世界历史上的第一部成文宪法。

2. 1889 年明治天皇颁布的宪法、清政府颁布的《钦定宪法大纲》都是钦定宪法；1215 年英国《自由大宪章》、法国 1830 年宪法都是协定宪法；1777 年美国大陆会议通过的《邦联和永久联合条例》（简称为《邦联条例》，1781 年正式生效）、1919 年德国魏玛宪法都是民定宪法。

5. 下列关于宪法的分类，正确的选项是？（2018 年回忆版）[3]

A. 世界上第一部宪法是 1787 年的《美国宪法》，欧洲的第一部宪法是 1791 年的《法国宪法》

B. 中国是典型的刚性宪法国家，宪法的修改程序严于普通法律，宪法修正案要求全国人大全体代表的三分之二以上多数通过，普通法律只需要二分之一以上通过即可

---

[1]　B　[2]　D　[3]　C

C. 在成文宪法国家，宪法典就是通常意义上的宪法，而在不成文宪法国家，其宪法往往体现为实质意义上的宪法性法律、宪法惯例等形式

D. 1889 年的《明治宪法》和 1830 年的《法国宪法》是两部典型的钦定宪法

【解析】 宪法有成文宪法和不成文宪法的区分，不成文宪法也是宪法，只不过不具备统一法典的形式而已，因此世界上第一部宪法是 1215 年英国的《自由大宪章》，世界上第一部成文宪法是 1787 年的《美国宪法》，故 A 项错误。普通法律的通过不是二分之一以上，而是过半数。区别在于前者包含本数，后者不包含本数。故 B 项错误。在成文宪法国家，宪法典就是通常意义上的宪法，而在不成文宪法国家，其宪法往往体现为实质意义上的宪法性法律、宪法惯例等形式，故 C 项正确。1830 年的《法国宪法》属于协定宪法，故 D 项错误。

考点二　宪法的制定与修改

1. 宪法修改是指有权机关依照一定的程序变更宪法内容的行为。关于宪法的修改，下列选项正确的是：(2016－1－93)[1]

A. 凡宪法规范与社会生活发生冲突时，必须进行宪法修改

B. 我国宪法的修改可由五分之一以上的全国人大代表提议

C. 宪法修正案由全国人民代表大会公告公布施行

D. 我国 1988 年《宪法修正案》规定，土地的使用权可依照法律法规的规定转让

【解析】 A 项"凡宪法规范与社会生活发生冲突时，必须进行宪法修改"的说法没有依据，犯了绝对化的错误，因此 A 项错误。《宪法》第 64 条第 1 款规定："宪法的修改，由全国人民代表大会常务委员会或者五分之一以上的全国人民代表大会代表提议，并由全国人民代表大会以全体代表的三分之二以上的多数通过。"因此 B 项正确。依据我国的宪法惯例，宪法修正案由全国人民代表大会公告公布实施，因此 C 项正确。1988 年《宪法修正案》第 2 条规定："任何组织或者个人不得侵占、买卖或者以其他形式非法转让土地。土地的使用权可以依照法律的规定转让。"不包括"法规"，因此 D 项错误。

2. 宪法的制定是指制宪主体按照一定程序创制宪法的活动。关于宪法的制定，下列哪一选项是正确的？(2015－1－20)[2]

A. 制宪权和修宪权是具有相同性质的根源性的国家权力

B. 人民可以通过对宪法草案发表意见来参与制宪的过程

C. 宪法的制定由全国人民代表大会以全体代表的三分之二以上的多数通过

D. 1954 年《宪法》通过后，由中华人民共和国主席根据全国人民代表大会的决定公布

【解析】 制宪权属于人民，是根源性的国家权力，因此 A 项错误。

《宪法》第 64 条第 1 款规定："宪法的修改，由全国人民代表大会常务委员会或者五分之一以上的全国人民代表大会代表提议，并由全国人民代表大会以全体代表的三分之二以上的多数通过。"因此 C 项错误。

国家主席只公布法律，1954 年《宪法》通过后，是由第一届全国人大第一次会议主席团公布的，因此 D 项错误。

---

〔1〕 BC 〔2〕 B

3. 关于宪法实施，下列哪一选项是不正确的？（2012 - 1 - 22)[1]

A. 宪法的遵守是宪法实施最基本的形式

B. 制度保障是宪法实施的主要方式

C. 宪法解释是宪法实施的一种方式

D. 宪法适用是宪法实施的重要途径

【解析】宪法实施主要包括宪法执行、宪法适用、宪法遵守，而制度保障并不是宪法实施方式。B 项错误。

4. 关于我国宪法修改，下列哪一选项是正确的？（2014 - 1 - 22)[2]

A. 我国修宪实践中既有对宪法的部分修改，也有对宪法的全面修改

B. 经十分之一以上的全国人大代表提议，可以启动宪法修改程序

C. 全国人大常委会是法定的修宪主体

D. 宪法修正案是我国宪法规定的宪法修改方式

【解析】自 1954 年我国制定第一部宪法以来，我国宪法经过了 3 次全面修改（分别是 1975、1978、1982 年）和 7 次部分修宪（分别是 1979、1980 年两次修改 1978 年宪法，和 1988、1993、1999、2004、2018 年五次修改 1982 年宪法）。A 项正确。

《宪法》第 64 条第 1 款："宪法的修改，由全国人民代表大会常务委员会或者五分之一以上的全国人民代表大会代表提议，并由全国人民代表大会以全体代表的三分之二以上的多数通过。"B 项错误。

《宪法》第 62 条："全国人民代表大会行使下列职权：（一）修改宪法……"因此法定的修宪主体是全国人大，而不是全国人大常委会。C 项错误。

我国《宪法》并未规定宪法修改方式。D 项错误。

5. 关于我国宪法的修改，下列哪一说法是错误的？[3]（2010 - 1 - 23）

A.《宪法》没有专章规定修改程序

B.《宪法》规定的修宪机关是全国人民代表大会

C.《立法法》规定，宪法修正案由国家主席令公布

D.《全国人大议事规则》规定，宪法修改以投票方式表决

【解析】在《宪法》中，没有对宪法的修改程序作专章的规定。A 项正确。

《宪法》第 62 条："全国人民代表大会行使下列职权：（一）修改宪法……"B 项正确。

《立法法》规定法律由国家主席公布，并未规定宪法修正案的公布主体。在实践中，宪法修正案由全国人大主席团公布。C 项错误。

《全国人大议事规则》第 60 条第 2 款规定："宪法的修改，采用无记名投票方式表决。"D 项正确。

6. 专门机关负责保障宪法实施是宪法实施保障体制的重要形式。有关专门机关负责保障宪法实施的体制，下列哪些表述是正确的？（2006 - 1 - 62)[4]

A. 专门机关负责宪法实施的体制起源于 1799 年法国宪法设立的护法元老院

B. 宪法法院和宪法委员会是专门机关负责保障宪法实施体制的两种主要形式

C. 我国负责保障宪法实施的专门机关是全国人民代表大会及其常务委员会

D. 最早提出设立宪法法院的是奥地利规范法学派代表人物汉斯·凯尔森

【解析】《宪法》第 62 条："全国人民代表大会行使下列职权：……（二）监督宪法的实

---

[1] B [2] A [3] C [4] ABD

施……"《宪法》第 67 条："全国人民代表大会常务委员会行使下列职权：（一）解释宪法，监督宪法的实施……"可见，在我国，由全国人大及其常委会负责保障宪法实施。因此，我国没有负责保障宪法实施的专门机关，而是采取立法机关保障宪法实施的模式。C 项错误，A 项、B 项、D 项正确。

7. 我国宪法第六至十八条对经济制度作了专门规定。关于《宪法修正案》就我国经济制度规定所作的修改，下列哪些选项是正确的？（2011 – 1 – 60）[1]

A. 中华人民共和国实行依法治国，建设社会主义法治国家

B. 国家实行社会主义市场经济

C. 除第九、十二、十八条外，其他各条都进行过修改

D. 农村中的生产、供销、信用、消费等各种形式的合作经济，是社会主义劳动群众集体所有制经济

【解析】1999 年《宪法修正案》第 13 条将《宪法》第 5 条增加一款，作为第 1 款，规定："中华人民共和国实行依法治国，建设社会主义法治国家"，该条说的是法律制度，而非经济制度。A 项错误。

1993 年《宪法修正案》第 7 条将《宪法》第 15 条修改为："国家实行社会主义市场经济。国家加强经济立法，完善宏观调控。国家依法禁止任何组织或者个人扰乱社会经济秩序。"

现行《宪法》第 6 至 18 条对经济制度的规定，仅第 9、12、18 条没有被修改过。

1993 年《宪法修正案》第 6 条将《宪法》第 8 条第 1 款修改为："农村中的家庭联产承包为主的责任制和生产、供销、信用、消费等各种形式的合作经济，是社会主义劳动群众集体所有制经济。参加农村集体经济组织的劳动者，有权在法律规定的范围内经营自留地、自留山、家庭副业和饲养自留畜。"B 项、C 项、D 项正确。

8. 关于我国《宪法》的修改，下列哪些选项是正确的？（2009 – 1 – 60）[2]

A. 1954 年《宪法》明确规定了宪法修改的提案主体

B. 1982 年《宪法》是对 1954 年《宪法》的全面修改

C. 我国现行宪法共进行了 4 次修改，通过了 31 条宪法修正案

D. "国家尊重和保障人权"是 2004 年《宪法修正案》规定的内容

【解析】1954 年《宪法》第 29 条："宪法的修改由全国人民代表大会以全体代表的三分之二的多数通过。法律和其他议案由全国人民代表大会以全体代表的过半数通过。"因此只规定了全国人大有权修宪，并未规定宪法修改的提案主体。1982 年《宪法》规定了宪法修改的提案主体，即《宪法》第 64 条："宪法的修改，由全国人民代表大会常务委员会或者五分之一以上的全国人民代表大会代表提议，并由全国人民代表大会以全体代表的三分之二以上的多数通过。法律和其他议案由全国人民代表大会以全体代表的过半数通过。"A 项错误。

1982 年《宪法》是对 1978 年《宪法》的全面修改，是新中国成立后我国颁布的第四部宪法。B 项错误。

迄今为止我国对 1982 年《宪法》已经进行了五次修改，形成了 52 条宪法修正案。C 项错误。

2004 年《宪法修正案》规定"国家尊重和保障人权"。D 项正确。

9. 根据宪法和法律的规定，下列哪些选项是错误的？（2007 – 1 – 64）[3]

A. 2004 年宪法修正案明确规定"非公有制经济的从业人员"是"我国社会主义事业的建

设者"

    B. 1999 年宪法修正案明确规定非公有制经济是社会主义市场经济的组成部分

    C. 1999 年宪法修正案将国家保障公民的合法的私有财产权神圣不可侵犯写进宪法

    D. 1988 年宪法修正案明确规定集体土地所有权可以依法出租或者转让

【解析】2004 年《宪法修正案》没有对"社会主义事业的建设者"的内涵和范围作明确的规定。A 项错误。

1999 年《宪法修正案》规定了"在法律规定范围内的个体经济、私营经济等非公有制经济，是社会主义市场经济的重要组成部分"。B 项正确。

2004 年《宪法修正案》增加规定了"公民的合法的私有财产不受侵犯"。C 项错误。

1988 年《宪法修正案》增加规定了"土地的使用权可以依照法律的规定转让"。D 项错误。

【特别提示】1. 我国《宪法》的制定、修改、解释和保障的主体：（1）人民是制宪权的主体，即人民有权制宪；（2）全国人大有权修宪；（3）全国人大常委会有权解释宪法；（4）全国人大和全国人大常委会都有权监督宪法的实施。

2. 我国现行《宪法》修改的时代特色：1993 年强调"改革开放"；1999 年强调"法治"；2004 年强调"人权"。

10. 根据 1954 年宪法和现行宪法有关立法的规定，下列哪些选项是正确的？（2007 - 1 - 63）[1]

    A. 1954 年宪法规定全国人民代表大会是行使国家立法权的唯一机关

    B. 现行宪法则规定全国人民代表大会和全国人民代表大会常务委员会行使国家立法权

    C. 1954 年宪法没有授予国务院制定行政法规的权力

    D. 现行宪法则明确规定了国务院有根据宪法和法律制定行政法规的权力

【解析】1954 年《宪法》第 22 条："全国人民代表大会是行使国家立法权的唯一机关。"A 项正确。

现行《宪法》第 58 条："全国人民代表大会和全国人民代表大会常务委员会行使国家立法权。"B 项正确。

1954 年《宪法》第 49 条："国务院行使下列职权：（一）根据宪法、法律和法令，规定行政措施，发布决议和命令，并且审查这些决议和命令的实施情况；……"因此没有授予国务院制定行政法规的权力。C 项正确。

现行《宪法》第 89 条："国务院行使下列职权：（一）根据宪法和法律，规定行政措施，制定行政法规，发布决定和命令；……"D 项正确。

11. 一般说来，规定国家权力的正确行使和公民权利的有效保障应是宪法基本内容的两个方面。下列哪　部宪法没有明确规定公民的基本权利？（2006 - 1 - 8）[2]

    A. 1918 年的《苏俄宪法》

    B. 1789 年的《美国宪法》

    C. 1791 年的《法国宪法》

    D. 1923 年的《中华民国宪法》

【解析】1789 年《美国宪法》只规定了国家基本制度的内容，关于公民权利的内容规定在其修正案中。B 项正确。

---

[1] ABCD   [2] B

12. 近代意义宪法产生以来，文化制度便是宪法的内容。关于两者的关系，下列哪一选项是不正确的？（2013－1－23）[1]

A. 1787 年美国宪法规定了公民广泛的文化权利和国家的文化政策

B. 1919 年德国魏玛宪法规定了公民的文化权利

C. 我国现行宪法对文化制度的原则、内容等做了比较全面的规定

D. 公民的文化教育权、国家机关的文化教育管理职权和文化政策，是宪法文化制度的主要内容

【解析】1787 年制定、1789 年生效的《美国宪法》包括序言和 7 条正文。正文中规定了三权分立、联邦制、民主制等原则，但未规定公民的权利。1791 年，美国通过了 10 条宪法修正案，规定了公民的权利，因此这 10 条宪法修正案被统称为"美国权利法案"。迄今为止，美国一共通过了 27 条宪法修正案。A 项错误。

13. 十三届全国人大一次会议，表决通过了宪法修正案。宪法修改，是党和国家政治生活中的一件大事，是法治中国建设的新的里程碑，对于决胜全面建成小康社会、开启全面建设社会主义现代化国家新征程、实现中华民族伟大复兴的中国梦，推进国家治理体系和治理能力现代化、提高党长期执政能力，具有重大现实意义和深远历史意义。关于本次修宪，以下说法正确的是？（2018 年回忆版）[2]

A. 此次修宪对于我国政府的职能进行了完善，进一步完善了国务院监察部门的职能

B. 赋予了设区的市的人大及其常委会制定地方性法规并层报全国人大常委会批准后施行的职权

C. 修改后《宪法》第一条增加了"中国共产党领导是中国特色社会主义最重要特征"的规定

D. 本次修宪将"构建人类命运共同体"写入了我国宪法

【解析】宪法修正案中增加了监察委员会，国家监察机关不属于国务院的职能部门，A 错误。根据修订后的宪法，设区的市的人民代表大会和它们的常务委员会，在不同宪法、法律、行政法规和本省、自治区的地方性法规相抵触的前提下，可以依照法律规定制定地方性法规，报本省、自治区人民代表大会常务委员会批准后施行，B 错误。修改后《宪法》第 1 条增加了"中国共产党领导是中国特色社会主义最本质的特征"的规定，C 错误。D 正确。

14. 下列关于 2018 年宪法修正案说法错误的是？（2018 年回忆版）[3]

A. 2018 年宪法修正案是对 1982 年宪法的全面修改，共计 21 条修正案

B. 2018 年宪法修正案明确了监察委员会的宪法地位

C. 2018 年宪法修正案增加了习近平新时代中国特色社会主义思想

D. 体现了宪法与时俱进、全面发展

【解析】2018 年宪法修正案是对 1982 年宪法的部分修改，共计 21 条修正案，故 A 项错误。

2018 年宪法修正案明确规定监察委员会是我国的监察机关，故 B 项正确。

2018 年宪法修正案在序言部分增加了习近平新时代中国特色社会主义思想，故 C 项正确。

2018 年宪法的修改体现了宪法的与时俱进、全面发展，故 D 项正确。

15. 《中国人民政治协商会议共同纲领》是中国共产党主持制定的一个具有临时宪法作用的文件，于 1949 年 9 月 29 日经中国人民政治协商会议第一届全体会议通过。对于该文件，下

列哪些选项是正确的？（2019年回忆版）[1]

    A. 该文件规定人民有选举权和被选举权

    B. 该文件为社会主义性质的宪法文件

    C. 中国人民政治协商会议的一项工作是在普选的全国人大召开之前行使全国人大的职权

    D. 中华人民共和国的国家政权属于人民

【解析】《共同纲领》的第四条和第五条简要规定了人民的基本权利，第四条规定中华人民共和国人民依法有选举权和被选举权，第五条规定中华人民共和国人民有思想、言论、出版、集会、结社、通讯、人身、居住、迁徙、宗教信仰及示威游行的自由权，故A项正确。新中国的建立标志着新民主主义革命的成功，在新中国成立后我国通过社会主义改造的方式走上社会主义道路，而完成社会主义改造的时间是1956年前后，因此1949的《共同纲领》在性质上只能属于新民主主义性质，故B项错误。由于我国第一届全国人大直到1954年才召开第一次会议，在普选的全国人大开会之前，一直由中国人民政治协商会议全体会议代行全国人大职权，故C项正确。新民主主义革命的成功，意味着三座大山的推翻，也意味着人民掌握国家政权，翻身做主人。故D项正确。

16. 我国《宪法》明确规定："国家推行计划生育，使人口的增长同经济和社会发展计划相适应。"关于计划生育政策的调整，下列哪一理解是正确的？（2021年回忆版）[2]

    A. 该规定属于基本国策条款，国家可以通过政策加以修正

    B. 该条文必须经过正式的宪法解释之后，才能进行相应的计划生育政策调整

    C. 根据该规定，经济和社会发展是国家计划生育政策调整的客观依据

    D. 该条文为计划生育政策的具体措施提供了明确指引

【解析】该规定属于宪法规定，根据《宪法》第64条规定："宪法的修改，由全国人民代表大会常务委员会或者五分之一以上的全国人民代表大会代表提议，并由全国人民代表大会以全体代表的三分之二以上的多数通过。"因此国家不可以通过政策对宪法条文加以修正，故A项错误。计划生育政策宪法规定的调整可以通过直接修改宪法的方式完成，不是必须经过正式的宪法解释，故B项错误。经济和社会发展是国家计划生育政策调整的客观依据，故C项正确。宪法该条文的规定只是原则性规定，不能为计划生育政策的具体措施提供明确指引，故D项错误。

17. 1982年《宪法》至今共进行了五次修改，《宪法》的修改对国家对个人都有着直接的影响。对此，下列说法正确的是？[3]

    A. 1982年，某村村民李某可以将其土地使用权转让给本村王某

    B. 1992年，某县人大换届，新一届人大任期为5年

    C. 2005年，某校法学院举办论坛，纪念人权条款入宪1周年

    D. 2023年，某市监察委员会需要向该市人大常委会汇报专项工作

【解析】《宪法（1988修正）》第10条第4款第2句规定："土地的使用权可以依照法律的规定转让。"故A项错误。《宪法（1993修正）》第98条规定："省、直辖市、县、市、市辖区的人民代表大会每届任期五年。"故B项错误。《宪法（2004修正）》第33条第3款规定："国家尊重和保障人权。"故C项正确。《宪法（2018修正）》第3条第3款规定："国家行政机关、监察机关、审判机关、检察机关都由人民代表大会产生，对它负责，受它监督。"故D项正确。

---

[1] ACD   [2] C   [3] CD

考点三　宪法的基本原则

1. 我国宪法规定了"一切权力属于人民"的原则。关于这一规定的理解，下列选项正确的是：(2016 - 1 - 91)[1]

A. 国家的一切权力来自并且属于人民

B. "一切权力属于人民"仅体现在直接选举制度之中

C. 我国的人民代表大会制度以"一切权力属于人民"为前提

D. "一切权力属于人民"贯穿于我国国家和社会生活的各领域

【解析】《宪法》第2条规定："中华人民共和国的一切权力属于人民。"这就是我国《宪法》规定的人民主权原则。社会主义国家宪法普遍规定一切权力属于人民的原则，由于一切权力属于人民是无产阶级在创造自己政权的过程中，在批判性地继承资产阶级民主思想的基础上对人民主权原则的创造性的运用发展，因此一切权力属于人民实质上也就是人民主权。因此A项、C项、D项正确。"一切权力属于人民"贯穿于我国国家和社会生活的各领域，并非仅体现为直接选举制度。因此B项错误。

2. 公平正义是社会主义法治的价值追求。关于我国宪法与公平正义的关系，下列哪一选项是不正确的？(2013 - 1 - 20)[2]

A. 树立与强化宪法权威，必然要求坚定地守持和维护公平正义

B. 法律面前人人平等原则是公平正义在宪法中的重要体现

C. 宪法对妇女、老人、儿童等特殊主体权利的特别保护是实现公平正义的需要

D. 禁止一切差别是宪法和公平正义的要求

【解析】平等要求禁止不合理的歧视性差别对待，例如基于年龄、性别、种族等的不合理差别对待，但并不要求禁止合理的差别。D项错误。

3. 关于如何根据社会主义法治理念完善我国宪法的权力制约原则，下列哪些选项是正确的？(2012 - 1 - 59)[3]

A. 从法律上构建起权力制约监督体系与机制

B. 从制度上为各种监督的实施提供条件和保障

C. 完善权力配置，恰当地建构各种权力关系

D. 限制和缩小国家权力范围，扩大公民权利

【解析】权力制约原则主要体现为监督原则，即以国家权力制约国家权力，以公民权利制约国家权力，要从法律上构建起"以权力制约权力、以权利制约权力、以道德制约权力"的权力制约监督体系和机制。因此A项、B项、C项正确。

扩大公民权利不等于限制和缩小国家权力范围，权力制约的目的是为了控制国家权力，使之规范化更好地为公民权利服务。因此D项错误。

4. 权力制约是依法治国的关键环节。下列哪些选项体现了我国宪法规定的权力制约原则？(2011 - 1 - 59)[4]

A. 全国人大和地方各级人大由民主选举产生，对人民负责，受人民监督

B. 法院、检察院和公安机关办理刑事案件，应当分工负责，互相配合，互相制约

---

[1]　ACD　[2]　D　[3]　ABC　[4]　ABC

C. 地方各级人大及其常委会依法对"一府两院"监督

D. 法院对法律合宪性审查

【解析】权力制约原则是指国家权力的各部分之间相互监督、彼此牵制，以保障公民权利的原则。它既包括公民权利对国家权力的制约，也包括国家权力相互之间的制约。权力制约原则在我国宪法中体现为：（1）宪法规定了人民对国家权力活动进行监督的制度，如规定"全国人民代表大会和地方各级人民代表大会都由民主选举产生，对人民负责，受人民监督"；（2）宪法规定了公民对国家机关及其公务员的监督权，如规定"中华人民共和国公民对于任何国家机关和国家工作人员，有提出批评和建议的权利"；（3）宪法规定了国家机关之间、国家机关内部不同的监督形式，如规定"人民法院、人民检察院和公安机关办理刑事案件，应当分工负责，互相配合，互相制约，以保证准确有效地执行法律"。因此 A 项、B 项、C 项正确。

《立法法》第 110 条："国务院、中央军事委员会、国家监察委员会、最高人民法院、最高人民检察院和各省、自治区、直辖市的人民代表大会常务委员会认为行政法规、地方性法规、自治条例和单行条例同宪法或者法律相抵触，或者存在合宪性、合法性问题的，可以向全国人民代表大会常务委员会书面提出进行审查的要求，由全国人民代表大会有关的专门委员会和常务委员会工作机构进行审查、提出意见。前款规定以外的其他国家机关和社会团体、企业事业组织以及公民认为行政法规、地方性法规、自治条例和单行条例同宪法或者法律相抵触的，可以向全国人民代表大会常务委员会书面提出进行审查的建议，由常务委员会工作机构进行审查；必要时，送有关的专门委员会进行审查、提出意见。"因此 D 项错误。

5. 如果说宪法是国家法律制度的地基和框架，那么宪法基本原则就是整个宪法大厦的地基和框架。下列关于宪法基本原则及其相关涵义的说法中，不正确的是哪一项：[1]

A. 人民主权原则在理论上所要解决的是国家权力即主权的归属问题

B. 法治也称"法的统治"或"法律的统治"，是相对于人治而言的，是指统治阶级按照民主原则把国家事务法律化、制度化，并严格依法进行管理的一种治国理论、制度体系和运行状态

C. 当代资本主义国家的宪法均不同形式地确认了分权原则，具体表现为实行"三权分立"，主要包括典型的美国形式、以立法为重点的英国形式和以行政为重点的法国形式三种模式

D. 苏俄首创了社会主义国家的监督原则

【解析】世界上第一个无产阶级专政政权——巴黎公社首创了社会主义国家的监督原则并为后来的社会主义国家奉为一条重要的民主原则，所以 D 项错误。

考点四　宪法的渊源

1. 宪法的渊源即宪法的表现形式。关于宪法渊源，下列哪一表述是错误的？（2015－1－21）[2]

A. 一国宪法究竟采取哪些表现形式，取决于历史传统和现实状况等多种因素

B. 宪法惯例实质上是一种宪法和法律条文无明确规定、但被普遍遵循的政治行为规范

---

〔1〕 D 〔2〕 C

C. 宪法性法律是指国家立法机关为实施宪法典而制定的调整宪法关系的法律

D. 有些成文宪法国家的法院基于对宪法的解释而形成的判例也构成该国的宪法渊源

【解析】 有些国家没有成文宪法典。C 项错误。

2. 下列哪些选项属于我国宪法的渊源？（2007 - 1 - 59）[1]

A. 中华人民共和国现行宪法及其修正案

B. 中华人民共和国地方各级人民代表大会和地方各级人民政府组织法

C. 中华人民共和国立法法

D. 宪法判例

【解析】 我国宪法的渊源主要包括：宪法典、宪法性法律、宪法惯例。我国没有宪法判例。D 项错误。

【特别提示】 宪法判例属于宪法的渊源之一，但不属于我国宪法的渊源。

3. 根据《宪法》的规定，关于宪法文本的内容，下列哪一选项是正确的？（2013 - 1 - 21）[2]

A.《宪法》明确规定了宪法与国际条约的关系

B.《宪法》明确规定了宪法的制定、修改制度

C. 作为《宪法》的"附则"，《宪法修正案》是我国宪法的组成部分

D.《宪法》规定了居民委员会、村民委员会的性质和产生，两者同基层政权的相互关系由法律规定

【解析】 我国现行宪法没有对宪法与条约关系作出具体规定。但从宪法序言中可以看出我国处理两者关系的基本原则，即我国以和平共处五项原则为基础，发展同各国的外交关系和经济、文化的交流。A 项错误。

《宪法》第 62 条："全国人民代表大会行使下列职权：（一）修改宪法；……"。因此我国现行宪法并未规定宪法的制定制度，仅仅规定了宪法的修改制度。B 项错误。

我国《宪法》没有"附则"。C 项错误。

《宪法》第 111 条第 1 款规定："城市和农村按居民居住地区设立的居民委员会或者村民委员会是基层群众性自治组织。居民委员会、村民委员会的主任、副主任和委员由居民选举。居民委员会、村民委员会同基层政权的相互关系由法律规定。"D 项正确。

4. 宪法结构指宪法内容的组织和排列形式。关于我国宪法结构，下列哪一选项是不正确的？（2011 - 1 - 22）[3]

A. 宪法序言规定了宪法的根本法地位和最高法律效力

B. 现行宪法正文的排列顺序是：总纲、公民的基本权利和义务、国家机构以及国旗、国歌、国徽、首都

C. 宪法附则没有法律效力

D. 宪法没有附则

【解析】《宪法》序言：本宪法以法律的形式确认了中国各族人民奋斗的成果，规定了国家的根本制度和根本任务，是国家的根本法，具有最高的法律效力。全国各族人民、一切国家机关和武装力量、各政党和各社会团体、各企业事业组织，都必须以宪法为根本的活动准则，并且负有维护宪法尊严、保证宪法实施的职责。A 项正确。

《宪法》除序言外，分为总纲，公民的基本权利和义务，国家机构，国旗、国歌、国徽、

_____

[1] ABC [2] D [3] C

首都，共四章143条。B项正确。

一部完整的《宪法》，应当包括序言、正文和附则。附则是宪法的组成部分，具有法律效力。但我国《宪法》没有"附则"。C项错误，D项正确。

5. 关于宪法表现形式的说法，下列哪些选项是正确的？（2010 - 1 - 62）[1]

A. 宪法典是所有国家宪法结构体系的核心，均具有内容完整、逻辑严谨的特征

B. 宪法判例主要存在于普通法系国家，这些国家具有"遵从先例"的司法传统

C. 宪法判例在美国只能通过联邦最高法院新的宪法判例才能推翻

D. 宪法判例在英国有着调整英王、议会、内阁之间关系的决定性作用

【解析】宪法典是绝大多数国家宪法采用的形式，但在英国等不成文宪法国家并没有宪法典。A项错误。

宪法判例是指宪法条文无明文规定，而由司法机关在审判实践中逐渐形成并具有宪法效力的判例，主要存在于普通法系国家。B项正确。

根据"遵循先例"和"违宪审查"原则，宪法判例在美国联邦最高法院和其他联邦上诉法院都可以用新的宪法判例进行推翻。C项错误。

宪法判例作为英国的不成文宪法的组成部分，主要就是调整英王、议会、内阁之间关系，并且起决定性作用。D项正确。

考点五　宪法的效力

1. 关于宪法效力的说法，下列选项正确的是：（2014 - 1 - 94）[2]

A. 宪法修正案与宪法具有同等效力

B. 宪法不适用于定居国外的公民

C. 在一定条件下，外国人和法人也能成为某些基本权利的主体

D. 宪法作为整体的效力及于该国所有领域

【解析】宪法修正案属于《宪法》的内容，与宪法具有同等效力。A项正确。

《宪法》第50条："中华人民共和国保护华侨的正当的权利和利益，保护归侨和侨眷的合法的权利和利益。"B项错误。

我国宪法保护人权的主体非常广泛，宪法不仅保护我国公民的基本权利，也保护外国人的权利；不仅保护个人的权利，也保护群体的权利。在一定条件下，外国人和法人也能成为某些基本权利的主体，比如，外国人也享有人身自由权。C项正确。

宪法在一国主权范围内都有效。D项正确。

2. 关于我国宪法对领土的效力，下列表述正确的是：（2012 - 1 - 89）[3]

A. 领土包括一个国家的陆地、河流、湖泊、内海、领海以及它们的底床、底土和上空（领空）

B. 领土是国家的构成要素之一，是国家行使主权的空间，也是国家行使主权的对象

C. 《宪法》在国土所有领域的适用上无任何差异

D. 《宪法》的空间效力及于国土全部领域，是由主权的唯一性和不可分割性决定的

【解析】由于宪法本身的综合性和价值多元性，宪法在不同领域的适用上是有所差异的。比如在我国的香港特别行政区、澳门特别行政区、台湾地区，政治、经济、社会制度和大陆地

---

[1]　BD　[2]　ACD　[3]　ABD

区是有区别的。但任何组成部分上的特殊性并不意味着对这个整体的否定，宪法作为整体的效力及于中华人民共和国的所有领域。因此 A 项、B 项、D 项正确，C 项错误。

3. 宪法效力是指宪法作为法律规范所具有的约束力与强制性。关于我国宪法效力，下列哪一选项是不正确的？（2011 - 1 - 23）[1]

A. 侨居国外的华侨受中国宪法保护

B. 宪法的效力及于中华人民共和国的所有领域

C. 宪法的最高法律效力首先源于宪法的正当性

D. 宪法对法院的审判活动没有约束力

【解析】《宪法》第 50 条："中华人民共和国保护华侨的正当的权利和利益，保护归侨和侨眷的合法的权利和利益。"A 项正确。

我国宪法对领土的效力，即空间效力及于国土的所有领域，包括陆地、河流、湖泊、内海、领海以及它们的底床、底土和上空。这是由主权的唯一性和不可分割性决定的，也是由宪法的根本法地位决定的。B 项正确。

宪法之所以具有最高的法律效力，首先是因为宪法具有正当性。宪法的正当性是指宪法制定权、宪法内容、宪法程序的正当性。宪法作为社会共同体的基本规则，是社会多数人共同意志的最高体现。C 项正确。

宪法效力具有最高性与直接性，不仅是立法的基础，而且对于立法行为与依据宪法进行的各种行为产生直接的约束力。法院审判活动必须遵守宪法和法律的规定。D 项错误。

4. 关于《宪法》对自然人的适用效力，下列哪一选项是错误的？（2008 川 - 1 - 18）[2]

A. 我国宪法适用于一切拥有中国国籍的人

B. 对于因出生取得国籍的确定，我国采取出生地主义和血统主义相结合的原则

C. 侨居在国外的华侨受中国宪法保护

D. 宪法也同等地适用于居住在中国境内的外国人

【解析】《宪法》第 33 条第 1 款："凡具有中华人民共和国国籍的人都是中华人民共和国公民。"我国宪法适用于一切拥有中国国籍的人。A 项正确。

《国籍法》第 4 条："父母双方或一方为中国公民，本人出生在中国，具有中国国籍。"第 5 条："父母双方或一方为中国公民，本人出生在外国，具有中国国籍；但父母双方或一方为中国公民并定居在外国，本人出生时即具有外国国籍的，不具有中国国籍。"第 6 条："父母无国籍或国籍不明，定居在中国，本人出生在中国，具有中国国籍。"从这 3 条的规定可以看出，对于因出生取得国籍的，我国采取出生地主义和血统主义相结合的原则。B 项正确。

《宪法》第 50 条："中华人民共和国保护华侨的正当的权利和利益，保护归侨和侨眷的合法的权利和利益。"注意该条中的"正当"与"合法"。C 项正确。

外国人在一定的条件下成为基本权利主体，在享有基本权利的范围内，宪法效力适用于外国人，但并不能说宪法中的一切权利都同等地适用于居住在中国境内的外国人，例如选举权。D 项错误。

5. 关于我国的国家结构形式，下列选项正确的是：（2012 - 1 - 90）[3]

A. 我国实行单一制国家结构形式

B. 维护宪法权威和法制统一是国家的基本国策

C. 在全国范围内实行统一的政治、经济、社会制度

---

[1] D [2] D [3] ABD

D. 中华人民共和国是一个统一的国际法主体

【解析】我国的国家结构形式是单一制,单一制国家具有如下特点:(1)从法律制度上来看,单一制国家只有一部宪法;(2)从政权组织形式上看,除有个别特殊地方外,中央和地方均采用相同的政府体制;(3)在权力配置上,地方权力来源于中央的授权,国家权力重心在中央;(4)在国际关系上,只有一个国际法主体,其地方政府一般不能作为国际法的主体参与国际关系;(5)公民具有统一的国籍;(6)地方作为国家的行政区域单位,不具有独立性。A项、B项、D项正确。

我国在全国范围内并不实行统一的政治、经济、社会制度。比如大陆地区实行社会主义制度,香港特别行政区、澳门特别行政区实行资本主义制度,台湾地区实行资本主义制度。C项错误。

考点六 宪法的实施及其保障

1. 根据《选举法》和相关法律的规定,关于选举的主持机构,下列哪一选项是正确的?(2016 - 1 - 24)[1]

A. 乡镇选举委员会的组成人员由不设区的市、市辖区、县、自治县的人大常委会任命

B. 县级人大常委会主持本级人大代表的选举

C. 省人大在选举全国人大代表时,由省人大常委会主持

D. 选举委员会的组成人员为代表候选人的,应当向选民说明情况

【解析】《选举法》第10条第1款第2句规定:"乡、民族乡、镇的选举委员会的组成人员由不设区的市、市辖区、县、自治县的人民代表大会常务委员会任命。"因此A项正确。第9条第2款第1句规定:"不设区的市、市辖区、县、自治县、乡、民族乡、镇设立选举委员会,主持本级人民代表大会代表的选举。"因此B项错误。第39条规定:"县级以上的地方各级人民代表大会在选举上一级人民代表大会代表时,由各该级人民代表大会主席团主持。"因此C项错误。第10条第2款规定:"选举委员会的组成人员为代表候选人的,应当辞去选举委员会的职务。"因此D项错误。

2. 根据《宪法》和法律,关于我国宪法监督方式的说法,下列选项正确的是:(2016 - 1 - 94)[2]

A. 地方性法规报全国人大常委会和国务院备案,属于事后审查

B. 自治区人大制定的自治条例报全国人大常委会批准后生效,属于事先审查

C. 全国人大常委会应国务院的书面审查要求对某地方性法规进行审查,属于附带性审查

D. 全国人大常委会只有在相关主体提出对某规范性文件进行审查的要求或建议时才启动审查程序

【解析】《立法法》第109条第2项规定:"省、自治区、直辖市的人民代表大会及其常务委员会制定的地方性法规,报全国人民代表大会常务委员会和国务院备案;设区的市、自治州的人民代表大会及其常务委员会制定的地方性法规,由省、自治区的人民代表大会常务委员会报全国人民代表大会常务委员会和国务院备案。""备案"属于事后审查,因此A项正确。

根据第85条第1款第2、3句的规定:"自治区的自治条例和单行条例,报全国人民代表

---

[1] A   [2] AB

大会常务委员会批准后生效。自治州、自治县的自治条例和单行条例报省、自治区、直辖市的人民代表大会常务委员会批准后生效。""批准"属于事先审查，因此 B 项正确。

附带性审查是指司法机关在审理案件过程中，因提出对所适用的法律法规和规范性文件是否违宪的问题，而对该法律法规和规范性文件所进行的合宪性审查。附带性审查往往以争诉事件为前提，所审查的也是与争诉有关的法律法规和规范性文件。全国人大常委会应国务院的书面审查要求对某地方性法规进行审查，属于我国宪法监督中的事后审查，因此 C 项错误。

我国《立法法》第 111 条第 1 款规定："全国人民代表大会专门委员会、常务委员会工作机构可以对报送备案的行政法规、地方性法规、自治条例和单行例等进行主动审查，并可以根据需要进行专项审查。"因此 D 项错误。

3.《全国人民代表大会常务委员会关于实行宪法宣誓制度的决定》于 2016 年 1 月 1 日起实施。关于宪法宣誓制度的表述，下列哪些选项是正确的？（2016 – 1 – 61）[1]

A. 该制度的建立有助于树立宪法的权威
B. 宣誓场所应当悬挂中华人民共和国国旗或者国徽
C. 宣誓主体限于各级政府、法院和检察院任命的国家工作人员
D. 最高法院副院长、审判委员会委员进行宣誓的仪式由最高法院组织

【解析】《全国人民代表大会常务委员会关于实行宪法宣誓制度的决定》规定："宪法是国家的根本法，是治国安邦的总章程，具有最高的法律地位、法律权威、法律效力。国家工作人员必须树立宪法意识，恪守宪法原则，弘扬宪法精神，履行宪法使命。为彰显宪法权威，激励和教育国家工作人员忠于宪法、遵守宪法、维护宪法，加强宪法实施……"因此 A 项正确。

第 8 条第 2 款第 1 句规定："宣誓场所应当庄重、严肃，悬挂中华人民共和国国旗或者国徽。"因此 B 项正确。

第 3 至 7 条对宣誓主体进行了详细的规定，宣誓主体包括各级人大及常委会选举或者任命产生的国家工作人员，也包括一府两院任命的国家工作人员，因此 C 项错误。

根据第 6 条的规定，全国人民代表大会常务委员会任命或者决定任命的最高人民法院副院长、审判委员会委员等进行宪法宣誓的仪式，由最高人民法院组织。因此 D 项正确。

4. 我国《宪法》第三十八条明确规定："中华人民共和国公民的人格尊严不受侵犯。"关于该条文所表现的宪法规范，下列哪些选项是正确的？（2015 – 1 – 61）[2]

A. 在性质上属于组织性规范
B. 通过《民法通则》中有关姓名权的规定得到了间接实施
C. 法院在涉及公民名誉权的案件中可以直接据此作出判决
D. 与法律中的有关规定相结合构成一个有关人格尊严的规范体系

【解析】该条文属于人权性规范。A 项错误。

宪法不能够直接适用于具体案件，一般都是由部门法将其细化后得以间接适用。B 项、D 项正确，C 项错误

5. 宪法解释是保障宪法实施的一种手段和措施。关于宪法解释，下列选项正确的是：（2015 – 1 – 94）[3]

A. 由司法机关解释宪法的做法源于美国，也以美国为典型代表
B. 德国的宪法解释机关必须结合具体案件对宪法含义进行说明
C. 我国的宪法解释机关对宪法的解释具有最高的、普遍的约束力

---

〔1〕 ABD 〔2〕 BD 〔3〕 ACD

D. 我国国务院在制定行政法规时，必然涉及对宪法含义的理解，但无权解释宪法

【解析】德国有专门的宪法法院而非进行附带审查。B项错误。

6. 关于我国的宪法宣誓制度，以下说法正确的有？[1]

A. 在就职时应当公开进行宪法宣誓的人员仅限于我国各级人大及其常委会选举或者决定产生的国家工作人员

B. 全国人大主席团组织全国人大选举或者决定产生的人员的宣誓仪式

C. 地方工作人员的宣誓仪式由省级人大常委会负责组织

D. 最高人民法院副院长、最高人民检察院副检察长也要进行宪法宣誓，宣誓仪式由全国人民代表大会常务委员会组织

【解析】各级人民代表大会及县级以上各级人民代表大会常务委员会选举或者决定任命的国家工作人员，以及各级人民政府、监察委员会、人民法院、人民检察院任命的国家工作人员，在就职时应当公开进行宪法宣誓，A错误。B正确。宣誓的具体组织办法由省、自治区、直辖市人民代表大会常务委员会参照《全国人民代表大会常务委员会关于实行宪法宣誓制度的决定》制定，报全国人民代表大会常务委员会备案，C错误。最高人民法院副院长、最高人民检察院副检察长的宪法宣誓分别由最高人民法院、最高人民检察院组织，D错误。

7. 十八届四中全会就已经提出来要加强宪法的实施和监督，强化宪法监督的体制机制建设，党的十九大报告中对此进一步提出要推进合宪性审查工作，因此，我国通常采取事前监督和事后监督两种方式来进行立法监督。对此，以下说法正确的是？（2018年回忆版）[2]

A. 全国人大常委会可以对广西壮族自治区制定的自治条例以批准或者不批准的方式进行监督

B. 山东省人大可以撤销或者改变山东省政府制定的政府规章

C. 国务院只能对各部委制定的部门规章的合法性进行监督

D. 授权机关可以撤销被授权机关超越权限、违背授权目的制定的法规，但是不能撤销授权

【解析】省人大与省政府之间是监督关系，因此山东省人大常委会可以撤销山东省政府制定的政府规章，而不能改变，B错误。国务院可以对各部委制定的部门规章的适当性进行监督，C错误。授权机关在必要时可以撤销授权，D错误。

8. 宪法作为国家根本法，在国家和社会中发挥重要作用。关于宪法作用和宣誓制度，下列哪个选项是正确的？（2018年回忆版）[3]

A. 宪法为避免法律体系内部冲突，提供了具体机制

B. 宪法宣誓制度有助于宪法作用发挥

C. 宪法能够为司法活动提供明确直接依据

D. 宪法的修改是宪法作用发挥的重要前提

【解析】宪法为避免法律体系内部冲突，并没有明确提供具体机制，故A项错误。宪法宣誓有助于彰显宪法权威，激励和教育国家工作人员忠于宪法、遵守宪法、维护宪法，加强宪法实施。故B项正确。宪法的规定笼统、抽象，并没有为司法活动提供明确直接依据，故C项错误。宪法即使没有修改，也可发挥宪法作用，故D项错误。

9. 根据《宪法》和法律，关于国家勋章和国家荣誉称号，下列哪些选项是正确的？（2021年回忆版）[4]

A. 全国人大常委会可依法予以撤销
B. 是法定的国家最高荣誉
C. 其授予由全国人大常委会决定
D. 国务院可以向全国人大常委会提出授予国家勋章和国家荣誉称号的议案

【解析】《中华人民共和国国家勋章和国家荣誉称号法》第 18 条规定："国家勋章和国家荣誉称号获得者因犯罪被依法判处刑罚或者有其他严重违法、违纪等行为，继续享有国家勋章、国家荣誉称号将会严重损害国家最高荣誉的声誉的，由全国人民代表大会常务委员会决定撤销其国家勋章、国家荣誉称号并予以公告。"故 A 项正确。《中华人民共和国国家勋章和国家荣誉称号法》第 2 条第 1 款规定："国家勋章和国家荣誉称号为国家最高荣誉。"故 B 项正确。《中华人民共和国国家勋章和国家荣誉称号法》第 6 条规定："全国人民代表大会常务委员会决定授予国家勋章和国家荣誉称号。"故 C 项正确。《中华人民共和国国家勋章和国家荣誉称号法》第 5 条第 2 款规定："国务院、中央军事委员会可以向全国人民代表大会常务委员会提出授予国家勋章、国家荣誉称号的议案。"故 D 项正确。

专题二 国家的基本制度

考点一 基本经济制度

1. 社会主义公有制是我国经济制度的基础。根据现行《宪法》的规定，关于基本经济制度的表述，下列哪一选项是正确的？（2016－1－23）[1]

A. 国家财产主要由国有企业组成

B. 城市的土地属于国家所有

C. 农村和城市郊区的土地都属于集体所有

D. 国营经济是社会主义全民所有制经济，是国民经济中的主导力量

【解析】在我国，国有企业和国有自然资源是国家财产的主要部分。此外，国家机关、事业单位、部队等全民单位的财产也是国有财产的重要组成部分。因此 A 项错误。

我国《宪法》第 10 条第 1 款规定："城市的土地属于国家所有。"因此 B 项正确。

《宪法》第 10 条第 2 款规定："农村和城市郊区的土地，除由法律规定属于国家所有的以外，属于集体所有；宅基地和自留地、自留山，也属于集体所有。"因此 C 项错误。

《宪法》第 7 条规定："国有经济，即社会主义全民所有制经济，是国民经济中的主导力量。国家保障国有经济的巩固和发展。"而非"国营经济"，因此 D 项错误。

2. 根据《宪法》规定，关于我国基本经济制度的说法，下列选项正确的是：（2014－1－95）[2]

A. 国家实行社会主义市场经济

B. 国有企业在法律规定范围内和政府统一安排下，开展管理经营

C. 集体经济组织实行家庭承包经营为基础、统分结合的双层经营体制

D. 土地的使用权可以依照法律的规定转让

【解析】《宪法》第 15 条第 1 款："国家实行社会主义市场经济。"A 项正确。

《宪法》第 16 条第 1 款："国有企业在法律规定的范围内有权自主经营。"B 项错误。

《宪法》第 8 条第 1 款："农村集体经济组织实行家庭承包经营为基础、统分结合的双层经营体制。农村中的生产、供销、信用、消费等各种形式的合作经济，是社会主义劳动群众集体所有制经济。参加农村集体经济组织的劳动者，有权在法律规定的范围内经营自留地、自留山、家庭副业和饲养自留畜。"C 项错误。

根据《宪法》第 10 条第 4 款的规定，土地的使用权可以依照法律的规定转让。D 项正确。

---

[1] B [2] AD

3. 根据《宪法》的规定，下列哪些选项是正确的？（2012 - 1 - 60）[1]

A. 社会主义的公共财产神圣不可侵犯

B. 社会主义的公共财产包括国家的和集体的财产

C. 国家可以对公民的私有财产实行无偿征收或征用

D. 土地的使用权可以依照法律的规定转让

【解析】《宪法》第12条："社会主义的公共财产神圣不可侵犯。国家保护社会主义的公共财产。禁止任何组织或者个人用任何手段侵占或者破坏国家的和集体的财产。"A项、B项正确。

《宪法》第13条第3款："国家为了公共利益的需要，可以依照法律规定对公民的私有财产实行征收或者征用并给予补偿。"C项错误。

根据《宪法》第10条第4款的规定，土地的使用权可以依照法律的规定转让。D项正确。

【特别提示】我国《宪法》中出现"神圣"两字只有三处：

1.《宪法》序言："台湾是中华人民共和国的神圣领土的一部分。完成统一祖国的大业是包括台湾同胞在内的全中国人民的神圣职责。"

2.《宪法》第12条第1款："社会主义的公共财产神圣不可侵犯。"注意，《宪法》第13条第1款："公民的合法的私有财产不受侵犯。"该法条无"神圣"两字。

3.《宪法》第55条："保卫祖国、抵抗侵略是中华人民共和国每一个公民的神圣职责。"

4. 关于经济制度与宪法关系，下列哪一选项是错误的？（2009 - 1 - 22）[2]

A. 自德国魏玛宪法以来，经济制度便成为现代宪法的重要内容之一

B. 宪法对经济关系特别是生产关系的确认与调整构成一国的基本经济制度

C. 我国宪法修正案第16条规定，法律范围内的非公有制经济是社会主义市场经济的重要组成部分

D. 私有财产神圣不可侵犯是我国宪法的一项基本原则

【解析】《宪法》第12条第1款："社会主义的公共财产神圣不可侵犯。"《宪法》第13条第1款："公民的合法的私有财产不受侵犯。"D项错误。A项、B项、C项正确。

【特别提示】1918年的苏俄宪法第一次系统规定了经济制度，1919年德国魏玛宪法不仅详尽规定了公民的文化权利，而且还明确规定了国家的基本文化政策，第一次比较全面系统规定了文化制度。

5. 下列有关我国经济制度说法正确的是？[3]

A. 我国的森林、草原和山岭既可以属于国家所有，也可以属于集体所有

B. 现阶段国家鼓励、支持和引导非公有制经济的发展，因为非公有制经济是公有制经济的有益补充

C. 农村和城市郊区的土地属于集体专属所有，国家不享有所有权

D. 任何组织或者个人不得侵占、买卖、出租或者以其他形式非法转让土地

【解析】根据《宪法》第9条，A正确。根据《宪法》第11条，B项后半部错误，该说法已经被1999年修正案修改为，非公有制经济是社会主义市场经济的重要组成部分，B错误。根据《宪法》第10条第2款、第4款规定："农村和城市郊区的土地，除由法律规定属于国家所有的以外，属于集体所有。……任何组织或者个人不得侵占、买卖或者以其他形式非法转让土地。土地的使用权可以依照法律的规定转让。"因此C错误。个人可以依法出租土地，D

错误。

6. 根据我国《宪法》的规定，下列说法不正确的是？（2018 年回忆版）[1]

A. 城市的土地属于国家所有，农村和城市郊区的土地，除由法律规定属于国家所有的以外，属于集体所有

B. 宅基地、自留地、自留山属于集体所有

C. 国家为了公共利益的需要，可以对土地实行征收或征用并给予补偿

D. 土地的所有权可以依照法律的规定转让

【解析】《宪法》第 10 条规定：城市的土地属于国家所有。农村和城市郊区的土地，除由法律规定属于国家所有的以外，属于集体所有。故 A 项正确。宅基地和自留地、自留山，也属于集体所有。故 B 项正确。国家为了公共利益的需要，可以依照法律规定对土地实行征收或者征用并给予补偿。故 C 项正确。任何组织或者个人不得侵占、买卖或者以其他形式非法转让土地。土地的使用权可以依照法律的规定转让。一切使用土地的组织和个人必须合理地利用土地。故 D 项错误。

考点二　选举制度

1. 根据《选举法》和相关法律的规定，关于选举的主持机构，下列哪一选项是正确的？（2016 – 1 – 24）[2]

A. 乡镇选举委员会的组成人员由不设区的市、市辖区、县、自治县的人大常委会任命

B. 县级人大常委会主持本级人大代表的选举

C. 省人大在选举全国人大代表时，由省人大常委会主持

D. 选举委员会的组成人员为代表候选人的，应当向选民说明情况

【解析】根据《选举法》第 10 条第 1 款的规定，乡、民族乡、镇的选举委员会的组成人员由不设区的市、市辖区、县、自治县的人民代表大会常务委员会任命。因此 A 项正确。

根据《选举法》第 9 条第 2 款的规定，不设区的市、市辖区、县、自治县、乡、民族乡、镇设立选举委员会，主持本级人民代表大会代表的选举。因此 B 项错误。

《选举法》第 39 条规定："县级以上的地方各级人民代表大会在选举上一级人民代表大会代表时，由各该级人民代表大会主席团主持。"因此 C 项错误。

《选举法》第 10 条第 2 款规定："选举委员会的组成人员为代表候选人的，应当辞去选举委员会的职务。"因此 D 项错误。

2. 某省人大选举实施办法中规定："本行政区域各选区每一代表所代表的人口数应当大体相等。各选区每一代表所代表的人口数与本行政区域内每一代表所代表的平均人口数之间相差的幅度一般不超过百分之三十。"关于这一规定，下列哪些说法是正确的？（2017 – 1 – 62）[3]

A. 是选举权的平等原则在选区划分中的具体体现

B. "大体相等"允许每一代表所代表的人口数之间存在差别

C. "百分之三十"的规定是对前述"大体相等"的进一步限定

D. 不保证各地区、各民族、各方面都有适当数量的代表

【解析】《选举法》第 15 条第 1 款规定："地方各级人民代表大会代表名额，由本级人民

---

[1] D　[2] A　[3] ABC

代表大会常务委员会或者本级选举委员会根据本行政区域所辖的下一级各行政区域或者各选区的人口数，按照每一代表所代表的城乡人口数相同的原则，以及保证各地区、各民族、各方面都有适当数量代表的要求进行分配。在县、自治县的人民代表大会中，人口特少的乡、民族乡、镇，至少应有代表一人。"因此D项错误，A项、B项、C项正确。

3. 甲市乙县人民代表大会在选举本县的市人大代表时，乙县多名人大代表接受甲市人大代表候选人的贿赂。对此，下列哪些说法是正确的？（2015－1－63）[1]

 A. 乙县选民有权罢免受贿的该县人大代表

 B. 乙县受贿的人大代表应向其所在选区的选民提出辞职

 C. 甲市人大代表候选人行贿行为属于破坏选举的行为，应承担法律责任

 D. 在选举过程中，如乙县人大主席团发现有贿选行为应及时依法调查处理

【解析】根据《选举法》第55条第2款的规定，县级人大代表辞职需要向县级常委会提出。B项错误。A项、C项、D项正确。

4. 根据《选举法》的规定，关于选举制度，下列哪些选项是正确的？（2014－1－62）[2]

 A. 全国人大和地方人大的选举经费，列入财政预算，由中央财政统一开支

 B. 全国人大常委会主持香港特别行政区全国人大代表选举会议第一次会议，选举主席团，之后由主席团主持选举

 C. 县级以上地方各级人民代表大会举行会议的时候，三分之一以上代表联名，可以提出对由该级人民代表大会选出的上一级人大代表的罢免案

 D. 选民或者代表10人以上联名，可以推荐代表候选人

【解析】《选举法》第8条规定："全国人民代表大会和地方各级人民代表大会的选举经费，列入财政预算，由国库开支。"而非"由中央财政统一开支"。A项错误。

《香港特别行政区选举第十二届全国人民代表大会代表的办法》第2条规定："香港特别行政区选举第十二届全国人民代表大会代表由全国人民代表大会常务委员会主持。"第6条规定："选举会议第一次会议由全国人民代表大会常务委员会召集，根据全国人民代表大会常务委员会委员长会议的提名，推选十九名选举会议成员组成主席团。主席团从其成员中推选常务主席一人。主席团主持选举会议。主席团常务主席主持主席团会议。"B项正确。

根据《选举法》第51条第1款的规定，县级以上的地方各级人民代表大会举行会议的时候，主席团或者十分之一以上代表联名，可以提出对由该级人民代表大会选出的上一级人民代表大会代表的罢免案。C项错误。

《选举法》第30条第2款规定："各政党、各人民团体，可以联合或者单独推荐代表候选人。选民或者代表，十人以上联名，也可以推荐代表候选人。推荐者应向选举委员会或者大会主席团介绍代表候选人的情况。接受推荐的代表候选人应当向选举委员会或者大会主席团如实提供个人身份、简历等基本情况。提供的基本情况不实的，选举委员会或者大会主席团应当向选民或者代表通报。"D项正确。

5. 根据《宪法》和法律的规定，关于选举程序，下列哪些选项是正确的？（2013－1－60）[3]

 A. 乡级人大接受代表辞职，须经本级人民代表大会过半数的代表通过

 B. 经原选区选民30人以上联名，可以向县级的人民代表大会常务委员会书面提出罢免乡级人大代表的要求

 C. 罢免县级人民代表大会代表，须经原选区2/3以上的选民通过

_____

[1] ACD   [2] BD   [3] AB

D. 补选出缺的代表时，代表候选人的名额必须多于应选代表的名额

【解析】《选举法》第 55 条第 2 款规定："县级的人民代表大会代表可以向本级人民代表大会常务委员会书面提出辞职，乡级的人民代表大会代表可以向本级人民代表大会书面提出辞职。县级的人民代表大会常务委员会接受辞职，须经常务委员会组成人员的过半数通过。乡级的人民代表大会接受辞职，须经人民代表大会过半数的代表通过。接受辞职的，应当予以公告。"A 项正确。

《选举法》第 50 条第 1 款规定："对于县级的人民代表大会代表，原选区选民五十人以上联名，对于乡级的人民代表大会代表，原选区选民三十人以上联名，可以向县级的人民代表大会常务委员会书面提出罢免要求。"B 项正确。

《选举法》第 53 条第 1 款规定："罢免县级和乡级的人民代表大会代表，须经原选区过半数的选民通过。"C 项错误。

《选举法》第 57 条第 1 款、第 4 款规定："代表在任期内，因故出缺，由原选区或者原选举单位补选。……补选出缺的代表时，代表候选人的名额可以多于应选代表的名额，也可以同应选代表的名额相等。补选的具体办法，由省、自治区、直辖市的人民代表大会常务委员会规定。"D 项错误。

6. 关于各少数民族人大代表的选举，下列哪一选项是不正确的？（2012－1－24）[1]

A. 有少数民族聚居的地方，每一聚居的少数民族都应有代表参加当地的人民代表大会

B. 散居少数民族应选代表，每一代表所代表的人口数可少于当地人民代表大会每一代表所代表的人口数

C. 聚居境内同一少数民族的总人口占境内总人口数 30% 以上的，每一代表所代表的人口数应相当于当地人民代表大会每一代表所代表的人口数

D. 实行区域自治人口特少的自治县，每一代表所代表的人口数可以少于当地人民代表大会每一代表所代表的人口数的 1/2

【解析】《选举法》第 19 条："有少数民族聚居的地方，每一聚居的少数民族都应有代表参加当地的人民代表大会。聚居境内同一少数民族的总人口数占境内总人口数百分之三十以上的，每一代表所代表的人口数应相当于当地人民代表大会每一代表所代表的人口数。聚居境内同一少数民族的总人口数不足境内总人口数百分之十五的，每一代表所代表的人口数可以适当少于当地人民代表大会每一代表所代表的人口数，但不得少于二分之一；实行区域自治的民族人口特少的自治县，经省、自治区的人民代表大会常务委员会决定，可以少于二分之一。人口特少的其他聚居民族，至少应有代表一人。聚居境内同一少数民族的总人口数占境内总人口数百分之十五以上、不足百分之三十的，每一代表所代表的人口数，可以适当少于当地人民代表大会每一代表所代表的人口数，但分配给该少数民族的应选代表名额不得超过代表总名额的百分之二十。"A 项、C 项正确，D 项缺少"经省、自治区的人民代表大会常务委员会决定"的程序，该项表述错误。

《选举法》第 21 条第 1 款规定："散居的少数民族应选当地人民代表大会的代表，每一代表所代表的人口数可以少于当地人民代表大会每一代表所代表的人口数。"B 项正确。

7. 根据《选举法》的规定，关于选举机构，下列哪一选项是不正确的？（2011－1－25）[2]

A. 特别行政区全国人大代表的选举由全国人大常委会主持

---

[1] D [2] B

B. 省、自治区、直辖市、设区的市、自治州的人大常委会领导本行政区域内县级以下人大代表的选举工作

C. 乡、民族乡、镇的选举委员会受不设区的市、市辖区、县、自治县人大常委会的领导

D. 选举委员会对依法提出的有关选民名单的申诉意见，应在 3 日内作出处理决定

【解析】《香港特别行政区选举第十二届全国人民代表大会代表的办法》第 2 条规定："香港特别行政区选举第十二届全国人民代表大会代表由全国人民代表大会常务委员会主持。"《澳门特别行政区选举第十二届全国人民代表大会代表的办法》第 2 条也有相似规定。A 项正确。

《选举法》第 9 条第 3 款规定："省、自治区、直辖市、设区的市、自治州的人民代表大会常务委员会指导本行政区域内县级以下人民代表大会代表的选举工作。"注意是"指导"而不是"领导"。B 项错误。

《选举法》第 9 条第 2 款规定："不设区的市、市辖区、县、自治县、乡、民族乡、镇设立选举委员会，主持本级人民代表大会代表的选举。不设区的市、市辖区、县、自治县的选举委员会受本级人民代表大会常务委员会的领导。乡、民族乡、镇的选举委员会受不设区的市、市辖区、县、自治县的人民代表大会常务委员会的领导。"C 项正确。

《选举法》第 29 条规定："对于公布的选民名单有不同意见的，可以在选民名单公布之日起五日内向选举委员会提出申诉。选举委员会对申诉意见，应在三日内作出处理决定。申诉人如果对处理决定不服，可以在选举日的五日以前向人民法院起诉，人民法院应在选举日以前作出判决。人民法院的判决为最后决定。"D 项正确。

8. 关于地方人大代表名额，下列说法正确的是：(2010－1－94)[1]

A. 省、自治区、直辖市的代表总名额不超过 1000 名

B. 设区的市、自治州的代表总名额不得超过 650 名

C. 不设区的市、县、自治县人口不足 5 万的，代表总名额可以少于 140 名

D. 乡、镇、民族乡人口不足 2000 的，代表总名额可以少于 40 名

【解析】《选举法》第 12 条规定："地方各级人民代表大会的代表名额，按照下列规定确定：(一) 省、自治区、直辖市的代表名额基数为三百五十名，省、自治区每十五万人可以增加一名代表，直辖市每二万五千人可以增加一名代表；但是，代表总名额不得超过一千名；(二) 设区的市、自治州的代表名额基数为二百四十名，每二万五千人可以增加一名代表；人口超过一千万的，代表总名额不得超过六百五十名；(三) 不设区的市、市辖区、县、自治县的代表名额基数为一百四十名，每五千人可以增加一名代表；人口超过一百五十五万的，代表总名额不得超过四百五十名；人口不足五万的，代表总名额可以少于一百四十名；(四) 乡、民族乡、镇的代表名额基数为四十五名，每一千五百人可以增加一名代表；但是，代表总名额不得超过一百六十名；人口不足二千的，代表总名额可以少于四十五名。

按照前款规定的地方各级人民代表大会的代表名额基数与按人口数增加的代表数相加，即为地方各级人民代表大会的代表总名额。

自治区、聚居的少数民族多的省，经全国人民代表大会常务委员会决定，代表名额可以另加百分之五。聚居的少数民族多或者人口居住分散的县、自治县、乡、民族乡，经省、自治区、直辖市的人民代表大会常务委员会决定，代表名额可以另加百分之五。"A 项、B 项、C 项正确。D 项错误。

---

[1] ABC

9. 根据《宪法》和《选举法》规定，下列哪一选项是正确的？（2009－1－21）[1]

A. 选民登记按选区进行，每次选举前选民资格都要进行重新登记

B. 选民名单应在选举日的 15 日以前公布

C. 对于公布的选民名单有不同意见的，可以向选举委员会申诉或者直接向法院起诉

D. 法院对于选民名单意见的起诉应在选举日以前作出判决

【解析】根据《选举法》第 27 条第 1 款的规定，选民登记按选区进行，经登记确认的选民资格长期有效。A 项错误。

《选举法》第 28 条："选民名单应在选举日的二十日以前公布，实行凭选民证参加投票选举的，并应当发给选民证。"B 项错误。

《选举法》第 29 条："对于公布的选民名单有不同意见的，可以在选民名单公布之日起五日内向选举委员会提出申诉。选举委员会对申诉意见，应在三日内作出处理决定。申诉人如果对处理决定不服，可以在选举日的五日以前向人民法院起诉，人民法院应在选举日以前作出判决。人民法院的判决为最后决定。"申诉是起诉的必经程序。C 项错误，D 项正确。

10. 根据我国《宪法》和《选举法》的规定，下列哪些选项是正确的？（2008－1－61）[2]

A. 全国人民代表大会常务委员会主持全国人民代表大会代表的选举工作

B. 县级以上地方各级人民代表大会常务委员会主持本级人民代表大会代表的选举工作

C. 乡、民族乡、镇设立选举委员会，主持本级人民代表大会代表的选举工作

D. 乡、民族乡、镇设立的选举委员会受不设区的市、市辖区、县、自治县的人民代表大会常务委员会的领导

【解析】《选举法》第 9 条："全国人民代表大会常务委员会主持全国人民代表大会代表的选举。省、自治区、直辖市、设区的市、自治州的人民代表大会常务委员会主持本级人民代表大会代表的选举。不设区的市、市辖区、县、自治县、乡、民族乡、镇设立选举委员会，主持本级人民代表大会代表的选举。不设区的市、市辖区、县、自治县的选举委员会受本级人民代表大会常务委员会的领导。乡、民族乡、镇的选举委员会受不设区的市、市辖区、县、自治县的人民代表大会常务委员会的领导。省、自治区、直辖市、设区的市、自治州的人民代表大会常务委员会指导本行政区域内县级以下人民代表大会代表的选举工作。"A 项、C 项、D 项正确。

设区的市以上地方各级人民代表大会常务委员会主持本级人民代表大会代表的选举工作。"县级以上"包括县级在内。B 项错误。

11.《选举法》以专章规定了对代表的监督、罢免和补选的措施。关于代表的罢免，下列哪些选项符合《选举法》的规定？（2019 年回忆版）[3]

A. 罢免直接选举产生的代表，须经原选区过半数的选民通过

B. 罢免直接选举产生的代表，须将决议报送上一级人大常委会备案

C. 罢免间接选举产生的代表，须经原选举单位过半数的代表通过

D. 罢免间接选举产生的代表，在代表大会闭会期间，须经常委会成员 2/3 多数通过

【解析】A 选项正确：直接选举产生的代表的罢免需要经过原选区全体选民的过半数通过。B 选项错误：只有在罢免间接选举产生的代表时，才需要将该决议报送上一级人大常委会备案。C 选项正确：罢免间接选举产生的代表需要经过原选举单位或者人大常委会的过半数通过。D 选项错误：在人大闭会期间，常委会委员过半数即可通过对该级人大选举的上一级人大代表的罢免。

---

[1] D [2] ACD [3] AC

12. 关于县人大代表的选举，下列说法正确的是？（2020 年回忆版）[1]

A. 县人大代表的选举由县人大主席团主持

B. 10 个选民联名有权提出县人大代表候选人

C. 县人大代表选举时，候选人的人数比应选代表人数应至少多出 1/5，至多多出 1/2

D. 县人大代表的选举与罢免，均要求全体选民过半同意

【解析】根据《选举法》第 9 条第 1 款规定，市级及以上的人大代表选举由同级人大常委会主持；第 2 款规定，乡级和县级人大代表由选民直接选举，主持组织为选举委员会。故 A 项错误。根据《选举法》第 30 条第 2 款规定，10 个以上选民或代表联名有权提名候选人，政党和人民团体可以单独或者联合提名候选人。故 B 项正确。根据《选举法》第 31 条规定，人大代表实行差额选举，直接选举候选人比应选代表多 1/3 到 1 倍，间接选举候选人比应选代表多 1/5 到 1/2。县人大代表由选民直接选举，因此应当多 1/3 到 1 倍。故 C 项错误。根据《选举法》第 45 条规定，直接选举的当选要求"双过半"，即全体选民过半数参加投票，候选人获得参加投票选民的过半数选票方可当选。根据《选举法》第 53 条的规定，罢免县级和乡级的人大代表，须经原选区过半数的选民通过，也就是说直接选举的罢免要求"全过半"，即全体选民过半数同意。故 D 项错误。

考点三　民族区域自治制度

1. 2015 年 10 月，某自治州人大常委会出台了一部《关于加强本州湿地保护与利用的决定》。关于该法律文件的表述，下列哪一选项是正确的？（2016 - 1 - 27）[2]

A. 由该自治州州长签署命令予以公布

B. 可依照当地民族的特点对行政法规的规定作出变通规定

C. 该自治州所属的省的省级人大常委会应对该《决定》的合法性进行审查

D. 与部门规章之间对同一事项的规定不一致不能确定如何适用时，由国务院裁决

【解析】《立法法》第 88 条第 4 款规定："自治条例和单行条例报经批准后，分别由自治区、自治州、自治县的人民代表大会常务委员会发布公告予以公布。"因此 A 项错误。

《立法法》第 85 条第 2 款规定："自治条例和单行条例可以依照当地民族的特点，对法律和行政法规的规定作出变通规定，但不得违背法律或者行政法规的基本原则，不得对宪法和民族区域自治法的规定及其他有关法律、行政法规专门就民族自治地方所作的规定作出变通规定。"因此 B 项错误。

根据《立法法》第 85 条第 1 款的规定，自治州、自治县的自治条例和单行条例，报省、自治区、直辖市的人民代表大会常务委员会批准后生效。因此 C 项正确。

根据《立法法》第 106 条第 1 款第 2 项规定："地方性法规与部门规章之间对同一事项的规定不一致，不能确定如何适用时，由国务院提出意见，国务院认为应当适用地方性法规的，应当决定在该地方适用地方性法规的规定；认为应当适用部门规章的，应当提请全国人民代表大会常务委员会裁决。"因此 D 项错误。

2. 根据我国民族区域自治制度，关于民族自治县，下列哪一选项是错误的？（2017 - 1 - 23）[3]

A. 自治机关保障本地方各民族都有保持或改革自己风俗习惯的自由

B. 经国务院批准，可开辟对外贸易口岸

C. 县人大常委会中应有实行区域自治的民族的公民担任主任或者副主任

D. 县人大可自行变通或者停止执行上级国家机关的决议、决定、命令和指示

【解析】《民族区域自治法》第10条规定："民族自治地方的自治机关保障本地方各民族都有使用和发展自己的语言文字的自由，都有保持或者改革自己的风俗习惯的自由。"因此A项正确。第31条规定："民族自治地方依照国家规定，可以开展对外经济贸易活动，经国务院批准，可以开辟对外贸易口岸。"因此B项正确。第16条第3款规定："民族自治地方的人民代表大会常务委员会中应当有实行区域自治的民族的公民担任主任或者副主任。"因此C项正确。第20条规定："上级国家机关的决议、决定、命令和指示，如有不适合民族自治地方实际情况的，自治机关可以报经该上级国家机关批准，变通执行或者停止执行；该上级国家机关应当在收到报告之日起六十日内给予答复"，因此D项错误。

3. 根据《宪法》和法律的规定，关于民族自治地方自治权，下列哪一表述是正确的？（2015－1－24）[1]

A. 自治权由民族自治地方的权力机关、行政机关、审判机关和检察机关行使

B. 自治州人民政府可以制定政府规章对国务院部门规章的规定进行变通

C. 自治条例可以依照当地民族的特点对宪法、法律和行政法规的规定进行变通

D. 自治县制定的单行条例须报省级人大常委会批准后生效，并报全国人大常委会备案

【解析】自治机关不包括审判机关和检察机关。A项错误。

B项无此规定。B项错误。

对于上级国家机关的决议、决定、命令和指示，自治机关享有变通权，但是对于宪法所规定的内容不可以变更。C项错误。D项正确。

4. 根据《宪法》和法律的规定，关于民族区域自治制度，下列哪些选项是正确的？（2014－1－63）[2]

A. 民族自治地方法院的审判工作，受最高法院和上级法院监督

B. 民族自治地方的政府首长由实行区域自治的民族的公民担任，实行首长负责制

C. 民族自治区的自治条例和单行条例报全国人大批准后生效

D. 民族自治地方自主决定本地区人口政策，不实行计划生育

【解析】《民族区域自治法》第46条第2款规定："民族自治地方人民法院的审判工作，受最高人民法院和上级人民法院监督。民族自治地方的人民检察院的工作，受最高人民检察院和上级人民检察院领导。"A项正确。

《民族区域自治法》第17条规定："自治区主席、自治州州长、自治县县长由实行区域自治的民族的公民担任。自治区、自治州、自治县的人民政府的其他组成人员，应当合理配备实行区域自治的民族和其他少数民族的人员。民族自治地方的人民政府实行自治区主席、自治州州长、自治县县长负责制。自治区主席、自治州州长、自治县县长，分别主持本级人民政府的工作。"B项正确。

《民族区域自治法》第19条规定："民族自治地方的人民代表大会有权依照当地民族的政治、经济和文化的特点，制定自治条例和单行条例。自治区的自治条例和单行条例，报全国人民代表大会常务委员会批准后生效。自治州、自治县的自治条例和单行条例报省、自治区、直

辖市的人民代表大会常务委员会批准后生效，并报全国人民代表大会常务委员会和国务院备案。"民族自治区的自治条例和单行条例是报全国人大常委会批准，而不是报全国人大批准。C项错误。

《民族区域自治法》第44条规定："民族自治地方实行计划生育和优生优育，提高各民族人口素质。民族自治地方的自治机关根据法律规定，结合本地方的实际情况，制定实行计划生育的办法。"D项错误。

5. 根据《宪法》和《民族区域自治法》的规定，下列选项不正确的是：（2011 - 1 - 87）[1]

A. 民族区域自治以少数民族聚居区为基础，是民族自治与区域自治的结合

B. 民族自治地方的国家机关既是地方国家机关，又是自治机关

C. 上级国家机关应该在收到自治机关变通执行或者停止有关决议、决定执行的报告之日起60日内给予答复

D. 自治地方的自治机关依照国家规定，可以和外国进行教育、科技、文化等方面的交流

【解析】民族区域自治是我们党解决民族问题的基本政策，是国家的一项基本政治制度，是民族自治与区域自治相结合的制度。A项正确。

《民族区域自治法》第3条第1款："民族自治地方设立自治机关，自治机关是国家的一级地方政权机关。"第15条第1款："民族自治地方的自治机关是自治区、自治州、自治县的人民代表大会和人民政府。"民族自治地方的国家机关除了人民代表大会和人民政府外，还包括检察院、法院等司法机关，但检察院和法院不是自治机关。B项错误。

《民族区域自治法》第20条："上级国家机关的决议、决定、命令和指示，如有不适合民族自治地方实际情况的，自治机关可以报经该上级国家机关批准，变通执行或者停止执行；该上级国家机关应当在收到报告之日起六十日内给予答复。"C项正确。

《民族区域自治法》第42条第2款："自治区、自治州的自治机关依照国家规定，可以和国外进行教育、科学技术、文化艺术、卫生、体育等方面的交流。"不包括自治县一级。D项错误。

6. 关于民族自治地方的自治权，下列哪些说法是正确的？（2010 - 1 - 63）[2]

A. 民族自治地方有权自主管理地方财政

B. 自治州人大有权制定自治条例和单行条例

C. 自治县政府有权自主安排本县经济建设事业

D. 自治区政府有权保护和整理民族的文化遗产

【解析】《宪法》第117条："民族自治地方的自治机关有管理地方财政的自治权。凡是依照国家财政体制属于民族自治地方的财政收入，都应当由民族自治地方的自治机关自主地安排使用。"A项正确。

《宪法》第116条："民族自治地方的人民代表大会有权依照当地民族的政治、经济和文化的特点，制定自治条例和单行条例。自治区的自治条例和单行条例，报全国人民代表大会常务委员会批准后生效。自治州、自治县的自治条例和单行条例，报省或者自治区的人民代表大会常务委员会批准后生效，并报全国人民代表大会常务委员会备案。"B项正确。

《宪法》第118条第1款："民族自治地方的自治机关在国家计划的指导下，自主地安排和管理地方性的经济建设事业。"C项正确。

---

[1] BD [2] ABCD

《宪法》第119条："民族自治地方的自治机关自主地管理本地方的教育、科学、文化、卫生、体育事业，保护和整理民族的文化遗产，发展和繁荣民族文化。"D项正确。

7. 关于民族自治地方财政的说法，下列哪些选项符合《民族区域自治法》规定？(2009 - 1 - 63)[1]

A. 国家财政体制下属于民族自治地方的财政收入，由自治机关自主地安排使用

B. 民族自治地方的财政预算支出，按国家规定设机动资金，但预备费在预算中不得高于一般地区

C. 自治机关对本地方的各项开支标准、定员、定额，按照国家规定的原则，结合本地方的实际情况，可以制定补充规定和具体办法，并须分别报国务院、省、自治区、直辖市批准

D. 民族自治地方在全国统一的财政体制下，通过国家实行的规范的财政转移支付制度，享受上级财政的照顾

【解析】《民族区域自治法》第32条："民族自治地方的财政是一级财政，是国家财政的组成部分。民族自治地方的自治机关有管理地方财政的自治权。凡是依照国家财政体制属于民族自治地方的财政收入，都应当由民族自治地方的自治机关自主地安排使用。民族自治地方在全国统一的财政体制下，通过国家实行的规范的财政转移支付制度，享受上级财政的照顾。民族自治地方的财政预算支出，按照国家规定，设机动资金，预备费在预算中所占比例高于一般地区。民族自治地方的自治机关在执行财政预算过程中，自行安排使用收入的超收和支出的节余资金。"A项正确，D项正确，B项错误。

《民族区域自治法》第33条："民族自治地方的自治机关对本地方的各项开支标准、定员、定额，根据国家规定的原则，结合本地方的实际情况，可以制定补充规定和具体办法。自治区制定的补充规定和具体办法，报国务院备案；自治州、自治县制定的补充规定和具体办法，须报省、自治区、直辖市人民政府批准。"自治区的补充规定报国务院备案，而自治州、自治县的补充规定报省一级人民政府批准。C项错误。

8. 根据《宪法》和有关法律的规定，下列哪一选项是正确的？(2008 川 - 1 - 16)[2]

A. 矿藏和水流归国家和集体所有

B. 在直接选举中，人大代表正式候选人名单应当在选举日的3日以前公布

C. 货币发行权是香港特别行政区依法享有的高度自治权之一

D. 民族自治地方的自治机关依照国家军事制度和当地的实际需要，经中央军委批准，可以组织本地方维护社会治安的公安部队

【解析】《宪法》第9条第1款规定："矿藏、水流、森林、山岭、草原、荒地、滩涂等自然资源，都属于国家所有，即全民所有；由法律规定属于集体所有的森林和山岭、草原、荒地、滩涂除外。"矿藏和水流归国家所有。A项错误。

《选举法》第32条第1款："由选民直接选举人民代表大会代表的……正式代表候选人名单及代表候选人的基本情况应当在选举日的七日以前公布。"不是3日。B项错误。

《香港特别行政区基本法》第111条第2款规定："港币的发行权属于香港特别行政区政府。港币的发行须有百分之百的准备金。港币的发行制度和准备金制度，由法律规定。"C项正确。

《民族区域自治法》第24条："民族自治地方的自治机关依照国家的军事制度和当地的实际需要，经国务院批准，可以组织本地方维护社会治安的公安部队。"不是经中央军委批准。

---

[1] AD [2] C

D 项错误。

【特别提示】根据《宪法》第 9 条、第 10 条的规定，我国自然资源的归属：

1. 只能国有的：矿藏、水流、城市的土地。

2. 只能集体所有的：宅基地和自留地、自留山。

3. 既可国有，也可集体所有的：森林、山岭、草原、荒地、滩涂等。

9. 依照法律规定的权限，民族乡的人民代表大会可以从事下列哪一行为？（2007 - 1 - 19）[1]

    A. 制定自治条例和单行条例　　　　B. 制定具有民族特点的政府规章

    C. 自行确定经济社会发展政策　　　D. 采取适合民族特点的具体措施

【解析】《民族区域自治法》第 2 条第 2 款："民族自治地方分为自治区、自治州、自治县。"民族自治地方不包括民族乡。因此民族乡不具有"制定自治条例和单行条例"和"自行确定经济社会发展政策"的权力。A 项、C 项错误。

《立法法》第 91 条第 1 款："国务院各部、委员会、中国人民银行、审计署和具有行政管理职能的直属机构以及法律规定的机构，可以根据法律和国务院的行政法规、决定、命令，在本部门的权限范围内，制定规章。"第 93 条第 1 款："省、自治区、直辖市和设区的市、自治州的人民政府，可以根据法律、行政法规和本省、自治区、直辖市的地方性法规，制定规章。"因此，地方人民代表大会不能制定政府规章。B 项错误。

《地方各级人民代表大会和地方各级人民政府组织法》第 12 条第 2 款："少数民族聚居的乡、民族乡、镇的人民代表大会在行使职权的时候，可以依照法律规定的权限采取适合民族特点的具体措施。"D 项正确。

10. 关于我国的民族区域自治制度，下列说法不正确的是？（2018 年回忆版）[2]

    A. 湖北省恩施土家族苗族自治州人民代表大会制定的单行条例需要报全国人大常委会批准后才能生效

    B. 新疆维吾尔自治区的人大常委会有权同国外进行教育、科技、文化、卫生等方面的国际交流

    C. 大理白族自治州可以决定减税或者免税，报云南省人民政府批准即可

    D. 青海省人大有权为其辖区内的自治州、自治县制定自治法规

【解析】自治州制定的自治条例和单行条例需报省级人大常委会批准，A 错误。自治区、自治州的自治机关依照国家规定，可以和国外进行教育、科学技术、文化艺术、卫生、体育等方面的交流，而人大常委会不是自治机关，B 错误。C 正确。青海省人大不是民族自治地方，D 错误。

11. 下列做法不符合民族区域自治制度的是？[3]

    A. 大理白族自治州人大在招录公务员时，对彝族人甲进行了适当照顾

    B. 大理白族自治州人大常委会的主任须由白族人士担任

    C. 大理白族自治州太邑彝族乡人大有权制定自治条例

    D. 大理白族自治州可确认自然资源、草原和森林的所有权

【解析】《民族区域自治法》第 22 条规定，民族自治地方的自治机关录用工作人员的时候，对实行区域自治的民族和其他少数民族的人员应当给予适当的照顾，故 A 项正确。《民族区域自治法》第 16 条规定，民族自治地方的人民代表大会常务委员会中应当有实行区域自治

---

[1]　D　[2]　ABD　[3]　BCD

的民族的公民担任主任或者副主任，故 B 项错误。根据《民族区域自治法》第 2 条，民族乡不是一级民族自治地方，无权制定自治条例，故 C 项错误。根据《民族区域自治法》第 27 条、第 28 条，民族自治地方可确认草原和森林的所有权，只能优先开发自然资源，故 D 项错误。

12. 根据《宪法》和《民族区域自治法》的规定，下列选项不正确的是？（2020 年回忆版）[1]

A. 民族区域自治以少数民族聚居区为基础，是民族自治和区域自治的结合

B. 民族自治地方的国家机关既是地方国家机关，又是自治机关

C. 上级国家机关应该在收到自治机关变通执行或者停止有关决议、决定执行的报告之日起 60 日内给予答复

D. 自治机关自主地管理本地方的教育、科学、文化、卫生、体育事业，保护和整理本民族的文化遗产，发展和繁荣民族文化

【解析】A 选项正确：民族区域自治是指在少数民族聚居的区域中实行区域自治，设立自治机关，行使自治权，保障少数民族当家做主的制度，因此是民族自治和区域自治的结合。B 选项错误：《民族区域自治法》第 15 条第 1 款规定："民族自治地方的自治机关是自治区、自治州、自治县的人民代表大会和人民政府。"司法机关与监察机关作为贯彻国家统一法制的地方国家机关，不是自治机关。C 选项正确：根据《民族区域自治法》第 20 条规定："上级国家机关的决议、决定、命令和指示，如有不适合民族自治地方实际情况的，自治机关可以报经该上级国家机关批准，变通执行或者停止执行；该上级国家机关应当在收到报告之日起六十日内给予答复"。D 选项正确：《民族区域自治法》第 38 条第 1 款规定："民族自治地方的自治机关自主地发展具有民族形式和民族特点的文学、艺术、新闻、出版、广播、电影、电视等民族文化事业，加大对文化事业的投入，加强文化设施建设，加快各项文化事业的发展。"发展具有民族特色的教科文卫事业，是民族自治地方自治权的重要内容之一。

考点四　特别行政区制度

1. 澳门特别行政区依照《澳门基本法》的规定实行高度自治，享有行政管理权、立法权、独立的司法权和终审权。关于中央和澳门特别行政区的关系，下列哪一选项是正确的？（2016 - 1 - 25）[2]

A. 全国性法律一般情况下是澳门特别行政区的法律渊源

B. 澳门特别行政区终审法院法官的任命和免职须报全国人大常委会备案

C. 澳门特别行政区立法机关制定的法律须报全国人大常委会批准后生效

D. 《澳门基本法》在澳门特别行政区的法律体系中处于最高地位，反映的是澳门特别行政区同胞的意志

【解析】《澳门特别行政区基本法》第 18 条第 2 款规定："全国性法律除列于本法附件三者外，不在澳门特别行政区实施。凡列于本法附件三的法律，由澳门特别行政区在当地公布或立法实施。"因此 A 项错误。该法第 87 条第 4 款规定："终审法院法官的任命和免职须报全国人民代表大会常务委员会备案。"因此 B 项正确。该法第 17 条第 2 款规定："澳门特别行政区的立法机关制定的法律须报全国人民代表大会常务委员会备案。备案不影响该法律的生效。"

---

[1]　B　[2]　B

因此 C 项错误。《宪法》在澳门特别行政区的法律体系中处于最高地位，特别行政区基本法是根据我国《宪法》由全国人大制定和修改的基本法律，它反映了包括港澳同胞在内的全国人民的意志和利益，而非仅仅是澳门特别行政区同胞的意志，因此 D 项错误。

2. 根据《宪法》和法律的规定，关于特别行政区，下列哪一选项是正确的？（2014 - 1 - 23）[1]

A. 澳门特别行政区财政收入全部由其自行支配，不上缴中央人民政府

B. 澳门特别行政区立法会举行会议的法定人数为不少于全体议员的三分之二

C. 非中国籍的香港特别行政区永久性居民不得当选为香港特别行政区立法会议员

D. 香港特别行政区廉政公署独立工作，对香港特别行政区立法会负责

【解析】《澳门特别行政区基本法》第 104 条规定："澳门特别行政区保持财政独立。澳门特别行政区财政收入全部由澳门特别行政区自行支配，不上缴中央人民政府。中央人民政府不在澳门特别行政区征税。"A 项正确。

根据《澳门特别行政区基本法》第 77 条第 1 款的规定，澳门特别行政区立法会举行会议的法定人数为不少于全体议员的二分之一。B 项错误。

《香港特别行政区基本法》第 67 条规定："香港特别行政区立法会由在外国无居留权的香港特别行政区永久性居民中的中国公民组成。但非中国籍的香港特别行政区永久性居民和在外国有居留权的香港特别行政区永久性居民也可以当选为香港特别行政区立法会议员，其所占比例不得超过立法会全体议员的百分之二十。"C 项错误。

《香港特别行政区基本法》第 57 条规定："香港特别行政区设立廉政公署，独立工作，对行政长官负责。"而不是对立法会负责。D 项错误。

3. 根据《香港特别行政区基本法》和《澳门特别行政区基本法》的规定，下列哪些选项是正确的？（2013 - 1 - 61）[2]

A. 对世界各国或各地区的人入境、逗留和离境，特别行政区政府可以实行入境管制

B. 特别行政区行政长官依照法定程序任免各级法院法官、任免检察官

C. 香港特别行政区立法会议员因行为不检或违反誓言而经出席会议的议员 2/3 通过谴责，由立法会主席宣告其丧失立法会议员资格

D. 基本法的解释权属于全国人大常委会

【解析】《香港特别行政区基本法》第 154 条第 2 款："对世界各国或各地区的人入境、逗留和离境，香港特别行政区政府可实行出入境管制。"《澳门特别行政区基本法》第 139 条第 2 款也有相同的规定。A 项正确。

《香港特别行政区基本法》第 88 条："香港特别行政区法院的法官，根据当地法官和法律界及其他方面知名人士组成的独立委员会推荐，由行政长官任命。"根据《澳门特别行政区基本法》第 87 条第 1 款的规定，澳门特别行政区各级法院的法官，根据当地法官、律师和知名人士组成的独立委员会的推荐，由行政长官任命。第 90 条第 2 款、第 3 款："澳门特别行政区检察长由澳门特别行政区永久性居民中的中国公民担任，由行政长官提名，报中央人民政府任命。检察官经检察长提名，由行政长官任命。"澳门检察长不是行政长官任命。B 项错误。

《香港特别行政区基本法》第 79 条："香港特别行政区立法会议员如有下列情况之一，由立法会主席宣告其丧失立法会议员的资格：（七）行为不检或违反誓言而经立法会出席会议的议员三分之二通过谴责。"C 项正确。

---

〔1〕 A 〔2〕 ACD

《香港特别行政区基本法》第158条第1款："本法的解释权属于全国人民代表大会常务委员会。"《澳门特别行政区基本法》第143条第1款："本法的解释权属于全国人民代表大会常务委员会。"D项正确。

4. 根据我国宪法和港、澳基本法规定，关于港、澳基本法的修改，下列哪一选项是不正确的？（2011 - 1 - 26）[1]

A. 在不同港、澳基本法基本原则相抵触的前提下，全国人大常委会在全国人大闭会期间有权修改港、澳基本法

B. 港、澳基本法的修改提案权属于全国人大常委会、国务院和港、澳特别行政区

C. 港、澳特别行政区对基本法的修改议案，由港、澳特别行政区出席全国人大会议的代表团向全国人大会议提出

D. 港、澳基本法的任何修改，不得同我国对港、澳既定的基本方针政策相抵触

【解析】《香港特别行政区基本法》第159条："本法的修改权属于全国人民代表大会。本法的修改提案权属于全国人民代表大会常务委员会、国务院和香港特别行政区。香港特别行政区的修改议案，须经香港特别行政区的全国人民代表大会代表三分之二多数、香港特别行政区立法会全体议员三分之二多数和香港特别行政区行政长官同意后，交由香港特别行政区出席全国人民代表大会的代表团向全国人民代表大会提出。本法的修改议案在列入全国人民代表大会的议程前，先由香港特别行政区基本法委员会研究并提出意见。本法的任何修改，均不得同中华人民共和国对香港既定的基本方针政策相抵触。"《澳门特别行政区基本法》第144条亦有相似规定。A项错误，B项、C项、D项正确。

【特别提示】香港、澳门特区基本法的修改权主体只能是全国人大，修改提案权主体为全国人大常委会、国务院和特别行政区。

5. 关于特别行政区制度，下列哪些说法是不正确的？（2010 - 1 - 65）[2]

A. 香港特别行政区行政长官任职须年满四十五周岁

B. 香港特别行政区司法机关由其法院和检察院组成

C. 香港和澳门特别行政区的各级法院都有权解释本特别行政区基本法

D. 国务院有权对香港和澳门特别行政区的部分地区宣布进入紧急状态

【解析】《香港特别行政区基本法》第44条规定："香港特别行政区行政长官由年满四十周岁，在香港通常居住连续满二十年并在外国无居留权的香港特别行政区永久性居民中的中国公民担任。"A项错误。

《香港特别行政区基本法》第80条："香港特别行政区各级法院是香港特别行政区的司法机关，行使香港特别行政区的审判权。"B项错误。

根据《香港特别行政区基本法》第158条第2款、第3款的规定，全国人民代表大会常务委员会授权香港特别行政区法院在审理案件时对本法关于香港特别行政区自治范围内的条款自行解释。香港特别行政区法院在审理案件时对本法的其他条款也可解释。《澳门特别行政区基本法》第143条也有类似规定。C项正确。

《香港特别行政区基本法》第18条第4款："全国人民代表大会常务委员会决定宣布战争状态或因香港特别行政区内发生香港特别行政区政府不能控制的危及国家统一或安全的动乱而决定香港特别行政区进入紧急状态，中央人民政府可发布命令将有关全国性法律在香港特别行政区实施。"《澳门特别行政区基本法》第18条也有类似规定。可见，全国人大常委会决定香

---

[1] A [2] ABD

港和澳门特别行政区进入紧急状态。D项错误。

【特别提示】香港、澳门司法机关的区别：

1.《香港特别行政区基本法》第80条规定："香港特别行政区各级法院是香港特别行政区的司法机关，行使香港特别行政区的审判权。"可见，香港特别行政区的司法机关仅仅包括法院。《香港特别行政区基本法》第63条："香港特别行政区律政司主管刑事检察工作，不受任何干涉。"律政司属于行政机关，而非司法机关。

2.《澳门特别行政区基本法》第82条："澳门特别行政区法院行使审判权。"第90条："澳门特别行政区检察院独立行使法律赋予的检察职能，不受任何干涉。"可见，澳门的司法机关包括法院和检察院。

6. 香港特别行政区的下列哪一项职务可由特区非永久性居民担任？（2008－1－16）[1]

A. 行政长官   B. 政府主要官员

C. 立法会议员   D. 法院法官

【解析】《香港特别行政区基本法》第44条："香港特别行政区行政长官由年满四十周岁，在香港通常居住连续满二十年并在外国无居留权的香港特别行政区永久性居民中的中国公民担任。"A项错误。

《香港特别行政区基本法》第61条："香港特别行政区的主要官员由在香港通常居住连续满十五年并在外国无居留权的香港特别行政区永久性居民中的中国公民担任。"B项错误。

《香港特别行政区基本法》第67条："香港特别行政区立法会由在外国无居留权的香港特别行政区永久性居民中的中国公民组成。但非中国籍的香港特别行政区永久性居民和在外国有居留权的香港特别行政区永久性居民也可以当选为香港特别行政区立法会议员，其所占比例不得超过立法会全体议员的百分之二十。"C项错误。

《香港特别行政区基本法》第90条第1款："香港特别行政区终审法院和高等法院的首席法官，应由在外国无居留权的香港特别行政区永久性居民中的中国公民担任。"可见，除终审法院和高等法院的首席法官以外的法官可以由非永久性居民担任。D项正确。

7. 根据香港、澳门特别行政区基本法的规定，下列哪一选项是正确的？（2007－1－20）[2]

A. 香港特别行政区终审法院和高等法院的法官，应由在外国无居留权的香港特别行政区永久性居民中的中国公民担任

B. 香港特别行政区的法官，根据当地法官和法律界及其他方面知名人士组成的独立委员会推荐，由行政长官征得立法会同意后任命，并报全国人民代表大会常务委员会备案

C. 澳门特别行政区检察长由澳门特别行政区永久性居民中的中国公民担任，由行政长官提名，报中央人民政府任命

D. 澳门特别行政区设立行政法院。行政法院是管辖行政诉讼和税务诉讼的法院。不服行政法院裁决者，可向终审法院上诉

【解析】《香港特别行政区基本法》第90条第1款规定："香港特别行政区终审法院和高等法院的首席法官，应由在外国无居留权的香港特别行政区永久性居民中的中国公民担任。"注意该条规定的是"首席法官"。A项错误。

《香港特别行政区基本法》第88条规定："香港特别行政区法院的法官，根据当地法官和法律界及其他方面知名人士组成的独立委员会推荐，由行政长官任命。"第90条第2款："除

---

[1] D 〔2〕 C

本法第八十八条和第八十九条规定的程序外，香港特别行政区终审法院的法官和高等法院首席法官的任命或免职，还须由行政长官征得立法会同意，并报全国人民代表大会常务委员会备案。"B项错误。

《澳门特别行政区基本法》第90条第2款规定："澳门特别行政区检察长由澳门特别行政区永久性居民中的中国公民担任，由行政长官提名，报中央人民政府任命。"C项正确。

《澳门特别行政区基本法》第86条规定："澳门特别行政区设立行政法院。行政法院是管辖行政诉讼和税务诉讼的法院。不服行政法院裁决者，可向中级法院上诉。"而不是终审法院。D项错误。

8. 根据香港特别行政区基本法的规定，下列哪些选项是正确的？（2007–1–61）[1]

A. 香港特别行政区行政长官如认为立法会通过的法案不符合香港特别行政区的整体利益，可在3个月内将法案发回立法会重议

B. 如果立法会拒绝通过政府提出的财政预算案或其他重要法案，香港特别行政区行政长官在征询行政会议的意见之后可解散立法会

C. 因立法会拒绝通过财政预算案或其他重要法案而解散立法会，重选的立法会继续拒绝通过所争议的原案，香港特别行政区行政长官必须辞职

D. 香港特别行政区行政长官因两次拒绝签署立法会通过的法案而解散立法会后，重选的立法会仍通过原法案，行政长官与立法会协商不成的，行政长官有权再次解散立法会

【解析】《香港特别行政区基本法》第49条："香港特别行政区行政长官如认为立法会通过的法案不符合香港特别行政区的整体利益，可在三个月内将法案发回立法会重议，立法会如以不少于全体议员三分之二多数再次通过原案，行政长官必须在一个月内签署公布或按本法第五十条的规定处理。"A项正确。

《香港特别行政区基本法》第50条："香港特别行政区行政长官如拒绝签署立法会再次通过的法案或立法会拒绝通过政府提出的财政预算案或其他重要法案，经协商仍不能取得一致意见，行政长官可解散立法会。行政长官在解散立法会前，须征询行政会议的意见。行政长官在其一任任期内只能解散立法会一次。"B项正确。

《香港特别行政区基本法》第52条："香港特别行政区行政长官如有下列情况之一者必须辞职：（一）因严重疾病或其他原因无力履行职务；（二）因两次拒绝签署立法会通过的法案而解散立法会，重选的立法会仍以全体议员三分之二多数通过所争议的原案，而行政长官仍拒绝签署；（三）因立法会拒绝通过财政预算案或其他重要法案而解散立法会，重选的立法会继续拒绝通过所争议的原案。"C项正确，D项错误。

9. 党的十九大报告指出，香港、澳门回归祖国以来，"一国两制"实践取得举世公认的成功。事实证明，"一国两制"是解决历史遗留的香港、澳门问题的最佳方案，也是香港、澳门回归后保持长期繁荣稳定的最佳制度。以下关于香港、澳门特别行政区的基本制度说法不正确的是？（2018年回忆版）[2]

A. 特别行政区享有的立法权包括修改特别行政区基本法

B. 全国人民代表大会常务委员会如认为香港特别行政区立法机关制定的任何法律不符合本法关于中央管理的事务及中央和香港特别行政区的关系的条款，可修改有关法律

C. 由于香港属于普通法系地区，因而香港的司法机关只有法院，检察机关则作为行政机关的一部分。澳门属大陆法系地区，因此澳门的司法机关除法院外，还包括检察机关

---

〔1〕 ABC 〔2〕 ABD

D. 在未经香港特别行政区立法机构批准的情况下，任何全国性法律都不能在香港特别行政区实施

【解析】特别行政区无权修改基本法，A错误。根据《香港特别行政区基本法》第17条规定，香港特别行政区享有立法权。全国人民代表大会常务委员会在征询其所属的香港特别行政区基本法委员会后，如认为香港特别行政区立法机关制定的任何法律不符合本法关于中央管理的事务及中央和香港特别行政区的关系的条款，可将有关法律发回，但不作修改。经全国人民代表大会常务委员会发回的法律立即失效。B错误。C正确。根据《香港特别行政区基本法》第18条规定，中央人民政府可发布命令将有关全国性法律在香港特别行政区实施，D错误。

10. 2019年12月20日是澳门回归20周年纪念日，习近平在庆典上讲话并指出，特别行政区民主政治有序发展，澳门居民依法享有的广泛权利和自由得到充分保障。关于特别行政区制度，下列说法不正确的是？[1]

A. 全国人大常委会决定特别行政区的设立
B. 由于不具有外交权，澳门不得单独同外国签订旅游促进协议
C. 澳门廉政公署对澳门特别行政区立法会负责
D. 澳门法院有权解释澳门基本法

【解析】根据《宪法》第31条的规定，特别行政区由全国人大立法设立，故A项错误。根据《澳门特别行政区基本法》第136条的规定，其可以"中国澳门"的名义单独与外国签订有关旅游、文化等事项的协议，故B项错误。根据《澳门特别行政区基本法》第59条，廉政专员对行政长官负责，不对立法会负责，故C项错误。根据《澳门特别行政区基本法》第143条规定，特别行政区法院可对部分《澳门特别行政区基本法》条文进行解释，故D项正确。

11. 2020年5月28日，十三届全国人大三次会议表决通过了《全国人民代表大会关于建立健全香港特别行政区维护国家安全的法律制度和执行机制的决定》。关于香港特区制定维护国家安全法的宪制责任，下列观点正确的是？（2020年回忆版，多选）[2]

A. 维护国家主权统一和领土完整是香港特别行政区的宪制责任
B. 香港特别行政区应当尽早完成香港特别行政区基本法规定的维护国家安全立法。香港特别行政区行政机关、立法机关、司法机关应当依据有关法律规定有效防范、制止和惩治危害国家安全的行为和活动
C. 全国人大常委会有权力有责任维护香港特别行政区宪制秩序
D. 国家应当采取必要措施建立健全香港特别行政区维护国家安全的法律制度和执行机制，依法防范、制止和惩治危害国家安全的行为和活动

【解析】本题考查第十三届全国人大第三次会议通过的《全国人民代表大会关于建立健全香港特别行政区维护国家安全的法律制度和执行机制的决定》。A项，维护国家主权统一和领土完整是香港特别行政区的宪制责任。故A选项正确。B项，中央人民政府维护国家安全的有关机关可以根据需要在香港特别行政区设立机构，依法履行维护国家安全相关职责，并在香港建立有关维护国家安全的本地机构。故B选项正确。C、D项，2020年6月30日，第十三届全国人民代表大会常务委员会第二十次会议通过了《中华人民共和国香港特别行政区维护国家安全法》，并决定将其列入《香港特别行政区基本法》附件三。故C、D选项正确。

---

12. 关于《香港特别行政区维护国家安全法》，下列说法正确的是？（2021年回忆版）[1]

A. 《国家安全法》是《香港特别行政区维护国家安全法》的立法依据

B. 警务处维护国家安全部门负责人由驻香港特别行政区国家安全公署提名，行政长官任命

C. 香港特别行政区维护国家安全委员会做的决定不受司法复核

D. 香港特别行政区维护国家安全委员会秘书处秘书长由行政长官任命

【解析】《香港特别行政区维护国家安全法》第1条规定："根据中华人民共和国宪法、中华人民共和国香港特别行政区基本法和全国人民代表大会关于建立健全香港特别行政区维护国家安全的法律制度和执行机制的决定，制定本法。"故A项错误。《香港特别行政区维护国家安全法》第16条规定："警务处维护国家安全部门负责人由行政长官任命，行政长官任命前须书面征求本法第四十八条规定的机构的意见。"故B项错误。《香港特别行政区维护国家安全法》第14条第2款规定："香港特别行政区维护国家安全委员会的工作不受香港特别行政区任何其他机构、组织和个人的干涉，工作信息不予公开。香港特别行政区维护国家安全委员会作出的决定不受司法复核。"故C项正确。《香港特别行政区维护国家安全法》第13条规定："香港特别行政区维护国家安全委员会下设秘书处，由秘书长领导。秘书长由行政长官提名，报中央人民政府任命。"故D项错误。

考点五 基层群众性自治制度

1. 某乡政府为有效指导、支持和帮助村民委员会的工作，根据相关法律法规，结合本乡实际作出了下列规定，其中哪一规定是合法的？（2016-1-26）[2]

A. 村委会的年度工作报告由乡政府审议

B. 村民会议制定和修改的村民自治章程和村规民约，报乡政府备案

C. 对登记参加选举的村民名单有异议并提出申诉的，由乡政府作出处理并公布处理结果

D. 村委会组成人员违法犯罪不能继续任职的，由乡政府任命新的成员暂时代理至本届村委会任期届满

【解析】《村民委员会组织法》第2条第3款规定："村民委员会向村民会议、村民代表会议负责并报告工作。"第23条规定："村民会议审议村民委员会的年度工作报告，评议村民委员会成员的工作；有权撤销或者变更村民委员会不适当的决定；有权撤销或者变更村民代表会议不适当的决定。村民会议可以授权村民代表会议审议村民委员会的年度工作报告，评议村民委员会成员的工作，撤销或者变更村民委员会不适当的决定。"因此A项错误。该法第27条第1款规定："村民会议可以制定和修改村民自治章程、村规民约，并报乡、民族乡、镇的人民政府备案。"因此B项正确。该法第14条第2款规定："对登记参加选举的村民名单有异议的，应当自名单公布之日起五日内向村民选举委员会申诉，村民选举委员会应当自收到申诉之日起三日内作出处理决定，并公布处理结果。"因此C项错误。该法第18条规定："村民委员会成员丧失行为能力或者被判处刑罚的，其职务自行终止。"第19条规定："村民委员会成员出缺，可以由村民会议或者村民代表会议进行补选。补选程序参照本法第十五条的规定办理。补选的村民委员会成员的任期到本届村民委员会任期届满时止。"因此D项错误。

---

[1] C [2] B

2. 杨某与户籍在甲村的村民王某登记结婚后，与甲村村委会签订了"不享受本村村民待遇"的"入户协议"。此后，杨某将户籍迁入甲村，但与王某长期在外务工。甲村村委会任期届满进行换届选举，杨某和王某要求参加选举。对此，下列说法正确的是：（2017－1－93）[1]

A. 王某因未在甲村居住，故不得被列入参加选举的村民名单

B. 杨某因与甲村村委会签订了"入户协议"，故不享有村委会选举的被选举权

C. 杨某经甲村村民会议或村民代表会议同意之后方可参加选举

D. 选举前应当对杨某进行登记，将其列入参加选举的村民名单

【解析】《村民委员会组织法》第13条第1款规定："年满十八周岁的村民，不分民族、种族、性别、职业、家庭出身、宗教信仰、教育程度、财产状况、居住期限，都有选举权和被选举权；但是，依照法律被剥夺政治权利的人除外。"因此B项错误。该法第13条第2款规定："村民委员会选举前，应当对下列人员进行登记，列入参加选举的村民名单：……（二）户籍在本村，不在本村居住，本人表示参加选举的村民。"因此A、C项错误，D项正确。

3. 某村村委会未经村民会议讨论，制定了土地承包经营方案，侵害了村民的合法权益，引发了村民的强烈不满。根据《村民委员会组织法》的规定，下列哪些做法是正确的？（2015－1－64）[2]

A. 村民会议有权撤销该方案

B. 由该村所在地的乡镇级政府责令改正

C. 受侵害的村民可以申请法院予以撤销

D. 村民代表可以就此联名提出罢免村委会成员的要求

【解析】《村民委员会组织法》第23条第1款："村民会议审议村民委员会的年度工作报告，评议村民委员会成员的工作；有权撤销或者变更村民委员会不适当的决定；有权撤销或者变更村民代表会议不适当的决定。"A项正确。

《村民委员会组织法》第36条："村民委员会或者村民委员会成员作出的决定侵害村民合法权益的，受侵害的村民可以申请人民法院予以撤销，责任人依法承担法律责任。村民委员会不依照法律、法规的规定履行法定义务的，由乡、民族乡、镇的人民政府责令改正。乡、民族乡、镇的人民政府干预依法属于村民自治范围事项的，由上一级人民政府责令改正。"B项、C项正确。

《村民委员会组织法》第16条第1款："本村五分之一以上有选举权的村民或者三分之一以上的村民代表联名，可以提出罢免村民委员会成员的要求，并说明要求罢免的理由。被提出罢免的村民委员会成员有权提出申辩意见。"D项正确。

4. 根据《宪法》和法律的规定，关于基层群众自治，下列哪一选项是正确的？（2014－1－25）[3]

A. 村民委员会的设立、撤销，由乡镇政府提出，经村民会议讨论同意，报县级政府批准

B. 有关征地补偿费用的使用和分配方案，经村民会议讨论通过后，报乡镇政府批准

C. 居民公约由居民会议讨论通过后，报不设区的市、市辖区或者它的派出机关批准

D. 居民委员会的设立、撤销，由不设区的市、市辖区政府提出，报市政府批准

【解析】《村民委员会组织法》第3条第2款规定："村民委员会的设立、撤销、范围调整，由乡、民族乡、镇的人民政府提出，经村民会议讨论同意，报县级人民政府批准。"A项正确。

---

[1] D [2] ABCD [3] A

《村民委员会组织法》第 24 条规定："涉及村民利益的下列事项，经村民会议讨论决定方可办理：……（七）征地补偿费的使用、分配方案……"B 项错误。

《居民委员会组织法》第 15 条第 1 款规定："居民公约由居民会议讨论制定，报不设区的市、市辖区的人民政府或者它的派出机关备案，由居民委员会监督执行。居民应当遵守居民会议的决议和居民公约。"C 项错误。

《居民委员会组织法》第 6 条第 2 款规定："居民委员会的设立、撤销、规模调整，由不设区的市、市辖区的人民政府决定。"D 项错误。

5. 根据《村民委员会组织法》的规定，下列哪一选项是正确的？（2012 - 1 - 26）[1]

A. 村民委员会每届任期 3 年，村民委员会成员连续任职不得超过 2 届

B. 罢免村民委员会成员，须经投票的村民过半数通过

C. 村民委员会选举由乡镇政府主持

D. 村民委员会成员丧失行为能力的，其职务自行终止

【解析】《村民委员会组织法》第 11 条第 2 款规定："村民委员会每届任期五年，届满应当及时举行换届选举。村民委员会成员可以连选连任。"村民委员会成员没有两届限制。A 项错误。

《村民委员会组织法》第 16 条规定："本村五分之一以上有选举权的村民或者三分之一以上的村民代表联名，可以提出罢免村民委员会成员的要求，并说明要求罢免的理由。被提出罢免的村民委员会成员有权提出申辩意见。罢免村民委员会成员，须有登记参加选举的村民过半数投票，并须经投票的村民过半数通过。"罢免要求两个"过半数"。B 项错误。

《村民委员会组织法》第 12 条第 1 款规定："村民委员会的选举，由村民选举委员会主持。"C 项错误。

《村民委员会组织法》第 18 条规定："村民委员会成员丧失行为能力或者被判处刑罚的，其职务自行终止。"D 项正确。

【特别提示】我国《宪法》、法律明确规定连续任职不超过两届的人员：

1. 全国人大常委会委员长、副委员长。

2. 国务院总理、副总理、国务委员。

3. 最高人民法院院长、最高人民检察院检察长。

4. 香港、澳门特别行政区行政长官。

6. 根据《宪法》和《村民委员会组织法》的规定，下列哪些选项是正确的？（2011 - 1 - 63）[2]

A. 村民会议由本村 18 周岁以上，没有被剥夺政治权利的村民组成

B. 乡、民族乡、镇的人民政府不得干预依法属于村民自治范围内的事项

C. 罢免村民委员会成员，须经参加投票的村民过半数通过

D. 村民委员会成员实行任期和离任经济责任审计

【解析】《村民委员会组织法》第 21 条第 1 款规定："村民会议由本村十八周岁以上的村民组成。"A 项错误。

《村民委员会组织法》第 5 条规定："乡、民族乡、镇的人民政府对村民委员会的工作给予指导、支持和帮助，但是不得干预依法属于村民自治范围内的事项。村民委员会协助乡、民族乡、镇的人民政府开展工作。"B 项正确。

---

[1]　D　[2]　BD

《村民委员会组织法》第16条第2款规定："罢免村民委员会成员，须有登记参加选举的村民过半数投票，并须经投票的村民过半数通过。"C项错误。

《村民委员会组织法》第35条第2款规定："村民委员会成员实行任期和离任经济责任审计，由县级人民政府农业部门、财政部门或者乡、民族乡、镇的人民政府负责组织，审计结果应当公布，其中离任经济责任审计结果应当在下一届村民委员会选举之前公布。"D项正确。

7. 关于村民委员会，下列哪一说法是正确的？（2010－1－21）[1]

A. 村民委员会实行村务公开制度，涉及财务的事项至少每年公布1次

B. 村民委员会决定问题，采取村民委员会主任负责制

C. 村民委员会根据需要设人民调解、治安保卫、公共卫生委员会

D. 村民委员会由主任、副主任和村民小组长若干人组成

【解析】《村民委员会组织法》第30条："村民委员会实行村务公开制度。村民委员会应当及时公布下列事项，接受村民的监督：（一）本法第二十三条、第二十四条规定的由村民会议、村民代表会议讨论决定的事项及其实施情况；（二）国家计划生育政策的落实方案；（三）政府拨付和接受社会捐赠的救灾救助、补贴补助等资金、物资的管理使用情况；（四）村民委员会协助人民政府开展工作的情况；（五）涉及本村村民利益，村民普遍关心的其他事项。前款规定事项中，一般事项至少每季度公布一次；集体财务往来较多的，财务收支情况应当每月公布一次；涉及村民利益的重大事项应当随时公布。村民委员会应当保证所公布事项的真实性，并接受村民的查询。"A项错误。

《村民委员会组织法》第29条规定："村民委员会应当实行少数服从多数的民主决策机制和公开透明的工作原则，建立健全各种工作制度。"B项错误。

《村民委员会组织法》第7条规定："村民委员会根据需要设人民调解、治安保卫、公共卫生与计划生育等委员会。村民委员会成员可以兼任下属委员会的成员。人口少的村的村民委员会可以不设下属委员会，由村民委员会成员分工负责人民调解、治安保卫、公共卫生与计划生育等工作。"C项正确。

《村民委员会组织法》第6条第1款规定："村民委员会由主任、副主任和委员共三至七人组成。"D项错误。

8. 根据我国《村民委员会组织法》的规定，关于村民委员会的范围调整，下列哪一选项是正确的？（2008－1－15）[2]

A. 由村民委员会主任提出，经村民会议讨论同意后，报乡级人民政府批准

B. 由村民委员会主任提出，经村民会议讨论同意后，报乡级人民代表大会批准

C. 由乡级人民政府提出，经村民会议讨论同意后，报县级人民政府批准

D. 由乡级人民政府提出，经村民会议讨论同意后，报县级人民代表大会批准

【解析】《村民委员会组织法》第3条第2款规定："村民委员会的设立、撤销、范围调整，由乡、民族乡、镇的人民政府提出，经村民会议讨论同意，报县级人民政府批准。"C项正确。A项、B项、D项错误。

9. 根据村民委员会组织法的规定，有关村规民约的下列哪一选项是正确的？（2007－1－18）[3]

A. 村民委员会有权制定村规民约，报乡、民族乡、镇的人民政府批准生效

B. 村民会议有权制定村规民约，报乡、民族乡、镇的人民代表大会备案

---

[1] C 〔2〕 C 〔3〕 C

C. 村规民约由村民会议制定，报乡、民族乡、镇的人民政府备案

D. 村规民约由村民委员会制定，报乡、民族乡、镇的人民政府备案

【解析】《村民委员会组织法》第 27 条第 1 款："村民会议可以制定和修改村民自治章程、村规民约，并报乡、民族乡、镇的人民政府备案。"C 项正确。A 项、B 项、D 项错误。

10. 关于村庄治理，下列有关说法正确的是？（2018 年回忆版）[1]

A. 村民代表应当向其推选户或者村民小组负责，接受村民监督

B. 村务监督机构成员向村民委员会负责，可以列席村民委员会会议

C. 村民委员会工作移交由村民选举委员会主持，由乡、民族乡、镇的人民政府监督

D. 村民会议有权撤销或者变更村民委员会不适当的决定；有权撤销或者变更村民代表会议不适当的决定

【解析】A 选项正确，《村民委员会组织法》第 25 条第 2、3 款规定："村民代表由村民按每五户至十五户推选一人，或者由各村民小组推选若干人。村民代表的任期与村民委员会的任期相同。村民代表可以连选连任。村民代表应当向其推选户或者村民小组负责，接受村民监督。"B 选项错误，《村民委员会组织法》第 32 条规定："村务监督机构成员向村民会议和村民代表会议负责，可以列席村民委员会会议。"C 选项正确，《村民委员会组织法》第 20 条规定："村民委员会应当自新一届村民委员会产生之日起十日内完成工作移交。工作移交由村民选举委员会主持，由乡、民族乡、镇的人民政府监督。"D 选项正确，《村民委员会组织法》第 23 条规定："村民会议审议村民委员会的年度工作报告，评议村民委员会成员的工作；有权撤销或者变更村民委员会不适当的决定；有权撤销或者变更村民代表会议不适当的决定。"

11. 某村集体土地被征收，村里制定了有关征地补偿费的使用和分配方案，但遭到了部分村民反对，关于该方案，下列哪些选项正确？（2020 年回忆版）[2]

A. 反对者可以申请乡镇政府予以撤销

B. 反对者可以申请法院予以撤销

C. 需要经过村民会议讨论决定

D. 经村民会议授权，由村民代表会议讨论决定

【解析】《村民委员会组织法》第 5 条第 1 款规定："乡、民族乡、镇的人民政府……不得干预依法属于村民自治范围内的事项。"第 36 条第 2 款规定："村民委员会不依照法律、法规的规定履行法定义务的，由乡、民族乡、镇的人民政府责令改正。"征地补偿分配方案属于村民自治范围内的事项，所以乡镇政府对于村委会的违法方案，应当责令改正，故 A 项错误。《村民委员会组织法》第 36 条第 1 款规定："村民委员会或者村民委员会成员作出的决定侵害村民合法权益的，受侵害的村民可以申请人民法院予以撤销，责任人依法承担法律责任。"故 B 项正确。根据《村民委员会组织法》第 24 条，"征地补偿费的使用、分配方案属于涉及村民利益的事项，经村民会议讨论决定方可办理，村民会议可以授权村民代表会议讨论决定。"故 C 项、D 项正确。

考点六　基本社会制度

1. 我国的基本社会制度是基于经济、政治、文化、社会、生态文明五位一体的社会主义

---

[1]　ACD　[2]　BCD

建设的需要，在社会领域所建构的制度体系。关于国家的基本社会制度，下列哪些选项是正确的？（2016 - 1 - 62）[1]

　　A. 我国的基本社会制度是国家的根本制度

　　B. 社会保障制度是我国基本社会制度的核心内容

　　C. 职工的工作时间和休假制度是我国基本社会制度的重要内容

　　D. 加强社会法的实施是发展与完善我国基本社会制度的重要途径

　　【解析】根据《宪法》第1条第2款的规定，社会主义制度是中华人民共和国的根本制度。因此A项错误。

　　社会保障制度是国家和社会依法对社会成员基本生活给予保障的社会制度，社会成员因年老、疾病、失业、残疾、生育、死亡、灾害等原因而失去劳动能力或生活遇到障碍时，依法从国家和社会获得基本生活需求的保障，通常国家依据法律制定相关的制度和规定以保证其社会保障政策的实施。国家建立社会保障体系的目的是通过利益的再分配保障公民的基本生存需求，缓解阶级矛盾维持社会稳定，对社会经济发展提供安定的社会环境，因此B项正确。

　　《宪法》第43条规定："中华人民共和国的劳动者有休息的权利。国家发展劳动者休息和休养设施，规定职工的工作时间和休假制度。"因此C项正确。

　　我国宪法对基本社会制度的确定是纲领性和原则性的，其进一步落实、实施和发展有赖于具体社会法的实施，因此D项正确。

　　2. 国家的基本社会制度是国家制度体系中的重要内容。根据我国宪法规定，关于国家基本社会制度，下列哪一表述是正确的？（2015 - 1 - 22）[2]

　　A. 国家基本社会制度包括发展社会科学事业的内容

　　B. 社会人才培养制度是我国的基本社会制度之一

　　C. 关于社会弱势群体和特殊群体的社会保障的规定是对平等原则的突破

　　D. 社会保障制度的建立健全同我国政治、经济、文化和生态建设水平相适应

　　【解析】我国社会制度主要包括社会保障事业、医疗卫生事业、劳动保障制度、社会人才培养制度、计划生育制度、社会秩序及安全维护制度。A项错误、B项正确。

　　对于弱势群体与特殊群体的保护实际上是对于正义的追求，是一种事实上的平等。C项错误。

　　我国宪法规定建立健全同经济发展水平相适应的社会保障制度。D项错误。

　　3. 关于国家文化制度，下列哪些表述是正确的？（2015 - 1 - 62）[3]

　　A. 我国宪法所规定的文化制度包含了爱国统一战线的内容

　　B. 国家鼓励自学成才，鼓励社会力量依照法律规定举办各种教育事业

　　C. 是否较为系统地规定文化制度，是社会主义宪法区别于资本主义宪法的重要标志之一

　　D. 公民道德教育的目的在于培养有理想、有道德、有文化、有纪律的社会主义公民

　　【解析】爱国统一战线属于当代我国政治制度的内容。A项错误。

　　教育科学文化建设的内容对B项内容做了相应的规定。B项正确。

　　资本主义宪法与社会主义宪法对于文化制度都有相应的规定，这并不能成为区分两者的关键所在。C项错误、D项正确。

---

〔1〕　BCD　〔2〕　B　〔3〕　BD

考点七　国家象征

1. 2017 年 9 月 1 日，十二届全国人大常委会第二十九次会议表决通过了《中华人民共和国国歌法》，该法于 2017 年 10 月 1 日起施行。根据该法，下列说法正确是？（2018 年回忆版）[1]

A. 中国民主同盟上海市委员会召开代表大会时应当奏唱国歌

B. 张某为了招揽客户将国歌作为背景音乐之一在其开设的游乐场循环播放的行为属于违法行为

C. 对国歌的奏唱、播放和使用进行监督管理，由各省人民政府负责

D. 故意篡改国歌歌词、曲谱，以歪曲、贬损方式奏唱国歌，或者以其他方式侮辱国歌的，由公安机关处以警告或者十五日以下拘留；构成犯罪的，依法追究刑事责任

【解析】根据《国歌法》第 4 条第 2 项的规定，各政党、各人民团体的各级代表大会应当奏唱国歌，A 正确。根据该法第 8 条的规定，国歌不得用于或者变相用于商标、商业广告，不得在私人丧事活动等不适宜的场合使用，不得作为公共场所的背景音乐等，张某的行为违反法律规定，B 正确。根据该法第 14 条的规定，县级以上各级人民政府及其有关部门在各自职责范围内，对国歌的奏唱、播放和使用进行监督管理，C 错误。根据该法第 15 条的规定，只有在公共场合故意篡改国歌歌词、曲谱等行为才被给予处罚，D 错误。

2. 国家标志是国家的主权、独立和尊严的象征。根据《宪法》和法律关于中华人民共和国的国家标志，下列选项正确的是？（2021 年回忆版）[2]

A. 各级人民政府应当悬挂国徽

B. 举行宪法宣誓仪式时，应当在宣誓场所悬挂国旗、国徽、奏唱国歌

C. 机场、港口、火车站应当每日升挂国旗

D. 国家标志包括国旗、国歌、国徽、首都、国家主席等

【解析】《国徽法》第 4 条规定："下列机构应当悬挂国徽：（一）各级人民代表大会常务委员会；（二）各级人民政府；（三）中央军事委员会；（四）各级监察委员会；（五）各级人民法院和专门人民法院；（六）各级人民检察院和专门人民检察院；（七）外交部；（八）国家驻外使馆、领馆和其他外交代表机构；（九）中央人民政府驻香港特别行政区有关机构、中央人民政府驻澳门特别行政区有关机构。"故 A 项正确。《全国人民代表大会常务委员会关于实行宪法宣誓制度的决定》第 8 条规定："宣誓场所应当庄重、严肃，悬挂中华人民共和国国旗或者国徽，宣誓仪式应当奏唱中华人民共和国国歌。"故 B 项正确。《国旗法》第 5 条规定："下列场所或者机构所在地，应当每日升挂国旗：（一）北京天安门广场、新华门；（二）中国共产党中央委员会，全国人民代表大会常务委员会，国务院，中央军事委员会，中国共产党中央纪律检查委员会，国家监察委员会，最高人民法院，最高人民检察院；中国人民政治协商会议全国委员会；（三）外交部；（四）出境入境的机场、港口、火车站和其他边境口岸，边防海防哨所。"故 C 项错误。国家标志包括国旗、国徽、国歌、首都，故 D 项错误。

---

[1] AB　[2] AB

专题三　公民的基本权利与义务

1. 鹿某为引起政府对其利益诉求的重视，以生产、生活和科研需要为由，在两年内向十几个行政机关提起近百次与其实际利益诉求无关的政府信息公开申请，在接到公开答复后又反复提起行政复议和行政诉讼，向相关部门施加压力。对此，下列哪些说法是正确的？（2017 - 1 - 53）[1]

A. 鹿某为向相关部门施压而恶意提起政府信息公开申请的做法不符合法治精神
B. 滥用知情权和诉权造成了行政和司法资源的浪费
C. 法治国家以权利为本位，公民行使权利时不受任何限制
D. 诉求即使合理合法，也应按照法律规定和程序寻求解决

【解析】《宪法》第51条规定："中华人民共和国公民在行使自由和权利的时候，不得损害国家的、社会的、集体的利益和其他公民的合法的自由和权利。"因此法治国家以权利为本位，但公民行使权利时仍受到限制，C项错误。A、B、D项正确。

2. 许某与妻子林某协议离婚，约定8岁的儿子小虎由许某抚养，林某可随时行使对儿子的探望权，许某有协助的义务。离婚后两年间林某从未探望过儿子，小虎诉至法院，要求判令林某每月探视自己不少于4天。对此，下列说法正确的是：（2017 - 1 - 89）[2]

A. 依情理林某应探望儿子，故从法理上看，法院可判决强制其行使探望权
B. 从理论上讲，权利的行使与义务的履行均具有其界限
C. 林某的探望权是林某必须履行一定作为或不作为的法律约束
D. 许某的协助义务同时包括积极义务和消极义务

【解析】情理与法理是两个不同的问题，它们之间甚至可能存在冲突，符合情理不一定符合法理，因此"依情理林某应探望儿子"，不能得出"故从法理上看，法院可判决强制其行使探望权"的结论。另外，探望权是一种法律权利，不能强制行使。因此A项错误。法律权利和法律义务都具有其界限，因此B项正确。必须履行一定作为或不作为的法律约束，是指法律义务，而探望权是一种法律权利，具有自主性，因此C项错误。许某的协助义务同时包括积极义务（作为）和消极义务（不作为），因此D项正确。

3. 我国宪法明确规定："国家为了公共利益的需要，可以依照法律规定对公民的私有财产实行征收或者征用并给予补偿。"关于公民财产权限制的界限，下列选项正确的是：（2016 - 1 - 92）[3]

A. 对公民私有财产的征收或征用构成对公民财产权的外部限制
B. 对公民私有财产的征收或征用必须具有明确的法律依据
C. 只要满足合目的性原则即可对公民的财产权进行限制

---

[1]　ABD　[2]　BD　[3]　ABD

D. 对公民财产权的限制应具有宪法上的正当性

【解析】《宪法》第13条规定："公民的合法的私有财产不受侵犯。国家依照法律规定保护公民的私有财产权和继承权。国家为了公共利益的需要，可以依照法律规定对公民的私有财产实行征收或者征用并给予补偿。"因此A、B、D项正确，C项错误。

4. 基本权利的效力是指基本权利规范所产生的拘束力。关于基本权利效力，下列选项正确的是：(2017－1－94)[1]

A. 基本权利规范对立法机关产生直接的拘束力

B. 基本权利规范对行政机关的活动和公务员的行为产生拘束力

C. 基本权利规范只有通过司法机关的司法活动才产生拘束力

D. 一些国家的宪法一定程度上承认基本权利规范对私人产生拘束力

【解析】基本权利规范对公权力产生直接的拘束力，因此A、B项正确，C项错误。一些国家的宪法一定程度上承认基本权利规范对私人产生拘束力，因此D项正确。

5. 某市执法部门发布通告："为了进一步提升本市市容和环境卫生整体水平，根据相关规定，全市范围内禁止设置各类横幅标语。"根据该通告，关于禁设横幅标语，下列哪一说法是正确的？(2017－1－25)[2]

A. 涉及公民的出版自由

B. 不构成对公民基本权利的限制

C. 在目的上具有正当性

D. 涉及宪法上的合理差别问题

【解析】言论自由是指一个国家公民，可以按照个人意愿表达意见和想法的政治权利，它通常被理解为包含了充分的表述的自由，既可以是口头形式，也可以是书面形式。出版自由是指公民享有通过以印刷或其他复制手段制成的出版物公开表达和传播意见、思想、感情、信息、知识等的自由。关于禁设横幅标语，涉及的是公民的言论自由，而非出版自由，因此A项错误。禁设横幅标语，构成对言论自由这个公民基本权利的限制，因此B项错误。"为了进一步提升本市市容和环境卫生整体水平，根据相关规定，全市范围内禁止设置各类横幅标语"，在目的上具有正当性，因此C正确。《宪法》第33条第2款规定："中华人民共和国公民在法律面前一律平等。"但平等性允许存在合理的差别。法律上的合理差别主要有：因年龄差异而在责任、权利等方面的合理差异（如年满18周岁才能享有选举权）；因人的生理差异所采取的合理差别（如劳动法上给予妇女的特殊保护）；因民族差异而采取的合理差异（如对少数民族在政治、经济、文化等方面的优惠）；因经济收入而采取的合理差异（如税法上的累进税率）；因刑事犯罪而采取的特殊限制（如对被剥夺政治权利者的选举权的限制）等。禁设横幅标语不涉及宪法上的合理差别问题，因此D项错误。

6. 我国《宪法》第13条规定："公民的合法的私有财产不受侵犯。国家依照法律规定保护公民的私有财产权和继承权。"关于这一规定，下列哪些说法是正确的？(2017－1－61)[3]

A. 国家不得侵犯公民的合法的私有财产权

B. 国家应当保护公民的合法的私有财产权不受他人侵犯

C. 对公民私有财产权和继承权的保护和限制属于法律保留的事项

D. 国家保护公民的合法的私有财产权，是我国基本经济制度的重要内容之一

【解析】《宪法》第13条规定："公民的合法的私有财产不受侵犯。国家依照法律规定保护公民的私有财

护公民的私有财产权和继承权。国家为了公共利益的需要，可以依照法律规定对公民的私有财产实行征收或者征用并给予补偿。"因此 A、B、D 项正确。

《立法法》第 11 条规定："下列事项只能制定法律：……（七）对非国有财产的征收、征用；……（九）基本经济制度以及财政、海关、金融和外贸的基本制度……"，因此对公民私有财产权和继承权的保护和限制属于法律保留的事项，C 项正确。

7. 中华人民共和国公民在法律面前一律平等。关于平等权，下列哪一表述是错误的？（2015 - 1 - 25）[1]

 A. 我国宪法中存在一个关于平等权规定的完整规范系统

 B. 犯罪嫌疑人的合法权利应该一律平等地受到法律保护

 C. 在选举权领域，性别和年龄属于宪法所列举的禁止差别理由

 D. 妇女享有同男子平等的权利，但对其特殊情况可予以特殊保护

【解析】我国《宪法》第 34 条规定："中华人民共和国年满十八周岁的公民，不分民族、种族、性别、职业、家庭出身、宗教信仰、教育程度、财产状况、居住期限，都有选举权和被选举权；但是依照法律被剥夺政治权利的人除外。"因此，选举权对性别没有做出限制。C 项错误。A 项、B 项、D 项正确。

8. 某县政府以较低补偿标准进行征地拆迁。张某因不同意该补偿标准，拒不拆迁自己的房屋。为此，县政府责令张某的儿子所在中学不为其办理新学期注册手续，并通知财政局解除张某的女婿李某（财政局工勤人员）与该局的劳动合同。张某最终被迫签署了拆迁协议。关于当事人被侵犯的权利，下列选项正确的是：（2015 - 1 - 92）[2]

 A. 张某的住宅不受侵犯权   B. 张某的财产权

 C. 李某的劳动权   D. 张某儿子的受教育权

【解析】本题中没有涉及强行入侵或者以其他方式侵犯张某的住宅权。A 项错误。

县政府以各种压力迫使张某最终被迫签署了拆迁协议，侵犯张某的财产权。B 项正确。

财政局解除张某的女婿李某（财政局工勤人员）与该局的劳动合同，侵犯了李某的劳动权。C 项正确。

县政府责令张某的儿子所在中学不为其办理新学期注册手续，侵犯了张某儿子的受教育权。D 项正确。

9. 王某为某普通高校应届毕业生，23 岁，尚未就业。根据《宪法》和法律的规定，关于王某的权利义务，下列哪一选项是正确的？（2014 - 1 - 24）[3]

 A. 无需承担纳税义务   B. 不得被征集服现役

 C. 有选举权和被选举权   D. 有休息的权利

【解析】《宪法》第 56 条："中华人民共和国公民有依照法律纳税的义务。"A 项错误。

《宪法》第 55 条第 2 款："依照法律服兵役和参加民兵组织是中华人民共和国公民的光荣义务。"B 项错误。

《宪法》第 34 条："中华人民共和国年满十八周岁的公民，不分民族、种族、性别、职业、家庭出身、宗教信仰、教育程度、财产状况、居住期限，都有选举权和被选举权；但是依照法律被剥夺政治权利的人除外。"C 项正确。

《宪法》第 43 条第 1 款："中华人民共和国劳动者有休息的权利。"因此只有劳动者才有休息的权利。题中王某并未就业，不属于劳动者，所以不享有休息的权利，D 项错误。

---

[1] C [2] BCD [3] C

10. 根据《宪法》和法律的规定，下列哪些选项是不正确的？（2012－1－63）[1]

A. 生命权是我国宪法明确规定的公民基本权利

B. 监督权包括批评建议权、控告检举权和申诉权

C. 《宪法》第43条第1款规定，中华人民共和国公民有休息的权利

D. 受教育既是公民的权利也是公民的义务

【解析】我国宪法并没有明文规定生命权。A项错误。

《宪法》第41条第1款规定："中华人民共和国公民对于任何国家机关和国家工作人员，有提出批评和建议的权利；对于任何国家机关和国家工作人员的违法失职行为，有向有关国家机关提出申诉、控告或者检举的权利，但是不得捏造或者歪曲事实进行诬告陷害。"因此B项正确。

《宪法》第43条第1款规定："中华人民共和国劳动者有休息的权利。"因此C项错误。

《宪法》第46条第1款规定："中华人民共和国公民有受教育的权利和义务。"因此D项正确。

11. 根据我国宪法关于公民基本权利的规定，下列哪一说法是正确的？（2010－1－17）[2]

A. 我国公民在年老、疾病或者遭受自然灾害时有获得物质帮助的权利

B. 我国公民被剥夺政治权利的，其出版自由也被剥夺

C. 我国公民有信仰宗教与公开传教的自由

D. 我国公民有任意休息的权利

【解析】根据《宪法》第45条第1款的规定，中华人民共和国公民在年老、疾病或者丧失劳动能力的情况下，有从国家和社会获得物质帮助的权利。A项错误。

《刑法》第54条："剥夺政治权利是剥夺下列权利：（一）选举权和被选举权；（二）言论、出版、集会、结社、游行、示威自由的权利；（三）担任国家机关职务的权利；（四）担任国有公司、企业、事业单位和人民团体领导职务的权利。"出版自由属于政治权利。B项正确。

《宪法》第36条第1款："中华人民共和国公民有宗教信仰自由。"但《宪法》没有规定公民有公开传教的自由。C项错误。

《宪法》第43条第1款："中华人民共和国劳动者有休息的权利。"D项错误。

12. 我国《宪法》规定公民的住宅不受侵犯。下列哪些选项属于侵犯公民住宅的行为？（2008－1－60）[3]

A. 非法侵入公民住宅　　　　　　　　B. 非法搜查公民住宅

C. 非法买卖公民住宅　　　　　　　　D. 非法出租公民住宅

【解析】《宪法》第39条："中华人民共和国公民的住宅不受侵犯。禁止非法搜查或者非法侵入公民的住宅。"A项、B项正确。C项、D项错误。

【特别提示】公民的基本权利要注意：

1. 劳动权的主体是公民。

2. 休息权的主体是劳动者。

3. 劳动和受教育，既是公民的基本权利，也是公民的基本义务。

4. 《宪法》规定"不得非法搜查"的对象有两个：（1）公民的身体；（2）公民的住宅。

13. 关于文化教育权利是公民在教育和文化领域享有的权利和自由的说法，下列哪一选项

_____

[1] AC　[2] B　[3] AB

是错误的?（2009 - 1 - 23）[1]

A. 受教育既是公民的权利，又是公民的义务

B. 宪法规定的文化教育权利是公民的基本权利

C. 我国公民有进行科学研究、文学艺术创作和其他文化活动的自由

D. 同社会经济权利一样，文化教育权利属于公民的积极受益权

【解析】《宪法》第46条第1款："中华人民共和国公民有受教育的权利和义务。"A项正确。

根据《宪法》第47条的规定，中华人民共和国公民有进行科学研究、文学艺术创作和其他文化活动的自由。B项、C项正确。

除财产权和继承权外，公民的社会经济、文化教育权利都属于公民的积极受益权，即公民可以积极主动地向国家提出请求，国家也应积极予以保障的权利。D项错误。

14. 苏某和熊某毗邻而居。熊某在其居住楼顶为50只鸽子搭建了一座鸽舍。苏某以养鸽行为严重影响居住环境为由，将熊某诉至法院，要求熊某拆除鸽棚，赔礼道歉。法院判定原告诉求不成立。关于本案，下列哪一判断是错误的?（2012 - 1 - 15）[2]

A. 本案涉及的是安居权与养鸽权之间的冲突

B. 从案情看，苏某的安居权属于宪法所规定的文化生活权利

C. 从判决看，解决权利冲突首先看一个人在行使权利的同时是否造成对他人权利的实际侵害

D. 本案表明，权利的行使与义务的承担相关联

【解析】根据《宪法》第47条的规定，中华人民共和国公民有进行科学研究、文学艺术创作和其他文化活动的自由。该条所规定的是公民的文化生活权利。但安居权并不属于该条规定的文化生活权利。B项错误。A项、C项、D项正确。

15. 根据《宪法》的规定，关于公民纳税义务，下列哪些选项是正确的?（2012 - 1 - 62）[3]

A. 国家在确定公民纳税义务时，要保证税制科学合理和税收负担公平

B. 要坚持税收法定原则，税收基本制度实行法律保留

C. 纳税义务直接涉及公民个人财产权，宪法纳税义务具有防止国家权力侵犯其财产权的属性

D. 履行纳税义务是公民享有其他权利的前提条件

【解析】纳税是公民的一项基本义务，纳税义务的履行是纳税者享有权利的基础和条件，但不是享有其他权利的前提条件。D项错误。A项、B项、C项正确。

16. 金立公司为减员增效，规定传达室由3人减至2人，要求轮流值白班和夜班，无周休日，节假日由保卫科人员轮流到传达室值班。门卫小王每天工作12小时，两个月后感到体力不支，拒绝双休日长期加班，与公司发生争议。公司认为门卫工作时间虽长，但工作量不如车间大，特别是夜间门卫可以睡觉；双休日加班并不少给加班费。小王则不同意厂方观点，认为双休日长期加班有损健康，尽管厂方并不少给加班费，但要求按工时制度执行，每月加班、加点不超过36小时。双方协商不成，小王遂向劳动争议仲裁委员会提出申诉。关于本案，以下说法正确的是?[4]

A. 用人单位违反同工同酬的规定，小王受到了差别对待，其平等权受到了侵犯

---

[1] D [2] B [3] ABC [4] AC

B. 该公司侵犯了小王的劳动权

C. 该公司的行为侵犯了小王的休息权

D. 小王向仲裁委员会申请仲裁是行使监督权的体现

【解析】该公司未给予不同岗位的工作人员同样的工作条件和待遇，侵犯了平等权，没有给予必要的休息时间，侵犯了劳动休息权，A、C 正确。该公司没有侵犯小王的劳动权，B 错误。监督权的对象是国家机关或者国家工作人员，题目中未体现该项权利，D 错误。

17. 关于《宪法》对人身自由的规定，下列选项正确的是？（2018 年回忆版）[1]

A. 禁止用任何方法对公民进行侮辱、诽谤和诬告陷害

B. 在诉讼过程中，为了搜集证据，法院可以对公民的电话进行监听

C. 禁止非法搜查公民身体

D. 禁止非法搜查或非法侵入公民住宅

【解析】《宪法》第 38 条规定："中华人民共和国公民的人格尊严不受侵犯。禁止用任何方法对公民进行侮辱、诽谤和诬告陷害。"故 A 项正确。《宪法》第 40 条规定："中华人民共和国公民的通信自由和通信秘密受法律的保护。除因国家安全或者追查刑事犯罪的需要，由公安机关或者检察机关依照法律规定的程序对通信进行检查外，任何组织或者个人不得以任何理由侵犯公民的通信自由和通信秘密。"因此法院不能对公民的电话进行监听，故 B 项错误。《宪法》第 37 条规定："中华人民共和国公民的人身自由不受侵犯。任何公民，非经人民检察院批准或者决定或者人民法院决定，并由公安机关执行，不受逮捕。禁止非法拘禁和以其他方法非法剥夺或者限制公民的人身自由，禁止非法搜查公民的身体。"故 C 项正确。《宪法》第 39 条规定："中华人民共和国公民的住宅不受侵犯。禁止非法搜查或者非法侵入公民的住宅。"故 D 项正确。

18. 我国《宪法》第二章规定了公民基本权利，《宪法》权利之所以称基本权利，是因为下面哪些理由？（2021 年回忆版）[2]

A. 由《宪法》规定

B. 涉及公民与国家之间的关系

C. 是近现代宪法的目标和价值所在

D. 对公民来说不可或缺

【解析】公民的基本权利也称宪法权利或者基本人权，是指由宪法规定的公民享有的主要的、必不可少的权利。基本权利具有其自身的法律特性：第一，基本权利确立了公民在国家生活中的宪法地位；第二，基本权利是公民在社会生活中最主要、最基本而又不可缺少的权利；第三，基本权利具有母体性，派生出具体的法律权利；第四，基本权利具有稳定性和排他性，与人的公民资格关系密切。我国《宪法》第二章规定了公民基本权利，故 A 项正确。《宪法》权利之所以称基本权利，是因为《宪法》权利涉及公民与国家之间的关系，基本权利是国家公权力不能侵犯的边界，故 B 项正确。基本权利是基本人权，是公民最重要的权利，是近现代宪法的目标和价值所在，故 C 项正确。《宪法》权利对公民来说不可或缺，因此《宪法》权利被称为基本权利，故 D 项正确。

---

[1] ACD [2] ABCD

专题四　国家机构

考点一　全国人民代表大会及其常务委员会

1. 根据《宪法》和法律的规定，关于全国人大代表的权利，下列哪些选项是正确的？(2016 – 1 – 64)[1]

A. 享有绝对的言论自由

B. 有权参加决定国务院各部部长、各委员会主任的人选

C. 非经全国人大主席团或者全国人大常委会许可，一律不受逮捕或者行政拘留

D. 有五分之一以上的全国人大代表提议，可以临时召集全国人民代表大会会议

【解析】《宪法》第75条规定："全国人民代表大会代表在全国人民代表大会各种会议上的发言和表决，不受法律追究。"因此A项错误。《宪法》第62条第5项规定："全国人民代表大会行使下列职权：……根据中华人民共和国主席的提名，决定国务院总理的人选；根据国务院总理的提名，决定国务院副总理、国务委员、各部部长、各委员会主任、审计长、秘书长的人选。"因此B项正确。《宪法》第74条规定："全国人民代表大会代表，非经全国人民代表大会会议主席团许可，在全国人民代表大会闭会期间非经全国人民代表大会常务委员会许可，不受逮捕或者刑事审判。"因此C项错误。《宪法》第61条第1款规定："全国人民代表大会会议每年举行一次，由全国人民代表大会常务委员会召集。如果全国人民代表大会常务委员会认为必要，或者有五分之一以上的全国人民代表大会代表提议，可以临时召集全国人民代表大会会议。"因此D项正确。

2. 我国宪法序言规定："中国共产党领导的多党合作和政治协商制度将长期存在和发展。"关于中国人民政治协商会议，下列选项正确的是：(2017 – 1 – 91)[2]

A. 由党派团体和界别代表组成，政协委员由选举产生

B. 全国政协委员列席全国人大的各种会议

C. 是中国共产党领导的多党合作和政治协商制度的重要机构

D. 中国人民政治协商会议全国委员会和各地方委员会是国家权力机关

【解析】《宪法》序言规定："中国人民政治协商会议是有广泛代表性的统一战线组织。"因此中国人民政治协商会议是中国人民爱国统一战线的组织，是中国共产党领导的多党合作和政治协商制度的重要机构，但不是国家机关。政协由党派团体和界别代表组成，但政协委员是通过推荐的方式产生，不是选举产生，因此A项、D项错误，C项正确。政协委员参政议政，

_____

[1]　BD　[2]　C

民主监督。全国政协委员列席全国人民代表大会，并非列席全国人大的各种会议，因此 B 项错误。

3. 根据《宪法》和《立法法》规定，关于法律案的审议，下列哪些选项是正确的？（2017－1－63）[1]

A. 列入全国人大会议议程的法律案，由法律委员会根据各代表团和有关专门委员会的审议意见，对法律案进行统一审议，向主席团提出审议结果报告和法律草案修改稿

B. 列入全国人大会议议程的法律案，在交付表决前，提案人要求撤回的，应说明理由，经主席团同意并向大会报告，对法律案的审议即行终止

C. 列入全国人大常委会会议议程的法律案，因调整事项较为单一，各方面意见比较一致的，也可经一次常委会会议审议即交付表决

D. 列入全国人大常委会会议议程的法律案，因暂不付表决经过两年没有再次列入常委会会议议程审议的，由委员长会议向常委会报告，该法律案终止审议

【解析】《立法法》第 23 条规定："列入全国人民代表大会会议议程的法律案，由宪法和法律委员会根据各代表团和有关的专门委员会的审议意见，对法律案进行统一审议，向主席团提出审议结果报告和法律草案修改稿，对涉及的合宪性问题以及重要的不同意见应当在审议结果报告中予以说明，经主席团会议审议通过后，印发会议。"因此 A 项错误。《立法法》第 25 条规定："列入全国人民代表大会会议议程的法律案，在交付表决前，提案人要求撤回的，应当说明理由，经主席团同意，并向大会报告，对该法律案的审议即行终止。"因此 B 项正确。《立法法》第 33 条规定："列入常务委员会会议议程的法律案，各方面意见比较一致的，可以经两次常务委员会会议审议后交付表决；调整事项较为单一或者部分修改的法律案，各方面的意见比较一致的，或者遇有紧急情形的，也可以经一次常务委员会会议审议即交付表决。"因此 C 项正确。《立法法》第 45 条规定："列入常务委员会会议审议的法律案，因各方面对制定该法律的必要性、可行性等重大问题存在较大意见分歧搁置审议满两年的，或者因暂不付表决经过两年没有再次列入常务委员会会议议程审议的，委员长会议可以决定终止审议，并向常务委员会报告；必要时，委员长会议也可以决定延期审议。"因此 D 项错误。

4. 根据《立法法》，关于规范性文件的备案审查制度，下列哪些选项是正确的？（2017－1－66）[2]

A. 全国人大有关的专门委员会可对报送备案的规范性文件进行主动审查

B. 自治县人大制定的自治条例与单行条例应按程序报全国人大常委会和国务院备案

C. 设区的市市政府制定的规章应报本级人大常委会、市所在的省级人大常委会和政府、国务院备案

D. 全国人大法律委员会经审查认为地方性法规同宪法相抵触而制定机关不予修改的，应向委员长会议提出予以撤销的议案或者建议

【解析】《立法法》第 111 条第 1 款规定："全国人民代表大会专门委员会、常务委员会工作机构可以对报送备案的行政法规、地方性法规、自治条例和单行条例等进行主动审查，并可以根据需要进行专项审查。"因此 A 项正确。《立法法》第 109 条第 3 项规定："（三）自治州、自治县的人民代表大会制定的自治条例和单行条例，由省、自治区、直辖市的人民代表大会常务委员会报全国人民代表大会常务委员会和国务院备案。"因此 B 项正确。《立法法》第 109 条第 4 项规定："（四）部门规章和地方政府规章报国务院备案；地方政府规章应当同时报本

级人民代表大会常务委员会备案；设区的市、自治州的人民政府制定的规章应当同时报省、自治区的人民代表大会常务委员会和人民政府备案。"因此 C 项正确。《立法法》第 112 条第 3 款规定："全国人民代表大会宪法和法律委员会、有关的专门委员会、常务委员会工作机构经审查认为行政法规、地方性法规、自治条例和单行条例同宪法或者法律相抵触，或者存在合宪性、合法性问题需要修改或者废止，而制定机关不予修改或者废止的，应当向委员长会议提出予以撤销的议案、建议，由委员长会议决定提请常务委员会会议审议决定。"因此 D 项错误。

5. 根据《国家勋章和国家荣誉称号法》规定，下列哪一选项是正确的？（2017 - 1 - 26）[1]

A. 共和国勋章由全国人大常委会提出授予议案，由全国人大决定授予

B. 国家荣誉称号为其获得者终身享有

C. 国家主席进行国事活动，可直接授予外国政要、国际友人等人士"友谊勋章"

D. 国家功勋簿是记载国家勋章和国家荣誉称号获得者的名录

【解析】《国家勋章和国家荣誉称号法》第 5 条规定："全国人民代表大会常务委员会委员长会议根据各方面的建议，向全国人民代表大会常务委员会提出授予国家勋章、国家荣誉称号的议案。国务院、中央军事委员会可以向全国人民代表大会常务委员会提出授予国家勋章、国家荣誉称号的议案。"第 6 条规定："全国人民代表大会常务委员会决定授予国家勋章和国家荣誉称号。"因此 A 项错误。该法第 13 条规定："国家勋章和国家荣誉称号为其获得者终身享有，但依照本法规定被撤销的除外。"因此 B 项错误。该法第 8 条规定：中华人民共和国主席进行国事活动，可以直接授予外国政要、国际友人等人士"友谊勋章"，因此 C 项正确。该法第 10 条规定："国家设立国家功勋簿，记载国家勋章和国家荣誉称号获得者及其功绩。"因此 D 项错误。

6. 人民代表大会制度是我国的根本政治制度。关于人民代表大会制度，下列表述正确的是：（2017 - 1 - 92）[2]

A. 国家的一切权力属于人民，这是人民代表大会制度的核心内容和根本准则

B. 各级人大都由民主选举产生，对人民负责，受人民监督

C. "一府两院"都由人大产生，对它负责，受它监督

D. 人民代表大会制度是实现社会主义民主的唯一形式

【解析】人民代表大会制度是我国的根本政治制度。社会主义民主的本质是人民当家作主。国家的一切权力属于人民，这是我国国家制度的核心内容和根本准则。因此 A 项正确。人民代表大会制度是体现我国"一切权力属于人民"这一社会主义民主实质的根本政治制度，是人民行使国家权力的根本途径和形式。因此 B 项、C 项正确。人民代表大会制度是实现社会主义民主的根本政治制度，但并非唯一形式。因此 D 项错误。

7. 根据《宪法》，关于中国人民政治协商会议，下列哪些选项是正确的？（2013 - 1 - 62）[3]

A. 中国人民政治协商会议是具有广泛代表性的统一战线组织

B. 中国人民政治协商会议是重要的国家机关

C. 中国共产党领导的多党合作和政治协商制度将长期存在和发展

D. 中国共产党领导的爱国统一战线将继续巩固和发展

【解析】《宪法》序言指出："中国人民政治协商会议是有广泛代表性的统一战线组织，过去发挥了重要的历史作用，今后在国家政治生活、社会生活和对外友好活动中，在进行社会主义现代化建设、维护国家的统一和团结的斗争中，将进一步发挥它的重要作用。中国共产党领

---

[1] C 　[2] ABC 　[3] ACD

导的多党合作和政治协商制度将长期存在和发展。"因此中国人民政治协商会议不属于国家机关，也不是一般的人民团体。A项、C项、D项正确，B项错误。

8. 根据《宪法》和法律规定，关于人民代表大会制度，下列哪一选项是不正确的？（2011 - 1 - 24）[1]

A. 人民代表大会制度体现了一切权力属于人民的原则

B. 地方各级人民代表大会是地方各级国家权力机关

C. 全国人民代表大会是最高国家权力机关

D. 地方各级国家权力机关对最高国家权力机关负责，并接受其监督

【解析】《宪法》第3条第2款规定："全国人民代表大会和地方各级人民代表大会都由民主选举产生，对人民负责，受人民监督。"D项错误。A项、B项、C项正确。

9. 根据《宪法》和法律的规定，关于国家机关组织和职权，下列选项正确的是：（2013 - 1 - 90）[2]

A. 全国人民代表大会修改宪法、解释宪法、监督宪法的实施

B. 国务院依照法律规定决定省、自治区、直辖市的范围内部分地区进入紧急状态

C. 省、自治区、直辖市政府在必要的时候，经国务院批准，可以设立若干派出机构

D. 地方各级检察院对产生它的国家权力机关和上级检察院负责

【解析】《宪法》第62条："全国人民代表大会行使下列职权：（一）修改宪法；（二）监督宪法的实施。……"《宪法》第67条："全国人民代表大会常务委员会行使下列职权：（一）解释宪法，监督宪法的实施。……"全国人大无权解释宪法。A项错误。

《宪法》第89条："国务院行使下列职权：……（十六）依照法律规定决定省、自治区、直辖市的范围内部分地区进入紧急状态。……"B项正确。

《地方各级人民代表大会和地方各级人民政府组织法》第85条第1款："省、自治区的人民政府在必要的时候，经国务院批准，可以设立若干派出机关。"不包括直辖市。C项错误。

《宪法》第138条："最高人民检察院对全国人民代表大会和全国人民代表大会常务委员会负责。地方各级人民检察院对产生它的国家权力机关和上级人民检察院负责。"D项正确。

【特别提示】《宪法》和法律中紧急状态的规定：

1. 2004年修宪，将全国人大常委会、国务院对戒严的决定权改为对紧急状态的决定权；相应地，国家主席对戒严的宣布权也改为对紧急状态的宣布权。

2. 根据《宪法》第67条，全国人大常委会决定全国或者个别省、自治区、直辖市进入紧急状态。

3. 根据《宪法》第89条，国务院依照法律规定决定省、自治区、直辖市的范围内部分地区进入紧急状态。

4. 根据《宪法》第80条，国家主席根据全国人大的决定和全国人大常委会的决定，宣布进入紧急状态。

5. 根据《香港特别行政区基本法》第18条和《澳门特别行政区基本法》第18条，全国人大常委会决定香港、澳门特别行政区进入紧急状态。

10. 关于国家机关的职权，下列表述错误的是：（2008 川 - 1 - 93）[3]

A. 全国人民代表大会无权决定设立国务院各部、各委员会

B. 国务院有权批准自治州的建置和区域划分

---

[1] D 〔2〕 BD 〔3〕 AD

C. 省人民政府有权决定民族乡的建置和区域划分

D. 国家主席有权决定特赦

【解析】《国务院组织法》第8条："国务院各部、各委员会的设立、撤销或者合并，经总理提出，由全国人民代表大会决定；在全国人民代表大会闭会期间，由全国人民代表大会常务委员会决定。"A项错误。

《宪法》第89条："国务院行使下列职权：（十五）批准省、自治区、直辖市的区域划分，批准自治州、县、自治县、市的建置和区域划分……"B项正确。

《宪法》第107条第3款："省、直辖市的人民政府决定乡、民族乡、镇的建置和区域划分。"C项正确。

《宪法》第67条："全国人民代表大会常务委员会行使下列职权：（十八）决定特赦……"D项错误。

11. 根据《宪法》的规定，关于国家结构形式，下列哪一选项是正确的？（2013 - 1 - 24）〔1〕

A. 从中央与地方的关系上看，我国有民族区域自治和特别行政区两种地方制度

B. 县、市、市辖区部分行政区域界线的变更由省、自治区、直辖市政府审批

C. 经济特区是我国一种新的地方制度

D. 行政区划纠纷或争议的解决是行政区划制度内容的组成部分

【解析】我国行政区划可以分为：（1）普通行政区划；（2）民族自治地方区划；（3）特别行政区划。A项错误。

《行政区划管理条例》第8条："县、市、市辖区的部分行政区域界线的变更……国务院授权省、自治区、直辖市人民政府审批；批准变更时，同时报送国务院备案。"注意"国务院授权"。B项错误。

经济特区属于普通行政区划，不是我国一种新的地方制度。C项错误。D项正确。

12. 关于我国的行政区域划分，下列说法不成立的是：（2012 - 1 - 91）〔2〕

A. 是国家主权的体现

B. 属于国家内政

C. 任何国家不得干涉

D. 只能由《宪法》授权机关进行

【解析】《宪法》第62条："全国人民代表大会行使下列职权：……（十三）批准省、自治区和直辖市的建置；（十四）决定特别行政区的设立及其制度。……"《宪法》第89条："国务院行使下列职权：……（十五）批准省、自治区、直辖市的区域划分，批准自治州、县、自治县、市的建置和区域划分。……"《宪法》第107条第3款："省、直辖市的人民政府决定乡、民族乡、镇的建置和区域划分。"A项、B项、C项正确。

《行政区划管理条例》第8条："县、市、市辖区的部分行政区域界线的变更……国务院授权省、自治区、直辖市人民政府审批；批准变更时，同时报送国务院备案。"D项错误。

13. 根据《宪法》规定，关于行政建置和行政区划，下列选项正确的是：（2014 - 1 - 96）〔3〕

A. 全国人大批准省、自治区、直辖市的建置

B. 全国人大常委会批准省、自治区、直辖市的区域划分

---

〔1〕 D 〔2〕 D 〔3〕 AC

C. 国务院批准自治州、自治县的建置和区域划分

D. 省、直辖市、地级市的人民政府决定乡、民族乡、镇的建置和区域划分

【解析】《宪法》第 62 条："全国人民代表大会行使下列职权：……（十三）批准省、自治区和直辖市的建置。……"A 项正确。

《宪法》第 89 条："国务院行使下列职权：……（十五）批准省、自治区、直辖市的区域划分，批准自治州、县、自治县、市的建置和区域划分。……"B 项错误，C 项正确。

《宪法》第 107 第 3 款："省、直辖市的人民政府决定乡、民族乡、镇的建置和区域划分。"D 项错误。

14. 根据《宪法》规定，关于全国人大的专门委员会，下列哪一选项是正确的？（2013 - 1 - 26）[1]

A. 各专门委员会在其职权范围内所作决议，具有全国人大及其常委会所作决定的效力

B. 各专门委员会的主任委员、副主任委员由全国人大及其常委会任命

C. 关于特定问题的调查委员会的任期与全国人大及其常委会的任期相同

D. 全国人大及其常委会领导专门委员会的工作

【解析】《全国人民代表大会组织法》第 37 条："各专门委员会的工作如下：（一）审议全国人民代表大会主席团或者全国人民代表大会常务委员会交付的议案；（二）向全国人民代表大会主席团或者全国人民代表大会常务委员会提出属于全国人民代表大会或者全国人民代表大会常务委员会职权范围内同本委员会有关的议案；……"可见，其主要职责是在全国人大和全国人大常委会领导下，研究、审议和拟定有关议案，并没有作出最后决议的职权。A 项错误。

《全国人民代表大会组织法》第 34 条第 2 款、第 3 款："各专门委员会由主任委员、副主任委员若干人和委员若干人组成。各专门委员会的主任委员、副主任委员和委员的人选由主席团在代表中提名，全国人民代表大会会议表决通过。在大会闭会期间，全国人民代表大会常务委员会可以任免专门委员会的副主任委员和委员，由委员长会议提名，常务委员会会议表决通过。"可见，各专门委员会的主任委员、副主任委员、委员由主席团提名，大会任命，闭会期间，常委会可补充任命部分副主任委员、委员。B 项错误。

《全国人民代表大会组织法》第 42 条："全国人民代表大会代表每届任期五年，从每届全国人民代表大会举行第一次会议开始，到下届全国人民代表大会举行第一次会议为止。"《全国人民代表大会组织法》第 41 条："全国人民代表大会或者全国人民代表大会常务委员会可以组织对于特定问题的调查委员会。调查委员会的组织和工作，由全国人民代表大会或者全国人民代表大会常务委员会决定。"可见，关于特定问题的调查委员会的任期与全国人大及其常委会的任期不一定相同。C 项错误。

根据《全国人民代表大会组织法》第 34 条第 1 款的规定，各专门委员会受全国人民代表大会领导；在全国人民代表大会闭会期间，受全国人民代表大会常务委员会领导。可见，全国人大及其常委会领导专门委员会的工作。D 项正确。

15. 根据《宪法》和《立法法》规定，关于全国人大常委会委员长会议，下列哪些选项是正确的？（2011 - 1 - 61）[2]

A. 委员长会议可以向常委会提出法律案

B. 列入常委会会议议程的法律案，一般应当经 3 次委员长会议审议后再交付常委会表决

C. 经委员长会议决定，可以将列入常委会会议议程的法律案草案公布，征求意见

---

[1] D [2] AD

D. 专门委员会之间对法律草案的重要问题意见不一致时，应当向委员长会议报告

【解析】《立法法》第29条第1款："委员长会议可以向常务委员会提出法律案，由常务委员会会议审议。"A项正确。

《立法法》第32条第1款："列入常务委员会会议议程的法律案，一般应当经三次常务委员会会议审议后再交付表决。"B项错误。

《立法法》第40条："列入常务委员会会议议程的法律案，应当在常务委员会会议后将法律草案及其起草、修改的说明等向社会公布，征求意见，但是经委员长会议决定不公布的除外。向社会公布征求意见的时间一般不少于三十日。征求意见的情况应当向社会通报。"C项错误。

《立法法》第38条："专门委员会之间对法律草案的重要问题意见不一致时，应当向委员长会议报告。"D项正确。

16. 关于全国人大职权，下列哪些说法是正确的？（2010－1－64）[1]

A. 选举国家主席、副主席

B. 选举国务院总理、副总理

C. 选举最高人民法院院长、最高人民检察院检察长

D. 决定特别行政区的设立与建置

【解析】《宪法》第62条："全国人民代表大会行使下列职权：……（四）选举中华人民共和国主席、副主席；（五）根据中华人民共和国主席的提名，决定国务院总理的人选；根据国务院总理的提名，决定国务院副总理、国务委员、各部部长、各委员会主任、审计长、秘书长的人选；……（八）选举最高人民法院院长；（九）选举最高人民检察院检察长；……（十四）决定特别行政区的设立及其制度。……"A项、C项正确。

决定国务院总理、副总理，而非"选举"。B项错误。

决定特别行政区的设立及其制度，而非"建置"。D项错误。

【特别提示】全国人大对国家机构组成人员的选举、决定：

1. 选举：根据主席团提名，选举全国人大常委会组成人员；选举中华人民共和国主席、副主席；选举中央军事委员会主席；选举最高人民法院院长；选举最高人民检察院检察长。

2. 决定：根据中华人民共和国主席的提名，决定国务院总理的人选；根据国务院总理的提名，决定国务院副总理、国务委员、各部部长、各委员会主任、审计长、秘书长的人选；根据中央军事委员会主席的提名，决定中央军事委员会其他组成人员（军委副主席、军委委员）的人选。

17. 关于全国人大及其常委会的质询权，下列说法正确的是：（2010－1－93）[2]

A. 全国人大会议期间，一个代表团可书面提出对国务院的质询案

B. 全国人大会议期间，30名以上代表联名可书面提出对国务院各部的质询案

C. 全国人大常委会会议期间，常委会组成人员10人以上可书面提出对国务院各委员会的质询案

D. 全国人大常委会会议期间，委员长会议可书面提出对国务院的质询案

【解析】根据《全国人民代表大会组织法》第21条的规定，在全国人民代表大会会议期间，一个代表团或者三十名以上的代表联名，可以书面提出对国务院和国务院各部、各委员会的质询案。A项、B项正确。

---

[1] AC　[2] ABC

《全国人民代表大会组织法》第30条："常务委员会会议期间，常务委员会组成人员十人以上联名，可以向常务委员会书面提出对国务院以及国务院各部门、国家监察委员会、最高人民法院、最高人民检察院的质询案。"C项正确。

委员长会议只是负责把质询案交由受质询的机关答复，法律没有规定委员长会议可以书面提出对国务院的质询案。D项错误。

18. 根据《全国人大组织法》规定，下列关于全国人大代表团的哪一说法是正确的？（2009-1-20）[1]

A. 代表团团长、副团长由各代表团全体成员选举产生

B. 两个代表团以上可以向全国人大提出属于全国人大职权范围内的议案

C. 3个以上的代表团可以提出对于全国人大常委会的组成人员，国家主席、副主席，国务院和中央军事委员会的组成人员，最高人民法院院长和最高人民检察院检察长的罢免案

D. 1个代表团和30名以上的代表可以联合提出对国务院及其各部、各委员会的质询案

【解析】《全国人民代表大会组织法》第10条第1款："全国人民代表大会代表按照选举单位组成代表团。各代表团分别推选代表团团长、副团长。"代表团团长、副团长由各代表团分别推选而不是选举产生。A项错误。

根据《全国人民代表大会组织法》第17条的规定，一个代表团或三十名以上代表联名，可以向全国人大提出属于全国人大职权范围内的议案。B项错误。

《全国人民代表大会组织法》第20条："全国人民代表大会主席团、三个以上的代表团或者十分之一以上的代表，可以提出对全国人民代表大会常务委员会的组成人员，中华人民共和国主席、副主席，国务院和中央军事委员会的组成人员，国家监察委员会主任，最高人民法院院长和最高人民检察院检察长的罢免案，由主席团提请大会审议。"C项正确。

根据《全国人民代表大会组织法》第21条的规定，在全国人大会议期间，一个代表团或三十名以上的代表可以联名提出对国务院及其各部、各委员会的质询案。D项错误。

19. 根据我国《宪法》的规定，关于动员和紧急状态的决定权，下列哪些选项是正确的？（2008-1-62）[2]

A. 全国人民代表大会常务委员会有权决定全国总动员

B. 全国人民代表大会常务委员会有权决定全国进入紧急状态

C. 国务院有权决定个别省、自治区、直辖市进入紧急状态

D. 国务院有权决定局部动员

【解析】《宪法》第67条："全国人民代表大会常务委员会行使下列职权：……（二十）决定全国总动员或者局部动员；（二十一）决定全国或者个别省、自治区、直辖市进入紧急状态……。"A项、B项正确。C项、D项错误。

20. 全国人民代表人会法律委员会和其他有关专门委员会经审查认为报全国人大常委会备案的司法解释与法律相抵触，而有关解释机关不予修改或废止的，法律委员会和其他有关专门委员会可依法采取下列哪些措施？（2008-1-64）[3]

A. 可以决定撤销该司法解释

B. 可以提出要求作出司法解释的机关予以修改、废止的议案

C. 可以提出由全国人大常委会作出立法解释的议案

D. 将该司法解释发回，发回后立即失效，但失效不具有溯及力

---

[1] C　[2] AB　[3] BC

【解析】《各级人民代表大会常务委员会监督法》第33条："全国人民代表大会法律委员会和有关专门委员会经审查认为最高人民法院或者最高人民检察院作出的具体应用法律的解释同法律规定相抵触，而最高人民法院或者最高人民检察院不予修改或者废止的，可以提出要求最高人民法院或者最高人民检察院予以修改、废止的议案，或者提出由全国人民代表大会常务委员会作出法律解释的议案，由委员长会议决定提请常务委员会审议。"B项、C项正确。A项、D项错误。

21. 根据《宪法》和法律的规定，下列表述错误的是：（2008－1－94）[1]

A. 全国人大代表在全国人大各种会议上的活动不受法律追究

B. 在全国人大闭会期间，全国人大代表未经选举单位人大常委会批准，不受逮捕和刑事审判

C. 全国人大代表受原选举单位的监督

D. 全国人大代表在全国人民代表大会开会期间，有权提出对国务院或者国务院各部、各委员会的质询案

【解析】《宪法》第75条："全国人民代表大会代表在全国人民代表大会各种会议上的发言和表决，不受法律追究。"该条仅指在人大会议上的发言和表决，并非所有的活动。A项错误。

《宪法》第74条："全国人民代表大会代表，非经全国人民代表大会会议主席团许可，在全国人民代表大会闭会期间非经全国人民代表大会常务委员会许可，不受逮捕或者刑事审判。"B项错误。

《宪法》第77条："全国人民代表大会代表受原选举单位的监督。原选举单位有权依照法律规定的程序罢免本单位选出的代表。"C项正确。

《宪法》第73条："全国人民代表大会代表在全国人民代表大会开会期间，全国人民代表大会常务委员会组成人员在常务委员会开会期间，有权依照法律规定的程序提出对国务院或者国务院各部、各委员会的质询案。受质询的机关必须负责答复。"D项正确。

【特别提示】

1. 提案：（1）可以向全国人大提出议案的：国务院；中央军委；最高人民法院；最高人民检察院；全国人大主席团；全国人大常委会；全国人大各专门委员会；1个代表团；30名以上的代表联名。（2）可以向全国人大常委会提出议案的：国务院；中央军委；最高人民法院；最高人民检察院；委员长会议；全国人大各专门委员会；常委会组成人员10人以上联名。（3）在地方人大举行会议时：主席团；常委会；各专门委员会；本级人民政府；县级以上的地方各级人大代表10人以上联名，乡、民族乡、镇的人大代表5人以上联名。（4）在地方人大常委会会议期间：县级以上的地方各级人大常委会主任会议；县级以上地方各级人民政府；人大各专门委员会；省、自治区、直辖市、自治州、设区的市的人大常委会组成人员5人以上联名，县级人大常委会组成人员3人以上联名。

2. 质询：（1）在全国人大会议期间，1个代表团或者30名以上代表联名，可以书面提出对国务院及其部委、最高人民法院、最高人民检察院的质询案，由主席团决定交受质询机关书面答复，或者由受质询机关的领导人在主席团会议上或者有关的专门委员会会议上或者有关的代表团会议上口头答复。代表在审议议案和报告时，可以向有关国家机关提出询问。有关部门应当派负责人到会，听取意见，回答代表提出的询问。（2）在全国人大常务委员会会议期间，常务委员会组成人员10人以上，可以书面提出对国务院及其部委、最高人民法院、最高人民

---

[1] AB

检察院的质询案，由委员长会议决定交受质询机关书面答复，或者由受质询机关的领导人在常务委员会会议上或者有关的专门委员会会议上口头答复。（3）地方各级人大举行会议时，代表10人以上联名可以书面提出对本级人民政府及其工作部门及人民法院、人民检察院的质询案。（4）省、自治区、直辖市、自治州、设区的市的人大常委会组成人员5人以上联名，县级人大常委会组成人员3人以上联名，可以向常委会书面提出对本级人民政府、人民法院、人民检察院的质询案，由主任会议决定交受质询机关答复。

3. 罢免：（1）全国人大主席团、3个以上的代表团或者1/10以上的代表联名，可以提出对于全国人民代表大会常务委员会的组成人员，中华人民共和国主席、副主席，国务院和中央军事委员会的组成人员，最高人民法院院长和最高人民检察院检察长的罢免案。（2）县级以上地方人大，主席团、常务委员会或者1/10以上代表联名，可以提出对本级人大常委会组成人员、人民政府组成人员、人民法院院长、人民检察院检察长的罢免案，由主席团提请大会审议。乡级人大，主席团或者1/5以上代表联名，可以提出对本级人大主席、副主席、（副）乡长、（副）镇长的罢免案。罢免案均须经全体代表过半数通过。

4. 撤职：（1）县级以上地方各级人民政府、人民法院和人民检察院，县级以上地方各级人大常委会主任会议，可以提出撤职案。县级以上地方各级人大常委会1/5以上的组成人员书面联名，可以提出撤职案，由主任会议决定是否提请常委会会议审议；或者由主任会议提议，经全体会议决定，组织调查委员会，由以后的常委会会议根据调查委员会的报告审议决定。（2）撤职的范围仅限于个别政府的副职、政府其他组成人员，以及司法机关除一把手以外的组成人员（法院副院长到审判员，副检察长到检察员），以及中级人民法院的院长和人民检察院分院的检察长。撤职案应当写明撤职的对象和理由，并提供有关的材料。（3）撤职案的表决采用无记名投票的方式，由常务委员会全体组成人员的过半数通过。

5. 人身保护：（1）县级以上地方各级人大代表非经本级人大主席团许可，闭会期间未经本级人大常委会许可，不受逮捕或刑事审判。如果因为是现行犯被拘留，执行拘留的公安机关应立即向该级人大主席团或人大常委会报告。（2）乡级人大代表，如果被逮捕、受刑事审判或者被采取法律规定的其他限制人身自由的措施，执行机关应当立即报告乡级人大。

6. 言论免责：各级人大代表、常委会组成人员，在人大或常委会会议上的发言与表决，不受法律追究。

22. 根据《全国人民代表大会组织法》的规定，下列哪些选项是错误的？（2008川－1－61）[1]

A. 全国人民代表大会每次会议举行预备会议，选举本次会议的主席团和秘书长，通过本次会议的议程和其他准备事项的决定

B. 会议主席团设常务主席若干人，轮流担任会议执行主席

C. 30名以上的代表，可以就国家生活和国计民生的任何问题，向全国人民代表大会提出议案

D. 向全国人民代表大会提出的议案，在交付大会表决前，提案人要求撤回的，由大会主席团审议决定是否终止审议

【解析】《全国人民代表大会组织法》第11条："全国人民代表大会每次会议举行预备会议，选举本次会议的主席团和秘书长，通过本次会议的议程和其他准备事项的决定。"A项正确。

---

[1]　BCD

《全国人民代表大会组织法》第12条："主席团主持全国人民代表大会会议。主席团推选常务主席若干人，召集并主持主席团会议。主席团推选主席团成员若干人分别担任每次大会全体会议的执行主席，并指定其中一人担任全体会议主持人。"轮流担任会议执行主席的不是常务主席，而是由主席团互推人选。B项错误。

《全国人民代表大会组织法》第17条："一个代表团或者三十名以上的代表联名，可以向全国人民代表大会提出属于全国人民代表大会职权范围内的议案。"人大代表向全国人大提交的议案应属于全国人大职权范围，而非"关系国家生活和国计民生的任何问题。"C项错误。

《全国人民代表大会组织法》第11条："向全国人民代表大会提出的议案，在交付大会表决前，提案人要求撤回的，对该议案的审议即行终止。"D项错误。2021年3月11日修正后，删除了这项规定。

23. 全国人大常委会是全国人大的常设机关，根据宪法规定，全国人大常委会行使多项职权，但下列哪一职权不由全国人大常委会行使？（2007 - 1 - 16）[1]

A. 解释宪法，监督宪法的实施

B. 批准省、自治区、直辖市的建置

C. 废除同外国缔结的条约和重要协定

D. 审批国民经济和社会发展计划以及国家预算部分调整方案

【解析】《宪法》第62条："全国人民代表大会行使下列职权：……（十三）批准省、自治区和直辖市的建置。……"B项错误。A项、C项、D项正确。

【特别提示】

1. 全国人大独有的职权，重要的有：（1）修改宪法；（2）决定国务院总理、副总理、国务委员。

2. 全国人大常委会独有的职权，重要的有：（1）解释宪法；（2）解释法律；（3）决定特赦；（4）决定全国总动员或者局部动员；（5）决定全国或者个别省、自治区、直辖市进入紧急状态。

24. 《中华人民共和国政府和大不列颠及北爱尔兰联合王国政府关于香港问题的联合声明》是由哪一机关批准生效的？（2006 - 1 - 13）[2]

A. 国务院

B. 全国人大

C. 全国人大常委会

D. 国家主席

【解析】《宪法》第67条："全国人民代表大会常务委员会行使下列职权：……（十五）决定同外国缔结的条约和重要协定的批准和废除。……"C项正确。A项、B项、D项错误。

【特别提示】《宪法》中有关条约和重要协定的规定：

1. 根据《宪法》第89条，国务院同外国缔结条约和协定。

2. 根据《宪法》第67条，全国人民代表大会常务委员会决定同外国缔结的条约和重要协定的批准和废除。

3. 根据《宪法》第81条，国家主席根据全国人民代表大会常务委员会的决定，批准和废除同外国缔结的条约和重要协定。

25. 我国《宪法》第二条明确规定："人民行使国家权力的机关是全国人民代表大会和地

方各级人民代表大会。"关于全国人大和地方各级人大,下列选项正确的是:(2015 - 1 - 91)[1]

A. 全国人大代表全国人民统一行使国家权力

B. 全国人大和地方各级人大是领导与被领导的关系

C. 全国人大在国家机构体系中居于最高地位,不受任何其他国家机关的监督

D. 地方各级人大设立常务委员会,由主任、副主任若干人和委员若干人组成

【解析】人大之间是监督与被监督的关系。B项错误。

乡人大只有主席与副主席。D项错误。A项、C项正确。

26. 关于全国人大的各委员会,下列说法错误的是?[2]

A. 全国人民代表大会专门委员会是最高国家权力机关的非常设机关

B. 调查委员会的组成人员不一定是全国人大代表,可以是专家、学者,其一旦完成任务,该委员会即予撤销

C. 各专门委员会的主任委员、副主任委员和委员的人选,在全国人大的会议期间由全国人大常委会在代表中提名,由全国人民代表大会通过

D. 全国人大专门委员会在审查中认为行政法规、地方性法规等同宪法和法律相抵触时,可以向制定机关提出书面审查意见

【解析】根据《全国人民代表大会组织法》第34条规定,全国人大专门委员会属于常设机关,临时调查委员会属于非常设机关,A错误。调查委员会的组成人员一定是全国人大代表,B错误。各专门委员会的主任委员、副主任委员和委员的人选,在大会期间应该由主席团在代表中提名,C错误。根据《立法法》第112条规定,全国人民代表大会专门委员会、常务委员会工作机构在审查中认为行政法规、地方性法规、自治条例和单行条例同宪法或者法律相抵触,或者存在合宪性、合法性问题的,可以向制定机关提出书面审查意见,D正确。

27. 2018年6月8日,国家主席习近平向俄罗斯总统普京授予首枚"友谊勋章"。习近平主席指出,中华人民共和国"友谊勋章"是中国国家对外最高荣誉勋章,授予在支持中国现代化建设、促进中外交流合作、维护世界和平中作出杰出贡献的外国友人。对此,说法不正确的是?[3]

A. 全国人大常委会决定并向国家勋章和国家荣誉称号获得者授予国家勋章、国家荣誉称号奖章,签发证书

B. 中华人民共和国主席进行国事活动,可以直接授予外国政要、国际友人等人士"友谊勋章"

C. 全国人大常委会委员长会议、国务院、中央军事委员会、最高人民法院、最高人民检察院有权向全国人大常委会提出授予国家勋章、国家荣誉称号的议案

D. 国家主席有权决定撤销获得者的国家勋章和国家荣誉称号,并予以公告

【解析】国家主席根据全国人大常委会的决定,授予国家勋章、国家荣誉称号奖章,签发证书,A错误。B正确。最高人民法院和最高人民检察院无此提案权,C错误。撤销获得者的国家勋章和国家荣誉称号应由全国人大常委会决定并予以公告,D错误。

28. 2020年5月28日,十三届全国人大三次会议表决通过了《全国人民代表大会关于建立健全香港特别行政区维护国家安全的法律制度和执行机制的决定》。关于香港特区制定维护国家安全法的宪制责任,下面观点正确的是?(2020年回忆版)[4]

---

[1] AC [2] ABC [3] ACD [4] ABCD

A. 维护国家主权统一和领土完整是香港特别行政区的宪制责任

B. 香港特别行政区应当尽早完成香港特别行政区基本法规定的维护国家安全立法。香港特别行政区行政机关、立法机关、司法机关应当依据有关法律规定有效防范、制止和惩治危害国家安全的行为和活动

C. 全国人大常委会有权力有责任维护香港特别行政区宪制秩序

D. 国家应当采取必要措施建立健全香港特别行政区维护国家安全的法律制度和执行机制，依法防范、制止和惩治危害国家安全的行为和活动

【解析】第十三届全国人大第三次会议通过《全国人民代表大会关于建立健全香港特别行政区维护国家安全的法律制度和执行机制的决定》，明确维护国家主权统一和领土完整是香港特别行政区的宪制责任。中央人民政府维护国家安全的有关机关可以根据需要在香港特别行政区设立机构，依法履行维护国家安全相关职责，并在香港建立有关维护国家安全的本地机构。2020 年 6 月 30 日，第十三届全国人民代表大会常务委员会第二十次会议通过了《中华人民共和国香港特别行政区维护国家安全法》，并决定将其列入《香港特别行政区基本法》附件三。故 A 项、B 项、C 项和 D 项均正确。

29. 根据《宪法》和《全国人民代表大会和地方各级人民代表大会代表法》的规定，关于人大代表的资格终止，下列说法正确的是？（2021 年回忆版）[1]

A. 地方各级人大代表资格的终止，由代表资格审查委员会报各级人大，由本级人大予以公告

B. 人大代表工作和生产生活已经不在原选区或选举单位，代表资格终止

C. 人大代表因刑事案件羁押，已在受侦查、起诉、审判，代表资格终止

D. 未经批准两次不出席本级人大会议的，代表资格终止

【解析】根据《全国人民代表大会和地方各级人民代表大会代表法》第 50 条的规定："县级以上的各级人民代表大会代表资格的终止，由代表资格审查委员会报本级人民代表大会常务委员会，由本级人民代表大会常务委员会予以公告。"故 A 项错误。根据《全国人民代表大会和地方各级人民代表大会代表法》第 49 条的规定："代表有下列情形之一的，其代表资格终止：（一）地方各级人民代表大会代表迁出或者调离本行政区域的；（二）辞职被接受的；（三）未经批准两次不出席本级人民代表大会会议的；（四）被罢免的；（五）丧失中华人民共和国国籍的；（六）依照法律被剥夺政治权利的；（七）丧失行为能力的。"故 B 项错误，C 项错误，D 项正确。

考点二　中华人民共和国主席

1. 根据《宪法》和《组织法》的规定，下列选项正确的是：（2011 - 1 - 86）[2]

A. 地方各级人大代表非经本级人大主席团许可，在大会闭会期间非经本级人大常委会许可，不受逮捕或刑事审判

B. 乡、民族乡、镇的人大主席、副主席不得担任国家行政机关的职务

C. 审计机关依照法律独立行使审计权，不受行政机关、社会团体和个人的干涉

D. 中华人民共和国主席根据全国人大常委会的决定，进行国事活动

---

[1]　D　[2]　B

【解析】《地方各级人民代表大会和地方各级人民政府组织法》第40条："县级以上的地方各级人民代表大会代表，非经本级人民代表大会主席团许可，在大会闭会期间，非经本级人民代表大会常务委员会许可，不受逮捕或者刑事审判。如果因为是现行犯被拘留，执行拘留的公安机关应当立即向该级人民代表大会主席团或者常务委员会报告。"该条是指县级以上的各级人大代表，不包括乡镇人大代表。A项错误。

《地方各级人民代表大会和地方各级人民政府组织法》第18条第2款："乡、民族乡、镇的人民代表大会主席、副主席不得担任国家行政机关的职务；如果担任国家行政机关的职务，必须向本级人民代表大会辞去主席、副主席的职务。"B项正确。

《宪法》第91条第2款："审计机关在国务院总理领导下，依照法律规定独立行使审计监督权，不受其他行政机关、社会团体和个人的干涉。"《审计法》第9条："地方各级审计机关对本级人民政府和上一级审计机关负责并报告工作，审计业务以上级审计机关领导为主。"C项错误。

根据《宪法》第81条的规定，中华人民共和国主席代表中华人民共和国，进行国事活动，接受外国使节。无需经过全国人大常委会的决定。D项错误。

2. 根据《宪法》的规定，无需全国人大常委会决定，国家主席即可行使下列哪些职权？(2008 川－1－60)[1]

A. 代表中华人民共和国接受外国使节

B. 代表中华人民共和国进行国事活动

C. 派遣和召回驻外全权代表

D. 授予国家的勋章和荣誉称号

【解析】《宪法》第80条："中华人民共和国主席根据全国人民代表大会的决定和全国人民代表大会常务委员会的决定，公布法律，任免国务院总理、副总理、国务委员、各部部长、各委员会主任、审计长、秘书长，授予国家的勋章和荣誉称号，发布特赦令，宣布进入紧急状态，宣布战争状态，发布动员令。"《宪法》第81条："中华人民共和国主席代表中华人民共和国，进行国事活动，接受外国使节；根据全国人民代表大会常务委员会的决定派遣和召回驻外全权代表，批准和废除同外国缔结的条约和重要协定。"A项、B项正确。C项、D项错误。

3. 根据宪法和法律规定，下列哪些人员连续任职不超过两届？[2]

A. 全国人大常委会的秘书长　　　　B. 特别行政区行政长官

C. 国家主席、国家副主席　　　　　D. 中央军委主席

【解析】根据宪法和法律规定，在我国连续任职不超过两届的人员包括：全国人大常委会委员长、副委员长；国务院总理、副总理、国务委员；国家监察委员会主任；最高人民法院院长、最高人民检察院检察长；特别行政区行政长官。因此B项正确。A项、C项、D项错误。

4. 2019年9月29日上午10时，中华人民共和国国家勋章和国家荣誉称号颁授仪式在人民大会堂隆重举行。中共中央总书记、国家主席、中央军委主席习近平授予于敏等8人共和国勋章，授予劳尔·卡斯特罗·鲁斯等6人友谊勋章，授予叶培建等28人国家荣誉称号。对此，下列说法正确的一项是？[3]

A. 国家勋章和国家荣誉称号由国家主席决定授予

B. 国家勋章和国家荣誉称号的授予须经全国人大及其常委会批准

C. 全国人大常委会享有规定和决定授予国家的勋章和荣誉称号的职权

---

[1] AB　[2] B　[3] C

D. 我国宪法规定公民有荣誉权

【解析】根据《宪法》第80条规定，国家主席根据全国人民代表大会的决定和全国人民代表大会常务委员会的决定，授予国家的勋章和荣誉称号，故A项、B项错误。根据《宪法》第67条规定，全国人大常委会有权规定和决定授予国家的勋章和荣誉称号的职权，故C项正确。我国宪法规定公民有维护国家荣誉的基本义务，未规定公民的荣誉权，故D项错误。

考点三　监察委员会

1. 依据现行宪法规定，下列由全国人民代表大会"选举"产生的领导职位有？[1]
A. 全国人大常委会委员长
B. 国务院副总理
C. 国家监察委员会主任
D. 国务委员

【解析】根据《宪法》第62条的规定，全国人大选举国家主席、副主席；选举中央军委主席；选举国家监察委员会主任；选举最高人民法院院长；选举最高人民检察院检察长。《宪法》第65条规定：全国人大选举并有权罢免全国人大常委会的组成人员。《宪法》第62条第5~6项规定：全国人大决定国务院总理的人选；决定国务院副总理、国务委员、各部部长、各委员会主任、审计长、秘书长的人选；决定中央军委其他组成人员的人选。因此A、C正确。

2. 以下关于我国监察制度和监察机关的说法中，正确的有？[2]
A. 监察委员会是党统一领导下的国家反腐败工作机构，既不是行政机关，也不是司法机关
B. 监察机关采取留置措施，应当由监察委员会主任决定
C. 下级监察机关采取留置措施，应当报上级监察机关批准
D. 监察人员辞职、退休两年内，不得从事与监察和司法工作相关联且可能发生利益冲突的职业

【解析】A正确。监察机关采取留置措施，应当由监察机关领导人员集体研究决定，B错误。设区的市级以下监察机关采取留置措施，应当报上一级监察机关批准，省级监察机关采取留置措施，应当报国家监察委备案，C错误。监察人员辞职、退休3年内，不得从事与监察和司法工作相关联且可能发生利益冲突的职业，D错误。

3. 关于监察委，下列哪个选项是正确的？（2019年回忆版）[3]
A. 国家监察委是最高监察机关，领导地方各级监察委工作
B. 监察委独立行使监察权，不受任何机关组织和个人干涉
C. 市监察委可以决定限制某人在市里机场的出境
D. 国家监察委批准全国范围内的通缉令

【解析】根据《宪法》第125条的规定，中华人民共和国国家监察委员会是最高监察机关，领导地方各级监察委工作，故A项正确。

根据《宪法》第127条的规定，监察委依法律规定独立行使监察权，不受行政机关、社会团体和个人干涉，故B项错误。

根据《监察法》第30条的规定，监察机关为防止被调查人及相关人员逃匿境外，经省级

---

[1]　AC　[2]　A　[3]　A

以上监察机关批准，可以对被调查人及相关人员采取限制出境措施，故 C 项错误。

根据《监察法》第 29 条的规定，依法应当留置的被调查人如果在逃，监察机关可以决定在本行政区域内通缉，由公安机关发布通缉令，追捕归案。通缉范围超出本行政区域的，应当报请有权决定的上级监察机关决定。监察机关决定，公安机关发布，而非由监察机关批准，故 D 项错误。

4. 关于监察委员会，下列哪些说法是错误的？[1]

A. 北京市监察委员会是行使国家监察职能的专责机关，负责北京市的监察工作

B. 上海市监察委员会办理贪污案件时，应当与当地法院、检察院互相配合，互相监督

C. 南京市监察委员会需对本市人大及其常委会和江苏省监察委员会负责并接受其监督

D. 杭州市人大开会时，杭州市监察委员会需向其作专项工作报告

【解析】根据《监察法》第 3 条的规定，各级监察委员会是行使国家监察职能的专责机关，根据《监察法》第 9 条的规定，地方各级监察委员会由本级人民代表大会产生，负责本行政区域内的监察工作，故 A 项正确。根据《监察法》第 4 条的规定，监察机关办理职务违法和职务犯罪案件，应当与审判机关、检察机关、执法部门互相配合，互相制约，但并无互相监督规定，故 B 项错误。根据《监察法》第 9 条的规定，地方各级监察委员会对本级人民代表大会及其常务委员会和上一级监察委员会负责，并接受其监督，故 C 项正确。根据《监察法》第 53 条的规定，各级人民代表大会常务委员会听取和审议本级监察委员会的专项工作报告，组织执法检查，故 D 项错误。

5. 各级监察委员会是国家的监察机关，根据《宪法》和《监察法》，下列说法正确的是？（2021 年回忆版）[2]

A. 依法应当留置的被调查人员如果在逃需要通缉，由上级监察机关批准决定

B. 监察机关行使监察权，应当与审判机关、检察机关和执法部门互相配合，互相制约

C. 监察机关采取留置措施，应当由监察委员会主任决定

D. 上级监察机关只能办理下一级监察机关管辖范围内的监察事项

【解析】《监察法》第 29 条规定："依法应当留置的被调查人如果在逃，监察机关可以决定在本行政区域内通缉，由公安机关发布通缉令，追捕归案。通缉范围超出本行政区域的，应当报请有权决定的上级监察机关决定。"故 A 项错误。《监察法》第 4 条规定："监察机关办理职务违法和职务犯罪案件，应当与审判机关、检察机关、执法部门互相配合，互相制约。"故 B 项正确。《监察法》第 43 条规定："监察机关采取留置措施，应当由监察机关领导人员集体研究决定。设区的市级以下监察机关采取留置措施，应当报上一级监察机关批准。省级监察机关采取留置措施，应当报国家监察委员会备案。"故 C 项错误。《监察法》第 16 条第 2 款规定："上级监察机关可以办理下一级监察机关管辖范围内的监察事项，必要时也可以办理所辖各级监察机关管辖范围内的监察事项。"故 D 项错误。

考点四　国务院

1. 国家实行审计监督制度。为加强国家的审计监督，全国人大常委会于 1994 年通过了《审计法》，并于 2006 年进行了修正。关于审计监督制度，下列哪些理解是正确的？（2016 -

---

[1]　BD　[2]　B

1 −65)[1]

- A. 《审计法》的制定与执行是在实施宪法的相关规定
- B. 地方各级审计机关对本级人大常委会和上一级审计机关负责
- C. 国务院各部门和地方各级政府的财政收支应当依法接受审计监督
- D. 国有的金融机构和企业事业组织的财务收支应当依法接受审计监督

【解析】《宪法》第91条第1款规定："国务院设立审计机关，对国务院各部门和地方各级政府的财政收支，对国家的财政金融机构和企事业单位组织的财务收支，进行审计监督。"因此A、C、D项正确。《宪法》第109条规定："县级以上的地方各级人民政府设立审计机关。地方各级审计机关依照法律规定独立行使审计监督权，对本级人民政府和上一级审计机关负责。"因此B项错误。

2. 根据《宪法》规定，关于国务院的说法，下列哪些选项是正确的？（2010 −1 −61）[2]

- A. 国务院由总理、副总理、国务委员、秘书长组成
- B. 国务院常务会议由总理、副总理、国务委员、秘书长组成
- C. 国务院有权改变或者撤销地方各级国家行政机关的不适当的决定和命令
- D. 国务院依法决定省、自治区、直辖市的范围内部分地区进入紧急状态

【解析】根据《宪法》第86条的规定，国务院由下列人员组成：总理，副总理若干人，国务委员若干人，各部部长，各委员会主任，审计长，秘书长。A项错误。

《宪法》第88条第2款："总理、副总理、国务委员、秘书长组成国务院常务会议。"B项正确。

《宪法》第89条："国务院行使下列职权：……（十四）改变或者撤销地方各级国家行政机关的不适当的决定和命令；……（十六）依照法律规定决定省、自治区、直辖市的范围内部分地区进入紧急状态。……"C项、D项正确。

3. 根据我国《宪法》和法律的规定，下列哪些人员是国务院组成人员？（2008 −1 −65）[3]

- A. 外交部副部长
- B. 国家发展和改革委员会主任
- C. 国有资产监督管理委员会主任
- D. 审计署审计长

【解析】《宪法》第86条规定："国务院由下列人员组成：总理，副总理若干人，国务委员若干人，各部部长，各委员会主任，审计长，秘书长。国务院实行总理负责制。各部、各委员会实行部长、主任负责制。国务院的组织由法律规定。"国务院组成人员中各部部长是正职负责人。A项错误。

国务院国有资产监督管理委员会是国务院直属特设机构，不是国务院的组成部门，其正职负责人不是国务院组成人员。国务院组成部门中的"委"只有三个：国家发展与改革委员会、国家卫生健康委员会、国家民族事务委员会。C项错误。B项、D项正确。

4. 根据《宪法》和法律法规的规定，关于我国行政区划变更的法律程序，下列哪一选项是正确的？（2015 −1 −23）[4]

- A. 甲县欲更名，须报该县所属的省级政府审批
- B. 乙省行政区域界线的变更，应由全国人大审议决定
- C. 丙镇与邻近的一个镇合并，须报两镇所属的县级政府审批
- D. 丁市部分行政区域界线的变更，由国务院授权丁市所属的省级政府审批

---

[1] ACD 　[2] BCD 　[3] BD 　[4] D

【解析】县的建置与区域划分由国务院来批准。A 项错误。

省的建置由全国人大批准，区域划分由国务院批准。B 项错误。

镇的建置与区域划分由省政府决定。C 项错误。

根据国务院的授权，省级政府审批县、市、市辖区的部分行政区域界限的变更。D 项正确。

5. 预算制度的目的是规范政府收支行为，强化预算监督。根据《宪法》和法律的规定，关于预算，下列表述正确的是：（2015－1－93）[1]

A. 政府的全部收入和支出都应当纳入预算

B. 经批准的预算，未经法定程序，不得调整

C. 国务院有权编制和执行国民经济和社会发展计划、国家预算

D. 全国人大常委会有权审查和批准国家的预算和预算执行情况的报告

【解析】政府的全部收入和支出都应当纳入预算。A 项正确。

经过批准的预算只有经过正当程序才可以进行调整。B 项正确。

编制和执行国民经济和社会发展计划、国家预算是宪法规定的国务院的职权范围内的事务。C 项正确。

有权审查和批准国家的预算和预算执行情况的报告的是全国人大，而非全国人大常委会。D 项错误。

6. 下列关于国务院的表述，正确的是？[2]

A. 决定省级行政区的建置

B. 国务院制定行政法规可自行在授权范围内设立处罚权，不用报全国人民代表大会批准

C. 批准民族自治地区组织公安部队，维护当地秩序

D. 国务院依法管理对外事务，批准参加双边或多边国际条约

【解析】根据《宪法》第 89 条规定，国务院的职权包括：批准省、自治区、直辖市的区域划分，批准自治州、县、自治县、市的建置和区域划分，A 错误。根据《立法法》的规定，国务院制定行政法规可自行在授权范围内设立处罚权，须报全国人民代表大会批准，B 错误。C 正确。国务院可以签署国际条约，但是须经全国人大常委会批准，D 错误。

7. 下列选项正确的是？（2019 年回忆版）[3]

A. 国务院制定的文件，都由总理令发布

B. 国务院制定的文件，都由国务院令发布

C. 特赦由全国人大常委会决定

D. 根据法官遴选制度，可以从法院的书记员、法官助理等人中遴选法官

【解析】《国务院组织法》第 5 条规定，国务院发布的决定、命令和行政法规，向全国人民代表大会或者全国人民代表大会常务委员会提出的议案，任免人员，由总理签署。《立法法》第 77 条规定，行政法规由总理签署国务院令公布。有关国防建设的行政法规，可以由国务院总理、中央军事委员会主席共同签署国务院、中央军事委员会令公布。因此，国务院制定的文件，都由总理签署国务院令发布，不存在总理令，故 A 项错误，B 项正确。

根据《宪法》第 67 条第 18 项的规定，全国人大常委会决定特赦，故 C 项正确。

根据《法官法》第 67 条的规定，法官助理是法官遴选的储备人才，书记员不是，故 D 项错误。

---

[1] ABC [2] C [3] BC

8. 2018年2月7日，国务院第198次常务会议通过《快递暂行条例》，经国务院总理签署，于2018年3月2日公布，该条例应当在下列哪些载体上刊载？（2018年回忆版）[1]

A. 国务院公报 　　　　　　　　B. 中国政府法制信息网

C. 全国范围的报纸 　　　　　　D. 全国人大常委会公报

【解析】《立法法》第78条规定："行政法规签署公布后，及时在国务院公报和中国政府法制信息网以及在全国范围内发行的报纸上刊载。在国务院公报上刊登的行政法规文本为标准文本。"故A项、B项、C项正确。D项错误。

9. 为促进中国（上海）自由贸易试验区的发展，有关部门决定在上海市暂时调整实施行政法规《国际海运条例》部分规定。该决定应由以下哪一主体作出？（2021年回忆版）[2]

A. 上海市人民代表大会 　　　　B. 全国人民代表大会及其常务委员会

C. 国务院 　　　　　　　　　　D. 上海市人民政府

【解析】根据《国务院关于在中国（上海）自由贸易试验区内暂时调整有关行政法规和国务院文件规定的行政审批或者准入特别管理措施的决定》的规定："二、扩大服务业开放，暂时调整《中华人民共和国船舶登记条例》、《中华人民共和国国际海运条例》……"，可知国务院可以决定在上海市暂时调整实施行政法规《国际海运条例》部分规定。故C项正确。A项、B项、D项错误。

10. 以下哪些属于国务院组成部门？（2022年回忆版，多选）[3]

A. 国资委 　　　B. 证监会 　　　C. 审计署 　　　D. 民族事务委

【解析】《国务院行政机构设置和编制管理条例》第6条规定："国务院行政机构根据职能分为国务院办公厅、国务院组成部门、国务院直属机构、国务院办事机构、国务院组成部门管理的国家行政机构和国务院议事协调机构。国务院办公厅协助国务院领导处理国务院日常工作。国务院组成部门依法分别履行国务院基本的行政管理职能。国务院组成部门包括各部、各委员会、中国人民银行和审计署。国务院直属机构主管国务院的某项专门业务，具有独立的行政管理职能。国务院办事机构协助国务院总理办理专门事项，不具有独立的行政管理职能。国务院组成部门管理的国家行政机构由国务院组成部门管理，主管特定业务，行使行政管理职能。国务院议事协调机构承担跨国务院行政机构的重要业务工作的组织协调任务。国务院议事协调机构议定的事项，经国务院同意，由有关的行政机构按照各自的职责负责办理。在特殊或者紧急的情况下，经国务院同意，国务院议事协调机构可以规定临时性的行政管理措施。"根据《国务院关于机构设置的通知》第2条的规定，国务院组成部门包括：中华人民共和国外交部、中华人民共和国国防部、中华人民共和国国家发展和改革委员会、中华人民共和国教育部、中华人民共和国科学技术部、中华人民共和国工业和信息化部、中华人民共和国国家民族事务委员会、中华人民共和国公安部、中华人民共和国国家安全部、中华人民共和国民政部、中华人民共和国司法部、中华人民共和国财政部、中华人民共和国人力资源和社会保障部、中华人民共和国自然资源部、中华人民共和国生态环境部、中华人民共和国住房和城乡建设部、中华人民共和国交通运输部、中华人民共和国水利部、中华人民共和国农业农村部、中华人民共和国商务部、中华人民共和国文化和旅游部、中华人民共和国国家卫生健康委员会、中华人民共和国退役军人事务部、中华人民共和国应急管理部、中国人民银行、中华人民共和国审计署。C项、D项属于国务院组成部门，当选。根据《国务院关于机构设置的通知》第3条的规定，国务院国有资产监督管理委员会属于国务院直属特设机构。根据《国务院关于机构设置的

---

[1] ABC 　[2] C 　[3] CD

通知》第 4 条的规定，中国证券监督管理委员会属于国务院直属机构。A 项、B 项不当选。

11. 2023 年，国务院机构改革，组建国家数据局，由国家发展和改革委员会管理。国家发展和改革委员会承担的统筹推进数字经济发展、组织实施国家大数据战略、推进数据要素基础制度建设、推进数字基础设施布局建设等职责划入国家数据局。关于国务院机构，下列说法正确的是？（2023 年回忆版，单选）〔1〕

A. 国家数据局的设立由国务院机构编制管理机关提出方案，报国家发展和改革委员会决定

B. 国家发展和改革委员会主管国务院的某项专门业务，具有独立的行政管理职能

C. 国家数据局可以制定规章

D. 国家数据局可以只设立处级内设机构

【解析】《国务院行政机构设置和编制管理条例》第 8 条规定："国务院直属机构、国务院办事机构和国务院组成部门管理的国家行政机构的设立、撤销或者合并由国务院机构编制管理机关提出方案，报国务院决定。"国家数据局是国务院部委管理的国家局，其设立由国务院机构编制管理机关提出方案，报国务院决定。故 A 项错误，不当选。《国务院行政机构设置和编制管理条例》第 6 条第 3 款规定："国务院组成部门依法分别履行国务院基本的行政管理职能。国务院组成部门包括各部、各委员会、中国人民银行和审计署。"第 4 款规定："国务院直属机构主管国务院的某项专门业务，具有独立的行政管理职能。"国家发展和改革委员会是国务院组成部门，履行国务院基本的行政管理职能。故 B 项错误，不当选。《立法法》第 91 条规定："国务院各部、委员会、中国人民银行、审计署和具有行政管理职能的直属机构以及法律规定的机构，可以根据法律和国务院的行政法规、决定、命令，在本部门的权限范围内，制定规章。部门规章规定的事项应当属于执行法律或者国务院的行政法规、决定、命令的事项。"据此，国务院部委管理的国家局无权制定和公布部门规章。故 C 项错误，不当选。《国务院行政机构设置和编制管理条例》第 13 条规定："国务院办公厅、国务院组成部门、国务院直属机构、国务院办事机构在职能分解的基础上设立司、处两级内设机构；国务院组成部门管理的国家行政机构根据工作需要可以设立司、处两级内设机构，也可以只设立处级内设机构。"部委管理的国家局根据工作需要可以设立司、处两级内设机构，也可以只设立处级内政机构。故 D 项说法正确，当选。

考点五　中央军事委员会

1. 中华人民共和国中央军事委员会领导全国武装力量。关于中央军事委员会，下列哪一表述是错误的？（2015－1－26）〔2〕

A. 实行主席负责制　　　　　　　B. 每届任期与全国人大相同

C. 对全国人大及其常委会负责　　D. 副主席由全国人大选举产生

【解析】中央军委副主席由军委主席提名，全国人大决定；闭会时由全国人大常委会决定。D 项错误。A 项、B 项、C 项正确。

2. 根据《宪法》和法律规定，下列哪些选项是正确的？（2009－1－65）〔3〕

A. 中华人民共和国主席对全国人大及其常委会负责

---

〔1〕　D　〔2〕　D　〔3〕　BC

B. 国务院对全国人大负责并报告工作，在全国人大闭会期间对全国人大常委会负责并报告工作

C. 最高人民法院、最高人民检察院对全国人大及其常委会负责

D. 中央军事委员会对全国人大负责并报告工作，在全国人大闭会期间对全国人大常委会负责并报告工作

【解析】《宪法》并未规定"中华人民共和国主席对全国人大及其常委会负责。"A项错误。

《宪法》第92条："国务院对全国人民代表大会负责并报告工作；在全国人民代表大会闭会期间，对全国人民代表大会常务委员会负责并报告工作。"B项正确。

《宪法》第133条："最高人民法院对全国人民代表大会和全国人民代表大会常务委员会负责。地方各级人民法院对产生它的国家权力机关负责。"《宪法》第138条："最高人民检察院对全国人民代表大会和全国人民代表大会常务委员会负责。地方各级人民检察院对产生它的国家权力机关和上级人民检察院负责。"C项正确。

《宪法》第94条："中央军事委员会主席对全国人民代表大会和全国人民代表大会常务委员会负责。"D项错误。

【特别提示】《宪法》中规定的国家机关之间的"负责"与"报告工作"：

1. 《宪法》第69条："全国人民代表大会常务委员会对全国人民代表大会负责并报告工作。"

2. 《宪法》第103条第1款："县级以上的地方各级人民代表大会常务委员会由主任、副主任若干人和委员若干人组成，对本级人民代表大会负责并报告工作。"

3. 《宪法》第92条："国务院对全国人民代表大会负责并报告工作；在全国人民代表大会闭会期间，对全国人民代表大会常务委员会负责并报告工作。"

4. 《宪法》第110条第1款："地方各级人民政府对本级人民代表大会负责并报告工作。县级以上的地方各级人民政府在本级人民代表大会闭会期间，对本级人民代表大会常务委员会负责并报告工作。"

5. 《宪法》第94条："中央军事委员会主席对全国人民代表大会和全国人民代表大会常务委员会负责。"

6. 《宪法》第133条："最高人民法院对全国人民代表大会和全国人民代表大会常务委员会负责。地方各级人民法院对产生它的国家权力机关负责。"

7. 《宪法》第138条："最高人民检察院对全国人民代表大会和全国人民代表大会常务委员会负责。地方各级人民检察院对产生它的国家权力机关和上级人民检察院负责。"

3. 根据《宪法》和法律的规定，关于国家机构，下列哪些选项是正确的？（2014-1-60）[1]

A. 全国人民代表大会代表受原选举单位的监督

B. 中央军事委员会实行主席负责制

C. 地方各级审计机关依法独立行使审计监督权，对上一级审计机关负责

D. 市辖区的政府经本级人大批准可设立若干街道办事处，作为派出机关

【解析】《全国人民代表大会组织法》第45条第1款规定："全国人民代表大会代表受原选举单位的监督。原选举单位有权罢免自己选出的代表。"A项正确。2021年3月11日修正

―――――――――――

[1] AB

后，删除了这项规定。

根据《宪法》第 93 条的规定，中央军事委员会实行主席负责制。B 项正确。

《地方各级人民代表大会和地方各级人民政府组织法》第 79 条第 2 款规定："县级以上的地方各级人民政府设立审计机关。地方各级审计机关依照法律规定独立行使审计监督权，对本级人民政府和上一级审计机关负责。"C 项错误。

《地方各级人民代表大会和地方各级人民政府组织法》第 85 条第 3 款规定："市辖区、不设区的市的人民政府，经上一级人民政府批准，可以设立若干街道办事处，作为它的派出机关。"D 项错误。

考点六　地方各级人民代表大会和地方各级人民政府

1. 甲市政府对某行政事业性收费项目的依据和标准迟迟未予公布，社会各界意见较大。关于这一问题的表述，下列哪些选项是正确的？（2016 - 1 - 66）[1]

A. 市政府应当主动公开该收费项目的依据和标准

B. 市政府可向市人大常委会要求就该类事项作专项工作报告

C. 市人大常委会组成人员可依法向常委会书面提出针对市政府不公开信息的质询案

D. 市人大举行会议时，市人大代表可依法书面提出针对市政府不公开信息的质询案

【解析】根据《政府信息公开条例》第 20 条第 8 项的规定，县级以上各级人民政府及其部门应当重点公开的事项，包括行政事业性收费的项目依据和标准。因此 A 项正确。《各级人民代表大会常务委员会监督法》第 9 条第 2 款规定："人民政府、人民法院和人民检察院可以向本级人民代表大会常务委员会要求报告专项工作。"因此 B 项正确。

《地方各级人民代表大会和地方各级人民政府组织法》第 53 条第 1 款规定："在常务委员会会议期间，省、自治区、直辖市、自治州、设区的市的人民代表大会常务委员会组成人员五人以上联名，县级的人民代表大会常务委员会组成人员三人以上联名，可以向常务委员会书面提出对本级人民政府及其工作部门、监察委员会、人民法院、人民检察院的质询案。质询案必须写明质询对象、质询的问题和内容。"因此 C 项正确。《地方各级人民代表大会和地方各级人民政府组织法》第 24 条第 1 款规定："地方各级人民代表大会举行会议的时候，代表十人以上联名可以书面提出对本级人民政府和它所属各工作部门以及监察委员会、人民法院、人民检察院的质询案，质询案必须写明质询对象、质询的问题和内容。"因此 D 项正确。

2. 根据《监督法》的规定，关于监督程序，下列哪一选项是不正确的？（2014 - 1 - 26）[2]

A. 政府可委托有关部门负责人向本级人大常委会作专项工作报告

B. 以口头答复的质询案，由受质询机关的负责人到会答复

C. 特定问题调查委员会在调查过程中，应当公布调查的情况和材料

D. 撤职案的表决采用无记名投票的方式，由常委会全体组成人员的过半数通过

【解析】《各级人民代表大会常务委员会监督法》第 13 条："专项工作报告由人民政府、人民法院或者人民检察院的负责人向本级人民代表大会常务委员会报告，人民政府也可以委托有关部门负责人向本级人民代表大会常务委员会报告。"A 项正确。

《各级人民代表大会常务委员会监督法》第 38 条："质询案以口头答复的，由受质询机关的负责人到会答复。质询案以书面答复的，由受质询机关的负责人签署。"B 项正确。

---

[1]　ABCD　[2]　C

《各级人民代表大会常务委员会监督法》第 42 条第 3 款："调查委员会在调查过程中，可以不公布调查的情况和材料。"C 项错误。

《各级人民代表大会常务委员会监督法》第 46 条第 3 款："撤职案的表决采用无记名投票的方式，由常务委员会全体组成人员的过半数通过。"D 项正确。

3. 根据《立法法》的规定，下列哪些选项是不正确的？（2014-1-61）[1]

A. 国务院和地方各级政府可以向全国人大常委会提出法律解释的要求

B. 经授权，行政法规可设定限制公民人身自由的强制措施

C. 专门委员会审议法律案的时候，应邀请提案人列席会议，听取其意见

D. 地方各级人大有权撤销本级政府制定的不适当的规章

【解析】《立法法》第 49 条："国务院、中央军事委员会、国家监察委员会、最高人民法院、最高人民检察院、全国人民代表大会各专门委员会，可以向全国人民代表大会常务委员会提出法律解释要求或者提出相关法律案。省、自治区、直辖市的人民代表大会常务委员会可以向全国人民代表大会常务委员会提出法律解释要求。"不包括各级政府。A 项错误。

《立法法》第 12 条："本法第十一条规定的事项尚未制定法律的，全国人民代表大会及其常务委员会有权作出决定，授权国务院可以根据实际需要，对其中的部分事项先制定行政法规，但是有关犯罪和刑罚、对公民政治权利的剥夺和限制人身自由的强制措施和处罚、司法制度等事项除外。"行政法规无权设定限制人身自由的强制措施。B 项错误。

《立法法》第 18 条第 2 款："专门委员会审议的时候，可以邀请提案人列席会议，发表意见。"第 34 条第 1 款："常务委员会分组会议审议法律案时，提案人应当派人听取意见，回答询问。"第 35 条第 2 款："有关的专门委员会审议法律案时，可以邀请其他专门委员会的成员列席会议，发表意见。"不是"应邀请"。C 项错误。

《立法法》第 108 条："改变或者撤销法律、行政法规、地方性法规、自治条例和单行条例、规章的权限是：……（四）省、自治区、直辖市的人民代表大会有权改变或者撤销它的常务委员会制定的和批准的不适当的地方性法规；（五）地方人民代表大会常务委员会有权撤销本级人民政府制定的不适当的规章……"D 项错误。

4. 根据《宪法》和《监督法》的规定，关于各级人大常委会依法行使监督权，下列选项正确的是：（2013-1-91）[2]

A. 各级人大常委会行使监督权的情况，应当向本级人大报告，接受监督

B. 全国人大常委会可以委托下级人大常委会对有关法律、法规在本行政区域内的实施情况进行检查

C. 质询案以书面答复的，由受质询的机关的负责人签署

D. 依法设立的特定问题调查委员会在调查过程中，可以不公布调查的情况和材料

【解析】《各级人民代表大会常务委员会监督法》第 6 条："各级人民代表大会常务委员会行使监督职权的情况，应当向本级人民代表大会报告，接受监督。"A 项正确。

《各级人民代表大会常务委员会监督法》第 25 条："全国人民代表大会常务委员会和省、自治区、直辖市的人民代表大会常务委员会根据需要，可以委托下一级人民代表大会常务委员会对有关法律、法规在本行政区域内的实施情况进行检查。受委托的人民代表大会常务委员会应当将检查情况书面报送上一级人民代表大会常务委员会。"是"下一级"，而不是"下级"。B 项错误。

---

[1] ABCD [2] ACD

《各级人民代表大会常务委员会监督法》第38条："质询案以口头答复的，由受质询机关的负责人到会答复。质询案以书面答复的，由受质询机关的负责人签署。"C项正确。

《各级人民代表大会常务委员会监督法》第42条第3款："调查委员会在调查过程中，可以不公布调查的情况和材料。"D项正确。

5. 根据《宪法》和《监督法》的规定，下列选项正确的是：(2011 - 1 - 88)[1]

A. 县级以上地方各级政府应当在每年6月至9月期间，将上一年度的本级决算草案提请本级人大常委会审查和批准

B. 人大常委会认为必要时，可以对审计工作报告作出决议；本级政府应在决议规定的期限内，将执行决议的情况向常委会报告

C. 最高法院作出的属于审判工作中具体应用法律的解释，应当在公布之日起30日内报全国人大常委会备案

D. 撤职案的表决采取记名投票的方式，由常委会全体组成人员的过半数通过

【解析】《各级人民代表大会常务委员会监督法》第15条第2款："县级以上地方各级人民政府应当在每年六月至九月期间，将上一年度的本级决算草案提请本级人民代表大会常务委员会审查和批准。"A项正确。

《各级人民代表大会常务委员会监督法》第20条第1款："常务委员会组成人员对国民经济和社会发展计划执行情况报告、预算执行情况报告和审计工作报告的审议意见交由本级人民政府研究处理。人民政府应当将研究处理情况向常务委员会提出书面报告。常务委员会认为必要时，可以对审计工作报告作出决议；本级人民政府应当在决议规定的期限内，将执行决议的情况向常务委员会报告。"B项正确。

《各级人民代表大会常务委员会监督法》第31条："最高人民法院、最高人民检察院作出的属于审判、检察工作中具体应用法律的解释，应当自公布之日起三十日内报全国人民代表大会常务委员会备案。"C项正确。

《各级人民代表大会常务委员会监督法》第46条第3款："撤职案的表决采用无记名投票的方式，由常务委员会全体组成人员的过半数通过。"D项错误。

6. 根据《宪法》和《地方组织法》规定，下列哪一选项是正确的？(2010 - 1 - 22)[2]

A. 县级以上的地方各级人民代表大会常务委员会由主任、副主任若干人，秘书长、委员若干人组成

B. 县级以上的地方各级人民代表大会常务委员会根据需要，可以设法制（政法）委员会等专门委员会

C. 县级以上的地方各级人民代表大会可以组织关于特定问题的调查委员会

D. 县级以上的地方各级人民代表大会会议由本级人民代表大会常务委员会召集并主持

【解析】《宪法》第103条第1款："县级以上的地方各级人民代表大会常务委员会由主任、副主任若干人和委员若干人组成，对本级人民代表大会负责并报告工作。"县级人大常委会的组成人员中不包括秘书长。A项错误。

《地方各级人民代表大会和地方各级人民政府组织法》第33条规定，省、自治区、直辖市、自治州、设区的市的人民代表大会根据需要，可以设法制委员会、财政经济委员会、教育科学文化卫生委员会等专门委员会。各专门委员会受本级人民代表大会领导；在大会闭会期间，受本级人民代表大会常务委员会领导。县级人大常委会无权设立专门委员会。B项错误。

《地方各级人民代表大会和地方各级人民政府组织法》第36条第1~3款："县级以上的地方各级人民代表大会可以组织关于特定问题的调查委员会。主席团或者十分之一以上代表书面联名，可以向本级人民代表大会提议组织关于特定问题的调查委员会，由主席团提请全体会议决定。调查委员会由主任委员、副主任委员和委员组成，由主席团在代表中提名，提请全体会议通过。"C项正确。

《地方各级人民代表大会和地方各级人民政府组织法》第15条："县级以上的地方各级人民代表大会会议由本级人民代表大会常务委员会召集。"县级以上的地方各级人民代表大会会议由本级人民代表大会常务委员会召集，由主席团主持会议。D项错误。

7. 根据《地方各级人民代表大会和地方各级人民政府组织法》规定，关于地方各级人民政府工作部门的设立，下列选项正确的是：（2009-1-94）[1]

A. 县人民政府设立审计机关

B. 县人民政府工作部门的设立、增加、减少或者合并由县人大批准，并报上一级人民政府备案

C. 县人民政府在必要时，经上级人民政府批准，可以设立若干区公所作为派出机关

D. 县人民政府的工作部门受县人民政府统一领导，并且依照法律或者行政法规的规定受上级人民政府主管部门的业务指导或者领导

【解析】《地方各级人民代表大会和地方各级人民政府组织法》第79条第2款："县级以上的地方各级人民政府设立审计机关。"第3款："自治州、县、自治县、市、市辖区的人民政府的局、科等工作部门的设立、增加、减少或者合并，按照规定程序报请批准，并报本级人民代表大会常务委员会备案。"A项正确，B项错误。

《地方各级人民代表大会和地方各级人民政府组织法》第85条第2款："县、自治县的人民政府在必要的时候，经省、自治区、直辖市的人民政府批准，可以设立若干区公所，作为它的派出机关。"C项错误。

《地方各级人民代表大会和地方各级人民政府组织法》第83条第2款："自治州、县、自治县、市、市辖区的人民政府的各工作部门受人民政府统一领导，并且依照法律或者行政法规的规定受上级人民政府主管部门的业务指导或者领导。"D项正确。

【特别提示】设立机构或职位的最低级别：

1. 人大：乡镇。

2. 人大常委会：县级。

3. 专门委员会：设区的市。

4. 调查委员会：县级。

5. 人大常委会设秘书长：设区的市。

6. 政府设秘书长：设区的市。

7. 政府审计机关：县级。

8. 政府设立工作部门：县级。

8. 根据《地方组织法》规定，关于乡镇人大主席，下列选项正确的是：（2009-1-93）[2]

A. 乡镇人大主席、副主席由乡镇人大从本级人大代表中选出

B. 乡镇人大主席、副主席主持乡镇人大会议

---

[1] AD　[2] AD

C. 乡镇人大主席在乡镇人大闭会期间，可以担任国家行政机关的职务

D. 乡镇人大主席、副主席为乡镇人大会议主席团成员

【解析】《地方各级人民代表大会和地方各级人民政府组织法》第18条第1款："乡、民族乡、镇的人民代表大会设主席，并可以设副主席一人至二人。主席、副主席由本级人民代表大会从代表中选出，任期同本级人民代表大会每届任期相同。"第2款："乡、民族乡、镇的人民代表大会主席、副主席不得担任国家行政机关的职务；如果担任国家行政机关的职务，必须向本级人民代表大会辞去主席、副主席的职务。"A项正确，C项错误。

《地方各级人民代表大会和地方各级人民政府组织法》第19条第1款："乡、民族乡、镇的人民代表大会举行会议的时候，选举主席团。由主席团主持会议，并负责召集下一次的本级人民代表大会会议。乡、民族乡、镇的人民代表大会主席、副主席为主席团的成员。"乡镇人大会议由主席团主持。B项错误，D项正确。

【特别提示】会议的召集人和主持人：

1. 县级以上的人大会议，由本级人大常委会召集、主席团主持。

2. 乡级人大会议，由主席团主持，并负责召集下一次的本级人大会议。

3. 全国人大常委会会议，由委员长召集并主持。

4. 县级以上人大常委会会议，由本级人大常委会主任召集并主持。

5. 国务院会议，由总理召集和主持。

9. 某设区的市的市政府依法制定了《关于加强历史文化保护的决定》。关于该决定，下列哪些选项是正确的？（2015-1-65）[1]

A. 市人大常委会认为该决定不适当，可以提请上级人大常委会撤销

B. 法院在审理案件时发现该决定与上位法不一致，可以作出合法性解释

C. 与文化部有关文化保护的规定具有同等效力，在各自的权限范围内施行

D. 与文化部有关文化保护的规定之间对同一事项的规定不一致时，由国务院裁决

【解析】设区的市的人大常委会有权撤销设区的市政府规章，而非提请上级人大常委会。A项错误。

司法解释仅能由最高院作出，普通法院没有这个权力。B项错误。

文化部的规范性文件属于行政规章，与地方规章具有同等效力。C项正确。

部门规章与地方政府规章发生冲突时由国务院裁决。D项正确。

10. 某县召开第十一届人民代表大会第一次会议，选举产生新一届县人民政府。根据我国《宪法》和法律的规定，下列哪些做法是错误的？[2]

A. 李某被人民代表联名提名为县长候选人，但大会主席团认为李某已连任两届县长，不能再担任新一届政府的县长，决定取消其候选人资格

B. 王某被人民代表大会选举为县长后，提名张某为副县长候选人

C. 县人民代表大会决定，根据本县经济不发达的实际情况，不设立交通局、商业局和审计局

D. 根据经济发展的需要，县人民代表大会通过决议，授权新一届县政府决定本县预算的变更

【解析】《地方各级人民代表大会和地方各级人民政府组织法》没有对县长连选连任的限制，A错误。该法第26条第1款规定，县长、副县长人选由本级人民代表大会主席团或者代表联名提出，B错误。该法第79条第2款和第3款规定，县级以上的地方各级人民政府设立审

计机关，自治州、县、自治县、市、市辖区的人民政府的局、科等工作部门的设立、增加、减少或者合并，由本级人民政府报请上一级人民政府批准，并报本级人民代表大会常务委员会备案。县人民代表大会无权自己决定，C 错误。该法第 11 条、第 73 条规定，县的预算由县人民代表大会审查、批准、变更；县政府对预算只有执行权，D 错误。

11. 2019 年 7 月 18 日纪念地方人大设立常委会 40 周年座谈会在京召开，习近平对地方人大及其常委会工作作出重要指示强调，县级以上地方人大设立常委会，是发展和完善人民代表大会制度的一个重要举措。40 年来，地方人大及其常委会坚持党的领导、人民当家作主、依法治国有机统一，履职尽责，开拓进取，为地方改革发展稳定工作作出了重要贡献。对地方各级人大常委会，下列说法正确的一项是？[1]

A. 县级人大代表和常委会委员由选民直接选举产生

B. 县级人大常委会不设秘书长一职

C. 地方各级人大常委会可以决定人民法院代理院长人选，但须报上级人民法院和常委会备案

D. 县级人大常委会可以就城乡建设与管理、环境保护、历史文化保护等方面的事项制定地方性法规

【解析】根据《地方各级人民代表大会和地方各级人民政府组织法》第 8 条规定，县、自治县、不设区的市、市辖区、乡、民族乡、镇的人民代表大会代表由选民直接选举。根据该法第 11 条规定，县级以上地方各级人民代表大会选举本级人民代表大会常务委员会的组成人员。此处"以上"包括县级人民代表大会，故 A 项错误。根据该法第 47 条规定，省、自治区、直辖市、自治州、设区的市的人民代表大会常务委员会由本级人民代表大会在代表中选举主任、副主任若干人、秘书长、委员若干人组成。县、自治县、不设区的市、市辖区的人民代表大会常务委员会由本级人民代表大会在代表中选举主任、副主任若干人和委员若干人组成。因此县级人大常委会不设秘书长，故 B 项正确。根据该法第 50 条规定，各级人大常委会在本级人大闭会期间有权从本级人民政府、监察委员会、人民法院、人民检察院离职领导人员中决定代理的人选；决定代理检察长，须报上一级人民检察院和人民代表大会常务委员会备案，故 C 项错误。根据《立法法》第 81 条规定，设区的市的人民代表大会及其常务委员会根据本市的具体情况和实际需要，在不同宪法、法律、行政法规和本省、自治区的地方性法规相抵触的前提下，可以对城乡建设与管理、生态文明建设、历史文化保护、基层治理等方面的事项制定地方性法规，故 D 项错误。

12. 根据《地方各级人民代表大会和地方各级人民政府组织法》规定，关于地方各级人民政府工作部门的设立，下列选项正确的是？(2019 年回忆版)[2]

A. 县人民政府设立审计机关

B. 县人民政府工作部门的设立、增加、减少或者合并由县人大批准，并报上一级人民政府备案

C. 县人民政府在必要时，经上级人民政府批准，可以设立若干区公所作为派出机关

D. 县人民政府的工作部门受县人民政府统一领导，并且依照法律或者行政法规的规定受上级人民政府主管部门的业务指导或者领导

【解析】《地方各级人民代表大会和地方各级人民政府组织法》第 79 条第 1、2 款规定："地方各级人民政府根据工作需要和优化协同高效以及精干的原则，设立必要的工作部门。县

---

〔1〕 B 〔2〕 AD

级以上的地方各级人民政府设立审计机关。地方各级审计机关依照法律规定独立行使审计监督权，对本级人民政府和上一级审计机关负责。"故 A 项正确。《地方各级人民代表大会和地方各级人民政府组织法》第 79 条第 3 款规定，省、自治区、直辖市的人民政府的厅、局、委员会等工作部门的设立、增加、减少或者合并，由本级人民政府报请国务院批准，并报本级人民代表大会常务委员会备案。自治州、县、自治县、市、市辖区的人民政府的局、科等工作部门的设立、增加、减少或者合并，由本级人民政府报请上一级人民政府批准，并报本级人民代表大会常务委员会备案。故 B 项错误。《地方各级人民代表大会和地方各级人民政府组织法》第 85 条第 2 款规定："县、自治县的人民政府在必要的时候，经省、自治区、直辖市的人民政府批准，可以设立若干区公所，作为它的派出机关。"因此是经省、自治区、直辖市的人民政府批准，而不是经上级人民政府批准。故 C 项错误。《地方各级人民代表大会和地方各级人民政府组织法》第 83 条规定："省、自治区、直辖市的人民政府的各工作部门受人民政府统一领导，并且依照法律或者行政法规的规定受国务院主管部门的业务指导或者领导。自治州、县、自治县、市、市辖区的人民政府的各工作部门受人民政府统一领导，并且依照法律或者行政法规的规定受上级人民政府主管部门的业务指导或者领导。"故 D 项正确。

中国法律史

专题一 中国传统法律思想

1. 春秋时期，针对以往传统法律体制的不合理性，出现了诸如晋国赵鞅"铸刑鼎"，郑国执政子产"铸刑书"等变革活动。对此，下列哪一说法是正确的？（2016－1－16）[1]

A. 晋国赵鞅"铸刑鼎"为中国历史上首次公布成文法

B. 奴隶主贵族对公布法律并不反对，认为利于其统治

C. 打破了"刑不可知，则威不可测"的壁垒

D. 孔子作为春秋时期思想家，肯定赵鞅"铸刑鼎"的举措

【解析】公元前513年，晋国赵鞅把前任执政范宣子所编刑书正式铸于鼎上，公之于众，这是中国历史上第二次公布成文法的活动。第一次是公元前536年郑国子产的"铸刑书"行为，因此A项错误。春秋时期公布法律的行为遭到了奴隶主贵族的反对，认为不利于其统治，因此B项错误。C项正确。孔子主张以礼治国，主张纠正各种违反周礼所规定的等级名分现象，公开反对铸刑鼎，因此D项错误。

2. 元代人在《唐律疏议序》中说："乘之（指唐律）则过，除之则不及，过与不及，其失均矣。"表达了对唐律的敬畏之心。下列关于唐律的哪一表述是错误的？（2016－1－17）[2]

A. 促使法律统治"一准乎礼"，实现了礼律统一

B. 科条简要、宽简适中、立法技术高超、结构严谨

C. 是我国传统法典的楷模与中华法系形成的标志

D. 对古代亚洲及欧洲诸国产生了重大影响，成为其立法渊源

【解析】《唐律疏议》在中国法制史上具有继往开来、承前启后的重要地位，其作为礼律合一的法律，从内容到形式上都具有鲜明的特点：（1）"礼律合一"：唐律内容"一准乎礼"，真正实现了礼与法的统一。（2）科条简要、繁简适中：唐朝在沿袭前律的基础上实行精简，定律12篇，共502条。（3）用刑持平：唐律规定的刑罚比以往各代大为轻省，死刑、流刑大为减少。（4）立法技术空前完善：唐律结构有序，逻辑严谨，显示了立法技术的高超与发达。因而A、B、C项正确。《唐律疏议》作为中华法系的代表性法典，对古代亚洲日本、朝鲜、越南等国产生了重大影响，成为其立法渊源，但并未对欧洲诸国产生重大影响，因此D项错误。

3. 《汉书·陈宠传》就西周礼刑关系描述说："礼之所去，刑之所取，失礼则入刑，相为表里。"关于西周礼刑的理解，下列哪一选项是正确的？（2017－1－15）[3]

A. 周礼分为五礼，核心在于"亲亲""尊尊"，规定了政治关系的等级

---

[1] C 〔2〕 D 〔3〕 D

B. 西周时期五刑，即墨、劓、剕（刖）、宫、大辟，适用于庶民而不适用于贵族

C. "礼"不具备法的性质，缺乏国家强制性，需要"刑"作为补充

D. 违礼即违法，在维护统治的手段上"礼""刑"二者缺一不可

【解析】周礼分为五礼，核心在于"亲亲""尊尊"，分别规定了家庭关系和政治关系的等级，而非仅仅是政治关系，因此 A 项错误。西周时期五刑，即墨、劓、剕（刖）、宫、大辟，适用于庶民和贵族，因此 B 项错误。周"礼"具备法的性质，具有国家强制性，因此 C 项错误。违礼即违法，在维护统治的手段上"礼""刑"二者缺一不可，因此 D 项正确。

4.《左传》云："礼，所以经国家，定社稷，序民人，利后嗣者也"，系对周礼的一种评价。关于周礼，下列哪一表述是正确的？（2015 - 1 - 16）[1]

A. 周礼是早期先民祭祀风俗自然流传到西周的产物

B. 周礼仅属于宗教、伦理道德性质的规范

C. "礼不下庶人"强调"礼"有等级差别

D. 西周时期"礼"与"刑"是相互对立的两个范畴

【解析】周礼是周公制礼的结果，并非自然流传的产物。A 项错误。

周礼属于西周法律体系的一部分。B 项错误。

"礼不下庶人，刑不上大夫"强调的就是"礼"有等级差别，贵族官僚在适用刑罚上有特权。C 项正确。

礼刑二者共同构成西周时期完整的法律体系，因此两者并非相互对立的范畴。D 项错误。

5. 下列关于中国古代法制思想和法律制度的说法，哪些是正确的？（2005 - 1 - 63）[2]

A. "礼法结合"为中国古代法制的基本特征

B. 夏商时代的法律制度明显受到神权观念的影响

C. 西周的"以德配天，明德慎罚"思想到汉代中期以后被儒家发挥成为"德主刑辅，礼刑并用"的策略

D. 清末修律使中华法系"依伦理而轻重其刑"的特点没有受到冲击

【解析】夏商时期盛行神权法思想，因此 B 项正确。西周周公提出"以德配天，明德慎罚"思想。汉代董仲舒提出"德主刑辅，礼刑并用"。南宋著名理学家朱熹对"明刑弼教"作了新的阐释。清末沈家本提出"中体西用"，主持变法修律，导致中华法系解体，因此 D 项错误。

6. 中国古代关于德与刑的关系理论，经历了一个长期的演变和发展过程。下列哪些说法是正确的？（2014 - 1 - 56）[3]

A. 西周时期确立了"以德配天，明德慎罚"的思想，以此为指导，道德教化与刑罚处罚结合，形成了当时"礼""刑"结合的宏观法制特色

B. 秦朝推行法家主张，但并不排斥礼，也强调"德主刑辅，礼刑并用"

C. 唐律"一准乎礼，而得古今之平"，实现了礼与律的有机统一，成为了中华法系的代表

D. 宋朝以后，理学强调礼和律对治理国家具有同等重要的地位，二者"不可偏废"

【解析】"德主刑辅，礼刑并用"是汉代出现的。B 项错误。

宋代以后，在处理"理""德""刑"关系上始有突破，宋代理学家朱熹首先对"明刑弼教"作出新阐释。其有意提高了礼、刑关系中刑的地位，认为礼律二者对国家同样重要"不可偏废"，因此 D 项正确。

---

〔1〕 C 〔2〕 ABC 〔3〕 ACD

7. 郑国执政子产于公元前 536 年 "铸刑书"，这是中国历史上第一次公布成文法的活动。对此，晋国大夫叔向曾写信痛斥子产："昔先王议事以制，不为刑辟，惧民之有争心也……民知有辟，则不忌于上，并有争心，以征于书，而徼幸以成之，弗可为矣。"关于"不为刑辟"的含义，下列哪一选项是正确的？（2008 - 1 - 10）[1]

A. 不制定法律
B. 不规定刑罚种类
C. 不需要判例法
D. 不公布成文法

【解析】"刑辟"的现代含义是指刑法、刑律，"不为刑辟"就是不公布成文刑法。郑国执政子产将郑国的法律条文铸在象征诸侯权位的金属鼎上，公之于众，是中国历史上第一次公布成文法的活动。D 项正确。

8. 关于公元前 359 年商鞅在秦国变法，下列哪一选项是正确的？（2007 - 1 - 8）[2]

A. 商鞅取消郡县制，实行分封制，剥夺了旧贵族对地方政权的垄断权
B. 商鞅 "改法为律"，突出了法律规范的伦理基础
C. 商鞅推行 "连坐" 制度，鼓励臣民相互告发奸谋
D. 商鞅提出 "轻罪重刑"，反对赦免罪犯，认为凡有罪者皆应受罚

【解析】 商鞅变法主要包括几个方面的内容："改法为律"；运用法律手段推行 "富国强兵" 的措施；剥夺旧贵族的特权；全面贯彻法家 "以法治国" 和 "明法重刑" 的主张，包括五个方面：（1）"以法治国""以吏为师"；（2）"轻罪重刑"；（3）不赦不宥，主张凡有罪者皆应受罚；（4）鼓励告奸；（5）实行连坐。

商鞅主张取消分封制，建立郡县制。A 项错误。

商鞅 "改法为律"，强调法律规范的普遍性，突出的是法律、法令，而不是 "德""礼" 与伦理规范。B 项错误。

"连坐" 与 "鼓励臣民相互告发奸谋" 是不同的变法主张措施，是并列关系而非包容关系，"鼓励臣民相互告发奸谋" 不是对 "连坐" 的阐释说明。C 项错误。

商鞅提出 "轻罪重刑"，反对赦免罪犯，认为凡有罪者皆应受罚。D 项正确。

9. 关于中国法律制度发展和演进，下列哪些表述是正确的？（2009 - 1 - 57）[3]

A. 商鞅 "改法为律" 扩充了法律内容，强调了法律规范的普遍性
B. 汉武帝顺应历史发展废除肉刑进行刑制改革，为建立封建刑罚制度奠定了重要基础
C. 三国两晋南北朝时期更广泛、更直接地把儒家的伦理规范上升为法律规范，使礼、法更大程度上实现融合
D. 清末变法修律基本上是仿效外国资本主义的法律形式，固守中国的封建法制传统

【解析】 汉代文帝、景帝废除肉刑改革刑制，为建立封建刑罚制度奠定了重要基础。汉武帝并未进行刑制改革。B 项错误。

10. 中国传统戏剧多有剧目涉及中国古代法律观念和法律制度。对此，下列哪些说法是成立的？（2010 - 1 - 57）[4]

A. 越剧《梁山伯与祝英台》中，祝父强许祝英台婚配马文才的情节，反映了东晋仍然沿袭西周确立的 "父母之命" 婚姻缔结原则
B. 粤剧《斩娥》中，窦娥被无赖诬陷又被官府错判斩刑的案件，反映了元代对诬告等行为严加处罚的具体法律规范
C. 昆曲《十五贯》中，况钟对娄阿鼠偷盗十五贯杀死店主尤葫芦案调查取证的故事，反

_____

[1] D [2] D [3] ACD [4] ABCD

映了清初明律令、重调查、唯证据的审案观念

D. 京剧《徐九经升官记》中，徐九经"当官不为民作主，不如回家卖红薯"的唱词，反映了清末为官清明、为民父母的法律思想和观念

【解析】西周的婚姻制度中有三原则："一夫一妻"；"同姓不婚"；"父母之命，媒妁之言"。"祝父强许祝英台婚配马文才"的情节体现了"父母之命"的原则，说明东晋时也依然延续其基本的原则。A项正确。

"诬告反坐"原则自秦代以来被历朝沿用，元代的窦娥案中也有所体现。B项正确。

我国古代在重口供外也有重调查、唯证据的审案观念，如宋朝宋慈所著《洗冤集录》就是重视证据的典型。C项正确。

中国历朝都有为官清明、为民父母的法律思想和观念。D项正确。

11.《折狱龟鉴》载一案例：张泳尚书镇蜀日，因出过委巷，闻人哭，惧而不哀，遂使讯之。云："夫暴卒。"乃付吏穷治。吏往熟视，略不见其要害。而妻教吏搜顶发，当有验。乃往视之，果有大钉陷其脑中。吏喜，辄矜妻能，悉以告泳。泳使呼出，厚加赏方，问所知之由，并令鞫其事，盖尝害夫，亦用此谋。发棺视尸，其钉尚在，遂与哭妇俱刑于市。关于本案，张泳运用了下列哪一断案方法？（2012-1-17）[1]

A.《春秋》决狱   B. "听讼""断狱"

C. "据状断之"   D. 九卿会审

【解析】《折狱龟鉴》又名《决狱龟鉴》，是南宋郑克所著。该书提出了"情迹论"，"情"指案情真相，"迹"指痕迹、物证，主张通过物证来推断案情真相。"情迹论"是中国古代物证理论出现的标志。"据状断之"就是指根据物证来断案。C项正确。

12. 关于《永徽律疏》，下列哪些选项是错误的？（2008-1-58）[2]

A.《永徽律疏》又称《唐律疏议》，是唐太宗在位时制定的

B.《永徽律疏》首次确立了"十恶"即"重罪十条"制度

C.《永徽律疏》对主要的法律原则和制度做了精确的解释，而且尽可能以儒家经典为根据

D.《永徽律疏》是对《贞观律》的解释，在中国立法史上的地位不如《贞观律》

【解析】《永徽律疏》是唐高宗李治在位时期完成的，是针对高宗永徽二年修订的《永徽律》进行逐条逐句的解释，而不是对《贞观律》进行解释。其在元代以后被称为《唐律疏议》，是中国历史上迄今保存下来的最完整、最早、最具有社会影响的古代成文法典，成为中华法系的代表性法典，它的完成也标志着中国古代立法达到了最高水平。A项、D项错误。

所谓"十恶"是隋唐以后历代法律中规定的严重危害统治阶级根本利益的常赦所不原的十种最严重犯罪，《北齐律》首次确立"重罪十条"制度，隋代《开皇律》在"重罪十条"的基础上加以损益，确定了"十恶"制度。B项错误。

《永徽律疏》总结了汉魏晋以来立法和法律的经验，不仅对主要的法律原则和制度做了精确的解释与说明，而且尽可能引用儒家经典作为律文的理论根据。C项正确。

13.《唐律疏议·贼盗》载"祖父母为人杀私和"疏："若杀祖父母、父母应偿死者，虽会赦，仍移乡避仇。以其与子孙为仇，故令移配。"下列哪些理解是正确的？（2013-1-56）[3]

A. 杀害同乡人的祖父母、父母依律应处死刑者，若遇赦虽能免罪，但须移居外乡

B. 该条文规定的移乡避仇制体现了情法并列、相互避让的精神

C. 该条文将法律与社会生活相结合统一考虑，表现出唐律较为高超的立法技术

D. 该条文侧面反映了唐律"礼律合一"的特点，为法律确立了解决亲情与法律相冲突的特殊模式

【解析】《唐律疏议》在中国法制史上具有继往开来、承前启后的重要地位。唐律的主要特点有：（1）"礼律合一"：唐律内容"一准乎礼"，真正实现了礼与法的统一。（2）科条简要、繁简适中：唐朝在沿袭前律的基础上实行精简，定律12篇，共502条。（3）用刑持平：唐律规定的刑罚比以往各代大为轻省，死刑、流刑大为减少。（4）立法技术空前完善：唐律结构有序，逻辑严谨，显示了立法技术的高超与发达。A项、B项、C项、D项正确。

14. 关于明代法律制度，下列哪一选项是错误的？（2011-1-17）[1]

A. 明朱元璋认为，"夫法度者，朝廷所以治天下也"

B. 明律确立"重其所重，轻其所轻"刑罚原则

C.《大明会典》仿《元六典》，以六部官制为纲

D. 明会审制度为九卿会审、朝审、大审

【解析】鉴于元末法制败坏的教训，朱元璋曾说："夫法度者，朝廷所以治天下也。"A项正确。

对于贼盗及有关钱粮之事，唐律一般根据情节轻重作出不同处刑，牵连范围相对较小；而明律则不分情节，一律处以重刑，且扩大株连范围，即"重其所重"原则。但对"典礼及风俗教化"等一般性犯罪，明律处罚轻于唐律，即"轻其所轻"原则。B项正确。

《大明会典》属于行政法典，始修于明英宗时期，到孝宗十五年初步编成，但未及颁行。《大明会典》仿照《唐六典》，以六部官制为纲，分述各行政机关职掌和事例。在每一官职之下，先载律令，次载事例。C项错误。

明朝会审制度包括：九卿会审（又称"圆审"）、朝审、大审。D项正确。

15. 关于清末变法修律，下列哪些选项是正确的？（2011-1-57）[2]

A. 在指导思想上，清末修律自始至终贯穿着"仿效外国资本主义法律形式，固守中国封建法制传统"的原则

B. 在立法内容上，清末修律一方面坚行君主专制体制和封建伦理纲常"不可率行改变"，一方面标榜"吸引世界大同各国之良规，兼采近世最新之学说"

C. 在编纂形式上，清末修律改变了传统的"诸法合体"形式，明确了实体法之间、实体法与程序法之间的差别，形成了近代法律体系的雏形

D. 在法系承袭上，清末修律标志着延续几千年的中华法系开始解体，为中国法律的近代化奠定了初步基础

【解析】在立法指导思想上，清末修律采取中体西用的原则，借用西方近代法律制度的形式，坚持中国固有的封建传统。A项正确。

在内容上，清末修订的法律表现出封建专制主义与西方资本主义法学最新成果的混合，使得保守落后的内容与先进的近代法律形式同时显现于新订的法律法规之中。B项正确。

在法典编纂形式上，修律改变了传统的"诸法合体"形式，明确了实体法间、实体法与程序法间的差别，分别制定、颁行或起草了一些专门的法典或法规，形成了近代法律体系的雏形。C项正确。

清末修律不仅将传统的"诸法合体"的形式抛弃，而且中华法系"依伦理而轻重其刑"

---

[1] C 〔2〕 ABCD

的特点也受到了极大的冲击，从而导致中华法系走向解体，也为中国法律的近代化奠定了基础。D 项正确。

16. 明朝初期总结历朝经验教训，进行了大规模的法制建设。关于明朝初期的立法思想，下列说法正确的是？（2021 年回忆版）[1]

A. 终明一朝均采用"刑乱国用重典"的立法原则

B. 提出"情势世轻世重"，明确依社会情势，按乱世和平世采取或严或宽的刑事政策

C. 提出"明刑弼教"，与"德主刑辅"并无不同，都强调重刑，为重典治世提供了依据

D. 强调立法注重"简""朴"，即法律条文既要求高度概括，又要通俗易懂

【解析】明代统治者是在天下大乱，群雄纷争中夺取天下，所以认为身处乱世，强调治乱世用重典。意在刑罚制度不完善的情况下，国家可以加重刑罚处罚和对犯罪的打击力度以维护社会稳定。终明一朝均采用此立法原则，故 A 项正确。"情势世轻世重"是西周的立法原则。《尚书·吕刑》指出："刑罚世轻世重，惟齐非齐，有伦有要。"意思是刑罚要根据当时社会情况确定轻重严宽。故 B 项错误。汉代主张"德主刑辅"，先德后刑，而明代强调"明刑弼教"，先刑后德，故 C 项错误。唐朝在前代律典的基础上，再次实行精简、宽平的原则，定律为 12 篇，502 条，从而改变了秦汉以来律令繁杂的局面，体现了"科条简要、宽简适中"。唐律概念明确，用语比较确切，逻辑严谨，通俗易懂，立法水平堪称楷模。因此强调立法注重"简""朴"是唐代的立法思想，故 D 项错误。

---

[1] A

专题二　中国古代民事法律制度

1. 西周商品经济发展促进了民事契约关系的发展。《周礼》载："听买卖以质剂"。汉代学者郑玄解读西周买卖契约形式："大市谓人民、牛马之属，用长券；小市为兵器、珍异之物，用短券。"对此，下列哪一说法是正确的？（2016－1－15）[1]

A. 长券为"质"，短券为"剂"

B. "质"由买卖双方自制，"剂"由官府制作

C. 契约达成后，交"质人"专门管理

D. 买卖契约也可采用"傅别"形式

【解析】西周的买卖契约称为"质剂"。这种契约写在简牍上，一分为二，双方各执一份。《周礼》载，"质""剂"有别。"质"，是买卖奴隶、牛马所使用的较长的契券；"剂"，是买卖兵器、珍异之物所使用的较短的契券。"质""剂"均由官府制作，并由"质人"专门管理。因此 A 项正确，B 项错误。但是双方达成契约后，就不再需要专门管理，因此 C 项错误。西周的借贷契约称为"傅别"。"傅"，是把债的标的和双方的权利义务等写在契券上；"别"，是在简札中间写字，然后一分为二，双方各执一半，札上的字为半文。因此 D 项错误。

2. 南宋时，霍某病故，留下遗产值银 9000 两。霍某妻子早亡，夫妻二人无子，只有一女霍甲，已嫁他乡。为了延续霍某姓氏，霍某之叔霍乙立本族霍丙为霍某继子。下列关于霍某遗产分配的哪一说法是正确的？（2016－1－18）[2]

A. 霍甲 9000 两

B. 霍甲 6000 两，霍丙 3000 两

C. 霍甲、霍乙、霍丙各 3000 两

D. 霍甲、霍丙各 3000 两，余 3000 两收归官府

【解析】宋代法律在继承关系上，有较大的灵活性。除沿袭以往遗产兄弟均分制外，允许在室女享受部分财产继承权，同时承认遗腹子与亲生子享有同样的继承权。至南宋，在一些地域又规定适用户绝财产继承的办法。户绝指家无男子继承。本题中霍某妻子早亡，只有出嫁女的，出嫁女享有1/3 的财产继承权，继子享有1/3，另外的1/3 收为官府所有。因此 D 项正确。

3. 随着商品经济的繁荣，两宋时期的买卖、借贷、租赁、抵押、典卖、雇佣等各种契约形式均有发展。据此，下列哪一说法是错误的？（2017－1－18）[3]

A. 契约的订立必须出于双方合意，对强行签约违背当事人意愿的，要"重蜡典宪"

B. 买卖契约中的"活卖"，是指先以信用取得出卖物，之后再支付价金，且须订立书面契约

C. 付息的消费借贷称为出举，并有"（出举者）不得迴利为本"的规定，防止高利贷

---

〔1〕　A　〔2〕　D　〔3〕　B

盘剥

D. 宋代租佃土地契约中，可实行定额租，佃农逾期不交租，地主可诉请官府代为索取

【解析】买卖契约中的"赊卖"，是指先以信用取得出卖物，之后再支付价金，且须订立书面契约，"活卖"是指保留回赎权，因此 B 项错误。A、C、D 项正确。

4. 西周时，格伯以良马四匹折价，购买倗生 30 田。双方签订买卖契约，刻写竹简之上，中破为两半，双方各执一半。依西周礼法，该契约的称谓是下列哪一种？(2008 - 1 - 8)[1]

A. 傅别　　　　　　　　　　B. 质剂

C. 券书　　　　　　　　　　D. 书券

【解析】西周时期的买卖契约称为"质剂"，这种契约写在简牍上，一分为二，双方各执一份。"质"是买卖奴隶、牛马所用的较长的契券；"剂"是买卖兵器、珍异之物所使用的较短的契券。"质""剂"由官府制作，并由"质人"专门管理。B 项正确。

5. 关于西周法制的表述，下列哪一选项是正确的？(2013 - 1 - 16)[2]

A. 周初统治者为修补以往神权政治学说的缺陷，提出了"德主刑辅，明德慎罚"的政治法律主张

B.《汉书·陈宠传》称西周时期的礼刑关系为"礼之所去，刑之所取，失礼则入刑，相为表里"

C. 西周的借贷契约称为"书约"，法律规定重要的借贷行为都须订立书面契约

D. 西周时期在宗法制度下已形成子女平均继承制

【解析】"德主刑辅，礼刑并用"是汉代的立法思想；"以德配天，明德慎罚"是西周的立法思想。以德配天是对夏商神权法思想的改造。A 项错误。

西周的借贷契约称为"傅别"，"傅"，是把债的标的和双方的权利义务等写在契卷上；"别"，是在简扎中间写字，然后一分为二，双方各执一半，债权人执左券，债务人执右券。C 项错误。

西周的继承制主要实行嫡长子继承制，其他子女接受继承人的封赐。D 项错误。

6. 杜甫有诗云："朝回日日典春衣，每日江头尽醉归。酒债寻常行处有，人生七十古来稀。"对诗歌涉及的典当制度，下列哪一选项可以成立？(2009 - 1 - 13)[3]

A. 唐代的典当形成了明确的债权债务关系　　B. 唐代的典当契约称为"质剂"

C. 唐代的典当称为"活卖"　　　　　　　　D. 唐代法律规定开典当行者构成"坐赃"

【解析】诗中的后两句话说明唐代的典当形成了明确的债权债务关系。A 项正确。

"质剂"是西周买卖契约的称谓。B 项错误。

宋代买卖契约分为绝卖、活卖和赊卖三种。所谓绝卖就是一般的买卖；活卖是附条件的买卖；赊卖是采取类似商业信用或预付方式，而后收取出卖物价金的买卖。C 项错误。

"坐赃"是《唐律》中规定的六种非法获取公、私财物的犯罪（六赃）中的一种形式，"六赃"包括：受财枉法、受财不枉法、受所监临、强盗、窃盗、坐赃。"坐赃"是指官吏或常人非因职权之便非法收受财物的行为。D 项错误。

【特别提示】西周时期契约有两种："质剂"为买卖契约；"傅别"为借贷契约。

7. 关于中国古代婚姻家庭与继承法律制度，下列哪一选项是错误的？(2007 - 1 - 10)[4]

A. 西周时期"七出""三不去"的婚姻解除制度为宗法制度下夫权专制的典型反映，然而"三不去"制度更着眼于保护妻子权益

---

[1] B　[2] B　[3] A　[4] B

B. 西周的身份继承实行嫡长子继承制，而财产继承则实行诸子平分制

C. 宋承唐律，但也有变通，如《宋刑统》规定，夫外出3年不归、6年不通问，准妻改嫁或离婚

D. 宋代法律规定遗产除由兄弟均分外，允许在室女享有部分的财产继承权

【解析】西周时期"七出"又称"七去"，是男子可以休妻的七种理由；"三不去"是指女子夫家不能离异休妻的三种理由。"七出""三不去"是宗法制度下夫权专制的典型反映，但是客观上也在一定程度上保护了妻子的利益。A项正确。

西周时期，在宗法制下已经形成了嫡长子继承制。法律规定嫡长子享有优先继承权，继承的内容主要为王、贵族政治身份，土地、财产的继承是其次。B项错误。

宋承唐制，离婚方面仍然实行唐代"七出"与"三不去"制度，但也有少许变通，即允许妻子在一定条件下离婚改嫁。C项正确。

宋代法律在继承关系上具有较大的灵活性，除沿袭以往遗产兄弟均分制外，允许在室女享有部分的财产继承权；同时承认遗腹子与亲生子享有同样的继承权。至南宋又规定了绝户财产继承的办法。D项正确。

8. 宋承唐律，仍实行唐制"七出""三不去"的离婚制度，但在离婚或改嫁方面也有变通。下列哪一选项不属于变通规定？（2012-1-16）[1]

A. "夫外出三年不归，六年不通问"的，准妻改嫁或离婚

B. "妻擅走者徒三年，因而改嫁者流三千里，妾各减一等"

C. 夫亡，妻"若改适（嫁），其见在部曲、奴婢、田宅不得费用"

D. 凡"夫亡而妻在"，立继从妻

【解析】A项、B项、C项都是有关宋对唐律在离婚或改嫁方面的变通，D项不是宋对唐律婚嫁方面的变通，而是关于继承的规定。

9. 南宋时，富人甲去世，妻已亡，家中有继子乙及在室女丙。关于甲的遗产继承，依当时法律，下列哪一选项是正确的？（2008川-1-9）[2]

A. 乙享有全部财产继承权，丙没有继承权

B. 丙享有全部财产继承权，乙没有继承权

C. 乙享有1/4财产的继承权，丙享有3/4财产的继承权

D. 乙、丙都没有继承权，财产收为官府所有

【解析】根据南宋法律的规定，对于无男子承继的家庭，确立继承人有两种方式：（1）凡"夫亡而妻在"，立继从妻，称为"立继"；（2）凡"夫妻俱亡"，立继从其尊长亲属，称为"命继"。同时规定：继子与绝户之女均享有继承权，但只有在室女的，在室女享有3/4的财产继承权，继子享有1/4的财产继承权；只有出嫁女的，出嫁女享有1/3的财产继承权，继子享有1/3的财产继承权，另外1/3收为官府所有。

所以在有继子和在室女的情况下，作为继子的乙享有1/4的财产继承权，而作为在室女的丙享有3/4的财产继承权。C项正确。

10. 下列关于我国古代的民事立法，说法正确的有？（模拟题）[3]

A. 西周时期的借贷契约称为质剂

B. 西周时期已经形成了嫡长子继承制

C.《秦律》和《汉律》中最早规定了"准五服以制罪"制度

---

[1] D　[2] C　[3] B

D. 宋代遗产由诸子均分，女子无财产继承权

【解析】西周时期，傅别是借贷契约，质剂是买卖契约，A 错误。B 项正确。"准五服以制罪"制度最早在《晋律》和《北齐律》中规定，C 错误。宋代允许在室女享有部分继承权，D 错误。

11. 南宋时期一家三口被强盗所杀，父母当场死亡，儿子次日死亡，只剩下一个出嫁女儿。官府认为出嫁女应该继承户绝财产，但是法曹参军说，儿子先继承财产，出嫁女不能继承财产。对此，下列说法正确的是？（2019 年回忆版）[1]

A. 强盗犯"恶逆"

B. 南宋继承与现代继承一致

C. 女儿无继承权

D. 法曹参军是当地司法机关负责人

【解析】所谓"恶逆"是指杀害直系和旁系尊亲属或兄、姊、夫及夫之直系尊亲属，或殴打祖父母、父母的犯罪行为，故 A 项错误。

现代继承中，出嫁的女儿可以继承财产且无份额限制，不同于南宋继承，故 B 项错误。

户绝之家，是指家无男性继承人。按照南宋继承规定，绝户者，已出嫁女儿可以继承三分之一的财产，故 C 项错误。

法曹参军是本地负责检定法律，审议、判决案件的官员，故 D 项正确。

12. 关于宋代的法律制度，下列说法错误的是？（2018 年回忆版）[2]

A.《宋刑统》是中国历史上第一部刊印颁行的法典，全称为《宋建隆重详定刑统》

B. 张三借李四纹银十两，约定三个月后归还十两五钱，此种借贷宋朝称为"出举"

C. 南宋宋慈所著之《洗冤集录》是中国也是世界历史上第一部系统的法医学著作

D. 宋朝法律承认绝户之在室女与继子的继承权，具体比例为在室女继承三分之一，继子继承三分之一，另三分之一收为官有

【解析】宋代绝户遗产继承原则：继子与绝户之女均享有继承权，只有在室女的，在室女继承 3/4，继子继承 1/4。只有出嫁女的，出嫁女继承 1/3，继子继承 1/3，另外 1/3 收为官府所有。故 D 项错误，A 项、B 项、C 项正确。

13. 唐朝时，刘氏娶妻夏氏，因夏氏父亲年老失明无人照顾，夏氏请求归家侍父养老，刘氏同意。针对此问题，下列哪一项说法是正确的？（2021 年回忆版）[3]

A. 官府可据此强制婚姻关系解除   B. 夏氏可依据义绝解除婚姻

C. 双方可通过和离解除婚姻   D. 刘氏可通过七出休妻

【解析】《唐律·户婚》中规定强制离婚的条件是：夫妻凡发现有"义绝"和"违律结婚"者，必须强制离婚。"义绝"包括夫对妻族、妻对夫族的殴杀罪、奸杀罪和谋害罪。经官府判断，认为一方犯了义绝，法律即强制离婚，并处罚不肯离异者。刘于"违律为婚而妄冒已成者"，也强制离婚。题目中的情形不属于可以强制离婚的条件，故 A 项错误。依据上述解释，夏氏不可以依据义绝解除婚姻，故 B 项错误。"和离"即协议离婚，指男女双方自愿离异，本案中双方可通过和离解除婚姻，故 C 项正确。婚姻关系中的"七出"是古代男性休妻的理由，主要指的是：不顺父母、无子、淫、妒、有恶疾、多言、窃盗。本案中夏氏不属于这七种情形，因此刘氏不可以通过七出休妻，故 D 项错误。

---

[1] D　[2] D　[3] C

14. 宋朝时，有个富豪死的时候，因为儿子只有三岁，他就写了遗嘱，把十分之七的遗产留给女儿女婿，十分之三的遗产留给儿子，遗嘱要求姐姐把弟弟养大。儿子长大后跟姐姐姐夫争遗产，告到县衙。县令对儿子说，"幸好你爹聪明，留了这个遗嘱，不然你就没法长大了"。然后改判遗产的十分之七归儿子，十分之三归女儿。对此，下列哪一选项是正确的？（2023年回忆版，单选）[1]

A. 在宋代，遗嘱继承都优先于法定继承
B. 在宋代，在室女只能获得一份嫁资
C. 在宋代，出嫁女在任何情况下都没有财产继承权
D. 本案判决表明，中国古代司法追求天理、国法、人情相结合

【解析】《宋刑统·户婚》规定，"准《丧葬令》：诸身丧户绝者，所有部曲、客女、奴婢、店宅、资财，并令近亲转易货物，将营葬事及量营功德之外，余财并与女。无女，均入以次近亲；无亲戚者，官为检校。若亡人在日，自有遗嘱处分，证验分明者，不用此令。"这说明，在"户绝"家庭，遗嘱继承优先于法定继承适用。"户绝"是指家无男性继承人。对于家有男性继承人的，法律只规定了"诸应分田宅及财物者，兄弟均分"，未明文规定遗嘱优先。故A项错误。《宋刑统·户婚律》规定："诸应分田宅及财物者，兄弟均分。妻家所得之财，不在分限。兄弟亡者，子承父分。其未娶妻者，别与聘财。姑姊妹在室者，减男聘财之半。"这说明，在室女（未出嫁的女儿）在有兄弟时，其只可以获得"聘财"。但在户绝之家，继子与户绝之女均享有财产继承权，只有在室女的，在室女享有3/4的财产继承权，继子享有1/4的财产继承权；只有出嫁女（已婚女）的，出嫁女享有1/3的财产，继子享有1/3的财产继承权，另外的1/3财产收为官府所有。故，在户绝之家，在室女、出嫁女都有财产继承权。B项、C项错误。由于在非户绝之家，遗产依法只能分给儿子（在室女可能获得一点聘财，即嫁资），出嫁女是无权获得父母的遗产的。法律也未明文规定在这种情况下，遗嘱继承优先。所以，考虑到姐姐养大了弟弟，县令既将7/10的财产改判给弟弟，又给姐姐保留了3/10的遗产。这一判决兼顾了法律与人情。所以说，这个判决表明中国古代司法追求天理、国法、人情相结合，故D项正确。

---

[1] D

专题三　中国古代刑事法律制度

1. 秦统治者总结前代法律实施方面的经验，结合本朝特点，形成了一些刑罚适用原则。对于秦律原则的相关表述，下列哪一选项是正确的？（2017－1－16）[1]

A. 关于刑事责任能力的确定，以身高作为标准，男、女身高六尺二寸以上为成年人，其犯罪应负刑事责任

B. 重视人的主观意识状态，对故意行为要追究刑事责任，对过失行为则认为无犯罪意识，不予追究

C. 对共犯、累犯等加重处罚，对自首、犯后主动消除犯罪后果等减轻处罚

D. 无论教唆成年人、未成年人犯罪，对教唆人均实行同罪，加重处罚

【解析】秦律关于刑事责任能力的确定，以身高作为标准，男子身高达到六尺五寸、女子身高达到六尺二寸以上为成年人，其犯罪应负刑事责任，因此 A 项错误。重视人的主观意识状态，对故意行为要追究刑事责任，没有故意的，按告不审从轻处理，因此 B 项错误。对共犯、累犯等加重处罚，对自首、犯后主动消除犯罪后果等减轻处罚，因此 C 项正确。教唆未成年人犯罪者实行同罪，加重处罚，因此 D 项错误。

2. 唐代诉讼制度不断完善，并具有承前启后的特点。下列哪一选项体现了唐律据证定罪的原则？（2017－1－17）[2]

A. 唐律规定，审判时"必先以情，审察辞理，反复参验，犹未能决，事须拷问者，立案同判，然后拷讯，违者杖六十"

B. 《断狱律》说："若赃状露验，理不可疑，虽不成引，即据状断之"

C. 唐律规定，对应议、请、减和老幼残疾之人"不合拷讯"

D. 《断狱律》说："（断狱）皆须具引律、令、格、式正文，违者笞三十"

【解析】本题 B 项中的"据状断之"即指据证定罪的原则，因此 B 项当选。A、C、D 项都与据证定罪的原则无关，因此不当选。

3. 唐永徽年间，甲由祖父乙抚养成人。甲好赌欠债，多次索要乙一祖传玉坠未果，起意杀乙。某日，甲趁乙熟睡，以木棒狠击乙头部，以为致死（后被救活），遂夺玉坠逃走。唐律规定，谋杀尊亲处斩，但无致伤如何处理的规定。对甲应当实行下列哪一处罚？（2015－1－17）[3]

A. 按"诸断罪而无正条，其应入罪者，则举轻以明重"，应处斩刑

B. 按"诸断罪而无正条，其应出罪者，则举重以明轻"，应处绞刑

C. 致伤未死，应处流三千里

D. 属于"十恶"犯罪中的"不孝"行为，应处极刑

---

[1] C　[2] B　[3] A

【解析】按照唐律"举轻以明重，举重以明轻"的类推原则。A项正确。

4. 关于中国古代社会几部法典的结构体例，下列哪一选项是错误的？（2008 - 1 - 9）[1]

A. 《法经》中相当于近代刑法典总则部分的"具法"被置于6篇中的最后1篇

B. 《魏律》对秦汉旧律有较大改革，如将"具律"改为"刑名"，并将其置于律首

C. 《晋律》将刑名与法例律合为"名例律"一篇，并将法典篇章数定为20篇

D. 《永徽律疏》将疏议分附于律文之后颁行，分为12篇30卷

【解析】《晋律》，又称《泰始律》，共20篇620条，与《曹魏律》相比，是在"刑名律"后增加"法例律"。《北齐律》将"刑名律"与"法例律"合为"名例律"。C项错误。

【特别提示】封建法典总则篇《名例律》的形成过程：

①《法经》共6篇：《盗法》《贼法》《网法》《捕法》《杂法》《具法》。《具法》"具其加减"，相当于近代刑法典总则部分，但置于篇尾。

②商鞅变法改"法"为"律"，《具法》改为《具律》，但仍置于《秦律》六篇之尾。

③《曹魏律》将《具律》改为《刑名》，并将其置于律首。

④《晋律》在《刑名》后增加《法例》，丰富了刑法总则。

⑤《北齐律》将《刑名》与《法例》合为《名例》，后世相沿不改，直到清末变法。

5. 秦律明确规定了司法官渎职犯罪的内容。关于秦朝司法官渎职的说法，下列哪一选项是不正确的？（2014 - 1 - 16）[2]

A. 故意使罪犯未受到惩罚，属于"纵囚"

B. 对已经发生的犯罪，由于过失未能揭发、检举，属于"见知不举"

C. 对犯罪行为由于过失而轻判者，属于"失刑"

D. 对犯罪行为故意重判者，属于"不直"

【解析】"见知不举"是明知而不举报，而不是因过失未能揭发、检举。B项错误。

6. 据史书载，以下均为秦朝刑事罪名。下列哪一选项最不具有秦朝法律文化的专制特色？（2011 - 1 - 16）[3]

A. "偶语诗书"　　　　　　　　　B. "以古非今"

C. "非所宜言"　　　　　　　　　D. "失刑"

【解析】"偶语诗书"：即两个人在一起谈论儒家的经典诗书。《史记·秦始皇本纪》："有敢偶语诗书，弃市。""以古非今"：即用历史故事非难当前的政治，或者说用古代的人或事来否定攻击今天的现实。《焚书令》："以古非今者，族。""非所宜言"，就是说了不该说的话。上述罪名，反映了秦朝法律文化的专制特色。

秦朝司法官量刑不当，故意者构成"不直"罪，过失者仅为"失刑"罪。因此"失刑"并不反映秦朝法律文化的专制特色。D项正确。

7. 秦汉时期的刑罚主要包括笞刑、徒刑、流放刑、肉刑、死刑、羞辱刑等，下列哪些选项属于徒刑？（2012 - 1 - 56）[4]

A. 候　　　　　　　　　　　　　B. 隶臣妾

C. 弃市　　　　　　　　　　　　D. 鬼薪、白粲

【解析】秦汉时期，徒刑是指剥夺罪犯人身自由，强制其服劳役的刑罚，主要包括：城旦春；鬼薪、白粲；隶臣妾；司寇；候。弃市是死刑的一种，指行刑后不准收尸，不属于徒刑。A项、B项、D项正确。

【特别提示】秦朝以身高为标准确定刑事责任能力。

8. 关于中国古代刑罚制度的说法，下列哪一选项是错误的？（2010 – 1 – 15）[1]

A. "八议"制度自曹魏《魏律》正式入律，其思想渊源为《周礼·秋官》的"八辟丽邦法"之说

B. "秋冬行刑"制度自唐代始，其理论渊源为《礼记·月令》关于秋冬季节"戮有罪，严断刑"之述

C. "大诰"是明初的一种特别刑事法规，其法律形式源自《尚书·大诰》周公对臣民之训诫

D. "明刑弼教"作为明清推行重典治国政策的思想基础，其理论依据源自《尚书·大禹谟》"明于五刑，以弼五教"之语

【解析】"秋冬行刑"制度始于汉代。唐律规定"立春后不决死刑"，明清时期的秋审制度，亦渊源于此。B项错误。

9. 关于宋代法律和法制，下列哪一选项是错误的？（2009 – 1 – 14）[2]

A. 《宋刑统》为我国历史上第一部刊印颁行的法典

B. 宋代法律因袭唐制，对借与贷作了区分

C. 宋仁宗朝敕、例地位提高，"凡律所不载者，一断于敕、例"

D. 宋建隆四年颁行"折杖法"

【解析】《宋刑统》全称《宋建隆重详定刑统》，于宋太祖建隆四年颁行，是历史上第一部刊印颁行的法典。A项正确。

宋代法律对借与贷做了区分，借指使用借贷，贷则指消费借贷。B项正确。

神宗一朝，敕的地位提高，"凡律所不载者，一断于敕"。敕已到足以破律、代律的地步。C项错误。

宋建隆四年颁行"折杖法"，意在笼络人心，改变五代以来刑罚严苛的弊端，除反逆、强盗等重罪和死刑不折外，笞杖徒流皆可折为杖刑。D项正确。

【特别提示】中国古代各朝封建法典的地位：

①《法经》：第一部比较系统的封建成文法典。

②《曹魏律》：首次规定"八议"。

③《晋律》：首次确立"准五服以制罪"。

④《北魏律》：首次确立"官当"。

⑤《北齐律》：首次规定"重罪十条"；开创了十二篇的法典体例；首次设立大理寺；在中国封建法律史上起着承先启后的作用，对封建后世的立法影响深远。

⑥《开皇律》：首次规定"十恶"；正式确立了封建制五刑。

⑦《武德律》：唐代首部法典。

⑧《贞观律》：确立了唐律的主要内容和风格。

⑨《唐律疏议》：中华法系的代表性法典，代表了中国古代封建立法的最高水平。

⑩《唐六典》：首次规定法官回避制度；是明清《会典》的渊源。

⑪《宋刑统》：第一部刊印颁行的封建法典。

⑫《大明律》：改变十二篇的传统法典体例，形成了名例、吏、户、礼、兵、刑、工七篇体例。

---

⑬《明大诰》：中国法制史上空前普及的法规。

⑭《大清律例》：中国最后一部封建成文法典，中国传统封建法典的集大成者。

10. 《唐律·名例律》规定："诸断罪而无正条，其应出罪者，则举重以明轻；其应入罪者，则举轻以明重。"关于唐代类推原则，下列哪一说法是正确的？（2014-1-17）[1]

A. 类推是适用法律的一般形式，有明文规定也可"比附援引"

B. 被类推定罪的行为，处罚应重于同类案件

C. 被类推定罪的行为，处罚应轻于同类案件

D. 唐代类推原则反映了当时立法技术的发达

【解析】《唐律·名例律》规定："诸断罪，皆须具引律令格式正文，违者笞三十。"即有明文规定的必须严格援法断罪，只有"无正条"，即没有明确的法律规定，才能类推定罪。A项错误。

被类推定罪的行为，根据不同情况处罚或重于或轻于同类案件。B项、C项错误。

11. 关于唐律中五刑，下列哪一选项是正确的？（2007-1-9）[2]

A. 笞刑、羞辱刑、流放刑、经济刑、死刑

B. 笞刑、徒刑、流放刑、株连刑、死刑

C. 笞刑、杖刑、徒刑、流刑、死刑

D. 杖刑、徒刑、流刑、肉刑、死刑

【解析】唐律沿用隋《开皇律》中所确立的笞、杖、徒、流、死的五刑制度，作为基本的法定刑，其具体规格稍有不同。C项正确。

【特别提示】中国古代刑制改革的过程：

①起因：缇萦替父求情。

②过程：汉文帝、景帝废肉刑，但宫刑未废；三国两晋南北朝继续改革，南北朝时废宫刑。

③成果：隋朝《开皇律》正式确立笞、杖、徒、流、死封建制五刑，彻底废止了墨、劓、刖、宫、大辟奴隶制五刑。

12. 明太祖朱元璋在洪武十八年（公元1385年）至洪武二十年（公元1387年）间，手订四编《大诰》，共236条。关于明《大诰》，下列哪些说法是正确的？（2014-1-57）[3]

A. 《大明律》中原有的罪名，《大诰》一般都加重了刑罚

B. 《大诰》的内容也列入科举考试中

C. "重典治吏"是《大诰》的特点之一

D. 朱元璋死后《大诰》被明文废除

【解析】《大诰》是明初一种特别的刑事法规，其效力在律之上，且对律中原有的罪名一般都加重处罚。A项正确。

《大诰》还成为各级学校的必修科目，科举考试中也列入《大诰》内容，成为中国法制史上空前普及的法规。B项正确。

朱元璋为贯彻"刑乱国用重典"的方针，防止"法外遗奸"，御制《大诰》，大行法外之刑和酷刑。C项正确。

明太祖死后，《大诰》并未被明文废除，只是被束之高阁，无法律效力。D项错误。

---

[1] D [2] C [3] ABC

13. 乾隆五十一年，四川发生一起杀人案：唐达根与宋万田本不相识，因赴集市买苞谷遂结伴同行。途中山洞避雨，宋万田提议二人赌钱。后宋万田得赢，唐达根将钱如数送上。归途，宋万田再次提议赌钱，唐达根得赢。宋万田声称唐达根耍骗不肯给钱，唐达根与之争吵进而双方互殴，争斗中唐达根将宋万田打死。依据《大清律例》及《大清律辑注》，你认为唐达根有可能被官府认定犯下列哪些罪行？（2010－1－58）〔1〕

A. 唐达根系没有预谋、临时起意将宋万田打死，应定"故杀"

B. 唐达根系恼羞成怒，欲夺赌钱故意将宋万田打死，应定"谋杀"

C. 唐达根无心之下，斗殴中不期将宋万田打死，应定"斗殴杀"

D. 唐达根无怨恨杀人动机，"以力共戏"将宋万田打死，应定"戏杀"

【解析】《唐律》贼盗、斗讼篇中依犯罪人主观意图区分了"六杀"，即"谋杀""故杀""斗杀""误杀""过失杀""戏杀"。"谋杀"是指预谋杀人；"故杀"是指事先虽无预谋，但情急杀人时已有杀人的意念；"斗杀"指在斗殴中出于激愤失手将人杀死；"误杀"指由于种种原因杀错杀人对象；"过失杀"指"耳目所不及，思虑所不到"，即出于过失杀人；"戏杀"指"以力共戏"而导致杀人。该原则被后来包括《大清律例》在内的各朝法律所继承。从本题中可以看出，唐达根并无事先预谋，而是情急时杀人。A项正确。

唐达根与宋万田二人属于斗殴而非嬉戏中产生了杀人的后果，应当定"斗杀"。C项正确。

14. 清乾隆律学家、名幕王又槐对谋杀和故杀的有关论述：①"谋杀者，蓄念于未杀之先；故杀者，起意于殴杀之时。"②"谋杀则定计而行，死者猝不及防、势不能敌，或以金刃，或以毒药，或以他物，或驱赴水火，或伺于隐蔽处所，即时致死，并无争斗情形，方为谋杀。"③"故杀乃因斗殴、谋殴而起，或因忆及凤嫌，或因畏其报复，或虑其控官难制，或恶其无耻滋事，或恐其遗祸受害。在兄弟，或利其货财肥己；在夫妻，或恨其妒悍不逊。临时起意，故打重伤、多伤，伤多及致死处所而死者是也。"据此，下列最可能被认定为谋杀者的是哪一选项？（2011－1－18）〔2〕

A. 张某将浦某拖倒在地，骑于身将其打伤。浦某胞弟见状，情急之下用木耙击中张某顶心，张某立时毙命

B. 洪某因父为赵某所杀，立志复仇。后，洪某趁赵某独自上山之机，将其杀死

C. 卢某欲拉林某入伙盗窃，林某不允并声称将其送官。卢某恐其败露欲杀之，当即将林某推倒在地，挌伤其咽喉并用腰带套其脖颈，林某窒息而死

D. 雇主李朱氏责骂刘某干活不勤，刘某愧忿不甘，拿起菜刀将李朱氏砍倒。刘某逃跑之际，被李朱氏4岁的外孙韩某拉住衣服并大声呼救，刘某将其推倒在地并连砍数刀，致其立时毙命

【解析】B项中"立志复仇""趁赵某独自上山之机"等词语可以看出洪某蓄谋已久，可认定为谋杀。

15. 关于隋唐的法律制度，下列说法错误的是？（2019年回忆版）〔3〕

A. 隋朝的《开皇律》确立了传统五刑：笞、杖、徒、流、死

B. 张某杀人碎尸，按《唐律》当定"不道"之罪

C. 官员在执行公务时不慎出现差错而犯罪，是为"公罪"

D. 唐代的刑部行使中央司法审判权

【解析】中国古代刑罚制度有奴隶制五刑和封建制五刑之分，前者包括：墨、劓、剕、

---

〔1〕 AC　〔2〕 B　〔3〕 D

官、大辟五种肉刑。而封建制五刑为笞、杖、徒、流、死。封建制五刑最早在隋朝的《开皇律》中确立。故A项正确。十恶中的"不道"指灭绝人道，包括杀人全家（且被害人罪不当死），或用肢解分尸的手段杀人；或用蛊毒的方法，企图使人中毒致死等行为。因此张某杀人碎尸应属"不道"。故B项正确。唐律规定"缘公事致罪，而无私曲者"是为"公罪"，官员在执行公务时不慎出现差错而犯罪的情形发生在履行公务过程中，且并非为求私利而犯罪，属于"公罪"。故C项正确。唐代行使中央审判权的机关为大理寺，刑部主管复核。故D项错误。

16. 秦朝时，李某告发父亲盗采邻居桑叶，地方官员黄某对其父予以赀徭三旬的处罚，并对李某予以奖励。对此，下列说法正确的是？（2021年回忆版）[1]

    A. 赀徭是处以罚金和徭役，非独立刑种

    B. 李某告发其父属于"告奸"，是受鼓励的行为

    C. 如果对盗采桑叶的行为地方官员黄某失察，则黄某构成"不直"

    D. 对盗采桑叶处刑体现法家"明法重刑"思想

【解析】在秦朝，赀是独立刑种，赀徭为罚服劳役，故A项错误。秦汉时期的告奸法主要表现为以连坐法为基础的什伍告奸法、亲属告奸法、官吏告奸法等主要类型，规定当同什伍、亲属、官吏之间有人犯一定的罪行时，其他有连带责任者必须告发，反之则负连带责任，一并处罚。故B项正确。"不直"是故意量刑不当，致使轻罪重判或重罪轻判。因此如果对盗采桑叶的行为地方官员黄某失察，黄某并不构成"不直"，故C项错误。本案对盗采桑叶行为的处罚，体现了法家"明法重刑"的思想，故D项正确。

---

[1] BD

专题四　中国古代司法制度

1. 汉宣帝地节四年下诏曰："自今子首匿父母、妻匿夫、孙匿大父母，皆勿坐。其父母匿子、夫匿妻、大父母匿孙，罪殊死，皆上请廷尉以闻"，"亲亲得相首匿"正式成为中国封建法律原则和制度。对此，下列哪一选项是错误的？（2010 - 1 - 13）[1]

A. 近亲属之间相互首谋隐匿一般犯罪行为，不负刑事责任

B. 近亲属之间相互首谋隐匿所有犯罪行为，不负刑事责任

C. "亲亲得相首匿"的本意在于尊崇伦理亲情

D. "亲亲得相首匿"的法旨在于宽宥缘自亲情发生的隐匿犯罪亲属的行为

【解析】"亲亲得相首匿"原则主张亲属间首谋隐匿犯罪可以不负刑事责任。卑幼亲属首匿尊长亲属的犯罪行为，不追究刑事责任；尊长亲属首匿卑幼亲属，罪应处死的，可上请皇帝宽贷。但直系三代血亲间、夫妻间犯谋反、大逆罪除外。因此并不是隐匿所有的犯罪行为都不负刑事责任。B 项错误。

2. 汉武帝时，有甲、乙二人争言相斗，乙以佩刀刺甲，甲之子丙慌忙以杖击乙，却误伤甲。有人认为丙"殴父也，当枭首。"董仲舒引用《春秋》事例，主张"论心定罪"，认为丙"非律所谓殴父，不当坐"。关于此案的下列哪种评论是错误的？（2006 - 1 - 16）[2]

A. "论心定罪"是儒家思想在刑事司法领域的运用

B. 以《春秋》经义决狱的主张是旨在建立一种司法原则

C. "论心定罪"仅为一家之言，历史上不曾被采用

D. "论心定罪"有可能导致官吏审判案件的随意性

【解析】《春秋》决狱，是指汉代在审判案件时，如果法律无明文规定，则以《春秋》等儒家经义作为定罪量刑的依据，其首创者为董仲舒，汉代的《春秋》决狱是法律儒家化在司法领域的体现。《春秋》决狱实行"论心定罪"原则，其要旨是必须根据案情事实，追究行为人的动机，以《春秋》经义决狱为司法原则，对传统的司法和审判是一种积极的补充，但如果仅以主观动机的善、恶判断有罪、无罪或者罪行轻重，也为司法官吏主观臆断和陷害无辜提供便利。C 项错误。

【特别提示】封建法律的儒家化是中国传统法律进化的基本规律。法律儒家化的实质，是礼和法的融合，是法律的道德化。法律儒家化在司法上的突出表现，是确立"亲亲得相首匿"原则和实行"《春秋》决狱"。

3. 关于中国古代诉讼、审判制度的说法，下列哪些选项是正确的？（2009 - 1 - 58）[3]

A. 西周时期"听讼"为审理民事案件，"断狱"为审理刑事案件

B. 唐代县以下乡官、里正对犯罪案件具有纠举责任，对轻微犯罪与民事案件具有调解处

---

[1]　B　[2]　C　[3]　ABD

理的权力

C. 明代的大审是一种会审制度，每三年举行一次

D. 清末改大理寺为大理院，为全国最高审判机关

【解析】明代大审每五年举行一次。C 项错误。

4. 唐朝开元年间，旅居长安的突某（来自甲国）将和某（来自乙国）殴打致死。根据唐律关于"化外人"犯罪适用法律的原则，下列哪一项是正确的？（2006 - 1 - 17）[1]

A. 适用当时甲国的法律

B. 适用当时乙国的法律

C. 当时甲国或乙国的法律任选其一

D. 适用唐朝的法律

【解析】唐律在刑罚原则方面，有区分公罪私罪原则、自首原则、类推原则、化外人原则等。关于化外人原则，《唐律·名例律》明确规定："诸化外人，同类自相犯者，各依本俗法；异类相犯者，以法律论。"即同国籍外国侨民在中国犯罪的，由唐王朝按其所属本国法律处理，实行属人主义原则；不同国籍侨民在中国犯罪的，按唐律处罚，实行属地主义原则。突某与和某属于不同国籍的侨民，应按照唐律裁判。D 项正确。

【特别提示】唐代的"化外人"原则彰显了中国的司法主权。到了清末，中国的司法主权逐渐沦丧，其标志是领事裁判权、观审、会审公廨等制度的确立：

①领事裁判权：享有领事裁判权国家的公民在中国作为被告，由其本国领事官员依其本国法律审理。

②观审：外国人是原告的案件，其所属国领事官员也有权前往观审，如认为审判、判决有不妥之处，可以提出新证据等。

③会审公廨：1864 年清廷与英、美、法三国驻上海领事协议在租界内设立的特殊审判机关。凡涉及外国人案件，必须有领事官员参加会审；凡中国人与外国人诉讼案，由本国领事裁判或陪审；甚至租界内纯属中国人之间的诉讼也由外国领事审判并操纵判决。它的确立是外国在华领事裁判权的扩充和延伸。

5. 关于明清时期的司法制度，下列哪些选项是正确的？（2008 川 - 1 - 59）[2]

A. 明清时期各中央司法机构的职能与隋唐时期相反，刑部负责审判，大理寺负责复核

B. 明朝的廷杖之制是根据皇帝意志而形成的法外用刑惯例

C. 明清会审制度是慎刑思想的反映，但是导致多方干预司法，使实际执法与法律制度日益脱节

D. "申明亭"为明代法定的基层调解机构，对维护社会秩序有一定积极作用

【解析】明清时期的中央三法司是刑部、大理寺、都察院：（1）刑部负责审理中央百官犯罪、审核地方上报的重案、发生在京师的笞杖刑以上案件等；（2）大理寺掌复核驳正，以及死刑复核；（3）都察院负责监察。隋唐时期的中央三法司是大理寺、刑部、御史台：①大理寺行使中央司法审判权，审理中央百官与京师徒刑以上案件；②刑部参与重大案件的审理，对中央、地方上报的案件具有复核权；③御史台负责监察。由此可见，明清时期大理寺和刑部的职能与隋唐相反。A 项正确。

廷杖是由皇帝下令，司礼监监刑，锦衣卫施刑，在朝堂上杖责大臣的制度。廷杖制度是皇帝法外用刑，全凭皇帝的主观意志。B 项正确。

---

[1] D [2] ABCD

明清时期的会审制度是一种慎刑思想的反映，但却导致多方干预司法，法律制度与实际执法日益脱节，加速了王朝整个政体的腐朽。C 项正确。

申明亭是明太祖朱元璋于洪武五年创建的读法、明理、彰善抑恶、剖决争讼小事、辅弼刑治之所。在创立之初，申明亭对维护社会秩序有一定的积极作用。D 项正确。

6. 清乾隆年间，甲在京城天安门附近打伤乙被判笞刑，甲不服判决，要求复审。关于案件的复审，下列哪些选项是正确的？(2012 - 1 - 57)[1]

A. 应由九卿、詹事、科道及军机大臣、内阁大学士等重要官员会同审理

B. 应在霜降后 10 日举行

C. 应由大理寺官员会同各道御史及刑部承办司会同审理

D. 应在小满后 10 日至立秋前 1 日举行

【解析】在明朝会审制度的基础上，清朝进一步对会审制度进行完善，形成了秋审、朝审、热审等比较规范的会审体制。

秋审是清朝最重要的死刑复审制度，每年秋八月，由九卿、詹事、科道、军机大臣、内阁大学士等共同审理全国上报的绞、斩监候案件。朝审是对刑部判决的重案及京师附近绞、斩监候的案件进行的复审，每年霜降后十日举行，其审判组织和方式与秋审大体相同。热审于每年小满后十日至立秋前一日，由大理寺官员会同各道御史及刑部对京师的笞杖刑案件进行的重审。

题干中京师的甲被判笞刑，属于热审的对象。A 项是秋审制度的审判主体；B 项是朝审的时间；C 项是热审的审判组织；D 项是热审的时间。C 项、D 项正确。

7. 根据清朝的会审制度，案件经过秋审或朝审程序之后，分四种情况予以处理：情实、缓决、可矜、留养承嗣。对此，下列哪一说法是正确的？(2014 - 1 - 18)[2]

A. 情实指案情属实、罪名恰当者，奏请执行绞监候或斩监候

B. 缓决指案情虽属实，但危害性不能确定者，可继续调查，待危害性确定后进行判决

C. 可矜指案情属实，但有可矜或可疑之处，免于死刑，一般减为徒、流刑罚

D. 留养承嗣指案情属实、罪名恰当，但被害人有亲老丁单情形，奏请皇帝裁决

【解析】情实指罪情属实，罪名恰当，奏请执行死刑，因此 A 项错误。缓决指案情虽然属实，但危害性不大者，可减为流三千里，或减发烟瘴极边充军，或再押监候办，因此 B 项错误。可矜指案情属实，但有可矜或可疑之处，可免死刑，一般减为徒、流。留养承嗣指案情属实、罪名恰当，但犯人有亲老单丁情形，合乎申请留养者，按留养案奏请皇帝裁决，因此 D 项错误。C 项正确。

8. 长孙无忌带武器觐见，门卫失察，甲说要治重罪，乙辩解说"长孙无忌有功应当减轻处罚，门卫是因为长孙无忌犯罪也应当减轻"。对此，下列说法正确的是？(2019 年回忆版)[3]

A. 赎刑正式确立于《武德律》　　　　B. 议请是减免贵族官员刑罚的制度

C. 长孙无忌有功，减轻处罚是"议功"　　D. 门卫因为失察触犯公罪，应当从轻处罚

【解析】西周时期的《吕刑》中已经确立了赎刑，故 A 项错误。

议请，指有特殊身份者犯罪时，可奏请皇帝予以减免，故 B 项正确。

议功，指对有大功之人减免刑罚，故 C 项正确。

公罪指官吏因执行公务而犯罪。唐律规定，公罪自举者可免罪，其他的可以减等处罚，故 D 项正确。

---

[1]　CD　[2]　C　[3]　BCD

专题五　清末、民国时期的法律思想和法律制度

1. 1903 年，清廷发布上谕："通商惠工，为古今经国之要政，急应加意讲求，著派载振、袁世凯、伍廷芳，先定商律，作为则例。"下列哪一说法是正确的？（2016 - 1 - 19）[1]

A. 《钦定大清商律》为清朝第一部商律，由《商人通例》、《公司律》和《破产律》构成

B. 清廷制定商律，表明随着中国近代工商业发展，其传统工商政策从"重农抑商"转为"重商抑农"

C. 商事立法分为两个阶段，先由新设立商部负责，后主要商事法典改由修订法律馆主持起草

D. 《大清律例》、《大清新刑律》、《大清民律草案》与《大清商律草案》同属清末修律成果

【解析】1903 年修订的《商人通例》9 条和《公司律》131 条，在 1904 年 1 月奏准颁行，定名为《钦定大清商律》，是为清朝第一部商律。此外，清政府还陆续颁布了有关商务和奖励实业的法律法规、章程，如 1904 年 6 月颁行的《公司注册试办章程》，同年 7 月颁布的《商标注册试办章程》，1905 年 5 月颁布的《破产律》等。因此 A 项错误。清廷发布上谕，制定商律，实际上当时的商部仅考虑尽快制定出一些应急的法规，因此并非是传统工商政策，从重农抑商转为重商抑农，因此 B 项错误。清末的商事立法，大致可以分为前后两个阶段：1903 ～ 1907 年为第一阶段；1907～1911 年为第二阶段。在第一阶段，商事立法主要由新设立的商部负责；在第二阶段，主要商事法典改由修订法律馆主持起草，单行法规仍由各有关机关拟定。经宪政编查馆和资政院议后请旨颁行。因此 C 项正确。《大清新刑律》、《大清民律草案》与《大清商律草案》属于清末修律成果，但《大清律例》于乾隆元年开始修订，于乾隆五年完成，颁行天下，并非清末修律成果。因此 D 项错误。

2. 鸦片战争后，清朝统治者迫于内外压力，对原有的法律制度进行了不同程度的修改与变革。关于清末法律制度的变革，下列哪一选项是正确的？（2015 - 1 - 18）[2]

A. 《大清现行刑律》废除了一些残酷的刑罚手段，如凌迟

B. 《大清新刑律》打破了旧律维护专制制度和封建伦理的传统

C. 改刑部为法部，职权未变

D. 改四级四审制为四级两审制

【解析】《大清现行刑律》是新刑律实施前的一部以刑为主的过渡性法典。它废除酷刑，如凌迟。A 项正确。

《大清新刑律》虽然是我国历史上第一部近代意义上的专门刑法典，但仍保持着旧律维护专制制度和封建伦理的传统。B 项错误。

---

[1] C　[2] A

改刑部为法部，掌管全国司法行政事务。C 项错误。

实行四级三审制。D 项错误。

3. 关于清末"预备立宪"，下列哪一选项可以成立？（2007 - 1 - 11）[1]

A. 1908 年颁布的《钦定宪法大纲》作为中国近代史上第一部宪法性文件，确立了资产阶级民主共和国的国家制度

B. 《十九信条》取消了皇权至上，大大缩小了皇帝的权力，扩大了国会与内阁总理的权力

C. 清末成立的资政院是中国近代第一届国家议会

D. 清末各省成立了谘议局作为地方督抚的咨询机关，权限包括讨论本省兴革事宜、预决算等

【解析】预备立宪是清末统治者在内外形势的逼迫下作出的选择，而 1908 年颁布的《钦定宪法大纲》其实质是以法律的形式确认君主的绝对权力，并没有确立资产阶级民主共和国的制度。A 项错误。

《十九信条》只是在形式上缩小了皇帝的权力，本质上仍强调皇权至上。B 项错误。

清末资政院的性质是承旨办事的御用机构，与近代社会的国家议会有根本性的不同。C 项错误。

4. 关于《大清新刑律》，下列哪一选项是错误的？（2008 川 - 1 - 8）[2]

A. 《大清新刑律》是中国刑法史上第一部具有近代意义的法典

B. 《大清新刑律》规定刑罚分主刑、从刑

C. 《大清新刑律》的内容完全属于资本主义刑法性质的内容

D. 《大清新刑律》于 1911 年公布，但没有实施

【解析】《大清新刑律》是清廷于 1911 年公布的中国历史上第一部近代意义上的专门刑法典，但并未来得及实施，清朝即灭亡。A 项、D 项正确。

《大清新刑律》在体例上分为总则和分则两篇，抛弃了旧律诸法合体的编纂形式，以罪名和刑罚等专属刑罚范畴的条文作为法典的唯一内容；确立了新的刑罚制度，规定刑罚分为主刑、从刑；采用了近代西方资产阶级的一些刑法原则和刑罚制度，但其仍保持着旧律维护专制制度和封建伦理的传统，并不是完全属于资本主义刑法性质的内容。B 项正确，C 项错误。

5. 中国法制近代化经历了曲折的渐进过程，贯穿着西方法律精神与中国法律传统的交汇与碰撞。关于中国法制近代化在修律中的特点，下列哪一选项是不正确的？（2010 - 1 - 14）[3]

A. 1910 年《大清民律草案》完成后，修律大臣俞廉三上陈"奏进民律前三编草案折"，认为民律修订仍然没有超出"中学为体，西学为用"的思想格局

B. 1911 年《人清新刑律》作为中国第一部近代意义的专门刑法典，在吸纳近代资产阶级罪刑法定等原则的同时，仍然保留了部分不必科刑的民事条款

C. 1910 年颁行的《法院编制法》规定，国家司法审判实行四级三审制

D. 1947 年颁行的《中华民国宪法》，所列各项民主自由权利比以往任何宪法性文件都充分

【解析】《大清民律草案》完成后，修订法律大臣俞廉三上陈"奏进民律前三编草案折"中表示："此次编辑之旨，约分四端：（一）注重世界最普遍之法则。（二）原本后出最精确之

---

[1] D 〔2〕 C 〔3〕 B

法理。（三）求最适于中国民情之法则。（四）期于改进上最有利益之法则。"显然，其上书基本思路，没有超出"中学为体，西学为用"的思想格局。A项正确。

《大清新刑律》是第一部近现代意义上的专门刑法典，改变了传统诸法合体的编纂形式，不再纳入民法、诉讼法等方面的内容，是一部纯粹的刑法典。B项错误。

清末1910年颁行的《法院编制法》规定司法审判实行四级三审制。C项正确。

《中华民国宪法》内容的主要特点有表面上的"民有、民治、民享"和实际上的个人独裁。它罗列人民各项民主自由权利，比以往任何宪法性文件都充分。但依据《宪法》第23条颁布的《维持社会秩序的临时办法》《戒严法》《紧急治罪法》等，把宪法抽象的民主自由条款加以具体切实的否定。D项正确。

6. 武昌起义爆发后，清王朝于1911年11月3日公布了《宪法重大信条十九条》。关于该宪法性文件，下列哪一说法是错误的？（2014 - 1 - 19）[1]

A. 缩小了皇帝的权力 　　　　　　B. 扩大了人民的权利
C. 扩大了议会的权力 　　　　　　D. 扩大了总理的权力

【解析】《十九信条》形式上被迫缩小了皇帝的权力，相对扩大了议会和总理的权力，但仍强调皇权至上，且对人民权利只字未提。B项错误。

7. 1903年5月1日，在上海英租界发行的《苏报》刊载邹容的《革命军》自序和章炳麟的《客帝篇》，公开倡导革命，排斥满人。5月14日，《苏报》又指出：《革命军》宗旨专在驱除满族，光复中国。清廷谕令两江总督照会租界当局严加查办，于6月底逮捕章炳麟，不久，邹容自动投案。由谳员孙建臣、上海知县汪瑶庭、英国副领事三人组成的审判庭对邹容等人进行审理，最后判处章炳麟徒刑3年，邹容徒刑2年。对这一案件的说法，下列哪一选项是正确的？（2009 - 1 - 15）[2]

A. 这表明清廷实行公开审判原则
B. 这表明外国人在租界内对中国司法裁判权的直接干涉
C. 这表明外国人在租界内的领事裁判权受到了限制
D. 这表明清廷变法修律得到了国际社会的承认

【解析】领事裁判权是外国侵略者在强迫中国订立的不平等条约中所规定的一种司法特权。凡在中国享有领事裁判权的国家，其在中国的侨民不受中国法律管辖，只由该国的领事或设在中国的司法机构依其本国法律裁判。外国在华的领事裁判权，表明外国人在租界内对中国司法裁判权的直接干涉。B项正确。

8. 关于《中华民国临时约法》，下列哪一选项是正确的？（2011 - 1 - 21）[3]

A. 《临时约法》是辛亥革命后正式颁行的宪法
B. 《临时约法》设立临时大总统，采行总统制
C. 《临时约法》是中国历史上唯一一部具有资产阶级共和国性质的宪法性文件
D. 《临时约法》确立了五权分离的原则

【解析】《中华民国临时约法》是由中华民国临时政府于1912年公布实施的中国历史上最早的，也是唯一一部具有资产阶级共和国性质的宪法性文件，但不属于正式颁布的宪法。辛亥革命后第一部正式颁布的宪法是由北洋政府在1923年公布的《中华民国宪法》。A项错误，C项正确。

在政治体制和组织原则上，《临时约法》采用的是责任内阁制，规定了临时大总统、副总

统和国务院行使行政权力，参议院是立法机关，法院是司法机关。B项错误。

"五权分离"是孙中山先生提出的一种政治主张。他提出采取西洋各国行政、立法、司法三权分立的长处，并融入中国古代考试权和监察权独立的优点，而创立了"五权分离"的宪政思想。1947年南京国民政府颁布的《中华民国宪法》基本上采用该原则。D项错误。

【特别提示】中国近代法典的地位：

①《钦定宪法大纲》：中国近代史上第一个宪法性文件。

②《大清现行刑律》：改律名为"刑律"；取消了《大清律例》中按吏、户、礼、兵、刑、工六部名称而分的六律总目，将法典各条按其性质分隶三十门；关于继承、分产、婚姻、田宅、钱债等纯属民事性质的条款不再科刑；废除凌迟。

③《大清新刑律》：中国历史上第一部近代意义上的专门刑法典。

④《中华民国临时约法》：中国历史上最初的，也是唯一一部资产阶级民主共和国性质的宪法性文件。

⑤《中华民国宪法（草案）》（《天坛宪草》）：北洋政府时期第一部宪法草案。

⑥《中华民国宪法》（"贿选宪法"）：中国近代首部正式颁行的宪法。

9. 清末修订法律馆于1911年8月完成《大清民律草案》。下列有关该草案的表述，哪一项是错误的？（2003－1－09）[1]

A.《大清民律草案》的结构顺序是：总则、债权、物权、亲属、继承

B. 日本法学家参与了《大清民律草案》的起草工作

C.《大清民律草案》的基本思路体现了"中学为体，西学为用"的精神

D.《大清民律草案》经正式公布，但未及施行，清王朝即告崩溃

【解析】《大清民律草案》共分总则、债权、物权、亲属、继承五编，A正确。其中，总则、债权、物权三编由日本著名民法学家松冈正义等人仿照德、日民法典的体例和内容草拟而成，吸收了大量的西方资产阶级民法的理论、制度和原则，B正确。亲属、继承两编由修订法律馆会同保守的礼学馆起草，其制度、风格带有浓厚的封建色彩，保留了许多封建法律的精神。修订民律的基本思路，仍然没有超出"中学为体，西学为用"的思想格局，C正确。在《大清民律草案》完成后仅两个多月，武昌起义（1911年10月10日）爆发，清王朝的统治迅速土崩瓦解。因此，这部民律草案并没有正式颁布与施行，D项错误。

10. 1928年民国政府开始起草民法典，前后编成总则、债、物权、亲属、继承五编，从1929年10月10日起陆续施行。下列哪项不是当时民法的特点？（模拟题）[2]

A. 承认习惯和法理可作为判案依据　　B. 确认继承制度

C. 反对父家长权　　　　　　　　　　D. 承认外国人在华权益

【解析】1928年民国政府开始起草民法典，前后编成总则、债、物权、亲属、继承五编，从1929年10月10日起陆续施行。民法的特点：（一）承认习惯和法理可作为判案依据，（二）维护土地权益；（三）保护债权人利益；（四）承认所有权法律关系；（五）保护传统婚姻家庭关系；（六）确认父家长权；（七）确认继承制度；（八）确认外国人在华权益。因此，C不是当时民法的特点。

11. 下列哪项不属于章太炎的法律思想？（模拟题）[3]

A. 他认为国民才是国家的主人　　　　B. 他赞成代议政治

C. 他认为法律应当保护下层民众的利益　　D. 他强调法治，反对人治

---

[1] D　[2] C　[3] B

【解析】章太炎的法律思想包括：（一）他认为国民才是国家的主人；（二）他反对代议政治；（三）他认为法律应当保护下层民众的利益；（四）他强调法治，反对人治。因此 B 错误。

12. 下列哪项不属于宋教仁的法律思想？（模拟题）[1]

A. 他主张建立民主的立宪政体

B. 他认为在共和立宪国家，法律上的国家主权属于国民全体，但真正能够发出意思或指示的，则为事实上的政党

C. 他主张建立总统制

D. 他将地方行政主体划分为地方自治行政主体与地方官治行政主体，试图在中央集权制与地方分权制之间寻求折中与平衡

【解析】宋教仁的法律思想包括：（一）他主张建立民主的立宪政体；（二）他认为在共和立宪国家，法律上的国家主权属于国民全体，但真正能发出意思或指示的，则为事实上的政党；（三）他主张建立责任内阁制；（四）他将地方行政主体划分为地方自治行政主体与地方官治行政主体，试图在中央集权制与地方分权制之间寻求折中与平衡。因此 C 错误。

13. 民国政府先后颁布了 1928 年《刑法》和 1935 年新《刑法》。下列哪项不属于刑法的主要内容和特点？（模拟题）[2]

A. 镇压危害政权与社会秩序的犯罪

B. 保护社会经济秩序，维护社会秩序

C. 大量援用资产阶级刑法原则，援用"保安处分"

D. 摒弃传统宗法家庭制度

【解析】民国政府先后颁布了 1928 年《刑法》和 1935 年新《刑法》。刑法的主要内容和特点：（一）镇压危害政权与社会秩序的犯罪；（二）保护社会经济秩序；（三）维护社会秩序；（四）大量援用资产阶级刑法原则；（五）援用"保安处分"；（六）维护传统宗法家庭制度。因此 D 错误。

14. 清末和民国时期的旧中国曾经进行频繁的立宪活动，下列关于该时期宪法文件，说法错误的是？（2019 年回忆版）[3]

A. 《钦定宪法大纲》为中国近代史上第一个宪法性文件，是由宪政编查馆编订，于 1908 年公布的

B. 1912 年《临时约法》是由孙中山主导创制的中国第一部资产阶级共和国性质的宪法性文件

C. 北洋政府时期的第一部宪法草案为"天坛宪草"，采用资产阶级三权分立的宪法原则，确认民主共和制度

D. 《中华民国宪法》（1947 年）是中国近代史上首部正式颁行的宪法

【解析】中国近代史上首部正式颁行的宪法是 1923 年的《中华民国宪法》（"贿选宪法"）。故 D 项错误。A 项、B 项、C 项正确。

---

[1] C　[2] D　[3] D

司法制度和法律职业道德

专题一　司法制度和法律职业道德概述

1. 司法活动的公开性是体现司法公正的重要方面，要求司法程序的每一阶段和步骤都应以当事人和社会公众看得见的方式进行。据此，按照有关文件和规定精神，下列哪一说法是正确的？（2016-1-45）[1]

A. 除依法不在互联网公布的裁判文书外，法院的生效裁判文书均应在互联网公布

B. 检察院应通过互联网、电话、邮件、检察窗口等方式向社会提供案件程序性信息查询服务

C. 监狱狱务因特殊需要不属于司法公开的范围

D. 律师作为诉讼活动的重要参与者，其制作的代理词、辩护词等法律文书应向社会公开

【解析】根据《最高人民法院关于人民法院在互联网公布裁判文书的规定》第4条规定，人民法院作出的裁判文书有下列情形之一的，不在互联网公布：（一）涉及国家秘密；（二）未成年人犯罪的；（三）以调解方式结案或者确认人民调解协议效力的，但为保护国家利益、社会公共利益、他人合法权益确有必要公开的除外；（四）离婚诉讼或者涉及未成年子女抚养、监护的；（五）人民法院认为不宜在互联网公布的其他情形。因此A项正确。《人民检察院案件信息公开工作规定》第3条第1款规定："人民检察院应当通过互联网、电话、邮件、检察服务窗口等方式，向相关人员提供案件信息查询服务，向社会主动发布案件信息、公开法律文书，以及办理其他案件信息公开工作。"此处公开的是面向相关人员，而非社会，因此B项错误。《中共中央关于全面推进依法治国若干重大问题的决定》要求："构建开放、动态、透明、便民的阳光司法机制，推进审判公开、检务公开、警务公开、狱务公开，依法及时公开执法司法依据、程序、流程、结果和生效法律文书，杜绝暗箱操作。加强法律文书释法说理，建立生效法律文书统一上网和公开查询制度。"因此，司法公开包括狱务公开，不包括律师文书的公开，因此C、D项错误。

2. 司法人员恪守司法廉洁，是司法公正与公信的基石和防线。违反有关司法廉洁及禁止规定将受到严肃处分。下列属于司法人员应完全禁止的行为是：（2016-1-98）[2]

A. 为当事人推荐、介绍诉讼代理人、辩护人

B. 为律师、中介组织介绍案件

C. 在非工作场所接触当事人、律师、特殊关系人

D. 向当事人、律师、特殊关系人借用交通工具

---

[1]　A　[2]　ABD

【解析】《关于进一步规范司法人员与当事人、律师特殊关系人、中介组织接触交往行为的若干规定》第5条规定："严禁司法人员与当事人、律师、特殊关系人、中介组织有下列接触交往行为：（一）泄露司法机关办案工作秘密或者其他依法依规不得泄露的情况；（二）为当事人推荐、介绍诉讼代理人、辩护人，或者为律师、中介组织介绍案件，要求、建议或者暗示当事人更换符合代理条件的律师；（三）接受当事人、律师、特殊关系人、中介组织请客送礼或者其他利益；（四）向当事人、律师、特殊关系人、中介组织借款、租借房屋、借用交通工具、通讯工具或者其他物品；（五）在委托评估、拍卖等活动中徇私舞弊，与相关中介组织和人员恶意串通、弄虚作假、违规操作等行为；（六）司法人员与当事人、律师、特殊关系人、中介组织的其他不正当接触交往行为。"因此A、B、D项当选。该规定第6条、第7条还要求："司法人员在案件办理过程中，应当在工作场所、工作时间接待当事人、律师、特殊关系人、中介组织。因办案需要，确需与当事人、律师、特殊关系人、中介组织在非工作场所、非工作时间接触的，应依照相关规定办理审批手续并获批准。""司法人员在案件办理过程中因不明情况或者其他原因在非工作时间或非工作场所接触当事人、律师、特殊关系人、中介组织的，应当在三日内向本单位纪检监察部门报告有关情况。"因此C项不当选。

3. 法律在社会中负有分配社会资源、维持社会秩序、解决社会冲突、实现社会正义的功能，这就要求法律职业人员具有更高的法律职业道德水准。据此，关于提高法律职业道德水准，下列哪些表述是正确的？（2016－1－83）[1]

A. 法律职业道德主要是法律职业本行业在职业活动中的内部行为规范，不是本行业对社会所负的道德责任和义务

B. 通过长期有效的职业道德教育，使法律职业人员形成正确的职业道德认识、信念、意志和习惯，促进道德内化

C. 以法律、法规、规范性文件等形式赋予法律职业道德以更强的约束力和强制力，并加强道德监督，形成他律机制

D. 法律职业人员违反法律职业道德和纪律的，应当依照有关规定予以惩处，通过惩处教育本人及其他人员

【解析】法律职业道德对于维护法律职业声誉、发挥法律功能和提高全社会的道德水平具有积极意义，因此不仅是本行业内部行为规范，也是本行业对社会所负的道德责任和义务。因此A项错误。职业道德教育的目的在于使法律职业人员形成正确的职业道德认识、信念、意志和习惯，促进道德内化，同时以法律、法规、规范性文件等形式赋予法律职业道德以更强的约束力和强制力，并加强道德监督，形成他律机制，当法律职业人员违反法律职业道德和纪律，应当依照有关规定予以惩处，通过惩处教育本人及其他人员。因此B、C、D项正确。

4. 法院的下列哪些做法是符合审判制度基本原则的？（2016－1－84）[2]

A. 某法官因病住院，甲法院决定更换法官重新审理此案

B. 某法官无正当理由超期结案，乙法院通知其三年内不得参与优秀法官的评选

C. 对某社会高度关注案件，当地媒体多次呼吁法院尽快结案，丙法院依然坚持按期审结

D. 因人身损害纠纷，原告要求被告赔付医疗费，丁法院判决被告支付全部医疗费及精神损害赔偿金

【解析】在我国诉讼制度中，审理形式一般采取直接言词原则，直接言词原则可再分为直接原则和言词原则，均以发现真实为主要目的。直接原则也称直接审理原则，要求参加审判的

---

[1] BCD 　[2] ABC

法官必须亲自参加证据审查、亲自聆听法庭辩论。这一原则强调审理法官与判决法官的一体化。言词原则也称言词审理原则，要求当事人等在法庭上须用言词形式开展质证辩论。A 体现的正是直接言词原则。

及时审判原则具有保障人权、推进诉讼进行、提高诉讼效率的重要价值。我国法律要求人民法院及时审理案件，提高办案效率。这一原则体现了审判的效率性。B 法官违反的正是及时审判原则。B 项正确。我国宪法、人民法院组织法和刑事诉讼法、民事诉讼法和行政诉讼法都规定，人民法院依照法律规定独立行使审判权，不受行政机关、社会团体和个人的干涉。这一原则体现了审判的独立性。C 中情形正是这一原则的体现，正确。为了尊重当事人诉权和体现法院的中立性，我国法律规定：未经控诉一方提起控诉，法院不得自行主动对案件进行裁判；法院审理案件的范围（诉讼内容与标的）由当事人确定，法院无权变更、撤销当事人的诉讼请求；案件在审理中，法院只能按照当事人提出的诉讼事实和主张进行审理，对超过当事人诉讼主张的部分不得主动审理。D 表述不符合该原则。

5. 某法院推行办案责任制后，直接由独任法官、合议庭裁判的案件比例达到 99.9%，提交审委会讨论的案件仅占 0.1%。对此，下列说法正确的是：（2017－1－87）[1]

A. 对提交审委会讨论的案件，法官、合议庭也可以不执行审委会的决定

B. 办案责任制体现了"让审理者裁判，让裁判者负责"的精神

C. 提交审委会讨论的案件应以审委会的名义发布裁判文书

D. 法庭审理对于查明事实和公正裁判具有决定性作用

【解析】《最高人民法院关于适用〈中华人民共和国刑事诉讼法〉的解释》第 217 条规定："审判委员会的决定，合议庭、独任审判员应当执行；有不同意见的，可以建议院长提交审判委员会复议。"因此 A 项错误。司法责任制改革的目的就是"让审理者裁判，让裁判者负责"，因此 B 项正确。《最高人民法院关于人民法院合议庭工作的若干规定》第 14 条规定："合议庭一般应当在作出评议结论或者审判委员会作出决定后的五个工作日内制作出裁判文书。"因此提交审委会讨论的案件应以法官或合议庭的名义发布裁判文书，因此 C 项错误。根据《中共中央关于全面推进依法治国若干重大问题的决定》的规定，推进以审判为中心的诉讼制度改革，确保侦查、审查起诉的案件事实、证据经得起法律的检验。全面贯彻证据裁判规则，严格依法收集、固定、保存、审查、运用证据，完善证人、鉴定人出庭制度，保证庭审在查明事实、认定证据、保护诉权、公正裁判中发挥决定性作用。因此 D 项正确。

6. 某市律师协会与法院签订协议，选派 10 名实习律师到法院从事审判辅助工作 6 个月，法院为他们分别指定一名资深法官担任导师。对此，下列哪一说法是正确的？（2017－1－7）[2]

A. 法官与律师具有完全相同的职业理想和职业道德

B. 是对法院审判活动进行监督的一种新途径

C. 有助于加深律师和法官相互的了解和信任

D. 是从律师中招录法官、充实法官队伍的一种方式

【解析】法官与律师的职业理想和职业道德并非完全相同，因此 A 项错误。律师协会选派实习律师到法院从事审判辅助工作，其目的主要是为了加深律师和法官相互了解和信任，并非是对法院审判活动进行监督，也不是从律师中招录法官、充实法官队伍，因此 B 项错误、C 项正确、D 项错误。

---

7. 加强人权司法保障是司法机关的重要职责，也是保证公正司法的必然要求。下列哪一做法符合上述要求？（2017－1－45）[1]

A. 某公安机关第一次讯问犯罪嫌疑人时告知其有权委托辩护人，但未同时告知其如有经济困难可申请法律援助

B. 某省法院修订进入法庭的安检流程，明确"禁止对律师进行歧视性安检"

C. 某法官在一伤害案判决书中，对被告人及律师"构成正当防卫"的证据和意见不采信而未做回应和说明

D. 某法庭对辩护律师在辩论阶段即将结束时提出的"被告人庭前供述系非法取得"的意见及线索，未予调查

【解析】十八届四中全会通过的《中共中央关于全面推进依法治国若干重大问题的决定》明确指出了"加强人权司法保障"的要求，《决定》为此做出了强化诉讼过程中当事人和其他诉讼参与人的知情权、陈述权、辩护辩论权、申请权、申诉权保障的规定："完善对限制人身自由司法措施和侦查手段的司法监督，加强对刑讯逼供和非法取证的源头预防，健全冤假错案有效防范、及时纠正机制。"强化诉讼权利保障，一是要以深化司法公开为抓手，切实保障当事人及其辩护人、代理人等诉讼参与人的知情权；二是要切实保障诉讼参与人在诉讼活动中发表诉辩意见和提出主张的权利；三是要为诉讼权利受到不当限制或者非法侵犯的当事人提供通畅的救济通道，完善诉权救济机制。因此A、C、D项错误。《人民法院第四个五年改革纲要（2014－2018）》规定："完善律师执业权利保障机制，强化控辩对等诉讼理念，禁止对律师进行歧视性安检，为律师依法履职提供便利，依法保障律师履行辩护代理职责，落实律师在庭审中发问、质证、辩护等诉讼权利。"因此B项正确。

8. 中国特色社会主义司法制度是一个科学系统，既包括体制机制运行体系，也包括理念文化等丰富内容。关于我国司法制度的理解，下列哪一选项是正确的？（2017－1－46）[2]

A. 我国司法制度主要由四个方面的体系构成：司法规范体系、司法组织体系、司法制度体系、司法文化体系

B. 司法组织体系主要包括审判组织体系、律师组织体系、公证组织体系

C. 人民调解制度和死刑复核制度是独具中国特色的司法制度，司法解释制度和案例指导制度是中外通行的司法制度

D. 各项司法制度既是司法机关职责分工、履行职能的依据和标准，也是监督和规范司法行为的基本规则

【解析】所谓司法制度，是指有关司法机关和司法组织的性质、任务、组织体系、权利义务、活动原则以及工作制度等方面规范的总称，其中司法机关在我国是指审判机关和检察机关，而司法组织则还应包括律师组织、公证组织等。相应的，司法制度除审判制度和检察制度外还应包括律师制度、公证制度等。中国特色社会主义司法制度，包括司法规范体系、司法组织体系、司法制度体系、司法人员管理体系。因此A、B项错误。各项司法制度既是司法机关明确职责分工和履行司法职能的平台，也是监督和规范司法行为的基本规则。我国各项司法制度已经比较完善，并基本适应司法实践需要，主要包括六大制度，即侦查制度、检察制度、审判制度、监狱制度、律师制度和公证制度。还有人民调解制度、人民陪审制度、死刑复核制度、审判监督制度、司法解释制度以及案例指导制度等，都是独具中国特色的司法制度。因此C项错误，D项正确。

---

〔1〕 B 〔2〕 D

9. 法律职业道德具有不同于一般职业道德的职业性、实践性、正式性及更高标准的特征。关于法律职业道德的表述，下列哪些选项是正确的？(2017 - 1 - 83)[1]

A. 法律职业人员专业水平的发挥与职业道德水平的高低具有密切联系

B. 法律职业道德基本原则和规范的形成，与法律职业实践活动紧密相连

C. 纵观伦理发展史和法律思想史，法律职业道德的形成与"实证法"概念的阐释密切相关

D. 法律职业道德基本原则是对每个法律从业人员职业行为进行职业道德评价的标准

【解析】一般认为法律职业具有政治性、法律性、行业性等特征，同时需要注意法律职业的专业属性。法律职业的专业性很强，每个法律专业人员都应具备一定的资格条件。法律职业的专业性是法律职业的高层次的重要因素。法官、检察官、律师、公证员等属于法律的实践人员，其专业水平的高低与职业道德水平的高低是密切联系的，因此法律职业的专业性属性对法律职业道德的影响具有十分重要的积极意义，因此 A 项正确。由于法律职业的特殊性，因此法律职业道德具有不同于一般职业道德的特征：（1）职业性。法律职业道德的内容与法律职业实践活动密切相连，反映着法律职业活动对从业人员行为的道德要求。法律职业道德规范法律职业从业人员的职业行为，在特定的职业范围内发挥作用。（2）实践性。法律职业行为过程，就是法律职业实践过程，只有在法律实践过程中，才能体现出法律职业道德的水准。法律职业道德的作用是调整法律职业关系，对从业人员的法律职业活动中的具体行为进行规范。（3）正式性。法律职业道德的表现形式较为正式，除了一般职业道德的工作制度、规章守则、服务公约等表现形式外，还通过法律法规等形式表现出来。（4）更高性。法律作为调整社会关系的主要规范，要求法律职业人员具有更高的法律职业道德水准，要求较为明确，法律职业道德的约束力和强制力也更为明显，因此 B 项正确。职业道德基本准则是指最根本的职业道德规范。它是从业人员进行职业活动时，应当遵守的具体职业道德行为规范中所体现的价值方针的高度概括，在职业道德体系中处于统帅的地位，起着职业道德活的灵魂的作用。职业道德原则的贯彻，可以赋予每个具体的道德行为以不同的社会属性，赋予外观相似的行为以不同的灵魂。职业道德原则不仅是从业人员进行职业活动的根本指导思想，也是对每个从业人员的职业行为进行职业道德评价的最高标准。法律职业道德的基本原则是指作为法律职业道德的规范基础或本源的根本准则。因此 D 项正确，C 项错误。

10. 最高法院设立巡回法庭有利于方便当事人诉讼、保证案件审理更加公平公正。关于巡回法庭的性质及职权，下列说法正确的是：(2017 - 1 - 99)[2]

A. 巡回法庭是最高法院的派出机构、常设审判机构

B. 巡回法庭作出的一审判决当事人不服的，可向最高法院申请复议一次

C. 巡回法庭受理本巡回区内不服高级法院一审民事、行政裁决提起的上诉

D. 巡回区内应由最高法院受理的死刑复核、国家赔偿等案件仍由最高法院本部审理或者办理

【解析】《最高人民法院关于巡回法庭审理案件若干问题的规定》第 2 条规定："巡回法庭是最高人民法院派出的常设审判机构。巡回法庭作出的判决、裁定和决定，是最高人民法院的判决、裁定和决定。"因此 A 项正确，B 项错误。第 3 条规定："巡回法庭审理或者办理巡回区内应当由最高人民法院受理的以下案件：……（四）对高级人民法院作出的已经发生法律效力的行政或者民商事判决、裁定、调解书申请再审的案件；……"因此 C 项正确。第 4 条规

定："知识产权、涉外商事、海事海商、死刑复核、国家赔偿、执行案件和最高人民检察院抗诉的案件暂由最高人民法院本部审理或者办理。"因此 D 项正确。

11. 来某县打工的农民黄某欲通过法律援助帮其讨回单位欠薪。根据《法律援助条例》等规定，有关部门下列做法正确的是：（2017 - 1 - 100）[1]

A. 县法律援助中心以黄某户籍不在本县为由拒绝受理其口头申请，黄某提出异议

B. 县司法局受理黄某异议后函令县法律援助中心向其提供法律援助

C. 县某律所拒绝接受县法律援助中心指派，县司法局对该所给予警告的行政处罚

D. 县法院驳回了黄某以"未能指派合格律师、造成损失应予赔偿"为由对县法律援助中心的起诉

【解析】《法律援助条例》第 14 条第（四）项规定："请求支付劳动报酬的，向支付劳动报酬的义务人住所地的法律援助机构提出申请；"县法律援助中心以黄某户籍不在本县为由拒绝受理申请，因此 A 项错误。第 19 条规定："申请人对法律援助机构作出的不符合法律援助条件的通知有异议的，可以向确定该法律援助机构的司法行政部门提出，司法行政部门应当在收到异议之日起 5 个工作日内进行审查，经审查认为申请人符合法律援助条件的，应当以书面形式责令法律援助机构及时对该申请人提供法律援助。"因此 B 项正确。《律师法》第 50 条规定："律师事务所有下列行为之一的，由设区的市级或者直辖市的区人民政府司法行政部门视其情节给予警告、停业整顿一个月以上六个月以下的处罚，可以处十万元以下的罚款；有违法所得的，没收违法所得；情节特别严重的，由省、自治区、直辖市人民政府司法行政部门吊销律师事务所执业证书：……（六）拒绝履行法律援助义务的；……"据此，县司法局没有对该律所进行处罚的权力。因此 C 项错误。根据《法律援助条例》第 26 条的规定，县法律援助中心并没有违规或违法行为，因此 D 项正确。

12. 保证公正司法，提高司法公信力，一个重要的方面是加强对司法活动的监督。下列哪一做法属于司法机关内部监督？（2015 - 1 - 45）[2]

A. 建立生效法律文书统一上网和公开查询制度

B. 逐步实行人民陪审员只参与审理事实认定、不再审理法律适用问题

C. 检察院办案中主动听取并重视律师意见

D. 完善法官、检察官办案责任制，落实谁办案谁负责

【解析】A 项、B 项、C 项均属于外部监督。

13. 法律职业人员在业内、业外均应注重清正廉洁，严守职业道德和纪律规定。下列哪些行为违反了相关职业道德和纪律规定？（2015 - 1 - 84）[3]

A. 赵法官参加学术研讨时无意透露了未审结案件的内部讨论意见

B. 钱检察官相貌堂堂，免费出任当地旅游局对外宣传的"形象大使"

C. 孙律师在执业中了解到委托人公司存在严重的涉嫌偷税犯罪行为，未向税务机关举报

D. 李公证员代其同学在自己工作的公证处申办学历公证

【解析】法官对于审理的案件具有保密的义务。A 项错误。

公证事项不得由公证员代其进行办理。D 项错误。

14. 关于我国法律职业人员的入职条件与业内、业外行为的说法：①法官和检察官的任职禁止条件完全相同；②被辞退的司法人员不能担任律师和公证员；③王某是甲市中院的副院长，其子王二不能同时担任甲市乙县法院的审判员；④李法官利用业余时间提供有偿网络法律

---

[1] BD 　[2] D 　[3] AD

咨询，应受到惩戒；⑤刘检察官提出检察建议被采纳，效果显著，应受到奖励；⑥张律师两年前因私自收费被罚款，目前不能成为律所的设立人。对上述说法，下列判断正确的是：（2015-1-99）[1]

A. ①⑤正确　　　　　　　　　B. ②④错误

C. ②⑤正确　　　　　　　　　D. ③⑥错误

【解析】《法官法》第13条："下列人员不得担任法官：（一）因犯罪受过刑事处罚的；（二）被开除公职的；（三）被吊销律师、公证员执业证书或者被仲裁委员会除名的；（四）有法律规定的其他情形的。"《检察官法》第13条："下列人员不得担任检察官：（一）因犯罪受过刑事处罚的；（二）被开除公职的；（三）被吊销律师、公证员执业证书或者被仲裁委员会除名的；（四）有法律规定的其他情形的。"①正确。

一般性的辞退还是可以做律师与公证员的，②错误。

任职回避针对上下相邻两级人民法院的要求是院长与副院长，③错误。

法官不可以进行有偿的职务外的行为，④正确。

依据《检察官法》检察官提出检察建议或者对检察工作提出改革建议被采纳，效果显著的，应当受到奖励，⑤正确。

《中华人民共和国律师法》第14条第3项规定："设立人应当是具有一定的执业经历，且三年内未受过停止执业处罚的律师。"张律师只是被罚款，而没有受到停止执业的行政处罚。⑥错误。

15. 关于法律职业人员职业道德，下列哪一说法是不正确的？（2014-1-49）[2]

A. 法官职业道德更强调法官独立性、中立地位

B. 检察官职业道德是检察官职业义务、职业责任及职业行为上道德准则的体现

C. 律师职业道德只规范律师的执业行为，不规范律师事务所的行为

D. 公证员职业道德应得到重视，原因在于公证证明活动最大的特点是公信力

【解析】律师职业道德既规范律师的执业行为，也规范律师事务所的行为，C项错误。

16. 根据有关规定，我国法律职业人员因其职业的特殊性，业外活动也要受到约束。下列哪些说法是正确的？（2014-1-85）[3]

A. 法律职业人员在本职工作和业外活动中均应严格要求自己，维护法律职业形象和司法公信力

B. 业外活动是法官、检察官行为的重要组成部分，在一定程度上也是司法职责的延伸

C. 《律师执业行为规范》规定了律师在业外活动中不得为的行为

D. 《公证员职业道德基本准则》要求公证员应当具有良好的个人修养和品行，妥善处理个人事务

【解析】本题 A、B、C、D 项的说法都是正确的。

17. 2017 年 7 月，习近平总书记对司法体制改革作出重要指示："司法体制改革在全面深化改革、全面依法治国中居于重要地位，对推进国家治理体系和治理能力现代化意义重大。"下列关于司法改革说法正确的有？（模拟题）[4]

A. 我国的司法改革以优化司法职权配置、加强人权保障、提高司法能力、践行司法为民为重点

B. 我国司法改革进一步完善中国特色社会主义司法制度，扩大司法民主，推行司法公开，

---

[1] AD　[2] C　[3] ABCD　[4] ABC

保证司法公正

C. 司法改革促进了司法机关严格、公正、文明、廉洁执法，推动了我国司法工作和司法队伍建设的科学发展，赢得了公众的认可与支持

D. 司法改革虽然是中国特色社会主义司法制度的自我完善和发展，但不属于我国政治体制改革的组成部分

【解析】司法改革是我国政治体制改革的重要组成部分，D错误。其他选项均正确。

18. 下列关于从事法律职业相关主体的条件和任免规定，说法不正确的有？（模拟题）[1]

A. 担任高级人民法院法官需要工作满5年，一般级别法院法官需要工作满3年

B. 检察官离职2年内不得以律师身份代理、辩护，5年内不得担任原任职检察院办理案件的诉讼代理人或者辩护人

C.《律师法》对特许律师从业资格作出了限制，具备高等院校本科以上学历，是从文化水平作出限制，但对学历的专业没有要求

D. 公证员受到吊销公证员执业证书处罚的，由司法部注销其执业证书

【解析】根据《法官法》第12条第6项，担任法官必须具备下列条件：（六）从事法律工作满五年。其中获得法律硕士、法学硕士学位，或者获得法学博士学位的，从事法律工作的年限可以分别放宽至四年，三年；A错误。检察官离职后永远不得担任原任职检察院办理案件的诉讼代理人或者辩护人，B错误。《律师法》第8条规定："具有高等院校本科以上学历，在法律服务人员紧缺领域从事专业工作满十五年，具有高级职称或者同等专业水平并具有相应的专业法律知识的人员，申请专职律师执业的，经国务院司法行政部门考核合格，准予执业。具体办法由国务院规定。"C正确。《公证员执业管理办法》第20条第3款规定："公证员受到吊销公证员执业证书处罚或者因其他法定事由予以免职的，应当收缴其公证员执业证书，由省、自治区、直辖市司法行政机关予以注销。"D错误。

19. 2016年11月，最高人民法院、最高人民检察院联合印发了《关于建立法官、检察官惩戒制度的意见（试行）》。意见要求，在省一级设立法官、检察官惩戒委员会，负责审查认定法官、检察官违反审判、检察职责的行为并提出相应的意见。截至目前，全国各个省、自治区、直辖市均设立了法官、检察官惩戒委员会。对此，以下说法正确的是？（模拟题）[2]

A. 惩戒委员会的组成人员可以包括人大代表、政协委员、法学专家、律师的代表，但不能包括法官、检察官的代表

B. 惩戒委员会可以直接受理对法官、检察官的举报、投诉

C. 有关法院、检察院调查核实法官、检察官违反职责的行为时，应向惩戒委员会提供事实和证据

D. 受到惩戒的法官、检察官对惩戒决定不服的，可以向法官、检察官惩戒委员会申诉

【解析】惩戒委员会的组成人员应当包括法官、检察官的代表，A错误。惩戒委员会不直接受理对法官、检察官的举报、投诉，B错误。当事法官、检察官对惩戒决定不服的，可以向作出决定的人民法院、人民检察院申请复议，D错误。C正确。

20. 2018年3月，最高人民检察院在"看得见的正义"两会网络访谈中，新闻发言人介绍"经过三年多的深化改革，人民监督员制度在规范司法行为、推进司法民主、深化司法公平、促进司法公正，实现检察机关与社会公众良性互动方面发挥着越来越重要的作用。今后还要合理拓宽人民监督员监督范围，提高人民监督员参与率。拟探索将普通刑事案件和公益诉讼案件

---

[1] ABD [2] C

中的相关情形纳入监督范围。"关于人民监督员制度，以下说法正确的是：（模拟题）[1]

A. 检察机关行使监督职能既要重视内部监督，又要重视外部监督

B. 担任人民陪审员的，同时也可以担任人民监督员

C. 人民监督员分为省和设区的市级人民检察院人民监督员，其选任和管理由省级和设区的市级司法行政机关负责，人民检察院协助配合

D. 人民检察院办理的案件需要人民监督员进行监督评议的，由司法行政机关从人民监督员信息库中确定

【解析】人大常委会组成人员、法院、检察院、公安机关、国家安全机关、司法行政机关的在职人员和人民陪审员不参加人民监督员选任，B 错误。需要人民监督员进行评议的，由司法行政机关从人民监督员信息库中随机抽选，D 错误。A、C 正确。

21. "法度者，正之至也"，建立公正高效权威的中国特色社会主义司法制度，是更好推进中国特色社会主义法治建设的重要保障。关于健全完善中国特色社会主义司法制度，下列哪些表述是正确的？（2023 年回忆版，多选）[2]

A. 中国特色社会主义司法制度是严密的法治监督体系的重要组成部分

B. 应从制度环境等方面，优先解决影响司法效率的深层次问题

C. 应坚持符合国情和遵循司法规律相结合，坚持和加强党对司法工作的绝对领导

D. 应健全检察机关、审判机关与监察机关之间相互制约的体制机制

【解析】"法度者，正之至也"出自《黄帝四经·经法·君正》，是指法令、制度，是至公至正的存在。法治监督体系是由党内监督、人大监督、民主监督、行政监督、司法监督、审计监督、社会监督、舆论监督等构成的权力制约和监督体系。因此，中国特色社会主义司法制度是严密的法治监督体系的重要组成部分，故 A 项正确。在司法过程中，在司法公正与司法效率的关系上，应当坚持"公正优先，兼顾效率"的原则。因此，应从制度环境等方面，优先解决影响司法公正的深层次问题，故 B 项错误。应坚持符合国情和遵循司法规律相结合，坚持和加强党对司法工作的绝对领导，故 C 项正确。《宪法》第 127 条第 2 款规定："监察机关办理职务违法和职务犯罪案件，应当与审判机关、检察机关、执法部门互相配合，互相制约。"在建设公正高效权威的中国特色社会主义司法制度中，应当健全公安机关、检察机关、审判机关、司法行政机关各司其职，侦查权、检察权、审判权、执行权相互配合、相互制约的体制机制。故 D 项错误。

---

[1] AC [2] AC

专题二　法官职业道德和职业责任

1. 关于深化法院人事管理改革措施的表述，下列选项正确的是：(2016 - 1 - 99)[1]

A. 推进法院人员分类管理制度改革，将法院人员分为法官、法官助理和书记员三类，实行分类管理

B. 建立法官员额制，对法官在编制限额内实行员额管理

C. 拓宽法官助理和书记员的来源渠道，建立法官助理和书记员的正常增补机制

D. 配合省以下法院人事改革，设立省市两级法官遴选委员会

【解析】《人民法院第四个五年改革纲要（2014 - 2018）》提出的主要改革措施，在法院人员分类管理方面的具体规定是将法院人员分为法官、审判辅助人员和司法行政人员，因此 A 项错误。同时与之配套的则是拓宽审判辅助人员的来源渠道，建立审判辅助人员的正常增补机制，减少法官事务性负担，因此 C 项正确。《纲要》提出建立法官员额制，对法官在编制限额内实行员额管理，确保法官主要集中在审判一线，高素质人才能够充实到审判一线，因此 B 项正确。与上述具体改革相关的，即为配合省以下法院人事统管改革，推动在省一级设立法官遴选委员会，从专业角度提出法官人选，由组织人事纪检监察部门在政治素养、廉洁、自律等方面考察把关，人大依照法律程序任免，因此 D 项错误。

2. 银行为孙法官提供了利率优惠的房屋抵押贷款，银行王经理告知孙法官，是感谢其在一年前的合同纠纷中作出的公正判决而进行的特殊安排，孙法官接受该笔贷款。关于法院对孙法官行为的处理，下列说法正确的是：(2016 - 1 - 100)[2]

A. 法院认为孙法官的行为系违反廉政纪律的行为

B. 如孙法官主动交代，并主动采取措施有效避免损失的，法院应从轻给予处分

C. 由于孙法官行为情节轻微，如经过批评教育后改正，法院可免予处分

D. 确认属于违法所得的部分，法院可根据情况作出责令退赔的决定

【解析】《法官职业道德基本准则》第 16 条规定：严格遵守廉洁司法规定，不接受案件当事人及相关人员的请客送礼，不利用职务便利或法官身份谋取不正当利益，不违反规定与当事人或者其他诉讼参与人进行不正当交往，不在执法办案中徇私舞弊。因而孙某的行为是违反廉政纪律的行为。因此 A 项正确。根据《人民法院工作人员处分条例》（以下简称《条例》）第 14 条第 1 款，主动交代违纪违法行为，并主动采取措施有效避免或者挽回损失的，应当在本条例分则规定的处分幅度以外降低一个档次给予减轻处分。因此 B 项中的"从轻"二字错误。根据该《条例》第 15 条，违纪违法行为情节轻微，经过批评教育后改正的，可以免予处分。孙法官的接受房屋抵押贷款的优惠利率，是在案件审理后发生的，且仅仅是优惠利率，故其违纪行为情节轻微，因此 C 项正确。根据该《条例》第 18 条第 1 款的规定，对违纪违法取得的

---

〔1〕　BC　〔2〕　ACD

财物和用于违纪违法的财物，应当没收、追缴或者责令退赔，因此 D 项正确。

3. 张法官与所承办案件当事人的代理律师系某业务培训班同学，偶有来往，为此张法官向院长申请回避，经综合考虑院长未予批准。张法官办案中与该律师依法沟通，该回避事项虽被对方代理人质疑，但审判过程和结果受到一致肯定。对照《法官职业道德基本准则》，张法官的行为直接体现了下列哪一要求？（2017 – 1 – 48）[1]

    A. 严格遵守审限   B. 约束业外活动

    C. 坚持司法便民   D. 保持中立地位

【解析】《法官职业道德基本准则》第 13 条规定："自觉遵守司法回避制度，审理案件保持中立公正的立场，平等对待当事人和其他诉讼参与人，不偏袒或歧视任何一方当事人，不私自单独会见当事人及其代理人、辩护人。"因此 D 项正确。

4. 职业保障是确保法官、检察官队伍稳定、发展的重要条件，是实现司法公正的需要。根据中央有关改革精神和《法官法》《检察官法》规定，下列哪一说法是错误的？（2015 – 1 – 46）[2]

    A. 对法官、检察官的保障由工资保险福利和职业（履行职务）两方面保障构成

    B. 完善职业保障体系，要建立符合职业特点的法官、检察官管理制度

    C. 完善职业保障体系，要建立法官、检察官专业职务序列和工资制度

    D. 合理的退休制度也是保障制度的重要组成部分，应予高度重视

【解析】《法官法》和《检察官法》只对法官、检察官的保障由工资保险福利做出相应的规定，而没有对法官、检察官的职业（履行职务）做出相应的规定。A 项错误。

5. 法律职业人员应自觉遵守回避制度，确保司法公正。关于法官、检察官、律师和公证员等四类法律职业人员的回避规定，下列哪些判断是正确的？（2015 – 1 – 85）[3]

    A. 与当事人（委托人）有近亲属关系，是法律职业人员共同的回避事由

    B. 法律职业人员的回避，在其《职业道德基本准则》中均有明文规定

    C. 法官和检察官均有任职回避的规定，公证员则无此要求

    D. 不同于其他法律职业，律师回避要受到委托人意思的影响

【解析】律师可以为近亲属辩护。A 项错误。

律师职业道德基本准则中，没有明确规定回避事项。B 项错误。

6. 司法公正体现在司法活动各个方面和对司法人员的要求上。下列哪一做法体现的不是司法公正的内涵？（2014 – 1 – 45）[4]

    A. 甲法院对社会关注的重大案件通过微博直播庭审过程

    B. 乙法院将本院公开审理后作出的判决书在网上公布

    C. 丙检察院为辩护人查阅、摘抄、复制案卷材料提供便利

    D. 丁检察院为暴力犯罪的被害人提供医疗和物资救助

【解析】D 项与司法公正无关。

7. 关于法官在司法活动中如何理解司法效率，下列哪一说法是不正确的？（2014 – 1 – 46）[5]

    A. 司法效率包括司法的时间效率、资源利用效率和司法活动的成本效率

    B. 在遵守审理期限义务上，对法官职业道德上的要求更加严格，应力求在审限内尽快完成职责

---

[1] D [2] A [3] CD [4] D [5] D

C. 法官采取程序性措施时，应严格依法并考虑效率方面的代价

D. 法官应恪守中立，不主动督促当事人或其代理人完成诉讼活动

【解析】司法效率主要由以下要素构成：司法机构的精简性，司法人员的专业性，权责的科学性和明确性，程序的简明性和终结性，期间的适度性和严格性，诉讼费用分担的合理性。为保证期间的适度性和严格性，法官可以催促当事人或其代理人完成诉讼活动。D 项错误。

8. 下列说法正确的是？（2019 年回忆版）[1]

A. 公职律师必须忠诚，为所在单位部门利益服务

B. 公职律师丰富了律师队伍

C. 法官可以兼职仲裁员，并且在仲裁意见不一致时发表独立意见

D. 法官枉法裁判后，行政责任与刑事责任都属于法官的职业责任

【解析】公职律师，是指任职于党政机关或者人民团体，依法取得司法行政机关颁发的公职律师证书，在本单位从事法律事务工作的公职人员，其需要忠诚于本单位，为本单位部门利益服务。故 A 项正确。

公职律师是律师的一种，丰富了律师队伍，故 B 项正确。

按照《法官法》第 22 条的规定，现任的法官不可以兼职仲裁员，故 C 项错误。

法官的职业责任，是指法官违反法律、职业道德和审判、执行纪律所应当承担的责任，包括法官执行职务中违纪行为的责任和法官执行职务中犯罪的刑事责任两类。故 D 项错误。

9. 下列做法不违反法官职业道德规范的是？（模拟题）[2]

A. 甲市中级法院江法官的外甥要到乙市中级法院开庭，临走前江法官嘱咐其外甥要注意遵守法庭秩序

B. 丙市某法学院邀请李法官演讲，出于演讲需要，其就同事杨法官正在审理的某热门案件发表了评论

C. 薛法官利用业余时间写作出版小说

D. 丁省高级法院曹院长应邀担任该省法律论坛荣誉主席

【解析】甲市中级法院与乙市中级法院是不同的法院，且江法官也没有对案件的审理和审判工作发表意见，其叮嘱的内容没有违反法官职业道德规范，故 A 项正确。根据《法官职业道德基本准则》第 14 条的规定，法官应尊重其他法官对审判职权的依法行使，除履行工作职责或者通过正当程序外，不过问、不干预、不评论其他法官正在审理的案件，故 B 项错误。根据《法官行为规范》第 83 条的规定，在不影响审判工作的前提下，法官可以利用业余时间从事写作、授课等活动，故 C 项正确。根据《法官行为规范》第 82 条的规定，法官受邀请参加各类社团组织或者联谊活动，确需参加在各级民政部门登记注册的社团组织的，及时报告并由所在法院按照法官管理权限审批，法官不参加营利性社团组织，不接受有违清正廉洁要求的吃请、礼品和礼金，故 D 项正确。

10. 根据法官、检察官纪律处分有关规定，下列哪一说法是正确的？（2016 - 1 - 46）[3]

A. 张法官参与迷信活动，在社会中造成了不良影响，可予提醒劝阻，其不应受到纪律处分

B. 李法官乘车时对正在实施的盗窃行为视而不见，小偷威胁失主仍不出面制止，其应受到纪律处分

C. 何检察官在讯问犯罪嫌疑人时，反复提醒犯罪嫌疑人注意其聘请的律师执业不足 2 年，

---

[1] AB　[2] ACD　[3] D

其行为未违反有关规定

D. 刘检察官接访时，让来访人前往国土局信访室举报他人骗取宅基地使用权证的问题，其做法是恰当的

【解析】《人民法院工作人员处分条例》第104条第1款规定："参与迷信活动，造成不良影响的，给予警告、记过或者记大过处分。"A项张法官的行为应受到纪律处分，因此A项错误。B项李法官的行为有违社会公德，但李法官无制止的法律义务，故尚未构成违法违纪行为，不应对其纪律处分，视情节后果对其诫勉谈话、批评通报即可，因此B项错误。《最高人民检察院机关严肃纪律作风的规定》第7条要求："严禁违反规定向案件当事人推荐特定的律师作为本人办理案件的诉讼代理人、辩护人，或者要求、暗示当事人更换律师。"检察官应当尊重律师的职业尊严，支持律师履行法定职责，依法保障和维护律师参与诉讼活动的权利，何检察官因律师的执业年限对律师持有偏见。因此C项错误。骗取宅基地使用权证的问题应由国土局处理，因此D项正确。

专题三　检察官职业道德和职业责任

1. 检察一体原则是指各级检察机关、检察官依法构成统一的整体，下级检察机关、下级检察官应当根据上级检察机关、上级检察官的批示和命令开展工作。据此，下列哪一表述是正确的？（2016－1－47）[1]

　　A. 各级检察院实行检察委员会领导下的检察长负责制

　　B. 上级检察院可建议而不可直接变更、撤销下级检察院的决定

　　C. 在执行检察职能时，相关检察院有协助办案检察院的义务

　　D. 检察官之间在职务关系上可相互承继而不可相互移转和代理

【解析】根据《人民检察院组织法》的规定，检察长统一领导检察院的工作，各级人民检察院设立检察委员会，检察委员会实行民主集中制，在检察长的主持下讨论决定重大案件和其他重大问题。我国人民检察院内部实行的是检察长负责制与检察委员会集体领导相结合的领导体制，因此 A 项错误。我国上下级检察院之间是领导关系，故上级检察院有权直接变更、撤销下级检察院的决定，因此 B 项错误。我国检察一体化，故检察院有相互协助的义务，因此 C 项正确。检察官之间在职务关系上可以相互承继，也可相互转移和代理，因此 D 项错误。

2. 某检察院改革内部管理体制，将原有的多个内设处（室）统一整合，消除内部职能行政化、碎片化的弊端。关于上述改革，下列说法正确的是：（2016－1－87）[2]

　　A. 完善内部管理体制有利于保证司法公正，提高检察机关公信力

　　B. 检察官独立行使检察权不应受任何组织和个人的监督

　　C. 将检察官等同于一般公务员的管理体制不利于提高检察官的专业素质和办案质量

　　D. 内部管理体制改革为完善检察官职业保障体系创造了条件

【解析】改革检察院内部管理体制，消除内部职能行政化、碎片化的弊端，是保证司法公正，提高检察机关公信力的应然之道，因此 A 项正确。检察权独立行使原则，是指检察机关依法独立行使检察权，只服从法律，不受其他机关团体和个人的非法干涉，但并非意味着其不受法律监督，因此 B 项错误。相比较于一般公务员，检察官身份的特殊性和专业性决定其不能等同于一般的公务员管理体制，而是以严格的审判责任制为核心，以科学的审判权力运行机制为前提，以明晰的审判组织权限和审判人员职责为基础，以有效的审判管理和监督制度为保障，因此 C 项正确。检察官职业保障的内涵极为丰富。从世界各国的法治实践来看，包括检察官职业权利保障、职业身份保障、职业收入保障、职业教育保障、职业安全保障、职业监督保障等内容，显然内部管理体制的改革有助于完善检察官职业保障体系，因此 D 项正确。

3. 2016 年 10 月 20 日，《检察人员纪律处分条例》修订通过。关于规范检察人员的行为，下列哪些说法是正确的？（2017－1－84）[3]

---

[1]　C　〔2〕　ACD　〔3〕　ABCD

A. 领导干部违反有关规定组织、参加自发成立的老乡会、校友会、战友会等，属于违反组织纪律行为

B. 擅自处置案件线索，随意初查或者在初查中对被调查对象采取限制人身自由强制措施的，属于违反办案纪律行为

C. 在分配、购买住房中侵犯国家、集体利益的，属于违反廉洁纪律行为

D. 对群众合法诉求消极应付、推诿扯皮，损害检察机关形象的，属于违反群众纪律行为

【解析】根据2016年修订的《检察人员纪律处分条例》第二章第二节"对检察人员违反组织纪律行为的处分"第66条规定"领导干部违反有关规定组织、参加自发成立的老乡会、校友会、战友会等，情节严重的，给予警告、记过、记大过或者降级处分。"因此A项正确。第三节"对检察人员违反办案纪律行为的处分"第78条规定："擅自处理案件线索、随意初查或在初查中对被调查对象采取限制人身自由强制性措施的，给予记过或记大过处分；情节较重的，给予降级或者撤职处分；情节严重的，给予开除处分。"因此B项正确。第四节"对检察人员违反廉洁纪律行为的处分"第113条规定："在分配、购买住房中侵犯国家、集体利益，情节较轻的，给予警告、记过或者记大过处分；情节较重的，给予降级或撤职处分；情节严重的，给予开除处分。"因此C项正确。第五节"对检察人员违反群众纪律行为的处分"第127条规定："对群众合法诉求消极应付、推诿扯皮，损害检察机关形象，情节较重的，给予警告、记过或者记大过处分；情节严重的，给予降级或撤职处分。"因此D项正确。

4. 关于检察官职业道德和纪律，下列哪一做法是正确的？（2014－1－47）[1]

A. 甲检察官出于个人对某类案件研究的需要，私下要求邻县检察官为其提供正在办理的某案情况

B. 乙检察官与其承办案件的被害人系来往密切的邻居，因此提出回避申请

C. 丙检察官发现所办案件存在应当排除的证据而未排除，仍将其作为起诉意见的依据

D. 丁检察官为提高效率，在家里会见本人所承办案件的被告方律师

【解析】"与本案当事人有其他关系，可能影响公正处理案件的"属于法定回避情形之一。B项正确。

A项中"私下要求"、C项中"未排除应当排除的证据"、D项中"在家里会见"是错误的。

5. 《中共中央关于全面深化改革若干重大问题的决定》提出，应当改革司法管理体制，推动省以下地方检察院人财物统一管理，探索建立与行政区划适当分离的司法管辖制度。关于上述改革措施，下列哪些理解是正确的？（2014－1－84）[2]

A. 有助于检察权独立行使　　　　　B. 有助于检察权统一行使

C. 有助于检务公开　　　　　　　　D. 有助于强化检察机关的法律监督作用

【解析】检务公开制度是指检察机关依法向社会和诉讼参与人公开与检察职权相关的不涉及国家秘密和个人隐私等有关的活动和事项的制度。检察院人财物统一管理的制度和C项的"检务公开"无关。

6. 根据中央司法体制改革要求及有关检察制度规定，人民监督员制度得到进一步完善和加强。关于深化人民监督员制度，下列哪一表述是错误的？（2015－1－47）[3]

A. 是为确保职务犯罪侦查、起诉权的正确行使，根据有关法律结合实际确定的一种社会民主监督制度

---

[1]　B　[2]　ABD　[3]　D

B. 重点监督检察机关查办职务犯罪的立案、羁押、扣押冻结财物、起诉等环节的执法活动

C. 人民监督员由司法行政机关负责选任管理

D. 参与具体案件监督的人民监督员，由选任机关从已建立的人民监督员信息库中随机挑选

【解析】 根据 2015 年 2 月 27 日中央全面深化改革领导小组第十次会议审议通过的《深化人民监督员制度改革方案》，参与具体案件监督的人民监督员，由组织案件监督的人民检察院会同司法行政机关从人民监督员信息库中随机抽选产生。D 项错误。

7. 下列关于检察官的任职和处分的说法正确的有？（模拟题）[1]

A. 张检察官在年度工作考核中，已连续三年被确定为不称职，应当予以辞退

B. 对不履行检察官义务，经教育仍不改正的，应当予以辞退

C. 周某原为某市检察院的副检察长，后调往市司法局任局长，对其应当提请免除检察官职务

D. 张某是北京市某区人民检察院检察官，被给予记大过处分，其有权向市检察院申诉

【解析】《保护司法人员依法履行法定职责规定》第 7 条规定："只有具备下列情形之一的，方可将法官、检察官辞退：（一）在年度考核中，连续两年确定为不称职；……（五）不履行法官、检察官义务，经教育仍不改正的。"A、B 正确。《检察官法》第 20 条规定了提请免除职务的情形，……（二）调出所任职人民检察院的；…… C 正确。《关于建立法官、检察官惩戒制度的意见（试行）》第 11 条规定："当事法官、检察官对惩戒决定不服的，可以向作出决定的人民法院、人民检察院申请复议，并有权向上一级人民法院、人民检察院申诉。"D 正确。

8. 关于检察官的行为，下列符合有关法律法规的一项是？（模拟题）[2]

A. 甲 6 年前曾被吊销过律师执业证书，因已过 5 年，其可担任检察官

B. 乙检察官与同为检察官的女婿都在本院第一检察部工作

C. 丙检察官在工作之余兼职本地农产品公司，因推销有方获利 5 千元

D. 丁检察官从检察院离任 4 年后，以律师身份担任各类案件的诉讼代理人或者辩护人

【解析】 根据《检察官法》第 13 条第 3 项的规定，被吊销律师执业证书的不能担任检察官，故 A 项错误。根据《检察官法》第 24 条第 3 项，检察官之间有夫妻关系、直系血亲关系、三代以内旁系血亲以及近姻亲关系的，不得同时担任同一业务部门的检察员，故 B 项错误。根据《检察官法》第 23 条的规定，检察官不得在营利性组织中兼职，故 C 项错误。根据《检察官法》第 37 条的规定，检察官从检察院离任两年内，不得以律师身份担任诉讼代理人或者辩护人。本题中已经 4 年，过了 2 年的限制，故 D 项正确。

---

[1] ABCD [2] D

专题四　律师制度与律师职业道德

1. 法院、检察院、公安机关、国家安全机关、司法行政机关应当尊重律师，健全律师执业权利保障制度。下列哪一做法是符合有关律师执业权利保障制度的？（2016－1－48）[1]

A. 县公安局仅告知涉嫌罪名，而以有碍侦查为由拒绝告知律师已经查明的该罪的主要事实

B. 看守所为律师提供网上预约会见平台服务，并提示律师如未按期会见必须重新预约方可会见

C. 国家安全机关在侦查危害国家安全犯罪期间，多次不批准律师会见申请并且说明理由

D. 在庭审中，作无罪辩护的律师请求就被告量刑问题发表辩护意见，合议庭经合议后当庭拒绝律师请求

【解析】最高人民法院、最高人民检察院、公安部、国家安全部、司法部于2015年9月16日印发《关于依法保障律师执业权利的规定》的通知，该规定第6条第1款规定："辩护律师接受犯罪嫌疑人、被告人委托或者法律援助机构的指派后，应当告知办案机关，并可以依法向办案机关了解犯罪嫌疑人、被告人涉嫌或者被指控的罪名及当时已查明的该罪的主要事实。"因此A项错误。第7条第3款规定："看守所应当设立会见预约平台，采取网上预约、电话预约等方式为辩护律师会见提供便利，但不得以未预约会见为由拒绝安排辩护律师会见。"因此B项错误。根据第9条第1款的规定："辩护律师在侦查期间要求会见危害国家安全犯罪、恐怖活动犯罪、特别重大贿赂犯罪案件在押的犯罪嫌疑人的，应当向侦查机关提出申请。侦查机关应当依法及时审查辩护律师提出的会见申请，在三日以内将是否许可的决定书面答复辩护律师，并明确告知负责与辩护律师联系的部门及工作人员的联系方式。对许可会见的，应当向辩护律师出具许可决定文书；因有碍侦查或者可能泄露国家秘密而不许可会见的，应当向辩护律师说明理由。"因此C项正确。第35条规定："辩护律师作无罪辩护的，可以当庭就量刑问题发表辩护意见，也可以庭后提交量刑辩护意见。"因此D项错误。

2. 律师事务所应当建立健全执业管理和各项内部管理制度，履行监管职责，规范本所律师执业行为。根据《律师事务所管理办法》，某律师事务所下列哪一做法是正确的？（2017－1－49）[2]

A. 委派钟律师担任该所出资成立的某信息咨询公司的总经理

B. 合伙人会议决定将年度考核不称职的刘律师除名，报县司法局和律协备案

C. 对本所律师执业表现和遵守职业道德情况进行考核，报律协批准后给予奖励

D. 对受到6个月停止执业处罚的祝律师，在其处罚期满1年后，决定恢复其合伙人身份

【解析】《律师事务所管理办法》第44条规定："律师事务所应当在法定业务范围内开展

---

〔1〕　C　〔2〕　B

业务活动，不得以独资、与他人合资或者委托持股方式兴办企业，并委派律师担任企业法定代表人、总经理职务，不得从事与法律服务无关的其他经营性活动。"因此 A 项错误。第 43 条规定："律师事务所应当建立违规律师辞退和除名制度，对违法违规执业、违反本所章程及管理制度或者年度考核不称职的律师，可以将其辞退或者经合伙人会议通过将其除名，有关处理结果报所在地县级司法行政机关和律师协会备案。"因此 B 项正确。第 56 条规定："律师事务所应当建立律师表彰奖励制度，对依法、诚信、规范执业表现突出的律师予以表彰奖励。"故对律师奖励，不需要律协批准，因此 C 项错误。第 57 条第 2 款规定："已担任合伙人的律师受到六个月以上停止执业处罚的，自处罚决定生效之日起至处罚期满后三年内，不得担任合伙人。"因此 D 项错误。

3. 律师在推进全面依法治国进程中具有重要作用，律师应依法执业，诚信执业，规范执业。根据《律师执业管理办法》，下列哪些说法是正确的？（2017 - 1 - 85）[1]

A. 甲律师依法向被害人收集被告人不在聚众斗殴现场的证据，提交检察院要求其及时进行审查

B. 乙律师对当事人及家属准备到法院门口静坐、举牌、声援的做法，予以及时有效的劝阻

C. 丙律师在向一方当事人提供法律咨询中致电对方当事人，告知对方诉讼请求缺乏法律和事实依据

D. 丁律师在社区普法宣传中，告知群众诉讼是解决继承问题的唯一途径，并称其可提供最专业的诉讼代理服务

【解析】《律师执业管理办法》第 31 条第 1 款规定："律师担任辩护人的，应当根据事实和法律，提出犯罪嫌疑人、被告人无罪、罪轻或者减轻、免除其刑事责任的材料和意见，维护犯罪嫌疑人、被告人的诉讼权利和其他合法权益。"因此 A 项正确。第 37 条规定："律师承办业务，应当引导当事人通过合法的途径、方式解决争议，不得采取煽动、教唆和组织当事人或者其他人员到司法机关或者其他国家机关静坐、举牌、打横幅、喊口号、声援、围观等扰乱公共秩序、危害公共安全的非法手段，聚众滋事，制造影响，向有关部门施加压力。"因此 B 项正确。第 35 条规定："律师承办业务，应当诚实守信，不得接受对方当事人的财物及其他利益，与对方当事人、第三人恶意串通，向对方当事人、第三人提供不利于委托人的信息、证据材料，侵害委托人的权益。"因此 C 项错误。第 41 条规定："律师应当按照有关规定接受业务，不得为争揽业务哄骗、唆使当事人提起诉讼，制造、扩大矛盾，影响社会稳定。"因此 D 项错误。

4. 某律师事务所一审代理了原告张某的案件。一年后，该案再审。该所的下列哪一做法与律师执业规范相冲突？（2014 - 1 - 48）[2]

A. 在代理原告案件时，拒绝与该案被告李某建立委托代理关系

B. 在拒绝与被告李某建立委托代理关系时，承诺可在其他案件中为其代理

C. 得知该案再审后，主动与原告张某联系

D. 张某表示再审不委托该所，该所遂与被告李某建立委托代理关系

【解析】《律师法》第 39 条："律师不得在同一案件中为双方当事人担任代理人，不得代理与本人或者其近亲属有利益冲突的法律事务。"D 项错误。

〔1〕 AB 〔2〕 D

5. 王某和李某斗殴，李某与其子李二将王某打伤。李某在王某提起刑事自诉后聘请省会城市某律师事务所赵律师担任辩护人。关于本案，下列哪一做法符合相关规定？（2015－1－48）[1]

 A. 赵律师同时担任李某和李二的辩护人，该所钱律师担任本案王某代理人

 B. 该所与李某商定辩护事务按诉讼结果收取律师费

 C. 该所要求李某另外预交办案费

 D. 该所指派实习律师代赵律师出庭辩护

【解析】一个律师事务所的律师不得同时担任原告与被告的辩护人。A项错误。

刑事案件是分阶段收费的。B项错误。

《律师法》第13条规定："没有取得律师执业证书的人员，不得以律师名义从事法律服务业务；除法律另有规定外，不得从事诉讼代理或者辩护业务。"D项错误。

6. 某检察院对王某盗窃案提出一审抗诉，王某未委托辩护人，欲申请法律援助。对此下列哪一说法是正确的？（2015－1－49）[2]

 A. 王某申请法律援助只能采用书面形式

 B. 法律援助机构应当严格审查王某的经济状况

 C. 法律援助机构只能委派律师担任王某的辩护人

 D. 法律援助机构决定不提供法律援助时，王某可以向该机构提出异议

【解析】《法律援助法》第41条规定："因经济困难申请法律援助的，申请人应当如实说明经济困难状况。法律援助机构核查申请人的经济困难状况，可以通过信息共享查询，或者由申请人进行个人诚信承诺。法律援助机构开展核查工作，有关部门、单位、村民委员会、居民委员会和个人应当予以配合。"A项错误。《法律援助法》第42条规定："法律援助申请人有材料证明属于下列人员之一的，免予核查经济困难状况：（一）无固定生活来源的未成年人、老年人、残疾人等特定群体；（二）社会救助、司法救助或者优抚对象；（三）申请支付劳动报酬或者请求工伤事故人身损害赔偿的进城务工人员；（四）法律、法规、规章规定的其他人员。"B项错误。《刑事诉讼法》第34条第1款规定："犯罪嫌疑人自被侦查机关第一次讯问或者采取强制措施之日起，有权委托辩护人；在侦查期间，只能委托律师作为辩护人。被告人有权随时委托辩护人。"法律援助机构只能委托律师作为辩护人。C项正确。《法律援助法》第49条规定："申请人、受援人对法律援助机构不予法律援助、终止法律援助的决定有异议的，可以向设立该法律援助机构的司法行政部门提出。司法行政部门应当自收到异议之日起五日内进行审查，作出维持法律援助机构决定或者责令法律援助机构改正的决定。申请人、受援人对司法行政部门维持法律援助机构决定不服的，可以依法申请行政复议或者提起行政诉讼。"因此D项错误。

7. 为促进规范司法，维护司法公正，最高人民检察院要求各级检察院在诉讼活动中切实保障律师依法行使执业权利。据此，下列选项正确的是：（2015－1－100）[3]

 A. 检察院在律师会见犯罪嫌疑人时，不得派员在场

 B. 检察院在案件移送审查起诉后律师阅卷时，不得派员在场

 C. 律师收集到犯罪嫌疑人不在犯罪现场的证据，告知检察院的，其相关办案部门应及时审查

 D. 法律未作规定的事项，律师要求听取意见的，检察院可以安排听取

---

[1] C [2] C [3] AC

【解析】在案件移送审查起诉后律师阅卷时是可以派员在场的。B项错误。

法律未作规定的事项，律师要求听取意见的，检察院应当安排听取。D项错误。

8. 关于律师事务所，下列情形违反相关规定的是？（模拟题）[1]

A. 甲律师事务所因与某业务部门关系密切，请求该部门发文要求其下属单位所发生的法律事务均委托该律师事务所处理

B. 乙律师事务所于2017年8月1日受到通报批评处分，为推广业务需要，于2018年2月1日在当地晚报上发布律师广告

C. 丙律师事务所根据其对当地律师事务所的调查结果，在电视上发布律师广告，声称其是当地较大的律师事务所之一，但未涉及其他律师事务所的具体名称

D. 丁律师事务所在对外宣传时介绍了高级合伙人情况，并介绍有三位高级合伙人在律师协会中均担任重要职务

【解析】律师和律师事务所之间不得采用不正当手段排挤竞争对手的公平的竞争，甲律师事务所的行为侵害了其他律师事务所和律师公平竞争的利益，不符合法律规定，A应选。根据2018年《中华全国律师协会律师业务推广行为规则（试行）》第5条第3项规定，受到通报批评、公开谴责处分，未满一年的，不得发布律师服务广告，乙律师事务所行为不符合法律规定，B应选。C项符合法律规定，不选。根据上述规定第10条，律师、律师事务所在业务推广时，在非履行律师协会任职职责的活动中不得使用律师协会任职的职务，丁律师事务所的行为不符合法律规定，D应选。

9. 甲与其子将乙打伤，甲在乙提起刑事自诉后聘请某律所丙律师担任辩护人。关于本案，下列哪一做法符合相关规定？（模拟题）[2]

A. 丙律师同时担任甲和甲之子的辩护人，同律所丁律师担任乙的代理人

B. 该律所与甲商定辩护事务按诉讼结果收取律师费

C. 该律所要求甲另外预交办案费

D. 该律所指派实习律师代丙出庭辩护

【解析】根据《律师执业行为规范》第51条规定，同一律师事务所的不同律师不得同时担任同一刑事案件的被害人的代理人和犯罪嫌疑人、被告人的辩护人。但在该县区域内只有一家律师事务所且事先征得当事人同意的除外，故A项错误。根据《律师服务收费管理办法》第12条规定，禁止刑事诉讼案件、行政诉讼案件、国家赔偿案件以及群体性诉讼案件实行风险代理收费，故B项错误。律师收取的费用可以分为律师费和办案费用，办案费用是指律师在办理案件过程中发生的律师费以外的其他费用，这些办案费用应当由委托人在律师费之外另行支付，故C项说法正确。《申请律师执业人员实习管理规则》第23条规定，律师事务所及实习指导律师不得指使或者放任实习人员有下列行为：（一）独自承办律师业务；（二）以律师名义在委托代理协议或者法律顾问协议上签字，对外签发法律文书；（三）以律师名义在法庭、仲裁庭上发表辩护或者代理意见；（四）以律师名义洽谈、承揽业务；（五）以律师名义印制名片及其他相关资料或者以其他方式公开宣称自己为律师；（六）其他依法应以律师名义从事的活动。实习律师没有取得律师执业资格证，不能出庭辩护，故D项说法错误。

专题五　公证制度和公证员职业道德

1. 某律师事务所律师代理原告诉被告买卖合同纠纷案件，下列哪一做法是正确的？（2016－1－49）[1]

A. 该律师接案时，得知委托人同时接触他所律师，私下了解他所报价后以较低收费接受委托

B. 在代书起诉状中，律师提出要求被告承担精神损害赔偿 20 万元的诉讼请求

C. 在代理合同中约定，如胜诉，在 5 万元律师代理费外，律师事务所可按照胜诉金额的一定比例另收办案费用

D. 因律师代理意见未被法庭采纳，原告要求律师承担部分诉讼请求损失，律师事务所予以拒绝

【解析】根据《律师执业行为规范》第 78 条第 2 项，无正当理由，以低于同地区同行业收费标准为条件争揽业务的，属于律师执业不正当竞争关系。因此 A 项做法构成不正当竞争。《民法典·侵权责任编》第 1183 条第 1 款规定："侵害自然人人身权益造成严重精神损害的，被侵权人有权请求精神损害赔偿。"因此，精神损害赔偿适用于侵犯人身权纠纷，不适用于合同纠纷。因此 B 项做法错误。《律师服务收费管理办法》第 22 条规定："律师服务费、代委托人支付的费用和异地办案差旅费由律师事务所统一收取。律师不得私自向委托人收取任何费用。除前款所列三项费用外，律师事务所及承办律师不得以任何名义向委托人收取其他费用。"因此，C 项的做法属于违规收取其他费用。《律师执业行为规范》第 43 条规定："律师根据委托人提供的事实和证据，依据法律规定进行分析，向委托人提出分析性意见。"第 44 条规定："律师的辩护、代理意见未被采纳，不属于虚假承诺。"因此，D 项正确。

2. 公证制度是司法制度重要组成部分，设立公证机构、担任公证员具有严格的条件及程序。关于公证机构和公证员，下列哪一选项是正确的？（2017－1－50）[2]

A. 公证机构可接受易某申请为其保管遗嘱及遗产并出具相应公证书

B. 设立公证机构应由省级司法行政机关报司法部依规批准后，颁发公证机构执业证书

C. 贾教授在高校讲授法学 11 年，离职并经考核合格，可以担任公证员

D. 甄某交通肇事受过刑事处罚，因此不具备申请担任公证员的条件

【解析】《公证法》第 12 条规定："根据自然人、法人或者其他组织的申请、公证机构可以办理以下事务：……（三）保管遗嘱、遗产或者其他与公证事项有关的财产、物品、文书；……"而根据《办理遗嘱保管事务的指导意见》第 7 条规定："公证机构应当向申请人出具保管证书。保管证书应当载明申请人的身份信息、遗嘱的形式、遗嘱领取人的身份信息及联系方式、遗嘱开启与领取的条件等内容。保管证书一式二份，一份交与申请人，一份由公证机构留

---

[1] D　[2] C

档。"因此公证机构办理保管遗嘱，应当出具的是保管证书，而不是公证书，因此 A 项错误。《公证法》第 9 条规定："设立公证机构，由所在地的司法行政部门报省、自治区、直辖市人民政府司法行政部门按照规定程序批准后，颁发公证机构执业证书。"因此 B 项错误。《公证法》第 18 条规定了担任公证员的一般条件："（一）具有中华人民共和国国籍；（二）年龄二十五周岁以上六十五周岁以下；（三）公道正派，遵守法纪，品行良好；（四）通过国家统一法律职业资格考试取得法律职业资格；（五）在公证机构实习二年以上或者具有三年以上其他法律职业经历并在公证机构实习一年以上，经考核合格。"《公证法》第 19 条又规定了担任公证员的特殊条件："从事法学教学、研究工作，具有高级职称的人员，或者具有本科以上学历，从事审判、检察、法制工作、法律服务满十年的公务员、律师，已经离开原工作岗位，经考核合格的，可以担任公证员。"贾教授符合该条规定，可以担任公证员，因此 C 项正确。第 20 条规定："有下列情形之一的，不得担任公证员：（一）无民事行为能力，或者限制民事行为能力的；（二）因故意犯罪或者职务过失犯罪受过刑事处罚的；（三）被开除公职的；（四）被吊销公证员、律师执业证书的。"甄某交通肇事属于过失犯罪，故可以担任公证员，因此 D 项错误。

3. 建立领导干部、司法机关内部人员过问案件记录和责任追究制度，规范司法人员与当事人、律师、特殊关系人、中介组织接触交往行为，有利于保障审判独立和检察独立。据此，下列做法正确的是：（2017－1－98）[1]

A. 某案承办检察官告知其同事可按规定为案件当事人转递涉案材料

B. 某法官在参加法官会议时，提醒承办法官充分考虑某案被告家庭现状

C. 某检察院副检察长依职权对其他检察官的在办案件提出书面指导性意见

D. 某法官在参加研讨会中偶遇在办案件当事人的律师，拒绝其研讨案件的要求并向法院纪检部门报告

【解析】中央政法委《司法机关内部人员过问案件的记录和责任追究规定》第 3 条规定："司法机关办案人员应当恪守法律，公正司法，不徇私情。对于司法机关内部人员的干预、说情或者打探案情，应当予以拒绝；对于不依正当程序转递涉案材料或者提出其他要求的，应当告知其依照程序办理。"因此 A 项正确。第 2 条规定："司法机关内部人员应当依法履行职责，严格遵守纪律，不得违反规定过问和干预其他人员正在办理的案件，不得违反规定为案件当事人转递涉案材料或者打探案情，不得以任何方式为案件当事人说情打招呼。"因此 B 项错误。第 4 条规定："司法机关领导干部和上级司法机关工作人员因履行领导、监督职责，需要对正在办理的案件提出指导性意见的，应当依照程序以书面形式提出，口头提出的，由办案人员记录在案。"因此 C 项正确，D 项正确。

4. 下列哪些行为违反了相关法律职业规范规定？（2013－1－85）[2]

A. 某律师事务所明知李律师的伯父是甲市中院领导，仍指派其到该院代理诉讼

B. 检察官高某在办理一起盗车并杀害车内行动不便的老人案件时，发现网上民愤极大，即以公诉人身份跟帖向法院建议判处被告死刑立即执行

C. 在法庭上，公诉人车某发现李律师发微博，当庭予以训诫，审判长怀法官未表明态度

D. 公证员张某根据甲公司董事长申请，办理了公司章程公证，张某与该董事长系大学同学

【解析】最高人民法院、司法部《关于规范法官和律师相互关系维护司法公正的若干规定》第 4 条第 1 款："法官应当严格执行回避制度，如果与本案当事人委托的律师有亲朋、同学、师生、曾经同事等关系，可能影响案件公正处理的，应当自行申请回避，是否回避由本院

院长或者审判委员会决定。"李律师的伯父在市中院是领导并不影响其接受律师事务所的指派，只要其伯父不是案件承办法官即可。A项正确。

《检察官职业道德基本准则》第4条："坚持公正理念，维护法制统一。"检察官高某以公诉人身份跟帖向法院建议判处被告死刑立即执行违反了该项规定。B项错误。

维护法庭秩序是法官的职责，不是公诉人的职责。C项错误。

公证员职业道德并无大学同学关系禁止要求。D项正确。

5. 甲病危，欲将部分财产留给保姆，咨询如何处理。下列哪一意见是正确的？（2011 - 1 - 50）[1]

A. 甲行走不便，可由身为公证员的侄子办理公证遗嘱

B. 甲提出申请，可由公证机构到医院办理公证遗嘱

C. 公证机构无权办理甲的遗嘱文书及财产保管事务

D. 甲如对该财产曾有其他形式遗嘱，以后公证的遗嘱无效

【解析】《公证法》第26条："自然人、法人或者其他组织可以委托他人办理公证，但遗嘱、生存、收养关系等应当由本人办理公证的除外。"A项错误。

《公证法》第12条："根据自然人、法人或者其他组织的申请，公证机构可以办理下列事务：（一）法律、行政法规规定由公证机构登记的事务；（二）提存；（三）保管遗嘱、遗产或者其他与公证事项有关的财产、物品、文书；（四）代写与公证事项有关的法律事务文书；（五）提供公证法律咨询。"C项错误。

《民法典》第1142条第3款："立有数份遗嘱，内容相抵触的，以最后的遗嘱为准。"D项错误。

6. 关于我国公证的业务范围、办理程序和效力，下列哪一选项符合《公证法》的规定？（2015 - 1 - 50）[2]

A. 申请人向公证机关提出保全网上交易记录，公证机关以不属于公证事项为由拒绝

B. 自然人委托他人办理财产分割、赠与、收养关系公证的，公证机关不得拒绝

C. 因公证具有较强的法律效力，要求公证机关在办理公证业务时不能仅作形式审查

D. 法院发现当事人申请执行的公证债权文书确有错误的，应裁定不予执行并撤销该公证书

【解析】保全网上交易记录属于公证事项范畴。A项错误。

对于当事人的申请，公证机关根据案件实际情况，拒绝办理。B项错误。

《公证法》第28条："公证机构办理公证，应当根据不同公证事项的办证规则，分别审查下列事项：（一）当事人的身份、申请办理该项公证的资格以及相应的权利；（二）提供的文书内容是否完备，含义是否清晰，签名、印鉴是否齐全；（三）提供的证明材料是否真实、合法、充分；（四）申请公证的事项是否真实、合法。"C项正确。

法院无权撤销公证书。D项错误。

7. 下列做法不符合公证员职业道德要求的是？（2018 年回忆版）[3]

A. 王公证员除了做好公证工作外，还自己开办了一家工厂

B. 某公证机构的公证员，经常利用节假日到街上发传单，对自己大肆炫耀，从而招揽业务

C. 某公证机构的业务做得很好，深受当地人们的信赖，于是此公证机构找到了市行政部门，通过行政支持对当地的公证业务进行垄断

---

〔1〕 B 〔2〕 C 〔3〕 ABCD

D. 公证员为一些当事人进行公证，给当事人带来了很大的益处，有时接受当事人的答谢款待也是人之常情

【解析】《公证员职业道德基本准则》第20条规定，公证员应当树立廉洁自律意识，遵守职业道德和执业纪律，不得从事有报酬的其他职业和与公证员职务、身份不相符的活动。故A项错误。

《公证员职业道德基本准则》第25条规定，公证员不得从事以下不正当竞争行为：（1）利用媒体或其他手段炫耀自己，贬损他人，排斥同行，为自己招揽业务；（2）以支付介绍费、给予回扣、许诺提供利益等方式承揽业务；（3）利用与行政机关、社会团体的特殊关系进行业务垄断；（4）其他不正当竞争行为。故B、C项错误。

《公证员职业道德基本准则》第22条规定，公证员不得索取或接受当事人及其代理人、利害关系人的答谢款待、馈赠财物或其他利益。故D项错误。

8. 关于公证员，下列表述中不正确的是？[1]

A. 甲23周岁，可以担任公证员

B. 乙从事法学教学研究工作，具有高级职称，经考核合格，兼职担任公证员

C. 丙因过失致人死亡判处三年有期徒刑，不得担任公证员

D. 丁受到停止执业处罚，停止执业期间，应当将其公证员执业证书缴存所在地司法行政机关

【解析】根据《公证法》第18条，担任公证员年龄应当在25周岁以上65周岁以下，因此A项错误。根据《公证法》第19条，从事法学教学、研究工作，具有高级职称的人员，或者具有本科以上学历，从事审判、检察、法制工作、法律服务满10年的公务员、律师，已经离开原工作岗位，经考核合格的，也可以担任公证员，因此B项错误。根据《公证法》第20条，因故意犯罪或者职务过失犯罪受过刑事处罚的，不得担任公证员，因此C项错误。根据《公证员执业管理办法》第20条第2款，公证员受到停止执业处罚的，停止执业期间，应当将其公证员执业证书缴存所在地司法行政机关，因此D项正确。

---

[1] ABC

专题六　法律顾问、仲裁员、行政机关中从事行政处罚决定审核、行政复议、行政裁决的公务员职业道德

1. 目前，我国已经在党政机关和国有企业推广公职律师和法律顾问、公司律师制度，该制度有助于提高依法执政、依法行政、依法经营、依法管理的能力水平，促进依法办事。对此，以下说法正确的有？（模拟题）[1]

A. 县级以上党委和政府有权外聘法律顾问，为党政机关提供服务

B. 公职律师与社会律师具有同等权利和义务，提供有偿法律服务

C. 公职律师、公司律师脱离原单位，可以申请转为社会律师，其担任公职律师、公司律师的经历计入社会律师执业年限

D. 党政机关对于依照有关规定应当听取法律顾问、公职律师的法律意见而未听取的事项，或者法律顾问、公职律师认为不合法不合规的事项，提交讨论后不应作出决定

【解析】　乡级以上各级人民政府和党委都可以外聘法律顾问，A错误。公职律师不得从事有偿法律服务，不得在律师事务所等法律服务机构兼职，不得以律师身份办理所在单位以外的诉讼或者非诉讼法律事务，B错误。C正确。依照有关规定应当听取法律顾问、公职律师的法律意见而未听取的事项，或者法律顾问、公职律师认为不合法不合规的事项，不应提交讨论，不应作出决定，D错误。

2. 小张为某仲裁委员会的仲裁员，根据《仲裁法》的规定，其行为所可能承担的责任，以下说法正确的是？（2018年回忆版）[2]

A. 在调解过程中，受仲裁庭安排单独会见一方当事人，不属于违纪行为

B. 接受当事人的请客送礼，情节严重，被仲裁委员会除名

C. 保守仲裁秘密，不向外界透露任何与案件有关的实体与程序问题

D. 在仲裁案件时向当事人索取贿赂，枉法裁决，被人民检察院提起公诉

【解析】　按照《仲裁法》第34条第4项之规定，仲裁员不得私自会见当事人，因仲裁庭安排而会见，不属于禁止范围，故A项正确。

按照《仲裁法》第38条的规定，仲裁员接受当事人的请客送礼，情节严重，应当除名，故B项正确。

仲裁员要公正仲裁，遵守职业道德，保守仲裁秘密，不向外界透露任何与案件有关的实体与程序问题，故C项正确。

仲裁员在履职过程中有违法犯罪行为的，要移交检察部门提起公诉，追究刑事责任，故D项正确。

---

[1]　C　[2]　ABCD

中国政法大学（简称法大）是一所以法学为特色和优势，兼有文学、历史学、哲学、经济学、管理学、教育学、理学、工学等学科的"211工程"重点建设大学。

法大的法律资格考试培训历史悠久，全国律师资格考试始于1986年，而1988年法大就开展了法律培训。2005年3月成立了中国政法大学司法考试学院，这是一所集法考研究、教学研究、辅导培训为一体的司法考试学院，2018年正式更名为中国政法大学法律职业资格考试学院。经过多年的积淀，法大法律职业资格考试学院被广大考生称为国家法律职业资格考试考前培训及法考研究、教学研究的大本营。

2024年法大法考课程体系
>>> 面授班型 <<<

班型		上课时间	标准学费（元）
主客一体面授班	面授精英A班	2024年3月-2024年10月	59800
	面授精英B班	2024年5月-2024年10月	49800
	面授集训A班	2024年6月-2024年10月	39800
	面授集训B班	2024年7月-2024年10月	32800
客观题面授班	面授全程班	2024年3月-2024年9月	35800

更多课程详情联系招生老师 ➡

法大法考姚老师　　法大法考白老师

>>> 2024年法大法考课程体系 — 网络班型 <<<

班型		上课时间	标准学费（元）
主客一体网络班	网络尊享特训班	2024年3月-2024年10月	35800
	网络独享班	2023年7月-2025年10月	23800
	网络预热班	2024年3月-2024年10月	19800
	网络在职先行班	2023年7月-2024年10月	15800
	网络全程优学班	2024年3月-2024年10月	15800
	网络全程班	2024年3月-2024年10月	14800
	网络二战优学班	2023年7月-2024年10月	13800
	网络系统提高班	2023年7月-2024年10月	10800
	网络在职先锋班	2023年7月-2024年10月	9800
客观题网络班	网络入门先行班	2023年7月-2024年9月	2980
	网络基础班	2024年3月-2024年9月	8980
	网络强化班	2024年5月-2024年9月	7980
	网络冲刺班	2024年8月-2024年9月	3980
主观题网络班	网络全程班	2024年9月-2024年10月	9800
	网络冲刺班	2024年10月	4980

温馨提示：1、缴纳学费后，因个人原因不能坚持学习的，视为自动退学，学费不予退还。　2、课程有效期内，不限次回放
投诉及建议电话：吴老师17718315650

—— 优质服务 全程陪伴 ——

★ 历年真题　★ 在线模考题库　★ 打卡学习　★ 错题本　★ 课件下载　★ 思维导图　★ 1V1在线答疑随时咨询

★ 有效期内不限次数回放　★ 上课考试通知　★ 报考指导　★ 成绩查询　★ 认定指导　★ 配备专属教辅

★ 客观/主观不过退费协议（部分班型）　★ 免费延期或重修1次（部分班型）　★ 专属自习室（部分班型）

★ 小组辅导　★ 个人定制化学习通关和职业发展规划　★ 颁发法大法考结业证（部分班型）　★ 特殊服务 随时跟读